DICTIONNAIRE

DES

PARLEMENTAIRES

TOME CINQUIÈME

DICTIONNAIRE

DES

PARLEMENTAIRES

FRANÇAIS

COMPRENANT

tous les Membres des Assemblées françaises et tous les Ministres français

Depuis le 1er Mai 1789 jusqu'au 1er Mai 1889

AVEC LEURS NOMS, ÉTAT CIVIL, ÉTATS DE SERVICES, ACTES POLITIQUES
VOTES PARLEMENTAIRES, ETC.

PUBLIÉ SOUS LA DIRECTION DE

MM. Adolphe ROBERT

Edgar BOURLOTON & Gaston COUGNY

PLA — ZUY

PARIS

BOURLOTON, ÉDITEUR

46, RUE DE VAUGIRARD, 46

1891

DICTIONNAIRE

DES

PARLEMENTAIRES

P

PLANAT (CHARLES-ABEL), représentant du peuple en 1848, né à Paris le 3 mai 1801, mort à Cognac (Charente) le 27 février 1858, fit ses études au lycée d'Orléans, puis se fixa à Limoges pendant 10 ans, et prit ensuite à Cognac la maison de commerce de son père. Sa probité et son libéralisme lui valurent d'être nommé maire de cette ville en 1838. Il donna sa démission en janvier 1848, mais consentit à reprendre ses fonctions municipales après la révolution de février. A la suite d'une très vive polémique à son sujet entre les journaux de la région, il fut élu, le 23 avril 1848, représentant de la Charente à l'Assemblée constituante, le 1er sur 9, par 67,598 voix (92,094 votants). Il vota *pour* le bannissement de la famille d'Orléans, *contre* l'abolition de la peine de mort, *contre* l'impôt progressif, *contre* l'incompatibilité des fonctions, *contre* l'amendement Grévy, *contre* la sanction de la Constitution, et donna sa démission le 5 janvier 1849.

PLANAT (OSCAR-ABEL), député au Corps législatif de 1863 à 1870, né à Limoges (Haute-Vienne) le 14 mai 1825, mort à Cognac (Charente) le 6 novembre 1880, fils du précédent, fut reçu avocat à Paris en 1849, et succéda à son père en 1858 dans la direction de sa maison de commerce à Cognac. Elu, le 15 juin 1863, comme candidat de l'opposition, député de la 2e circonscription de la Charente, par 16,164 voix (31,331 votants, 36,815 inscrits), contre 15,046 à M. Hennessy, candidat du gouvernement, et réélu, le 24 mai 1869, par 29,073 voix (60,216 votants, 37,197 inscrits), contre 9,903 à M. H. Bouraud, il siégea dans le tiers-parti, signa l'interpellation des 116, et vota *pour* la guerre contre la Prusse. Conseiller général et conseiller municipal de Cognac, il se présenta comme candidat républicain, le 20 février 1876, dans l'arrondissement de Barbezieux, où il échoua avec 2,249 voix contre 5,776 à M. Mathieu-Bodet; il ne fut pas plus heureux le 5 mars suivant, dans l'arrondissement de Cognac, avec 6,491 voix contre 8,318 à l'élu, M. Cunéo d'Ornano, et 1,278 à M. Martell. Cette dernière élection fut invalidée; mais M. Planat échoua une seconde fois, au nouveau scrutin du 21 mars 1876, avec 6,627 voix contre 9,496 à l'élu, M. Cunéo d'Ornano. Le 14 octobre 1877, il se représenta sans plus de succès dans l'arrondissement de Barbezieux, où il n'obtint que 3,271 voix contre 7,790 à M. André, candidat du gouvernement du 16 mai, et 1,58) à M. Collibert des Seguins.

PLANCY (CHARLES GODARD D'AUCOUR, BARON DE), représentant en 1849, député au Corps législatif de 1852 à 1870, né le 4 janvier 1805 au palais des Tuileries où habitait son grand-père maternel, l'archi-trésorier Lebrun, duc de Plaisance, mort le 2 octobre 1890, fils d'un préfet de Seine-et-Marne, entra dans l'administration comme auditeur au conseil d'Etat. Successivement sous-préfet de Saint-Brieuc (1835), des Andelys (1838) et de Clermont (Oise) en 1830, chevalier de la Légion d'honneur (22 juin 1843), il se retira de la vie publique à la révolution de 1848. Elu, le 13 mai 1849, représentant de l'Oise à l'Assemblée législative, le 7e sur 8, par 32,064 voix (120,929 inscrits). Il prit place à droite, vota *pour* l'expédition romaine, *pour* la loi Falloux-Parieu sur l'enseignement, et soutint la politique de l'Elysée. Après le coup d'Etat du 2 décembre, il fut le candidat du gouvernement dans la 2e circonscription de l'Oise, qui l'élut député au nouveau Corps législatif, le 29 février 1852, par 25,513 voix (28,304 votants, 34,803 inscrits; contre 440 à M. Lagache, ancien représentant, et 250 à M. Duranton. Il prit part au rétablissement de l'Empire et vota constamment avec la majorité dynastique. Propriétaire du château de Fay, maire de la commune d'Agnetz (Oise) et conseiller général du canton de Clermont, il obtint le renouvellement de son mandat législatif: le 22 juin 1857, par 19,686 voix (28,950 votants, 37,625 inscrits), contre 6,723 à M. de Pontalba et 2,051 à M. Gérard; le 1er juin 1863, par 26,883 voix (29,848 votants, 37,908 inscrits), contre 1,531 à M. de Mornay; et, le 24 mai 1869, par 17,793 voix (31,889 votants, 35,436 inscrits), contre 13,911 à M. Emile Leroux. Il se rapprocha du tiers-parti libéral, signa la demande d'interpellation des 116, et vota en 1870 *pour* la déclaration de guerre contre la Prusse. Rentré dans la vie privée au 4 septembre, M. de Plancy échoua, le 30 janvier 1876, comme candidat au Sénat, dans l'Oise, avec 157 voix (783 votants). Officier de la Légion d'honneur (1865); président de la chambre consultative d'agriculture.

PLANCY (AUGUSTE-CHARLES GODARD D'AUCOUR, VICOMTE DE), représentant en 1849, et député au Corps législatif de 1861 à 1870, né à Paris le 13 juillet 1815, frère du précédent, propriétaire dans l'Aube, n'avait aucun antécédent politique, quand il fut élu, le 13 mai 1849, représentant de ce département à l'Assemblée législative, le 5e et dernier, par 19,061 voix (60,618 votants, 81,911 inscrits). Il appartint, comme son frère, à la majorité conservatrice, vota pour l'expédition de Rome, pour la loi Falloux-Parieu sur l'enseignement, se rallia à la politique du prince-président. Toutefois il n'obtint pas aux élections du 29 février 1852 au Corps législatif, dans la 2e circonscription de l'Aube, le patronage officiel; aussi ne réunit-il que 4,263 voix contre 39,000 au candidat du gouvernement, M. de Manpas, élu. Lorsque ce dernier fut nommé sénateur, M. de Plancy le remplaça au Corps législatif, le 8 décembre 1861, par 16,361 voix (33,506 votants, 38,907 inscrits), contre 11,025 à M. Lignier, de l'opposition, ancien représentant, et 5,958 à M. Armand. Membre du conseil général de l'Aube pour le canton d'Arcis-sur-Aube (1860-1864), puis pour celui de Méry-sur-Seine (1864-1870), M. de Plancy remplit auprès du prince Jérôme-Napoléon les fonctions de premier écuyer. A la Chambre, il siégea dans la majorité dynastique avec laquelle il vota jusqu'à la fin du règne, ayant obtenu sa réélection : le 1er juin 1863, par 20,389 voix (31,323 votants, 39,742 inscrits), contre 13,767 à M. Lignier, et, le 24 mai 1869, par 18,715 voix (34,962 votants, 39,376 inscrits), contre 16,039 à M. Lignier. Il vota pour la déclaration de guerre à la Prusse. Après la chute de l'Empire, M. Aug. de Plancy tenta, à deux reprises, de rentrer au parlement : le 20 février 1876, il obtint 3,554 voix contre 5,585 à l'élu républicain, M. Tézenas, et, le 14 octobre 1877, 4,281 contre 5,811 au même concurrent, des 363, réélu. Chevalier de la Légion d'honneur, commandeur des SS. Maurice et Lazare, et de l'ordre de Frédéric de Wurtemberg.

PLANELLY-MASCRANY. — Voy. MAUHEC (MARQUIS DE).

PLANTÉ (RAYMOND-JEAN-CANUT), député au Corps législatif de 1852 à 1855, né à Santander (Espagne) le 19 janvier 1797, mort à Orthez (Basses-Pyrénées) le 20 juin 1855, était propriétaire, maire d'Orthez, et conseiller général des Basses-Pyrénées, quand il fut élu, le 29 février 1852, avec l'appui officiel, député de la 2e circonscription de ce département au Corps législatif, par 25,463 voix (25,677 votants, 38,198 inscrits). Il s'associa au rétablissement de l'Empire, fit partie de la majorité dynastique, et mourut en juin 1855. Il fut remplacé, le 12 août suivant, par M. de Belmont.

PLANTÉ (PIERRE-RAYMOND-ADRIEN), député de 1877 à 1878, né à Orthez (Basses-Pyrénées) le 4 octobre 1811, fils du précédent, et comme lui d'opinions bonapartistes, se présenta à la députation, avec l'appui officiel du gouvernement du Seize-Mai, le 14 octobre 1877, dans l'arrondissement d'Orthez ; il fut élu par 9,193 voix (17,586 votants, 19,710 inscrits), contre 8,208 à M. Vignancour, républicain. Cette élection ayant été invalidée, M. Planté se représenta le 7 avril 1878 ; mais il échoua alors avec 7,877 voix contre 9,736 à l'élu républicain, M. Vignancour.

PLANTEAU (FRANÇOIS-EDOUARD), député de 1885 à 1889, né à Limoges (Haute-Vienne) le 8 janvier 1836, fils d'un proscrit du 2 décembre, fit ses études au lycée de Limoges, fut reçu bachelier et, privé de fortune, apprit le métier de peintre sur porcelaine, qu'il exerça jusqu'à vingt-quatre ans. En 1859, il vint à Paris, fut quelque temps répétiteur à Sainte-Barbe, puis secrétaire du ministre des Etats-Unis de Venezuela. Il commença des études médicales, auxquelles il renonça pour apprendre des langues étrangères, et s'établit traducteur assermenté près la cour d'appel de Paris (1876). En 1879, à l'âge de 43 ans, M. Planteau commença ses études de droit ; reçu licencié en 1882, il ne plaida point, et continua sa profession de traducteur. En même temps il s'occupait de politique, dans le sens républicain radical. Il collabora à la France libre, appartint à la Ligue pour la revision, fut nommé délégué sénatorial en janvier 1885, fut un des membres les plus actifs du comité central qui tenta, la même année, de prendre à Paris la direction des élections législatives, et, candidat radical dans la Haute-Vienne, lors de ces élections, fut élu député, le 18 octobre 1885, au second tour de scrutin, le 5e et dernier, par 49,093 voix (63,563 votants, 94,299 inscrits). Il avait recueilli également un certain nombre de suffrages radicaux et socialistes dans le département de la Seine, comme candidat du comité central. A la Chambre, M. Planteau siégea dans le petit groupe ouvrier socialiste, dont il fut un des fondateurs et dont il signa le manifeste, interpella (avril 1886) sur les continuations de la grève de Decazeville, déposa (juillet) avec M. Michelin une demande d'abrogation du concordat, et, lors de la discussion de la loi militaire, demanda (juin 1887) « la nation armée », et la suppression des armées permanentes, tout en reconnaissant que cette solution manquait d'opportunité dans l'état actuel de l'Europe. Il vota pour l'amnistie proposée par M. H. Rochefort, pour la séparation de l'Eglise et de l'Etat, pour l'ordre du jour de blâme motivé sur l'interpellation Camélinat sur les événements de Decazeville, contre les ministères Rouvier et Tirard. Après avoir adhéré (1888), avec ses collègues MM. Félix Pyat et Ferroul, au programme du groupe politique socialiste la Commune, qui se forma à Paris, M. Planteau évolua vers le boulangisme, à la fin de la législature, et fit partie du comité national républicain. Il se prononça, en dernier lieu, contre le rétablissement du scrutin d'arrondissement (11 février 1889), contre l'ajournement indéfini de la revision de la Constitution, contre les poursuites contre trois députés membres de la Ligue des patriotes, contre le projet de loi Lisbonne restrictif de la liberté de la presse, contre les poursuites contre le général Boulanger. On a de lui une brochure sur la Séparation des Eglises et de l'Etat (1882) ; une Histoire constitutionnelle des Français (1885) ; etc.

PLANTIÉ (JEAN-BAPTISTE-THÉODORE), député de 1881 à 1885, sénateur de 1885 à 1889, né à Bayonne (Basses-Pyrénées) le 20 octobre 1827, mort à Bayonne le 11 décembre 1889, manifesta des opinions républicaines sous l'Empire, et fut nommé, au 4 septembre 1870, sous-préfet de Bayonne. Il exerça ces fonctions jusqu'au 27 octobre suivant. Lieutenant-colonel de la garde nationale, il devint maire de Bayonne en 1876, et se présenta la même année aux élections législatives dans l'arrondissement de Bayonne : il n'obtint que 6,138 voix contre 8,545 à l'élu conservateur, M. Labat. De nouveau candidat républicain, le 21 août 1881, dans la 1re circonscription de l'arrondissement, il fut élu cette fois par 4,223 voix (7,670 votants, 11,149 inscrits), contre 3,409 à M. Laborde-Noguez ; il prit place à gauché, appartint à la majorité, et vota *pour* les ministères Gambetta et Ferry, et *pour* les crédits de l'expédition du Tonkin. Le 26 avril 1885, il fut élu sénateur les Basses-Pyrénées par 579 voix (1,011 votants), contre 431 au général Bourbaki, en remplacement de M. Renaud décédé. Il suivit la même ligne politique que précédemment, vota constamment avec la majorité gouvernementale, *pour* les cabinets opportunistes, *pour* l'expulsion des princes, *pour* la nouvelle loi militaire, et, en dernier lieu, *pour* le rétablissement du scrutin d'arrondissement (13 février 1889), *pour* le projet de loi Lisbonne restrictif de la liberté de la presse, *pour* la procédure à suivre devant le Sénat contre le général Boulanger. Chevalier de la Légion d'honneur (26 juillet 1879).

PLAS DE TANES (Antoine-René, comte de), député en 1789, dates de naissance et de mort inconnues, appartint aux armées du roi. Capitaine de dragons et chevalier de Saint-Louis, il fut élu (24 mars 1789) député de la noblesse aux Etats-Généraux par la sénéchaussée de Quercy, avec 124 voix. Il tint pour l'ancien régime, opina avec la minorité de l'Assemblée, et disparut de la scène politique après la session.

PLASSCHAERT (Jean-Baptiste-Joseph-Guislain), député au Corps législatif de l'an XIII à 1813, né à Bruxelles (Belgique) le 21 mai 1769, mort à Bruxelles le 19 mai 1821, « fils de monsieur Jacques-Joseph-François Plasschaert, avocat au conseil souverain de Brabant, et de madame Marie-Thérèse Goes », étudia le droit, fut auditeur surnuméraire à la chambre des comptes des Pays-Bas, puis, sous l'Empire, conseiller municipal de Bruxelles, et conseiller de préfecture au même chef-lieu. Le 4e jour complémentaire de l'an XIII, il fut élu par le Sénat conservateur député du département de la Dyle au Corps législatif impérial. Il y siégea jusqu'en 1813. Chevalier de l'Empire du 23 octobre 1810, il publia, lors de l'arrivée des alliés, des chansons et brochures contre Napoléon, et, grâce à la popularité qu'il acquit ainsi en Belgique, fut nommé, en 1818, membre de la seconde chambre des Etats-Généraux des Pays-Bas. On a de lui: *Esquisse historique sur les langues considérées dans leurs rapports avec la civilisation et la liberté des peuples* (1817). — *Essai sur la noblesse, les titres et la féodalité* (1818).

PLAUCHE (François-Henri), représentant à la Chambre des Cent-Jours, né à Sisteron (Bass.-Alpes) le 9 février 1759, mort à une date inconnue, « fils d'Alexis Plauche, négociant de cette ville de Sisteron y domicilié, et de demoiselle Marguerite Maxime », était greffier du tribunal de Castellane. Le 17 mai 1815, il fut élu représentant de l'arrondissement de Castellane à la Chambre des Cent-Jours, par 28 voix (50 votants), contre 22 à M. David, juge de paix. Plauche n'appartint pas à d'autres assemblées.

PLAZANET (Antoine), membre de la Convention, et député au Conseil des Cinq-Cents, né à Peyrelevade (Corrèze) en 1760, mort à une date inconnue, homme de loi dans sa ville natale avant la Révolution, devint, en 1790, juge de paix du canton de Sornac (Corrèze). Elu, le 6 septembre 1792, troisième suppléant de ce département à la Convention, il fut admis à siéger le 8 août 1793, en remplacement de Lidon démissionnaire, et n'eut qu'un

rôle parlementaire sans importance. Il passa, le 23 vendémiaire an IV, au Conseil des Cinq-Cents, élu par plusieurs départements, opina avec les modérés, et sortit de l'assemblée en l'an VI.

PLAZANET (Charles), député de 1831 à 1834, né à Peyrelevade (Corrèze) le 13 décembre 1773, mort le 5 août 1868, parent du précédent, appartint à l'armée, et parvint au grade de lieutenant-colonel du génie. Il fut élu, le 5 juillet 1831, député du 4e collège de la Corrèze (Ussel), par 101 voix (198 votants, 215 inscrits), contre 94 à M. de Valon. M. Plazanet vota avec la majorité conservatrice, et quitta la vie politique aux élections de 1834. Officier de la Légion d'honneur.

PLAZANET (Charles Théophile, baron de), député depuis 1885, né à Paris le 15 avril 1821, fils du général de Plazanet qui fut commandant de l'Ecole de Saint-Cyr et colonel des pompiers à Paris, entra à l'Ecole de Saint-Cyr en 1841, en sortit sous-lieutenant en 1843, passa à l'Ecole d'état-major en 1844, et fut nommé lieutenant d'état-major (1846), et capitaine (1849). Il prit part à la campagne de Kabylie (1852), se distingua à l'expédition du Djurjura (1859), et y gagna la croix. Lors de la guerre d'Italie, il se battit à Melegnano, à Magenta, à Solférino, passa chef d'escadron, fut attaché à l'état-major de Baraguey-d'Hilliers, et fut promu officier de la Légion d'honneur. Attaché au 1e corps d'armée (général Ladmirault) en 1870, il lutta à Borny, à Gravelotte, à Saint-Privat, fut fait prisonnier en vertu de la capitulation, et, au retour d'Allemagne, attaché au 2e corps sous Paris, entra des premiers dans les forts de Vanves et d'Ivry repris sur les troupes de la Commune. Colonel (1875), commandeur de la Légion d'honneur (1880), il fut mis à la retraite en 1881, et se retira dans son domaine de la Bucherie (Mayenne), où il s'occupa d'agriculture. Conseiller général du canton de Montsurs depuis le 8 octobre 1871, il se présenta à la députation, le 21 août 1881, dans la 2e circonscription de Laval, où il échoua avec 3,103 voix contre 5,502 au candidat républicain élu, M. Lecomte, et 1,736 à M. Dutreil. Il fut plus heureux aux élections au scrutin de liste du 4 octobre 1885 : porté sur la liste conservatrice de la Mayenne, il fut élu, le 4e sur 5, par 41,263 voix sur 72,815 votants et 91,008 inscrits. Il prit place à la droite royaliste, fut membre et président de plusieurs commissions, prit part à la discussion de la loi militaire, parla contre la radiation du nom du duc d'Aumale des contrôles de l'armée (12 juillet 1886), *pour* l'unification des retraites d'officiers (24 novembre 1888), combattit la politique scolaire et coloniale du gouvernement, et se prononça, dans la dernière session, *contre* le rétablissement du scrutin d'arrondissement (12 février 1889), *pour* l'ajournement indéfini de la révision de la Constitution, *contre* les poursuites contre trois députés membres de la Ligue des patriotes, *contre* le projet de loi Lisbonne restrictif de la liberté de la presse, *contre* les poursuites contre le général Boulanger.

PLEIGNARD (Pierre), représentant du peuple en 1848, né à Châtellerault (Vienne) le 27 mai 1795, mort à Châtellerault le 30 mars 1870, fils d'un avoué de cette ville, fit ses études dans sa ville natale, son droit à Poitiers, et, reçu licencié le 27 décembre 1815, prit place au barreau de Châtellerault le 21 juin 1816. Il plaida avec succès, devint l'un des chefs de l'opposition libérale sous la Restauration et, en 1827, remplaça son père comme avoué. Nommé procureur du roi à Poitiers le 26 août 1830, il se montra d'abord partisan du gouvernement de Louis-Philippe, et fut envoyé, sur sa demande, avec les mêmes fonctions à Châtellerault, mais son opposition obstinée le fit destituer en août 1831. Il acheta alors une étude de notaire à Châtellerault, devint membre et président du conseil général du département, présida le comité démocratique de sa ville natale, et, à la révolution de février 1848, fut nommé juge au tribunal civil. Élu, le 23 avril 1848, représentant de la Vienne à l'Assemblée constituante, le 6e sur 8, par 31,682 voix (70,722 votants), il renonça aussitôt à la moitié de son traitement de juge, donna peu après sa démission, fit partie, à l'Assemblée, du comité des affaires étrangères, et vota avec les républicains avancés, *pour* le bannissement de la famille d'Orléans, *contre* les poursuites contre L. Blanc et Caussidière, *contre* l'abolition de la peine de mort, *pour* l'impôt progressif, *contre* l'incompatibilité des fonctions, *contre* l'amendement Grévy, *contre* la sanction de la Constitution par le peuple, *pour* l'ensemble de la Constitution, *contre* la proposition Rateau, *contre* l'interdiction des clubs, *contre* l'expédition de Rome, *pour* la demande de mise en accusation du président et des ministres. Il avait proposé un amendement à la Constitution. Non réélu à la Législative, il ne reparut plus sur la scène politique.

PLESSE (Joseph-Paul-Constant Thomas, baron de la), député de 1833 à 1848, né à Vitré (Ille-et-Vilaine) le 21 avril 1794, mort à Vitré le 12 avril 1883, avocat, maire de Vitré et conseiller général du département, se présenta à la députation, le 6 novembre 1837, dans le 4e collège d'Ille-et-Vilaine (Vitré), où il échoua avec 93 voix contre 99 à l'élu, M. de Berthois. Mais il fut ensuite successivement élu dans le même collège, le 23 novembre 1838, en remplacement de M. de Berthois nommé maréchal de camp, par 123 voix (285 votants) contre 78 à M. de Courten; le 2 mars 1839, par 135 voix (203 votants); le 9 juillet 1842, par 136 voix (139 votants, 273 inscrits); le 1er août 1846, par 172 voix (325 votants, 356 inscrits), contre 141 à M. de Kernier. A la Chambre, il s'occupa principalement de questions de jurisprudence, et vota en général avec l'opposition, *contre* le ministère Molé, *contre* la dotation du duc de Nemours, *contre* le recensement, *pour* les incompatibilités, *pour* l'adjonction des capacités, *contre* l'indemnité Pritchard, *pour* la proposition sur les députés fonctionnaires. A la révolution de 1848, M. de la Plesse quitta la vie politique.

PLESSIER (Victor-François), député de 1876 à 1885, né à Dannemarie (Seine-et-Oise) le 13 mars 1813, mort le 2 septembre 1886, d'une famille d'artisans, acheta une étude de notaire dans le département de Seine-et-Marne, et, d'opinions républicaines, fut l'objet, en 1840, sous l'inculpation d'affiliation à une société secrète, d'une visite domiciliaire, qui fut renouvelée au lendemain du coup d'État de décembre 1851. Il refusa de signer l'adresse des notaires de son département à l'empereur, fut obligé de vendre son étude en 1856, et tenta sans succès, à deux reprises, d'entrer au conseil général de Seine-et-Marne, dont le canton de la Ferté-sous-Jouarre ne l'y envoya que le 8 octobre 1871. Il collabora à divers journaux

républicains de la région, devint président de la commission départementale, et, dans une de ces séances, ayant traité « d'imbécile » le sous-préfet de Coulommiers, M. de Rocquigny, fut condamné à deux jours de prison. Élu, comme candidat constitutionnel, le 20 février 1876, député de l'arrondissement de Coulommiers, par 6,332 voix (11,811 votants, 14,709 inscrits), contre 5,300 à M. Josseau, ancien député bonapartiste, il prit place à la gauche républicaine, et fut l'un des 363 députés qui refusèrent le vote de confiance au ministère de Broglie. Réélu, le 14 octobre 1877, par 8,082 voix (12,686 votants, 14,993 inscrits) contre 4,530 à M. Josseau, et, le 21 août 1881, par 8,392 voix (9,671 votants, 15,213 inscrits), contre 288 à M. de Mun et 151 à M. Josseau, il continua de voter avec la majorité républicaine, dont il appuya la politique scolaire et coloniale. Il quitta le parlement aux élections de 1885. Membre de plusieurs sociétés savantes, M. Plessier a publié : *Rapport numérique entre la population rurale et le travail agricole dans le département de Seine-et-Marne, de 1806 à 1856* (Mémoire communiqué à l'Académie des sciences); *Formation simultanée du plateau et des vallées de la Brie* (1865).

PLET-BEAUPREY (Pierre-François-Nicolas), membre de la Convention, député au Conseil des Cinq-Cents, né à Sées (Orne) le 23 janvier 1762, mort à Sées le 28 mai 1821, entra dans les ordres. Il était abbé à Sées lorsque, ayant embrassé avec ardeur les idées nouvelles, il fut nommé, en 1791, administrateur du département de l'Orne, et fut envoyé à la Convention, le 8 septembre 1792, par ce département, le 5e sur 10, à la pluralité des voix (556 votants). Dans le procès du roi, il se prononça pour la peine capitale, et motiva ainsi son opinion : « En votant pour la mort, j'impose silence au cri de l'humanité pour n'entendre que celui de ma conscience; mais je demande que l'exécution du jugement soit différée jusqu'à ce que la Convention ait pris des mesures certaines pour que la famille de Louis ne puisse être nuisible à la République. Si sa mort a lieu, qu'elle donne un grand exemple, et que son sang rassasie enfin la soif de ces hommes qui ne respirent que mort et carnage. » Il ne prit qu'une part restreinte aux délibérations, et appartint encore au Conseil des Cinq-Cents, comme député de l'Orne, élu par 131 voix sur 390 votants, le 22 vendémiaire an IV. Plet-Beauprey siégea jusqu'en l'an VII. Sans emploi jusqu'en 1813 (il avait 3,000 francs de revenu personnel), il fut nommé, à cette date, inspecteur des postes, fut révoqué à la première Restauration (1814), reprit ses fonctions aux Cent-Jours, et contribua à l'organisation de la fédération bretonne. Atteint, de ce chef, par la loi du 12 janvier 1816 contre les régicides, il se réfugia à la Haye, d'où il fut rappelé le 27 mai 1818, ayant été amnistié, « à cause des conditions atténuantes » de son vote sur Louis XVI. Il rentra à Sées le 18 août suivant, et y demeura jusqu'à sa mort.

PLEURRE (Pierre-Charles, marquis de), député en 1789, né au château de Pleurre (Marne) le 7 septembre 1737, mort à une date inconnue, suivit la carrière militaire. Il était maréchal de camp et grand bailli, lorsqu'il fut élu (20 mars 1789) député de la noblesse aux États-Généraux par le bailliage de Sézanne, avec 67 voix. Attaché à l'ancien régime, il se montra opposé aux délibérations par tête et protesta contre la constitution de l'Assemblée dans une lettre ainsi conçue :

« Le député des bailliages de Sézanne et de Châtillon-sur-Marne, à qui ses commettants ont prescrit par leur mandat de faire les plus grands efforts pour que les délibérations se fassent par ordre et non par tête, déclare protester dans le cas où ce dernier mode prévaudrait et rester alors sans voix délibératrice jusqu'à ce que d'après une nouvelle convocation, il ait reçu de sesdits commettants des nouvelles instructions et ordres qu'ils jugeront à propos de lui donner; demandant que ladite protestation soit annexée au procès-verbal et qu'il lui en soit donné acte. »

« A Versailles, le 30 juin 1787.

LE MARQUIS DE PLEURRE. »

Le marquis de Pleurre ne cessa d'opiner avec la droite, demanda la mise en liberté de Barmout, et combattit toutes les innovations qui eurent l'agrément de la majorité. Il quitta la vie politique après la session.

PLÉVILLE-LE-PELLEY (GEORGES-RENÉ), membre du Sénat conservateur et ministre, né à Granville (Manche) le 18 juin 1726, mort à Paris le 2 octobre 1805, quitta le collège à 12 ans pour s'engager comme mousse au Havre, sur un navire marchand. Il fit plusieurs campagnes de pêche, et devint second à bord d'un corsaire havrais; mais, en 1746, il eut la jambe emportée dans un combat contre les Anglais et fut fait prisonnier. Rendu à la liberté, il servit comme lieutenant à bord de l'*Argonaute* sous les ordres de son oncle, passa, la même année, sur le *Mercure*, et tomba de nouveau aux mains des Anglais. En 1759, il commanda l'*Hirondelle*, avec laquelle il s'empara de trois navires anglais; son état de santé le fit alors attacher au service des ports. En décembre 1770, à Marseille, il sauva au péril de sa vie la frégate anglaise *Alarm*; l'Amirauté britannique lui envoya à cette occasion une somme importante. En 1778, Pléville s'embarqua sur le *Languedoc*, avec lequel, sous les ordres du comte d'Estaing, il fit la guerre d'Amérique. En récompense, Washington lui décerna la décoration de Cincinnatus. Il n'émigra pas à la Révolution, fut attaché, en l'an II, aux comités de la marine et du commerce, organisa, l'année suivante, à Ancône et à Corfou, le service maritime, fut, en messidor an V, ministre plénipotentiaire au congrès de Lille chargé de négocier la paix avec l'Angleterre, et, le 29 thermidor suivant, devint ministre de la Marine en remplacement de Truguet. Sa santé l'obligea encore de donner sa démission neuf mois après (8 floréal an VI); il avait été promu contre-amiral le 27 vendémiaire précédent, et nommé vice-amiral en quittant le ministère. Il se rallia au coup d'État de brumaire, et entra au Sénat conservateur, à la création, le 3 nivôse an VIII. Membre de la Légion d'honneur le 9 vendémiaire an XII, grand officier de l'ordre le 25 prairial suivant, il mourut peu de temps après.

PLICHON (PIERRE), député au Conseil des Cinq-Cents, dates de naissance et de mort inconnues, fermier à Salesches (Nord), et adjoint au maire de cette commune, fut élu, le 25 vendémiaire an IV, ministre du Nord au Conseil des Cinq-Cents, par 346 voix (444 votants). Il siégea obscurément jusqu'à l'année suivante, et ne fit pas partie d'autres assemblées.

PLICHON (CHARLES-IGNACE), député de 1846

à 1848, au Corps législatif de 1857 à 1870, ministre, représentant en 1871 et député de 1876 à 1888, né à Bailleul (Nord) le 28 juin 1814, mort à Paris le 3 juin 1888, fils d'un fabricant de savons, fit ses études chez les jésuites de Saint-Acheul, son droit à Paris, embrassa les doctrines saint-simoniennes, et se fixa comme avocat dans sa ville natale après le départ pour l'Egypte du père Enfantin. Guizot, alors ministre, lui confia une mission en Perse, et peu après, M. Plichon fut élu, le 1er août 1846, député du 12e collège du Nord (Hazebrouck), par 495 voix (767 votants, 823 inscrits), contre 355 à M. Behaghel. Il vota, tout en conservant une entière indépendance, avec le groupe ministériel. Eloigné de la politique par la révolution de 1848, il se fit, sous l'empire, le champion des idées catholiques et protectionnistes, devint maire d'Arras, candidat de l'opposition constitutionnelle, et, fut successivement élu député au Corps législatif dans la 4e circonscription du Nord, le 22 juin 1857, par 19,067 voix (19,178 votants, 26,516 inscrits); le 1er juin 1863, dans la 1er circonscription du même département, par 19,826 voix (31,745 votants, 38,123 inscrits) contre 12,337 à M. de Clebsattel; le 24 mai 1869, par 27,108 voix (27,479 votants, 40,654 inscrits). En 1858, il parla contre la loi de sûreté générale; protesta (1860) contre les envahissements du Piémont, avec une telle vivacité, que le président de la Chambre, M. de Morny, lui retira la parole; signala (1862) le réveil du socialisme, réveil « dont une certaine presse était responsable », alors que les journaux catholiques ne pouvaient que se taire; attaqua (février 1863) les candidatures officielles, et réclama, à cette occasion, la liberté de la presse et la liberté électorale. Il signa la demande d'interpellation des 116, fut, en février 1870, membre de la commission d'enquête sur la marine marchande, adhéra à l'empire libéral, et fut appelé, le 15 mai 1870, à remplacer M. de Talhouet, démissionnaire, au ministère des Travaux publics. Il vota pour la guerre contre la Prusse, et tomba, le 10 août, avec le ministère Ollivier. Elu, le 8 février 1871, représentant du Nord à l'Assemblée nationale, le 22e sur 28, par 202,252 voix (262,927 votants, 326,410 inscrits), il prit place au centre droit, fit partie de la réunion Saint-Marc-Girardin, demanda une réduction dans la représentation de l'Algérie, défendit le septennat personnel du maréchal de Mac-Mahon dans un discours prononcé à Lille, en 1874, à l'occasion du voyage du président de la République, et vota pour la paix, pour l'abrogation des lois d'exil, pour la pétition des évêques, contre le service de trois ans, pour la démission de Thiers, pour le septennat, pour le ministère de Broglie, contre l'amendement Wallon, contre les lois constitutionnelles. Conseiller général du canton sud-ouest de Bailleul du 8 octobre 1871, vice-président et président de l'assemblée départementale, il fut élu député, le 20 février 1876, dans la 2e circonscription d'Hazebrouck, par 8,563 voix (9,122 votants, 12,400 inscrits). Il continua de siéger à droite, et vota pour le ministère de Broglie contre les lois d'ordre. Réélu, le 14 octobre 1877, par 9,502 voix (10,183 votants, 12,523 inscrits), contre 288 à M. Bourdrez, il combattit la politique scolaire, coloniale et économique des ministères républicains, puis se porta candidat au Sénat, le 5 janvier 1879, dans le Nord, où il échoua avec 383 voix sur 795 votants. L'arrondissement d'Hazebrouck lui renouvela son mandat législatif, le 21 août 1881, par 7,715 voix (10,158 votants, 12,712 inscrit=), contre 2,381 à M. Delassus. Il continua de siéger à droite, et, porté, le 4 octobre 1885, comme candidat de l'Union conservatrice dans le Nord, il fut réélu député, le 4e sur 24, par 162,555 voix (292,696 votants, 348,124 inscrits). M. Plichon vota constamment avec la minorité de droite, et mourut avant la fin de la législature. Officier de la Légion d'honneur (11 août 1867).

PLICHON (ALBERT-JOSEPH-HIPPOLYTE), représentant du peuple en 1849, né à Hesdin (Pas-de-Calais) le 13 décembre 1803, mort à Arras (Pas-de-Calais) le 28 janvier 1887, exerçait la médecine à Arras, et était maire de cette ville et conseiller général du département. Elu, comme conservateur, le 13 mai 1849, représentant du Pas-de-Calais à l'Assemblée législative, le 3e sur 13, par 87,714 voix (129,691 votants, 194,088 inscrits), il siégea à droite, vota avec la majorité monarchiste, appuya la politique présidentielle de L.-N. Bonaparte, applaudit au coup d'Etat, et fut, le 4 juin 1863, dans la 1re circonscription du Pas-de-Calais, le candidat du gouvernement impérial au Corps législatif; mais il échoua avec 9,550 voix contre 15,411 à l'elu indépendant, M. Liéron-Leroy.

PLOCQ (TOUSSAINT), représentant du peuple en 1848, né à Soissons (Aisne) le 2 janvier 1796, mort à Vauxbuin (Aisne) le 13 octobre 1870, avocat dans sa ville natale, y acheta une charge d'avoué qu'il occupa jusqu'en 1838, devint conseiller municipal et adjoint au maire de Soissons en 1830, et fut destitué par le ministre Guizot (1847). Nommé, à la révolution de 1848, sous-commissaire du gouvernement provisoire à Soissons, il fut remplacé peu après, de nouveau appelé aux fonctions d'adjoint, et élu, le 23 avril 1848, représentant de l'Aisne à l'Assemblée constituante, le 10e sur 14, par 63,068 voix (139,963 votants, 154,878 inscrits). Il fit partie du comité de l'administration, et vota pour le bannissement de la famille d'Orléans, pour les poursuites contre L. Blanc et Caussidière, contre l'impôt progressif, contre l'incompatibilité des fonctions, contre l'amendement Grévy, contre la sanction de la Constitution par le peuple, contre la proposition Rateau, contre la demande de mise en accusation du président et des ministres; il s'abstint de voter sur l'ensemble de la Constitution. Non réélu à la Législative, il rentra au barreau de Soissons.

PLOEUC (ALEXANDRE-MARIE-SÉBASTIEN, MARQUIS DE), représentant en 1871, né à Quimper (Finistère) le 7 octobre 1815, mort à Guerguelégan (Finistère) le 25 août 1887, fit ses études à Lorient et se destina à la marine; mais, une chute de cheval l'ayant rendu boiteux, il entra dans les finances, et fut nommé, en 1857, commissaire du gouvernement chargé de régler la situation financière de la Grèce vis-à-vis des trois puissances protectrices. Il s'acquitta habilement de cette mission, fut, de 1859 à 1868, membre du grand conseil du trésor ottoman, fonda, puis administra la Banque ottomane, et, de retour en France (1868), fut appelé au poste de sous-gouverneur de la Banque de France. Pendant la Commune (mars-mai 1871), M. de Ploeuc, en l'absence de M. Rouland gouverneur, assuma toute la responsabilité : en présence des réquisitions du comité central qui avait besoin d'argent pour payer la solde de la garde nationale, le sous-gouverneur parlementa, gagna du temps, et grâce à ses relations avec son compatriote M. Beslay (Voy. ce nom), membre de la Commune délégué à la Banque, et avec M. Fr. Jourde, délégué au ministère des Finances, ne donna que de faibles acomptes sur les sommes qui lui étaient demandées. Le gouvernement de Versailles, après sa victoire, nomma M. de Ploeuc commandeur de la Légion d'honneur. Aux élections complémentaires du 2 juillet 1871, motivées dans la Seine par 21 décès, options ou démissions, le sous-gouverneur de la Banque fut porté candidat à l'Assemblée nationale par le comité conservateur dit de l'Union de la presse. Elu représentant de la Seine, le 18e sur 21, par 108,281 voix (290,823 votants, 458,774 inscrits), avec une profession de foi où il se déclarait prêt à voter « toutes les franchises qui peuvent être dans les légitimes aspirations du pays », M. de Ploeuc prit place au centre droit, avec lequel il vota contre la dissolution de l'Assemblée, contre le gouvernement de Thiers, pour sa chute au 24 mai, pour le septennat, l'état de siège, la loi des maires, le ministère de Broglie, contre les amendements Wallon et Pascal Duprat, et contre l'ensemble de la Constitution de 1875. Invité, au mois d'octobre 1873, par un certain nombre de membres républicains du conseil général de la Seine, à déclarer s'il se prononcerait en faveur de la république ou de la monarchie, il refusa de répondre, et dit qu'il ne « reconnaissait à personne le droit de le mettre en demeure de s'expliquer sur tel ou tel de ses votes futurs à l'Assemblée ». Il prit la parole dans la discussion du budget des finances (1872), sur l'établissement des succursales de la Banque de France (1873), et combattit la proposition de M. Wolowski tendant à modifier un contrat passé entre la Banque et l'Etat (18 juillet 1874). Lors du débat sur la loi électorale (1875), la majorité ayant, sur la proposition de M. de Champvallier, supprimé la représentation des colonies, M. de l'Ioeuc présenta un amendement qui fit revenir l'Assemblée sur cette mesure. Aux élections du 20 février 1876, M. de Ploeuc échoua, comme candidat conservateur-monarchiste, dans le 1er arrondissement de Paris, avec 3,184 voix contre 8,701 à M. Tirard, républicain, élu. Décoré du Medjidié de Turquie, du Sauveur de Grèce, de Saint-Grégoire-le-Grand, etc.

PLOUGOULM (PIERRE-AMBROISE), député de 1846 à 1848, né à Rouen (Seine-Inférieure) le 16 janvier 1796, mort à Paris le 17 mars 1863, étudia le droit à Paris et se fit inscrire au tableau de l'ordre des avocats en 1821. L'année suivante, il fut au nombre des défenseurs des sergents de la Rochelle. Dévoué, sous la Restauration, aux idées libérales, M. Plougoulm se rallia avec empressement au régime issu de la révolution de juillet, reçut la croix de la Légion d'honneur, et devint, en 1834, substitut du procureur général à Paris. Avocat général en 1835, il fut chargé, en cette qualité, de prendre la parole devant la Chambre des pairs lors du procès d'avril et dans l'affaire Fieschi. Le zèle avec lequel il s'acquitta de cette tâche lui valut d'être promu procureur général à Amiens (1839), puis à Toulouse, où il se vit, de la part des républicains, l'objet de manifestations hostiles qui l'obligèrent à quitter la ville lors des troubles du recensement (1841) (Voy. Mahul). Quand il revint à son poste, le gouvernement le destitua pour avoir manqué de fermeté en présence de l'émeute. Bientôt réintégré dans la magistrature, il occupa le poste de procureur général à Nîmes (1842), puis à Rennes (1843), et celui de premier président à cette dernière cour (1845). Le 1 r août 1816, il fut élu député du 1er collège du Morbihan (Vannes), par 123 voix (131 votants, 203 inscrits). Il siégea dans la majorité conservatrice qui soutint jusqu'au bout le ministère Guizot, quitta la vie parlementaire à la révolution de 1848, et donna également alors sa démission de magistrat. Mais appelé, le 25 août 1849, aux fonctions d'avocat général à la cour de Cassation, il se rallia à l'Empire, et reçut, le 30 juin 1854, un siège de conseiller à la même cour. Commandeur de la Légion d'honneur (1845). M. Plougoulm a publié quelques écrits politiques: l'*Hérédité de la pairie* (1831); les *Événements de Toulouse* (1841). Il est aussi l'auteur de traductions de Cicéron et de Démosthènes.

PLUVINAL (Joseph-Gaspard-Emmanuel-Mathieu Pezenas, baron de), représentant à la Chambre des Cent-Jours, né à Avignon (Vaucluse) le 13 décembre 1751, mort à Paris le 25 février 1811, appartint à l'armée, et fut fait baron de l'Empire le 3 février 1813. Élu, le 13 mai 1815, représentant à la Chambre des Cent-Jours par l'arrondissement d'Avignon, avec 62 voix (85 votants), contre 19 à M. Dupuy, il rentra dans la vie privée après cette courte législature.

POCCI (Jean), député de 1811 à 1814, dates de naissance et de mort inconnues, était colonel en garnison à Viterbe, lorsqu'il fut désigné directement par Napoléon Ier (23 janvier 1811), sur une liste dressée par le préfet du département de Rome, pour représenter ce département au Corps législatif impérial, où il siégea qu'aux traités de 1814.

POCHERON (Sébastien), député en 1789, né à Saint-Bérain-sur-d'Heune (Saône-et-Loire) le 12 janvier 1715, mort à une date inconnue, était curé [de Champvert, quand il fut élu, (27 mars 1789) député du clergé aux États-Généraux par le bailliage de Charolles. Il vota avec la majorité de la Constituante, se prononça pour la vérification en commun des pouvoirs, fut adjoint au comité de règlement, et prêta le serment ecclésiastique le 29 décembre 1790. Il disparut de la scène politique après la session.

POCHET (François-Joseph de), député en 1789, né à Manosque (Basses-Alpes) le 17 février 1729, mort à une date inconnue, étudia le droit, devint avocat à Aix, et fut assesseur et procureur du pays de Provence. Le 8 avril 1789, il fut élu député du tiers aux États-Généraux par la sénéchaussée d'Aix. Son nom n'est pas cité au *Moniteur*.

POCHOLLES (Pierre-Pomponne-Amédée), membre de la Convention, né à Dieppe (Seine-Inférieure) le 30 septembre 1761, mort à Paris le 5 juin 1831, entra à 15 ans dans la congrégation de l'Oratoire, devint professeur à Angers dans un collège de l'ordre, qu'il quitta en 1790, sans y avoir prononcé des vœux. Son père, juge et subdélégué à Dieppe, l'avait appelé auprès de lui pour le former aux fonctions dans lesquelles il espérait l'avoir pour successeur. Mais la Révolution vint modifier ces dispositions. Maire de Dieppe en 1791, Pocholles fut désigné comme député suppléant de la Seine-Inférieure à l'Assemblée législative, où il ne siégea pas, puis fut élu (3 septembre 1792) membre de la

Convention pour le même département, le 2e sur 16, à la pluralité des voix. Dans le procès du roi, il répondit au 3e appel nominal : « Je crois que des mesures de faiblesse, que des demi-mesures sont les plus dangereuses dans les crises d'une révolution. Si Louis vit au milieu de nous, je crains que le spectacle de l'infortune n'efface à la longue la plus juste indignation. La mesure du bannissement ne me parait pas meilleure. Si les Tarquins bannis ne furent pas plus dangereux, et ne purent rentrer dans Rome asservie, c'est qu'ils n'avaient pas comme Louis de nombreux amis dans l'intérieur, et des milliers de bras armés au dehors sous l'étendard de la révolte. On craint après sa mort les tentatives d'un ambitieux qui prétendrait à le remplacer. Je demande comment un ambitieux serait encouragé par le châtiment d'un tyran? Ne serait-ce pas au contraire votre faiblesse? Craindrait-on que les Français tremblassent devant un tyran nouveau, lorsqu'ils frissonnent encore d'horreur au souvenir de leurs chaines? Je vote pour la mort de Louis; et puisse sa honte enfermer toutes nos divisions et nos haines! » Envoyé en mission dans la Somme, la Seine-Inférieure, à Lyon, puis dans l'Ouest, il se montra opposé au maintien du régime révolutionnaire, obtint de la Convention le décret qui rendit à la ville de Lyon son nom changé en celui de *Commune affranchie*, s'employa à la pacification de l'Ouest, et se défendit plus tard d'avoir insulté, à Loches, comme on le prétendit, les couches d'Agnès Sorel. Sa modération le fit cependant dénoncer à son tour; mais Doulcet de Pontécoulant prit sa défense, et la dénonciation fut écartée par l'ordre du jour. Lors des élections au Conseil des Cinq-Cents, le département de la Mayenne donna la majorité à Pocholles; mais il céda la place à un collègue plus âgé que lui. S'étant rendu alors en Italie pour affaires particulières (an V), il se trouvait à Milan lorsque Bonaparte, après la conclusion du traité de Campo-Formio, organisa en départements les îles Ioniennes. Pocholles accepta la place de commissaire général dans le département d'Ithaque, et en exerça les fonctions à Céphalonie jusqu'au moment où les flottes réunies des Turcs et des Russes attaquèrent ces îles : il entra alors à Corfou, mais dut revenir à Paris après la reddition de cette place. Il n'adhéra point, tout d'abord, au coup d'État du 18 brumaire; mais il fut nommé, peu après, secrétaire général du département de la Roër, puis, le 23 fructidor an XII, sous-préfet de Neufchâtel (Seine-Inférieure). Il fut candidat au Corps législatif en 1807, mais le Sénat conservateur ne le nomma pas. Destitué en 1814, il fut réintégré en 1815; puis, destitué encore en 1815, il alla à Bruxelles où il collabora au *Courrier des Pays-Bas*. Atteint par la loi du 12 janvier 1816 contre les régicides, il repartit de Paris le 8 février suivant, se fixa à Bruxelles, qu'il quitta en 1828, pour fonder à Liège le *Courrier universel* subventionné par le gouvernement hollandais. Sa femme avait demandé au roi son rappel (4 mars 1818); mais Pocholles ne rentra en France qu'après la révolution de 1830, et mourut moins d'un an après.

POCHON (Joseph-Marie-Alexandre), député de 1883 à 1889, né à Marboz (Ain) le 7 juin 1810, propriétaire-agriculteur, maire de Marboz (4 septembre 1870), révoqué en mai 1871, réélu en 1874, et conseiller général du canton de Coligny (1877), se présenta, comme candidat républicain radical pour remplacer M. Tiersot décédé, dans la 1re circonscription de Bourg. Il fut élu député, le 15 avril 1883, par 6,648 voix (12,849 votants, 17,090 inscrits), contre 5,213 au docteur Goujon opportuniste, et 686 à M. Tissot. Il prit place à l'extrême gauche, et vota avec les radicaux : contre les crédits de l'expédition du Tonkin, contre le ministère Ferry. Inscrit, le 4 octobre 1885, sur la liste républicaine unique du département de l'Ain, il fut réélu, le 2e sur 6, par 44,157 voix (76,043 votants, 103,619 inscrits). M. Pochon se prononça contre les cabinets Rouvier et Tirard, soutint le ministère Floquet, et, en dernier lieu, s'abstint sur le rétablissement du scrutin d'arrondissement (11 février 1889), sur l'ajournement indéfini de la revision de la Constitution, et vota pour les poursuites contre trois députés membres de la Ligue des patriotes, pour le projet de loi Lisbonne restrictif de la liberté de la presse, pour les poursuites contre le général Boulanger.

PODENAS (JOSEPH, BARON DE), député de 1829 à 1834, né à Nogaro (Gers) le 18 janvier 1782, mort à Montpellier (Hérault) le 10 janvier 1851, appartint à la magistrature et devint conseiller à la cour royale de Toulouse. Élu, le 14 mai 1829, député du 2e arrondissement de l'Aude (Narbonne), par 305 voix (466 votants, 619 inscrits), contre 160 à M. Esperonnier, en remplacement de M. Sernin, démissionnaire, il siégea au côté gauche, dans les rangs des constitutionnels, combattit le ministère Polignac, et fut des 221. Réélu, le 23 juin 1830, par 358 voix (592 votants, 674 inscrits), contre 230 à M. Barthe-Labastide, il adhéra au gouvernement de Louis-Philippe, et, dans la séance du 7 août 1830, lors de la discussion de la déchéance de la branche aînée, soutint la rédaction du préambule qui accusait « Charles X d'être l'héritier de la férocité de Charles IX ». Il obtint encore le renouvellement de son mandat, le 5 juillet 1831, par 360 voix (502 votants, 637 inscrits), contre 131 à M. Barthe-Labastide, et opina jusqu'en 1834 avec le tiers-parti. M. de Podenas signa le Compte-rendu de l'opposition en 1832, et échoua, le 21 juin 1834, avec 213 voix contre 255 à M. François Arago, de l'opposition démocratique, élu.

POEYDAVANT (JEAN-PIERRE-ETIENNE-LOUIS-AUGUSTIN), député de 1820 à 1827, né à Perpignan (Pyrénées-Orientales) le 28 août 1769, mort à une date inconnue, était trésorier-payeur à Rennes et chevalier de la Légion d'honneur, lorsqu'il fut successivement élu député du grand collège des Pyrénées-Orientales, le 13 novembre 1820, par 263 voix (352 votants, 483 inscrits); le 10 octobre 1821, par 269 voix (368 votants, 487 inscrits), et le 25 février 1824, par 278 voix (327 votants, 446 inscrits). Il fit partie à la Chambre du groupe ministériel, demanda (20 août 1822) un secours pour la famille du conventionnel Montégut, et quitta la vie politique aux élections de 1827.

POEZE (OLIVIER-CHARLES-MARIE, COMTE DE LA), député au Corps législatif de 1863 à 1870, né à Nantes (Loire-Inférieure) le 25 juin 1821, mort à Tours (Indre-et-Loire) le 26 mars 1882, « fils de Charles-Henri-Marie, vicomte de la Poëze, et de Caroline-Prudence de La Ville de Férolles des Dorides », riche propriétaire dans la Vendée, devint chambellan honoraire de Napoléon III, tandis que la marquise de la Poëze, née de la Roche Lambert, était dame d'honneur de l'impératrice. Chevalier de la Légion d'honneur et conseiller général de la Vendée pour le canton de Saint-Fulgent, il fut élu député au Corps législatif dans la 3e circonscription de la Vendée, le 1er juin 1863, par 20,199 voix (20,827 votants, 36,713 inscrits), et fut réélu, le 24 mai 1869, par 17,909 voix (31,621 votants, 38,852 inscrits), contre 13,397 à M. de Falloux. Dévoué à l'empire, M. de la Poëze soutint la politique du gouvernement et vota pour la guerre contre la Prusse. La révolution du 4 septembre 1870 le rendit à la vie privée.

POGGI (JOSEPH-ANTOINE-DOMINIQUE-FÉLIX-MARIE DE), député de 1811 à 1814, né à l'omaro (Italie) le 20 août 1761, mort à Montmorency (Seine-et-Oise) le 19 février 1842, « fils du noble monsieur le capitaine Ignace Poggi et de la dame Catherine Arcelli, conjoints », entra dans les ordres, et fut attaché à l'évêque de Pistoie. Il acquit les grades de docteur en théologie et de docteur en droit de l'Université de Parme, se montra partisan enthousiaste de la Révolution française, prêcha la démocratie à Milan en 1796, et fut chargé par Bonaparte d'organiser la société d'instruction publique de cette ville. Il se fit relever de ses vœux par le pape en 1798, et se fixa à Paris l'année suivante. Élu, le 8 mai 1811, par le Sénat conservateur, député au Corps législatif pour le département du Taro, il siégea jusqu'au traité de 1814. En 1815, Marie-Louise le chargea de liquider avec la France les dettes et créances du duché de Parme, et il fut nommé chargé d'affaires de cette principauté à Paris. On a de lui, en italien, quelques écrits religieux et philosophiques, et un fragment de poème : De la nature des choses (1823).

POICTEVIN. — Voy. ROCHETTE (BARON DE LA).

POIGNOT (JEAN-LOUIS), député en 1789, né à Paris à une date inconnue, mort à Paris le 21 janvier 1791, marchand mercier à Paris, fut élu, le 13 mai 1789, député du tiers aux États-Généraux par la ville de Paris par 162 voix. Il vota avec la majorité, prêta le serment du Jeu de paume, fut envoyé à Paris (16 juillet 1789) pour rétablir l'ordre, accompagna le roi à Paris (4 octobre), fit partie des comités des monnaies et d'aliénation, fut secrétaire de l'Assemblée (6 novembre 1790), déposa un projet de remboursement de la dette exigible, exposa ses motifs sur la question des assignats, et mourut pendant la session (1791). Étant resté plusieurs jours absent en juillet 1789 pour cause de maladie, le bruit de sa disparition en vertu d'ordres ministériels avait couru dans le public, M. Poignot mit fin à cette agitation, raconte le Moniteur, en venant, « malgré la situation pénible de sa santé », reprendre sa place à l'Assemblée le lundi 13 juillet.

POILLOUE DE SAINT-MARS (JACQUES-AUGUSTE, MARQUIS), député en 1789, né à Etampes (Seine-et-Oise) le 28 décembre 1739, mort à Limours (Seine-et-Oise) le 22 août 1794, avait été page du roi et résidait à Etampes, lorsque ce bailliage l'élut (15 mars 1789) député de la noblesse aux États-Généraux. Il opina silencieusement avec les partisans de l'ancien régime.

POINCARE (RAYMOND-NICOLAS-LANDRY), député de 1887 à 1889, né à Bar-le-Duc (Meuse) le 20 août 1860, fils d'un inspecteur des ponts et chaussées, étudia le droit et se fit recevoir docteur. Inscrit au barreau de Paris, il devint secrétaire de la conférence des avocats, fut quelque temps attaché au journal le *Voltaire* comme rédacteur judiciaire (1882), puis fut nommé chef de cabinet du ministre de l'Agriculture (janvier 1886). Il était conseiller général du canton de Pierrefitte (Meuse), lorsque le décès de M. Liouville détermina une vacance dans la représentation de ce département. M. Poincaré se présenta pour lui succéder, le 31 juillet 1887, et fut élu par 34,796 voix (46,944 votants, 82,994 inscrits), contre 9,705 à M. Hurel, 1,145 au général Boulanger et 1,582 à M. Gérardin. Il se trouva alors un des plus jeunes membres de la Chambre, prit place dans les rangs de la majorité, parut quelquefois à la tribune, fut rapporteur des projets de loi sur les acquits de chemins de fer et sur le contrat de louage, et vota, dans la dernière session, *pour* le rétablissement du scrutin d'arrondissement (12 février 1889), *pour* l'ajournement indéfini de la révision de la Constitution, *pour* les poursuites contre trois députés membres de la Ligue des patriotes, *pour* le projet de loi Lisbonne restrictif de la liberté de la presse, *pour* les poursuites contre le général Boulanger.

POINSOT (Charles-Michel), représentant à la Chambre des Cent-Jours, né à Langres (Haute-Marne) le 20 avril 1774, mort à Langres le 8 octobre 1819, « fils de M. Denis Poinsot, avocat au parlement, et de demoiselle Marie-Marguerite-Gilberte Desprez », étudia le droit et exerça à Langres la profession d'avocat. Le 10 mai 1815, il fut élu représentant de l'arrondissement de Langres à la Chambre des Cent-Jours, par 91 voix sur 97 votants et 165 inscrits. Il ne fit pas partie d'autres assemblées.

POINSOT (Louis), pair de France, sénateur du second empire, né à Paris le 3 janvier 1777, mort à Paris le 5 décembre 1859, entra à l'Ecole polytechnique l'année même de sa fondation, et en sortit, à 19 ans, dans les ponts et chaussées. Professeur de mathématiques au lycée Bonaparte en 1804, inspecteur général de l'université en 1806, professeur d'analyse à l'Ecole polytechnique en 1809, il fut appelé, en 1813, à l'Académie des sciences, en remplacement de Lagrange. Sa *Théorie générale de l'équilibre et du mouvement des systèmes* (1806), et surtout ses *Eléments de statique* (dont la 1re édition parut en 1803) et où était développée la *théorie des couples*, lui méritèrent ces honneurs particuliers. Examinateur de l'Ecole polytechnique et membre du conseil de perfectionnement de l'Ecole en 1816, Poinsot fut nommé, en 1840, membre du conseil supérieur de l'instruction publique, en 1843 géomètre du Bureau des longitudes, et pair de France le 21 juillet 1846. Absorbé par ses travaux scientifiques, il se mêla peu aux événements politiques, et fut appelé par le prince Louis-Napoléon au nombre des premiers sénateurs nommés le 26 janvier 1852. Outre les travaux déjà cités on a de lui : *Mémoire sur l'application de l'algèbre à la théorie des nombres* (*Journal de l'Ecole polytechnique* 1820); *Théorie nouvelle de la rotation des corps* (1834); et quelques articles importants dans le *Recueil des savants étrangers* de l'Académie des sciences.

POINT (Jean-Baptiste), représentant du peuple en 1848, né à Fontanès (Loire) le 4 novembre 1809, mort à Saint-Etienne (Loire) le 7 juillet 1854, d'une famille de cultivateurs et d'officiers ministériels, exerça à Saint-Etienne la profession d'avoué. Nommé juge suppléant

en 1838, il vendit son étude en 1841, se fit inscrire au tableau des avocats, et devint juge au tribunal en 1847. Élu, le 23 avril 1848, représentant de la Loire à l'Assemblée constituante, le 7e sur 11, par 42,410 voix, il ne prit place dans aucun groupe, fit partie du comité de la justice, et vota en indépendant, *pour* le bannissement de la famille d'Orléans, *pour* les poursuites contre L. Blanc et Caussidière, *contre* l'abolition de la peine de mort, *contre* l'impôt progressif, *contre* l'amendement Grévy, *contre* la sanction de la Constitution par le peuple, *pour* l'ensemble de la Constitution, *pour* la proposition Rateau, *pour* l'expédition de Rome, *contre* la demande de mise en accusation du président et des ministres; il ne se montra pas hostile à la politique de l'Elysée, et ne fut pas réélu à la Législative.

POINTE (Noël), membre de la Convention, né à Saint-Etienne (Loire) le 12 juillet 1755, mort à Sainte-Foy-la-Grande (Gironde) le 10 avril 1825, d'une famille pauvre, fut ouvrier arquebusier dès son enfance; dans une supplique adressée plus tard à Louis XVIII, le 27 avril 1828, ses fils disaient « qu'il fut devenu un homme distingué, si son éducation avait pu être proportionnée aux facultés de son esprit ». Il se montra ardent partisan de la Révolution, et fut élu, le 8 septembre 1792, député de Rhône-et-Loire à la Convention, le 12e sur 15, par 561 voix (821 votants). Il siégea à la Montagne et, dans le procès du roi, répondit au 3e appel nominal : « Un républicain ne veut souffrir ni rois, ni images de la royauté. Je vote pour la mort; je la demande dans les vingt-quatre heures. » En mission dans la Nièvre et dans le Cher, il prétendit « détruire le fanatisme par la persuasion », tout en usant des moyens les plus révolutionnaires : « Demain, écrivait-il le 6 décembre 1793, j'irai à Rocher-la-Montagne, ci-devant Decize, pour y étouffer quelques crapaux dont le venin terny le beau nom de cette cité. » A Nevers, il établit une société populaire pour la jeunesse, et taxa les riches. Après thermidor, il resta fidèle aux jacobins; parlant, le 24 décembre 1794, « sur les dangers de la patrie », il s'écria que « depuis le 9 thermidor, la Terreur avait passé dans d'autres mains, et qu'il voyait avec effroi la contre-révolution empoisonner de son souffle liberticide l'horizon politique », et il conclut à une nouvelle application de la loi contre les suspects. Il vota la mise en accusation de Carrier. Dénoncé par les contre-révolutionnaires de la Nièvre, il eut à répondre de sa conduite devant le comité de législation; mais l'amnistie du 4 brumaire an IV mit fin aux poursuites. Nommé, après la session, commissaire du Directoire près l'administration centrale de la Nièvre, il devint, sous l'empire, percepteur à Monestier (Dordogne), fut révoqué à la première Restauration, adhéra à l'Acte additionnel, aux Cent-Jours, et tomba, de ce chef, sous le coup de la loi du 12 janvier 1816 contre les régicides. Pauvre et infirme, il demanda ostensiblement un passeport pour Chambéry (2 février 1816); mais, au lieu de partir, il se cacha à la Bastide, près de Monestier, où il vécut de la charité de ses voisins. Découvert et arrêté le 31 décembre 1817, il essaya de se donner la mort, et fut traduit devant la cour d'assises de la Dordogne qui le condamna à la déportation (21 avril 1818) comme réfractaire à la loi de 1816. Le roi le gracia le 20 mai suivant, et lui accorda, en juin, un sursis temporaire, qui fut converti en sursis indéfini lors de l'amnistie partielle du 25 décembre

1818. On a de lui quelques brochures politiques.

POINTEAU-BAZINVILLE (Louis-Joseph), représentant à la Chambre des Cent-Jours, né à Pithiviers (Loiret) le 3 août 1767, mort à Pithiviers le 30 octobre 1833, « fils de maître Denis Bernard Pointeau, notaire royal, procureur fiscal de la chatellenie de Pithiviers, premier marguillier de la paroisse, et de dame Marie-Françoise Dallier », appartint à la magistrature. Il était procureur impérial, lorsqu'il fut élu, le 9 mai 1815, représentant de l'arrondissement de Pithiviers à la Chambre des Cent-Jours, par 37 voix (64 votants, 104 inscrits) contre 12 à M. Roland-Chambaudouin. Son rôle parlementaire prit fin avec la législature.

POINTEL DU PORTAIL (Luc-François), député au Conseil des Anciens, né le 1er octobre 1754, mort à une date inconnue, était maire de Saint-Servan, quand il fut élu, le 25 germinal an V, député d'Ille-et-Vilaine au Conseil des Anciens, où il resta jusqu'en l'an VII. Le gouvernement consulaire le maintint dans ses fonctions de maire de Saint-Servan le 17 germinal an VIII.

POIRRIÉZ (Nicolas), député au Conseil des Cinq-Cents, né à Gueschard (Somme) en 1761, mort à Gueschard le 27 mars 1852, cultivateur, fut élu député de la Somme au Conseil des Cinq-Cents, le 24 germinal an VI. Il présenta à l'assemblée un projet sur les droits de greffe, et devint, le 12 messidor an VIII, juge au tribunal d'Amiens. A la nouvelle organisation judiciaire, le 2 avril 1811, il reçut le titre de conseiller à la cour d'Amiens. Il conserva ses fonctions sous la Restauration, fut promu président de chambre par le gouvernement de Louis-Philippe et mourut en 1852 président honoraire. Chevalier de la Légion d'honneur.

POISAT (Michel-Benoît), député de 1842 à 1848, né à Pont-de-Vaux (Ain) le 2 novembre 1802, mort à Paris-Passy le 13 mai 1869, fondeur et affineur de métaux, fut élu, le 9 juillet 1842, député du 1er collège de l'Ain (Pont-de-Vaux), par 138 voix (143 votants, 318 inscrits), et fut réélu, le 1er août 1846, par 148 voix (279 votants, 326 inscrits), contre 129 à M. Auguste de Passeval. Il siégea parmi les ministériels, prit une part importante à la discussion sur la refonte des sous et de la monnaie de billon, et vota *contre* l'adjonction des capacités, *pour* l'indemnité Pritchard et *contre* la proposition Rémusat relative aux députés fonctionnaires. La révolution de 1848 l'éloigna de la vie politique.

POISLE-DESGRANGES (Jacques-Damien), représentant en 1848 et en 1850, né à Genet (Creuse) le 12 janvier 1793, mort à Paris le 22 juillet 1850, étudia le droit et exerça à Bourges la profession d'avoué. Il était entré pendant les Cent-Jours dans la fédération qui se forma pour repousser l'invasion, et avait fait, en qualité de lieutenant dans un bataillon du Cher, la campagne de Vendée. En garnison à la Rochelle au moment où Napoléon quittant la France s'embarqua à Rochefort (juillet 1815), il se rendit auprès de l'empereur pour lui offrir le concours de son bataillon ; mais celui-ci déclina ses offres, et, le lendemain, monta à bord du *Bellérophon*. Avoué à Bourges (1818-1846), commandant de la garde nationale (1830), lieutenant-colonel (1831), conseiller municipal

(1850), et dévoué au gouvernement de Juillet, il fut, après la révolution de février, le candidat des conservateurs monarchistes dans le Cher, qui l'élut représentant à l'Assemblée constituante, le 23 avril 1848, le 7e et dernier, par 26,722 voix. Il fit partie du comité de la justice et vota constamment avec la droite : *pour* le rétablissement du cautionnement et de la contrainte par corps, *pour* les poursuites contre Louis Blanc et Caussidière, *contre* l'abolition de la peine de mort, *contre* l'amendement Grévy, *contre* le droit au travail, *pour* l'ordre du jour en l'honneur de Cavaignac, *contre* la réduction de l'impôt du sel, *pour* la proposition Rateau, *contre* l'amnistie, *pour* l'interdiction des clubs, *pour* les crédits de l'expédition romaine, *contre* l'abolition de l'impôt sur les boissons. Non réélu, le 13 mai 1849, à la Législative (la liste républicaine avait passé tout entière), il fut plus heureux le 10 mars 1850, lors du scrutin complémentaire motivé dans le Cher par la déchéance de MM. F. Pyat et Vauthier, représentants condamnés pour l'affaire du 13 juin 1849. Elu alors le second, par 30,377 voix (57,724 votants, 80,429 inscrits), il reprit sa place à droite, dans les rangs de la majorité, aux votes de laquelle il s'associa, mais pour peu de temps : décédé le 22 juillet suivant, il fut remplacé le 24 novembre 1850, par M. Duvergier de Hauranne.

POISSAC (Etienne-François-Charles Jaucen, baron de), député en 1789, né à Bordeaux (Gironde) le 26 novembre 1735, d'une famille de noblesse de robe du Quercy, fut reçu, en 1760, conseiller en la première chambre des enquêtes du parlement de Bordeaux. Elu, le 21 mars 1789, député aux Etats-Généraux par la noblesse de la sénéchaussée de Tulle, où il possédait le château de la Giscardie, il défendit les privilèges de son ordre, remit ses pouvoirs avec réserves, et, sans donner sa démission, quitta l'Assemblée au cours de la session, et disparut de la scène politique. Il a publié : *Arrêts notables rendus en la 1re chambre des enquêtes du parlement de Bordeaux, pour fixer la jurisprudence de la cour* (1776).

POISSON (Siméon-Denis), pair de France, né à Pithiviers (Loiret) le 21 juin 1781, mort à Sceaux (Seine) le 25 avril 1840, « fils de sieur Siméon Poisson, greffier au bailliage de Pithiviers, et de dame Aimée-Marie Franchetcrre », fut destiné d'abord à l'exercice de la chirurgie ; mais son goût très vif pour les mathématiques l'engagea à se consacrer spécialement à l'étude de cette science. Admis le premier à l'Ecole polytechnique (1798), il se fit remarquer de ses maîtres Lagrange et Laplace, prit le grade de docteur ès sciences, et fut nommé, le 11 frimaire an VIII, répétiteur, puis (1802) professeur à la même Ecole. Membre du Bureau des longitudes (1808), il occupa successivement le poste de professeur de mécanique rationnelle à la faculté des sciences (1809), celui d'examinateur de sortie à l'Ecole polytechnique (1816), et celui de conseiller de l'Université (26 juillet 1820). Il appartenait depuis 1812 à l'Institut. Etranger à la politique militante, il avait mis le sceau à sa réputation comme savant par plus de trois cents mémoires insérés dans les journaux spéciaux, par un *Traité de Mécanique*, une *Nouvelle théorie de l'action capillaire*, une *Théorie mathématique de la chaleur* (1835), et des *Recherches sur la probabilité des jugements en matière criminelle et en matière civile, précédées des règles générales du calcul* *des probabilités* (1837), lorsque le gouvernement de Louis-Philippe l'appela à la pairie (ordonnance du 3 octobre 1837). Il siégea à la Chambre haute jusqu'à sa mort (1840), et opina avec le gouvernement, sans prendre une part active aux délibérations. Les ouvrages de Poisson, qui comprennent encore : *Mémoire sur le mouvement des projectiles dans l'air, en ayant égard à la rotation de la terre* (1839); *Mémoire sur les déviations de la boussole produites par le fer des vaisseaux; De l'invariabilité des moyens mouvements des grands axes planétaires,* sont pleins d'aperçus du plus haut intérêt. Dans ses *Recherches sur la probabilité des jugements,* il démontra une loi, seulement entrevue par ses devanciers, et qu'il énonce ainsi : « Les choses de toutes nations sont soumises à la loi des grands nombres. Elle consiste en ce que, si l'on observe des nombres très considérables d'événements d'une même nature, dépendant de causes constantes et de causes qui varient irrégulièrement, tantôt dans un sens, tantôt dans l'autre, c'est-à-dire sans que leur variation soit progressive dans aucun sens déterminé, on trouvera entre ces nombres des rapports à très peu près constants. Pour chaque nature de choses ces rapports auront une valeur spéciale, dont ils s'écarteront de moins en moins à mesure que la série des événements observés augmentera davantage et qu'ils atteindraient rigoureusement, s'il était possible de prolonger cette série à l'infini. » Il apporta aussi son contingent à la mécanique céleste, et fut un des fondateurs de la physique mathématique, qu'il amena à une grande perfection, surtout en ce qui concerne l'électricité et le magnétisme.

POISSON DE COUDREVILLE (JACQUES), député en 1791, membre de la Convention, député au Conseil des Anciens, au Corps législatif de l'an VIII à 1804, représentant aux Cent-Jours, né à Saint-Lô (Manche) le 6 février 1746, mort à une date inconnue, « fils de maître Etienne Poisson, sieur de Coudreville, marchand à Saint-Lô, et de demoiselle Jeanne-Germaine-Françoise Corbet », exerçait à Saint-Lô la profession d'avocat lorsque la Révolution éclata. Il devint successivement président du tribunal de Saint-Lô et administrateur de la Manche. Le 8 septembre 1791, il fut élu député de ce département à l'Assemblée législative, le 2e sur 13, par 375 voix (547 votants). Il opina avec la majorité réformatrice. Réélu, le 5 septembre 1792, député du même département à la Convention, le 2e sur 13, par 457 voix (661 votants), il se prononça, dans le procès du roi, « pour la réclusion pendant la guerre et le bannissement à la paix », et se fit d'ailleurs peu remarquer. Passé, le 21 vendémiaire an IV, au Conseil des Anciens, comme député de la Manche, par 277 voix (461 votants), il obtint sa réélection le 24 germinal an VI, devint président de l'assemblée, adhéra au coup d'État de brumaire, et, le 4 nivôse an VIII, fut appelé par le choix du Sénat à siéger dans le nouveau Corps législatif, d'où il sortit en 1804, pour occuper le poste de procureur général près la cour criminelle du département de la Manche. A la réorganisation judiciaire de 1811, il fut promu (12 mai) conseiller à la cour impériale de Caen. Pendant les Cent-Jours, il fut élu (11 mai 1815) membre de la Chambre des représentants pour l'arrondissement de Saint-Lô, par 59 voix sur 89 votants et 166 inscrits. La seconde Restauration le rendit à la vie privée.

POITEVIN (JEAN-FRANÇOIS-ASICET), député en 1791, né à Bayols (Var) le 17 avril 1752, mort à une date inconnue, notaire à Bayols avant la Révolution, devint (1790) accusateur public près le tribunal du département du Var, qui l'envoya siéger (15 septembre 1791) à l'Assemblée législative, le 8e et dernier, par 321 voix (470 votants). Il prit la parole pour demander le paiement des électeurs de 1791 et n'eut qu'un rôle parlementaire sans importance. Sa carrière de magistrat se poursuivit sous les régimes suivants, et Poitevin fut nommé, le 29 février 1816, conseiller à la cour royale d'Aix.

POIX (PRINCE DE). — *Voy.* NOAILLES (DE).

POLANGIE. — *Voy.* RANCÉ (DE).

POLIGNAC (ARMAND-JULES-FRANÇOIS, DUC DE), pair de France, né à Paris le 7 juin 1745, mort à Saint-Pétersbourg (Russie) le 10 septembre 1817, d'une famille d'ancienne noblesse qui tire son nom d'un château féodal bâti au Ve siècle près du Puy-en-Velay, était le petit-fils de Scipion-Sidoine-Apollinaire-Gaspard, vicomte de Polignac, qui fut lieutenant général des armées du roi et gouverneur du Puy, et le petit-neveu du cardinal Melchior de Polignac (1661-1742). Il épousa, en 1767, Yolande-Martine-Gabrielle de Polastron, célèbre par l'affection que lui montra Marie-Antoinette et par l'influence qu'elle sut prendre à la cour. Le duc de Polignac, qui appartenait aux armées du roi, était parvenu au grade de colonel, lorsqu'il fut créé duc héréditaire (1780) et nommé (1782) directeur général des postes. Madame de Polignac avait remplacé, depuis peu, la princesse de Rohan-Guéméné comme gouvernante des enfants de France. On imputa alors à la famille Polignac d'avoir largement participé à la dilapidation des revenus de l'État : sans compter d'importantes concessions de terres et de péages, elle obtint de la libéralité du roi jusqu'à sept cent mille livres de traitements ou pensions réversibles d'un membre sur l'autre. Aussi le duc et la duchesse de Polignac se hâtèrent-ils de quitter la France devant la haine populaire dès les premiers progrès de la Révolution. Le duc fit la campagne des princes dans l'armée de Condé, puis partit pour la Russie où il reçut de l'impératrice Catherine une terre dans l'Ukraine. La Restauration le ramena près du roi en 1814; mais il resta à l'étranger, et mourut trois ans après à Saint-Pétersbourg.

POLIGNAC (ARMAND-JULES-MARIE-HÉRACLIUS, DUC DE), député de 1815 à 1816, et pair de France, né à Paris le 15 janvier 1771, mort à Saint-Germain-en-Laye le 1er mars 1847, fils aîné du précédent, suivit la carrière militaire, et épousa une riche Hollandaise de Batavia : la Révolution les ayant ruinés, M. de Polignac se rendit avec les siens en Russie et fut très favorablement accueilli par Catherine qui leur distribua des domaines en Ukraine, domaines que vint encore agrandir la libéralité des empereurs Paul 1er et Alexandre. En 1802, la duchesse se rendit à Paris pour recouvrer les débris de sa fortune. M. de Polignac avait rejoint le comte d'Artois à Londres en 1800, et avait été compris dans les restrictions de l'acte d'amnistie relatif aux émigrés. Il débarqua bientôt secrètement en France, accompagné de son frère Jules (*Voy.* p. bas), et tous deux furent compromis dans la conjuration de Pichegru et de Cadoudal. Leur procès instruit, Armand de Polignac fut condamné à mort le 9 juin 1804; mais sa femme se jeta aux pieds de Bonaparte qui commua la peine en une détention jusqu'à la paix, suivie de la déportation. Le duc fut enfermé avec son frère d'abord au château de Ham, puis à la prison du Temple, ensuite à Vincennes, où le gouvernement le retint au delà du temps prescrit, comme prisonnier d'État. En 1810 seulement il obtint, à l'occasion du mariage de Marie-Louise, d'être transféré, avec son frère, dans une maison de santé, où ils eurent des relations avec le général Malet. Ayant pu s'évader à la faveur de l'invasion des armées alliées (janvier 1814), ils rejoignirent le comte d'Artois à Vesoul et pénétrèrent dans Paris, où ils arborèrent le drapeau blanc, le 31 mars suivant. Armand de Polignac fut nommé maréchal de camp par Louis XVIII; élu, le 22 août 1815, par 90 voix (133 votants, 216 inscrits), député du grand collège de la Haute-Loire, il appartint à la majorité de la Chambre introuvable. Admis, le 22 décembre 1817, à prendre séance à la Chambre des pairs, par droit héréditaire, en remplacement de son père décédé, le duc de Polignac fut choisi par le comte d'Artois pour un de ses aides-de-camp et son premier écuyer. Il conserva les mêmes fonctions auprès de ce prince devenu Charles X, fut fait, en 1825, chevalier des ordres du roi, siégea à la Chambre haute jusqu'à la révolution de juillet, et refusa de prêter serment à Louis-Philippe.

POLIGNAC (Auguste-Jules-Armand-Marie, prince de), pair de France et ministre, né à Paris le 14 mai 1780, mort à Saint-Germain-en-Laye (Seine-et-Oise) le 30 mars 1847, frère puîné du précédent, partagea jusqu'à l'époque de la Restauration les dangers de son existence accidentée. Après avoir émigré avec sa mère, il entra au service de la Russie, puis vint rejoindre, en 1800, le comte d'Artois en Angleterre. Entraîné avec son frère, par Pichegru, dans le complot de Georges Cadoudal, il fut condamné à deux ans de prison, fut détenu arbitrairement pendant huit années, ne dut la liberté qu'à la chute de l'empire, et, au retour des Bourbons, fut décoré des ordres du roi et nommé maréchal de camp. Chargé alors par Louis XVIII de préparer un rapport sur l'état des esprits, il écrivait au roi, le 11 juillet 1814 : « J'ai remarqué que l'esprit public était visiblement détérioré; aux premiers élans d'enthousiasme et de joie n'a pas succédé cette heureuse confiance qui naît ordinairement des sentiments d'amour et d'obéissance. » Il remplit en outre les fonctions de commissaire extraordinaire à Toulouse, et fut nommé ministre plénipotentiaire à la cour de Bavière; mais il ne se rendit pas à ce dernier poste, suivit les Bourbons à Gand pendant les Cent-Jours, et reçut de Louis XVIII, à la seconde Restauration, des pouvoirs illimités pour soumettre à l'autorité royale le Dauphiné et la Provence. Nommé pair de France le 17 août 1815, il hésita à prêter le serment exigé, parce que la formule lui semblait contraire aux intérêts de la religion; mais le roi et le pape levèrent ces scrupules, et M. de Polignac prit séance en 1816. La même année, il épousa une Anglaise, miss Campbell, riche héritière catholique d'Écosse. Dévoué à la politique du comte d'Artois, il siégea jusqu'en 1818, sous la présidence de ce prince, dans un comité d'inspecteurs généraux chargé de surveiller et de

diriger spécialement la garde nationale. Fait prince romain par le Saint-Siège en 1820, il fut appelé (1823) à l'ambassade de Londres, où il se remaria (1825) avec la marquise de Choiseul. Lorsque le ministère « constitutionnel » de M. de Martignac eut échoué dans sa tentative de conciliation entre les intérêts du trône et ceux de la Charte, ce fut M. de Polignac que Charles X appela, le 8 août 1829, à prendre le portefeuille des Affaires étrangères, auquel il joignit, le 17 novembre, la présidence du conseil des ministres. La haute impopularité du nouveau ministre faisait de sa nomination un véritable défi à l'opinion libérale. M. de Polignac suivit avec conviction une politique absolument contraire au sentiment public, aux tendances et aux aspirations de la France nouvelle. Cette politique aboutit aux Ordonnances de juillet 1830, contresignées par lui, et à la révolution qui consomma la chute de la branche aînée. Le chef du cabinet montra au milieu de l'insurrection une méconnaissance des événements et un aveuglement étranges; il n'hésita pas à donner les ordres les plus sévères pour réprimer le soulèvement populaire, et, n'ayant pu y réussir, il tenta de se réfugier en Angleterre. Mais il fut arrêté à Granville, conduit au donjon de Vincennes, et traduit devant la cour des pairs, transformée en cour de justice. Pendant sa détention préventive il n'avait cessé d'étonner les commissaires de la Chambre par son attitude calme et presque souriante; tout ce qui se passait lui paraissait une comédie de mauvais goût. « La responsabilité des ministres, disait-il, n'est qu'un corollaire de l'inviolabilité royale. On n'a pas respecté l'inviolabilité de Charles X, donc ses ministres ont cessé d'être responsables. » — « Quand me mettra-t-on en liberté? » répétait-il sans cesse. Le 10 décembre, à huit heures du matin, les ex-ministres furent transférés de la prison de Vincennes à la prison du petit Luxembourg. Les débats s'ouvrirent le 15 décembre. Le prince de Polignac continua de montrer la même sérénité; ses réponses ne furent pas exemptes de dignité; mais les témoignages accusateurs furent accablants pour lui. M. Arago rapporta cette parole de M. de Polignac : « Si la troupe se joint au peuple, eh bien, il faut tirer aussi sur la troupe! » M. Persil prononça le réquisitoire, et M. de Martignac prit la parole pour défendre M. de Polignac son client; sa plaidoirie fut un chef-d'œuvre de sensibilité éloquente. La mort ayant été écartée, l'ancien président du conseil fut condamné, comme ses collègues, à la prison perpétuelle, à la dégradation de tous ses ordres et titres; on y ajouta, pour lui, la mort civile; il fut renfermé dans ce même fort de Ham, où il avait déjà été détenu; il y resta jusqu'à ce que l'ordonnance d'amnistie du 29 novembre 1836 lui rendit la liberté. Il alla depuis lors fixer sa résidence en Angleterre et revint mourir en France (1847).

POLISSARD (Philibert-Antoine), député au Conseil des Cinq-Cents, et au Corps législatif de 1810 à 1815, né à Mâcon (Saône-et-Loire) le 7 octobre 1758, mort à Marcigny (Saône-et-Loire) le 3 juin 1846, « fils de M. Jacques-François Polissard, procureur ès-cour de Mâcon, et de demoiselle Pierrette Bourdon », fut avocat dans sa ville natale. Élu, le 25 vendémiaire an IV, député de Saône-et-Loire au Conseil des Cinq-Cents, par 227 voix (392 votants), il se montra favorable à la contre-révolution, et, ayant été inscrit sur la liste des émigrés, se vit exclu de l'assemblée jusqu'à sa radiation, qu'il obtint, à la suite de cette réclamation :

Paris, 26 brumaire an IV de la République française, une et indivisible.

Aux représentants du peuple, membres de la commission pour la vérification des pouvoirs.

« Philibert-Antoine Polissard, quatrième député du dernier tiers, du département de Saône-et-Loire, à la seconde législature.

« Citoyens collègues, le 6 de ce mois, je fis enregistrer mes pouvoirs au bureau des archives.

« L'archiviste me présenta à souscrire un modèle imprimé de déclaration, que je n'avais signé aucun arrêté séditieux ; que je n'étais point parent ou allié d'émigrés ; que je n'étais inscrit sur aucune liste d'émigrés.

« Je refusai de signer cette déclaration croyant n'en devoir aucune.

« Il ne me fut point délivré de carte de représentant pour entrer dans le lieu des séances du Conseil des Cinq-Cents dont je fais partie, et je me suis abstenu d'y paraître.

« Il est de la saine raison, comme de la saine politique, et de l'essence de la constitution, qu'aucun émigré ne s'introduise dans le Corps législatif, et, par une juste conséquence, que tout individu porté dans la liste des émigrés, ne puisse être admis sans qu'il soit vérifié qu'il a été injustement inscrit.

« Je déclare que je suis porté dans la liste générale des émigrés de la république.

« Mais j'observe que la liste particulière qui a servi de fondement à mon insertion est à la date du 27 pluviôse an II, postérieure dès lors à l'époque du 31 mai 1793 ;

« Que cette même liste, simplement destinée à indiquer quelques personnes chez qui le séquestre devait être mis, a été, par une addition criminelle, transformée en liste d'émigrés sous le titre de *seconde liste supplétive des émigrés, déportés, condamnés et étrangers du département de Saône-et-Loire.*

« Que, sur la réclamation même du district de Mâcon, qui s'indigna de la surcharge faite à un simple tableau de séquestres, cette prétendue liste d'émigrés a été déclarée l'œuvre d'un faux matériel, et comme telle annulée par arrêté du représentant du peuple Borel, qui renvoya la suivante à l'accusateur public du tribunal criminel du département de Saône-et-Loire, pour la recherche et la punition de l'auteur de cette falsification ;

« Qu'enfin l'auteur découvert et convaincu a été condamné à vingt ans de fers.

« J'ajoute que j'ai constaté ma résidence selon les formes légales, et que depuis treize mois je suis rayé provisoirement de Saône-et-Loire.

« Mes pièces sont dans les bureaux du ci-devant comité de législation.

« Je déclare en outre, sans reconnaître à cet égard d'autre loi que la vérité, que *je suis beau-frère d'un Français réputé émigré.*

« Je demande que l'examen de ma réclamation en radiation définitive se fasse sans délai, afin que je sois admis dans le corps législatif, auquel j'appartiens en vertu du choix et du vœu du peuple.

Signé : POLISSARD. »

Réintégré au Conseil, il fut l'objet de nouvelles mesures de rigueur après le 18 fructidor. Après avoir subi la peine de la déportation, il devint (an XII) receveur des contributions, et fut désigné, le 10 août 1810, par le Sénat conservateur, pour représenter le département de Saône-et-Loire au Corps législatif. Il y siégea jusqu'en 1815, vota la déchéance de Napoléon, et fut nommé, le 18 avril 1816, juge de paix à Marcigny.

POLLART (PHILIPPE-JOSEPH), député au Conseil des Cinq-Cents, né à Douai (Nord) le 12 mai 1761, mort à une date inconnue, était bénédictin. Lors de la Révolution, il devint maire de Franciade (Auteuil) en 1793, et fut élu, le 27 germinal an VI, député de la Seine au Conseil des Cinq-Cents. Il proposa de confier l'administration des hypothèques à la régie de l'enregistrement, parla sur les enfants naturels, sur les banqueroutes, sur l'impôt du sel, sur les incendies qui détruisent les monuments de Paris, et quitta l'assemblée en l'an VIII. Nommé administrateur du 10e arrondissement de Paris, il devint, en l'an IX, membre du conseil d'arrondissement de Franciade (Auteuil), et fut recommandé au gouvernement consulaire par les députés de Paris pour une place de sous-préfet, qu'il n'obtint pas.

POLLUCHE (FRANÇOIS-DANIEL), représentant à la Chambre des Cent-Jours, né à Orléans (Loiret) le 9 mars 1769, mort à une date inconnue, était « fils de Claude Polluche de la Tour, syndic receveur d'Orléans, et de dame Marie-Anne Bruère », et petit-fils de Daniel Polluche (1689-1768), qui acquit une certaine réputation comme antiquaire. Avocat, il remplit, de 1793 à l'an IV, un emploi auprès de l'armée des côtes du Brest, devint surnuméraire de l'enregistrement en l'an VI, et entra (an IX) dans l'administration comme secrétaire général de la préfecture du Finistère. Sous-préfet par intérim de Chateaulin le 30 frimaire an IX, Polluche reprit ensuite son poste de secrétaire général, qu'il occupa jusqu'à la fin de l'Empire. Il fut destitué par la Restauration, remplit les fonctions de conseiller de préfecture du Finistère pendant les Cent-Jours, et fut élu, le 17 mai 1815, représentant du grand collège de ce département, par 55 voix sur 85 votants. Il rentra dans la vie privée après la législature.

POMEL (NICOLAS-AUGUSTE), sénateur de 1876 à 1882, né à Issoire (Puy-de-Dôme) le 20 septembre 1821, fit ses études au lycée de Clermont, et commença sa licence ès sciences. Pris par la conscription au moment où il se préparait à l'École des mines, il se fit recevoir ingénieur civil après sa libération. Ses sentiments républicains lui valurent la déportation au coup d'État du 2 décembre ; il devint garde des mines à Oran en 1866, et garde de 1re classe en 1872. Membre et président du conseil général du département d'Oran, il fut élu, le 30 janvier 1876, sénateur d'Oran par 48 voix (70 votants), contre 22 à M. Hubert Debrousse. Il se fit inscrire à la gauche et à l'union républicaine, et vota *contre* la dissolution de la Chambre des députés demandée par le ministère de Broglie (23 juin 1877). Il soutint à la Chambre haute la politique scolaire et coloniale des ministères républicains, et ne fut pas réélu au renouvellement triennal du 8 janvier 1882. Professeur de géologie à l'école supérieure des sciences d'Alger et directeur de cette école en 1883-1888, ancien président de la Société géologique de France, M. Pomel a publié un grand nombre de travaux : *Carte géologique de la province d'Oran,* par ordre du gouvernement (avec Rocard et Pagnac) ; — *Nouveau guide de minéralogie,* *de géologie et de paléontologie* (1870); — *Les races indigènes de l'Algérie* (1871); — *Le Sahara* (1872); — *Description et carte géologique des canaux de Milianah* (1873); — *Nouveaux matériaux pour la flore atlantique* (1875).

POMEROL (DE). — *Voy.* BATTAUT.

POMIÈS (FRANÇOIS), député en 1791, né à Saint-Antonin (Tarn-et-Garonne) le 22 décembre 1750, mort à Saint-Antonin le 3 avril 1811, était, en 1773, assesseur du procureur de police. Lieutenant au maire, puis maire de Saint-Antonin, il fut élu, en 1791, juge de paix et, le 10 septembre de la même année, député de l'Aveyron à l'Assemblée législative, le 8e sur 9, à la pluralité des voix. Son rôle parlementaire n'a pas laissé de traces au *Moniteur*. Redevenu maire de Saint-Antonin le 21 prairial an VIII, il fut nommé président de ce canton le 25 pluviôse an XII. La Restauration le fit conseiller général du Tarn le 17 avril 1816. Chevalier de la Légion d'honneur.

POMME (ANDRÉ), dit POMME L'AMÉRICAIN, membre de la Convention, député au Conseil des Cinq-Cents, né à Arles (Bouches-du-Rhône) le 28 mars 1756, mort à Arles le 23 décembre 1842, adopta le parti de la Révolution, et fut élu, le 21 novembre 1792, membre de la Convention par la Guyane. Il prit séance le 10 avril 1793, et parut quelquefois à la tribune. Après le 9 thermidor, Pomme fut envoyé dans les départements de l'Ouest, où il déplora la persistance du « fanatisme » : « Le cy-devant dimanche est *chaumé* comme par le passé », écrivait-il de Caen le 13 mai 1794. Compris dans la réélection des deux tiers des conventionnels au Conseil des Cinq-Cents (4 brumaire an IV), il y prit plusieurs fois la parole pour défendre les intérêts des colonies, et pour attaquer la conduite de l'agent du Directoire exécutif à Cayenne. Il sortit du Conseil le 20 mai 1798, et fut nommé agent maritime à Ostende. Il occupa ce poste pendant plusieurs années, et se retira à Arles, où il mourut à 86 ans.

POMMEROY (AUGUSTIN-IGNACE-GABRIEL POTIER, COMTE DE), député de 1843 à 1848, né à Corme-Royal (Charente-Inférieure) le 22 avril 1797, mort à Percey-le-Pautel (Haute-Marne) le 1er avril 1860, fut garde du corps du roi Louis XVIII. Il quitta le service en 1825, et se retira dans ses propriétés de Percey-le-Pautel, dont il devint maire, puis conseiller général et président du comice agricole. Élu député du 1er collège de la Haute-Marne (Langres), le 10 juin 1843, en remplacement de M. Pauwels, dont l'élection avait été annulée, par 165 voix (284 votants, 328 inscrits), et réélu, le 1er août 1846, par 171 voix (293 votants, 331 inscrits), contre 115 à M. Pauwels, il siégea sur les bancs ministériels, prit part à la discussion sur le chemin de fer de Saint-Dizier à Gray, et vota *contre* la proposition Rémusat sur les députés fonctionnaires. Chevalier de la Légion d'honneur en 1847, il quitta la vie politique à la révolution de 1848.

POMPÉI (PAUL), député au Conseil des Anciens, né à la Porta (Corse) à une date inconnue, mort à Paris le 12 juillet 1799, fut élu, le 21 germinal an V, député du département du Golo au Conseil des Anciens, par 179 voix (201 votants). Il y siégea obscurément, et mourut avant le coup d'État de brumaire.

POMPÉRY (THÉOPHILE-HIPPOLYTE-RONAN DE), représentant en 1871, député de 1876 à 1880, né à Courcelles (Aisne) le 7 janvier 1814, mort à Rosnoën (Finistère) le 28 août 1880, comptait parmi ses ancêtres un premier huissier de la chambre du roi François Ier et un maréchal de camp sous Louis XVI. Propriétaire et agriculteur, il donna sous l'empire des articles républicains au *Phare de la Loire*. Conseiller général du canton de Faou, président du comice agricole, il se présenta à la députation, comme candidat républicain dans le Finistère, le 8 février 1871, et échoua avec 30,816 voix sur 76,088 votants; mais il fut élu, à l'élection complémentaire du 2 juillet suivant, motivée par le remplacement de 4 représentants qui avaient opté pour d'autres départements, le 4e et dernier, par 57,571 voix (93,916 votants, 169,939 inscrits); il siégea à la gauche républicaine, parla sur l'organisation des conseils généraux, sur les questions relatives à l'agriculture et aux haras, sur le projet de loi sur l'ivresse publique, et vota *contre* la pétition des évêques, *pour* le service de trois ans, *contre* la démission de Thiers, *contre* le septennat, *contre* le ministère de Broglie, *pour* l'amendement Wallon, *pour* les lois constitutionnelles. Candidat au Sénat dans le Finistère, le 30 janvier 1876, il échoua avec 139 voix sur 380 votants, et fut réélu député, le 20 février 1876, dans la 1re circonscription de Châteaulin, par 5,697 voix (10,627 votants, 14,765 inscrits), contre 4,933 à M. Chauvel. Il prit de nouveau place à gauche, et fut l'un des 363 députés qui, le 16 mai, refusèrent l'ordre du jour de confiance demandé par le ministère de Broglie. Réélu, dans la même circonscription, le 14 octobre 1877, par 7,516 voix (12,137 votants, 15,193 inscrits), contre 4,656 voix à M. de Legge, ancien représentant, il reprit sa place à gauche, soutint la politique de la majorité républicaine, mais vota *contre* le retour des Chambres à Paris (8 juin 1879) lors du congrès. Décédé en août 1880, il fut remplacé, le 31 octobre suivant, par M. Caurant. On a de lui : *Nouveau guide des cultivateurs bretons* (1851), ouvrage qu'a été traduit en langue bretonne, et des brochures pour l'une desquelles il fut vivement pris à partie par le journal l'*Univers*.

POMPIGNAN (DE). — *Voy.* LE FRANC.

PONCELET (JEAN-VICTOR), représentant du peuple en 1848, né à Metz (Moselle) le 1er juillet 1788, mort à Paris le 23 décembre 1867, entra à l'École polytechnique en 1807, à l'École d'application en 1810, et, lieutenant du génie en 1812, lors de la campagne de Russie, fut fait prisonnier à Krasnoï. D'importants travaux scientifiques qu'il publia à son retour en France le firent nommer, lors de la seconde Restauration, professeur de mécanique à l'École de Metz. Élève de Monge, il donna, en 1822, son *Traité des propriétés projectives des figures*, collabora, de 1817 à 1831, aux *Annales de mathématiques* de Gergonne, et publia, en 1832, avec Lesbros, le 1er volume de l'*Hydraulique expérimentale*. En 1826, avait paru son *Cours de mécanique appliquée aux machines*. Nommé membre de l'Académie des sciences en remplacement de Hachette en 1834, et professeur de mécanique à la faculté des sciences de Paris l'année suivante, il fut promu, en 1845, au grade de colonel du génie, puis à celui de général de brigade, 19 avril 1848, et devint en même temps gouverneur de l'École polytechnique. D'opinions républicaines, conseiller municipal de Metz depuis 1839, et conseiller général de la Moselle, il fut élu, le 23 avril 1848, représentant de la Moselle à l'Assemblée constituante, le 2e sur 11, par 93,537 voix (97,423 votants, 111,531 inscrits). Il fit partie du comité de l'instruction publique, et vota *pour* le bannissement de la famille d'Orléans, *pour* les poursuites contre L. Blanc et Caussidière, *contre* l'abolition de la peine de mort, *contre* l'impôt progressif, *contre* l'incompatibilité des fonctions, *contre* l'amendement Grévy, *contre* la sanction de la Constitution par le peuple, *pour* l'ensemble de la Constitution, *pour* la proposition Rateau, *pour* l'interdiction des clubs, *contre* la demande de mise en accusation du président et des ministres. Non réélu à la Législative, il se consacra exclusivement à ses travaux d'hydraulique, au perfectionnement de sa théorie des polaires réciproques et des figures homologues, publia, en 1852, un *Examen théorique et critique des principales théories concernant l'équilibre des voûtes*, et fut élevé, le 9 juillet 1853, à la dignité de grand officier de la Légion d'honneur. En mourant, il légua à l'Académie des sciences une somme de 25,000 francs destinée à la fondation d'un prix annuel pour le meilleur travail français ou étranger sur les mathématiques pures ou appliquées.

PONCET (Joseph-Eugène), député de 1837 à 1840, né à Avignon (Vaucluse) le 11 octobre 1791, mort à Agen (Lot-et-Garonne) le 15 décembre 1866, fut incorporé, en 1813, dans le 4e régiment des gardes d'honneur, se distingua à Leipsig, reçut la croix de la Légion d'honneur, et fit la campagne de France en 1814. Licencié à la première Restauration, il rentra à Avignon, se livra au commerce, et acquit bientôt une importante situation. Juge au tribunal de commerce de 1827 à 1828, président de ce tribunal en 1832-33, de 1843 et de 1851 à 1852, colonel de la garde nationale d'Avignon après 1830, premier adjoint au maire de 1834 à 1837, conseiller général de Vaucluse cette dernière année, il fut élu, le 4 novembre 1837, député du 1er collège de Vaucluse (Avignon), par 268 voix (434 votants, 499 inscrits), contre 163 à M. Berryer, et fut réélu, le 2 mars 1839, par 277 voix (426 votants, 533 inscrits), contre 145 à M. Pertuis de Montfaucon. Partisan du gouvernement de Juillet, il vota l'Adresse de 1839, mais donna sa démission en 1840 pour cause de santé, et fut remplacé, le 13 juin, par M. Pertuis de Montfaucon. Nommé vice-président de l'administration des hospices en 1840, maire d'Avignon en 1843, et officier de la Légion d'honneur en 1846, il se démit de ses fonctions municipales en 1847. Après le coup d'État du 2 décembre 1851, il fut de nouveau appelé à la mairie d'Avignon, et consentit à exercer ces fonctions jusqu'en 1853. Il se retira complètement alors des affaires publiques.

PONCET-DELPECH (Jean-Pierre), député en 1789, et au Conseil des Cinq-Cents, né à Montauban (Tarn-et-Garonne) le 25 janvier 1734, mort à Montauban le 11 mars 1817, avocat et consul dans sa ville natale, fut élu, le 23 mars 1789, député du tiers aux États-Généraux par la sénéchaussée du Quercy. Il siégea dans la majorité de l'Assemblée constituante, prêta le serment du Jeu de paume, et fut envoyé à Paris, le 16 juillet 1789, pour y rétablir l'ordre. Le 24 germinal an V, il fut élu au Conseil des Cinq-Cents par le département de Tarn-et-Garonne avec 85 voix (103 votants); mais cette

élection ayant été annulée par la majorité, il ne put présenter séance qu'après la journée du 18 fructidor. Nommé, le 4 germinal an VIII, président du tribunal civil de Montauban, il exerça ces fonctions sous les régimes consulaire et impérial, et fut admis à la retraite en 1816. Poncet-Delpech s'occupait de poésie, et divers recueils contiennent de lui des *Pièces fugitives*.

PONCIN (Placide-Antoine-Joseph), député en 1789, né à Bouchain (Nord) le 7 octobre 1743, mort à Bouchain le 9 septembre 1791, « fils du sieur Antoine-Joseph Poncin, procureur de sa profession, et de Marie-Magdelaine Dazarin », se fit recevoir avocat. Lieutenant au maire de Bouchain avant la Révolution, il fut élu, le 9 avril 1789, député du tiers aux États-Généraux par le bailliage du Quesnoy. Il prêta le serment du Jeu de paume, fit partie du comité de l'agriculture et du commerce, et ne joua dans l'Assemblée qu'un rôle effacé.

PONGÉRARD (Emmanuel-Jean), représentant en 1849, député au Corps législatif de 1852 à 1853, né à Rennes (Ille-et-Vilaine) le 25 décembre 1794, était négociant en vins à Rennes et maire de cette ville. Il se présenta pour la première fois à la députation le 1er août 1846, dans le 1er collège d'Ille-et-Vilaine (Rennes), et échoua avec 130 voix contre 298 à M. Jollivet, député sortant réélu, et 69 à M. Trédern. Le 13 mai 1849, les électeurs monarchistes d'Ille-et-Vilaine l'envoyèrent siéger à l'Assemblée législative, le 3e sur 12, par 76,186 voix (100,407 votants, 151,958 inscrits). Il vota avec la droite, *pour* l'expédition de Rome, *pour* la loi Falloux-Parieu sur l'enseignement, et se rallia à la politique de l'Elysée. Aussi fut-il, le 29 février 1852, le candidat du gouvernement au Corps législatif dans la 1re circonscription d'Ille-et-Vilaine, qui l'élut, au second tour de scrutin, par 7,032 voix (11,053 votants, 31,921 inscrits), contre 3,877 à M. de Kermarec, et 2,102 à M. Legraverand. « Son esprit ne manque pas de lumières, écrivait un biographe; son élection en 1849 a été vivement soutenue par les légitimistes, qui croient pouvoir encore le compter pour un des leurs. Les conservateurs orléanistes l'ont également adopté. » M. Pongérard s'associa au rétablissement de l'Empire. Nommé receveur général de l'Aveyron, il fut remplacé comme député, le 4 septembre 1853, par M. de la Guistière. Il devint ensuite receveur général de la Charente-Inférieure et chevalier de la Légion d'honneur.

PONIATOWSKI (Joseph-Michel-Xavier-François-Jean), prince de Monte-Rotondo, sénateur du second Empire, né à Rome (Italie) le 21 février 1796, mort à Londres (Angleterre) le 3 juillet 1873, fils de Stanislas Poniatowski, cousin germain du célèbre prince polonais de ce nom, qui fut maréchal de l'Empire, fit ses études en Toscane, au collège des *Padri Scolopi*, s'adonna ensuite à sa vocation pour la musique, et fit jouer sur les principaux théâtres de l'Italie plusieurs opéras : *Jean de Procida*, *Ruy Blas*, la *Fiancée d'Abydos*, *Esméralda*, *Don Desiderio*, la *Contessina*, etc. Il chanta lui-même quelquefois pour des œuvres de bienfaisance. Engagé volontaire lors de l'expédition d'Alger, il parvint au grade de chef d'escadron aux chasseurs d'Afrique. Après la révolution de 1848, le grand-duc de Toscane, Léopold II, lui donna des lettres de naturalisation, l'agrégea au patriciat de Florence et le nomma prince de Monte-Rotondo. Il fut deux fois élu à la chambre des députés de Toscane, y remplit les fonctions de secrétaire, accepta ensuite le titre de ministre plénipotentiaire à Paris, Londres et Bruxelles, ne voulut pas reconnaître le gouvernement provisoire établi par Guerrazzi après la retraite du grand-duc à Gaëte, donna sa démission, et vint s'établir en France où il se fit naturaliser (11 octobre 1851). Un décret impérial du 4 décembre 1851 l'appela à siéger au Sénat. En 1859, après la campagne d'Italie, il remplit une mission en Toscane. Puis il fut envoyé (1882) comme agent diplomatique en Chine et au Japon. Au Sénat, il soutint de ses votes le gouvernement jusqu'au 4 septembre 1870, qui le rendit à la vie privée. Grand officier de la Légion d'honneur du 8 février 1851, commandeur de l'ordre de Saint-Joseph et prieur de l'ordre de Saint-Étienne de Toscane.

PONS (PHILIPPE-LAURENT), dit PONS DE VERDUN, membre de la Convention, député au Conseil des Cinq-Cents, né à Verdun (Meuse) le 17 février 1759, mort à Paris le 7 mai 1844, « fils du sieur Laurent Pons, marchand confiseur, et de Marie-Anne Pierson », étudia le droit et exerça avec succès avant la Révolution la profession d'avocat près la parlement de Paris; mais il se fit surtout connaître par un certain nombre de poésies légères que publièrent les recueils du temps, et notamment l'*Almanach des Muses*. Ses contes, ses épigrammes étaient appréciés des connaisseurs. Il embrassa la cause de la Révolution, et il remplissait les fonctions d'accusateur public à Paris, quand il fut élu, le 4 septembre 1792, député de la Meuse à la Convention nationale, le 4e sur 8, par 108 voix (190 votants). Il se prononça, dans le procès du roi, *contre* l'appel au peuple et *pour* la peine de mort en disant (2e appel nominal) : « J'avais d'abord intention de voter pour l'appel au peuple; mais depuis que je me suis éclairé par les diverses opinions, et notamment par celle de Barère et par mes propres réflexions, je me suis convaincu que j'avais à voter, non pas comme juge, car je serais astreint aux formes judiciaires, non pas comme législateur, car en cette qualité je ne pourrais pas être juge, mais comme membre d'une assemblée nationale. Je dis non. » Et au 3e appel nominal : « Je vois dans les crimes de Louis Capet et ceux des conspirateurs ordinaires, qu'outre le meurtre à force ouverte et le poison, l'homme-roi a toujours été privilégié dans le sens du crime. Louis a été accusé par la nation entière d'avoir conspiré contre la liberté; vous l'avez déclaré convaincu de cet attentat, ma conscience me dit d'ouvrir le code pénal et de prononcer la peine de mort. » Il prit une part active aux débats de la Convention, dont il fut secrétaire, vota le renvoi au tribunal révolutionnaire des fabricateurs de faux assignats, demanda l'application à tous les étrangers de la loi contre les Anglais, donna son opinion sur l'éducation publique, proposa des modifications à la loi des successions, et fit rendre plusieurs décrets sur les titres féodaux, sur les rentes conventionnaires, en faveur des femmes roturières en divorce avec des nobles, etc. Il dénonça Marino, agent du comité de sûreté générale à Lyon, et le fit traduire devant le tribunal révolutionnaire pour l'avoir outragé. Il se mêla activement à la discussion du code civil, et, après le 9 thermidor, proposa et fit voter qu'aucune femme ne pourrait subir un jugement criminel avant qu'il n'eût été vérifié si elle était enceinte (17 septembre 1794). D'autre part il défendit les Jacobins contre les

accusations de Rewbell (10 novembre), et parvint à obtenir l'annulation d'un jugement de la commission militaire de Nantes qui condamnait à mort la veuve de Bonchamp (18 janvier 1795). Il s'occupa encore de la propriété littéraire, et fut nommé, à la suite de l'insurrection des Cinq, membre du comité chargé de présenter de nouvelles mesures de salut public. Réélu, le 23 vendémiaire an IV, député au Conseil des Cinq-Cents par deux départements : 1° le Nord, avec 353 voix (564 votants), et 2° le Puy-de-Dôme, avec 322 voix (433 votants), il se montra d'abord fermement attaché aux institutions républicaines, fut l'auteur d'un rapport sur la loi du 12 floréal relative aux parents d'émigrés, rapport dont les conclusions, développées par lui, furent adoptées, parla sur le droit de successibilité des enfants naturels, combattit le projet de Favart sur le divorce, et présenta une motion contre la lenteur du Conseil des Anciens. Il fut successivement secrétaire, puis président de l'assemblée, où il siégea jusqu'en l'an VIII, se rallia au coup d'État de Bonaparte, et reçut, le 17 pluviôse an IX, le poste de substitut commissaire du gouvernement près le tribunal d'appel de la Seine. Membre de la Légion d'honneur le 25 prairial an XII, il occupa les fonctions d'avocat général près le tribunal de Cassation depuis le 19 mars 1810 jusqu'à la chute de l'Empire. Admis à la retraite en 1815, il fut, l'année suivante, proscrit comme régicide, et dut se réfugier en Belgique; mais l'amnistie partielle du 25 décembre 1818 lui permit de revenir en France. Après son retour, il réclama en vain (2 avril 1820) le payement de la pension de retraite dont il avait joui en vertu de l'ordonnance royale du 23 février 1815, et mourut à Paris à quatre-vingt-cinq ans. Outre des *Contes et poésies diverses* (1778, 1781, 1807), Pons (de Verdun) a laissé un recueil poétique intitulé : *Filleule et parrain* (1836).

PONS (PAUL-AUGUSTE), député de 1831 à 1836, né à Saignon (Vaucluse) le 18 février 1794, était maire d'Apt et conseiller général du département, lorsqu'il fut élu (5 juillet 1831) député du collège d'Apt, le 4e de Vaucluse, par 123 voix (123 votants, 190 inscrits). Il appartint à la majorité conservatrice, fut réélu, le 21 juin 1834, par 102 voix (133 votants, 172 inscrits), contre 27 à M. de Laboissière, reprit sa place parmi les partisans du gouvernement, et siégea jusqu'en 1836. A cette époque, il fut nommé sous-préfet d'Apt. M. Pons occupa ce poste jusqu'en 1842, et fut ensuite commissaire du gouvernement près les compagnies de chemins de fer; il obtint sa retraite, à ce titre, le 23 février 1856. Chevalier de la Légion d'honneur.

PONS (GUILLAUME-AMANS), député de 1839 à 1848, né à Curières (Aveyron) le 10 novembre 1789, mort à une date inconnue, était avocat à Espalion, quand il fut élu député du 3e collège de l'Aveyron (Espalion), le 21 septembre 1839, en remplacement de M. de Gnizard, nommé préfet, par 119 voix (233 votants). Réélu, le 9 juillet 1842, par 172 voix (256 votants, 359 inscrits), contre 82 à M. Delzers, il devint, en 1845, juge au tribunal d'Espalion, et dut se représenter devant ses électeurs qui, le 20 septembre suivant, ne lui donnèrent plus que 130 voix contre 140 à l'élu, M. Delzers. Mais cette dernière élection fut annulée, et M. Pons fut définitivement réélu, le 7 février 1846, par 154 voix (200 votants). Son mandat lui fut renouvelé, aux élections générales du 1er août suivant, par 193 voix (267 votants, 391 inscrits), contre 103 à M. H. Affre. Dans ces législatures successives, il vota le plus souvent pour le ministère, notamment *pour* le recensement, *contre* les incompatibilités, *contre* l'adjonction des capacités, *pour* l'indemnité Pritchard, mais il se prononça aussi *contre* la dotation du duc de Nemours et *contre* les fortifications de Paris. Il quitta le parlement à la révolution de 1848, et fut admis à la retraite, comme juge, le 13 juillet 1860.

PONS (Louis), sénateur de 1879 à 1888, né à Monclar (Lot-et-Garonne) le 2 février 1822, mort à Monclar le 8 mai 1888, maire de cette ville, où il était riche propriétaire, et conseiller général du Lot-et-Garonne, se présenta, le 30 janvier 1876, comme candidat républicain au Sénat, dans ce département ; il échoua avec 157 voix (392 votants). Il fut plus heureux au renouvellement triennal du 5 janvier 1879 ; élu par 299 voix (397 votants), il siégea à gauche, et se prononça *pour* l'article 7, *pour* la politique opportuniste, *pour* la réforme du personnel judiciaire, *pour* le rétablissement du divorce, *pour* les crédits de l'expédition du Tonkin, et s'abstint sur l'expulsion des princes. M. Pons avait obtenu sa réélection, en août 1880, comme conseiller général du Lot-et-Garonne : le scrutin fut annulé par le conseil d'Etat pour irrégularités électorales ; mais un nouveau scrutin (janvier 1881) redonna la majorité à M. Pons. Il ne se représenta pas au renouvellement sénatorial du 5 janvier 1888, et mourut cinq mois après.

PONS DE SOULAGES (Pierre-Guillaume), député en 1789, né à Rodez (Aveyron) le 1er août 1729, mort à une date inconnue, propriétaire, fut élu, le 20 mars 1789, député du tiers aux Etats-Généraux par la sénéchaussée de Rodez, avec 121 voix (198 votants). Il opina silencieusement avec la majorité de la Constituante, prêta serment du Jeu de paume, fit partie du comité de l'agriculture et du commerce, et demanda, le 29 février 1791, pour cause de maladie, un congé qui se prolongea jusqu'à la fin de la session.

PONS-SAINT-MARTIN (Jean-Etienne-Robert), député au Conseil des Cinq-Cents, dates de naissance et de mort inconnues, était maire de Saint-Martin (Aveyron) lorsqu'il fut élu, le 21 vendémiaire an IV, par 167 voix (323 votants), député de l'Aveyron au Conseil des Cinq-Cents. Il présenta un projet sur le paiement des fermages, demanda le maintien à Rodez de l'école centrale de l'Aveyron, fit une motion sur le rachat des droits de parcours, parla sur l'administration des forêts nationales, et quitta l'assemblée en l'an VII.

PONS-TANDE (Louis-Baptiste), représentant en 1849, député de 1885 à 1889, né à Mirepoix (Ariège) le 7 novembre 1814, manifesta de bonne heure des opinions démocratiques qui le firent élire, le 13 mai 1849, représentant de l'Ariège à l'Assemblée législative, le 3e sur 6, par 19,488 voix (45,357 votants, 77,191 inscrits). Il siégea à gauche, et vota avec la minorité républicaine, *contre* l'expédition de Rome, *contre* la loi Falloux-Parieu sur l'enseignement, *contre* la loi restrictive du suffrage universel. Il protesta contre le coup d'Etat de décembre et rentra alors dans la vie privée. Resté en dehors de la politique pendant

la durée de l'Empire, il obtint, sans être élu, aux élections du 8 février 1871, comme candidat républicain dans l'Ariège à l'Assemblée nationale, 12,263 voix (16,250 votants). Nommé ensuite maire de Mirepoix et décoré de la Légion d'honneur, il se présenta, le 26 mars 1882, aux élections sénatoriales de l'Ariège : il échoua encore avec 173 voix contre 187 à l'élu, M. Frézoul ; il s'agissait de remplacer M. de Freycinet, optant pour la Seine. Inscrit, en octobre 1885, sur la liste républicaine de l'Ariège, il fut élu député de ce département, au second tour de scrutin, le 1er sur 4, par 31,943 voix (53,266 votants, 73,327 inscrits). Il prit place dans les rangs de la majorité, soutint la politique scolaire et coloniale du gouvernement et, dans la dernière session, marqué absent par congé lors des scrutins sur le rétablissement du scrutin d'arrondissement et sur l'ajournement indéfini de la revision de la Constitution, il se prononça *pour* les poursuites contre trois députés membres de la Ligue des patriotes, *contre* le projet de loi Lisbonne restrictif de la liberté de la presse, *pour* les poursuites contre le général Boulanger.

PONSARD (Louis-Joseph-Hyacinthe), député au Conseil des Cinq-Cents et de 1816 à 1819, né à Hennebont (Morbihan) le 12 décembre 1764, mort une date inconnue, était homme de loi à Rennes, quand il fut élu, le 25 germinal an V, député d'Ille-et-Vilaine au Conseil des Cinq-Cents. Il ne s'y fit pas remarquer, et son nom n'est pas cité au *Moniteur*. Nommé, sous l'Empire, conservateur des hypothèques, il fut élu, le 4 octobre 1816, député du grand collège du Morbihan, par 96 voix (199 votants, 257 inscrits) ; il siégea dans l'opposition, parla, le premier (9 janvier 1814), contre le projet de loi restrictif de la liberté individuelle, « avec sa couleur révolutionnaire », dit M. de Villèle, et, de la série sortante en 1819, ne fut pas réélu.

PONSARD (Edouard), député de 1876 à 1877, né à Vitry-le-François (Marne) le 4 juillet 1825, fils d'un négociant et beau-frère de M. Goüry (*Voy.* ce nom), riche propriétaire s'occupant d'agriculture, président du comice agricole, maire d'Omey (Marne), conseiller général depuis 1852, et chevalier de la Légion d'honneur du 10 mai 1868, fut élu, le 20 février 1876, comme candidat conservateur constitutionnel, député de l'arrondissement de Châlons-sur-Marne, par 6,436 voix (12,411 votants, 15,030 inscrits), contre 5,860 à M. Faure républicain. Il prit place au centre droit, soutint le ministère de Broglio contre les 363, et, aux élections qui suivirent la dissolution de la Chambre par le cabinet du 16 mai, échoua, dans le même arrondissement, le 14 octobre 1877, avec 6,503 voix contre 6,519 à l'élu, son ancien concurrent, M. Faure. Il ne fut pas plus heureux le 21 août 1881, avec 2,056 voix contre 7,513 à M. Faure, député sortant, réélu. Porté sur la liste conservatrice de la Marne, le 4 octobre 1885, il échoua encore avec 11,151 voix sur 94,874 votants.

PONSARDIN (Ponce-Jean-Nicolas-Philippe, baron), représentant à la Chambre des Cent-Jours, né à Reims (Marne) le 22 octobre 1747, mort à Reims le 25 octobre 1819, négociant et maire de sa ville natale, fut créé baron de l'Empire, et, le 11 mai 1815, représenta à la Chambre des Cent-Jours le grand collège

2

de la Marne qui l'avait élu par 68 voix sur 111 votants. Il rentra dans la vie privée après la législature.

PONT-D'AUBEVOYE (Louis-François-Bertrand DU), COMTE DE LAUBERDIÈRE, député au Corps législatif en l'an XI et de 1808 à 1812, représentant à la Chambre des Cent-Jours, né à Bocé (Maine-et-Loire) le 27 octobre 1750, mort à Baugé (Maine-et-Loire) le 8 février 1837, appartenait à une ancienne famille noble, et était « fils de messire François Charles-Mathieu du Pont-d'Aubevoye, chevalier, seigneur de Lauberdière, de la Haye, des Roches et autres lieux, ancien mousquetaire de la garde du roi, chevalier de l'ordre royal et militaire de Saint-Louis, et de dame Louise-Jeanne-Claire le Gros de Princé ». Entré, le 3 octobre 1773, à l'École militaire de Paris, capitaine en 1780, officier de l'état-major pendant les campagnes d'Amérique, comme aide de camp de Rochambeau, il obtint la décoration de Cincinnatus, fut nommé (1786) aide-major général des logis des armées, fut envoyé ensuite à l'armée du Nord, puis reçut du ministre de la Guerre, Duportail, une mission pour l'Irlande. Détenu comme prisonnier de guerre de mai 1793 à juin 1800, il reprit du service en l'an X, à l'armée d'Italie, puis à l'armée d'Allemagne, et fut désigné, le 9 thermidor an XI, pour représenter au Corps législatif le département de Maine-et-Loire. On l'appelait alors *Dupont-Lauberdière*. Il quitta l'assemblée l'année d'après, combattit en Pologne dans les rangs de la grande armée et fut grièvement blessé à Dippen : sa conduite dans cette affaire lui valut la décoration de la Légion d'honneur et le grade de général de brigade (12 février 1807). Le 3 juin 1808, il fut fait baron de l'Empire. La même année (18 février), il était rentré au Corps législatif en vertu d'un nouvel acte du Sénat ; et y resta jusqu'en 1812. Après avoir pris part à la guerre d'Espagne, pendant laquelle il commanda la place de Madrid, assista à un grand nombre d'engagements, fut gouverneur des provinces de Léon, de Zamora et de Toro, il fut encore employé (1812) en Westphalie, reçut un commandement (1813) dans la 32e division militaire, dont le chef-lieu était Hambourg, fit sauter les ponts de Haya, de Nienbourg, et enleva Brême aux Russes. Puis il dirigea la retraite sur Wesel, à la suite de la bataille de Leipsig. L'insurrection des pays hanséatiques de la Westphalie et de la Hollande appela le général du Pont-d'Aubevoye sur les rives de l'Yssel et du Rhin. Rallié à la Restauration, il fut promu général de division le 28 août 1814, et commandeur de la Légion d'honneur. Élu, le 28 mai 1815, membre de la Chambre des représentants par le grand collège du département de Maine-et-Loire, par 66 voix sur 92 votants et 136 inscrits, il rentra dans la vie privée après la session de cette législature, et fut admis à la retraite le 1er janvier 1816.

PONTALLIÉ (Joseph-Gilles), député au Conseil des Cinq-Cents, né à Rennes (Ille-et-Vilaine) le 10 mai 1767, mort à Rennes le 25 juillet 1837, fils d'un notaire, fut secrétaire du procureur de la commune de Rennes, et le remplaça quand celui-ci fut appelé à un poste plus élevé. Ayant protesté contre la destruction des archives ordonnée par Carrier, il fut jeté en prison, et ne dut la vie qu'au 9 thermidor. Commissaire du Directoire exécutif du département d'Ille-et-Vilaine, il fut élu, le 23 germinal an VII, député d'Ille-et-Vilaine au Conseil des Cinq-Cents, où il fit partie du comité de législation et prit plusieurs fois la parole pour en défendre les décisions. Bien que partisan modéré du 18 brumaire, il fut nommé, par le premier Consul, directeur des contributions à Rennes. La Restauration l'envoya en disgrâce à Auch et à Poitiers, puis le révoqua peu de temps avant la révolution de juillet 1830. Sous Louis-Philippe, M. Pontallié fut conseiller municipal de Rennes et président du conseil d'arrondissement.

PONTARD (Pierre), député en 1791, né à Mussidan (Dordogne) le 23 septembre 1749, mort à Paris le 22 janvier 1832, entra dans les ordres, devint curé de Sarlat, adopta les principes de la Révolution, adhéra à la constitution civile du clergé, et fut nommé (février 1791) évêque constitutionnel de la Dordogne. Le 8 septembre suivant, il fut élu député de la Dordogne à l'Assemblée législative, le 1er sur 10, « à la pluralité des voix ». Il opina constamment avec la majorité, parla en faveur du divorce, critiqua la discipline ecclésiastique sur le célibat des prêtres, se maria et, dans la séance du 22 septembre 1793, présenta sa femme à la Convention nationale (*Voy. Cambon*). Il demanda à la Convention de décréter que « les mariages des prêtres seraient sous la sauvegarde spéciale de la nation ». Le président donna à la citoyenne Pontard l'accolade fraternelle, au milieu des applaudissements, et Julien de la Drôme alla jusqu'à proposer, pour encourager les prêtres à suivre « le sublime exemple de l'évêque de la Dordogne », que tous les évêques qui se marieraient auraient 2,000 livres de plus que les 6,000 livres auxquelles leur pension avait été fixée. Mais l'Assemblée passa à l'ordre du jour. Pontard avait fait venir à Paris sa compatriote, la visionnaire Suzanne Labrousse, qui prophétisa contre le pape, et qui, après de nombreuses aventures, l'institua, en mourant, son exécuteur testamentaire, avec un legs de 8,000 francs (1821). Sous le Consulat, Pontard se fit maître de pension à Paris, mais il ne réussit pas et dut fermer son institution. Il collabora, dit-on, avec Pigault-Lebrun pour plusieurs de ses ouvrages, et, tombé dans la misère, reçut, en 1820, de la duchesse douairière d'Orléans, à qui il avait rendu quelques services pendant la Révolution, le montant d'une pension viagère à Sainte-Périne, où il mourut. On a de lui : *Recueil des ouvrages de la célèbre Mlle Labrousse* (1797) ; — *Grammaire mécanique élémentaire de l'orthographe française* (1812) ; — *Journal prophétique* (1792).

PONTÉCOULANT (Louis-Gustave Doulcet, COMTE DE), membre de la Convention, député au Conseil des Cinq-Cents, membre du Sénat conservateur, pair en 1814, pair des Cent-Jours et pair de France, né à Caen (Calvados) le 17 novembre 1764, mort à Paris le 3 avril 1853, appartenait à une ancienne famille de Normandie. Fils d'un brigadier des armées du roi, neveu de l'abbesse de l'abbaye aux Dames de Caen, il suivit d'abord la carrière des armes, entra dans les gardes du corps en 1778, devint en 1783 sous-lieutenant dans la compagnie écossaise, et compléta son instruction militaire en allant assister en Prusse et en Bohême à de grandes manœuvres commandées par Frédéric le Grand et Joseph II. Partisan modéré de la Révolution, il fonda un club à Vire, fut élu président de l'administration départementale du Calva 1 s, député suppléant à l'Assemblée législative, et député du Calvados (6 septembre 1792) à la Convention nationale, élu, le 7e sur 14, par 359 voix (679 votants). Commissaire à l'armée du Nord, il contribua à organiser la défense de Lille. A l'assemblée, il défendit Pache, demanda l'envoi de Louvet à l'Abbaye et, dans le procès du roi, opina en ces termes : au 1er appel nominal, il répondit : « Je pense que, nommé juge par la Convention nationale, et législateur par le peuple, les mesures les plus utiles à prendre sont celles qui peuvent assurer l'établissement de la république et l'abolition de la royauté. Je déclare que je crois Louis coupable de haute trahison, de conspiration et d'attentat contre la liberté française; je vote pour le bannissement à perpétuité de Louis Capet et de sa famille. (Il s'élève des murmures.) Les murmures que j'entends m'affligent pour ceux qui s'en rendent coupables, mais ne m'arrêtent pas. Je recommence : je vote le bannissement de Louis Capet et de sa famille à perpétuité, mais je pense qu'ils doivent être reclus sous la sauvegarde nationale, jusqu'à la cessation de toutes hostilités. Je demande en outre la ratification de ce décret par le souverain, ainsi que de celui qui abolit la royauté. Je signe la présente déclaration.» Au 3e appel nominal, il reprit : « J'ai manifesté mon opinion il y a deux jours. Tout ce que j'ai entendu depuis m'y fait persister. Je prononce la détention provisoire et l'expulsion à la paix. » Dès lors, il s'attacha plus étroitement au parti de la Gironde, dénonça la Commune de Paris, protesta contre les événements du 31 mai, déclara que la Convention n'était pas libre, et fut décrété d'accusation le 3 octobre et mis hors la loi. Doulcet de Pontécoulant échappa aux poursuites en se réfugiant chez une amie, Mme Lejay, libraire, qu'il épousa l'année suivante. Il refusa d'assister devant le tribunal révolutionnaire Charlotte Corday qui l'avait demandé pour défenseur, soit qu'il ait craint pour lui-même, soit qu'il eût peur d'aggraver par son intervention le crime de sa compatriote. Quoi qu'il en soit, celle-ci se montra vivement blessée de son refus, et, au moment de marcher à l'échafaud, lui écrivit une lettre qui commençait ainsi : « Doulcet Pontécoulant est un lâche d'avoir refusé de me défendre, etc. » Le décret du 18 ventôse an III permit à Doulcet de Pontécoulant de reprendre sa place à la Convention. Il ne s'associa pas aux mesures les plus rigoureuses prises par les réacteurs de thermidor, défendit Robert Lindet, obtint la radiation du général Montesquiou de la liste des émigrés et fit partie du comité de salut public et du comité militaire, où il eut occasion de témoigner de l'intérêt au général Bonaparte. Réélu, le 22 vendémiaire an IV, député au Conseil des Cinq-Cents par le Calvados qui lui donna 272 voix sur 392 votants, en même temps que par dix-sept autres départements, il fut choisi pour secrétaire, puis pour président par l'assemblée, et intervint fréquemment dans les débats parlementaires. Son indulgence pour les députés arrêtés en vendémiaire, pour les réfugiés du Calvados, pour les fauteurs de complots royalistes, le rendit suspect au Directoire. Menacé au 18 fructidor, il se tint prudemment à l'écart jusqu'à l'expiration de son mandat (20 mai 1798), et ne reparut dans la politique active qu'à la faveur du coup d'État de Bonaparte. Le 11 nivôse an VIII, il fut nommé chargé d'affaires à Hesse-Darmstadt; et presque aussitôt (11 ventôse) préfet du département de la Dyle. Il servit avec zèle, comme administrateur, les intérêts du gouvernement consulaire, et en fut récompensé, le 12 pluviôse an X, par un siège au Sénat conservateur. Il se montra le partisan dévoué du régime impérial, tant que dura ce régime, reçut le titre de comte le 26 avril 1808, fut chargé de missions assez différentes, livra le comte d'Ache, novembre 1809, aux poignards de la police impériale, organisa les cohortes actives de la garde nationale en Franche-Comté 1811, et prit des mesures de défense sur la frontière du Nord (1813). Il ne s'associa point à l'acte de déchéance de Napoléon Ier. Cependant il fit partie du gouvernement provisoire formé le 1er avril 1814, et fut nommé pair de France par Louis XVIII le 4 juin suivant. A son retour de l'île d'Elbe, l'empereur ne lui tint pas rigueur, et, après avoir figuré (2 juin 1815) parmi les pairs « des Cent-Jours», le comte Doulcet de Pontécoulant fut encore rappelé par la seconde Restauration (5 mars 1819) à la Chambre des pairs. Il siégea dans les rangs des royalistes constitutionnels, prit un part assez active aux travaux de l'assemblée, se rallia à la monarchie de Louis-Philippe, et conserva son siège de pair jusqu'en 1848. Il était grand-croix de la Légion d'honneur. On a de lui des *Mémoires*, publiés en 1862.

PONTERIE-ESCAUT (JEAN-JACQUES), député au Conseil des Cinq-Cents, né à Trigonrieux (Dordogne) en 1754, mort à une date inconnue, fut juge de paix du canton de Laforce (Dordogne), et maire de Bergerac; il appartenait à la religion réformée. Le 26 vendémiaire an IV, il fut élu député de la Dordogne au Conseil des Cinq-Cents, par 253 voix sur 442 votants. Il prit peu de part aux délibérations, et donna sa démission le 30 pluviôse an V. Les élections du 26 germinal an VII le firent rentrer au même Conseil, comme député du même département. Sous l'Empire, Ponterie-Escaut se trouva mêlé à une affaire criminelle qui eut un grand retentissement. Sa fille, Cécile Ponterie, avait entretenu à Bergerac une correspondance amoureuse et des relations répétées avec un jeune homme, nommé Hilaire Dehap, avec qui elle avait chaque soir des rendez-vous clandestins. La sœur de la jeune fille, Mme Dupuy, prévenue par des voisins, avertit son père de ce qui se passait. Ponterie-Escaut obtint de Cécile l'aveu de sa faute et lui fit écrire, devant lui, à Dehap, pour lui demander ses lettres. Mais Cécile, au moment d'obéir, fit passer à son séducteur un billet écrit au crayon pour l'avertir que sa démarche était l'effet de la contrainte. A quelque temps de là, la famille Ponterie quitta Bergerac pour retourner dans une maison de campagne à deux lieues de cette ville; elle croyait le passé oublié lorsque, le soir du 9 février 1805, M. Ponterie-Escaut et son fils surprirent Dehap dans la chambre de Cécile. Ils le saisirent à la gorge, une lutte s'engagea et le séducteur fut trouvé, le lendemain matin, attaché au pied du lit et étranglé. Des mandats furent lancés contre le père et le fils Ponterie-Escaut, qui, redoutant la prévention du jury local à leur égard, adressèrent une requête à la cour de cassation pour lui demander d'autres juges. Après dix-huit mois de prison, les accusés furent renvoyés devant le tribunal criminel de Bordeaux, qui condamna Ponterie-Escaut père, correctionnellement, pour violences et excès commis sur la personne de Dehap, à un an de prison, à 1,000 francs d'amende et 25,000 francs de dommages-intérêts applicables à l'hospice de Bergerac, et aux dépens.

PONTET (Pierre-Bernard de), député de 1815 à 1824, né à Bordeaux (Gironde) le 16 octobre 1761, mort à Bordeaux le 22 janvier 1836, propriétaire à Pauillac du cru renommé de Canet, appelé aujourd'hui Pontet-Canet, fut élu député du grand collège de la Gironde, le 22 août 1815, par 112 voix (185 votants, 259 inscrits). Il siégea dans la minorité ministérielle de la Chambre introuvable, et fut réélu, le 4 octobre 1816, par 106 voix (190 votants, 262 inscrits); il prit place dans la majorité, et fut membre de la commission du budget (novembre 1816). Au renouvellement quinquennal du 4 novembre 1820, ce furent les électeurs du 3e collège électoral du département (Blaye) qui le renvoyèrent à la Chambre, par 139 voix (179 votants, 235 inscrits), contre 35 à M. Aubert; il continua de siéger à la droite constitutionnelle, et quitta la vie politique aux élections de 1827. Conseiller général de la Gironde du 6 juillet 1820 à 1829.

PONTEVÈS (François-Xavier-Émile Barrel de), député en 1831, né à Aix (Bouches-du-Rhône) le 10 octobre 1782, mort à une date inconnue, « fils du comte Louis-Balthazar-Alexandre de Pontevès, et de Marie-Antoinette de Paule », était issu d'une vieille famille de la Provence. Élu, le 21 mars 1834, député du 5e collège du Var (Brignoles), par 26 voix (27 votants et 309 inscrits), il prit place à droite, obtint sa réélection, le 21 juin suivant, par 122 voix (243 votants, 294 inscrits), contre 120 à M. Pataille, et donna presque aussitôt sa démission. Il fut remplacé par M. Pataille en septembre 1834.

PONTGIBAUD (Armand-Victoire Moré, comte de), pair de France, né à Paris le 13 août 1786, mort à Fontainebleau (Seine-et-Marne) le 23 janvier 1855, riche propriétaire, émigra avec sa famille, au commencement de la Révolution, et, après avoir servi dans l'armée de Condé, établit à Trieste une maison de commerce qui prospéra, au point de devenir en peu d'années une des plus importantes de cette ville. Ses relations commerciales le mirent en rapport avec plusieurs grands personnages de l'Europe. Membre de la Légion d'honneur le 9 vendémiaire an XII, grand officier de cet ordre le 25 prairial, comte de l'Empire le 26 avril 1808, il fut compris dans la Restauration dans la promotion des 76 pairs nommés le 5 novembre 1827. M. de Pontgibaud soutint de ses votes le gouvernement de Charles X, et fut exclu de la Chambre haute à la chute de la branche aînée, en vertu de l'article 68 de la Charte de 1830.

PONTHIER. — Voy. Chamaillard (de).

PONTLEVOY (de). — Voy. Frogier.

PONTOI-CAMUS DE PONTCARRÉ (Jean-Frédéric-Paul, marquis de), représentant en 1871, né à Paris le 28 décembre 1817, d'une vieille famille de noblesse de robe originaire de Bourgogne, s'occupa dans ses propriétés de Villebon (Eure-et-Loir) d'agriculture et d'élevage, devint président du comice agricole de Nogent-le-Rotrou, membre du conseil académique, maire de Villebon en 1843, conseiller d'arrondissement en 1846, membre, secrétaire et vice-président du conseil général pour le canton de la Loupe depuis 1848, chevalier de la Légion d'honneur en 1853 et officier en 1869. Élu, le 8 février 1871, représentant d'Eure-et-Loir à l'Assemblée nationale, le 5e sur 6, par 22,466 voix (51,301 votants, 85,164 inscrits), il prit place à droite, se fit inscrire à la réunion des Réservoirs, fut l'un des 94 signataires contre l'exil des Bourbons, et vota pour la paix, pour l'abrogation des lois d'exil, pour la pétition des évêques, contre le service de trois ans, pour la démission de Thiers, pour le septennat, pour le ministère de Broglie, contre l'amendement Wallon, contre les lois constitutionnelles; il avait été réélu membre du conseil pour le canton de la Loupe le 8 octobre 1871. Candidat aux élections sénatoriales du 30 janvier 1876, dans l'Eure-et-Loir, il échoua avec 182 voix sur 487 votants, et ne fut pas plus heureux, le 14 octobre 1877, comme candidat du maréchal dans l'arrondissement de Nogent-le-Rotrou, avec 2,805 voix contre 7,695 à l'élu, M. Truelle, candidat républicain.

PONTOIS (Charles-Édouard, comte de), pair de France, né à Paris le 5 juin 1792, mort à Paris le 28 mai 1871, suivit la carrière diplomatique et fut nommé, sous Louis-Philippe, ministre plénipotentiaire de France au Brésil. Il occupa ensuite le même poste auprès des États-Unis d'Amérique, puis fut envoyé comme ambassadeur de France à Constantinople. Le 1er novembre 1846, le comte de Pontois fut appelé à siéger dans la Chambre des pairs. Il soutint jusqu'en 1848 le gouvernement de Juillet qui l'avait fait comte le 13 septembre 1839.

POPP (Georges-Charles-Frédéric-Ferdinand), représentant à la Chambre des Cent-Jours, né à Oberbronn (Bas-Rhin) le 26 février 1763, mort à une date inconnue, était « fils de M. Georges-Charles-Ferdinand Popp, licencié en droit, avocat au directoire de la noblesse de la Basse-Alsace, conseiller de la maison princière de Hohenlohe, et de celle des comtes de Linange, bourgeois de Strasbourg, et de Mme Marguerite Salomé ». Il étudia le droit, fut reçu, en 1784, docteur de l'Université de Strasbourg et avocat au directoire de la noblesse de la Basse-Alsace; puis il remplit (1787) les fonctions de greffier en chef au grand Sénat de Strasbourg. Commissaire aux instructions criminelles près la municipalité (1789), il occupa, pendant la période révolutionnaire, les postes d'accusateur public (1790) près le tribunal de district de Strasbourg, de secrétaire de la commission envoyée par le roi (1791) dans le Bas-Rhin pour l'exécution des décrets de l'Assemblée nationale, de procureur-syndic du district, d'administrateur du Bas-Rhin et de procureur général syndic par intérim. Il fut élu, le 12 mai 1815, représentant du grand collège du Bas-Rhin à la Chambre dite des Cent-Jours, par 70 voix sur 103 votants. Après la session, il rentra dans la vie privée.

POPULLE (François), représentant à la Chambre des Cent-Jours, député de 1818 à 1822, né à Roanne (Loire) le 5 février 1777, mort à Saint-Géraud-le-Puy (Allier) le 28 avril 1846, « fils de noble Charles Populle, avocat au parlement, et de dame Élisabeth Gay », propriétaire à Pouilly (Loire) et avocat, fut élu, le 10 mai 1815, représentant à la Chambre des Cent-Jours par l'arrondissement de Roanne avec 48 voix (51 votants). Réélu de nouveau député, le 20 octobre 1818, par le grand collège de la Loire, avec 286 voix (528 votants, 1,070 inscrits), il siégea obscurément dans les deux législatures, et rentra dans la vie privée au renouvellement quinquennal de 1822.

POPULUS (Marc-Etienne, comte), député en 1789, né à Bourg (Ain) le 25 novembre 1736, exécuté à Lyon (Rhône) le 14 février 1794, était avocat à Bourg-en-Bresse, quand il fut élu, le 3 avril 1789, député du tiers aux Etats-Généraux par le bailliage de Bourg-en-Bresse. Son nom lui valut de suite une certaine popularité. Il siégea dans la majorité de l'Assemblée constituante, fut adjoint au doyen des communes, secrétaire de l'assemblée (19 juin 1790), commissaire à la fabrication des assignats, parla plusieurs fois contre les prétentions du clergé, lui reprocha d'empêcher la réunion des ordres, accusa le comte d'Antraigues de provoquer la résistance aux décrets de l'assemblée, s'éleva de nouveau contre les ecclésiastiques à l'occasion de la loi martiale et soutint que les principes du catholicisme devaient les empêcher d'exercer des fonctions publiques. Populus se vit plusieurs fois en butte aux sarcasmes des ennemis de la révolution, qui ne manquaient jamais, dit un biographe, d'accoler son nom à celui de la célèbre Théroigne, amante du *peuple en masse*, et qui firent distribuer un libelle diffamatoire contre lui à la porte de l'assemblée. Après la session, il fut nommé juge au tribunal de Bourg. En juin 1793, l'administration départementale l'envoya à Lyon, pour offrir aux habitants de cette ville les secours des fédéralistes de l'Ain. Arrêté et incarcéré, il subit une détention de quatre mois, fut conduit à Lyon avec quinze autres détenus de Bourg, et exécuté.

PORCHER-DUPLEIX (Gilles-Charles), comte de Richebourg, membre de la Convention, député au Conseil des Anciens, membre du Sénat, pair de France, né à la Châtre (Indre) le 22 mars 1752, mort à Paris le 10 avril 1824, s'adonna aux sciences naturelles, se fit recevoir médecin, puis entra dans l'administration de l'ancien régime comme subdélégué et procureur du roi à la Châtre. Maire de cette ville en 1790, il devint, peu après, commissaire du roi près le tribunal du district, et fut nommé, en septembre 1791, 1er député suppléant de l'Indre à l'Assemblée législative, où il ne fut pas appelé à siéger. Elu, le 5 septembre 1792, membre de la Convention pour le département de l'Indre, le 1er sur 6, par 168 voix sur 325 votants, il siégea parmi les modérés, et, dans le procès du roi, répondit au 3e appel nominal : « Je vote, non comme juge, je n'en ai pas le droit, mais comme représentant du peuple, chargé de prendre des mesures de sûreté générale. Je ne me dissimule pas qu'il est difficile d'en prendre qui soient absolument exemptes de dangers ; mais comme l'existence d'un tyran enchaîné, abhorré, me semble moins à craindre que les prétentions que sa mort fera naître, j'adopte la mesure de la détention, jusqu'à ce que la paix et la liberté consolidées permettent de la bannir, et je me détermine d'autant plus à cette mesure, que je crois qu'elle aura de l'influence sur le succès de la campagne prochaine. » Membre du comité de législation, il fit, en cette qualité, de nombreux rapports, parut peu à la tribune, fut envoyé en mission dans l'Ouest après le 9 thermidor, et fut nommé secrétaire de la Convention (4 frimaire an III); en mission dans la Nièvre, il rendit compte (11 pluviôse an III) de la débâcle des glaces de la Loire, exposa par lettre (19 germinal) les dangers courus à Orléans par les déportés, demanda et obtint (12 prairial), au nom du comité de législation, la suppression du tribunal révolutionnaire. Il remplit encore une mission dans le Calvados, dénonça les menées royalistes (1er jour complémentaire de l'an III), et, après la journée du 13 vendémiaire, écrivit de Caen à la Convention pour la féliciter de sa victoire. Elu, le 21 vendémiaire an IV, député au Conseil des Anciens par deux départements, par l'Indre avec 95 voix sur 183 votants, et par le Cher avec 121 voix sur 201 votants, il opta pour l'Indre, appuya (21 ventôse) l'aliénation des maisons religieuses situées dans l'enceinte de Paris, devint secrétaire du Conseil (1er messidor), et se fit remarquer par son opposition à la politique du Directoire, qui l'appela cependant (27 prairial an VI) aux fonctions d'administrateur des hospices de Paris, fonctions dont il fut destitué le 6 germinal an VII. Réélu au Conseil des Anciens, le 22 germinal suivant, par le département de l'Indre, il se prononça pour le coup d'Etat de brumaire, fit partie, le lendemain, de la commission intermédiaire des Anciens, et fut nommé (3 nivôse suivant) membre du nouveau Sénat conservateur. Membre de la Légion d'honneur (9 vendémiaire an XII), commandeur (25 prairial suivant), il fut créé comte de l'Empire avec le titre de Richebourg, le 26 avril 1808, vota la déchéance de l'empereur en avril 1814, et fut nommé pair de France par Louis XVIII, le 4 juin suivant. Sans emploi pendant les Cent-Jours, il reprit son siège à la Chambre haute à la seconde Restauration, vota pour la déportation dans le procès du maréchal Ney, et siégea au Luxembourg jusqu'à sa mort.

PORCHER DUPLEIX (Jean-Baptiste), comte de Richebourg, pair de France, né à la Châtre (Indre) le 17 décembre 1781, mort à Paris le 12 janvier 1857, fils du précédent, et de dame Jeanne-Eléonore Robin de la Ronde, suivit la carrière des armes, fut aide-de-camp de Masséna, fut nommé adjudant-commandant le 15 mai 1815, et cassé à la seconde Restauration. Le 14 juin 1824, il fut admis à siéger à la Chambre des pairs, par droit héréditaire, en remplacement de son père décédé. Il prit place dans les rangs de l'opposition constitutionnelle avec laquelle il vota jusqu'en 1830. Rallié alors au gouvernement de Louis-Philippe, il le soutint pendant toute la durée du règne, et rentra dans la vie privée lors de la révolution de 1848. Officier de la Légion d'honneur.

PORET. — Voy. Blosseville (marquis de).

PORION (Louis-René-Désiré), représentant en 1848 et en 1849, né à Amiens (Somme) le 1er août 1805, mort à Amiens le 9 janvier 1858, « fils de Louis-Edme-Dominique Porion, négociant, et de Marie-Rosalie Robert », étudia le droit à Paris, fut reçu avocat, et devint adjoint au maire d'Amiens sous Louis-Philippe. En 1848, il fut placé à la tête de la commission municipale provisoire, fit fonctions de maire, et réprima les désordres dont cette ville fut alors le théâtre. Elu, le 23 avril 1848, représentant de la Somme à l'Assemblée constituante, le 4e sur 14, par 136,677 voix, il siégea à droite et vota *pour* les poursuites contre Louis Blanc et Caussidière, *pour* le rétablissement de la contrainte par corps, *contre* l'abolition de la peine de mort, *contre* l'amendement Grévy, *contre* le droit au travail, *contre* l'amnistie, *pour* les crédits de l'expédition de Rome, *pour* l'interdiction des clubs. Le 14 mars 1849, il demanda un congé pour affaire municipale. Une voix cela : « Pour affaire électorale », et l'Assemblée refusa le congé. Il n'en fut pas moins réélu (13 mai 1849) à l'Assemblée législative, le 3e sur 13, par 86,421 voix (106,414 votants, 169,321 inscrits). Il appartint à la majorité, suivit les inspirations de Thiers et du groupe orléaniste, appuya l'expédition de Rome, la loi Falloux-Parieu sur l'enseignement, la loi restrictive du suffrage universel, et fut du nombre des représentants qui se réunirent à la mairie du Xe arrondissement pour protester contre le coup d'État de 1851. Il avait été décoré de la Légion d'honneur en 1849. Conseiller général de la Somme de 1848 à 1852 et de 1855 à 1858, il se présenta, le 22 juin 1857, comme candidat indépendant au Corps législatif dans la 1re circonscription de la Somme, et échoua avec 8,236 voix contre 22,370 à l'élu officiel, M. Mallart.

PORIQUET (Charles-Paul-Eugène), membre du Sénat, né à Paris le 30 juillet 1816, fit son droit à Paris, fut reçu docteur en 1841, entra dans la magistrature, et fut substitut à Pontoise (9 décembre 1842) et à Meaux (10 août 1843). Remplacé à la révolution de février, il collabora au Pays, et, rallié au gouvernement du prince Louis-Napoléon, devint, 1er février 1852, inspecteur général de police à Nantes, jusqu'à la suppression de cet emploi (mars 1853). Conseiller général du canton de Carrouges (Orne) (mai 1854), il fut nommé préfet du Morbihan le 9 juin 1858, de la Meuse (29 avril 1861), de la Mayenne (13 janvier 1865) et de Maine-et-Loire (16 octobre suivant jusqu'au 4 septembre 1870). Officier de la Légion d'honneur du 13 août 1863, officier de l'instruction publique en décembre suivant, il fut réélu conseiller général de l'Orne, pour le canton de la Mortrée, en 1871 et en 1874, et devint sénateur de ce département, le 30 janvier 1876, par 319 voix (505 votants). Il prit place au groupe de l'Appel au peuple, et vota la dissolution de la Chambre demandée par le ministère de Broglie. Réélu au Sénat, le 8 janvier 1882, par 338 voix (583 votants), il continua de siéger parmi les bonapartistes du Sénat dont il fut un des orateurs les plus écoutés, combattit (février 1882) l'abrogation, dans la loi sur l'organisation municipale, de l'adjonction des plus imposés, se prononça contre la politique scolaire et coloniale du gouvernement, vota, en dernier lieu, contre le rétablissement du scrutin d'arrondissement (13 février 1889), contre la procédure à suivre devant le Sénat contre le général Boulanger, et s'abstint sur le projet de loi Lisbonne restrictif de la liberté de la presse.

PORTAL (Jean-François), député au Conseil des Cinq-Cents, né le 12 mars 1742, mort à une date inconnue, entra dans les ordres, puis, ayant quitté l'état ecclésiastique à la révolution, devint administrateur de la Haute-Loire, commissaire du Directoire exécutif au Puy, et fut élu (23 germinal an VI) député de la Haute-Loire au Conseil des Cinq-Cents ; il y siégea jusqu'en l'an VIII.

PORTAL (Pierre-Barthélemy, baron de), député de 1818 à 1821, pair de France et ministre, né à Montauban (Tarn-et-Garonne) le 31 octobre 1765, mort à Bordeaux (Gironde) le 11 janvier 1845, « fils de Pierre Portal et de Guilhalmette Delfau », était issu d'une famille protestante qui avait pris une part importante aux guerres de religion. A dix-huit ans, il entra chez un armateur de Bordeaux, devint lui-même, en 1789, le chef d'une grande maison d'armements maritimes, éprouva des pertes graves, dut recommencer sa fortune en 1796, et fut nommé, sous le Consulat, juge au tribunal de commerce, et membre de la chambre de commerce, qu'il présida. En cette dernière qualité, il présenta au premier Consul un *Mémoire* important *sur la question de savoir s'il convient de faire un traité de commerce avec l'Angleterre* (floréal an XI). Il fut également chargé de réclamer la restitution d'une grande quantité de marchandises bordelaises saisies par des bâtiments américains. Conseiller municipal de Bordeaux, adjoint au maire (1806-1811), conseiller général de la Gironde, il fut appelé par Napoléon (1811) au poste de maître des requêtes au conseil d'État, et fut, à cette époque, un des candidats au ministère du Commerce, mais une note confidentielle remise à l'Empereur dit de lui : « Homme d'un certain mérite, mais pas assez d'étoffe pour une taille aussi large. » En 1813, il fut envoyé avec le comte Cornudet comme commissaire près de l'armée du maréchal Soult, et se chargea de maintenir l'ordre jusqu'à la veille de l'entrée du duc d'Angoulême. Il abandonna alors précipitamment la ville, mais il ne tarda pas à rentrer dans les bonnes grâces du nouveau gouvernement, qui le replaça au conseil d'État, et, lors de la seconde Restauration, l'appela à faire partie d'une commission chargée de pourvoir au service des armées alliées. Il fut ensuite nommé directeur supérieur des colonies, eut part aux négociations des traités de 1815, et fut élu, le 20 octobre 1818, député du grand collège de Tarn-et-Garonne, par 505 voix (968 votants). Il s'assit au centre droit et reçut, le 29 décembre suivant, le portefeuille de la Marine et des Colonies. Il parvint à faire élever de 45 à 65 millions le chiffre annuel des allocations budgétaires de son département, s'attacha à atténuer l'antagonisme existant entre l'ancienne et la nouvelle marine, et laissa, quand il eut résigné ses fonctions le 13 décembre 1821, la réputation d'un habile administrateur. Il avait rempli, du 19 novembre au 10 décembre 1819, l'intérim du ministère de la Guerre. Le 13 décembre 1821, le roi le nomma ministre d'État et pair de France. Il prit place à la Chambre haute parmi les royalistes modérés, se rallia au gouvernement de Louis-Philippe, et siégea jusqu'à sa mort (1845). En 1824, il avait été nommé régent de la Banque de France à Bordeaux. Grand officier de la Légion d'honneur. On a de lui : *Mémoire contenant les plans d'organisation de la puissance navale de la France* (1846). La ville de Bordeaux a donné son nom à l'une de ses rues.

PORTALIS (Jean-Étienne-Marie), député au Conseil des Anciens, et ministre, né au Beausset (Var) le 1er avril 1745, mort à Paris le 25 août 1807, issu d'une vieille famille bourgeoise, étudia chez les oratoriens à Toulon puis à Marseille, et suivit les cours de l'École de droit d'Aix. En même temps il débutait dans les lettres par un essai intitulé : *Observations sur l'ouvrage intitulé Émile ou de l'éducation* (1763), et par une brochure qui fit quelque bruit dans sa province : *Des préjugés*. Reçu avocat (1765), il débuta avec succès au barreau d'Aix, et se fit surtout remarquer, dans les discussions, par l'affectation de simplicité qu'il apportait à ses plaidoiries ; c'était rompre avec les traditions, et les vieux avocats blâmèrent le ton du débutant, qui riposta, dit-on, avec vivacité : « C'est le barreau qui a besoin de changer d'allure, et non pas moi ! » La science juridique de Portalis se révéla pour la première fois dans un écrit intitulé : *Sur la distinction des deux puissances*, écrit composé à l'occasion d'une lutte engagée par le clergé contre le parlement d'Aix : l'auteur fut l'objet de violentes attaques, mais se défendit à son honneur. Une consultation qu'il publia en 1770, à la demande de M. de Choiseul, sur la validité des mariages des protestants en France, lui valut des éloges de Voltaire, et le désigna bientôt pour les fonctions d'assesseur d'Aix : il était le second des quatre administrateurs électifs de la province de Provence, connus sous le nom de *procureurs du pays*. Député aux États de Provence, il y tint un rang distingué, retrouva, sa mission expirée, de brillants succès au barreau, et se vit confier plusieurs affaires qui eurent un grand retentissement, par exemple la cause de la comtesse de Mirabeau, plaidant en séparation de corps contre son mari, le célèbre comte de Mirabeau, qui se défendit lui-même. Il eut aussi Beaumarchais pour adversaire dans le procès de l'écrivain contre le légataire de Paris Duverney. En 1788, Portalis rédigea, au nom de l'ordre des avocats du parlement d'Aix, une *Lettre au garde des sceaux* contre les tentatives de l'archevêque de Sens, Loménie de Brienne, pour amener un changement dans la constitution du royaume : cette lettre fut bientôt suivie d'un autre écrit sur le même sujet, intitulé : *Examen impartial des édits du 8 mai 1788*. Le jeune avocat était en possession d'une belle situation dans sa province quand éclata la Révolution. L'inimitié de Mirabeau à son égard, et aussi le peu d'enthousiasme que Portalis semble avoir manifesté pour les idées nouvelles, l'éloignèrent de l'Assemblée constituante. Dans les premiers mois de 1790, il refusa d'être commissaire du roi pour l'organisation d'un des trois départements formés de l'ancienne Provence. La même année, il se retira chez les siens dans une maison de campagne des environs de la ville et y demeura à l'écart des affaires jusqu'en février 1792. Bien qu'éloigné de la politique, il craignit cependant d'être inquiété, se rendit à Lyon, d'où on l'expulsa à la fin de 1793, parce qu'il n'y était pas né, se réfugia à Villefranche où l'on tua son secrétaire, et alla chercher un asile plus sûr à Paris. Mais il ne tarda pas à être dénoncé et arrêté : il est vrai qu'il subit sa détention dans une maison de santé, grâce à la recommandation d'un de ses compatriotes, en attendant que le 9 thermidor le rendit à la liberté. Il se fixa alors à Paris, y reprit l'exercice de sa profession d'avocat et se fit élire, le 28 vendémiaire an IV, député de la Seine au Conseil des Anciens, par 316 voix (685 votants). En même temps, il obtenait la majorité dans les Bouches-du-Rhône. Il opta pour Paris et prit place, aux Anciens, dans les rangs du parti contre-révolutionnaire qui faisait au Directoire une vive opposition. Il unit ses efforts à ceux de Siméon, son compatriote et son beau-frère, de Barbé-Marbois, de Lebrun et autres, s'opposa à la création d'un ministère de la police, fut secrétaire, puis président de l'assemblée, prit la défense des prêtres et des émigrés, combattit la résolution relative aux délits de presse, se prononça en maintes circonstances contre les sociétés populaires, fut mêlé à l'affaire de la conspiration de La-

villeheurnoy, comme devant remplacer Cochon au ministère de la police, fit un rapport sur le divorce, et fut atteint, comme royaliste, par le coup d'État du 18 fructidor. Il se cacha chez le banquier de Lessert à Passy, put gagner la Suisse, puis le Holstein, et ne rentra en France qu'au 18 brumaire. Bonaparte, qui estimait ses talents, le nomma d'abord commissaire du gouvernement près le conseil des prises; puis commissaire, avec Tronchet, Bigot de Préameneu et Maleville, pour la rédaction du code civil. Conseiller d'État en septembre 1800, il se vit chargé principalement de toutes les affaires concernant les cultes qu'il eut à réorganiser : Portalis prit personnellement la plus grande part au Concordat conclu avec le pape Pie VII, et aux articles organiques destinés à le compléter. Les discours qu'il prononça à cette époque furent empreints des idées et des sentiments qu'avait toujours professés l'Église gallicane. C'est à Portalis que sont dus le discours préliminaire qui précède le projet de code civil, et les exposés des motifs des titres du *Mariage*, de la *Propriété*, des *Contrats aléatoires*, etc. : la science, la clarté, l'élégance et la pureté de style, dont il fit preuve, ont été souvent admirées, et sa collaboration au code civil a constamment passé pour son principal titre de gloire. « Portalis, disait Napoléon, serait l'orateur le plus fleuri et le plus élégant, s'il savait s'arrêter. » Quand Louis XVIII fit des ouvertures de restauration à Bonaparte, Portalis, consulté, conseilla « de détruire jusque dans leurs germes les espérances chimériques d'une ancienne famille, moins préoccupée de recouvrer ses titres que de faire revivre les abus qui les lui ont fait perdre. » Membre de la Légion d'honneur le 9 vendémiaire an XII, grand officier de l'ordre le 25 prairial suivant, et grand aigle le 13 pluviôse an XIII, Portalis fut nommé, le 19 juillet 1804, ministre des Cultes. L'année d'avant il était entré à l'Institut, à la réorganisation de ce corps, et avait composé en cette qualité l'*Éloge de l'avocat général Séguier*. Atteint alors d'une cécité presque complète, il se mit opérer de la cataracte; mais le succès ne répondit pas à ce qu'on espérait et Portalis mourut sans avoir recouvré la vue, le 25 août 1807. Son corps fut déposé dans les caveaux du Panthéon. Le fils et le petit-fils de Jean-Étienne-Marie Portalis ont publié un ouvrage posthume de lui : *De l'usage et de l'abus de l'esprit philosophique durant le dix-huitième siècle* (1820), et des *Discours, rapports et travaux inédits*.

PORTALIS (JOSEPH-MARIE, COMTE), pair de France, ministre, sénateur du second Empire, né à Aix (Bouches-du-Rhône) le 19 février 1778, mort à Paris le 5 août 1858, fils du précédent et de dame Marguerite-Françoise Siméon, fit ses études sous la direction de son père : il était à peine âgé de douze ans lorsque la proscription qui menaçait son père les obligea tous les deux à se réfugier à Lyon et de là à Paris. Le jeune Joseph assistait avec passion aux séances de la Convention ; il se trouvait notamment à celle du 8 thermidor qui aboutit à la chute de Robespierre. Son père ayant été rendu à la liberté, Joseph Portalis débuta fort jeune encore par un article sur Montesquieu, inséré, en 1796, dans le *Républicain français*. Obligé peu après d'accompagner son père en Holstein, il fut accueilli avec lui par le comte et la comtesse de Reventlau, dont il épousa la nièce et pupille, la comtesse de Holck. Ce fut là qu'il fit paraître l'écrit intitulé : *Du devoir* de l'historien de bien considérer le caractère et le génie de chaque siècle en jugeant les grands hommes qui y ont vécu. L'Académie de Stockholm couronna ce mémoire que l'auteur fit imprimer à Paris en 1800. Après le 18 brumaire, Portalis et son père rentrèrent en France, et la faveur du chef de l'Etat aplanit pour Joseph la voie des dignités. Employé d'abord au congrès d'Amiens, puis envoyé à Londres avec le général Andréossy et ensuite à Berlin, il fut nommé ministre plénipotentiaire auprès du prince archi-chancelier résidant à Ratisbonne; mais, ayant sollicité la faveur de se rapprocher de sa famille, il fut rappelé et nommé secrétaire général du ministère des Cultes; à ce titre il joignit celui de maître des requêtes, peu après celui de conseiller d'Etat, et enfin, en 1810, fut nommé directeur général de la librairie. Après la mort de son père en 1807, Joseph était resté quelques mois chargé du ministère des Cultes, qui fut ensuite confié à Bigot de Préameneu. Il avait été créé chevalier de l'Empire le 26 avril 1808, et comte le 9 décembre 1809. « Tant de faveurs accordées au jeune Portalis, lit-on dans la *Biographie des hommes du jour*, comme récompense des mérites et des travaux de son père, auraient dû inspirer au protégé de Napoléon quelques sentiments de reconnaissance en faveur de son bienfaiteur ; il en fut tout autrement : le directeur général de la librairie trahit à la fois tous ses devoirs. On colportait en secret et on faisait circuler des bulles et des lettres du pape; Portalis prit part à cette conspiration ourdie par la cour papale qui servait d'instrument à l'oligarchie européenne. Non seulement Portalis ne dénonça pas la circulation de ces écrits, mais il la propagea : les accusations les plus graves pèsent sur lui à ce sujet... » L'empereur lui reprocha avec emportement, dans la séance du conseil d'Etat du 4 janvier 1811, de n'avoir pas divulgué à l'autorité la connaissance qu'il avait eue par l'abbé d'Astros, son cousin, du bref de censure que le pape Pie VII avait adressé à ce chanoine contre la nomination du cardinal Maury comme archevêque de Paris. « Lorsque quelqu'un est *tout à fait à moi, comme vous l'êtes*, il répond de ceux qui lui appartiennent. Voilà quelles sont mes maximes, dit l'empereur. Il faut être tout à moi et tout faire pour moi. Vous m'avez trahi, Vous avez manqué à la reconnaissance et à votre devoir. Sortez. » Et quand il fut sorti, Napoléon ajouta : « Depuis que je suis au gouvernement, voilà le premier individu auprès de moi qui m'ait trahi. » Puis il se tourna vers Locré qui rédigeait les procès-verbaux des séances : « Vous écrirez *trahi*, entendez-vous, monsieur Locré ? C'est le mot propre, le seul convenable à la conduite de M. Portalis. » Destitué de tous ses emplois et exilé à quarante lieues de Paris, Portalis s'occupa de travaux philosophiques et littéraires. A la fin de 1813, Napoléon, oubliant son mécontentement, le nomma sur les vives sollicitations de Molé, le grand-juge, premier président de la cour impériale d'Angers. Lors de la Restauration, Portalis garda ces fonctions, y fut maintenu pendant les Cent-Jours, et réussit encore à conserver les bonnes grâces de Louis XVIII. Rentré au conseil d'Etat, il fut attaché au service ordinaire de la législation et devint, dès lors, un des plus zélés défenseurs de la cause royaliste. Toujours prêt à témoigner de sentiments peu favorables à l'égard de la presse, il présenta à la Chambre des députés un projet de loi pour la répression des cris séditieux et

fut nommé conseiller à la cour de Cassation (28 août 1815). Chargé (1818) d'une mission auprès de la cour de Rome, relativement à un nouveau Concordat, il reçut peu d'années après le titre de président de chambre à la cour de Cassation (août 1824). Dans l'intervalle, le duc Decazes l'avait appelé (5 mars 1819) à la Chambre des pairs, et (21 février 1820) au poste de sous-secrétaire d'Etat au ministère de la Justice qu'il conserva jusqu'à l'avènement du cabinet Villèle (3 décembre 1821). Dans un rapport à la Chambre des pairs, en 1825, il révéla qu'un jacobin d'Ancenis, convoitant les propriétés de l'hôpital de Nantes, avait fait inscrire l'hôpital sur la liste des émigrés. Le 18 janvier 1827, Portalis fit à la Chambre des pairs son fameux rapport sur la pétition de M. de Montlosier contre la légalité de l'existence des Jésuites en France. Promu garde des sceaux le 4 janvier 1828, lors de la constitution du cabinet Martignac, il attacha son nom à plusieurs mesures importantes, par exemple à celle qui abrogeait la censure et à celle qui réprimait les fraudes électorales. Il échangea, en mai 1829, le portefeuille de la Justice pour celui des Affaires étrangères, que laissait vacant la retraite de M. de La Ferronnays, et qu'il garda jusqu'au 7 août suivant, à l'avènement du ministère Polignac. En quittant le pouvoir, il se réserva d'ailleurs la place de premier président à la cour de Cassation et de membre du conseil privé. Essentiellement ami de l'autorité, il se rallia avec empressement au gouvernement de Louis-Philippe, et continua de prendre une part active aux travaux de la Chambre des pairs, dont il fut un des vice-présidents. Il se prononça *pour* l'hérédité de la pairie, parla *contre* le rétablissement du divorce, et prêta l'appui de sa voix et de son influence à toutes les mesures conservatrices et repressives. En 1835, il fut l'assesseur de MM. Pasquier et Decazes dans l'instruction du procès d'avril. Membre de l'Académie des sciences morales et politiques (1832), section de législation et de jurisprudence, il communiqua à l'Institut de remarquables *Observations sur le code sarde* comparé au code civil français. Lors de la révolution de 1848, Portalis conserva sa place de premier président de la cour de Cassation, au nom de laquelle il présenta des *Observations sur l'ordre judiciaire*. Il affirma aussi ses opinions conservatrices et monarchistes dans un écrit intitulé : l'*Homme et la Société*. Après le coup d'Etat du 2 décembre 1851, L.-N. Bonaparte le nomma sénateur (26 janvier 1852). Un incident, lors de la prestation du serment des nouveaux sénateurs, montra, dit un historien, que le comte Portalis « ne voulait pas renoncer à l'occasion de proclamer une fois de plus sa fidélité ». Son nom n'ayant pas été appelé : il réclama contre cette omission, et, la formule du serment ayant été relue, M. Portalis prêta, à très haute voix, son huitième serment politique. Il s'associa au rétablissement de l'Empire, fut rapporteur (1856) du projet de loi sur la régence, et siégea au Luxembourg jusqu'à sa mort (5 août 1858). Grand-croix de la Légion d'honneur.

PORTALIS (Auguste-Joseph-Melchior, baron), député de 1831 à 1834 et de 1837 à 1842, représentant du peuple en 1848, né à la Ciotat (Bouches-du-Rhône) le 18 mars 1801, mort à Plombières (Vosges) le 28 janvier 1855, fils du baron Portalis des Luchets, et neveu du premier président à la cour de Cassation, fut d'abord attaché comme rédacteur au ministère des

Cultes. Nommé, en 1823, substitut du procureur du roi près le tribunal de Meaux, il fut destitué l'année suivante pour avoir soutenu la candidature de La Fayette. Il entra alors au barreau, mérita, en 1826, un prix de la Société de la morale chrétienne pour son *Mémoire sur la liberté des cultes*, et, lorsque son cousin, M. Portalis, fut nommé garde des sceaux, obtint la place de juge au tribunal de 1re instance de la Seine. Nommé, après la révolution de 1830, vice-président du tribunal de la Seine, grâce à la protection de Dupont de l'Eure, et, peu après, conseiller à la cour royale de Paris, il fut élu, le 5 juillet 1831, député du 2e collège du Var (Toulon), par 78 voix (157 votants, 232 inscrits), contre 72 à M. de Lamartine. Cette élection ayant été annulée, M. Portalis se représenta devant ses électeurs, le 8 septembre suivant, fut réélu par 84 voix (87 votants, 236 inscrits), prit place à l'extrême-gauche, signa le *compte-rendu* de l'opposition en 1832; il échoua, aux élections du 21 juin 1834, dans le 2e collège de Seine-et-Marne (Meaux), avec 257 voix contre 316 à l'élu, M. Harrouard. Il rentra à la Chambre aux élections du 4 novembre 1837, nommé dans ce dernier arrondissement par 341 voix (675 votants, 851 inscrits), et fut réélu, le 2 mars 1839, par 395 voix (715 votants). Il continua de siéger à gauche et vota *pour* les fortifications de Paris, *pour* les incompatibilités, *pour* l'adjonction des capacités, *contre* la dotation du duc de Nemours, *contre* le recensement. Les élections du 9 juillet 1842 ne lui furent pas favorables : il n'obtint que 389 voix contre 424 à l'élu, M. Lebobe. A la révolution de 1848, le gouvernement provisoire l'appela aux fonctions de procureur général près la cour de Paris; il fut chargé, en cette qualité, de l'instruction judiciaire sur les événements du 15 mai; mais ayant demandé à comprendre L. Blanc dans les poursuites, il fut désapprouvé par le ministre, et contraint de donner sa démission le 5 juin. Il avait été élu, le 23 avril 1848, représentant de Seine-et-Marne à l'Assemblée constituante, le 5e sur 9, par 58,170 voix (81,011 votants, 96,947 inscrits). Vice-président de cette assemblée, il vota souvent avec la gauche, *pour* le bannissement de la famille d'Orléans, *contre* les poursuites contre Caussidière, *contre* l'abolition de la peine de mort, *pour* l'incompatibilité des fonctions, *pour* l'amendement Grévy, *contre* la sanction de la Constitution par le peuple, *pour* l'ensemble de la Constitution, *contre* la proposition Rateau, *contre* l'interdiction des clubs, *contre* l'expédition de Rome; il combattit la politique de l'Elysée. Il échoua dans le même département à l'élection partielle du 6 juillet 1851, à l'Assemblée législative, en remplacement de M. Aubergé décédé, avec 638 voix contre 22,979 à l'élu, M. Pépin-Lehalleur, monarchiste, 1,443 au général Imbert-de-Saint-Amand, 753 à M. Henry de Greffulhe et 395 à M. Aug. Luchet. Il renonça dès lors à la vie politique. On a de lui : *La liberté de conscience et le statut religieux* (1846).

PORTALIS (Etienne-Frédéric-Auguste), député de 1835 à 1837, et en 1846, fils du comte Joseph-Marie Portalis (v. *plus haut*), né à Berlin (Prusse) le 13 avril 1804, mort à Passy (Seine) le 29 août 1846, étudia le droit et se fit recevoir avocat. Il plaida quelque temps avec talent, puis il entra dans la magistrature. Élu, le 10 janvier 1835, député du 2e collège du Var (Toulon), par 125 voix (217 votants, 283 inscrits), contre 89 à M. de Pontevès, il siégea au centre droit, vota avec la majorité conservatrice, ne fut pas réélu en 1837, échoua encore, le 2 mars 1839, avec 111 voix contre 162 à l'élu, M. Denis, puis, le 9 juillet 1842, avec 43 voix contre 175 au député sortant, M. Denis, et 96 à M. Sala, et ne regagna son siège que le 1er août 1846, avec 184 voix (357 votants, 424 inscrits), contre 132 à M. Denis. Mais il mourut presque aussitôt (29 août 1846). Il était juge au tribunal de première instance de la Seine. On lui doit une édition des *Discours et rapports* de son grand-père.

PORTALIS (Joseph-Ernest), député de 1846 à 1848, né à Paris le 17 octobre 1816, frère du précédent, entra dans l'administration et fut nommé (1842) auditeur au conseil d'Etat. Le 10 octobre 1846, il se présenta, en remplacement de son frère Frédéric Portalis, décédé, comme candidat conservateur dans le 2e collège du Var (Toulon), et fut élu par 191 voix (373 votants, 422 inscrits) contre 165 à M. Denis, ancien député. Son élection ayant été invalidée, M. Ernest Portalis dut se soumettre à un nouveau scrutin, obtint sa réélection, le 27 février 1847, avec 232 voix (393 votants, 459 inscrits), contre 133 à M. Denis, et vota, jusqu'à la révolution de février 1848, avec la majorité gouvernementale. Le gouvernement du prince Louis-Napoléon le nomma maître des requêtes au nouveau conseil d'Etat (1852), puis conseiller-maître à la cour des Comptes (1867). M. Portalis a été admis à la retraite avec le titre de conseiller maître honoraire en 1888. Officier de la Légion d'honneur (1869).

PORTALIS (Jules-Joseph, baron), député au Corps législatif de 1852 à 1865, né à Paris le 23 janvier 1822, mort à Paris le 22 juin 1865, était resté étranger à la politique active, lorsqu'il fut, après le coup d'Etat de 1851, désigné par le gouvernement comme candidat officiel au Corps législatif dans la 2e circonscription du Var, et élu député, le 29 février 1852, par 11,697 voix (17,797 votants, 31,652 inscrits), contre 2,813 à M. de Clappiers et 906 à M. Danget. Il fut de la majorité, prit part au rétablissement de l'Empire, opina avec la droite dynastique, et fut réélu, le 22 juin 1857, par 18,316 voix (18,398 votants, 32,997 inscrits). Il suivit la même ligne politique jusqu'en 1863, quitta à cette époque la vie parlementaire, et mourut à Paris en 1865.

PORTE (Jean-Gilles-Denis), député au Conseil des Cinq-Cents, né à Pelleport (Haute-Garonne) le 9 octobre 1759, mort à une date inconnue, appartint à l'armée, fut adjudant-général, puis sous-inspecteur aux revues et entra, le 26 germinal an V, au Conseil des Cinq-Cents, comme député de la Haute-Garonne, élu par 223 voix (271 votants). Il vota pour le maintien de la loi qui exigeait un serment des ministres du culte, fit accorder une pension de 20,000 francs à la mère de Marceau, devint secrétaire de l'assemblée et présenta un rapport détaillé sur l'organisation de la gendarmerie. Il prit encore la parole sur divers sujets, notamment sur les élections de l'an VI, obtint le renouvellement de son mandat législatif, le 23 germinal an VII, célébra la défaite des Anglais devant Ostende, appuya le projet de Jourdan sur le recrutement, fut en butte dans son département aux attaques des royalistes, et se montra très attaché aux institutions républicaines. Aussi fut-il exclu de la représentation nationale par Bonaparte, le 19 brumaire an VIII.

PORTES (Adolphe-François-René, marquis de), député de 1830 à 1831, de 1837 à 1838, pair de France, sénateur du second Empire, né à Toulouse (Haute-Garonne) le 22 janvier 1790, mort à Paris le 22 décembre 1852, « fils de monsieur Jean-Joseph-François-Thomas de Portes, ancien sénéchal, gouverneur de Toulouse, et de madame Jeanne-Catherine-Françoise de Beauvarlet de Beaumicourt », gendre de l'illustre Laplace, fut, sous la Restauration, maître des requêtes au conseil d'État et membre de la commission du sceau de France. Élu, le 23 juin 1830, député du 2e arrondissement électoral de l'Ariège (Pamiers), par 91 voix (163 votants, 185 inscrits), contre 69 à M. Cassaing, il prêta serment à Louis-Philippe, fut cependant destitué de ses fonctions au conseil d'État, et vota avec le groupe légitimiste. Il échoua ensuite dans le même collège, le 5 juillet 1831, avec 34 voix contre 129 à l'élu, M. Joly, et 35 à M. Vigarosy, et, le 10 janvier 1835, 135 voix contre 193 à l'élu, M. de Saintenac; mais il rentra à la Chambre, le 4 novembre 1837, élu par 184 voix (329 votants, 439 inscrits). Il se fit alors remarquer parmi les légitimistes ralliés, et vota contre le projet d'adresse de la commission, en 1839. Nommé pair de France le 9 juillet 1845, il soutint les principes conservateurs, rentra dans la vie privée en 1848, adhéra ostensiblement à la politique du prince Louis-Napoléon, et fut nommé sénateur le 26 janvier 1852. Il mourut moins d'un an après. Chevalier de la Légion d'honneur.

PORTIEZ (Louis-François-René), membre de la Convention, député au Conseil des Cinq-Cents, et membre du Tribunat, né à Beauvais (Oise) le 1er mai 1765, mort à Paris le 28 avril 1810, était avocat à Beauvais en 1789; le 17 octobre 1790, il publia le premier numéro du *Journal de l'Oise*. Élu, le 5 septembre 1792, député de l'Oise à la Convention, le 7e sur 12, par 317 voix (414 votants), il demanda que le procès de Louis XVI fût renvoyé devant le tribunal criminel de Paris, et vota ensuite pour la mort, avec sursis, en disant : « Louis Capet est convaincu de conspiration; il mérite la mort. Comme homme d'État, je déclare qu'il doit la subir, parce que la première politique d'un peuple qui a le sentiment de sa force et de sa dignité, c'est la justice. Je parle sans passion, parce qu'un individu tombé du trône dans une prison ne peut pas être un objet de vengeance. Je vote pour la mort avec l'amendement Mailhe, qui consiste à ce que l'assemblée juge ensuite s'il ne serait pas convenable d'examiner la question de l'époque à laquelle le jugement doit être exécuté. » Il s'occupa surtout de questions financières, se prononça au 9 thermidor contre Robespierre, et fit décréter en l'an III que la célébration de cet anniversaire aurait lieu séparément. Envoyé en mission en Belgique, il pressa l'annexion de ce pays à la France; puis il fit adopter un projet de fête en l'honneur des « amis de la liberté, morts sous le régime décemviral ». Élu, le 24 vendémiaire an IV, député de l'Oise au Conseil des Cinq-Cents, par 115 voix (233 votants), il présenta des rapports sur l'aliénation des biens du clergé dans les nouveaux départements et sur l'organisation du Prytanée français. Il intervint dans un certain nombre de débats visant les finances et l'instruction publique, sortit du Conseil en 1798, fut aussitôt réélu (26 germinal an VI) par le département de la Seine, parla sur la liberté de la presse,

sur les dépenses de la comptabilité nationale, et adhéra au coup d'État de brumaire. Membre du Tribunat le 4 nivôse an VIII, il fut nommé, en mars 1805, professeur puis doyen de l'École de droit de Paris. Ses leçons, au dire d'un biographe, étaient médiocres et lui valurent de vives critiques. On a de lui divers ouvrages : *Code diplomatique, contenant le texte de tous les traités faits avec la République française jusqu'à la paix d'Amiens* (1802); *Cours de législation administrative* (1802); etc.

PORY-PAPY (Pierre-Marie), représentant en 1848 et en 1871, né à Saint-Pierre (Martinique) le 3 mai 1805, mort à Versailles (Seine-et-Oise) le 27 janvier 1874, homme de couleur, reçut une assez bonne instruction. Après la confiture de son père et ses démêlés avec Bissette, il vint étudier le droit à Aix, passa sa thèse de licence à Paris, et retourna à la Martinique où il s'installa à Saint-Pierre comme avocat-avoué. Chargé par le comité fraternel des mulâtres de l'encaissement des dons volontaires, il eut bientôt des difficultés avec son correspondant en France, lequel se plaignait de ne recevoir que très irrégulièrement les sommes qui lui avaient été allouées. Pory-Papy était maire de Saint-Pierre lorsque la révolution de 1848 éclata. Élu, le 9 août suivant, représentant de la Martinique à l'Assemblée constituante, le 2e sur 3, par 19,263 voix (20,698 votants), il vota contre la sanction de la Constitution par le peuple, pour l'ensemble de la Constitution, contre la proposition Rateau, contre l'interdiction des clubs et contre l'expédition de Rome. Après la clôture de la Constituante, il reprit ses occupations à Saint-Pierre. Les événements de 1870 le mirent de nouveau en évidence. Élu, le 12 mars 1871, représentant de la Martinique à l'Assemblée nationale, le 2e et dernier, par 4,550 voix (5,827 votants, 25,522 inscrits), il vota contre l'abrogation des lois d'exil, contre le service de trois ans, pour l'arrêté sur les enterrements civils, contre la démission de Thiers et contre le septennat. Décédé en janvier 1874, il fut remplacé, le 9 août de la même année, par M. Godissard.

POSTEL (Joseph-Augustin-François-Louis), représentant en 1849, né à Vitré (Ille-et-Vilaine) le 2 septembre 1796, mort à Vitré le 11 juillet 1875, étudia le droit et se fit inscrire au barreau de Vitré. Élu, le 13 mai 1849, par les conservateurs monarchistes d'Ille-et-Vilaine, représentant à l'Assemblée législative, le 5e sur 12, par 74,125 voix (106,407 votants, 154,958 inscrits), catholique et royaliste, partisan de la liberté d'enseignement, il siégea à droite, et vota la majorité pour l'expédition de Rome, pour la loi Falloux-Parieu sur l'instruction publique, pour la loi restrictive du suffrage universel. Il fit partie de deux commissions chargées d'examiner des demandes en autorisation de poursuites formées contre plusieurs députés de la Montagne. Son rôle parlementaire prit fin au coup d'État de 1851.

POTHÉE-CHÉRON (Louis-François), député en 1789, né à Montoire (Loir-et-Cher) le 31 octobre 1742, mort à une date inconnue, était négociant et échevin à Montoire avant la Révolution. Député du tiers aux États-Généraux pour le bailliage de Vendôme (23 mars 1789), il fut de la majorité de la Constituante, prit la parole sur l'assimilation des droits des nouveaux et des anciens prêteurs de l'État, et, le 9 août 1789, dans la discussion des voies et moyens pour gager l'emprunt de 30 millions voté le 7, dit que l'on empruntait « pour payer des pensions à des privilégiés, à des musiciens, à des histrions ». Le 6 septembre 1791, il fut élu premier haut-juré pour le département de Loir-et-Cher, et ne reparut plus dans aucune assemblée politique.

POTHERIE (DE LA). — *Voy.* LEROY.

POTHUAU (LOUIS-MARIE-ALEXIS), représentant en 1871, ministre, sénateur de 1875 à 1882, né à 28 octobre 1815, mort à Paris le 7 octobre 1882, entra en 1831 à l'École navale, et fut successivement promu aspirant (15 octobre 1832), enseigne (10 avril 1837), lieutenant de vaisseau (20 octobre 1849), capitaine de frégate (19 décembre 1850), capitaine de vaisseau (15 octobre 1855), et contre-amiral (2 décembre 1861). Il avait pris part à plusieurs expéditions importantes, avait assisté, à bord du *Triton*, au bombardement de Tanger et de Mogador, et, pendant la guerre de Crimée, à celui d'Odessa, à bord du *Caton* qu'il commandait. Il était membre du conseil d'amirauté depuis 1869, lorsque éclata la guerre de 1870. A l'investissement de Paris, il fut nommé (septembre) commandant du fort de Bicêtre et des forts du sud armés par la marine. Puis il reçut (novembre) le commandement de la 6e division de la 3e armée de Paris. A ce titre, il eut à seconder, le 29 novembre, par une diversion du côté de Choisy-le-Roi, la grande attaque tentée sur Champigny : avec les fusiliers marins et quelques bataillons de la garde nationale, il réussit à s'emparer de la Gare-aux-Bœufs, et ce succès relatif lui valut le grade de vice-amiral (12 janvier 1871). Élu, le 8 février suivant, représentant de la Seine à l'Assemblée nationale, le 13e sur 43, par 139,280 voix (328,970 votants, 517,858 inscrits), il fut appelé presque aussitôt par Thiers au ministère de la Marine et des Colonies, qu'il occupa du 19 février 1871 au 22 mai 1873. Il marqua son administration par de fortes réductions des cadres et une série d'économies dans le matériel, poussa activement les constructions navales et la fabrication des nouveaux canons d'acier, et se prononça à l'Assemblée : *pour* la paix, *pour* l'abrogation des lois d'exil, *pour* les prières publiques, *pour* le pouvoir constituant de l'Assemblée, *contre* le service de trois ans. Il prit part à un grand nombre de discussions, notamment sur la situation de Paris après l'insurrection du 18 mars, sur les budgets de la marine, sur les projets de loi relatifs à l'interdiction de fonctions salariées aux membres de l'Assemblée, à la marine marchande, aux lieux de transportation, à la condition des déportés à la Nouvelle-Calédonie, à l'établissement du jury dans les colonies. Partageant les idées du chef du pouvoir exécutif sur la nécessité d'établir une République conservatrice, il donna sa démission à la chute de Thiers, le 24 mai 1873. Il prit alors place au centre gauche, se prononça *contre* le ministère de Broglie, *pour* la proposition Périer tendant à l'organisation de la République (15 juillet 1874), *pour* la proposition Maleville demandant la dissolution de l'assemblée (29 juillet 1874), parla contre le projet de loi relatif à l'inéligibilité comme députés des militaires et marins, sur la situation de la marine, et, après avoir voté l'ensemble des lois constitutionnelles, fut élu, le 10 décembre 1875, sénateur inamovible par l'Assemblée nationale, le 8e sur 75, par 362 voix (699 votants). Au Sénat, il s'assit au centre gauche, et suivit la même politique que

précédemment. Au 16 mai, il vota avec l'opposition *contre* la dissolution de la Chambre des députés. Après les élections républicaines d'octobre et l'échec des derniers essais de résistance du cabinet du 16 mai, il accepta, dans le nouveau cabinet Dufaure (13 décembre 1877), le portefeuille de la Marine et des Colonies qu'il conserva jusqu'à la retraite de M. Dufaure (3 février 1879), après l'élection de M. Jules Grévy à la présidence de la République. Le 13 février, l'amiral Pothuau fut nommé ambassadeur de la République française à Londres; il donna sa démission l'année suivante (30 avril 1880), revint prendre sa place au Sénat, où il soutint, jusqu'à sa mort, surveau deux ans plus tard, la politique républicaine conservatrice. Grand-croix de la Légion d'honneur (1er avril 1880).

POTIER. — *Voy.* POMMEROY (COMTE DE).

POTTEAU D'HANCARDIE (LOUIS-JOSEPH-MARIE), député de 1815 à 1816, et de 1818 à 1830, né à Lille (Nord) le 15 mai 1770, mort à Paris le 18 juin 1833, propriétaire, membre de l'administration des hospices de Lille et conseiller général, fut élu député du grand collège du Nord, le 22 août 1815, par 127 voix (201 votants, 293 inscrits). Il prit place dans la majorité de la Chambre introuvable, ne fut pas réélu en 1816, et rentra au parlement au renouvellement quinquennal du 26 octobre 1818, élu par 486 voix (911 votants, 2,593 inscrits). Il figura constamment dans la majorité royaliste, fut nommé conseiller de préfecture du Nord le 5 octobre 1820, et fut successivement réélu, dans le 4e arrondissement électoral de ce département (Lille-est), le 13 novembre 1822, par 314 voix (481 votants, 551 inscrits), contre 128 à M. de Brigode ; le 25 février 1824, par 307 voix (423 votants, 528 inscrits), contre 115 à M. Barrois-Vinot, le 17 novembre 1827, par 231 voix (432 votants, 499 inscrits), contre 198 à M. Barrois-Vinot. Partisan de toutes les mesures réclamées par les ultra-royalistes, il échoua, dans ce dernier collège, le 23 juin 1830, avec 236 voix contre 245 à l'élu, M. de Brigode, mais fut élu, le 3 juillet suivant, député du grand collège du Nord, par 349 voix (585 votants, 687 inscrits). Il refusa de prêter serment au gouvernement de Juillet, donna sa démission, et disparut de la scène politique. Officier de la Légion d'honneur.

POTTER (LOUIS-JEAN-JOSEPH-FERDINAND DE), député au Corps législatif de 1808 à 1814, né à Gand (Belgique) le 8 août 1765, mort à Gand le 9 octobre 1823, fut conseiller d'arrondissement, puis conseiller de préfecture à Gand. Élu, le 18 février 1808, par le Sénat conservateur, député de l'Escaut au Corps législatif, il siégea jusqu'au traité de 1814.

POTTIER (LOUIS), membre de la Convention, né à Loches (Indre-et-Loire) à une date inconnue, mort à Paris le 15 décembre 1793, était juge à Loches et très populaire dans la région, lorsqu'il fut élu (9 septembre 1792) premier député suppléant à la Convention par le département d'Indre-et-Loire, avec 242 voix (430 votants). Admis à siéger le 10 frimaire an II, en remplacement de Gardien, condamné à mort, il mourut quelques jours après, le 25 frimaire.

POTTIER (CHARLES-ALBERT), membre de la Convention, né à Loches (Indre-et-Loire) le

13 avril 1755, mort à Nyon (Suisse) en 1829, homme de loi avant la Révolution, fut nommé juge au tribunal de Loches, et fut élu, le 5 septembre 1792, député d'Indre-et-Loire à la Convention, le 3ᵉ sur 8, par 381 voix (le chiffre des votants manque). Lors du procès du roi, il répondit au 3ᵉ appel nominal : « L'humanité souffre d'une condamnation sévère, mais des raisons de justice me déterminent! Je vote pour la mort. » En 1794, il fit rendre un décret sur les certificats de résidence pour la liquidation des pensions, et fut nommé secrétaire de l'assemblée. Il obtint que les vainqueurs du dix-août ainsi que leurs femmes et leurs enfants fussent assimilés aux défenseurs de la patrie, parla sur les pensions et les rentes à accorder aux militaires blessés, sur les tribunaux révolutionnaires, sur les attributions du comité de législation, fut chargé, en l'an IV, du rapport sur Joseph Le Bon, et figura, après la session, en l'an VII, parmi les candidats pour le Directoire. Il fut nommé, le 28 floréal an VIII, commissaire du pouvoir exécutif près le tribunal civil de Loches, titre qu'il échangea, en 1805, contre celui de procureur impérial au même siège. Révoqué de ces fonctions en février 1815, il les reprit au retour de l'île d'Elbe, un mois après, et en fut de nouveau privé par la seconde Restauration. Atteint par la loi du 12 janvier 1816 contre les régicides, il prit, le 13 février suivant, un passeport pour Genève, et se rendit de là à Constance, d'où il demanda en vain au gouvernement royal l'autorisation de rentrer en France (4 avril 1819). L'état de sa santé l'obligea de se fixer à Nyon, d'où il renouvela sa demande (28 janvier 1829), ayant une succession à partager en France. Mais il n'eut pas le temps de rentrer, étant mort peu de temps après.

POTTIER (André), député au Conseil des Cinq-Cents, né le 22 juillet 1756, mort à une date inconnue, cultivateur à Fontaine-aux-Bois (Nord), devint, à la Révolution, administrateur du Nord et fut élu (23 germinal an VI) député de ce département au Conseil des Cinq-Cents. Il n'y joua qu'un rôle effacé et quitta l'assemblée en l'an VII.

POTTOFEUX (Pierre-Charles-Polycarpe), membre de la Convention, né à Saint-Quentin (Aisne) le 28 mars 1763, mort à Laon (Aisne) le 6 janvier 1821, était avocat dans cette dernière ville. Il fut nommé procureur général syndic de l'Aisne, et élu par ce département, en septembre 1792, avec 337 voix (609 votants), premier député suppléant à la Convention. Admis à siéger aussitôt en remplacement de Thomas l'aîné qui avait opté pour le Pas-de-Calais, Pottofeux donna sa démission dès le 8 novembre 1792, et fut remplacé par Bouchereau. Après le 9 thermidor, il fut accusé de terrorisme, traduit devant le tribunal révolutionnaire et acquitté. Il demanda en vain (le 6 brumaire an IV) à reprendre son siège à la Convention, et, impliqué plus tard dans la conspiration de Babeuf, il bénéficia d'un nouvel acquittement, l'accusateur national n'ayant pas trouvé de preuves suffisantes contre lui, quoiqu'il ne le regardât pas, dit le *Moniteur*, comme exempt d'imprudence et de blâme ». Nommé agent forestier par le Directoire, il perdit bientôt ces fonctions par suite de ses relations avec l'ancien parti jacobin, il se fit alors défenseur officieux à Laon, et exerça cette profession jusqu'à sa mort (1821).

POUDRET DE SEVRET (René, chevalier), député de 1839 à 1846, né à Niort (Deux-Sèvres) le 28 novembre 1773, mort à Angers (Maine-et-Loire) le 31 juillet 1851, s'engagea, le 22 avril 1792, dans le 2ᵉ bataillon des Deux-Sèvres, et fut promu sous-lieutenant le 24 octobre suivant. Fait prisonnier à Denain, il resta dix-huit mois en Hongrie, et, à son retour, fut attaché à l'état-major de Bernadotte, puis, en l'an XI, à celui du général Frère. Il fit la campagne de 1805, se distingua à Austerlitz, et fut de nouveau attaché à Bernadotte qu'il suivit en Suède, le 27 septembre 1807, comme maréchal du palais. Officier de la Légion d'honneur, créé chevalier de l'empire le 13 août 1811, il quitta Bernadotte lorsque celui-ci abandonna la cause de la France, prit part à la campagne de Russie comme commandant des voltigeurs de la 13ᵉ division, fut blessé à Ostrowca le 26 juillet 1812, et devint, le 11 mai 1813, colonel du 106ᵉ de ligne, qu'il avait réorganisé en Italie. Licencié en 1815, mis à la retraite en 1816, il épousa l'année suivante Mlle Cesbron de la Roche et se fixa à Angers. Après la révolution de 1830, il fut nommé colonel de la garde nationale de cette ville, fonction qu'il conserva jusqu'au 12 novembre 1843. Conseiller municipal en 1832, conseiller général du canton de Chemillé en 1835, il fut élu député du 4ᵉ collège de Maine-et-Loire (Cholet), le 2 mars 1839, par 139 voix (260 votants, 340 inscrits), et fut réélu le 9 juillet 1842, par 180 voix (293 votants, 366 inscrits), contre 104 à M. de Quatrebardes, légitimiste. Il vota *pour* les fortifications de Paris, *pour* l'adjonction des capacités, *contre* le droit de visite, *contre* l'indemnité Pritchard. Ayant échoué, le 1ᵉʳ août 1846, avec 189 voix contre 202 à l'élu, M. de Quatrebardes, il ne reparut plus sur la scène politique.

POUGEARD (Firmin), représentant du peuple en 1848 et en 1849, né à Confolens (Charente) le 22 novembre 1802, mort à Confolens le 20 septembre 1866, finit ses études à seize ans, fit son droit à Poitiers, et, à vingt ans, entra comme clerc dans une étude d'avoué à Paris. En 1835, il s'inscrivit au barreau de Confolens dont il devint bâtonnier en 1843. Elu, le 23 avril 1848, représentant de la Charente à l'Assemblée constituante, le 8ᵉ sur 9, par 34,202 voix sur 92,994 votants, il siégea parmi les républicains de la nuance du *National*, fit partie du comité des finances, demanda le remplacement de l'impôt de 45 centimes par un emprunt, proposa de créer un journal spécial pour les ouvriers, déposa un projet complet de réforme hypothécaire, parla en faveur de la suppression complète et immédiate de l'impôt du sel, fit ajouter dans la Constitution « qu'aucun impôt ne pouvait être établi qu'en vertu d'une loi, » et que « toute espèce d'engagement pris par l'État envers ses créanciers est inviolable. » Il vota *pour* le bannissement de la famille d'Orléans, *pour* la loi sur les attroupements, *pour* le décret contre les clubs, *contre* la proposition Proudhon, *pour* les poursuites contre Louis Blanc et Caussidière (affaire du 15 mai), *contre* les poursuites contre Caussidière (affaire du 23 juin), *contre* l'abolition de la peine de mort, *contre* l'amendement Grévy, *contre* le droit au travail, *pour* l'ordre du jour en faveur de Cavaignac, *pour* la proposition Rateau, *pour* le renvoi des accusés du 15 mai devant la haute cour, *pour* l'interdiction des clubs, *pour* l'amnistie des transportés, *pour* le blâme de la dépêche Léon Faucher, *pour* l'abolition de l'impôt des boissons. Réélu, le 13 mai 1849, par le même département, à l'Assemblée législative, le 4° sur 8, par 47,631 voix sur 79,163 votants et 114,411 inscrits, il siégea à droite, et se prononça *pour* la loi Falloux-Parieu sur l'enseignement, *pour* la loi du 31 mai restrictive du suffrage universel, et quitta la vie politique au coup d'Etat de décembre 1851.

POUGEARD-DULIMBERT (François, BARON), député en 1789 et au Conseil des Anciens, membre du Tribunat, député de 1821 à 1824 et de 1827 à 1831, né à Confolens (Charente) le 3 juillet 1753, mort à Limoges (Haute-Vienne), le 18 mars 1837, fut reçu avocat au parlement de Paris le 17 février 1777. Après avoir été membre de l'administration provinciale du Poitou en août 1787, il embrassa les principes de la Révolution, et fut élu, le 24 mars 1789, député du tiers aux Etats-Généraux par le bailliage d'Angoulême. Il siégea dans la majorité, prêta le serment du Jeu de paume, fit partie des comités des rapports et d'aliénation, fut nommé commissaire à la caisse de l'extraordinaire, puis secrétaire de l'Assemblée (13 août 1791). Après la session, il devint administrateur du district de Confolens (26 septembre 1791), maire de cette ville (11 novembre suivant), et juge de paix (25 novembre 1792). Elu, le 24 vendémiaire an IV, député de la Charente au Conseil des Anciens, par 232 voix (283 votants), il siégea parmi les partisans du Directoire, se rallia au 18 brumaire, et fut nommé préfet de la Haute-Vienne, le 11 ventôse an VIII. Membre du Tribunat le 6 germinal an X, décoré de la Légion d'honneur le 26 prairial an XII, il devint, à la suppression du Tribunat, préfet de l'Allier, le 7 octobre 1807, baron de l'Empire le 14 avril 1810, fut destitué à la rentrée des Bourbons, et, aux Cent-Jours, passa à la préfecture de la Somme (6 avril 1815). Révoqué une seconde fois au retour de Gand, il rentra momentanément dans la vie privée. Elu, le 1er octobre 1821, député du 2e arrondissement électoral de la Charente (Confolens), par 131 voix (222 votants, 3 5 inscrits), contre 85 au comte Dupont, il prit place dans l'opposition constitutionnelle, et échoua, le 25 février 1824, avec 51 voix contre 133 à l'élu, M. Dupont. Il redevint député de Confolens le 17 novembre 1827, par 105 voix (195 votants, 231 inscrits), contre 88 à M. Dupont, député sortant, et fut encore réélu, le 23 juin 1830, par 115 voix (211 votants, 236 inscrits), contre 92 au général Dupont; il vota contre les mesures réactionnaires réclamées par les ultra-royalistes, signa l'adresse des 221, prit part à l'établissement du gouvernement de juillet, et céda son siège de député à son fils, aux élections de 1831.

POUGEARD-DULIMBERT (Jean-Joseph, BARON), député de 1831 à 1839 et de 1842 à 1846, né à Confolens (Charente) le 30 mars 1785, mort à Limoges (Haute-Vienne), le 9 janvier 1848, fils du précédent, entra au service sous l'Empire, fit la campagne de Russie et celle de Saxe, et fut maintenu en activité sous la Restauration. Il était, en 1830, colonel du 6e régiment de chasseurs à cheval, et il devint, peu de temps après, commandant de la 11e légion de gendarmerie. Elu député du 4e collège de la Charente (Confolens), le 5 juillet 1831, par 172 voix (248 votants, 345 inscrits), contre 62 à M. Garnier de Laboissière, il fut réélu, le 21 juin 1834, par 161 voix (272 votants, 334 ins-

crits), contre 103 à M. Garnier de Laboissière, et, le 4 novembre 1837, par 170 voix (287 votants, 370 inscrits) ; il siégea dans la majorité ministérielle, adopta les lois d'apanage et de disjonction, et fut l'un des 221 députés qui soutinrent le cabinet Molé contre la coalition. Il échoua aux élections du 2 mars 1839, avec 111 voix contre 173 à l'élu, M. Garnier de Laboissière. Promu maréchal de camp le 28 avril 1842, il regagna son siège au parlement le 9 juillet de la même année, par 166 voix (325 votants, 409 inscrits), contre 18 à M. Garnier de Laboissière, député sortant, et 10 à M. Hyde de Neuville, vota *pour* l'indemnité Pritchard, et ne se représenta pas aux élections de 1846. Officier de la Légion d'honneur.

POUGET (Alexandre), député en 1791, né à Lamarque, près Tonneins (Lot-et-Garonne) en 1750, mort à Saint-Martin de Carton (Lot-et-Garonne) en 1800, était procureur-syndic du district de Casteljaloux, quand il fut élu, le 3 septembre 1791, député du Lot-et-Garonne à l'Assemblée législative, le 9° et dernier, par 176 voix (331 votants). Il opina silencieusement avec la majorité et ne fit pas partie d'autres assemblées.

POUGET (Jean-Pierre, BARON), représentant à la Chambre des Cent-Jours, né à Péret (Hérault) le 9 octobre 1761, mort à Montpellier (Hérault) le 7 février 1825, entra au service dans l'infanterie le 10 novembre 1792, fit plusieurs campagnes, et fut nommé général de brigade le 27 septembre 1793. Employé en Suisse en 1798, il commanda à Lausanne, et reçut de la chambre administrative de cette ville une tabatière de prix, en témoignage de reconnaissance pour le bon ordre qu'il avait maintenu parmi les troupes. Il passa ensuite en Italie, commanda la place de Mantoue, fut mis à la tête du camp d'Alexandrie (octobre 1805), et occupa divers postes militaires dans l'intérieur. Chevalier de la Légion d'honneur, baron de l'Empire du 12 novembre 1809, il fut fait chevalier de Saint-Louis le 5 octobre 1814. Mais ayant été, le 16 mai 1815, élu par le grand collège du département de l'Aude, représentant à la Chambre des Cent-Jours, par 25 voix (28 votants, 253 inscrits), il fut mis en demi-solde par la seconde Restauration et définitivement admis à la retraite le 30 octobre 1822, avec le grade de maréchal-de-camp.

POUGNY (Nicolas-Joseph), député au Corps législatif de l'an XI à 1807, né à Liffol-le-Grand (Vosges) le 6 décembre 1760, mort à Neufchâteau (Vosges) le 1er octobre 1842, avocat à Neufchâteau, puis administrateur des Vosges, et commissaire du gouvernement près l'administration centrale, fut nommé sous-préfet de Neufchâteau sous le Consulat. Le 9 thermidor an XI, le Sénat conservateur le désigna pour représenter le département des Vosges au Corps législatif, où il siégea jusqu'en 1807.

POUHAER (François-Germain), député au Conseil des Cinq-Cents, né à Plourivo (Côtes-du-Nord) en 1762, mort à Saint-Brieuc le 13 juillet 1813, était président du tribunal de district de Saint-Brieuc, lorsqu'il fut élu (26 germinal an VII) député des Côtes-du-Nord au Conseil des Cinq-Cents. Il appuya le coup d'Etat de Bonaparte, et fut nommé, le 12 floréal au VIII, président du tribunal criminel de Saint-Brieuc.

POUILLET (Claude-Servais-Mathias), député de 1837 à 1848, né à Cuisance (Doubs) le 16 février 1790, mort à Paris le 13 juin 1868, commença par être régent au collège de Tonnerre de 1809 à 1811. Entré à l'École normale supérieure cette dernière année, il en sortit en 1813, devint répétiteur à cette École de 1813 à 1816, maître de conférences de 1816 à 1823, et professeur au collège Bourbon en 1819. En 1826, il fut nommé préparateur du cours de Biot à la Sorbonne, en 1827 professeur au Conservatoire des arts et métiers, en 1828 chevalier de la Légion d'honneur, et, en 1829, sous-directeur du Conservatoire des arts et métiers. Chargé, en 1827, de l'instruction scientifique du duc de Chartres et, plus tard, des autres fils de Louis Philippe, il se montra très attaché à la monarchie de juillet. Professeur de physique à l'École polytechnique en 1831 à la place de Dulong, directeur du Conservatoire des arts et métiers l'année suivante, membre de l'Académie des sciences le 17 juillet 1837 en remplacement de Girard, professeur titulaire de physique à la Sorbonne en 1838, il devint, en 1845, membre du conseil supérieur de l'université et officier de la Légion d'honneur (24 avril de la même année). Ses travaux scientifiques ne l'empêchèrent pas de s'occuper activement de politique. Successivement élu député du 3e collège du Jura (Poligny), le 4 novembre 1837, par 116 voix (221 votants, 314 inscrits) ; le 2 mars 1839, par 126 voix (243 votants) ; le 9 juillet 1842, par 159 voix (278 votants, 332 inscrits), contre 119 à M. de Froissard ; le 1er août 1846, par 238 voix (371 votants, 423 inscrits), contre 129 à M. de Froissard, il ne cessa de figurer parmi les partisans les plus fidèles de la politique ministérielle, parla sur les questions de science et d'industrie, fit partie des commissions des chemins de fer, des télégraphes, des messageries, des monnaies, et vota *pour* la dotation du duc de Nemours, *pour* le recensement, *contre* les incompatibilités, *pour* l'indemnité Pritchard. La révolution de février le rendit à la science, mais pas pour longtemps. Lorsque, le 13 juin 1849, Ledru-Rollin et ses amis se réfugièrent au Conservatoire, il ne leur opposa aucune résistance, afin, dit-il, d'empêcher le pillage des collections. Destitué alors de ses fonctions de directeur, il publia un *Mémoire* justificatif. Considéré comme démissionnaire de ses autres fonctions pour refus de serment après le coup d'État du 2 décembre 1851, il se consacra alors à des recherches qu'il a résumées sous le titre de *Notes sur un moyen photographique de déterminer la hauteur des nuages* (Comptes-rendus de l'Académie des sciences 1855). M. Pouillet a en outre publié : *Instructions sur les paratonnerres* (1823, avec Gay-Lussac) ; *Rapport sur les appareils télégraphiques de M. Siemens* ; *Traité de physique expérimentale et de météorologie* (1827) ; *Mémoire sur la chaleur solaire, sur les pouvoirs rayonnants et absorbants de l'air atmosphérique* (1831) ; et enfin différents articles dans les *Comptes-rendus de l'Académie des sciences*, dont un mérite d'être cité : *Sur la mesure relative des sources thermo-électriques et hydro-électriques* (1837).

POUILLY (Albert-Louis, baron de), député en 1789, né à Pouilly (Meuse) le 13 décembre 1731, mort à Haguenau (Haut-Rhin) en 1795, fit une partie des campagnes de la guerre de Sept ans et parvint au grade de maréchal de camp. Chevalier de Saint-Louis, il siégea à l'assemblée provinciale des Trois évêchés, puis, le 1er avril 1789, fut élu député de la noblesse aux États-Généraux par le bailliage de Verdun. Il s'opposa à la réunion des trois ordres et au vote par tête.

« Le député de la noblesse du bailliage de Verdun, obligé par son mandat de ne délibérer par tête qu'autant que la majorité de l'ordre de la noblesse seulement y aurait consenti, déclare qu'il ne peut prendre part à aucunes délibérations qui pourraient être prises par les trois ordres réunis, jusqu'à ce qu'il ait reçu de nouveaux pouvoirs de ses commettants, de laquelle déclaration il demande acte.

A Versailles, le 30 juin 1789,

Le Baron de Pouilly. »

Arrêté (août 1791) par la municipalité de Rivière-Verdun, il se réclama de l'Assemblée qui donna l'ordre de le remettre en liberté. Il fit partie du comité des domaines, fut nommé commissaire-conciliateur, et donna sa démission de député le 30 mai 1790.

POUJADE (Louis-Cyprien), représentant en 1871, député de 1876 à 1877 et de 1878 à 1885, né à Canet (Aveyron) le 28 juillet 1823, fit ses études de médecine à Paris, fut reçu docteur en 1855 et s'établit ensuite à Carpentras dont il devint conseiller municipal, et où il se fit remarquer par une vive opposition à l'Empire. Nommé préfet de Vaucluse le 6 septembre 1870, il fut élu, le 8 février 1871, représentant du département à l'Assemblée nationale, le 4e sur 5, par 31,833 voix (63,738 votants, 85,059 inscrits), et donna sa démission de député avec ses collègues quand une enquête fut ordonnée par l'Assemblée sur les élections de Vaucluse. Maire de Carpentras en 1872, membre, puis président du conseil général, il se représenta à la députation, avec un programme portant « que la France a soif de réforme libérale », et le 5 mars 1876, il fut élu, au second tour, député de l'arrondissement de Carpentras, par 7,251 voix (14,526 votants, 16,905 inscrits), contre 7,245 à M. Barcilon, légitimiste. Il prit place à la gauche républicaine et fut un des 363 députés qui votèrent contre l'ordre du jour de confiance demandé par le ministère de Broglie. Il échoua après la dissolution de la Chambre, le 14 octobre 1877, avec 6,005 voix contre 8,159 à l'élu, M. Barcilon, candidat du maréchal ; mais cette élection ayant été invalidée, M. Poujade redevint député de Carpentras le 7 avril 1878, par 7,134 voix (7,578 votants, 17,007 inscrits). Il reprit sa place à l'Union républicaine, appuya la politique scolaire et coloniale du gouvernement, et réélu, le 21 août 1881, par 4,919 voix (9,121 votants, 16,489 inscrits), contre 2,821 à M. Lambertin et 1,279 à M. Camille Pelletan, il continua d'approuver de ses votes la politique opportuniste, et se porta candidat au Sénat dans Vaucluse, le 12 juillet 1883 ; mais il échoua avec 51 voix contre 107 à l'élu, M. Naquet, 25 à M. Armand et 14 à M. Devitte. Il ne se représenta pas aux élections législatives de 1885.

POUJAUD (Pierre-Éléonore), député au Corps législatif de l'an XI à 1807, né à Naulars (Charente) le 8 juin 1728, mort à une date inconnue, remplit les fonctions d'administrateur des domaines et de directeur de la régie (même administration). Le 4 prairial an VIII, il fut nommé conseiller de préfecture à Angoulême. Élu, par le Sénat conservateur, le 9 thermidor an XI, député de la Charente au Corps législatif, Poujaud siégea dans l'Assemblée impériale jusqu'en 1807.

POUJOULAT (JEAN-JOSEPH-FRANÇOIS), représentant en 1848 et en 1849, né à la Fare (Bouches-du-Rhône) le 28 janvier 1808, mort à Paris le 5 janvier 1880, d'une famille du Dauphiné, fit ses études à Aix, vint à Paris à l'âge de dix-huit ans, et fut employé par Michaud aîné (1828) à la rédaction de la *Bibliothèque des croisades*. Avec lui il visita la Grèce, l'Archipel, Constantinople, Jérusalem, puis il revint seul par la Syrie : à leur retour à Paris (mai 1831), ils consignèrent le récit de leurs pérégrinations dans un curieux ouvrage intitulé : la *Correspondance d'Orient* (1832-1835). Ils entreprirent aussi la publication de la *Nouvelle collection des Mémoires pour servir à l'histoire de France* (1836-1838, 32 volumes). En politique, M. Poujoulat ne cessa de se montrer fidèle au principe de la légitimité. Après la révolution de 1848, il se présenta comme candidat légitimiste dans les Bouches-du-Rhône à l'Assemblée constituante, et, le 4 juin, lors d'un scrutin partiel motivé par l'option de trois représentants pour d'autres départements, il fut élu, le 2 sur 3, par 25,491 voix. Il se prononça *contre* le rétablissement du cautionnement, *pour* les poursuites contre Louis Blanc et Caussidière, *pour* le rétablissement de la contrainte par corps, *pour* l'abolition de la peine de mort, *contre* l'amendement Grévy, *pour* la sanction de la Constitution par le peuple, *contre* le droit au travail, *pour* l'ordre du jour en l'honneur du général Cavaignac, *pour* la réduction de l'impôt du sel, *pour* la proposition Rateau, *pour* l'interdiction des clubs, *pour* les crédits de l'expédition romaine, *contre* l'amnistie des transportés. Réélu à l'Assemblée législative, le 13 mai 1849, le 6e sur 9, par 44,463 voix (114,293 inscrits), il appartint à la majorité, et appuya l'expédition de Rome, la loi Falloux-Parieu sur l'enseignement et la loi restrictive du suffrage universel. Il ne se rallia pas à la politique de l'Élysée, et, rentré dans la vie privée après le 2 décembre 1851, combattit l'Empire dans les colonnes du journal royaliste l'*Union* (ancienne *Quotidienne*), dont il resta jusqu'à sa mort un des principaux collaborateurs. En 1851, il était allé voir le comte de Chambord à Wiesbaden, et avait fait paraître dans l'*Union* une lettre, qui fit alors beaucoup de bruit, et dans laquelle il se croyait autorisé à déclarer que le comte de Chambord repoussait absolument l'appel au peuple. M. Poujoulat a laissé de nombreux ouvrages, parmi lesquels : la *Bédouine* (1835) ; *Toscane et Rome, correspondance d'Italie* (1839) ; *Histoire de Jérusalem, tableau religieux et philosophique* (1840-1842) ; *Histoire de saint Augustin* (1844) ; *Études africaines* (1846) ; *Lettres sur Bossuet* (1854) ; *Le cardinal Maury, sa vie et ses œuvres* (1855) ; *Littérature contemporaine* (1856), etc. Il collabora assidûment à la *Revue des Deux-Mondes*, au *Correspondant*, au *Musée des Familles* et à un certain nombre d'autres recueils.

POULAIN DE BEAUCHÊNE (JACQUES-GUILLAUME), député en 1789, né à Saint-Martin-l'Aiguillon (Orne) le 18 septembre 1727, mort à une date inconnue, fut lieutenant de la grande louveterie de France. Il s'occupait d'agriculture à Saint-Martin-l'Aiguillon, lors de la Révolu-

tion. Élu, le 23 mars 1789, député du tiers aux États-Généraux par le bailliage de Caen, il ne se fit pas remarquer dans l'Assemblée. Le *Moniteur* ne mentionne pas son nom.

POULAIN DE BOUTANCOURT (JEAN-BAPTISTE-CÉLESTIN), député en 1789, membre de la Convention, député au Conseil des Cinq-Cents, et au Corps législatif de l'an VIII à 1802, né à Boutancourt (Ardennes) le 23 avril 1758, mort à Sézanne (Marne) le 10 octobre 1802, était maître de forges à Audun. Élu, le 22 mars 1789, député du tiers aux États-Généraux par le bailliage de Vitry-le-François, avec 116 voix (272 votants), il prêta le serment du Jeu de paume, fit partie du comité de liquidation, fut secrétaire de l'Assemblée (12 novembre 1791), adjoint au comité des monnaies, vota avec la majorité, et annonça l'arrestation de trois officiers du Royal-Allemand. Député de la Marne à la Convention, le 3 septembre 1792, le 6e sur 10, par 155 voix (291 votants), il se prononça dans le procès du roi, pour « la réclusion et le bannissement ». Il fut envoyé par le même département au Conseil des Cinq-Cents, le 21 vendémiaire an IV, par 172 voix (285 votants), et fut réélu le 25 germinal an VI. Favorable au coup d'État de Bonaparte, Poulain de Boutancourt représenta encore la Marne au nouveau Corps législatif, depuis le 4 nivôse an VIII jusqu'à sa mort.

POULAIN DE CORBION (JEAN-FRANÇOIS-PIERRE), député en 1789, né à Quintin (Côtes-du-Nord) le 10 juin 1743, mort à Saint-Brieuc (Côtes-du-Nord) le 28 octobre 1799, « fils de René Poulain, sénéchal, et de Jeanne-Suzanne Dargaray », se fit recevoir avocat au parlement, et vint se fixer à Saint-Brieuc. Maire de cette ville (3 décembre 1779), commandant de la milice bourgeoise (1780), il se montra favorable aux idées nouvelles, publia une brochure : *La poule au pot* (1788), en faveur des paysans, « classe respectable qui est la nourrice des autres classes de citoyens », et fut élu, le 13 avril 1789, député du tiers de la sénéchaussée de Saint-Brieuc aux États-Généraux. Son rôle à l'Assemblée fut des plus obscurs, et les procès-verbaux ne mentionneraient pas son nom, s'il n'avait pas fait partie du comité des recherches. Il suivit la majorité, prêta le serment du Jeu de paume, fit partie (10 octobre 1789) de la députation chargée de présenter au roi les articles décrétés sur la jurisprudence criminelle, prêta le serment civique (4 mars 1790), et fut adjoint au comité des rapports, à celui des recherches et à celui de la marine. Le 19 août 1789, ses concitoyens l'avaient choisi pour colonel des volontaires nationaux. Après la session, il fut réélu maire de Saint-Brieuc (9 novembre 1791); il refusa ces fonctions, devint membre du directoire du département, puis (1792) juge au tribunal de commerce. Il se tint à l'écart sous la Terreur, fut nommé après thermidor, par les représentants en mission, procureur de la commune de « Port-Brieuc » (11 prairial an III), fonctions qu'il remplit à partir du 9 brumaire an VI sous le titre de commissaire du Directoire exécutif près la municipalité. Lors de la prise de Saint-Brieuc par les Chouans, le 28 octobre 1799, Poulain de Corbion fut tué dans la rue, en essayant de fuir à la faveur de la nuit (4 heures du matin).

POULET (MARIUS-GEORGES), député de 1882 à 1885, né à Saint-Remy (Bouches-du-Rhône) le 15 septembre 1846, fit à l'école communale de sa ville natale ses études primaires, qu'il dut interrompre à treize ans, fut apprenti maçon et tailleur de pierre, et vint à Paris en octobre 1865. Il concourut, dans les derniers temps de l'Empire, à la fondation de sociétés ouvrières et de syndicats, prit part aux luttes du parti démocratique, devint secrétaire de la loge maçonnique la *Renaissance*, et, lié avec M. Martin Nadaud, obtint, grâce à lui, d'être nommé membre de la commission des logements insalubres ; il fut aussi secrétaire de M. Georges Ville, professeur de chimie agricole au Jardin des plantes. Il collabora à la *Tribune*, à l'*Evénement*, à la *Finance nouvelle*, et ne cessa de s'occuper activement de politique. Après avoir soutenu dans les Bouches-du-Rhône la candidature de M. Lockroy, il se présenta lui-même, en 1881, comme candidat républicain radical au conseil municipal de Paris dans le XV° arrondissement (quartier du Gros-Caillou), fut élu conseiller, siégea dans le groupe de l'autonomie communale, et s'occupa spécialement de travaux publics. Secrétaire du conseil, il fut, en cette qualité, délégué aux obsèques de Garibaldi en 1882. La même année (22 octobre) M. Dréo étant décédé, M. Marius Poulet brigua sa succession à la Chambre dans l'arrondissement de Brignoles et fut élu par 5,245 voix (6,379 votants, 19,950 inscrits). Il s'inscrivit au groupe de l'extrême-gauche, avec laquelle il vota *contre* le ministère Ferry, et parut quelquefois à la tribune, notamment à propos du budget des beaux-arts et dans la discussion de la loi contre les prétendants. Mais certaines affaires financières, où son nom fut mêlé d'une manière fâcheuse, l'obligèrent à donner sa démission de député avant la fin de la législature ; depuis, M. Marius Poulet a dû être enfermé dans un asile d'aliénés à Marseille (1er novembre 1890).

POULIOT (JEAN-BAPTISTE-SIMON), député de 1831 à 1832, né à Saint-Junien (Haute-Vienne) le 29 octobre 1773, mort à Paris le 13 mai 1832, étudia la médecine et fut reçu docteur. Il exerçait sa profession à Saint-Junien, était juge de paix de ce canton et conseiller général de la Haute-Vienne, lorsqu'il fut élu, le 5 juillet 1831, député du 5e collège du département (Saint-Junien), par 116 voix (177 votants, 202 inscrits) contre 33 à M. Desvergnes-Lafond, et 27 à M. Edmond Blanc. Il prit place dans les rangs de la majorité, mourut le 13 mai 1832, et fut remplacé, le 2 juillet suivant, par M. Edmond Blanc.

POULIOT (ETIENNE-PROSPER-FERDINAND), député de 1880 à 1881 et de 1882 à 1883, né à Saint-Junien (Haute-Vienne) le 20 décembre 1843, mort à Cannes (Alpes-Maritimes) le 10 janvier 1883, petit-fils du précédent, fit ses études médicales à Paris et fut reçu docteur en 1869. Conseiller général de la Haute-Vienne depuis 1877, il fut élu, le 6 juin 1880, député de l'arrondissement de Rochechouart, en remplacement de M. Codet décédé, par 6,563 voix (7,178 votants, 13,426 inscrits). Il prit place dans la majorité républicaine, et échoua, aux élections générales du 21 août 1881, avec 4,757 voix contre 4,838 à l'élu, M. Jean Codet. Mais, cette élection ayant été invalidée, M. Pouliot fut réélu, le 29 janvier 1882, par 5,922 voix (10,989 votants, 13,439 inscrits), contre 5,014 à M. Codet, député sortant. Il continua de voter avec la majorité républicaine, mourut en janvier 1883, et fut remplacé, le 18 février suivant, par M. J. Codet.

POULIZAC (LOUIS-GUILLAUME-HENRI), représentant à la Chambre des Cent-Jours, né à Quimper (Finistère) le 8 octobre 1775, mort à Quimper le 15 novembre 1853, fit ses études au collège de sa ville natale, participa à la répression de l'insurrection royaliste du Morbihan, refusa le brevet de sous-lieutenant que lui offrit à Brest le général Leclerc, et prit son congé définitif le 1er germinal an VIII. Il devint alors défenseur officieux près le tribunal de Quimper, puis avocat, et assista au sacre de l'empereur Napoléon en qualité de lieutenant de la compagnie d'élite de la garde nationale sédentaire ; il était alors chef de bureau à la préfecture du Finistère. Nommé, en 1812, juge suppléant au tribunal de Quimper, il fut élu, le 15 mai 1815, représentant à la Chambre des Cent-Jours par l'arrondissement de Quimper, avec 32 voix (57 votants, 126 inscrits). Il s'y montra modéré, et ne prit jamais la parole. Destitué en 1816 de ses fonctions de juge suppléant, il reprit sa place au barreau de Quimper, acheta une étude d'avoué, et fut chargé, après les événements de 1830, d'aller porter à Louis-Philippe l'adhésion des habitants de Quimper. Il refusa alors le poste de procureur du roi à Quimper, mais accepta, en octobre 1830, celui de conseiller à la cour de Rennes. Il conserva ces fonctions jusqu'au 1er mars 1852, date de sa mise à la retraite.

POULLAIN DE GRANDPREY (JOSEPH-CLÉMENT), membre de la Convention, député au Conseil des Anciens et à celui des Cinq-Cents, représentant à la Chambre des Cent-Jours, né à Ligneville (Vosges) le 23 décembre 1744, mort à Graux (Vosges) le 6 février 1826, « fils du sieur Poullain, résidant au château de Ligneville, et de demoiselle Marie-Anne Collessel », fut nommé, en 1770, conseiller du roi au bailliage de Mirecourt. Il adopta les idées de la Révolution, rédigea le cahier des doléances du bailliage de Neufchâteau, et devint, en 1790, procureur général syndic du département des Vosges, qui l'envoya le 3 septembre 1792, le 1er sur 8, par 415 voix (427 votants), siéger à la Convention. Chargé d'examiner les papiers de l'armoire de fer, il conclut de façon à encourir la méfiance du parti avancé, et, lors du procès du roi, se prononça ainsi, au 2e appel nominal : « Je suis investi de pouvoirs illimités ; mais mes commettants, en me les confiant, n'ont pas entendu dépouiller le peuple de l'exercice de ses droits ; ce serait y porter atteinte que de juger, que d'exercer des fonctions de juge, pour lesquelles je n'ai point un mandat particulier. Il est bien étonnant que ceux qui parlent sans cesse de la bonté du peuple, ne puissent pas croire aujourd'hui à sa sagesse. Loin de moi l'idée de repousser la responsabilité ; je ne redouterais qu'une chose, ce serait celle d'être soupçonné d'avoir aplani à un usurpateur les marches du trône, et c'est précisément à cause de cela que je demande que le peuple lui-même juge des mesures que l'on va prendre. Je vote *oui*, en renvoyant aux assemblées primaires qui se tiendront pour la sanction de l'abolition de la royauté. » Au 3e appel nominal : « Je dois voter définitivement, puisqu'un décret m'y oblige. Ce n'est point à la loi pénale que je dois me conformer, mais à l'intérêt général. Si je me trompe, je ne veux pas que ma faute soit irréparable. Je dis : Louis étant déclaré coupable mérite la mort ; mais je demande qu'il soit sursis à l'exécution jusqu'à l'acceptation de la Constitution, ou jusqu'au moment où les ennemis envahiront notre territoire. « Adversaire de Marat, il réclama (avril 1793) sa mise en accusation, fut écarté du comité des domaines, comme suspect de modérantisme, mais échappa à la proscription du 31 mai et prit part à la réaction du 9 thermidor. Envoyé en mission dans les départements de l'Ain, de l'Isère, de la Loire et du Rhône, il y combattit de tout son pouvoir l'influence des jacobins. Le 21 vendémiaire an IV, il fut réélu par les Vosges député au Conseil des Anciens, avec 227 voix (270 votants). Dans cette assemblée, il se tint à égale distance de l'ancien parti montagnard et du parti royaliste, appuya diverses mesures contre les émigrés et leurs parents, et, élu, le 22 germinal an V, au Conseil des Cinq-Cents, par 150 voix (182 votants), soutint le gouvernement directorial, au 18 fructidor. Toutefois il cessa d'appuyer le Directoire lors de la loi du 22 floréal an VI, qui soumettait les élections à l'influence officielle, et ne fut pas étranger à la crise du 30 prairial an VII, qui renversa du pouvoir Treilhard, Merlin et La Révellière-Lépeaux. Poullain de Grandprey fut de ceux qui désapprouvèrent le coup d'État de Bonaparte. Exclu de la représentation nationale, il fut quelque temps déporté dans les îles de la Charente-Inférieure. Mais cette mesure de rigueur fut presque aussitôt rapportée, et le gouvernement consulaire lui confia la présidence du tribunal civil de Neufchâteau (22 prairial an VIII). Puis il devint (2 avril 1811) président d'une des chambres de la cour impériale de Trèves. Il occupa ce poste jusqu'en 1814, et, pendant les Cent-Jours, siégea à la Chambre des représentants comme l'élu du grand collège des Vosges (14 mai 1815), par 120 voix sur 141 votants. Atteint par la loi du 12 janvier 1816 contre les régicides, il demanda et obtint un sursis de deux mois pour raison de santé, se retira ensuite à Trèves, d'où il réclama (15 janvier 1818) contre l'application qui lui avait été faite de la loi du 1816, son vote dans le procès du roi ayant été interprété *contre* la mort. Il bénéficia de l'amnistie partielle accordée par le roi le 25 décembre 1818, en raison « des conditions atténuantes de son vote », rentra en France, et ne s'occupa plus que d'agriculture. On a de lui un certain nombre de rapports et opinions imprimés séparément.

POULLE (Louis de), député en 1789, né à Avignon (Vaucluse) le 10 mai 1743, mort à Avignon le 21 novembre 1824, entra dans les ordres et parvint aux fonctions et dignités de grand vicaire de l'archevêque d'Avignon et de chanoine du chapitre royal de Saint-Denis. Élu, le 28 mars 1789, par la principauté d'Orange, député suppléant du clergé aux États-Généraux, il remplaça, dès le 8 décembre 1789, l'évêque d'Orange démissionnaire, tint pour l'ancien régime, opina avec la droite, ne prêta pas le serment ecclésiastique, et disparut de la scène politique après la session.

POULLE (Henri-Emmanuel), député de 1831 à 1848, né à Monteaurroux (Var) le 12 décembre 1792, mort au château de Salles (Var) le 13 avril 1877, n'exerça de fonctions publiques qu'après la révolution de juillet. En août 1830, il fut nommé conseiller de préfecture à Draguignan et, peu de temps après, conseiller à la cour royale d'Aix. Élu, le 5 juillet 1831, député du 3e collège du Var (Draguignan), par 164 voix (247 votants), contre 75 à M. Alban de Villeneuve, il siégea sur les bancs ministériels, et fut réélu, le 21 juin 1834, par 229 voix (324 votants, 405 inscrits), contre 92 à M. de Pastoret.

Nommé, en 1836, procureur général à la cour d'Aix, il dut se représenter devant ses électeurs, qui lui renouvelèrent son mandat, le 11 décembre de la même année, par 261 voix (324 votants). Réélu, le 2 mars 1839, par 279 voix (281 votants, 469 inscrits), il fut promu premier président de la cour d'Aix, se représenta devant ses électeurs, qui le renvoyèrent successivement à la Chambre, le 4 décembre 1841, par 289 voix (290 votants, 488 inscrits); le 9 juillet 1842, par 234 voix (287 votants, 488 inscrits); le 1er août 1846, par 337 voix (340 votants, 502 inscrits). Très attaché à la monarchie d'Orléans, il approuva les lois de septembre, de disjonction et d'apanage, suivit M. Guizot dans la coalition contre le cabinet Molé, et vota *pour* la dotation du duc de Nemours, *pour* les fortifications de Paris, *pour* le recensement, *contre* les incompatibilités, *contre* l'adjonction des capacités, *pour* l'indemnité Pritchard, *contre* la proposition relative aux députés fonctionnaires. Il quitta la vie parlementaire à la révolution de 1848, et fut admis à la retraite, comme premier président, le 2 juin 1869.

POULMAIRE (Jean), député de 1830 à 1836, né à Voippy (Moselle) le 13 octobre 1773, mort à Thionville (Moselle) le 10 janvier 1836, brasseur et tanneur à Beauregard, conseiller général de la Moselle, fut successivement élu député du 2e arrondissement électoral de la Moselle (Thionville), le 23 juin 1830, par 54 voix (94 votants, 98 inscrits), contre 40 à M. le baron du Teil; le 5 juillet 1831, par 143 voix (168 votants, 190 inscrits), contre 25 au général Bertrand; le 21 juin 1834, par 102 voix (169 votants, 195 inscrits), contre 39 à M. de Suleau. Partisan du gouvernement de juillet, M. Poulmaire vota en général avec la majorité ministérielle, et mourut au cours de la législature de 1834-37.

POULTIER (Jean-Baptiste-Jacques), député en 1789, né à Montreuil-sur-Mer (Pas-de-Calais) le 25 mars 1731, mort à Montreuil-sur-Mer le 22 février 1803, fils de Jacques Poultier, notaire et procureur à Montreuil-sur-Mer, et de Barbe-Françoise Lovergne, fut, sous l'ancien régime, conseiller du roi, et lieutenant général au bailliage de Montreuil de 1769 à 1789. Il présida, en cette qualité, le 16 mars 1789, dans l'église des Carmes de Montreuil, l'assemblée générale des trois ordres, pour la rédaction des cahiers, et l'assemblée du tiers-état. Élu, le 23 mars, député du tiers du bailliage de Montreuil aux États-Généraux, il signa le serment du Jeu de paume, et vota obscurément avec la majorité. Après la session, il devint maire de Montreuil (octobre 1792), puis assesseur du juge de paix, membre du conseil général de la commune, et juge du tribunal civil de Montreuil (3 pluviôse an X) en remplacement de son frère. Il mourut un an après.

POULTIER D'ELMOTTE (François-Martin), membre de la Convention, député au Conseil des Anciens, au Conseil des Cinq-Cents, au Corps législatif, représentant aux Cent-Jours, né à Montreuil-sur-Mer (Pas-de-Calais) le 31 décembre 1753, mort à Tournay (Belgique) le 16 février 1826, fils de Charles-Nicolas-Remi-Thomas Poultier, procureur-notaire, et de dame Françoise-Gabrielle Lambert, commença par servir dans la maison du roi. Sous-lieutenant au régiment de Flandre en 1770, il quitta l'armée, entra comme commis à l'intendance de Paris, d'où il fut renvoyé pour avoir abusé du contre-seing de l'intendant dans le but de faire circuler des nouvelles manuscrites, se fit acteur au théâtre des élèves de l'Opéra, puis prit l'habit bénédictin et devint professeur de mathématiques au collège de la congrégation à Compiègne. La Révolution, dont il embrassa les idées avec ardeur, lui permit de quitter la vie monastique; il fut lieutenant dans la garde nationale de Montreuil-sur-Mer dès le 21 juillet 1789, se maria, reprit du service dans un bataillon de volontaires, et fit la campagne de 1792 comme capitaine au 2e bataillon des volontaires du Pas-de-Calais. En septembre 1792, le département du Nord l'élut membre de la Convention, le 10e sur 12 (le procès-verbal de l'élection manque). Poultier siégea à la Montagne, et, dans le procès du roi, répondit au 2e appel nominal : « Citoyens, si je voulais ressusciter la royauté, je dirais oui; mais je suis républicain, je dis non »; et au 3e appel nominal : « La mort dans les vingt-quatre heures. » Le 10 février 1793, il s'opposa à l'amnistie proposée par Lanjuinais et traita ce dernier de contre-révolutionnaire; le 27 juin, il fit rendre un décret, au nom du comité de la guerre, ordonnant la levée de 30,000 hommes de cavalerie, pour laquelle chaque département fournira le dixième de ce qu'il a fourni au recrutement de l'infanterie; il se mêla même si souvent aux discussions militaires que Pétion fit censurer ce « moine jaseur ». Le 25 juin 1793, il fut envoyé en mission avec Rovère à Marseille. A Avignon, en septembre, il décréta (2 frimaire an II) la démolition des fortifications de la ville, et, de Beaucaire, se plaignit (15 octobre) de l'inexpérience des agents du comité de salut public qui apportent dans les départements « les idées les plus extravagantes et les plus opposées à la Révolution. » De retour à Paris en novembre, il rendit compte de sa mission à la Convention (8 frimaire), fit décréter (13 pluviôse) au nom des comités de salut public, de la guerre, de législation et d'aliénation réunis, la démolition des châteaux-forts dans l'intérieur de la République, combattit (18 nivôse) la suppression des franchises des ports de Marseille, de Dunkerque et de Bayonne, prit parti contre Robespierre au 9 thermidor, et lui cria, alors que le député d'Arras faisait de vains efforts pour se faire entendre : « Tu auras la parole sur l'échafaud. » Chargé (8 pluviôse an III) d'aller surveiller le ravitaillement de l'armée d'Italie, il écrivit, le 25 germinal, à la Convention, que l'armée était pleine d'enthousiasme; mais, s'étant aventuré aux environs de Toulon, il fut pris par les rebelles (6 prairial), le jour même où la Convention annulait ses pouvoirs. Rendu à la liberté à la suite du 13 vendémiaire, Poultier fut envoyé dans les départements du Cantal, de l'Ardèche et de la Haute-Loire pour rétablir l'ordre; il revint ensuite à Paris, où il fut l'objet de vives attaques, et fonda, pour se défendre, un journal, l'Ami des lois, qui eut rapidement de nombreux lecteurs. Elu, le 23 vendémiaire an IV, député du Nord au Conseil des Anciens, par 316 voix sur 620 votants, il se montra, dans le Conseil, comme dans son journal, tout dévoué au Directoire, appuya (12 nivôse) la création d'un ministère de la police, fut accusé par Bérenger de provoquer dans l'Ami des lois à l'égorgement des membres du Conseil, combattit (29 vendémiaire an VI) la déportation en masse des nobles, et déclara (23 floréal) n'être pas l'auteur de la Pétition des rois de l'Europe. Sorti du Conseil peu après, il fut nommé (22 prairial) chef de brigade de la gendarmerie dans les départements réunis du Rhin, et, fut élu, le 25 germinal an VII, par le département du Pas-de-Calais, député au Conseil des Cinq-Cents. Il y défendit la liberté de la presse. Fouché ayant fait supprimer l'Ami des lois, Poultier le fit reparaître sous un autre titre, et donna son concours au coup d'Etat de brumaire. Aussi fit-il partie de la première liste des députés au nouveau Corps législatif, le choix du Sénat conservateur s'étant fixé sur lui (4 nivôse an VIII) pour y représenter le département du Nord. En l'an X, le premier Consul qui avait connu Poultier à Marseille, et avait reçu de lui des services (Poultier a prétendu lui avoir fourni des vivres et des vêtements, ainsi qu'à sa mère et à ses sœurs), nomma Poultier commandant d'armes à Montreuil-sur-Mer, avec le grade de colonel, et le fit (4 germinal an XII) membre de la Légion d'honneur. Lorsqu'en 1814, Louis XVIII, rentrant en France, passa par Montreuil, Poultier lui remit les clefs de la place. Il n'en fut pas moins mis à la retraite quelques jours après, durant sa réintégration au retour de l'île d'Elbe, l'obtint, et fit exiler à Guéret (Creuse) quelques royalistes de Lille. Le 13 mai 1815, l'arrondissement de Montreuil l'élut représentant à la Chambre des Cent-Jours par 35 voix sur 67 votants, contre 32 à M. Enlart, ancien député. Son rôle fut assez modeste dans cette courte législature. La seconde Restauration le priva de tout emploi; une note officielle porte qu'il jouissait alors de 6,000 francs de rente, plus sa retraite. Il était déjà depuis quelques semaines en surveillance à Nesles, quant il fut frappé par la loi du 12 janvier 1816 contre les régicides. Il quitta la France le 13 février 1816, et se retira en Belgique, à Tournay, où son gendre, M. Boillard, officier au service de la Hollande, tenait alors garnison; il y mourut dix ans après. Ses restes furent rapportés en France et inhumés à Paris, au Père-Lachaise. On a de lui : Victoire ou les Confessions d'un Bénédictin, qu'on prétend être une autobiographie de l'auteur; Discours décadaires pour toutes les fêtes de l'année républicaine (1794); Galathée, scène lyrique (1795); Conjectures sur l'origine et la nature des choses (1821), etc. Poultier collabora au Journal encyclopédique, au Courrier de l'Europe, au Journal de Gand, etc., composa quelques pièces de théâtre, des épîtres en vers, et des chansons qui eurent de la vogue en leur temps.

POUPARD (VINCENT), député en 1789, né à Levroux (Indre) en 1729, mort à Paris le 19 mars 1796, entra dans les ordres (1754) et devint vicaire de la paroisse de Saint-Bonnet à Bourges. Occupé de recherches historiques, il concourut en 1762 pour le prix proposé par l'Académie des inscriptions et belles-lettres sur cette question : Déterminer l'étendue de la navigation et du commerce des Egyptiens sous les Ptolémées : il obtint un accessit. Nommé curé de Sancerre, il écrivit en 1777 une remarquable Histoire de cette ville. Lorsque la Révolution éclata, l'abbé Poupard en adopta les idées, fut élu (27 mars 1789) député du clergé aux Etats-Généraux par le bailliage du Berry, se réunit au tiers, prêta le serment civique en 1790, mais refusa le poste d'évêque constitutionnel du Cher. Dès lors il se tint à l'écart de la politique, et mourut en 1796.

POUPART-DUPLESSIS (AMBROISE), député de 1839 à 1842, né à Cossé-le-Vivien (Mayenne) le 26 septembre 1780, mort à une date inconnue, médecin à Craon (Mayenne), fut élu, le 8 juin 1839, député du 5e collège de la Mayenne (Château-Gontier), par 198 voix (372 votants), en remplacement de M. Paillard-Ducléré, décédé. Il prit place à gauche, et vota *pour* les fortifications de Paris, *pour* les incompatibilités, *pour* l'adjonction des capacités, *contre* la dotation du duc de Nemours. Il quitta la vie politique aux élections de 1842.

POUPIN (PAUL-VICTOR), député de 1885 à 1889, né à Paris le 30 janvier 1828, fit ses études à Sainte-Barbe, fut reçu avocat, s'inscrivit au barreau de Paris, mais s'occupa surtout de littérature. Il se fit connaître, sous l'Empire, par plusieurs publications démocratiques, collabora à la *Bibliothèque nationale*, pour laquelle il traduisit les *Satires* de Juvénal et la *République* de Cicéron, à la *Bibliothèque populaire*, à la *Bibliothèque des libre-penseurs*, publia quelques romans et comédies, fut attaché au ministère des Beaux-Arts. Révoqué en 1873 par M. de Cumont, ministre de l'Instruction publique, il prit une part active aux luttes du parti républicain, devint conseiller général du Jura pour le canton de Champagnole, et se porta (août 1881) comme candidat radical à la députation dans l'arrondissement de Saint-Claude (Jura); il obtint 5,511 voix contre 5,879 à l'élu opportuniste, M. Bavoux. M. Victor Poupin fut plus heureux en octobre 1885: inscrit sur la liste républicaine radicale du Jura, il réunit au premier tour de scrutin, 22,861 voix, et fut élu, au ballottage, le 2e sur 3, par 33,973 voix (68,240 votants, 81,005 inscrits). Il siégea à la gauche radicale et vota *pour* l'expulsion des princes, *contre* les cabinets Rouvier et Tirard, *pour* le ministère Floquet; en dernier lieu, il s'est abstenu sur le rétablissement du scrutin d'arrondissement (11 février 1889), et s'est prononcé *contre* l'ajournement indéfini de la révision de la Constitution, *pour* les poursuites contre trois députés membres de la Ligue des patriotes, *contre* le projet de loi Lisbonne restrictif de la liberté de la presse, *pour* les poursuites contre le général Boulanger. M. V. Poupin est un des membres les plus actifs de la Ligue de l'enseignement; officier d'académie.

POURCET (JOSEPH-AUGUSTE-JEAN-MARIE), sénateur de 1876 à 1879, né à Toulouse (Haute-Garonne) le 19 mars 1813, mort à Toulouse le 10 juin 1886, entra à l'École de Saint-Cyr en 1832, en sortit le premier, dans la cavalerie, et passa à l'École d'état-major. Sous-lieutenant le 1er octobre 1832, lieutenant le 1er janvier 1838, il fut envoyé en Algérie, et devint aide-de-camp du général Changarnier, capitaine le 26 avril 1841, chef d'escadron d'état-major le 8 août 1848, lieutenant-colonel le 15 avril 1852, et colonel, le 26 mars 1855. Il prit part à la guerre de Crimée, fut nommé chef d'état-major du corps d'occupation à Rome en 1858, fut promu général de brigade le 26 mars 1859, et assista à la campagne d'Italie où il se distingua à Solférino. Après la guerre, il fut appelé aux fonctions de chef d'état-major du 6e corps à Toulouse, alors commandé par le maréchal Niel. Général de division en 1869, il reçut le commandement de la division d'Alger, y fut maintenu au moment de la rupture avec la Prusse, et ne se vit rappelé en France qu'en octobre 1870, pour présider à l'organisation du 16e corps d'armée. Ayant désapprouvé la proclamation adressée par Gambetta à l'armée après la capitulation de Metz, il fut destitué et remplacé par Chanzy. Avec les débris du

16e corps, momentanément placé sous son commandement, il tira les derniers coups de canon de la campagne, aux environs de Blois. En 1871, il commanda la 12e division militaire (Toulouse), et, en octobre 1873, remplit les fonctions de ministère public dans le procès Bazaine. Son réquisitoire et sa vive réplique à Me Lachaud, défenseur de l'accusé, furent également remarqués. Le 8 février 1874, il fut appelé au commandement de la 36e division (Bayonne), et eut pour mission de surveiller la frontière espagnole, encombrée de carlistes. En 1876, il accepta la candidature au Sénat, « sur le terrain constitutionnel », fut élu sénateur de la Haute-Garonne, le 30 janvier, par 339 voix (669 votants), prit place au groupe constitutionnel, appuya le plus souvent la politique de la droite, et vota *pour* la dissolution de la Chambre demandée par le ministère de Broglie, le 23 juin 1877. En novembre 1877, il fut rapporteur du projet de loi sur la réorganisation de l'état-major, et échoua, au renouvellement triennal du 5 janvier 1879. Il fut mis à la retraite, le 2 avril suivant. Chevalier de la Légion d'honneur du 17 septembre 1841, officier du 27 août 1845, commandeur du 10 novembre 1856, grand-officier du 6 mars 1867, grand-croix du 18 mars 1878, il fut créé par le roi d'Espagne, Alphonse XII, marquis d'Améguy, le 19 avril 1876. M. Pourcet a publié: *Campagne sur la Loire, les débuts du 16e corps: le 25e corps* (1874).

POURET-ROQUERIE (LOUIS), député en 1789, et au Conseil des Cinq-Cents, né à Geffosses-sur-Mer (Manche) en 1749, mort à Coutances (Manche) le 1er janvier 1813, appartint à la magistrature de l'ancien régime, comme procureur du roi au bailliage de Périers. Élu, le 30 mars 1789, député du tiers aux États-Généraux par le bailliage de Coutances, il vota obscurément avec la majorité de la Constituante, et siégea, le 25 germinal an VI, au Conseil des Cinq-Cents, comme député de la Manche. Il fit un long rapport sur la conservation des hypothèques, un autre sur le mode de responsabilité des agents hypothécaires, et fut secrétaire de l'assemblée. Nommé, le 22 germinal an VIII, commissaire près du tribunal criminel de la Manche, et décoré de la Légion d'honneur le 25 prairial an XII, Pouret-Roquerie fut appelé, en dernier lieu (12 mai 1811), aux fonctions de substitut près la cour d'appel de Caen.

POURRAT (PIERRE), député de 1821 à 1824, né à Ambert (Puy-de-Dôme) le 20 septembre 1758, mort à Ambert le 4 juin 1835, « fils à sieur Jean Pourrat, marchand et habitant d'Ambert, et à Mlle Marie-Anne Begon », était fabricant de papiers au moment de la Révolution; il en adopta les principes, devint administrateur du district d'Ambert (15 septembre 1790), et administrateur du département du Puy-de-Dôme l'année suivante. Rallié au 18 brumaire, il fut nommé sous-préfet d'Ambert le 3 floréal an VIII, fonctions qu'il conserva pendant la durée de l'Empire. Destitué à la Restauration, il reprit son commerce, et fut élu, le 1er octobre 1821, député du 4e arrondissement électoral du Puy-de-Dôme (Ambert), par 122 voix (218 votants, 322 inscrits), contre 92 voix à M. Baudet-Lafarge. Il siégea dans la minorité constitutionnelle, et échoua, le 15 février 1824, avec 49 voix contre 166 à l'élu, M. Amarithon de Montfleury. Il fut admis à la retraite, comme sous-préfet, le 4 mars 1834, peu de temps avant sa mort.

POURRAT (Pierre-Mathias), député de 1831 à 1831, né à Ambert (Puy-de-Dôme) le 23 décembre 1779, mort à une date inconnue, exerçait à Ambert la profession de banquier. Le 5 juillet 1831, il fut élu député du 7e collège du Puy-de-Dôme (Ambert), par 71 voix (132 votants, 169 inscrits), contre 67 à M. Molin, député sortant. Il prit place dans les rangs de l'opposition dynastique, protesta contre les ordonnances du 30 novembre 1831, relatives à la nomination de trente-six nouveaux pairs, et contre la dénomination inconstitutionnelle de roi de France, et de sujets du roi, et signa, le 28 mai 1832, le « compte-rendu des députés de l'opposition à leurs commettants. » M. Pourrat échoua, le 20 juin 1834, avec 47 voix contre 88 à l'élu, M. Molin, et ne rentra plus dans la vie politique.

POURROY DE L'AUBERIVIÈRE. — *Voy.* Quinsonas (marquis de).

POURTALÈS (Jacques-Robert, comte de) représentant en 1871, né à Paris le 19 avril 1821, mort au château de Bandeville (Seine-et-Oise) le 3 septembre 1874, d'une famille protestante, propriétaire, maire de Saint-Cyr-sous-Dourdan, vice-président du comice agricole, sans antécédents politiques, fut élu, le 2 juillet 1871, en remplacement de 5 représentants qui avaient opté pour d'autres départements, le 1er sur 5 de la liste républicaine, représentant de Seine-et-Oise à l'Assemblée nationale, par 68,828 voix (81,398 votants, 132,708 inscrits). Il prit place au centre gauche, et vota *contre* la pétition des évêques, *contre* le service de trois ans, *contre* la démission de Thiers, *pour* le septennat. Il mourut en septembre 1874, et fut remplacé, le 18 octobre suivant, par M. Sénard.

POUS (Paul-Augustin), député en 1789, né à Labruguière (Tarn) le 1er novembre 1747, mort à Mazamet (Tarn) le 3 juin 1816, était curé de Mazamet, quand il fut élu, le 2 avril 1789, député du clergé aux Etats-Généraux par la 1re sénéchaussée du Languedoc (Toulouse). Il protesta d'abord contre sa comparution à l'Assemblée, puis vota avec la majorité et prêta le serment ecclésiastique le 3 janvier 1791. Il disparut de la scène politique après la session.

POUTRAIN (Louis-Alexandre), député en 1789, né à Templeuve (Nord) le 8 mars 1764, mort à Lille le 15 août 1837, fit ses études au collège d'Anchin, devint avocat, embrassa les principes de la Révolution, et fut élu, le 3 avril 1789, député suppléant du tiers aux Etats-Généraux par le bailliage de Lille. Admis à siéger, le 23 mars 1790, en remplacement de M. Wartel démissionnaire, il vota obscurément avec la majorité de son ordre. Membre de l'administration du district de Lille, il devint, sous l'Empire, conseiller général du Nord et juge de paix de son canton. Destitué par la Restauration, il fut appelé de nouveau après les journées de juillet aux fonctions de juge de paix, qu'il remplit jusqu'à sa mort.

POUX (François-Jean-Thierry), député de 1831 à 1832, né à Montauban (Tarn-et-Garonne) le 4 octobre 1779, mort à une date inconnue, était propriétaire et maire de Montauban. Elu,

le 5 juillet 1831, député du 1er collège du Tarn-et-Garonne (Montauban), par 166 voix (219 votants, 348 inscrits), contre 82 à M. Garrisson, il siégea dans l'opposition constitutionnelle, se prononça *contre* l'ordre du jour motivé par lequel la Chambre, sur la proposition de M. Ganneron, se déclara « satisfaite » des explications données sur la politique extérieure, protesta *contre* les ordonnances du 30 novembre 1831 (nomination de 36 nouveaux pairs), et *contre* la dénomination inconstitutionnelle de « sujets », et, ayant donné sa démission peu de temps après, fut remplacé, le 10 avril 1832, par M. Delia.

POUYER (Pierre-Charles-Toussaint), député de 1834 à 1838, né au Havre (Seine-Inférieure) le 1er novembre 1774, mort à Paris le 19 février 1838, entra dans l'administration en 1830 et fut nommé conseiller d'Etat, puis directeur du personnel au ministère de la Marine. Le 21 juin 1834, il se présenta, concurremment avec M. Vitet, comme candidat à la Chambre des députés, dans le 6e collège de la Seine-Inférieure (Bolbec), et fut élu par 196 voix (379 votants, 485 inscrits), contre 175 à M. Vitet. Mais l'élection fut annulée par la Chambre, et M. Pouyer échoua, le 13 septembre suivant, contre M. Vitet. Il fut plus heureux dans le 4e collège du Pas-de-Calais (Boulogne-sur-Mer) le 19 décembre 1835, et fut envoyé au Palais-Bourbon, à la place de M. de Riguy décédé, par 307 voix (324 votants, 748 inscrits). Il appartenait à la majorité conservatrice et obtint sa réélection, le 4 novembre 1837, par 377 voix (399 votants, 821 inscrits). Mort en février 1838, il eut pour successeur à la Chambre M. de Lessert.

POUYER-QUERTIER (Augustin-Thomas), député de 1857 à 1869, représentant en 1871, ministre, membre du Sénat, né à Ettouteville-en-Caux (Seine-Inférieure) le 2 septembre 1820, eut des commencements difficiles, mais, à force de travail, devint un des principaux manufacturiers de la Seine-Inférieure. Maire de Fleury-sur-Andelle en 1854, membre du conseil général de la Seine-Inférieure, de la chambre de commerce de Rouen, administrateur de la succursale de la Banque de France établie à Rouen, président du comité de secours pour les ouvriers cantonniers, il acquit dans la région une haute situation commerciale et industrielle qui le désigna, le 22 juin 1857, aux suffrages des électeurs de la 1re circonscription de la Seine-Inférieure; élu, avec l'appui du gouvernement impérial, député au Corps législatif, par 9,083 voix (16,746 votants, 31,386 inscrits), contre 5,144 à M. Achille Lemasson, et 2,357 à M. Levavasseur, il prit place dans les rangs de la droite dynastique, et partagea les opinions en matière politique. D'autre part, il se fit, à l'encontre des orateurs du gouvernement, le champion des idées protectionnistes : le traité de commerce conclu avec l'Angleterre n'eut pas d'adversaire plus déterminé que lui. M. Pouyer-Quertier se fit à cet égard l'interprète des vives réclamations des départements du Nord, et intervint dans toutes les grandes discussions économiques, pour combattre les privilèges des grandes compagnies de chemins de fer, et pour réclamer l'abaissement des tarifs dans l'intérêt du commerce national. Réélu, le 1er juin 1863, par 10,907 voix (29,845 votants, 27,960 inscrits), contre 8,114 à M. Desseaux et 1,766 à M. Levavasseur, il poursuivit, dans la nouvelle législature, la campagne qu'il avait précédemment entreprise, porta plusieurs fois la parole au nom du commerce français, et se déclara partisan d'une réorganisation de la navigation intérieure, dont les monopoles entravaient l'exercice. Il attaqua avec persistance l'administration du chemin de fer du Midi et les entreprises des frères Péreire, adressa de vifs reproches à l'institution du Crédit foncier (mars 1869), et fut aussi opposé au régime économique établi par l'Empire qu'il s'était toujours montré fidèle à la politique du même gouvernement. Aussi le bénéfice de la candidature officielle lui fut-il retiré, aux élections du 24 mai 1869 : il échoua alors avec 11,450 voix contre 11,956 à l'élu de l'opposition, M. Desseaux ; puis il se porta candidat dans la 3e circonscription de Paris, au scrutin complémentaire de novembre suivant ; il eut 9,699 voix contre 20,781 à M. Crémieux, de l'opposition démocratique. Il ne perdit pas courage, multiplia les réunions, les meetings, dans l'intérêt des doctrines économiques qu'il représentait, et dut des succès oratoires assez vifs à l'animation familière qui colorait ses discours. Les défenseurs du protectionnisme au Corps législatif, en janvier 1870, à propos des traités de commerce, s'inspirèrent de ses idées et se réclamèrent de son autorité : la même année, un banquet lui fut offert par ses amis. Le 8 février 1871, M. Pouyer-Quertier fut élu représentant de la Seine-Inférieure à l'Assemblée nationale, le 4e sur 16, par 80,287 voix (120,890 votants, 203,718 inscrits). Le 25 du même mois, Thiers lui confia le portefeuille des Finances. C'est en cette qualité qu'il concourut, avec Jules Favre, aux négociations du traité de paix définitif avec l'Allemagne ; il se rendit à Francfort, puis à Berlin, et passa pour avoir facilité l'issue des négociations par la bonne humeur inaltérable dont il fit preuve dans ses relations avec l'empereur Guillaume et avec M. de Bismarck. De retour en France, il prépara l'émission de l'emprunt de deux milliards cinq cents millions, dont le succès fut tel, que l'ensemble des souscriptions dépassa huit milliards. Il présenta à l'Assemblée une série d'impôts, concernant les allumettes, le sucre, les tabacs, les postes, le papier timbré, l'enregistrement, les alcools, les licences des débits de boissons, les cartes à jouer, les billards, le thé, le café et les matières premières. De ces diverses mesures, celle qui visait les matières premières fut l'objet de la lutte la plus vive ; Thiers y prit une grande part personnelle et n'obtint pas gain de cause, car, sur la proposition de M. Feray, l'Assemblée, le 19 janvier 1872, déclara qu'elle ne reviendrait à l'impôt réclamé par le ministre qu'après avoir épuisé toutes les autres matières imposables. Un autre incident devait, à peu de jours de là, entraîner la démission du ministre : cité comme témoin dans le procès de l'ancien préfet de l'Eure, M. Janvier de la Motte, que le gouvernement avait traduit aux assises de la Seine-Inférieure, M. Pouyer-Quertier chercha à justifier le système des virements et des mandats fictifs ; l'opinion publique et l'Assemblée s'émurent, et MM. Dufaure et Casimir Périer, ministres, mirent le chef du pouvoir exécutif en demeure de se séparer de M. Pouyer-Quertier, qui se retira en effet le 5 mars 1872, non sans avoir fait entendre à l'Assemblée sa propre apologie. Il fut alors nommé vice-président du conseil supérieur de l'agriculture, du commerce et de l'industrie. M. Pouyer-Quertier, qui avait voté *pour la paix*,

pour les prières publiques, *pour* l'abrogation des lois d'exil, *pour* le pouvoir constituant de l'Assemblée, prit place au centre droit, s'associa à la coalition qui devait renverser Thiers le 24 mai 1873, combattit le projet déposé en juillet 1872 par M. Casimir Périer, d'un impôt sur les bénéfices nets de la Banque, du commerce et de l'industrie, et ne perdit aucune occasion d'affirmer ses idées économiques. Il soutint le ministère de Broglie, et opina *pour* le septennat, *pour* la loi des maires, *pour* l'état de siège, *contre* l'amendement Wallon, *contre* l'ensemble des lois constitutionnelles. Élu sénateur de la Seine-Inférieure, le 30 janvier 1876, par 621 voix (867 votants), il s'assit au centre droit, refusant, malgré les avances qui lui furent faites, de s'inscrire au groupe de l'Appel au peuple, présida (décembre) la commission du budget, et après l'acte du 16 mai 1877, se prononça *pour* la dissolution de la Chambre des députés. Toutefois il ne fut pas de ceux qui partagèrent les espérances et les responsabilités de l'entreprise tentée au nom du maréchal de Mac-Mahon par les chefs de la droite, il n'accepta aucun portefeuille, et resta en dehors de la politique militante, se bornant à traiter, toujours dans le sens protectionniste, les questions purement économiques. Infatigable adversaire du libre échange, il attaqua vivement la modification de l'impôt sur les chèques, et en obtint le rejet par le Sénat, (19 septembre 1878). A l'occasion de la discussion qui s'ouvrit ensuite sur le tarif général des douanes, M. Pouyer-Quertier, rapporteur de la commission, commença par provoquer dans les principales villes manufacturières de grands meetings protectionnistes, puis il engagea, avec sa verve accoutumée, la lutte devant la Chambre haute (janvier 1881). Il se prononça *contre* l'article 7 de la loi sur l'enseignement supérieur, opina avec la droite *contre* les divers ministères républicains qui se succédèrent au pouvoir, fut réélu sénateur, le 8 janvier 1882, par 527 voix (869 votants), soutint les nouveaux traités de commerce protectionnistes (mars 1882), critiqua (novembre 1883) les nouvelles conventions sur les chemins de fer, et vota *contre* la réforme judiciaire, *contre* le rétablissement du divorce, *contre* les crédits de l'expédition du Tonkin, *contre* l'expulsion des princes, *contre* la nouvelle loi militaire, et, en dernier lieu, *pour* le rétablissement du scrutin d'arrondissement (13 février 1889), *contre* le projet de loi Lisbonne restrictif de la liberté de la presse, *contre* la procédure de la Haute Cour contre le général Boulanger. Aux élections législatives de 1885, il s'était porté candidat à la Chambre des députés en tête de la liste monarchiste de la Seine-Inférieure ; mais il ne réunit que 62,983 voix (149,516 votants). Conseiller général de la Seine-Inférieure pour le canton de Fleury-sur-Andelle, grand officier de la Légion d'honneur (19 octobre 1871). On a de lui : *Meetings agricoles, industriels et maritimes.*

POYA DE L'HERBAY (Pierre), député en 1789, né à Issoudun (Indre) le 18 octobre 1748, mort à Saint-Florentin (Indre) le 30 août 1834, était, lors de la Révolution, lieutenant particulier au bailliage d'Issoudun. Le 26 mars 1789, il fut élu député du tiers aux États-Généraux par le bailliage du Berry. Il prêta le serment du Jeu de paume, fit partie du comité des finances, alla à Paris pour rétablir l'ordre (16 juillet 1789), et vota avec la majorité. Devenu, en l'an III, juge au tribunal de cassation pour le département de l'Indre, il fut nommé, en l'an VIII, juge au tribunal d'appel de Bourges et, le 25 prairial an XII, membre de la Légion d'honneur.

POYFÉRÉ DE CÈRE (JEAN-MARIE, BARON), député de 1810 à 1815, de 1818 à 1822, et de 1829 à 1831, né à Mont-de-Marsan (Landes) le 1er juillet 1768, mort à Cère (Landes) le 15 janvier 1858, « fils de noble François Pouyferré de Cère (sic), et de dame Marguerite Dupeyré », fit ses études au collège de Juilly, appartint ensuite à l'armée, et fut adjoint aux officiers du génie. Puis il se livra à des travaux agricoles et plus particulièrement à l'acclimatation des moutons espagnols appelés mérinos. « Ce fut, dit un biographe, pour étudier les mœurs de ces animaux qu'il entreprit un voyage en Espagne; mais, forcé de prendre la fuite pour échapper à la persécution dirigée contre les Français, il erra longtemps dans les montagnes. Un berger espagnol lui donna l'hospitalité et le ramena sur les frontières de France. » Protégé par l'impératrice Joséphine, il fut placé à la tête d'une bergerie impériale et obtint la direction de la bergerie de Cère. On prétend que, depuis cette époque, Poyféré de Cère prit avec orgueil le titre de « berger de Sa Majesté Impériale », et qu'il signa ainsi la plupart de ses lettres. Maire de Mont-de-Marsan, membre et président du conseil général des Landes, il fut élu, le 10 août 1810, par le Sénat conservateur, député des Landes au Corps législatif, où il siégea jusqu'à la fin du règne. En 1814, il donna son adhésion à la chute de Napoléon. Créé baron le 24 février 1815, il fut, la même année (22 août), envoyé par le grand collège des Landes à la Chambre des députés, avec 87 voix (150 votants, 224 inscrits). Il appartint, dans la Chambre introuvable, à la minorité ministérielle. Réélu député, le 4 octobre 1816, par 81 voix (116 votants, 203 inscrits), il prit place au centre, appuya le gouvernement, et fut nommé, le 4 juin 1817, préfet des Deux-Sèvres. A la Chambre, il parla principalement sur les questions économiques et industrielles. A propos du projet de loi sur les laines : « Je suis, dit-il, un des hommes qui ont été le plus à même de manier des mérinos. » Il se mêla à la discussion des douanes, à celle du budget, et critiqua le cadastre. Il obtint encore sa réélection, le 20 octobre 1818, par 196 voix (336 votants, 671 inscrits). Le 17 mars 1819, on remarqua sa sortie extrêmement vive contre les journalistes, qu'il proposa d'exclure des couloirs de l'assemblée. « Le président s'empressa, écrit un biographe, de faire droit à la requête, et les écrivains furent relégués dans une tribune où ils n'entendaient pas le législateur; mais pendant plus de trente jours les gazettes s'accordèrent à *tympaniser* M. le préfet des Deux-Sèvres; il n'est pas de qualification plaisante que la gaieté de ses ennemis ne lui donna. » M. Poyféré de Cère vota *pour* les lois d'exception et *pour* le nouveau système électoral. Sorti de la Chambre en 1822, il fut nommé, en 1825, maître des requêtes au conseil d'Etat, se représenta, le 22 décembre 1828, dans le 1er arrondissement des Landes (Mont-de-Marsan), en remplacement de M. du Lyon décédé, et échoua avec 100 voix contre 116 à l'élu, M. Lamarque. Il fut plus heureux le 26 mars 1829 : le grand collège des Landes le réélut député par 50 voix (97 votants, 131 inscrits), contre 46 au baron d'Olce. Il combattit la politique du cabinet Polignac, et fut des 221. Réélu, le 8 juillet 1830, par 62 voix (121

votants, 130 inscrits), contre 52 à M. d'Haussez, il se rallia au gouvernement de Louis-Philippe, conserva ses fonctions de maître des requêtes au conseil d'Etat, obtint le renouvellement de son mandat, le 28 octobre 1830, par 142 voix (119 votants, 563 inscrits), et siégea seulement jusqu'en 1831 : le 5 juillet de cette année, il échoua, en effet, dans le 1er collège des Landes (Mont-de-Marsan), avec 87 voix contre 128 à l'élu, M. Laurence. Officier de la Légion d'honneur.

POZZO DI BORGO (CHARLES-ANDRÉ, COMTE), député en 1791, né à Alata (Corse) le 8 mars 1764, mort à Paris le 15 février 1842, d'une vieille famille noble de l'île, mais sans fortune, commença ses études sous la direction d'un récollet, le P. Antonio de Grossetto, les acheva à l'Université de Pise, revint en Corse où il se lia avec Napoléon et Joseph Bonaparte, puis avec Paoli qui, après un exil de vingt ans, venait d'être acclamé général de la garde civique (1790). La famille Bonaparte fut blessée de cette préférence, et la lutte qui éclata plus tard entre l'empereur et Pozzo di Borgo trouve là son origine. Lorsque l'Assemblée constituante eut décrété (30 novembre 1789), sur la demande de Saliceti et de Mirabeau, que la Corse serait régie par les mêmes lois que le reste du territoire français, Pozzo fut chargé d'aller remercier l'Assemblée au nom de ses compatriotes, qui l'élurent peu après (19 septembre 1792) député à l'Assemblée législative, le 3e sur 6, par 223 voix (373 votants). Il appartint au comité diplomatique, et fit, le 16 juillet 1791, un remarquable discours pour engager le roi à repousser par la force des armes tout ennemi de la nation française. Partisan très modéré des idées nouvelles, Pozzo voulait l'alliance de la monarchie héréditaire et des libertés constitutionnelles. Il se tint en relations fréquentes avec Louis XVI, ainsi que le prouva plus tard son compatriote Aréna chargé, après le 10 août, de dépouiller les papiers trouvés aux Tuileries. Dénoncé comme suspect, il dut se réfugier en Corse, où la confiance de ses compatriotes l'appela, en 1793, avec Paoli, à partager la responsabilité des affaires. Tandis que la Corse était soumise à un gouvernement mixte, moitié national, moitié anglais, Pozzo occupa les fonctions de secrétaire d'Etat et de président du conseil d'Etat. Il se montra administrateur habile; mais les villes favorables au gouvernement républicain de la France se révoltèrent contre lui, et cette inimitié l'obligea de renoncer aux fonctions dont il était investi. La domination anglaise renversée (octobre 1796), les biens de Pozzo furent confisqués, son nom fut inscrit sur la liste des émigrés, et lui-même dut s'enfuir en Angleterre. En 1798, il se rendit à Vienne, et prit part à toutes les intrigues politiques qui s'y nouèrent; il entra ensuite, au service de la Russie et se consacra dès lors à la diplomatie, qui convenait à la pénétration de son esprit et à la souplesse de son caractère. Il s'efforça de faire entrer l'empereur Alexandre dans une ligue qui avait pour but l'indépendance de la Suisse, la restitution de ses états de terre ferme au roi de Sardaigne, et la constitution, en faveur du prince d'Orange, d'un royaume composé de la Belgique et de la Hollande. Le cabinet de Vienne adhéra à cette idée de coalition, dont la journée d'Austerlitz vint empêcher la conclusion. Pozzo paya d'ailleurs de sa personne sur le champ de la bataille et fut nommé colonel. De retour en Autriche après l'entrevue de Tilsitt, il y fut poursuivi par Napoléon qui réclama vainement son extradition; mais Pozzo jugea prudent de se rendre à Malte, et de là en Angleterre. Chargé par le cabinet anglais de renouer des négociations avec celui de Saint-Pétersbourg, l'infatigable diplomate décida Alexandre à frapper d'une prohibition certaines productions françaises, il lui conseilla aussi de gagner Moreau, et de tâcher de séduire Murat, Eugène Beauharnais et Bernadotte, qu'il accompagna lui-même aux batailles de Dresde et de Leipsig. Au congrès de Francfort-sur-le-Mein convoqué par l'empereur de Russie, Pozzo di Borgo joua le premier rôle : il rédigea cette déclaration fameuse qui promettait à la France la liberté avec la paix, et dont Napoléon refusa d'adopter les bases. L'empereur renversé, Pozzo di Borgo invoqua, a-t-on dit, en faveur de son ancienne patrie, l'exécution des engagements contenus dans la déclaration de Francfort; après la déchéance de Napoléon, il fut chargé par les souverains d'aller complimenter en Angleterre Louis XVIII, que le Sénat venait d'appeler au trône. Pendant les Cent-Jours, il se rendit à Gand; en 1815, il fut encore admis dans les conseils des alliés. En 1818, il prit part au congrès d'Aix-la-Chapelle, et il obtint pour la France (1820) un notable allégement aux exigences pécuniaires des envahisseurs; il fut secondé, dans ses démarches, par le duc de Richelieu, avec qui il était intimement lié. Très bien en cour sous Louis XVIII, Pozzo di Borgo fut tenu en moindre estime par Charles X. Il ne s'associa point aux opinions et aux actes des *ultras*, déconseilla les mesures qui aboutirent aux journées de juillet, se rallia au gouvernement de Louis-Philippe, et mit en œuvre toutes les ressources de son esprit pour éviter entre la Russie et la France une rupture diplomatique. Ambassadeur de Russie en France, il échangea ensuite ce poste contre celui d'ambassadeur à Londres, où il représenta l'empereur Nicolas jusqu'en 1839; il demanda alors sa retraite, et vint passer les dernières années de sa vie à Paris, où il mourut en 1842. La sœur de Pozzo di Borgo fut mère de MM. Louis et Charles Blanc.

PRACOMTAL (Léonor-Anne-Gabriel, marquis de), député de 1815 à 1819 et de 1820 à 1827, né à Paris le 1er juin 1773, mort à Paris le 21 février 1838, fils de Léonor-Claude de Pracomtal, et de Claude-Gabrielle Depertuis, suivit la carrière des armes. Il avait le grade de colonel des gendarmes de la garde ordinaire du roi, lorsqu'il fut, le 22 août 1815, élu député de la Nièvre à grand collège, par 97 voix (162 votants, 240 inscrits). Il vota avec la majorité de la Chambre introuvable. Réélu, le 4 octobre 1816, avec 99 voix (123 votants, 227 inscrits), il continua d'opiner dans le sens de la droite royaliste jusqu'en 1819, cessa momentanément, à cette date, de faire partie de la Chambre, et y reparut le 13 novembre 1820, toujours comme député de la Nièvre, élu par 91 voix (144 votants, 175 inscrits). Il appartint à la majorité qui soutint le ministère Villèle, et obtint sa réélection, le 17 avril 1823, par 62 voix (97 votants, 169 inscrits), contre 22 au général Clément, puis, le 6 mars 1824, par 70 voix (114 votants, 163 inscrits). Il quitta le parlement aux élections de 1827.

PRADAL (Victor-Gabriel), député de 1830 à 1835, membre du Sénat, né à Aubenas (Ardèche) le 23 mars 1811, se fit inscrire au barreau de Privas. Conseiller général du canton de Chomérac, il fut élu, le 10 octobre 1880, député de la 2e circonscription de Privas, par 9,072 voix (10,097 votants, 21,476 inscrits), contre 421 à M. Jules Roche, et 289 à M. Bonnaud; il remplaçait M. Gleizal décédé. Il s'inscrivit à l'Union républicaine, s'associa aux votes de ce groupe en faveur de la politique opportuniste, et obtint sa réélection, le 21 août 1881, par 7,539 voix (13,411 votants, 21,702 inscrits), contre 2,875 à M. Bonnaud radical, 1,785 à M. de Lafarge et 795 à M. Doydier. Il soutint les ministères Gambetta et Jules Ferry, appuya de son suffrage l'expédition du Tonkin, se prononça *contre* la séparation de l'Eglise et de l'Etat, et quitta le palais Bourbon pour le Luxembourg, s'étant fait élire sénateur de l'Ardèche, le 6 janvier 1885, par 559 voix (822 votants). Membre de la majorité gouvernementale, il suivit au Sénat la même ligne politique qu'à la Chambre, fut élu secrétaire le 10 janvier 1885, et vota *pour* l'expulsion des princes, *pour* les divers ministères de la législature, *pour* la nouvelle loi militaire, et, en dernier lieu, *pour* le rétablissement du scrutin d'arrondissement (13 février 1889), *pour* le projet de loi Lisbonne restrictif de la liberté de la presse, *pour* la procédure à suivre devant le Sénat contre le général Boulanger.

PRADET-BALADE (Jacques-Hyacinthe-Théodore), député de 1881 à 1885, né à Ainhice-Mongelos (Basses-Pyrénées) le 30 octobre 1827, mort à Pau (Basses-Pyrénées) le 15 septembre 1885, fut, en 1818, secrétaire de la sous-préfecture de Mauléon qu'occupait son oncle M. Schilt. Il fit ensuite son droit, prêta le serment d'avocat à Pau le 31 janvier 1853, puis prit place au barreau de Paris le 3 novembre 1857. Juge suppléant le 17 mars 1860, il retourna dans son pays natal, fut nommé sous-préfet de Mauléon le 4 septembre 1870, mais ne conserva ces fonctions que peu de temps et se consacra tout entier à sa charge d'avocat à Saint-Palais. Elu, le 21 août 1881, député de l'arrondissement de Mauléon par 5,982 voix (11,719 votants, 14,892 inscrits), contre 5,695 à M. Harispe, bonapartiste, il prit place à la gauche républicaine et soutint la politique des ministères républicains. Il mourut quelques jours après la clôture de la législature.

PRADIÉ (Pierre), représentant en 1848, en 1849 et en 1871, né à Marcillac (Aveyron) le 19 mai 1816, fils d'un notaire, étudia le droit, se fit inscrire au barreau de Rodez en 1836, succéda à son père dans sa charge de notaire, et s'occupa activement de politique. Démocrate de l'école néo-catholique qui reconnaissait pour chef Buchez, il avait publié un écrit philosophique intitulé : *Essai sur l'être divin*, lorsqu'il se présenta, au lendemain de la révolution de 1848, comme candidat républicain modéré et catholique, à l'Assemblée constituante dans le département de l'Aveyron. Grâce à l'appui du clergé, il fut élu, le 6e sur 10, par 96,376 voix (96,119 votants, 105,443 inscrits). Membre et secrétaire du comité des cultes, M. Pradié prit place au centre et vota, généralement avec la gauche, *contre* le rétablissement du cautionnement, *pour* les poursuites contre Caussidière (il *s'abstint* dans le scrutin relatif à Louis Blanc, ne trouvant pas les charges suffisantes), *contre* le rétablissement de la contrainte par corps, *contre* l'abolition de la peine de mort, *pour* l'amendement Deville portant suppression du remplacement militaire, *contre* le droit au travail, *pour* l'ordre du jour en l'honneur de Cavaignac, *contre* la proposition Rateau, *contre* l'interdiction des clubs (aux autres scrutins il est porté *absent par congé*). Réélu, le 13 mai 1849, représentant de l'Aveyron à l'Assemblée législative, le 8e et dernier, par 33,805 voix (79,850 votants, 112,514 inscrits), il combattit la politique de l'Élysée dans les rangs de la minorité démocratique, vota et protesta contre la loi restrictive du suffrage universel, et présenta une proposition qui fit quelque bruit, et qui avait trait à la responsabilité du président et de ses ministres : cette proposition fut inscrite à l'ordre du jour peu de temps avant le coup d'État du 2 décembre, qui rendit M. Pradié à la vie privée. Il s'occupa, pendant toute la durée de l'Empire, de travaux de philosophie religieuse : le *Philosophe* (1858), la *Liberté* (1861) ; le *Monde nouveau* (1863), la *Liberté politique et religieuse* (1864), etc. Il reparut sur la scène parlementaire le 8 février 1871, comme représentant de l'Aveyron à l'Assemblée nationale, élu, le 8e et dernier, par 59,307 voix (65,273 votants, 118,224 inscrits). Converti à la monarchie, il prit place au centre droit, appuya la proposition de déchéance de l'Empire, présenta divers projets de loi intéressant la religion et le clergé, les développa dans une série de brochures intitulées : *Notes à mes collègues*, et se prononça : *pour* la paix, *pour* les prières publiques, *pour* l'abrogation des lois d'exil, *contre* le retour de l'Assemblée à Paris, *pour* la chute de Thiers au 24 mai, *pour* le septennat, la loi des maires, le ministère de Broglie, *contre* les amendements Wallon et Pascal Duprat, *contre* l'ensemble des lois constitutionnelles. M. Pradié se représenta, le 20 février 1876, dans la 2e circonscription de l'arrondissement de Rodez, n'obtint que 1,681 voix au premier tour, et se retira de la lutte. Il n'appartient pas à d'autres assemblées.

PRADIER (JEAN-BAPTISTE-MARTIAL), député au Conseil des Cinq-Cents, né à Saint-Pierre (île de France) le 14 décembre 1776, mort à une date inconnue, était commissaire du Directoire exécutif près l'administration centrale du département de Jemmapes, lorsque ce département l'envoya (23 germinal an VII) siéger au Conseil des Cinq-Cents. Il s'y fit peu remarquer, et quitta l'assemblée l'année d'après.

PRADON (CHRISTOPHE-FÉLIX-ALPHONSE), député de 1881 à 1889, né à Lempdes (Haute-Loire) le 31 mai 1847, se fit recevoir avocat, et devint rédacteur en chef du *Courrier de l'Ain*, journal républicain modéré. Après les élections législatives du 14 octobre 1877, il entra dans l'administration comme sous-préfet de Gex (novembre 1877), puis passa sous-préfet de Saint-Claude (1879), et sous-chef du personnel au ministère de l'Intérieur (mars 1881). Aux élections du 21 août 1881, il se porta candidat radical dans l'arrondissement de Gex et, après avoir réuni 2,555 voix au premier tour, il l'emporta, au scrutin de ballottage, avec 2,875 voix contre 2,445 à M. Grosgurin, député sortant. M. Pradon siégea à la gauche radicale et à l'Union républicaine, appuya les cabinets Gambetta et Ferry, et soutint la politique scolaire et coloniale du gouvernement. Le 4 octobre 1885, porté sur la liste républicaine de l'Ain, il fut élu député du département, le 3e sur 6, par 43,620 voix (76,043 votants, 103,649 inscrits). Il vota l'expulsion des princes, et dans la dernière session, s'abstint sur le scrutin d'arrondissement, sur l'ajournement indéfini de la révision de la Constitution, et se prononça *pour* le projet de loi Lisbonne restrictif de la liberté de la presse, *pour* les poursuites contre le général Boulanger ; il était absent par congé lors du scrutin sur les poursuites contre trois députés membres de la Ligue des patriotes.

PRADT (DOMINIQUE-GEORGES-FRÉDÉRIC DU-FOUR DE), député en 1789, et de 1827 à 1828, né à Allanche (Cantal) le 23 avril 1759, mort à Paris le 18 mars 1837, entra dans les ordres, et devint grand vicaire de son parent, le cardinal de la Rochefoucauld, archevêque de Rouen. Très apprécié dans la société aristocratique, l'abbé de Pradt fut élu, le 23 mars 1789, député du clergé du bailliage de Caux aux États-Généraux. Il se montra opposé à la réunion de son ordre et siégea dans la Constituante parmi les députés les plus hostiles au nouvel ordre de choses. Évitant de paraître à la tribune de l'Assemblée, il lança fréquemment de sa place, à l'appui des discours de Maury et de Cazalès, de véhémentes interruptions ou d'amers sarcasmes. Il signa les diverses protestations de la minorité ; puis, pressentant les dangers personnels que son attitude pouvait lui faire courir, il se hâta d'émigrer à la fin de la session, et de s'établir à Hambourg. En 1798, il publia dans cette ville, sous le voile de l'anonyme, un premier ouvrage intitulé : *Antidote au Congrès de Rastadt*, où le gouvernement républicain de la France était violemment pris à partie ainsi que les puissances qui traitaient avec lui. L'*Antidote* fut peu lu et ne produisit qu'un médiocre effet en France, mais il eut plusieurs éditions en Allemagne. Deux ans plus tard, l'auteur fit paraître, toujours sans y attacher son nom, une brochure intitulée : *La Prusse et la neutralité*. Le système politique de cette puissance était fortement blâmé par l'abbé de Pradt, qui conseillait à tous les monarques de l'Europe de former contre la République française une nouvelle et définitive coalition. Cependant, après le coup d'État du 18 brumaire, il exprima le désir de rentrer en France : par l'entremise de son parent, le général Duroc, depuis maréchal du palais de Napoléon, l'abbé de Pradt obtint l'autorisation de revenir à Paris et fut présenté au premier Consul. La conversation spirituelle et animée de l'abbé, des éloges adroits et l'apparence d'un entier dévouement, dont, d'ailleurs, le général Duroc se portait garant, séduisirent Bonaparte qui nomma d'abord l'abbé de Pradt son aumônier et qui le combla ensuite de faveurs. Après avoir assisté au couronnement de l'empereur en décembre 1804, l'abbé de Pradt reçut le titre de baron, avec une gratification de 40,000 francs, fut élevé au siège épiscopal de Poitiers (24 frimaire an XII), et sacré par le pape Pie VII en personne, le 2 février 1805. Le nouvel évêque n'en resta pas moins attaché à Napoléon en qualité de premier aumônier ; il se plaisait alors à dire à ceux qui le félicitaient sur sa faveur et ses dignités, qu'il était en effet devenu « aumônier du dieu Mars ». Il accompagna l'empereur à Milan, lorsque celui-ci se fit couronner roi d'Italie, et officia pontificalement à cette cérémonie. En 1808, il l'accompagna encore à Bayonne, et se trouva chargé de négociations délicates avec les ministres espagnols. Le dernier résultat de ces conférences, en privant momentanément une branche de la maison de Bourbon du trône d'Espagne, « dut, écrit non sans ironie un biographe, affliger profondément un homme aussi dévoué à cette illustre maison »; mais, Napoléon, satisfait de ses services, accorda une nouvelle gratification de 50,000 francs à l'évêque de Poitiers, et le nomma, en février 1809, archevêque de Malines, et officier de la Légion d'honneur. Deux ans après, le prélat fut envoyé auprès du pape à Savone; le zèle et le talent qu'il déploya dans ces négociations, pour faire ouvrir le concile de 1811, furent très appréciés du gouvernement impérial. Il se rendit ensuite dans son nouveau diocèse, où les chanoines refusèrent de le reconnaître comme archevêque, jusqu'à ce qu'il produire ses lettres d'institution. Elles avaient été expédiées par la chancellerie romaine et signées par le pape, mais dans une forme inusitée, qui déplut à Napoléon, et qui fut jugée incompatible avec les libertés de l'Eglise gallicane. Renvoyées à Rome, ces lettres n'en revinrent plus. En 1812, l'archevêque de Malines eut ordre de suivre l'empereur à Dresde. La guerre contre la Russie était décidée, et les talents diplomatiques du prélat devaient être employés sur un nouveau théâtre. Nommé ambassadeur de France dans le duché de Varsovie, il accepta, dit-il, à contre-cœur, un poste qu'il occupa pendant toute la campagne : « La foudre fût tombée à mes pieds, a-t-il écrit dans son *Histoire de l'ambassade de Pologne*, que je n'eusse pas senti un froid plus mortel courir dans mes veines, que ne fut celui dont je fus saisi par l'annonce de ma nomination. » Cette fois ses services furent loin d'être aussi favorablement appréciés que précédemment. Après la retraite de Moscou, Napoléon, à son passage à Varsovie, fit appeler auprès de lui son ambassadeur, et une disgrâce complète suivit cette entrevue. Rappelé, selon son désir, de l'ambassade de Pologne, l'archevêque apprit à Paris que la grande aumônerie lui avait été enlevée, et il reçut en même temps l'ordre de quitter la capitale et de retourner dans son diocèse. Il partit aussitôt pour Malines, et ne revint à Paris qu'au commencement de 1814, pour assister aux graves événements de cette année. Ce fut alors que l'archevêque de Malines composa son *Histoire de l'ambassade de Pologne*, qu'il crut cependant ne devoir publier que l'année suivante, après le départ de Napoléon pour Sainte-Hélène. Cette brochure eut sous la Restauration huit éditions successives. On y lisait entre autres le passage suivant : « Le génie de Napoléon, fait à la fois pour la scène du monde et pour les tréteaux, représentait un manteau royal joint à un habit d'Arlequin. Le dieu Mars n'était plus qu'une espèce de Jupiter Scapin, tel qu'il n'en avait point encore paru sur la scène du monde. » Admis dans l'intimité de M. de Talleyrand, M. de Pradt, lors de l'entrée des Russes à Paris, se prononça comme lui pour le rétablissement du gouvernement royal et le rappel immédiat des Bourbons. Louis XVIII confirma M. de Pradt dans le poste de chancelier de la Légion d'honneur, auquel l'avait élevé (7 avril 1814) le gouvernement provisoire. Mais le public vit avec quelque étonnement un prélat chargé de fonctions étrangères à l'Eglise; aussi ne les remplit-il que peu de temps. Une nouvelle disgrâce, dont on ne connaît pas exactement les motifs, l'éloigna pendant plusieurs années de la scène politique : il se retira dans ses terres en Auvergne, y demeura pendant les Cent-Jours, eut pour successeur, lors de la seconde Restauration, le maréchal Macdonald dans le poste de chancelier de la Légion d'honneur, et ne fut plus appelé à

aucune fonction publique; mais il imagina de traiter de son archevêché de Malines avec le nouveau roi des Pays-Bas, et, moyennant une rente viagère de 12,000 francs, il céda tous ses droits à ce siége, droits que les dispositions moins bienveillantes de la cour de Rome et le refus de nouvelles institutions rendaient assez précaires. Puis il se jeta dans l'opposition libérale, et, pour occuper ses loisirs, composa un certain nombre d'écrits sur tous les sujets, remarquables par une rare fécondité d'idées, un style brillant et imagé et des rapprochements parfois intéressants. Traduit devant la cour d'assises de la Seine (1820), pour une brochure hardie sur la loi des élections, il eut pour défenseur Dupin, et fut acquitté. Le 17 novembre 1827, il fut élu député du 1er arrondissement du Puy-de-Dôme (Clermont-Ferrand), par 190 voix 355 votants, 398 inscrits, contre 157 à M. de Chabrol, préfet de la Seine. Il prit place au côté gauche et défendit de sa parole et de son vote les idées constitutionnelles; mais son ambition parlementaire ayant éprouvé de graves mécomptes, il se décida à donner sa démission le 13 avril 1828, par une lettre insérée dans le *Courrier français*, et qui fit du bruit. Après la révolution de juillet, l'abbé de Pradt revint à des opinions royalistes. Il s'occupait à réunir les matériaux d'une histoire de la Restauration, lorsqu'il succomba, après quelques jours de maladie, à une attaque d'apoplexie. Il fut assisté à ses derniers moments par Mgr de Quélen, archevêque de Paris. La longue série de ses ouvrages, dont le succès fut vif, mais momentané, est aujourd'hui peu connue. Outre son *Histoire de l'ambassade de Varsovie*, on a de lui : *Les quatre Concordats* (1818-1820); *l'Europe après le Congrès d'Aix-la-Chapelle* (1819); *la France, l'émigration et les colonies* (1826); *Du Jésuitisme ancien et moderne* (1825); *De la Presse et du Journalisme* (1832), etc.

PRAIRE-MONTAUD (Gaspard-Joseph), député au Conseil des Cinq-Cents, dates de naissance et de mort inconnues, était administrateur du district de Saint-Etienne, lorsqu'il fut élu, le 23 vendémiaire an IV, député de la Loire au Conseil des Cinq-Cents, par 137 voix (214 votants). Il parut plusieurs fois à la tribune et appuya de tout son pouvoir la contre-révolution. Le 23 juillet 1796, il fit en faveur des prêtres déportés ou incarcérés un discours qui motiva son inscription sur les listes de proscription du 18 fructidor an V. Eloigné de France jusqu'au coup d'Etat de Bonaparte, il fut rappelé après brumaire, mais ne recouvra ses droits civiques qu'en 1805. Il passa dans la retraite les dernières années de sa vie.

PRASLIN (Duc de). — *Voy.* Choiseul.

PRAT (François-Marie-Joseph), député au Conseil des Cinq-Cents, né à Lesneven (Finistère) en 1761, mort à Ploudalmezeau (Finistère) le 5 février 1833, exerçait à Lesneven la profession de notaire, lorsqu'il fut (25 germinal an VI) élu député du Finistère au Conseil des Cinq-Cents, par 116 voix (182 votants). Il siégea obscurément jusqu'au coup d'Etat du 18 brumaire.

PRATI (Pie-Charles-Ignace-Camille-André-Jean-Marie), chevalier de Bayagnasque, député au Corps législatif de l'an XII à 1809, né à Alexandrie (Italie) le 5 mai 1768, mort à une date inconnue, était maire d'Alexandrie, lorsque le choix du Sénat conservateur l'appela (27 fructidor an XII) à siéger au Corps législatif comme député du département de Marengo. Il appartint à cette assemblée jusqu'en 1809, et fut fait, le 18 mars de la même année, chevalier de l'Empire.

PRAX-PARIS (Joseph-Marie-Adrien), député au Corps législatif de 1869 à 1870, représentant en 1871, député de 1876 à 1889, né à Montauban (Tarn-et-Garonne) le 2 octobre 1839, fils d'un riche négociant, s'occupa d'économie politique. Maire de Montauban en 1860, il conserva ces fonctions jusqu'à la fin du régime impérial, dont il se montra partisan. Candidat officiel aux élections du Corps législatif, le 24 mai 1869, dans la 1re circonscription de Tarn-et-Garonne, il fut élu député par 21,507 voix (33,689 votants, 39,147 inscrits), contre 7,037 à M. Vaïsse-Cibiel, et 3,195 à M. de Limairac. M. Prax-Paris siégea dans la majorité dynastique. Il fit adopter (avril 1870) un amendement réduisant le contingent de 10,000 hommes, et se prononça *pour* la déclaration de guerre à la Prusse. Après la chute de l'Empire, il posa sa candidature à l'Assemblée nationale, qui, vivement combattu par le préfet de Tarn-et-Garonne qui fit déchirer ses affiches, et confisqua à la poste ses professions de foi et ses bulletins, et n'en fut pas moins élu, le 8 février 1871, représentant du Tarn-et-Garonne, le 2e sur 4, par 35,692 voix (59,845 votants, 71,836 inscrits). Il s'inscrivit au groupe bonapartiste et opina constamment avec la droite : son opposition au gouvernement de Thiers fut des plus vives; il vota *pour* la paix, *pour* les prières publiques, *contre* le retour à Paris, *pour* la chute de Thiers au 24 mai, *contre* le septennat, la loi des maires, le ministère de Broglie, *contre* les amendements Wallon et Pascal Duprat, *contre* l'ensemble des lois constitutionnelles. Il prit la parole dans plusieurs discussions et, à propos des adresses que certains conseils municipaux avaient envoyées au chef du pouvoir exécutif, présenta un ordre du jour de blâme qui, adopté par la majorité de l'Assemblée, amena la démission de M. Victor Lefranc, ministre de l'Intérieur. Au moment de la mort de Napoléon III, il avait adressé au prince impérial une lettre dans laquelle il disait : « La France vous aime, espère et attend. » Après la session, il se présenta, avec le programme impérialiste de l'appel au peuple, à la fois dans la 1re et dans la 2e circonscription de Montauban : il fut élu, au second tour de scrutin (5 mars 1876), dans l'une avec 8,950 voix (14,209 votants, 17,843 inscrits) contre 5,091 à M. Garrisson, républicain, et dans l'autre avec 5,892 voix (11,851 votants, 14,512 inscrits), contre 5,788 à M. Pagès, constitutionnel. Il opta pour la 1re circonscription, appartint à la minorité conservatrice et bonapartiste, soutint le gouvernement du 16 mai, et vota *contre* les 363. Aux élections du 14 octobre 1877, il eut l'appui officiel de l'administration, et l'emporta avec 9,542 voix (14,522 votants, 18,040 inscrits), sur M. Garrisson, républicain, qui n'en obtint que 4,864. Il reprit sa place à droite, se prononça *contre* les divers cabinets républicains de la législature, et vota *contre* l'article 7, *contre* le retour à Paris, *contre* l'élection de M. Grévy comme président de la République, *contre* l'amnistie, etc. Il obtint encore le renouvellement de son mandat, le 21 août 1881, par 7,599 voix (14,701 votants, 17,755 inscrits), contre 6,949 à M. Garrisson, parut plusieurs fois à la tribune pour combattre les projets du gouvernement, opina cependant

pour le scrutin de liste, et, aux élections du 4 octobre 1885, inscrit en tête de la liste monarchiste du Tarn-et-Garonne, fut élu député de ce département, le 1er sur 4, par 31,402 voix (59,851 votants, 69,617 inscrits), après une lutte acharnée. La majorité de la Chambre annula l'élection. Mais M. Prax-Paris fut réélu, le 20 décembre 1885, le 1er sur 4, par 31,039 voix (61,785 votants, 70,064 inscrits). Il s'associa à toutes les manifestations de la minorité impérialiste contre le gouvernement républicain, et opina, en dernier lieu, *contre* le rétablissement du scrutin d'arrondissement (11 février 1889), *pour* l'ajournement indéfini de la révision de la Constitution, *contre* les poursuites contre trois députés membres de la Ligue des patriotes, *contre* le projet de loi Lisbonne restrictif de la liberté de la presse, *contre* les poursuites contre le général Boulanger. Conseiller général de Tarn-et-Garonne pour le canton de Caussade depuis 1858. Chevalier de la Légion d'honneur (11 août 1864).

PRÉAUX. — Voy. MACHÉCO (COMTE DE).

PRÉCY (Jean), membre de la Convention, député au Conseil des Cinq-Cents et à celui des Anciens, né à Chassy (Yonne) le 16 décembre 1743, mort le 31 octobre 1822, fils de Jean Baptiste Précy, praticien, et de Louise Tuloup, exerça la profession de notaire dans son pays natal. Suppléant du juge de paix, puis juge de paix du canton d'Aillant (Yonne), et administrateur du département, il fut élu, le 6 septembre 1792, député de l'Yonne à la Convention, le 5e sur 9, par 830 voix (559 votants). Son rôle à l'assemblée fut peu important. Dans le procès du roi, Précy vota « pour la mort, avec le sursis jusqu'à la ratification de la Constitution ». Ses collègues de la Convention le nommèrent député au Conseil des Cinq-Cents, le 4 brumaire an IV. Il prit peu de part aux délibérations, passa comme député de l'Yonne au Conseil des Anciens, le 21 germinal an VI, quitta la vie politique en l'an VIII, et reprit ses fonctions de notaire. Lors de la promulgation de la loi du 12 janvier 1816 contre les régicides, il obtint un sursis, puis se réfugia à Constance, et rentra dans son étude, à Chassy, le 9 mai 1817, les dispositions de la loi de 1816 ayant été reconnues non applicables aux quarante-six conventionnels dont le vote n'avait pas été compté pour la mort dans le procès du roi.

PREIGNÉ (Charles-Henri Gras, MARQUIS DE), député de 1842 à 1846, né à Saint-Amour (Jura) le 12 avril 1800, entra à l'École de Saint-Cyr, en sortit dans la cavalerie et devint lieutenant; très attaché aux Bourbons, il donna sa démission en 1830, se retira dans ses terres, et conserva des relations avec les princes exilés. Élu, le 9 juillet 1842, député du 1er collège des Hautes-Pyrénées (Tarbes), par 128 voix (252 votants, 282 inscrits), contre 124 à M. Ditrans, il prit place à l'opposition légitimiste, fit le pèlerinage de Belgrave-Square, mais, au retour de sa visite au duc de Bordeaux, refusa de donner sa démission, lors du vote de flétrissure. Il se prononça *contre* l'indemnité Pritchard et *pour* la proposition Rémusat, et quitta la vie politique aux élections de 1846.

PREISSAC (François-Jean, COMTE DE), député de 1823 à 1831, et pair de France, né à Montauban (Tarn-et-Garonne) le 22 décembre 1778, mort à Montauban le 6 mai 1852, « fils de messire Jean-Salomon du Preissac et de dame noble Marie-Anne Garrisson », suivit la carrière militaire, parvint au grade de colonel, et fut fait officier de la Légion d'honneur. Conseiller général de Tarn-et-Garonne, il se fit élire, le 13 novembre 1822, député du 1er arrondissement de Tarn-et-Garonne (Montauban), par 328 voix (355 votants, 562 inscrits). Il prit place dans les rangs de la majorité, obtint sa réélection, le 25 février 1824, par 301 voix (319 votants, 564 inscrits), soutint la politique de M. de Villèle, parla cependant avec une certaine indépendance à la loi sur la presse et sur le budget, et fut encore réélu, le 17 novembre 1827, par 242 voix (481 votants, 576 inscrits), contre 213 à M. de Caumont-Latorce. M. de Preissac fut des 221. Rallié au gouvernement de Juillet, il fut nommé préfet de la Gironde, vit renouveler son mandat de député, le 21 octobre 1830, par 193 voix (363 votants, 610 inscrits), contre 158 à M. Lefranc de Pompignan, et quitta le Palais-Bourbon pour le Luxembourg, ayant été appelé à la Chambre des pairs par une ordonnance royale du 11 octobre 1832. Le comte de Preissac ne cessa d'appuyer de ses votes la monarchie de Louis-Philippe, et fut admis à la retraite, comme préfet, le 5 août 1839.

PREISSAC (PAUL-FRANÇOIS-MARIE-ODON, COMTE DE), sénateur de 1876 à 1882, né à la Rochelle (Charente-Inférieure) le 17 juillet 1819, mort à Sorèze (Tarn) le 10 octobre 1883, fils du précédent, était préfet de Lot-et-Garonne au moment du coup d'État du 2 décembre 1851; il réprima avec la plus grande énergie les tentatives d'émeute, et ramena l'ordre et la tranquillité dans son département. Nommé, peu après, préfet du Puy-de-Dôme (14 janvier 1853), il refusa après l'attentat d'Orsini la préfecture de police, que lui offrit l'empereur, et préféra la préfecture de Tarn-et-Garonne. Il quitta l'administration quelques années avant la guerre de 1870, et fut alors admis à la retraite comme préfet. Le 30 janvier 1876, lors des élections sénatoriales, il fut porté sur la liste bonapartiste sur la liste de l'union conservatrice dans le département de Tarn-et-Garonne, protesta contre son inscription sur cette dernière liste en déclarant qu'il n'était que bonapartiste « bleu », et fut élu sénateur de Tarn-et-Garonne par 125 voix (249 votants). Il prit place au groupe de l'Appel au peuple, vota la dissolution de la Chambre demandée par le ministère de Broglie le 23 juin 1877, et combattit la politique scolaire et coloniale des ministères républicains. Au renouvellement triennal du 8 janvier 1882, il échoua avec 93 voix sur 246 votants. Officier de la Légion d'honneur le 12 janvier 1852, commandeur du 9 août 1859.

PRÉSEAU-D'HUJEMONT (LOUIS-FRANÇOIS-MARGUERITE), député de 1822 à 1824, né à Dompierre (Nord) le 11 novembre 1770, mort à Cambrai (Nord) le 12 juin 1842, propriétaire à Dompierre et conseiller général, fut élu, le 13 novembre 1822, député du 5e arrondissement électoral du Nord (Maubeuge), par 158 voix (218 votants, 237 inscrits), contre 59 à M. d'Estourmel. Il refusa de voter la loi du septennalité, et rentra dans la vie privée à la dissolution de la Chambre (24 décembre 1823).

PRESSAC-DESPLANCHES (JEAN-JACQUES-LOUIS), député en 1791, né à Civray (Vienne) le 27 décembre 1753, mort à une date inconnue, « fils de M. Louis-François Pressac de la Cha-

gnale, commissaire du roi, président juge royal des traites foraines et avocat au siège royal, et second échevin de la maison commune de Civray, et de dame Suzanne Barbier », étudia le droit et fut avocat au parlement. En 1788, il fut délégué commissaire pour la formation des cahiers. Officier municipal de Civray en 1790, président du tribunal de ce district en 1791, secrétaire, en mai, de la société des « Amis de la Constitution » de Civray, il fut élu, le 2 septembre suivant, député de la Vienne à l'Assemblée législative, le 6e sur 8, par 193 voix (285 votants). Pressac-Desplanches vota avec les modérés. Suspect sous la Terreur, il fut incarcéré jusqu'au 9 thermidor an II. A cette époque il fut nommé agent national du district de Civray; puis il remplit les fonctions de commissaire du pouvoir exécutif près l'administration centrale de la Vienne, celles de commissaire du pouvoir exécutif près le tribunal correctionnel de Civray (de l'an V à l'an VIII), et celles de sous-préfet de Civray le 18 germinal an VIII. Une note administrative confidentielle du 2 novembre 1812 dit de lui: « C'est un brave homme, qui est très lent, fait trop peu par lui-même. Il est avocat, et le préfet se plaint de ce que ses nombreuses consultations nuisent à la sous-préfecture. » On lui écrivit d'opter et de faire plus par lui-même. Pressac-Desplanches termina sa carrière sous la Restauration, comme juge au tribunal de Niort : il avait été nommé à ces fonctions par le gouvernement royal le 28 juillet 1819.

PRESSAC-DORÉ (THÉODORE), représentant à la Chambre des Cent-Jours, né à Civray (Vienne) le 4 janvier 1769, mort à une date inconnue, frère du précédent, entra dans la magistrature et fut procureur impérial à Civray sous le premier Empire. Élu, le 10 mai 1815, représentant de l'arrondissement de Civray à la Chambre des Cent-Jours, par 36 voix (62 votants et 119 inscrits), contre 25 à M. Tryon de Montalembert, il rentra dans la vie privée après l'unique session de cette législature.

PRESSAT (JEAN-FRANÇOIS-PASCAL-EUGÈNE), député de 1885 à 1889, né à Bussière-Poitevine (Haute-Vienne) le 23 avril 1821, s'occupa dès sa jeunesse de politique, fit de l'opposition à Louis-Philippe et au gouvernement du prince Louis-Napoléon, et fut proscrit au 2 décembre. Nommé sous-préfet de Saint-Yrieix après le 4 septembre 1870, révoqué le 24 mai 1873, renommé sous-préfet de Bellac le 31 décembre 1877, et d'Issoudun le 12 janvier 1881, il donna sa démission au mois d'août suivant, pour se présenter à la députation, comme candidat radical dans l'arrondissement de Bellac, où il échoua, le 21 août, avec 2,638 voix contre 7,752 à l'élu, M. Labuze, opportuniste, 3,330 à M. Baband de Mouvallier, et 710 à M. Berry. Porté sur la liste radicale de la Haute-Vienne, le 4 octobre 1885, il fut élu, le 4e sur 5, par 44,484 voix (63,563 votants, 94,299 inscrits); il prit place à la gauche radicale, vota l'expulsion des princes, combattit les ministères Rouvier et Tirard, et se prononça, dans la première session, contre le rétablissement du scrutin d'arrondissement (11 février 1889), contre l'ajournement indéfini de la révision de la Constitution, pour les poursuites contre trois députés membres de la Ligue des patriotes, contre le projet de loi Lisbonne restrictif de la liberté de la presse, pour les poursuites contre le général Boulanger. Officier d'académie.

PRESSAVIN (JEAN-BAPTISTE), membre de la

Convention, député au Conseil des Cinq-Cents, né à Beaujeu (Rhône) en 1735, mort à une date inconnue, était chirurgien à Lyon. Il se déclara en faveur de la Révolution, fut officier municipal et substitut du procureur de la commune à Lyon, et tenta de soustraire à la colère du peuple, le 9 septembre 1792, les prisonniers royalistes enfermés au château de Pierre-Encise. Il venait d'être élu (6 septembre) député du département de Rhône-et-Loire à la Convention, le 7e sur 15, par 517 voix (870 votants). Dans le procès du roi, il se prononça contre l'appel au peuple, en disant : « Comme je vois dans l'appel au peuple la perte de la République, je dis *non*. » Il répondit ensuite au 3e appel nominal : « Si je pouvais concilier ma conscience avec la pitié, je céderais à ce sentiment; mais comme ma conscience ne me permet pas de transiger avec les principes, je condamne Louis à la mort. » Membre de la société des Jacobins, il en fut exclu à la suite d'une dénonciation. Réélu, le 22 germinal an VI, député de Rhône-et-Loire au Conseil des Cinq-Cents, il y siégea jusqu'au 18 brumaire an VIII. Il s'est fait connaître, en dehors de la politique, par divers travaux spéciaux parmi lesquels : *Traité des maladies des nerfs* (1769); *l'Art de prolonger la vie et de conserver la santé* (1785), etc.

PRESSENSÉ (EDMOND DEHAULT DE), représentant en 1871, et membre du Sénat, né à Paris le 21 juin 1824, étudia la théologie à Lausanne, sous la direction du professeur Vinet, et suivit aussi les cours des Universités de Halle et de Berlin (1846 et 1847). Reçu pasteur en 1847, il fut appelé à desservir à Paris la chapelle de la rue Taitbout, la principale des églises protestantes séparées de l'État, connues sous le nom général d'*Union des Églises évangéliques de France*. Il collabora à la *Revue de Théologie* de Strasbourg, puis à la *Revue chrétienne*, fondée en 1854, pour servir d'organe à un parti intermédiaire qui réclamait un développement nouveau de la théologie dite évangélique, sans toutefois renoncer au surnaturel. Devenu, en 1856, le rédacteur en chef de cette publication, il y défendit avec talent le principe de la séparation de l'Église et de l'État. En 1869, il reçut de la faculté de Breslau le titre de docteur. Membre de la Ligue de la paix en 1869, il fit, au mois de juin de l'année suivante, auprès de l'empereur Alexandre, une démarche pour demander que les populations protestantes des provinces baltiques ne fussent point troublées dans le libre exercice de leur religion. Aumônier militaire pendant la guerre, il se présenta comme candidat à l'Assemblée nationale à Paris, le 8 février 1871, et échoua avec 38,516 voix sur 328,970 votants. Pendant la Commune, le 11 avril 1871, il protesta, dans une lettre publiée dans les journaux, contre l'incarcération de l'archevêque de Paris. Le 2 juillet suivant, il se porta candidat aux élections complémentaires de l'Assemblée nationale, à Paris, avec une profession de foi républicaine, et surtout antibonapartiste, et fut élu représentant de la Seine, le 6e sur 21, par 118,975 voix (290,823 votants, 458,774 inscrits). Il prit place à gauche, et prononça dans l'Assemblée un assez grand nombre de discours. Il déposa une proposition d'amnistie en faveur des gardes nationaux poursuivis ou condamnés à l'occasion de la Commune; cette proposition fut prise en considération (8 février 1872), mais ne fut point adoptée. Puis il prit part à la discussion du projet de loi sur les conseils généraux et se prononça contre l'installation des ministres à Versailles, voulant que l'Assemblée revînt à Paris. Il combattit l'article 1er de la loi contre l'Internationale (12 mars), parla sur la loi contre l'ivresse, sur le droit de réunion pendant les élections des conseils généraux, sur le recrutement de l'armée, sur le jury. Le 8 janvier 1873, il combattit le projet de loi sur le conseil supérieur de l'instruction publique, puis il s'éleva avec éloquence contre l'arrêté du préfet de Lyon au sujet des enterrements civils (juin), et contre le projet tendant à déclarer d'utilité publique la construction d'une église du Sacré-Cœur à Paris (22 juillet). Après avoir soutenu de ses votes et de sa parole la politique républicaine conservatrice de Thiers, il se prononça *contre* la chute du chef du pouvoir exécutif au 24 mai 1873, combattit le ministère de Broglie, et vota *contre* le septennat, l'état de siège et la loi des maires. Il publia les lettres assez vives contre les tentatives de restauration monarchique, et, le 14 janvier 1874, à propos de la loi des maires, prononça à l'adresse de la droite ces paroles suivantes : « Votre politique a pour point de départ l'abandon des principes libéraux, pour argument la peur, pour moyen la compression et pour but une immense machine de guerre. Je termine par un mot : le péril aujourd'hui, c'est vous ! » Il vota ensuite *pour* la dissolution de l'Assemblée, *pour* les amendements Wallon et Pascal Duprat, et *pour* l'ensemble des lois constitutionnelles. Candidat aux élections législatives du 20 février 1876 dans la 1re circonscription de l'Ontoise, il échoua avec 6,103 voix contre 6,729 à M. Rendu, bonapartiste, élu. Il rentra alors dans la vie privée. Au mois de juillet de la même année, il prit le grade de docteur en théologie à la faculté de Montauban. Le 17 novembre 1883, la Chambre Haute appela M. de Pressensé, par 143 voix (150 votants), à remplacer, comme sénateur inamovible, M. Victor Lefranc décédé. Il s'assit au centre gauche, dont il devint en 1886 le président, et prit une part importante aux délibérations. En juin 1884, il fit adopter en deuxième lecture un amendement à la loi du divorce, repoussé en première, et qui assimilait l'adultère du mari à celui de la femme. Il porta la parole dans les discussions sur la loi municipale, sur l'organisation de l'enseignement primaire, sur les récidivistes, et obtint, sur ce dernier point, que la mendicité ne fût pas considérée comme un cas de récidive entraînant la relégation. La discussion générale du budget des cultes en 1885 lui fournit l'occasion de prononcer un discours contre la méthode qu'on semblait adopter d'opérer la séparation de l'Église et de l'État par des suppressions partielles de crédits. Il intervint encore dans la discussion sur la naturalisation, et fit voter par le Sénat des mesures réparatrices en faveur des descendants des protestants exilés à la suite de la révocation de l'édit de Nantes. Il soutint les ministères opportunistes, se prononça *pour* les crédits de l'expédition du Tonkin, et vota, en dernier lieu, *pour* le rétablissement du scrutin d'arrondissement (13 février 1889), *pour* le projet de loi Lisbonne restrictif de la liberté de la presse, *pour* la procédure de la Haute Cour contre le général Boulanger. Chevalier de la Légion d'honneur (8 février 1871). On a de M. Pressensé un très grand nombre d'ouvrages, parmi lesquels : *Conférences sur le christianisme dans son application aux questions sociales* (1849); *Du Catholicisme en France* (1851); *La Famille* *chrétienne* (1856); *Histoire des trois premiers siècles de l'Église chrétienne* (1858-1877); *L'Église et la Révolution française* (1864) ; *Études évangéliques* (1867); *La liberté religieuse en Europe* (1874) ; *Les Origines* (1883) ; *L'Ancien monde et le christianisme* (1886). Mme de l'essensé, née Emilie Dehault, a publié de son côté plusieurs ouvrages.

PRÉTAVOINE (ANDRÉ-GERMAIN-CASIMIR), représentant en 1871, né à Louviers (Eure) le 29 juin 1822, propriétaire, devint conseiller municipal de Louviers le 2 août 1848, adjoint au maire le 25 novembre de la même année, se rallia à l'Empire, et fut nommé maire de sa ville natale le 6 janvier 1855, et chevalier de la Légion d'honneur. Élu, le 8 février 1871, représentant de l'Eure à l'Assemblée nationale, le 5e sur 8, par 43,751 voix (59,749 votants, 122,706 inscrits), il se fit inscrire à la réunion des Réservoirs, et vota *pour la paix, pour* l'abrogation des lois d'exil, *contre* le service de trois ans, *pour* la démission de Thiers (il était un des signataires de la déclaration Target), *pour* le septennat, *pour* le ministère de Broglie, *contre* l'amendement Wallon, *contre* les lois constitutionnelles. Il quitta la vie politique à la fin de la législature.

PRÉTAVOINE-BIDAULT (ROBERT-BAZILE), député de 1820 à 1824, né à la Harpe-de-Colleville (Eure) le 11 juin 1765, mort à une date inconnue, ancien négociant et propriétaire à Bernay, administrateur des hospices de la ville, fut élu, le 13 novembre 1820, député du grand collège de l'Eure, par 307 voix (443 votants, 571 inscrits) ; il prit place au centre, soutint la politique ministérielle, et ne fut pas réélu aux élections de 1824.

PRÉVAL (CLAUDE-ANTOINE, VICOMTE DE), pair de France, sénateur du second Empire, né à Salins (Jura) le 6 novembre 1776, mort à Paris le 19 janvier 1853, « fils de Claude-Antoine Préval, officier du régiment d'Enghien, et de Louise Laget, son épouse », reçut, le 2 septembre 1789, le brevet de sous-lieutenant au régiment d'Enghien, à 13 ans, grâce à la substitution d'acte de naissance de son aîné au sien, irrégularité qui ne fut rectifiée qu'en 1831. Capitaine d'artillerie en l'an II, il servit sous Gouvion-Saint-Cyr à l'armée du Rhin, passa à l'état-major de Moreau, puis, en 1799, devint, à l'armée d'Italie, adjudant-général de Delmas, de Joubert et de Suchet. Les services qu'il rendit alors, à Novi particulièrement, le firent proposer pour le grade de général de brigade, mais il fut, au préalable sur la demande, mis à la tête du 1er cuirassiers en 1801 ; ce régiment fut le seul qui ne se mutina pas lors de la révolte de Turin. Sa promotion fut cependant retardée, car il fut compromis dans le procès de Moreau et refusa d'être rapporteur de la commission militaire chargée de juger le duc d'Enghien. Officier de la Légion d'honneur du 19 frimaire au XII, il fit les campagnes de 1805 et de 1806, dans le corps d'armée de Lannes, assista à Austerlitz et à Iéna, et fut nommé général de brigade quelques jours après, le 31 décembre 1806. Créé baron de l'Empire le 7 juin 1808, et appelé aux fonctions d'inspecteur de cavalerie à l'intérieur, il entra au conseil d'État le 8 février 1810, devint chef d'état-major de Kellermann après la retraite de Russie, et reçut le commandement d'un corps de cavalerie de nouvelle organisation

avec lequel il défendit Hanau et couvrit Francfort, lors de la retraite de l'armée française sur le Rhin à la fin de 1813. La Restauration le nomma lieutenant-général (10 mai 1814), et membre du conseil supérieur de la guerre. Aux Cent-Jours, il devint chef du bureau des troupes au ministère de la Guerre, fonctions qu'il conserva jusqu'en octobre 1815. Nommé ensuite inspecteur général de cavalerie en 1817, lieutenant-général commandant dans la garde royale, et créé vicomte le 29 mai 1818, il fut destitué à la chute du ministère Decazes (février 1820), dont son protecteur Gouvion-Saint-Cyr faisait partie, et se retira dans ses propriétés près de Blois. Rappelé en 1828 au conseil supérieur de la guerre, mis en disponibilité en 1830, nommé par Soult directeur de la cavalerie le 7 décembre de cette dernière année, et conseiller d'État en 1831, il devint, en 1833, président du comité de l'infanterie et de la cavalerie ; mais il abandonna ces fonctions à la chute du duc de Dalmatie en 1834. Pair de France le 3 octobre 1837, président de la section de la guerre et de la marine au conseil d'État en novembre suivant, grand-croix de la Légion d'honneur le 25 mai 1843, il fut mis à la retraite d'office, comme général de division, le 8 juin 1848, se rallia, après le 10 décembre, au prince Louis-Napoléon, qui l'appela à la Commission consultative après le coup d'État de décembre, et le fit entrer au Sénat à la création, le 26 janvier 1852. Le général de Préval mourut peu de temps après. On a de lui : *Projet de règlement de service pour les armées françaises, tant en campagne que sur le pied de paix* (1812, 1827), converti en ordonnance royale le 2 mai 1832) ; *Mémoire sur l'organisation de la cavalerie et sur l'administration des corps* (1816) ; *Règlement provisoire sur le service intérieur des troupes à cheval* (1816), converti en ordonnance royale en 1818) ; *Du service des armées en campagne* (1827); *Mémoires sur l'avancement militaire et sur les matières qui s'y rapportent* (1842); *Sur le recrutement et sur le remplacement* (1848); *Mémoire sur le commandement en chef des troupes* (1851) ; M. de Préval a aussi collaboré au *Spectateur militaire.*

PRÉVERAUD (BERNARD-HONORÉ), député de 1882 à 1889, né au Donjon (Allier) le 7 novembre 1823, d'une famille républicaine, beau-frère du représentant Terrier, étudia le droit, fut reçu avocat, prit les armes lors du coup d'État de 1851, fut condamné à mort par le conseil de guerre de Moulins, se réfugia en Belgique, en fut expulsé, alla à Jersey, fut de nouveau expulsé (1855), et rentra en France à la faveur de l'amnistie de 1859. Il se consacra jusqu'à la fin de l'Empire à des travaux d'agriculture. Maire du Donjon en 1870, il se porta pour la première fois candidat radical à la Chambre des députés, le 21 août 1881, dans l'arrondissement de la Palisse, où il obtint, sans être élu, 4,616 voix contre 7,611 à l'élu opportuniste, M. Cornil. Lorsque ce dernier, nommé professeur à l'École de médecine, eut donné sa démission, M. Préveraud présenta de nouveau sa candidature au scrutin partiel du 14 mai 1882 : il obtint au premier tour la majorité relative et, resté seul candidat républicain, fut élu définitivement, au ballottage, par 6,390 voix sur 6,769 votants (27,086 inscrits). Il prit place à l'extrême-gauche et vota *contre* le ministère Ferry, *contre* les crédits de l'expédition du Tonkin. Porté, le 4 octobre 1885, sur la liste républicaine de l'Allier, il fut élu, le 1er sur 6,

député de ce département, par 51,729 voix
(94,228 votants, 120,068 inscrits). Il suivit la
même ligne politique que précédemment, se
prononça contre les cabinets Rouvier et Tirard,
pour le ministère Floquet, vota l'expulsion
des princes, et, dans la dernière session, s'abstint sur le rétablissement du scrutin d'arrondissement (11 février 1889), et se prononça
contre l'ajournement indéfini de la revision de
la Constitution, *pour* les poursuites contre trois
députés membres de la Ligue des patriotes,
contre le projet de loi Lisbonne restrictif de la
liberté de la presse, *pour* les poursuites contre
le général Boulanger.

PRÉVERAUD DE LABOUTRESSE (HECTOR-
FRANÇOIS), député de 1815 à 1827, né au Donjon
(Allier) le 17 novembre 1763, mort le 14 mai 1845,
était membre du grand conseil avant la Révolution. Sans emploi jusqu'à la Restauration, il
fut nommé conseiller à la cour royale de Riom
en 1815, et successivement élu député du grand
collège de l'Allier, le 22 août 1815, par 97 voix
(174 votants, 256 inscrits); le 4 octobre 1816,
par 101 voix (125 votants, 196 inscrits) ; le
13 novembre 1820, par 114 voix (191 votants,
212 inscrits); le 5 mars 1824, par 98 voix (169
votants, 213 inscrits). Il siégea constamment à
droite et vota les lois d'exception et la nouvelle
loi électorale. Le ministère Peyronnet le nomma
président de chambre et chevalier de la Légion
d'honneur. Il ne se représenta pas aux élections de 1827.

PRÉVET (FRÉDÉRIC-ALPHONSE-CHARLES), député de 1885 à 1889, né à Paris le 18 mars
1852, succéda à son père dans le conseil d'administration du *Figaro* en 1875, et entra ensuite dans le conseil d'administration du *Petit
Journal*. Il établit à Meaux d'importantes fabriques de conserves alimentaires, avec succursales dans la Nouvelle-Calédonie, devint président des forges et ateliers de Saint-Denis, de
la Société de fabrication de gommes et vernis,
fut membre et président de classe dans plusieurs
Expositions, et acquit dans le monde des affaires
une importante situation. Conseiller municipal
de Meaux (1881), maire de Nangis, conseiller
général, il se présenta à la députation comme
candidat radical dans l'arrondissement de Provins, le 12 février 1882, en remplacement de
M. Sallard décédé, et échoua avec 5,573 voix
contre 7,046 à l'élu, M. Lenient, opportuniste.
Porté sur la liste radicale de Seine-et-Marne,
le 4 octobre 1885, il fut élu, le 1er sur 5, par
44,820 voix (73,711 votants, 99,824 inscrits). Il
prit place à la gauche radicale, fut rapporteur
du budget des travaux publics et des chemins
de fer, soutint la politique scolaire et coloniale
du gouvernement, et se prononça, dans la dernière session, *pour* le rétablissement du scrutin
d'arrondissement (11 février 1889), *contre* l'a-
journement indéfini de la revision de la Constitution, *pour* les poursuites contre trois députés membres de la Ligue des patriotes, *pour* le
projet de loi Lisbonne restrictif de la liberté
de la presse, *pour* les poursuites contre le général Boulanger. Officier de la Légion d'honneur à l'occasion de l'Exposition Universelle
de 1889.

PRÉVOST (HENRI-FRANÇOIS), député au
Conseil des Cinq-Cents, né à Clermont-Ferrand
(Puy-de-Dôme) le 17 août 1743, mort à Clermont-Ferrand le 30 janvier 1824, fut, pendant
la période révolutionnaire, président du tribu-

nal criminel du Puy-de-Dôme. Ce département
l'élut, le 26 germinal an VII, député au Conseil des Cinq-Cents. Prévost adhéra au coup
d'Etat de Bonaparte, fut nommé, le 28 floréal
an VIII, juge au tribunal d'appel de Riom, fut
fait membre de la Légion d'honneur le 25 prairial an XII, et reçut, le 17 avril 1811, le titre
de conseiller à la cour impériale de Riom, Il
conserva son siège à la cour royale sous la
Restauration.

PRÉVOST (ANTOINE-CONSTANTIN DE), sénateur du second Empire, né à Lieuvilliers (Oise)
le 17 juillet 1788, mort à Paris le 22 août 1857,
s'engagea à dix-huit ans dans les vélites de la
garde impériale, assista la même année à la
bataille d'Iéna, et devint sous-lieutenant de cavalerie en 1807. Attaché à l'état-major du général Mounier, il fit les campagnes de Portugal et d'Espagne, fut blessé à Alba-de-Tormes
en 1809 et à Olta en 1810. Il prit part à la campagne de Russie dans l'état-major de la cavalerie de réserve, fut décoré de la Légion d'honneur après Krasnoë, prit pour capitaine au
début de la campagne de Saxe. En 1814, il se
rallia aux Bourbons et, après les Cent-Jours,
fut incorporé dans la garde royale. Il fit la
guerre d'Espagne en 1823, devint lieutenant-
colonel à l'issue de cette expédition, mais fut
mis en disponibilité en 1830. Rappelé peu de
temps après à l'activité et nommé colonel du
7e chasseurs à cheval, il prit part à la campagne de Belgique où il gagna la croix d'officier
de la Légion d'honneur. Général de brigade en
1839, chargé de différentes missions à l'intérieur, puis inspecteur de cavalerie, il fut nommé
général de division par Cavaignac, le 7 décembre 1848. Admis dans la section de réserve la
même année et favorable à la politique du
prince Louis-Napoléon et à la restauration de
l'empire, il fut nommé sénateur le 19 juin
1854. Grand-officier de la Légion d'honneur
le 7 janvier 1852.

PRÉVOST DE LA CROIX (LOUIS-ANNE),
député au Conseil des Cinq-Cents, né à Louis-
Bourg, « en l'isle royale de Québec (Canada) »,
le 4 mai 1750, mort à Paris le 17 octobre 1797,
« fils de Jacques-Philippe Prévost de la Croix,
écuyer, conseiller d'Etat, ancien intendant de
la marine, chevalier de l'ordre royal et militaire
de Saint-Louis, et de dame Marguerite-Thérèse
Carrero », appartint aux armées du roi avant
la Révolution. Elu, le 23 germinal an V, député de la Gironde au Conseil des Cinq-Cents,
par 269 voix (304 votants), il mourut quelques
mois après.

PRÉVOST-LEYGONIE (FRANÇOIS), représentant à la Chambre des Cent-Jours, député de
1830 à 1837, né à Montagnac-la-Crempse (Dordogne) le 19 août 1780, mort à Montagnac-la-
Crempse le 10 mars 1852, étudia le droit et
se fit inscrire au barreau de Bergerac. Le
17 mai 1815, il fut élu par cet arrondissement
représentant à la Chambre des Cent-Jours,
avec 30 voix (41 votants, 240 inscrits). Il revint
ensuite au barreau, appartint au parti libéral
sous la Restauration, et se représenta à la députation le 23 juin 1819 ; le 3e arrondissement
de la Dordogne (Bergerac) l'envoya siéger à la
Chambre, par 162 voix (297 votants, 363 inscrits), contre 130 à M. de Coursson. M. Prévost-Leygonie soutint le gouvernement de
Louis-Philippe, fut réélu, le 5 juillet 1831, par
251 voix (261 votants, 413 inscrits) et, ayant été
nommé peu après conseiller à la cour de Bor-

deanx, obtint encore sa réélection, le 16 mai 1832, par 209 voix (277 votants, 469 inscrits), contre 60 au duc de Fitz-James, puis, le 21 juin 1834, par 166 voix (284 votants, 405 inscrits), contre 67 à M. de Gageac. Il siégea jusqu'en 1837 dans les rangs de la majorité conservatrice, et reprit ensuite son poste de magistrat.

PRÉVOT (MARC-FLORENT), député en 1789, et au Conseil des Cinq-Cents, né à Roye (Somme) le 26 novembre 1735, mort à Roye le 18 décembre 1813, était avocat lors de la Révolution. Élu, le 5 avril 1789, député du tiers aux États Généraux par le bailliage de Péronne et Roye, il fit partie de la majorité, fut membre du comité d'administration et d'aliénation des domaines nationaux, et parla sur le mode de répartition de remplacement de la gabelle ; il fit rendre aussi un décret pour le payement des sommes dues à la caisse d'escompte. Membre du conseil général de la Somme, il fut élu, le 26 germinal an VI, député de ce département au Conseil des Cinq-Cents. Il en sortit en l'an VIII, et rentra dans la vie privée.

PREYSSAC. — Voy. ESCLIGNAC (DUC D').

PREZ DE CRASSIER (JEAN-ÉTIENNE-PHILIBERT DE), député en 1789, né à Gex (Ain) le 18 janvier 1733, mort à Divonne (Ain) en 1803, servit dans les armées du roi. Il était lieutenant-colonel d'infanterie et grand bailli d'épée du Charolais, lorsqu'il fut élu, le 5 avril 1789, député de la noblesse aux États-Généraux par le bailliage de Gex. Il se réunit au tiers, suivit le parti de la Révolution à ses débuts, et demanda qu'on envoyât des troupes dans le pays de Gex, et des armes aux gardes nationales du Jura, du Doubs et de l'Ain. En 1792, il sollicita et obtint sa réintégration dans l'armée avec son grade; mais il fut destitué comme ex-noble en 1793, et émigra.

PRIESTLEY (JOSEPH), membre de la Convention, né à Fielheat (Angleterre) le 13 mars 1733, mort à Northumberland (États-Unis) le 6 février 1804, fils d'un apprêteur de drap, perdit sa mère à l'âge de six ans, et fut élevé par une sœur de son père. Doué d'une extrême facilité pour l'étude des langues, il se plut aussi de bonne heure aux controverses théologiques ; mais cette habitude ne fit qu'éveiller le doute dans son esprit ; on refusa de l'admettre au nombre des fidèles de la communion presbytérienne. Il suivit alors les cours d'un séminaire dissident, et y composa la première partie des *Institutes of natural and revealed religion* qui ne parurent qu'en 1792. Admis au ministère, il l'exerça d'abord dans le Suffolk (1755), puis à Nantwich (comté de Chester), mais sans succès, et réussit davantage dans les études scientifiques qu'il poursuivait avec ardeur. Appelé à donner à l'académie de Warrington des leçons de langues et de belles-lettres, il épousa la fille d'un maître de forges du pays de Galles, rédigea plusieurs ouvrages importants, résuma de ses cours ou fruit de ses méditations, entra en relations avec Franklin et Price, et leur communiqua son projet d'écrire une histoire des découvertes relatives à l'électricité. Cette *Histoire*, publiée à Londres en 1767, contient un exposé sommaire de l'origine et des progrès de cette branche importante de la science. Élu membre de la Société royale de Londres (1766), Priestley reçut peu après le diplôme honoraire de docteur en droit de l'Université d'Édimbourg. A la suite d'un désaccord survenu entre les administrateurs et les professeurs de Warring-

ton, il quitta cette Académie en 1767, et alla prendre à Leeds la direction d'une congrégation de dissidents. Il apporta pendant quelque temps un zèle tout particulier dans ses études théologiques ; mais il ne négligea pas pour cela la science, et cette période de la vie de Priestley (1772-1779) fut la plus féconde en travaux relatifs à la chimie ; c'est dans ses *Observations sur les différentes espèces d'air* qu'il a consigné ses principales découvertes, dont à vrai dire il ne sut pas tirer parti et qui sont devenues, la découverte de l'oxygène par exemple, les bases de la chimie moderne. En 1773, il dut à la recommandation de son ami Price la place de bibliothécaire du comte de Shelburne. L'année suivante, il suivit le comte dans un voyage en France, en Allemagne et dans les Pays-Bas. A Paris, ses travaux scientifiques lui donnèrent accès auprès des chimistes et des philosophes en renom. Dans le dessein de combattre l'athéisme, il écrivit les *Lettres à un philosophe incrédule* (1780) et, dans la suite, il approfondit le même sujet dans l'*Évidence de la religion révélée* (1787). Le motif qui l'éloigna alors de lord Shelburne n'a jamais été bien connu ; redevenu libre, Priestley alla s'établir à Birmingham où il dirigea la principale église dissidente et il reporta dès lors, avec plus d'ardeur que jamais, son attention sur les matières théologiques : il s'était formé, en religion comme en physique, des idées particulières, qu'il défendit avec une ténacité singulière. En politique, il s'était montré libéral : ses efforts constants en faveur du progrès et de la tolérance, et sa *Réponse* aux fameuses *Réflexions* de Burke sur les conséquences probables de la Révolution, lui valurent d'être élu (5 septembre 1792) membre de la Convention par deux départements : par l'Orne, le 4e sur 10, et par Rhône-et-Loire, le 6e sur 15, avec 472 voix (869 votants). Le 26 août précédent, il avait été proclamé citoyen français. Il adressa à l'assemblée l'expression de sa reconnaissance par deux lettres, dont l'une était adressée au ministre Roland :

« 20 septembre 1792,

« Je viens de recevoir de Français de Nantes la nouvelle que l'Assemblée nationale m'a conféré le titre de citoyen français, et que le département de l'Orne m'a élu à la Convention nationale. Je considère ces marques de confiance comme les deux plus grands honneurs que la France puisse accorder à un étranger. J'adopte avec reconnaissance celui de l'éligibilité ; j'en concilierai les devoirs avec ceux de citoyen d'Angleterre ; car j'espère que ces deux pays seront à jamais unis par les liens de la fraternité. Mais je dois refuser la place de député à votre Convention nationale, par la conviction de ma pleine incapacité ; j'y suis déterminé, parce que je n'ai qu'une connaissance imparfaite de votre langage, et par l'ignorance où je suis des circonstances locales de votre pays, et enfin par cette considération, qu'en acceptant cette place, j'en priverais un autre citoyen qui peut y être plus utile. Mais je demanderai la permission de vous faire part de mes vues sur les matières qui vous occuperont. Comme citoyen du monde, j'en ai le droit ; et comme citoyen français, j'en ai le devoir. Je ne puis désormais rester spectateur indifférent des efforts que vous ferez pour la liberté. Je considère votre dernière révolution comme l'ère la plus importante de l'histoire du genre humain ; son bonheur dépend de vous. Que les conspirateurs barbares, les brigands couronnés, ne vous effraient pas. La liberté est impérissable, tant que vous saurez réprimer des violences illégales qui la déshonoreraient, et toutes les dissensions intestines, etc. »

« PRIESTLEY. »

La lettre adressée à Roland, le 21 septembre, était des plus élogieuses et se terminait ainsi : « Continuez, cher monsieur, d'employer tous vos efforts à combattre vos dangereux ennemis qui sont dans l'intérieur de l'État, tandis que vos armées combattent ceux du dehors ; mais la tâche de votre ministère est à mon avis la plus difficile à remplir. »

« J. PRIESTLEY. »

Priestley fut remplacé dans l'Orne par Julien Dubois et dans Rhône-et-Loire par Fournier. Il passa trois années près de Londres dans le collège d'Hackney, où il enseigna la chimie, et où il succéda comme ministre à son ami Price, et, en butte aux persécutions ardentes des ministres anglicans et des ennemis de la France, ayant vu sa maison incendiée, ses livres et instruments pillés, il s'embarqua, le 7 avril 1794, pour l'Amérique, et fixa sa résidence à Northumberland, petite ville de la Pensylvanie. Les préventions de ses ennemis l'y poursuivirent, et on l'accusa d'être un agent secret aux gages de la République française. Il finit par terminer en paix sa longue carrière, sous la protection du président Jefferson, auquel il dédia sa *General history of the Christian Church*. Priestley a laissé de très nombreux ouvrages sur des matières de sciences, d'histoire, de philosophie et de religion. Il appartenait, depuis le 21 mai 1802, à l'Institut de France comme associé étranger.

PRIEUR (PIERRE-LOUIS), dit **PRIEUR DE LA MARNE**, député en 1789, membre de la Convention, né à Sommesous (Marne) le 1er août 1756, mort à Bruxelles (Belgique) le 31 mai 1827, étudia le droit et fut reçu avocat. Il exerçait cette profession à Châlons-sur-Marne, lorsqu'il fut élu, le 24 mars 1789, député du tiers aux États-Généraux du bailliage, avec 257 voix sur 328 votants. Il siégea parmi les réformateurs, et présenta de nombreuses motions empreintes de l'esprit le plus démocratique. Il demanda la prompte formation des assemblées provinciales et municipales, insista pour qu'aucune condition pécuniaire ne fût exigée pour l'éligibilité des représentants, combattit la motion d'indulgence en faveur du parlement de Rouen, défendit la cause des sociétés populaires, émit le vœu que les pauvres pussent ramasser le bois mort dans les forêts, et réclama un traitement plus élevé pour les religieux septuagénaires ou infirmes. Il fut secrétaire de l'Assemblée, prit une part active au débat sur l'organisation judiciaire, et proposa des mesures de rigueur contre les émigrés. Il réclama la destruction des monuments qui rappelaient l'ancien régime, et se montra très opposé à l'inviolabilité du roi, dans la discussion sur les mesures à prendre lors de la fuite de Varennes. Il fut un des commissaires envoyés alors aux frontières, et se rendit en Bretagne par ordre de l'Assemblée. A son retour, il fit discuter que si le roi, sorti du royaume, n'y rentrait pas dans un délai donné, après l'invitation des représentants de la nation, il serait considéré comme renonçant à la couronne. Lorsque se produisirent les protestations du côté droit contre l'œuvre constitutionnelle de l'Assemblée, Prieur soutint 'il fallait exclure de tout traitement ou pen-

sion sur le trésor public ceux des signataires qui étaient salariés par l'État. « C'était, dit de lui Thibaudeau, un avocat de belle prestance, chaud révolutionnaire ; il parlait souvent : c'était un de ces agitateurs par boutades et sorties. On l'appelait *Crieur de la Marne*. » Le 8 septembre 1791, Prieur fut élu administrateur de la Marne, et, le 11 novembre suivant, substitut du procureur près le tribunal de Paris. Le 3 septembre 1792, le département de la Marne l'envoya, le 1er sur dix, par 386 voix (442 votants), siéger à la Convention. Presque aussitôt l'assemblée lui confia une mission importante à l'armée de Dumouriez : il manda que la situation des ennemis donnait les plus grandes espérances, envoya des renseignements sur le bon esprit des troupes, puis sur la retraite des Prussiens, dénonça les mauvaises fournitures, et revint à la Convention pour prendre part au jugement de Louis XVI. Il se prononça *pour* la mort sans appel ni sursis, en disant : « Le peuple entier a accusé Louis de conspiration contre la liberté du peuple, la loi a fait le reste ; elle a prononcé la mort contre les conspirateurs. Je prononce cette peine à regret ; mais comme organe impassible de la loi, je prononce la mort. » Prieur de la Marne regretta les massacres de septembre ; mais il crut impolitique d'en rechercher les auteurs, et demanda, le 8 février 1793, « qu'un voile fût jeté sur des excès irréparables. » Il parla sur l'organisation du tribunal révolutionnaire, et défendit la disposition par laquelle les jurés étaient tenus de voter à haute voix. Membre du comité de défense générale et du comité de salut public, il partit peu après pour une nouvelle mission aux armées, et parcourut les départements du Nord, des Ardennes, de la Moselle et du Rhin ; il y réveilla l'enthousiasme patriotique des troupes, se rendit ensuite en Bretagne, et, fidèle aux principes révolutionnaires, mit la terreur à l'ordre du jour. A Vannes, il remplaça les juges du tribunal correctionnel par des juges révolutionnaires choisis par lui ; à Dinan, on fêta son arrivée, le 4 novembre 1793, en fusillant en sa présence neuf hommes, deux femmes et trois enfants. Le 16 janvier suivant, il écrivit au comité de salut public : « Nous faisons donner une chasse très active aux prêtres réfractaires. Déjà quelques-uns ont été pris ; nous espérons ne pas manquer ceux qui restent. » Il passa près d'une année hors de Paris, et fut absent à l'époque du 9 thermidor. Cette journée le fit sortir du comité de salut public ; mais il y rentra le 15 vendémiaire an III, et devint président de l'assemblée le 1er brumaire suivant. Prieur ne favorisa point la politique thermidorienne. Il encouragea, au contraire, les espérances des insurgés du 12 germinal et demanda la mise en liberté des patriotes arrêtés depuis le 9 thermidor. André Dumont saisit cette occasion pour proposer la mise en accusation de Prieur, qui se défendit avec succès. Mais dans la journée du 1er prairial, les sectionnaires du parti démocratique le portèrent à la commission extraordinaire du gouvernement : Prieur accepta et lutta énergiquement contre la force armée qui venait au secours de la majorité. Après avoir fait des efforts désespérés pour rallier le peuple que chargeaient les bataillons des sections antirévolutionnaires du Mont-Blanc et de la Butte-des-Moulins, il ne songât à se dérober aux poursuites, échappa au décret d'accusation qui le soir même fut lancé contre lui, resta caché jusqu'à l'amnistie du à brumaire, et s'établit ensuite jurisconsulte et avocat à Paris. Étranger à la politique sous le Directoire, le Consulat et l'Empire, il fut atteint par la loi du 12 janvier 1816, contre les régicides, et partit de Paris le 6 février 1816, pour Bruxelles, où il mourut dans la gêne, onze ans après. On a de lui : *Rapport sur l'établissement des sourds-muets* (1791).

PRIEUR-DUVERNOIS (CLAUDE-ANTOINE, COMTE), dit PRIEUR DE LA COTE-D'OR, député en 1791, membre de la Convention, né à Auxonne (Côte-d'Or) le 2 décembre 1763, mort à Dijon (Côte-d'Or) le 11 août 1832, fils d'un receveur des finances d'Auxonne, se prépara à la carrière militaire en passant par l'École de Mézières, d'où il sortit officier du génie. Élu, le 1er septembre 1791, député de la Côte-d'Or à l'Assemblée législative, le 2e sur 10, par 343 voix (406 votants), il vota avec la majorité réformatrice, fit l'éloge de la conduite des gardes nationales dans les troubles de Reims, proposa un mode de concours pour l'admission dans l'artillerie, et rédigea un rapport sur les aspirants au corps du génie. Après le 10 août 1792, il fut envoyé à l'armée du Rhin pour y annoncer la déchéance du roi. Élu membre de la Convention, le 5 septembre 1792, par le même département, le 3e sur 10, par 414 voix (507 votants), il répondit dans le procès du roi : « Je condamne Louis à la mort. » La même année (1793) il se rendit en mission à Caen, avec le représentant Romme, pour paralyser les efforts du parti girondin. Arrêtés et détenus comme otages, les deux représentants ne furent délivrés qu'au bout de cinquante et un jours, à la suite de la défaite des fédéralistes à Vernon. De retour à Paris, Prieur de la Côte-d'Or entra (août) au comité de salut public. Il prit une grande part à ses travaux et s'occupa activement, avec Carnot, des mesures tendant à l'organisation de la défense. Chargé de la fabrication des poudres, il fit appeler tous les citoyens à la récolte du salpêtre, fut élu président de la Convention le 2 prairial an II, et, après le 9 thermidor, se montra fidèle au système montagnard ; il fit décréter l'usage du système décimal, défendit les anciens comités, et se vit en butte, comme son homonyme Prieur de la Marne, aux dénonciations des thermidoriens ; mais la Convention passa à l'ordre du jour (9 prairial an III). Il fut l'un des fondateurs de l'École polytechnique et, dans le rapport qu'il présenta à ce sujet (18 juin 1795), il dit : « Trop longtemps l'ignorance a habité les campagnes et les ateliers ; trop longtemps le fanatisme et la tyrannie se sont emparés de concert des premières pensées des jeunes citoyens pour les asservir ou en arrêter les développements. Ce n'est pas à des esclaves ou des mercenaires à élever des hommes libres ; c'est la patrie elle-même qui vient aujourd'hui remplir cette fonction importante. La République était aux parents la direction de vos premières années ; mais aussitôt que votre intelligence se forme, elle fait hautement valoir les droits qu'elle a sur vous... C'est sous les ailes de la représentation nationale que vous serez instruits, et c'est au milieu de la cité du peuple français, de celle qui a été le siège de la révolution, et qui est le foyer du patriotisme et la patrie des arts, que vous viendrez recevoir une instruction nécessaire à tout républicain. » Réélu député de la Côte-d'Or au Conseil des Cinq-Cents, le 23 vendémiaire an IV, par 172 voix (335 votants), il obtenait également la majorité, dans la Loire-Inférieure et dans le Puy-de-Dôme. Il parla dans cette assemblée sur les poudres et salpêtres, sur la marque d'or et d'argent, présenta un projet sur l'impôt du tabac, et sortit du Conseil en l'an VI. Colonel du génie à l'époque du coup d'État du 18 brumaire, Prieur de la Côte-d'Or demanda sa retraite, et vécut désormais en dehors des fonctions publiques. Le 27 novembre 1808, il fut créé comte de l'Empire. Outre un grand nombre de mémoires, instructions et rapports insérés dans le *Journal de l'École polytechnique* et dans les *Annales de chimie*, on a de lui : *L'art du militaire, ou traité complet de l'exercice de l'infanterie, cavalerie, du canon, de la bombe et des piques* (1793) ; *Rapport sur le salpêtre* (1793) ; *Rapport sur les moyens d'introduire dans toute la République les nouveaux poids et mesures décrétés* (an III) ; *Mémoire sur l'École centrale des travaux publics* (an III), etc.

PRIMAT (CLAUDE-FRANÇOIS-MARIE, COMTE), membre du Sénat conservateur et pair des Cent-Jours, né à Lyon (Rhône) le 26 juillet 1717, mort à Villemur (Haute-Garonne) le 10 octobre 1816, entra dans la congrégation de l'Oratoire, et professa au collège de Marseille, puis à celui de Dijon, la rhétorique et la théologie. Ordonné prêtre en 1785, il fut nommé, l'année suivante, curé de Saint-Jacques à Douai. Rallié à la cause de la Révolution, il prêta le serment civique, fut élu (février 1791) évêque constitutionnel du Nord, exerça ces fonctions jusqu'au 13 novembre 1793, et remit alors à la Convention ses lettres de prêtrise. Il assista cependant au concile tenu à Paris en 1797, fut nommé évêque de Rhône-et-Loire en 1798, et fut promu par le gouvernement consulaire, après le Concordat, archevêque de Toulouse (9 avril 1802). Il assista au sacre de Napoléon, fut appelé à siéger au Sénat conservateur le 19 mai 1806, reçut le titre de comte le 27 novembre 1808, et figura encore (2 juin 1815) pendant les Cent-Jours, parmi les membres de la Chambre des pairs. Il mourut en 1816.

PRIMAUDIÈRE (RENÉ-FRANÇOIS DE LA), député en 1791, membre de la Convention, député au Conseil des Anciens, né en 1751, mort à Sablé (Sarthe) le 24 janvier 1816, « fils de M. Yves-François de la Primaudière et de Mme Anne Caillet », avoué à Sablé avant la Révolution, devint procureur-syndic du district. Élu, le 4 septembre 1791, député de la Sarthe à l'Assemblée législative, le 8e sur 10, par 297 voix (390 votants), il vota avec la majorité réformatrice. Le 4 septembre 1792, il fut réélu, le 2e sur 10, membre de la Convention pour le même département,« à la pluralité des voix ». La Primaudière vota « la mort » dans le procès du roi. Passé (22 vendémiaire an IV) au Conseil des Anciens, toujours comme député de la Sarthe, par 174 voix sur 303 votants, il se fit, comme orateur, aussi peu remarquer dans cette assemblée que dans les précédentes, et fut nommé, en l'an VI, contrôleur des dépenses de l'armée. Quelques jours avant sa mort, il remit à son confesseur, le 19 janvier 1816, un acte d'abjuration dans lequel il déclara « détester la félonie dont il eut le malheur de se rendre coupable à l'Assemblée de la Convention nationale, en votant la République ; détester le régicide affreux dont il eut le malheur de se rendre coupable le 6 janvier 93, en votant la mort de Louis XVI, et en demander pardon à Dieu, au roi, etc. » En février suivant, la *Gazette de France* ayant publié cet écrit, la fille de la Primaudière, qui habitait Sablé, s'en plaignit à l'autorité; on fit une enquête, et l'on punit l'ecclésiastique coupable d'indiscrétion.

PRINCETEAU (CHARLES-JOSEPH-JAMES), représentant en 1871, né à Libourne (Gironde) le 14 février 1804, mort à Bordeaux (Gironde) le 26 août 1875, « fils de Pierre Princeteau et de Joséphine Foulémoing », se fit inscrire au barreau de Bordeaux en 1828, fut bâtonnier de l'ordre en 1847, maire de Saint-Vincent-de-Paul (1846-1852), et conseiller général (1848-1852). Élu, le 8 février 1871, représentant de la Gironde à l'Assemblée nationale, le 7e sur 14, par 98,278 voix (132,349 votants, 207,101 inscrits), il siégea à la droite légitimiste, fut nommé questeur de l'Assemblée, fit partie (1871) de la commission du budget, seconda activement les tentatives de fusion monarchique, fit voter la loi qui interdit aux membres du parlement les fonctions salariées par l'État, défendit les intérêts agricoles, vota *pour* la paix, *pour* l'abrogation des lois d'exil, *contre* le service de trois ans, *pour* la démission de Thiers, *pour* le septennat, *contre* l'amendement Wallon, *contre* les lois constitutionnelles. Il mourut au cours de la législature. Grand propriétaire dans la Gironde, M. Princeteau avait propagé les méthodes protectrices de la culture de la vigne.

PRIVAT (CAPRAIS), député en 1789, né à Raponne (Haute-Loire) le 6 janvier 1730, mort à Craponne le 23 septembre 1798, était curé de Craponne, lorsqu'il fut élu, le 3 avril 1789, député du clergé aux États-Généraux par la sénéchaussée du Puy-en-Velay. Il siégea dans la majorité réformatrice, vota la vérification en commun des pouvoirs, fut adjoint au comité de rédaction, et ne joua dans l'Assemblée qu'un rôle effacé.

PROA (PAUL), député de 1842 à 1848, représentant en 1849, né à Châtellerault (Vienne) le 11 mars 1797, mort à Châtellerault le 10 septembre 1872, riche industriel dans sa ville natale, maire en 1836, fut élu député du 2e collège de la Vienne (Châtellerault), le 9 juillet 1842, par 204 voix (398 votants, 384 inscrits), contre 134 à M. Martinet, député sortant, et fut réélu, le 1er août 1846, par 272 voix (355 votants, 429 inscrits), contre 87 à M. Serpinière. Il prit place parmi les indépendants, et vota *contre* l'indemnité Pritchard et *contre* la proposition Rémusat. A l'élection partielle du 14 janvier 1849, il fut envoyé comme représentant de la Vienne à l'Assemblée constituante, en remplacement de M. Drault décédé, par 20,723 voix; il vota *pour* l'interdiction des clubs, *pour* l'expédition de Rome et *contre* la demande en accusation du président et des ministres. Réélu, le 13 mai 1849, représentant du même département à l'Assemblée législative, le 2e sur 6, par 36,225 voix (55,712 votants, 87,090 inscrits), il prit place dans la majorité monarchiste, se montra hostile à la politique du prince Louis-Napoléon, et protesta contre le coup d'État. Sous l'Empire, il posa, le 1er juin 1863, sa candidature d'opposition au Corps législatif dans la 4re circonscription de la Vienne; mais il échoua avec 5,793 voix contre 18,216 à l'élu, M. de Beauchamp, candidat officiel, et ne se représenta plus.

PROAL (JULES-HENRI-BALTHAZAR), député de 1885 à 1889, né à Riez (Basses-Alpes) le 24 avril 1851, étudia le droit et fut reçu avocat. Inscrit au barreau de Dijon et propriétaire dans son pays natal, il se présenta pour la première fois comme candidat républicain dans l'arrondissement de Digne, le 21 août 1881, et échoua avec 2,733 voix contre 7,501 à M. Soustre. Inscrit, le 4 octobre 1885, sur une liste républicaine radicale, à côté de M. Andrieux, il fut élu, au second tour, député des Basses-Alpes par 16,176 voix (26,700 votants, 39,720 inscrits). Il prit place à la gauche radicale, fit une opposition intermittente aux ministres opportunistes, appuya les tentatives de M. Andrieux (novembre 1887) pour empêcher M. J. Grévy de donner sa démission de président de la République lors de la crise provoquée par les affaires Wilson, fit supprimer (février 1888) les inspecteurs généraux de l'enseignement supérieur au budget de l'instruction publique, et fit refuser (3 décembre) le crédit de 48,000 francs affecté aux inspecteurs généraux de l'instruction primaire. Dans la dernière session, M. Proal s'est abstenu sur le rétablissement du scrutin d'arrondissement (11 février 1889), sur l'ajournement indéfini de la révision de la Constitution, a voté *contre* les poursuites contre trois députés membres de la Ligue des patriotes, *contre* le projet de loi Lisbonne restrictif de la liberté de la presse, *contre* les poursuites contre le général Boulanger.

PROJEAN (JOSEPH-ÉTIENNE), député en 1791 et membre de la Convention, né à Carbonne (Haute-Garonne) en 1757, mort au Mas-Grenier (Tarn-et-Garonne) le 21 août 1818, était homme de loi, et commandait la garde nationale de Carbonne au début de la Révolution. Élu, le 5 septembre 1791, député de la Haute-Garonne à l'Assemblée législative, le 7e sur 12, par 343 voix (461 votants), il siégea dans la majorité réformatrice, et fut réélu député du même département à la Convention, le 3e sur 12, par 613 voix (673 votants). Il vota la mort dans le procès du roi, remplit une mission à l'armée des Pyrénées-Orientales, se rallia, après thermidor, à la contre-révolution, et fut nommé, en l'an IV, messager d'État au Conseil des Cinq-Cents, fonctions qu'il conserva au Corps législatif de l'Empire jusqu'en 1808. A cette date, il se retira au Mas-Grenier et ne s'occupa plus que d'agriculture. Nommé, aux Cent-Jours, conseiller municipal de Carbonne, il prêta serment de fidélité à l'empereur le 30 avril 1815, et, à la seconde Restauration, bien qu'autorisé à porter la décoration du lys (24 août 1815), il tomba sous le coup de la loi de 1816 contre les régicides; mais atteint de douloureuses attaques de goutte, il obtint un sursis indéfini et ne fut pas obligé de quitter la France.

PRONY (GASPARD-FRANÇOIS-CLAIR-MARIE-RICHE, BARON DE), pair de France, né à Chamelet (Rhône) le 22 juillet 1755, mort à Paris le 29 juillet 1839, « fils de Monsieur Gaspard-Marie Riche de Prony, substitut du procureur général à l'ancien parlement des Dombes, et de madame Claudine Jacques, son épouse », fit ses études au collège de Toussey, entra, en 1776, à l'École des ponts et chaussées, et fut chargé par Perronet de la direction des travaux du pont Louis XVI (pont de la Concorde). Ingénieur en chef en 1791 et directeur du cadastre, il composa de nouvelles tables de logarithmes adaptées à la division décimale du cercle. Ses collaborateurs dans la confection des 17 volumes des tables furent presque tous des coiffeurs que l'abandon de la poudre pour la chevelure et le visage avait plongés dans la misère. Directeur de l'École des ponts et chaussées en 1798, professeur de mécanique à l'École polytechnique, membre de l'Académie des sciences et du Bureau des longitudes, Prony refusa d'accompagner Bonaparte en Égypte, devint commandeur de la Légion d'honneur le 26 frimaire an XII, et fut chargé, en 1810, du dessèchement des Marais Pontins. Fidèle à Napoléon pendant les Cent-Jours, il faillit être destitué de ses fonctions officielles à la seconde Restauration. En 1813, il alla en Italie étudier la régularisation du Pô et l'amélioration des ports de Gênes et d'Ancône, s'occupa, en 1827, de la construction des digues du Rhône, fut nommé baron l'année suivante, et pair de France le 11 septembre 1835. Ses travaux scientifiques l'empêchèrent d'être assidu à la Chambre haute où il siégea dans la majorité conservatrice. M. de Prony est l'inventeur de l'appareil dynamométrique ou *frein* qui porte son nom. On a de lui : *Architecture hydraulique* (1790-1796, 2 volumes) ; *Mécanique philosophique* (1800) ; *Recherches sur la poussée des terres* (1802) ; *Recherches physico-mécaniques sur la théorie des eaux courantes* (1804) ; *Leçons de mécanique analytique* (1810, 2 volumes) ; *Cours de mécanique concernant les corps solides* (1815, 2 volumes) ; *Nouvelle méthode de nivellement trigonométrique* (1822) ; *Mémoire sur un moyen de convertir les mouvements circulaires continus en mouvements rectilignes dont les allées et venues soient d'une grandeur arbitraire* (1830, 3e édition). Il a aussi collaboré au *Journal de l'École polytechnique* et aux *Annales des Mines*.

PROST (CLAUDE-CHARLES), membre de la Convention, député au Conseil des Cinq-Cents, né à Dôle (Jura) le 10 octobre 1742, mort à Dôle le 10 décembre 1804, étudia le droit et se fit recevoir, le 8 janvier 1768, avocat au parlement de Besançon. Il adopta les principes de la Révolution, devint juge de paix de Dôle, et fut élu, le 25 septembre 1792, député du Jura à la Convention, le 4e sur 7, « à la pluralité des voix » sur 449 votants. Il prit place à la Montagne et, dans le procès du roi, s'exprima en ces termes : « N'ayant jamais appris à transiger avec les rois, je vote pour la mort. » Il remplit, en mai 1794, une mission dans son pays natal avec Lejeune (*Voy. ce nom*) qu'il dénonça après thermidor, mais qui le fit rappeler, et, à son retour, le fit dénoncer aux Jacobins, dont il faisait partie, « comme ayant favorisé à Dôle une société d'aristocrates et de muscadins. » Robespierre prit sa défense au club, dans la séance du 1er thermidor an II, et déclara que le citoyen Prost ne « portait pas le caractère d'un conspirateur et d'un chef de parti. » Le 23 vendémiaire an IV, Prost fut élu député au Conseil des Cinq-Cents par le département des Alpes-Maritimes, avec 76 voix sur 79 votants. Après la session, il remplit les fonctions de juge des eaux et forêts, puis fut nommé président du tribunal de première instance de Dôle, fonctions qu'il remplit jusqu'à sa mort.

PROST (LOUIS-BALTHAZAR-FRÉDÉRIC), représentant à la Chambre des Cent-Jours, né à Nantua (Ain) le 7 mars 1760, mort à une date inconnue, « fils de maître Pierre-Antoine Prost, maire de Nantua, et de demoiselle Henriette Fauvin, mariés », exerçait la profession de banquier. Le 13 mai 1815, le grand collège du département du Bas-Rhin l'envoya siéger à la Chambre des Cent-Jours, comme représentant du commerce et de l'industrie, avec 29 voix (42 votants). Son rôle parlementaire prit fin avec la législature.

PROUDHON (PIERRE-JOSEPH), représentant en 1848, né à Besançon (Doubs) le 15 janvier 1809, mort à Passy-Paris le 19 janvier 1865, fut l'aîné des cinq enfants de Claude-François Proudhon, garçon brasseur qui s'établit ensuite tonnelier et de Catherine Simonin, servante d'auberge, et neveu du célèbre professeur et jurisconsulte Jean-Baptiste-Victor Proudhon (1758-1838). Bouvier à cinq ans, puis, à douze ans, garçon de cave, il entra au collège, en sixième, comme externe ; mais sa famille était si pauvre qu'elle ne pouvait lui acheter des livres ; il empruntait ceux de ses camarades et fréquentait assidûment la bibliothèque de la ville. Obligé de gagner sa vie à dix-neuf ans, il passa des bancs du collège à l'atelier, et entra dans la maison Gauthier et Cie, qui exploitait à Besançon une importante imprimerie. Comme ouvrier typographe, il fit en cette qualité son tour de France, et devint prote. Comme il surveillait l'impression d'une Bible, il apprit l'hébreu sans maître, et fut amené de la sorte à des études de théologie et de linguistique comparées. Son premier écrit fut un *Essai de grammaire générale* qu'il ajouta, sans se nommer, en 1837, aux *Éléments primitifs des langues* de l'abbé Bergier. Ce travail fut remarqué par l'Académie de Besançon qui en reconnut le mérite, et accorda à l'auteur la pension triennale de 1,500 francs fondée par Mme Suard (1838). Vers la même époque, Proudhon devint l'associé de MM. Lambert et Maurice, de Besançon, pour l'exploitation d'un nouveau procédé typographique. Profitant aussitôt de ses ressources, Proudhon, qui s'était fait recevoir bachelier, continua ses travaux par un mémoire qu'il présenta à l'Institut pour le prix Volney (février 1839), et par un discours de l'*Utilité de la célébration du dimanche*. Il fournit quelques articles à l'*Encyclopédie catholique* de Parent-Desbarres, et adressa encore à l'Académie de Besançon son célèbre mémoire intitulé : *Qu'est-ce que la propriété ?* (Paris, 1840). De tous ses écrits, c'est celui qui a soulevé le plus de critiques, graves ou railleuses ; il y développe cette sorte d'axiome : « La propriété, c'est le vol, » et y expose son système sur l'organisation sociale. L'auteur n'employait pas le mot *propriété* dans un sens générique ; la propriété qu'il repoussait en l'appelant audacieusement *le vol* n'était que la propriété immobilière, la propriété de l'instrument primitif de travail, qui, selon lui, devait être accessible à tous, et par suite, ne pouvait comporter qu'un droit de possession. Le mémoire fit scandale, et l'Académie de Besançon à laquelle il était dédié, réprimanda Proudhon et lui supprima sa pension ; on parla aussi de poursuites judiciaires ; mais l'économiste Blanqui, chargé d'examiner l'ouvrage, déclara qu'il ne renfermait rien de condamnable. Au fond, Proudhon, individualiste déterminé, très éloigné des doctrines communistes, était à peine un adversaire pour les partisans de l'ancienne économie politique. L'opinion de M. Ad. Blanqui l'encouragea à publier bientôt un second mémoire sur la propriété (1841), puis un troisième mémoire (janvier 1842), qui le fit traduire devant la cour d'assises de Besançon. Il était intitulé : *Avertissement aux propriétaires*. Proudhon fut acquitté par le jury. Appelé (1843-1847) à la direction d'une entreprise de transports sur la Saône et le Rhône, il poursuivit en même temps ses travaux économiques et publia deux nouveaux écrits : *De la création de l'ordre dans l'humanité* (1843), exposé d'une théorie d'organisation politique, et *Système des contradictions économiques* (1846). Dans ce dernier ouvrage, il se montre ou plutôt croit se montrer le disciple d'Hegel ; il parle le langage du philosophe allemand, et prétend appliquer la dialectique et la méthode hégéliennes à l'économie sociale. L'idée qui règne dans les *Contradictions économiques* et qui a longtemps dominé sinon le fond, du moins la forme de la pensée de Proudhon, c'est celle du caractère antinomique des catégories et principes fondamentaux de l'économie politique. L'auteur en profitait pour battre en brèche, en les opposant les uns aux autres, les réformateurs socialistes et les économistes malthusiens. Il travaillait à un important ouvrage sur la *Solution du problème social*, dans lequel il espérait trouver, par l'organisation du crédit et de la circulation monétaire, la synthèse des antinomies qu'il avait exposées, lorsque la révolution de février l'appela à d'autres luttes. Sa conception de l'organisation politique était plus négative que positive, plus individualiste que socialiste, foncièrement anti-gouvernementale, et, comme il le disait, *anarchique*. Assez indécis d'abord, il commença par se tenir à l'écart du mouvement, et critiqua tout haut les premiers actes du gouvernement provisoire. Le 1er avril 1848, il lança le *Représentant du peuple*, journal quotidien qui fut suspendu au mois d'août suivant, et dans lequel de violents articles le mirent en vue. A peu près inconnu des électeurs, rayé de la liste des candidats à l'Assemblée constituante par les délégués ouvriers qui siégeaient au Luxembourg, Proudhon n'eut qu'un très petit nombre de voix aux élections générales. Mais ses talents de journaliste et de pamphlétaire accrurent vite sa notoriété. Aux élections complémentaires qui eurent lieu le 4 juin à Paris, pour remplacer 11 représentants démissionnaires ou optants, il se représenta avec plus de succès. Sa profession de foi, très développée, traitait surtout de son plan de banque d'échange, et des merveilleux résultats qu'il en espérait. Il se prononçait contre le divorce et l'abolition de la peine de mort, pour le maintien du budget des cultes, pour le service militaire obligatoire, etc. Élu représentant de la Seine à l'Assemblée constituante, le 11e et dernier, par 77,094 voix (243,392 votants, 414,317 inscrits), il évita, trois semaines après, les poursuites auxquelles l'exposait sa présence dans le faubourg Saint-Antoine pendant l'insurrection de juin, en déclarant : « qu'il y allait admirer la sublime horreur de la canonnade. » A l'Assemblée, dédaigneux des questions de formes politiques, il déposa hardiment, au comité des finances, un projet de « liquidation de la vieille société ». Un article du *Représentant du peuple* sur le terme avait fait suspendre une première fois ce journal. C'est alors que Proudhon présenta sa proposition qui, renvoyée au comité des finances, donna lieu d'abord à un rapport de Thiers, ensuite au fameux discours que Proudhon prononça, le 31 juillet, en réponse à ce rapport. La proposition était relative à l'impôt sur le

revenu ; il s'agissait d'établir un impôt du tiers sur tous revenus de biens meubles et immeubles, dont la perception serait confiée à la diligence des fermiers, locataires, débiteurs hypothécaires et chirographaires, aux conditions suivantes : à dater du 15 juillet 1848, il serait fait remise par tous propriétaires de maisons, propriétaires de fonds, créanciers hypothécaires et chirographaires, du tiers des loyers, fermages et intérêts échus, savoir : un sixième pour les locataires, fermiers et débiteurs, et un sixième pour l'État. Le rapporteur combattit très vivement le projet de loi et s'attacha à démontrer qu'il était de tout point contraire aux lois qui régissent la propriété et les contrats. Proudhon répondit que ces lois étaient illégitimes, et que les contrats n'avaient plus désormais d'autre principe que le principe de la révolution elle-même, c'est-à-dire de la mutualité des services et de la gratuité du crédit. L'Assemblée, en entendant l'exposé de ces théories, perdit tout sang-froid. Des rumeurs, des rires, des exclamations ironiques s'élevèrent : « *Au Moniteur* le discours ! cria un représentant. Son auteur à Charenton ! » Quand Proudhon eut fini, l'Assemblée à l'unanimité moins deux voix — celle de Proudhon lui-même et celle de son collègue et voisin de banc, Greppo, — adopta l'ordre du jour motivé suivant : « L'Assemblée nationale, considérant que la proposition du citoyen Proudhon est une atteinte odieuse aux principes de la morale publique ; qu'elle viole la propriété ; qu'elle encourage la délation ; qu'elle fait appel aux plus mauvaises passions ; considérant, en outre, que l'orateur a calomnié la révolution de février 1848, en prétendant la rendre complice des théories qu'il a développées, passe à l'ordre du jour. » Quelques jours après cette séance, Proudhon écrivit, à propos de la loi qui rétablissait le cautionnement des journaux, son article sur les *Malthusiens* (10 août 1848). Bientôt le *Représentant du peuple*, de nouveau suspendu, cessa définitivement de paraître ; il fut remplacé, en septembre, par le *Peuple*, d'abord hebdomadaire, puis quotidien. A l'Assemblée, Proudhon vota : *contre* le rétablissement du cautionnement et de la contrainte par corps, *contre* les poursuites contre Louis Blanc et Caussidière, *contre* l'abolition de la peine de mort, *pour* l'amendement Grévy, *contre* l'ordre du jour en l'honneur de Cavaignac, *pour* l'amnistie, *contre* l'interdiction des clubs. Il est porté *en congé* pendant le mois d'avril 1849. Il *s'abstint*, le 2 novembre 1848, sur la question du droit au travail (amendement Félix Pyat à la Constitution), et en donna, dans une lettre au *Moniteur*, les motifs suivants : « Je n'ai point pris part, disait-il, au scrutin de division sur l'amendement de M. Félix Pyat relatif au droit au travail ; non que je repousse ce droit (Dieu merci, mes preuves sont faites), mais parce que je ne pouvais applaudir à ma propre condamnation, parce que, dans aucun cas, je n'appuierai une théorie dans laquelle les conséquences détruisent les prémisses, et où les moyens sont en contradiction avec la fin ; parce qu'enfin, dans mon opinion, le discours de M. Félix Pyat n'avait d'autre but que de faire une manifestation plus ou moins socialiste, et que mes votes ne sont point au service des combinaisons d'un homme ni d'un parti. » Il se prononça aussi, le 4 novembre, *contre* l'ensemble de la Constitution. Le *Peuple*, accablé de condamnations, fit place à la *Voix du peuple* (1er octobre 1849-16 mai 1850). Ce fut dans ces feuilles qu'il taqua vivement, en les accusant d'impuissance, Ledru-Rollin, Lamartine, Pierre Leroux, Louis Blanc, Cabet, etc. Vers la fin de la session de la Constituante, il eut avec la Montagne, qu'il aurait voulu convertir à ses idées personnelles, des démêlés retentissants dont le principal épisode fut un duel avec Félix Pyat. Ses discours, ses brochures soulevaient les plus ardentes polémiques, et se vendaient à grand nombre, tels que le *Droit au travail* (1849), la *Démonstration du socialisme* (1849), les *Idées révolutionnaires* (1849). Pour expliquer ses théories, il fonda, le 31 janvier 1849, sous le titre de « Banque du peuple », une Société au capital de cinq millions de francs, destinée à favoriser l'abolition de l'intérêt, et la circulation gratuite des valeurs. Ses partisans avaient souscrit à l'entreprise, lorsque Proudhon dut prendre la fuite (28 mars) sous le coup d'une condamnation à trois années d'emprisonnement pour délit de presse. L'autorité fit fermer les bureaux de la Banque du peuple, et Proudhon, réfugié d'abord à Genève, vint se constituer prisonnier (4 juin). Enfermé à Sainte-Pélagie, il y épousa une jeune ouvrière, Mlle Euphrasie Piégeard, dont il eut trois filles, et qui était elle-même la fille d'un négociant légitimiste, compromis en 1832 dans le complot de la rue des Prouvaires. C'est également en prison qu'il écrivit les ouvrages suivants : *Confession d'un révolutionnaire* (1849) ; *Actes de la Révolution* (1849) ; *Gratuité du crédit* (1850), et enfin la *Révolution sociale démontrée par le coup d'Etat* (1852), livre qui fut édité avec l'autorisation expresse du gouvernement de L.-N. Bonaparte ; le coup d'Etat y était expliqué et presque justifié. Mis en liberté le 4 juin 1852, Proudhon rentra dans la vie privée, et consacra le reste de son existence à publier de nouveaux écrits de philosophie sociale : le *Manuel des opérations de la Bourse* (1856), vive satire de la spéculation et des spéculateurs ; de la *Justice dans la Révolution et dans l'Eglise* (1858), volumineux ouvrage, ironiquement dédié à l'archevêque de Besançon, le cardinal Mathieu, et qui, saisi chez les libraires, déféré aux tribunaux, valut à l'auteur une condamnation, d'ailleurs inexécutée, à trois ans de prison et 4,000 fr. d'amende. Après un court séjour en Belgique, Proudhon eut la permission de rentrer en France (1860). Il revint se fixer à Passy, et publia encore, à la suite de la guerre d'Italie : *La guerre et la paix, recherches sur le principe et la constitution du droit des gens* (1867) ; *Théorie de l'impôt* (1861) ; la *Fédération et l'unité en Italie* (1862) ; les *Démocrates assermentés et les infractaires* (1863) ; les *Majorats littéraires du principe fédératif* (1863), etc. — On a de lui quelques ouvrages posthumes : les *Evangiles annotés* (1865) ; *France et Rhin* (1867). « Raconter ma vie, a-t-il dit lui-même, ce serait écrire l'histoire d'un penseur entraîné vers le somnambulisme de sa nation. » Sainte-Beuve a dit d'autre part : « Philosophe sans cesse interrompu par les bruits du dedans et du dehors, penseur et surtout logicien rigoureux et intraitable, s'armant et s'emportant en toute rencontre de passion et de colère, avec de fortes parties de sciences, mais de fréquents sursauts d'indignation, il ne fut à sa manière qu'un grand tribun, un grand révolutionnaire comme il s'appelait. »

PROUST (THÉODORE-BARA), député de 1831 à 1831, né à Niort (Deux-Sèvres) le 7 octobre 1794, mort à Pise (Italie) le 15 mars 1845, fils d'un receveur général de Niort, entra à l'Ecole polytechnique en 1813, se battit contre les alliés en avant de Paris en mars 1814, fut fait prisonnier, et remis en liberté deux jours après. De retour à Niort l'année suivante, il n'occupa aucune fonction publique, fit de la propagande libérale contre la Restauration, collabora, en 1829-1830, à la *Sentinelle des Deux-Sèvres*, fut nommé, en 1830, par le gouvernement de juillet, conseiller général des Deux-Sèvres et capitaine d'artillerie de la garde nationale de Niort, et se présenta à la députation, à l'élection partielle du 28 octobre 1830, motivée par la nomination de M. de Sainte-Hermine aux fonctions de préfet. Il échoua, au grand-collège des Deux-Sèvres, avec 13 voix contre 497 à l'élu, M. de Sainte-Hermine, et 81 à M. Thibaudeau. Les élections générales du 5 juillet 1831 lui furent plus favorables ; il fut élu député du 3e collège des Deux-Sèvres (Parthenay) par 95 voix sur 181 votants et 234 inscrits, contre 15 à M. Agier et 22 au général Demarçay. Il siégea dans l'opposition constitutionnelle et ne se représenta pas au renouvellement de 1834. Elu conseiller général du canton de Moncoutant en 1841, il fut obligé, par suite d'une maladie de poitrine, de se rendre en Italie, où il mourut.

PROUST (ANTONIN), député depuis 1876, né à Niort (Deux-Sèvres) le 15 mars 1832, un des quatre fils du précédent, fit, après ses études terminées, un voyage en Grèce, dont il publia la relation, illustrée de sa main, dans le *Tour du Monde*. Il collabora, sous l'Empire, au *Courrier du Dimanche*, au *Mémorial des Deux-Sèvres*, fonda la *Semaine universelle* (1864), les *Archives de l'Ouest* (1860-1867), mena une vive campagne contre le ministère Ollivier et contre le plébiscite, et fut condamné pour un article de journal à 1,000 francs d'amende. Candidat de l'opposition au Corps législatif dans la 1re circonscription des Deux-Sèvres, le 24 mai 1869, il échoua avec 8,256 voix contre 21,678 au candidat officiel, député sortant réélu, M. F. David. Au début de la guerre de 1870, il suivit les opérations comme correspondant du *Temps*, devint secrétaire de Gambetta au 4 septembre 1870, resta à Paris comme délégué du ministre de l'Intérieur, chargé de l'administration des populations réfugiées dans la capitale, donna sa démission fin janvier 1871, et se présenta quelques jours après, le 8 février, comme candidat à l'Assemblée nationale, dans le département des Deux-Sèvres, où il n'obtint que 16,001 voix sur 56,073 votants. Il donna à la *République française* des articles sur la politique étrangère, propagea dans son département la Ligue de l'enseignement qu'il y avait créée sous l'Empire, devint conseiller municipal de Niort, maire, conseiller général du 1er canton de cette ville, et, candidat républicain dans la 1re circonscription de Niort aux élections générales du 20 février 1876, fut élu député par 7,529 voix sur 14,672 votants et 17,871 inscrits, contre 5,631 à M. Mosnier d'Availles et 1,389 à M. d'Assailly. Il se fit inscrire à la gauche et à l'Union républicaine, parla sur les questions de politique étrangère et des beaux-arts, et fut des 363. Réélu, le 14 octobre 1877, par 8,971 voix sur 15,953 votants et 16,303 inscrits contre 6,896 à M. Louis Germain, il reprit sa place à gauche, fit partie de la commission du budget, fut rapporteur du budget des affaires étrangères, et du budget des beaux-arts, et fut un des promoteurs les plus actifs de la création du musée des Arts décoratifs. En janvier

1881, il interpella le ministre des Affaires étrangères sur les affaires de Grèce, et, tout en préconisant une politique de paix, blâma les tergiversations du gouvernement. Ses électeurs lui renouvelèrent son mandat législatif, le 21 août 1881, par 10,740 voix sur 13,049 votants et 18,403 inscrits, sans concurrent. Lorsque Gambetta composa «le grand ministère», il lui confia le ministère des Beaux-Arts, créé à son intention, et dont le titulaire tomba avec le cabinet tout entier, trois mois plus tard (janvier 1882). Cette même année, le comité républicain des Deux-Sèvres n'accepta pas M. Proust comme candidat au Sénat, et, toujours député, ce dernier parla (janvier 1883) en faveur du projet facultatif sur l'expulsion des princes, défendit (décembre) le cabinet Ferry menacé à l'occasion d'une demande de crédits pour le Tonkin, interpella le gouvernement (janvier 1884) sur la conservation du Mont-Saint-Michel, et vota *pour* la réforme de la magistrature, *pour* l'amnistie plénière, *pour* la politique scolaire et coloniale du gouvernement. Porté, le 4 octobre 1885, sur la liste républicaine des Deux-Sèvres, il fut réélu, le 2e sur 5, par 42,443 voix sur 85,385 votants et 104,546 inscrits. Il reprit sa place à l'Union des gauches, donna son opinion sur toutes les questions relatives aux beaux-arts et sur les budgets qui s'y rattachent, se prononça *pour* le rétablissement du divorce, *pour* l'expulsion des princes, et, dans la dernière session, s'abstint sur le rétablissement du scrutin d'arrondissement (11 février 1885), et sur l'ajournement indéfini de la révision de la Constitution, et vota *pour* les poursuites contre trois députés membres de la Ligue des patriotes, *pour* le projet de loi Lisbonne restrictif de la liberté de la presse, *pour* les poursuites contre le général Boulanger. On a encore de lui : *Un philosophe en voyage* (1864); *La justice révolutionnaire à Niort* (1867); *La division de l'impôt* (1869); *La démocratie en Allemagne* (1872); *Le prince de Bismarck, sa correspondance de 1833 à 1876* (1876), etc.

PROUVEUR DE PONT (AUGUSTE-ANTOINE-JOSEPH, BARON LE GROUARD, CHEVALIER), député en 1791, né à Valenciennes (Nord) le 11 décembre 1759, mort à Douai (Nord) le 2 mars 1843, «fils de M. Auguste-Florent-Bertrand Prouveur, trésorier principal des ponts-et-chaussées de la province de Hainault, et de dame Marie-Thérèse Duwez», fut conseiller-pensionnaire de la ville de Valenciennes et membre des Etats du Hainaut. Le 30 août 1791, le département du Nord l'envoya siéger à l'Assemblée législative, le 5e sur 12, par 497 voix (914 votants). Il appartint à la majorité, parla sur l'organisation des gardes nationales volontaires, fit rendre un décret contre la fabrication de faux assignats, donna son opinion sur la poursuite du crime d'embauchage, sur la suppression des droits casuels, etc. Après la session, il devint procureur de la commune de Valenciennes, juge au tribunal du district, adhéra au coup d'Etat de Bonaparte, et fut nommé, le 18 floréal an VIII, sous-préfet de Cambrai. Prouveur fut décoré de la Légion d'honneur le 25 prairial an XII, nommé préfet de l'Indre la même année, et de la Vienne (6 avril 1815); il quitta la vie publique à la seconde Restauration. Chevalier de l'Empire du 2 août 1808, baron de Grouard du 5 août 1809.

PROVANÇAL. — *Voy.* FONTCHATEAU (MARQUIS DE).

PROVENÇAL-LOMPRÉ (JOSEPH), représentant à la Chambre des Cent-Jours, né à Ancelle (Hautes-Alpes) le 24 octobre 1760, mort à une date inconnue, «fils à sieur Jean-Etienne Provençal, bourgeois d'Ancelle, et à demoiselle Rose Blanc, mariés», appartenait à la magistrature comme procureur impérial, lorsqu'il fut élu (16 mai 1815) par le grand collège des Hautes-Alpes, avec 52 voix (59 votants), représentant à la Chambre des Cent-Jours. Sa carrière parlementaire prit fin avec la législature. Membre de la Légion d'honneur du 25 prairial an XII.

PROVOST DU BOURION (OLLIVIER), député au Conseil des Cinq-Cents et au Corps législatif de l'an VIII à 1804, date de naissance inconnue, mort à Laval (Mayenne) le 11 octobre 1804, était homme de loi à Laval au début de la Révolution. Propriétaire à Dormans (Mayenne), il fut élu, le 24 germinal an VI, député de la Mayenne au Conseil des Cinq-Cents, adhéra au coup d'Etat de Bonaparte, et fut appelé, le 4 nivôse an VIII, par le Sénat conservateur, à siéger dans le Corps législatif. Il appartint à cette assemblée jusqu'en 1804.

PRUCHE (JEAN), député en 1789, né à Cumières (Marne) le 8 juin 1733, mort à une date inconnue, était maire du Mans. Elu, le 20 mars 1789, député du tiers aux Etats-Généraux par le bailliage de Sézanne, il siégea obscurément dans la majorité de l'Assemblée constituante, et rentra dans la vie privée après la session.

PRUDHOMME (FRANÇOIS LOUIS-JÉRÔME), député en 1791, né à Rozoy-sur-Serre (Aisne) en 1757, mort à Rozoy-sur-Serre en 1826, était juge de paix dans cette localité. Elu, le 9 septembre 1791, député de l'Aisne à l'Assemblée législative, le 13e sur 11, par 466 voix (550 votants), il opina avec la majorité, et disparut de la scène politique après la session.

PRUDHOMME (JEAN-LOUIS), député au Conseil des Anciens, né le 14 mars 1745, mort à Paris le 22 mars 1832, frère de l'imprimeur journaliste Louis Prudhomme, exerça la profession de libraire. Elu, le 22 germinal an V, député des Côtes-du-Nord au Conseil des Anciens, par 296 voix (325 votants), il siégea dans cette assemblée jusqu'en l'an VIII et quitta la vie politique. Il demeurait à Paris, rue d'Anjou-Honoré, n° 1363.

PRUDHOMME (GERMAIN-AUGUSTIN-JEAN-BAPTISTE), représentant en 1848 et en 1849, né à Horbourg (Haut-Rhin) le 20 avril 1802, mort à Colmar (Haut-Rhin) le 15 octobre 1865, fut notaire dans son pays natal. Riche propriétaire à Horbourg et conseiller général du Haut-Rhin, il se présenta à la députation dans le 4e collège du Haut-Rhin (Altkirch), le 9 juillet 1842, et échoua avec 108 voix contre 144 à M. Pflieger, député sortant, réélu. Il échoua encore, le 1er août 1846, avec 112 voix contre 238 à l'élu, M. Kœchlin. Mais, après la révolution de février, il fut élu (23 avril 1848) représentant du Haut-Rhin à l'Assemblée constituante, le 8e sur 12, par 39,925 voix (94,408 votants). M. Prudhomme fit partie du comité de l'agriculture et vota le plus souvent avec la droite : *pour* le rétablissement du cautionnement, *contre* l'abolition de la peine de mort, *contre* l'amendement Grévy, *pour* la proposition Rateau, *pour* l'interdiction des clubs; il est porté ensuite *absent par congé*. Réélu, le 13 mai 1849, représentant du même département à l'Assemblée législative, le 5e sur 10, par 34,841 voix (118,835 inscrits), il appartint à la majorité conservatrice, appuya l'expédition de Rome la loi Falloux-Parieu sur l'enseignement, la loi restrictive du suffrage universel, et rentra dans la vie privée au coup d'État de 1851.

PRUDHOMME DE KERAUGON (François-Auguste), député en 1789, né à Saint-Pol-de-Léon (Finistère) le 3 septembre 1718, mort à Morlaix (Finistère) le 5 novembre 1827, fils de Joseph Prudhomme et d'Angélique-Pélagie Faisant, se fit recevoir avocat au parlement, et fut nommé lieutenant des canonniers gardes-côtes à Saint-Pol-de-Léon et commissaire des États de Bretagne. Le 4 avril 1789, le tiers-état de la sénéchaussée de Lesneven l'élut député aux États-Généraux par 93 voix; il prêta le serment du Jeu de paume, siégea dans la majorité réformatrice, et, le 6 juillet 1790, demanda que l'on fixât à Saint-Pol-de-Léon le siège de l'évêché des Côtes-du-Nord. Élu maire de Saint-Pol en septembre 1791, il courut de sérieux dangers lors des émeutes provoquées (mars 1793) par la levée de 300,000 hommes, fut suspendu de ses fonctions par le prieur de la Côte-d'Or, représentant en mission, et décrété d'arrestation quelques jours avant thermidor. Remis en liberté à la chute de Robespierre, il fut nommé, sous l'empire, vérificateur des douanes à Morlaix.

PRUDHON (Hippolyte), député de 1885 à 1889, né à Decazeville (Aveyron) le 30 avril 1832, commença par être ouvrier mécanicien au chemin de fer de Paris-Lyon, en résidence à Mâcon. Républicain, il fut nommé conseiller municipal de cette ville, puis adjoint au maire, et, inscrit, en octobre 1885, sur la liste radicale de Saône-et-Loire, réunit au premier tour de scrutin 41,891 voix. Il fut élu député du département, au scrutin de ballottage (18 octobre), le 8e sur 9, par 79,395 voix (110,610 votants, 174,124 inscrits). M. Prudhon s'inscrivit à la gauche radicale, et au groupe ouvrier formé par MM. Basly, Camélinat et autres, se prononça contre les ministères opportunistes de la législature et vota, dans la dernière session, *contre* le rétablissement du scrutin d'arrondissement (11 février 1889), *contre* l'ajournement indéfini de la revision de la Constitution, *pour* les poursuites contre trois députés membres de la Ligue des patriotes, *contre* le projet de loi Lisbonne restrictif de la liberté de la presse, *pour* les poursuites contre le général Boulanger.

PRUDONT (Gilbert), député au Conseil des Cinq-Cents, né à Charolles (Saône-et-Loire) le 21 mai 1759, mort à une date inconnue, avait conquis sur le champ de bataille tous ses grades jusqu'à celui de général de brigade, lorsque ses concitoyens l'élurent, le 25 germinal an VII, député de Saône-et-Loire au Conseil des Cinq-Cents, par 157 voix (240 votants). Attaché aux institutions républicaines, il compta parmi les opposants au coup d'État de Bonaparte dans la journée du 18 brumaire, fut exclu de la représentation nationale, et momentanément détenu dans le département de la Charente-Inférieure. Depuis il ne reparut ni dans les assemblées parlementaires, ni sur les cadres de l'armée.

PRUGNON (Louis-Pierre-Joseph), député en 1789, né à Nancy (Meurthe) le 11 août 1745, mort à Nancy le 18 octobre 1828, exerçait à Nancy la profession d'avocat. Élu, le 6 avril 1789, député du tiers aux États-Généraux par

ce bailliage, il appartint à la majorité de l'Assemblée constituante, prêta le serment du Jeu de paume, fit partie du comité des rapports, fut commissaire à la fabrication des assignats, et prit une part assez importante aux délibérations. Il parla notamment sur l'établissement des jurés en matière criminelle, sur les tribunaux d'appel, sur la constitution civile du clergé, sur l'institution des juges de paix, sur les tribunaux de famille, l'organisation du tribunal de cassation, etc. A propos des successions, il se prononça en faveur de l'autorité paternelle et du droit de tester. On remarqua encore ses discours sur l'exclusion, dont il se déclara partisan, des membres de l'Assemblée de la prochaine législature, sur la peine de mort, sur l'inviolabilité du roi, sur les administrations des traites, de l'enregistrement, des domaines, etc. Prugnon fit tendre tous ses efforts à la conciliation du système monarchique avec une liberté mitigée : il était grand admirateur de Montesquieu, pour qui il demanda une statue. Le gouvernement de la Restauration le nomma maître des requêtes en service extraordinaire, le 24 août 1815.

PRUNELÉ (Augustin-Marie-Étienne, marquis de), député au Corps législatif de 1811 à 1815, né à Chalo-Saint-Mars (Seine-et-Oise) le 5 novembre 1763, mort à Paris le 12 mars 1846, « fils de Monsieur Henry de Prunelé et de dame Antoinette-Guillemette de Bonsen des Epinets », fit son droit à Paris, puis se retira dans ses propriétés de Presles (Seine-et-Oise), où il passa dans la retraite les années troublées de la Révolution, sans cependant se désintéresser complètement des événements qui s'accomplissaient alors. Fixé ensuite en Bretagne, il devint, en 1810, président du collège électoral de Quimperlé, et fut élu, le 4 mai 1811, par le Sénat conservateur, député du Finistère au Corps législatif. Il vota la déchéance de l'empereur, et, lors de la discussion du projet de loi restituant 200 millions de biens au duc d'Orléans et au prince de Condé (octobre 1814), parla contre, et demanda la présentation d'une loi conciliant les intérêts des émigrés et les intérêts des acquéreurs de biens nationaux. Sous la première Restauration, il approuva la restitution aux émigrés de leurs biens non vendus. Il ne fit pas partie d'autres assemblées. On a de lui : *Projet de cahier pour tous les ordres* (1789); *Sur les législateurs et les conventions nationales* (1791); *Aperçu général des finances* (1798); *Mémoire sur les moyens de détruire la mendicité, dédié à Sa Majesté Louis XVIII* (1814).

PRUNELLE (Félix), député de 1820 à 1824, né à Vienne (Isère) le 24 août 1779, mort à Vienne le 6 mars 1848, viticulteur distingué, et conseiller général sous l'empire, chercha en 1815, mais inutilement, à rejoindre le duc d'Angoulême. Maire de Condrieu, il fut élu, le 13 novembre 1820, député du grand collège de l'Isère, par 158 voix (281 votants, 316 inscrits), siégea dans la majorité royaliste, et quitta la vie politique aux élections de 1824.

PRUNELLE (Clément-Victor-François-Gabriel), député de 1830 à 1839, né à La Tour-du-Pin (Isère) le 23 juin 1777, mort à Vichy (Allier) le 20 août 1853, fit ses classes à Lausanne, étudia la médecine à Montpellier en 1794, et y devint aide-bibliothécaire en 1797. Lorsque la peste éclata dans l'armée française en Égypte (1799), il y fut appelé, mais ne puts'y rendre en raison de l'étroite surveillance qu'exerçait la croisière anglaise. Débarqué à Cadix, il visita l'Espagne et, de retour à Paris, fut attaché aux *Annales du Muséum*. Il s'occupa en même temps de travaux philosophiques, et publia dans la *Décade philosophique* des articles sur Kant, Fichte, Lessing et Schelling. Bibliothécaire de la faculté de Montpellier en 1803, professeur d'histoire de la médecine et de médecine légale en 1807, il se vit interdire l'accès de la bibliothèque à la seconde Restauration, fut accusé d'être l'un des fauteurs des troubles qui se produisirent à Montpellier à la représentation du *Nouveau seigneur du village*, fut suspendu de ses fonctions à la demande du recteur (3 mai 1819), et destitué peu de temps après, en raison de la publication de deux mémoires justificatifs. Il se fixa alors à Lyon, où il ne tarda pas à se faire une belle clientèle ; il se mit à la tête de l'opposition contre les Bourbons, fut nommé maire de Lyon en août 1830, et élu député du 3e arrondissement électoral de l'Isère (La Tour-du-Pin), le 21 octobre 1830, en remplacement de M. de Cordoue démissionnaire, par 194 voix (203 votants, 263 inscrits). Réélu, le 5 juillet 1831, par 232 voix (271 votants, 334 inscrits), contre 33 à M. Paulze d'Ivoy, il fut nommé, en 1833, médecin inspecteur des eaux thermales, et dut se représenter devant ses électeurs qui lui renouvelèrent son mandat, le 14 décembre de la même année, par 112 voix (196 votants, 360 inscrits), contre 30 à M. Adolphe Périer. Réélu de nouveau, le 21 juin 1834, par 166 voix (243 votants, 255 inscrits), contre 75 à M. Réal fils, et, le 4 novembre 1837, par 170 voix (279 votants, 379 inscrits), il siégea parmi les ministériels, et vota *pour les lois de septembre* et de disjonction, *pour* l'hérédité de la pairie, *contre* l'adjonction des capacités. Aux élections du 2 mars 1839, les électeurs de la Tour-du-Pin ne lui donnèrent plus que 140 voix contre 171 à l'élu, M. Marion ; il ne fut pas plus heureux le 9 juillet 1842, avec 133 voix contre 210 à M. Marion, député sortant, réélu. Il alla alors habiter à Vichy, où il mourut d'une attaque d'apoplexie, criblé de dettes. On a de lui : *Fragments pour servir à l'histoire des progrès de la médecine dans l'université de Montpellier* (Montpellier, an IX) ; *De la médecine politique en général et de la médecine légale en particulier* (Montpellier, 1814) ; *De l'enseignement actuel de la médecine et de la chirurgie* (Paris, 1816). Il a donné les traductions de la *Médecine pratique* de Sydenham (1816, 2 volumes), et du *Traité de l'expérience en général*, de Zimmermann (1820, 3 volumes) ; il a collaboré au *Magasin encyclopédique* et à la *Revue médicale*.

PRUNELLE DE LIERRE (LÉONARD-JOSEPH), membre de la Convention, né à Grenoble (Isère) le 17 mai 1748, mort à Paris le 1er mars 1828, était médecin avant la Révolution. Député de l'élection de Grenoble aux États de Romans en 1788, il devint maire de Grenoble au début de la Révolution, fut nommé député suppléant de l'Isère à l'Assemblée législative (septembre 1791) où il ne fut pas appelé à siéger, et fut élu, le 1er septembre 1791, député à la Convention par son département, le 6e sur 9, avec 274 voix (481 votants). Il siégea parmi les modérés, opina pour que Louis XVI fût jugé par des commissaires nommés *ad hoc* dans les départements, et répondit au 3e appel nominal : « La Convention nationale n'est pas un tribunal ordinaire autour duquel la loi ait tracé un cercle qu'il ne puisse dépasser ; elle ne doit con-

sulter que la justice. Je demande que Louis soit banni, sans délai, avec sa femme, sa fille, sa sœur et toute sa famille, sous peine de mort, s'ils rentraient dans la République. Ils ne pourront se plaindre de cette condamnation puisqu'elle est nécessitée par l'intérêt de la tranquillité publique. Cette mesure éloigne du sein de la République toutes les personnes justement suspectes, et ôte aux mauvais citoyens tout moyen d'exciter des troubles ; vous imprimerez à perpétuité une flétrissure sur les bannis ; en prononçant au contraire la peine de mort, vous exciteriez la compassion en faveur du père, et l'intérêt d'un grand nombre de citoyens en faveur du fils. Si vous les laissez prisonniers au Temple, ils y seront longtemps un sujet d'inquiétude et de division. Comme représentants d'une grande nation, vous devez un grand exemple, vous devez mettre votre courage en évidence, en renvoyant votre roi détrôné aux tyrans qui vous font la guerre. Je vote donc pour le bannissement sans délai. » Après la session il devint administrateur municipal à Grenoble. On a de lui son *Opinion*, imprimée à part, *sur le jugement de Louis XVI* ; des *Pensées et considérations diverses* (1823-26), et une traduction française des *Psaumes* (1821) ; des *Prophéties d'Isaïe* (1823) ; des *Quatorze épîtres de saint Paul*, etc.

PRUNIÈRES (ANTOINE-ALEXANDRE D'ESTIENNE, COMTE DE), député de 1877 à 1878, né à Valence (Drôme) le 15 octobre 1834, « fils de François-René d'Estienne, comte de Prunières, officier supérieur, et de Marie-Françoise de Rostaing », s'occupa de politique dans le département des Hautes-Alpes, et se présenta pour la première fois, le 1er octobre 1876, comme candidat conservateur à la Chambre des députés, en remplacement de M. Cézanne décédé ; il obtint 2,795 voix contre 2,825 à l'élu républicain, M. Ferrary. M. de Prunières fut plus heureux le 14 octobre 1877, et fut proclamé député d'Embrun par 3,479 voix (5,986 votants, 7,298 inscrits), contre 2,490 au député sortant, M. Ferrary, des 363. Le gouvernement du Seize-Mai avait soutenu officiellement la candidature de M. de Prunières qui prit place dans les rangs de la droite. Mais l'élection fut invalidée par la majorité et, le 7 juillet 1878, un nouveau scrutin ne donna plus que 2,607 voix à M. de Prunières contre 3,088 à M. Ferrary, élu.

PRUNIS (JOSEPH), député au Corps législatif de l'an XII à 1809, né à Campagnac-les-Quercy (Dordogne) le 16 mai 1742, mort à Saint-Cyprien (Dordogne) en 1816, « fils de M. Antoine Prunis, maître chirurgien, et de demoiselle Catherine Journeau », entra dans les ordres, puis s'occupa de littérature. Ayant quitté l'habit sous la Révolution, il fut, de 1790 à floréal an III, maire de sa commune et historiographe du département de la Dordogne. Successivement membre de l'administration centrale (an IV), commissaire près de son canton (an V) et, après le coup d'État de brumaire, conseiller de préfecture, il remplit, la même année (28 fructidor an VIII), les fonctions de sous-préfet de Bergerac, et fut désigné, le 20 thermidor an XII, par le Sénat conservateur pour représenter au Corps législatif le département de la Dordogne. Il siégea dans l'assemblée impériale jusqu'en 1809.

PUCELLE (PIERRE-CLAUDE-HIPPOLYTE), député à l'Assemblée législative de 1791, né à Montdidier (Somme) le 2 mars 1752, mort à

Montdidier le 22 mai 1819, « fils de Claude-Hippolyte Pucelle et de Marie-Jeanne de Parville », fit ses études à Paris, et devint avocat du roi au bailliage de Montdidier, puis subdélégué et procureur du district. Ardent partisan des idées de la Révolution, il fut nommé accusateur public le 12 janvier 1791, puis procureur-syndic de Montdidier, et fut élu, le 7 septembre 1791, 1er député suppléant de la Somme à l'Assemblée législative, par 146 voix (243 votants). Admis à siéger le 14 mars 1792, en remplacement de M. Quillet, décédé, il vota obscurément avec la majorité, revint à Montdidier après la journée du 10 août, et se fit bientôt remarquer par son ardeur révolutionnaire. Nommé juge de paix en 1794, il transforma l'église de Saint-Pierre en temple de la Raison, composa les devises qui en ornaient les piliers, monta en chaire pour prononcer un discours patriotique, et ouvrit le bal avec la citoyenne Suzanne Couvreur, déesse de la Raison. Toutefois M. Pucelle se modéra peu à peu. Rallié au 18 brumaire, et nommé juge au tribunal civil de Montdidier le 12 messidor an VIII, il en devint président l'année suivante, et prononça une allocution fort respectueuse envers l'évêque concordataire. Admis à la retraite, comme président de tribunal, le 28 février 1816, il se livra aux pratiques d'une haute dévotion, fut nommé marguillier de sa paroisse, suivit les processions, et exprima à l'heure de sa mort, les sentiments d'un profond repentir.

PUCH DE MONTBRETON (ALEXANDRE-JEAN, CHEVALIER DE), député en 1789, né à Pessac (Gironde) le 12 juin 1741, mort à une date inconnue, appartint aux armées du roi. Capitaine de dragons, chevalier de Saint-Louis, il fut élu, le 14 mars 1789, député de la noblesse aux Etats-Généraux par la sénéchaussée de Libourne. Il opina avec la droite, et protesta contre la réunion des trois ordres dans les termes suivants : « Le député de l'ordre de la noblesse du bailliage de Libourne déclare que son mandat lui faisant une loi impérative de n'opiner que par ordre séparé, et jamais par tête, et lui enjoignant de protester contre toute délibération à ce contraire, et on demander acte pour justifier de son zèle à remplir le vœu de ses comettans, je, de Puch de Montbreton, député dudit bailliage, déclare faire la protestation et demander l'acte qui me sont ordonnés par mon dit mandat.

« Je déclare de plus que le bureau actuel pour la vérification des pouvoirs, me paroissant ne pas remplir l'esprit de mon mandat, je ne puis me présenter à la vérification que lorsque j'aurai reçu de mes comettans les ordres à ce nécessaire.

« Fait à Versailles, ce 30 juin 1789.

« DE PUCH DE MONTBRETON. »

Il signa les protestations des 12 et 15 septembre 1791 contre les décrets de l'Assemblée, quitta la France après la session, et mourut en émigration.

PUIBERNEAU (HENRI LEVESQUE DE), représentant en 1871, député de 1877 à 1876, né à Saint-Sornin (Vendée) le 2 janvier 1811, mort au château de Buchignon (Vendée) le 13 septembre 1890, fit ses études à Pontlevoy, son droit à Paris, et entra ensuite à l'Ecole de Grignon. Il se retira dans ses propriétés de Fougerais où il s'occupa d'agriculture et principalement de reboisement. Maire de Fougerais depuis 1845, conseiller général de 1848 à 1872, chevalier de la Légion d'honneur, président du comice agricole de son arrondissement et de la Société d'émulation de la Vendée, il se présenta au Corps législatif, le 22 juin 1857, comme candidat légitimiste, dans la 1re circonscription de la Vendée, et échoua avec 3,366 voix contre 8,994 à l'élu, M. de Sainte-Hermine, candidat du gouvernement. Elu, le 8 février 1871, représentant de la Vendée à l'Assemblée nationale, le 4e sur 8, par 60,176 voix (66,286 votants, 102,701 inscrits), il prit place à droite, et vota pour l'abrogation des lois d'exil, pour la pétition des évêques, contre le service de trois ans, pour la démission de Thiers, pour le septennat, pour le ministère de Broglie, contre l'amendement Wallon, contre les lois constitutionnelles. Aux élections du 20 février 1876, il ne réunit, dans la 1re circonscription de la Roche-sur-Yon, que 6,923 voix contre 8,391 à l'élu, M. Jenty, républicain; mais il fut élu, dans la même circonscription, le 14 octobre 1877, par 9,107 voix (17,901 votants, 22,000 inscrits), contre 8,564 à M. Jenty, député sortant. Cette élection ayant été invalidée, M. de Puiberneau ne se représenta plus.

PUISAYE (JOSEPH GENEVIÈVE, COMTE DE), député en 1789, né à Mortagne (Orne) le 6 mars 1755, mort à Hammersmith (Angleterre) le 13 octobre 1827, était issu d'une vieille famille du Perche dans laquelle la charge de grand bailli était héréditaire. Destiné à l'Eglise par sa famille, il fut retiré de Saint-Sulpice par sa grand'mère, Mme de Cormery, qui regrettait d'avoir fait entrer de force en religion plusieurs de ses filles, et qui le fit placer comme sous-lieutenant aux dragons de Conti, d'où il passa dans les dragons de Lanan comme capitaine à la suite. A la mort de son père, le jeune de Puisaye acheta la charge de colonel des Cent-Suisses de la maison du roi, de charge qui lui valut la croix de Saint-Louis. Elu, le 8 avril 1789, député de la noblesse du bailliage du Perche aux Etats-Généraux, il siégea parmi les constitutionnels, et accepta la réunion des trois ordres sous les réserves suivantes : « Conformément à mon mandat et aux instructions particulières de mes commettans, je déclare que je ne cesserai d'assister aux séances de l'Assemblée nationale, mais que je n'y aurai voix délibérative que lorsque la pluralité des députés de l'ordre de la noblesse pourra prendre part à ces délibérations. Je déclare de plus que j'y conserverai voix consultative, et je supplie l'Assemblée de me donner acte de la présente délibération. Versailles, 30 juin 1789. LE COMTE DE PUISAYE. » Il continua ensuite de voter dans le sens de la minorité, se montra très opposé au décret du 19 juin 1790 qui abolissait la noblesse, et se retira en Normandie après la session. Promu maréchal de camp en 1791, et adjoint, en 1793, au général Wimpfen comme chef d'état-major, il lutta contre le régime révolutionnaire et tenta de soulever les départements de l'Ouest contre la Convention. Mais il fut battu à Pacy-sur-Eure, sa tête mise à prix, et dut faire, pour servir sa cause, des prodiges d'adresse et d'activité. Il réorganisa aux environs de Rennes quelques débris de la chouannerie, correspondit avec les autres chefs royalistes, créa un conseil militaire, émit du papier-monnaie, et se tint constamment en relations avec le comte d'Artois, ce qui éloigna de lui une fraction du parti royaliste. Etant venu à Londres en 1794, il proposa à Pitt le plan d'une descente en France : cette expédition aboutit à l'affaire de Quiberon, où trois

mille six cents émigrés, commandés par d'Her-
villy, se joignirent à neuf ou dix mille chouans,
et tentèrent avec eux d'assaillir les retranchements des républicains : mais Hoche accula
l'ennemi à la côte, balaya les royalistes, et en
réduisit le nombre à un millier d'hommes, qui
posèrent les armes et capitulèrent. Puisaye,
empressé de chercher un refuge à bord des
vaisseaux du commodore Warren, fut accusé
de s'être vendu aux Anglais. En butte aux
préventions de la plupart de ses anciens compagnons, il eut avec M. d'Avaray, agent de
Louis XVIII, de fâcheux démêlés, et se décida
à solliciter du gouvernement anglais, pour lui
et quelques-uns de ses amis, un établissement
dans le Canada ; il y resta jusqu'en 1801, revint
à Londres, y fut encore peu favorablement
accueilli, et ayant pris le parti de se faire naturaliser Anglais, vécut, jusqu'en 1827, d'une
petite pension du gouvernement britannique.
Le comte de Puisaye mourut à Blythehouse,
près d'Hammersmith ; il n'était pas rentré en
France après le retour des Bourbons. On a de
lui de curieux *Mémoires pour servir à l'histoire du parti royaliste durant la dernière
révolution* (1803-1808).

PUISAYE (Antoine-Charles-André-René,
marquis de), député de 1815 à 1816, né à Mortagne (Orne) le 24 décembre 1751, mort à Jou-
cherets (Orne) le 6 mai 1849, frère aîné du précédent, suivit la carrière militaire et parvint
au grade de colonel. En 1789, il présida la
réunion des trois ordres du Perche en qualité
de grand bailli. Il n'émigra pas, fut arrêté
sous le Consulat, et bientôt remis en liberté.
Élu, le 22 août 1815, député du grand collège
de l'Orne, par 113 voix (188 votants, 255 inscrits), il vota avec la majorité de la Chambre
introuvable. Le 7 février 1816, il fut promu
maréchal de camp, et remplit les fonctions de
prévôt à Limoges jusqu'à la suppression de ces
juridictions particulières en 1818.

PUIVERT (Bernard-Emmanuel-Jacques-
Roux, marquis de), député de 1815 à 1816 et
pair de France, né à Toulouse (Haute-Garonne)
le 24 octobre 1755, mort à Paris le 25 janvier
1832, était maréchal de camp, quand il fut élu,
le 22 août 1815, député du grand collège de
l'Aude, par 103 voix (152 votants, 221 inscrits);
il siégea dans la majorité de la Chambre introuvable. Rentré dans la vie privée à la dissolution de cette Chambre, il fut nommé pair
de France le 27 janvier 1830. Il quitta la
Chambre haute à la révolution de juillet, sa
nomination de pair ayant été annulée par
l'article 68 de la nouvelle Charte.

PUIZARD (Charles-Pierre-Michel de), député de 1834 à 1837, né à Mayenne (Mayenne)
le 4 septembre 1786, mort à Mayenne le 20 juin
1850, étudia le droit, entra dans la magistrature, et fut nommé conseiller à la cour royale
d'Angers. Élu, le 21 juin 1834, député du
3e collège de la Mayenne (Mayenne), par 82 voix
(141 votants, 174 inscrits), contre 50 à M. Lacour, il prit place parmi les partisans du juste-
milieu avec lesquels il vota jusqu'en 1837. A
cette époque, il échoua (4 novembre) avec
70 voix contre 92 à l'élu, M. Chenais. Il ne fut
pas plus heureux, le 9 juillet 1842, avec 31 voix
contre 89 au député sortant, réélu, et 43 à
M. Lepescheux.

PUREUR (Pierre-Joseph), représentant du
peuple en 1848, né à Condé (Nord) le 7 mai

1798, mort à Valenciennes (Nord) le 16 novembre 1882, fit son droit, puis acheta une étude
de notaire dans sa ville natale, et fut nommé
commandant de la garde nationale. S'étant
signalé, sous Louis-Philippe, dans l'opposition
libérale, il fut nommé maire de Condé à la révolution de 1848, et fut élu, le 23 avril suivant,
représentant du Nord à l'Assemblée constituante, le 10e sur 28, par 174,943 voix (234,867
votants, 278,352 inscrits). Il fit partie du
comité de l'administration départementale et
communale, et vota *pour* le bannissement de
la famille d'Orléans, *pour* les poursuites contre
L. Blanc et Caussidière, *pour* l'abolition de la
peine de mort, *contre* l'impôt progressif, *contre*
l'incompatibilité des fonctions, *pour* l'amendement Grévy, *contre* la sanction de la Constitution par le peuple, *pour* l'ensemble de la Constitution, contre la proposition Rateau, *contre*
l'interdiction des clubs, *contre* l'expédition de
Rome, *pour* la demande de mise en accusation
du président et des ministres; il avait fait,
après l'élection présidentielle du 10 décembre
1848, une vive opposition à la politique de
l'Élysée. Non réélu à la Législative, il alla habiter Valenciennes où il mourut.

PUVIS (Marc-Antoine), député de 1830 à
1831, né à Cuiseaux (Saône-et-Loire) le 26 octobre 1776, mort à Paris le 29 juillet 1851,
d'une ancienne famille de robe, fils de Claude-
Louis-Marie Puvis de Chavannes, avocat au
parlement et grand messager juré de l'Université, et de Marie-Pierrette Guyot de Pra-
rieux, entra, en 1797, à l'École polytechnique,
puis à l'École de Châlons, d'où il sortit sous-
lieutenant d'artillerie. D'abord employé en
Hollande, il passa, sous les ordres de Drouot,
en 1803, à l'armée d'Angleterre, et donna sa
démission au moment du départ de la grande
armée pour le Danube. Il s'occupa alors exclusivement d'agriculture. En 1814, il demanda et
obtint que le préfet de l'Ain rendit des arrêtés
ordonnant d'abattre les bêtes atteintes d'épi-
zootie; dès 1816, il préconisa l'emploi de la
marne et de la chaux pour les amendements
du sol, et, en 1817, proposa la création de greniers d'abondance. Membre du conseil municipal de Bourg et du conseil général de l'Ain,
il fut élu, le 23 octobre 1830, député du grand
collège de l'Ain, en remplacement de M. Froz
de la Boulaye démissionnaire, par 63 voix (121
votants). Il ne se fit remarquer à la Chambre
où il ne prit part qu'à quelques discussions sur
l'économie rurale, et parut se ranger parmi les
partisans de la nouvelle monarchie. Il échoua,
le 5 juillet 1831, dans le 3e collège de l'Ain
(Trévoux), avec 69 voix contre 85 à l'élu
M. Berthelon du Polet. Président du conseil
général de l'Ain en 1833, M. Puvis fut nommé
correspondant de l'Académie des sciences en
1840, et membre du conseil général de l'agriculture en 1842. Il mourut d'un catarrhe au
retour d'un voyage à Londres où il avait été
visiter l'Exposition. On a de lui : *Voyage agronomique en Beaujolais, Forez et Limagne*
(Bourg, 1821); *Essai sur la marne* (Bourg,
1826); *Notice statistique sur le département
de l'Ain* (1828 et 1829); *De l'agriculture du
Gâtinais, de la Sologne et du Berri* (Paris,
1833); *De l'emploi de la chaux en agriculture*
(Bourg, 1836); *Traité des amendements* (Paris,
1851); il a en outre collaboré à *La Maison
rustique du dix-neuvième siècle* et au *Journal
d'agriculture pratique*.

PUVIS DE CHAVANNES (François-An-

TOINE-ADOLPHE), représentant en 1871, né à Cuiseaux (Saône-et-Loire) le 1er décembre 1817, mort à Bordeaux (Gironde) le 8 mars 1871, propriétaire, était conseiller-général de Cuiseaux depuis 1867, et maire de Champagnat, quand il fut élu, comme conservateur monarchiste, le 8 février 1871, représentant de Saône-et-Loire à l'Assemblée nationale, le 11e sur 12, par 65,244 voix. Il se rendit à Bordeaux, prit place à droite, et mourut presque aussitôt. Le peintre bien connu, Pierre Puvis de Chavannes, est son cousin germain.

PUY (FRANÇOIS-IGNACE-GUILLAUME DE), député de 1819 à 1820, né à Avignon (Vaucluse) le 29 janvier 1751, mort à Sauveterre (Gard) le 23 juillet 1820, « fils de M. François-Virgile-Hyacinthe de Puy, et de madame Antoinette-Reine d'Armand, mariés », était propriétaire et maire d'Avignon. Le 11 septembre 1819, il fut élu député du grand collège de Vaucluse, par 230 voix (444 votants, 610 inscrits). Il prit place à droite, opina avec les royalistes, et, ayant donné sa démission, fut remplacé, le 24 avril 1820, par le marquis de Causans. Il mourut le 23 juillet suivant.

PUYMAURIN (JEAN-PIERRE-CASIMIR DE MARCASSUS, BARON DE), député de l'an XIII à 1830, né à Daumade (Haute-Garonne) le 5 décembre 1757, mort à Toulouse (Haute-Garonne) le 14 février 1841, « fils de Nicolas-Joseph de Marcassus-Puymaurin et de dame Jeanne Darquier », fit ses études à Toulouse, s'occupa de chimie, et introduisit en France, en 1787, la gravure sur verre par l'acide fluorhydrique. A l'écart de la politique pendant la Révolution, il devint sous le Consulat conseiller municipal de Toulouse et conseiller-général de la Haute-Garonne, et fut choisi, le 4e jour complémentaire de l'an XIII, par le Sénat conservateur, pour député de la Haute-Garonne au Corps législatif. Ce mandat lui fut renouvelé le 4 mai 1811. En 1812, il perfectionna l'art d'extraire l'indigo du pastel, indiqua les moyens de l'obtenir en grand et d'en faire une couleur fixe, et devint directeur de la fabrique impériale d'indigo créée à Toulouse (12 janvier 1812). Il adhéra en 1814 à la déchéance de Napoléon, ne figura pas dans la Chambre des Cent-Jours, fut élu député du grand collège de la Haute-Garonne, le 22 août 1815, par 149 voix (180 votants, 261 inscrits), et fut successivement réélu, le 4 octobre 1816, par 135 voix (202 votants, 253 inscrits); dans le 4e arrondissement de la Haute-Garonne (Muret), dont il présidait le collège électoral, le 1er octobre 1821, par 178 voix (285 votants, 390 inscrits), contre 101 à M. Duran; le 25 février 1824, par 244 voix (247 votants, 355 inscrits); le 17 novembre 1827, par 150 voix (231 votants, 311 inscrits), contre 78 au baron de Cambon. M. de Puymaurin siégea, en 1815, dans la majorité de la Chambre introuvable, en 1816, dans la minorité; puis il vota, avec les ministériels, notamment pour la loi d'indemnité, la loi du sacrilège, la loi restrictive de la liberté individuelle et la nouvelle loi électorale. Il proposa et fit adopter une inscription pour le monument commémoratif de Louis XVI, et fut nommé, le 1er mai 1816, directeur de la monnaie royale des médailles et membre du conseil de l'instruction publique. Ses saillies gasconnes égayèrent souvent les graves discussions de la Chambre; il traita de « voleurs » les détenteurs de biens nationaux, bien qu'il dût aux acquisitions de ces biens, faites par lui-même, la majeure partie de sa fortune. Après 1830, il se re-

tira à Toulouse. Officier de la Légion d'honneur et membre de l'Académie de Toulouse. On a de lui : *Notice historique sur la piraterie* (1819 et 1825); *Sur les procédés les plus convenables pour remplacer le cuivre par le bronze dans la fabrication des médailles* (1823).

PUYSÉGUR (LOUIS-PIERRE DE CHASTENET, COMTE DE), ministre de la guerre, né à Albi (Tarn) le 30 décembre 1726, mort à Rabastens (Tarn) le 15 octobre 1807, appartenait à une branche de la vieille famille de Chastenet de Puységur, dont l'auteur, Bernard de Chastenet, était chambellan de Charles le Mauvais, roi de Navarre. Il suivit de bonne heure la carrière militaire, fut lieutenant à quatorze ans, fit toutes les campagnes de Flandre, commanda les régiments du Vexin, du Forez, Royal-Comtois et de Normandie, et gagna, avec la croix de Saint-Louis (1780), le grade de lieutenant-général (5 décembre 1781). Louis XVI l'appela, le 30 novembre 1788, au ministère de la Guerre, où il resta jusqu'au 12 juillet 1789; il eut alors pour successeur le maréchal de Broglie. Le comte de Puységur était au pouvoir lors de la convocation des Etats-Généraux. L'Assemblée constituante, en apprenant sa retraite, déclara qu'il emportait l'estime et les regrets de la nation. Très attaché aux intérêts de la monarchie, il tenta avec quelques amis de protéger le palais des Tuileries dans la journée du 10 août 1792; à la suite du décret du 20 janvier 1793, qui ordonnait des poursuites contre ceux qui avaient défendu le roi au 10 août, il se retira à Brunswick (février 1793). Rayé de la liste des émigrés le 11 brumaire an X, par les bons offices du général Mathieu Dumas, son ancien compagnon d'armes, il se retira dans une de ses terres du Midi, et y vécut dans la retraite jusqu'à sa mort.

PUYSÉGUR (JEAN-AUGUSTE DE CHASTENET DE), député en 1789, né à Albi (Tarn) le 11 novembre 1740, mort à Rabastens (Tarn) le 14 août 1815, frère du précédent, entra dans les ordres et devint vicaire général de Rouen. En 1774, il fut nommé évêque de Saint-Omer, en 1788 évêque de Carcassonne, et fut promu archevêque de Bourges le 6 avril 1788. Elu, le 27 mars 1789, député du clergé aux Etats-Généraux par le bailliage du Berry, on l'accusa d'avoir fait ou laissé faire un cahier quelconque des doléances de son ordre, et de l'avoir mis dans sa poche, d'où il n'était pas sorti. A l'Assemblée, il prit place à droite, tint pour l'ancien régime, signa plusieurs protestations contre les décrets de la Constituante, et fut l'un des trente évêques qui publièrent l'*Exposition des principes*, hostile à la constitution civile du clergé. Son refus de serment l'obligea à s'expatrier. Il signa en émigration (1798) l'instruction générale des évêques sur « les atteintes portées à la religion. » Au Concordat, M. de Puységur se démit de son siège archiépiscopal, et revint en France, où il vécut dans la retraite jusqu'à sa mort.

PUYSÉGUR (PIERRE-GASPARD-HERCULIN DE CHASTENET, COMTE DE), pair de France, né à la Rochelle (Charente-Inférieure) le 4 août 1769, mort à Rabastens (Tarn) le 10 février 1848, fils d'un lieutenant général d'infanterie, gouverneur de Thionville, émigra à la Révolution. Créé comte par Louis XVIII, le 10 décembre 1823, il fut nommé pair de France, le 23 décembre suivant. En 1830, il prêta serment à Louisl'hilippo et continua de siéger à la Chambre haute jusqu'à sa mort.

PUYSÉGUR (Auguste-Marie-Victor de Chastenet, vicomte de), représentant du peuple en 1848, né à Rabastens (Tarn) le 14 février 1808, mort au château de la Pécadoure (Tarn) le 2 mars 1860, propriétaire à Rabastens, collaborateur assidu de M. de Genoude à la *Gazette de France*, fit de l'opposition légitimiste au gouvernement de Louis-Philippe. Élu, le 23 avril 1848, représentant du Tarn à l'Assemblée constituante, le 9e et dernier, par 36,901 voix (99,456 votants), « il eût été, dit un biographe, dans les rangs de l'opposition de gauche la plus avancée, si ses idées ne l'avaient fixé dans les voies de l'extrême droite. » Il fit partie du comité des affaires étrangères, et vota *pour* les poursuites contre L. Blanc et Caussidière, *contre* l'abolition de la peine de mort, *contre* l'impôt progressif, *contre* l'incompatibilité des fonctions, *contre* l'amendement Grévy, *pour* la sanction de la Constitution par le peuple, *contre* l'ensemble de la Constitution, *pour* la proposition Rateau, *pour* l'interdiction des clubs, *pour* l'expédition de Rome, *contre* la demande de mise en accusation du président et des ministres. Non réélu à la Législative, il ne reparut plus sur la scène politique.

PUYVALLÉE (de). — *Voy.* Benoy.

PYAT (Aimé-Félix), représentant du peuple en 1848, en 1849, en 1871, député de 1888 à 1889, né à Vierzon (Cher) le 4 octobre 1810, mort à Saint-Gratien (Seine-et-Oise) le 3 août 1889, fils d'un avocat royaliste, fit de brillantes études au collège de Bourges, où il eut pour camarade Jules Sandeau, fut reçu bachelier à seize ans, et vint suivre les cours de droit de la faculté de Paris. Son père le destinait au barreau ; mais Félix Pyat, qu'une vocation irrésistible entraînait vers la littérature, se jeta dans le journalisme militant dès qu'il eut été reçu avocat (1831), et prit une part active aux réunions de la jeunesse démocratique. Dans les dernières années de la Restauration, il s'était mis à la tête de plusieurs manifestations hostiles à la royauté ; en 1829, aux « Vendanges de Bourgogne », dans un banquet que les étudiants du Cher offraient aux députés de l'opposition, banquet où se trouvait le comte Jaubert, il avait porté un toast à la Convention nationale, et avait remplacé par le buste de La Fayette celui de Charles X qui décorait la salle. Pendant les journées de juillet, il se battit sur les barricades. Remarqué par Henri de La Touche, Pyat collabora au *Figaro*, alors organe libéral et démocratique, et y fit entrer sa compatriote Mme George Sand. Peu de temps après, Jules Janin lui ayant demandé quelques pages pour insérer dans son *Barnave*, le jeune écrivain composa, en une nuit, l'épisode si remarqué des *Filles de Séjan* ; le célèbre critique négligea d'en faire connaître au public le véritable auteur, et cette omission entraîna une rupture éclatante entre les deux hommes de lettres. Félix Pyat fournit encore d'importants articles au *Charivari*, à la *Revue de Paris*, à l'*Artiste*, au *Livre des Cent et un*, publié au bénéfice de l'éditeur Ladvocat, au *Salmigondis* et à *Paris révolutionnaire*. Possesseur, à la mort de son père, d'une fortune de près d'un million, Félix Pyat engagea une partie de ses capitaux dans la *Revue britannique*, dont il fut quelque temps le directeur, puis il passa à l'*Europe littéraire*,

où il publia, sous le titre d'*Arabella*, un drame plein d'allusions directes aux circonstances tragiques de la mort récente du prince de Condé. Révolutionnaire ardent en politique, Félix Pyat se montra toujours, en littérature, très opposé au mouvement romantique, où il voyait l'œuvre exclusive de la réaction royaliste et religieuse. Chargé de diriger le feuilleton littéraire du *Siècle*, il contribua vers la même époque, avec Victor Hugo, Balzac, Léon Gozlan, George Sand, et surtout George Sand, et surtout avec Louis Desnoyers, à la fondation de la Société des gens de lettres. En même temps, il collaborait à la *Revue du progrès* et au *National*. Un feuilleton de Jules Janin, offensant pour la mémoire de M.-J. Chénier et publié à propos d'une reprise de *Tibère*, réveilla les ressentiments de Félix Pyat qui, dans un mordant écrit intitulé : *Marie-Joseph Chénier et le prince des critiques* (1844), se livra à l'égard de l'écrivain des *Débats* à de virulentes attaques personnelles. Un procès s'ensuivit et l'auteur du pamphlet fut condamné à six mois de prison, qu'il subit à Sainte-Pélagie, dans la cellule que venait de quitter Lamennais. Félix Pyat collabora aussi à la *Réforme*. D'autre part, ses productions dramatiques, en fondant sa réputation littéraire, avaient rendu son nom populaire. Le premier ouvrage qu'il donna au théâtre fut : *Une révolution d'autrefois, ou les Romains chez eux*, en collaboration avec Théodore Burette, représenté à l'Odéon le 1er mars 1832 et interdit dès le lendemain. Il écrivit ensuite, avec Luchet, le *Brigand et le philosophe*, joué à la Porte-Saint-Martin (22 février 1834) ; puis seul, *Ango*, représenté à l'Ambigu le 29 juin 1835, et supprimé la même année par application des lois de septembre ; les *Deux Serruriers*, qui furent un des grands succès de la Porte-Saint-Martin (1841) ; *Cédric le Norwégien*, donné à l'Odéon en 1842 ; *Mathilde*, en collaboration avec Eugène Sue ; enfin deux pièces qui eurent un très grand retentissement, *Diogène* (1846) et le *Chiffonnier de Paris* (1847). L'existence politique de Félix Pyat ne commença qu'à la révolution de 1848. George Sand ayant obtenu de Ledru-Rollin, dans les premiers jours de mars, la révocation de Michel de Bourges, nommé tout d'abord commissaire général du gouvernement dans le Cher, Félix Pyat fut mandé au ministère de l'Intérieur, et reçut, pour succéder à Michel, des pouvoirs illimités. Il accepta, non sans hésitation, fit abandon du traitement (80 francs par jour) qui lui était alloué, et remplit pendant un mois les fonctions de commissaire général. Très populaire dans le département, il y fut élu, le 23 avril suivant, représentant du peuple à l'Assemblée constituante, le 4e sur 7, par 43,822 voix. Il alla siéger parmi les républicains les plus avancés et vota constamment avec le groupe de la Montagne : *contre* le rétablissement du cautionnement et de la contrainte par corps, *contre* les poursuites contre Louis Blanc et Caussidière, *pour* l'abolition de la peine de mort, *pour* l'amendement Grévy, *pour* le droit au travail, *contre* l'ensemble de la Constitution. Absent le jour du vote sur l'ordre du jour en l'honneur de Cavaignac, il écrivit que s'il eût été présent, il eût voté *contre*. Il se prononça encore *contre* la proposition Rateau, *pour* l'amnistie, *contre* l'expédition romaine, *pour* l'abolition de l'impôt des boissons, etc. Après le vote de l'autorisation de poursuites contre Louis Blanc, dans la nuit du 25 au 26 août 1848, Félix Pyat, accompagné de M. Duclerc, alla chercher Louis Blanc chez M. d'Aragon, représentant de la droite, qui lui avait offert un asile, et favorisa son départ de France en le conduisant en voiture jusqu'à Saint-Denis. A la Constituante, il prononça plusieurs discours véhéments, d'une incontestable verve, où se retrouvent les défauts et les qualités du style nerveux et imagé de l'écrivain. M. Jules Simon rapporte que M. de Vaulabelle tenait Félix Pyat pour le premier orateur de l'Assemblée. Le 5 octobre 1848, le représentant du Cher proposa, au cours du débat sur la Constitution, la suppression de la Présidence de la République. « Citoyens représentants, dit-il en débutant, je ne veux pas de Président. Je n'ai pas la prétention de vous couvrir à mon opinion : je veux, je dois seulement vous dire ce que je regarde comme la vérité. Toute société, pour être bien faite, doit être faite à l'image de l'homme et conformément à sa nature... Il faut donc connaître l'homme pour connaître la société. Ce qui a toujours manqué aux législateurs du passé, c'est la science de l'analogie, c'est l'étude de l'homme et l'observation de sa nature; c'est de n'avoir pas regardé d'assez près le modèle, l'œuvre de Dieu, le grand législateur; c'est de n'avoir pas conformé leur institution à la sienne, en un mot la société à l'homme. L'homme est un gouvernement. Il se passe en lui tous les phénomènes d'un gouvernement parfait, car il en est un; il a en lui des pouvoirs distincts, mais réglés par une volonté supérieure. Le cerveau est un vrai pouvoir législatif qui propose, discute et vote, une sorte d'assemblée délibérante comme la vôtre, une convention de toutes les facultés, de toutes les activités, de tous les droits, de tous les devoirs, de tous les intérêts, de tous les besoins, de toutes les passions et de tous les sentiments de l'homme. Le bras est un vrai pouvoir exécutif, l'agent, le ministre qui réalise et matérialise la volonté humaine. La tête commande, le bras exécute, et le bras dépend de la tête, l'action, de la volonté. Dieu n'a donc pas fait le pouvoir exécutif indépendant du pouvoir législatif dans l'homme ; un homme n'a pas deux volontés, un corps n'a pas deux têtes. C'est l'instinct de cette vérité qui vous a fait rejeter les deux Chambres ; la démonstration de cette même vérité devrait aussi vous faire exclure le Président. » MM. de Tocqueville et de Parieu répondirent à l'orateur, et; le lendemain, M. J. Grévy présenta son célèbre amendement, en faveur duquel votèrent les partisans de l'abolition de la Présidence, mais qui ne tendait en réalité qu'à remettre à l'Assemblée le soin de désigner le chef du pouvoir exécutif. Le 2 novembre, Félix Pyat proposa d'ajouter au chapitre VIII du préambule de la Constitution la formule suivante : « La République doit protéger le citoyen dans sa personne, sa famille, sa religion, son droit de propriété et son droit au travail. » Dans un discours très fréquemment interrompu par la majorité, il défendit son amendement : « Citoyens, le vieux monde, qui pivotait sur l'injustice et la force, a toujours tenu le travail en mépris et en haine, le regardant comme un mal et une honte, comme un signe de dégradation et de châtiment réservé aux inférieurs et aux vaincus, attentatoire enfin à la dignité et à la souveraineté de l'homme libre. M. de Montalembert l'a appelé une peine, M. Guizot l'a appelé un frein; et nous, nous l'appelons un droit. » Le 30 avril 1849, de concert avec Ledru-Rollin et plusieurs autres représentants, Félix Pyat réclama l'abo-

lition du cautionnement des journaux et écrits périodiques : 423 voix contre 256 rejetèrent l'amendement. Un toast aux paysans, qu'il porta dans un banquet socialiste à Paris et qui fut répandu à un très grand nombre d'exemplaires, eut, à la même époque, un énorme retentissement, et plaça son auteur au premier rang des chefs du parti démocratique socialiste. Vers le même temps, il eut un duel avec Proudhon qui l'avait traité dans son journal d'aristocrate de la démocratie. Aux élections du 13 mai 1849, il fut réélu représentant à l'Assemblée législative dans trois départements : 1° dans le Cher, le 1er sur 6, par 33,960 voix (61,469 votants, 82,313 inscrits) ; 2° dans la Nièvre, le 3e sur 7, par 41,786 voix (65,811 votants, 88,144 inscrits) : 3° dans la Seine, le 11e sur 28, par 116,485 voix (284,149 votants, 378,043 inscrits). Il opta pour le Cher, et vint reprendre sa place à la Montagne, à côté de Lamennais. Proposé par ce groupe pour secrétaire de l'Assemblée, il refusa. Il ne devait d'ailleurs siéger que peu de jours à la Législative. Ayant appuyé l'interpellation Ledru-Rollin sur les affaires de Rome, il contribua avec lui à rédiger la protestation et l'appel aux armes qu'il signa, se rendit, le 13 juin, au Conservatoire des Arts et Métiers, parvint à échapper à la troupe, passa quelques jours chez son ami M. Lockroy, auteur et artiste dramatique, père du futur ministre, et gagna ensuite la Suisse, où il résida jusqu'en 1851, puis la Belgique d'où il lança plusieurs écrits révolutionnaires : Les Loisirs d'un proscrit, les Lettres d'un proscrit, adressées au comte de Chambord, à L.-N. Bonaparte, au prince de Joinville, à Barbès, aux ouvriers, à la France, etc.; de là il passa en Angleterre où il séjourna sans interruption jusqu'en 1859. La haute cour de Versailles l'avait condamné par contumace à la déportation. A Londres, il poursuivit activement son œuvre de propagande, organisa le groupe la Commune révolutionnaire, et exposa dans une Lettre aux proscrits (1855) le programme de la fraction la plus avancée de la démocratie socialiste : « Au nom du droit éternel, universel, imprescriptible, disait-il, la République française ne reconnaît pas de rois, elle ne reconnaît que la souveraineté des peuples. Tous les peuples sont maîtres de disposer d'eux-mêmes, selon le besoin de leur nature et dans la plénitude de leur volonté. L'insurrection est le droit des peuples esclaves, la solidarité est le devoir des peuples libres... » En 1858, à l'occasion de l'attentat d'Orsini, Félix Pyat publia une ardente apologie de l'acte du révolutionnaire italien, et fut traduit, à la demande du gouvernement français, devant un tribunal anglais, qui l'acquitta. Partisan déterminé du régicide, Pyat est revenu depuis sur ce sujet en mainte circonstance. L'amnistie générale du 15 août 1869 lui permit de rentrer en France. Il joignit d'abord ses protestations à celles des autres exilés, puis il écrivit dans le Courrier de l'Europe qu'il acceptait l'amnistie, « les proscrits devant servir plus utilement et plus dignement la liberté dehors que dedans. » Il collabora au Rappel, parut dans plusieurs réunions publiques, et encourut en dix-sept jours une série de condamnations pour délits de presse ou de parole montant à dix-sept mois de prison. Le 22 novembre 1869, sa candidature d'inassermenté fut présentée dans la 8e circonscription de la Seine, mais elle ne réunit qu'un petit nombre de voix. Il dut se soustraire à l'arrestation qui le menaçait, et, ne pouvant assister au banquet révolutionnaire de Saint-Mandé, donné le 21 janvier 1870, il envoya aux assistants le texte d'un toast qui fit grand bruit : c'était le toast à une balle. « O petite balle ! Tu peux être la vie comme la mort. Tout dépend de toi, de toi seule. Chacun t'invoque, tout le monde t'attend, n'espère qu'en toi. Tout le monde !... Car si la France marche, le monde marche ; si elle penche, il tombe. Petite balle de bon secours, relève tout ! Petite balle de l'humanité, délivre-nous !... » Ce toast valut à Félix Pyat d'être compris au nombre des accusés traduits, le 19 juillet 1870, devant la haute cour de Blois. Il se décida alors à retourner en Angleterre, et ce fut par contumace que la haute cour le condamna, le 9 août suivant, à cinq ans de prison et 6,000 francs d'amende. On calcula alors que, de 1849 à 1870, Félix Pyat, condamné par toutes les juridictions, depuis la haute cour jusqu'à la police correctionnelle, avait été frappé de 212,000 francs d'amende, d'une condamnation à la déportation, de 29 ans et 5 mois de prison, de 5 ans de surveillance et de 10 ans d'interdiction. De retour à Paris, à la chute de l'Empire, il s'empressa de fonder le journal le Combat, où il attaqua vivement le gouvernement de la Défense nationale, et fit campagne pour l'élection de la Commune. Le 28 octobre 1870, il publia dans le Combat cette note encadrée de noir : « Le maréchal Bazaine a envoyé un aide de camp au roi de Prusse pour traiter de la reddition de Metz. » Pyat tenait la nouvelle de Flourens, qui la tenait lui-même de M. H. Rochefort, membre du gouvernement. Cette nouvelle produisit la plus vive émotion à Paris. Les bureaux du Combat furent saccagés par les gardes nationaux furieux, la nouvelle démentie, quoique vraie, par le gouvernement, et Félix Pyat accablé d'outrages dans les réunions publiques. Mais le surlendemain 31 octobre, le Journal officiel avouait la reddition de Metz, et le peuple en armes dans l'Hôtel de Ville envahi, nommait par acclamation Félix Pyat membre du comité insurrectionnel de salut public. Le mouvement ayant été comprimé presque aussitôt, Pyat fut arrêté et enfermé jusqu'au 14 novembre à la Conciergerie. Rendu à la liberté, il reprit ses luttes contre le gouvernement de la Défense et pour l'établissement de la Commune ; le Combat supprimé, il le remplaça par le Vengeur, et, le 8 février 1871, il fut élu représentant de la Seine à l'Assemblée nationale, le 11e sur 43, par 145,872 voix (328,970 votants, 547,853 inscrits). Il alla à Bordeaux voter contre la paix, et, dans la séance du 3 mars, il à l'Assemblée une lettre où il disait : « Je proteste contre le vote d'avant-hier, non par ma démission, car l'Assemblée n'a pas le droit de l'accepter, elle est dissoute de droit par son vote. En mutilant la France, elle s'est tuée. En effet, elle ne représente plus la France, toute la France qui l'a nommée. Je conserve donc mon mandat, tout en me retirant de cette Assemblée où je ne rentrerai pas, tant que son vote parricide ne sera pas annulé. » Puis il revint à Paris, continua à rédiger le Vengeur, et accepta, le 26 mars, le mandat de membre de la Commune pour le 10e arrondissement de Paris. Il eut de vives polémiques avec M. H. Rochefort au sujet des événements du 31 octobre, fit partie, à la Commune, des commissions exécutive et des finances, puis du comité de salut public (2 mai), vota la loi des otages, réclama avec instance le renversement de la colonne Vendôme, et signa, le 22 mai, le dernier numéro

du Vengeur, qui invitait la garde nationale à une résistance à outrance ; il placarda lui-même ce numéro sur une barricade de la rue Montorgueil, organisa la lutte dans le 10e arrondissement, puis échappa aux poursuites, et ne quitta Paris, où il se tenait caché, pour se rendre en Angleterre, que dans le courant de l'année 1872. A la fin de mars 1873, il fut condamné à mort par contumace par le 3e conseil de guerre. En 1879, il collabora sous les pseudonymes Diogène et Un exclu, au journal socialiste la Marseillaise. Rentré lors de l'amnistie plénière de 1880, il fonda un nouveau journal intitulé la Commune, encourut encore une condamnation, qui resta d'ailleurs inexécutée en raison de la loi nouvelle sur la presse, donna des articles à l'Hôtel de Ville, à la France libre, etc., et fut inscrit, en 1885, dans le Cher, sur la liste des candidats républicains socialistes à la Chambre des députés : en tête de cette liste, où étaient portés avec lui MM. Ed. Vaillant, Henry Maret, E. Baudin, Margot et Gaston Couguy, il réunit près de 18,000 voix ; au second tour de scrutin, la liste opportuniste resta seule en présence des conservateurs, et l'emporta ; Félix Pyat échoua également dans la Nièvre et dans la Seine. En 1887, un nouveau siège de sénateur ayant été attribué par le sort au département du Cher, le nom de Félix Pyat servit de ralliement aux électeurs partisans de l'abolition de la Chambre haute, et faillit sortir de l'urne ; au ballottage, M. Louis Pauliat fut élu ; Félix Pyat collaborait alors au Cri du peuple. Le 25 mars 1888, il fut élu député des Bouches-du-Rhône par 40,273 voix (77,995 votants, 138,524 inscrits), contre 23,719 à M. Ed. Hervé, monarchiste, 12,496 à M. Henry Fouquier, opportuniste, et 1,071 au général Boulanger. Il s'assit à l'extrême gauche de la Chambre avec laquelle il vota constamment, et prit plusieurs fois la parole : pour poser diverses questions aux ministres de la Guerre et de la Marine, pour réclamer du cabinet Floquet des mesures énergiques contre les princes d'Orléans, et pour affirmer, à propos de la révision demandée par le général Boulanger, des doctrines à la fois révisionnistes et anticésariennes. Il vota, à la fin de la session, contre le rétablissement du scrutin d'arrondissement (11 février 1889), contre l'ajournement indéfini de la révision de la Constitution, contre les poursuites contre trois députés membres de la Ligue des patriotes, contre le projet de loi Lisbonne restrictif de la liberté de la presse ; il s'abstint sur les poursuites contre le général Boulanger, parce qu'il trouvait « la juridiction de la haute cour antirépublicaine, impopulaire et dangereuse, la seule juridiction possible étant la juridiction militaire. » Félix Pyat est mort le 3 août 1889, à Saint-Gratien (Seine-et-Oise), dans une petite maison qu'il habitait depuis 1881. En 1885, il avait fait représenter un nouveau drame à l'Ambigu, l'Homme de peine, et avait réuni sous ce titre : Les Cahiers du peuple, plusieurs de ses articles de la France libre.

PYROT (Hubert), député en 1791 et de 1815 à 1816, né à Ligneville (Vosges) le 12 février 1758, mort à Metz (Moselle) le 13 août 1834, « fils de Joseph-Antoine Pyrot, avocat au parlement de Nancy et d'Anne-Marie Voirin », était avocat avant la Révolution. Partisan des idées nouvelles, il devint procureur-syndic à Metz, et fut élu, le 5 septembre 1791, député de la Moselle à l'Assemblée législative, le 7e sur 8, par 262 voix (426 votants). Il fut membre du comité de liquidation et proposa des mesures contre les émigrés. Il vécut ensuite assez retiré, pendant la Convention et le Directoire. Rallié au 18 brumaire, il entra dans la magistrature et devint substitut à Metz (23 février 1811). Élu, le 22 août 1815, député du grand-collège de la Moselle, par 111 voix (191 votants, 318 inscrits), il siégea dans la majorité de la Chambre introuvable, fut nommé, le 6 mars 1816, conseiller à la cour royale de Metz, et quitta la vie parlementaire aux élections qui suivirent la dissolution du 5 septembre 1816.

Q

QUANTIN (CLAUDE-MICHEL), représentant à la Chambre des Cent-Jours, né à Saint-Calais (Sarthe) le 7 septembre 1751, mort à Bessé (Sarthe) le 12 juin 1828, exerça la profession de notaire dans son pays natal. Propriétaire à Bessé, il fut élu (9 mai 1815) représentant de l'arrondissement de Saint-Calais à la Chambre des Cent-Jours, par 24 voix sur 47 votants et 60 inscrits. Son rôle parlementaire finit avec la législature.

QUARTARA (JEAN-CHARLES-ANTOINE), député au Corps législatif de 1811 à 1814, né à Gênes (Italie) le 23 octobre 1764, mort à une date inconnue, « fils du sieur David Quartara et de la dame Marie Hiéronyme Guerina, conjoints », était négociant et banquier à Gênes, membre de la chambre de commerce et conseiller municipal de cette ville, lorsque le Sénat le désigna (8 mai 1811) pour représenter le département de Gênes au Corps législatif. Il y siégea jusqu'aux traités de 1814.

QUATREBARBES (THÉODORE, COMTE DE), député de 1846 à 1848, né à Angers (Maine-et-Loire) le 8 juillet 1803, mort à Angers le 6 avril 1871, appartenait à une famille légitimiste. Il fut officier dans la garde royale, quitta le service à la révolution de juillet, et se retira à Angers où il avait des propriétés : par la parole et par la plume, il fit alors une active propagande en faveur de la branche aînée, contre le gouvernement de Louis-Philippe, et se fit élire conseiller général de Maine-et-Loire. Candidat légitimiste, le 9 juillet 1842, à la Chambre des députés, dans le 4e collège de Maine-et-Loire (Cholet), il échoua avec 104 voix contre 180 à M. Poudret de Sévret, élu. Mais il prit sa revanche aux élections générales suivantes, et devint député de Cholet, le 1er août 1846, par 202 voix (402 votants, 473 inscrits) contre 189 au député sortant. Le général Lamoricière s'était mis également sur les rangs. Il prit place à l'extrême droite de la Chambre, et vota jusqu'à la révolution de février avec le petit groupe d'opposition royaliste. On lit dans un recueil de biographies parlementaires de l'époque : *La Chambre des députés daguerréotypée par un sténographe* (1847) : « M. de Quatrebarbes est imberbe, ce qui ne l'empêche pas d'avoir une bonne figure et une forte tête légitimiste pur sang ; il est incapable de se laisser prendre à la glu du système ; il aime mieux consacrer son temps et sa fortune à faire prospérer l'agriculture dans son arrondissement et à cultiver les lettres comme un noble passe-temps. Sans être éloquent, M. de Quatrebarbes parle avec assez de facilité pour prendre part aux discussions secondaires et se rendre utile dans les commissions. » M. de Quatrebarbes ne fut pas élu représentant à l'Assemblée constituante. Il continua de faire partie du conseil général de Maine-et-Loire, et échoua, le 29 février 1852, comme candidat conservateur légitimiste au Corps législatif dans la 4e circonscription de Maine-et-Loire, avec 4,410 voix contre 9,772 à l'élu, M. Durfort de Civrac, et 4,321 à M. Cesbron-Lavau. En 1860, il se rendit à Rome et reçut un grade du général Lamoricière. Nommé gouverneur d'Ancône, il resta dans cette place jusqu'au moment de la capitulation. Puis il passa dans la retraite les dernières années de sa vie, sans cesser de prendre un vif intérêt aux affaires de son parti.

QUATREFAGES DE LA ROQUETTE (HENRI), député en 1789, né au Vigan (Gard), le 25 juin 1731, mort au Vigan le 8 avril 1824, était négociant et propriétaire au Vigan. Élu, le 30 mars 1789, député du tiers aux États Généraux, par la sénéchaussée de Nîmes et Beaucaire, il prêta le serment du Jeu de paume, opina avec la majorité de l'Assemblée constituante, devint, en décembre 1791, maire du Vigan, et fut, après le régime révolutionnaire, conseiller d'arrondissement du Gard.

QUATREMÈRE DE QUINCY (ANTOINE-CHRYSOSTOME), député en 1791, au Conseil des Cinq-Cents, et de 1820 à 1822, né à Paris le 21 octobre 1755, mort à Paris le 28 décembre 1849, second fils de François-Bernard Quatremère de l'Épine, notable négociant qui avait reçu en 1780 des lettres de noblesse, et frère du savant littérateur Quatremère-Disjonval, fit ses études au collège Louis-le-Grand et s'y distingua surtout par un goût des plus vifs pour les arts. Destiné au barreau, il préféra se consacrer dès sa jeunesse à des recherches approfondies sur l'architecture et la sculpture ; puis il se rendit à Rome (1776), visita l'Italie, séjourna quelque temps à Naples, et recueillit dans ce voyage les éléments de son *Dictionnaire d'architecture*, dont le premier volume ne parut qu'en 1788. Lié avec l'italien Canova, avec les français Percier, Fontaine, Clérisseau et Julien, lauréat de l'Académie des Inscriptions pour son mémoire sur cette question : *Quel fut l'état de l'architecture chez les Égyptiens, et qu'est-ce que les Grecs en ont emprunté ?* Quatremère était déjà en possession d'une solide renommée comme archéologue, lorsque la Révolution le surprit au milieu de ses travaux. Il en adopta très modérément les idées, fut proposé (2 juillet 1791) pour le poste de gouverneur du Dauphin, proposition qui n'eut pas de suites, et, le 21 septembre 1791, fut élu député du département de Paris à l'Assemblée législative, le 18e sur 24, par 360 voix (720 votants). Il y défendit la monarchie constitutionnelle, fit décréter, le 12 mai 1792, malgré une vive opposition de la gauche, qu'une fête serait célébrée pour honorer la mémoire de Simonneau, maire d'Etampes, mort dans l'exercice de ses fonctions, prit la parole en faveur des ministres Bertrand de Molleville, Duport-Dutertre et Terrier de Montciel, et s'opposa, le 10 juillet, à la permanence des sections ainsi qu'à la déclaration de la patrie en danger, disant que c'était là « un moyen d'arriver à une nouvelle révolution ». Il intervint, d'autre part, dans les questions artistiques, présenta des observations sur les honneurs du Panthéon, et appuya les réclamations des artistes sur la distribution des prix, à la suite de l'exposition publique au salon du Louvre. Son attitude favorable aux royalistes le rendit impopulaire dans les derniers temps de la session, et, le 8 août 1792, il se plaignit d'avoir été attaqué au sortir de la séance. Quatremère d'Quincy fut emprisonné en 1793, et élargi, treize mois après, à la suite du 9 thermidor. Plein de zèle pour la contre-révolution, il devint président de la section royaliste de la Fontaine-de-Grenelle, et prit une part active aux préparatifs de l'insurrection du 13 vendémiaire an IV; la commission militaire siégeant au Théâtre-Français le condamna à mort par contumace. Mais, six mois plus tard, il reparut, et fut acquitté par un jury qui déclara qu'il n'y avait point de rébellion en vendémiaire. Élu, le 22 germinal an V, député de la Seine au Conseil des Cinq-Cents, il se montra plus ardent que jamais pour la cause royaliste, combattit les institutions républicaines, et fut inscrit au 18 fructidor sur les listes de proscription. Il réussit à se cacher, et fut rappelé par le gouvernement consulaire qui le nomma membre et secrétaire du conseil général de la Seine (29 ventôse an VIII). Il entra en 1804 à l'Institut, se rallia avec empressement, en 1814, au gouvernement royal, fut nommé censeur royal la même année, intendant des arts et monuments civils (janvier 1815), reçut la croix d'officier de la Légion d'honneur et le cordon de Saint-Michel, et occupa, de 1816 à 1839, le poste de secrétaire perpétuel de l'Académie des Beaux-Arts. Il fut encore élu, le 13 novembre 1820, député de la Seine au grand collège, par 1,090 voix (1,846 votants, 2,206 inscrits). Il siégea alors au centre et vota jusqu'en 1822 avec les royalistes modérés. Il mourut dans sa 96e année, laissant de nombreux ouvrages, dont plusieurs sont justement estimés, sur l'archéologie et les arts du dessin: *Considérations sur les arts du dessin en France*, suivies d'un *Plan d'Académie ou d'école publique et d'un système d'encouragement ; Dictionnaire d'architecture ; le Jupiter Olympien* (1815); *Lettres écrites de Londres à Rome sur les marbres d'Elgin, ou les sculptures du temple de Minerve à Athènes* (1815); *Histoire de la vie et des ouvrages des plus célèbres architectes du onzième siècle jusqu'à la fin du dix-huitième* (1830); *Histoire de la vie et des ouvrages de Raphaël* (1824); *Histoire de la vie et des ouvrages de Michel-Ange Buonarotti* (1835); *Essai sur la nature, le but et les moyens de l'imitation dans les beaux-arts*, etc. Il était chargé, pour la partie des beaux-arts, de la rédaction du *Journal des Savants*.

QUATRESOLZ (Nicolas-Michel, CHEVALIER DE) SEIGNEUR DE MAROLLES, député en 1791, né à Coulommiers (Seine-et-Marne) le 24 octobre 1733, mort à Marolles-sur-Seine (Seine-et-Marne) le 1er août 1818, « fils de Nicolas Quatresolz, écuyer, seigneur de Marolles, et de demoiselle Augustine-Roberte-Suzanne-Henriette de For-

mont », était lieutenant civil à Marolles. Il devint, à la Révolution, président du district de Rozoy, maire de Marolles, et (31 août 1791) député de Seine-et-Marne à l'Assemblée législative, le 4e sur 11, par 246 voix (367 votants). Il opina avec la majorité, et disparut de la scène politique après la session.

QUEINEC (JACQUES), membre de la Convention, député au Conseil des Cinq-Cents, né le 23 mars 1755, mort à une date inconnue, était, au début de la Révolution, cultivateur à Plonéou-Ménez (Finistère). Il adopta modérément les idées nouvelles, et fut élu, le 8 septembre 1792, député à Finistère à la Convention, le 5e sur 8, par 268 voix (411 votants). Dans le procès du roi, Queinec répondit : « Je ne suis pas juge, je ne puis donc voter que pour la détention pendant la guerre, et la déportation à la paix. » Impliqué dans les poursuites contre les Girondins, il fut détenu jusqu'à la réaction thermidorienne, rappelé ensuite à l'assemblée par la nouvelle majorité, (18 frimaire an III), et élu par ses collègues de la Convention député au Conseil des Cinq-Cents (4 brumaire an IV); il y siégea jusqu'en l'an VI et rentra alors dans la vie privée.

QUÉLEN (HYACINTHE-LOUIS, COMTE DE), pair de France, né à Paris le 8 octobre 1778, mort à Paris le 31 décembre 1839, était le second fils de Jean-Claude-Louis de Quélen, capitaine de vaisseau, et d'Antoinette-Marie Hocquart, et appartenait à une ancienne famille bretonne qui eut pour chef Jean de Quélen, un compagnon de du Guesclin. Destiné à l'Eglise, il termina, sous la direction des abbés de Grandchamp et de Sambucy, ses études commencées au collège de Navarre, et fut un des premiers disciples de l'abbé Emery au séminaire de Saint-Sulpice, réorganisé après le Concordat. Ordonné prêtre le 11 mars 1807, il fut bientôt attaché comme vicaire général à M. de Caffarelli évêque de Saint-Brieuc, devint ensuite secrétaire du cardinal Fesch, refusa, après la disgrâce de ce dernier, le titre de chapelain de l'impératrice, et fut chargé (1812) de diriger dans l'église de Saint-Sulpice les exercices du catéchisme. En juin 1814, il prononça l'oraison funèbre de Louis XVI et, le 9 février 1815, dans l'église de Sainte-Elisabeth du Temple, celle de Mme Elisabeth sœur du roi. Grâce à l'appui du grand aumônier de France, Talleyrand-Périgord, il reçut le titre de vicaire général de la grande aumônerie, fut sacré peu après, dans l'église des Carmes de la rue de Vaugirard, évêque de Samosate *in partibus*, et, le 24 septembre 1819, fut nommé coadjuteur, avec future succession, du cardinal de Talleyrand, archevêque de Paris. Il prononça, le 14 mars 1820, à Saint-Denis, l'oraison funèbre du duc de Berry et, à la mort du cardinal, devint, le 20 octobre 1821, archevêque titulaire de Paris. Il fut élevé à la pairie le 31 octobre 1822. Mgr de Quélen siégea à la Chambre haute jusqu'en 1830, parmi les plus zélés défenseurs de la royauté et de l'Eglise. Dans la séance du 31 mai 1824, il se signala par son opposition au projet de conversion des rentes, et cette attitude lui valut une certaine popularité. L'épiscopat français, accusé de tendances ultramontaines, publia, le 3 avril 1826, une déclaration relative à *l'Indépendance des rois dans l'ordre temporel*, déclaration à laquelle l'archevêque de Paris s'associa. La même année, Mgr de Quélen insista sans succès auprès de M. de Villèle pour faire présenter au roi une demande d'amnistie en faveur des conventionnels régicides. Il protesta *contre les ordonnances* du 16 juin 1828 qui expulsaient les Jésuites; puis, à la mort du pape Léon XII, il lança un mandement où il essayait de prémunir les fidèles contre l'esprit de système qui menaçait l'Église d'une guerre intestine : l'abbé de La Mennais riposta avec vivacité. Un discours adressé par l'archevêque au roi Charles X, à propos de la prise d'Alger, discours dans lequel il paraissait engager le roi à se saisir du pouvoir absolu, souleva de vifs commentaires dans la presse libérale, et fut, a-t-on dit, une des principales causes du sac de l'archevêché à la révolution de juillet. M. de Quélen ne reparut qu'en janvier 1831 : mais les scènes de désordre qui se passèrent en 1832 à Saint-Germain-l'Auxerrois firent lancer contre lui un mandat d'amener, qui fut d'ailleurs presque aussitôt retiré. En mai suivant, l'archevêque crut devoir refuser la sépulture ecclésiastique à l'ancien évêque constitutionnel Grégoire, et ce refus lui suscita de nouveaux ennemis. Pendant l'épidémie cholérique, il institua l'*Œuvre des orphelins du choléra*. Après l'attentat de Fieschi, il présida au service funèbre célébré aux Invalides pour honorer la mémoire des victimes, et, le 25 août 1838, il baptisa le comte de Paris. Il mourut d'une maladie de cœur. Il avait succédé, le 29 juillet 1824, comme membre de l'Académie française, au cardinal de Bausset.

QUÉLEN (Amable-Gilles-Anne de), député de 1824 à 1830, né à Paris le 30 juin 1773, mort au château de la Ville-Chevalier (Côtes-du-Nord) le 11 mai 1840, d'une famille d'ancienne noblesse bretonne, émigra à la Révolution avec son oncle, le marquis d'Autichamp, rentra en France sous le Consulat, mais n'exerça aucune fonction publique avant la Restauration. Maire de Plouégat en juin 1814, chevalier de Saint-Louis le 26 juillet suivant, inspecteur général de la garde nationale des Côtes-du-Nord le 11 mars 1815, président du collège électoral de Guingamp en 1821, il fut élu député du 3e arrondissement électoral des Côtes-du-Nord, (Guingamp), le 25 février 1824, par 195 voix (237 votants, 255 inscrits), et réélu, le 17 novembre 1827, par 110 voix (193 votants, 228 inscrits), puis, au grand collège du même département, le 3 juillet 1830, par 111 voix (182 votants, 210 inscrits). M. de Quélen prit place dans la majorité royaliste, mais vota avec une certaine indépendance, et défendit contre les entreprises des ultras et contre les interprétations des ministres la charte constitutionnelle. Dévoué à la branche aînée, il donna sa démission aux journées de juillet, et fut remplacé, le 21 octobre de la même année, par M. Riollay.

QUÉLEN DE STUER DE CAUSSADE. — Voy. VAUGUYON (DUC DE LA).

QUÉNAULT (Hippolyte-Alphonse), député de 1837 à 1841 et de 1845 à 1848, né à Cherbourg (Manche) le 6 juin 1795, mort à Paris le 6 avril 1878, se fit inscrire au barreau de Paris en 1816, fut reçu docteur en droit en 1828, et acheta, l'année suivante, une charge d'avocat à la cour de Cassation. Partisan du gouvernement de juillet, il fut nommé juge au tribunal de la Seine en 1830, chef de division au ministère de la Justice en 1833, maître des requêtes au conseil d'État en 1836, et conseiller d'État en 1837. Après avoir échoué à la

députation, dans le 3e collège de la Manche (Cherbourg), le 21 juin 1834, avec 169 voix contre 171 à l'élu, M. de Bricqueville, député sortant, il fut élu dans ce même collège, le 4 novembre 1837, par 313 voix (467 votants, 531 inscrits), contre 150 à M. de Bricqueville, député sortant, et réélu, le 2 mai 1839, par 277 voix (477 votants, 550 inscrits), contre 196 à M. Thiers. Nommé secrétaire général du ministère de l'Intérieur le 17 mai 1839, il dut se représenter devant ses électeurs, qui lui confièrent son mandat, le 15 juin suivant, par 289 voix (310 votants, 527 inscrits). Secrétaire général du ministère de la Justice le 1er novembre 1840, il dut encore se représenter, et fut réélu, le 12 décembre suivant, par 231 voix (418 votants, 571 inscrits), contre 211 à M. de Bricqueville. Avocat général à la cour de Cassation le 7 octobre 1841, et soumis de nouveau à la réélection, il échoua, le 13 novembre suivant, avec 211 voix contre 275 à l'élu, M. de Bricqueville. Il ne se représenta pas aux élections générales du 9 juillet 1842, mais, le 20 septembre 1845, il fut élu dans le 5e collège de la Manche (Coutances), en remplacement du général Bonnemains nommé pair de France, par 253 voix (482 votants, 524 inscrits), contre 162 à M. Le Mengonnat et 53 à M. Moselman, et fut réélu, le 1er août 1846, par 270 voix (439 votants, 537 inscrits), contre 83 à M. Demezango et 35 à M. Achard de Bonvouloir. La veille, 31 juillet, il avait été nommé conseiller à la cour de Cassation. M. Quénault siégea dans la majorité ministérielle, et approuva la loi d'apanage, l'indemnité Pritchard, soutint le ministère Guizot, et, à la séance du 7 février 1848, attaqua, à propos de la campagne des banquets, « les terroristes et les utopistes. » Hippolyte Castille l'appelle un « conservateur enrhumé ». En 1848, il reprit sa robe d'avocat, fut admis à la retraite, comme conseiller à la cour de Cassation, le 20 octobre 1870, et fut nommé en 1871 vice-président du tribunal des conflits, poste qu'il occupa jusqu'en 1877. Officier de la Légion d'honneur le 19 février 1841 et commandeur du 1er août 1868. On a de lui : *Traité des assurances terrestres* (1827); *De la juridiction administrative* (1830).

QUENSON (François-Louis-Joseph), député de 1846 à 1848, né à Saint-Omer (Pas-de-Calais) le 22 novembre 1791, mort à Nielles (Pas-de-Calais) le 26 octobre 1873, fit ses classes au collège de Saint-Omer, étudia le droit à Bruxelles et à Paris, et subit avec succès les épreuves du concours d'agrégation, en vue du professorat. Mais il y renonça pour entrer dans la magistrature, et fut attaché à la cour de Douai, sous la Restauration, comme conseiller auditeur, puis comme conseiller en titre. Plus tard, au moment d'être promu président de chambre, il demanda à occuper le siège de président du tribunal civil de Saint-Omer; il ne le quitta qu'en 1861, lorsqu'il fut atteint par la limite d'âge. Conseiller général du Pas-de-Calais pour les cantons de Fauquembergues et de Lumbres, de 1831 à 1848, puis pour le canton de Lumbres, de 1848 à 1877, il appartint également, sous Louis-Philippe, à la Chambre des députés. Le 9 juillet 1842, il avait fait une première tentative dans le 6e collège du Pas-de-Calais (Saint-Omer), et avait réuni, sans être élu, 151 voix contre 180 au député sortant, réélu, M. Armand. Il fut plus heureux le 1er août 1846, dans la même circonscription : élu, comme conservateur, par 217 voix (369 votants, 389 inscrits), contre 111 à M. Armand, il vota avec le ministère jusqu'à la révolution de février 1848. M. Quenson mourut en 1879, à un âge très avancé, à Nielles-lès-Bléquin, dont il avait été maire ; il était président honoraire de la Société d'agriculture de Saint-Omer et de la Société des antiquaires de la Morinie, et officier de la Légion d'honneur.

QUERHOENT (LOUIS-JOSEPH, COMTE DE), représentant en 1849, né à Saint-Malo (Ille-et-Vilaine) le 20 octobre 1784, mort au château de Beauchêne (Ille-et-Vilaine) le 3 février 1866, suivit la carrière des armes et prit sa retraite avec le grade de capitaine. D'opinions royalistes, il fut élu, le 13 mai 1849, représentant d'Ille-et-Vilaine à l'Assemblée Législative, le 7e sur 12, par 73,676 voix (106,407 votants, 154,958 inscrits). M. de Querhoënt siégea à droite et vota avec la majorité, *pour* l'expédition de Rome, *pour* la loi Falloux-Parieu sur l'enseignement, *pour* la loi restrictive du suffrage universel ; il rentra dans la vie privée au 2 décembre 1851.

QUÉRU (RENÉ-ANTOINE), député en 1791, dates de naissance et de mort inconnues, était président du district de Verneuil. Élu, le 20 septembre 1791, premier député suppléant du département de l'Eure à l'Assemblée législative, par 272 voix (312 votants), il fut admis à siéger le 24 mars 1792, en remplacement de M. Delivet de Saint-Mars, décédé. Son rôle politique assez obscur prit fin avec la session.

QUÉRU DE LA COSTE (PIERRE), député en 1789, né à Rennes (Ille-et-Vilaine) le 11 janvier 1742, mort à Rennes le 31 juillet 1804, entra dans les ordres. Il était recteur de la paroisse Saint-Jean à Rennes, au moment de la Révolution. Partisan des idées nouvelles, secrétaire de la correspondance de Rennes avec les députés du clergé, il fut élu, le 15 septembre 1789, député du clergé de la sénéchaussée de Rennes aux États-Généraux ; cette élection complémentaire était motivée par la double démission des abbés Guillou et Hunault. Il approuva les événements des 5 et 6 octobre à Versailles, appuya la majorité réformatrice, prêta le serment ecclésiastique le 27 décembre 1790, et partit en congé le 19 mai suivant. De retour à Rennes, il renonça, sous la Terreur, aux fonctions ecclésiastiques, épousa sa servante, et mourut conservateur du musée de Rennes et membre correspondant de l'Académie celtique.

QUESLIN (JEAN-ADRIEN), député en 1791, né le 5 avril 1754, mort à une date inconnue, exerçait à Barfleur (Manche) la profession de notaire. Élu, le 11 septembre 1791, député de la Manche à l'Assemblée législative, le 13e et dernier, par 261 voix (400 votants), il appartint à la majorité réformatrice. En 1792, il fit décréter que le ministre de la Marine rendrait compte des mesures prises pour la sûreté des côtes, fixer le délai pour les réclamations des pensions, décider que les colonies concourraient à la formation de la Convention nationale, et confisquer les biens appartenant aux émigrés dans les colonies. Son rôle politique prit fin avec la session.

QUESNAY DE SAINT-GERMAIN (ROBERT-FRANÇOIS-JOSEPH), député en 1791, né à Valenciennes (Nord) le 23 janvier 1751, mort à Bassanges (Maine-et-Loire) le 8 avril 1805, pe-tit-fils du célèbre économiste Quesnay, fit ses études à Nevers, s'occupa d'agriculture avec son père, et voyagea à l'étranger, où il reçut, grâce à la célébrité de son grand-père, un accueil empressé aux cours de Carlsruhe et de Pologne. Secrétaire de Turgot, pendant son ministère, puis, en 1776, conseiller à la cour des aides de Paris, il s'éprit des idées de la Révolution, et fut nommé, en 1790, juge au tribunal de district de Saumur. Élu, le 10 septembre 1791, député de Maine-et-Loire à l'Assemblée législative, le 9e sur 11, par 246 voix (450 votants, 603 inscrits), il prit place parmi les constitutionnels, et défendit la cause de la monarchie. Rentré dans la vie privée après la session, il n'exerça de nouveau des fonctions publiques qu'après le 18 brumaire auquel il s'était rallié. Nommé, en floréal an VIII, président du tribunal civil de Saumur, il se retira, au bout de quelques années, en son château de Bassanges où il mourut. On a de lui : *Projet d'instructions et pouvoirs généraux et spéciaux à donner aux députés des États généraux* (Paris, 1789).

QUESNÉ (HENRI-MATHIEU), député au Corps législatif de 1852 à 1870, né à Elbeuf (Seine-Inférieure) le 18 octobre 1813, mort à Elbeuf le 24 octobre 1887, fonda et dirigea dans sa ville natale une importante manufacture de drap, s'occupa peu de politique, sous Louis-Philippe, mais, s'étant rallié au prince Louis Napoléon, fut successivement élu, comme candidat officiel, député au Corps législatif dans la 2e circonscription de la Seine-Inférieure, le 29 février 1852, par 11,993 voix (20,605 votants, 36,575 inscrits) contre 4,251 à M. Randoing, 2,597 à M. Chennevière, et 1,495 à M. Bourdon, ancien représentant ; le 22 juin 1857, par 12,950 voix (18,135 votants, 92,354 inscrits), contre 5,870 à M. Leballeur de Villiers ; le 1er juin 1863, par 12,692 voix (23,312 votants, 35,047 inscrits), contre 7,092 à M. Manchon et 3,402 à M. Bourdon ; le 24 mai 1869, par 13,387 voix (25,402 votants, 34,828 inscrits), contre 11,657 à M. Manchon et 286 à M. Aubry. Ami de M. Pouyer-Quartier, M. Quesné défendit, comme lui, les idées conservatrices et protectionnistes, signa la demande d'interpellation des 116 et vota *contre* la guerre en juillet 1870. Il rentra dans la vie privée à la révolution du 4 septembre. Officier de la Légion d'honneur du 14 août 1869.

QUESNEL (GABRIEL-FRANÇOIS), député au Conseil des Cinq-Cents, date de naissance et de mort inconnues, était homme de loi à Pont-l'Évêque, lorsqu'il fut élu, le 22 germinal an V, député du Calvados au Conseil des Cinq-Cents, par 342 voix (396 votants). Il siégea obscurément dans cette assemblée jusqu'en l'an VII, et rentra ensuite dans la vie privée.

QUEYSEN (GUILLAUME), député au Corps législatif de 1811 à 1814, né à Zwoll (Hollande) le 31 mai 1754, mort à Zorgvliet (Hollande) le 11 août 1817, fit ses études à Deventer et à Leyde, et exerça d'abord la profession d'avocat. Membre du conseil municipal de Zwoll, il donna sa démission en 1787, pour se retirer à la campagne. Il accepta pourtant, en 1795, d'être membre des États de la province, (Over-Yssel), puis des États-Généraux ; il fit aussi partie de la première convention nationale de la République batave, prit part à la rédaction d'un projet de constitution, et, dans la seconde convention nationale, à laquelle il fut réélu, siégea dans le comité des affaires étrangères. Mais le parti avancé, qui le tenait en suspicion, le suspendit de ses fonctions et obtint qu'il fût détenu à Ham (février 1793). Il y demeura jusqu'en juin, vécut quelque temps dans la retraite, devint membre du directoire exécutif de la république, puis conseiller d'Etat, et fut appelé par le roi Louis Bonaparte aux fonctions de directeur général des postes. En 1809, Guillaume Queysen fut nommé préfet du département de l'Ost-Frise. Après la réunion de la Hollande à la France, le Sénat conservateur le désigna (11 février 1811) pour représenter le département des Bouches-de-l'Yssel au Corps législatif impérial, où il siégea jusqu'aux traités de 1814. Il termina sa carrière comme conseiller d'Etat du nouveau royaume des Pays-Bas, chevalier de l'ordre du Lion-Belgique et commandeur de l'ordre de l'Union.

QUILIO (Antoine-Marie-René Le Cochriault du), député de 1838 à 1839, né à Quimperlé (Finistère) le 19 juin 1779, mort à une date inconnue, était propriétaire à Quimperlé, lorsqu'il se présenta, comme candidat légitimiste, à la Chambre des députés, le 21 juin 1834, dans le 6e collège du Finistère (Quimperlé), où il échoua avec 62 voix contre 69 à l'élu, M. Tupinier, député sortant. M. du Quilio fut plus heureux dans le même collège, le 7 février 1838 : élu député par 70 voix (128 votants, 149 inscrits), il prit place à droite, dans le petit groupe d'opposition royaliste, et ne fut pas réélu en 1839.

QUILLET (Louis-François-Gabriel), député en 1791, né à Cramont (Somme) en 1712, mort à Paris le 28 février 1792, était cultivateur à Cramont. Il devint administrateur du district d'Abbeville, et fut élu, le 2 septembre 1791, député de la Somme à l'Assemblée législative, le 7e sur 8, par 330 voix (413 votants). Il prit place dans la majorité réformatrice, et mourut peu de temps après l'ouverture de la session.

QUINEMONT (Arthur-Marie-Pierre, marquis de), député au Corps législatif de 1863 à 1870, sénateur de 1876 à 1879, né à Orléans (Loiret) le 19 août 1808, mort à Tours (Indre-et-Loire) le 4 avril 1883, d'une famille de noblesse écossaise établie en France depuis 1481, passa à l'Ecole de Saint-Cyr, 1825, devint lieutenant au 6e cuirassiers, et donna sa démission en 1830. Il entra alors dans la diplomatie (1837) et fut successivement attaché aux légations de Florence, de Hambourg et de Copenhague. Il donna encore sa démission en 1839, se retira en Touraine, où il possédait des propriétés, et devint (1839) conseiller général du canton de l'Isle-Bouchard. Colonel de la garde nationale de Tours (1848-1862), président du comice agricole de Chinon (1849-1870), légitimiste rallié au second empire, il fut élu député au Corps législatif dans la 2e circonscription d'Indre-et-Loire, le 1er juin 1863, par 20,003 voix (28,410 votants, 32,657 inscrits), contre 8,587 à M. de Flavigny, et fut réélu, le 24 mai 1869, par 18,019 voix (24,793 votants, 28,193 inscrits), contre 3,340 à M. Desplanques, 2,161 à M. de Flavigny et 1,227 à M. Renault. Il siégea dans la majorité, mais vota cependant contre la guerre contre la Prusse. Rentré dans la vie privée en 1870, il ne reparut sur la scène politique qu'en 1876, ayant été élu, le 30 janvier, sénateur d'Indre-et-Loire, par 180 voix (335 votants). Il siégea dans la majorité

monarchiste et vota pour la dissolution de la Chambre demandée par le ministère de Broglie. Au renouvellement triennal du 5 janvier 1879, il ne réunit plus que 109 voix sur 331 votants, et quitta la vie politique. Chevalier de la Légion d'honneur du 10 avril 1847 ; officier du 14 août 1868.

QUINET (Jean-Louis-Edgar), représentant en 1848, en 1849 et en 1871, né à Bourg (Ain) le 17 février 1803, mort à Versailles (Seine-et-Oise) le 27 mars 1875, fils de Jérôme Quinet, commissaire des guerres sous le premier Empire, appartenait à une vieille famille de la Bresse, dont plusieurs membres furent des magistrats distingués. Il avait trois ans quand sa mère l'emmena rejoindre son père, alors attaché à l'armée du Rhin. Il vécut pendant de longs mois au milieu des soldats, revint en Bresse au commencement de 1807, et reçut de sa mère des leçons qui influèrent beaucoup sur son développement moral et intellectuel. En 1811, le jeune Edgar Quinet entra au collège de Charolles, où il eut pour maîtres un ancien capitaine de dragons, un vieux prêtre délié de ses vœux et marié, et un professeur de musique qui lui fit chanter la *Marseillaise*. Mis au collège de Bourg à la fin de 1815, il termina ses études au lycée de Lyon. Admissible aux examens de l'Ecole polytechnique, il refusa de suivre une carrière qui l'eût obligé à servir le drapeau blanc. Alors il commença son droit, l'interrompit pour travailler chez un banquier, le reprit ensuite, et débuta dans la vie littéraire par une œuvre satirique, les *Tablettes du Juif-Errant* (1823). Son amour de la science le conduisit en Allemagne, à Heidelberg. A son retour il publia une traduction des *Idées sur la philosophie de l'histoire de l'humanité* de Herder, dont les opinions l'avaient séduit. Le jeune philosophe présenta son œuvre à Cousin, qui la reçut avec bienveillance. Il se lia avec Michelet, connut les philosophes et historiens allemands, Niebuhr, Schlegel, Tieck, Uhland, Creutzer, et publia un opuscule : l'*Origine des dieux*, qui contient en germe le *Génie des religions*. Cette même année, Quinet écrivit au chef du cabinet, M. de Martignac, pour lui demander d'adjoindre à l'armée envoyée en Morée au secours des Grecs une expédition scientifique sur le plan de celle d'Egypte. Cette idée ayant été adoptée, il fut élu par l'Institut membre de la commission scientifique de Morée, et il partit. La relation de son voyage parut sous ce titre : *De la Grèce moderne et de ses rapports avec l'antiquité* (1830). Partisan enthousiaste de la révolution de juillet, il se jeta avec ardeur dans le mouvement contemporain, et publia plusieurs brochures : *De la démocratie dans ses rapports avec l'histoire politique*, l'*Allemagne et la Révolution*, avertissement à la monarchie de 1830, affirma ses opinions républicaines, et prédit l'avènement prochain de la démocratie. En même temps, il donnait à la *Revue des Deux-Mondes* nombre de travaux littéraires et scientifiques, retrouvait les épopées inédites du xiie siècle, et publiait dans l'*Avenir*, de Lamennais, de volumineux rapports sur ses fouilles littéraires. Après la mort de son père, de 1832 à 1833, Quinet fit un voyage en Italie. C'est là qu'en étudiant les monuments, les hommes, les mœurs, la religion et les révolutions à Venise, à Florence, à Rome, à Naples, il finit *Ahasverus*, poème allégorique en prose qui tend à peindre « l'esprit cultivé cherchant à travers l'ombre le soleil qui va venir », et « l'humanité sourdement travaillée dans ses entrailles comme si elle allait enfanter un Dieu. » Ce genre de poésie mystique n'eut pas un succès général. Cependant d'innombrables articles, publiés pendant le règne de Louis-Philippe dans les revues, dans les journaux et en brochures, attestèrent l'activité infatigable de l'esprit de Quinet et la part qu'il prit à toutes les manifestations de la pensée en France. Une conviction traverse et pénètre toutes ces œuvres passagères : c'est que l'esprit moderne a besoin d'unir et de concentrer toutes ses forces pour sortir définitivement du moyen âge « ce grand tombeau. » Quinet rendit hommage à la mémoire de Goethe et combattit à la fois le *gallomanie* et le *teutomanie*. Il se maria en Allemagne (1833), passa quelque temps à Heidelberg et à Baden-Baden, puis vint faire imprimer à Paris son poème intitulé *Napoléon* (1836), où il peignit, suivant sa propre expression, « un héros plus grand que nature, plus noble qu'il n'a été en effet. » Travailleur d'une rare puissance, Quinet touchait à toutes les questions. Son *Prométhée*, « un vrai prophète du Christ au sein de l'antiquité païenne », son *Histoire de la poésie épique* (1836-1837), son *Examen de la vie de Jésus* de Strauss (1838), datent de ce moment. Il couronna cette période purement littéraire de son existence par deux thèses soutenues à Strasbourg, l'une sur l'*Art*, l'autre de *Indica poesi antiquissimæ natura et indole* (1839). C'est à la fin de 1838 qu'il avait quitté sa résidence de Heidelberg pour entrer dans l'enseignement public. Nommé professeur de la littérature étrangère à Lyon par M. de Salvandy, il y fit, de 1838 à 1842, des leçons sur les civilisations antiques, qui obtinrent un grand succès. Mais il ne se désintéressait pas des questions actuelles. Sa brochure : *Avertissement au pays* (1841), déplorait, à propos de la guerre d'Orient, la scission de la bourgeoisie et du prolétariat, et demandait l'abolition des traités de 1815. Malgré les tendances républicaines du publiciste, Villemain créa tout exprès pour lui une chaire de littérature méridionale au Collège de France (28 juillet 1841) : c'était le temps des querelles suscitées par la liberté d'enseignement. De concert avec Michelet, Edgar Quinet soutint énergiquement dans plusieurs écrits la cause de la pensée libre. Ses leçons sur les Jésuites furent de vraies batailles (1843) : le cours de 1844 roula sur l'ultramontanisme, celui de 1845 sur le christianisme et la Révolution française. Alors le gouvernement s'inquiéta et voulut intervenir : il imposa au professeur un programme que celui-ci refusa d'accepter (8 avril 1846). Quinet continua de faire de sa chaire une tribune d'où il répandait parmi la jeunesse l'enseignement révolutionnaire. Mais le pouvoir lui retira la parole, malgré les vives protestations des étudiants et des journaux de l'opposition. Le professeur consacra ses loisirs forcés à visiter l'Espagne. A son retour, il publia ses impressions, ainsi qu'une partie de ses anciens cours, sous ce titre : *Mes vacances en Espagne ; le Christianisme et la Révolution française* (1846). Ardent, plus que jamais, à combattre la réaction politique et religieuse, il fut porté comme candidat à la députation, le 1er août 1846, par l'opposition radicale, dans le 2e collège de l'Ain (Bourg) ; mais il n'obtint que 65 voix contre 152 à l'élu, M. Leroy de la Tournelle. Il eut une part active à l'agitation réformiste, prit les armes en février, et ne les quitta que pour inaugurer la République au Collège de France,

« dans la chaire d'un lecteur du roi. » La salle du Collège de France se trouvant trop étroite, il dut transporter son cours dans le grand amphithéâtre et dans la vaste cour de la Sorbonne. Nommé colonel de la 11e légion de la garde nationale de Paris, il fut élu, le 23 avril 1848, représentant de l'Ain à l'Assemblée Constituante, le 4e sur 9, par 55,268 voix. Il s'assit à gauche, fit partie du comité des affaires étrangères, prit rarement la parole, et vota : contre le rétablissement du cautionnement, contre les poursuites contre Louis Blanc et Caussidière, contre le rétablissement de la contrainte par corps, pour l'abolition de la peine de mort, pour l'amendement Grévy, pour l'abolition du remplacement militaire, contre le droit au travail, pour l'ensemble de la Constitution, pour l'ordre du jour en l'honneur de Cavaignac, contre la proposition Rateau, contre l'interdiction des clubs, contre l'expédition romaine, pour l'amnistie des transportés. Il s'attacha à étudier les questions du moment dans ses brochures sur la *Croisade autrichienne, française, napolitaine, espagnole, contre la République romaine* (1849), sur l'*Enseignement du peuple* (1850), l'*État de siège* (1850), la *Revision* (1851). Réélu, le 13 mai 1849, représentant de l'Ain à l'Assemblée législative, le 3e sur 8, par 51,944 voix (82,751 votants, 92,031 inscrits), il combattit les actes du gouvernement présidentiel de L.-N. Bonaparte, se prononça contre l'expédition de Rome, contre la loi Falloux-Parieu sur l'enseignement, contre la loi restrictive du suffrage universel, réclama, après les revues de Satory, la mise en accusation du président, protesta contre le coup d'État, et fut nominativement expulsé de France par le décret du 9 janvier 1852. Il se réfugia d'abord à Bruxelles, où il épousa une jeune veuve moldave, la fille du poète Assaki. Retiré plus tard à Veytaux, en Suisse, il ne profita ni de l'amnistie de 1859, ni de celle de 1869, et consacra ses heures d'exil à de nombreux ouvrages ; *Les Révolutions d'Italie* (1852), l'*Histoire de la fondation des Provinces unies* (1854), l'*Histoire de mes idées* (1858), la *Campagne de 1815* (1862), *Pologne et Rome* (1863), la *Révolution* (1865), *Critique de la Révolution*, où il blâme ouvertement la condamnation de Louis XVI en 1793 ; *France et Allemagne* (1867), la *Question romaine devant l'histoire* (1867), etc. Aux élections législatives de 1869, il déclina la candidature qui lui fut offerte dans une des circonscriptions de Paris. En septembre 1870, il adressa aux Allemands qui envahissaient la France un généreux et vain appel à la fraternité des peuples, et se rendit à Paris, où il publia dans le *Siècle* des articles très remarqués sur la politique impitoyable de M. de Bismarck et de « ses doucereux Vandales ». Un décret du 17 novembre 1870 lui avait rendu son titre de professeur de langues et de littératures méridionales au Collège de France ; mais les circonstances ne lui permirent pas de rouvrir son cours. Élu, le 8 février 1871, représentant de la Seine à l'Assemblée nationale, le 5e sur 43, par 199,472 voix (328,970 votants, 547,858 inscrits), il prononça le 1er mars, à Bordeaux, un remarquable discours contre les préliminaires de paix, « car c'est, dit-il, la guerre à perpétuité sous le masque de la paix », et devint à Versailles, avec Louis Blanc et Peyrat, un des inspirateurs théor
iques du groupe parlementaire de l'extrême gauche. En mai 1871, il proposa d'apporter des modifications au fonctionnement du suffrage universel, voulant que les villes eussent une représentation distincte de celle des campagnes ;

mais sa proposition ne fut appuyée que par 23 voix. Quelques mois plus tard, il déposa une motion tendant à la dissolution de l'Assemblée. Depuis lors, il ne parla plus dans les séances publiques ; mais il s'associa à divers manifestes de l'extrême gauche, notamment à celui du 13 juin 1871, et se mit fréquemment en communication avec le public et ses électeurs par des lettres publiées dans les journaux. Le 7 février 1873, il écrivit à Garibaldi pour protester contre « les allégations d'hommes qui, ne pouvant le comprendre, ont encore une fois cherché à ternir sa gloire ». Edgar Quinet se prononça contre le pouvoir constituant de l'Assemblée, contre la chute de Thiers au 24 mai, contre le septennat, contre l'état de siége, la loi des maires, contre le ministère de Broglie, et se déclara opposé, avec un petit nombre d'amis, au vote de la Constitution de février 1875. Il mourut à Versailles le 27 mars suivant, après avoir publié encore trois ouvrages : Le siége de Paris et la défense nationale (1871), la République (1872), et l'Esprit nouveau. Philosophe hardi, politique passionnément épris de liberté, écrivain éloquent, chaleureux, poétique, Edgar Quinet fut un des plus grands remueurs d'idées du XIXe siècle. Sa femme, Mme Quinet, née Assaki, s'est fait connaître aussi par quelques ouvrages intéressants ; à la mort de son mari, elle a reçu de l'État une pension de 3,000 fr.

QUINETTE (NICOLAS-MARIE), BARON DE ROCHEMONT, député en 1791, membre de la Convention, député au Conseil des Cinq-Cents, ministre, et pair des Cent-Jours, né à Paris le 16 septembre 1762, mort à Bruxelles (Belgique) le 14 juin 1821, fils de Jean Quinette et de Marie-Henriette-Pétronille Calais, exerçait à Soissons, avant 1789, la profession de notaire. Il adopta les idées révolutionnaires, fut nommé administrateur de l'Aisne et, le 8 septembre 1791, fut élu député de ce département à l'Assemblée législative, le 12e sur 14, par 283 voix (533 votants). Il fut un des membres les plus zélés du côté gauche, et appuya avec force le séquestre des biens des émigrés et la déclaration de guerre à l'Autriche. Il opina constamment dans le sens de la majorité, réclama des poursuites contre le duc de Brissac, commandant de la garde constitutionnelle du roi, fit partie de la commission chargée de surveiller les ministres du Dix-Août, et fut envoyé en mission à l'armée de La Fayette, avec des instructions dont il s'acquitta sévèrement. Réélu, le 4 septembre 1792, député de l'Aisne à la Convention, le 1er sur 12, par 525 voix (659 votants), il remplit diverses missions aux armées. Il ne s'était pas rallié tout d'abord à la République, car, le 21 septembre, il répondit à Collot d'Herbois qui demandait l'abolition de la royauté, « que c'était au peuple seul qu'appartenait le droit de se prononcer.» Dans le procès du roi, il vota en ces termes : « Au moment où je vais prononcer avec rigueur, mais avec justice, sur le sort de Louis, je prends l'engagement solennel de juger avec la même sévérité ceux qui, comme Louis, usurperaient ou voudraient usurper les droits du peuple. Au nom de la déclaration des droits, qui veut que la loi soit égale pour tous, soit qu'elle protége, soit qu'elle punisse ; en conséquence de la déclaration unanime de la Convention nationale, portant que Louis Capet est coupable ; conformément à la section 1re du titre de la 2e partie du code pénal, qui établit la peine de mort pour les crimes et attentats contre la chose publique, je reconnais que Louis Capet a encouru la peine

de mort. » C'est sur sa proposition, appuyée et développée par Isnard, que, le 25 mars 1793, la Convention décréta la transformation du comité de défense en comité de salut public, qui fut définitivement organisé le 6 avril, et dont il fit partie. Envoyé, avec Camus et autres, à l'armée de Dumouriez pour faire arrêter ce général, il fut livré par celui-ci, avec ses collègues, au prince de Cobourg (1er avril 1793), et fut soumis à une assez dure captivité jusqu'au 25 décembre 1795, jour où il fut échangé, ainsi que ses collègues, à Bâle, contre la fille de Louis XVI. Le 23 vendémiaire an IV, il avait été élu député au Conseil des Cinq-Cents par le département du Nord, avec 317 voix (619 votants), et par les Basses-Pyrénées, avec 240 voix (262 votants). Il fut secrétaire, puis président de cette assemblée où il sortit en mai 1797, fut nommé, en 1799, ministre de l'Intérieur, et se vit en butte, dans ce poste, à des reproches d'incapacité qui le firent révoquer au 18 brumaire. Rallié aussitôt à Bonaparte, Quinette devint préfet de la Somme. Il ventôse an VIII), fut conseiller d'État le 5 octobre 1810, et, peu de jours après, directeur général de la comptabilité des communes et des hôpitaux. Napoléon lui conféra le titre de chevalier le 27 juillet 1808, et celui de baron le 19 septembre 1810. Quinette adhéra en 1811 à la déchéance de l'empereur, mais il resta sans fonctions sous la première Restauration, et vécut à la campagne dans ses propriétés aux environs de Paris. Aux Cent-Jours, il se présenta dès le 26 mars à l'empereur, qui lui confia une mission extraordinaire dans l'Eure, la Seine-Inférieure et la Somme, avec le titre de conseiller d'État, et l'appela, le 2 juin 1815, à siéger dans la Chambre des pairs impériale. À la nouvelle de la défaite de Waterloo, Quinette parla, à la séance du 28 juin à la Chambre des pairs, avec beaucoup d'adresse pour éluder la reconnaissance de Napoléon II, et fut nommé, le même jour, membre du gouvernement provisoire. Atteint par la loi du 12 janvier 1816 contre les régicides, il s'embarqua au Havre, le 8 février suivant, pour les États-Unis sur un navire américain, l'Albion. Une note de police rapporte qu'il causa beaucoup à bord, déclara que Louis XVIII régnerait peu de temps, que ce serait après lui le duc d'Orléans, mais que lui, Quinette, n'était ni pour les Bourbons, ni pour Bonaparte ; qu'il était républicain, son armée arrivée à New-York, il fut reçu par les réfugiés français, qui lui offrirent un banquet auquel assista Joseph Bonaparte. Quinette ne resta que deux ans en Amérique ; il s'embarqua en mai 1818, à New-York, sur le The Monroe, à destination de Liverpool, sous le nom de M. de Rochemont, et vint se fixer à Bruxelles où sa femme alla le rejoindre, et d'où elle demanda en vain son rappel (lettre du 7 juin 1819). Quinette mourut à Bruxelles deux ans après, d'une attaque d'apoplexie.

QUINETTE (THÉODORE-MARTIN), BARON DE ROCHEMONT, député de 1835 à 1848, représentant en 1848, né à Amiens (Somme) le 7 septembre 1802, mort à Paris le 15 juin 1881, fils du précédent, suivit, à l'âge de treize ans, son père en exil, et rentra en France quelques années après. Il prit part à la révolution de 1830, fut décoré de juillet, devint maire de Soissons (1832), conseiller général de l'Aisne, et brigua en 1835 les suffrages des électeurs censitaires : élu, le 15 janvier, député du 5e collège de l'Aisne (Vervins) par 224 voix (282 votants, 408 inscrits), en remplacement du général Sébastiani démissionnaire, il prit place à gauche et vota avec l'opposition dynastique. Il obtint sa réélection, le 4 novembre 1837, par 260 voix (278 votants, 491 inscrits), puis, le 2 mars 1839, par 298 voix (454 votants), se prononça notamment *pour* l'adjonction des capacités au cens électoral, *pour* les incompatibilités parlementaires, *contre* la dotation du duc de Nemours, et fut encore réélu, le 9 juillet 1842, par 350 voix (424 votants, 591 inscrits), contre 66 à M. Godelle, et, le 1er août 1846, par 358 voix (365 votants, 665 inscrits). Il repoussa l'indemnité Pritchard, combattit la politique du ministère Guizot et traita principalement à la tribune de la Chambre les matières administratives ; on doit à son initiative, l'établissement des trottoirs dans les villes. Après la révolution de février, M. Quinette de Rochemont fut élu (23 avril 1848) représentant de l'Aisne à l'Assemblée constituante, le 2e sur 14, par 123,391 voix (130,363 votants, 154,878 inscrits). Il vota *pour* le bannissement de la famille d'Orléans et se montra favorable à la politique modérée. Ayant été nommé, le 15 juin, ministre plénipotentiaire en Belgique, il remplit ces fonctions jusqu'au coup d'Etat du 2 décembre 1851, fut remplacé par le duc de Bassano, hésita quelque temps à se rallier à l'empire, et se décida à accepter, en 1851, le titre de conseiller d'Etat. M. Quinette de Rochemont a été admis à la retraite en cette qualité le 12 décembre 1873. Commandeur de la Légion d'honneur du 4 août 1867.

QUINSONAS (EMMANUEL-VICTOR POURROY DE L'AUBERIVIÈRE, MARQUIS DE), député de 1824 à 1827, né à Grenoble (Isère) le 3 décembre 1775, mort au château de Beaupréau le 20 mars 1852, fut d'abord chevalier de Malte. Rentré en France pendant la Révolution, il ne tarda pas à émigrer et, en 1799, prit du service en Russie. Il fit en Bessarabie les campagnes de 1804 à 1806 et obtint, l'année suivante, le grade de général-major. Rentré en France en 1811, il ne voulut pas prendre part aux guerres contre les coalisés, et accueillit avec joie le retour des Bourbons, qui lui donnèrent le grade de maréchal de camp équivalant à celui qu'il avait déjà reçu du czar. Pendant les Cent-Jours il suivit Louis XVIII à Gand, et devint, au retour, chevalier de Saint-Louis et commandant du département du Bas-Rhin. Inspecteur d'infanterie de 1818 à 1822, il reçut, en 1823, le commandement de la 2e brigade de la 1re division du 5e corps de l'armée d'Espagne, avec laquelle il se distingua à Pampelune, et fut ensuite appelé aux fonctions de gouverneur provisoire de la Havane. Elu, le 25 février 1824, député du 3e arrondissement électoral de l'Isère (Crémieu), par 186 voix (213 votants, 287 inscrits), il siégea dans la majorité de la « Chambre retrouvée », vota la loi d'indemnité et la loi du sacrilège, et se montra toujours dévoué au ministère Villèle. Les élections générales du 16 novembre 1827 ne lui donnèrent, dans le même collège, que 101 voix contre 110 à l'élu, M. Michoud. En 1825, M. de Quinsonas avait été appelé au commandement de la 1re brigade d'infanterie de la garde royale. La révolution de 1830 le rendit à la vie privée.

QUINSONAS (JOSEPH-OCTAVIEN-MARIE POURROY DE L'AUBERIVIÈRE DE), pair de France, né à Grenoble (Isère) le 9 octobre 1766, mort à Grégy (Seine-et-Marne) le 81 juillet 1854, « fils de haut et puissant seigneur, messire

Joseph-Gabriel Pourroy de l'Auberivière de Quinsonas, président à mortier au parlement du Dauphiné, et de haute et puissante dame Catherine-Claudine de Chaponay », appartint aux armées du roi, prit part à la guerre d'Espagne en 1823, et fut nommé lieutenant-général. Le 5 novembre 1827, une ordonnance royale l'appela à la Chambre des pairs. Il soutint de ses votes le gouvernement de Charles X, et quitta la Chambre haute en 1830, en vertu de l'article 68 de la nouvelle Charte.

QUINSONAS (ADOLPHE-ELISABETH-JOSEPH-OCTAVIEN POURROY DE L'AUBERIVIÈRE, MARQUIS DE), représentant en 1871, né à Creys-et-Pusignieu (Isère) le 19 mars 1813, propriétaire, devint, en 1870, commandant du 6e bataillon des mobiles de l'Isère, prit part aux combats de Beaugency et d'Artenay et à la bataille du Mans, fut officier d'ordonnance du général de Cissey pendant le second siège de Paris, et reçut la croix de la Légion d'honneur, le 5 mai 1871. Elu, le 8 février 1871, représentant de l'Isère à l'Assemblée nationale, le 7e sur 12, par 57,587 voix (92,816 votants, 162,174 inscrits), il prit place à droite, fit partie de la commission des grâces, vota avec la majorité, *pour* la paix, *pour* l'abrogation des lois d'exil, *pour* la pétition des évêques, *contre* le service de trois ans, *pour* la démission de Thiers, *pour* le septennat, *pour* le ministère de Broglie, *contre* l'amendement Wallon, *contre* les lois constitutionnelles. Il resta ensuite quelques années éloigné de la politique. Porté sur la liste conservatrice de l'Isère, aux élections législatives du 4 octobre 1885, il échoua avec 34,387 voix sur 112,659 votants.

QUICT (JÉRÔME-FRANÇOIS), membre de la Convention, né à Alixan (Drôme) le 18 septembre 1748, mort à Alixan le 4 octobre 1806, était cultivateur à Alixan. Partisan des idées nouvelles, il fut employé à l'administration du district de Valence, et fut élu, le 11 septembre 1792, 3e suppléant de la Drôme à la Convention nationale, par 255 voix (421 votants) ; il fut admis à siéger le 17 frimaire an II, en remplacement de Santeyraz décédé. Son rôle parlementaire fut très obscur et prit fin avec la session.

QUIROT (JEAN-BAPTISTE), membre de la Convention, député au Conseil des Cinq-Cents, né à Besançon (Doubs) le 3 octobre 1757, mort à Lyon (Rhône) le 24 août 1820, fils d'un avocat, était lui-même avocat à Besançon en 1789. Devenu à la Révolution officier dans la garde nationale, administrateur du département, puis accusateur public à Besançon, il fut élu, le 4 septembre 1792, député du Doubs à la Convention, le 1er sur 6, par 175 voix (326 votants). Il siégea parmi les modérés et répondit au 3e appel nominal, dans le procès du roi : « J'ai voté contre l'appel au peuple, parce qu'il m'a paru avoir des effets dangereux pour la liberté. J'ai déclaré Louis coupable ; je ne le condamne pas à la mort qu'il a méritée, parce qu'en ouvrant le code pénal je vois qu'il aurait fallu d'autres formes, d'autres juges, d'autres principes. Je vote pour la réclusion. » Mais il se prononça contre le sursis. Bien qu'il eût vivement pris la défense des Girondins, lors du 31 mai, il ne fut pas impliqué dans les poursuites. Au 9 thermidor il compta parmi les adversaires des Jacobins, il appuya la réaction qui suivit, poussa aux mesures de rigueur contre les insurgés de prairial an III, fit au nom de la commission, dite des 21, un rapport accusatour sur la conduite de Joseph Le Bon, devint secrétaire de la Convention, combattit le projet de Henry-Larivière sur le mode du jugement des révolutionnaires détenus, et entra au comité de sûreté générale (15 fructidor an III). Réélu, le 4 brumaire an IV, par ses collègues de l'Assemblée, député au Conseil des Cinq-Cents, il se montra hostile à la fois aux tentatives des royalistes et à celles du parti jacobin, fut secrétaire du Conseil et prit une part assez active aux délibérations. Il parla notamment sur le mode de paiement de la contribution foncière et sur les finances, se prononça en faveur du maintien de la loi du 3 brumaire an IV, excluant les parents d'émigrés de toutes les fonctions publiques, demanda l'impression et l'ajournement d'un projet de code pénal, et fit une vive opposition aux projets financiers de Gibert-Desmolières. Quirot obtint sa réélection au Conseil des Cinq-Cents, comme député du Doubs, le 22 germinal an VI, par 203 voix (252 votants), puis le 24 germinal an VII; il prit alors résolument parti contre les clichyens et eut avec eux de fréquentes altercations. Un jour il proposa au général Willot un duel que la police empêcha. Il se mêla à plusieurs débats sur les opérations électorales, et réclama très vivement (floréal an VI) contre la proposition de Bailleul qui tendait à invalider une partie des élections, comme ayant été faites sous l'influence des « terroristes ».

Il appuya, par des considérations d'ordre public, diverses mesures contre les prêtres perturbateurs et non assermentés, attaqua l'administration de l'ex-ministre Schérer, fut président de l'assemblée, et, comme tel, prononça le discours destiné à célébrer l'anniversaire du 9 thermidor. Il défendit le gouvernement directorial, opina, le 23 fructidor an VIII, pour que la patrie fût déclarée en danger, et ne se rallia pas au coup d'État de Bonaparte. Exclu alors de la représentation nationale, il subit une courte détention, et se retira ensuite dans ses foyers. Ayant accepté, en 1813, les fonctions de conseiller municipal de Besançon, et ayant signé une adresse de ce conseil à l'impératrice Marie-Louise, il fut, peu après, nommé juge de paix d'Autrey (Haute-Saône), fonctions qu'il conserva sous la première Restauration. Aux Cent-Jours, dépositaire du registre d'adhésion à l'Acte additionnel, il n'y apposa son nom que pour le clore; mais cette signature le fit tomber sous le coup de la loi du 12 janvier 1816 contre les régicides (il n'avait pas voté la mort, mais il avait voté *contre* le sursis). Il obtint un premier sursis pour raison de santé, et partit, le 3 mai, avec un passeport pour la Prusse; mais malade, il dut s'arrêter en Suisse, d'où il demanda un rappel : Louis XVIII lui accorda un sursis indéfini (23 avril 1819); le 25 mai suivant, Quirot était de retour à Mantoche (Haute-Saône), où il se fixa.

R

RABASSE (CHARLES-ÉLÉONORE), député au Conseil des Cinq-Cents et au Corps législatif, né à Rouen (Seine-Inférieure) le 17 juillet 1745, mort à une date inconnue, était négociant dans sa ville natale au moment de la Révolution. Il en adopta les principes, devint administrateur du département de la Seine-Inférieure, puis juge au tribunal de commerce de Rouen le 4 brumaire an IV. Élu, le 25 germinal an V, député de la Seine-Inférieure au Conseil des Cinq-Cents, il prêta serment le 21 fructidor an V, fit partie de plusieurs commissions commerciales et prononça un discours sur le projet relatif à l'échéance des lettres de change et des billets de commerce (12 floréal an IV). Rallié au 18 brumaire, il fut élu, le 4 nivôse an VIII, par le Sénat conservateur, député de la Seine-Inférieure au Corps législatif, où il siégea jusqu'en l'an XII, et où il ne se fit pas remarquer, et devint, le 5 germinal an XII, directeur des droits réunis dans l'Yonne, fonctions qu'il remplit jusqu'à sa mort.

RABAUT-DUPUIS (PIERRE-ANTOINE), député au Conseil des Anciens et au Corps législatif, né à Nîmes (Gard) le 19 janvier 1746, mort au Vigan (Gard) le 13 septembre 1808, frère des suivants, était commerçant dans son pays natal. Suspect de fédéralisme en 1793, il resta caché sous la Terreur, et fut élu, le 22 germinal an V, député du Gard au Conseil des Anciens, par 168 voix (184 votants). Il y siégea obscurément jusqu'au coup d'État de brumaire, fut nommé (3 frimaire an VIII) délégué des consuls dans la 10e division militaire, et adhéra à la nouvelle Constitution dans les termes suivants :

« A Toulouse le 5 nivôse an 8 de la République française.

« Rabaut, délégué des consuls de la République dans la 10e division militaire, membre du Conseil des Anciens.

« Citoyens collègues,

« Si j'avais été à Paris, lorsque le registre de l'acceptation de la Constitution fut ouvert au secrétariat du Conseil, j'aurais certainement été un des premiers à m'y inscrire. J'ai signé mon adhésion à cette Constitution sur le registre de l'administration centrale de la Haute-Garonne, mais cela ne me suffit pas. Je désire que mes collègues sachent que j'adhère du fond du cœur à ce pacte conservateur des principes sur lesquels fut constituée notre immortelle Révolution. Je vous prie d'ordonner que mon acceptation soit consignée dans le procès-verbal de la séance où ma lettre sera lue, ou sur le registre d'acceptation.

« Recevez, citoyens collègues, l'assurance de mon estime et de mon dévouement fraternel.

« Vive la République ! »
RABAUT le jeune.

Appelé, par le choix du Sénat conservateur, le 4 nivôse an VIII, à représenter le Gard au nouveau Corps législatif, il fut président de cette assemblée (floréal an X), et, en cette qualité, se prononça, le premier, pour le Consulat à vie ; il fut nommé membre de la Légion d'honneur le 4 frimaire an XII, et conseiller de préfecture du Gard la même année. En voulant, à Nîmes, sauver un enfant qui allait être écrasé par un cheval emporté, Rabaut fut renversé, sauva l'enfant, et mourut peu de jours après. On a de lui quelques écrits à l'usage des églises réformées.

RABAUT-POMMIER (JACQUES-ANTOINE), membre de la Convention, député au Conseil des Anciens, né à Nimes (Gard) le 24 octobre 1744, mort à Paris le 16 mars 1820, frère cadet du suivant, fut envoyé comme lui au séminaire de Lausanne, et fut reçu pasteur. Il exerçait le ministère à Montpellier, lorsqu'il fut élu, le 8 septembre 1792, député du Gard à la Convention, le 7e sur 8, par 288 voix sur 486 votants. Il siégea dans les rangs des Girondins, et, dans le procès du roi, répondit au 3e appel nominal :

« Lorsque la Convention décréta qu'elle jugerait elle-même Louis, je vis dans ce décret, rendu par article additionnel et sans discussion préalable, une source de maux pour la République. Je crus alors que la Convention pourrait en éviter une partie, en appelant le peuple à la ratification du jugement qu'elle aurait prononcé, et j'ai opiné pour cette mesure. Vous l'avez rejetée, et les suites funestes que peut avoir le supplice de Louis ordonné par vous seuls m'en paraissent plus inévitables. Ce supplice ralliera les tyrans, éloignera de nous et de notre révolution des peuples que nous voulions rendre libres, et dont les forces nous seront funestes, au lieu de nous être utiles ; il divisera la France ; il donnera aux émigrés et aux ennemis intérieurs un chef plus actif, plus habile, plus entreprenant que Louis détrôné, méprisé, haï et captif, ne peut l'être : il laissera le trône plus libre à ceux qui veulent y arriver, et qui auront plus de ressources pour y monter, que celui à qui nous les avons toutes ôtées ; il laissera à leurs soutiens et aux agitateurs subalternes plus de facilités pour désorganiser la République ; et au milieu des ennemis, de la pénurie, des divisions et des maux qui l'assiégent, augmenter tant d'obstacles par cette mesure impolitique, c'est contribuer à la perdre ; cependant nous avons été députés surtout pour la sauver ; et c'est par un motif de sûreté générale que nous nous occupons du sort de Louis. Je gémis aussi sur les massacres auxquels tant de patriotes ont été exposés ; mais la vengeance la plus utile à la République que l'on puisse tirer du sang versé est d'en prévenir une nouvelle effusion ; et les victimes que le tyran a immolées à son ambition nous désavoueraient, si nous ne prenions pas la mesure qui nous paraîtra la plus propre à épargner le sang de leurs frères et de leurs concitoyens.

« Je déclare donc que je crois que Louis mérite la mort ; mais que l'intérêt politique ne le demande pas. Si cependant vous la prononcez, et quel que soit votre jugement, je crois que l'exécution doit en être renvoyée après que les décrets constitutionnels, que vous avez déjà faits, auront été présentés à la ratification des assemblées primaires, et mon opinion est indivisible. »

Rabaut-Pommier protesta contre l'arrestation des Girondins au 2 juin 1793, fut décrété d'arrestation le 11 octobre suivant, et réussit à se cacher pendant six mois, avec son frère. Arrêté en même temps que lui (4 décembre), il fut enfermé à la Conciergerie, où on l'oublia, et d'où il sortit après la chute de Robespierre. Réintégré à la Convention le 18 frimaire an III, il fut nommé secrétaire de l'assemblée le 1er ventôse, fit décréter l'établissement d'un télégraphe aérien au Palais national (29 mes-

sidor), et, le 21 vendémiaire an IV, fut réélu député du Gard au Conseil des Anciens par 143 voix sur 225 inscrits. Secrétaire du Conseil (1er messidor an IV), il en sortit en l'an VI et fut nommé pasteur protestant à Paris. Favorable au coup d'État de brumaire, il fut appelé, le 17 prairial an VIII, aux fonctions de sous-préfet du Vigan, qu'il résigna au bout de quelques mois, et fut promu membre de la Légion d'honneur (16 messidor an XII). Il exerça le ministère évangélique à Paris, et fut membre du Consistoire de l'Église réformée de Paris depuis 1803. Atteint par la loi du 12 janvier 1816 contre les régicides, il partit de Paris le 17 mars 1816 avec un passeport pour la Prusse : il avait signé, aux Cent-Jours, l'Acte additionnel ; mais il bénéficia bientôt de l'amnistie partielle accordée par Louis XVIII, le 11 février 1818, aux conventionnels dont le vote n'avait pas été compté pour la mort dans le jugement de Louis XVI. Il rentra à Paris le 19 août suivant. Rabaut-Pommier fut un des propagateurs les plus actifs de la vaccine en France. On a de lui : *Napoléon libérateur*, sermon (1810) ; *Sermon d'action de grâces sur le retour de Louis XVIII* (1814).

RABAUT-SAINT-ÉTIENNE (JEAN-PAUL), député en 1789, membre de la Convention, né à Nimes (Gard) le 14 novembre 1743, exécuté à Paris le 5 décembre 1793, frère aîné du précédent, et fils de Paul Rabaut, pasteur du Désert dans le Bas-Languedoc, et de Madeleine Gaidan, fit ses études à Lausanne, et, reçu avocat et pasteur, alla exercer le ministère près de Toulouse, puis à Nimes, malgré la persécution religieuse qui sévissait alors. En 1779, il prononça l'éloge funèbre de M. de Becdelièvre, évêque de Nimes, prélat tolérant, dont les protestants n'avaient eu qu'à se louer. Ami de La Fayette, Rabaut le suivit à Paris, et contribua par ses démarches et ses instances à la promulgation de l'édit de novembre 1787, qui accorda aux protestants un état civil. Le 27 mars 1789, il fut élu député du tiers-état de la sénéchaussée de Nimes et Beaucaire aux États-Généraux. Il fit partie du comité de règlement, prêta le serment du Jeu de paume, entra au comité de Constitution, fut secrétaire (10 novembre 1789), puis président (15 mars 1790) de l'Assemblée, fut membre du comité de santé, et revendiqua l'égalité de droits pour les protestants : « Ce n'est pas la tolérance que je réclame, dit-il, c'est la liberté de la pensée. » Le 19 juillet 1790, il fit rendre un décret sur l'uniforme des gardes nationales, dénonça (février 1791) les meneurs des troubles religieux qui venaient d'éclater à Nimes, fit une motion (26 avril) sur la rareté du numéraire et sur l'insuffisance des assignats, et demanda (1er mai) qu'on utilisât le métal des cloches pour faire de la monnaie de billon. Il resta à Paris après la session, bien qu'il eût été élu, le 16 septembre 1791, administrateur du Gard, collabora à la *Feuille villageoise* de Cérutti, et rédigea pour le *Moniteur* le bulletin des séances de l'Assemblée législative. Élu, le 6 septembre 1792, député de l'Aube à la Convention, le 9e et dernier, par 261 voix sur 392 votants, il présenta, le 23 décembre suivant, un plan d'instruction publique renouvelé d'Athènes et de Sparte, s'associa à la politique des Girondins, et dans le procès du roi, répondit au 2e appel nominal : « Je suis convaincu qu'il est impossible que le peuple dans ses assemblées primaires ait entendu mettre sur la tête de ses législateurs les fonctions de juges ; j'en suis d'autant plus convaincu, qu'à la même époque où il nomma ses députés à la Convention, il y avait une haute cour nationale chargée de juger les crimes de haute trahison. Mais persistant à rester membre de la Convention nationale, et devant par conséquent me soumettre à ses décrets, je prononcerai mon vœu. J'observe que le jugement que vous allez rendre, s'il conduisait à la mort Louis Capet, produirait un mal irréparable, s'il devait avoir une exécution immédiate, et c'est courageusement que je dis *oui.* » Au 3e appel nominal, il dit : « On a tout dit. J'ai exposé mon opinion. Je me considère comme renfermé, ainsi qu'il est exprimé dans l'acte convocatoire de l'Assemblée législative (c'est le titre de nos pouvoirs, que vous-mêmes ne pouvez changer), de prendre une mesure de sûreté générale au sujet de la suspension du roi, moins pour venger la nation du passé, que pour veiller à sa sûreté à l'avenir.

« Je me suis convaincu que Louis mort serait plus dangereux à la liberté publique que Louis vivant et renfermé; que rien ne peut mieux assurer l'abolition de la royauté que de laisser vivant dans sa nullité le Tarquin qui fut roi, ni maintenir la république, que d'en chasser le tyran livré au mépris de toute l'Europe; que l'exemple d'un roi immolé par la justice nationale est moins impuissant pour les rois, et moins instructif pour les peuples, que celui d'un tyran détrôné, dont l'ignominie toujours vivante est une immortelle leçon; que la cendre du bûcher des rois en engendre d'autres comme la cendre des martyrs; que la nation qui, pouvant se venger de son tyran à ses pieds, ne se venge que par le mépris, doit s'attirer l'estime des nations étrangères, ce qui est à nos yeux une mesure de sûreté générale. Je veux donner à ma nation, non la férocité du tigre qui déchire, mais le courage du lion qui méprise. Le roi en otage est le plus fort de nos remparts contre les rois, nos frères et nos ennemis. Je conclus à la réclusion. » Président de la Convention le 22 janvier 1793, il appuya (20 mai) l'emprunt forcé sur les riches, fut élu (26 mai) de la commission des Douze, en sortit le 28, et fut décrété d'accusation trois jours après. Arrêté le 2 juin, il s'évada, fut mis hors la loi le 28 juillet, se cacha à Paris, chez un de ses compatriotes catholiques, Peyssac, employé au bureau des subsistances, et qui demeurait faubourg Poissonnière. Amar, dans son rapport du 3 octobre, l'accusa d'avoir dit, après le 31 mai : « Je suis las de ma portion de tyrannie. » Dénoncé par Fabre d'Églantine, disent les uns, trahi dans sa cachette, disent d'autres, par le bruit de sa montre à répétition, il fut arrêté avec son frère, le 6 décembre 1793, traduit devant le tribunal révolutionnaire, condamné à mort et exécuté. Sa femme se jeta dans un puits en apprenant la fatale nouvelle, et Peyssac fut condamné à mort avec sa femme, le 7 messidor an II. On a de Rabaut un certain nombre de brochures politiques de circonstance, un *Almanach historique de la Révolution française* (1791); un *Précis historique de la Révolution française* (1792), etc. Ses *Œuvres* ont été publiées en 6 volumes (1820-1826).

RABIER (FERNAND), député de 1888 à 1889, né à Beaugency (Loiret) le 23 juillet 1855, d'une famille de commerçants, se fit inscrire au barreau d'Orléans, devint conseiller municipal, adjoint au maire, se montra partisan ardent de la laïcisation scolaire, et donna sa démission de ses fonctions municipales à la suite de difficultés avec le maire. Candidat républicain à la députation, aux élections législatives du 4 octobre 1885, il se désista après le premier tour, et se représenta, le 26 février 1888, lors du scrutin partiel motivé dans le Loiret par la nomination comme sénateurs de MM. Cochery et Fousset; il fut élu député du Loiret, le second et dernier, par 40,773 voix (79,355 votants, 103,463 inscrits). M. F. Rabier a pris place à gauche, et s'est prononcé, dans la dernière session, *pour* le rétablissement du scrutin d'arrondissement (4 février 1889), *contre* l'ajournement indéfini de la revision de la Constitution, *pour* les poursuites contre trois députés membres de la Ligue des patriotes, *pour* le projet de loi Lisbonne restrictif de la liberté de la presse, *pour* les poursuites contre le général Boulanger.

RABIERS DE VILLARS (PAUL-MARIE-JOSEPH-RAPHAEL), député de 1877 à 1878, né à Annot (Basses-Alpes) le 2 juin 1837, appartint à l'administration, puis se présenta comme candidat conservateur, le 20 février 1876, à la Chambre des députés, dans l'arrondissement de Castellane; il échoua avec 2,039 voix contre 2,169 à l'élu républicain, M. Arthur Picard. Candidat officiel du gouvernement du Seize-Mai, le 14 octobre 1877, il fut proclamé député du même arrondissement par 2,341 voix (4,533 votants, 5,968 inscrits), contre 2,151 au député sortant, M. Arthur Picard. M. Rabiers de Villars prit place à droite. Mais la majorité invalida son élection, et il ne se représenta pas.

RABIN (LAURENT-FRANÇOIS), député en 1789, né à Coron (Maine-et-Loire) en 1749, mort en 1794 près d'Angers, fit ses études à Angers. Après avoir été reçu docteur en théologie, il fut vicaire de Maulévrier, de novembre 1771 à août 1772, puis curé de Rochefort-sur-Mer, situation qu'il échangea peu après contre celle de curé de la paroisse de Notre-Dame de Cholet. Partisan de la Révolution, il fut élu, le 26 mars 1789, député du clergé aux États-Généraux par la sénéchaussée d'Anjou, fut l'un des premiers à demander la réunion des trois ordres, et protesta, le 30 mai, contre une parole de l'évêque de Saintes encourageant les députés de la noblesse « à tenir ferme » contre les demandes du tiers état. Son rôle fut ensuite assez effacé et son nom n'est pas cité au *Moniteur.* Des raisons de santé le ramenèrent à Cholet en octobre 1789 : il donna sa démission, fut remplacé, le 13 novembre, par Pilastre de la Brardière, prêcha dans son département la résistance contre les décrets de l'Assemblée, et favorisa les premiers soulèvements de la Vendée. Arrêté, sans mandat, en juin 1791, par la garde nationale et relâché peu après, il demanda 20,000 francs de dommages-intérêts; mais, en raison des dénonciations dont il était encore l'objet, il fut de nouveau poursuivi, arrêté et conduit à Nantes en janvier 1793. Il parvint à s'évader du Bouffay, grâce à l'assistance du concierge et du greffier de cette prison, rallia alors l'armée vendéenne, et mourut de la dysenterie dans la ferme de Pellonailles, près d'Angers.

RABUAN DU COUDRAY (JEAN-MARIE-PAUL), représentant du peuple en 1848, né à Rennes (Ille-et-Vilaine) le 6 janvier 1813, mort à Rennes le 29 décembre 1884, fils d'un percepteur des contributions, s'engagea comme simple soldat et servit quelques années en Afrique où il gagna les galons de sous-officier. Son congé fini, il fit son droit et occupa au barreau de Rennes un rang distingué. Élu, le 23 avril 1848, représentant d'Ille-et-Vilaine à l'Assemblée constituante, le 11e et dernier, par 68,515 voix (132,609 votants, 152,985 inscrits), il siégea à droite, fit partie du comité de législation, et vota *pour* le bannissement de la famille d'Orléans, *pour* les poursuites contre L. Blanc et Caussidière, *pour* l'abolition de la peine de mort, *contre* l'impôt progressif, *contre* l'incompatibilité des fonctions, *contre* l'amendement Grévy, *pour* l'ensemble de la Constitution, *pour* la proposition Rateau, *pour* l'interdiction des clubs, *pour* l'expédition de Rome, *contre* la demande de mise en accusation du président et des ministres. Rallié à la politique du prince Louis-Napoléon, il entra, en 1852, dans la magistrature comme procureur impérial, et devint, en peu de temps, conseiller à la cour impériale de Rennes. Il fut admis à la retraite, comme conseiller à la cour, le 6 Juin 1872.

RABUSSON-LAMOTHE (Antoine), député en 1791, né à Clermont-Ferrand (Puy-de-Dôme) le 12 Juillet 1756, mort à Lempdes (Haute-Loire) le 26 mai 1821, « fils à Gilbert Rabusson-Lamothe, négociant, et à Anne Maudet », était avocat du roi quand il fut élu, le 10 septembre 1791, député du Puy-de-Dôme à l'Assemblée législative, le 11e et dernier, par 285 voix (448 votants). Il fit partie du comité des domaines et fut de la députation envoyée à la cérémonie en l'honneur du maire d'Étampes, Simonneau, le 2 Juin 1792. Après la session, il fut nommé chef de bataillon et prit part aux guerres de Vendée. En l'an IV, il devint commissaire du gouvernement près des tribunaux et membre du jury de l'instruction publique. Rallié au 18 brumaire, il fut appelé, le 13 ventôse an VIII, à la préfecture de la Haute-Loire, fonctions qu'il conserva jusqu'au 12 février 1810. Il rentra alors dans la vie privée.

RABY DE SAINT-MÉDARD (Jean-Arnaud-Pascal), député en 1789, né à Castelsarrazin (Tarn-et-Garonne) le 25 mars 1758, mort à Castelsarrazin le 28 octobre 1833, était avocat dans sa ville natale. Élu, le 4 avril 1789, député du tiers aux États-Généraux par la 1re sénéchaussée du Languedoc (Toulouse) avec 686 voix (859 votants), il prêta le serment du Jeu de paume, opina avec la majorité de la Constituante, demanda un congé pour maladie le 7 Juillet 1791, et ne revint pas siéger. Nommé, le 4 prairial an VIII, juge au tribunal civil de Castelsarrazin, il conserva ce poste pendant toute la durée de l'Empire, et fut promu par le gouvernement royal président du tribunal le 5 avril 1816; il fut admis à la retraite à la fin de la Restauration avec le titre de président honoraire.

RACINET (Guillaume-Marie-Antoine), représentant du peuple en 1848, né à Goarec (Côtes-du-Nord) le 1er Janvier 1788, mort à Goarec le 1er septembre 1880, fit en qualité de médecin militaire les campagnes de Russie, de Saxe et de France. Licencié avec l'armée de la Loire, il s'établit comme médecin civil à Goarec, dont il devint maire et conseiller général. Il fit une opposition aussi constante que modérée au gouvernement des Bourbons et à

celui de Louis-Philippe, et fut élu, le 23 avril 1848, représentant des Côtes-du-Nord à l'Assemblée constituante, le 7e sur 16, par 83,451 voix (141,377 votants, 167,673 inscrits). Membre du comité de l'agriculture, il vota en général avec le parti Cavaignac, *pour* le bannissement de la famille d'Orléans, *pour* les poursuites contre L. Blanc et Caussidière, *contre* l'abolition de la peine de mort, *contre* l'impôt progressif, *contre* la sanction de la Constitution par le peuple, *pour* l'ensemble de la Constitution, *pour* l'interdiction des clubs, *pour* l'expédition de Rome, *contre* la demande de mise en accusation du président et des ministres. Non réélu à la Législative, M. Racinet revint à Goarec continuer l'exercice de la médecine. Chevalier de la Légion d'honneur (3 Juillet 1876).

RACLET — *Voy.* Mercey (baron de).

RACOUCHOT (Jean-Paul), représentant du peuple en 1849, né à Cuzy (Saône-et-Loire) le 18 février 1816, était propriétaire-cultivateur dans son pays natal. D'opinions républicaines avancées, il fut élu, le 14 mai 1849, représentant de Saône-et-Loire à l'Assemblée législative, par 73,793 voix (109,200 votants, 152,441 inscrits). Il prit place à la Montagne, et se prononça, avec la minorité démocratique, *contre* l'expédition de Rome, *contre* la loi Falloux-Parieu sur l'enseignement, *contre* la loi restrictive du suffrage universel. Vers la fin de la législature, il fut, avec Baudin, Madier de Montjau, etc., du nombre des représentants de la Montagne qui formèrent un groupe à part. Très opposé à la politique de l'Élysée et au coup d'État, M. Racouchot fut expulsé de France en 1851. Il n'a plus reparu, depuis, dans les assemblées parlementaires.

RADOULT-LAFOSSE (Pierre-Thomas de), représentant en 1848 et en 1849, né à Villeneuve d'Agen (Lot-et-Garonne) le 30 décembre 1783, mort à Villeneuve-d'Agen le 2 novembre 1869, fils d'un receveur des finances, entra à l'École polytechnique en 1801, compléta ses études militaires (1806) à l'École d'application de Metz, en sortit en 1807, et fit toutes les campagnes de l'Empire, y compris celle de 1815. Au siège d'un fort sur les côtes d'Espagne, n'étant encore que lieutenant, il fut mis à l'ordre du jour. Il se trouvait à Toulouse lors de la révolution de juillet. Appelé au commandement des troupes, il prit sur lui d'agir selon les intérêts du moment, reçut, en 1835, le grade de colonel avec la direction de l'artillerie de Bastia, et, six mois après, le commandement du onzième régiment d'artillerie, et fut nommé (1835), commandant en second et directeur des études de l'École d'application de l'artillerie et du génie. Il remplit ces fonctions pendant cinq ans. Maréchal de camp en 1842, il fut mis à la tête de l'École d'artillerie de Besançon, conserva cette charge pendant trois ans, et fut placé (1845) dans la deuxième section du cadre de l'état-major général de l'armée. Après la révolution de 1848, le général Radoult-Lafosse se présenta comme candidat conservateur à l'Assemblée constituante dans le département de Lot-et-Garonne, et fut élu représentant, le 6e sur 9, par 41,979 voix (83,758 votants, 94,809 inscrits). Il fit partie du comité de la guerre, et vota avec la droite, *pour* le rétablissement du cautionnement et de la contrainte par corps, *pour* les poursuites contre Louis Blanc et Caussidière, *contre* l'abolition de la peine de mort, *contre* l'amendement Grévy, *contre* le droit au travail, *pour* l'ordre du jour en l'honneur de Cavaignac, *pour* la proposition Rateau, *contre* l'amnistie, *pour* l'interdiction des clubs, *pour* les crédits de l'expédition romaine. Réélu, le 13 mai 1849, représentant du même département à l'Assemblée législative, le 4e sur 7, par 47,836 voix (90,297 votants, 107,493 inscrits), il suivit la même ligne politique que précédemment, opina *pour* l'expédition romaine, *pour* la loi Falloux-Parieu sur l'enseignement, *pour* la loi restrictive du suffrage universel, et rentra dans la vie privée en 1851. Commandeur de la Légion d'honneur (29 décembre 1845).

RAEPSAET (Jean-Joseph), député au Corps législatif de l'an XI à 1814, né à Audenarde (Belgique) le 25 décembre 1750, mort à Audenarde le 15 février 1832, étudia le droit à Louvain, devint, en 1772, greffier de la châtellenie d'Audenarde, en 1778 secrétaire des « hauts-pointres » de cette ville, et fut, en 1787, un des députés qui prirent part contre l'Autriche à la rédaction de l'acte de confédération des Flandres. Détenu à Bruxelles, puis à Anvers, il fut rendu à la liberté par les Etats de Flandre, et accepta de François II la mission de réorganiser la magistrature. L'entrée des troupes françaises en Belgique l'obligea à se retirer en Zélande. Hostile à la République, il fut impliqué dans une émeute de paysans (brumaire an VII), et, saisi comme otage, fut conduit à Paris d'où il devait être déporté à Cayenne; mais on le remit en liberté au bout de six mois. Après quelques années passées dans la retraite, Raepsaet fut désigné (28 fructidor an XI) par le Sénat conservateur pour représenter au Corps législatif français le département de l'Escaut; il y siégea pendant toute la durée de l'Empire, ayant obtenu, le 11 février 1808, le renouvellement de son mandat. Nommé, en 1815, membre de la commission chargée de présenter un projet de loi fondamentale pour le royaume des Pays-Bas, il fit voter la création d'une seconde Chambre, remplit dans la suite les fonctions de conseiller d'Etat extraordinaire, mais refusa tout mandat électif. Membre de l'Institut des Pays-Bas et de l'Académie royale de Bruxelles, il avait traité, dans un grand nombre de Mémoires historiques, des questions relatives aux antiquités et au droit de l'ancienne Flandre.

RAFELIS DE BROVES (Jean-François, Vicomte), député en 1789, né à Draguignan (Var) le 18 avril 1729, mort à Paris le 10 août 1792, avait, dans les armées du roi, le grade de colonel d'infanterie, quand il fut élu, le 27 avril 1789, député de la noblesse aux Etats-Généraux par la sénéchaussée de Draguignan. Il opina avec la droite de la Constituante, et adhéra, le 5 août 1789, aux arrêtés pris dans la nuit précédente, sauf ratification de ses commettants qu'il reçut le 9 septembre. Il fut tué à Paris en défendant la royauté et les Tuileries dans la journée du 10 août 1792.

RAFFIN (Jean), député en 1791, né à Manosque (Basses-Alpes) le 16 mai 1742, mort à une date inconnue, « fils de Joseph Raffin et de Rose Garidel », appartint aux armées du roi, comme officier de cavalerie, en garnison à Manosque. Elu, le 2 septembre 1791, député des Basses-Alpes à l'Assemblée législative, le 1er sur 6, par 151 voix (301 votants), il fut de la majorité, et ne fit pas partie d'autres assem-

blées. Le gouvernement consulaire le nomma maire de Manosque le 11 germinal an VIII.

RAFFRON DE TROUILLET (Nicolas), membre de la Convention, député au Conseil des Cinq-Cents, né à Paris le 20 février 1723, mort à Paris le 2 août 1801, étudia le droit, se fit recevoir avocat, puis entra dans la diplomatie, et fut, avant 1771, chargé d'affaires de France en Toscane. Attaché ensuite au barreau de Paris, il adhéra avec enthousiasme aux idées de la Révolution, et à soixante-neuf ans, fut élu, le 10 septembre 1792, député du département de Paris à la Convention nationale, le 10e sur 24, par 470 voix (616 votants). Il opina d'abord avec la Montagne, et, dans le procès du roi, se prononça *contre* l'appel au peuple, en disant : « Convaincu, comme je le suis, je réponds, avec assurance et tranquillité : *Non*. » Il opina pour la peine de mort : « Je vote pour la mort du tyran dans les vingt-quatre heures. Il faut se hâter de purger le sol de la patrie de ce monstre odieux. » Il s'occupa ensuite principalement de matières de législation et de finances, et proposa la vente en détail des biens des émigrés. Converti aux idées modérées, il s'associa, dans les derniers temps de la législature, aux mesures de réaction prises contre les Jacobins, et pressa la mise en jugement de Carrier et de Le Bon. Elu, le 25 vendémiaire an IV, député du Nord au Conseil des Cinq-Cents, par 301 voix (561 votants), il présida la première séance de la session en qualité de doyen d'âge, présenta un plan de finances, s'éleva contre le luxe, et dit que la cocarde était le plus bel ornement d'un citoyen. Il quitta le Conseil le 20 mai 1797, et mourut quatre ans après, à 78 ans.

RAGON-DESFRINS (François-Alexandre), dit Ragon-Giller, député au Corps législatif de l'an XIV à 1814, né à Villiers-Saint-Benoît (Yonne) le 31 juillet 1765, mort à Paris le 23 juin 1814, « fils de messire Jean Ragon-Desfrins, écuyer fourrier des logis du roi, et de dame Marie-Louise-Hélène de Montigny », était avocat en 1789. Il devint administrateur du district de Joigny, puis sous-préfet de cet arrondissement sous le gouvernement consulaire, et fut élu (2 vendémiaire an XIV) par le Sénat conservateur député de l'Yonne au Corps législatif. Ce mandat lui ayant été renouvelé le 4 mai 1811, il siégea jusqu'à sa mort.

RAGUET-LÉPINE (Alexandre-Pierre-François), député de 1831 à 1842 et pair de France, né à Paris le 22 mars 1789, mort à Renay (Loir-et-Cher) le 12 juin 1851, « fils de Pierre-Claude Raguet dit L'Epine, horloger du roi, et de demoiselle Pauline Lépine, son épouse », propriétaire et maire de Renay, conseiller général, se présenta à la députation, le 27 mai 1832, dans le 3e collège de Loir-et-Cher (Vendôme), où il échoua avec 156 voix contre 196 à l'élu, M. Péan, en remplacement de M. Crignon-Bonvalet décédé. Mais il fut ensuite successivement élu dans le même collège, le 21 juin 1834, par 194 voix (372 votants, 450 inscrits), contre 114 à M. Péan; le 4 novembre 1837, par 219 voix (426 votants, 522 inscrits); le 2 mars 1839, par 251 voix (458 votants); le 9 juillet 1842, par 258 voix (451 votants). De l'école doctrinaire, et partisan de M. Guizot qu'il suivit dans la coalition contre le cabinet Molé, M. Raguet-Lépine vota *pour* les fortifications, *pour* le recensement, *contre* la dotation du duc de Nemours, *contre* les incompatibilités, *contre* l'adjonction des capacités et *pour* l'indemnité Pritchard. Nommé pair de France le 11 août 1845, il quitta la vie politique à la révolution de 1848.

RAGUSE (DUC DE). — *Voy.* MARMONT.

RAIGECOURT (ANNE - BERNARD - ANTOINE GOURNAY, MARQUIS DE), pair de France, né à Nancy (Meurthe) le 10 février 1763, mort à Draveil (Seine-et-Oise) le 19 décembre 1833, a fils de Joseph, marquis de Raigecourt-Gournay, comte du Saint-Empire romain, seigneur de Spincourt, Frianville... etc., chambellan et lieutenant-criminel au service de l'empereur, grand sénéchal de l'abbaye de Remiremont, et de dame Louise-Adrienne, née comtesse de Bressey, son épouse », entra au service très jeune comme sous-lieutenant au régiment Royal-Allemand, épousa peu après Mlle Vincens de Causans, dame d'honneur de Mme Elisabeth de France, et fut élu, en 1789, député suppléant de la noblesse aux Etats-Généraux par le bailliage de Nancy; il ne fut pas appelé à y siéger. Il émigra en 1791, servit à l'armée de Condé, devint aide-de-camp du comte d'Artois, rentra en France au Consulat et n'exerça, sous l'Empire, que la fonction de maire de sa commune. Au retour des Bourbons, il fut promu maréchal de camp et nommé, après les Cent-Jours, pair de France, le 17 août 1815. Il ne se fit pas remarquer à la Chambre haute, où il vota pour la mort dans le procès du maréchal Ney, et on il prit une fois la parole pour demander que le roi ne pût disposer de sa souveraineté sans la ratification nationale. Il prêta serment à la monarchie de Juillet et siégea à la Chambre haute jusqu'à sa mort.

RAIGECOURT (RAOUL - PAUL - EMMANUEL GOURNAY, MARQUIS DE), pair de France, né à Paris le 25 janvier 1804, mort à Vendôme (Loir-et-Cher) le 1er juillet 1889, fils du précédent et de Louise-Marie de Vincens de Causans, était sans antécédents politiques, lorsqu'il fut appelé, par une ordonnance du 19 mai 1845, à siéger à la Chambre des pairs. Il soutint de ses votes, jusqu'en 1848, le gouvernement de Louis-Philippe et n'eut qu'une carrière parlementaire sans intérêt.

RAIMBAULT-COURTIN (JULES), député de 1837 à 1848, représentant du peuple en 1848, né à Châteaudun (Eure-et-Loir) le 28 août 1791, mort à Châteaudun le 15 novembre 1864, fut notaire dans sa ville natale, et fut successivement élu député du 2e collège d'Eure-et-Loir (Châteaudun) le 29 janvier 1837, en remplacement de M. Raimbert-Sévin démissionnaire, par 87 voix (104 votants); le 4 novembre 1837, par 139 voix (171 votants, 433 inscrits); le 2 mars 1839, par 215 voix (314 votants); le 9 juillet 1842, par 196 voix (317 votants, 443 inscrits), contre 55 à M. Jallon et 52 à M. d'Argent; le 1er août 1846, par 232 voix (407 votants, 499 inscrits), contre 146 à M. Jallon. Il siégea au centre gauche, et vota *pour* les incompatibilités, *pour* l'adjonction des capacités, *contre* la dotation du duc de Nemours, *contre* les fortifications de Paris, *contre* le recensement, *contre* l'indemnité Pritchard et *pour* la proposition relative aux députés fonctionnaires. Ses idées libérales lui valurent d'être élu, le 23 avril 1848, représentant d'Eure-et-Loir à l'Assemblée constituante, le 2e sur 7, par 62,052 voix (72,675 votants, 87,002 inscrits). Il fit partie du comité des cultes, et vota avec la droite, *pour* le bannissement de la famille d'Orléans,

pour les poursuites contre L. Blanc et Caussidière, *contre* l'abolition de la peine de mort, *contre* l'impôt progressif, *contre* l'incompatibilité des fonctions, *contre* l'amendement Grévy, *contre* la sanction de la Constitution par le peuple, *pour* l'ensemble de la Constitution, *pour* la proposition Rateau, *pour* l'interdiction des clubs, *pour* l'expédition de Rome, *contre* la demande de mise en accusation du président et des ministres. Non réélu à la Législative, il ne reparut plus sur la scène politique.

RAIMBERT-SÉVIN (FÉLIX), député de 1831 à 1837, né à Châteaudun (Eure-et-Loir) le 19 décembre 1794, était propriétaire, maire de cette ville et conseiller général d'Eure-et-Loir, lorsqu'il fut élu, le 5 juillet 1831, député du 2e collège de ce département (Châteaudun) par 136 voix (253 votants, 353 inscrits), contre 36 à M. Delaforge, 31 à M. Renouard et 21 à M. Paillard. Il siégea dans la majorité conservatrice, appuya en toutes circonstances le gouvernement, obtint sa réélection, le 21 juin 1834, par 156 voix (240 votants, 369 inscrits), contre 37 à M. de Tarragon, et continua d'opiner avec les partisans du juste milieu, jusqu'en janvier 1837, époque à laquelle il donna sa démission.

RAINGEARD DE LA BLETTERIE (FRANÇOIS-YVES), député au Conseil des Anciens et au Corps législatif de l'an VIII à 1805, né à Marans (Charente-Inférieure) le 19 août 1752, mort à une date inconnue, fut nommé, au début de la Révolution, juge au tribunal de la Loire-Inférieure. Il devint ensuite commissaire près le tribunal criminel de l'aimbout, et fut élu (25 germinal an VI) député de la Loire-Inférieure au Conseil des Anciens. Il se montra favorable au coup d'Etat de Bonaparte, et fut désigné par le Sénat conservateur, le 4 nivôse an VIII, pour représenter la Loire-Inférieure au Corps législatif où il siégea jusqu'en 1805.

RAINNEVILLE (ALPHONSE-VALENTIN VAYSSE, VICOMTE DE), député de 1846 à 1848, né à Amiens (Somme) le 25 octobre 1795, mort à Paris le 31 décembre 1861, appartint à l'administration comme conseiller d'Etat. Le 1er août 1846, il se fit élire député du 5e collège de la Loire (Roanne) par 277 voix (475 votants, 546 inscrits), contre 186 à M. Baude, député sortant. Il fit une opposition modérée au ministère Guizot, et quitta la vie politique à la révolution de 1848.

RAINNEVILLE (MARIE-JOSEPH-HUBERT VAYSSE, VICOMTE DE), représentant en 1871, sénateur de 1876 à 1882, né à Allonville (Somme) le 7 août 1833, fils du précédent, appartint quelque temps à l'armée. Après avoir servi au 1er de ligne, il s'engagea (1860) dans les zouaves pontificaux, se battit à Castelfidardo, devint aide-de-camp du général de Pimodan, et fut décoré par Pie IX. Pendant la guerre franco-allemande, M. de Rainneville prit part à la défense de Paris, à la tête d'un bataillon des mobiles de la Sarthe. Propriétaire dans ce département, il fut élu, le 8 février 1871, représentant de la Somme à l'Assemblée nationale, le 6e sur 11, par 93,890 voix (123,345 votants, 167,374 inscrits). Il prit place au centre droit, se fit remarquer par la fréquence de ses interruptions, fit partie de la commission de permanence (août 1872), vota *pour* la paix pour les prières publiques, pour l'abrogation des lois d'exil, pour le pouvoir constituant de l'Assemblée, contre le retour à Paris, et fut un des adversaires les plus déclarés de la politique de Thiers. Membre de la commission du budget, il fut rapporteur du budget des affaires étrangères, parut souvent à la tribune, fut mêlé aux combinaisons tentées pour le rétablissement de la monarchie, et opina pour la chute de Thiers du 24 mai, pour le septennat, la loi des maires, le ministère de Broglie et contre les amendements Wallon et Pascal Duprat. Mais il se rallia, avec une fraction importante du centre droit, au vote des lois constitutionnelles (25 février 1875). Conseiller général du canton de Villers-Bocage (Somme), il fut élu, le 30 janvier 1876, sénateur de ce département, par 552 voix (933 votants), avec une profession de foi conservatrice, dans laquelle il s'engageait d'ailleurs à soutenir la Constitution, en rappelant qu'il l'avait votée. Il devint secrétaire de la Chambre haute, et s'associa jusqu'en 1879 aux votes de la majorité monarchiste. En 1877, il vota pour la dissolution de la Chambre des députés demandée par M. de Broglie, soutint le gouvernement du Seize-Mai, et, quand la majorité du Sénat eut passé de droite à gauche, par suite du premier renouvellement partiel, se prononça contre la politique républicaine, et donna sa démission de secrétaire du Sénat. Il vota avec la droite, contre les lois Ferry sur l'enseignement, contre l'article 7, contre l'amnistie, et se représenta, mais sans succès, au renouvellement sénatorial du 8 janvier 1882; il n'obtint dans la Somme que 815 voix (923 votants). Une nouvelle tentative, le 31 janvier 1886, lui donna 585 voix contre 736 à l'élu républicain, M. Petit; il s'agissait alors de remplacer M. Labitte décédé. M. de Raimneville est administrateur du chemin de fer de Lyon, et chevalier de la Légion d'honneur (1871). On a de lui : *Lettre d'un gentilhomme à M. Émile Augier auteur du Fils de Giboyer* (1862) ; *Réplique à une circulaire de M. de Persigny sur les volontaires pontificaux* (1862) ; *Catholiques tolérants et légitimistes libéraux* (1862), une étude sur *la Femme dans l'antiquité et d'après la morale naturelle* (1865), etc.

RAISMES (Arnold-Joseph-Georges-Raoul de), membre du Sénat, né à Bourdon (Somme) le 15 mars 1828, d'une famille noble originaire de Picardie, propriétaire et conseiller général du canton d'Arzano (Finistère), sans antécédents politiques, fut élu, le 30 janvier 1876, sénateur du Finistère, le 1er sur 14, par 249 voix (380 votants). Il prit place à la droite monarchiste, et vota la dissolution de la Chambre demandée par le ministère de Broglie, le 23 juin 1877. Réélu au renouvellement triennal du 25 janvier 1885, par 594 voix (1,170 votants), il vit son élection invalidée avec celle de ses collègues du Finistère ; mais les électeurs du second degré lui renouvelèrent son mandat, le 26 juillet suivant, par 590 voix (1,171 votants). M. de Raismes reprit sa place à l'extrême droite, continua de combattre de ses votes la politique scolaire, coloniale et économique des ministères républicains, et se prononça, en dernier lieu, contre le rétablissement du scrutin d'arrondissement (13 février 1889), contre le projet de loi Lisbonne restrictif de la liberté de la presse, contre la procédure de la haute cour contre le général Boulanger.

RALLIER (Louis-Anne-Esprit, chevalier),

député au Conseil des Anciens, au Conseil des Cinq-Cents, au Corps législatif et de 1827 à 1829, né à Montautour (Ille-et-Vilaine) le 23 septembre 1749, mort à Fougères (Ille-et-Vilaine) le 4 août 1829, « fils de maître Jean-Joseph Rallier, sieur des Ourmes, conseiller du roi et d'honneur au présidial de Rennes, et de dame Françoise-Pélagie Huguet, son épouse », suivit la carrière des armes et devint capitaine du génie au moment de la Révolution. Partisan des idées nouvelles, il quitta l'armée, fut nommé, en 1790, officier municipal de Fougères, et fut élu, le 25 vendémiaire an IV, député d'Ille-et-Vilaine au Conseil des Anciens, à la pluralité des voix sur 311 votants. Il parla sur les hospices civils, sur la loi du 3 brumaire, sur la résolution relative aux nominations des députés de la Corse et des colonies, s'opposa à la mise en activité de la Constitution aux colonies, émit une nouvelle opinion concernant l'action en rescision, et désapprouva la résolution sur les droits de bac et les prises maritimes ; il fit aussi partie de la commission des inspecteurs de la salle, le 8 brumaire an IV. Il passa ensuite, le 28 germinal an VII, au Conseil des Cinq-Cents, comme député du même département, y appuya les mesures réactionnaires, parla sur la responsabilité des communes, combattit le système des otages, et prêta le serment de haine à la royauté le 1er prairial an VII. Rallié au 18 brumaire, il fut successivement choisi comme député d'Ille-et-Vilaine au Corps législatif par le Sénat conservateur, le 4 nivôse an VIII, le 1er jour complémentaire de l'an XIII et le 8 mai 1811. Il y fit constamment partie de la commission des finances et de celle des règlements intérieurs, fut proposé (ventôse an X), pour une place de conseiller d'arrondissement de Fougères, et fut créé chevalier de l'empire le 11 juin 1810. M. Rallier, qui s'occupait de littérature et d'histoire et était membre de l'académie celtique, rentra dans la vie privée en 1815. Mais, à la fin de la Restauration, il revint de nouveau au parlement, ayant été élu, le 17 novembre 1827, député du 3e arrondissement électoral d'Ille-et-Vilaine (Vitré), par 144 voix (271 votants, 304 inscrits), contre 125 à M. Duplessis d'Argentré. Il siégea parmi les constitutionnels, mourut en avril 1829, et fut remplacé, le 22 décembre suivant, par M. de la Riboisière. On a de lui : *Recueil de chants moraux et patriotiques* (1799) ; *Œuvres politiques et morales* (1813).

RAMBAUD (Pierre-Thomas), baron de la Sablière, député au Conseil des Cinq-Cents, né à Lyon (Rhône) le 14 mars 1751, mort à Lyon le 12 février 1815, avocat du roi au présidial de Lyon, puis accusateur public au moment de la Révolution, fut élu, le 24 vendémiaire an IV, député du Rhône au Conseil des Cinq-Cents, par 201 voix (265 votants). Membre de la commission des marchandises prohibées et de la comptabilité de la loi du 13 floréal an IV, rapporteur de différentes pétitions des administrations municipales, et de la commission des secours à accorder aux défenseurs de la patrie, il protesta contre la violation du secret des lettres, et, le 27 messidor, défendit la ville de Lyon que le Directoire accusait d'être un foyer de réaction. Rallié au 18 brumaire, il fut nommé, le 19 germinal an VIII, commissaire du gouvernement près le tribunal d'appel de Lyon, puis président du canton et président de l'administration des hospices de la ville. Membre de la Légion d'honneur le 25 frimaire an XII, chevalier de l'Empire le 21 septembre 1808, et baron le 22 octobre 1810, il devint, lors de la reconstitution des tribunaux, d'abord conseiller à la cour impériale de Lyon (28 mars 1811), puis procureur général près la même cour (2 avril suivant). En 1813, il fut chargé d'offrir à l'empereur, au nom de la ville de Lyon, des hommes et de l'argent. En 1814, il adhéra au retour des Bourbons, et se rendit à Vichy pour obtenir de la duchesse d'Angoulême qu'elle visitât Lyon. Aux Cent-Jours, il fut désigné pour assister à l'assemblée du champ de mai, en qualité de procureur général et d'électeur du Rhône. Il resta à Paris jusqu'au retour de Louis XVIII, revint alors reprendre ses fonctions de magistrat à Lyon, et fut nommé, le 25 octobre 1815, président honoraire à la cour de Lyon. Devenu, en 1818, maire de cette ville, il remplit longtemps ces fonctions, et ne se retira définitivement dans la vie privée que quelques mois avant la révolution de juillet.

RAMBOURG DE COMMENTRY (JEAN-FRANÇOIS-PAUL), député de 1857 à 1863, né à Saint-Bonnet-le-Désort (Allier) le 29 juin 1799, mort à Paris le 28 mars 1873, était maire de Commentry et conseiller général de l'Allier, lorsqu'il fut élu (22 juin 1857), avec l'appui officiel, député de la 3e circonscription de l'Allier au Corps législatif par 11,624 voix (16,858 votants, 25,909 inscrits), contre 1,408 à M. de Montaignac. D'opinions impérialistes, il siégea dans la majorité dynastique, et vota avec elle jusqu'aux élections générales de 1863, qui l'éloignèrent de la vie politique.

RAMBOURGT (AMANT-AMBROISE-CHRISTOPHE, VICOMTE DE), député au Corps législatif de 1852 à 1868, né à Ervy (Aube) le 25 octobre 1819, mort à Troyes (Aube) le 6 décembre 1868, fit son droit, fut reçu docteur en 1845, et devint sous Louis-Philippe juge suppléant puis secrétaire général de la préfecture de l'Aube. Destitué en 1848, il fut nommé, la même année, conseiller général du canton d'Estissac, se rallia à la politique du prince Louis-Napoléon, et fut successivement élu député de la 1re circonscription de l'Aube, comme candidat du gouvernement, le 29 février 1852, par 28,953 voix (33,150 votants, 41,983 inscrits), contre 1,170 à M. Blavoyer, et 1,153 à M. de Villemereuil; le 22 juin 1857, par 22,593 voix (33,709 votants, 42,038 inscrits), contre 8,640 à M. Joseph Moreau, 1,834 à M. Ferrand-Lamotte et 505 à M. Millard, ancien représentant; le 1er juin 1863, par 27,129 voix (33,859 votants, 44,511 inscrits), contre 6,961 à M. Guyot, ancien représentant. M. Rambourgt figura constamment dans la majorité favorable aux institutions impériales, et mourut à la fin de la législature de 1863-1869.

RAMBURES (ADALBERT-ALEXANDRE ROGER DE), représentant en 1871, né à Abbeville (Somme) le 26 mai 1811, fit son droit à Paris, puis se retira dans ses propriétés de Vaudiscourt (Somme), où il devint conseiller municipal en 1835 et maire en 1847. Conseiller d'arrondissement en 1848, conseiller général du canton d'Ault en 1855 (renommé le 8 octobre 1871), il fut élu, le 8 février 1871, représentant de la Somme à l'Assemblée nationale, le 10e sur 11, par 93,774 voix (123,345 votants, 167,874 inscrits), se fit inscrire à la réunion Saint-Marc-Girardin, et vota *pour* la paix, *pour* l'abrogation des lois d'exil, *pour* la pétition des

évêques, *pour* le service de trois ans, *pour* la démission de Thiers, *pour* le septennat, *pour* le ministère de Broglie, *contre* l'amendement Wallon, *contre* les lois constitutionnelles. A la dissolution de l'Assemblée nationale, il ne se représenta plus.

RAMBUTEAU (CLAUDE-PHILIBERT BARTHELOT, COMTE DE), représentant aux Cent-Jours, député de 1827 à 1831, et pair de France, né à Mâcon (Saône-et-Loire) le 9 novembre 1781, mort à Champgrenon près Charnay (Saône-et-Loire) le 23 avril 1869, « fils de haut et puissant seigneur, messire Claude Barthelot, marquis de Rambuteau, chevalier, seigneur dudit lieu, Chassagnes, Esences, Vaubressou, les Leurs, Changrenon, et autres lieux, chevalier de l'ordre royal et militaire de Saint-Louis, ancien major de régiment de Conti-cavalerie, et de dame Adélaïde-Victoire de Lavieyville de Vignacourt », était issu d'une vieille famille noble de Bourgogne. Il se destina d'abord à l'Ecole polytechnique, puis y renonça à la mort de sa mère, et épousa la fille du comte Louis de Narbonne qui obtint pour lui, de Napoléon Ier, un emploi à la cour. Envoyé (1809) par le département de Saône-et-Loire pour complimenter Napoléon Ier de ses victoires sur l'Autriche, il fut nommé chambellan de l'empereur, remplit, deux ans plus tard (1811), une mission en Westphalie, et, à son retour, fut nommé préfet du département du Simplon (12 mars 1813). Il eut à prendre, en cette qualité, des dispositions pour assurer la retraite de l'armée d'Italie; ayant réuni huit à neuf cents Français, il les ramena à Chambéry après dix jours d'une marche pénible. Préfet de la Loire (8 janvier 1814), il organisa la garde nationale mobile de ce département, et activa la fabrication des fusils à la manufacture d'armes de Saint-Etienne. Il tint l'ennemi en échec du 22 janvier au 11 avril; mais la capitulation de Roanne vint mettre un terme à ces patriotiques efforts. Maintenu à son poste par la première Restauration, il acquit de nouveaux titres à l'estime publique en participant à la liquidation de plus de 260 millions de créances sur l'Etat; aussi le grand collège de la Loire l'élut-il, le 11 mai 1815, représentant à la Chambre des Cent-Jours, par 46 voix (51 votants); les électeurs firent consigner dans le procès-verbal que ce choix était un hommage de la reconnaissance publique. Il siégea peu d'ailleurs, ayant été chargé de l'administration des départements de l'Allier, de l'Aude et de Tarn-et-Garonne, avec des pouvoirs extraordinaires pour comprimer le royalisme à Montauban. Destitué, en conséquence, par la seconde Restauration, il rentra dans la vie privée s'occupa de travaux agricoles dans ses terres patrimoniales de Charnay. Il passa ainsi douze années à l'écart de la politique militante, fut nommé conseiller-général de Saône-et-Loire (1819-1833), et ne fit qu'une tentative infructueuse, le 25 février 1824, pour rentrer à la Chambre des députés : il réunit dans le 1er arrondissement de Saône-et-Loire (Mâcon), 192 voix contre 354 au marquis de Doria, élu; huit jours après (6 mars), il échouait également dans un second collège du même département, avec 101 voix (346 votants). Mais, le 17 novembre 1827, la circonscription de Mâcon l'élut député par 298 voix (453 votants, 529 inscrits) contre 152 au député sortant, M. Doria. M. de Rambuteau prit place à gauche, dans les rangs du parti constitutionnel, avec lequel il vota constamment : il parut peu à la tribune, signa l'adresse des 221, obtint le

23 juin 1830, le renouvellement de son mandat par 301 suffrages sur 450 votants et 493 inscrits, contre 143 à M. Delahante, et contribua pour sa part à la révolution de juillet. Dévoué à la monarchie nouvelle, il la soutint de tout son pouvoir, et fut encore réélu député, le 5 juillet 1831, par 242 voix (318 votants, 363 inscrits), contre 46 à M. de Lamartine et 29 à M. Jacques Laffitte. Il s'associa aux opinions de la majorité conservatrice, et fut appelé, le 22 juin 1833, à remplacer M. de Bondy à la préfecture de la Seine, avec le titre de conseiller d'État. Il se maintint dans ce poste important jusqu'à la révolution de février, et fut élevé à la pairie le 11 septembre 1835. Nommé membre libre de l'Académie des Beaux-Arts en 1843, et, en 1844, grand officier de la Légion d'honneur. Pendant ses quinze années d'administration, M. de Rambuteau, en face du premier conseil municipal élu de la capitale, dont Arago était le président, triompha, par de hautes qualités d'administration et par un large esprit de conciliation, des vives critiques de l'opposition : les travaux considérables qu'il ordonna eurent un caractère marqué d'utilité. Sans augmenter les charges des contribuables et sans charger l'avenir de lourdes dettes, il mena à bien la rectification d'un nombre considérable de rues peu praticables, la reconstruction et le remaniement des égouts, le nivellement des boulevards, la plantation d'arbres sur les quais et les places, la généralisation de l'éclairage au gaz, le développement du service des eaux qui donna 108 litres par habitant au lieu de 70, l'achèvement de la grande ligne des quais, le percement d'une grande voie (la rue de Rambuteau) à travers un réseau de ruelles infectes, l'amélioration des places de la Concorde, de la Bastille, des Champs-Élysées, la restauration ou l'achèvement de l'Arc de Triomphe, de l'Hôtel de Ville, de la Sainte-Chapelle, de Notre-Dame de Lorette, de la Madeleine, des prisons de la Roquette et de Mazas, etc. Lors de l'envahissement de l'Hôtel de Ville, aux journées de février 1848, le peuple de Paris déposa son portrait sur son lit, en disant : « Dors, papa Rambuteau, tu as mérité de te reposer. » En 1852, il accepta d'être porté sur la liste des membres du nouveau Sénat ; mais il retira son consentement au moment de la publication des décrets du 22 janvier 1852 confisquant les biens de la famille d'Orléans, et resta désormais étranger aux affaires publiques.

RAMEAU (JEAN-FRANÇOIS), dit RAMEAU DE MONTBENOIT, député en 1791, né à Saint-Père (Nièvre) le 15 juin 1731, exécuté à Paris le 7 mai 1794, fut, sous l'ancien régime, seigneur de Cosne, homme de loi, et subdélégué de l'intendance d'Orléans. Il devint, à la Révolution, assesseur du juge de paix, puis vice-président de l'administration de la Nièvre. Le 4 septembre 1791, il fut élu député de ce département à l'Assemblée législative, le 1er sur 7, par 186 voix (310 votants). Rameau siégea dans la minorité. Suspect sous la Terreur, il fut arrêté, traduit devant le tribunal révolutionnaire, condamné à mort le 7 mai 1794, et exécuté en même temps que son frère, Jean-Louis Rameau, ex-seigneur de Cosne.

RAMEAU (CHARLES-VICTOR CHEVREY), représentant en 1871, député de 1876 à 1885, né à Paris le 26 janvier 1803, mort à Versailles (Seine-et-Oise) le 8 septembre 1887, d'une famille bourguignonne, alliée à celle de Jean-Philippe Rameau, le célèbre musicien, et fils d'un officier d'état-major du premier Empire, fit ses études au collège Bourbon, fut reçu avocat (1830), et exerça de 1831 à 1870 à Versailles les fonctions d'avoué ; il devint président de la conférence des avoués de France, conseiller municipal de Versailles depuis 1846, et manifesta, sous la monarchie de Juillet et sous le second Empire, des opinions libérales qui le firent élire, au lendemain du 4 septembre 1870, maire de la ville de Versailles. Il se signala, pendant l'occupation prussienne, par l'énergie avec laquelle il prit la défense des intérêts de ses administrés, tint tête à l'état-major allemand, et fut arrêté et emprisonné. En récompense de son attitude, il fut fait, le 5 septembre 1871, chevalier de la Légion d'honneur. Le 8 février précédent, il avait été élu représentant de Seine-et-Oise à l'Assemblée nationale, le 2e sur 11, par 40,437 voix (53,390 votants, 123,875 inscrits). Il siégea à la gauche républicaine, fut membre de la commission des quinze chargée d'assister le gouvernement de Thiers à Versailles pendant l'insurrection communaliste, et soutint de tout son pouvoir la politique républicaine conservatrice. Il se prononça *pour* la paix, *contre* l'abrogation des lois d'exil, *contre* la pétition des évêques, *contre* le service de trois ans, *contre* la chute de Thiers au 24 mai, *contre* le septennat, la loi des maires, l'état de siège, le ministère de Broglie, *pour* l'amendement Wallon, *pour* l'ensemble des lois constitutionnelles. En février 1874, il avait été révoqué de ses fonctions de maire par le ministère de Broglie ; mais les adjoints et les conseillers municipaux refusèrent de le remplacer. Réélu, le 20 février 1876, député de la 3e circonscription de Versailles, par 6,357 voix (11,623 votants, 15,356 inscrits), contre 5,093 à M. Barbé, monarchiste, il reprit sa place dans les rangs de la gauche modérée, fut élu vice-président de la Chambre, et un décret du 22 février 1877 le rappela à la mairie de Versailles. Après avoir obtenu sa réélection, le 11 octobre 1877, par 6,925 voix (13,011 votants, 16,707 inscrits) contre 5,972 à M. Barbé, il fut désigné à nouveau comme vice-président de la Chambre le 10 janvier 1878, soutint les ministères républicains de la législature, adhéra à la politique opportuniste, se montra opposé aux poursuites proposées contre les membres des cabinets du 16 mai et du 14 novembre 1877, présenta contre eux un ordre de jour « de flétrissure », qui fut adopté par la majorité et affiché dans toutes les communes de France, et, en mars 1881, fit abroger l'article 15 du décret du 23 prairial an XII sur les séparations des différents cultes dans les cimetières. Il vota *contre* l'amnistie plénière, *pour* l'invalidation de l'élection de Blanqui, *pour* les lois nouvelles sur la presse et le droit de réunion, etc. Réélu de nouveau, le 21 août 1881, par 7,861 voix (10,427 votants, 15,942 inscrits), contre 66 à M. Barbé, il soutint les ministères Ferry et Gambetta, approuva l'expédition du Tonkin, et ne fut pas réélu en 1885. Officier d'académie, M. Rameau a publié plusieurs travaux spéciaux sur le *Jury en matière civile* (1848), sur l'*Organisation judiciaire*, sur la *Saisie immobilière*, etc. Il a collaboré à la *Gazette des Tribunaux*, à la *Revue critique de législation et de jurisprudence*, et a professé pendant cinq ans à Versailles un cours public et gratuit de législation nouvelle (1862-1867).

RAMEAU DE LA CÉRÉE (Jean), membre de la Convention, député au Conseil des Cinq-Cents, né à Dijon (Côte-d'Or) le 15 mars 1745, mort à une date inconnue, était propriétaire à Mesmont (Côte-d'Or) et membre de l'administration du département, lorsque ce département l'envoya siéger à la Convention nationale, le 9° sur 10, par 326 voix (461 votants). Il prit place parmi les modérés, et se prononça contre la mort du roi. Au premier appel nominal il répondit : « Je distingue deux choses dans Louis XVI : le fonctionnaire public, et Louis Capet. S'il s'agit de prononcer sur Louis, un tribunal doit en connaître ; et s'il s'agit d'un fonctionnaire public, je le crois coupable depuis dix mois et je me réserve de prononcer révolutionnairement sur son sort. » Il repoussa l'appel au peuple, et, au 3° appel nominal, s'exprima en ces termes : « La qualité de juge que je n'ai point reçue du souverain, il n'était point en votre pouvoir de me la donner, aussi ne me crois-je point lié par ce décret monstrueux. Je vote pour le bannissement actuel et à perpétuité. » Rameau de la Cérée fut réélu, le 23 vendémiaire an IV, député au Conseil des Cinq-Cents par le département de l'Aisne, avec 182 voix (326 votants). Il donna sa démission le 27 pluviôse an VI, et remplit ensuite les fonctions de maître particulier des forêts et d'inspecteur forestier.

RAMEL (Jean-Pierre), député à l'Assemblée législative de 1791, né à Cahors (Lot) en 1761, mort en 1795, était, à 19 ans, avocat au parlement de Toulouse. Partisan des principes de la Révolution, il fut membre des assemblées provinciales du Quercy, devint procureur général syndic du département du Lot, et fut élu, le 1er septembre 1791, député du Lot à l'Assemblée législative, le 5° sur 10, par 295 voix (464 votants). Il fut partie du comité de liquidation et de la députation envoyée à la cérémonie en l'honneur du maire d'Étampes, Simonneau, vota avec les constitutionnels, s'opposa à la mise en accusation de La Fayette, demanda des secours pour les officiers d'état-major supprimés, et fit rendre un décret sur les certificats de résidence ; mais il s'était fait un ennemi puissant en Jean-Bon-Saint-André, qui avait été son adversaire malheureux lors de l'élection à l'Assemblée législative, et qui, devenu membre de la Convention et membre du comité de salut public, poursuivit Ramel de sa vengeance. Celui-ci, après la session, était entré à l'armée des Pyrénées-Orientales, où sa brillante conduite le fit nommer général de brigade au commencement de 1793. A Collioures, où il se battit cependant avec courage, il fut accusé de s'être laissé surprendre et de témoigner beaucoup de tiédeur envers le pouvoir ; Jean-Bon-Saint-André le fit arrêter, mais dut trois fois modifier la composition du tribunal avant d'obtenir un arrêt de mort ; Ramel fut exécuté dans les premiers jours de l'année 1795.

RAMEL (Claude), député au Conseil des Cinq-Cents et au Corps législatif de l'an VIII à 1803, né à Saint-Galmier (Loire) en 1768, mort à Roanne (Loire) le 14 septembre 1831, était administrateur du district de Roanne, quand il fut élu, le 25 germinal an VII, député de la Loire au Conseil des Cinq-Cents. Il adhéra du coup d'État de Bonaparte par une lettre ainsi conçue :

« Montbrison, le 1er nivôse an 8° de la République française, une et indivisible,

« Le Représentant du peuple Ramel, membre du Conseil des Cinq-Cents.

« Au citoyen président de la commission législative du même Conseil.

« Citoyen Collègue,

« J'accepte avec empressement la constitution qui vient d'être offerte au peuple français. J'y vois la garantie de la véritable liberté et le terme d'une révolution déjà trop longue.

« Je vous prie de faire parvenir mon vœu à la section chargée de recueillir ceux de nos collègues des Cinq-Cents.»

« Salut et fraternité,

« Ramel. »

Appelé, le 4 nivôse an VIII, au Corps législatif par le choix du Sénat conservateur comme député de la Loire, il siégea dans la nouvelle assemblée jusqu'en 1803, et termina sa carrière comme directeur des contributions directes dans le département de la Loire.

RAMEL (Henri), représentant à la Chambre des Cent-Jours, né à Cahors (Lot) le 1er septembre 1765, mort en 1831, était avocat dans sa ville natale, quand il fut élu, le 14 mai 1815, représentant de l'arrondissement de Cahors à la Chambre des Cent-Jours, par 52 voix (87 votants). Son rôle parlementaire prit fin avec cette courte législature.

RAMEL DE NOGARET (Dominique-Vincent), député en 1789, membre de la Convention, député au Conseil des Cinq-Cents et ministre, né à Montolieu (Aude) le 3 novembre 1760, mort à Bruxelles (Belgique) le 31 mars 1829, était, en 1789, avocat du roi au siège présidial de Carcassonne. Partisan des idées nouvelles, il fut élu, le 23 mars 1789, député du tiers aux Etats-Généraux par la sénéchaussée de Carcassonne. Il prêta le serment du Jeu de paume, fit partie du comité d'aliénation, fut nommé commissaire pour la prestation du serment des troupes, fut secrétaire de l'Assemblée (18 juillet 1791), brilla peu à la tribune, mais travailla activement dans les comités. Il combattit la division de la France en départements, en alléguant la perturbation que cette modification apporterait dans l'administration et dans le recouvrement des impôts. Ramel de Nogaret montra de l'habileté dans une mission qu'il remplit en Bretagne (juin 1791), où des troubles graves avaient éclaté, et fut nommé, après la session, président du tribunal de Carcassonne. Le 4 septembre 1792, le département de l'Aude l'envoya siéger à la Convention, le 3° sur 8, par 311 voix (360 votants). Il répondit, dans le procès de Louis XVI, au 3° appel nominal : « Louis est convaincu de conspiration contre la liberté. Dans tous les temps un pareil crime mérita la mort ; je la prononce. » Il opina d'autre part pour l'appel au peuple, et contre le sursis. Ramel de Nogaret intervint dans un assez grand nombre de discussions, parla sur la Constitution de 1793, sur la vente des biens des émigrés, sur la création des assignats, sur la répartition des impôts, contre le maximum. Devenu membre du comité de salut public, proposa d'instituer une « Commission paternelle » pour statuer en dernier ressort sur la culpabilité des prévenus avant de les envoyer devant les tribunaux. Il fut rapporteur de l'emprunt forcé d'un milliard (19 août 1793), et se fit l'accusateur de Fabre d'Eglantine. En 1795, il remplit une mission en Hollande, et fit part, en cette qualité, à la Convention, des succès rapides des troupes de Pichegru. A son retour, il fut réélu (22 vendémiaire an IV) par le département de l'Aude, député au Conseil des Cinq-Cents, le 3e sur 8, avec 311 voix (360 votants). L'étude spéciale qu'il avait faite des questions d'impôts le fit appeler, le 25 pluviôse an IV, au ministère des Finances. Au milieu de circonstances difficiles, il s'efforça de subvenir aux besoins pressants et quotidiens des armées, eut la première idée du cadastre, et dut organiser la transition des assignats au numéraire; les mesures qu'il prit dans ce but lui attirèrent de graves reproches et le firent attaquer avec violence à la tribune et dans la presse. Thibaudeau, Antonelle et autres allèrent jusqu'à lui reprocher de s'entendre avec les fournisseurs. Mais Ramel de Nogaret n'était rien moins que riche quand il se retira du pouvoir le 2 thermidor an VII. Remplacé par Robert Lindet, il passa dans l'obscurité le temps du Consulat et de l'Empire. Pendant les Cent-Jours, il fut nommé (mai 1815) préfet du Calvados. La Restauration le destitua, et Ramel, frappé par la loi du 12 janvier 1816 contre les régicides, se retira « sur ses propriétés, à Bruxelles », écrivait-il le 15 février 1819; il payait alors, dans l'Aude, plus de 2,000 francs de contributions. Sa fortune se trouvant compromise par son absence, sa femme, Panckoucke-Ramel, demanda pour lui (novembre 1820) l'autorisation de rentrer en France, au moins pour quelques mois. L'autorisation fut refusée, et Ramel mourut en exil. On a de lui : *Des finances de la République française* (1801); *Du change et de l'intérêt de l'argent* (1807), et des *Rapports*, *Mémoires* et *Opinions* sur des matières législatives.

RAMEY — *Voy.* SUGNY (DE).

RAMOLINO (ANDRÉ), député de 1819 à 1824, né à Ajaccio (Corse) le 25 janvier 1767, mort à Ajaccio le 29 décembre 1831, parent de Napoléon Bonaparte, fut, sous l'Empire, directeur des contributions directes. Destitué à la Restauration, il fut élu, le 12 décembre 1819, député du grand collège de la Corse, par 22 voix (38 votants). Il prit place au côté gauche, repoussa les lois d'exception, et fut l'un des 94 opposants à la loi électorale. Les élections de 1824 l'éloignèrent de la vie politique.

RAMOND DE CARBONNIÈRES (LOUIS-FRANÇOIS-ÉLISABETH, BARON), député en 1791, de l'an VIII à l'an XIV, représentant aux Cent-Jours, né à Strasbourg (Bas-Rhin) le 4 janvier 1755, mort à Paris le 14 mai 1827, fils d'un trésorier des guerres, se fit recevoir à la fois docteur en droit et docteur en médecine, fut (1777) avocat au conseil souverain d'Alsace, voyagea en Allemagne et en Angleterre, et entra, en 1781, dans les gendarmes de la garde du roi. A Strasbourg, il s'était lié avec l'évêque (le cardinal de Rohan), et ce fut lui qui, dans l'affaire du collier, retrouva à Londres la trace des diamants. Partisan d'une monarchie libérale, il fut élu, le 21 septembre 1791, député de Paris à l'Assemblée législative, le 19e sur 24, par 375 voix sur 726 votants. Orateur de talent, il se prononça contre la confiscation des biens des émigrés qui n'avaient pas porté les armes contre la France, protesta contre les décrets qui visaient les prêtres non assermentés, fut membre du comité diplomatique, et secrétaire de l'Assemblée (13 décembre 1791), s'opposa au licenciement de la garde du roi, s'éleva hautement contre l'envahissement des Tuileries au 20 juin

1792, et défendit La Fayette qu'il appela « fils aîné de la Liberté ». Forcé de quitter Paris après le 10 août, il alla faire un voyage géologique dans les Pyrénées, fut incarcéré à Tarbes, de nivôse au 11 à brumaire an IV, puis, sous le Directoire, fut appelé aux fonctions de professeur d'histoire à l'École centrale des Hautes-Pyrénées (an IV-an VIII), et nommé associé de l'Institut. Le 11 ventôse au VIII, il devint préfet des Hautes-Pyrénées, et, dix-sept jours après (28 ventôse), fut élu par le Sénat conservateur député au Corps législatif. Membre de l'Institut en l'an X, membre de la Légion d'honneur (11 frimaire au XII), vice-président du Corps législatif (22 nivôse), commandeur de la Légion d'honneur (25 prairial suivant), il sortit du Corps législatif en 1806, fut nommé préfet du Puy-de-Dôme le 13 mars de la même année, créé baron de l'Empire le 11 février 1810, et quitta l'administration en 1813, avec une pension de 6,000 francs. Rallié aux Bourbons en 1814, il fut nommé maître des requêtes au conseil d'État le 24 août 1815, et fut chargé de liquider notre dette de guerre avec l'Angleterre. Conseiller d'État le 11 juin 1818, il mourut, neuf ans après, conseiller honoraire. On a de lui : un drame, *La guerre d'Alsace* (1770); *Opinion sur les lois constitutionnelles* (1791); des Mémoires scientifiques sur les Alpes et les Pyrénées, et des travaux sur la physique et la géologie. Il avait épousé la fille de Dacier, secrétaire perpétuel de la 3e classe de l'Institut.

RAMOND DU BOSC. — *Voy.* DUTAILLIS (COMTE).

RAMPILLON (GABRIEL-OPPORTUNE), député au Conseil des Cinq-Cents et au Corps législatif, né et mort à des dates inconnues, fit son droit à Poitiers, fut reçu juge au présidial de cette ville, après la démission de Brumauld de Beauregard, le 27 juin 1776, et devint, avant la Révolution, conseiller au présidial. Épris des idées de la Révolution, il fut élu, le 7 septembre 1790, juge au tribunal du district de Poitiers, puis, le 11 novembre 1792, accusateur public par le tribunal criminel de la Vienne; mais il fut destitué, le 5 avril 1793, par un décret de la Convention, pour avoir favorisé des rebelles dans l'application de la loi. Nommé juge au tribunal de Poitiers en l'an III, il fut élu, le 23 germinal an V, député de la Vienne au conseil des Cinq-Cents, par 120 voix (178 votants); il y combattit la proposition de Duplantier relative aux sociétés populaires, désapprouva le projet sur la police des cultes, demanda que les administrateurs des théâtres, les acteurs et les auteurs fussent obligés de prêter le serment de « haine à la royauté et à l'anarchie, d'attachement et de fidélité à la République et à la Constitution de l'an III, et affranchir du timbre le papier de musique. Il continua de remplir ses fonctions de juge au tribunal de Poitiers jusqu'au 4 nivôse an VIII, ayant été choisi, à cette date, par le Sénat conservateur, comme député de la Vienne au Corps législatif, où il siégea jusqu'en 1805. Juge au tribunal d'appel de Poitiers en 1812, il échangea ce titre, lors de la réorganisation des cours, contre celui de conseiller à la cour impériale de Poitiers (19 mai 1811), et remplit ces fonctions jusqu'en 1813, date probable de sa mort.

RAMPON (ANTOINE-GUILLAUME, COMTE), membre du Sénat conservateur, pair de France en 1814, pair des Cent-Jours et pair de France, né à Saint-Fortunat (Ardèche) le 16 mars 1759,

6

mort à Paris le 2 mars 1842, s'engagea à 16 ans dans le régiment Royal-Comtois; à son congé, il revint chez lui, mais, en 1791, il reprit de nouveau du service dans un bataillon des volontaires de l'Ardèche, y devint lieutenant, et fit la campagne de Nice en 1792, sous les ordres du général Anselme. L'année suivante, à l'armée des Pyrénées-Orientales, il se distingua à Prats-de-Mollo, à Peyrestortes et fut fait prisonnier à Collioures. Rentré en France à la paix (1795) et promu adjudant général, il fit partie de l'armée d'Italie (1796), dont Bonaparte venait de prendre le commandement, et, le 11 avril, avec la 32e demi-brigade, défendit la redoute de Montélézino contre les 10,000 Autrichiens d'Argenteau. Il reçut à cette occasion les félicitations du Directoire, et fut nommé général de brigade le 21 germinal au IV. Il se distingua ensuite à Lodi, à Roveredo et à Arcole, où il repoussa une contre-attaque d'Alvinzi, prit part à l'expédition d'Égypte, commanda à la bataille des Pyramides les grenadiers de la division Kléber, qui brisèrent l'élan des Mamelucks, occupa Suez au début de l'expédition de Syrie, fut nommé général de division le 6 pluviôse an VII, et se distingua aux batailles du Mont-Thabor et d'Héliopolis. Après le départ de Bonaparte, il commanda les provinces de Damiette et de Mansourah, défendit les redoutes qui couvraient Alexandrie, et, après la capitulation du 2 septembre 1801, fut ramené en France. Favorable au 18 brumaire, nommé, sur la présentation du premier Consul, membre du Sénat conservateur le 7 nivôse an IX, il reçut, de Bonaparte, le 28 prairial an X, un sabre d'honneur, et devint grand officier de la Légion d'honneur (25 prairial an XII). Appelé, en 1805, au commandement de la garde nationale du départements du Nord, et chargé d'y veiller à l'organisation des recrues, il obtint, l'année suivante, la sénatorerie de Rouen, et fut créé comte de l'empire le 26 avril 1808. A la retraite de Russie, il fut mis à la tête d'un corps d'armée en Hollande et, lors de l'invasion, défendit la place de Goreum, qui ne capitula qu'à la dernière extrémité. Il envoya alors son adhésion à la restauration des Bourbons, qui le nommèrent pair de France le 4 juin 1814. Sans emploi actif jusqu'aux Cent-Jours, il fut envoyé, après le retour de l'île d'Elbe, commissaire extraordinaire de l'empereur dans la 4e division militaire, mais ne prit aucune part à la campagne de Belgique. Il avait été nommé pair par l'empereur le 2 juin 1815. Rayé de la liste des pairs, à la seconde Restauration, il fut rappelé à la Chambre haute le 5 mars 1819. Grand croix de la Légion d'honneur le 22 janvier 1825, il adhéra en 1830 au gouvernement de juillet, qu'il soutint jusqu'à sa mort.

RAMPON (JOACHIM-ACHILLE, COMTE), député de 1839 à 1842, représentant en 1871, sénateur de 1876 à 1883, né à Paris le 9 juillet 1805, mort à Paris le 11 janvier 1883, fils du précédent, fit ses études au collège Henri IV, sortit de Saint-Cyr sous-lieutenant au 8e chasseurs en 1827, passa lieutenant en 1830, donna sa démission, devint aide-de-camp de La Fayette (1830), puis fut nommé colonel d'état-major de la garde nationale de la Seine, et général sous-chef d'état-major. Officier de la Légion d'honneur (10 juin 1837), il fut élu, le 2 mars 1839, député du 1er collège de l'Ardèche (Privas), par 156 voix (305 votants); il prit place à l'opposition et vota *contre* la dotation du duc de Nemours, *pour* les fortifications de Paris, *pour* l'adjonction des capacités. Il échoua, le 9 juillet 1842, avec 119 voix contre 205 à l'élu, M. Champanhet, et 9 au marquis de Vogüé. Après la révolution de 1848, M. Rampon resta quelques années en dehors de la politique et ne voulut pas se rallier au second empire. Conseiller général de Tournon en 1867, il posa sa candidature d'opposition au Corps législatif dans la 3e circonscription de l'Ardèche, le 24 mai 1869, mais il échoua, au 1er tour, avec 6,019 voix contre 11,708 à M. de la Tourette et 9,241 à M. Hérold; il se désista au second tour en faveur de ce dernier. Nommé, le 30 novembre 1870, colonel de la 3e légion des mobilisés de l'Ardèche, il prit part en cette qualité aux opérations de l'armée de l'Est, et se signala en différentes rencontres. Élu, le 8 février 1871, représentant de l'Ardèche à l'Assemblée nationale, le 1er sur 8, par 41,709 voix (73,015 votants, 115,623 inscrits), il fut président du centre gauche, soutint la politique de Thiers, et vota *pour* la paix, *pour* l'abrogation des lois d'exil, *pour* le service de trois ans, *contre* la démission de Thiers, *contre* le septennat, *contre* le ministère de Broglie, *pour* les lois constitutionnelles; il repoussa la loi sur l'enseignement supérieur. Réélu au conseil général de l'Ardèche pour le canton de Tournon le 8 octobre 1871, et président de ce conseil, il fut élu sénateur de l'Ardèche, le 30 janvier 1876, par 210 voix (403 votants); il prit place au centre gauche, devint vice-président du Sénat et, le 23 juin 1877, vota contre la dissolution de la Chambre demandée par le ministère de Broglie. Il mourut en janvier 1883, et fut remplacé au Sénat, le 1er avril suivant, par M. Chalamet.

RAMPONT-LÉCHIN (GERMAIN-FRANÇOIS-SÉBASTIEN), représentant du peuple en 1848, député au Corps législatif de 1869 à 1870, représentant en 1871, sénateur de 1875 à 1888, né à Chablis (Yonne) le 25 novembre 1809, mort à Paris le 24 novembre 1888, était étudiant en médecine à la révolution de 1830; il prit part aux journées de juillet, puis, reçu docteur-médecin en 1834, s'établit à Ligny (Yonne). Chef de l'opposition libérale sous Louis-Philippe, il fut élu, le 4 juin 1848, représentant de l'Yonne à l'Assemblée constituante, en remplacement de M. de Cormenin qui avait opté pour la Seine, avec 18,989 voix (37,571 votants, 107,994 inscrits). Il fit partie du comité de l'agriculture, et vota *contre* les poursuites contre L. Blanc et Caussidière, *contre* l'abolition de la peine de mort, *contre* l'impôt progressif, *contre* l'incompatibilité des fonctions, *pour* l'amendement Grévy, *pour* l'ensemble de la Constitution, *contre* l'interdiction des clubs, *contre* l'expédition de Rome. Non réélu à la Législative, il ne se rallia pas à l'Empire, s'occupa d'agriculture, devint conseiller général de son canton en 1861, échoua comme candidat d'opposition dans la 1re circonscription de l'Yonne, le 1er juin 1863, avec 9,169 voix contre 21,250 à l'élu, M. d'Ornano, candidat du gouvernement, et ne fut pas plus heureux, le 18 novembre 1865, à l'élection partielle nécessitée par le remplacement de M. d'Ornano décédé, avec 12,513 voix contre 16,611 à l'élu officiel, M. Frémy. Il fut élu député de ce même circonscription, le 24 mai 1869, par 17,864 voix (35,393 votants, 40,381 inscrits), *contre* 17,369 au député sortant, M. Frémy, prit place à gauche, signa la demande d'interpellation des 116, et vota *contre* le plébiscite et *contre* la guerre. Nommé, le 6 septembre 1870, directeur général des postes, il créa le service des aérostats et des pigeons-voyageurs dans Paris assiégé, et tenta de communiquer avec la province en immergeant un câble dans la Seine. Élu, le 8 février 1871, représentant de l'Yonne à l'Assemblée nationale, le 3e sur 7, par 39,937 voix (61,853 votants, 113,657 inscrits), il prit de nouveau place à gauche, et vota *pour* la paix, *contre* l'abrogation des lois d'exil, *pour* le service de trois ans, *contre* la démission de Thiers, *contre* le septennat, *contre* le ministère de Broglie, *pour* l'amendement Wallon, *pour* les lois constitutionnelles. Après avoir conclu des conventions postales avec l'Allemagne (1871), avec la Russie (novembre 1872) et avec les États-Unis (décembre suivant), il fut révoqué de ses fonctions de directeur après la chute de Thiers, le 9 août 1873. Élu, le 15 décembre 1875, sénateur inamovible par l'Assemblée nationale, le 57e sur 75, avec 310 voix (676 votants), il siégea à la gauche modérée, vota *contre* la dissolution de la Chambre demandée par le ministère de Broglie, le 23 juin 1877, soutint la politique scolaire et coloniale des ministères républicains, se prononça pour l'expulsion des princes, et mourut en 1883, à 79 ans.

RANC (ARTHUR), représentant en 1871 et en 1873, député de 1881 à 1885, né à Poitiers (Vienne) le 20 décembre 1831, fit de bonnes études au collège de cette ville, et suivit à à Paris les cours de l'École de droit et ceux de l'École des Chartes. Républicain ardent, il prit part à plusieurs manifestations démocratiques et fut inquiété par la police. Impliqué en 1853 dans le complot de l'Opéra-Comique, et acquitté de ce chef par le jury, il fut condamné quelque temps après par le tribunal correctionnel à un an de prison pour affiliation à une société secrète. Lors de l'attentat de Bellemare (1855) qu'il connaissait, il fut de nouveau arrêté et envoyé sans jugement en Afrique, d'où il parvint à s'échapper en juin 1856; il se fixa alors à Genève. L'amnistie de 1859 lui permit de rentrer en France. Il occupa quelque temps un emploi de correcteur à l'*Opinion nationale*, collabora au *Courrier du dimanche*, au *Nain jaune*, au *Journal de Paris*, à la *Cloche*, au *Réveil*, au *Diable à quatre*, et s'attira de fréquentes poursuites par la vivacité de ses polémiques contre l'Empire. M. Ranc professait alors les opinions révolutionnaires les plus accentuées et se déclarait le disciple de Blanqui. Un article sur les insurgés de juin, publié dans le *Nain jaune*, lui valut une condamnation à quatre mois d'emprisonnement. Après la révolution du 4 septembre, il devint maire du 9e arrondissement de Paris, puis, chargé d'une mission, il quitta Paris en ballon le 14 octobre, et se rendit à Bordeaux, où, le 20, il fut appelé par Gambetta aux fonctions de directeur de la sûreté générale. Il organisa un service de renseignements et de contre-espionnage militaire qui lui permit de présenter à la délégation de Tours un état exact des forces prussiennes autour de Paris. Un des principaux actes de son administration fut l'arrestation du prince de Joinville qu'il fit reconduire à Saint-Malo, où il fut embarqué pour l'Angleterre. M. Ranc a raconté lui-même que, quand il fit arrêter le prince, celui-ci lui dit : « Danton avait permis à mon père de servir. » — Monsieur, répondis-je,

permettez-moi une expression toute parisienne; c'est précisément pour cela ; nous ne voulons pas que vous nous la fassiez à Jemmapes et à Fleurus. » Le 6 février 1871, lorsque Gambetta se retira du pouvoir, M. Ranc donna sa démission. Deux jours plus tard, il fut élu représentant de la Seine à l'Assemblée nationale, le 17e sur 43, par 126,533 voix (328,970 votants, 547,858 inscrits). Il vota à Bordeaux, le 1er mars, contre les préliminaires de paix, puis il résigna son mandat en même temps que Malon, Rochefort et Tridon, revint à Paris, et fut élu, le 26 mars, membre de la Commune par le 9e arrondissement. Il siégea à l'Hôtel de Ville jusqu'au 6 avril, fit partie des commissions de la justice et des relations extérieures, se retira lors du décret sur l'exécution des otages, s'associa à la fondation de la Ligue républicaine des droits de Paris, et ne prit aucune part aux derniers actes de la Commune. Après l'entrée des troupes à Paris, M. Ranc fut élu, le 30 juillet 1871, conseiller municipal du quartier Sainte-Marguerite (11e arrondissement). Il siégea dans le groupe radical, mais avec une tendance de plus en plus marquée à suivre Gambetta dans son évolution vers « la politique des résultats ». En novembre, il devint un des principaux rédacteurs du journal la *République française*, où il publia un très grand nombre d'articles, ainsi qu'un roman politique intéressant, *Sous l'Empire*. Sa déposition devant la commission d'enquête sur le 4 septembre fit quelque bruit : M. Ranc y prit naturellement la défense des actes de la délégation et s'attacha à réfuter les accusations dont il était personnellement l'objet relativement au rôle qu'il aurait joué à Tours. Très violemment attaqué par la presse monarchiste, qui sommait le gouvernement de le mettre en état d'arrestation, M. Ranc ne fut cependant l'objet d'aucune mesure de rigueur avant le 24 mai 1873. Le 11 mai, il avait été élu représentant du Rhône à l'Assemblée nationale, par 90,225 voix (133,506 votants, 187,455 inscrits), en remplacement de M. Morel décédé, et il avait pris place sur les bancs de l'Union républicaine. Bientôt, sur une motion de l'amiral, gouverneur de Paris, l'Assemblée fut saisie d'une demande en autorisation de poursuites (juin 1873) qui fut déposée par le garde des sceaux, M. Ernoul, compatriote et camarade d'enfance de M. Ranc. M. Raoul Duval la soutint, et, après un rapport favorable de M. Baragnon, les poursuites furent autorisées à une grande majorité. L'inculpé, qui avait réussi à gagner la Belgique, fut condamné par contumace à la peine de mort (13 octobre 1873). Retiré à Bruxelles, il y eut deux duels retentissants, l'un avec M. Yvan de Woestyne, l'autre avec M. Paul de Cassagnac. De l'exil, il continua sa collaboration anonyme à la *République française*. En 1877, il écrivit sous le titre : *De Bordeaux à Versailles*, un résumé du rôle de l'Assemblée nationale : la situation judiciaire où se trouvait l'auteur l'obligea à faire signer le livre par son père, M. O. Ranc. Compris dans un des premiers décrets d'amnistie signés en 1879 par M. Grévy, il rentra aussitôt en France. Plus dévoué que jamais à la personne de Gambetta et à la politique opportuniste, il prit (octobre 1880) la direction de la *Petite République française*, et, aux élections législatives de 1881, il posa sa candidature dans la 2e circonscription du 9e arrondissement de Paris, comme candidat de l'Union républicaine ; il fut élu, le 4 septembre, au scrutin de ballottage, par 3,492 voix (6,876 votants, 13,045 inscrits). Il siégea dans la majorité opportuniste, fut un des confidents du chef de la majorité devenu président de la Chambre, puis président du conseil des ministres, et, sans paraître à la tribune, eut une grande part aux intrigues des coulisses parlementaires. Il se prononça *contre* la séparation de l'Eglise et de l'Etat et *pour* les crédits du Tonkin. Inscrit, le 4 octobre 1885, sur les listes opportunistes de la Seine, il échoua avec 103,391 voix sur 431,011 votants, fut encore candidat le 13 décembre suivant, lors du scrutin complémentaire motivé par six options, et échoua de nouveau avec 97,181 voix (317,089 votants). Il se consacra alors exclusivement à ses occupations de journaliste et prit dans la presse un rôle marquant. Rédacteur du *Matin*, du *Mot d'ordre*, etc., puis rédacteur en chef du *Paris*, il y conseilla la concentration républicaine, fonda, en avril 1888, avec MM. Clemenceau et Joffrin, une « Société des droits de l'homme » dirigée contre « l'aventure boulangiste », et prêta au ministère Floquet son plus actif concours.

RANCÉ (ALEXANDRE-NICOLAS POLANGIEDE), député de 1834 à 1837, représentant en 1849, né à Paris le 12 février 1798, mort à Mouchy-Humières (Oise) le 15 octobre 1880, entra dans l'armée à la fin du premier empire, fut admis en 1818 dans le corps royal d'état-major, parvint au grade de capitaine, manifesta des opinions libérales, et applaudit à la révolution de 1830. Elu, le 2 mars 1834, en remplacement de Dulong décédé, député du 2e collège de l'Eure (Verneuil), par 141 voix (266 votants, 390 inscrits), contre 124 à M. Treilhard, il siégea dans l'opposition, obtint sa réélection au renouvellement général du 21 juin 1834, par 155 voix (310 votants, 385 inscrits), contre 95 à M. de Lagrange, fut promu chef d'escadron, se fit réélire encore, le 27 février 1836, par 159 voix (303 votants), et accompagna en Algérie le maréchal Clausel en qualité d'aide-de-camp, Chargé par lui de réclamer l'augmentation de l'effectif indispensable à la première expédition de Constantine, il fit à ce sujet de pressantes et inutiles démarches auprès des ministres et du roi. L'expédition échoua, et, disgracié en même temps que son chef, M. de Rancé fut mis en disponibilité (1856). Il donna sa démission d'officier en 1842. La révolution de 1848 le fit entrer dans la vie politique. Partisan de l'assimilation complète de la colonie à la métropole, il se présenta avec une profession de foi conforme à ces tendances, devant les électeurs de l'Algérie, qui l'envoyèrent, le 2e sur 4, par 3,504 voix (14,131 votants), siéger à l'Assemblée constituante. Il vota le plus souvent avec la droite, *pour* le rétablissement du cautionnement, *pour* les poursuites contre Louis Blanc et Caussidière, *contre* l'abolition de la peine de mort, *pour* l'amendement Grévy, *contre* le droit au travail, *pour* la proposition Rateau, *pour* l'interdiction des clubs, *pour* les crédits de l'expédition romaine. Il se rallia, le 2 mai 1849, à l'amnistie des transportés ; puis il se ravisa et vota *contre*, quelques jours après, lorsqu'elle fut rejetée faute de quatre voix seulement. Il demanda, conformément aux termes de son mandat, que l'Algérie devînt partie intégrante du territoire français. Réélu, le 13 mai 1849, le 3e et dernier, représentant de l'Algérie à l'Assemblée législative, par 3,325 voix (25,283 inscrits), M. de Rancé vota avec la majorité, *pour* l'expédition romaine, *pour* la loi Falloux-Parieu sur l'enseignement, *pour* la loi restrictive du suffrage universel, puis se

rallia à la politique de l'Elysée, approuva le coup d'Etat, et fit partie de la Commission consultative. Il ne remplit d'ailleurs aucune fonction sous le second Empire. Commandeur de la Légion d'honneur (11 décembre 1849).

RANCHIN-LACAN (PHILIPPE-HENRI-PAUL, BARON DE), député de 1820 à 1827, et de 1834 à 1839, né à Puylaurens (Tarn) le 27 février 1763, mort à une date inconnue, « fils de noble Charles-Annibal de Ranchin de Burlas et de dame Marguerite de Coutret de Lacan, son épouse », propriétaire et maire de Puylaurens (Tarn), fut élu député du grand collège du Tarn, le 13 novembre 1820, par 117 voix (183 votants, 241 inscrits), et fut réélu, le 6 mars 1824, par 121 voix (191 votants, 241 inscrits) ; il vota le plus souvent avec la majorité. Elu ensuite député du 5e collège du Tarn (Lavaur), le 21 juin 1834, par 224 voix (379 votants, 472 inscrits), contre 135 à M. Daguilhen-Pujol, et réélu, le 4 novembre 1837, par 231 voix (437 votants, 504 inscrits), contre 203 à M. Daguilhon-Pujol, il siégea parmi les ministériels, mais s'abstint sur la loi de disjonction et sur l'adresse de 1839. Il rentra dans la vie privée à la dissolution de 1839.

RANDOING (JEAN-BAPTISTE), représentant en 1848 et en 1849, député au Corps législatif de 1852 à 1863, né à Cusset (Allier) le 28 avril 1798, mort à Paris le 9 juillet 1883, fils d'un négociant, s'occupa de bonne heure et avec succès d'entreprises commerciales. Directeur, à Abbeville, de la grande fabrique de draps fins, dite de Van Robais, créée par Colbert, il prit dans le pays une importante position, fut président du tribunal de commerce d'Abbeville, membre du conseil général de la Somme, membre du conseil général des manufactures et du commerce, et prêta son nom et son influence à la plupart des manifestations des partisans du système économique de la « protection ». Dans les questions politiques, il inclina, sous Louis-Philippe, vers l'opinion libérale constitutionnelle. Après la révolution de février, M. Randoing fut élu (23 avril 1848) représentant de la Somme à l'Assemblée constituante, le 10e sur 14, par 110,060 voix. Il vota constamment avec la droite : *pour* le rétablissement du cautionnement et de la contrainte par corps, *pour* les poursuites contre Louis Blanc et Caussidière, *contre* l'abolition de la peine de mort, *contre* l'amendement Grévy, *contre* le droit au travail, *pour* l'ordre du jour en l'honneur du général Cavaignac, *contre* l'amnistie, *pour* l'interdiction des clubs, etc. Réélu dans le même département, le 13 mai 1849, représentant à l'Assemblée législative, le 12e et dernier, par 48,744 voix (106,444 votants, 169,321 inscrits), il reprit sa place à droite, appartint à la majorité monarchiste, appuya l'expédition romaine, la loi Falloux-Parieu sur l'enseignement, la loi restrictive du suffrage universel, évita tout d'abord de se rallier à la politique de l'Elysée, et fut enfermé à Vincennes après le coup d'Etat de 1851 ; mais ayant fait adhésion au nouveau régime, il fut porté comme candidat du gouvernement au Corps législatif dans la 5e circonscription de la Somme, et fut élu, le 29 février 1852, par 19,857 voix (29,509 votants, 35,957 inscrits), contre 9,436 à M. Lallart. Il s'associa au rétablissement de l'Empire, et, rapporteur (février 1857) du projet de loi sur les tarifs des douanes, s'éleva contre toute atteinte portée au régime protecteur. Il obtint le renouvellement de son mandat, toujours comme candidat officiel, le 22 juin 1857, par 24.917 voix (24.422 votants, 27.243 inscrits), et rentra dans la vie privée en 1863. Officier de la Légion d'honneur, M. Randoing fut mêlé plus tard avec MM. Lefebvre-Duruflé (V. ce nom), Collet-Meygret et autres, à des entreprises financières qui le firent condamner en police correctionnelle à 6.000 francs d'amende. Officier de la Légion d'honneur, il fut rayé des matricules de l'ordre (janvier 1875).

RANDOING (Yves-Louis-Camille), représentant du peuple en 1848, né à Cusset (Allier) le 8 août 1800, mort à Paris le 22 juillet 1857, était fabricant de drap à Elbeuf, où, n'étant pas Normand, on l'appelait « l'étranger bienfaisant ». Ses produits lui valurent plusieurs récompenses et notamment une médaille d'or à l'exposition de 1844. « Républicain du lendemain », dit un de ses biographes, il fut élu, le 23 avril 1848, représentant de la Seine-Inférieure à l'Assemblée constituante, le 19e et dernier, par 100,604 voix, fit partie du comité du commerce, et vota *pour* les poursuites contre L. Blanc et Caussidière, *contre* l'abolition de la peine de mort, *contre* l'impôt progressif, *contre* l'incompatibilité des fonctions, *contre* l'amendement Grévy, *contre* la sanction de la Constitution par le peuple, *pour* l'ensemble de la Constitution, *pour* la proposition Rateau, *pour* l'interdiction des clubs, *pour* l'expédition de Rome, *contre* la demande de mise en accusation du président et des ministres. Non réélu à la Législative, et hostile à la politique du prince Louis-Napoléon, il se présenta, comme candidat d'opposition, au Corps législatif, dans la 2e circonscription de la Seine-Inférieure, le 29 février 1852, et échoua avec 4,251 voix contre 11,598 à l'élu, M. Quesné, candidat officiel, 2,597 à M. Chennevière, et, 1,495 à M. M. Bourdon. Il ne rentra plus dans la vie politique.

RANDON (Jacques-Louis-César-Alexandre, comte), sénateur du second empire et ministre, né à Grenoble (Isère) le 25 mars 1795, mort à Genève (Suisse), le 13 janvier 1871, fils d'un commerçant et neveu du général Marchand, s'engagea en 1811, fit la campagne de Russie, fut nommé sergent le 11 avril 1812, et sous-lieutenant le 18 octobre, après la bataille de la Moskowa. Lieutenant au début de la campagne de Saxe, blessé à Lutzen, capitaine en 1814, il fit encore la campagne de 1814 et celle de 1815, et reçut une légère contusion à Jagny. La seconde Restauration le mit à la retraite en raison de ses sentiments bonapartistes. Replacé dans l'activité après la révolution de juillet, et promu chef d'escadron au 13e chasseurs à cheval le 1er septembre 1830, il devint, le 27 avril 1838, colonel du 2e chasseurs d'Afrique avec lequel il prit part aux expéditions d'Afrique. Maréchal de camp en 1841, commandant de la subdivision de Bône en 1846, lieutenant général le 22 avril 1847, il reçut, en mars 1848, la direction des affaires de l'Algérie au ministère de la Guerre, et en juin suivant, le commandement de la 3e division (Metz). Nommé ministre de la Guerre le 24 janvier 1851, il favorisa la politique du prince Louis-Napoléon, remit son portefeuille avec ses collègues, le 26 octobre de la même année, et après avoir adhéré au 2 décembre, accepta le gouvernement général de l'Algérie (11 décembre), que Pélissier remplissait par intérim. Sous

son administration, les Arabes furent soumis au tribut, Laghouat et l'Oued-Rir occupés, des routes ouvertes. Randon créa des sous-préfectures et des commissariats, un collège arabe, des écoles de médecine pratique et de mœurs pour les indigènes, fit construire des viaducs, creuser des puits artésiens, exploiter des mines, défricher des forêts, et obtint, par le décret du 8 avril 1857, l'ouverture d'un réseau de voies ferrées. Grand officier de la Légion d'honneur du 26 août 1850, sénateur le 31 décembre 1852, grand croix du 24 décembre 1853, maréchal de France du 18 mars 1856, il fut appelé, le 11 juin 1858, au ministère de l'Algérie et des colonies. Le 23 avril 1859, au moment où des difficultés entre le Piémont, la France et l'Autriche, faisaient prévoir une rupture, il devint major-général de l'armée d'observation d'Italie; puis, lorsque les troupes françaises franchirent les Alpes, succéda au maréchal Vaillant, promu major général de l'armée alliée, comme ministre de la Guerre (5 mai 1859). Il conserva ces dernières fonctions jusqu'au 9 janvier 1867, et fut remplacé par le maréchal Niel. A partir de cette époque, le maréchal Randon vécut fort retiré; il n'exerça aucun commandement actif pendant la guerre de 1870 et, à la révolution du 4 septembre, se retira à Genève, où il mourut.

RANDON DULAULOY (Charles-François, comte), pair de France, né à Laon (Aisne) le 9 décembre 1761, mort le 30 juin 1832, entra à l'École d'artillerie (1780), et fut promu capitaine en 1788. Il adopta les idées de la Révolution, prit part à la guerre de Vendée, fut nommé colonel (1793), et se distingua aux combats d'Angers, de Beaugé, de Saumur, aux sièges d'Ypres, de Nieuport, de l'Écluse, de Bois le Duc et de Grave. Général de brigade le 10 décembre 1794, il fut envoyé comme chef d'artillerie aux armées du Nord, de Sambre et Meuse et de l'Ouest, et commanda successivement à Gênes, en Ligurie et à l'armée du Midi. Le 27 août 1803, Randon Dulauloy fut fait général de division; il combattit en Italie, en Hanovre, et se distingua encore à Eylau, à Friedland et en Espagne. Créé chevalier de l'Empire le 9 mars 1810, et comte le 13 février 1811, il fut mis à la tête de l'artillerie de la garde impériale, et prit une part brillante aux batailles de la campagne de Saxe (1813). A son retour en France, le général Randon Dulauloy entra au conseil d'État, et fut nommé, le 7 décembre 1813, chambellan de l'empereur. Il se rallia à la Restauration qui le chargea de diverses inspections d'artillerie, et n'en fut pas moins nommé pair par l'Empereur pendant les Cent-Jours (2 juin 1815), et gouverneur de Lyon. Il résigna ces fonctions à la seconde abdication, et fut admis à la retraite, comme lieutenant général, le 11 juin 1832.

RANGEARD (Jacques), député en 1789, né à Angers (Maine-et-Loire) le 17 mai 1724, mort à Angers le 31 mars 1797, fut élevé chez les Oratoriens de Saumur et obtint une bourse au petit séminaire d'Angers. Ordonné prêtre en 1747, il devint peu après secrétaire archiviste du chapitre de Saint-Maurice. Abbé galant et de bel esprit, il ne tarda pas à acquérir une certaine célébrité locale grâce à des poésies faciles qui le firent entrer à l'Académie royale des sciences et belles lettres d'Angers (16 août 1752), dont il devint chancelier en 1755. Mais, à cette époque, il dut donner sa démission de secrétaire-archiviste, car le chapitre de Saint-Maurice l'accusa d'avoir communiqué à l'évêque, avec lequel il était en procès, une pièce de la plus haute importance. L'évêque de Grasse obtint alors pour lui la cure-prieuré de Saint-Aignant en 1760, puis celle d'Audart en avril 1767. A cette époque, il travailla assidûment pour l'Académie d'Angers et y lut plusieurs mémoires d'histoire locale, notamment quelques chapitres de son *Histoire des évêques d'Angers*. Partisan des idées nouvelles, il fut élu, le 24 mars 1789, député du clergé aux Etats-Généraux par la sénéchaussée d'Anjou, demanda, le 22 juin suivant, la vérification en commission des pouvoirs, fut adjoint au comité de rédaction, prêta le serment ecclésiastique (27 décembre 1790), et fut l'un des présidents de la fameuse société des Neuf-Sœurs. Il revint à Angers, après la session, attendant, pour reprendre l'exercice de son ministère, la fin des troubles qui divisaient la contrée. Le 15 thermidor an III, il déclara qu'il allait reprendre ses fonctions ecclésiastiques. Mais le 28 floréal an IV, sa cure fut envahie par les chouans qui tuèrent ses deux assesseurs. Heureusement absent et prévenu à temps, il put éviter ses ennemis. Président du presbytère d'Angers, l'année suivante, il mourut peu de temps après. Rangeard a publié un très grand nombre de poésies détachées, d'articles et de discours assez médiocres. Ses principaux ouvrages, l'*Histoire civile et religieuse de l'Anjou* et l'*Histoire des évêques d'Angers*, restèrent en manuscrit.

RANSON (LOUIS-CASIMIR), député de 1885 à 1889, né à Limoges (Haute-Vienne) le 19 novembre 1828, était négociant et maire de cette ville, lorsqu'il fut inscrit, aux élections du 4 octobre 1885, sur la liste républicaine radicale de la Haute-Vienne, et élu, le 3e sur 5, député de ce département, par 41,489 voix (63,663 votants, 94,299 inscrits). M. Ranson siégea à la gauche radicale et vota constamment avec ce groupe. Il se prononça contre la politique opportuniste des cabinets Rouvier et Tirard et vota, *pour* l'expulsion des princes, et, dans la dernière session, *contre* le rétablissement du scrutin d'arrondissement (11 février 1889), *contre* l'ajournement indéfini de la revision de la Constitution, *contre* les poursuites contre trois députés membres de la Ligue des patriotes, *contre* le projet de loi Lisbonne restrictif de la liberté de la presse, *pour* les poursuites contre le général Boulanger.

RANTIAN (CHRISTOPHE), représentant en 1849, né à Cannet (Allier) le 26 novembre 1813, était maire de sa ville natale, et d'opinions républicaines avancées, lorsqu'il fut élu, le 13 mai 1849, représentant de l'Allier à l'Assemblée législative, le 7e et dernier, par 39,076 voix (65,506 votants, 90,096 inscrits). Il prit place à la Montagne, appuya l'interpellation Ledru-Rollin sur les affaires de Rome, et vota constamment avec la minorité démocratique, *contre* la loi Falloux-Parieu sur l'enseignement et *contre* la loi restrictive du suffrage universel. Il combattit la politique de l'Elysée, protesta contre le coup d'Etat, et fut banni de France après le 2 décembre 1851.

RAPATEL (PAUL-MARIE, BARON), pair de France, et représentant en 1849, né à Rennes (Ille-et-Vilaine), le 13 mars 1782, mort à Paris le 2 janvier 1852, « fils de noble homme Jean-Michel Rapatel, professeur royal en chirurgie et ancien trésorier de sa paroisse, et de dame Jeanne-Françoise Beauvais, son épouse », suivit la carrière militaire et prit une part distinguée aux guerres de l'Empire. Lieutenant en 1806, et décoré de la Légion d'honneur, il fut nommé colonel le 22 juin 1814, et baron par la Restauration (1816); colonel du 5e léger, il fut accusé d'avoir manqué d'énergie lors des troubles de Nantes (15 juillet 1822), et, ayant déposé à Saumur dans le procès du général Berton, reprocha à celui-ci d'avoir voulu le corrompre. Nommé maréchal de camp (11 août 1823), il fit la campagne d'Espagne, fut mis ensuite en disponibilité, rentra dans l'activité sous le gouvernement de juillet, et fut envoyé en Afrique avec le grade de lieutenant général (9 janvier 1833). Gouverneur par intérim de la colonie en 1836, il rentra en France l'année suivante, fut promu grand officier de la Légion d'honneur, et élevé à la pairie le 21 juillet 1846. Il soutint de ses votes au Luxembourg le gouvernement de Louis-Philippe jusqu'à la révolution de 1848. Elu colonel de la 2e légion de la garde nationale parisienne, après la journée du 15 mai 1848, il se battit contre les insurgés aux journées de juin, et fut choisi, le 13 mai 1849, par les électeurs conservateurs de la Seine comme représentant à l'Assemblée législative, le 28e et dernier, par 107,825 voix (281,149 votants, 378,043 inscrits). Le général Rapatel fit partie de la majorité, avec laquelle il vota : *pour* l'expédition de Rome, *pour* la loi Falloux-Parieu sur l'enseignement, *pour* la loi restrictive du suffrage universel, et quitta la vie politique au coup d'Etat de 1851.

RAPINE-DUMEZET. — *Voy.* SAINTE-MARIE (DE).

RAPP (JEAN, COMTE), représentant aux Cent-Jours, pair des Cent-Jours, pair de France, né à Colmar (Haut-Rhin) le 27 avril 1773, mort à Rhenewiller (Haut-Rhin) le 8 novembre 1821, « fils de sieur Jean Rapp, bourgeois négociant de celieu, et de dame Catherine-Salomée d'Edighoffen, » fut destiné par sa famille aux fonctions de pasteur protestant; mais il s'engagea (1er mai 1788) dans les chasseurs à cheval, servit à l'armée de la Moselle sous les ordres de Hoche, et devint sous-lieutenant après la bataille de Geisberg (26 décembre 1793), lieutenant le 1er vendémiaire an III, et aide-de-camp de Desaix. Il fit avec ce dernier général la campagne de 1797 en Allemagne, et l'accompagna en Egypte l'année suivante. Il s'y distingua à la bataille de Sédiman (7 octobre) où il s'empara de l'artillerie beylicale, et gagna le grade de chef d'escadron (16 vendémiaire an VII); colonel le 26 pluviôse suivant, il revint en Europe avec Desaix, et assista à Marengo où il soutint dans ses bras son général frappé à mort. Le premier Consul, qui appréciait l'énergie et la bravoure de Rapp, l'attacha à sa personne, et le chargea, en 1802, de négocier le licenciement des troupes suisses et de réoccuper Fribourg. Général de brigade le 11 fructidor an XI, inspecteur des places de l'Elbe, commandeur de la Légion d'honneur en frimaire an XII, il fut élu, en 1805, candidat au Corps législatif par le collège du Haut-Rhin, mais ce choix ne fut pas ratifié par le Sénat conservateur. Rapp prit part à la campagne de 1805 comme commandant en second des grenadiers à cheval de la garde; sa conduite à Austerlitz, où les deux gar les impériales française et russe s'abordèrent si furieusement et où il fit prisonnier le prince Repuin, lui mérita d'être nommé général de division le 24 décembre 1805. Durant la campagne de Prusse, il se distingua à Iéna, et, en Pologne le 23 décembre suivant, à Golymin, puis le 14 janvier 1807, à Friedland. Il fut nommé ensuite gouverneur de Dantzig. A Berlin, Rapp avait fait preuve de la plus louable générosité. Un prince allemand, convaincu d'avoir comploté contre la vie de l'empereur, avait été arrêté et condamné à mort; Rapp ménagea à sa femme une entrevue avec Napoléon qui pardonna au coupable et jeta au feu la lettre qui établissait sa culpabilité. En 1809, Rapp se distingua particulièrement à Essling, où, avec Mouton et les fusiliers de la garde, il secourut la division Boudet et contribua à la prise définitive du village. Il fut créé comte de l'Empire après Wagram, le 1er août 1809. Rentré en France, il désapprouva le divorce de l'empereur et se vit renvoyé à son gouvernement de Dantzig. Grand officier de la Légion d'honneur le 30 juin 1811, il prit part à la campagne de Russie dans l'état-major impérial, se distingua à Smolensk, à la Moskowa, où il fut plusieurs fois blessé, puis à Malo-Iaroslowetz, à Krasnoë et au passage du Borysthène. Blessé de nouveau à cette dernière affaire, il se réfugia à Dantzig dont il dirigea habilement et héroïquement la défense pendant un siège d'un an. A bout de ressources, il conclut une capitulation aux termes de laquelle ses troupes devaient rejoindre la France; mais cette capitulation fut violée, et Rapp se vit envoyé prisonnier de guerre dans l'Ukraine. En souvenir de sa conduite à Dantzig, les habitants de cette ville lui offrirent une épée enrichie de diamants avec cette inscription : *Au général Rapp, la ville de Dantzig reconnaissante*. Il revint à Paris en juillet 1814, et fut bien accueilli par Louis XVIII qui le nomma chevalier de Saint-Louis, et lui confia, en mars 1815, le commandement d'un corps d'armée chargé d'arrêter la marche triomphale de l'empereur. Mais, devant l'inutilité de la résistance, Rapp se rallia à Napoléon. Nommé, le 16 avril, commandant en chef de l'armée du Rhin, élu, le 13 mai, représentant à la Chambre des Cent-Jours par le grand collège du Haut-Rhin, avec 95 voix (121 votants, 197 inscrits), et nommé pair par l'empereur le 2 juin 1815, Rapp ne put opposer, avec les quelques bataillons de ligne dont il disposait et les gardes nationaux de Molitor, qu'une faible résistance aux forces supérieures des alliés et se retira sous les murs de Strasbourg. Après Waterloo, il fit sa soumission aux Bourbons, et commanda par intérim la 5e division militaire. Mais, menacé par la réaction royaliste, il dut, en septembre 1815, se retirer au château de Wildenstein (Argovie). De retour en France en 1817, mis en disponibilité le 22 juillet 1818, il rentra en grâce auprès du roi, et fut nommé pair de France le 5 mars 1819, et premier chambellan le 26 novembre 1820. Il n'avait cependant pas oublié le captif de Sainte-Hélène ; car à la nouvelle de la mort de l'empereur, il laissa éclater une douleur dont Louis XVIII ne lui garda pas rancune. Rapp, épuisé de fatigues, de blessures et de chagrins, mourut peu de temps après, à 49 ans. On a de lui une *Relation du siège de Dantzig*. On a publié sous son nom en 1823 des *Mémoires* intéressants. La ville de Colmar lui a élevé une statue (1853).

RASPAIL (François-Vincent), représentant en 1848, député de 1869 à 1870 et de 1876 à 1878, né à Carpentras (Vaucluse) le 29 janvier 1794, mort à Arcueil (Seine) le 7 janvier 1878, troisième fils de Joseph Raspail, restaurateur à Carpentras, et de Marie Laty, fit ses premières études chez l'abbé Eyssoric, prêtre janséniste et républicain, et, destiné à l'état ecclésiastique, entra au séminaire d'Avignon, y devint répétiteur de philosophie en 1810, et professeur de théologie en 1812 : il eut là pour élèves un grand nombre de futurs évêques et archevêques, entre autres Mgr Sibour. Prêchant à la cathédrale d'Aix en 1813, le jour anniversaire d'Austerlitz, il dit que la « France devait donner son dernier homme et son dernier écu pour soutenir la révolution représentée par l'empereur. » Mais son ardeur l'ayant entraîné à quelques hardiesses dans l'enseignement de la théologie, il fut blâmé par l'archevêque, refusa une rétractation, entra comme régent au collège de Carpentras, composa des couplets enthousiastes sur le retour de l'île d'Elbe, et fut destitué par la seconde Restauration. Il vint alors à Paris (1816), donna des leçons pour vivre, collabora à la *Minerve*, se vit renvoyé du collège Stanislas, où il professait (1820), pour des articles républicains, suivit les cours de l'École de droit, passa quelques mois dans une étude d'avoué, inventa un microscope qui fit la fortune de l'industriel (M. Deleuil) qui l'exploita, et présenta (1824) à l'Académie des sciences un mémoire *Sur la formation de l'embryon dans les graminées*. Il donna aussi aux *Annales des sciences naturelles* des travaux intéressants, sur la fécule, l'orge, l'acarus de la gale, etc. et collabora aux *Annales des sciences d'observation*, au *Répertoire général d'anatomie*, et à d'autres recueils scientifiques. Il était entré comme précepteur dans une famille riche; mais il ne put y rester, devint professeur libre dans une institution, s'affilia à la Charbonnerie, et, très lié avec Kersausie, se battit sur les barricades de juillet 1830, et fut grièvement blessé à l'attaque de la caserne de la rue de Babylone. Décoré de juillet, il refusa la place de conservateur général des collections du Muséum, parce que le gouvernement ne voulut pas agréer le plan de réorganisation qu'il présentait, et se livra dès lors à une active propagande républicaine dans les journaux et dans les clubs. Décoré de la Légion d'honneur le 12 mars 1831, il refusa la croix au nom de ses principes égalitaires. Peu après, ayant donné, dans une lettre à la *Tribune* (1831), les raisons de son refus de reprendre son service d'artilleur dans la garde nationale malgré les ordres de ses supérieurs, il fut condamné à quinze mois de prison, reparut devant le jury pour une apologie des troubles de Saint-Germain l'Auxerrois, fut acquitté de ce chef, mais fut condamné encore à quinze mois de prison et 500 francs d'amende (12 janvier 1832), pour offenses à la cour dans la défense qu'il avait présentée. Il termina à Sainte-Pélagie son *Cours d'agriculture*. Poursuivi de nouveau (1833) pour des articles provocateurs dans le bulletin de la « Société des amis du peuple », dont il était président, il fut acquitté après trois mois de prison préventive. Il fonda, en 1834, le *Réformateur*, qui disparut l'année suivante sous les condamnations et les amendes, fut compris dans le procès d'avril 1835, et condamné à six mois de prison pour outrages envers le juge d'instruction. Il renonça alors, pour un temps, à la politique militante, publia (1836) sa *Chimie organique* à laquelle l'Académie des sciences voulut accorder le prix Montyon de 10,000 francs. Mais Guizot s'y opposa : « Je défonds, dit-il, de grossir la caisse de l'émeute. » En 1837, parut la *Physiologie végétale*. En 1840, Raspail fut appelé comme expert à Tulle, dans le procès de Mme Lafarge : il soutint contre Orfila qu'il se faisait fort de trouver de l'arsenic « jusque dans le bois du fauteuil du président des assises », et accusa le doyen de la faculté de médecine de Paris d'avoir inconsciemment fourni, par des expériences mal établies, l'arsenic qu'il prétendait avoir trouvé dans le cadavre de Lafarge. Ce fut en 1843, dans le *Médecin des familles*, et, depuis 1845, dans le *Manuel annuaire de la santé* qu'il exposa sa fameuse médication au camphre, employée comme calmant et comme antiseptique contre les parasites internes et externes, causes, selon lui, de la plupart des maladies. Ses consultations gratuites eurent rapidement un tel succès, que la faculté obtint contre lui des poursuites pour l'exercice illégal de la médecine, et le fit condamner (mai 1846) à quinze francs d'amende. La révolution de 1848 le rendit aux luttes politiques. A la tête d'une troupe armée, il entra le premier à l'Hôtel de Ville, le 24 février, proclama la République, fonda, le 27, l'*Ami du peuple*, fit une active propagande démocratique tant dans son journal que dans les clubs, et fut un des organisateurs de l'envahissement de l'Assemblée au 15 mai. Arrêté le jour même, il fut enfermé au fort de Vincennes, où il était encore, lorsqu'il fut élu, le 17 septembre 1848, représentant de la Seine à l'Assemblée constituante, le 3e et dernier, par 66,963 voix (247,242 votants, 406,896 inscrits) : il s'agissait de remplacer trois représentants par suite de démission ou d'option. Empêché de siéger par suite de sa détention, il comparut devant la haute cour de Bourges, qui le condamna, le 2 avril 1849, à six ans de prison; lors de l'élection présidentielle du 10 décembre précédent, il avait obtenu 35,329 voix. Il subit sa peine à Doullens; ayant perdu sa femme en 1853, il vit les deux années de prison qui lui restaient à faire changées en bannissement, et se retira (avril 1855) à Boisfort (Belgique), puis, en 1857, à Stalle-sous-Ucle, près de Bruxelles. L'amnistie générale de 1859 lui rouvrit les portes de la France; il se fixa alors à Arcueil-Cachan, près Paris. Le 24 mai 1869, il se présenta à la députation, comme candidat radical, à la fois dans la Seine et dans le Rhône; il échoua, dans la 5e circonscription de la Seine, avec 14 700 voix contre 19,481 à l'élu, républicain modéré, M. Garnier-Pagès, mais fut élu dans la 1re circonscription du Rhône par 16,585 voix (30,960 votants, 42,137 inscrits), contre 5,948 à M. de Prandière, 5,991 à M. Jules Favre et 2,365 à M. Dumont. Il n'appartint à aucun groupe, déposa (8 décembre 1869), avec M. Henri Rochefort, un projet de loi portant nomination des maires par les conseils municipaux, l'impôt progressif substitué à tous autres impôts, service militaire obligatoire pour tous de 20 à 50 ans, avec exercices régionaux tous les huit jours pendant trois heures, élections des officiers, et nomination des généraux par le Corps législatif. Le 11 janvier 1870, à l'occasion du débat soulevé par le meurtre de Victor Noir à Auteuil, il protesta contre la composition de la haute cour chargée de juger le prince Pierre Bonaparte. Il resta à Paris pendant le siège et ne prit aucune part aux événements de la Commune. Candidat à l'Assemblée nationale, le 8 janvier 1871, il échoua dans le Rhône avec 37,343 voix sur 117,523 votants, fut traduit devant le jury de la Seine, le 12 février 1874, pour des passages de son *Almanach et calendrier météorologique de 1871*, et condamné à deux ans de prison : l'arrêt fut annulé en cour de Cassation, mais la cour de Versailles, devant laquelle l'affaire fut représentée, condamna Raspail à un an de prison, qu'il subit dans la maison de santé de Bellevue. Élu, le 5 mars 1876, au second tour de scrutin, député de la 2e circonscription de Marseille, par 5,456 voix sur 11,494 votants et 16,868 inscrits, contre 3,464 à M. Amat et 2,511 à M. de Coriolis, il présida la première séance de la nouvelle Chambre comme doyen d'âge, prononça, à cette occasion, un discours très modéré dans lequel il fit appel à la concorde, déposa et défendit (mai) une proposition d'amnistie plénière pour les condamnés de la Commune (rejetée par 412 voix contre 50 et 58 abstentions), et fut des 363. Réélu, le 11 octobre 1877, par 9,672 voix (14,010 votants, 17,556 inscrits), contre 4,185 à M. de Coriolis, il succomba, moins de trois mois après, à une maladie de poitrine, à 84 ans. On a de lui de nombreux ouvrages sur des matières scientifiques, politiques, et philologiques.

RASPAIL (Eugène), représentant en 1848, né à Gigondas (Vaucluse) le 12 septembre 1812, mort à Gigondas le 26 septembre 1855, neveu du précédent, s'adonna à l'étude des sciences naturelles et particulièrement de la géologie, et devint directeur de l'éclairage au gaz de la ville d'Avignon. Républicain, il se fit élire, le 23 avril 1848, représentant de Vaucluse à l'Assemblée Constituante, le 2e sur 6, par 31,654 voix (59,634 votants). Il prit place à la Montagne, fit partie du comité de l'intérieur, et vota avec les démocrates les plus avancés : *contre* le rétablissement du cautionnement, *contre* les poursuites contre Louis Blanc et Caussidière, *contre* le rétablissement de la contrainte par corps, *pour* l'amendement Grévy, *pour* le droit au travail, *pour* l'ensemble de la Constitution, *contre* l'ordre du jour en l'honneur de Cavaignac, *contre* la proposition Rateau, *pour* l'amnistie, *pour* la loi sur le chemin de fer de Marseille à Avignon, *contre* l'interdiction des clubs. Non réélu à l'Assemblée législative, il rentra dans la vie privée. Converti plus tard à la politique opportuniste, il se présenta comme candidat à la Chambre des députés dans l'arrondissement d'Orange, et échoua une première fois, le 21 août 1881, avec 5,366 voix contre 6,822 à M. Gent, élu, et 949 à M. de Biliotti, et une seconde fois, le 26 février 1882, avec 6,313 voix contre 6,008 à l'élu radical, M. Gaillard, en remplacement de M. Gent démissionnaire.

RASPAIL (François-Vincent-Benjamin), représentant en 1849, député de 1876 à 1880, né à Paris le 16 août 1823, fils de François-Vincent Raspail (*V. p. haut*), était peintre et graveur, et illustra plusieurs des publications de son père. Poursuivi à coups de pierres à Épinay en 1832, il dut subir l'amputation d'une jambe. Il essaya d'entrer dans la vie politique en se présentant (17 septembre 1848) comme candidat à l'Assemblée constituante dans le département du Rhône, en remplacement de M. Lortet, démissionnaire; il n'obtint que 34,385 voix contre 41,850 à l'élu, M. Rivet, et 4,526 à L. N. Bonaparte. Plus heureux lors des élections à l'Assemblée législative, le 13 mars 1849, M. Benj. Raspail fut élu représentant du Rhône, le 11e et dernier, par 69,328 voix (110,722 votants, 151,740 inscrits). Il vota avec la Montagne, *contre* l'expédition romaine, contre la loi Falloux-Parieu sur l'enseignement, *contre* la loi restrictive du suffrage universel, combattit énergiquement la politique de l'Elysée, protesta contre le coup d'Etat, et fut proscrit avec son père en 1851. Il se réfugia alors en Belgique, où il résida jusqu'en 1863. De retour en France, il continua de s'associer aux occupations et aux études de son père, fut élu, en 1873, conseiller général de la Seine pour le canton de Villejuif, et, le 20 février 1876, se présenta à la députation dans la 1re circonscription de Sceaux, qui l'envoya à la Chambre par 7,974 voix (13,613 votants, 17,936 inscrits), contre 4,226 à M. Hunebelle et 1,191 à M. Bionne. M. Raspail prit place à l'extrême gauche, vota *pour* la proposition que déposa son père en faveur de l'amnistie plénière, réclama l'abolition de la peine de mort, l'abrogation de la loi des maires de 1874, l'expulsion des jésuites, et fut des 363. Réélu, le 14 octobre 1877, par 10,818 voix (15,398 votants, 18,941 inscrits), contre 4,277 à M. Louveau, il reprit sa place à l'extrême gauche, et parut plusieurs fois à la tribune. Il se montra partisan de la liberté de la presse, du droit illimité de réunion, de la séparation de l'Eglise et de l'Etat, et demanda (juillet 1881) qu'il fût interdit aux députés de mettre leurs noms dans des annonces d'entreprises financières ; la proposition ne put être discutée avant la fin de la législature. Réélu, le 21 août 1881, par 12,711 voix (15,781 votants, 22,570 inscrits), contre 846 à M. Lautaud, il proposa de vendre les diamants et joyaux de la couronne et d'en attribuer le produit à la création d'une caisse des invalides du travail ou d'une caisse des musées de l'Etat; réclama des pensions pour les victimes du coup d'Etat du 2 décembre; fit voter (mars 1883) que les anciens membres des commissions mixtes de 1852 ne pourraient pas continuer à faire partie de la magistrature, et interpella le gouvernement (août 1884) sur la circulaire des compagnies d'Orléans et de Lyon interdisant à leurs employés d'accepter des mandats électifs. Il opina, *contre* les ministères Gambetta et J. Ferry, *pour* la séparation de l'Eglise et de l'Etat, *et contre* les crédits de l'expédition du Tonkin. Inscrit, en octobre 1885, sur plusieurs listes radicales dans le département de la Seine, il fut élu député au second tour, le 12e sur 24, par 286,933 voix (416,886 votants, 564,338 inscrits). Il suivit la même ligne politique que précédemment, opina *contre* les cabinets Rouvier et Tirard, soutint le ministère Floquet, déposa (mars 1889), à propos de l'évacuation des eaux d'égout de la capitale, un contre-projet d'un canal de Paris à la mer (rejeté par 306 voix contre 207), et vota, dans la dernière session, *pour* le rétablissement du scrutin d'arrondissement (11 février 1889), *contre* l'ajournement indéfini de la revision de la Constitution, *pour* les poursuites contre trois députés membres de la Ligue des patriotes, *contre* le projet de loi Lisbonne restrictif de la liberté de la presse, *pour* les poursuites contre le général Boulanger. On a de lui : *Observations sur le traitement de nos ambassadeurs et sur l'assistance judiciaire ; — Première campagne contre l'administration de l'Assistance publique* (1875).

RASPAIL (Camille-François), député de 1885 à 1889, né à Paris le 17 août 1827, frère du précédent fut, comme lui, associé de bonne heure à l'action politique de son père et à ses travaux scientifiques. Il suivit les cours de la faculté de médecine, fut reçu docteur, organisa des consultations gratuites, servit, pendant le siège de Paris, comme officier d'artillerie de la garde nationale, devint chef de l'artillerie des forts du sud, et refusa la croix de la Légion d'honneur. Porté, le 4 octobre 1885, sur la liste républicaine radicale du Var, qui comprenait aussi MM. Clemenceau, Maurel et Daumas, il fut élu, le 4e et dernier, député de ce département, par 33,951 voix (51,663 votants, 81,487 inscrits). Il prit place à l'extrême gauche, suivit l'inspiration de M. Clemenceau, se prononça *contre* les ministères Rouvier et Tirard, *pour* l'expulsion des princes, *pour* le ministère Floquet, et, dans la dernière session, *contre* le rétablissement du scrutin d'arrondissement (11 février 1889), *contre* l'ajournement indéfini de la revision de la Constitution, *pour* les poursuites contre trois députés membres de la Ligue des patriotes, *contre* le projet de loi Lisbonne restrictif de la liberté de la presse, *pour* les poursuites contre le général Boulanger. On a de lui : *Notice théorique et pratique sur les appareils orthopédiques de la méthode Raspail* (1862).

RASPIELER (Ignace), député au Conseil des Anciens, né le 11 février 1752, mort à une date inconnue, exerçait la profession d'avocat, quand il fut élu, le 21 vendémiaire an IV, député du département du Mont-Terrible au Conseil des Anciens, par 47 voix sur 50 votants. Il y fit approuver la résolution qui rattachait Montbéliard au département du Mont-Terrible, fut membre de plusieurs commissions, et parla sur le mode de paiement des secours accordés aux réfugiés de la Corse et des colonies. Sorti du Conseil en l'an VI, il fut nommé juge au tribunal de district de Porentruy, puis juge au tribunal civil de la même ville le 21 prairial an VIII, fonction qu'il remplit jusqu'aux traités de 1814, qui séparèrent Porentruy de la France.

RASSIS (Antoine-Baudille), représentant à la Chambre des Cent-Jours, né à Noves (Bouches-du-Rhône) en 1769, mort à une date inconnue, était juge d'instruction à Tarascon, lorsqu'il fut élu, le 11 mai 1815, représentant de l'arrondissement d'Arles à la Chambre des Cent-Jours, par 54 voix (78 votants). Il disparut de la scène politique après la législature.

RASTEAU (Jean-Jacques), député de 1837 à 1846, né à la Rochelle (Charente-Inférieure) le 17 décembre 1786, mort à Paris le 25 janvier 1851, riche négociant à la Rochelle, membre du tribunal de commerce de cette ville, devint maire de la Rochelle en septembre 1834, attacha son nom à l'agrandissement de la cathédrale et à la reconstruction du collège, et fut successivement élu député du 1er collège de la Charente-Inférieure (La Rochelle), le 4 novembre 1837, par 237 voix (297 votants, 367 inscrits); le 2 mars 1839, par 237 voix (297 votants); le 9 juillet 1842, par 181 voix (505 votants, 401 inscrits), contre 114 à M. Emmery. Ami politique de Dupont de l'Eure, M. Rasteau vota d'abord avec le centre gauche; mais dans la discussion de l'adresse de 1839, il passa dans les rangs ministériels et ne les quitta plus; il vota en conséquence *pour* la dotation du duc de Nemours, *pour* les fortifications de Paris, *pour* le recensement, *contre* les incompatibilités, *contre* l'adjonction des capacités, *pour* l'indemnité Pritchard. Il avait donné sa démission de maire en décembre 1841, par suite de dissentiment avec le ministre peu empressé à réaliser la promesse qu'il avait faite d'ériger le collège reconstruit en collège royal. Les élections du 13 août 1816 ne lui furent pas favorables; il échoua avec 173 voix contre 191 à l'élu, M. Paillet, et ne reparut plus dans les assemblées politiques.

RASTIGNAC (Armand-Auguste-Anne-Antonin-Sicaire de Chapt de), député en 1789, né au château de Laxion (Dordogne) le 2 octobre 1727, massacré à Paris le 3 septembre 1792, neveu de l'archevêque de Tours, fut reçu docteur en théologie en Sorbonne, et devint ensuite, par la protection de son oncle le maréchal de Biron, abbé de Saint-Mesmin d'Orléans, prévôt de Saint-Martin de Tours, puis archidiacre et grand vicaire d'Arles. Membre de l'assemblée du clergé en 1755 et en 1760, il montra une certaine indépendance, appuya le refus de sacrements aux adversaires de la bulle *Unigenitus*, et refusa en 1757 l'évêché de Tulle. Élu, le 30 mars 1789, député du clergé aux États Généraux par le bailliage d'Orléans, il siégea à droite, prit rarement la parole en raison de la faiblesse de sa voix, et, dans la discussion sur la vérification des pouvoirs en commun, à laquelle il était hostile, dit (27 mai 1789) « qu'il fallait avoir longtemps étudié la matière, et qu'il en connaissait toutes les difficultés, les ayant approfondies pendant deux mois qu'avait duré une maladie grave dont il sortait. » A quoi un curé répondit que « les curés de campagne, depuis un an qu'on parlait des États Généraux, avaient bien pu apprendre dans douze mois de santé ce que M. l'abbé de Rastignac avait appris pendant deux mois de maladie. » M. de Rastignac fit partie du comité des rapports, vota l'ajournement de la discussion sur les biens du clergé, et signa la protestation du 12 septembre 1791 contre les actes de la Constituante. Resté à Paris après la dissolution de l'Assemblée, il devint suspect, fut arrêté et enfermé à l'Abbaye le 26 août 1792; il y périt dans les massacres de septembre, après avoir, avec l'abbé Lenfant, donné l'absolution à ses compagnons de prison. On a de l'abbé de Rastignac : *Questions sur la propriété des biens-fonds ecclésiastiques en France* (Paris, 1789); *Accord de la révélation et de la raison contre le divorce* (1791).

RASTIGNAC (Pierre-Jean-Jules de Chapt, marquis de), député de 1817 à 1823, pair de France, né à Paris le 7 juillet 1769, mort à la Bachellerie (Dordogne) le 21 octobre 1833, était capitaine aux dragons de Monsieur à la Révolution. Il émigra en 1791, servit à l'armée des princes, rentra en France sous le Consulat, et fut nommé par Napoléon, en 1807, président du collège électoral du Lot. Il adhéra au retour des Bourbons, et fut élu député du grand collège du Lot, le 20 septembre 1817, par 113 voix (191 votants, 252 inscrits), puis, dans le 2° arrondissement électoral du Lot (Puy-l'Évêque), le 4 novembre 1820, par 107 voix (112 votants, 111 inscrits). Il siégea au centre, appuya les propositions des ministres et fut nommé pair de France, le 23 décembre 1823. Rallié en 1830 au gouvernement de Louis-Philippe, il siégea à la Chambre haute jusqu'à sa mort.

RATAUD (Jean-Pierre), député en 1791 et au Conseil des Cinq-Cents, né à Argenton (Indre) le 9 avril 1752, mort à Paris le 11 mai 1831, propriétaire à Montereau, puis maire de cette ville à la création des municipalités, fut élu, le 1er septembre 1791, député de Seine-et-Marne à l'Assemblée législative, le 10° sur 11, par 208 voix (302 votants). Il fit partie des comités de la dette publique, de la caisse extraordinaire et des finances, et, après la déchéance du roi, prêta le serment de fidélité à la Constitution, le 28 août 1792. Nommé juge au tribunal civil de Melun le 18 octobre 1795, commissaire du gouvernement près le tribunal de Melun le 15 août 1796, et juge au tribunal de Cassation le 8 septembre 1797, il fut élu, le 23 germinal an V, député de Seine-et-Marne au Conseil des Cinq-Cents, par 139 voix (184 votants). Il ne s'y fit pas remarquer, protesta contre le 18 brumaire, et vécut dès lors dans la retraite.

RATEAU (Jean-Pierre), représentant en 1848 et en 1849, né à Aubeterre (Charente) le 24 avril 1800, mort à Bordeaux (Gironde) le 22 mars 1887, étudia le droit et fut reçu licencié à la faculté de Paris (1820). Avocat à Bordeaux (10 décembre 1821), il se fit remarquer par la facilité de sa parole, et s'occupa en même temps de politique. Partisan du gouvernement de Louis-Philippe, il réclama cependant, avec l'opposition dynastique, la réforme électorale dans le sens de l'adjonction des capacités, et ce fut avec ce programme qu'il se fit nommer membre du conseil général de la Gironde. Après la révolution de février 1848, M. Rateau fut élu (23 avril) représentant de la Charente à l'Assemblée constituante, le 5° sur 6, par 37,839 voix (92,991 votants). Il prit place à droite et vota avec les conservateurs : *pour* le rétablissement du cautionnement et de la contrainte par corps, *pour* les poursuites contre Louis Blanc et Caussidière, *contre* l'abolition de la peine de mort, *contre* l'amendement Grévy, *contre* le droit au travail, *pour* l'ordre du jour en l'honneur de Cavaignac, *contre* la réduction de l'impôt du sel, *contre* l'amnistie, *pour* l'interdiction des clubs, *pour* les crédits de l'expédition romaine. Il attacha son nom à la célèbre proposition qui avait pour objet de dissoudre l'Assemblée avant la rédaction des lois organiques qu'elle s'était réservé de voter. Cette proposition, inspirée par les partisans de L.-N. Bonaparte, était destinée à mettre un terme à l'opposition gênante, quoique timide, que la majorité commençait à faire au pouvoir présidentiel. Elle fut soutenue, dans la séance du 12 janvier 1849, par MM. de Sèze, de Montalembert, et Odilon Barrot, ministre de la Justice et président du conseil. Les conclusions du rapport fait par le comité de la justice tendant à ne donner aucune suite à la proposition Rateau furent mises aux voix et rejetées par 400 voix contre 396 : la proposition était prise en considération. Mais trois lettres furent adressées le lendemain au *Moniteur* par MM. Napoléon Chaix, Ducoux et Chadenet; ces lettres contestaient l'exactitude des chiffres du scrutin. La proposition Rateau reçut une nouvelle consécration le 29 janvier; les conclusions de la commission, qui insistait pour que l'Assemblée fît la totalité des lois organiques, avant la dissolution, ayant été écartée, par 416 voix contre 405, MM. Fresneau, Victor Hugo et Combarel de Leyval appuyèrent de nouveau la proposition Rateau, qui fut définitivement adoptée, malgré de longues observations présentées par Jules Favre. Réélu, le 13 mai 1849, représentant du même département à l'Assemblée législative le 2° sur 8, par 48,424 voix (79,103 votants, 114,411 inscrits), M. Rateau siégea à droite, comme précédemment, et appuya toutes les mesures répressives et restrictives prises par la majorité monarchiste. Il se prononça *pour* l'expédition de Rome, *pour* la loi Falloux-Parieu sur l'enseignement, *pour* la loi restrictive du suffrage universel, et *pour* la révision de la Constitution. Toutefois, il se sépara de la politique de l'Elysée dans les derniers mois de l'année 1851, et, rendu à la vie privée par le coup d'Etat du 2 décembre, reprit sa place au barreau de Bordeaux, dont il fut bâtonnier en 1838, en 1856 et en 1873. Chevalier de la Légion d'honneur (1873).

RATER (Antoine-Ildefonse), député de 1831 à 1834, né à Lyon (Rhône) le 5 novembre 1797, mort à Lyon le 31 août 1857, étudia le droit et appartint quelque temps à la magistrature, comme substitut du procureur du roi à Montbrison. Maire de cette ville, il fut élu, le 8 février 1831, député du 1er collège de la Loire par 50 voix (93 votants, 258 inscrits), contre 42 à M. Bouchetal-Laroche, en remplacement de M. de Chantelauze, ex-ministre, alors détenu à Vincennes. Il siégea dans les rangs de la majorité conservatrice, et soutint le gouvernement jusqu'aux élections de 1834, qui l'éloignèrent de la vie politique.

RATHIER (Charles), député en 1789, né à Broons (Côtes-du-Nord) le 11 novembre 1747, mort à Broons le 16 novembre 1791, fit ses études chez les Eudistes de Dinan, professa quelque temps dans un de leurs collèges, et fut nommé, en 1779, recteur de Broons. Le 20 avril 1789, il fut élu, par la circonscription électorale de l'évêché de Saint-Malo, député du clergé aux Etats-Généraux. Partisan des idées nouvelles, il vota *pour* la vérification en commun des pouvoirs, suivit la majorité réformatrice, et, malgré les perplexités dont ses lettres à la comtesse de Boishue portent les traces, prêta le serment ecclésiastique (31 décembre 1790). Mais les restrictions dont il avait voulu l'entourer n'ayant pas été admises, il le rétracta par écrit. Il mourut deux mois après la clôture de la session.

RATHIER (Charles-Balthazar-Antoine), représentant du peuple en 1848, né à Chablis (Yonne) le 12 février 1812, mort à Tonnerre (Yonne) le 6 avril 1888, avait été avoué à Tonnerre et maire de cette ville et avait toujours manifesté des opinions avancées qui lui valurent d'être élu, le 23 avril 1848, représentant de l'Yonne à l'Assemblée constituante, le 6e sur 9, par 69,621 voix. Il fit partie du comité de la justice, et vota *pour* le bannissement de la famille d'Orléans, *pour* les poursuites contre L. Blanc et Caussidière, *contre* l'abolition de la peine de mort, *contre* l'impôt progressif, *contre* l'incompatibilité des fonctions, *contre* l'amendement Grévy, *contre* la sanction de la Constitution par le peuple, *pour* l'ensemble de la Constitution, *contre* la proposition Rateau, *contre* l'interdiction des clubs, *pour* l'expédition de Rome, *contre* la demande de mise en accusation du président et des ministres. Il ne se rallia point à la politique de l'Elysée, ne fut pas réélu à la Législative, fit une opposition modérée au rétablissement de l'empire, et, s'étant présenté comme candidat d'opposition au Corps législatif le 1er juin 1863, dans la 3e circonscription de l'Yonne, échoua avec 4,933 voix contre 22,305 à l'élu, M. Le-

comte, candidat officiel, et 2,063 au marquis de Clermont-Tonnerre. Il ne se représenta plus.

RATHIER (Jules), représentant en 1871 et député de 1877 à 1887, né à Chablis (Yonne) le 7 septembre 1828, mort à Chablis le 1er octobre 1887, frère du précédent, propriétaire-viticulteur à Chablis, conseiller général de l'Yonne, fut élu, le 8 février 1871, représentant de ce département à l'Assemblée nationale, le 4e sur 7, par 37,493 voix (61,853 votants 113,657 inscrits); il vota en général avec la gauche modérée, *contre* l'abrogation des lois d'exil, *contre* la pétition des évêques, *pour* le service de trois ans, *contre* la démission de Thiers, *contre* le septennat, *contre* le ministère de Broglie, et s'abstint sur les lois constitutionnelles. Il échoua dans l'arrondissement de Tonnerre, le 20 février 1876, avec 5,432 voix contre 5,866 à l'élu, M. Martenot, bonapartiste; mais il fut élu dans le même arrondissement, le 14 octobre 1877, par 6,527 voix (12,088 votants, 13,433 inscrits), contre 5,477 à M. Martenot, député sortant, et fut réélu, le 21 août 1881, par 7,430 voix (9,120 votants, 13,399 inscrits). Il prit place à l'Union républicaine et vota constamment avec elle. Porté sur la liste radicale de l'Yonne aux élections du 4 octobre 1885, il fut élu de nouveau, le 1er sur 6, par 51,315 voix (84,817 votants, 109,551 inscrits), continua de soutenir la politique scolaire et coloniale des ministères républicains, vota l'expulsion des princes, et mourut au cours de la législature.

RATHSAMHAUSEN (Christophe-Philippe, baron de), député en 1789, né à Ribeauvillé (Haut-Rhin) le 30 décembre 1736, mort à une date inconnue, était colonel d'infanterie, quand il fut élu, le 4 avril 1789, député de la noblesse aux Etats-Généraux par le bailliage de Haguenau et Wissembourg, avec 108 voix. Il remit ses pouvoirs avec des réserves, protesta, après le 4 août, contre l'abolition des privilèges et de la noblesse, déclara que son mandat se trouvait désormais sans objet, demanda et obtint un congé le 30 mai 1790, et donna sa démission le 13 septembre suivant. A la seconde Restauration, il fut nommé maréchal de camp le 11 novembre 1816.

RATIER (Pierre-Léger), dit Ratier de Montgauvon, député en 1789, et au Corps législatif de l'an XII en 1809, né à Corcoux (Charente-Inférieure) le 13 novembre 1747, mort à une date inconnue, « fils de Jacques Ratier et de Jeanne Guillier », était avocat à Saintes en 1789; il fit partie de la commission chargée de rédiger le cahier des doléances du tiers-état de cette sénéchaussée. Elu, le 21 mars 1789, député du tiers aux Etats-Généraux par la sénéchaussée, il se montra partisan des idées nouvelles, prêta le serment du Jeu de paume, et fit partie du comité féodal. Après être resté quelques années en dehors de la politique, il adhéra au 18 brumaire, fut nommé sous-préfet de Jonzac le 9 germinal an VIII, et fut élu, par le Sénat conservateur, député de la Charente-Inférieure au Corps législatif le 27 brumaire an XII, et réélu le 2 mai 1809. Il fit partie du comité administratif, et siégea obscurément jusqu'à la chute de l'empire.

RATIER (Marie-François-Simon-Gustave), député de 1876 à 1880, né à Buzançais (Indre) le 24 juillet 1804, mort à Lorient (Morbihan) le 18 mars 1880, fit son droit et s'établit comme avocat à Lorient, où il fit de l'opposition à la politique du prince Louis-Napoléon. Proscrit au 2 décembre, il rentra en France à l'amnistie et reprit sa place au barreau. Après la chute de l'empire, il fut nommé préfet du Morbihan, du 1er octobre 1870 au 25 mars 1871, et échoua, aux élections du 8 février 1871 dans le Morbihan, avec 14,893 voix sur 72,309 votants : il s'était présenté sous les auspices de Gambetta, dont les candidats furent battus par les partisans du général Trochu. Conseiller général du Morbihan, M. Ratier se représenta, aux élections du 20 février 1876, avec un programme nettement républicain, et fut élu député de la 1re circonscription de Lorient, par 7,322 voix (12,303 votants, 19,305 inscrits), contre 3,812 à M. Lecointre, 679 à M. Beauvais et 456 à M. Detroyat ; il prit place à gauche et fut l'un des 363 députés qui refusèrent le vote de confiance demandé par le ministère de Broglie. Réélu, le 14 octobre 1877, par 10,372 voix (15,224 votants) contre 4,840 à M. Lecointre, il continua de siéger à gauche et de soutenir la politique des ministères républicains. Candidat au Sénat dans le Morbihan, le 5 janvier 1879, il échoua avec 104 voix sur 327 votants, mourut en mars 1880, et fut remplacé, le 20 juin suivant, par M. Mathieu.

RATTIER (François Edmond), représentant en 1849, né à Paris le 30 avril 1822, mort à Paris le 4 septembre 1890, entra au service militaire, en devançant l'appel de sa classe. Incorporé sur sa demande, en 1843, au corps des zouaves, de création récente, il se rendit en Algérie, dut revenir en France pour raison de santé, puis regagna son corps, et passa ensuite au 48e de ligne. Il avait le grade de sergent et était en garnison à Reims, au dépôt de son régiment, lorsque ses opinions démocratiques avancées le firent désigner par le parti socialiste pour figurer au nombre des deux militaires proposés par ce parti comme candidats à l'Assemblée législative dans le département de la Seine ; le sergent Rattier fut élu, le 19e sur 28, par 110,482 voix (281,140 votants, 378,043 inscrits). L'un des plus jeunes membres de l'Assemblée, il siégea, comme secrétaire, dans le bureau provisoire qui se trouva en désaccord avec le doyen d'âge Kératry (V. ce nom), prit place à la Montagne, protesta au nom de l'armée, ainsi que ses camarades et collègues les sergents Boichot et Commissaire, contre le mode de votation de l'armée, et s'associa, comme eux, à l'interpellation de Ledru-Rollin sur les affaires de Rome. Il signa la protestation et l'appel aux armes, se rendit, le 13 juin, au Conservatoire des arts et métiers et, décrété d'accusation avec l'autorisation de la majorité de l'Assemblée, fut traduit devant la haute cour de Versailles, qui le condamna, par contumace, à la déportation. M. Rattier avait réussi à gagner l'Angleterre, et s'était fixé à Londres, où il se maria et exerça la profession de chapelier. Il rentra en France en 1862, prit part, pendant le siège de 1870-1871, à la défense de Paris, comme chef de bataillon au 120e de marche, et mourut en 1890, courtier en librairie, dans un état voisin de la misère.

RATYÉ (Joseph-Marie-Etienne-Jean-Pierre), vicomte de Lapeyrade, député de 1824 à 1830, né à Cette (Hérault) le 6 octobre 1774, mort à Agde (Hérault) le 25 septembre 1846, propriétaire à Cette, fut nommé maire de cette ville par la première Restauration. L'accueil qu'il avait fait, en cette qualité, au duc d'Angoulême (avril 1815), qui s'embarquait pour l'Espagne, lui valut d'être renommé maire le 25 avril 1816, et créé vicomte de Lapeyrade le 1er février 1817. Elu député de grand collège de l'Hérault, le 6 mars 1824, par 215 voix (332 votants, 457 inscrits), réélu, dans le 3e arrondissement électoral de l'Hérault (Lodève), le 17 novembre 1827, par 119 voix (177 votants, 263 inscrits), contre 57 à M. Cabal aîné (de Roujon), et, le 23 juin 1830, par 139 voix (277 votants, 323 inscrits), contre 138 à M. Renouvier, il prit place au centre, parut très rarement à la tribune, soutint la politique ministérielle, et vota contre l'Adresse des 221. Démissionnaire en 1830 pour refus de serment au gouvernement de Juillet, il fut remplacé, le 21 octobre suivant, par M. Renouvier.

RAUCOURT DE VILLIERS (Edme-Luc-Clet), député en 1789, dates de naissance et de mort inconnues, écuyer, fut élu, le 26 mars 1789, député de la noblesse aux Etats-Généraux par le bailliage de Gien. Il remit ses pouvoirs avec réserves, opina contre le vote par tête, et déposa la déclaration suivante : « Le député du bailliage de Gien soussigné ayant fait le serment de maintenir les dispositions de son cahier dans lequel le vœu par ordre est établi comme point de droit public, déclare qu'il ne peut prendre part aux délibérations jusqu'à ce qu'il ait reçu de ses commettants les nouveaux pouvoirs qu'il leur a demandés ; qu'il se bornera à assister dans la salle nationale aux séances qui s'y tiendront pour s'éclairer et s'y instruire. »

« A Versailles, le 30 juin 1789. »

« Raucourt de Villiers. »

Absent par maladie à partir du 23 septembre 1789, il reprit son siège quelques mois après, fut secrétaire de l'Assemblée (26 mars 1791), et ne reparut pas sur la scène politique après la session.

RAUDOT (Jean-Nicolas-Michel-Auguste), député de 1815 à 1816 et de 1824 à 1831, né à Avallon (Yonne) le 30 novembre 1775, mort à Avallon le 21 juillet 1832, grand propriétaire à Avallon et maire de cette ville, fut élu, le 22 août 1815, député du grand collège de l'Yonne, par 118 voix (179 votants, 246 inscrits), et siégea obscurément à droite. Réélu, le 6 mars 1824, dans le même grand collège, par 136 voix (149 votants, 201 inscrits); le 24 novembre 1827, par 115 voix (160 votants, 203 inscrits), — huit jours auparavant il avait échoué dans le 3e arrondissement électoral de l'Yonne (Avallon), avec 82 voix contre 97 à l'élu, M. Jacquinot de Pampelune, député sortant, — et, le 19 juillet 1830, par 157 voix (178 votants, 221 inscrits), il continua de siéger à droite, vota contre la loi sur la presse, et fit partie (juin 1828) de la commission chargée d'examiner la motion de Labbey de Pompières (mise en accusation du ministère Villèle). M. Raudot se retira de la vie politique aux élections de 1831.

RAUDOT (Claude-Marie-Réglois), représentant en 1848, en 1849 et en 1871, né à Saulieu (Côte-d'Or) le 24 décembre 1801, mort à Pontaubert (Yonne) le 22 avril 1879, fils du précédent et de Henriette Adelon de Chandenay, étudia le droit et se fit recevoir avocat. Il entra dans la magistrature à l'avènement de Charles X, comme substitut du procureur du roi à Sens, d'où il passa en la même qualité à Auxerre, puis à Versailles. Attaché au parti légitimiste, il se retira, lors de la révolution de juillet, dans ses propriétés d'Avallon, devint maire de cette commune, conseiller général de l'Yonne (1842) et, après la révolution de 1848, se fit élire, le 26 novembre, représentant de ce département à l'Assemblée constituante, en remplacement de L.-N. Bonaparte, qui avait opté pour la Seine. M. Raudot, nommé par 7,344 voix (28,800 votants, 108,052 inscrits), contre 5,729 à M. Jérôme Bonaparte, 4,456 au général Piat et 4,255 à M. Uzanne, prit place à droite et s'associa, jusqu'à la fin de la session, aux votes des conservateurs monarchistes : *contre* la réduction de l'impôt du sel, *pour* la proposition Rateau, *contre* l'amnistie, *pour* l'interdiction des clubs, *pour* les crédits de l'expédition romaine. Dans la séance du 27 décembre 1848, il demanda le maintien intégral de l'impôt du sel, en faisant observer que la réduction ferait subir au trésor une perte annuelle de 46 millions et que chaque personne ne payait (en moyenne, pour cet impôt, que 1 fr. 80 cent. par an, à raison de 6 kilogr. ; il dit : « Il est certain que les gens riches, que les gens aisés, et grâce au ciel, en France, la majorité est composée de gens dans l'aisance. (*Dénégations nombreuses*)... Il est certain qu'en France la grande majorité a assez d'aisance pour acheter le sel qui lui est nécessaire ; par conséquent, toutes les personnes qui aujourd'hui achètent suffisamment de sel pour elles, ne verront pas leur consommation augmenter, et vous n'aurez pas d'augmentation de recette sur ces personnes-là. » Réélu, le 13 mai 1849, représentant de l'Yonne à l'Assemblée législative, le 3ᵉ sur 8, par 36,924 voix (80,826 votants, 111,917 inscrits), M. Raudot siégea, comme précédemment, à droite, et vota avec la majorité, *pour* l'expédition de Rome, *pour* la loi Falloux-Parieu sur l'enseignement, *pour* la loi restrictive du suffrage universel. Il ne se rallia pas à la politique particulière de l'Élysée, et fut rendu à la vie privée par le coup d'État. Candidat indépendant au Corps législatif, le 29 février 1852, dans la 3ᵉ circonscription de l'Yonne, il n'obtint que 1,679 voix contre 26,371 à l'élu officiel, M. Lecomte, et se consacra, pendant toute la durée de l'Empire, à des travaux d'économie politique et d'histoire, insérés surtout dans le *Journal des Économistes* et dans le *Correspondant*. Il publia aussi un grand ouvrage sur la *Décentralisation* (1858-1863) : *Napoléon Iᵉʳ peint par lui-même* (1865), etc. Lors des élections du 8 février 1871, M. Raudot fut élu représentant de l'Yonne à l'Assemblée nationale, le 7ᵉ et dernier, par 32,217 voix (64,853 votants, 113,657 inscrits). Il prit place à droite, et parut fréquemment à la tribune, notamment pour défendre les doctrines décentralisatrices, lors de la discussion sur le projet de loi relatif aux conseils généraux (28 juin 1871), et à l'occasion de la loi sur la réorganisation du conseil d'État ; pour appuyer l'établissement d'un impôt sur les valeurs mobilières (9 janvier 1872), pour traiter les questions budgétaires et demander de nombreuses réductions de dépenses. En 1874, il fut président de la commission du budget. Après avoir voté *pour* la paix, *pour* les prières publiques, *pour* l'abrogation des lois d'exil, *pour* le pouvoir constituant de l'Assemblée, il prit une part active à la campagne entreprise par la coalition des droites contre le gouvernement de Thiers, contribua à sa chute dans la journée du 24 mai 1873, et appuya la politique inaugurée par M. de Broglie. Il se prononça *pour* le septen-

nat, la loi des maires, l'état de siège, *contre* les amendements Wallon et Pascal Duprat et *contre* les lois constitutionnelles. Sur ce dernier point, il proposa (février 1875) un amendement conférant au président de la République le droit de dissoudre le Sénat sur avis conforme de la Chambre (rejeté). Le 30 janvier 1876, il ne réunit, comme candidat monarchiste au Sénat dans l'Yonne, par 219 voix sur 571 votants, et le 20 février, comme candidat à la Chambre des députés dans l'arrondissement de Sens, que 3,207 voix contre 11,193 à l'élu républicain, M. Guichard ; il quitta dès lors la vie politique.

RAULIN (Jean-Baptiste), député de 1820 à 1824, né à Nantillois (Meuse) le 27 janvier 1759, mort à Montfaucon (Meuse) le 14 décembre 1835, était juge de paix à Montfaucon en 1816. Destitué par le ministère ultra-royaliste, il fut élu, le 13 novembre 1820, député du grand collège de la Meuse, par 80 voix (143 votants, 162 inscrits), et réélu, le 9 mai 1822, dans le 2ᵉ arrondissement électoral du même département (Verdun), par 160 voix (286 votants, 334 inscrits), contre 121 à M. Gabriel. M. Raulin siégea constamment au côté gauche, repoussa la loi de septennalité, et quitta la vie politique aux élections de 1824.

RAULIN (Hector-Jacques), représentant en 1849, né à Montfaucon (Meuse) le 11 juin 1795, mort à Verdun (Meuse) le 13 avril 1880, fils du précédent, appartint sous Louis-Philippe à l'administration, comme sous-préfet de Montmédy. La révolution de 1848 interrompit sa carrière ; mais il fut élu, le 13 mai 1849, représentant de la Meuse à l'Assemblée législative, le 7ᵉ et dernier, par 31,716 voix (59.865 votants, 92,490 inscrits). M. Raulin siégea à droite, et vota avec la majorité conservatrice : *pour* l'expédition de Rome, *pour* la loi Falloux-Parieu sur l'enseignement, *pour* la loi restrictive du suffrage universel, sans se rallier à la politique du coup d'État. Sous l'Empire, il se présenta comme candidat indépendant au Corps législatif dans la 3ᵉ circonscription de la Meuse, et échoua, le 22 juin 1857, avec 3,896 voix contre 16,041 à l'élu, candidat officiel, M. de Ségur ; il ne fut pas plus heureux le 1ᵉʳ juin 1858, avec 3,422 contre 15,628 au même concurrent, qui avait donné sa démission de député, et qui fut réélu.

RAULINE (Gustave-Paul), député de 1876 à 1889, né à Feugères (Manche) le 1ᵉʳ juin 1822, riche propriétaire d'herbages, maire de Saint-Lô, conseiller général de Saint-Lô, puis de Marigny, vice-président de la Société d'agriculture, se présenta à la députation, en 1876, comme candidat bonapartiste dans l'arrondissement de Saint-Lô, et fut élu, le 20 février, par 9,386 voix (16,816 votants, 22,835 inscrits), contre 7,969 à M. Lenoël. Il se fit inscrire au groupe de l'Appel au peuple, et vota *pour* le ministère de Broglie contre les 363. Réélu, le 14 octobre 1877, par 13,732 voix (19,120 votants, 23,401 inscrits), contre 5,820 à M. Houssin-Dumanoir, et, le 21 août 1881, par 12,186 voix (18,004 votants, 23,813 inscrits), contre 5,826 à M. Houssin-Dumanoir, il continua de figurer dans la minorité impérialiste. Porté sur la liste conservatrice de la Manche, le 4 octobre 1885, il fut élu, le 1ᵉʳ sur 8, par 59,047 voix (109,795 votants, 139,724 inscrits), reprit sa place à droite, ne cessa de combattre de ses votes la politique scolaire, coloniale et économique des ministères républicains, et se prononça, dans la dernière session, *contre* le rétablissement du scrutin d'arrondissement (11 février 1889), *contre les poursuites contre trois députés membres de la Ligue des patriotes, contre* le projet de loi Lisbonne restrictif de la liberté de la presse, *contre les poursuites contre le général Boulanger;* il s'est abstenu sur l'ajournement indéfinif de la revision de la Constitution.

RAUTER (JACQUES-FRÉDÉRIC), député de 1834 à 1837, né à Strasbourg (Bas-Rhin) le 27 juin 1784, mort à Strasbourg le 27 février 1854, étudia le droit à Gœttingue, puis à Strasbourg, et fut reçu docteur en 1812. Après avoir exercé (1814-1823) la profession d'avoué, il entra au barreau de Strasbourg dont il fut élu trois fois bâtonnier. En 1819, il fut nommé professeur suppléant de procédure civile et de législation criminelle à la faculté de droit de cette ville, chaire dont, en 1825, il devint titulaire. Lors de la publication des Ordonnances de juillet 1830, M. Rauter se prononça contre le gouvernement et fit partie de la commission municipale insurrectionnelle établie à Strasbourg. Le nouveau gouvernement le nomma conseiller de préfecture, mais il ne tarda pas à donner sa démission. Il était conseiller municipal de la ville depuis 1831, lorsqu'il fut élu (21 juin 1834) député du 2e collège du Bas-Rhin (Strasbourg), par 103 voix (205 votants, 227 inscrits), contre 99 à M. O. Barrot. Il opina avec la majorité conservatrice jusqu'en 1837, et prit part (1835) aux discussions de la loi sur les faillites, du projet de loi relatif à la responsabilité des ministres, de la loi sur le jury. On remarqua beaucoup son rapport au nom de la commission chargée de l'examen de la proposition de MM. Aroux et Barbet sur les cours d'eau. Doyen de la faculté de droit de Strasbourg en 1837, il fut aussi président de la commission de surveillance de l'école normale primaire du Bas-Rhin, membre du conseil académique, et membre, de 1841 à 1848, du consistoire général de la Confession d'Augsbourg. On a de lui de nombreux articles dans les Revues spéciales, françaises et allemandes, de jurisprudence; un *Cours de procédure civile française* (1834), et un *Traité théorique et pratique de droit criminel français* (1836).

RAUX (BASILE-JOSEPH), député en 1789, membre de la Convention, né à Trélon (Nord) le 9 janvier 1747, mort à une date inconnue, était maître de forges à Signy-l'Abbaye (Ardennes), lorsqu'il fut élu, le 20 mars 1789, député du tiers aux États-généraux par le bailliage de Reims; il vota silencieusement avec la majorité. Réélu, le 4 septembre 1792, une fois dans le département des Ardennes, député à la Convention, le 4e sur 8, par 164 voix sur 205 votants), il n'accepta pas le mandat, et fut immédiatement remplacé par Blondel.

RAUZAN (HENRI-LOUIS DE CHASTELLUX, DUC DE), député de 1830 à 1831, né à Versailles (Seine-et-Oise) le 28 février 1786, mort à Paris le 3 mars 1863, était propriétaire à Paris. Il avait été créé marquis par la Restauration le 15 août 1819. D'opinions royalistes, il fut élu, le 3 juillet 1830, député de Saône-et-Loire, au grand collège, par 184 voix (352 votants). Il prêta serment à Louis-Philippe et siégea obscurément à la Chambre jusqu'aux élections de 1831.

RAVEZ (AUGUSTE-SIMON-HUBERT-MARIE), député de 1813 à 1829, pair de France, représentant en 1849, né à Lyon (Rhône) le 21 octobre 1770, mort à Bordeaux (Gironde) le 3 septembre 1849, fils, dit un biographe, d'un « honnête marchand de parapluies », fit de bonnes études chez les Oratoriens de Lyon, et débuta comme clerc de procureur. Avocat à Lyon en 1791, il y prit la défense de plusieurs prêtres inquiétés pour leur attitude contre-révolutionnaire, concourut à la résistance de la ville contre les troupes de la Convention, et dut prendre la fuite après la défaite de l'insurrection. Ce fut alors qu'il se retira à Bordeaux (24 décembre 1793), où il se tint caché pendant quinze mois chez un homme de lettres, M. Deleyre, dont il épousa la fille (janvier 1796). Il se distingua bientôt comme avocat, se lia intimement avec Lainé, et adressa, en 1806, à l'archichancelier Cambacérès, comme président du collège électoral de l'arrondissement de Bordeaux, un discours rempli de protestations de dévouement à la dynastie impériale. Toutefois, Ravez fut, en 1814, un de ceux qui entraînèrent avec le plus d'ardeur les Bordelais à arborer sans retard le drapeau blanc. L'année suivante, il refusa de défendre les frères Faucher (V. ce nom), dont il avait été l'ami et qui lui avaient écrit en ces termes : « Nous avons subi notre interrogatoire, et les officiers qui viennent d'y procéder nous demandent de désigner sur-le-champ notre défenseur. Nous ne saurions en choisir un qu'après votre refus, auquel nous ne pouvons croire, parce que nous ne pouvons deviner la cause qui le motiverait. Cependant, si le *fatum* qui pèse sur nous nous y condamnait, nous vous conjurons de nous accorder cinq minutes d'entretien. Vous ne refuseriez pas ce genre d'appui à des infortunés coupables, vous l'accorderez au malheur immérité. Naguère nous aurions cru pouvoir réclamer d'autres sentiments. » Elu, le 4 octobre 1816, député de la Gironde, au grand collège, par 110 voix (197 votants, 262 inscrits), Ravez prit place au côté droit et vota avec la minorité ministérielle. Il soutint le projet de loi restrictif de la liberté individuelle, parla, à propos de la continuation de la censure, de la « sollicitude paternelle du gouvernement » à l'égard de la presse, dit qu'il regardait les feuilles périodiques comme une classe à part qui lui paraissait mériter une police tout à fait spéciale, et se montra (1817-1818) l'adversaire de l'application du jury aux délits de la presse. Le 16 avril 1817, il fut nommé conseiller d'Etat en service extraordinaire et sous-secrétaire d'Etat à la Justice : en cette qualité il porta fréquemment la parole devant les Chambres au nom du Gouvernement. En 1819, la Chambre des députés le désigna pour son président, et ce choix fut confirmé par le roi : Ravez occupa le fauteuil, avec plus de talent peut-être que d'impartialité, pendant dix sessions successives. Il sut conquérir une très grande influence sur la majorité parlementaire, et fut réélu, le 4 novembre 1820, député du 1er arrondissement de la Gironde (Bordeaux), par 750 voix (1,254 votants, 1,385 inscrits), contre 481 à M. Balguerie, puis, le 25 février 1824, par 686 voix (1,257 votants, 1,396 inscrits), contre 556 à M. Balguerie ; enfin, le 24 novembre 1827, au grand collège du même département, par 273 voix (526 votants, 637 inscrits). Le même jour, il obtint également la majorité dans le grand collège du département du Nord : 303 voix (482 votants, 657 inscrits). Ayant opté pour la Gironde, il fut remplacé dans le Nord, le 28 avril

1823, par M. de Brigode. Dans l'intervalle, il avait été nommé grand officier de la Légion d'honneur (13 août 1824), et commandeur des ordres du roi (31 mai 1825). Le 6 octobre 1824, Ravez fut promu premier président à la cour royale de Bordeaux. Il avait rempli en 1820 près la cour des pairs les fonctions de procureur général dans l'affaire de la conspiration contre la dynastie pour laquelle plusieurs officiers avaient été arrêtés. Comme député, il se prononça très vivement contre l'admission de Grégoire, et opina pour les lois d'exception et pour le nouveau système électoral. Comme président, il eut fréquemment maille à partir avec l'opposition libérale : « Vous n'êtes pas un président, lui dit un jour Alexandre de Lameth ; vous êtes un membre du côté droit! » La *Biographie pittoresque des députés* écrivait en 1820, à son sujet : « Un président intègre doit éviter avec le plus grand scrupule de donner lieu non seulement au reproche, mais encore au moindre soupçon de partialité, et c'est par la rigoureuse observation de ce devoir qu'il peut acquérir dans ces fonctions une réputation honorable. Mais la politique prescrit à celui qu'elle a placé au fauteuil des devoirs d'un autre genre ; et c'est par une autre voie qu'elle le conduit aux honneurs et au pouvoir. Diriger une discussion vers le but marqué par le gouvernement, poser les questions avec une adresse captieuse ; employer son autorité à étouffer autant que possible la voix de l'opposition, favoriser les interruptions, les digressions qui peuvent déconcerter une attaque vive, pressante et inquiétante pour le ministre ; faire naître habilement un incident pour détourner l'attention d'un point qu'il importe de faire perdre de vue, ou pour refroidir les esprits émus par un discours énergique ; prolonger ou précipiter selon les conjonctures le terme d'une discussion ; profiter d'un moment de trouble pour presser une délibération qui demanderait du calme et un examen réfléchi ; mettre brusquement aux voix une question mal comprise et mal éclaircie ; enlever pour ainsi dire de vive force une décision conforme aux vues ministérielles ; trouver un prétexte pour éloigner de la tribune un orateur puissant, et capable de jeter une vive lumière sur un point qu'on a intérêt à rendre ou à laisser obscur ; dans une circonstance où il serait urgent de décider une question incidente par un débat vif et improvisé, accorder à dessein la parole à un membre inhabile à parler et qui vient avec un discours écrit et étranger à la question du moment, trancher de son autorité une difficulté sujette à controverse, en un mot être partial avec adresse, passionné avec l'apparence de la modération. » Le 10 août 1829, Ravez fut élevé à la pairie. Il soutint jusqu'au bout, de ses votes, le gouvernement de Charles X, et fut rendu à la vie privée par la révolution de 1830. Étranger à toute fonction publique pendant le règne de Louis-Philippe, il reparut sur la scène parlementaire après les événements de février 1848. Membre du conseil général de la Gironde, il fut élu, le 13 mai 1849, représentant de ce département à l'Assemblée législative, le 12e sur 13, par 67,448 voix (125,001 votants, 179,161 inscrits). Mais il fut enlevé quelques mois après (septembre), par une courte maladie. La ville de Bordeaux a donné son nom à une de ses rues.

RAVIGNAN (MARIE-RAYMOND-GUSTAVE LACROIX, BARON DE), sénateur de 1876 à 1888, né à Bordeaux (Gironde) le 29 janvier 1829, d'une famille d'ancienne noblesse du Béarn, neveu du P. de Ravignan, le célèbre prédicateur de la Société de Jésus, entra sous l'Empire au conseil d'État comme maître des requêtes, et épousa la fille de M. Devienne, président de la cour de Cassation. Riche propriétaire dans les Landes et membre du conseil général pour le canton de Villeneuve, il se présenta, avec des déclarations à la fois catholiques et impérialistes, comme candidat au Sénat dans les Landes, le 30 janvier 1876 : il fut élu sénateur par 203 voix (393 votants). Il prit place au groupe de l'Appel au peuple, vota avec la droite (juin 1877), pour la dissolution de la Chambre des députés, soutint le gouvernement du Seize-Mai, et combattit les institutions républicaines. Réélu, le 5 janvier 1879, par 201 voix (394 votants), il siégea, dès lors, dans la minorité monarchiste e, et se signala en plusieurs circonstances, notamment dans la discussion des lois scolaires, par la vivacité de ses interruptions et de ses interpellations à l'adresse des ministres et de la majorité. Il opina *contre* l'article 7, *contre* l'application des lois existantes aux congrégations non autorisées, *contre* la réforme du personnel judiciaire, *contre* le divorce, *contre* les crédits de l'expédition du Tonkin ; demanda (mars 1880) que le bénéfice résultant de la conversion de la rente 4 0/0, fût appliqué à un dégrèvement en faveur de l'agriculture (rejeté par 166 voix contre 81), protesta (mai 1885) contre « l'outrage fait aux consciences catholiques » par la manifestation faite aux obsèques de Victor Hugo, fit une opposition constante aux divers ministères de gauche qui se succédèrent au pouvoir, et échoua au renouvellement sénatorial du 5 janvier 1888, avec 209 voix sur 712 votants. Chevalier de la Légion d'honneur.

RAVINEL (FRANÇOIS-DIEUDONNÉ, BARON DE), député de 1824 à 1827, né à Bayon (Meurthe) le 4 juin 1768, mort à Nossoncourt (Vosges) le 20 mai 1848, « fils de Étienne-François de Ravinel, baron du Saint-Empire, seigneur de Domjulien, Girauvilliers, etc., capitaine de cuirassiers au service de l'empereur François Ier, puis à celui du grand-duc de Toscane et enfin à celui de l'archiduc Léopold, et de Marianne de Lisle, dame de Malaincourt », était lieutenant de cavalerie au moment de la Révolution. Il émigra en 1791, servit à l'armée de Condé, puis passa en Autriche, comme capitaine. Rentré en France à l'époque du Directoire, il vécut retiré à Nossoncourt, dont il devint maire sous l'Empire. Nommé chevalier de Saint-Louis à la Restauration, président du collège électoral de son arrondissement, il entra dans la politique à la sollicitation de M. de Corbière, et fut élu, le 6 mars 1824, député du grand collège des Vosges, par 55 voix (79 votants, 101 inscrits). Il siégea à droite et vota avec les ultra-royalistes. Non réélu en 1827, il ne reparut plus sur la scène politique.

RAVINEL (LOUIS-FÉLIX-DIEUDONNÉ, BARON DE), représentant en 1849, député au Corps législatif de 1852 à 1867, né à Nossoncourt (Vosges) le 16 avril 1806, mort à Nossoncourt le 19 septembre 1867, fils du précédent, était propriétaire dans son pays natal, maire de Nossoncourt, et conseiller général des Vosges, lorsque les conservateurs-monarchistes de ce département l'élurent (8 juillet 1849) représentant à l'Assemblée législative, par 17,582 voix (34,570 votants, 114,482 inscrits), en remplacement de M. Deblaye décédé. M. de Ravinel siégea à droite, appuya toutes les mesures répressives, vota *pour* l'expédition romaine, *pour* la loi Falloux-Parieu, sur l'enseignement, *pour* la loi du 31 mai sur le suffrage universel, ne se rallia point à la politique de l'Elysée, et protesta à la mairie du 10ᵉ arrondissement, contre le coup d'Etat du 2 décembre 1851. Candidat indépendant aux élections du 29 février 1852 pour le Corps législatif dans la 3ᵉ circonscription des Vosges (Saint-Dié), il fut élu par 14,781 voix (15,765 votants, 35,616 inscrits). Il se sépara quelquefois de la majorité, mais prêta serment à l'Empire dont il devint, aux élections suivantes, le candidat officiel, et fit partie jusqu'à sa mort du groupe des députés catholiques à tendances légitimistes. Il fut réélu, le 22 juin 1859, par 22,099 voix (22,633 votants, 31,705 inscrits), puis, le 1ᵉʳ juin 1863, par 22,569 voix (23,130 votants, 37,113 inscrits). Mort en septembre 1867, il fut remplacé, le 9 novembre suivant, par M. Gélyot. Chevalier de la Légion d'honneur.

RAVINEL (CHARLES-LOUIS, BARON DE), représentant en 1871, né à Nossoncourt (Vosges) le 31 octobre 1839, entra dans l'administration des finances et fut nommé inspecteur en 1865. Il fut révoqué en 1867, pour avoir posé sa candidature d'opposition au Corps législatif dans la 3ᵉ circonscription des Vosges, en remplacement de son père décédé, et bien qu'il eût échoué, le 9 novembre 13,190 voix contre 13,735 à l'élu, M. Gélyot. Il ne fut pas plus heureux, le 24 mai 1869, avec 14,983 voix contre 16,296 à l'élu, M. Gélyot, député sortant. Maire de Nossoncourt et ancien conseiller général des Vosges sous l'Empire, il fut élu représentant de ce département à l'Assemblée nationale, le 8 février 1871, le 8ᵉ et dernier, par 32,476 voix (58,175 votants, 119,716 inscrits). Il prit place au centre droit, s'abstint sur la paix, et vota *pour* l'abrogation des lois d'exil, *pour* la pétition des évêques, *pour* le service de trois ans, *pour* la démission de Thiers, *pour* le septennat, *pour* le ministère de Broglie, *contre* l'amendement Wallon, *contre* les lois constitutionnelles. L'un des premiers, il demanda la validation de l'élection des princes, soutint le pouvoir constituant de l'Assemblée, combattit le retour à Paris, et, à cette occasion, proposa de transférer à Versailles les administrations et les services publics. Cette proposition, qui donna lieu à un vif débat, ne fut pas adoptée. M. de Ravinel ne reparut plus dans les assemblées parlementaires : il échoua en effet, le 20 février 1876, dans l'arrondissement d'Epinal, avec 8,514 voix contre 12,809 à l'élu, M. Jeanmaire, républicain; le 14 octobre 1877, dans l'arrondissement de Saint-Dié, avec 8,729 voix contre 13,230 à l'élu, M. Jules Ferry; comme candidat au Sénat dans les Vosges, le 8 janvier 1882, avec 173 voix sur 605 votants; et, porté sur la liste conservatrice de ce département aux élections législatives du 4 octobre 1885, il échoua encore avec 34,088 voix sur 87,635 votants.

RAYBAUD (LOUIS-MAXIMIN), député au Conseil des Cinq-Cents et au Corps législatif, né à Saint-Paul (Var) le 5 novembre 1760, mort à la Colle-sur-Loup (Var) le 27 août 1842, fut d'abord professeur au collège de la Flèche, où il se lia avec le futur général Bertrand. Revenu en Provence en 1794, il fut nommé accusateur public à Draguignan, et fut élu, le 15 germinal an V, député du Var au Conseil des Cinq-Cents, par 176 voix (234 votants). Il n'eut pas le temps de s'y faire remarquer, car son élec-

tion fut annulée au 18 fructidor, comme entachée de royalisme. Il resta sous la surveillance de la police jusqu'au Consulat, se rallia au 13 brumaire, et fut choisi, le 4 nivôse an VIII, par le Sénat conservateur, comme député du Var au Corps législatif, où il siégea jusqu'en l'an XIV; il fit partie de la commission de réorganisation des études. A sa sortie du Corps législatif, il fut nommé, sur la proposition du duc de Feltre, directeur du Prytanée militaire, fonctions qu'il conserva jusqu'à la seconde Restauration, et fut mis à la retraite le 25 septembre 1816. Chevalier de la Légion d'honneur.

RAYBAUD (JOSEPH ANDRÉ), député de 1831 à 1839, né à Arles (Bouches-du-Rhône) le 26 juin 1787, mort à Eyguières (Bouches-du-Rhône) le 4 avril 1857, entra dans la magistrature sous la la Restauration et, après 1830, devint conseiller à la cour royale d'Aix. Elu, le 21 juin 1834, député du 5ᵉ collège des Bouches-du-Rhône (Arles) par 104 voix (206 votants, 282 inscrits), contre 95 à M. Jean Boulouvard, et le 4 novembre 1837, par 142 voix (240 votants, 322 inscrits), il vota avec le parti libéral, *contre* les lois de septembre et de disjonction, les lois de dotation et d'apanage, fit partie des 213 opposants au ministère Molé, et quitta la vie politique aux élections de 1839.

RAYNAL (THÉODORE-JEAN-JOSEPH-SIMÉON), représentant du peuple en 1848, né à Narbonne (Aude) le 16 février 1818, avocat dans sa ville natale, s'occupa de journalisme de très bonne heure et fit de l'opposition constitutionnelle au gouvernement de juillet. Il fonda ensuite une maison de commerce à Narbonne, sans cesser de se mêler de politique, fut nommé, en 1848, sous-commissaire du gouvernement provisoire à Narbonne, et fut élu, le 23 avril 1848, représentant de l'Aude à l'Assemblée constituante, le 3ᵉ sur 7, par 39,666 voix (67,165 votants, 75,218 inscrits). Il fit partie du comité du commerce et de l'industrie, et vota généralement avec l'extrême gauche, *pour* le bannissement de la famille d'Orléans, *contre* les poursuites contre L. Blanc, *contre* l'abolition de la peine de mort, *contre* l'impôt progressif, *pour* l'incompatibilité des fonctions, *pour* l'amendement Grévy, *contre* la sanction de la Constitution par le peuple, *pour* l'ensemble de la Constitution, *contre* la proposition Rateau, *contre* l'interdiction des clubs, *contre* l'expédition de Rome. Bien qu'hostile à la politique du prince Louis-Napoléon, il n'appuya pas la demande de mise en accusation du président et de ses ministres. Non réélu à la Législative, il reprit à Narbonne la direction de sa maison de commerce, et se présenta au Corps législatif, le 24 mai 1869, comme candidat de l'opposition, dans la 2ᵉ circonscription de l'Aude, où il échoua avec 6,823 voix contre 16,028 à l'élu officiel, M. Peyrusse, député sortant. Le gouvernement de la Défense nationale le nomma préfet de l'Aude (6 septembre 1870); il abandonna ses fonctions pour se présenter dans son département aux élections pour l'Assemblée nationale, et il échoua, le 8 février 1871, avec 19,596 voix sur 54,560 votants.

RAYNAL (DAVID), député de 1879 à 1889 et ministre, né à Paris le 23 février 1840, d'une famille israélite, s'occupa activement de commerce et d'industrie, fut attaché au service du chemin de fer du Midi, et fonda en 1862 à Bordeaux la maison d'armateur Astruc et Raynal.

Capitaine d'état-major pendant la guerre de 1870, conseiller général du 2e canton de Bordeaux (1874-1880), il se présenta, le 30 avril 1875, comme candidat républicain modéré, à l'élection législative partielle qui eut lieu dans la 1re circonscription de Bordeaux par suite de l'option de Gambetta pour Paris, et échoua avec 5,055 voix contre 6,434 à M. Simiot, républicain de nuance plus accentuée. Il se représenta, le 6 avril 1879, dans la même circonscription en remplacement de M Dupouy, nommé sénateur, et fut élu cette fois par 12,893 voix (14,660 votants, 20,995 inscrits), sans concurrent. Il prit place dans les rangs de la majorité opportuniste et s'inscrivit au groupe de la gauche républicaine, et débuta à la tribune par une interpellation adressée au ministre de la Guerre au sujet du maintien dans les cadres de l'armée territoriale d'un colonel qui avait prononcé un discours contre le gouvernement dans un banquet légitimiste. Cette interpellation entraîna la démission du général Gresley (20 décembre 1879). M. Raynal vota *contre* l'amnistie plénière, *contre* la séparation de l'Église et de l'État et *pour* l'invalidation de l'élection de Blanqui. Il entra comme sous-secrétaire d'État au ministère des Travaux publics, dans le premier cabinet Ferry (28 septembre 1880), s'associa à tous les actes politiques de son chef, et fut réélu député, le 21 août 1881, par 11,411 voix (13,058 votants, 28,073 inscrits). Lors de la formation du ministère Gambetta (14 novembre 1881), M. D. Raynal, ami personnel du nouveau président du conseil, prit le portefeuille des Travaux publics; il le garda jusqu'au 26 janvier 1882, tomba avec ses collègues sur la question de la revision, et fut rappelé au pouvoir, toujours comme ministre des Travaux publics, le 21 février 1883, dans le second cabinet Jules Ferry. M. Raynal fut amené plusieurs fois à défendre devant le parlement les actes de son administration. Il attacha surtout son nom, comme ministre, aux conventions conclues en 1883 avec les Compagnies de chemins de fer, conventions que la presse opposante attaqua très vivement et que l'extrême gauche de la Chambre traita à la tribune de « conventions scélérates ». M. Raynal tomba avec le ministère le 31 mars 1885. Dévoué à la politique opportuniste, il fut inscrit, le 4 octobre 1885, sur la liste républicaine modérée de la Gironde, et fut élu député du département, le 10e sur 11, par 88,437 voix (162,286 votants, 203,661 inscrits). Il prit place au groupe de l'Union des gauches qu'il présida en 1887; à ce propos, il prononça un discours d'installation où il combattait l'attitude des radicaux, préconisait une politique d'affaires, et se déclarait partisan des réformes « acceptées par la majorité du pays ». Il fut membre de la commission du budget. Après la chute du cabinet Goblet, M. Raynal reçut de M. Grévy l'offre de prendre la direction des affaires; mais il conseilla au président de la République d'appeler de préférence le président de la commission du budget, M. Rouvier. Il parla (juin 1887) contre la proposition Laborde tendant à faire élire les sénateurs au suffrage universel, se montra partisan, lors des affaires Wilson, de la prompte démission du président de la République (décembre 1887), et soutint de ses votes les cabinets Rouvier et Tirard. Lorsque M. Numa Gilly, député du Gard, dirigea contre les membres de la commission du budget des accusations de concussion et de tripotages qui lui valurent une série de condamnations en cour d'assises pour diffamation, M. Raynal,

nominativement désigné par le député de Nîmes, le poursuivit par les voies de droit. M. Raynal a voté l'expulsion des princes, et s'est prononcé, à la fin de la législature, *pour* le rétablissement du scrutin d'arrondissement (11 février 1889), *pour* l'ajournement indéfini de la révision de la Constitution, *pour* les poursuites contre trois députés membres de la Ligue des patriotes, *pour* le projet de loi Lisbonne restrictif de la liberté de la presse, *pour* les poursuites contre le général Boulanger.

RAYNAUD (Pierre-Hippolyte), député de 1830 à 1834 et de 1839 à 1842, né à Chareil (Allier) le 17 avril 1795, mort à Cressanges (Allier) le 13 juillet 1876, était avocat à Gannat, quand il fut élu député du grand collège de l'Allier, le 21 octobre 1830, par 430 voix (689 votants, 997 inscrits), et réélu, dans le 3e collège de l'Allier (Gannat), le 5 juillet 1831, par 179 voix (205 votants, 260 inscrits), contre 18 au général Grouchy. M. Raynaud prit place au centre, et vota avec les ministériels; il ne se représenta pas aux élections générales du 21 juin 1834, ni à celles du 4 novembre 1837; mais il fut réélu à Gannat, le 2 mars 1839, par 160 voix (234 votants). Il vota *contre* la dotation du duc de Nemours, *contre* le recensement, *pour* l'adjonction des capacités, *pour* les incompatibilités, et quitta la vie politique aux élections de 1842.

RAYNAUD (Jean), député de 1876 à 1881, né à Boissenilh (Dordogne) le 28 août 1818, mort à Périgueux (Dordogne) le 30 mars 1890, avocat à Périgueux, bâtonnier de l'ordre, président de la Société de secours mutuels de cette ville, conseiller général du canton de Hautefort, chevalier de la Légion d'honneur, officier d'académie, fut élu, le 20 février 1876, député de la 2e circonscription de Périgueux par 7,973 voix (8,790 votants, 15,344 inscrits). Sa candidature avait été patronnée par le « Comité national conservateur ». Il prit place à droite et vota pour le ministère de Broglie contre les 363. Réélu, le 14 octobre 1877, par 6,330 voix (12,735 votants, 15,727 inscrits), contre 6,337 à M. Chavoix, républicain, il vit son élection invalidée par la majorité républicaine, ne se représenta plus, fut remplacé, le 27 janvier 1878, par M. Chavoix, et reprit sa place au barreau de Périgueux, dont il était le doyen au moment de sa mort.

RAYNEVAL (François-Joseph-Maximilien Gérard, comte de), pair de France, né à Versailles (Seine-et-Oise) le 8 octobre 1778, mort à Sainte-Ildefonse (Espagne) le 16 août 1836, fils du diplomate et écrivain Joseph-Mathias Gérard de Rayneval, était issu d'une famille alsacienne. Il suivit, comme son père, la carrière diplomatique, fut d'abord attaché à l'ambassade de Suède, puis se rendit à Saint-Pétersbourg (1801) en qualité de second secrétaire. Devenu premier secrétaire à Lisbonne, il se trouva seul chargé des affaires après le départ de l'ambassadeur, le général Junot. Ce fut lui qui présenta à la cour de Portugal l'ultimatum de Napoléon, suivi du refus du gouvernement portugais et de sa rupture avec la France. De retour à Paris, M. Gérard de Rayneval fut bientôt envoyé en Russie comme premier secrétaire, et assista avec Caulaincourt au congrès de Châtillon en qualité de directeur du protocole (1814). Consul général à Londres et premier secrétaire d'ambassade (1814), chef de la chancellerie au ministère des

Affaires étrangères (1816), il devint, à l'avènement du cabinet de Richelieu, sous secrétaire d'Etat au ministère (1821). Puis il remplit en Prusse et en Suisse les fonctions d'ambassadeur, et fut également chargé, en l'absence du comte de la Ferronnays, de remplir l'intérim du ministère des Affaires étrangères. A cette occasion, il fut nommé comte par Charles X. M. de Rayneval était ambassadeur à Vienne quand éclata la révolution de juillet. Rappelé à Paris, il se tint d'abord à l'écart, mais ne tarda pas à se rallier au nouveau gouvernement; Casimir Périer le fit nommer ambassadeur en Espagne (février 1832). A quelque temps de là, il fut élevé à la pairie (11 octobre 1832). Ses fonctions ne lui permirent pas de prendre une part active aux débats de la Chambre haute. Sa santé s'étant gravement altérée durant son séjour en Espagne, il succomba à une goutte remontée, au cours d'un voyage qu'il fit pour rejoindre la reine Isabelle. Il laissait de Mlle Wlodock, fille d'un général polonais, quatre fils et une fille.

RAYNOUARD (François-Just-Marie), député au Corps législatif de 1806 à 1813, représentant aux Cent-Jours, né à Brignoles (Var) le 18 septembre 1761, mort à Passy (Seine) le 27 octobre 1836, « fils du sieur Honoré Raynouard et de dame Elisabeth Goujon », fit ses classes à Aix et étudia le droit dans la même ville. Venu à Paris à l'âge de vingt-trois ans, il s'y essaya à la littérature, puis il s'inscrivit au barreau de Draguignan, et acquit de la réputation comme avocat, tout en s'occupant de poésie. Élu, en 1791, député suppléant à l'Assemblée législative, il se rendit de nouveau à Paris, se lia avec les Girondins, et fut, après le 31 mai, poursuivi comme suspect de fédéralisme; il tenta de se réfugier dans le Midi, mais il fut découvert, arrêté, ramené à Paris et emprisonné à l'Abbaye, d'où il ne tira le 9 thermidor. C'est sous les verrous qu'il composa sa première œuvre théâtrale, *Caton d'Utique* (1794). Il retourna bientôt dans son pays où il y reprendre sa profession d'avocat; au bout de quelques années, ayant acquis une modeste fortune, il se fixa pour la troisième fois à Paris. L'Académie, en 1802, couronna son poème de *Socrate au temple d'Aglaure;* cette distinction permit à Raynouard de faire recevoir au Théâtre-Français deux tragédies : *Eléonore de Bavière* et *Les Templiers.* La dernière resta longtemps dans les cartons. On dit que ce fut Napoléon qui en ordonna la représentation, qui eut lieu au commencement de 1805; le brillant succès qu'elle eut rappela les beaux jours du *Charles IX* de Chénier, et de l'*Agamemnon* de Lemercier. Le style en était large, simple et grand, et corrigeait par ces qualités la lenteur peu monotone du développement scénique. L'auteur fut bientôt appelé à siéger (1807) à l'Académie française à la place de Lebrun, qu'il loua faiblement t il y fut reçu par Bernardin de Saint-Pierre. L'année d'avant (2 vendémiaire an XIV), Raynouard avait été élu par le Sénat député du Var au Corps législatif. Ce mandat lui fut renouvelé le 6 mai 1811. Il compta d'abord parmi les partisans les plus dociles du régime impérial; mais il fit partie (décembre 1813) de la commission chargée de présenter un rapport sur les documents diplomatiques que l'empereur avait communiqués à l'assemblée. Cette commission, où il eut pour collègues Lainé, Gallois, Flaugergues et Maine de Biran, confia à Lainé la rédaction du rapport, dont les épreuves furent saisies par

le ministre de la police, et qui provoqua, de la part de l'empereur, l'ajournement de la convocation du Corps législatif. Napoléon avait eu un moment, a-t-on dit, le dessein de nommer Raynouard président du Corps législatif; il y renonça, sur l'avis de Fontanes. A la première Restauration, Raynouard fut (1814) le rapporteur du projet de loi sur la presse. Pendant ce temps, il n'avait pas négligé le théâtre. Avant et après les *Templiers*, il composa plusieurs tragédies, dont une seule, les *Etats de Blois*, fut représentée. On la joua à Saint-Cloud le 22 juin 1810, devant Napoléon, qui la goûta peu. D'autres pièces, telles que *Scipion, Don Carlos, Charles Ier, Jeanne d'Arc à Orléans*, ne furent jamais mises à la scène. Puis, le poète, qui s'était préparé dès longtemps aux questions philologiques, résolut de se livrer à une étude approfondie des langues du moyen âge : devenu linguiste distingué, il fut admis à l'Académie des Inscriptions (20 octobre 1815). Raynouard avait représenté (20 mai 1815) à la Chambre des Cent-Jours, l'arrondissement de Brignoles, qui lui avait donné 26 voix sur 36 votants, contre 10 à M. Xavier Ricard. Secrétaire perpétuel de l'Académie française à la mort de Suard en 1817, il résigna ces fonctions en 1826, pour se consacrer tout entier à ses investigations linguistiques : il rechercha surtout les sources et les déviations de la langue vulgaire gallo-romaine qu'il regardait comme l'origine des langues néo-latines. On a encore de lui des *Eléments de grammaire romane* (1816); un *Choix de poésies originales des troubadours* (1816-1821); *Des troubadours et des cours d'amour* (1817); *De l'influence de la langue romane* (1835); et un *Lexique roman, ou Dictionnaire de la langue des troubadours* (1838-1844), etc.

RAZIMBAUD (Jules-Antoine-Louis-Barthélemy), député de 1885 à 1889, né à Ginestas (Aude) le 24 août 1837, d'une famille d'agriculteurs, fut reçu avocat en 1858, acheta, en 1860, à Saint-Chinian, une étude de notaire qu'il dirigea jusqu'en 1880, et s'occupa ensuite de viticulture. Sous l'empire, il avait fait de l'opposition politique, comme conseiller municipal de Saint-Chinian depuis 1865, et avait soutenu en 1869 la candidature Floquet et combattu le plébiscite. Premier adjoint de Saint-Chinian après le 4 septembre 1870, maire de cette ville en 1872, révoqué au 24 mai 1873, puis renommé conseiller général du canton de Saint-Chinian depuis 1874, il fut porté, aux élections du 4 octobre 1885, sur la liste radicale de l'Hérault, et fut élu député, le 6e sur 7, par 50,069 voix (98,202 votants, 134,909 inscrits). Il se fit inscrire à la gauche radicale et à l'extrême gauche, soutint de ses votes les ministères républicains, et se prononça *pour* l'expulsion des princes, et, dans la dernière session, *pour* le rétablissement du scrutin d'arrondissement (11 février 1889), *contre* l'ajournement indéfini de la révision de la Constitution, *pour* les poursuites contre trois députés membres de la Ligue des patriotes, *pour* le projet de loi Lisbonne restrictif de la liberté de la presse, *pour* les poursuites contre le général Boulanger.

RAZOUA (Eugène-Angèle), représentant en 1871, né à Beaumont-de-Lomagne (Tarn-et-Garonne) le 16 juillet 1830, mort à Genève (Suisse) le 29 juin 1877, servit d'abord dans les spahis, puis vint à Paris, et s'essaya à la littérature, en publiant un piquant volume sous ce titre : *Les Souvenirs d'un spahi.* Il donna quelques articles de fantaisie à la *Vie parisienne*, puis, étant entré en relations avec plusieurs des chefs du parti républicain avancé, dans les dernières années de l'Empire, et notamment avec Delescluze, il contribua à la fondation du *Réveil* (1868), où il se chargea spécialement de la chronique militaire. La vivacité de ses polémiques le signala bientôt aux rigueurs du pouvoir. Impliqué dans l'affaire du complot qui précéda de quelques jours le plébiscite de 1870, M. Razoua fut arrêté, et, après quatre mois de détention préventive, comparut, le 13 juillet, devant la haute cour de Blois, qui dut l'acquitter, le ministère public n'ayant pu relever aucune charge contre lui. Il prit part à la révolution du 4 septembre, fut élu chef du 6e bataillon de la garde nationale, et se montra hostile au gouvernement de la Défense nationale ; à la suite des événements du 31 octobre auxquels il avait été mêlé, il fut révoqué de son commandement. Le 8 février 1871, M. Razoua fut élu représentant de la Seine à l'Assemblée nationale, le 39e sur 43, par 74,415 voix (323,970 votants, 547,858 inscrits). Il alla siéger à Bordeaux sur les bancs de l'extrême-gauche, et vota, le 1er mars, *contre* les préliminaires de paix. Lors du mouvement insurrectionnel du 18 mars, il se trouvait à Paris : il reprit le commandement de son bataillon, et donna sa démission de représentant par une lettre ainsi conçue : « Citoyen président, représentant du peuple de Paris, j'avais reçu de lui le mandat impératif d'affirmer à l'Assemblée nationale : 1° La République au-dessus du suffrage universel ; 2° la guerre à outrance pour défendre son indivisibilité ; 3° la mise en accusation des hommes du 4 septembre. Mon mandat est rempli. Au 31 octobre comme au 22 janvier, j'ai affirmé en face du gouvernement de l'Hôtel de Ville la Commune de Paris. C'est vous dire, citoyen président, qu'adhérant à la révolution du 18 mars, je donne ma démission de représentant du peuple à l'Assemblée de Versailles. » A la tête de son bataillon, M. Razoua prit une part active à la lutte de la Commune contre Versailles, fut nommé commandant de l'Ecole militaire, et siégea parmi les juges de la cour martiale. Lors de l'entrée des troupes à Paris (21 mai), il s'échappa et gagna la Suisse. Arrêté à Genève en août 1871, sur une demande d'extradition du gouvernement français, il fut remis en liberté peu après, assista au meeting de l'Internationale qui eut lieu à Carrouge, fonda à Genève un journal révolutionnaire intitulé la *Revanche*, que le gouvernement helvétique supprima, et fut condamné par contumace le 31 août 1872, par le 3e conseil de guerre de Versailles, à la peine de mort. Il mourut à Genève, avant l'amnistie.

RÉAL (GUILLAUME-ANDRÉ), membre de la Convention, député au Conseil des Cinq-Cents, né à Grenoble (Isère) le 10 novembre 1755, mort à Grenoble le 19 octobre 1832, était avocat distingué au parlement de cette ville, lorsque la Révolution éclata. Elu (1790) président de l'administration du district de Grenoble, il se montra favorable aux idées nouvelles, et fut envoyé, le 7 septembre 1792, à la Convention par le département de l'Isère, le 7 sur 9, par 230 voix (501 votants). Dans le procès de Louis XVI il rejeta l'appel au peuple, mais opina contre la peine capitale. Il répondit, au 2e appel nominal : « On n'a pas voulu que je fusse chargé de la responsabilité ; je l'invoque sur ma tête entière, et je

ne crois pas manquer à mes devoirs. Je suis persuadé que la mort d'un homme de bien n'est jamais perdue pour les vrais républicains. Je me sacrifie donc, s'il le faut, conformément aux principes, et conformément à mes devoirs, pour éviter les brigues et les factions qui vont agiter la République ; je vote pour *non*. » Et au 3e appel : « Je pense que je ne dois prononcer sur le sort de Louis qu'en législateur ; qu'en cette qualité je ne dois prendre à son égard qu'une mesure de sûreté générale. Je pense encore que l'existence ignominieuse de Louis, déclaré coupable par un jugement national, sera moins nuisible à ma patrie que ne pourrait l'être son supplice. J'aime mieux que les droits dont il fut revêtu reposent sur sa tête flétrie et humiliée, que de les voir se réunir sur celle de tout autre Bourbon.

« J'ajoute que si le peuple français eût été consulté sur la peine à infliger à Louis, je ne doute point qu'entre la mort et la prison il n'eût choisi la peine la plus douce. Une grande nation est toujours généreuse ; elle ne connaît point la vengeance ; elle ne sent que sa force, et méprise le traître.

« Représentant du peuple, j'exprime le vœu que je présume devoir être le sien. Je partage aussi l'opinion de ceux qui pensent que la peine de mort doit être effacée de notre code pénal. Ainsi, fort de ma conscience, et mû par le seul intérêt de ma patrie, je conclus à la détention de Louis, sauf à la commuer en un bannissement perpétuel dans des temps plus calmes. »

Envoyé en mission à Lyon, il ordonna la levée d'un impôt extraordinaire de trois millions. De retour à Paris, il proposa qu'un impôt semblable y fût mis en pratique ; il demanda aussi la radiation d'un grand nombre de pensionnaires de la liste civile. Ami des Girondins, et lié surtout avec Buzot, il prit leur défense au 31 mai ; mais il échappa à la proscription. En l'an III, une nouvelle mission lui fut confiée à l'armée des Alpes. Il combattit vivement les menées des royalistes à la frontière, tout en se montrant partisan, dans l'assemblée, de plusieurs mesures contre-révolutionnaires, telles que la restitution des biens des condamnés à leurs familles, la levée du séquestre, et la suppression du maximum. Réélu, le 23 vendémiaire an IV, député de l'Isère au Conseil des Cinq-Cents, par 240 voix (361 votants), il fut choisi pour secrétaire de cette assemblée, d'où il sortit en l'an VI. Commissaire central du département de l'Isère (an VII), il applaudit au coup d'Etat du 18 brumaire, fut nommé conseiller d'Etat (3 nivôse an VIII), et bientôt (12 prairial suivant) premier juge au tribunal d'appel de Grenoble. Le 11 pluviôse an XII, il devint substitut du grand juge, et, le 3 prairial de la même année, fut appelé à présider par intérim le tribunal d'appel de Grenoble. Lors de la réorganisation judiciaire de 1811, il fut promu (17 août) président de chambre à la cour impériale. Il remplit ces fonctions jusqu'au jour (30 novembre 1815) où la Restauration le mit à la retraite. Quoiqu'il n'eût point signé l'Acte additionnel, ni voté la mort de Louis XVI, on voulut lui appliquer la loi du 12 janvier 1816 contre les régicides. Mais on lui accorda un sursis le 11 avril 1816, et sa radiation définitive le 26 septembre 1819. Il termina ses jours à Grenoble, président honoraire, et chevalier de la Légion d'honneur.

RÉAL (FÉLIX-MARTIN), député de 1830 à

1834 et de 1836 à 1848, né à Grenoble (Isère) le 10 mai 1792, mort au château de Beauregard (Isère) le 25 juin 1864, fils du précédent, étudia le droit et se fit recevoir avocat. Libéral sous la Restauration, il fut nommé, par le gouvernement de 1830, avocat général près la cour de Grenoble, et se fit élire conseiller général de l'Isère, puis député de ce département, au grand collège, le 6 novembre 1830, par 438 voix (785 votants, 1,240 inscrits), contre 132 à M. Jean Ducrin, 74 à M. Duchesne, 34 à M. Dubois, 34 à M. Teissoire et 33 au général Duchamp. M. Félix Réal remplaçait à la Chambre M. de Césarges démissionnaire. Il vota avec l'opposition dynastique, dont il signa le compte-rendu (1832), après avoir obtenu sa réélection, le 5 juillet 1831, à la fois dans le 1er collège de l'Isère (Grenoble), par 203 voix (400 votants, 463 inscrits), contre 172 à M. Aug. Périer, et dans le 4e collège (Vienne) par 137 voix (195 votants, 263 inscrits). Il opta alors pour Grenoble et fut remplacé à Vienne par Garnier-Pagès. Il continua d'opiner, jusqu'à la fin de la législature, avec la fraction la plus modérée de l'opposition, et parut plusieurs fois à la tribune non sans succès, notamment pour réclamer du ministère des explications au sujet des troubles qui avaient éclaté à Grenoble sous l'administration préfectorale de M. Maurice Duval (V. ce nom). Il ne se représenta pas aux élections générales de 1834, et dès lors se rapprocha sensiblement du pouvoir. Nommé chevalier de la Légion d'honneur, il se porta de nouveau candidat à l'élection législative partielle du 15 avril 1836, dans le 2e collège de l'Isère (Grenoble), obligé de se soumettre à la réélection par suite de sa nomination au conseil d'État, et fut élu par 188 voix (281 votants, 468 inscrits). Rallié à la politique de MM. Molé et Montalivet, il la soutint de ses votes et de sa parole, fut réélu, le 4 novembre 1837, par 190 voix (296 votants, 470 inscrits), puis, le 2 mars 1839, par 196 voix (375 votants), et appartint jusqu'à la fin du règne à la majorité conservatrice. Le gouvernement de Louis-Philippe l'avait nommé conseiller d'État en 1837. Il se prononça pour la dotation du duc de Nemours, pour la loi sur le recensement, contre le projet de loi sur les fortifications, contre l'incompatibilité de certaines onctions publiques avec le mandat de député, contre l'adjonction des capacités. Réélu, le 9 juillet 1842, par 272 voix (533 votants, 600 inscrits), contre 89 à M. Bailly et 77 à M. Ad. Périer; puis, le 1er août 1846, par 434 voix (675 votants, 759 inscrits), contre 239 à M. Crozet, il se prononça pour la politique du ministère Guizot, et fut l'un des secrétaires de la Chambre des députés. La révolution de 1848 l'éloigna de la vie politique.

RÉALIER-DUMAS (IGNACE-JEAN-FRANÇOIS), député de 1831 à 1837, né à Valence (Drôme) le 1er février 1788, mort à Livron (Drôme) le 23 juin 1840, étudia le droit, et entra dans la magistrature sous la Restauration, comme conseiller à la cour royale de Riom. Il se rallia au gouvernement de juillet, et fut élu, le 5 juillet 1831, député du 3e collège de la Drôme (Die), par 94 voix sur 184 votants et 205 inscrits, contre 45 à M. Charles Chiou et 37 à M. Duchesne, avocat. Il vota avec la majorité conservatrice, et obtint le renouvellement de son mandat, le 21 juin 1834, par 89 voix (175 votants, 206 inscrits), contre 43 à M. Duchesne et 39 à M. Lagier de Vaugelu. Promu procureur général à Alger peu de

temps après, M. Réalier-Dumas dut se soumettre à la réélection : son mandat lui fut confirmé le 4 septembre 1835; il quitta la Chambre aux élections générales de 1837.

RÉAUX (MARIE-EMILE-AUGUSTE), député de 1879 à 1881, né à la Pointe-à-Pitre (Guadeloupe) le 10 juin 1851, négociant à la Guadeloupe, débuta dans la vie politique, le 31 août 1879, ayant été élu député de cette colonie par 3,297 voix (6,820 votants, 32,265 inscrits), contre 1,917 à M. I. Alcindor, 896 à M. Jean Romain et 140 à M. Melvil-Bloncourt. M. Réaux siégea à l'Union républicaine et vota avec les opportunistes. Il se représenta, le 2 octobre 1881, à la fois dans les deux circonscriptions de la Guadeloupe; dans la première, il n'obtint que 986 voix contre 2,206 à l'élu, M. Gerville-Réache et 565 à M. Jean Romain; et dans la seconde, 551 contre 2,522 à l'élu, M. Sarlat, et 203 à M. Gerville-Réache. De nouveau, candidat après le rétablissement du scrutin de liste (4 octobre 1885), il ne recueillit que 3,360 voix sur 10,514 votants.

REBECQUI (FRANÇOIS-TROPHIME), membre de la Convention, né à Marseille (Bouches-du-Rhône) en 1760, mort à Marseille le 6 mai 1794, adopta les principes de la Révolution, se mêla aux premiers troubles qui agitèrent la Provence en 1789, et fut poursuivi de ce chef; mais Mirabeau ayant fait renvoyer l'affaire devant la sénéchaussée de Marseille, il n'y fut pas donné suite. Administrateur des Bouches-du-Rhône (1790), puis nommé commissaire à l'organisation du district à Avignon, il fut, en raison de son attitude révolutionnaire, dénoncé par des citoyens d'Arles, fut cité en 1792 à la barre de l'Assemblée législative pour y rendre compte de sa conduite (8 juin), traduit devant la haute cour d'Orléans et acquitté. Le 5 septembre 1792, le département des Bouches-du-Rhône l'envoya siéger à la Convention nationale, le 3e sur 12, par 736 voix (740 votants). Rebecqui se lia avec le parti girondin, approuva l'attitude de Roland, suivit l'inspiration de Barbaroux, et, dans le procès du roi, répondit au 3e appel nominal : « Comme convaincu du crime de lèse-nation, je condamne Louis à mort. » Il se prononça aussi pour l'appel au peuple et contre le sursis. Après avoir dénoncé Robespierre (8 avril 1793) comme aspirant à la tyrannie, il donna sa démission de député. Proscrit au 2 juin 1793, il se réfugia à Marseille et tenta de soulever le Midi contre la Convention. Mais désespéré de voir le mouvement qu'il avait provoqué devenir fédéraliste et monarchiste, et d'apprendre la mort de ses amis de la Gironde, il se noya, en se jetant dans la mer à Marseille.

REBOUL (HENRI-PAUL-IRÉNÉE), député en 1791, né à Pézénas (Hérault), le 21 juillet 1763, mort à Pézénas le 17 février 1839, fit ses études chez les Oratoriens de Lyon, son droit à Toulouse et s'occupa ensuite particulièrement de chimie. Membre de l'Académie des sciences de Toulouse en 1784, il alla à Paris l'année suivante, y fit la connaissance de Lavoisier, chez qui il habita, et devint, en 1788, correspondant de l'Académie des science. Partisan de la Révolution, il fut nommé, en 1790, administrateur de l'Hérault, et élu, le 7 septembre 1791, député de son département à l'Assemblée législative, le 6e sur 9, par 230 voix (432 votants); membre du comité des secours publics, commissaire à l'inventaire des meubles de la couronne, il proposa une motion en faveur de Rochambeau, accusa Narbonne de dilapidation, parla sur le traitement des religieux et sur la déportation des prêtres non assermentés, sur le divorce et la fonte des petites monnaies, et fut rapporteur du projet sur la création d'un musée national et l'un des cinq commissaires chargés de l'organiser. Après la session, il se rendit auprès de son ami le général Dagobert, à l'armée des Pyrénées-Orientales, et, suspect sous la Terreur, se réfugia à Barcelone, puis à Gênes, où il fit de la peinture pour vivre. Après les préliminaires de Léoben, Bonaparte, sur la recommandation de Saliceti, le nomma administrateur de la Lombardie, puis l'envoya à Rome comme agent général des finances. Dans cette ville, il dépensa sa fortune à réunir une collection artistique qu'il dut revendre plus tard. Sous la Restauration, il exploita sans succès un établissement de produits chimiques à Pézénas, et put, à grand'peine, tirer de la vente des objets d'art qu'il avait rapportés d'Italie de quoi suffire à ses besoins. Membre de la Société géologique de France et de la Société Ramond, il a publié : *Essai d'analyse politique sur la Révolution française et la Charte de 1830* (1831); — *Essai de géologie descriptive et historique* (Paris, 1855) ; — *Géologie de l'époque quaternaire et introduction à l'histoire ancienne* (1833) ; — il a en outre collaboré aux *Annales des sciences naturelles*, aux *Bulletins de la Société de géographie* et de la *Société géologique de France*.

REBOUL (JEAN-JACQUES-AUGUSTE), député de 1824 à 1830, né à Mondragon (Vaucluse) le 3 février 1781, mort à une date inconnue, propriétaire, maire de Mondragon et conseiller général, fut élu, le 25 février 1824, député du 2e arrondissement électoral de Vaucluse (Carpentras), par 72 voix (132 votants), et réélu, le 17 novembre 1827, par 100 voix (145 votants, 178 inscrits), contre 20 voix à M. de Biliotti. Il siégea au centre, vota avec les ministériels, et ne se représenta pas aux élections de 1830.

REBOUL (JEAN), représentant en 1848, né à Nimes (Gard) le 9 janvier 1796, mort à Nimes le 29 mai 1864, fils d'un serrurier, fut placé, à quinze ans, en apprentissage chez un boulanger. Il s'enrôla dans les volontaires royaux en 1815, à la nouvelle du débarquement de Napoléon, travailla ensuite chez un avoué de Nimes comme copiste, et reprit son métier de boulanger, tout en s'adonnant, non sans succès, à la poésie. Une cantate sur la guerre d'Espagne, un *Hymne à la vierge*, quelques satires anacréontiques, et surtout une touchante élégie, l'*Ange et l'Enfant*, qui lui valut le patronage de Lamartine, rendirent bientôt célèbre le poète boulanger. Le parti royaliste le protégea et M. Reboul, venu à Paris en 1839, trouva dans la société aristocratique un sympathique accueil. Son premier volume de *Poésies*, plusieurs fois réédité, fut suivi des *Poésies nouvelles et inédites* (1846), du *Dernier jour*, poème en dix chants, de la *Parole humaine*, épître à *Berryer*, des *Traditionnelles*, etc. Le 23 avril 1848, les royalistes du Gard offrirent à M. Reboul la candidature à l'Assemblée constituante; élu représentant du département, le 7e sur 10, par 51,479 voix (103,656 votants, 116,413 inscrits), il prit place à droite, fit partie du comité de l'instruction publique, et vota *pour* le bannissement de la famille d'Orléans,

contre le rétablissement du cautionnement, *pour* les poursuites contre Louis Blanc et Caussidière, *contre* l'abolition de la peine de mort, *contre* l'amendement Grévy, *contre* le droit au travail, *pour* l'ensemble de la Constitution, *pour* la proposition Rateau, *contre* l'amnistie, *pour* l'interdiction des clubs, *pour* les crédits de l'expédition romaine. Il rentra, après la session, dans la vie privée. Outre plusieurs recueils de poésies, on a de lui trois tragédies qui furent jouées sans succès.

REBOUL-COSTE (HENRI-ROMAIN-ARISTIDE), député de 1831 à 1833, représentant du peuple en 1848, né à Pézénas (Hérault) le 9 août 1792, mort à Béziers (Hérault) le 2 juin 1870, entra à l'École polytechnique et en sortit dans l'artillerie; il fit, en qualité de lieutenant, les dernières campagnes de l'empire, et il était parvenu au grade de capitaine quand il donna sa démission en 1825, pour s'occuper d'agriculture. D'abord partisan de la révolution de 1830, il fut élu, le 5 juillet 1831, député du 2e collège de l'Hérault (Pézénas), par 282 voix (319 votants, 633 inscrits; mais les tendances réactionnaires du nouveau régime le jetèrent dans l'opposition, et il donna sa démission en 1833. Il se consacra alors de nouveau à ses travaux agricoles, tout en continuant de faire de l'opposition au gouvernement. Élu, le 23 avril 1848, représentant de l'Hérault à l'Assemblée constituante, le 2e sur 10, par 54,273 voix, il fit partie du comité de l'agriculture, et vota *pour* le bannissement de la famille d'Orléans, *pour* les poursuites contre L. Blanc et Caussidière, *contre* l'abolition de la peine de mort, *contre* l'impôt progressif, *contre* l'incompatibilité des fonctions, *contre* l'amendement Grévy, *contre* la sanction de la Constitution par le peuple, *pour* l'ensemble de la Constitution, *pour* l'interdiction des clubs, *contre* l'expédition de Rome, pour la demande de mise en accusation du président et des ministres. Non réélu à la Législative, il ne reparut plus sur la scène politique.

RÉCIPON (LOUIS-ÉMILE), député de 1879 à 1889, né au Puy (Haute-Loire) le 18 octobre 1838, était tanneur à Nantes, lorsque la mort d'un de ses oncles, qui habitait Londres, le fit héritier d'une fortune considérable. Il laissa le commerce, brigua une situation politique, et devint conseiller d'arrondissement et maire de Sion. Possesseur de vastes propriétés dans la Loire-Inférieure, il se présenta sans succès à la députation, comme candidat républicain, aux élections de 1876 et de 1877, dans l'arrondissement de Châteaubriant, contre M. Ginoux de Fermon, candidat bonapartiste. Puis il profita, à quelque temps de là, de l'invalidation du duc Decazes, député de Puget-Théniers (Alpes-Maritimes), pour se faire élire à sa place, député de la circonscription, le 2 février 1879, par 5,013 voix (5,400 votants). Il s'assit à l'Union républicaine, appuya la politique opportuniste, obtint sa réélection, le 21 août 1881, par 4,815 voix (5,057 votants, 6,651 inscrits), toujours sans concurrent, donna son concours aux ministères Gambetta et Ferry, et vota *pour* les crédits de l'expédition du Tonkin. M. Récipon, qui possède également des propriétés dans l'Ille-et-Vilaine, transporta, en octobre 1885, sa candidature dans ce département, où il fut élu, le 6e sur 9, comme républicain opportuniste, au second tour de scrutin (18 octobre), par 64,080 voix (124,652 votants, 153,125 inscrits); il soutint les cabinets Rouvier et Tirard, et se prononça, dans la dernière session, *pour* le rétablissement du scrutin d'arrondissement (11 février 1889), *pour* l'ajournement indéfini de la révision de la Constitution, *pour les* poursuites contre trois députés membres de la Ligue des patriotes, *pour* le projet de loi Lisbonne restrictif de la liberté de la presse, *pour les poursuites* contre le général Boulanger.

RECUM. — *Voy.* Van Recum.

RECURT (Adrien-Barnabé-Athanase), représentant en 1848 et ministre, né à Lassalles (Hautes-Pyrénées) le 9 juin 1798, mort à Levignac (Haute-Garonne) le 7 novembre 1872, étudia la médecine et fut reçu docteur à Montpellier en 1822. Il vint à Paris dans les dernières années de la Restauration, s'établit comme médecin dans le faubourg Saint-Antoine, se jeta dans les luttes du libéralisme, s'affilia à la Charbonnerie, et fut compromis dans plusieurs complots. Après avoir fait le coup de feu sur les barricades en juillet 1830, il continua d'appartenir à l'opposition, et devint bientôt une des notabilités du parti républicain, dont il partagea plus d'une fois les condamnations. Impliqué dans l'affaire d'avril 1834, il fut acquitté par la cour des pairs. Il se lia surtout avec les hommes du *National*, et, à la veille de la révolution de février, il signa, avec Louis Blanc, Guinard, Félix Pyat, Bastide, le manifeste qui demandait que le peuple entier fit partie de la garde nationale, et que l'armée cessât d'être employée à la répression des troubles. Il prit part à la lutte des rues et aux conciliabules de ses amis politiques, et fut nommé, après la victoire, adjoint au maire de Paris. Le 23 avril 1848, Recurt fut élu représentant à l'Assemblée constituante par les Hautes-Pyrénées, le 3e sur 6, avec 23,987 voix, et par la Seine, le 28e sur 31, avec 118,075 voix (267,888 votants, 399,191 inscrits). Il opta pour les Hautes-Pyrénées, et l'Assemblée le choisit pour un de ses vice-présidents (15 mai). Il se prononça : *pour* le rétablissement du cautionnement et de la contrainte par corps, *pour* les poursuites contre Louis Blanc et Caussidière, *contre* l'abolition de la peine de mort, *contre* l'amendement Grévy, *contre* le droit au travail, *pour* l'ordre du jour en l'honneur de Cavaignac, *contre* la proposition Rateau, *pour* l'amnistie, *contre* l'expédition de Rome, *pour* l'abolition de l'impôt des boissons. Lors de la formation de la commission exécutive, il fut appelé au ministère de l'Intérieur (11 mai 1848), et rendit, le lendemain, un arrêté qui mettait les départements aux pouvoirs des commissaires généraux. Au 15 mai, il exécuta les ordres de la commission, et tenta d'empêcher l'envahissement de l'Assemblée. Puis il présenta à l'Assemblée un double projet de loi prohibant toute réunion et association armée, et étendit à Louis-Philippe et à sa famille l'interdiction du territoire français, prononcée contre les Bourbons par la loi du 10 avril 1832. Pendant les journées de juin, M. Recurt contribua à la répression, et assista en personne à l'attaque du faubourg Saint-Antoine. Le 28 juin 1848, dans le premier ministère de Cavaignac, il reçut le portefeuille des Travaux publics, qu'il remit le 13 octobre suivant, lorsqu'il fut nommé, le 25, préfet de la Seine, en remplacement de M. Trouvé-Chauvel. Il donna sa démission de ces dernières fonctions après l'élection de L.-N. Bonaparte (10 décembre 1848), et n'eut plus qu'un rôle parlementaire effacé. Non réélu à l'Assemblée lé-

gislative, il se renferma dans l'exercice de sa profession de médecin, et se retira dans le Midi quelque temps avant sa mort.

REDON (Claude), député en 1789, né à Ennezat (Puy-de-Dôme) le 5 octobre 1738, mort à Riom (Puy-de-Dôme) le 7 août 1820, était avocat à Riom et premier échevin de cette ville quand il fut élu, le 19 mars 1789, député du tiers aux Etats Généraux par la sénéchaussée de Riom. Dès l'ouverture, il fut membre d'une députation des communes envoyée au roi et au comité des règlements, prêta, le lendemain, le serment du Jeu de paume, devint secrétaire du 28e bureau, membre du comité féodal, secrétaire de l'Assemblée nationale (31 août 1789), fit adopter le mode de convocation des assemblées municipales, parla sur la distribution des pouvoirs, et fut l'un des fondateurs du club des Impartiaux. Il refusa cependant de suivre la majorité jusqu'au bout, et signa la protestation du 12 septembre 1791. Il parvint à se cacher pendant la Terreur, ne fit qu'une courte apparition à Paris, et disparut de nouveau après le 13 vendémiaire. Rallié au 18 brumaire, il fut nommé président du tribunal d'appel de Riom le 28 floréal an VIII, membre de la Légion d'honneur le 25 prairial an XII, prit le titre de premier président de la cour impériale de Riom à partir du 17 avril 1811, et remplit ces fonctions jusqu'en 1818, date à laquelle il donna sa démission.

REDON DE BEAUPRÉAU (Jean-Claude, comte), membre du Sénat conservateur, pair de France, né à Thouars (Deux-Sèvres) le 2 mai 1738, mort à Paris le 5 février 1815, d'une vieille famille de Bretagne, entra, en 1757, dans l'administration de la marine. Commissaire au Havre et à la Martinique, contrôleur de la marine à Rochefort en 1778, il fut nommé intendant du port de Brest en 1784, destitué en 1791, arrêté en 1793, et ne dut sa liberté qu'au 9 thermidor. Après l'adoption de la Constitution de l'an III, il fut membre de la commission exécutive (ministère) de la marine et des colonies, et fut même, en 1797, candidat des modérés au Directoire. Favorable au 18 brumaire, il fut nommé conseiller d'Etat, puis président du conseil des prises en germinal an VIII ; il y défendit la course, comme conforme à l'esprit d'aventure des Français. Préfet maritime à Lorient le 20 juillet 1800, membre de la Légion d'honneur le 25 prairial an XII, il rentra l'année suivante au conseil d'Etat, fut créé comte de l'empire en avril 1808, et nommé membre du Sénat conservateur le 5 février 1810. Il n'assistait pas à la séance du 1er avril 1814, et ne signa pas l'adresse du Sénat au peuple français pour le délier du serment de fidélité à Napoléon ; mais il vota le surlendemain la déchéance. Nommé pair de France par Louis XVIII, le 4 juin 1814, il mourut quelques semaines avant le retour de l'île d'Elbe.

REDON DE BELLEVILLE (Charles-Godefroy, baron), député de l'an VIII à l'an IX, né à Thouars (Deux-Sèvres) le 2 janvier 1748, mort à Bailly (Seine-et-Oise) le 10 août 1820, vint pour étudier la médecine à Paris, mais préféra le droit, devint secrétaire de Turgot, et fut placé par Necker dans l'administration des domaines, où il fut employé jusqu'en 1783. Obligé de quitter la France pour échapper aux rancunes d'un personnage puissant, il reçut un accueil empressé à la cour de Florence, où, le grand-duc l'admit dans ses conseils ; mais Redon voulut revoir sa patrie, fit naufrage au retour, et dut accepter à Gènes un emploi chez de riches banquiers, qui lui conflèrent bientôt la gestion de vastes propriétés qu'ils possédaient en Normandie. En 1793, il accompagna le contre-amiral Latouche dans son expédition à Naples, fit accepter par le roi l'ultimatum français, vint à la Convention rendre compte de sa mission, se plaignit d'avoir été dénoncé comme aristocrate par le conventionnel Sauvé, et fut nommé ministre de France près la république de Gênes. De retour en France après la Terreur, il organisa des ateliers d'armes dans le Midi, fut arrêté comme suspect à Avignon, et incarcéré à Valence, où le maire, M. de Montalivet, lui sauva la vie. Mis en liberté après la session conventionnelle, il fut nommé par le Directoire consul à Livourne, puis reprit ses fonctions de ministre de France à Gênes, où il rendit des services signalés. Le 4 nivôse an VIII, le Sénat conservateur le fit entrer comme député au Corps législatif; il donna sa démission de député le 2 frimaire an IX, ayant été nommé, dit-il dans sa lettre de démission au président du Corps législatif, secrétaire général des relations commerciales et chargé d'affaires en Toscane. Il revint en cette qualité à Livourne, passa au même titre à Madrid, rentra en France en l'an XII, et fut nommé (5 ventôse) préfet de la Loire-Inférieure, et commandeur de la Légion d'honneur. L'empereur l'envoya comme intendant général en Hanovre en 1806, puis dans les provinces illyriennes en 1810, et le créa baron de l'empire le 15 juillet de cette dernière année. Redon demanda son rappel en 1811, fut chargé de l'inspection des dépôts de mendicité, et appelé aux fonctions d'administrateur général des postes (5 avril 1813). Rallié aux Bourbons, il devint (29 juin 1814) maitre des requêtes honoraire de l'hôtel du roi Louis XVIII, et fut admis à la retraite, comme administrateur général des postes, le 30 avril 1817.

REGEMBAL (ANTOINE), représentant du peuple en 1848, né à Bourg (Ain) le 7 octobre 1795, mort à Bourg le 15 février 1859, était tailleur de pierre comme son père. Quelques travaux de sculpture, une éloquence facile et une opposition active au gouvernement de Louis-Philippe le firent porter comme candidat à l'Assemblée Constituante après la révolution de 1848. Dans sa proclamation, il disait : « Ayant toujours vécu au milieu des ouvriers, et ayant une connaissance pratique des questions brûlantes qui vont être agitées au sujet des travailleurs, j'apporterai, je crois, dans leur examen, un jugement sain, un cœur sincère et une modération qui ne sera pas exempte de fermeté. Incapable de transiger avec mes devoirs, je déclare franchement à mes concitoyens que s'ils ont un orateur de moins à l'Assemblée constituante, ils y compteront certainement de plus un homme incorruptible qui ne donnera son vote qu'avec discernement, avec calme et toujours pour le plus grand intérêt de la République. » Élu, le 23 avril 1848, représentant de l'Ain à l'Assemblée constituante, le 2e sur 9, par 69,282 voix, il remercia ses électeurs en ces termes : « Mes compatriotes,...... la seule pensée de la mission importante que j'ai dû accepter en homme de cœur, m'aidera à supporter plus patiemment l'absence de mon pays natal ; un bon patriote ne doit reculer devant aucun sacrifice pour le bonheur de son pays. » A l'Assemblée, il fit partie du comité du travail, et vota pour le

bannissement de la famille d'Orléans, contre les poursuites contre L. Blanc, contre les poursuites contre Caussidière, contre l'abolition de la peine de mort, contre l'impôt progressif, contre l'incompatibilité des fonctions, contre la sanction de la Constitution par le peuple, contre la proposition Rateau, contre l'interdiction des clubs, contre l'expédition de Rome. Hostile à la politique de l'Élysée, et non réélu à la Législative, il ne reparut plus sur la scène politique.

REGGIO (DUC DE). — Voy. OUDINOT.

REGNARD (GASPARD), député en 1789, né à Neuville (Allier) le 5 novembre 1752, mort à Bellefaye (Allier) le 17 septembre 1827, était, en 1789, procureur du roi en la châtellenie de Montluçon. Il adopta modérément les idées nouvelles, et fut élu, le 28 mars 1789, député suppléant du tiers aux États Généraux par la sénéchaussée de Moulins, avec 17 voix. Admis à siéger le 30 octobre suivant, en remplacement de M. de Douzon démissionnaire, il vota le plus souvent avec la majorité, parut peu à la tribune, et obtint un congé le 24 juillet 1790. Le 28 floréal an VIII, il fut nommé président du tribunal civil de Montluçon. Continué dans ces fonctions par la Restauration, il les exerça jusqu'à sa mort (1827), et fut décoré de la Légion d'honneur par Louis XVIII.

REGNARD (NICOLAS-ANTOINE), représentant à la Chambre des Cent-Jours, né à Fumay (Ardennes) le 25 décembre 1765, mort à Chalon-sur-Saône (Saône-et-Loire) le 3 décembre 1842, était inspecteur des forêts à Fumay, lorsqu'il fut élu, le 15 mai 1815, représentant de l'arrondissement de Rocroi à la Chambre des Cent-Jours, par 52 voix (78 votants), contre 12 à M. Larmuzeau et 9 au comte Réal. Il quitta la vie politique après la législature.

REGNARD-CLAUDIN (LOUIS-CHARLES-AMBROISE), député en 1791, né à la Ferté-sous-Jouarre (Seine-et-Marne) le 21 novembre 1718, mort à la Ferté-sous-Jouarre le 28 octobre 1828, était négociant et maire de cette ville. Il représenta à l'Assemblée législative le département de Seine-et-Marne, élu, le 6e sur 11, à la pluralité des voix sur 315 votants (septembre 1791). Regnard-Claudin ne montra pas d'enthousiasme pour la Révolution, et ne fit pas partie d'autres assemblées. La Restauration le nomma (1818) conseiller d'arrondissement de Meaux.

REGNART (PHILIPPE-MARIE-NAPOLÉON-NESTOR), représentant du peuple en 1848, né à Namur (Belgique) le 16 avril 1806, de parents français, fit son droit à Paris, fut reçu docteur en 1828, et prit place au barreau de Valenciennes. Il s'y occupa de questions juridiques et historiques et publia : Examen du droit des seigneurs hauts justiciers du Hainault sur les mines de charbon, avant et depuis la réunion d'une partie de cette province à la France (1844). Il faisait aussi du journalisme et était l'un des principaux rédacteurs de l'Impartial du Nord, journal d'opposition. A la révolution de février, il devint membre de la commission administrative de Valenciennes, et fut élu, le 23 avril 1848, représentant du Nord à l'Assemblée constituante, le 9e sur 28, par 177,669 voix (234,867 votants, 278,352 inscrits). Il demanda que les contributions indirectes fussent abolies ou transformées, fit partie du comité de la justice, et se prononça *contre* le rétablissement de la contrainte par corps, *pour* le bannissement de la famille d'Orléans, *contre* les poursuites contre L. Blanc et Caussidière, *contre* l'abolition de la peine de mort, *pour* l'incompatibilité des fonctions, *contre* l'amendement Grévy, *contre* la sanction de la Constitution par le peuple, *pour* l'ensemble de la Constitution, *contre* la proposition Rateau, *contre* l'interdiction des clubs, *pour* l'expédition de Rome. Hostile à la politique du prince Louis-Napoléon, et non réélu à la Législative, il revint au barreau de Valenciennes dont il devint bâtonnier sous l'Empire. On a encore de lui : *De l'usage des cours d'eau non navigables ni flottables* (Valenciennes, 1865).

REGNAUD (N.), député en 1789, dates de naissance et de mort inconnues, était avocat à Riom. Élu, le 19 mars 1789, député du tiers aux États-Généraux par la sénéchaussée de Riom, il opina avec la majorité réformatrice de l'Assemblée constituante et n'eut qu'un rôle parlementaire très effacé.

REGNAUD D'EPERCY (PIERRE-IGNACE), député en 1789, né à Arbois (Jura) le 17 décembre 1746, mort le 2 juillet 1805, devint, en 1774, procureur du roi au bailliage de Dole. Partisan de la Révolution, il fut élu, le 15 avril 1789, député du tiers aux États-Généraux par le bailliage de Dole, avec 80 voix (157 votants) ; il prêta le serment du Jeu de paume, fit partie du comité de l'agriculture et du commerce, donna lecture d'une proclamation du roi contre l'exportation des grains, déclara que les villes de commerce désapprouvaient la création des assignats et lut un rapport sur les mines. Il se tint à l'écart pendant la période révolutionnaire, et, sous le Consulat, devint juge au tribunal civil de Dole (28 floréal an VIII).

REGNAULD (JEAN-LAURENT-FÉLIX-ANTOINE-HONORÉ-LYON), MARQUIS DE BELLECIZE, député de 1816 à 1820, né à Lyon (Rhône) le 8 mars 1773, mort en 1840, émigra à la Révolution, rentra en France sous le Consulat et devint, sous l'empire, commandant de la garde nationale de Vienne. Élu, le 4 octobre 1816, député du grand collège de l'Isère, par 196 voix (210 votants, 314 inscrits), il prit place au côté droit, vota constamment avec la majorité, et, de la série sortante en 1820, quitta la vie politique.

REGNAULD (ANTOINE-FRANÇOIS-FRÉDÉRIC), député de 1842 à 1848, né à Genouillat (Creuse) le 21 septembre 1806, mort à Genouillat le 26 mars 1888, propriétaire, fut élu, le 9 juillet 1842, député du 4e collège de la Creuse (Boussac), par 71 voix (136 votants, 161 inscrits), contre 65 à M. Parrot, et réélu, le 1er août 1846, par 75 voix (143 votants, 152 inscrits), contre 67 à M. Parrot. Il siégea dans l'opposition, vota *contre* l'indemnité Pritchard et *pour* toutes les mesures libérales. La révolution de 1848 l'éloigna de la vie publique.

REGNAULT (CHARLES, BARON), représentant à la Chambre des Cent-Jours, né à Bourges (Cher) le 11 octobre 1765, mort à Fontainebleau (Seine-et-Marne) le 9 novembre 1848, « fils du sieur Jean-Charles Regnault, notaire, et de Marie-Louise Merceret », succéda à son père, comme notaire. L'Empire le fit chevalier de la Légion d'honneur, et baron (26 février 1814). Le 11 mai 1815, il fut élu représentant à la Chambre des Cent-Jours par l'arrondissement de Bourges, avec 46 voix (88 votants), contre 33 à M. Devaux. Après la session, il revint à Bourges, ne joua plus aucun rôle politique, et finit ses jours à Fontainebleau.

REGNAULT (ALFRED-NICOLAS), député de 1881 à 1885, né à Périers (Manche) le 19 juin 1843, était notaire dans son pays natal, et membre, pour le canton de Périers, du conseil général de la Manche, lorsqu'il se présenta, le 20 février 1876, comme candidat républicain à la Chambre des députés dans la 2e circonscription de Coutances, et obtint 5,388 voix contre 5,891 à l'élu, M. Gaslonde, bonapartiste. Il échoua encore le 14 octobre 1877, avec 4,422 voix contre 8,069 au député sortant, M. Gaslonde, réélu, et fut plus heureux aux élections de 1881 : la même circonscription l'élut député, au second tour de scrutin (4 septembre 1881), par 8,363 voix (9,543 votants, 14,708 inscrits), contre 824 à M. Gaslonde. Il siégea à gauche, dans la majorité opportuniste, appuya les cabinets Gambetta et J. Ferry, se prononça *contre* la séparation de l'Église et de l'État, et *pour* les crédits de l'expédition du Tonkin. Porté, le 4 octobre 1885, sur la liste républicaine de la Manche, M. Regnault réunit, sans être élu, 49,605 voix sur 109,795 votants.

REGNAULT DE BEAUCARON (JACQUES-EDME), député en 1791, né à Chaource (Aube) le 1er septembre 1759, mort à Nogent-sur-Seine (Aube) le 25 septembre 1827, se fit recevoir avocat ; mais à la tête d'une belle fortune, il put s'adonner à la poésie. Il collabora à l'*Almanach des muses*, et fonda, en 1782, le *Journal de Nancy* qui eut peu de lecteurs. En 1788, il devint membre de l'Académie des Arcades de Rome, titre qui excita contre lui la verve de Rivarol. Juge au tribunal de district d'Ervy en 1790, partisan modéré de la Révolution, il fut élu, le 7 septembre 1791, député de l'Aube à l'Assemblée législative, le 4e sur 9, par 207 voix (366 inscrits) ; membre des Feuillants, il siégea parmi les royalistes, s'opposa aux décrets contre les émigrés et les prêtres insermentés, demanda que les tribunes ne pussent influencer la Chambre, et défendit le général La Fayette. Attaqué pour ce fait au sortir de l'Assemblée, le 8 août 1792, dans la rue Saint-Honoré, par une bande de gens en bonnets rouges, il se plaignit de cet attentat par la lettre qui suit adressée au président de l'Assemblée :

« Paris, le 9 août 1792.

« Monsieur le président, je sortais hier avec Lacuée. Arrivé à la porte de la rue Saint-Honoré, je me suis vu environné d'une multitude d'hommes en uniforme national avec des bonnets rouges sur la tête. Là, j'ai entendu distinctement délibérer qu'on me mettrait à la lanterne. (*Il s'élève de longs murmures d'indignation.*) Alors j'ai réclamé l'inviolabilité et mis en évidence mon cordon de député. On m'a répondu que c'était pour cela qu'il fallait me pendre. En cet instant un homme en veste m'a pris par derrière et m'a soulevé. (*Un mouvement d'horreur se manifeste dans l'Assemblée.*) Alors est survenu un grenadier du bataillon de Sainte-Opportune, nommé Lavilette, qui, le sabre à la main, et secondé de quelques-uns de ses braves camarades, m'a dégagé, m'a conduit au département, d'où un détachement m'a ramené chez moi. Je supprime toute réflexion. Je ne puis plus assister aux séances de l'Assemblée. J'instruirai mes commettants de ma conduite.

» REGNAULT-BEAUCARON. »

Il vécut ensuite dans la retraite, et, favorable au 18 brumaire, fut nommé magistrat de sûreté à Conseil de Nogent-sur-Seine en l'an VIII, puis président du tribunal de cette ville en 1811. Maintenu dans ce dernier poste par les Bourbons, il fut mis à la retraite en 1819. On a de lui de nombreux recueils de vers et un poème : *Les Fleurs* (Paris, 1818).

REGNAULT DE BRETEL (CHARLES-LOUIS-FRANÇOIS), membre de la Convention, député au Conseil des Anciens, né à la Haye-du-Puits (Manche) le 9 mai 1742, mort à Paris le 20 février 1819, était avocat à l'époque de la Révolution. Nommé (1790) juge de paix de la Haye-du-Puits, et (1791) administrateur du département, il fut élu, le 10 septembre 1792, membre de la Convention par le département de la Manche, le 11e sur 13, avec 425 voix (637 votants). Il siégea parmi les modérés, répondit au 3e appel nominal, dans le procès de Louis XVI : « Je vote pour la réclusion, » et n'eut d'ailleurs qu'un rôle parlementaire sans importance, tant dans cette assemblée qu'au Conseil des Anciens, où il fut réélu député de la Manche, le 23 vendémiaire an IV, par 223 voix sur 422 votants. Il sortit du Conseil en l'an VI, et resta dès lors étranger à la politique.

REGNAULT DE SAINT-JEAN D'ANGELY (MICHEL-LOUIS-ÉTIENNE, COMTE), député en 1789, et représentant aux Cent-Jours, né à Saint-Fargeau (Yonne) le 3 décembre 1761, mort à Paris le 11 mars 1819, fils d'un président au bailliage de Saint-Fargeau, fit ses études au collège du Plessis à Paris, et se destina au barreau. Mais une fois reçu avocat, il dut accepter, pour venir en aide à sa famille, le poste de lieutenant de la prévôté de la marine à Rochefort, son père, frappé de cécité, ayant été obligé de résigner son emploi. En 1789, le jeune Regnault fut chargé de rédiger les cahiers du tiers état de la sénéchaussée de Saint-Jean-d'Angely. Elu député du tiers-état de cette sénéchaussée aux Etats-Généraux, le 16 mars 1789, par 176 voix (301 votants), il prit place dans l'Assemblée parmi les réformateurs les plus modérés, fut membre et secrétaire du comité des rapports, et membre du comité central. Actif, doué d'une parole facile et agréable, il mit ses talents au service du parti constitutionnel, qui s'efforçait de concilier la royauté et les idées nouvelles, et prononça de nombreux discours où se trahissait cette préoccupation. Il parla contre Mirabeau, dans la discussion sur l'unité du corps législatif, vota pour l'adoption du plan de finances de Necker, et demanda qu'il fût accompagné d'une adresse au peuple, fit diverses propositions sur la caisse de l'extraordinaire et la comptabilité du trésor public, opina pour la réduction des pensions, pour le maintien des droits d'entrée, contre la conversion de la contribution patriotique, émit l'avis que le pouvoir exécutif ne pût déclarer la guerre ni faire aucune entreprise offensive sans le consentement de la nation, dénonça une adresse des catholiques de Nîmes, réclama l'amélioration du sort des religieuses, vota pour que l'Assemblée délibérât sur la demande

d'indemnités formée par la commune de Paris, pour les frais de la démolition de la Bastille, discuta les moyens d'atteindre les capitalistes par la contribution personnelle, parla sur le mode de remboursement de la dette publique, combattit le projet de réunion du comtat d'Avignon à la France, défendit les droits des hommes de couleur, fit rendre un décret sur la libre circulation de l'argent, demanda la destitution et le remplacement de Bouillé, et prit en maintes occasions la défense de la Constitution. Sur sa motion (8 mai 1791), l'Assemblée décréta que les restes de Voltaire seraient transportés dans l'église paroissiale de Romilly, jusqu'à ce qu'il eût été statué sur la pétition de la municipalité de Paris qui les réclamait, concurremment avec Troyes et Romilly. Après la session, il collabora activement au *Journal de Paris*, dont André Chénier était le principal rédacteur, et à l'*Ami des patriotes*, journal subventionné par la liste civile. A la suite des événements du 10 août 1792, il dut se tenir à l'écart; lors de la proscription des Girondins, il fut découvert et emprisonné à Douai, puis à Paris; mais il parvint à s'évader et resta caché jusqu'au 9 thermidor. Regnault fut encore impliqué, par la suite, dans un mouvement contre la Convention. Cependant, il réussit à obtenir sa nomination comme administrateur des hôpitaux de l'armée d'Italie. Il y connut le général Bonaparte, s'attacha à sa fortune et l'accompagna dans son expédition d'Egypte. Retenu à Malte par la maladie, il y fut laissé en qualité de commissaire du Directoire, revint en France pour solliciter des secours après le blocus de l'île par les Anglais, et resta dans sa famille. Il seconda, au 18 brumaire, les projets du général Bonaparte, fut nommé, le 4 nivôse an VIII, conseiller d'Etat, et bientôt président de la section de l'intérieur (27 fructidor an X). Membre de l'Académie française, il devint membre de la Légion d'honneur le 9 vendémiaire an XII, grand-officier de cet ordre le 25 prairial suivant, fut appelé la même année (17 messidor) aux fonctions de procureur général de la haute cour, en 1807 à celles de secrétaire d'Etat de la famille impériale, et, en 1808, fut créé comte de l'empire. Napoléon prit Regnault pour confident de l'exécution de plusieurs de ses actes, l'admit dans presque tous ses conseils et le chargea fréquemment de porter la parole au Sénat et au Corps législatif pour les levées d'hommes, et pour la défense de sa politique intérieure et extérieure. En janvier 1814, Regnault fut nommé commandant d'une des légions de la garde nationale; le 30 mars, il sortit de Paris pour s'opposer à la marche de l'ennemi; mais il revint précipitamment, et ce brusque retour fut sévèrement jugé par la population. Regnault se rendit alors auprès de Marie-Louise à Blois où il resta jusqu'au 8 avril. Au début de la première Restauration, ayant à recevoir comme académicien le poète Campenon, il plaça habilement dans son discours un hommage au roi et à sa famille. Elu, le 11 mai 1815, représentant du grand collège de la Charente-Inférieure à la Chambre dite des Cent-Jours, par 53 voix (98 votants), il reprit en même temps ses fonctions auprès de l'empereur, et s'éleva contre la déclaration du congrès de Vienne. Comme député et comme ministre d'Etat, il eut assez fréquemment à porter la parole à l'assemblée. Après Waterloo, il fut de ceux qui engagèrent vivement l'empereur à abdiquer. « Il a fallu batailler, disait le duc Decrès; mais ce diable de Regnault a si bien parlé, que son éloquence a été entendue. » Regnault fit connaître cette résolution aux représentants et s'efforça d'en assurer l'exécution. La seconde Restauration mit fin à sa carrière politique. Le 25 juillet 1815, il écrivit à Fouché, alors ministre de la police générale : « On m'apporte la *Gazette officielle* qui contient l'ordonnance du roi et la liste où mon nom est inscrit. Il n'est pas dans mon caractère de me soustraire à l'examen de ma conduite, et personne mieux que vous, Monsieur le duc, ne sait que je n'ai point à le craindre. Cependant, ayant déjà fait connaître à V. E. le dessein que j'ai de me retirer avec ma famille dans l'Amérique septentrionale, et ne pouvant d'une autre manière vivre sans être séparé des miens, j'ai l'honneur de vous demander si vous pouvez me donner des passeports pour ce pays. » Les passeports furent accordés, et il partit le 28 août 1815 ; dans une lettre écrite à Bérard, l'avant-veille de son départ, il lui disait d'embrasser ses enfants pour lui : « Ils verront la liberté et la paix, eux », ajoutait-il. Une nouvelle lettre au même, datée de New-York, 25 novembre 1815, porte : « Je me sens plus Français que jamais depuis que je ne suis plus en France, et je sens que vivre sans vous, sans l'espoir de vous rejoindre, serait chose impossible... Ne m'oubliez pas près de Jouy, de Lenoir, d'Allard, de Béranger, d'Isabey, de Talma... » La bibliothèque de La Rochelle conserve une série de lettres de Regnault écrites de l'exil ; il s'inquiète de la situation politique, avec un perpétuel espoir de retour, et annonce, le 30 juin 1816, qu'il se prépare à revenir en Europe. Il s'établit à Liége : « Je n'ai fait, écrit-il de cette ville le 20 septembre 1818, que changer de tourment en abordant en Europe. La douce présence de mon excellente et noble Laure (sa femme) est empoisonnée par ce qu'elle souffre de fatigues pour m'assurer un azile, de craintes pour un très prochain avenir, et d'incertitudes même dans les suppositions les moins fâcheuses. Mon Dieu, n'ai-je donc pas, en vivant silencieux et paisible dans un pays où je pouvais tout faire et tout dire impunément, donné assés de garanties, que, si mes affections ne s'éteignent pas, et si je n'ai pas la lâcheté de les abjurer ou la faiblesse de les désavouer, je n'en reste pas moins étranger à toute affaire politique, laissant à deux puissances qui triomphent tôt ou tard, le temps ou l'opinion, le droit qui n'appartient qu'à elles de donner la sécurité aux souverains, la paix à l'Europe, la liberté aux peuples, et la balance aux deux mondes. »L'arny, dans son testament, en date du 8 octobre 1814, avait confié à Regnault de Saint-Jean-d'Angely le soin de surveiller les éditions qui pourraient être faites de ses ouvrages, en lui accordant le produit de ces éditions, « sans en rendre compte à qui que ce soit. » Cette dernière disposition ne fut pas exécutée : Regnault surveilla les rééditions, mais ne toucha rien. Enfin les réclamations incessantes de ses puissants amis obtinrent pour lui, du ministre Decazes, l'autorisation de rentrer en France. Regnault mourut le soir même de son arrivée à Paris. Une biographie manuscrite dit de lui : « Toutes les fois qu'il n'a pas exécuté des ordres formels qui enchaînaient ses paroles, il a été le défenseur de la justice. Il n'a jamais méconnu, dans leur infortune, ceux à qui il avait témoigné de l'amitié dans leur prospérité, et il a même été plusieurs fois le soutien de gens qu'il n'aimait pas et qui étaient injustement opprimés. »

REGNAULT DE SAINT-JEAN-D'ANGELY
(Auguste-Michel-Etienne, comte), représentant en 1848 et en 1849, sénateur et ministre, né à Paris le 29 juillet 1794, mort à Nice (Alpes-Maritimes) le 1er février 1870, fils du précédent, fut élève de l'Ecole militaire de Saint-Germain (1811), fit la campagne de Russie comme sous-lieutenant au 8e hussards, et se battit bravement à Leipsig. Lieutenant en 1813, capitaine le 15 mars 1814, il prit part à la défense de Reims pendant la campagne de 1814 et lutta contre l'invasion. Officier d'ordonnance de l'empereur pendant les Cent-Jours, il fut promu chef d'escadron sur le champ de bataille de Waterloo ; destitué par la Restauration et rayé, comme bonapartiste, des cadres de l'armée, il accompagna son père en Amérique, revint en 1819, offrit en 1825 son épée à la cause de l'indépendance hellénique, et organisa un régiment de cavalerie dont le colonel Fabvier prit le commandement. Il fit l'expédition de Morée en 1828, et obtint, le 27 décembre 1829, sa réintégration dans l'armée avec le rang de capitaine. Le gouvernement de 1830 lui donna de l'avancement. Chef d'escadron, puis lieutenant-colonel au 1er lanciers (11 septembre 1830), colonel du même régiment (23 novembre 1832), il prit part à l'expédition de Belgique et devint général de brigade le 18 décembre 1841. En cette qualité, il reçut le commandement du département de la Meurthe, puis d'une brigade de cavalerie à Paris, à la tête de laquelle il se distingua aux journées de février 1848. Général de division (juillet 1848), il fut élu, le 26 novembre suivant, représentant de la Charente-Inférieure à l'Assemblée constituante en remplacement de M. Coutanceau, démissionnaire, par 22,960 voix (29,540 votants, 135,506 inscrits). Il siégea à droite et vota : *contre* la réduction de l'impôt du sel, *pour* la proposition Rateau, *contre* l'amnistie, *pour* l'interdiction des clubs. Lorsque l'expédition de Rome eut été décidée, le général Regnault de Saint-Jean-d'Angely y prit part à la tête de sa division. Réélu, le 13 mai 1849, représentant de la Charente-Inférieure à l'Assemblée législative, le 2e sur 10, par 75,488 voix (90,799 votants, 142,041 inscrits), il soutint la politique du gouvernement de L.-N. Bonaparte, qui l'appela, le 9 janvier 1851, à prendre le portefeuille de la Guerre, qu'il ne garda que jusqu'au 23 janvier. Il s'associa de plus en plus aux vues personnelles du prince-président, applaudit au coup d'Etat, et entra, le 26 janvier 1852, au Sénat, dès sa formation. Il vota pour le rétablissement de l'empire, devint l'un des vice-présidents de la Chambre haute, et fut nommé inspecteur général et président du comité de cavalerie. En 1854, il reçut mission d'organiser les différents corps de la garde impériale, avec le titre de commandant en chef, fonctions dont il se démit en 1860, pour raison de santé. Il prit part à la guerre de Crimée, puis à celle d'Italie, et fut promu maréchal de France (5 juin 1859) pour sa belle conduite à Magenta. Grand-croix de la Légion d'honneur (28 décembre 1849).

REGNEAULT (Charles), député en 1789, né à Blamont (Meurthe) le 15 février 1755, mort à Paris en 1811, était avocat du roi à Lunéville avant la Révolution. Elu, le 6 avril 1789, député du tiers aux Etats-Généraux par le bailliage de Nancy, il prêta le serment du Jeu de paume, fut membre du comité des rapports, secrétaire de l'Assemblée (9 octobre 1790), et fit connaître, lors des troubles qui éclatèrent à Nancy, la conduite de la municipalité de Lunéville. Le 24 vendémiaire an IV, il fut élu administrateur de la Meurthe. Le 22 prairial an VIII, le gouvernement consulaire le nomma président du tribunal civil de Nancy.

REGNÉE (PIERRE), député au Conseil des Cinq Cents, né à Honfleur (Calvados) le 2 novembre 1761, mort en 1834, était négociant et armateur. Greffier, en 1792, du tribunal de commerce de Pont-l'Évêque séant à Honfleur, il devint, en 1793, procureur-syndic du district de Pont-l'Évêque, puis commissaire près l'administration municipale. Il était président de l'administration centrale du Calvados, lorsqu'il fut élu, le 25 germinal an VII, député du Calvados au Conseil des Cinq-Cents, où il siégea obscurément, et d'où il sortit en l'an VIII, pour occuper le poste de conseiller à la cour de Caen. Le gouvernement royal le maintint en fonctions et le promut, le 8 décembre 1818, président de chambre à la même cour.

REGNIER (CLAUDE-AMBROISE), DUC DE MASSA, député en 1789, et au Conseil des Anciens, membre du Sénat conservateur, ministre, né à Blamont (Meurthe) le 5 novembre 1746, mort à Paris le 24 juin 1814, avocat à Nancy, témoigna beaucoup d'enthousiasme pour la Révolution, et fut élu, le 6 avril 1789, député du tiers aux Etats Généraux par le bailliage de Nancy. Il prêta le serment du Jeu de paume, fit partie de la commission de législation, combattit l'institution des jurés en matière civile, et le transfert des juges d'appel, demanda un décret d'accusation contre le vicomte de Mirabeau, qui avait enlevé les cravates tricolores des enseignes de son régiment, défendit la municipalité de Nancy, et approuva la conduite du marquis de Bouillé lors de la révolte des soldats de Châteauvieux. Après la fuite du roi, il fut envoyé, le 22 juin 1791, comme commissaire dans les départements du Rhin pour y recevoir le serment des troupes, fit deux rapports sur les troubles d'Haguenau, qui n'avait pas voulu recevoir le régiment de Picardie, et fut dénoncé par les Jacobins de cette ville. Au comité de constitution, où il siégea constamment, il se fit remarquer par ses connaissances positives et la clarté de ses expositions. Il parla notamment sur l'organisation du tribunal de Cassation, demanda la peine de mort contre les falsificateurs d'assignats, et réclama une indemnité pour les accusés acquittés. Pendant la Terreur, il vécut dans la plus profonde retraite et ne reparut sur la scène politique qu'après la promulgation de la Constitution de l'an III. Elu, le 23 vendémiaire an IV, député de la Meurthe au Conseil des Anciens, à la pluralité des voix sur 277 votants, et réélu au même Conseil par le même département, le 23 germinal en VII, il se fit remarquer parmi les membres les plus fermes de la gauche, s'opposa, le 19 décembre 1795, à l'admission de J. J. Aymé, devint secrétaire du Conseil le 2 frimaire an IV, puis président le 1er ventôse an IV, fit partie de la commission de radiation de la liste des émigrés, de la commission des successions, de la commission d'examen du nouveau code pour les délits et peines des troupes de la République, de la commission des délits de presse, de la commission de vérification des pouvoirs des nouveaux députés, fut adjoint à la commission des domaines congéables, vota contre le retour des prêtres exilés ou déportés, combattit le parti de Clichy sans défendre absolument le Directoire, repoussa la proposition Boulay de la Meurthe tendant à expulser de France les nobles non ralliés à la révolution, appuya la proposition de Courtois qui demandait la fermeture du club du Manège et, partisan du général Bonaparte, se montra tout disposé à favoriser un coup d'Etat. Il fut l'un des députés qui se réunirent chez Lemercier, président du Conseil des Anciens, le 17 brumaire au soir, pour préparer l'acte du lendemain. Il y prononça un long discours sur les dangers qui menaçaient l'indépendance du corps législatif et rédigea le décret qui transférait les deux Conseils à Saint-Cloud, décret dont il donna lecture à la séance du lendemain, 18 brumaire. Le 19, il fut appelé à la Commission intermédiaire du Conseil des Anciens, dont il devint président quelques jours plus tard. Membre du Sénat conservateur et conseiller d'Etat à la création, le 4 nivôse an VIII, il fut chargé des détails relatifs aux domaines nationaux, puis devint l'un des principaux rédacteurs du code civil. Il y montra une connaissance approfondie des matières juridiques. Il fut aussi chargé de porter la parole à l'ouverture de la session du Corps législatif et défendit les projets de loi au nom du gouvernement, jusqu'au 30 floréal an X. Le 27 fructidor suivant, Bonaparte le nomma grand-juge et ministre de la Justice, fonctions qu'il conserva jusqu'au 20 novembre 1813. Jusqu'au 10 juillet 1804, il dirigea en outre le ministère de la Police, que Fouché reprit ensuite; c'est en cette qualité qu'il découvrit le complot de Cadoudal et instruisit son procès. Membre de la Légion d'honneur le 9 vendémiaire an XII, grand officier de l'ordre le 25 prairial suivant, grand aigle le 13 pluviôse an XIII, créé comte de l'empire le 24 avril 1803 et duc de Massa di Carrara le 15 août 1809, Regnier reçut, le 28 novembre 1813, à son départ du ministère de la Justice, le titre de ministre d'Etat et de président du Corps législatif, dont il ne faisait cependant pas partie; mais un sénatus-consulte venait d'enlever à cette assemblée le droit de choisir son président. Cette mesure ayant mécontenté les députés, Regnier fut froidement accueilli, et M. Flangergues ne lui cacha pas ce que sa présence au fauteuil avait d'inconstitutionnel. A la première abdication, le duc de Massa revendiqua son droit de présider le Corps législatif «pour adhérer à la déchéance prononcée contre Napoléon et sa famille.» Il mourut moins de trois mois après.

REGNIER (NICOLAS-FRANÇOIS-SYLVESTRE), COMTE DE GRONAU, DUC DE MASSA-CARRARA, pair de France, né à Nancy (Meurthe) le 31 décembre 1783, mort à Moncontour le 20 août 1851, fils du précédent, fut son droit, devint auditeur au conseil d'Etat en l'an XI, puis entra dans l'administration. Sous-préfet de Château-Salins le 20 novembre 1809, secrétaire général du sceau des titres le 12 septembre 1810, préfet de l'Oise le 30 septembre 1813, préfet du Cher le 14 juillet 1815, il adhéra à la restauration des Bourbons et se démit de ses fonctions quand il fut nommé pair de France, le 10 juillet 1816. Il vota en général avec les modérés et prêta serment en 1830 au gouvernement de Louis-Philippe qui le fit commandeur de la Légion d'honneur (30 avril 1836). Il siégea à la Chambre haute jusqu'à la révolution de 1848. Regnier, qui avait d'abord pris le titre de comte de Gronau, épousa la fille du maréchal Macdonald.

REGNIER (JACQUES), député en 1791, né à Feurs (Loire) le 26 mai 1753, mort à Lyon

(Rhône) le 5 mars 1803, était homme de loi à Trévoux à l'époque de la Révolution ; il en adopta les principes et devint procureur-syndic du district de Trévoux en 1790. Élu, le 30 août 1791, député de l'Ain à l'Assemblée législative, le 2e sur 6, par 305 voix (345 votants), il prêta serment le 6 octobre suivant, fit partie de la commission des assignats, du comité des domaines et du comité de liquidation, fit autoriser les districts à acheter les armes nécessaires à la défense de la patrie, et obtint le licenciement du 101e régiment qui s'était mutiné. Il vécut dans la retraite après la session, et fut nommé, le 19 germinal an VIII, juge au tribunal criminel du Rhône, fonctions qu'il remplit jusqu'à sa mort.

REGNOUF DE VAINS (MARC-VALENTIN-FRANÇOIS), député de 1815 à 1816 et de 1820 à 1827, né à Avranches (Manche) le 4 octobre 1778, mort à une date inconnue, écuyer, propriétaire, délégué cantonal sous l'Empire et maire de Vains en 1813, fut élu, le 22 août 1815, député du grand collège de la Manche, par 99 voix (196 votants, 276 inscrits). Il vota avec la majorité, prit part à la discussion du budget, et fit une proposition tendant à ce que les receveurs généraux et particuliers et les percepteurs ne pussent prélever aucune remise sur les contributions indirectes. Réélu député du même grand collège, le 13 novembre 1820, par 211 voix (306 votants, 501 inscrits) ; le 20 novembre 1822, par 193 voix (285 votants, 453 inscrits) ; le 6 mai 1824, par 187 voix (255 votants, 413 inscrits), il siégea obscurément dans la majorité et approuva toutes les mesures restrictives émanées du gouvernement. Les élections de 1827 l'éloignèrent de la vie publique.

REGNOUST-DUCHESNAY (JULIEN-GUILLAUME), député de 1815 à 1816 et de 1822 à 1827, né à Mamers (Sarthe) le 16 novembre 1770, mort à Paris le 29 mars 1827, conseiller général de la Sarthe, fut élu, le 22 août 1815, député du grand collège de la Sarthe, par 82 voix (162 votants, 228 inscrits) ; il siégea dans la majorité. Réélu, le 13 novembre 1822, par 192 voix (283 votants, 337 inscrits), et, le 25 février 1824, par 186 voix (191 votants, 317 inscrits), il continua de voter pour les ministres, repoussa cependant la loi du milliard des émigrés et mourut à la fin de la législature.

REGOURD DE VAXIS (PIERRE-BENOIT-FRANÇOIS), député de 1820 à 1830, né à Cahors (Lot) le 29 janvier 1765, mort à Cahors le 14 avril 1835, ancien officier, officier de la Légion d'honneur et chevalier de Saint-Louis, maire de sa ville natale, fut successivement élu député du 1er arrondissement du Lot (Cahors), le 4 novembre 1820, par 105 voix (132 votants) ; le 25 février 1824, par 108 voix (136 votants) ; le 17 novembre 1827, par 111 voix (133 votants). Il siégea au centre et vota constamment pour les ministres. Il quitta la vie politique à la dissolution de la Chambre, en mai 1830.

RÉGUIS (CHARLES-LOUIS-CLAUDE), membre de la Convention, député aux Anciens, et au Corps législatif de l'an VIII à 1804, représentant aux Cent-Jours, né à Sisteron (Basses-Alpes) le 15 mars 1755, mort après 1815, avocat avant la Révolution, était procureur-syndic de Sisteron, lorsqu'il fut élu, le 3 septembre 1792, député des Basses-Alpes à la Convention, le 2e sur 6, par 166 voix (303 votants). Il siégea parmi les modérés, et, dans le procès du roi, vota pour l'appel au peuple en disant : « Je ne suis pas de l'avis de ceux qui calomnient le peuple français en disant qu'il veut du sang ; en conséquence, comme le décret que nous avons à rendre intéresse essentiellement le peuple français et qu'il doit être expressément le vœu général, je dis oui. » Cette déclaration lui valut les huées de Marat et de la Montagne. Au 3e appel nominal, il opina « pour la réclusion pendant la guerre et l'exil à la paix. » Réélu, le 23 vendémiaire an IV, député au Conseil des Anciens par le département des Bouches-du-Rhône, avec 141 voix (262 votants), il siégea assez obscurément jusqu'au coup d'État de Bonaparte, ayant obtenu un nouveau mandat du département des Basses-Alpes le 23 germinal an VII. Son adhésion à la politique du premier Consul le fit désigner (4 nivôse an VIII) par le Sénat conservateur pour représenter le même département au Corps législatif. Il en sortit en 1804, remplit alors les fonctions de directeur des droits réunis dans le Lot-et-Garonne et fut destitué à la première Restauration. Le 11 avril 1815, le ministre de l'Intérieur présenta à l'empereur une « liste d'hommes apts (sic) à remplir des emplois dans les administrations de l'intérieur, ou des missions pour vérifier l'esprit public d'après les idées libérales, et dont les principes sont connus par leur attachement et leur fidélité à la personne de S.-M. Napoléon-le-Grand. » Réguis figura sur cette liste. Il fit partie (16 mai 1815) de la Chambre des Cent-Jours, comme représentant de l'arrondissement de Sisteron, élu par 31 voix (49 votants), contre 18 à M. Amé de Saint-Didier, et quitta la vie politique après cette courte législature.

RÉGUIS (LOUIS-XAVIER), député au Corps législatif de 1853 à 1870, né à Sisteron (Basses-Alpes) le 12 novembre 1790, mort à Sisteron le 15 mars 1882, fils de M. maître Claude-Louis-Réguis, avocat, moniteur-syndic du district de Sisteron, et de dame Marie-Magdeleine-Marguerite Guignes, entra, en 1808, à l'École polytechnique, en sortit deux ans après dans l'artillerie, fit la campagne de Russie et celle de Saxe, et fut promu capitaine le 31 août 1813. Mis en demi-solde par la Restauration, il ne rentra dans l'activité qu'en 1830, devint, en 1835, directeur de la raffinerie de salpêtre de Marseille, fut promu chef d'escadron le 13 janvier 1837, et directeur de l'artillerie à Montpellier et à Toulon. Lieutenant-colonel le 14 février 1848, il fut mis comme tel à la retraite en 1850, se rallia à la politique du prince Louis-Napoléon et au rétablissement de l'empire, et fut successivement élu député au Corps législatif, comme candidat du gouvernement, dans la circonscription unique des Basses-Alpes, le 30 janvier 1853, en remplacement de M. Fortoul démissionnaire, par 34,004 voix (34,296 votants, 45,682 inscrits) ; le 22 juin 1857, par 35,774 voix (35,837 votants, 44,279 inscrits) ; le 1er juin 1863, par 31,262 voix (34,663 votants, 43,744 inscrits), contre 3,321 à M. Guibert, candidat de l'opposition ; le 24 mai 1869, par 30,679 voix (31,276 votants, 43,428 inscrits). Bien que tout dévoué aux institutions impériales, M. Réguis se sépara à plus d'une reprise de ses collègues de la majorité pour soutenir divers amendements proposés par le parti libéral ; en 1868, il vota contre la nouvelle loi militaire signa, en 1869, la demande d'interpellation des 116, et ne cessa de réclamer l'amélioration du sort des officiers en retraite ; à l'ouverture de la session de novembre 1864, il présida le Corps législatif comme doyen d'âge. Il vota *pour* la guerre contre la Prusse, et rentra dans la vie privée à la révolution du 4 septembre. Commandeur de la Légion d'honneur du 2 août 1860, grand officier du 12 août 1869.

REHM (LOUIS-VICTOR), représentant en 1871, né à Mayence (Allemagne), alors ville française, le 23 mai 1814, mort à Pagny-sur-Moselle (Meurthe) le 21 juin 1885, grand industriel, dirigeant une filature et une distillerie à Yutz-Basse (Moselle), s'occupait en grand de la culture des betteraves, et était connu pour ses opinions républicaines, lorsqu'il fut élu, le 8 février 1871, représentant de la Moselle à l'Assemblée nationale, le 1er sur 9, par 59,098 voix (76,631 votants, 89,850 inscrits) ; il prit séance à Bordeaux, se prononça *contre* la paix, et donna immédiatement sa démission de représentant, avec ses collègues des départements annexés.

REIBELL (CLAUDE-FRANÇOIS-JOSEPH), représentant aux Cent-Jours, député de 1816 à 1824, né à Sommevoire (Haute-Marne) le 18 février 1760, mort à une date inconnue, « fils de Jean-Michel Reibell, admodiateur, et de Marguerite Brigeal de Lambert », fut, sous l'Empire, administrateur des vivres, et fut élu, le 12 mai 1815, représentant à la Chambre des Cent-Jours par le grand collège du Bas-Rhin, avec 92 voix (129 votants). Le même grand collège le renvoya à la Chambre, le 4 octobre 1816, avec 70 voix (133 votants, 247 inscrits) ; il défendit les libertés politiques, fut rapporteur de plusieurs pétitions, parla, en 1819, contre la résolution prise par la Chambre des pairs sur les élections, et, en 1820, contre le monopole dont il vota la suppression le 31 décembre 1821. Il avait été nommé régisseur général des subsistances militaires le 21 juin 1817, chevalier de la Légion d'honneur le 5 novembre suivant, et conseiller de préfecture du Bas-Rhin le 27 juillet 1821. Il quitta la vie politique aux élections de 1824.

REIBELL (FÉLIX-JEAN-BAPTISTE-JOSEPH), représentant du peuple en 1848, né à Strasbourg (Bas-Rhin) le 22 novembre 1795, mort à Paris le 22 février 1867, entra à l'École polytechnique en 1812, et en sortit dans les ponts et chaussées. Ingénieur ordinaire en 1820, ingénieur en chef en 1830, inspecteur divisionnaire en 1844, il fut nommé directeur des travaux maritimes à Cherbourg, et présida en cette qualité à la construction du nouveau port et de la digue. Élu, le 23 avril 1848, représentant de la Manche à l'Assemblée constituante, le 9e sur 15, par 71,258 voix, il vota avec la droite monarchique, *pour* les poursuites contre L. Blanc et Caussidière, *contre* l'abolition de la peine de mort, *contre* l'impôt progressif, *contre* l'incompatibilité des fonctions, *pour* l'amendement Grévy, *pour* l'ensemble de la Constitution, et donna sa démission en décembre 1848. Il se consacra exclusivement alors à ses études techniques. En 1857, il quitta Cherbourg, et fut appelé dans les bureaux du ministère de la Marine comme inspecteur général des travaux hydrauliques des ports de l'empire. Membre du conseil des travaux de la marine, du conseil général des ponts et chaussées, du conseil supérieur de l'Algérie et des colonies, commandeur de la Légion d'honneur du 7 septembre 1858, et grand officier du 10 août 1861, M. Reibell fut admis à la retraite, comme inspecteur général des ponts et chaussées, le 26 juin 1866. On lui doit une bonne édition des *Leçons d'un cours de*

construction de L. Sganzin (1839-41, 3 volumes 1866) ; il a en outre collaboré aux *Annales des ponts et chaussées*.

REIGNIÉ (MARIE-CLÉMENT DE), sénateur de 1882 à 1885, né à Mello (Deux-Sèvres) le 4 octobre 1827, mort à Paris le 30 janvier 1885, entra dans l'administration des finances comme contrôleur des contributions directes à Mello, applaudit à la révolution du 1848, et fut, au 2 décembre 1851, un des membres du comité de résistance au coup d'État dans le département des Deux-Sèvres. Conseiller municipal de Mello (1855), il fut appelé peu après aux fonctions de contrôleur à Paris ; il abandonna ses fonctions en 1871, pour créer à Paris un cabinet d'affaires, spécialement occupé de contentieux administratif. Au moment du 16 mai, il combattit dans les Deux-Sèvres, où il avait conservé de nombreuses relations, la politique de MM. de Broglie et de Fourtou, fut réélu conseiller municipal de Mello en 1880, puis devint maire de Mello, conseiller général, et président du comité agricole de l'arrondissement. Élu, le 8 janvier 1882, sénateur des Deux-Sèvres par 248 voix sur 424 votants, il prit place à l'extrême gauche, parla, dans la discussion du budget (1884), sur la péréquation de l'impôt, mourut au cours de la législature, et fut remplacé, le 26 avril 1885, par M. Bergeon. Il fut enterré civilement à Mello.

REILLE (HONORÉ-CHARLES-MICHEL-JOSEPH, COMTE), pair des Cent-Jours, pair de France, sénateur du second empire, né à Antibes (Alpes-Maritimes) le 1er septembre 1775, mort à Paris le 4 mars 1860, « fils de M. maître Esprit-Joseph Reille, conseiller du roi, lieutenant de la justice royale d'Antibes, et subdélégué à l'intendance du département de cette ville, et de dame Marie-Marguerite Vacquier », s'engagea à 16 ans, dans le 1er bataillon du Var, d'où il passa, en 1792, comme sous-lieutenant, au 94e d'infanterie. Lieutenant après la bataille de Nerwinde (18 mars 1793), il assista au siège de Toulon avec Masséna, dont il devint l'aide-de-camp, passa capitaine en 1796, prit part à la campagne d'Italie, se battit à Montenotte, à Lodi et à Arcole, et resta en Lombardie jusqu'à la paix de Campo-Formio. Il fit ensuite partie de l'armée d'Helvétie sous les ordres de Masséna, comme adjudant général attaché à l'état-major. Après le 18 brumaire, auquel il s'était rallié, Reille fut chargé par Masséna et par Bonaparte de reconnaître les positions de l'armée française sur les Alpes, et reçut les ordres du premier Consul pour Masséna déjà bloqué à Gênes. Il parvint à tromper la surveillance de la croisière anglaise, et pénétra dans Gênes le 12 floréal an VIII. Durant le siège, il se fit plus d'une fois remarquer par sa bravoure et son intrépidité. A la capitulation, il rentra en France, mais pour peu de temps, car il accompagna Murat dans son expédition sur Naples. Général de brigade à son retour, le 29 août 1803, et commandant d'une brigade du camp de Boulogne, il fut chargé par Napoléon, au moment d'une rupture sur le continent était imminente, de surveiller les préparatifs militaires de l'Autriche, et accomplit plusieurs missions du même genre en Italie, puis dans les départements du Midi. Il eut aussi à surveiller la réorganisation des troupes revenues de Saint-Domingue, et obtint le commandement en second, sous les ordres de Lauriston, des soldats qui devaient prendre passage à bord de l'escadre du contre-amiral Villeneuve. Après

l'échec de Trafalgar, Reille rejoignit la grande
armée, où il commanda une brigade du 5e corps,
et assista à Iéna et à Pultusck. Grand officier
de la Légion d'honneur et général de division,
chef d'état-major de Lannes, aide-de-camp de
l'empereur, sa conduite à Ostrolenka et à
Friedland lui valut plusieurs citations dans les
Bulletins de la grande armée. Après Tilsitt, il
fut envoyé en Toscane comme commissaire
extraordinaire de l'empereur, fut créé comte de
l'empire le 29 juin 1808, se rendit en Espagne
où il fit d'abord partie du corps du général
Duhesme, puis du 7e corps sous les ordres de
Gouvion-Saint-Cyr, et dirigea le siège de
Roses, dont il s'empara le 5 décembre 1808.
Dans les premiers mois de 1809, il fut rappelé à l'armée d'Allemagne, se distingua à
Essling et à Wagram, et fut chargé par l'empereur de se rendre à Anvers pour surveiller la
conduite de Bernadotte déjà suspecte à l'empereur. L'année suivante, il retourna à l'armée
d'Espagne, commanda la Navarre, battit Mina,
s'empara de Valence de concert avec Suchet,
gouverna l'Aragon jusqu'en 1812, époque à
laquelle il commanda les débris de l'armée de
Portugal sous les ordres de Soult, et assista
aux batailles d'Orthez et de Toulouse. Ayant
adhéré au retour des Bourbons, Reille fut fait
chevalier de Saint-Louis, inspecteur des 14e et
15e divisions militaires et grand-croix de la
Légion d'honneur (14 février 1815). Au retour
de l'île d'Elbe, il reçut le commandement du
2e corps de l'armée du Nord, et fut nommé pair
par l'empereur le 2 juin 1815. Après avoir
repoussé les Prussiens à Marchiennes, il suivit
Ney sur la route de Charleroi à Bruxelles, combattit avec lui, le 16 juin, aux Quatrebras, et le
surlendemain, 18, à Hougoumont, où il se
couvrit de gloire sous la mitraille anglaise.
Après le désastre, il se retira avec l'armée
derrière la Loire. Mis en demi-solde au licenciement, il protesta énergiquement lorsque, à la
mort de son beau-père, Masséna, on voulut
faire enlever le bâton de maréchal sur le cer-
cueil du duc de Rivoli; il écrivit une lettre
indignée à Louis XVIII, et obtint que l'on que
l'insigne de cette haute dignité militaire figurât
dans la cérémonie. Mis en disponibilité le
22 juillet 1818, nommé pair de France le 5 mars
1819, puis gentilhomme de la chambre du roi
l'année suivante, Reille ne joua plus qu'un rôle
très effacé. Il prêta serment à Louis-Philippe
en 1830, soutint la politique ministérielle, fut
nommé (1836) vice-président du comité supérieur d'infanterie, et fut élevé à la dignité de
maréchal de France le 17 septembre 1847. Rallié
au gouvernement du prince Louis-Napoléon, il
entra au Sénat le 26 janvier 1852, en qualité de
maréchal de France, et mourut huit ans après,
presque oublié.

REILLE (GUSTAVE-CHARLES-PROSPER, VI-
COMTE), député au Corps législatif de 1853 à
1870, né à Paris le 1er décembre 1818, second
fils du précédent, entra à l'École polytechnique
en 1836, et en sortit en 1838 dans la marine. Enseigne en 1840, lieutenant de vaisseau en 1845, capitaine de frégate en 1853, il
donna sa démission, cette dernière année, pour
entrer dans la politique, et fut successivement
élu député au Corps législatif, comme candidat
du gouvernement, dans la 1re circonscription
d'Eure-et-Loir, le 30 janvier 1853, en remplacement de M. d'Argent, décédé, par 23,272 voix
(24,256 votants, 42,756 inscrits); le 22 juin 1857,
par 18,046 voix (25,227 votants, 42,759 inscrits),

contre 6,963 à M. Barthélemy, ancien représentant républicain; le 4 juin 1863, par 21,230 voix
(33,694 votants, 43,637 inscrits), contre 6,780 à
M. Eugène Labiche, 3,673 à M. Émile Lelong,
957 à M. Gatineau, 627 à M. Bonnet et 279 à
M. Joseph; et le 24 mai 1869, par 20,411 voix
(30,424 votants, 41,659 inscrits), contre 12,600 à
M. E. Labiche et 3,265 à M. Gatineau. Membre du conseil général de son département pour
le canton de Bonneval, du conseil de l'ordre de
la Légion d'honneur, M. Reille vota constamment avec la majorité, notamment pour la
guerre contre la Prusse, et rentra dans la vie
privée à la chute de l'Empire. Officier de la
légion d'honneur du 27 décembre 1855, commandeur du 4 août 1867.

REILLE (RENÉ-CHARLES-FRANÇOIS, BARON), député en 1869-70 et de 1876 à 1889, né à Paris le 4 février 1835, troisième fils du maréchal Reille, entra
en 1852 à l'École de Saint-Cyr, et passa comme
sous-lieutenant à l'École d'application d'état-
major le 1er janvier 1856. Lieutenant en 1856,
capitaine en 1858, il fit en cette qualité la campagne d'Italie, et devint aide de camp du maréchal Randon, puis du maréchal Niel qu'il
suivit au ministère de la Guerre, A la mort de
Niel, il donna sa démission (3 décembre 1869),
et, déjà conseiller général du canton de Saint-
Amans-Soult depuis 1867, fut élu député de la
2e circonscription du Tarn au Corps législatif
comme candidat du gouvernement, le 24 mai
1869, par 15,453 voix (30,115 votants, 37,557 inscrits) contre 11,963 à M. Pércire, député sortant,
et 2,651 à M. Lavergne. M. Reille signa la demande d'interpellation des 116, vota pour la
guerre contre la Prusse, et, pendant le siège de
Paris, commanda les mobiles de Tarn-et-Garonne. Commandeur de la Légion d'honneur
le 7 février 1871, et réélu au conseil général du Tarn, dont il devint vice-président, il
fut élu, le 20 février 1876, député de la 2e circonscription de Castres, par 11,004 voix
(15,314 votants, 20,407 inscrits), contre 4,323 à
M. Moudot. Il prit place au groupe de l'Appel au peuple, s'occupa principalement et avec
succès de questions militaires, soutint le ministère de Broglie contre les 363, et, après le 16 mai,
devint sous-secrétaire d'État au ministère de
l'Intérieur. Réélu, le 14 octobre 1877, par
12,202 voix (16,592 votants, 20,976 inscrits),
contre 4,347 à M. Cavallié, il vit son élection
soumise à une minutieuse et longue enquête
motivée surtout par ce fait que M. Reille avait
été le collaborateur de M. de Fourtou; invalidé
pour pression officielle, le 1er décembre 1878,
malgré les conclusions de la commission d'enquête, M. Reille fut réélu, le 2 février 1879, par
9,967 voix contre 7,516 à M. Barley, républicain. Il reprit sa place dans la majorité impérialiste, et fut réélu, le 21 août 1881, par 10,214
voix (17,950 votants, 21,286 inscrits), contre
7,693 à M. Barbey; il continua de voter avec
la minorité conservatrice, se distingua particulièrement dans les discussions militaires, fut
(avril 1884) rapporteur du projet d'armée coloniale, et déposa un contre-projet sur la loi militaire (juin 1885) tendant à revenir au système mixte de l'armée permanente et de la garde
mobile. Porté sur la liste conservatrice du Tarn,
aux élections du 4 octobre 1885, il fut élu, tout
de cette liste, le 3e sur 6, par 47,976 voix
(94,149 votants, 110,561 inscrits). Il fit partie
de l'union des droites, prit encore une part des
plus actives à la discussion de la loi militaire,
et déposa (juin 1887) un nouveau contre-projet

admettant deux portions dans le contingent, l'une servant trois ans pleins, l'autre un an, avec faculté de substitution d'une portion à l'autre, et primes d'engagement et de rengagement payées sur le produit de la nouvelle taxe militaire (rejeté par 363 voix contre 168). D'autre part, le baron Reille a combattu de ses votes la politique scolaire et coloniale du gouvernement, et s'est prononcé, dans la dernière session, *contre* le rétablissement du scrutin d'arrondissement (11 février 1889), *pour* l'ajournement indéfini de la revision de la Constitution, *contre* les poursuites contre trois députés membres de la Ligue des patriotes, *contre* le projet de loi Lisbonne restrictif de la liberté de la presse, *contre* les poursuites contre le général Boulanger. Le comte Reille a épousé une petite-fille du maréchal Soult.

REINACH (CHARLES, COMTE DE), député de 1827 à 1833, pair de France, né à Hirtzbach (Haut-Rhin) le 11 août 1785, mort à Hirtzbach le 21 février 1871, était un des riches propriétaires de l'Alsace. Le 17 novembre 1827, il fut élu député du 1er arrondissement du Haut-Rhin (Altkirch), par 141 voix (143 votants), 163 inscrits). Il prit place dans les rangs de l'opposition constitutionnelle, combattit le ministère Polignac, et fut des 221. Réélu, le 23 juin 1830, par 120 voix (156 votants, 160 inscrits), contre 25 à M. Kœnig, conseiller à la cour, il adhéra au gouvernement de Louis-Philippe, obtint sa réélection, le 5 juillet 1831, par 186 voix (197 votants, 219 inscrits), appartint à la majorité conservatrice, et fut appelé, le 27 juin 1833, à la pairie. Dans la Chambre haute, comme à la Chambre des députés, il se montra le partisan dévoué de la monarchie constitutionnelle, et rentra dans la vie privée en 1848. Conseiller général du Bas-Rhin, commandeur de la Légion d'honneur (30 mai 1837).

REINACH (ANTOINE-HISSO, BARON DE), député au Corps législatif de 1852 à 1869, né à Hirtzbach (Haut-Rhin) le 21 juin 1819, du précédent, riche propriétaire et maire d'Hirtzbach, fut successivement élu, comme candidat du gouvernement, député de la 2e circonscription du Haut-Rhin, le 29 février 1852, par 18,204 voix (21,934 votants, 34,243 inscrits), contre 1,733 à M. Rieff de Zurheim, et 1,934 à M. Ruell; le 22 juin 1857, par 22,623 voix (23,201 votants, 34,637 inscrits); le 1er juin 1863, par 21,007 voix (23,019 votants, 28,711 inscrits), contre 1,330 à M. Migeon. M. de Reinach ne cessa de figurer dans la majorité dévouée aux institutions impériales et fit partie de plusieurs commissions agricoles. Ayant échoué, le 24 mai 1869, avec 13,273 voix contre 14,491 à M. Viellard-Migeon, il ne se représenta plus.

REINHARD (CHARLES-FRÉDÉRIC, COMTE), ministre et pair de France, né à Schorndorf (Wurtemberg) le 2 octobre 1761, mort à Paris le 25 décembre 1837, « fils de M. George-Christophe Reinhard, alors diacre et actuellement doyen de l'église et diocèse de Babingen, et de Catherine-Félicité Hiemer », étudia la théologie à Tubingue, s'essaya, sous les auspices de Gœthe, à la littérature, publia une traduction de Tyrtée et de Tibulle et quelques poésies, et vint à Bordeaux comme précepteur des enfants d'un négociant calviniste (1787). Lié avec les futurs Girondins, il les suivit à Paris lors de leur avènement au pouvoir, et entra par leur protection dans la carrière diplomatique. Dumouriez l'attacha comme premier secrétaire à la légation de Londres (1792); il fut distingué par

Talleyrand, obtint (1793) le poste de premier secrétaire d'ambassade à Naples, et fut ensuite nommé par le comité de salut public chef de division au département des Relations extérieures (1794). Successivement ministre plénipotentiaire à Hambourg (1795), puis en Toscane (1798), il fut, le 20 juillet 1799, désigné par Sieyès, pour le portefeuille des Relations extérieures, qu'il remit à Talleyrand après le coup d'État du 18 brumaire (20 novembre suivant). Rallié au nouveau pouvoir, il occupa le poste de ministre plénipotentiaire en Suisse (1800), à Milan (1801), dans la basse-Saxe (1802), en Moldavie (1805), et en Westphalie (1808). Le 9 vendémiaire an XII, il avait été fait commandeur de la Légion d'honneur. L'empereur le créa chevalier (24 février 1809), puis baron (31 décembre). Placé, en mai 1814, à la tête de la chancellerie du ministère des Affaires étrangères, il n'exerça aucune fonction pendant les Cent-Jours, et fut nommé par la seconde Restauration conseiller d'État et ministre près la Confédération germanique (1er décembre 1815-1829). Il servit le gouvernement de juillet comme ministre de France à Dresde, et fut nommé pair de France (11 octobre 1832). M. Reinhard, qui avait été fait comte par la Restauration (1814), appartenait à l'Institut, classe des sciences morales et politiques, depuis 1795, et était membre de l'académie de Gœtingue.

REISET (JULES), député au Corps législatif de 1859 à 1863, né à Rouen (Seine-Inférieure) le 6 octobre 1818, était maire de cette ville, conseiller général de la Seine-Inférieure et chevalier de la Légion d'honneur, lorsqu'il fut élu, en remplacement de M. de la Bédoyère, le 11 décembre 1859, député de la 5e circonscription de la Seine-Inférieure au Corps législatif, par 15,311 voix (26,329 votants, 31,421 inscrits), contre 9,266 à M. Buisson et 1,663 à M. Bobée. Il prit place dans les rangs de la majorité dynastique avec laquelle il vota jusqu'aux élections de 1863; il se retira alors de la vie politique.

REMACLE (BERNARD-BENOIT), député au Corps législatif de 1852 à 1855, né à Avignon (Vaucluse) le 19 août 1800, mort à Arles (Bouches-du-Rhône) le 28 février 1871, étudia le droit à Aix, fut reçu docteur, et appartint à la magistrature comme substitut à Nîmes (1827-1830). Il publia en 1838 : *Des hospices d'enfants trouvés*, ouvrage couronné par plusieurs académies de province, et fut envoyé en Allemagne par le gouvernement pour y étudier le système pénitentiaire; il fit paraître, à son retour : *Des prisons du midi de l'Allemagne* (1840). Rentré au barreau, il devint maire d'Arles (1850), et fut élu, le 29 février 1852, avec l'appui du gouvernement, député de la 3e circonscription des Bouches-du-Rhône au Corps législatif, par 15,891 voix (16,104 votants, 36,633 inscrits). Il s'associa au rétablissement du régime impérial, et opina avec la droite dynastique jusqu'en 1855. Ayant été nommé à cette date préfet du Tarn, il donna sa démission de député, et fut remplacé, le 18 mars, par M. Laugier de Chartrouse. Il se retira de l'administration quelques années après, avec le titre de préfet honoraire. Officier de la Légion d'honneur.

REMEDI (CÉSAR-VENTURA), député au Corps législatif en 1807, né à Sarzanne (Italie) le 9 avril 1746, mort à une date inconnue, était propriétaire dans son pays natal. Élu, le

28 avril 1807, par le Sénat conservateur, député du département des Apennins au Corps législatif, il remplit également, sous la domination française, les fonctions de sous-préfet de Sarzanne.

REMILLY (OVIDE DE), député de 1839 à 1848, représentant en 1848 et en 1849, né à Versailles (Seine-et-Oise) le 18 novembre 1800, mort à Versailles le 9 mai 1875, d'une famille de négociants, étudia le droit, exerça à Versailles la profession de notaire, puis celle d'avocat, et combattit la Restauration dans les rangs de l'opposition libérale. Chargé par ses concitoyens, en 1830, de réclamer du gouvernement provisoire, pour la ville de Versailles, une municipalité nouvelle, il fonda, avec MM. Dupoty et Dubos, une feuille indépendante, le *Vigilant*, se rallia à la monarchie de Juillet, et fut adjoint au maire de Versailles, puis maire de la ville (1837), fonctions qu'il remplit jusqu'en 1855. Le 2 mars 1839, il fut élu, par 243 voix sur 365 votants, député du 1er collège de Seine-et-Oise (Versailles). Il prit place au centre, vota généralement avec le tiers parti, prit une part assez active aux débats parlementaires, et attacha son nom à deux propositions qu'il présenta vainement à plusieurs reprises : l'une (28 mars 1840) interdisant aux députés toute fonction salariée pendant le cours de la législature et l'année suivante ; l'autre, tendant à établir un impôt sur les chiens. Il obtint sa réélection, le 9 juillet 1842, par 251 voix (415 votants, 500 inscrits), contre 110 à M. Mallet, puis, le 1er août 1846, par 344 voix (421 votants, 639 inscrits). Il vota *contre* l'indemnité Pritchard (1845) et *contre* la flétrissure des députés légitimistes ; mais, dans les autres questions, il soutint la politique conservatrice. Guizot disait de lui : « Esprit flottant et curieux de popularité. » En 1847, le projet de taxe sur les chiens, dont il s'était fait une spécialité, n'échoua qu'à une voix de minorité. Après la révolution de février, M. O. de Remilly, élu (23 avril 1848) représentant de Seine-et-Oise à l'Assemblée constituante, le 10e sur 12, par 52,172 voix, opina le plus souvent avec la droite : *pour* le rétablissement de la contrainte par corps, *pour* les poursuites contre Louis Blanc et Caussidière, *pour* l'abolition de la peine de mort, *contre* l'amendement Grévy, *contre* le droit au travail, *pour* l'ordre du jour en l'honneur de Cavaignac, *pour* la proposition Rateau, *contre* l'amnistie, *pour* l'interdiction des clubs, *pour* les crédits de l'expédition de Rome. Réélu, le 13 mai 1849, représentant de Seine-et-Oise à l'Assemblée législative, le 13 mai 1849, le 3e sur 10, par 51,530 voix (96,950 votants, 139,436 inscrits), il appuya de ses votes la politique gouvernementale, se prononça *pour* l'expédition romaine, *pour* la loi Falloux-Parieu sur l'enseignement, *pour* la loi restrictive du suffrage universel, fut un des plus ardents à réclamer des mesures répressives contre la presse et les clubs, et quitta la vie parlementaire en 1851. En 1850, il avait représenté à l'Assemblée sa proposition de taxe sur les chiens, qui n'échoua qu'à la troisième lecture. Il refusa la candidature officielle au Corps législatif du second empire, donna sa démission de maire de Versailles en 1855, et ne conserva que son mandat de conseiller général de Seine-et-Oise. Officier de la Légion d'honneur depuis 1847, commandeur le 20 février 1861.

REMOIVILLE (PAUL-EUGÈNE), député de 1881 à 1889, né à Pont-Sainte-Maxence (Oise) le 10 janvier 1824, commença par être clerc d'huissier à Paris, fut président, en 1848, du club fondé par ses collègues, puis remplit divers emplois dans les usines de la maison Darblay à Corbeil. Il utilisa ensuite les relations qu'il s'était créées dans cette position pour ouvrir un cabinet d'affaires contentieuses, dont les meuniers et les négociants en grains formèrent la clientèle. Maire de Villiers-sur-Marne (août 1870), conseiller d'arrondissement de Seine-et-Marne, il fit, en faveur de l'instruction primaire gratuite et laïque, une active propagande, et se porta, le 21 août 1881, comme candidat républicain radical à la députation dans l'arrondissement de Corbeil : il fut élu par 8,042 voix (15,607 votants, 19,919 inscrits), contre 6,871 à M. Léon Renault, candidat centre gauche. Il opina le plus souvent avec les radicaux de la Chambre, *contre* le cabinet Ferry, *contre* la politique coloniale et les crédits du Tonkin, *pour* la séparation de l'Église et de l'État, et, lors des élections générales du 4 octobre 1885, fut inscrit sur la liste radicale de Seine-et-Oise, et élu, au second tour de scrutin (18 octobre), le 2e sur 9, par 57,003 voix (119,905 votants, 153,342 inscrits). Il siégea à la gauche radicale, fut président de ce groupe, et prononça, le 4 février 1886, en cette qualité, un discours d'installation, où il félicitait le gouvernement de la politique progressiste qu'il avait adoptée. Adversaire des cabinets Rouvier et Tirard, il soutint le ministère Floquet, vota l'expulsion des princes, et se prononça, dans la dernière session, *contre* le rétablissement du scrutin d'arrondissement (11 février 1889), *contre* l'ajournement indéfini de la révision de la Constitution, *pour* les poursuites contre trois députés membres de la Ligue des patriotes, *contre* le projet de loi Lisbonne restrictif de la liberté de la presse, *pour* les poursuites contre le général Boulanger.

RÉMOND (VICTOR-URBAIN, BARON), représentant aux Cent-Jours, député de 1830 à 1831, né à Domfront (Orne) le 15 juillet 1773, mort à Hallencourt (Somme) le 23 décembre 1859, s'engagea à dix-huit ans comme volontaire, fut admis en 1792 à l'École du génie militaire et en sortit lieutenant en 1795. Capitaine à vingt-trois ans, il prit part aux travaux du siège de Mayence, fut fait prisonnier à Kehl en 1796, passa en 1799 à l'état-major général de l'armée du Danube, et assista aux batailles d'Ulm, d'Austerlitz, d'Iéna et de Lubeck. Promu chef de bataillon le 5 janvier 1807, il se battit encore à Eylau, à Heilsberg, enveloppa et prit tout un bataillon prussien qui fuyait vers Kœnigsberg, et reçut la croix d'officier de la Légion d'honneur. En 1808, il accompagna en Espagne le maréchal Soult. Après avoir pris une part importante aux combats de cette campagne (1809), il fut fait colonel, et fut détaché avec un corps d'infanterie sur le Rio-Tinto, pour couvrir le blocus de Cadix. Il se distingua encore dans plusieurs engagements, et fut nommé, le 3 août 1811, général de brigade. Il fit preuve de sang-froid et de courage dans la malheureuse campagne de 1813. Commandeur de la Légion d'honneur et baron, il fut pendant les Cent-Jours, le 16 mai 1815, élu membre de la Chambre des représentants par le grand collège de l'Orne, avec 72 voix (89 votants). Il fit de patriotiques efforts dans l'intérêt de la défense du pays, se lia sous la Restauration avec les principaux chefs de l'opposition libérale, et échoua aux élections du 9 mai 1822, dans le 3e arrondissement de l'Orne (Domfront), avec

9 voix contre 111 à M. Le Gonidec. Après la révolution de Juillet, dont il se déclara partisan, il entra à la Chambre des députés le 23 octobre 1830, comme l'élu du département de l'Orne (grand collège) par 116 voix sur 211 votants, en remplacement de M. d'Andlau. Il siégea dans la majorité conservatrice et se représenta sans succès le 5 juillet 1831 ; il n'obtint que 52 voix contre 158 à l'élu, M. Lemercier. Dès lors il se consacra à des travaux d'art militaire et d'agriculture. Le gouvernement de Louis-Philippe le nomma grand officier de la Légion d'honneur. Le général Rémont avait épousé la petite-fille du général d'artillerie Florent de Vallière.

RÉMONT (Charles-Angélique, vicomte de), député de 1824 à 1827, né à Arnicourt (Ardennes) le 27 mai 1776, mort au château des Sept-Fontaines (Ardennes) le 2 octobre 1864, « fils de Philippe-François-Louis de Rémont, chevalier, baron de Saint-Loup, seigneur d'Arnicourt, de Sorbon, Justinmont et autres lieux, capitaine au régiment d'infanterie du roi, et de dame Marguerite-Elisabeth Aubry d'Arancey », propriétaire à Charleville, conseiller général et chevalier de la Légion d'honneur, se présenta à la députation, le 4 novembre 1820, dans le 1er arrondissement électoral des Ardennes (Mézières), et échoua avec 115 voix contre 151 à l'élu, M. Lefèvre-Gineau ; il ne fut pas plus heureux, le 11 novembre suivant, dans le grand collège du même département, avec 61 voix contre 83 à l'élu, M. de la Tour-du-Pin. Il entra au parlement le 6 mars 1824, comme député du grand collège, élu par 93 voix (114 votants, 151 inscrits), vota obscurément avec la majorité ministérielle, et rentra dans la vie privée aux élections de 1827.

RÉMUSAT (Pierre-François), député au Conseil des Anciens, né à Marseille (Bouches-du-Rhône) le 4 octobre 1755, mort à Marseille le 7 février 1803, négociant dans sa ville natale, embrassa avec modération la cause de la Révolution, et devint administrateur des Bouches-du-Rhône. Les intérêts de son commerce et les dangers qui commençaient à le menacer le firent partir, en 1792, pour Smyrne, où il resta jusqu'en 1795. A son retour, il fut élu, le 22 germinal an V, député des Bouches-du-Rhône au Conseil des Anciens, par 210 voix (283 votants), et n'y siégea que du 1er prairial au 17 fructidor, son élection ayant été alors annulée comme entachée de royalisme. Porté sur la liste de déportation, il obtint par l'entremise de Boutoux que son nom fût effacé ; mais il resta suspect au Directoire, et le 10 octobre 1797, il fut de nouveau arrêté à Paris, comme émigré et comme soldat de l'armée des princes, et incarcéré au Temple où il resta 22 mois. Mis en liberté peu de temps avant le 18 brumaire, il retourna à Marseille où il mourut quelques années plus tard. On a de lui : un *Mémoire* sur sa détention à la prison du Temple (1817) ; *Le comte de Sanfrein ou l'homme pervers*, comédie en 3 actes et en vers, et quelques poésies.

RÉMUSAT (Charles-François-Marie, comte de), député de 1830 à 1834, représentant en 1848 et en 1849, ministre, représentant en 1871, né à Paris le 14 mars 1797, mort à Paris le 4 juin 1875, fils du comte de Rémusat chambellan de l'empereur, et de Jeanne Gravier de

Vergennes, petit-fils de La Fayette par alliance et neveu de Casimir Périer, étudia le droit à Paris et se fit recevoir avocat en 1819, puis s'occupa de politique et de jurisprudence, et publia plusieurs ouvrages spéciaux parmi lesquels : *De la procédure par jurés en matière criminelle* (1820), ouvrage traduit plus tard en espagnol. De 1820 à 1830, il collabora au *Lycée français*, aux *Tablettes universelles*, à la *Revue encyclopédique*, au *Globe*, au *Courrier français*, et fut, en 1830, un des signataires de la protestation des journalistes de Paris contre les Ordonnances de Juillet. Après avoir prit une part active aux luttes du parti libéral sous la Restauration, M. de Rémusat fut élu, le 23 octobre 1830, en remplacement de M. Vézian de Saint-André, démissionnaire, député du grand collège de la Haute-Garonne, par 192 voix (303 votants, 385 inscrits). Il se montra, dès le début, très opposé aux revendications du parti du « mouvement », et prit place dans les rangs des conservateurs. Il soutint la politique de Casimir Périer, fut réélu le 5 juillet 1831, dans le 4e collège de la Haute-Garonne (Muret), par 216 voix (286 votants, 439 inscrits), contre 67 à M. de Paraza, vota *pour les lois répressives* sur l'état de siège, sur les crieurs publics, sur les associations (1834), les défendit à la tribune, obtint encore sa réélection le 21 juin 1834, avec 213 voix (365 votants, 417 inscrits), contre 86 à M. de Paraza et 60 au maréchal Clauzel, et fut nommé sous-secrétaire d'Etat au ministère de l'Intérieur. Il lui fallut alors solliciter une nouvelle investiture du mandat législatif, et il l'obtint, le 15 octobre 1836, par 282 voix, (303 votants). En 1837, il se rallia à la portion la plus modérée de l'opposition parlementaire ; ayant été renvoyé à la Chambre, par 304 voix (316 votants, 534 inscrits), il s'associa, comme ses amis Thiers et Duvergier de Hauranne, à la politique du « tiers parti », vota avec le centre gauche, fut réélu le 2 mars 1839, par 257 voix (417 votants), et accepta, dans le cabinet du 1er mars 1840, le portefeuille de l'Intérieur. Il le garda jusqu'au 23 octobre suivant sans marquer son passage au pouvoir par aucun acte important, si ce n'est par l'interdiction du *Vautrin* de Balzac, et par la proposition qu'il fut chargé de faire, au nom du gouvernement, de ramener de Sainte-Hélène les cendres de Napoléon Ier. « J'ai souvent interrogé M. de Rémusat, a écrit M. Duvergier de Hauranne, sur les actes de son ministère. Il n'en regrettait aucun à l'exception peut-être du discours qu'il prononça, le 11 mai 1840, pour annoncer à la Chambre le retour en France des cendres de Napoléon. » Les préoccupations relatives à la politique extérieure absorbaient alors l'attention publique. Tombé du pouvoir avec Thiers, en octobre suivant, M. de Rémusat le suivit dans l'opposition contre le ministère Guizot, prit fréquemment la parole, et présenta un certain nombre de motions tendant à la réforme parlementaire et électorale, dont la principale fut celle qui visait les incompatibilités parlementaires à laquelle son nom est resté attaché, et qu'il reproduisit encore en 1843. Les discours qu'il prononça à ce sujet furent empreints d'une éloquence caustique et spirituelle. M. de Rémusat siégea à la Chambre pendant toute la durée du règne de Louis-Philippe, ayant été successivement réélu, le 9 juillet 1842, par 302 voix (307 votants, 509 inscrits), puis, le 1er août 1846, par 382 voix (389 votants, 566 inscrits) ; il continua de combattre, avec une cer-

8

taine modération, la politique doctrinaire, et s'occupa en même temps de philosophie. D'abord partisan de Condillac, il adopta par la suite l'éclectisme de Cousin; ses articles dans la *Revue des Deux-Mondes* et dans la *Revue française* le firent entrer (1846) à l'Académie des sciences morales et politiques en remplacement de Jouffroy; il venait de publier *Abailard* (1845), ouvrage remarquable par une brillante exposition des principes de la philosophie scolastique. Son rapport sur la *Philosophie allemande* et son ouvrage intitulé : *Passé et Présent* (1847) lui ouvrirent les portes de l'Académie française. Au début de la révolution de 1848, M. de Rémusat se trouva désigné avec Thiers pour faire partie d'une combinaison ministérielle destinée à enrayer le mouvement républicain; mais il était trop tard, et la nomination ne put paraître au *Moniteur*. Ce fut avec un vif regret que M. de Rémusat vit tomber la monarchie de 1830. Élu par les conservateurs, représentant de la Haute-Garonne, à l'Assemblée constituante, le 23 avril 1848, le 10e sur 12, par 43,840 voix il alla siéger à droite, devint vice-président du comité de la guerre, membre du comité de Constitution, et, tout en jouant un rôle assez effacé, vota avec le parti conservateur, *pour* le rétablissement du cautionnement, *pour* les poursuites contre Louis Blanc et Caussidière, *contre* l'abolition de la peine de mort, *contre* l'amendement Grévy, *contre* l'abolition du remplacement militaire, *contre* la suppression de l'impôt du sel, *pour* la proposition Rateau, *pour* les crédits de l'expédition romaine. Réélu, le 13 mai 1849, représentant de la Haute-Garonne à l'Assemblée législative, le 2e sur 10, par 62,413 voix, sur 91,485 votants et 139,605 inscrits, il persista dans la même ligne de conduite, fit partie du petit groupe des « burgraves » qui dirigea la majorité dans sa croisade contre les institutions républicaines, appuya la politique gouvernementale, et vota *pour* la loi Falloux-Parieu sur l'enseignement, *pour* la loi du 31 mai sur le suffrage universel. Il ne soutint pas la politique particulière de l'Élysée, dénonça, vers la fin de la législature, les vues ambitieuses du prince-président, et fut du nombre des députés qui se rallièrent à la proposition des questeurs (1851). Lors du coup d'État du 2 décembre, il se joignit aux protestataires à la mairie du 10e arrondissement, fut conduit à Mazas, et en sortit le dernier, le dimanche suivant. Expulsé momentanément de France par décret du 9 janvier 1852, il se retira à Fribourg; mais, à la demande de M. Fould, fut autorisé à rentrer au mois d'août 1852. Tant que dura l'Empire, il resta étranger aux affaires publiques et s'occupa exclusivement de travaux littéraires et philosophiques. Collaborateur assidu de la *Revue des Deux-Mondes*, il publia aussi un important ouvrage : *De l'Angleterre au XVIIIe siècle*, dans lequel il compare la révolution de 1789 à celle de 1688 et se prononce pour le système de la monarchie constitutionnelle. Un nouveau livre : *Politique libérale ou Fragments pour servir à la défense de la Révolution française* (1860), accusa des tendances libérales plus accentuées. Outre une remarquable étude sur *Canning, sa vie et ses œuvres* (1857), il donna encore, vers cette époque : *Bacon, sa vie, son temps, sa philosophie* (1857); *Philosophie religieuse; de la théologie religieuse en France et en Angleterre* (1864); *John Wesley et le méthodisme* (1870), etc. Le 4 juin 1863, il échoua comme candidat indépendant au Corps législatif dans

la 2e circonscription de la Haute-Garonne, avec 9,488 voix contre 17,536 à l'élu officiel, M. de Campaigne. Dans les derniers temps de l'Empire, M. de Rémusat prit part au mouvement de revendication des institutions libérales, et fonda à Toulouse un journal, le *Progrès libéral*, dont l'opposition fut très accentuée. Lorsque, après la guerre de 1870, M. Thiers fut nommé chef du pouvoir exécutif, il voulut envoyer M. de Rémusat comme ambassadeur à Vienne, mais celui-ci refusa ce poste, préférant rester à Paris. Dévoué aux vues politiques du président, il accepta de lui, le 2 août 1871, bien qu'il ne fût pas député, le portefeuille des Affaires étrangères, en remplacement de Jules Favre. Sa tâche la plus laborieuse consista à traiter avec le gouvernement de Berlin au sujet des charges qu'imposaient l'occupation et l'évacuation graduelle du territoire. Il dut en outre dénoncer les traités de commerce avec la Belgique et l'Angleterre, négocier avec la Chine au sujet du massacre de Tien-Tsin, etc. Il combattit, à propos des relations de la France avec l'Italie, les idées ultramontaines sur le pouvoir temporel du pape, et, dans sa réponse à l'interpellation du Temple (13 février 1873), il exposa les vues du gouvernement sur ce sujet. Rallié à la République conservatrice, M. de Rémusat fut désigné, en mars 1873, par les plus modérés des maires de Paris, comme candidat de la nuance centre-gauche pour l'élection qui devait avoir lieu à Paris le 27 avril ; les radicaux lui opposèrent M. D. Barodet, ancien maire de Lyon. « Uni par cinquante ans d'amitié avec le président de la République, écrivait M. de Rémusat dans sa profession de foi du 13 avril, j'ai adopté avec conviction, j'ai soutenu avec fidélité la politique qu'il a exposée tant de fois dans ses discours et ses messages, celle qui a établi la paix au dehors, réparé les forces de l'État par la restauration des finances et de l'armée, fait de la République un gouvernement stable et rassurant, et avant tout rendu possible et prochaine la libération du territoire... » Le 27 avril 1873, M. de Rémusat n'obtint que 135,028 voix contre 180,045 à M. Barodet, élu. Ce fut M. de Rémusat qui écrivit l'exposé des motifs du projet de Constitution qui fut présenté à la Chambre le 19 mai 1873. Cinq jours plus tard, le 24 mai, M. Thiers ayant renversé du pouvoir : M. de Rémusat se démit alors du portefeuille des Affaires étrangères et rentra dans la vie privée. Mais, le 12 octobre suivant, une élection partielle ayant eu lieu pour l'Assemblée nationale dans la Haute-Garonne, en remplacement de M. d'Auberjon décédé, il fut élu représentant de ce département par 71,042 voix (103,215 votants, 139,726 inscrits), contre 31,396 à M. Niel, conservateur. Il combattit le gouvernement du 24 mai, fut membre et président de la commission chargée d'examiner le projet de loi tendant à proroger pour dix ans les pouvoirs du maréchal de Mac-Mahon, se prononça *contre* ce projet le 19 novembre, et ne cessa jusqu'à la fin de la législature de s'associer aux votes du centre gauche. Il contribua, le 16 mai 1874, à la chute du ministère de Broglie, appuya la proposition Périer demandant l'organisation républicaine des pouvoirs publics, et la proposition Malleville tendant à la dissolution, et adopta l'ensemble des lois constitutionnelles (25 février 1875). Il mourut quatre mois après. Outre les ouvrages déjà cités, on doit à M. de Rémusat un exposé de la doctrine de *Lord Herbert de Cherbury* (1874) et une étude sur *Casimir*

Périer, son oncle, le célèbre ministre de Louis-Philippe. Chevalier de la Légion d'honneur (27 août 1840), décoré de la croix de juillet.

RÉMUSAT (Paul-Louis-Etienne, comte de), représentant en 1871, député de 1876 à 1879 et membre du Sénat, né à Paris le 17 novembre 1831, fils du précédent, étudia le droit, s'occupa de travaux scientifiques, et collabora au *Courrier du Dimanche*, au *Journal de l'Agriculture* de la Haute-Garonne, à la *Revue des Deux-Mondes*, au *Journal des Débats*. On remarqua beaucoup son volume sur les *Sciences naturelles, leur histoire et leurs plus récents progrès* (1857). Membre du conseil municipal de Toulouse depuis 1865, M. Paul de Rémusat se présenta, le 24 mai 1869, comme candidat indépendant au Corps législatif dans la 2e circonscription de la Haute-Garonne, et échoua avec 12,413 voix contre 16,801 à l'élu officiel, M. de Campaigno, et 3,915 à M. Duportal, radical. « J'appartiens, avait-il dit dans sa profession de foi, au parti qui veut la justice dans les lois, l'indépendance dans la magistrature, l'économie dans les finances, l'honnêteté dans l'administration, la liberté dans les élections. » Lorsqu'au mois d'octobre 1870, M. Thiers fut chargé, par le gouvernement de la Défense nationale, de parcourir l'Europe pour essayer de trouver un appui auprès des cours étrangères, M. Paul de Rémusat accompagna comme secrétaire le futur chef du pouvoir exécutif. Le 8 février 1871, il fut élu, le 2e sur 10, par 83,428 voix (122,845 votants, 143,055 inscrits), représentant de la Haute-Garonne à l'Assemblée nationale. Secrétaire de cette assemblée dès la constitution du bureau, il fit partie du centre gauche, et appuya en toutes circonstances la politique de M. Thiers. Il vota *pour* la paix, *pour* l'abrogation des lois d'exil, *pour* le retour de l'Assemblée à Paris, *contre* la chute de Thiers au 24 mai, *contre* le ministère de Broglie, le septennat, la loi des maires, *pour* la dissolution de l'Assemblée et *pour* les lois constitutionnelles. Élu, le 20 février 1876, député de l'arrondissement de Muret, par 11,521 voix (23,028 votants, 27,683 inscrits), contre 11,363 à M. Niel, conservateur bonapartiste, M. de Rémusat reprit sa place au centre gauche, dont il fut élu vice-président, vota avec la majorité, et fut des 363. Le 14 octobre 1877, il échoua avec 11,578 voix contre 12,456 à l'élu bonapartiste, M. Niel, candidat du gouvernement du 16 mai. Mais cette élection ayant été invalidée, M. de Rémusat regagna son siège, le 5 mai 1878 par 13,038 voix (24,382 votants, 28,956 inscrits), contre 11,240 au député sortant. Il vota, comme précédemment, avec la majorité républicaine et fut élu, le 5 janvier 1879, sénateur de la Haute-Garonne par 349 voix (671 votants). Il opina constamment avec la gauche modérée de la Chambre haute, par exemple *pour* l'article 7, *pour* la réforme du personnel judiciaire, *pour* le divorce, *pour* la politique opportuniste et *pour* les crédits du Tonkin. Réélu sénateur, le 6 janvier 1888, par 597 voix (1,012 votants), il s'est prononcé, en dernier lieu, *pour* le rétablissement du scrutin d'arrondissement (13 février 1889), *pour* le projet de loi Lisbonne restrictif de la liberté de la presse, *pour* la procédure de la haute cour contre le général Boulanger. Il doit la publication des *Mémoires de Madame de Rémusat*, sa grand'mère, dame du palais de l'impératrice Joséphine (1879).

RENARD (Athanase), député de 1837 à 1843,

né à Bourbonne-les-Bains (Haute-Marne) le 29 avril 1796, mort à Bourbonne-les-Bains le 4 juin 1875, fit sa médecine à Paris et s'installa comme docteur, en 1825, dans sa ville natale. Il fit d'abord de l'opposition au gouvernement des Bourbons, puis à celui de Louis-Philippe, et se présenta à la députation, le 21 juin 1834, dans le 2e collège de la Haute-Marne (Bourbonne), où il échoua avec 34 voix contre 71 à l'élu, M. Virey. Mais il fut ensuite successivement élu, dans le même collège, le 4 novembre 1837, par 79 voix (130 votants, 161 inscrits), contre 48 au député sortant, M. Virey; le 2 mars 1839, par 94 voix (133 votants); le 9 juillet 1842, par 98 voix (128 votants). En 1837, M. Renard prononça un discours très libéral à propos des affaires d'Espagne; puis il passa au parti ministériel, soutint le cabinet Molé, vota *pour* la dotation du duc de Nemours, *pour* les fortifications de Paris, *pour* le recensement, *contre* les incompatibilités et *contre* l'adjonction des capacités, et quitta la vie politique, ayant été nommé, en 1843, médecin inspecteur des eaux thermales de Bourbonne-les-Bains; il fut remplacé à la Chambre le 12 août de la même année, par M. d'Uzès.

RENARD (Léon-Louis), député de 1876 à 1881 et de 1885 à 1889, né à Valenciennes (Nord) le 16 mars 1836, fils d'un agent général des mines d'Anzin et beau-frère de M. Levert, ancien député du Pas-de-Calais, sortit le 1er de l'Ecole centrale en 1857 comme ingénieur chimiste, et fut appelé à diriger la verrerie de Fresnes, à laquelle il donna une extension considérable. Il est l'inventeur breveté d'un procédé de préservation du verre contre l'irisation atmosphérique. Administrateur des forges et hauts-fourneaux de Maubeuge, actionnaire d'Anzin, membre et secrétaire du conseil d'arrondissement de Valenciennes pour le canton de Condé depuis 1851, juge au tribunal de commerce de Valenciennes depuis 1867, membre de la délégation cantonale de l'instruction primaire, de la commission de surveillance du travail des enfants dans les manufactures, président du syndicat des maîtres-verriers du nord de la France et de la société de desséchement des vallées de la Hayne et de l'Escaut, il fut élu, le 20 février 1876, comme candidat du comité national conservateur, député de la 2e circonscription de Valenciennes, par 9,193 voix (18,233 votants, 25,280 inscrits), contre 8,946 à son cousin germain, M. Girard, républicain; il prit place au groupe de l'Appel au peuple, soutint le ministère de Broglie contre les 363, et fut réélu, le 14 octobre 1877, par 10,909 voix (21,390 votants, 25,858 inscrits), contre 10,306 à M. Girard. Cette élection ayant été invalidée, M. Renard se représenta le 7 juillet 1878, et échoua avec 11,169 voix contre 11,479 à l'élu, M. Girard. Il échoua de nouveau, le 21 août 1881, avec 476 voix contre 13,139 à l'élu, M. Girard, député sortant; mais, porté sur la liste conservatrice du Nord, le 4 octobre 1885, il fut élu, le 2e sur 20, par 163,105 voix (292,636 votants, 348,224 inscrits). Il reprit sa place à la droite bonapartiste, combattit de ses votes la politique scolaire et coloniale des cabinets républicains, et se prononça, dans la dernière session, *contre* le rétablissement du scrutin d'arrondissement (11 février 1889), *pour* l'ajournement indéfini de la revision de la Constitution, *contre* les poursuites contre trois députés membres de la Ligue des patriotes, *contre* le projet de loi Lisbonne restrictif de la liberté de la presse, *contre* les poursuites contre le général Boulanger.

RENARD. — *Voy.* Saint-Malo (de).

RENAUD (Joachim), député de 1824 à 1827, né à Auray (Morbihan) le 17 août 1776, mort à Nantes (Loire-Inférieure) le 12 octobre 1843, négociant à Auray, fut élu, le 6 mars 1824, député du grand collège du Morbihan, par 130 voix (171 votants, 209 inscrits). Il figura obscurément parmi les ministériels, fut décoré de la Légion d'honneur par M. de Villèle, et rentra dans la vie privée aux élections de 1827.

RENAUD (Jean-Baptiste), représentant du peuple en 1848, né à Cluny (Saône-et-Loire) le 2 décembre 1806, mort à Grenoble (Isère) le 8 août 1888, fils d'ouvriers peu aisés, était ferblantier à Grenoble à la révolution de 1848. Connu par ses idées avancées, et présenté par les clubs républicains de Grenoble, il fut élu, le 23 avril 1848, représentant de l'Isère à l'Assemblée constituante, le 15e et dernier, par 58,336 voix (136,436 votants, 159,723 inscrits). Il fit partie du comité de l'administration, et vota en général avec les démocrates non socialistes, *pour* le bannissement de la famille d'Orléans, *contre* les poursuites contre L. Blanc et Caussidière, *contre* l'impôt progressif, *contre* l'incompatibilité des fonctions, *contre* l'amendement Grévy, *contre* la sanction de la Constitution par le peuple, *pour* l'ensemble de la Constitution, *contre* la proposition Rateau, *contre* l'interdiction des clubs, *contre* l'expédition de Rome. Non réélu à la Législative, il reprit à Grenoble son métier de ferblantier.

RENAUD (Pierre-Michel), représentant en 1848, en 1849, en 1871, et sénateur de 1882 à 1885, né à Saint-Jean-Pied-de-Port (Basses-Pyrénées) le 12 avril 1812, mort à Pau (Basses-Pyrénées) le 29 janvier 1885, fit ses études au collège Henri IV et son droit à Paris, et s'établit comme négociant à Saint-Jean-Pied-de-Port. Il refusa, en février 1848, les fonctions de sous-commissaire du gouvernement provisoire à Mauléon, et fut élu, le 23 avril 1848, représentant des Basses-Pyrénées à l'Assemblée constituante, le 4e sur 11, par 60,521 voix (90,262 votants, 116,890 inscrits). Membre du comité des cultes, il siégea à gauche et vota avec les républicains modérés : *contre* le rétablissement du cautionnement et de la contrainte par corps, *contre* les poursuites contre L. Blanc et Caussidière, *pour* l'abolition de la peine de mort, *contre* l'amendement Grévy, *contre* le droit au travail, *pour* l'ordre du jour en l'honneur de Cavaignac, *pour* l'amnistie, *contre* l'interdiction des clubs, *contre* les crédits de l'expédition romaine. Réélu dans son département à l'Assemblée législative, le 10e et dernier de la liste, par 30,589 voix (71,463 votants, 117,931 inscrits), il reprit sa place à gauche et s'associa aux efforts et aux protestations comme aux votes de la minorité républicaine. Il se prononça *contre* le siège de Rome, *contre* la loi Falloux-Parieu sur l'enseignement, *contre* la loi restrictive du suffrage universel, et eut un duel célèbre avec M. de Montalembert, chef d'escadron de cuirassiers, qu'il blessa grièvement. Ayant protesté vivement contre le coup d'État du 2 décembre 1851, il fut emprisonné, puis compris dans le premier décret d'expulsion, et se réfugia en Espagne où il séjourna jusqu'en 1860, bien qu'il eut été l'objet d'une mesure particulière qui l'autorisait à rentrer en France. Il se tint à l'écart des affaires publiques

pendant toute la durée de l'Empire, s'engagea comme simple soldat dans les mobiles de Bayonne lors de la guerre de 1870, fut envoyé dans l'Est, et séjourna, comme malade, à l'hôpital de Besançon. Élu, le 8 février 1871, représentant des Basses-Pyrénées à l'Assemblée nationale, le 4e sur 9, par 51,477 voix (61,049 votants, 110,425 inscrits), il fit partie de la gauche républicaine, ne prit pas part au vote sur la paix et se prononça *contre* l'abrogation des lois d'exil, *contre* la pétition des évêques, *contre* le pouvoir constituant de l'Assemblée, *contre* la chute de Thiers au 24 mai, *contre* le septennat, la loi des maires, l'état de siège, *pour* les amendements Wallon et Pascal Duprat, et *pour* l'ensemble des lois constitutionnelles. Candidat aux élections législatives du 20 février 1876, dans l'arrondissement de Mauléon, M. Renaud échoua avec 4,298 voix contre 7,649 à l'élu conservateur, M. Harispe; il se représenta, le 14 octobre 1877, dans l'arrondissement de Bayonne et n'y obtint que 5,778 suffrages contre 10,354 au candidat officiel du cabinet du 16 mai. Le 8 janvier 1882, il fut élu sénateur des Basses-Pyrénées par 408 voix (646 votants). Il suivit à la Chambre haute la même ligne de conduite que précédemment, soutint la politique opportuniste, vota *pour* la réforme du personnel judiciaire, *pour* le divorce, etc., et mourut en janvier 1885. Il fut remplacé, le 26 avril suivant, par M. Th. Plantié.

RENAUD (Marie-Félix), représentant en 1871, né à La Guiche (Saône-et-Loire) le 29 octobre 1832, avocat à Chalon-sur-Saône et bâtonnier de l'ordre, était sans antécédents politiques lorsqu'il fut élu, le 8 février 1871, représentant de Saône-et-Loire à l'Assemblée nationale, le 3e sur 12, par 76,063 voix. Partisan de la politique de Thiers, il prit place au centre gauche, fut plusieurs fois secrétaire de l'Assemblée, rapporteur en 1873 de la loi sur les contributions indirectes, et vota *pour* la paix, *contre* l'abrogation des lois d'exil, *contre* la pétition des évêques, *contre* le service de trois ans, *contre* la démission de Thiers, *contre* le septennat, *contre* le ministère de Broglie, *pour* l'amendement Wallon, *pour* les lois constitutionnelles. Au mois de mars 1876, M. Ricard, ministre de l'Intérieur, l'appela à la préfecture du Lot-et-Garonne, fonctions qu'il conserva jusqu'à sa destitution, en mai 1877. Nommé préfet de la Loire le 18 décembre 1877, M. Renaud fut fait chevalier de la Légion d'honneur l'année suivante, et passa, en 1880, à la préfecture de la Seine-Inférieure qu'il quitta au commencement de 1882.

RENAULDON (Charles, baron), représentant aux Cent-Jours, né à Grenoble (Isère) le 16 février 1757, mort à Grenoble le 22 mars 1824, avocat, devint maire de sa ville natale au Consulat et remplit ces fonctions jusqu'au mois d'avril 1815. En 1803, il fut porté comme candidat au Corps législatif par le collège de Grenoble, assista au sacre de Napoléon, et fut créé baron de l'empire en 1810. Élu, le 13 mai 1815, représentant à la Chambre des Cent-Jours par le grand collège de l'Isère, avec 48 voix (95 votants), il siégea dans la majorité et renonça à la vie politique après cette courte législature.

RENAULT (Alexandre-Jacques), député au Conseil des Cinq-Cents et au Corps législatif, né à Moulins-la-Marche (Orne) le 28 février 1763, mort à Paris en 1820, était avocat à Alençon et officier municipal lorsqu'il fut élu, le 24 vendémiaire an IV, député de l'Orne au

Conseil des Cinq-Cents, par 178 voix (340 votants). Il prit une part assez active aux débats, parla en faveur de la loi du 3 brumaire, sur les radiations de la liste des émigrés, sur l'arbitrage forcé, les tribunaux de famille et les tribunaux de commerce, sur l'organisation des secours publics, le divorce, et la durée des fonctions des accusateurs publics. Il se prononça pour l'exclusion des femmes de tout professorat, contre la peine de mort, contre la création d'un huitième ministère, combattit le projet en faveur des coupables dénonçant leurs complices, et défendit la liberté de la presse; membre du comité judiciaire, il donna lecture de deux rapports : l'un relatif aux accusés en démence, l'autre en faveur des parents des contumaces dont les biens avaient été séquestrés. Il fut nommé membre d'un grand nombre de commissions particulières, notamment de celle chargée de la nomination des greffiers des juges de paix, et de la situation des copropriétaires d'immeubles indivis avec la nation. Il prêta serment de haine à la royauté (1er prairial an VII), après avoir été réélu député du même département au même Conseil, le 25 germinal an VII. Favorable au coup d'Etat de brumaire, il fut choisi, le 4 nivôse an VIII, par le Sénat conservateur, comme député de l'Orne au Corps législatif, d'où il sortit en l'an XI. Il ne joua plus aucun rôle politique.

RENAULT (HIPPOLYTE-PIERRE-PUBLICUS, BARON), sénateur du second Empire, né à Malte le 21 janvier 1807, mort à Villiers (Seine-et-Oise) le 2 décembre 1870, entra à l'Ecole de Saint-Cyr, en sortit sous-lieutenant d'infanterie et devint successivement capitaine à la légion étrangère (1835), chef de bataillon aux zouaves (1839), lieutenant-colonel (1841), colonel du 6e léger (avril 1843) et général de brigade (août 1846). Il servit en Afrique de 1839 à 1848, commanda, cette dernière année, une brigade de l'armée d'observation des Alpes, fut promu, le 11 juillet 1851, général de division, et se montra tout dévoué à la politique présidentielle de L.-N. Bonaparte, qu'il seconda dans l'exécution du coup d'Etat. Envoyé de nouveau en Algérie, il fut à plusieurs reprises gouverneur général par intérim de la colonie. Après avoir pris part (1859) à la guerre d'Italie, il fut appelé (16 août de la même année) à siéger au Sénat impérial. Il commandait la division militaire de Rouen quand éclata la guerre franco-allemande. Placé à la tête du 14e corps d'armée (12 août 1870) qui resta à Paris, il assista à la bataille de Champigny, fut blessé d'un éclat d'obus au combat de Villiers, le 2 décembre 1870, et mourut des suites de l'amputation. Grand-croix de la Légion d'honneur du 25 octobre 1857.

RENAULT (LÉON-CHARLES), député de 1876 à 1885, et membre du Sénat, né à Maisons-Alfort (Seine) le 24 septembre 1839, fils d'un directeur de l'Ecole vétérinaire d'Alfort, qui fut membre de l'Académie de médecine, fit ses études aux lycées Bonaparte et Saint-Louis, suivit les cours de l'Ecole de droit, fut reçu avocat et docteur, devint secrétaire de M. Hébert et s'inscrivit au barreau de Paris. Il acquit rapidement une situation importante; ses débuts dans l'affaire Vassel (1862), et sa défense des liquidateurs de la caisse des chemins de fer le mirent en évidence. D'opinions libérales, de nuance orléaniste, il fit à l'Empire une opposition modérée, fut appelé, le 5 novembre 1870, aux fonctions de secrétaire général de la préfecture de police, quitta ce poste lors de

l'insurrection communaliste du 18 mars 1871, et fut nommé peu après, par le gouvernement de Thiers, préfet du Loiret. Il eut à réprimer à Montargis un soulèvement populaire, et mérita par son zèle la confiance du chef du pouvoir exécutif, qui le promut, le 21 novembre suivant, au poste de préfet de police. Il signala son administration par des mesures importantes dans l'avancement du personnel, et donna sa démission le 24 mai 1873, lors de la chute de Thiers. Mais cette démission fut refusée par le maréchal de Mac-Mahon qui ajouta (février 1874) à ses attributions celles de directeur de la sûreté générale, et le nomma conseiller d'Etat en service extraordinaire. M. Renault fit devant la commission d'enquête de l'Assemblée nationale, sur les agissements du parti bonapartiste, une déposition très remarquée. Candidat républicain aux élections du 20 février 1876, dans l'arrondissement de Corbeil, il fut élu député par 10,431 voix (15,170 votants, 18,606 inscrits), contre 4,833 au prince de Wagram, bonapartiste, que le ministre de l'Intérieur d'alors, M. Buffet, appuyait ouvertement. M. Léon Renault avait dû, en présence de cette situation, donner, le 9 février, sa démission de préfet de police. Il prit place au centre gauche de la Chambre des députés, fut activement mêlé aux débats parlementaires, apporta aux autres groupes républicains le concours du centre gauche dans la lutte contre le cabinet du 16 mai, opina avec les 363, et fut réélu le 14 octobre 1877, par 10,241 voix (16,475 votants, 19,160 inscrits), contre 3,207 au prince de Wagram et 2,853 à M. Cochin. Dès les débuts de la session, il fit partie du comité des Dix-huit, investi du mandat de diriger la majorité républicaine dans sa résistance contre les projets du cabinet Rochebouët. Il se montra partisan de la demande d'enquête sur les actes des ministres du Seize-Mai, fut élu président du centre gauche le 7 janvier 1878, prononça un discours remarquable sur les progrès de l'opinion républicaine, et traça un programme de gouvernement conforme aux doctrines du centre constitutionnel. Plusieurs personnages politiques en vue le choisirent pour les défendre devant les tribunaux; il plaida notamment pour M. Maurice de Talleyrand-Périgord et pour M. Borriglione, maire et député de Nice. Il soutint le plus souvent, de ses votes, la politique opportuniste, se rallia parfois aux opinions de la droite, se prononça contre l'amnistie, contre la liberté de réunion et d'association, et échoua au renouvellement du 21 août 1881 dans l'arrondissement de Corbeil, comme candidat républicain conservateur, avec 6,871 voix contre 8,012 à M. Remoiville, radical. Il rentra au parlement le 26 février 1882, comme député de l'arrondissement de Grasse, élu par 7,932 voix (13,378 votants, 21,668 inscrits), contre 2,076 à M. Giraud, 1,487 à M. Borniol et 1,255 à M. Muraour. M. Léon Renault reprit sa place au centre gauche, dont il fut, comme par le passé, un des membres les plus influents, fit sur la question du divorce un rapport favorable, appuya les conventions avec les grandes compagnies de chemins de fer (juillet 1883), défendit la politique du cabinet dans les affaires de Chine comme rapporteur de la demande de crédits (2 décembre); parla en faveur de la loi sur les cris séditieux (février 1884); fut rapporteur du projet de réforme de la loi électorale du Sénat, et donna sa démission, qu'il reprit d'ailleurs, la Chambre ayant adopté le projet Floquet sur l'élection des sénateurs au suffrage universel (octobre 1884); il se prononça *contre* l'élection des juges, *contre* la séparation de l'Église et de l'État, *pour* les crédits de l'expédition du Tonkin. Le 6 janvier 1885, M. Léon Renault devint sénateur des Alpes-Maritimes, par 361 voix (375 votants). Il opina avec la fraction la plus conservatrice du parti républicain, se prononça (février 1885) pour la relégation facultative des récidivistes ; s'éleva (juin 1887) contre l'expulsion des princes : « Vous reportez à droite, dit-il, les coups que vous devriez diriger contre les anarchistes » ; demanda (janvier 1887) pour la femme séparée une capacité civile pleine et entière ; proposa (octobre 1883) le rattachement du budget de la préfecture de police au budget de l'État, vota *contre* la révision de la Constitution, et, en dernier lieu, s'abstint sur le rétablissement du scrutin d'arrondissement (13 février 1889), sur le projet de loi Lisbonne restrictif de la liberté de la presse, et sur la procédure de la haute cour contre le général Boulanger ; dans une lettre adressée au président du Sénat, le 12 avril 1889, il déclara qu'il refusait de siéger à la haute cour de justice constituée pour juger le général.

RENAULT-MORLIÈRE (AMÉDÉE-JOSEPH-ROMAIN), député de 1876 à 1885, né à Ernée (Mayenne) le 11 octobre 1839, se fit inscrire au barreau de Paris, où il avait fait son droit, puis, en 1870, acheta une charge d'avocat à la cour de Cassation et au conseil d'État. Nommé, en 1871, conseiller général du canton d'Ernée, il présenta des vœux en faveur de l'instruction gratuite et obligatoire et combattit un vœu présenté par M. de Quatrebarbes sur la liberté de l'enseignement, qu'il qualifia de « duperie, la concurrence ne pouvant s'établir qu'au seul profit des partis politiques et religieux. » Élu, le 5 mars 1876, au second tour de scrutin, député de la 1re circonscription de la Mayenne, par 9,880 voix (13,680 votants, 18,837 inscrits), contre 3,731 à M. Raulin, conservateur, il prit place à la gauche républicaine, et fut l'un des 363 députés qui refusèrent le vote de confiance au ministère de Broglie. Réélu, le 14 octobre 1877, par 9,519 voix (15,828 votants, 19,508 inscrits), contre 6,271 à M. Boullier de Branche, ancien représentant, candidat du cabinet du 16 mai, il fut élu secrétaire de la Chambre, et vit son mandat renouvelé, le 21 août 1881, par 5,936 voix (11,900 votants, 18,531 inscrits), contre 5,286 à M. Gaudais. Il continua de siéger dans la majorité opportuniste, et soutint la politique scolaire et coloniale du gouvernement républicain. Porté, le 4 octobre 1885, sur la liste républicaine de la Mayenne, il échoua avec 31,086 voix sur 72,815 votants.

RENAUT (ROCH), député en 1789, né à Golfech (Tarn-et-Garonne) en 1735, mort à une date inconnue, avocat à Agen, fut élu, le 26 mars 1789, député du tiers aux États-Généraux par la sénéchaussée d'Agen, avec 193 voix (248 votants). Il prêta le serment du Jeu de paume, fut membre du comité des rapports, vota obscurément avec la majorité et ne rentra plus dans la vie politique après la session.

RENAUT (PIERRE-LOUIS-JOSEPH), député en 1789, né le 24 août 1740, mort à une date inconnue, était curé à Preux-aux-Bois (Nord), quand il fut élu, le 13 avril 1789, député du clergé aux États-Généraux par le bailliage du Quesnoy. L'un des premiers de son ordre, il se réunit aux députés des communes, fit partie

du comité ecclésiastique et de la commission pour la vente des biens du clergé, se montra favorable à la constitution civile du clergé, et prêta le serment ecclésiastique le 27 décembre 1790. Il protesta constamment de son dévouement à la Constitution et disparut de la scène politique après la session.

RENDU (EUGÈNE-MARIE-VICTOR), député de 1876 à 1877, né à Paris le 10 janvier 1824, fit son droit et sa licence ès lettres et, en 1844, entreprit en Italie un voyage au cours duquel il se lia avec le comte Balbo et Massimo d'Azeglio, et put traiter avec compétence les questions italiennes dans les journaux et dans des livres. A la révolution de 1848, il collabora à l'*Ère nouvelle*, avec Lacordaire, Ozanam et l'abbé Maret. La part qu'il prit aux polémiques relatives à l'enseignement le fit appeler dans les bureaux du ministère de l'Instruction publique, comme commis rédacteur, par M. de Parieu, lors de l'élaboration de la loi du 15 mars 1850. Nommé, l'année suivante, inspecteur de l'enseignement primaire, puis rappelé, en 1854, au ministère comme chef du personnel de l'instruction primaire, il fut en outre chargé de différentes missions en Allemagne et en Angleterre, fut décoré de la Légion d'honneur en 1856, et envoyé à Londres en 1857, pour assister au congrès de l'instruction publique présidé par le prince Albert. En 1860, il fut nommé inspecteur général de l'instruction publique. Conseiller général de Seine-et-Oise, il se présenta à la députation dans la 3e circonscription de ce département, le 23 octobre 1859, et échoua avec 7,351 voix contre 18,893 à l'élu, M. Dambry, candidat du gouvernement, et 586 au vicomte de Ruty ; il ne fut pas plus heureux comme candidat officiel, aux élections du 24 mai 1869, avec 14,595 voix, contre 15,593 à l'élu, candidat indépendant, M. Antonin Lefèvre-Pontalis. Il entra à la Chambre le 20 février 1876, comme député de la 1re circonscription de l'Oise, élu par 6,729 voix (13,002 votants, 15,979 inscrits), contre 6,103 à M. de Pressensé, candidat républicain. Il avait déclaré « sans rien désavouer de son passé, il entrerait dans le régime inauguré le 25 février, en citoyen consciencieux, pour le pratiquer, et non, pas en ennemi pour le renverser. » Il prit place à droite, soutint, au 16 mai, le ministère de Broglie contre les 363, et ne se représenta pas aux élections générales du 14 octobre 1877, après la dissolution de la Chambre par le cabinet du 16 mai. Il avait été nommé inspecteur général hors cadre le 1er septembre 1877, et il fut admis à la retraite comme tel, l'année suivante. A l'approche des élections générales de 1885, M. Rendu fit dans les communes rurales de Seine-et-Oise une série de conférences, et fut porté, aux élections du 4 octobre, sur la « liste agricole », qui échoua. M. Rendu a obtenu, en 1876, un prix de l'Académie des sciences morales et politiques pour ses travaux sur l'instruction publique et a publié un grand nombre d'ouvrages parmi lesquels : *Manuel de l'enseignement primaire* ; *Commentaire théorique et administratif de la loi sur l'enseignement primaire* (1850) ; *Sur l'obligation légale de l'enseignement* (1860) ; *L'instruction primaire devant l'Assemblée nationale* (1873) ; *L'Italie devant la France* (1849) ; *La souveraineté pontificale et l'Italie* (1862), etc.

RENÉE (LAMBERT-AMÉDÉE), député au Corps législatif de 1857 à 1859, né à Caen (Calvados) le 8 mai 1808, mort à Marseille (Bouches-du-Rhône) le 9 novembre 1859, suivit de bonne heure la carrière littéraire, et se fit un nom comme publiciste. Après avoir débuté sous les auspices d'Augustin Thierry, il collabora au *Journal de l'Instruction publique*, à la *Revue de Paris*, puis au *Constitutionnel*, et fut nommé (1847) bibliothécaire du château de Meudon. Attaché en la même qualité à la Sorbonne, deux ans après, il dut à son dévouement à la politique impérialiste les fonctions de secrétaire du grand maréchal du palais (1853). Le gouvernement lui confia en 1857 la direction des journaux dynastiques le *Pays* et le *Constitutionnel*, et le désigna comme candidat officiel aux élections du Corps législatif dans la 3e circonscription du Calvados, qui l'élut député, le 22 juin 1857, par 13,058 voix (18,605 votants, 34,605 inscrits), contre 2,802 à M. Leroy-Beaulieu, et 2,493 à M. Le Métayer-Desplanches. M. Amédée Renée siégea dans la majorité impérialiste avec laquelle il vota jusqu'à sa mort (novembre 1859). Il fut remplacé, le 7 janvier 1860, par M. de Colbert. Outre de nombreux articles des journaux, revues et dictionnaires, M. A. Renée a publié : *Heures de poésie* (1841), *Tableau des services de guerre des princes issus de Robert le Fort* (1843); *les Nièces de Mazarin* (1856); *les Nièces de Montmorency* (1858); *la Grande Italienne* (1859); etc.

RENET (FRANÇOIS-MARIE), député de 1831 à 1834, né à Paris le 18 août 1780, mort à Bercy (Seine) le 14 avril 1853, occupait, comme négociant en vins à Bercy, une haute situation commerciale, lorsqu'il fut élu, le 5 juillet 1831, député du 13e arrondissement de Paris, par 226 voix (398 votants), contre 144 à M. Desgranges. Il siégea jusqu'en 1834 dans les rangs de la majorité conservatrice et quitta ensuite la vie parlementaire.

RENGERS (LAMORAL), député au Corps législatif de 1811 à 1814, né et mort à des dates inconnues, bailli du 11e district de la Frise, fut nommé, par décret impérial du 19 février 1811, député du département de la Frise au Corps législatif, choisi sur une liste présentée par le préfet de ce département. Il en sortit en 1814, lorsque la Hollande fut séparée de la France.

RENNE (BENOIT-JEAN-RÉMY COMBET DE PECCAT DE LA), député en 1789, né à Epernay (Marne) le 2 mars 1752, mort à Meaux (Seine-et-Marne) le 27 octobre 1818, était prieur-curé de la paroisse de Saint-Martin de Nevers, et chanoine régulier de la Congrégation de France, lorsqu'il fut élu, le 26 mars 1789, député du clergé aux Etats-Généraux par le bailliage de Nivernais et Donziois. Partisan des réformes, il tenta, le 20 mai 1789, de faire revenir le clergé sur l'abandon des privilèges voté la veille par 15) voix contre 72, et dit que les 150 votants « avaient faussé leur serment, trahi la religion et l'Etat. » Il fit partie du comité ecclésiastique, mais cessa de siéger au moment de la promulgation de la constitution civile du clergé et refusa le serment. Au Concordat, il fut nommé curé d'Epernay, et appelé, le 1er novembre 1810, aux fonctions de grand vicaire de Meaux, qu'il conserva jusqu'à sa mort.

RENNEL (JOSEPH-BALTHAZAR, COMTE DE), député en 1789, né à Burthécourt (Meurthe) le 21 août 1726, mort à Nancy (Meurthe) le 1er juillet 1795, ancien officier et chevalier de Saint-Louis, fut élu, le 7 avril 1789, député de la noblesse aux Etats-Généraux par le bailliage de Vic et de Toul, avec 11 voix. Il refusa de délibérer avec les députés du tiers, ainsi qu'en témoigne la lettre suivante : « Le député de la noblesse du bailliage de Vic et de Toul, forcé par ses mandats de délibérer par ordre, déclare qu'il ne peut participer aux délibérations de l'Assemblée jusqu'à ce que ses commettants ayent pris le parti qu'ils jugeront le plus convenable. En conséquence, et ce pour l'obtention de nouvelles lettres de convocations pour assembler la noblesse de ses bailliages, il fait toutes réserves contre les décisions qui pourraient être prises dans cette assemblée, et en demande acte.

« Versailles, le 30 juin 1789.

« LE COMTE DE RENNEL. »

Il ne prit aucune part aux débats, donna sa démission le 4 mars 1790, et fut remplacé par M. d'Alençon.

RENOU DE BALLON (LOUIS-VINCENT-CASIMIR), député de 1837 à 1839, représentant en 1848, né à Ballon (Charente-Inférieure) le 17 juillet 1793, mort à Ballon le 11 février 1863, neveu d'Audry de Puyravault, fit ses études à Sorèze; il se préparait à l'Ecole polytechnique, lorsque les événements de 1814 lui firent abandonner la carrière des armes pour s'occuper d'industrie. Il fonda en 1824 une raffinerie de sucre à Ballon, se montra hostile aux Bourbons, puis au gouvernement de juillet, et fut élu, le 4 novembre 1837, député du 3e collège de la Charente-Inférieure (Saint-Jean-d'Angely) par 160 voix (318 votants, 403 inscrits), contre 149 à M. Desmortiers. Il prit place à l'extrême-gauche et vota contre toutes les propositions ministérielles. Non réélu, dans le même collège, le 2 mars 1839, avec 176 voix contre 204 à l'élu, M. Desmortiers, et le 9 juillet 1842, avec 40 voix contre 223 à l'élu, M. Desmortiers, député sortant, et 111 à M. Lajonkaire, puis, dans le 6e collège du même département (Rochefort), le 1er août 1846, avec 112 voix contre 266 à l'élu, M. Dumas, et 81 à M. Roy-Bry, il applaudit à la révolution de 1848, et fut nommé par Ledru-Rollin, dont il était l'ami, commissaire du gouvernement provisoire dans la Charente-Inférieure. Il remplit peu de temps ces fonctions, et fut élu, le 23 avril 1848, représentant de la Charente-Inférieure à l'Assemblée constituante, le 1er sur 12, par 106,683 voix (111,907 votants, 136,016 inscrits). Il prit place à la gauche démocratique, fit partie du comité des finances, et vota *pour* le bannissement de la famille d'Orléans, *contre* les poursuites contre L. Blanc et Caussidière, *pour* l'abolition de la peine de mort, *contre* l'impôt progressif, *contre* la sanction de la Constitution par le peuple, *pour* l'ensemble de la Constitution, *contre* la proposition Rateau, *contre* l'interdiction des clubs, *contre* l'expédition de Rome, *pour* la demande de mise en accusation du président et des ministres. Non réélu à la Législative, il ne reparut plus sur la scène parlementaire.

RENOUARD (AUGUSTIN-CHARLES), député de 1831 à 1837 et de 1839 à 1842, pair de France, sénateur de 1876 à 1878, né à Paris le 22 octobre 1794, mort au château de Stors (Seine-et-Oise) le 17 août 1878, « fils de Antoine-Augustin Renouard, gazier (fabricant de gazes), et de Léonie-Catherine Desaintes », fut destiné à la littérature par son père, lorsque celui-ci eut quitté sa première profession pour s'occuper de librairie. Il fut élève de l'Ecole normale, de 1812 à 1815, professa la philosophie comme répétiteur, puis étudia le droit et fut reçu avocat. Il fut mêlé aux luttes des libéraux contre la Restauration, et devint secrétaire et membre du conseil d'administration de la Société pour l'instruction élémentaire. La révolution de 1830 le fit conseiller d'État et secrétaire général au ministère de la Justice. Élu, le 5 Juillet 1831, député du 4e collège de la Somme (Abbeville), par 164 voix (311 votants, 433 inscrits), contre 61 à M. Buteaux et 37 à M. Mary, il siégea dans les rangs de la majorité conservatrice, et fut réélu, le 21 juin 1834, par 234 voix (351 votants, 457 inscrits), contre 83 à M. Labitte et 37 à M. Mary. M. Renouard ne tarda pas à devenir un des membres les plus en vue de la Chambre des députés : il parut plusieurs fois à la tribune et prit une part importante à la discussion de la loi de l'instruction primaire, et à celle de la loi sur les faillites et banqueroutes. Nommé, en 1837, conseiller à la cour de Cassation, il obtint, à la suite de cette promotion, la confirmation de son mandat législatif par 139 voix (190 votants), contre 61 à M. de Carpentin; mais il échoua, au renouvellement général du 4 novembre suivant, avec 155 voix contre 210 à l'élu, M. de Carpentin. Il regagna son siège, le 2 mars 1839, avec 205 voix (375 votants), et suivit, jusqu'en 1842, la même ligne politique que précédemment. Le 9 juillet 1842, M. Renouard échoua avec 256 voix contre 267 à M. de Tillette de Clermont-Tonnerre, élu. Nommé pair de France le 21 juillet 1846, il soutint à la Chambre haute, jusqu'à la révolution de février, le gouvernement de Louis-Philippe. Ce fut lui que la haute cour de justice chargea, lors du coup d'État du 2 décembre 1851, du rapport sur la mise en accusation du président; mais on sait que ce rapport resta lettre morte et que l'action de la haute cour n'eut pas d'effet. M. Renouard conserva sous l'Empire ses fonctions de conseiller à la cour de Cassation jusqu'en 1869; il reçut alors le titre de conseiller honoraire. Pendant cette période, il partagea son temps entre les travaux de sa charge et ceux de la Société d'économie politique dont il était un des vice-présidents. En 1861 il fut élu membre de l'Institut (Académie des sciences morales et politiques). Un certain nombre d'écrits importants lui avaient valu cette faveur. Outre ses thèses de doctorat : Sur le style des prophètes hébreux et De identitate personali (1814), il avait donné : Projet de quelques améliorations dans l'éducation publique (1815); Éléments de la morale (1816); Considérations sur les causes de l'éducation secondaire en France (1824); Mélanges de morale, d'économie et de politique, extraits des ouvrages de B. Franklin (1824); Traité des brevets d'invention (1825); Examen du projet de loi contre la presse (1827); l'Éducation doit elle être libre? Mémoire sur la statistique de la justice civile en France (1834); Traité des droits des auteurs dans la littérature, les sciences et les beaux-arts (1838-39); Traité des faillites et banqueroutes (1842). Il avait publié en outre de nombreux articles dans la Thémis, la Revue encyclopédique, le Globe, la Revue de législation, le Journal des Économistes et le Dictionnaire de l'économie politique (1819-1859). Nommé procureur général à la cour de Cassation le 21 avril 1871, il put, malgré son âge, prendre la parole dans plusieurs affaires importantes, notamment dans celles du président Devienne et des commissions mixtes. Plusieurs de ses discours de rentrée se firent remarquer par une forme littéraire très châtiée : la Force prime le droit (1872); Considérations sur l'histoire de la cour de Cassation (1875). Présenté en juin 1876, par les gauches du Sénat, à un siège de sénateur inamovible, il échoua contre M. Buffet, et ne fut élu que le 24 novembre suivant, au 3e tour de scrutin, par 140 voix (272 votants), en remplacement du général Letellier-Valazé, décédé. M. Renouard prit place au centre gauche, vota avec le parti républicain conservateur, et se prononça, le 23 juin 1877, contre la dissolution de la Chambre des députés. Il avait très nettement pris parti contre le gouvernement du Seize-Mai, et avait donné, dès le 17, sa démission de magistrat. Il fut alors choisi comme président du comité de jurisconsultes, dit de résistance légale, qui dirigea la campagne contre le ministère Fourtou-de Broglie. Il soutint ensuite le cabinet Dufaure et mourut, l'année suivante, grand officier de la Légion d'honneur.

RENOUARD (JEAN-PIERRE-FORTUNÉ-LIBRE), représentant en 1848 et en 1849, député au Corps législatif en 1852, né à Mende (Lozère) le 5 mars 1792, mort à Mende le 26 juin 1884, fils d'un ancien engagé aux gardes-françaises qui fut ensuite greffier du tribunal civil de Mende, étudia le droit et exerça à Mende la profession d'avoué (1816). Nommé secrétaire général de la préfecture de la Lozère à la révolution de 1830, il se fit inscrire, lors de la suppression de cette fonction (1832), au barreau de Mende dont il devint plus tard bâtonnier (1836-1849), fut nommé, en 1834, conseiller de préfecture, et reçut en 1841 la croix de la Légion d'honneur. Révoqué en février 1848, il se présenta, le 23 août, aux suffrages des conservateurs de la Lozère, et fut élu représentant à l'Assemblée constituante, le 4e et dernier, par 8,210 voix (32,651 votants, 38,359 inscrits). Il prit place à droite et vota : pour le rétablissement du cautionnement et de la contrainte par corps, pour les poursuites contre Louis Blanc et Caussidière, contre l'abolition de la peine de mort, contre l'amendement Grévy, contre la réduction de l'impôt du sel, pour la proposition Rateau, contre l'amnistie, pour l'interdiction des clubs. A partir de la fin de mars 1849, il est porté absent par congé. Réélu, le 13 mai 1849, représentant du même département à l'Assemblée législative, le 1er sur 3, par 12,961 voix (27,377 votants, 39,551 inscrits), il soutint le parti de l'Élysée, applaudit au coup d'État du 2 décembre, fut nommé membre de la Commission consultative, et entra, le 29 février 1852, avec l'appui du gouvernement, au Corps législatif comme l'élu de la circonscription unique de la Lozère : il avait réuni, sans concurrent, 24,359 voix sur 24,753 votants et 40,130 inscrits. Mais, dans le courant de la même année, il donna sa démission de député pour raison de santé, et fut nommé président du tribunal civil de Mende. Membre du conseil général de la Lozère (1853), il présida ce conseil jusqu'en 1860. Le 29 septembre 1862, M. Renouard fut admis à la retraite comme magistrat, avec le titre de président honoraire. Officier d'académie (1867).

RENOUARD DE BUSSIÈRE (ATHANASE-PAUL, VICOMTE), député de 1820 à 1830, né à Yverdun (Suisse) le 9 avril 1776, mort à Paris le 18 avril 1846, négociant à Strasbourg et conseiller général, fut élu, le 13 novembre 1820, député du grand collège du Bas-Rhin, par 96 voix (176 votants, 194 inscrits). Réélu dans le 3ᵉ arrondissement électoral du même département (Haguenau), le 25 février 1824, par 100 voix (130 votants, 159 inscrits), contre 23 à M. Florent Saglio, il vit son mandat renouvelé, une troisième fois, le 17 novembre 1827, avec 59 voix (104 votants, 125 inscrits), contre 45 à M. Saglio. Il siégea silencieusement dans la majorité ministérielle et refusa de signer l'Adresse des 221. Ayant échoué, le 23 juin 1830, avec 32 voix contre 53 à l'élu, M. Saglio, il quitta la vie politique.

RENOUARD DE BUSSIÈRE (JULES-EDMOND-LOUIS, BARON), pair de France, né à Paris le 13 juillet 1804, mort à Paris le 23 novembre 1888, suivit la carrière diplomatique, fut successivement chargé d'affaires à Darmstadt puis à Dresde, et fut élevé à la pairie le 25 décembre 1841. Il soutint de ses votes à la Chambre haute le gouvernement de Louis-Philippe et rentra dans la vie privée en 1848.

RENOUARD DE BUSSIÈRE (LÉON, BARON), député en 1842, né à Strasbourg (Bas-Rhin) le 6 janvier 1808, entra dans l'administration et devint maître des requêtes au conseil d'État, puis conseiller d'État. Dévoué au gouvernement de Louis-Philippe, il se présenta à la députation, avec l'appui du gouvernement, le 12 février 1842, dans le 6ᵉ collège du Bas-Rhin (Wissembourg), et fut élu par 82 voix (156 votants), en remplacement de M. Dietrich, démissionnaire. Il vint siéger au centre, et échoua au renouvellement du 9 juillet 1842, avec 71 voix contre 86 à l'élu, M. Cerfberr; il ne réunit encore, le 1ᵉʳ août 1846, que 95 voix contre 119 au député sortant. M. Renouard de Bussière fut admis à la retraite comme conseiller d'État, le 12 novembre 1873. Officier de la Légion d'honneur.

RENOUARD DE BUSSIÈRE (ALFRED, BARON), député de 1845 à 1848, et de 1852 à 1870, né à Strasbourg le 14 juin 1804, mort à Paris le 8 avril 1887, parent du précédent, exerçait à Strasbourg la profession de banquier; il fut nommé directeur de la Monnaie de Paris. Conseiller général du Bas-Rhin pour le canton de Geispolsheim, président du tribunal de commerce de Strasbourg et président du consistoire de la confession d'Augsbourg, il fut élu, le 26 juillet 1845, député du 2ᵉ collège du Bas-Rhin (Strasbourg), par 209 voix (346 votants), contre 137 à M. Martin, en remplacement de M. Schützemberger, démissionnaire; il prit place au centre et soutint la politique de Guizot; il était *absent* lors du vote sur l'indemnité Pritchard. Réélu député de la même circonscription, le 1ᵉʳ août 1846, par 225 voix (367 votants, 414 inscrits), contre 149 à M. Lauth, il s'associa, jusqu'à la révolution de février, aux votes de la majorité gouvernementale, se rallia à la politique du prince L.-Napoléon, et, aux élections du 24 février 1852, fut élu, comme candidat officiel, député de la 1ʳᵉ circonscription du Bas-Rhin au Corps législatif, par 21,364 voix (23,282 votants, 37,714 inscrits). Il prit part au rétablissement de l'Empire et compta, pendant toute la durée du règne, parmi les plus zélés partisans du régime nouveau, ayant obtenu sa réélection, le 22 juin 1857, par 21,662 voix (26,974 votants, 39,558 inscrits); le 1ᵉʳ juin 1863, par 21,541 voix (28,274 votants, 36,389 inscrits), contre 6,417 à M. O. Barrot, de l'opposition; le 24 mai 1869, par 16,637 voix (29,342 votants, 37,721 inscrits), contre 12,056 à M. Ch. Boersch et 418 à M. Emm. Arago. Il vota *pour* la déclaration de guerre à la Prusse.

Membre de la Société de secours aux blessés pendant la guerre franco-allemande, il fut cependant arrêté par les Allemands et interné à Rastadt (août 1870). Administrateur de la Société générale du Crédit mobilier (1863), officier de la Légion d'honneur (12 août 1859).

RENOUVIER (JEAN-ANTOINE), député de 1827 à 1831, né à Louplan (Hérault) le 20 juin 1777, mort à Montpellier (Hérault) le 19 mars 1863, avocat et propriétaire, adjoint au maire de Montpellier et conseiller de préfecture, se présenta à la députation, le 17 novembre 1827, dans le 1ᵉʳ arrondissement électoral de l'Hérault (Montpellier), et échoua avec 278 voix contre 308 à l'élu, M. Pataille. Mais huit jours après, il fut élu député du grand collège de l'Hérault, par 180 voix (393 votants, 391 inscrits). Il siégea dans la majorité ministérielle avec des tendances libérales. Non réélu, le 23 juin 1830, dans le 3ᵉ arrondissement électoral du même département (Lodève), avec 138 voix contre 139 à l'élu, M. Ratyé de la Peyrade, député sortant, il rentra au parlement, comme député de ce dernier arrondissement, le 21 octobre 1830, en remplacement de M. Ratyé de la Peyrade démissionnaire, élu par 165 voix (196 votants, 334 inscrits). Son mandat lui fut renouvelé, le 5 juillet 1831, par 195 voix (264 votants, 393 inscrits), contre 55 à M. J. Vissac. Partisan du gouvernement de Louis-Philippe, il vota avec le parti ministériel, et quitta la vie politique aux élections de 1834.

RENOUVIER (JULES-MAURICE-BARTHÉLEMY), représentant du peuple en 1848, né à Montpellier (Hérault) le 13 décembre 1804, mort à Montpellier le 23 septembre 1860, fils du précédent, embrassa en 1824 les doctrines saint-simoniennes; mais il se sépara en 1831 du père Enfantin, se livra à des études d'histoire et d'archéologie, et devint membre de la Société des antiquaires de France, inspecteur des monuments historiques, et correspondant du ministère de l'Instruction publique. Il s'occupait aussi de politique démocratique. Conseiller municipal de Montpellier en 1844, il se présenta à la députation, le 1ᵉʳ août 1846, dans le 6ᵉ collège de l'Hérault (Lodève), et échoua avec 171 voix contre 274 au député sortant, M. Viger. Au banquet réformiste de Montpellier du 5 décembre 1847, il parla en faveur des réformes et du suffrage universel. Après la révolution de février, il devint membre de la commission administrative de Montpellier (le 25 février), puis, quelques jours après, commissaire du gouvernement provisoire de l'Hérault; il abandonna son traitement à l'État et fut élu, le 23 avril 1848, représentant de l'Hérault à l'Assemblée constituante, le 5ᵉ sur 10, par 41,502 voix. Partisan du général Cavaignac et membre du comité de l'Intérieur, il vota à la fin avec le parti démocratique, *pour* le bannissement de la famille d'Orléans, *pour* les poursuites contre L. Blanc et *contre* celles contre Caussidière, *pour* l'abolition de la peine de mort, *contre* l'impôt progressif, *pour* l'incompatibilité des fonctions, *contre* l'amendement Grévy, *contre* la sanction de la Constitution par le peuple, *pour* l'ensemble de la Constitution, *contre* la proposition Rateau, *contre* l'interdiction des clubs, *pour* l'expédition de Rome, *pour* la demande de mise en accusation du président et des ministres; depuis l'élection présidentielle du 10 décembre 1848, il s'était montré l'adversaire de la politique de l'Élysée. Non réélu à la Législative, il reprit ses études d'archéologie. Il a publié un grand nombre de mémoires, parmi lesquels on peut citer: *Monuments de quelques anciens diocèses du bas Languedoc* (1835-1840); *Essai de classification des églises d'Auvergne* (Caen, 1837); *Idée sur une classification générale des monuments* (Montpellier, 1847); *Les grisettes de race* (id., 1851); *Des types et des manières des maîtres graveurs* (Montpellier, 1853-56); *Les peintres de l'ancienne école hollandaise, Gérard de Saint-Jean de Horteur* (Paris, 1857). M. Renouvier a en outre collaboré à la *Revue universelle des Arts*, à la *Gazette des Beaux-Arts*, au *Bulletin monumental*, aux *Mémoires de la Société archéologique* et de l'*Académie de Montpellier*.

REPELLIN (JOSEPH-FRANÇOIS), représentant en 1848 et en 1849, né à Moirans (Isère) le 8 février 1797, mort à Moirans le 10 mars 1858, d'une famille de négociants, étudia le droit et fut reçu avocat. D'opinions républicaines, il fit une opposition active au gouvernement de Louis-Philippe, collabora au *Patriote des Alpes*, appuya (1847) la campagne des banquets réformistes, et, conseiller municipal de Grenoble, fut nommé, après le 24 février 1848, commissaire du gouvernement dans les départements des Bouches-du-Rhône, du Var, de Vaucluse et des Basses-Alpes. Élu (23 avril) représentant de l'Isère à l'Assemblée constituante, le 12e sur 15, par 81,946 voix (136,486 votants, 159,723 inscrits), M. Repellin siégea dans les rangs de la gauche modérée, fit partie du comité de l'administration, et vota : *contre* le rétablissement du cautionnement et de la contrainte par corps, *contre* les poursuites contre Louis Blanc et Caussidière, *contre* l'amendement Grévy. Il *s'abstint* sur la question du droit au travail, ainsi que ses collègues Saint-Romme, Bertholon et Crépu, du même département, et se prononça encore *pour* l'ensemble de la Constitution, *pour* l'ordre du jour en l'honneur de Cavaignac, *contre* la proposition Rateau, *pour* l'amnistie, *contre* l'interdiction des clubs, *contre* les crédits de l'expédition romaine, au sujet de laquelle il déposa un ordre du jour qui fut repoussé (30 novembre 1848), *pour* l'abolition de l'impôt des boissons. Réélu représentant de l'Isère à l'Assemblée législative, le 13 mai 1849, le 3e sur 12, par 71,713 voix (105,869 votants, 160,450 inscrits), M. Repellin, qui s'était toujours montré hostile à la politique du prince L.-Napoléon, fit partie de la minorité démocratique, combattit l'expédition de Rome, la loi Falloux-Parieu sur l'enseignement, la loi restrictive du suffrage universel, et rentra dans la vie privée au coup d'État de 1851.

REPOUX (JEAN-MARIE), député en 1789, né à Bourbon-Lancy (Saône-et-Loire) le 14 avril 1743, mort à Curgy (Saône-et-Loire) le 27 février 1832, était homme de loi à Autun, quand il fut élu, le 3 avril 1789, député du tiers aux États-Généraux par le bailliage d'Autun. Partisan des idées nouvelles, il prêta le serment du Jeu de paume, fit partie de la commission de la fédération, et demanda la fixation à Autun de l'évêché de Saône-et-Loire. Après la session, il ne reparut plus sur la scène politique.

RÉSAL (VICTOR-BERNARD), représentant en 1849, né à Remiremont (Vosges) le 8 mars 1807, suivit la carrière du barreau et s'inscrivit comme avocat à Remiremont. Maire de cette ville et conseiller général, il se présenta pour la première fois à la députation dans le 2e collège des Vosges (Mirecourt), le 1er août 1846, et échoua avec 99 voix contre 262 à l'élu, M. Boulay de la Meurthe. M. Résal fut plus heureux le 13 mai 1849, lors des élections à l'Assemblée législative : élu représentant des Vosges, le 6e sur 9, par 23,805 voix (71,000 votants, 116,982 inscrits), il siégea à droite et vota avec le parti orléaniste : *pour* les crédits de l'expédition romaine, *pour* la loi Falloux-Parieu sur l'enseignement, *pour* la loi restrictive du suffrage universel. Il n'eut d'ailleurs qu'un rôle parlementaire effacé, et rentra dans la vie privée au 2 décembre 1851. On lui doit : *Considérations sur la mendicité* (1835); *Un mot sur la situation* (1849); *Examen du projet de loi sur l'administration intérieure* (1851); *Quatre-vingts ans d'histoire* (1870); *La Révolution* (1872), poème satirique en douze chants

RESCH (FRANÇOIS), député au Conseil des Cinq-Cents, né à Turckheim (Bas-Rhin) le 29 mai 1751, mort à une date inconnue, était homme de loi au moment de la Révolution. Partisan des idées nouvelles, il fut membre du Directoire du département du Haut-Rhin de 1790 à l'an IV, fut nommé en l'an IV commissaire près l'administration centrale du même département, et fut élu, le 25 germinal an VI, député du Haut-Rhin au Conseil des Cinq-Cents; il ne prit aucune part aux débats de cette assemblée où il siégea jusqu'au 18 brumaire ; son nom n'est pas au *Moniteur*. Rallié au 18 brumaire, il devint conseiller de préfecture à Colmar, le 14 germinal an VIII. Mis d'office à la retraite de ces fonctions le 20 mars 1822, il protesta contre cette mesure : « Aux approches des élections, écrivit-il au ministre de l'Intérieur, les combinaisons se multiplient, voulant dépouiller les uns et doter les autres »; et il refusa la pension due à trente-deux ans de service ».

RESNIER (LOUIS-PIERRE-PANTALÉON), membre du Sénat conservateur, né à Paris le 23 novembre 1752, mort à Paris le 8 octobre 1807, débuta dans la littérature par quelques pièces de théâtre qui lui valurent une place de sous-bibliothécaire à la bibliothèque Mazarine. A la Révolution, il collabora au *Moniteur*, comme critique dramatique, et, grâce à la protection de Rœderer, fut chargé d'une mission diplomatique à Genève. Nommé, à son retour, archiviste au ministère des Relations extérieures, il présida au classement de ce vaste dépôt et fut appelé, dès le 8 nivôse an VIII, à faire partie du Sénat où il siégea jusqu'à sa mort. Membre de la Légion d'honneur le 9 vendémiaire an XII, il fut nommé commandeur de l'ordre le 25 prairial de la même année.

RESNIER (FRANÇOIS), député de 1831 à 1834, né à Bourg-Archambault (Haute-Vienne) le 27 mars 1793, étudia le droit, fut reçu avocat et se fit inscrire au barreau de Bellac. Commandant de la garde nationale de cette ville en 1830, il fut élu, le 5 juillet 1831, député du 3e collège de la Haute-Vienne (Bellac), par 100 voix (211 votants, 250 inscrits), contre 98 à M. Maurat-Ballange et appartint à la majorité conservatrice jusqu'aux élections de 1834. Le 21 juin de cette année, il échoua, faute d'une voix, avec 110 suffrages contre 111 à M. Charrayron, élu, et ne se représenta plus.

RESSÉGUIER (ALBERT-HENRY-TÉRENCE, COMTE DE), représentant en 1849 et en 1871, né à Toulouse (Haute-Garonne) le 27 novembre 1816, mort à Toulouse le 26 mars 1876, étudia le droit à Paris, parcourut ensuite l'Allemagne, écrivit dans divers journaux religieux, et publia en 1838 une traduction de l'ouvrage de Goevres intitulé *Athanase*, relatif aux polémiques religieuses de l'époque. Catholique ardent, M. de Rességuier collabora à une édition de la *Vie des Saints* (1845). Élu, le 13 mai 1849, représentant des Basses-Pyrénées à l'Assemblée législative, le 8e sur 10, par 32,798 voix (71,463 votants, 117,931 inscrits), il fit partie de la majorité monarchiste, appuya les mesures de réaction, demanda la réduction de l'indemnité des représentants, la mise en liberté d'Abd-el-Kader, des améliorations dans l'administration de l'Algérie, et vota *pour* l'expédition de Rome, *pour* la loi Falloux-Parieu sur l'enseignement, *pour* la loi restrictive du suffrage universel. Il ne se rallia pas à la politique du coup d'État et, ayant protesté avec ses collègues réunis à la mairie du Xe arrondissement, fut emprisonné au Mont-Valérien. Il appartint, sous l'Empire, à l'opposition légitimiste, fut conseiller général des Basses-Pyrénées, s'occupa surtout de propagande catholique, et eut une grande part à l'organisation du denier de Saint-Pierre. Enfermé dans Paris pendant le siège de 1870-1871, il fut nommé membre de la Société internationale de secours aux blessés. Élu, le 8 février 1871, représentant du Gers à l'Assemblée nationale, le 6e sur dernier, par 57,595 voix (74,830 votants, 98,233 inscrits), il prit place à droite, s'inscrivit aux réunions Colbert et des Réservoirs, et présenta, sur les actes du gouvernement de la Défense nationale dans la Haute-Garonne, un long rapport, déposé en 1873, et qui donna lieu dans l'Assemblée à d'orageux débats : la gauche protesta vivement contre les conclusions de ce rapport, et en déclara les assertions inexactes. Avec les conservateurs monarchistes, M. de Rességuier vota *pour* la paix, *pour* les prières publiques, *pour* l'abrogation des lois d'exil, *pour* le pouvoir constituant de l'Assemblée, *pour* la chute de Thiers au 24 mai, *pour* le septennat, la loi des maires, le ministère de Broglie, *contre* les amendements Wallon et Pascal Duprat, et *contre* l'ensemble des lois constitutionnelles. Il s'était associé aux tentatives de restauration monarchique, et n'avait voté le septennat que comme « un acheminement à la monarchie ». Candidat monarchiste aux élections législatives du 20 février 1876, dans l'arrondissement de Lombez, il ne réunit 1.897 voix contre 5,007 à M. Fauré, élu, et 3,059 à M. Brocas. Il mourut à Toulouse moins d'un an après.

RESSIGEAC (ANTOINE-ROSE-DAGOBERT), député de 1839 à 1848, né à Carcassonne (Aude) le 19 septembre 1793, mort le 26 avril 1872, entra de bonne heure dans la magistrature et fit de l'opposition au gouvernement des Bourbons. Il était avocat général à Nîmes, quand il fut élu, le 2 mars 1839, député du 1er collège de l'Aude (Carcassonne), par 150 voix (287 votants). Réélu, le 9 juillet 1842, par 198 voix (342 votants, 380 inscrits), contre 143 à M. Sarrans, et, le 1er août 1846, par 208 voix (328 votants, 370 inscrits), contre 101 à M. Sarrans, il se montra partisan dévoué du pouvoir, et vota *pour* la dotation du duc de Nemours, *pour* le recensement, *contre* les incompatibilités, *pour* l'indemnité Pritchard et *contre* la proposition Rémusat. Procureur général à Nîmes en 1847, il fut admis à la retraite,

comme conseiller à la cour, le 13 avril 1864. Chevalier de la Légion d'honneur.

RÉTIF (JEAN-BAPTISTE-EDME), député de 1835 à 1837, né à Joux-la-Ville (Yonne) le 24 août 1790, mort à une date inconnue, fut reçu licencié en droit à Paris en 1812. Avocat près le tribunal de commerce de 1813 à 1816, il appartint ensuite à la magistrature, et fut juge suppléant à Tonnerre ; puis il exerça les fonctions d'avoué dans cette ville. Devenu maire de Tonnerre, et conseiller général de l'Yonne, il rentra dans la magistrature (11 novembre 1832) comme juge d'instruction près le tribunal de Tonnerre, et se présenta à la députation, le 21 juin 1834, dans le 5e collège de l'Yonne, où il échoua avec 83 voix contre 87 à M. Jacquinot de Pampelune. Il entra au parlement le 11 août 1835, comme député du même collège, élu par 83 voix (152 votants, 196 inscrits), en remplacement de M. Jacquinot de Pampelune décédé, et appartint à la majorité gouvernementale jusqu'aux élections générales de 1837, où il ne se représenta pas. Il fut nommé, dans la suite, président du tribunal de Tonnerre, et admis, le 27 juillet 1865, à la retraite en cette qualité.

REUCKER (MARIE-ANTOINE-ÉDOUARD), représenté en 1871, né à Colmar (Haut-Rhin) le 24 décembre 1827, mort à Belfort (Haut-Rhin) le 19 janvier 1888, exerça à Colmar la profession de notaire. Élu, le 8 février 1871, représentant du Haut-Rhin à l'Assemblée nationale, le 11e et dernier, par 33,976 voix (74,128 votants, 123,622 inscrits), il se rendit à Bordeaux, vota *contre* les préliminaires de paix, et donna sa démission de représentant, comme ses collègues des départements annexés.

REUILLET (FERRÉOL), député de 1885 à 1889, né à Chenay-le-Châtel (Saône-et-Loire) le 17 février 1842, mort le 23 février 1887, commença ses études médicales à Lyon, où il devint interne des hôpitaux, et les termina à Paris, où il fut reçu docteur en 1869. Il se fixa à Roanne, et devint conseiller municipal de cette ville, chirurgien de l'hospice, et conseiller général de la Loire pour le canton de Perreux. Porté, le 4 octobre 1885, sur la liste républicaine de la Loire, il fut élu député, le 4e sur 9, par 64,989 voix (116,857 votants, 151,072 inscrits), prit place à gauche, et vota constamment avec la majorité républicaine, notamment *pour* l'expulsion des princes. Décédé en février 1887, il fut remplacé, le 13 du mois suivant, par M. Dorian. Officier d'académie, M. Reuillet a publié : *Les Eaux graniliques et les barrages*.

REUTER (NICOLAS, CHEVALIER), député au Corps législatif en l'an XIII, né à Luxembourg (Luxembourg) le 6 octobre 1759, mort à une date inconnue, « fils de François Reuter et d'Elisabeth Theys, conjoints », était conseiller au conseil souverain des États de la province de Luxembourg au moment de l'annexion à la France ; il devint ensuite juge au tribunal civil du département des Forêts, administrateur de ce département, conseiller de préfecture à Luxembourg après le 18 brumaire, et membre de la Légion d'honneur le 14 brumaire an XIII. Le 4e jour complémentaire de l'an XIII, le Sénat conservateur le choisit pour député des Forêts au Corps législatif. Il en sortit en 1810. Il avait été créé chevalier de l'Empire le 5 août 1809.

REVEIL (JACQUES-ÉDOUARD), député au Corps législatif de 1852 à 1863, et sénateur du second

Empire, né à Pau (Basses-Pyrénées) le 12 juillet 1799, mort à Pau le 1er janvier 1856, fut directeur de la Compagnie impériale des assurances contre les incendies. Après avoir tenté inutilement de se faire élire député, il devint maire de Lyon, et entra (29 février 1852) au Corps législatif, comme l'élu officiel dans la 1re circonscription du Rhône, avec 11,046 voix (23,401 votants, 37,070 inscrits), contre 8,824 à M. Jules Favre. Il prit place dans les rangs de la majorité gouvernementale, s'associa au rétablissement de l'Empire, et fut l'un des vice-présidents du Corps législatif. Le 22 juin 1857, il obtint, toujours avec l'appui du gouvernement, le renouvellement de son mandat, par 11,021 voix (22,385 votants, 33,701 inscrits), contre 10,117 à M. Bacot; il vota jusqu'en 1869 avec la droite dynastique. Le 7 mai de cette année, il fut appelé à siéger au Sénat, où il continua, pendant les dernières années du règne, à soutenir de ses votes et de ses discours les institutions impériales. Il rentra dans la vie privée en 1870. Commandeur de la Légion d'honneur (12 août 1859), et président honoraire de la Société d'horticulture du Rhône.

REVEL (François-Bernard), membre de la Convention, né en 1756, date de mort inconnue, était administrateur du département de la Seine-Inférieure et juge à Veules, quand il fut élu, le 12 septembre 1792, deuxième député suppléant à la Convention par son département « à la pluralité des voix ». Appelé à siéger le 3 août 1793, en remplacement de Duval, déclaré démissionnaire, il n'eut qu'un rôle parlementaire des plus obscurs.

REVELIÈRE (Louis), député de 1820 à 1827, né à Cholet (Maine-et-Loire) le 3 avril 1775, mort à Paris le 23 janvier 1856, entra, sous l'Empire, dans l'administration de la marine. En 1814, il applaudit au retour des Bourbons, qui, en 1815, le nommèrent chef de division au ministère de la Marine. Appelé, en 1817, aux fonctions de commissaire général de la marine à Nantes, il fut élu, le 13 novembre 1820, député du grand collège de la Loire-Inférieure, par 163 voix (269 votants, 279 inscrits), et fut réélu, le 6 mars 1824, par 141 voix (265 votants, 291 inscrits). Il vota presque constamment avec les ministériels, notamment pour les lois d'exception. Cependant, dans les questions secondaires, il se rapprocha des libéraux. Nommé administrateur des subsistances de la marine le 7 janvier 1827, M. Revelière ne se représenta pas aux élections générales de la même année, et rentra dans la vie privée après la révolution de 1830. Chevalier de Saint-Louis et officier de la Légion d'honneur.

REVER (Marie-François-Gilles), député en 1791, né à Dol (Ille-et-Vilaine) le 8 avril 1753, mort à Conteville (Eure) le 12 novembre 1828, fils d'un directeur des économats de l'évêché de Dol, fit ses études à Dol et à Rennes, et s'adonna de bonne heure à la littérature. Rentré au concours à Saint-Sulpice, il s'y livra particulièrement aux études de physique et de mathématiques et fut pourvu à sa sortie d'une chaire de professeur à Angers. Mais chargé de rédiger le programme des thèses de philosophie, il y inscrivit plusieurs propositions que les vieux théologiens jugèrent hétérodoxes. L'évêque lui adressa des admonestations qu'il dédaigna. Aussi Rever fut-il renvoyé à Dol où il installa un cabinet de physique et s'occupa de sciences naturelles. Nommé curé de Saint-Samson-en-Tille le 19 novembre 1783, puis curé de Conteville (Eure) le 10 août 1784, il adhéra aux idées de la Révolution, prêta, en 1791, le serment civique, et faillit être élu évêque constitutionnel à la place de Robert Lindet. Élu, le 1er septembre 1791, député de l'Eure à l'Assemblée législative, le 5e sur 11, à la pluralité des voix sur 590 votants, il prit place à droite et vota silencieusement avec la minorité; son nom n'est pas cité au Moniteur. Il fut membre du comité des lettres de cachet. Un de ses amis, employé à l'imprimerie nationale, changea, d'accord avec lui, ses votes sur la table statistique alors publiée par les soins de l'assemblée; mais ce subterfuge ne profita point à Rever, qui, devenu suspect, fut incarcéré à Port-Audemer pendant la Terreur, et ne sortit de prison qu'après le 9 thermidor. Il devint alors membre du jury d'instruction publique à Evreux, puis professeur de physique à l'école centrale de l'Eure. Bien que mort sans s'être jamais rétracté, on lui accorda néanmoins la sépulture religieuse. Rever avait réuni de belles collections de médailles et d'histoire naturelle qu'il légua aux sociétés savantes de son département. On a de lui plusieurs mémoires d'archéologie régionale parmi lesquels : Mémoire sur les ruines de Lillebonne (1821, Evreux); Mémoire sur les ruines du vieil Evreux (1827, Evreux), etc.

REVERCHON (Jacques), député en 1791, membre de la Convention, député au Conseil des Cinq-Cents et à celui des Anciens, né à Saint-Cyr-au-Mont-d'Or (Rhône) le 21 février 1750, mort à Nyon (Suisse) le 30 juillet 1828, était propriétaire et négociant en vins à Vergisson (Saône-et-Loire) lors de la Révolution, dont il embrassa les principes avec ardeur. Élu, le 31 août 1791, député de Saône-et-Loire à l'Assemblée législative, le 11e et dernier (le procès-verbal est muet sur le nombre des voix et le chiffre des votants), il opina avec la majorité réformatrice, et fut réélu, par le même département, membre de la Convention, le 5e sur 11 (6 septembre 1792). Il prit place à la Montagne, vota pour la mort de Louis XVI, présida quelque temps le club des Jacobins, et fit partie du comité de sûreté générale. Envoyé en mission dans les départements de Saône-et-Loire, du Rhône, de l'Ain, de l'Isère, de la Savoie, de la Loire, il fit preuve de modération, et en même temps d'une singulière inflexibilité. Pendant qu'il était à Lyon, sa sœur fut arrêtée avec ses enfants par le représentant en mission à l'armée des Alpes, qui les lui envoya, pour qu'il prononçât lui-même sur leur sort : « Je ne suis point juge de ma sœur et de ses enfants, répondit-il, je vous les renvoie, décidez vous-même de leur sort. » Il fut secrétaire de l'assemblée (1er frimaire an II), se rallia, après le 9 thermidor, au parti dominant, et, envoyé pour la seconde fois en mission dans le Rhône, s'y montra l'adversaire des Jacobins, en même temps que des royalistes trop ardents. Élu au Conseil des Cinq-Cents par ses collègues de la Convention, le 4 brumaire an IV, il fut nommé (an V) administrateur du département, fut réélu député aux Cinq-Cents, le 23 germinal an VI, par 215 voix sur 363 votants, et passa, le 25 germinal an VII, au Conseil des Anciens par 253 voix sur 328 votants. Dévoué au gouvernement directorial, Reverchon se montra opposé au coup d'État du 18 brumaire an VIII, et se retira à Vergisson où, n'ayant que peu de fortune, il reprit un petit commerce de vins pour la capitale. Aux Cent Jours, il signa l'Acte additionnel, et, à la seconde Restauration, se trouva atteint par la loi du 12 janvier 1816 contre les régicides. Il partit de Vergisson pour la Suisse le 11 janvier 1816, et se fixa d'abord à Morge (canton de Vaud), puis à Nyon; son fils demanda en vain son retour au gouvernement royal (8 avril 1819); Reverchon mourut en exil, à 78 ans. On a de lui : *Mémoire sur la réhabilitation du commerce de Commune-Affranchie* (an II).

REVERCHON (JACQUES-ÉDOUARD), représentant du peuple en 1848, né à Marcigny (Saône-et-Loire) le 6 mars 1802, mort à Marcigny le 4 janvier 1854, petit-fils du précédent et fils de Jean Reverchon et de Christine Dupuis, s'occupa peu de politique jusqu'en 1830, et se consacra presque exclusivement à des travaux agricoles. A la révolution de juillet, il devint capitaine de la garde nationale; maire de Marcigny en 1831, il fut destitué en raison de ses opinions libérales. Conseiller général de Marcigny (1842-1852), il fut élu, le 23 avril 1848, représentant de Saône-et-Loire à l'Assemblée constituante, le 10e sur 14, par 83,534 voix (131,092 votants, 136,000 inscrits). Il fit partie du comité des travaux publics, et vota *pour* le bannissement de la famille d'Orléans, *pour* l'abolition de la peine de mort, *pour* l'impôt progressif, *contre* l'incompatibilité des fonctions, *contre* l'amendement Grévy, *contre* la sanction de la Constitution par le peuple, *pour* l'ensemble de la Constitution, *contre* la proposition Rateau, *contre* l'interdiction des clubs, *contre* l'expédition de Rome. Candidat à l'Assemblée législative dans le même département, il échoua, le 13 mai 1849, avec 11,270 voix sur 109,200 votants, et ne se représenta plus.

REVERCHON (HONORÉ), représentant en 1871, né à Morez (Jura) le 13 novembre 1821, fils d'un industriel, entra en 1841 à l'École polytechnique, en sortit pour se faire recevoir licencié en droit (1846), et fut conseiller de préfecture du Jura de 1847 à 1855. Il quitta les fonctions administratives pour s'occuper d'industrie, et devint (1862) directeur des forges d'Audincourt (Doubs). Conseiller général du Jura pour le canton de Saint-Laurent depuis 1860, il soutint, en 1869, le candidat libéral combattu par le gouvernement, et fut élu, le 8 février 1871, représentant du Jura à l'Assemblée nationale, le 4e sur 6, par 24,242 voix (49,963 votants, 89,769 inscrits). Il se fit inscrire à la réunion Feray, et vota *pour* la paix, *contre* l'abrogation des lois d'exil, *contre* la pétition des évêques; puis il donna sa démission après avoir été nommé membre du conseil supérieur du commerce, fut remplacé, le 27 avril 1873, par M. Gagneur, et reprit ses occupations industrielles.

RÉVILLON (ANTOINE, dit TONY), député de 1881 à 1889, né à Saint-Laurent-lès-Mâcon (Ain) le 29 décembre 1832, fit ses études à Lyon, commença par être clerc de notaire, et vint à Paris où Lamartine et Ponsard, ses compatriotes, protégèrent ses débuts dans le journalisme. Il collabora en 1857 à la *Gazette de Paris*, puis il donna des articles au *Petit Journal du mois*, au *Figaro*, au *Nain Jaune*, au *Gaulois*, au *Charivari*, à l'*Événement*. Chroniqueur quotidien de la *Petite Presse* (1866), il acquit un certain renom dans le monde des lettres. En même temps il parlait fréquemment dans des conférences et des réunions politiques. Romancier, il avait publié : *Le Monde des eaux* (1860), les *Bacheliers*, étude (1861); la *Belle jeunesse de François Lapalud* (1866); le *Faubourg Saint-Germain* (1867); le *Fau-*

bourg Saint-Antoine (1870); les *Aventures d'un suicidé* (1872); la *Séparée* (1874); les *Convoitises* (1875); l'*Exilé* (1876); la *Bourgeoisie pervertie* (1877); et avait été pendant quelque temps le principal rédacteur de la *Petite République française*, lorsqu'il prit (1879) la direction de l'*Éclaireur républicain*, journal populaire à un sou. L'année suivante il collabora également au journal la *Vérité*. Rallié aux idées démocratiques radicales, il se présenta dans le quartier du Gros-Caillou comme candidat au conseil municipal de Paris en janvier 1881, fut élu au scrutin de ballottage, et siégea dans le groupe de l'autonomie communale. Lors des élections législatives du 21 août suivant, M. Tony Révillon se porta candidat radical intransigeant contre Gambetta dans la 2e circonscription du 20e arrondissement. Gambetta, n'ayant pas obtenu la majorité absolue des suffrages au premier tour, déclara qu'il ne se représenterait pas au second, et M. Révillon, élu au scrutin de ballottage (4 septembre 1881), après une lutte des plus vives, par 5,297 voix (9,136 votants, 13,145 inscrits), contre 3,511 à M. Sick et 153 à M. Laviron, vint siéger à l'extrême gauche. Il s'associa aux diverses propositions et aux votes de ce groupe politique, intervint à plusieurs reprises en faveur des ouvriers sans travail, demanda pour eux (mars 1885) un secours de 25 millions, entra comme rédacteur au *Radical*, auquel il n'a cessé de collaborer depuis, combattit les ministères Gambetta et Ferry, et se prononça *pour* la séparation de l'Église et de l'État, *pour* l'élection des juges, *contre* les crédits de l'expédition du Tonkin. Porté, le 4 octobre 1885, sur les listes radicales de la Seine, il fut élu au second tour (18 octobre), député de ce département, le 20e sur 24, par 285,412 voix (416,836 votants, 564,338 inscrits). Il reprit sa place à l'extrême gauche et continua de soutenir la politique radicale. Il parut plusieurs fois à la tribune pour attaquer les cabinets Rouvier et Tirard, se montra favorable au ministère Floquet, fut rapporteur de la commission chargée d'examiner le projet gouvernemental de revision (octobre 1888), et s'associa à la campagne menée par la majorité parlementaire contre les chefs du mouvement boulangiste (interpellation du 11 juillet 1887). Il vota, en dernier lieu, *contre* le rétablissement du scrutin d'arrondissement (11 février 1889), *contre* l'ajournement indéfini de la revision de la Constitution, *pour* les poursuites contre trois députés membres de la Ligue des patriotes, *contre* le projet de loi Lisbonne restrictif de la liberté de la presse, *pour* les poursuites contre le général Boulanger. On a encore de lui : *Noémi* (1878); les *Deux Compagnons* (1879); le *Besoin d'argent* (1879); le *Drapeau noir* (1879); *Histoire de trois enfants* (1880); l'*Agent provocateur* (1883); le *Marquis de Saint-Lys* (1887), etc.

REVOIRE (LOUIS-ANTOINE-INNOCENT), député de 1817 à 1820, né à Lille (Nord) le 20 novembre 1763, mort à Lille le 5 janvier 1841, fut d'abord employé dans une maison de banque de Lyon. Il alla ensuite à Bologne (Italie), auprès d'un de ses oncles (1790), rentra en France sous le Directoire (1798), et fonda à Lille une maison de commerce. Emprisonné pendant quelques jours comme émigré, il devint successivement membre du tribunal et de la chambre de commerce de Lille, conseiller municipal et conseiller d'arrondissement. Élu député du grand collège du Nord, le 22 septembre 1817, par 368 voix (411 votants, 2,164 inscrits), et réélu, le 26 octobre 1818, par 726 voix (929 votants, 2,303 inscrits), il prit place dans la majorité avec laquelle il vota silencieusement. De la série sortante en 1820, il reprit ses occupations commerciales et ne reparut pas sur la scène politique.

REVOL (Pierre), député en 1789, né à l'Albenc (Isère) le 10 avril 1748, mort à Grenoble (Isère) le 22 septembre 1811, avocat à Grenoble, eut des difficultés avec des conseillers du parlement de cette ville, difficultés qui amenèrent une rupture d'une année entre le barreau et les juges. En 1788, il prit part au mouvement de résistance que l'enregistrement forcé des édits fit naître dans cette province, et assista aux états de Vizille et de Romans. Élu, le 27 janvier 1789, député du tiers aux États-Généraux par le Dauphiné, il prêta le serment du Jeu de paume, mais ne tarda pas à se séparer de la majorité, et signa les protestations des 12 et 15 septembre 1791 contre les actes de la Constituante. Arrêté comme suspect en 1793, il ne fut rendu à la liberté qu'après le 9 thermidor, reprit sa place au barreau de Grenoble, se radia au 18 brumaire, devint, en l'an VIII, juge suppléant au tribunal civil, en l'an XII juge à la cour d'appel de Grenoble, et, le 17 avril 1811, président de chambre à cette même cour. Il mourut six mois après.

REWBELL (Jean-François), député en 1789, membre de la Convention, député au Conseil des Cinq-Cents et au Conseil des Anciens, membre du Directoire, né à Colmar (Haut-Rhin) le 8 octobre 1747, mort à Colmar le 23 novembre 1807, étudia le droit, et fut avocat au conseil souverain d'Alsace. Il était bâtonnier de l'ordre au moment de la Révolution. D'une instruction étendue, d'un talent reconnu, il fut élu (2 avril 1789) député du tiers aux Etats-Généraux par le bailliage de Colmar et Schlestadt, avec 194 voix (309 votants). Il compta, dans l'Assemblée constituante, parmi les adversaires de l'ancien régime, dénonça les complots royalistes, s'opposa à l'ajournement de la déclaration des droits, demanda que le comité des douze fût autorisé à réclamer les papiers relatifs à la conspiration de la cour et trouvés à la Bastille, discuta la question du prêt à intérêt, combattit la féodalité, proposa que les députés fussent choisis dans tout le royaume, comme représentants de la nation, et non d'un département, opina pour que les juifs fussent exclus du droit de citoyen, prit part à la discussion sur l'élection des évêques et des curés constitutionnels, dénonça la cour des aides, contribua à la suppression des parlements et à la vente des biens ecclésiastiques, et fut élu secrétaire de l'Assemblée. Il s'opposa vivement à ce qu'on accordât au roi le droit de paix et de guerre, et demanda que les prêtres insermentés fussent exclus des fonctions pastorales. Devenu président le 5 mai 1791, il fit, après une discussion animée, rendre une loi portant que l'organisation des assemblées coloniales ne serait pas modifiée, mais qu'à l'avenir les hommes de couleur nés de parents libres y seraient admis. Il présenta diverses motions sur les finances, sur les événements d'Avignon et du Comtat, contre les prêtres rebelles, contre la dénomination de princes français donnée aux membres de la famille régnante. A la fin de la session, il tenta en vain de faire déclarer rééligibles les membres de la Constituante. Nommé procureur-syndic du Haut-Rhin, puis secrétaire général du directoire du même département, il fut élu,

le 3 septembre 1792, membre de la Convention par le département du Haut-Rhin, le 1er sur 7, avec 305 voix (416 votants). Il pressa le procès de Louis XVI, combattit les tendances de la commune de Paris, puis fut envoyé en mission à l'armée de Mayence, ce qui l'empêcha de déposer son vote lors de la condamnation du roi, à laquelle il adhéra néanmoins par lettre. Il donna des détails sur la situation de l'armée du Rhin, et appuya les propositions de Ruhl contre l'électeur de Mayence. Accusé d'exactions et d'agiotage, il fut rappelé à Paris; l'accusation ne fut d'ailleurs jamais prouvée; mais l'extrême avarice de Rewbell fournit à la calomnie de fâcheux prétextes. Ayant réussi à se faire envoyer de nouveau en mission, il ne se compromit ouvertement avec aucun parti. Après le 9 thermidor, il se prononça contre les Jacobins, fit tous ses efforts pour les éloigner du gouvernement, et contribua à la fermeture de leur club. Appelé à faire partie du comité de sûreté générale et du comité de salut public, il inclina de plus en plus vers la partie modérée de la Convention, fit décréter (17 avril 1795) la vente des biens des émigrés par la voie de la loterie, et entra, le 21 vendémiaire an IV, au Conseil des Cinq-Cents, comme député du Haut-Rhin, par 135 voix (243 votants). En même temps il obtenait aussi la majorité dans 16 autres départements. Il devint secrétaire de l'assemblée dès la formation des bureaux, et fut, le 1er novembre, choisi par le Conseil des Anciens comme l'un des membres du Directoire exécutif. Il prononça un discours à l'occasion de la fête du 21 janvier, fut choisi pour président par le Directoire, et remplit cette fonction jusqu'en l'an VII. Ayant été, à cette date, exclu du pouvoir exécutif par la voie du sort, il fut élu (23 germinal an VII) membre du Conseil des Anciens par les départements du Haut-Rhin, du Bas-Rhin et de la Moselle, eut encore une part importante aux délibérations, et fit apprécier la variété de ses connaissances; mais l'âpreté et la vivacité de son langage lui firent de nombreux ennemis. Dans ses *Mémoires* (inédits), Grandmaison assure « que Rewbell ne trouvait pas un seul collègue avec qui il pût s'entretenir publiquement, et que, dès qu'il s'asseyait, toutes les places devenaient désertes autour de lui. » « Grand, assez gros, les jambes grêles, dit de lui son collègue La Revellière, il affectait du mépris pour les sciences et les beaux-arts; il lui arrivait de temps en temps de s'attribuer des discours et des actions que d'autres pouvaient réclamer en toute justice. » Rewbell avait peu de sympathie pour Barras, et se trouva, d'autre part, en fréquent désaccord avec Carnot. Le coup d'Etat du 18 brumaire le rendit à la vie privée. Il mourut à Colmar, sous l'Empire, en 1807. Un de ses plus vifs chagrins fut la dilapidation de sa fortune par ses fils.

REY (François-Xavier), député en 1789, né à Béziers (Hérault) le 2 décembre 1743, mort à une date inconnue, était avocat dans sa ville natale quand il fut élu, le 2 avril 1789, député du tiers aux Etats-Généraux par la sénéchaussée de Béziers. Il fit partie du comité des finances et du comité de la justice, parla sur la contribution foncière, réclama deux degrés de juridiction en faveur des accusés, appuya le projet relatif aux droits d'entrée, donna son opinion sur la situation politique des hommes de couleur, et fut nommé (1791) juré à la haute cour de Vendôme. Son rôle politique prit fin avec la session.

REY (Philippe), représentant en 1848 et en 1849, né à La Bastide (Tarn) le 9 juillet 1793, mort à La Rochelle (Charente-Inférieure) le 31 juillet 1860, entra à l'Ecole de Saint-Cyr, prit part aux dernières campagnes de l'Empire, et fut nommé en 1813 adjudant-major. Mis en demi-solde à la Restauration, il reprit du service aux Cent-Jours, se battit à Waterloo, fut remis en non-activité à la seconde Restauration, et fut réintégré dans son grade en 1823, lors de l'expédition d'Espagne, où il fut mis à l'ordre du jour sur les 17e, 27e et 34e bulletins, et proposé pour le grade de chef de bataillon. Mais ses opinions libérales nuisirent à son avancement. Il n'obtint le grade de chef de bataillon qu'après la révolution de 1830, et fut promu, quelques années après, colonel du 60e de ligne. Resté fidèle aux idées démocratiques, il acclama un des premiers la République en février 1848, et fut élu, le 23 avril, représentant du Tarn à l'Assemblée constituante, le 7e sur 9, par 40,884 voix (90,456 votants). Il appartint au comité de la guerre, fut promu général de brigade le 12 juin 1848, et vota le plus souvent avec la portion la plus modérée du parti républicain : contre le rétablissement du cautionnement, pour les poursuites contre Louis Blanc et Caussidière, pour l'amendement Grévy, pour l'ordre du jour en l'honneur de Cavaignac, contre l'interdiction des clubs, contre les crédits de l'expédition romaine, pour l'amnistie des transportés. Nommé général de brigade le 12 juin 1848, il fut réélu, le 13 mai 1849, représentant du Tarn à l'Assemblée législative, le 5e sur 8, par 46,345 voix (79,583 votants, 107,875 inscrits) ; il reprit sa place à gauche, vota avec la minorité : contre le siège de Rome, contre la loi Falloux-Parieu sur l'enseignement, contre la loi restrictive du suffrage universel, combattit vivement la politique de L.-N. Bonaparte, protesta contre le coup d'Etat du 2 décembre 1851, et fut admis alors dans la section de réserve. Officier de la Légion d'honneur (8 août 1852).

REY (Marie-Hospice-Daniel), représentant en 1848 et en 1849, né à Aurel (Drôme) le 20 mai 1802, mort à Saillans (Drôme) le 22 mars 1871, était propriétaire à Saillans, lorsqu'il fut nommé (1830) commandant de la garde nationale et (1836) maire de sa commune. D'opinions démocratiques, il protesta comme maire (1841) contre la loi sur le recensement, et fut nommé en 1842 conseiller général de la Drôme où il siégea jusqu'en 1851. Il adhéra à la République de 1848, et fut élu, le 23 avril, représentant de son département à l'Assemblée constituante, le 5e sur 8, par 81,679 voix (76,005 votants, 92,501 inscrits). Il siégea à gauche, fit partie du comité de l'instruction publique, et opina constamment avec les démocrates modérés : contre le rétablissement du cautionnement, contre les poursuites contre Caussidière, contre le rétablissement de la contrainte par corps, contre l'abolition de la peine de mort, contre l'amendement Grévy, pour l'ensemble de la Constitution, contre la proposition Rateau, contre l'interdiction des clubs, pour les crédits de l'expédition de Rome, pour l'amnistie des transportés. Réélu à l'Assemblée législative, le 13 mai 1849, le 3e sur 7, par 42,904 voix (67,889 votants, 94,136 inscrits), il suivit la même ligne politique que précédemment, et se prononça avec la minorité républicaine, contre la loi du 31 mai sur le suffrage universel. Il protesta contre le coup d'Etat du 2 décembre 1851, fut exilé, se réfugia en Belgique avec Mathieu de la Drôme, Charras, et autres, puis rentra en France

et mourut à Saillans (Drôme), membre, depuis le 8 octobre 1871, et président du conseil général.

REY (Alexandre-Jean-Baptiste-Marie), représentant du peuple en 1848, né à Marseille (Bouches-du-Rhône) le 27 octobre 1812, débuta de bonne heure dans le journalisme, et collabora au Monde de Lamennais, et à la Revue du Progrès de L. Blanc. En 1847, il fut grièvement blessé dans un duel politique. Il contribua à la révolution de 1848, et fut envoyé par le gouvernement provisoire à Anzin pour y calmer l'effervescence qui régnait parmi les mineurs. Il réussit dans sa mission, entra au National, et fut élu, le 4 juin 1848, en remplacement de 3 représentants qui avaient opté pour d'autres départements, représentant des Bouches-du-Rhône à l'Assemblée constituante, le 3e et dernier, par 21,465 voix. Il vota avec le parti républicain modéré : contre l'impôt progressif, contre l'amendement Grévy, contre la sanction de la Constitution par le peuple, pour l'ensemble de la Constitution, contre la proposition Rateau. Non réélu à la Législative, il resta l'un des principaux rédacteurs du National, jusqu'à la suppression du journal en 1851. Au coup d'Etat de décembre, il fit partie avec Victor Hugo, Jules Favre, etc., du comité insurrectionnel qui tenta d'organiser la résistance. Il se tint à l'écart pendant la durée du second empire, fonda, en 1871, le journal la Nation Souveraine qui n'eut que peu de succès, et devint, en 1874, rédacteur en chef du Bien Public. Nommé préfet du Var le 17 juin 1876, il fut révoqué après le 16 mai 1877, et fut rappelé aux mêmes fonctions, du 15 décembre suivant jusqu'en 1880. Chevalier de la Légion d'honneur le 12 juillet 1880.

REY (Jean-Baptiste-Henri), député de 1882 à 1885, né à Pontacq (Basses-Pyrénées) le 5 avril 1845, exerçait la profession de notaire à Oloron (Basses-Pyrénées), lorsqu'il fut élu (26 février 1882) par cet arrondissement, membre de la Chambre des députés, avec 9,703 voix (10,224 votants, 16,606 inscrits), en remplacement de M. La Caze, nommé sénateur. Il prit place à gauche, soutint les ministères opportunistes de la législature et vota pour les crédits de l'expédition du Tonkin. Inscrit, le 4 octobre 1885, sur la liste républicaine des Basses-Pyrénées, il échoua avec 39,786 voix (86,573 votants), contre 42,814 au dernier élu de la liste conservatrice, M. Destandeau.

REY (Jules-Emile-Aristide), député de 1885 à 1889, né à Grenoble (Isère) le 12 juillet 1841, vint à Paris pour faire ses études de médecine, mais fut rayé des registres de la faculté pour avoir participé en 1865 au congrès révolutionnaire de Liége. Après le 18 mars 1871, il fit partie de la députation départementale qui se rendit à Versailles pour ménager une entente entre la Commune et le gouvernement de Thiers. De 1871 à 1876, il voyagea en Suisse et en Italie. Puis, en 1878, il fut élu par le quartier du Val-de-Grâce au conseil municipal de Paris. Ce mandat lui fut renouvelé en 1881. M. Aristide Rey n'appartient pas au groupe de l'autonomie communale : il vota tantôt avec les radicaux, tantôt avec les opportunistes, et s'occupa surtout de l'organisation des bataillons scolaires, à laquelle il contribua comme rapporteur. Candidat à la députation dans la 1re circonscription de Grenoble, dont son frère était maire, le 18 février 1883, en remplacement de M. Bravet, décédé, il échoua avec 4,578 voix contre 9,207 à l'élu radical, M. Gustave Rivet. Mais, aux élections générales d'octobre 1885, inscrit sur la liste républicaine unique de l'Isère, il fut élu, au second tour de scrutin (18 octobre) le 8° sur 9, par 72,016 voix (77,872 votants, 161,561 inscrits); il siégea dans la majorité, avec laquelle il vota pour les divers ministères de la législature et, en dernier lieu, *pour* le rétablissement du scrutin d'arrondissement (11 février 1889), *pour* l'ajournement indéfini de la revision de la Constitution, *pour* les poursuites contre trois députés membres de la Ligue des patriotes, *pour* le projet de loi Lisbonne restrictif de la liberté de la presse, *pour* les poursuites contre le général Boulanger.

REY (Édouard), membre du Sénat, né à Grenoble (Isère) le 13 juillet 1836, frère du précédent, était maire de Grenoble et chevalier de la Légion d'honneur, lorsqu'il fut élu, le 5 janvier 1888, sénateur de l'Isère par 897 voix (1,241 votants), contre 358 à M. Chatin. Il s'agissait de remplacer M. Eymard-Duvernay décédé. M. Ed. Rey prit place à gauche et vota avec la majorité républicaine du Sénat, *pour* le rétablissement du scrutin d'arrondissement (13 février 1889), *pour* le projet de loi Lisbonne restrictif de la liberté de la presse, *pour* la procédure de la haute cour contre le général Boulanger.

REY. — *Voy.* Saint-Géry (marquis de).

REYBAUD (Marie-Roch-Louis), député en 1846, représentant en 1848 et en 1849, né à Marseille (Bouches-du-Rhône) le 15 août 1799, mort à Paris le 25 octobre 1879, fils d'un commerçant, fit ses études au collège de Juilly et fut destiné d'abord au négoce. Il voyagea dans l'Inde et en Amérique, réalisa une certaine fortune et s'adonna à son goût pour les lettres (1828). Méry et Barthélemy encouragèrent ses débuts. Après quelques articles donnés à l'*Indépendant des Bouches-du-Rhône*, il vint à Paris, collabora à diverses feuilles libérales, applaudit à la révolution de juillet 1830, mais sans se rallier d'abord au gouvernement de Louis-Philippe, et collabora à la rédaction de la *Tribune*, du *Constitutionnel*, du *Corsaire*, et du *National* sous le pseudonyme de Léon Durocher. Il travailla également aux premiers numéros de la *Némésis* de Barthélemy et à la *Dapinade* (1831), poème héroï-comique, dans lequel il cribla de traits acérés la bourgeoisie triomphante. Il ne se borna pas à ses travaux de journaliste : vers la même époque, il prit la direction d'un ouvrage considérable, *Histoire scientifique et militaire de l'expédition française en Égypte* (1830-1836) ; puis il rédigea le *Voyage autour du monde* de Dumont d'Urville (1833), le *Voyage dans les deux Amériques* de d'Orbigny (1835), et consacra une grande partie de son temps à l'étude de l'économie politique. En 1836, il donna à la *Revue des Deux-Mondes* une série de travaux sur les théories émises depuis l'antiquité jusqu'à nos jours pour réformer l'organisation sociale. Ce travail que L. Reybaud fit paraître en volume sous ce titre : *Études sur les réformateurs ou socialistes modernes* (1840-43), contribua beaucoup à fonder la réputation de son auteur, à qui l'Académie française décerna, en 1841, le grand prix Montyon. La publication de cet exposé ingénieux, mais assez superficiel, était à peine

terminée que M. Reybaud donna un roman satirique et social dont le succès fut considérable: *Jérôme Paturot à la recherche d'une position sociale* (1843), critique piquante des mœurs de la bourgeoisie française sous le gouvernement de juillet. Puis, poursuivant la voie où il venait d'entrer avec tant de succès, il donna pendant plusieurs années une série de romans du même genre, mais sans retrouver le succès du premier, dont ils n'étaient que des copies plus ou moins pâles : *Pierre Mouton* (1841); *César Falempin ou les idoles d'argile* (1845) ; *Le Dernier des commis voyageurs* (1845) ; *Le Coq du clocher* (1846) ; *Édouard Mongeron* (1846-1847), etc. Le 9 juillet 1842, M. L. Reybaud s'était présenté comme candidat libéral à la députation dans le 3° collège des Bouches-du-Rhône, et avait échoué avec 228 voix contre 316 à M. de Surian, élu. Il fut plus heureux le 1er août 1846, et devint député de cette circonscription avec 396 voix (696 votants, 817 inscrits), contre 293 à M. Paranque. Il prit place au centre gauche et ne tarda pas à se rallier à peu près complètement au ministère Guizot. La révolution de 1848 le rendit pour peu de temps à la vie privée. Aux élections complémentaires du 4 juin 1848, sa candidature, adoptée par les conservateurs, l'emporta avec 24,763 voix, dans les Bouches-du-Rhône. Hostile désormais aux idées démocratiques, il se reprocha de s'être montré trop indulgent, dans ses *Études sur les réformateurs*, envers ces « destructeurs de tout principe social », et publia son *Jérôme Paturot à la recherche de la meilleure des Républiques*, pamphlet politique auquel les anciens partis firent un certain succès. Membre du comité du travail, il ne joua à la Constituante qu'un rôle effacé, et se borna à voter avec la droite : *pour* les poursuites contre Louis Blanc et Caussidière, *contre* l'amendement Grévy, *contre* le droit au travail, *pour* l'ordre du jour contre le général Cavaignac, *pour* la proposition Rateau, *contre* l'amnistie, *pour* l'interdiction des clubs, *pour* les crédits de l'expédition romaine. Réélu, le 13 mai 1849, représentant des Bouches-du-Rhône à l'Assemblée législative, le 1er sur 9, par 45,404 voix (114,293 inscrits), il continua d'opiner avec les monarchistes, s'associa aux votes de la majorité, et fut envoyé en Algérie pour inspecter les colonies agricoles : les conclusions de son rapport furent adoptées par l'Assemblée. En 1850, il fut appelé à faire partie de l'Académie des sciences morales et politiques. Après le coup d'État du 2 décembre 1851, le président le nomma membre de la Commission consultative. Mais M. L. Reybaud refusa d'y siéger, et rentra dans la vie privée, s'occupant exclusivement de travaux économiques et d'études de mœurs. Il publia encore : *La Vie à rebours* (1853); *La Comtesse de Mauléon* (1853); *La Vie de Corsaire* (1854) ; *Scènes de la Vie moderne* (1855) ; *L'Industrie en Europe* (1856) ; *Mathias l'humoriste* (1860), et donna, sous le titre général d'*Études sur le régime des manufactures*, quatre ouvrages intéressants : *La Condition des ouvriers en soie* (1859) ; *Le Coton, son régime, ses problèmes, son influence en Europe* (1863) ; *La Laine* (1867) ; *Le Fer et la Houille* (1874). En 1872, M. Thiers, alors président de la République, nomma M. Reybaud percepteur du X° arrondissement de Paris, bien qu'il eût dépassé la limite d'âge. Chevalier de la Légion d'honneur (1849).

REYBERT (Jean-Louis), député de 1885 à 1889, né à Lyon (Rhône) le 19 novembre 1844, venait d'être reçu docteur en médecine, lorsqu'il s'engagea pendant la guerre de 1870, comme chirurgien volontaire ; il assista aux batailles de Sedan et d'Orléans et à l'affaire de Pontarlier, fut fait trois fois prisonnier par les Allemands et parvint trois fois à s'échapper. A la paix, il se fixa à Saint-Claude, où, en dehors de ses occupations professionnelles, il s'occupa activement de fonder des sociétés patriotiques, des cours publics, etc., et dont il devint conseiller municipal, puis maire en 1884. Porté sur la liste radicale du Jura aux élections du 4 octobre 1885, il fut élu député, le 4e sur 5, par 39,854 voix (68,240 votants, 81,095 inscrits) ; il prit place à la gauche radicale, sans se faire inscrire à aucun groupe, déposa des propositions sur le régime pénitentiaire, sur l'application des pénalités de droit commun aux délits de régie, etc. Il était en congé lors du vote sur l'expulsion des princes ; il s'est prononcé, dans la dernière session, pour le rétablissement du scrutin d'arrondissement (11 février 1889), pour l'ajournement indéfini de la revision de la Constitution, pour les poursuites contre trois députés membres de la Ligue des patriotes, contre le projet de loi Lisbonne restrictif de la liberté de la presse, pour les poursuites contre le général Boulanger.

REYMOND (Joseph-Ferdinand), représentant en 1849 et en 1871, député de 1876 à 1880, né à la Tour-du-Pin (Isère) le 13 décembre 1805, mort à Grenoble (Isère) le 12 novembre 1880, étudia le droit, et, reçu avocat, exerça cette profession à Grenoble. Républicain modéré, il fut nommé préfet de l'Isère en 1848, puis se fit élire, le 13 mai 1849, représentant de ce département à l'Assemblée législative, le 9e sur 12, par 66,703 voix (105,869 votants, 160,450 inscrits). Il s'associa aux votes et aux protestations de la minorité républicaine contre l'expédition de Rome, contre la loi Falloux-Parieu sur l'enseignement, contre la loi restrictive du suffrage universel, et quitta le parlement au coup d'Etat du 2 décembre 1851. Etranger à la politique pendant toute la durée de l'Empire, il fut envoyé à l'Assemblée nationale, le 8 février 1871, par le département de l'Isère, le 5e sur 12, avec 59,379 voix (92,816 votants, 162,174 inscrits). Il siégea à gauche et vota contre le pouvoir constituant de l'Assemblée, contre la chute de Thiers au 24 mai, contre le septennat, la loi des maires, l'état de siège, contre le ministère de Broglie, pour les amendements Wallon et P. Duprat et pour l'ensemble des lois constitutionnelles. Conseiller général du canton de la Tour-du-Pin, il fut réélu, le 20 février 1876, député de la 1re circonscription de la Tour-du-Pin, par 10,989 voix (12,524 votants, 17,761 inscrits), contre 1,216 à M. Guttin. Il reprit sa place à gauche et fut des 363. Réélu à ce titre, le 14 octobre 1877, par 12,112 voix (15,465 votants, 18,072 inscrits), contre 3,271 au marquis de Virieu, il opina avec la majorité opportuniste, pour le ministère Dufaure, contre l'amnistie plénière, pour l'invalidation de l'élection Blanqui, etc., et, décédé au cours de la législature (novembre 1880), fut remplacé, le 19 décembre suivant, par M. Dubost.

REYMOND (Francisque), représentant en 1873, député de 1876 à 1889, né à Montbrison (Loire) le 15 mai 1829, ancien élève de l'École centrale des arts et manufactures, en sortit avec le diplôme d'ingénieur civil, et remplit successivement les fonctions de chef de section à la Compagnie d'Orléans, d'entrepreneur de chemins de fer à Tarbes et de concessionnaire de mines de cuivre en Corse. Le 12 octobre 1873, en remplacement de M. Dorian, décédé, M. Francisque Reymond fut élu représentant de la Loire par 61,480 voix (86,662 votants, 140,025 inscrits), contre 25,061 à M. Faure-Belon ; il prit place au centre gauche et se prononça contre le ministère de Broglie, pour les amendements Wallon et Pascal Duprat, pour l'ensemble des lois constitutionnelles. Conseiller général de la Loire pour le canton de Saint-Galmier, puis vice-président de ce conseil, il fut réélu député, le 20 février 1876, par la 2e circonscription de Montbrison, sur un programme d'affaires, avec 9,334 voix (13,303 votants, 17,636 inscrits), contre 4,040 à M. de Poncins. M. Fr. Reymond siégea à gauche comme précédemment, et fut des 363. Renvoyé à la Chambre, le 14 octobre 1877, par 9,631 voix (14,478 votants, 18,447 inscrits), contre 4,824 à M. Coste, il appuya le cabinet Dufaure et les ministères républicains qui suivirent, vota contre l'amnistie plénière, pour l'invalidation de Blanqui, fut secrétaire de la commission des marchés de l'Exposition de 1878, et obtint encore sa réélection, le 21 août 1881, par 8,291 voix (9,054 votants, 19,185 inscrits). Il soutint la politique opportuniste, se prononça pour les crédits du Tonkin, et fut porté, aux élections d'octobre 1885, sur la liste républicaine opportuniste de la Loire, et élu, le 1er sur 9, par 66,227 voix (116,857 votants, 151,072 inscrits). Il parut plus d'une fois à la tribune, pour discuter les intérêts économiques de sa région, et fut élu, le 5 janvier 1888, sénateur de la Loire, par 495 voix sur 942 votants. Il s'assit à gauche dans la Chambre haute, et se prononça, en dernier lieu, pour le rétablissement du scrutin d'arrondissement (13 février 1889), pour le projet de loi Lisbonne restrictif de la liberté de la presse, pour la procédure de la haute cour contre le général Boulanger.

REYNARD (André-Elysée), député de 1830 à 1846, pair de France, né à Marseille (Bouches-du-Rhône) le 27 octobre 1799, mort à Tham (Suisse) le 29 août 1861, « fils de Jean-Silvestre Reynard, magasinier, et de Marie-Marguerite-Rose Seillard », armateur et raffineur dans sa ville natale, s'occupa de bonne heure de politique. En 1820, il fonda, avec Alph. Rabbe, le Phocéen, journal d'opposition, puis le Cercle académique avec Aycard et Méry, et devint rédacteur de l'Alcyon, puis de l'Athénée sous le ministère Martignac. Il prit une part active aux événements de 1830, et fut alors chargé de porter à Louis-Philippe l'adhésion de l'assemblée des notables de Marseille. A son retour, il fut élu, le 21 octobre 1830, député du 1er collège des Bouches-du-Rhône (Marseille), en remplacement de M. Verdillon, dont l'élection avait été annulée, par 425 voix (522 votants, 997 inscrits), contre 71 à M. Aug. Durand. Réélu successivement, le 5 juillet 1831, par 391 voix (640 votants, 756 inscrits), contre 261 à M. Autran ; le 21 juin 1834, par 374 voix (687 votants, 783 inscrits), contre 305 à M. de Fitz-James, légitimiste ; le 4 novembre 1837, par 416 voix (665 votants, 1,008 inscrits) ; le 2 mars 1839, par 490 voix (806 votants) ; le 9 juillet 1842, par 457 voix (913 votants, 1,064 inscrits), contre 204 à M. Lagarde et 118 à M. Pastré, il vota, en 1830, avec les députés du groupe libéral, se rallia, en 1831, au ministère, vota la loi sur les associations, fut membre de la commission de l'Algérie, accepta en partie les lois de septembre, repoussa la loi de disjonction, ne se montra partisan du cabinet du 15 avril qui le nomma, la même année, conseiller d'Etat. Il ne se sépara plus des lors des ministériels, et vota *pour* la dotation du duc de Nemours, *pour* le recensement, *contre* les incompatibilités, *contre* l'adjonction des capacités, *contre* les fortifications de Paris, *pour* l'indemnité Pritchard. En récompense de son dévouement au pouvoir, il fut nommé pair de France le 21 juillet 1846, et continua de soutenir le gouvernement. Conseiller général en 1830, conseiller municipal et adjoint au maire de Marseille, membre du conseil supérieur du commerce en 1833, il devint, en 1843, maire de Marseille, fonctions qu'il conserva jusqu'en 1848. Lors des événements de février, il s'opposa énergiquement à l'établissement d'un conseil municipal républicain, mais dut bientôt s'incliner devant le fait accompli. Il protesta encore platoniquement contre le 2 décembre, refusa de se rallier à l'empire, et resta désormais en dehors des affaires publiques.

REYNAUD (Louis-Barthélemy), député de 1846 à 1848, né à Montpellier (Hérault) le 11 juillet 1806, était banquier à Cette. Maire de cette ville, conseiller général de l'Hérault et chevalier de la Légion d'honneur, il fut élu, le 1er août 1846, député du 2e collège de l'Hérault (Montpellier), par 627 voix (969 votants, 1,063 inscrits), contre 325 à M. de Larcy, de l'opposition légitimiste. M. Reynaud prit place au centre, parmi les partisans du gouvernement de Louis-Philippe, et soutint la politique de Guizot jusqu'à la révolution de 1848, qui le rendit à la vie privée.

REYNAUD (Jean-Ernest), représentant en 1848, né à Lyon (Rhône) le 14 février 1806, mort à Paris le 28 juin 1863, orphelin de bonne heure, eut pour tuteur son parent, Merlin de Thionville; à sa sortie du collège de Thionville il fut admis (1824) à l'École polytechnique. Ingénieur des mines, il consacra une partie de son temps à l'étude de la philosophie religieuse et de l'économie sociale, adhéra au saint-simonisme et fut l'un des principaux rédacteurs des journaux l'*Organisateur*, le *Globe*, et des recueils : les *Prédications saint-simoniennes* (1832) et les *Missions de province*. Il se lia ensuite avec Pierre Leroux, s'associa à ses travaux, et partagea avec lui la direction de la *Revue encyclopédique* (1835). Après la chute de cette publication, les deux collaborateurs entreprirent (1836) un vaste répertoire sous le nom d'*Encyclopédie nouvelle*, qui est demeuré inachevé. Etranger à la politique pure jusqu'en 1848, M. Jean Reynaud fut appelé alors par son ami et coreligionnaire Carnot, ministre de l'Instruction publique, à présider le comité des hautes études scientifiques et littéraires ; avec MM. Renouvier et Ed. Charton, il seconda les efforts du ministre républicain pour organiser sur des bases nouvelles l'instruction à tous ses degrés, et résigna ses fonctions lorsque Carnot, après une orageuse discussion à l'Assemblée nationale, crut devoir quitter le pouvoir devant l'hostilité déclarée du parti conservateur (5 juillet 1848). M. Jean Reynaud avait été élu, le 23 avril 1848, représentant de la Moselle à l'Assemblée constituante, le 9e sur 11, par 77,251 voix (97,423 votants, 111,534 inscrits). Il siégea sur les bancs de la gauche modérée, avec laquelle il vota : *contre* l'aboli-

tion du cautionnement, *contre* les poursuites contre Louis Blanc et Caussidière, *contre* le rétablissement de la contrainte par corps, *contre* l'abolition de la peine de mort, *contre* le droit au travail, *pour* l'ordre du jour en l'honneur de Cavaignac, *contre* la proposition Rateau, *contre* l'interdiction des clubs, *contre* les crédits de l'expédition romaine. Après l'élection présidentielle du 10 décembre, il combattit la politique de l'Elysée, et donna sa démission de représentant le 29 avril 1849, pour reprendre paisiblement ses travaux philosophiques. Il avait été élu par l'Assemblée conseiller d'Etat (mars 1849), mais il fut compris presque aussitôt dans la moitié sortante désignée par le sort. Son œuvre capitale : *Terre et ciel*, publiée en 1854, fut très remarquée à cause du sentiment élevé qui l'anime et du mérite littéraire de la forme; mais les tentatives de l'auteur pour tâcher d'établir une étroite alliance entre la philosophie et la théologie ne furent goûtées en général ni des philosophes, qui y voyaient trop de mysticisme, ni des théologiens, qui y trouvaient trop de discussion. Le fond de la doctrine de Jean Reynaud, professée également par MM. Henri Martin et Ed. Charton (*V. ces noms*), consistait dans l'affirmation de la continuité de la vie humaine à travers des épreuves successives et du progrès incessant de la nature et de l'homme vers Dieu. On a encore de lui une *Minéralogie à l'usage des gens du monde* (1836); des *Considérations sur l'esprit de la Gaule* (1847); un *Discours sur la condition physique de la terre* (1840); la *Vie de Merlin de Thionville* (1860) ; etc.

REYNAUD DE BOLOGNE. — *Voy.* Lascours (baron de).

REYNAUD DE BONNASSOUS (Claude-André-Benoît), député en 1791, membre de la Convention, né au Puy (Haute-Loire) en 1749, mort au château de Bonnassous près Taulhac (Haute-Loire) le 16 novembre 1817, d'une famille de la haute bourgeoisie, adhéra aux idées de la Révolution, fut nommé maire du Puy en 1790, et fut élu, le 28 août 1791, député de la Haute-Loire à l'Assemblée législative, le 3e sur 7, par 242 voix (277 votants). Il siégea parmi les réformateurs et vota constamment avec la majorité. Le 3 septembre 1792, il fut réélu, par le même département, député à la Convention, le 1er sur 7, par 219 voix (334 votants). Dans le procès du roi, il répondit au 3e appel nominal : « Je vote pour la mort », et prit la parole sur les troubles qui avaient éclaté dans son département. Pour affirmer sa qualité de législateur, il avait pris le surnom de Solon. Envoyé en mission dans la Haute-Loire pour la levée de 300,000 hommes, il demanda (23 août 1793) l'exécution de tous les suspects. Rappelé par la Convention (novembre), il annonça son retour, resta quand même au Puy, sévit contre les administrations, et accusa de dilapidation les officiers municipaux de Tanargue, qui vinrent se plaindre à Paris. Châteauneuf-Randon, chargé de faire une enquête à ce sujet, donna tort à Reynaud, qui n'en persista pas moins à ne pas revenir : il était encore au Puy en mars 1794. Il y ordonna la démolition des clochers, sauf celui du temple de la Raison : « Comme ce clocher, écrivait-il, affecte une forme pyramidale de laquelle on peut tirer parti pour conserver à la mémoire des glorieux événements de la République française et rappeler à la postérité l'heureuse époque où l'esprit humain a passé de l'abime des préjugés à la jouissance insatiable de la Raison, la municipalité prendra les mesures pour mettre à profit la structure de ce clocher, surmonté déjà d'un coq qui est le symbole de la surveillance, et lequel est mouvant pour fixer ses regards sur tous les côtés, afin de surveiller le salut de la République. » Il fit condamner à 50 livres d'amende et emprisonna comme suspects tous ceux qui interrompaient leurs occupations les jours «du ci-devant dimanche », et n'observaient pas le décadi. Rallié plus tard à Bonaparte, il remplit les fonctions de directeur des contributions directes au Puy jusqu'en 1811. Son fils fut général et baron de l'Empire.

REYNAUD DE LAGARDETTE (Joseph-Isidore), représentant du peuple en 1848, né à Aurioles (Drôme) le 21 octobre 1799, mort à Bollène (Vaucluse) le 17 février 1865, propriétaire, fit une constante opposition au gouvernement des Bourbons, devint maire de Bollène en 1830, et fut destitué en 1832 pour avoir adressé au duc d'Orléans une harangue dans laquelle il disait : « L'éclat du soleil de juillet a pâli. » Conseiller général de Vaucluse, correspondant des journaux avancés, et auteur de diverses brochures antiministérielles, il fut élu, le 23 avril 1818, représentant de Vaucluse à l'Assemblée constituante, le 3e sur 6, par 29,243 voix (59,634 votants). Il fit partie du comité de l'intérieur, et vota tantôt avec l'extrême gauche, tantôt avec la droite, contre le bannissement de la famille d'Orléans, contre les poursuites contre L. Blanc et Caussidière, pour l'abolition de la peine de mort, contre l'impôt progressif, pour l'incompatibilité des fonctions, pour l'amendement Grévy, contre la sanction de la Constitution par le peuple, pour l'ensemble de la Constitution, contre l'expédition de Rome, pour la demande de mise en accusation du président et des ministres. Hostile à la politique de l'Élysée, il fut un des signataires de la proposition de Ledru-Rollin contre le prince Louis-Napoléon. Non réélu à la Législative, Reynaud de Lagardette rentra pour quelque temps dans la vie privée. Il posa cependant sa candidature d'opposition au Corps législatif, dans la 2e circonscription de Vaucluse, le 22 juin 1857; mais il échoua avec 815 voix contre 17,651 à M. l'élu officiel, M. Millet, et 5,036 à M. A. Meynard, négociant.

REYNAUD DE TRETS (Charles-Jean-Baptiste-Jacques-Édouard, baron), député de 1815 à 1816, né à Marseille (Bouches-du-Rhône) en 1781, mort à Marseille le 9 juin 1863, propriétaire, fit quelques années de service sous l'Empire et devint chef de bataillon dans la garde nationale de sa ville natale. Partisan des Bourbons, il fit preuve d'un grand zèle royaliste pendant les Cent-Jours. Élu, le 22 août 1815, député du grand collège des Bouches-du-Rhône, par 127 voix (185 votants, 239 inscrits), il siégea dans la majorité de la Chambre introuvable, et appuya la pétition de quelques Marseillais qui demandaient que le ministre de la Guerre sévît contre le maréchal Masséna. Il disparut de la scène politique après la dissolution de la Chambre (septembre 1816).

REYNAUD DE VILLEVERD (Jean-François, comte de), député en 1789, né à Grenoble (Isère) le 9 juillet 1731, mort à Paris le 22 novembre 1812, entra au service le 1er janvier 1717, avec le brevet de lieutenant au régiment de Rougé. Capitaine le 15 août 1755, lieute-

nant-colonel le 27 septembre 1761, il fit campagne en Allemagne de 1757 à 1761, et devint, cette même année, aide-major général. Envoyé à Saint-Domingue avec ce grade le 5 mars 1761, il fut promu colonel le 20 avril 1763, commandant de Saint-Domingue en octobre suivant, et commandant du régiment du Cap le 18 août 1772. Nommé gouverneur des îles sous-le-Vent le 21 avril 1780, et maréchal de camp le 1er janvier 1784, il fut élu, le 2 avril 1789, député aux États-Généraux par la colonie de Saint-Domingue. Il prêta le serment du Jeu de paume, fit partie des comités de l'agriculture et du commerce et des colonies, fit observer qu'une grande quantité d'argenterie passait en pays étranger, et signa (10 mai 1791) la lettre à l'Assemblée des députés de Saint-Domingue qui déclarait que ces députés s'abstiendraient d'assister aux séances jusqu'à ce que leurs commettants leur aient envoyé de nouvelles instructions relatives au décret sur les hommes de couleur. Cependant, après la fuite du roi à Varennes, il reprit sa place dans l'Assemblée sous prétexte que la patrie était en danger. Après la session, il retourna à Saint-Domingue et n'en revint qu'après la prise de cette île par les Anglais.

REYNEAU (Émile), député de 1877 à 1881, né à Paris le 30 octobre 1831, mort à Paris le 13 avril 1884, fils d'un ancien sous-préfet de Sceaux, était publiciste, propriétaire dans Saône-et-Loire, conseiller général du canton de Mesvres (1871-1884), et avait été adjoint au maire du 8e arrondissement de Paris, lorsqu'il fut élu, le 14 octobre 1877, député de la 2e circonscription d'Autun par 8,417 voix (11,189 votants, 16,855 inscrits), contre 5,722 à M. Mathieu, député sortant. Il siégea à gauche, appartint à la majorité, et se prononça pour le retour du parlement à Paris, pour l'invalidation de l'élection de Blanqui, etc. Réélu, le 21 août 1881, par 7,403 voix (7,720 votants, 17,724 inscrits), il soutint de ses votes les cabinets Gambetta et J. Ferry, et, décédé en avril 1884, fut remplacé, le 8 juin suivant, par M. Martin.

RHEM (Jean), représentant à la Chambre des Cent-Jours, né à Strasbourg (Bas-Rhin) le 23 février 1770, mort à une date inconnue, était négociant à Orléans et conseiller municipal de la ville. Le 11 mai 1815, le grand collège du Loiret l'envoya, par 55 voix (66 votants, 267 inscrits), siéger à la Chambre des représentants. Il s'y fit peu remarquer et rentra dans la vie privée après la législature.

RIANCEY (Henry-Léon Camusat de), représentant en 1849, né à Paris le 24 octobre 1816, mort à Paris le 9 mars 1870, d'une ancienne famille noble de Champagne, petit-fils d'un émigré mort à l'armée de Condé, fit ses études au collège Henri IV, remporta le prix d'honneur de rhétorique au concours général, étudia le droit, se fit inscrire comme avocat au barreau de Paris et fut secrétaire de Philippe Dupin. Défenseur attitré des journaux catholiques et légitimistes, il plaida notamment pour l'Univers, pour les PP. Combalot et Souchet, et quitta le barreau en 1844 pour entrer dans le journalisme. Il collabora activement à l'Ami de la religion, au Correspondant, à l'Union monarchique, adopta les idées de Montalembert, et fut secrétaire du « comité électoral pour la liberté religieuse ». Après la révolution de février, M. de Riancey se porta candidat à la Constituante dans la Sarthe le 4 juin 1848, lors du scrutin complémentaire motivé par deux options ; mais il n'obtint que 4,317 suffrages. Il fut plus heureux aux élections pour l'Assemblée législative (13 mai 1849) ; élu représentant de la Sarthe, le 10e et dernier, par 51,165 voix (103,029 votants, 135,640 inscrits), il siégea à droite, s'associa à toutes les motions de la majorité monarchiste et prit plusieurs fois la parole, notamment dans les débats sur la loi de l'enseignement. Dévoué à la politique légitimiste, il ne se rallia point au parti de l'Élysée, fut arrêté et détenu pendant quelques jours à Vincennes lors du coup d'État du 2 décembre, et, reprenant la plume de journaliste, devint, en 1852, rédacteur en chef de l'Union, organe du comte de Chambord, qu'il a dirigé jusqu'à sa mort. Le 29 février 1852, il obtint, comme candidat royaliste au Corps législatif, dans la 4e circonscription de la Sarthe, 453 voix seulement contre 18,888 à l'élu officiel M. de Bauveau. C'est dans un voyage à Rome, au concile du Vatican (1869), qu'il contracta le germe de la maladie dont il mourut quelques mois après. Il était décoré des ordres du Pape, des Deux-Siciles, de Parme, de Modène, du Saint-Sépulcre, etc. Outre sa collaboration quotidienne à plusieurs journaux légitimistes, M. de Riancey, dont le désintéressement et la loyauté furent appréciés de tous les partis, publia un grand nombre d'ouvrages, parmi lesquels une *Histoire du monde depuis la création jusqu'à nos jours* (1838-1841) ; *Histoire résumée du moyen âge* (1841) ; *Histoire critique et législative de l'instruction publique et de la liberté d'enseignement en France* (1844) ; *La loi et les jésuites* (1845) ; *L'Empire et la Restauration* (1856) ; *Vie des Saints* (1866), etc.

RIANT (Léon-Marie-Didier), représentant en 1871, né à Paris le 26 septembre 1828, ancien inspecteur des finances, sans antécédents politiques, fut élu, le 8 février 1871, représentant de l'Allier à l'Assemblée nationale, le 5e sur 7, par 50,985 voix (76,640 votants, 106,359 inscrits). Il se fit inscrire à la réunion des Réservoirs, fut rapporteur de la commission des marchés Maxwell, et, demanda, en cette qualité, un blâme contre M. Naquet, qui fut voté à 3 voix de majorité ; il fit partie de la commission de la convention postale avec l'Allemagne, et vota *pour* la paix, *pour* l'abrogation des lois d'exil, *pour* la pétition des évêques, *pour* la démission de Thiers, *pour* le septennat, *pour* le ministère de Broglie, *contre* l'amendement Wallon, *contre* les lois constitutionnelles. Les élections du 20 février 1876 ne lui furent pas favorables : il échoua dans la 2e circonscription de Moulins, avec 2,076 voix contre 8,427 à l'élu, M. Patissier, républicain, et ne se représenta plus.

RIBAN (Augustin-François), député de 1878 à 1881, et en 1882, né à Louvigné-du-Désert (Ille-et-Vilaine) le 12 juillet 1814, se présenta comme candidat républicain modéré à la députation dans l'arrondissement de Fougères, après l'invalidation de M. de la Villegontier : il fut élu député, au second tour de scrutin, le 17 mars 1878, par 9,311 voix (17,580 votants, 21,675 inscrits), contre 8,089 à M. de la Villegontier. M. Riban siégea au centre gauche et vota avec la fraction la plus conservatrice du parti républicain. Il échoua, le 21 août 1881, avec 8,836 voix contre 9,114 à l'élu, M. de la Villegontier. Mais cette élection ayant été invalidée par la majorité, M. Riban fut

rappelé à son siège, le 29 janvier 1882, par 9,129 voix (18,347 votants, 22,116 inscrits), contre 9,113 au député sortant. A son tour, M. Riban vit son élection annulée, et, renonçant à se représenter, fut remplacé, le 30 avril 1882, par M. de la Riboissière.

RIBARD (Vincent-Prosper), député de 1815 à 1827, né à Rouen (Seine-Inférieure) le 2 octobre 1764, mort à Canteleu (Seine-Inférieure) le 15 janvier 1848, négociant à Rouen, maire de cette ville en 1815, chevalier de la Légion d'honneur et conseiller général, fut successivement élu député du grand collège de la Seine-Inférieure, le 22 août 1815, par 166 voix (200 votants, 248 inscrits) ; le 4 octobre 1816, par 172 voix (188 votants, 233 inscrits) ; le 13 novembre 1820, par 176 voix (187 votants), et le 6 mars 1824, par 173 voix (189 votants, 239 inscrits). M. Ribard figura constamment dans la majorité, vota toutes les lois d'exception et de réaction, et prononça plusieurs discours optimistes sur la situation financière de la France. Il rentra dans la vie privée aux élections de 1827.

RIBAULT (Jacques-Olivier), député au Conseil des Cinq-Cents, né à Dinan (Côtes-du-Nord) le 13 juin 1747, mort à une date inconnue, « fils du sieur Jacques Ribault, et de demoiselle Jeanne Lamandé », était homme de loi à Saint-Brieuc au moment de la Révolution. Partisan des idées nouvelles, il devint successivement juge au tribunal du district, administrateur du district, juge au tribunal du département des Côtes-du-Nord, et fut élu, le 25 germinal an VII, député des Côtes-du-Nord au Conseil des Cinq-Cents. Il s'y fit peu remarquer, prêta le serment de haine à la royauté, et fit partie de diverses commissions. Rallié au 18 brumaire, il fut nommé juge au tribunal criminel de Saint-Brieuc le 12 floréal an VIII, et conseiller à la cour impériale de Rennes le 14 avril 1811.

RIBEREAU (Jean-Pierre), membre de la Convention, député au Conseil des Cinq-Cents, né à Neuvicq (Charente-Inférieure) le 12 septembre 1759, mort à une date inconnue, était employé des domaines avant la Révolution. Nommé, en 1791, procureur-syndic à Barbezieux, il fut élu, le 5 septembre 1792, député de la Charente à la Convention, le 5e sur 9, par 211 voix (536 votants) ; dans le procès du roi, il répondit au 3e appel nominal : « Louis est un conspirateur ; je ne connais d'autre peine contre les conspirateurs que la peine de mort, je prononce la mort. » Lié avec les Girondins, il prit parti pour eux au 31 mai, protesta contre cette journée et fut décrété d'accusation. Détenu jusqu'après le 9 thermidor, Ribereau rentra à la Convention le 18 frimaire an III. Le 21 vendémiaire an IV, il fut appelé par le même département à siéger au Conseil des Cinq-Cents, avec 157 voix (291 votants). Il se fit remarquer dans cette assemblée et en sortit pour remplir (29 messidor an VI) les fonctions de commissaire-liquidateur de la comptabilité intermédiaire. De là il passa chef à la liquidation de la dette publique, et, à la suppression de ces fonctions, fut employé à l'administration de la loterie. Sans emploi au moment des Cent-Jours, il signa l'Acte additionnel. Atteint de ce chef par la loi du 12 janvier 1816 contre les régicides, il prit à Paris un passeport pour la Prusse le 15 mars suivant, mais il ne partit pas. Découvert, le

8 février 1817, dans la rue des Fossés-Saint-Bernard, n° 317, où il se cachait, il allégua, pour excuse, qu'il ne s'était pas cru atteint par la loi de 1816 parce qu'il n'avait signé l'Acte additionnel que contraint et forcé, et dans le seul but d'obtenir la liquidation de la pension qui lui était due comme ancien employé à la liquidation générale. Il fut reconduit par les gendarmes à la frontière belge ; on perd sa trace à partir de ce moment.

RIBÉROLLES (GILBERT DE), député en 1789, né à Thiers (Puy-de-Dôme) le 8 mars 1749, mort à Thiers le 26 septembre 1828, fils d'un négociant, et lui-même fabricant de papiers dans sa ville natale, assista à l'assemblée provinciale d'Auvergne en 1788, comme délégué de la noblesse de Riom. Partisan des réformes, il fut élu, le 21 mars 1789, député du tiers aux États-Généraux par la sénéchaussée de Riom, avec 265 voix sur 893 votants. Il prêta le serment du Jeu de paume, fit partie du comité de l'agriculture et du commerce, et ne prit qu'une fois la parole à l'Assemblée, le 3 mars 1790, pour demander l'extension du district de Thiers. Après la session il revint à Thiers, fut nommé officier de la garde nationale et trésorier du bureau de charité, partit comme volontaire en 1793, à l'appel de Couthon, contre Lyon révolté, fut de retour le 25 octobre suivant, et fut alors incarcéré comme suspect. Il publia inutilement un « Mémoire justificatif » et ne recouvra sa liberté qu'après le 9 thermidor. Rallié au 18 brumaire, il fut nommé, le 16 germinal an IX, receveur général des finances du Puy-de-Dôme, fonctions qu'il exerça jusqu'en 1812. Ce fut son fils qui lui succéda. Il vécut dès lors en dehors des affaires publiques.

RIBÉROLLES (BARTHÉLEMY-JEAN DE), député de 1827 à 1831, né à Thiers (Puy-de-Dôme) le 4 février 1787, mort à Paris le 23 mars 1859, fils du précédent, fit ses études au collège de Juilly, son droit à Paris et entra, en 1810, au conseil d'État. D'abord attaché au conseil des prises, il passa en 1818 à la cour des Comptes, dont il devint conseiller-maître en 1827, et fut élu, le 24 novembre 1827, député du 4e arrondissement électoral du Puy-de-Dôme (Ambert) par 91 voix (171 votants, 233 inscrits), contre 78 à M. Molin. Il échoua dans le même collège, le 22 juin 1830, avec 78 voix contre 105 à l'élu, M. Anisson-Duperron, mais fut réélu le 3 juillet suivant, dans le grand collège du département, par 130 voix (252 votants, 275 inscrits). Partisan du ministère Martignac, il soutint diverses propositions libérales, repoussa cependant l'Adresse des 221 et, sous le gouvernement de juillet, la mise en accusation des anciens ministres de Charles X. Sorti de la Chambre en 1831, il reprit ses fonctions à la cour des Comptes, devint officier de la Légion d'honneur en mai 1837, et fut admis à la retraite, comme conseiller-maître à la cour des Comptes, le 5 février 1859.

RIBES (RAYMOND), député en 1791, né à Limoux (Aude) le 10 mai 1743, mort à une date inconnue, fit ses études comme pensionnaire au collège de sa ville natale, de 1752 à 1758. Reçu, en 1762, avocat au parlement de Toulouse, il devint, en 1766, contrôleur des tailles du diocèse d'Alet et de Limoux ; premier consul, maire de Limoux de 1775 à 1778, subdélégué de l'intendance du Languedoc de 1786 à 1789, membre du directoire de l'Aude en 1790, et suppléant du procureur général syndic en 1791,

il fut élu, le 3 septembre 1791, député de l'Aude à l'Assemblée législative, le 7e sur 8, par 193 voix (321 votants). Membre du comité des recherches, il dénonça Dumouriez, Bonne-Carrère et la faction d'Orléans, devint suspect après la session, et fut proscrit jusqu'en 1795. Le gouvernement directorial le nomma juge au tribunal du département de l'Aude, fonctions qu'il conserva jusqu'en l'an VIII. Rallié au 18 brumaire, il passa juge au tribunal d'appel de Montpellier, conserva cette charge pendant toute la durée de l'Empire, et fut admis à la retraite, comme procureur à Limoux, le 20 mars 1816.

RIBES (LOUIS), député en 1791, né le 17 novembre 1756, mort à une inconnue, homme de loi et administrateur du département des Pyrénées-Orientales, fut élu, le 1er septembre 1791, député suppléant de ce département à l'Assemblée législative, à la pluralité des voix sur 125 votants. Admis de suite à siéger, en remplacement de M. Laferrière non acceptant, il siégea obscurément dans la majorité, et fit partie du comité de législation. Après la session, il ne reparut plus sur la scène politique.

RIBET (BON-JACQUES-GABRIEL-BERNARDIN), membre de la Convention et député au Conseil des Anciens, né à Nehou (Manche) le 18 octobre 1714, mort à une date inconnue, était négociant à Tourlaville (Manche) lors que éclata la Révolution. Il devint administrateur du département, fut nommé (septembre 1791) député suppléant de la Manche à l'Assemblée législative, où il ne fut pas appelé à siéger, et fut élu, le 6 septembre 1792, député de la Manche à la Convention, le 5e sur 13, par 339 voix (658 votants). Il se prononça pour la mort dans le procès du roi, « avec cette réserve, dit-il, qu'elle ne sera exécutée que lorsque la race des Bourbons sera expulsée de la France. » Ribet n'eut à la Convention qu'un rôle effacé. Réélu, le 23 vendémiaire an IV, député de la Manche au Conseil des Anciens, par 215 voix (430 votants), il y siégea jusqu'en l'an VI, et reprit ses occupations commerciales.

RIBIÈRE (CHARLES-HIPPOLYTE), sénateur de 1876 à 1885, né à Champlay (Yonne) le 1er mars 1822, mort à Auxerre (Yonne) le 29 juin 1885, se fit recevoir docteur en droit, et se fixa comme avocat à Auxerre. Il manifesta sous l'Empire des opinions républicaines, fut nommé préfet de l'Yonne au 4 septembre 1870, conserva ces fonctions après la guerre, et ne fut destitué qu'à la chute de Thiers (mai 1873). Élu sénateur de l'Yonne, le 30 janvier 1876, par 348 voix (571 votants), il prit place à la gauche républicaine, vota contre la dissolution de la Chambre demandée par le ministère de Broglie, contre l'ordre du jour de Kerdrel, pour le ministère Dufaure, et fut rapporteur (juin 1881) de la loi sur l'obligation et la laïcité de l'instruction primaire. Conseiller général du canton de Toucy, il fut réélu sénateur, le 8 janvier 1882, au renouvellement triennal, par 351 voix (560 votants), continua de siéger à gauche, soutint la politique scolaire et coloniale des ministères républicains, et, dans la discussion de la loi sur la réforme de la magistrature (juillet 1883), fit rejeter les amendements qui demandaient l'élimination, par extinction ou par rang d'âge dans chaque ressort, des magistrats dont les sièges étaient supprimés. Décédé en 1885, il fut remplacé, le 23 août suivant, par M. Jules Guichard. On a de lui: *Essai sur l'histoire de l'imprimerie dans le département de l'Yonne* (1858).

RIBOISSIÈRE (HONORÉ-CHARLES BASTON, COMTE DE LA), député de 1828 à 1835, pair de France, représentant en 1849, sénateur du second Empire, né à Fougères (Ille-et-Vilaine) le 21 septembre 1788, mort à Paris le 21 mars 1868, « fils d'écuyer Jean-Ambroise Baston de la Riboissière, lieutenant au 1er régiment de la Fère-artillerie, et de dame Marie-Jeanne-Joséphe-Victor Lobeschu de la Rallaye », fut admis en 1807 à l'École polytechnique, en sortit officier d'artillerie, assista à la bataille de Wagram, et fut attaché comme aide-de-camp à son père devenu général. Il fit la campagne de Russie, eut les pieds gelés pendant la retraite, fut nommé chambellan à son retour, et devint, en 1815, officier d'ordonnance de l'empereur. Il avait le grade de capitaine lors de la seconde Restauration. Démissionnaire après Waterloo, il resta fidèle au régime impérial et appartint à l'opposition; toutefois il refusa d'entrer dans la société secrète des carbonari. Élu, le 22 décembre 1828, député du 3e arrondissement d'Ille-et-Vilaine (Fougères), par 161 voix (233 votants, 286 inscrits), contre 69 à M. Le Gonidec de Traissan, il siégea au centre gauche, fit de l'opposition au ministère Polignac et vota pour l'Adresse des 221. Il obtint sa réélection, le 21 juin 1830, par 161 voix (265 votants, 299 inscrits), contre 101 à M. de Trégomain, contribua à l'établissement de la monarchie de Louis-Philippe, et siégea dans la majorité conservatrice qui soutint le pouvoir nouveau. Son mandat de député lui fut encore renouvelé, le 5 juillet 1831, par 156 voix (163 votants, 250 inscrits), puis, le 21 juin 1834, par 133 voix (156 votants, 256 inscrits). M. de La Riboissière était alors colonel de la 6e légion de la garde nationale à Paris. Une ordonnance royale du 11 septembre 1835 l'éleva à la pairie. Au Luxembourg comme au Palais-Bourbon, il se montra dévoué à la politique gouvernementale. Rendu à la vie privée par la révolution de 1848, il se présenta, le 13 mai 1849, comme candidat à l'Assemblée législative dans le département d'Ille-et-Vilaine, et fut élu représentant, le 12e et dernier, par 50,417 voix (106,407 votants, 154,958 inscrits). Il prit place à droite, parmi les conservateurs-monarchistes, s'associa au vote de toutes les lois restrictives qui obtinrent l'agrément de la majorité, appuya l'expédition romaine, la loi Falloux-Parieu sur l'enseignement, et fit, dès le début de la session, une complète adhésion aux vues du prince-président. Favorable au coup d'État de décembre, il fut nommé sénateur le 26 janvier 1852, et vota jusqu'à sa mort avec la majorité dynastique. Grand officier de la Légion d'honneur du 14 décembre 1850.

RIBOISSIÈRE (FERDINAND-MARIE-AUGUSTE BASTON, COMTE DE LA), député de 1882 à 1885, né à Paris le 1er janvier 1856, fils du précédent, était membre et secrétaire du conseil général d'Ille-et-Vilaine, lorsqu'il se présenta, comme candidat républicain, le 30 avril 1882, à l'élection législative partielle motivée dans l'arrondissement de Fougères par l'annulation de l'élection de M. Riban; il fut élu député par 12,313 voix (19,153 votants, 22,836 inscrits), 6,799 à M. de la Villegontier, monarchiste. Il prit place à gauche et vota généralement avec la majorité. Le 2 février 1882, il se prononça, avec sept seulement de ses collègues, contre la suppression de l'article du règlement relatif

au scrutin secret, et vota *pour les* crédits de l'expédition du Tonkin. Inscrit, le 4 octobre 1885, sur la liste républicaine d'Ille-et-Vilaine, il fut réélu, le 4e sur 9, député de ce département, par 61,370 voix (123,294 votants, 153,125 inscrits), reprit sa place à gauche, et donna sa démission de député le 12 novembre suivant; il fut remplacé à la Chambre par M. Carron.

RIBOT (ALEXIS-FÉLIX-JOSEPH), député de 1878 à 1885, et de 1887 à 1889, né à Saint-Omer (Pas-de-Calais) le 7 février 1842, étudia le droit, fut lauréat de la faculté de Paris en 1864, et reçu docteur en 1864; il prit également sa licence ès lettres. Inscrit au barreau de Paris, secrétaire de la conférence des avocats, il entra dans la magistrature le 2 mars 1870, comme substitut au tribunal de la Seine. Il avait pris une part importante aux travaux de la Société de législation comparée, dont il fut longtemps le secrétaire, et dont il est aujourd'hui le président, et avait publié des travaux estimés: *Biographie de lord Erskine* (1866); étude sur l'*Acte du 5 août 1873 pour l'établissement d'une cour suprême de justice en Angleterre* (1874), lorsque M. Dufaure, garde des sceaux, l'éleva au poste de directeur des affaires criminelles et des grâces (mars 1875); au ministère de la Justice. Bientôt après, M. Ribot fut nommé secrétaire général avec le titre de conseiller d'État en service extraordinaire. Très attaché à la personne de M. Dufaure et aux idées qu'il défendait, M. Ribot donna sa démission en décembre 1876, lors de la retraite du ministre, et rentra au barreau de Paris. Il se prononça contre le gouvernement du Seize-Mai, fit partie du comité de résistance légale, et fut chargé de rédiger le mémoire contre la date irrégulière à laquelle les électeurs étaient convoqués. Après l'invalidation de M. Dussaussoy, M. Ribot se présenta, le 7 avril 1878, pour lui succéder comme député de la 2e circonscription de Boulogne-sur-Mer; il fut élu, sur une profession de foi républicaine et conservatrice, par 7,532 voix (14,031 votants, 18,676 inscrits). Membre du centre gauche il ne tarda pas à se mêler activement aux délibérations, se prononça contre l'amnistie qu'il combattit à la tribune, et vota avec la fraction la plus modérée du groupe auquel il appartenait : contre le retour des Chambres à Paris, contre le projet de loi sur la liberté de l'enseignement supérieur (1879). Il fit encore contre le droit absolu de réunion (26 janvier 1880) un discours très remarqué, et prit part aux débats de la loi sur la presse et de la loi sur les syndicats professionnels (1881). Fondateur, avec M. Dufaure, du journal le *Parlement*, il y défendit avec autant de talent qu'à la tribune le « conservatisme libéral » dont il s'était fait le champion, et acquit une situation politique importante. Réélu, le 21 août 1881, député de Boulogne par 6,497 voix (12,879 votants, 18,909 inscrits), contre 6,020 à M. Duhamel, il suivit la même ligne politique que précédemment, devint un des leaders les plus écoutés de la Chambre, bien qu'il fût assez rarement d'accord avec la majorité, et ne laissa passer aucune question de premier ordre sans opposer aux orateurs de la gauche avancée les théories dont Thiers et Dufaure s'étaient constitués avant lui les défenseurs. Il se trouva ainsi amené à combattre non seulement les radicaux, mais encore les opportunistes de l'Union républicaine qu'il jugeait trop disposés à faire des concessions aux partis avancés. Aussitôt après la formation du cabinet Gambetta, qui avait créé deux ministères nouveaux, M. Ribot, sans repousser les crédits nécessités par cette création, défendit avec vigueur les droits de la Chambre qui n'avait pas été préalablement consultée. Partisan de la décentralisation administrative, il se prononça pour la nomination des maires et adjoints par les conseils municipaux, et fut nommé rapporteur du projet de loi qui modifiait la législation sur ce point. Sa science juridique le mit à même d'apporter d'utiles éléments à la discussion des projets de loi touchant au droit civil; il parla notamment sur le divorce. Rapporteur général du budget pour l'exercice 1883, il le défendit à la tribune, combattit, dans son bureau, la loi d'expulsion des princes, et, dans la discussion, reconnut au gouvernement le droit de parer à tous les événements, sauf à obtenir la ratification des Chambres; puis il se signala par son opposition au projet de loi sur la réorganisation de la magistrature, tendant à l'épuration du personnel par la suspension momentanée de l'inamovibilité (juin 1883). Il repoussa aussi, à cette occasion, l'institution d'un conseil de discipline judiciaire et refusa d'enlever à la cour de Cassation ses attributions actuelles. Adversaire déclaré de la politique coloniale et des entreprises lointaines pratiquées par M. Ferry, il traita fréquemment les questions extérieures, et s'associa, à son point de vue particulier, à la plupart des interpellations sur notre attitude dans les affaires égyptiennes, tunisiennes et tonkinoises. Il se prononça contre les crédits de l'expédition du Tonkin, et ce fut lui, autant et plus peut-être que M. Clémenceau, qui contribua le plus à la chute du cabinet Ferry après la retraite de Lang-Son (1885). Le 3 mai 1885, en prévision des prochaines élections générales, M. Ribot prononça à Saint-Pol (Pas-de-Calais) un discours, dans lequel il disait : « La République n'est pas un accident dans ce pays. Elle est le terme de ce travail qui s'est fait depuis un siècle dans les esprits, dans les mœurs, qui a déraciné peu à peu les idées, les habitudes, les traditions, les préjugés sur lesquels reposait l'institution monarchique. » Il concluait en faisant appel aux conservateurs « que n'aveugle pas l'esprit de parti » et aux républicains « qui ne sont pas esclaves de leurs passions ». Ce discours eut un grand retentissement. Le 4 octobre 1885, M. Ribot forma lui-même dans le Pas-de-Calais une liste républicaine conservatrice sur laquelle il obtint, sans être élu, 77,649 voix (180,439 votants). Le dernier élu de la liste conservatrice, M. de Clercq, avait recueilli 100,914 suffrages. A Paris, il fut porté sans plus de succès sur la liste conservatrice républicaine aux élections complémentaires du 13 décembre 1885. Mais, le 20 mars 1887, une élection partielle ayant eu lieu dans le Pas-de-Calais, M. Ribot, candidat de toutes les fractions du parti républicain, fut élu député, par 121,277 voix (136,298 votants, 212,456 inscrits), contre 2,037 à M. Cazin, socialiste. Il reprit sa place au centre gauche, s'associa à toutes les mesures prises contre les chefs du « parti dit national », proposa (juin 1887) un amendement à la loi militaire tendant au maintien des dispenses légales (rejeté par 324 voix contre 223), fut rapporteur (octobre 1887) du projet de conversion de la rente 4 1/2 p. 100, et proposa, le 15 octobre 1888, le rétablissement du scrutin d'arrondissement. Lorsque M. Grévy, à la suite des incidents de l'affaire Wilson, se vit obligé de donner sa démission, il fut question un instant de M. Ribot pour former un cabinet chargé de détenir les affaires pendant

la transmission du pouvoir; mais cette combinaison fut écartée. Dans la dernière session, M. Ribot s'est abstenu sur le rétablissement du scrutin d'arrondissement (11 février 1889), et sur l'ajournement indéfini de la revision de la Constitution, et s'est prononcé pour les poursuites contre trois députés membres de la Ligue des patriotes, pour le projet de loi Lisbonne restrictif de la liberté de la presse, pour les poursuites contre le général Boulanger. Professeur à l'Ecole des sciences politiques, il est président de la Société générale des prisons.

RIBOUD (THOMAS-PHILIBERT, CHEVALIER), député en 1791, au Conseil des Cinq-Cents, au Corps législatif, et représentant aux Cent-Jours, né à Bourg (Ain) le 24 octobre 1755, mort à Jasseron (Ain) le 6 août 1825, « fils de maître Jean-Bernard Riboud, avocat ez-cours de Bresse, et de dame Marie-Philiberte Perrier », fut reçu, à 19 ans, avocat au parlement de Dijon. Il se rendit peu après à Lyon pour y exercer la profession d'avocat et y fonda, avec Gerson et Geoffroy, une société littéraire dont il resta l'un des membres les plus actifs. Procureur du roi au présidial de Bourg et subdélégué de l'intendance de Bourg-en-Bresse en 1779, il se montra partisan des idées nouvelles, présida, en 1787, l'assemblée des notables de la Bresse, devint, en 1790, procureur général syndic du département de l'Ain, et fut élu, le 1er septembre 1791, député de ce département à l'Assemblée législative, le 4e sur 6, par 295 voix (327 votants). Il prit place parmi les Feuillants, se montra favorable aux réformes, mais combattit les mesures révolutionnaires et notamment celles qui visaient les émigrés et les prêtres insermentés. Suspect pendant la Terreur, il fut arrêté et incarcéré à Paris; il ne dut sa liberté qu'à la chute de Robespierre. Le Directoire le nomma juge au tribunal de l'Ain, le 25 vendémiaire an IV; mais, favorable à la réaction royaliste, Riboud fut destitué au 18 fructidor. Elu, le 23 germinal an VII, député de l'Ain au Conseil des Cinq-Cents, par 121 voix (226 votants), il prit place de nouveau parmi les modérés et adhéra au 18 brumaire. Envoyé comme professeur à l'Ecole centrale de Bourg (an VIII), il fut nommé, quelques mois après, conseiller de préfecture de l'Ain (9 germinal), puis président du tribunal criminel du département, dix jours après. Membre de la Légion d'honneur (25 prairial an XII), il fut choisi par le Sénat conservateur comme député de l'Ain au Corps législatif le 7 mars 1807; son mandat lui fut renouvelé le 6 janvier 1813. Il fit partie du comité de législation et fut rapporteur de plusieurs titres du code civil. Créé chevalier de l'empire le 21 décembre 1808, nommé, le 2 avril 1811, président de chambre à la cour impériale de Lyon, il se rallia au gouvernement des Bourbons, et fut élu, le 14 mai 1815, représentant à la Chambre des Cent-Jours par le grand collège de l'Ain, avec 60 voix (119 votants, 278 inscrits); mais son élection fut annulée. Président honoraire à la cour royale de Lyon le 25 octobre 1815, il se consacra dès lors exclusivement à ses travaux littéraires et à sa collaboration à la société académique dont il était l'un des fondateurs. Correspondant de l'Académie des Inscriptions et Belles-Lettres, M. Riboud a publié : *Etrennes littéraires* (1785); *Eloge d'Agnès Sorel* (Lyon, 1786); *Essai sur les moyens de subvenir aux besoins publics* (1790); *Recherches sur l'origine, les mœurs et usages de quelques communes de l'Ain* (Paris,

1840); *Études sur l'histoire départementale de l'Ain par les monuments* (Annuaire de l'Ain, 1824-1827).

RICARD (JEAN-PIERRE), député en 1789, né à Castres (Tarn) le 2 septembre 1740, mort à Toulouse (Haute-Garonne) le 6 avril 1812, était conseiller au sénéchal de Castres quand il fut élu, le 20 mars 1789, député du tiers aux États-Généraux par le bailliage de Castres. Il prêta le serment du Jeu de paume, accompagna le roi à Paris le 6 octobre 1789, mais ne prit que peu de part aux débats de la Constituante. Rentré ensuite dans la vie privée, il fut, sous l'Empire, conseiller à la cour d'appel de Toulouse, et mourut en fonctions.

RICARD (LOUIS-ÉTIENNE), député en 1789, né à Marseille (Bouches-du-Rhône) le 10 juillet 1740, mort à Nîmes (Gard) le 6 janvier 1814, était lieutenant principal au sénéchal et présidial de Nîmes, lorsqu'il fut élu, le 29 mars 1789, député du tiers aux États-Généraux par la sénéchaussée de Nîmes et Beaucaire. Il n'assista pas au serment du Jeu de paume, se mêla peu aux discussions, et, le 29 septembre 1789, offrit à l'Assemblée de payer, en don patriotique, le quart de son revenu. Il ne fit pas partie d'autres législatures.

RICARD (GEORGES-ANTOINE), député au Conseil des Cinq-Cents et au Corps législatif, né et mort à des dates inconnues, était négociant à Lyon quand il fut élu, le 25 germinal an VII, député du Rhône au Conseil des Cinq-Cents. Il ne s'y fit pas remarquer, prêta le serment de haine à la royauté, et, rallié au 18 brumaire, fut réélu, le 4 nivôse an VIII, par le Sénat conservateur, député du Rhône au Corps législatif, d'où il sortit en l'an XI. Il avait été nommé, le 11 ventôse an VIII, préfet de l'Isère.

RICARD (ÉTIENNE-PIERRE-SYLVESTRE, COMTE), pair de France, né à Castres (Tarn) le 31 décembre 1771, mort au château de Varès (Aveyron) le 5 novembre 1843, s'engagea en 1788, fit les campagnes de la Révolution à l'armée du Rhin, devint en 1804 colonel et officier de la Légion d'honneur, aide-de-camp de Soult, général de brigade en 1806, et commandeur de la Légion d'honneur en 1807, après Friedland. Il se distingua à Wagram, passa à l'armée d'Espagne en 1810, et fit la campagne de Russie, où sa belle conduite à la Moskowa lui mérita le grade de général de division et le titre de comte. Il se signala encore à Lutzen, où il gagna la croix de grand-officier de la Légion d'honneur, à Hanau, et dans la campagne de France. À la Restauration, Louis XVIII le nomma chevalier de Saint-Louis et commandant de la 1re division militaire. Lors des Cent-Jours, Ricard accompagna le roi à Gand, et, au retour, fut nommé pair de France, le 17 août 1815. Son nom ne figure pas au scrutin dans le procès du maréchal Ney. Il commanda ensuite les divisions de Toulon et de Dijon et entra en 1818 au comité d'état-major. Il siégea à la Chambre haute jusqu'à sa mort, ayant prêté serment au gouvernement de juillet. On a de lui : *Lettre d'un militaire sur les changements qui s'annoncent dans le système politique de l'Europe* (1788) ; *Fragments sur la situation politique de la France au 1er floréal an V* (1797).

RICARD (FRANÇOIS-LOUIS-CHARLES DE), député de 1820 à 1827, né à Toulouse (Haute-Garonne) le 2 avril 1761, mort à Toulouse, le 20 avril 1832, propriétaire et chevalier de la Légion d'honneur, fut élu, le 13 novembre 1820, député du grand collège de la Haute-Garonne, par 240 voix (385 votants, 413 inscrits), et fut réélu, le 10 octobre 1821, par 245 voix (271 votants, 404 inscrits) ; son mandat lui fut encore renouvelé dans le 2e arrondissement électoral de la Haute-Garonne (Toulouse), le 25 février 1824, par 279 voix (352 votants, 423 inscrits), contre 63 à M. Cassaing. M. de Ricard figura parmi les ministériels les plus dévoués, fit partie de plusieurs commissions, et défendit (avril 1824) le projet de M. de Villèle sur la conversion des rentes. Il quitta la vie politique aux élections de 1827.

RICARD (FRANÇOIS-ISIDORE DE), député de 1822 à 1831, pair de France, né à Aimargues (Gard) le 23 mai 1779, mort à Paris le 26 mai 1849, « fils de messire Louis-Étienne de Ricard, lieutenant principal au sénéchal et siège principal de Nîmes, et de dame Catherine-Julie Ginhoux de Saint-Vincent », entra dans la magistrature sous la Restauration ; il était avocat général à la cour de Montpellier quand il fut élu, le 13 novembre 1822, député du 1er arrondissement électoral du Gard (Nîmes), par 288 voix (507 votants, 553 inscrits), contre 198 à M. Pataille. Réélu, dans le même collège, le 25 février 1824, par 263 voix (474 votants, 532 inscrits), contre 185 à M. Daniel Murjas, et, dans le grand collège du même département, le 24 novembre 1827, par 142 voix (235 votants, 272 inscrits), puis le 19 juillet 1830, par 147 voix (280 votants, 291 inscrits), M. de Ricard, d'abord ministériel et partisan de M. de Villèle, passa peu à peu à l'opposition ; il vota contre la loi sur la presse, combattit (avril 1824) le projet de conversion des rentes, désapprouva comme illégale l'institution des juges-auditeurs, et signa l'Adresse des 221. Chevalier de la Légion d'honneur, il fut nommé conseiller à la cour de Cassation le 28 décembre 1828, adhéra, en 1830, au gouvernement de Louis-Philippe, et devint pair de France le 11 septembre 1835. Il ne se fit pas remarquer à la Chambre haute, et prit sa retraite de magistrat, avec le titre de conseiller honoraire, le 19 décembre 1847.

RICARD (PIERRE-HENRI-AMABLE), représentant en 1871, ministre et sénateur, né à Charenton (Cher) le 12 juin 1828, mort à Paris le 11 mai 1876, fils d'un directeur des contributions directes nommé à Niort en 1844, fit son droit à Poitiers, se fit inscrire en 1851 au barreau de Niort, dont il devint un des avocats distingués, et, connu pour ses opinions républicaines, faillit être déporté au coup d'État de 1851, contre lequel il avait protesté ; il avait épousé Mlle Clerc-la-Salle, fille du député républicain des Deux-Sèvres de 1831 à 1834. Chef de l'opposition libérale dans les Deux-Sèvres sous le second empire, il fut nommé, le 4 septembre 1870, préfet de ce département, donna sa démission le 18 septembre, pour accepter les fonctions de commissaire extraordinaire du gouvernement de la Défense nationale dans l'Ouest, organisa, en cette qualité, le camp de Dampierre (Charente-Inférieure), et fit former, pendant près de trois mois, le tribunal civil de La Rochelle. Élu, le 8 février 1871, représentant des Deux-Sèvres à l'Assemblée nationale, le 7e et dernier, par 36,188 voix sur 66,073 votants et 100,005 inscrits, il se dévoua à la politique de Thiers, prit place au centre gauche, fit partie de la première commission des Trente, fut, en 1874 et en 1875, vice-président de l'Assemblée, déposa et soutint (novembre 1875) un long rapport en faveur du scrutin de liste, vota *pour* la paix, *contre* la pétition des évêques, *contre* le service de trois ans, *contre* la démission de Thiers, *contre* le septennat, *contre* l'admission à titre définitif des princes d'Orléans dans l'armée, *contre* le ministère de Broglie, *pour* l'amendement Wallon, et contribua de tous ses efforts au vote des lois constitutionnelles; il s'était abstenu sur l'abrogation des lois d'exil. Lors de l'élection des sénateurs inamovibles par l'Assemblée (décembre 1875), ce fut lui qui arrêta au nom des gauches avec M. de la Rochette, représentant d'une fraction de la droite, le compromis qui aboutit à l'élection de 65 sénateurs de gauche sur 75. Les élections législatives du 29 février 1876 ne lui furent pas favorables : il échoua dans la 2e circonscription de Niort avec 5,595 voix contre 7,082 à l'élu conservateur, M. Petiet; il était conseiller général de ce canton depuis le 8 octobre 1871. Le 9 mars suivant, Thiers le nomma ministre de l'Intérieur, en remplacement de M. Buffet, et, six jours après, le Sénat l'élut sénateur inamovible, en remplacement de M. de la Rochette décédé, par 174 voix sur 266 votants, contre 84 à M. de Lesseps. Comme ministre, il adressa, le 5 mai, une circulaire aux préfets leur recommandant une attitude bienveillante vis-à-vis de la presse, et mourut subitement, le 11 mai, d'une angine de poitrine. Le gouvernement accorda à sa veuve une pension de 6,000 francs. Le conseil municipal de Niort a fait élever son buste sur la place du Donjon, et a donné son nom à l'une de ses rues.

RICARD (Louis-Pierre-Hippolyte), député de 1885 à 1889, né à Caen (Calvados) le 17 mars 1839, fit son droit à Paris, et se fit inscrire au barreau de Rouen en 1861. Maire de cette ville en 1881, ce fut lui qui organisa les fêtes du deuxième centenaire de Corneille, et prononça à cette occasion un discours remarqué. Conseiller général du 4e canton de Rouen en 1882, il fut porté, aux élections du 4 octobre 1885, sur la liste républicaine de la Seine-Inférieure, et fut élu député, le 8e sur 12, par 79,897 voix (149,546 votants, 195,467 inscrits). Il prit place à la gauche républicaine progressiste, appuya la politique scolaire et coloniale du gouvernement, refusa (avril 1888) le portefeuille que lui offrait M. Floquet, fut rapporteur (mal suivant) de la loi sur la responsabilité des victimes du travail, vota l'expulsion des princes, et se prononça, dans la dernière session, *pour* le rétablissement du scrutin d'arrondissement (11 février 1889), *pour* l'ajournement indéfini de la révision de la Constitution, *pour* les poursuites contre trois députés membres de la Ligue des patriotes, *pour* le projet de loi Lisbonne restrictif de la liberté de la presse, *pour* les poursuites contre le général Boulanger.

RICARD DE SÉALT (Gabriel-Joseph-Xavier), député en 1789, né à Saint-Maximin (Var) en 1754, mort à Grenoble (Isère) le 1er février 1802, était avocat à Toulon, quand il fut élu, le 7 avril 1789, député du tiers aux États-Généraux par la sénéchaussée de Toulon. Il prêta le serment du Jeu de paume, fit partie des comités de constitution et des rapports, vota contre le rachat des dîmes et des droits casuels, parla sur le traitement des évêques, proposa de n'accorder aucun congé aux députés pendant la cérémonie de la fédération, appuya la demande d'armer en faveur de l'Espagne contre les menées de l'Angleterre, proposa, au projet relatif à la liquidation des offices d'amirauté, un amendement qui fut rejeté, combattit le projet sur l'organisation de la marine, et déclara que le ministre de la Luzerne avait perdu la confiance de la nation. Élu secrétaire de l'Assemblée le 15 mai 1791, il attaqua violemment M. de la Rochefoucauld-Liancourt, et publia à cette occasion la lettre suivante :

« Vous avez désiré, Monsieur, que je donnasse une explication de la motion que vous appelez *inexplicable*, que j'ai faite le 11 de ce mois sur la motion prononcée par M. Liancourt; je m'y suis refusé jusqu'aujourd'hui; mais puisque cette opinion vient d'être imprimée, distribuée, peut-être adressée à tous les départements, selon le vœu que j'en manifestai, je vais vous satisfaire.

« Vous connaissez mon attachement invariable à la Constitution, et mon zèle brûlant, comme le climat qui m'a vu naître, pour tout ce qui tend à l'affermir; mais ce que vous ne savez peut-être pas, c'est que mon amour civique n'est pas exempt de crainte, ni de méfiance contre tout ce qui peut avoir l'air de porter atteinte à mon idole....; et pour vous tout dire, je déclare que, confiant jusqu'à l'excès, je n'ai jamais éprouvé de sentiment contraire que sur le succès de la révolution. C'est dans cette disposition, qui me suivra jusqu'à la fin de mes travaux, que j'arrivai à la séance si importante du 11 de ce mois.

« M. Liancourt monta à la tribune; je l'entendis s'efforçant de justifier un voyage condamné par la France entière, de pallier une déclaration solennelle improbative de tous les décrets, et appuyant ses arguments sur la non-liberté antérieure de la personne du roi; moi, qui avais toujours cru que le roi était libre, qu'il avait voulu librement la Constitution, et qu'il ne pouvait s'y refuser ou l'attaquer, se séparer de l'Assemblée et abandonner la nation et son trône que par l'effet de quelque machination perfide des ennemis de la patrie... M. Liancourt renversait toutes nos idées; je ne connus plus l'homme, je ne vis plus en lui que le premier commensal du roi, égaré par son zèle; je sentis que son opinion n'était bonne ni pour le roi pour qui elle avait été faite, ni pour le salut de la patrie pour qui elle devait être destinée, et je fis la motion que vous paraissez condamner. Elle peut donner lieu à des réflexions très profondes.

« Je ne cherche pas à la justifier pas plus que je ne me la reproche, je me borne à vous donner mes motifs, vous jugerez aisément que je n'eus pas l'intention d'accuser M. Liancourt d'incivisme; d'après les preuves de patriotisme qu'il a pu donner, il ne pourrait changer qu'aux dépens de sa réputation et de sa gloire.

« J'avais la parole pour le lendemain; si j'avais pu atteindre la tribune, j'y aurais donné les explications que je vous donne aujourd'hui; nos amis auraient connu les motifs de mon *incartade*, et j'aurais arrêté le guêpier dont j'entends encore le bourdonnement.

RICARD, de Toulon,
membre de l'Assemblée nationale. »

Ricard de Séalt fut un des commissaires nommés à l'arrestation de La Fayette. Après la session, il quitta la vie publique. Rallié au 18 brumaire, il fut nommé, le 11 nivôse an VIII, préfet de l'Isère, et mourut peu après, à Grenoble, d'une angine de poitrine.

RICCÉ (Gabriel-Marie, vicomte de), député en 1830, né à Bagé-la-Ville (Ain) le 12 juillet 1758, mort à Buzançais (Indre) le 29 novembre 1832, entra dans l'administration, et fut nommé préfet de l'Orne sous l'Empire, destitué aux Cent-Jours, réintégré le 14 juillet 1815, puis appelé à la préfecture de la Meuse (6 août 1817), et (24 février 1819) à celle du Loiret. Admis à la retraite, comme préfet, le 22 mai 1830, il se présenta à la députation le 19 juillet suivant, et fut élu, par le grand collège du département qu'il avait administré, avec 162 voix (319 votants). Il adhéra au gouvernement de Louis-Philippe qui le réintégra dans l'administration comme préfet du Loiret (6 août 1830), fut remplacé, comme député, le 28 octobre 1830, par M. de la Rochefoucauld, et mourut à Buzançais en 1832, officier de la Légion d'honneur.

RICHARD (Joseph-Antoine), député en 1789, né à Crest (Drôme) le 26 avril 1734, mort à Crest le 28 avril 1808, était avocat et maire de sa ville natale quand il fut élu, le 5 janvier 1789, député suppléant du tiers aux États-Généraux par le Dauphiné. Admis à siéger, le 17 décembre 1789, en remplacement de M. de Chaléon, démissionnaire, il se fit peu remarquer; son nom n'est pas cité au *Moniteur*.

RICHARD (Joseph-Etienne, baron), député en 1791, membre de la Convention, né à la Flèche (Sarthe) le 28 septembre 1761, mort à Saintes (Charente-Inférieure) le 17 août 1834, étudia le droit, fut reçu avocat en 1788 et remplit, en 1790, les fonctions du procureur syndic de la commune, puis celles d'accusateur public près le tribunal de la Flèche. Élu, le 4 septembre 1791, député de la Sarthe à l'Assemblée législative, le 7e sur 10, par 248 voix (346 votants), il vota avec la majorité, parla sur les contributions, et obtint sa réélection, le 3 septembre 1792, comme député de la Sarthe à la Convention, le 1er sur 10, à la pluralité des voix sur 530 votants. Il se prononça, dans le procès de Louis XVI, pour la peine de mort en répondant au 3e appel nominal : « Louis est convaincu d'avoir conspiré; toutes les considérations disparaissent devant la justice. Je vote pour la mort. » Envoyé en mission dans les départements de l'Ouest, il fit part à l'assemblée de plusieurs victoires remportées sur les Vendéens, institua à Tours la première commission militaire (16 juin 1793), et un comité de surveillance (18 octobre suivant), et, de retour à Paris, fut nommé, le 21 nivôse an II, secrétaire de la Convention. Deux mois plus tard, il se rendit à l'armée du Nord. Il se concerta avec les généraux, rétablit la discipline, et ordonna de recevoir prisonniers de guerre par la capitulation les soldats anglais qui formaient les garnisons des places d'Ypres et de Nieuport. Rentré à la Convention après le 9 thermidor, il prit part aux mesures dirigées contre les Jacobins, déclara que la République n'existait plus que dans les armées, fut nommé membre du comité de salut public à la fin de 1794, lors de la fermeture du club des Jacobins, et se mit à la tête des troupes qui firent évacuer la salle du club dont Legendre emporta les clefs. Envoyé une seconde fois, en 1795, à l'armée du Nord, il signala son passage à Bréda par la mise en liberté d'un grand nombre d'émigrés qui allaient être traduits devant une commission militaire. Pendant cette seconde mission, il négocia, aux termes du traité de paix, un arrangement d'après lequel le gouvernement batave s'engageait à entretenir un corps de 25,000 hommes de troupes françaises

qui devaient rester dans le pays pendant plusieurs années. Nommé, en 1797, chef de division, adjoint au ministère de la Guerre, il fut appelé, le 12 ventôse an VIII, aux fonctions de préfet de la Haute-Garonne. Membre de la Légion d'honneur le 25 prairial an XII, il passa, le 12 juillet 1806, à la préfecture de la Charente-Inférieure, où il resta jusqu'à la première Restauration (1814), devint chevalier de l'Empire (18 juin 1809), baron (9 mars 1810), administra pendant les Cent-Jours le département du Calvados (22 mars 1815), fut destitué à la seconde Restauration, mais rappelé presque aussitôt par Louis XVIII (14 juillet) à la préfecture de la Rochelle. Il y resta peu de temps, donna sa démission lors de la promulgation de la loi du 12 janvier 1816 contre les régicides, se vit excepté, par faveur spéciale, des dispositions de cette loi, et reçut même du gouvernement royal une pension de 6,000 francs (22 mars 1816). Il se retira à Saintes, où il mourut dix-huit ans plus tard.

RICHARD (Charles-Marie), député de 1815 à 1824, né à Montaigu (Vendée) le 29 avril 1766, mort à Nantes (Loire-Inférieure) le 15 mars 1829, fit ses études médicales, fut reçu docteur en 1785, devint, en 1790, officier municipal de sa ville natale, puis suivit le mouvement insurrectionnel de la province, et fut nommé, en 1793, médecin de l'armée de Charette. A la pacification, il rentra dans la vie privée et ne reprit de fonctions publiques qu'à l'époque de la Restauration. Membre et secrétaire du conseil général de la Loire-Inférieure, il fut élu, le 22 août 1815, député du grand collège de ce département, par 137 voix (160 votants, 212 inscrits); il siégea dans la majorité de la Chambre introuvable, fut nommé conseiller de préfecture de la Loire-Inférieure le 22 février 1816, et fut réélu député, le 4 octobre suivant, par 85 voix (162 votants, 204 inscrits); il prit place à droite, vota les deux lois d'exception et le nouveau système électoral, montra, dans quelques discussions d'affaires, des opinions libérales, demanda des économies, réclama la franchise du commerce et vota contre le monopole du tabac. Il ne fut pas réélu aux élections de 1824.

RICHARD (Antoine), dit Richard du Cantal, représentant en 1848 et en 1849, né à Pierrefort (Cantal) le 4 février 1802, mort à Paris le 10 février 1891, s'enrôla, comme volontaire, au 1er cuirassiers de la garde, fut détaché comme élève militaire à l'École d'Alfort, et se fit recevoir médecin vétérinaire au 1er d'artillerie (1828). En garnison à Strasbourg, il suivit les cours de la faculté de médecine de cette ville et prit le grade de docteur. Puis il se rendit en Algérie, en revint pour enseigner à Grignon l'économie rurale, et fonda en Auvergne (1838) une école d'agriculture. Nommé professeur d'histoire naturelle à l'École royale des haras (1840), puis directeur (1844) de cet établissement, il publia, en 1845, les *Annales des haras et de l'agriculture*, revue mensuelle, et, peu de temps après, un remarquable ouvrage sur la *Conformation du cheval* (1847). Mais ses doctrines scientifiques et ses tendances démocratiques l'avaient rendu suspect au pouvoir: M. Richard, qui était affilié depuis 1832 à la Société républicaine des Droits de l'homme, fut destitué en 1847. Il se jeta alors sans réserve dans le mouvement réformiste, et fut envoyé à Saint-Flour, après la révolution de février, comme sous-commissaire du gouvernement provisoire. Élu, le 23 avril 1848, représentant du Cantal à l'Assemblée constituante, le 6e sur 7, par 18,852 voix (14,104 votants, 61,630 inscrits), il prit place dans les rangs de la gauche modérée et vota : *contre* le rétablissement du cautionnement et de la contrainte par corps, *contre* les poursuites contre L. Blanc et Caussidière, *contre* l'abolition de la peine de mort, *pour* le droit au travail, *pour* l'ordre du jour en l'honneur de Cavaignac, *contre* la proposition Rateau, *pour* l'amnistie, *contre* l'interdiction des clubs, *contre* les crédits de l'expédition romaine. Réélu, le 13 mai 1849, représentant du Cantal à l'Assemblée législative, le 3e sur 9, par 18,025 voix (34,568 votants, 62,957 inscrits), il opina avec la minorité démocratique : *contre* les lois répressives, *contre* la loi Falloux-Parieu sur l'enseignement, *contre* la loi du 31 mai restrictive du suffrage universel, fut rendu à la vie privée par le coup d'État du 2 décembre 1851, et se consacra pendant toute la durée de l'Empire à des études d'agronomie. Fondateur, avec Geoffroy-Saint-Hilaire, en 1854, de la Société zoologique d'acclimatation, il fit, en 1869, dans toute la France, avec l'appui du gouvernement, des conférences de vulgarisation scientifique qui furent très goûtées du public. Le 1er juin 1863, il avait réuni, comme candidat indépendant au Corps législatif, dans la 2e circonscription du Cantal, 1,194 voix contre 12,498 à l'élu officiel, M. Creuzet, et 6,696 à M. Bonnat. Outre un grand nombre d'articles spéciaux insérés dans le *Siècle*, on doit à M. Richard (du Cantal) : *Principes généraux sur l'amélioration des races de chevaux et autres animaux domestiques* (1850) ; *Dictionnaire raisonné d'agriculture et d'économie du bétail* (1854) ; *Étude du cheval de service et de guerre* (1874), etc.

RICHARD (Jules-François), représentant en 1848, né à la Mothe-Sainte-Héraye (Deux-Sèvres) le 1er janvier 1810, mort au même lieu le 14 juillet 1868, fit son droit à Poitiers, s'occupa surtout d'études historiques sur le département des Deux-Sèvres, collabora à plusieurs journaux du pays, et fonda, en 1846, la *Chronique des Deux-Sèvres*. Républicain catholique, il fut élu, le 23 avril 1848, représentant des Deux-Sèvres à l'Assemblée constituante, le 6e sur 8, par 38,583 voix sur 78,335 inscrits. Il devint secrétaire de l'Assemblée, fit partie du comité de l'administration, et vota *contre* le rétablissement du cautionnement, *contre* le droit au travail, *contre* l'impôt progressif, *contre* la proposition des deux Chambres, *contre* l'amendement Grévy sur la présidence, *pour* le remplacement militaire, *contre* la proposition Rateau, *pour* la diminution de l'impôt du sel, *pour* l'interdiction des clubs. Non réélu à la Législative, il revint dans son pays natal, se consacra à ses études historiques, accentua ses sentiments religieux, contribua à la fondation de nombreuses sociétés de Saint-Vincent-de-Paul, et fut nommé (1866) maire de la Mothe-Sainte-Héraye. Il mourut deux ans après. On a de lui, outre de nombreux articles de journaux : *Histoire de l'administration supérieure du département des Deux-Sèvres depuis 1789* ; des monographies d'hommes célèbres du département, et *Introduction du Christianisme dans le Poitou et les provinces voisines*.

RICHARD (Maurice-Louis), député au Corps législatif de 1863 à 1870 et ministre, né à Paris le 26 octobre 1832, mort à Paris le 4 novembre 1888, fils d'un riche agent d'affaires, étudia le droit, s'inscrivit au barreau, et travailla quelque temps chez un avocat à la cour

de Cassation. Lors des élections générales pour le Corps législatif en 1863, M. Maurice Richard, dont le père avait acquis des propriétés dans Seine-et-Oise, se porta comme candidat indépendant dans la 1re circonscription de ce département, et fut élu député par 13,527 voix (23,240 votants, 27,301 inscrits), contre 9,570 au général Mellinet, candidat officiel. Il siégea au centre gauche, se lia avec M. Émile Ollivier et le suivit dans son évolution politique. Un discours qu'il prononça, le 16 mars 1868, sur le droit de réunion, fut remarqué. Le 24 mai 1869, il fut réélu par 16,780 voix (28,213 votants, 31,017 inscrits), contre 11,008 à M. Ernest Baroche, et 330 à M. Péteau de Maulette. Il se rangea alors dans le tiers parti et signa l'interpellation des 116. Le 2 janvier 1870, M. É. Ollivier, ayant été chargé de former un nouveau cabinet, créa pour lui un ministère des Beaux-Arts. Le 14 avril, il eut par intérim le portefeuille de l'Instruction publique, et devint, le 15 mai, ministre des Lettres, Sciences et Beaux-Arts. Pendant son administration, il recula jusqu'à 30 ans la limite d'âge pour le concours des prix de Rome, publia son salon de 1870 un règlement qui remettait à l'élection des artistes le choix du jury, facilita l'exploitation de certains théâtres, et offrit au peintre Courbet la croix de la Légion d'honneur, que celui-ci refusa. M. Maurice Richard perdit son portefeuille le 8 août 1870. Veuf de Mlle Estienne, il avait épousé, le mois précédent, Mlle Bournet-Aubertot, fille des riches propriétaires du *Gagne-Petit* ; la révolution du 4 septembre le rendit à la vie privée. Éloigné dès lors des affaires publiques, il se rangea, lors de la scission qui se produisit dans le parti bonapartiste, du côté du prince Napoléon, dont il resta le familier et l'ami. C'est dans son château de Millemont (Seine-et-Oise) que le prince reçut du gouvernement de M. Thiers, en 1872, l'ordre de quitter la France. M. Maurice Richard était conseiller général de Seine-et-Oise pour le canton de Montfort-l'Amaury. Candidat aux élections législatives du 20 février 1876, dans l'arrondissement de Rambouillet, il échoua avec 4,028 voix, contre 8,686 à l'élu républicain, M. Carrey, et 2,006 à M. Joubert, et ne se représenta plus.

RICHARD (Maximilien), représentant en 1871, né à Paris le 30 avril 1818, fonda à Angers la première filature mécanique de chanvre, et acquit bientôt une grande situation. Conseiller municipal d'Angers, président du tribunal de commerce, délégué cantonal de l'instruction publique, secrétaire de la Société des écoles mutuelles, décoré, en 1867, pour ses produits à l'Exposition universelle de Paris, il fut élu, le 8 février 1871, représentant de ce département à l'Assemblée nationale, le 6e sur 11, par 99,791 voix (120,174 votants, 151,588 inscrits) ; il prit place au centre gauche, fit partie de la réunion Féray, et vota *pour* la paix, *pour* l'abrogation des lois d'exil, *pour* la pétition des évêques, *contre* la démission de Thiers, *pour* le septennat, *contre* le ministère de Broglie, *pour* les lois constitutionnelles. Membre de la commission chargée d'examiner le projet Maleville sur la dissolution, il l'approuva, et prononça, le 4 février 1873, un important discours sur le travail des femmes. Candidat républicain aux élections sénatoriales du 30 janvier 1876, en Maine-et-Loire, il échoua avec 69 voix sur 465 votants. Au conseil général, dont il faisait partie depuis le 8 octobre 1871, pour le canton sud-est d'Angers, il approuva l'acte du 16 mai, mais ne rentra plus dans la vie parlementaire.

RICHARD (CAMILLE), député en 1878 et de 1881 à 1889, né à Apt (Vaucluse) le 29 mai 1829, était avoué à Nyons (Drôme), maire de cette ville, et conseiller général de la Drôme, lorsqu'il se présenta, le 14 octobre 1877, comme candidat républicain à la députation dans l'arrondissement de Nyons : il obtint 3,574 voix contre 5,575 à l'élu conservateur, M. d'Aulan. Les opérations du scrutin ayant été annulées, M. Richard se représenta, le 7 avril 1878, et fut élu cette fois par 4,599 voix (9,174 votants, 10,636 inscrits), contre 4,559 au député sortant, M. d'Aulan. Il prit place à gauche. Invalidé à son tour, M. C. Richard se représenta, le 27 avril 1879, à un nouveau scrutin ; mais il échoua avec 4,465 voix contre 4,079 à M. d'Aulan, élu. Les élections générales du 21 août 1881 le rendirent à la vie parlementaire : élu député de Nyons par 4,780 voix (8,410 votants, 10,605 inscrits), contre 3,571 à M. d'Aulan, il reprit sa place à gauche, vota le plus souvent avec la gauche radicale, et porté, le 4 octobre 1885, sur la liste républicaine de la Drôme, fut réélu député de ce département, le 4e sur 5, par 43,041 voix (74,080 votants, 95,343 inscrits). Il vota l'expulsion des princes, combattit les ministères Ferry et Rouvier, soutint le ministère Floquet, et dans la dernière session, s'abstint sur le rétablissement du scrutin d'arrondissement (11 février 1889), et se prononça *contre* l'ajournement indéfini de la revision de la Constitution, *pour* les poursuites contre trois députés membres de la Ligue des patriotes, *pour* le projet de loi Lisbonne restrictif de la liberté de la presse, *pour* les poursuites contre le général Boulanger.

RICHARD (LOUIS-MARCELLIN-GEORGES), député depuis 1886, né à la Mothe-Sainte-Héraye (Deux-Sèvres) le 22 février 1846, neveu de Jules-François Richard (*Voy. plus haut*), fit de brillantes études au lycée de Niort, et se fit recevoir avocat, conseiller municipal, et premier adjoint de Saint-Maixent ; il fut révoqué au 16 mai 1877, fut nommé, après la chute du cabinet de Broglie-Fourtou, conseiller de préfecture des Deux-Sèvres, puis successivement secrétaire général à Niort et à Périgueux, et sous-préfet à Saint-Nazaire (avril 1885). Élu, le 11 avril 1886, député des Deux-Sèvres, en remplacement de M. Garne décédé, par 43,615 voix sur 83,327 votants et 106,543 inscrits, contre 39,114 à M. Taudière, il ne s'inscrivit à aucun groupe, mais vota le plus souvent avec les radicaux ; il s'est prononcé, dans la dernière session, *contre* le rétablissement du scrutin d'arrondissement (11 février 1889), *contre* l'ajournement indéfini de la revision de la Constitution, *contre* les poursuites contre trois députés membres de la Ligue des patriotes, *contre* le projet de loi Lisbonne restrictif de la liberté de la presse, *contre* les poursuites contre le général Boulanger.

RICHARD. — *Voy.* LAPRADE (DE).

RICHARD. — *Voy.* MONTJOYEUX (DE).

RICHARD. — *Voy.* PERVENCHÈRE (DE LA).

RICHARD D'ABONCOURT (NICOLAS FRANÇOIS-JOSEPH), député au Conseil des Cinq-Cents, né à Remiremont (Vosges) le 14 août 1753, mort à Remiremont le 17 juin 1813, « fils de sieur Nicolas-François Richard, avocat à la cour, lieutenant et receveur de la part du chapitre de Remiremont en la maîtrise de Saint-Dié, et

de demoiselle Marie-Hélène Gravel », était avocat à Remiremont au moment de la Révolution. Il en adopta les principes et devint juge au tribunal criminel du département des Vosges. Élu, le 23 germinal an VI, député des Vosges au Conseil des Cinq-Cents, secrétaire du Conseil le 7 messidor suivant, il fut membre et rapporteur du comité des finances et se signala par ses propositions sur les biens nationaux et sur la perception des contributions. Rallié au 18 brumaire, il fut nommé, le 9 germinal an VIII, sous-préfet de Remiremont ; il était encore en fonctions lorsqu'il mourut.

RICHARD D'ABONCOURT (ANTOINE-NICOLAS-SIGISBERT), député de 1824 à 1827, né à Bruyères (Vosges) le 24 août 1782, mort à Champ-le-Duc (Vosges) le 1er avril 1857, fils du précédent, propriétaire, épousa la fille du général d'Olonne qui avait émigré, et ne rentra en France qu'avec les alliés. Nommé sous-préfet de Mirecourt le 16 juillet 1814, remplacé aux Cent-Jours, réintégré en juillet 1815, appelé à la sous-préfecture de Saint-Dié le 20 février 1822, il fut élu, le 25 février 1824, député du 2e arrondissement électoral des Vosges (Remiremont), par 81 voix (115 votants, 168 inscrits). Il vota avec les ministériels, fut décoré de la Légion d'honneur en 1825, lors du sacre de Charles X, et échoua aux élections générales du 17 novembre 1827, avec 47 voix contre 67 à l'élu, M. Buquet ; il ne se représenta plus. Son beau-père demanda pour lui (26 février 1828) la préfecture des Vosges, qu'il n'obtint pas.

RICHARD DE LA VERGNE (PIERRE), député en 1789, né à Boussay (Loire-Inférieure) le 23 janvier 1729, mort à Nantes (Loire-Inférieure) le 8 octobre 1817, était fils d'un docteur en médecine de Montaigu et trésorier des Marches communes de Poitou et de Bretagne, qui fut élu, en avril 1789, député du tiers-état des Marches aux États-Généraux, mais qui donna sa démission deux jours après : « lui étant survenues des affaires depuis sa nomination, et sa santé d'ailleurs étant plus chancelante qu'à l'ordinaire. » Son fils Pierre entra dans les ordres, fut reçu docteur en droit et avocat au parlement, et devint successivement chapelain de l'Hôtel-Dieu de Nantes, de l'hôpital d'Angers, directeur des religieuses fontevristes de la Regrippière, chanoine de la collégiale de Montaigu, titulaire des bénéfices de Poidras en Gétigné et de la Motte en Cugand, et prieur-curé de la Trinité de Clisson (20 mars 1764). Député en cour en 1775 pour obtenir la confirmation des privilèges des Marches, il y fut encore envoyé en 1789, pour demander que ce pays pût élire des députés aux États-Généraux. On fit droit à sa requête, et, le 2 avril 1789, il fut élu lui-même député du clergé des Marches aux États-Généraux, par 23 voix sur 24 votants. Il fut des derniers à se réunir au tiers-état, et soutint les privilèges de son ordre ; mais après les scènes tumultueuses des 5 et 6 octobre 1789 à Versailles, il quitta l'Assemblée et revint à Clisson, tout en conservant son titre de député. Le 29 juin 1792, il fut arrêté à Clisson, conduit à Nantes, longuement interrogé, et déporté en Portugal. Il revint en France sous le Consulat, et se fixa à Nantes où il mourut. Le cardinal Richard, aujourd'hui archevêque de Paris, est le petit-neveu de l'ancien député des Marches communes.

RICHARD DE MAISONNEUVE (JEAN-LOUIS), député en 1789, au Conseil des Anciens et au Corps législatif en l'an VIII, né à Bourg-

Argental (Loire) le 15 août 1743, mort à une date inconnue, propriétaire à Bourg-Argental, fut élu, le 23 mars 1789, député du tiers aux Etats-Généraux par le bailliage du Forez. Il prêta le serment du Jeu de paume, et se fit peu remarquer. Nommé après la session, le 20 septembre 1791, administrateur du département de Rhône-et-Loire, il devint ensuite conseiller municipal de Saint-Etienne, et fut élu, le 24 germinal an VII, député de la Loire au Conseil des Anciens. Il siégea parmi les modérés, ne prit aucune part aux débats, et, rallié au 18 brumaire, fut encore choisi, le 4 nivôse an VIII, par le Sénat conservateur, comme député de la Loire au Corps législatif, d'où il sortit en l'an XI.

RICHARD DE VILLIERS (GILLES-LOUIS), député en 1791, né à Ernée (Mayenne) le 15 mars 1751, mort à Ernée le 4 juillet 1836, homme de loi, partisan de la Révolution, fut nommé administrateur du département de la Mayenne en 1790 et élu, le 30 août 1791, député de ce département à l'Assemblée législative, le 8e et dernier, par 124 voix (226 votants). Son nom n'est pas cité au *Moniteur*. Après la session, il se retira à Saint-Denis-de-Gâtine où il passa le temps de la Terreur. Agent national en l'an III, et commissaire du Directoire exécutif près l'administration du canton de Saint-Denis en l'an IV, il devint maire de cette commune sous l'Empire, et rentra dans la vie privée à la Restauration.

RICHARDET (VICTOR), représentant en 1849, né à Salins (Jura) le 5 novembre 1810, avait exercé la profession d'agent-voyer dans son pays natal, et était gérant du journal la *Démocratie jurassienne*, lorsque ses opinions nettement républicaines le firent élire (13 mai 1849) représentant du Jura à l'Assemblée législative, le 7e et dernier, par 39,905 voix (71,295 votants, 90,110 inscrits). Il siégea à la Montagne et vota constamment avec la minorité démocratique : *contre* l'expédition de Rome, *contre* la loi Falloux-Parieu sur l'enseignement, *contre* la loi restrictive du suffrage universel. Son énergie à combattre la politique de l'Elysée et à protester contre le coup d'Etat du 2 décembre le fit arrêter et envoyer sur les pontons. Il était désigné pour être transporté en Afrique quand une nouvelle décision des commissions mixtes le comprit sur la liste des représentants expulsés de France.

RICHARME (PIERRE), député de 1876 à 1881, né à Rive-de-Gier (Loire) le 10 septembre 1833, directeur d'une importante verrerie dans sa ville natale, devint maire de Rive-de-Gier le 12 septembre 1870, remplit ses fonctions jusqu'au 20 janvier 1871, et fut réélu conseiller municipal le 22 novembre suivant, à la presque unanimité. Conseiller général du canton de Rive-de-Gier (8 octobre 1871) et vice-président du conseil, il fut élu, le 20 février 1876, député de la 3e circonscription de Saint-Etienne, par 9,082 voix (14,187 votants, 19,247 inscrits), contre 4,184 à M. Neyroud; il prit place à la gauche républicaine, et fut l'un des 363 députés qui, au 16 mai, refusèrent le vote de confiance au ministère de Broglie. Réélu le 14 octobre 1877, par 10,939 voix (15,547 votants, 21,101 inscrits), contre 4,587 à M. Jullien, il continua de siéger dans le groupe opportuniste, et échoua aux élections générales du 21 août 1881, avec 6,328 voix contre 6,896 à l'élu, M. Chavanne, candidat radical.

RICHAUD (HYACINTHE), membre de la Con-

vention, député au Conseil des Cinq-Cents, représentant aux Cent-Jours, né à Faucon (Basses-Alpes) le 31 décembre 1757, mort à Versailles (Seine-et-Oise) le 22 avril 1827, « fils de Jacques Richaud et de Thérèse Richaud, mariés », commença par être clerc de notaire, puis s'établit commerçant à Versailles. Administrateur du district, puis du département, maire de la ville, commissaire du gouvernement près l'administration centrale du département, il fut élu, le 17 septembre 1792, 4e député suppléant à la Convention par le département de Seine-et-Oise, avec 282 voix (671 votants). Richaud fut admis à siéger en titre le 21 février 1793, en remplacement de M. de Kersaint démissionnaire; il se rendit en mission près l'armée de la Moselle, annonça l'évacuation de Saarbruck et la prise de Deux-Ponts, dénonça les fournisseurs de l'armée, se prononça ensuite à la Convention pour la suppression du maximum, fut envoyé à Lyon et rendit compte de la situation de cette commune, ainsi que de la célébration du 21 janvier. Réélu, le 23 vendémiaire an IV, au Conseil des Cinq-Cents, il y prit plusieurs fois la parole, sur la question des fermages, sur les salines nationales, sur le maintien des droits de douanes à la frontière, sur les vols de deniers publics et le mode de décharge des comptables. Ayant adhéré au coup d'Etat de Bonaparte, il fut, le 28 ventôse an VIII, nommé conseiller de préfecture de Seine-et-Oise, et remplit ces fonctions jusqu'en 1815. Le 11 mai 1815, il représenta à la Chambre des Cent-Jours l'arrondissement de Versailles, qui lui avait donné 35 voix (63 votants, 151 inscrits). Nommé, dans le même mois, sous-préfet de Versailles, il refusa ces dernières fonctions, malgré l'insistance du gouvernement impérial, pour remplir son mandat de représentant et parce que « sa santé s'était beaucoup altérée, étant dans les fonctions publiques depuis la Révolution. » Il rentra dans la vie privée après la session, et passa ses dernières années à Versailles.

RICHE (JEAN-FRANÇOIS), député en 1789, né à Angers (Maine-et-Loire) en 1736, mort à une date inconnue, négociant à Angers, prit part aux débats préparatoires des élections de 1789, et à l'assemblée bailliagère. Elu, le 20 mars 1789, député du tiers aux Etats-Généraux par la sénéchaussée d'Anjou, il prêta le serment du Jeu de paume, fit partie du comité féodal, demanda l'abolition de la vénalité des offices judiciaires et vota pour toutes les réformes réclamées par la majorité réformatrice. Administrateur des hospices et membre du tribunal de commerce d'Angers en 1792, il était encore en fonctions en 1801).

RICHÉ-TIRMAN (JULES-FRANÇOIS-EDME), représentant en 1849, député au Corps législatif de 1852 à 1863, né à Charleville (Ardennes) le 31 octobre 1815, mort à Paris le 23 février 1888, fils d'un propriétaire d'ardoisières, étudia le droit et fut reçu avocat. Inscrit au barreau de Charleville (1830), il y acquit une certaine réputation, devint conseiller général des Ardennes, et se fit élire, le 13 mai 1849, représentant de ce département à l'Assemblée législative, le 5e sur 7, par 30,736 voix (64,318 votants, 89,703 inscrits). Il siégea à droite, fut membre et rapporteur de la commission de la réforme hypothécaire, et vota *pour* l'expédition de Rome, *pour* la loi Falloux-Parieu sur l'enseignement, *pour* la loi restrictive du suffrage universel. Rallié à la politique de l'Elysée après le coup d'État, il obtint l'appui du gouvernement comme candidat au Corps législatif, le 29 février 1852, dans la 1re circonscription des Ardennes, et fut élu député par 23,687 voix (26,910 votants, 47,282 inscrits), contre 4,359 à M. Oger-Nauquette. M. Riché-Tirman s'associa au rétablissement de l'Empire, vota avec la majorité dynastique et parla sur la taxe des voitures, sur la mort civile, sur les ordres, sur la loi de sûreté générale (1858) dont il demanda l'application « aux coups de poignard et non aux coups d'épingle ». Il fut rapporteur du projet de loi sur l'annexion de la banlieue (1860), rapport qui le fit entrer, la même année, au conseil d'État, où il devint président de la section de l'intérieur, puis de la section de législation ; il avait été réélu député, le 22 juin 1857, par 30,661 voix (32,874 votants, 45,819 inscrits), contre 1,802 à M. Garnier-Pagès. Au conseil d'État, il fut un des auteurs de la loi sur l'extension de la propriété littéraire. Rendu à la vie privée en 1870, il fut admis à la retraite, comme président de section au conseil d'État, le 20 mars 1874 ; il il était toujours conseiller général des Ardennes. Commandeur de la Légion d'honneur (1867), officier de l'instruction publique.

RICHELIEU (ARMAND-EMMANUEL-SOPHIE-SEPTIMANIE VIGNEROT-DUPLESSIS, DUC DE), pair de France et ministre, né à Paris le 4 septembre 1766, mort à Paris le 17 mai 1822, petit-fils du duc de Richelieu célèbre à la cour de Louis XV, et fils du duc de Fronsac et de mademoiselle de Hautefort, fit ses études au collège du Plessis, et fut marié, à 14 ans, à Mlle de Rochechouart. Il voyagea quelque temps en Italie, puis devint, à la mort de son père, premier gentilhomme de la chambre du roi. Revenu en France aux débuts de la Révolution, il était, le 5 octobre 1789, auprès de Louis XVI, quand le peuple envahit le palais de Versailles. Envoyé, au commencement de 1790, en mission près de la cour de Vienne, il fut retenu à l'étranger par la marche rapide des événements, prit du service en Russie, et, après la prise d'Ismaïl, à laquelle il assista sous les ordres de Souwarow, fut nommé colonel-général par Catherine II, qui l'appela auprès d'elle l'année suivante (1791). Il remplit, en 1792, près des cours de Berlin et de Vienne les fonctions d'agent secret des Bourbons, et reçut en 1793 le commandement d'un corps d'émigrés à la solde de l'Angleterre. Il assista en cette qualité au siège de Valenciennes. De retour en Russie en 1795, il fut froidement accueilli par Paul Ier et reçut un meilleur accueil du successeur du tzar Alexandre. Il rentra en France sous le Consulat (1802), pour y vendre ses biens dans le but de désintéresser les créanciers de son père. Bonaparte chercha à le retenir, mais Richelieu, fidèle aux Bourbons, refusa, et retourna en Russie, où il devint gouverneur d'Odessa (1803), puis administrateur général de la Nouvelle Russie (1805). Il ne prit aucune part à la campagne de 1812, et rentra définitivement en France avec les Bourbons, qui le nommèrent pair de France le 4 juin 1814. Il reprit ses fonctions de gentilhomme de la chambre et, en 1815, suivit Louis XVIII à Gand ; à la seconde Restauration, il refusa le ministère de la maison du roi (9 juillet 1815) dans le cabinet Fouché ; mais, sur les instances de l'empereur Alexandre, qui lui promit son concours contre les exigences des alliés, consentit à former, le 26 septembre 1815, un nouveau ministère, dans lequel il garda, avec la présidence, le portefeuille des Affaires étrangères. En cette qua-

lité, il signa le traité définitif du 20 novembre 1815, et porta aux Chambres, le 4 novembre, l'ordonnance royale qui traduisait en justice le maréchal Ney. Toutefois le ministère sembla bientôt trop modéré au royalisme intransigeant de la Chambre introuvable, que n'apaisa pas la présentation d'un projet de loi suspensif de la liberté individuelle ; d'un autre projet qui punissait des travaux forcés les écrits, discours et cris séditieux ; d'un troisième, d'abord proposé par M. de la Bourdonnaye, et qui devint la loi dite d'amnistie du 12 janvier 1816 ; enfin d'un quatrième qui instituait les cours prévôtales, devant lesquelles tout individu, civil ou militaire, était traduit pour cris, port d'armes ou d'insignes prohibés, et jugé sans appel, le jugement devant être exécuté dans les vingt-quatre heures. Membre de l'Académie française en vertu de l'ordonnance royale du 21 mars 1816, M. de Richelieu fit signer au roi, le 5 septembre suivant, la dissolution de la Chambre introuvable, et obtint, des élections qui suivirent, une majorité plus favorable. En même temps, il fit accepter aux alliés un délai pour l'acquittement de la contribution de guerre, et une réduction de 30,000 hommes de l'armée d'occupation. Il négocia un nouveau Concordat avec la cour de Rome, et, en 1818, grâce à ses rapports personnels avec l'empereur Alexandre, obtint de faire cesser l'occupation étrangère. La loi électorale Lainé, votée au commencement de la session de 1817, avait amené, au renouvellement partiel de 1818, 45 députés indépendants de plus à la Chambre. Devant ces résultats, qui rendaient l'opposition constitutionnelle de plus en plus redoutable, M. de Richelieu voulut introduire des modifications, urgentes à ses yeux, dans cette loi. Decazes, alors tout-puissant près du roi, s'y opposa, et le duc, sentant l'impossibilité de gouverner, donna sa démission le 28 décembre 1818. M. de Richelieu n'avait pas de fortune. Louis XVIII, pour lui témoigner sa satisfaction des services rendus, voulut lui constituer un majorat de 50,000 francs de rente. Mais le vote de cette libéralité ayant soulevé de vifs débats à la Chambre, le roi convertit le majorat en une rente viagère, dont M. de Richelieu fit l'abandon total aux hospices de Bordeaux (2 février 1819). Grand-cordon du Saint-Esprit, ministre d'État, grand veneur en 1820, il abandonna la place de gentilhomme de la chambre, et se mit à voyager. Il était en Hollande quand M. Decazes, après l'élection de Grégoire, lui demanda de reprendre la présidence du conseil, avec faculté de modifier enfin la loi électorale de 1817. Il refusa d'abord, mais l'assassinat du duc de Berry le porta malgré lui au pouvoir (20 février 1820). Cependant il ne consentit à reprendre cette charge périlleuse qu'après avoir obtenu du comte d'Artois, qui dirigeait l'extrême-droite, la promesse d'un concours sincère. Aussitôt il présenta et fit adopter une loi suspensive de la liberté individuelle et de la liberté de la presse, et le rétablissement de l'autorisation préalable et de la censure (6 mars 1820). Le 17 avril suivant, une nouvelle loi électorale fut proposée, en vertu de laquelle le vote cessait d'être secret ; cette loi mettait les élections, par la création d'un collège de département, entre les mains des gros propriétaires royalistes. La loi dite du double vote coïncida avec la découverte d'une conspiration militaire et provoqua quelques troubles. Mais les élections de novembre 1820 amenèrent à la Chambre une énorme majorité ultra-royaliste, contre laquelle M. de Richelieu essaya en vain de lutter. Les élections de 1821 achevèrent la scission et accrurent encore la majorité intransigeante. Lors du vote de l'adresse, la gauche se coalisa avec l'extrême droite et M. de Richelieu fut mis en minorité. Il donna sa démission le 14 décembre 1821. Sa santé était déjà fort ébranlée; au commencement de 1822, il tomba malade à Courteille, terre qui lui venait de sa femme, se fit ramener à Paris le 16 mai, et mourut le lendemain. Ce fut son neveu, M. Odet de Jumilhac, qui hérita de ses titres de duc de Richelieu et de pair de France.

RICHEMONT (LOUIS-GUSTAVE-ADOLPHE LE-MERCIER DE MAISONCELLE-VERTILLE, VICOMTE DE), député de 1837 à 1848, de 1852 à 1869, sénateur du second Empire, né à Canal-Ile-Grande (Guadeloupe) le 1er janvier 1805, mort à Boisverdun (Lot-et-Garonne) le 1er décembre 1873, entra à l'Ecole de Saint-Cyr, donna sa démission à sa sortie, se retira dans ses propriétés de Lot-et-Garonne, où il s'occupa d'agriculture, et devint maire de Tournebœuf (Lot-et-Garonne) et conseiller général du canton de Seyches. Il fut successivement élu député du 3e collège de Lot-et-Garonne (Marmande), le 4 novembre 1837, par 279 voix (512 votants, 793 inscrits); le 2 mars 1839, par 474 voix (548 votants); le 9 juillet 1842, par 462 voix (577 votants, 893 inscrits), contre 73 à M. de Luppé, et 23 à M. Barsalou; le 1er août 1846, par 570 voix (962 votants, 1,091 inscrits), contre 369 à M. Labruyère. M. de Richemont, qui s'était présenté comme candidat d'opposition, se rapprocha un moment du parti ministériel; mais il ne tarda pas à s'en éloigner, et il vota *pour* les incompatibilités, *pour* l'adjonction des capacités, *contre* la dotation du duc de Nemours, *contre* les fortifications de Paris, *contre* le recensement, *contre* l'indemnité Pritchard. Il rentra dans la vie privée aux événements de février 1848, mais pour peu de temps, car, rallié à la politique du prince Louis-Napoléon, il fut réélu député, cette fois comme candidat du gouvernement au Corps législatif, dans la 3e circonscription de Lot-et-Garonne, le 29 février 1852, par 21,322 voix (25,395 votants, 35,993 inscrits), contre 2,310 à M. Fabre, et fut réélu, le 22 juin 1857, par 22,143 voix (24,513 votants, 31,856 inscrits), contre 2,852 à M. Emm. Arago; le 1er juin 1863, par 23,945 voix (24,393 votants, 34,491 inscrits); le 24 mai 1869, par 22,081 voix (30,343 votants, 35,263 inscrits), contre 8,115 à M. Emm. Arago. M. de Richemont vota constamment avec la majorité dévouée aux institutions impériales. Nommé sénateur le 16 décembre 1869, il quitta la vie politique au 4 septembre 1870. Officier de la Légion d'honneur.

RICHEMONT (BARON DE). — *Voy.* CAMUS.

RICHEPANSE (ANTOINE), député au Corps législatif en l'an X, né à la Montagne-en-Lavieux (Loire) à une date inconnue, mort à Paris le 24 février 1803, frère du général Richepanse, servit d'abord dans le régiment de Conti et devint chef de bataillon à la Révolution. Il prit part en cette qualité aux campagnes de l'armée du Nord. Rallié au 18 brumaire, il fut élu, le 6 germinal an X, par le Sénat conservateur, député de la Loire au Corps législatif; il en sortit en l'an XIV.

RICHIER (CLAUDE-FRANÇOIS-MARCEL), représentant en 1848, en 1849 et en 1871, né à Joinville (Haute-Marne) le 8 août 1805, mort à Paris le 31 mai 1872, étudia le droit à Paris, fut reçu avocat et prit part aux journées de juillet,

inscrit, après 1830, au barreau de Bordeaux, il devint maire de Ludon, s'occupa activement de l'organisation de comices agricoles et vinicoles, acquit, en 1841, la plus grande partie du domaine du château d'Agassac (Médoc), et présida en 1845 la Société centrale d'agriculture. Elu, le 23 avril 1848, représentant de la Gironde à l'Assemblée constituante, le 4e sur 15, par 116,031 voix (146,606 votants), il vota avec la droite: *pour* les poursuites contre Louis Blanc et Caussidière, *contre* l'abolition de la peine de mort, *contre* l'amendement Grévy, *contre* le droit au travail, *contre* la réduction de l'impôt du sel, *pour* la proposition Rateau, *pour* l'interdiction des clubs, *pour* les crédits de l'expédition de Rome. Il se rapprocha de la gauche pour combattre l'impôt des boissons (18 mai 1849) et pour s'associer à la mesure qui en prononça l'abolition. Réélu, le 13 mai 1849, représentant de la Gironde à l'Assemblée législative, le 1er sur 13, par 71,467 voix (125,001 votants, 179,161 inscrits), il siégea à droite et appuya les principaux actes de la majorité conservatrice, mais sans se mêler à la politique de l'Elysée. Le coup d'Etat du 2 décembre le rendit à la vie privée. M. Richier s'occupa d'entreprises industrielles et de la culture de ses vignobles, obtint la prime d'honneur au concours régional en 1860, et une médaille d'or à l'Exposition universelle de 1867, et ne rentra dans la politique que le 8 février 1871, ayant été élu représentant de la Gironde à l'Assemblée nationale, le 11e sur 14, par 94,502 voix (132,319 votants, 207,101 inscrits). Il se rallia à l'établissement de la République conservatrice, sous la direction de Thiers, vota *pour* la paix, *pour* l'abolition des lois d'exil, *pour* la pétition des évêques, *pour* le pouvoir constituant, et mourut en 1872. Chevalier de la Légion d'honneur (1851).

RICHIER DE LA ROCHELONGCHAMP (JACQUES-RAYMOND), député en 1789, né à Saint-Just (Charente-Inférieure) le 21 avril 1739, mort à Marennes (Charente-Inférieure) le 8 février 1800, « fils d'Isaac-Jacques Richier, ancien capitaine d'infanterie au régiment de Vexin, chevalier de l'ordre militaire de Saint-Louis, et d'Anne-Esther Martin de Bonsonge », servit d'abord au régiment de Beaujolais, et devint capitaine et chevalier de Saint-Louis. Il quitta alors le service actif et fut nommé chef de division garde-côte à Marennes. Il prit part aux états provinciaux de Saintonge, en 1788, et, dans la réunion qui se tint à l'hôtel de ville de Saintes, le 20 décembre, déclara « que le jour était venu où la Saintonge allait être rendue à la liberté, et où elle pourrait réclamer de la nation assemblée le droit de s'administrer elle-même, de voter ses impôts, de vivre de sa vie propre, et de n'être plus assujettie aux volontés d'un intendant. » Elu, le 26 mars 1789, député de la noblesse aux Etats-Généraux par la sénéchaussée de Saintes, il fut des premiers à se réunir au tiers état, fut membre du comité administratif, puis du comité féodal, demanda, le 4 août 1789, la gratuité de la justice, appuya, le 19 juin 1790, l'abolition des titres de noblesse, et fit une proposition sur le rachat des droits féodaux. Après la fuite du roi, il donna sa démission, le 8 juillet 1791. De retour à Marennes, il fut violemment attaqué par Lozeau, le futur conventionnel, et n'obtint qu'avec beaucoup de peine un certificat de civisme qui fut du reste retiré le 6 octobre 1793. Arrêté alors et incarcéré à Brouage, il ne recouvra sa liberté qu'après le 9 thermidor, et ne reparut plus sur la scène politique.

RICHOND (FRANÇOIS-BENOIT-RÉGIS), député en 1789, né au Puy (Haute-Loire) le 10 février 1741, mort à une date inconnue, était avocat dans sa ville natale, quand il fut élu, le 4 avril 1789, député du tiers aux États-Généraux par la sénéchaussée du Puy-en-Velay, avec 422 voix sur 509 votants. Il prêta le serment du Jeu de paume, mais ne prit aucune part aux discussions de la Constituante, et disparut de la scène politique après la session.

RICHOND (FRANÇOIS-CLAUDE-BRUNOT), député au Conseil des Cinq-Cents, né au Puy (Haute-Loire) le 5 octobre 1779, mort à une date inconnue, fils du précédent, fut reçu avocat au parlement de Toulouse le 7 juillet 1787. Nommé, en mars 1789, électeur pour la nomination des députés aux États-Généraux, il se montra partisan des idées nouvelles, fut choisi comme délégué à la fédération en juin 1790, et devint successivement administrateur du district du Puy le 8 septembre 1791, administrateur du directoire du même district le 15 octobre 1791, procureur de la commune du Puy le 16 décembre de la même année, administrateur du conseil du département de la Haute-Loire le 18 septembre 1792, administrateur au directoire du même département le 12 octobre suivant, président du directoire le 22 pluviôse an III, juge de paix du Puy le 21 brumaire an IV, administrateur du département de la Haute-Loire le 28 brumaire an VI, et président du département le 7 frimaire de la même année. Élu, le 23 germinal an VI, député de la Haute-Loire au Conseil des Cinq-Cents, il fut membre du comité des élections, fit en cette qualité un rapport sur les élections du département de Jemmapes, demanda le renvoi à une commission des pièces relatives à l'acte d'accusation des ex-Directeurs, fut appelé à faire partie de cette commission, et proposa ensuite des mesures sur les passeports. Peu favorable au 18 brumaire, il resta quelque temps sans emploi, puis fut nommé contrôleur principal à Yssingeaux (11 mai 1806), et juge de paix du canton sud-est du Puy (20 juillet 1807).

RICHOND DES BRUS (LOUIS-FRANÇOIS-RÉGIS-ADOLPHE), député de 1842 à 1848, né au Puy (Haute-Loire) le 27 décembre 1798, mort au Puy le 6 mai 1856, de la famille des précédents, médecin au Puy, se présenta à la députation dans le 1er collège de la Haute-Loire (Le Puy), le 4 novembre 1837, et échoua avec 23 voix contre 326 à l'élu M. Calemard de Lafayette. Il fut élu député du même collège, le 9 juillet 1842, par 287 voix (539 votants, 574 inscrits), contre 241 à M. Calemard de Lafayette, député sortant, et fut réélu, le 1er avril 1846, par 455 voix (642 votants, 700 inscrits), contre 179 à M. Badon. Nommé médecin inspecteur, il dut se représenter devant ses électeurs qui lui renouvelèrent son mandat, le 13 octobre 1817, par 431 voix (605 votants, 693 inscrits), contre 169 à M. Calemard de Lafayette; 49 électeurs du Puy l'accusèrent alors de corruption électorale, mais la Chambre valida son élection. M. Richond siégea parmi les ministériels, soutint le ministère Guizot et vota *pour* l'indemnité Pritchard et *contre* la proposition sur les députés fonctionnaires. Il quitta la vie politique à la révolution de 1848.

RICHOU (LOUIS-JOSEPH), membre de la Convention, député au Conseil des Anciens, né à Bouillé-Loret (Deux-Sèvres) le 15 janvier 1748, mort à Thouars (Deux-Sèvres) le 5 janvier 1839, était, lors de la Révolution, avocat aux Andelys. Administrateur de ce district et maire de Gisors, il fut élu, le 5 septembre 1792, par le département de l'Eure, le 5e sur 11, membre de la Convention avec 418 voix (551 votants). Il siégea à droite, et, dans le procès du roi, il opina en ces termes : « Citoyens, je suis persuadé, je suis convaincu que la mort de Louis XVI sera la source des plus grands malheurs pour ma patrie. D'après cette opinion, je me regarderais comme indigne du nom de citoyen si je votais pour son supplice. Je vote donc pour la détention de Louis pendant la guerre et son bannissement à la paix. » Les relations de Richou avec les Girondins et son modérantisme le firent arrêter après le 31 mai : il fut rappelé à la Convention le 18 frimaire an III, prit part à plusieurs discussions, parla sur les comptes de Pache et de Bouchotte, et fut envoyé en mission dans les départements du Haut et du Bas-Rhin. Il écrivit de là à l'Assemblée pour la féliciter de sa victoire sur les Jacobins en prairial an III. Réélu, le 23 vendémiaire an VI, député du Haut-Rhin au Conseil des Anciens par 84 voix (186 votants), Richou parla sur les monnaies, les tabacs, les patentes, les contributions directes, etc., et fut secrétaire du Conseil. Inscrit, au 18 fructidor an V, sur la liste des déportés, il en fut rayé peu de temps après, et ne joua plus, jusqu'à sa mort, aucun rôle politique.

RICORD (JEAN-FRANÇOIS), membre de la Convention, né à Grasse (Var) en 1760, mort en 1818, était avocat et maire de Grasse, lorsqu'il fut élu, le 5 septembre 1792, député du Var à la Convention, le 3e sur 8, par 379 voix (474 votants). Il siégea à la Montagne, se prononça « pour la mort » dans le procès du roi, se rendit en mission dans le Midi, et fut mêlé aux graves événements dont Toulon fut alors le théâtre. Il annonça à l'assemblée la reprise de cette ville sur les Anglais, adressa plusieurs proclamations aux habitants, et prit certaines mesures qui le firent dénoncer à la Convention : on lui reprochait notamment d'avoir mis en réquisition les huiles ; mais il se justifia des griefs invoqués contre lui par Escudier, prit part à la discussion des attributions diplomatiques du comité de salut public, présenta un plan pour la réduction de la contribution foncière aux neuf-dixièmes de sa quotité, dénonça la rentrée des émigrés dans le Midi, et, compromis par ses relations avec les Jacobins, fut arrêté, puis rendu à la liberté par l'amnistie du 4 brumaire. Mais on le ressaisit bientôt comme complice de Babeuf ; traduit devant la haute cour de Vendôme, il se défendit avec énergie et fut acquitté. En l'an IX, le gouvernement consulaire lui ordonna de s'éloigner de Paris ; il refusa, fut arrêté le 28 brumaire, et relâché quelque temps après. Emprisonné de nouveau à la Force le 25 juillet 1806, il resta douze jours au secret, fut remis en liberté, mais fut placé en résidence à Saint-Benoist-sur-Loire, sous la surveillance de la police. Pendant les Cent-Jours, il obtint du gouvernement impérial les fonctions de lieutenant extraordinaire de police à Bayonne. Atteint par la loi du 12 janvier 1816 contre les régicides, il partit pour la Belgique en février suivant, et y mourut deux ans après.

RICORD (ANTOINE-HONORÉ), représentant à la Chambre des Cent-Jours, né à Grasse (Alpes-Maritimes) le 3 septembre 1756, mort à Grasse en 1848, « fils de maître Honoré Ricard, procureur au siége, et de demoiselle Marie-Gabrielle Court », était procureur du roi en la sénéchaussée de Grasse avant la Révolution. Président de l'administration centrale du département, il rentra ensuite dans la magistrature comme procureur impérial près le tribunal de 1ʳᵉ instance de Grasse, et fut élu, le 22 mai 1815, représentant de cet arrondissement à la Chambre des Cent-Jours, par 28 voix sur 40 votants, contre 9, à M. Gazan de la Peyrière. Sa carrière politique prit fin avec la session.

RICOT (ALBERT-AUGUSTIN), représentant en 1871, député de 1876 à 1881, né à Paris le 5 mai 1826, entra à l'École polytechnique en 1844, en sortit dans les ponts et chaussées, et donna sa démission en 1854 pour s'établir maître de forges à Variguy (Haute-Saône). Membre du conseil général pour le canton de Vauvillers depuis 1863, réélu le 8 octobre 1871 et vice-président depuis cette époque, il s'était présenté à la députation, comme candidat indépendant, le 24 mai 1869, dans la 2ᵉ circonscription de la Haute-Saône, et avait échoué avec 11,417 voix contre 17,067 à l'élu officiel, M. de Grammont et 2,917 à M. Hérisson. Le 8 février 1871, il fut élu représentant de la Haute-Saône à l'Assemblée nationale, le 5ᵉ sur 6, par 17,028 voix (34,563 votants, 93,897 inscrits); il prit place au centre droit et vota pour la paix, pour l'abrogation des lois d'exil, pour la pétition des évêques, contre le retour à Paris, pour la démission de Thiers, pour le septennat, pour le ministère de Broglie, contre l'amendement Wallon, pour les lois constitutionnelles. Réélu, le 20 février 1876, comme candidat constitutionnel, député de la 2ᵉ circonscription de Lure, par 7,815 voix (13,718 votants, 17,675 inscrits), contre 6,283 à M. Michel, il reprit sa place au centre droit et soutint le ministère de Broglie contre les 363. Son mandat lui fut renouvelé, le 14 octobre 1877, par 7,456 voix (14,715 votants, 17,886 inscrits), contre 7,212 à M. Marquiset; mais cette élection ayant été invalidée par la nouvelle Chambre, M. Ricot échoua, le 27 janvier 1878, avec 6,325 voix contre 8,190 à l'élu républicain, M. Marquiset. Il ne fut pas plus heureux le 21 août 1881, avec 6,576 voix contre 7,217 à M. Marquiset, député sortant, réélu. Porté sur la liste conservatrice de la Haute-Saône, aux élections du 4 octobre 1885, il échoua encore avec 35,832 voix sur 73,595 votants.

RICOUR (LOUIS-JOSEPH), député au Conseil des Cinq-Cents et au Corps législatif, né le 25 juillet 1740, mort à une date inconnue, d'abord négociant à Kokelaere, près d'Ostende, puis entrepreneur général des travaux et transports du département de la Lys, et fut, le 22 germinal an V, député de la Lys au Conseil des Cinq-Cents, par 119 voix (136 votants). Il siégea obscurément dans la majorité, et fit partie de quelques commissions peu importantes. Rallié au 18 brumaire, il fut choisi, le 4 nivôse an VIII, par le Sénat conservateur, comme député du même département au Corps législatif, d'où il sortit en l'an XV.

RIEL. — Voy. BEURNONVILLE (DE).

RIENCOURT (ADRIEN-ROGER, COMTE DE), député au Corps législatif de 1860 à 1862, né à Genève (Suisse) le 11 juillet 1822, mort à Paris le 19 octobre 1862, fut appelé en 1859 au poste de chambellan de l'Empereur. Le 8 janvier 1860, en remplacement de M. de Tillette de Clermont-Tonnerre décédé, il fut élu député au

Corps législatif, dans la 2ᵉ circonscription de la Somme, par 20,449 voix (20,567 votants, 28,633 inscrits). Il siégea à droite, opina avec la majorité dynastique, et mourut à Paris en 1862. Il fut remplacé à la Chambre par M. Sénéca, Chevalier de la Légion d'honneur.

RIEUSSEC (PIERRE-FRANÇOIS), député au Corps législatif en l'an XII et en 1810, né à Lyon (Rhône) le 23 novembre 1738, mort à Lyon le 20 juillet 1826, « fils de sieur François Rieussec, bourgeois de cette ville, et de demoiselle Marie-Françoise-Paule Charret », était juge à la cour d'appel de Lyon, quand il fut élu par le Sénat conservateur, le 2 fructidor an XII, député du Rhône au Corps législatif; son mandat lui fut renouvelé le 10 août 1810. Conseiller à la cour impériale de Lyon le 2 avril 1811, il fut nommé conseiller honoraire de cette même cour le 25 octobre 1815.

RIFAUT (JACQUES-NOEL), représentant à la Chambre des Cent-Jours, né à Authon (Eure-et-Loir) le 15 février 1771, mort à une date inconnue, « fils de Noël Rifaut, aubergiste, et de Jeanne Dubois », travailla d'abord chez un notaire, entra ensuite dans les emplois administratifs et fut chef de division à la préfecture d'Eure-et-Loir, puis conseiller de préfecture (31 octobre 1811). Le 11 mai 1815, il fut élu représentant de l'arrondissement de Chartres à la Chambre des Cent-Jours, par 50 voix (111 votants, 182 inscrits), contre 33 à M. Jannyot. Son rôle parlementaire, peu important, prit fin avec la session.

RIFFARD DE SAINT-MARTIN (FRANÇOIS-JÉRÔME), député en 1789, membre de la Convention, député au Conseil des Cinq-Cents et au Corps législatif, né à Saint-Christol (Ardèche) le 3 juin 1744, mort à Paris le 19 mai 1814, « fils de M. Charles Riffard de Saint-Martin, notaire royal, agent et fermier général de M. le comte de Brizon, et de demoiselle Isabeau Girodon », était homme de loi à Annonay, lorsqu'il fut élu, le 25 mars 1789, député suppléant du tiers-état de la sénéchaussée d'Annonay aux États-Généraux, par 135 voix sur 242 votants. Admis à siéger le 4 décembre 1789, en remplacement de M. Dodé démissionnaire, il prit place dans la majorité, dénonça (21 mars 1790) le parlement de Toulouse comme antirévolutionnaire, demanda (25 mai) qu'il n'y eût d'autre cour suprême que l'Assemblée, signala (9 septembre) l'abbé de la Bastide comme chef de la croisade du camp de Jalès, et démentit (27 octobre) le bruit que cinquante villes du Midi s'armaient pour la défense de la religion et de la monarchie. Nommé (16 novembre) commissaire pour la fabrication des assignats, et secrétaire de l'Assemblée (12 mars 1791), il fut élu, à la fin de la session, le 10 septembre 1791, président du tribunal criminel de l'Ardèche. Ce département l'envoya siéger à la Convention, le 5 septembre 1792, le 4ᵉ sur 7, par 294 voix sur 385 votants. Il prit place parmi les modérés, et, dans le procès de Louis XVI, répondit au 3ᵉ appel nominal : « Nous n'avons ni le pouvoir ni le droit de prononcer en juges. Cependant, obéissant à votre décret et au cri de ma conscience, je n'ai pas hésité de déclarer que Louis est coupable, je m'en tiens là. Cette même conscience me dit que j'exercerais un acte de tyrannie, si je cumulais les fonctions de législateur et de juge. Je veux que Louis vive, parce que les prétentions à la royauté seront sans danger, tant qu'elles reposeront sur cette tête méprisable : je vote pour la détention. » Riffard de

10

Saint-Martin joua à la Convention un rôle assez effacé; il fut nommé secrétaire le 16 floréal an III. Le 23 vendémiaire an IV, deux départements l'élurent député au Conseil des Cinq-Cents: la Côte-d'Or par 139 voix sur 301 votants, et la Somme par 203 voix sur 315 votants. Ce mandat lui fut renouvelé par le département de l'Ardèche, le 24 germinal an VI, à l'unanimité des votants. Dans les Conseils, il fit partie de la commission des secours publics, de celle des pétitions, parla (12 nivôse an V) sur les baux à culture perpétuelle, et (3 nivôse an VII) sur la révision des jugements rendus par les tribunaux criminels sur pièces fausses ou faux témoignages; il avait été élu, l'année précédente, juge au tribunal de Cassation. Il se montra favorable au coup d'État de brumaire, et fut choisi par le Sénat conservateur, le 4 nivôse an VIII, pour représenter l'Ardèche au nouveau Corps législatif, dont il fut secrétaire en l'an IX. Réélu le 2 mai 1809 pour le même département, il devint vice-président du Corps législatif le 18 février 1813, écrivit au président (3 avril 1814) que, retenu par la maladie, il ne pouvait assister à la séance, adhéra par lettre, le lendemain, à la déchéance de Napoléon, et mourut en mai suivant.

RIFFARDEAU. — *Voy.* RIVIÈRE (DUC DE).

RIFFAULT (JUST-FRÉDÉRIC), sénateur de 1876 à 1879, né à Blois (Loir-et-Cher) le 15 mars 1814, mort à Paris le 31 mai 1885, entra à l'École polytechnique en 1832. Lieutenant du génie le 1er octobre 1836, capitaine le 23 janvier 1840, il était aide de camp du duc de Montpensier au moment de la révolution de février, et il fut blessé sur les barricades en allant porter la nouvelle du changement de ministère. Commandant le 1er mai 1851, lieutenant-colonel le 23 décembre 1854, colonel le 19 mai 1860, et général de brigade le 2 août 1869, il fut aide-de-camp du maréchal Vaillant, prit part à la campagne d'Italie, et devint directeur des études à l'École polytechnique, puis commandant de cette École. Candidat à l'Assemblée nationale dans le Loir-et-Cher, le 8 février 1871, il échoua avec 17,737 voix sur 49,247 votants. Lors des élections sénatoriales dans son département le 29 février 1876, il publia une profession de foi « constitutionnelle »; le journal l'*Indépendant de Loir-et-Cher* lui ayant demandé des déclarations plus précises, le général répondit qu'il considérerait comme une offense personnelle un doute émis sur la sincérité de sa parole. Il fut élu sénateur par 177 voix (349 votants). Il prit place à droite, se montra d'abord opposé à la dissolution de la Chambre, qu'il consentit cependant à voter à contre-cœur, et ne fut pas réélu au renouvellement triennal de 1879. Membre et président du conseil général pour le canton d'Ouzouer-le-Marché jusqu'en 1877, il fut admis à la retraite, comme général de brigade, le 24 février 1879. Chevalier de la Légion d'honneur du 14 avril 1844, officier du 2 août 1858, commandeur du 27 décembre 1865.

RIFFAULT DES HÊTRES (JEAN-RENÉ-DENIS-ALEXANDRE), député au Conseil des Anciens, né à Saumur (Maine-et-Loire) le 2 mai 1752, mort à Paris le 7 février 1826, fils d'un médecin, s'occupa de bonne heure de chimie et devint commissaire à la poudrière du Ripault (Indre-et-Loire). Il perfectionna les procédés de fabrication de la poudre et fut l'un des premiers à préparer le chlorate de potasse dont les propriétés déflagrantes avaient été étudiées par Berthollet. Néanmoins il en condamna l'emploi dans les armes de guerre à cause de sa force brisante. Le 23 germinal an VI, après refus de Charles Potti er, ancien conventionnel, d'abord élu, il fut nommé, le 3e et dernier, député d'Indre-et-Loire au Conseil des Anciens, s'y occupa principalement de questions techniques, fut membre du comité des poudres et des armes, et fit un rapport remarquable sur l'utilisation et le raffinage des salpêtres. Il fut élu secrétaire du Conseil le 20 thermidor et fit fixer le salaire des greffiers des juges de paix. Nommé administrateur des poudres et salpêtres le 23 germinal an VIII, il remplit ces fonctions jusqu'à la Restauration, fut alors remplacé par un officier général d'artillerie, et fut décoré de la Légion d'honneur. On de lui *Traité de l'art de fabriquer la poudre à canon* (1812); *l'Art du salpêtrier* (1813); *Manuel de chimie* (collection Roret). Il a aussi donné la traduction du *Système de chimie* de E. Thompson (1809).

RIGAL (LOUIS-MAXIMILIEN, COMTE), député au Corps législatif et membre du Sénat conservateur, né à Stuttgard (Wurtemberg) le 17 janvier 1748, mort à Paris le 21 avril 1830, était négociant à Crevelt (Wurtemberg), quand il fut élu par le Sénat conservateur, le 17 brumaire an IX, député du département de la Roër au Corps législatif; il s'y fit remarquer parmi les zélés partisans de Bonaparte, fut secrétaire de l'assemblée le 16 floréal an X, et fut nommé, le 7 brumaire an XIII, membre du Sénat conservateur, en remplacement de M. de Fargues décédé. Le 26 avril 1808, il fut créé comte de l'Empire, et rentra dans la vie privée en 1814.

RIGAL (JOSEPH-JEAN-ANTOINE), représentant en 1849, né à Gaillac (Tarn) le 5 septembre 1797, mort à Gaillac le 26 octobre 1865, étudia la médecine et exerça cette profession à Gaillac. Maire de la ville en 1848, et républicain avancé, il fut porté en tête de la liste du parti démocratique socialiste aux élections du 13 mai 1849 pour l'Assemblée législative, et fut élu représentant du Tarn, le 1er sur 8, par 47,764 voix (79,583 votants, 107,875 inscrits). Il prit place à la gauche modérée et vota contre l'expédition de Rome, contre la loi Falloux-Parieu sur l'enseignement, contre la loi restrictive du suffrage universel. Il combattit énergiquement la politique de l'Élysée, protesta contre le coup d'État et rentra dans la vie privée au 2 décembre 1851.

RIGAL (PASCAL-HIPPOLYTE), sénateur de 1882 à 1889, né à Gaillac (Tarn) le 9 avril 1827, mort à Paris le 1er juin 1889, fils du précédent, étudia la médecine et fut reçu docteur en 1857. Il s'établit à Castres, et fut nommé chirurgien en chef de l'hospice jusqu'en 1879. Républicain, il combattit l'Empire et lutta, sans succès, aux élections de 1869 pour le Corps législatif, contre M. Daguilhon-Pujol, candidat officiel. Élu, en 1871, conseiller général du Tarn pour le canton de Gaillac, il adhéra au gouvernement opportuniste, fut décoré de la Légion d'honneur le 14 janvier 1879, et entra au Sénat, le 8 janvier 1882, élu par le département du Tarn avec 231 voix sur 395 votants. Il prit place dans les rangs de la majorité de gauche, fit partie de la commission de la réforme de la loi sur les aliénés, et vota pour la réforme du personnel judiciaire, pour le rétablissement du divorce, *pour* les crédits de l'expédition du Tonkin, *contre* l'expulsion des princes, *pour* la politique du ministère Ferry, *pour* les cabinets Rouvier et Tirard et, en dernier lieu, *pour* le rétablissement du scrutin d'arrondissement (13 février 1889), *pour* le projet de loi Lisbonne restrictif de la liberté de la presse, *pour* la procédure de la Haute Cour contre le général Boulanger.

RIGAUD (JOSEPH-ÉMILE), député au Corps législatif de 1852 à 1863, né à Pourrières (Var) le 27 mars 1814, mort au château de la Miguarde (Bouches-du-Rhône) le 20 mars 1890, se fit inscrire au barreau d'Aix, devint, après la révolution de 1848, maire de cette ville, se rallia à la politique du prince Louis-Napoléon et fut décoré après le coup d'État du 2 décembre. Candidat du gouvernement au Corps législatif, il fut élu député de la 2e circonscription des Bouches-du-Rhône, le 29 février 1852, par 13,753 voix (15,875 votants, 35,361 inscrits), contre 1,104 à M. de Thorame, et fut réélu, le 22 juin 1857, par 16,037 voix (17,888 votants, 31,005 inscrits), contre 1,286 à M. Carnot et 371 à M. T. Délord. Il soutint la politique du gouvernement, défendit (1858) le projet de loi sur les titres de noblesse, et déclara que « le souverain ayant le droit de conférer la noblesse, le premier venu ne pouvait se conférer à lui-même ce qui doit émaner de la prérogative du souverain. L'Empire n'est pas un gouvernement démocratique ; la France, en plaçant à sa tête un prince, un prétendant, l'héritier d'une dynastie, n'a point fait acte de démocratie ». Nommé, en 1862, premier président à la cour d'Aix, M. Rigaud ne se représenta pas aux élections législatives de 1863, resta un des membres les plus actifs du parti bonapartiste dans le Midi, et fut révoqué de ses fonctions en 1883, lors de la réforme de la magistrature. On a de lui une traduction française de *Mireille* de Mistral.

RIGAUD DE L'ISLE (LOUIS-MICHEL), député au Corps législatif de 1811 à 1815, « fils de M. Louis Rigaud, négociant, et de demoiselle Catherine Alléon », né à Crest (Drôme) le 4 septembre 1761, mort à Grenoble (Isère) le 4 juin 1826, s'engagea en 1791, et fut nommé capitaine dans un bataillon de son département. Il passa ensuite dans le génie, fit campagne à l'armée de Sambre-et-Meuse, et rentra dans ses foyers en 1796. Il s'occupa alors d'agriculture, entra au conseil général de son département en l'an VIII, obtint du gouvernement l'endiguement de la Drôme, fut envoyé à Rome, en 1810, pour étudier le dessèchement des Marais Pontins, et adressa sur ce sujet un long rapport au ministère. Conseiller général de la Drôme, il fut élu, le 8 mai 1811, par le Sénat conservateur, député de ce département au Corps législatif. Il siégea dans la minorité constitutionnelle jusqu'en 1815. Correspondant de l'Institut, il a publié un *Mémoire sur les causes de l'insalubrité de l'air* et un *Mémoire sur les engrais.*

RIGAUD. — *Voy.* VAUDREUIL (MARQUIS ET COMTE DE).

RIGAULT DE GENOUILLY (CHARLES), sénateur du second empire et ministre, né à Rochefort (Charente-Inférieure) le 12 avril 1807, mort à Barcelone (Espagne) le 4 mai 1873, entra à l'École polytechnique, devint aspirant de marine en 1827, et successivement enseigne en 1830, lieutenant de vaisseau en 1831, et capitaine de corvette en 1841. Il commandait la corvette la *Victorieuse* qui se perdit dans les mers de Chine, et il fut, pour ce fait, traduit devant un conseil de guerre qui l'acquitta. Capitaine de vaisseau le 12 juillet 1843, sur le *Charlemagne*, il fut nommé en 1853 membre du conseil des travaux de la marine, fut promu contre-amiral le 2 décembre 1854, et prit part au siège de Sébastopol, comme commandant des compagnies de canonniers et de fusiliers de débarquement. Grand-officier de la Légion d'honneur le 2 octobre 1855, il fut placé, l'année suivante, à la tête de la division navale d'Indo-Chine et contribua avec la flotte anglaise au bombardement et à la prise de Canton (1857). Vice-amiral le 9 août 1858, il entra au Sénat le 11 juillet 1860, et, en mars 1861, vota pour le maintien du pouvoir temporel du pape. Appelé, en janvier 1862, au commandement de l'escadre d'évolution de la Méditerranée, il conserva ce poste jusqu'en 1867 ; il avait été promu amiral le 27 janvier 1864. Ministre de la marine le 20 janvier 1867, en remplacement de M. de Chasseloup-Laubat, il eut d'abord à réprimer d'une manière énergique les troubles de la Réunion. Dans la discussion qui eut lieu à ce sujet au Corps législatif, le 27 janvier 1868, il déclara endosser entièrement la responsabilité des actes de ses agents, et la Chambre passa à l'ordre du jour sur l'interpellation. En juillet 1869, il donna sa démission de ministre avec tous ses collègues du cabinet, mais fut maintenu en fonctions par décret impérial du 17 juillet. Pendant la maladie du maréchal Niel, il remplit l'intérim de la guerre, et eut alors à surveiller l'exécution des mesures importantes prises par le maréchal. Il garda son portefeuille dans le ministère Ollivier (janvier 1870) et dans le ministère Cousin-Montauban (11 août 1870), donna sa démission le 3 septembre 1870, et se retira en Espagne, où il mourut. Grand-croix de la Légion d'honneur du 30 décembre 1864. On a de lui une réédition du *Routier des Antilles* de Chaucheprat (1852), et du *Dictionnaire universel et raisonné de marine* de Montferrier (1846).

RIGAUT (EUGÈNE-ADOLPHE-PHILIPPE), député de 1886 à 1889, né à Vermand (Aisne) le 13 décembre 1835, étudia le droit et se fit recevoir avocat. Établi dans le quartier Monceau, à Paris, il se fit élire conseiller municipal du 17e arrondissement, et vota au conseil avec les républicains modérés. Le 7 novembre 1886, il se présenta, en remplacement de M. Béranger décédé, à l'élection législative partielle qui eut lieu dans le département de l'Aisne ; il fut élu par 53,265 voix (106,335 votants, 143,484 inscrits), prit place à gauche, parut peu à la tribune, vota avec la majorité, et se prononça, dans la dernière session, *contre* le rétablissement du scrutin d'arrondissement (11 février 1889), *pour* l'ajournement indéfini de la revision de la Constitution, *pour* les poursuites contre trois députés membres de la Ligue des patriotes, *pour* le projet de loi Lisbonne restrictif de la liberté de la presse, *pour* les poursuites contre le général Boulanger.

RIGNON (JEAN-FRANÇOIS-MICHEL-ANGE), député au Corps législatif en l'an XIII, né à Turin (Italie) le 14 avril 1762, mort à une date inconnue, était propriétaire dans sa ville natale, quand il fut élu par le Sénat conservateur, le 3e jour complémentaire de l'an XIII, député du département du Pô au Corps législatif. Il en sortit en 1806.

RIGNY (MARIE-HENRY-DANIEL GAUTHIER, COMTE DE), député de 1831 à 1835, et ministre, né à Toul (Meurthe) le 2 février 1782, mort à Paris le 6 novembre 1835, d'une famille dévouée à l'ancien régime et qui émigra sous la Révolution, se trouva, à l'âge de dix ans, ainsi que ses frères, sans autre appui que celui d'une sœur aînée qui partagea et dirigea leurs études. Entré dans la marine comme novice timonier sur la frégate l'Embuscade en 1798, il fut reçu bientôt aspirant de 2e classe, s'embarqua en 1799 sur la frégate la Bravoure, puis sur le Muiron, et fit plusieurs campagnes contre les Anglais, et des croisières dans les Antilles. En 1803, lors de la formation du camp de Boulogne, il commanda une corvette à titre d'enseigne. En 1805 et en 1807, il fit, avec les marins de la garde dans lesquels il était entré en 1804, et qui étaient incorporés dans les cadres de l'armée de terre, les campagnes de Prusse, de Pologne, assista aux batailles d'Iéna et de Pultusk, ainsi qu'aux sièges de Stralsund et de Graudentz, où il fut blessé. Pendant l'expédition d'Espagne (1808), Rigny fut attaché au maréchal Bessières en qualité d'aide-de-camp ; il assista aux combats de Rio-Secco et de Sommo-Sierra, fut blessé, et se battit encore à Wagram en 1809. Lieutenant de vaisseau la même année, capitaine de frégate en 1811 sur l'Erigone, il dut, en 1816, à la protection du baron Louis, son oncle, sa promotion au grade de capitaine de vaisseau. Appelé en 1822 à commander les forces navales réunies dans les mers du Levant, il réussit à venger le pavillon français des insultes des pirates grecs et turcs, et à imposer dans l'Archipel la police de la navigation. C'est à ce propos qu'il écrivait : « Je suis le juge de paix de ce canton. » Le courage et les brillantes qualités dont il fit preuve lui valurent (1825) le grade de contre-amiral. Deux ans plus tard, il commandait la flotte française à Navarin. La victoire éclatante qui termina cette belle campagne valut à Rigny (1829), avec le grade de vice-amiral, le titre de comte et les fonctions de préfet maritime à Toulon. Il sollicita le portefeuille de la Marine à l'avènement du ministère Polignac (8 août 1829), puis il le refusa quand on le lui offrit, alla reprendre le commandement de la flotte du Levant, où il resta jusqu'en 1830, l'état de sa santé l'ayant rappelé à Toulon. Il fut alors désigné à nouveau, le lendemain de la révolution de Juillet, pour le poste de ministre de la Marine : il l'occupa une première fois, du 31 juillet au 10 août 1830, et le reprit le 13 mars 1831. Quelques jours après, le 27 mars, il fut élu député du 1er collège de la Moselle (Briey) en remplacement de M. Millerot démissionnaire, par 45 voix (82 votants, 129 inscrits), contre 32 à M. de Ladoucette. Il échoua aux élections du 5 juillet suivant, dans la même circonscription, avec 64 voix contre 120 à l'élu, M. Charpentier ; mais il rentra à la Chambre le 1er septembre, comme député du 4e collège du Pas-de-Calais (Boulogne-sur-Mer), élu par 204 voix (289 votants, 563 inscrits), en remplacement de M. Francoville, qui avait opté pour le 7e collège. Comme député, il appartint à la majorité gouvernementale. Comme ministre, il s'occupa principalement de régler l'avancement et la pension des officiers et de veiller aux intérêts des colonies, dont la législation lui dut de grandes améliorations. Porté, le 4 avril 1834, au ministère des Affaires étrangères, il s'acquitta de ces nouvelles fonctions avec le même zèle, y joignit, jusqu'au 10 novembre 1831, l'intérim de la marine, et ne quitta le pouvoir, sauf une interruption de quelques jours (du 10 au 13 novembre 1831) que le 4 mars 1835. A cette date il résigna son portefeuille entre les mains du duc de Broglie et ne garda que le titre de ministre d'État avec l'entrée au conseil. Il avait été élu député de Boulogne-sur-Mer le 21 juin 1834, par 355 voix (306 votants, 658 inscrits), contre 137 à M. Roty, en même temps que député de Toul (Meurthe) par 110 voix (143 votants, 178 inscrits) contre 25 au général Fabvier ; ayant opté pour Boulogne, il eut pour successeur à Toul, le 27 décembre 1831, M. Croissant. Sa nomination comme ministre des Affaires étrangères l'obligea à se représenter devant ses électeurs : il obtint d'eux la confirmation de son mandat, le 29 décembre 1834, par 335 voix (379 votants, 743 inscrits). Malgré le mauvais état de sa santé, l'amiral de Rigny accepta encore, en août 1835, une mission à Naples ; mais à peine de retour, à la fin d'octobre, il ressentit les atteintes de la maladie à laquelle il succomba rapidement.

RIGOLLIER. — *Voy*. PARCEY (VICOMTE DE).

RIGOUARD (JEAN-JOSEPH), député en 1789, né à Solliès-Farlède (Var) le 1er octobre 1735, mort à Solliès-Farlède le 15 mai 1799, était curé de Solliès-Farlède quand il fut élu, le 7 avril 1789, député du clergé aux Etats-Généraux par la sénéchaussée de Toulon. Il vota la vérification des pouvoirs en commun, prêta le serment ecclésiastique le 27 décembre 1790, fut nommé évêque constitutionnel du Var le 23 avril 1791, et prit un congé le 11 juin suivant. Il ne reparut plus sur la scène politique après la session.

RIGOULT (CAMILLE), représentant à la Chambre des Cent-Jours, né à Dieppe (Seine-Inférieure) le 15 août 1763, mort à une date inconnue, « fils de Hyacinthe-Henry Rigoult et de Marie-Marguerite Thibault », suivit la carrière militaire et fut officier du cavalerie avant la Révolution. Il entra dans la magistrature sous le Consulat, fut nommé, le 21 novembre 1809, procureur impérial à Neufchâtel. Cet arrondissement l'élut, le 10 mai 1815, représentant à la Chambre des Cent-Jours, par 54 voix (95 votants), contre 32 à M. d'Haussez. Sa carrière politique prit fin avec la session.

RIHOUET (JEAN-PHILIPPE-FRÉDÉRIC), député de 1831 à 1834 et de 1839 à 1848, né à Périers (Manche) le 26 février 1795, mort à Saint-Germain-en-Laye (Seine-et-Oise) le 22 janvier 1882, entra à la cour des Comptes en 1827. Elu, le 5 janvier 1831, député du 6e collège de la Manche (Périers), par 94 voix (177 votants, 245 inscrits), contre 83 au général Bonnemains, il prit place dans la majorité, avec laquelle il vota, ne se représenta pas aux élections générales du 21 juin 1834, et fut réélu, le 4 novembre 1837, par 172 voix (270 votants, 326 inscrits), contre 96 à M. April, et le 2 mars 1839, par 238 voix (255 votants, 329 inscrits), contre 14 à M. de Bricqueville. Nommé conseiller-maître à la cour des Comptes, il dut se représenter devant ses électeurs, qui le réélurent, le 25 décembre 1841, par 226 voix (236 votants, 372 inscrits). Chevalier de la Légion d'honneur, membre et président du conseil général de la Manche, il vit son mandat renouvelé, le 9 juillet 1842, par 201 voix (209 votants, 365 inscrits), et le 1er août 1846, par 259 voix (306 votants, 382 inscrits), contre 45 à M. Des Essarts. Ministériel obstiné, partisan du cabinet

Molé, il vota *pour l'adresse, pour* la dotation du duc de Nemours, *pour* les fortifications de Paris, *pour* le recensement, *contre* les incompatibilités, *contre* l'adjonction des capacités, *pour* l'indemnité Pritchard. La révolution de 1848 lui fit abandonner la politique; il continua de siéger à la cour des Comptes pendant toute la durée du second Empire, et fut mis à la retraite, comme président de chambre, le 16 mai 1870. Officier de la Légion d'honneur du 27 avril 1846, commandeur du 18 août 1864, grand officier du 28 février 1870, M. Rilhouet fut membre du conseil de l'Ordre jusqu'en 1879.

RIMBAUD (LOUIS-SEXTIUS), député de 1831 à 1834, né à Besse (Var) le 10 février 1774, mort à Brignoles (Var) le 15 février 1845, était négociant dans cette dernière ville. Libéral sous la Restauration, il se présenta à la députation dans le 1er arrondissement du Var (Brignoles), le 23 juin 1830, et échoua avec 31 voix contre 132 au député sortant réélu, M. Paul de Châteaudouble. Plus heureux aux élections du 5 juillet 1831, M. Rimbaud fut proclamé élu par 91 voix (132 votants), contre 88 à M. Mignet; le scrutin ayant été annulé, M. Rimbaud obtint la confirmation de son mandat, le 8 septembre, par 103 voix (202 votants, 263 inscrits), contre 98 à M. Mignet. Il vota avec la majorité conservatrice, donna sa démission avant la fin de la législature, et fut remplacé, le 24 mars 1834, par M. de Pontevès. Il était maire de Brignoles et membre du conseil d'arrondissement. Il est désigné parfois sous le nom de Rimbaud-Perreymond.

RINCQUESEN (LOUIS-AUGUSTE DE WILLECOT DE), représentant en 1871, né à Boulogne-sur-Mer (Pas-de-Calais) le 25 août 1811, « fils d'Achille-Louis de Willecot de Rincquesen, propriétaire, et de mademoiselle d'Alexandre de Rouzat », mort à Rinxent (Pas-de-Calais) le 13 août 1873, riche propriétaire, d'opinions monarchistes, fut porté, le 8 février 1871, sur la liste des candidats conservateurs à l'Assemblée nationale dans le Pas-de-Calais, et élu, le 14e sur 15, représentant de ce département, par 133,032 voix (149,532 votants, 206,432 inscrits). Il siégea à droite, fit partie de la réunion des Réservoirs, vota *pour la paix, pour* les prières publiques, *pour* l'abrogation des lois d'exil, *pour* le pouvoir constituant de l'Assemblée, *contre* le gouvernement de Thiers, et mourut pendant la législature.

RINGUIER (ANTOINE-ALEXANDRE-ERNEST), député de 1881 à 1888, né à Soissons (Aisne) le 18 mars 1825, mort à Paris le 13 février 1888, fils d'un négociant, fut lui-même fabricant de sucre aux Hautes-Rives, et prit part aux luttes du parti républicain à la fin du règne de Louis-Philippe. Démocrate très modéré, il se rendit à Paris lors des événements de juin 1848, et concourut, à Belleville et à Ménilmontant, à la répression de l'insurrection. Il se montra opposé ensuite, dans son département, à la politique présidentielle et à l'Empire. Étranger à toute fonction publique, il organisa à Soissons un corps d'artilleurs volontaires pour la défense de Soissons contre les Prussiens, fut blessé dans une sortie et décoré (1872) pour sa conduite devant l'ennemi. Conseiller général de l'Aisne pour le canton de Braisne (1873), conseiller municipal de Soissons, directeur du journal le *Républicain Soissonnais*, il fut élu, le 21 août 1881, député de l'arrondissement de Soissons, par 8,114 voix (15,263 votants, 18,903 inscrits), contre 4,662 à M. Salauson et 2,310

à M. Choron. Il siégea à l'Union républicaine, vota le plus souvent avec la majorité, tout en se rapprochant parfois de l'extrême gauche, et refusa les crédits du Tonkin. Porté le 4 octobre 1885, à la fois par les opportunistes et par les radicaux, il fut élu député de l'Aisne, au second tour de scrutin (18 octobre), le 7e sur 8, par 63,278 voix (117,821 votants, 117,908 inscrits). Il suivit la même ligne politique que précédemment, se prononça *pour* l'expulsion des princes, *pour* la nouvelle loi militaire, et mourut au cours de la législature. Il fut remplacé, le 25 mars suivant, par M. Doumer.

RIOCOUR. — Voy. DUBOIS.

RIOLLAY (GASPARD-RENÉ), député de 1831 à 1834, né à Rennes (Ille-et-Vilaine) le 17 mars 1783, mort à Saint-Brieuc (Côtes-du-Nord) le 15 novembre 1861, suivit la carrière militaire et appartint au corps du génie. Il avait le grade de chef de bataillon, lorsqu'il fut élu (21 octobre 1830) député du 1er arrondissement des Côtes-du-Nord (Saint-Brieuc) par 215 voix (231 votants, 313 inscrits). Il siégea au centre, obtint sa réélection, le 5 juillet 1831, par 87 voix (170 votants, 220 inscrits), contre 83 à M. Armez, et échoua au renouvellement du 21 juin 1834, avec 61 voix, contre 91 au député sortant, réélu. Promu plus tard lieutenant-colonel, puis colonel du génie en résidence à Brest, il fut admis à la retraite, en cette dernière qualité, le 19 avril 1843, et termina ses jours à Saint-Brieuc. — Officier de la Légion d'honneur.

RIONDEL (LOUIS-SABIN), député au Corps législatif de 1867 à 1870, représentant en 1871, député de 1876 à 1881, né à Saint-Marcellin (Isère) le 23 avril 1824, mort à Saint-Marcellin le 25 juillet 1889, fit son droit à Grenoble, et se fit inscrire en 1846 au barreau de sa ville natale, dont il devint maire (1860). Il donna sa démission de maire en 1867, pour se présenter, le 1er septembre 1867, comme candidat d'opposition au Corps législatif, dans la 2e circonscription de l'Isère, en remplacement de M. Devoize, décédé, et fut élu, malgré les efforts du préfet, M. Pastoureau, par 16,553 voix (29,727 votants, 38,026 inscrits), contre 13,111 à M. Kléber. Réélu, le 24 mai 1869, par 14,645 voix (25,911 votants, 31,492 inscrits), contre 11,200 à M. Champollion, il prit place à gauche, signa la demande d'interpellation des 116 et vota contre le gouvernement impérial, notamment *pour* le rétablissement du jury en matière de presse et *contre* la guerre contre la Prusse. Élu, le 8 février 1871, représentant de l'Isère à l'Assemblée nationale, le 1er sur 12, par 65,289 voix (92,816 votants, 162,174 inscrits), il prit place à la gauche républicaine, monta rarement à la tribune, et vota: *pour* la paix, *contre* l'abrogation des lois d'exil, *contre* la pétition des évêques, *pour* le retour à Paris, *contre* la démission de Thiers, *contre* le ministère de Broglie, *pour* l'amendement Wallon, *pour* les lois constitutionnelles. Réélu, le 20 février 1876, député de l'arrondissement de Saint-Marcellin, par 11,132 voix (14,621 votants, 22,541 inscrits), il continua de siéger à gauche et fut l'un des 363 députés qui, au 16 mai, refusèrent l'ordre du jour de confiance au ministère de Broglie. Son mandat lui fut renouvelé, le 14 octobre 1877, par 13,336 voix (18,930 votants, 22,683 inscrits), contre 3,542 au général Malus; il appuya la politique scolaire et coloniale des ministères républicains et ne se représenta pas aux élections générales de 1881. Il fut alors nommé président du tribunal de Saint-Marcellin, et mourut à ce poste, d'une attaque d'apoplexie.

RIOTTEAU (Émile-Alexandre), député de 1876 à 1877, de 1878 à 1885 et de 1887 à 1889, né à Saint-Pierre-et-Miquelon (Martinique) le 12 décembre 1837, d'une famille originaire des environs d'Avranches, devint armateur à Granville, juge consulaire et membre de la chambre de commerce de cette ville, conseiller municipal, maire de Granville, président de la Société d'agriculture d'Avranches, membre du conseil supérieur des colonies, et fut élu, le 20 février 1876, député de la 2ᵉ circonscription d'Avranches, par 6,936 voix (11,014 votants, 14,601 inscrits), contre 4,343 à M. de Canisy et 203 à M. de Saint-Pierre. Il prit place au centre gauche et, au 16 mai, fut l'un des 363 députés qui refusèrent le vote de confiance au ministère de Broglie. Il échoua, le 14 octobre 1877, avec 6,005 voix, contre 6,167 à l'élu, M. Leclère, bonapartiste ; mais, cette élection ayant été invalidée par la majorité républicaine, M. Riotteau rentra à la Chambre, le 3 mars 1878, avec 7,699 voix (11,349 votants, 14,696 inscrits), contre 3,565 à M. de Canisy. Réélu, le 21 août 1881, par 8,803 voix (10,371 votants, 14,722 inscrits), il continua de siéger à gauche, fut secrétaire de la Chambre pendant la législature, et soutint la politique scolaire et coloniale des ministères républicains. Porté, le 4 octobre 1885, sur la liste républicaine de la Manche, il échoua avec 50,084 voix, sur 109,795 votants ; mais il redevint député du département, le 16 janvier 1887, lors de l'élection partielle motivée par le décès de M. de Gueydon, par 54,960 voix (100,714 votants, 137,928 inscrits), contre 45,228 à l'amiral Roussin. M. Riotteau reprit sa place à la gauche républicaine, parla sur les questions industrielles, agricoles et maritimes, et se prononça, dans la dernière session, *pour* le rétablissement du scrutin d'arrondissement (11 février 1889), *pour* l'ajournement indéfini de la révision de la Constitution, *pour* les poursuites contre trois députés membres de la Ligue des patriotes, *pour* le projet de loi Lisbonne restrictif de la liberté de la presse, *pour* les poursuites contre le général Boulanger.

RIOU DE KERSALAUN (François-Marie-Joseph, baron), député au Conseil des Cinq-Cents, né à Morlaix (Finistère) le 2 mai 1765, mort à Paris le 25 juillet 1811, fils d'un capitaine de navire marchand, fit ses études à Saint-Pol-de-Léon et se fit inscrire au barreau de sa ville natale. A la Révolution, il commanda la garde nationale de Saint-Pol-de-Léon, et devint officier municipal de Brest et maire par intérim. Élu, le 25 vendémiaire an IV, député du Finistère au Conseil des Cinq-Cents, par 100 voix sur 270 votants, il vit son élection menacée d'annulation en raison de sa qualité de parent d'émigrés. Admis après discussion, il fit partie du comité des finances, fut rapporteur des lois sur l'hypothèque, prononça plusieurs discours sur la situation financière, les assignats, la condition des biens nationaux non vendus, devint président de l'assemblée le 20 janvier 1797, demanda que le Directoire sévit contre les conspirateurs royalistes, attaqua le général Magallon et le vice-amiral de Sercey, comme hostiles aux institutions républicaines, défendit l'impôt sur le tabac, et présenta un projet pour l'encouragement de la course. Réélu au même Conseil par le même département, le 23 germinal an VII, il adhéra au 18 brumaire, et devint préfet du Cantal le 11 ventôse an VIII. Membre de la Légion d'honneur le 25 prairial an XII, créé baron de l'Empire le 14 février 1810, il fut appelé à d'autres fonctions le 10 août 1810, ne fut pas remplacé, et mourut moins d'un an après. On a de lui : *Lucrèce*, tragédie (1793) ; — *Les Chouans*, pièce (1795) ; — *La Naissance du roi de Rome*, odes (1811).

RIOUFFE (Honoré-Jean, baron), membre du Tribunat, né à Rouen (Seine-Inférieure) le 1ᵉʳ avril 1764, mort à Nancy (Meurthe) le 30 novembre 1813, d'une famille originaire du Languedoc, fils d'un chirurgien, perdit de bonne heure son père, et se destina au barreau. Mais, entraîné vers la littérature, il composa quelques poèmes dont l'un avait trait au centenaire de Corneille, adopta les idées de la Révolution, fit représenter, le 11 octobre 1792, sur le théâtre de la Nation, une pièce politique écrite en collaboration avec Dugazon, et se lia avec les Girondins. Il les suivit à Caen, puis à Bordeaux, où il fut arrêté, le 4 octobre 1793, par ordre de Tallien. Ramené à Paris et enfermé à la Conciergerie, il resta détenu jusqu'au 9 thermidor, fit paraître alors plusieurs libelles contre Robespierre et ses partisans, prononça, le 5 brumaire an VI, au Cercle constitutionnel, une pompeuse oraison funèbre de Louvet, et vécut sous le Directoire, des libéralités de Mᵐᵉ Pourrat, riche veuve qui lui avait donné asile, et de celles de Mᵐᵉ de Staël. Il s'attacha au général Bonaparte au retour d'Égypte, et fut nommé, le 4 nivôse an VIII, membre du Tribunat. Les éloges qu'il prodigua au chef de l'État surprirent les courtisans eux-mêmes. Secrétaire, puis président du Tribunat, il reçut, le 4 frimaire an XII, la décoration de la Légion d'honneur, fut nommé, le 19 pluviôse an XII, préfet de la Côte-d'Or, quitta ce poste brusquement au bout de peu de temps, fut appelé, en 1807, à la préfecture de la Vienne, refusa ces fonctions pour raison de santé, accepta, le 29 octobre 1808, la préfecture de la Meurthe, fut créé baron de l'Empire le 9 mars 1810, et succomba en 1813, à Nancy, aux atteintes du typhus, qui s'était déclaré dans cette ville par suite de l'entassement des malades après les revers de la campagne de Russie.

RIOULT DE NEUVILLE (Louis-Philippe-Auguste, marquis) député de 1811 à 1815 et de 1826 à 1827, pair de France, né à Courtonne-le-Meurdrac (Calvados) le 3 décembre 1770, mort à Paris le 28 mars 1848, « fils de messire Jacques-Adrien Rioult, écuyer, seigneur de Courtonne, Cafontaines et Neuville, et de noble dame Marie-Anne-Catherine-Charlotte de Mailloc », était capitaine de cavalerie au moment de la Révolution. D'abord membre du collège électoral, puis conseiller général, chef de cohorte de la garde nationale et président du collège électoral de Lisieux, il fut nommé, le 4 mai 1811, par le Sénat conservateur, député du Calvados au Corps législatif. Il adhéra à la déchéance de l'empereur en 1814, devint, l'année suivante, maire de Livarot, et échoua, aux élections du 22 août 1815 à la Chambre introuvable, contre un baquepère, M. de Folleville. Chevalier de Saint-Louis et de la Légion d'honneur, il rentra à la Chambre, le 27 janvier 1826, comme député du

4e arrondissement électoral du Calvados (Lisieux), en remplacement de M. Brochet de Vérigny décédé, par 309 voix (503 votants, 668 inscrits), contre 186 à M. Dupin aîné. Il siégea dans la majorité, fut nommé pair de France le 5 novembre 1827, et quitta la Chambre haute à la chute de Charles X, en vertu de l'article 68 de la Charte de 1830.

RIOULT DE NEUVILLE (ALFRED-LÉON, COMTE), représentant en 1849, né à Livarot (Calvados) le 22 août 1802, était conseiller général du Calvados, et d'opinions monarchistes, quand il fut élu, le 13 mai 1849, représentant du Calvados à l'Assemblée législative, le 9e sur 10, par 57,956 voix (86,996 votants, 137,851 inscrits). Il siégea à droite, et opina avec la majorité monarchiste *pour* l'expédition romaine, *pour* la loi Falloux-Parieu sur l'enseignement, *pour* la loi restrictive du suffrage universel. Il ne se rallia pas à la politique de Louis Bonaparte et rentra dans la vie privée au 2 décembre 1851. Aux élections du 8 février 1871 pour l'Assemblée nationale, M. Rioult de Neuville, candidat conservateur monarchiste, réunit, dans le Calvados, sans être élu, 91,800 voix (86,561 votants).

RIOUST. — *Voy.* LARGENTAYE (DE).

RIQUET (PIERRE-AUGUSTIN) député en 1791, né à Chepniers (Charente-Inférieure) le 19 février 1755, mort à Orignolles (Charente-Inférieure) le 14 novembre 1812, avocat au parlement de Bordeaux, devint, le 26 juin 1790, administrateur du département de la Charente-Inférieure. Enfin, le 31 août 1791, député de la Charente-Inférieure à l'Assemblée législative, le 9e sur 10, par 347 voix (478 votants), il vota obscurément avec la majorité; son nom n'est pas cité au *Moniteur*. Après la session, il fut juge à Montgazon. Nommé juge au tribunal civil du département le 17 octobre 1795, il refusa ce poste, mais accepta celui de juge de paix du canton de Montlieu, qu'il occupa jusqu'à sa mort. Conseiller général du 8 juin 1800, il présida le collège électoral de Jonzac en 1808.

RIQUET. — *Voy.* CARAMAN (COMTE DE).

RIQUET DE CARAMAN. — *Voy.* CHIMAY (PRINCE DE).

RIQUIER (JACQUES-FRANÇOIS), député en 1789, né à Brimeux (Pas-de-Calais) le 6 novembre 1737, mort à Brimeux le 13 octobre 1824, propriétaire cultivateur dans cette localité, fut d'abord nommé commissaire à la rédaction des cahiers, et fut élu, le 23 mars 1789, au 3me tour de scrutin, député du tiers aux États Généraux par le bailliage de Montreuil-sur-Mer. Il prêta le serment du Jeu de paume, et se fit peu remarquer à l'Assemblée; le *Moniteur* n'a pas cité son nom. Rentré dans son pays natal, il occupa des fonctions municipales pendant la Révolution et sous l'Empire, et fut forcé de résigner ses fonctions de maire en août 1815.

RITTER (FRANÇOIS-JOSEPH), député en 1791, membre de la Convention, et député au Conseil des Cinq-Cents, né à Huningue (Haut-Rhin) le 19 avril 1758, mort à Altkirch (Haut-Rhin) le 6 octobre 1809, étudia le droit, et fut reçu, en 1784, avocat plaidant au conseil souverain d'Alsace. Il se déclara nettement pour les idées

nouvelles, fut élu, en 1790, premier juge au tribunal de district d'Altkirch, et s'établit comme jurisconsulte à Liérentz (Haut-Rhin). Le 2 septembre 1791, le Haut-Rhin l'envoya à l'Assemblée législative, le 1er sur 7, par 260 voix (399 votants). Il opina avec la majorité conservatrice. Réélu, le 4 septembre 1792, député du même département à la Convention, le 2 sur 7, par 252 voix (497 votants), il vota « la mort » dans le procès du roi, se rendit en mission à Huningue, puis en Italie, et, après les événements de thermidor, dans les départements du Midi. Il favorisa la contre-révolution et combattit les restes du parti jacobin. Le 22 vendémiaire an IV, il représenta au Conseil des Cinq-Cents le département du Haut-Rhin, élu par 149 voix (226 votants). Il en sortit le 1er prairial an VI pour devenir juge au tribunal de Cassation jusqu'en l'an VIII. En l'an IX, il demanda à être nommé préfet de Mayence, en appuyant sa demande, qui ne fut pas accueillie, sur ces considérations : « Père d'une nombreuse famille, peu fortuné, connaît la langue allemande, recommandé par le premier Consul ». Il entra du moins dans la magistrature, et termina sa carrière comme procureur impérial à Altkirch.

RIVAILLE (ARTHUR), représentant en 1871, né le 29 novembre 1817, mort le 28 septembre 1879, propriétaire, conseiller général de La Rochelle, posa, le 27 novembre 1859, sa candidature libérale au Corps législatif dans la 1re circonscription de la Charente-Inférieure, en remplacement de M. Vast-Vimeux père, décédé; mais il échoua avec 4,470 voix, contre 15,169 à l'élu, M. Vast-Vimeux fils, candidat du gouvernement. M. Rivaille ne reparut sur la scène politique qu'après la guerre. Élu, le 8 février 1871, représentant de la Charente-Inférieure à l'Assemblée nationale, le 9e sur 10, par 36,723 voix (105,000 votants, 148,277 inscrits), il prit place au centre droit, parmi les orléanistes, soutint la validation de l'élection des princes, et vota : *pour* la paix, *pour* l'abrogation des lois d'exil, *pour* la pétition des évêques, *contre* le service de trois ans, *pour* la démission de Thiers, *pour* le septennat, *pour* le ministère de Broglie, *contre* les lois constitutionnelles. Il ne se représenta pas aux élections suivantes.

RIVALS-GINELA (RAYMOND-JACQUES-PASCAL), représentant à la Chambre des Cent-Jours, né à Carcassonne (Aude) le 16 avril 1770, mort à Carcassonne le 24 octobre 1819, « fils de Monsieur maître Jacques-Antoine Rivals, avocat au parlement, et de dame Renée-Marie-Suzanne de Cambon », appartint aux armées, et fut, en l'an IV, capitaine aide-de-camp du général d'Érignon. Il entra, sous l'Empire, dans l'administration des finances, et il était receveur général du département de l'Aude, lorsque l'arrondissement de Carcassonne l'envoya, le 16 mai 1815, par 26 voix (47 votants, 167 inscrits), siéger à la Chambre des représentants. Il rentra dans la vie privée après la session.

RIVAROLA (ÉTIENNE-BONAVENTURE-ANDRÉ-MARIE), député au Corps législatif de 1808 à 1815, né à Gênes (Italie) le 7 novembre 1755, mort à une date inconnue, propriétaire à Chiavari, fut quelque temps ministre de la République ligurienne en Russie. Accusé, en 1798, de conspiration contre cette république, il fut acquitté. Élu par le Sénat conservateur, le 3 octobre 1808, député du département des Apennins au Corps législatif, il vit son mandat renouvelé le 6 janvier 1813. En 1814, il témoigna son regret de n'avoir pu signer l'acte d'adhésion à la déchéance de l'empereur, mais il fut l'un des plus empressés à se rallier à l'Acte additionnel en 1815. Il disparut ensuite de la scène politique.

RIVAROLA (DOMINIQUE-CHARLES, COMTE DE), député de 1824 à 1827 et de 1828 à 1830, né à Bastia (Corse) le 1er octobre 1771, mort à Bastia le 31 décembre 1844, était lieutenant de vaisseau dans la marine royale au moment de la Révolution. Il émigra, rentra en France sous l'Empire et épousa Mlle de Casablanca. Nommé conservateur des eaux et forêts du 29e arrondissement (Corse), il fut élu député du grand collège de la Corse, le 5 mars 1824, par 28 voix (36 votants), et fut réélu, le 3 janvier 1828, par 31 voix (41 votants). M. de Rivarola prit place parmi les ministériels, repoussa l'Adresse des 221, et rentra dans la vie privée aux élections de 1830.

RIVAUD DE LA RAFFINIÈRE (OLIVIER-MARCOUX, COMTE), député de 1815 à 1816, né à Civray (Vienne) le 10 février 1766, mort à sa terre de la Raffinière, près Civray, le 19 décembre 1839, appartenait à une famille d'ancienne magistrature poitevine et était le plus jeune des dix enfants de Charles-Jean Rivaud, conseiller du roi, lieutenant général de police au siège royal et maire de Civray. Olivier fut élu, à la fin de 1792, capitaine dans l'un des bataillons des volontaires de la Charente. Il passa à l'armée du Nord, commanda une compagnie du 1er bataillon franc à Jemmapes, se battit à Nerwinden, et fut nommé adjudant général (27 septembre 1793) et chef d'état-major du général Duquesnois. Vainqueur à Hondschoote, il fut blessé à Warwick, d'un biscaïen à la jambe, dirigea la division Duquesnois à Watignies (15 octobre), reçut, sur le front de l'armée, les félicitations de Carnot et de Jourdan, et passa en Bretagne (février 1794) comme chef d'état-major de l'armée des côtes de Brest. L'année suivante, il fut envoyé à l'armée des Alpes sous Kellermann, puis, dans l'état-major de Bonaparte, se trouva aux combats de Roveredo, de Bassano, de Saint-Georges-sous-Mantoue, où il fut blessé à la tête, et de Porto-Sequano, où il fit 300 prisonniers. En 1798, Berthier, envoyé à Rome pour venger l'assassinat du général Duphot, obtint Rivaud pour chef d'état-major. La république romaine établie, Rivaud devint chef d'état-major de Kilmaine commandant provisoire de l'armée d'Angleterre. Promu général de brigade (15 décembre 1798), il fut mis à la tête des forces militaires dans les départements belges annexés, puis, après le coup d'État de brumaire, dirigea l'avant-garde du corps d'armée de Victor chargé d'aller débloquer Masséna dans Gênes. Le général Mathieu Dumas, dans ses *Mémoires*, lui attribue le gain de la bataille de Montebello (9 juin 1800); son action ne fut pas moins décisive à Marengo (14 juin), où il fut atteint d'un coup de biscaïen à la cuisse. En 1801, il fut nommé chef d'état-major de l'armée de Portugal, entra en Espagne sous les ordres du général Leclerc, et le remplaça comme commandant en chef lorsque ce dernier partit pour Saint-Domingue. La paix d'Amiens le fit rentrer en France avec son armée, en mars 1802.

Le Premier Consul lui accorda, dans les termes les plus flatteurs, une gratification de 15,000 fr. Le général Rivaud alla commander une division au camp de Nimègue, fut fait (19 frimaire an XII) grand-officier de la Légion d'honneur, et, en septembre 1805, fut placé à la tête de la première division du premier corps de la grande armée; il fit capituler à Nercsheim (17 octobre) 4,000 Autrichiens, n'ayant lui-même que 2 bataillons du 51e et un canon, eut un cheval tué sous lui à Austerlitz, et coopéra à la victoire de Hall, à la prise de Lubeck et surtout à la capitulation de Blücher, avec 12,000 prisonniers et 80 canons (7 novembre 1805). Blessé l'avant-veille de la bataille d'Eylau, ayant eu un bras cassé, Rivaud quitta le service actif et fut nommé gouverneur général du duché de Brunswick; il commanda ensuite la 25e division militaire à Wesel, et fut créé baron de l'Empire (29 juin 1808), avec une dotation de 10,000 livres de rente en Westphalie; les revenus de deux terres du Poitou lui donnaient en outre 12,000 livres. En 1807, il commanda une division dans le corps de Junot en Bohême, eut la jambe fracassée à Bayreuth, et se battit à Wagram : c'était sa dix-huitième campagne. Obligé de se retirer à cause de ses blessures, il fut nommé (11 décembre 1809) commandant de la 12e division militaire (La Rochelle). Là, il servit l'empire jusqu'à la fin, et, après l'abdication, adhéra à la restauration des Bourbons, par qui il fut promu commandeur de Saint-Louis (1er mai 1814) et grand-officier de la Légion d'honneur (août) et créé comte de la Raffinière (1814). Sans emploi pendant les Cent-Jours, il recouvra son commandement à la seconde Restauration, et fut élu, un mois après (22 août 1815), député du collège du département de la Charente-Inférieure, par 125 voix sur 149 votants et 296 inscrits. Il ne fit que paraître à la Chambre, et revint à La Rochelle reprendre ses fonctions militaires. Membre (1816) du conseil de guerre qui jugea à Rennes le général Travot, il vota pour l'acquittement d'abord, puis pour la peine la plus faible. Inspecteur général d'infanterie en 1819, commandant de la 15e division militaire (Rouen) (1820-1830), il refusa, en 1824, le commandement en chef de l'armée d'occupation d'Espagne, demanda sa retraite en 1830, et l'obtint le 10 juillet 1831. Grand-croix de la Légion d'honneur (1825).

RIVAUD DU VIGNAUD (FRANÇOIS), membre de la Convention, député au Conseil des Cinq-Cents, né à Bellac (Haute-Vienne) le 6 août 1754, mort à Guéret (Creuse) le 6 novembre 1836, fils de Jean Rivaud du Vignaud, conseiller du roi et son lieutenant particulier en la maîtrise des eaux et forêts de la Basse-Marche, et de Catherine Leborlhe de Chégurat, entra dans les gendarmes du roi à la compagnie de Flandre à Lunéville le 29 mai 1772. À la suppression de ce corps (1er avril 1788), il devint lieutenant de gendarmerie au Dorat, le 19 juin 1791, et fut élu, le 2 septembre 1792, député de la Haute-Vienne à la Convention, le 6e sur 7, à la pluralité des voix. D'opinions très modérées, il opina, dans le procès de Louis XVI, pour la réclusion et le bannissement à la paix; partisan des Girondins, il fut mis en arrestation avec les 72 autres conventionnels qui avaient protesté contre le 31 mai, fut détenu chez lui pendant quatorze mois à ses frais, par deux sans-culottes qu'il payait chacun cinq livres par jour, et rentra à la Convention le 18 frimaire an III. Le 30 nivôse suivant, il fut envoyé en mission à l'armée du Rhin et Moselle. Quoique compromis, comme royaliste, dans la correspondance d'un agent des Bourbons, Lemaître, il entra, le 1 brumaire an IV, au Conseil des Cinq-Cents comme ex-conventionnel, passa capitaine de gendarmerie (18 messidor an IV), chef d'escadron (28 nivôse an V), et fut nommé (3 frimaire an VII) commissaire de la République française près la République cisalpine ; le gouvernement cisalpin lui offrit une boîte enrichie de diamants, en témoignage de reconnaissance pour son administration ; mais Rivaud la refusa. Membre de la Légion d'honneur (26 prairial an XII), il fut promu colonel de la 10e légion (18 septembre 1811) ; le 24 octobre suivant, il fut placé à la tête de la 27e légion, prit, le 5 septembre 1812, le commandement de la 13e légion, et alla à Lubeck pour surveiller le blocus continental. Il était colonel de gendarmerie du 1er octobre 1813, lors des massacres qui ensanglantèrent le Midi et surtout Nîmes à cette époque ; il faillit être assassiné, et fut sauvé par une femme du peuple ; lieutenant-colonel de gendarmerie à Lille, il fut dénoncé par ses ennemis politiques, arrêté, et, après huit mois de captivité, remis en liberté sans jugement. Mis à la retraite en 1825, il se retira à Bellac, dans sa famille, et mourut à Guéret, chez son fils, qui commandait à cette époque la gendarmerie de la Creuse. Chevalier de la Légion d'honneur (26 prairial an XII), officier (28 juin 1814).

RIVAZ (Charles-Emmanuel, chevalier de), député au Corps législatif de 1811 à 1814, né à Saint-Gangoulph (Suisse) le 20 octobre 1753, mort à Sion (Suisse) le 19 août 1830, d'une ancienne famille du Valais, ne prit part que pour le modérer à la révolution du Valais en 1798. Il devint ensuite conseiller d'État de ce canton, s'efforça de tempérer les procédés administratifs du général Turreau, et fut élu, par le Sénat conservateur, le 19 février 1811, député du département du Simplon au Corps législatif. Créé chevalier de l'Empire le 11 septembre 1813, il vota la déchéance de l'empereur et, aux Cent-Jours, adhéra à l'Acte additionnel. Après la séparation du Simplon de la France, aux traités de 1814, il fut chargé de différentes missions diplomatiques par le Directoire fédéral.

RIVE (Francisque), représentant en 1871, né à Belley (Ain), le 13 décembre 1837, fit ses études à Belley, son droit à Paris, fut inscrit en 1861 au barreau de sa ville natale. Hostile à l'empire, il fut nommé, au 4 septembre 1870, procureur général à Bourg, donna sa démission le 12 octobre suivant, et fut élu, le 8 février 1871, représentant de l'Ain à l'Assemblée nationale, le 3e sur 7, par 58,091 voix (71,803 votants, 107,184 inscrits). Il prit place au centre gauche, fut secrétaire de l'Assemblée (1871-1874), défendit la politique de Thiers, fit partie de plusieurs commissions, fut rapporteur de la loi sur les effets de commerce, parla sur le budget, sur la loi électorale, sur le jury, sur le timbre des journaux, fit voter l'inéligibilité des militaires, et se prononça *pour* la paix, *contre* l'abrogation des lois d'exil, *pour* le retour à Paris, *contre* la démission de Thiers, *contre* le septennat, *contre* le ministère de Broglie, *pour* les lois constitutionnelles. Il ne

se représenta pas en 1875, et reprit sa place au barreau.

RIVÉRIEULX (Émile-Armand-Marie de), représentant du peuple en 1848, né à Brest (Finistère) le 25 mars 1809, mort au château de Tréglonou (Finistère) le 18 mai 1876, propriétaire et agriculteur, maire de Tréguic. fit sous Louis-Philippe de l'opposition libérale, et fut élu, le 23 avril 1848, représentant du Finistère à l'Assemblée constituante, le 12e sur 15, par 57,760 voix. Il vota avec la droite, *contre* le bannissement de la famille d'Orléans, *pour* les poursuites contre L. Blanc et Caussidière, *contre* l'abolition de la peine de mort, *contre* l'impôt progressif, *contre* l'incompatibilité des fonctions, *contre* l'amendement Grévy, *contre* la sanction de la Constitution par le peuple, *pour* l'ensemble de la Constitution, *pour* la proposition Rateau, *pour* l'interdiction des clubs, *pour* l'expédition de Rome, *contre* la demande de mise en accusation du président et des ministres. Non réélu à la Législative, il revint en Bretagne et ne reparut pas dans les assemblées parlementaires.

RIVÉRIEULX. — *Voy.* Chambost (baron de).

RIVERY (Louis de), député en 1791, membre de la Convention, et député au Conseil des Cinq-Cents, né à Nantes (Loire-Inférieure) le 19 février 1742, mort à Amiens (Somme) le 3 avril 1816, était cultivateur et négociant à Saint-Valery lors de la Révolution. Maire de cette ville en 1790, puis administrateur de la Somme, il fut élu, le 3 septembre 1791, député de ce département à l'Assemblée législative, le 9e sur 17, par 243 voix (415 votants). Il vota avec les réformateurs modérés. Réélu, le 5 septembre 1792, député du même département à la Convention nationale, le 2e sur 13, par 530 voix (547 votants), il opina pour la détention dans le procès du roi, signa les protestations contre le 31 mai, et échappa cependant à la proscription des Girondins. Rentré à l'assemblée, il se prononça *contre* Carrier et passa, le 4 brumaire an IV, au Conseil des Cinq-Cents, comme l'élu de ses collègues de la Convention. Il y fut renvoyé, le 23 germinal an VI, par le département de la Somme, et y siégea jusqu'au coup d'État du 18 brumaire. Le 14 germinal an VIII, il fut nommé conseiller de préfecture de la Somme ; il remplit ces fonctions jusqu'à sa mort (1816).

RIVET (Léonard-Philippe-Libéral), représentant à la Chambre des Cent-Jours, né à Brive (Corrèze) le 23 août 1772, mort à Paris le 28 mars 1852, avait été directeur des contributions directes dans le département de Trasimène. Élu, le 11 mai 1815, représentant de l'arrondissement de Brive à la Chambre des Cent-Jours, par 58 voix (79 votants), il ne reparut pas sur la scène politique après la session.

RIVET (Léonard-Philippe, baron), député de 1831 à 1837, né à Brive (Corrèze) le 15 décembre 1768, mort à Brive le 28 avril 1853, « fils de Libéral-François Rivet, avocat au parlement, et de Anne-Cécile Raynal », était, avant la Révolution, avocat au parlement de Bordeaux. Capitaine commandant d'un corps d'infanterie et d'artillerie à l'armée de l'Ouest en avril 1793, adjoint à l'état-major général de l'armée des Pyrénées-Orientales (pluviôse an II), administrateur des pays conquis en Catalogne jusqu'à la paix avec l'Espagne (22 frimaire an III), il devint procureur général du département de la Corrèze en vendémiaire an IV, et président de l'administration municipale de Brive en l'an V. Nommé, en prairial an VI, commissaire du Directoire près les tribunaux civil et criminel de la Corrèze, il fut obligé de donner sa démission par défaut d'âge. Le Consulat l'appela aux fonctions de préfet de la Dordogne (11 ventôse an VIII), et l'Empire, à celles de préfet de l'Ain (12 février 1810). Une note administrative de 1812 dit de lui : « Homme de bien, modeste et sévère, ses moyens ne sont pas transcendants, mais son application est constante. » Membre de la Légion d'honneur (25 prairial an XII), chevalier (1808), puis baron de l'Empire (3 décembre 1809), il reçut l'ordre d'évacuer Bourg à l'approche de l'ennemi (1814), qui nomma à sa place M. Sérand, conseiller de préfecture. Le baron Rivet demanda sa réintégration au gouvernement provisoire, mais les députés de l'Ain s'y opposèrent, en écrivant au ministre que « ce magistrat inaccessible et dur envers ses administrés avait perdu l'estime et la confiance générale. » Rentré à Bourg pour reprendre ses fonctions (mai 1814), M. Rivet dut entrer en lutte contre M. Sérand qui refusait de lui remettre les lettres adressées au préfet ; le comte d'Artois le nomma alors préfet de la Dordogne. Aux Cent-Jours, il passa à la préfecture du Cher (6 avril 1815), fut révoqué le 20 juillet suivant, et vécut dans la retraite. Élu (5 juillet 1831) député du 2e collège de la Corrèze (Brive), par 130 voix (202 votants, 241 inscrits), contre 67 à M. Alexis de Noailles, il soutint de ses votes le nouveau gouvernement, opina avec la majorité conservatrice, obtint sa réélection, le 21 juin 1834, par 116 voix (220 votants, 257 inscrits), contre 78 à M. de Noailles, et échoua au renouvellement du 4 novembre 1837, avec 97 voix, contre 169 à M. Lavialle de Masmorel. Il ne se représenta plus. Officier de la Légion d'honneur (26 mars 1814).

RIVET (Jean-Charles, baron), député de 1839 à 1846, représentant en 1848 et en 1871, né à Brive (Corrèze) le 19 mai 1800, mort à Cannes (Alpes-Maritimes) le 19 novembre 1872, fit son droit à Paris, fut attaché, sous la Restauration, au cabinet de M. de Martignac, et fut nommé sous-préfet de Rambouillet à la révolution de 1830. Préfet de la Haute-Marne quelques mois après, préfet du Gard en 1832, directeur général du personnel au ministère de l'intérieur (1834), préfet du Rhône (1835-1839), et conseiller d'État en service extraordinaire, il se montra, dans ces divers postes, tout dévoué au gouvernement de Louis-Philippe. Le 2 mars 1839, il fut élu député du 2e collège de la Corrèze (Brive) par 164 voix (290 votants, 327 inscrits), contre 126 à M. Lavialle de Masmorel, député sortant. M. Rivet prit place au centre gauche et, tout en votant souvent avec le parti conservateur, fit une opposition décidée à la politique de Guizot. En 1842, il fut rapporteur du budget, et se prononça pour la conversion des rentes. Réélu, le 9 juillet 1842, par 182 voix (233 votants, 344 inscrits), contre 20 à M. Delort, il vota contre l'indemnité Pritchard, pour la proposition sur l'incompatibilité des fonctions publiques avec le mandat parlementaire, et, ayant échoué, le 1er août 1846, avec 153 voix, contre 169 à l'élu, M. de Jouvenel, il rentra dans la vie privée. Le 17 septembre 1848, une élection partielle l'envoya,

comme représentant du Rhône, à l'Assemblée Constituante, avec 41,850 voix (84,187 votants 97,626 inscrits), contre 34,385 à M. Raspail, et 4,626 à L.-N. Bonaparte, en remplacement de M. Lortet, démissionnaire. Il fit partie du comité du commerce et de l'industrie et vota avec la droite, contre l'amendement Grévy, contre le droit au travail, pour la Constitution, pour l'ordre du jour en l'honneur du général Cavaignac, contre la réduction de l'impôt du sel, contre l'amnistie, pour l'interdiction des clubs, pour les crédits de l'expédition romaine. Appelé par l'Assemblée à siéger au conseil d'État, il donna sa démission de représentant, et fit partie de ce corps jusqu'au coup d'État du 2 décembre 1851. Dans l'intervalle, il avait échoué dans le Rhône, comme candidat à l'Assemblée législative, avec 27,391 voix contre 41,337 à l'élu républicain, M. Jules Favre, et 11,739 à M. de Mortemart ; il s'agissait de remplacer M. Commissaire, qui avait opté pour le Bas-Rhin. M. Rivet protesta contre le coup d'État du prince-président, se tint, tant que dura l'Empire, à l'écart des affaires publiques, s'occupa d'agriculture, et remplit dans les chemins de fer des fonctions administratives. Le 8 février 1871, il fut élu représentant de la Corrèze à l'Assemblée nationale, le 2e sur 6, par 29,420 voix (54,642 votants, 83,707 inscrits). Il s'inscrivit au centre gauche, vota pour la paix, pour l'abrogation des lois d'exil, pour le pouvoir constituant de l'Assemblée, et déposa sur le bureau de la Chambre, le 12 août 1871, une proposition contenant sous le nom de son auteur, et ainsi conçue : « L'Assemblée nationale, considérant qu'il importe, pour répondre au vœu du pays, de satisfaire aux intérêts les plus pressants du travail et du crédit, de donner des garanties nouvelles de durée et de stabilité au gouvernement établi, décrète : Art. 1er. M. Thiers exercera, sous le titre de président de la République, les fonctions qui lui ont été dévolues par le décret du 17 février dernier. Art. 2. Ses pouvoirs sont prorogés de trois ans. Toutefois, si l'Assemblée jugeait convenable de se dissoudre avant ce temps, les pouvoirs de M. Thiers, qui sont liés à ceux de l'Assemblée, ne dureraient que le temps nécessaire pour prendre les mesures pour la constitution d'une assemblée nouvelle, chargée de statuer sur le pouvoir exécutif, etc. » Cette proposition fut amendée en ce sens que les pouvoirs de M. Thiers ne devaient finir que lors de la dissolution de l'Assemblée, et fut votée le 30 août suivant. On la considéra comme un premier pas vers l'établissement de la République conservatrice que réclamaient les politiques du centre gauche ; elle tint lieu de pacte constitutionnel jusqu'au vote de la Constitution du 25 février 1875. M. Rivet appuya constamment les idées et les actes de M. Thiers. Il mourut avant la chute du chef du pouvoir exécutif. Chevalier de la Légion d'honneur (1837), officier (17 décembre 1849).

RIVET (Gustave), député depuis 1883, né à Domène (Isère) le 25 février 1848, fils d'un inspecteur primaire, fit de bonnes études classiques à Grenoble, puis à Sainte-Barbe, composa pour le petit collège de Fontenay-aux-Roses une opérette : Énée à Carthage, se fit recevoir licencié ès lettres et entra dans l'enseignement. Professeur de rhétorique à Dieppe, il fut révoqué au 24 mai 1873, par M. de Fourtou, pour avoir publié : Voix perdues, à l'adresse de la commission des grâces, donna alors des leçons à Paris, fut replacé dans l'Université par le cabinet suivant comme professeur de rhétorique à Meaux, et fut chargé de cours au lycée Charlemagne. Il collabora au *Rappel* depuis 1870, à l'*Homme libre* de Louis Blanc en 1876, et publia, outre ses articles de journaux, des poésies et des pièces de théâtre, parmi lesquelles : *Le Châtiment, Les patriotiques, Mosaïque* (1871), *le Cimetière Saint-Joseph* (1871), etc. Admis dans l'intimité de Victor Hugo, il publia sous ce titre : *Victor Hugo chez lui* (1878), les entretiens familiers du poète, et fut nommé, la même année, secrétaire de M. Anatole de la Forge, directeur de la presse au ministère de l'Intérieur. En février 1879, il devint chef du cabinet de M. Turquet, sous-secrétaire d'État au ministère de l'Instruction publique et des Beaux-Arts, mais il ne conserva que peu de temps cette situation. Candidat républicain radical, le 18 février 1883, à la Chambre des députés, dans la 1re circonscription de Grenoble, il fut élu par 9,207 voix (14,138 votants, 19,602 inscrits), contre 4,578 à M. Aristide Rey, opportuniste, en remplacement de M. Bravet, décédé ; il siégea sur les bancs de la gauche radicale, parla contre la loi sur les récidivistes, demanda la suppression de l'exercice chez les débitants, proposa (7 janvier 1884), pour parer à la crise économique, la réforme radicale de l'assiette de l'impôt ; demanda (juillet), lors de la discussion de la révision, la suppression du droit de dissolution de la Chambre, et se prononça *contre* les crédits du Tonkin et *contre* la politique opportuniste. Le 4 octobre 1885, porté sur la liste républicaine de l'Isère, il fut élu, le 4e sur 9, par 60,869 voix (112,659 votants, 162,975 inscrits). Il suivit la même ligne politique que précédemment, déposa (février 1886) une proposition facultative pour l'expulsion des princes, appuya la réduction du service militaire à trois ans, réclama la suppression de l'exemption des séminaristes et du budget des cultes, combattit de son vote les ministères Rouvier et Tirard, soutint le cabinet Floquet et se prononça, en dernier lieu, *pour* le rétablissement du scrutin d'arrondissement (11 février 1889), *contre* l'ajournement indéfini de la révision de la Constitution, *pour* les poursuites contre trois députés membres de la Ligue des patriotes, *pour* les poursuites contre le général Boulanger ; il s'était abstenu sur le scrutin de loi Lisbonne restrictif de la liberté de la presse. Officier d'académie.

RIVIÈRE (Jacques), député en 1789, né et mort à des dates inconnues, était curé de Vic-en-Bigorre, quand il fut élu, le 23 avril 1789, député du clergé aux États-Généraux par la sénéchaussée de Bigorre. Il demanda la vérification des pouvoirs en commun, et alla en députation auprès du roi, le 13 juillet 1789, pour lui demander d'éloigner les troupes de Paris. Il ne prit aucune part aux débats de la Constituante et ne reparut plus sur la scène politique après la session.

RIVIÈRE (Joseph-François), député en 1789, né à Pradelles (Haute-Loire) le 8 février 1744, mort à Mende (Lozère) le 31 juillet 1824, « fils de monsieur maître Paul Rivière, avocat, et de demoiselle Antoinette Testu, mariés de la ville de Pradelles », était lieutenant général de la sénéchaussée, quand il fut élu, le 29 mars 1789, député du tiers aux États-Généraux par la sénéchaussée de Mende. Il prêta le serment du Jeu de paume, fit partie de la commission administrative chargée de l'organisation des nouveaux départements, s'occupa surtout des intérêts locaux, ne prit qu'une part effacée aux débats de la Constituante, et partit en congé le 10 mars 1790. Procureur-général syndic de la Lozère en 1791, il fut compromis dans la révolte des paysans, destitué et cité à la barre de l'Assemblée. Il s'empressa d'émigrer, rejoignit l'armée des princes et ne rentra en France que sous le Consulat. Il devint alors successivement juge au tribunal de première instance de Mende, président du tribunal de Marvejols, et, à la Restauration, procureur du roi près la cour prévôtale du département.

RIVIÈRE (Pierre), membre de la Convention, né à Chamboulive (Corrèze) le 2 octobre 1749, mort à une date inconnue, exerçait la profession de médecin à Chamboulive. Il était commandant du bataillon de la garde nationale du canton de Chamboulive, quand il fut élu, le 6 septembre 1792, deuxième député suppléant de ce département à la Convention, « à la pluralité des voix » ; il fut admis à siéger le 8 août 1793, en remplacement du Chambon mis en accusation, fit décréter des fonds pour les relais militaires, traduire au tribunal révolutionnaire divers accusés, et fut lui-même, aux Jacobins, l'objet d'une mesure d'épuration. On perd sa trace après la session.

RIVIÈRE (Lambert), député au Conseil des Cinq-Cents, et au Corps législatif, né à Bar-sur-Aube (Aube) le 13 mai 1763, mort à Paris le 3 octobre 1828, « fils de maître Claude-Jean Rivière, conseiller du roi, élu de cette ville, et de dame Reine-Esther Aubert, » était, en 1788, attaché au ministère de la maison du roi. Il se mêla fort peu de politique, passa sans encombre le temps de la Terreur, et fut élu, le 23 germinal an V, député de l'Aube au Conseil des Cinq-Cents, par 161 voix (213 votants). Il fut adjoint à la commission des postes et messageries, et prit place parmi les adversaires du Directoire. Aussi son élection fut-elle annulée au 18 fructidor. Rallié ensuite au 18 brumaire, il fut élu, le 9 thermidor an XI, par le Sénat conservateur, député de l'Aube au Corps législatif, et devint vice-président de l'assemblée le 9 avril 1806 ; son mandat fut renouvelé le 18 février 1808. En 1814, il était maire de Pont-sur-Seine, où il se signala pendant l'invasion, et président du conseil général de son département depuis l'an XII. La Restauration le nomma maître des requêtes au conseil d'État ; il fut retraité, comme tel, le 20 août 1818.

RIVIÈRE (Jean-Baptiste-Gabriel), député au Conseil des Anciens et au Corps législatif, né à Gravelines (Nord) le 5 octobre 1739, mort à Gravelines le 28 mai 1825, fut d'abord administrateur du département du Nord, puis juge de paix de Gravelines le 8 nivôse an II, et fut élu, le 25 germinal an VII, député du Nord au Conseil des Anciens. Il ne s'y fit pas remarquer, et son nom n'est pas cité au *Moniteur*. Rallié au 18 brumaire, il fut choisi, le 4 nivôse an VIII, par le Sénat conservateur, comme député de l'Aube au Corps législatif, d'où il sortit en l'an XIV.

RIVIÈRE (Charles-François Riffardeau, duc de), pair de France, né à la Ferté (Ardennes) le 17 décembre 1763, mort à Paris le 21 avril 1828, entra en 1780 dans les gardes-françaises, et émigra lors même ment de la Révolution. Il rejoignit à Turin le comte d'Artois, dont il devint l'aide de camp ; en mission auprès des chefs royalistes de la Vendée et de la Bretagne, il fut arrêté et emprisonné à Nantes ; mais il parvint à s'échapper et rejoignit Charette. Compromis dans le procès de Pichegru, il fut condamné à mort le 10 juin 1804 ; l'intervention de Joséphine et de Murat fit commuer cette peine en celle d'un emprisonnement au fort de Joux, où il resta quatre ans, puis fut déporté. Rentré en France en 1811, nommé maréchal de camp le 28 février, il se rendait à Constantinople en qualité d'ambassadeur, quand il apprit, à Marseille, le retour de l'île d'Elbe ; il se hâta de rejoindre le duc d'Angoulême à Barcelone. Lieutenant général du 31 mars 1815, confirmé dans ce grade le 29 août suivant, il fut nommé pair de France le 17 août 1815 : son nom ne figure pas au scrutin dans le procès du maréchal Ney ; il occupait alors les fonctions de gouverneur de la 8e division militaire. Il encourut une certaine responsabilité lors de l'assassinat du maréchal Brune, auquel il avait garanti la sécurité et qu'il ne put pas protéger à son passage à Avignon. Envoyé ensuite en Corse, comme commandant de la 23e division militaire, il ne put s'emparer de Murat, mais, par ses poursuites, il hâta l'expédition qui devait coûter la vie à l'ancien roi de Naples. Le roi l'appela à l'ambassade de Constantinople en 1816. En 1819, le commerce de Marseille s'étant plaint du tarif de douanes que notre ambassadeur avait signé, M. de Rivière fut dénoncé, le 19 juin 1819, à la Chambre des pairs, mis à la retraite le 21 juillet, et remplacé à Constantinople. De retour en France, il reçut le commandement d'une compagnie des gardes du corps de Monsieur, puis de la 5e compagnie des gardes du corps de Charles X. Créé duc héréditaire (30 mai 1825), et promu gouverneur du duc de Bordeaux l'année suivante, il mourut peu après. Il avait fait don au roi, en 1822, de la Vénus de Milo, qu'il avait découverte pendant son ambassade auprès du Sultan.

RIVIÈRE (LOUIS-MARIE-CHARLES RIFFARDEAU, DUC DE), sénateur de 1876 à 1885, né à Constantinople (Turquie) le 8 juillet 1817, mort au château de Vernais (Cher) le 31 août 1890, fils du précédent, était filleul de Louis XVIII et de la duchesse d'Angoulême. Il s'établit dans le Cher où il possédait de vastes propriétés, et s'y occupa d'agriculture. Conseiller général du Cher pour le canton de Charenton, il fut élu, le 30 janvier 1876, sénateur du ce département par 190 voix sur 352 votants. Il prit place à droite, se prononça *pour* la dissolution de la Chambre des députés en juin 1877, et opina ensuite constamment, sans paraître à la tribune, *contre* les actes du gouvernement républicain et *contre* les divers ministères qui se succédèrent au pouvoir. Il vota *contre* le divorce et *contre* les crédits du Tonkin, et ne se représenta pas au renouvellement triennal de 1885.

RIVIÈRE (JEAN-LOUIS), député de 1816 à 1822, né à Meyssac (Corrèze) le 16 juillet 1766, mort à Agen (Lot-et-Garonne) le 25 avril 1848, magistrat sous l'Empire, était premier avocat général à Agen, quand il fut élu, le 4 octobre 1816, député du grand collège du Lot-et-Garonne, par 133 voix (183 votants, 271 inscrits). Il prit place au centre droit, fut rapporteur en 1816 de la loi sur les établissements ecclésiastiques et de la loi du Concordat, fit partie de la commission des salpêtres, se prononça *pour* le monopole du tabac, et, à partir de 1819, vota constamment avec le parti ministériel.

Il avait été nommé procureur général à Agen en 1817. De la série sortante en 1822, il ne fut pas réélu député.

RIVIÈRE (ARMAND-FÉLIX), député de 1879 à 1889, né à Chénehutte (Maine-et-Loire) le 1er mars 1822, étudia le droit, se fit recevoir avocat et s'inscrivit au barreau d'Angers. Rédacteur en chef du *Tribun d'Angers*, il protesta contre le coup d'État en 1851, dut se réfugier à Londres, puis, de retour en France, se fixa comme avocat à Tours, et se mêla activement aux luttes de l'opposition libérale contre l'empire. Il publia vers la même époque plusieurs travaux historiques : *Histoire des biens communaux en France depuis leur origine jusqu'à la fin du xiiie siècle* (1856) ; les *Miracles de Saint Martin* (1861) ; *L'Église et l'esclavage* (1864) ; *Histoire de la démocratie angevine de 1848 à 1851* (1869). Il se présenta à trois reprises, comme candidat indépendant au Corps législatif, dans la 1re circonscription d'Indre-et-Loire, et obtint, le 1er juin 1863, 4,082 voix, contre 11,169 à l'élu officiel, M. Gouin, et 4,543 à M. Houssard ; le 22 décembre 1867, en remplacement de M. Gouin, nommé sénateur, 4,047 voix (19,947 votants), et le 24 mai 1869, 7,169 voix contre 19,010 au député sortant réélu, M. Houssard. M. Arm. Rivière combattit le plébiscite de 1870, applaudit à la révolution du 4 septembre, et fut nommé maire de Tours en novembre 1870. Le 20 avril précédent, il avait été élu, au ballottage, député de la 2e circonscription de Tours, par 10,748 voix (12,767 votants, 26,117 inscrits). Il s'inscrivit à la gauche radicale et combattit la politique opportuniste. Réélu, au second tour de scrutin, le 4 septembre 1881, par 11,379 voix (18,218 votants, 26,320 inscrits), contre 6,400 à M. Faré, il demanda (juin 1882) l'élection des magistrats au suffrage universel, et appuya (juin 1885) la mise en accusation du cabinet Ferry après l'affaire de Lang-Son. Porté, le 4 octobre 1885, sur la liste républicaine d'Indreet-Loire, il fut réélu député de ce département, le 2e sur 5, par 40,184 voix (77,527 votants, 98,850 inscrits). Il opina, comme précédemment, avec la gauche radicale, et, en dernier lieu, s'abstint sur le rétablissement du scrutin d'arrondissement (11 février 1889), et se prononça *contre* l'ajournement indéfini de la revision de la Constitution, *pour* les poursuites contre trois députés membres de la Ligue des patriotes, *contre* le projet de loi Lisbonne restrictif de la liberté de la presse, *pour* les poursuites contre le général Boulanger.

RIVIÈRE DE LARQUE (PAUL-BRUNO-ALEXANDRE-NOÉ), député de 1831 à 1830, et de 1841 à 1848, né à Mende (Lozère) le 8 novembre 1791, mort à Paris le 10 juillet 1861, fut, sous la Restauration, contrôleur principal des contributions directes à Mende. L'artisan du gouvernement issu de la révolution de juillet, il fut élu, le 5 juillet 1831, député du 1er collège de la Lozère (Mende), par 79 voix (155 votants, 189 inscrits), contre 68 à M. de Morangiès. Nommé conseiller référendaire à la cour des Comptes, il dut se représenter devant ses électeurs, qui lui renouvelèrent son mandat, le 16 novembre 1833, par 99 voix (103 votants, 192 inscrits). Réélu ensuite, le 21 juin 1834, par 88 voix (169 votants, 186 inscrits), il ne se représenta pas aux élections générales de 1837 et de 1839, mais il reprit son siège à la Chambre, le 2 octobre 1841, en remplacement de M. de Morangiès décédé, élu par 156 voix

(162 votants). Les électeurs de Mende l'envoyèrent encore à la Chambre, le 9 juillet 1842, avec 175 voix (179 votants, 265 inscrits), et, le 1er août 1846, avec 205 voix (207 votants, 305 inscrits). M. Rivière fit constamment partie de la majorité ministérielle et vota *pour* l'indemnité Pritchard et *contre* la proposition Rémusat. Il quitta la vie politique à la révolution de 1848.

RIVOALLAND (Jean-Marie), député en 1791 et au Conseil des Anciens, né à Plonbian (Côtes-du-Nord) le 23 novembre 1748, mort à Rennes (Ille-et-Vilaine) le 15 décembre 1812, était homme de loi à Lannion avant la Révolution. Officier municipal de cette ville et administrateur du département, il fut élu, le 10 octobre 1791, député des Côtes-du-Nord à l'Assemblée législative, le 5e sur 8, par 280 voix sur 429 votants. Membre du comité de liquidation, il vota avec la majorité réformatrice, mais ne joua dans l'Assemblée qu'un rôle effacé. Le 25 germinal an VI, le même département l'envoya siéger au Conseil des Anciens par 183 voix sur 203 votants. Il parla sur des questions de finances et d'intérêt local, et, favorable au coup d'État de brumaire, fut appelé, le 12 floréal an VIII, aux fonctions de juge au tribunal d'appel de Rennes, titre qu'il échangea, le 14 avril 1811, lors de la réorganisation des cours et tribunaux, contre celui de conseiller à la cour impériale. Il mourut l'année suivante.

RIVOLI (duc de). — *Voy.* Masséna.

ROBECQ (Anne-Louis-Alexandre de Montmorency, prince de), député en 1789, né à Paris le 25 janvier 1724, mort à Paris le 12 octobre 1812, entra dans les armées du roi, et commanda quelque temps une compagnie des gardes; au moment de la Révolution, il était lieutenant-général, grand d'Espagne et chevalier des ordres du roi. Élu, le 10 avril 1789, député de la noblesse aux États-Généraux, par le bailliage de Bailleul (Pas-de-Calais), il se montra favorable aux premières réformes, accompagna le roi, lors de sa rentrée à Paris le 16 juillet 1789, fut membre du comité ecclésiastique, demanda un congé le 31 août 1790 et ne reparut plus à la Constituante. Il émigra l'année suivante et rentra en France sous le Consulat, muni de l'autorisation qui suit :

« Au préfet de police,

« J'ai permis, citoyen préfet, à Anne-Louis-Alexandre Montmorency-Robec, et Louise-Alexandrine-Émilie La Rochefoucauld son épouse, de se rendre à Paris pour y demeurer sous votre surveillance jusqu'à ce qu'il ait été statué définitivement sur la prévention résultant de l'inscription de son nom sur la liste des émigrés. Vous me rendrez compte de l'exécution de cette mesure. Le 22 vendémiaire an IX. » A cette autorisation est joint (*Arch. Nat.*) ce certificat : « Je soussigné, membre de la commission des émigrés, certifie qu'Anne-Louis-Alexandre Montmorency-Robecq ex-constituant, et Louise-Alexandrine-Émilie La Rochefoucauld, son épouse, ont été rayés par cette commission. Le 16 vendémiaire an IX, — Duchosal. » Le prince de Robecq ne joua plus aucun rôle politique.

ROBERJOT (Claude), membre de la Convention, député au Conseil des Cinq-Cents, né à Mâcon (Saône-et-Loire) le 2 avril 1752, assassiné à Rastadt (Allemagne) le 28 avril 1799, « fils de Jean-Baptiste Roberjot, praticien, et d'Anne Garnier », entra dans les ordres, fut nommé (février 1779) curé de la paroisse de St-Pierre-de-Mâcon, et, six mois après, de celle de Saint-Vérand. Partisan de la Révolution, il fut nommé administrateur du district de Mâcon (1790), prêta le serment ecclésiastique, fut réintégré, comme assermenté, dans la cure de St-Pierre (mai 1791), fut élu, le 9 septembre 1792, cinquième député suppléant de Saône-et-Loire à la Convention, et devint (8 décembre) président de l'administration du département. En octobre 1793, il renonça aux fonctions ecclésiastiques, se maria, et fut admis à siéger à la Convention, le 16 novembre suivant, en remplacement de Carra, condamné à mort. Il prit quelquefois la parole dans l'Assemblée, fut envoyé, en l'an III, en mission aux armées du Nord et de Sambre-et-Meuse, annonça à ses collègues la conquête définitive de la Hollande, et travailla à y organiser le régime républicain. De retour à Paris, il parla en faveur de la réunion de la Belgique à la France, et entra (7 octobre 1795) au comité de sûreté générale. Le 21 vendémiaire an IV, il fut élu député de Saône-et-Loire au Conseil des Cinq-Cents, par 351 voix sur 303 votants. Il en sortit en 1797, et dut à son rapport sur sa mission en Hollande d'être nommé ministre plénipotentiaire près des villes hanséatiques, puis à la Haye, et d'être délégué, avec Bonnier et Jean Debry, au Congrès de Rastadt (13 juillet 1798). Il prit une part importante aux délibérations du Congrès, qui duraient depuis six mois déjà, quand les défaites de Jourdan permirent à l'Autriche de rompre les négociations. Le 25 avril, les plénipotentiaires français prévinrent officiellement leurs collègues qu'ils partiraient dans trois jours, et réclamèrent une escorte qui leur fut refusée. Ils quittèrent le château le 28, au soir, en cinq voitures; ils n'avaient pas fait trente pas, qu'une troupe de hussards fondit sur eux, et arrêta les voitures; Roberjot, qui était avec sa femme, et qui était parvenu à se sauver dans le tumulte, eut l'imprudence de revenir sur ses pas; « on le sépara de sa femme, raconte Jean Debry, on le frappa devant elle; il tomba sur le dos, et, à l'instant, il fut achevé. » Roberjot venait d'être réélu (25 germinal an VII), député de Saône-et-Loire au Conseil des Cinq-Cents, par 110 voix (240 votants). Le Conseil décida que jusqu'à son remplacement son nom serait proclamé solennellement, à chaque appel nominal; qu'à cet appel, le président répondrait : « Que le sang des ministres français assassinés à Rastadt retombe sur la maison d'Autriche! » et que la place du représentant Roberjot serait occupée par un costume couvert d'un crêpe noir. Une fête funèbre fut décrétée en son honneur, Garat prononça son oraison funèbre, et Marie-Joseph Chénier fit entendre un éloquent discours. Une pension nationale de 3,500 francs fut accordée à sa veuve.

ROBERT (Guillaume-Amable), député en 1789, né à Moulins-sur-Gilbert (Nièvre) le 19 août 1752, mort à Saint-Pierre-le-Moutier (Nièvre) le 13 octobre 1823, était avocat et président au bailliage de Saint-Pierre-le-Moutier, quand il fut élu, le 25 mars 1789, député du tiers aux États-Généraux par le bailliage du Nivernais. Il prêta le serment du Jeu de paume et demanda aux députés du tiers de se constituer en Assemblée nationale. Il ne prit plus ensuite la parole, et fut membre de la commission des transports. Rentré dans la vie privée après la session, il devint plus tard inspecteur des postes.

ROBERT (Michel) dit Gendarme, membre de la Convention, né à Voncq (Ardennes) le 13 avril 1738, mort à Voncq le 20 septembre 1796, « fils de Pierre Robert, notaire et procureur fiscal de la seigneurie de Voncq, et de Jeanne-Nicole Neveux », était avocat et contrôleur des actes en 1770. Il embrassa avec ardeur les idées de la Révolution, et fut élu, le 5 septembre 1792, député des Ardennes à la Convention, le 6e sur 8, à la pluralité des voix. Le lundi 24 septembre 1792, le village de Voncq ayant été incendié par un parti d'émigrés, Paul Robert, maire de Voncq et frère du conventionnel, vint exposer à la barre de la Convention la désolation des habitants. La Convention accorda, en plusieurs fois, 772,623 livres de secours, sur lesquels Michel Robert, dont la maison ava t été brûlée, toucha, pour sa part, 32,132 livres. Dans le procès du roi, Robert répondit au 5e appel nominal : « Je vote pour la mort, sans sursis ni restriction. » Son rôle à l'assemblée fut assez effacé ; il mourut peu après la clôture de la session conventionnelle.

ROBERT (Pierre-François-Joseph), membre de la Convention, né à Gimnée (Belgique) le 21 janvier 1763, mort à Bruxelles (Belgique) le 13 avril 1826, étudia le droit, se fit recevoir avocat, et devint professeur de droit public à la Société philosophique. Il se déclara pour la Révolution, fut un des membres les plus actifs du club des Cordeliers, et se lia avec Brissot et Danton dont il fut le secrétaire, lorsque ce dernier fut nommé, après le 10 août 1792, ministre de la Justice. Le 12 septembre suivant, Robert, qualifié au procès-verbal « homme de lettres », fut élu député du département de Paris à la Convention, le 13e sur 24. Dans le procès de Louis XVI, il répondit au 3e appel nominal : « Je condamne le tyran à la mort, et, en prononçant cet arrêt, il ne me reste qu'un regret, c'est que ma compétence ne s'étende pas sur tous les tyrans, pour les condamner tous à la même peine. » Il s'occupait à la fois de littérature comme collaborateur des *Révolutions de Paris* (1789-1793) et de commerce comme épicier en gros ; Vergniaud l'accusa de pratiquer l'accaparement des denrées et la maison de Robert fut envahie et pillée. Il avait employé ses assignats à acheter huit tonneaux de rhum, qu'il espérait revendre à gros bénéfices. Les commissaires aux accaparements l'ayant appris, le déclarèrent accapareur, et confisquèrent le rhum, qui fut vendu au maximum. Robert réclama devant la Convention, le 27 septembre 1793, mais l'assemblée refusa d'écouter ses plaintes ; les journaux s'en mêlèrent, et le député ne fut plus appelé que « Robert-Rhum ». En l'an III, il fut envoyé en mission à Liège, mais il fut rappelé presque aussitôt. Il quitta la politique après la session, se retira en Belgique et y établit un commerce de liqueurs. Pendant les Cent-Jours, il fut nommé (10 mai 1815) sous-préfet provisoire de Rocroi, sur la demande du général Vandamme, qui réclamait à ce poste un homme capable d'assurer les ravitaillements militaires. Sa femme, née de Keralio (1758-1821), a publié un grand nombre de romans, de mémoires, d'ouvrages de littérature et de poésie, etc.

ROBERT (Guillaume-Charles), député au Conseil des Cinq-Cents, né à Saissac (Aude) le 12 février 1749, mort à une date inconnue, négociant à Carcassonne, embrassa les principes de la Révolution, devint membre, puis vice-président du district de Carcassonne, quitta ces fonctions en 1792, fut inquiété sous la Terreur, et fut élu, le 21 vendémiaire an IV, député du Tarn au Conseil des Cinq-Cents, par 131 voix (224 votants). Il combattit la perception en nature de la contribution foncière, demanda le retrait des assignats de la circulation, et prit plusieurs fois la parole sur des questions de finances. Il fit partie de la commission chargée d'examiner les opérations des assemblées primaires, et de diverses autres commissions moins importantes. Rallié au 18 brumaire, il fut nommé sous-préfet de Castelnaudary le 27 germinal an VIII.

ROBERT (François), député au Conseil des Cinq-Cents, né à la Charmée (Saône-et-Loire) le 3 mars 1737, mort à Heiligenstadt (Saxe) le 5 mai 1819, fut professeur de philosophie et de mathématiques au collège de Chalon-sur-Saône, et fut nommé, en 1780, ingénieur-géographe du roi. Partisan de la Révolution, il devint, en 1793, administrateur de la Côte-d'Or, et fut inscrit, en 1795, sur la liste des gens de lettres que la Convention gratifia d'une pension ; mais une erreur de nom l'empêcha de toucher la somme qui lui était allouée. Élu, le 24 germinal an V, député de la Côte-d'Or au Conseil des Cinq-Cents, par 243 voix (281 votants), il se rapprocha du parti des clichyens, défendit les émigrés et les prêtres réfractaires, et vit son élection annulée au 18 fructidor. Rendu à la vie privée, il mourut au cours d'un voyage en Allemagne. Correspondant de l'institut de Bologne et de l'Académie de Berlin, il a publié : *Géographie universelle à l'usage des collèges* (1767) ; *Géographie naturelle, historique et physique suivie d'un traité de la sphère* (Paris, 1792) ; *Mélanges sur différents sujets d'économie publique* (1800) ; *Dictionnaire géographique d'après les traités de Vienne et de Paris* (1818) ; enfin *Dictionnaire de géographie moderne dans l'Encyclopédie méthodique*.

ROBERT (Jean-Barnabé), représentant à la Chambre des Cent-Jours, né à Sainte-Thorette (Cher) le 10 juin 1753, mort à une date inconnue, « fils de Pierre Robert, marchand de bois, fermier de la Magdeleine-des-Bois, et de dame Marie Loche », était contrôleur principal des impôts indirects à Ruffec. Élu, le 14 mai 1815, représentant de l'arrondissement de Ruffec à la Chambre des Cent-Jours, par 43 voix (68 votants), contre 20 à M. Huet, il quitta la vie politique après la courte session de cette assemblée.

ROBERT (René-Mathurin-Charles-François), représentant aux Cent-Jours, député de 1819 à 1824, né à Palmpont (Ille-et-Vilaine) le 10 février 1761, mort à Ploërmel (Morbihan) le 29 septembre 1852, « fils de René-Guillaume Robert, marchand de fil, et d'Émilie-Magdeleine Laville », était homme de loi au moment de la Révolution. Partisan des idées nouvelles, il devint administrateur de son district et maire de Ploërmel, puis, sous l'Empire, fut juge d'instruction à Ploërmel et juge au tribunal civil. Élu, le 12 mai 1815, représentant à la Chambre des Cent-Jours par le grand collège du Morbihan, avec 55 voix (90 votants), il siégea dans la majorité. Réélu député, le 11 septembre 1819, par 303 voix (559 votants, 732 inscrits), il prit place à gauche, vota *contre* les deux lois d'exception, mais ne prit pas part au vote sur la nouvelle loi électorale. Il quitta la vie politique aux élections de 1824.

ROBERT (FLEURY), député de 1831 à 1834, né à Saint-Etienne (Loire) le 5 janvier 1773, mort à Saint-Etienne le 14 septembre 1859, propriétaire et maire de cette ville, fut élu, le 5 juillet 1831, député du 1er collège de la Loire, par 139 voix (252 votants, 349 inscrits), contre 68 à M. Baude et 85 à M. Peyret-Lallier. Il siégea dans la majorité conservatrice jusqu'aux élections de 1834.

ROBERT (MARIE-FRANÇOIS-XAVIER-JOSEPH-HUBERT), député de 1831 à 1834, né à Voncq (Ardennes) le 12 mai 1781, mort à Paris le 19 janvier 1849, neveu de Robert (Michel) (*voy. plus haut*), et fils de Paul-Antoine-Robert, notaire, et de Marie-Jeanne Vuillemot, succéda à son père comme notaire à Voncq, fut, en 1811, l'un des deux lieutenants de louveterie du département des Ardennes, prit part, en 1814, à l'organisation des corps francs pour la défense du territoire, dirigea l'opposition libérale dans l'arrondissement de Vouziers sous la Restauration, fut nommé conseiller général des Ardennes après la révolution de juillet, et, le 5 juillet 1831, fut élu député du 4e collège des Ardennes (Vouziers) par 131 voix, sur 204 votants et 272 inscrits, contre 60 à M. Veilande. Il siégea et vota avec l'opposition, ne fut pas réélu aux élections de 1834, et se présenta de nouveau, à l'élection partielle du 5 décembre 1840, motivée par la nomination de M. Cunin-Gridaine aux fonctions de ministre ; il échoua, dans le 3e collège des Ardennes (Sedan) avec 134 voix, contre 205 à l'élu, député sortant, M. Cunin-Gridaine, et ne se représenta plus.

ROBERT (PIERRE-FRANÇOIS-THÉOPHILE), représentant en 1848 et en 1849, né à Auxerre (Yonne) le 10 avril 1798, mort à Paris le 3 septembre 1849, propriétaire, fut affilié aux sociétés secrètes sous la Restauration, fit une opposition active à la monarchie, et fut souvent inquiété par le parquet. Nommé, en février 1848, commissaire du gouvernement provisoire dans l'Yonne, il fut élu, le 23 avril 1848, représentant de ce département à l'Assemblée constituante, le 5e sur 9, par 70,292 voix. Il prit place à gauche, fit partie du comité de l'agriculture, et vota avec les républicains les plus avancés : *contre* le rétablissement du cautionnement et de la contrainte par corps, *contre* les poursuites contre Louis Blanc et Caussidière, *pour* l'abolition de la peine de mort, *pour* l'amendement Grévy, *pour* le droit au travail, *contre* la proposition Rateau, *pour* l'amnistie des transportés, *pour* les crédits de l'expédition romaine, *pour* la mise en accusation du président et de ses ministres, *pour* l'abolition de l'impôt des boissons. Réélu, le 13 mai 1849, représentant du même département à l'Assemblée législative, le 6e sur 8, par 33,357 voix (80,826 votants, 111,917 inscrits), il reprit son rang à la Montagne, avec laquelle il protesta contre le siège de Rome. Décédé pendant la session, il fut remplacé, le 14 octobre suivant, par M. Antoine Bonaparte.

ROBERT (XAVIER-LÉON), représentant en

1848 et en 1871, né à Voncq (Ardennes) le 13 août 1813, mort à Paris le 4 juin 1887, petit-neveu du conventionnel Robert (des Ardennes) et fils de Robert (Marie-François-Xavier-Joseph-Hubert) (*voy. plus haut*), fit son droit à Paris, puis se retira dans ses propriétés des Ardennes, devint conseiller municipal et maire de Voncq, combattit l'influence politique de M. Cunin-Gridaine, fut correspondant du *National*, et fonda dans son département, en 1848, un comité et un journal républicains. Il fut élu, le 23 avril 1848, représentant des Ardennes à l'Assemblée constituante, le 8e et dernier, par 21,014 voix (72,152 votants, 85,403 inscrits). Un biographe dit de lui : « N'est ni orateur, ni légiste, ni financier ; c'est sa spécialité. » Secrétaire de la Constituante, il vota souvent avec la gauche, *pour* le bannissement de la famille d'Orléans, *pour* les poursuites contre L. Blanc et Caussidière, *contre* l'abolition de la peine de mort, *contre* l'impôt progressif, *pour* l'amendement Grévy, *contre* la sanction de la Constitution par le peuple, *pour* l'ensemble de la Constitution, *contre* la proposition Rateau, *contre* l'interdiction des clubs. Il combattit violemment la politique de l'Elysée, protesta contre le 2 décembre, et, de retour à Voncq, donna sa démission de maire pour ne pas prêter serment à l'empire ; inquiété à ce moment par les commissions mixtes, il fut interné pendant quelque temps à domicile. Au moment de la guerre de 1870-1871, M. Robert se retira en Belgique ; le village de Voncq fut incendié le 29 août 1870 par les hussards du Schleswig-Holstein. De retour en France, M. Robert se présenta aux élections pour l'Assemblée nationale, et échoua dans les Ardennes, le 8 février 1871, avec 13,723 voix sur 57,139 votants ; mais il fut élu, le 7 janvier 1872, par 32,188 voix (56,186 votants, 88,800 inscrits), contre 16,500 à M. Evain et 6,462 à M. Doury, en remplacement de M. Mortimer-Ternaux décédé. Il prit place à la gauche républicaine, et vota *contre* le service de trois ans, *contre* la démission de Thiers, *contre* le septennat, *contre* le ministère de Broglie, *pour* les lois constitutionnelles. Aux élections du 20 février 1876, il échoua dans l'arrondissement de Vouziers, avec 5,271 voix contre 7,353 à l'élu, M. de Ladoucette, conservateur, et 1,983 à M. Gobrou, et ne fut pas plus heureux à l'élection sénatoriale motivée dans les Ardennes, le 9 mai 1880, par le décès de M. Cunin-Gridaine, avec 241 voix, contre 285 à l'élu, M. Gailly, ni au renouvellement triennal du 6 janvier 1885, avec 12 voix sur 833 votants.

ROBERT (PIERRE-JOSEPH), représentant en 1871, membre du Sénat, né à Rouen (Seine-Inférieure) le 28 janvier 1814, entra à Saint-Cyr en 1831, en sortit sous-lieutenant en 1833, passa dans l'état-major, et devint successivement lieutenant le 1er janvier 1836, capitaine le 18 janvier 1840, chef d'escadron le 3 janvier 1851, lieutenant-colonel le 10 mai 1859, colonel le 26 décembre 1864, et chef d'état-major de la division de Rouen. En 1870, il était chef d'état-major du général Douai qui fut tué à Wissembourg, assista à Wœrth, rejoignit l'armée de Châlons avec le 1er corps, aide-de-camp de Ducrot, fut fait prisonnier à Sedan. Rentré en France après la guerre, il fut fait général de brigade le 27 octobre 1871, et admis dans le cadre de réserve en 1876. Le général Robert s'était aussi occupé de politique. En 1848, il posa, comme républicain, sa candidature à l'Assemblée constituante dans la Seine-Inférieure, mais sans succès : plus heureux en 1871, il fut élu, le 2 juillet, représentant de la Seine-Inférieure à l'Assemblée nationale, en remplacement de quatre représentants qui avaient opté pour d'autres départements, le 3ᵉ sur 4, par 60,611 voix (115,759 votants, 206,411 inscrits); il prit place à droite, signa l'adresse des députés syllabistes au pape, et vota *pour* la pétition des évêques, *contre* le service de trois ans, *pour* la démission de Thiers, *pour* le septennat, *pour* le ministère de Broglie, *contre* l'amendement Wallon, *contre* les lois constitutionnelles. Conseiller général du canton de Fécamp le 8 octobre 1871, puis vice-président de ce conseil, il fut élu, le 30 janvier 1876, sénateur de la Seine-Inférieure, par 515 voix (867 votants); il prit place à droite, combattit la politique scolaire et coloniale des ministères républicains, et parla (juin 1881) sur la loi relative à l'instruction primaire, en demandant que la fréquentation des écoles mixtes ne fût pas obligatoire pour les jeunes filles. Réélu, au renouvellement triennal du 8 janvier 1882, sénateur de la Seine-Inférieure, le 3ᵉ sur 4, par 469 voix sur 869 votants, il continua de siéger à droite, parla sur les questions militaires, et attaqua (avril 1883) la réduction du service à trois ans et la suppression des dispenses. Il s'est prononcé, en dernier lieu, *pour* le rétablissement du scrutin d'arrondissement (13 février 1889), *contre* le projet de loi Lisbonne restrictif de la liberté de la presse, *contre* la procédure de la haute cour contre le général Boulanger. Chevalier de la Légion d'honneur du 4 mai 1841, officier du 26 mai 1857 et commandeur du 13 mars 1869.

ROBERT (François-Marie-Edmond), député de 1881 à 1885, né à Metz (Moselle) le 13 janvier 1842, fils de M. Charles Robert intendant général et membre de l'Institut, commença ses études à Metz, les termina au lycée Saint-Louis à Paris, et se fit inscrire au barreau de la capitale. Lieutenant dans les mobiles de la Sarthe pendant la guerre de 1870-1871, il fut blessé à Coulmiers et décoré de la Légion d'honneur (25 novembre 1870). Nommé sous-préfet de Nogent-sur-Seine (mai 1876), il fut révoqué après le 16 mai 1877, rentra dans l'administration comme sous-préfet de Compiègne le 30 décembre 1877, et devint préfet de l'Ardèche le 2 décembre 1879. Le 21 août 1881, il fut élu député de l'arrondissement de Compiègne, comme candidat républicain, par 12,892 voix sur 20,786 votants et 26,303 inscrits, contre 7,441 à M. Albert Duchesne, conservateur. Il prit place à gauche, appuya la politique scolaire et coloniale des ministères républicains, défendit les facultés universitaires de théologie, parla contre les inspecteurs généraux du ministère de l'Intérieur, sur les soutiens de famille, en février 1883, provoqua une enquête sur le régime des sucres qui aboutit à la loi du 29 juillet 1884. Porté, aux élections générales du 4 octobre 1885, sur la liste républicaine modérée de l'Oise, il échoua avec 39,232 voix sur 91,643 votants. M. Edmond Robert est rentré dans l'administration, le 2 février 1887, comme préfet de la Vendée, et a été appelé à la préfecture de Grenoble en février 1890. Officier de la Légion d'honneur (11 juillet 1880). On a de lui : *Les Domestiques* (1873).

ROBERT. — *Voy.* Lamennais (de).

ROBERT. — *Voy.* Beauchamp (de).

ROBERT. — *Voy.* Lézardière (de).

ROBERT-AQUÉRIA. — *Voy.* Rochegude (marquis de).

ROBERT DE LIGNERAC. — *Voy.* Caylus (duc de).

ROBERT-DEHAULT (Louis-Rémy-Nicolas), sénateur de 1876 à 1881, né à Droyes (Haute-Marne) le 22 janvier 1821, mort à Essonnes (Seine-et-Oise) le 6 juin 1881, entra dans l'administration après avoir fait son droit, et devint secrétaire général de la préfecture d'Ajaccio (1846), fonctions qu'il remplit jusqu'à la révolution de février. Docteur en droit en 1849, il s'installa peu de temps après comme maître de forges à Saint-Dizier, fut juge (1867) et président (1868) du tribunal de commerce de Vassy, et fut nommé maire de Saint-Dizier le 20 août 1870. Il protégea la ville contre les exigences des Prussiens, et obtint le remboursement presque intégral d'une contribution de guerre de 500,000 francs. Candidat à l'Assemblée nationale dans la Haute-Marne, le 8 février 1871, il échoua avec 15,134 voix, sur 50,334 votants, fut nommé conseiller général de Saint-Dizier le 8 octobre 1871, et fut élu sénateur de la Haute-Marne, le 30 janvier 1876, par 396 voix (608 votants). Il prit place à la gauche républicaine, vota *contre* la dissolution de la Chambre demandée par le ministère du 16 mai, devint vice-président du conseil général, et fut réélu sénateur, le 5 janvier 1879, par 490 voix (587 votants). Il reprit sa place à gauche et, décédé en juin 1881, fut remplacé au Sénat, le 8 janvier 1882, par M. Dounot.

ROBERT DE MASSY (Paul-Alexandre), représentant en 1871, député de 1876 à 1879, sénateur de 1879 à 1888, né à Orléans (Loiret) le 29 septembre 1810, mort à Orléans le 16 mars 1890, petit-fils d'un professeur de droit français à Orléans, se fit recevoir licencié en droit à Paris, et fut inscrit, en 1836, au barreau de sa ville natale, où il conquit une brillante réputation. Bâtonnier de l'ordre, conseiller municipal en juillet 1848, adjoint au maire (1849-1851), il posa sa candidature d'opposition au Corps législatif dans la 1ʳᵉ circonscription du Loiret, aux élections de 1869, et il échoua, le 24 mai, avec 9,689 voix, contre 21,555 à l'élu, M. Nogent-Saint-Laurens, député sortant. Élu, le 8 février 1871, représentant du Loiret à l'Assemblée nationale, le 2ᵉ sur 7, par 53,700 voix (59,430 votants, 100,578 inscrits), il prit place au centre gauche, dont il devint vice-président, fit partie (août 1874) de la commission de permanence, fut rapporteur du projet tendant à restituer aux princes d'Orléans leurs biens confisqués, protesta, en octobre 1873, par une lettre publiée dans les journaux, contre les tentatives de restauration monarchique, combattit l'amendement Chesnelong à la loi sur l'enseignement supérieur, et vota : *pour* la paix, *contre* l'abrogation des lois d'exil, *contre* la pétition des évêques, *contre* la démission de Thiers, *contre* le septennat, *contre* le ministère de Broglie, *pour* l'amendement Wallon, *pour* les lois constitutionnelles. Réélu, le 20 février 1876, député de la 1ʳᵉ circonscription d'Orléans, par 7,907 voix (9,724 votants, 18,000 inscrits), contre 832 à M. Vignat, il reprit sa place au centre gauche et fut l'un des 363 députés qui, au 16 mai, refusèrent le vote de confiance au ministère de Broglie. Les élections du 14 octobre 1877 le renvoyèrent à la Chambre, par 8,402 voix (14,986 votants, 19,846 inscrits), contre 6,433 à

M. Viguat; il continua de siéger à gauche et vota avec la majorité républicaine. Nommé sénateur du Loiret, le 5 janvier 1879, par 301 voix (422 votants), il suivit à la Chambre haute la même ligne politique que précédemment, conclut, comme rapporteur (janvier 1883) du nouveau projet sur le serment judiciaire, au maintien du système en vigueur, et présenta (juillet suivant), lors de la discussion de la loi sur la réforme de la magistrature, un amendement demandant le rétablissement d'une seconde chambre dans les cours où le projet Martin-Feuillée la supprimait (rejeté à égalité de voix, 130 contre 130). Au renouvellement triennal de janvier 1888, M. Robert de Massy ne se représenta pas. Chevalier de la Légion d'honneur (10 décembre 1850).

ROBESPIERRE (MAXIMILIEN-FRANÇOIS-MA-RIE-ISIDORE-JOSEPH DE), député en 1789 et membre de la Convention, né à Arras le 6 mai 1758, exécuté à Paris le 10 thermidor an II (28 juillet 1794), était fils de Maximilien-Barthélemy-François de Robespierre, avocat au conseil d'Artois, et de Jacqueline-Marguerite Carraut. Privé de sa mère à l'âge de neuf ans, tandis que son père était allé habiter l'Amérique, il fut élevé par les soins de son grand-père maternel et de deux tantes, et envoyé au collège d'Arras; son application et la protection de l'évêque d'Arras, M. de Conzié, lui valurent bientôt une bourse au collège Louis-le-Grand à Paris. « Je sentis de bonne heure, disent à cette occasion les *Mémoires* publiés sous son nom, le pénible esclavage du bienfait. » Il eut pour condisciples à Paris deux de ses futurs collègues à la Convention, Camille Desmoulins et Fréron, qui a dit de lui : « Au collège, il était vindicatif et étouffait de bile. » Quand Louis XVI visita le collège qui portait le nom de son aïeul, ce fut Robespierre, comme étant le meilleur élève de rhétorique, qui fut chargé de haranguer et de féliciter le jeune roi. Au moment où il allait terminer ses études, on lui accorda une gratification pécuniaire, ainsi qu'en témoigne l'extrait suivant du registre des délibérations du collège : « Du 17 janvier 1781. Sur le compte-rendu par M. le Principal des talents éminents du sieur de Robespierre, boursier du collège d'Arras, lequel est sur le point de terminer son cours d'étude, de sa bonne conduite pendant douze années, et de ses succès dans le cours de ses classes, tant aux distributions de prix de l'Université qu'aux examens de philosophie et de droit, le bureau a unanimement accordé au dit sieur de Robespierre une gratification de la somme de six cents livres, laquelle lui sera payée par M. le Grand-Maître des sciences du collège d'Arras, et ladite somme sera allouée à M. le Grand-Maître dans son compte en rapportant expédition de la présente délibération et la quittance du dit sieur de Robespierre. » Au sortir du collège, Robespierre étudia le droit, et travailla comme second clerc dans l'étude d'un procureur. Puis il alla exercer la profession d'avocat dans sa ville natale, où il acquit de la réputation. À ses débuts, il eut des difficultés avec M. de Beaunetz, commissaire du roi aux États d'Artois. Plus tard, sous la Terreur, il le fit arrêter : « Je ne sais, lit-on à ce propos dans les *Mémoires*, s'il se loue de la petite guerre qu'il a cherché à me faire. » En même temps, il s'occupait de littérature et de poésie : le 15 novembre 1783, il fut nommé membre de l'Académie d'Arras; il faisait déjà partie d'une société chantante appelée la société des Rosati. En 1784, il concourut pour le prix que la Société royale de Metz avait proposé sur ce sujet : « Quelle est l'origine de l'opinion qui étend sur les individus d'une même famille la honte qui est attachée aux peines infamantes que subit un coupable? Cette opinion est-elle plus nuisible qu'utile? » Robespierre se prononça pour l'affirmative, dans un mémoire tout imbu des idées de J.-J. Rousseau. Il concourut encore pour l'éloge de Gresset, à l'Académie d'Amiens. Un travail sur la nécessité de réformer les États d'Artois qu'il publia en 1788, et l'ardeur qu'il montra pour les idées nouvelles lui valurent, le 26 avril 1789, les suffrages de ses compatriotes du tiers-état ; il fut un des seize représentants de la province d'Artois aux États-Généraux. Pour faire le voyage d'Arras il fut forcé d'emprunter dix louis et une malle. Il siégea, dès le début, parmi les partisans les plus déterminés d'une rénovation hardie des institutions de la France, et débuta à la tribune de la Constituante après un discours pathétique de l'archevêque d'Aix sur les malheurs du peuple et la misère des campagnes : « Allez, dit-il à l'archevêque, et dites à vos collègues que s'ils ont tant d'impatience à soulager le peuple, ils viennent se joindre dans cette salle aux amis du peuple; dites-leur de ne plus retarder nos opérations par des délais affectés; dites-leur de ne plus employer des petits moyens pour nous faire abandonner les résolutions que nous avons prises, ou plutôt, ministres de la religion, dignes imitateurs de votre maître, renoncez à ce luxe qui vous entoure, à cet éclat qui blesse l'indigence; reprenez la modestie de votre origine; renvoyez ces laquais qui vous escortent, vendez ces équipages superbes, et convertissez ce vil superflu en aliments pour les pauvres. » L'orateur, encore inconnu, ne devait pas tarder à devenir célèbre. Dans les six premiers mois de l'année 1789, il parla au moins trente fois; dans l'année 1790 on compte de lui plus de quatre-vingts discours, et plus de soixante de janvier à octobre 1791, outre ceux qu'il prononça au club des Jacobins. Mais l'ascendant de Robespierre ne se révéla vraiment à la Constituante que lors du débat sur le projet élaboré par le comité de Constitution à propos de l'organisation de la garde nationale, projet qui excluait provisoirement les citoyens non actifs. Rabaut Saint-Etienne présenta son rapport au nom du comité, le 27 avril 1791, et aussitôt Robespierre prit la parole. Il montra combien il était nécessaire d'empêcher les gardes nationales de former une caste militaire et d'adopter un esprit de corps dont tôt ou tard la liberté aurait à souffrir. Il établit qu'il importait au plus haut point de confondre la fonction de soldat avec la qualité de citoyen, ce qui ne se pouvait faire qu'en diminuant le nombre des officiers, en les nommant pour un temps limité, en resserrant le commandement dans le cercle d'un district, en bornant aux exigences du service la marque extérieure des grades. Il s'éleva contre l'abus de ces décorations qui surexcitent la vanité des uns, produisent l'humiliation des autres, avilissent le peuple, abaissent le caractère national et enhardissent les tyrans. Puis il revendiqua en termes pressants le droit de chaque citoyen domicilié à faire partie de la garde nationale : « Ceux qui ne payent pas de certaines contributions sont-ils esclaves? sont-ils sans intérêt dans la chose publique? Tous ont-ils contribué à l'élection des membres de l'Assemblée nationale; ils vous ont donné des droits à exercer pour eux : vous en ont-ils donné contre eux? Sont-ils citoyens, oui ou non? Je rougis d'avoir à le demander. Voulez-vous être seul à vous défendre et à les défendre! » Rabaut répondit que tout ce qu'on demandait se trouvait déjà dans le plan du comité. Le lendemain, Robespierre revint à la charge et fit observer que le mot liberté n'était pas écrit une seule fois dans le projet; mais la majorité de l'Assemblée éclata en murmures ; on vota, et les citoyens « inactifs » furent exclus de la garde nationale. Robespierre eut bientôt à soutenir d'autres luttes. Lui et Pétion commençaient à fixer les regards et l'attention du public et de leurs collègues. Aux Jacobins, l'influence de Robespierre s'affirmait de jour en jour ; d'autre part, plusieurs de ses collègues de l'Assemblée, Lameth, Duport, Menou, d'Aiguillon, Barnave, Démeunier, Le Chapelier ne tardèrent pas à lui montrer les sentiments les plus hostiles. Le Chapelier, afin de paralyser l'influence de Robespierre sur les clubs, s'efforça de faire décréter que le droit de pétition ne serait pas à l'avenir exercé collectivement, et que la société seule serait appelée à exercer, par le gouvernement qui la représentait, le droit d'affiche. Robespierre combattit cette théorie et s'attacha à démontrer qu'il était odieux d'interdire aux *citoyens inactifs* la jouissance d'un droit aussi naturel, aussi sacré que le droit de pétition. « Je défendrai surtout, dit-il, les plus pauvres. Plus un homme est malheureux et faible, plus il a besoin du droit de pétition. Et c'est aux faibles, c'est aux malheureux que vous l'ôteriez! Dieu accueille les demandes non seulement des infortunés, mais des coupables! » Après une longue discussion, Robespierre obtint gain de cause; sa popularité s'en accrut d'autant. Camille se plut à l'appeler « notre Aristide », et Marat, qui n'épargnait personne, parla dans son journal « du digne, de l'incorruptible Robespierre ». Mais ce fut le 15 mai 1791 que le tribun remporta son plus grand succès oratoire et parlementaire : « Je demande, dit-il, le décret que voici : Les membres de l'Assemblée actuelle ne pourront être réélus à la prochaine législature. » De toutes les parties de la salle des acclamations s'élevèrent. Déjà il avait fait rendre un décret portant qu'un nul membre de l'Assemblée ne pourrait être promu au ministère pendant quatre ans après avoir quitté l'exercice de ses fonctions législatives. Une première objection était à repousser : en composant la législature qui suivrait d'hommes complètement nouveaux, aurait-on chance d'avoir un nombre suffisant de législateurs comparables pour le talent et l'expérience à ceux qui avaient été une première fois investis de la confiance publique? Robespierre répondit : « Nos travaux et nos succès nous autorisent à croire qu'une nation de 25 millions d'hommes n'est pas réduite à l'impossibilité d'en trouver 720 qui soient dignes de recevoir et de conserver le dépôt de ses droits... Je pense, d'ailleurs, que ce n'est point de la tête de tel ou tel orateur que la Constitution est sortie, mais du sein de l'opinion publique qui nous a précédés, qui nous a soutenus, » Passant ensuite à l'objection de ceux qui jugeaient nécessaire que l'Assemblée actuelle, en se retirant, léguât des guides aux assemblées suivantes, Robespierre tint ce langage : « Je ne crois point du tout à l'utilité de ces prétendus guides.... Quand ils parviennent à maîtriser les délibérations, il ne reste plus, de la représentation nationale, qu'un fantôme. Alors se réalise le mot de Thémistocle, lorsque, montrant son fils, encore enfant, il disait : Voilà celui qui gouverne la Grèce : ce marmot gouverne sa mère, sa mère me gouverne, je gouverne les Athéniens, et les Athéniens gouvernent la Grèce. Ainsi, une nation de 25 millions d'hommes serait gouvernée par l'Assemblée représentatrice, celle-ci par un petit nombre d'orateurs adroits ; et par qui, quelquefois, les orateurs seraient-ils gouvernés? Je n'ose le dire.... Je n'aime point cette science nouvelle qu'on nomme la tactique des grandes assemblées : elle ressemble trop à l'intrigue.... Je n'aime pas que des hommes habiles puissent, en dominant une assemblée par ces moyens, préparer leur domination sur une autre, et perpétuer de la sorte un système de coalition qui est le fléau de la liberté. J'ai confiance en des représentants qui, ne pouvant étendre au delà de deux années les vues de leur ambition, seront forcés de la borner à la gloire de servir l'humanité et leur pays. » Il termina en disant : « Athlètes victorieux mais fatigués, laissons la carrière à des successeurs frais et vigoureux qui s'empresseront de marcher sur nos traces, sous les yeux de la nation attentive, et que nos regards seuls empêcheraient de trahir leur gloire et la patrie. Pour nous, hors de l'Assemblée législative, nous en servirons mieux notre pays. Répandus sur toutes les parties de cet empire, nous éclairerons ceux de nos concitoyens qui ont besoin de lumières, nous propagerons l'esprit public, l'amour de la paix, de l'ordre, des lois et de la liberté. » L'effet de ces paroles fut décisif. Le côté gauche n'osa repousser l'appel qui semblait être fait à son désintéressement. La droite applaudit. Seuls les constitutionnels protestèrent, et ne manquèrent pas de dénoncer le subit rapprochement des deux partis extrêmes de l'Assemblée ; Thouret, Rewbell, Le Chapelier réclamèrent avec vivacité ; mais l'impulsion était donnée. L'Assemblée ordonna l'impression du discours de Robespierre et elle adopta d'enthousiasme les conclusions qu'il proposait. A quelque temps de là (30 mai), la question de la peine de mort étant venue en discussion, Robespierre se prononça avec force pour son abolition, que réclama également Duport. L'Assemblée ayant, le 31 mai, entendu en silence la lecture d'un libelle violent de l'abbé Raynal contre l'ordre nouveau, le député d'Arras se leva, félicita l'Assemblée du calme qu'elle avait gardé, recommanda l'indulgence et fit passer à l'ordre du jour. Quelques jours après, ce fut encore lui qui vint porter à la tribune des représentants les vœux impérieux du club des Jacobins pour le licenciement des officiers de l'armée. Robespierre ne concevait pas qu'au lieu de licencier purement et simplement les officiers de l'ancien régime, puisqu'on jugeait dangereux de leur laisser dans la main l'épée de la Révolution, on살 sût fiat, pour obtenir d'eux une garantie devenue indispensable, aux inspirations du point d'honneur : « De quel honneur, s'écria-t-il, vient-on nous parler? Quel est cet honneur au-dessus de la vertu et de l'amour de son pays? Je me fais gloire de ne pas le connaître? » Cazalès, indigné, déclara qu'il fallait traiter ces « diatribes » avec mépris et insista pour que le projet de licenciement fût rejeté à l'unanimité. La gauche se troubla, et, le projet du comité l'ayant emporté, tout se borna à un décret qui prescrivait aux officiers de terre et de mer la déclaration signée de leur obéissance à la Constitution. Peu après, Robespierre fut élu accusateur public : Duport, nommé président du même tribunal, refusa un honneur qu'il lui aurait fallu partager avec un homme qu'il n'aimait pas, et fut remplacé par Pétion.

L'évasion du roi, en 1791, offrit bientôt au député d'Arras une occasion solennelle de faire connaître ses préférences politiques. Le 25, il demanda que le roi et la reine fussent interrogés dans les mêmes formes que les autres citoyens, et, le 14 juillet suivant, après avoir réclamé vainement l'ajournement de la discussion sur la mise en cause de Louis XVI, il attaqua sans ménagements le dogme de l'inviolabilité du monarque. A la séance du 10 août 1791, il contesta au roi le titre de représentant de la nation. Puis il s'opposa à ce qu'on exigeât la moindre condition soit des électeurs soit des éligibles. Peu de jours après, il défendit la liberté de la presse. En même temps, il prenait une part de jour en jour plus active aux délibérations de la Société des amis de la Constitution (les Jacobins).

La confiance qu'il inspirait à ce club touchait à l'idolâtrie. Dans la séance du 15 juillet, un membre en ayant dénoncé un autre pour avoir tenu contre Robespierre, dans un entretien particulier, quelques propos injurieux, le soulèvement des esprits fut général. L'accusé eut beau nier une partie des faits allégués contre lui et descendre à d'humbles supplications, l'orage était trop violent pour être calmé par des paroles. Les plus emportés se précipitèrent sur le citoyen dénoncé, et le chassèrent de la salle ; pour le protéger contre un ressentiment aussi brutal, le président dut se couvrir. Robespierre étant entré quelques instants après, et apprenant ce qui venait de se passer, se dirigea vers la tribune, au bruit des applaudissements, et dit : « Je regrette de ne m'être pas trouvé plus tôt au milieu de vous, pour m'opposer à l'arrêté que votre zèle sans doute vous a fait prendre contre une personne qui n'est coupable d'aucun délit puis qu'elle n'a fait qu'exprimer sa façon de penser sur un individu. D'ailleurs, cette action indifférente fût-elle un crime, elle l'a niée. » Puis, n'ayant en vue que la lutte contre les Feuillants, il proposa d'envoyer aux sociétés affiliées une adresse, rédigée avec beaucoup d'art, et dont le ton conciliant indiquait une intention marquée d'habileté politique. Bientôt, il se crut assez fort pour se dispenser de tout ménagement, et, le 1er septembre, à l'Assemblée, s'attaquant ouvertement à Duport, le chef du feuillantisme : « Je ne présume pas, dit-il, le visage tourné vers son adversaire, je ne présume pas qu'il existe dans cette assemblée un homme assez lâche pour transiger avec la cour, assez ennemi de la patrie pour chercher à discréditer la Constitution, parce qu'elle mettrait quelque borne à son ambition ou à sa cupidité, assez imprudent pour avouer aux yeux de la nation qu'il n'a cherché dans la Révolution qu'un moyen de s'agrandir et de s'élever. Je demande que quiconque osera composer avec le pouvoir exécutif sur un article de la Constitution soit déclaré traître à la patrie...» Les tribunes applaudirent. Le 30 septembre 1791, jour fixé pour la clôture de la session de l'Assemblée constituante, le peuple attendit, avec des couronnes de chêne à la main, Robespierre et Pétion, qui furent portés en triomphe. Reçu avec un même enthousiasme à Arras, Robespierre y séjourna quelque temps, et, au mois de novembre 1791, revint à Paris. Partout alors, on parlait de guerre. Le 22 novemb.; Koch, au nom du comité diplomatique, avait proposé à la Législative d'envoyer au roi un message pour le presser d'intervenir auprès des princes de l'Empire, qui toléraient sur leur territoire les rassemblements et les enrôlements d'émigrés. Robespierre, devant les Jacobins, combattit l'idée du message. Il dit que l'Assemblée devait agir directement ; que, si Léopold, passé un certain délai, continuait à souffrir les rassemblements d'émigrés, il fallait lui déclarer la guerre, au nom de la nation française, au nom de toutes les nations ennemies des tyrans, et tracer autour de lui le cercle de Popilius. Cependant les Jacobins allaient soufflant partout l'impatiente ardeur dont ils étaient animés. Plus réservé, Robespierre soutint, au club, qu'il fallait dompter d'abord les ennemis extérieurs, et ensuite marcher contre les ennemis étrangers. Il traça un sombre tableau des malheurs que traînent à leur suite les guerres faites par les rois absolus, dévoila la trame ourdie entre la cour et la faction des Lameth, et affirma ce que Narbonne devait avouer plus tard, le dessein « de faire de l'armée, une fois formée, un appui libérateur pour Louis XVI. » Brissot lui répondit avec vivacité, et des personnalités désagréables aigrirent ce solennel débat. Pendant ce temps, l'Assemblée législative, dominée par les Girondins, marchait à pas pressés dans la voie de la guerre qui bientôt fut déclarée. Accusateur public près le tribunal criminel de Paris, Robespierre exerça cette fonction jusqu'en avril 1792, donna alors sa démission, contribua par son influence au succès de la cause populaire dans les événements de juin et d'août 1792, et, devenu membre de la municipalité insurrectionnelle du 10 août, puis président du tribunal extraordinaire qui prit le nom de cette journée, fut surpris au milieu de ses nouvelles fonctions par les massacres de septembre : on dit qu'il intervint vainement auprès de Danton pour arrêter les égorgements.

Élu, le 5 septembre 1792, député de Paris à la Convention nationale, le 1er sur 24, par 338 voix sur 525 votants, il fut accusé, dès les premières séances, par Rebecqui et Barbaroux, d'aspirer à la dictature et de tendre à concentrer l'exercice du pouvoir souverain dans la municipalité parisienne. Sa réponse fatigua d'abord l'Assemblée ; après avoir subi de nombreuses interpellations, il finit par se faire applaudir. A peine eut-il cessé de parler, que Barbaroux s'empressa de monter à la tribune pour déclarer qu'il « reconnaissait sa faute, et renonçait à poursuivre son accusation. » Jusqu'au procès du roi, Robespierre se montra peu dans les discussions ; mais son attitude dans cette grave circonstance eut une importance considérable. Quand vint le débat sur la question de l'appel au peuple, Robespierre combattit cette théorie : « Je partage, dit-il, avec le plus faible d'entre nous toutes les affections particulières qui peuvent l'intéresser au sort de l'accusé. Inexorable quand il s'agit de calculer d'une manière abstraite le degré de sévérité que la justice des lois doit déployer contre les ennemis de l'humanité, j'ai senti chanceler dans mon cœur la nature républicaine en présence du coupable humilié devant la puissance souveraine... Mais, citoyens, la dernière preuve de dévouement que doit à la patrie, c'est d'immoler ces premiers mouvements de la sensibilité naturelle au salut d'un grand peuple et de l'humanité opprimée... La clémence qui se compose avec la tyrannie est barbare. » Puis, l'orateur traça un tableau saisissant des suites de l'appel au peuple, de ses inconvénients, de ses périls ; il montra toutes les sections des villes transformées en lices orageuses, la République remise en question, les Feuillants, les aristocrates courant aux assemblées primaires, d'où seraient éloignés et le cultivateur enchaîné au travail des champs, et l'artisan pauvre retenu par celui de l'atelier ; il présenta les effets de la corruption servie soit par le talent, soit par l'influence des richesses ; la France discourant, disputant, quand l'ennemi serait là ; enfin, des délais interminables à propos d'une question brûlante, et au bout la guerre civile. Robespierre n'hésitait pas à répudier la thèse du gouvernement direct du peuple par lui-même. « Si vous avez, disait-il à ses adversaires, un respect si scrupuleux pour la volonté souveraine du peuple, remplissez la mission qu'il vous a confiée ; c'est se jouer de la majesté du souverain que de lui renvoyer une affaire qu'il vous a chargés de terminer promptement. Si le peuple avait le temps de s'assembler pour juger des procès et résoudre des questions d'État, il ne vous eût point confié le soin de ses intérêts. La meilleure manière de lui témoigner votre fidélité, c'est de faire des lois justes, et non de lui donner la guerre civile. » Robespierre se refusait à accepter, quelle qu'elle fût, la décision de la majorité. Il s'écria : « La minorité a partout un droit éternel, celui de proclamer la vérité ou ce qu'elle regarde comme tel. La vertu fut toujours en minorité sur la terre. Sans cela, serait-elle peuplée de tyrans et d'esclaves ? Hampden et Sidney étaient de la minorité, car ils expirèrent sur un échafaud ; les Critias, les Anitus, les César, les Clodius étaient de la majorité. Mais Socrate était de la minorité, car il avala la ciguë ; Caton était de la minorité, car il se déchira les entrailles. Je connais ici des hommes qui serviront, s'il le faut, la liberté, à la manière de Sidney et de Hampden... » Quand Robespierre eut prononcé ces paroles : « La vertu fut toujours en minorité sur la terre, » le peuple des tribunes éclata en applaudissements si prolongés que, pour rétablir le silence, le président dut se couvrir.

L'orateur termina son discours par un appel à l'esprit de concorde : « Unissons-nous, dit-il, pour sauver la patrie, et que cette délibération prenne un caractère plus digne de nous et de la cause que nous défendons. Bannissons ces incidents déplorables qui la déshonorent. Ne mettons pas à nous persécuter plus de temps qu'il n'en faut pour juger Louis..... La nature de nos débats agite et aigrit l'opinion publique, et cette opinion réagit douloureusement contre nous. La défiance des représentants du peuple semble croître avec les alarmes des citoyens. Un propos, le plus petit événement, que nous devrions entendre de sang-froid, nous irrite ; la malveillance exagère, on imagine, ou fait naître chaque jour des anecdotes dont le but est de fortifier les préventions, et la seule expression un peu vive des sentiments du public, si facile à réprimer, devient le prétexte des mesures les plus dangereuses ! Peuple, épargne-nous au moins cette espèce de disgrâce. Garde tes applaudissements pour le jour où nous aurons fait une loi utile à l'humanité. Plutôt que de violer ces règles sévères, fuis le spectacle de nos débats. Loin de tes yeux, nous n'en combattrons pas moins ; et quand le dernier de tes défenseurs aura péri, alors venge-les, si tu veux. » Ce fut Vergniaud qui répondit, en recourant surtout à l'accusation de dictature qu'il jeta encore à la face de Robespierre. Le jour du vote, Robespierre répondit en ces termes au 3e appel nominal : « Je n'aime point les longs discours dans les questions évidentes ; ils sont d'un sinistre présage pour la liberté ; ils ne peuvent suppléer à l'amour de la vérité et au patriotisme, ce qui les rend superflus. Je me pique de ne rien comprendre aux distinctions logomachiques imaginées pour éluder la conséquence évidente d'un principe reconnu. Je n'ai jamais su décomposer mon existence politique pour trouver en moi deux qualités disparates, celle de juge et celle d'homme d'État ; la première pour déclarer l'accusé coupable ; la seconde, pour me disposer d'appliquer la peine. Tout ce que je sais, c'est que nous sommes des représentants du peuple, envoyés pour cimenter la liberté publique par la condamnation du tyran, et cela me suffit. Je ne sais pas outrager la raison et la justice, en regardant la vie d'un despote comme d'un plus grand prix que celle des simples citoyens, et en me mettant l'esprit à la torture pour soustraire le plus grand des coupables à la peine que la loi prononce contre des délits beaucoup moins graves, et qu'elle a déjà infligée à ses complices. Je suis inflexible pour les oppresseurs, parce que je suis compatissant pour les opprimés ; je ne connais point l'humanité qui égorge les peuples et qui pardonne aux despotes.

« Le sentiment qui m'a porté à demander, mais en vain, à l'Assemblée constituante l'abolition de la peine de mort, est le même qui me force aujourd'hui à demander qu'elle soit appliquée au tyran de ma patrie, et à la royauté elle-même dans sa personne. Je ne sais point prédire ou imaginer de tyrans futurs ou inconnus, pour me dispenser de frapper celui que j'ai déclaré convaincu, avec la presque unanimité de cette assemblée, et que le peuple m'a chargé de juger avec vous. Des factions véritables ou chimériques ne seraient point, à mes yeux, des raisons de l'épargner, parce que je suis convaincu que le moyen de détruire les factions n'est pas de les multiplier, mais de les écraser toutes sous le poids de la raison et de l'intérêt national. Je vous conseille, non de conserver celle du roi, pour l'opposer à celles qui pourraient naître ; mais de commencer par abattre celle-là, et d'élever ensuite l'édifice de la félicité générale sur la ruine de tous les partis anti-populaires. Je ne cherche point non plus, comme plusieurs autres, des motifs de sauver le ci-devant roi dans les menaces ou dans les efforts des despotes de l'Europe ; car je le méprise tous, et mon intention n'est pas d'engager les représentants du peuple à capituler avec eux. Je sais que le seul moyen de les vaincre, c'est d'élever le caractère français à la hauteur des principes républicains, et d'exercer sur les rois et sur les esclaves des rois l'ascendant des âmes fières et libres sur les âmes serviles et insolentes. Je croirai bien moins encore que ces despotes répandent l'or à grands flots pour conduire leur pareil à l'échafaud, comme on l'a intrépidement supposé. Si j'étais soupçonneux, ce serait précisément la proposition contraire qui me paraîtrait vraie. Je ne veux point abjurer ma propre raison, pour me dispenser de remplir mes devoirs ; je me garderai bien surtout d'insulter un peuple généreux, en répétant sans cesse que je ne délibère point ici avec liberté, en m'écriant que nous sommes environnés d'ennemis, car je ne veux point protester d'avance contre la condamnation de Louis Capet, ni en appeler aux cours étrangères. J'aurais trop de regrets, si mes discours ressemblaient à des manifestes de Pitt ou de Guillaume ; enfin, je ne dois point opposer des mots vides de sens et des distinctions inintelligibles à des principes certains et à des obligations impérieuses. Je vote pour la mort. »

Les luttes personnelles de Robespierre avec la Gironde, luttes qui ne durèrent pas moins de quatre mois entiers, accentuèrent encore l'antagonisme des deux principales fractions de l'assemblée. Cependant, le 24 avril 1793, l'orateur de la Montagne fit trêve à ses préoccupations dominantes pour exposer ses idées sur la propriété. Il dit à ce sujet : « Je vous proposerai d'abord quelques articles nécessaires pour compléter votre théorie sur la propriété; que ce mot n'alarme personne. Ames de boue qui n'estimez que l'or, je ne veux point toucher à vos trésors, quelque impure qu'en soit la source. Vous devez savoir que cette loi agraire, dont vous avez tant peur, n'est qu'un fantôme créé par les fripons pour épouvanter les imbéciles; il ne fallait pas une révolution sans doute pour apprendre à l'univers que l'extrême disproportion des fortunes est la source de bien des maux et de bien des crimes; mais nous n'en sommes pas moins convaincus que l'égalité des biens est une chimère. Pour moi, je la crois moins nécessaire encore au bonheur privé que vous à la félicité publique. Il s'agit bien plus de rendre la pauvreté honorable que de procurer l'opulence. » Il insista sur l'importance des lacunes que présentait, selon lui, le projet girondin de déclaration. « On dirait qu'elle a été faite pour un troupeau de créatures humaines parqués sur un coin du globe, et non pour l'immense famille à laquelle la nature a donné la terre pour domaine et pour séjour. » Mais bientôt les débats de la Convention perdirent le caractère pacifique de discussions purement constitutionnelles. Robespierre resta dans l'arène, toujours prêt à combattre les hommes et les doctrines. A plusieurs reprises, il dénonça les Girondins : « Une faction puissante, dit-il, conspire avec les tyrans de l'Europe pour nous donner un roi, avec une espèce de constitution aristocratique. » Il chercha alors à montrer en quoi ce système couvrait à la grande ligue dont l'itt était l'âme. Il dénonça les Girondins comme agitant, dès le début, l'épouvantail de la loi agraire, fomentant le 20 juin, et ne cherchant dans la victoire du 10 août que leurs portefeuilles perdus. Il rappela, sous une forme historique à travers laquelle perçait l'amertume du réquisitoire, les obstacles que les Girondins avaient opposés à la condamnation de Louis XVI, leur projet d'appel au peuple, leurs liaisons avec Dumouriez, etc. « Je demande, fit-il en terminant, que les individus de la famille d'Orléans soient traduits devant le tribunal révolutionnaire, ainsi que tous les hommes spécialement attachés à cette maison; que le tribunal soit également chargé d'instruire le procès de tous les autres complices de Dumouriez. Oserai-je nommer ici des patriotes aussi distingués que messieurs Vergniaud, Guadet et autres? Je n'ose pas dire qu'un homme qui correspondait jour par jour avec Dumouriez doit être au moins soupçonné de complicité, car, à coup sûr, cet homme est un modèle de patriotisme, et ce serait une espèce de sacrilège que de demander le décret d'accusation contre M. Gensonné. Aussi bien, suis-je convaincu de l'impuissance de mes efforts à cet égard, et je m'en rapporte, pour tout ce qui concerne les illustres membres, à la sagesse de la Convention. » Au 31 mai, il revint à la charge et monta vivement à la tribune pour signaler comme insuffisantes les concessions faites aux pétitionnaires armés.

Vergniaud le pressant de conclure : « Oui, je vais conclure, fit-il, et contre vous! .. Ma conclusion, c'est le décret d'accusation contre les complices de Dumouriez, contre tous ceux qui ont été désignés par les pétitionnaires. » On sait que la Convention, qui la veille encore, suivait les inspirations de la Gironde, obtempéra à ce terrible réquisitoire. Une fois débarrassés de leurs ennemis, les représentants de la Montagne se remirent à discuter la Constitution.

A la séance du 10 mai, Robespierre avait prononcé un discours fort étendu sur les principes généraux d'une Constitution libre, à laquelle il voulait qu'on donnât pour base cette maxime que le peuple est bon, et que ses délégués sont corruptibles, et il s'était élevé avec force contre l'équilibre des pouvoirs, en disant : « Eh! que nous importent les combinaisons qui balancent l'autorité des tyrans? c'est la tyrannie qu'il faut extirper; ce n'est pas dans les querelles de leurs maîtres que les peuples doivent chercher l'avantage de respirer quelques instants; c'est dans leurs propres forces qu'il faut placer la garantie de leurs droits. » La Constitution terminée, Robespierre fut d'avis qu'il fallait se rallier autour d'elle, sauf à la perfectionner, et tel fut le sentiment qui prévalut au club des Jacobins. Cependant la mise en vigueur de cette Constitution fut suspendue par l'assemblée qui lui substitua, jusqu'à la paix, l'établissement du gouvernement révolutionnaire. Robespierre, dont la popularité était alors immense, ne pouvait manquer de jouer l'un des principaux rôles dans un système qui eut, d'ailleurs, l'appui de toute la Montagne. Le 25 août 1793, il se plaignit aux Jacobins des lenteurs du tribunal révolutionnaire : « Le tribunal a suivi, dit-il, des formes avocatoires, il s'est entortillé de chicane pour juger des crimes dont le germe devait être étouffé en vingt-quatre heures. » Nommé membre du comité de salut public, il y fit rendre, le 2 septembre, le décret suivant : « Considérant que le théâtre est l'école primaire des hommes éclairés, qu'il doit être un supplément à l'éducation publique et non pas un foyer de principes dangereux... ordonne la mise en arrestation des acteurs et actrices du théâtre de la Nation et de François de Neufchâteau, auteur de *Paméla*. » Maître des Jacobins, de la Commune, régulateur des décisions de la Convention, Robespierre posa les règles de la diplomatie républicaine à l'égard des nations étrangères, alliées, neutres ou ennemies, et prit la parole sur toutes les questions. Ennemi résolu des anarchistes tels qu'Hébert et ses adhérents, il s'entendit avec Danton pour s'en défaire et n'hésita pas à frapper Ronsin, général hébertiste et ses partisans. Bientôt après, il menaça, à leur tour, les meneurs du club des Cordeliers : il défendit d'abord Danton contre les attaques de Billaud-Varennes au comité de salut public, mais il l'abandonna devant l'assemblée lors des accusations de concussion dont Danton fut l'objet. Ses ennemis morts, désireux peut-être de mettre un terme à la Terreur, il commença alors à faire appel à la tolérance religieuse, et s'indigna (24 novembre) au club des Jacobins des tracasseries suscitées à ceux qui célébraient la messe en secret : « Est-il vrai que la principale cause de nos maux soit le fanatisme! Le fanatisme! Il expire. En dirigeant toute notre attention contre lui, ne la détourne-t-on pas de nos véritables dangers? Vous craignez les prêtres! Et ils abdiquent... Ah! craignez non leur fanatisme, mais leur ambition; non l'habit qu'ils portaient, mais la peau nouvelle dont ils se sont revêtus... Le fanatisme est un animal féroce et capricieux; il fuyait devant la raison : poursuivez le à grands cris, il retournera sur ses pas... Que des citoyens, animés d'un zèle pur, viennent déposer sur l'autel de la Patrie les monuments inutiles et pompeux de la superstition, la patrie et la raison sourient à ces offrandes. Que d'autres renoncent à telle ou telle cérémonie et adoptent l'opinion qui leur semble la plus conforme à la vérité, la raison et la philosophie peuvent applaudir à leur conduite. Mais de quel droit l'aristocratie et l'hypocrisie viendraient-elles mêler leur influence à celle du civisme et de la vertu? De quel droit des hommes inconnus jusqu'ici dans la carrière de la Révolution viendraient-ils chercher au milieu de ces événements les moyens d'usurper une popularité fausse, jetant la discorde parmi tous, troublant la liberté des cultes au nom de la liberté, attaquant le fanatisme par un fanatisme nouveau, et faisant dégénérer les hommages rendus à la vérité pure en farces ridicules? Pourquoi leur permettrait-on de se jouer ainsi de la dignité du peuple et d'attacher les grelots de la folie au sceptre même de la raison? On a supposé qu'en accueillant les offrandes civiques, la Convention avait proscrit le culte catholique. Non, la Convention n'a pas fait cette démarche téméraire, elle ne la fera jamais. Son intention est de maintenir la liberté des cultes qu'elle a proclamée, et en même temps de réprimer quiconque en abuserait pour troubler l'ordre public. On a dénoncé des prêtres pour avoir dit la messe; ils la diront plus longtemps si on les empêche de la dire. Celui qui veut empêcher de dire la messe est plus fanatique que celui qui la dit. » Il ne s'en tint pas à cette démonstration. Il s'occupa bientôt de l'établissement d'un nouveau culte, destiné à lier religieusement les membres de la nation qui avaient abandonné les anciennes croyances : c'est alors qu'il fit décréter solennellement la reconnaissance par la Convention, de l'Être suprême et de l'immortalité de l'âme. D'autre part, Robespierre, dans son Rapport sur les principes du gouvernement révolutionnaire, s'était prononcé à la fois et contre « le modérantisme », qui est à la modération ce que l'impuissance est à la chasteté, et contre l'excès, qui ressemble à l'énergie comme l'hydropisie à la santé. Saint-Just et Couthon partageaient cette doctrine, qui trouva de violents détracteurs dans Vadier, Foulland, Amar, Louis (du Bas-Rhin), membres du comité de sûreté générale et ennemis de Robespierre. Quant à la pensée dominante du chef des Jacobins, elle était contenue dans ce passage de son rapport : « Le gouvernement révolutionnaire n'a rien de commun ni avec l'anarchie ni avec le désordre; son but, au contraire, est de les réprimer, pour amener et affermir le règne des lois. Il n'a rien de commun avec l'arbitraire. Ce ne sont point les passions particulières qui doivent le diriger, c'est l'intérêt public. Il doit se rapprocher des principes ordinaires, dans tous les cas où ils peuvent être rigoureusement appliqués, sans compromettre la liberté publique. La mesure de sa force doit être l'audace ou la perfidie des conspirateurs; plus il est terrible aux méchants, plus il doit être favorable aux bons, et plus il doit s'abstenir des mesures qui gênent inutilement la liberté, et qui blessent les intérêts privés sans aucun avantage public. » Robespierre s'étudia, dès lors, à tracer à la Révolution sa route entre les deux écueils que souvent il avait signalés avec inquiétude, l'excès de l'indulgence et l'excès de la rigueur. Mais son autorité officielle,

très discutée, était peu à peu devenue presque nulle : il avait contre lui non seulement tout le comité de sûreté générale moins David et Le Bas, mais encore tout le comité de salut public, moins Saint-Just et Couthon. N'osant s'opposer directement à la *Fête de l'Être suprême*, que présida Robespierre, ses ennemis la désapprouvèrent dans leurs entretiens particuliers et même dans les comités. Ils présentèrent Robespierre comme un ambitieux qui voulait arriver au trône par l'autel; ils firent remarquer que David lui avait offert au milieu de la fête une couronne de fleurs qu'il n'avait refusée dédaigneusement que pour mieux cacher ses desseins, mais qui décélait la pensée liberticide du tyran. Une coalition puissante se forma : Bourdon, Rovère, Tallien, Barras, Fouché parvinrent à entraîner Prieur, Cambon, Robert Lindet et Carnot contre celui qu'ils ne désignaient plus que par l'épithète de tyran. Déjà dans une séance du comité de salut public, Billaud-Varennes s'était enhardi à accuser Robespierre de tyrannie : lui, après avoir repoussé avec indignation cette inculpation, s'était abstenu pendant plus d'un mois de venir siéger parmi ses collègues, tandis que Saint-Just et Le Bas étaient retenus aux frontières. Le 4 thermidor, il fut mandé par lettre au comité pour s'expliquer sur son absence, et sur la conspiration dont il parlait sans cesse aux Jacobins. Il vint, répondit qu'il ne « voyait plus très peu de colonnes de la liberté dans les deux comités », leur reprocha d'être pleins de contre-révolutionnaires, et annonça de nouvelles dénonciations. Le 8 thermidor il dénonça à la tribune tous les hommes qu'il regardait comme les fauteurs de la prolongation des troubles et de l'anarchie : « Ils m'appellent tyran, s'écria-t-il... Si je l'étais, ils ramperaient à mes pieds, je les gorgerais d'or, je leur assurerais le droit de commettre tous les crimes, et ils seraient reconnaissants. Si je l'étais, les rois que nous avons vaincus, loin de me dénoncer (quel tendre intérêt ils prennent à notre liberté!), me prêteraient leur coupable appui; je transigerais avec eux! Dans leur détresse, qu'attendent-ils, si ce n'est le secours d'une faction protégée par eux, qui leur vende la gloire et la liberté de notre pays? On arrive à la tyrannie par le secours des fripons. Où courent ceux qui les combattent? Au tombeau et à l'immortalité. Quel est le tyran qui me protége? Quelle est la faction à qui j'appartiens? C'est vous-mêmes. Quelle est cette faction qui, depuis le commencement de la révolution, a terrassé tous les factions, a fait disparaître tant de traîtres accrédités? C'est vous, c'est le peuple, ce sont les principes. Voilà la faction à laquelle je suis voué et contre laquelle tous les crimes sont ligués... » Il dit encore : « En voyant la multitude des vices que le torrent de la révolution a roulés pêle-mêle avec les vertus civiques, j'ai craint quelquefois, je l'avoue, d'être souillé aux yeux de la postérité par le voisinage impur des hommes pervers qui s'introduisaient parmi les sincères amis de l'humanité, et je m'applaudis de voir la fureur des Verrès et des Catilina de mon pays tracer une ligne profonde de démarcation entre eux et tous les gens de bien. Je conçois qu'il est facile à la ligue des tyrans du monde d'accabler un seul homme; mais je sais aussi quels sont les devoirs d'un homme qui peut mourir en défendant la cause du genre humain. J'ai vu dans l'histoire tous les défenseurs de la liberté accablés par la calomnie; mais leurs oppresseurs sont morts aussi. Les bons et les méchants disparaissent de la terre, mais à des conditions différentes. Français, ne souffrez pas que vos ennemis osent abaisser vos âmes et énerver vos vertus par leur désolante doctrine! Non, Chaumette, non, la mort n'est pas un sommeil éternel!... Citoyens, effacez des tombeaux cette maxime gravée par des mains sacrilèges qui jette un crêpe funèbre parmi la nature, qui décourage l'innocence opprimée et qui insulte à la mort ; gravez-y plutôt celle-ci : *La mort est le commencement de l'immortalité...* » Après que Robespierre eut regagné sa place, Lecointre de Versailles demanda l'impression du discours que la Convention venait d'entendre et d'applaudir. L'impression fut votée. Mais tous ceux qui se croyaient plus ou moins directement menacés prirent à leur tour la parole. Vadier défendit le comité de sûreté générale; Cambon fit l'apologie de son système financier; Billaud-Varennes, celle du comité du salut public. Bentabolle, Charlier, Amar insistèrent pour obtenir l'ajournement du discours et de son renvoi aux comités. Alors, sur la motion de Bréard, l'assemblée, rapportant son décret, décida que le discours de Robespierre ne serait pas envoyé aux communes. Cependant la majorité de la Convention était plutôt flottante que systématiquement hostile. Après la séance, Robespierre se rendit au club des Jacobins, où il lut, au milieu des acclamations les plus enthousiastes, le discours qu'il avait prononcé à la Convention. Puis il ajouta, d'après le témoignage de plusieurs historiens : « Ce discours que vous venez d'entendre est mon testament de mort. Je l'ai vu aujourd'hui, la ligue des méchants est tellement forte, que je ne puis pas espérer de lui échapper. Je succombe sans regret; je vous laisse ma mémoire; elle vous sera chère et vous la défendrez. » Les Jacobins prirent alors la résolution d'exclure du club les Billaud-Varennes et Collot-d'Herbois qui étaient présents. Pendant la nuit du 8 thermidor, les deux comités se réunirent en assemblée générale; pour paralyser au besoin l'action de la force armée et celle de la Commune, il fut convenu que l'on demanderait à l'assemblée la destitution d'Hanriot et l'appel à la barre du maire et de l'agent national qui répondraient sur leur tête de la sûreté de la représentation nationale. Bien qu'habilement conçues, ces mesures n'auraient pas décidé du succès de la journée sans la coalition secrète de la Plaine et du côté droit avec les Montagnards. Jusqu'au dernier moment, Robespierre avait espéré que la majorité de la Convention se prononcerait en sa faveur. Mais le plan de campagne des Thermidoriens fut exécuté le lendemain avec un plein succès. A la Convention chacun arriva de bonne heure à son poste. Dès qu'on apercevait un député, les montagnards allaient à sa rencontre et lui prodiguaient les avances : « Oh! les braves gens que les gens du côté droit! » disait Bourdon de l'Oise courant au-devant de Durand de Maillane. Midi allait sonner lorsque, par une porte latérale, les chefs de la coalition vinrent Saint-Just monter à la tribune pour lire un rapport sur la situation du comité de salut public. Systématiquement interrompu, Saint-Just se vit retirer la parole par le président Collot-d'Herbois qui la donna à Tallien, puis à Billaud-Varennes, et la refusa à Le Bas, puis à Robespierre lui-même. Chaque fois que celui-ci s'approchait de la tribune : «*A bas, à bas le tyran!*» criait-on, tandis que Barrère faisait voter la comparution devant l'assemblée du maire de Paris et de l'agent national. Vadier et Tallien

revinrent encore sur leur accusation de tyrannie. « *C'est faux!* » cria Robespierre qui s'efforça vainement d'en dire davantage et s'adressant au président : « Pour la dernière fois, président d'assassins, je te demande la parole. » Collot céda alors le fauteuil à Thuriot et, quelques instants après, sur la motion de Louchet et de Lozeau, le décret d'accusation, appuyé par plusieurs membres, par Charles Duval, par Fréron, fut voté à une grande majorité. On criait: Vive la République! «La République! elle est perdue, dit Robespierre, car les brigands triomphent! » Robespierre jeune, Couthon, Saint-Just et Le Bas (*V. ces noms*) furent frappés par le même décret. Il était cinq heures; la séance fut suspendue jusqu'à sept. Après avoir subi un interrogatoire au comité de sûreté générale, les cinq députés se virent séparés et conduits, Robespierre aîné au Luxembourg, son frère à Saint-Lazare, Saint-Just aux Écossais, Le Bas à la Force et Couthon à la Bourbe. Il restait aux Thermidoriens à faire condamner les accusés par le tribunal révolutionnaire. Ils n'étaient pas sans appréhension sur le résultat, lorsque Robespierre, cédant aux instances de ses partisans qui vinrent le tirer de prison, se rendit avec eux à l'Hôtel de Ville; mais il n'était ni préparé à une solution belliqueuse, ni fait pour diriger lui-même un mouvement armé, tandis que la Convention le mettait hors la loi. Vainement Hanriot, à la tête de son état-major, parcourut les rues de Paris en criant : « Aux armes! réunion à la municipalité ou égorgez les patriotes! » Vainement le conseil municipal s'assembla sur l'invitation du maire, Fleuriot-Lescot, et rédigea une proclamation par laquelle on pressait tous les bons citoyens à courir à la délivrance de Robespierre et des siens ; les portes de l'Hôtel de Ville ayant été forcées vers minuit par les troupes de la Convention, Robespierre fut arrêté par un gendarme, nommé Méda, et reçut un coup de feu qui lui brisa la mâchoire inférieure; on fut obligé de lui passer sous la mâchoire une bande de toile pour la soutenir. Il se vit porté en cet état au comité de sûreté générale et couché sur une table, où il resta une partie de la nuit. Au point du jour, on le transporta à l'Hôtel-Dieu, au milieu des flots du peuple accouru sur son passage. Là, un chirurgien mit un appareil sur sa blessure, et il fut envoyé à la Conciergerie. Le lendemain, 10 thermidor, on le mena à l'échafaud. Il avait 35 ans.

ROBESPIERRE (Augustin-Bon-Joseph de), dit ROBESPIERRE LE JEUNE, né à Arras le 21 janvier 1763, exécuté à Paris le 28 juillet 1794, frère du précédent, fut élevé, comme lui, au collège Louis-le-Grand, comme boursier, fut reçu avocat et suivit la carrière du barreau. Il s'occupait avec zèle de sa profession lorsque la Révolution, dont il embrassa ardemment les principes, lui fit abandonner la jurisprudence pour la politique. Nommé d'abord procureur syndic de sa ville natale, puis administrateur du département, il fut, par l'influence de son frère, élu, le 16 septembre 1792, député de Paris à la Convention nationale, le 10e de 24, par 302 voix sur 700 votants. Il monta à la tribune dès le début de la session, pour repousser les inculpations de Louvet contre son frère, s'opposa à ce que Louis XVI pût se choisir un ou plusieurs conseils, et vota la mort du roi sans appel ni sursis : « Je ne parlerai point de courage, dit-il, il n'y eu a pas à remplir son devoir. C'est parce que j'abhorre les hommes sanguinaires que je veux que le plus sanguinaire de tous subisse la mort. J'ai peine à concilier l'opinion de ceux qui demandent un sursis : c'est substituer à l'appel au peuple un appel aux tyrans. Je ne vote point pour la détention jusqu'à la paix, parce que je crois que demain nous aurions la paix, et qu'après-demain Capet commanderait les armées ennemies. » Robespierre jeune eut avec Roland d'assez vifs démêlés à propos de papiers importants que le ministre voulait faire disparaître; il se prononça contre Isnard, fit ordonner l'arrestation de Bonne-Carrère et de Choderlos Laclos, et prit la défense de la Commune de Paris. Au 31 mai, il combattit énergiquement la proposition de Cambon las, qui voulait faire poursuivre par le conseil exécutif ceux qui avaient ordonné de fermer les barrières, de sonner le tocsin et de tirer le canon d'alarme; il soutint que la commission des douze était seule capable de tous les désordres, et prit une part active aux mesures dirigées contre les Girondins. Envoyé peu de temps après en mission dans le Midi (août 1793) pour réprimer l'insurrection fédéraliste, il partit avec sa sœur Charlotte, arriva à Marseille à travers mille dangers, et s'empressa de communiquer ses impressions à son frère. Il fallait, selon lui, des hommes très habiles pour faire le bien dans ces départements du Midi, parce que les têtes exaltées, peu capables de raisonnement, étaient fort difficiles à ramener dès qu'une fois elles avaient embrassé un parti. « Je t'assure, écrivait-il à la date du 28 août, que le plus grand nombre a été stupidement trompé, et que les crimes de quelques hommes qui se disaient patriotes ont nécessité une certaine classe de citoyens de se réunir pour se soustraire aux plus inquiétantes vexations. Des contre-révolutionnaires se sont emparés de cette classe d'hommes, ont paru d'abord ne se joindre à ceux-ci que pour contenir les hommes vraiment dangereux, dont les propositions et souvent les actions étaient criminelles; mais bientôt ces contre-révolutionnaires astucieux trouvèrent le moyen de rendre oppresseurs ceux qui croyaient ne se garantir que de l'oppression. Les patriotes se trouvèrent poursuivis, vexés, immolés, et ceux qui les poursuivaient étaient les instruments aveugles de quelques contre-révolutionnaires qui avaient égaré la masse ignorante de ce qu'on appelle les honnêtes gens. » Robespierre jeune voulait qu'on apportât une extrême mesure dans la répression : « Si les patriotes veulent punir tous les sectionnaires indistinctement, ajoutait-il, la réaction aura encore lieu et rendra la guerre civile interminable. Les passions sont exaspérées à un point inconcevable. » Il ne tarda pas à entrer en relations suivies avec Napoléon Bonaparte, officier d'artillerie à l'armée d'Italie, qui manifestait alors le républicanisme le plus ardent. Il montrait à Bonaparte les lettres qu'il recevait de son frère, et c'est Napoléon lui-même qui nous apprend (V. le *Mémorial de Sainte-Hélène*) avec quelle indignation Maximilien blâmait les excès commis par certains proconsuls, dont la tyrannie compromettait, selon lui, la cause révolutionnaire. Tempérée par une modération naturelle à son caractère, l'énergie de Robespierre jeune n'en produisit que plus d'effet. A une proclamation des amiraux Hood et Langara qui avaient offert « amnistie et rémission » à tous les officiers, sous-officiers et soldats qui abandonneraient les « drapeaux de l'anarchie », pour se réunir « à tous les Français fidèles », il adressait, de concert avec ses collègues Ricord, Barras et

Fréron, cette hautaine réponse : « Périsse à jamais la royauté! tel est le cri de vingt-cinq millions de républicains français. Cette nation libre et puissante ne peut avoir rien de commun avec les despotes et les esclaves. Elle ne doit et ne veut communiquer avec eux qu'à coups de canon. Elle n'a pas besoin pour combattre et vaincre ses ennemis d'avoir recours à la trahison, à la perfidie, à la scélératesse. » L'ardeur du commissaire de la Convention se communiqua rapidement à nos troupes et, vers la fin du mois de septembre 1793, Robespierre put écrire au citoyen Tilly, chargé d'affaires à Gênes : « Nous avons que le temps de vous apprendre, citoyen, que les armées de la République sont partout victorieuses; que l'Espagnol et l'Anglais ont partout disparu de dessus la terre de la liberté. Toulon n'est pas encore soumis aux lois de la République; il est en ce moment bombardé, et les lâches y sont fort inquiets. » En novembre, il signala au comité de salut public l'incapacité du général Carteaux, qui fut remplacé par Dugommier; il eut une part importante, par ses conseils et par son action, à la prise de Toulon. Le 28 frimaire an II (18 décembre 1793), il écrivait d'Ollioules à son frère : « La République est triomphante, les puissances coalisées sont anéanties; demain 29, au plus tard, nous entrerons dans la ville. Le plan du comité de salut public a été suivi et hâté par les représentants près l'armée. Le 26, à deux heures après minuit, malgré la pluie la plus forte, l'armée de la République a attaqué la redoute anglaise élevée sur une hauteur qui défend les forts de Balaguier et de l'Aiguillette, et qui, par conséquent, maîtrise la rade, ce que tu verras facilement à l'inspection de la carte. Les tyrans avaient épuisé toutes les ressources de l'art, l'aspect de cette forteresse était effroyable; les républicains ont bravé cet asile de la tyrannie... Cette formidable redoute a été emportée de vive force, après un combat meurtrier. » Quant à la part personnelle prise à ce fait d'armes, voici en quels termes il s'expliquait dans une lettre confidentielle du 28 frimaire, publiée pour la première fois par M. E. Hamel : « Je suis tout étonné de me trouver un héros; on m'assure que je le suis, je ne m'en doutais pas. J'étais dans les rangs; je n'ai aperçu pendant l'action ni balles, ni boulets, ni bombes; je ne voyais que la redoute à enlever. A la redoute! elle est à nous, allons, courage, mes amis! Je suis arrivé sans m'en apercevoir au pied de la redoute. » Il repartit pour Paris le lendemain même du jour où l'armée républicaine fit son entrée dans Toulon. Il ne prit donc aucune part aux vengeances terribles dont la ville, d'après les ordres de Fréron, le futur thermidorien, allait devenir le théâtre. De retour à l'assemblée, il en devint secrétaire, et se mêla peu d'ailleurs aux délibérations jusqu'au 9 thermidor an II. Mais ce jour-là il donna des preuves d'un courageux dévouement. Lorsqu'il entendit prononcer le décret contre son frère, il s'écria : « Je suis aussi coupable que lui : je partage ses vertus; je veux partager son sort. Je demande aussi le décret d'accusation! » La majorité accéda à sa demande, que Courtois, dans son rapport sur les événements de thermidor, apprécia comme « le cri de désespoir d'un complice qui se trahit ». Robespierre jeune fut conduit à la prison de la Force. Délivré pendant la nuit, avec les proscrits de la veille, il attendit à l'Hôtel de Ville que son frère donnât le signal du combat contre la Convention. Quand il vit que tout était désespéré, ne voulant pas tomber vivant entre les mains de ses ennemis, il franchit une des fenêtres de l'Hôtel de Ville, demeura quelques instants sur le cordon du premier étage à contempler la grève envahie par les troupes conventionnelles, puis il se précipita la tête en avant sur les premières marches du grand escalier. On le releva mutilé et sanglant, mais respirant encore. Transporté au comité civil de la section de la *Maison commune*, il déclara que ni lui ni son frère n'avaient un instant manqué à leur devoir envers la Convention. L'ordre exprès fut envoyé par Barras de le transporter « en quelque état qu'il pût être » au comité de sûreté générale, d'où on le conduisit à l'échafaud.

ROBIAC (Louis-Michel-Catherine-Illide Veau de), député au Corps législatif de 1863 à 1864, né à Alais (Gard) le 9 juin 1796, mort au château de Robiac (Gard) le 15 juillet 1864, servit dans l'armée sous la Restauration, et quitta le service en 1824. Il était propriétaire des mines de houille de Robiac et de Bessèges, maire de cette ville (1858), membre du conseil d'arrondissement d'Albi, et conseiller d'arrondissement d'Ambroix depuis 1833, quand il fut élu, avec l'appui du gouvernement, le 4 juin 1863, député au Corps législatif, dans la 3ᵉ circonscription du Gard, avec 14,572 voix (19,070 votants, 31,995 inscrits), contre 2,711 à M. Duclaux-Montfeils et 1,630 à M. Félix Teulon. Il prit place dans les rangs de la majorité impérialiste avec laquelle il vota jusqu'à sa mort. Il fut remplacé, le 21 août 1864, par M. Fabre. Chevalier de la Légion d'honneur (1861), M. de Robiac avait été l'un des plus actifs promoteurs de la construction du chemin de fer d'Alais à Bessèges (1854).

ROBIN (Léonard), député en 1791, membre du Tribunat, né à Angoulême (Charente) le 23 juin 1745, mort à Paron (Yonne) le 6 juillet 1802, homme de loi avant la Révolution, fut élu, le 23 septembre 1791, député de Paris à l'Assemblée législative, le 20ᵉ sur 24, par 408 voix sur 697 votants. Membre du comité des domaines et du comité de surveillance, il parla sur l'organisation des comités, sur le projet d'organisation de la police de Paris, sur la déportation des prêtres insermentés, demanda une garantie du civisme de la nouvelle garde constitutionnelle du roi, et déposa une motion contre les habitants de Sedan. Il prit aussi part à la discussion sur le divorce. Après la session, il devint juge suppléant au tribunal de district, se rallia au 18 brumaire, fut nommé commissaire près le tribunal de 1ʳᵉ instance de la Seine (28 germinal an VIII), puis membre du Tribunat le 14 pluviôse an X. Il mourut quelques mois après.

ROBIN (Louis-Antoine-Joseph), député en 1791, membre de la Convention, né à Auxerre (Yonne) le 16 octobre 1757, mort à Nogent-sur-Seine (Aube) le 12 mars 1802, fils de Laurent Robin, maître de poste, et de Marie-Antoine Gauthier, était « marchand voiturier par eau » à Nogent-sur-Seine. Administrateur de ce district au début de la Révolution, il fut élu député de l'Aube à l'Assemblée législative (7 septembre 1791), le 5ᵉ sur 8, par 183 voix (360 votants). Il siégea à gauche et appuya les revendications de la majorité réformatrice. Réélu, le 4 septembre 1792, membre de la Convention, par le même département, le 2ᵉ sur 9, avec 205 voix (389 votants), il répondit au 3ᵉ appel

nominal, dans le procès du roi : « Convaincu que Louis ne peut être jugé par la Convention, je vote pour la mort. » Il remplit une mission dans l'Yonne et n'eut d'ailleurs qu'un rôle effacé à l'assemblée. Plus tard, il réunit à la Guyane française, pour le Conseil des Cinq-Cents, la majorité des voix, mais il déclara qu'il ne pouvait accepter.

ROBIN (Jean-Gabriel), député au Conseil des Anciens, né à Saint-Amand (Cher) en 1736, mort à Saint-Amand le 17 octobre 1808, était maire de cette ville. Élu, le 23 vendémiaire an IV, député du Cher au Conseil des Anciens, par 115 voix (202 votants), il sortit du Conseil en l'an VI, se rallia au coup d'État du 18 brumaire, et devint, le 8 floréal an VIII, juge au tribunal civil de Saint-Amand. Il remplit ces fonctions jusqu'à sa mort.

ROBIN (Charles-Philippe), sénateur de 1876 à 1885, né à Jasseron (Ain) le 4 juin 1821, mort à Jasseron le 6 octobre 1885, fit ses études médicales à Paris. Interne des hôpitaux en 1813, il obtint, l'année suivante, le prix de l'École pratique, et, en 1845, fut envoyé par Orfila à Jersey et en Normandie pour y recueillir des échantillons destinés au nouveau musée de la faculté. Docteur en médecine du 31 août 1846, docteur ès sciences la même année, agrégé en 1847, il fut chargé, peu après, du cours d'anatomie générale, science nouvelle que Bichat avait créée en France. Ses études portèrent surtout sur l'application du microscope à la texture intime des tissus et des humeurs du corps humain. Ses nombreux travaux et ses découvertes lui méritèrent bientôt une situation éminente dans le monde scientifique. Membre de l'Académie de médecine depuis 1858, il devint, le 19 avril 1862, titulaire de la chaire d'histologie qui venait d'être fondée à la faculté de médecine. Membre de la Société de biologie, correspondant de plusieurs académies étrangères, il fut reçu membre de l'Académie des sciences le 11 mai 1866, en remplacement de Valenciennes. Il se trouva alors mêlé à plusieurs polémiques soulevées par les doctrines transformiste, dont il se déclara le partisan. En 1872, le juge de paix de son arrondissement le raya de la liste des jurés sous prétexte qu'il ne croyait pas en Dieu. Robin protesta de son dévouement à la science, mais ne fut rétabli qu'en 1876, après des scènes tumultueuses à l'École de médecine et une vive polémique dans les journaux avancés. Élu, le 30 janvier 1876, sénateur de l'Ain, par 341 voix (541 votants), il prit place à gauche, vota, le 23 juin 1877, contre la dissolution de la Chambre des députés demandée par le ministère de Broglie, et prit aussi part aux discussions sur la loi de l'enseignement supérieur. Réélu, le 25 janvier 1885, par 671 voix (995 votants), il mourut au mois d'octobre suivant, et fut remplacé, le 13 décembre, par M. Morellet. M. Robin a publié un grand nombre de travaux, parmi lesquels : *Sur les fermentations*, thèse d'agrégation (1847); — *Du microscope et des injections dans leur application à l'anatomie et à la pathologie* (1849); — *Traité de chimie anatomique et physiologique, normale et pathologique* (1852); — *Histoire naturelle des végétaux parasites de l'homme et des animaux* (1853); — *Leçons sur les substances amorphes et les blastèmes* (1866); — *Leçons sur les humeurs* (1867); — *Programme du cours d'histologie* 1870); — *Traité du microscope* (1870); — *Anatomie et physiologie cellulaires* (1873); — *L'instruction et* *l'Éducation* (1877). — Il a donné avec Littré plusieurs éditions du dictionnaire de médecine de Nysten, et collaboré aux comptes-rendus de la Société de biologie et de l'Académie des sciences. Chevalier de la Légion d'honneur (1858).

ROBIN. — *Voy.* BARBENTANE (COMTE DE).

ROBIN DE COULOGNE (CHARLES-JACQUES-DÉSIRÉ), député au Corps législatif en 1809, né à Orly (Seine) le 21 août 1752, mort à une date inconnue, « fils de Monsieur Charles Robin de Châteaufer, chevalier, vicomte de Coulogne, seigneur de Châteaufer, capitaine d'une compagnie de mineurs, commissaire provincial d'artillerie et chevalier de l'ordre de Saint-Louis, et de dame Agathe-Thérèse-Hermine Ogier », propriétaire à Moussy (Marne), fut élu, le 2 mai 1809, par le Sénat conservateur, député de la Marne au Corps législatif. Il en sortit en 1813.

ROBIN DE LA RONDE (JEAN-BAPTISTE-AMABLE), représentant à la Chambre des Cent-Jours, né à la Ronde, commune de Saint-Pierre-les-Bois (Cher), le 19 octobre 1765, mort à la Châtre (Indre) le 12 janvier 1841, était entreposeur des tabacs dans cette dernière ville, lorsqu'il fut élu, le 13 mai 1815, représentant à la Chambre des Cent-Jours, pour l'arrondissement de la Châtre, par 32 voix (55 votants); il n'eut qu'un rôle effacé pendant la législature et quitta ensuite la vie politique.

ROBIN DE MORHÉRY (LOUIS-FRANÇOIS-ANNE), député en 1789, né à Josselin (Morbihan) le 16 novembre 1741, mort à Collinac (Côtes-du-Nord) le 5 mai 1829, était négociant à Loudéac, quand il fut élu, le 17 avril 1789, député du tiers-état de la sénéchaussée de Ploërmel aux États-Généraux. Il prit place dans la majorité réformatrice, et, démissionnaire, fut remplacé, le 21 mai 1790, par Le Deist de Botidoux. Retiré à Loudéac, il fut élu, le 28 vendémiaire an IV, juge au tribunal du district, et fut nommé, le 12 floréal an VIII, président du tribunal civil. La Restauration le mit à la retraite, à soixante-douze ans; il s'occupa alors d'agriculture, et mourut à quatre-vingt-sept ans.

ROBIN DE MORHÉRY (LOUIS-ADOLPHE-NAPOLÉON), représentant du peuple en 1848, né à Loudéac (Côtes-du-Nord) le 5 mai 1805, mort à Paris le 21 décembre 1864, petit-fils du précédent, commença ses études médicales à Paris, mais s'occupa surtout de politique; il entra dans la Charbonnerie, fit une énergique opposition au ministère Polignac et coopéra à la révolution de Juillet. Le 30, il fut chargé par le parti démocratique de se rendre auprès de La Fayette, à l'hôtel de ville, pour lui demander de proclamer la République; il protesta avec ses amis, le 3 août, contre la nomination du lieutenant-général du royaume. La monarchie ayant été rétablie, Morhéry, décoré de juillet, se vit en butte à des poursuites, quitta précipitamment Paris au mois de décembre 1830, et obtint à grand'peine l'autorisation de passer à Strasbourg son doctorat en médecine. En revenant, il faillit être arrêté à Paris et ne dut sa liberté qu'à l'énergique résistance de quelques amis. Il se fixa ensuite comme médecin à Loudéac, s'occupa d'y organiser la Société des droits de l'homme et du citoyen, et favorisa les intérêts de la région en obtenant un service de diligences entre Saint-Brieuc et Lorient, et un ser-

vice de bateaux sur le canal de Nantes à Brest. En 1848, il fut nommé commissaire du gouvernement provisoire dans le Finistère, et fut élu, le 23 avril 1848, représentant des Côtes-du-Nord à l'Assemblée constituante, le 16e et dernier, par 63,370 voix (144,377 votants, 167,673 inscrits). Il fit partie du comité de l'intérieur, et vota souvent avec la gauche, *pour* le bannissement de la famille d'Orléans, *contre* les poursuites contre L. Blanc et Caussidière, *pour* l'impôt progressif, *contre* l'incompatibilité des fonctions, *pour* l'amendement Grévy, *contre* la proposition Rateau, *contre* l'expédition de Rome, *pour* la demande de mise en accusation du président et des ministres. Non réélu à la Législative, il ne rentra plus dans la vie politique.

ROBIN-SCÉVOLE (FRANÇOIS-LOUIS-JOSEPH), député de 1820 à 1824, né à Argenton (Indre) le 5 août 1767, mort à Châteauroux (Indre) le 26 juillet 1827, embrassa avec modération les principes de la Révolution. Officier municipal de Châteauroux, il fit célébrer avec pompe le 9 thermidor. Membre du conseil d'arrondissement sous l'Empire, et secrétaire de ce conseil, maire d'Argenton en 1814 et 1815, maintenu en fonctions par la Restauration, vice-président de la Société d'agriculture de l'Indre, il fut élu, le 13 novembre 1820, député du grand collège de l'Indre, par 80 voix (119 votants, 178 inscrits), contre 63 au comte de Monthol. A la Chambre, il fit partie du groupe Royer-Collard, défendit les libertés octroyées par la Charte, protesta contre les lois d'exception et, en 1821, demanda que les députés fussent considérés comme démissionnaires s'ils acceptaient de nouvelles places du gouvernement pendant le cours de leurs fonctions législatives. Il parla aussi en faveur de la liberté de la presse, démontra la nécessité des économies, et réclama la réduction du traitement des préfets. Révoqué de ses fonctions de maire d'Argenton, il échoua aux élections de 1824, et rentra dans la vie privée.

ROBINEAU (MARIE-JOSEPH-LOUIS-JÉRÔME), député de 1831 à 1834 et de 1837 à 1841, né à Bouguenais (Loire-Inférieure) le 25 mars 1779, mort à Pontrou (Loire-Inférieure) le 11 mai 1851, embrassa la carrière des armes, et devint capitaine du génie. Il se retira à Louroux-Béconnais, dont il devint maire le 10 février 1813, et conserva ses fonctions jusqu'au 15 octobre 1846. Il les reprit encore après 1848, à la demande du préfet de Maine-et-Loire. Après avoir échoué aux élections législatives du 17 janvier 1831, dans le 1er collège de Maine-et-Loire (Angers), en remplacement de M. Guilhem décédé, avec 74 voix contre 269 à l'élu, M. Augustin Giraud, il fut élu, le 5 juillet 1831, dans le 2e collège du même département (Angers extra-muros), par 110 voix (185 votants, 309 inscrits), contre 65 à M. Lareveillère. Il échoua de nouveau, le 21 juin 1834, dans le même collège, avec 61 voix contre 108 à l'élu M. Lareveillère, mais il regagna son siège, le 4 novembre 1837, avec 104 voix (175 votants, 390 inscrits), contre 91 à M. Lareveillère, député sortant. Réélu de nouveau, le 2 mars 1839, par 169 voix (254 votants, 382 inscrits), contre 82 à M. Lareveillère, M. Robineau se fit peu remarquer à la Chambre; en 1834, il prit part à la discussion sur l'augmentation des effectifs de la gendarmerie et vota en général avec la majorité; il opina cependant *contre* les lois d'apanage, et donna sa démission pour raisons de santé le 16 mai 1841. Conseiller général de 1836 à 1848, il s'occupa beaucoup d'agriculture et d'élevage, spécialement de la race bovine.

ROBINEAU DE BOUGON (JOSEPH-MICHEL-FÉLICITÉ-VINCENT), député de 1834 à 1837, né à Bouguenais (Loire-Inférieure) le 8 février 1773, mort à une date inconnue, appartint à l'armée, la quitta avec le grade de capitaine, et devint colonel de la garde nationale de Nantes. Propriétaire dans cette ville, il fut élu, le 21 juin 1834, député du 5e collège de la Loire-Inférieure (Châteaubriant), par 61 voix (104 votants, 150 inscrits), contre 40 à M. de la Haye-Jousselin. Il siégea dans les rangs du tiers-parti avec lequel il vota jusqu'aux élections de 1837, et ne se représenta plus.

ROBINET (CHARLES-FRANÇOIS, CHEVALIER), député au Corps législatif en l'an XIII, né à Rennes (Ille-et-Vilaine) le 25 novembre 1734, mort à Rennes le 27 septembre 1810, « fils de Jean Robinet et de Louise de Châteaugiron », était, au moment de la Révolution, avocat au parlement de Bretagne et commissaire des Etats pour la navigation intérieure. Il devint juge et président du tribunal du district, et, sous le Directoire, président de la cour criminelle d'Ille-et-Vilaine. Nommé membre de la Légion d'honneur le 25 prairial an XII, il fut élu, le quatrième jour complémentaire de l'an XIII, par le Sénat conservateur, député d'Ille-et-Vilaine au Corps législatif. Créé chevalier de l'Empire le 25 mars 1810, il mourut peu après, l'année même de sa sortie du Corps législatif.

ROBINET. — *Voy.* LA SERVE (DE).

ROBIOU. — *Voy.* LAVRIGNAIS (DE).

ROBOUAM (PIERRE-FRANÇOIS), député en 1791, né à Verruye (Deux-Sèvres) le 12 février 1753, mort à Bressuire (Deux-Sèvres) le 7 avril 1835, était, à la Révolution, cultivateur et régisseur à la Forêt-sur-Sèvre. Partisan des idées nouvelles, il devint (1790) président du district de Châtillon-sur-Sèvre, et fut élu, le 6 septembre 1791, député des Deux-Sèvres à l'Assemblée législative, le 6e sur 7, par 189 voix sur 200 votants. Il fit partie du comité de liquidation, vota avec la majorité, et ne joua qu'un rôle effacé. En octobre 1792, il fut dénoncé à la Convention par la commune de Paris pour avoir, étant membre du comité de liquidation, favorisé les intérêts d'un groupe de pensionnaires de la maison du roi, moyennant une somme de deux cents louis; une lettre relatant cette offre avait été trouvée dans les papiers secrets des Tuileries. Défendu à la tribune par son compatriote Jard-Panvilliers, Robouam n'en fut pas moins jeté en prison, d'où il ne sortit qu'après le 9 thermidor. Juge de paix à la Forêt-sur-Sèvre en 1797, il se montra favorable au coup d'Etat de brumaire, fut nommé, en germinal an VIII, membre du conseil général des Deux-Sèvres, assista au sacre de l'empereur (2 décembre 1804), fut confirmé dans ses fonctions de juge de paix, et siégea au conseil général jusqu'à la première Restauration.

ROCA (JULIEN), député en 1789, né à Prades (Pyrénées-Orientales) le 8 janvier 1745, mort à une date inconnue, bourgeois et rentier dans sa ville natale, fut élu, le 30 avril 1789, député du tiers aux Etats-Généraux par la province de Roussillon. Il prêta le serment du Jeu de

paume, fut membre du comité des subsistances et du comité des finances, mais ne joua qu'un rôle effacé à la Constituante. Son nom n'est pas cité au *Moniteur*. Etranger à la vie politique après la session, il fut nommé conseiller d'arrondissement sous le gouvernement consulaire.

ROCCI (JEAN-ETIENNE-GUIDO-MARIE), député au Corps législatif en l'an XIII, né à Turin (Italie) le 12 septembre 1770, mort à une date inconnue, fut d'abord secrétaire d'Etat pour les affaires étrangères, puis membre du gouvernement provisoire du Piémont, juge au tribunal civil de l'Eridan, membre de la commune, du gouvernement et de la chambre des comptes, et enfin juge à la cour d'appel. Elu, le troisième jour complémentaire de l'an XIII, par le Sénat conservateur, député du département du Pô au Corps législatif, il en sortit en 1806, et fut appelé, le 10 juin 1811, aux fonctions de conseiller à la cour impériale de Turin.

ROCHAMBEAU (AUGUSTE-PHILIPPE-DONATIEN VIMEUR, MARQUIS DE), pair de France, né à Paris le 26 janvier 1787, mort au château de Rochambeau (Loir-et-Cher) le 3 février 1868, petit-fils du maréchal de Rochambeau, entra dans la marine, comme aspirant, en mai 1801 et fit l'expédition de Saint-Domingue, au cours de laquelle il mérita, par sa bravoure, le grade d'enseigne. A son retour en France, il s'engagea, comme simple soldat, dans la 5e demi-brigade d'infanterie légère, devint rapidement sous-lieutenant, et passa avec ce grade au 1er chasseurs à cheval en 1804. Il assista aux campagnes de 1805 et de 1806, fut fait lieutenant après Eylau au 22e chasseurs à cheval, devint, sur la recommandation d'Exelmans, aide-de-camp de Murat, reçut la croix de la Légion d'honneur après Friedland, et suivit Murat à Naples. Capitaine en 1809, chef d'escadron à la prise de Capri, colonel en 1810, il abandonna le roi de Naples quand celui-ci tourna ses armes contre la France, et donna sa démission. En 1815, il fut chargé de l'organisation du 7e régiment de chasseurs à cheval. Mais il quitta de nouveau le service et se retira dans ses propriétés. Conseiller municipal de Vendôme, conseiller général de Loir-et-Cher, il s'occupait principalement d'agriculture et vivait en dehors des agitations politiques, quand il fut nommé pair de France le 11 septembre 1835. Il ne se fit pas remarquer à la Chambre haute, où il vota avec la majorité, et rentra définitivement dans la vie privée à la révolution de 1848.

ROCHE (JULES), député de 1881 à 1889, né à Saint-Etienne (Loire) le 22 mai 1841, neveu d'un ancien évêque de Gap, fit ses études au collège Stanislas et son droit à Paris. Inscrit au barreau de Lyon, il prit part aux luttes de l'opposition démocratique contre l'Empire, et se présenta en 1868, sans être élu, comme candidat indépendant, au conseil général de l'Ardèche. Rédacteur en chef du journal l'*Ardèche* (1870), il applaudit à la révolution du 4 septembre, devint secrétaire général de la préfecture à Privas, et se porta, sans succès, candidat aux élections pour l'Assemblée nationale, le 8 février 1871, dans le département de l'Ardèche : il échoua, avec toute la liste républicaine, et n'obtint que 26,000 voix. Révoqué, puis réintégré au mois de mai suivant, comme secrétaire général de la préfecture du Var, il dut encore abandonner ses fonctions administratives en 1873, et se consacra tout entier au journalisme, d'abord dans les départements du Jura et de la Savoie, puis à Paris, où il collabora au *Petit Parisien*, au *Siècle* et au *Rappel*. Aux élections du 4 octobre 1877, M. J. Roche se présenta à la députation dans l'arrondissement de Largentière, et essuya un nouvel échec. Appelé par M. Clémenceau à contribuer à la fondation de la *Justice*, il y défendit les idées radicales, se fit élire, comme républicain intransigeant, en 1879, conseiller municipal de Paris pour le quartier de Bercy, siégea au conseil dans le groupe de l'autonomie communale, et prit une part importante aux délibérations. Rapporteur du budget des cultes de la ville de Paris, il conclut au rejet absolu de toute subvention. Il présenta aussi un rapport remarqué sur les immeubles appartenant à la ville et occupés gratuitement par les congrégations. Réélu, le 9 janvier 1881, il devint vice-président du conseil municipal. Lors des élections législatives du 21 août suivant, M. Jules Roche fut envoyé à la Chambre des députés par l'arrondissement de Draguignan (Var), avec 7,072 voix (13,553 votants, 26,171 inscrits), contre 3,387 à M. Félix Anglès et 2,704 à M. Ferdinand Bertin. Il avait posé, en même temps, sa candidature radicale socialiste dans deux autres circonscriptions, la 1re de Privas, où il réunit, sans être élu, 4,273 voix, contre 6,618 au candidat opportuniste, M. Chalamet, et le 12e arrondissement de Paris, où il obtint 3,847 voix, contre 7,942 au député sortant, réélu, M. Greppo, 1,029 à M. Harry et 658 à M. Franceau. Il prit place, tout d'abord, à l'extrême-gauche, et vota, d'accord avec M. Clémenceau, *pour* la séparation de l'Église et de l'État, et *pour* toutes les motions radicales. Il débuta à la tribune le 5 mars 1882, dans la discussion de la loi des maires, pour réclamer l'application de cette loi à la ville de Paris. Précédemment, il avait élaboré une proposition tendant à la suppression du budget des cultes, à la dispersion des congrégations religieuses, et à la sécularisation de leurs biens, et une autre, réclamant l'abrogation des lois qui ont établi des archevêchés et des évêchés en dehors de ceux fixés par le Concordat. Constamment choisi pour faire partie de la commission du budget, il fut rapporteur du budget des cultes, de celui de l'instruction publique, et enfin rapporteur général du budget (juin 1885), ainsi que d'autres lois financières. En mars 1882, il proposa, par voie d'amendements, une série de réductions au budget des cultes: ces réductions l'eussent porté de 42 millions à 8. Il fut également chargé du rapport sur le projet de loi tendant à allouer des indemnités et pensions viagères aux victimes du 2 décembre. Il commença alors à se séparer de ses amis de l'extrême-gauche sur la question de l'organisation judiciaire : s'étant déclaré, en 1883, partisan du maintien de l'inamovibilité, contrairement aux opinions qu'il avait soutenues à la Chambre l'année précédente, M. Jules Roche se rapprocha de l'Union républicaine, prit part (1884) à la discussion du projet de loi sur l'instruction primaire, soutint le système de M. Paul Bert, puis se rallia bientôt franchement à la politique opportuniste, et vota les crédits de l'expédition du Tonkin. Il avait quitté la *Justice* pour collaborer à la *République française*. Aux élections du 4 octobre 1885, ce fut comme candidat du parti modéré qu'il se porta à la fois dans la Savoie, dans l'Ardèche, dans la Seine et dans le Var : l'Ardèche lui donna 39,168 voix (88,137 votants), la Seine 100,206 voix (431,011 votants), et le Var 11,942 (54,669 votants). Il ne fut élu

que dans la Savoie, le 4e et dernier, par 29,120 suffrages, sur 53,829 votants et 67,617 inscrits. Pendant cette législature, M. Jules Roche s'occupa presque exclusivement de questions d'affaires et de finances. Il parla (juin 1887) contre une réforme prématurée de la contribution foncière des propriétés bâties et des portes et fenêtres ; demanda (10 mars 1888) l'ajournement des réformes financières jusqu'à présentation de lois spéciales ; fut rapporteur du projet de loi sur l'Exposition universelle de 1889. Rapporteur du budget de 1889, et nommé, cette dernière année, président de la commission chargée de l'examen de la loi de finances de 1890, il soutint de ses votes les cabinets Rouvier et Tirard, et se prononça, dans la dernière session, *pour* le rétablissement du scrutin d'arrondissement (11 février 1889), *pour* l'ajournement indéfini de la revision de la Constitution, *pour* les poursuites contre trois députés membres de la ligue des patriotes, *pour* le projet de loi Lisbonne restrictif de la liberté de la presse, *pour* les poursuites contre le général Boulanger.

ROCHE (Georges-Casimir), député de 1882 à 1889, né à Poitiers (Vienne) le 2 juillet 1836, étudia le droit et se fit recevoir avocat. Inscrit au barreau de Rochefort, il se présenta à plusieurs reprises dans cet arrondissement comme candidat bonapartiste et échoua successivement : le 20 février 1876, avec 6,407 voix contre 6,841 à l'élu républicain, M. Bethmont; le 14 octobre 1877, avec 7,003 voix, contre 7,726 au député sortant, réélu, et le 12 décembre 1880, avec 4,181 voix contre 9,277 au même concurrent, encore réélu. Il s'agissait alors de remplacer ce dernier, démissionnaire. Élu, le 14 mars 1882, au second tour de scrutin, député de l'arrondissement de Rochefort, par 5,591 voix (14,407 votants, 19,355 inscrits), contre 5,257 à M. Paul Rouvier et 3,495 à M. Gustave Bichon, radical, en remplacement de M. Bethmont, il prit place à droite, dans le groupe de l'Appel au peuple, se prononça *contre* les divers ministères de la législature et *contre* les crédits du Tonkin; il déposa, en décembre 1883, un amendement tendant à admettre les femmes commerçantes aux élections des juges consulaires, et parut plusieurs fois à la tribune, où il prononça des discours remarqués. Porté, le 4 octobre 1885, sur la liste conservatrice de la Charente-Inférieure, il fut élu député de ce département, le 3e sur 7, par 62,260 voix (124,616 votants, 143,670 inscrits). Il suivit la même ligne politique que précédemment, fit une active opposition au gouvernement républicain, adhéra au programme boulangiste, et, en dernier lieu, s'abstint sur le rétablissement du scrutin d'arrondissement (11 février 1889), et vota *pour* l'ajournement indéfini de la revision de la Constitution, *contre* les poursuites contre trois députés membres de la Ligue des patriotes, *contre* le projet de loi Lisbonne restrictif de la liberté de la presse, *contre* les poursuites contre le général Boulanger.

ROCHEBOUET (Gaetan de Grimaudet de), ministre de la Guerre, né à Angers (Maine-et-Loire) le 16 mars 1813, entra à l'École polytechnique, en sortit sous-lieutenant d'artillerie en 1833, devint lieutenant en 1835, capitaine en 1841, chef d'escadron en 1849, manifesta des sentiments conservateurs très prononcés, soutint la politique de l'Élysée et prêta son concours à l'accomplissement du coup d'État et à la répression des tentatives de résistance républicaine. Officier de la Légion d'honneur le 12 décembre 1851, en récompense de son zèle, il fut successivement promu lieutenant-colonel du 14e régiment d'artillerie à cheval (8 janvier 1853), colonel (5 septembre 1854), général de brigade (25 juin 1859), et commandant de l'artillerie de la garde impériale dans la campagne d'Italie. Le 1er mars 1867, il fut nommé général de division, et, le 28 janvier 1871, sous le ministère de Broglie, il reçut le commandement du 18e corps, en garnison à Bordeaux. Il n'avait occupé encore aucun poste politique, mais ses préférences monarchiques et impérialistes étaient connues lorsque le maréchal de Mac-Mahon, après l'échec des élections du 14 octobre 1877, songea à remplacer le cabinet de Broglie par un ministère pris en dehors du parlement. Le général de Rochebouët fut appelé à Paris par le chef de l'État et reçut de lui, avec le portefeuille de la Guerre, la présidence d'un cabinet nouveau composé de M. de Banneville, ancien ambassadeur à Vienne, aux Affaires étrangères; de M. Faye, astronome, membre de l'Institut, à l'Instruction publique; de M. Lepelletier, conseiller à la cour de Cassation, à la Justice; de M. Welche, préfet du Nord, à l'Intérieur; de M. Dutilleul, ancien député conservateur, aux Finances; de M. Ozenne, haut fonctionnaire du ministère du Commerce, à l'Agriculture; du contre-amiral Roussin à la Marine, et de M. Graëff, inspecteur général des ponts et chaussées, aux Travaux publics. Ce ministère extra-parlementaire occupa le pouvoir du 23 novembre au 12 décembre 1877. Le programme dont M. de Rochebouët donna lecture aux Chambres ne visait que les questions d'affaires; mais l'avènement au pouvoir du général et de ses collègues était l'indice d'une résistance nouvelle aux manifestations du suffrage universel, et la Chambre des députés y vit une pensée à peine déguisée de coup d'État; elle répondit séance tenante par un ordre du jour de défiance exprimant la volonté arrêtée de n'entretenir aucune relation avec les nouveaux ministres. Bientôt la divulgation de certains préparatifs militaires paraissant avoir pour objet l'organisation d'un coup de force, vint mettre le comble aux embarras de la situation : le cabinet de Rochebouët décida de se retirer pour faire place au ministère parlementaire de Dufaure. Le général reprit son commandement à Bordeaux, et s'efforça, dans la visite officielle qu'il fit au jour de l'an 1878 à M. Foureand, maire de la ville et sénateur, de dissiper les bruits qui avaient couru sur les tendances de sa courte administration. Au mois de mars 1879, M. de Rochebouët fut compris dans le vote de flétrissure adopté par la majorité de la Chambre et affiché par son ordre dans toutes les communes de France; il fut admis au cadre de réserve en mars 1878. Grand officier de la Légion d'honneur depuis le 20 avril 1871, commandeur de Saint-Grégoire-le-Grand, etc.

ROCHEBRUNE (Amable Brugier, baron de), député en 1789, né à Saint-Flour (Cantal) en 1717, mort à une date inconnue, ancien officier au régiment de cavalerie du Dauphin, fut élu, le 28 mars 1789, député de la noblesse aux États-Généraux par le bailliage de Saint-Flour. Il fit partie du comité des finances, parla sur le rachat des redevances, défendit la municipalité de Nîmes, présenta des observations sur les dépenses et chercha à démontrer que l'Assemblée avait gaspillé plus de 500 millions. Il

combattit le projet sur les honneurs à rendre à Mirabeau et protesta contre le recensement. Il émigra après la session.

ROCHECHOUART (Aimery-Louis-Roger, comte de), député en 1789, né le 15 novembre 1714, mort le 7 juillet 1791, avait pris part aux campagnes de la guerre de Sept ans et était maréchal de camp à l'époque de la Révolution. Après avoir fait partie de l'assemblée des notables en 1787, il fut élu, le 16 mai 1789, député de la noblesse aux États Généraux par la ville de Paris. Libéral, imbu des idées humanitaires en vogue à la fin du xviiie siècle, il fut l'un des sept membres de la noblesse qui se réunirent les premiers au tiers état, et s'igna la lettre, rendue publique, que ces députés écrivirent pour expliquer leur conduite. Il s'associa à la nuit du 4 août, mais la marche des événements refroidit son zèle. Il cessa de siéger à la Constituante, et mourut avant la fin de la session.

ROCHECHOUART (de). — *Voy.* Mortemart (ducs, marquis et comtes de).

ROCHEFORT (Victor-Henry, marquis de Rochefort-Luçay, dit Henri), député au Corps législatif de 1869 à 1870, membre du gouvernement de la Défense nationale, représentant en 1871, député de 1885 à 1886, né à Paris le 30 janvier 1831, fils du marquis Claude-Louis-Marie de Rochefort-Luçay, qui s'occupa de littérature dramatique et donna un grand nombre de vaudevilles sous le nom d'Edmond Rochefort, fit ses études au collège Saint-Louis, s'essaya à la poésie dès les bancs du collège, et composa pour un concours des jeux floraux une pièce de vers en l'honneur de la Vierge, que ses adversaires se sont donné fréquemment la satisfaction de reproduire. Après avoir commencé des études médicales qu'il interrompit presque aussitôt, M. Henri Rochefort fut admis, comme expéditionnaire, dans les bureaux de l'Hôtel de ville. Il fut employé, vers la même époque, par Eugène de Mirecourt, à divers travaux, collabora à la seconde édition du *Dictionnaire de la conversation*, et se consacra définitivement au journalisme. Fondateur en 1858, avec Jules Vallès, de la *Chronique parisienne*, feuille littéraire qui vécut peu, il donna à plusieurs journaux des comptes-rendus de théâtres, et entra au *Charivari*. Il remplit pendant quelque temps les fonctions de sous-inspecteur des beaux-arts de la ville de Paris, et quitta cet emploi en 1861 pour se livrer exclusivement à ses occupations littéraires. Il appartint, avec un succès de plus en plus marqué, au *Nain Jaune* de M. Aurélien Scholl (1863), au *Figaro* hebdomadaire, au *Soleil*, où il fut chargé pendant un an de la chronique, à l'*Événement* de Villemessant, et au *Figaro* quotidien; il s'était fait, d'autre part, au théâtre, une situation comme vaudevilliste, et avait donné aux Folies-Dramatiques : *Un Monsieur bien mis*; aux Bouffes-Parisiens : *Le Petit Cousin*, *Un premier Avril*; au Vaudeville : les *Roueries d'une ingénue*, *Sauvé, mon Dieu!* *La Confession d'un enfant du siècle*; au Palais-Royal : *Je suis mon fils*, *Un homme du Sud*, la *Foire aux grotesques*; aux Variétés : *Une Martingale*, *Nos petites faiblesses*, les *Secrets du grand Albert*, la *Vieillesse de Bridluli*, etc. Très assidu à l'Hôtel des Ventes, il y trouva à la fois le sujet d'une pièce, représentée également au Palais-Royal, et la matière d'une série de feuilletons pour le *Charivari*. Mais bientôt sa collaboration au *Figaro*, très appréciée du public, et qui jusque-là s'était bornée à la critique légère des hommes et des choses de la vie parisienne, tourna insensiblement à la satire de plus en plus vive du régime impérial. Le gouvernement n'épargna au *Figaro* ni les rigueurs administratives ni les condamnations judiciaires ; mais la vogue du chroniqueur ne fit que s'accroître, et trois volumes parus sous ce titre général : les *Français de la décadence*, et formés des principaux articles de M. H. Rochefort, établirent définitivement sa réputation de polémiste. L'administration exigea son départ du *Figaro*. M. H. Rochefort songea alors à avoir un journal à lui seul, un organe personnel hebdomadaire : ce fut la *Lanterne*, qui ne put paraître, l'autorisation préalable ayant été refusée, qu'en vertu de la loi nouvelle sur la presse; le premier numéro fut lancé le 1er juin 1868, il excita une curiosité universelle. La *Lanterne* dut lutter contre une série de mesures des plus hostiles de la part du pouvoir. Mais ces rigueurs augmentèrent dans une proportion inouïe le succès de la publication : chaque livraison, dont le tirage était rapidement épuisé, fut réimprimée plusieurs fois. Le onzième numéro de la *Lanterne* fut saisi, et, l'auteur, traduit devant les tribunaux, se vit condamner à un an de prison, dix mille francs d'amende, un an de privation des droits civils et politiques (13 août 1868) : cette condamnation fut renouvelée pour le numéro suivant. La *Lanterne* parut dès lors à Bruxelles, et bien que la vente en fût rigoureusement interdite en France, elle continua à avoir dans toute l'Europe une immense circulation, non sans avoir suscité, dans le même format et avec des titres plus ou moins analogues, une multitude de concurrences, de plagiats et de parodies. Violemment attaqué dans un factum de MM. Stamir et Marchal, l'auteur de la *Lanterne* s'en prit à l'imprimeur, et se porta sur lui à des voies de fait pour lesquelles il fut encore condamné à quatre mois de prison. Réfugié en Belgique, il eut plusieurs duels avec des adversaires politiques, notamment avec M. Ernest Baroche : précédemment, il s'était rencontré avec un officier espagnol à propos d'un article sur la reine d'Espagne, puis avec le prince Achille Murat et avec M. Paul de Cassagnac. En 1869, les électeurs radicaux de Paris songèrent à poser sa candidature au Corps législatif; après avoir échoué, le 24 mai, dans la 7e circonscription de la Seine, avec 14,780 voix contre 18,317 à l'élu, M. Jules Favre, il profita de l'option de Gambetta pour les Bouches-du-Rhône, et se représenta dans la 1re circonscription de la Seine, le 22 novembre et il fut élu député par 17,978 voix (34,461 votants, 46,941 inscrits), contre 13,445 à M. Carnot et 2,767 à M. Terme. Pendant la période électorale, le « lanternier », comme on l'appelait, n'avait pas hésité à rentrer en France, bravant l'exécution des jugements prononcés contre lui. Arrêté à la frontière par l'autorité judiciaire, il reçut, par ordre de l'empereur, un sauf-conduit pour venir à Paris, où il assista à plusieurs réunions radicales et révolutionnaires. Il se déclara pour le mandat impératif. Il accepta d'ailleurs de prêter le serment exigé par la loi, et siégea à l'extrême-gauche, à côté de F.-V. Raspail, et en dehors de l'opposition démocratique modérée. Le 3 décembre 1869, il demanda pour la première fois la parole ; on s'attendait à quelque éclat; il se contenta de réclamer pour la garde nationale les postes militaires du Corps législatif. Il continua d'ailleurs d'organiser et

de présider mainte réunion populaire, notamment à Belleville, où il fit décider la fondation d'un journal qui s'intitulerait la *Marseillaise*, et dont l'administrateur, Millière, le rédacteur en chef, Rochefort, et les principaux rédacteurs furent soumis au vote des assistants. Les polémiques extrêmement vives de ce journal entraînèrent, entre M. H. Rochefort et le prince Pierre Bonaparte (*V. ce nom*), un échange de provocations, au cours desquelles M. Victor Noir fut tué par le prince, d'un coup de revolver (10 janvier 1870). A la Chambre, Rochefort monta à la tribune, le lendemain, et fut rappelé à l'ordre après ces paroles : « Je me demande, devant un fait comme celui d'hier, si nous sommes en présence des Bonaparte ou des Borgia. J'invite tous les citoyens à s'armer et à se faire justice eux-mêmes. » D'un autre côté, la *Marseillaise* publia une série d'articles violents, à la suite desquelles non seulement le journal fut saisi, mais le rédacteur en chef se vit l'objet d'une demande en autorisation de poursuites présentée à la Chambre par le procureur général. L'autorisation fut accordée à la majorité de 222 voix contre 34, et M. H. Rochefort, traduit devant le tribunal correctionnel (22 janvier 1870), fut condamné par défaut à six mois de prison et 3,000 francs d'amende. L'opposition s'émut et interpella le gouvernement, qui obtint le vote de l'ordre du jour et fit procéder, le soir même, à l'arrestation du pamphlétaire. Il fut conduit à Sainte-Pélagie, fut appelé à déposer (23 mars) devant la Haute-Cour de justice de Tours, dans les débats de l'affaire Pierre Bonaparte, fut réintégré dans sa prison, et dut suspendre la publication de la *Marseillaise*, dont tous les rédacteurs étaient alors incarcérés. Elle reparut au lendemain du 4 septembre, tandis que l'écrivain était appelé à faire partie du gouvernement de la Défense nationale. Il se montra, au début, en parfaite communauté d'idées avec ses collègues, et déclara même, à la suite d'un article du général Cluseret, qu'il restait désormais étranger à la feuille qu'il avait fondée. Il résista aux instances de Flourens qui le pressait de donner sa démission de membre du gouvernement, eut avec M. Félix Pyat, rédacteur en chef du *Combat*, à propos de la capitulation de Bazaine, un débat personnel des plus vifs, et se retira, après la tentative insurrectionnelle du 31 octobre, où il n'avait joué, d'ailleurs, qu'un rôle très secondaire. Il resta président de la commission des barricades, dont la direction lui avait été confiée le 19 septembre. Puis, le 1er février 1871, il fonda, en vue des élections prochaines pour l'Assemblée nationale, un nouveau journal radical que Louis Blanc lui conseilla d'appeler le *Mot d'Ordre*. Élu, le 8 février, représentant de la Seine, le 6e sur 43, par 165,670 voix (328,970 votants, 517,858 inscrits), il se rendit à Bordeaux, prit place à la gauche radicale, vota *contre* les préliminaires de paix et donna sa démission aussitôt après, pour se rendre à Paris, où il s'occupa de la direction de son journal. Au début de l'insurrection communaliste du 18 mars, il prit parti pour le comité central, et dirigea contre le gouvernement de Thiers des attaques réitérées, qu'il ne ménagea pas non plus à la Commune. Le *Mot d'Ordre* ayant cessé de paraître vers le 15 mai, M. H. Rochefort n'attendit pas l'entrée des troupes de Versailles à Paris pour tenter de passer en Belgique; mais il fut arrêté le 20 mai à Meaux, et conduit à Versailles, où il fut détenu préventivement pendant plusieurs mois. Le 20 septembre, le 8e conseil de guerre le condamna à la déportation dans une enceinte fortifiée. De pressantes sollicitations de Victor Hugo auprès de M. Thiers pour obtenir une commutation de peine restèrent sans résultat : toutefois il ne fut pas embarqué pour la Nouvelle-Calédonie, et le gouvernement se contenta de l'interner au fort Boyard, puis à la citadelle de Saint-Martin de Ré : en novembre 1872, il contracta un mariage *in extremis* avec Mlle Renaud, dont il avait eu plusieurs enfants et qui mourut quelques jours plus tard. Après le 24 mai 1873, et malgré de nouvelles démarches de Victor Hugo, M. de Broglie décida que la condamnation dont M. H. Rochefort avait été l'objet serait exécutée. Arrivé à Nouméa le 8 décembre 1873, M. Rochefort se fixa à la presqu'île Ducos, dans la vallée de Numbo; mais on apprit, au bout de quelques mois, qu'il avait réussi, avec MM. Paschal Grousset, O. Paris, Jourde, Baillière et Granthille, à s'évader et à gagner au large un navire américain qui les débarqua à San-Francisco (20 mars 1874). Il ne fit qu'un court séjour dans cette ville, se rendit à Londres, puis à Genève, où il reprit la publication de la *Lanterne*. Bientôt après, il envoya à divers organes français du parti républicain avancé des chroniques et des articles signés soit d'une initiale, soit d'un emblème, soit d'un pseudonyme; il collabora ainsi à la *Lanterne* quotidienne de M. Mayer, au *Mot d'Ordre*, au *Rappel*, etc. Dans ce dernier journal, il publia trois romans : les *Dépravés* (1875), les *Naufrageurs* (1876), et le *Palefrenier* (1880). Il donna aussi de fréquents articles au journal des *Droits de l'Homme*, pour lequel il écrivit un nouveau feuilleton, l'*Aurore boréale* : le journal fut supprimé à cause de lui. Le nom de M. H. Rochefort revint souvent dans les discussions que provoquèrent les premiers décrets d'amnistie; toutefois, ses amis n'essayèrent point de poser sa candidature. A partir de 1879, il avait pris vivement parti contre l'opportunisme préconisé par Gambetta : il apporta bientôt à le combattre la même ardeur qu'il avait mise naguère à attaquer l'empire. En 1880, quelque temps avant l'amnistie, le fils de M. Rochefort fut, dans une manifestation, maltraité par des gardiens de la paix; le pamphlétaire en rendit responsable M. Andrieux et provoqua non seulement le préfet de police, mais le beau-frère de celui-ci, M. Koechlin, avec qui il eut une rencontre (3 juin), près de Coppet, en Suisse; il reçut un coup d'épée dans la poitrine. Le 12 juillet, il rentrait à Paris en vertu de l'amnistie. Sans retard, il s'entendit avec M. E. Mayer pour fonder l'*Intransigeant*, journal radical, dont il resta depuis le rédacteur en chef et le directeur politique. Il y mena des polémiques qui firent grand bruit, notamment contre le général de Cissey, commandant du 11e corps; il fut condamné à 4,000 francs d'amende et 8,000 francs de dommages-intérêts. En mars 1881, un article sur la *Revanche des Nihilistes* lui valut une nouvelle condamnation (1,000 francs d'amende). Au mois de décembre suivant, le procès en diffamation que lui intenta M. Roustan, consul général à Tunis, devant la cour d'assises de Paris, se termina par un acquittement. En octobre 1884, il eut un duel avec M. Fournier, capitaine de frégate, au sujet du traité avec la Chine. Jusqu'aux élections générales de 1885, M. H. Rochefort déclina toute candidature législative : le 4 octobre, l'*Intransigeant* patronna une liste radicale et socialiste où figurait son rédacteur en chef; celui-ci, qui était

porté à la fois par le *Cri du Peuple* et le « comité central », fut élu, au scrutin de ballottage (18 octobre), le 33e et dernier de la liste, par 249,134 voix (418,886 votants, 564,338 inscrits). Il prit place à l'extrême-gauche, avec laquelle il vota dans les premiers temps de la législature, notamment contre les crédits du Tonkin. Personnellement, son principal acte fut la présentation d'une proposition d'amnistie (15 janvier 1886); l'urgence fut votée, mais, la proposition elle-même ayant été repoussée dans la séance du 6 février, M. H. Rochefort donna sa démission de député deux jours après. Il fut remplacé, le 2 mai suivant, par M. Gaulier, l'artisan du général Boulanger, alors ministre de la Guerre, il se prononça plus ouvertement encore pour lui en 1888, fit de son journal, au moment de la constitution du parti boulangiste, l'organe officiel de ce parti, et s'attacha étroitement à sa fortune. Ses polémiques furent plus ardentes que jamais contre les principaux représentants de l'opportunisme et du radicalisme. En avril 1889, il suivit le général Boulanger d'abord à Bruxelles, ensuite à Londres, où il se fixa. Traduit avec le général et M. Dillon, devant le Sénat constitué en haute cour de justice, sous l'inculpation d'un complot « ayant pour but soit de détruire ou de changer le gouvernement, soit d'exciter les citoyens ou habitants à s'armer contre l'autorité constitutionnelle, » M. H. Rochefort fut condamné, par contumace, à la déportation dans une enceinte fortifiée. Il continue d'habiter Londres, d'où il envoie chaque jour son article à l'*Intransigeant*.

ROCHEGUDE (HENRY-PASCAL DE), député en 1789, membre de la Convention, né à Albi (Tarn) le 18 décembre 1741, mort à Albi le 16 mars 1834, « fils de noble Pascal, seigneur de Rochegude, et de dame Rose de Caubettes », appartint à la marine du roi, et parvint au grade de capitaine de vaisseau. Élu, le 26 mars 1789, député suppléant de la noblesse aux États-Généraux par la sénéchaussée de Carcassonne, il fut admis à siéger, le 15 février 1790, en remplacement de M. de Badens, démissionnaire. Il opina avec les réformateurs les plus modérés, et fut réélu, le 6 septembre 1792, député du Tarn à la Convention nationale, le 8e sur 9, par 213 voix (413 votants). M. de Rochegude opina avec la droite « pour la détention et le bannissement de Louis XVI », fut menacé en 1793 de poursuites auxquelles il échappa, s'occupa de linguistique avec Raynouard, et représenta (23 vendémiaire an IV), au Conseil des Cinq-Cents, le département de la Somme, qui lui avait donné 191 voix (345 votants). Il appartint à cette assemblée jusqu'au 1er an V, fut promu contre-amiral, et, ayant pris sa retraite, passa les dernières années de sa vie à Albi. Il légua à sa ville natale la riche bibliothèque qu'il y avait formée, et un capital de 30,000 fr. pour assurer le traitement du bibliothécaire.

ROCHEGUDE (AMANS-JOSEPH-MARIE DE ROBERT D'AQUÉRIA, MARQUIS DE), député de 1827 à 1830, né à Avignon (Vaucluse) le 9 janvier 1782, mort à Avignon le 21 mars 1865, « fils de Louis-Joseph-Jean-Marie-Dominique de Robert, titré marquis d'Aquéria, chevalier seigneur de Rochegude, Albagnanot, etc., lieutenant-colonel de cavalerie, chevalier de l'ordre royal et militaire de Saint-Louis, et de dame Angélique-Gabrielle de Peillon », entra au service en 1811 dans les chevau-légers de la maison du roi. Pendant les Cent-Jours, il s'enrôla dans les volontaires royalistes et chercha à rejoindre le duc d'Angoulême. Nommé, en 1816, capitaine au 3e régiment d'infanterie de la garde royale, il devint, en 1826, chef de bataillon au 13e de ligne, et fut élu, le 24 novembre 1827, député du grand collège de Vaucluse, par 55 voix (83 votants, 122 inscrits), contre 28 à M. de Cambis, et réélu, le 19 juillet 1830, par 75 voix (79 votants, 122 inscrits); il prit place à l'extrême droite et repoussa l'Adresse des 221. Il donna sa démission après les événements de juillet, et fut remplacé, le 13 novembre suivant, par M. de Cambis. Chevalier de la Légion d'honneur du 4 novembre 1829.

ROCHEMONT (DE). — Voy LEBRUN.

ROCHEMORE (ANNE-JOACHIM-JOSEPH, MARQUIS DE), député de 1821 à 1827, né à Nîmes (Gard) le 24 juillet 1766, mort à Orbec (Calvados) le 6 juillet 1855, « fils de M. Alexandre-Pierre de Rochemore, chevalier, marquis de Rochemore-Saint-Cosme, seigneur de Bigourdou, Fontcouverte, Masblanc, Montredon et autres lieux, et de Marie-Madeleine-Barbe de Voglié », entra de bonne heure dans l'armée, fut lieutenant au régiment Royal-Cravates, devint aide-de-camp du maréchal de Broglie en 1791, et colonel de cavalerie l'année suivante. Puis il émigra, et fit toutes les campagnes de l'armée des princes jusqu'en 1798. Il rentra en France à l'époque du Consulat, et vécut retiré pendant toute la durée de l'empire; à la Restauration, il fut nommé 1er lieutenant aux chevau-légers du roi, maréchal de camp et maître des cérémonies. En 1815, il eut le commandement militaire du département de la Sarthe. Chevalier de Saint-Louis et membre de la Légion d'honneur, il fut successivement élu député du grand collège d'Indre-et-Loire, le 8 mai 1821, en remplacement de M. de la Bourdonnaye, qui avait opté pour Maine-et-Loire, par 148 voix (160 votants); le 16 mai 1822, par 138 voix (227 votants, 275 inscrits), et le 6 mars 1824, par 117 voix (201 votants, 246 inscrits). Il prit place parmi les ministériels et vota pour toutes les lois d'exception. Il était aussi conseiller général. Il quitta le parlement aux élections générales de 1827, et fut admis à la retraite, comme maréchal de camp, le 4 août 1833.

ROCHEMURE (JEAN-XAVIER-VICTOR-CHARLES FAGES DE LATOUR, COMTE DE), député au Corps législatif de 1852, à 1870, né à Largentière (Ardèche) le 17 octobre 1818, mort à Paris le 23 octobre 1870, propriétaire, maire de Largentière, conseiller général de cette ville et chevalier de la Légion d'honneur, fut candidat officiel au Corps législatif dans la 2e circonscription de l'Ardèche, et fut successivement élu député, le 29 février 1852, par 22,276 voix (22,337 votants, 31,874 inscrits); le 22 juin 1857, par 24,826 voix (24,892 votants, 30,714 inscrits); le 1er juin 1863, par 16,104 voix (21,555 votants, 30,608 inscrits), contre 5,401 à M. Mathieu, candidat de l'opposition ; le 24 mai 1869, par 13,503 voix (23,025 votants, 32,119 inscrits), contre 9,468 à M. Destremx, candidat de l'opposition. M. de Rochemure ne cessa de voter avec la majorité dynastique et se prononça pour la guerre contre la Prusse. Il mourut trois mois après.

ROCHEPLATTE (FLEURIZEL-LOUIS DROUIN, COMTE DE), député de 1820 à 1827, né à Aulnay-la-Rivière (Loiret) le 17 janvier 1767, mort à Orléans (Loiret) le 5 janvier 1852, propriétaire à Orléans, maire de cette ville en 1820, et chevalier de la Légion d'honneur, fut successivement élu député du grand collège du Loiret, le 13 novembre 1820, par 190 voix (314 votants, 356 inscrits); le 16 mai 1822, par 201 voix (306 votants, 356 inscrits); le 6 mars 1824, par 213 voix (271 votants, 322 inscrits). M. de Rocheplatte présida en outre le collège électoral d'Orléans en 1824. Royaliste convaincu, il vota avec la majorité ministérielle, se prononça pour les lois d'exception, et quitta la vie politique aux élections de 1827.

ROCHERULLÉ. — Voy. DESLONGRAIS.

ROCHET (JOSEPH-CLAUDE), député de 1885 à 1889, né à Lyon (Rhône) le 1er juillet 1837, mort à Lyon le 30 mai 1888, entra de bonne heure dans l'industrie, et dirigea, de 1869 à 1873, un atelier de tissage. Choisi en 1871 comme administrateur délégué de la Société civile de tissage de Lyon dissoute en 1872, il devint, en 1877, l'un des fondateurs du syndicat des tisseurs. Nommé conseiller municipal de Lyon en novembre 1873, et successivement réélu en 1877, en 1881 et en 1884, adjoint à la mairie centrale, administrateur de l'école municipale de tissage, du Mont-de-Piété, de la caisse d'épargne, du bureau de bienfaisance, et membre influent du comité radical de Lyon, il fut porté, le 4 octobre 1885, sur la liste radicale du Rhône, et fut élu, le 10e sur 11, au second tour de scrutin, par 86,294 voix (136,430 votants, 178,887 inscrits). Il prit place au groupe radical progressiste, vota l'expulsion des princes, et, décédé en mai 1888, fut remplacé, le 8 juillet suivant, par M. Choplé.

ROCHETAILLÉE (DE). — Voy. EBAUDY.

ROCHETTE (CHARLES-LOUIS-ERNEST POICTEVIN, BARON DE LA), représentant en 1848, en 1849 et en 1871, sénateur de 1875 à 1876, né au château de Chaligny, près de Sainte-Pézenne (Vendée) le 29 janvier 1804, mort à Nantes (Loire-Inférieure) le 19 janvier 1876, appartenait à une ancienne famille légitimiste et s'occupait à la fois d'agriculture et de politique. Riche propriétaire dans la Loire-Inférieure, conseiller d'arrondissement de Savenay, après son mariage (1835) avec Mlle Marie de Couëssin, conseiller général du canton d'Herbignac, il se présenta à la députation, le 1er août 1846, dans le 7e collège de la Loire-Inférieure (Savenay), et échoua avec 141 voix contre 170 à l'élu, M. Ternaux-Compans; il fut plus heureux le 23 avril 1848, aux élections pour l'Assemblée constituante, et fut élu représentant de la Loire-Inférieure, le 11e sur 13, par 73,822 voix (124,699 votants, 153,494 inscrits); il siégea à la droite royaliste, fit partie du comité des affaires étrangères, et vota : pour le rétablissement du cautionnement, pour les poursuites contre Louis Blanc et Caussidière, contre l'abolition de la peine de mort, pour la réduction de l'impôt du sel, contre l'amnistie, pour l'interdiction des clubs, contre l'abolition de l'impôt des boissons. Réélu, le 13 mai 1849, représentant du même département à l'Assemblée législative, le 5e sur 11, par 76,337 voix (148,353 inscrits), il opina, comme précédemment, avec les légitimistes, pour l'expédition de Rome, pour la loi Falloux-Parieu sur l'enseignement, pour la loi restrictive du suffrage universel, protesta contre le coup d'État du 2 décembre

1851, fut enfermé à Mazas, et, rendu à la liberté, se consacra à l'exploitation de ses propriétés, et collabora aussi à l'*Espérance du peuple* de Nántes, dont son père était le directeur. Il se présenta, le 29 février 1852, au Corps législatif dans la 2º circonscription de la Loire-Inférieure, mais il n'obtint que 9,894 voix contre 11,723 à l'élu officiel, M. Desmars. Il fut, sous l'empire, l'un des correspondants officiels du comte de Chambord, et, le 8 février 1871, fut élu représentant de la Loire-Inférieure à l'Assemblée nationale, le 6º sur 12, par 61,214 voix (95,897 votants, 155,400 inscrits); il fit partie de la réunion des Réservoirs, présida le groupe des chevau-légers, et vota avec l'extrême droite : *pour* la paix, *pour* les prières publiques, *pour* l'abrogation des lois d'exil, *pour* la chute de Thiers au 24 mai, *pour* le septennat, la loi des maires, l'état de siége, *contre* le ministère de Broglie, *contre* les amendements Wallon et Pascal Duprat, *contre* les lois constitutionnelles. Lors de l'élection des sénateurs inamovibles par l'Assemblée nationale (décembre 1875), il conclut avec la gauche, au nom d'un petit nombre de membres de l'extrême-droite, le compromis qui aboutit à l'élection de ces derniers à la Chambre haute. Cette tactique lui fut vivement reprochée, et il dut s'en expliquer dans une longue lettre adressée au journal l'*Union* (11 décembre 1875). Élu, lui-même, le 11 décembre, par l'Assemblée nationale, sénateur inamovible, le 22º sur 75, par 357 voix (690 votants), il n'eut pas le temps de siéger, et fut surpris par la mort le 19 janvier 1876.

ROCHETTE(Athanase-Louis-Antoine Poictevin, baron de la), député de 1876 à 1879, né à Assérac (Loire-Inférieure) le 2 juin 1837, mort à Paris le 4 mars 1879, fils aîné du précédent, était propriétaire et maire d'Assérac. Il suivit la carrière militaire et servit, de 1861 à 1868, dans l'armée pontificale, en qualité d'officier de dragons. Il assista à la bataille de Mentana, fut cité à l'ordre du jour, prit part à la guerre franco-allemande, comme lieutenant-colonel d'un régiment de mobilisés, et fut décoré de la Légion d'honneur après la campagne. Propriétaire du journal l'*Espérance du Peuple*, il se présenta, comme candidat légitimiste, aux élections législatives de 1876, et fut élu, au second tour de scrutin, le 5 mars, député de la 2º circonscription de Saint-Nazaire, par 7,622 voix (12,847 votants, 18,453 inscrits), contre 5,217 au candidat républicain, M. Benoit. Il siégea dans la minorité de droite et combattit la politique des 363. Réélu, le 14 octobre 1877, par 9,105 voix (12,732 votants, 18,806 inscrits), contre 3,602 à M. Benoit, il eut, en 1878, avec un député de la gauche, M. Laisant, un duel dans lequel il fut légèrement blessé. Décédé le 4 mars 1879, il fut remplacé, le 6 avril suivant, par son frère, M. Ernest de la Rochette. Chevalier de Pie IX et de Saint-Grégoire-le-Grand.

ROCHETTE (Ernest-Léon-Zacharie Poictevin, baron de la), député de 1879 à 1889, né à Assérac (Loire-Inférieure) le 20 mai 1847, frère du précédent, était étranger à la politique militaire, lorsqu'il fut élu, le 6 avril 1879, député de la 2º circonscription de Saint-Nazaire, par 8,393 voix (8,873 votants, 19,327 inscrits), en remplacement de son frère, décédé. Il siégea, comme lui, à l'extrême droite, et fut réélu, le 21 août 1881, par 7,835 voix (11,897 votants, 19,365 inscrits), contre 4,045 à M. Benoit. Adversaire des divers cabinets qui se succédè-

rent au pouvoir, M. de la Rochette ne cessa de voter avec la minorité conservatrice, notamment *contre* les crédits du Tonkin, et fut inscrit, le 4 octobre 1885, sur la liste monarchiste de la Loire-Inférieure; élu, le 9º et dernier, par 68,848 voix (121,474 votants, 165,621 inscrits), il opina, comme dans les législatures précédentes, avec la droite conservatrice et royaliste, et se prononça, en dernier lieu, *contre* le rétablissement du scrutin d'arrondissement (11 février 1889), *pour* l'ajournement indéfini de la revision de la Constitution, *contre* les poursuites contre trois députés de la Ligue des patriotes, *contre* le projet de loi Lisbonne restrictif de la liberté de la presse, *contre* les poursuites contre le général Boulanger.

ROCHOUX DE LA BOUIGE (Jean-Baptiste), député en 1791, né et mort à des dates inconnues, receveur de la régie avant la Révolution, puis administrateur du département de l'Indre en 1790, fut élu, le 29 août 1791, député de l'Indre à l'Assemblée législative, le 5º sur 6, à la pluralité des voix. Il ne joua qu'un rôle fort effacé; son nom n'est pas cité au *Moniteur*.

ROCHUT (Louis), représentant en 1849, né à Bigoin (Saône-et-Loire) le 5 juin 1815, exerça la profession de vétérinaire à Nevers. Les opinions républicaines qu'il manifesta après la révolution de février 1848, le firent élire, le 13 mai 1849, le 4º sur 7, représentant de la Nièvre à l'Assemblée législative, par 36,954 voix (65,811 votants, 88,144 inscrits). Il prit place à l'extrême gauche, dans le groupe de la Montagne, et vota avec la minorité démocratique : *contre* l'expédition de Rome, *contre* la loi Falloux-Parieu sur l'enseignement, *contre* la loi restrictive du suffrage universel. Sous l'Empire, il devint vétérinaire des écuries du prince Napoléon et cessa complétement de s'occuper de politique.

ROCQUAIN-DEVIENNE (Gilbert-Julien-Gabriel), député au Corps législatif en l'an XI, né à Ballon (Sarthe) le 3 novembre 1745, mort à une date inconnue, « fils de maître Julien Rocquain, receveur au grenier à sel de Ballon, et procureur fiscal dudit Ballon, et de dame Anne-Marguerite Lemore », fut d'abord employé à la ferme générale de Paris, et devint, en 1783, chef du bureau des privilégiés. Procureur-syndic de la commune de Ballon en 1790, fonctions qu'il exerça pendant plusieurs années, puis maire de cette commune et assesseur du juge de paix, il fut appelé aux fonctions de sous-préfet de Nogent-le-Rotrou après le 18 brumaire, et fut élu, le 9 thermidor an XI, par le Sénat conservateur, député d'Eure-et-Loir au Corps législatif, d'où il sortit en 1807. Il ne reparut plus sur la scène politique.

ROCQUE (Jean-Joseph), député en 1789, né à Saint-Pons (Hérault) le 5 mai 1749, mort à une date inconnue, « fils de Pierre-Honoré Rocque, avocat au parlement, et de demoiselle Elisabeth Mas », était négociant à Saint-Pons, quand il fut élu, le 3 avril 1789, député du tiers aux États-Généraux par la sénéchaussée de Béziers, avec 302 voix (435 votants). Il vota obscurément avec la majorité et ne prit la parole qu'une fois pour demander la fixation à Béziers de l'évêché de l'Hérault. Après la session, il fut officier municipal, maire de

Saint-Pons, conseiller d'arrondissement et commandant de la garde nationale.

RODAT (Pierre-Marie-Henri), représentant en 1848 et en 1849, né à Sainte-Radegonde (Aveyron) le 11 février 1808, mort à Rodez (Aveyron) le 2 avril 1875, fils de Rodat d'Olemps (P. A. A.) (*Voy. plus bas*), étudia le droit et fut reçu avocat. Il entra dans la magistrature, et fut nommé (1833) substitut du procureur du roi à Espalion. L'année suivante, il passa à Rodez en la même qualité, et donna sa démission en 1841, pour se faire inscrire au barreau et faire librement de l'opposition au gouvernement de juillet. Élu, le 23 avril 1848, représentant de l'Aveyron à l'Assemblée constituante, le 5e sur 10, par 38,437 voix (99,119 votants, 105,448 inscrits), il fit partie du comité de la justice, et vota avec la droite : *pour* le rétablissement du cautionnement, *pour* les poursuites contre Louis Blanc et Caussidière, *pour* le rétablissement de la contrainte par corps, *contre* l'abolition de la peine de mort, *contre* l'amendement Grévy, *contre* le droit au travail, *pour* l'ordre du jour en l'honneur de Cavaignac, *pour* la proposition Rateau, *contre* l'amnistie, *contre* l'abolition de l'impôt des boissons. Réélu, le 13 mai 1849, représentant du même département à l'Assemblée législative, le 1er sur 8, par 45,085 voix (79,850 votants, 112,514 inscrits), il suivit la même ligne politique que précédemment, appuya l'expédition de Rome et toutes les lois répressives qui eurent l'agrément de la majorité, et se sépara de la politique particulière de l'Élysée lorsque le président entra en lutte contre la majorité de l'Assemblée. Sous l'Empire, il se présenta, le 23 mai 1869, comme candidat indépendant, dans la 1re circonscription de l'Aveyron, et réunit 10,294 voix contre 20,273 à l'élu officiel, M. Girou de Buzareingues. Depuis 1851, il avait repris sa place au barreau de Rodez.

RODAT (Armand-Henri-Lucien), député de 1881 à 1885 et de 1887 à 1889, né à Rodez (Aveyron) le 31 juillet 1842, fils du précédent, entra dans l'administration après le 4 septembre 1870, et fut, du 14 septembre au 2 décembre suivant, sous-préfet de Millau. Candidat républicain modéré aux élections législatives de 1876 dans la 2e circonscription de Rodez, il échoua, au second tour de scrutin, le 5 mars, avec 5,814 voix contre 7,178 à l'élu conservateur, M. Roques. Il se représenta sans plus de succès, le 14 octobre 1877, et obtint alors 3,046 voix contre 6,258 à l'élu officiel, M. Azémar, et 2,157 à M. Mazeuq. Au renouvellement du 21 août 1881, M. Rodat devint député de la 2e circonscription de Rodez, par 7,267 voix (12,976 votants, 16,858 inscrits), contre 5,679 au député sortant. Il siégea dans la majorité opportuniste qui soutint les cabinets Ferry et Gambetta et qui vota les crédits du Tonkin. Secrétaire de la Chambre, il prit plusieurs fois la parole, notamment dans les discussions de la loi sur les récidivistes et du projet de code rural, et ne se représenta pas en 1885. Mais, le 27 février 1887, le décès de M. Roques ayant produit une vacance dans la représentation du département, M. Rodat fut élu député de l'Aveyron par 55,748 voix (63,256 votants, 116,628 inscrits), contre 1,151, à M. Soubrié. Il reprit sa place à gauche, soutint les divers ministères qui se succédèrent au pouvoir, déposa (juin 1887) un amendement à la loi militaire tendant à l'incorporation des séminaristes dans le corps des infirmiers même en temps de paix, parla (juin 1888) sur la responsabilité des accidents des victimes du travail, et se prononça, en dernier lieu, *pour* le rétablissement du scrutin d'arrondissement (11 février 1889), *pour* l'ajournement indéfini de la revision de la Constitution, *pour* les poursuites contre trois députés membres de la Ligue des patriotes, *pour* le projet de loi Lisbonne restrictif de la liberté de la presse, *pour* les poursuites contre le général Boulanger.

RODAT D'OLEMPS (Antoine-François), député en 1789, au Conseil des Anciens et au Corps législatif, né à Olemps (Aveyron) le 2 octobre 1751, mort à une date inconnue, était propriétaire, cultivateur dans sa commune natale quand il fut élu, le 20 mars 1789, député du tiers aux États-Généraux par la sénéchaussée de Rodez, avec 108 voix sur 193 votants. Il prêta le serment du Jeu de paume, fut membre du comité féodal, et obtint un congé le 30 septembre 1790. Nommé administrateur de l'Aveyron, le 17 septembre 1791, il fut de nouveau élu, le 24 germinal an VI, député de l'Aveyron au Conseil des Anciens, par 205 voix (280 votants). Il vota obscurément avec la majorité, se rallia au 18 brumaire, et fut encore choisi, le 4 nivôse an VIII, par le Sénat conservateur, pour représenter l'Aveyron au Corps législatif; il y fut réélu, le 28 ventôse an X, et en sortit en l'an XV.

RODAT D'OLEMPS (Pierre-Antoine-Amans), député de 1830 à 1836, né à Rodez (Aveyron) le 24 mars 1777, mort à Rodez le 10 février 1846, était maire de Rodez, lorsqu'il fut élu, le 3 juillet 1830, député de l'Aveyron, au grand collège, par 75 voix (95 votants, 163 inscrits). Huit jours auparavant il avait échoué, dans le 1er arrondissement de l'Aveyron (Rodez), avec 81 voix contre 116 à l'élu M. Delauro. Il adhéra au gouvernement de Louis-Philippe, fut nommé conseiller de préfecture de l'Aveyron le 21 novembre suivant, et réélu député, le 17 janvier 1831, par 222 voix (266 votants, 640 inscrits). Il appartint à la majorité conservatrice et échoua au renouvellement du 5 juillet 1831, à la fois dans le 1er et dans le 3e collège de l'Aveyron: à Rodez il obtint 48 voix contre 108 à l'élu, M. Merlin, et, à Espalion, 34 voix contre 75 à l'élu, M. Daudé. Secrétaire de la Société d'agriculture de Rodez, et correspondant du conseil supérieur de l'agriculture.

RODET (Claude-Louis), député de 1818 à 1824 et de 1829 à 1830, né à Bourg (Ain) le 20 septembre 1768, mort à Bourg le 31 octobre 1838, était avocat dans sa ville natale au moment de la Révolution. En 1791, il s'engagea dans le 3e bataillon des volontaires de son département, fit campagne sur le Rhin et fut nommé officier-payeur. Retiré du service à la paix de Campo-Formio, il reprit sa place au barreau, et devint conseiller municipal de Bourg sous l'empire. Il s'engagea de nouveau en 1814 pour repousser l'invasion, fut proscrit en 1815, à la seconde Restauration, mais obtint sa grâce peu après. Élu, le 20 décembre 1818, député du grand collège de l'Ain, par 270 voix (453 votants, 647 inscrits), il prit place parmi les constitutionnels, repoussa la question d'indignité lors de l'élection de Grégoire, et vota contre les lois suspensives de la liberté individuelle et de la liberté de la presse et contre le nouveau système électoral. Le 25 mai 1819, il attaqua le ministère à propos d'un secours accordé aux missionnaires de la rue du Bac; il traita ces missions de « scandaleuses » et leur reprocha d'exciter l'intolérance et les troubles domestiques. Les élections du 25 février 1824 ne lui furent pas favorables; il échoua dans le 1er arrondissement électoral de l'Ain (Bourg), avec 100 voix contre 127 à l'élu, M. Varenne de l'Euille; mais il rentra au parlement comme député du 2e arrondissement électoral du même département (Trévoux), le 26 mai 1829, élu par 83 voix (132 votants, 165 inscrits), contre 35 à M. Ainard, et fut réélu, le 23 juin 1830, par 90 voix (155 votants, 173 inscrits), contre 55 à M. Greppo. Il reprit sa place à l'opposition et vota l'Adresse des 221. Nommé, en 1830, conseiller de préfecture, il donna sa démission de député, remplit ses nouvelles fonctions jusqu'à sa mort, et fut remplacé à la Chambre, le 31 octobre, par M. Lorrin.

RODEZ-BENAVENT (MARIE-THÉOPHILE, VICOMTE DE), représentant en 1871, sénateur de 1876 à 1879, né à Montpellier (Hérault) le 27 août 1817, mort au château de Val-Marie (Hérault) le 13 septembre 1883, descendant en ligne directe de l'ancienne maison des comtes souverains de Rodez, riche propriétaire, un des membres les plus en vue du parti légitimiste dans l'Hérault, s'occupa d'agriculture sous le second empire, se mêla aux luttes électorales, et fonda à Montpellier, en 1869, le Journal l'Union nationale. Conseiller municipal de Montpellier (août 1870), conseiller d'arrondissement de Ganges, il fut élu, le 8 février 1871, représentant de l'Hérault à l'Assemblée nationale, le 8e et dernier, par 49,404 voix (88,483 votants, 141,397 inscrits). Il prit place à l'extrême-droite, fit partie de la réunion des Réservoirs, signa l'adresse des députés syllabistes au pape, adhéra à la proposition de M. La Rochefoucauld demandant le rétablissement de la monarchie, fut membre des commissions chargées de l'enquête sur les actes du gouvernement de la Défense nationale, sur la situation des classes ouvrières, parla sur les nouvelles lignes concédées à la compagnie Paris-Lyon-Méditerranée, fit voter un amendement tendant à déclarer d'utilité publique l'embranchement de Quissac à Montpellier pour favoriser l'exploitation des bassins houillers d'Alais et de la Grand'Combe, et vota pour la paix, pour l'abrogation des lois d'exil, pour la pétition des évêques, pour le service de trois ans, pour la démission de Thiers, pour le septennat, contre le ministère de Broglie, contre l'amendement Wallon et contre les lois constitutionnelles. Réélu conseiller général du canton de Ganges en octobre 1871, il fut candidat à un siège de sénateur inamovible pour lequel il n'obtint que 329 voix, et fut élu sénateur de l'Hérault, le 30 janvier 1876, par 221 voix (416 votants). Il prit de nouveau place à droite et vota pour la dissolution de la Chambre demandée par le ministère de Broglie. Ayant échoué au renouvellement triennal du 5 janvier 1879, avec 139 voix sur 413 votants, il ne se représenta plus.

RODIÈRE (JEAN-ANTOINE-MARTIN), député de 1820 à 1824, né à Castelnaudary (Aude) le 11 novembre 1774, mort à une date inconnue, propriétaire à Miraval (Aude), fut élu, le 4 novembre 1820, député de l'arrondissement électoral de l'Aude (Castelnaudary) par 329 voix (615 votants, 711 inscrits) contre 275 à M. Martin. Il vota silencieusement avec la majorité et rentra dans la vie privée en 1824.

RŒDERER (PIERRE-LOUIS, COMTE), député en 1789, membre du Sénat conservateur, pair

des Cent-Jours et pair de France, né à Metz (Moselle) le 15 février 1754, mort à Bois-Roussel (Orne) le 17 décembre 1835, « fils de Monsieur Pierre-Louis Rœderer, avocat à la cour, conseiller du roi, substitut de M. le procureur général, et de dame Marguerite Gravelotte », fit ses études à Metz, son droit à Strasbourg, et, malgré son peu de goût pour la procédure, acheta, en 1780, sur l'avis de son père, une charge de conseiller au parlement de Metz. Il était alors fort imbu des idées de J.-J. Rousseau et l'un des membres les plus actifs de l'Académie de Metz. La convocation des Etats-Généraux le lança dans la politique; il se montra partisan des idées nouvelles, et fut élu, le 26 octobre 1789, député du tiers aux Etats-Généraux par le bailliage de Metz (ville), avec 62 voix (88 votants), en remplacement de M. Poutet dont l'élection avait été annulée. Il prit de suite à l'Assemblée une situation importante, fut nommé commissaire pour examiner les plans d'une banque nationale, et parut souvent à la tribune, où il demanda, non sans éloquence, la réforme de l'ordre judiciaire et l'établissement du jury, la suppression des ordres religieux, des corporations et des jurandes, des distinctions et des titres nobiliaires. Il fut aussi l'un des premiers à réclamer la liberté de la presse et l'égalité des droits politiques pour tous les citoyens, à quelque classe ou culte qu'ils appartinssent. Secrétaire de l'Assemblée, membre du comité de Constitution et du comité des Impôts, ce fut surtout dans ce dernier comité qu'il fit preuve de réels talents. Rédacteur et rapporteur des lois sur le timbre, sur les patentes, sur la contribution foncière et mobilière, il eut une part prépondérante à l'organisation des finances et émit des vues très sages sur l'émission des assignats. Il prit aussi la parole à propos de la vente des biens du clergé; il n'est du reste guère de discussions importantes auxquelles il ne se soit mêlé. Après la session, il fut élu, le 10 novembre 1791, procureur général syndic de Paris, et fut, en cette qualité, mêlé aux mouvements populaires dirigés contre la royauté. Ce fut lui qui rédigea « l'instruction sur la manière de se servir de la guillotine » qui venait d'être adoptée (31 mai 1791). La première exécution n'eut lieu que le 25 avril 1792, et Rœderer écrivit à cette occasion à La Fayette : « Le nouveau mode d'exécution, Monsieur, au supplice de la tête tranchée, attirera certainement une foule considérable à la Grève; et il est intéressant de prendre des mesures pour qu'il ne se commette aucune dégradation à la machine. » Jusqu'au 20 juin, Rœderer eut l'appui de la Société des Jacobins, dont il faisait partie; mais ayant alors blâmé l'envahissement des Tuileries, qu'il fut impuissant à empêcher, et ayant demandé, à la barre de l'Assemblée législative, que cette Assemblée refusât les honneurs de la séance aux bandes d'hommes armés qui lui présentaient des pétitions et lui imposaient leur volonté, il fut dénoncé comme contre-révolutionnaire. Le 10 août, lorsqu'il apprit les dangers qui menaçaient Louis XVI, il se rendit en hâte aux Tuileries et engagea le prince à se réfugier à l'Assemblée; lui-même voulut conduire et protéger la famille royale. La commune de Paris blâma hautement cette conduite, et, à l'instigation de quelques-uns de ses membres, et sur l'injonction de Marat, elle lança contre lui un mandat d'arrêt; l'Assemblée ne permit pas sa mise en jugement. Rœderer se consacra alors à une active collaboration au Journal de Paris, dans lequel, le 6 janvier 1793, il refusa à la Convention le droit de juger Louis XVI. Mais la chute des Girondins, les journées des 31 mai et 2 juin 1793 lui imposèrent silence; il disparut pendant la tourmente révolutionnaire jusqu'à la chute de Robespierre. Nommé alors professeur d'économie politique aux Ecoles centrales, redevenu collaborateur du *Journal de Paris*, et appelé à l'Institut en juin 1796, dans la classe des sciences morales et politiques, il fonda au mois d'août suivant le *Journal d'économie publique, de morale et de politique*, qui paraissait tous les décadis. Il resta toujours suspect et ne put échapper au 18 fructidor que par l'intervention de Talleyrand. Aussi applaudit-il au 18 brumaire. Ce fut lui qui écrivit l'*Adresse aux Parisiens* placardée sur les murs de la capitale, le matin du 18, et que son fils avait composée typographiquement dans une imprimerie où l'avait placé Regnault de Saint-Jean-d'Angely. Appelé alors au Sénat conservateur, il refusa cette place pour prendre celle de conseiller d'Etat, le 4 nivôse an VIII. Quelques jours après, le 13 nivôse, il fut nommé ministre plénipotentiaire, et se rendit en Suisse puis en Hollande. A son retour (ventôse an X), il eut la direction des théâtres et de l'instruction publique, et élabora un projet pour l'enseignement classique qu'il n'eut pas le temps d'appliquer. Nommé, le 27 fructidor an X, membre du Sénat conservateur, il répondit, suivant un biographe, au premier consul qui lui disait : « Eh bien, citoyen Rœderer, nous vous avons placé entre les pères conscrits ». — Oui, général, vous m'avez envoyé *ad patres* ». Membre de la Légion d'honneur (9 vendémiaire an XII), commandeur de l'ordre (25 prairial), il alla, en 1806, au nom du Sénat, féliciter Joseph Bonaparte sur son avénement au trône de Naples. Retenu par ce prince, dont il devint, avec l'agrément de l'empereur, le ministre des Finances, il jeta les bases des importantes réformes financières qui furent appliquées sous le règne de Murat. Grand-officier de la Légion d'honneur (6 décembre 1807), créé comte de l'Empire le 2 février 1809, nommé administrateur du grand-duché de Berg le 23 septembre 1810, Rœderer rentra en France en 1813. Deux ans auparavant, l'empereur avait songé à l'appeler au ministère du Commerce; mais une note confidentielle qui lui fut remise à cette occasion modifia ses intentions; elle portait : « Rœderer, de l'esprit, même du talent, mais sec, entêté, cassant, systématique, économiste; il l'a prouvé sans succès à Naples; c'est un homme effrayant. » Rœderer fut nommé préfet de l'Aube le 24 février 1814, resta à peine quatre jours à Troyes, chassé par l'invasion, et, au retour des Bourbons, fut remplacé par M. de Mézi. Il s'en plaignit dans une lettre au roi (5 août 1814) : « J'éprouve déjà le malheur, écrivait-il, qui s'attache à un nom que l'on a considéré comme exclu des bontés de V. M., lorsqu'on ne l'a pas vu figurer dans le corps qui succède au Sénat. Ce sentiment est tel que personne n'ose plus prononcer ce nom devant V. M., et le prince de Wagram, mon oncle, qui devrait être près d'Elle mon protecteur, s'est cru lui-même condamné au silence. » Il n'obtint qu'une somme de 2,000 francs (février 1825) pour l'indemniser des frais de son court passage à Troyes. Nommé, pendant les Cent-Jours, pair par l'Empereur, le 2 juin 1815, il fut, au retour de Gand, éliminé (avril 1816) de l'Institut et de toutes ses fonctions publiques. Il se retira alors à Bois-Roussel et s'occupa de littérature. La révolution de 1830

lui rendit sa place à l'Académie des sciences morales et politiques et le rappela à la Chambre des pairs, le 11 octobre 1832. Quelques années après, en 1835, il publia sa *Lettre aux constitutionnels*, dans laquelle il attaquait la formule parlementaire : « Le roi règne et ne gouverne pas ». Il mourut la même année. Mallet du Pan a caractérisé, un peu trop sévèrement, l'habileté et la souplesse politique de Rœderer en disant : « Il a serpenté avec succès au travers des orages et des partis, se réservant toujours des expédients, quel que fût l'événement. » On a de lui : *La députation aux Etats-Généraux* (1788); *Mémoire sur l'administration du département de Paris* (1792); *Louis XII* (1820); *François Ier* (1825); *Chronique des cinquante jours, du 20 juin au 10 août 1792* (1832); *Mémoire pour servir à l'histoire de la société polie en France* (1835); *Comédies historiques* (1827-1830), etc.

RŒDERER (Antoine-Marie, baron), pair de France, né à Metz (Moselle) le 14 mai 1782, mort à Pacy (Eure) le 15 mars 1865, fils du précédent et de « madame Eve-Reine-Louise Guaita, citoyenne de Francfort », débuta dans l'administration le 8 vendémiaire an VIII, comme auditeur au conseil d'Etat. Employé au ministère des Affaires étrangères (frimaire an VIII), puis secrétaire de légation à Lunéville, à Amiens et à Paris lors du traité de paix avec l'Amérique, il remplit encore dans la diplomatie le poste de secrétaire de légation (13 frimaire an XI) lors de la négociation pour l'acte de médiation de la Suisse, et fut envoyé à Naples (1er février 1806). Le 22 novembre de la même année, il fut nommé directeur général des contributions directes. Chambellan du roi de Naples le 25 février 1807, il fut promu, le 8 mai 1808, chevalier de l'ordre royal des Deux-Siciles, et devint successivement préfet du département de Trasimène (6 septembre 1809), puis de celui de l'Aube (24 février 1814). Eloigné des fonctions publiques sous la Restauration, le baron Rœderer fut élevé à la dignité de pair de France le 23 septembre 1815. Il opina jusqu'à la révolution de février pour le gouvernement de Louis-Philippe. On a de lui : *Comédies, proverbes et parades* (1824-1825); *Intrigues politiques et galantes* (1832).

RŒDERER (Louis), député de 1877 à 1879, né à Reims (Marne) le 5 avril 1845, mort à Reims le 27 juillet 1880, était négociant en vins de champagne à Reims. Candidat officiel du gouvernement du seize mai, le 14 octobre 1877, il fut élu député de la 2e circonscription de Reims par 9,610 voix (18,359 votants, 20,806 inscrits), contre 8,575 à M. Thomas, républicain. Cette élection fut invalidée par la majorité, et M. L. Rœderer s'étant représenté le 7 juillet 1878, échoua avec 9,111 voix, contre 9,395 à l'élu républicain, M. Thomas.

ROEMERS (Charles-Clément, baron de), député au Conseil des Cinq-Cents et au Corps législatif, né à Maëstricht (Meuse-Inférieure) le 31 janvier 1748, mort à une date inconnue, « fils de Jean-Winand Roëmers et de Catherine-Emérance Van Bergh », était jurisconsulte dans sa ville natale, quand il fut élu, le 21 germinal an V, député de la Meuse-Inférieure au Conseil des Cinq-Cents, par 60 voix (82 votants). Il fit partie du comité judiciaire dont il devint secrétaire, soutint le projet sur la durée des fonctions des présidents et accusateurs publics des tribunaux criminels, lut un rapport sur la répression du brigandage et sur la responsabilité des communes, demanda et obtint la prorogation de la loi qui punissait de mort le vol sur les grandes routes, déposa un projet contre les individus trouvés sans cocarde nationale, réclama de nouvelles mesures sur la responsabilité des communes, et exposa ses idées sur la répression des assassinats. Rallié au 18 brumaire, il fut élu, le 4 nivôse an VIII, par le Sénat conservateur, député de la Meuse-Inférieure au Corps législatif, et réélu le 7 mars 1807; il prit part aux délibérations de la commission du code d'instruction criminelle. Membre de la Légion d'honneur (4 frimaire an XII), commandeur de l'ordre (15 prairial suivant), créé baron de l'Empire le 15 septembre 1811, il perdit sa qualité de Français par suite des traités de 1815, et disparut de la scène politique.

ROERGAZ. — *Voy.* SERVIEZ (DE).

ROGÉ (ARNAULD), représentant en 1849, député au Corps législatif de 1852 à 1854, né à Boisse (Dordogne) le 19 novembre 1776, mort à Paris le 23 mai 1854, s'engagea volontairement au 8e régiment de chasseurs à cheval le 13 frimaire an VII. Brigadier le 1er messidor an VIII, fourrier le 11 fructidor suivant, maréchal-des-logis-chef le 14 fructidor an X, adjudant le 23 frimaire an XII, il fit campagne aux armées du Rhin, du Danube, de l'Helvétie, de Hollande, à la grande armée (1805-1806), et fut blessé d'un coup de lance à la bataille de Zurich. Promu sous-lieutenant en 1807, lieutenant en 1809, il se battit dans plusieurs engagements, suivit le général de Grouchy (1812) dans la campagne de Russie, et fut décoré de la Légion d'honneur le 9 octobre de cette année. Il prit part ensuite à la guerre de Saxe, fut promu chef d'escadron le 31 janvier 1814, se distingua dans la campagne de France, et fut fait colonel sur le champ de bataille de Vauchamps (14 février). Officier de la Légion d'honneur (17 janvier 1815), colonel du 1er régiment des carabiniers, le 19 mai suivant, il se trouva à Waterloo, et fut licencié à la fin de l'année avec le traitement de demi-solde; mais une décision de novembre 1825 le remit en activité, comme commandant du dépôt de Saint-Lô. Commandeur de la Légion d'honneur, il fut promu, par le gouvernement de juillet, maréchal de camp le 5 janvier 1832, commanda les départements du Gers et de la Sarthe, et fut admis dans la réserve le 15 août 1839. Le général Rogé se fixa à Sainte-Croix-lès-le-Mans, devint maire de cette commune et conseiller général de la Sarthe, puis se fit élire, le 13 mai 1849, représentant de ce département à l'Assemblée législative, le 8e sur 10, par 53,549 voix (103,029 votants, 185,640 inscrits). Il était président du comité central napoléonien. Il soutint vivement, à l'Assemblée, les intérêts de la politique de l'Elysée, applaudit au coup d'Etat du 2 décembre, et, avec l'appui du gouvernement, fut élu, le 29 février 1852, député de la 1re circonscription de la Sarthe au Corps législatif, par 18,876 voix (26,669 votants, 35,701 inscrits), contre 4,267 à M. de Nicolaï, 1,435 à M. Grimault, et 1,479 à M. Lecornué. Il fut élevé, le 14 août 1852, à la dignité de grand-officier de la Légion d'honneur. Le général Rogé s'associa, comme député, au rétablissement de l'Empire, et vota jusqu'à sa mort avec la majorité dynastique.

ROGER (JEAN-PIERRE), député en 1789, né à l'Isle-en-Dodon (Haute-Garonne) le 6 juillet 1757, mort à l'Isle-en-Dodon le 2 décembre 1825, « fils du sieur Senée Roger et de dame Thérèse Dansau, mariés », avocat en parlement, juge royal en chef à la châtellenie de Simorre, et membre, en 1788, de l'assemblée provinciale du pays de Comminges, fut élu, le 4 avril 1789, député du tiers aux Etats-Généraux par les pays de Comminges et Nébouzan. Il prêta le serment du Jeu de paume, fut membre du comité des biens nationaux, adjoint au comité militaire, secrétaire de l'Assemblée (9 avril 1791), se prononça pour la suppression des ordres religieux et fut l'un des auteurs du décret créant des ingénieurs géographes militaires. Successivement juge de paix, incarcéré sous la Terreur, administrateur du district de Saint-Gaudens, puis du département de la Haute-Garonne, président de l'administration municipale de Saint-Gaudens, il se rallia au 18 brumaire, devint sous-préfet de Saint-Gaudens le 5 floréal an VIII, fut suspendu de ses fonctions en 1810, « pour avoir reçu des présents des conscrits réformés », traduit devant le tribunal de Toulouse, et acquitté. Il redemanda en vain une sous-préfecture (20 septembre 1811), et fut nommé, le 5 janvier 1816, juge de paix du canton de l'Isle-en-Dodon, fonctions qu'il remplit jusqu'à sa mort.

ROGER (FRANÇOIS, CHEVALIER), député au Corps législatif et de 1824 à 1830, né à Langres (Haute-Marne) le 17 avril 1776, mort à Paris le 1er mars 1842, « fils de monsieur Didier Roger, receveur des décimes du diocèse de Langres, et de demoiselle Marie Joly », commença ses études au collège de sa ville natale et les termina à Paris. De retour à Langres, il se compromit en composant des chansons contre-révolutionnaires, fut emprisonné avec sa famille sous la Terreur, et remis en liberté, après 17 mois de détention, il revint étudier le droit à Paris, sous la direction de son oncle, Joly, ex-avocat au parlement. Mais il délaissa bientôt la procédure pour s'adonner à la littérature, fut attaché au ministère de l'Intérieur, et fut destitué, le 22 juin 1798, pour avoir lu en séance publique à l'Athénée une traduction en vers d'un fragment des *Annales* de Tacite, qui s'appliquait trop directement aux événements du jour. Réintégré dans ses fonctions l'année suivante par la protection de Maret, il fut successivement secrétaire de Français de Nantes, chef de la correspondance et du contentieux à l'administration générale des droits réunis, conseiller général de la Haute-Marne, et fut choisi, le 18 février 1807, par le Sénat conservateur, comme député du département au Corps législatif. Il fit partie du comité de l'instruction publique, devint, le 22 novembre 1809, par la protection de Fontanes, inspecteur général comptable de l'université, et fut créé chevalier de l'empire le 13 décembre 1810. Il fut un des plus empressés à applaudir au retour des Bourbons, et fut nommé inspecteur général des études le 21 février 1815. Destitué aux Cent-Jours, pour de violents articles contre Napoléon publiés dans le *Journal général*, il dut se cacher. Rétabli dans ses anciennes fonctions au retour de Gand, il fut, appelé aux fonctions de secrétaire général des postes le 12 septembre 1815, et entra à l'Académie française par ordonnance royale du 28 août 1817, en remplacement de Suard. En 1832 Louis XVIII lui octroya des lettres de noblesse,

Élu, le 25 février 1824, député du 2e arrondissement électoral de la Haute-Marne (Langres), par 193 voix (259 votants, 293 inscrits), contre 56 à M. de Vandeul, il vota avec la majorité ministérielle, et échoua, au renouvellement du 27 novembre 1827, avec 95 voix, contre 102 à l'élu, M. de Vandeul, et aux élections générales du 23 juin 1830, avec 109 voix contre 146 à M. de Vandeul, député sortant réélu. Il rentra à la Chambre, le 20 juillet 1830, élu par le grand collège de la Corse, avec 20 voix (37 votants). Après les journées de Juillet, M. Roger fut destitué de ses fonctions de secrétaire général des postes et vit en outre son élection invalidée. Il fut remplacé, le 17 novembre suivant, par M. Abbatucci. Il se retira alors de la vie politique et se consacra à ses occupations littéraires. — on a de lui : l'Épreuve délicate (1798); — La Dupe de soi même, comédie en 3 actes et en vers (1799) ; — l'Avocat (1806) ; — Vie politique et militaire du prince Henri de Prusse, frère de Frédéric II (1809) ; — La Recanche, comédie en 3 actes en prose (1809); — Le Billet de loterie, opéra comique (1811); — Cours de poésie sacrée, traduit de Lowth (1812) ; — L'Amant et le Mari, opéra comique (1820). — Il a en outre collaboré à la Biographie universelle. M. Ch. Nodier a publié en 1831 les Œuvres diverses de Roger.

ROGER (PIERRE-VEDYE), député de 1815 à 1816, né à Dourdan (Seine-et-Oise) le 23 mai 1760, mort à une date inconnue, « fils de maître François-Henri Roger, président lieutenant général civil, criminel et de police, commissaire-enquêteur et examinateur au bailliage royal et comté de Dourdan et président de l'élection, et de dame Angélique-Henriette-Félicité Vedye-Delaborde », était lieutenant général au bailliage de Dourdan à la Révolution. Partisan modéré des idées nouvelles, il devint successivement président du tribunal de district de cette ville, administrateur du département de Seine-et-Oise, et président de l'administration municipale de Dourdan. Maire de la ville sous le Consulat, président du tribunal de 1re instance d'Étampes sous l'empire, il fut élu, le 22 août 1815, député du grand collège de Seine-et-Oise, par 105 voix (179 votants, 251 inscrits). M. Roger, dont les idées s'étaient singulièrement modifiées depuis 1789, figura dans la majorité de la Chambre introuvable, et ne fit pas partie d'autres assemblées.

ROGER (JACQUES-FRANÇOIS, BARON DE), député de 1831 à 1848, représentant en 1848 et en 1849, né à Longjumeau (Seine-et-Oise) le 26 janvier 1787, mort à Paris le 20 mai 1849, appartint à la marine et parvint au grade de capitaine de vaisseau. Nommé commandant et administrateur (1821) du Sénégal et des établissements français en Afrique, où il avait déjà passé plusieurs années, il arriva à Saint-Louis du Sénégal le 1er mars 1822, et annonça, dans une proclamation aux habitants, l'intention où était le gouvernement français de doter la colonie d'institutions plus libérales et d'en faire un pays essentiellement agricole. M. Roger, que le roi avait créé baron, resta cinq ans au Sénégal ; puis il sollicita et obtint (1827) son retour en France, fut nommé officier de la Légion d'honneur, devint conseiller général du Loiret où il possédait des propriétés, et, après la révolution de 1830, entra dans la vie parlementaire : élu député du 4e collège du Loiret (Gien) le 5 juillet 1831, par 147 voix (189 votants, 247 inscrits), et réélu, le 21 juillet

1831, par 102 voix (187 votants, 221 inscrits), contre 62 à M. de Béhague, il siégea à droite, vota généralement avec les légitimistes, et obtint successivement sa réélection : le 2 mars 1839, par 127 voix (216 votants); le 9 juillet 1842, par 171 voix (222 votants, 283 inscrits), contre 51 à M. Potherat de Thou; le 1er août 1846, par 139 voix (241 votants, 300 inscrits), contre 49 à M. de Vogüé et 48 à M. Petit de Baroncourt. Il se prononça contre l'indemnité Pritchard, contre la politique doctrinaire de Guizot, et traita de préférence, à la tribune, les questions philanthropiques. Un biographe disait de lui : « C'est une tête jeune sous des cheveux blancs. M. Roger est un membre zélé, actif, à la parole ferme et indépendante. Il siège à l'extrême droite, sans doute pour conserver de plus libres allures vis-à-vis des partis, mais il vote ordinairement avec la gauche. » Le 23 avril 1848, il fut appelé par les électeurs monarchistes du Loiret, le 1er sur 8, avec 68,341 voix (73,249 votants, 88,060 inscrits), à faire partie de l'Assemblée constituante. Membre du comité de l'Algérie, il vota le plus souvent avec la droite, et quelquefois avec la gauche, contre le rétablissement du cautionnement, pour les poursuites contre Louis Blanc et Caussidière, contre le rétablissement de la contrainte par corps, pour l'abolition de la peine de mort, contre le droit au travail, pour la Constitution, pour la proposition Rateau, pour l'interdiction des clubs, pour les crédits de l'expédition romaine, pour l'amnistie des transportés (2 mai 1849). Il venait d'être réélu (13 mai) représentant du Loiret à l'Assemblée législative, le 1er sur 7, par 36,700 voix (65,037 votants, 92,506 inscrits), lorsqu'il mourut avant d'avoir pu siéger. Il fut remplacé, le 8 juillet suivant, par Lamartine.

ROGER (ÉDOUARD-LÉON, COMTE), dit ROGER DU NORD, député de 1834 à 1848, représentant en 1849 et en 1871, sénateur de 1875 à 1881, né à Paris le 28 novembre 1803, mort à Paris le 11 juin 1881, entra dans la diplomatie, sous la Restauration, comme secrétaire d'ambassade à Constantinople. Il devint, après la révolution de juillet, chargé d'affaires à Dresde, reçut, en 1831, la décoration de la Légion d'honneur, et fut élu, le 21 juin 1834, député du collège du Nord (Dunkerque), par 210 voix (255 votants, 340 inscrits), contre 40 à M. Hovelt. Il soutint d'abord de ses votes la politique conservatrice et doctrinaire, et appuya les lois de septembre 1835. Mais, ayant été réélu, le 4 novembre 1837, par 203 voix (282 votants, 858 inscrits), il entra avec Thiers, dont il était l'ami, dans la coalition contre le ministère Molé et opina désormais avec le tiers-parti. Il obtint successivement le renouvellement de son mandat le 2 mars 1839, par 186 voix (327 votants); le 9 juillet 1842, par 175 voix (200 votants, 334 inscrits), et le 1er août 1846, par 261 voix (301 votants, 337 inscrits), contre 39 au général Daullé. En 1845, il se prononça contre l'indemnité Pritchard; il repoussa également le droit de visite et la loi de régence, et continua, jusqu'à la révolution de 1848, de faire de l'opposition au cabinet Guizot, sans se joindre toutefois à ceux de ses collègues qui réclamèrent, en février, la mise en accusation du ministère. Le gouvernement de Louis-Philippe l'avait nommé conservateur du domaine. « Parfois, écrivait en 1847 un biographe parlementaire, au milieu du bruit confus des interruptions et des chuchotements, une voix grêle et aigre perce le tumulte et vous fait dresser l'oreille. Vous regardez de tous côtés, et finissez par découvrir non sans peine, blotti entre M. de Lasteyrie et M. de Rémusat, un petit homme maigre, à physionomie mutine, qui trépigne, se tord sur son banc en écoutant un ministre qui divague. Doué d'énergie et de vivacité, M. Roger ne sert pas son parti par ses discours, mais par une activité de tous les moments : c'est l'agitateur par excellence d'un centre gauche, comme ses voisins de l'Union électorale. Malheureusement, il ose parfois essayer de la tribune, mais son fâcheux organe fait tort aux bonnes choses qu'il dit, et l'attention ne le suit pas longtemps.» M. Roger ne se rallia pas à la république de 1848 : ardent à soutenir les intérêts du parti conservateur contre le gouvernement provisoire et contre les insurgés de juin, qu'il combattit sur les barricades, il se présenta, avec l'appui de l'Union électorale, comme candidat monarchiste à l'Assemblée législative à la fois dans le Nord et dans la Seine : élu, le 13 mai 1849, représentant du Nord, le 17e sur 24, par 85,696 voix (183,521 votants, 200,196 inscrits), et représentant de la Seine, le 25e sur 28, par 108,399 voix (281,140 votants, 378,043 inscrits), il opta pour le Nord, et prit place dans les rangs de la droite. Il se prononça *pour* l'expédition romaine, *pour* la loi Falloux-Parieu sur l'enseignement, *pour* la loi du 31 mai sur le suffrage universel, et en général pour toutes les mesures prises par la majorité. Mais il ne donna pas son appui à la politique particulière de l'Élysée, protesta contre le coup d'État, fut arrêté, détenu au fort de Ham, et relâché presque aussitôt. Pendant toute la durée de l'Empire, il resta étranger aux affaires. En 1870, il prit une part importante à la défense de Paris, comme lieutenant-colonel d'état-major de la garde nationale de la Seine, se distingua dans les journées des 29 et 30 novembre, et fut nommé chef d'état-major du général d'Aurelle de Paladines, commandant en chef des gardes nationales de la Seine. Les élections du 8 février 1871 pour l'Assemblée nationale le ramenèrent au parlement : dans la Seine, il réunit 63,697 suffrages sans être élu ; mais il fut nommé représentant du Nord, le 6e sur 28, par 212,865 voix (262,927 votants, 326,440 inscrits). Il prit place au centre droit, et vota *pour* la paix, *pour* les prières publiques, *pour* l'abrogation des lois d'exil, *pour* le pouvoir constituant de l'Assemblée; son attachement à la personne et aux idées de Thiers le détermina à se rallier à la république conservatrice, et, après le 24 mai 1873, il passa au centre gauche; avec ce groupe il se prononça *contre* le septennat, la loi des maires, l'état de siège, le ministère de Broglie, *pour* l'amendement Wallon et *pour* l'ensemble de la Constitution de 1875. Les gauches de l'Assemblée nationale le portèrent sur la liste de leurs candidats au Sénat, et M. Roger du Nord fut élu, le 10 décembre 1875, sénateur inamovible, le 12e sur 75, par 355 voix (690 votants). Il suivit au Sénat la même ligne de conduite, fit partie du centre gauche, et vota (juin 1877) *contre* la dissolution de la Chambre et *contre* le gouvernement du Seize-Mai. Après la victoire du parti républicain, il donna son concours au cabinet parlementaire de Dufaure, puis il se prononça *pour* l'article 7 de la loi Ferry sur l'enseignement supérieur, et, décédé à Paris le 11 juin 1881, fut remplacé, le 7 juillet suivant, par M. Würtz. Commandeur de la Légion d'honneur (24 juin 1871). M. Roger du Nord était un des membres fondateurs du Jockey-Club.

ROGER (Jean-Émile), député de 1880 à 1885, membre du Sénat, né à Rouffignac (Dordogne) le 3 février 1831, étudia le droit et s'inscrivit au barreau de Sarlat. Devenu chef du contentieux au chemin de fer d'Orléans, il se fit élire conseiller général de la Dordogne pour le canton de Montignac, et se porta pour la première fois, comme candidat indépendant au Corps législatif, le 24 mai 1869, dans la 1e circonscription de la Dordogne, où il réunit 4,611 voix, contre 19,132 à l'élu officiel, M. de Bosredon, et 4,535 à M. Gibiat. M. Émile Roger se représenta aux élections de l'Assemblée nationale, le 8 février 1871, et obtint 22,493 voix (97,413 votants) sans être élu. Il fut plus heureux lors du scrutin partiel motivé, le 23 mai 1880, dans la 1re circonscription de Sarlat, par la démission de M. de Bosredon, et fut élu, par 8,769 voix (15,464 votants, 18,179 inscrits), contre 6,615 à M. Sorbier. Il siégea à gauche, dans les rangs des modérés indépendants, et se signala, dans la discussion du scrutin de liste, par une remarquable défense du scrutin d'arrondissement (avril 1881) à laquelle répondit Gambetta. Réélu, le 21 août 1881, par 9,669 voix (12,388 votants, 18,767 inscrits), il opina comme précédemment, avec le groupe de la gauche républicaine, appartint à la commission du budget, fut rapporteur du budget de l'agriculture, et se prononça pour la politique du ministère Ferry. Le 6 janvier 1885, il quitta le palais Bourbon pour le Luxembourg, ayant été élu sénateur de la Dordogne, par 615 voix (1,165 votants). Il vota avec la majorité sénatoriale, fut absent par congé lors du scrutin sur l'expulsion des princes, soutint les divers ministères de la législature, se prononça, en dernier lieu, *pour* le rétablissement du scrutin d'arrondissement (13 février 1889), *pour* le projet de loi Lisbonne restrictif de la liberté de la presse, et s'abstint sur la procédure de la haute cour contre le général Boulanger.

ROGER-MARVAISE (Théophile-René), représenté en 1871, député de 1876 à 1879, membre du Sénat de 1879 à 1888, né à Saint-Etienne-en-Cogles (Ille-et-Vilaine) le 7 juillet 1831, fit son droit à Rennes, passa sa thèse de doctorat à Paris en 1858, sur les *Transactions*, et acheta une charge d'avocat au conseil d'État. Il s'occupa peu de politique sous le second empire, se présenta à la députation dans l'Ille-et-Vilaine, le 8 février 1871, et échoua avec 18,235 voix sur 109,672 votants ; il fut élu, le 2 juillet suivant, en remplacement de l'un des trois représentants qui avaient opté pour d'autres départements, représentant de l'Ille-et-Vilaine à l'Assemblée nationale, le 3e et dernier, par 52,128 voix (96,485 votants, 154,136 inscrits). Il s'assit à gauche, prit souvent la parole dans les questions de finance et de législation, demanda que la Banque de France fût obligée d'établir des succursales dans tous les départements, et vota *contre* la démission de Thiers, *contre* le septennat, *contre* le ministère de Broglie, *pour* l'amendement Wallon, *pour* les lois constitutionnelles. Il échoua dans l'Ille-et-Vilaine, aux élections sénatoriales du 30 janvier 1879, avec 170 voix (459 votants), mais il fut réélu député, le 20 février suivant, dans la 1re circonscription de Rennes, par 8,863 voix (13,545 votants, 19,510 inscrits), contre 4,636 à M. Oberthur, conservateur. Il prit de nouveau place à gauche et fut l'un des 363 députés qui, le 16 mai 1877, refusèrent le vote de confiance au ministère de Broglie. Réélu le 14 octobre 1877, par 9,921 voix (11,623 votants, 20,206 inscrits), contre 4,655 à M. Denis, il continua de figurer dans la majorité républicaine. Le 5 janvier 1879, l'Ille-et-Vilaine l'élut sénateur par 239 voix (452 votants); il prit encore place à gauche, soutint (janvier 1880) le projet du gouvernement sur le conseil supérieur de l'instruction publique afin d'assurer le droit de surveillance revendiqué par l'État, demanda (octobre 1884) la suppression immédiate des sénateurs inamovibles (rejeté par 184 voix contre 56), et vota contre la revision intégrale de la Constitution et pour l'expulsion des princes. Au renouvellement triennal du 5 janvier 1888, il échoua dans le même département, avec 541 voix sur 1,153 votants.

ROGET BELLOGUET (FRANÇOIS-NICOLAS), représentant à la Chambre des Cent-Jours, né à Tholy (Vosges) le 12 mars 1772, mort à Sarreguemines (Moselle) le 27 juillet 1851, « fils de Nicolas-Joseph Roget-Belloguet et de dame Jeanne-Catherine Clces », était juge à Sarreguemines. Il fut élu, le 13 mai 1815, représentant de l'arrondissement de Sarreguemines à la Chambre des Cent-Jours, par 94 voix (112 votants), et fut nommé, le 1er mai 1816, substitut du procureur du roi en la même ville.

ROGNIAT (JEAN-BAPTISTE), député en 1791, né à Saint-Priest (Isère) le 6 octobre 1750, mort à Chanas (Isère) en 1815, était notaire royal à Chanas au moment de la Révolution. Partisan des idées nouvelles, il devint administrateur du département de l'Isère et fut élu, le 29 août 1791, député de ce département à l'Assemblée législative, le 2e sur 9, par 251 voix (494 votants). Il fut membre du comité d'agriculture; son nom n'est pas cité au *Moniteur*. Sous le Consulat, il devint maire de Chanas, et conseiller général de l'Isère sous l'Empire.

ROGNIAT (JOSEPH, VICOMTE), pair de France, né à Saint-Priest (Isère) le 9 novembre 1776, mort à Paris le 8 mai 1840, fils du précédent et d'Antoinette Payet, commença ses études au collège de l'Oratoire à Lyon, où il connut Jordan et Casimir Périer, passa de là à l'École du génie militaire de Metz, et s'adonna aux sciences mathématiques. Capitaine du génie en 1795, il fut envoyé à l'armée du Rhin, et exerça les fonctions d'aide de camp et de chef d'état-major à la division Delmas. Il se distingua dans plusieurs affaires, entre autres à la défense du pont de Kehl, fut employé à l'état-major général, devint chef de bataillon à la suite du combat de Neubourg, et se signala particulièrement (3 décembre 1800) à la bataille de Hohenlinden. En 1805, il fut promu commandant du génie du 7e corps de la grande armée, puis de la réserve de cavalerie sous Murat, enfin du corps d'observation sous Kellermann. Il se trouva au siège de Dantzig comme major de tranchée, et, en cette qualité, réussit à détruire, à quarante toises d'un fort occupé par l'ennemi, une ligne de contre-approche : la capitulation de la ville lui valut le grade de colonel et la direction du siège de Stralsund, qu'il mena vivement. Envoyé en Espagne (1808), Rogniat contribua à la reprise de Madrid, au second siège de Saragosse et aux principaux événements de cette campagne. Sur la proposition de Lannes (1809), il fut nommé général de brigade. Revenu en

Espagne l'année d'après, il prit part aux sièges de Tortose, de Tarragone et de Valence. Général de division (9 juillet 1811), il se trouva à Paris quand l'empereur, revenant de Russie, lui confia le commandement du génie à la grande armée et presque aussitôt la direction des fortifications de Dresde. En 1813, il fut enfermé dans Metz ; il avait été créé baron de l'Empire le 17 mai 1810. Il se rallia au gouvernement de la Restauration, fut fait chevalier de Saint-Louis et grand officier de la Légion d'honneur par Louis XVIII, obtint, pendant les Cent-Jours, la confirmation de son titre de premier ingénieur de l'armée, et devint, à la seconde Restauration, inspecteur général (1817) et président du comité des fortifications (1822), conseiller d'État, et vicomte (1826). Le 23 novembre 1829, il fut élu membre de l'Académie des sciences. Il adhéra encore au gouvernement de Louis-Philippe, et fut élevé à la dignité de pair de France le 19 novembre 1831. Une polémique singulière s'était élevée entre Rogniat et l'empereur Napoléon à propos d'une brochure du général intitulée : *Considérations sur l'art de la guerre* (1816). Napoléon répondit par des *Notes critiques*, qui parurent dans les mémoires de Montholon, et dans lesquelles Rogniat est fort malmené. On a encore du vicomte Rogniat divers mémoires techniques, des *Rapports* et *Discours* prononcés à la Chambre des pairs, etc.

ROGON. — *Voy.* CARCARADEC (DE).

ROGUET (FRANÇOIS, COMTE), pair de France, né à Toulouse (Haute-Garonne) le 12 novembre 1770, mort à Paris le 4 décembre 1846, « fils du sieur Christophe-Jean Roguet, serrurier, et d'Anne Carrère », entra au service comme simple soldat le 3 mai 1789 dans le régiment de Guienne-infanterie. Il fit toutes les campagnes de la Révolution, prit part aux guerres d'Italie comme chef de bataillon (1799), contribua aux succès de l'armée française, et réprima les insurrections des vallées d'Oncillo et du Tanaro. Nommé chef de brigade, il se battit à Fossano, à Novi, à Coni et sur le Var, fut promu général le 22 août 1803, et commanda, sous les ordres de Ney, au camp de Montreuil, les 69e et 76e régiments d'infanterie. Il enleva avec eux les hauteurs d'Elchingen, prit les forts de Scharnitz et de Leutach, et se distingua dans plusieurs engagements. Le 5 juin 1807, il eut son cheval tué, fut blessé grièvement, et fait prisonnier. Après la paix de Tilsitt, il fut nommé au commandement de l'infanterie de la garnison de Paris et chargé de l'instruction et de l'organisation des troupes stationnées dans la première division militaire. Employé à l'armée d'Espagne en 1808, il fut placé ensuite à la tête des grenadiers à pied de la garde impériale, aux batailles d'Essling et de Wagram, retourna en Espagne (1809-1811), et fut fait général de division le 24 juin 1811, et commandant du sixième gouvernement de ce pays. Dans la campagne de Russie, il forma la réserve à la bataille de la Moskowa, et protégea ensuite la retraite. Il se comporta vaillamment à Lutzen, à Bautzen, à Wurchen, à Dresde, à Leipsig et à Hanau. En 1814, il fit d'héroïques efforts au cours de la campagne de France. Pendant les Cent-Jours, il reprit son emploi de colonel en second des grenadiers à pied de la garde, et, à Ligny, il chargea à la tête d'un bataillon pour s'emparer des hauteurs. A Waterloo, il commanda la vieille garde et resta le dernier sur le champ de bataille, puis commanda encore la garde devant Paris et à l'armée de la Loire. Grand officier de la Légion d'honneur, chevalier de Saint-Louis et grand-croix de l'ordre de la Réunion, comte de l'Empire du 26 avril 1808, le général Roguet resta à l'écart pendant la seconde Restauration. Il fut appelé, en 1831, au commandement de la division militaire de Lyon, et, le 19 novembre de la même année, fut promu pair de France; il défendit à la Chambre haute le gouvernement de Louis-Philippe, et siégea jusqu'à sa mort.

ROGUET (Christophe-Michel, comte), sénateur du second empire, né à San-Remo (Piémont) le 28 avril 1800, mort à Paris le 24 juillet 1877, fils du précédent, fut élevé au Prytanée militaire de Saint-Cyr. Admis dans les pages de l'empereur pendant les Cent-Jours, il fut reçu, en 1816, à l'École polytechnique, en sortit dans le génie, et prit part comme capitaine à la guerre d'Espagne en 1823; chef de bataillon en 1830, lieutenant-colonel en 1836, puis versé dans l'infanterie, colonel du 41e de ligne en 1840, envoyé en Afrique, maréchal de camp le 20 avril 1845, il fut choisi, en 1849, comme aide de camp par le prince Louis-Napoléon, président de la République, et prit une part active à la préparation et au succès du coup d'État du 2 décembre. Général de division le 22 décembre 1851, sénateur le 31 décembre 1852, il ne cessa de témoigner son attachement aux institutions de l'empire. Conseiller général de la Haute-Garonne, il rentra dans la vie privée aux événements de 1870, Commandeur de la Légion d'honneur en 1844, grand officier le 13 mars 1858. On a de lui: *L'officier d'infanterie en campagne* (1846 et 1869); il a en outre donné sous le voile de l'anonyme: *Frédéric II* (1869); — *Louis XIV* (1869); — *Richelieu* (1869); — *Bacon* (1870).

ROGUET (François-Charles-Ernest, baron), député au Corps législatif de 1857 à 1859, né à Paris le 14 mai 1830, mort à Paris le 1er avril 1859, fils du précédent, dut à la situation de sa famille et à son nom d'être élu, le 22 juin 1857, député au Corps législatif dans la 4e circonscription de la Gironde, par 21,042 voix (21,797 votants, 36,715 inscrits). Il siégea dans la majorité dynastique, mourut en avril 1859, et fut remplacé, le 1er mai suivant, par M. Jérôme David.

ROHAN-CHABOT (Alexandre-Louis-Auguste, duc de), pair de France, né à Paris le 3 décembre 1761, mort à Paris le 8 février 1816, prit du service en 1776, comme cadet dans les dragons. Colonel en second au régiment d'Artois le 1er mars 1785, et colonel du Royal-Piémont en avril 1788, il émigra en 1790, et rejoignit à Turin le comte d'Artois. Après avoir fait la campagne de 1792 à l'armée des princes, il commanda, à Jersey, la légion noble levée en Bretagne et en Poitou. Nommé, en 1795, maréchal de camp par le comte d'Artois, il rentra en France sous le Consulat et ne cessa de conspirer en faveur des Bourbons. Pair de France le 4 juin 1814, lieutenant général le 31 janvier 1815, premier gentilhomme de la chambre du roi le 29 mars 1815, il accompagna Louis XVIII à Gand, revint avec lui, vota pour la mort dans le procès du maréchal Ney, et mourut moins de deux mois après.

ROHAN-CHABOT (Louis-Guy-Charles-Guillaume, vicomte de), né à Paris le 26 octobre 1780, mort à Paris le 12 juillet 1875, de la même famille que le précédent, suivit la carrière militaire et parvint au grade de maréchal de camp. Il était, d'autre part, conseiller général de Seine-et-Oise, lorsqu'il fut appelé, le 11 septembre 1835, par une ordonnance royale, à siéger dans la Chambre des pairs. Il prêta serment au gouvernement de Louis-Philippe et le soutint de la plupart de ses votes jusqu'à la révolution de 1848. Il quitta alors la vie politique.

ROHAN-CHABOT. — *Voy.* Léon (prince de).

ROHAN-GUÉMÉNÉE (Louis-René-Édouard, prince de), député aux États-Généraux de 1789, né à Paris le 27 septembre 1734, mort à Ettenheim (Allemagne) le 16 février 1803, fit ses études au collège du Plessis et au séminaire de Saint-Magloire, et devint, en 1760, coadjuteur de son oncle, l'évêque de Strasbourg. Sacré évêque de Canope *in partibus* le 16 mai de la même année, il entra à l'Académie française le 11 juin 1761, en remplacement de l'abbé Séguy, et reçut, en 1770, à la place de son oncle malade, Marie-Antoinette à Strasbourg. Dès cette époque, il était accablé de dettes, et la retentissante faillite de son frère avait encore aggravé sa situation. Cependant, après la chute du duc de Choiseul, le duc d'Aiguillon lui proposa l'ambassade de Vienne, qu'il accepta sur les instances de l'archevêque de Paris; on lui accorda une très forte somme d'argent pour ses équipages et le titre d'ambassadeur extraordinaire. Il arriva à Vienne le 6 janvier 1772, et fut reçu froidement par Marie-Thérèse; il chercha à gagner ses bonnes grâces en déployant un luxe princier; mais ses petits soupers déplurent par leur élégance libertine à l'impératrice qui demanda son rappel. La véritable raison de cette disgrâce était peut-être ailleurs: M. de Rohan avait très bien démêlé les intrigues de la cour de Vienne dans le partage de la Pologne, et avait informé le ministre de la duplicité de l'Autriche, par une lettre devenue célèbre, qui lui valut l'animosité particulière de Marie-Antoinette. L'avènement de Louis XVI brusqua son retour à Paris; il y fut assez mal accueilli. Néanmoins, il devint grand aumônier en 1777, abbé de Saint-Waast, de Noirmoutiers et de la Chaise-Dieu, cardinal en 1778, et évêque titulaire de Strasbourg l'année suivante. Dans cette situation élevée, il perdit toute mesure. Ses domaines comprenaient en Alsace quatorze lieues carrées, comptaient 25,000 habitants, et rapportaient annuellement 800,000 livres; mais le prélat mena un train de souverain dans son palais de Saverne; ses revenus ne lui suffirent plus et il contracta d'énormes dettes. D'autre part, le transfert de l'hospice des Quinze-Vingts, dont il était le directeur, le mit aux prises avec le parlement. Outre Cagliostro et une société peu choisie, il était entré en relations avec la comtesse de la Motte-Valois qui, sachant combien il était désireux de rentrer dans les bonnes grâces de la reine, s'imagina de lui persuader que par son influence il pourrait reconquérir tout son crédit à la cour. On parlait alors beaucoup du fameux collier que Bœhmer et Bossange avaient composé pour la dernière favorite de Louis XV. Ce collier, estimé seize cent mille livres, avait été proposé à Marie-Antoinette; mais le roi, partisan des économies, n'avait point consenti à ce qu'elle en fît l'acquisition. Pour prix de sa réconciliation avec la reine, la comtesse de la Motte confia au prince de Rohan que Marie-Antoinette souhaitait posséder ce joyau, et le chargeait de le lui procurer secrètement. M. de Rohan, bien que fort crédule, demanda une preuve de cette mission, et Mme de la Motte lui montra un papier signé de la reine. Le prince n'hésita plus, s'aboucha avec les joailliers, auxquels il ne put se retenir d'avouer à qui le collier était destiné, et le remit à la comtesse, qui se hâta de le faire démonter et d'envoyer la plus grande partie des diamants en Angleterre pour en réaliser le prix; mais pour donner au cardinal une preuve de la satisfaction de la reine, elle arrangea un rendez-vous nocturne dans une allée du parc de Versailles, où Marie Antoinette devait remettre une rose au cardinal. Le rendez-vous eut lieu; ce fut une actrice, nommée d'Oliva, qui y joua le personnage de la reine à laquelle effectivement elle ressemblait. Cependant les joailliers qui avaient consenti la vente du collier moyennant 4 billets de 400,000 livres chacun, n'ayant touché qu'une faible partie de la somme, perdirent patience et s'adressèrent directement à la reine, le 15 août 1785. Celle-ci se plaignit à Louis XVI avec une amertume justifiée. Le duc de Rohan fut arrêté le jour même, dans ses habits pontificaux, au moment où il allait officier dans la chapelle de Versailles. Il confessa sa crédulité, mais nia avoir eu aucune part à l'escroquerie et au faux qui avaient été commis. Il fut néanmoins enfermé à la Bastille et des perquisitions furent faites à Paris, à Strasbourg et dans son château de Saverne : son secrétaire Georgel, prévenu, avait brûlé les papiers compromettants. Le procès dura près de 10 mois et eut un grand retentissement. Presque tous les témoins déposèrent en faveur du cardinal, qui, défendu par Target, fut acquitté du chef de l'accusation, mais destitué de ses charges publiques et condamné à l'exil. Ses malheurs lui attirèrent de nombreuses sympathies, moins pour lui-même que par haine contre la reine. Aussi lorsque Louis XVI envoya le prince de Rohan en exil à l'abbaye de la Chaise-Dieu, en Auvergne, tout le monde prit parti pour lui, la noblesse, le clergé et les parlements. Retourné peu après à Strasbourg, il administra sagement son diocèse, s'occupa d'œuvres charitables, et fut élu, le 3 avril 1789, député du clergé aux Etats-Généraux par le bailliage de Haguenau et Wissembourg, à l'unanimité, par 223 voix sur 223 votants. Il refusa d'abord de siéger; mais lorsque son suppléant, l'abbé du Bourg, fut appelé à sa place, il protesta vivement; après un long débat, l'Assemblée l'admit, sur le rapport de Gouttes; il remercia dans un long discours où il fit allusion à son incarcération à la Bastille. Il protesta cependant contre le décret concernant les biens du clergé, rentra dans son diocèse, et, accusé alors d'exciter la fermentation à Strasbourg, dénoncé par Montmorin en juin 1790, il fut cité à la barre de l'Assemblée, refusa de comparaître, et écrivit, le 31 avril 1790, une longue lettre pour donner sa démission, en expliquant qu'il avait des devoirs vis-à-vis de ses créanciers, devoirs que son mandat législatif lui empêchait de remplir. Il protesta ensuite contre la constitution civile du clergé et lança un mandement contre son successeur, l'évêque constitutionnel, Brendel. Peu après, il passa dans la partie de son diocèse située sur la rive droite du Rhin, et se joignit aux émigrés de Kehl. Dénoncé par de Broglie (4 novembre 1791), par Carnot et Rühl (8 et 27 novembre 1792), on agita la question de sa mise en accusation;

mais, après des débats fort vifs, la question fut renvoyée au comité diplomatique. M. de Rohan ayant invoqué avec raison sa qualité de prince de l'Empire. Il mourut à Ettenheim, sous le Consulat.

ROHAN-GUÉMÉNÉE. — *Voy.* MONTBAZON et BOUILLON (DUCS DE).

ROHAULT DE FLEURY (HUBERT, BARON), pair de France, né à Paris le 2 avril 1779, mort à Forgot (Loir-et-Cher) le 17 septembre 1866, fut élève de l'Ecole Polytechnique, puis de l'Ecole de Metz, devint, en 1800, lieutenant du génie, capitaine en 1801, assista à la bataille d'Austerlitz et prit part aux campagnes de Prusse et de Pologne. Envoyé en Espagne en 1808, il y organisa une compagnie de sapeurs qui rendit de grands services en Catalogne, fut promu chef de bataillon, et grièvement blessé à Girone en 1809. Colonel en 1816, il parvint au grade de maréchal de camp en 1823. La part que prit le baron Rohault de Fleury à la nouvelle guerre d'Espagne acheva de le mettre en évidence. Chargé, après la révolution de juillet 1830, de diriger des travaux de défense à Lyon, il contribua, dans cette ville, à réprimer les insurrections qui y éclatèrent (avril 1834), et reçut le grade de général de division. En 1837, il dirigea pendant le siège de Constantine les opérations du génie et fut appelé, le 7 novembre de la même année, à la Chambre des pairs. Il y prononça à diverses reprises des discours sur des questions militaires et soutint de ses votes le gouvernement royal. Admis à la retraite en 1848, il fut fait grand-croix de la Légion d'honneur en 1860.

ROISSART DE BELLET (FRANÇOIS-ALPHONSE-CAMILLE-EUGÈNE, BARON), député de 1876 à 1881, né à Nice (Alpes-Maritimes) le 24 octobre 1836, d'une ancienne famille niçoise alliée aux princes Doria, entra dans l'enregistrement, et s'établit ensuite banquier dans sa ville natale, après un riche mariage. Propriétaire influent, conseiller général du canton de Saint-Martin-Lantosque, il se présenta comme candidat à l'Assemblée nationale le 18 octobre 1874, et échoua avec 16,043 voix contre 17,897 au candidat républicain élu, M. Chris. Il fut plus heureux, aux élections du 20 février 1876, dans la 2e circonscription de Nice, et fut élu député par 9,134 voix (9,323 votants, 14,240 inscrits). Il prit place au groupe constitutionnel, vota avec la majorité, et fut l'un des 158 députés qui, au 16 mai, soutinrent le ministère de Broglie contre les 363. Réélu le 14 octobre 1877, comme candidat officiel du gouvernement du 16 mai, par 6,205 voix (10,804 votants, 14,583 inscrits), contre 4,124 à M. Edmond Magnier et 470 à M. Alfred Lacour, il reprit sa place à droite, combattit de ses votes les ministères républicains de la législature, et quitta la vie politique aux élections générales de 1881.

ROJOU (LOUIS-CLAUDE-DANIEL), député en 1791, né à la Flèche (Sarthe) le 12 janvier 1762, mort à une date inconnue, « fils de Louis-Claude-Daniel Rojou, marchand cirier, et de dame Marie-Sophie-Thérèse Gingereau », était administrateur de la Sarthe, quand il fut élu, le 5 septembre 1791, député de ce département à l'Assemblée législative, le 10e et dernier, par 260 voix (420 votants). Il fit partie du comité des secours publics, et vota silencieusement avec la majorité.

ROLAND DE LA PLATIÈRE (JEAN-MARIE), membre de la Convention et ministre, né à

Villefranche (Rhône) le 19 février 1734, mort à Rouen le 15 novembre 1793, était le dernier des cinq enfants de « M. Jean-Marie Roland, sieur de la Platière, conseiller du roi au bailliage de Villefranche-en-Beaujolais, et de dame Thérèse Bessie de Moutozau ». Des malheurs imprévus ayant ruiné sa famille, on l'engagea à entrer dans les ordres, mais il préféra quitter la maison paternelle, traversa la France, se plaça à Nantes chez un armateur, et entra dans l'administration des manufactures où il devint inspecteur. Il s'occupa d'explorations scientifiques, visita l'Allemagne et fut présenté à Marie-Jeanne Phlipon, fille d'un graveur du quai des Orfèvres, âgée de vingt ans à peine (Roland en avait quarante et un). Au retour d'un voyage qu'il fit en Italie, ils s'épousèrent le 4 février 1780. Roland résida quatre ans à Amiens comme inspecteur, voyagea en Suisse et en Angleterre, et fut nommé, grâce aux démarches personnelles de sa femme, inspecteur général des manufactures dans la généralité de Lyon. Il se fixa alors à Villefranche où habitaient encore sa mère et son frère aîné, devint membre des Académies de Villefranche et de Lyon, et, à la mort de sa mère, alla habiter le clos de la Platière, près de Villefranche. Il se lia avec Lavater qui était alors en Suisse (1787), et, aux approches de la Révolution, collabora à la rédaction du *Courrier de Lyon*. Délégué près de l'Assemblée constituante par les notables de la municipalité lyonnaise pour exposer aux députés la situation de leur industrie, Roland passa sept mois à Paris, s'affilia aux Jacobins, se lia d'amitié avec Buzot, Pétion, Brissot et Robespierre, et revint à Lyon pour y fonder le club central. De retour à Paris, il commença un *Dictionnaire des Manufactures*, dont il publia les trois premiers volumes; puis il se laissa entraîner dans la politique militante, et son salon devint, grâce à Mme Roland, le centre du parti girondin. Dès le mois de février 1792, le ministère de l'Intérieur lui fut proposé. Il l'accepta le 23 mars, sur les conseils de sa femme, qui en fut d'ailleurs l'âme, et y resta, d'abord, jusqu'au 13 juin suivant. On sait à quel point l'aspect bourgeois de Roland, ses gros souliers noués avec des cordons, ses cheveux plats, choquèrent les hommes de cour. Il fonda la *Sentinelle*, avec Louvet pour rédacteur en chef, se brouilla vite avec Dumouriez, à qui il reprocha l'étrange abus fait par lui des six millions de fonds secrets qui lui étaient alloués, et appuya la motion de Servan, tendant à former, dans l'intérêt de la Gironde, un camp de vingt mille fédérés sous Paris. Louis XVI refusa de sanctionner ce décret; Roland insista dans une lettre pathétique, œuvre de sa femme, et reçut bientôt (12 juin) une lettre de renvoi. La rancune des girondins ne fut pas étrangère à la journée du 20 juin, et Roland, converti désormais à la République, accepta l'offre de Barbaroux d'appeler à Paris un bataillon de Marseillais et deux pièces de canon. Les événements du Dix Août le ramenèrent au pouvoir : Clavière et Servan y représentèrent avec lui la Gironde, tandis que Danton, Monge et Lebrun étaient dévoués à la Montagne. Partisan de l'Assemblée dans sa lutte contre la commune de Paris, il eut part aux graves décisions qui suivirent l'envahissement de la France, proposa personnellement de transporter le gouvernement à Blois, ne fut pas écouté, et garda, dans les sombres journées de septembre, une attitude singulière de neutralité et d'inaction : il déclara, à l'Assemblée, que le 2 septembre était un jour « sur lequel il fallait peut-être jeter un voile ». Élu, le 11 septembre 1792, membre de la Convention par le département de la Somme avec 231 voix (415 votants), le 17e et dernier, Roland présenta, dans les premières séances, un compte rendu de son administration, qui lui valut les éloges de Danton. L'Assemblée ayant décidé que les fonctions de ministre seraient incompatibles avec le mandat de député, Roland opta pour le mandat législatif, mais ses amis découvrirent un vice dans son élection, et, n'étant plus député, il resta ministre. Il fit nommer Pache à la Guerre et présenta à la Convention un important mémoire sur la situation de la République : ce fut à cette occasion que s'éleva l'accusation de Louvet contre Robespierre. Roland favorisa les vues de son ami au point de répandre son discours à 15,000 exemplaires, aux frais du trésor public, multiplia les attaques contre la Commune, et, ayant reçu les confidences du serrurier Gamain sur l'existence de l'armoire de fer, passa pour avoir dissimulé certaines pièces compromettantes pour son parti. Vivement attaqué par la Montagne lors du procès du roi, il s'associa aux efforts que firent les siens pour obtenir l'appel au peuple, et dut donner sa démission le 23 janvier 1793, devant l'inutilité de ses efforts. Après avoir rendu ses comptes à l'Assemblée, il se retira dans une maison de la rue de la Harpe, où il reçut encore quelques amis. Décidé à quitter Paris, dès que les événements devinrent menaçants pour sa sécurité, il ne put mettre ce projet à exécution. Le 31 mai, des sectionnaires armés se présentèrent chez lui, et le sommèrent de les suivre, Roland parvint à leur échapper, se réfugia chez son ami le naturaliste Bosc, dans la vallée de Montmorency, et de là gagna Rouen, où il apprit l'exécution de sa femme (10 novembre). A cette nouvelle, il se rendit à Bourg-Baudouin, à quatre lieues de Rouen, et se perça le cœur à l'aide d'une canne à épée. On a de Roland des *Lettres* écrites de Suisse, d'Italie, de Sicile et de Malte, des *Mémoires* techniques sur l'éducation des troupeaux, la fabrique des étoffes en laine, du velours de coton, etc., et ses *Comptes-rendus à la Convention*.

ROLLAND (JEAN-MICHEL), député en 1789, né à Gap (Hautes-Alpes) le 13 février 1745, mort à Gap le 29 avril 1810, était curé du Caire (Basses-Alpes), quand il fut élu, le 15 avril 1789, député du clergé aux États-Généraux par la sénéchaussée de Forcalquier. Il fut l'un des premiers de son ordre à se réunir au tiers, fit partie du comité ecclésiastique, vota avec la majorité et prêta le serment ecclésiastique le 3 janvier 1791. Il disparut de la scène politique après la session.

ROLLAND (JEAN-BAPTISTE-DOMINIQUE), député en 1791, au Conseil des Cinq-Cents, représentant à la Chambre des Cent-Jours, député de 1818 à 1821, né à Remilly (Moselle) le 31 juillet 1753, mort à Remilly le 29 novembre 1821, « fils de Joseph Rolland, sergent en la châtellenie de Remilly, et d'Anne Gilet », fit ses études au collège de Metz, et devint avocat au parlement de cette ville. Partisan des principes de la Révolution, il fut nommé juge, puis président du tribunal de district de Fauquemont, et fut élu, le 4 septembre 1791, député de la Moselle à l'Assemblée législative, le 4e sur 8, par 313 voix (417 votants). Il prit place parmi les modérés, fit partie du comité des rapports et deux fois des députations envoyées auprès du roi au 20 juin et au 10 août, et vota en faveur de La Fayette.

Appelé à la Convention et au tribunal criminel par ses concitoyens, il refusa ces doubles fonctions et reprit modestement son ancien poste au tribunal de Fauquemont. Élu, le 23 germinal an VI, député de la Moselle au Conseil des Cinq-Cents, il fit partie du comité de législation et fut plusieurs rapports sur les hypothèques et les créanciers des émigrés, ainsi que sur l'état des finances. Rallié au 18 brumaire, il fut nommé, le 28 floréal an VIII, président du tribunal civil de Sarreguemines, puis conseiller à la cour de Metz, lors de la réorganisation des cours et tribunaux en 1811. Il était président du collège électoral de Metz aux Cent-Jours, quand il fut élu, le 12 mai 1815, représentant de l'arrondissement de Metz, par 60 voix (118 votants). Conseiller honoraire de 1815 à 1818, il fut réélu député, le 20 octobre 1818, par le grand collège de la Moselle, avec 618 voix (919 votants, 1,111 inscrits), siégea au côté gauche, protesta contre la résolution des pairs sur la loi des élections et vota contre les lois d'exception et contre le nouveau système électoral. Il mourut au cours de la législature

ROLLAND (NICOLAS), député de 1816 à 1820, né à Paris le 24 septembre 1757, mort à Paris le 18 novembre 1838, employé aux vivres militaires, puis négociant à Marseille, fut élu député du grand collège des Bouches-du-Rhône, le 22 août 1815, par 103 voix (185 votants, 289 inscrits), et fut réélu, le 4 octobre 1816, par 140 voix (158 votants, 270 inscrits). Il siégea à droite et vota avec les ultra-royalistes pour toutes les lois d'exception. De la série sortante en 1820, il renonça à la vie politique.

ROLLAND (GUSTAVE), représentant du peuple en 1848, né à Vatimont (Moselle) le 16 juillet 1809, mort à Versailles (Seine-et-Oise) le 23 avril 1871, entra à l'École polytechnique en 1827 et en sortit dans le génie. Successivement officier à Mézières et à Thionville, il parvint au grade de capitaine, et fut élu, le 26 novembre 1848, représentant de la Moselle à l'Assemblée constituante, en remplacement du prince Louis-Napoléon Bonaparte qui avait opté pour un autre département, par 17,951 voix (33,729 votants, 108,141 inscrits), contre 11,374 à M. Ney de la Moskowa, 1,099 à M. Ronfort et 865 à M. de Ladoucette. Il vota pour la proposition Rateau, pour l'interdiction des clubs, pour l'expédition de Rome, contre la demande de mise en accusation du président et des ministres. Non réélu à la Législative, il vécut dans la retraite pendant la durée du second empire, et reprit du service pendant le siège de Paris, en 1870-71, comme chef de bataillon. Il mourut peu de temps après la fin de la guerre.

ROLLAND (JULIEN-JÉRÔME-HIPPOLYTE), représentant en 1848 et en 1871, né à Cajarc (Lot) le 25 novembre 1801, mort à Cajarc le 5 novembre 1879, propriétaire dans sa ville natale, s'occupa d'agriculture et obtint la grande médaille au concours régional. Libéral, maire de Cajarc, il fut élu, le 23 avril 1848, représentant du Lot à l'Assemblée constituante, le 2e sur 7, par 43,324 voix, fit partie du comité de l'agriculture et du Crédit foncier, et vota contre le bannissement de la famille d'Orléans, pour les poursuites contre L. Blanc et Caussidière, contre l'abolition de la peine de mort, contre l'impôt progressif, pour l'amendement Grévy, pour l'ensemble de la Constitution, pour l'interdiction des clubs et pour l'expédition de

Rome. Après 1849, il devint juge de paix de son canton et conseiller général. Réélu, le 8 février 1871, représentant du Lot à l'Assemblée nationale, le 5e sur 6, par 37,841 voix (71,438 votants, 91,760 inscrits), il vota pour la paix, pour l'abrogation des lois d'exil, pour la pétition des évêques, contre le service de trois ans, prit un assez long congé, et se prononça ensuite contre l'amendement Wallon et contre les lois constitutionnelles. Il ne se représenta pas aux élections suivantes.

ROLLAND (PIERRE-CHARLES-ANTOINE), représentant en 1848 et en 1871, sénateur en 1876, né à Mâcon (Saône-et-Loire) le 4 novembre 1818, mort à Romanèche (Saône-et-Loire) le 25 octobre 1876, fils d'un avoué, étudia le droit, se fit recevoir avocat (1841) à Paris, et s'inscrivit au barreau de Lyon. Mais il s'occupa surtout de journalisme, concourut, sous Louis-Philippe, à la fondation du Progrès de Saône-et-Loire, s'attacha à la fortune politique de Lamartine, suivit ses inspirations, fut nommé maire de Mâcon en 1847, et présida, comme tel, le banquet réformiste offert par le parti démocratique à l'auteur des Girondins. Resté maire de Mâcon après février 1848, il se fit élire, le 23 avril, le 7e sur 14, par 117,864 voix (131,092 votants, 136,000 inscrits), représentant de Saône-et-Loire à l'Assemblée constituante. Il vota le plus souvent avec la fraction la plus modérée du parti républicain : contre les poursuites contre Caussidière, pour le rétablissement de la contrainte par corps, pour l'abolition de la peine de mort, contre l'amendement Grévy, contre la proposition Rateau, contre l'amnistie, pour l'interdiction des clubs, contre les crédits de l'expédition romaine. Aux élections du 13 mai 1849 pour l'Assemblée législative, M. Ch. Rolland ne réunit que 1,078 voix sur 169,200 votants. Rentré dans la vie privée, après avoir collaboré au Pays, journal de Lamartine, il s'occupa d'études littéraires et historiques, publia le Compte-rendu des travaux de la Société académique de Mâcon, voyagea en Orient, rédigea, au retour, un récit de son excursion : La Turquie contemporaine (1854), et obtint, le 1er juin 1863, comme candidat indépendant au Corps législatif dans la 5e circonscription de Saône-et-Loire, 4,887 voix contre 15,971 à l'élu officiel, comte de Barbentane. Rédacteur en chef (1870) du Journal de Saône-et-Loire, M. Rolland fut élu, le 8 février 1871, représentant de ce département à l'Assemblée nationale, le 1er sur 12, par 71,621 voix; il administra ce département comme commissaire du gouvernement, du 15 octobre au 15 novembre 1871, siégea à l'Assemblée au groupe de la gauche républicaine, en fut pendant cinq ans le questeur, prit une part importante aux travaux des commissions et aux discussions de l'Assemblée, et déposa (10 août 1874) un amendement ainsi conçu au projet de loi organique sur les conseils généraux : « Il peut être alloué aux conseillers généraux une indemnité de déplacement dont le chiffre est déterminé par le conseil général, après délibération et par vote au scrutin secret » (rejeté par 337 voix contre 204). Il se prononça : pour le retour à Paris, contre le pouvoir constituant, contre la chute de Thiers au 24 mai, contre le septennat, la loi des maires, l'état de siège, contre le ministère de Broglie, pour les amendements Wallon et Pascal Duprat et pour l'ensemble des lois constitutionnelles. Le 30 janvier 1876, M. Rolland fut élu sénateur de Saône-et-Loire, par 401 voix (697 votants). Il suivit la même ligne que précédemment, vota avec les républicains, et, décédé en octobre de la même année, fut remplacé, le 5 janvier 1879, par M. Mathey. Membre, secrétaire et président de l'Académie de Mâcon, il a publié un grand nombre d'articles d'art, d'histoire et de politique dans des journaux et des revues.

ROLLAND (Auguste-Abraham), représentant en 1849, né à Chalon-sur-Saône (Saône-et-Loire) le 12 septembre 1823, fit de bonnes études classiques et se destina à l'enseignement. Il était maître répétiteur au collège de Bourges, lorsque Félix Pyat, nommé commissaire général de la République à Bourges, utilisa son talent de parole en le chargeant de faire tous les soirs, dans la salle de la distribution des prix du lycée transformée en club, des conférences populaires, M. Rolland fut ensuite professeur à Mâcon. Le 13 mai 1849, il fut élu représentant de Saône-et-Loire à l'Assemblée législative, le 7e sur 13, par 73,670 voix (109,200 votants, 152,411 inscrits). Il prit place à la Montagne, et, comme un des plus jeunes membres de l'Assemblée, fit partie du bureau provisoire en qualité de secrétaire d'âge. Il appuya l'interpellation de Ledru-Rollin sur les affaires de Rome, signa avec lui l'appel aux armes, se rendit au Conservatoire des Arts et Métiers, fut arrêté avec l'autorisation de l'Assemblée, et condamné à la déportation par contumace. M. Rolland passa quelque temps en exil, obtint la permission de rentrer en France, se rallia au gouvernement impérial, et rédigea un journal bonapartiste dans un département de l'Ouest.

ROLLAND-CHAMBAUDOIN (Barthélemy-François, baron), député au Corps législatif en l'an XII, né à Paris le 20 décembre 1766, mort à Paris le 27 décembre 1830, était conseiller au parlement de Paris à l'époque de la Révolution. Il fut plusieurs fois en danger pendant la Terreur, fut même traduit devant le tribunal révolutionnaire, mais fut acquitté. Rallié au 18 brumaire, il devint conseiller général du Loiret le 13 floréal an VIII, et fut élu, le 19 vendémiaire an XII, par le Sénat conservateur, député du Loiret au Corps législatif, d'où il sortit en 1806. Membre de la Légion d'honneur le 25 prairial an XII, président du canton d'Outarville le 6 germinal an XIII, il fut nommé préfet de l'Eure le 26 mars 1806, et « appelé à d'autres fonctions, » le 20 mars 1813, avec une pension de 6,000 francs. Il ne fut pas remplacé. Baron de l'empire du 29 septembre 1809.

ROLLAND-CHAMBAUDOIN (Barthélemy-Louis-Charles), comte d'Erceville, député de 1820 à 1827, né à Erceville (Loiret) le 14 août 1772, mort à Paris le 24 janvier 1845, se préparait à entrer aux gardes-françaises quand ce corps fut licencié. Après avoir reçu le brevet de sous-lieutenant le 14 juin 1790, il émigra, fit la campagne de 1792 à l'armée des princes, et passa plusieurs années en Suisse et en Allemagne en s'occupant de peinture. Rentré en France en juillet 1795, il devint, en 1810, maire de Machault et conseiller général, applaudit au retour des Bourbons, et entra, le 5 juillet 1814, dans les chevau-légers de la garde royale avec le grade de chef d'escadron; colonel le 14 février 1815, il devint, le 17 janvier 1816, grand-prévôt de Seine-et-Marne. Président du collège électoral de département, il fut successivement élu député de ce collège, le 13 novembre 1820, par 124 voix (160 votants,

251 inscrits), puis, le 13 novembre 1822, député du 3e arrondissement électoral du même département (Melun), par 213 voix (339 votants, 381 inscrits), et le 25 février 1824, par 215 voix (312 votants, 385 inscrits). Rapporteur de la commission du budget en 1824, secrétaire de la Chambre en 1825, il vota constamment avec la majorité et approuva toutes les mesures d'exception. Promu, le 23 mai 1825, maréchal de camp et gentilhomme de la chambre du roi, officier de la Légion d'honneur en 1826, il échoua à la députation, le 17 novembre 1827, avec 115 voix contre 228 à l'élu, M. Royer-Collard. Il resta conseiller général jusqu'en 1830, donna alors sa démission, et rentra dans la vie privée.

ROLLE (Henri-Armand), député au Corps législatif de 1863 à 1870, né à Besançon (Doubs) le 8 juillet 1829, fit son droit à Paris et devint auditeur au conseil d'État. Élu, le 1 juin 1863, député au Corps législatif dans la 3e circonscription de la Côte-d'Or, comme candidat du gouvernement, par 29,687 voix (30,596 votants, 36,761 inscrits), contre 3,495 à M. (I. Lapérouse et 1,753 à M. Floquet, et réélu, le 24 mai 1869, par 19,053 voix (31,554 votants, 36,636 inscrits), contre 8,406 à M. J. Lavallo et 4,011 à M. Lapérouse, il signa, en 1869, la demande d'interpellation des 116, vota contre la guerre, et rentra dans la vie privée à la révolution du 4 septembre. Chevalier de la Légion d'honneur.

ROLLET (Eugène), député de 1876 à 1881, né à Saint-Amand (Cher) le 12 mai 1814, était propriétaire dans ce département. Il s'occupa d'agriculture et professa dès 1848 des opinions républicaines qui le firent arrêter et expulser lors du coup d'État de 1851 : il était alors conseiller général du canton de Saint-Amand. Après avoir résidé en Belgique, il ne rentra en France que lors de l'amnistie de 1859, resta un des adversaires énergiques de l'Empire et fut nommé, le 6 septembre 1870, sous-préfet de Saint-Amand. Il remplit ces fonctions jusqu'au 24 mai 1873. Aux élections législatives complémentaires de 1876, M. Rollet fut élu (30 avril), au second tour de scrutin, député de la 2e circonscription de Saint-Amand, par 6,700 voix (11,900 votants, 15,359 inscrits), contre 5,136 à M. Rafelis de Saint-Sauveur, en remplacement de M. Devoucoux qui avait opté pour Bourges. Il siégea à l'extrême-gauche, vota pour l'amnistie plénière, et fut des 363. Réélu, à ce titre, le 14 octobre 1877, par 7,053 voix (13,282 votants, 15,490 inscrits), contre 6,160 au marquis de Saint-Sauveur, candidat officiel, M. E. Rollet vota comme précédemment avec les républicains les plus avancés, pour l'amnistie, pour la liberté illimitée de réunion et d'association, pour la séparation de l'Église et de l'État, et ne se représenta pas en 1881.

ROLLIN (Nicolas), député à l'Assemblée constituante de 1789, né dans le duché de Bouillon (Belgique) le 10 septembre 1736, mort à une date inconnue, appartint d'abord à l'ordre des Jésuites et fut nommé curé-doyen de Verton en 1787. Commissaire à la rédaction du cahier du clergé du bailliage de Montreuil-sur-Mer (Pas-de-Calais), il fut élu, le 23 mars 1789, malgré les compétitions du haut clergé, député aux États-Généraux par le bailliage de Montreuil. Il vota, le 22 juin 1789, pour la vérification des pouvoirs en commun, mais ne se réunit pas au tiers avant la séance générale. Son rôle parlementaire fut très effacé. Il protesta contre la constitution civile du clergé, et écrivit, le 3 janvier 1791, à son évêque une lettre dans laquelle il indique énergiquement son intention de refuser le serment. « Dans peu sans « doute on va procéder à l'élection d'un soi-« disant curé de Verton... Ne suis-je pas obligé « d'y constituer ma résidence et d'y remplir « comme pasteur tous les devoirs auxquels « une force supérieure ne s'opposera pas ? J'at-« tends de Votre Grandeur qu'elle voudra bien « m'honorer d'une réponse. Quant à la vie ani-« male, il est une Providence qui me dit et me « démontre que les lys ne filent point et que « les oiseaux ne font point de provisions. J'ai « l'honneur, etc. »

Il signa la déclaration datée du 30 juin 1791 par laquelle 290 députés protestèrent contre les décrets suspendant l'exercice de l'autorité royale ainsi que celle du 31 août 1791 contre l'acte constitutionnel, émigra, et mourut à l'étranger.

ROLLIN (Louis-Adolphe), représentant en 1871, né à Corny (Moselle) le 18 août 1836, était sans antécédents politiques, lorsqu'il fut élu, le 9 avril 1871, représentant de la Guadeloupe à l'Assemblée nationale, le 2e et dernier, par 2,756 voix (5,620 votants, 29,722 inscrits). Il vint prendre place à gauche et vota contre le pouvoir constituant de l'Assemblée et pour le gouvernement de Thiers. Démissionnaire dans le courant de l'année 1873, il fut remplacé, le 5 octobre suivant, par M. Germain Casse.

ROLLIN DE LA FARGE (Antoine), député au Conseil des Cinq-Cents, dates de naissance et de mort inconnues, entra, à 16 ans, à l'Ecole d'artillerie de Metz, passa, deux ans après, en Wurtemberg, comme lieutenant de grenadiers dans le corps de 6,000 hommes entretenu par la France, devint lieutenant aux gardes du corps du duc de Wurtemberg, capitaine (1752), et quitta l'armée l'année suivante, à la paix. Il se fit recevoir avocat au parlement de Paris, fut nommé aide-professeur à l'Ecole d'artillerie d'Auxonne, professeur de mathématiques à Rochefort (1766), puis à Brest, professeur à l'Ecole de marine du Havre (1773), professeur de mathématiques et de physique expérimentale à Brest (1775), et fut élu (28 avril 1785) membre adjoint de l'Académie de marine de Brest. Il quitta cette ville en décembre 1786, pour occuper à Vannes la chaire de navigation au collège de la marine, ouvrit en même temps un cabinet d'avocat, et devint (1790) commissaire du roi pour l'élection des assemblées du département et des districts. Procureur-syndic de Vannes (14 juin 1790), membre du club des « Amis de la Constitution », il se démit de ses fonctions municipales le 7 novembre 1791, pour accepter une place de professeur à l'Ecole de marine à Nantes. Il fut quelque temps membre et président du jury d'instruction de la Loire-Inférieure, devint professeur de législation à l'Ecole centrale de Nantes, et fut élu, le 27 germinal an VI, député de la Loire-Inférieure au Conseil des Cinq-Cents. Il joua, dans l'assemblée, un rôle des plus actifs, s'éleva contre l'abus du droit de pétition (13 messidor an VI), lut un rapport sur la célébration des fêtes de la République, parla contre l'impôt sur le sel, proposa de créer un institut de marine à Brest, déposa un rapport sur la refonte de la monnaie de billon, fit voter un projet sur les déportés

et réfugiés des colonies, fut élu secrétaire du Conseil (1er nivôse an VII), proposa et fit décréter (1er fructidor) que l'armée d'Helvétie avait bien mérité de la patrie. Il sortit du Conseil au coup d'Etat de brumaire, et disparut de la scène politique.

ROLLINAT (François), représentant en 1848 et en 1849, né à Châteauroux (Indre) le 13 juin 1806, mort à Châteauroux le 13 août 1867, étudia le droit et se fit inscrire au barreau de Châteauroux. D'opinions républicaines, il se lia avec George Sand, et se fit élire, le 23 avril 1848, représentant de l'Indre à l'Assemblée Constituante, le 7e et dernier, par 24,374 voix (60,569 votants, 71,004 inscrits). Il siégea à gauche, fit partie du comité des affaires étrangères et vota contre le rétablissement du cautionnement, contre les poursuites contre Louis Blanc et Caussidière, pour l'abolition de la peine de mort, pour l'amendement Grévy, pour l'ordre du jour en l'honneur de Cavaignac, pour la réduction de l'impôt du sel, contre l'interdiction des clubs, contre les crédits de l'expédition romaine, pour l'amnistie, pour l'abolition de l'impôt des boissons. Réélu, le 13 mai 1849, représentant de l'Indre à l'Assemblée Législative, le 5e et dernier, par 23,924 voix (50,138 votants, 73,546 inscrits), M. Rollinat s'associa aux actes et aux protestations de la minorité démocratique et combattit l'expédition de Rome, la loi Falloux-Parieu sur l'enseignement, la loi du 31 mai sur le suffrage universel. Il rentra dans la vie privée lors du coup d'Etat. Son fils, M. Maurice Rollinat, a acquis, comme poète, une certaine réputation.

ROMAN (Jacques), député de 1827 à 1831, né à Genève (Suisse) le 26 janvier 1765, mort à une date inconnue, était propriétaire et maire de Bazarnes, quand il fut élu, le 17 novembre 1827, député du 2e arrondissement de l'Yonne (Auxerre) par 123 voix (236 votants, 277 inscrits), contre 111 à M. Hay-Lucy. M. Roman siégea dans les rangs du parti constitutionnel et vota l'Adresse des 221. Réélu, le 3 juillet 1830, député du grand collège de l'Yonne, par 166 voix (220 votants, 279 inscrits), il adhéra à la monarchie de Louis-Philippe, appartint à la nouvelle majorité conservatrice et quitta la vie politique aux élections de 1831.

ROMARIC. — Voy. Bouteiller (de).

ROMEUF (Barthélemy, baron de), député au Corps législatif de 1852 à 1869, né à Lavoûte-Chilhac (Haute-Loire) le 7 mai 1793, mort au Puy (Haute-Loire) le 7 septembre 1871, entra à l'Ecole de Saint-Cyr sous la Restauration, servit dans l'état-major et devint aide de camp du maréchal Soult. Il prit sa retraite comme chef d'escadron d'état-major. Conseiller général de la Voûte, rallié à la politique du prince Louis-Napoléon, il fut successivement élu député au Corps législatif dans la 2e circonscription de la Haute-Loire, comme candidat du gouvernement, le 29 février 1852, par 23,354 voix (23,631 votants, 36,815 inscrits); le 21 juin 1857, par 24,333 voix (24,368 votants, 35,287 inscrits) ; et le 1er juin 1863, par 15,659 voix (27,387 votants, 36,941 inscrits), contre 11,646 à M. de Flaghac. Il soutint constamment les institutions impériales, vota avec la majorité, et fut questeur de la Chambre en 1863 ; mais, il échoua, le 24 mai 1869, avec

13,060 voix contre 18,945 à l'élu, M. Guyot-Montpayroux, candidat de l'opposition. Commandeur de la Légion d'honneur (30 juillet 1858).

ROMIGUIÈRES (Jean-Dominique-Joseph-Louis), représentant aux Cent-Jours, pair de France, né à Toulouse (Haute-Garonne) le 19 août 1775, mort à Paris le 24 juillet 1817, « fils de Jean-Antoine Romiguières, avocat au parlement, et de dame Elisabeth-Germaine Laborère », s'engagea comme volontaire en 1792 dans la légion des Pyrénées-Orientales, servit dans l'artillerie, et fut nommé capitaine. Mis en prison par ordre du représentant en mission, il ne partagea pas l'enthousiasme révolutionnaire du moment, et, rentré dans la vie civile, lors de la paix de 1795 avec l'Espagne, il publia l'*Anti-Terroriste*, organe du parti modéré. Inscrit sur la liste des déportés au 18 fructidor an V, il se cacha pour échapper aux poursuites, et ne reparut à Toulouse qu'après le coup d'Etat de Bonaparte. Il fit alors son droit et débuta au barreau de Toulouse en 1803. Son éloquence fougueuse et imagée lui valut une nombreuse clientèle. Lors de l'invasion, Romiguières reprit du service comme colonel d'une des légions urbaines organisées à la hâte contre l'étranger. Obligé de se cacher pendant la première Restauration, il fut, aux Cent-Jours, nommé lieutenant extraordinaire de la police à Toulouse, et, après la publication de l'Acte additionnel, élu (16 mai 1815) représentant du grand collège de la Haute-Garonne, par 42 voix (50 votants, 250 inscrits). Ce fut lui qui, le 5 juillet suivant, chargé de rédiger la célèbre déclaration adressée aux « monarques ennemis », y stipula formellement « l'égalité des droits civils et politiques, la liberté de la presse, la liberté des cultes, le système représentatif, comme forme de gouvernement. » Romiguières se fixa ensuite à Paris pour quelques années, puis revint à Toulouse où il plaida fréquemment pour le parti libéral. Il fut notamment l'avocat d'Armand Carrel dans l'affaire des réfugiés espagnols. Nommé, le 7 juillet 1833, procureur général à Toulouse, il fut promu, le 15 décembre 1839, par le gouvernement de Louis-Philippe, conseiller à la cour de Cassation. Depuis 1838, il présidait le conseil général de la Haute-Garonne, quand il fut, le 20 juillet 1841, élevé à la pairie. Il continua de se montrer, au Luxembourg, le partisan zélé de la monarchie de juillet, et, lors de l'accusation portée contre Teste (*V. ce nom*), dont il était l'ami, se prononça en sa faveur et refusa d'admettre sa culpabilité. Il siégea à la Chambre haute jusqu'à sa mort.

ROMME (Charles-Gilbert), député en 1791, membre de la Convention, né à Riom (Puy-de-Dôme) le 26 mars 1750, exécuté à Paris le 17 juin 1795, s'adonna à l'étude des sciences mathématiques et fut appelé en Russie comme précepteur du jeune comte Strogonoff. Il revint en France peu avant la Révolution dont il adopta avec ardeur les principes, s'occupa d'agriculture, et fut élu, le 10 septembre 1791, député du Puy-de-Dôme à l'Assemblée législative, le 14 sur 12, « à la pluralité des voix » sur 412 votants. Il se rendit en mission à Noyon, demanda des comptes au ministre Narbonne, fit rendre un décret sur la propriété des pièces de théâtre, et opina constamment avec la majorité réformatrice.

Réélu, le 6 septembre 1792, député du même département à la Convention, le 4e sur 12, à la pluralité des voix (691 votants), il siégea à la Montagne, rendit compte de la situation des manufactures d'armes de Moulins et de Saint-Etienne, fit supprimer la place de directeur de l'Académie de France à Rome, déposa plusieurs rapports remarqués sur l'instruction publique, et vota ainsi dans le procès du roi : « Ce n'est, dit-il au 3e appel nominal, que comme représentant du peuple que je prononce aujourd'hui. Le peuple ne peut juger Louis; il en aurait le droit. La Convention nationale, au contraire, le peut et le doit ; et c'est comme membre de la Convention que je veux remplir ce devoir. Si je votais comme citoyen, l'humanité et la philosophie me feraient répugner à prononcer la mort ; mais, comme représentant de la nation, je dois puiser mon suffrage dans la loi même ; elle punit tous les coupables sans distinction, et je ne vois plus dans Louis qu'un grand coupable. Je demande qu'il soit condamné à mort. Cette peine est la seule qui puisse expier ses crimes. » Il vota en outre contre l'appel au peuple et contre le sursis. Il réclama et obtint l'abolition de la maison d'éducation de Saint-Cyr. Envoyé (avril 1773), avec Prieur (de la Côte-d'Or), à l'armée de Cherbourg, il fut saisi par les Girondins, et incarcéré pendant deux mois à Caen comme otage. De retour à la Convention, il contribua à faire adopter l'invention du télégraphe, et présenta (septembre) à la sanction de l'Assemblée le *Calendrier républicain*, dont il élabora le plan au point de vue scientifique, et auquel concourut, pour la partie pittoresque et poétique, Fabre d'Eglantine. Le comité d'instruction publique, dont Romme faisait partie depuis le 16 septembre, eut à s'occuper de cette importante question. La Convention adopta, le 5 octobre, les bases du projet de Romme et du Comité : ère républicaine datant du 22 septembre 1792, division de l'année en douze mois de trente jours, avec cinq jours complémentaires, division du mois en trois décades ; mais elle rejeta d'abord les dénominations morales que Romme voulait donner aux mois et aux jours : « Le premier jour, avait-il dit, c'est le jour des époux. » — « Tous les jours, répliqua Albitte, sont les jours des époux ; » et cette partie du projet fut abandonnée, sur une motion de Le Bon. Elle n'accepta pas davantage les noms proposés par le comité et qui devaient rappeler, pour les mois, une époque de la Révolution, à savoir, en commençant à partir de l'équinoxe d'automne : République, Unité, Fraternité, Liberté, Justice, Egalité, Régénération, Réunion, Jeu de Paume, Bastille, Peuple, Montagne. Les jours de la décade se seraient appelés : jour du Niveau, du Bonnet, de la Cocarde, de la Pique, de la Charrue, du Compas, du Faisceau, du Canon, du Chêne, du Repos. La Convention, ayant, sur les observations de Duhem, refusé d'accepter cette nomenclature, décréta la simple dénomination ordinale : en conséquence, dès le lendemain, le procès-verbal de l'Assemblée fut daté « du quinzième jour du premier mois de l'an deuxième de la République. » Mais on trouva bientôt que cette manière à la fois sèche et prolixe d'indiquer une date présentait des inconvénients ; la question fut renvoyée à un nouvel examen, le 24 octobre, furent adoptés, sur un rapport de Fabre d'Eglantine, les noms sonores et expressifs des mois républicains et ceux des jours de la période décadaire du « primidi » au « décadi ».

Les décrets des 24 et 5 octobre furent fondus en un seul et rectifiés dans quelques dispositions par le décret du 4 frimaire an II (24 novembre 1793) qui établit définitivement le calendrier républicain. A ce décret fut annexée une *Instruction sur l'ère de la République et sur la division de l'année* ; cette *Instruction* avait été rédigée par Romme. L'observation du repos du décadi n'était rendue obligatoire que pour les fonctionnaires publics. Romme rédigea encore, avec le concours de divers collaborateurs, un *Annuaire* destiné à faire connaître aux habitants des campagnes la nouvelle division du temps et à répandre des notions utiles. Cet annuaire fut envoyé aux écoles par ordre de la Convention. Romme prit une part très active aux travaux du comité d'instruction publique, et, le 20 octobre 1793, il donna lecture en son nom d'un projet de décret sur les écoles nationales ; il demanda aussi une place pour la déesse Raison auprès du président, et, pour Marat, les honneurs du panthéon, fit décréter la conservation des objets d'art quoique marqués d'insignes féodaux, fit rendre aux Académies la disposition de leurs fonds, et fut envoyé en mission dans la Dordogne, des premiers jours de ventôse jusqu'à la fin de fructidor an II. Il ne prit donc aucune part aux événements de thermidor. A Périgueux, il ne fut pas toujours d'accord avec son collègue Lakanal, dont il désapprouva notamment les décrets inquisitoriaux sur les familles (2 fructidor). A son retour à Paris, il trouva la réaction anti-Jacobine toute-puissante, et ne se rallia pas à la nouvelle majorité. Lors de la mise en accusation de Carrier, il fit un rapport favorable à l'arrestation de celui-ci, tout en s'élevant contre le système de contre-révolution qui, dit-il, paralysait la République (novembre 1794). Le 1er prairial an III, Romme, quoique étranger à l'insurrection, proposa l'élargissement immédiat des patriotes et l'abolition de la peine de mort en matière politique. Il fut, pour ce fait, décrété d'accusation comme complice de l'insurrection (12 germinal), avec ses collègues Soubrany, Goujon, Bourbotte, Duquesnoy, Duroy. Conduits, à travers mille dangers, au château du Taureau, en mer, près de Morlaix, ils furent ramenés à Paris le 22 prairial, pour passer devant une commission militaire. Romme discuta un à un les chefs d'accusation invoqués contre lui, et fit cette déclaration ; « Mon corps appartient à mes juges. Mon âme reste indépendante et tranquille au milieu de mes souvenirs. Mon dernier soupir, en quelque temps, en quelque lieu, de quelque manière que je le rende, sera pour la république une et indivisible ; pour la patrie si cruellement déchirée et que j'ai servie de bonne foi ; pour le malheureux et l'opprimé, qu'on abandonne et qu'on repousse ; pour mes amis, dont la fidélité et les vertus républicaines honoreront ma mémoire ; pour ma vertueuse mère, dont les derniers instants se couvrent de tant d'amertume ; pour mon épouse infortunée, veuve d'un brave défenseur de la patrie, indigente, ayant des droits aux bienfaits de la nation ; en l'attachant à ma destinée, je l'aurai plongée dans de nouveaux malheurs ! » Il fut condamné à mort ainsi que Goujon, Duquesnoy, Duroy, Bourbotte et Soubrany, et, tandis qu'ils étaient dans la chambre d'arrêt où se faisait la toilette des condamnés, libres encore de leurs mouvements, ils se poignardèrent l'un après l'autre, Goujon d'abord, puis Romme, avec le couteau arraché

de la poitrine de son ami, et dont il se frappa au cœur.

RONCHAUD (DE). — *Voy.* NICOD.

RONCHEROLLES (ANNE-CHARLES-LÉONOR, COMTE DE), député de 1815 à 1816 et de 1820 à 1830, né à Daubeuf (Eure) le 2 mars 1766, mort à Paris le 8 février 1840, « fils de Charles-Antoine Tranquille de Roncherolles, marquis de Roncherolles, seigneur et patron honoraire de la paroisse de Daubeuf, capitaine de cavalerie au régiment Royal-cravates, chevalier de l'ordre royal et militaire de Saint-Louis, et de dame Marie-Thérèse-Gabrielle du Bosc de Radepont », entra au service en 1781, émigra en 1791, et devint colonel à la première Restauration. Élu, le 22 août 1815, député du grand collège de l'Eure, par 124 voix (218 votants, 260 inscrits), il prit place dans la majorité, et vota pour l'amnistie et contre les prêtres mariés. Réélu dans le même collège, le 13 novembre 1820, par 312 voix (443 votants, 571 inscrits) ; le 6 mars 1824, par 254 voix (273 votants, 483 inscrits), et le 24 novembre 1827, par 159 voix (309 votants, 406 inscrits), il continua de siéger parmi les ultra-royalistes de la majorité. Il ne se représenta pas aux élections de 1830. Il avait été promu maréchal de camp le 1er novembre 1828.

RONDEAU (LÉON-FRÉDÉRIC), représentant du peuple en 1848, né à Argenton (Indre) le 6 décembre 1793, mort à Montargis (Loiret) le 2 septembre 1857, fut longtemps agréé au tribunal de commerce de la Seine, puis se fit inscrire au barreau, s'occupa d'agriculture, se rangea sous Louis-Philippe dans l'opposition libérale, et présida le banquet réformiste de Montargis. Nommé, à la révolution de février 1848, sous-commissaire du gouvernement provisoire à Montargis, il fut élu, le 23 avril 1848, représentant du Loiret à l'Assemblée Constituante, le 2e sur 8, par 67,859 voix (73,249 votants, 88,000 inscrits). Il prit place à gauche, fit partie du comité du travail, et vota *pour* le bannissement de la famille d'Orléans, *pour* les poursuites contre L. Blanc, mais contre celles qui visaient Caussidière, *contre* l'abolition de la peine de mort, *contre* l'impôt progressif, *pour* l'incompatibilité des fonctions, *contre* l'amendement Grévy, *contre* la sanction de la Constitution par le peuple, *pour* l'ensemble de la Constitution, *contre* la proposition Rateau, *contre* l'interdiction des clubs, *contre* l'expédition de Rome. Ce fut lui qui, dans la journée du 15 mai, ayant reconnu, dans un café du quai d'Orsay, Sobrier, rédacteur de la *Commune de Paris*, et l'un des envahisseurs de l'Assemblée, le fit immédiatement arrêter. Après la session, il se présenta, le 8 juillet 1849, à l'Assemblée législative dans le Loiret, en remplacement de M. Roger décédé, mais il échoua avec 2,007 voix, contre 23,006 à l'élu, M. de Lamartine, et 7,309 à M. Madier de Montjau. Hostile à l'empire, il posa sa candidature d'opposition au Corps législatif dans la 3e circonscription du Loiret, le 22 juin 1857 ; mais il n'obtint que 4,847 voix contre 13,685 à l'élu, candidat officiel M. de Grouchy. Il mourut quelques mois après.

RONDEAUX (JEAN-BAPTISTE-FRANÇOIS-ANDRÉ), député en 1834 et de 1846 à 1848, né à Rouen (Seine-Inférieure) le 1er septembre 1775, mort à Saint-Étienne-du-Rouvray (Seine-Inférieure) le 11 novembre 1864, était négociant à Rouen. Le 4 février 1834, il fut élu député du

3º collège de la Seine-Inférieure (Rouen) par 235 voix (424 votants, 511 inscrits) contre 185 à M. Treilhard, en remplacement de M. Cabanon démissionnaire. Il siégea dans les rangs de la majorité, mais pour peu de temps, car il échoua, aux élections générales du 21 juin suivant, avec 225 voix contre 233 à l'élu, M. Jacques Laffitte. Il rentra au parlement le 20 janvier 1816, comme l'élu du 1er collège du même département (Rouen), par 511 voix (1,042 votants, 1,125 inscrits), en remplacement de M. Cabanon démissionnaire, reprit sa place parmi les députés conservateurs, obtint sa réélection le 1er août suivant, par 532 voix (1,051 votants, 1,132 inscrits), contre 487 à M. de la Germonière, soutint la politique du cabinet Guizot, et quitta la vie politique à la révolution de 1848.

RONDELEUX (Paul-Grégoire), député de 1885 à 1889, né à Paris le 20 novembre 1832, fut directeur-gérant des mines et usines de La Condemine, à Buxières-les-Mines (Allier), soutint de son influence les candidatures républicaines dans sa région, devint, en 1877, conseiller d'arrondissement du canton de Bourbon-l'Archambault, et, porté, aux élections législatives du 4 octobre 1885, sur la liste de concentration républicaine de l'Allier, fut élu, le 6e et dernier, par 49,616 voix sur 9,223 votants et 120,003 inscrits. Il prit place à l'Union républicaine, soutint la politique scolaire et coloniale des ministères républicains, s'abstint sur l'expulsion des princes, et, en réponse aux « manœuvres boulangistes », déposa (février 1889) un projet de loi tendant à assimiler aux prétendants expulsés (loi du 22 juin 1886) « tout individu convaincu de poursuivre par ses déclarations, par ses actes, ou par l'usage qu'il a laissé faire de son nom, le rétablissement à son profit du pouvoir personnel. » La 29e commission d'initiative parlementaire demanda la prise en considération de cette proposition. M. Rondeleux se prononça, dans la dernière session, pour le rétablissement du scrutin d'arrondissement (11 février 1889), pour l'ajournement indéfini de la revision de la Constitution, pour les poursuites contre trois députés membres de la Ligue des patriotes, pour le projet de loi Lisbonne restrictif de la liberté de la presse, pour les poursuites contre le général Boulanger.

RONDEVILLE (François Mathieu de), député en 1789, né à Metz (Moselle) le 12 août 1728, mort le 8 décembre 1809, était avocat dans sa ville natale, quand il fut élu, le 16 mars 1789, député du tiers aux Etats-Généraux par le bailliage de Metz, avec 19 voix sur 23 votants. Il fut adjoint au doyen des communes, signa le serment du Jeu de paume, fit partie du comité des finances et du comité de liquidation, et vota silencieusement avec la majorité. Devenu ensuite officier municipal et maire de Metz, il fut élu administrateur de la Moselle le 26 vendémiaire an IV, et juge au tribunal d'appel du même département le 26 germinal an V.

RONGIER (Antoine), député en 1791 et membre de la Convention, dates de naissance et de mort inconnues, était cultivateur à Flageac (Haute-Loire), quand il fut élu, le 29 août 1791, député de la Haute-Loire à l'Assemblée législative, le 5e sur 7, par 159 voix (275 votants). Il vota avec la majorité réformatrice, et fut en congé à partir du 2 juin 1792. Réélu, le 5 septembre 1792, par le même département,

membre de la Convention, le 5e sur 7, « à la pluralité des voix », il se prononça pour la mort dans le procès de Louis XVI, et donna sa démission de député le 1er octobre 1793.

RONJAT (Joseph-Antoine), représentant en 1848 et en 1849, né à Saint-Marcel (Isère) le 10 juillet 1790, mort à Paris le 21 décembre 1857, fut d'abord employé comme géomètre au cadastre, termina ses études classiques, fit son droit à Grenoble, se fit inscrire au barreau de Vienne (1816), s'étant engagé lors de l'invasion en 1814 et en 1815, devint capitaine dans la garde mobilisée. Affilié à la Charbonnerie, et président de la vente de Vienne, il fit de l'opposition au gouvernement des Bourbons, fut nommé juge de paix de l'un des cantons de Vienne à la révolution de 1830, fut révoqué moins de deux ans après pour cause d'indépendance, fut impliqué dans le procès d'avril 1834, et fut élu, le 23 avril 1848, représentant de l'Isère à l'Assemblée constituante, le 11e sur 15, par 78,858 voix (136,486 votants, 159,723 inscrits). M. Ronjat prit place à gauche, fit partie du comité de l'agriculture et vota contre le rétablissement du cautionnement, contre les poursuites contre Louis Blanc et Caussidière, contre le rétablissement de la contrainte par corps, pour l'abolition de la peine de mort, pour l'amendement Grévy, pour le droit au travail, pour l'ensemble de la Constitution, contre la proposition Rateau, pour l'amnistie, contre les crédits de l'expédition romaine, pour la mise en accusation du président et de ses ministres. Réélu, le 13 mai 1849, représentant du même département à l'Assemblée législative, le 10e sur 12, par 66,622 voix (105,839 votants, 160,645 inscrits), il siégea à la Montagne et opina constamment avec la minorité démocratique : contre l'expédition romaine, pour la loi Falloux Parieu sur l'enseignement, pour la loi du 31 mai sur le suffrage universel. Il combattit la politique de l'Elysée, protesta contre le coup d'Etat, et rentra dans la vie privée en 1851. Bâtonnier de l'ordre des avocats de Vienne de 1833 à 1845, et conseiller municipal de Vienne jusqu'en 1848.

RONJAT (Abel-Jules-Antoine), sénateur de 1879 à 1884, né à Vienne (Isère) le 20 janvier 1827, fils du précédent, suivit les cours de l'Ecole d'administration et ceux de l'Ecole de droit de Paris, et se fit inscrire au barreau de la capitale (1851), puis, en 1861, à celui de Vienne. D'opinions républicaines, comme son père, il fut élu conseiller municipal de Vienne (1865), devint, après le 4 septembre 1870, sous-préfet de cette ville et, le 12 janvier 1871, procureur-général à Grenoble; mais, destitué le 24 mars suivant, il dut reprendre sa place au barreau de Vienne. Maire de la ville, conseiller général du canton d'Heyrieu, il se présenta sans succès aux élections de l'Assemblée nationale, le 8 février 1871, et n'obtint, sur une liste républicaine, que 46,094 voix (92,816 votants). Le 5 janvier 1879, il fut élu sénateur de l'Isère par 570 voix (642 votants). Il se fit inscrire au groupe de l'Union républicaine et prit part aux discussions de la loi de 1879 sur les pensions de retraite, à celles de la loi sur la liberté de l'enseignement supérieur (1880), enfin à celles du fameux article 7 de la loi Ferry. En 1880, M. Ronjat rentra dans la magistrature comme avocat général près la cour de Cassation et fut désigné pour remplir les fonctions de commissaire près le tribunal des conflits (1880-1883). En cette qualité, il porta la parole dans les procès intentés par les représentants des congrégations non autorisées à la suite des décrets de mars. En 1884, il fut promu président de chambre à la cour, et donna, le 25 novembre suivant, sa démission de sénateur. Deux ans plus tard, il succéda à M. Baudouin, comme procureur général à cette même cour. Président du conseil général de l'Isère, officier de la Légion d'honneur, M. Ronjat a publié quelques ouvrages, parmi lesquels : un *Manuel électoral* (1877), un *Rapport au Sénat sur la loi portant création d'écoles normales primaires* (1879), etc.

ROQUE DE FILHOL (JEAN-THÉOXÈNE), député de 1881 à 1889, né à Sainte-Colombe (Gironde) le 11 avril 1824, mort à Puteaux (Seine) le 10 septembre 1889, manifesta de bonne heure des opinions nettement républicaines, vint à Paris en 1850 et prit part à la résistance contre le coup d'État en 1851. Il s'occupa ensuite d'industrie, voyagea en Amérique, revint à Paris, s'établit à Puteaux, fit de l'opposition à l'Empire, et, maire de Puteaux pendant le siège de Paris et pendant la Commune de 1871, fut accusé par le gouvernement de Versailles d'avoir favorisé l'insurrection communaliste. Arrêté, il fut condamné par le 4e conseil de guerre aux travaux forcés à perpétuité. Il subissait cette peine à la Nouvelle Calédonie quand la première amnistie de 1879 lui permit de rentrer en France. Le 27 février 1881, M. Em. Desclanel, nommé professeur au collège de France, ayant dû se représenter devant ses électeurs de la 3e circonscription de Saint-Denis, M. Roque (de Filhol), candidat du parti républicain avancé, fut élu à sa place par 3,504 voix (7,028 votants, 12,063 inscrits), contre 3,662 au député sortant. Il s'inscrivit au groupe de l'extrême-gauche, et opina avec les radicaux intransigeants. Il fut nommé rapporteur de la commission chargée d'examiner une demande d'autorisation de poursuites contre M. Andrieux ; mais, par suite de dissentiments avec la commission, il se démit de ses fonctions de rapporteur. Réélu député, le 21 août 1881, par 5,273 voix (9,326 votants, 13,254 inscrits), contre 2,311 à M. Corra et 1,411 à M. Basset de Belavalle, il suivit la même ligne de conduite que précédemment, se montra l'adversaire des cabinets Gambetta et J. Ferry, réclama la révision de la Constitution, déposa un projet de loi qui fit quelque bruit sur le cumul et les incompatibilités parlementaires, et fit partie, en 1884, de la délégation de l'extrême-gauche chargée d'aller visiter les départements du Midi désolés par le choléra. Aux élections du 4 octobre 1885, porté sur les listes radicales de la Seine, il réunit au premier tour de scrutin 182,912 voix, se maintint sur la liste générale des candidats, et passa, au scrutin de ballottage (18 octobre), le 24e sur 34, avec 281,515 voix (410,886 votants, 561,338 inscrits). Il continua de soutenir contre l'opportunisme au pouvoir les intérêts de la politique radicale, vota l'expulsion des princes, se rallia au cabinet Floquet, se prononça, dans la dernière session, *contre* le rétablissement du scrutin d'arrondissement (11 février 1889), *contre* l'ajournement indéfini de la révision de la Constitution, *contre* les poursuites contre trois députés membres de la Ligue des patriotes, *contre* le projet de loi Lisbonne restrictif de la liberté de la presse, et s'abstint sur les poursuites contre le général Boulanger.

ROQUEFEUIL (AMÉDÉE-ALEXANDRE DE), représentant en 1849, né à Saint-Pol-de-Léon (Finistère) le 27 janvier 1801, appartint à la marine comme officier, et se présenta, avec l'appui du parti monarchiste et catholique, aux élections du 13 mai 1849 à l'Assemblée législative dans le département du Finistère. Il fut élu, le 8e sur 13, par 51,711 voix (86,649 votants, 150,165 inscrits), siégea à droite et appuya toutes les mesures de la majorité monarchiste. Partisan de l'expédition de Rome, de la loi Falloux-Parieu sur l'enseignement, de la loi du 31 mai sur le suffrage universel, il resta attaché au parti légitimiste, ne se rallia point à la politique particulière de l'Élysée, et rentra dans la vie privée en 1851.

ROQUEMAUREL DE SAINT-CERNIN (GASPARD-MARIE-JACQUES-ERNEST), représentant en 1871, né à Ou-t (Ariège) le 15 juin 1814, mort à Versailles (Seine-et-Oise) le 18 mars 1875, entra au service militaire en 1831, et fut mis à la retraite le 1er juillet 1870, comme ancien commandant de place et lieutenant-colonel d'infanterie. Officier de la Légion d'honneur, il commanda, en octobre 1870, la garde nationale mobilisée de l'Ariège. Élu, le 8 février 1871, représentant de ce département à l'Assemblée nationale, le 2e sur 5, par 29,561 voix (46,259 votants, 72,427 inscrits), il prit place à droite et vota *pour* la paix, *pour* l'abrogation des lois d'exil, *pour* la pétition des évêques, *contre* le service des trois ans, *pour* la démission de Thiers, *pour* le septennat, *pour* le ministère de Broglie. Il mourut quelques mois avant la fin de la législature.

ROQUES (FRANÇOIS-VITAL-CAMILLE), député de 1876 à 1881 et de 1885 à 1887, né à Toulouse (Haute-Garonne) le 11 avril 1823, mort le 21 janvier 1887, fils d'un riche négociant de Toulouse, fit son droit dans sa ville natale, fut reçu licencié, et entra, en 1853, dans les bureaux du ministère de l'Intérieur. Conseiller de préfecture de Tarn-et-Garonne le 1er mai 1858, de l'Aveyron le 28 décembre 1861, secrétaire général de ce département le 25 octobre 1865, il donna sa démission au 4 septembre 1870. Après être resté quelques années hors de la vie politique, pendant lesquelles il s'occupa d'agriculture, et présida des comices agricoles, il reprit sa place au conseil général de l'Aveyron pour le canton de Sauveterre en 1871, et fut élu, le 5 mars 1876, au second tour, député de la 2e circonscription de Rodez par 7,178 voix (13,025 votants, 16,225 inscrits), contre 5,814 à M. Rodat. Il prit place au groupe de l'Appel au peuple et soutint, au 16 mai, le ministère de Broglie contre les 363. Réélu, le 14 octobre 1877, par 9,493 voix (12,078 votants, 16,649 inscrits), contre 2,452 à M. Fabre, il siégea dans la minorité conservatrice, et échoua, le 21 août 1881, avec 5,679 voix contre 7,267 à l'élu, M. Rodat, républicain. Porté sur la liste conservatrice de l'Aveyron, aux élections du 4 octobre 1885, il fut élu, le 4e sur 6, par 53,115 voix (94,179 votants, 118,271 inscrits), vota avec la droite, combattit la politique scolaire et coloniale des cabinets républicains, et mourut au cours de la législature. Chevalier de la Légion d'honneur du 7 août 1869.

ROQUES (FRANÇOIS), sénateur de 1879 à 1882, né à Laburgade (Lot) le 11 mai 1806, mort à Cahors (Lot) le 6 novembre 1882, exerça dans son pays natal la profession de notaire. Membre du conseil général du Lot pour le canton de Lalbenque depuis 1859, il présidait cette assemblée, lorsqu'il se présenta, le 30 janvier 1876, dans son département comme candidat républicain au Sénat. Il réunit, sans être élu, 178 voix sur 382 votants; il fut plus heureux le 5 janvier 1879, et devint sénateur du Lot par 217 voix (383 votants). M. Roques prit place au centre gauche et vota avec la nouvelle majorité républicaine, *pour* l'article 7, *pour* la réforme du personnel judiciaire, et *pour* la politique opportuniste. Décédé en novembre 1882, il fut remplacé, le 4 février 1883, par M. de Verninac. Chevalier de la Légion d'honneur.

ROQUES-SALVAZA (Pierre-Paul-Auguste), député au Corps législatif de 1852 à 1869, né à Carcassonne (Aude) le 19 décembre 1793, mort à Carcassonne le 11 mai 1871, avocat, avocat-général sous la Restauration, maire de Carcassonne, conseiller général du canton de Tuchan et chevalier de la Légion d'honneur, fut successivement élu député au Corps législatif dans la 1re circonscription de l'Aude, comme candidat du gouvernement, le 29 février 1852, par 25,773 voix (26,857 votants, 45,467 inscrits); le 22 juin 1857, par 26,835 voix (29,255 votants, 43,832 inscrits), contre 1,418 à M. Falgous et 605 à M. Escourrou, et le 1er juin 1863, par 30,028 voix (36,043 votants, 41,041 inscrits). «Homme d'esprit, a dit de lui un historien, avec un caractère rageur», il ne cessa de figurer dans la majorité dévouée aux institutions impériales, défendit notamment, en 1852, la loi sur l'interdiction de séjour à Paris et dans l'agglomération lyonnaise, et rentra dans la vie privée aux élections de 1869. Officier de la Légion d'honneur (13 août 1861).

ROQUET (Léon), député de 1882 à 1885, né à Moulins (Allier) le 2 mars 1849, débuta dans la vie politique le 3 septembre 1882, comme député de la 3e circonscription de Moulins, élu par 4,945 voix (6,662 votants, 19,485 inscrits, contre 1,139 à M. Clairefond, en remplacement de M. Vinatier, décédé. M. Roquet s'assit à gauche, prit part (1883) à la discussion de la loi municipale, parla sur les syndicats professionnels (mai 1883), soutint la politique opportuniste, et se prononça *pour* les crédits de l'expédition du Tonkin. Il ne fut pas réélu en 1885.

ROQUETTE DE BUISSON (Anne-Antoine), député de 1827 à 1830, né à Baragne (Haute-Garonne) le 24 janvier 1771, mort le 24 février 1847, « fils de messire Jean-Louis-Joseph de Roquette Buisson, seigneur de la Baragnie et autres lieux, et de dame Anne-Joseph de Montfaulcon, dame de Rogles et Sainte-Croix », était propriétaire dans son pays natal et appartenait au conseil général de la Haute-Garonne. D'opinions royalistes, il fut élu, le 24 novembre 1827, député de ce département au grand collège, par 140 voix (249 votants, 326 inscrits). Ami de M. de Villèle, il siégea à droite, et voulut défendre (mars 1828) l'ancien cabinet mis en accusation; mais son discours était si vif, que ses amis l'empêchèrent de le prononcer de crainte qu'il ne compromît le vote; il appuya le cabinet Polignac contre les 221, fut nommé (7 juin 1830) président du 4e collège électoral de la Haute-Garonne, et fut réélu, le 23 juin, député du 4e arrondissement de la Haute-Garonne (Muret), par 181 voix (303 votants, 361 inscrits). Il refusa son adhésion à la monarchie de Louis-Philippe, donna sa démission, et fut remplacé comme député, le 6 novembre 1830, par M. Durau.

ROQUETTE DE BUISSON (Jean-François-Maximilien), représentant en 1849, né le 2 mai 1799, mort au château de Tarabel (Haute-Garonne) le 11 septembre 1882, fils du précédent, appartint à la magistrature sous la Restauration. Élu, comme candidat légitimiste, le 13 mai 1849, représentant de la Haute-Garonne à l'Assemblée législative, le 8e sur 10, par 57,311 voix (91,485 votants, 139,605 inscrits), il prit place à droite, et se prononça avec la majorité conservatrice, *pour* l'expédition de Rome, *pour* la loi Falloux-Parieu sur l'enseignement, *pour* loi du 31 mai sur le suffrage universel. Il ne se rallia pas à la politique particulière de l'Élysée et quitta la vie politique au coup d'État de 1851.

RORET (Philippe-François), député de 1888 à 1889, né à Leniseul (Haute-Marne) le 5 février 1833, s'était occupé de journalisme en province et était conseiller général de la Haute-Marne, lorsqu'il fut élu (26 février 1888) député de ce département par 28,661 voix (55,837 votants, 73,576 inscrits), contre 25,291 à M. Bourlon du Rouvre, en remplacement de M. Bizot de Fonteny nommé sénateur. M. Roret prit place à la gauche radicale, soutint la politique des ministères républicains, et vota, dans la dernière session, *contre* le rétablissement du scrutin d'arrondissement (11 février 1889), *contre* l'ajournement indéfini de la revision de la Constitution, *contre* le projet de loi Lisbonne restrictif de la liberté de la presse, *pour* les poursuites contre le général Boulanger; il s'était abstenu sur les poursuites *contre* trois députés membres de la Ligue des patriotes.

ROSAMEL (Claude-Charles-Marie Du Campe de), député de 1831 à 1839, ministre, pair de France, né à Funcy (Pas-de-Calais) le 24 juin 1774, mort à Paris le 27 mars 1848, entra dans la marine à seize ans et débuta comme pilotin à bord d'un bâtiment caboteur de la Manche; puis il passa au service de l'État, obtint au concours, en janvier 1792, le grade d'aspirant de marine, et prit part en cette qualité aux combats soutenus en juin 1794 par l'amiral Villaret-Joyeuse contre la flotte anglaise. Enseigne en 1797, il subit une courte captivité en Angleterre pendant l'année 1798, revint en France, fut nommé lieutenant en 1802, capitaine de frégate en 1808, et fut fréquemment à la mer. *La Pomone*, qu'il commandait en 1811, rencontra, en se rendant de Corfou à Trieste, trois frégates anglaises; après un combat terrible, elle fut démâtée, écrasée par le feu roulant de l'ennemi, et forcée d'amener son pavillon; Rosamel, grièvement blessé à la tête, et fait de nouveau prisonnier, resta cette fois trois ans en Angleterre. La paix lui permit de rentrer en France. Un conseil de guerre s'assembla à Toulon pour juger sa conduite dans cette malheureuse affaire; elle fut estimée honorable et M. de Rosamel fut acquitté. Promu capitaine de vaisseau (juillet 1814), puis, le mois suivant, chevalier de Saint-Louis et de la Légion d'honneur, il occupa à Cherbourg l'emploi de major de la marine depuis deux ans environ, lorsqu'il reprit la mer en 1817. M. de Rosamel fut fait contre-amiral en octobre 1823, commanda la station navale de l'Amérique du Sud, et servit en 1828 dans le Levant sous M. de Rigny. Attaché à l'expédition d'Alger, sous les ordres de l'amiral Duperré, il obtint par son attitude énergique l'abolition de la piraterie et de l'esclavage des chrétiens. La révolution de 1830 n'interrompit point son avancement. Appelé (novembre 1850) à la préfecture maritime de Toulon, il fut élevé, le 1er mars 1831, au grade de vice-amiral. A la fin de 1833, il siégea au conseil d'amirauté. Puis, il entra, le 21 juin 1834, à la Chambre des députés, comme l'élu du 1er collège du Var (Toulon) par 156 voix (246 votants, 319 inscrits), contre 76 à M. Hyde de Neuville. Il siégea au centre, opina pour le ministère, avec la majorité conservatrice, et fut appelé, le 6 septembre 1836, à prendre le portefeuille de la Marine qu'il conserva jusqu'au 30 mars 1839. Sa nomination comme ministre l'obligea à se faire réélire le 15 octobre 1836, par 151 voix (239 votants) ; la même circonscription le renomma encore successivement : le 4 novembre 1837, par 198 voix (204 votants, 325 inscrits); et le 2 mars 1839, par 219 voix (238 votants, 319 inscrits); le même jour, il avait été également élu par le 7e collège du Puy-de-Dôme (Ambert) avec 86 voix sur 168 votants, contre 82 à M. Molin, député sortant. M. de Rosamel opta pour Toulon et fut remplacé, le 13 avril 1839, à Ambert, par M. Molin. Au surplus, il n'avait pas eu à revenir au Palais-Bourbon comme député, ayant été presque aussitôt (le 7 mars 1839) appelé à la pairie. Pendant son passage aux affaires, on peut noter l'organisation des équipages de ligne et la création des matelots canonniers et des écoles d'artillerie navale destinées à leur instruction. Son administration fut encore signalée par l'expédition de Saint-Jean d'Ulloa et par les voyages scientifiques de l'Astrolabe, de la Vénus et de l'Artémise. Parfait honnête homme, il sortit du ministère plus pauvre qu'il n'y était entré, y ayant dépensé toutes ses économies, et il mourut sans laisser à ses enfants d'autre fortune que le modeste héritage qu'il avait reçu de son père.

ROSAMEL (CHARLES-JOSEPH-MARIE DU CAMPE DE), sénateur de 1876 à 1882, député de 1885 à 1889, né à Saint-Martin-Boulogne le 24 juin 1833, fils d'un vice-amiral et petit-fils du précédent, entra dans la marine en 1843, et fut nommé aspirant le 1er août 1851, enseigne de vaisseau le 2 décembre 1854, lieutenant de vaisseau le 4 mars 1860, et capitaine de frégate le 8 décembre 1870. Il fit de nombreuses campagnes, entre autres celles de la Baltique, d'Islande, de la Nouvelle-Calédonie, de Taïti, commanda lors du siège de Paris une batterie flottante et exerça un commandement à Cherbourg. Il représenta le canton d'Etaples au conseil général du Pas-de-Calais en remplacement de son père, d'avril 1873 à août 1886. En raison de ses opinions monarchistes, il fut choisi par les conservateurs du Pas-de-Calais comme candidat aux premières élections sénatoriales, par suite de la coalition des légitimistes et des républicains contre la liste bonapartiste qui, aux deux premiers tours de scrutin, avait eu le plus grand nombre de voix. Elu sénateur de ce département, le 30 janvier 1876, par 557 voix sur 1,004 votants, sur une profession de foi où il se disait « conservateur de droite », ce fut à droite qu'il alla siéger dans la Chambre haute. Il vota, en juin 1877, pour la dissolution de la Chambre des députés, combattit le cabinet Dufaure et ceux qui lui succédèrent, se prononça contre l'article 7, et ne fut pas réélu le 8 janvier 1882; il n'obtint alors que 285 voix sur 1,001 votants. Il rentra au parlement en 1885, cette fois comme député. Porté sur la liste conservatrice du Pas-de-Calais, il fut élu, le 4 octobre, le 8e sur 12, par 101,266 voix

(180,439 votants, 216,227 inscrits). Il appartint au groupe de l'Union des droites, combattit les ministères républicains de la législature, et se prononça, dans la dernière session, contre le rétablissement du scrutin d'arrondissement (11 février 1889), pour l'ajournement indéfini de la revision de la Constitution, contre les poursuites contre trois députés membres de la Ligue des patriotes, contre le projet de loi Lisbonne restrictif de la liberté de la presse, contre les poursuites contre le général Boulanger. M. de Rosamel a été admis à la retraite, comme capitaine de frégate, le 11 juin 1882.

ROSÉ (JEAN-FRANÇOIS-CHARLES), député en 1789, né et mort à des dates inconnues, était curé de Steinbrünn-le-Haut (Haut-Rhin), lorsqu'il fut élu, le 4 avril 1789, député du clergé aux Etats-Généraux par le bailliage de Belfort et Huningue. Il ne s'y fit pas remarquer, et son nom n'est pas cité au Moniteur. Il émigra après la session.

ROSELLI-MOLLET. — Voy. MOLLET.

ROSNY (JEAN-BAPTISTE-JOSEPH DELGORGUE DE), député de 1824 à 1827, né à Wimille (Pas-de-Calais) le 26 février 1780, mort à Boulogne-sur-Mer (Pas-de-Calais) le 12 octobre 1839, propriétaire dans son pays natal et conseiller d'arrondissement, se présenta à la députation comme royaliste et candidat du ministère, le 1er octobre 1821, dans le 2e arrondissement du Pas-de-Calais (Boulogne-sur-Mer), et échoua avec 147 voix contre 190 à l'élu, M. Fontaine. Il fut plus heureux dans la même circonscription le 25 février 1824 ; 282 voix (405 votants, 451 inscrits) contre 121 à M. Fontaine, député sortant, l'envoyèrent siéger à la Chambre. M. de Rosny soutint sans réserves, au début de la législature, le cabinet Villèle, et s'en sépara à la fin pour incliner vers la contre-opposition royaliste. « Il était ministériel, dit un biographe, mais, à force de cajoleries, la contre-opposition en a fait la conquête. » Il échoua aux élections du 17 novembre 1827, avec 127 voix contre 152 à M. J.-M. Harlé, élu.

ROSNYVEN. — Voy. PINÉ (MARQUIS DE).

ROSSÉE (JEAN-FRANÇOIS-PHILIBERT), député au Conseil des Anciens et au Corps législatif, né à Belfort (Haut-Rhin) le 16 décembre 174, mort à Giromagny (Haut-Rhin) le 23 septembre 1832, « fils de Jean-Pierre Rosséo, et de Marie-Françoise Odelin », était avocat au conseil souverain d'Alsace au moment de la Révolution. Il en adopta les principes et devint procureur-syndic du district de Belfort, membre de l'administration départementale du Haut-Rhin, et agent national. Elu, le 23 vendémiaire an IV, député du Haut-Rhin au Conseil des Anciens, par 189 voix (248 votants), il devint secrétaire de cette assemblée (8 février 1797) et président (21 novembre suivant). Partisan du Directoire, il défendit l'institution de tachygraphe, prévit et approuva le 18 fructidor. Il prit en outre une part fort active aux débats, soutint la résolution relative aux biens des parents d'émigrés, fit établir la liste des transactions particulières, fut chargé de l'examen de la résolution sur le port des lettres et des journaux, approuva le serment imposé aux électeurs et le rétablissement de la loterie, combattit la résolution sur la garde du corps législatif et l'organisation de la garde nationale, se montra partisan de la contrainte par corps, vota *contre* les indemnités aux députés non admis, parla sur le jugement des prévenus de trahison, fut rapporteur de l'impôt sur le tabac qu'il combattit, et de l'organisation judiciaire et civile, qu'il approuva; membre du comité de législation, il fit un rapport sur le paiement des frais de la procédure criminelle. A sa sortie du Conseil des Anciens, il devint, en l'an VII, juge au tribunal de Cassation (Haut-Rhin). Rallié au 18 brumaire, il fut élu, par le Sénat conservateur, député du Haut-Rhin au Corps législatif, le 4 nivôse an VIII; en l'an X il demanda, sans l'obtenir, d'être nommé préfet de la Roër, s'appuyant sur ce qu'il avait « l'usage de la langue allemande », et vit son mandat législatif renouvelé le 2 vendémiaire an XIV et le 4 mai 1811. Il fit partie, à l'assemblée, du comité judiciaire et du comité des rapports. Membre de la Légion d'honneur (4 frimaire an XII), officier de l'ordre et trésorier de la 5e cohorte (16 messidor an XII), président de chambre à Colmar (10 juin 1811), il remplit ces dernières fonctions jusqu'en 1814, fut révoqué par la Restauration, et ne reparut plus sur la scène politique.

ROSSÉE (Jean-Pierre-Victor), représentant aux Cent-Jours, député de 1841 à 1842, né à Belfort (Haut-Rhin) le 25 février 1780, mort à Giromagny (Haut-Rhin) le 24 avril 1860, fils du précédent, fut nommé juge au tribunal de Belfort en 1807, passa avocat général à Colmar en 1811, et représenta (14 mai 1815) à la Chambre des Cent-Jours, le grand collège du Haut-Rhin qui l'élut par 59 voix sur 90 votants et 194 inscrits. Envoyé en disgrâce comme procureur général à Cayenne en 1822, après la conspiration de Belfort, il refusa ce nouveau poste, rentra au barreau, et devint un des dignitaires de la Charbonnerie. Le gouvernement de Juillet lui rendit (5 août 1830) ses fonctions de procureur général à Colmar, et ce fut lui qui prononça un réquisitoire énergique dans l'affaire de l'échauffourée de Strasbourg (1836). Nommé ensuite premier président à Colmar, il entra, le 17 avril 1841, à la Chambre des députés comme l'élu du 5e collège du Haut-Rhin (Belfort) avec 150 voix (280 votants), en remplacement de M. Struch démissionnaire. Il siégea jusqu'en 1842 dans les rangs des conservateurs. Le 4 décembre 1847, il échoua dans la même circonscription, avec 107 voix contre 191 au député sortant, réélu, M. Bellouet, il s'agissait de remplacer ce dernier, promu lieutenant général, M. Rossée ne reparut plus sur la scène parlementaire. Officier de la Légion d'honneur (1841).

ROSSEL (Victor), représentant du peuple en 1848, né à Brest (Finistère) le 22 décembre 1807, mort à Brest le 16 juin 1858, fils d'un « maître entretenu de la marine, » fit ses études au petit séminaire de Quimper, entra, en mars 1829, dans les ateliers de la marine à Brest, où il devint contremaître menuisier, et fut élu, le 23 avril 1848, représentant du Finistère à l'Assemblée constituante, le 3e sur 15, par 102,433 voix. Il fit partie du comité de la marine, et vota en général avec la droite, *pour* le bannissement de la famille d'Orléans, *pour* les poursuites contre L. Blanc et Caussidière, *contre* l'abolition de la peine de mort, *contre* l'impôt progressif, *contre* l'incompatibilité des fonctions, *contre* l'amendement Grévy, *contre* la sanction de la Constitution par le peuple, *pour* l'ensemble de la Constitution, *pour* la proposition Rateau, *contre* l'ex-

pédition de Rome, *contre* la demande de mise en accusation du président et des ministres. Non réélu à la Législative, il fut nommé par la suite sous-agent, puis agent comptable au port de Brest.

ROSSEM. — *Voy.* Van Rossem.

ROSSET (Philippe), député au Conseil des Cinq-Cents, né le 1er janvier 1757, mort à une date inconnue, était, avant la Révolution, membre du Sénat de Savoie. Après l'annexion de ce pays à la France, il fut nommé président du tribunal de district d'Annecy, et fut élu, le 22 germinal an V, député du Mont-Blanc au Conseil des Cinq-Cents, par 201 voix (310 votants). Il y siégea peu, son élection ayant été annulée au 18 fructidor, comme entachée de royalisme. Il se tint à l'écart des affaires publiques pendant la durée de l'empire, et rentra au Sénat de Savoie après les traités de 1815.

ROSSET DE ROCOZEL. — *Voy.* Fleury (duc de).

ROSSI (Pellegrin-Louis-Edouard), pair de France, né à Ravenne (Italie) le 3 juillet 1787, mort à Rome (Italie) le 15 novembre 1848, étudia au collège de Correggio, fit son droit à Pise et à Bologne, fut reçu docteur, et remplit, de 1807 à 1809, les fonctions de secrétaire du parquet de la cour de Bologne. Il obtint, comme avocat, de brillants succès, contribua à la fondation d'une académie judiciaire, et bientôt fut chargé à l'université de Bologne d'un double enseignement, celui de la procédure civile et celui du droit pénal. Lorsque les Français eurent quitté l'Italie (1814), Rossi prit à part l'entreprise du roi de Naples, et fut quelque temps commissaire général des provinces occupées par ce prince entre le Tronto et le Pô. Mais la défaite de Tolentino obligea Rossi à s'embarquer pour la France d'où il passa en Suisse. Retiré près de Genève, il y traduisit en vers italiens quelques poèmes de Byron, sans cesser de s'occuper de jurisprudence : la ville de Genève lui confia (1819) la chaire de droit romain qu'avait illustrée Burlamaqui. Dévoué au parti doctrinaire français qui comptait dans ses rangs Royer-Collard, Guizot, Villemain, etc., il travailla de tout son pouvoir à la propagation d'une théorie que l'on a résumée ainsi : les « principes dirigeants (pour l'interprétation des lois) sont aux jurisconsultes ce que les principes philosophiques doivent être aux législateurs : les uns servent à faire des lois, les autres à les appliquer. » Rossi débuta en 1820 dans la carrière politique : membre du conseil représentatif de Genève, il y devint un des chefs de l'opinion constitutionnelle et modérée, et eut une grande part à l'élaboration des lois sur la presse, sur la publicité des hypothèques, sur le contentieux administratif et sur le mariage civil. En même temps, il publiait en France son livre célèbre sur le *Droit pénal*, dont il s'efforçait de concilier le principe d'utilité sociale, emprunté à Bentham, avec les idées spiritualistes qu'il professait personnellement. En 1832, Rossi fut envoyé à la diète fédérale extraordinaire de Lucerne. Il proposa de reviser le pacte fédéral en augmentant les attributions du pouvoir central de la Confédération helvétique. Malgré les efforts de son auteur, le *pacte Rossi* échoua devant l'opposition des cantons ligués à Sarnen. Très vivement affecté de cet échec, Rossi accepta l'offre que lui fit alors Guizot, ministre de l'Instruction publique, de venir à Paris pour occuper au collège de France la chaire d'économie politique, vacante par la mort de J.-B. Say. Naturalisé français en 1834, il fut, le 22 août de la même année, nommé titulaire de la chaire de droit constitutionnel qui venait d'être créée à la faculté de droit de Paris. Mais cette promotion souleva parmi la jeunesse des écoles, hostile aux doctrinaires, une très violente opposition ; il y eut des troubles à l'ouverture des cours, et le gouvernement intervint ; finalement l'effervescence se calma, et Rossi devint (1843) doyen de la faculté de droit. En 1836, il était entré à l'Académie des sciences morales et politiques. Le 7 novembre 1839, Louis-Philippe l'appela à la Chambre des pairs. Rossi prit une part importante aux délibérations, principalement sur le renouvellement du privilège de la Banque de France (1840), sur le régime financier des colonies (1841), sur la publicité du système hypothécaire (1842), sur le sucre indigène, sur les fonds secrets, sur le travail des enfants dans les manufactures, sur les chemins de fer. Il collabora assidûment à la *Revue française*, d'abord, puis à la *Revue des Deux-Mondes* (1841-1843). Ses sentiments catholiques et la bienveillance que lui témoignait le pape Grégoire XVI le firent choisir, en 1845, comme ministre plénipotentiaire à Rome. A la mort de ce pape (1846), Rossi contribua puissamment à l'élection de son successeur, dont il devint le conseiller écouté. Rendu à la vie privée par la révolution de février, il se retira à Frascati. Les Italiens l'ayant élu député de Bologne, il lutta avec Pie IX contre le parti avancé qui aspirait à la république et à l'unité nationale, favorisa les efforts des Piémontais, et, après leur défaite à Milan, fut chargé par le pape de former un cabinet (14 septembre 1848). Il prit pour lui le portefeuille de l'Intérieur, et essaya de restaurer l'autorité du souverain pontife tout en faisant au libéralisme les concessions qu'il jugeait nécessaires ; mais les nombreux embarras qu'il rencontra de toutes parts rendirent son action peu efficace. Son premier soin avait été de négocier à Turin, à Florence, à Naples une sorte de confédération qui aurait uni ensemble tous les Etats de la Péninsule. Il avait obtenu du clergé un don gratuit de 26 millions de francs, et il poursuivait au milieu des plus graves difficultés l'exécution de ses projets, lorsque, le 15 novembre 1848, tandis qu'il se rendait à l'Assemblée, il fut assailli par un groupe d'hommes dont l'un lui enfonça un poignard dans la gorge ; Rossi expira presque aussitôt. Le meurtrier était un soldat de la milice des *bersaglieri*, nommé Jergo. Le lendemain 16, le ministère Mamiani était nommé, et le 23, le pape était obligé de se réfugier à Gaête. On a de Rossi les ouvrages suivants : *Traité du droit pénal* (1825) ; *Cours d'économie politique* (1839-1841-1843) ; *Traité du droit constitutionnel français*, et un grand nombre d'articles et de travaux insérés dans divers recueils.

ROSTAING (Just-Antoine-Henri-Marie Germain, marquis de), député en 1789, né au château de Vauchette (Loire) le 24 novembre 1740, mort au château de Vauchette le 30 septembre 1826, fut d'abord attaché à la maison du grand Dauphin. Premier page de Louis XV, il reçut un brevet de lieutenant de cavalerie, fit campagne en Allemagne de 1760 à 1762, passa aux mousquetaires, devint colonel du régiment d'Auxerrois, et, en 1778, du régiment de

Gâtinais. Il servit en cette qualité sous Rochambeau pendant la guerre d'Amérique, et mérita par son courage à York-Town le grade de maréchal de camp et la croix de Saint-Louis (1783). Il était grand bailli du Forez, quand il fut élu, le 21 mars 1789, député de la noblesse aux Etats-Généraux par ce bailliage. Il s'y montra partisan modéré des idées nouvelles, devint secrétaire de l'Assemblée, membre et vice-président du comité militaire, fit décréter (24 juin 1790) l'uniformité de la solde militaire dans chaque arme, parla sur les incompatibilités législatives, et fit plusieurs rapports sur l'organisation et les uniformes de l'armée. Promu lieutenant général le 6 février 1792, il se retira peu après dans ses propriétés, et ne se mêla plus aux événements politiques.

ROSTAND (Alexis-Joseph), représentant aux Cent-Jours, né à Marseille (Bouches-du-Rhône) le 23 janvier 1769, mort à Marseille le 27 janvier 1854, était négociant dans cette ville, maire, et président du tribunal de commerce, lorsqu'il fut élu, le 17 mai 1815, représentant « du commerce et de l'industrie » à la Chambre des Cent-Jours par le grand collège des Bouches-du-Rhône, avec 10 voix sur 12 votants. Il siégea obscurément dans la session et resta ensuite étranger à la vie politique.

ROSTOLAN (Louis, comte de), sénateur du second empire, né à Aix (Bouches-du-Rhône) le 31 juillet 1791, mort à Puyricard (Bouches-du-Rhône) le 2 décembre 1862, entra à l'Ecole de Saint-Cyr et en sortit en 1810 dans l'infanterie. Envoyé à l'armée d'Espagne, il fit toutes les campagnes jusqu'à la bataille de Toulouse et fut blessé à Sagonte. Sous la Restauration, il assista à la bataille du Trocadéro comme capitaine, et devint chef de bataillon peu après. Colonel en 1832, maréchal de camp en 1838, il alla pendant un an en Algérie, puis fut mis à la tête d'une des brigades de la division de Paris, et commanda, en 1844, l'Ecole polytechnique. Lieutenant-général en 1846, il fut destitué en 1848 et mis à la retraite d'office. Rallié au prince Louis-Napoléon, il fut replacé en activité, commanda le département de l'Hérault, fut nommé sénateur le 31 décembre 1852, et mis à la tête de la 9e division militaire à Marseille. Grand-officier de la Légion d'honneur du 30 avril 1849, le général de Rostolan fut définitivement admis dans le cadre de réserve quelque temps avant sa mort.

ROTOURS (Raoul-Gabriel-Jules des), baron de Cheaulieu, né à Vire (Calvados) le 20 avril 1802, mort à Vire le 10 juillet 1876, « fils de Louis-Jules-Auguste des Rotours, baron de Cheaulieu, capitaine dans l'armée royale de Normandie sous les ordres du comte de Frotté, et de Adélaïde-Antoinette du Buisson de Courson », étudia le droit, se fit recevoir avocat, et fut nommé, le 14 février 1830, secrétaire général de la préfecture des Ardennes. D'opinions royalistes, il se présenta comme candidat à l'Assemblée Législative, le 13 mai 1849, et fut élu représentant du Calvados, le 8e sur 10, par 58,141 voix (86,996 votants, 137,851 inscrits). Il siégea à droite, appartint à la majorité conservatrice qui vota *pour* l'expédition de Rome, *pour* la loi Falloux-Parieu sur l'enseignement, *pour* la loi du 31 mai sur le suffrage universel, et rentra dans la vie privée lors du coup d'Etat du 2 décembre 1851.

ROTOURS (Alexandre-Antonin, baron des), député au Corps législatif de 1863 à 1868, né à Graverie (Calvados) le 22 mai 1806, mort à Paris le 5 janvier 1868, « fils de Gabriel-François, baron des Rotours, et de Joséphine du Buisson de Courson », cousin du précédent, entra à l'Ecole de Saint-Cyr en 1822, à l'Ecole de Saumur en 1826, en sortit sous-lieutenant au 4e hussards, passa au 11e chasseurs en 1830, et donna sa démission en 1832, pour s'occuper d'agriculture et d'industrie. Il installa une raffinerie à Avelin (Nord) dont il devint maire (1846), fut nommé conseiller d'arrondissement de Lille depuis 1853, et « vice-président de la chambre consultative d'agriculture, lorsqu'il fut élu, comme candidat du gouvernement, député au Corps législatif, le 1er juin 1863, dans la 3e circonscription du Nord, par 17,907 voix (30,959 votants, 38,078 inscrits), contre 12,459 à M. Flamand et 512 à M. Audiganne ; il siégea dans la majorité dynastique et, décédé en janvier 1868, fut remplacé par son fils, le 1er février suivant.

ROTOURS (Robert-Eugène, baron des), député au Corps législatif de 1868 à 1870, représentant en 1871, député de 1876 à 1889, né au château d'Aniche (Nord) le 23 octobre 1833, fils du précédent, se fit recevoir docteur en droit, et fut nommé (1861) conseiller de préfecture à Lille. La mort de son père lui ouvrit l'accès du Corps législatif. Elu, avec l'appui du gouvernement, député de la 3e circonscription du Nord, le 1er février 1868, par 21,291 voix (29,737 votants, 36,405 inscrits), contre 8,375 à M. Géry Legrand, candidat de l'opposition, il siégea dans les rangs de la majorité impérialiste, et appartint, pour les questions économiques, au groupe protectionniste : il était maire d'Avelin et conseiller général d'Orchies depuis 1868. Soutenu à la fois par l'administration et par le clergé, il obtint sa réélection, le 24 mai 1869, par 22,316 voix (33,097 votants, 38,888 inscrits), contre 10,553 à M. Thiers. Il se rallia, dans la session de juillet, au tiers-parti libéral, signa la demande d'interpellation des 116, fit adopter (avril 1870) un amendement qui réduisait de 100,000 hommes à 90,000 le contingent annuel, et se prononça contre la déclaration de guerre à la Prusse. Le 8 février 1871, M. des Rotours fut élu représentant du Nord à l'Assemblée nationale, le 27e sur 28, par 177,252 voix (262,927 votants, 326,440 inscrits). Il siégea à droite, fit partie de la réunion des Réservoirs, vota contre le traité de commerce et contre le maintien des traités de commerce, et se prononça en politique, pour la paix, pour les prières publiques, pour l'abrogation des lois d'exil, pour le pouvoir constituant de l'Assemblée, pour la chute de Thiers au 24 mai, pour le septennat, la loi des maires, l'état de siège, contre l'amendement Wallon, contre l'ensemble des lois constitutionnelles. En 1872, au sujet des concessions de chemins de fer faites à M. Philippart, il avait eu, avec M. de Saint-Léger, un duel dans lequel il fut blessé. Réélu député de la 4e circonscription de Lille, le 20 février 1876, par 13,947 voix (15,636 votants, 20,523 inscrits), il soutint l'acte du Seize-Mai, et vota avec la minorité de la Chambre contre les 363. Il fut en conséquence le candidat officiel du maréchal de Mac-Mahon aux élections du 14 octobre 1877, et obtint le renouvellement de son mandat par 13,652 voix (18,162 votants, 21,116 inscrits) contre 4,391 à M. Potié,

républicain. Il reprit sa place à droite, combattit le ministère Dufaure et les cabinets républicains qui suivirent, parla (mars 1878) contre les rachats partiels de lignes de chemin de fer par l'Etat, obtint, le 5 janvier 1879, sans être élu, 397 voix comme candidat au Sénat dans le Nord, sur 798 votants, et se prononça : contre l'article 7 de la loi sur l'enseignement supérieur, contre l'amnistie, etc. Il fut encore réélu dans la même circonscription, le 21 août 1881, par 12,066 voix (19,317 votants, 23,150 inscrits), contre 7,129 à M. Potié. Adversaire des cabinets Gambetta et J. Ferry, il fit une opposition constante au gouvernement, et repoussa les crédits de l'expédition du Tonkin. M. des Rotours, qui s'est toujours déclaré l'ennemi du militarisme, s'abstint de voter en 1885 sur le projet de loi de M. Ferd. Gambon relatif à l'abolition des armées permanentes. Porté, le 4 octobre 1885, sur la liste conservatrice du Nord, il fut élu député de ce département, le 1er sur 20, par 165,300 voix (262,696 votants, 318,224 inscrits). Il suivit la même ligne politique que précédemment, combattit les divers ministères de la législature, parla sur les tarifs de chemin de fer (février 1886), et se prononça contre l'expulsion des princes, contre la nouvelle loi militaire. Dans la dernière session, absent par congé lors du scrutin sur le rétablissement du scrutin d'arrondissement, il a voté pour l'ajournement indéfini de la revision de la Constitution, contre les poursuites contre trois députés membres de la Ligue des patriotes, contre le projet de loi Lisbonne restrictif de la liberté de la presse ; absent par congé lors du scrutin sur les poursuites contre le général Boulanger.

ROUAIX (André), représentant en 1849, né à Saint-Girons (Ariége) le 26 octobre 1810, mort à Paris le 25 mars 1869, avocat à Saint-Girons, dut à ses opinions républicaines d'être nommé, en 1848, sous-commissaire du gouvernement provisoire à Saint-Girons. Le 13 mai 1849, il fut élu représentant de l'Ariége à l'Assemblée législative, le 5e sur 6, par 17,348 voix (45,357 votants, 77,191 inscrits). M. Rouaix siégea à la Montagne, avec laquelle il vota contre l'expédition de Rome, contre la loi Falloux-Parieu sur l'enseignement, contre la loi restrictive du suffrage universel. Adversaire déterminé de la politique de l'Elysée, il signa l'affiche de protestation qui, le 3 décembre 1851, proclama Bonaparte hors la loi, et abandonna la vie politique à la suite de ces événements.

ROUAULT DE COSQUÉRAN (Joseph-Yves), membre de la Convention, député au Conseil des Cinq-Cents, né à Josselin (Morbihan) le 19 mars 1754, mort à une date inconnue, était au moment de la Révolution. Il devint commissaire national près le tribunal criminel du Morbihan, et fut élu, le 10 septembre 1792, membre de la Convention pour son département, le 8e et dernier, par 262 voix (413 votants). Il se prononça, dans le procès du roi, contre la peine capitale en disant : « Nous sommes ici pour le salut public ; c'est le salut public qui doit guider notre détermination ; le salut public est-il dans la mort du tyran ? Il est grandement coupable sans doute ; une mort n'expiera pas ses forfaits ; je ne crois pas que l'intérêt de la patrie exige cette mort. Je vote pour la réclusion. » Adversaire de la Montagne et des Jacobins, il signala ses protestations contre le 31 mai, fut un des 73 députés incarcérés, et rentra à la Convention le 18 frimaire an III. Après la session, il passa au Conseil des Cinq-Cents, le 21 vendémiaire an IV, comme député du Morbihan, élu à la pluralité des voix sur 125 votants; il se fit peu remarquer dans cette assemblée et, ayant adhéré au coup d'État du 18 brumaire, fut nommé, le 12 floréal an VIII, président du tribunal civil de Ploërmel. Il occupa ce poste jusqu'en 1815.

ROUBAUD (François-Yves), député en 1791, né à Grasse (Alpes-Maritimes) le 18 mai 1749, mort à une date inconnue, « fils de sieur Honoré Roubaud, receveur des deniers du pays, et de demoiselle Marguerite Mérigon », médecin à Grasse, devint, en 1790, administrateur du district, et fut élu, le 7 septembre 1791, député du Var à l'Assemblée législative, le 1er sur 8, à la pluralité des voix sur 488 votants. Il siégea obscurément dans la majorité. Il fut ensuite président du collège électoral de Grasse et conseiller général du Var (ventôse an X).

ROUBAUD (Jean-Louis), député en 1791, et membre de la Convention, né en 1741, date de mort inconnue, était médecin à Tourves (Var) avant la Révolution. Administrateur du département en 1790, il fut élu (11 septembre 1791) député du Var à l'Assemblée législative, le 6e sur 8, par 242 voix (466 votants); il opina avec les réformateurs, fut réélu, le 6 septembre 1792, par le même département, membre de la Convention, le 6e sur 8, avec 451 voix (464 votants), et se prononça pour la mort dans le procès du roi : « Je crois que la Convention nationale est le centre, le chaos des pouvoirs; qu'elle peut faire sortir de son sein le pouvoir judiciaire, législatif, exécutif, révolutionnaire, etc. Vous voulez, méconnaissant vous-mêmes votre autorité, vous borner à bannir le ci-devant roi; mais ne vous a-t-il pas déjà beaucoup qu'il ne désirerait pas mieux que de s'évader et d'aller joindre les collaborateurs de contre-révolution? A peine l'auriez-vous envoyé à vos ennemis, qu'ils le feraient généralissime de leurs armées. Je vote pour la mort. » Après la session, il retourna dans son département, et resta étranger à la politique. Atteint par la loi de 1816 contre les régicides, il fut obligé de quitter la France, se rendit en Belgique et fit représenter sur le théâtre de Bruxelles, en 1819, une tragédie en cinq actes et en vers, *Prénislas*, qui obtint un certain succès.

ROUBIER. — *Voy.* Hérambault (D').

ROUCH (François-Denis-Toussaint), député au Conseil des Cinq-Cents, né et mort à des dates inconnues, fut élu, le 22 germinal an V, député de l'Hérault au Conseil des Cinq-Cents, par 177 voix (223 votants). Il protesta contre le retard apporté à la promulgation de la loi sur la garde nationale, se mêla aux intrigues des Clichyens et vit son élection annulée au 18 fructidor, comme entachée de royalisme; il ne reparut plus sur la scène politique.

ROUCHON DE BELLIDENTES (Jean-Henri), député au Conseil des Cinq-Cents, et de 1815 à 1824, né à Largentière (Ardèche) le 22 mai 1761, mort à Lyon (Rhône) le 8 janvier 1836, propriétaire, fut élu, le 25 vendémiaire an IV, député de l'Ardèche au Conseil des Cinq-Cents, par 120 voix (209 votants). Il prit place parmi les modérés, fut membre de plusieurs commissions, attaqua violemment la loi du 3 brumaire qui excluait les parents d'émigrés du Corps législatif, demanda que les élections de l'an VI fussent annulées, s'opposa à la confiscation des biens des députés qui s'étaient soustraits à la déportation, invoqua la justice

et la charité du Conseil en faveur des femmes et des enfants des condamnés à la déportation, et s'opposa à ce qu'on les assimilât aux émigrés. Aussi fut-il traité de séditieux par Chabert; dénoncé comme royaliste, il manqua d'être envoyé à l'Abbaye. Peu favorable au 18 brumaire, il n'exerça, sous l'empire, aucune fonction publique. Décoré de la Légion d'honneur par la Restauration, il fut élu député du grand collège de l'Ardèche, le 22 août 1815, par 97 voix (181 votants, 267 inscrits), et fut réélu, le 25 septembre 1816, par 82 voix (121 votants, 240 inscrits). Il siégea dans la majorité de la Chambre introuvable, prit ensuite place au côté droit, et vota *pour* les lois d'exception et *pour* le nouveau système électoral. Nommé avocat général à la cour de Lyon le 25 octobre 1815, il devint, en 1822, conseiller à cette même cour, et donna sa démission en 1830.

ROUDIER (Bernard), représentant en 1871, député de 1876 à 1885, né à Juillac (Gironde) le 25 avril 1823, fit de brillantes études au collège de Sainte-Foix, fut reçu licencié en droit à Paris en 1844 et docteur en 1846, et se fit inscrire au barreau de Bordeaux. Substitut du procureur de la République à Nontron en 1848, il donna sa démission en 1849 pour des raisons de famille, se retira dans ses propriétés près de Libourne, où il s'occupa d'agriculture, et rendit autour de lui de nombreux services par ses conseils juridiques. Candidat républicain au conseil général en 1864, il échoua avec un grand nombre de voix, devint maire de Juillac le 5 septembre 1870, et conseiller général de Pujols le 15 octobre suivant. Le 29 mars 1874, il fut élu représentant de la Gironde à l'Assemblée nationale, en remplacement de M. Larrieu décédé, par 74,509 voix (147,400 votants), contre 47,918 à M. Bertrand et 24,366 à l'amiral Larrieu; il prit place à l'Union Républicaine et vota *contre* le ministère de Broglie et *pour* les lois constitutionnelles. Réélu, le 20 février 1876, député de la 1re circonscription de Libourne, par 7,833 voix (14,017 votants, 17,000 inscrits), contre 6,093 à M. Piola, il reprit sa place à gauche et fut l'un des 363 députés qui, au 16 mai, refusèrent leur vote de confiance au ministère de Broglie. Son mandat lui fut renouvelé le 13 octobre 1877, par 8,181 voix (15,216 votants, 17,576 inscrits), contre 6,933 à M. Pascal, bonapartiste, et le 21 août 1881, par 7,691 voix (9,490 votants, 17,274 inscrits); il continua de voter avec la majorité républicaine, soutint la politique scolaire et coloniale du gouvernement, et quitta la vie politique aux élections de 1885. Il n'était plus conseiller général du canton de Pujols depuis 1877, ayant été battu à cette époque par M. Pascal, son concurrent aux élections législatives. Président du comice viticole de Libourne depuis sa fondation (1879).

ROUÈDE (Jean-Pierre-Vital), député en 1791, né à Salies (Haute-Garonne) le 25 avril 1752, mort à une date inconnue, était administrateur de la Haute-Garonne, quand il fut élu, le 4 septembre 1791, député de ce département à l'Assemblée législative, le 4e sur 12, par 323 voix (549 votants). Il fut membre du comité de l'examen des comptes, et ne joua qu'un rôle parlementaire très effacé. Le 4 prairial an VIII, le gouvernement consulaire l'appela aux fonctions de juge suppléant au tribunal civil de Saint-Gaudens.

ROUET (Alexandre), représentant en 1849,

né à Dornes (Nièvre) le 23 octobre 1800, mort à Paris le 28 février 1882, était cultivateur et fermier dans la Nièvre, lorsque les démocrates de ce département l'inscrivirent sur la liste de leurs candidats à l'Assemblée législative (13 mai 1849) et l'élurent représentant, le 5e sur 7, par 36,694 voix (65,811 votants, 88,144 inscrits). Il siégea à la Montagne, avec laquelle il vota *contre* l'expédition de Rome, *contre* la loi Falloux-Parieu sur l'enseignement, *contre* la loi du 31 mai sur le suffrage universel. Rendu à la vie privée par le coup d'État de 1851, il n'eut plus dans la suite aucune situation politique.

ROUGÉ (Bonabes-Louis-Victurnien-Alexis, marquis de), pair de France, né à Paris le 31 janvier 1778, mort à Paris le 30 mars 1838, était officier des armées du roi au moment de la Révolution. Il émigra avec sa famille, prit du service à l'armée des princes, fut, à la première Restauration, fut promu colonel. Nommé, au retour de Gand, 1er lieutenant aux Cent-Suisses de la garde du roi, il fut appelé à la pairie le 17 août 1815, et vota pour la mort dans le procès du maréchal Ney. En 1817, il prit part à la discussion sur le budget des communes et demanda la réduction des dépenses. Il vota ensuite obscurément avec la majorité. Rallié au gouvernement de Louis-Philippe, il continua de siéger à la Chambre haute, devint maréchal de camp, le 11 août 1830, sans commandement actif, et donna sa démission de pair le 9 janvier 1832.

ROUGÉ (Adrien-Gabriel-Victurnien, comte de), député de 1815 à 1816, de 1824 à 1827 et pair de France, né au château d'Everly (Seine-et-Marne) le 2 juillet 1782, mort à Paris le 27 décembre 1835, « fils de très haut et très puissant seigneur Bonabes-Jean-Catherine-Abais, marquis de Rougé, mestre de camp en second du régiment d'Auxerrois-infanterie, et de très haute et très puissante dame madame Victurnienne-Delphine-Nathalie de Rochechouart-Mortemart », devint, à la première Restauration, lieutenant-colonel aux chasseurs de la Somme. Sans emploi pendant les Cent-Jours, il fut élu, le 22 août 1815, député du grand collège de la Somme, par 99 voix (196 votants, 259 inscrits); il siégea à droite, prit une part active à la discussion du budget, repoussa le projet de vente des forêts nationales et proposa un droit pour cent sur les créances hypothécaires productives. A la dissolution (septembre 1816), il reçut la croix de la Légion d'honneur et la croix de Saint-Louis, et fut nommé lieutenant-colonel au 4e régiment de la garde royale. Conseiller d'arrondissement et conseiller général de la Somme, il fut réélu député, le 26 mars 1824, dans le grand collège de ce département, par 225 voix (324 votants, 391 inscrits), et siégea dans la majorité avec laquelle il ne cessa de voter. Nommé pair de France par M. de Villèle, le 5 novembre 1827, il quitta la Chambre haute à l'avènement du gouvernement de juillet, en vertu de l'article 68 de la Charte constitutionnelle.

ROUGÉ (François-Oscar), député de 1876 à 1877 et de 1878 à 1885, né à Belvèze (Aude) le 15 décembre 1845, d'abord avoué, puis banquier à Limoux, était conseiller général de son canton, quand il fut élu, le 5 mars 1876, au second tour de scrutin, député de l'arrondissement de Limoux, par 8,038 voix (15,501 votants, 19,265

inscrits), contre 7,422 à M. Detours. Il prit place à gauche et fut l'un des 363 députés qui, au 16 mai, refusèrent le vote de confiance au ministère de Broglie. Il échoua après la dissolution, le 14 octobre 1877, avec 7,461 voix, contre 8,515 à M. Detours, candidat du cabinet du 16 mai. Mais cette élection ayant été invalidée, M. Rougé regagna son siège, le 3 mars 1878, avec 9,663 voix (10,189 votants, 19,449 inscrits). Il siégea de nouveau dans la majorité républicaine et vit son mandat renouvelé, le 21 août 1881, par 7,293 voix (12,921 votants, 19,539 inscrits), contre 5,417 à M. Delmas; il était alors maire de Limoux. Il continua de soutenir la politique scolaire et coloniale des ministères républicains, et quitta la vie politique aux élections de 1885.

ROUGEMONT (Ignace), membre de la Convention, né à Porrentruy (Suisse) en 1761, mort à une date inconnue, était commerçant dans sa ville natale, quand il fut élu, le 25 avril 1793, membre de la Convention par le département du Mont-Terrible, à la pluralité des voix sur 75 votants. Envoyé en mission à l'armée du Rhin, avec laquelle il fit la campagne de 1794, il vanta à la Convention l'esprit républicain qui animait cette armée. Hentz, son collègue, écrivait de lui, le 8 juin 1794 : « Mon collègue Rougemont est excellent à la tête des colonnes; il me paraît plein de bonne volonté, il a rallié les troupes et a la confiance de toute l'armée. Il serait utile de lui donner la mission de suivre les colonnes, car, moi, je ne puis me tenir assez à cheval pour cette fonction. » Rougemont disparut de la vie politique après la session conventionnelle.

ROUGEOT (Guillaume), représentant en 1849, né à Saint-Désert (Saône-et-Loire) le 18 juillet 1806, était cultivateur et maire de Saint-Désert, lorsqu'il fut élu, le 13 mai 1849, représentant de Saône-et-Loire à l'Assemblée législative, le 5e sur 12, par 73,803 voix (109,200 votants, 152,441 inscrits). Il prit place à la Montagne, s'associa à l'interpellation de Ledru-Rollin sur les affaires de Rome, signa l'appel aux armes, se rendit le 13 juin au Conservatoire des arts et métiers, et fut condamné par la Haute cour de Versailles à la déportation.

ROUGER (Jean-Pierre-Dominique-Germain), député de 1831 à 1837, né à Villasavary (Aude) le 2 juillet 1780, mort au château de Villasavary le 3 septembre 1846, était propriétaire et maire de sa commune, lorsqu'il fut élu (5 juillet 1831) député du 3e collège de l'Aude (Castelnaudary), par 141 voix (259 votants, 373 inscrits), contre 110 au tiers-parti Clauzel. Il siégea dans les rangs du tiers-parti, vota contre l'ordre du jour Ganneron (1831) sur la politique extérieure, protesta la même année contre l'emploi de la dénomination inconstitutionnelle de « sujets », puis se rapprocha de la majorité conservatrice, avec laquelle il vota le plus souvent, après avoir obtenu sa réélection, le 21 juin 1834, par 189 voix (338 votants, 382 inscrits), contre 120 à Berryer. Il ne fut pas réélu en 1837.

ROUGET-LAFOSSE (Charles), représentant du peuple en 1849, né à Niort (Deux-Sèvres) le 20 septembre 1806, d'une ancienne famille de Niort, dont les membres remplirent des charges municipales, fit ses études chez les Jésuites de Montmorillon, fut reçu avocat à

Paris, et se préparait à entrer dans la magistrature quand éclata la révolution de juillet. Ses opinions légitimistes lui fermèrent dès lors cette carrière. Élu, le 13 mai 1849, représentant des Deux-Sèvres à l'Assemblée législative, le 7e et dernier, par 19,611 voix sur 56,851 votants et 93,149 inscrits, il prit place à droite, vota *pour* l'expédition de Rome, *pour* la loi Falloux-Parieu sur l'enseignement, *pour* la loi du 31 mai restrictive du suffrage universel, protesta, à la mairie du 10e arrondissement, contre le coup d'État du 2 décembre, fut incarcéré à Vincennes, et remis en liberté quelques jours après. Il renonça désormais à la vie politique.

ROUGIER DE LA BERGERIE (JEAN-BAPTISTE, BARON), député en 1791, né à Bonneuil (Indre) le 21 décembre 1762, mort à Paris le 13 septembre 1836, remplit un moment (1785) les fonctions de chef du bureau du contentieux des fermes, puis s'occupa d'agriculture et surveilla lui-même avec le plus grand soin l'exploitation de ses domaines. En 1788, il présenta au roi ses *Recherches sur les abus qui s'opposent aux progrès de l'agriculture*. Ayant embrassé les principes de la Révolution, il devint, en 1789, président de l'administration du district de Saint-Fargeau, et fut élu, le 2 septembre 1791, député de l'Yonne à l'Assemblée législative, le 6e sur 9, par 307 voix (448 votants). Il demanda et obtint la création d'un comité chargé de veiller aux intérêts agricoles de la France et en devint membre. Il approuva les mesures votées par la majorité contre les émigrés et les prêtres réfractaires, mais défendit La Fayette. Après la session, il continua de s'occuper d'agriculture, faillit être arrêté pendant la Terreur comme suspect, échappa à ce danger grâce à la protection de Carnot, qui lui lui confia la mission d'étudier les procédés et le développement du desséchement des marais, et fut nommé membre de la commission d'agriculture et des arts. En 1795, il alla dans la Creuse pour constater les ravages de la grêle. Rallié au 18 brumaire, il fut nommé préfet de l'Yonne le 12 ventôse an VIII, y fonda des sociétés agricoles et y encouragea par la parole et par des subventions les travaux de la campagne. Membre de la Légion d'honneur du 25 prairial an XII, correspondant de l'Académie des sciences dans la section d'économie rurale, baron de l'empire du 25 mars 1810, il fut « appelé à d'autres fonctions » le 12 mars 1813 avec un traitement provisoire de 6,000 francs. Aux Cent-Jours, il accepta la préfecture de la Nièvre (3 avril 1815) qu'il céda bientôt à son fils le 25 mai suivant. Sa fortune personnelle était de 12,000 francs de rente. On a de lui un très grand nombre de travaux ayant trait à l'agriculture, parmi lesquels on peut citer : *Essai sur le commerce et la paix* (1797); *Mémoire sur les chanvres et les lins de France* (1799); *Géorgiques françaises*, poème en 12 chants, suivi d'un *Traité de poésie géorgique* (1804 et 1824, 2 volumes); *Histoire de l'agriculture française* (1815); *Cours d'agriculture pratique* (1819-1822, 8 volumes); *Mémoire sur la destruction des bois* (1831); *Églogues bucoliques* (1833). Il a en outre fondé en 1797, avec Teissier, les *Annales de l'agriculture française*, et collaboré, en 1803, au *Cours d'agriculture* de Rozier.

ROUHAUD (FRANÇOIS), député au Conseil des Anciens, né le 23 février 1766, mort à une date inconnue, était lieutenant, quand il fut élu, le 25 vendémiaire an IV, député de la Charente au Conseil des Anciens, par 155 voix (269 votants). Il fit partie du comité des finances, s'opposa à l'impression du discours de Creuzé-Latouche sur les prêtres, lut un rapport sur le paiement du dernier quart des biens nationaux, combattit la résolution relative aux patentes, et celle qui fixait le lieu de réunion des assemblées électorales, approuva la création de l'École polytechnique, et demanda la révision de la Constitution en ce qui concernait la nomination des juges. Il sortit du Conseil en l'an VI, et ne reparut plus sur la scène politique.

ROUHER (EUGÈNE), représentant en 1848 et en 1849, ministre, sénateur, représentant en 1872, député de 1876 à 1881, né à Riom (Puy-de-Dôme) le 30 novembre 1814, mort à Paris le 3 février 1884, l'un des quatre enfants d'un avoué de Riom, fut destiné à la marine et entra à l'École navale d'Angoulême en 1828. A la suppression de l'École, il vint terminer ses études à Riom, puis à Clermont, fit son droit à Paris, travailla dans une étude d'avoué, et se fit inscrire en 1830 au barreau de sa ville natale, en remplacement d'un de ses frères qui y avait déjà acquis une certaine situation, mais qui se retirait pour raison de santé. Quelques procès politiques qu'il plaida le mirent en évidence; il épousa la fille de M. Conchon, maire de Clermont-Ferrand, se fit recommander à Guizot par M. de Morny, et se présenta à la députation, le 1er août 1846, comme partisan du gouvernement, dans le collège électoral de Riom, où il échoua avec 94 voix (232 votants, 252 inscrits) contre 137 à M. Combarel de Leyval. La révolution de 1848 modifia une première fois ses opinions politiques; il manifesta dans les clubs des opinions socialistes, réclama l'abolition des contributions indirectes, l'impôt progressif, l'organisation du travail, promit de se « dévouer avec énergie aux idées nouvelles qui seules peuvent faire le bonheur du pays », et à la République, « l'arche sainte des générations futures », et fut élu, le 23 avril 1848, représentant du Puy-de-Dôme à l'Assemblée Constituante, le 13e sur 15, par 48,282 voix sur 125,432 votants et 173,000 inscrits. « Quelque sa conversion ait été subite, écrivait un biographe de 1818, on la croit sincère. Dès son arrivée à Paris, il a visité divers clubs républicains, où il a fait entendre des paroles énergiques, dignes du démocrate le plus avancé. » A l'Assemblée, M. Rouher s'assit à droite, fit partie du comité du travail, prit part à la discussion sur la Constitution, proposa un amendement favorable au système des deux Chambres, protesta contre les lois d'exception, vota *pour* le cautionnement des journaux, *contre* le droit au travail, *contre* le remplacement militaire, et s'abstint sur l'impôt progressif, sur l'amendement Grévy, sur la proposition Rateau, sur la diminution de l'impôt du sel, sur la suppression des clubs; rallié au prince-président, il soutint naturellement sa politique personnelle. Réélu, le 13 mai 1849, représentant du même département à l'Assemblée législative, le 2e sur 13, par 54,115 voix sur 168,305 inscrits; il se sépara de la majorité pour s'attacher à la fortune du prince L.-Napoléon; lorsque ce dernier rompit avec le ministère parlementaire Barrot-Dufaure, M. Rouher accepta le portefeuille de la Justice dans le cabinet nouveau (30 octobre 1849). Il eut à présenter et à soutenir plusieurs projets de loi, notamment la loi du 31 mai restrictive du suffrage universel; dans la discussion de la loi sur la presse, il lança à la Montagne cette apostrophe : « Votre révolution de février n'a été qu'une catastrophe ! » Démissionnaire avec le cabinet tout entier, le 19 janvier 1851, il reprit son portefeuille dans le cabinet Baroche-Fould (10 avril-26 octobre 1851), fut rappelé aux sceaux après le coup d'Etat du 2 décembre, donna sa démission à la suite du décret du 22 janvier 1852 portant confiscation des biens de la famille d'Orléans, fut nommé, trois jours après, vice-président du conseil d'Etat, et eut, en cette qualité, à défendre fréquemment devant les Chambres les projets présentés par le gouvernement. Il s'acquitta de cette tâche en avocat de talent. « La politique ne représentait pour lui ni un principe, ni une passion, a dit un historien ; c'était un dossier qu'on lui donnait à plaider. Pour chaque affaire qui se présentait, il déployait, sans s'y ménager, son maximum de zèle d'éloquence. S'il venait à changer d'avis, le gouvernement était pour lui un plaideur qui, à quelques mois de distance, a deux procès en sens inverse. Se plaçant à ce point de vue, M. Rouher les plaidait sans embarras, l'un après l'autre, et, régulièrement, les gagnait tous les deux. » Conseiller général d'un canton de Riom, membre de la commission de l'Exposition universelle de 1855, il fut nommé, le 3 février de cette année, ministre de l'Agriculture, du Commerce et des Travaux publics, et, tout en donnant une vive impulsion aux services relevant de son ministère, prépara le fameux traité de commerce du 23 janvier 1860 avec l'Angleterre, traité « exécuté comme un coup d'Etat », de l'autorité propre de l'empereur, et qui substituait à l'ancien régime de la protection absolue, la protection restreinte qui devait conduire progressivement à la liberté commerciale. Des traités analogues furent conclus, avec la coopération de M. Rouher, avec la Belgique (1861) et avec l'Italie (1863). Sénateur du 12 juin 1856, M. Rouher fut nommé président du conseil d'Etat en remplacement de M. Baroche le 23 juin 1863, remplit pendant quelques semaines l'intérim du ministère de l'Intérieur, quitta le ministère du Commerce pour devenir ministre présidant le conseil d'Etat (23 juin 1863), fit décréter, en cette qualité, la liberté de la boulangerie (30 juin), et, à la mort de M. Billault, fut nommé ministre d'Etat (18 octobre suivant). A ce titre, il fut devant les Chambres l'apologiste infatigable et fécond de la politique intérieure et extérieure de l'empire, et mérita par l'influence prépondérante qu'il exerça sur la marche des affaires la qualification de « vice-empereur », que lui donna M. Emile Ollivier. Il défendit contre MM. Thiers et Pouyer-Quertier le libre-échange, loua, durant quatre sessions, l'expédition du Mexique comme « la plus grande pensée du règne », et prit la part la plus active à l'élaboration et à la discussion des importantes lois sur les finances, l'enseignement primaire, l'armée, la presse, les sociétés, etc., qui furent votées de 1863 à 1869. En mars 1866, il eut à combattre l'amendement des 45 visant au rétablissement du régime parlementaire, dont il s'efforça de démontrer l'incompatibilité avec le suffrage universel. En mai 1867, il tenta de justifier, en réponse aux attaques de Thiers, l'attitude du gouvernement français pendant la guerre entre la Prusse et l'Autriche, et, en décembre suivant, déclara solennellement, en réponse aux interpellations des députés catholiques que « l'Italie ne s'emparerait pas de Rome. Jamais! non, jamais! » Lors de la crise ministérielle du 19 janvier précédent, M. Rouher avait offert sa démission qui fut

refusée ; ou lui donna même le portefeuille des finances jusqu'au 12 novembre suivant. Il renouvela sa démission de ministre d'Etat à la suite de l'interpellation des 116 (17 juillet 1869), et fut nommé, le lendemain, président du Sénat. L'avènement du ministère Ollivier (2 janvier 1870) annula presque son influence politique ; on croit cependant que ce fut lui qui inspira à l'empereur la pensée du plébiscite ; il approuva la déclaration de guerre à la Prusse, et présida la dernière séance du Sénat le 4 septembre 1870. Il rejoignit aussitôt l'impératrice à Londres, rentra en France au moment de l'insurrection communaliste du 18 mars, fut arrêté à Boulogne et emprisonné par ordre de Thiers, qui fit saisir ses papiers, puis donna l'ordre de le faire conduire à la frontière belge. Candidat à l'Assemblée nationale, aux élections complémentaires du 2 juillet 1871, dans la Charente-Inférieure et dans la Gironde, il n'obtint, dans la Charente-Inférieure, que 22,167 voix, contre 35,426 au dernier candidat républicain élu, M. Denfert-Rochereau, et, dans la Gironde, que 29,264, contre 75,345 au dernier candidat républicain élu, M. Sansas. Le 16 août suivant, M. Séverin Abbatucci, représentant de la Corse, donna sa démission pour procurer un siège à M. Rouher. Les électeurs ne furent convoqués que le 16 février 1872, et M. Rouher fut élu représentant de la Corse, par 36,026 voix, sur 51,999 votants et 75,475 inscrits, contre 8,796 à M. l'ozzo di Borgo, et 6,951 à M. Savelli, radical. Il prit place à droite, dans le groupe de l'Appel au peuple, interpella sur le rapport de la commission des marchés, parla sur la convention postale avec l'Allemagne, appuya, à plusieurs reprises, l'appel au peuple comme la seule solution de la forme du gouvernement, surtout lors des tentatives de restauration monarchique (octobre 1873), et, après la mort de Napoléon III, prit la direction effective, sinon officielle, du parti bonapartiste : il nia toujours en effet l'existence d'un « comité central de l'Appel au peuple », en dépit des allégations de M. Gérard (9 juin 1871) (Voy. ce nom). Dans la législature, il vota contre le service de trois ans, pour la démission de Thiers, contre le septennat (mais il fit voter son groupe pour), contre le ministère de Broglie, contre l'amendement Wallon, contre les lois constitutionnelles. Réélu, le 20 février 1876, député de Bastia, par 8,790 voix, sur 13,219 votants et 20,326 inscrits, contre 4,367 à M. de Corsi, il fut également élu, le même jour, dans la 1re circonscription de Riom, par 10,595 voix sur 17,260 votants et 20,109 inscrits, contre 4,257 à M. Allary et 2,384 à M. de Chabrol. Quinze jours après, le 5 mars, le scrutin de ballottage de l'arrondissement d'Ajaccio lui donna encore la majorité avec 6,572 voix sur 12,680 votants et 18,252 inscrits, contre 5,837 au prince Napoléon Bonaparte et 152 à M. Ceccaldi ; par contre, il avait échoué, le même jour, à Clermont-Ferrand (1re circonscription), avec 2,652 voix, contre 11,998 à M. Bardoux, élu. M. Rouher opta pour Riom, et fut remplacé à Ajaccio par le prince Napoléon, et à Bastia par M. de Casabianca. Conseiller général du canton de Randan (juin 1876-août 1880), il reprit, à la Chambre, sa place à droite, déclara (avril 1876) sur une demande de M. Floquet relative à la suppression du budget des cultes, qu'il trouvait la mesure « prématurée » sans y être opposé en principe, appuya le cabinet du 16 mai contre les 363, et soutint une vive polémique (juillet) contre M. Paul de Cassagnac, au sujet des candidatures bonapartistes aux élections suivantes : M. Rouher ne voulait que des candidats impérialistes purs, tandis que M. de Cassagnac se ralliait à l'Union conservatrice. Réélu, le 14 octobre 1877, député de Riom, par 9,411 voix, sur 16,114 votants et 20,218 inscrits, contre 6,477 à M. Gerzat, M. Rouher reprit la direction du groupe bonapartiste à la Chambre, et profita (janvier 1878) d'une apostrophe de Gambetta, lors de la vérification des pouvoirs, pour faire l'apologie de l'Empire et répudier toute responsabilité dans l'issue de la guerre de 1870. Quelques jours après, il parla contre l'amnistie restreinte, défendit (juin 1880) les traités de commerce, et combattit (juin 1881) certains articles du projet de loi sur la marine marchande; la mort du prince impérial (juin 1879) avait, comme il le déclarait lui-même, mis fin à son rôle politique; il ne s'occupa plus que de questions d'affaires, et ne se représenta pas aux élections législatives d'août 1881. Grand-croix de la Légion d'honneur (25 janvier 1869) : il reçut de l'empereur les insignes en diamants en juillet 1867.

ROUILLÉ (Emile), représentant en 1848 et en 1849, né aux Sables-d'Olonne (Vendée) le 3 juin 1821, étudia le droit à la faculté de Poitiers, et se fit inscrire au barreau de sa ville natale. Élu, le 23 avril 1848, représentant de la Vendée à l'Assemblée constituante, le 5e sur 9, par 44,767 voix (86,221 votants, 104,486 inscrits), il siégea à droite et vota avec les conservateurs monarchistes, *pour* le rétablissement du cautionnement, *pour* les poursuites contre Louis Blanc et Caussidière, *contre* l'abolition de la peine de mort, *contre* l'amendement Grévy, *contre* le droit au travail, *pour* la proposition Rateau, *contre* l'amnistie, *pour* l'interdiction des clubs, *pour* les crédits de l'expédition romaine. Réélu, le 13 mai 1849, par le même département, à l'Assemblée législative, le 7e sur 8, par 40,014 voix (61,522 votants, 103,432 inscrits), M. Rouillé suivit la même ligne politique que précédemment, donna son suffrage à toutes les lois restrictives qui obtinrent l'agrément de la majorité, ne se rallia pas au coup d'État du 2 décembre 1851, et quitta la vie politique.

ROUILLÉ. — *Voy.* Boissy (MARQUIS DE).

ROUILLÉ DE FONTAINE (Basile-Gabriel-Michel), député de 1820 à 1837 et pair de France, né à Paris le 26 août 1773, mort au château de Davenescourt (Somme) le 8 novembre 1859, « fils de M. Alexandre-Jean-Baptiste Rouillé de Fontaine, chevalier, mestre de camp de cavalerie et maréchal général des logis de cavalerie, et de dame Claude-Thérèse-Sophie Caulet d'Hauteville », propriétaire, conseiller-général et chevalier de la Légion d'honneur, fut successivement élu député du 6e arrondissement électoral du département de la Somme (Roye), le 4 novembre 1820, par 241 voix (331 votants, 405 inscrits); le 25 février 1824, par 237 voix (320 votants); le 17 novembre 1827, par 293 voix (339 votants, 411 inscrits), contre 34 à M. d'Estourmel et 12 à M. Tattegrain; le 23 juin 1830, par 284 voix (348 votants, 434 inscrits), contre 61 à M. de Casteja; puis, dans le 6e collège du même département (Montdidier), le 5 juillet 1831, par 286 voix (303 votants, 436 inscrits), et le 21 juin 1834, par 262 voix (288 votants, 456 inscrits). Sous la Restauration, M. Rouillé de Fontaine fut, suivant un de ses biographes, « l'adversaire des mesures calculées pour la

ruine et l'humiliation de la patrie »; il signa l'Adresse des 221, se rallia au gouvernement de Louis-Philippe, devint ministériel et fut nommé pair de France le 3 octobre 1837. La révolution de 1848 mit fin à sa carrière politique.

ROUJOUX (Louis-Julien Buxeuil, BARON DE), député en 1791 et au Conseil des Anciens, membre du Tribunat, né à Landerneau (Finistère) le 7 mars 1753, mort à Brest (Finistère) le 1er février 1820, d'une famille noble, d'origine écossaise, réfugiée en Bretagne après la condamnation à mort d'un de ses membres, capitaine des gardes de Charles Ier, roi d'Angleterre, était fils de Michel-Louis de Roujoux, écuyer, et de dame Françoise le Vaillant de Penanrun. Il fut reçu avocat au parlement, exerça au siège présidial de Landerneau, fut nommé lieutenant-maire de cette ville en 1780, procureur du roi en 1782, député aux États de Bretagne en 1789, et commissaire du roi près le district de Landerneau en 1790. Élu, le 11 septembre 1791, député du Finistère à l'Assemblée législative, le 5e sur 8, par 235 voix sur 412 votants, il siégea parmi les modérés, fit partie du comité de la marine, proposa (20 octobre) une adresse au peuple sur la tolérance religieuse, et demanda que la loi contre les émigrés n'atteignît que les anciens fonctionnaires. Après la session, il fut élu (11 septembre 1792) accusateur public près le tribunal criminel de Quimper, fut délégué en juin suivant au comité de résistance fédéraliste de Caen, signa la protestation de ce comité contre la Montagne, fut mis hors la loi, échappa aux poursuites, et fut réintégré dans ses fonctions d'accusateur public après le 9 thermidor. Élu, le 24 germinal an VI, député du Finistère au Conseil des Anciens par 153 voix sur 201 votants, il fut rapporteur de la commission de la marine et célébra dans un discours les victoires de l'armée d'Italie. Partisan du coup d'État de brumaire, il fut membre du Tribunat à sa création (4 nivôse an VIII), appuya l'organisation de tribunaux spéciaux, combattit le projet de loi sur l'instruction criminelle, fit partie de la commission du Concordat, et fut nommé, le 23 germinal an X, préfet de Saône-et-Loire. Membre de la Légion d'honneur (26 prairial an XII), officier de l'ordre (25 germinal an XIII), baron de l'empire (11 juin 1810) avec droit de transmission du titre à son fils, il fut révoqué de ses fonctions de préfet par la première Restauration (1814), fut appelé, aux Cent-Jours, à la préfecture du Pas-de-Calais (6 avril 1815), puis à celle d'Eure-et-Loir (17 mai suivant), et de nouveau destitué à la seconde Restauration. Il avait obtenu du roi en 1814 une pension de 6,000 francs; mais, ayant accepté du service pendant les Cent-Jours, il vit sa pension réduite de moitié le 23 février 1816. Il réclama vainement contre cette mesure, et n'obtint pas davantage d'être replacé comme préfet, ainsi qu'il le demanda à plusieurs reprises, notamment en août 1815 et en 1818 : « Si dans ces derniers moments d'orage, écrivait-il à cette occasion en parlant des Cent-Jours, j'ai accepté la préfecture de Chartres, ce peut être une erreur politique, mais non pas une faute de sentiment; je n'avais pas prêté serment au roi, et cependant j'ai constamment administré dans les intérêts de Sa Majesté. » Il termina ses jours à Brest, occupé de littérature et de poésie.

ROUL (François), député de 1831 à 1848, né

à Erbray (Loire-Inférieure) le 5 mars 1782, mort à Talence (Gironde) le 25 septembre 1861, négociant en vins, maire de Talence, membre de la chambre de commerce de Bordeaux et conseiller général de la Gironde (novembre 1833), fut successivement élu député du 4 collège de ce département (Bordeaux), le 1er octobre 1831, en remplacement de M. Boyer-Fonfrède, dont l'élection avait été annulée, par 74 voix (130 votants, 531 inscrits); le 21 juin 1834, par 206 voix (347 votants, 495 inscrits), contre 139 à M. Aurélien de Sèze; le 4 novembre 1837, par 251 voix (434 votants, 645 inscrits); le 2 mars 1839, par 290 voix (434 votants); le 9 juillet 1842, par 290 voix (574 votants, 711 inscrits), contre 188 à M. Bonneval et 83 à M. Lagarde; le 1er août 1846, par 425 voix (760 votants, 905 inscrits), contre 160 à M. Lamyre et 151 à M. Lagarde. M. Roul fit constamment partie de la majorité dévouée aux ministres, il fut l'un des 221 députés qui approuvèrent la politique du cabinet Molé, et vota *pour* la dotation du duc de Nemours, *pour* les fortifications de Paris, *pour* le recensement, *contre* les incompatibilités, *contre* l'adjonction des capacités, *pour* l'indemnité Pritchard, *contre* la proposition sur les députés fonctionnaires. Il rentra dans la vie privée à la révolution de 1848.

ROULAND (Gustave), député de 1846 à 1848, sénateur du second empire, ministre sénateur de 1876 à 1878, né à Yvetot (Seine-Inférieure) le 1er février 1806, mort à Paris le 12 décembre 1878, fit ses études au collège de Rouen, son droit à Paris, fut reçu avocat en 1827, entra dans la magistrature comme juge-auditeur au tribunal des Andelys, et devint successivement substitut du procureur du roi à Louviers (1828), à Evreux (1er juin 1831), procureur du roi à Dieppe (1er octobre suivant), substitut du procureur du roi à Rouen, substitut du procureur général à la cour (17 janvier 1835), avocat général (1er novembre 1838) à même siège, procureur général à Douai (28 avril 1843). Élu, le 1er août 1846, député du 7e collège de la Seine-Inférieure (Dieppe) par 268 voix sur 490 votants et 517 inscrits, contre 221 à M. Levavasseur, il siégea dans la majorité, parla sur des questions de législation, et fut nommé, le 23 mai 1847, avocat général à la cour de Cassation : à cette occasion, ses électeurs lui renouvelèrent son mandat législatif par 311 voix sur 441 votants. M. Rouland donna sa démission de magistrat à la révolution de février 1848, fut réintégré dans ses fonctions le 10 juillet 1849, et fut nommé procureur général près la cour de Paris le 10 février 1853. Il parla, en cette qualité, dans les affaires des complots de l'Opéra-Comique et de l'Hippodrome, dans celle des correspondants étrangers, de Pianori, etc. A la mort de M. Fortoul, l'empereur lui confia le portefeuille de l'Instruction publique et des Cultes (13 août 1856 — 24 juin 1863): il modifia le système dit de la bifurcation, inaugura l'enseignement professionnel, fonda pour M. Renan une chaire de linguistique comparée au Collège de France (11 janvier 1862), et suspendit le cours le lendemain de la leçon d'ouverture (18 janvier) pour « attaques aux croyances chrétiennes ». Comme ministre des Cultes, il s'efforça d'entraver le mouvement des évêques en faveur du pape (1860); au Sénat, où il avait été appelé par l'empereur le 14 novembre 1857, il répondit à l'archevêque de Bordeaux, en 1865, dans la discussion sur l'Adresse, que l'Ency-

clique et le Syllabus n'étaient qu'une réponse à la convention du 25 septembre, la revanche du parti ultramontain, dont l'influence grandissait tous les jours; en 1867, il parla contre la gratuité de l'enseignement, et dit que « l'instituteur devait être l'ami de l'ordre public, l'ami du gouvernement », et qu'il fallait laisser aux préfets le droit de les choisir et de les nommer. Dans la même discussion, sur une allusion à M. Renan, M. Rouland prétendit que celui-ci, avant sa nomination, avait pris vis-à-vis du ministre des engagements conditionnels qu'il n'avait pas tenus; M. Renan opposa à cette allégation, dans le *Journal des Débats* du lendemain, un formel démenti. M. Rouland avait été nommé ministre présidant le conseil d'Etat (18 octobre 1863 — 27 septembre 1864), membre du conseil supérieur de l'instruction publique (7 novembre), gouverneur de la Banque de France (28 septembre 1864); il fut vice-président du Sénat à partir de cette dernière année. Le 5 juin 1871, il fut appelé aux fonctions de procureur général à la cour des Comptes. Mais M. Ernest Picard, nommé à sa place gouverneur de la Banque de France, ayant refusé ce poste; M. Rouland fut réintégré dans ces fonctions le 20 décembre suivant. Conseiller général du canton d'Yvetot, secrétaire et président de l'assemblée départementale, il fut élu, le 30 janvier 1876, sénateur de la Seine-Inférieure par 495 voix sur 863 votants et siégea à la droite bonapartiste, accorda la dissolution de la Chambre demandée par le cabinet du 16 mai, combattit de ses votes les ministères républicains, et mourut au cours de la législature. Grand-croix de la Légion d'honneur (14 août 1862). On a de lui: *Discours et réquisitoires* (1864).

ROULHAC (Guillaume-Grégoire, baron de), député en 1789 et au Corps législatif et l'an X, né à Limoges (Haute-Vienne) le 6 mai 1751, mort à Limoges le 6 octobre 1824, était lieutenant général de la sénéchaussée de Limoges, lorsqu'il fut élu, le 18 mars 1789, député du tiers aux Etats-Généraux par cette sénéchaussée. Il signa le serment du Jeu de paume, fut membre du comité de rédaction et du comité des recherches, et ne reparut dans la vie publique qu'au Consulat. Elu, le 6 germinal an X, par le Sénat conservateur, député de la Haute-Vienne au Corps législatif, il fut membre de la députation auprès des consuls et sortit du Corps législatif en 1809. Membre de la Légion d'honneur du 25 prairial an XII, chevalier de l'empire du 2 janvier 1809, baron du 13 avril 1811, il fut nommé procureur général à la cour impériale de Lyon le 1er juin 1811, et fut maintenu dans ses fonctions par la Restauration.

ROULLEAUX-DUGAGE (Charles-Henri), député au Corps législatif de 1852 à 1870, né à Alençon (Orne) le 26 avril 1802, mort à Rouelle (Orne) le 21 novembre 1870, fut d'abord avocat à Caen en 1821 et, l'année suivante, se fit inscrire au barreau de Paris. Après avoir fait de l'opposition au gouvernement des Bourbons, il entra dans l'administration le 22 août 1830, comme sous-préfet de Domfront. Chevalier de la Légion d'honneur en 1831, préfet de l'Ardèche (10 novembre 1835), de l'Aude (23 juillet 1837), de la Nièvre (5 juin 1810), de l'Hérault (23 novembre 1841), combattit si énergiquement la candidature de M. de Larcy que des troubles éclatèrent à Montpellier. Commandeur de la Légion d'honneur le 4 janvier 1847, préfet de la Loire-Inférieure le 24 juillet suivant, il fut destitué à la révolution de février 1848, se rallia à la politique du prince Louis-Napoléon, approuva le coup d'État du 2 décembre, fut nommé conseiller général dans l'Orne et dans l'Hérault, opta pour l'Orne, et fut successivement élu député au Corps législatif, dans la 2e circonscription de l'Hérault, comme candidat du gouvernement, le 29 février 1852, par 11,572 voix (19,308 votants, 38,151 inscrits), contre 4,258 à M. Fabregat et 249 à M. Bertrand aîné ; le 22 juin 1857, par 21,805 voix (22,479 votants, 38,875 inscrits), contre 595 à M. Bertrand ; le 1er juin 1863, par 23,099 voix (30,631 votants, 42,332 inscrits), contre 5,861 à M. Floquet et 1,681 à M. Margon ; le 24 mai 1869, par 16,809 voix (26,499 votants, 35,411 inscrits), contre 8,851 à M. Floquet et 1,215 à M. Thourel. M. Roulleaux-Dugage siégea dans la majorité dynastique, fut rapporteur, en 1857, du projet de participation financière de l'État dans le percement du boulevard Sébastopol, et parvint à faire classer le boulevard et la rue des Écoles comme routes impériales, à la création desquelles l'État est obligé de contribuer. Il vota *pour* la guerre contre la Prusse, et, après Sedan, s'efforça en vain de faire nommer un gouvernement provisoire issu de la majorité ; conseiller général de Domfront, il était grand-officier de la Légion d'honneur du 14 août 1866. Rentré dans la vie privée au 4 septembre 1870, il mourut quelques semaines après.

ROULLEAUX-DUGAGE (Georges-Henri), député de 1885 à 1887, né à Paris le 30 janvier 1849, mort le 19 septembre 1887, arrière-petit-fils de Beaumarchais, et fils du précédent, fut capitaine des mobiles de l'Orne pendant la guerre de 1870, et fut décoré de la Légion d'honneur. Il s'établit ensuite manufacturier à Suresnes, fut commissaire-général aux expositions de Vienne en 1873, de Londres en 1874 et de Philadelphie en 1876, et publia, sur l'ordre du gouvernement français, plusieurs rapports intéressants. En 1876, il obtint une médaille de sauvetage. Porté sur la liste conservatrice de l'Orne, aux élections législatives du 4 octobre 1885, il fut élu, le 18 octobre 1885, au second tour, le 4e sur 6, par 46,847 voix (88,704 votants, 107,583 inscrits). Il prit place à l'Union des droites, combattit la politique scolaire et coloniale des ministères républicains, et mourut au cours de la législature.

ROULX (Pierre-François-Étienne), représentant à la Chambre des Cent-Jours, né à Château-Renard (Loiret) le 27 novembre 1751, mort à une date inconnue, était médecin dans sa ville natale. Élu, le 9 mai 1815, représentant à la Chambre des Cent-Jours, par l'arrondissement de Montargis, avec 42 voix (83 votants, 122 inscrits), contre 20 à M. Dery, procureur impérial, il rentra dans la vie privée après cette courte législature.

ROUPH DE VARICOURT (Pierre-Marin), député en 1789, né à Gex (Ain) le 9 mars 1755, mort à Orléans (Loiret) le 9 décembre 1822, était curé de Gex et official de l'évêché de Genève, lorsqu'il fut élu, le 18 mars 1789, député du clergé aux États-Généraux par le bailliage de Gex, avec 23 voix sur 33 votants. L'un des premiers de son ordre, il se réunit au tiers-état, et fit partie du comité ecclésias-

tique. Son rôle politique, d'ailleurs très effacé, prit fin avec la session.

ROURE (Claude-Ernest), député de 1885 à 1889, né à Grasse (Alpes-Maritimes) le 29 août 1845, fit ses études au lycée de Nice, son droit à Paris, et acheta une étude de notaire dans sa ville natale, dont il devint adjoint, puis maire. Libéral sous l'Empire, anti-séparatiste sous la République, il fut porté sur la liste opportuniste des Alpes-Maritimes, aux élections législatives du 4 octobre 1885, et fut élu, le 18 octobre, au second tour, le 2e sur 3, par 18,891 voix (36,883 votants, 58,227 inscrits). Il prit place à l'Union républicaine, s'abstint sur l'expulsion des princes, et, dans la dernière session, sur le rétablissement du scrutin d'arrondissement (10 février 1889), et vota *pour* l'ajournement indéfini de la révision de la Constitution, *pour* les poursuites contre trois députés membres de la Ligue des patriotes, *pour* le projet de loi Lisbonne restrictif de la liberté de la presse, *pour* les poursuites contre le général Boulanger. M. Roure a été nommé juge au tribunal civil de Nice le 18 février 1891.

ROURE DE BEAUMONT (Auguste-François-Louis-Scipion Grimoard de Beauvoir, marquis de), député de 1846 à 1848, né à Paris le 19 août 1783, mort à Paris le 31 janvier 1858, fils du général Philippe-Henri de Grimoard, suivit aussi la carrière militaire, parvint au grade de maréchal de camp, et, tout dévoué à la famille Sébastiani, obtint par son influence, le 10 octobre 1846, son élection comme député dans le 2e collège de la Corse (Bastia) avec 181 voix (191 votants, 253 inscrits), en remplacement de M. Sébastiani, qui avait opté pour Ajaccio. Il siégea au centre et soutint jusqu'en 1848 la politique de Guizot. « Vous le trouverez, écrivait un biographe, à la gauche de M. Sébastiani, comme le Saint-Esprit à la gauche de l'Éternel, non pas pour créer, mais au contraire pour demeurer éternellement immobile. » Il fut mis d'office à la retraite comme général le 8 juin 1848.

ROUS (Étienne-Hippolyte-Paul), représentant du peuple en 1848, né à Montauban (Tarn-et-Garonne) le 9 novembre 1803, mort à Montauban, le 15 décembre 1879, fils d'un président du tribunal civil de Montauban, se fit inscrire au barreau de Toulouse, fit de l'opposition au gouvernement des Bourbons, et, en 1829, fut traduit en police correctionnelle pour délit de presse. Romiguières le défendit et le fit acquitter. Partisan du gouvernement de juillet, il fut nommé substitut du procureur du roi en 1830, et fut destitué en 1834, à cause de ses tendances républicaines. Il fonda peu après le *Courrier de Tarn-et-Garonne*, journal démocratique, devint, en 1848, commandant de la garde nationale de Montauban, et fut élu, le 23 avril 1848, représentant du Tarn-et-Garonne à l'Assemblée constituante, le 3e sur 6, par 28,557 voix (60,112 votants, 74,168 inscrits). Il fit partie du comité de législation et vota en général avec la droite, *pour* le bannissement de la famille d'Orléans, *pour* les poursuites contre L. Blanc et Caussidière, *pour* l'abolition de la peine de mort, *contre* l'incompatibilité des fonctions, *contre* l'amendement Grévy, *contre* la sanction de la Constitution par le peuple, *pour* l'ensemble de la Constitution, *pour* la proposition Rateau, *pour* l'interdiction des clubs, *pour* l'expédition de Rome et *contre* la demande de mise en accusation du président et des ministres. Il refusa de poser sa candidature à l'Assemblée législative, fut nommé, en avril 1850, juge au tribunal de Montauban et mis à la retraite comme tel le 29 juin 1874. Candidat sénatorial républicain dans le Tarn-et-Garonne aux élections du 30 janvier 1876, il échoua avec 91 voix sur 249 votants, et ne fut pas plus heureux le 17 décembre suivant, lors de l'élection destinée à remplacer M. de Limayrac décédé, avec 91 voix sur 213 votants, contre 149 à l'élu, M. Delbreil, conservateur.

ROUSSEAU (LOUIS-JACQUES, CHEVALIER), député en 1789 et de 1822 à 1827, né à Château-du-Loir (Sarthe) le 11 février 1759, mort à Paris le 16 août 1829, embrassa les principes de la Révolution et devint président du tribunal de Château-du-Loir et président de l'administration départementale de la Sarthe. Élu, le 3 septembre 1791, député de la Sarthe à l'Assemblée législative, le 1er sur 10, par 377 voix (482 votants), il fit partie du comité judiciaire, mais ne prit jamais la parole; son nom n'est pas cité au *Moniteur*. Après la promulgation de la Constitution de l'an III, il fut nommé juge, le 28 vendémiaire an IV; il resta dans la magistrature sous l'empire, fut créé chevalier de l'empire le 3 juin 1808, et, après la Restauration, devint conseiller à la cour de Cassation. Élu député du 4e arrondissement électoral de la Sarthe (Saint-Calais), le 13 novembre 1822, par 171 voix (228 votants, 263 inscrits) contre 41 au général de La Fayette, et réélu, le 25 février 1824, par 182 voix (196 votants, 253 inscrits), il vota souvent avec M. Royer-Collard et montra une certaine indépendance vis-à-vis des ministres. Sa carrière politique prit fin aux élections de 1827.

ROUSSEAU (JEAN, COMTE), membre de la Convention, député au Conseil des Anciens, et membre du Sénat conservateur, né à Vitry-le-François (Marne) le 13 mars 1738, mort à Châtillon-lès-Bagneux (Seine) le 7 novembre 1813, fils d'un riche cultivateur de vignobles en Champagne, reçut une éducation soignée, fut admis dans la congrégation de l'Oratoire, et alla enseigner les mathématiques à Nantes. Le duc d'Aiguillon lui confia l'éducation de ses enfants et le soin de ses propriétés en Dauphiné. Rousseau était à Paris au début de la Révolution; partisan modéré des idées nouvelles, il fut élu, le 22 septembre 1792, sixième député suppléant à la Convention par le département de Paris, avec 302 voix (526 votants). Il ne prit séance, comme titulaire, que le 9 ventôse an III, et évita de se mettre en évidence. Néanmoins, le 25 octobre 1795, il s'opposa à la mise en liberté de Rossignol et de Daubigny, que réclamait Legendre. Il passa, après la session conventionnelle, au Conseil des Anciens (4 brumaire an IV), réélu par ses collègues de la Convention, fit un certain nombre de rapports sur les finances, et fut chargé, en qualité de commissaire, de surveiller la comptabilité nationale. Nommé secrétaire de l'assemblée le 21 novembre 1796, il combattit les élections de Saint-Domingue comme inconstitutionnelles, les fit annuler, et appuya, le 27 novembre 1797, la résolution contre les ci-devant nobles et anoblis, comme nécessaire à la sûreté de l'État. Sorti du Conseil en mai 1798, il y fut réélu presque aussitôt (23 germinal an VI), par le département de la Seine, ou plutôt par la par-

tie de l'assemblée électorale de Paris séant à l'Institut. A cette époque, il publia une lettre où il prétendait démontrer, d'après des papiers trouvés chez Durand de Maillanne, l'intelligence qui avait existé en 1793 entre les chefs de l'émigration à Coblentz et les membres du tribunal révolutionnaire de Paris. Il se prononça pour le coup d'État du 18 brumaire et fut un des membres de la Commission intermédiaire, chargée de présenter la nouvelle Constitution. Il fut nommé successivement membre du Sénat conservateur (3 nivôse an VIII), membre de la Légion d'honneur (9 vendémiaire an XII), commandeur de l'ordre et comte de l'Empire (26 avril 1808), et soutint jusqu'à sa mort le régime impérial.

ROUSSEAU (CHARLES GABRIEL-JEAN), député au Corps législatif en l'an VIII, né à une date inconnue, mort à Paris le 8 février 1811, avait été banquier à Paris, quand il fut élu, le 4 nivôse an VIII, par le Sénat conservateur, député des Ardennes au Corps législatif. Il fit partie de la commission des finances et sortit de l'assemblée en l'an XI.

ROUSSEAU (JEAN-JOSEPH, CHEVALIER), pair de France, né à Paris le 19 avril 1748, mort à Paris le 3 juillet 1837, fut un des plus notables commerçants de la capitale. Chargé par le ministère, avant 1789, de rédiger un mémoire sur les inconvénients du monopole de la Compagnie des Indes, il se trouva en évidence lors des événements de la Révolution, dont il adopta les principes. Appelé à faire partie de la municipalité, il eut quelque part aux graves incidents de cette époque, et quitta les fonctions publiques en 1793. Inscrit alors sur la liste des émigrés, il vit ses biens séquestrés par le gouvernement révolutionnaire. Après thermidor, les vainqueurs le nommèrent président du bureau de charité du 3e arrondissement. Puis il devint juge au tribunal de commerce et membre de la chambre de commerce, fut chargé d'une mission délicate auprès de Napoléon (1803) pour réclamer contre la mesure qui séquestrait dans les ports de Dieppe et de Calais les navires venant d'Angleterre. Maire du 3e arrondissement de Paris le 16 janvier 1801, il soutint de tout son pouvoir le gouvernement impérial, fut fait chevalier de l'Empire le 6 juin 1808, et se rallia avec empressement au gouvernement royal. Révoqué de ses fonctions municipales en janvier 1816, il y fut réintégré par la monarchie de 1830 et appelé à la pairie (11 octobre 1832). Il vota pour le régime issu de la révolution de juillet, et mourut en 1837, commandeur de la Légion d'honneur.

ROUSSEAU (PAUL-ARMAND), représentant en 1871, député de 1881 à 1885, né à Trofflez (Finistère) le 24 août 1835, entra à l'École polytechnique en 1854, à l'École des ponts et chaussées le 1er novembre 1857, et devint successivement ingénieur de 3e classe le 27 octobre 1860, ingénieur ordinaire de 2e classe le 23 août 1865, et ingénieur du port de Brest en 1867. Pendant la guerre, il dirigea les travaux du camp de Conlie. Candidat républicain à l'Assemblée nationale dans le Finistère, il échoua d'abord, le 8 février 1871, avec 41,354 voix sur 76,083 votants, et fut élu, le 2 juillet suivant, en remplacement de l'un des quatre représentants qui avaient opté pour d'autres départements, le 2e sur 4, par 58,837 voix (93,516 votants, 169,980 inscrits). Il prit place à la gauche républicaine, fit partie du comité de direction de ce groupe, et vota *contre* la pétition des évêques, *pour* le service de trois ans, *contre* la démission de Thiers, *contre* le septennat, *contre* le ministère de Broglie, *pour* les lois constitutionnelles. Vice-président de son groupe, rapporteur de la commission du budget en 1874 et en 1875, il prit aussi plusieurs fois la parole sur les questions de travaux publics. Conseiller général du 2e canton de Brest, depuis le 8 octobre 1871, il échoua aux élections sénatoriales dans le Finistère, le 30 janvier 1876, avec 110 voix, sur 38) votants, fut nommé, au mois d'octobre suivant, directeur des routes et de la navigation au ministère des travaux publics, et rentra au parlement le 21 août 1881, comme député de la 1re circonscription de Morlaix, élu par 6,943 voix (12,770 votants, 19,069 inscrits), contre 5,793 à M. Mège. Il reprit sa place à la gauche républicaine, échoua, comme sénateur, le 5 novembre 1882, en remplacement de MM. Monjaret de Kerjégu et de l'orsang, décédés, avec 187 voix, sur 385 votants; déposa (juillet 1883), lors de la discussion sur les conventions avec les grandes compagnies de chemins de fer, un amendement tendant à la réélection de tout membre du parlement qui, au cours de son mandat, aurait accepté les fonctions d'administrateur d'une compagnie (voté par 335 voix, contre 53), et fut nommé (avril 1885) sous-secrétaire d'État aux colonies; il défendit, en cette qualité, le projet de loi sur la relégation des récidivistes. Porté sur la liste républicaine du Finistère aux élections du 4 octobre 1885, il échoua avec 57,093 voix, sur 121,966 votants. C'est M. Rousseau qui fit en 1888 le rapport officiel sur la situation du canal de Panama, lorsque cette société, après l'échec de son émission d'obligations à lots, demanda le concours du gouvernement.

ROUSSEL (Jean-Baptiste-Joseph), député en 1789, né à Merville (Nord) le 15 septembre 1731, mort à une date inconnue, était maire de Blaringhem (Nord), quand il fut élu, le 3 avril 1789, député du clergé aux États-Généraux par le bailliage de Bailleul. Partisan des idées nouvelles, il vota la vérification en commun des pouvoirs, prêta le serment ecclésiastique le 3 janvier 1791, mais se rétracta peu après, et signa la protestation du 12 septembre suivant contre les actes de la Constituante. Après la session, il disparut de la scène politique.

ROUSSEL (Claude-Jean), membre de la Convention, né à Ribeaucourt (Meuse) en 1749, mort à une date inconnue, était administrateur du district de Gondrecourt (1790), quand il fut élu, le 7 septembre 1792, membre de la Convention pour le département de la Meuse, le 5e sur 8, par 98 voix (183 votants). Il siégea parmi les modérés et répondit au 3e appel nominal dans le procès du roi : « Vous avez déclaré que l'appel n'aurait pas lieu, ce n'était pas mon avis; mais je m'y soumets. Dans le premier cas, il y avait plus de prudence; dans le second, il y a plus de courage en apparence. Avant de prononcer sur le sort de Louis, je me suis fait cette question : sa mort est-elle utile à la République, sa vie est-elle dangereuse? Louis n'a aucun moyen physique et moral; les aristocrates même le méprisent. Loin donc qu'il y ait du danger à le laisser vivre, c'est une mesure utile aux yeux de la saine politique. Je vote pour la détention. » On perd sa trace après la session conventionnelle, où il n'eut d'ailleurs qu'un rôle effacé.

ROUSSEL (Pierre-Augustin-Jules), représentant du peuple en 1848, né à Paris le 9 mai 1805, mort à Rosières (Cher) le 10 avril 1877, riche maître de forges à Saint-Martin-de-Connée (Mayenne), payant, sous le gouvernement de Juillet, 8,438 francs de contributions, maire de Saint-Martin-de-Connée depuis 1816, libéral et influent, fut élu, le 23 avril 1848, représentant de la Mayenne à l'Assemblée constituante, le 5e sur 9, par 46,288 voix (93,437 votants, 105,259 inscrits); il fit partie du comité du travail et vota en général avec la droite, *contre* le bannissement de la famille d'Orléans, *pour* les poursuites contre L. Blanc et Caussidière, *contre* l'abolition de la peine de mort, *contre* l'impôt progressif, *contre* l'incompatibilité des fonctions, *contre* l'amendement Grévy, *contre* la sanction de la Constitution par le peuple, *pour* l'ensemble de la Constitution, *pour* la proposition Rateau, *pour* l'interdiction des clubs, *pour* l'expédition de Rome, *contre* la demande de mise en accusation du président et de ses ministres. Il ne se représenta pas à l'Assemblée législative, devint conseiller général de la Mayenne, fut décoré de la Légion d'honneur en 1853, et, forcé, à la suite du traité de commerce de 1860, d'étendre ses fourneaux d'Orthe, de Carouges, de Saint-Denis-sur-Sarthon et de la Gaudinière, acheta, en 1869, la grande usine de Rosières (Cher) dont il accrut encore la prospérité. Il a obtenu de nombreuses récompenses pour ses fers martelés et ses fontes moulées, à Alençon en 1855, à Flers en 1868, etc.

ROUSSEL (Ovide-Gabriel), représentant en 1849, né à Joigny (Yonne) le 14 juin 1788, mort à une date inconnue, était propriétaire à Charny (Yonne) et conseiller général de ce département, lorsqu'il fut élu (13 mai 1849) représentant de l'Yonne à l'Assemblée législative, le 8e et dernier, par 29,862 voix (80,826 votants, 111,917 inscrits). D'opinions républicaines, il siégea à gauche avec la minorité démocratique, *contre* l'expédition de Rome, *contre* la loi Falloux-Parieu sur l'enseignement, *contre* la loi du 31 mai sur le suffrage universel. Il combattit la politique de l'Élysée et protesta contre le coup d'État du 2 décembre 1851 qui le rendit à la vie privée. Le 22 juin 1857, il obtint dans la 3e circonscription de l'Yonne, sans être candidat, 351 voix, contre 15,085 au candidat officiel élu, M. Ad. d'Ornano.

ROUSSEL (Jean-Baptiste-Victor-Théophile), représentant en 1849 et en 1871, député de 1876 à 1879 et membre du Sénat, né à Saint-Chély (Lozère) le 27 juillet 1816, étudia la médecine à Paris, fut interne et lauréat des hôpitaux, et se fit recevoir docteur en 1843. Déjà, il s'était fait connaître par divers écrits remarqués, tels que *Recherches sur la vie et le pontificat d'Urbain V* (1841), couronné par l'Académie des Inscriptions; *Histoire d'un cas de pellagre observé à l'hôpital Saint-Louis* (1842); *Recherches sur les maladies des ouvriers employés à la fabrication des allumettes chimiques*, lorsqu'il fut chargé (1847) par le ministre de l'Agriculture, du Commerce et des Travaux publics, d'étudier dans les départements du sud-ouest de la France la pellagre (maladie endémique particulière aux contrées où l'on se livre à la culture du riz et du maïs). D'opinions démocratiques, le docteur Th. Roussel fut élu, le 13 mai 1849, représentant de la Lozère à l'Assemblée législative, le 3e et dernier, par 9,573 voix (27,877 votants, 39,551 inscrits). Il alla siéger parmi les républicains modérés et vota généralement avec la minorité, notamment *contre* la loi Falloux-Parieu sur l'enseignement, et *contre* la loi restrictive du suffrage universel; mais il parla surtout sur les questions relatives aux *réformes économiques*, à l'assistance, aux logements insalubres, aux modifications à introduire dans le code forestier. Rentré dans la vie privée lors du coup d'État du 2 décembre 1851, il continua à s'occuper de médecine et de science en même temps que des intérêts de son département, devint, sous l'Empire, membre de la Société d'agriculture de la Lozère, conseiller général du canton de Mende, et réunit, le 31 mai 1863, comme candidat indépendant au Corps législatif, 2,188 voix, contre 17,871 à l'élu officiel, M. de Chambrun, et 9,495 à M. Joseph Barrot. Après les événements de 1870, M. Th. Roussel rentra au parlement, ayant été élu (8 février 1871) représentant de la Lozère à l'Assemblée nationale, le 3e et dernier, par 9,272 voix (25,502 votants, 42,006 inscrits). Il prit place à la gauche républicaine et vota *pour* la paix, *pour* l'abrogation des lois d'exil, *pour* le retour de l'Assemblée à Paris, *contre* le pouvoir constituant, *contre* la chute de Thiers au 24 mai, *contre* le septennat, l'état de siège, la loi des maires, le ministère de Broglie, *pour* l'amendement Wallon, *pour* l'ensemble des lois constitutionnelles. Dans une lettre publiée en octobre 1873, il s'était nettement prononcé contre les tentatives de restauration monarchique. Auteur du projet de loi sur la répression de l'ivresse, M. Th. Roussel prit part également aux débats relatifs au travail des enfants dans les manufactures, et devint président de la « Société protectrice de l'enfance » et membre de l'Académie de médecine. Après avoir échoué, le 30 janvier 1876, comme candidat républicain au Sénat dans la Lozère, avec 118 voix (245 votants), M. Roussel se fit élire, le 21 février suivant, député de l'arrondissement de Florac, par 6,027 voix (8,556 votants, 11,116 inscrits), contre 2,485 à M. Teissonnière. Il fut élu le 363. Réélu à ce titre, le 14 octobre 1877, par 5,774 voix (9,427 votants, 11,182 inscrits), contre 3,637 à M. Joly, il reprit sa place dans la fraction la plus modérée du parti républicain, appuya le cabinet Dufaure, et passa du palais Bourbon au Luxembourg, lors du premier renouvellement triennal du Sénat, comme sénateur de la Lozère (5 janvier 1879), élu par 162 voix (248 votants); il vota avec la gauche sénatoriale *pour* l'article 7, *pour* la politique opportuniste, *pour* le rétablissement du divorce, *pour* les crédits du Tonkin, *pour* la nouvelle loi militaire, se consacra spécialement à l'étude et à la discussion de questions sur la protection des enfants abandonnés, les conditions du travail dans les manufactures et surtout la législation des aliénés, on remarqua beaucoup le rapport qu'il publia sur ce dernier sujet. Il vota *contre* l'expulsion des princes (janvier 1887). Réélu sénateur de la Lozère, le 5 janvier 1888, par 210 voix sur 393 votants, M. Th. Roussel s'est prononcé, en dernier lieu, *pour* le rétablissement du scrutin d'arrondissement (13 février 1889), *pour* le projet de loi Lisbonne restrictif de la liberté de la presse, *pour* la procédure à suivre contre le général Boulanger.

Outre les ouvrages déjà cités, on doit à M. Roussel : *De la valeur des signes physiques dans les maladies du cœur* (1847); *Traité de la pellagre et des pseudo-pellagres*, et de nombreux articles insérés dans l'*Encyclopédie*

médicale, la *Revue médicale*, l'*Union médicale*, etc.

ROUSSELET (MICHEL-LOUIS), député en 1789, né à Provins (Seine-et-Marne) le 4 mars 1716, mort à Provins le 4 septembre 1834, « fils de Michel Rousselet, marchand tanneur, et de Gabrielle Le Clerc », était avocat du roi au bailliage de Provins, quand il fut élu, le 20 mai 1789, député du tiers aux États-Généraux par le bailliage de Provins, avec 37 voix (65 votants). Partisan des idées nouvelles, il prêta le serment du Jeu de paume, fit partie des comités des recherches et des rapports, lut un rapport sur les inquiétudes du département de la Meuse relativement aux projets des puissances voisines de la France, et adhéra à l'arrêté de sa compagnie tendant à ce que la justice fût rendue gratuitement. Il partit en congé le 26 avril 1790, et ne revint qu'en mai 1791. Après la session, il devint assesseur du juge de paix, puis conseiller municipal sous le Consulat.

ROUSSELIN (PIERRE-MARCEL), pair de France, né à Caen (Calvados) le 16 janvier 1788, mort à Bully (Calvados) le 27 mai 1863, « fils de Monsieur Pierre-François Rousselin, conseiller au bailliage et siège présidial de Caen, et de dame Marie Dubisson », étudia le droit et entra dans la magistrature. Conseiller auditeur (20 février 1812) à la cour royale de Caen, il revint au barreau sous la Restauration (1818) comme avocat à la même cour, y fut nommé procureur général le 16 août 1830, et promu premier président le 20 octobre 1835. Le gouvernement de Louis-Philippe, auquel il se montra tout dévoué, l'appela (23 septembre 1845) à siéger à la Chambre des pairs, où il opina constamment selon les vœux du pouvoir jusqu'à la révolution de 1848.

ROUSSELIN-CORBEAU. — *Voy.* SAINT-ALBIN (DE).

ROUSSELOT (CLAUDE-GERMAIN), député en 1789, né à Anthoison (Haute-Saône) le 17 juillet 1723, mort à Thiénans (Haute-Saône) le 27 septembre 1795, entra dans les ordres, fut d'abord vicaire à Noroy-l'Archevêque, puis à Salins (il était curé de Thiénans quand il fut élu, le 11 avril 1789, député du clergé aux États-Généraux par le bailliage d'Amont. Il fut l'un des premiers de son ordre à se réunir aux députés du tiers, fit partie du comité ecclésiastique, vota constamment avec la majorité et prêta le serment ecclésiastique le 27 décembre 1790. Après la session, il revint à sa cure, et mourut quatre ans après.

ROUSSIER (MICHEL), député en 1789, né à Marseille (Bouches-du-Rhône) le 28 juillet 1744, mort à Marseille le 29 janvier 1806, négociant dans sa ville natale, fut élu, le 4 avril 1789, député du tiers aux États-Généraux par la sénéchaussée de Marseille. Il y joua un rôle assez effacé, fut adjoint au doyen des communes, fit partie du comité des subsistances, prêta le serment du Jeu de paume, et ne prit qu'une fois la parole pour proposer une définition du gouvernement monarchique. Il donna sa démission le 5 septembre 1790, et ne reparut plus dans les assemblées parlementaires.

ROUSSILHE (JEAN), député de 1831 à 1837, né à Vallongcol (Cantal) le 19 avril 1759, mort à Paris le 13 mai 1847, était propriétaire à la Villette. Élu, le 5 juillet 1831, député du 1er

14

collège du Cantal (Saint-Flour) par 117 voix (181 votants, 218 inscrits), contre 58 à M. Casimir Périer, il siégea dans les rangs de la gauche dynastique, dont il signa le « compterendu » en 1832, obtint sa réélection, le 21 juin 1834, par 108 voix (191 votants, 237 inscrits), contre 61 à M. Guizard, suivit la même ligne politique que précédemment, et échoua, le 4 novembre 1837, avec 32 voix, contre 188 à M. Dessauret.

ROUSSILLOU (Pierre), député en 1789, né à Ax (Ariège) le 1er janvier 1744, mort à Toulouse (Haute-Garonne) en 1817, était négociant à Toulouse, quand il fut élu, le 13 avril 1789, député du tiers aux Etats-Généraux par la première sénéchaussée du Languedoc (Toulouse), avec 614 voix, sur 688 votants. Partisan de la Révolution, il prêta le serment du Jeu de paume, fit partie du comité de l'agriculture et du commerce, où il fut chargé spécialement des affaires des colonies, demanda à connaître la valeur des biens des religieux avant de fixer leur traitement, défendit la municipalité de Toulouse, et se mêla à toutes les discussions commerciales intéressant sa région ; il lut un rapport sur l'introduction du tabac étranger, et un autre sur les droits d'entrée des denrées coloniales. Il proposa un moyen pour encourager l'agriculture et le commerce, fit décréter la liberté du commerce dans les Echelles du Levant et sur les côtes de Barbarie, accusa Robespierre d'entretenir des relations inconstitutionnelles avec l'armée, défendit le comité colonial, et fit décréter la libre circulation des grains. Roussillou disparut de la vie politique après la session.

ROUSSIN (Jean-François), député de 1816 à 1820, né à Rennes (Ille-et-Vilaine) le 6 mars 1765, mort à une date inconnue, était inspecteur de l'enregistrement quand il fut élu, le 4 octobre 1816, député du grand collège du Finistère, par 82 voix (157 inscrits). Il siégea silencieusement au côté droit, et, de la série sortante en 1820, ne se représenta plus.

ROUSSIN (Albin-Reine, baron), pair de France, sénateur du second empire et ministre, né à Dijon (Côte-d'Or) le 21 avril 1781, mort à Paris le 21 février 1854, « fils d'Edme Roussin, avocat, et d'Hélène Masson », entra dans la marine à douze ans comme simple mousse, et fit comme tel l'expédition d'Irlande. Aspirant en 1801, lieutenant de vaisseau en 1807, il commanda en second une corvette et fut fait prisonnier, le 28 octobre 1808, à la suite d'un combat avec la frégate anglaise la *Modeste*. Echangé peu après, il prit part, dans la campagne de l'île de France, au combat soutenu par la *Minerve* et la *Bellone*, en août 1810, contre une division anglaise. Il ne rentra en France qu'à l'époque de la Restauration, fut fait capitaine de vaisseau et chevalier de Saint-Louis en 1814, mais fut rayé des cadres à la seconde Restauration. La protection du ministre de la Marine, qui avait pour lui une estime particulière, le fit aussitôt réintégrer, et, en décembre 1816, après le naufrage de la *Méduse*, il fut chargé de l'exploration hydrographique des côtes occidentales de l'Afrique, puis, en 1819, de celles du Brésil. Louis XVIII lui accorda en récompense le titre de baron (octobre 1820). Commandant en 1821 de l'escadre des Antilles, contre-amiral le 17 août 1822, et membre du conseil d'amirauté, il proposa et fit adopter, en 1826, la création du

vaisseau-école de Brest, et fut chargé, en 1828, de se rendre au Brésil pour obtenir du gouvernement de dom Pedro la réparation des dommages causés à nos nationaux par le siège de Buénos-Ayres. Le 25 janvier 1830, il fut appelé à l'Académie des sciences en remplacement du contre-amiral de Rossel. Partisan de la révolution de juillet, il devint, le 31 août 1830, directeur du personnel au ministère de la Marine. L'année suivante, en juillet, il fut mis à la tête d'une escadre qui força l'entrée du Tage et vint demander à Lisbonne réparation à dom Miguel. Vice-amiral le 26 juillet, préfet maritime de Brest le 17 septembre, membre du bureau des Longitudes le 11 janvier 1832, il fut nommé pair de France le 11 octobre suivant et, peu après, ambassadeur à Constantinople. Le 4 avril 1834, le roi lui offrit le ministère de la Marine, mais Roussin refusa ; il était alors occupé à régler avec la Porte un nouveau tarif des douanes qui devait être profitable à notre commerce. Grand-croix de la Légion d'honneur le 16 janvier 1836, il était en France, en congé, lorsque la rupture entre le sultan et Méhémet-Ali le rappela à Constantinople ; il eut le tort d'appuyer la note collective des cinq puissances dirigée contre le vice-roi d'Egypte qui avait les sympathies de la France. Le gouvernement français le rappela, le 18 septembre 1839. Secrétaire de la Chambre des pairs à son retour, il fut, le 1er mars 1840, dans le ministère Thiers, le portefeuille de la Marine, qu'il conserva jusqu'au 28 octobre de la même année. Pendant son administration, et malgré l'imminence d'une guerre avec l'Angleterre, il créa un service de paquebots à vapeur pour les communications transatlantiques. A sa sortie du ministère, il fut promu amiral (30 octobre 1840) et siégea désormais à la Chambre des pairs, où il se fit remarquer par son ministérialisme ; aussi M. Guizot le choisit-il de nouveau comme ministre de la Marine le 7 février 1843. Mais l'état de sa santé le força de donner sa démission le 23 juillet suivant ; il se retira dans le Midi et n'assista plus aux séances de la Chambre haute. Rallié, après 1848, à la politique du prince Louis-Napoléon, il entra de droit, en sa qualité d'amiral, au nouveau Sénat, le 26 janvier 1852. Il mourut deux ans après. On lui doit différents ouvrages : le *Pilote du Brésil* (Paris, 1826-27) ; — *Extraits des mémoires inédits d'un vieux marin* (1848), etc.

ROUSSIN (Albert-Edmond-Louis), ministre, né à Brest le 2 août 1821, fils du précédent, entra à l'Ecole navale en 1836, devint enseigne en 1842, lieutenant de vaisseau en 1846, capitaine de frégate en 1854, capitaine de vaisseau en 1859 et contre-amiral en 1870. Il avait pris part à la guerre de Crimée, était commandeur de la Légion d'honneur depuis 1875 et membre du conseil de perfectionnement de l'Ecole polytechnique, lorsqu'il fut nommé, le 11 mars 1876, chef d'état-major et chef du cabinet du ministre de la Marine et des Colonies. Sous-secrétaire d'Etat à la marine quelque temps après, grand-officier de la Légion d'honneur, il fut promu vice-amiral en septembre 1877. D'opinions conservatrices, l'amiral Roussin reçut dans le cabinet Rochebouët, constitué le 17 novembre de la même année, le portefeuille de la Marine ; il partagea la fortune de ses collègues du ministère, ne resta, comme eux, au pouvoir que jusqu'au 12 décembre, fut remplacé par le vice-amiral l'Othuau, et, le 29 du même mois, fut nommé préfet maritime à Cherbourg. Il dut se démettre de cette fonction en 1879, lorsque fut voté par la majorité de la Chambre des députés l'ordre du jour de flétrissure contre les ministres du 16 mai. Mais il n'en fut pas moins appelé à présider le conseil des travaux de la marine ainsi que le conseil de l'amirauté. Le 2 août 1886, il passa dans la section de réserve. Candidat monarchiste le 16 janvier 1887, à l'élection législative qui eut lieu dans la Manche, pour remplacer le vice-amiral de Gueydon, décédé, il échoua avec 45,228 voix contre M. Riotteau, candidat républicain, élu par 51,960.

ROUSSIN (Etienne-Pierre-Marie), député de 1885 à 1889, né à Nantes (Loire-Inférieure) le 15 juillet 1840, fut reçu ingénieur des arts et manufactures en 1863. En 1867, il fut envoyé en mission au Japon pour diriger un atelier de construction de machines à vapeur à Yokohama, et y resta jusqu'en 1870. Nommé, au moment de la guerre, capitaine des mobiles du Finistère, il fut aide de camp du vice-amiral Saisset pendant le siège de Paris. Chevalier de la Légion d'honneur en 1871 et maire de Plomelin (Finistère), il se présenta à la députation, le 21 août 1881, dans la 1re circonscription de Quimper, et échoua avec 4,000 voix, contre 5,549 à l'élu, M. Hémon, républicain ; mais, porté sur la liste conservatrice du Finistère, le 4 octobre 1885, il fut élu, le 7e sur 10, par 61,387 voix (121,966 votants, 167,617 inscrits), prit place à l'Union des droites, combattit de ses votes la politique des ministères républicains, et se prononça, dans la dernière session, contre le rétablissement du scrutin d'arrondissement, 14 février 1889), pour l'ajournement indéfini de la revision de la Constitution, contre les poursuites contre trois députés membres de la Ligue des patriotes, contre le projet de loi Lisbonne restrictif de la liberté de la presse, contre les poursuites contre le général Boulanger.

ROUVELET (Jean-Louis-Antoine), député au Conseil des Cinq-Cents et au Corps législatif en l'an VIII, né le 6 janvier 1766, mort à une date inconnue, adopta les principes de la Révolution et devint administrateur du département de l'Aveyron, puis procureur-syndic de Millau. Mais la modération de ses idées et les retards dont il usa pour poursuivre la vente des biens nationaux le rendirent suspect ; il fut dénoncé en 1793 et proscrit. Rétabli dans ses fonctions après le 9 thermidor, il fut nommé, à la promulgation de la Constitution de l'an III, commissaire du Directoire exécutif près l'administration départementale de l'Aveyron et, en cette qualité, demanda et fit accorder une amnistie aux Chouans de sa région. Élu, le 24 germinal an VI, député de l'Aveyron au Conseil des Cinq-Cents, par 240 voix (285 votants), il siégea dans les rangs du parti modéré, prit une part importante à la discussion de la loi sur la conscription, s'opposa à l'augmentation du traitement des juges, prononça, le 7 nivôse an VII, un discours contre la remise en vigueur des lois de 1793 contre les prêtres, et demanda l'abolition définitive des maisons de réclusion dont la chute de Robespierre avait ouvert les portes. Rallié au 18 brumaire, il fut élu, le 4 nivôse an VIII, par le Sénat conservateur, député de l'Aveyron au Corps législatif ; il en sortit en l'an X, fut candidat aux fonctions de préfet

des Vosges (brumaire an XII), et ne reparut plus sur la scène politique.

ROUVEURE (Pierre-Marcellin), représentant en 1848, en 1849 et en 1871, député de 1876 à 1877, né à Annonay (Ardèche) le 27 avril 1807, mort au château de Gerlande, près d'Annonay (Ardèche), le 13 octobre 1880, fils d'un ouvrier mégissier, perdit son père de bonne heure, entra, comme apprenti, chez un mégissier en 1820, fit son tour de France, et, à son retour à Annonay, fonda une petite mégisserie, qui devint par la suite un des plus importants établissements d'Annonay. Conseiller municipal, membre de la chambre de commerce, maire d'Annonay en 1836, il fut élu, le 23 avril 1848, représentant de l'Ardèche à l'Assemblée constituante, le 4e sur 9, par 35,387 voix ; il parla sur le projet de loi sur les prud'hommes, se mêla personnellement à la répression de l'insurrection de juin, vota presque toujours avec la droite : pour les poursuites contre Louis Blanc et Caussidière, contre l'abolition de la peine de mort, contre l'amendement Grévy, contre le droit au travail, contre la réduction de l'impôt du sel, pour les crédits de l'expédition romaine, contre l'amnistie, contre l'abolition de l'impôt sur les boissons, etc. Non réélu aux élections générales de la Législative, il y entra, le 8 juillet, toujours comme représentant de l'Ardèche, avec 22,406 voix (31,719 votants, 103,292 inscrits), contre 7,597 à M. Carnot et 3,316 à M. Guiter, en remplacement de Pierre Bonaparte qui avait opté pour la Corse. Il vota avec la majorité, mais donna sa démission presque aussitôt, et fut remplacé, le 10 mars 1850, par M. de la Tourette. Adversaire de la politique particulière de L.-N. Bonaparte, il refusa son adhésion au coup d'État du 2 décembre 1851, et, pour ne pas prêter serment, donna sa démission de membre du tribunal de commerce. Le 8 février 1871, il redevint représentant de l'Ardèche à l'Assemblée nationale, ayant été élu, le 4e sur 8, par 44,355 voix (73,015 votant, 115,623 inscrits). Il fit partie du groupe Feray, puis du centre-gauche, porta à la tribune un projet d'impôt sur le revenu, et se montra partisan de l'établissement d'une République conservatrice. Après avoir voté pour la paix, pour l'abrogation des lois d'exil, il soutint le gouvernement de Thiers dont il était l'ami, se prononça contre sa chute au 24 mai 1873 et opina contre le septennat, l'état de siège et le ministère de Broglie ; il adopta l'amendement Wallon et l'ensemble des lois constitutionnelles. Réélu, le 20 février 1876, député de Tournon (2e circonscription), par 7,933 voix (13,931 votants, 19,162 inscrits), contre 5,929 à M. Buisson, il reprit sa place au centre gauche et fut des 363 ; l'état de sa santé l'empêcha de se représenter aux élections suivantes.

ROUVIER (Maurice), représentant en 1871, député depuis 1876 et ministre, né à Aix (Bouches-du-Rhône) le 17 avril 1842, fit ses études à Marseille, et acquit une importante situation commerciale. Il s'occupa en même temps de propager dans la région l'instruction primaire, créa des cours d'adultes, organisa la Ligue de l'enseignement, et collabora au Peuple de Marseille et au Rappel de la Provence, journaux démocratiques. Il soutint, en 1867, la candidature de Gambetta à Marseille, fonda, en janvier 1870, l'Égalité, journal d'opposition à l'empire, fut nommé secrétaire général de la préfecture des Bouches-du-Rhône au 4 septembre, refusa les fonctions de préfet en remplacement de M. Esquiros, fut nommé vice-président civil du camp des Alpines, et donna tous ses soins à l'organisation des mobiles de son département. Candidat à l'Assemblée nationale dans les Bouches-du-Rhône aux élections du 8 février 1871, il échoua avec 44,059 voix (75,803 votants, 119,189 inscrits), mais il fut élu à l'élection complémentaire du 4 juillet suivant, le 7e et dernier, par 31,156 voix sur 75,000 votants, et 149,670 inscrits. Il se fit inscrire à l'Union républicaine, parla pour la levée de l'état de siège à Marseille, contre l'exécution de Gaston Crémieux, et, ayant publié, dans le journal la Constitution, un article assez vif contre la commission des grâces, fut menacé de poursuites (1872); l'Assemblée ne répondit, sur la motion de Changarnier, que par «l'amnistie du dédain». Il se mêla aux discussions commerciales intéressant ses électeurs, obtint l'abolition de la surtaxe de pavillon, interpella le ministère (27 mars 1873) sur les procès de presse dans le Midi, parla (décembre) sur les capitulations dans le Levant, proposa (février 1874) un impôt sur le revenu, et vota contre la pétition des évêques, contre le pouvoir constituant de l'Assemblée, pour le service de trois ans, contre la démission de Thiers, contre le septennat, contre le ministère de Broglie, pour l'amendement Wallon, pour les lois constitutionnelles. Réélu, le 20 février 1876, député de la 3e circonscription de Marseille, par 8,593 voix (14,534 votants, 16,470 inscrits), contre 3,501 à M. Rostang-d'Ancézune, il reprit sa place à gauche, déposa (mars) un projet d'amnistie partielle, et devint secrétaire de la Chambre; accusé (juillet 1876) d'un outrage à la pudeur au Palais-Royal, il demanda lui-même à la Chambre d'autoriser les poursuites, et fut acquitté par le tribunal. Ses électeurs lui renouvelèrent son mandat, le 14 octobre 1877, par 8,784 voix sur 13,713 votants et 16,612 inscrits, contre 4,855 à M. A. de Jessé, candidat du gouvernement du 16 mai, et maire de Marseille. M. Rouvier continua de siéger à gauche, fit presque constamment partie de la commission du budget, comme membre, rapporteur général ou président, soutint la politique scolaire et coloniale des ministères républicains, et fut renvoyé à la Chambre, aux élections générales du 21 août 1881, par 8,303 voix (8,884 votants, 18,252 inscrits), sur un programme demandant la séparation de l'Eglise et de l'Etat, la suppression de l'inamovibilité de la magistrature, l'impôt sur le revenu avec une large décentralisation administrative, etc. Le 14 novembre suivant, il fut appelé à prendre, dans le « grand ministère » formé par Gambetta, le portefeuille du Commerce et des Colonies, qu'il garda jusqu'au 26 janvier 1882, date de la chute du ministère. En juillet 1883, il défendit les conventions de chemin de fer, en protestant contre l'imputation de pots-de-vin qui avait été alors lancée, professa des opinions libre-échangistes, présida (février 1884) la commission du budget, s'opposa (juin) à la surtaxe sur les sucres étrangers, et entra dans le cabinet Jules Ferry, le 14 octobre, comme ministre du Commerce, fonctions qu'il remplit jusqu'à la chute de ce ministère (29 mars 1885). Les élections générales du 4 octobre suivant le ramenèrent à la Chambre; porté sur la liste opportuniste des Alpes-Maritimes, il fut élu, au second tour, le 3e et dernier, par 18,787 voix sur 36,883 votants et 58,227 inscrits. Il présida de nouveau, en février 1886, la commission du budget, et fut chargé d'une mission officielle à Rome relative

au renouvellement de notre traité de commerce avec l'Italie; cette mission ne put aboutir, et, de retour au palais Bourbon, M. Rouvier défendit (juin) la convention de navigation avec l'Italie qu'il avait lui-même négociée, combattit (mars 1887) les surtaxes sur les céréales, et, le 30 mai suivant, à la chute du ministère Goblet, devint président du conseil avec le portefeuille des Finances. La gauche radicale se montra dès le début hostile au nouveau cabinet auquel elle reprochait d'avance la probabilité d'une attitude conciliante vis-à-vis de la droite; mais un ordre du jour de défiance proposé par MM. Barodet et Jallion fut rejeté par 285 voix contre 139. Comme président du conseil, M. Rouvier repoussa l'urgence sur la proposition Labordère relative à l'élection du Sénat par le suffrage universel (27 juin), répondit à l'interpellation Révillon-Pelletan sur les menées cléricales et monarchistes (11 juillet), fit rejeter par 322 voix contre 223 l'exemption du service militaire demandée pour les séminaristes et les instituteurs, proposa et fit voter (octobre) la conversion du 4 1/2 ancien, et donna sa démission (24 novembre) lors des affaires Wilson, après avoir essayé de couvrir constitutionnellement le président M. Grévy. Ce dernier refusa cette démission (1er décembre), mais M. Rouvier la renouvela après l'élection de M. Carnot à la présidence de la République, et cette fois elle fut acceptée. Président de l'Union des gauches (14 mars 1888), M. Rouvier combattit le projet de revision déposé par M. Pelletan, refusa un portefeuille dans le ministère Floquet (3 avril), se trouva atteint, comme président de la commission du budget, par les attaques de M. Gilly contre les membres de cette commission, et fut un des plus empressés à se rendre à Nîmes (octobre) pour déposer dans le procès qui se termina par l'acquittement de M. Gilly, M. Andrieux ayant retiré sa plainte. (Voy. ces noms.) La chute du ministère Floquet rappela M. Rouvier aux affaires; il fut nommé ministre des Finances dans le nouveau cabinet Tirard (février 1889). Dans la dernière session, M. Rouvier s'est prononcé pour le rétablissement du scrutin d'arrondissement (11 février 1889), pour l'ajournement indéfini de la revision de la Constitution, pour les poursuites contre trois députés membres de la Ligue des patriotes, pour le projet de loi Lisbonne restrictif de la liberté de la presse, pour les poursuites contre le général Boulanger. Economiste de talent, d'une compétence reconnue en matière financière, M. Rouvier sait donner aux discussions de tribune une forme passionnée qui semble n'être, à la lecture, qu'un procédé oratoire, mais qui, dans le feu du débat, n'en impressionne pas moins ses auditeurs. Il est veuf de Mme Claude Vignon, qui s'était fait un nom dans les lettres et dans la presse.

ROUVRE (Louis-Pierre-François), député de 1876 à 1881, né à Saint-Parres-les-Vaudes (Aube) le 15 décembre 1802, mort à Paris le 11 mars 1881, fut reçu docteur en médecine en 1827, exerça à Chaource, et devint maire de cette ville; conseiller d'arrondissement, il fut élu, le 5 mars 1876, au second tour, député de l'arrondissement de Bar-sur-Seine, par 7,196 voix (13,913 votants, 15,338 inscrits), contre 6,481 à M. de Maupas. Il prit place au centre gauche et fut l'un des 363 députés qui, au 16 mai, refusèrent le vote de confiance au ministère de Broglie. Réélu, le 14 octobre 1877, par 7,979 voix (14,115 votants, 15,364 inscrits), contro 6,697 à M. de Maupas, candidat du cabinet du 16 mai, il continua de siéger à gauche et de voter avec la majorité républicaine. Décédé en mars 1881, il fut remplacé, le 24 avril suivant, par M. Doyer.

ROUVROY. — *Voy.* Saint-Simon (marquis de).

ROUX (Louis-Félix), membre de la Convention, député au Conseil des Cinq-Cents, né à Vichy (Allier) le 25 octobre 1753, mort à Huy (Belgique) le 22 septembre 1817, fils de Michel Roux, bourgeois et maître d'école, et de Marie Petit, apprit le latin de son curé, qui lui fit obtenir une bourse dans un collège de Paris où les enfants de Vichy étaient admis. Roux entra dans les ordres, fut nommé, en 1786, curé de Vignory (Haute-Marne) et, partisan de la Révolution, devint, en 1791, vicaire épiscopal de l'évêque constitutionnel de Langres. Peu de temps après, il quitta le sacerdoce, et fut élu (4 septembre 1792) député de la Haute-Marne à la Convention nationale, le 3e sur 7, par 188 voix (195 votants). Il prit fréquemment la parole à l'assemblée et répondit au 3e appel nominal, dans le procès du roi : « Je vote pour la mort. Vengeur de deux peuples libres, je n'aurai qu'un regret à former, c'est que le même coup ne puisse frapper la tête de tous les tyrans. » Il travailla beaucoup dans les comités et prit part à la rédaction de la Constitution. Il fut de ceux qui, au 31 mai, se prononcèrent avec le plus de force contre les Girondins. Envoyé dans l'Oise, la Marne et les Ardennes, il épousa, à Laon, la fille d'un marchand, s'occupa activement de faire exécuter les lois sur les subsistances, annonça l'inauguration d'un temple de la Raison à Sedan, et fut dénoncé par son collègue Massieu comme ayant pris un certain nombre de mesures arbitraires : le club des Jacobins fut appelé à examiner la question. Roux se sépara du parti montagnard après le 9 thermidor et s'associa aux mesures de réaction. Devenu membre du comité de salut public, il fut chargé du soin des subsistances : « Gros, court, rond, frais et joufflu, dit de lui La Révellière, quand deux ou trois mille femmes des faubourgs venaient demander du pain, on les envoyait au citoyen Roux, dont les bureaux étaient dans les combles des Tuileries. Du haut de son palier, Roux commençait sa harangue, dont la durée était de trois, quatre ou six heures, et plus, s'il le fallait, suivant l'obstination des pétitionnaires. Les interruptions, les clameurs, les menaces, tout était impuissant. » Roux insista pour la répression des troubles de germinal et de prairial an III, se vengea de son accusateur Massieu en le faisant comprendre dans les poursuites, et fut, lors du 13 vendémiaire, un des cinq membres de la commission éphémère chargée de présenter des mesures de salut public. Il passa ensuite au Conseil des Cinq-Cents (23 vendémiaire an IV) comme l'élu des Ardennes, par 171 voix, sur 207 votants, et du Nord, par 279 voix (561 votants). Partisan du gouvernement directorial, il le soutint de ses votes et de sa parol jusqu'en l'an VI, devint à cette époque sous-chef au ministère de l'Intérieur, puis, ayant perdu cette place lors de la destitution de Quinette, travailla à la commission des émigrés, et fut employé par Fouché aux archives du ministère de la police. Révoqué après la démission de Fouché, il resta quelque temps sans emploi, fut recommandé en l'an XII par

la députation des Ardennes pour une place de sous-préfet, et fut nommé, quelque temps après, receveur des droits réunis à Dinant (Sambre-et-Meuse). Appelé pendant les Cent-Jours à la sous-préfecture de Laon (10 juin 1815), il fut exilé sous la seconde Restauration, par application de la loi de 1816. Il partit le 4 mars 1816 pour Bruxelles, avec un secours que le gouvernement lui avait alloué, et se retira à Huy, où il mourut l'année suivante, à 64 ans. On a de lui une relation des journées des 8 et 9 thermidor.

ROUX (Jean-Pierre-Félix), membre de la Convention, député au Conseil des Cinq-Cents, né à Rodez (Aveyron) le 19 mai 1755, mort à Rouen (Seine-Inférieure) le 26 janvier 1831, était juge au tribunal de district de Rodez lorsqu'il fut élu, le 10 septembre 1792, par le département de l'Aveyron, 1er député suppléant à la Convention avec 206 voix (402 votants); il fut admis le 23 vendémiaire an II, en remplacement de Valady, condamné à mort. Nommé membre de la commission chargée d'examiner la conduite de Joseph Le Bon, il se montra l'ennemi acharné du proconsul. Le 24 vendémiaire an VI, il passa au Conseil des Cinq-Cents, comme député de l'Aveyron, par 150 voix (262 votants). Roux prit quelquefois la parole dans cette assemblée, notamment pour proposer des articles additionnels au projet sur les dettes communales, et fut nommé, le 2 prairial an IV, juge au tribunal de Cassation. Il appartient encore à la magistrature sous le premier Empire, comme conseiller à la cour de Rouen (2 mars 1811).

ROUX (Pierre-Honoré-Marie de), député de 1820 à 1831, né à Marseille (Bouches-du-Rhône) le 28 octobre 1774, mort à Marseille le 2 février 1843, négociant dans cette ville, devint conseiller général des Bouches-du-Rhône le 17 mai 1800, membre de la chambre de commerce de Marseille le 1er avril 1814, fonctions qu'il conserva jusqu'au 1er avril 1821, et membre du conseil général des hôpitaux. Successivement élu député du grand collège des Bouches-du-Rhône, le 13 novembre 1820, par 216 voix (274 votants, 362 inscrits); le 6 mars 1824, par 183 voix (227 votants, 317 inscrits); le 24 novembre 1827, par 140 voix (222 votants, 316 inscrits); le 3 juillet 1830, par 208 voix (292 votants, 364 inscrits), M. de Roux siégea constamment au centre, dans la majorité, vota toutes les lois d'exception et désapprouva l'Adresse des 221. Sa dernière élection ayant été annulée, il fut remplacé, le 23 octobre 1830, par M. Durand. Chevalier de la Légion d'honneur du 1er mai 1821.

ROUX (Fulcrand-Marie-Achille-Etienne-Jean Baptiste-Claude), député de 1842 à 1845, né à Montpellier (Hérault) le 22 juin 1790, mort à Metz (Moselle) le 20 septembre 1845, fit sa carrière dans l'administration militaire. Il était intendant militaire à Bayonne, lorsqu'il fut élu, le 9 juillet 1842, député du 3e collège de la Moselle (Metz) par 164 voix (314 votants, 352 inscrits), contre 147 à M. Charpentier. Il appartint à la majorité conservatrice. Décédé en septembre 1845, il fut remplacé, le 8 novembre suivant, par M. Fidanet.

ROUX (Honoré-Didier), représentant en 1871, député de 1876 à 1881, né à Clermont-Ferrand (Puy-de-Dôme) le 21 mars 1821, mort à Clermont-Ferrand le 28 juillet 1890, fut d'abord secrétaire de la mairie de sa ville natale. Il se fit ensuite inscrire au barreau de Clermont, et, à la révolution de 1848, fut nommé avocat général près la cour de Riom. Il donna sa démission au coup d'État du 2 décembre et se fixa comme avocat à Riom. Candidat de l'opposition au Corps législatif, le 24 mai 1869, dans la 2e circonscription du Puy-de-Dôme, il échoua avec 3,232 voix, contre 14,833 à l'élu, M. Dumiral, candidat officiel, 7,192 à M. Tallon et 2,711 à M. Laville. Le 8 février 1871, il fut élu représentant du Puy-de-Dôme à l'Assemblée nationale, le 2e sur 11, par 78,164 voix (96,000 votants, 170,401 inscrits). Il se fit inscrire au centre gauche et à la gauche républicaine, et vota *pour* la paix, *pour* l'abrogation des lois d'exil, *contre* la pétition des évêques, *contre* le service de trois ans, *contre* la démission de Thiers, *contre* le septennat, *contre* le ministère de Broglie, *pour* l'amendement Wallon, *pour* les lois constitutionnelles. Conseiller général du canton de Saint-Gervais depuis le 8 octobre 1871, il fut réélu député, le 20 février 1876, dans la 2e circonscription de Riom, par 10,367 voix (17,939 votants, 22,988 inscrits), contre 4,012 à M. Gustave Rouher, et 2,482 à M. Eugène Tallon. Il reprit sa place à gauche et fut l'un des 363 députés qui, au 16 mai, refusèrent le vote de confiance au ministère de Broglie. Réélu, le 14 octobre 1877, par 10,814 voix (16,995 votants, 23,608 inscrits), contre 6,115 à M. Gustave Rouher, il continua de siéger dans la majorité républicaine, mais repoussa le projet de loi Ferry sur l'enseignement supérieur. Il ne se représenta pas aux élections de 1881.

ROUX-CARBONNEL (Louis-Michel), représentant en 1848 et en 1849, né à Nîmes (Gard) le 19 juillet 1788, mort à Nîmes le 12 juillet 1857, s'établit à Nîmes comme industriel. Il s'y fit une situation importante, devint président du tribunal de commerce de cette ville, conseiller municipal, professa des opinions légitimistes, et, inscrit, le 23 avril 1848, sur la liste des candidats du parti royaliste de l'Assemblée constituante, fut élu, le 6e sur 10, par 51,546 voix (100,556 votants, 116,415 inscrits) ; il fit partie du comité du commerce, et vota avec la droite : *pour* le rétablissement du cautionnement et de la contrainte par corps, *pour* les poursuites contre Louis Blanc et Caussidière, *contre* l'abolition de la peine de mort, *contre* l'amendement Grévy, *contre* le droit au travail, *contre* l'amnistie, *pour* les crédits de l'expédition romaine. Il opina avec la gauche *pour* la suppression de l'impôt du sel et de l'impôt des boissons. Réélu, le 13 mai 1849, le 2e sur 8, représentant du Gard à l'Assemblée législative par 52,383 voix (91,741 votants, 121,533 inscrits), il fit partie de la majorité monarchiste, appuya la loi Falloux-Parieu sur l'enseignement, la loi du 31 mai, la révision de la Constitution, protesta, avec ses collègues légitimistes, contre le coup d'État du 2 décembre, et se retira à Nîmes.

ROUX DE LABORIE (Antoine-Athanase), député de 1815 à 1816, né à Albert (Somme) le 23 février 1769, mort à Paris le 2 juillet 1842, fit ses études au collège de Sainte-Barbe, passa quelque temps à la congrégation de l'Oratoire, en sortit en 1790, devint secrétaire de Bigot de Sainte-Croix, ministre des Affaires étrangères, fut compromis dans une conspiration royaliste et obligé de se cacher, et fonda avec les frères Bertin le *Journal des Débats*. A la suppression de cette feuille en 1811, il se fit inscrire sur le tableau des avocats, et, en 1814, fut secrétaire général adjoint du gouvernement provisoire. Partisan des Bourbons, il suivit Louis XVIII à Gand, et fut élu, le 22 août 1815, député du grand collège de la Somme, par 108 voix (211 votants, 259 inscrits) ; il vota avec la majorité, fit un rapport favorable sur la proposition de Blangy, appuya (23 avril 1816) la proposition de Korgorlay, et échoua aux élections de 1816. Il demanda alors d'être nommé préfet de la Somme ; mais l'opposition de M. Lainé lui fit refuser ce poste, bien qu'il fût soutenu par Monsieur et par le clergé ; il se fit alors inscrire au barreau de Paris. Lors des débats de l'affaire Maubreuil en 1827, l'avocat de ce dernier rappela que M. Roux de Laborie avait été accusé « d'avoir, au mois d'avril 1814, proposé à Maubreuil une mission qui avait pour but l'assassinat de l'empereur, des princes Joseph et Jérôme, et l'enlèvement du roi de Rome ». Roux de Laborie ne démentit pas ces allégations, que ses relations intimes avec les auteurs de ce complot ne rendaient que trop vraisemblables. On a de lui : *Éloge du cardinal d'Estouteville* (1788) ; *L'Unité du culte public* (1789) ; *Apologues sacrés tirés de l'Écriture-sainte, mis en vers* (1818).

ROUX DE RAZE (Claude-François), député en 1789, né à Besançon (Doubs) le 20 juin 1758, mort à Besançon le 10 août 1834, lieutenant général au bailliage de Vesoul, présida l'assemblée des électeurs du tiers, et fut élu par eux, le 11 avril 1789, député aux États-Généraux pour le bailliage d'Amont, par 358 voix (457 votants). Il prêta le serment du Jeu de paume et vota silencieusement avec la majorité et les « amis des sages réformes ». Après la session, il devint juge au tribunal de district de Vesoul. Nommé juge au tribunal d'appel de Besançon le 28 floréal an VIII, titre qu'il échangea contre celui de conseiller à la cour impériale le 19 mai 1811, il fut confirmé par Louis XVIII, le 17 mars 1816, dans ces fonctions, qu'il remplit jusqu'à sa mort.

ROUX-FAZILLAC (Pierre), député en 1791, membre de la Convention, né à Excideuil (Dordogne) le 17 juillet 1746, mort à Nanterre (Seine) le 21 février 1833, entra fort jeune au service et fit la campagne d'Amérique ; il était, à l'époque de la Révolution, capitaine dans les armées du roi et chevalier de Saint-Louis. L'ardeur avec laquelle il adopta les idées nouvelles lui valut d'être nommé administrateur du département de la Dordogne, et d'être élu (9 septembre 1791), député de la Dordogne à l'Assemblée législative, le 9e sur 10, « à la pluralité des voix ». Il opina avec l'extrême-gauche. Réélu, le 6 septembre 1792, député du même département à la Convention, le 4e sur 10, avec 430 voix (611 votants), il vota pour la mort du roi, sans appel ni sursis, fut un des commissaires chargés de faire exécuter la levée en masse, proposa de traiter comme déserteurs deux bataillons de la Gironde qui voulaient quitter l'armée, annonça que le département de la Charente avait fourni douze mille hommes, et dénonça à la Convention, par la lettre suivante, un complot de boulangers et de meuniers « qui étaient de connivence avec les aristocrates » :

« Angoulême, le 21 du premier mois de l'an 2.

« Roux-Fazillac à la Convention nationale.

« Citoyens mes collègues, si nos jeunes volontaires se sont rendus à Niort avec tant de gaieté, comme je vous en ai instruits par ma dernière lettre, ce n'est pas que les aristocrates ne les eussent travaillés; un de leurs moyens a été de faire publier dans les communes que, dans les communes voisines, les citoyens requis avaient massacré les officiers municipaux qui voulaient les faire marcher; mais cette ruse aristocratique a été infructueuse comme tant d'autres; depuis, la fixation du prix des grains a été un nouveau prétexte pour eux. Ils ont des alliés dans les boulangers et les meuniers; ces derniers sont furieux de ne pouvoir plus faire un commerce qui leur était si profitable; ils le sont aussi d'être payés en argent et non pas en nature. Voulant rattraper les profits qui leur échappent, ils se sont réunis en grand comité, au nombre de vingt-cinq à trente; ils ont contracté entre eux l'engagement par écrit de ne plus laver les grains avant de les faire moudre. Ils ont consigné une somme de 1,500 livres comme un gage de leur fidélité à remplir leur engagement mutuel; mais la guillotine aussitôt mise sur la place à coupé le mal dans sa racine, et les a fait rentrer dans le devoir par le seul aspect. Ils sont devenus souples et aussi honnêtes que puissent l'être des meuniers. La somme consignée sera employée au soulagement des pauvres; je suis fâché qu'elle soit si modique.

« Je commence à croire que la dernière révolution de Bordeaux n'est point une révolution simulée. Hier il a passé ici huit des chefs de la conspiration, qui sont conduits à Paris sous bonne et sûre garde. J'en joins ici la liste; ils seront bientôt suivis par d'autres.

« Salut et fraternité, citoyens mes collègues.

« Roux-Fazillac ».

En mission dans la Dordogne, il se plaignit que les habitants conservassent encore l'habitude du dimanche : « Je donnerai des fêtes, écrivait-il ; j'ai commencé aujourd'hui (9 décembre 1793); les femmes aristocrates mêmes s'y sont rendues; et, plus par crainte sans doute que par amour de l'égalité, elles se sont humanisées jusqu'à danser avec de véritables sans-culottes. » De retour à la Convention, il fit des rapports sur l'éducation, sur les postes, fut envoyé dans les places du Nord, et, après la session, il redevint administrateur de la Dordogne. Destitué en 1798 par le Directoire, il fut nommé par Quinette chef de division au ministère de l'Intérieur, quitta le ministère avec son chef, et vécut à Excideuil (Dordogne) sans emploi. Aux Cent-Jours, il se fit remarquer par ses basses adulations sur le retour de Napoléon (lettre à Cambacérès du 30 mars 1815). Atteint par la loi du 12 janvier 1816 contre les régicides, il fut forcé de s'expatrier, partit en février pour Genève, ne rentra en France qu'à la révolution de juillet et se fixa à Nanterre où il termina ses jours. On a de lui : *Recherches historiques et critiques sur l'homme au masque de fer, ouvrage rédigé sur des matériaux authentiques* (1801); *Histoire de la guerre d'Allemagne pendant les années 1756 et suivantes entre le roi de Prusse et l'impératrice d'Allemagne* (1784), etc.

ROUX-LAVERGNE (Pierre-Célestin), représentant du peuple en 1848, né à Figeac (Lot) le 19 mars 1802, mort à Rennes (Ille-et-Vilaine) le 14 février 1874, fut destiné à l'église; mais étant venu à Paris, il se lia avec Buchez et collabora avec lui à la publication de l'*Histoire parlementaire de la Révolution française*. Il se séparèrent à la suite de graves dissentiments au point de vue religieux. Roux entra alors dans l'enseignement, débuta comme inspecteur

des écoles primaires, et, après de brillants examens, soutint, en 1817, devant la faculté de Montpellier, une thèse qui portait précisément sur les questions au sujet desquelles il était en dissentiment avec Buchez. Il fut chargé de la chaire d'histoire et de philosophie à la faculté des lettres de Rennes, et se présenta, le 23 avril 1848, comme candidat à l'Assemblée nationale, dans l'Ille-et-Vilaine. « Roux est un homme mobile, impressionnable, écrivit à ce propos Buchez, qui peut s'exalter au plus haut degré, pour tomber ensuite plus bas; tout-à-fait impropre à la fonction de représentant, où il faudra du calme, de la fermeté et de la raison froide. » M. Roux-Lavergne fut élu, le 13e sur 14, par 75,911 voix sur 132,609 votants et 152,985 inscrits. Il fit partie du comité de l'instruction publique, et se prononça *pour* le bannissement de la famille d'Orléans, *contre* le décret contre les clubs, *contre* la proposition Proudhon, *contre* les poursuites contre Louis Blanc, *contre* les poursuites contre Caussidière, *contre* l'abolition de la peine de mort, *contre* l'impôt progressif, *pour* l'amendement Grévy, *contre* le droit au travail, *pour* l'ordre du jour en faveur de Cavaignac, *contre* la suppression de l'impôt du sel, *contre* la proposition Rateau, *pour* l'interdiction des clubs, *contre* l'amnistie des transportés, *contre* la demande de mise en accusation du président et des ministres, *pour* le blâme de la dépêche Léon Faucher, *contre* l'abolition de l'impôt des boissons. Après la session, il reprit ses fonctions à la faculté de Rennes, et, en 1851, fit partie de la rédaction de l'*Univers*. Étant devenu veuf, il entra dans les ordres, fit ses études ecclésiastiques (1855), fut nommé professeur au séminaire de Nîmes, et, au bout de quelques années, revint à Rennes, où il mourut chanoine honoraire de la cathédrale. Son fils (1840-1889) a été avocat, maire et conseiller général de Lorient.

ROUXEL (Claude-Charles), représentant à la Chambre des Cent-Jours, député de 1815 à 1816, né à Plérin (Côtes-du-Nord) le 30 juin 1771, mort à une date inconnue, était manufacturier, quand il fut élu, le 12 mai 1815, représentant du commerce et de l'industrie à la Chambre des Cent-Jours par le grand collège de la Loire-Inférieure, avec 31 voix (46 votants, 211 inscrits). Il siégea silencieusement dans la majorité. Réélu, le 22 août 1815, député du grand collège des Côtes-du-Nord, par 151 voix (231 votants, 289 inscrits), il soutint le ministère contre la majorité ultra-royaliste de la Chambre introuvable et quitta la vie politique aux élections de 1816.

ROUXIN (Charles-Pierre), député de 1869 à 1870, né à Saint-Malo (Ille-et-Vilaine) le 20 avril 1814, étudia le droit, fut reçu avocat, et devint maire de Saint-Malo. Dévoué au gouvernement impérial, il fut élu, le 7 juin 1869, député de la 2e circonscription d'Ille-et-Vilaine au Corps législatif, par 16,775 voix (27,543 votants, 35,694 inscrits), contre 10,740 à M. de Lorgeril. Cette élection fut annulée; mais M. Rouxin obtint le renouvellement de son mandat, le 20 février 1870, par 14,380 voix (25,914 votants, 35,174 inscrits), contre 11,455 à M. Le Pommelec. Il vota avec la majorité dynastique notamment *pour* la déclaration de guerre à la Prusse, et rentra dans la vie privée au 4 septembre 1870. Le 28 octobre 1877, M. Rouxin échoua, comme candidat conservateur et officiel dans la 2e circonscription de Saint-Malo, avec 6,497 voix contre 6,675 à l'élu républicain, M. Durand, et ne se représenta plus.

ROUYER (Jean-Pascal), député en 1791, membre de la Convention, député au Conseil des Cinq-Cents, né à Pezenas (Hérault) le 17 mars 1761, mort à Bruxelles (Belgique) le 20 octobre 1819, était maire de Béziers en 1789. Partisan des idées nouvelles, il fut élu (6 septembre 1791) député de l'Hérault à l'Assemblée législative, le 3e sur 9, par 236 voix (463 votants). Il siégea dans la majorité réformatrice et prit fréquemment part aux discussions. Il dénonça avec insistance les ministres Bertrand, de Lessart et Narbonne, parla sur les affaires extérieures, dit qu'il fallait mettre en demeure l'empereur d'Autriche de déclarer s'il entendait demeurer allié et ami de la nation française, signala à l'indignation populaire les feuilles royalistes et la proclamation des princes pour exciter les troupes à la désertion, réclama des rigueurs contre les prêtres, fit décréter la suppression du mot « Sire », et fut membre du comité de la marine. En mission à Lyon (juillet 1793), il fit ses efforts pour épargner à la ville le sort dont elle était menacée, et y demeura, malgré le décret qui l'avait rappelé en lui enlevant ses pouvoirs. Réélu, le 5 septembre 1792, député de l'Hérault à la Convention nationale, le 5e sur 9, par 209 voix (483 votants), il fit un rapport sur les travaux du camp sous Paris, et se mêla à un assez grand nombre de délibérations. Il se lia avec le parti girondin, dont il partagea les opinions et la fortune : adversaire de la Commune de Paris, il s'éleva à la tribune contre ce qu'il appelait la « licence des sections ». Après avoir réclamé l'ajournement du débat sur la culpabilité de Louis XVI, il opina, cependant, pour la peine capitale, en disant : « La majorité de l'assemblée m'a imposé la loi d'appliquer la peine encourue par Louis, je vote pour la peine de mort. » S'étant rendu en mission dans l'Hérault, il fut dénoncé par Chabot comme y travaillant contre le 31 mai; arrêté à Lyon, il réussit une première fois à se disculper, mais Chabot dévoila la correspondance de Rouyer avec plusieurs députés incriminés; en conséquence, il fut décrété d'accusation, et mis hors la loi le 3 octobre 1793; mais il parvint à s'échapper. Réintégré à la Convention le 18 frimaire an III, il s'en prit à la fois aux prêtres et aux terroristes, proposa le décret d'accusation contre Collot-d'Herbois, Barrère et Billaud-Varennes, fut envoyé à Toulon pour y organiser une commission municipale et y poursuivre les restes du parti jacobin, et obtint sa réélection au Conseil des Cinq-Cents, le 21 vendémiaire an IV, par le département de l'Hérault, qui lui donna 136 voix (232 votants), et par quatre autres départements. Là, il fit repousser par l'ordre du jour la dénonciation des citoyens de Marseille relative aux massacres du Midi, appuya le projet pour la radiation définitive, de toutes les listes d'émigrés, des représentants inscrits par suite du 31 mai, s'opposa au projet d'exclusion de Ferraud-Vaillant, parla fréquemment sur la marine, les colonies, les questions militaires, la loi du 3 brumaire an IV, et quitta l'assemblée en germinal an V. Sous la Restauration, frappé par la loi de 1816 contre les régicides, il partit pour Bruxelles, tout en réclamant, comme n'ayant rempli aucune mission officielle pendant les Cent-Jours. L'erreur fut reconnue, et, le 29 mai 1819, il reçut l'autorisation de rentrer en France. Mais l'état de sa santé ne lui permit pas d'en profiter, et il mourut à Bruxelles cinq mois plus tard.

ROUYER (François-Firmin), représentant à la Chambre des Cent-Jours, né à Vouxey (Vosges) le 30 juin 1760, mort à Neufchâteau (Vosges) le 13 février 1834, fils d'un subdélégué de l'intendance de Lorraine et frère du précédent, fit ses études et son droit à Nancy, et fut reçu avocat au parlement de cette ville en 1780. A la mort de son père (1789), il lui succéda dans les fonctions de subdélégué de l'intendance. Partisan de la Révolution, il fut appelé par les suffrages de ses concitoyens aux postes de juge de paix du canton et de président du district de Neufchâteau. En 1813, il fut nommé inspecteur des forêts. Il partit, lors de l'invasion, à la tête de ses gardes, pour aller défendre les défilés des Vosges, se trouva à l'affaire d'Épinal, se battit contre les Bavarois en 1814, et, menacé d'arrestation, fut obligé de se retirer dans une forge située au milieu des bois. Chargé, en 1815, par le gouvernement français, de former et de commander le premier corps franc du département des Vosges, il fut, peu après (13 mai), élu représentant de l'arrondissement de Neufchâteau à la Chambre des Cent-Jours, par 54 voix sur 92 votants, contre 36 à M. Papichot. Patriote déterminé, il fut du nombre des députés qui, trouvant, le 8 juillet, les portes de l'Assemblée closes, se réunirent chez le président Lanjuinais. Il avait été fait pendant les Cent-Jours (10 juin) chevalier de la Légion d'honneur. De retour à Neufchâteau, il fut destitué de ses fonctions d'inspecteur par la Restauration, et, pendant ses dernières années, s'occupa d'agriculture.

ROUZET (Jacques-Marie), comte de Folmon, membre de la Convention, député au Conseil des Cinq-Cents, né à Toulouse (Haute-Garonne) le 23 mai 1743, mort à Paris le 25 octobre 1820, d'une vieille famille noble du Quercy, était, lors de la Révolution, avocat et professeur de droit dans sa ville natale. Devenu procureur-syndic du district de Toulouse (1790), il fut élu, le 8 septembre 1792, le 10e sur 12, par 435 voix (647 votants), membre de la Convention. Rouzet se prononça, le 6 novembre, contre la mise en jugement de Louis XVI. Lorsque l'assemblée eut pris une décision contraire, il opina pour l'appel au peuple et pour la réclusion, en disant : (1er appel nominal) : « Mon opinion est indivisible. En conséquence de l'abolition de la royauté et de la déclaration de la République, je suis d'avis de la réclusion, jusqu'à ce que la nation ait prononcé sur le sort de Louis, à moins que des événements, tenant au salut public, n'engagent à prendre à son égard des mesures de sûreté générale avant que la nation ait prononcé. » Et au 3e appel : « Citoyens, j'ai rendu hier sur le bureau la déclaration que j'ai signée, et dans laquelle on trouvera que je propose la réclusion à temps, non comme peine, l'abolition de la royauté ne me permet pas d'en porter, mais comme mesure de sûreté générale. J'ajoute que je regarde comme une violation l'affranchissement de toutes les lois qu'on s'est une fois imposées. » Lié avec les Girondins, il fut compris dans la proscription des 73, pour avoir signé la protestation contre la journée du 31 mai. Arrêté et incarcéré, il connut dans les prisons le duc de Nivernais, qui le donna pour conseil à la duchesse douairière d'Orléans, également prisonnière. Depuis lors, Rouzet ne quitta plus cette princesse. Rentré à la Convention le 17 frimaire an III, il y prit assez fréquemment la parole sur des matières de législation, fit décréter la levée du séquestre avec la restitution du mobilier des condamnés, et demanda un bannissement de cinq ans contre les représentants qui avaient fait partie des anciens comités. La modération de son caractère l'empêcha de s'associer aux mesures les plus violentes prises par la majorité thermidorienne. Réélu au Conseil des Cinq-Cents, le 23 vendémiaire an IV, par douze départements, il proposa la mise en liberté de tous les détenus pour délits révolutionnaires, et émit l'idée de brûler, à la date du 1er vendémiaire, le jour de la fête de la fondation de la République, toutes les procédures relatives à la Révolution. Bien qu'il eût voté constamment avec le parti clichyen, il ne fut pas déporté au 18 fructidor et quitta, sans congé régulier, l'assemblée pour accompagner à la frontière les duchesses d'Orléans et de Bourbon et le prince de Conti. L'administration départementale des Pyrénées-Orientales crut devoir le faire arrêter. Mais il se justifia, réussit à passer en Espagne et se fixa à Barcelone auprès de la duchesse d'Orléans, qui le nomma son chancelier et obtint pour lui le titre de comte de Folmon. De retour en France avec la duchesse sous la Restauration, il mourut à Paris en 1820, et ses restes furent déposés dans la chapelle de Dreux, bâtie pour servir de sépulture à la famille d'Orléans. On a de Rouzet quelques écrits historiques, parmi lesquels : *Explication de l'énigme du roman* (de M. de Montjoin) *intitulé : Histoire de la conjuration de Louis Philippe-Joseph d'Orléans.*

ROUZIÈRE (FRANÇOIS-LOUIS-ANNE BÉGON, MARQUIS DE LA), député en 1789, né y Issoire (Puy-de-Dôme) en 1750, mort à Provins (Seine-et-Marne) le 11 avril 1814, d'une vieille famille d'Auvergne, était maréchal-de-camp au moment de la Révolution. L'un des douze commissaires chargés (1789) de rédiger les cahiers de la noblesse de Riom, il fut élu, le 26 mars 1789, député de la noblesse aux Etats-Généraux par cette sénéchaussée. Hostile à toute réforme et à la réunion des ordres, il protesta contre la nuit du 4 août, et donna sa démission le 17 septembre 1789. Il émigra en Savoie, rejoignit le comte d'Artois à Turin, chercha à soulever le Midi, et représenta les princes à la diète de Ratisbonne. Rentré en France en 1802, il fut arrêté comme conspirateur le 23 décembre 1803, fut enfermé au Temple, transféré en 1808 à Vincennes, et ne fut remis en liberté qu'en 1809, grâce aux démarches pressantes de sa fille. Il resta désormais étranger à la politique.

ROVÈRE (STANISLAS-JOSEPH-FRANÇOIS-XAVIER), député en 1791, membre de la Convention, député au Conseil des Anciens, né à Bonnieux (Vaucluse) le 16 juillet 1748, mort à Sinnamary (Guyane) le 11 septembre 1798, fils d'un aubergiste qui avait réalisé une fortune assez considérable, reçut une instruction étendue et chercha de bonne heure à se pousser dans la société aristocratique; mais son origine roturière le gênant, il se fit composer à Avignon une généalogie de complaisance, au moyen de laquelle il put joindre le titre de « marquis de Fontvieille » à ceux de « seigneur de Ramède et du Villars-lès-Gap », et se prétendit descendant d'une illustre famille italienne, les *della Rovere.* Il put entrer dans les mousquetaires du roi, devint capitaine des gardes-mines du légat du pape à Avignon, et fit un riche ma-

riage ; mais il dissipa bientôt la fortune de sa femme, Mlle de Claret, et, pour échapper aux poursuites de ses créanciers, fut obligé de revendre précipitamment la charge de capitaine-commandant des gardes suisses. Lors de la Révolution, Rovère tenta vainement d'être élu par la noblesse de Provence député aux Etats-Généraux. Repoussé par l'aristocratie, il se rejeta vers le parti opposé dont il s'efforça de capter la confiance. Il dirigea, avec Patrix et Jourdan, les bandes qui infestèrent le Comtat Venaissin; le massacre de la Glacière trouva en lui un audacieux apologiste, et ce fut à ses démarches et à son intervention auprès de l'Assemblée nationale, le 23 août 1791, que les assassins durent l'amnistie qui leur fut accordée le 8 novembre. Elu, le 25 juillet 1792, député à l'Assemblée législative par le nouveau département de Vaucluse, il dénonça les agents du pouvoir exécutif dans le Comtat, et fit décréter l'ouverture des barrières de Paris. Rovère obtint, le 7 septembre suivant, sa réélection à la Convention nationale, cette fois comme député des Bouches-du-Rhône, le 10e sur 12, par 476 voix (797 votants). Il parla plusieurs fois à la tribune, parla sur le choix des juges par le peuple, réclama la mise en accusation du général Montesquiou, vota « la mort » de Louis XVI sans appel ni sursis, fit partie du comité de sûreté générale, et fut envoyé à Lyon (février 1793) avec Bazire et Legendre. A son retour, il fut fait maréchal de camp : Barbaroux s'en étonna et rappela que Rovère avait surtout servi dans l'armée du pape. Une nouvelle mission dans le Midi permit au « marquis de Fontvielle » de refaire sa fortune et de satisfaire ses rancunes personnelles. Les excès qu'il commit indignèrent la Convention, et Robespierre s'en plaignit au comité de salut public. Aussi Rovère fut-il, au 9 thermidor, un des plus ardents à se déclarer contre le chef des Jacobins. Adjoint à Barras dans cette journée, pour commander la garde nationale, il eut une part active au succès de la coalition, ainsi qu'aux mesures contre-révolutionnaires qui suivirent. Successivement secrétaire et président de la Convention, il multiplia les accusations et les dénonciations, contre Thuriot, Ruamps, Hentz, Levasseur, Moyse Bayle, Maignet, Laignelot, Voulland, Duhem. Il demanda avec insistance l'envoi devant une commission militaire des députés arrêtés le 1er prairial, discuta la Constitution, et finit par se rendre suspect aux thermidoriens eux-mêmes par son zèle réactionnaire. Tallien, Legendre, Dubois-Crancé résolurent de se débarrasser de lui, et à plusieurs reprises lui reprochèrent son attitude lors des massacres d'Avignon. Réélu (22 vendémiaire an IV) député de Vaucluse au Conseil des Anciens, par 182 voix (200 votants) (trois autres départements lui avaient également donné la majorité), il eut un moment arrêté, le 15 octobre 1795, comme complice des royalistes et comme l'un des promoteurs de l'insurrection du 13 vendémiaire. Il favorisa le parti clichyen dans ses entreprises contre le Directoire, fut l'objet de poursuites nouvelles, et, compris dans la proscription du 18 fructidor, fut envoyé à la Guyane (22 septembre 1797). Sa seconde femme, madame d'Agont, épouse divorcée d'un émigré, s'embarqua pour aller l'y rejoindre : en arrivant à Cayenne, elle apprit que son mari était mort (1798).

ROVIGO (DUC DE). — *Voy.* SAVARY.

ROY (ANTOINE-JOSEPH), député en 1789, né à

Nouac (Charente) le 16 août 1748, mort à Poitiers (Vienne) le 15 mars 1828, était avocat à Angoulême quand il fut élu, le 23 mars 1789, député du tiers aux Etats-Généraux par le bailliage d'Angoulême. Membre du comité des domaines, il fit partie de la petite minorité de son ordre hostile à toute réforme, combattit l'abolition des droits féodaux, des privilèges et des titres nobiliaires, protesta contre les plans financiers de Necker, et s'attira la réprobation et trois jours de prison à l'Abbaye pour avoir traité, après le duel de Ch. de Lameth et de Castries, les membres de la gauche de scélérats. Il signa les protestations des 12 et 15 septembre 1791 contre les actes de l'Assemblée et rentra dans l'obscurité. Secrétaire général de la Charente le 22 juillet 1814, il fut destitué aux Cent-Jours, réintégré en juillet 1815, anobli, créé chevalier de la Légion d'honneur, et se trouva sans emploi lors de la suppression des secrétaires généraux (1817). Le 13 décembre de cette dernière année, il redemanda une place, exposant « qu'il avait perdu toute sa fortune à la révolution, qu'il était sur le pavé, et qu'il ne lui restait pas 500 francs de revenu. » On le nomma conseiller à la cour de Poitiers, où il mourut. On a de lui : *Mémoire sur la division du département d'Angoulême.*

ROY (Denis), membre de la Convention, député au Conseil des Anciens, né à Argenteuil (Seine-et-Oise) le 15 mars 1743, mort à une date inconnue, était cultivateur à Argenteuil. Devenu juge de paix à la Révolution, il fut élu (13 septembre 1792) membre de la Convention par le département de Seine-et-Oise, le 8e sur 14, avec 289 voix (662 votants). Il se prononça en ces termes dans le procès du roi : « Nos commettants ne me donnent point le pouvoir de juger souverainement, et comme législateur je ne puis être qu'accusateur. Louis est digne de mort; je vote pour la mort, mais avec cette réserve, que le jugement ne puisse être exécuté qu'après que le peuple aura ratifié la Constitution qui lui sera présentée. » Roy n'eut, d'ailleurs, qu'un rôle effacé dans l'assemblée. Réélu, le 4 brumaire an IV, par ses collègues de la Convention, député au Conseil des Anciens, il y siégea obscurément jusqu'en l'an VI, et rentra dans la vie privée.

ROY (Antoine, comte), représentant à la chambre des Cent-Jours, député de 1815 à 1821, pair de France et ministre, né à Savigny (Haute-Marne) le 5 mars 1764, mort à Paris le 3 avril 1847, « fils du sieur Charles Roy, bourgeois, demeurant à Savigny, et de demoiselle Claudette Grisot », fit ses études au collège de Langres, son droit à Paris et fut reçu avocat en 1785. Il ne prit aucune part à la révolution dont il n'approuvait pas les idées, et conserva sa place au barreau, où il défendit de Rozoy, en 1792, et, en l'an III, plusieurs des accusés du 13 vendémiaire. Il ne cachait point alors ses préférences royalistes, ce qui lui valut d'obtenir du duc de Bouillon la jouissance de la terre de Navarre et l'administration de ses forêts (1798); puis il acquit la plus grande partie des biens du duc de Bouillon, dont la situation était fort gênée, moyennant une rente annuelle de 300,000 francs; le duc mourut subitement quelques mois après, et Roy se trouva l'un des plus riches propriétaires fonciers de la France. En 1801, l'Etat lui intenta un procès en restitution de 2 millions de francs, représentant la somme qu'il s'était appropriée à tort dans l'administration des propriétés du duc, devenues

propriétés nationales. M. Roy refusa d'abandonner la jouissance de la forêt de Navarre et en appela à la justice dans un mémoire où il rappelait le mot du fermier de Sans-Souci : « Il y a des juges à Berlin. » Mais il perdit son procès en 1812 et de nouveau en 1813, et le domaine de Navarre passa aux mains de l'impératrice Joséphine, puis au prince Eugène de Beauharnais et à ses fils. M. Roy en garda contre l'empereur une profonde rancune. Aux Cent-Jours, élu, le 7 mai 1815, représentant du grand collège de la Seine, par 69 voix (113 votants, 215 inscrits), il se posa en adversaire irréconciliable de Napoléon. Le 6 juin, il s'opposa à la prestation du serment de fidélité; le 10, il demanda qu'un comité spécial examinât si la guerre était nécessaire. Dans la discussion des lois financières, il prit de nouveau la parole et s'efforça par tous les moyens de supprimer les ressources de l'armée. Au retour de Gand, il se hâta de se présenter à la cour; il y fut reçu comme une des victimes du despotisme impérial; mais le roi lui fit sentir que si la victime avait à se plaindre, ce n'était pas de sa pauvreté. Réélu député, le 22 août 1815, par 103 voix (197 votants, 230 inscrits), le 4 octobre 1816, par 106 voix (193 votants, 228 inscrits), et le 20 septembre 1817, par 3,667 voix (7,030 votants, 9,677 inscrits), il vota souvent avec la minorité dans la Chambre introuvable, surtout dans les questions secondaires, à l'égard desquelles il affectait un certain libéralisme. En 1817 et en 1818, il fut rapporteur du budget, et fit réaliser, à ce titre, sur l'exercice de 1819, une économie de 21 millions. Le 7 décembre 1818, en raison des talents d'administrateur dont il avait fait preuve, il fut appelé à succéder à Corvetto au ministère des Finances; mais il n'eut pas le loisir d'appliquer les réformes qu'il avait en vue, car, le 28 du même mois, il suivit le cabinet Richelieu dans sa retraite. Nommé alors ministre d'Etat et membre du conseil privé, commissaire de la caisse d'amortissement et de celle des dépôts et consignations, il reprit sa place sur les bancs de la Chambre et fut chargé d'examiner l'arriéré des comptes financiers pour les années de 1815 à 1818; à la suite de son rapport sur le nouveau budget, il obtint un dégrèvement de 20 millions sur les contributions mobilière et immobilière. Rappelé de nouveau au ministère des Finances à la place du baron Louis, le 19 novembre 1819, il conserva son portefeuille jusqu'au 14 décembre 1821, prit l'initiative de plusieurs réformes qui améliorèrent singulièrement la situation financière de la France, déposa (4 janvier 1820) un projet pour la libération définitive des acquéreurs des biens nationaux, et obtint (16 janvier 1821) un dégrèvement considérable des impôts qui pesaient sur la propriété foncière. En outre, grâce à l'évacuation du territoire par les alliés, il fit régulariser les dettes des départements, et leur octroya des indemnités proportionnelles. Après avoir cédé, en décembre, son portefeuille à M. de Villèle, il fut nommé pair de France, le 13 décembre 1821, et créé comte par le roi. A la Chambre haute, il continua de s'occuper particulièrement de finances, combattit énergiquement la conversion des rentes, et proposa sans succès un amendement au projet. Lorsque M. de Martignac arriva aux affaires, M. Roy prit pour la troisième fois le portefeuille des Finances, du 5 janvier 1828 au 7 août 1829; mais ses idées financières rencontrèrent alors autant d'obstacles dans la majorité parlementaire qu'auprès de Charles X, qui, résolu à former un cabinet de réaction avec M. de Polignac, proposa à M. Roy de garder son portefeuille, mais avec de telles conditions que celui-ci fut mis dans la nécessité de refuser ; il se retira (21 février 1830) avec les ordres du Saint-Esprit et de Saint-Michel. A partir de cette époque, M. Roy se consacra exclusivement à ses occupations parlementaires à la Chambre haute. Il adhéra sans hésitation au gouvernement de Louis-Philippe et fut fréquemment chargé des rapports sur les impôts, la loterie et le budget. Il laissa à sa mort une fortune évaluée à quarante millions. Grand-croix de la Légion d'honneur.

ROY-BRY (Jacques-Nicolas-Pierre-Eugène), député au Corps législatif de 1859 à 1864, né à Rochefort (Charente-Inférieure) le 17 décembre 1810, mort à Rochefort le 18 novembre 1864, banquier, président de la chambre de commerce de Rochefort, maire de cette ville, et conseiller général du canton-sud, fut élu député au Corps législatif, comme candidat du gouvernement, dans la 2e circonscription de la Charente-Inférieure, le 1er mai 1859, en remplacement de M. de Chasseloup-Laubat nommé ministre, par 17,451 voix (17,842 votants, 27,993 inscrits), et fut réélu, le 1er juin 1863, par 12,831 voix (21,742 votants, 30,094 inscrits), contre 8,641 à M. Dufaure et 227 à M. Bethmont. M. Roy-Bry siégea constamment dans la majorité dynastique. Décédé en novembre 1864, il fut remplacé, le 22 janvier 1865, par M. Bethmont. Officier de la Légion d'honneur du 1er octobre 1864.

ROY DE LOULAY (Pierre-Auguste), député au Corps législatif de 1863 à 1870, représentant en 1871, sénateur de 1876 à 1885, né à Asnières (Charente-Inférieure) le 26 août 1818, fit son droit, prit place au barreau de Saint-Jean d'Angely, et s'occupa principalement de questions économiques. Conseiller général du canton de Loulay en 1848, maire de Saint-Jean-d'Angely, président de la Société d'agriculture de cette ville et chevalier de la Légion d'honneur, il fut élu député au Corps législatif, comme candidat du gouvernement, dans la 4e circonscription de la Charente-Inférieure, le 1er juin 1863, par 17,307 voix (29,198 votants, 34,848 inscrits), contre 5,941 à M. Lemercier et 5,902 à M. Simonot, et fut réélu, le 24 mai 1869, par 17,093 voix (31,147 votants, 36,035 inscrits), contre 6,107 à M. Lair, 4,517 à M. Bossay, 2,855 à M. Normand et 426 à M. Reboul. Il siégea dans la majorité dévouée à l'Empereur et vota *pour* la guerre contre la Prusse. Après le 4 septembre, il se mit, ainsi que le baron Eschassériaux, à la disposition du nouveau gouvernement pour organiser la défense nationale ; mais ses offres furent repoussées. Elu, le 8 février 1871, représentant de la Charente-Inférieure à l'Assemblée nationale, le 7e sur 10, par 42,544 voix (105,000 votants, 148,277 inscrits), il prit place au groupe de l'Appel au peuple, dont l'un des cinq membres qui protestèrent contre la déchéance des Bonaparte, se fit inscrire à la réunion des députés partisans de la liberté du commerce, et vota *pour* la paix, *pour* l'abrogation des lois d'exil, *contre* la pétition des évêques, *contre* le service de trois ans, *pour* la démission de Thiers, *pour* le septennat, *contre* le ministère de Broglie, *contre* les lois constitutionnelles. Conseiller général du canton de Loulay, il fut élu, le 30 janvier 1876, sénateur de la Charente-Infé-

rieure, par 330 voix (573 votants), siégea au groupe de l'Appel au peuple, et vota *pour* la dissolution de la Chambre demandée par le ministère de Broglie. Il échoua, le 6 janvier 1885, au renouvellement triennal du Sénat, avec 482 voix sur 1,036 votants.

ROY DE LOULAY (Louis), député de 1876 à 1889, né à Paris le 8 août 1848, fils du précédent, venait de terminer ses études de droit quand la guerre éclata. Il servit comme officier dans les mobiles de la Charente-Inférieure et prit part à plusieurs combats. Conseiller général du canton de Matha (Charente-Inférieure), il fut élu, le 20 février 1876, député de l'arrondissement de Saint-Jean-d'Angely, par 12,553 voix (22,011 votants, 26,505 inscrits), contre 5,688 à M. Larade et 3,642 à M. Bossay. Il prit place au groupe de l'Appel au peuple et fut l'un des 158 députés qui soutinrent, au 16 mai, le ministère de Broglie contre les 363. Réélu successivement le 14 octobre 1877, par 13,312 voix (23,342 votants, 27,063 inscrits), contre 9,931 à M. Normand-Dufié ; le 21 août 1881, par 11,795 voix (23,401 votants, 27,210 inscrits), contre 11,605 à M. Lair, républicain. Il fut porté, le 4 octobre 1885, sur la liste conservatrice de la Charente-Inférieure, et fut élu, le 4e sur 7, par 62,242 voix (124,616 votants, 143,670 inscrits) ; il siégea constamment au groupe impérialiste, vota avec la minorité, combattit la politique des ministres républicains, et se prononça, dans la dernière session, *contre* le rétablissement du scrutin d'arrondissement (11 février 1889), *pour* l'ajournement indéfini de la revision de la Constitution, *contre* les poursuites contre trois députés membres de la Ligue des patriotes, *contre* le projet de loi Lisbonne restrictif de la liberté de la presse, *contre* les poursuites contre le général Boulanger. M. Roy de Loulay a épousé, le 29 avril 1868, la princesse Anna-Cécile Swiatopolk Czettwertynska, descendante de Rurick et de saint Wladimir le Grand.

ROYER (Honoré-Joseph), député en 1789, né à Arles (Bouches-du-Rhône) le 25 février 1739, exécuté à Paris le 7 juillet 1794, entra dans la congrégation des Bénédictins de Saint-Maur, et devint abbé de Noë, conseiller d'Etat, et grand vicaire. Elu, le 18 mai 1789, député du clergé aux Etats-Généraux par la ville d'Arles, il prit place dans la minorité hostile aux réformes, s'opposa à l'abolition de la dîme et des droits féodaux, à la vente des biens du clergé et à la constitution civile, et, à la séance du 13 février 1790, dans la discussion relative à la suppression des ordres religieux, sollicita une exception en faveur de sa congrégation « consacrée à l'éducation publique, et dont les immenses travaux ont assuré la gloire des lettres et hâté les progrès des connaissances utiles ». Combattue par Garat, la proposition fut repoussée. L'abbé Royer fut secrétaire de la Constituante le 26 mai 1790, et signa les protestations des 12 et 13 septembre 1791. Etant resté à Paris, il fut arrêté comme suspect le 15 frimaire an II, enfermé au Luxembourg, impliqué dans la conspiration des prisons, traduit devant le tribunal révolutionnaire, condamné à mort et exécuté le même jour. L'acte d'accusation le qualifie « ex-noble ».

ROYER (Jean-Baptiste), député en 1789, membre de la Convention, député au Conseil des Cinq-Cents, né à Cuiseaux (Saône-et-Loire) le 8 octobre 1733, mort à Besançon (Doubs) le

11 avril 1807, fils d'un médecin, entra dans les ordres et devint curé de Chavanne, près de Lure. Le 16 avril 1789, il fut élu député suppléant du clergé aux États-Généraux par le bailliage d'Aval. Admis à siéger, le 1er mars 1790, en remplacement du curé d'Arbois, démissionnaire, Royer prêta le serment civique, et fut, après la session, élu évêque constitutionnel de l'Ain (février 1791) et sacré à Paris. Le 5 septembre 1792, le département de l'Ain l'envoya siéger, le 3e sur 6, à la Convention nationale, par 290 voix (372 votants). Royer prit place parmi les plus modérés. Au 3e appel nominal, dans le procès du roi, il répondit : « Quelles que soient les opinions, je les respecte. En abolissant la royauté, nous avons décrété l'unité, l'indivisibilité de la république; nous avons reconnu la souveraineté du peuple; nous avons exigé sa sanction pour la Constitution. Je croyais devoir à mes commettants de les consulter sur le jugement que nous allons rendre. Vous avez rejeté l'appel au peuple. Je vote pour la réclusion de Louis pendant la guerre et pour le bannissement à la paix. » Ami des Girondins, il protesta contre les événements du 31 mai, et fut au nombre des 73 députés proscrits. Arrêté, il ne recouvra sa liberté qu'après le 9 thermidor et rentra à la Convention le 18 frimaire an III. Il y prononça un discours pour exprimer sa haine à l'égard de ceux « sur lesquels la Convention appelle l'indignation publique ». Élu, le 4 brumaire an IV, au Conseil des Cinq-Cents par le choix de ses collègues de la Convention, Royer dénonça un mouvement royaliste dans la Haute-Loire, fit adopter un projet sur le traitement des Quinze-Vingts, parla en faveur de la liberté des cultes, et sortit du Conseil en l'an VI pour devenir évêque du département de la Seine; il fut installé à Notre-Dame le 25 août 1798. Démissionnaire en 1801, il se retira à Besançon auprès de l'archevêque Lecoz, qui le nomma chanoine de sa cathédrale. Royer adressa au pape la rétractation de son serment, et se voua, dans les dernières années de sa vie, au service des malades. On a de lui quelques écrits sur des matières ecclésiastiques.

ROYER (PIERRE-MARIE), député de 1815 à 1816, né à Montmarot (Jura) le 1er juin 1756, mort à Vichy (Allier) le 10 août 1821, « fils de M. Royer, receveur des sels de la saline de Montmarot, et de Mme Marie-Joséphine Morelet », fut avocat au parlement de Dijon, receveur à l'entrepôt des tabacs de Châlons, conseiller général de 1800 à 1801, et maire de Châlons (1805-1809). Il fut élu, le 22 août 1815, député du grand collège de Saône-et-Loire, par 90 voix (163 votants, 266 inscrits), siégea dans la majorité et ne reparut plus sur la scène politique après cette courte législature. Chevalier de la Légion d'honneur (1815).

ROYER (PIERRE-MARIE-CASIMIR), député de 1846 à 1848, et député au Corps législatif de 1863 à 1869, né à Saint-Galmier (Loire) le 29 mai 1791, mort à Grenoble (Isère), le 29 juin 1876, « fils de Philippe-Adrien-Joseph Royer, receveur des droits d'enregistrement, et de Jeanne-Marie Gonon », se fit inscrire au barreau de Grenoble en 1815, devint conseiller auditeur en 1828, et, après la révolution de 1830, substitut du procureur général, avocat général, conseiller à la cour de Grenoble (1835-1848), président de chambre (1848), et premier président (novembre suivant). Le 1er août 1846,

il avait été élu député du 2e collège de l'Isère (Grenoble), par 221 voix (410 votants, 491 inscrits), contre 215 à M. Alex. Périer; il prit place au centre gauche et vota contre le ministère. Conseiller municipal de Grenoble, conseiller général du canton de Vif, il fut mis à la retraite, comme premier président, le 18 janvier 1862, et fut élu, le 1er juin 1863, député au Corps législatif, comme candidat du gouvernement, dans la 1re circonscription de l'Isère, par 18,870 voix (35,086 votants, 46,527 inscrits), contre 16,131 à M. Casimir Périer. Il prit place dans la majorité dynastique, et rentra dans la vie privée aux élections de 1869. Chevalier de la Légion d'honneur (13 septembre 1842), officier (18 janvier 1853).

ROYER (PAUL-HENRI-ERNEST DE), sénateur du second empire et ministre, né à Versailles (Seine-et-Oise) le 29 octobre 1808, mort à Paris le 13 décembre 1877, fit ses études à Marseille et son droit à Grenoble et à Paris. Reçu avocat en 1829, il entra dans la magistrature au début du règne de Louis-Philippe, le 19 mai 1832, comme substitut au tribunal de Die, et passa successivement en la même qualité à Sainte-Menehould (1833), à Châlons-sur-Marne (1834), à Reims (1835) et à Paris (1841). Dans ce dernier poste, il eut à porter la parole contre le notaire Lehon, accusé d'escroquerie, dans l'affaire du chemin de fer de la rive gauche. Nommé substitut près la cour royale le 22 octobre 1846, avocat général le 3 avril 1848, il fut chargé, en 1849, de soutenir l'accusation contre les prévenus de faits insurrectionnels traduits devant la haute cour de Bourges, et s'appliqua, dans son réquisitoire, à servir les intérêts du parti conservateur. Le 17 mai 1850, le gouvernement présidentiel le nomma procureur général près la cour d'appel de Paris, puis ministre de la Justice le 24 janvier 1851, en remplacement de M. Rouher. Il exerça cette fonction jusqu'au 9 avril suivant et reprit ensuite ses fonctions de procureur général. Dévoué sans réserve à l'auteur du coup d'Etat du 2 décembre, il fut appelé à faire partie de la Commission consultative, et (1852) à siéger au conseil d'Etat. En 1853, il remplaça M. Delangle comme procureur général à la cour de cassation. Le 10 novembre 1857, à la mort de M. Abbatucci, M. de Royer prit pour la seconde fois le portefeuille de la Justice, qu'il conserva jusqu'au 4 mai 1859, date à laquelle il fut nommé membre et vice-président du Sénat. M. de Royer se montra à la Chambre haute le soutien fidèle du régime impérial jusqu'en 1870. Nommé premier président de la cour des Comptes le 1er février 1863, il fit partie, en outre, pendant plusieurs années, du conseil supérieur de l'instruction publique. Il était aussi président du conseil général de la Marne, où il représentait le canton de Châtillon. En 1867, il fut question de lui pour le ministère de l'Intérieur; mais sa candidature ne fut pas soutenue par M. Rouher qui, dans une note confidentielle, s'exprima ainsi : « Très lent dans son travail, très méticuleux dans les rapports ordinaires de la vie, n'a pas les qualités requises pour un poste où les résolutions s'imposent souvent. » Après la chute de l'Empire, M. de Royer se renferma dans ses fonctions de magistrat. Grand-croix de la Légion d'honneur (17 mars 1869). On a de lui un *Commentaire analytique du code civil, livre Ier, titre II* (1846); une notice sur *la Vie et les travaux de M. Tronchet; Les origines et l'autorité de la cour de Cassation; Les Réformes ju-*

diciaires et législatives du règne de Louis XIV, et plusieurs *Discours* de rentrée prononcés à la cour de Cassation.

ROYER (GABRIEL-ANTOINE), député de 1879 à 1889, né à Scy-Chazelles (Moselle) le 1er octobre 1825, entra à l'Ecole de Saint-Cyr, servit comme officier dans l'infanterie, prit part à plusieurs campagnes et parvint au grade de chef de bataillon au 31e de ligne. Admis à la retraite en 1875, il devint maire de Spincourt et conseiller général de la Meuse. Candidat républicain à la Chambre des députés, en remplacement de M. Billy décédé, il fut élu, le 2 février 1879, député de l'arrondissement de Montmédy, par 10,563 voix (11,822 votants, 16,953 inscrits), contre 514 à M. d'Egremont. Il siégea à gauche et vota *pour* l'article 7 de la loi sur l'enseignement supérieur, *pour* les lois nouvelles sur le droit de réunion et sur la presse. Réélu, le 21 août 1881, par 7,253 voix (13,563 votants, 16,891 inscrits), contre 4,950 à M. d'Egremont et 1,267 à M. Péridon, il reprit sa place dans la majorité, soutint les ministères Gambetta et J. Ferry, vota pour les crédits du Tonkin, et, porté, le 4 octobre 1885, sur la liste républicaine de la Meuse, fut réélu, le 2e sur 5, député de ce département, par 38,246 voix voix (70,523 votants, 83,103 inscrits). M. Royer opina, comme précédemment, avec la gauche modérée, se prononça *pour* les cabinets Rouvier et Tirard, *pour* l'expulsion des princes, *pour* le questeur de la Chambre (octobre 1888) après les démêlés de la question avec le syndicat de la presse, fut réélu le 10 février 1889, et se prononça dans la dernière session, *pour* le rétablissement du scrutin d'arrondissement (11 février 1889), *pour* l'ajournement indéfini de la revision de la Constitution, *pour* les poursuites contre trois députés membres de la Ligue des patriotes, *pour* le projet de loi Lisbonne restrictif de la liberté de la presse, *pour* les poursuites contre le général Boulanger. Officier de la Légion d'honneur (1874).

ROYER-COLLARD (PIERRE-PAUL), député au Conseil des Cinq-Cents et de 1815 à 1842, né à Sompuis (Marne) le 21 juin 1763, mort à Châteauvieux (Loire-et-Cher) le 4 septembre 1845, d'une famille janséniste, fils d'un riche cultivateur, fit ses études au collège de Chaumont, puis à celui de Saint-Omer tenu par les frères Doctrinaires, et devint professeur de mathématiques dans cet établissement, qu'il quitta pour aller professer à Moulins. Renonçant à l'enseignement pour le barreau, il étudia le droit et débuta comme avocat à Paris en 1787. Il adopta avec réserves les principes de la Révolution, et fut nommé par la section de Saint-Louis-en-l'Ile membre du conseil de la commune, dont il fit partie jusqu'au 10 août 1792. L'année suivante, au nom de la section de la *Fraternité* (ci-devant Saint-Louis-en-l'Ile), il présenta à la Convention une adresse en faveur des enrôlements volontaires contre l'insurrection vendéenne à ses débuts. Après le 31 mai, il se déroba aux poursuites et se retira à Sompuis chez sa mère jusqu'au 9 thermidor. En 1794, à propos d'une réquisition de l'autorité directoriale, qu'il jugeait arbitraire, il rédigea une protestation au nom de ses concitoyens. Le 23 germinal an V, il fut élu député de la Marne au Conseil des Cinq-Cents, par 175 voix (201 votants). Il chercha à constituer un cercle d'hommes politiques partageant ses idées, et se lia particulièrement avec Quatremère de

Quincy, Camille Jordan et Corbière. Avec leur aide, il rallia le groupe des royalistes et parut pour la première fois à la tribune à propos d'une loi sur la liberté des cultes, présentée par Camille Jordan au nom d'une commission, et qui réclamait le rétablissement du culte catholique. Compromis lors du 18 fructidor, il vit son élection annulée, ne cacha pas ses sentiments royalistes, et, partisan avoué de la monarchie constitutionnelle, fut mêlé aux complots organisés par les agents des Bourbons, notamment par d'André et Camille Jordan (1799), et fit partie du « conseil royal » constitué à Paris le 24 février 1800. Il blâma la lettre adressée, après le 18 brumaire, par le roi au marquis de Clermont-Gallorande, afin d'offrir au général Bonaparte le rôle de Monk, et lui écrivit : « Sa Majesté n'a plus de mandataires à Paris. Son conseil est dissous. Le souvenir que Sa Majesté daignera garder de ses services en sera la récompense. » En 1799, il avait épousé Mlle de Forges de Châteauvieux. Fixé à Paris, il commença de s'occuper de philosophie. Ayant découvert quelques volumes de Thomas Reid, il s'en servit pour combattre les doctrines de Condillac, alors régnantes, dans un article du *Journal des Débats* de 1806, qui produisit un grand effet. L'auteur devint d'emblée une autorité en matière de philosophie, et, en 1811, Pastoret, doyen de la faculté des lettres et professeur titulaire de la chaire de philosophie à la Sorbonne, étant devenu sénateur, proposa sa succession à Royer-Collard. Nommé par Fontanes, ce dernier débuta non sans difficultés : sans antécédents dans la science, presque sans disciples, tout d'abord ses efforts furent assez mal accueillis. Il ne forma que peu d'élèves, parmi lesquels Victor Cousin, tandis que la plupart des étudiants suivaient le cours de Laromiguière. Royer-Collard, qui s'était montré très réservé à l'égard de Napoléon, alla, lors de la rentrée de Louis XVIII, lui présenter ses hommages à Compiègne. Le roi le fit directeur de la librairie et il choisit immédiatement pour secrétaire général M. Guizot. Très lié avec M. de Montesquiou, membre de la Commission du gouvernement nommé provisoirement par Louis XVIII, et son ancien collègue au « conseil royal » de 1800, il eut une grande part à la rédaction du projet de loi sur la presse adopté par les deux Chambres, et fut l'auteur du célèbre règlement sur l'instruction publique, qui créait dix-sept universités et une école normale, et rendait l'indépendance aux fonctionnaires de l'Université, règlement qui, d'ailleurs, ne fut pas mis en pratique. Pendant les Cent-Jours, Royer-Collard, doyen de la faculté des lettres, prêta serment à l'empereur, mais envoya Guizot à Gand auprès du roi. Lors de la seconde Restauration, il ne songea plus à détruire l'Université impériale, se contenta de faire déléguer l'ancienne autorité du grand maître à une commission fonctionnant sous le contrôle du ministre de l'Intérieur, et fut président de cette commission. Le 22 août 1815, le grand collège de la Marne l'envoya siéger à la Chambre des députés, par 106 voix (188 votants, 282 inscrits). Le changement de ministère le jeta dans l'opposition constitutionnelle. Il combattit les ultra-royalistes et fut un des promoteurs de la loi qui fixait à 300 francs le cens électoral. Réélu, le 4 octobre 1816, par 110 voix (176 votants, 279 inscrits), il exerça dans la Chambre et même dans le gouvernement une influence incontestée, tout en étant des plus antipathiques aux royalistes de l'extrême droite qui l'accusaient d'avoir voulu, par l'abaissement du cens, faire passer le pouvoir de l'aristocratie aux mains de la classe moyenne. Ils l'attaquèrent violemment dans la session de 1817 à propos du budget de l'instruction publique. Il n'en conserva pas moins sa position, jusqu'à ce qu'il fût, après une lutte de plusieurs sessions, écarté du conseil d'État, ainsi que Camille Jordan, Barante et Guizot. M. de Serre, qui avait signé sa destitution, lui écrivit pour l'informer que le roi le nommait conseiller d'État honoraire avec une pension de 10,000 francs. Royer-Collard répondit : « J'adresse cette lettre non au ministre, non à l'ancien ami dont je détourne ma pensée, mais à l'homme qui, ayant connu mes sentiments les plus intimes, saura mettre ma conduite dans son véritable jour. Je sais quel respect est dû au roi. Je ne voudrais pas lui désobéir, et cependant je ne puis accepter une pension... Je ne me crois pas obligé d'accepter un traitement secret sur des fonds secrets ; j'abaisserais mon caractère de député, je dégraderais les services que vous rappelez ; j'aime mieux qu'ils soient oubliés... » Royer-Collard avait parlé avec vivacité contre la nouvelle loi électorale ; il se montra également opposé à la loi contre la presse, se prononça contre la guerre d'Espagne et s'éleva hautement contre la loi qui punissait de mort le sacrilège. Il était considéré alors comme un des premiers orateurs de la Chambre, et jouissait en outre d'une réputation d'intégrité absolue. On a souvent cité la définition qu'il donna (1826), à la tribune, du droit de pétition : « Le mot droit de pétition est impropre ; la pétition est plus qu'un droit, c'est une faculté naturelle comme la parole. Quiconque a la parole peut demander quoi que ce soit à qui que ce soit. Il se fait des pétitions partout, à Constantinople comme à Paris ; seulement, en France, elles se groupent en signatures sur une feuille de papier. A Constantinople, les pétitionnaires brûlent les maisons et incendient les palais. La pétition de Paris est d'une meilleure nature que celle de Constantinople. » Royaliste dévoué, il secondait pourtant, dans la plupart des circonstances graves, les efforts des libéraux. Après avoir obtenu sa réélection le 1er octobre 1821, dans le 2e arrondissement de la Marne (Vitry-le-François), par 187 voix (300 votants, 379 inscrits), contre 105 à M. Gillet, il échoua dans cette circonscription, le 25 février 1824, mais il fut élu le même jour dans le 1er arrondissement du même département (Châlons-sur-Marne) par 156 voix (279 votants, 322 inscrits), contre 86 à M. de Saint-Chamans. Membre de l'Académie française en 1827, on le renvoya la même année (17 novembre) à la Chambre des députés par plusieurs arrondissements électoraux : 1° le 1er de la Marne (Châlons), avec 163 voix sur 213 votants et 263 inscrits, contre 41 à M. de Saint-Chamans ; 2° le 2e de la Marne (Vitry-le-François) avec 116 voix (219 votants, 248 inscrits), contre 99 à M. Gillet ; 3° le 2e de l'Hérault (Béziers) avec 287 voix (485 votants, 636 inscrits), contre 195 à M. Rescas-Palignan ; 4° le 2e du Rhône (Lyon-Sud), avec 460 voix (719 votants, 810 inscrits), contre 184 à M. Delhomme ; 5° le 7e de Paris, avec 703 voix (890 votants), contre 170 à M. Camet de la Bonardière ; 6° le 3e de Seine-et-Marne (Melun), avec 225 voix (349 votants, 389 inscrits), contre 115 à M. Rolland d'Erceville ; 7° le 3e des Vosges (Neufchâteau), avec 40 voix (69 votants, 84 inscrits), contre 19 à M. Baudel-Martinet. Il opta pour Vitry-le-François. Nommé président de

la Chambre en 1828, il prêta son concours au ministère Martignac, combattit la politique qui prévalut à la fin du règne de Charles X, et, comme président, dut présenter lui-même au roi (mars 1830) l'Adresse des 221, par laquelle la Chambre refusait de suivre le gouvernement dans la voie où il s'était engagé : le roi ne voulut pas en entendre la lecture. Le lendemain, la Chambre était prorogée. Royer-Collard partit pour Châteauvieux, fut réélu à Vitry-le-François le 12 juillet 1830, par 113 voix sur 181 votants, ne prit personnellement aucune part à la révolution qui renversa la branche aînée, mais se rallia à la monarchie de Louis-Philippe. Mais il était déjà vieux, affaibli, et dégoûté de la politique. Réélu encore, le 5 juillet 1831, par 301 voix (279 votants, 320 inscrits), contre 70 à M. Williams, il soutint Casimir Périer, dont la mort acheva de le décourager et de lui inspirer le goût de la retraite. Le 21 juin 1834, ses électeurs lui renouvelèrent son mandat, par 192 suffrages (262 votants, 312 inscrits), contre 63 à M. Williams. Il leur avait dit dans sa profession de foi : « Le gouvernement représentatif, ce premier besoin de la France, perd de son énergie et même de sa vérité par la surabondance de notre esprit démocratique. Mais il survivra toujours des principes qui doivent être défendus dans toutes les conjonctures. Toute ma vie vous répond que je serai toujours fidèle à cette grande cause, qui est celle de la France et la vôtre. » Partisan d'un gouvernement fort, il opina jusqu'au bout avec la majorité conservatrice et doctrinaire, protesta contre les lois de septembre, et flétrit la coalition qui renversa le ministère Molé. Mais il se désintéressa de plus en plus de la politique active, et après avoir été réélu encore à son siège de député, le 4 novembre 1837, par 217 voix (263 votants, 361 inscrits), et le 2 mars 1839, par 276 voix (311 votants), il échoua, le 9 juillet 1842, avec 114 voix contre 201 à l'élu, M. Lenoble. Malade depuis 1844, il succomba l'année suivante. Sévère et rude à l'excès, Royer-Collard avait adopté à l'égard de ses filles un singulier système d'éducation, les soumettant aux travaux les plus durs, aux épreuves les plus pénibles. Très dur d'ailleurs envers lui-même, il s'astreignait aussi à une existence d'une grande simplicité. Il recevait avec politesse, mais avec une roideur dont il ne put jamais se départir, et son salon, que fréquentèrent Guizot, le duc de Broglie, Ampère, de Barante, Casimir Périer, Villemain, etc., fut longtemps l'écho du parti libéral. Comme philosophe, il n'eut pas, sans doute, une originalité bien marquée ; mais l'éloquence de ses leçons captivait ses auditeurs. Quoiqu'il ait beaucoup écrit, on n'a guère de lui que des discours : *Discours prononcé à l'ouverture du cours d'histoire de la philosophie* (1811) ; *Cours d'histoire de la philosophie moderne* (1813) ; *Discours de réception à l'Académie française* (1827) ; *Opinions sur l'inamovibilité des juges* (1815) ; *Sur la loi des élections* (1816) ; *Sur la liste individuelle* (1817) ; *Sur le projet de loi relatif aux journaux* (1817) ; *Sur le projet de loi relatif à la publication des journaux et écrits périodiques* (1820) ; *Sur la loi relative à la répression des délits de presse* (1822) ; *Sur l'hérédité de la pairie* (1831) ; *Sur le projet de loi de septembre sur la presse* (1835).

ROYÈRE (JEAN-MARC DE), député en 1789, né au château de Badefols (Dordogne) le 1er octobre 1727, mort au couvent d'Alcozaba (Portugal) le 21 mai 1802, fut destiné à l'état ecclésiastique. Sacré évêque de Tréguier le 26 avril 1767, puis évêque de Castres en 1773, il fut élu, le 28 mars 1789, député du clergé aux Etats-Généraux par la sénéchaussée de Castres. Il fut de la minorité qui refusa de consentir aux réformes, quitta Paris après les journées des 5 et 6 octobre, revint à Castres, donna sa démission de député le 26 février 1790, et fut remplacé par Cavalliès. Le 14 juillet 1791, une bande de révolutionnaires menaça de piller sa maison. Il se réfugia en Espagne, puis en Portugal, dans un couvent de Bernardins où il mourut. Au mois de frimaire an VII, quelques-unes des lettres qu'il écrivait à la ci-devant princesse de Chimay, née de Cabarrus et femme de Tallien, furent interceptées et communiquées au Conseil des Cinq-Cents; mais elles ne révélèrent que l'intérêt pris par le prélat aux événements dont la France était le théâtre.

ROYOL (Jean), représentant du peuple en 1848, né à Tournon (Ardèche) le 14 mars 1796, mort à Tournon le 23 février 1864, fils d'agriculteurs devenus commerçants, fit de brillantes études au collège de sa ville natale, fut reçu avocat à Paris, et débuta au barreau de Tournon en 1821. Juge de paix du canton eu 1830, président du tribunal civil de Tournon en 1833, il fut élu, le 23 avril 1848, représentant de l'Ardèche à l'Assemblée constituante, le 2e sur 9, par 44,291 voix; il annonça, aussitôt après son élection, qu'il abandonnait à l'Etat son traitement de président du tribunal, fit partie, à l'assemblée, du comité de législation, et vota en général avec la droite, *pour* le bannissement de la famille d'Orléans, *pour* les poursuites contre L. Blanc et Caussidière, *contre* l'abolition de la peine de mort, *contre* l'impôt progressif, *contre* l'incompatibilité des fonctions, *contre* l'amendement Grévy, *contre* la sanction de la Constitution par le peuple, *pour* l'ensemble de la Constitution, *pour* la proposition Rateau, *pour* l'interdiction des clubs, *pour* l'expédition de Rome, *contre* la demande de mise en accusation du président et des ministres. Non réélu à la Législative, il reprit ses fonctions judiciaires.

ROYS (Richard-Joseph-Timoléon de Lédignan Saint-Michel, comte de), député de 1877 à 1886, né à Paris le 14 août 1839, mort à Paris le 23 décembre 1886, « fils de Victor-Anne Conrad, comte de Roys de Lédignan, et de Marie-Angélique-Mathilde Le Charon », fut élève de l'Ecole militaire de Saint-Cyr, et appartint à l'armée comme officier de chasseurs à pied, puis de zouaves. Il se retira avec le grade de capitaine vers la fin de l'Empire et s'occupa d'agriculture. Il reprit du service pendant la guerre franco-allemande, fut nommé chevalier de la Légion d'honneur, conseiller général de Seine-et-Marne (1871), et se présenta pour la première fois aux élections législatives de 1876, dans l'arrondissement de Bar-sur-Aube ; il échoua, le 5 mars, avec 4,911 voix, contre 5,562 à l'élu, M. Piot, monarchiste. Mais, après la dissolution de la Chambre, M. de Roys fut de nouveau, dans le même arrondissement, le candidat des républicains, et l'emporta avec 5,505 voix (10,974 votants, 12,132 inscrits), sur M. Piot, député sortant, candidat officiel, qui n'en obtint que 5,423. M. de Roys fut révoqué alors par le gouvernement de son grade de lieutenant-colonel du 47e régiment de l'armée territoriale. Il alla siéger à gauche, soutint le ministère Dufaure et la politique opportuniste des cabinets qui suivirent, se prononça *contre* l'amnistie plénière, *pour* l'invalidation de l'élection de Blanqui, prit une part active aux discussions des questions militaires et du budget de l'armée, fut rapporteur (juin 1880) du projet de loi sur l'instruction militaire, combattit (juin 1881) le projet Laisant sur le service de trois ans, et fut réélu, le 21 août 1881, par 5,472 voix (10,124 votants, 12,052 inscrits), contre 4,291 à M. Piot. Il opina *pour* les ministères Gambetta et J. Ferry, *pour* les crédits de l'expédition du Tonkin, et continua de se faire une spécialité des questions militaires, dans lesquelles on lui reconnaissait une sérieuse compétence. Il parla également (novembre 1883) sur le cumul des fonctions, interpella le gouvernement (janvier 1884) sur la crise économique et se montra protectionniste ; donna son avis (juin 1884) sur la revision de la Constitution par le Congrès ; interpella (octobre 1884) sur la politique douanière ; fut rapporteur (janvier 1885) du budget extraordinaire de la guerre ; et appuya (février) les surtaxes sur les céréales. Porté, le 4 octobre 1885, sur la liste républicaine de l'Aube, M. de Roys fut élu député de ce département, au second tour (18 octobre), le 2e sur 4, par 11,225 voix (66,086 votants, 78,207 inscrits). Il reprit sa place dans les rangs de la gauche modérée, attaqua vivement le gouvernement de Juillet (mai 1886) lors de la discussion sur les pensions à accorder aux victimes de février 1848, appuya de nouveau (juin) le relèvement des taxes sur les céréales, et opina avec la majorité. Décédé au cours de la législature, il fut remplacé, le 20 février 1887, par M. Charonnat, radical.

ROZE (Pierre-Louis-Marie), député au Conseil des Cinq-Cents, né à Chambéry (Savoie) le 23 mai 1759, mort à une date inconnue, avocat, devint, en 1791, vice-intendant général de la Savoie, puis président du tribunal de Verceil. Elu, le 22 germinal an V, député du Mont-Blanc au Conseil des Cinq-Cents, il prit place parmi les clichyens, protesta contre la violation du secret des lettres et vit son élection annulée au 18 fructidor. Il ne reparut plus sur la scène politique, et redevint, après les traités de 1815, président de tribunal en Savoie.

ROZÉ (Louis-François), député en 1789, né à Paris le 21 mai 1737, mort à Paris le 2 septembre 1792, était curé de Malleville (Eure) lorsqu'il fut élu, le 23 mars 1789, député du clergé aux Etats-Généraux par le bailliage de Caux. Il ne s'y fit pas remarquer, partit en congé le 1er août 1790, ne revint plus siéger, et mourut quelque temps après.

ROZET (Jean-Hubert), représentant à la Chambre des Cent-Jours, né à Joinville (Haute-Marne) le 24 janvier 1755, mort à une date inconnue, était maître de forges au Clos-Mortier. Le grand collège de la Haute-Marne, par 55 voix sur 106 votants, l'envoya, le 11 mai 1815, siéger à la Chambre des Cent-Jours; son rôle politique, fort obscur, prit fin avec la session.

ROZIER (Antoine-Vincent), député au Conseil des Cinq-Cents, né à Verrières (Aveyron) le 5 juillet 1756, mort à Montpellier (Hérault) le 21 novembre 1817, fut reçu, en 1781, avocat au parlement; il embrassa les principes de la Révolution, devint successivement juge au tribunal de district de Gonesse, juge au tribunal civil de Seine-et-Oise en l'an V, juge au tribunal de cassation en l'an VI, et fut élu, le 20 germinal an VII, député de Seine-et-Oise au Conseil des Cinq-Cents. Son nom n'est pas cité au *Moniteur*. Après le 18 brumaire, il fut nommé juge à la cour d'appel de Montpellier (30 floréal an VIII) titre qu'il échangea contre celui de conseiller à cette même cour en 1811. Président à la cour de Montpellier le 4 septembre 1830, il fut admis à la retraite, comme tel, le 16 février 1833.

ROZIÈRE (Thomas-Louis-Marie-Eugène de), membre du Sénat, né à Paris le 3 mai 1820, fit son droit et fut (1842-1845) un élève distingué de l'école des Chartes. Répétiteur à cette école (1846-1851), il épousa la fille de M. Giraud (*V. ce nom*) professeur de droit, et, lorsque celui-ci fut nommé ministre de l'Instruction publique, il remplit auprès de lui les fonctions de chef du cabinet (1851). Il collabora à la *Bibliothèque de l'École des Chartes* et à la *Revue du droit français et étranger*, et publia un grand nombre d'ouvrages spéciaux qui lui valurent une solide renommée dans le monde savant, et le poste d'inspecteur général des Archives départementales en 1858. Son *Histoire de Chypre*, publiée en 1842, fut couronnée par l'Académie des Inscriptions. On remarque encore : *Formulæ andegavenses* (1844) ; *Cartulaire de l'église du Saint-Sépulcre* (1849) ; *Formules inédites d'après un manuscrit de Saint-Gall* (1853) ; *Formules visigothiques* (1854) ; *Du grand coutumier de Normandie* (1867) ; *Dissertations sur le droit ecclésiastique* (1869) ; *Liber diurnus* (1869), etc. Le 29 juin 1871, M. de Rozière fut nommé membre de l'Institut, Suppléant (1872) de M. Laboulaye au collège de France, officier de la Légion d'honneur (11 octobre 1873), conseiller général du canton de Sévérette (Lozère) de 1858 à 1871, il fut élu (5 janvier 1879) sénateur de la Lozère, par 141 voix (248 votants). Il s'inscrivit au centre gauche, prit part, en 1880, aux débats sur le conseil supérieur de l'Instruction publique, se prononça *contre* l'article 7 de la loi Ferry, soutint les institutions républicaines, tout en votant parfois avec la droite, repoussa l'expulsion des princes, fut réélu sénateur le 5 janvier 1888, par 207 voix (393 votants), et vota, en dernier lieu, *pour* le rétablissement du scrutin d'arrondissement (13 février 1889), *pour* le projet de loi Lisbonne restrictif de la liberté de la presse, *pour* la procédure de la haute cour contre le général Boulanger.

ROZIÈRES (Jules), député de 1883 à 1885, né à Viviez (Aveyron) le 11 juin 1843, débuta dans la vie politique le 1er avril 1883 ; élu, à cette date, en remplacement de M. Teilhard, démissionnaire, député de l'arrondissement de Figeac, par 11,047 voix (21,113 votants, 25,537 inscrits), il siégea à la gauche de la Chambre et soutint ses votes la politique opportuniste. Il se prononça *pour* les crédits de l'expédition du Tonkin. Porté, le 4 octobre 1885, sur la liste républicaine du Lot, il échoua avec 32,724 voix (72,290 votants). Le 30 mai 1890, M. Rozières s'est porté adjudicataire du factage des colis postaux dans Paris, moyennant une redevance annuelle de 7,515 francs.

RUALÈM (Pierre-Jean), député en 1789, né et mort à des dates inconnues, abbé d'Iles-lès-Villenoy et intendant de Mesdames tantes du roi, fut, le 21 mars 1789, député suppléant du clergé aux États-Généraux par le bailliage de Meaux. Admis à siéger, le 30 octobre 1789,

en remplacement de M. Barbou démissionnaire, il ne joua qu'un rôle très effacé à l'Assemblée, parmi les membres du côté droit, et ne prit qu'une fois la parole, sur le tableau de situation du Trésor public. Il signa les protestations de septembre 1791 contre les actes de l'Assemblée, et émigra.

RUAMPS (Pierre-Charles de), député en 1791, membre de la Convention, né à la Motte-Aubert (Charente-Inférieure) le 29 décembre 1750, mort à Saint-Jean-d'Angely (Charente-Inférieure) le 15 avril 1808, était propriétaire-cultivateur à Saint-Saturnin-du-Bois (Charente-Inférieure) et lieutenant de canonniers gardes-côtes avant la Révolution. Partisan des idées nouvelles, il fut élu, en avril 1789, député suppléant du tiers aux États-Généraux sans être appelé à y siéger. Administrateur du département (24 juin 1790), membre du directoire du département (21 novembre suivant), il fut élu, le 30 août de la même année, député de la Charente-Inférieure à l'Assemblée législative, le 5e sur 11, par 249 voix sur 446 votants ; il siégea dans la majorité et fut envoyé à Rochefort (août 1792) pour y réunir de l'artillerie : il s'acquitta avec succès de cette mission. Réélu, le 5 septembre 1792, dans le même département, membre de la Convention, le 5e sur 11, par 507 voix sur 591 votants, il prit place à la Montagne, et, dans le procès du roi, répondit au 3e appel nominal : « Louis est coupable, il est convaincu de conspiration, je le condamne à la mort. » Il se prononça aussi contre l'appel au peuple et contre le sursis. Membre du comité de sûreté générale (21 janvier 1793), il fut envoyé en mission à l'armée du Rhin (8 avril). Chargé de « ranimer l'esprit public à Strasbourg », il prit des mesures énergiques, destitua les administrateurs, poussa les prêtres au mariage, fit arrêter nombre de suspects, entra en lutte contre Custine, dénonça le ministre de la guerre Bouchotte dans une lettre datée de Wissembourg le 21 juin 1793, l'accusant de « nous avoir fait autant de mal qu'un ministre envoyé de Coblentz » ; fut dénoncé, à son tour, et rappelé à la Convention qui accepta sa justification. Là, il demanda l'accélération de la justice révolutionnaire, défendit les Jacobins contre les attaques de Rewbell, fut envoyé (11 février 1794) à l'armée des côtes de Cherbourg et à celle des côtes de Brest, y affirma la subordination des généraux aux représentants du peuple, et, de retour à Paris, s'éleva vivement contre la loi du 22 prairial qui organisait le tribunal révolutionnaire : « Si une telle loi était adoptée sans discussion, s'écria-t-il, il ne resterait plus qu'à se brûler la cervelle au pied de la tribune. » Il avoua plus tard (6 germinal an III) qu'à cette époque il conspirait déjà la perte de Robespierre, et qu'il avait dû défendre Carnot contre Bourdon (de l'Oise) qui parlait de le faire guillotiner. Aussi prit-il une part active aux menées que préparèrent le 9 thermidor ; mais la réaction thermidorienne ne lui pardonna pas ses excès de zèle dans ses diverses missions, et Ruamps, sous le coup de dénonciations imminentes, se laissa aller plus d'une fois à exprimer ses craintes ; à la séance du 30 frimaire an III, il souleva un orage en disant « qu'on avait amnistié les brigands de l'Ouest, qu'il suffisait d'être député pour être inquiété, et qu'il aimerait mieux être Charette que député » ; le 1er germinal, il accusa le côté droit de vouloir l'assassiner, et, le 12, il attaqua résolument les comités, prétendant qu'ils trahis-

salent la République et qu'ils payaient les officiers chargés de défendre la Convention avec
les louis de l'Angleterre. Dénoncé par André
Dumont, il fut encore accusé, le 16, d'avoir
tramé, au café Payen, l'assassinat de 17 représentants, et fut décrété d'arrestation le 20; il
se constitua prisonnier le lendemain soir, fut
décrété d'accusation le 2 prairial, et bénéficia
de l'amnistie générale du 4 brumaire an IV. Il
renonça alors à la vie publique, se retira dans
la Charente-Inférieure, fut nommé par le gouvernement consulaire conseiller général du département (8 juin 1800), et remplit ces fonctions jusqu'à sa mort.

RUAULT (Alexandre-Jean), membre de la
Convention, député au Conseil des Cinq-Cents,
né à Louvigné (Ille-et-Vilaine) le 4 août 1745,
mort vers 1798, était curé d'Yvetot à l'époque
de la Révolution. Il adopta les idées nouvelles,
prêta le serment civique, et fut élu, en 1791,
député suppléant à l'Assemblée législative
par le département de la Seine-Inférieure.
Appelé, l'année suivante (9 septembre 1792),
le 11e sur 16, à la pluralité des voix, à faire
partie de la Convention, pour le département
de la Seine-Inférieure, il siégea à droite et
vota, dans le procès de Louis XVI, pour la détention en disant : « Il me paraîtrait bien
étrange que l'on voulût suivre à la lettre le
code pénal pour la condamnation, lorsque l'on
n'a suivi aucun des articles de la législation
criminelle dans les formes de la procédure. Je
vote pour la réclusion de Louis jusqu'à la
paix, auquel temps il sera définitivement statué sur son sort. » Peu de temps après,
Ruault devint membre du comité de sûreté
générale, signa les protestations des 6 et 8
juin en faveur des Girondins, et fut du nombre des 73 députés arrêtés le 3 octobre. Rappelé à la Convention le 18 frimaire an III, il
s'associa aux mesures de réaction prises par
les vainqueurs de thermidor, fut envoyé en
mission dans l'Hérault, et passa, le 4 brumaire
an IV, au Conseil des Cinq-Cents, comme ex-
conventionnel. Après avoir siégé obscurément
dans cette assemblée jusqu'au 20 mai 1797, il
rentra dans la vie privée, et mourut peu après.

RUBAT (Antide), député en 1791, né à
Belley (Ain) en 1751, mort à Belley le 10 septembre 1803, avocat dans sa ville natale,
devint, à la Révolution, juge au tribunal de
district de Belley. Élu, le 31 août 1791, député
de l'Ain à l'Assemblée législative, le 1er sur 6,
par 262 voix (349 votants), il siégea presque
constamment dans la « Plaine », et vota avec
elle. Il ne prit qu'une fois la parole pour
appeler l'attention sur les préparatifs militaires de la Savoie. Élu ensuite accusateur
public de l'Ain (25 vendémiaire an IV), il se
rallia au 18 brumaire, devint substitut au tribunal d'appel de Lyon le 19 germinal an VIII,
et juge au tribunal d'appel de Besançon
l'année suivante. Il mourut dans l'exercice de
ces fonctions deux ans après.

RUBAT (Étienne), député à l'Assemblée
législative de 1791 et au Conseil des Anciens,
né le 5 mai 1752, mort à une date inconnue,
fils de Jean-François Rubat, avocat au parlement et de Marianne Martin, était homme de
loi à Mâcon au moment de la Révolution.
Nommé, en 1790, juge au tribunal de district
de Mâcon, il fut élu, le 30 août 1791, député
de Saône-et-Loire à l'Assemblée législative, le
6e sur 11 (le procès-verbal n'indique ni le

nombre des voix obtenues ni celui des
votants). Il prit place parmi les modérés et
défendit La Fayette. Substitut de l'agent national près le district de Mâcon après la
session, procureur général syndic près l'administration centrale du département, commissaire au Directoire exécutif (an III-an IV), il
avait été candidat au Conseil des Cinq-Cents,
le 25 germinal an V, et avait échoué avec
22 voix sur 357 votants. Il fut plus heureux le
23 germinal an VI, et devint député de Saône-
et-Loire au Conseil des Anciens, par 215
voix (388 votants). Il ne prit la parole que pour
soutenir la validité des élections de son département. Rallié au 18 brumaire, il devint successivement juge au tribunal d'appel de Dijon
(16 prairial an VIII), et, le même jour, président du tribunal criminel de Saône-et-Loire.
Membre de la Légion d'honneur (25 prairial
an XII), conseiller à la cour impériale de
Dijon (6 avril 1811), il fut maintenu dans ses
fonctions par la première Restauration; mais
ayant été, pendant les Cent-Jours, l'un des
signataires de l'adresse de cette cour à l'empereur, il fut destitué au retour de Gand et disparut de la vie publique.

RUBILLARD (Anselme-Maurice), député de
1876 à 1882, membre du Sénat, né à Laval
(Mayenne) le 25 septembre 1826, ancien expert-
géomètre au Mans, puis propriétaire, conseiller municipal, maire de cette ville en septembre 1870, révoqué au 24 mai 1873, renommé
le 5 juin 1876, membre du conseil général de
la Sarthe pour le 1er canton du Mans (1871) et
secrétaire de ce conseil, s'était présenté à la
députation, le 8 février 1871, dans la Sarthe,
où il avait échoué avec 23,361 voix, sur 84,400
votants. Il fut élu, le 20 février 1876, député de
la 1re circonscription du Mans, par 11,460 voix
(19,036 votants, 24,493 inscrits), contre 6,192 à
M. Bouriat et 1,161 à M. Clouff. Il prit place à la
gauche républicaine et fut l'un des 363 députés
qui, au 26 mai, refusèrent le vote de confiance
au ministère de Broglie. Réélu, le 14 octobre 1877,
par 10,458 voix (20,018 votants, 24,436 inscrits),
contre 9,515 à M. Bouriat, et, le 21 août 1881, par
10,615 voix (18,888 votants, 25,624 inscrits),
contre 6,990 à M. Bouriat et 1,231 à M. Drouin,
il continua de voter avec la majorité républicaine, et devint, le 8 janvier 1882, sénateur
de la Sarthe, élu, le 2e sur 3, par 248 voix
(455 votants); il siégea à la gauche de la
Chambre haute, vota l'expulsion des princes,
et, en dernier lieu, s'abstint sur le rétablissement du scrutin d'arrondissement (23 février
1889), sur le projet de loi Lisbonne et sur la
procédure de la haute cour contre le général
Boulanger.

RUDEL. — *Voy.* Dumiral.

RUDLER (Francisque-Joseph), député en
1791 et de 1830 à 1831, né à Guebwiller
(Haut-Rhin) le 9 septembre 1757, mort à Strasbourg (Bas-Rhin) le 13 novembre 1837, avocat
avant la Révolution, devint, en 1791, membre
du directoire du département du Haut-Rhin et
procureur général syndic de ce département.
Élu, le 3 septembre 1791, député du Haut-
Rhin à l'Assemblée législative, le 4e sur 7, par
306 voix sur 396 votants, il ne joua qu'un rôle
effacé, bien que suppléant au comité de
l'extraordinaire des finances, membre du conseil de surveillance et commissaire du gouvernement pour la fabrication des armes. Élu
haut-juré du Haut-Rhin le 23 vendémiaire

an IV, puis commissaire de police du Directoire dans les quatre départements réunis en deçà du Rhin, il se rallia ensuite au 18 brumaire, fut nommé préfet du Finistère le 3 pluviôse an IX, membre de la Légion d'honneur (25 prairial an XII), préfet de la Charente (28 mars 1805), chevalier de l'Empire le 28 janvier 1809 et baron le 14 février 1810; il avait été admis à la retraite comme préfet deux jours auparavant. Réélu député, le 3 juillet 1830, par le grand collège du Bas-Rhin avec 86 voix (117 votants, 153 inscrits), il se montra favorable à l'avénement de Louis-Philippe, mais ne se représenta pas aux élections de 1831.

RUDLER (JOSEPH-JEAN-MARTIN), représentant du peuple en 1848, né à Husseren (Haut-Rhin) le 7 juin 1795, mort en 1871, entra très jeune dans l'armée, fit les dernières campagnes de l'Empire, et, capitaine après 1830, reçut en Algérie une grave blessure qui entraîna sa mise en non-activité, avec le grade de chef de bataillon, le 10 mai 1838. Il se retira alors à Husseren, dont il devint maire et où il se livra à la viticulture. Bien qu'il n'eût été porté sur aucune liste de candidats, il fut élu, le 23 avril 1848, représentant du Haut-Rhin à l'Assemblée constituante, le 2e sur 12, par 81,320 voix (94,408 votants). Il fit partie du comité de l'agriculture, et vota *pour* le bannissement de la famille d'Orléans, *pour* l'abolition de la peine de mort, *contre* l'impôt progressif, *contre* l'incompatibilité des fonctions, *contre* l'amendement Grévy, *contre* la sanction de la Constitution par le peuple, *pour* l'ensemble de la Constitution, *contre* la proposition Rateau, et *pour* l'expédition de Rome. Non réélu à la Législative, il quitta la vie politique.

RUELLE (ALBERT), membre de la Convention et député au Conseil des Cinq-Cents, né à la Chapelle-Blanche (Indre-et-Loire) en 1754, mort à Chinon (Indre-et-Loire) le 31 janvier 1805, était juge au tribunal de Bourgueil en 1780. Il fut, en septembre 1791, choisi comme député suppléant du département d'Indre-et-Loire à l'Assemblée législative, sans être appelé à y siéger, et devint président du tribunal de Bourgueil. Élu membre de la Convention pour le même département (6 septembre 1792), le 5e sur 8, par 305 voix (438 votants), il vota la mort de Louis XVI, mais avec la restriction de Mailhe (l'appel au peuple), et ne s'opposa pas à une commutation de peine ou à une suspension de l'exécution du jugement. Secrétaire de la Convention en avril 1794, il fut, après la journée du 9 thermidor, au succès de laquelle il avait contribué, envoyé en mission dans l'Ouest, où son attitude lui valut les éloges des modérés et même des royalistes, comme Charette. Lorsque les premières suspensions d'armes avec les Vendéens eurent été réglées, Ruelle fut réélu député d'Indre-et-Loire au Conseil des Cinq-Cents, le 23 vendémiaire an IV, par 138 voix (247 votants). Il devint secrétaire de l'assemblée, parut plusieurs fois à la tribune, fit différents rapports, entre autres sur les créanciers de l'ci-devant comté d'Avignon, et quitta l'assemblée en 1797. Nommé, le 12 floréal an VIII, sous-préfet de Chinon, il exerça ces fonctions jusqu'à sa mort (1805).

RUELLO (PIERRE), député en 1789, né à Collinée (Côtes-du-Nord) le 26 février 1734, mort à Loudéac (Côtes-du-Nord) le 2 juillet 1805, entra dans les ordres, professa au collège de Saint-Brieuc, et devint recteur de Loudéac. Élu, le 1er avril 1789, du clergé de la sénéchaussée de Saint-Brieuc aux États-Généraux, il fut des premiers de son ordre qui se réunirent au tiers, prêta le serment ecclésiastique le 31 décembre suivant, mais fit publier sa rétractation cinq jours après, dans le *Journal ecclésiastique*. Il revint à Loudéac, en avril 1791, et fut bientôt mis en demeure par le procureur-syndic du district de prêter le serment; sur son refus, il dut renoncer à ses fonctions; les catholiques orthodoxes prirent parti pour lui, et se soulevèrent; bien qu'absent, Ruello fut dénoncé à la Constituante comme fauteur des troubles (8 octobre), mais la clôture de la session mit fin à l'incident. L'abbé Ruello gagna l'Angleterre, où il se dévoua aux soins des prisonniers français. De retour à Loudéac au Concordat, il reprit ses fonctions sacerdotales, et mourut en portant des secours aux malades dans une épidémie.

RUET (GILBERT), député en 1791, né à une date inconnue, mort le 15 juin 1792, était administrateur de l'Allier, quand il fut élu, le 29 août 1791, député du département à l'Assemblée législative, le 5e sur 8, par 177 voix (303 votants). Il ne s'y fit pas remarquer, fut membre du comité de l'examen des comptes, et mourut quelques mois avant la fin de la législature. Il fut remplacé par Favier, le 12 juillet 1792.

RUFFO DE BONNEVAL (SIXTE-LOUIS-CONSTANT), député en 1789, né à Aix (Bouches-du-Rhône) en 1742, mort à Vienne (Autriche) le 1er mars 1820, était chanoine à Paris, abbé et seigneur de l'abbaye de Saint-Léonard de Corbigny, quand il fut élu, le 30 avril 1789, député du clergé aux États-Généraux par la ville de Paris. Il siégea parmi les modérés, ne prit que deux fois la parole, pour dénoncer le *Journal de Paris* et demander le rappel à l'ordre de Robespierre, n'approuva pas la constitution civile et signa la protestation du 15 septembre contre les actes de la Constituante. Il émigra après la session, et mourut à l'étranger.

RUFFO DE LARIC (CLAUDE-MARIE, BARON), député en 1789, né à Grenoble (Isère) le 16 novembre 1746, mort à Saint-Denis (Seine) le 1er octobre 1818, entra dans les ordres, devint conseiller clerc au parlement de Grenoble et, en février 1775, accompagna à Rome, comme conclaviste, le cardinal de Bernis. Nommé évêque de Saint-Flour le 29 août 1779 et sacré le 23 janvier suivant, il fut élu, le 27 mars 1789, député du clergé aux États-Généraux par le bailliage de Saint-Flour. Il se fit peu remarquer à la Constituante, fut membre et vice-président du comité des rapports, et alla deux fois, le 16 juillet 1789 et le 6 février 1790, en députation chez le roi. Après avoir refusé de prêter le serment civique, il émigra en Italie, donna, au Concordat, sa démission d'évêque de Saint-Flour, et rentra peu après en France. Chanoine de Saint-Denis, et l'un des 6 prélats chargés de l'administration de Sainte-Geneviève, il fut créé baron de l'Empire le 15 juin 1808.

RÜHL (PHILIPPE-JACQUES), député en 1791, membre de la Convention, né à une date inconnue, mort par suicide à Paris le 30 mai 1795, était fils d'un ministre de l'Église luthérienne. Il exerça la même profession, puis fut chargé de l'éducation d'un jeune comte de Grumbach et rédigea pour le comte de Linange trois mémoires en allemand et en latin, relatifs à la succession de la branche allemande des Leiningen-Dachsburg, à laquelle appartenait son protecteur. Nommé, en récompense de son zèle, conseiller aulique avec la direction des finances et de la chancellerie de ce petit État, il conserva cette situation jusqu'à la révolution de 1789, dont il embrassa avec ardeur les principes, vint alors en France, devint administrateur du Bas-Rhin, et fut élu, le 31 août 1791, député de ce département à l'Assemblée législative, le 7e sur 9, par 321 voix (611 votants). Rühl siégea à l'extrême gauche, s'éleva contre les intrigues du cardinal de Rohan, contre les rassemblements armés aux frontières du Rhin et contre les princes possessionnés en Alsace. Réélu, le 4 septembre 1792, député du même département à la Convention, le 1er sur 9, par 334 voix (583 votants), il prit place à la Montagne. Chargé du rapport concernant les pièces trouvées dans l'armoire de fer, il présenta une analyse impartiale et sobre des documents qu'il avait entre les mains. Lors du procès du roi, il était en mission dans la Moselle et le Bas-Rhin. Membre du comité de salut public et de celui de sûreté générale (1793), il devint, en 1794, président de la Convention. Le parti modéré lui reprocha vivement son ardeur à poursuivre à Strasbourg le maire Dietrich, ainsi que le caractère violent de certaines motions qu'il présenta à l'Assemblée, comme celle de brûler tous les châteaux à l'étranger et de démolir ceux qui restaient en France. Ce fut lui qui, étant en mission dans la Marne, brisa devant le peuple assemblé sur l'ancienne place Royale, à Reims, la sainte Ampoule (8 octobre 1793), et en envoya les morceaux à la Convention par la voie des messageries publiques, « enveloppés dans une chemise neuve et en mauvais état destinée pour les volontaires, preuve du gaspillage des intendants ». Dévoué au parti jacobin, Rühl quitta le comité de sûreté générale après le 9 thermidor. Dans la journée du 1er prairial, il harangua les révoltés et convertit en motion leur cri : « Du pain et la Constitution de 1793! » Décrété d'accusation le soir même comme fauteur ou complice de la rébellion, il fut mis en arrestation chez lui, et se tua d'un coup de poignard.

RUILLÉ (Jean-Guillaume Laplanche, comte de), député en 1789, né à Angers (Maine-et-Loire) le 1er janvier 1739, exécuté à Angers le 2 janvier 1794, fut officier au régiment Royal-infanterie. Membre, en 1788, de l'assemblée préliminaire de la noblesse, il fut l'un des douze commissaires chargés de la rédaction des cahiers de l'ordre, et fut élu, le 12 avril 1789, député de la noblesse aux États-Généraux par la sénéchaussée d'Anjou, avec 231 voix sur 454 votants. Partisan modéré des réformes, il se réunit cependant aux communes, fit partie du comité des finances, vota contre l'aliénation des biens du clergé, contre la création des assignats, pour le maintien d'une religion d'État, contre l'abolition des titres nobiliaires, et, le 31 mars 1791, fit un discours contre l'abandon de l'ancienne constitution de l'État; il s'associa aux protestations de la minorité en septembre suivant. Cependant il refusa d'émigrer et se retira à Angers. À l'approche des Vendéens, le 13 juin 1793, il fut nommé président du comité municipal provisoire, se rendit avec les habitants au-devant des insurgés auxquels il porta les clefs de la ville, et obtint d'eux qu'ils n'emmèneraient point les otages dont ils possédaient

les listes. Lorsque les généraux républicains rentrèrent dans Angers, M. de Ruillé fut arrêté comme complice des rebelles, et traduit, le 16 juillet, devant une commission militaire, qui, à la prière des habitants et des officiers municipaux, consentit à le remettre en liberté provisoire. Mais, dans les premiers jours de novembre, il fut de nouveau mis en arrestation avec toute sa famille, et enfermé au château d'Angers. Quand les Vendéens s'approchèrent une seconde fois de la ville, il fut transféré à Doué, de là à Saumur, puis ramené à Angers, après la retraite définitive de l'armée royale. Traduit, le 13 nivôse an II, devant la commission militaire, il fut condamné à mort et exécuté le même jour.

RUINART DE BRIMONT (François-Jean-Irénée, vicomte), député de 1816 à 1821, de 1824 à 1827 et en 1830, né à Reims (Marne) le 30 novembre 1770, mort à Reims le 6 janvier 1850, négociant dans sa ville natale et conseiller général, fut nommé, en 1815, président du collège électoral de son arrondissement. Élu, le 4 octobre 1816, député du grand collège de la Marne, par 89 voix (166 votants, 279 inscrits), il prit place à droite, fit adopter en 1818 un amendement à la loi de recrutement, amendement en vertu duquel les frères des écoles chrétiennes devaient être exemptés du service militaire, et vota toutes les lois d'exception. Ayant échoué, le 1er octobre 1821, dans le 3e arrondissement électoral de la Marne (Reims), avec 153 voix contre 308 à l'élu, M. Jobert-Lucas, il fut nommé maire de Reims par Louis XVIII. Réélu député, dans ce dernier arrondissement, le 25 février 1824, par 242 voix (448 votants, 477 inscrits), contre 291 au député sortant, M. Jobert-Lucas, il demanda que les cérémonies du sacre de Charles X fussent faites avec les pompes anciennement usitées, donna sa démission de maire de Reims en 1827, et échoua, comme candidat à la députation, le 17 novembre suivant, avec 125 voix, contre 270 à l'élu, M. Jobert-Lucas. Nommé gentilhomme de la chambre du roi, il fut encore réélu, le 19 juillet 1830, député du grand collège de la Marne par 117 voix (223 votants, 268 inscrits). Partisan des Bourbons, il refusa d'adhérer au gouvernement de Louis-Philippe, et donna sa démission par la lettre suivante :

« Paris, 12 août 1830.

« Monsieur le président,

« Nommé député dans des circonstances qui n'existent plus, je croirais déroger à mon mandat, si je prenais part aux délibérations de la Chambre. Je vous prie de lui faire agréer ma démission.

« J'ai l'honneur d'être, etc.

« Vicomte Ruinart de Brimont. »

Il fut remplacé, le 28 octobre 1830, par M. Leroy-Myon, et ne reparut plus dans les assemblées parlementaires.

RULLIÈRE (Joseph-Marcellin), pair de France, représentant en 1848 et en 1849 et ministre, né à Saint-Didier-la-Séauve (Haute-Loire) le 9 juin 1787, mort à Paris le 24 août 1863, « fils de sieur Eustache-Marcellin Rullière, procureur, et de Jeanne-Agnès Michel », fut admis en 1807 dans les vélites grenadiers de la garde, fut promu sous-lieutenant au 3e tirailleurs (1809), se battit bravement en Prusse, en Pologne, en Allemagne, en Espagne, et revint à la grande armée avec le grade de chef de bataillon. Prisonnier pendant la guerre de Russie, il ne put rentrer en France qu'en 1814, prit part à tous les engagements de la campagne de France, fut maintenu sur les cadres de l'armée par le gouvernement de la Restauration, et fut envoyé en Espagne (1823), puis nommé colonel du 35e de ligne. Il participa ensuite à l'expédition de Morée (1828), qui lui valut le grade de colonel, puis à la prise d'Alger (1830), et devint, le 11 octobre 1832, maréchal de camp. Il se trouva, en cette qualité, au siège d'Anvers. Lieutenant général le 11 novembre 1837, il continua jusqu'en 1839 de guerroyer en Afrique, se montra dévoué à la monarchie de Louis-Philippe et fut élevé à la pairie le 19 mai 1845. La révolution de 1848 le fit rentrer dans la vie privée. Mais la mort de M. Charbonnel ayant déterminé une vacance dans la représentation de la Haute-Loire, le général Rullière se porta candidat à sa place, le 17 septembre 1848, et fut élu représentant à l'Assemblée Constituante, par 10,232 voix (21,914 votants, 73,000 inscrits), contre 6,103 à M. de Saint-Ferréol, démocrate-socialiste, et 4,324 à M. Charles Calemard de La Fayette. Il prit place à droite, et vota constamment avec les conservateurs, *contre* le droit au travail, *pour* la proposition Rateau, *pour* l'interdiction des clubs, *pour* l'expédition de Rome. Quand L.-N. Bonaparte prit possession de la présidence, le général Rullière fut chargé, dans son premier ministère, du portefeuille de la Guerre, qu'il garda du 20 décembre 1848 au 31 octobre 1849. Il fut le promoteur de la loi du 11 août 1849, qui releva de la retraite les officiers généraux et supérieurs, d'opinions monarchistes, admis d'office dans cette position par décret du gouvernement provisoire. Élu, le 8 juillet 1849, représentant des Bouches-du-Rhône à l'Assemblée législative, en remplacement du général Changarnier, qui avait opté pour la Somme, par 35,623 voix (53,700 votants, 110,791 inscrits), contre 17,642 à Dupont de l'Eure, le général Rullière suivit la même politique que précédemment, appuyant de son vote toutes les mesures de réaction qui obtinrent l'agrément de la majorité. Le 26 décembre 1851, il fut définitivement admis à la retraite. Il était grand officier de la Légion d'honneur.

RULLY (Patrice-Gabriel Bernard de Montessus, comte de), député en 1789, et pair de France, né à Chalon-sur-Saône (Saône-et-Loire) le 10 août 1761, mort à Paris le 25 février 1831, entra fort jeune dans les armées du roi; il était colonel du régiment du Maine au moment de la Révolution. Élu, le 5 avril 1789, député suppléant de la noblesse aux États-Généraux par le bailliage de Chalon-sur-Saône, il fut admis à siéger, le 10 novembre 1789, en remplacement de M. Bernard de Sassenay, démissionnaire. Il s'y fit peu remarquer et écrivit une lettre à l'Assemblée pour défendre la mémoire de son frère, tué en Corse dans une émeute. M. de Rully émigra en 1791, servit à l'armée de Condé, et fit, jusqu'en 1796, campagne contre la République. Nommé maréchal de camp en 1803 par le comte de Provence, et confirmé dans ce grade, le 12 septembre 1814, après le retour des Bourbons, il fut promu lieutenant-général le 1er juillet 1815, et appelé à la Chambre des pairs le 17 août suivant. Il vota pour la mort dans le procès du maréchal Ney, et quitta la Chambre haute à la révolution de 1830, pour ne pas prêter serment. Il avait été aide-de-camp et premier gentilhomme du duc de Bourbon.

RUMIGNY (Marie-Théodore Gueilly, vicomte de), député de 1830 à 1831, né à Paris le 12 mars 1789, mort à Cauny (Seine-et-Oise) le 24 juin 1860, d'une famille originaire de Picardie, entra, dès l'âge de seize ans, à l'École de Fontainebleau et en sortit pour prendre part aux guerres du premier Empire. Il se signala à la bataille d'Iéna, et dans les campagnes de 1809 et de 1812 et fut nommé aide-de-camp du général Gérard. Après les combats de Nangis et de Montereau (1814) il fut promu colonel; la Restauration le mit en demi-solde. Rumigny accueillit avec enthousiasme Napoléon lors de son retour de l'île d'Elbe, fut attaché à l'état-major général et, le 16 juin 1815, se battit à Ligny. La seconde Restauration l'avait mis de nouveau en non-activité, lorsque le général Gérard le présenta au duc d'Orléans, qui, en 1818, le prit pour aide-de-camp, lui fit rendre son grade de colonel, et le fit nommer bientôt après général de brigade. Élu, le 28 octobre 1830, député du grand collège de la Somme, par 765 voix (1,138 votants, 1,829 inscrits), en remplacement de M. du Maisniel, démissionnaire, il siégea dans la majorité conservatrice et obtint sa réélection, le 5 juillet 1831, cette fois dans le 4e collège de la Mayenne (extra-muros), par 183 voix (251 votants, 313 inscrits), contre 54 à M. de Vaucelle. Tout dévoué à la personne de Louis-Philippe, le général de Rumigny lutta plusieurs fois dans la rue contre le peuple insurgé, et se prononça systématiquement, à la Chambre, contre toute mesure désapprouvée par le roi. Le 21 juin 1840, il fut promu lieutenant-général. La révolution de 1848 le rendit à la vie privée et l'obligea à quitter la France. Il accompagna le roi en Angleterre et fut mis à la retraite d'office le 8 juin 1848. De retour en France quelques années plus tard, il vécut jusqu'à sa mort dans une profonde obscurité. Grand officier de la Légion d'honneur (9 janvier 1853).

RUMIGNY (Marie-Hippolyte Gueilly, marquis de), pair de France, né à Paris le 7 septembre 1784, mort à Bruxelles (Belgique) le 14 février 1871, frère du précédent, entra en 1805 dans les bureaux du ministère des Affaires étrangères, et remplit successivement, sous Louis-Philippe, les fonctions de ministre de France près la diète helvétique, et d'ambassadeur à Turin, puis à Bruxelles. Il siégea dans la Chambre des pairs, du 11 octobre 1832 jusqu'à la révolution de 1848, et soutint constamment de ses votes le gouvernement royal. Grand officier de la Légion d'honneur du 25 octobre 1835.

RUMILLET-CHARTIER (Joseph), député de 1885 à 1889, né à Champagneux (Savoie) le 9 juillet 1833, distillateur au Puy, juge au tribunal de commerce de cette ville, conseiller municipal, et président du syndicat des distillateurs de la Haute-Loire, fut porté à la députation sur la liste républicaine de ce département le 4 octobre 1885, et élu, le 5e et dernier, au second tour, par 35,316 voix (70,769 votants, 86,398 inscrits). Il prit place à gauche, soutint la politique des ministères républicains, vota l'expulsion des princes, et, dans la dernière session, s'abstint sur le rétablissement du scrutin d'arrondissement (11 février 1889) et sur l'ajournement indéfini de la révision de la Constitution, et se prononça *pour* les poursuites contre trois députés membres de la Ligue des patriotes, *pour* le projet de loi Lisbonne restrictif de la liberté de la presse, *pour les poursuites contre le général Boulanger*.

RUPÉROU (OLIVIER, CHEVALIER), représentant aux Cent-Jours, député de 1815 à 1820, né à Châtelaudren (Côtes-du-Nord) le 25 juin 1763, mort à Paris le 28 avril 1813, fils d'un riche meunier, fit ses études à Saint-Brieuc et son droit à Rennes, fut reçu docteur en droit en 1786, et devint sénéchal de Guingamp. Partisan de la Révolution, il fut élu (1791) membre du directoire du département, et, en septembre de la même année, premier député suppléant des Côtes-du-Nord à l'Assemblée législative, où il ne fut pas appelé à siéger. Lors du mouvement fédéraliste tenté par les Girondins en Normandie (juin 1793), il fut envoyé à Caen pour y prendre part, fut décrété d'arrestation par la Convention triomphante, réussit à se cacher, et ne reparut qu'après la chute de Robespierre. Membre du directoire de district de Saint-Brieuc, procureur général syndic des Côtes-du-Nord, il fut élu (vendémiaire an VII) juge au tribunal de Cassation, et y fut rappelé le 1er floréal an VIII. Décoré de la Légion d'honneur (25 prairial an XII), il fut créé chevalier de l'Empire (26 avril 1808), il présida, en 1809, le collège électoral des Côtes-du-Nord, fut élu candidat au Sénat, sans y être admis par l'empereur, et, lors de la réorganisation des cours et tribunaux en 1811, prit le titre de conseiller à la cour de Cassation. Le 25 mai 1815, le grand collège des Côtes-du-Nord l'élut représentant à la Chambre dite des Cent-Jours, par 77 voix sur 150 votants et 283 inscrits. Réélu, le 22 août 1815, député du même collège par 219 voix sur 231 votants et 289 inscrits, il siégea dans la minorité de la Chambre introuvable, vit son mandat renouvelé, le 4 octobre 1816, par 116 voix sur 210 votants et 274 inscrits, et vota avec les libéraux contre les lois d'exception et contre la nouvelle loi électorale. De la série sortante en 1820, il ne se représenta plus, reprit ses fonctions judiciaires, et mourut à quatre-vingts ans, commandeur de la Légion d'honneur (1840).

RUPHY-MENTHON DE LORMAY ((FRAN-çois-Louis, CHEVALIER), député au Corps législatif en 1809, né à Annecy (Haute-Savoie) le 9 septembre 1765, mort à une date inconnue, fils de Spectacle-Jacques Ruphy, avocat au Sénat et l'un des conseillers de ville, et de demoiselle Marie-Antoinette de Menthon de Lormay, était maire d'Annecy depuis 1801, quand il fut élu, le 2 mai 1809 par le Sénat conservateur, député du Mont-Blanc au Corps législatif; il y siégea jusqu'en 1813. Créé chevalier de l'Empire le 3 juillet 1813, il se rallia aux Bourbons, devint sous-préfet d'Annecy le 10 juillet 1816, et cessa ces fonctions lorsque les traités de 1815 séparèrent la Savoie de la France.

RUTY (CHARLES-ÉTIENNE-FRANÇOIS, COMTE), pair de France, né à Besançon (Doubs) le 4 novembre 1774, mort à Paris le 21 avril 1828, entra à l'École de Châlons et en sortit comme officier d'artillerie. Il prit part en cette qualité aux campagnes de l'armée du Rhin. Capitaine à Hohenlinden, colonel après Friedland, général de brigade en Espagne, il inventa, en 1808, un obusier de campagne auquel on donna son nom. L'empereur le nomma baron de l'Empire le 11 août 1808, comte le 11 septembre 1813, et grand officier de la Légion d'honneur. Lieutenant général à la Restauration, il devint, en 1816, inspecteur d'artillerie, et, en 1817, directeur général des poudres et salpêtres. Nommé pair de France le 5 mars 1819, il siégea obscurément jusqu'à sa mort.

RUTY (ANATOLE-MARIE-THÉODORE, COMTE), pair de France, né à Paris le 25 février 1822, mort à Paris le 14 août 1883, fut admis à siéger à la Chambre des pairs, le 31 mars 1847, par droit héréditaire, en remplacement de son père décédé. Il y siégea à peine un an, la révolution de 1848 ayant mis fin à sa carrière politique.

RUYMBEKE. — *Voy.* VAN RUYMBEKE.

RUZÉ. — *Voy.* EFFIAT (COMTE D').

S

SABATHIER (PIERRE-LOUIS-ANDRÉ), député en 1791, né à une date inconnue, mort à Paris le 4 décembre 1820, exerçait à Sancerre la profession de notaire. Élu, le 31 août 1791, député du Cher à l'Assemblée législative, le 2e sur 6, par 266 voix (269 votants), il opina avec la majorité réformatrice, et publia plusieurs ouvrages estimés sur l'économie politique et la statistique. Outre une *Adresse à l'Assemblée constituante sur les dépenses générales de l'État*, un *Tableau comparatif des dépenses et des contributions de la France et de l'Angleterre* (1805), des *Observations sur les dépenses et les recettes à venir de la France et sur les finances* (1814), il publia encore un traité des *Banques et de leur influence* (1814). Sabathier fut nommé préfet de la Nièvre le 12 ventôse an VIII, et fut « appelé à d'autres fonctions » en germinal an IX, sur la dénonciation de quelques fonctionnaires du département. Il protesta inutilement contre cette mesure, se fit délivrer des attestations par les notables de Nevers, et ne cessa de réclamer la réparation de cette injustice, notamment le 1er avril 1814, le 30 juin suivant, et le 13 juillet 1815. Le 16 novembre 1829, sa femme demanda au gouvernement, comme veuve d'ancien préfet, un bureau de loterie, sans pouvoir l'obtenir.

SABATIER (JEAN-CAMILLE-PIERRE-GERMAIN DEMAZE), député de 1885 à 1889, né à Tlemcen (Algérie) le 10 mars 1851, étudia le droit, fut reçu avocat et s'inscrivit au barreau de Tlemcen en 1871. Juge de paix à Milah en 1876, juge au tribunal de Blidah en 1879, administrateur de la commune mixte de Fort-National en 1880, il fut chargé en 1881 du cours d'institutions berbères à l'École supérieure des lettres d'Alger (1884). Lors des élections législatives du 4 octobre 1885, M. Sabatier fut élu, au second tour, comme candidat radical, député du département d'Oran, par 7,156 voix (8,871 votants, 18,349 inscrits, contre 5,192 à M. Dessoliers. Il siégea à la gauche radicale, prit part à un certain nombre de discussions concernant l'Algérie, les finances, l'organisation judiciaire, proposa (juin 1887) de limiter le droit de succession *ab intestat* au cinquième degré, se prononça *contre* les ministères Rouvier et Tirard, *pour* le cabinet Floquet, et vota, dans la dernière session, *pour* le rétablissement du scrutin d'arrondissement (11 février 1889), *contre* l'ajournement indéfini de la revision de la Constitution, *pour* les poursuites contre trois députés membres de la Ligue des patriotes, *pour* le projet de loi Lisbonne restrictif de la liberté de la presse, *pour* les poursuites contre le général Boulanger. C'est sur son rapport que ces dernières poursuites furent votées, le 4 avril 1889, par 333 voix contre 199.

SABLIÈRES-LACONDAMINE (ANTOINE), député en 1791, né à Saint-Romans (Isère) le 1er octobre 1724, mort à une date inconnue, exerçait la profession de médecin, et était maire de Saint-Romans, quand il fut élu, le 30 août 1791, député de l'Isère à l'Assemblée législative, le 3e sur 9, à la pluralité des voix sur 458 votants. Il n'y joua qu'un rôle effacé, et fut membre du comité des assignats et monnaies. Il disparut de la scène politique après la session.

SABOURAUD (GASTON-AMBROISE), député de 1885 à 1889, né à la Châtaigneraie (Vendée) le 8 juin 1846, fit ses études au lycée de Nantes, son droit à Paris, fut reçu docteur en droit le 30 avril 1870, et se fit inscrire au barreau. Après la guerre, il s'occupa principalement d'agriculture, sans se désintéresser cependant de la politique. Candidat aux élections législatives du 6 octobre 1877, dans la 1re circonscription de Fontenay-le-Comte (Vendée), il échoua avec 8,004 voix contre 8,665 à l'élu, M. Bienvenu, républicain; mais porté, le 4 octobre 1885, sur la liste conservatrice de la Vendée, il fut élu, le 6e sur 7, par 51,655 voix (92,192 votants, 120,450 inscrits); il prit place à l'union des droites, combattit de ses votes la politique scolaire et coloniale des ministères républicains, et se prononça, dans la dernière session, *contre* le rétablissement du scrutin d'arrondissement (11 février 1889), *pour* l'ajournement indéfini de la revision de la Constitution, *contre* les poursuites contre trois députés membres de la Ligue des patriotes, *contre* le projet de loi Lisbonne restrictif de la liberté de la presse, *contre* les poursuites contre le général Boulanger. M. Sabouraud est gendre de M. Ernoul, ancien ministre de la Justice.

SABRAN (LOUIS-HECTOR-HONORÉ-MAXIME DE), député en 1789, né au château de Baudinard (Var) le 4 décembre 1739, mort en Pologne en 1811, entra dans les ordres et obtint plusieurs riches bénéfices par la protection d'un de ses oncles. Il était évêque-duc de Laon, second pair de France, et grand aumônier de la reine, quand il fut élu, le 22 mars 1789, député du clergé aux États-Généraux au bailliage de Vermandois. Il ne joua à l'Assemblée qu'un rôle peu en vue, s'opposa à l'admission des députés de la noblesse de Provence, protesta contre sa comparution à l'Assemblée et contre la réunion des ordres, et ne siégea ensuite que rarement et au côté droit. Il quitta la France après la session, et mourut en émigration.

SABRAN (ELZÉAR-LOUIS-ZOZIME, DUC DE), pair de France, né à Aix (Bouches-du-Rhône) le 3 janvier 1761, mort à Marseille le 22 janvier 1847, « fils de messire Jules César, marquis de Sabran, des comtes de Forcalquier et Darian, et de dame Anne-Gabrielle de Brémond », suivit la carrière des armes; il était colonel à l'époque de la Révolution. Il émigra en 1791, servit à l'armée de Condé, rentra en France en 1814, et fut alors nommé maréchal de camp, et commandant de Neuf-Brisach. Après avoir suivi le roi à Gand pendant les Cent-Jours, il devint pair de France le 17 août 1815, commandant du département de la Haute-Garonne, puis de ceux de la Drôme et des Pyrénées-Orientales, et fut promu lieutenant-général le 30 juillet 1823. A la Chambre haute, il était absent lors du procès du maréchal Ney; il demanda qu'on exceptât de la dotation de la caisse d'amortissement les bois ecclésiastiques et ceux de l'ordre de Malte, et protesta contre l'impôt proposé sur les oliviers. Charles X le nomma duc à l'occasion de son sacre. Le duc de Sabran prêta serment à Louis-Philippe, continua de siéger à la Chambre des pairs, et fut mis à la retraite comme lieutenant-général, le 29 octobre 1841.

SACASE (JEAN-FRANÇOIS-ROSE-FABIEN), représentant en 1871, sénateur de 1876 à 1879, né à Saint-Béat (Haute-Garonne) le 19 janvier 1808, mort à Toulouse (Haute-Garonne) le 11 juillet 1884, entra en 1849 dans la magistrature, comme juge au tribunal civil de Bordeaux, devint conseiller à la cour d'Amiens (1850), puis à la cour de Toulouse (1852), et président de chambre à cette dernière cour le 15 janvier 1868. Conseiller général de Saint-Béat depuis 1865, et président de ce conseil, il fut élu, le 8 février 1871, représentant de la Haute-Garonne à l'Assemblée nationale, le 7e sur 10, par 68,546 voix (122,845 votants, 145,655 inscrits). Il prit place au centre droit, se fit inscrire à la réunion des Réservoirs, présida le groupe Clercq, fut rapporteur du projet de loi contre l'Internationale, et du projet de loi sur le taux de l'intérêt de l'argent, membre de la commission des grâces et de la commission d'enquête sur la situation des classes ouvrières. Il vota *pour* la paix, *pour* l'abrogation des lois d'exil, *pour* la pétition des évêques, *contre* le service de trois ans, *pour* la démission de Thiers, *pour* le septennat, *pour* le ministère de Broglie, *contre* l'amendement Wallon, *contre* les lois constitutionnelles. Mis à la retraite le 22 juin 1875, avec le titre de président de chambre honoraire, il fut élu, le 30 janvier 1876, comme candidat bonapartiste, sénateur de la Haute-Garonne, par 368 voix (669 votants). Il prit place à droite et vota *pour* la dissolution demandée, le 23 juin 1877, par le ministère de Broglie. Il échoua ensuite, au renouvellement triennal du 5 janvier 1879, avec 292 voix sur 671 votants. Membre de l'Académie des Jeux floraux, secrétaire perpétuel de l'Académie de législation de Toulouse, M. Sacase a publié : *De la folie considérée dans ses rapports avec la capacité civile* (1851), et d'intéressants mémoires sur *Le parlement de Toulouse*. Chevalier de la Légion d'honneur (1857).

SACY (ANTOINE-ISAAC SILVESTRE, BARON DE), député au Corps législatif en 1808, et pair de France, né à Paris le 22 septembre 1758, mort à Paris le 21 février 1838, second des trois fils de « maître Abraham-Jacques Silvestre, avocat au parlement, notaire au Châtelet, et de Marie-Marguerite Judde », étudia de bonne heure, auprès de dom Berthereau, abbé de Saint-Germain-des-Prés, les langues orientales, qu'il apprit avec une surprenante facilité. Il fit aussi son droit et devint, en 1781, conseiller à la cour des monnaies, fonctions qu'il échangea en 1791 contre celles de commissaire à la fabrication des monnaies. Membre associé de l'Académie des Inscriptions depuis 1785, il devint membre titulaire en 1792, donna sa démission de fonctionnaire, et se retira dans la Brie, où il passa sans encombre le temps de la Terreur, s'occupant de traductions et de travaux philologiques. A la création de l'Institut, il fut appelé dans la classe de langues et littératures anciennes, fut chargé du cours d'arabe à l'École des langues orientales (1795), et collabora au *Journal des Savants*. Membre de la Légion d'honneur le 26 frimaire an XII, il fut nommé, le 4 avril 1806, professeur de persan au Collège de France. Élu, le 13 février 1809, par le Sénat conservateur, député de la Seine au Corps législatif, créé chevalier de l'Empire le 3 mai 1809, et baron le 12 août 1813, il vota la déchéance de l'empereur en 1814. La Restauration le nomma censeur royal, et, en 1815, après les Cent-Jours, pendant lesquels se tint à l'écart, recteur de l'Académie de Paris ; il entra, en 1817, au conseil royal de l'Instruction publique. Ces nombreux emplois ne l'empêchèrent pas de professer au Collège de France et de poursuivre ses travaux scientifiques. En 1822, il fonda, avec A. de Rémusat, la Société asiatique (1822). Rallié au gouvernement de Louis-Philippe, il succéda, en 1831, à Abel de Rémusat, comme conservateur des manuscrits de la Bibliothèque royale, et fut nommé pair de France le 11 octobre 1832. Il siégea constamment dans la majorité conservatrice, mais ne prit qu'une part très secondaire aux débats ; il préférait les séances de l'Académie, où son influence sur les élections était considérable ; il fut nommé, en 1833, secrétaire perpétuel de l'Académie des Inscriptions, puis grand officier de la Légion d'honneur. « Le XVIIIe siècle, écrivait-il en 1835, a eu le plaisir de l'incrédulité, nous en avons la peine, nous en sentons le vide. En philosophie comme en politique, c'est le beau temps que celui où tout le monde est de l'opposition, oui, mais gare le réveil, le moment où l'on s'aperçoit que l'on a fait le vide en soi-même et autour de soi, et que, dans le temps que l'on croyait acquérir des idées nouvelles, on chassait tout bonnement des idées acquises ». Il mourut d'une attaque d'apoplexie, en sortant de la Chambre des pairs. M. de Sacy a publié un grand nombre de travaux parmi lesquels on peut citer : *Grammaire Arabe* (Paris, 1810, 2 volumes) ; — *Chrestomathie Arabe* ; — *Mémoires sur diverses antiquités de la Perse* (1793) ; — *Principes de la grammaire générale mise à la portée des enfants* (1799) ; — *Exposé de la religion des Druses* (1838, 2 volumes) ; — *Mémoire sur l'état actuel des Samaritains* (1812). — Il a aussi donné beaucoup de traductions de l'arabe et un grand nombre d'articles dans les *Mémoires de l'Institut*, le *Journal des Savants*, le *Magasin encyclopédique*, le *Journal de la Société asiatique*, etc. Enfin on lui doit une brochure politique : *Où allons-nous et que voulons-nous ? ou la vérité à tous les partis* (décembre 1827), dans laquelle M. de Sacy se montre partisan du gouvernement de Charles X.

SACY (Samuel-Ustazade Silvestre, baron de), sénateur du second Empire, né à Paris le 17 octobre 1801, mort à Paris le 11 février 1879, fils du précédent, fit de brillantes études au collège Louis-le-Grand, puis étudia le droit à Paris. Reçu licencié en 1820, il exerça pendant quelques années la profession d'avocat. A vingt-sept ans, il entra à la rédaction du *Journal des Débats*, dont il ne cessa depuis lors de faire partie. Partisan zélé du gouvernement de juillet, il défendit constamment dans ses articles la politique des ministres de Louis-Philippe, fut nommé conservateur de la bibliothèque Mazarine en 1836 et administrateur en 1848. Il renonça à la polémique politique après le coup d'État du 2 décembre 1851, continua de collaborer aux *Débats* comme rédacteur littéraire, et fut appelé, le 18 mai 1854, à succéder à Jay comme membre de l'Académie française. Chevalier de la Légion d'honneur en 1837, officier du même ordre en 1864, il fut nommé (juillet 1861) membre du conseil supérieur de l'instruction publique. Jusque-là M. de Sacy avait évité d'adhérer formellement au gouvernement impérial. Mais deux articles extrêmement élogieux qu'il publia (1865) dans les *Débats* sur le premier volume de la *Vie de César*, lui valurent d'être appelé au Sénat le 26 décembre de la même année, et d'être promu commandeur de la Légion d'honneur le 1 août 1867. Il n'eut qu'un rôle parlementaire effacé, soutint de ses votes le gouvernement impérial, et conclut, comme rapporteur, au rejet d'une pétition catholique qui demandait que le gouvernement s'opposât à l'érection d'une statue de Voltaire sur une des places de Paris (21 décembre 1869). La révolution du 4 septembre le rendit à la vie privée. Ce fut lui qui prononça sur la tombe de Thiers le discours au nom de l'Académie française. On a de lui : *Variétés littéraires, morales et historiques* (1853) ; une édition de la traduction de l'*Imitation de Jésus-Christ*, par Michel de Marillac ; une édition des *Lettres spirituelles* de Fénelon, une édition des *Lettres de Mme de Sévigné*, etc. Il a collaboré avec Th. Gautier, P. Féval et Ed. Thierry, au *Rapport* publié par ordre du gouvernement *sur l'état des lettres et des sciences* en 1868.

SADE (François-Xavier-Joseph-David, comte de), député de 1827 à 1846, né à Eyguières (Bouches-du-Rhône) le 25 mars 1777, mort à Paris le 24 mai 1846, appartenait à une branche de la famille du marquis de Sade qui a acquis dans les lettres une honteuse célébrité, et était fils d'un savant numismate qui fut élu député aux États-Généraux de 1789, mais dont l'élection fut invalidée, et qui émigra en avril 1789. Le jeune de Sade alla achever ses études à Londres, et rejoignit sa famille à Rome. Il entra au service de l'Angleterre, collabora à l'*Ambigu*, journal rédigé à Londres par Peltier de Nantes, puis revint en France en 1812, et vécut dans la retraite à Condé (Aisne). Conseiller général de l'Aisne depuis 1816, il publia en 1822 les *Réflexions sur les moyens propres à consolider l'ordre constitutionnel en France*, qui mirent en vue. Élu, le 24 novembre 1827, comme candidat constitutionnel, député du grand collège de l'Aisne, par 138 voix (245 votants, 297 inscrits), il se déclara pour la liberté de l'enseignement, fut rapporteur de plusieurs commissions, et fut membre de celle qui rédigea l'Adresse des 221, qu'il vota. Réélu, le 3 juillet 1830, par 163 voix (280 votants, 322 ins-

*crits), il se rallia à la monarchie de Louis-Philippe, tout en opinant souvent avec l'opposition dynastique. Il obtint sa réélection successivement le 5 juillet 1831, dans le 7e collège de l'Aisne (Château-Thierry), avec 199 voix, 206 votants, 237 inscrits) ; le 14 mai 1834, avec 173 voix (196 votants, 254 inscrits), contre 20 à M. Imbert ; le 4 novembre 1837, avec 229 voix (275 votants, 352 inscrits), contre 44 à M. Imbert ; le 2 mars 1839, avec 230 voix (316 votants) ; le 9 juillet 1842, avec 234 voix (311 votants). Il parla sur l'application du jury aux délits de presse, sur les crédits de l'expédition d'Alger, sur la garde nationale, sur l'adjonction des capacités. Membre de la commission chargée d'examiner la loi électorale après la révolution de 1830, il contribua à faire descendre le cens d'éligibilité à 500 francs et le cens électoral à 200 francs. Il vota *contre* l'hérédité de la pairie, s'éleva contre l'état de siège, en 1832, demanda (1833) le renvoi du journal la *Tribune* devant les tribunaux ordinaires, réclama l'abolition du serment politique, et combattit les lois de septembre 1835, de disjonction, de dotation et d'apanage. Il fut de ceux qui se prononcèrent, en 1845, *contre* l'indemnité Pritchard, et mourut à la fin de la législature de 1842-1846.

SAGE (BERNARD-MARIE), député en 1791, né le 15 septembre 1750, mort à une date inconnue, embrassa les principes de la Révolution et devint administrateur du département de Rhône-et-Loire. Élu, le 3 septembre 1791, député de Rhône-et-Loire à l'Assemblée législative, le 10e sur 25, par 317 voix (451 votants), il vota avec le parti modéré et soutint une motion contre le renvoi de Narbonne. Il disparut de la scène politique après la session.

SAGE (JEAN), représentant en 1849, né à Tulle (Corrèze) le 23 mai 1807, mort à Tulle le 14 avril 1876, étudia le droit et se fit recevoir avocat. Inscrit au barreau de Tulle, il se déclara républicain et fut élu comme tel, le 12 mai 1849, représentant de la Corrèze à l'Assemblée législative, le 1er sur 7, par 37,716 voix (56,045 votants, 84,363 inscrits). Il siégea à gauche, sans faire partie du groupe de la Montagne, et opina généralement avec la minorité démocratique, *contre* la loi Falloux-Parieu sur l'enseignement, *contre* la loi restrictive du suffrage universel. Il rentra dans la vie privée lors du coup d'État de 1851. Sous l'Empire, M. Sage se présenta au Corps législatif, comme candidat indépendant, dans la 1re circonscription de la Corrèze ; il réunit, le 22 juin 1857, 1,644 voix contre 24,746 au candidat officiel élu, M. Lafond de Saint-Mür et 3,574 à M. Lebraly.

SAGET (LOUIS-MARIE), député au Corps législatif en l'an IX, né à Paris le 12 décembre 1744, mort à Romorantin (Loir-et-Cher) le 27 mars 1816, président de l'administration municipale de Nantes, se rallia au 18 brumaire, et fut élu, le 4 brumaire an IX, par le Sénat conservateur, député de la Loire-Inférieure au Corps législatif, en remplacement de M. Dalphonse, Secrétaire de l'assemblée le 16 nivôse an IX, il en sortit en l'an XIII. Nommé, le 5 germinal an XII, directeur des droits réunis dans la Loire-Inférieure, il remplit ces fonctions jusqu'à sa mort.

SAGET (JOSEPH-LÉOPOLD), député au Corps législatif en l'an X, né à Metz (Moselle) le

13 octobre 1748, mort à Metz le 8 décembre 1811, « fils de Léopold Saget, chirurgien en chef de l'hôpital militaire, et de dame Régnier », étudia les mathématiques et le dessin à l'École de Metz et devint ingénieur des ponts et chaussées de la généralité de Metz. Il perdit ce poste en 1790, mais le reprit bientôt et le conserva jusqu'à son entrée au Corps législatif, où il fut élu, le 6 germinal au X, par le Sénat conservateur, comme député de la Moselle. Il en sortit en 1807. Membre de la Légion d'honneur du 4 frimaire an XII, Saget était en outre directeur du canal des salines et Inspecteur divisionnaire des ponts. On lui doit les plans et devis du pont de Sarreguemines.

SAGET (CHARLES-MARIE-PHILIBERT DE), député de 1837 à 1839, né à Toulouse (Haute-Garonne) le 18 mai 1776, mort à Toulouse le 22 avril 1857, maire de Castelsarrazin sous la Restauration, et chef du parti ultra, échoua à la députation, le 5 juillet 1831, dans le 3e collège de Tarn-et-Garonne (Castelsarrazin), avec 172 voix contre 213 à l'élu, M. Faure d'Ere. Il ne se représenta pas aux élections de 1834 ; mais il fut élu, le 4 novembre 1837, dans ce même collège, par 278 voix (514 votants, 677 inscrits), contre 234 à M. Faure d'Ere, député sortant. Il prit place à l'opposition de droite et vota contre le cabinet Molé. Il rentra dans la vie privée en 1839.

SAGLIO (PIERRE-MICHEL-BERNARDIN), député de 1815 à 1816, né à Haguenau (Bas-Rhin) le 20 août 1759, mort à une date inconnue, industriel et propriétaire à Wall oarg (Bas-Rhin), fut élu, le 22 août 1815, député du grand collège du Bas-Rhin, par 74 voix (118 votants, 269 inscrits). Il prit place dans la minorité libérale avec laquelle il vota silencieusement. Il quitta la vie politique à la dissolution de la Chambre introuvable (septembre 1816).

SAGLIO (MATHIAS-FLORENT-ANTOINE), député de 1819 à 1822 et de 1827 à 1841, né à Haguenau (Bas-Rhin) le 9 février 1777, mort à Strasbourg (Bas-Rhin) le 3 septembre 1841, négociant dans cette dernière ville et conseiller municipal, fut élu, le 11 septembre 1819, député du grand collège du Bas-Rhin, par 387 voix (628 votants, 795 inscrits). Il vota avec le côté gauche contre les lois d'exception et contre la nouvelle loi électorale et fut de la série sortante en 1819. Il échoua ensuite dans le 8e arrondissement électoral du Bas-Rhin (Haguenau), le 25 février 1824, avec 23 voix, contre 106 à l'élu, M. Renouard de Bussière, le 17 novembre 1827, avec 45 voix, contre 59 à l'élu, M. Renouard de Bussière, député sortant. Le même jour, il échoua également dans le 1er arrondissement du même département (Saverne), avec 40 voix, contre 106 à l'élu, M. Wangen de Géroldseck ; mais huit jours plus tard, le 24, il fut élu député du grand collège du Bas-Rhin, par 143 voix (157 votants, 166 inscrits). Il prit place au centre et signa l'Adresse des 221. Réélu à Haguenau, le 23 juin 1830, par 53 voix (87 votants, 94 inscrits), contre 32 à M. Renouard de Bussière, et successivement dans le 4e collège du Bas-Rhin (Saverne), le 5 juillet 1831, par 78 voix (135 votants, 151 inscrits), contre 80 à M. Mathieu-Faviers ; le 21 juin 1834, par 101 voix (172 votants, 206 inscrits) ; le 4 novembre 1837, par 174 voix (216 votants, 262 inscrits) ; le 2 mars 1839, par 176 voix (211 votants, 264 inscrits), M. Saglio vota constamment avec la majorité ministérielle et approuva les lois de septembre et de disjonction. Il mourut au cours de cette dernière législature, et fut remplacé, le 9 octobre 1841, par M. J.-B. Magnier.

SAGLIO (Pierre-François-Alphonse), député de 1842 à 1848, représentant en 1871, né à Strasbourg (Bas-Rhin) le 22 mai 1812, fit son droit à Paris, et devint en 1838 auditeur au conseil d'Etat, puis maître des requêtes. Conseiller général, il fut élu député du 4e collège du Bas-Rhin (Saverne), le 9 juillet 1842, par 245 voix (243 votants, 327 inscrits), et le 1er août 1846, par 271 voix (296 votants, 410 inscrits) ; il prit place au centre, vota pour l'indemnité Pritchard et contre la proposition Rémusat, fut chargé du rapport sur le projet de loi relatif aux douanes, et devint secrétaire de la Chambre au mois d'août 1846. Rendu à la vie privée par la révolution de 1848, il rentra à Strasbourg et ne reparut sur la scène politique qu'après la guerre de 1870. Elu, le 8 février 1871, représentant du Bas-Rhin à l'Assemblée nationale, le 7e sur 12, par 57,287 voix (101,741 votants, 145,183 inscrits), il vota contre la paix, et se retira avec ses collègues du Haut-Rhin et de la Moselle, après le vote à l'Assemblée. Chevalier de la Légion d'honneur le 11 décembre 1871, il fut élu conseiller d'Etat par l'Assemblée nationale, le 22 juillet 1872.

SAGNARD. — Voy. Lafressange (Marquis de).

SAGNIER. — Voy. Choumouroux (Comte de).

SAHUC (Louis-Michel-Antoine, comte), membre du Tribunat et député au Corps législatif de 1809 à 1813, né à Mello (Oise) le 9 septembre 1755, mort à Montmaguy (Seine-et-Oise) le 24 octobre 1813, suivit la carrière militaire, fit avec distinction les premières campagnes de la Révolution, et parvint en 1794 au grade de colonel des chasseurs. Il servit ensuite à l'armée de Sambre-et-Meuse, fut promu général de brigade en 1798, et fut appelé, le 6 germinal an X, à faire partie du Tribunat. Il siégea parmi les plus zélés partisans de la politique de Bonaparte, vota, en 1804, pour l'établissement de l'Empire, devint questeur de l'assemblée, membre de la Légion d'honneur le 4 frimaire an XII, et commandeur de l'ordre le 25 prairial suivant. Il reçut, au mois d'août 1805, le commandement d'un corps de cavalerie, avec lequel il passa le Rhin sous les ordres du maréchal Augereau ; vers la fin de novembre de la même année, il pénétra dans le Brisgau. Nommé général de division à la suite de la bataille d'Austerlitz, comte de l'Empire le 24 juin 1808, il se distingua encore en Italie (1809) et en Allemagne, fut blessé à la bataille de Raab le 14 juin, et à celle de Wagram le 6 juillet, et entra au Corps législatif en 1808, après la dissolution du Tribunat. Il fit partie de cette assemblée jusqu'en 1812.

SAHUNE (Louis-Marie-Ernest de), député de 1839 à 1848, né à Strasbourg (Bas-Rhin) le 28 janvier 1807, fit son droit à Paris, professa des opinions libérales sous la Restauration, et devint auditeur au conseil d'Etat en 1833, et, maître des requêtes en service ordinaire en 1841. Il avait été élu, le 2 mars 1839, député du 4e collège de la Corrèze (Ussel), par 107 voix (197 votants, 231 inscrits), contre 89 au baron Finot. Sa nomination comme maître des requêtes l'obligea à se représenter devant ses électeurs, qui lui renouvelèrent son mandat législatif, le 22 janvier 1842, par 158 voix (171

votants, 240 inscrits). Réélu dans le même collège, le 9 juillet 1842, par 111 voix (192 votants, 241 inscrits, contre 38 à M. Calary, et le 1er août 1846, par 150 voix (236 votants, 264 inscrits), contre 79 à M. de Vaublanc, M. de Sahune ne cessa de siéger dans la majorité ministérielle et vota pour la dotation du duc de Nemours, pour les fortifications de Paris, pour le recensement, contre les incompatibilités, contre l'adjonction des capacités, pour l'indemnité Pritchard et contre la proposition sur les députés fonctionnaires. La révolution de 1848 mit fin à sa carrière politique.

SAIGE (Joseph), député en 1789, né à Bazas (Gironde) en mars 1735, mort à Bazas le 14 juillet 1812, était avocat dans sa ville natale, lorsqu'il fut élu, le 19 mars 1789, député du tiers aux Etats-Généraux par la sénéchaussée de Bazas, avec 152 voix sur 234 votants. Il prêta le serment du Jeu de paume, et vota obscurément avec la majorité ; son nom n'est pas cité au Moniteur. Maire de Bordeaux après la session, il fut élu grand juré près la haute cour le 8 septembre 1791, se rallia au 18 brumaire, devint conseiller général de la Gironde (1er thermidor an XIII), puis juge de paix, et, en 1805, juge suppléant au tribunal de Bazas, fonctions qu'il remplit jusqu'à sa mort.

SAILLOUR (Jean-Marie), député au Corps législatif en l'an XIII, né à Morlaix (Finistère), le 20 novembre 1761, mort à Brest (Finistère) le 4 mars 1835, « fils d'Yves Saillour et de Marie-Josèphe Le Glinec », fut d'abord commis principal de la direction des douanes de Morlaix, puis secrétaire de l'administration centrale, secrétaire de la préfecture du Finistère et sous-préfet de Châteaulin. Elu, le 4e jour complémentaire de l'an XIII, par le Sénat conservateur, député du Finistère au Corps législatif, il en sortit en 1810, et ne fit pas partie d'autres assemblées.

SAIN (Pierre-Antoine-Marie-François), représentant en 1849, né à Anse (Rhône), le 21 octobre 1811, mort à Bascieux (Loire) le 16 juin 1862, professa des opinions démocratiques qui le firent nommer, après le 24 février 1848, préfet du département de la Loire. Ce département l'élut (13 mai 1849) représentant à l'Assemblée législative, le 6e sur 9, par 35,596 voix (75,232 votants, 118,427 inscrits). Il siégea dans la minorité démocratique et vota contre les crédits de l'expédition romaine, contre la loi Falloux-Parieu sur l'enseignement, contre la loi restrictive du suffrage universel. Adversaire de la politique de l'Elysée, il rentra dans la vie privée lors du coup d'Etat du 2 décembre 1851. Sous l'Empire, il réunit (22 juin 1857), comme candidat indépendant au Corps législatif dans la 2e circonscription de la Loire, 5,638 voix contre 12,139 à l'élu officiel, M. de Charpin-Feugeroles, et ne se représenta plus.

SAINT-AIGNAN (Jacques-Gilles de), député au Conseil des Cinq-Cents, né à la Ferrière (Eure) en 1741, mort à une date inconnue, d'une ancienne famille noble du Berry, dont la seigneurie fut érigée en comté en 1538, était avant la Révolution lieutenant des maréchaux de France. Partisan des idées nouvelles, il devint officier municipal de Verneuil (Eure), puis maire de cette ville après la Terreur. Elu, le 23 germinal an V, député de l'Eure au Conseil des Cinq-Cents, par 231 voix (324 votants), il conspira avec le parti de Clichy et vit son élection annulée au 18 fructidor. Son rôle politique n'a pas laissé d'autres traces.

SAINT-AIGNAN (Louis-Marie Rousseau, comte de), député de 1819 à 1824, de 1827 à 1831, et pair de France, né à Nantes (Loire-Inférieure) le 19 février 1767, mort à Nantes le 2 avril 1837, d'une famille bourgeoise de Normandie, entra à l'École militaire de Paris, fit partie, en 1785, du régiment du roi, et fut blessé à l'affaire de Nancy (1790) en défendant son colonel. Il émigra, servit quelque temps à l'armée de Condé, se retira en Suisse, et, rentré en France sous un nom d'emprunt pendant le Directoire, sollicita vainement du service au moment de l'expédition d'Égypte. Rayé de la liste des émigrés, il se retira en Bretagne où il vécut fort retiré. Nommé maire de Nantes en 1815, chevalier de Saint-Louis, puis préfet des Côtes-du-Nord, il fut élu député du grand collége de la Loire-Inférieure, le 15 mars 1819, par 531 voix (863 votants, 1,003 inscrits), puis du 1er arrondissement de la Loire-Inférieure (Nantes), le 1er octobre 1821, par 313 voix (473 inscrits), contre 136 à M. Dufeu. Il prit place au côté gauche, vota contre les deux lois d'exception et contre le nouveau système électoral, et fut destitué de ses fonctions de préfet. Il échoua dans le dernier collége, le 26 février 1824, avec 286 voix contre 305 à l'élu, M. Levesque, mais regagna son siège, le 17 novembre 1827, avec 316 voix (596 votants, 634 inscrits) contre 110 à M. Levesque, député sortant. Il reprit sa place dans l'opposition libérale, vota l'Adresse des 221, et fut réélu, le 23 juin 1830, par 457 voix (649 votants, 715 inscrits) contre 178 à M. Laënnec. Il adhéra au gouvernement de juillet, fut nommé préfet de la Loire-Inférieure (1830) et fut remplacé comme député, le 21 octobre suivant, par M. Maès. Appelé à la Chambre des pairs le 7 novembre 1832, il siégea jusqu'à sa mort dans la majorité gouvernementale.

SAINT-AIGNAN (Nicolas-Auguste-Marie Rousseau, comte de), député de 1820 à 1824, de 1829 à 1831 et pair de France, né à Nantes (Loire-Inférieure) le 8 mars 1770, mort à Paris le 31 mai 1858, « fils de messire Jean-Louis Rousseau, seigneur de Saint-Aignan, Laforest et autres lieux, et de dame Marie-Louise de Pontual », entra comme aspirant dans la marine royale, devint, en 1781, officier d'artillerie, fut destitué en 1792, arrêté comme suspect, emprisonné pendant 18 mois, inscrit sur la liste des émigrés quoiqu'il n'eût pas quitté la France, et rendu à la liberté peu après la chute de Robespierre. Il travailla pendant quelque temps dans l'atelier de David, et, sous le Consulat, obtint de reprendre du service dans l'armée. Nommé chef de bataillon en 1804, il passa, la même année, comme chef d'escadron, au grand état-major général, fit la campagne de 1806, assista à la bataille d'Iéna et au siège de Magdebourg, et fut ensuite chargé de plusieurs missions militaires; l'une d'elles avait pour but de faire connaître à l'empereur la force et la composition de l'armée que la Russie dirigeait contre les Turcs. Il revint à temps pour prendre part à Eylau et à Friedland, où sa bravoure lui mérita la croix de la Légion d'honneur. Après Tilsitt, il précéda Savary à Saint-Pétersbourg, fut fort bien accueilli par le czar Alexandre, et ne revint qu'au moment du rapture avec l'Autriche. Aide-de-camp de Berthier, il fut chargé, après Eckmühl et Ratisbonne, de porter au roi de Bavière la nouvelle de la défaite des Autrichiens. Nommé, après Wagram, écuyer de l'empereur, et créé baron de l'Empire le 31 décembre 1809, il accompagna Napoléon en Hollande en 1810, et, au moment où la guerre avec la Russie devenait imminente, fut nommé ministre plénipotentiaire près la cour de Saxe avec mission de surveiller les agissements des petits princes allemands; il y demeura trois ans. Lors de la campagne de 1813, sa maison fut pillée; après Leipsig, il fut fait prisonnier à Gotha par les Cosaques, et conduit au quartier-général des alliés. Il protesta contre cette violation du droit des gens et, par l'intervention de M. de Metternich qu'il connaissait, fut conduit à Toplitz puis à Francfort, où l'empereur le chargea de porter aux alliés de nouvelles propositions de paix. Cette mission échoua. Il suivit Napoléon jusqu'à Fontainebleau, fut alors envoyé à Blois, près de l'impératrice, pour l'informer des événements, puis il l'accompagna à Vienne. Rentré en France, M. de Saint-Aignan refusa de prêter serment à la Restauration et fut destitué de ses grades et fonctions. Il entra alors dans la politique. Le 4 novembre 1820, il se présenta à la députation dans le 1er arrondissement électoral des Côtes-du-Nord (Saint-Brieuc), et échoua avec 93 voix contre 175 à l'élu, M. de Villeaucomte; mais il fut élu, le même jour, dans le 3e arrondissement électoral du même département (Guingamp) par 129 voix (231 votants, 253 inscrits). Réélu ensuite, le 12 janvier 1829, dans le 2e arrondissement électoral de la Loire-Inférieure (Pont-Rousseau), par 83 voix (155 votants, 190 inscrits), contre 72 à M. Levesque, il prit place à l'opposition, vota contre la nouvelle loi électorale et, en mars 1830, signa l'Adresse des 221. Les élections du 23 juin 1830 ne lui furent pas favorables; il échoua, dans le même arrondissement, avec 110 voix contre 123 à l'élu, M. Levesque; mais il rentra à la Chambre, le 3 juillet suivant, comme député du grand collége de la Vendée, élu par 125 voix (219 votants, 233 inscrits). Il adhéra au gouvernement de juillet et devint l'un des généraux de la garde nationale de Paris. Réélu, le 5 juillet 1831, à la fois dans le 5e collége de la Loire-Inférieure (Châteaubriant) par 73 voix (79 votants, 159 inscrits), et dans le 6e collége du même département (Paimbœuf), par 68 voix (92 votants, 152 inscrits), contre 14 à M. Janière, médecin, il opta pour Paimbœuf, et fut remplacé à Châteaubriant, le 10 septembre suivant, par M. Defermon. À la fin de cette même année, il fut envoyé comme ministre plénipotentiaire de France en Suisse, pour traiter de la résiliation des capitulations et mena cette mission à bonne fin. Nommé pair de France le 11 septembre 1835, il ne prit que peu de part aux délibérations de la Chambre haute, dans laquelle il se fit néanmoins remarquer par son indépendance. La révolution de 1848 mit fin à sa carrière politique.

SAINT-AIGNAN (Gabriel-Edmond de), député de 1845 à 1848, né à Paris le 23 avril 1804, mort à Paris le 30 octobre 1889, entra dans l'administration sous Louis-Philippe et fut préfet du Nord, puis conseiller d'État. Élu, le 1er août 1846, député du 9e collége du Nord (Cambrai), par 349 voix (681 votants, 719 inscrits) contre 330 à M. Corne, il siégea dans la majorité conservatrice jusqu'à la révolution de 1848, qui le rendit à la vie privée. Un biographe a écrit de lui : « M. Saint-Aignan est député par la grâce et l'habileté de main de M. Maurice Duval, le préfet remuant que vous connaissez. Il aura beaucoup de peine à faire oublier qu'il remplace M. Corne, ce député honorable et intégre par excellence. C'est une rude succession à porter surtout quand on n'a pas les épaules fortes. » Le 22 juin 1853, M. de Saint-Aignan fut admis à la retraite comme conseiller d'État. Il resta, dès lors, étranger aux affaires publiques.

SAINT-ALBIN (MARIE-PHILIBERT-HORTENSIUS ROUSSELIN DE CORBEAU, COMTE DE), député de 1837 à 1848, et représentant en 1848, né à Sainte-Foy-lès-Lyon (Rhône) le 8 décembre 1805, mort au château de Chevain (Sarthe) le 25 février 1878, fils aîné de Alexandre Charles-Omer Rousselin de Corbeau de Saint-Albin, fondateur du Constitutionnel (1773-1847), étudia le droit, et s'inscrivit comme avocat au barreau de Paris. D'opinions libérales, il entra, à la révolution de juillet 1830, dans la magistrature, comme juge-suppléant au tribunal civil de la Seine. Il s'opposa, en cette qualité, à la destruction du monument de Malesherbes au palais de Justice, monument que voulait renverser le peuple insurgé, et fut décoré de la Légion d'honneur (30 avril 1831). Juge titulaire le 22 février 1837, il fut, la même année (4 novembre), élu député du 7e collège de la Sarthe (Beaumont-sur-Sarthe) par 120 voix (221 votants, 298 inscrits). Il siégea à gauche et vota constamment avec l'opposition dynastique. Il obtint successivement sa réélection le 2 mars 1839, par 126 voix (251 votants); le 9 juillet 1842, par 191 voix (311 votants, 382 inscrits), contre 116 à M. Michel Chevalier; et le 1er août 1846, par 231 voix (398 votants, 412 inscrits), contre 110 à M. Grimault. Il prit plusieurs fois la parole, notamment pour la réforme électorale, sur le code d'instruction criminelle, sur les conditions d'avancement dans les fonctions publiques, sur les fonds secrets. En 1845, il se prononça contre l'indemnité Pritchard. « M. Saint-Albin, lit-on dans la Chambre des députés, daguerréotypée par un sténographe (1847), a une chevelure épaisse et frisée, une physionomie douce et bienveillante. Il représente cette magistrature secondaire où l'on rencontre quelques hommes intègres qui préfèrent une position modeste et indépendante à une position plus élevée mais servile. M. Saint-Albin est toujours le premier arrivé et le dernier parti, et prête une attention religieuse à tous les débats. Il parlerait aussi bien qu'un autre s'il osait, mais pour un mot qu'il hasarde de sa place, aussitôt il pâlit et tremble; cependant sa voix est forte et sa diction régulière. » Le gouvernement provisoire de 1848 nomma M. Hortensius de Saint-Albin conseiller à la cour d'appel de Paris. Élu, le 23 avril, représentant de la Sarthe à l'Assemblée Constituante, le 4e sur 12, par 87,114 voix (114,212 votants), il opina généralement avec la fraction la plus conservatrice du parti démocratique : contre le rétablissement du cautionnement, contre les poursuites contre Louis Blanc et Caussidière, pour le rétablissement de la contrainte par corps, contre l'amendement Grévy, contre le droit au travail, pour l'ordre du jour en l'honneur de Cavaignac, pour la proposition Rateau, contre l'amnistie, pour l'interdiction des clubs, pour les crédits de l'expédition de Rome. Il quitta la vie politique après la session, fut admis à la retraite comme magistrat, le 20 juin 1876, et se présenta sans succès dans la Sarthe, d'abord aux élections sénatoriales (janvier de la même année), puis en février 1876 et octobre 1877, aux élections pour la Chambre des députés. On doit à M. Hortensius de Saint-Albin des Poésies lyriques, une Histoire de Sulkowski, une Logique judiciaire,

suivie d'une Logique de la conscience, et un recueil de contes, apologues et anecdotes intitulé : Tablettes d'un rimeur (1862). Conseiller général de la Sarthe (1833-1871), officier de la Légion d'honneur (11 août 1864).

SAINT-AMOUR (MATHIEU-JOSEPH-GHISLAIN CASSAGNEAU DE), député au Conseil des Cinq-Cents, représentant aux Cent-Jours, né à Ardres (Pas-de-Calais) le 22 mars 1755, mort à Zutkerque (Pas-de-Calais) le 29 juillet 1823, « fils du sieur Mathieu-Joseph-Guillaume de Saint-Amour, officier-lieutenant d'une compagnie de l'hôtel royal des Invalides de cette ville, et de dame Marie-Catherine Lavoisier », fit ses classes au collège de Saint-Omer, puis à Paris, et obtint à dix-sept ans un brevet de sous-lieutenant dans la légion de Nassau; mais, se sentant peu de goût pour l'état militaire, il embrassa l'étude du droit et entra dans la magistrature, avec dispense d'âge, comme procureur du roi au bailliage d'Ardres. Conseiller pensionnaire de la ville de Bourbourg, membre du bureau intermédiaire de l'assemblée provinciale de Picardie, il fut, sous la Révolution, major général de la garde nationale du Pas-de-Calais, et administrateur du département. Élu, en 1791, député à l'Assemblée législative, il refusa ce poste et resta administrateur du département. Douchet de Pontécoulant, conventionnel en mission dans le nord de la France, le destitua de ces dernières fonctions à cause de ses tendances fédéralistes. Cassagneau de Saint-Amour devint alors maire de sa ville natale, et plus tard commissaire du Directoire exécutif dans son canton. Le 24 germinal an VII, il fut élu député du Pas-de-Calais au Conseil des Cinq-Cents, au 3e tour de scrutin, par 290 voix sur 435 votants. Il quitta l'Assemblée au coup d'État de brumaire, puis se rallia à l'empire, devint conseiller général de son département, poste qu'il occupa pendant vingt-deux ans, tant comme secrétaire que comme président, et fut nommé, en 1808, directeur des contributions indirectes à Saint-Omer. Élu à la Chambre des Cent-Jours représentant de cet arrondissement, le 13 mai 1815, par 41 voix sur 76 votants, contre 19 à Carnot-Feulins, il refusa de siéger, accepta de la Restauration le poste de juge de paix de Saint-Omer (1817), et mourut en 1823. Très versé dans les langues anciennes et la plupart des langues vivantes, on a de lui des poésies latines, françaises, espagnoles et italiennes, qu'il ne voulut jamais publier, et un volumineux manuscrit intitulé : Traité de logique et de théologie. Officier de la Légion d'honneur.

SAINT-AMOUR (JULES-GHISLAIN CASSAGNEAU DE), représentant en 1848, né à Zutkerque (Pas-de-Calais) le 3 juin 1800, mort à Saint-Omer (Pas-de-Calais) le 11 décembre 1861, fils du précédent et de mademoiselle Julie Gonsse de Saint-Laurent, propriétaire à Saint-Omer, se fit connaître de bonne heure comme amateur de littérature et d'art et comme publiciste; à la mort de son père, en 1823, il sollicita le poste de juge de paix du canton d'Andrucq qui le demandait; mais il lui eût fallu une dispense d'âge que le gouvernement lui refusa. Il resta donc à l'écart des fonctions publiques, après comme avant la révolution de 1830, fut chargé, en 1835, par le ministre de la Guerre, d'un rapport sur la colonne du camp de Boulogne, et refusa à la même époque les fonctions de sous-préfet dans son département. Conseiller municipal de Saint-Omer, il fut, élu le 23 avril 1848, représentant du Pas-de-Calais à l'Assemblée constituante, le 13ᵉ sur 17, par 75,591 voix (161,957 voix, 188,051 inscrits). Il fit partie du comité de l'intérieur et vota ordinairement avec la droite : *pour le rétablissement du cautionnement*, *pour les poursuites contre Louis Blanc et Caussidière*, *contre l'abolition de la peine de mort*, *contre l'amendement Grévy*, *contre le droit au travail*, *pour l'ordre du jour en l'honneur de Cavaignac*, *pour la proposition Rateau*, *contre l'amnistie*, *pour l'interdiction des clubs*, *contre l'abolition de l'impôt des boissons*. Non réélu à la Législative, il ne se rallia pas à la politique de l'Élysée, et fut, à deux reprises différentes, mais sans succès, candidat indépendant au Corps législatif dans la 4ᵉ circonscription du Pas-de-Calais; le 29 février 1852, il réunit 3,481 voix contre 20,375 à l'élu officiel, M. Lefebvre-Hermant et 884 à M. Papeleu; le 9 décembre 1860, il obtint 5,197 voix, contre 17,623 à M. Le Sergeant de Monnecove, élu, et 3,620 à M. Derbesse. M. de Saint-Amour fournit de nombreux articles au *Dictionnaire de la Conversation*, au *Dictionnaire du Notariat*, à l'*Artiste*, au *Constitutionnel*, au *Moniteur Universel*, aux *Débats*. On lui doit aussi des *Notices* sur la ville de Dieppe, sur la ville du Havre, etc.

SAINT-ARNAUD (DE). -- *Voy.* LEROY.

SAINT-AUBIN (CAMILLE), membre du Tribunat, né dans le duché des Deux-Ponts en 1758, mort à Paris le 8 décembre 1820, était professeur de droit public en Allemagne avant la Révolution, qui l'attira en France. Il fonda une institution à Sens, où il enseigna les langues vivantes, fut incarcéré comme suspect sous la Terreur, et devint professeur de législation aux écoles centrales de Paris. Il ne commença à prendre part aux affaires politiques et à se faire connaître par ses écrits qu'à l'époque de l'établissement de la Constitution de l'an III. S'occupant particulièrement de finances, de statistique et de jurisprudence, il donna de nombreux articles aux journaux de l'époque, et notamment à *L'Ami des Lois* et au *Journal de Paris*, organes de la réaction. Il fut le secrétaire de Lecoulteux de Cantelen, alors membre du Conseil des Anciens, et acheva de se faire connaître par les ouvrages suivants : *Théorie des lois pénales*, traduit de Bentham; *Exposition des avantages qui résultent de la vente immédiate des biens nationaux de la Belgique, contre des inscriptions au Grand Livre* (1797); *Observations sur le discours de Gibert-Desmolières concernant le rapport du ministre des finances*, etc. (1797); *Sur la mobilisation des deux tiers de la dette publique* (1797); *Réflexions détachées sur l'emprunt de 100 millions* (1799). Saint-Aubin fut appelé par le premier Consul, le 4 germinal an X, à faire partie du Tribunat, où il appartint à la faible minorité qui tenta de résister, au début, à certaines vues du gouvernement. Ses discours, comme ses écrits, portaient la marque d'une piquante originalité. Aussi fut-il compris, dès l'année 1802, avec Benjamin Constant, Ganilh et quelques autres, dans la première élimination que subit ce corps politique. Saint-Aubin publia encore : *Le Change, le Pair du change, et les arbitrages expliqués* (1811); *l'Industrie littéraire et scientifique, liguée avec l'industrie commerciale et manufacturière, ou Opinions sur les finances, la politique, la morale et la philosophie*, etc. (1816); un *Essai sur la contrainte par corps* (1818). En 1819, il ouvrit un cours public de statistique et de finances qui

eut de nombreux auditeurs, et mourut l'année suivante.

SAINT-AULAIRE (MARQUIS DE). — *Voy.* BEAUPOIL.

SAINT-BEDAN (DE). — *Voy.* URVOY.

SAINT-BLANQUAT (CHEVALIER DE). — *Voy.* LANGUA.

SAINT-CHAMANS (AUGUSTE-LOUIS-PHILIPPE, VICOMTE DE), député de 1824 à 1827, né à Paris le 1ᵉʳ mai 1777, mort à Chaltrait (Marne) le 7 décembre 1860, d'une famille noble du Périgord, se prononça hautement contre les idées nouvelles et fut emprisonné comme suspect pendant la Terreur. Remis en liberté après le 9 thermidor, il fut encore compromis au 13 vendémiaire, puis il vécut dans la retraite sous le Directoire, s'occupant d'agriculture et d'économie politique. Il ne voulut point se rallier à l'Empire, que deux de ses frères servaient, l'un dans l'armée, l'autre dans l'administration, et refusa la dignité de chambellan. Aux Cent-Jours, il fit paraître une petite brochure : *Examen des fautes d'un dernier gouvernement*, où la première Restauration était vivement prise à partie. Au retour de Gand, Louis XVIII lui sut gré de sa franchise et le nomma maître des requêtes en 1820, et chevalier de la Légion d'honneur en avril 1821. Président du collège électoral d'Épernay en 1816 et en 1817, M. de Saint-Chamans échoua à la députation, le 25 février 1824, dans le 1ᵉʳ arrondissement électoral de la Marne (Châlons-sur-Marne), avec 86 voix contre 136 à l'élu, M. Royer-Collard; mais il fut élu, huit jours plus tard, le 6 mars, dans le grand collège du même département, par 125 voix (228 votants, 272 inscrits). Il siégea à droite, fit un discours remarquable sur le projet de conversion des rentes, auquel il proposa un amendement destiné à alléger pour les rentiers la charge de l'opération, et, dans la séance du 8 avril 1826, à propos de la loi sur le droit d'aînesse, se plaignit de la division entre les royalistes, « division qui fournirait des armes à un parti dont tout ami de la France ne pouvait envisager sans effroi les progrès sensibles : je veux parler du parti désigné sous le nom de libéral. » Nommé conseiller d'État en service ordinaire le 13 mai 1827, il échoua aux élections législatives, à Châlons-sur-Marne, le 17 novembre suivant, avec 41 voix contre 163 à M. Royer-Collard, député sortant, et ne s'y représenta pas. On a de lui : *Raoul de Valmire ou 6 mois de 1816*, roman politique (1816); *De la loi des élections* (1819); *Du système d'impôts fondé sur les principes de l'économie politique* (1820); *De la Popularité* (1821); *Nouvel essai sur la richesse des nations* (1824); *Causes et résultats de la révolution de 1830* (1832); *Observations sur les bases de la Constitution* (juin 1848); *Traité d'économie politique avec un aperçu sur les finances de la France* (1852).

SAINT-CRICQ (PIERRE-LAURENT-BARTHÉLEMY, COMTE DE), député de 1815 à 1833, ministre et pair de France, né à Orthez (Basses-Pyrénées) le 24 août 1772, mort à Dax (Basses-Pyrénées) le 25 février 1854, « fils de noble Jean-Paul-Louis de Saint-Cricq, chevalier de l'ordre militaire de Saint-Louis, gouverneur pour le roi des châteaux de Minerve et de Puisserguier en Languedoc, et de dame Marie-Laurence-Josèphe-Raphaëlle-Pétronille de Mazancedo », vécut dans la retraite jusqu'à l'avénement de Napoléon. Entré dans les douanes sous le premier Empire, il parvint rapidement au rang de chef de division de cette administration, puis fut nommé, par la protection de M. Decazes, conseiller d'État et directeur général des douanes (1815). Élu, le 22 août 1815, député du grand collège de Seine-et-Marne, par 95 voix (179 votants, 262 inscrits), il fit partie de la majorité de la Chambre introuvable, et soutint, comme commissaire du roi, la discussion d'une loi de finances. Il obtint sa réélection, le 4 octobre 1816, par 111 voix (163 votants, 237 inscrits), puis le 20 octobre 1818, par 471 voix (864 votants, 1,381 inscrits), opina avec le centre et prit fréquemment la parole : sur le budget, sur la presse, sur le recrutement, sur les douanes, sur la contrebande, sur les élections. Un biographe du temps a remarqué que M. de Saint-Cricq, outre son traitement fixe, toucha en 1815, 1816 et 1817, des gratifications montant à 170,000 fr. Partisan des lois d'exception et du nouveau système électoral, il défendit en 1820 le ministère Decazes, appuya le rétablissement de la censure, et fut réélu, le 13 novembre 1820, député des Basses-Pyrénées (grand collège) par 43 voix (79 votants, 111 inscrits) ; le 6 mars 1824, par 79 voix (90 votants, 111 inscrits), et le 17 novembre 1827, par 238 voix (303 votants, 366 inscrits) Appelé, le 4 janvier 1828, par le gouvernement de Charles X, à prendre, dans le cabinet Martignac, le portefeuille de l'Agriculture et du Commerce, il l'occupa jusqu'au 8 août 1829, ne s'associa pas à la politique du ministère Polignac, et, réélu député, le 19 juillet 1830, par 241 voix (301 votants), adhéra à la monarchie de Louis-Philippe, qu'il soutint de ses votes à la Chambre jusqu'en 1833, ayant encore obtenu le renouvellement de son mandat le 5 juillet 1831, dans le 5e collège des Basses-Pyrénées (Orthez), par 88 voix (122 votants, 172 inscrits), contre 26 à M. Jacques Laffitte. Le 27 janvier 1833, M. de Saint-Cricq fut promu à la dignité de pair. La révolution de 1848 le rendit à la vie privée. Commandeur de la Légion d'honneur et comte du 10 avril 1814.

SAINT-CYR. — Voy. Nugues.

SAINT-DIDIER (Alexandre-Charles-Nicolas Amé, baron de), pair de France, né à Versailles (Seine-et-Oise) le 19 mars 1773, mort à Ferreux (Aube) le 14 avril 1850, « fils de messire Jean-Charles-Nicolas Amé, chevalier, seigneur de Saint-Didier, et de dame Michel-Honoré-Marie Delisle », fut créé baron de l'Empire le 12 novembre 1809, et entra, après la révolution de 1830, dans l'administration. Successivement préfet des départements de l'Aube, de Seine-et-Marne et du Pas-de-Calais, il fut appelé à la pairie par une ordonnance du 10 novembre 1838. Jusqu'à la révolution de février 1848, qui le rendit à la vie privée, il soutint de ses votes le gouvernement de Louis-Philippe.

SAINT-ESTEVEN (Jean-Louis-Xavier), député en 1789, né à Saint-Jean-de-Luz (Basses-Pyrénées) le 14 septembre 1719, mort à une date inconnue, était curé de Ciboure lorsqu'il fut élu, le 24 avril 1789, député du clergé aux États-généraux par le bailliage de Labour (Ustaritz). Il fut l'un des votants pour la vérification des pouvoirs en commun, fut adjoint au comité de règlement, demanda et obtint un congé en juillet 1790, et ne reparut plus à l'Assemblée.

SAINT-FÉLIX DE MAUREMONT (Armand-Joseph-Marie, marquis de), député en 1830, né à Mauremont (Haute-Garonne) le 21 juillet 1781, mort au château de Mauremont le 16 août 1865, fils aîné de Armand-Philippe-Germain, marquis de Saint-Félix de Mauremont, qui fut vice-amiral (1737-1819), remplit, sous le premier Empire, de 1807 à 1815, les fonctions de maire de Mauremont. Royaliste, il salua avec joie le retour des Bourbons, fut nommé, le 5 octobre 1815, sous préfet de Villefranche-de-Lauragais (Haute-Garonne), fut remplacé, le 19 mars 1819, sous le ministère Decazes, devint conseiller général de la Haute-Garonne (1822-1823), et fut appelé, le 27 juin 1823, par le cabinet Villèle au poste de préfet du Lot. Le ministère Martignac le destitua en 1827. Mais M. de Saint-Félix obtint (2 avril 1830) la préfecture de la Vienne sous le ministère Polignac ; peu de temps après (3 juillet), le grand collège de la Haute-Garonne l'envoya, par 182 voix (329 votants, 381 inscrits), siéger à la Chambre des députés. Il resta fidèle à la monarchie de Charles X, refusa le serment à Louis-Philippe et protesta contre les événements par une lettre ainsi conçue :

« Toulouse, le 13 août 1830.

« Monsieur le Président,

« Les déterminations graves déjà prises par la Chambre des députés étant en contradiction manifeste avec le mandat que j'ai reçu de mes commettans, je dois à ceux-ci, comme je le dois à moi-même, de m'abstenir en ces circonstances de participer à aucune délibération. Veuillez, Monsieur le Président, en instruire la Chambre. Je fais des vœux aussi ardents que sincères pour que notre chère patrie soit préservée de tout déchirement, sa tranquillité et sa gloire assurées, et pour le bonheur individuel de tous nos compatriotes sans aucune distinction.

« J'ai l'honneur, etc.

« Saint-Félix, député de la Haute-Garonne. »

La Chambre considéra M. de Saint-Félix comme démissionnaire. Il fut remplacé, le 23 octobre 1830, par M. de Cambon.

SAINT-FERRÉOL (Pierre-Ignace-Amédée Martinon de), représentant en 1849, député de 1865 à 1880, né à Brioude (Haute-Loire) le 29 juillet 1810, d'une ancienne famille du Puy, s'occupa de bonne heure de politique républicaine, et devint un des chefs du parti démocratique dans la Haute-Loire, où il possédait des propriétés. Après avoir fait une ardente opposition au gouvernement de Louis-Philippe, M. de Saint-Ferréol applaudit à la révolution de février et se présenta, en remplacement de M. Charbonnel décédé, à l'élection partielle du 17 septembre 1848 dans la Haute-Loire : il n'obtint que 6,103 voix contre 16,232 au général Rullière, conservateur, élu, et 4,324 à M. Calemard de La Fayette. Il fut plus heureux aux élections pour l'Assemblée législative, le 13 mai 1849 ; porté sur la liste radicale socialiste de la Haute-Loire, il devint, le 2e sur 6, par 29,882 voix (49,874 votants, 77,111 inscrits), représentant de ce département. Inscrit au groupe de la Montagne, il vota contre l'expédition de Rome, contre la loi Falloux-Parieu sur l'enseignement, contre la loi sur le suffrage universel, combattit la politique de l'Élysée, prit part aux résistances contre le coup d'État du 2 décembre 1851, signa la proclamation de Victor Hugo, et fut l'objet de poursuites auxquelles il réussit à échapper. Réfugié à

Bruxelles, il y résida jusqu'à la chute de l'Empire. Rentré en France après le 4 septembre, il fut nommé aussitôt maire de Brioude, puis (8 octobre 1871) conseiller général de Brioude, et (8 février) se présenta comme candidat républicain radical à l'Assemblée nationale; il ne réunit que 13,203 voix sur 43,379 votants et 84,079 inscrits. Le 13 août 1871 il donna sa démission de maire par suite de conflit avec le préfet. Il rentra dans la vie politique le 4 octobre 1885 : inscrit sur la liste républicaine de la Haute-Loire, il fut élu député, le 3e sur 5, par 35,143 voix (70,769 votants 84,308 inscrits) et prit place à l'extrême gauche, avec laquelle il se prononça *contre* les cabinets Rouvier et Tirard, *pour* le ministère Floquet, et, dans la dernière session, *pour* le rétablissement du scrutin d'arrondissement (11 février 1889), *contre* l'ajournement indéfini de la révision de la Constitution, *pour* les poursuites contre trois députés membres de la Ligue des patriotes, *contre* le projet de loi Lisbonne restrictif de la liberté de la presse; il s'abstint sur les poursuites contre le général Boulanger. On a de lui divers écrits : *Les Proscrits français en Belgique* (Bruxelles 1870); *Mes Mémoires* (1870).

SAINT-GAUDENS (JEAN), représentant du peuple en 1848, né à Saint-Palais (Basses-Pyrénées) le 30 septembre 1795, mort à Saint-Palais le 10 décembre 1875, fit ses études à l'an, se fit recevoir avocat et prit place au barreau de Saint-Palais. De l'opposition radicale sous Louis-Philippe, il refusa, en 1832, les fonctions de juge suppléant, pour ne pas prêter serment, contribua de sa bourse au paiement des amendes encourues par le journal *la Tribune*, et fut nommé, le 24 février 1848, sous-commissaire du gouvernement provisoire à Orthez. Élu, le 23 avril 1848, représentant des Basses-Pyrénées à l'Assemblée constituante, le 7e sur 11, par 49,507 voix (90,262 votants, 116,89) inscrits), il fit partie du comité de la justice, prit quelquefois la parole avec un certain succès, et vota *pour* le bannissement de la famille d'Orléans, *contre* les poursuites contre L. Blanc et Caussidière, *contre* l'abolition de la peine de mort, *contre* l'impôt progressif, *pour* l'incompatibilité des fonctions, *contre* l'amendement Grévy, *contre* la sanction de la Constitution par le peuple, *pour* l'ensemble de la Constitution, *contre* la proposition Rateau, *contre* l'interdiction des clubs, *contre* l'expédition de Rome, *pour* la demande de mise en accusation du président et des ministres. Il combattit vivement, depuis le 10 décembre, la politique de l'Élysée. Non réélu à la Législative, il rouvrit son cabinet à Saint-Palais.

SAINT-GEORGES. — *Voy.* VÉRAC (MARQUIS DE).

SAINT-GERVAIS (JEAN-FRANÇOIS-ADRIEN CASSAGNAU DE), député au Conseil des Cinq-Cents, né à Limoux (Aude) le 10 janvier 1759, mort à Pierre-Buffière (Haute-Vienne) le 28 mai 1819, « fils à noble Pierre-Guillaume Cassagnau de Saint-Gervais, seigneur de Brasse, et à dame Françoise Pont », entra, en 1778, comme cadet gentilhomme, au régiment de Picardie. Il donna sa démission peu avant 1789, embrassa les idées nouvelles, et devint successivement président de l'administration municipale de Limoux, commandant de la garde nationale de cette ville et administrateur du département de l'Aude. Élu, le 22

germinal an V, député de l'Aude au Conseil des Cinq-Cents, par 121 voix (164 votants), il prit silencieusement place parmi les partisans du Directoire. Son nom n'est pas cité au *Moniteur*. Rallié au 18 brumaire, il fut nommé sous-préfet de Limoux le 27 germinal an VIII, remplit ces fonctions pendant la durée de l'empire, et fut suspendu, le 28 août 1815, à la suite de dénonciations; on lui reprochait une « conduite faible », et la perte absolue de la confiance de ses administrés ». Malgré ses protestations, « après trente-huit ans de services effectifs », il acheva ses jours dans la retraite.

SAINT-GÉRY (JEAN-JACQUES-AUGUSTIN REY, MARQUIS DE), député de 1815 à 1816, de 1820 à 1827 et en 1830, né à Toulouse (Haute-Garonne) le 29 août 1771, mort à Rabasteus (Tarn) le 13 septembre 1847, émigra en 1792, rentra en France sous le Directoire, et, jusqu'à l'Empire, s'occupa d'agriculture. L'empereur le fit conseiller général, maire de Castres, chevalier de la Légion d'honneur et conseiller d'État. Il n'en salua pas moins avec joie le retour des Bourbons, et fut élu, le 22 août 1815, député du grand collège du Tarn, par 95 voix (179 votants, 245 inscrits). Il siégea dans la majorité de la Chambre introuvable, appuya Roux de Laborie en faveur de l'amélioration du sort du clergé, et prit part à la discussion du budget. Réélu, le 13 novembre 1820, par 93 voix (166 votants, 247 inscrits), et, le 6 mars 1824, par 93 voix (163 votants, 249 inscrits), il continua de siéger dans la majorité ministérielle, et échoua, le 24 novembre 1827, avec 67 voix, sur 225 votants ; mais il regagna son siège, le 3 juillet 1830, par 150 voix (256 votants, 258 inscrits). Hostile au gouvernement de Juillet, il donna sa démission dans les termes suivants :

« Paris, 13 août 1830.

« Monsieur le président, lorsque les électeurs du département du Tarn m'ont honoré de leur choix, ils étaient, ainsi que moi, loin de prévoir la situation actuelle de la Chambre des députés, les objets de ses délibérations, ni les actes qui en ont été la suite. Ma conscience ne me permettant ni d'y coopérer, ni de prêter un nouveau serment, je ne crois pas devoir différer davantage à lui déclarer que je renonce formellement à mon admission au nombre de ses membres.

« J'ai l'honneur, etc.

« REY DE SAINT-GÉRY. »

M. Rey de Saint-Géry ne reparut plus sur la scène politique.

SAINT-JUST (ANTOINE-LOUIS-LÉON DE), membre de la Convention, né à Decize (Nièvre) le 25 août 1767, exécuté à Paris le 28 juillet 1794, « fils légitime de messire Louis-Jean de Saint-Just de Richebourg, chevalier de l'ordre royal et militaire de Saint-Louis, capitaine de cavalerie, ancien maréchal des logis de gendarmerie compagnie d'ordonnance de Monseigneur le duc de Berry, et de dame Jeanne-Marie Robinot », fit à Soissons de brillantes études, qu'il termina au moment de la Révolution. Il en adopta chaleureusement les principes, et ne tarda pas à se faire remarquer par son zèle réformateur. Nourri de la lecture des anciens, admirateur enthousiaste des républiques de la Grèce et de Rome, d'un esprit grave et réfléchi, de mœurs austères, et d'un caractère inflexible, il attira l'attention de ses concitoyens, qui le nommèrent adjudant-major dans une légion de la garde nationale. Élu, le 5 septembre 1792, député de l'Aisne à la Convention, le 5e sur 12, par 349 voix (600 votants), il prit place à la Montagne, à côté de Robespierre, qui appréciait la valeur de son jeune collègue : dès le début, ils suivirent tous les deux la même ligne de conduite. La Convention ayant, dès sa première séance, voté l'abolition de la royauté et l'établissement de la République, Saint-Just s'appuya dans son premier discours (13 octobre 1792) sur les exemples de l'histoire de Rome et d'Angleterre pour soutenir que Louis XVI devait être jugé en ennemi, d'après le droit des gens et non d'après la loi civile. Il présenta peu après ses vues sur les principes de l'économie française et sur la libre circulation des grains. En mainte occasion il affirma « sa haine pour les rois », en souhaitant qu'elle « passât dans le sang du peuple ». Il opina énergiquement pour l'expulsion de tous les Bourbons, « excepté le roi, dit-il, qui doit rester ici, vous savez pourquoi ». Dans le procès de Louis XVI, Saint-Just vota *pour* la mort et *contre* le sursis : « Puisque Louis XVI, dit-il, fut l'ennemi du peuple, de sa liberté et de son bonheur, je conclus à la mort. » En même temps il abordait, avec compétence, les questions les plus importantes de l'administration et de la politique : l'organisation du ministère de la guerre, celle de l'armée, la constitution future, la division politique de la République, la formation des municipalités, etc. Le 29 septembre 1792, il prononça un discours remarquable sur les subsistances : il insista surtout pour qu'on arrêtât l'émission excessive des assignats et que l'on concentrât le pouvoir dans la Convention. L'artisan résolu de l'unité gouvernementale, fondée sur l'unité morale, il revint à plusieurs reprises sur cette double nécessité. Le 28 janvier 1793, il proposa à ses collègues de diriger eux-mêmes les opérations militaires ou du moins de s'en faire rendre compte par le ministre de la Guerre, sans l'intervention du conseil exécutif. Adjoint, pour appliquer ses idées en matière de constitution, au comité de salut public, il proposa, le 15 mai, de supprimer les administrations départementales, dont la plus grande partie, cédant aux sollicitations des Girondins, venait de s'insurger contre le pouvoir central. Le 23 mai, il demanda qu'il n'y eût qu'une seule municipalité dans chaque ville, quelle qu'en fût la population. Il eut une grande part à la chute des Girondins et fut chargé du rapport sur les députés arrêtés à la suite des journées du 31 mai et du 2 juin. A cette époque il entra définitivement au comité de salut public et fut un de ceux qui contribuèrent le plus à en augmenter l'influence, en faisant décréter que toutes les administrations lui obéiraient et seraient placées sous sa surveillance. En octobre, il ordonner le séquestre des biens des étrangers dont les pays étaient en guerre avec la France, et l'arrestation immédiate de tous ceux qui se trouvaient sur le sol de la République. Envoyé avec Le Bas en mission aux armées, il y déploya une impitoyable énergie. La situation était des plus graves ; les lignes de Wissembourg venaient d'être forcées, et les Autrichiens, réunis à l'armée de Condé, menaçaient Strasbourg. Saint-Just prit les mesures les plus rigoureuses contre les ennemis de la république, et Robespierre, rendant compte de cette mission à la tribune de la Convention, le 23 novembre 1793, dit : « Saint-

Just a rendu les services les plus éminents, en créant une commission populaire qui s'est élevée à la hauteur des circonstances en envoyant à l'échafaud tous les aristocrates municipaux, judiciaires et militaires. Ces opérations patriotiques ont réveillé la force révolutionnaire. » Un grand nombre de pièces, aux Archives nationales, portent le cachet adopté alors par Saint-Just : en exergue : *Subsistances militaires*, sur le champ : la guillotine ; au dessous, sur une planchette : *Guerre aux fripons*. La commission populaire de Strasbourg ne prononça, pendant toute la durée de la mission de Saint-Just et de Le Bas, aucune condamnation capitale, et elle fit arrêter et transférer à Paris, pour le traduire au tribunal révolutionnaire, l'accusateur public du Bas-Rhin, Schneider, qui avait abusé contre des citoyens paisibles des pouvoirs que sa situation lui conférait. Au point de vue militaire, la mission de Saint-Just et de Le Bas eut pour résultat la reprise des lignes de Wissembourg, le déblocus de Landau, la retraite des ennemis au delà des frontières, et la conquête d'une partie de leur territoire. A son retour à Paris, Saint-Just fut nommé président de la Convention. Dans les divers rapports qu'il y fit (ventôse an II), il traça en quelque sorte le plan de l'ordre politique et social que Robespierre et lui préparaient : « L'opulence, disait-il, est dans les mains d'un assez grand nombre d'ennemis de la Révolution ; les besoins mettent le peuple qui travaille dans la dépendance de ses ennemis. Concevez-vous qu'un empire puisse exister, si les rapports civils aboutissent à ceux qui sont contraires à la forme du gouvernement ? Ceux qui font des révolutions à demi ne font que se creuser un tombeau. La révolution nous conduit à reconnaître ce principe que celui qui s'est montré l'ennemi de son pays n'y peut être propriétaire... Les propriétés des patriotes sont sacrées, mais les biens des conspirateurs sont la portion des malheureux » (8 ventôse). « Que l'Europe apprenne que vous ne voulez plus un malheureux ni un oppresseur sur le territoire français ; que cet exemple fructifie sur la terre ; qu'il y propage l'amour des vertus et le bonheur. Le bonheur est une idée neuve en Europe » (13 ventôse). Préoccupé d'établir en France une démocratie « fondée sur la vertu », il aida puissamment Robespierre dans sa lutte contre les hébertistes, et joua le principal rôle, peu de temps après, dans celle qui s'engagea entre ses amis et le parti des *indulgents* : ce fut lui qui fit à la Convention le rapport accusateur qui entraîna l'exécution des dantonistes. Chargé, à la fin de floréal an II (mai 1794), d'une mission dans le Nord, il y donna de nouvelles preuves d'intrépidité, enflamma l'enthousiasme des soldats, en se mettant à la tête d'une colonne chargée d'enlever une redoute, et contribua aux victoires de Charleroi et de Wattignies. Robespierre le rappela aux approches du 9 thermidor. Pénétré, comme son ami, de la nécessité de faire cesser le désordre le plus tôt possible, et d'assurer par des institutions stables l'avenir du système républicain, Saint-Just se hâta de se rendre à Paris. Arrivé de la veille, il voulut, à l'ouverture de la séance du 9, soutenir les efforts de Robespierre contre certains membres des divers comités, et flétrir ceux des représentants qui avaient, selon lui, déshonoré le titre de patriote en l'invoquant pour couvrir leurs turpitudes. « Je ne suis d'aucune faction, s'écria-t-il, je les combattrai toutes ; elles ne s'éteindront jamais que par les

Institutions qui produiront les garanties, qui poseront les bornes de l'autorité, et feront ployer sans retour l'orgueil humain sous le joug de la liberté publique. Le cours des choses a voulu que cette tribune aux harangues fût peut-être la roche Tarpéïenne pour celui qui viendrait vous dire que des membres du gouvernement ont quitté la route de la sagesse... » A ces mots, la majorité interrompit vivement l'orateur. Tallien s'élança à la tribune; après lui, Billaud-Varennes protesta contre les paroles de Saint-Just, et, lorsque Robespierre voulut prendre la parole pour leur répondre, ses ennemis étouffèrent sa voix sous les cris : *A bas le tyran!* Les « thermidoriens » triomphaient. Mis hors la loi avec Robespierre, Couthon, Le Bas et Robespierre jeune, Saint-Just ne chercha point à attenter à ses jours; il marcha à l'échafaud avec calme et fermeté, promenant froidement ses regards sur la foule immense qui l'accompagnait au supplice. Il mourut à vingt-sept ans. On a de lui : *Organt*, poème en vingt chants (1789); *Mes passe-temps, ou le Nouvel Organt*, par un député à la Convention nationale (1792); *Rapports faits à la Convention*, les 8, 13 et 23 ventôse, le 11 germinal et le 26 germinal an II, et des *Fragments sur les institutions républicaines*, ouvrage posthume (1800).

SAINT-LÉGIER (AUGUSTE-RENÉ-ÉLIE, COMTE DE), député de 1824 à 1830, né à Saint-Ciers-du-Taillon (Charente-Inférieure) le 20 octobre 1782, mort à Saintes (Charente-Inférieure) le 15 octobre 1852, propriétaire, lieutenant de louveterie, fut élu député du 6e arrondissement électoral de la Charente-Inférieure (Jonzac), le 25 février 1824, par 239 voix (245 votants, 283 inscrits), et fut réélu, le 17 novembre 1827, par 93 voix (181 votants, 243 inscrits), contre 75 à M. Duchâtel. M. de Saint-Légier vota en indépendant, sans hostilité systématique contre les ministres, et rentra dans la vie privée aux élections de 1830.

SAINT-LEU (COMTE DE) — *Voy.* BONAPARTE.

SAINT-LUC (COMTE DE) — *Voy.* CONEN.

SAINT-MAIXENT (JEAN-LOUIS MATTEREL, MARQUIS DE), député en 1789, né à Saint-Hilaire-le-Château (Creuse) le 5 décembre 1726, mort à une date inconnue, était maréchal de camp en retraite lorsqu'il fut élu, le 22 mars 1789, député de la noblesse aux États-Généraux par la sénéchaussée de la Basse-Marche (Guéret). Il se montra hostile aux réformes, blâma la marche de la Révolution, fit partie de la députation envoyée à l'ordre du tiers, donna sa démission, le 13 octobre 1789, obtint un passeport, et émigra l'année suivante.

SAINT-MALO (PHILIPPE-JEAN-LOUIS-JOSEPH RENARD DE) représentant en 1871, né à Perpignan (Pyrénées-Orientales) le 1er juillet 1813, mort à Argelès-sur-Mer (Pyrénées-Orientales) le 14 mai 1883, étudia le droit avec succès et devint avocat au conseil d'État et à la cour de Cassation. D'opinions conservatrices, il fut élu, le 8 février 1871, représentant du Pas-de-Calais à l'Assemblée nationale, le 15e et dernier, par 129,906 voix (149,532 votants, 206,432 inscrits). Il fut un des signataires de la proposition relative au rétablissement de la monarchie et vota avec les légitimistes : *pour* la paix, *pour* les prières publiques, *pour* l'abrogation des lois d'exil, *contre* le retour de l'As-

semblée à Paris, *pour* la chute de Thiers au 24 mai, *contre* la dissolution, *pour* le septennat, *pour* l'état de siège, *pour* la loi des maires, *contre* le ministère de Broglie le 16 mai 1874, *contre* l'amendement Wallon, et *contre* l'ensemble des lois constitutionnelles. Il ne fit pas partie d'autres assemblées.

SAINT-MARC-GIRARDIN (MARC GIRARDIN, dit), député de 1834 à 1839 et de 1842 à 1848, représentant en 1871, né à Paris le 22 février 1801, mort à Morsang-sur-Seine (Seine-et-Oise) le 11 avril 1873, « fils d'Antoine-Barthélemy Girardin, marchand de draps, et de Thérèse-Julie Réverard », fut un brillant élève du collège Napoléon, se destina de bonne heure à l'enseignement, et fit son droit, en même temps qu'il obtenait, au concours de 1823, le grade d'agrégé des classes supérieures. Déjà un *Éloge de Lesage*, récompensé en 1822 par l'Académie française, l'avait fait avantageusement connaître, lorsque son *Éloge de Bossuet* lui valut le prix d'éloquence (1827). La même année, il fut chargé de la classe de seconde au collège Louis-le-Grand, et débuta comme journaliste dans les *Débats* par un article non signé sur les troubles de la rue Saint-Denis : cet article fit du bruit et M. Saint-Marc Girardin dut s'en avouer l'auteur. En 1828, il partagea avec Philarète Chasles une nouvelle récompense académique pour son *Tableau de la littérature française au XVIe siècle*. Il voyagea en Italie, puis en Allemagne, passa trois mois à Berlin, où il connut Hegel, et revint à Paris au moment de la révolution de juillet. Le nouveau gouvernement l'appela bientôt à la Sorbonne. Chargé d'abord de remplacer Guizot comme professeur d'histoire à la faculté des lettres, et nommé maître des requêtes au conseil d'État, il se vit confier, en 1834, la chaire de poésie française à la faculté des lettres. « Sa parole facile, épigrammatique et vibrante, dit un contemporain, fut attentivement écoutée et applaudie avec transport par la jeunesse. » L'année précédente, il avait reçu du pouvoir la mission de parcourir l'Allemagne méridionale : « Je vous prie, disait la lettre du ministre, de visiter spécialement les gymnases ou écoles intermédiaires destinés à donner une instruction qui tient le milieu entre celle des écoles primaires et celle des collèges. » Le rapport qu'il rédigea sous ce titre : *De l'instruction intermédiaire et de son état dans le midi de l'Allemagne*, fut publié en deux volumes. La description et l'analyse, l'histoire et l'appréciation y sont intimement mêlées. Quant à l'opinion personnelle de l'auteur, elle se résumait dans ces lignes : « Le défaut de notre éducation actuelle, c'est qu'elle est trop spéciale, trop exclusive. Elle est bonne pour faire des savants, des hommes de lettres, des professeurs qui ne soient pas des théologiens : c'est ce qu'il fallait faire au quinzième et au seizième siècle. Mais aujourd'hui il nous faut aussi des marchands, des manufacturiers, des agriculteurs : notre éducation ne semble point propre à en faire. » Et M. Saint-Marc-Girardin concluait à la nécessité d'une instruction intermédiaire, « quelque chose de plus que l'éducation primaire, et quelque chose pourtant qui ne fût pas l'éducation classique ». Élu, le 21 juin 1834, député du 4e collège de la Haute-Vienne (Saint-Yrieix) par 97 voix (167 votants, 185 inscrits), contre 61 à M. Gondinet, il prit place au centre et vota constamment avec la majorité gouvernementale. Sa compétence spéciale l'indiqua au choix de la majorité comme rapporteur de la commission chargée d'examiner le projet de loi officiel sur l'enseignement secondaire. Ce projet, qui devait servir de complément à la loi du 28 juin 1833 sur l'enseignement primaire, donnait la liberté d'enseigner, mais en l'entourant de restrictions propres à sauvegarder l'indépendance de la société civile. Saint-Marc-Girardin lut son rapport à la séance du 14 juin 1836. Il s'efforçait de tenir la balance égale entre les partisans de l'Université telle que Napoléon l'avait conçue, et les avocats de la liberté telle que l'Église la réclamait. Sur un point important, la commission et le rapporteur se trouvaient en désaccord avec le gouvernement, à savoir sur le caractère qu'il convenait d'attribuer aux petits séminaires. Le ministre entendait leur maintenir le rang d'établissements publics, soumis au contrôle de l'État ; le projet de la commission en faisait au contraire des établissements d'éducation privée. La discussion sur la loi proposée occupa douze séances du 14 au 29 mars 1837 ; MM. de Tracy, Lambert, Guizot, Saint-Marc-Girardin y prirent une part active. Le paragraphe 26 du titre II qui maintenait les bourses dans les collèges royaux, autorisant et les départements et les communes à en instituer dans les collèges communaux, valut au rapporteur un succès de tribune assez vif. Enfin la Chambre adopta, mais à une majorité de 29 voix seulement, l'ensemble du projet de loi, qui, d'ailleurs, ne survécut point au cabinet et ne fut pas soumis à la Chambre haute. Réélu député, le 4 novembre 1837, par 118 voix (192 votants, 229 inscrits), Saint-Marc-Girardin fut nommé, vers la même époque, membre du conseil royal de l'instruction publique, et conseiller d'État en service extraordinaire. Il combattit la coalition, cessa, en 1839, de faire partie de la Chambre, et y rentra le 9 juillet 1842, avec 131 voix (227 votants, 251 inscrits), contre 92 à M. Coralli, député sortant. Il obtint encore le renouvellement de son mandat, le 1er août 1846, par 174 voix (202 votants, 271 inscrits). Dévoué jusqu'au bout à la politique conservatrice, il fut plusieurs années de suite rapporteur de l'Adresse, rédigea celle qui « flétrissait » les pèlerins légitimistes de Belgrave-Square, et prit fréquemment la parole sur la question d'Orient. Aux journées de février 1848, le Journal des Débats annonça que parmi les membres du gouvernement projeté in extremis par Louis-Philippe, figurait M. Saint-Marc-Girardin comme titulaire du portefeuille de l'Instruction publique ; mais l'avortement de cette combinaison éloigna M. Saint-Marc-Girardin de la vie politique. Il garda son influence au Journal des Débats et ses fonctions dans l'Université, échoua, le 1er juin 1863, comme candidat indépendant au Corps législatif dans la 2e circonscription de la Haute-Vienne, avec 3,255 voix, contre 25,411 à l'élu officiel, M. Calley-Saint-Paul, et avec quelque succès à Paris des conférences littéraires (1869). Il reparut sur la scène politique le 8 février 1871, comme représentant de la Haute-Vienne à l'Assemblée nationale, élu, le 1er sur 7, par 43,830 voix (62,174 votants, 87,375 inscrits). Il siégea au centre droit, fut nommé vice-président de l'Assemblée (août 1871), prit la direction d'un groupe, fraction du centre droit, qui, dans le but de constituer le parti conservateur, joua un rôle des plus actifs dans le renversement de Thiers, fit partie de la commission chargée de rester en rapport avec les négociateurs des préliminaires de paix, et figura au nombre des délégués de

la droite qui invitèrent Thiers à se rallier à une politique conforme aux vues de la majorité (20 juin 1872). A propos de cette manifestation, baptisée irrévérencieusement du nom de « manifestation des bonnets à poil » dans le Journal des Débats, il s'en sépara de ce journal (28 juin 1872) pour entrer au Journal de Paris, vota pour la paix, pour les prières publiques, pour l'abrogation des lois d'exil, pour le pouvoir constituant de l'Assemblée, contre la dissolution, et mourut à Morsang-sur-Seine d'une attaque d'apoplexie. Il fut remplacé le 11 mai suivant, comme représentant de la Haute-Vienne, par M. Georges Périn. Saint-Marc-Girardin était entré à l'Académie française en 1844, à la place de Campenon. Il collaborait depuis 1859 au Journal des Savants, où il avait remplacé Sainte-Beuve. On a de lui, outre les ouvrages cités et un grand nombre d'articles donnés à la Revue des Deux-Mondes : des Notices politiques et littéraires sur l'Allemagne (1835), un Cours de littérature dramatique, ou de l'Usage des passions dans le drame (1843) ; Essais de littérature et de morale (1844) ; Souvenirs et voyages (1862) ; La Fontaine et les fabulistes (1867) ; Jean-Jacques Rousseau, sa vie et ses ouvrages (1875), etc.

SAINT-MARC-RIGAUDIE (Joseph), représentant en 1849, né à Montans (Tarn) le 3 novembre 1795, mort à Villeneuve-sur-Lot (Lot-et-Garonne) le 18 juillet 1867, était propriétaire à Courbarieux et conseiller général. Élu, le 13 mai 1849, représentant de la Dordogne à l'Assemblée législative, le 10e et dernier de la liste, par 53,935 voix (105,677 votants, 145,779 inscrits), il siégea à gauche, fit partie du groupe de la Montagne, et vota constamment avec la minorité démocratique, contre l'expédition romaine, contre la loi Falloux-Parieu sur l'enseignement, contre la loi du 31 mai, restrictive du suffrage universel. Il combattit la politique de l'Élysée, protesta contre le coup d'État du 2 décembre, et rentra dans la vie privée en 1851.

SAINT-MARS (DE). — Voy. POULLOUX.

SAINT-MARSAN (ANTOINE-MARIE-PHILIPPE ASINARI, COMTE DE), membre du Sénat conservateur, né à Turin (Italie) le 10 décembre 1761, mort à Asti (Italie) le 19 juillet 1828, d'une ancienne famille du Languedoc, était le fils d'un gouverneur de Piémont. Il étudia à l'université de Pise, y remporta le grand prix d'éloquence latine, puis revint à Turin et entra dans les bureaux des affaires étrangères, où il obtint un avancement rapide. Envoyé à Vienne au commencement de la guerre entre la Sardaigne et la France, pour concerter avec l'empereur le plan de la campagne, il n'eut point à se louer du ministère autrichien et fit tendre ses efforts à un arrangement avec les Français. Bonaparte goûta le négociateur piémontais, lui promit de refuser sa protection au parti révolutionnaire, et engagea le Directoire à conclure un traité d'alliance avec le roi de Sardaigne ; mais le Directoire rejeta cette combinaison. Nommé à cette époque ministre de la guerre et de la marine à Turin, Saint-Marsan dut signer, le 28 juin 1798, la convention par laquelle la ville et la citadelle de Turin furent rendues aux troupes commandées par le général Brune. En 1800, après la réunion du Piémont à la France, Saint-

Marsan fut nommé par Napoléon, qui se souvenait de lui, ministre plénipotentiaire à Berlin : il reçut le titre d'ambassadeur en 1813, et, le 5 avril de la même année, entra au Sénat impérial. Il usa de toute son influence pour tâcher de retenir le roi de Prusse dans l'alliance française. Mais les événements se précipitèrent, et le roi de Prusse se joignit à la coalition. Après l'entrée des alliés en France, Saint-Marsan fut chargé par eux de présider le gouvernement provisoire établi à Turin en attendant l'arrivée du roi de Sardaigne ; celui-ci le nomma ministre de la Guerre, et l'envoya au Congrès de Vienne, où il fit déterminer les frontières du Piémont et incorporer l'état de Gênes au royaume de Sardaigne. De retour à Turin, il reçut le portefeuille des Affaires étrangères, qu'il quitta en 1817 pour celui de la Guerre, et qu'il reprit l'année suivante avec la présidence du conseil. En 1820, il fut envoyé au Congrès de Laybach ; à son retour (1821) il trouva le Piémont en pleine révolution. Victor-Emmanuel ayant abdiqué en faveur de son frère, Saint-Marsan donna sa démission, et se retira dans une de ses propriétés, près d'Asti. Il y mourut à 66 ans.

SAINT-MARSAULT (LOUIS-ALEXANDRE-BENJAMIN GREEN, MARQUIS DE), député de 1824 à 1827, né à la Rochelle (Charente-Inférieure) le 6 mars 1768, mort à la Rochelle le 28 janvier 1860, émigra à la Révolution et servit à l'armée des princes. Maréchal de camp à la Restauration, chevalier de Saint-Louis et de la Légion d'honneur, il fut élu, le 6 mars 1824, député du grand collège de la Charente-Inférieure, par 187 voix (256 votants, 311 inscrits). Son dévouement à la politique de M. de Villèle lui valut d'ailleurs, sur une énergique réclamation de sa part, le cordon de commandeur de Saint-Louis. Il quitta la vie parlementaire aux élections de 1827, et fut mis à la retraite, comme maréchal de camp, le 5 juin 1832.

SAINT-MARSAULT (CLAUDE-JOSEPH GREEN, COMTE DE), sénateur du second Empire, né à Uzerche (Corrèze) le 28 juin 1807, mort à Paris le 19 avril 1866, entra dans l'administration sous le règne de Louis-Philippe et fut sous-préfet de Bar-sur-Seine (Aube), puis préfet du Gers. Destitué par la révolution de 1848, il fut appelé par le gouvernement de L.-N. Bonaparte au poste de préfet de Seine-et-Oise et promu commandeur de la Légion d'honneur. Tout dévoué à l'Empire, M. de Saint-Marsault fut nommé sénateur le 26 décembre 1865, et, peu après, admis à la retraite comme préfet de Seine-et-Oise. Il mourut en 1866, grand officier de la Légion d'honneur.

SAINT-MARTIAL DE CONROS (LOUIS-CHARLES, COMTE DE), député de 1824 à 1827 et de 1830 à 1831, né à Arpajon (Cantal) le 16 mars 1757, mort à Paris le 28 juillet 1838, émigra, servit à l'armée des princes, et rentra en France sous le Consulat. Officier supérieur des haras, chevalier de Saint-Louis et de la Légion d'honneur, il fut élu, le 6 mars 1824, député du grand collège du Cantal, par 85 voix (112 votants, 152 inscrits). Il vota avec indépendance, ne se représenta pas aux élections de 1827, et fut réélu, le 3 juillet 1830, par 72 voix (124 votants, 136 inscrits). Il prêta serment au gouvernement de juillet, mais ne se représenta pas aux élections de 1831.

SAINT-MARTIAL. — *Voy.* AURILLAC (BARON D').

SAINT-MARTIN (JACQUES-LOUIS), député au Corps législatif de 1813 à 1815, né à Bitche (Moselle) le 9 février 1749, mort à Tours (Indre-et-Loire) le 9 décembre 1824, « fils du sieur Bernard de Saint-Martin, écuyer-major de la ville de Bitche, et de dame Anne Déchaux », était sous-lieutenant au moment de la Révolution. Il fit campagne aux armées de Sambre-et-Meuse et du Rhin, et fut mis à la retraite, comme général de brigade, à la paix de Campo-Formio. Membre de la Légion d'honneur le 25 prairial an XII, il fut élu, le 6 janvier 1813, par le Sénat, député d'Indre-et-Loire au Corps législatif. Il adhéra à la déchéance de l'empereur, et ne fit pas partie d'autres assemblées.

SAINT-MARTIN (JEAN), député de 1877 à 1889, né à Pertuis (Vaucluse) le 5 mai 1840, étudia le droit, exerça à Apt et à Avignon la profession d'avocat, et devint rédacteur de la *Démocratie du Midi* dans cette dernière ville. D'opinions radicales, il se fit élire, sur un programme de nuance avancée, conseiller général de Vaucluse par le canton de Pertuis (1812), fut vice-président de l'assemblée départementale, puis, à la suite de l'invalidation de M. du Demaine, se porta candidat à la députation dans l'arrondissement d'Avignon : il avait pour concurrent M. Eug. Raspail, opportuniste. Après une lutte des plus vives, M. J. Saint-Martin fut élu député, au second tour de scrutin, le 15 février 1877, par 9,704 voix (18,921 votants, 24,512 inscrits), contre 9,099 à M. du Demaine. Il se fit inscrire au groupe de l'extrême gauche, et fut des 363. Il se représenta le 14 octobre 1877, mais il échoua avec 8,726 voix, contre 10,423 à l'élu, M. du Demaine, soutenu par l'administration. Cette élection ayant été invalidée, M. Saint-Martin regagna son siège, le 5 mai 1878, avec 9,534 voix (9,991 votants, 24,412 inscrits). Il alla reprendre sa place dans le groupe intransigeant, dirigea pendant quelque temps (1880) une petite feuille intitulée l'*École laïque*, et vota à la Chambre : *pour* l'amnistie plénière, *pour* la séparation de l'Église et de l'État, *pour* la liberté absolue de presse et de réunion. Il s'occupa particulièrement de la réforme de la loi sur les faillites. Réélu, le 21 août 1881, par 8,791 voix (10,548 votants, 24,800 inscrits), contre 1,207 à M. de Barrême, il opina comme précédemment avec les radicaux, tout en se rapprochant dans quelques circonstances, à l'instigation de son ami et collègue M. Alfred Naquet, de la majorité opportuniste. Mais il repoussa les crédits de l'expédition du Tonkin. Inscrit, le 4 octobre 1885, sur la liste radicale de Vaucluse, il fut réélu, le 1er sur 4, députés de ce département, par 33,369 voix (62,052 votants, 77,730 inscrits), se prononça *contre* l'expulsion des princes, *contre* les cabinets Rouvier et Tirard, et déposa des propositions sur une modification de l'article 310 du code civil, sur la validité du mariage des ex-prêtres, sur la liberté de conscience sous les drapeaux. Lors de la constitution du parti boulangiste, il suivit MM. A. Naquet et G. Laguerre dans leur évolution. Il appartint, comme ses collègues, au comité directeur du « parti national » et vota, dans la dernière session, *contre* le rétablissement du scrutin d'arrondissement (11 février 1889), *pour* l'ajournement indéfini de la révision de la Constitution, *contre* les poursuites contre trois députés membres de la Ligue des patriotes, *contre le projet de loi Lisbonne restrictif de la liberté de la presse, contre les poursuites contre le général Boulanger*. On a de lui des études historiques sur *Mirabeau, Raspail, le maréchal Brune*, et des nouvelles dans le *Petit Journal*, le *Gil Blas*, le *Figaro*.

SAINT-MARTIN (de). — *Voy.* RIFFARD.

SAINT-MARTIN-LAMOTTE (JEAN-FRANÇOIS-FÉLIX), membre du Sénat conservateur, né à Turin (Italie) le 8 février 1763, mort à Turin le 10 novembre 1818, d'une des premières familles du Piémont, se fit recevoir docteur en droit. Membre du collège de droit à l'Université de Turin et membre de l'Académie des sciences de cette ville, il s'occupa de littérature et de botanique, et consigna le fruit de ses recherches dans la *Biblioteca oltramontana*, sous le titre de *Osservazioni botaniche*. Partisan modéré des idées de la Révolution française, il se montra favorable aux changements qui s'opérèrent dans sa patrie en 1799, et fut successivement partie du gouvernement provisoire et du corps municipal en 1800 et 1801. Nommé (septembre 1802) par le premier Consul préfet du département de la Sesia, il fit apprécier ses qualités d'administrateur et, peu de temps après, fut appelé (1er floréal an XII) à siéger au Sénat impérial. Saint-Martin-Lamotte soutint dans cette assemblée le gouvernement de Napoléon 1er, jusqu'au jour où il se rallia (1814) à la déchéance de l'empereur et au rétablissement des Bourbons. Il continua d'habiter Paris en 1815 et en 1816, puis se retira à Turin. L'Empire l'avait fait comte (12 mars 1808), et l'avait nommé (23 mai) membre du conseil des sceaux et titres.

SAINT-MARTIN-VALOGNE (CHARLES VAISSIÈRE DE), membre de la Convention, député au Conseil des Cinq-Cents, né au château de Combret, canton de Saint-Sernin (Aveyron) le 9 octobre 1750, mort à Millau (Aveyron) le 25 septembre 1807, « fils de noble Louis de Saint-Martin, capitaine au régiment de Vermandois et de dame Julie Bonhome », fut reçu avocat au parlement de Toulouse. Au moment de la Révolution, il était conseiller à la cour des comptes de Montpellier et membre de l'Académie des sciences de Turin. Partisan des idées nouvelles, il fut élu maire de Millau en 1791, et, le 6 septembre 1792, député de l'Aveyron à la Convention, le 2e sur 9, par 265 voix sur 504 votants. Il siégea parmi les modérés, et, dans le procès du roi, vota pour l'appel au peuple, pour la réclusion pendant la guerre et le bannissement à la paix, et pour le sursis. Membre et secrétaire de la commission des Douze destinée à arrêter les complots de la commune de Paris, il fut décrété d'arrestation entre le 31 mai, et ne dut son salut qu'à l'intervention de Legendre, à qui il avait rendu précédemment des services. Le 12 juillet 1793, Chabot, dont les parents avaient été inquiétés par les administrateurs du département de l'Aveyron, voulut rendre la députation de ce département responsable de ces persécutions, et accusa Saint-Martin de menées anticonstitutionnelles. Celui-ci nia l'influence qu'on lui attribuait sur l'administration du département, attaqua la conduite de Chabot pendant sa mission à Toulouse, et protesta de son amour ardent pour la liberté. Le 5 nivôse an III, il fit décréter que le prix des marchandises à destination de Lyon, qui, pendant le siège de

cette ville, avaient été confisquées et vendues au profit de l'État, serait restitué aux propriétaires; il fut secrétaire de la Convention le 16 prairial an III. Élu, le 4 brumaire an IV, par ses collègues de la Convention, député au Conseil des Cinq-Cents, il fut membre du bureau chargé du dépouillement du scrutin, partit en congé quelques jours après l'ouverture de la session, et sortit du Conseil par la voie du sort, le 1er prairial an V. Nommé, en 1797, receveur général des finances à Avignon, il remplit jusqu'à sa mort ces fonctions, dans lesquelles son fils aîné le remplaça.

SAINT-MARTIN-VALOGNE (ÉTIENNE-MARIE-AIMÉ VAISSIÈRE DE), député depuis 1876, né à Guéret (Creuse) le 14 septembre 1831, petit-fils du précédent, et petit-neveu de M. de Boëry, député du Berry aux États-Généraux, se fit recevoir licencié en droit, et se fixa dans l'Indre où il s'occupa de la gestion du beau domaine de Puy d'Auzon. Maire de Cluis en 1864, président de la Société de secours mutuels, conseiller d'arrondissement (1862), conseiller général de Neuvy-Saint-Sépulcre depuis 1870, il fit partie à l'assemblée départementale de commissions importantes, s'occupa surtout des questions de travaux publics, fut rapporteur des projets de chemins de fer, des budgets, et membre de la commission de permanence. Révoqué de ses fonctions de maire après le 4 septembre 1870, parce qu'il avait déclaré ne vouloir tenir son mandat que du libre choix de ses concitoyens et non « d'un gouvernement d'aventures et d'aventuriers », il devint, en 1872, membre du conseil départemental de l'instruction publique, et, candidat du comité national conservateur aux élections du 20 février 1876, fut élu député de l'arrondissement de la Châtre par 7,355 voix (12,945 volx, 16,624 inscrits), contre 3,336 à M. Pissavy et 2,220 à M. le docteur Vergne. Il prit place à la droite bonapartiste et soutint le ministère de Broglie-Fourtou contre les 363. Réélu, le 14 octobre 1877, par 10,576 voix (13,865 votants, 16,950 inscrits), contre 3,178 à M. de Talleyrand-Périgord, il reprit sa place à droite, combattit la politique scolaire et coloniale des ministères républicains, et vit son mandat renouvelé, le 21 août 1881, par 8,093 voix sur 13,554 votants et 17,574 inscrits, contre 5,400 à M. Pouradier-Duteil, républicain. Il parla contre l'obligation imposée aux départements de construire des Écoles normales de filles, contre la loi qui oblige les communes à construire des écoles dont elles ne veulent pas, provoqua la mise en discussion du service militaire de trois ans, et fit voter un crédit supplémentaire de cinq millions pour les chemins vicinaux. Porté, aux élections du 4 octobre 1885, sur la liste conservatrice de l'Indre, il fut réélu, le 1er sur 5, par 35,717 voix (69,748 votants, 83,936 inscrits). M. de Saint-Martin siégea à l'Union des droites, fit partie de la commission des 33 membres nommée pour examiner les affaires du Tonkin, et vota pour l'abandon de cette colonie, dont il avait constamment déjà rejeté les crédits. Il réclama l'inscription régulière au budget de la subvention destinée aux chemins vicinaux, demanda le maintien des dispenses de droit dans la loi militaire, fit rétablir le crédit destiné aux établissements de bienfaisance, et combattit, comme contraires à l'égalité, plusieurs articles de la loi militaire. Dans la dernière session, il s'est prononcé contre le rétablissement du scrutin d'arrondissement (11 février 1889), *pour l'ajournement de la revision partielle de la*·

Constitution proposée par le cabinet Floquet, *contre* les poursuites contre trois députés membres de la Ligue des patriotes, *contre* le projet de loi Lisbonne restrictif de la liberté de la presse, *contre* les poursuites contre le général Boulanger.

SAINT-MAURICE. — *Voy.* BARBEYRAC.

SAINT-MAURIS-CHATENOIS (CHARLES-EMMANUEL-POLYCARPE, MARQUIS DE), pair de France, né au château de Châtenois (Haute-Saône) le 26 mai 1753, mort au château de Colombier (Haute-Saône) le 15 mars 1839, « fils de haut et puissant seigneur Charles-Emmanuel-Xavier, marquis de Saint-Mauris, et de haute et puissante dame Gabrielle-Françoise Bernade de Raigecourt », d'une vieille famille de la Franche-Comté, suivit la carrière militaire. Sous-lieutenant au régiment de Saint-Mauris en 1764, capitaine de dragons en 1768 et colonel du régiment de Beauffremont en 1787, il émigra à la Révolution, avec ses deux frères et ses deux fils, fit campagne à l'armée de Condé, rentra en France après le 18 brumaire, et reprit les armes lorsqu'il sut que le comte d'Artois était à Bâle. Royaliste ardent, le marquis de Saint-Mauris fut nommé en 1814 inspecteur et commandant des gardes nationales de la Haute-Saône, puis maréchal de camp (1815). Elevé à la pairie par ordonnance du 5 novembre 1827, il soutint de ses votes à la Chambre haute le gouvernement de Charles X, et quitta la Chambre haute après la révolution de Juillet, en vertu de l'article 68 de la Charte de 1830. Il occupa ses dernières années à des recherches sur la généalogie de la maison de Saint-Mauris depuis le commencement du XIe siècle.

SAINT-MICHEL (DE). — *Voy.* USTOU.

SAINT-OUEN (DE). — *Voy.* URGUEL.

SAINT-PERN-COUELLAN (JOSEPH-CHRISTOPHE-MARIE-PHILIPPE-PATERN, COMTE DE), député de 1835 à 1839, né en émigration à l'île de la Trinité (colonie espagnole) le 25 mai 1793, mort à Paris le 4 février 1839, d'abord négociant, devint, en 1830, membre de la commission administrative de Dinan. Maire de cette ville, membre, puis secrétaire et vice-président du conseil général, il se présenta à la députation, le 5 juillet 1831, dans le 3e collège des Côtes-du-Nord (Dinan), et échoua avec 39 voix contre 91 à l'élu, M. Beslay; il ne fut pas plus heureux, le 21 juin 1834, avec 49 voix contre 94 à l'élu, M. Beslay, député sortant; mais il fut ensuite élu dans le même collège, le 5 janvier 1835, en remplacement de M. Beslay qui avait opté pour Saint-Malo, par 114 voix (130 votants, 239 inscrits) contre 14 à M. Roblиет de Saint-Cyr, et fut réélu, le 4 novembre 1837, par 123 voix (176 votants, 283 inscrits). Il prit place à l'opposition libérale, vota *contre* la loi d'apanage, et mourut à la fin de la législature. On a de lui: *Annuaire Dinannais* pour les années 1832 à 1839; *A messieurs les membres du conseil général des Côtes-du-Nord* (Dinan, 1832); *Un mariage dans le ciel* (id., 1836).

SAINT-PIERRE (LOUIS-LADISLAS-MARIE-MARC, VICOMTE DE), représentant en 1871, et membre du Sénat, né à Caen (Calvados) le 14 mars 1810, mort à Paris le 30 décembre 1890, « fils de Théodore-Guillaume Marc et d'Agathe-Aimée de Pernon », propriétaire, membre-fon-

dateur du Jockey-Club et de la Société des agriculteurs de France, était maire de Saint-Pierre de Fresne, quand il fut élu, le 8 février 1871, représentant du Calvados à l'Assemblée nationale, le 5e sur 9, par 61,641 voix (86,561 votants, 139,207 inscrits). Il prit place au centre gauche et vota *pour* la paix, *pour* l'abrogation des lois d'exil, *contre* le service de trois ans, *contre* la démission de Thiers, *pour* le septennat, *contre* le ministère de Broglie, *pour* l'amendement Wallon, *pour* les lois constitutionnelles. Il repoussa le projet de loi sur l'enseignement supérieur. Conseiller général du canton d'Aunay-sur-Odon (Calvados) du 8 octobre 1871, il fut élu, sur la liste constitutionnelle et contre la liste bonapartiste, sénateur du Calvados, le 30 janvier 1876, par 405 voix (861 votants), et réélu, au renouvellement triennal du 6 janvier 1885, sur la liste monarchiste, par 636 voix (1,175 votants). Il prit place au centre gauche, vota *contre* la dissolution de la Chambre demandée, le 23 juin 1877, par le ministère de Broglie, et, en dernier lieu, *pour* le rétablissement du scrutin d'arrondissement (13 février 1889), *pour* les poursuites contre le général Boulanger; il s'abstint sur le projet de loi Lisbonne restrictif de la liberté de la presse. Chevalier de la Légion d'honneur, du 23 août 1848, pour s'être distingué aux journées de juin, où il avait été blessé, comme garde national.

SAINT-PIERRE (DE). — *Voy.* LEMPEREUR.

SAINT-PIERRE-LESPÉRET (HENRI, CHEVALIER), député au Corps législatif en l'an VIII et en 1807, né à Plaisance (Gers) le 3 août 1761, mort à Plaisance le 21 janvier 1847, « fils de maître Dominique Saint-Pierre, avocat au parlement, et de dame Jeanne Ducuing », était homme de loi à Plaisance, au moment de la Révolution. Partisan des idées nouvelles, il devint administrateur du département du Gers. Rallié au 18 brumaire, il fut élu au Sénat conservateur, le 4 nivôse an VIII, député du Gers au Corps législatif, dont il fut secrétaire le 1er ventôse an X; son mandat lui fut renouvelé le 7 mai 1807, et il fut vice-président le 12 mars 1810. Il en sortit en 1811. Chevalier de l'Empire du 13 février 1811.

SAINT-PRIEST (FRANÇOIS-EMMANUEL-GUIGNARD, COMTE DE), ministre et pair de France, né à Grenoble (Isère) le 12 mars 1735, mort à sa terre de Saint-Priest, près de Lyon (Rhône), le 26 février 1821, d'une famille noble originaire d'Alsace, fixée depuis longtemps en Dauphiné où la terre de Saint-Priest fut érigée en vicomté en 1616, était fils d'un conseiller d'État, intendant du Languedoc. Il fut inscrit dès l'âge de quatre ans sur les registres de l'ordre de Malte, fut admis dans les mousquetaires gris en 1750, suivit, trois ans plus tard, à Malte, le bailli de Tencin, fit des caravanes dans la Méditerranée et revint en France en 1755. Réintégré dans la maison du roi, il prit part aux campagnes d'Allemagne, d'Espagne et de Portugal, gagna le grade de colonel, et fut nommé (1763) ambassadeur à Lisbonne, puis à Constantinople (1768). Il eut à suivre de délicates négociations entre la Russie et la Turquie alors en guerre, et contribua à amener la cession de la Crimée à la Russie (1779). Après un nouveau séjour en France de 1785 à 1787, il se rendit comme ambassadeur en Hollande, où il ne resta que quelques mois.

Les insurgés hollandais ayant voulu le forcer à prendre la cocarde orange, il barricada son hôtel, soutint un siège de huit jours, et ne céda pas. Il était alors maréchal de camp. Epris des idées nouvelles, il appartint, comme ministre sans portefeuille, au cabinet que dirigea Necker (décembre 1788-12 juillet 1789), et, après la prise de la Bastille, fut appelé (août 1789) au poste de secrétaire d'Etat de la maison du roi, puis à celui de ministre de l'Intérieur (7 août 1790). Partisan de la monarchie constitutionnelle et de réformes modérées, il se vit en butte à la fois aux attaques des partisans de l'absolutisme royal et des révolutionnaires. L'incendie de son château par les paysans refroidit son ardeur réformatrice. Dans les journées des 5 et 6 octobre, il dit aux femmes de Versailles qui réclamaient du pain : « Vous n'en manquiez pas quand vous n'aviez qu'un roi ; allez en demander à nos douze cents souverains. » Dénoncé pour ce fait par Mirabeau, il affirma qu'il n'avait pas prononcé ces paroles, mais il n'en resta pas moins fort impopulaire. En butte à l'hostilité systématique de la majorité, il tint longtemps tête à l'orage : dans ses lettres d'émigration, le duc de la Trémoille parle « de sa grande figure d'empereur romain, plus froide qu'un marbre ». Il dut enfin donner sa démission (décembre 1790), et émigra. Il se rendit en Suède, auprès de son beau-frère, le comte Ludolph, ambassadeur d'Autriche, visita successivement les principaux Etats de l'Europe, dans l'intérêt de la politique monarchique, et se rendit à Vérone en août 1795, à l'appel de Louis XVIII, qui le nomma ministre de sa maison. Il suivit ensuite le prince de Blankenbourg, à Mittau, puis alla vivre en Suisse et en Autriche. Rentré en France en 1814, il fut promu lieutenant général, resta à l'écart pendant les Cent-Jours, et, à la seconde Restauration, fut appelé à la Chambre des pairs, par une ordonnance royale du 17 août 1815. Il vota pour la mort dans le procès du maréchal Ney, mais prit peu de part aux travaux de la Chambre haute. Atteint alors d'une surdité complète, il se retira dans sa terre de Saint-Priest, près de Lyon. On a de lui : *Examen des Assemblées provinciales* (1787), et, assure-t-on, des *Mémoires* manuscrits.

SAINT-PRIEST (ARMAND-EMMANUEL-CHARLES GUIGNARD, COMTE DE), pair de France, né à Constantinople (Turquie) le 20 septembre 1782, mort à Paris le 15 juin 1863, fils du précédent et « de haute et puissante dame Guillelmine de Ludolfi, comtesse de Saint-Priest », suivit son père en émigration, entra au service de la Russie et fut nommé par l'empereur Alexandre conseiller d'Etat et gouverneur d'Odessa et de la province de Podolie. Il revint en France à la Restauration et fut admis (28 juin 1822) à siéger par droit héréditaire à la Chambre des pairs, en remplacement de son père décédé. Il appartint à la Chambre haute jusqu'à la révolution de 1848, ayant prêté serment au gouvernement de Louis-Philippe.

SAINT-PRIEST (ALEXIS GUIGNARD, COMTE DE), pair de France, né à Saint-Pétersbourg (Russie) le 20 avril 1805, mort à Moscou (Russie) le 29 septembre 1851, fils du précédent et de la princesse Sophie Galitzin, fut élevé au collège français d'Odessa, son père étant gouverneur de cette ville ; puis il le suivit à Paris, en 1822. D'une instruction littéraire étendue, il publia quelques traductions, des essais poétiques, et donna à la *Revue française* une étude sur l'Espagne, qui fut remarquée. Très lié avec le fils aîné du duc d'Orléans, M. de Saint-Priest se rallia avec empressement à la monarchie de juillet, qui le nomma (1833) ministre plénipotentiaire au Brésil, d'où il passa, en la même qualité, à Lisbonne (1835), puis à Copenhague (1838). Il revint en France en 1841 et fut fait pair de France le 25 décembre de cette année. M. de Saint-Priest soutint de ses votes la politique du gouvernement, mais s'occupa surtout de littérature et d'histoire. Le 18 janvier 1849, il fut élu membre de l'Académie française. L'année suivante il fit un voyage en Russie. Il se trouvait à Moscou lorsqu'il mourut d'une fièvre typhoïde. M. de Saint-Priest ne manquait ni d'érudition ni de critique ; il a laissé, outre des articles de journaux et de revues : les *Ruines françaises*, suivies du *Voyageur à la Trappe* (1823) ; *Athénaïs* ou le *Souvenir d'une femme* (1826) ; le *Présent et le Passé* (1828) ; l'*Espagne* (1830) ; *Histoire de la royauté considérée dans ses origines jusqu'à la formation des principales monarchies de l'Europe* (1842) ; *Histoire de la chute des jésuites du XVIIIe siècle* (1844) ; *Histoire de la conquête de Naples par Charles d'Anjou* (1847-1848) ; *Etudes diplomatiques et littéraires* (1850). Officier de la Légion d'honneur.

SAINT-PRIEST (EMMANUEL-LOUIS-MARIE GUIGNARD, VICOMTE DE), représentant en 1849, né à Paris le 6 décembre 1789, mort au château de Lamotte (Hérault) le 27 octobre 1831, oncle du précédent et frère du comte Armand (*V. p. haut*), suivit sa famille en Russie lors de l'émigration, et fit ses premières armes contre la France à Austerlitz, comme sous-officier aux chasseurs de la garde impériale russe. Colonel en 1811, il fut fait prisonnier par les Français ; l'ordre de le fusiller, envoyé par Napoléon, fut intercepté par les cosaques. Il s'échappa, servit avec ardeur la cause du gouvernement royal, tenta, pendant les Cent-Jours, de soulever les populations du Dauphiné et du Midi, s'embarqua à Marseille à la nouvelle de la capitulation de la Palud, fut pris par un corsaire de Tunis, et, après quelques semaines de captivité, put regagner l'Espagne et rentrer à la seconde Restauration. Il fut alors nommé maréchal de camp, premier écuyer tranchant et porte-cornette blanche, gentilhomme d'honneur et menin du duc d'Angoulême, et inspecteur d'infanterie. En 1823, il prit part à l'expédition d'Espagne, où sa conduite en Cerdagne, à la poursuite de Mina, lui valut le grade de lieutenant général. Après la reddition de Cadix, il revint à Paris, fut nommé (novembre 1825) ambassadeur à Berlin, puis (1827) à Madrid, où il négocia (1828) le traité par lequel l'Espagne s'engagea à rembourser à la France, par annuités de 4 millions, sa dette de 80 millions. En août 1830, il donna sa démission, et fut nommé par le roi Ferdinand grand d'Espagne et duc d'Almazan. Il se rendit en Italie, auprès de la duchesse de Berry, prépara activement le mouvement royaliste de 1832, fut arrêté à la Ciotat, au moment où il débarquait, et acquitté par la cour d'assises de Montbrison après une détention de dix mois ; il voyagea ensuite en Italie, en Autriche, et revint habiter la France, où il se confina dans la retraite, considéré, grâce à ses relations avec le comte de Chambord dont il était le confident, comme le chef du parti légitimiste. M. de Saint-Priest fut élu, le 13 mai 1849, représentant de l'Hérault à l'Assemblée législative, le 3e sur 8, par 35,163 voix (82,706 votants, 125,151 inscrits). Il siégea à l'extrême droite et vota avec la majorité monarchiste, *pour* l'expédition romaine, pour la loi Falloux-Parieu sur l'enseignement, *pour* la loi du 51 mai sur le suffrage universel. Le coup d'État du 2 décembre 1851, contre lequel il protesta, mit fin à sa carrière parlementaire. Le comte de Chambord lui écrivit en 1867, sur la situation politique, une lettre qui eut un certain retentissement. Commandeur de Saint-Louis (20 octobre 1829).

SAINT-PRIEST (Pierre - François - Félix de), député de 1842 à 1846, représentant en 1848 et en 1849, né à Bretenoux (Lot) le 13 janvier 1801, mort à Saint-Céré (Lot) le 12 juin 1851, d'une autre famille que les précédents, fut reçu avocat à Toulouse. Élu (1840) membre du conseil général du Lot, il se présenta, le 9 juillet 1842, à la députation, et fut élu député du 5e collège du Lot (Martel), par 132 voix (354 votants, 293 inscrits), contre 89 à M. Delheil, député sortant. Il siégea dans l'opposition dynastique, présenta plusieurs projets de loi relatifs à l'embrigadement des gardes champêtres, à la conversion des rentes, à la réduction de la taxe des lettres, au remboursement des rentes cinq pour cent, et échoua, grâce aux efforts de l'administration, le 1er avril 1846, avec 173 voix contre 180 à l'élu M. Calmon fils. Il rentra dans la politique après la révolution de février avec l'appui du parti conservateur : élu représentant du Lot à l'Assemblée constituante (23 avril 1848), le 4e sur 7, par 38,560 voix, il fit partie du comité des finances, et opina avec la droite *pour* le rétablissement du cautionnement et de la contrainte par corps, *pour* les poursuites contre Louis Blanc et Caussidière, *contre* l'abolition de la peine de mort, *contre* l'amendement Grévy, contre le droit au travail, *pour* l'ordre du jour en l'honneur de Cavaignac, *pour* la proposition Rateau, *pour* l'interdiction des clubs. Réélu, le 13 mai 1849, représentant du Lot à l'Assemblée législative, le 2e sur 6, par 35,572 voix (65,958 votants, 90,046 inscrits), M. de Saint-Priest appartint au comité de la rue de Poitiers, soutint de ses votes la politique de la majorité, proposa l'érection d'un monument à Mgr Affre, la création d'un ministère général de l'agriculture, la revision de la loi de 1807 sur l'usure, et réclama avec une nouvelle insistance la réforme postale. Il mourut pendant la législature. On a de lui quelques brochures politiques : la *Conversion des rentes* (1843); la *Taxe des lettres* (1844); la *Question des deux Chambres* (1845).

SAINT-PRIX (Hector Soubeyran de), député en 1791, membre de la Convention et député au Conseil des Cinq-Cents, né à Saint-Peray (Ardèche) le 12 juillet 1757, mort à une date inconnue, était homme de loi à Saint-Peray. Partisan des idées nouvelles, il devint (1791) administrateur du département, et fut élu, le 4 septembre de la même année, député de l'Ardèche à l'Assemblée législative, le 8e sur 7, par 189 voix (340 votants); il vota avec la majorité réformatrice. Réélu, le 4 septembre 1792, par le même département, membre de la Convention, le 2e sur 7, par 314 voix (386 votants), il siégea parmi les modérés, et, dans le procès du roi, vota « pour la mort avec sursis jusqu'à la paix », pour l'appel au peuple et pour le sursis. Ami des Girondins, il protesta contre les événements du 31 mai, fut décrété d'arrestation, subit plusieurs mois de détention, fut remis en liberté après le 9 thermidor, et fut réintégré à la Convention le 18 frimaire an III.

L'Ardèche le renvoya au Conseil des Cinq-Cents, le 23 vendémiaire an IV, par 180 voix (218 votants). Le même jour, il obtenait également la majorité dans le département de la Haute-Loire. Son mandat lui fut renouvelé le 24 germinal an VI. Il prit la parole sur l'affaire de Rastadt, dénonça les actes des royalistes dans l'Ardèche, et ne fit pas partie d'autres assemblées. Nommé, sous l'Empire, juge au tribunal civil de Privas, il conserva ces fonctions pendant les Cent-Jours, et tomba ainsi sous le coup de la loi du 12 janvier 1816 contre les régicides. Il se retira en Belgique : ses enfants demandèrent son retour au gouvernement royal (3 octobre 1817), qui, en raison de ses votes atténuants dans le procès de Louis XVI, lui accorda remise pleine et entière de sa peine (25 décembre 1818). De retour en France, il réclama (26 octobre 1819), comme ancien juge, une pension de retraite, qui ne lui fut pas accordée.

SAINT-PRIX (Oscar-Victorin-Émile Soubeyran), député de 1881 à 1885 et de 1886 à 1889, né à Valence (Drôme) le 1er juin 1829, petit-fils du précédent, était négociant à Privas. D'opinions républicaines, il devint maire de Saint-Peray, membre et vice-président du conseil général de l'Ardèche, et se présenta aux élections législatives de 1881, dans la 1re circonscription de Tournon, qui l'élut député, au second tour de scrutin (4 septembre) par 7,458 voix (14,333 votants, 22,003 inscrits), contre 6,713 à M. Seignobos, député sortant. M. Saint-Prix appartint à la majorité, soutint les ministères Gambetta et J. Ferry, et vota *pour* les crédits du Tonkin. Aux élections du 4 octobre 1885, il ne fut pas porté sur la liste républicaine et se retira de la lutte. Mais, après l'invalidation des députés conservateurs élus à cette date, il se représenta (14 février 1886), et fut élu député de l'Ardèche, le 6e et dernier, par 47,193 voix (92,766 votants, 111,895 inscrits). Il défendit comme précédemment, de ses votes, la politique opportuniste, opina *pour* l'expulsion des princes, *pour* la nouvelle loi militaire; dans la dernière session, il s'est abstenu sur le rétablissement du scrutin d'arrondissement (11 février 1889), et sur l'ajournement indéfini de la revision de la Constitution, et a voté pour les poursuites contre trois députés membres de la Ligue des patriotes, *pour* le projet de loi Lisbonne restrictif de la liberté de la presse, *pour* les poursuites contre le général Boulanger. M. Saint-Prix a été nommé, le 23 octobre 1889, directeur du Sous-Comptoir des entrepreneurs en remplacement de M. Roblnot de la Pichardais, décédé.

SAINT-ROMAN (Alexis-Jacques Serre comte de), pair de France, né à Paris le 13 mai 1770, mort à Paris le 25 avril 1843, « fils de Jacques Serre de Saint-Roman, et d'Hélène-Françoise de Murard », se destinait à la magistrature, quand la Révolution contraria ses projets; il émigra dès 1790, rentra en France à la fin de 1791, émigra de nouveau, et prit du service dans l'armée de Condé, qu'il quitta lorsqu'il apprit que son père avait été incarcéré pour ce fait : ce dernier n'en fut pas moins exécuté le 9 thermidor, le jour de la chute de Robespierre. Rentré en France en 1798, M. de Saint-Roman put recouvrer une partie de ses biens, vécut retiré pendant le Consulat et la plus grande partie de l'Empire, fut nommé, en 1813, chef de bataillon à la 8e légion de la garde nationale de Paris, prit part à la défense de la capitale le 30 mars 1814

contre les armées alliées et s'efforça d'empêcher la population de se porter à de regrettables excès contre les étrangers. A la première
Restauration, il devint maréchal des logis aux
mousquetaires gris avec le grade de chef d'escadron, et fut fait chevalier de Saint-Louis.
Pendant les Cent-Jours, il se retira dans ses
propriétés de l'Allier et ne revint à Paris qu'au
retour du roi. Président du collège électoral
de l'Allier, nommé pair de France le 17 août
1815 (son nom ne figure pas dans le scrutin
au procès du maréchal Ney), il reçut, le 19 août
1823, la croix d'officier de la Légion d'honneur,
et, à la Chambre haute, vota avec une certaine
indépendance, et donna sa démission de pair
en août 1830, pour ne pas prêter serment au
gouvernement de Juillet. On a de lui quelques
brochures de droit et des poésies dramatiques.

SAINT-ROMME (François-Henri), représentant en 1848 et 1849, né à Roybon (Isère)
le 15 septembre 1793, mort à Roybon le 9 février
1862, fils d'un notaire, étudia le droit, fut reçu
licencié à Grenoble, s'i inscrivit comme avocat
au barreau de cette ville, où il obtint des succès et se signala en même temps par ses opinions démocratiques. Il applaudit à la révolution de juillet 1830, mais rentra dans l'opposition libérale peu de temps après, fut un des
défenseurs des accusés d'avril, collabora au
Dauphinois et au Patriote des Alpes, devint
conseiller général, et prit une part active au
mouvement réformiste. Le 1ᵉʳ août 1846, il se
présenta comme candidat de l'opposition à la
Chambre des députés dans le 5ᵉ collège de
l'Isère (Saint-Marcellin)et échoua avec 175 voix
contre 192 au député sortant, réélu, M. de
Bérenger. La révolution de février le fit procureur général près la cour d'appel de Grenoble. Elu, le 23 avril 1848, représentant de l'Isère
à l'Assemblée constituante, le 1ᵉʳ sur 15, par
127,849 voix (136,486 votants, 159,723 inscrits),
il se démit aussitôt de ses fonctions judiciaires,
fit partie du comité de l'intérieur, parut plusieurs fois à la tribune, protesta contre la loi
contre les attroupements, et vota en général
avec les républicains de la nuance du National,
contre le rétablissement du cautionnement,
contre l'amendement Grévy, pour l'abolition du
remplacement militaire, contre la proposition
Rateau, pour l'amnistie, contre l'interdiction
des clubs, contre les crédits de l'expédition de
Rome. Il s'associa à la demande de mise en
accusation de L.-N. Bonaparte et s'abstint volontairement lors du scrutin sur la question du
droit au travail. Réélu, le 13 mai 1849, représentant de l'Isère à l'Assemblée législative, le
1ᵉʳ sur 12, par 76,613 voix (105,869 votants,
160,450 inscrits), il suivit la même ligne politique, et vota avec la gauche, contre l'expédition
de Rome, contre la loi Falloux-Parieu sur l'enseignement, contre la loi sur le suffrage universel. Il protesta contre le coup d'État du
2 décembre 1851, et s'occupa d'agronomie dans
les dernières années de sa vie.

SAINT ROMME (Mathias-Grégoire-Au-
guste), député depuis 1881, né à Vienne (Isère)
le 3 novembre 1844, fils du précédent, fut reçu
avocat, professa, comme son père, des opinions
républicaines, fut, à la fin de l'empire, secrétaire du comité central républicain de Grenoble
et conseilla de voter non lors du plébiscite de
1870. Sergent-fourrier à la 1ʳᵉ compagnie des
francs-tireurs de l'Isère pendant la guerre de
1870-1871, il se fit inscrire, à la paix, au barreau

de Saint-Marcellin, dont il devint conseiller
municipal, fut révoqué de ses fonctions par le
cabinet du 16 mai, et fut élu (1877) conseiller
général du canton de Roybon, puis maire de
cette commune. Candidat à la députation dans
l'arrondissement de Saint-Marcellin, aux élections du 21 août 1881, il fut élu par 12,726 voix
(14,915 votants, 22,625 inscrits), siégea à gauche, soutint les opinions de la majorité, parla sur
le recrutement de l'armée, et, dans la discussion de la loi sur la réforme de la magistrature
(juin 1883), fit voter l'incompatibilité du mandat législatif avec les fonctions judiciaires. Il
fit partie des commissions des faillites, des
caisses de retraite pour la vieillesse, de la revision de la Constitution, et vota pour les crédits
du Tonkin. Porté, le 4 octobre 1885, sur la liste
républicaine unique du département de l'Isère,
il fut réélu, le 5ᵉ sur 9, par 60,508 voix (112,650
votants, 162,975 inscrits). Il opina pour les cabinets Rouvier et Tirard, pour la nouvelle loi
militaire, appuya les mesures relatives aux
membres des familles ayant régné sur la France,
parla sur le traité conclu avec Madagascar, et,
dans la dernière session, se prononça pour le
rétablissement du scrutin d'arrondissement
(11 février 1889), contre l'ajournement indéfini
de la revision de la Constitution, pour le projet
de loi Lisbonne restrictif de la liberté de la
presse, pour les poursuites contre le général
Boulanger.

SAINT-SIMON (Claude-Anne de Mont-
bleru, duc de), député en 1789, né au château
de la Faye (Charente) le 16 mars 1743, mort à
Madrid (Espagne) le 3 janvier 1819, fit ses
études à l'Ecole militaire de Strasbourg, passa
dans le régiment d'Auvergne comme cadet,
puis aux gardes du roi Stanislas, comme lieutenant-colonel en 1770, commanda, l'année
suivante, le régiment de l'Poitou, en 1775 le régiment de Turenne, et passa au service de
l'Espagne en 1780, après un court séjour à la
Martinique. Il prit part à la guerre d'Amérique,
et, à son retour en France, devint, en 1783,
gouverneur de Saint-Jean-Pied-de-Port. Elu,
le 30 mars 1789, député de la noblesse aux
Etats-Généraux par le bailliage d'Angoulême,
il protesta contre les réformes et l'abolition des
titres nobiliaires, contre la violation du secret
des lettres, particulièrement de celles qui lui
étaient adressées, prêta, en 1790, le serment
civique, sous le prétexte que la réaction pouvait changer la constitution qu'elle venait de
donner, et signa les protestations de septembre
1791 contre les actes de l'assemblée. Il émigra
ensuite en Espagne, y devint maréchal de
camp (20 mai 1793), commandant du corps des
émigrés (29 septembre), lieutenant-général
(10 octobre), fut blessé à Irun, commanda en
1795 la légion de Navarre, l'année suivante, le régiment Royal-Bourbon, et fut
nommé capitaine-général de la Vieille-Castille.
En 1801, il prit part à la campagne contre le
Portugal, et fut créé grand d'Espagne par
Charles IV en 1803. En 1808, il fut blessé à la
tête des régiments de la garde à Madrid ;
quand les Français se présentèrent devant la
ville, il essaya de la défendre, fut fait prisonnier et condamné à mort par un conseil de
guerre. Il obtint une commutation de peine et
fut emprisonné dans la citadelle de Besançon
où il reçut sa fille, qui voulut partager sa
captivité, les soins les plus touchants. L'arrivée
des alliés lui rendit la liberté, et Louis XVIII
s'empressa d'annuler le jugement et de déclarer
qu'il avait bien mérité pour sa fidélité à la

maison de Bourbon. M. de Saint-Simon retourna en Espagne, où Ferdinand VII le créa duc, capitaine général en octobre 1814, et colonel des gardes wallonnes en 1825. Il resta désormais étranger aux événements politiques.

SAINT-SIMON (HENRI-JEAN-VICTOR ROUVROY, MARQUIS puis DUC DE), pair de France, et sénateur du second empire, né à Péreuil (Charente) le 11 février 1782, mort à Paris le 18 mars 1865, « fils de haut et puissant seigneur Louis-Charles, vicomte de Saint-Simon-Montbleru, et de haute et puissante dame Adélaïde-Blanche d'Abzac de Saint-Simon Sandricourt, vicomtesse de Saint-Simon », était issu de la vieille famille noble à laquelle appartint le célèbre auteur des *Mémoires*. Il s'engagea dans les hussards (1800), devint (1801) sous-lieutenant de carabiniers, puis fut aide-de-camp de Ney, et gagna en Espagne le grade de chef d'escadrons. Colonel d'un régiment de la garde de Joseph Bonaparte, il se distingua dans plusieurs engagements et fut grièvement blessé à Vic (1813). L'année suivante, il adhéra au gouvernement des Bourbons, puis il suivit Louis XVIII à Gand pendant les Cent-Jours et reçut dans cette ville le grade de maréchal de camp. En cette qualité, il commanda les départements du Calvados, de la Manche et du Loiret, et fut nommé pair de France, le 5 mars 1819, avec le titre de marquis. Le 3 janvier précédent, il était devenu grand d'Espagne et duc, par suite de la mort de son grand-oncle Claude-Anne de Saint-Simon. Ministre plénipotentiaire en Portugal, puis en Danemark (octobre 1820), il fut rappelé le 20 mars 1833, et reçut de Louis-Philippe (6 septembre 1831) le titre et les fonctions de gouverneur-général des établissements français dans les Indes-Orientales. A son retour (13 décembre 1841), il fut fait lieutenant-général, chargé de l'inspection générale de la cavalerie, et commandant (1844) de la 17e division militaire. La révolution de 1848 le mit à la retraite. Mais, après le coup d'Etat du 2 décembre, L.-N. Bonaparte le nomma sénateur (26 janvier 1852), puis (1855) grand-croix de la Légion d'honneur. Il soutint le gouvernement impérial avec le même zèle dont il avait fait preuve pour les monarchies précédentes, et mourut en 1865. Possesseur du manuscrit authentique des *Mémoires* de son aïeul, il le céda à la maison Hachette qui en a publié une édition nouvelle.

SAINT-VALLIER (JEAN-DENIS-RENÉ LACROIX DE CHEVRIÈRES, COMTE DE), membre du Sénat conservateur et pair de France, né à Clérieux (Drôme) le 6 octobre 1756, mort à Valence (Drôme) le 13 mars 1824, « fils de Nicolas de Lacroix de Saint-Vallier, et de dame Louise-Gabrielle de Grollée », suivit la carrière militaire et parvint au grade de maréchal de camp. Nommé, le 12 pluviôse an XIII, membre du Sénat conservateur, il devint président de cette assemblée pour un an, en 1808. Pourvu, en septembre, de la sénatorerie de Gênes, il vint, à la tête du Sénat, le 24 janvier 1809, complimenter l'empereur à son retour d'Espagne. Membre du grand conseil d'administration du Sénat (1810), M. de Saint-Vallier fut promu grand-croix de l'ordre de la Réunion, et envoyé (1813) dans la 7e division militaire en qualité de commissaire extraordinaire. Il y accéléra la levée en masse, prit les mesures qu'exigeaient les circonstances, puis se rallia (1814) à la déchéance de Napoléon. Le gouvernement royal le promut lieutenant-gé-

néral, et le nomma pair de France (4 juin). M. de Saint-Vallier vota pour la mort dans le procès du maréchal Ney, reçut, le 4 novembre 1817, le commandement de la 2e division militaire (Châlons-sur-Marne), et fut promu (9 mai 1822) gouverneur du château de Meudon. Il mourut deux ans après.

SAINT-VALLIER (CHARLES-PAUL LACROIX DE CHEVRIÈRES, COMTE DE), député de 1815 à 1816, né à Grenoble (Isère) le 8 février 1759, mort à Paris le 17 novembre 1835, frère du précédent, propriétaire à Saint-Vallier, fut élu, le 22 août 1815, député de la Drôme au grand collège, par 60 voix (116 votants, 185 inscrits). Il vota obscurément avec la majorité, et ne fit pas partie d'autres assemblées.

SAINT-VALLIER (CHARLES-RAYMOND LACROIX DE CHEVRIÈRES, COMTE DE), sénateur de 1876 à 1886, né au château de Coucy-lès-Eppes (Aisne) le 12 septembre 1813, mort au château de Coucy-les-Eppes le 4 février 1886, d'une vieille famille du Dauphiné, « fils de Bonne-Humbert Lacroix de Chevrières, marquis de Saint-Vallier, et de Marie-Magdeleine de Maussion », débuta dans la diplomatie comme attaché d'ambassade à Lisbonne (18 novembre 1852), il passa en la même qualité à Munich (1856) et à Vienne (1857), fut attaché (1859) au cabinet du ministre M. Walewski, devint secrétaire d'ambassade à Constantinople (1860), chef du cabinet du marquis de Moustier (1863), et ministre plénipotentiaire à Stuttgard (1868). Il remplit plusieurs missions pendant la guerre de 1870-71, et fut commissaire général auprès de l'armée d'occupation, du 10 janvier 1872 au 22 septembre 1873. Il avait le grade de ministre plénipotentiaire de 1re classe, et était vice-président du conseil général de l'Aisne pour le canton de Sis-onne, lorsqu'il se présenta, le 30 janvier 1876, comme candidat au Sénat dans le département de l'Aisne : il fut élu par 624 voix (921 votants), prit place parmi les républicains conservateurs, et se prononça, en juin 1877, *contre* la dissolution de la Chambre des députés et *contre* le gouvernement du Seize-Mai. Partisan du ministère Dufaure, il fut appelé à succéder, comme ambassadeur à Berlin, à M. de Gontant-Biron (20 décembre 1877). En juin 1878, il fut un des deux plénipotentiaires de la France au congrès de Berlin pour le règlement de la question d'Orient. Il donna sa démission d'ambassadeur lors de la constitution du cabinet Gambetta, et, mis en disponibilité, revint siéger (décembre 1881) au centre gauche du Sénat. Il vota avec la fraction la plus conservatrice du parti républicain, demanda (février 1882) dans la discussion sur la laïcité de l'instruction primaire, que les ministres des cultes pussent donner l'enseignement religieux dans les locaux scolaires en dehors des heures de classe (rejeté); interrogea (mars 1883) le ministre sur sa politique indécise au Tonkin, fut nommé (mai 1883) vice-président de la commission chargée de réorganiser le service des consulats de France à l'étranger, fut rapporteur (mai) des crédits du Tonkin, critiqua (décembre), à propos du budget du ministère des affaires étrangères, l'organisation du personnel diplomatique, parla (février 1884) sur la crise agricole, fut rapporteur (juin) d'un projet modifiant le régime des sucres, et obtint sa réélection comme sénateur, le 6 janvier 1885, par 1,050 voix (1,374 votants). Il reprit sa place au centre gauche et fut admis à la retraite comme ambassadeur, et mourut l'année suivante. Grand-croix de la Légion d'honneur (11 juillet 1860).

SAINT-VICTOR (Félix-Joseph-Marie Costecande de), représentant du peuple en 1848, né à Paris le 13 mai 1788, mort au château de la Cadissière (Tarn) le 29 juillet 1849, prit du service sous l'empire et fit les campagnes de Russie et d'Allemagne; il fut maintenu en activité par la Restauration et prit sa retraite comme chef d'escadron de la garde royale. Sous Louis-Philippe, il se mêla peu de politique, bien qu'il passât pour un légitimiste intransigeant. Élu, le 23 avril 1848, représentant du Tarn à l'Assemblée constituante, le 8e sur 9, par 37,809 voix (90,459 votants), il fit partie du comité des affaires étrangères, et vota avec la droite, contre le bannissement de la famille d'Orléans, pour les poursuites contre L. Blanc et Caussidière, pour la proposition Rateau, pour l'interdiction des clubs, pour l'expédition de Rome et contre la demande de mise en accusation du président et des ministres. Il ne prit pas part au vote sur l'ensemble de la Constitution. Non réélu à la Législative, il ne reparut plus sur la scène politique.

SAINT-VICTOR (Louis-Gabriel de), représentant en 1871, né à Lyon (Rhône) le 24 mars 1824, d'une vieille famille du Beaujolais, s'occupa d'abord d'agriculture, et fonda, en 1866, le comice agricole de Tarare; il obtint une prime d'honneur au concours régional de 1869. Membre fondateur de la Société des agriculteurs de France, président du comice agricole de Tarare, chevalier du Saint-Sépulcre et de François Ier des Deux-Siciles, il fut élu, le 8 février 1871, représentant du Rhône à l'Assemblée nationale, le 13e et dernier, par 56,291 voix (117,523 votants, 185,134 inscrits). Il se fit inscrire à la réunion des Réservoirs, signa l'adresse des députés syllabistes, et vota avec la droite, pour la paix, pour l'abrogation des lois d'exil, pour la pétition des évêques, contre le service de trois ans, pour la démission de Thiers, pour le septennat, contre le ministère de Broglie, et contre les lois constitutionnelles. Il échoua ensuite à la députation, dans la 2e circonscription de Villefranche, le 20 février 1876, avec 3,690 voix contre 12,526 à l'élu M. Perras, républicain, et 2,312 à M. Vernhette, et ne fut pas plus heureux, le 14 octobre 1877, avec 6,000 voix contre 12,841 à l'élu, M. Perras, député sortant.

SAINTE-ALDEGONDE (Pierre-François-Balthazar Genech, comte de), député en 1789, né à Lille (Nord) le 6 décembre 1758, mort à Lille le 31 décembre 1838, était colonel du régiment de Champagne-cavalerie quand il fut élu, le 17 avril 1789, député de la noblesse aux États-Généraux par le bailliage d'Avesnes. Son nom n'est pas cité au Moniteur. Il émigra après la session, fut gentilhomme de Monsieur, depuis Louis XVIII, rentra en France avec les Bourbons, et fut promu maréchal de camp le 9 décembre 1814, et lieutenant-général le 20 février 1815, sans exercer aucun commandement actif.

SAINTE-ALDEGONDE (Charles-Séraphin-Joseph Genech, comte de), député de 1815 à 1822, né à Lille (Nord) le 7 novembre 1765, mort à Valenciennes (Nord) le 9 novembre 1822, frère du précédent, était officier à la Révolution. Il émigra, servit à l'armée des princes et fut fait maréchal de camp à la Restauration, et inspecteur des gardes nationales. Élu, le 22 août 1815, député du grand collège de l'Aisne, par 80 voix (131 votants, 266 inscrits), et réélu, le 4 octobre 1816, par 93 voix (187 votants, 213 inscrits), il prit place à l'extrême

droite, et vota toutes les lois répressives proposées par les ministres. Rapporteur de la commission des pétitions, il proposa le renvoi au ministre de la Guerre d'une pétition de quelques Marseillais signalant à la justice du roi comme un grand coupable le maréchal Masséna, demanda aussi le rétablissement du cautionnement des journaux, et vota contre le monopole du tabac. Il mourut pendant la législature.

SAINTE-ALDEGONDE (Alexandre-Louis-Joseph Genech de), pair de France, né à Lille (Nord) le 11 novembre 1760, mort à Paris le 18 mai 1841, « fils de messire François-Balthazar-Joseph Ghislain, comte de Sainte-Aldegonde de Genech, Cléty, Rosimbois... etc., et de dame Marie-Albertine-Amélie Bady de Pont », frère des précédents, avait émigré à la Révolution et servi dans l'armée des princes. Rentré en France avec les Bourbons, il fut promu lieutenant-général. Conseiller général de l'Aisne, il fut nommé pair de France le 5 novembre 1827, défendit avec modération les principes constitutionnels, et quitta la Chambre haute à la révolution de 1830, en vertu de l'article 68 de la nouvelle Charte.

SAINTE-BEUVE (Pierre-Henri), représentant en 1848 et en 1849, né à Pisailly (Oise) le 23 février 1819, mort à Réssy (Seine-et-Oise) le 8 mai 1855, étudia le droit, fut reçu avocat et se fit inscrire au barreau de Paris. Riche propriétaire et directeur d'usines dans l'Oise, il fut élu, le 23 avril, représentant de ce département à l'Assemblée constituante, le 9e sur 10, par 43,332 voix. Il fit partie du comité des finances, se mêla assez activement aux travaux de l'Assemblée dans les commissions, et vota avec la droite : pour le rétablissement du cautionnement et de la contrainte par corps, pour les poursuites contre Louis Blanc et Caussidière, contre l'abolition de la peine de mort, contre l'amendement Grévy, pour l'ordre du jour en l'honneur de Cavaignac, pour la proposition Rateau, contre l'amnistie, contre l'interdiction des clubs, pour les crédits de l'expédition de Rome. Il avait prêté son concours, après l'élection du 10 décembre, au gouvernement de L.-N. Bonaparte. Il continua de le soutenir à l'Assemblée législative, où le même département le renvoya (13 mai 1849), le 2e sur 8, par 49,058 voix (120,929 inscrits). M. Sainte-Beuve opina avec la majorité, pour l'expédition de Rome, pour la loi Falloux-Parieu sur l'enseignement, pour la loi restrictive du suffrage universel, combattit le socialisme, et se déclara partisan de la liberté commerciale. Vers la fin de la session, il se sépara de la politique de l'Élysée et fut au nombre des représentants attachés au système parlementaire, qui protestèrent contre le coup d'État du 2 décembre. Il renonça alors à la vie politique.

SAINTE-BEUVE (Charles-Augustin), sénateur du second Empire, né à Boulogne-sur-Mer (Pas-de-Calais) le 23 décembre 1803, mort à Paris le 12 octobre 1869, fils de sieur François Sainte-Beuve, contrôleur principal des droits réunis de l'arrondissement, directeur de l'octroi rural et de l'octroi municipal de Boulogne, et de dame Augustine Coilliot, et petit-fils d'une Anglaise par sa mère, ne se rattachait pas, quoi qu'on en ait dit, à la famille janséniste des de Sainte-Beuve, qui s'est éteinte en 1711. Il fit ses classes au collège de Boulogne et les termina à Paris au collège Charlemagne, puis au collège Bourbon. Il commença ensuite des études de médecine, mais, après avoir suivi les cours d'anatomie et avoir été externe pendant un an à l'hôpital Saint-Louis, il se tourna vers la littérature, et écrivit (1825) quelques articles pour le *Globe*, que dirigeait alors M. Dubois, son ancien professeur de rhétorique. Divers comptes-rendus sur les productions de la nouvelle école, le *Cinq-Mars* d'Alf. ed de Vigny, le second volume des *Odes et ballades* de Victor Hugo (1826), furent remarqués et lui valurent d'entrer dans ce qu'on appelait « le cénacle ». Sainte-Beuve étudia alors particulièrement le XVIᵉ siècle et la pléiade, et, l'Académie ayant proposé pour sujet du prix d'éloquence en 1827, un *Tableau de la poésie française au XVIᵉ siècle*, Daunou engagea fortement le jeune critique du *Globe* à concourir : le travail de Sainte-Beuve n'obtint pas le prix, qui fut partagé entre Saint-Marc-Girardin et Philarète Chasles, mais il fut publié par son auteur, qui y joignit une édition des *Œuvres choisies de Ronsard* (1828). Victor Hugo encouragea le débutant, qui, dans les *Poésies de Joseph Delorme*, affecta les audaces romantiques les plus outrées : le volume eut un grand succès. La révolution de 1830 vint offrir à son activité une nouvelle carrière. Pierre Leroux ayant pris la direction du *Globe*, Sainte-Beuve le seconda, s'imbut des idées humanitaires du philosophe et inclina vers les saint-simoniens. Il commença ensuite une active campagne au *National* avec Armand Carrel, puis il fit la connaissance de Lamennais et faillit devenir dévot. Les *Consolations* et le roman de *Volupté* trahissent ses aspirations d'alors vers une sorte de catholicisme épuré. George Sand l'appelait à cette époque « un pieux et tendre rêveur ». Sainte-Beuve écrivit encore, dans le même courant d'idées : *Pensées d'août*, son dernier recueil de vers, et l'*Histoire de Port-Royal* (1840-1842), complète et savante apologie du jansénisme et de ses martyrs; il avait été appelé à Lausanne en 1837, pour y faire un cours sur un sujet à son gré, et il avait choisi cette partie peu explorée de l'histoire religieuse du grand siècle. Une autre étude sur *Chateaubriand et son groupe* (1849) fut aussi le résumé d'une série de leçons professées à Liège en 1848 sur l'aurore du romantisme. « Sainte-Beuve, écrit un biographe, avait eu une phase de romantisme avec Victor Hugo et Alf. de Vigny, une phase de mysticisme avec Lamennais et Lacordaire, une phase de libéralisme avec Armand Carrel, il eut aussi une phase de césarisme... » La révolution de 1848 l'avait effrayé au point de lui faire gagner la Belgique. Rallié ouvertement à l'empire en 1852, il passa du *Constitutionnel*, où il écrivait alors, au *Moniteur*, et fut nommé professeur de poésie latine au Collège de France; il se proposait d'y faire un cours sur Virgile; mais il ne put même pas l'ouvrir. Les étudiants libéraux ayant résolu de protester contre son adhésion au gouvernement impérial, il fut assailli dès la leçon d'ouverture par des huées et des sifflets, et, malgré un déploiement extraordinaire de sergents de ville, il dut céder, à la seconde leçon, devant l'évidente hostilité de ses auditeurs. En 1857, il fut nommé maître de conférences à l'École normale, fonctions qu'il exerça jusqu'en 1861. A cette époque, il quitta à la fois l'École normale et le *Moniteur* pour rentrer au *Constitutionnel*; mais il n'en conserva pas moins ses attaches gouvernementales, et fut appelé, le 28 avril 1865, à siéger au Sénat. Son attitude n'y fut pas exempte de dignité. Il ne prit la parole que dans les questions qui intéressaient la liberté

des lettres et de la pensée et toujours pour la défendre; aussi regagna-t-il, dans les dernières années de sa vie, un peu de sa popularité perdue. Un jour, il se trouva mêlé à un curieux incident parlementaire. On discutait la loi sur l'enseignement primaire. Comme Sainte-Beuve relevait avec vivacité une allusion de M. de Ségur à la nomination de M. Renan au Collège de France, un sénateur, M. Lacaze (r. ce nom), lui cria : « Vous n'êtes pas ici pour cela. » Un grand nombre de membres du parti catholique et autoritaire firent chorus, et le maréchal Canrobert s'en mêla aussi. Sainte-Beuve tint tête à l'orage et, dans une séance suivante, à propos d'une pétition sur les bibliothèques scolaires, d'où l'on proposait d'exclure les œuvres de Voltaire, de Rousseau, de MM. Renan, Michelet, etc., il continua de réclamer les droits de la libre-pensée. Interrompu par le même tumulte, il déclara qu'il n'avait accepté les fonctions de sénateur que « pour intervenir dans les débats qui porteraient sur des objets de sa compétence, c'est-à-dire sur les questions littéraires, pour défendre au besoin ses confrères du dehors, rendre justice à leurs efforts et repousser les accusations mal fondées dont ils pourraient être l'objet. » Là-dessus, M. Lacaze se prétendit directement insulté et provoqua Sainte-Beuve en duel. L'écrivain refusa de vider cette querelle autrement que la plume à la main, et l'incident fut clos. Vers la même époque, il n'accepta pas de passer du *Moniteur* au *Journal officiel*, lors de la création de cette dernière feuille, et donna dans le *Temps*, journal de l'opposition modérée, une série d'articles pour lesquels le *Moniteur* ne lui laissait pas une latitude suffisante. Sainte-Beuve, à qui les feuilles catholiques reprochèrent si souvent le dîner traditionnel du vendredi saint, auquel il invitait sa table, rue Montparnasse, notamment M. Renan et le prince Napoléon, prit ses dispositions pour éloigner les prêtres de son lit de mort et pour être inhumé sans solennité. Il demanda qu'aucun des corps auxquels il appartenait, l'Académie et le Sénat, ne se fît représenter à ses obsèques, qu'aucun discours ne fût prononcé sur sa tombe; « enfin, disait-il, je demande à être porté directement de mon domicile au cimetière Montparnasse, dans le caveau où est ma mère, sans passer par l'église, ce que je ne saurais faire sans violer mes sentiments ». Cet enterrement civil d'un sénateur fit scandale dans les régions officielles, et M. Rouher protesta, dans l'éloge funèbre qu'il fit de lui, comme président du Sénat, contre cette « suprême témérité ». L'œuvre la plus considérable de Sainte-Beuve, celle où il a le mieux révélé son originalité d'analyse et de critique psychologique, est la longue série commencée sous le titre de *Portraits*, dès 1829, dans la *Revue de Paris*, continuée sous le même titre dans la *Revue des Deux-Mondes*, et reprise sous le titre de *Causeries du lundi* au *Constitutionnel* et au *Moniteur*. Ils ont été réunis dans un ensemble de 43 volumes : *Portraits littéraires*, *Portraits de femmes*, *Portraits contemporains*, *Causeries du lundi*, *Nouveaux lundis*, etc., sans compter la série des *Premiers lundis*, publiés en 1875 et formés d'articles recueillis dans le *Globe* et dans le *National*.

SAINTE-CROIX (Robert-Jean-Antoine-Omer Desgorues, comte de), député au Corps législatif de 1852 à 1860, né à Aubry-le-Panthou (Orne) le 7 juin 1785, mort à Versailles (Seine-et-Oise) le 12 décembre 1861, entra au service comme sous-lieutenant en janvier 1809, et parvint au grade de capitaine. Créé comte de l'empire pendant la campagne de Portugal (25 juillet 1811), il reçut trois blessures, eut une jambe emportée à la Moskowa, et, promu officier de la Légion d'honneur, fut nommé, en 1813, auditeur au conseil d'État. Tout dévoué à la politique napoléonienne, il fut destitué à la Restauration, et, au retour de l'île d'Elbe, demanda une place à l'empereur par une lettre d'allure toute militaire : « Vous avez en la bonté, Sire, de me dire, à moi parlant, que j'avais une bonne tête : employez-la. Moi et mon père sont deux (sic). Est-ce ma faute, s'il se récuse, s'il n'a pas accepté la préfecture de Carcassonne, s'il se retire au moment où le seul enfant qui lui reste n'aspire qu'à être placé sur la brèche? » Il fut nommé sous-préfet de Bar-sur-Ornain (6 mai 1815), et fut de nouveau destitué au second retour des Bourbons; ce fut en vain qu'il demanda (17 janvier 1825) la sous-préfecture d'Argenton par l'intermédiaire de son parent le vicomte Talon; il resta sans emploi jusqu'au second empire. Après le coup d'État du 2 décembre 1851, M. de Sainte-Croix, désigné comme candidat officiel du gouvernement dans la 2e circonscription de l'Orne, fut élu député de ce collège le 22 février 1852, par 24,120 voix (27,182 votants, 41,875 inscrits), contre 1,182 à M. de Vigneral et 997 à M. de Tracy. Il siégea au Corps législatif dans la majorité dynastique, obtint le renouvellement de son mandat, le 22 juin 1857, par 18,512 voix (23,206 votants, 38,558 inscrits), contre 4,397 à M. Garnier-Pagès, de l'opposition, reprit sa place à droite, et, ayant donné sa démission, en 1860, fut remplacé, le 15 septembre de la même année, par M. David Deschamps.

SAINTE-HERMINE (EMMANUEL-ARMAND-JEAN-BÉNÉDICT, COMTE DE), député de 1827 à 1831, pair de France, né à Évry (Yonne) le 29 décembre 1770, mort à Niort (Deux-Sèvres) le 18 mars 1850, d'une famille d'ancienne noblesse de Saintonge et d'Angoumois, citée dès 1090, « fils de messire Jean, marquis de Sainte-Hermine, chevalier commandeur de l'ordre royal et militaire de Saint-Lazare, et de dame Louise-Angélique Roullin », entra dans les pages de Louis XVI en 1781, et devint capitaine de cavalerie en 1789. Lieutenant dans la cavalerie de la garde constitutionnelle du roi en 1791, il vécut dans la retraite pendant la période révolutionnaire, entra dans la gendarmerie des Deux-Sèvres sous le Consulat, et devint, en 1808, commandant de la garde d'honneur du même département. Partisan du retour des Bourbons, il fut nommé (1817) président du deuxième collège électoral de Niort, maire de la ville l'année suivante, et fut décoré de la Légion d'honneur à l'occasion de la naissance du duc de Bordeaux. Candidat à la députation, le 25 février 1824, dans le deuxième collège électoral des Deux-Sèvres (Niort), il échoua avec 157 voix, contre 187 à M. Chebrou de la Roulière, et fut révoqué de ses fonctions de maire en 1826, par le ministère de Villèle, dont son libéralisme constitutionnel avait blâmé la politique. Aux élections du 17 novembre 1827, il échoua une seconde fois dans le même arrondissement, avec 18 voix contre 241 à l'élu, M. Mauguin, et 112 au député sortant, M. Chebrou de la Roulière; mais huit jours après, il fut élu député du collège de département, par 93 voix sur 161 votants et 200 inscrits, contre 51 à M. Janvre de la Bouchetière, et 14 à M. Chebrou de la Roulière. Il siégea à la contre-opposition, combattit de ses votes le ministère

Villèle, et vota l'Adresse des 221 contre le cabinet Polignac. Conseiller-général des Deux-Sèvres en 1829, il fut révoqué en 1830 pour avoir protesté contre des décisions de l'assemblée départementale. Réélu député du collège de département, le 3 juillet 1830, par 122 voix sur 215 votants et 229 inscrits, contre 93 à M. Descordes, il contribua à l'établissement de la monarchie de Juillet, qui le rappela (août) au conseil général, et le nomma (septembre) préfet de la Vendée. Soumis de ce chef à la réélection, il vit son mandat confirmé, le 28 octobre suivant, par 497 voix sur 600 votants et 948 inscrits, contre 84 à M. Thibaudeau et 13 à M. Th. Proust. À l'expiration de son mandat législatif (1834), il ne se représenta pas, se consacra à ses fonctions administratives, fut appelé à la préfecture de l'Allier en 1832, et élevé à la dignité de pair de France le 7 novembre 1839. Il siégea dans la majorité gouvernementale jusqu'à la révolution de 1848, et mourut deux ans après.

SAINTE-HERMINE (JEAN-HÉLIE-ÉMILE, MARQUIS DE), député au Corps législatif de 1852 à 1870, né à Niort (Deux-Sèvres) le 22 janvier 1809, mort à la Roche-sur-Yon (Vendée) le 19 novembre 1870, neveu du précédent, entra dans l'administration sous Louis-Philippe, et fut d'abord conseiller de préfecture, puis secrétaire général de la préfecture de la Vendée de 1835 à 1852. Conseiller général de ce département, il avait été fait chevalier de la Légion d'honneur en 1844. Rallié à la politique du prince Louis-Napoléon et partisan du coup d'État, il fut envoyé, après le 2 décembre, en mission dans le Finistère dont il fut quelque temps préfet intérimaire, et fut ensuite élu député au Corps législatif, comme candidat du gouvernement, dans la 1re circonscription de la Vendée, le 29 février 1852, par 9,367 voix (16,668 votants, 34,876 inscrits), contre 6,905 à l'abbé de Lespinay. Réélu, le 22 juin 1857, par 8,994 voix (12,580 votants, 34,371 inscrits); le 1er juin 1863, par 19,180 voix (19,495 votants, 37,196 inscrits); le 24 mai 1869, par 11,497 voix (21,777 votants, 35,259 inscrits), il vit cette dernière élection invalidée sur un rapport de M. Clément Duvernois et après un discours de M. Buffet, et fut remplacé, le 9 janvier 1870, par M. Alquier. À la Chambre, il avait constamment voté avec la majorité dévouée aux institutions impériales. Chevalier de la Légion d'honneur (1811). M. de Sainte-Hermine a continué jusqu'en 1789 l'Histoire de Poitou de Thibaudeau et publié en outre : Traité de l'organisation des élections municipales (1842, 1855 et 1853, trois éditions); Du rétablissement des secrétaires généraux (1855), etc.

SAINTE-MARIE (LOUIS-MARIE RAPINE-DEMEZET DE), député de 1822 à 1830, né à Sainte-Marie (Nièvre) le 2 avril 1774, mort au château de Saint-Martin (Nièvre) le 23 septembre 1841, émigra à la Révolution et servit comme officier à l'armée des princes. Chevalier de Saint-Louis à la Restauration et conseiller de préfecture de la Nièvre, il fut successivement élu député du grand collège de la Nièvre, le 20 novembre 1822, par 95 voix (124 votants, 171 inscrits); le 6 mars 1824, par 77 voix (114 votants, 163 inscrits); le 24 novembre 1827, par 68 voix (133 votants, 174 inscrits). M. de Sainte-Marie siégea constamment parmi les ministériels, vota toutes les mesures réactionnaires proposées par la majorité, et refusa de signer l'Adresse des 221. « Élu, dit un biographe, par les électeurs indépendants de son département, il n'a pas répondu aux espérances qu'il avait fait naître. Assis derrière le banc de la trésorerie, se levant avec LL. Exc., riant avec les ventrus, dînant avec M. Piet, il est devenu un ministériel accompli. » Il rentra dans la vie privée à la dissolution de mai 1839.

SAINTE-MAURE (ANDRÉ, VICOMTE DE), député de 1824 à 1827 et pair de France, né à Paris le 1er décembre 1775, mort à Dinteville (Haute-Marne) le 21 mars 1850, émigra à la Révolution et rentra en France avec les Bourbons. Officier supérieur et chevalier de Saint-Louis, conseiller général de la Haute-Marne, il fut élu, le 6 mars 1824, député du grand-collège de la Haute-Marne, par 77 voix (120 votants, 150 inscrits). Il siégea obscurément dans la majorité et fut nommé par M. de Villèle, le 5 novembre 1827, pair de France. L'article 68 de la Charte de 1830 le fit sortir de la Chambre haute.

SAINTE-MAURE-MONTANSIER (LOUIS-AUGUSTE-MARIE-CÉSAR, MARQUIS DE), pair de France, né à Paris le 7 juin 1774, mort à Paris le 5 décembre 1834, « fils de Louis-Marie-César, marquis de Sainte-Maure, mousquetaire, et de Victoire-Françoise Sauvage », se tint éloigné des affaires publiques pendant toute la durée de l'empire. A la première Restauration, il devint sous-lieutenant aux chevau-légers de la garde et chevalier de Saint-Louis. Nommé pair de France le 17 août 1815 (son nom ne figure pas dans le scrutin au procès du maréchal Ney), il quitta la Chambre haute à la révolution de 1830, pour ne pas prêter serment au gouvernement de Juillet.

SAINTE-SUZANNE (GILBERT-JOSEPH-MARTIN DE BRUNETEAU, COMTE DE), membre du Sénat conservateur et pair de France, né à Mothé-les-Poivres (Aube) le 7 mars 1750, mort à Paris le 26 août 1830, entra dans les pages de la comtesse de Provence, passa, en 1779, sous-lieutenant au régiment d'Anjou-infanterie, et partisan des principes de la Révolution, fut promu capitaine de grenadiers et se distingua au siège de Mayence. Après la reddition de cette place, il alla en Vendée où il prit part à la bataille de Cholet ; général de brigade en mars 1795, il servit à l'armée du Rhin, se distingua à Ettingen, et fut promu général de division le 2 août 1796, par Moreau, qui l'estimait particulièrement. Il défendit la tête du pont de Kehl, et rentra, le 23 juillet 1797, au bureau topographique de la guerre. En 1799, sous Moreau, il commanda l'aile gauche de l'armée du Danube ; la retraite difficile qu'il exécuta après l'affaire d'Erbach lui mérita la réputation d'un habile tacticien. Mais des infirmités contractées au service l'obligèrent à quitter l'armée. Membre de la Légion d'honneur le 9 vendémiaire an XII, grand-officier de l'ordre le 25 prairial suivant, il fut nommé, le 1er floréal an XII, membre du Sénat conservateur, et fut gratifié par la suite de la sénatorerie de Pau. Nommé, le 20 mai 1807, commandant de la 2e légion de réserve de l'intérieur, et créé comte de l'empire le 3 juin 1808, il fut appelé, l'année suivante, au commandement des côtes de Boulogne, d'Ostende et de la Hollande. En 1814, il adhéra à la déchéance de l'empereur, fut nommé pair de France à la Restauration, le 4 juin 1814, n'exerça aucune fonction publique pendant les Cent-Jours et, lors du procès du maréchal Ney, refusa de siéger par le motif que la défense n'avait pas été libre. Il vota constamment avec l'opposition libérale, et, bien que fort malade, se fit transporter, en 1830, à Paris, pour y donner son adhésion au retour du drapeau tricolore. Il mourut peu de jours après. On a de lui : *Le Siège de Dantzig en 1807* (Paris, 1813) ; — *Projet de changements à opérer dans le système des places fortes* (1819).

SAINTE-SUZANNE (ALEXANDRE-FRANÇOIS DE BRUNETEAU, BARON DE), député au Corps législatif, né à Sainte-Suzanne, commune de Poivres (Aube) le 30 décembre 1769, mort à Paris le 9 novembre 1853, « fils de Louis-Gilles de Bruneteau, seigneur de Sainte-Suzanne, et de dame Françoise de la Motte », entra, en août 1789, à l'École militaire de Brienne, et, en 1782, à celle de la Flèche. Officier de santé au 2e d'artillerie légère le 1er septembre 1791, chirurgien de 1re classe le 21 frimaire an IX, il fut nommé sous-préfet de Saint-Hippolyte (Doubs) le 27 octobre 1802, membre de la Légion d'honneur le 25 prairial an XII, et élu, le 25 thermidor suivant, par le Sénat conservateur, député du Doubs au Corps législatif. Conseiller d'État en service extraordinaire, il fut chargé, en cette qualité, d'exposer devant le Corps législatif la situation de la France, et de défendre les titres XV et XVIII du 3e livre du projet de code civil. Il se démit de ses fonctions de sous-préfet le 25 janvier 1805, sortit du Corps législatif en 1806, et fut nommé alors préfet de l'Ardèche (16 mars 1806), puis préfet de la Sarre (7 août 1810). L'empereur le créa baron (19 janvier 1812) et officier de la Légion d'honneur (1813). Destitué à la première Restauration (1er juin 1814), réintégré comme préfet du Tarn aux Cent-Jours (6 avril 1825), il fut de nouveau révoqué à la seconde Restauration, et demanda une pension de retraite. On lui objecta qu'il n'avait ni l'âge ni le temps de service requis pour y avoir droit ; il produisit alors des certificats d'infirmités « contractées pendant le service », et notamment se plaignait « d'hémorroïdes produites par sa vie sédentaire et une trop grande application au travail ». L'affaire était encore pendante lorsqu'il sollicita (19 novembre 1830) la préfecture de l'Aisne ; cette demande fit écarter la pension de retraite, et on ne lui accorda qu'un secours de 3,000 francs. M. de Sainte-Suzanne ne rentra dans l'administration qu'après la révolution de juillet, comme préfet de l'Aisne (14 mai 1831) ; mais sa santé ne lui permit pas de continuer ces fonctions, et il fut remplacé le 14 juillet suivant. Le gouvernement de Louis-Philippe lui accorda le titre de conseiller d'État honoraire, et l'admit à la retraite, comme préfet, le 10 octobre 1830.

SAINTE-SUZANNE (JOSEPH-AUGUSTE-FRANÇOIS DE BRUNETEAU, COMTE DE) pair de France, né à Strasbourg (Bas-Rhin), le 18 avril 1800, mort au château d'Écury (Marne) le 18 octobre 1855, « fils du comte Gilbert-Joseph-Martin (*Voy. plus haut*), et de Dorothée Zorn de Boulach », propriétaire, fut admis, le 23 septembre 1830, à siéger à la Chambre des pairs par droit héréditaire, en remplacement de son père décédé ; il donna sa démission le 9 janvier 1832, et ne reparut plus sur la scène politique.

SAINTENAC (CÉSAR-JEAN-BAPTISTE FALENTIS, VICOMTE DE), député de 1821 à 1830, né à Pamiers (Ariège) le 4 novembre 1757, mort à

Toulouse (Haute-Garonne) le 2 janvier 1831, propriétaire, maire de Pamiers, conseiller de préfecture, membre et président du conseil général de l'Ariége et chevalier de la Légion d'honneur, fut successivement élu député du 2e arrondissement électoral de l'Ariége (Pamiers) le 15 mars 1824, par 86 voix (139 votants, 180 inscrits), contre 59 à M. Sol ; le 25 février 1824, par 92 voix (134 votants, 182 inscrits), contre 85 à M. Cassaing, et, le 17 novembre 1827, par 73 voix (139 votants, 184 inscrits), contre 41 à M. Cassaing. M. de Saintenac figura constamment dans la majorité ministérielle et repoussa l'Adresse des 221. Les élections de 1830 mirent fin à sa carrière politique.

SAINTENAC (JOSEPH FALENTIN, VICOMTE DE), député de 1815 à 1837 et de 1839 à 1842, né au Mas-d'Azil (Ariége) le 8 juillet 1793, mort à Toulouse (Haute-Garonne) le 25 novembre 1847, fils du précédent, fit ses études et son droit à Toulouse, et applaudit, en 1814, au retour des Bourbons. Aux Cent-Jours, il se rendit auprès du duc d'Angoulème, dans la Drôme, pour s'opposer au passage de l'empereur. Mais la défection des généraux et l'enthousiasme des troupes pour Napoléon empéchèrent de réaliser ses projets. A son retour à Toulouse, un mandat d'amener fut lancé contre lui ; il parvint à s'y soustraire, entra, à la seconde Restauration, dans les gardes du duc d'Angoulème, puis se rendit à Paris, où il se fit inscrire au barreau. Nommé conseiller de préfecture de l'Ariége en 1823, puis de Seine-et-Oise le 1er juillet 1827, gentilhomme honoraire de la chambre du roi, il refusa de prêter serment à Louis-Philippe et fut destitué. Il se présenta à la députation, le 5 juillet 1831, dans le 2e collége de l'Ariége (Foix), et échoua avec 48 voix contre 95 à l'élu, M. Justin Laffitte ; il ne fut pas plus heureux, le 21 juin 1834, dans le 1er collége du même département (Pamiers), avec 110 voix contre 171 à l'élu, M. Clauzel. Conseiller municipal de Pamiers et conseiller général, il fut élu député de ce dernier collége, le 10 janvier 1835, en remplacement de M. Clauzel, qui avait opté pour Rethel, par 138 voix (281 votants, 369 inscrits), contre 135 à M. de Portes. Il échoua de nouveau, le 4 novembre 1837, avec 145 voix contre 184 à l'élu, M. de Portes ; mais il regagna son siége, le 2 mars 1839, avec 169 voix (328 votants). M. de Saintenac prit place à l'opposition de droite, et vota en faveur de plusieurs mesures libérales, notamment pour les incompatibilités et pour l'adjonction des capacités. Après deux échecs successifs, le 9 juillet 1842, avec 156 voix contre 176 à l'élu, M. Daruand, et, le 1er août 1846, dans le 2e collége (Foix), avec 117 voix contre 148 à l'élu, M. Dugabé, il ne se représenta plus.

SAINTENAC (PIERRE-VICTOR-CÉSAR-ISIDORE-HENRI DE LAFFITTE-FALENTIS, VICOMTE DE), représentant en 1871, né à Paris le 4 mai 1823, fils du précédent, s'engagea dans les hussards, puis, à la création de la garde impériale, passa aux guides de l'impératrice. En 1860, il donna sa démission pour aller prendre du service dans l'armée pontificale, comme capitaine de dragons. Il était rentré en France quand la guerre éclata ; il devint alors commandant d'un des bataillons de mobiles de l'Ariége. Elu, le 8 février 1871, représentant de l'Ariége à l'Assemblée nationale, le 1er sur 5, par 31,174 voix (46,260 votants, 73,127 inscrits), il prit place à droite, se fit inscrire à la réu-

nion des Réservoirs, et vota pour la paix, pour l'abrogation des lois d'exil, pour la pétition des évèques, contre le service de trois ans, pour la députation de Thiers, pour le septennat, contre le ministère de Broglie, contre l'amendement Wallon et contre les lois constitutionnelles. Conseiller général du canton de Saint-Girons (8 octobre 1871), il échoua à la députation dans l'arrondissement de Pamiers, le 20 février 1876, avec 8,368 voix contre 10,315 à l'élu, M. Vignes, républicain, et ne fut pas plus heureux, quoique soutenu par le cabinet du 16 mai, le 14 octobre 1877, avec 8,860 voix, contre 10,713 à l'élu, M. Lasbaysses, républicain. M. de Saintenac ne s'est pas représenté.

SAIRAS (FRANÇOIS-HIPPOLYTE), député de 1816 à 1820, né à Marseille (Bouches-du-Rhône) le 11 septembre 1772, mort à Marseille le 6 novembre 1847, était propriétaire dans sa ville natale, quand il fut élu, le 4 octobre 1816, député du grand collége des Bouches-du-Rhône par 112 voix (153 votants, 290 inscrits). Il prit place au côté droit, et vota pour les lois d'exception et pour le nouveau système électoral ; de la série sortante en 1820, il quitta la vie politique.

SAISSET (JEAN-MARIE-JOSEPH-THÉODORE), représentant en 1871, né à Paris le 13 janvier 1810, mort à Paris le 24 mai 1879, entra à l'Ecole de marine d'Angoulème en 1825 et devint successivement aspirant (23 septembre 1827), enseigne (31 janvier 1842), lieutenant de vaisseau (10 avril 1837), capitaine de frégate (3 février 1852), capitaine de vaisseau (1854), et contre-amiral (9 mai 1863). Après nos premières défaites en 1870, le contre-amiral Saisset fut appelé au commandement supérieur des bataillons de matelots formés dans les cinq ports maritimes, puis il reçut l'ordre de se rendre à Paris menacé par les armées allemandes (15 septembre 1870). Placé au fort de Rosny et chargé de commander le groupe des forts de l'Est, il se signala particulièrement lors de l'occupation du plateau d'Avron et fut promu vice-amiral le 29 novembre. Bien qu'il eût refusé, dans la nuit du 29 au 30 janvier, d'organiser à Paris la résistance à outrance contre la capitulation, il fut élu, le 8 février 1871, représentant de la Seine à l'Assemblée nationale, le 7e sur 43, par 154,379 voix (328,970 votants, 547,858 inscrits.) Il fit partie de la commission parlementaire chargée de rester en rapport avec les négociateurs des préliminaires de paix. Lors de l'insurrection du 18 mars, un arrêté du chef du pouvoir exécutif lui confia le commandement en chef des gardes nationales de la Seine. Il revint à Paris, et tenta de s'entendre avec les maires pour amener un rapprochement entre la population et le gouvernement de Versailles. Les négociations entamées ayant échoué, il donna sa démission de commandant de la garde nationale, et revint siéger au centre gauche de l'Assemblée nationale, à Versailles. Il vota pour l'abrogation des lois d'exil, pour la dissolution des gardes nationales, pour le pouvoir constituant de l'Assemblée, et soutint d'abord le gouvernement de Thiers. Il prit quelquefois la parole sur des questions spéciales : les traités de commerce, la marine marchande, les incompatibilités parlementaires. A la suite du message présidentiel du 15 novembre 1872, l'amiral Saisset se rapprocha du centre droit. Il contribua, le 24 mai 1873, à renverser Thiers du pouvoir, et vota *pour* le septennat, *pour* l'état de siège, la loi des maires, le ministère de Broglie, *contre* l'amendement Wallon et *contre* l'ensemble des lois constitutionnelles. Il n'appartint point à d'autres assemblées. Grand officier de la Légion d'honneur (13 juillet 1872).

SAISY (René-Marie-Elzéar Hervé de), représentant en 1871 et membre du Sénat, né à Glomel (Côtes-du-Nord) le 5 avril 1833, embrassa la carrière des armes, fit les campagnes d'Italie et du Mexique et se retira avec le grade de capitaine. Au moment de la guerre, il devint commandant du bataillon des mobiles de Loudéac. Élu, le 8 février 1871, représentant des Côtes-du-Nord à l'Assemblée nationale, le 4e sur 13, par 79,301 voix (106,809 votants, 163,393 inscrits), il prit place à droite, sans se faire inscrire à aucun groupe, et conserva jusqu'à la fin de la session la plus grande indépendance. Il demanda la vente des joyaux de la couronne, la suppression des sous-préfectures et la consultation du peuple, par un plébiscite, sur la forme du gouvernement. Il vota *contre* la paix, *pour* l'abrogation des lois d'exil, *pour* la pétition des évêques, *pour* le service de trois ans, *pour* la démission de Thiers, *contre* le septennat, *contre* le ministère de Broglie et *pour* les lois constitutionnelles. En janvier 1875, le cabinet de Cissey, qui venait de tomber, fit une telle distribution de croix *in extremis*, que M. de Saisy déposa une proposition portant que les nominations signées par des ministres démissionnaires ne seraient valables que si elles étaient ratifiées par leurs successeurs; mais cette proposition n'eut pas de suites. Conseiller général du canton de Mahal-Carhaix, chevalier de la Légion d'honneur, il fut porté sur la liste des gauches aux élections sénatoriales du 15 décembre 1875, et fut élu sénateur inamovible, le 46e sur 75, par 349 voix (676 votants). Il continua de siéger en indépendant, demanda le rétablissement du scrutin de liste, et fut le seul membre de la droite qui refusa de voter la dissolution de la Chambre demandée, le 23 juin 1877, par le ministère de Broglie. En juin 1881, lors de la discussion de la loi sur l'enseignement primaire, il déposa un amendement portant que la loi serait « facultative pour les communes » (rejeté). En dernier lieu, M. de Saisy s'est abstenu sur le rétablissement du scrutin d'arrondissement (13 février 1889), et s'est prononcé *contre* le projet de loi Lisbonne restrictif de la liberté de la presse, *contre* la procédure de la haute cour contre le général Boulanger.

SAISY (Paul-Césaire-Marie-Samuel-Constant, vicomte de), député de 1885 à 1889, né à Glomel (Côtes-du-Nord) le 29 février 1829, frère du précédent, fut l'un des quatre commandants des zouaves pontificaux à Rome, de 1860 à 1870. Au moment de la guerre, il devint colonel des mobiles de Guingamp, puis chef de la 4e brigade de la division Cathelineau à l'armée de Bretagne, et, après la guerre, commanda, avec le grade de lieutenant-colonel, le 73e d'infanterie territoriale. Candidat à l'Assemblée nationale dans le Finistère, le 2 juillet 1871, il échoua avec 31,263 voix sur 93,916 votants; il s'agissait de remplacer quatre représentants qui avaient opté pour d'autres départements. Conseiller général et président du comité agricole de Carhaix, il échoua une seconde fois à la députation, dans la 2e circonscription de Châteaulin,

le 11 octobre 1877, avec 4,130 voix, contre 5,326 à l'élu, M. Nédellec, républicain, et une troisième fois, le 21 août 1881, avec 3,924 voix contre 5,314 à l'élu républicain, M. Guéguen. Porté sur la liste conservatrice de Finistère aux élections du 4 octobre 1885, il fut élu, le 9e sur 10, (par 61,253 voix (121,966 votants, 167,617 inscrits); il prit place à l'union des droites, combattit de ses votes la politique scolaire et coloniale des ministères républicains, et se prononça, dans la dernière session, *contre* le rétablissement du scrutin d'arrondissement (11 février 1889), *pour* l'ajournement indéfini de la révision de la Constitution, *contre* les poursuites contre trois députés membres de la Ligue des patriotes, *contre* le projet de loi Lisbonne restrictif de la liberté de la presse, *contre* les poursuites contre le général Boulanger. Chevalier de la Légion d'honneur, décoré de la médaille de sauvetage (5 octobre 1865) et de Mentana.

SAL (Léonard-Honoré-Léonce Chauvernière de), membre du Sénat, né à Salons (Corrèze) le 30 septembre 1833, débuta dans la vie politique, le 6 janvier 1885, comme candidat républicain au Sénat dans la Corrèze; il obtint, sans être élu, 255 voix (707 votants); mais, le 27 juin 1886, par suite de l'attribution à ce département du siège de sénateur inamovible devenu vacant par le décès de M. de Cornulier-Lucinière, M. Léonce de Sal, candidat radical, l'emporta avec 413 voix (709 votants), sur M. Pénières, républicain modéré, qui en obtint 271. Il siégea à gauche, vota avec la majorité, et se prononça, en dernier lieu, *pour* le rétablissement du scrutin d'arrondissement (13 février 1889), *pour* la procédure de la haute cour contre le général Boulanger; il s'abstint sur le projet de loi Lisbonne restrictif de la liberté de la presse.

SALABERRY D'IRUMBERY (Charles-Marie, marquis de), député de 1815 à 1830, né à Paris le 6 septembre 1766, mort à sa terre de Fossé (Loir-et-Cher) le 7 janvier 1847, d'une ancienne famille noble de la Havane, fils d'un président à la chambre des comptes mort sur l'échafaud en 1794, émigra en 1790, visita l'Allemagne, l'Italie et la Turquie, puis rejoignit l'armée de Condé avec laquelle il fit la campagne de 1792. L'année suivante, il passa en Angleterre et de là en Vendée, où il servit sous les ordres de Bourmont, comme capitaine de la cavalerie noble. A la pacification du 2 février 1800, il se retira à Fossé où il s'occupa d'agriculture, et resta jusqu'à la chute de l'empire sous la surveillance de la police. A la première Restauration, il obtint le commandement des gardes nationaux de Loir-et-Cher. Quand il apprit le retour de l'île d'Elbe, il se hâta de rejoindre MM. d'Andigné et de La Rochejaquelein en Vendée. Élu député du grand-collège de Loir-et-Cher, le 22 août 1815, par 85 voix (154 votants, 160 inscrits); le 4 octobre 1816, par 85 voix (131 votants, 184 inscrits), contre 46 à M. Pardessus; le 1er octobre 1821, dans le collège de Blois, par 186 voix (314 votants, 597 inscrits); le 25 février 1824, par 346 voix (376 votants, 472 inscrits), contre 27 à M. Crignon-Bouvalet; le 24 novembre 1827, dans le collège de département, par 71 voix, (124 votants, 161 inscrits), contre 41 à M. de Marolles, il siégea à l'extrême-droite. Un biographe a dit de lui : « On ne peut attribuer qu'au délire d'un cerveau malade les manifestations de M. de Salaberry dont ses amis eux-mêmes ont reconnu plus d'une fois le ridicule et l'exagération. » Mme de Staël écrivait dans une lettre à Mme de Custine (24 septembre 1810) : « C'est un Vendéen avec un caractère de moyen âge, tout français, tout généreux, tout vif, tout triste, tout gai. » Siégeant dans la majorité de la Chambre introuvable, puis au côté droit en 1816, M. de Salaberry demanda la peine de mort contre tout individu qui arborerait le drapeau tricolore, vota pour toutes les exceptions à la loi d'amnistie, demanda des poursuites rigoureuses contre les conspirateurs civils, et se prononça contre la loi de recrutement, pour l'expulsion de Grégoire, pour les lois d'exception et pour le nouveau système électoral. Le 21 février 1825, lors de la discussion sur le milliard des émigrés, il débuta ainsi : « Fils d'un condamné, je n'ai rien à réclamer à la révolution que ce que la monarchie ne peut me rendre : la tête de mon père. » En 1826, il fit condamner le *Journal du Commerce* pour insultes aux députés, signala la presse comme l'ennemie du gouvernement et l'imprimerie comme la « seule plaie dont Moïse ait oublié de frapper l'Égypte ». Il fut l'un des partisans les plus actifs de M. de Villèle, bien qu'il le trouvât trop modéré ; mais il croyait le sort de la monarchie solidaire de celui du ministre. Ayant échoué, le 19 juillet 1830, dans le grand collège de Loir-et-Cher, avec 68 voix contre 83 à l'élu M. Oberlin, il rentra dans la vie privée. On a de lui différents ouvrages dont les principaux sont : *Voyage à Constantinople, en Italie et aux îles de l'archipel par l'Allemagne et la Hongrie* (Paris, an VII) ; — *Histoire de l'empire ottoman jusqu'en 1792* (Paris, 1819-17, 4 volumes) ; *Dix lettres aux hommes de bien* (Paris, 1828) ; divers romans et articles dans le *Conservateur*, la *Biographie universelle*, etc.

SALADIN (Jean-Baptiste-Michel), député en 1791, membre de la Convention, né à Amiens (Somme) le 10 octobre 1752, mort à Conflans-Charenton (Seine) le 1er juillet 1812, « fils de François-Michel Saladin, procureur, et de Marie-Louise-Jeanne Milevoie », était, lors de la Révolution, avocat au barreau d'Amiens. Devenu juge au tribunal du district, il fut élu (2 septembre 1791) député de la Somme à l'Assemblée Législative, le 8e sur 16, par 249 voix (412 votants). Il opina avec la majorité, fit rendre un décret contre les fabricants de faux brevets, vota la mise en accusation des princes émigrés, présenta une motion contre les prêtres perturbateurs, proposa et obtint la suppression des tribunaux criminels de Paris. Réélu, le 4 septembre 1792, député de la Somme à la Convention, le 1er sur 18, par 535 voix (572 votants), il se rapprocha du parti modéré et, lors du procès du roi, déclara au 3e appel nominal : « Je vote pour la réclusion pendant la guerre et pour le bannissement à l'appel à la paix. » Il se prononça en outre pour l'appel au peuple et pour le sursis. Le 25 février 1793, il fit traduire à la barre les magistrats d'Amiens, et casser le jugement par lequel ils venaient d'absoudre l'archidiacre de cette ville, surpris chez lui au moment où il disait la messe. Ayant protesté contre l'arrestation des Girondins au 31 mai, Saladin fut mis en accusation et partagea le sort des 73. Réintégré le 18 frimaire an III, il fit partie de la commission chargée de statuer sur les membres des anciens comités, déposa, le 12 ventôse an III, le célèbre rapport qui les accusait, et réclama avec insistance leur con-

damnation. Il remplit une mission (germinal an III) dans le Jura, la Haute-Saône et le Doubs, et fit preuve d'une certaine modération. À son retour, il se prononça contre la résolution par laquelle la Convention décida que les deux tiers de ses membres feraient partie des conseils qu'on allait former. Devenu suspect de royalisme, il fut encore une fois décrété d'accusation, comme un des fauteurs du soulèvement de certaines sections au 13 vendémiaire. Cependant, 39 départements l'envoyèrent au Conseil des Cinq-Cents, le 21 vendémiaire an IV ; mais ses relations avec les royalistes et ses sympathies pour la contre-révolution le firent comprendre dans la liste des déportés du 18 fructidor. Il réussit à échapper aux poursuites, et, sous l'Empire, acheta une charge d'avocat à la cour de Cassation.

SALADIN (Charles-Antoine, baron), député au Conseil des Cinq-Cents, de 1824 à 1827, né à Nancy (Meurthe) le 24 mars 1761, mort à Nancy le 22 octobre 1832, « fils de Charles Saladin, procureur à la cour, et de demoiselle Barbe Thomas », était avocat dans sa ville natale au moment de la Révolution ; il prit, en 1790, une part honorable à la répression de l'insurrection des régiments de la garnison. Suspect de modérantisme, il n'exerça aucune fonction publique jusqu'à la promulgation de la Constitution de l'an III, et devint alors juge à Nancy. Rallié au 18 brumaire, il fut nommé juge au tribunal d'appel de Nancy le 22 prairial an VIII, secrétaire-général du ministère de la Justice et de la préfecture de police en l'an XI, et se vit chargé, en cette qualité, du travail des émigrés, dont il fit rappeler plus de 42,000. Il quitta ces fonctions en 1804, à la séparation des deux ministères, malgré les instances de Napoléon. Nommé président de chambre le 13 février 1811, créé baron de l'Empire le 25 mars 1813, il fut confirmé dans ses fonctions de président par la seconde Restauration, le 7 mars 1816. Procureur général à la cour de Nancy et officier de la Légion d'honneur, il fut élu, le 25 février 1824, député du 2e arrondissement électoral de la Meurthe (Lunéville), par 100 voix (195 votants, 216 inscrits), contre 93 à M. Larnolle. Il vota en général avec le parti ministériel et, à propos de la création des écoles de médecine, soutint énergiquement le principe de la décentralisation. Il échoua ensuite, le 17 novembre 1827, dans le même arrondissement, avec 33 voix contre 110 à l'élu, le baron Louis, et, le 23 juin 1830, dans le 1er arrondissement électoral du même département (Nancy), avec 137 voix contre 276 à l'élu, M. Marchal. Il ne reparut plus dans les assemblées parlementaires.

SALAMAN (André), député au Conseil des Cinq-Cents, né à Narbonne (Aude) le 22 janvier 1752, mort en 1828, était juge au district de Narbonne, lorsqu'il fut élu, le 24 vendémiaire an IV, député de l'Aude au Conseil des Cinq-Cents, par 110 voix (218 votants). Il ne prit qu'une seule fois la parole, sur l'organisation de la haute-cour. Partisan du 18 brumaire, il fut nommé conseiller général de l'Aude le 14 prairial an VIII, et devint, sous l'Empire, conseiller de préfecture.

SALAVY (Jean-Honoré), représentant à la Chambre des Cent-Jours, né à Montpellier (Hérault) le 16 septembre 1749, mort en 1823, était négociant à Marseille, membre de la chambre de commerce de cette ville, conseiller municipal et conseiller général des Bouches-du-Rhône, lorsqu'il fut élu, le 17 mars 1815, à la Chambre des Cent-Jours, comme représentant du commerce et de l'industrie, par 11 voix sur 12 votants. Salavy rentra dans la vie privée après la courte législature de cette assemblée.

SALCETTE (DE LA). — *Voy.* COLAUD.

SALENAVE (JEAN), député au Conseil des Cinq-Cents et au Corps Législatif, né à une date inconnue, mort à Paris le 25 mars 1809, était administrateur à Bayonne, quand il fut élu, le 24 germinal an V, député des Basses-Pyrénées au Conseil des Cinq-Cents, par 171 voix (205 votants). Il ne s'y fit pas remarquer, et son nom ne figure pas au *Moniteur.* Rallié au 18 brumaire, il fut de nouveau élu, le 4 nivôse an VIII, par le Sénat conservateur, député des Basses-Pyrénées au Corps Législatif, et mourut quelques semaines plus tard.

SALES DE COSTEBELLE (FRANÇOIS), député en 1789, né au Cros (Hérault) en mars 1740, mort à une date inconnue, avocat à l'égairolles (Hérault), fut élu, le 4 avril 1789, député du tiers aux États-Généraux par la sénéchaussée de Béziers avec 249 voix (438 votants). Il signa le serment du Jeu de paume et ne se fit pas autrement remarquer, car son nom n'est pas cité au *Moniteur.* Il ne reparut pas sur la scène politique après la session.

SALGUES (THOMAS), député au Conseil des Cinq-Cents et au Corps Législatif en 1810, né à Marcillac (Lot) le 2 septembre 1758, mort à Marcillac en avril 1811, « fils du sieur Jacques Salgues et de dame Catherine de Méja », propriétaire à Marcillac, et administrateur de ce district, fut élu, le 29 vendémiaire an IV, député du Lot au Conseil des Cinq-Cents, par 199 voix (249 votants). Il fut membre de diverses commissions et ne joua qu'un rôle fort obscur. Nommé, après le 18 brumaire, conseiller général du Lot, il fut élu de nouveau, le 10 août 1810, par le Sénat conservateur, député de ce département au Corps Législatif. Il mourut au cours de la législature.

SALGUES (RAYMOND-BENOIT-JOSEPH), député de 1842 à 1848, né à Marcillac (Lot) le 3 juin 1794, mort à Figeac (Lot) le 10 mars 1881, fit son droit et se signala par son opposition au gouvernement de la Restauration. Nommé, en 1831, sous-préfet de Figeac, il donna sa démission en 1841. Chevalier de la Légion d'honneur, il fut élu, le 9 juillet 1842, député du 3e collège du Lot (Figeac), par 181 voix (332 votants, 355 inscrits), contre 109 à M. Gaëtan Murat, et fut réélu, le 1er août 1846, par 290 voix (281 votants, 421 inscrits), contre 54 à M. Laroussille et 35 à M. de Cornélis. Il prit place parmi les indépendants, s'abstint sur l'indemnité Pritchard et se prononça *contre* la proposition sur les députés fonctionnaires. La révolution de 1848 mit fin à sa carrière politique.

SALICETI (ANTOINE-CHRISTOPHE), député en 1789, membre de la Convention, député au Conseil des Cinq-Cents, né à Saliceto (Corse) le 26 août 1757, mort à Naples (Italie) le 23 décembre 1809, d'une famille gibeline originaire de l'aisance et réfugiée en Corse, fit ses études classiques chez les Barnabites de Bastia, se fit recevoir avocat à Pise et, de retour en Corse, exerça sa profession près du conseil supérieur

de l'île. Il adopta avec chaleur les idées révolutionnaires, et, élu, le 3 juin 1789, député du tiers aux États-Généraux par l'île de Corse, il opina, dans la Constituante, avec les réformateurs les plus avancés. Il contribua, le 30 décembre 1789, à faire décréter l'annexion définitive de la Corse au territoire français, présenta plusieurs motions intéressant ses concitoyens, défendit d'abord l'aoli, puis se sépara de lui. Il devint procureur-syndic de la Corse en 1791, et représenta encore (17 septembre 1792), à la Convention nationale, ce département, qui l'élut, le 1er sur 6, avec 207 voix (399 votants). Il répondit, au 3e appel nominal dans le procès du roi : « Vous avez déclaré Louis coupable de conspiration. Le code pénal prononce la mort contre les conspirateurs. Je condamne Louis Capet à la mort. » Envoyé en Corse avec Lacombe Saint-Michel pour combattre l'influence et les projets des Anglais, il rendit compte de cette mission dans plusieurs lettres à l'assemblée, fit prononcer la déportation des prêtres réfractaires, puis fut obligé de quitter l'île précipitamment devant les progrès de l'ennemi. Il se rendit alors en Provence, prit une part active aux opérations militaires contre Marseille et Toulon, et marcha lui-même à la tête des colonnes d'assaut. Il signa avec les autres représentants la lettre du 30 frimaire relative aux habitants de Toulon : « La vengeance nationale se déploie; l'on fusille à force; déjà tous les officiers de la marine sont exterminés. La République sera vengée d'une manière digne d'elle. » Ces mesures et ses sentiments révolutionnaires bien connus le firent dénoncer, après le 9 thermidor, comme terroriste. Décrété d'arrestation par la nouvelle majorité, il bénéficia, peu après, de la loi d'amnistie et fut envoyé (1795) par le Directoire, à l'armée d'Italie, où il seconda les efforts du général Bonaparte. La même année il organisa la Corse en deux départements : ceux du Golo et du Liamone. Élu, le 21 germinal an V, député de la Corse au Conseil des Cinq-Cents, par 166 voix (203 votants), il suivit la même ligne politique que précédemment, se montra attaché aux institutions républicaines, et faillit être poursuivi lors du 18 brumaire : mais le premier consul lui fit accepter de nouvelles missions administratives en Corse, puis en Toscane (1802) et à Gênes. Nommé, en 1806, ministre de la police générale à Naples, auprès de Joseph Bonaparte, il se montra dans ce poste des qualités énergiques, y joignit bientôt les fonctions de ministre de la guerre, et exerça ainsi un pouvoir très étendu jusqu'à l'arrivée de Murat, qui se priva de ses services : Saliceti était impopulaire, et venait d'échapper à un complot dont les auteurs avaient tenté de faire sauter son hôtel avec un baril de poudre. Il revint en France, et fut nommé aussitôt par l'empereur membre de la *consulta* qui devait prendre possession de Rome (1809). Il était dans cette ville quand une armée anglo-sicilienne débarqua en Calabre. Aussitôt il se rendit à Naples, que l'ennemi menaçait, reprit ses anciennes fonctions, rétablit l'ordre, et mourut subitement, empoisonné, a-t-on dit, à la suite d'un dîner que lui avait offert le génois Magnella, ministre de la police (décembre 1809). Membre de la Légion d'honneur du 9 vendémiaire an XII.

SALIGNAC-FÉNELON (JEAN-RAYMOND-ALFRED-SIGISMOND, COMTE DE), sénateur du second Empire, né à Francfort (Allemagne) le 6 avril 1810, mort à Cannes (Alpes-Maritimes) le 2 mars 1883, entra, sous Louis-Philippe, dans la carrière diplomatique et fut successivement attaché d'ambassade, puis secrétaire de légation à Francfort. Le second Empire le nomma ministre plénipotentiaire à Berne, puis à Francfort, et le fit grand officier de la Légion d'honneur. Le 5 octobre 1864, il fut appelé à siéger au Sénat, où il défendit de ses votes la politique du gouvernement, jusqu'à la chute de l'empire; à la dernière séance du 4 septembre 1870, il demanda qu'on portât au plus vite un secours soit moral, soit matériel, au Corps législatif envahi; la proposition n'eut pas de suites. Il fut admis à la retraite comme ambassadeur le 1er février 1865.

SALIS (Tatius Rodolphe-Gilbert, baron de), député de 1815 à 1820, né à Montargis (Loiret) le 6 novembre 1752, mort à Trugny (Ardennes) le 27 août 1820, émigra à la Révolution, servit à l'armée des princes, et fut nommé maréchal de ca np par la Restauration. Élu député du grand collège des Ardennes, le 22 août 1815, par 96 voix (120 votants, 239 inscrits), et réélu, le 4 octobre 1816, par 58 voix (115 votants, 209 inscrits), il fit partie de la majorité de la Chambre introuvable, siégea au côté droit en 1816, s'inscrivit *pour* la résolution de la Chambre des pairs contre les élections, combattit la responsabilité des ministres, parla en faveur des indemnités à accorder aux départements envahis, et, en 1819, vota les lois d'exception et le rétablissement de la censure. Il mourut au cours de la législature.

SALIS (Jacques-Michel), député de 1881 à 1889, né à Cette (Hérault) le 21 mars 1844, étudia le droit, et, reçu avocat, s'établit dans sa ville natale. Il devint maire de Cette, conseiller général du canton, et se présenta, le 21 août 1881, comme candidat républicain radical, aux élections législatives, dans la 2e circonscription de Montpellier. Élu député par 10,585 voix (18,581 votants, 27,189 inscrits), contre 3,929 à M. de Serres et 3,813 à M. Allien, M. Salis s'inscrivit au groupe de l'extrême gauche, avec lequel il vota contre la politique opportuniste des cabinets Gambetta et Ferry et *contre* les crédits de l'expédition du Tonkin. Porté, le 4 octobre 1885, sur la liste radicale de l'Hérault, il redevint député de ce département, le 2e sur 7, par 52,417 voix (93,202 votants, 134,009 inscrits). Il reprit sa place à l'extrême-gauche, combattit les ministères Rouvier et Tirard, s'occupa particulièrement de questions de finance et d'affaires, fut rapporteur (novembre 1887) de la commission d'enquête sur M. Wilson, et déposa (février 1888) un contre-projet sur le privilège des bouilleurs de cru. Il appartenait à la commission du budget, lorsque, attaqué particulièrement, ainsi que plusieurs de ses collègues, par M. Numa Gilly, député du Gard, il intenta à son accusateur un procès en diffamation, interpella (février 1889) le garde des sceaux sur les retards apportés au jugement du procès, et fit condamner le député de Nîmes. M. Salis s'est prononcé, dans la dernière session, *contre* le rétablissement du scrutin d'arrondissement (11 février 1889), *contre* l'ajournement indéfini de la revision de la Constitution, *pour* les poursuites contre trois députés membres de la Ligue des patriotes, *contre* le projet de loi Lisbonne restrictif de la liberté de la presse, *pour* les poursuites contre le général Boulanger.

SALIS-HALDENSTEIN (Louis-Numa-Era-

Minondas-Justinien-Décius-Aristide, baron de), représentant en 1849, né à Flines-lès-Mortagne (Nord) le 27 janvier 1803, mort à Beaumarais (Moselle) le 2 octobre 1880, « fils de Johann-Lucien de Salis, capitaine au service de l'Autriche, et de Jeanne-Justine de Wildo », suivit la carrière militaire et devint officier d'artillerie. Démissionnaire sous le gouvernement de Louis-Philippe, il appartint au parti légitimiste. « Il était célèbre dans l'annuaire militaire, écrit un biographe qui exagère quelque peu, par les *dix-sept noms* de famille et de baptême qu'il y étalait avec pompe. » Le 13 mai 1849, M. de Salis fut élu représentant de la Moselle à l'Assemblée législative, le 7e sur 9, par 11,011 voix (76,519 votants, 115,411 inscrits). Il siégea à droite dans les rangs de la majorité, s'associa à toutes les mesures restrictives prises par la majorité, et quitta la vie politique au coup d'État de 1851.

SALLANDROUZE DE LAMORNAIX (Charles-Jean), député de 1846 à 1848, représentant du peuple en 1848, député au Corps législatif de 1852 à 1867, né à Paris le 27 mars 1808, mort à Paris le 13 juin 1867, propriétaire des importantes manufactures de tapis d'Aubusson et de Felletin, fondées par son père en 1802, s'occupa aussi de questions économiques et industrielles, et publia en 1829 un ouvrage sur la *Législation des brevets d'invention*. Conseiller général de la Creuse en 1842, membre du conseil général des arts et manufactures en 1840, et commandant de la garde nationale d'Aubusson, il obtint une grande médaille d'or en 1834 pour ses produits, et fut chargé, en 1845, par le gouvernement français, d'une mission en Espagne pour étudier la situation économique de ce pays. A son retour, il reçut la croix de la Légion d'honneur. Il avait échoué à la députation, le 9 juillet 1842, dans le 2e collège de la Creuse (Aubusson), avec 80 voix contre 127 à l'élu, M. de Cornudet; mais il fut élu, dans le même collège, le 1er août 1846, par 128 voix (243 votants, 276 inscrits), contre 110 à M. de Nalèche; à la Chambre, il se montra indépendant et libéral. Aussi fut-il élu, le 23 avril 1848, représentant de la Creuse à l'Assemblée constituante, le 5e sur 7, par 18,949 voix (49,820 votants). Il prit place à droite, fit partie du comité du travail et vota *pour* les poursuites contre L. Blanc et Caussidière, *pour* l'incompatibilité des fonctions, *pour* l'ensemble de la Constitution, *pour* l'interdiction des clubs et *pour* l'expédition de Rome. Il refusa la candidature à l'Assemblée législative. Rallié à la politique du prince Louis-Napoléon, il approuva le coup d'État du 2 décembre, et fut successivement élu député au Corps législatif, comme candidat du gouvernement, dans la 2e circonscription de la Creuse, le 29 février 1852, par 22,200 voix (23,560 votants, 37,951 inscrits); le 22 juin 1857, par 17,963 voix (18,224 votants, 37,254 inscrits); le 1er juin 1863 par 17,110 voix (18,643 votants, 35,563 inscrits), contre 1,063 à M. Bétoulle. Membre de la majorité dévouée aux institutions impériales, il mourut en juin 1867, et fut remplacé, le 11 août suivant, par M. Cornudet des Chaumettes. Officier de la Légion d'honneur du 1er janvier 1867, membre du jury de l'exposition universelle de 1855, et délégué du gouvernement français à l'exposition de Londres en 1851. Il a publié : *Rapport sur l'organisation industrielle de l'Espagne* (1846); *Lettres industrielles* (1846); il a aussi collaboré au *Dictionnaire des arts et manufactures* de M. Laboulaye.

17

SALLARD (Louis-Edmond), député de 1876 à 1881, né à Paris le 16 décembre 1827, mort à Paris le 26 décembre 1881, fit ses études au lycée Charlemagne, et fut reçu avocat; il se préparait à entrer dans la magistrature, quand le coup d'Etat de 1851 modifia ses projets. Il se retira dans ses propriétés de Poigny, où il s'occupa d'agriculture et d'études historiques. Conseiller général du canton de Provins en octobre 1871, il collabora au journal républicain *Le Travail* supprimé en 1875, fut destitué de ses fonctions de maire de Poigny, et fut élu au second tour, le 5 mars 1876, député de l'arrondissement de Provins, par 6,652 voix (12,795 votants, 15,568 inscrits), contre 5,991 à M. d'Haussonville. Il prit place à l'Union républicaine et fut l'un des 363 députés qui, au 16 mai, refusèrent le vote de confiance au ministère de Broglie. Réélu successivement, le 14 octobre 1877, par 7,851 voix (13,813 votants, 15,918 inscrits), contre 5,864 à M. d'Haussonville, le 21 août 1881, par 7,764 voix (12,363 votants, 16,057 inscrits), contre 3,812 à M. Bourdeley, il continua de siéger à gauche, et soutint la politique scolaire et coloniale des ministères républicains. Décédé en décembre 1881, il fut remplacé le 12 février 1882, par M. Lenicut. M. Sallard a achevé une publication de son ami, M. Moret: *Quinze ans du règne de Louis XIV (1700-1715)* (1851-59).

SALLE (Jean-Baptiste), député en 1789, membre de la Convention, né à Vézelize (Meurthe) le 28 novembre 1759, exécuté à Bordeaux (Gironde) le 20 juin 1794, « fils du sieur Jean Salle, marchand bourgeois de Vézelize, et de demoiselle Barbe Dumont », exerçait la médecine dans son pays natal, lorsqu'il fut élu, le 6 avril 1789, député du tiers aux Etats-Généraux par le bailliage de Nancy. Partisan des idées nouvelles, il les soutint à la Constituante dans les rangs de la majorité réformatrice, fut chargé de visiter les députés blessés par la chute d'une tribune dans la salle de l'archevêché où l'Assemblée s'était installée provisoirement le 15 octobre 1789, fit partie des comités des rapports et de santé, fut secrétaire de l'Assemblée (16 février 1791), et parla contre le *veto* et pour une assemblée unique; mais il se déclara partisan de l'inviolabilité royale. Le 7 septembre 1791, il devint administrateur de la Meurthe; le 14 avril 1792 il reçut une mention honorable de l'Assemblée législative pour la souscription qu'il avait ouverte à Sarrelouis à l'effet d'entretenir une compagnie de gardes nationaux à cheval. Elu, le 3 septembre 1792, membre de la Convention par le département de la Meurthe, le 1er sur 8, avec 410 voix (512 votants), il opina avec la Gironde et se montra l'ennemi passionné des Jacobins. « Doué d'une imagination inquiète, agitée, violente, écrit un biographe, il était seul accessible à toutes les suggestions de Louvet, et croyait comme lui à de vastes complots, traînés dans la Commune et aboutissant à l'étranger. » Lors du procès de Louis XVI, c'est Salle qui proposa et soutint le premier le système de l'appel au peuple, dans la séance du 27 novembre. Il répondit au 2e appel nominal : « Comme nous avons limité nos pouvoirs, comme nous ne sommes que mandataires, comme nos décrets doivent être soumis à la sanction du peuple, comme il m'est impossible de méconnaître sa souveraineté, comme nous avons tout à craindre des factieux, comme nous sommes à la veille d'une guerre, je pense que

le seul moyen de donner au peuple une attitude vraiment républicaine, c'est de le faire intervenir dans cette cause. Je dis *oui*. » Et au 3e appel : « Vous avez rejeté la ratification par le peuple, du décret qui serait prononcé contre Louis, mais mon opinion n'a pas changé, car les opinions sont indépendantes de vos décrets. Je suis persuadé qu'aujourd'hui il ne nous reste plus que le choix des maux de la patrie. Ce n'est pas que je craigne la responsabilité; si j'étais juge, j'ouvrirais le code pénal, et je prononcerais la mort; mais je suis législateur, rien ne peut m'ôter ces fonctions, ni me forcer à les cumuler avec d'autres incompatibles. Si Louis meurt, les chefs de parti se montreront. Louis est au contraire le prétendant qui pourra le plus dégoûter le peuple de la royauté. J'ai donc fait sans peine mon choix entre les deux opinions qui vous sont soumises, parce que mes adversaires mêmes me l'ont dicté; il m'ont dit : Ne renvoyez pas au peuple, parce qu'il ne votera pas pour la mort. Mais moi, je ne veux prononcer que comme le peuple; vous-mêmes m'avez dit que loi n'a de caractère qu'autant qu'elle est l'expression présumée de sa volonté. Je demande donc que Louis soit détenu jusqu'à la paix. » Compromis avec les Girondins, Salle fut mis hors de loi (28 juillet 1793), et se réfugia avec ses amis dans le Calvados, puis aux environs de Bordeaux. Caché dans le grenier de Guadet père à Saint-Emilion, il y écrivit une tragédie : *Charlotte Corday*, la soumit aux corrections des Girondins, ses amis, retirés dans les environs; ceux-ci, faute de pouvoir communiquer avec lui, lui transmirent leur impression par écrit. Découvert et arrêté le 19 juin 1794, Salle fut condamné à mort le jour même; il écrivit à sa femme une lettre touchante, et monta à l'échafaud le lendemain.

SALLÉ DE CHOUX (Etienne-François-Xavier, baron), député en 1789, né à Bourges (Cher) le 13 mars 1754, mort à Bourges le 29 décembre 1832, était, à l'époque de la Révolution, avocat du roi à Bourges. Elu, le 26 mars 1789, député du tiers aux Etats-Généraux par le bailliage du Berry, il prêta le serment du Jeu de paume, siégea dans les rangs de la majorité, et fit, le 26 janvier 1790, une proposition qui tendait à priver les religieux du droit de cité. Cette proposition, combattue par Regnault (de Saint-Jean d'Angely), n'eut pas de suite. Il prit encore la parole pour réclamer la répression des faits de pillage dans les châteaux et demanda que toutes les procédures qui auraient lieu de ce chef fussent soumises à l'Assemblée avant l'exécution des jugements. A la suite d'un rapport sur les troubles d'Hesdin, il proposa d'improuver la conduite des officiers municipaux et du ministre de la guerre La Tour-du-Pin à l'égard des cavaliers du régiment de Royal-Champagne, insurgés contre leurs chefs et que ce dernier avait licenciés et fit d'avis de les incorporer dans la maréchaussée. Il fit partie du comité ecclésiastique. Rentré dans ses foyers après la session, il n'appartint pas à d'autres assemblées, échappa aux poursuites dirigées contre lui en 1793, et fut nommé, le 18 floréal an VIII, président du tribunal d'appel de Bourges. Membre de la Légion d'honneur le 25 prairial an XII, baron de l'Empire le 6 octobre 1810, il fut promu, le 14 avril 1811, premier président à la cour impériale. En 1812, le baron Sallé fut à la tête de la députation envoyée par le collège électoral du Cher pour complimenter l'empereur. Toutefois, il s'empressa (1814) de se rallier au gouvernement royal et continua sous la Restauration d'exercer les fonctions de premier président de la cour jusqu'à sa mort. Officier de la Légion d'honneur.

SALLÈLES (JEAN-FÉLIX), membre de la Convention, et député au Conseil des Anciens, né à Cahors (Lot) le 5 novembre 1735, mort à Cahors le 16 novembre 1807, était homme de loi avant la Révolution. Maire de sa ville natale en 1790, il fut élu, le 6 septembre 1792, député du Lot à la Convention, le 3e sur 10, « à la pluralité des voix » ; il se prononça « pour la réclusion, » dans le procès du roi, et vota obscurément avec le parti modéré. Il entra, le 23 vendémiaire an IV, au Conseil des Anciens, comme député du Lot, avec 303 voix (382 votants), et obtint sa réélection, le 23 germinal an V, par 201 voix (251 votants) ; il avait alors sept enfants. Sorti du Conseil en l'an VII, il resta étranger à la politique.

SALLENGROS (ALBERT-BONIFACE-FRANÇOIS), député en 1791 et membre de la Convention, né à Maubeuge (Nord) en 1746, mort en Belgique en 1816, exerçait la profession d'avocat au parlement de Flandre. Officier municipal de Maubeuge à la Révolution, il fut élu, le 2 septembre 1791, député suppléant du Nord à l'Assemblée législative, par 571 voix (824 votants), et, par suite de l'option de Lacombe-Saint-Michel pour le Tarn, prit séance aussitôt comme titulaire. Il fut de la majorité réformatrice. Le même département, « à la pluralité des voix », le renvoya, le 9e sur 12, siéger à la Convention nationale, où il vota ainsi dans le procès du roi : « Je ne puis, dit-il, capituler ni avec mes devoirs, ni avec la loi. Je suis convaincu de toutes les trahisons de Louis, je ne puis me dispenser de prononcer la mort. » Sallengros remplit une mission dans le département du Nord, proposa de réunir par un canal la Sambre à l'Oise, prit part aux débats sur la Constitution, travailla surtout dans les comités des travaux et des secours publics, et fut secrétaire de la Convention (4 juillet 1795). Rentré dans la vie privée après la session, il adhéra, aux Cent-Jours, à l'Acte additionnel, et tomba ainsi sous le coup de la loi du 12 janvier 1816 contre les régicides. Il obtint d'abord un sursis temporaire « pour empêchement physique » (il avait une éruption dartreuse), et partit de Paris, le 5 juin 1816, pour la Belgique, où il mourut quelques mois après.

SALLERON (CLAUDE), député de 1822 à 1824, né à Drouilly (Marne) le 25 février 1751, mort à Paris le 3 février 1833, fils de Louis Salleron, seigneur de Drouilly, et de Jeanne Gilbert, était, au moment de la Révolution, un des plus riches tanneurs du faubourg Saint-Marceau à Paris. Accusé d'accaparement en février 1794, il fut traduit, avec son frère Joseph, devant le tribunal criminel de Paris, et, bien que l'accusation ne fût pas fondée, il dut peut-être son acquittement à l'attitude favorable des ouvriers venus en nombre à l'audience le jour où il fut jugé. Membre du conseil des arts et manufactures sous l'Empire, il fut nommé, le 8 janvier 1814, chef de la 12e légion de la garde nationale, et aux Cent-Jours, membre du conseil général de la Seine (11 avril 1815). Ses sentiments bonapartistes le firent soupçonner, à la seconde Restauration, de fomenter des troubles dans le faubourg Saint-Marceau ; des

notes de police le signalaient comme « très riche et plus que millionnaire, manifestant de mauvaises dispositions et tenant des discours injurieux à S. M. et à la famille royale ». Il ne fut pas autrement inquiété, fut remplacé à la tête de la 12e légion de la garde nationale, et fut élu, le 9 mai 1822, député du 7e arrondissement de Paris par 565 voix, sur 1,114 votants (2,270 inscrits). Il siégea dans l'opposition constitutionnelle, et quitta la vie politique aux élections générales de 1824. Chevalier de la Légion d'honneur.

SALLES (CHARLES-JOSEPH-MARIE-MARIUS, COMTE DE), député de 1816 à 1818, sénateur du second empire, né à Saint-Pierre (Martinique) le 30 septembre 1803, mort à Mornas (Vaucluse) le 1er novembre 1858, entra à l'École de Saint-Cyr en 1822, passa dans le corps d'état-major en 1824, devint lieutenant trois ans après, fit, l'année suivante, la campagne de Morée, assista, en 1830, à l'expédition d'Alger, où il gagna les épaulettes de capitaine, prit part, en 1832, au siège d'Anvers, et retourna en Algérie en 1837. Chef d'escadron et aide de camp du général Valée, il se battit à l'affaire du col de la Mouzaïa et à la prise de Milianah, (8 juin 1840). L'année suivante, il fut promu colonel et rentra en France. Élu, le 1er août 1846, député du 5e collège du Loiret (Montargis), par 305 voix (419 votants, 497 inscrits), contre 91 à M. Victor Considérant, candidat de l'opposition démocratique, il prit place parmi les ministériels. Nommé maréchal de camp l'année suivante, il dut se représenter devant ses électeurs, qui lui renouvelèrent son mandat, le 27 novembre 1847, par 276 voix (417 votants), contre 102 à M. Considérant et 35 à M. de Cormenin. Nommé, après la révolution de février, commandant de la subdivision d'Alger puis de la division de Constantine, il se rallia à la politique du prince Louis-Napoléon, fut promu général de division le 17 mars 1852, commanda, pendant la guerre de Crimée, une des divisions de l'armée d'Orient, et assista aux affaires du 2 et 22 mai ; à l'attaque du 8 septembre, il était à la tête du 1er corps. Nommé sénateur, à son retour de Sébastopol, le 24 juin 1856, il mourut deux ans après, d'une blessure que lui fit, dans un accès de folie religieuse, M. le lieutenant-colonel de Chanaleilles, son frère utérin. Il était conseiller général du Loiret et grand officier de la Légion d'honneur.

SALLIER-CHAUMONT DE LA ROCHE (GUY-MARIE), député de 1824 à 1827, né à Paris le 31 décembre 1763, mort à Paris le 18 juin 1839, venait d'acheter une charge de conseiller au parlement de Paris, quand la Révolution éclata. Grand ami de d'Éprémesnil, il se montra d'abord partisan des idées nouvelles et approuva les réformes accomplies ; mais la marche de la Révolution refroidit son enthousiasme. Il vécut alors fort retiré, s'adonnant à la littérature. Sous l'Empire, il fut nommé maître des requêtes au conseil d'État, fonctions qu'il conserva sous la Restauration, et chevalier de la Légion d'honneur. Candidat à la députation, le 9 mai 1822, dans le 3e arrondissement électoral de la Côte-d'Or (Châtillon-sur-Seine), il échoua avec 156 voix, contre 162 à l'élu, M. Caumartin ; mais il fut élu, dans ce même arrondissement, le 25 février 1824, par 165 voix (171 votants, 299 inscrits). Il prit place au centre et vota, en 1824, contre la loi du septennalité. Rentré dans la vie privée aux élections de 1827, il s'occupa d'études historiques, et devint conseiller d'Etat sous Louis-Philippe. On a de lui : *Annales françaises depuis le commencement du règne de Louis XVI jusqu'aux Etats-Généraux.*

SALLIGNY (NICOLAS-LOUIS), député au Conseil des Anciens et au Corps législatif, né le 12 décembre 1736, mort à une date inconnue, était président du tribunal criminel du département de la Marne, quand il fut élu, le 21 vendémiaire an IV, député de ce même département au Conseil des Anciens, par 223 voix (286 votants). Il fut membre du comité judiciaire, parla sur les attributions des juges de paix, sur le paiement des contributions et des fermages arriérés, présenta un rapport sur une contribution personnelle et somptuaire pour l'an IV, et combattit les résolutions relatives aux patentes et au régime hypothécaire. Il donna aussi son opinion sur les droits de la République à la succession des émigrés et fut membre de diverses commissions. Son mandat législatif lui avait été renouvelé le 24 germinal an VII. Partisan du 18 brumaire, il fut encore élu, le 4 nivôse an VIII, par le Sénat conservateur, député de la Marne au Corps législatif. Il fut membre de la commission administrative, de la commission des inspecteurs, secrétaire le 17 floréal an XI, et en sortit en l'an XII, et ne reparut plus sur la scène politique.

SALM-DYCK (JOSEPH-FRANÇOIS-MARIE-ANTOINE-HUBERT-IGNACE, COMTE ET PRINCE DE), député au Corps législatif an l'an XII, né à Belbure-Dick (Allemagne) le 4 septembre 1773, mort à Nice (Alpes-maritimes) le 5 avril 1861, « fils de François-Jean-Guillaume de Salm-Dyck et d'Augusta de Fruchse-Zeil, Wurzack et Fiedberg, conjoint », était chef d'une des branches de la maison de Salm. Ses états furent réunis à la France par le traité de Lunéville en 1802, et il reçut en échange de sa seigneurie de Dick une pension de 28,000 florins. Président de l'assemblée cantonale d'Essen, il épousa, en 1803, Mlle Constance de Theis, qui se fit une grande réputation littéraire, et il fut élu, le 2 fructidor an XII, par le Sénat conservateur, député de la Roër au Corps législatif; il en sortit en 1809. Nommé capitaine de louveterie dans la 28e conservation des eaux et forêts le 6 thermidor an XIII, il fut en outre créé chevalier de l'empire le 3 juin 1808, et comte le 24 février 1809. En 1816, en raison des services qu'il rendit aux alliés, le roi de Prusse lui accorda le titre de prince, déjà porté dans sa famille. M. de Salm-Dyck s'occupa beaucoup d'horticulture et de botanique, fonda à Dyck un jardin des plantes, appartint à plusieurs sociétés savantes, et publia : *Catalogue raisonné des espèces et variétés d'aloès* (1817); *Observations botaniques* (1820).

SALMON (GABRIEL-RENÉ-LOUIS), député en 1791, membre de la Convention, député aux Cinq-Cents et au Corps législatif, né à Mézières (Sarthe) le 21 septembre 1764, mort en 1822, « fils de maître Gabriel Salmon, notaire royal de Mézières, procureur fiscal du comté et grandesse de Vernie-le-Froulley et avocat au siège de Conlie, et d'Elisabeth-Anne Debroca », exerçait à Mézières la profession de notaire. Maire de cette commune (1790), et administrateur du département (1791), il fut élu, le 3 septembre 1791, député de la Sarthe à l'Assemblée législative, le 2e sur 10, par 282 voix (409 votants); il opina avec la ma-

jorité réformatrice. Réélu, le 4 septembre 1792, par le même département, membre de la Convention, le 3e sur 10, « à la pluralité des voix » (537 votants), il répondit au 3e appel nominal dans le procès du roi : « Convaincu que la stabilité de la République repose sur la bonté des lois et non sur la mort d'un roi; que nous ne pouvons pas cumuler les pouvoirs qui seraient nécessaires à ce jugement; que les anarchistes, les ambitieux, trouveraient dans la mort de Louis un aliment de plus à leurs intrigues, je vote pour la réclusion pendant la guerre, et pour le bannissement à la paix. » Favorable aux Girondins, il fut impliqué dans leur complot, protesta contre le 31 mai, et fut décrété d'arrestation. Rappelé à l'assemblée le 18 frimaire an III, il s'associa aux actes de la majorité, qui l'élut, le 4 brumaire an IV, député au Conseil des Cinq-Cents. Il y siégea jusqu'en l'an V. Sous le Consulat, il fut choisi (2 fructidor an XI), par le Sénat conservateur, pour député de la Sarthe au Corps législatif; il y soutint les actes du gouvernement impérial et quitta l'assemblée en 1809.

SALMON (CHARLES-AUGUSTE), représentant en 1848 et en 1849, sénateur de 1876 à 1879, né à Riche (Meurthe) le 27 février 1805, fils d'un agriculteur, vint à Paris étudier le droit, se fit recevoir avocat, et entra dans la magistrature sous Louis-Philippe. Substitut à Vic, puis à Épinal, procureur du roi à Toul (1838), puis à Saint-Mihiel (1843), il manifesta à l'égard du gouvernement une certaine indépendance, s'occupa activement d'instruction primaire, organisa des conférences pour les instituteurs du département de la Meuse, et publia des ouvrages remarqués, entre autres : *Questions de morale pratique* (1842); *Conférences sur les devoirs des instituteurs primaires* (1845), etc. Après la révolution de 1848, M. Salmon fut élu, le 23 avril, représentant de la Meuse à l'Assemblée constituante, le 2e sur 8, par 47,207 voix. Il fut membre et secrétaire du comité de l'instruction publique et vota avec la droite : *pour* le rétablissement du cautionnement et de la contrainte par corps, *pour* les poursuites contre Louis Blanc et Caussidière, *contre* l'abolition de la peine de mort, *contre* l'amendement Grévy, *contre* le droit au travail, *pour* l'ordre du jour en l'honneur de Cavaignac, *pour* la proposition Rateau, *contre* l'amnistie, *pour* l'interdiction des clubs, *pour* les crédits de l'expédition de Rome. Réélu (13 mai 1849) par le même département à l'Assemblée législative, le 3e sur 7, par 36,077 voix (59,869 votants, 92,490 inscrits), il se rapprocha du centre, soutint le plus souvent les opinions de la majorité, ne se rallia point à la politique particulière de l'Élysée et se retira de la vie politique après le coup d'Etat de 1851. Maintenu d'ailleurs dans la magistrature, il devint successivement procureur impérial à Charleville (12 février 1853), avocat général à la cour de Metz (11 mars 1855), conseiller à cette même cour en 1858, et président de chambre (26 février 1870). Le 22 septembre 1871, Dufaure, dont il avait été le collègue et dont il était l'ami, le nomma premier président à la cour de Douai. Il passa conseiller à la cour de Cassation le 8 octobre 1874, et fut admis à la retraite, en cette dernière qualité, le 22 juin 1880. Dans l'intervalle il était rentré au parlement. Conseiller général du canton de Vigneulles depuis le 8 octobre 1871, et président du conseil général de la Meuse, il fut élu, le 30 janvier 1876, par 408 (657 votants), sénateur de ce département. Il appartint au groupe constitutionnel, et vota avec la majorité monarchiste, notamment *pour* la dissolution de la Chambre des députés en juin 1877. Au renouvellement triennal du 5 janvier 1879, M. Salmon échoua avec 246 voix (649 votants). Il ne fut pas plus heureux le 6 janvier 1885, avec 283 voix (835 votants). Officier de la Légion d'honneur et membre correspondant de l'Académie des sciences morales et politiques, il a publié encore : *De la construction des maisons d'école* (1860) ; *Etude sur le comte de Serre* (1864), etc.

SALMON (Lucien), représentant en 1849, né à Coulans (Moselle) le 30 mai 1802, mort à Conflans le 20 août 1859, était propriétaire dans la Meurthe, où il s'occupait d'agriculture, en même temps que de politique. Républicain, il fut élu, le 13 mai 1849, le 7e sur 9, par 27,693 voix (85,081 votants, 122,416 inscrits), représentant de la Meurthe à l'Assemblée législative. Ses huit collègues du même département appartenaient à l'opinion monarchiste ; lui, siégea à la Montagne, et vota avec la minorité démocratique *contre* l'expédition de Rome, *contre* la loi Falloux-Parieu sur l'enseignement, *contre* la loi restrictive du suffrage universel. Il protesta contre le coup d'Etat du 2 décembre 1851, et ne reparut plus sur la scène politique.

SALMON. — *Voy.* Chastellier (comte du).

SALNEUVE (Mathieu-Marie-Claude), représentant en 1871, sénateur de 1876 à 1889, né à Aigueperse (Puy-de-Dôme) le 15 janvier 1815, mort le 18 septembre 1889, fit ses études au collège Bourbon, fut reçu licencié en droit en 1836, et docteur en 1841. Inscrit au barreau de Riom la même année, il entra dans la magistrature, le 28 février 1847, comme juge-suppléant au tribunal de Riom, devint successivement substitut, procureur de la République, juge, puis juge d'instruction à Riom, et, le 21 octobre 1865, vice-président du tribunal de Clermont-Ferrand. Lors du procès de l'*Indépendant du centre*, poursuivi pour la part qu'il avait prise à la souscription Baudin (1869), M. Salneuve prononça l'acquittement de ce journal. Au 4 septembre 1870, il refusa le poste de procureur-général, fut président du comité de la défense dans son département, obtint, sans être élu, le 8 février 1871, comme candidat à l'Assemblée nationale dans le Puy-de-Dôme, 89,576 voix sur 96,000 votants, et, à l'élection complémentaire du 2 juillet suivant, motivée par la démission de M. Girot-Pouzol, fut élu représentant du Puy-de-Dôme, par 67,743 voix sur 92,015 votants et 170,459 inscrits, contre 22,985 à M. Auberjon, conservateur. Il prit place à la gauche républicaine, soutint la politique de Thiers, et vota *contre* la pétition des évêques, *contre* le pouvoir constituant, *pour* le service de trois ans, *contre* la démission de Thiers, *contre* le septennat, *contre* le ministère de Broglie, *pour* l'amendement Wallon, *pour* les lois constitutionnelles. Il avait été admis à la retraite comme magistrat, le 8 août 1874, avec le titre de vice-président honoraire. Le 30 janvier 1876, il fut élu sénateur du Puy-de-Dôme par 286 voix sur 569 votants. Il siégea à gauche dans la Chambre haute, soutint la politique scolaire et coloniale des ministères républicains, fut réélu, au renouvellement triennal du 8 janvier 1882, par 421 voix sur 561 votants, se prononça *pour* l'expulsion des princes, et, en dernier lieu, *pour* le

rétablissement du scrutin d'arrondissement (11 février 1889), *pour* le projet de loi Lisbonne restrictif de la liberté de la presse, *pour* la procédure de la haute cour contre le général Boulanger. On a de lui : *Le respect de la loi sous la République* (1877) ; *Des lois constitutionnelles et de leur application* (1875).

SALOMON (Henri), député de 1876 à 1885, né à Massignac (Charente) le 21 mars 1831, était avoué à la cour d'appel de Poitiers, conseiller municipal de cette ville et conseiller d'arrondissement, lorsqu'il fut élu, comme candidat républicain, le 20 février 1876, député de la 1re circonscription de Poitiers, par 5,902 voix (11,679 votants, 15,247 inscrits), contre 5,563 à M. Ernoul. Il prit place au centre gauche, et fut l'un des 363 députés qui, au 16 mai, refusèrent de voter l'ordre du jour de confiance demandé par le ministère de Broglie. Réélu, le 14 octobre 1877, par 6,843 voix (12,806 votants, 15,784 inscrits), contre 5,920 à M. Ernoul, et, le 21 août 1881, par 7,325 (9,779 votants, 16,763 inscrits), il continua de siéger dans la majorité républicaine, et soutint de ses votes la politique scolaire et coloniale des ministères opportunistes. Après avoir échoué comme candidat au Sénat dans la Vienne, le 8 janvier 1882, avec 167 voix sur 375 votants, et le 15 février 1885, avec 329 voix sur 693 votants, contre 365 à l'élu, M. de Beauchamp, il a été nommé conseiller à la cour d'appel de Poitiers, en janvier 1886.

SALOMON DE LA SAUGERIE (Guillaume)-Anne), député en 1789, né à Orléans (Loiret) en 1743, mort à Orléans le 6 avril 1795, était avocat à Orléans quand il fut élu, le 26 mars 1789, député du tiers aux Etats-Généraux par le bailliage d'Orléans, avec 97 voix sur 105 votants. Il fut adjoint au doyen des communes, fut commissaire pour les conférences relatives à la réunion des trois ordres, prêta le serment du Jeu de paume, fit partie des comités de vérification, de rédaction, des rapports, féodal, des recherches, devint inspecteur des bureaux de l'Assemblée, fut chargé, avec Camus et Emmery, de recueillir les notes destinées à présenter les travaux de l'Assemblée avant sa constitution, s'éleva contre la lecture des protestations de plusieurs députés, fut rapporteur du comité institué pour examiner les troubles des provinces, fut nommé secrétaire de l'Assemblée le 10 novembre 1789, et, comme tel, chargé de la rédaction des procès-verbaux depuis le 6 mai, réclama à la tribune contre un pamphlet imprimé sous son nom, fit part de la fermentation causée à Orléans par la circulation des grains, et fut appelé aux fonctions de commissaire-inspecteur des Archives (26 septembre 1790). Il ne reparut plus sur la scène politique après la session.

SALVAGE (Jean-Félix-Augustin), député en 1791, au Corps législatif en 1807, et représentant aux Cent-Jours, né à Saint-Martin-Valmeroux (Cantal) le 14 juillet 1762, mort à Saint-Martin-Valmeroux le 26 novembre 1843, « fils du sieur Pierre-Paul Salvage, seigneur de Dauzets, et à mademoiselle Marianne Fenouliac de Prades », était homme de loi à Saint-Martin-Valmeroux au moment de la Révolution. Il en embrassa les principes, devint administrateur du district, et fut élu, le 30 août 1791, député du Cantal à l'Assemblée législative, le 7e sur 8, par 156 voix (303 votants). Il fut membre adjoint au comité des lettres de cachet et assista à la cérémonie en l'honneur de Simonneau le 2 juin 1792. Sous le Directoire, il devint administrateur du département du Cantal, puis président du canton, et fut nommé, le 28 floréal an VIII, suppléant au tribunal civil de Mauriac. Maire de Saint-Martin-Valmeroux, chevalier de la Légion d'honneur et juge, il fut élu, le 1er février 1807, par le Sénat conservateur, député du Cantal au Corps législatif, d'où il sortit en 1811. Le 13 mai 1815, le grand collège du Cantal l'élut représentant à la Chambre des Cent-Jours, par 61 voix (110 votants, 209 inscrits). Destitué de ses fonctions judiciaires à la seconde Restauration, il redevint maire de Saint-Martin-Valmeroux en 1830 et remplit cette charge jusqu'à sa mort.

SALVAGE (Félix-Paul-Marie), député de 1831 à 1848, né à Saint-Martin-Valmeroux (Cantal) le 25 août 1796, fils du précédent, fit son droit et prit place aux barreaux de Riom et de Clermont. Ses idées libérales et son opposition à la Restauration lui valurent d'être élu, le 5 juillet 1831, député au 3e collège du Cantal (Mauriac), par 110 voix (211 votants, 258 inscrits), contre 53 à M. Roquecave de Thuret, ingénieur en chef à Clermont-Ferrand. Réélu successivement dans le même collège, le 21 juin 1834, par 129 voix (242 votants, 277 inscrits), contre 110 à M. de Thuret; le 4 novembre 1837, par 172 voix (269 votants, 313 inscrits), contre 89 à M. de Tournemine; le 2 mars 1839, par 190 voix (261 votants); le 9 juillet 1842, par 164 voix (313 votants, 355 inscrits), contre 117 à M. de Miramon; le 1er août 1846, par 282 voix (201 votants, 431 inscrits), il siégea d'abord au centre gauche, mais ne tarda pas à devenir ministériel; il fut vice-président de la Chambre. Absent lors de la discussion de l'adresse de 1839, il vota *pour* la dotation du duc de Nemours, *pour* les fortifications de Paris, *pour* le recensement, *contre* les incompatibilités, *contre* l'adjonction des capacités, et *pour* l'indemnité Pritchard. Président du tribunal civil de Mauriac en 1837, conseiller général du Cantal pour le canton de Salers en 1845, et chevalier de la Légion d'honneur, il quitta la vie politique à la révolution de 1848.

SALVANDY (Narcisse-Achille, comte de), député de 1830 à 1831, de 1833 à 1848 et ministre, né à Condom (Gers) le 11 juin 1795, mort à Graveron (Eure) le 16 décembre 1856, fit, comme boursier, ses études classiques au lycée Napoléon à Paris, d'où, pour ne pas faire une punition qui venait de lui être infligée, il s'échappa en 1813, et s'engagea dans les gardes d'honneur. Il prit une part active, en 1813 et 1814, à la guerre de Saxe et à la campagne de France, et fut promu adjudant-major. Entré dans la maison militaire du roi, lors du retour des Bourbons, il suivit, peu après, les cours de l'École de droit, et publia, pendant les Cent-Jours, quelques brochures libérales. Dévoué dès lors au parti constitutionnel, il fit paraître, sous ce titre : *la Coalition et la France* (1816), un écrit des plus vifs contre l'occupation étrangère. Les alliés réclamèrent son arrestation ; mais le roi refusa, et, après l'évacuation du territoire, le duc de Richelieu le nomma maître des requêtes au conseil d'État. Il collabora, vers la même époque, au *Journal des Débats*, soutint la politique du duc Decazes et se montra hostile aux tendances des « ultras ». Aussi fut-il destitué de ses fonctions de conseiller d'État par M. de Peyronnet, en 1821. Il

se démit, deux ans après, du grade d'officier d'état-major qu'il occupait depuis 1815, et entreprit contre les royalistes d'extrême-droite une vigoureuse campagne. Adversaire déterminé du ministère Villèle, il donna en 1824 un roman historique, *Don Alonzo ou l'Espagne, histoire contemporaine*, qui eut un vif succès. Il publia encore : *les Funérailles de Louis XVIII* (1824); *De l'émancipation de Saint-Domingue* (1825); *la Vérité sur les marchés Ouvrard* (1825); *Discussion de la loi du sacrilège* (1825); *Les Amis de la liberté de la presse* (1827); *Insolences de la censure* (1827); *Histoire de Pologne avant et sous le roi Sobieski* (1827-1829), ouvrage dans lequel de nombreuses erreurs attestent une étude très insuffisante du sujet. L'avènement du cabinet Martignac acheva de mettre en évidence M. de Salvandy ; il fut chargé, après avoir été réintégré au conseil d'État (1828), de soutenir le projet de code militaire devant la Chambre des pairs ; il donna sa démission à l'avènement du ministère Polignac, malgré les instances de Charles X. C'est dans la conversation qu'il eut à ce sujet avec le roi qu'il aurait prononcé un de ses mots historiques : « Je ne reculerai pas d'une semelle », lui disait Charles X. — « Plaise à Dieu, répliqua-t-il, que Votre Majesté ne soit pas forcée de reculer d'une frontière. » Au mois de juin 1830, au cours d'une fête donnée au Palais-Royal, par le duc d'Orléans à son beau-frère le roi de Naples, M. de Salvandy adressa au duc d'Orléans le mot célèbre : « Voilà, Monseigneur, une fête toute napolitaine ; nous dansons sur un volcan ! » S'il ne désira pas la révolution de juillet, il la prépara par ses articles au *Journal des Débats*, d'une vivacité d'expressions et d'une pénétration remarquables. Rallié à la révolution de juillet une fois accomplie, il reprit sa place au conseil d'État réorganisé, et fut élu, le 21 octobre 1830, député du 3e collège de la Sarthe (la Flèche) par 118 voix (222 votants, 308 inscrits), en remplacement de M. Bourdon du Rocher, démissionnaire. Il siégea au centre, s'associa dès lors à tous les actes du parti conservateur, s'opposa aux propositions à tendance démocratique, et reprocha au ministère d'avoir manqué d'énergie pendant les journées du 13 et du 14 février 1831. Non réélu au renouvellement général de cette année, il publia des brochures contre le parti avancé et intervint en faveur des derniers ministres de Charles X. Le 7 novembre 1833, le 1er collège de l'Eure (Evreux), par 177 voix (342 votants, 434 inscrits), contre 158 à M. Treilhard, ancien préfet, le renvoya à la Chambre. Il remplaçait M. Du Meilet, décédé. Rapporteur de la loi dite de disjonction, il ne cessa de voter avec la majorité conservatrice, et obtint encore sa réélection le 21 juin 1834, par 188 voix (354 votants, 424 inscrits), contre 161 à M. Jacques Laffitte. En 1835, il succéda à l'arsenal-Grandmaison comme membre de l'Académie française. Lors de la formation du cabinet Molé (15 avril 1837), il accepta le portefeuille de l'Instruction publique, qu'il conserva jusqu'en mars 1839. Le 26 mai 1837, il avait été remplacé comme député par M. Trutat. Mais il rentra au parlement le 1er juillet suivant comme l'élu du 4e collège d'Eure-et-Loir (Nogent-le-Rotrou), par 165 voix sur 232 votants, contre 66 à M. de Turin, en remplacement de M. Langlois d'Amilly, nommé préfet. Son mandat lui fut encore renouvelé le 4 novembre de la même année, par 180 voix (230 votants, 308 inscrits) ; puis le 2 mars 1839, par 155 voix (272 votants). Le même jour il était également élu dans le

3e collège du Gers (Lectoure), par 166 voix sur 327 votants, contre 157 au général Subervie. Il opta pour Nogent-le-Rotrou et fut remplacé à Lectoure par le général. Pendant son passage au ministère, M. de Salvandy améliora le traitement des professeurs, institua des chaires de littérature étrangère dans les départements, et distribua des subventions aux gens de lettres. Il devint ensuite vice-président de la Chambre, et fut nommé, en 1841, ambassadeur en Espagne : à cette occasion, l'arrondissement de Nogent-le-Rotrou le confirma dans son mandat de député par 155 voix (236 votants), contre 89 à M. Maunoury et 38 à M. de Fougeray. Réélu à Nogent-le-Rotrou, le 9 juillet 1842, par 163 voix 222 votants, il opta pour Lectoure qui lui avait donné, le même jour, 203 voix contre 159 au général Subervie, lequel le remplaça à Nogent ; il observa, dans certaines questions, une attitude plus indépendante, et fut nommé ambassadeur à Turin (1843) et grand-croix de la Légion d'honneur. N'ayant pas voté la « flétrissure » contre les députés qui étaient allés à Belgrave-Square, il en reçut du roi de vifs reproches dans une visite aux Tuileries, et donna sa démission d'ambassadeur. L'incident fut même porté à la tribune par Thiers, comme inconstitutionnel. M. de Salvandy rentra cependant dans le cabinet Guizot, du 1er février 1845 au 22 février 1848, comme ministre de l'Instruction publique en remplacement de M. Villemain, et, pour la dernière fois, fut réélu député le 1er août 1846 : à Lectoure, par 239 voix contre 50 à M. Boubée et 12 au général Subervie, à Evreux par 339 voix (572 votants, 704 inscrits), contre 232 à Dupont de l'Eure. Pendant son dernier ministère, il reconstitua le conseil d'instruction publique, créa l'Ecole d'Athènes, restaura l'Ecole des Chartes et présenta divers projets de loi sur la réorganisation des Ecoles de droit et de médecine, et sur l'enseignement secondaire. La révolution de 1848 rendit M. de Salvandy à la vie privée. Après quelques années passées hors de France, il revint à Paris, resta en relations avec les chefs de l'ancien parti conservateur, prit part aux tentatives de fusion des deux branches des Bourbons, et se fit nommer président de la Société d'agriculture du département de l'Eure, où il possédait le château de Graveron ; c'est là qu'il mourut en 1856. M. Guizot, qui ne goûtait pas son genre d'esprit, a dit de lui : « Il avait bien des qualités, et il fallait qu'il en eût beaucoup, pour être arrivé à tout, avec tant de ridicules. » On a encore de lui : *Lettres de la girafe au pacha d'Egypte* (1834) ; *Discours prononcé pour la réception de Victor Hugo à l'Académie française* (1841) ; *Rapport au roi sur l'état des travaux exécutés depuis 1835 jusqu'à 1847 pour le recueil et la publication des documents inédits relatifs à l'histoire de France* (1847), etc.

SALVANDY (PAUL, COMTE DE), représentant en 1871, né à Paris le 13 juillet 1830, fils du précédent, fit ses études au collège Henri IV, et dut à son nom d'être nommé secrétaire du préfet de la Haute-Loire. Il quitta cette situation au coup d'Etat de 1851, revint à Paris terminer son droit, fut reçu avocat, devint secrétaire de la conférence des avocats, et obtint le diplôme de docteur en droit (1855) avec une thèse sur *L'histoire et la législation des gains de survie entre époux*. Il entra à l'administration du chemin de fer Paris-Lyon-Méditerranée, devint membre du conseil d'administration de la compagnie, et, pendant le siège de Paris (1870-1871), fit partie du 19e ba-

taillon de la garde nationale. Riche propriétaire dans l'Eure, il fut élu, le 8 février 1871, représentant de ce département à l'Assemblée nationale, le 6e sur 8, par 40,114 voix (59,749 votants, 122,706 inscrits). Partisan de la politique de Thiers, il s'inscrivit au centre gauche, et vota *pour* la paix, *pour* les prières publiques, *pour* l'abrogation des lois d'exil, *contre* le pouvoir constituant de l'Assemblée, *contre* la chute de Thiers, *contre* le septennat, *contre* le ministère de Broglie, *pour* les amendements Wallon et Pascal Duprat, *pour* les lois constitutionnelles. Il avait pris la parole (septembre 1871) sur la question du transport des journaux. Il ne se représenta pas dans l'Eure aux élections du 20 février 1876. On a de lui : *Les chemins de fer devant l'opinion publique* (1866).

SALVAT (JEAN-FRANÇOIS-XAVIER), représentant en 1848 et en 1849, né à Peyruis (Basses-Alpes) le 10 octobre 1791, mort à Peyruis le 28 juillet 1859, fils d'un chirurgien militaire, venait d'être reçu avocat, lorsqu'il s'enrôla dans le 4e régiment des gardes d'honneur créés après la campagne de Russie. Il y fit les campagnes de 1813 et de 1814, comme brigadier et maréchal-des-logis. Il quitta la France après la chute de l'empereur (1814), se fixa, comme avocat, dans l'île de France, et, après un voyage aux Indes et à Sainte-Hélène, revint en France en 1824, et s'établit comme propriétaire-agriculteur dans le Loir-et-Cher (1825). Il y fit de l'opposition libérale sous la Restauration, devint président de la Société d'agriculture de Blois, et fut élu, le 23 avril 1848, représentant du Loir-et-Cher à l'Assemblée constituante, le 6e et dernier, par 24,056 voix (60,934 votants, 66,677 inscrits). Il siégea à gauche, fit partie du comité de l'agriculture, et vota avec les républicains modérés, *pour* les poursuites contre Louis Blanc et Caussidière, *pour* le rétablissement de la contrainte par corps, *contre* l'abolition de la peine de mort, *pour* l'amendement Grévy, *pour* l'ordre du jour en l'honneur de Cavaignac, *contre* la proposition Rateau, *contre* l'interdiction des clubs (le reste du temps *en congé*). Réélu, le 13 mai 1849, représentant du même département à la Législative, le 1er sur 5, par 30,651 voix (54,330 votants, 71,600 inscrits), il prit place dans la minorité démocratique, se prononça *contre* les lois restrictives et répressives, *contre* la politique de l'Elysée, et rentra dans la vie privée au 2 décembre 1851. Sous l'Empire, M. Salvat réunit (22 juin 1857) comme candidat indépendant au Corps législatif dans la 1re circonscription de Loir-et-Cher, 1,248 voix contre 16,725 au candidat officiel élu, M. Clary.

SALVERTE (JEAN-MARIE-EUSTACHE BACONNIÈRE DE), représentant à la Chambre des Cent-Jours, né à Paris le 26 mars 1768, mort à Paris le 10 décembre 1827, « fils de Jean-Marie-Eusèbe Baconnière de Salverte, administrateur général des domaines, et de Elisabeth Fauro », fut d'abord adjoint à son père dans l'administration des domaines. Il en sortit à la Révolution, y rentra, sous le Consulat, comme directeur de la comptabilité, et fut mis à la retraite en 1818. Le 10 mai 1815, il avait été élu, dans le grand collège de la Seine, par 79 voix (108 votants, 216 inscrits), représentant à la Chambre des Cent-Jours. On a de lui un *Examen des budgets pour 1818*, — *Des directions des Finances* (1818).

SALVERTE (ANNE-JOSEPH-EUSÈBE BACONNIÈRE DE), député de 1828 à 1839, né à Paris le 18 juillet 1771, mort à Paris le 27 octobre 1839, fils d'un administrateur du contrôle et des domaines et frère du précédent, fit ses études chez les Oratoriens de Juilly, et fut avocat au Châtelet. A la suppression de cette juridiction, il entra (1792) dans les bureaux du ministère des Relations extérieures, en sortit à la suite de dénonciations dont il fut l'objet, et devint professeur d'algèbre à l'École des ponts et chaussées. Compromis dans l'insurrection du 13 vendémiaire, il fut condamné à mort par contumace, vint purger sa contumace en 1796, et fut acquitté. Il occupa alors un emploi au cadastre, et se fit connaître par des brochures antireligieuses et politiques. Deux ans après son mariage avec la veuve du comte de Fleuriou, il se retira à Genève (1814), où il resta cinq ans, et ne cessa de publier en faveur des idées libérales des brochures de circonstance contre le gouvernement de la Restauration. Le 21 avril 1828, il fut élu député du 3e arrondissement de Paris par 1,162 voix sur 1,205 votants. Il prit place à gauche, demanda (1829) la mise en accusation des ministres pour concussion et trahison, parla contre les Jésuites, pour la suppression de la loterie, pour le refus de l'impôt en cas de violation de la Charte, et signa l'Adresse des 221. Réélu, le 12 juillet 1830, par 1,237 voix sur 1,386 votants, contre 146 à M. Breton, il protesta contre les Ordonnances, demanda de prendre la déclaration de la Chambre de 1815 pour base de nos institutions politiques, réclama la mise en accusation des derniers ministres de Charles X, et réclama la liberté de l'imprimerie et de la librairie. Ce fut le 5e arrondissement de Paris qui l'envoya à la Chambre, aux élections du 5 juillet 1831, par 646 voix sur 940 votants. Il signa le « compte rendu » de 1832, et parla en faveur du rappel des Bonaparte, et pour la mise en liberté de la duchesse de Berry; le 9 avril 1832, il demanda si les droits de la succession du prince de Condé étaient acquittés. Le directeur de l'enregistrement, M. Calmon, répondit que non, bien que la succession fût ouverte depuis dix-huit mois, « le gouvernement, ajouta-t-il, accordant toujours des délais pour l'acquittement des droits de succession, lorsqu'il était constaté que les héritiers n'avaient pas les moyens de les acquitter. (Exclamations.) Oui, Messieurs, c'est ici le cas, car ces droits s'élèvent à plus de quatre millions, et il ne s'est trouvé dans la succession aucune valeur mobilière. Les liquidateurs de la succession ont cherché à contracter un emprunt sans y réussir; ils viennent de mettre en vente neuf mille arpents de bois et, avant peu de temps, les droits seront versés. » Aux élections du 21 juin 1834, M. de Salverte échoua avec 387 voix contre 508 à M. Thiers, élu; mais, ce dernier ayant été nommé ministre, M. de Salverte regagna son siège le 27 décembre suivant, par 551 voix sur 1,022 votants et 1,183 inscrits, contre 465 à M. Davillier. Il continua de siéger dans l'opposition de gauche, et de harceler les ministres, dans la forme piquante et incisive qui lui était familière. Successivement réélu, le 4 novembre 1837, par 713 voix sur 1,139 votants et 1,287 inscrits, contre 415 à M. Parquin, et le 2 mars 1839, par 732 voix sur 968 votants, il mourut en octobre suivant, en refusant les secours religieux : son enterrement fut purement civil. Membre libre de l'Académie des sciences morales depuis 1830. On a de lui de nombreuses brochures politiques, historiques, littéraires; il collabora en outre à un certain nombre de journaux, de revues et de recueils.

SALVETON (Antoine dit Frédéric), député de 1837 à 1839 et de 1846 à 1848, né à Brioude (Haute-Loire) le 29 avril 1801, d'une vieille famille de robe, mort dans sa propriété de Nouette (Puy-de-Dôme) le 14 novembre 1870, alla faire son droit à Paris, après de brillantes études au lycée de Clermont. D'opinions libérales, il fut, par l'influence de La Fayette, son compatriote, entraîné dans la conspiration de Belfort; poursuivi de ce chef, bien qu'il n'eût point participé à la tentative d'exécution, il fut acquitté par le jury du Haut-Rhin, le 13 août 1822. Reçu licencié en droit le 11 juillet 1823, il se fit inscrire au barreau de Riom, où il acquit rapidement de la réputation. Il collabora aussi au Journal des audiences de la cour royale de Riom, et, à l'avènement de la monarchie de juillet, fut nommé avocat général à Riom (4 septembre 1830); il passa premier avocat général près la même cour le 27 novembre 1833. Candidat aux élections législatives à Brioude, le 21 juin 1834, il n'obtint que 77 voix contre 133 accordées à M. Mallye, candidat de l'opposition dynastique, élu. Chevalier de la Légion d'honneur du 27 avril 1835, il se représenta à la députation dans la même circonscription, le 4 novembre 1837, et fut élu par 139 voix contre 108 à M. Mallye, député sortant (252 votants, 285 inscrits). Les élections générales du 2 mars 1839, après la dissolution de la Chambre, ne lui furent pas favorables; il échoua avec 117 voix, contre 133 données à M. Mallye, élu. Procureur général près la cour d'Amiens le 16 décembre 1839, et membre du conseil académique de cette ville (10 mars 1840), M. Salveton se représenta de nouveau à la députation, à Brioude, aux élections générales du 9 juillet 1842; mais il échoua contre M. Mallye, élu par 174 suffrages. Le gouvernement l'appela aux fonctions de procureur général à Rouen (20 avril 1844) et le promut officier de la Légion d'honneur (29 avril 1846). Le 1er août suivant, candidat aux élections législatives à Brioude, M. Salveton fut élu, au second tour, par 199 voix, contre 94 à M. Rabusson-Lamothe, 66 à M. Mallye, 1 à M. Romeuf, (361 votants, 385 inscrits). Durant les deux législatures, M. Salveton prit une part active aux travaux parlementaires, et fit partie de nombreuses commissions, notamment de celle qui élabora la loi des 28 mai-8 juin 1838 sur les faillites et banqueroutes; il fut un de ses membres les plus laborieux et les plus écoutés, prit plusieurs fois la parole à la tribune lors de la discussion de cette loi en séance publique, et fit le plus souvent adopter sa manière de voir. En 1839, il se fit inscrire pour appuyer le projet d'adresse hostile au ministère Molé : mais la discussion fut close avant son tour de parole, et il fut des 223 députés qui repoussèrent le projet d'adresse amendé favorablement au ministère, et adopté par 222 voix (19 janvier 1839). Le 20 avril 1847, il prononça un discours contre le projet Rémusat sur les députés fonctionnaires, mais l'agitation qui régnait dans la Chambre ne lui permit pas de l'achever. Membre de la commission chargée d'examiner le projet de loi sur les livrets d'ouvriers, il fut choisi par elle comme rapporteur, et son rapport, déposé le 6 juillet 1847, a été considéré comme le travail le plus complet sur la matière. Nommé membre de la commission du budget de 1849, il fut empêché de remplir ce mandat par la révolution de février 1848. Ami de M. Guizot, M. Salveton avait toujours voté avec le parti conservateur constitutionnel et n'avait pris aucune part à la campagne réformiste qui amena la chute de Louis-Philippe. Le gouvernement provisoire le remplaça dans ses fonctions de procureur général à Rouen par M. Sénart (26 février 1848). M. Salveton reprit sa place au barreau de Riom (10 décembre suivant), et y resta jusqu'à sa mort; il fut neuf fois élu bâtonnier de l'ordre, de 1852 à 1867. Fidèle au gouvernement qu'il avait servi, il refusa toujours par la suite de rentrer dans la magistrature et dans la vie politique. Il souffrait déjà du diabète, lorsque les désastres de 1870 vinrent compliquer cette affection de cruelles angoisses morales qui le conduisirent au tombeau (14 novembre). Comme magistrat, M. Salveton avait porté la parole dans nombre de procès célèbres, notamment dans l'action intentée par l'État contre le duc d'Aumale, au sujet de la prétendue domanialité des terres de Chantilly (décembre 1812); il siégea dans le procès intenté contre M. de Beauvallon pour son duel mortel contre M. Dujarrier, gérant de la *Presse* (mars 1846), etc. Il avait épousé, le 12 septembre 1826, Mlle Elisabeth-Euphrasie Amarithon de Beauregard, cousine du député J.-B.-L. Amarithon, baron de Montfeury; il en eut deux fils. L'Académie des sciences, belles-lettres et arts de Clermont-Ferrand, dont il était membre depuis le 7 janvier 1836, confia le soin de prononcer son éloge funèbre à M. Ancelot (3 août 1870). On a de lui, outre des plaidoyers et des discours : *Études sur la vie de Michel de l'Hôpital* (1835); *Études sur la vie et les œuvres de Jean Domat* (1810); *Discours sur l'Indifférence* (1844), etc. Il a laissé plusieurs ouvrages manuscrits.

SALVY (Christophe-Louis-Firmin), représentant en 1871, né à Mauriac (Cantal) le 25 septembre 1815, fils d'un avocat qui entra plus tard dans la magistrature, termina ses études classiques au collège Stanislas, fit son droit, débuta comme avocat à Mauriac (1838), devint conseiller municipal et adjoint au maire, et alla (1847) se faire inscrire au barreau de Riom, dont il devint bâtonnier (1869). Élu, le 8 février 1871, représentant du Cantal à l'Assemblée nationale, le 3e sur 5, par 23,486 voix (35,107 votants, 59,650 inscrits), il siégea parmi les républicains conservateurs, se fit inscrire aux réunions Feray et Saint-Marc-Girardin, fut membre de la commission qui remit le pouvoir exécutif à Thiers, rapporteur de la loi sur le cautionnement des journaux, et vota *pour* la paix, *contre* l'abrogation des lois d'exil, *pour* la pétition des évêques, *contre* le service de trois ans, *contre* la démission de Thiers, *contre* le septennat, *pour* le ministère de Broglie, *contre* l'amendement Wallon et *pour* les lois constitutionnelles. Il se retira de la politique après la législature.

SAMARY (Philippe), député en 1789, né à Carcassonne (Aude) le 5 février 1731, mort à Carcassonne le 8 novembre 1803, était curé de Carcassonne quand il fut élu, le 25 mars 1789, député du clergé aux États-Généraux par la sénéchaussée de cette ville. Il vota la vérification des pouvoirs en commun, fit hommage à la nation d'une somme de 1,000 livres le 22 septembre 1789, et insista (13 avril 1790) sur la question d'une religion d'État. Il disparut de la scène politique après la session.

SANADON (Barthélemy-Jean-Baptiste), membre de la Convention, né à Évreux (Eure) le 5 février 1729, mort à Sainte-Marie (Basses-Pyrénées) le 9 février 1796, entra dans les ordres, se rallia aux idées de la Révolution, prêta le serment civique, et fut élu évêque constitutionnel des Basses-Pyrénées (février 1791). Le 4 septembre 1792, ce département l'envoya siéger à la Convention nationale, le 1er sur 6, par 276 voix (468 votants). Sanadon siégea parmi les modérés, et répondit au 3e appel nominal dans le procès du roi : « Je vote pour la réclusion pendant la guerre, et à la paix, la déportation. » Il donna sa démission le 13 août 1793, et mourut trois ans après.

SANCERRE (Louis-François), député en 1791, né le 14 mai 1755, mort à une date inconnue, était commissaire du roi près du district de Castres, quand il fut élu, le 28 juin 1791, député du Tarn à l'Assemblée législative, le 2e sur 9, par 361 voix (420 votants). Il siégea très obscurément et fut dénoncé par Chabot comme suspect de fomenter des troubles. Sa carrière politique prit fin avec la session.

SANCY (Jean-Baptiste), député en 1789, né à Chalon-sur-Saône (Saône-et-Loire) en 1725, mort à Chalon-sur-Saône le 11 septembre 1797, avocat dans sa ville natale et juge châtelain de Germolles, fut élu, le 3 avril 1789, député du tiers aux États-Généraux par le bailliage de Chalon-sur-Saône, avec 162 voix (245 votants). Il siégea très obscurément et son nom n'est pas cité au *Moniteur*. Il donna sa démission le 31 octobre 1789, et fut remplacé par son fils, qui suit.

SANCY (Charles), député en 1789, né à Chalon-sur-Saône (Saône-et-Loire) le 3 juin 1758, mort à Chalon-sur-Saône le 15 mars 1830, fut, avant la Révolution, avocat à Chalon et lieutenant particulier civil au bailliage de cette ville. Élu, le 5 avril 1789, député suppléant du tiers aux États-Généraux par ce bailliage, il fut admis à siéger le 31 octobre 1789, en remplacement de son père démissionnaire; il fit une motion sur la nomination des députés aux fonctions de ministère public, combattit le système d'un seul tribunal criminel par département, et refusa de signer la pétition à propos du 20 juin. Après la session, il devint membre du directoire du département (1793), maire de Chalon (1799), conseiller général (1804-1810), juge au tribunal civil (1806) et président du tribunal (1818). Chevalier de la Légion d'honneur.

SANDRIQUE (Paul-Jules), député de 1882 à 1889, né à Brunehamel (Aisne) le 14 juin 1845, fit ses études au lycée de Versailles et vint étudier le droit à Paris. Reçu avocat, il fut secrétaire de M. Clément Laurier (1869), se fit remarquer au barreau et plaida devant la haute cour de Blois pour M. Villeneuve, plus tard député de la Seine. Pendant la guerre, il remplit à Tours auprès de M. Ranc les fonctions de chef de cabinet du directeur de la sûreté générale. Conseiller général de l'Aisne pour le canton de Rozoy-sur-Serre, M. Sandrique, qui était devenu secrétaire de Gambetta en 1871, se présenta à la députation le 12 novembre 1882, et fut élu, au second tour, député de la 1re circonscription de Vervins, par 7,130 voix (12,501 votants, 16,649 inscrits), contre 5,317 au docteur Dupuy, maire de Vervins; il remplaçait M. Soye, décédé. M. Sandrique siégea à gauche, et vota avec les opportunistes, notamment *pour* les crédits de l'expédition du Tonkin. Inscrit sur la liste républicaine modérée de l'Aisne, lors des élections d'octobre 1885, il fut réélu, au scrutin de ballottage (18 octobre), le 1er sur 8, par 64,519 voix (117,821 votants, 147,803 inscrits), reprit sa place dans la majorité, parut peu à la tribune, vota l'expulsion des princes, soutint de ses votes les cabinets Rouvier et Tirard, et se prononça en dernier lieu *contre* le rétablissement du scrutin d'arrondissement (11 février 1889), *pour* les poursuites contre trois députés membres de la Ligue des patriotes, *pour* le projet de loi Lisbonne restrictif de la liberté de la presse; il s'abstint sur l'ajournement indéfini de la revision de la Constitution, et était absent par congé lors du scrutin sur les poursuites contre le général Boulanger.

SANLOT-BAGUENAULT (Adrien-Gustave-Thibaut), député de 1824 à 1827, né à Paris le 9 octobre 1782, mort à Paris le 26 avril 1851, fils d'un maître des comptes sous l'ancien régime, dirigeait à Paris la maison de banque de son beau-père, M. Baguenault, et était fondateur de la Société pour l'amélioration des prisons (1819), administrateur du bureau de charité du 3e arrondissement de Paris (1821), maire du 2e arrondissement (décembre même année), vice-président du collège du département de la Seine (1822), président du collège électoral du 2e arrondissement (1823), lorsque ce dernier collège l'élut député, le 25 février 1824, par 701 voix (1,404 votants) contre 698 à M. J. Laffitte. Il parla (avril) contre le projet de conversion des rentes présenté par M. de Villèle. Révoqué de ses fonctions de maire l'année suivante, il présenta sur l'article 5 du projet de loi sur le milliard des émigrés un amendement tendant à réduire la charge qui allait incomber de ce chef au Trésor; cet amendement fut rejeté. La Chambre lui donna un certain nombre de voix pour la vice-présidence en 1826; non réélu en 1827, M. Sanlot-Baguenault ne se représenta plus. Chevalier de la Légion d'honneur (1821).

SANS (François-Prime-Félicien), député de 1831 à 1834, né à Ax (Ariége) le 6 juin 1795, était négociant à Toulouse, lorsqu'il fut élu, le 5 juillet 1831, député de cette circonscription, la 3e de la Haute-Garonne, par 85 voix (127 votants, 318 inscrits), contre 42 à M. Th. Rolland. Il siégea dans la majorité ministérielle jusqu'en 1834, et échoua à cette date (21 juin) avec 60 voix, contre 157 à M. Bastide d'Izard. Il n'appartint pas à d'autres assemblées.

SANS-LEROY (Charles-François), député de 1885 à 1889, né à Toulouse (Haute-Garonne) le 4 novembre 1848, fit son droit, fut reçu avocat, et, au moment de la guerre de 1870, devint capitaine aux mobiles de l'Ariége et mérita par sa conduite d'être décoré de la Légion d'honneur (11 décembre 1871). Chef de cabinet du préfet de la Gironde en 1872, sous-préfet de Lure en 1873, puis de Barbezieux, secrétaire général de la préfecture de la Corse et de celle de Maine-et-Loire, il fut révoqué de ces dernières fonctions au 16 mai 1877 et réintégré dans l'administration comme sous-préfet de Toulon en décembre 1877. Il donna bientôt sa démission, et se retira dans l'Ariége, où il devint conseiller général du canton de Mas-d'Azil et maire de Daumazan. Porté sur la liste républicaine de l'Ariége, aux élections législatives du 4 octobre 1885, il fut élu, le 2e sur 4, par 31,886 voix (53,266 votants, 73,827 inscrits); il siégea dans le groupe opportuniste, soutint la politique scolaire et coloniale des ministères républicains, vota contre l'expulsion des princes, appuya, comme rapporteur, les revendications des fabricants de sucre (juin 1886), demanda (février 1888) la nomination d'une commission chargée d'étudier le renouvellement du privilège de la Banque de France, et, dans la dernière session, s'abstint sur le rétablissement du scrutin d'arrondissement (11 février 1889), et sur l'ajournement indéfini de la revision de la Constitution, et se prononça *pour* les poursuites contre trois députés membres de la Ligue des patriotes, *pour* le projet de loi Lisbonne restrictif de la liberté de la presse; absent par congé lors du scrutin sur les poursuites contre le général Boulanger.

SANSAC (César-Jean-Baptiste-Marie Bardonin, comte de), député de 1820 à 1824, né à Allemans-du-Drot (Lot-et-Garonne) le 19 novembre 1766, mort à une date inconnue, servit dans les armées du roi; il était capitaine de cavalerie au moment de la Révolution. Il émigra, fut fait, à la Restauration, lieutenant-colonel aux gardes et chevalier de Saint-Louis, puis se retira à Allemans où il possédait d'importantes propriétés. Élu, le 13 novembre 1820, député du grand collège du Lot-et-Garonne, par 247 voix (361 votants, 437 inscrits), il siégea obscurément dans la majorité, et quitta la vie politique aux élections de 1827.

SANSAS (Pierre), représentant en 1871, député en 1876, né à Bordeaux (Gironde) le 13 décembre 1804, mort à Versailles le 5 janvier 1877, fit son droit à Toulouse et se fit inscrire au barreau de Bordeaux (1835). D'opinions libérales, il fut, sous Louis-Philippe, membre du conseil municipal de Bordeaux (1846) et adjoint au maire (1848). Il défendit avec ardeur les idées démocratiques dans la *Tribune de la Gironde*, dont il était co-propriétaire et l'un des rédacteurs. Il protesta contre la politique du prince Louis-Napoléon, et fut déporté le 2 décembre. Après un séjour de quatre ans en Espagne, il rentra à Bordeaux, fut de nouveau compromis dans l'attentat d'Orsini en 1858, et interné en Algérie, où il plaida au barreau de Constantine; il rentra, à l'amnistie de 1859, et reprit sa place au barreau de Bordeaux. Il redevint membre du conseil municipal, s'occupa surtout, jusqu'en 1870, de travaux juridiques et historiques, publia une brochure sur les *Origines municipales de Bordeaux*, et obtint une médaille d'or de l'Académie de cette ville, dont il était membre. Il créa le musée lapidaire en 1867, et fonda en 1873 la Société archéologique de Bordeaux. Le gouvernement du 4 septembre le nomma avocat général à la cour de Bordeaux le 5 novembre 1870; mais il fut révoqué le 2 mai 1871. Il entra alors dans la politique, posa sa candidature républicaine dans la Gironde, aux élections complémentaires du 2 juillet 1871, motivées par l'option de quatre représentants pour d'autres départements, et fut élu, le 4e et dernier, par 75,345 voix (129,770 votants, 201,514 inscrits). Il prit place à la gauche républicaine et vota *contre* la pétition des évêques, *pour* le service de trois ans, *contre* la démission de Thiers, *contre* le septennat, *contre* le ministère de Broglie, *pour* l'amendement Wallon et *pour* les lois constitutionnelles. En juillet 1874, il vota aussi en faveur de la proposition Malleville relative à la dissolution, et, le 12 juillet 1875, repoussa la loi sur l'enseignement supérieur. Réélu député, le 5 mars 1876, au second tour, dans la 2e circonscription de Bordeaux, par 7,715 voix (12,887 votants, 23,301 inscrits), contre 4,907 à M. Mie, radical, il mourut en janvier suivant et fut remplacé, le 10 avril, par M. Mie. Son nom a été donné à une rue de Bordeaux.

SANSLAVILLE (Benoit), député en 1791, né à Beaujeu (Rhône) en 1758, mort à une date inconnue, était notaire dans sa ville natale quand il fut élu, le 1er septembre 1791, député de Rhône-et-Loire à l'Assemblée législative, le 6e sur 13, par 461 voix (641 votants). Il ne prit la parole que pour présenter des dons patriotiques au nom des écoliers du collège de la Marche, et disparut de la scène politique après la session.

SANSONI (Egide-Marie), député au Corps législatif en 1808 et en 1810, né à Savone (Italie) le 1er octobre 1757, mort à une date inconnue, d'abord administrateur communal de Savone, puis maire de cette ville et président du collège électoral de Savone lors de l'annexion de la république Ligurienne à la France, fut élu, le 3 janvier 1808, par le Sénat conservateur, député du département de Montenotte au Corps législatif. Son mandat lui fut renouvelé le 10 août 1810; il siégea jusqu'aux traités de 1814.

SAPEY (Louis-Charles), député au Corps législatif de l'an X à 1808, représentant aux Cent-Jours, député de 1819 à 1824, de 1828 à 1848 et sénateur du second Empire, né au Grand-Lemps (Isère) le 7 mars 1769, mort à Paris le 5 mai 1857, sortit en l'an II de l'École militaire et fut incorporé au 9e bataillon de l'Isère, qui devint, à l'armée d'Italie, la 12e demi-brigade d'infanterie légère. Rentré dans ses foyers en l'an VI, il fut nommé directeur général des bâtiments de correspondance entre le continent et l'île de Corse. Secrétaire particulier de Lucien Bonaparte au ministère de l'Intérieur en l'an VIII, secrétaire de légation de France en Espagne en l'an IX, il fut appelé (27 germinal an X), par le choix du Sénat conservateur, à représenter au Corps législatif le département de l'Isère. Il siégea jusqu'en 1808 et soutint de tout son pouvoir le gouvernement impérial. Pendant les Cent-Jours, M. Sapey fut élu représentant du grand collège de l'Isère (12 mai 1815) par 86 voix (108 votants). La seconde Restauration l'avait rendu à la vie privée. Il reparut à la Chambre des députés le 11 septembre 1819, comme l'élu du même collège, avec 707 voix (1,019 votants, 1,293 inscrits), siégea dans l'opposition constitutionnelle et opina généralement avec les libéraux. Sorti de la Chambre en 1824, il y rentra le 21 avril 1828, le 2e arrondissement de l'Isère (Tullins) lui ayant donné 110 voix sur 172 votants et 215 inscrits, contre 62 à M. Brenier de Montmorand, en remplacement d'Auguste Périer, qui venait d'opter pour une autre circonscription. M. Sapey combattit le ministère Polignac et vota l'Adresse des 221. Réélu, le 23 juin 1830, par 132 voix (213 votants, 240 inscrits) contre 77 à M. d'Haussez, il adhéra à la monarchie de Louis-Philippe, qui le nomma (1832) conseiller maître à la cour des comptes. A la Chambre, il soutint constamment la politique doctrinaire et conservatrice, et approuva les lois de dotation et d'apanage, ainsi que l'in-

demnité Pritchard. Il avait obtenu successivement sa réélection : le 5 juillet 1831, dans le 7e collège du même département, par 124 voix (228 votants, 283 inscrits), contre 64 à M. Hipp. de Barral; le 21 juin 1834, par 176 voix (205 votants, 304 inscrits); le 4 novembre 1837, par 209 voix (225 votants, 317 inscrits); le 2 mars 1839, par 234 voix (250 inscrits); le 9 juillet 1842, par 209 voix (292 votants, 357 inscrits), contre 77 à M. Planchor; le 1er août 1846, par 273 voix (283 votants, 439 inscrits). Sa carrière politique fut interrompue par la révolution de 1848. Mais le gouvernement présidentiel de L.-N. Bonaparte l'appela, le 26 janvier 1852, à siéger dans le nouveau Sénat, où M. Sapey se montra, jusqu'à sa mort (1857), le défenseur zélé des institutions nouvelles. Il avait été admis à la retraite, comme conseiller maître à la cour des comptes, le 7 mai 1851.

SAPEY (Etienne-Adrien), député au Corps législatif de 1852 à 1863, né au Grand-Lemps (Isère) le 29 février 1771, mort à Valence (Drôme) le 2 décembre 1863, appartint à l'administration de l'enregistrement et des domaines et fut directeur à Valence sous Louis-Philippe. Colonel de la garde nationale, il soutint le parti conservateur et fut, le 29 février 1852, avec l'appui du gouvernement, élu député au Corps législatif par la 1re circonscription de la Drôme, avec 17,804 voix (23,261 votants, 34,780 inscrits), contre 5,165 à M. Moutier. Il adhéra au rétablissement de l'Empire, appartint à la majorité dynastique, obtint le renouvellement de son mandat, le 22 juin 1857, par 18,315 voix (18,696 votants, 30,961 inscrits), et, ayant donné sa démission en 1859, fut remplacé, le 29 mars, par M. de Lacheisserie. Officier de la Légion d'honneur.

SAPINAUD DE LA RAIRIE (Charles-Henri-Félicité), député de 1822 à 1827 et pair de France, né au château du Sourdy (Vendée) le 31 décembre 1760, mort au même lieu le 10 août 1829, « fils de messire Charles-Daniel Sapinaud, seigneur des Nolles, et de dame Charlotte Gaboin », entra au service militaire en 1778, comme cadet-gentilhomme au régiment de Foix. Lieutenant en 1789, il donna alors sa démission. Aux premiers mouvements insurrectionnels dont la Vendée fut le théâtre, il se mit à la tête d'une troupe royaliste, rejoignit Charette, et assista aux affaires de Tiffauges et des Herbiers. Il commanda quelque temps un corps particulier, avec lequel il participa à l'attaque de Mortagne le 24 mars 1794, et à celle de Challans le 6 juin suivant. Il se déclara pour Charette contre Stofflet, dans le différend qui s'éleva entre ces deux chefs, et fut contraint, en juin 1795, de faire sa soumission au général républicain Duthil. Il observa strictement la capitulation qui lui avait été imposée, et refusa de s'associer à la prise d'armes de 1799. Retiré à Mortagne, il ne revint à Paris qu'avec les Bourbons, fut nommé lieutenant général, prit part aux mouvements vendéens de 1815, et devint, après la mort de M. de La Rochejaquelein, général en chef de l'armée vendéenne. C'est en cette qualité qu'il signa, le 26 juin 1815, l'armistice avec le général Lamarque. La seconde Restauration le fit cordon rouge, commandeur de Saint-Louis, chevalier de la Légion d'honneur, et inspecteur des gardes nationaux de la Vendée. Après avoir été mis à la retraite comme lieutenant-général, le 1er juillet 1820, et nommé conseiller général de son département, il fut élu député du grand collège de la Vendée, le 20 novembre 1822, par 118 voix (190 votants, 227 inscrits), et réélu, le 6 mars 1824, par 134 voix (203 votants, 229 inscrits). Plus brave qu'éloquent, M. de Sapinaud siégea silencieusement dans la majorité ministérielle. Elevé à la dignité de pair de France le 5 novembre 1827, il continua de se montrer dévoué aux Bourbons et mourut moins d'un an avant la révolution de juillet.

SARLANDE (François-Albert), député de 1876 à 1881, né à Alger (Algérie) le 18 avril 1847, mort en décembre 1888, fils d'un maire d'Alger, fit son droit à Aix et devint ensuite chef de cabinet du préfet des Bouches-du-Rhône. A la chute de l'Empire, il se retira en Dordogne, dans ses propriétés de Cantillac, dont il devint maire en décembre 1875. Elu comme candidat bonapartiste, le 5 mars 1876, au second tour, député de l'arrondissement de Nontron, par 10,344 voix (17,142 votants, 22,327 inscrits), contre 6,750 à M. Theulier, il prit place au groupe de l'Appel au peuple et soutint, au 16 mai, le ministère de Broglie contre les 363. Réélu, le 14 octobre 1877, par 10,441 voix (17,530 votants, 23,089 inscrits), contre 7,036 à M. Dusolier, il continua de siéger à la droite bonapartiste et vota avec la minorité. Ayant échoué, le 21 août 1881, avec 8,084 voix contre 9,652 à M. Dusolier, républicain, il ne se représenta plus.

SARLAT (Alexandre-Gaston), député de 1881 à 1889, né à la Pointe-à-Pitre (Guadeloupe) le 14 juin 1854, étudia le droit, fut reçu avocat et devint, à Paris, membre de la conférence Molé. Fondateur du journal le *Progrès* à la Guadeloupe, il fut élu (2 octobre 1881) député de la 2e circonscription de cette colonie, par 2,522 voix (3,208 votants, 20,869 inscrits), contre 551 à M. Emile Réaux et 203 à M. Gerville-Réache. Il appartint au groupe de l'Union républicaine, opina avec la majorité *pour* les ministères Gambetta et J. Ferry, *pour* les crédits de l'expédition du Tonkin, et, porté, le 25 octobre 1885, sur la liste républicaine de la Guadeloupe, fut réélu député de la colonie, le second et dernier, par 5,213 voix (10,514 votants, 34,103 inscrits). Il soutint de ses votes la politique du gouvernement, opina *pour* l'expulsion des princes, *pour* la nouvelle loi militaire, et se prononça, dans la dernière session, *pour* le rétablissement du scrutin d'arrondissement (11 février 1889), *pour* l'ajournement indéfini de la revision de la Constitution, *pour* les poursuites contre trois députés membres de la Ligue des patriotes, *pour* le projet de loi Lisbonne restrictif de la liberté de la presse, *pour* les poursuites contre le général Boulanger. M. Sarlat, candidat malheureux aux élections législatives de septembre 1889, a été nommé, en septembre 1890, trésorier-payeur-général à Pondichéry.

SARRANS (Jean-Bernard), représentant du peuple en 1848, né à Cazères (Haute-Garonne) le 6 avril 1796, mort à Paris le 7 avril 1874, alla en Angleterre en 1820 et fit des cours de littérature à l'Athénée de Londres, de 1822 à 1826. Rentré en France en 1827, il collabora au *Commerce* et au *Journal des Electeurs*, feuilles de l'opposition libérale, et dénonça, dans ce dernier journal, en 1829, la vénalité des députés qui touchaient mille francs par mois sur la cassette royale. Partisan de la ré-

volution de 1830, il fut nommé aide-de-camp de La Fayette, mais ne tarda pas à passer de nouveau à l'opposition, et rédacteur de la *Nouvelle Minerve*, dans laquelle Cormenin publia ses *Portraits parlementaires*, fut frappé de plusieurs condamnations. Il s'était lié à Londres avec le prince Louis-Napoléon qu'il reçut plusieurs fois en secret chez lui, et fut un des confidents des diverses tentatives bonapartistes. Après avoir échoué à la députation dans le 1er collège de l'Aude (Carcassonne), le 9 juillet 1842, avec 143 voix contre 193 à l'élu, M. Res-igeac, et, le 1er août 1846, avec 101 voix contre 208 au député sortant réélu, M. Ressigeac, M. Sarrans fut élu, le 23 avril 1848, représentant de l'Aude à l'Assemblée constituante, le 2e sur 7, par 44,418 voix (67,165 votants, 75,218 inscrits). Il fit partie du comité des affaires étrangères, protesta contre les proscriptions en masse qui suivirent les journées de juin 1848, et vota avec la gauche, *pour* le bannissement de la famille d'Orléans, *contre* les poursuites contre L. Blanc, *contre* l'incompatibilité des fonctions, *pour* l'amendement Grévy, *contre* la sanction de la Constitution par le peuple, *pour* l'ensemble de la Constitution, *contre* la proposition Rateau, *contre* l'interdiction des clubs et *contre* l'expédition de Rome. Non réélu à la Législative, il rentra au *Journal des Communes* et à la *Semaine* sous le pseudonyme de Nicolas. On a de lui : *Sur la guerre d'Espagne et la tyrannie des Bourbons*; — *La Fayette et la révolution de 1830* (1832); *Louis-Philippe et la contre-révolution de 1830* (1834, 2 volumes); *De la décadence de l'Angleterre et des intérêts de la France* (1829).

SARRAZIN (Gilbert, comte de), député en 1789, né au château de Bonnefont (Puy-de-Dôme) le 31 octobre 1732, mort à Vendôme (Loir-et-Cher) le 24 août 1825, d'une ancienne famille noble originaire du Limousin, servit dans le régiment des dragons de Noailles et fit la guerre de Sept ans. Il était colonel et chevalier de Saint-Louis, quand il demanda sa retraite après s'être marié dans le Vendômois. Elu, le 24 mars 1789, député de la noblesse aux Etats-Généraux par le bailliage de Vendôme, il fut délégué par son ordre à l'assemblée du tiers, et obtint de la noblesse de son bailliage, le 14 juillet 1791, de nouveaux pouvoirs illimités. Il émigra en 1792, rentra en France sous le Consulat, et vécut dans la retraite jusqu'à sa mort.

SARRET DE COUSSERGUES (Joseph-Louis-Henri, baron), député de 1822 à 1827, et pair de France, né à Béziers (Hérault) le 20 juillet 1759, mort à Béziers le 2 février 1845, « fils de noble Antoine-Henri de Sarret, seigneur de Coussergues, et de dame Marguerite-Françoise Guilhelmine de Joubert », était contre-amiral honoraire, chevalier de Saint-Louis, et conseiller général de l'Hérault, quand il fut élu, le 16 mai 1822, député du grand collège de l'Hérault, par 238 voix (369 votants, 486 inscrits). Réélu, le 6 mars 1824, par 216 voix (336 votants, 457 inscrits), il siégea parmi les ministériels, et vota toutes les mesures réclamées par la majorité. Nommé pair de France, le 5 novembre 1827, par le ministère de Villèle, il continua de se faire remarquer par son dévouement au pouvoir, et quitta la Chambre haute à la révolution de 1830, en vertu de l'article 68 de la nouvelle Charte constitutionnelle.

SARRETTE (HERMAN), représentant en 1871, député de 1876 à 1889, né à Lacaussade (Lot-et-Garonne) le 18 octobre 1822, riche propriétaire, s'engagea, lors de la guerre de 1870, comme simple volontaire dans le bataillon de mobiles où son fils était officier. Élu, le 8 février 1871, représentant du Lot-et-Garonne à l'Assemblée nationale, le 4e sur 6, par 55,825 voix (76,859 votants, 103,662 inscrits), il s'assit au groupe de l'Appel au peuple, prit part à la discussion de la loi sur le recrutement, et vota *pour* la paix, *pour* la pétition des évêques, *pour* la démission de Thiers, *pour* le septennat, *pour* le ministère de Broglie, *pour* la dissolution, *contre* l'amendement Wallon, *contre* les lois constitutionnelles. Conseiller général du canton de Montflanquin du 8 octobre 1871, il fut réélu, le 20 février 1876, député de l'arrondissement de Villeneuve-d'Agen, par 14,119 voix (23,264 votants, 27,050 inscrits), contre 8,929 à M. de Langsdorff, légitimiste. Il reprit sa place au groupe de l'Appel au peuple et fut l'un des 158 députés qui, au 16 mai 1877, soutinrent le ministère de Broglie contre les 363. Réélu, le 14 octobre 1877, par 13,667 voix (24,185 votants, 28,393 inscrits), contre 10,357 à M. Gay, républicain, et le 21 août 1881, par 12,433 voix (23,582 votants, 28,771 inscrits), contre 10,943 à M. Laporte, républicain, il continua de voter avec la minorité de droite contre la politique scolaire et coloniale des ministères républicains. Porté, le 4 octobre 1885, sur la liste conservatrice du Lot-et-Garonne, il fut élu, le 2e sur 5, et le seul de cette liste, par 42,568 voix (84,783 votants, 101,586 inscrits). Il adhéra en 1888 au programme du général Boulanger, et se prononça, dans la dernière session, *pour* le rétablissement du scrutin d'arrondissement (11 février 1889), *pour* l'ajournement indéfini de la revision de la Constitution, *contre* les poursuites contre trois députés membres de la Ligue des patriotes, *contre* le projet de loi Lisbonne restrictif de la liberté de la presse, *contre* les poursuites contre le général Boulanger.

SARRIEN (JEAN-MARIE-FERDINAND), député depuis 1876, ministre, né à Bourbon-Lancy (Saône-et-Loire) le 15 octobre 1840, fils d'un tanneur de Bourbon-Lancy, fit ses études à Moulins, fut reçu avocat à Paris en 1863, et se fit inscrire au barreau de Lyon (1870-1874). Capitaine des mobilisés de Saône-et-Loire pendant la guerre franco-allemande, il fit la campagne de Dijon et fut décoré (17 septembre 1871). Il se fixa alors dans sa ville natale dont il devint maire à la mort de son père (octobre 1871), fut révoqué de ces fonctions au 24 mai 1873, et réintégré le 17 mai 1876; il était aussi conseiller général de Bourbon-Lancy (8 octobre 1871). Élu, le 20 février 1876, député de l'arrondissement de Charolles, par 7,925 voix sur 12,535 votants et 16,604 inscrits, contre 4,611 à M. Huet, ancien député, il prit place à gauche, et vota avec les 363. Réélu, le 14 octobre 1877, par 8,736 voix sur 13,900 votants et 17,570 inscrits, contre 5,152 à M. Huet, bonapartiste, il appuya la politique scolaire et coloniale des ministères républicains, fit partie de la commission du budget, et fut réélu, le 21 août 1881, par 7,011 voix sur 9,604 votants et 13,902 inscrits, contre 2,169 à M. Villiers. Il inclina un peu plus à gauche, déposa (18 juin 1882) un rapport favorable pour les crédits destinés à l'armement de la flotte (affaires

d'Égypte), et, rapporteur (décembre suivant) du budget retourné à la Chambre par le Sénat, dénia à la Chambre haute le droit d'ouvrir de nouveaux crédits. Le 6 avril 1885, il prit dans le cabinet Brisson le portefeuille des Postes et Télégraphes, qu'il échangea, le 7 janvier 1886, dans le nouveau cabinet Freycinet, pour celui de l'Intérieur; il avait été réélu, le 4 octobre précédent, sur une liste radicale, député de Saône-et-Loire, au 1er tour, le 1er sur 9, par 71,871 voix sur 135,611 votants, et 171,121 inscrits. À la Chambre, et comme ministre, il s'efforça de justifier l'expulsion du duc d'Aumale (juin 1886), défendit (octobre) ses agents dans la grève de Vierzon, s'opposa (décembre) à la suppression des sous-préfets par mesure budgétaire, tout en se déclarant prêt à étudier cette réforme, et, accepta, dans le nouveau ministère Goblet, le portefeuille de la Justice (11 décembre 1886). Il tomba, avec ce cabinet, sur la question des économies budgétaires, le 17 mai 1887. Sept mois après, il revint aux affaires, comme ministre de l'Intérieur, dans le cabinet Tirard (12 décembre 1887); interpellé (janvier 1888) sur l'attitude prise par le conseil municipal de Paris lors de la chute de M. Grévy, président de la République, il reconnut qu'il serait bon de réinstaller le préfet de la Seine à l'Hôtel de Ville, mais qu'il ne le ferait pas sans une loi. En février, il consentit à une diminution des fonds secrets, mais non à leur suppression. La chute du ministère Tirard ramena M. Sarrien à son banc de député (2 avril 1888). Dans la dernière session, il s'est prononcé *pour* le rétablissement du scrutin d'arrondissement (11 février 1889), *pour* l'ajournement indéfini de la revision de la Constitution, *pour* les poursuites contre trois députés membres de la Ligue des patriotes, *pour* le projet de loi Lisbonne restrictif de la liberté de la presse, *pour* les poursuites contre le général Boulanger.

SARRUT (DOMINIQUE-GERMAIN), représentant en 1848 et en 1849, né à Toulouse (Haute-Garonne) le 20 avril 1800, mort à Pontlevoy (Loir-et-Cher) le 30 octobre 1863, fit ses études comme boursier au lycée de Toulouse, vint à Paris étudier la médecine, fut quelque temps prosecteur au Val-de-Grâce et préparateur de Ségalas, et entra dans l'enseignement. Professeur au collège de Pontlevoy (1822), puis directeur de cet établissement (1824), il s'occupa de littérature en même temps que de politique démocratique, et dut donner sa démission de directeur de Pontlevoy en 1827. Président de la commission départementale de l'Ariège après la révolution de 1830, il fit une vive opposition au gouvernement de Louis-Philippe, collabora à la *Tribune*, qu'il acheta et qu'il dirigea pendant quelques années, fut l'objet de cent quatorze procès de presse et fut quatre fois condamné à l'amende et à la prison; il redoubla de vigueur dans ses polémiques et publia un grand nombre d'ouvrages, tels que : *Procès à l'histoire* (1832); *Second procès à l'histoire* (1833); *Quelques mots à M. le maréchal Clausel* (1837); *Études rétrospectives sur l'état de la scène tragique, de 1815 à 1830* (1842). En 1835, il entreprit en collaboration avec M. Saint-Edme un vaste recueil de *Biographies des hommes du jour* (6 vol.) dont les tendances lui suscitèrent encore de nombreuses poursuites. Les relations qu'il avait alors avec le parti bonapartiste amenèrent, à l'occasion du procès de Strasbourg (1836) une perquisition à son domicile. Après la révolution de 1848, M. Germain Sarrut fut élu (23 avril) représentant du Loir-et-Cher à l'Assemblée constituante, le 4e sur 6, par 32,217 voix (60,931 votants, 66,677 inscrits). Il prit place à l'extrême-gauche, et, dans la séance d'ouverture (4 mai), demanda, « au nom de tous les représentants de la France, » que les mots de « République démocratique » fussent joints à ceux de « Liberté, Egalité, Fraternité, » dans la proclamation officielle du gouvernement nouveau. Il combattit, le 7 juin, sur les attroupements proposée par la commission exécutive, et, dans la séance du 23 juin, protesta énergiquement contre l'état de siége ; il défendit aussi devant les conseils de guerre un grand nombre d'insurgés. A l'Assemblée, il fit partie du comité de l'instruction publique, et vota avec la fraction la plus avancée du parti républicain : *contre* les poursuites contre Louis Blanc et Caussidière, *pour* l'abolition de la peine de mort, *pour* le droit au travail, *pour* la suppression de l'impôt du sel, *pour* la proposition Rateau, *pour* l'amnistie, *contre* l'interdiction des clubs, *contre* les crédits de l'expédition romaine, *pour* l'abolition de l'impôt des boissons. Réélu, le 13 mai 1849, représentant du Loir-et-Cher à l'Assemblée législative, le 2e sur 5, par 23,339 voix (51,330 votants, 71,600 inscrits), il fut invalidé par la nouvelle majorité en raison d'une ancienne faillite dans laquelle il avait été compromis ; il se représenta le 8 juillet, et obtint 13,537 voix seulement, contre 14,647 à l'élu bonapartiste, M. Clary, et 2,009 à M. Ducoux. En dépit de ses anciennes attaches bonapartistes, M. Germain Sarrut garda une attitude hostile au gouvernement présidentiel de L.-N. Bonaparte. Il fut écarté définitivement de la scène politique par le coup d'Etat du 2 décembre 1851, et refusa constamment les faveurs ou les secours qui lui furent indirectement offerts sous l'Empire. On a encore de lui : une *Histoire de France de 1792 jusqu'à nos jours* (en collaboration avec M. Labourieu) 1849-1875, et une étude sur les *Chemins de fer en général et le système Jouffroy en particulier*, système auquel il avait sacrifié toute sa fortune.

SARTELON (ANTOINE-LÉGER, CHEVALIER), député au Corps législatif de 1813 à 1815, député de 1815 à 1827, né à Tulle (Corrèze) le 16 octobre 1770, mort à Châlons-sur-Marne (Marne) le 2 novembre 1825, « fils de sieur Jean-Pierre Sartelon, avocat au parlement, et de demoiselle Marianne Fougeron », servit sous l'empire en qualité de commissaire-ordonnateur des guerres, et fut élu, le 6 janvier 1813, par le Sénat conservateur député de la Corrèze au Corps législatif ; il fit partie du comité des approvisionnements. Il adhéra à la déchéance de l'empereur, se prononça contre lui au retour de l'île d'Elbe, refusa de lui les fonctions de commissaire-ordonnateur en chef de l'armée du Rhin, fut nommé, à la seconde Restauration, ordonnateur en chef de la maison militaire du roi, et président du collège électoral de Tulle. Elu député du grand collège de la Corrèze, le 22 août 1815, par 162 voix (192 votants, 239 inscrits), et réélu, le 4 octobre 1816, par 103 voix (191 votants, 231 inscrits), il siégea dans la majorité de la Chambre introuvable, prit place au centre en 1816, vota pour la restitution aux émigrés de leurs biens non vendus, fut rapporteur de la pétition des prisonniers d'Etat sous l'empire, demanda

des économies sur le budget de la guerre, fit l'éloge du duc de Feltre, appuya les lois sur la presse et sur le recrutement, et, de la série sortante en 1820, ne reparut plus sur la scène politique.

SARTIGES (ETIENNE-GILBERT-EUGÈNE, VICOMTE DE), sénateur du second empire, né à Gannat (Allier) le 17 janvier 1809, mort en 1890, appartenait à une vieille famille d'Auvergne. Il entra dans la diplomatie en 1830, en qualité d'attaché d'ambassade à Rome, et occupa successivement les fonctions de secrétaire, de chargé d'affaires et de ministre plénipotentiaire au Brésil, en Grèce, à Constantinople, en Perse, aux Etats-Unis, en Hollande et en Italie. De 1861 à 1868, le comte de Sartiges fut ambassadeur à Rome. Le 15 août 1868, il fut appelé au Sénat, dont il soutint de ses votes la politique impériale. La révolution de 1870 le rendit à la vie privée. Grand officier de la Légion d'honneur (16 juin 1856).

SARTIN (MICHEL-HIPPOLYTE), représentant en 1849, né à Saint-Sauvier (Allier) le 13 mars 1802, mort le 14 août 1878, étudia le droit, fut reçu avocat, et exerça sa profession à Montluçon. Républicain, il remplit, en 1848, les fonctions de sous-commissaire du gouvernement provisoire dans cette ville, fut destitué par le gouvernement de Cavaignac, et fut élu, le 13 mai 1849, représentant de l'Allier à l'Assemblée législative, le 6e sur 7, par 40,233 voix (65,596 votants, 90,000 inscrits). Il siégea à la Montagne et vota avec la minorité démocratique, *contre* l'expédition de Rome, *contre* la loi Falloux-Parieu sur l'enseignement, *contre* la loi restrictive du suffrage universel, protesta contre le coup d'Etat de 1851, et rentra dans la vie privée.

SARTRE (MARC-ANTOINE), membre de la Convention et député au Conseil des Cinq-Cents, né à Bruniquel (Tarn-et-Garonne) en 1769, mort à une date inconnue, était propriétaire à Bruniquel avant la Révolution. Administrateur du district de Montauban en 1792, il fut élu, le 10 septembre 1792, second suppléant à la Convention par le département du Lot « à la pluralité des voix ». Admis à siéger le 18 thermidor an III, il s'y fit peu remarquer, et passa, le 24 vendémiaire an IV, au Conseil des Cinq-Cents, comme député du Lot, élu par 96 voix (108 votants). Il sortit du Conseil en l'an V et ne reparut plus sur la scène politique.

SASSENAY (DE). — *Voy.* BERNARD.

SATILLIEU (CHARLES-FRANÇOIS-ANTOINE DUFAUR DE SAINT-SILVESTRE, MARQUIS DE), député en 1789, né à Satillieu (Ardèche) le 1er octobre 1752, mort au château de Satillieu le 4 mai 1814, entra à l'Ecole du génie de Metz, en sortit sous-lieutenant en 1771, et devint lieutenant le 31 décembre 1776 et capitaine le 8 avril 1779. Il donna ensuite sa démission et fut élu, le 25 mars 1789, député de la noblesse aux Etats-Généraux par la sénéchaussée d'Annonay. Il prêta serment comme officier le 10 juillet 1791, et fut nommé pour assister au *Te Deum* du 14 juillet suivant. Après la session, il se retira dans l'Ardèche où il s'occupa, sans être inquiété, de travaux littéraires et scientifiques. Membre et président du conseil général de l'Ardèche sous le Consulat et bibliothécaire de l'Ecole centrale puis du lycée, il a publié : *Notices des hommes* célèbres nés en *Vivarais*, par le citoyen Du-faur-Satillieu (*Annuaire de l'Ardèche* an X).

SAUBAT (Auguste-François-Martin), dé-puté de 1831 à 1841, né à Toulouse (Haute-Garonne) le 4 mai 1795, mort à Paris le 2 mars 1844, propriétaire dans sa ville natale, fit de l'opposition au gouvernement des Bourbons. Candidat à la députation le 5 juillet 1831, dans le 6e collège de la Haute-Garonne (Villefranche) il échoua avec 119 voix, contre 149 à l'élu, M. Amilhau ; puis il fut successivement élu, dans le même collège, le 1er octobre 1831, en remplacement de M. Amilhau qui avait opté pour Saint-Gaudens, par 127 voix (296 vo-tants, 526 inscrits), contre 109 à M. Desazards ; le 21 juin 1834, par 183 voix (332 votants, 510 inscrits), contre 128 à M. de Fitz-James ; le 4 novembre 1837, par 210 voix (313 votants, 532 inscrits) ; le 2 mars 1839, par 220 voix (359 votants) ; le 9 juillet 1842, par 218 voix (339 votants). M. Saubat prit place à gauche, ne parut que très rarement à la tribune, repoussa l'hérédité de la pairie, les lois de septembre, la disjonction, d'apanage, l'Adresse de 1839, vota *pour* les incompatibilités, *pour* l'adjonction des capacités, *pour* les fortifications de Paris, *contre* la dotation du duc de Nemours et *contre* le recensement. Il se suicida en mars 1844, et fut remplacé, le 9 avril suivant, par M. Martin.

SAULCY (Louis-Félicien-Joseph Caignart de), sénateur du second empire, né à Lille (Nord) le 19 mars 1807, mort à Paris le 4 no-vembre 1880, d'une ancienne famille de l'Artois, entra à l'Ecole polytechnique en 1826, passa à l'Ecole de Metz, en sortit dans l'artillerie et fut promu capitaine en 1835. Il s'occupa sur-tout d'archéologie et de numismatique, sans négliger les devoirs de sa profession, et devint, en 1838, professeur de mécanique à l'Ecole de Metz, et, en 1840, conservateur du musée d'ar-tillerie à Paris. Ayant obtenu, en 1836, un prix de l'Institut, pour son *Essai de classification des suites monétaires byzantines*, il fut nommé membre correspondant de l'Académie des Ins-criptions et belles-lettres le 8 mars 1839, et membre titulaire le 11 juin 1842. Il s'adonna alors spécialement à l'épigraphie orientale, et, mis à la retraite comme chef d'escadron, alla, en 1850, avec son fils et M. E. de Lessert, explorer la Palestine et les bords de la mer Morte. Il annonça la découverte des ruines de Sodome, de Gomorrhe et de Zéboïm, des tombeaux des rois de Juda, et du sarcophage du roi David qu'il rapporta précieusement à Paris. Mais ces attri-butions furent l'objet de plus vives critiques et ne rencontrèrent pas l'universelle adhésion des savants. Elles sont aujourd'hui en partie aban-données. En 1852, il fonda l'*Athénæum fran-çais*, et fut nommé sénateur, le 14 novembre 1859. Il siégea dans la majorité dévouée aux institutions impériales, et fit, en 1863, une nouvelle exploration en Palestine. Après la révolution du 4 septembre, M. de Saulcy se consacra exclusivement à ses travaux archéo-logiques. Membre de la société des Antiquaires de France et d'un grand nombre de sociétés savantes, il avait épousé, en secondes noces, Mlle de Billing qui fut dame d'honneur de l'impératrice. Officier de la Légion d'honneur du 25 avril 1847, il fut promu commandeur le 13 août 1862. M. de Saulcy a publié un grand nombre de travaux de numismatique, particu-lièrement la *Numismatique des croisades* (1847) ; *Voyage autour de la mer Morte et dans les terres bibliques* (Paris, 1852-54, 2 vo-lumes) ; *Histoire de l'art judaïque* (1858) ; *Numismatique des rois nabathéens de Pétra* (1874) ; *Système monétaire de la République romaine à l'époque de César* (1874) ; *Histoire numismatique de François Ier* (1876). Il a encore collaboré au *Journal asiatique*, à la *Revue de numismatique*, à la *Revue archéolo-gique*, à la *Bibliothèque de l'Ecole des Char-tes*. Il a donné, en 1844, avec Fiebet : *Cours d'artillerie de l'école d'application*, etc.

SAULNIER (Claude-Michel), député en 1791, né le 29 septembre 1735, mort à une date in-connue, propriétaire à Lantignac (Rhône), fut élu, le 3 septembre 1791, député de Rhône-et-Loire à l'Assemblée législative, le 11e sur 15, par 318 voix (526 votants). Son nom n'est pas cité au *Moniteur*. Sa carrière politique prit fin avec la session.

SAULNIER (Pierre-Dieudonné-Louis, che-valier), député de 1815 à 1824, né à Nancy (Meurthe) le 1er janvier 1767, mort à Paris le 23 février 1838, fils d'Antoine Saulnier, marchand, et d'Elisabeth Etienne, était avocat au parle-ment de Lorraine avant la Révolution. Partisan modéré des idées nouvelles, il n'exerça aucune fonction publique jusqu'au 9 thermidor, et devint ensuite président de l'administration munici-pale de Nancy et membre de l'administration centrale du département. Commissaire du gou-vernement dans la Meuse au moment du 18 brumaire, il fut nommé préfet de la Meuse le 11 ventôse an VIII, et secrétaire général du ministère de la police le 10 germinal an XII. Membre de la Légion d'honneur le 4 frimaire an XII, chevalier de l'empire le 3 juin 1808, il fut arrêté, avec Savary, lors de la conspiration du général Malet. Bientôt remis en liberté, il parlementa avec la garnison de Paris, dé-trompa Frochot, et, à la prison de la Force, fit mettre en liberté le duc de Rovigo et le préfet de police. Il eut aussi part à l'arrestation de Malet. Il conserva ses fonctions administra-tives dans la police pendant la première Res-tauration, mais fut destitué le 10 mars 1815. Il reprit son poste pendant les Cent-Jours. A la seconde Restauration, il fut élu député du grand collège de la Meuse, le 22 août 1815, par 82 voix (93 votants, 263 inscrits), et réélu, le 4 octobre 1816, par 127 voix (158 vo-tants, 254 inscrits), et le 20 septembre 1817, par 233 voix (299 votants, 516 inscrits). Il siégea dans la minorité libérale de la Chambre in-trouvable, prit place à côté gauche en 1816, et repoussa les lois d'exception et le nouveau système électoral. Il obtint que la Meuse n'eût pas de cours prévôtale, appuya la pétition de Regnault de Saint-Jean-d'Angély, et demanda le rappel des proscrits de 1816. Réélu, le 9 mai 1822, député du 1er arrondissement électoral de la Meuse (Bar-le-Duc), par 162 voix (243 votants, 300 inscrits), contre 39 à M. Lalle-mand et 34 à M. Lemaire, il continua de siéger à l'opposition libérale et ne se représenta pas aux élections de 1824.

SAULTIER DE MONTHOUX (Joseph-Fran-çois-Victor de), député au Corps législatif en l'an X, né le 6 janvier 1743, mort le 12 janvier 1808, « fils de noble Pierre-François de Saul-tier, et de demoiselle Marie-Françoise De-moussy », sous-préfet d'Annecy au 18 brumaire, fut élu, le 6 germinal an X, par le Sénat con-servateur, député du Mont-Blanc au Corps lé-gislatif ; il en sortit en l'an XV. Membre de la Légion d'honneur du 4 frimaire an XII.

SAULTY (Philippe-Albert-Joseph de), député de 1824 à 1827, né à Aubigny (Pas-de-Calais) le 21 novembre 1765, mort au château de Basville (Creuse) le 25 octobre 1833, était receveur général des finances à Versailles, quand il fut élu, le 6 mars 1824, député du collège de département de Seine-et-Oise, par 113 voix (272 votants, 300 inscrits). Il vota obscurément avec la majorité ministérielle, et quitta la vie politique aux élections de 1827.

SAULX-TAVANNES (Charles-Marie-Casimir, duc de), pair de France, né à Paris le 4 octobre 1769, mort à Paris le 15 juin 1840, fils de Charles-François Saulx, comte de Tavannes, colonel d'infanterie, et de Marie-Éléonore-Eugénie de Lévis de Châteaumorand, était capitaine de dragons à l'époque de la Révolution. Il émigra, servit à l'armée des princes, et ne rentra en France qu'avec les Bourbons, qui le nommèrent pair de France le 4 juin 1814. Il siégea obscurément jusqu'à sa mort ; son nom ne figure pas au scrutin dans le procès du maréchal Ney.

SAULX-TAVANNES (Roger-Gaspard-Sidoine, duc de), pair de France, né à Paris le 12 juin 1806, mort à Paris le 11 novembre 1845, fils du précédent, propriétaire, fut admis à siéger à la Chambre des pairs, le 5 avril 1831, par droit héréditaire, en remplacement de son père décédé. D'humeur mélancolique, il ne prit aucune part aux débats, et se suicida à trente-neuf ans.

SAUNAC (Guillaume), député de 1824 à 1831 et de 1837 à 1848, né à Dijon (Côte-d'Or) le 8 juin 1779, mort à Paris le 21 juin 1850, était négociant à Dijon, membre du tribunal de commerce et du conseil municipal de cette ville. En 1814 et 1815, il paya de sa personne pour soulager le fardeau des réquisitions étrangères, fut chargé de la liquidation des dettes résultant de l'invasion, devint conseiller général de la Côte-d'Or en 1815, puis conseiller de préfecture de ce département le 29 novembre 1820, et chevalier de la Légion d'honneur en 1822. Il échoua à la députation, le 9 mai de cette dernière année, dans le 1er arrondissement électoral de la Côte-d'Or (Dijon), avec 323 voix contre 361 à l'élu, M. Hernoux. Nommé président de ce collège électoral en 1824, il fut élu à Dijon, le 25 février de cette année, par 440 voix (474 votants, 741 inscrits) ; il échoua de nouveau, le 17 novembre 1827, avec 268 voix contre 313 à l'élu, M. de Chauvelin ; mais, huit jours après, le 24 novembre, il fut élu, dans le grand collège de la Côte-d'Or, par 166 voix (301 votants, 353 inscrits). Réélu, le 14 juillet 1830, par 187 voix (322 votants, 905 inscrits), il resta constamment fidèle à la branche aînée, soutint le ministère Villèle et désapprouva l'Adresse des 221. Cependant, après les journées de juillet, il ne crut pas devoir refuser le serment à Louis-Philippe. Il échoua aux élections du 5 juillet 1831, dans le 1er collège (Dijon) avec 184 voix, contre 432 à l'élu, M. Hernoux, ne se représenta pas aux élections de 1834 ; mais il fut successivement réélu à Dijon, le 4 novembre 1837, par 290 voix (584 votants, 705 inscrits) ; le 2 mars 1839, par 321 voix (617 votants) ; le 9 juillet 1842, par 369 voix (665 votants, 752 inscrits), contre 323 à M. Perrenet ; le 1er août 1846, par 366 voix (665 votants, 786 inscrits), contre 295 à M. Magnin-Philippon. Légitimiste rallié, M. Saunac prit rang parmi les ministériels, vota *pour*

la dotation du duc de Nemours, *pour* les fortifications de Paris, *pour* le recensement, *contre* les incompatibilités, *contre* l'adjonction des capacités, et ne prit pas part au vote sur l'indemnité Pritchard. La révolution de 1848 mit fin à sa carrière politique.

SAUR (Jean-André, comte de), député au Corps législatif de l'an IX à l'an XIII et membre du Sénat conservateur, né à Frieshcim (Allemagne) le 5 janvier 1751, mort à Paris le 14 avril 1820, fut d'abord conseiller intime de l'électeur de Trèves. Après la création du département de la Roër, il devint conseiller de préfecture à Aix-la-Chapelle, et fut élu, le 17 brumaire an IX, par le Sénat conservateur, député du Rhin-et-Moselle au Corps législatif, en remplacement de Danel, démissionnaire. Il en sortit pour entrer, le 30 vendémiaire an XIII, au Sénat conservateur, où il siégea jusqu'aux traités de 1814. Comte de l'empire (23 mai 1808).

SAURET (Étienne), député au Conseil des Cinq-Cents et au Corps législatif, né à Vichy (Allier) le 23 août 1758, mort à Paris le 23 février 1894, était président du tribunal de Gannat, et l'un des jurés de la haute cour de Vendôme, quand il fut élu, le 23 germinal an VII, député de l'Allier au Conseil des Cinq-Cents. Il se rallia au 18 brumaire, et fut réélu, le 4 nivôse an VIII, par le Sénat conservateur, député de l'Allier au Corps législatif. Son rôle y fut très effacé ; il en sortit en l'an XV et reprit ses fonctions judiciaires.

SAURET (Pierre-François), baron de la Borie, député au Corps législatif de l'an X, né à Gannat (Allier) le 25 mars 1742, mort à Gannat le 18 juin 1818, était, au moment la Révolution, lieutenant de grenadiers au régiment de Champagne et chevalier de Saint-Louis. Il servit ensuite comme adjudant commandant, puis comme chef de brigade à l'armée des Pyrénées-Orientales, se distingua à la reprise du fort de Bellegarde et à la bataille de la Montagne-Noire, et fut promu général de brigade. En l'an IV, il passa à l'armée d'Italie, sous Bonaparte, avec le grade de général de division, et se distingua à Lonato, à Castiglione et à Mantoue. Rentré en France au retour d'Égypte, il prit une part active au 18 brumaire, et fut élu, le 6 germinal an X, par le Sénat conservateur, député de l'Allier au Corps législatif, dont il devint secrétaire le 16 ventôse an XI. Membre de la Légion d'honneur du 4 frimaire an XII, commandant de l'ordre le 25 prairial suivant, il prit sa retraite l'année suivante, et fut créé baron de l'empire le 11 novembre 1813. A cette époque il fut placé, pendant quelque temps, à la tête d'une légion de l'intérieur.

SAURINE (Jean-Baptiste-Pierre), député en 1789, membre de la Convention, député au Conseil des Cinq-Cents, né à Eysus (Basses-Pyrénées) le 10 mars 1733, mort à Strasbourg (Bas-Rhin) le 8 mai 1813, entra dans les ordres et devint curé d'Eysus. Favorable aux idées nouvelles, il fut élu, le 19 juin 1789, par le Béarn député du clergé aux États-Généraux. Il opina avec les réformateurs, fit partie du comité des Monnaies, prêta le serment ecclésiastique, et devint (20 février 1791) évêque constitutionnel des Landes. Un bref du pape, du 13 avril suivant, déclara l'élection nulle et la consécration sacrilège. Député à la Convention nationale (6 septembre 1792) par le département des Landes, le 6e et dernier, avec 175 voix (329 votants), Saurine appartint, dans cette assemblée, à l'opinion la plus modérée et répondit dans le procès du roi : « Je n'ai point voté comme juge. Mes commettants ne m'ont point envoyé pour un jugement criminel, car, lors des assemblées électorales, il n'était question que d'une déchéance constitutionnelle. Je vote pour la mesure de sûreté générale, pour la détention de Louis et de sa famille jusqu'à la paix. Cette mesure paraît la seule utile, la seule convenable aux intérêts du peuple et aux circonstances. » Son adhésion au parti des Girondins le fit comprendre parmi les 73 députés exclus de l'assemblée. Incarcéré jusqu'en décembre 1794, il fut réintégré à la Convention le 18 frimaire an III, et s'associa aux mesures de rigueur contre les Jacobins. Réélu député des Landes au Conseil des Cinq-Cents, le 23 vendémiaire an IV, par 147 voix (214 votants), en même temps que les départements de l'Aisne et de l'Ariège lui donnaient aussi la majorité, Saurine fut un des champions les plus actifs de l'Église constitutionnelle contre les ultramontains. Il assista au concile de 1801, et échangea, la même année, le titre d'évêque des Landes contre celui d'évêque d'Oloron. En 1802, il fut nommé évêque de Strasbourg. Accusé de partialité à l'égard des assermentés dans l'administration de son diocèse, l'évêque fut mandé à Paris, mais il sut se concilier la faveur de Napoléon, qu'il soutint dans sa lutte contre le pape. Il mourut à Strasbourg en 1813. Membre de la Légion d'honneur (16 messidor an XII).

SAUSSET (Jean-François), député au Conseil des Cinq-Cents et représentant aux Cent-Jours, né à Pont-de-Vaux (Ain) le 25 novembre 1756, mort à une date inconnue, « fils de Jean-Baptiste Sausset, notaire à Pont-de-Vaux, et de dame Marie-Henriette Dupré », fut reçu avocat à Mâcon en 1781, et devint, en 1788, premier échevin de cette ville. Partisan de la Révolution, il fut nommé juge au tribunal de district de Pont-de-Vaux, puis, après le 9 thermidor, président de l'administration municipale de Saint-Trivier, et fut élu, le 22 germinal an V, député de l'Ain au Conseil des Cinq-Cents par 155 voix (201 votants); il fut membre de diverses commissions, mais son élection fut annulée au 18 fructidor comme entachée de royalisme. Conseiller de préfecture de l'Ain après le 18 brumaire, puis sous-préfet de Trévoux le 13 nivôse an IX, il fut destitué à la Restauration, et reçut du gouvernement royal une pension de 1,200 fr. (28 janvier 1815). Élu, le 13 mai 1815, représentant à la Chambre des Cent-Jours par l'arrondissement de Trévoux avec 53 voix (65 votants, 111 inscrits), contre 9 à M. Joseph Pagès, il appuya la reconnaissance de Napoléon II. Ayant perdu sa pension à la seconde Restauration, il demanda vainement (17 février 1818) qu'elle lui fût rendue, « car, écrivait-il, il ne me reste aujourd'hui pour patrimoine que mon grand âge, une nombreuse famille, une conduite sans tache, et l'estime de mes concitoyens. » Sur ces deux derniers points, Sausset n'est pas d'accord avec des notes peu favorables de l'administration impériale en 1813.

SAUSSIER (Félix-Gustave), représentant en 1873, né à Troyes (Aube) le 16 janvier 1828, entra à l'École de Saint-Cyr en 1848, et en sortit au bout de deux ans sous-lieutenant dans la légion étrangère. Il fit avec ce corps les campagnes d'Afrique, de Crimée, de Kabylie, d'Italie et du Mexique, fut cité à l'ordre du jour de l'armée devant Sébastopol où il fut

blessé (20 janvier 1855), reçut un coup de feu dans la jambe droite en Kabylie le 21 septembre 1856, et fut cité deux fois à l'ordre du jour au Mexique ainsi qu'après Montana et Monte-Rotondo (3 novembre 1867). Capitaine en 1855, chef de bataillon en 1863, lieutenant-colonel au 29e de ligne le 6 mars 1867, colonel au 41e le 24 décembre 1869, il prit part à la guerre de 1870 dans l'armée du Rhin, et obtint une nouvelle citation pour sa belle conduite à Saint-Privat (18 août 1870). Prisonnier de guerre en vertu de la capitulation de Metz, il signa la protestation des 42 officiers contre cette lâcheté, et, n'ayant pas voulu promettre de ne pas s'échapper, fut enfermé dans la citadelle de Grandevez. Il réussit à s'enfuir un mois après, regagna la France, et reçut du gouvernement de la Défense nationale le commandement de la 3e division d'infanterie du 17e corps, et le grade de général de brigade (5 janvier 1871). Après l'armistice, il fut envoyé en Algérie, et réprima l'insurrection arabe de 1871. Élu, le 16 novembre 1873, sous les auspices de M. Casimir Périer, représentant de l'Aube à l'Assemblée nationale, par 42,294 voix (61,600 votants, 80,020 inscrits), contre 17,844 à M. Argence, ancien député bonapartiste, en remplacement de M. Lignier démissionnaire, il prit place au centre gauche, combattit le ministère du 24 mai, parla contre le rétablissement de l'aumônerie militaire, sur la loi des cadres, et se prononça *pour* la proposition Périer, *pour* l'amendement Wallon, *pour* les lois constitutionnelles. En décembre 1875, il refusa de laisser poser sa candidature à un siège de sénateur inamovible, et préféra se consacrer désormais à ses fonctions militaires. Il accepta, en mai 1876, le commandement de la 58e brigade d'infanterie à Marseille, fut promu général de division le 6 juillet 1878, fut placé (31 mai 1879) à la tête du 19e corps d'armée (Alger), et, à la suite de dissentiments avec M. Albert Grévy, gouverneur de l'Algérie, passa (19 août 1880) à la tête du 6e corps (Châlons). Renvoyé en Algérie le 5 juillet 1881, il prit une part brillante à la guerre de Tunisie, dont il mena énergiquement les opérations, et fut nommé, le 27 mars 1884, gouverneur de Paris, à la place du général Lecomte. Le nom du général Saussier a été deux fois depuis lors mêlé à des incidents politiques : en juin 1886, son chef d'état-major ayant été changé, sans son aveu, par le général Boulanger, alors ministre de la Guerre, le général Saussier donna sa démission, que le ministre, menacé d'une interpellation à la Chambre, parvint à lui faire retirer. En décembre 1887, lors de la démission du président de la République, M. Jules Grévy, le général Saussier, porté candidat à la présidence par la coalition des droites, bien qu'il eût, dans une lettre à M. Thomson député (26 novembre 1887), désavoué toute candidature, obtint, le 5 décembre, 188 voix contre 616 à l'élu, M. Carnot.

SAUTAYRA (Pierre-Barthélemy), député en 1791, membre de la Convention, né à Montélimar (Drôme) le 12 août 1744, mort à Montélimar le 27 septembre 1793, devint administrateur du district de Montélimar à la Révolution. Élu, le 31 août 1791, député de la Drôme à l'Assemblée législative, le 2e sur 7, par 210 voix (363 votants), il opina avec la majorité, et fut réélu (5 septembre 1792) par le même département à la Convention nationale, le 2e sur 9, avec 290 voix (498 votants). Il répondit au 3e appel nominal, dans le procès du roi : « Louis est coupable de conspiration. Je vote pour la mort. » Son rôle parlementaire fut peu important; il mourut en septembre suivant.

SAUTAYRA (Charles - Alexandre - Gustave), représentant en 1848 et 1849, né à Montélimar (Drôme) le 12 avril 1804, petit-fils du précédent, commença par être employé dans des compagnies d'assurances. D'opinions démocratiques, il remplit, après la révolution de février, le poste de sous-commissaire du gouvernement provisoire à Montélimar, et, le 23 avril 1848, fut élu représentant de la Drôme à l'Assemblée constituante, le 3e sur 8, par 34,873 voix (76,005 votants, 92,501 inscrits). Il prit place à la gauche modérée, fit partie du comité de l'agriculture et vota : *pour* le rétablissement du cautionnement et de la contrainte par corps, *pour* les poursuites contre Louis Blanc et Caussidière, *contre* l'amendement Grévy, *contre* le droit au travail, *pour* la Constitution, *contre* la proposition Rateau, *contre* les crédits de l'expédition romaine, *pour* l'amnistie. Réélu, le 13 mai 1849, représentant du même département à l'Assemblée législative, le 1er sur 7, par 43,689 voix (67,889 votants, 91,136 inscrits), il suivit la même politique que précédemment, combattit le gouvernement de l'Élysée, s'associa à la plupart des propositions et des protestations de la minorité démocratique, et rentra dans la vie privée au coup d'État du 2 décembre 1851.

SAUTEREAU DE BELLEVEAU (Jean), député en 1791, membre de la Convention et député au Conseil des Anciens, né à Epiry (Nièvre) en 1741, mort à Bourges (Cher) le 18 avril 1809, était homme de loi à Saint-Pierre-le-Moutier, en Nivernais, lorsque éclata la Révolution, dont il embrassa avec ardeur les principes. Le 20 juin 1790, il écrivait à Gaultier de Biauzat (*Voy.* ce nom) : « Vous voilà donc occupé à organiser l'armée à réformer le clergé. Vous devez, je crois, attendre plus de reconnaissance des soldats que des prêtres, et je crains qu'à Pâques vous ne trouviez pas de confesseur. » Élu, le 5 septembre 1791, député de la Nièvre à l'Assemblée législative, le 3e sur 7, par 155 voix (318 votants), il s'associa aux opinions de la majorité et fit un rapport sur l'affaire du caporal Noël Le Breton, arrêté pour avoir, étant de garde aux Tuileries le 11 novembre 1791, donné à ses hommes la consigne d'empêcher le roi de sortir du château. Élu, le 4 septembre 1792, par le même département, membre de la Convention, le 1er sur 7, par 248 voix (382 votants), Sautereau vota ainsi dans le procès de Louis XVI : « La peine due aux conspirateurs est dans le code pénal. Elle ne me laisse rien à dire. Je vote pour la mort. » Après thermidor, il favorisa la réaction antijacobine, passa (23 vendémiaire an IV) au Conseil des Cinq-Cents, comme député de la Seine-Inférieure, avec 255 voix (485 votants), quitta cette assemblée en l'an VI, fut élu président du tribunal de Nevers, nommé, le 18 floréal an VIII, juge au tribunal d'appel de Bourges, et mourut dans ces fonctions.

SAUTON (Frédéric), sénateur en 1889, né à Paris le 6 décembre 1844, exerçait la profession d'architecte, lorsqu'il fut nommé adjoint au maire du 5e arrondissement. Il fut élu, comme républicain indépendant, conseiller municipal du quartier Saint-Victor (1883) en remplacement de M. Bonneville, nommé député. Il ne se fit pas inscrire au groupe autonomiste du conseil, vota parfois avec les opportunistes, s'abstint dans un certain nombre de débats politiques, tels que la proposition de MM. Joffrin et Pichon tendant à l'érection d'un monument aux fédérés de 1871 inhumés au Père-Lachaise, et s'occupa surtout des questions d'affaires. Réélu conseiller municipal en mai 1884, puis en 1888, il se présenta, le 29 novembre 1885, une première fois avec un programme radical, comme candidat au Sénat dans la Creuse : il échoua avec 294 voix contre 317 à l'élu modéré, M. Laroche. De nouveau candidat le 27 janvier 1889, lorsque le collège sénatorial de la Creuse fut convoqué par suite de l'attribution à ce département du siège de M. Rampont, sénateur inamovible, décédé, M. Sauton, cette fois, fut proclamé élu par 320 voix contre 317 à M. Lecler. Mais l'élection fut invalidée, pour irrégularités dans le dénombrement des voix, et, le 17 mars suivant, M. Sauton échoua avec 288 voix contre 345 à M. Lecler, élu.

SAUVAGE (François-Clément), représentant en 1871, né à Sedan (Ardennes) le 4 avril 1814, mort à Paris le 11 novembre 1872, entra à 17 ans à l'École polytechnique, et en sortit, en 1833, le premier de sa promotion. Nommé ingénieur ordinaire des mines à Mézières le 1er février 1839, il s'occupa activement de travaux de métallurgie, de chimie, de minéralogie et de géologie, et rédigea, pour les *Annales des Mines*, un grand nombre de mémoires intéressants. On lui doit aussi une *Description géologique* des Ardennes en collaboration avec un géologue de Verdun, M. Buvignier. Il reçut, de 1838 à 1842, la mission d'explorer les bassins houillers et les gîtes métallifères de l'Espagne, se rendit (1845) en Grèce, pour y étudier un projet de dessèchement du lac Copaïs, et publia, à sa rentrée en France, une très complète *Description géologique* de la Grèce. M. Sauvage obtint en 1846 un congé illimité, et en profita pour construire la section du chemin de fer de Frouard à la frontière de l'Est. Il venait d'être nommé ingénieur en chef de la première compagnie concessionnaire du chemin de Paris à Lyon, lorsque la révolution de 1848 interrompit ses travaux. Commissaire extraordinaire (mars) près les mines du Creuzot, dont les ouvriers étaient en grève, il fut chargé ensuite (avril) de l'administration du séquestre du chemin de fer d'Orléans. Promu ingénieur de 1re classe (3 avril 1848), il rejoint (25 août suivant), comme ingénieur en chef du matériel, au chemin de fer de Lyon, dont l'État avait repris l'exploitation. Il remplit encore les mêmes fonctions à la compagnie de l'Est (septembre 1852), et devint directeur de cette compagnie (1er mars 1861). Il marqua son administration par d'importantes réformes, notamment par la création des pensions de retraite et de secours. Étranger à la politique militante jusqu'aux événements de 1870-71, il fut élu, le 8 février 1871, représentant de la Seine à l'Assemblée nationale, le 21e sur 43, par 102,672 voix (328,970 votants, 517,858 inscrits); il prit place au centre gauche, s'abstint lors du vote des préliminaires de paix et se déclara pour la République conservatrice et *pour* le gouvernement de Thiers, qu'il soutint de ses votes jusqu'en novembre 1872, époque de son décès. Il fut remplacé à l'Assemblée nationale par M. Barodet. Commandeur de la Légion d'honneur (29 septembre 1868).

SAUVAIRE (Pierre - Dominique - François-Xavier), député au Corps législatif en 1809, né à Marseille (Bouches-du-Rhône) le 13 août 1769, mort le 13 novembre 1813, « fils du sieur Barthélemy Sauvaire, bourgeois, et de dame Marie-Anne Toussaint Fabrone », propriétaire dans sa ville natale, fut élu, le 2 mai 1809, par le Sénat conservateur, député des Bouches-du-Rhône au Corps législatif. Il mourut au cours de la législature.

SAUVAIRE-BARTHÉLEMY (Antoine-François-Xavier Sauvaire, marquis de Barthélemy, dit), pair de France, représentant en 1848 et en 1849, né à Marseille (Bouches-du-Rhône) le 16 novembre 1800, mort à Paris le 6 février 1875, était l'arrière-neveu de l'abbé Barthélemy, auteur du *Jeune Anacharsis*, et le petit-neveu du marquis de Barthélemy (*V.* ce nom), qui fut membre du Directoire et vice-président du Sénat. Nommé conseiller d'État par le gouvernement de la Restauration (26 avril 1824), M. Sauvaire hérita à la mort de son grand-oncle (avril 1830) de son nom et de ses titres, en vertu d'un majorat réversible en sa faveur; il fut admis, le 27 septembre 1830, par droit héréditaire, dans la Chambre des pairs. Il y siégea, pendant toute la durée du règne de Louis-Philippe, dans les rangs de la droite, et manifesta les sentiments monarchistes les plus prononcés. Conseiller général des Bouches-du-Rhône, il fut élu, le 23 avril 1848, représentant des Bouches-du-Rhône à l'Assemblée constituante, le 5e sur 10, par 87,961 voix; il prit place dans le groupe légitimiste, fit partie du comité des finances, et vota constamment avec les conservateurs : *pour* le rétablissement du cautionnement et de la contrainte par corps, *pour* les poursuites contre Louis Blanc et Caussidière, *contre* l'amendement Grévy, *contre* le droit au travail, *contre* la réduction de l'impôt du sel, *pour* la proposition Rateau, *contre* l'amnistie, *pour* l'interdiction des clubs, *pour* les crédits de l'expédition romaine. Il obtint sa réélection, le 13 mai 1849, dans le même département, comme représentant à la Législative, le 3e sur 9, par 45,031 voix (114,293 inscrits). Avec la majorité antirépublicaine, il se prononça : *pour* l'expédition romaine, *pour* la loi Falloux-Parieu sur l'enseignement, *pour* la loi du 31 mai sur le suffrage universel. Il ne se rallia point à la politique particulière de l'Élysée, et, ayant protesté à la mairie du 10e arrondissement contre le coup d'État du 2 décembre 1851, il fut arrêté et incarcéré pendant quelques jours à Vincennes. Il ne recueillit, aux élections du 29 février 1852 pour le Corps législatif, dans la 1re circonscription des Bouches-du-Rhône, que 2,048 voix contre 12,502 à l'élu, candidat officiel, M. de Chanterac, et 5,305 à M. Joseph Barthélemy, ex-maire de Marseille. Il échoua encore, le 24 mai 1869, avec 3,075 voix royalistes contre 8,663 à M.Léon Gambetta, 4,535 à M. Ferdinand de Lesseps et 3,692 à M. Thiers. Candidat à l'Assemblée nationale, lors de l'élection complémentaire du 2 juillet 1871, dans les Bouches-du-Rhône, il obtint, sans être élu, 32,090 voix sur 75,000 votants.

SAUVÉ (Gervais), député en 1791, membre de la Convention, député au Conseil des Anciens, né à Ducey (Manche) le 14 septembre 1735, mort en 1802, était négociant et maire de Ducey, quand il fut élu, le 7 septembre 1791, député de la Manche à l'Assemblée législative, le 6e sur 13, par 326 voix (554 votants). Il se prononça dans le sens de la majorité, et fut réélu à la Convention, le 4 septembre 1792, le

1er sur 13, par 509 voix (697 votants). Il répondit dans le procès du roi : « Je n'ai pour guida de mon opinion que ma conscience. J'ai voté pour l'appel au peuple, parce que je n'ai pu croire que le peuple se fût dépouillé de sa souveraineté et eût voulu cumuler sur ma tête les fonctions d'accusateur, de juré, de juge et de législateur; ce fardeau eût été au-dessus de mes forces. Je propose la détention jusqu'à la paix, et le bannissement à cette époque. » Il opina avec les modérés jusqu'à la fin de la session. Réélu député de la Manche au Conseil des Anciens, le 21 vendémiaire an IV, par 243 voix sur 423 votants, en même temps qu'il obtenait la majorité dans le département de l'Aisne (172 voix sur 326 votants), Sauvé quitta cette assemblée en l'an VI, et ne joua plus aucun rôle politique.

SAUVEUR-LACHAPELLE (Désiré-François-Marie, baron), député de 1834 à 1839, né à Rennes (Ille-et-Vilaine) le 29 avril 1799, propriétaire et maire de Guingamp, fut élu député du 4e collège des Côtes-du-Nord (Guingamp), le 21 juin 1834, par 87 voix (171 votants, 263 inscrits), et réélu, le 4 novembre 1837, par 119 voix (203 votants, 285 inscrits). M. Sauveur-Lachapelle, qui avait été créé baron sous la Restauration, siégea d'abord dans le groupe Berryer; mais il ne tarda pas à se rapprocher des ministériels; il repoussa cependant la loi de disjonction, mais vota l'Adresse du 15 avril. La dissolution de la Chambre en 1839 le rendit à la vie privée.

SAUZAY (Antoine de), député au Corps législatif en l'an X, né à Lyon (Rhône) le 1er avril 1745, mort à Paris le 26 avril 1821, était administrateur du département du Mont-Blanc au moment du 18 brumaire. Rallié au général Bonaparte, il devint préfet du Mont-Blanc le 10 ventôse an VIII, et fut ensuite élu, le 6 germinal an X, par le Sénat conservateur, député de ce département au Corps législatif, d'où il sortit en l'an XV.

SAUZÉAS (Jean-Pierre), député au Conseil des Cinq-Cents, né à Saint-Étienne (Loire) le 2 décembre 1750, mort à Saint-Étienne le 13 août 1815, « fils du sieur Claude Sauzéas, marchand bourgeois de cette ville, et de demoiselle Marie-Anne Bandin », était négociant dans sa ville natale au moment de la Révolution. Partisan de la Révolution, il devint successivement membre du directoire du département de la Loire, juge du pair, administrateur du département, et fut élu, le 24 germinal an VII, député de la Loire au Conseil des Cinq-Cents, par 114 voix (124 votants). Il n'y joua qu'un rôle fort obscur, son nom n'est pas cité au *Moniteur*. Partisan du 18 brumaire, il fut nommé commissaire près le tribunal de Saint-Étienne le 19 germinal an VIII, et sous-préfet de cette ville le 24 germinal suivant. Il conserva ses fonctions jusqu'à la Restauration. Une note administrative de 1822 dit de lui : « A des connaissances et des moyens, est affable et doux, mais peu actif. »

SAUZET (Paul-Jean-Pierre), député de 1834 à 1848 et ministre, né à Lyon (Rhône) le 23 mars 1800, mort à Lyon le 12 juillet 1876, fils d'un médecin de cette ville, fut reçu bachelier à quinze ans avec une dispense d'âge, et, destiné au barreau, vint étudier le droit à Paris. Reçu avocat, il exerça cette profession à Lyon, où il ne tarda pas à se signaler dans un grand nombre de causes, tant criminelles que civiles, admn.istratives et commerciales. Sa facilité d'improvisation, sa science juridique, sa pénétration le mirent bientôt hors de pair. Lorsque Courvoisier, qui avait été procureur général à Lyon, fut devenu garde des sceaux, il voulut nommer M. Sauzet au parquet de la cour royale de Paris, mais la révolution de 1830 survint, et le jeune avocat adhéra au gouvernement nouveau. Il accepta cependant, dans le procès des ministres de Charles X, la défense de M. de Chantelauze devant la cour des pairs. Sa plaidoirie fut très remarquée; il s'attacha à prouver que la responsabilité des ministres n'ayant été introduite dans la Charte que pour sauvegarder l'inviolabilité du roi, cette responsabilité n'avait plus de raison d'être lorsque la monarchie était tombée. Louis Blanc raconte que les pairs quittèrent leur place pour se précipiter au-devant de l'orateur et le féliciter. Il se chargea en 1833 de la cause du général de Saint-Priest, impliqué dans l'affaire du Carlo Alberto, et obtint son acquittement. Il fit également renvoyer des poursuites son confrère Jules Favre, inquiété pour un article du Précurseur. Cédant aux instances qui lui furent faites, M. Sauzet se fit élire, le 21 juin 1834, député du 1er collège du Rhône (Lyon) par 626 voix (716 votants, 999 inscrits), contre 100 à M. Verne de Bachelard et 71 à M. de Cormenin. En même temps le 5e collège du même département (Villefranche) lui donnait 252 voix (412 votants, 609 inscrits), contre 139 à M. Laurens. Il opta pour Lyon et fut remplacé à Villefranche, le 20 septembre suivant, par M. Laurens Humblot. Il siégea au centre gauche, et, lors de la présentation des lois de septembre 1835, combattit celle de ces lois qui réduisait de huit à sept la majorité du jury; mais il fit adopter, sur son rapport, l'autre loi qui aggravait contre la presse les garanties de cautionnement, de pénalité, et étendait la juridiction de la Chambre des pairs à certains délits de presse qualifiés d'attentats. Vice-président de la Chambre en 1836, il défendit le principe de la conversion des rentes contre le ministère, qui tomba sur cette question, et qui fut remplacé par celui du 22 février 1836 (cabinet Thiers). Appelé à y prendre le portefeuille de la Justice, M. Sauzet soutint, à propos des fonds secrets, la politique gouvernementale, et organisa (25 août) la grande commission chargée de préluder à la réforme hypothécaire par la révision de l'expropriation forcée. Il garda son portefeuille jusqu'au 6 septembre 1836, époque de l'avènement du cabinet Molé-Guizot, et rentra alors dans la fraction de l'opposition qui s'intitulait le tiers-parti. Il avait obtenu la confirmation de son mandat le 30 mars 1836, après sa nomination comme ministre. Il fut encore réélu député, le 4 novembre 1837, par 578 voix (976 votants, 1,299 inscrits); le 2 mars 1839, par 593 voix (1,120 votants); le 9 juillet 1842, par 586 voix (1,121 votants et 1,441 inscrits), contre 515 à M. Laforest; le 1er août 1846, par 722 voix (1,859 votants, 1,681 inscrits), contre 468 à M. Laforest et 165 à M. Guérin. Il réclama en 1837 notre intervention en Espagne, vota contre la loi de disjonction, et prêta d'ailleurs son appui au gouvernement sur toutes les lois d'affaires. Après avoir été un des chefs de la coalition contre le ministère Molé, il remplaça (4 mai 1839) M. Passy en qualité de président de la Chambre, par 213 voix contre 206, resta au fauteuil jusqu'au 1848, et se montra dans ces fonctions tout dévoué à la monarchie constitutionnelle; mais son peu de présence d'es-

prit et d'énergie ne fut pas d'un grand secours à la branche cadette dans les derniers jours de février. Étranger, depuis cette époque, à la politique, il refusa plusieurs fois la candidature, se retira à Lyon, et fit plusieurs voyages en Italie et de longs séjours à Rome. Il a publié, entre autres écrits politiques, un ouvrage demandant le rétablissement légal du mariage religieux, et des brochures : La Chambre des députés et la révolution de février (1851); Considérations sur les retraites forcées de la magistrature (1854); Éloge de M. de Chantelauze; Rome devant l'Europe (1860); Les deux politiques de la France et le partage de Rome (1862).

SAUZEY (JEAN-MARIE-PHILIPPE), représentant aux Cent-Jours, né à Lancié (Rhône) le 31 décembre 1784, mort à Lyon le 25 mai 1868, « fils de Jean Sauzey, notaire royal à Lancié, et de Claudine-Jacqueline Daigueperse », étudia le droit, exerça à Lyon la profession d'avocat, et appartint ensuite à la magistrature. Il représenta (12 mai 1815) l'arrondissement de Villefranche à la Chambre des Cent-Jours, avec 51 voix (78 votants), et poursuivit sa carrière de magistrat jusqu'en 1855, date de sa mise à la retraite comme conseiller à la cour de Lyon.

SAVARY (LOUIS-JACQUES), membre de la Convention, député au Conseil des Cinq-Cents et au Corps législatif de l'an VIII à 1802, né à Pont-Audemer (Eure) le 5 mars 1755, mort à Paris le 8 janvier 1831, « fils de Jacques-Jacques Savary, avocat, et de Marie-Angélique-Rose Fossard », étudia le droit et exerça, comme son père, la profession d'avocat. Administrateur de l'Eure au début de la Révolution, commissaire national près le tribunal criminel du département, juge suppléant au tribunal de cassation, il fut élu (9 septembre 1772) deuxième député suppléant de ce département à la Convention, par 253 voix (505 votants), et fut appelé immédiatement à remplacer Carra, optant pour Saône-et-Loire. D'opinions très modérées, il répondit dans le procès du roi : « Je vote pour la détention, sauf les mesures à prendre en cas d'invasion du territoire de la République. » Il se fit inscrire avec les Girondins, protesta contre les événements du 31 mai et fut compris dans les 73 députés arrêtés et incarcérés. La réaction thermidorienne le rendit à la liberté. Rappelé alors à la Convention, il en devint secrétaire, fit rendre un décret relatif aux billets à ordre qui ne seraient pas présentés à l'échéance, remplit une mission en Belgique, et fut réélu, le 21 vendémiaire an IV, député au Conseil des Cinq-Cents par le département de l'Eure, avec 199 voix (270 votants). En même temps, les départements des Bouches-du-Rhône et du Lot lui donnaient aussi la majorité. Savary donna sa démission pour raison de santé le 14 brumaire suivant, mais il fut rappelé au même Conseil le 25 germinal an VII, par les mêmes électeurs, et son adhésion au coup d'État de Bonaparte le fit entrer (4 nivôse an VIII) au Corps législatif, où il représenta le département de l'Eure jusqu'en 1802.

SAVARY (JEAN-JULIEN-MICHEL), député au Conseil des Cinq-Cents et au Conseil des Anciens, né à Cholet (Maine-et-Loire) le 18 novembre 1753, mort à Paris le 27 décembre 1839, fut reçu avocat au parlement de Paris en juillet 1780. Il était précepteur aux Herbiers

À l'époque de la Révolution, dont il adopta les principes, devint juge et président du tribunal de Cholet de 1790 à mars 1793, fut emprisonné par les Vendéens, parvint à s'évader, fut élu membre du conseil général de Maine-et-Loire, et attaché (mai-juin 1793), comme commissaire civil à l'état-major de Canclaux et de Kléber. Nommé adjudant général de brigade le 5 novembre 1793, il fut élu, le 23 vendémiaire an IV, député de Maine-et-Loire au Conseil des Cinq-Cents, par 83 voix sur 167 votants. Il refusa d'abord ce mandat, en disant qu'il était devenu soldat et qu'il se sentait mal préparé au rôle de législateur ; il finit par accepter sur les instances de ses concitoyens, et devint secrétaire du Conseil (1er germinal an IV) et président (1er frimaire an VII). Il se rangea parmi les partisans du Directoire, concourut à la pacification de la Vendée, signala, en 1796, les efforts d'un parti pour exiter les troupes à la révolte, s'opposa à la peine de mort pour désertion à l'ennemi, se plaignit de la multiplicité des jugements rendus par les commissions militaires ; en 1797, il parla en faveur de l'admission de Barère au Conseil, et dénonça les manœuvres du parti de Clichy en l'accusant de chercher à rendre la république odieuse et à ramener le règne des tyrans ; il parla aussi des persécutions dont les acquéreurs de biens nationaux étaient devenus l'objet. En juillet 1798, il s'éleva contre la proposition d'amnistie en faveur des fugitifs de Toulouse et des émigrés du Haut et du Bas-Rhin ; il proposa aussi de prohiber les cérémonies extérieures du culte catholique. Peu après, il voulut en vain empêcher l'admission au Conseil des députations des assemblées électorales de Paris soutenues par le gouvernement directorial. Elu, le 25 germinal an VII, député de Maine-et-Loire au Conseil des Anciens, par 141 voix (274 votants, 294 inscrits), il contribua, au 30 prairial, à renverser les directeurs Merlin et La Revellière, et, en thermidor, combattit les allégations de Courtois contre la société du Manège. Il ne reçut pas de convocation pour la séance du 18 brumaire an VIII, s'en plaignit et fut exclu à la fin de la séance. Sans hostilité contre Bonaparte, il reprit du service militaire, et devint sous-inspecteur aux revues jusqu'à la première Restauration. Il entra ensuite dans la vie privée. On a de lui : *Guerre des Vendéens et des Chouans*, par un officier supérieur de l'armée de Vendée (1824-1825, 6 volumes, Paris).

SAVARY (ANNE-JEAN-MARIE-RENÉ), DUC DE ROVIGO, ministre et pair des Cent-Jours, né à Marcq-et-Chevrières (Ardennes) le 26 avril 1774, mort à Paris le 2 juin 1833, « troisième fils de Ponce Savary, ancien capitaine de cavalerie, chevalier de Saint-Louis, seigneur en partie de Marq, major de la place de Sedan, et de madame Victoire Loth-Dussaussoy », entra au collège Saint-Louis, à Metz, comme élève du roi (1783), en sortit, en 1789, comme volontaire au régiment de cavalerie Royal-Normandie, et devint l'année suivante sous-lieutenant au même régiment. Il fit campagne à l'armée du Rhin sous Custine en 1792, et, grâce à l'émigration des autres officiers, passa capitaine à 19 ans. Il continua de servir sous Pichegru et Moreau, fut aide-de-camp de Desaix en Egypte et l'accompagna à Marengo. A la mort de Desaix, Bonaparte attacha Savary à sa personne, le chargea de missions délicates à Brest, en Vendée, et le promut rapidement au grade de colonel, puis à celui de général de brigade (21 août 1803). Savary avait rendu d'importants services lors de la conspiration de Cadoudal ; depuis 1802, il dirigeait la police particulière et de sûreté du premier Consul. Le bruit courut même qu'il n'avait pas hésité à poignarder de sa propre main dans leur prison le capitaine anglais Wright et Pichegru. Il joua un des premiers rôles dans l'exécution du duc d'Enghien, et le général Hullin, qui présidait la commission militaire, l'a formellement accusé d'avoir hâté l'exécution pour empêcher le recours en grâce. Chargé du commandement supérieur des forces envoyées alors à Vincennes, Savary assista à l'exécution dans les fossés du château ; on raconte qu'il attacha une lanterne à la poitrine du prince afin que les soldats chargés de le fusiller pussent mieux le viser. A peu de temps de là, il fut promu général de division (7 février 1805). Après la bataille d'Austerlitz, Napoléon lui confia une mission secrète auprès de l'empereur de Russie. Dans la campagne de 1806, il eut sous ses ordres deux régiments de la garde. Puis il fut nommé, en remplacement de Lannes, commandant du 5e corps. Après Eylau, Savary fut chargé de couvrir Varsovie contre les Russes, et remporta sur eux (février 1807) la brillante victoire d'Ostrolenka. Il en fut récompensé par une dotation de 15,000 francs de rente en Hanovre. Les combats de Heilsberg et de Friedland lui valurent le titre de duc de Rovigo (28 mai 1808). En mission à Saint-Pétersbourg, il négocia un rapprochement entre la Russie et la Turquie, et se rendit de là à Madrid pour décider le roi Charles IV et son fils Ferdinand à entreprendre le voyage de Bayonne. L'empereur l'appela, le 3 juin 1810, à remplacer Fouché au ministère de la police générale. Cette nomination fut très mal accueillie par l'opinion ; mais l'activité et la finesse du nouveau titulaire triomphèrent de ces mauvaises dispositions et de la témérité qu'il pouvait y avoir à succéder à Fouché. Le duc de Rovigo remplissait ces fonctions en 1812 au moment de la conspiration du général Malet, qui le surprit. Arrêté dans son lit par Lahorie et Guidal, il resta quelques heures détenu à la Force et ne fut remis en liberté que grâce à l'initiative du général Hullin. Le duc de Rovigo conserva la confiance de l'empereur jusqu'à la fin du règne. Le 2 juin 1815, pendant les Cent-Jours, il fut appelé à faire partie de la Chambre des pairs et investi du commandement supérieur de la gendarmerie. Après Waterloo, il voulut suivre Napoléon en exil ; mais il fut arrêté à bord du *Bellérophon* et conduit prisonnier à Malte, d'où il s'échappa le 7 avril 1816 et se réfugia à Smyrne, où des spéculations commerciales dévorèrent une partie de sa fortune. Il se rendit alors en Autriche, dans l'espoir de gagner la France, afin d'y purger le jugement du conseil de guerre qui, le 25 décembre 1816, l'avait condamné par contumace à la peine de mort. Arrivé à Graetz, il fut placé sous la surveillance de la haute police, jusqu'à l'époque (juin 1818) où on lui permit de retourner à Smyrne. En 1819, il se rendit à Londres ; de cette ville, il écrivit, le 24 juin 1819, au général Foy qu'il demandait à être jugé, mais qu'il ne voulait avoir affaire « ni à Bourmont, dont il connaît la conduite à Louis-le-Saulnier en 1815, ni à Oudinot, qui le hait, parce qu'il sait que je n'ignore rien de ce qu'il a fait contre ses propres camarades pendant quatorze ans. » Il obtint enfin la permission de se présenter devant la justice française, fut acquitté après une brillante plaidoirie de Dupin, réintégré dans ses grades et honneurs, mais laissé en disponibilité. La publication (1823) d'un extrait de ses *Mémoires*, où il s'efforçait de rejeter sur Talleyrand toute la responsabilité du meurtre du duc d'Enghien, appela de nouveau sur lui l'attention, et, grâce au crédit dont jouissait encore le prince de Bénévent, le mécontentement du roi. Admis à la retraite, il dut quitter la France, et s'établit à Rome avec sa famille. Le 1er décembre 1831, Louis-Philippe l'appela au commandement supérieur de l'Algérie, où il s'efforça de favoriser le système de la colonisation; c'est sous ses ordres que fut exécutée la prise de Bône et commencé le réseau des routes stratégiques; mais l'état de sa santé obligea le gouvernement à le rappeler (1833). Il mourut quelques mois après.

SAVARY (CHARLES), représentant en 1871, député de 1876 à 1883, né à Coutances (Manche), le 21 septembre 1845, mort à Ilawa (Canada) le 9 septembre 1889, fils d'un conseiller à la cour de Cassation, se fit recevoir docteur en droit et inscrire comme avocat au barreau de Paris. En 1869, il fut secrétaire de la conférence des avocats, l'un des fondateurs de la conférence Tocqueville, où il se fit remarquer par son talent de parole, et publia, dans le *Journal de Paris*, des rapports sur les conseils généraux et un projet sur la décentralisation, qui le mirent en vue. Nommé sous-préfet d'Avranches le 13 septembre 1870, il ne conserva ces fonctions que quelques semaines, et fut élu, le 8 février 1871, représentant de la Manche à l'Assemblée nationale, le 9e sur 11, par 65,573 voix (93,856 votants, 155,878 inscrits). Il prit place au centre droit, parla dans les discussions sur les nouveaux impôts et les conseils généraux, combattit le projet d'impôt sur les matières premières, et, en 1873, fit adopter la proposition relative au *quorum* électoral. Rapporteur de la commission d'enquête sur l'élection de M. de Bourgoing, il déposa, le 25 février 1875, un volumineux rapport où il chercha à dévoiler l'organisation du parti bonapartiste et en démontrer les périls pour l'existence de la République. Il entendit surtout, d'accord avec le préfet de police, M. Léon Renault, mettre en évidence ses manœuvres de pression électorale, et dénonça le refus de communication du dossier par le comité bonapartiste fait par le ministre de la Justice, M. Tailhand. Au mois de juillet suivant, lorsque M. Dufaure, devenu garde des sceaux, eut communiqué le dossier à la commission, M. Savary conclut à l'invalidation. Après l'échec des tentatives de restauration monarchique, M. Savary passa du centre droit au centre gauche; il vota *pour la paix, pour l'abrogation des lois d'exil, pour la pétition des évêques, contre le service de trois ans, pour la démission de Thiers, pour le septennat, pour le ministère de Broglie, pour l'amendement Wallon, pour les lois constitutionnelles.* Maire de Cerisy-la-Salle (Manche), conseiller général de ce canton, secrétaire du conseil général, il fut réélu, le 20 février 1876, député de la 1re circonscription de Coutances, par 6,927 voix (12,859 votants, 15,438 inscrits), contre 2,111 à M. Chevalier et 2,701 à M. Briens. Il devint secrétaire de la Chambre le 13 mars 1876, et fut l'un des 363 députés qui, au 16 mai 1877, refusèrent le vote de confiance au ministère de

Broglie. Réélu comme tel, le 14 octobre 1877, par 8,619 voix (13,704 votants, 15,714 inscrits), contre 5,035 à M. Plaine, il fut nommé, en décembre 1877, sous-secrétaire d'État au ministère de la Justice dans le cabinet Dufaure, quitta ces fonctions en février 1879, et reprit sa place au centre gauche. Membre du conseil supérieur des voies de communication (4 mars 1879), président du conseil général de la Manche en août 1880, il fut de nouveau réélu, le 21 août 1881, par 9,108 voix (12,862 votants, 15,718 inscrits), contre 3,594 à M. Chevalier, et prit encore place dans la majorité. Compromis dans la faillite de la Banque de Rhône et Loire, dont il était l'un des fondateurs, il dut donner sa démission de député le 19 mars 1883. Poursuivi de ce chef en police correctionnelle et condamné à cinq ans d'emprisonnement, pour simulation de souscription, versements fictifs et manœuvres frauduleuses, aussi dans l'affaire de *Lyon's electrical Company* (15 janvier 1885), il fut de nouveau traduit en justice pour d'autres faits, fut séparé de corps et de biens d'avec sa femme et au bénéfice de celle-ci, et manqua d'être assassiné par un de ses associés, qui lui reprochait d'avoir séduit sa femme. Il parvint à s'échapper, et se réfugia au Canada, où il devint employé au ministère des finances d'Ottawa, dans les bureaux de la statistique. Il se fit naturaliser canadien en janvier 1889, et mourut quelques mois après. On a de lui: *Étude sur l'origine du droit municipal et de la centralisation en France* (1868); — *Alexis de Tocqueville, sa vie et ses ouvrages* (1868); — *Projet de loi sur la décentralisation* (1870); — *Résumé de droit commercial* (1870); — *Le gouvernement constitutionnel* (1873); — il fut en outre directeur de l'*Echo* en 1875, et en 1879, directeur-fondateur du *Globe*, qu'il quitta en février 1880.

SAVARY DE LANCOSME (LOUIS-ALPHONSE, MARQUIS DE), député en 1789, né à Vendœuvres (Indre) le 18 avril 1750, mort à une date inconnue, entra comme sous-lieutenant au régiment de la reine le 2 février 1766. Lieutenant au corps le 5 mai 1772, capitaine des chevau-légers du régiment de Bourgogne le 21 avril 1777, il était chef d'escadron au régiment de Quercy-cavalerie et chevalier de Saint-Louis, quand il fut élu, le 19 mars 1789, député de la noblesse aux États-Généraux par le bailliage de Touraine. Il se réunit aux communes et demanda la formation d'un comité d'imposition dont il fit partie (7 juillet). Mais, peu partisan des réformes, il déclara ne pouvoir adhérer à la décision qui abolissait la noblesse. A partir de cette époque, il siégea en effet fort peu. Il dut reprendre du service sous l'Empire, car il fut créé comte de l'Empire le 26 avril 1810.

SAVARY DE LANCOSME (LOUIS-CHARLES-ALPHONSE, MARQUIS DE), pair de France, né à Vendœuvres (Indre) le 4 février 1776, mort à Tours (Indre-et-Loire), le 23 octobre 1875, fils du précédent et de « très haute et très puissante dame Charlotte-Marie de la Bourdonnaye de Lancosme », était conseiller général de l'Indre et appartenait à l'opinion royaliste. Le 5 novembre 1827, il fut un des 76 pairs nommés par M. de Villèle, « le moins connu des 76 », écrit à son sujet la *Bibliographie nouvelle et complète des pairs de France* (1828). M. de Savary de Lancosme soutint de ses votes le gouvernement de Charles X et cessa, à la révolution de juillet 1830, de faire partie de la Chambre haute, en vertu de l'article 68 de la nouvelle Charte.

SAVATIER LAROCHE (PIERRE-FRANÇOIS), représentant en 1849, né à Auxerre (Yonne) le 28 octobre 1804, mort le 27 mai 1879, étudia le droit à Paris, travailla en même temps dans une étude d'avoué et devint président de la conférence Molé. En 1832, il retourna à Auxerre, acheta une étude d'avoué, puis se consacra au barreau. Conseiller municipal de 1837 à 1849, il manifesta des opinions nettement démocratiques, salua avec joie l'avènement de la République en février 1848, fut élu membre du conseil général, et, le 13 mai 1849, représentant de l'Yonne à l'Assemblée Législative, le 7e sur 8, par 30,183 voix (80,826 votants, 111,917 inscrits). « Quand il partit pour aller occuper son siège, raconte un biographe, il fut reconduit jusqu'au haut de la montagne Saint-Siméon par deux cent cinquante démocrates auxquels il fit d'éloquents adieux. » Il prit place à la Montagne avec laquelle il vota constamment : *contre* l'expédition romaine, *contre* la loi Falloux-Parieux sur l'enseignement, *contre* la loi du 31 mai sur le suffrage universel. Partisan convaincu de l'abolition de la peine de mort, il la réclama dans un entraînant discours qui le plaça parmi les principaux orateurs de l'Assemblée. Il protesta énergiquement contre le coup d'État et rentra en 1851 dans la vie privée. Inquiété sous l'Empire à cause de ses opinions républicaines, il occupa les dernières années de sa vie à des travaux plus littéraires que politiques, collabora à la *Constitution* d'Auxerre, et publia quelques ouvrages : *Fables et contes*, *Profils parlementaires*, *Profils auxerrois*, *Études morales*, etc.

SAVIGNHAC (AMÉDÉE DE), représentant en 1871, né à Draguignan (Var) le 20 février 1809, mort à Bordeaux (Gironde) le 23 février 1871, appartint à l'armée et parvint au grade de capitaine d'artillerie. D'opinions monarchistes, il se présenta, après sa mise à la retraite, comme candidat à l'Assemblée nationale dans le département du Morbihan, le 8 février 1871, et fut élu, le 3e sur 10, représentant de ce département, par 56,728 voix (72,309 votants, 119,710 inscrits). M. de Savignhac se rendit à Bordeaux, où il mourut le 23 février, avant d'avoir pu jouer aucun rôle parlementaire. Le 2 juillet suivant, il fut remplacé par M. de Gouvello.

SAVONNEAU (ANTOINE-PIERRE), député en 1791, né et mort à des dates inconnues, cultivateur à Villefranc (Loir-et-Cher), fut élu, le 1er septembre 1791, député de Loir-et-Cher à l'Assemblée législative, le 2e sur 7, à la pluralité des voix. Il y figura très obscurément, et ne fit pas partie d'autres assemblées.

SAVORNIN (MARC-ANTOINE-JEAN-LOUIS), membre de la Convention, député au Conseil des Cinq-Cents, à Seyne (Basses-Alpes) le 24 mars 1753, mort à une date inconnue, « fils de maître Jean-François Savornin, notaire et procureur et premier consul de Seyne, et de demoiselle Bénigne-Victoire Fauro », était avoué à Seyne, lorsqu'il fut élu, le 5 septembre 1792, député des Basses-Alpes à la Convention, le 6e et dernier, par 163 voix (290 votants). Il vota dans le procès du roi, pour la mort, « avec la proposition de Mailhe », n'eut, d'ailleurs, qu'un rôle parlementaire assez obscur, et fut réélu (22 vendémiaire an IV) député des Basses-Alpes au Conseil des Cinq-Cents, par 102 voix

(116 votants). Il en sortit en l'an V, et quitta la politique. Ayant adhéré, lors des Cent-Jours, à l'Acte additionnel, il tomba sous le coup de la loi du 12 janvier 1816 contre les régicides; il vivait alors dans la misère à Paris avec sa femme folle et trois enfants en bas âge. Le gouvernement lui ayant accordé, pour partir, un secours de 600 francs, Savornin quitta Paris le 8 février 1816, et se dirigea sur Bruxelles, après avoir adressé, la veille, au ministre de l'Intérieur, la lettre suivante :

« Paris, le 7 février 1816.

« Monseigneur,

« Ainsi qu'à l'avènement du sauveur du monde, le vieillard Siméon lui adressa ses actions de grâce par ces consolantes paroles : *Nunc dimittis servum tuum, domine*, de même je prends la liberté et me fais le religieux devoir de les adresser au sauveur de ma famille, en recevant de sa haute et bienfaisante autorité un secours de 600 fr. qui me met à même d'effectuer ma soumission à l'exception de la loi sur l'amnistie, et de faire cesser autant que possible en l'état, le dénûment absolu dans lequel j'étais forcé de laisser ma femme infirme et trois enfants dont elle allaite le dernier. Oui, monseigneur, je pars bien consolé sous ce double rapport, et d'après ce que vous avez bien voulu faire pour eux et pour moi. J'emmène l'aîné et je prends la liberté de léguer le sort de la mère et des deux autres à la continuation de votre haute bienveillance, pour les faire placer dans une maison de santé convenable à leur situation; car, à part son infirmité, elle est très bonne mère.

« Je suis, avec la plus sincère et la plus respectueuse reconnaissance et profond respect, monseigneur, votre serviteur,

« SAVORNIN. »

Il se fixa à Bruxelles, comme maître de langues, et y mourut.

SAVOYE (HENRI-CHARLES-JOSEPH), représentant en 1849, né à Deux-Ponts (Bavière) le 13 février 1802, mort à Londres le 28 avril 1869, étudia le droit aux universités de Heidelberg et de Würtzbourg et s'inscrivit au barreau de Deux-Ponts. En 1832, il vint en France et invoqua sa qualité de Français (la ville de Deux-Ponts appartenait, lors de sa naissance, au département du Mont-Tonnerre). Cette qualité ne lui fut reconnue qu'en 1848. Jusque-là, il donna des leçons de français et d'allemand, notamment au collège Louis-le-Grand, et publia un *Cours de langue allemande* (1834-1836), et des recueils de morceaux choisis intitulés : *Panorama de l'Allemagne* (1838), *Germania* (1839-1843), etc. Il sollicita et obtint son inscription comme avocat au barreau de Paris après avoir pris à la faculté de cette ville le grade de licencié en droit. D'opinions républicaines, il fut nommé, le 12 avril 1848, chargé d'affaires de France à Francfort, quitta ce poste en septembre suivant, et fut élu, le 13 mai 1849, représentant du Haut-Rhin à l'Assemblée législative, le 9e sur 10, par 93,276 voix (118,335 inscrits). Il vota avec la Montagne *contre* l'expédition de Rome, *contre* la loi Falloux-Parieu sur l'enseignement, *contre* la loi restrictive du suffrage universel, protesta *contre* la politique de l'Élysée et *contre* le coup d'État de 1851 et fut expulsé du territoire français. Il se rendit d'abord en Belgique puis à Londres, où il devint examinateur des écoles militaires, et d'où il envoya au *Siècle* des études sur le droit international.

SAVOYE (Louis-Charles-Thomas), représentant en 1871, député de 1876 à 1881, né à Saint-Valery-en-Caux (Seine-Inférieure) le 7 avril 1836, fils du maire de Saint-Valery, fit son droit, fut reçu avocat, et entra comme auditeur au conseil d'État. Attaché au ministère de l'Intérieur en 1863, chef du cabinet de M. Forcade de la Roquette en 1868, et maître des requêtes au conseil d'État en 1870, il rentra dans la vie privée à la révolution du 4 septembre. Élu, le 8 février 1871, représentant de la Seine-Inférieure à l'Assemblée nationale, le 10e sur 16, par 77,500 voix (120,899 votants, 203,718 inscrits), il vota le plus souvent, sans y être inscrit, avec le groupe de l'Appel au peuple, demanda que l'Assemblée mit fin à « un provisoire énervant » par une consultation directe du pays, et se prononça *pour la paix*, *pour* l'abrogation des lois d'exil, *pour* la pétition des évêques, *pour* le septennat, *pour* le ministère de Broglie, *contre* l'amendement Wallon, *contre* les lois constitutionnelles. Conseiller général du canton de Saint-Valery-en-Caux depuis le 8 octobre 1871, il fut réélu, le 20 février 1876, député de la 2e circonscription d'Yvetot, par 8,412 voix (10,831 votants, 15,241 inscrits), contre 1,233 à M. Grimaud. Il reprit place au groupe bonapartiste, soutint, au 16 mai, le ministère de Broglie contre les 363, et fut encore réélu, le 14 octobre 1877, par 8,905 voix (12,310 votants, 15,004 inscrits), contre 8,311 à M. Caubert. Il continua de combattre, dans les rangs de la minorité, la politique scolaire et coloniale du gouvernement, attaqua (mai 1880) le projet Loustalot sur l'augmentation du nombre des conseillers généraux, et ne se représenta pas aux élections de 1881.

SAVOYE-ROLLIN (Jacques-Fortunat, Baron), membre du Tribunat, député de 1815 à 1823, né à Grenoble (Isère) le 18 décembre 1754, mort à Paris le 1er août 1823, appartint à la magistrature sous l'ancien régime, en qualité d'avocat général au parlement de Grenoble (1780-1790). Il vécut à l'écart des fonctions publiques pendant la période révolutionnaire, et fut nommé, sous le Directoire, attaché au bureau consultatif des arts et manufactures. Membre du Tribunat le 4 nivôse an VIII, il fut président et secrétaire de cette assemblée, prit une part assez importante à ses travaux, et combattit vivement la loi instituant la Légion d'honneur, comme destructive des principes de l'égalité et de la morale républicaines. La loi ne fut votée qu'à une faible majorité, et Savoye-Rollin fut décoré en 1803. Le 11 floréal an XII, il parla en faveur d'une monarchie héréditaire et représentative, et appuya l'établissement de l'empire. Le 10 thermidor an XIII, il fut nommé préfet de l'Eure. Il administra ensuite (21 mars 1806) le département de la Seine-Inférieure, fut nommé baron de l'empire (12 avril 1809), officier de la Légion d'honneur (1811), et fut compromis dans les malversations du receveur de l'octroi de Rouen, Branzon (1812). Reconnu innocent par la cour impériale de Paris, Savoye-Rollin reçut, en compensation de sa disgrâce, la préfecture des Deux-Nèthes (12 mars 1813). Destitué à la Restauration, il fut appelé, aux Cent-Jours, à la préfecture de la Côte-d'Or (6 avril 1815) qu'il refusa. Louis XVIII le nomma président du collège électoral de l'Isère, et, le 22 août 1815, Savoye-Rollin fut élu député du grand collège de l'Isère, par 221 voix

(237 votants, 306 inscrits). Il opina avec la minorité constitutionnelle, obtint sa réélection, le 4 octobre 1816, avec 113 voix (223 votants, 314 inscrits), puis, le 11 septembre 1819, avec 801 voix (1,019 votants, 1,293 inscrits), et prêta constamment à l'opposition modérée le concours de sa parole et de ses votes. Il demanda la liberté de la presse, fut rapporteur (1819) du projet de loi sur les journaux, fut candidat à la présidence de la Chambre, et protesta, après l'assassinat du duc de Berry, contre le rétablissement de la censure. Il mourut en 1823 et fut inhumé au cimetière de l'Est. Le général Foy prononça sur sa tombe un éloquent discours.

SAVY (Pierre), représentant du peuple en 1848, né à Périgueux (Dordogne) le 8 avril 1784, mort à Chantérac (Dordogne) le 13 juillet 1871, fit son droit et s'établit comme avocat à Douzillac. Noté pour ses idées libérales sous la Restauration et sous Louis-Philippe, il devint conseiller général de la Dordogne et chevalier de la Légion d'honneur (7 février 1845). Élu, le 23 avril 1848, représentant de la Dordogne à l'Assemblée constituante, le 8e sur 13, par 47,222 voix (110,504 votants, 140,087 inscrits), il fit partie du comité de la guerre et vota en général avec la droite, *pour* les poursuites contre L. Blanc et Caussidière, *contre* l'abolition de la peine de mort, *contre* l'incompatibilité des fonctions, *contre* l'amendement Grévy, *contre* la sanction de la Constitution par le peuple, *pour* l'ensemble de la Constitution, *pour* la proposition Rateau, *pour* l'interdiction des clubs, *pour* l'expédition de Rome, *contre* la demande de mise en accusation du président et des ministres. Il ne se représenta pas à la Législative et revint à Douzillac.

SAY (Jean-Baptiste), membre du Tribunat, né à Lyon (Rhône) le 5 janvier 1767, mort à Paris le 14 novembre 1832, d'une famille protestante originaire de Nîmes, exilée par la révocation de l'Édit de Nantes, et dont une branche entreprit à Lyon le commerce des soieries, était fils d'un négociant de Lyon. Destiné au commerce, il reçut une éducation libérale dans l'institution fondée aux portes de Lyon par deux savants italiens, Giro et Gorati, puis entra pour quelques années dans une maison de commerce de Londres. De retour à Paris, il s'éprit de littérature, donna des vers à l'*Almanach des Muses*, collabora, au moment de la Révolution, au *Courrier de Provence* de Mirabeau, devint secrétaire de son coreligionnaire E. Clavière, ministre des Finances, et fit, comme volontaire, la campagne de 1792. Marié l'année suivante, il fonda (1794) avec Chamfort et Ginguené la *Décade philosophique, littéraire et politique*, dont la mort de ses deux associés lui laissa bientôt l'entière direction. Il y fit entrer Amaury Duval, Andrieux, Arnault, etc., et y publia de nombreux articles de morale et d'économie politique sous le pseudonyme d'*Atticus*. En partant pour la campagne d'Égypte, Bonaparte chargea Say de lui composer la bibliothèque qu'il emportait. Au retour, le vainqueur du 18 brumaire nomma Say secrétaire rédacteur de la Commission législative intermédiaire des 500 (23 brumaire) puis, à la création, membre du Tribunat (4 nivôse suivant). « Je m'aperçus bientôt, disait Say depuis, qu'on voulait non pas travailler de bonne foi à la pacification de l'Europe et au bonheur de la France, mais à un agrandissement personnel et vain. Trop faible pour m'opposer à une semblable usurpation, et ne voulant pas la servir, je dus m'interdire la tribune, et, revêtant mes idées de formules générales, j'écrivis des vérités qui pussent être utiles en tous temps et dans tous les pays. Telle fut l'origine du *Traité d'économie politique.* » Say vota coutre la motion Curée tendant à l'établissement de l'empire, fut éliminé du Tribunat à la suite de ce vote, et nommé (5 germinal an XII) directeur des droits réunis dans le département de l'Allier. Bien que père de quatre enfants et sans fortune, il se démit bientôt de cet emploi, ne voulant pas, dit-il, « aider à dépouiller la France. » Il fonda alors une filature de coton à Auchy (Pas-de-Calais); mais l'entreprise n'eut qu'un médiocre succès, et Say, après avoir quitté les affaires, ouvrit un cours d'économie politique à l'Athénée (1815). Il publia la même année son *Catéchisme d'économie politique,* et successivement de nombreux ouvrages, parmi lesquels les *Lettres à Malthus* (1826), dans lesquelles il combat le pessimisme de l'école anglaise, et le *Cours d'économie politique* (1823) qui servit à l'instruction des grand-ducs, fils de l'empereur de Russie. Il professa également au Conservatoire des Arts-et-Métiers et, à la révolution de 1830, dont il se montra partisan, fut appelé par Guizot au Collège de France à la chaire d'économie politique que ce ministre venait de créer pour lui. Il mourut subitement, en sortant de son cours, à soixante-cinq ans. En économie politique, J.-B. Say se fit le vulgarisateur des idées de Quesnay et d'Adam Smith, dégagea l'économie politique de l'administration et de la politique, analysa, avec une clarté toute nouvelle, la production des richesses, et se montra partisan sans restriction des doctrines libre-échangistes.

SAY (JEAN-BAPTISTE-LÉON), représentant en 1871, membre du Sénat et ministre, né à Paris le 6 juin 1826, petit-fils du précédent et fils d'Horace-Emile Say et d'Anne-Victorine Cheuvreux, suivit l'exemple et les traditions de sa famille et s'occupa d'économie politique. Lorsqu'il débuta dans la vie publique, il avait déjà publié : *Théorie des changes étrangers,* traduit de l'anglais ; *Histoire de la Caisse d'escompte* (1848); *la Ville de Paris et le Crédit foncier; Observations sur le système financier de M. le Préfet de la Seine* (1865); *Examen critique de la situation financière de la Ville de Paris* (1866); *Les Obligations populaires,*etc., et avait activement collaboré à l'*Annuaire de l'Économie politique* et au *Journal des Economistes.* Candidat indépendant et non élu au Corps législatif, lors des élections de mai 1869, dans la circonscription de l'Oise, contre M. Rendu, candidat officiel, et M. Lefèvre-Pontalis qui fut élu, M. Léon Say fut plus heureux, le 8 février 1871; le département de la Seine le désigna, le 36° sur 43, par 76,075 voix (328,970 votants, 547,858 inscrits), comme représentant à l'Assemblée nationale. Le même jour, il était élu dans le département de Seine-et-Oise, le 5° sur 11, par 24,454 voix (53,390 votants, 123,875 inscrits). Il opta pour la Seine, vota *pour* la paix, *pour* l'abrogation des lois d'exil, *pour* le retour à Paris, *pour* la politique de Thiers, *contre* sa démission au 24 mai, *contre* l'état de siège, la loi des maires, le ministère de Broglie, *pour* l'amendement Wallon et *pour* l'ensemble des lois constitutionnelles. Le 5 juin 1871, M. Jules Ferry ayant donné sa démission de préfet de la Seine, M. Léon Say avait été appelé à lui succéder. Il réorganisa les services municipaux des mairies de Paris sur un plan uniforme, réforma l'administration centrale, et obtint du

conseil municipal élu un projet d'emprunt, dont l'émission eut un plein succès. Il s'occupa activement de l'instruction primaire, de la reconstitution des actes de l'état civil, fit, en octobre 1871, avec M. Vautrain, président du conseil municipal, le voyage de Londres, et fut chargé, le 7 décembre 1871, par Thiers, du portefeuille des Finances. Il conclut, en janvier 1873, avec la maison Rothschild une convention pour la garantie de la somme due à l'Allemagne. Opposé aux idées financières et économiques du chef du pouvoir exécutif, il marcha toutefois d'accord avec lui, et quitta le pouvoir le 24 mai 1873. Il prit place alors au centre gauche, qui l'élut pour président. Lors des tentatives de restauration monarchique, M. Léon Say n'hésita pas à se déclarer en faveur de la République conservatrice, et repoussa les avances du centre droit. Les gauches l'opposèrent sans succès à M. Buffet, pour la présidence de l'Assemblée (février 1874). Après avoir combattu les plans financiers de M. Magne, dans la commission du budget de 1874, il fut chargé par cette commission d'un important rapport sur la grande opération du payement de l'indemnité de guerre. Le 10 mars 1875, M. Léon Say redevint ministre des Finances (cabinet Buffet-Dufaure); il représentait au pouvoir l'élément libéral et constitutionnel, tandis que M. Buffet représentait les intérêts des partis conservateurs. Des vues si différentes devaient amener entre les deux ministres un désaccord qui se manifesta à diverses reprises. Le 26 décembre 1875, M. Léon Say prononça au château de Stors, en présence des maires du canton de l'Isle-Adam (Seine-et-Oise), un discours où il fit l'éloge de M. Thiers et du « grand parti constitutionnel ». Irrité, M. Buffet refusa de laisser insérer au *Journal officiel* le discours de son collègue. M. Léon Say réclama, et il fallut que le maréchal de Mac-Mahon intervînt pour que le discours fût publié dans l'organe du gouvernement. A l'approche des élections pour le Sénat, en janvier 1876, M. Léon Say se porta candidat dans Seine-et-Oise et rédigea une circulaire électorale de concert avec les deux autres candidats républicains conservateurs, MM. Foray et Gilbert-Boucher. M. Buffet accusa alors M. L. Say de s'allier aux radicaux; le président de la République ayant prié le ministre des Finances de retirer sa candidature (8 janvier), celui-ci donna sa démission, que le maréchal de Mac-Mahon accepta d'abord, puis refusa. Le 30 janvier 1876, M. Léon Say fut élu sénateur de Seine-et-Oise, par 589 voix (783 votants). Il conserva le portefeuille des Finances dans le nouveau ministère Dufaure (9 mars), et élabora le premier budget voté par une Chambre républicaine. Au mois de mai, il se rendit à Londres où il assista à une fête commémorative en l'honneur d'Adam Smith et où il prononça un discours. Il prit fréquemment la parole à la Chambre et au Sénat, notamment au sujet de la question de l'étalon monétaire, soulevée par M. de Parieu, et dans la discussion du budget. Au mois d'octobre, il se prononça contre les réformes de l'impôt préconisées par Gambetta. Maintenu, le 12 décembre, au ministère des Finances, dans le cabinet Jules Simon, il donna sa démission avec tous ses collègues le 16 mai 1877, à la suite de la lettre adressée au président du conseil par le maréchal de Mac-Mahon, et fut remplacé par M. Caillaux. Il s'associa à la protestation des gauches contre la politique de MM. de Broglie-Fourtou, vota au Sénat *contre* la dissolution de la Chambre des députés (22 juin 1877), se prononça *contre* l'ordre du jour Kerdrel

(19 novembre), et, après la victoire définitive du parti républicain, reprit une fois le portefeuille des Finances (du 13 décembre 1877 au 3 février 1879). Il signala ses divers passages aux affaires par la plus grande réserve en ce qui concernait les projets prématurés de dégrèvement et par une résistance opiniâtre aux propositions de l'initiative parlementaire en matière de dépenses publiques. S'associant aux idées de M. de Freycinet, ministre des Travaux publics, sur la nécessité de racheter un certain nombre de lignes de chemins de fer et de donner une nouvelle impulsion aux grands travaux d'utilité publique, il présenta à la Chambre, en février 1878, un projet de loi sur la création d'une dette amortissable par annuités, sur l'ouverture au ministère des Travaux publics d'un crédit de 331 millions pour le rachat de chemins de fer, et sur l'autorisation, pour le ministre des Finances, d'émettre pour la même somme des rentes 3 p. 100 amortissables. M. Grévy, lors de son avènement à la Présidence, ayant maintenu M. Léon Say en fonctions, celui-ci continua de se montrer opposé aux dégrèvements et proposa de garantir avec les plus-values des impôts courants les crédits supplémentaires par voie de virements législatifs. On lui dut l'abaissement du tarif postal à 15 centimes (avril 1878), une première émission de 113 millions de 3 0/0 amortissable, souscrite par l'épargne; il revendiqua pour le gouvernement le droit de se prononcer à son jour et à son heure sur l'opportunité de la conversion tant réclamée du 3 0/0. Il appartient encore au cabinet Waddington (4 février — 23 décembre 1879), et quitta les affaires, à cette date, pour reprendre sa place sur les bancs du centre gauche. Nommé, par décret du 30 avril 1880, ambassadeur en Angleterre, avec la mission de préparer la négociation du traité de commerce, il passa quelques semaines à Londres et revint à Paris pour prendre la présidence du Sénat, où l'appelait le choix de ses collègues (25 mai 1880). Au renouvellement triennal du 8 janvier 1882, il fut réélu sénateur de Seine-et-Oise, le 1er sur 3, par 655 voix (786 votants), redevint président de la Chambre haute, puis fut rappelé (30 janvier) à reprendre, dans le cabinet Freycinet, le portefeuille des Finances. Il donna sa démission, le 23 mai, à la suite de la prise en considération d'une proposition de réforme de l'impôt sur les boissons, et la retira le lendemain, sur un ordre du jour de confiance voté par la Chambre. Il tomba du pouvoir, comme ses collègues, le 29 juillet suivant. Membre de la commission d'expulsion des princes (juin 1883), il présenta un contre-projet punissant de bannissement tout acte de prétendant, la peine devant être prononcée par la cour d'assises ou par le Sénat (voté par 158 voix contre 122); en novembre, il fut choisi pour président du centre gauche du Sénat. Fidèle à la politique conservatrice libérale et libre-échangiste, qu'il soutint, d'autre part, comme directeur du *Journal des Débats*, M. Léon Say s'est élevé (février 1885) *contre* les surtaxes sur les céréales, a voté *contre* l'expulsion des princes, et *pour* la nouvelle loi militaire, a été rapporteur de la loi sur les Sociétés de secours mutuels, a proposé (juin 1888) le rattachement du budget de la préfecture de police au budget de l'État, et s'est prononcé, en dernier lieu, *pour* le rétablissement du scrutin d'arrondissement (13 février 1889), *pour* le projet de loi Lisbonne restrictif de la liberté de la presse; il s'est abstenu sur la procédure de la haute cour contre le général Boulanger. Membre libre de l'Académie des sciences morales et politiques depuis le 12 décembre 1874, il a été élu membre titulaire le 24 avril 1880, dans la section d'économie politique, en remplacement de Michel Chevalier, et est devenu membre de l'Académie française, le 11 février 1886, en remplacement d'Edmond About.

SAZERAC DE FORGE (JEAN-BAPTISTE), représentant en 1849, né à Angoulême (Charente) le 10 août 1795, mort le 21 décembre 1849, était négociant à Angoulême. Président du tribunal de commerce de cette ville, il fut candidat à la Chambre des députés, le 1er avril 1846, dans le 1er collège de la Charente (Angoulême), où il obtint, sans être élu, 101 voix contre 685 à l'élu, M. Albert, et 65 à M. Villeneuve. Le 13 mai 1849, il entra à l'Assemblée Législative, comme représentant de la Charente, élu, le 6e sur 8, par 36,262 voix (79,163 votants, 114,411 inscrits). Il siégea à droite et vota avec les conservateurs-monarchistes de la majorité. Décédé en décembre 1849, il fut remplacé, le 3 février 1850, par M. Edgar Ney.

SCARPELLINI (FÉLICIEN-CAMILLE-JOSEPH-NICOLAS), député au Corps législatif de 1811 à 1813, né à Foligno (Italie) le 29 octobre 1762, mort à Rome (Italie) le 1er décembre 1840, « fils de M. Philippe Scarpellini, et de Catherine Piermarini », était professeur de droit à Rome, quand il fut élu, le 23 février 1811, par le Sénat conservateur, député du département de Rome au Corps législatif. Son mandat lui fut renouvelé le 14 janvier 1813. Il quitta le Corps législatif aux traités de 1814.

SCELLIER (ANTOINE-GÉRARD), membre de la Convention, et député au Conseil des Cinq-Cents, né à Amiens (Somme) le 25 novembre 1756, mort à une date inconnue, était, lors de la Révolution, marchand de draps à Amiens. Élu, le 15 septembre 1792, douzième suppléant à la Convention par le département de la Somme, avec 210 voix (374 votants), il fut admis à siéger le 20 frimaire an II, en remplacement du marquis de Sillery condamné à mort, opina pour la suppression du maximum, fit abolir les franchises de plusieurs ports, rendre un décret sur le traitement des employés des douanes et un autre sur les acquits-à-caution, et s'associa aux mesures de réaction qui marquèrent la fin de la session conventionnelle. Le 4 brumaire an IV, il passa au Conseil des Cinq-Cents, par le choix de ses collègues de la Convention, y fut réélu, le 25 germinal an VI, par le département de la Somme, et quitta la vie politique en l'an VIII.

SCEY-MONTBÉLIARD (PIERRE-GEORGES, COMTE DE), député de 1815 à 1820, né à Besançon (Doubs) le 4 mai 1771, mort à une date inconnue, était grand bailli d'épée de Dole au moment de la Révolution. Aide-de-camp du maréchal de Broglie, officier supérieur dans les gendarmes de la maison du roi, chevalier de Saint-Louis, il émigra en 1791, fit campagne à l'armée des princes, rentra en France sous l'empire, et accepta les fonctions de conseiller général de la Haute-Saône, de maire de Buthiers, et de président de canton. Après Leipsig (1813), il noua des intrigues avec Louis XVIII, fut arrêté le 23 décembre, et s'enfuit pendant qu'on le conduisait à Besançon. La première Restauration le nomma préfet du Doubs (28 avril 1814); révoqué aux Cent-Jours, il passa la frontière (25 mars), surtout, disent des lettres du temps, pour échapper à ses créanciers, et, au retour de Gand, sollicita la préfecture du Bas-Rhin : « D'ailleurs, il m'est indifférent, écrit-il dans sa requête, à quelle préfecture je sois nommé ; mais ce qui ne me le sera jamais, c'est d'être un seul instant sans servir le Roi. » Il ne fut replacé à la préfecture de Besançon qu'en janvier 1816 ; il était alors député du Doubs, ayant été élu, le 22 août 1815, au grand collège de ce département, par 96 voix (150 votants, 220 inscrits) ; il siégea dans la majorité de la Chambre introuvable, fut réélu, après la dissolution, le 4 octobre 1816, par 73 voix (148 votants) ; prit place au côté droit, et, de la série sortante en 1820, ne se représenta plus.

SCHAAL (François - Ignace), député au Corps législatif en 1808, né à Schlestadt (Bas-Rhin) le 5 décembre 1717, mort à Schlestadt le 30 août 1833, était, au moment de la Révolution, capitaine au régiment de Nassau-infanterie. Il prit part aux campagnes de l'armée du Rhin, y devint général de brigade, puis président d'une administration de district après la capitulation de Mayence. Général de division en l'an IV, maire de Schlestadt après le 18 brumaire, il fut élu, le 18 février 1808, par le Sénat conservateur, député du Bas-Rhin au Corps législatif. Il en sortit en 1812, et ne reparut plus sur la scène politique.

SCHADET (Louis - Philippe-Winoc), député au Corps législatif de l'an XIV à 1815, né à Hondschoote (Nord) le 20 mars 1751, mort à une date inconnue, « fils de sieur et messire Pierre-Ferdinand Schadet, médecin et échevin de cette ville, et de demoiselle Marie-Rosalie Van Bambeke », était, au moment de la Révolution, avocat au parlement de Flandre, magistrat de la ville et juridiction de Hondschoote, et conseiller pensionnaire à vie. Partisan de la Révolution, il devint administrateur du district d'Hondschoote, maire de cette ville et juge de paix, puis président de l'administration municipale de Bergues, et, après le 18 brumaire, sous-préfet de Dunkerque. Elu, le 5 vendémiaire an XIV, par le Sénat conservateur, député du Nord au Corps législatif, il ne s'y fit pas remarquer et vit son mandat renouvelé le 8 mars 1811. Il vota la déchéance de l'empereur et quitta la vie politique en 1815.

SCHAUENBOURG (Pierre Rielle, baron de), député de 1834 à 1846 et pair de France, né à Sarrelouis (Prusse) le 18 mars 1793, mort à Hochfelden (Bas-Rhin) le 28 juin 1878, « fils de citoyen Balthazar Schauenbourg, lieutenant général, chef d'état-major des armées de la République, domicilié à Sarrelouis, et de la citoyenne Sophie Ichtersheim », entra au service à la fin de l'empire, fit la campagne de France et celle de Belgique, fut mis en disponibilité à la Restauration, s'occupa d'études scientifiques, et devint membre de la Société des sciences de Strasbourg. L'avènement de Louis-Philippe le rendit à l'activité, comme capitaine d'état-major, et attaché au dépôt de la guerre. Conseiller général du Bas-Rhin, il fut successivement élu député du 3e collège du département (Haguenau), le 21 juin 1834, par 254 voix (420 votants, 522 inscrits), contre 163 à M. Coulmann ; le 4 novembre 1837, par 307 voix (338 voix, 538 inscrits) ; le 2 mars 1839, par 304 voix (467 votants), et le 9 juillet 1842, par 212 voix (366 votants, 398 inscrits), contre 154 à M. Martin de Strasbourg. Quoi-

que candidat ministériel, M. de Schauenbourg montra une certaine indépendance. Il ne prit pas part au vote de l'Adresse de 1839, et fut avec M. Jobard l'un des auteurs de la proposition sur le costume des députés. Il vota ensuite *pour* le recensement, *contre* la dotation du duc de Nemours, *contre* les fortifications de Paris, *contre* les incompatibilités, *contre* l'adjonction des capacités, *pour* l'indemnité Pritchard et *contre* la proposition Rémusat. Il fut nommé pair de France le 4 juillet 1846, et officier de la Légion d'honneur le 5 mai 1847. La révolution de février le rendit à la vie privée ; il fut mis à la retraite, comme chef d'escadron d'état-major, le 7 décembre 1848.

SCHEPPERS (Louis-Joseph Leclerc), député en 1789, et au Conseil des Cinq-Cents, né à Lille (Nord) le 28 avril 1758, mort à Lille à une date inconnue, était négociant à Lille quand il fut élu, le 3 avril 1789, député du tiers aux Etats-Généraux par le bailliage de Lille. Il vota avec la majorité réformatrice, et reparut, comme député du Nord, au Conseil des Cinq-Cents, le 25 germinal an VI ; il s'y montra favorable aux idées républicaines, et fut au nombre des députés exclus de la représentation nationale à la suite du coup d'Etat de brumaire. Il ne joua plus désormais aucun rôle politique.

SCHERER (Barthélemy-Louis-Joseph), ministre de la Guerre, né à Delle (Haut-Rhin) le 18 décembre 1747, mort à Channy (Aisne) le 19 août 1804, fils d'un boucher, s'engagea au service de l'Autriche, parvint lentement au grade d'aide-major, déserta à Mantoue, et vint en France où il réclama une situation équivalente. Nommé, en 1780, capitaine au régiment d'artillerie provincial de Strasbourg, il fut promu major en 1785, passa avec M. de Maillebois au service de la Hollande, rentra comme capitaine dans l'armée française en 1792, et fut attaché comme aide-de-camp au général Despretz-Crassier, puis au général Beauharnais. Promu général de division le 28 janvier 1794, il reçut de Pichegru le commandement d'un corps d'armée, s'empara de Landrecies (16 juillet), du Quesnoy, de Condé et de Valenciennes (12—29 août), contribua avec Jourdan au succès des combats de la Chartreuse et d'Aldenhoven, devint général en chef de l'armée des Alpes (brumaire an III), et fut placé ensuite à la tête de l'armée des Pyrénées-Orientales, puis de l'armée d'Italie, où il se distingua particulièrement à la bataille de Loano (24 novembre 1795), mais où sa mollesse comme administrateur donna barre à ses rivaux. Le Directoire le destitua (23 février 1796) et le remplaça par le général Bonaparte, alors presque inconnu. Scherer ne tarda pas d'ailleurs à être rappelé à l'activité. Chargé d'inspecter l'armée de l'intérieur, puis celle du Rhin, il accepta (7 thermidor an V, 23 juillet 1797) les fonctions de ministre de la Guerre, qu'il occupa jusqu'au 8 ventôse an VII. Il s'attira encore, par la désorganisation complète où il jeta tous les services, des inimitiés redoutables. Ayant accepté de nouveau, en 1799, et dans des conditions très défavorables, le commandement de l'armée d'Italie, il tenta de passer l'Adige en masquant son mouvement par une attaque du général Sérurier contre Vérone et d'isoler les ailes de l'armée autrichienne ; mais il échoua devant des forces supérieures, et, après avoir perdu la bataille de Magnano, dut battre en retraite sur le Mincio, puis sur l'Adda. Le Directoire rappela Scherer et le remplaça par Moreau. Très violemment attaqué, Scherer répondit à ses accusateurs par la publication d'un compte rendu de sa gestion ministérielle (1799), et d'un *Précis des opérations militaires de l'armée d'Italie depuis le 21 ventôse jusqu'au 7 floréal de l'an VII*. Après avoir vainement réclamé de Bonaparte premier Consul un examen public des imputations portées contre lui, Scherer se retira à Chauny, où il mourut (1804).

SCHERER (Henri-Adolphe-Edmond), représentant en 1871, sénateur de 1875 à 1889, né à Paris le 8 avril 1815, mort à Versailles (Seine-et-Oise) le 16 mars 1889, fils d'un banquier suisse établi à Paris, fit ses études au collège Bourbon, et suivit ensuite des cours de droit et de théologie protestante. Reçu docteur en théologie en 1843, il fut chargé, de 1845 à 1850, d'une chaire d'exégèse à l'École évangélique de Genève, et rédigea en même temps un journal protestant intitulé la *Réformation au XIXᵉ siècle*; il donna sa démission en 1850, pour rester indépendant, et adhéra pleinement au mouvement libéral qui se produisit dans le protestantisme français. M. Scherer ne débuta dans la vie parlementaire qu'aux élections complémentaires du 2 juillet 1871, comme représentant de Seine-et-Oise, élu, le 4ᵉ sur 5, par 47,967 voix (81,393 votants et 132,703 inscrits). Il s'était fait connaître en France par de nombreux écrits tels que: *Mélanges de critique religieuse* (1860); *De l'État actuel de l'Église réformée*; *Esquisse d'une théorie de l'Église chrétienne*; *Études critiques sur la littérature contemporaine*, etc. Il prit place au centre gauche de l'Assemblée, fut vice-président de ce groupe (1873), soutint la politique de Thiers, se prononça *contre* le pouvoir constituant de l'Assemblée, lutta contre le «gouvernement de combat», et eut personnellement des démêlés avec M. de Broglie, ministre de l'Intérieur, qui avait supprimé une dépêche privée envoyée par M. Scherer au *Daily News*, à propos du maintien du navire *l'Orénoque* dans les eaux de Civita Vecchia. Il vota *contre* le septennat, *contre* l'état de siège, la loi des maires, *pour* l'amendement Wallon et *pour* l'ensemble des lois constitutionnelles. Le 15 décembre 1875, M. Scherer fut élu, par l'Assemblée, sénateur inamovible, le 53ᵉ sur 75, par 343 voix (676 votants). Il collaborait depuis plusieurs années très assidûment au journal le *Temps*, où il insérait des travaux de critique et d'histoire et des articles politiques, lorsqu'il se sépara de ce journal en mai 1879. Il appartint quelque temps ensuite à la rédaction du *National*. Dans la Chambre haute, M. Scherer vota *contre* la dissolution de la Chambre des députés (1877), *contre* le gouvernement du Seize-Mai, etc. Mais il se prononça également (1879) *contre* le retour des Chambres à Paris, et protesta, à ce sujet, contre les dispositions de la majorité. Il se déclara partisan de l'article 7 (1880), de la réforme du personnel judiciaire, fut rapporteur (juillet 1882) des crédits demandés au moment des affaires d'Égypte, défendit (octobre 1884), en qualité de président de la commission du projet de loi sur l'organisation du Sénat, l'inamovibilité sénatoriale, se prononça *contre* l'expulsion des princes, opina le plus souvent avec le centre gauche, et mourut à Versailles en 1889. Il était conseiller municipal de cette ville. Outre les ouvrages cités plus haut, M. Scherer avait donné de nombreux articles à la *Revue de théologie et de philosophie chrétienne*.

SCHERLOCK (Sauveur-François-Louis), député au Conseil des Cinq-Cents et au Corps législatif, né à Lyon (Rhône) le 1ᵉʳ mars 1771, mort en 1800, s'engagea à la Révolution, fit la campagne de Belgique, et fut nommé adjudant général en l'an V et commandant du département de Vaucluse. Élu, le 23 germinal an VI, député de ce département au Conseil des Cinq-Cents, il y appuya le projet de Génissieu sur l'organisation du tribunal de Cassation et parla sur les fêtes nationales et sur le nouveau calendrier. Membre du comité de l'administration intérieure, il demanda que les députés en congé fussent privés de leur traitement pendant leur absence, fit rapporter l'arrêté relatif à l'examen des élections des juges, vota *pour* l'impôt sur le sel, proposa de dénoncer l'assassinat des plénipotentiaires français à Rastadt à toutes les puissances amies et ennemies, parla sur les meurtres commis en Vaucluse et sur la liberté de la presse, fut rapporteur du comité chargé d'organiser la garde nationale, et défendit les ex-directeurs Merlin, La Revellière et Treilhard. Rallié au 18 brumaire, il fut élu, le 4 nivôse an VIII, par le Sénat conservateur, député de Vaucluse au Corps législatif, où il fut membre du comité militaire; il mourut à la fin de la première session.

SCHEURER KESTNER (Auguste), représentant en 1871 et membre du Sénat, né à Mulhouse (Haut-Rhin) le 11 février 1833, suivit les cours de l'École de médecine de Paris, s'adonna spécialement à l'étude de la chimie, et fut appelé en 1870 à diriger à Thann l'établissement industriel de son beau-père, M. Kestner, décédé. D'opinions républicaines, M. Scheurer-Kestner, qui s'était mêlé sous l'Empire aux campagnes de l'opposition démocratique et qui avait encouru de ce chef plusieurs condamnations, notamment quatre mois de prison et 2,000 francs d'amende en 1862, fut nommé, pendant la guerre, par le gouvernement de la Défense nationale, directeur de l'établissement pyrotechnique de Cette. Élu, le 8 février 1871, représentant du Haut-Rhin à l'Assemblée nationale, le 9ᵉ sur 11, par 39,605 voix (74,128 votants, 123,622 inscrits), il vota à Bordeaux *contre* les préliminaires de paix et donna sa démission comme ses collègues des départements annexés. Mais l'élection complémentaire de la Seine du 2 juillet suivant le fit rentrer au parlement, le 14ᵉ sur 21, par 108,038 voix (290,823 votants, 458,774 inscrits). Très lié avec Gambetta, il prit place à ses côtés dans le groupe de l'Union républicaine, avec lequel il vota constamment. Il fut de ceux qui contribuèrent le plus à engager les républicains parlementaires dans les voies de la conciliation et de « l'opportunisme », et vota *contre* le pouvoir constituant de l'Assemblée, *contre* la chute de Thiers au 24 mai, *contre* le septennat, l'état de siège, la loi des maires, le ministère de Broglie, *pour* les amendements Wallon et Pascal Duprat et *pour* l'ensemble des lois constitutionnelles. Élu, le 15 décembre 1875, par l'Assemblée nationale, sénateur inamovible, le 55ᵉ sur 75, avec 341 voix (676 votants), il siégea à gauche, fut, en 1876, secrétaire de la Chambre haute, se prononça, en 1877, *contre* la dissolution de la Chambre des députés et *contre* le gouvernement du Seize-Mai, opina avec les républicains du Sénat *pour* l'article 7, *pour* la réforme judiciaire, *pour* le rétablissement du divorce, *pour* les crédits du Tonkin, *pour* l'expulsion des princes, *pour* la nouvelle loi militaire, et, en dernier lieu, *pour* le rétablissement du scrutin d'arrondissement (13 février 1889), *pour* le projet de loi Lisbonne restrictif de la liberté de la presse, *pour* la procédure de la Haute cour contre le général Boulanger. Il était devenu, lors de l'élection de Gambetta à la présidence de la Chambre, président du conseil d'administration du journal la *République française*. M. Scheurer-Kestner a publié, de 1863 à 1866, plusieurs travaux dans le *Bulletin de la Société chimique de Paris* et de nombreux mémoires dans les *Comptes rendus de l'Académie des Sciences*, dans les *Annales de chimie et de physique*, dans les *Bulletins de la Société industrielle de Mulhouse*, etc.

SCHIMMELPENNINCK (ROGER-JEAN, COMTE), membre du Sénat conservateur, né à Deventer (Hollande) le 31 octobre 1761, mort à Amsterdam (Hollande) le 15 février 1825, d'une famille riche, fit de bonnes études classiques et se fit recevoir avocat à l'université de Leyde. Mêlé aux troubles politiques de 1785 et de 1786, il se prononça modérément pour les réformes, fut placé en 1795 à la tête de la municipalité d'Amsterdam, parvint à maintenir l'ordre, et refusa de siéger dans la deuxième convention, que dominait le parti révolutionnaire. Quand, le 12 mai 1798, ce parti fut renversé, Schimmelpenninck fut envoyé en mission auprès du Directoire français et conserva les fonctions d'ambassadeur à Paris. Ministre plénipotentiaire au congrès d'Amiens (1802), il fut nommé à l'ambassade de Londres, s'appliqua surtout à obtenir la neutralité de la république batave, lors de la guerre entre la France et l'Angleterre, mais ne put y parvenir. Rappelé, il se retira dans ses terres et s'y occupa quelque temps de travaux littéraires et agricoles; mais il fut bientôt chargé de représenter son gouvernement à Paris. L'Empire venait d'être proclamé; Napoléon le fit nommer chef inamovible du gouvernement hollandais avec le titre de grand-pensionnaire (1805), jusqu'au moment où la Hollande fut érigée en royaume pour Louis Bonaparte, frère de l'empereur. Schimmelpenninck n'approuva point ces actes, et se condamna à une retraite absolue pendant tout le règne du nouveau monarque. Mais Napoléon le gagna à sa cause en le nommant (30 décembre 1810) membre du Sénat conservateur, puis (10 avril 1811) comte de l'Empire et grand trésorier de l'ordre de la Toison d'or. Il adhéra d'ailleurs à la chute du gouvernement impérial, devint, en 1815, membre de la première chambre des Etats-Généraux, et mourut en 1825, presque complètement aveugle.

SCHIRMER (JEAN-LOUIS, BARON), député en 1791, né à Landser (Haut-Rhin) le 18 septembre 1739, mort à Colmar (Haut-Rhin) le 25 décembre 1814, était avocat au conseil souverain d'Alsace au moment de la Révolution. Il en adopta les principes, devint juge au tribunal de district et membre de l'administration départementale, et fut élu, le 4 septembre 1791, député du Haut-Rhin à l'Assemblée législative, le 6e sur 7, par 221 voix (391 votants). Il fit partie du comité des relations extérieures, fit rejeter la demande d'extradition de Bargum et Shlaps, réclamés par l'Autriche, et surseoir à l'exécution du traité d'échange conclu avec l'électeur de Trèves. Juge au tribunal du Haut-Rhin le 26 vendémiaire an IV, il se rallia au 18 brumaire, et fut nommé président de la cour d'appel du Haut-Rhin le 24 prairial an VIII, membre de la Légion d'honneur le 25 prairial an XII, baron de l'Empire le 10 avril 1811, et premier président à la cour impériale de Colmar le 10 juin 1811. La première Restauration le confirma dans ces dernières fonctions. Il mourut quelques mois après.

SCHIRMER (DOMINIQUE), député au Conseil des Anciens et au Corps législatif, né à Landser (Haut-Rhin) en 1710, mort à Colmar (Haut-Rhin) le 27 février 1805, frère du précédent, fut élu, le 24 germinal an VI, député du Haut-Rhin au Conseil des Anciens, où son rôle fut peu important. Rallié au 18 brumaire, il fut élu, le 4 nivôse an VIII, par le Sénat conservateur, député du Haut-Rhin au Corps législatif, en sortit en l'an XII, et devint, le 5 germinal de cette dernière année, directeur des droits réunis dans le Haut-Rhin. Il mourut moins d'un an après.

SCHLOSSER (PIERRE-JEAN-BAPTISTE), représentant du peuple en 1848, né à Blienschwiller (Bas-Rhin) le 27 juin 1808, mort à Dombach (Bas-Rhin) le 21 novembre 1857, notaire à Dombach, maire de la commune, connu pour ses idées libérales, fut nommé, à la révolution de 1848, sous-commissaire du gouvernement provisoire à Schlestadt. Elu, le 23 avril 1848, représentant du Bas-Rhin à l'Assemblée Constituante, le 4e sur 15, par 98,230 voix (123,968 votants, 132,186 inscrits), il fit partie du comité de l'agriculture et du crédit foncier, et vota *pour* le bannissement de la famille d'Orléans, *contre* les poursuites contre Louis Blanc et Caussidière, *contre* l'abolition de la peine de mort, *contre* l'impôt progressif, *pour* l'incompatibilité des fonctions, *pour* l'ensemble de la Constitution, *contre* la proposition Rateau, *contre* l'interdiction des clubs et *contre* l'expédition de Rome. Hostile à la politique de l'Elysée et non réélu à la Législative, il reprit, à Dombach, ses fonctions de notaire.

SCHMITS (LOUIS-JOSEPH, BARON), député en 1789, représentant aux Cent-Jours, né à Château-Salins (Meurthe) le 8 septembre 1758, mort à Château-Salins le 13 juillet 1819, « fils de Gaspard Schmits, marchand à Château-Salins, et d'Anne-Françoise Cretaille », était avocat et greffier du bailliage de Château-Salins, quand il fut élu, le 30 mars 1789, député du tiers aux Etats-Généraux, par le bailliage de Sarreguemines. Il fut adjoint au doyen des communes, prêta le serment du Jeu de paume, et ne joua à l'Assemblée qu'un rôle assez effacé. Il rentra dans la vie privée après la session, et, sous le Consulat, devint conservateur des Eaux et Forêts et conseiller général de la Meurthe. Il montra toujours un grand dévouement pour la personne de l'empereur qui le nomma baron. Elu, le 10 mai 1815, représentant à la Chambre des Cent-Jours, par l'arrondissement de Château-Salins, avec 31 voix (55 votants), il demanda, après Waterloo, la reconnaissance de Napoléon II, fut destitué de ses fonctions au retour de Gand, et ne reparut plus sur la scène politique.

SCHMITT (JEAN-PHILIPPE), représentant en 1848, né le 13 mars 1790, mort à une date inconnue, était homme de lettres à Paris. Il entra dans les bureaux du ministère des cultes, et parvint aux fonctions de chef de division, tout en publiant quelques ouvrages, tels que le *Catéchisme des ouvriers*. Élu le 23 avril 1848, représentant du département de la Seine à l'Assemblée constituante, le 25e sur 34, par 124,383 voix (267,888 votants, 399,191 inscrits), il eut à peine le temps de siéger. M. de Grammont, au nom du 14e bureau, ayant fait voter dès le 4 mai, jour de l'ouverture de la session, *l'ajournement* de la validation de M. Schmitt. « Une question assez grave, dit-il, avait nécessité la nomination d'une commission spéciale. » Le surlendemain, 6 mai, M. Guerrin (de la Haute-Saône) vint conclure formellement à l'annulation de l'élection. « Le sieur Schmitt, comme l'appela le rapporteur, publiciste de son état, se serait présenté aux suffrages des électeurs comme ouvrier porcelainier et aurait bénéficié de la confusion qui s'établit entre lui et un homonyme, réellement ouvrier manuel. » Malgré quelques observations de M. Randoing en faveur de M. Schmitt, puis du président Buchez, de MM. Bonjean, Deslongrais, Foy, etc., l'élection de M. Schmitt fut annulée à l'unanimité, et l'Assemblée décida qu'un nouvel appel serait fait aux électeurs pour le remplacer.

SCHNEEGANS (Auguste-Pierre-François), représentant en 1871, né à Strasbourg (Bas-Rhin) le 9 mars 1835, fit de brillantes études classiques et fut reçu licencié ès lettres à Strasbourg en 1856. Secrétaire rédacteur de la commission européenne du Danube, il visita l'Autriche, la Grèce, la Turquie, et fut attaché, sous l'Empire, à la rédaction du *Courrier du Bas-Rhin* et à celle du journal le *Temps*. Lors des événements de 1870-71, M. Schneegans était conseiller municipal de Strasbourg et adjoint au maire. Il passa quelque temps en Suisse, après l'entrée des Allemands dans sa ville natale, et fut élu, le 8 février 1871, représentant du Bas-Rhin à l'Assemblée nationale, le 6e sur 12, par 65,632 (101,741 votants, 115,183 inscrits). Il se rendit à Bordeaux, vota *contre* la paix et donna sa démission de représentant. Rédacteur du *Journal de Lyon* d'avril 1871 à août 1873, il retourna en Alsace, et fit sa soumission au gouvernement allemand, se bornant à réclamer pour son pays une sorte d'autonomie administrative. Député au Reichstag de l'Empire (janvier 1877), et membre du consistoire supérieur protestant, il finit par entrer (1880) dans l'administration centrale de l'Alsace-Lorraine. On a de M. Schneegans des *Contes* en français ou un livre sur la *Guerre en Alsace* (1871), puis en allemand : *Organisation de l'enseignement supérieur en Alsace-Lorraine* (1877).

SCHNEIDER (Antoine-Virgile, chevalier), député de 1834 à 1847 et ministre, né à Sarreguemines (Moselle) le 22 mars 1779, mort à Paris le 11 juillet 1847, fils d'un médecin, suivit, en l'an VII, les cours de l'Ecole polytechnique. Un mémoire sur Corfou adressé à Bonaparte lui valut d'être nommé surnuméraire du génie. Lieutenant pendant la campagne de Pologne, capitaine en Espagne en 1808, il prit part aux sièges de Saragosse et de Figuières, fut créé chevalier de l'empire le 23 février 1811, devint aide de camp de Clarke, remplit une mission dans les îles Ioniennes, fit la campagne de Russie, et fut enfermé à Dantzig, en 1813, avec Rapp. Prisonnier de guerre à la capitulation, il rentra en France à la paix, et fut, pendant les Cent-Jours, colonel et chef d'état-major de Rapp, qui commandait le 5e corps chargé de couvrir le Rhin. Mis en non-activité à la seconde Restauration, rappelé au service en 1819, il

prit part à la campagne d'Espagne et particulièrement au siège de l'Ampeluna en 1823, comme colonel du 20e léger. Maréchal de camp le 22 mai 1825, il fit l'expédition de Morée, où il dirigea les opérations de siège, et gagna la croix de grand officier de la Légion d'honneur (22 février 1829). Commandant en chef des troupes d'occupation en remplacement du maréchal Maison, il reçut, à l'époque de son rappel, une épée d'honneur du gouvernement grec, fut promu lieutenant-général le 12 août 1831, et nommé directeur du personnel et des opérations militaires au ministère de la Guerre, le 20 novembre 1832. Élu, le 21 juin 1834, député du 6e collège de la Moselle (Sarreguemines), par 94 voix (149 votants, 231 inscrits), contre 51 à M. Lallemand ; réélu, le 4 novembre 1837, par 139 voix (163 votants, 260 inscrits), et le 2 mars 1839, par 136 voix (183 votants), il siégea dans la majorité et vota *contre* la loi de disjonction, *contre* le ministère Molé, *pour* la dotation du duc de Nemours, *pour* le recensement, *contre* les incompatibilités, *contre* les fortifications de Paris, et *contre* l'adjonction des capacités. Nommé ministre de la Guerre le 19 mai 1839, il dut se représenter devant ses électeurs qui lui renouvelèrent son mandat, le 8 juin 1839, par 127 voix (132 votants). Durant son passage aux affaires, jusqu'au 1er mars 1840, il améliora le sort des officiers, et réorganisa l'état-major général et la remonte. Le 28 novembre 1840, il eut le commandement des troupes de la division extérieure de Paris qui coopérèrent aux travaux de fortification de la capitale, et le 17 juillet 1841, la présidence du comité d'infanterie. Réélu dans son collège, le 9 juillet 1842, par 163 voix (210 votants, 279 inscrits), contre 18 à M. Lallemand, et, le 1er août 1846, par 254 voix (302 votants, 396 inscrits), il continua de siéger dans la majorité ; il vota *contre* l'indemnité Pritchard et *contre* la proposition Rémusat. Décédé en juillet 1847, il fut remplacé, le 21 août suivant, par M. Gudin. Grand-croix de la Légion d'honneur du 14 avril 1844. On a de lui : *Histoire et description des îles Ioniennes* (anonyme, Paris, 1823) ; *Résumé des attributions et devoirs de l'infanterie légère en campagne* (1823) ; il a aussi collaboré au *Spectateur militaire*.

SCHNEIDER (François-Antoine), député de 1842 à 1845, né à Nancy (Meurthe) le 23 octobre 1802, mort au Creuzot (Saône-et-Loire) le 3 août 1845, fils d'Antoine Schneider et de Catherine Durand, et neveu du précédent, devint, après des débuts modestes d'employé dans la banque Seillière, gérant, avec son frère, de l'établissement métallurgique du Creuzot, dont il partagea avec lui la direction et les bénéfices (1839). Maire du Creuzot, conseiller général du canton de Couches et Montcenis (1842), il fut élu, le 9 juillet 1842, député du 5e collège de Saône-et-Loire (Autun), par 233 voix (328 votants, 434 inscrits), contre 101 à M. de Montépin, député sortant. Il soutint le gouvernement de Louis-Philippe, appartint à la majorité ministérielle, et, décédé en août 1845, fut remplacé, le 13 septembre suivant, par son frère, qui suit.

SCHNEIDER (Joseph-Eugène), député de 1845 à 1848, ministre, député au Corps législatif de 1852 à 1870, né à Bidestroff (Meurthe) le 29 mars 1805, mort à Paris le 27 novembre 1875, frère du précédent, perdit son père de bonne heure, et dut accepter un modeste emploi d'abord dans une maison de commerce de Reims, puis dans la maison de banque du baron Sellière; il se distingua par son aptitude aux affaires, et devint, à vingt-cinq ans, directeur des forges de Bazeilles. Lorsque son frère (1833) fut nommé directeur gérant du Creuzot, M. Eugène Schneider lui fut adjoint comme co-gérant (1833) : il contribua puissamment à la prospérité de cet établissement. Son frère mort, M. Schneider fut élu à sa place conseiller général de Couches et Montcenis, puis (13 septembre 1845) député du 5e collège de Saône-et-Loire (Autun), par 277 voix (373 votants, 477 inscrits), contre 80 à M. Guyton, avocat, et 11 au général Changarnier. Seul directeur du Creuzot, il acquit bientôt une haute situation industrielle. Membre du conseil général des manufactures, M. Schneider fut réélu député, le 1er août 1846, par 236 voix (444 votants, 515 inscrits), contre 151 au général Changarnier et 56 à M. Guyton. Il appuya jusqu'à la fin du règne la politique de Guizot, et appartint constamment à l'opinion conservatrice. Il se présenta sans succès, en 1848, à l'Assemblée constituante, et, en 1849, à la Législative. Mais, le 20 janvier 1851, L.-N. Bonaparte, président de la République, appela M. Schneider à faire partie d'un cabinet intérimaire, où il prit le portefeuille de l'Agriculture et du Commerce, qu'il conserva jusqu'au 10 avril suivant. M. Schneider fut alors nommé commandeur de la Légion d'honneur. Partisan du coup d'État du 2 décembre 1851, il devint membre de la Commission consultative, et fut élu, le 29 février 1852, comme candidat officiel, député de la 2e circonscription de Saône-et-Loire au Corps législatif, par 24,333 voix (24,469 votants, 38,408 inscrits.) Rapporteur du budget (session de 1853), il fit un séduisant tableau de la prospérité financière, non sans s'élever « contre l'esprit d'entreprise qui tourne à la spéculation, contre les fortunes subites qui excitent outre mesure l'imagination et occasionnent des entraînements et des excès regrettables »; il blâma aussi l'excès de centralisation, la substitution de l'État à l'initiative privée, et le trop grand nombre des fonctionnaires. Il obtint successivement sa réélection : le 22 juin 1857, par 20,832 voix (20,995 votants, 39,219 inscrits); le 1er juin 1863, par 21,049 voix (21,601 votants, 35,099 inscrits); le 24 mai 1869, par 19,129 voix (30,975 votants, 38,608 inscrits). D'abord vice-président de l'assemblée, il fut appelé, par décret, à la présidence en 1867, après la mort de M. Walewski. Dans les dernières années de l'Empire, M. Schneider s'associa aux tentatives de retour aux formes parlementaires, contribua par ses conseils à faire écarter du ministère M. Rouher, et manifesta même l'intention de quitter la présidence du Corps législatif parce que la croix de grand-officier de la Légion d'honneur venait d'être donnée à un des chefs du parti autoritaire, M. Jérôme David (1869). Il consentit à reprendre sa démission sur les instances de l'empereur, et fut renommé président, cette fois à l'élection (1869-1870). M. Schneider eut plus d'une fois à lutter, comme président, contre les orateurs de l'opposition; il dirigea, le 4 septembre 1870, les débats de la dernière séance du Corps législatif. Lorsque la salle fut envahie par le peuple, il l'exhorta à se retirer et à laisser les députés délibérer paisiblement. Il se réclama, dans cette circonstance, de l'appui de Gambetta, qui donnait à la foule les mêmes conseils. Mais, devant l'inutilité de ses avis, M. Schneider descendit du fauteuil, et quitta l'assemblée. Il passa ses dernières

années dans une retraite absolue, au point de vue politique. Régent de la Banque de France, président du conseil d'administration de plusieurs grandes sociétés industrielles, c'est surtout comme directeur de l'usine du Creuzot, dont il a renouvelé l'outillage et considérablement accru l'importance, que M. E. Schneider passe pour avoir montré des capacités de premier ordre. Frappé, en 1874, d'une attaque d'apoplexie, il resta presque complètement paralysé, et succomba le 27 novembre 1875. Grand-croix de la Légion d'honneur (1863).

SCHŒLCHER (Victor), représentant en 1848, en 1849 et en 1871, membre du Sénat, né à Paris le 22 juillet 1804, fils d'un fabricant de porcelaine, fit ses études à Louis-le-Grand et entra de bonne heure dans le journalisme. Indépendant par sa fortune, il visita, en 1829, l'Amérique du Nord, prit en main, à son retour, la cause de l'abolition de l'esclavage, signa en 1833, dans l'Artiste, le compte rendu du salon de peinture, et fit une vive opposition au gouvernement de juillet dans la Revue républicaine, la Revue indépendante, le Journal du Peuple, la Réforme, etc. Il retourna aux Antilles (1840), parcourut l'Egypte, la Grèce, le Sénégal, rentra en France le 3 mars 1848, et fut immédiatement nommé sous-secrétaire d'État au ministère de la Marine; il prépara, en cette qualité, le décret qui abolissait l'esclavage dans nos colonies. Élu, le 9 août 1848, représentant de la Martinique à l'Assemblée nationale, le 3e et dernier, par 19,117 voix sur 20,698 votants, et, treize jours après (22 août), représentant de la Guadeloupe, le 2e sur 3, par 16,038 voix sur 33,731 votants, il opta pour la Martinique, fit partie du comité de l'Algérie et des colonies, prit place à la Montagne dont il fut vice-président, parla en faveur des noirs, demanda l'élection des officiers dans l'armée jusqu'au grade de capitaine, déposa un amendement par lequel les compagnies de chemin de fer furent obligées de clore les voitures de troisième classe, réclama l'abolition de la peine de mort, et se prononça pour l'abolition du remplacement militaire, contre la sanction de la Constitution par le peuple, pour le droit au travail, pour l'ensemble de la Constitution, contre l'expédition de Rome, pour la suppression de l'impôt du sel, contre la proposition Rateau, pour la demande de mise en accusation du président et des ministres, pour l'abolition de l'impôt des boissons; il s'abstint sur l'ordre du jour en faveur de Cavaignac, et sur la mise en liberté des transportés (26 mai 1849), qui fut rejeté faute de quatre voix. Réélu, le 24 juin 1849, représentant de la Guadeloupe à l'Assemblée législative, le 1er sur 2, par 14,093 voix sur 18,478 votants et 29,375 inscrits, après avoir échoué, vingt jours auparavant (3 juin) à la Martinique, avec 3,617 voix sur 17,828 votants, il vit son élection invalidée; mais il fut réélu, à la Guadeloupe, le 13 janvier 1850, par 15,161 voix sur 18,196 votants et 28,520 inscrits. Il continua de siéger et de voter avec la minorité républicaine, et il fut l'un des sept représentants qui, lors du coup d'État de décembre, accompagnèrent Baudin sur la barricade où ce dernier trouva la mort. Expulsé de France, il se retira en Angleterre, refusa de profiter de l'amnistie de 1859, et ne rentra à Paris qu'à la fin d'août 1870. Colonel d'état-major de la garde nationale après le 4 septembre, membre de la commission des barricades, commandant en chef de la légion d'artillerie, il signa, le 31 octobre, la proclamation qui autorisait l'élection du conseil municipal, et qui fut annulée par le gouvernement. En 1871, une triple élection l'envoya siéger à l'Assemblée nationale : le 8 février, il fut élu dans la Seine, le 10e sur 43, par 149,094 voix sur 328,970 votants et 517,353 inscrits; le 12 mars, à la Martinique, le 1er sur 2, par 4,831 voix sur 5,827 votants et 35,520 inscrits; le 2 avril, à la Guyane, par 2,762 voix sur 3,682 votants et 5,736 inscrits. Il opta pour la Martinique, prit place à l'extrême-gauche de l'Assemblée de Bordeaux, et vota contre la paix. Lorsque éclata l'insurrection communaliste du 18 mars, M. Schœlcher fut replacé par les maires de Paris à la tête de la légion d'artillerie, et fit de vains efforts pour amener une entente entre Paris et Versailles. Arrêté par ordre de la Commune, il fut remis en liberté trois jours après, et revint prendre sa place à l'extrême-gauche à l'Assemblée de Versailles. Il se prononça contre l'abrogation des lois d'exil, contre la pétition des évêques, contre le pouvoir constituant de l'Assemblée, pour le service de trois ans, contre la démission de Thiers, contre le septennat, contre l'admission à titre définitif des princes d'Orléans dans l'armée, contre le ministère de Broglie, pour l'amendement Wallon, pour les lois constitutionnelles. Le 16 décembre 1875, l'Assemblée nationale l'élut sénateur inamovible, le 68e sur 73, par 306 voix sur 590 votants. Il se fit inscrire à l'Union républicaine, refusa la dissolution de la Chambre demandée par le cabinet du 16 mai (juin 1877), soutint la politique scolaire et coloniale des ministères républicains, renouvela (juillet 1876) sa proposition de l'abolition de la peine de mort, fut porté comme s'étant abstenu sur l'expulsion des princes, mais déclara qu'il avait voté pour, combattit la relégation des récidivistes surtout à la Guyane, et se prononça, en dernier lieu, pour le rétablissement du scrutin d'arrondissement (13 février 1889), pour la procédure de la haute cour contre le général Boulanger; il s'abstint sur le projet de loi Lisbonne restrictif de la liberté de la presse. On a de lui un grand nombre de publications sur la question de l'esclavage, quelques écrits politiques, parmi lesquels on ne doit pas compter les Amours de Napoléon III publiées sous son nom par un éditeur belge qu'il poursuivit de ce chef devant les tribunaux; quelques brochures écrites en anglais, telles que : Vie de Haendel (1857), le Repos du dimanche (1870), etc. Il a dirigé, en octobre 1882, le Moniteur des colonies, et s'est signalé par des dons d'objets ou de livres rares et curieux à plusieurs bibliothèques, au Conservatoire de musique, à l'École des Beaux-Arts, etc.

SCHONEN (AUGUSTIN-JEAN-MARIE, BARON DE), député de 1827 à 1837 et pair de France, né à Saint-Denis (Seine) le 12 février 1782, mort à Paris le 4 décembre 1849, « fils de messire Gaspard de Schonen, chevalier, major du 4e régiment de l'état-major de l'armée, chevalier de l'ordre de Saint-Louis, et de Marie-Louise de Salis », fit de brillantes études de droit et fut nommé en 1811 juge auditeur à la cour impériale de Paris. Pendant les Cent-Jours il remplit les fonctions d'avocat-général. La seconde Restauration le fit redescendre au poste de substitut; mais, en 1819, M. de Schonen, bien qu'ancien membre de la Vente suprême des Carbonari, fut promu conseiller à la cour royale, et, dans l'exercice de cette charge inamovible, fit preuve d'un libéralisme qui lui valut dans le parti constitutionnel une certaine popularité. Élu, le 17 novembre 1827, député du 5e arrondissement de Paris, par 814 voix (933 votants), contre 73 à M. Péan de Saint-Gilles, il siégea dans les rangs de l'opposition, avec laquelle il combattit le ministère Polignac, et vota l'Adresse des 221. Réélu, le 12 juillet 1830, par 913 voix (1,020 votants), contre 65 à M. Bonnet, il contribua de tous ses efforts au succès de la révolution : « Il n'est plus question, dit-il, lors de la réunion des protestataires dans les bureaux du National, il n'est plus question de discuter, mais d'agir; il faut traduire en actes les principes que nous avons proclamés; nous devons opposer la violence à la violence, et repousser la force par la force. » Membre de la commission municipale provisoire, il accompagna, avec deux autres commissaires, Charles X à Cherbourg, afin de surveiller son embarquement pour l'Angleterre. M. de Schonen devint, à la même époque, membre du conseil municipal de Paris et colonel de la 9e légion de la garde nationale. Désigné comme liquidateur de l'ancienne liste civile, il fut appelé par Louis-Philippe au poste de procureur général à la cour des comptes. Il remplit encore les fonctions de président de la commission de surveillance de la maison royale de Charenton, de membre du conseil d'administration de l'institution des jeunes aveugles, etc. Réélu député, le 5 juillet 1831, par 441 voix (812 votants), contre 404 à M. Chardel, puis, le 21 juin 1834, par 262 voix (489 votants, 598 inscrits), contre 136 à M. Boutarel, il ne cessa de soutenir la politique conservatrice et gouvernementale, tant à la Chambre des députés dont il fut le vice-président en 1832, 1833 et 1834, qu'à la Chambre des pairs, où il fut appelé à siéger le 3 octobre 1837, au grand scandale de ses anciens amis politiques, moins bien pourvus par le nouveau pouvoir, qui ne manquèrent pas alors de lui reprocher son « apostasie ». La révolution de février 1848 le rendit à la vie privée. On a de M. de Schonen des brochures anonymes et des discours, entre autres celui qu'il prononça en 1827 aux obsèques de Manuel et qui valut des poursuites à l'éditeur et à l'imprimeur. Commandeur de la Légion d'honneur et décoré de la croix de Juillet.

SCHRAMM (JEAN-PAUL-ADAM, VICOMTE), député de 1836 à 1839, pair de France, sénateur du second empire, ministre, né à Belnheim (Bas-Rhin) le 1er décembre 1789, mort à la Courneuve (Seine) le 25 février 1884, fils « de M. Adam Schramm, général de brigade, baron de l'empire, chevalier des ordres royaux d'Italie, de Wurtemberg et de Saxe, commandant de la Légion d'honneur et le département du Bas-Rhin, et de dame Marie-Madeleine Violet », entra au service à quinze ans comme sous-lieutenant d'infanterie légère. Aide de camp de son père à Austerlitz, chevalier de la Légion d'honneur le 14 mars 1806, capitaine dans la garde en 1807, après le siège de Dantzig où il se signala par sa bravoure, blessé à Heilsberg, il passa en Espagne en 1808, revint à la grande armée au moment de la rupture avec l'Autriche, assista à Essling et à Wagram, et retourna à la fin de 1809 en Espagne, où il devint chef de bataillon au 2e chasseurs-voltigeurs. Rappelé en 1812 à la grande armée, il fit la campagne de Russie, fut promu colonel au début de la campagne de Saxe, décida en partie de la victoire de Lutzen et fut fait baron de l'empire. Deux fois blessé et en danger de mort, il put cependant assister à la bataille de Dresde dans les rangs de la jeune garde, s'y distingua par sa bravoure, et fut nommé général de brigade le 25 septembre 1813. Employé dans le corps d'armée de Gouvion-Saint-Cyr, il prit part au siège de Dresde, et fut, en violation de la capitulation, emmené prisonnier de guerre en Hongrie. Rentré en France à la paix, il resta sans emploi pendant la première Restauration ; mais, aux Cent-Jours, il commanda le département de Maine-et-Loire et contribua à la défense de Paris. Fidèle à l'empire, il se retira après la seconde abdication, et vécut dans la retraite jusqu'en 1830. Il fut alors nommé conseiller d'État, commandant du Bas-Rhin (10 août), puis d'une brigade de Paris (31 décembre 1831). En cette qualité, il réprima énergiquement les tentatives insurrectionnelles des 5 et 6 juin 1832, et fut promu lieutenant général le 30 septembre suivant. Appelé à l'armée de Belgique, il commanda, pendant le siège d'Anvers, une division de réserve, et fut envoyé à Lyon, en 1834, pour réprimer l'émeute. Élu, le 23 janvier 1836, député du 6e collège du Bas-Rhin (Wissembourg) par 71 voix (108 votants, 147 inscrits), il fut appelé peu après aux fonctions de directeur du personnel au ministère de la Guerre, et dut se représenter devant ses électeurs qui le renommèrent, le 22 novembre 1836, par 74 voix (110 votants, 149 inscrits). Réélu de nouveau, le 4 novembre 1837, par 77 voix (111 votants, 152 inscrits), et nommé pair de France le 7 mars 1839, il ne put, en raison de ses fonctions militaires, se mêler activement aux débats politiques ; néanmoins, il vota *pour* les lois d'apanage et de disjonction et *pour* le ministère Molé. A la fin de 1839, il fut envoyé en Algérie comme chef d'état-major, fut blessé à la Mouzaïa et l'expédition de Miliauah. Après le départ du maréchal Valée, il remplit, du 19 janvier au 25 mars 1841, les fonctions de général gouverneur. A son retour en France, il fut créé comte par le roi, reprit alors sa place à la Chambre des pairs, présida diverses commissions militaires, et prépara l'ordonnance du 10 mai 1844 sur l'administration des corps de troupes. Schramm resta étranger aux événements de février 1848. Le 22 octobre 1850, le prince Louis-Napoléon lui confia le ministère de la Guerre, qu'il abandonna, le 9 janvier 1851, pour ne pas signer la révocation du général Changarnier ; il fut remplacé par le général Regnault de Saint-Jean-d'Angely. Nommé sénateur le 26 janvier 1852, il parut dans à la Chambre haute. Grand-croix de la Légion d'honneur du 17 août 1840, il a présidé, depuis 1817, le comité consultatif d'infanterie. Un décret spécial d'août 1880 l'avait maintenu sur le cadre d'activité, comme ayant commandé en chef devant l'ennemi.

SCHUTZENBERGER (GEORGES-FRÉDÉRIC), député de 1842 à 1845, né à Strasbourg (Bas-Rhin) le 8 avril 1799, mort à Strasbourg le 24 janvier 1859, fit son droit et fut reçu agrégé en 1829. Devenu professeur à la faculté de Strasbourg, maire de cette ville et conseiller général, il fut élu, le 9 juillet 1842, député du 2e collège du Bas-Rhin (Strasbourg), par 223 voix (311 votants, 404 inscrits). Il prit place au centre gauche, vota *contre* l'indemnité Pritchard, donna sa démission, et fut remplacé, le 26 juillet 1845, par M. Renouard de Bussière. Chevalier de la Légion d'honneur, il reprit ses fonctions à la faculté de droit de Strasbourg et les exerça jusqu'à sa mort.

SCHWENT (ÉTIENNE-FRANÇOIS-JOSEPH,) CHEVALIER DE SAINT-ÉTIENNE, député en 1789,

né à Strasbourg (Bas-Rhin) le 6 septembre 1748, mort à Paris le 5 juillet 1820, était syndic de la noblesse de la Basse-Alsace, quand il fut élu, le 8 avril 1789, député du tiers aux États-Généraux par la ville de Strasbourg, avec 97 voix (126 votants). Il prêta le serment du Jeu de paume, se montra favorable aux réformes, fit partie du comité des Finances, et vota avec le côté gauche ; le 30 octobre 1790, il s'opposa à ce qu'on suspendît les poursuites contre Westermann, accusé d'être l'un des auteurs des troubles de Haguenau. Élu, pendant la session, membre de l'administration du département du Bas-Rhin (3 juillet 1790), il vit cette nomination annulée et n'exerça ensuite de fonctions publiques qu'après le 13 brumaire, auquel il s'était rallié. Conseiller de préfecture le 1er germinal an VIII, juge au tribunal de cassation le 11 germinal an VIII, membre de la Légion d'honneur le 25 prairial an XII, il fut créé chevalier de l'empire le 10 septembre 1808, et remplit jusqu'à sa mort ses fonctions à la cour de cassation, avec le titre de conseiller, depuis la réorganisation de 1811.

SCHYLER (JEAN-HENRY), député au Corps législatif de 1852 à 1857, né à Bordeaux le 20 février 1801, mort à Bordeaux (Gironde) le 15 juin 1878, prit dans cette dernière ville la direction de l'importante maison de vins Schröder et Schyler fondée par son grand-père en 1739. Élu, le 29 février 1852, député de la 4e circonscription de la Gironde au Corps législatif, par 21,830 voix (22,893 votants, 37,583 inscrits), contre 781 à M. Duclos, il siégea à droite et opina avec la majorité dynastique jusqu'en 1857. A cette époque, il quitta la vie politique.

SCOTTI (ALBERT), député au Corps législatif en 1808, né à Plaisance (Italie) le 2 août 1763, mort à une date inconnue, était maire de sa ville natale, quand il fut nommé par l'empereur, le 21 septembre 1808, député du Taro au Corps législatif, sur la liste composée par le préfet du département. Il en sortit aux traités de 1814.

SCRÉPEL (ACHILLE), député de 1876 à 1885, né à Roubaix (Nord) le 22 janvier 1822, industriel et filateur dans sa ville natale, sans antécédents politiques, fut élu, le 16 juillet 1876, député de la 3e circonscription de Lille, en remplacement de M. Dereguaucourt décédé, par 5,286 voix (9,569 votants, 11,305 inscrits), contre 4,221 à M. Catteau. Il prit place à la gauche républicaine, fut l'un des 363 députés qui, au 16 mai, refusèrent le vote de confiance au ministère de Broglie, et fut réélu, comme tel, le 14 octobre 1877, par 5,252 voix (10,413 votants, 11,721 inscrits), contre 5,070 à M. Catteau. Son mandat lui fut renouvelé, le 4 septembre 1881, au second tour, par 5,651 voix (10,869 votants, 14,417 inscrits), contre 5,188 à M. Catteau. Il continua de siéger dans la majorité républicaine, appuya la politique scolaire et coloniale des ministères républicains, et, porté sur la liste républicaine du Nord, le 4 octobre 1885, échoua avec 116,667 voix, sur 202,696 votants.

SCRIVE (ALBERT-FRANÇOIS-JOSEPH), député au Conseil des Cinq-Cents, né à Lille (Nord) le 4 janvier 1754, mort à Lille le 23 février 1803, conservateur des hypothèques à Lille, fut élu, le 25 germinal an V, député du Nord au Conseil des Cinq-Cents, par 259 voix (301 votants). Il prit place parmi les modérés, fut membre de diverses commissions et vit son élection annulée au 18 fructidor. Rallié au 18 brumaire il devint, le 18 floréal an VIII, sous-préfet de Lille, et mourut en fonctions.

SÉBASTIANI (HORACE-FRANÇOIS-BASTIEN), COMTE DE LA PORTA, représentant aux Cent-Jours, député de 1819 à 1824, de 1826 à 1844, ministre, né à la Porta (Corse) le 15 novembre 1772, mort à Paris le 20 juillet 1851, fils de Joseph-Marie Sébastiani, tailleur, et de la signora Maria Piétra, fut élevé par un oncle prêtre, et destiné à l'état ecclésiastique. Obligé de passer en France à cause des troubles, il fut nommé sous-lieutenant d'infanterie (août 1789), suivit son bataillon en Corse en 1793, comme lieutenant, servit d'agent militaire aux représentants en mission, passa (1794) à l'armée des Alpes, comme aide-de-camp du général Casabianca, et fut nommé capitaine au 9e dragons. Il se distingua à Arcole, fut promu chef d'escadron (septembre 1797), puis chef de brigade (avril 1799), et fut fait prisonnier à Verderio. Rendu à la liberté, et attaché au général Bonaparte, dont il se prétendit depuis le parent, il coopéra au coup d'État de brumaire, se battit à Marengo, fut chargé d'une mission en Turquie et en Égypte en 1802, fut nommé, au retour, général de brigade (août 1803), et envoyé à l'armée des côtes de Bretagne. Blessé à Austerlitz, et fait général de division (21 décembre 1805), il fut envoyé en ambassade à Constantinople, et décida la Turquie à déclarer la guerre à la Russie et à résister aux Anglais; il défendit lui-même la ville contre la flotte anglaise qui dut se retirer; mais la déposition du sultan Sélim III, en modifiant la politique turque, lui fit demander son rappel (juin 1807); l'empereur le nomma grand cordon de la Légion d'honneur. Envoyé en Espagne (août 1808), il remporta d'abord des succès, et fut créé comte de l'Empire le 31 décembre 1809; puis il se laissa souvent surprendre: « En vérité, disait Napoléon, Sébastiani me fait marcher de surprise en surprise. » Ses bulletins étaient victorieux quand même, et l'empereur dut écrire au maréchal Jourdan : « Mon cousin, vous ferez savoir au général Sébastiani qu'il résulte de toutes les victoires qu'il remporte en Espagne, qu'il a perdu deux pièces de canon au lieu d'en avoir pris par centaines. La valeur de ces bouches à feu sera retenue sur ses appointements. » Après une courte disgrâce, il prit part à la campagne de Russie, se distingua à Smolensk et à la Moskowa, commanda l'avant-garde pendant la retraite, se battit vaillamment pendant les campagnes de Saxe et de Fleurus, et, après l'abdication, se rallia aux Bourbons. Louis XVIII le fit chevalier de Saint-Louis. Au retour de l'île d'Elbe, il revint à l'empereur, et, le 7 mai 1815, fut élu représentant à la Chambre des Cent-Jours par l'arrondissement de Vervins, avec 70 voix sur 75 votants et 179 inscrits. Il y défendit la dynastie, et, à la séance du 21 juin, proposa à la Chambre de mander tous les chefs de légion de la garde nationale, afin de veiller à la sûreté de l'assemblée. Il fut l'un des six commissaires envoyés par la Chambre auprès des alliés, pour leur demander la liberté pour la France de choisir son gouvernement. A la seconde rentrée des Bourbons, il passa en Angleterre, et, de retour en 1816, fut mis en demi-solde. Élu, le 22 septembre 1819, député du grand collège de la Corse par 22 voix sur 33 votants, il siégea dans l'opposition, et défendit contre les ministres les libertés constitutionnelles. Les efforts du minis-

tère de Villèle empêchèrent sa réélection en 1824; mais, le 27 janvier 1826, il fut réélu député, dans le 3e arrondissement électoral de l'Aisne (Vervins) par 117 voix sur 190 votants et 227 inscrits, contre 77 à M. de Brancas de Céreste, en remplacement du général Foy décédé. Il reprit sa place à gauche, attaqua la politique des ministres qui « se proposait la ruine de nos institutions constitutionnelles », contesta au roi, lors des affaires de Saint-Domingue, le droit de céder, sans l'approbation des Chambres, aucune portion du territoire de la monarchie, et fut réélu, le 17 novembre 1827, par 137 voix sur 198 votants et 213 inscrits, contre 59 à M. de Caffarelli. Rapporteur de la commission des lois départementales et communales (1829), il obligea par ses critiques le ministère à les retirer, et vota l'Adresse des 221. Réélu, le 23 juin 1830, par 143 voix sur 194 votants et 218 inscrits, contre 41 à M. de Fléhrac, il seconda l'avènement au trône du duc d'Orléans, dont il était l'ami, et, dès le 11 août 1830, fut nommé ministre de la Marine. Il dut, à cette occasion, se représenter devant ses électeurs, qui lui confirmèrent son mandat (le 21 octobre) par 178 voix sur 195 votants et 213 inscrits. Réélu député de Vervins, le 5 juillet 1831, par 203 voix sur 319 votants et 366 inscrits, contre 114 à M. Jacques Laffitte, il fut, le même jour, élu dans le 2e collège de la Corse (Bastia) par 102 voix sur 105 votants et 161 inscrits; il opta pour Vervins. Ce fut le 16 septembre suivant qu'en butte aux incessantes attaques de l'opposition, il répondit, non pas la phrase malheureuse qui lui fut si souvent reprochée : « L'ordre règne à Varsovie », mais « qu'au moment où l'on écrivait, la tranquillité régnait à Varsovie. » Il fit l'intérim du ministère de la Guerre du 24 novembre au 11 décembre 1831, donna sa démission de ministre des Affaires étrangères le 11 octobre 1832, fut nommé, le 22 mars 1833, ministre d'État sans département, résigna ces fonctions, le 1er avril 1834, sur le refus de la Chambre d'approuver le traité provisoire qu'il avait signé avec les États-Unis, et accepta l'ambassade de Naples, trois jours après. Les électeurs de Vervins le renvoyèrent à la Chambre, le 14 mai 1834, par 168 voix sur 315 votants et 394 inscrits, contre 145 à M. Jourdin. Nommé, le 7 janvier 1835, ambassadeur à Londres, il fut remplacé, comme député à Vervins, le 15 janvier, par M. Quinette, se représenta en Corse, le 26 décembre 1835, lors de l'élection partielle motivée par la nomination de son frère, M. Tiburce Sébastiani, au commandement de la 17e division militaire, et fut élu député du 1er collège (Ajaccio) par 95 voix sur 97 votants et 151 inscrits. Son ambassade de Londres fut marquée par les graves incidents de la constitution du royaume de Belgique, du droit de visite, des affaires d'Orient. Bien que ne siégeant plus en fait à la Chambre, les électeurs d'Ajaccio lui maintinrent son mandat, le 13 novembre 1837, par 82 voix sur 144 votants et 154 inscrits, et, le 9 mars 1839, par 95 voix sur 137 votants. Le 7 février 1840, il céda l'ambassade de Londres à M. Guizot, fut promu maréchal de France le 21 octobre suivant, et fut réélu député à cette occasion, le 20 décembre, par 102 voix sur 102 votants. Frappé de plusieurs attaques d'apoplexie, il ne s'intéressa plus que fort peu aux débats parlementaires, fut réélu, le 12 juillet 1842, par 97 voix sur 117 votants et 137 inscrits, et, aux élections du 8 août 1846, obtint la majorité dans les deux collèges électoraux de la

Corse, dans le 1ᵉʳ (Ajaccio) à l'unanimité de 102 voix par 102 votants et 155 inscrits, dans le 2ᵉ (Bastia) avec 186 voix sur 190 votants et 253 inscrits. Il opta pour Ajaccio, et fut remplacé à Bastia, le 10 octobre suivant, par M. du Roure. L'assassinat de sa fille, la duchesse de Praslin (17 août 1847), acheva de ruiner sa santé déjà fort ébranlée. Il languit encore pendant quatre ans, et mourut à 76 ans. Son corps fut inhumé aux Invalides. « Il avait, dit un historien, un physique des plus séduisants, une de ces allures qui font insurrection dans les salons et dans les boudoirs ; de longs cheveux bouclés encadrent merveilleusement sa tête harmonieuse, qui semble une conception raphaëlique. » Marié en premières noces (1805) à Mlle de Coïgny, qui mourut en couches en 1807, il était, par son second mariage avec Mlle de Gramont, proche parent du prince de Polignac. On a de lui *État actuel de la Corse* (1821), sous le pseudonyme de P. S. Pompéi.

SÉBASTIANI (JEAN-ANDRÉ-TIBURCE, VICOMTE), député de 1828 à 1847, et pair de France, né à la Porta (Corse) le 21 mars 1786, mort à Bastia (Corse) le 16 septembre 1871, frère du précédent, fut élevé au Prytanée de Paris, puis de l'École militaire de Fontainebleau, et fut nommé en 1806 sous-lieutenant au 1ᵉʳ dragons. Il servit d'abord en Portugal, où il prit part à la bataille de Vimeira, puis en Espagne, sous les ordres de son frère (1809-1811), se distingua au combat de Ciudad-Réal, de Santa-Cruz, de Talavera, d'Almonacid, au passage de la Sierra Morena, à la prise de Malaga, et reçut le commandement de colonnes mobiles, à la tête desquelles il combattit tour à tour les Espagnols et les Anglais, notamment à Motril, dont il s'empara, et sous les murs de Gibraltar. Appelé, en 1812, à la grande armée, il fit la campagne de Russie, montra de la bravoure à la Moskowa, fut fait colonel en 1813, combattit à Leipzig et à Hanau, et fit preuve d'un réel dévouement pendant la campagne de 1814 ainsi qu'à Waterloo. Après un dernier combat livré à la Patte-d'Oie pendant la retraite, il se retira avec les restes de l'armée derrière la Loire. Au retour des Bourbons, il se rendit dans son pays natal, et, trois ans plus tard, en 1818, il reçut le commandement de la légion corse. Nommé maréchal de camp à l'ancienneté, en 1823, il ne tarda pas à être mis en non-activité à cause de ses idées politiques et surtout à cause de l'attitude politique de son frère. Le 28 avril 1828, le grand collège de la Corse, par 20 voix sur 35 votants, l'envoya siéger à la Chambre des députés. Il vota avec le parti constitutionnel. A la fin de la même année, il prit part à l'expédition de Morée et s'empara de Coron. De retour en France, il fut réélu député (17 novembre 1830) par 22 voix (37 votants), et reçut de la monarchie de juillet le grade de lieutenant-général, le 27 février 1831. En 1832 il assista au siège d'Anvers. Réélu député, le 5 juillet 1831, dans le 1ᵉʳ collège de la Corse (Ajaccio), par 93 voix sur 97 votants, 118 inscrits, puis, le 5 juillet 1834, par 97 voix sur 98 votants, 150 inscrits, il ne cessa de soutenir de ses votes le gouvernement de Louis-Philippe. Élevé à la pairie le 3 octobre 1837, il suivit au Luxembourg la même ligne de conduite, devint commandant de la division militaire de Marseille, et, en 1842, de celle de Paris, qu'il conserva jusqu'au 23 février 1848. Très attaché à la monarchie de juillet, il fit un accueil très réservé aux démarches de M. Pietri

chargé, en 1847, de présenter aux Chambres la pétition du roi Jérôme demandant l'autorisation de rentrer en France. M. Pietri dut lui rappeler qu'il avait pris, en 1831, devant les électeurs de la Corse, l'engagement de « travailler à la rentrée de la famille Bonaparte en France », pour le rendre favorable à l'objet de sa mission. M. Tiburce Sébastiani se retira en Corse après la révolution de 1848, et resta à l'écart de la politique. Grand-croix de la Légion d'honneur du 5 janvier 1845.

SÉBERT (LOUIS-EUGÈNE), représentant en 1871, député en 1876, né à Villeneuve-sur-Verberie (Oise) le 15 mai 1811, mort le 3 juillet 1876, fit son droit à Paris et y acheta une étude de notaire (1848). Président de la chambre des notaires (1864), il refusa, le 11 mars 1871, d'obtempérer aux ordres du délégué à la justice de la Commune, Protot, qui enjoignait aux notaires de faire acte d'adhésion au nouveau pouvoir dans les vingt-quatre heures, sous peine d'être considérés comme démissionnaires. Cet exemple, qui fut suivi par tous les notaires de Paris, valut à M. Sébert son élection à l'Assemblée nationale, lors des élections complémentaires du 2 juillet 1871, ou remplacement de 21 représentants, morts, démissionnaires ou ayant opté pour d'autres départements. Élu représentant de la Seine, le 18ᵉ sur 21, par 90,416 voix (290,823 votants, 458,771 inscrits), il prit place au centre gauche, vota contre la pétition des évêques, contre le service de trois ans, pour la démission de Thiers, pour le septennat, pour l'amendement Wallon et pour les lois constitutionnelles, et fut rapporteur (1875) du projet de loi sur l'hypothèque des navires. Réélu, le 20 février 1876, député de l'arrondissement de Senlis, par 9,882 voix (10,682 votants, 23,876 inscrits), contre 9,587 à M. Picard, il mourut en juillet suivant ; il fut remplacé, le 1ᵉʳ octobre, par M. Franck-Chauveau.

SÉBIRE (GILLES-FRANÇOIS), député en 1791, né à Saint-Malo (Ille-et-Vilaine) le 20 octobre 1760, mort à une date inconnue, cultivateur, devint, à la Révolution, officier municipal et administrateur du district de Dol, et fut élu, le 2 septembre 1791, député d'Ille-et-Vilaine à l'Assemblée législative, le 7ᵉ sur 10, à la pluralité des voix. Membre de la commission des ports, il fit un rapport sur la concession des grèves du Mont-Saint-Michel. Après la session, il rentra dans l'obscurité. Le gouvernement consulaire, qui ne manquait aucune occasion de s'attacher les membres des anciennes assemblées, le nomma (germinal an IX) conseiller du premier arrondissement d'Ille-et-Vilaine.

SÉBIRE (AUGUSTE-LOUIS-HYACINTHE), membre du Sénat, né à Valognes (Manche) le 2 novembre 1807, étudia la médecine, fut reçu docteur (1831), et exerça cette profession dans sa ville natale. Maire de Valognes de 1848 à 1851, il le redevint en 1878, représenta pendant de longues années le canton de Valognes au conseil général de la Manche, et se porta candidat républicain à la députation dans l'arrondissement de Valognes le 20 février 1876 ; il échoua avec 3,452 voix contre 9,713 à l'élu conservateur, M. Le Marois, et 1,792 à M. l'ain. Lorsque le décès de M. Dufresne eut créé une vacance dans la représentation sénatoriale de la Manche, M. Sébire vit sa candidature adoptée par le parti républicain, et fut élu, le 7 juin

1885, sénateur du département par 745 voix (1,232 votants), contre 471 au vice-amiral de Gucsdon, monarchiste. Il siégea à gauche, vota avec la majorité, *pour* l'expulsion des princes, *pour* la nouvelle loi militaire, et fut réélu, au renouvellement triennal du 5 janvier 1888, par 772 voix (1,247 votants). En dernier lieu, M. Sébline s'est prononcé *pour* le rétablissement du scrutin d'arrondissement (13 février 1889), *pour* le projet de loi Lisbonne restrictif de la liberté de la presse, *pour* la procédure de la haute cour contre le général Boulanger. Officier de la Légion d'honneur et vice-président du conseil général de la Manche.

SÉBLINE (CHARLES-NICOLAS), membre du Sénat, né à Saint-Pellerin (Manche) le 4 juin 1816, commença ses études au lycée de Coutances, les acheva à Paris au lycée Saint-Louis, et devint, très jeune encore, secrétaire de Léonor Havin, directeur du *Siècle*. Après le 4 septembre 1870, à vingt-quatre ans, il fut nommé secrétaire général du département de la Manche. Il remplit ensuite les mêmes fonctions dans le département de l'Eure, puis dans celui de l'Aisne, et fut nommé, peu de temps après, préfet des Pyrénées-Orientales, puis préfet de Vaucluse. Le gouvernement du Seize-Mai le révoqua. Réintégré dans l'administration en 1877, M. Sébline fut appelé à la préfecture de l'Aisne. Il exerçait ces fonctions lorsque, les électeurs sénatoriaux du département ayant été convoqués pour donner un successeur à M. de Saint-Vallier décédé, il fut désigné comme candidat par un groupe de républicains. Le 4 avril 1886, il fut élu sénateur par 973 voix (1,368 votants), contre 394 à M. Sandrique. Mais le scrutin fut annulé par le Sénat pour une double raison : d'abord parce que l'élu, préfet démissionnaire, n'avait pas cessé ses fonctions depuis six mois entiers ; en second lieu, parce qu'il n'avait pas atteint l'âge de quarante ans fixé par la loi. Le 16 mai de la même année, M. Sébline se représenta : il fut réélu par 984 voix (1,349 votants), contre 364 à M. Sandrique. La première des deux conditions se trouvait alors remplie ; mais il s'en fallait de quelques jours que la seconde le fût également : l'élection fut de nouveau cassée. Un troisième scrutin (4 juillet 1886) donna à M. Sébline 1,021 voix (1,214 votants), contre 214 à M. Sandrique, et l'ex-préfet de l'Aisne fut, cette fois, admis à siéger. Il prit place au centre gauche, parla (mars 1887) contre la convention commerciale conclue avec la Grèce, et vota pour la nouvelle loi militaire, et, en dernier lieu, *pour* le rétablissement du scrutin d'arrondissement (13 février 1889), *pour* le projet de loi Lisbonne restrictif de la liberté de la presse ; il s'abstint sur la procédure de la haute cour contre le général Boulanger.

SECONDS (JEAN-LOUIS), membre de la Convention, né à Rodez (Aveyron) en 1744, mort à Paris le 6 décembre 1819, était homme de loi à Rodez avant la Révolution. Élu, le 8 septembre 1792, député de l'Aveyron à la Convention nationale, le 6e sur 9, par 310 voix (482 votants), il prit place à la Montagne et s'exprima ainsi, dans le procès du roi, au 3e appel nominal : « Citoyens législateurs, comme homme, comme citoyen, comme juge, comme législateur, pour le salut de ma patrie, pour la liberté du monde et le bonheur des hommes, je vote pour la mort et la mort la plus prompte de Louis. Il est ridicule, il est ab-

surde de vouloir être libre, d'oser seulement en concevoir la pensée, quand on ne sait pas, quand on ne veut pas punir les tyrans. Je n'en dirai pas ici davantage, le surplus de mes motifs est imprimé sous mon nom pour répondre à la nation, à l'Europe, à l'univers de mon jugement. » Il vota également contre l'appel au peuple et contre le sursis, et ne joua dans l'assemblée qu'un rôle très effacé. Après la session, il fut quelque temps commissaire du Directoire exécutif, puis vécut dans la retraite à Paris.

SÉDILLEZ (MATHURIN-LOUIS-ETIENNE), député en 1791, et au Conseil des Anciens, membre du Tribunat, député au Corps législatif de 1811 à 1815, né à Nemours (Seine-et-Marne) le 19 décembre 1745, mort à Nemours le 24 septembre 1820, « fils de maître Mathurin Sédillez, avocat en parlement du bailliage de Nemours, y demeurant, et de dame Marie-Louise Debonnaire », fit son droit à Orléans, et se fixa comme avocat à Nemours ; il était procureur du roi en la maîtrise des eaux et forêts du Nemours, au moment de la Révolution. Il embrassa avec ardeur les idées nouvelles, devint président de l'administration du district de Nemours puis président du tribunal de district, et fut élu, le 31 août 1791, député de Seine-et-Marne à l'Assemblée législative, le 2e sur 11, par 205 voix (279 votants). Membre et rapporteur du comité de législation, il proposa, le 9 février 1742, d'ordonner aux émigrés de rentrer en France sous peine d'une triple contribution ; le 27 juillet, il fit décréter qu'il ne serait plus délivré de passeports pour l'étranger, sauf aux agents du gouvernement ; le 12 septembre, il essaya, sans succès, de faire modifier la loi nouvelle sur le divorce. Après la session, il fut arrêté comme royaliste et resta onze mois en prison. Il ne recouvra la liberté qu'au 9 thermidor et vécut quelque temps dans la retraite. Élu, le 27 germinal an VI, député de Seine-et-Marne au Conseil des Anciens, il y défendit la liberté de la presse, se prononça contre l'emprunt forcé, s'opposa, le 21 août, à ce qu'on interdît aux fonctionnaires publics le droit de s'intéresser aux fournitures faites pour le compte du gouvernement ; au mois d'octobre suivant, il combattit la résolution qui proposait la peine de mort contre les signataires des stipulations faites avec les étrangers, et ayant pour but de changer la constitution. Partisan du général Bonaparte et du 18 brumaire, il fut appelé, le 19, à la Commission intermédiaire des Anciens, et, le 4 nivôse an VIII, au Tribunat. Il parut d'abord vouloir prendre place dans l'opposition, et se montra en effet hostile au projet de loi sur l'organisation administrative intérieure, demanda l'abolition de la peine de mort, l'institution d'un nouveau code pénal, plus humain, et se déclara l'adversaire du projet de code civil. Mais il se rétracta peu après, « au nom du bien public », et approuva ce qu'il avait précédemment blâmé. Sorti du Tribunat en l'an XII, il devint inspecteur général des Écoles de droit le 10 brumaire an XIII, fonctions qu'il exerça durant six ans. Élu, le 8 mai 1811, par le Sénat conservateur, député de Seine-et-Marne au Corps législatif, il fit partie de la commission de l'instruction publique, en sortit en 1815, et devint, à la Restauration, conseiller ordinaire de l'Université royale.

SÉE (CAMILLE), député de 1876 à 1881, né à Colmar (Haut-Rhin) le 10 mars 1847, neveu et gendre du docteur Germain Séo, étudia le droit à Strasbourg, se fit inscrire au barreau de Paris, et, en 1863, devint secrétaire de M. Groualle, avocat au conseil d'État et à la cour de Cassation. D'opinions républicaines modérées, il fut nommé secrétaire général du ministère de l'Intérieur le 10 septembre 1870, put sauvegarder le ministère pendant la journée du 31 octobre, fut félicité officiellement par le ministre, M. Ernest Picard, et quitta ce poste le 18 février 1871. Nommé sous-préfet de Saint-Denis le 15 juin 1872, il envoya sa démission à l'époque de la chute de Thiers (24 mai 1873). Élu, le 23 avril 1876, au second tour, député du 1er arrondissement de Saint-Denis, en remplacement de Louis Blanc, qui avait opté pour le 5e arrondissement de Paris, par 6,303 voix (12,567 votants, 18,876 inscrits), contre 5,763 à M. Bonnet-Duverdier, radical, il prit place à la gauche républicaine, qui le fit entrer dans son bureau, et fut l'un des 363 députés qui, au 16 mai, refusèrent le vote de confiance au ministère de Broglie. Réélu, le 14 octobre 1877, par 13,429 voix (15,132 votants, 19,114 inscrits), il devint secrétaire de la Chambre et membre de plusieurs commissions, et déposa, le 28 octobre 1878, une proposition de loi sur l'enseignement supérieur des jeunes filles, dont Broca fut le rapporteur au Sénat, en juin 1880; il déposa aussi (mai 1880) une proposition de loi sur la capacité civile de la femme. Il échoua aux élections du 4 septembre 1881, avec 1,471 voix, contre 10,326 à l'élu, M. Delattre, radical, et 129 à M. Épailly, et reprit alors sa place au barreau.

SÉELIGMANN. — *Voy.* EICHTAL (D').

SÉGAUVILLE (Louis, BARON DE), représentant à la Chambre des Cent-Jours, né à Lavaur (Tarn) le 11 octobre 1776, mort à Saint-Pierre (Tarn) le 7 avril 1844, « fils de Thomas Ségauville, docteur-médecin, et de dame Marguerite Devoisins », s'engagea en 1790, servit au 22e chasseurs à cheval, fit les campagnes d'Italie, passa lieutenant aux guides de Bonaparte et capitaine dans les grenadiers à cheval de la garde consulaire, Major à Austerlitz, baron à Wagram, lieutenant-colonel et aide-de-camp de Bessières, avec lequel il fit la campagne de Russie, fut nommé, le 21 avril 1813, colonel du 2e hussards, et se signala durant la campagne de France en 1814. Élu, le 16 mai 1815, suppléant à la chambre des Cent-Jours par le 1er arrondissement de Lavaur, avec 16 voix (25 votants), contre 9 à M. Tréneuil, avocat, il siégea de suite, en remplacement de M. Corbière, qui avait opté pour le grand collège du même département. Mis en non-activité à la seconde Restauration, puis à la retraite le 16 juillet 1823, il fut rappelé à l'activité, comme colonel, le 10 décembre 1830, fut promu maréchal de camp le 2 avril 1831, commandeur de la Légion d'honneur le 16 novembre 1832, et reçut le commandement du département de Lot-et-Garonne.

SEGRETAIN (Louis-François Laurent), député au Conseil des Anciens, né et mort à des dates inconnues, négociant à Laval, fut élu, le 23 vendémiaire an IV, député de la Mayenne au Conseil des Anciens, par 71 voix (138 votants). Il fut membre de plusieurs commissions, notamment de celle chargée de la comptabilité nationale, et devint liquidateur particulier de la liquidation générale de la dette publique. Son rôle politique n'a pas laissé d'autres traces.

SEGRETAIN (Esprit-Adolphe), député au Corps législatif de 1852 à 1857, né à Laval (Mayenne) le 15 octobre 1818, mort le 7 février 1862, de la famille du précédent, propriétaire, fut porté candidat du gouvernement au Corps législatif le 29 février 1852, et élu député de la 3e circonscription de la Mayenne par 7,428 voix (18,671 votants, 27,756 inscrits), contre 5,462 à M. Martinet et 5,475 à M. de Vaujuas. Il vota constamment avec la majorité dynastique. Le 22 juin 1857, il échoua, au second tour de scrutin, avec 7,988 voix contre 11,336 à l'élu, M. Halligon, de l'opposition, et ne se représenta plus.

SÉGRETIER (Jacques-Claude-Florimond), député en 1791, né en 1753, mort à une date inconnue, propriétaire à Boissise-le-Bertrand (Seine-et-Marne), et administrateur du département, fut élu, le 2 septembre 1791, 1er suppléant de Seine-et-Marne à l'Assemblée législative, par 171 voix (227 votants). Admis à siéger le 2 novembre 1791, en remplacement de M. de Jaucourt, démissionnaire, il ne se fit pas remarquer dans la majorité, rentra dans la vie privée après la session, et devint conseiller général de son département sous le Consulat.

SEGRIS (Alexis-Émile), député au Corps législatif de 1859 à 1870 et ministre, né à Poitiers (Vienne) le 4 mars 1811, mort le 7 septembre 1880, étudia le droit dans sa ville natale et se fit inscrire au barreau d'Angers. Bâtonnier de l'ordre, adjoint au maire de la ville, conseiller général du canton nord-est d'Angers, il se présenta, comme candidat officiel au Corps législatif, le 27 novembre 1859, dans la 1re circonscription de Maine-et-Loire (Angers), et fut élu député par 19,369 voix (23,113 votants, 33,866 inscrits), contre 3,631 à M. de Cumont. Il remplaçait M. Duboys, nommé premier président. M. Segris siégea dans la majorité dynastique, dont il fut un des orateurs les plus distingués, se prononça contre l'abrogation de la loi de sûreté générale, appuya le gouvernement à propos de l'expédition du Mexique, et, réélu le 1er juin 1863, par 22,019 voix (27,675 votants, 41,245 inscrits), contre 5,404 à M. Ch. Giraud, et le 24 mai 1869, par 22,001 voix (31,984 votants, 42,135 inscrits), contre 9,682 à M. Cubain, fut le constant approbateur du gouvernement impérial, qu'il suivit dans son évolution libérale à la fin du règne. L'empereur avait pensé à lui, en 1867, pour le portefeuille de l'Intérieur; la note confidentielle remise, à cette occasion, par M. Rouher, au chef de l'État, portait : « Ce député a du talent de parole, il riposte avec vigueur; seulement ne serait-il pas très irrésolu dans la conduite des affaires publiques? On le pense généralement. » Signataire de l'interpellation des 116, M. Segris reçut, lors de la formation du cabinet É. Ollivier (2 janvier 1870), le portefeuille de l'Instruction publique, qu'il garda jusqu'au 13 avril. Le nouveau ministre nomma une commission de hautes études dont la présidence fut conférée à M. Guizot, révoqua M. Le Verrier de ses fonctions de directeur de l'Observatoire (5 février), adressa en avril une circulaire aux préfets, relativement au service de l'instruction primaire, ferma pour un mois l'École de médecine, à la suite de manifestations qui s'y étaient produites contre le professeur Tardieu, et fut appelé, le 14 avril, à succéder à M. Buffet comme ministre des Finances. Ce fut à ce titre qu'il fut chargé, au mois de juillet suivant, de l'emprunt de 750 millions, contracté par le gouvernement après la déclaration de guerre à la Prusse. Contraint de quitter le pouvoir le 8 août, en même temps que M. Em. Ollivier, il le reprit, après le 4 septembre, sa place au barreau et ses fonctions de juge suppléant au tribunal d'Angers. Commandeur de la Légion d'honneur (1867).

SÉGUIER (Jean-Antoine-Mathieu, baron), pair de France, né à Paris le 21 septembre 1768, mort à Paris le 3 août 1848, fils d'Antoine-Louis Séguier, conseiller au parlement, et de Marguerite-Henriette de Vassal, fut reçu avocat en 1789 et nommé conseiller du roi et substitut du procureur général peu de temps avant la suppression des parlements. Il quitta la France en mars 1791, n'y revint qu'après la chute de Robespierre et, par la protection de Cambacérès, son parent, entra dans la magistrature sous le Consulat. Commissaire du gouvernement près le tribunal de la Seine en frimaire an IX, président de la cour d'appel de Paris, en remplacement de Treilhard, le 8 décembre 1802, commandeur de la Légion d'honneur le 25 prairial an XII, il participa à la rédaction du code de procédure civile. Baron de l'Empire du 8 janvier 1809, M. Séguier témoigna d'abord à Napoléon un enthousiasme sans bornes ; il s'écriait après Tilsitt : « Napoléon est au delà de l'histoire humaine ; il appartient aux temps héroïques ; il est au-dessus de l'admiration ; il n'y a que l'amour qui puisse s'élever jusqu'à lui. » Néanmoins, le 6 avril 1814, Séguier proposa à la cour de déclarer que, « sentant tout le prix des efforts qui ont enfin délivré la France d'un joug tyrannique », elle adhérait à la déchéance de l'empereur. Le 18 avril, il complimentait le comte d'Artois, puis le 2 mai, Louis XVIII, qui, dit-on, ne put s'empêcher de sourire en reconnaissant dans le discours de Séguier des réminiscences peu dissimulées d'une harangue adressée jadis par le même Séguier au « tyran » déchu. Aux Cent-Jours, l'empereur destitua et exila M. Séguier ; la seconde Restauration le rétablit dans sa charge de premier président, et le nomma pair de France le 17 août 1815. Il procéda, peu après, à l'intruction du procès du maréchal Ney, vota *pour* la mort lors du jugement, prononça, en 1816, un discours de rentrée qui attaquait les mœurs du temps et qui fut chansonné avec finesse par Béranger, et, après l'attentat de Louvel, demanda au roi le rétablissement de la torture ; il fut chargé de l'instruction du procès. Il était alors vice-président de la Chambre des pairs. L'exaltation de son royalisme parut diminuer un peu à l'avènement de Charles X, et son attitude comme président, dans l'affaire du *Constitutionnel* et du *Courrier français*, lui concilia les sympathies de l'opposition. Il conserva ses fonctions en 1830, reçut, en 1831, la grand-croix de la Légion d'honneur et se renferma de plus en plus dans ses occupations judiciaires, où il fit preuve d'un jugement prompt et facile, d'une intégrité scrupuleuse, et aussi d'un esprit de repartie et de boutade parfois peu en harmonie avec la haute situation qu'il occupait. Il mourut dans sa charge de premier président peu de mois après la révolution de février.

SÉGUIN (Philippe - Charles - François), membre de la Convention, député au Conseil des Cinq-Cents, né à Besançon (Doubs) le 17 janvier 1741, mort à Vaivre (Haut-Saône) le 23 janvier 1812, entra dans les ordres. Il était chanoine à Besançon lors de la Révolu-

tion, dont il embrassa avec ardeur les principes. Vice-président de l'administration départementale du Doubs, évêque constitutionnel du département (février 1791), il fut élu, le 5 septembre 1792, député du Doubs à la Convention, le 3e sur 6, par 230 voix (329 votants). Séguin siégea parmi les modérés et répondit au 3e appel nominal dans le procès du roi : « Louis Capet, incontestablement, s'est rendu coupable de haute trahison et de conspiration contre l'État. Obligé de répondre à la question : quelle est la peine que Louis doit subir ? je réponds d'abord que je ne partage point l'opinion de ceux qui croient devoir le condamner à mort. Je sais que c'est la peine prononcée par la loi contre tous les conspirateurs, et que de bien moins coupables que Louis y ont été condamnés. Mais, 1o cette loi est-elle applicable à Louis ? Et devons-nous ici, pouvons-nous même prononcer comme juges ? Je ne le pense pas.

« Si vous condamnez Louis à mort, ma crainte est que, loin de servir la nation française par ce grand acte de vengeance, vous ne serviez au contraire, contre elle, tous les despotes de l'Europe ; que leur donnant un nouveau prétexte de nous calomnier avec plus de fondement et d'avantages auprès des peuples, et s'armer d'une manière plus terrible contre notre liberté ; que vous ne serviez en même temps les projets de quelques ambitieux cachés qui n'attendent peut-être que ce moment et d'autres événements qu'ils peuvent faire naître, pour tenter de relever le trône, et de s'y placer eux-mêmes.

« Cette crainte peut-elle ne pas paraître au moins fondée, quand nous nous voyons environnés d'hommes achetés pour influencer, par leurs menaces surtout, le jugement à porter sur le ci-devant roi ? Sans doute, si, après un jugement à mort, quelques audacieux osent se montrer, si les despotes de l'Europe coalisés tentaient quelque invasion nouvelle sur le territoire de la république, les Français, incapables de reprendre leurs fers, sauront par leur énergie et leur courage les faire repentir bientôt, les uns et les autres, de leur témérité et de leur audace.

« Mais est-ce donc un vœu encore à former pour le peuple français, que de nouvelles victoires ? Aurions-nous déjà oublié ce que les premières nous ont coûté de victimes ? Au moins cette considération mérite d'être pesée ; car de quel danger pourrait être l'existence d'un ci-devant roi, devenu l'homme le plus méprisé et le plus avili ?

« J'ajoute que l'existence de Louis, en même temps qu'elle serait pour tous les despotes un exemple infiniment plus terrible que ne pourrait être sa mort, peut être au contraire utile à la nation, en lui servant d'otage et d'un garant de la paix.

« D'après ces considérations, je vote pour la réclusion de Louis Capet pendant tout le temps de la guerre, et le bannissement après le rétablissement de la paix. »

Il vota en outre pour l'appel au peuple et pour le sursis. Réélu, le 21 vendémiaire an IV, député du même département au Conseil des Cinq-Cents, par 144 voix (220 votants), il en sortit en l'an VII, et ne reparut plus sur la scène politique.

SÉGUR (Joseph-Marie, vicomte de), député en 1789, né à Paris le 5 février 1744, mort le 27 août 1815, entra fort jeune dans les armées du roi, et devint colonel du régiment de Champagne; il était maréchal de camp et chevalier de Saint-Louis à la Révolution. Élu, le 8 avril 1789, député de la noblesse aux États-Généraux par la sénéchaussée de Bordeaux, il refusa de s'associer aux réformes réclamées par la majorité, donna presque immédiatement sa démission, et fut remplacé, le 27 août 1789, par M. Dabbadye. Il émigra en 1791, rentra en France à l'époque du Consulat, mais n'exerça plus aucune fonction publique.

SÉGUR (Joseph-Alexandre-Pierre, comte de), député en 1789, né à Paris le 14 avril 1756, mort à Bagnères-de-Bigorre (Hautes-Pyrénées) le 27 juillet 1805, entra dans les armées du roi, devint colonel des régiments de Noailles, de Lorraine, des dragons de Ségur, et fut promu maréchal de camp le 19 mars 1788. Il quitta l'armée l'année suivante pour s'occuper de littérature, et fut élu, le 16 mai 1789, député de la noblesse aux États-Généraux par la ville de Paris. Il ne s'y fit remarquer que par son attachement au roi. Après la session, il reprit ses occupations littéraires, publia des chansons, des romans et des pièces de théâtre, fut poursuivi comme noble en 1793, et confia à un conventionnel, de ses amis, le manuscrit mal recopié, des *Mémoires de Besenval*, qui donna lieu, lors de sa publication, en 1805, à de nombreuses réclamations. On doit à M. de Ségur un grand nombre d'ouvrages parmi lesquels on peut citer: *Réflexions sur l'armée et sur les rapports à établir entre elle et les troupes nationa'es* (1789); *Essai sur l'opinion considérée comme une des principales causes de la révolution de 1789* (1790); *le Fou par amour*, drame en vers (1791); *l'Amant arbitre*, comédie, en vers (1799); *la Dame voilée* et le *Cabriolet jaune*, opéras-comiques (1800); *la Création du monde*, oratorio traduit de l'allemand (1801); *Ma prison depuis le 23 vendémiaire jusqu'au 10 thermidor* (1795); *Les femmes, leurs mœurs, leurs passions, leur influence* (1803), etc.

SÉGUR (Louis-Philippe, comte de), député au Corps législatif en l'an IX, membre du Sénat conservateur, pair de France, né à Paris le 10 décembre 1753, mort à Paris le 27 août 1830, fils du maréchal de Ségur (1724-1801), fit ses études à l'université de Strasbourg où il reçut les leçons du pasteur Koch, devint, en 1769, sous-lieutenant au régiment mestre-de-camp général, capitaine en 1772, et colonel en second du régiment d'Orléans en 1776. Il fréquenta fort assidûment Mme du Deffand et les beaux esprits du temps, et se lia avec Laharpe, Marmontel et Voltaire. En 1782, il prit part aux dernières affaires de la guerre d'Amérique, et devint, le 5 décembre de l'année suivante, colonel des dragons de Ségur. Après avoir travaillé quelques mois avec son père au ministère de la Guerre, il fut nommé, en octobre 1784, ambassadeur en Russie où il ne tarda pas à être apprécié de Catherine II; il lui adressait des épîtres et composait des pièces galantes pour son théâtre particulier. Il l'accompagna en Crimée en 1787, et profita de ce voyage, dont il a publié une relation, pour cimenter entre la France, la Russie, l'Autriche et l'Espagne, une alliance tendant au démembrement de la Turquie. Ce projet ayant échoué par l'insouciance de Louis XVI, Ségur revint en France en novembre 1789. Il se mêla au mouvement politique et se montra partisan des idées nouvelles. En mars 1791, il fut nommé, à la place du cardinal de Bernis, ambassadeur à Rome, mais le pape refusa de le recevoir. Il obtint, à

son retour, le grade de maréchal de camp et fut envoyé à Berlin, avec la mission de détacher la Prusse de la ligue conclue à Pilnitz. Mais le roi de Prusse ayant appris que Ségur apportait trois millions pour se rendre favorables les ministres et les favoris, lui tourna brutalement le dos le jour où il lui présenta ses lettres de créance (12 janvier 1792). A quelques jours de là, Ségur fut grièvement blessé en duel; il dut quitter Berlin au mois de mars suivant, refusa le portefeuille des Affaires étrangères que lui offrit le roi, et se retira à Chatenay, près de Sceaux, où il vécut dans la retraite pendant la plus grande partie de la Révolution. Sous le Directoire, il composa son *Histoire de Frédéric-Guillaume II* (1800), et se montra quelquefois aux dîners du Vaudeville. Le 18 brumaire le fit rentrer dans la vie publique. Élu, le 8 ventôse an IX, par le Sénat conservateur, député de l'Isère au Corps législatif, il demanda et obtint, en juillet 1802, l'ouverture d'un registre pour le vote des députés sur le Consulat à vie. Très dévoué à Bonaparte, qui lui avait pourtant demandé « s'il était parent du Ségur qui faisait des livres », il devint successivement conseiller d'État le 4 nivôse an XI, membre de la Légion d'honneur le 9 ventôse an XII, grand-officier du palais de l'empereur le 21 messidor an XII, grand-aigle de la Légion d'honneur le 14 pluviôse an XIII, comte de l'empire le 23 mai 1808, et membre du Sénat conservateur le 5 avril 1813. En 1814, durant la campagne de France, il fut nommé commissaire extraordinaire dans la 18e division militaire, mais n'eut pas le temps d'y organiser la défense. Il adhéra à la déchéance de l'empereur, se rendit au-devant de Louis XVIII à Compiègne, et fut nommé pair de France le 4 juin 1814. Pendant les Cent-Jours, il reprit ses anciennes fonctions auprès de l'empereur qui le nomma pair le 2 juin 1815. Il soutint énergiquement les droits de Napoléon II et offrit de suivre l'empereur partout où il irait. L'ordonnance royale du 24 juillet 1815 le destitua de ses charges et fonctions; mais il rentra à la Chambre des pairs le 19 novembre 1819, siégea assidûment et vota fréquemment avec le parti libéral. Il applaudit à la révolution de 1830 et au retour du drapeau tricolore, et fut l'un des premiers à adhérer au gouvernement de Louis-Philippe. Il mourut peu après. Membre de l'Académie française depuis 1803, M. de Ségur a publié un très grand nombre d'ouvrages, parmi lesquels on peut citer: *Pensées politiques* (Paris, 1795); *Théâtre de l'Hermitage* (1798); *Tableau historique et politique de l'Europe (1786-1796) contenant l'histoire des principaux événements du règne de Frédéric-Guillaume II, roi de Prusse, et un précis des révolutions du Brabant, de Hollande, de Pologne et de France* (1801); *Politique de tous les cabinets de l'Europe pendant les règnes de Louis XV et de Louis XVI, d'après les écrits de Favier* (1822); *Galerie morale et politique* (1817); *Romances et chansons* (1819); *Histoire de France*, jusqu'à la mort de Louis XI (1824-30); *Mémoires ou souvenirs et anecdotes* (1824). Il a donné lui-même une édition de ses *Œuvres complètes* (1824).

SÉGUR (Henry-Raymond-Eugène, comte de), pair de France, né à Paris le 15 février 1798, mort au Château de Méry-sur-Oise (Oise) le 15 juillet 1863, « fils d'Octave-Gabriel-Henry de Ségur, citoyen français, et de Marie-Félicité-Henriette d'Aguesseau », et petit-fils du précédent, fut admis à siéger à la Chambre des pairs, le 9 septembre 1830, à titre héréditaire, en remplacement de son grand-père décédé. Il prit place dans la majorité conservatrice, soutint constamment le pouvoir de ses votes et rentra dans la vie privée à la révolution de 1848.

SÉGUR (Philippe-Paul, comte de), pair de France, né à Paris le 4 novembre 1780, mort à Paris le 25 février 1873, le second des fils du comte Louis-Philippe de Ségur (*Voy. plus haut*) et de « très haute et très puissante dame, madame Antoinette-Elisabeth-Marie d'Aguesseau », passa une partie de sa jeunesse en Angleterre, termina ses études dans sa famille, à Chatenay, et s'engagea, après le coup d'État de brumaire, dans les chasseurs à cheval de la garde consulaire. Il fit comme sous-lieutenant la campagne de 1800 dans l'armée de Moreau, et assista à Hohenlinden. Aide-de-camp de Macdonald à l'armée des Grisons, puis en Danemark, il se fit remarquer par Junot, qui le fit entrer dans l'état-major particulier de Bonaparte ; celui-ci le prit en affection, et lui confia la garde et la sûreté de sa personne. Capitaine en 1801, et chargé d'une inspection militaire en Belgique et sur le Rhin, il partit en 1805 avec la grande armée, fut envoyé à Mack, enfermé dans Ulm, comme parlementaire, décida de la reddition de cette place, assista à Austerlitz, puis, passé au service du roi Joseph, se distingua au siège de Gaëte et rentra en France avec le grade de chef d'escadron ; il épousa peu de temps après Mlle de Luçay, fille d'un préfet du palais de l'empereur, et prit part à la campagne de 1806, puis à la guerre de Pologne, où il fut fait prisonnier par les Russes, après avoir été blessé grièvement. Interné en Moscovie, il ne recouvra sa liberté qu'après Tilsitt et fut alors promu major. Passé en 1808 à l'armée d'Espagne, il chargea à la tête des lanciers rouges de la garde, au défilé de Somosierra (30 novembre 1808), et gagna le grade de colonel. Il était déjà officier de la Légion d'honneur. Il dut alors revenir en France à cause de ses blessures, et fut chargé de présenter au Corps législatif les drapeaux pris à l'ennemi. Comte de l'empire le 31 décembre 1809, il remplit, en 1810, plusieurs missions auprès des cours de Vienne et de Saint-Pétersbourg, et devint général de brigade le 20 juin 1811. À la campagne de Russie, l'année suivante, il se distingua dans les négociations qui suivirent la prise de Smolensk, et, lors de l'incendie de Moscou, donna les derniers ordres de l'évacuation. Il fit, en 1813, la campagne de Saxe, comme commandant du 3e régiment des gardes d'honneur, assista à Leipsig et à Hanau, et, dans la campagne de France, à Montmirail et au combat de Reims, où il reçut plusieurs blessures. Fidèle à Napoléon jusqu'au dernier moment, il offrit, après l'abdication, ses services à Louis XVIII, qui le nomma chef d'état-major de la cavalerie de l'ex-garde impériale. Pendant les Cent-Jours il reçut le commandement des défenses provisoires de la rive gauche de la Seine. Destitué à la seconde Restauration puis mis en disponibilité, il fut replacé dans le cadre d'activité en 1818, et nommé commandeur de la Légion d'honneur (1819), mais sans commandement actif. Il s'occupa de littérature et d'histoire, et entra à l'Académie française, le 25 mars 1830, en remplacement de M. de Lévis. Partisan de Louis-Philippe, M. de Ségur ne tarda pas à être rappelé à l'activité. Lieutenant-général, le 27 février 1831, et pair de France le 19 novembre de la même année, il

ne se fit remarquer à la Chambre haute que par ses tendances libérales. Il demanda notamment la suppression de la cérémonie commémorative du 21 janvier, ce qui lui valut les félicitations de Royer-Collard, et se montra l'adversaire décidé de toutes les mesures de réaction. Le roi le nomma grand officier de la Légion d'honneur le 27 avril 1847. Après la révolution de février, il rentra dans la vie privée. Admis à la retraite, le 8 juin 1848, comme général de division, il se consacra exclusivement à ses travaux littéraires, et n'exerça aucune fonction publique sous le second empire, auquel cependant il ne témoigna pas d'hostilité. On a de lui : *Campagne du général Macdonald dans les Grisons* (Paris, 1802) ; *Histoire de Napoléon et de la grande armée en 1812* (Paris, 1824, 2 volumes), ouvrage qui souleva de nombreuses polémiques et lui attira une si vive réfutation de la part du général Gourgaud qu'il dut se battre en duel et fut blessé ; *Histoire de Russie et de Pierre-le-Grand* (1829) ; *Histoire de Charles VIII, roi de France* (1834, 2 volumes) ; *Éloge historique du maréchal Lobau* (1839) ; il a aussi collaboré au *Journal des sciences militaires*, au *Dictionnaire de la Conversation*, etc.

SÉGUR (Paul-Charles-Louis-Philippe, comte de), député de 1842 à 1848, né à Paris le 25 avril 1805, mort à Paris le 14 janvier 1850, fils du précédent, propriétaire, conseiller général de Seine-et-Marne, fut élu député du 3e collège électoral de Seine-et-Marne (Fontainebleau) le 9 juillet 1842, par 315 voix (558 votants, 573 inscrits), contre 215 à M. Lebeuf, député sortant, et fut réélu le 1er août 1846, par 299 voix (543 votants, 594 inscrits), contre 237 à M. Lebeuf, partisan de la monarchie de juillet, dont il se faisait le prosélyte dans les salons, il soutint constamment le pouvoir et vota *pour* l'indemnité Pritchard et *contre* la proposition Rémusat. Il rentra dans la vie privée aux évènements de 1848.

SÉGUR (Louis-Philippe-Charles-Antoine, comte de), représentant à l'Assemblée nationale de 1871, né à Paris le 22 décembre 1838, fils du précédent, et gendre de Casimir Périer, propriétaire, conseiller général du canton de Lorrez-le-Bocage, fit une certaine opposition à l'empire à propos de la question romaine. Le 8 février 1871, il fut élu représentant de Seine-et-Marne à l'Assemblée nationale, le 7e et dernier, par 15,044 voix (43,606 votants, 97,413 inscrits). Il prit place à droite, partit de la réunion Saint-Marc-Girardin, signa l'adresse des députés syllabistes au pape, fut secrétaire de l'Assemblée, rapporteur des marchés conclus pendant la guerre à Lyon et dans le Nord, et vota *pour* la paix, *pour* l'abrogation des lois d'exil, *pour* la pétition des évêques, *pour* la démission de Thiers, *pour* le septennat, *pour* le ministère de Broglie, *pour* l'amendement Wallon, *pour* les lois constitutionnelles. Il ne se représenta pas aux élections de 1876.

SÉGUR D'AGUESSEAU (Raymond-Joseph-Paul, comte de), représentant en 1849, sénateur du second Empire, né à Paris le 11 février 1803, mort au château d'Oléac (Hautes-Pyrénées) le 18 février 1889, frère du comte Henry-Raymond-Eugène de Ségur (*Voy. plus haut*), neveu du comte Molé, cousin du général La Fayette, joignit à son nom celui de sa mère dont la famille s'était éteinte en 1826. Il fit son droit à Paris, puis à Aix, entra, comme auditeur au conseil d'État le 23 décembre 1828, puis fut nommé substitut du procureur du roi à Rambouillet (octobre 1829), d'où il passa, en qualité de substitut du procureur général, à Amiens (25 mars 1830). Il se montra favorable au parti constitutionnel libéral et adhéra, après juillet, au gouvernement de Louis-Philippe. Il eut à requérir la condamnation de plusieurs journaux démocratiques poursuivis par le ministère, et fut appelé, le 14 juillet 1833, à la préfecture des Hautes-Pyrénées. Son zèle pour le pouvoir ne se démentit pas dans ce poste. En juillet 1835, il passa à la préfecture du Lot, puis il revint, en 1837, sur sa demande, à la préfecture des Hautes-Pyrénées. Mais son attitude lors des élections générales de cette même année amena sa destitution : il avait refusé de combattre les légitimistes. Après avoir échoué plusieurs fois comme candidat à la députation, notamment lors des élections à l'Assemblée constituante (1848) avec une profession de foi républicaine, M. de Ségur-d'Aguesseau fut élu (13 mai 1849) par les conservateurs royalistes des Hautes-Pyrénées, représentant à l'Assemblée législative, le 1er sur 5, avec 24,960 voix (48,393 votants, 71,204 inscrits). A l'ouverture de la session, lorsque M. Landolphe demanda qu'on acclamât le gouvernement républicain, M. de Ségur-d'Aguesseau expliqua le peu d'enthousiasme de la droite : « Si je n'ai pas poussé, dit-il, le cri de : Vive la République, ce cri qui est dans ma conscience et dans mon cœur, c'est parce que je savais que, d'un certain côté de cette Assemblée, on l'appliquait à une certaine fraction du peuple, pendant que la Constitution ne reconnaît pour le peuple que l'universalité des citoyens. Ma conclusion, Messieurs, la voici : c'est que, reprenant l'attitude qui nous appartient, nous venions, au nom de la Constitution, au nom de l'universalité des citoyens que nous représentons, crier : Vive la République ! » M. de Ségur opina avec la majorité, pour l'expédition de Rome, pour la loi Falloux-Parieu sur l'enseignement, pour la loi restrictive du suffrage universel. Il se sépara de la majorité pour seconder la politique du prince-président et fit partie de la Commission consultative nommée au lendemain du coup d'État. Dans la dernière séance de cette Commission, il dit : « La voix de Dieu vient de se faire entendre ; le grand acte du 2 décembre, cet admirable coup de vigueur contre l'anarchie, contre l'un des foyers les plus ardents de la démagogie européenne, est désormais ratifié, consacré, glorifié par le peuple français. » Et il demanda, « pour faire cesser la situation abaissée faite depuis trois ans au chef de l'État, que le président logeât dans l'antique palais des rois héréditaires, seule résidence digne de lui. » Le 26 janvier 1852, il fut fait sénateur. Vice-président du conseil général des Hautes-Pyrénées, il fit, le 23 août 1852, émettre le vœu qu'usant de l'initiative à lui confiée par la Constitution, le Sénat proposât au peuple français le rétablissement de la dignité impériale. Il resta pendant toute la durée de l'Empire, dans la Chambre haute, un des plus fermes soutiens de la dynastie, et opina constamment avec la droite autoritaire et catholique. En février 1866, dans la discussion de l'Adresse, il s'éleva contre la licence de la presse, attaqua la candidature patronnée de M. Havin dans la Manche : « La gravité de la situation, ajouta-t-il, ne peut échapper à personne : il faut la signaler à l'empereur, afin qu'il puisse, pendant qu'il en est temps encore, empêcher M. de Per-

signy de devenir le Polignac de l'Empire. » En février 1866, il proposa que la France, avant de quitter les États romains, fit restituer au pape toutes les provinces détachées du Saint-Siège ; il traita, de « triste et scandaleux » le discours à tendances « libérales » prononcé au Sénat par le prince Napoléon dans la discussion du sénatus-consulte du 2 septembre 1869, désapprouva les tentatives de retour au régime parlementaire qui marquèrent la fin du règne de Napoléon III, et ne craignit pas de blâmer ce qu'il appela la « faiblesse » des ministres à l'égard de la presse. En 1858, un grave dissentiment qui s'éleva entre lui et le préfet du département des Hautes-Pyrénées lui fit donner avec éclat sa démission de conseiller général. Le préfet reçut une autre destination. M. de Ségur-d'Aguesseau rentra dans la vie privée au 4 septembre 1870. Commandeur de la Légion d'honneur (1864).

SÉGUR-LAMOIGNON (ADOLPHE-LOUIS-MARIE, VICOMTE DE), pair de France, né à Paris le 31 août 1800, mort au château de Méry-sur-Oise (Oise) le 30 novembre 1876, issu d'une des plus anciennes maisons de la Guienne, était fils de Octave-Henri-Gabriel de Ségur et de Félicité d'Aguesseau. Ayant épousé Mlle de Lamoignon, il joignit à son nom celui de sa femme en vertu d'une ordonnance du 13 décembre 1823, et, le 17 mai 1828, il fut admis, par droit héréditaire, à la Chambre des pairs, en remplacement de son beau-père, le vicomte Christian de Lamoignon, décédé. M. de Ségur-Lamoignon siégea au Luxembourg jusqu'en 1848, et rentra à cette époque dans la vie privée. Chevalier de la Légion d'honneur.

SÉGUR-LAMOIGNON (ADOLPHE-LOUIS-EUGAR, COMTE DE), député au Corps législatif de 1857 à 1863, né à Aube (Orne) le 19 juillet 1825, fils du précédent, entra dans la carrière diplomatique et fut, sous le second Empire, secrétaire de légation à Munich, puis premier secrétaire d'ambassade à Constantinople. Le 22 juin 1857, il fut élu député au Corps législatif dans la 3e circonscription de la Meuse, par 16,011 voix (19,509 votants, 26,171 inscrits), contre 3,396 à M. Raulin, ancien représentant. Son élection ayant été l'une des deux contestée à l'ouverture de la législature, il donna sa démission ; M. Émile Ollivier, qui voulait engager un débat à fond sur les élections de 1857, à propos de l'élection de la Meuse, demanda en vain que la démission fût refusée ; le président lui retira la parole, la démission mettant fin à toute discussion. M. de Ségur obtint le renouvellement de son mandat le 3 janvier 1858, par 15,628 voix (19,323 votants, 26,871 inscrits), contre 3,422 à M. Raulin, critiqua (mars 1861) l'indécision de la politique impériale vis-à-vis du Piémont, et vota d'ailleurs avec la majorité dynastique jusqu'aux élections générales de 1863, qui l'éloignèrent de la vie politique. Retiré dans ses propriétés du Morbihan, il protesta, en juillet 1880, dans une lettre à l'Univers, contre le pillage de 31 églises dans le seul arrondissement de Lorient.

SÉGURET (AMANS-JOSEPH-HENRI DE), député de 1824 à 1827, né à Rodez (Aveyron) le 10 janvier 1784, mort à Rodez le 4 octobre 1835, président du tribunal de cette ville, se présenta à la députation, le 25 février 1824, dans le 1er arrondissement électoral de l'Aveyron (Rodez) où il échoua avec 102 voix contre 136 à l'élu, M. Delauro ; il fut élu, huit jours après, député du grand collège du département, par 74 voix (146 votants, 186 inscrits). M. de Ségur siégea obscurément dans la majorité et n'essaya qu'une fois de prendre la parole, à propos d'un infanticide ; mais ses amis du centre le firent taire. Il quitta la vie politique aux élections de 1827.

SÉGUY (Guillaume-Louis-Joseph), député de 1827 à 1830, né à Montauban (Tarn-et-Garonne) le 25 juillet 1782, mort à Toulouse (Haute-Garonne) le 28 février 1841, ancien procureur général à la cour de Limoges, fut élu, le 24 novembre 1827, député du grand collège du Lot, par 62 voix (101 votants, 143 inscrits). Il siégea obscurément dans la majorité et vota contre l'Adresse de 221. « Digne, sous tous les rapports, de ses collègues de députation, dit un biographe du temps, M. Séguy siège, vote, dîne avec les ministériels. » Réélu, le 3 juillet 1830, par 70 voix (119 votants, 139 inscrits), il fut invalidé et remplacé, le 28 octobre suivant, par M. Murat. Il n'a pas fait partie d'autres assemblées.

SEIGNOBOS (Charles-André), représentant en 1871, député de 1876 à 1881, né à la Mastre (Ardèche) le 25 août 1822, d'une famille protestante, fit son droit à Paris, fut reçu avocat en 1844, et voyagea en Europe. Il se trouvait à Rome, en 1848, quand ses concitoyens le portèrent sans succès à la Constituante ; peu après, bien que toujours absent, il fut nommé conseiller général du canton de Lamastre, et ne cessa depuis, de faire partie de ce conseil, tant comme secrétaire que comme vice-président. Fondateur d'un orphelinat agricole, président de diverses sociétés charitables, membre du consistoire de son département et conseiller municipal de sa commune, il fut décoré de la Légion d'honneur en 1868. Élu, le 8 février 1871, représentant de l'Ardèche à l'Assemblée nationale, le 8e et dernier, par 38,258 voix (73,015 votants, 115,623 inscrits), il prit place au centre gauche, signa la proposition Rivet, déposa divers amendements aux lois organiques, fit partie d'un certain nombre de commissions, et vota, *pour* la paix, *pour* le service de trois ans, *contre* la démission de Thiers, *contre* le septennat, *contre* le ministère de Broglie, *pour* l'amendement Wallon, *pour* les lois constitutionnelles. Réélu, le 20 février 1876, député de la 1re circonscription de Tournon, par 9,114 voix (16,507 votants, 20,029 inscrits), contre 7,994 à M. de la Tourrette, il prit de nouveau place à gauche et fut l'un des 363 députés qui, au 16 mai, refusèrent de voter l'ordre du jour de confiance demandé par le ministère de Broglie. Réélu, le 14 octobre 1877, par 9,773 voix (17,042 votants, 21,514 inscrits), contre 8,168 à M. de Boissy-d'Anglas, il continua de siéger dans la majorité républicaine, et déposa, en décembre 1879, un projet de loi sur la liberté de réunion pour l'exercice d'un culte, qui fut pris en considération par la Chambre. Il fut mêlé, en février 1880, à une affaire qui provoqua une interpellation à la Chambre. Un décret du 7 février avait révoqué de ses fonctions M. Clappier, avocat général à Nîmes. Or, M. Clappier avait donné des conclusions défavorables à M. Seignobos dans un procès déjà perdu par ce dernier devant le tribunal d'Annonay et porté en appel devant la cour de Nîmes. Dans une lettre du 8 février à son avoué, M. Seignobos écrivait : « Je ne voulais

vous reparler de notre malheureuse affaire, que lorsque j'aurais obtenu la destitution de M. Clappier. J'ai eu le malin plaisir de lui annoncer hier cette nouvelle... Je ne cache pas la part décisive que j'ai prise à sa révocation. » L'interpellation fut retirée, sur l'affirmation du ministre de la Justice, M. Cazot, que M. Seignobos « s'est vanté d'avoir commis une mauvaise action qu'il n'a jamais commise », et que la destitution était due à des motifs d'ordre purement politique. Les élections du août 1881 ne furent pas favorables à M. Seignobos ; il échoua, au second tour, le 4 septembre, dans le même arrondissement, avec 6,715 voix, contre 7,458 à M. Saint-Prix.

SEJEAN-DE-CÉZEAUX (Pierre), représentant à la Chambre des Cent-Jours, né à Paris le 13 janvier 1777, mort à une date inconnue, propriétaire, fut élu, le 7 mai 1815, représentant de l'arrondissement de Sceaux à la Chambre des Cent-Jours, par 42 voix (75 votants, 123 inscrits). Il rentra dans la vie privée après la courte cession de la législature.

SELLIER (François-Édouard), député de 1844 à 1846, né à Rouen (Seine-Inférieure) le 3 août 1795, mort à Cherbourg (Manche) le 29 janvier 1869, filateur à Gonneville (Manche), fut élu, le 27 avril 1844, député du 3e collège de ce département (Cherbourg), par 292 voix (580 votants, 658 inscrits), contre 288 au général Meslin, que soutenait le ministère. M. Sellier remplaçait à la Chambre M. de Bricqueville, décédé. Il siégea sur les bancs de l'opposition dynastique, avec laquelle il vota *contre* l'indemnité Pritchard, et *pour* les diverses motions tendant à la réforme électorale et parlementaire, et ne fut pas réélu aux élections de 1846.

SELVES (Jean-Baptiste), député au Conseil des Cinq-Cents, né à Montauban (Tarn-et-Garonne) en 1760, mort à Paris le 16 juillet 1823, avocat à Montauban à l'époque de la révolution, puis président du tribunal criminel de cette ville sous le Directoire, fut élu, le 23 germinal an V, député du Lot au Conseil des Cinq-Cents, par 197 voix (232 votants). Son élection fut annulée au 18 fructidor. Juge au tribunal de 1re instance de la Seine en l'an VIII, il passa peu après au tribunal criminel, et fut l'un des juges dans le procès de Moreau et de Cadoudal. Il cessa bientôt ces fonctions et, atteint d'une singulière monomanie, intenta une série ininterrompue de procès, qu'il plaida le plus souvent lui-même, d'abord contre les personnes avec lesquelles il s'était trouvé en relations, puis contre les avoués qui avaient occupé pour lui, contre les juges, et contre les journalistes qui s'étaient égayés de ses ardeurs processives. En quelques années il obtint soixante-douze jugements, qui lui coûtèrent plus de 400,000 francs. Un dernier procès, contre son secrétaire, ne fut même jugé qu'après sa mort. On a de lui : *Explication de l'origine et du secret du vrai jury* (1811). — *Tableau des désordres dans l'administration de la justice, et des moyens d'y remédier* (1812). — *Indication de quelques dispositions urgentes pour calmer provisoirement le mal des procès et surtout les frais* (1815), etc.

SELVES (Jean), représentant à la Chambre des Cents-Jours, né à Sarlat (Dordogne) le

14 janvier 1756, mort à une date inconnue, « fils de maître Antoine Selves, avocat au parlement, et de demoiselle Marie-Marguerite Salmié, » appartint à la magistrature sous Napoléon Ier. Il était procureur impérial à Sarlat, lorsqu'il fut élu (17 mai 1815) représentant de l'arrondissement de Sarlat à la Chambre des Cent-Jours, par 60 voix (93 votants, 178 inscrits), contre 32 à M. Limoges, avocat. Son rôle parlementaire prit fin avec la session.

SELVES (Henry-Antoine-Auguste), député de 1837 à 1839, né à Montauban (Tarn-et-Garonne) le 2 juillet 1790, mort à une date inconnue, imprimeur lithographe de l'Université de Paris et conseiller général, fut élu, le 4 novembre 1837, député du 1er collège de Seine-et-Marne, par 221 voix (387 votants, 554 inscrits). Il prit place au centre gauche et vota contre l'Adresse et contre le ministère Molé. Il échoua, dans le même collège, le 2 mars 1839, avec 223 voix, contre 233 à l'élu, M. de Choiseul-Praslin, et ne reparut plus sur la scène politique.

SÉLYS-LONGCHAMPS (Michel-Laurent, baron de), membre du Corps législatif en l'an X, né à Liége (Belgique) le 10 février 1759, mort à Liége le 25 avril 1837, maire de sa ville natale, puis juge au tribunal de 1re instance de la Seine (14 germinal an VIII), fut élu, le 6 germinal an X, par le Sénat conservateur, député du département de l'Ourthe au Corps législatif. Il en sortit en l'an XV.

SEMBEAUSEL (Jean-Bernard-Caprais), député au Conseil des Cinq-Cents, né à Agen (Lot-et-Garonne) le 19 août 1765, mort à Agen le 15 août 1831, était directeur des contributions, quand il fut élu, le 24 germinal an VI, député du Lot-et-Garonne au Conseil des Cinq-Cents. Il n'y joua qu'un rôle obscur et rentra dans la vie privée au 18 brumaire.

SEMELLÉ (Jean-Baptiste-Pierre, baron), député en 1822 et de 1830 à 1837, né à Metz (Moselle) le 16 juin 1773, mort au château d'Urville (Moselle) le 24 janvier 1839, « fils de François Semellé, receveur des greniers à sel de Metz, et de Barbe Orlot », s'engagea en 1791 dans les volontaires de la Moselle et devint rapidement capitaine-colonel du 24e de ligne en 1801. Commandeur de la Légion d'honneur (19 frimaire an XII), il fit les campagnes de 1806 et de 1807, fut blessé à Golymin, se distingua à Braunsberg et à Eylau, où son régiment fut anéanti, et où il fut grièvement blessé, fut promu général de brigade après cette bataille, créé baron de l'empire le 1er juin 1808, et envoyé en Espagne. Il se distingua à Cuença, devint chef d'état-major du 1er corps et fut promu général de division le 31 juillet 1811; quelques jours après, il repoussait Ballesteros malgré l'infériorité de ses forces. Il quitta l'Espagne en 1813, fit en partie la campagne de Saxe, et se rendit à Paris peu de temps avant l'arrivée des Bourbons. Louis XVIII le nomma inspecteur général d'infanterie dans la 19e division (1er juin 1814) et chevalier de Saint-Louis. Au retour de l'île d'Elbe, Semellé fut nommé par l'empereur gouverneur de Strasbourg, et y fut exposé aux mêmes dangers que Rapp lors de la révolte de la garnison. La seconde Restauration le mit en demi-activité de service; Semellé se retira alors à Urville près Metz, où il s'occupa d'agriculture. En 1819, il fut replacé dans les cadres de l'armée active. Élu, le 13 février 1822, député du 4e arrondissement électoral de la Moselle (Sarreguemines), en remplacement de M. Rolland décédé, par 54 voix (95 votants, 111 inscrits), contre 33 à M. Durand, il siégea à gauche et prit la parole sur le budget de la guerre et sur les douanes. Le 28 mars, il répliqua avec une certaine vivacité au général Lafont (Voy. ce nom), qui avait injurié l'armée impériale. Un duel fut résolu. Il eut lieu le 30; les généraux Sébastiani, Partouneaux, Gérard et Digeon servirent de témoins; les adversaires échangèrent chacun trois balles sans résultat. Le général Semellé échoua ensuite à la députation : le 13 novembre 1822, avec 43 voix contre 73 à l'élu, M. Durand; le 17 novembre 1827, avec 34 voix contre 71 à l'élu, M. Michel de Saint-Albin, et, le 20 juin 1829, dans le grand collège du même département, avec 73 voix contre 84 à l'élu, M. de Balzac. Il rentra au parlement le 23 juin 1830, comme député du 3e arrondissement électoral de la Moselle (Metz), élu par 244 voix (404 votants, 428 inscrits) contre 157 au député sortant, M. de Turmel. Ce succès pour la cause libérale fut salué avec enthousiasme par les Messins. Le 18 août, le général prit la parole pour soutenir la proposition du colonel Paixhans, relative au serment militaire; il fit ensuite partie de la commission chargée d'examiner le projet de loi tendant à assurer l'avenir des officiers de tous grades; en septembre, il fut chargé par le maréchal Gérard d'organiser les divisions militaires du Nord-est. En mars 1831, il défendit contre Guizot les associations nationales, et particulièrement celle de Metz; cependant il ne partagea pas la disgrâce de ses co-signataires, fut conservé dans le cadre d'activité, et nommé grand-officier de la Légion d'honneur et inspecteur général des divisions du Nord-Est. Cette faveur ne tarda pas à s'expliquer; on apprit en effet que le général Semellé n'était entré dans l'Association dite nationale « que pour lui donner une salutaire direction ». Réélu, le 5 juillet 1834, député du 6e collège de la Moselle (Sarreguemines) par 93 voix (160 votants, 223 inscrits), contre 40 à M. Paixhans, il siégea désormais dans la majorité ministérielle, et quitta la vie politique aux élections de 1837.

SÉMERIE (Antoine), député de 1834 à 1837, né à Bios (Var) le 4 février 1793, mort à Grasse (Alpes-Maritimes) le 12 novembre 1837, appartint à la magistrature. Il était procureur du roi à Marseille, lorsqu'il fut élu, le 21 juin 1834, député du 4e collège du Var (Grasse), par 137 voix (206 votants, 246 inscrits), contre 65 à M. Morguis. Il siégea dans les rangs de la majorité et obtint du pouvoir un brillant avancement. Promu procureur général, il dut se représenter devant ses électeurs, et fut réélu, le 30 août 1836, par 147 voix (201 votants, 296 inscrits). Son mandat lui fut encore renouvelé aux élections générales du 4 novembre 1837, par 186 voix (192 votants, 329 inscrits). Décédé le 13 du même mois, il fut remplacé à la Chambre par M. Boulay.

SÉMONVILLE (Charles-Louis Huguet, marquis de), membre du Sénat conservateur et pair de France, né à Paris le 1er juillet 1759, mort à Paris le 11 avril 1839, fils de Huguet de Montaran, commis du cabinet de Louis XV, fut reçu, à 19 ans, conseiller au parlement de Paris et, comme tel, réclama, dès 1786, dans un discours remarqué, la convocation des États-

Généraux. Élu député suppléant de Paris à l'Assemblée nationale, il ne fut pas appelé à y siéger, et se lia avec Mirabeau, dont il devint le compagnon de plaisirs, et dont il prépara, avec Talon, la défection en faveur de la cour. Le ministre de Montmorin l'envoya en mission à Bruxelles, au moment de la lutte de la Belgique contre l'Autriche (1790), puis le chargea (août 1791) de représenter la France auprès de la république de Gênes. Bientôt après (1792) l'ambassade de Constantinople lui fut confiée. La frégate qui devait l'y transporter avait ordre de relâcher d'abord en Corse; c'est là que Sémonville eut occasion de connaître le capitaine Bonaparte. Il se trouvait encore en Corse lorsqu'il fut l'objet d'une dénonciation; il se rendit sur le champ à Paris pour se justifier et réussit si bien que Danton lui confia, dit-on, une mission secrète qui avait pour but de sauver la reine et le Dauphin, encore détenus au Temple. Le cabinet de Vienne ne répondit à ces propositions qu'en faisant enlever le négociateur sur le territoire des Grisons, où il se trouvait alors, et en le faisant jeter dans les cachots de Mantoue, puis de Kufstein. Il resta plusieurs années en prison, et fut échangé, en 1795, contre la fille de Louis XVI. Sémonville ne fut pas employé officiellement par le Directoire; mais Barras le chargea, après le 18 fructidor, de ses négociations avec Louis XVIII. A la suite de la journée du 18 brumaire, Bonaparte l'appela au conseil d'Etat, et le nomma ambassadeur à La Haye. Puis il le fit membre de la Légion d'honneur (9 vendémiaire an XII), et commandeur de l'ordre (25 prairial). Le 12 pluviôse an XIII, M. de Sémonville entra au Sénat, fut créé comte de l'empire le 8 mai 1808, et fut pourvu de la sénatorerie de Bourges (1809). La même année il fut chargé de proposer au Sénat la réunion de la Toscane, puis celle de la Hollande à la France. Nommé, à la fin de 1813, commissaire extraordinaire dans la treizième division militaire (Bourges), il y prit les mesures de sûreté publique exigées par la situation. Après la prise de Paris en 1814, il s'empressa d'adhérer, comme tous ses collègues, à la déchéance de Napoléon. Toutefois il fit adopter l'ordre du jour net et simple sur une lettre par laquelle l'empereur Alexandre notifiait à ce corps d'avoir à réhabiliter solennellement la mémoire de Moreau. Louis XVIII comprit M. de Sémonville au nombre des membres de la Chambre des pairs instituée par la nouvelle Charte, et l'appela en outre aux fonctions de grand référendaire de cette assemblée, avec un traitement de 80,000 francs. Pendant les Cent-Jours, Sémonville repoussa les avances qui lui furent faites par Napoléon et resta dans ses terres jusqu'au moment où la seconde Restauration lui permit de revenir s'installer au Luxembourg, où le roi allait souvent le visiter. Il monta d'ailleurs rarement à la tribune, se réservant pour les discussions particulières, dans lesquelles triomphait son esprit de conversation. Talleyrand l'appelait « le vieux chat », et c'est de lui qu'il disait : « Quel intérêt Sémonville peut-il bien avoir aujourd'hui à être malade? » La souplesse de ses principes ne l'empêcha pas de faire entendre parfois aux ministres de dures vérités: bien que l'opposition lui reprochât souvent la magnifique sinécure que le gouvernement lui avait octroyée, l'opinion publique lui sut gré d'avoir renvoyé avec éclat une invitation de M. d'Apponyi, ambassadeur d'Autriche, qui venait d'essayer d'enlever à quelques maréchaux de France les noms et les titres italiens qu'ils devaient à leurs victoires. Après la publication des Ordonnances de juillet, M. de Sémonville essaya d'éclairer Charles X sur les dangers que courait le trône. Il gagna Saint-Cloud, en compagnie de M. d'Argout, et eut avec le roi un long et pressant entretien dont le résultat fut la convocation du conseil et le retrait des Ordonnances. On sait comment ces tardifs efforts avortèrent. Sémonville conserva sous le gouvernement de juillet sa place de grand référendaire à la Chambre des pairs ; le 25 juillet 1831, il fit pavoiser la salle des séances de la Chambre des pairs de quarante drapeaux autrichiens envoyés en 1805 par Napoléon au Sénat conservateur, et ménagea ainsi au jeune duc d'Orléans l'occasion d'une belliqueuse allocution. Remplacé, le 31 septembre 1834, dans ses fonctions de grand référendaire par le duc Decazes, il se retira à Versailles dans une maison qu'il y avait récemment acquise, reçut le titre de référendaire honoraire, et partagea avec son successeur les émoluments attachés à la fonction. Il tenait de Louis XVIII le titre de marquis, et avait épousé la veuve du président de Montholon, mère du général.

SÉNARD (Antoine-Marie-Jules), représentant en 1848, ministre, représentant en 1871, député de 1877 à 1881, né à Rouen (Seine-Inférieure) le 9 avril 1800, mort à Paris, le 29 octobre 1885, fils d'un architecte, fit ses études au lycée de Rouen, fut reçu avocat à Paris, et se fit inscrire, à 19 ans, au barreau de sa ville natale. Il y remporta de brillants succès du jour d'assises, prit parti contre la branche aînée lors des Ordonnances de juillet, mais ne tarda pas à faire de l'opposition au gouvernement de Louis-Philippe ; il présida, le 24 décembre 1847, le banquet réformiste de Rouen. Bâtonnier de l'ordre des avocats, il fut nommé par le gouvernement provisoire, procureur général à Rouen (mars 1848); mais il résigna ces fonctions, pour se faire élire, le 23 avril suivant, représentant de la Seine-Inférieure à l'Assemblée constituante, le 18e sur 19, par 102,162 voix. Les troubles ayant éclaté à Rouen, il y revint, n'ayant pas encore été remplacé comme procureur général, réussit à triompher de l'émeute, et, de retour à Paris, fit partie du comité du travail, et fut nommé président de l'Assemblée. L'appui qu'il prêta à la dictature du général Cavaignac lors des journées de juin, lui valut les félicitations de l'Assemblée, et le portefeuille de l'Intérieur (25 juin); il s'efforça, dans ce poste, de réorganiser l'administration, donna sa démission le 13 octobre, et fit de l'opposition au prince L. Napoléon, après l'élection présidentielle du 10 décembre. Il vota *pour* le rétablissement du cautionnement, *contre* le droit au travail, *contre* l'impôt progressif, *contre* l'amendement Duvergier de Hauranne sur les deux Chambres, *pour* l'amendement Grévy, *pour* le remplacement militaire, *pour* la proposition Rateau, *contre* la diminution de l'impôt du sel, *pour* la mise en accusation du président et de ses ministres. Non réélu à la Législative, M. Sénard se fit inscrire au barreau de Paris. Au 4 septembre 1870, le gouvernement de la Défense nationale l'envoya en mission à Florence pour réveiller en notre faveur les sympathies italiennes, et pour demander des explications sur le mouvement séparatiste qui semblait se dessiner à Nice. Bien que M. Sénard eût cru devoir féliciter officiellement Victor-Emmanuel « de l'heureux événement qui délivrait

Rome et consacrait l'unité de l'Italie » (les troupes piémontaises venaient d'occuper Rome), il n'obtint satisfaction que sur le second point de sa mission. De retour en France (23 octobre), il se porta candidat à l'Assemblée nationale, dans la Seine-Inférieure, aux élections du 8 février 1871; mais il échoua avec 11,161 voix sur 120,899 votants. Bâtonnier de l'ordre des avocats de Paris (juillet 1874), il se représenta à la députation, le 18 octobre de la même année, à l'élection partielle motivée dans le département de Seine-et-Oise par le décès de M. Labélonye, et fut élu par 59,839 voix sur 107,590 votants et 143,430 inscrits, contre 44,882 à M. Arrighi de Padoue. Il prit place à gauche, et vota pour l'amendement Wallon et pour les lois constitutionnelles. Il refusa de se représenter le 20 février 1876; mais, après la dissolution de la Chambre par le cabinet du 16 mai, il fut élu (14 octobre 1877) député de la 1re circonscription de Pontoise, par 7,434 voix sur 14,150 votants et 16,158 inscrits, contre 6,638 à M. Dehaynin, candidat conservateur. Il soutint la politique des cabinets républicains, réclama du ministère, au nom des gauches, après l'élection d'une majorité républicaine au Sénat en janvier 1879, une politique fermement républicaine, et fut nommé vice-président de la Chambre le 24 mai suivant. Les élections du 21 août 1881 ne lui furent pas favorables : la 1re circonscription de Pontoise ne lui donna que 4,876 voix, contre 7,053 au candidat radical élu, M. Vermond. Nommé chevalier de la Légion d'honneur par M. Dufaure en 1876, M. Séward avait refusé cette distinction.

SENÉCA (Myrtil-Joseph), député au Corps législatif de 1863 à 1870, né à Abbeville (Somme) le 11 mai 1800, mort au château d'Hoste (Pas-de-Calais) le 24 septembre 1878, « fils de Pierre-Hilarion Sénéca, marchand épicier, et de Pélagie-Esther Féroù », fit ses études au lycée d'Amiens, se fit recevoir avocat à Paris, et entra dans la magistrature en 1827, comme juge auditeur à Saint-Omer. Substitut au même tribunal en 1829, puis à Lille en 1833, procureur du roi à Arras en 1834, avocat général à Douai en 1836, à Orléans en 1842, à Bordeaux en 1847, procureur général à Montpellier en 1849, et à Nancy en 1850, il devint, en 1851, directeur des affaires criminelles et des grâces au ministère de la Justice. Conseiller à la cour de Cassation en octobre 1853, membre du conseil général du Pas-de-Calais pour le canton de Desvres (1856) et vice-président de ce conseil, il prit sa retraite de conseiller à la cour de Cassation, avec le titre de conseiller honoraire (23 mars 1864), après avoir été élu député au Corps législatif, comme candidat du gouvernement, dans la 2e circonscription de la Somme, le 1er juin 1863, par 16,799 voix (23,225 votants, 29,420 inscrits), contre 6,372 à M. Calluaud. Réélu, le 24 mai 1869, par 17,521 voix (23,846 votants, 29,193 inscrits), contre 6,230 à M. Courbet-Poulard, il siégea dans la majorité fidèle aux institutions impériales, fut rapporteur de la loi sur les associations syndicales (juin 1865), et de la loi sur les attributions des conseils municipaux (juillet 1867), fit plusieurs fois partie de la commission du budget, et vota pour la guerre contre la Prusse (juillet 1870). Chevalier de la Légion d'honneur (1845), officier (11 décembre 1852), commandeur (4 août 1867).

SÉNÈS (Jean-Baptiste-Pierre), député au Corps législatif en l'an XIV, représentant aux

Cent-Jours, né à Toulon (Var) le 21 octobre 1757, mort à une date inconnue, « fils du sieur Pierre Sénès, professeur de belles-lettres, et de demoiselle Thérèse Boucho », avocat au moment de la Révolution, puis procureur de la commune, ne se mêla point au mouvement fédéraliste dont sa ville natale fut le siège. Sous le Directoire, il devint procureur syndic, puis agent national du district de Toulon, et, après le 18 brumaire, sous-préfet de cette ville. Élu, le 2 vendémiaire an XIV, par le Sénat conservateur, député du Var au Corps législatif, il en sortit en 1810, et reprit pour peu de temps ses fonctions administratives. Élu, le 24 mai 1815, représentant à la Chambre des Cent-Jours par le grand collège du Var, avec 19 voix (34 votants), contre 15 à M. Bertrand de Sivray, il siégea dans la majorité, et rentra dans la vie privée à la seconde Restauration.

SENGEZ (Étienne), représentant à la Chambre des Cent-Jours, né le 26 décembre 1769, mort à une date inconnue, exerça à Bagnères-de-Luchon la profession de médecin. Conseiller d'arrondissement de la Haute-Garonne, il fut élu, le 16 mai 1815, représentant de l'arrondissement de Saint-Gaudens à la Chambre des Cent-Jours, par 60 voix (70 votants, 183 inscrits). Il ne fit pas partie d'autres assemblées.

SENNÉ (Jacques-Philippe), député de 1831 à 1834, né à Marennes (Charente-Inférieure) le 6 janvier 1769, mort à une date inconnue, étudia la médecine, fut reçu docteur, et exerça sa profession à Saint-Just (Charente-Inférieure). Élu, le 5 juillet 1831, député du 5e collège de la Charente-Inférieure (Marennes), par 171 voix sur 242 votants, 293 inscrits, contre 49 à M. Guérin, avocat, il appartint à l'opposition dynastique, dont il signa le compte-rendu (1832), et avec laquelle il se prononça contre l'ordre du jour Ganneron relatif à la politique extérieure, contre l'emploi de la dénomination inconstitutionnelle de « sujets ». Lors du procès intenté au journal la Tribune, il fut du nombre des députés qui se récusèrent, ne croyant pas pouvoir cumuler les fonctions d'accusateur et de juge avec la qualité d'offensé. Il quitta la vie politique aux élections générales de 1834.

SENS (Édouard-Joseph), député de 1866 à 1870, représentant en 1871, député de 1877 à 1878, et de 1885 à 1889, né à Arras (Pas-de-Calais) le 20 février 1826, fut reçu bachelier ès lettres avec dispense d'âge, entra à l'École polytechnique en 1846, et en sortit élève ingénieur des mines. Ingénieur ordinaire de 3e classe (3 février 1851), il fut envoyé à Mont-de-Marsan, puis à Arras (1er mars 1852), et nommé de 2e classe cinq mois après. Envoyé contre son gré à Chalon-sur-Saône en 1863, il obtint sa mise en disponibilité, devint ingénieur de la Compagnie des usines de fer de Marquises, remplit, en cette qualité, des missions d'étude en Espagne, et, quoique étant toujours au service de la compagnie, fut promu ingénieur de 1re classe le 24 août 1865. Conseiller municipal d'Arras puis 1860, membre et secrétaire du conseil général du Pas-de-Calais (16 juillet 1861) pour le canton de Beaumetz-les-Loges, il fut élu, le 22 décembre 1866, comme candidat officiel, député de la 6e circonscription du Pas-de-Calais (Saint-Pol) par 19,989 voix (29,240 votants, 34,846 inscrits) contre 9,169 à M. Florent-Lefebvre, républicain, en remplacement de M. d'Herlincourt, décédé. Il siégea dans la majorité dynastique et fut réélu, le 24 mai 1869, par 21,890 voix (35,929 votants, 42,409 inscrits) contre 8,188 à M. Florent-Lefebvre, 4,181 à M. Deusy et 1,602 à M. Hervé. Il vota *pour* la guerre contre la Prusse. Lors de l'élection partielle motivée, le 8 février 1871, dans le Pas-de-Calais par le décès de M. de Rincquesen, M. Sens fut élu représentant de ce département par 72,453 voix, sur 141,834 votants et 202,403 inscrits, contre 67,600 à M. Brasme, républicain. Il prit place à droite, dans le groupe de l'Appel au peuple, et vota *pour* l'impôt sur les bouilleurs de cru, *pour* l'impôt sur le gaz à l'éclairage, *contre* l'augmentation de l'impôt sur les sucres, *contre* le ministère de Broglie, *contre* l'amendement Wallon, *contre* les lois constitutionnelles. Candidat sénatorial dans le Pas-de-Calais, le 30 janvier 1876, il échoua avec 409 voix sur 1,004 votants, et ne fut pas plus heureux aux élections législatives du 20 février suivant, dans la 1re circonscription d'Arras, avec 8,333 voix contre 10,155 au candidat républicain élu, M. Deusy. Mais, après la dissolution de la Chambre par le cabinet du 16 mai, il fut élu, comme candidat du gouvernement, le 14 octobre 1877, par 10,595 voix sur 19,761 votants et 23,518 inscrits, contre 9,122 au député sortant, M. Deusy, l'un des 363. Cette élection fut invalidée par la majorité de la Chambre nouvelle, et, au nouveau scrutin du 7 avril 1878, M. Sens échoua avec 9,500 voix contre 9,914 à M. Deusy. Les élections générales du 21 août 1881 ne lui donnèrent encore, dans la même circonscription, que 1,783 voix contre 11,136 au candidat républicain élu, M. Bouilliez-Brifoux, et 4,653 à M. Cavrois. Porté, aux élections suivantes (4 octobre 1885), sur la liste conservatrice du Pas-de-Calais, M. Sens fut réélu député, le 6e sur 12, par 101,577 voix (180,439 votants, 216,227 inscrits). Il reprit sa place dans la minorité bonapartiste, combattit la politique scolaire et coloniale de la majorité républicaine, et se prononça, dans la dernière session, *contre* le rétablissement du scrutin d'arrondissement (11 février 1889), *pour* l'ajournement indéfini de la revision de la Constitution, *contre* le projet de loi Lisbonne restrictif de la liberté de la presse, *contre* les poursuites contre le général Boulanger. Membre de l'Académie d'Arras, de la Société géologique, chevalier de la Légion d'honneur (4 août 1857), officier d'Académie, décoré de la croix de Léopold de Belgique, etc.

SENTENAC (JOSEPH-FRANÇOIS-AUGUSTE), député de 1878 à 1889, né à Saint-Girons (Ariège) le 24 janvier 1835, étudia le droit et se fit recevoir avocat. Inscrit au barreau de sa ville natale, il manifesta des opinions républicaines, fut nommé sous-préfet de Saint-Girons après le 4 septembre 1870, donna sa démission en février 1871, et fut élu conseiller général de Saint-Girons en octobre suivant. Candidat, le 20 février 1876, à la Chambre des députés dans l'arrondissement de Saint-Girons, contre M. de Saint-Paul, ancien sénateur de l'Empire, M. Sentenac n'obtint que 7,149 voix contre 9,711 à son adversaire, élu. Il se représenta le 14 octobre 1877, et échoua encore une fois, avec 7,412 voix contre 10,905 à M. de Saint-Paul, député sortant, candidat officiel du gouvernement du Seize-Mai. Cette élection ayant été invalidée, M. Sentenac tenta de nouveau la fortune électorale, et, le 7 juillet 1878, l'emporta avec 10,010 voix (17,555 votants, 24,616 inscrits), sur M. de Saint-Paul, qui en réunit 7,574. M. Sentenac s'inscrivit au groupe

de l'Union républicaine et vota *pour* l'amnistie partielle, *pour* l'invalidation de l'élection Blanqui, *pour* l'article 7. Partisan de la politique opportuniste, il obtint sa réélection, le 21 août 1881, par 11,324 (13,869 votants, 24,487 inscrits), contre 2,202 à M. de Saint-Blanquat. Il soutint les cabinets Gambetta et J. Ferry, donna son suffrage à l'expédition du Tonkin, et, porté sur la liste républicaine de l'Ariège en octobre 1885, fut réélu député de ce département, au second tour de scrutin (18 octobre), par 31,873 voix (53,266 votants, 73,327 inscrits). Il reprit sa place dans la majorité, vota *pour* l'expulsion des princes, fut rapporteur de la loi abrogeant le décret de 1881 sur l'interdiction de séjour des individus placés sous la surveillance de la haute police, appuya les ministères Rouvier et Tirard, et se prononça, dans la dernière session, *pour* le rétablissement du scrutin d'arrondissement (11 février 1889), *pour* l'ajournement indéfini de la revision de la Constitution, *pour* les poursuites contre trois députés membres de la Ligue des patriotes, *pour* le projet de loi Lisbonne restrictif de la liberté de la presse, *pour* les poursuites contre le général Boulanger.

SENTETZ (BLAISE-THÉRÈZE), député en 1789, né à Auch (Gers) le 1er juillet 1753, mort à Duran (Gers) le 1er novembre 1840, « fils à M. Jean-Dominique Sentetz et à demoiselle Jeanne Gramé », avocat en 1771, procureur du roi au sénéchal et présidial d'Auch le 18 avril 1781, fut élu, le 2 avril 1789, député du tiers aux États-Généraux par la sénéchaussée d'Auch. Membre du comité judiciaire, il s'y occupa principalement de l'organisation des tribunaux, proposa, le 8 juillet 1790, de fixer la somme à laquelle s'élèverait la compétence des juges de paix, présenta un plan pour l'organisation des tribunaux de district, indiqua un moyen de résoudre les difficultés dans la procédure par jurés en matière criminelle, fit décider, le 17 janvier 1791, que la partie plaignante serait entendue dans les dépositions, signala, le 27 mars, les troubles excités en province par la constitution civile du clergé, s'éleva avec énergie contre le déisme et l'athéisme, et demanda qu'on les mit au rang des crimes d'État et qu'on appliquât la peine de mort à ceux qui en feraient profession. Après la session, il devint président du tribunal civil du Gers et président du canton d'Auch-nord. Il vécut quelque temps ensuite dans la retraite. Président de la société d'agriculture du Gers, rallié au 18 brumaire, il fut nommé conseiller général en l'an VIII, membre du jury central de l'instruction publique et conseiller de préfecture du Gers le 28 décembre 1809. Appelé, juin 1811, aux fonctions de président du tribunal d'Auch, il préféra rester conseiller de préfecture, fut nommé chevalier de la Légion d'honneur le 30 décembre 1819, et, révoqué en septembre 1830, dut se contenter, malgré ses pressantes réclamations, d'une pension de 200 francs.

SEPTENVILLE (DE). — *Voy.* LANGLOIS.

SERANNE (JOSEPH-FRANÇOIS), député en 1791, né en 1751, mort à Paris le 23 août 1792, était négociant à Cette (Hérault) au moment de la Révolution. Il en adopta les principes et fut élu, le 8 septembre 1791, député de l'Hérault à l'Assemblée législative, le 7e sur 9, par 298 voix (393 votants). Il fit partie du comité de la marine et du commerce, fit adopter (5 décembre 1791) un projet qui réglait l'élection des capitaines des ports, fit décréter (2 janvier 1792) des mesures relatives à la police de la navigation, essaya en vain (19 mars) de faire accorder à Groignard, ingénieur de la marine, une récompense extraordinaire, obtint ensuite le paiement des arriérés de la marine et des colonies, et fit régler les contestations relatives au droit de navigation et le mode de délivrer des papiers de mer. En juin, il obtint des avantages particuliers en faveur des marins et officiers partis à la recherche de Lapérouse. Il mourut à la fin de la session.

SERCEY (PIERRE-CÉSAR-CHARLES-GUILLAUME, MARQUIS DE), pair de France, né à la Comelle (Saône-et-Loire) le 26 avril 1753, mort à Paris le 10 août 1836, « fils de M. Jean-Jacques de Sercey, comte du Jeu, et de dame Marie-Magdelaine Decrest », d'une vieille famille bourguignonne, entra dans la marine à treize ans et prit part à des expéditions dans l'Inde et aux voyages qui amenèrent la découverte des terres australes (1772). Enseigne en mai 1779, il se distingua dans plusieurs engagements, fut promu lieutenant de vaisseau en 1781, remplit des missions périlleuses et reçut la croix de Saint-Louis. Il rentra en France au moment de la Révolution. Favorable dans une certaine mesure aux idées nouvelles, il commanda en 1790 la frégate la *Surveillante*, participa à la répression de l'insurrection de la Martinique, et devint capitaine de vaisseau en 1792. Il fut alors envoyé à Saint-Domingue, et ne tarda pas à obtenir un brillant avancement. Contre-amiral le 1er janvier 1793, il fut chargé du commandement de la division en rade du Cap ; mais la révolte des noirs l'obligea à quitter cette région. Il dirigea sur la nouvelle Angleterre un convoi de six mille colons, qui étaient venus implorer sa protection, et revint à Brest (décembre 1793). Le gouvernement révolutionnaire le fit arrêter et incarcérer comme ex-noble. Détenu jusqu'au 9 thermidor, il rentra en grâce sous le Directoire, et commanda les forces navales destinés à transporter aux îles de France et de la Réunion les commissaires civils Baco et Burnel, chargés d'y mettre à exécution le décret sur la liberté des noirs. Mais Sercey dénonça aux colons les instructions reçues par Baco et Burnel qui ne purent mettre pied à terre. Ils firent parvenir à Paris d'énergiques réclamations, qui n'eurent aucune suite, Boissy d'Anglas et Siméon ayant pris au Conseil des Cinq-Cents la défense de Sercey, qui livra encore dans l'Inde plusieurs combats heureux. Après la paix d'Amiens, il obtint sa retraite (1804) et se retira à l'île de France. En 1814, les Bourbons le firent vice-amiral. Il devint, en 1820, grand-croix de la Légion d'honneur (il était officier de l'ordre depuis le 19 frimaire an XII); se rallia au gouvernement de Louis-Philippe, fut admis à la retraite comme vice-amiral le 28 août 1832, et appelé, le 7 novembre suivant, à siéger dans la Chambre des pairs. Il y vota jusqu'à sa mort (1836) conformément aux vœux du pouvoir.

SERCLOT DES GUYONNIÈRES (OLIVIER-JOSEPH-HENRI-RENÉ), député au Conseil des Cinq-Cents, né et mort à des dates inconnues, homme de loi à Évron, fut élu, le 23 germinal an V, député de la Mayenne au Conseil des Cinq-Cents, par 111 voix (124 votants). Il ne s'y fit pas remarquer, siégea parmi les modérés, et vit son élection annulée au 18 fruc-

tidor. Il ne reparut plus sur la scène politique.

SÉRÉ (HENRI-MARIE DE), représentant en 1849, né à Plotter (Côtes-du-Nord) le 16 janvier 1808, mort le 12 février 1878, propriétaire, et d'opinions royalistes, fut élu, le 13 mai 1849, représentant d'Ille-et-Vilaine à l'Assemblée législative, le 10e sur 12, par 68,801 voix (106,407 votants, 154,958 inscrits). Il siégea à droite et vota constamment avec la majorité antirépublicaine *pour* l'expédition de Rome, *pour* la loi Falloux-Parieu sur l'enseignement, *pour* la loi restrictive du suffrage universel. Il ne se rallia pas à la politique particulière du prince-président et rentra dans la vie privée au coup d'État du 2 décembre 1851.

SERENT (ARMAND-LOUIS, DUC DE), pair de France, né à Nantes (Loire-Inférieure) le 30 décembre 1736, mort à Paris le 30 octobre 1822, entra au service à 13 ans, et fit, comme mestre de camp, les campagnes de la guerre de Sept ans. Maréchal de camp en 1780, et gouverneur, la même année, des ducs d'Angoulême et de Berry, il conduisit ces princes, dès le début de la Révolution, à la cour de Sardaigne où il continua leur éducation. Il suivit ensuite la famille royale dans ses diverses pérégrinations, rentra en France en 1814, fut nommé pair de France le 4 juin suivant et lieutenant-général le 12 octobre. M. de Serent, qui se fit peu remarquer à la Chambre haute, où il vota *pour* la mort dans le procès du maréchal Ney, était grand d'Espagne.

SERENT (ARMAND-SIGISMOND-FÉLICITÉ-MARIE, COMTE DE), député en 1789, né à Paris le 1er septembre 1762, mort le 16 mars 1796, fils du précédent et de Bonne-Marie-Félicité de Montmorency-Luxembourg, entra fort jeune dans les armées du roi; il était maréchal de camp lorsqu'il fut élu, le 23 mars 1789, député de la noblesse aux États-Généraux, par le bailliage de Nivernais et Donziois. Il ne se réunit aux communes que sur l'ordre du roi, demanda l'abolition des poursuites intentées depuis 12 ans à l'auteur d'un écrit contre les fiefs, fit régler l'emploi de l'augmentation de paie accordée à l'armée, vota pour le droit de paix et de guerre en faveur du roi, parla sur le traitement des ecclésiastiques, prit la défense de Bussy soupçonné de conspiration contre l'État, et, en 1791, écrivit une lettre pour déclarer que ses principes lui faisaient une loi de s'abstenir de paraître à l'Assemblée. Il signa cependant les protestations de septembre, et disparut de la vie politique après la session.

SERGENT-MARCEAU (ANTOINE-FRANÇOIS), membre de la Convention, né à Chartres (Eure-et-Loir) le 9 septembre 1751, mort à Nice (Italie) le 24 juillet 1847, fils d'Antoine Sergent, arquebusier, et de Catherine-Madeleine Frémy, reçut une instruction élémentaire, et s'adonna de bonne heure à la gravure, vers laquelle le poussait une inclination marquée. Entré, dans les premiers mois de 1768, comme élève pensionnaire chez Augustin de Saint-Aubin, il reçut pendant trois ans les leçons de ce maître, et revint à Chartres avec l'intention de s'y fixer. La gravure en couleurs était alors à la mode ; il y acquit quelque réputation et fournit plusieurs planches de ce genre aux *Portraits des grands hommes* (1787-1789). Partisan zélé de la Révolution, il se mêla activement aux mouvements populaires, présida en 1790 le district de Saint-Jacques de l'Hôpital, et fut élu secrétaire de la Société des Jacobins. Il provoqua et fut chargé de présenter à l'Assemblée nationale une adresse tendant à obtenir la libre publication des ouvrages d'art, devint (1791) officier municipal, et se vit confier, conjointement avec Panis, Perron et Vignier, le département de la police. Il s'efforça d'adoucir le régime des prisons, fit agrandir le préau de l'Abbaye, percer des fenêtres, assainir les cabanons, supprimer les cachots souterrains, et s'érigea aussi en protecteur des soixante sous-officiers et soldats qui, le 15 septembre 1791, avaient été renvoyés pour insubordination du régiment de Royal-Champagne. Il figura dans les journées du 20 juin et du 10 août. Après la prise des Tuileries, il s'occupa avec Panis, et en présence de quelques agents, de dresser l'inventaire des appartements : on lui imputa, plus tard, le vol d'un camée antique et d'une agate tricolore valant, dit-on, plus de cent mille livres. Il ne fit rien pour empêcher les massacres de septembre, et signa avec Marat la proclamation où l'on invitait les départements à purger la nation d'un million de traîtres. Élu, le 12 septembre 1792, membre de la Convention par le département de Paris, le 12e sur 24, avec 514 voix (704 votants), il siégea à la Montagne, et répondit au 3e appel nominal dans le procès du roi : « J'ai déjà prononcé la mort contre les ennemis de ma patrie, qui avaient pris les armes contre elle. J'ai fait plus, j'ai prononcé la même peine contre les êtres faibles qui n'avaient commis peut-être d'autre crime que celui de suivre leurs époux ou leurs pères. Depuis longtemps j'étais convaincu des crimes de Louis. Un de mes collègues a dit qu'un roi mort, ce n'est pas un homme de moins. Je ne suis pas de cet avis, et je pense que le supplice d'un roi ne peut qu'étonner l'univers. La tête d'un roi ne tombe qu'avec fracas, et son supplice inspire une terreur salutaire. Après avoir balancé tous les dangers, il m'a été démontré dans ma conscience que la mort de Louis était la mesure d'où il en pouvait résulter le moins. Je vote donc pour la mort, et contre le chef et contre ses complices. » Il parut peu à la tribune et rendit des services soit comme membre du comité des arts et de l'instruction publique, soit comme inspecteur de la salle. Il fit apporter aux Tuileries les chevaux de Marly, fonda le Musée français (27 juillet 1793), et provoqua l'érection d'une statue à J.-J. Rousseau. Quand il fut question de traduire devant le tribunal criminel extraordinaire les auteurs et les complices de la capitulation de Verdun (séance du 9 février 1793), Sergent plaida la cause du conseil défensif de la place, et, pour prouver que les officiers qui avaient eu le courage de survivre à Beaurepaire n'étaient pas des traîtres, il montra le jeune commandant du bataillon d'Eure-et-Loir, Marceau, protestant par des larmes héroïques contre l'acte de soumission que son âge le forçait de porter lui-même au roi de Prusse; il parvint ainsi à faire mettre les accusés hors de cause. Envoyé en mission à Chartres avec son collègue Perior, il protégea les sculptures de la cathédrale contre des démolisseurs fanatiques. Vers la même époque, il renonça devant l'autorité communale aux prénoms d'Antoine-François pour adopter celui d'Androphile, qu'il abandonna d'ailleurs presque aussitôt. Après le 9 thermidor, il ne fut pas inquiété; mais, lors des événements de prairial an III, la majorité l'accusa d'avoir excité les sections à la révolte; décrété d'arrestation, il prit la fuite et demeura en Suisse jusqu'à l'amnistie du 4 brumaire. Il épousa, la même année, la sœur aînée de Mar-

ceau, femme divorcée de Champion de Cernel, procureur à Chartres; elle gravait et dessinait elle-même avec goût, et plus d'une fois elle aida Sergent dans ses travaux. A partir de cette époque, Sergent ajouta à son nom celui, déjà illustre, de son beau-frère. Sous le ministère Bernadotte, il fut nommé commissaire du gouvernement près la régie des hôpitaux militaires; mais le coup d'État de Bonaparte lui fit perdre cet emploi. Arrêté lors de l'attentat du 3 nivôse an X, par mesure de sûreté générale, il reçut l'ordre de quitter Paris et la France. La note de police, jointe à l'ordre d'exil, portait : « Propriétaire exclusif, lié avec des personnes qui se sont prononcées le plus hautement contre le gouvernement consulaire. » Il demanda en vain d'être interrogé, et se dirigea avec sa femme vers l'Italie, où il devait vivre désormais. Reprenant son burin, il commença la publication d'un grand ouvrage, intitulé : *Tableau de l'univers et des connaissances humaines*, qui ne réussit pas. Après avoir habité successivement Vérone, Padoue, Venise, Brescia, où il fit des soumissions pour des fournitures d'hôpitaux, pour le règlement desquelles sa femme dut venir plusieurs fois en France, notamment en 1811, date à laquelle elle demanda pour son mari une place dans les droits réunis, il se fixa à Nice, reçut, après 1830, une pension de 1,800 francs du roi Louis-Philippe, son ancien collègue aux Jacobins, et collabora (1834-1835) à la *Revue rétrospective*. Devenu aveugle en avril 1847, il mourut quelques semaines plus tard, à 96 ans. M. Hipp. Carnot, alors député de Paris, prononça quelques paroles sur sa tombe.

SERLOOTEN (Louis-Joseph), représentant du peuple en 1848, né à Bailleul (Nord) le 8 avril 1809, mort à Bailleul le 7 avril 1864, propriétaire dans sa ville natale, se fit remarquer, sous Louis-Philippe, par ses idées libérales; il prit place au banquet réformiste de Lille, en 1847, assista à l'inauguration, sur la grand'place de cette ville, de la colonne de 1792 érigée en mémoire du siège soutenu contre les Autrichiens, et, à la révolution de février, fut membre de la commission municipale de Bailleul. Élu, le 23 avril 1848, représentant du Nord à l'Assemblée constituante, le 12e sur 28, par 171,360 voix (231,867 votants, 278,352 inscrits), il fit partie du comité de la Marine, et vota *pour* le bannissement de la famille d'Orléans, *contre* les poursuites contre L. Blanc et Caussidière, *pour* l'abolition de la peine de mort, *contre* l'impôt progressif, *contre* l'incompatibilité des fonctions, *contre* l'amendement Grévy, *contre* la sanction de la Constitution par le peuple, *pour* l'ensemble de la Constitution, *contre* la proposition Rateau, *contre* l'interdiction des clubs, *pour* la demande de mise en accusation du président et des ministres. Hostile à la politique de l'Élysée, il ne se représenta pas à l'Assemblée législative.

SERMATTEI (Philippe), député au Corps législatif de 1811 à 1814, né et mort à des dates inconnues, maire d'Assisi, fut nommé par l'empereur, le 23 février 1811, député du département de Trasimène au Corps législatif, sur une liste dressée par le préfet de ce département. Il en sortit lors de la séparation de l'Italie et de la France, en 1814.

SERNIN (François-Marie-Jean-Baptiste), député de 1827 à 1830, né à Narbonne (Aude) le 23 avril 1782, mort à Narbonne le 8 décembre 1817, médecin dans sa ville natale, fut élu, le 17 novembre 1827, député du 2ᵉ arrondissement de l'Aude (Narbonne) par 250 voix (485 votants, 600 inscrits), contre 227 à M. Barthe-Labastide. Il prit place dans les rangs de l'opposition libérale, vota l'Adresse des 221, et ne se représenta pas aux élections de juillet 1830.

SERPH (MARC-GUSMAN), représentant en 1871, député de 1876 à 1889, né à Civray (Vienne) le 12 juillet 1820, fils d'un ancien préfet, fut, à 24 ans, chef de cabinet du préfet M. d'Imbert de Mazères, et fut attaché à la préfecture de la Corse de 1849 à 1851. Rentré dans la vie privée en 1852, après le coup d'Etat, il s'occupa principalement d'agriculture et mérita de nombreuses récompenses aux expositions régionales. Président du comice agricole de la Vienne, conseiller général de la Vienne, et d'opinions orléanistes, il échoua comme candidat indépendant au Corps législatif dans la 3ᵉ circonscription de la Vienne, le 1ᵉʳ juin 1863, avec 6,631 voix contre 10,775 à l'élu, M. Bourlon, candidat officiel. Elu, le 8 février 1871, représentant de la Vienne à l'Assemblée nationale, le 3ᵉ sur 6, par 56,505 voix (62,819 votants, 95,858 inscrits), il prit place au centre droit, et vota avec la majorité, *pour* la paix, *pour* l'abrogation des lois d'exil, *pour* la pétition des évêques, *contre* le service de trois ans, *pour* la démission de Thiers, *pour* le ministère de Broglie, *contre* l'amendement Wallon, *pour* les lois constitutionnelles. Réélu, le 20 février 1876, comme candidat du « Comité national conservateur », député de l'arrondissement de Civray, par 6,713 voix (10,800 votants, 13,934 inscrits), contre 3,934 à M. Couteaux, républicain, grâce à l'appui du parti bonapartiste au quel il promit l'appel au peuple en 1880, il prit de nouveau place à droite, et, au 16 mai, soutint le ministère de Broglie contre les 363. Réélu, le 14 octobre 1877, par 7,517 voix (11,163 votants, 14,224 inscrits), contre 3,584 à M. Couteaux, il fut, en décembre 1879, l'un des fondateurs du groupe constitutionnel auquel la mort du prince impérial donna pendant quelque temps une certaine importance; il était alors vice-président du conseil général de la Vienne. Réélu de nouveau, le 21 août 1881, par 6,192 voix (12,039 votants, 14,917 inscrits), contre 5,769 à M. Merceron, il fut invalidé et dut se représenter devant les électeurs qui le renommèrent député, le 2 juillet 1882, par 6,988 voix (12,664 votants, 15,320 inscrits), contre 5,520 à M. Merceron. Il continua de siéger à droite, et de combattre par ses votes la politique scolaire et coloniale des ministères républicains. Porté sur la liste conservatrice de la Vienne, le 4 octobre 1885, il fut réélu, le 1ᵉʳ sur 5, par 42,932 voix (80,910 votants, 101,883 inscrits), continua de voter avec la minorité de droite, et, dans la dernière session, s'abstint sur le rétablissement du scrutin d'arrondissement (11 février 1889), et se prononça *pour* l'ajournement indéfini de la revision de la Constitution, *contre* les poursuites contre trois députés membres de la Ligue des patriotes, *contre* le projet de loi Lisbonne restrictif de la liberté de la presse, *contre* les poursuites contre le général Boulanger.

SERPILLON (NICOLAS), député de 1824 à 1827, né à Autun (Saône-et-Loire) le 15 mars 1769, mort à Autun le 27 mars 1848, propriétaire et conseiller municipal de sa ville natale, fut

nommé, en juin 1815, lors de l'occupation étrangère, sous-préfet provisoire d'Autun par les « alliés wurtembergeois ». Il ne fut pas confirmé dans ces fonctions par le gouvernement royal, malgré ses instances, et fut élu, le 25 février 1824, député du 3ᵉ arrondissement électoral de Saône-et-Loire (Autun), par 129 voix (201 votants, 218 inscrits), contre 67 au marquis de Ganay, ancien député. M. Serpillon montra dans ses votes quelques velléités d'indépendance, ne prit jamais la parole, et ne se représenta pas aux élections de 1827. Candidat aux élections pour le conseil général dans le canton d'Issy-l'Evêque le 17 novembre 1833, il n'obtint que 5 voix sur 78 votants et 159 inscrits.

SERRA (JÉRÔME-FRANÇOIS-LUCIEN), député au Corps législatif en 1806, né à Gênes (Italie) le 22 juillet 1761, mort à Gênes le 31 mars 1837, fut colonel des chasseurs volontaires de sa ville natale après la campagne de 1796. Lorsque Bonaparte eut imposé à Gênes le rappel des familles favorables à la France, Serra entra au petit conseil de la république de Gênes, fut ministre plénipotentiaire à Montebello, puis ministre près du gouvernement cisalpin; sénateur de la république ligurienne à l'organisation de 1801, il devint, en 1803, président de la guerre et de la marine de cet état. Officier de la Légion d'honneur en 1805, il fut élu, le 22 février 1806, par le Sénat conservateur, député du département de Gênes au Corps législatif. Il en sortit en 1808. Recteur de l'université de Gênes le 11 août de la même année, il exerça ces fonctions jusqu'en 1815, et rentra ensuite dans la vie privée.

SERRAVALLE (PIERRE-ANTOINE), député au Corps législatif de 1811 à 1814, né à Casella (Italie) le 13 février 1753, mort à une date inconnue, « fils de Charles-Antoine Serravalle, et d'Arthémise, épouse Serravallo », était docteur médecin à Gênes, quand il fut élu, le 5 mai 1811, par le Sénat conservateur, député du département de Gênes au Corps législatif. Il en sortit aux traités de 1814.

SERRE (PIERRE-FRANÇOIS-HERCULE DE), député de 1815 à 1824, et ministre, né à Pagny (Meurthe) le 12 mars 1776, mort à Castellamare (Italie) le 21 juillet 1824, « fils de messire François-Louis de Serre, ancien officier de cavalerie au service de la France, seigneur du fief Coureol, et de dame Barbe-Marguerite de Maudhuy, dame de Beauharnais », appartenait à une famille originaire du comtat Venaissin établie en Lorraine. Il se destina d'abord à l'état militaire, et fut élève de l'Ecole d'artillerie de Châlons-sur-Marne. Ayant émigré, il servit dans l'armée de Condé et ne rentra en France qu'en 1802. Il étudia le droit et fut admis au barreau de Metz, où il se distingua. Lors de la réorganisation judiciaire de 1811, Napoléon le nomma avocat général à Metz (23 février), puis premier président de la cour impériale de Hambourg (14 juillet). Partisan de la Restauration, il reçut des Bourbons le poste de premier président de la cour de Colmar (janvier 1815), accompagna Louis XVIII à Gand pendant les Cent-Jours, et fut réintégré dans ses fonctions par le gouvernement royal. Elu, le 22 août 1815, député du Haut-Rhin au grand collège, par 63 voix (125 votants, 199 inscrits), M. de Serre siégea dans les rangs de la minorité ministérielle. Il proposa, sans succès, un amendement au projet de loi suspensif de la liberté individuelle, et adopta le principe des cours prévôtales, sauf à en restreindre le plus possible l'application. Comme une pétition demandait des poursuites contre Masséna, il prit la défense de ce général; il combattit aussi les conclusions du rapport de M. de Kergorlay sur la restitution des biens non vendus au clergé. Les *ultras* l'interrompant violemment, il se tourna vers eux et s'écria : « Messieurs, je suis dans la question; veuillez m'écouter; je réclame la liberté de la discussion, cette liberté qui a souvent été violée et détruite dans cette enceinte. » Le président le rappela à l'ordre. Très lié avec Royer-Collard, il partageait alors la plupart des opinions de cet homme d'État. M. de Serre obtint sa réélection, le 4 octobre 1816, par 95 voix (144 votants, 191 inscrits) et le 29 septembre 1817, par 304 voix (451 votants, 552 inscrits). Il appartint dès lors à la majorité, et fut, en janvier 1817, désigné comme président de la Chambre à la place de M. Pasquier : il occupa le fauteuil jusqu'à la fin de 1818 et fut remplacé par Ravez. M. de Serre opina, dans la discussion de la loi électorale, pour l'électorat direct, mais il proposa l'établissement dans chaque département d'un collège des villes et d'un collège des campagnes; il se montra opposé à la réélection des députés nommés à des fonctions amovibles, et approuva la suspension de la liberté individuelle. Comme président de la Chambre, il proposa un règlement nouveau, contenant contre les interruptions les plus rigoureuses sévérités. Le 30 décembre 1818, il accepta, dans le ministère Decazes, le portefeuille de la Justice. Après entente avec Royer-Collard et les principaux doctrinaires, il présenta trois lois nouvelles sur la presse, établissant l'affranchissement de toute censure préalable, la compétence du jury même pour les délits correctionnels, et l'admission de la preuve testimoniale contre les fonctionnaires. Ces dispositions lui valurent les attaques très vives des royalistes d'extrême droite, et il ne put les faire adopter par la Chambre. D'autre part, un incident qui se produisit dans la séance du 21 juin 1819 aliéna au ministre l'opinion libérale, qui jusque-là lui avait été favorable. A l'occasion d'une pétition de M. de Cotton en faveur des bannis, il se sépara nettement de la gauche, demanda l'ordre du jour et prononça ces paroles : « On a répété ce que j'ai allégué moi-même, que la Charte couvrait les votants; les exilés temporaires peuvent encore espérer de revoir le sol de la patrie; les régicides, *jamais !* » L'effet de ce discours fut si profond que le ministère fit ajouter après le mot *jamais* au *Moniteur* : « Sauf la tolérance accordée par la clémence du roi à l'âge et aux infirmités. » Resté d'accord avec M. Decazes, lorsque celui-ci voulut changer la loi électorale, M. de Serre ne suivit pas ses collègues dans leur retraite après la mort du duc de Berri : il conserva les sceaux dans le cabinet Richelieu, et, revenu à la fin d'avril 1820 de Nice, où l'état de sa santé l'avait obligé à se rendre, il engagea la lutte contre les adversaires du projet gouvernemental sur les élections : au premier rang de ces adversaires se trouvait le groupe doctrinaire et son chef Royer-Collard. M. de Serre n'hésita pas à éliminer du conseil d'État son ancien ami, en même temps qu'il en écartait C. Jordan, de Barante et Guizot. Il recommanda aux magistrats la plus grande rigueur à l'égard des « révolutionnaires », et il en donna lui-même l'exemple lors des manifestations produites à Paris par la mort du jeune Lallemand, fusillé sur la place du Carrousel par un garde

royal. M. de Serre refusa d'ailleurs de faire partie du cabinet Villèle et eut pour successeur à la Justice M. de Peyronnet (13 décembre 1821). Il reprit alors sa place au centre droit, parla en faveur de la compétence du jury en matière de délits de presse, fut nommé peu après (9 janvier 1822) ambassadeur à Naples, et assista au congrès de Vérone. S'étant représenté sans succès aux élections législatives de 1824, il mourut la même année près de Naples, à Castellamare, des suites de la maladie de poitrine dont il était atteint. M. de Serre a laissé la réputation d'un véritable orateur, malgré l'insuffisance de ses moyens physiques : « Ce pygmée, écrivait un biographe de 1820, se nomme Hercule. Hercule de Serre est né à Metz ou dans les environs, il y a cinquante ou cinquante-cinq ans. C'était bien la peine que son illustre parrain dérogeât aux coutumes de la paroisse et fît outrage à nos vieilles légendes, pour donner un pareil nom à son filleul ! Le nouvel Hercule, malgré son patron, a la modestie de ne point modeler sa conduite sur les douze travaux héroïques. Quand il laisse, par exemple, choir le ministère dont à peine il portait la sixième partie, Atlas aurait tort de compter sur son secours. Défendre les hommes oligarchiques qui encombrent les avenues de la cour, ce n'est pas nettoyer les étables du roi Augias. Le peuple n'aperçoit point dans la main de ce ministre la corne d'abondance, et ce ministre se garde de revêtir la peau du lion de Némée, car il sait qu'une peau de lion laisse toujours passer quelque chose. Enfin, il n'a pas voulu enchaîner Cerbère, puisque la part de censure qu'il exerce laisse aboyer tel journal, qui se rue jusque sur des mânes; et si Hercule de Serre élève un jour ses colonnes, on n'y gravera point *non ultra*, mais *ultra* tout court. »

SERRE. — *Voy.* SAINT-ROMAN (COMTE DE).

SERRES (JEAN-JOSEPH), membre de la Convention et député au Conseil des Cinq-Cents, né à la Roche-des-Arnauds (Hautes-Alpes) le 13 décembre 1762, mort à la Roche-des-Arnauds le 6 août 1831, « fils de Jacques Serres et de Thérèse Delrose », servit du 15 avril 1780 au 19 mars 1785, comme soldat, puis comme caporal, dans le corps royal d'infanterie de marine. Capitaine (1791-1792) au 2e bataillon de volontaires des Hautes-Alpes, il fut élu, le 4 septembre 1792, député des Hautes-Alpes à la Convention, le 4e sur 5, à la pluralité des voix (224 votants). Il proposa à la Convention des mesures pour empêcher l'exportation des grains et en assurer la libre circulation. Dans le procès du roi il vota avec les modérés, « pour la peine de détention pendant la guerre et le bannissement à la paix. » Il parla sur l'organisation de l'armée, réclama le décret d'accusation contre Marat, fit révoquer l'ordre de départ pour Saint-Domingue de la légion américaine, et adhéra aux protestations des Girondins contre le 31 mai. Décrété d'arrestation, il ne sortit de prison qu'après le 9 thermidor et fut rappelé à la Convention le 18 frimaire an III. Réélu, le 23 vendémiaire an IV, député des Hautes-Alpes au Conseil des Cinq-Cents, à la pluralité des voix, il soutint la réaction dominante et quitta le Conseil en l'an VII. Serres fut nommé, le 14 vendémiaire an XII, conseiller de préfecture des Hautes-Alpes. Il occupa cette fonction jusqu'au 6 septembre 1811, et se rallia à la Restauration qui l'envoya, le 22 août 1814, sous-préfet à Gap. Destitué aux Cent-Jours, il fut arrêté chez lui, dans la nuit du 10 au 11 avril 1815, par seize gendarmes ; conduit à Montdauphin, il fut remis en liberté le lendemain par le lieutenant de l'armée royale du Midi, et fut de nouveau arrêté le 5 juillet suivant, par ordre du préfet impérial, comme « extrêmement dangereux ». Le gouvernement royal le fit remettre en liberté le 17, et il fut nommé, le même jour, préfet provisoire des Hautes-Alpes. Appelé, le 20 janvier 1816, à la sous-préfecture d'Embrun, il remplit ces fonctions jusqu'au 11 septembre 1830, date à laquelle il fut remplacé. On lui accorda, le mois suivant, une pension de retraite de 1,100 francs.

SERRES (JEAN-JACQUES), membre de la Convention, député au Conseil des Anciens, né à Alais (Gard) le 11 janvier 1755, mort à une date inconnue, « fils de M. Jacques Serres, géomètre, et de demoiselle Suzanne Boisson », s'était occupé de commerce et de littérature et habitait la colonie de l'île de France quand éclata la Révolution, dont il adopta modérément les principes. Secrétaire général de l'Assemblée administrative de l'île (16 septembre 1791), juge de paix de Port-Louis (18 novembre suivant), il fut élu député de la colonie à la Convention le 21 février 1793. Admis à siéger le 5 octobre suivant, il prit la parole dans diverses circonstances, fit accorder des secours aux marins des bâtiments de commerce, et se rendit en mission (septembre 1794) dans les Bouches-du-Rhône et le Var; de Marseille, il adressa à l'assemblée plusieurs rapports sur la situation de cette ville. Rappelé en novembre suivant, il s'associa aux mesures prises contre les Jacobins, et poursuivit les anciens membres des comités révolutionnaires. Il combattit la proposition de suspendre toute radiation de la liste des émigrés, donna son opinion sur la situation de Saint-Domingue, discuta le projet de constitution, demanda l'établissement d'un tribunal de cassation dans les colonies, fut membre des comités, et secrétaire de l'assemblée (24 mars 1795). Passé de droit au Conseil des Anciens, comme député des colonies, le 23 vendémiaire an IV, il parla sur l'envoi d'agents exécutifs par la métropole, sur la translation à Alais, son pays natal, de l'École centrale du Gard, et fut nommé, le 2 germinal an VII, employé au ministère de la Justice. Partisan du coup d'État de Bonaparte, il fut appelé, le 17 germinal an VIII, à la sous-préfecture d'Alais, fonctions qu'il remplit jusqu'au 14 juillet 1815; il fut alors destitué pour s'être montré un des agents les plus actifs des associations de fédérés pendant les Cent-Jours. Sa pension de retraite comme sous-préfet ne fut liquidée que le 26 juillet 1820, à 500 francs.

SERRET (FRANÇOIS-JOSEPH-JEAN-BAPTISTE, BARON DE), député au Corps législatif de 1813 à 1814, né à Bruges (Belgique) le 9 décembre 1767, mort à Beernem (Belgique) le 5 octobre 1849, « fils de François-Joseph de Serret, et de dame Marie-Jeanne-Françoise de Willaeys », propriétaire à Bruges, puis maire de cette ville sous l'empire, créé baron le 1er janvier 1813, fut élu, le 6 janvier suivant, par le Sénat conservateur, député du département de la Lys au Corps législatif. Il en sortit l'année suivante, aux traités de 1814.

SERS (JEAN-PIERRE, contre), député en 1791,

membre du Sénat conservateur, né à l'Égades (Tarn) le 10 mai 1746, mort à la Bessonnié (Tarn) le 16 septembre 1809, était négociant, armateur et officier municipal de Bordeaux lorsqu'il fut élu, le 2 septembre 1791, député de la Gironde à l'Assemblée législative, le 9e sur 12, par 206 voix (407 votants). Dans ses notes manuscrites, Bernadau l'appelle « l'homme du parti mercantile et protestant, accusé d'avoir fait le monopole des grains en plusieurs occasions mémorables. » Il prit place parmi les Girondins, aux côtés de Vergniaud, et s'associa à leurs votes ; il s'opposa à la levée de la suspension du maire et du procureur de la commune de Paris après le 20 juin, attaqua Dumouriez sur les dangers des frontières et les mouvements qui se faisaient dans son armée, combattit le projet d'organisation d'un corps de 1,200 « tyrannicides », et blâma la journée du 10 août et les massacres de septembre. Président du directoire de la Gironde et non réélu à la Convention, il fut cependant porté sur le décret qui mettait les Girondins hors la loi, et ne dut qu'à la protection de Jean-Bon-Saint-André sa radiation de cette liste fatale. Partisan du 18 brumaire, il fut appelé au Sénat conservateur le 4 nivôse an VIII, nommé membre de la Légion d'honneur le 9 vendémiaire an XII, et commandeur de l'ordre le 25 prairial suivant. Désigné en l'an XIII comme candidat aux fonctions de trésorier du Sénat, où il s'était occupé de questions financières et de comptabilité, il ne fut pas nommé. Créé comte de l'empire, le 1er mars 1808, M. Sers était aussi membre du nouveau Consistoire de l'Église réformée.

SERS (JEAN-ANDRÉ, BARON DE), pair de France, né à Bordeaux (Gironde) le 3 novembre 1786, mort à Paris le 19 mars 1862, fils du précédent et de dame Suzanne Barthez, entra sous le premier Empire dans l'administration, comme chef de division à la préfecture du Mont-Tonnerre. Il devint ensuite auditeur au conseil d'État et fut promu successivement sous-préfet de Spire (Mont-Tonnerre) le 11 janvier 1811, sous-préfet de Wissembourg le 22 août 1811, de Saverne le 13 avril 1815, de Lille le 10 juin, et de Nancy le 2 août de la même année. Il fut rappelé à la sous-préfecture de Wissembourg le 22 février 1816, passa à celle de Coulommiers le 1er février 1819, devint préfet du Haut-Rhin le 19 février 1819, du Cantal le 19 juillet 1820, et du Puy-de-Dôme le 30 mars 1828. Il servit le gouvernement de Louis-Philippe après celui de la Restauration, administra comme préfet les départements de la Moselle et de la Gironde, fut élevé à la dignité de pair de France le 19 mai 1845, et fut rendu à la vie privée par la révolution de février 1848.

SERS (HENRI-LÉOPOLD-CHARLES, MARQUIS DE), représentant en 1871, né à Toulouse (Haute-Garonne) le 25 octobre 1822, entra dans l'armée sous Louis-Philippe, prit part à la guerre de Crimée et à la guerre d'Italie comme capitaine de hussards, et donna sa démission en 1860. Il était chevalier de la Légion d'honneur. Il se retira à Condé (Loir-et-Cher), dont il devint maire. Élu, le 8 février 1871, représentant du Loir-et-Cher à l'Assemblée nationale, le 4e sur 5, par 18,512 voix (49,217 votants, 78,521 inscrits), il prit place à droite, se fit inscrire à la réunion des Réservoirs, et vota *pour* la paix, *pour* l'abrogation des lois d'exil, *pour* la pétition des évêques, *contre* le service de trois ans, *pour* la démission de Thiers, *pour* le septennat, *pour* le ministère de Broglie, *contre* l'amendement Wallon, *contre* les lois constitutionnelles ; il était conseiller général du canton de Coudres (8 octobre 1871). Candidat au Sénat dans le Loir-et-Cher, le 30 janvier 1876, il échoua avec 113 voix sur 319 votants, et ne fut pas plus heureux aux élections législatives du 20 février suivant, dans la 2ᵉ circonscription de Blois, avec 4,919 voix contre 9,907 à l'élu, M. Tassin, républicain. Il échoua encore, comme candidat du cabinet du 16 mai, le 14 octobre 1877, avec 4,911 voix contre 10,281 à l'élu, M. Tassin, député sortant.

SÉRURIER (JEAN-MATHIEU PHILIBERT, COMTE), membre du Sénat conservateur et pair de France, né à Laon (Aisne) le 8 décembre 1742, mort à Paris le 21 décembre 1819, fils d'un officier de la maison du roi, fut, à 13 ans, lieutenant aux grenadiers de Laon. Enseigne dans le régiment de Mazarin, il fit la campagne de Hanovre en 1759, fut blessé à Warbourg le 31 juillet 1760, se battit ensuite en Portugal (en 1762) et en Corse (1768), et fut décoré de Saint-Louis en 1781. Colonel en 1792, et envoyé à l'armée du Var, il fut cassé comme suspect de royalisme, et servit alors comme simple soldat. L'influence de Barras lui fit rendre son grade ; il se distingua à Utello (28 février 1793), devint général de brigade le 22 août suivant, et général de division le 13 juin 1795. Le 23 novembre de la même année, il contribua à la victoire de Loano, et, pendant la campagne de 1796, commanda la division de réserve. Il eut sa part aux victoires de Mondovi et de Castiglione, et dirigea les opérations du siège de Mantoue. Bonaparte lui laissa l'honneur de signer la capitulation et de recevoir la reddition de Wurmser (2 février 1797). Sérurier se signala ensuite au passage du Tagliamento. Après Léoben, Bonaparte le chargea de porter au Directoire les 22 drapeaux pris aux Autrichiens ; il accompagna cet envoi d'une lettre extrêmement flatteuse pour Sérurier. Gouverneur de Venise au retour, Sérurier mérita, par sa probité, le surnom de *vierge d'Italie* : il fut le seul général qui ne voulut rien dérober pendant cette longue guerre. Il servit ensuite sous Joubert, puis sous Schérer, se distingua au passage de l'Adige, à Magnano, à Lecco, où il ne consentit à capituler, après avoir été entouré par des forces décuplées, qu'après avoir brûlé sa dernière cartouche. Il rentra en France, et commanda à Saint-Cloud au 18 brumaire. En échange de son active coopération au coup d'État, Bonaparte le nomma membre du Sénat conservateur (4 nivôse an VIII), membre de la Légion d'honneur (9 vendémiaire an XII), grand-aigle (13 pluviôse an XII), gouverneur des Invalides (5 floréal suivant), maréchal d'empire (30 du même mois), comte de l'empire (3 juin 1808), et l'appela au commandement de la garde nationale de Paris, le 3 septembre 1809. Lors de la première invasion, Sérurier fit brûler dans la cour des Invalides 1,417 drapeaux pris à l'ennemi et qui avaient été suspendus aux voûtes de la chapelle. Il signa, le 1ᵉʳ avril 1814, l'adresse du Sénat au peuple français, mais s'abstint, le lendemain, sur l'acte de déchéance, qui fut voté à l'unanimité de 64 voix. Nommé pair de France par Louis XVIII, le 4 juin 1814, il présenta à Napoléon, au retour de l'île d'Elbe, une adresse de fidélité et de dévouement des invalides, fut destitué de ses fonctions le 27 décembre 1815, et vécut dès lors dans la plus complète retraite. Suchet a dit de lui avec raison : « Il fut brave, loyal et modeste. » La ville de Laon lui a élevé, en 1864, une statue de bronze.

SÉRURIER (LOUIS-BARBE-CHARLES), pair de France, né à Marle (Aisne) le 7 avril 1775, mort à Paris le 22 janvier 1860, parent du précédent, « fils de monsieur Louis-Nicolas-Claire Sérurier, ancien officier au régiment de royal Roussillon infanterie, lieutenant-général civil et criminel et juge-grayer au bailliage royal de cette ville, et de dame Louise-Pérette-Marie-Madeleine Bidet », étudia d'abord au collège des bénédictins de Laon, puis fut attaché, sous le Directoire, au ministère des Relations extérieures. Le coup d'État du 18 brumaire et l'influence de son proche parent, le général Sérurier, lui valurent d'être nommé secrétaire de légation près la petite cour de Hesse-Cassel. Il y resta cinq ans. « Oublié dans ce poste secondaire, écrit son biographe, M. Michel Chevalier, il vint se présenter, sous les auspices du général, devenu le maréchal Sérurier, à l'audience du ministre M. de Talleyrand, afin de lui demander une mission plus active. Le ministre, toujours porté à contenir les ardeurs trop impatientes des jeunes diplomates et enclin même à les railler, repoussa d'abord la requête, en disant au solliciteur qu'il verrait, que toutefois Cassel n'était pas un poste sans valeur, que c'était une fenêtre sur l'Allemagne. — Oui, Monseigneur, reprit vivement M. Sérurier, mais cinq ans à la fenêtre !... Le ministre sourit et lui promit de ne plus l'y laisser longtemps. » En effet, peu après, M. Sérurier fut nommé premier secrétaire de légation en Hollande, où deux fois il fut chargé d'affaires ad-interim ; bientôt chargé d'affaires en titre, il se trouva mêlé personnellement aux graves événements d'Amsterdam, montra de l'énergie et de l'habileté, et fut ensuite nommé ministre plénipotentiaire près les États-Unis (1811-1816). Il se donna pour tâche de rétablir de cordiales relations entre ce pays et la France, et se trouva fréquemment dans la position la plus difficile. Il fut encore appelé à remplir les mêmes fonctions sous le gouvernement de Louis-Philippe (décembre 1830), et occupa ensuite le poste d'envoyé extraordinaire et ministre plénipotentiaire à Bruxelles. Le 30 octobre 1837, il fut élevé à la pairie. Il défendit de ses votes, à la Chambre haute, la royauté de juillet, et rentra, en février 1848, dans la vie privée. Grand-officier de la Légion d'honneur.

SERVAN (JOSEPH-MICHEL-ANTOINE), député au Corps législatif en l'an XII, né à Romans (Drôme) le 3 novembre 1737, mort à Rousset (Bouches-du-Rhône) le 4 novembre 1807, frère de Servan de Gerbey (*Voy. plus bas*), fit ses études à Lyon et à Paris, et devint avocat-général au parlement de Grenoble en 1764. Il prononça en cette qualité plusieurs discours de rentrée, notamment en 1766, sur l'*Administration de la justice criminelle*, qui lui méritèrent les applaudissements des philosophes et une certaine popularité. En 1767, il fut député auprès du roi pour lui présenter des remontrances ; il se vit offrir, au sortir de l'audience, par M. de Choiseul, la charge, qu'il refusa, de maître des requêtes au conseil royal. Revenu à Grenoble, son discours sur les mœurs (1769) attira de nouveau sur lui l'attention publique ; mais ce fut son dernier triomphe. Dans l'affaire du comte de Suze contre la chanteuse Bon, sa maîtresse, il prit parti pour le comte, et le public le poursuivit d'épigrammes et de calomnies. Froissé dans son amour-propre, Servan annonça, à la fin de son réquisitoire, qu'il abandonnait la vie publique (1772). En effet, bien qu'il se fût toujours montré partisan des idées nouvelles, il refusa, en 1789, de faire partie des États Généraux, se retira en Suisse en 1792 et ne rentra en France qu'en 1802. Il devint peu après président du collège électoral de l'arrondissement de Tournon, et fut élu, le 18 frimaire an XII, par le Sénat conservateur, député des Bouches-du-Rhône au Corps législatif. Il mourut l'année où il allait en sortir. Servan, qui s'occupait autant de littérature que de politique, a publié un grand nombre d'ouvrages, parmi lesquels on peut citer : *Essai sur la formation des assemblées nationales, provinciales et municipales* (1789); *Adresse aux amis de la paix* (1789); *Entretien de M. Necker avec la comtesse de Polignac, le baron de Breteuil et l'abbé de Vermont* (Londres, 1789); *Essai sur la conciliation de l'intérêt et de la justice, ou réflexions sur la liquidation du papier-monnaie en France* (1795). On a donné, en 1825, un choix de ses *Œuvres inédites.*

SERVAN (EUGÈNE), député en 1876, né à Chanos-Cursan (Drôme) le 13 juillet 1823, mort à Romans (Drôme) le 17 septembre 1876, d'abord notaire pendant sept ans, s'établit tanneur à Romans; il était président du tribunal de commerce, conseiller général du canton, et vice-président du conseil général quand il fut élu, le 20 février 1876, sur un programme républicain, député de la 2e circonscription de Valence par 10,367 voix (17,457 votants, 21,775 inscrits), contre 6,497 à M. Monier de la Sizeranne et 575 à M. de Marcieu; il prit place à gauche, vota avec la majorité modérée, mourut au cours de la première session, et fut remplacé, le 19 novembre suivant, par M. Christophle.

SERVAN DE GERBEY (JOSEPH), ministre de la Guerre, né à Romans (Drôme) le 14 février 1741, mort à Paris le 20 mai 1808, entra au service en 1760, comme engagé volontaire dans le régiment de Guienne, passa dans celui du Dauphin (1762), fit la campagne de 1769 en Corse, devint capitaine en 1772, major de grenadiers royaux en 1779, et fut pendant quelques années sous-gouverneur des pages de Louis XVI. Occupé de questions philosophiques et sociales, il écrivit pour l'*Encyclopédie* des articles sur l'art militaire, publia le *Soldat citoyen* (1781), adhéra en 1789 aux idées de la Révolution, et fut promu lieutenant-colonel dans le régiment de Vermandois-Infanterie (1791), puis colonel du 104e régiment (1792), et, la même année (8 mai), maréchal de camp. Le lendemain, 9, il reçut le portefeuille de la Guerre, lorsque les Girondins arrivèrent au pouvoir. Ce fut lui qui, à l'insu de ses collègues, proposa d'établir près de Paris un camp de vingt mille fédérés destiné à protéger l'Assemblée et la capitale. Ce projet fut accueilli avec empressement par la majorité girondine de l'Assemblée; mais Dumouriez le repoussa avec une grande vivacité, et une querelle s'ensuivit en plein conseil entre les deux généraux. Quelques jours après (12 juin 1792), Servan donnait sa démission en même temps que Roland et Clavière; mais il reprit son portefeuille après la journée du 10 août. Il fit preuve, dans ces fonctions, de

zèle et d'activité, veilla à l'approvisionnement de l'armée, au transport des effets et munitions, à la réunion des levées quotidiennes de volontaires. Mais les attaques incessantes de Dumouriez l'obligèrent à se retirer définitivement (3 octobre 1792). Un de ses derniers actes ministériels fut d'envoyer aux généraux l'ordre de substituer la *Marseillaise* au *Te Deum* pour célébrer les victoires des armées. Nommé, le mois précédent, général de division, il reçut, le 6 octobre, le commandement en chef des Pyrénées-Orientales. Mais son alliance avec les Girondins suscita contre lui des dénonciations. Dès le 5 mai, le directoire du département des Landes l'accusa d'aristocratie; il se défendit, et, le 1er juin, ignorant encore l'arrestation de ses amis au 31 mai, se disculpa auprès de Barère, d'avoir eu des relations avec Roland; le 23 juin, il repoussa les Espagnols au delà de la Bidassoa. Destitué le 4 juillet, il fut arrêté et incarcéré à l'Abbaye, où l'on oublia, M. Fréron le fit remettre en liberté le 24 janvier 1795, malgré Duhem et Bourdon de l'Oise. On lui rendit son grade de général le 22 septembre suivant. Employé par le Directoire (1799), comme inspecteur général des troupes du Midi, il fut placé par Bonaparte à la tête de plusieurs divisions militaires à l'intérieur, remplit encore les fonctions de président du comité des réserves (1803), reçut la croix d'officier de la Légion d'honneur, et fut admis à la retraite en 1807. Il mourut l'année suivante. Servan a laissé : un *Projet de constitution pour l'armée française* (1790); une *Histoire des guerres des Gaulois et des Français en Italie* (1805), etc.

SERVEAU-TOUCHEVALIER (FRANÇOIS), membre de la Convention et député au Conseil des Cinq-Cents, né à Evron (Mayenne) en 1749, mort à Evron le 7 avril 1825, était administrateur de son district, lorsqu'il fut élu (septembre 1791) député suppléant de la Mayenne à l'Assemblée législative, où il ne fut pas appelé à siéger. Réélu, le 5 septembre 1792, membre de la Convention pour son département, le 5e sur 8, par 263 voix (373 votants), il déclara lors du 3e appel nominal dans le procès du roi, que son opinion était « la même que celle du précédent ». Or, le précédent, Enjubault, avait opté pour la mort, avec sursis jusqu'au moment où les puissances étrangères envahiraient le territoire. Serveau ne joua à la Convention qu'un rôle des plus effacés. Réélu, le 21 vendémiaire an IV, député de la Mayenne au Conseil des Cinq-Cents, par 78 voix (141 votants), il quitta le Conseil en l'an VII, et devint étranger à la vie politique. Il était revenu à Evron, lorsqu'aux Cent-Jours il signa l'Acte additionnel. Frappé de ce chef par la loi du 12 janvier 1816 contre les régicides, il partit de Paris pour Genève, le 27 février suivant, avec sa femme, « septuagénaire comme lui », dit-il, en exagérant un peu, dans la supplique par laquelle il demanda quelque temps après l'autorisation de rentrer en France. Le voyage fut des plus pénibles : la diligence fut arrêtée dans le Jura par une tempête de neige, on refusa de les recevoir à Genève, puis à Lausanne, et ils durent se réfugier à Constance, où ils vécurent misérablement jusqu'à ce que le gouvernement royal leur permit de rentrer (13 mai 1818). Le 9 août suivant, Serveau était de retour à Evron.

SERVIÈRE (ÉTIENNE-JACQUES), député en 1791, né à Bazas (Gironde) le 25 juillet 1769, mort à Bazas le 14 janvier 1836, fut nommé, le 13 décembre 1782, conseiller du roi et lieutenaut particulier assesseur au sénéchal de Bazas. Partisan de la Révolution, il devint, en septembre 1790, juge au tribunal de district de Bazas, et fut élu, le 30 août 1791, député de la Gironde à l'Assemblée législative, le 3e sur 12, par 278 voix (578 votants). Il y joua un rôle assez obscur. Après la session, il devint maire de Bazas (1793), et se retira des fonctions publiques l'année suivante. Nommé, le 12 mai 1811, juge-suppléant au tribunal de 1re instance de Bazas, puis juge d'instruction au même tribunal (1er mai 1811), il devint président du tribunal le 12 avril 1820, et remplit ces fonctions jusqu'à sa mort.

SERVIÈRE (Jean), représentant du peuple en 1818, né à Bazas (Gironde) le 4 avril 1798, mort à Bazas le 12 février 1889, fils d'Etienne-Jacques Servière (*Voy. plus haut*), fit son droit à Toulouse et se fit inscrire au barreau de Bazas où il obtint de rapides succès. Candidat du parti libéral, à la députation, dans le 5e collège de la Gironde (Bazas), le 9 juillet 1842, il échoua avec 135 voix contre 165 à l'élu, M. Galos, député sortant, et ne fut pas plus heureux, le 1er août 1846, avec 161 voix contre 225 à l'élu, M. Galos. Cette même année il entra au conseil général de la Gironde, d'où il sortit volontairement en 1850. Élu, le 23 avril 1848, représentant de la Gironde à l'Assemblée constituante, le 6e sur 15, par 95,166 voix (146,600 votants), il fit partie du comité du commerce et de l'industrie et vota *pour* le bannissement de la famille d'Orléans, *pour* les poursuites contre L. Blanc et Caussidière, *contre* l'abolition de la peine de mort, *contre* l'impôt progressif, *contre* l'amendement Grévy, *contre* la sanction de la Constitution par le peuple, *pour* l'ensemble de la Constitution, *pour* la proposition Rateau, *contre* l'interdiction des clubs, *pour* l'expédition de Rome. Non réélu à la Législative, il reprit sa place au barreau de Bazas, pendant quelques années encore. En 1881, âgé de 83 ans, il reprit le stage d'avocat pour plaider en faveur du comité républicain de Bazas auquel les réactionnaires avaient intenté un procès. On a de lui quelques brochures sur des sujets philosophiques.

SERVIÈRE (Laurent), membre de la Convention, né à Pont-de-Montvert (Lozère) en 1759, mort à Mende (Lozère) le 1er mai 1799, « fils de M. Louis Servière, propriétaire foncier, et de madame Marguerite Parlier», adopta les principes de la Révolution, et fut élu (1790) juge de paix de Pont-de-Montvert. Elu, le 5 septembre 1792, député de la Lozère à la Convention, le 3e sur 5, à la pluralité des voix (214 votants), il se prononça, dans le procès du roi, pour la mort, « en me proposant, dit-il, d'examiner la question du sursis. » Il réclama la suppression d'une partie des vicaires épiscopaux, demanda qu'il y eût trois mois d'intervalle entre les missions du même représentant, et n'eut d'ailleurs qu'un rôle parlementaire très secondaire. Envoyé en mission dans le Var, il prit plusieurs arrêtés qui furent cassés par le comité de salut public comme « entachés de modérantisme », et, après la session, fut nommé commissaire du pouvoir exécutif près le département de la Lozère, fonctions qu'il remplit jusqu'à sa mort.

SERVIEZ (Emmanuel-Gervais de Rœrgaz de), député au Corps législatif en l'an X, né à Saint-Gervais (Gard) le 27 février 1755, mort à Paris le 19 octobre 1804, était capitaine dans les armées du roi à l'époque de la Révolution.

Il continua de servir, fit campagne à l'armée des Pyrénées, puis à l'armée du Rhin, devint général de brigade, et quitta l'armée à la paix de Campo-Formio. Préfet des Basses-Pyrénées (13 ventôse an IX), il fut élu, le 6 germinal an X, par le Sénat conservateur, député de ce département au Corps législatif; il mourut avant la fin de la législature. Membre de la Légion d'honneur (4 frimaire an XII) et commandeur de l'ordre (25 prairial suivant).

SERVONAT (Joseph-Sébastien), membre de la Convention et député au Conseil des Anciens, né à Montseveroux (Isère) le 17 décembre 1717, mort à Montseveroux le 3 novembre 1836, était notaire avant la Révolution. Juge de paix à Montseveroux en 1790, administrateur du département en 1791, il fut élu, le 6 septembre 1792, membre de la Convention par le département de l'Isère, le 4e sur 9, avec 266 voix (505 votants). Il siégea parmi les modérés, et, lors du procès du roi, répondit au 3e appel nominal : « Que mon opinion m'attire ou non des injures ou des menaces, je la prononcerai avec courage. Jetez les yeux sur vos armées, sur vos finances; tremblez que de nouvelles chaînes ne s'appesantissent sur vous et que votre sagesse dirige les élans de la vengeance nationale contre le tyran. Louis est odieux à tous les Français, son existence ne peut être dangereuse : si, au contraire, il expie la peine de ses forfaits, vous augmentez la puissance d'un autre prétendant qui aurait pour lui son or et sa popularité. Comme législateur et comme homme d'Etat, je vote pour que Louis soit retenu captif à présent, et banni après la guerre. » Il vota en outre pour l'appel au peuple et pour le sursis. Son rôle à la Convention fut d'ailleurs très secondaire. Réélu, le 22 vendémiaire an IV, député de l'Isère au Conseil des Anciens, par 217 voix (360 votants), en même temps qu'il obtenait aussi la majorité dans les départements de la Marne et du Rhône, Servonat fut chargé d'un rapport sur l'élection des greffiers de paix, devint secrétaire de l'assemblée, parla sur les messageries, et quitta la vie politique en l'an VII.

SESMAISONS (Louis-Humbert, comte de), député de 1815 à 1816, de 1820 à 1827 et pair de France, né au château de Neuville, commune de Gambais (Seine-et-Oise) le 2 octobre 1777, mort à Nantes (Loire-Inférieure) le 30 décembre 1836, « fils de Louis-Henry-Charles-Rogatien de Sesmaisons, mestre de camp de cavalerie, et de Pauline-Mélanie de Laverdy», entra, à la première Restauration, dans la maison du roi, qu'il suivit à Gand pendant les Cent-Jours. Elu, le 22 août 1815, député du grand-collège de la Loire-Inférieure par 90 voix (162 votants, 212 inscrits), il prit place parmi les royalistes les plus intransigeants, demanda, le 27 octobre, la peine de mort pour le déploiement du drapeau tricolore, et la déportation hors du continent européen pour cris séditieux, fit partie de la commission de la loi dite d'amnistie, accusa M. Decazes de l'évasion de Lavalette et réclama une enquête, proposa que l'éligibilité des députés fût fixée à 25 ans, et parla sur l'impôt sur le sel. Après la dissolution de la Chambre introuvable, il fut nommé lieutenant-colonel et chevalier de Saint-Louis. Il échoua dans le grand collège de la Loire-Inférieure, aux élections du 25 mars 1819, avec 316 voix contre 534 à l'élu, M. de Saint-Aignan, puis fut successivement réélu, le 13 novembre 1820, par 166 voix (266 votants, 279 inscrits); le 10 octobre 1821, par 159 voix (234 voix, 273 inscrits); le 6 mars 1824, par 163 voix (268 votants, 291 inscrits). Il ne cessa de figurer dans la majorité royaliste et approuva toutes les mesures proposées par les ministres. En 1824, il devint gentilhomme de Monsieur à la place de son père décédé. Nommé pair de France par M. de Villèle le 5 novembre 1827, il ne se fit remarquer à la Chambre haute que par son dévouement aux ministres, et rentra dans la vie privée, après les journées de juillet, en vertu de l'article 68 de la nouvelle Charte. Collaborateur assidu de la *Quotidienne*, M. de Sesmaisons a en outre publié : *Le chant des martyrs* (1826), sur l'affaire de Quiberon; *Opinion dans la discussion sur la loi de la presse* (1827); *Opinion sur la loi départementale* (1829); *Opinion dans la discussion sur la dotation de la Chambre des pairs, à l'article relatif à la transmission* (1829), et quelques autres brochures.

SESMAISONS (CLAUDE-LOUIS-GABRIEL-DONATIEN, COMTE DE), député de 1827 à 1830 et pair de France, né à Saint-Pierre d'Escoublac (Loire-Inférieure) le 23 décembre 1781, mort à Nantes (Loire-Inférieure) le 29 avril 1842, « fils de haut et puissant seigneur Claude-François-Jean-Baptiste-Donatien de Sesmaisons, comte de Sesmaisons, mestre de camp en second du régiment de cavalerie de sa majesté, seigneur d'Escoublac, de l'Esnerac, Frénecart, Villesavari, Saint-André, Ustet et autres lieux, et de haute et puissante dame Renée-Modeste de Goyon de Vauduran », et cousin du précédent, émigra avec sa famille à la Révolution, et prit du service dans l'armée anglaise. Rentré en France sous l'Empire et appelé au commandement de la garde nationale de Maine-et-Loire, il salua avec joie le retour des Bourbons qui le nommèrent colonel-chef d'état-major de la 1re division d'infanterie de la garde royale. En mars 1816, il fut rapporteur du conseil de guerre chargé de juger l'amiral Linois et l'adjudant commandant Boyer, et, en cette qualité, laissa à la discrétion du conseil le choix des peines à appliquer aux accusés. Il fit, comme maréchal de camp dans le corps de Lauriston, la campagne d'Espagne, et fut promu grand d'Espagne par le roi Ferdinand. Il devint ensuite gentilhomme de la chambre de Charles X et commandeur de la Légion d'honneur. Elu, le 24 novembre 1827, député du grand collège de la Loire-Inférieure, par 133 voix (230 votants, 274 inscrits), il prit place dans la majorité, tout en protestant contre la qualification de partisan de M. de Villèle que lui appliqua le *Journal des Débats*. Bien qu'il se fût abstenu sur l'Adresse des 221, il se montra favorable au gouvernement de Louis-Philippe. Admis, le 6 septembre 1830, à siéger à la Chambre des pairs, à titre héréditaire, en remplacement de son beau-père, le chevalier Dambray décédé, par application d'une ordonnance royale du 23 décembre 1823, il prit place parmi les conservateurs et défendit jusqu'à sa mort les principes monarchiques.

SESMAISONS (ROGATIEN-LOUIS-OLIVIER, COMTE DE), représentant en 1848 et en 1849, né à Paris le 24 février 1807, mort au château de la Desnerie le 14 février 1871, d'une vieille famille bretonne, et neveu du comte Humbert de Sesmaisons (*Voy. plus haut*), entra (1824) à l'Ecole militaire de Saint-Cyr, à l'Ecole d'état-major en 1826, fut nommé lieutenant au 5e hussards en 1828, prit part au siège d'Alger et

donna sa démission (1830) pour ne pas prêter serment à Louis-Philippe. Retiré dans ses propriétés, il s'occupa d'agriculture, fut élu membre du conseil général de la Loire-Inférieure, et devint un des chefs du parti légitimiste dans ce département. Le 23 avril 1848, il fut élu représentant de la Loire-Inférieure à l'Assemblée Constituante, le 6e sur 13, par 85,801 voix (124,699 votants, 153,494 inscrits). Il prit place à droite, fit partie du comité de la marine, et vota constamment avec le groupe des royalistes purs, *contre* le rétablissement du cautionnement, *pour* les poursuites contre Louis Blanc et Caussidière, *contre* le maintien de l'état de siège, *pour* l'incompatibilité des fonctions, *contre* l'amendement Grévy, *pour* la sanction de la Constitution par le peuple, *contre* le droit au travail, *contre* l'ensemble de la Constitution. Il *s'abstint* volontairement dans le scrutin sur l'ordre du jour en l'honneur de Cavaignac, et se prononça encore *pour* la réduction de l'impôt du sel, *pour* la proposition Rateau, *contre* l'amnistie, *pour* l'interdiction des clubs, *pour* les crédits de l'expédition romaine. Réélu, le 13 mai 1849, représentant du même département à l'Assemblée législative, le 1er sur 11, par 79,283 voix (148,353 inscrits), il fit partie de la majorité conservatrice, appuya l'expédition romaine, la loi sur l'enseignement et les restrictions apportées au suffrage universel, ne se rallia point à la politique particulière de L.-N. Bonaparte. Il protesta contre le coup d'Etat du 2 décembre 1851, fut enfermé quelques jours à Vincennes et rentra dans la vie privée. Candidat au Corps législatif le 29 février 1859, dans la 2e circonscription de la Loire-Inférieure, il ne réunit que 399 voix. Le 8 février 1871, il obtint encore, sans être élu, 22,987 voix sur 95,897 votants. Réélu conseiller général en octobre 1871, président du conseil général l'année suivante, il siégea à l'Assemblée départementale jusqu'à sa mort. ·

SEURRAT DE LA BOULLAYE (JACQUES-ISAAC), député en 1789, né à Orléans (Loiret) le 22 août 1728, mort à Orléans le 14 février 1803, était conseiller au bailliage d'Orléans à l'époque de la Révolution. Partisan des idées nouvelles, il fut élu, le 2 avril 1789, député de la noblesse aux Etats-Généraux du bailliage d'Orléans, se montra d'abord disposé à accepter les réformes, mais ne tarda pas à blâmer leur exagération. Il prit part aux discussions sur la réorganisation judiciaire, alla en députation chez le roi, vota contre la constitution civile du clergé, et signa les protestations des 12 et 15 septembre 1791 contre les actes de la Constituante. Il vécut ensuite dans la retraite, émigra, rentra en France à l'époque du Consulat, et revint à Orléans où il mourut.

SEVAISTRE (PIERRE-HENRI), député de 1837 à 1839, né à Elbeuf (Seine-Inférieure) le 1er février 1801, mort à Elbeuf le 26 février 1851, était manufacturier à Elbeuf et président du tribunal de commerce, lorsqu'il fut élu, le 4 novembre 1837, député du 4e collège de Rouen, par 402 voix sur 707 votants et 908 inscrits. Il siégea à gauche, vota contre l'Adresse de 1839, et fut, dit un biographe, « le seul député indépendant de la ville de Rouen ». Il échoua, aux élections du 2 mars 1839, avec 466 voix contre 477 à l'élu, M. Grandin, et ne fut pas plus heureux, le 9 juillet 1842, avec 344 voix contre 593 au député sortant, réélu, M. Grandin.

SEVAISTRE (LOUIS-PAUL), représentant du

peuple en 1848 et en 1849, né à Elbeuf (Seine-Inférieure) le 20 novembre 1802, mort à la Chapelle-Gauthier (Eure) le 7 mai 1885, parent du précédent, était comme lui manufacturier filateur à Elbeuf. Président du tribunal de commerce, commandant de la garde nationale, il montra de l'énergie dans la répression des troubles d'Elbeuf en 1848, et fut élu, le 23 avril 1848, représentant de l'Eure à l'Assemblée constituante, le 8e sur 11, par 52,773 voix sur 99,709 votants. Il prit place au centre, fit partie du comité du travail, attaqua le projet relatif aux ateliers nationaux, qu'il qualifia de «colossale gueuserie; nous connaîtrons bientôt, dit-il, l'égalité du malheur et de la misère;» combattit le décret du 2 mars sur les heures de travail; demanda, sur l'article 43 de la Constitution, la nomination du président de la République par l'Assemblée sur une liste de candidats élus par le suffrage universel, et vota *pour* le bannissement de la famille d'Orléans, *pour* la loi contre les attroupements, *pour* le décret contre les clubs, *contre* la proposition Proudhon, *pour* les poursuites contre Louis Blanc et Caussidière, *contre* l'abolition de la peine de mort, *contre* l'impôt progressif, *pour* l'amendement Grévy, *contre* le droit au travail, *pour* l'ordre du jour en faveur de Cavaignac, *contre* la suppression de l'impôt du sel, *pour* la proposition Rateau, *pour* le renvoi des accusés du 15 mai devant la haute cour, *pour* l'ordre du jour Oudinot, *pour* l'interdiction des clubs, *contre* l'amnistie des transportés, *pour* le blâme de la dépêche Léon Faucher, *contre* l'abolition de l'impôt des boissons. Réélu, le 13 mai 1849, représentant de l'Eure à l'Assemblée législative, le 2e sur 9, par 56,163 voix sur 93,065 votants et 125,952 inscrits, il reprit sa place dans la majorité, avec laquelle il vota *pour* l'expédition romaine, *pour* la loi Falloux-Parieu sur l'enseignement, *pour* la loi du 31 mai sur le suffrage universel; hostile à la politique personnelle du prince L. Napoléon, il rentra dans la vie privée après le coup d'État de décembre 1851. Aux élections législatives du 20 février 1876, M. Paul Sevaistre accepta la candidature qui lui fut offerte dans l'arrondissement de Bernay : « Je consacrerai, disait-il dans sa profession de foi, le peu de forces qui me restent à faire triompher dans la politique du gouvernement un système qui, par sa modération et à l'aide de lois sagement progressives, tendrait à rallier à la République tous ses adversaires. » Il échoua avec 3,763 voix contre 9,939 à l'élu, M. Janvier de la Motte, et 2,187 à M. Join-Lambert, et renonça dès lors à la vie politique.

SEVAISTRE (Léon-Mathieu), député de 1885 à 1889, né à Rouen (Seine-Inférieure) le 10 février 1840, grand propriétaire dans l'arrondissement d'Elbeuf, et conseiller municipal de cette ville, s'engagea comme volontaire dans un bataillon de chasseurs au début de la guerre de 1870, et assista (décembre) aux combats autour d'Orléans. De retour à Elbeuf, il devint adjoint, puis maire (1875), et conseiller général (1880). Candidat conservateur, lors de l'élection partielle du 30 avril 1882, motivée dans la 1re circonscription d'Evreux par le décès de M. Lepouzé, il échoua, au second tour (14 mai), avec 6,152 voix contre 7,839 au candidat républicain élu, M. Bully. Les élections au scrutin de liste du 4 octobre 1885 lui furent plus favorables : porté sur la liste conservatrice de l'Eure, il fut élu, le 4e sur 6, par 44,798 voix sur 86,584 votants et 106,593 inscrits. Il prit place au centre droit, suivit une politique conserva-

trice sans nuance monarchique, appuya les surtaxes sur les céréales, se prononça sur la politique scolaire et coloniale des ministres, et vota, dans la dernière session, *contre* le rétablissement du scrutin d'arrondissement (11 février 1889), *pour* l'ajournement indéfini de la révision de la Constitution, *contre* les poursuites contre trois députés membres de la Ligue des patriotes, *contre* le projet de loi Lisbonne restrictif de la liberté de la presse, *contre* les poursuites contre le général Boulanger.

SÉVENNE (Jean-Raymond), député en 1791, né le 5 avril 1748, mort à une date inconnue, était homme de loi à Marvejols, quand il fut élu, le 7 septembre 1791, député de la Lozère à l'Assemblée législative, le 4e sur 5, à la pluralité des voix. Il parut une seule fois à la tribune pour faire décréter l'accusation de Charrier. Nommé receveur particulier sous le Directoire, il fut, en l'an VII, l'un des commissaires de l'emprunt contre l'Angleterre.

SEVESTRE DE LA METTERIE (Achille-Joseph-Marie-François), né à Rennes (Ille-et-Vilaine) le 13 janvier 1753, mort au château de Liverdy (Seine-et-Marne) le 6 avril 1816, fut, avant la Révolution, commis au greffe des États de Bretagne. Il adopta les idées nouvelles, devint greffier du tribunal de Rennes, se montra des plus exaltés comme chef du club des Jacobins de Rennes (juillet 1792), et fut élu, le 5 septembre suivant, député d'Ille-et-Vilaine à la Convention nationale, le 4e sur 10, à la pluralité des voix. Il siégea à la Montagne, s'opposa à ce que Louis XVI pût se choisir un ou plusieurs conseils, et répondit, lors du jugement du roi, au 3e appel nominal : « Je ne connais point cette justice qui fléchirait devant un coupable élevé, tandis que tous doivent fléchir devant elle. Je vote pour la mort. » Il se prononça en outre contre l'appel et contre le sursis. Envoyé en mission dans les Côtes-du-Nord et l'Ille-et-Vilaine, il prit des mesures rigoureuses; de retour à la Convention, il défendit Garat, combattit une motion contre les marchands qui se vendaient un prix trop élevé, se prononça contre Robespierre, attaqua les terroristes après thermidor, entra, le 15 germinal an III, au comité de sûreté générale, dénonça Forestier, fut chargé d'un rapport contre Romme et ses amis, fit changer la dénomination de comités révolutionnaires en celle de comités de surveillance, et provoqua des mesures contre les journaux. Après la session, il fut nommé messager d'État au Conseil des Cinq-Cents. Le 21 floréal an IV, il fut un des sept ex-conventionnels désignés pour compléter le conseil des Cinq-Cents. Mais le Conseil des Anciens, dans sa séance du 15 prairial suivant, refusa de sanctionner cette résolution. Sevestre de la Metterie resta messager d'État au Corps législatif, jusqu'en 1815. Atteint par la loi du 12 janvier 1816 contre les régicides, il se réfugia à Bruxelles, où il fonda un pensionnat qu'il céda plus tard à son fils. Il demanda plusieurs fois au gouvernement royal l'autorisation de rentrer en France, alléguant notamment (supplique du 24 mai 1819) « qu'il n'avait jamais rien sollicité de Napoléon ni de sa ridicule dynastie. » La révolution de 1830 lui rouvrit les portes de la France.

SEVIN (Jean-Chrysostome de), représentant à la Chambre des Cent-Jours, né à Agen (Lot-et-Garonne) le 24 novembre 1756, mort à Agen le 12 février 1834, « fils de M. Armand-Joseph de Sevin, chevalier, et de dame Sérenne Bonot de Lalugue », était maire de la ville d'Agen. Le 15 mai 1815, le grand collège du Lot-et-Garonne l'envoya comme représentant à la Chambre des Cent-Jours, par 30 voix sur 48 votants. Sa carrière politique prit fin avec la session.

SÉVIN-MOREAU (Aimé-Pierre-Honoré), député de 1830 à 1831 et de 1834 à 1846, né à Gilly (Loiret) le 5 septembre 1786, mort à Orléans (Loiret) le 18 juillet 1868, négociant à Orléans, maire et président du tribunal de commerce de cette ville, fut élu, le 21 octobre 1830, député du 1er arrondissement électoral du Loiret (Orléans), en remplacement de M. de Cormenin démissionnaire, par 334 voix (560 votants, 803 inscrits), contre 200 à M. Cournol ; il parut alors se ranger dans l'opposition, ne se représenta pas en 1831, et fut ensuite successivement réélu dans le 3e collège du même département (Orléans extra-muros), le 21 juin 1834, par 184 voix (312 votants, 393 inscrits), contre 127 à M. Jousselin ; le 4 novembre 1837, par 226 voix (378 votants, 511 inscrits) ; le 2 mars 1839, par 266 voix (445 votants) ; le 9 juillet 1842, par 239 voix (443 votants, 589 inscrits), contre 203 à M. Danicourt. M. Sévin-Moreau avait pris place parmi les ministériels : il fut un des 221 députés qui soutinrent le cabinet Molé en 1839, et il vota *pour* la dotation du duc de Nemours, *pour* les fortifications de Paris, *pour* le recensement, *contre* les incompatibilités, *contre* l'adjonction des capacités, *pour* l'indemnité Pritchard et *contre* la proposition sur les députés fonctionnaires. Il quitta la vie politique aux élections de 1846.

SEYDOUX (Jean-Jacques-Étienne-Charles), représentant en 1849, député au Corps législatif de 1852 à 1870, né à Vevey (Suisse) le 6 juillet 1796, mort à Bougival (Seine-et-Oise) le 11 août 1875, s'établit au Cateau comme manufacturier. Il se fit naturaliser français, entra dans l'armée (11 février 1814), fut lieutenant aux gardes du corps, compagnie d'Havré (28 octobre 1815), passa brigadier (1er avril 1817), prit sa retraite en 1823 avec le grade de capitaine. Il se mit alors à la tête de la grande fabrique de mérinos de M. Paturle, pair de France, au Cateau, devint (1830-1850) colonel de la garde nationale du Cateau, et conseiller général (1848). Élu, le 13 mai 1849, représentant de ce département à l'Assemblée législative, le 3e sur 24, par 93,582 voix (183,521 votants, 290,196 inscrits), il s'associa à toutes les mesures votées par la majorité monarchiste, et donna son appui à la politique du prince-président. Partisan du coup d'État du 2 décembre, il fit partie de la Commission consultative, et, le 29 février 1852, entra, sous les auspices du gouvernement, au Corps législatif, comme député de la 7e circonscription du Nord, avec 29,160 voix sur 29,677 votants (45,420 inscrits). Il participa au rétablissement de l'Empire, opina constamment avec la majorité dynastique, et fut réélu successivement, toujours comme candidat officiel : le 22 juin 1857, par 31,537 voix (31,784 votants, 45,087 inscrits) ; le 1er juin 1863, par 21,508 voix (22,726 votants, 32,284 inscrits) ; le 24 mai 1869, par 16,096 voix (28,519 votants, 32,891 inscrits). Cette dernière fois, la lutte avait été assez vive, et le candidat indépendant, M. Corne, avait réuni 12,255 suffrages. Il vota *pour* la guerre contre la Prusse, et ne reparut plus sur la scène politique après le 4 septembre. M. Seydoux était

maire du Cateau, membre du conseil supérieur du commerce et du conseil général des Églises réformées. Commandeur de la Légion d'honneur du 4 août 1867.

SEYSSEL (Joseph-Victor-Thomas, comte), député au Corps législatif de 1813 à 1814, né à Turin (Italie) le 29 décembre 1776, mort à une date inconnue, maître des cérémonies de l'impératrice et comte de l'empire du 14 février 1810, fut élu, le 6 janvier 1813, par le Sénat conservateur, député du département du Pô au Corps législatif. Il en sortit en 1814, lors de la séparation de l'Italie et de la France.

SÈZE (Paul-Victor de), député en 1789, né à Bordeaux (Gironde) le 15 décembre 1754, mort à Bordeaux le 1er avril 1830, « fils de maître Jean Deséze, avocat à la cour, et de demoiselle Marthe Dufour-Dubergier de Favart », étudia la médecine à Montpellier, s'y fit recevoir docteur, devint agrégé à la faculté de médecine de Bordeaux et médecin en chef de l'hôpital Saint-André. L'un des 90 électeurs chargés de nommer les députés du tiers en 1789, il fut de la commission de rédaction des cahiers, et fut élu, le 11 avril 1789, député du tiers aux États-Généraux par la sénéchaussée de Bordeaux. Il prit plusieurs fois la parole à la Constituante, prêta le serment du Jeu de paume, fut membre du comité de santé, se montra partisan du veto royal, de l'égalité civile des juifs, de l'abolition des privilèges, mais désapprouva les lois sur les émigrés, la constitution civile du clergé et les atteintes portées aux prérogatives royales. Professeur d'histoire à l'École centrale de la Gironde, depuis la création (1796) jusqu'au remplacement par le lycée en 1803, il fut alors nommé président du collège électoral de Bordeaux et correspondant de l'Institut, puis, le 20 juillet 1809, professeur de philosophie et doyen de la faculté des lettres de Bordeaux, et recteur de l'académie le 26 août suivant. A la suppression de cette académie en 1816, il garda le titre de recteur honoraire. Il avait épousé, avant la révolution, Mlle Caroline de Raymond de Sallegourdes. Membre de la Société de médecine et de la Société des belles-lettres, sciences et arts de Bordeaux, et inspecteur général honoraire de l'université, M. de Sèze a publié plusieurs ouvrages parmi lesquels on peut citer : *Recherches physiologiques et philosophiques sur la sensibilité ou la vie animale* (1786) ; *Opinion de M. de Sèze, député de Bordeaux, sur la sanction royale, lue à la séance du 4 septembre 1790.*

SÈZE (Romain, comte de), pair de France, né à Bordeaux (Gironde) le 26 septembre 1748, mort à Paris le 2 mai 1828, frère aîné du précédent, fit ses classes chez les jésuites, et étudia le droit à Bordeaux, où il commença à plaider à dix-neuf ans. Son discours pour la marquise d'Anglure, en 1782, lui attira les bonnes grâces de M. de Vergennes qui l'appela à Paris. Le 4 août 1781, il remplaça Target comme avocat des filles d'Helvétius, et, en 1789, défendit et fit acquitter devant le Châtelet le baron de Besenval, accusé du crime de haute trahison. A la suppression des parlements en 1790, il quitta le barreau, et ne montra que peu d'enthousiasme pour la Révolution. Sur la demande de Malesherbes, il fut chargé par Louis XVI du soin de sa défense ; il accepta sans hésitation cette lourde tâche, et, à partir du 18 décembre, consacra tous ses instants à l'examen des pièces du dossier et à la composition de son discours, qu'il lut au roi, le 25; Louis XVI fit supprimer la péroraison, si touchante que Tronchet et Malesherbes pleuraient en l'entendant : « Je ne veux pas les attendrir », dit le roi. Cette plaidoirie eut peut-être le défaut d'être trop sentimentale, trop peu précise, vis-à-vis de gens épouvantés autant que résolus en face des dangers de la patrie. Après l'exécution du roi, de Sèze se retira à Brévannes, près Paris. Dénoncé comme suspect, il y fut arrêté le 20 octobre 1793, conduit à la Force, puis au couvent de Picpus; la protection d'un employé de la police, M. Michel, qui feignit d'avoir égaré son dossier, afin de gagner du temps, lui permit d'attendre la chute de Robespierre; il fut remis en liberté trois semaines après. Fidèle à ses convictions monarchiques, il ne voulut accepter aucune fonction publique du Consulat ni de l'Empire, et correspondit, de sa retraite de Brévannes, avec quelques-uns des derniers émigrés qui avaient été ses amis. Ce sont ces correspondances, surprises par la police impériale, qui expliquent que Napoléon ait pu le traiter, avec une apparence de raison, d'agent secret de l'Angleterre. Nommé, à la Restauration, premier président de la cour de Cassation, en remplacement de Muraire (15 février 1815), il suivit, pendant les Cent-Jours, Louis XVIII à Gand, reprit ses fonctions après Waterloo, devint pair de France le 17 août 1815, vota pour la mort dans le procès du maréchal Ney, fut appelé à l'Académie française par ordonnance royale du 23 mai 1816, en remplacement de Ducis, et nommé comte le 31 août 1817; il obtint en même temps l'autorisation de placer dans ses armoiries le château du Temple entouré de fleurs de lys. Trésorier-commandeur du Saint-Esprit et chevalier de Malte, il fit partie, à la Chambre des pairs, de plusieurs commissions où il défendit constamment les projets du gouvernement, et prit plusieurs fois la parole, notamment à propos de la loi d'amnistie et du milliard des émigrés qu'il approuva. Il mourut d'une fluxion de poitrine à 80 ans. Paris et Bordeaux ont donné son nom à l'une de leurs rues. On a de lui : *Défense du roi Louis XVI prononcée à la barre de la Convention* (1792); *Discours de réception à l'Académie française* (1816), etc.

SÈZE (ETIENNE-ROMAIN, VICOMTE DE), pair de France, né à Bordeaux (Gironde) le 27 octobre 1780, mort à Paris le 22 avril 1862, fils du précédent et de « demoiselle Marguerite Brethous », débuta au barreau de Paris en 1807; puis il entra dans la magistrature, devint conseiller (1816), président (1822) à la cour royale de Paris, et, le 9 juillet 1828, fut admis, en remplacement de son père décédé, à siéger à la Chambre des pairs. Il soutint de ses votes au Luxembourg le gouvernement de Charles X, et, ayant refusé, après juillet 1830, de prêter serment au nouveau roi, il rentra à la vie privée, où il s'occupa de philosophie et de littérature. On a de lui : *Du serment politique et de la souveraineté en France* (1834); *Histoire de l'évasion de Varennes au 21 juin 1791* (1843).

SÈZE (JEAN-PIERRE-AURÉLIEN DE), représentant en 1848 et en 1849, né à Saint-Médard-d'Eyrans (Gironde) le 25 septembre 1799, mort à Bordeaux le 23 janvier 1870, fils de Paul-Victor de Sèze (Voy. plus haut), et neveu du défenseur de Louis XVI, fut reçu avocat en 1820, et entra dans la magistrature comme substitut à Bordeaux en 1824. Substitut du

procureur général (1825), avocat général (1827), il donna sa démission pour ne pas prêter serment à la branche cadette, et reprit sa place au barreau de Bordeaux. Catholique et royaliste ardent, il s'occupa activement de politique dans son département, plaida plusieurs procès criminels retentissants, devint bâtonnier en 1841 et conseiller général en 1847, et fut élu, le 23 avril 1848, représentant de la Gironde à l'Assemblée constituante, le 12e sur 15, par 53,499 voix (146,606 inscrits). Il siégea à droite, fit partie du comité de la Justice, et vota *pour* les poursuites contre Louis Blanc et Caussidière, *pour* le rétablissement de la contrainte par corps, *contre* l'abolition de la peine de mort, *contre* l'amendement Grévy. Il *s'abstint* sur l'ordre du jour en l'honneur de Cavaignac, et opina encore *pour* la proposition Rateau, *pour* l'interdiction des clubs, *pour* les crédits de l'expédition romaine, *contre* l'amnistie des transportés, *pour* l'abolition de l'impôt des boissons. Il prit plusieurs fois la parole, notamment pour appuyer, dans la séance du 12 janvier 1849, la proposition Rateau. Réélu, le 13 mai 1849, représentant à l'Assemblée législative, le 1e sur 13, par 73,835 voix (125,001 votants, 179,161 inscrits), il siégea dans la majorité monarchiste, fut vice-président de l'Assemblée, et vota *pour* l'expédition de Rome, *pour* la loi Falloux-Parieu sur l'enseignement, *pour* la loi restrictive du suffrage universel, qu'il contribua à élaborer. Après avoir soutenu la politique du prince-président, il se sépara de L.-N. Bonaparte au moment du coup d'État, contre lequel il protesta. Inscrit alors au barreau de Paris, il devint membre du conseil de l'ordre en 1863, et retourna à Bordeaux en 1865, où il redevint bâtonnier (1868). Il mourut deux ans après.

SHÉE (HENRI D'ALTON, COMTE DE), membre du Sénat conservateur et pair de France, né à Landrecies (Nord) le 25 janvier 1739, mort à Paris le 3 mars 1820, entra très jeune dans l'infanterie des armées du roi, puis, à l'époque de la Révolution, passa dans la cavalerie. Il fit comme officier d'état-major la campagne du Nord. Colonel en 1791, il demanda sa mise à la retraite par raison de santé et vécut fort retiré jusqu'à l'époque du Directoire. En 1797, Hoche le nomma président d'une commission intermédiaire établie à Bonn; en 1799, il remplaça Lakanal comme commissaire général du gouvernement dans les départements de la rive gauche du Rhin. Après le 18 brumaire, Clarke, son neveu, obtint pour lui un siège au conseil d'État, puis la préfecture du Bas-Rhin (4 vendémiaire an XI); il se trouvait à Strasbourg lors de l'enlèvement du duc d'Enghien. Commandeur de la Légion d'honneur en 1805, membre du Sénat conservateur le 5 février 1810, créé comte de l'Empire le 14 avril de cette même année, Shée se montra partisan fanatique de Napoléon et ne prit part aux discussions du Sénat que pour y défendre les idées qu'il savait agréables à l'Empereur. Il adhéra néanmoins à la déchéance, fut nommé pair de France le 4 juin 1814, ne prit aucune part aux Cent-Jours, vota *pour* la mort dans le procès du maréchal Ney et siégea à la Chambre haute jusqu'à sa mort.

SIAU (FRANÇOIS-EMMANUEL-LÉONARD), député en 1791, dates de naissance et de mort inconnues, était négociant à Perpignan avant la Révolution. Délégué en 1790 par la garde nationale de cette ville pour exposer à la Constituante les troubles provoqués par le vicomte de Mirabeau (*voy.* ce nom), il fut élu, le 1er septembre 1791, député des Pyrénées-Orientales à l'Assemblée législative, le 4e sur 5, à la pluralité des voix sur 139 votants. Il fut membre du comité du commerce, ne joua aucun rôle en vue, et disparut de la scène politique après la session.

SIBLOT (CLAUDE-FRANÇOIS-BRUNO), député en 1791, membre de la Convention, né à Lure (Haute-Saône) le 6 octobre 1752, mort à Lure le 21 octobre 1801, étudia la médecine et l'exerça à Lure. Partisan de la Révolution, il fut élu, le 29 août 1792, député de la Haute-Saône à l'Assemblée législative, le 5e sur 7, par 206 voix (369 votants). Siblot opina avec la majorité réformatrice. Il représenta également (4 septembre 1792) le même département à la Convention nationale, élu, le 3e sur 7, par 267 voix (411 votants). Dans le procès du roi, il répondit : « La loi doit être égale pour tous. Je vote pour la mort. J'invite la Convention à examiner dans sa sagesse si l'intérêt de la patrie n'exige pas qu'on en suspende l'exécution. » Il se prononça d'ailleurs contre l'appel et contre le sursis. Il prit ensuite la parole pour faire une analyse des adresses et dons patriotiques, fut envoyé en mission dans le Doubs et la Haute-Saône pour la levée de 300,000 hommes (mai 1793), et reçut une nouvelle mission (avril 1794) dans la Seine-Inférieure et dans l'Eure, pour y installer le gouvernement révolutionnaire. Il fit arrêter indistinctement les nobles et les prêtres, ceux-là, comme la marquise de Rubelles (Rouen, 28 ventôse) parce « qu'on avait trouvé chez elle ses armes, un reçu d'abonnement à un journal aristocrate et une lettre aristocrate à elle écrite » ; ceux-ci parce qu'en abdiquant par leurs fonctions, ils se montraient « réfractaires à la volonté générale » (Evreux, 19 germinal). Son zèle thermidorien lui permit plus tard d'échapper à la réaction qui suivit la chute de Robespierre ; il disparut de la scène politique après la session.

SIBOUR (FRANÇOIS-LÉON), représentant du peuple en 1848, né à Istres (Bouches-du-Rhône) le 9 février 1807, mort à Antibes (Alpes-Maritimes) le 18 novembre 1864, cousin du suivant, entra dans les ordres, fit ses études à Aix, puis au grand séminaire, devint secrétaire de l'archevêché, et fut appelé, en 1842, à la chaire d'histoire ecclésiastique à la faculté de théologie d'Aix, et décoré de la Légion d'honneur le 27 avril 1845. Il était alors d'opinions très avancées et penchait vers l'opposition radicale. Élu, le 23 avril 1848, représentant de l'Ardèche à l'Assemblée constituante, le 5e sur 9, par 33,040 voix, il fut membre du comité de l'instruction publique, et vota *pour* l'abolition de la peine de mort, *contre* l'impôt progressif, *contre* l'incompatibilité des fonctions, *contre* l'amendement Grévy, *pour* la sanction de la Constitution par le peuple ; il ne prit pas part au vote sur l'ensemble de la Constitution, se rapprocha de la droite après l'élection du 10 décembre, et vota alors *pour* la proposition Rateau, *pour* l'interdiction des clubs, *pour* l'expédition de Rome, *contre* la demande de mise en accusation du président et des ministres. Après la session, il resta à Paris auprès de son cousin l'archevêque, Mgr Sibour, fut nommé curé de Saint-Thomas d'Aquin, puis auxiliaire du diocèse, et sacré évêque de Tripoli *in partibus*, le 7 janvier 1855. L'empereur le nomma, peu après, chanoine du chapitre de Saint-Denis.

SIBOUR (DOMINIQUE-AUGUSTE-MARIE), sénateur du second Empire, né à Saint-Paul-Trois-Châteaux (Drôme) le 4 avril 1792, assassiné à Paris le 3 janvier 1857, fils d'un négociant, et cousin du précédent, commença ses études à Pont-Saint-Esprit, les continua aux séminaires de Viviers et d'Avignon, et fut appelé à professer les humanités au séminaire de Saint-Nicolas-du-Chardonnet à Paris. Ordonné prêtre en 1818, il fut attaché à la paroisse de Saint-Sulpice, puis à celle des Missions étrangères, se rendit à Nîmes auprès de l'évêque, M. de Chaffoy, et devint (1822) chanoine de la cathédrale. En même temps, il se faisait une brillante réputation de prédicateur. Désigné pour prêcher le carême devant Charles X en 1831, il en fut empêché par les événements, et se consacra à une traduction de la *Somme* de saint Thomas. Le 28 septembre 1839, il fut nommé évêque de Digne. Collaborateur de l'*Avenir*, il fut ardemment mêlé aux grands débats qui agitèrent alors le monde religieux, lutta pour la liberté de l'enseignement et publia sur ce sujet un *Mémoire* remarquable. En 1848, il se laissa porter comme candidat à l'Assemblée constituante ; mais il se désista avant le scrutin. Le général Cavaignac l'ayant appelé, le 15 juillet suivant, à remplacer Mgr Affre, archevêque de Paris, mort sur les barricades, il prit possession de son siège archiépiscopal le 17 octobre suivant, manifesta des opinions républicaines, présida solennellement à la promulgation de la Constitution sur la place de la Concorde, fit preuve de courage pendant l'épidémie cholérique de 1849, et dirigea, la même année, les délibérations d'un concile provincial et d'un synode diocésain. Ses démêlés avec l'*Univers*, feuille ultramontaine dont il interdit la lecture à tous les ecclésiastiques de son diocèse, sont restés célèbres. Rallié au coup d'État du 2 décembre 1851, il célébra, le 3 janvier 1852, à Notre-Dame, un *Te Deum* solennel d'actions de grâces en l'honneur de cet événement, et fut appelé, le 27 mars 1852, à siéger au Sénat, où il se montra le fidèle défenseur du régime impérial. Il bénit (janvier 1853) le mariage de l'empereur, organisa à l'église Sainte-Geneviève une « fête des Écoles », établit une nouvelle démarcation des paroisses de Paris, et se rendit à Rome (1854) pour assister à la promulgation du nouveau dogme de l'Immaculée-Conception. Comme il inaugurait processionnellement (3 janvier 1857) à Saint-Étienne-du-Mont la neuvaine de sainte Geneviève, il fut frappé au cœur d'un coup de couteau par un prêtre interdit nommé Jean Verger, qui s'écria, par allusion sans doute au dogme récemment promulgué : « Pas de déesse ! » Mgr Sibour a publié des *Mandements*, des *Discours*, un ouvrage sur les *Institutions diocésaines* (1845), un autre sur les *Actes de l'église de Paris*, touchant la discipline et l'administration (1854). Commandeur de la Légion d'honneur (16 juin 1856).

SIBUET (GEORGES), représentant à la Chambre des Cent-Jours, né à Belley (Ain) le 24 novembre 1767, mort à Paris le 14 janvier 1828, « fils de sieur Claude-Maximin Sibuet, procureur au bailliage, et de demoiselle Anthoilette Lavigne », fut reçu avocat en 1789. Il exerça la profession de défenseur officieux à Bourg, puis à Paris, et, après avoir rempli en 1792 une mission à Bruges, fut envoyé à l'armée des Alpes-Maritimes en qualité d'accusateur public. Il se démit de ce poste sur son refus de reconnaître coupable le général Camille

Rossi, que poursuivait la société populaire de Grenoble. Juge au tribunal de cassation (1er ventôse an II), juge au tribunal d'appel de Bruxelles (an VIII), il fut élu, le 10 mai 1815, représentant à la Chambre des Cent-Jours par l'arrondissement de Corbeil avec 27 voix (52 votants, 91 inscrits). Après la courte session de cette législature, il rentra dans la vie privée.

SIBUET (JOSEPH-PROSPER, BARON), député au Corps législatif de 1863 à 1870, né à Thionville (Moselle) le 17 février 1811, mort au château de Vireux (Ardennes) le 25 janvier 1874, fit son droit à Paris, fut reçu avocat en 1836, voyagea en Laponie, et, à son retour, fut nommé auditeur au conseil d'État (1838). Partisan de l'empire et conseiller général de Givet en 1852, il fut nommé par Napoléon III aide des cérémonies aux Tuileries, et secrétaire de l'introducteur des ambassadeurs (1858). Élu député au Corps législatif, comme candidat du gouvernement, dans la 3e circonscription des Ardennes, le 1er juin 1863, par 20,431 voix (25,114 votants, 30,176 inscrits), contre 2,675 à M. Toupet des Vignes et 1,605 à M. Ecrivant, et réélu, le 24 juin 1869, par 19,802 voix (25,161 votants, 29,811 inscrits), contre 5,251 à M. Millart, M. Sibuet siégea dans la majorité dévouée à l'empire et vota *pour* la guerre. Il avait donné après son élection sa démission de ses fonctions à la cour, et reçu le titre honoraire en décembre 1869. Il rentra dans la vie privée aux événements de 1870. Chevalier de la Légion d'honneur (15 août 1861), officier (13 août 1869).

SICOTIÈRE (PIERRE-FRANÇOIS-LÉON DUCHESNE DE LA), représentant en 1871 et membre du Sénat, né à Valframbert (Orne) le 3 février 1812, fit ses études à Alençon, et son droit à Caen, et se fit inscrire en 1835 au barreau d'Alençon dont il fut plusieurs fois bâtonnier. Il s'occupa surtout de travaux d'érudition et d'histoire, devint conseiller municipal d'Alençon (1862), conseiller d'arrondissement (1845), et donna sa démission au coup d'État de 1851. Conseiller général du canton ouest d'Alençon en 1862, il se présenta, comme candidat indépendant au Corps législatif, le 24 mai 1869, dans la 1re circonscription de l'Orne, où il échoua avec 9,522 voix contre 12,212 à M. Grollier et 1,760 au baron Leguay. Le 8 février 1871, il fut élu représentant de l'Orne à l'Assemblée nationale, le 2e sur 8, par 57,820 voix (65,515 votants, 123,713 inscrits). Il prit place au centre droit, se fit inscrire à la réunion des Réservoirs, fut rapporteur du projet de loi sur l'ivresse publique, de l'enquête sur la situation de l'Algérie, et vota *pour* la paix, *pour* l'abrogation de lois d'exil, *pour* la pétition des évêques, (s'abstint sur la démission de Thiers), *pour* le septennat, *pour* le ministère de Broglie, (s'abstint sur l'amendement Wallon), et *pour* les lois constitutionnelles. Élu sénateur de l'Orne, le 30 janvier 1876, par 374 voix (595 votants), il siégea de nouveau à droite et vota *pour* la dissolution de la Chambre demandée, en juin 1877, par le ministère de Broglie. Réélu, au renouvellement triennal du Sénat du 8 janvier 1882, par 332 voix (583 votants), il continua de siéger dans la minorité conservatrice, et combattit la politique scolaire et coloniale des ministères républicains; il s'est prononcé, en dernier lieu, *contre* le rétablissement du scrutin d'arrondissement (13 février 1889), *contre* le projet de loi Lisbonne restrictif de la liberté de la presse, *contre* la procédure de la haute cour contre le général Boulanger. Président, depuis 1843, de la Société des Antiquaires de Normandie, membre de plusieurs sociétés savantes, correspondant du ministère de l'Instruction publique pour les travaux historiques, M. de la Sicotière a publié un grand nombre d'ouvrages d'histoire et d'archéologie, et a collaboré au journal le *Droit*, aux *Supercheries littéraires* de Quérard, à la *Revue des questions historiques*, au *Bulletin monumental*, etc.

SIEGFRIED (JULES), député de 1885 à 1889, né à Mulhouse (Haut-Rhin) le 12 février 1837, s'occupa de commerce dès sa jeunesse, fonda une maison au Havre en 1862, puis alla à Bombay, lors de la crise cotonnière, et y établit le premier comptoir français pour l'achat sur place des cotons. Ses affaires ayant prospéré, il établit des succursales à Liverpool, à la Nouvelle-Orléans et à Savannah. Membre de la chambre de commerce du Havre en 1869, il opta pour la France après le traité de Francfort (1871), devint conseiller municipal et adjoint au maire du Havre en 1871, fut révoqué de ces dernières fonctions au 16 mai, fut réélu conseiller général (1877) du canton de Bolbec, se présenta sans succès aux élections législatives du 14 octobre de la même année, et fut nommé maire du Havre en 1878. Il contribua dans cette ville à la fondation de l'Ecole Franklin et des cités ouvrières, et aida, en Alsace, à l'organisation du cercle de commerce de Mulhouse, et à la création de l'Ecole alsacienne à Paris. Officier de la Légion d'honneur et officier d'académie, il fut porté, le 4 octobre 1885, sur la liste opportuniste de la Seine-Inférieure, et fut élu, le 11e sur 12, par 77,479 voix (149,546 votants, 195,467 inscrits). Il prit place à l'Union républicaine, traita principalement les questions commerciales et industrielles, quitta les affaires peu après son entrée à la Chambre, s'associa (juin 1886) à la proposition Loustalot relative à l'augmentation du nombre des conseillers généraux, et, le 29 novembre 1887, prit avec M. Delmas l'initiative d'une déclaration tendant à la concentration républicaine. Cette déclaration, qui réunit en peu de jours 160 signatures, facilita la constitution du cabinet Tirard, au grand mécontentement des radicaux qui comptaient arriver au pouvoir, mais ne réussit, en somme, qu'à constituer pour quelque temps une majorité ministérielle. M. Siegfried soutint la politique scolaire et coloniale du gouvernement, vota l'expulsion des princes, et se prononça, dans la dernière session, *pour* le rétablissement du scrutin d'arrondissement (11 février 1889), *pour* les poursuites contre trois députés membres de la Ligue des patriotes; *pour* le projet de loi Lisbonne restrictif de la liberté de la presse, *pour* les poursuites contre le général Boulanger; il s'abstint sur l'ajournement indéfini de la révision de la Constitution. On a de lui : *La Misère, son histoire, ses causes, ses remèdes*, ouvrage couronné par l'Académie des sciences morales et politiques.

SIEYÈS (EMMANUEL-JOSEPH, COMTE), député en 1789, membre de la Convention, député au Conseil des Cinq-Cents, membre du Sénat conservateur, né à Fréjus (Var) le 3 mai 1748, mort à Paris le 20 juin 1836, un des sept enfants d'un contrôleur des actes, fut destiné à l'Eglise, et, bien que ses goûts l'entraînassent vers l'état militaire, fut reçu prêtre après avoir fait ses études chez les Doctrinaires de Draguignan, puis (1762) au séminaire de Saint-Sulpice. Pourvu d'un canonicat à Tréguier (1775), il suivit l'évêque de cette ville, M. de Lubersac, quand celui-ci fut nommé au siége de Chartres, et devint successivement vicaire général de Chartres, chanoine de la cathédrale, chancelier de l'évêché, et conseiller commissaire à la chambre du clergé de France (1787). Ce fut à cette époque qu'il étudia la métaphysique, les langues, l'économie politique, la musique, méditant de vastes réformes. Membre de l'assemblée provinciale d'Orléans, il publia, en 1788, les *Vues sur les moyens d'exécution dont les représentants de la France pourront disposer*, puis l'*Essai sur les privilèges*, et, en janvier 1789, la célèbre brochure : *Qu'est-ce que le Tiers-État ?* Ces travaux le mirent en vue, et il fut élu, le 19 mai 1789, député du tiers état de la Ville de Paris aux États-Généraux. Il fut un des instigateurs de la réunion des trois ordres, proposa, le 15 juin, que les représentants des communes se déclarassent « Assemblée des représentants, connus et vérifiés de la nation française », se rallia, le lendemain, à la dénomination d'« Assemblée nationale », et rédigea la formule du serment du Jeu de paume. Lors de la célèbre apostrophe de Mirabeau au maître des cérémonies du roi, Sieyès ajouta : « Nous sommes aujourd'hui ce que nous étions hier, délibérons. » En juillet, il fut un des organisateurs du « Club breton » qui devait être le noyau du club des Jacobins, défendit, dans la nuit du 4 août, les dîmes du clergé contre ceux « qui voulaient être libres, mais qui ne savaient pas être justes », proposa, quelques jours après, un projet de « Déclaration des droits », protesta contre le *veto*, fit décréter que la France serait divisée en départements, et déposa un rapport (29 janvier 1790) sur les délits de presse, qui souleva les réclamations de la presse avancée : « Ne perdons pas de vue l'abbé Sieyès », dit à ce propos Marat. Membre du comité de constitution, président de l'Assemblée (8 juin 1790), il fut élu, en février 1791, membre du directoire du département de la Seine, et refusa la candidature qui lui était offerte aux fonctions d'évêque de Paris. En avril, il lut un long rapport en faveur de la tolérance religieuse, et, partisan de la monarchie constitutionnelle, qu'il préférait « parce qu'il m'est démontré, disait-il, qu'il y a plus de liberté pour le citoyen dans la monarchie que dans la république », adressa un défi aux « républicains de bonne foi », défi auquel Thomas Paine répondit en lui proposant de discuter avec lui sur les avantages comparés de la république et de la monarchie. Il travailla beaucoup au comité de constitution, mais l'obscurité de ses conceptions métaphysiques fit le plus souvent rejeter ses avis. Après la session, il se retira à la campagne. Élu membre de la Convention (8 septembre 1792) par trois départements, dans l'Orne, le 8e sur 10, dans la dans la Gironde, le 6e sur 12, dans la Sarthe, le 9e sur 10, il opta pour ce dernier département, et se tint sur une prudente réserve : à quelqu'un qui lui demandait plus tard ce qu'il avait fait pendant ces temps difficiles : « J'ai vécu », répondit-il. Dans le procès du roi, il vota *contre* l'appel, *contre* le sursis, et *pour* « la mort »; le *Moniteur* ne mentionne nullement « la mort sans phrase », vote qui lui fut si souvent reproché depuis. Membre du comité d'instruction publique, il inspira, dit-on, les projets présentés par Lakanal : « Cet ouvrage, dit Robespierre, n'est pas de celui qui vous le présente; je me méfie beaucoup de son véritable auteur. » Il se mit silencieusement du

côté des vainqueurs au 31 mai contre les Girondins, et au 9 thermidor contre Robespierre, et déposa (10 novembre 1793) ses lettres de prêtrise en disant : « J'ai vécu victime de la superstition : jamais je n'en ai été l'apôtre ni l'instrument. » Il entra au comité de salut public (5 mars 1795), fit prononcer (31 mars) la réintégration dans la Convention des députés arrêtés comme complices des Girondins, fit voter une « loi de grande police », refusa les fonctions de président de la Convention (21 avril), et fut envoyé en mission en Hollande, où il signa le traité de paix du 16 mai. Il approuva la Constitution de l'an III, et proposa sans succès un « jury constitutionnaire » destiné à assurer la marche des Relations extérieures, et faillit être assassiné (12 avril 1797) par son compatriote, l'abbé Poulle, qui lui tira une balle dans le poignet. Poulle ne fut condamné qu'à vingt ans de fers, et Sieyès dit à son portier : « Si Poulle revient, vous lui direz que je n'y suis pas. » Il garda dans le Conseil la réserve prudente dont il avait déjà fait preuve à la Convention, jusqu'au coup d'État de fructidor; il se déclara alors ouvertement pour les vainqueurs de cette journée, et rédigea le décret de proscription qui frappa cinquante-deux députés. Président du Conseil (22 novembre 1797), il fut réélu député au même Conseil, le 22 germinal an VI, par les départements de l'Aube et des Bouches-du-Rhône, et fut nommé ambassadeur à Berlin (10 mai 1798). Les savants, les philosophes et la cour elle-même lui firent un accueil empressé, et il revint à Paris, au bout d'un an, ayant été désigné par le sort pour remplacer Rewbell dans le Directoire (16 mai 1799); un mois auparavant (23 germinal an VII) il avait été réélu député au Conseil des Cinq-Cents par le département d'Indre-et-Loire. Appelé à la présidence du gouvernement (19 juin), il dit à son collègue Gohier : « Nous voici membres d'un gouvernement qui, nous ne pouvons le dissimuler, est menacé de sa chute prochaine. Mais, quand la glace se rompt, les pilotes habiles peuvent échapper à la débâcle. » Pour son compte, il était déjà entré en relations avec Bonaparte, qu'il s'efforçait de convaincre de l'excellence de ses théories constitutionnelles. Ils s'entendirent facilement. Sieyès fut chargé de préparer l'adhésion des députés influents au coup d'État de brumaire, dont Bonaparte se réserva l'exécution. Le lendemain, Sieyès fut nommé le premier des trois consuls provisoires; mais quand il voulut appliquer sa constitution, dans laquelle, comme le dit Napoléon à Sainte-Hélène, il ne lui laissait, sous le titre de « grand électeur », que le rôle de « cochon à l'engrais », le général s'en débarrassa en l'envoyant au Sénat (22 frimaire an VIII), et en ajoutant à cette dignité le magnifique domaine de Crosne (Seine-et-Oise). Président du Sénat, membre de la Légion d'honneur (9 vendémiaire an XII), grand-officier (25 prairial suivant), comte de l'Empire (3 juin 1808), grand-croix (3 avril 1813), membre de l'Institut (classe des sciences morales et politiques) depuis la création et de l'Académie française en 1804, Sieyès, qui avait quitté la présidence de la Chambre haute, n'assista pas à la séance du 1er avril 1814 où le Sénat vota l'adresse au peuple français, mais il vota la déchéance de l'empereur le lendemain. Aux Cent-

Jours, Napoléon le fit entrer à la Chambre des pairs (2 juin 1815); mais la fortune de Napoléon lui parut assez compromise pour l'empêcher de siéger et de donner aucune adhésion à l'empire constitutionnel. En décembre 1815, les menaces de réaction le firent partir pour Bruxelles; une note de la police de la Restauration, du 11 mai 1827, dit : « Sieyès a de la fortune, vit bien à Bruxelles, voit très peu de Français, a manifesté le désir d'acheter une habitation, vit très retiré, ne se montre presque pas. » Il rentra en France à la révolution de 1830, reprit sa place à l'Académie française et à l'Académie des sciences morales, et mourut à quatre-vingt-huit ans. Son influence avait été considérable, au début de la Révolution, mais il resta étranger aux phases passionnées de ce grand drame, dont les développements effarouchèrent son esprit spéculatif et systématique. « Les hommes sont à ses yeux, dit Talleyrand dans ses *Mémoires*, des échecs à faire mouvoir. C'est un chef d'opinion, car il a le don de faire prévaloir la sienne; ce n'est pas un chef de parti, parce que, si on l'écoute avec déférence, on le suit sans enthousiasme. »

SIEYÈS (Joseph-Barthélemy), député en 1789, né à Fréjus (Var) le 6 février 1749, mort à Paris le 25 novembre 1830, était avocat dans sa ville natale quand il fut élu, le 27 avril 1789, député du tiers aux Etats-Généraux par la sénéchaussée de Draguignan. Parent du célèbre Sieyès et partisan comme lui des idées nouvelles, il prêta le serment du jeu de paume et vota constamment avec la majorité. Après la session, il se tint à l'écart, ne reprit de fonctions publiques que sous le Consulat, et, grâce à la protection de son parent, fut nommé juge au tribunal de Cassation le 11 germinal an VIII, et membre de la Légion d'honneur le 25 prairial an XII.

SIEYÈS (Joseph-Honoré-Léonce), député au Corps législatif en l'an VIII, né à Fréjus (Var) le 25 mai 1751, mort à Paris le 20 juillet 1839, « fils de Honoré Sieyès, bourgeois, et de demoiselle Anne Anglès, son épouse », administrateur du département du Var sous la Révolution, puis receveur de l'enregistrement à Fréjus, fut élu, le 4 nivôse an VIII, par le Sénat conservateur, député du Var au Corps législatif. Il en sortit en l'an XIV, et devint directeur de l'enregistrement à Chartres.

SIGNART (Nicolas-Frédéric), représentant en 1848 et en 1849, né à Mornay-sur-Vingeanne (Côte-d'Or) le 15 avril 1803, étudia la médecine, fut reçu docteur et s'établit à Autrey, dans la Haute-Saône, pour y exercer sa profession. Il se mêla, sous la Restauration et sous Louis-Philippe, aux luttes du parti démocratique, fut nommé, après février 1848, commissaire du gouvernement provisoire à Vesoul, et fut envoyé (23 avril) à la Constituante comme représentant de la Haute-Saône, le 9e et dernier de la liste, par 20,157 voix. Il prit place à gauche, fit partie du comité de l'agriculture, et vota généralement avec la Montagne, *contre* le rétablissement du cautionnement, *contre* les poursuites contre Louis Blanc et Caussidière, *contre* le rétablissement de la contrainte par corps, *pour* l'abolition de la peine de mort, *pour* l'amendement Grévy, *pour* le droit au travail; il *s'abstint* lors du vote sur l'ensemble de la Constitution, se prononça encore *contre* la proposition Rateau, *pour* la mise en accusation du président et de ses

ministres, *contre* les crédits de l'expédition romaine, *pour* l'amnistie des transportés, et signa la demande de mise en accusation du président et de ses ministres. Réélu, le 13 mai 1849, le 4e sur 7, représentant du même département à l'Assemblée législative, par 29,083 voix (63,844 votants, 98,001 inscrits), M. Signart appartint à la minorité démocratique, protesta et vota contre les lois répressives et restrictives, lutta contre la politique de l'Elysée, et, rendu à la vie privée par le coup d'Etat du 2 décembre, reprit à Gray sa profession de médecin.

SILHOL (François-Joseph-Louis-Emile-Alfred), député de 1881 à 1885, né à Saint-Ambroix (Gard) le 12 octobre 1829, était propriétaire à Bessèges. Membre du conseil général du Gard pour ce canton, il se présenta à la députation, le 14 octobre 1877, dans la 2e circonscription d'Alais, et obtint 6,187 voix, contre 10,417 à l'élu conservateur, M. de Valfons. Lors du renouvellement de 1881, M. Silhol se représenta, sous le patronage de M. Cazot, et fut élu au second tour de scrutin (4 septembre), député de cette circonscription, par 8,988 voix, contre 7,075 à M. de Roux-Larcy, conservateur-monarchiste. M. Silhol prit place à gauche, dans les rangs de la majorité, avec laquelle il vota jusqu'en 1885, notamment *pour* les crédits de l'expédition du Tonkin.

SILLERY (Charles-Alexis-Pierre Brulart de Genlis, comte de), député en 1789, membre de la Convention, né à Paris le 20 janvier 1737, exécuté à Paris le 31 octobre 1793, était cousin du marquis de Puisieux qui fut secrétaire d'Etat, et appartenait à une ancienne famille de robe, originaire de la Champagne. Il entra à quatorze ans dans la marine, conquit très rapidement le grade de lieutenant, puis celui de capitaine de vaisseau, et se distingua par sa bravoure dans plusieurs engagements, notamment au siège de Pondichéry; blessé, fait prisonnier, et conduit en Angleterre, il y connut Ducrest de Saint-Aubin, s'éprit de la fille de son ami, à la vue de son portrait, et obtint l'autorisation de rentrer en France pour l'épouser (1762). La jeune comtesse de Genlis fut admise au nombre des dames d'honneur de la duchesse de Chartres (1770), tandis que son mari était fait capitaine des gardes du duc de Chartres, dont il ne tarda pas à devenir le confident. Héritier de la terre de Sillery, il quitta alors pour le titre de marquis de Sillery celui de comte de Genlis, fut fait maréchal de camp, et fut élu (27 mars 1789) député de la noblesse aux Etats-Généraux par le bailliage de Reims. Il s'attacha à la politique du duc d'Orléans, et fit partie des comités de vérification, de rédaction, de judicature, des recherches, de la marine. A un député de Reims qui ne voulait pas s'écarter du mandat impératif qu'il avait reçu de voter par ordre, il répliqua que « l'honneur ne lui était pas moins cher qu'à son honorable co-député; qu'à la vérité les cahiers dont ils étaient chargés lui prescrivaient de voter par ordre; mais qu'un autre article du même cahier laissait à la prudence des députés de faire tout ce qu'ils croiraient convenable pour le bien public; que cet article, étant général, mettait les députés dans une liberté entière. » Il réclama la permanence des assemblées nationales, se prononça contre le *veto* absolu, vota pour que la déclaration des droits fût accompagnée d'une déclaration des devoirs, se mêla activement aux travaux de la commission chargée de réorganiser la marine, et fut secrétaire de l'Assemblée (11 juin 1791). Le 13 septembre 1792, Sillery fut élu, par le département de la Somme, membre de la Convention, le 15e sur 17, par 171 voix (215 votants). Il remplit une mission près de l'armée de Champagne, et, lors du procès du roi, répondit au 3e appel nominal : « Je vous déclare que je ne prononce pas comme juge de Louis. Mes commettants n'ont pas été assez insensés pour cumuler sur ma tête tous les pouvoirs. Je ne puis être accusateur et juge dans la même cause. C'est comme législateur que je prononce une mesure de sûreté générale. Si vous n'aviez pas aboli la royauté, nul de nous n'eût hésité à prononcer la mort. Aujourd'hui, si Louis est envoyé à l'échafaud, vous remplissez les vœux de tous ceux qui ont dans le cœur le fanatisme de la royauté, et ces vœux se reporteront sur un enfant intéressant par son âge, ses malheurs et son innocence. Citoyens, j'ai entendu parler d'une faction à laquelle on suppose des projets dangereux contre la liberté publique. Qu'on me la montre donc cette faction ; je la combattrai jusqu'à la mort. Je demande que Louis et sa famille soient bannis à perpétuité, mais que cette mesure n'ait lieu qu'à la paix. » Il vota en outre pour l'appel et pour le sursis, et présenta un projet de loi pour fixer les récompenses et les indemnités dues aux officiers et soldats de la République, suivant la gravité des blessures reçues. Devenu suspect aux révolutionnaires à cause de ses attaches avec le duc d'Orléans, il fut impliqué dans l'affaire des députés de la Gironde (3 octobre). Condamné à mort le 30 octobre, il se confessa, prétend l'abbé Lothinger, à l'abbé Fauchet (Voy. ce nom), et fut conduit le lendemain au lieu de l'exécution avec vingt et un de ses collègues. Sillery monta le premier sur l'échafaud, salua le peuple, et se livra au bourreau.

SILVA (CLÉMENT-CLAUDE-JEAN-JOSEPH), représentant en 1871, député de 1876 à 1881, né à Chambéry (Savoie) le 7 février 1819, était avocat à Chambéry avant l'annexion. Élu, le 8 février 1871, représentant de la Haute-Savoie à l'Assemblée nationale, le 4e sur 5, par 21,448 voix (37,302 votants, 76,099 inscrits) ; il prit place à la gauche républicaine, et se prononça aussitôt pour le retour à Paris : « S'il n'y a pas de danger à Paris, dit-il, il n'est pas besoin d'explication, et, s'il y en a, nous devons aller au cœur du danger, parce que nous le conjurerons par la dignité de notre attitude, et, s'il le faut, par l'énergie de nos résolutions. » Dans une lettre à ses électeurs (1873), il se prononça énergiquement contre les tentatives de restauration monarchique, et protesta également contre les idées séparatistes (1874). Il vota pour la paix, contre l'abrogation des lois d'exil, contre la pétition des évêques, pour le service de trois ans, contre la démission de Thiers, contre le septennat, contre le ministère de Broglie, pour l'amendement Wallon et pour les lois constitutionnelles. Candidat aux élections sénatoriales du 30 janvier 1876, il échoua dans son département ; mais il fut réélu, le 20 février suivant, député de l'arrondissement de Saint-Julien, par 6,684 voix (12,301 votants, 13,231 inscrits), contre 5,549 à M. Mongellaz. Il reprit sa place à gauche, et fut l'un des 363 députés qui, au 16 mai, refusèrent le vote de confiance au ministère de Broglie. Il voulait se représenter en 1877 ; mais, attaqué par des journaux locaux, il se désista et fit condamner ses calomniateurs ; le 28 février 1878, il fut nommé consul de France à Coni (Italie).

SILVESTRE (ZÉPHIRIN), député de 1877 à 1878, né à Cabrières (Vaucluse) le 30 mai 1833, était connu comme un des plus ardents légitimistes de son département, lorsqu'il se présenta aux élections législatives de 1876, dans l'arrondissement d'Apt : il échoua, au second tour de scrutin (5 mars), avec 6,070 voix contre 7,318 à l'élu républicain, M. Alfred Naquet. Il fut de nouveau candidat le 11 octobre 1877, dans la même circonscription, cette fois avec le patronage officiel du gouvernement du Seize-Mai. La lutte fut des plus vives. M. Silvestre fut proclamé élu par 7,306 voix contre 6,423 au député sortant, M. Naquet. Mais, lors de la vérification des pouvoirs, les élections de Vaucluse furent annulées, et, dans les procès qui furent intentés à la suite de ces élections, il fut produit, devant le tribunal d'Apt, un propos du sous-préfet de cette ville au maire de Grambois : « Il faut faire la majorité à Silvestre, réussir quand même ; il y va du salut de la France ; il faut faire sauter quelques paquets, c'est un devoir. Cela se fera ainsi partout. » M. Silvestre ne se représenta pas, et fut remplacé, le 7 avril 1878, par M. Naquet.

SIMÉON (JOSEPH-JÉRÔME, COMTE), député au Conseil des Cinq-Cents, membre du Tribunat, ministre, représentant aux Cent-Jours, député de 1815 à 1821, pair de France, né à Aix (Bouches-du-Rhône) le 30 septembre 1749, mort à Paris le 19 janvier 1842, « fils de M. maître Joseph-Sextius Siméon, avocat au parlement, et professeur en survivance dans la faculté de droit de l'université d'Aix, et de dame Marie-Bressier », fit ses études au collège du Plessis à Paris, et fut reçu avocat à Aix, à vingt ans. Il plaida sans éclat, mais avec une force et une clarté particulières, de nombreux procès, fut nommé professeur de droit à l'université d'Aix en 1773, et assesseur de Provence en 1783. Peu favorable aux idées nouvelles, il dut renoncer à sa chaire pour ne pas prêter serment à la constitution civile du clergé, prit part au mouvement fédéraliste du Midi avec la charge de procureur syndic des Bouches-du-Rhône, et, mis hors la loi (août 1793), se réfugia en Italie. Il ne rentra en France qu'après prairial an III, et accepta aussitôt des représentants en mission, les fonctions de procureur-syndic du département ; il y montra un esprit ferme et conciliant. Élu, le 21 vendémiaire an IV, député des Bouches-du-Rhône au Conseil des Cinq-Cents par 163 voix sur 289 votants, il siégea parmi les modérés, dénonça les actes arbitraires de Fréron dans le Midi, s'opposa au serment de haine à la royauté, demanda la dissolution des clubs et la répression des journaux, et, rapporteur du message des Directeurs en faveur de Lesurques, conclut à l'ordre du jour qui fut voté. Président du Conseil au moment du coup d'État de fructidor, il protesta énergiquement contre ce coup de force, fut condamné à la déportation, échappa aux recherches, mais obéit au décret de janvier 1799 qui enjoignait à ceux qui s'étaient soustraits à la déportation de se rendre à l'île d'Oléron, sous peine d'être considérés comme émigrés. Le coup d'État de brumaire le remit en liberté. Il refusa la préfecture de la Marne que lui offrait le premier Consul (11 ventôse an VIII), accepta les fonctions de substitut du commissaire du pouvoir exécutif près le tribunal de cassation (19 germinal), et entra au Tribunat (8 floréal). Il prit une part importante à la rédaction du code civil qu'il fut chargé de présenter au Corps législatif, fit, sur le Concordat, un rapport remarquable, vota le consulat à vie (11 mai 1802) et l'établissement de l'empire (mai 1804) : « Le peuple, dit-il, propriétaire et dispensateur de la souveraineté, peut changer son gouvernement. Le retour d'une dynastie détrônée, abattue par le malheur moins encore que par ses fautes, ne saurait convenir à une nation qui s'estime. Si la Révolution nous a fatigués, n'aurions-nous pas d'autres moyens, lorsqu'elle est arrivée à son terme, que de nous replacer sous le joug brisé depuis douze années ? Qu'on ne se trompe pas en regardant comme une révolution ce qui n'est que la conséquence de la révolution : nous la terminuerons. Rien ne sera changé dans la nation, nous passerons d'un gouvernement au même gouvernement. » Nommé conseiller d'Etat le mois suivant, membre de la Légion d'honneur (4 frimaire an XII), commandeur (25 prairial suivant), Siméon fut chargé par l'empereur (1807) de l'organisation du nouveau royaume de Westphalie, avec les fonctions de ministre de l'intérieur, de la justice et de président du conseil d'Etat. Chevalier de l'empire (10 septembre 1808), il fut envoyé à Berlin comme ministre plénipotentiaire du roi de Westphalie, remplit les mêmes fonctions près de la Confédération du Rhin, et obtint en 1813 sa retraite motivée sur son grand âge. Mais, après l'abdication, il adhéra au retour des Bourbons, et fut nommé par le roi préfet du Nord (mai 1814), et grand-officier de la Légion d'honneur (octobre). Les Cent-Jours le ramenèrent à Napoléon, et il fut élu, le 13 mai 1815, représentant du grand collège des Bouches-du-Rhône par 7 voix sur 13 votants. Son attitude assez réservée dans cette assemblée lui permit de se rallier avec empressement à la seconde Restauration, et de se faire élire, le 22 août 1815, député du grand collège du Var, par 61 voix sur 114 votants et 230 inscrits ; il siégea dans la minorité ministérielle de la Chambre introuvable. Le roi l'avait nommé, dès le 24 août, conseiller d'Etat ; en cette qualité, il défendit devant la Chambre des pairs la politique de Decazes. En janvier 1816, il vota pour la loi d'amnistie, mais pas pour les amendements proposés par la commission. Réélu député, le 4 octobre 1816, par 64 voix (126 votants, 232 inscrits), il défendit, comme commissaire du roi, le projet de loi sur la liberté de la presse (13 décembre 1817), le projet de loi sur le recrutement (1818), refusa, dit-on, le portefeuille de la Justice qui fut donné à M. de Serre, accepta le titre de comte (3 juillet 1818), fut nommé inspecteur des écoles de droit (7 mai 1819), puis sous-secrétaire d'Etat à la Justice, et ministre de l'Intérieur dans le cabinet Richelieu, du 21 février 1820 au 14 décembre 1821. En cette qualité, il dut présenter et défendre les lois contre la presse et contre la liberté individuelle, et la loi du double vote. Démissionnaire avec le cabinet en décembre 1821, il avait été nommé pair de France le 25 octobre précédent ; il reçut en outre le titre de ministre d'Etat et de membre du conseil privé. Il défendit à la Chambre haute les libertés constitutionnelles, prêta serment au gouvernement de juillet, entra à l'Académie des sciences morales et politiques (29 décembre 1832), remplaça M. Barthe à la présidence de la cour des comptes (27 mai 1837), et se démit de ces fonctions le 31 mars 1839 ; il avait alors 90 ans. Il mourut trois ans plus tard, et conserva jusqu'au dernier jour « les agréments d'un esprit vif et orné, a dit M. Mignet, les ressources

d'une expérience instructive et indulgente. » On a de lui : Eloge de Henri IV (1769) ; Choix de discours et opinions (1821), etc.

SIMÉON (JEAN-JOSEPH), député au Corps législatif en l'an XIV, né à Correns (Var) le 6 mai 1759, mort à Brignoles (Var) le 17 août 1803, « fils de sieur Blaise Siméon, et de demoiselle Anne-Claire Laurent », notaire à Correns, puis juge au tribunal de première instance de Brignoles, fut élu, le 2 vendémiaire an XIV, par le Sénat conservateur, député du Var au Corps législatif. Il en sortit en 1810, et reprit ses fonctions au tribunal de Brignoles.

SIMÉON (JOSEPH-BALTHAZAR, VICOMTE), pair de France, né à Aix (Bouches-du-Rhône) le 6 janvier 1781, mort à Dieppe (Seine-Inférieure) le 14 septembre 1846, fils du comte Siméon (Voy. plus haut), et de dame Madeleine-Françoise Garcin, entra en 1800, comme élève aux affaires étrangères, attaché à Joseph-Bonaparte au congrès de Lunéville, puis fut nommé secrétaire à Florence et ensuite à Rome, et chargé d'affaires à la cour de Stuttgard. En 1807, il représenta le roi de Westphalie à Berlin, à Darmstadt, à Francfort et à Dresde. Rallié au gouvernement royal, il occupa, sous Louis XVIII, plusieurs postes administratifs, fut préfet du Var (12 juillet 1815), préfet du Doubs (27 mars 1818), préfet du Pas-de-Calais (10 juillet 1818-1er septembre 1824), et maître des requêtes au conseil d'Etat (1821). Révoqué par le ministère Corbière à cause de ses tendances libérales et constitutionnelles, il rentra en faveur sous le cabinet Martignac, et fut appelé aux fonctions de directeur général des beaux-arts (13 janvier 1828) et de conseiller d'Etat (1829). M. de Polignac le priva de nouveau de ses emplois, mais la révolution de juillet les lui rendit, et le gouvernement de Louis-Philippe le nomma pair de France par ordonnance du 11 septembre 1835. Il se mêla activement aux discussions, et fut rapporteur de la loi sur la propriété littéraire. En 1842, l'état de sa santé l'obligea de voyager en Italie. Au retour en France, il mourut (1846) à Dieppe, où il s'était rendu pour prendre les bains de mer. Siméon cultivait avec succès les arts et la littérature ; collectionneur éclairé, il peignait et gravait à l'eau-forte. Il fut membre de la Société des antiquaires de France et membre de l'Académie libre des Beaux-Arts. On a de lui : Notice sur les usages et le langage des habitants du Haut-Pont, faubourg de St-Omer (1821) ; Eloge du baron de Morogues, etc.

SIMÉON (HENRI, COMTE), député de 1843 à 1848, représentant en 1850 et sénateur du second Empire, né à Florence (Italie) le 16 octobre 1803, mort à Paris le 21 avril 1874, fils du précédent, étudia le droit et entra (1826) au conseil d'Etat. L'artisan de la monarchie de juillet, il la servit comme préfet des Vosges (1830), du Loiret (1835) et de la Somme (1840), fut appelé (1842) par M. Humann à la direction générale des tabacs, et fut élu, le 10 juin 1843, député du 4e collège des Vosges (Remiremont), par 76 voix (105 votants, 149 inscrits), en remplacement de M. Bresson, décédé. Il prit place au centre, compta parmi les soutiens les plus zélés du pouvoir et opina avec la majorité conservatrice pour l'indemnité Pritchard. Commandeur de la Légion d'honneur (1845), il fut réélu, le 1er août 1846, par 96 voix (145 votants, 155 inscrits), contre 49 à M. Floret, soutint la politique de Guizot, et fut rendu à la vie privée par la révolution de février 1848. Le 10 mars 1850, le département du Var ayant à donner un successeur à Ledru-Rollin, condamné par la haute cour de Versailles pour sa participation à l'affaire du 13 juin 1849, M. Siméon, désigné comme candidat par les monarchistes, fut élu représentant de ce département par 32,500 voix (64,549 votants, 101,516 inscrits). Il se rallia au parti de l'Elysée, approuva le coup d'Etat de 1851, et fut compris, le 26 janvier 1852, dans la première promotion de sénateurs. Il opina, pendant toute la durée du règne, conformément aux vœux du pouvoir, et quitta la vie politique en 1870. En 1861, il se trouva impliqué, comme président du conseil de surveillance de la ca'sse générale des chemins de fer, dans les poursuites dirigées contre M. Mirès; déclaré civilement responsable par le tribunal de 1re instance de Paris et par la cour impériale de la Seine, il fut acquitté par l'effet de la réhabilitation de Mirès (avril 1862). On a de lui une traduction en vers des *Œuvres* d'Horace. Commandeur de la Légion d'honneur (27 avril 1845).

SIMIANE. — *Voy.* TOURNON (COMTE DE).

SIMIOT (ALEXANDRE-ETIENNE), représentant en 1848 et en 1871, député de 1876 à 1879, né à Bordeaux (Gironde) le 10 janvier 1807, mort à Paris le 26 janvier 1879, collabora, dès 1831, à divers journaux démocratiques de la Gironde, l'*Indicateur*, le *Mémorial bordelais*, la *Tribune*, et devint l'un des chefs du parti démocratique dans son département. Conseiller municipal de Bordeaux de 1840 à 1848, il fut le seul des membres de ce conseil, qui, lors de la mort du duc d'Orléans, refusa de voter les compliments de condoléance adressés au roi. Il traita avec talent dans le conseil des questions d'octroi et de douanes, et demanda l'agrandissement des ports à Bordeaux. Elu, le 23 avril 1848, représentant de la Gironde à l'Assemblée constituante, le 9e sur 13, par 64,279 voix (146,606 votants), il prit place à l'extrême-gauche, fit partie du comité de l'administration, et vota *pour* le bannissement de la famille d'Orléans, *contre* les poursuites contre L. Blanc et Caussidière, *contre* l'abolition de la peine de mort, *pour* l'impôt progressif, *contre* l'incompatibilité des fonctions, *contre* l'amendement Grévy, *contre* la sanction de la Constitution par le peuple, *pour* l'ensemble de la Constitution, *contre* la proposition Rateau, *contre* l'interdiction des clubs, *contre* l'expédition de Rome. Hostile à la politique du prince Louis-Napoléon, il protesta contre le coup d'Etat du 2 décembre, fut arrêté et ne rentra en France qu'à l'amnistie de 1859; il devint alors rédacteur à la *Gironde*, et publia, en 1861, diverses brochures, dont la plus importante est: *La centralisation et la démocratie.* Adjoint au maire de Bordeaux en août 1870, préfet de la Gironde par intérim au 4 septembre, il échoua, comme candidat à l'Assemblée nationale dans la Gironde, le 8 février 1871, avec 39,277 voix sur 132,349 votants, fut délégué près la commune de Paris en mars suivant, et fut élu représentant de la Gironde, le 2 juillet suivant, en remplacement de 4 représentants qui avaient opté pour d'autres départements, le 3e sur 4, par 76,841 voix (129,770 votants, 201,514 inscrits). Il prit place à l'extrême-gauche et vota *contre* la pétition des évêques, *pour* le service de trois ans, *contre* la démission de Thiers, *contre* le septennat, *contre* le ministère de Broglie et *pour* les lois constitutionnelles. Conseiller gé-

néral de Bordeaux (8 octobre 1871), il fut réélu député, le 30 avril 1876, au second tour, dans la 1re circonscription de Bordeaux, par 6,431 voix (11,525 votants, 23,086 inscrits), contre 5,055 à M. Raynal, en remplacement de Gambetta qui avait opté pour Paris. L'un des 363 députés qui, au 16 mai, refusèrent le vote de confiance au ministère de Broglie, il fut réélu, comme tel, le 18 octobre 1877, par 13,211 voix (15,202 votants, 24,111 inscrits), continua de siéger à l'extrême gauche, mourut en janvier 1879, et fut remplacé, le 29 avril suivant, par Blanqui.

SIMMER (FRANÇOIS-MARTIN-VALENTIN, BARON), député de 1828 à 1831 et de 1837 à 1839, né à Rodemack (Moselle) le 7 août 1776, mort le 30 juillet 1847, « fils de Martin Simmer, négociant, et d'Elisabeth Schiltz », s'engagea, en 1791, dans un bataillon de la Moselle, fit les campagnes de la Révolution à l'armée du Rhin et à l'armée d'Helvétie, assista comme capitaine à Austerlitz, et devint chef d'escadron et officier de la Légion d'honneur en 1807, en Pologne. Il resta attaché à l'armée d'Allemagne, se battit à Wagram, fut créé baron de l'Empire le 2 septembre 1810, et fit la campagne de Russie à la suite de laquelle il fut nommé général de brigade. En 1813, après Dresde, il devint commandeur de la Légion d'honneur. A la première Restauration, il commanda le département du Puy-de-Dôme qui faisait partie de la 19e division militaire, et fut fait chevalier de Saint-Louis. Aux Cent-Jours, il fut promu général de division, et attaché au 2e corps, puis, après Waterloo, il se retira sur la rive gauche de la Loire. Mis en demi-solde le 1er août 1815, et envoyé, le 26 février 1816, au Mans, sous la surveillance de la police, il ne put rentrer dans son département qu'en 1819. Le gouvernement des Bourbons, qui n'avait pas reconnu son grade de général de division, le mit à la retraite le 17 mars 1825, comme maréchal de camp. Elu, le 10 juin 1828, député du 1er arrondissement électoral du Puy-de-Dôme (Clermont-Ferrand), en remplacement de M. de Pradt démissionnaire, par 198 voix (355 votants, 422 inscrits), contre 143 à M. de Thuret, il prit place à gauche et vota l'Adresse des 221. Réélu, le 23 juin 1830, par 231 voix (420 votants, 448 inscrits), contre 185 à M. de Féligonde, et, le 5 juillet 1831, par 150 voix (282 votants, 400 inscrits), contre 109 à M. Dessaignes, il adhéra au gouvernement de Louis-Philippe, qui l'avait réintégré dans son grade dès le mois d'août 1830. Après avoir échoué, le 21 juin 1834, dans le 5e collège du Puy-de-Dôme (Issoire), avec 108 voix contre 123 à l'élu, M. Girod de Langlade, il fut réélu député, le 4 novembre 1837, dans le 4e collège du même département (Riom), par 88 voix (157 votants, 219 inscrits), contre 68 à M. Combarel de Leyval. L'un des 213 adversaires du cabinet Molé, il ne se représenta pas en 1839, et échoua, le 9 juillet 1842, avec 42 voix contre 146 à l'élu, M. Combarel de Leyval, député sortant. Il renonça dès lors à la vie politique.

SIMON (JEAN-FRANÇOIS), député en 1789, né à Midrevaux (Vosges) le 5 avril 1746, mort à une date inconnue, curé de Woël (Meuse) et promoteur du décanat d'Hattonchatel, fut élu, le 1er avril 1789, député du clergé aux Etats-Généraux par le bailliage de Bar-le-Duc. Il ne s'y fit pas remarquer, vota la vérification en commun des pouvoirs, prêta le serment civique et rentra ensuite dans la vie privée. Après le Concordat, il devint curé de Fresnes-en-Wœvre.

SIMON (Pierre-Maximilien), député en 1789, né à Mons Boubert (Somme) le 11 février 1757, mort à Hays de-Menorval (Somme) le 4 décembre 1810, laboureur, fut élu, le 23 mars 1789, député du tiers aux Etats-Généraux par le bailliage de Caux. Il prêta le serment du Jeu de paume, et n'eut qu'un rôle politique très effacé.

SIMON (Materne-Joseph-Ghislain), député au Conseil des Anciens et au Corps législatif, né et mort à des dates inconnues, homme de loi à Namur, fut élu, le 21 germinal an V, député au Conseil des Anciens par le département de Sambre-et-Meuse, avec 69 voix (101 votants). Il prit place dans la majorité, défendit le Directoire contre le parti de Clichy, devint secrétaire le 1er nivôse an VII, se rallia au 18 brumaire, et fut réélu, le 4 nivôse an VIII, par le Sénat conservateur, député de Sambre-et-Meuse au Corps législatif. Il en sortit en l'an XIV, et ne reparut plus sur la scène politique.

SIMON (Jacques-Germain), député au Conseil des Cinq-Cents, et au Corps législatif, représentant aux Cent-Jours, né à Provins (Seine-et-Marne le 31 juillet 1753, mort à Provins le 23 juillet 1839, « fils du sieur Charles Simon, marchand tanneur, et d'Anne-Charlotte Thomassin », avocat et notaire dans sa ville natale depuis 1780, embrassa la cause de la Révolution et devint successivement accusateur public, commissaire du gouvernement près le tribunal de district de Provins, et président de l'administration de ce district. En l'an III, il renonça à cette présidence pour conserver son étude de notaire. Elu, le 26 germinal an VI, député de Seine-et-Marne au Conseil des Cinq-Cents, il fut rapporteur de l'impôt sur le sel et parla sur l'organisation du notariat, sur la conscription militaire et sur l'établissement des octrois. Partisan du 18 brumaire, il fut réélu, le 4 nivôse an VIII, par le Sénat conservateur, député de Seine-et-Marne au Corps législatif, dont il devint secrétaire en l'an X. Il fit partie des délégués envoyés dans les départements pour apprécier la situation intérieure. Sorti du Corps législatif en l'an XIII, il fut nommé conseiller général de Seine-et-Marne en 1811, juge au tribunal de Provins, puis juge honoraire et chevalier de la Légion d'honneur. Enfin élu, le 8 mai 1815, représentant à la Chambre des Cent-Jours par l'arrondissement de Provins, avec 35 voix (63 votants, 88 inscrits); cette courte session mit fin à sa carrière parlementaire.

SIMON (Germain-Vincent), député en 1842, né à Provins (Seine-et-Marne) le 3 décembre 1785, mort à Paris le 16 janvier 1818, fils du précédent, propriétaire dans sa ville natale et ancien sous-préfet, fut élu, le 22 janvier 1842, en remplacement de M. Gervais démissionnaire, député du 4e collège électoral de Seine-et-Marne (Provins), par 239 voix (420 votants). Il ne siégea que quelques semaines, ayant échoué aux élections générales du 9 juillet suivant, avec 228 voix contre 241 à l'élu, M. d'Haussonville, et ne reparut plus sur la scène politique.

SIMON (Sébastien), député au Conseil des Cinq-Cents, né à Colmar (Haut-Rhin) en 1749, mort le 4 mars 1802, fut d'abord administrateur du Haut-Rhin, puis commissaire du Directoire

exécutif près l'administration centrale du Haut-Rhin, et fut élu, le 23 germinal an VII, député du Haut-Rhin au Conseil des Cinq-Cents. Rallié au 18 brumaire, il fut nommé délégué des consuls dans le département de Saône-et-Loire, et adhéra à la nouvelle constitution par la lettre suivante : « Mâcon, 27 frimaire an 8 de la République. *Le représentant du peuple, délégué des Consuls de la République, aux citoyens Représentants du peuple composant la commission intermédiaire du Conseil des 500.* — J'étais dans cette commune, citoyens collègues, lorsque le courrier extraordinaire apportant la nouvelle constitution est arrivé. J'ai partagé l'allégresse des habitants du département de Saône-et-Loire, en assistant à sa promulgation, et je me suis réuni aux autorités constituées de Mâcon pour l'accepter. Je m'empresse de vous faire passer un Extrait des Registres du secrétariat du Département, contenant mon acceptation, ainsi qu'Expédition du Procès-verbal dressé par l'administration départementale annonçant la solennité dont la publication de la Charte constitutionnelle a été accompagnée. — Salut et fraternité. Simon. » Le président du tribunal criminel, puis juge à la cour d'appel de Colmar le 24 prairial an VIII, il fut nommé préfet du département de la Roër le 3 messidor de la même année, et mourut peu après dans l'exercice de ces fonctions.

SIMON (Mathieu-Louis), député au Corps législatif en 1808, né à Cagliari (Sardaigne) le 21 septembre 1764, mort à une date inconnue, avocat, substitut du procureur général en Sardaigne (1801), fut nommé, en 1805, procureur impérial à Savone. Elu, le 3 octobre 1808, par le Sénat conservateur, député du département de Montenotte au Corps législatif, il en sortit en 1809. Chevalier de la Légion d'honneur, président de la cour criminelle du département de Montenotte en 1810, conseiller à la cour de Gênes en 1811, il remplit les fonctions de président de la cour extraordinaire de l'arme du 1er juillet 1812 à la fin d'avril 1814.

SIMON (François-Gabriel), député de 1818 à 1830, né à Metz (Moselle) le 25 octobre 1768, mort à Metz le 30 mai 1834, s'occupa d'abord de commerce, puis fonda une maison de banque dans sa ville natale. Membre du conseil d'arrondissement et de la chambre de commerce de Metz, il fut successivement élu député du grand collège de la Moselle, le 20 octobre 1818, par 531 voix (885 votants, 1,111 inscrits); le 20 novembre 1822, par 123 voix (198 votants, 228 inscrits); le 6 mars 1824, par 102 voix (197 votants, 222 inscrits); le 24 novembre 1827, par 89 voix (107 votants, 157 inscrits). Il prit place à droite, vota pour les lois d'exception et pour le nouveau système électoral, monta à la tribune, en 1820, lors de la discussion de la loi sur les douanes, pour demander une réduction des droits sur les charbons de terre, et fit partie de la commission chargée d'examiner la situation de la Banque de France. Il fut l'un des 181 députés qui votèrent contre l'Adresse des 221, et ne fut pas réélu en 1830.

SIMON (François-Simon-Jules Suisse, dit Jules), représentant en 1848, député de 1867 à 1870, représentant en 1871, ministre, membre du Sénat, né à Lorient (Morbihan) le 27 décembre 1814, fils d'un ancien militaire, d'origine israélite, fit ses études aux collèges de Lorient et de Vannes, entra au lycée de Rennes comme maître d'études, et fut reçu troisième à l'Ecole normale en 1833. Agrégé de philosophie en 1835, professeur de philosophie à Caen (1er septembre 1836), puis à Versailles, il fut chargé (1838) de la conférence d'histoire de la philosophie à l'Ecole normale, se fit recevoir docteur l'année suivante avec une thèse sur le *Commentaire de Proclus sur le Timée de Platon*, et devint (même année) suppléant de M. Cousin à la Sorbonne dans la chaire de philosophie. Chevalier de la Légion d'honneur en 1845, il se présenta à la députation, le 29 février 1847, dans le 5e collège des Côtes-du-Nord (Lannion), comme candidat de « la gauche constitutionnelle », et échoua avec 169 voix contre 263 au candidat légitimiste et catholique, M. Tassel. En décembre suivant, il fonda à Paris, avec Amédée Jacques, la revue *la Liberté de penser*, dont il prit la direction politique, et fut élu, le 23 avril 1848, représentant des Côtes-du-Nord à l'Assemblée constituante, le 14e sur 26, par 66,434 voix (141,377 votants, 167,673 inscrits). Il siégea à la gauche modérée, fit partie du comité de la justice, puis de la commission d'organisation du travail, se prononça nettement contre le socialisme, parla sur les questions d'instruction publique, fut président de la commission chargée de visiter les blessés de juin, secrétaire de la commission de l'enseignement primaire, et rapporteur de la loi présentée par M. Carnot, et vota *pour* le bannissement de la famille d'Orléans, *contre* les poursuites contre Louis Blanc, *pour* les poursuites contre Caussidière au 15 mai, *contre* l'abolition de la peine de mort, *contre* l'impôt progressif, *contre* les deux Chambres, *contre* l'amendement Grévy, *pour* le remplacement militaire, *contre* la sanction de la Constitution par le peuple, *contre* le droit au travail, *pour* l'ensemble de la Constitution, *pour* l'ordre du jour en faveur de Cavaignac, *pour* la suppression de l'impôt sel, *contre* la proposition Rateau. Elu, par l'Assemblée, membre du nouveau conseil d'Etat (mars 1849), il donna sa démission de représentant (16 avril); mais, lorsque l'Assemblée législative renouvela par moitié ce conseil, en juin suivant, il se trouva de la moitié sortante et ne fut pas réélu. Il collabora de nouveau à la *Liberté de penser*, combattit au *National* la politique du prince-président, et continua de professer la philosophie à l'Ecole normale, et de suppléer Cousin à la Sorbonne. Après le coup d'Etat du 2 décembre 1851, M. J. Simon rouvrit son cours à la Sorbonne le 9, la veille du plébiscite : « Messieurs, dit-il en commençant, je suis ici professeur de morale. Je vous dois la leçon et l'exemple. Le droit vient d'être publiquement violé par celui qui avait charge de le défendre, et la France doit dire demain, dans ses comices, si elle approuve cette violation du droit ou si elle la condamne. N'y eût-il dans les urnes qu'un seul bulletin pour prononcer la condamnation, je le revendique d'avance : il sera de moi ! » Le cours fut interrompu par des applaudissements enthousiastes, et, le lendemain, M. J. Simon fut suspendu de ses fonctions. Trois jours après, le directeur de l'Ecole normale lui présenta la formule du nouveau serment. Sur son refus de le prêter, il fut rayé de la liste des professeurs. Il collabora encore au *National*, s'occupa de travaux littéraires et d'enseignement, publia le *Devoir* (1854), *la Religion naturelle* (1856), *la Liberté* (1857), et donna dans les principales villes de Belgique et en France des conférences sur des questions de philosophie et d'organisation sociale. Cédant aux instances de ses amis politiques, il se présenta à la députation, le 22 juin 1857, dans le

8e arrondissement de la Seine, et échoua avec 2,268 voix, contre 13,820 au candidat officiel élu, M. Fouché-Lepelletier, et 9,033 à M. Vavin. Il entra au Corps législatif, le 1er juin 1863, comme député du 8e arrondissement de la Seine élu par 17,809 voix (28,685 votants, 40,075 inscrits) contre 9,996 au candidat officiel, M. Koenigswarter, et 561 à M. de Milly. Il fut bientôt, grâce à la modération de la forme et à la clarté persuasive de son langage, un des orateurs de la gauche les plus écoutés de la majorité, parla sur les questions d'enseignement, sur le travail des femmes, sur la question romaine, défendit, au nom de la gauche, un amendement en faveur de la liberté de la presse, revendiqua pour Paris le droit de nommer son conseil municipal, demanda la séparation de l'Eglise et de l'Etat, et proposa un emprunt de 110 millions pour l'enseignement primaire. Aux élections du 24 mai 1869, il obtint la majorité dans deux circonscriptions : dans la 8e de la Seine avec 30,305 voix (39,870 votants, 50,135 inscrits) contre 8,742 à M. Lachaud, candidat officiel, et 381 à M. Jules Vallès socialiste, et dans la 2e de la Gironde, avec 13,632 voix (23,822 votants, 30,791 inscrits) contre 10,115 à M. Blanchy. Il opta pour la Gironde, et fut remplacé à Paris par M. Emmanuel Arago. Par contre, il échoua, le même jour, dans la 1re circonscription des Ardennes, avec 5,875 voix contre 18,063 au candidat officiel élu, M. de Montagnac et 843 à M. Troyon; dans la 2e circonscription du même département, avec 2,259 voix contre 23,569 au candidat officiel élu, M. de Ladoucette; dans la 4e circonscription de l'Hérault, avec 12,996 voix contre 14,334 au candidat officiel élu, M. Coste-Floret; dans la 3e circonscription de la Marne, avec 8,449 voix contre 18,699 au candidat officiel élu, M. Werlé et 3,394 à M. Paris; dans la 1re circonscription du Morbihan, avec 4,105 voix contre 15,523 au candidat indépendant élu, M. de la Monneraye, et 13,269 à M. Thomas Kerca.o; dans la 1re circonscription de la Haute-Vienne, avec 11,833 voix contre 16,141 au candidat officiel élu, M. Nouailhier, 1,793 à M. Ducoux et 2,146 à M. Fontaneau. Il prit fréquemment la parole dans cette législature, prononça d'importants discours en faveur de la liberté commerciale (20 janvier 1870), contre l'inscription maritime et sur la marine marchande (février), sur le régime colonial (mars), et déposa une proposition d'abolition de la peine de mort. Il vota *contre* la guerre contre la Prusse, et, au 4 septembre 1870, fut proclamé membre du gouvernement de la Défense nationale, délégué (5 septembre) au ministère de l'Instruction publique, des Cultes et des Beaux-Arts. Après la signature de l'armistice, il fut envoyé avec pleins pouvoirs à Bordeaux, pour imposer à la délégation de province les décrets du gouvernement sur les élections; il annula le décret d'inéligibilité rendu par Gambetta contre les anciens députés et fonctionnaires de l'empire, refusant ainsi de « mutiler le suffrage universel ». Gambetta donna sa démission et partit pour Saint-Sébastien. Aux élections du 8 février 1871, M. Jules Simon fut élu représentant de la Marne à l'Assemblée nationale, le 5e sur 8, par 34,727 voix sur 68,852 votants et 112,180 inscrits; le même jour, il échoua : dans la Gironde, avec 30,900 voix (132,349 votants); dans l'Hérault, avec 41,270 voix (88,483 votants); dans la Mayenne, avec 13,512 voix (72,852 votants); et dans la Seine. Il prit place à gauche dans l'Assemblée de Bordeaux, et fit partie du premier cabinet de Thiers (19 février), comme ministre de l'Instruction publique. Il déposa le projet de loi relatif à la reconstruction de la colonne Vendôme, celui sur l'instruction primaire obligatoire mais non gratuite, organisa le musée des copies, fonda des prix spéciaux de géographie pour les concours généraux des lycées, institua une commission chargée d'améliorer l'enseignement du droit, provoqua des réformes dans l'enseignement secondaire, notamment la suppression de l'exercice des vers latins, développa les exercices physiques, et triompha dans toutes les discussions soulevées par ces mesures, de l'hostilité préconçue d'une majorité monarchiste. Un discours qu'il adressa aux Sociétés savantes, à la Sorbonne, en avril 1873, et dans lequel il attribuait à Thiers seul l'honneur de la libération du territoire, provoqua à la Chambre des réclamations qui l'amenèrent à donner sa démission de ministre (17 avril). Il devint président de la gauche de l'Assemblée, combattit (18 novembre 1873), dans un discours remarquable, la proposition du Septennat, demanda (juillet 1874) la prompte organisation des pouvoirs publics et la dissolution de l'Assemblée, prit à cette époque la direction politique du journal le Siècle, défendit l'Université lors de la discussion du projet de loi sur l'enseignement supérieur, et vota pour la paix, pour le pouvoir constituant, contre la service de trois ans, contre la démission de Thiers, contre le septennat, contre le ministère de Broglie, pour l'amendement Wallon, pour les lois constitutionnelles; il s'abstint sur l'abrogation des lois d'exil, sur la pétition des évêques, sur l'admission des princes d'Orléans à titre définitif dans l'armée. Le 16 décembre 1875, l'Assemblée nationale l'élut sénateur inamovible, le 65e sur 75, par 318 voix sur 590 votants. Le même jour, il était nommé membre de l'Académie française; il était déjà membre de l'Académie des sciences morales et politiques depuis 1863. Le 13 décembre 1876, le maréchal de Mac-Mahon lui confia la mission de former un cabinet, dont il prit la présidence avec le portefeuille de l'Intérieur. Lorsqu'il se présenta devant les Chambres il se déclara « profondément républicain et profondément conservateur », recommanda la conciliation lors du conflit financier qui éclata (décembre) entre la Chambre et le Sénat, manifesta (février 1877) le désir de rétablir la législation sur la presse antérieure à 1852, interdit (23 avril) le colportage de la pétition des évêques réclamant une intervention de la France en faveur du Saint-Siège, laissa voter (14 et 15 mai) la publicité des séances des conseils municipaux, ainsi que l'abrogation du titre II de la loi du 29 décembre 1875 sur la presse, et reçut, le lendemain, une lettre du maréchal de Mac-Mahon où il était dit : « L'attitude du chef du cabinet fait demander s'il a conservé sur la Chambre l'influence nécessaire pour faire prévaloir ses vues ». M. Jules Simon remit immédiatement sa démission. Un mois après (17 juin), il donna, à la tribune du Sénat, de complètes explications sur cet incident politique, et se tint alors, dit un biographe, dans « une retraite étudiée ». Il reparut à la tribune lors de la discussion des lois Ferry sur l'enseignement, et protesta (juillet 1879) dans une lettre à un groupe d'anciens électeurs contre l'article 7. Lors de la démission du président du Sénat, M. Martel, quelques dissidents du centre le portèrent candidat à ces hautes fonctions (mai 1880); ce fut M. Léon Say qui l'emporta. En juin 1880, M. Jules Simon parla contre l'amnistie plénière, déposa (novembre) un ordre du jour de blâme contre l'exécution des décrets contre les congrégations (rejeté), proposa (juillet 1881), dans la loi sur l'obligation et la laïcité de l'enseignement primaire, de substituer aux mots « instruction morale et civique » les mots « enseignement des devoirs envers Dieu et envers la patrie » : cette motion, bien que vivement combattue par M. J. Ferry, fut adoptée par 139 voix contre 126 ; mais le projet fut renvoyé à une autre session, et l'amendement fut rejeté par la Chambre. M. J. Simon réclama (juillet 1881) la suppression de l'impôt sur le papier, défendit (mars 1883), comme rapporteur du projet de loi sur le droit d'association, la liberté pour tous, combattit (juillet) le projet de réforme judiciaire qu'il appela « une loi de colère et d'expédient, pour faire sortir de la magistrature les magistrats qui ne sont pas de votre opinion »; se montra (avril 1884) l'adversaire du rétablissement du divorce, soutint (février 1885) l'égalité des droits du Sénat et de la Chambre en matière budgétaire, prit en main (février 1886) la cause de la liberté de l'enseignement contre le monopole universitaire, s'éleva (juin 1886) contre les lois d'exception et contre l'expulsion des princes, et se prononça, en dernier lieu, pour le rétablissement du scrutin d'arrondissement (13 février 1889), pour le projet de loi Lisbonne restrictif de la liberté de la presse, pour la procédure de la haute cour contre le général Boulanger. Eclectique en philosophie, déiste en religion, M. Jules Simon a dû, moins à l'originalité des idées qu'à l'irrésistible séduction et à la correction émue du style, sa grande renommée. Orateur d'une bonhomie incomparable, improvisateur de premier ordre, insinuant, clair, entraînant, « parfois ironique, dit un biographe, jamais provocant », M. Jules Simon a cherché à répandre dans ses nombreux ouvrages, dans les conférences, à la tribune, les notions d'une philosophie pratique, sachant se plier aux circonstances, mais inflexiblement orientée vers la liberté. Parmi ses derniers ouvrages, on peut citer : La réforme de l'enseignement secondaire (1874); Le gouvernement de M. Thiers (1878); Le livre du petit citoyen (1880); Dieu, Patrie, Liberté (1883); Une académie sous le Directoire (1884). M. Jules Simon est chevalier de la Légion d'honneur depuis 1845, décoré des SS. Maurice et Lazare, de la Rose du Brésil, etc., et administrateur du Crédit foncier.

SIMON (Joseph-François), député au Corps législatif de 1857 à 1870, né à Guémené-Panfos (Loire-Inférieure) le 3 février 1801, marchand de bois de construction, maire de Saint-Nicolas-de-Redon et conseiller général de ce canton, fut élu député au Corps législatif, comme candidat du gouvernement, dans la 3e circonscription de la Loire-Inférieure, le 15 novembre 1857, en remplacement de M. Desmars, décédé, par 23,720 voix (23,748 votants, 31,895 inscrits). Réélu, le 1er juin 1863, par 18,121 voix (25,967 votants, 35,064 inscrits), contre 7,796 à M. Oheix, et, le 24 mai 1869, par 15,532 voix (25,422 votants, 32,876 inscrits), contre 9,629 à M. de la Pervenchère candidat de l'opposition, il vota constamment avec la majorité dévouée à l'empire et se prononça pour la guerre contre la Prusse. Il quitta la vie politique aux événements de 1870. Chevalier de la Légion d'honneur.

SIMON (Fidèle), représentant en 1871, député de 1876 à 1885, né à Guémené-Panfos (Loire-Inférieure) le 6 août 1837, neveu du précédent, propriétaire et marchand de bois, fut élu, le 8 février 1871, avec le patronage de l'*Union bretonne*, journal bonapartiste, représentant de la Loire-Inférieure à l'Assemblée nationale, le 12e et dernier, par 40,632 voix (95,897 votants, 155,400 inscrits). Il prit place au centre gauche et, partisan de Thiers, vota *pour* la paix, *pour* la pétition des évêques, *contre* le service de trois ans, *contre* la démission de Thiers, *contre* le septennat, *contre* le ministère de Broglie, *pour* l'amendement Wallou et *pour* les lois constitutionnelles. Lors des tentatives de restauration monarchique, il avait déclaré, dans une lettre à ses électeurs, « qu'il s'opposerait énergiquement à la restauration de la monarchie traditionnelle ». Conseiller général du canton de Saint-Nazaire du 8 octobre 1871, il se présenta comme candidat au Sénat dans la Loire-Inférieure, le 30 janvier 1876, et échoua avec 115 voix sur 321 votants. Mais il fut élu député, le 5 mars suivant, au second tour de scrutin, dans la 1re circonscription de Saint-Nazaire, par 5,761 voix (15,340 votants, 20,762 inscrits), contre 5,620 à M. Coüétoux et 3,950 à son cousin, M. Amaury Simon. Il prit de nouveau place à gauche et fut l'un des 363 députés qui, au 16 mai, refusèrent le vote de confiance au ministère de Broglie. Réélu, comme tel, au second tour, le 28 octobre 1877, par 8,631 voix (16,440 votants, 21,394 inscrits), contre 7,655 à M. Jules de Larcinty, et le 21 août 1881, par 8,485 voix (15,574 votants, 22,844 inscrits), contre 7,005 à M. Anthime Ménard, il siégea constamment à la gauche républicaine, soutint la politique scolaire et coloniale du gouvernement, et, porté sur la liste républicaine de la Loire-Inférieure, échoua, le 4 octobre 1885, avec 47,098 voix sur 121,474 votants. Il ne fut pas plus heureux aux élections sénatoriales du 5 janvier 1879, dans son département, avec 130 voix sur 320 votants, ni à celle du 18 avril 1880, avec 362 voix contre 639 à l'élu, M. Decroix. Chevalier de la Légion d'honneur.

SIMON DE MAIBELLE (Pierre-Joseph), député en 1789, né à Dinant (Belgique) en 1728, mort à Douai (Nord) le 28 septembre 1795, étudia le droit, fut reçu docteur, et devint avec dispense d'âge, le 28 août 1754, professeur à la faculté de droit de Douai. Il y enseigna pendant 35 ans, se montra partisan des idées de la Révolution, et fut élu, le 4 avril 1789, député du tiers aux Etats-Généraux par le bailliage de Douai. Il fut adjoint au doyen des communes, prêta le serment du Jeu de paume, fut président du 3e bureau, et ne prit qu'une fois la parole, le 24 septembre 1789, à propos de la contribution des privilégiés. Effrayé de la marche rapide des événements, il donna sa démission le 12 novembre 1789, fut remplacé par Pétal, et revint à Douai, où il vécut dans la retraite jusqu'à sa mort.

SIMOND (Philibert), membre de la Convention, né à Rumilly (Haute-Savoie) le 7 septembre 1755, exécuté à Paris le 14 avril 1794, fut élevé par son oncle, le curé de Pers, et fut ordonné prêtre en 1779. Après quelques mois de vicariat au Petit-Bornand, il vint à Paris poursuivre ses études de théologie, fit une fugue en Hollande, et, de retour en Savoie, afficha des opinions révolutionnaires qui lui valurent, du Sénat de Savoie, un ordre d'arrestation. Il réussit à s'échapper par la Suisse, et gagna Genève, puis Strasbourg, où il devint vicaire épiscopal de l'évêque constitutionnel.

Elu, le 8 septembre 1792, député du Bas-Rhin à la Convention, le 9e et dernier, par 312 voix sur 569 votants, il prit place à la Montagne, et demanda à être envoyé en mission dans son pays qui venait d'être occupé par nos armées. Il fut dans l'assemblée des Allobroges l'un des promoteurs du vœu de réunion de la Savoie à la France, et, après le décret de réunion voté par la Convention, l'un des quatre commissaires chargés de l'organisation du nouveau département du Mont-Blanc. Le 11 janvier 1793, il écrivit de Chambéry à la Convention avec ses collègues, Grégoire, Jagot et Hérault de Séchelles, que « leur vœu était pour la condamnation de Louis, sans appel au peuple ». Après avoir comprimé quelques tentatives de soulèvement dans le haut Faucigny, Simond revint à Paris (avril 1793), se montra des plus fougueux montagnards, attaqua les Girondins, traita Isnard, qui présidait, de contre-révolutionnaire (23 mai), et fut un des agents les plus actifs de l'attentat du 31 mai. Il demanda l'envoi des « freluquets » aux armées, et leur remplacement dans les bureaux par des pères de famille, appuya la motion de Barère contre Custine, qui, « quand les décrets de la Convention lui déplaisaient, en faisait des papillottes », défendit le patriotisme des Savoisiens mis en suspicion lors du soulèvement de Lyon (25 août), et fut nommé commissaire extraordinaire à l'armée des Alpes. Là, il provoqua une levée en masse, exerça une véritable dictature, repoussa l'ennemi, et accomplit sa mission avec un plein succès. Rappelé en novembre, il prit une part importante aux discussions qui agitèrent alors la Convention ; mais ses relations avec Hérault de Séchelles et Danton le rendirent bientôt suspect à Robespierre, qui, à propos d'une réclamation des habitants du Mont-Blanc contre les taxes arbitraires, le prit vivement à partie, lui reprocha de ne pas respecter les décrets de la Convention, et l'accusa de modérantisme. Simond demanda (13 décembre) à la Convention de renouveler le comité de salut public ; la motion fut repoussée, et les déclamations du député du Bas-Rhin au club des Jacobins, où il parlait assidûment, ne lui firent pas pardonner l'indépendance de son langage. Il dut s'y défendre de manœuvres contre-révolutionnaires ; comme on lui demandait (28 frimaire an II) s'il était noble : « C'est bien assez d'être prêtre », répondit-il. Dénoncé à la Société des Jacobins par la Société populaire de Chambéry, il demanda une enquête, et, en parlant des autres députés du département qui siégeaient à la Plaine : « On croirait difficilement, dit-il, que d'un département de six cents lieues carrées, et sur lequel reposent les plus hautes montagnes du monde, soient sortis sept oiseaux marécageux qui sont venus croasser à la Convention, défendre les ordures politiques des conspirateurs, l'or et le crime des égoïstes, les débauches et l'ambition des privilégiés, avec l'air de parler au nom de 450,000 citoyens dont la frugalité, le travail et la bonne foi sont les passions et la volonté de tous les jours. » Il les dénonça à son tour, mais ne put détourner l'orage qu'accumulaient contre lui les Savoisiens qu'il avait mécontentés et qui l'accusaient d'avoir reçu des montres en or à répétition de la fabrique de Cluses, et d'avoir sévi contre x les patriotes ». En vain sa maîtresse, Aurore de Bellegarde, le prévint-elle du danger ; il n'y croyait pas ; une imprudence qu'il commit en visitant dans sa prison un prévenu d'émigration qu'on avait arrêté dans l'appartement d'Hérault de

Séchelles, fut l'occasion qui le perdit. Le comité de salut public le fit arrêter comme complice et enfermer au Luxembourg ; à la Convention, Saint-Just justifia l'arrestation sous le vague prétexte de complicité dans une conspiration, et, quinze jours après, un co-détenu, Laflotte, dénonça expressément Simond comme tramant au Luxembourg une conspiration en faveur de Danton et autres ; Vadier et Couthon ajoutèrent que la conspiration avait aussi pour but « de remettre le fils Capet aux mains de Danton chargé de le proclamer». Décrété d'accusation le 18 germinal, Simond comparut devant le tribunal révolutionnaire le 21 ; il demanda à prouver que Laflotte n'était qu'un misérable, et, n'ayant reçu aucune réponse, il renouvela sa demande par écrit à Fouquier-Tinville, sans plus de succès ; il fut exécuté le lendemain avec Gobel, Chaumette, Dillon, Lucile Desmoulins, et vingt et un autres condamnés.

SIMONNEAU (Etienne-François), député de 1824 à 1827, né à Etampes (Seine-et-Oise) le 24 octobre 1781, mort à Paris, le 21 mars 1860, procureur du roi à Chartres et chevalier de la Légion d'honneur, fut élu, le 6 mars 1824, député du grand collège d'Eure-et-Loir, par 103 voix (195 votants, 254 inscrits). Il siégea obscurément dans la majorité ministérielle, et quitta la vie politique aux élections de 1827.

SIMONNET (Jean-Laurent), député au Conseil des Anciens et au Corps législatif, né le 26 février 1756, mort à Noyers (Yonne) le 10 octobre 1824, notaire à Sarry (Yonne) à l'époque de la Révolution, adopta les idées nouvelles et fut successivement juge du district de Tonnerre en 1790 et 1792, membre du directoire de l'Yonne en 1791 et 1793, commissaire du pouvoir exécutif à Noyers en 1795 et 1796, et chef de division au ministère de la police. Élu, le 25 germinal an VII, député de l'Yonne au Conseil des Anciens, il s'y fit peu remarquer, se rallia au 18 brumaire, et fut réélu, le 4 nivôse an VIII, par le Sénat conservateur, député de l'Yonne au Corps législatif. Il en sortit en l'an X ; le gouvernement impérial le nomma juge suppléant à Tonnerre (1812-1816).

SIMONNET (François-Ursin-Marcellin), député de 1881 à 1889, né à Hérisson (Allier) le 20 avril 1824, étudia la médecine à Paris et fut reçu officier de santé en 1853. Maire d'Hérisson, membre du conseil général de l'Allier pour ce canton, il obtint, sans être élu, le 8 février 1871, comme candidat républicain à l'Assemblée nationale, 28,178 voix sur 76,640 votants ; le 21 août 1881, il fut élu député de la 2e circonscription de Montluçon, par 7,470 voix (12,325 votants, 17,437 inscrits), contre 3,722 à M. Lachaume et 697 à M. Dormoy. Il siégea à la gauche radicale et vota contre la politique des ministères Gambetta et J. Ferry et contre les crédits de l'expédition du Tonkin. Porté, le 4 octobre 1885, sur la liste républicaine de l'Allier, M. Simonnet obtint sa réélection, le 3e sur 6, par 50,638 voix (91,228 votants, 120,088 inscrits). Il reprit sa place dans le groupe radical, vota pour l'expulsion des princes, et combattit les cabinets Rouvier et Tirard ; dans la dernière session, il a été porté absent par congé à partir de février 1889.

SIMONNET-D'ESCOLMIERS. — Voy. COULMIERS (DE).

SIMONNOT (Jean-François), représentant à la Chambre des Cent-Jours, né à Chalon-sur-Saône (Saône-et-Loire) le 10 septembre 1768, mort à Demigny (Saône-et-Loire) le 24 septembre 1841, « fils de Jacques Simonnot, avocat à la cour résidant à Chalon, et de dame Marie-Magdelaine Salomon », était homme de loi à Chalon-sur-Saône avant la Révolution. Il fut secrétaire du directoire du département de 1791 et 1793, président de l'assemblée électorale (1795), commissaire du gouvernement près l'administration municipale de Chalon (1796), sous-préfet de cette ville (1800-1815), et fut élu, le 13 mai de cette dernière année, représentant à la Chambre des Cent-Jours par le collège de département de Saône-et-Loire, avec 73 voix (163 votants, 266 inscrits). Après avoir échoué au grand collège, le 22 août 1815, avec 48 voix (175 votants), il quitta la vie parlementaire pour entrer dans l'administration. Secrétaire général du département de Saône-et-Loire, sous-préfet de Charolles de février 1819 à 1820, et chevalier de la Légion d'honneur, il prit sa retraite à cette dernière date, et fut élu sous le gouvernement de Juillet (1831) membre du conseil général de Saône-et-Loire, qu'il présida en 1833.

SIMONNOT (Jean-Baptiste), représentant à la Chambre des Cent-Jours, né à Bissey-la-Pierre (Côte-d'Or) le 20 janvier 1770, mort à une date inconnue, « fils de Jean Simonnot, laboureur, et de Nicolle Mariotte », était notaire à Châtillon-sur-Seine. Élu, le 10 mai 1815, représentant de cet arrondissement à la Chambre des Cent-Jours, par 40 voix (63 votants), contre 24 à M. Rolle, bibliothécaire de la ville, il quitta la vie politique après cette courte législature.

SIMONOT (Alexandre), représentant en 1849, né à Dieue (Meuse) le 31 octobre 1794, appartint, sous Louis-Philippe, à l'administration et fut sous-préfet de Verdun. Élu, le 13 mai 1849, représentant de la Meuse à l'Assemblée législative, le 5e sur 7, par 32,471 voix (59,869 votants, 92,490 inscrits), il siégea à droite et vota constamment avec la majorité, pour l'expédition romaine, pour la loi Falloux-Parieu sur l'enseignement, pour la loi restrictive du suffrage universel. Le coup d'État de décembre le rendit à la vie privée.

SIMYAN (Julien-Antoine), député de 1885 à 1889, né à Cluny (Saône-et-Loire) le 15 avril 1850, fils d'un médecin, fit ses études de médecine à Paris, prit part au siège dans les ambulances volontaires, et fut reçu docteur en 1872. Il se fixa alors à Cluny dont il devint maire, et prit la direction politique des journaux la Tribune républicaine et le Radical de Saône-et-Loire. Porté sur la liste radicale de Saône-et-Loire, le 4 octobre 1885, il fut élu, au second tour, le 7e sur 9, par 80,017 voix (110,510 votants, 174,124 inscrits). Il prit place à la gauche radicale, vota l'expulsion des princes, combattit les ministères Rouvier et Tirard, demanda (4 avril 1889) le renvoi du général Boulanger devant la cour d'assises (rejeté par 504 voix contre 70), et, dans la dernière session, s'abstint sur le rétablissement du scrutin d'arrondissement (11 février 1889), et se prononça contre l'ajournement indéfini de la révision de la Constitution, contre les poursuites contre trois députés membres de la Ligue des patriotes, contre le projet de loi Lisbonne restrictif de la liberté de la presse ; il s'abstint sur les poursuites contre le général Boulanger. Déjà directeur du journal le *Rhône*, M. Simyan s'est rendu acquéreur du *Petit Lyonnais* (novembre 1889).

SINETY (André-Louis-Esprit, marquis de), député en 1789, né à Marseille (Bouches-du-Rhône) le 4 juin 1740, mort à Marseille le 15 janvier 1811, d'une ancienne famille de Provence de noblesse d'épée, était fils d'Elzéar de Sinety, page et gentilhomme de la duchesse de Berry fille du régent, et chevalier de Saint-Louis. Reçu page dans la grande écurie, il fut nommé cornette au régiment de Lusignan en 1757, et fit campagne en Allemagne de 1757 à 1760. Capitaine dans le régiment des cuirassiers du roi en mars 1761, major du régiment de Royal-Navarre-cavalerie en mars 1773, chevalier de Saint-Louis en 1777, il quitta le service en 1779. Élu, le 4 avril 1789, député de la noblesse de la sénéchaussée de Marseille aux Etats-Généraux, il siégea à droite, se rendit, le 6 octobre, à Versailles, pour défendre le roi, demanda (12 mars 1790) qu'aucun député actuel ne fût ni électeur ni éligible dans les prochaines assemblées, vota (1er avril) la suppression du privilège de la Compagnie des Indes, présenta (7 mai) un projet tendant à conférer au roi seul le droit de paix et de guerre, parla plusieurs fois sur l'organisation de l'armée, et fut commissaire (22 juin 1791) pour la prestation du serment des troupes. Après la session, il disparut de la scène politique. Président et secrétaire perpétuel de l'Académie de Marseille, membre du conseil d'agriculture, arts et commerce des Bouches-du-Rhône, et de la Société de l'Afrique Intérieure, il a publié : *l'Agriculture du midi*, des dissertations et des éloges dans le recueil de l'Académie de Marseille, et quelques pièces de vers dans le recueil de poésies des troubadours de Marseille.

SIRAND (Jean-Marie-Antoine-Louis, chevalier de), député de 1815 à 1821, né à Ambérieux (Ain) le 28 décembre 1772, mort à Bourg (Ain) le 13 avril 1840, servit comme simple soldat avant la Révolution. Officier municipal de Bourg à la Révolution, puis commissaire du gouvernement près le canton de Bourg, chef de bureau à la préfecture de l'Ain, conseiller de préfecture de ce département le 26 floréal an XIII, il remplit ces dernières fonctions jusqu'à sa révocation (24 mars 1815). Réintégré en juillet suivant, il fut élu, un mois après, le 22 août, député du grand collège de l'Ain, par 117 voix (205 votants, 291 inscrits), et réélu, le 4 octobre 1816, par 116 voix (201 votants, 285 inscrits), il siégea dans la majorité de la Chambre introuvable, et au côté droit en 1816, s'associa à toutes les mesures réclamées par les ultra-royalistes, et, de la série sortante en 1821, ne se représenta plus. Il fut admis à la retraite, comme conseiller de préfecture, le 19 septembre 1838, avec une pension de 567 fr.

SIRIEYS DE MAYRINHAC (Jean-Jacques-Félix), député de 1815 à 1816 et de 1820 à 1830, né à Saint-Céré (Lot) le 21 octobre 1775, mort au château de Mayrinhac, près Figeac (Lot), le 30 novembre 1831, ne suivit pas ses parents en émigration, fut incarcéré comme suspect sous la Terreur, et fut nommé plus tard, par l'empereur, maire de Saint-Céré. Il salua avec enthousiasme le retour des Bourbons, fut destitué de ses fonctions de maire aux Cent-Jours, et fut élu, le 22 août 1815, député du grand collège du Lot, par 105 voix (191 votants,

261 inscrits). Il siégea à l'extrême droite de la Chambre introuvable, demanda l'amélioration de la situation du clergé et la restitution de ses biens invendus, réclama la prompte organisation des légions départementales destinées à remplacer les régiments, tenta de faire rétablir les maîtrises et les jurandes, et d'abolir les droits réunis, et ne manqua, dans chacun de ses fréquents discours, aucune occasion d'attaquer la Révolution. Non réélu en 1816, il s'en prit au préfet de son département, M. de Lezay-Marnézia, le prit vivement à partie dans une brochure sur les élections, et fut condamné par le tribunal correctionnel de Paris à 30 fr. d'amende. Réélu, le 13 novembre 1820, député du grand collège du Lot, par 109 voix (193 votants, 265 inscrits), il reprit sa place à l'extrême droite, et fut un des défenseurs les plus ardents de M. de Villèle. Dans la discussion du budget (séance du 12 mars 1822) il dit : « Espérons que les ministres que la Providence a accordés au roi... » M. de Corcelles : « Joli présent ! » MM. de Lameth et de Girardin : « Vous injuriez la Providence. » Le dévouement de M. Sirieys lui valut (26 août 1824) les fonctions de conseiller d'Etat et de directeur général de l'agriculture, des haras et des manufactures, aux appointements de 40,000 francs. Il avait été réélu, le 5 février précédent, député du 3e arrondissement électoral du Lot (Figeac) par 121 voix (135 votants, 171 inscrits). Dans cette nouvelle législature, il appuya les lois sur le sacrilège, sur le milliard des émigrés, sur le droit d'aînesse, et fut réélu député de Figeac, le 17 novembre 1827, par 119 voix (131 votants et 172 inscrits). Hostile au ministère Martignac, il voulut supprimer au budget, par un vote de la Chambre, dans la session de 1828, ses fonctions de directeur des haras et son traitement, et il exhala son mécontentement dans une nouvelle brochure : *Observations sur l'administration générale des haras supprimée par ordonnance royale du 13 novembre 1828*. Le cabinet Polignac le nomma directeur du personnel au ministère de l'Intérieur et officier de la Légion d'honneur. Il repoussa l'Adresse des 221, et fut réélu, le 24 juin 1830, par 116 voix (131 votants, 175 inscrits). Après les journées de juillet, il envoya sa démission de député par la lettre suivante : « Monsieur le président élu député sous l'empire de circonstances qui n'existent plus, je croirais trahir mes serments et transgresser les pouvoirs qui m'ont été confiés, si je prenais part aux délibérations de la Chambre. Veuillez lui faire agréer ma démission. A. Sirieys, député du Lot. » Il mourut l'année suivante.

SIRUGUE-MARET (Marc-Antoine, baron), membre de la Convention, député au Corps législatif de 1808 à 1815, représentant aux Cent-Jours, né à Vitteaux (Côte-d'Or) le 17 mai 1754, mort à Rouen (Seine-Inférieure) le 26 avril 1812, « fils de sieur Etienne Sirugue, marchand et maître de poste à Vitteaux, et de demoiselle Françoise Vorle », appartient aux armées du roi et parvint à un grade supérieur dans la gendarmerie. Administrateur du département de la Côte-d'Or, il fut élu, le 9 septembre 1792, deuxième député suppléant de ce département à la Convention par 127 voix (510 votants); il fut admis à siéger le 5 floréal an III, et ne se fit pas remarquer. Elu plus tard (13 février 1808) par le Sénat conservateur, député de l'Aube au Corps législatif, il fut fait (21 décembre de la même année) chevalier de l'Empire, puis baron, et représenta encore l'arrondissement de Troyes à la Chambre des Cent-Jours, avec 55 voix (101 votants). Sirugue-Maret était allié à la famille de Hugues Maret, duc de Bassano.

SISSONS (Pierre-Louis), député en 1791, né à Troyes (Aube) le 25 août 1741, mort à Troyes le 28 février 1810, était avocat du roi au présidial de Troyes en 1770. A cette époque il fit paraître, sous un pseudonyme : *Dieu et l'homme*, livre philosophique contre lequel le clergé de Troyes protesta et obtint une lettre de cachet contre Sissons, qui dut s'expatrier. Il embrassa avec ardeur la cause de la Révolution, devint juge au district de sa ville natale, et fut élu, le 7 septembre 1791, député de l'Aube à l'Assemblée législative, le 6e sur 9, par 252 voix (341 votants). Il y siégea obscurément, et publia sous le nom de *Sossius* plusieurs opinions qu'il y avait soutenues. Après la session, il devint commissaire du district de Nogent-sur-Seine, puis maire de Troyes de l'an III, fonctions qu'il conserva jusqu'à l'an VIII; en l'an VI, il fut en outre administrateur de l'Aube. Nommé, le 14 germinal an VIII, commissaire du pouvoir exécutif près le tribunal de Troyes, il quitta ces fonctions quelques années plus tard et n'exerça plus aucune charge publique jusqu'à sa mort. Il s'adonnait aux sciences et il publia : *Plan d'un bateau avec lequel on peut aller au fond de la mer, en revenir à son gré et même naviguer entre deux eaux.*

SIVARD DE BEAULIEU (Pierre-Louis-Antoine, chevalier), député au Conseil des Cinq-Cents et de 1818 à 1822, né à Valognes (Manche) le 1er septembre 1767, mort à Paris le 26 mars 1826, parent de Lebrun, le futur duc de Plaisance, embrassa avec ardeur la cause de la Révolution. A la chute des Girondins, il fut incarcéré à Valognes, et ne dut la liberté et la vie qu'au 9 thermidor. Elu, le 24 germinal an V, député de la Manche au Conseil des Cinq-Cents, par 343 voix sur 393 votants, il prit parti pour les Clichyens, et vit son élection annulée au 18 fructidor, comme entachée de royalisme. Après le 18 brumaire, il fut nommé administrateur des monnaies (6 germinal an VIII), et membre de la Légion d'honneur (14 brumaire an XIII). Il conserva ses fonctions à la Monnaie sous la Restauration, jusqu'à sa mort. Elu, le 20 octobre 1818, député du grand collège de la Manche, par 841 voix (1,871 votants, 2,137 inscrits), il prit place à l'opposition libérale, fut témoin de l'attentat dont Casimir Périer et Benjamin Constant faillirent être victimes de la part de la jeunesse royaliste, et appuya la proposition de Camille Jordan, demandant que prompte justice soit faite de ces tentatives scandaleuses; il vota contre les deux lois d'exception et contre le nouveau système électoral. Il échoua dans le 4e arrondissement électoral de la Manche (Valognes) le 13 novembre 1822, avec 132 voix contre 236 à l'élu, M. Avoyne de Chantereine, et 23 à M. Duparc de Barville, et ne fut pas plus heureux, le 25 février 1824, avec 96 voix contre 242 à l'élu, M. Avoyne, député sortant, et 22 à M. Duparc de Barville.

SIVRY (Alphonse-Joseph-Constant Bourelle de), député de 1831 à 1842, et sénateur du second empire, né à Milan (Italie) le 17 mars 1790, mort au château de Villenœuve (Morbihan) le 6 avril 1862, fils d'un payeur général de l'armée d'Italie, fut élu, le 24 septembre 1831, député du 6e collège du Morbihan (Ploërmel), par 45 voix (89 votants, 164 inscrits), contre

41 à M. Noël de la Touche, en remplacement de M. Gaillard de Kerbertin, qui avait opté pour Montfort (Ille-et-Vilaine). M. de Sivry siégea au centre gauche et opina avec l'opposition. Réélu, le 21 juin 1834, par 72 voix (141 votants, 192 inscrits), contre 32 à M. Hennequin, puis le 4 novembre 1837, par 110 voix (217 votants, 255 inscrits), il signala, à la session de 1838, les manœuvres de l'administration relatives aux élections, et particulièrement celles qui avaient eu lieu dans le collège de Ploërmel, où le ministère lui avait donné pour concurrent l'avocat général Hello. « Grande fut la colère de M. le préfet du Morbihan, écrit un biographe, et ce fonctionnaire, au sein même du palais législatif, insulta le député indépendant. Après plusieurs tentatives inutiles de réconciliation une rencontre eut lieu entre M. de Sivry et le préfet Lorois; celui-ci fut blessé grièvement, après avoir eu trois épées brisées dans sa main. » M. de Sivry combattit énergiquement le ministère Molé, et obtint encore sa réélection le 2 mars 1839, par 127 voix (228 votants). Il échoua, le 9 juillet 1842, avec 125 voix contre 128 à l'élu, M. de La Rochejaquelein. M. de Sivry se retira alors de la vie politique. Il faisait partie du conseil général du Morbihan, lorsque, après l'élection présidentielle de L.-N. Bonaparte, il fut nommé successivement préfet d'Indre-et-Loire (décembre 1848), puis préfet de la Meurthe (1851). L'empereur l'appela au Sénat (19 juin 1854), où il siégea jusqu'à sa mort parmi les partisans de la dynastie. Officier de la Légion d'honneur (1er janvier 1853).

SLEYDEN. — *Voy.* Van der Sleyden.

SOL (Jean-Jacques), député au Corps législatif en l'an XII, né à Saverdun (Ariège) le 15 avril 1751, mort à une date inconnue, négociant à Saverdun, puis président de l'administration municipale de cette ville, et président de l'assemblée du canton de Saverdun, fut élu, le 19 vendémiaire an XII, par le Sénat conservateur, député de l'Ariège au Corps législatif. Il en sortit en 1809.

SOLAND (Théobald de), député de 1876 à 1889, né à Angers (Maine-et-Loire) le 1er décembre 1821, petit-fils d'un général de la République, se fit recevoir licencié en droit à Paris en 1845, docteur en 1847, et entra dans la magistrature. Successivement substitut au tribunal d'Angers (janvier 1851), substitut du procureur général près cette cour (1855), conseiller à la même cour (1863), il devint, en outre, conseiller général du canton de Thouarcé (1870), et fut élu, le 5 mars 1876, au second tour, sur un programme conservateur constitutionnel, député de la 1re circonscription d'Angers, par 9,701 voix (16,345 votants, 22,195 inscrits) contre 6,517 à M. Mourin, républicain. Il prit place à la droite légitimiste et, au 16 mai, fut l'un des 158 députés qui soutinrent le ministère de Broglie contre les 363. Réélu, le 14 octobre 1877, par 11,820 voix (19,136 votants, 22,921 inscrits) contre 7,230 à M. Mourin, il se plaignit, dans la discussion du budget de la justice (juin 1878), de la révocation des magistrats qui avaient envoyé leur démission à la suite de l'exécution des décrets. Son mandat lui fut renouvelé, le 21 août 1881, par 9,877 voix (14,104 votants, 22,784 inscrits), contre 7,886 à M. Jules Gnitton et 234 à M. Chabert; il continua de voter avec la minorité de droite, déclara (juin 1882) que si l'inamovibilité des magistrats était supprimée, il voterait l'élection des juges, et combattit de ses votes la politique scolaire et coloniale du gouvernement. Porté sur la liste conservatrice de Maine-et-Loire, le 4 octobre 1885, il fut réélu député, le 3ᵉ sur 8, par 73,153 voix (123,110 votants, 151,859 inscrits). Il reprit sa place à l'Union conservatrice dont il fut vice-président, parla sur la loi relative aux récidivistes, sur les budgets de la justice et des cultes, et se prononça, dans la dernière session, *contre* le rétablissement du scrutin d'arrondissement (11 février 1889), *pour* l'ajournement indéfini de la revision de la Constitution, *contre* les poursuites contre trois députés membres de la Ligue des patriotes, *contre* le projet de loi Lisbonne restrictif de la liberté de la presse, *contre* les poursuites contre le général Boulanger. Chevalier de la Légion d'honneur, M. de Soland a été mis à la retraite, comme conseiller, le 29 septembre 1877, avec le titre de conseiller honoraire.

SOLIER (JEAN-FRANÇOIS-LOUIS), représentant du peuple en 1848, né à Castelnaudary (Aude) le 26 avril 1797, mort à Castelnaudary le 25 décembre 1882, fils d'un propriétaire agriculteur, se fit recevoir licencié en droit à Toulouse en 1820, puis s'occupa de sciences, de mathématiques et d'agriculture. D'opinions libérales, il fut élu, le 23 avril 1848, représentant de l'Aude à l'Assemblée constituante, le 6ᵉ sur 7, par 30,541 voix (67,165 votants, 75,218 inscrits). Il fit partie du comité de l'instruction publique, et ne prit jamais la parole. « C'est un timide, disait un biographe de l'époque, qui doit à l'Assemblée au sein de laquelle il siège, de rompre sans délai les parenthèses de sa virilité parlementaire. » Le vœu expressif du biographe ne fut pas rempli, et M. Solier vota silencieusement et le plus souvent avec la droite, *contre* le bannissement de la famille d'Orléans, *contre* les poursuites contre Louis Blanc et Caussidière, *contre* l'abolition de la peine de mort, *contre* l'impôt progressif, *contre* l'incompatibilité des fonctions, *contre* l'amendement Grévy, *contre* la sanction de la Constitution par le peuple, *pour* l'ensemble de la Constitution, *contre* la proposition Rateau, *contre* l'interdiction des clubs, *contre* l'expédition de Rome, *pour* la demande de mise en accusation du président et des ministres. Non réélu à la Législative, il revint à Castelnaudary surveiller ses propriétés.

SOLIGNAC (JEAN-BAPTISTE, BARON), représentant aux Cent-Jours, né à Millau (Aveyron) le 15 mars 1773, mort à Montpellier (Hérault) le 10 novembre 1850, « fils de Joseph Solignac, bourgeois, et de dame Pétronille Maquio », s'engagea, en 1789, dans le régiment d'infanterie de Vermandois, fut nommé capitaine en 1791, servit à l'armée des Pyrénées-Orientales dans l'état-major de Dagobert, et devint chef de bataillon le 4 septembre 1792, et adjudant-général le 22 du même mois. Il suivit ensuite le général Vouland à la 8ᵉ division militaire (Marseille), où il fut dénoncé pour avoir fait relâcher quelques fédéralistes inoffensifs. Exaspéré des attaques dont il était l'objet, il se laissa aller à des actes de violence envers un représentant en mission, ce qui l'obligea à s'enfuir. Son frère fut arrêté à Montpellier, à sa place. A Paris, où il se rendit alors, il fut arrêté par ordre du comité de sûreté générale, et enfermé à la Force pendant 5 mois; il n'obtint sa mise en liberté qu'en prairial an III. Resté à Paris, il se rallia à Bonaparte, qui

le prit sous ses ordres au 13 vendémiaire, et le fit nommer chef d'état-major de la division de Paris. Il fut chargé ensuite avec Bruno du licenciement de la légion de police, qu'il répartit entre divers corps de troupes. Ayant obtenu d'être envoyé à l'armée d'Italie, il devint chef d'état-major de Masséna, qu'il suivit à Rome. En l'an VII, il reçut le commandement d'une brigade, fut blessé à Novi, et se trouva à Paris lors du retour de Bonaparte. Le 18 brumaire, il fut de garde au Luxembourg, le 19 à Saint-Cloud, et, lorsque Bonaparte entra dans la salle du conseil des Cinq-Cents, il le protégea contre les menaces des députés. Sur son ordre, il entra dans la salle avec un bataillon de grenadiers pour en chasser les députés protestataires. Après l'institution du Consulat, Solignac fut attaché à la personne de Bonaparte, et chargé de rétablir l'ordre dans la 8ᵉ division (Marseille). Il se rendit de là à l'armée d'Italie, sous les ordres de son ancien chef, le général Masséna, qui lui confia une brigade de la division Suchet, fit la campagne de l'an IX avec le général Brune, et passa en Toscane avec Murat, et à Naples avec Gouvion-Saint-Cyr. Chargé de porter à l'empereur les félicitations de l'armée d'Italie, il fut d'abord reçu avec froideur; mais sur la demande de Jourdan, Napoléon le nomma commandeur de la Légion d'honneur (19 frimaire an XII). Il se distingua, au cours de la campagne suivante, à Caldiero et au passage du Tagliamento. Accusé de concussion, il fut destitué le 31 mars 1806, puis réintégré le 20 avril 1807, et appelé, le 12 janvier 1808, à l'armée de Portugal, où il se conduisit vaillamment à la prise d'Evora et à la bataille de Vimeiro. Créé baron de l'Empire en 1811, il fut promu général de division le 17 novembre suivant. En 1814, il commanda une division du 1ᵉʳ corps de la grande armée, avec laquelle il battit Elvig, Thielman et le prince Paul de Wurtemberg. La Restauration le fit chevalier de Saint-Louis, et l'appela au commandement d'une subdivision de la 9ᵉ division militaire. Mis en non-activité le 15 janvier 1815, il fut élu, le 15 mai suivant, représentant à la Chambre des Cent-Jours par l'arrondissement de Millau, avec 36 voix (61 votants, 108 inscrits) contre 42 à M. de Vezins, conseiller à la cour. Le 22, il proposa de nommer une commission pour négocier avec les puissances et arrêter la marche de Wellington, et insista pour qu'une commission de cinq membres allât exposer à l'empereur l'urgence de son abdication, et pour qu'on attendît « une heure, pour conserver l'honneur du chef de l'Etat. » Ce délai fut voté. Il se rendit alors lui-même auprès de l'empereur, et il apporta à la Chambre la nouvelle que Napoléon abdiquait en faveur de son fils. Il fit décerner le 4 juillet des remercîments aux braves qui avaient défendu la patrie, engagea à plusieurs reprises la Chambre à reconnaître et à proclamer Napoléon II, et demanda que les autorités de l'Empire fussent tenues de lui prêter serment. Réformé sans traitement le 23 décembre 1815, il fut mis à la retraite le 11 août 1819, rentra en activité à la révolution de juillet, et commanda la 9ᵉ division militaire (1ᵉʳ septembre 1830). Grand-officier de la Légion d'honneur le 29 avril 1831, il reçut de Casimir Périer le commandement des troupes de ligne et des gardes nationaux chargés de rétablir l'ordre en Vendée. Admis dans la section de réserve le 25 juin 1831, il fut de nouveau mis d'office à la retraite le 8 juin 1848. Il avait été nommé grand maréchal de Portugal en 1833.

SOLLIER (Étienne), député en 1789, représentant aux Cent-Jours, né à Saignon (Vaucluse) le 4 novembre 1713, mort à Saignon le 26 mars 1827, « fils de sieur Joseph Sollier, et de demoiselle Ursule Carrière », était avocat à Saignon à l'époque de la Révolution. Partisan des idées nouvelles, il fut élu, le 15 avril 1789, député du tiers aux Etats-Généraux par la sénéchaussée de Forcalquier, prêta le serment du Jeu de paume, et dut demander un congé pour cause de maladie. Rentré dans la vie privée, il fut, en 1793, dénoncé comme suspect, arrêté, et ne recouvra sa liberté qu'après le 9 thermidor. Rallié à Bonaparte, il devint juge puis président du tribunal d'Apt. Elu, le 12 mai 1815, représentant à la Chambre des Cent-Jours par l'arrondissement d'Apt, avec 26 voix sur 45 votants, il siégea dans la majorité. La seconde Restauration le destitua de ses fonctions judiciaires.

SOLOMIAC (François-Pierre), député en 1791, membre de la Convention, né à Puy-Laurens (Tarn) en 1747, mort le 2 avril 1829, était homme de loi dans sa ville natale avant la Révolution. Elu, le 3 septembre 1791, député de l'Aude à l'Assemblée législative, le 8e et dernier, par 165 voix (285 votants), il opina généralement avec la majorité réformatrice, fut nommé président du tribunal criminel du Tarn, et fut élu député de ce département à la Convention, le 5 septembre 1792, le 3e sur 9, par 213 voix (396 votants). Solomiac se prononça, dans le procès du roi, « pour la détention et le bannissement à la paix », contre l'appel et pour le sursis, et donna sa démission de député le 15 août 1793. Il reprit ses fonctions judiciaires, devint successivement juge au tribunal d'appel de Toulouse (4 prairial an VIII), juge au tribunal de Castelsarrazin (8 prairial suivant), et conseiller à la cour de Toulouse (30 avril 1811). La Restauration le confirma (20 mars 1816) dans ces dernières fonctions, qu'il exerça jusqu'à sa mort.

SOLVYNS (Jean), député au Corps législatif en l'an X, né en 1756, mort en octobre 1806, homme de loi, puis conseiller de préfecture des Deux-Nèthes sous le Consulat, fut élu, le 6 germinal an X, par le Sénat conservateur, député du département des Deux-Nèthes au Corps législatif. Il en sortit en l'an XV, et reprit ses fonctions administratives.

SOMIS (Jean-Baptiste-Alexandre-Marie), député au Corps législatif en 1809, né à Turin (Italie) le 26 février 1763, mort à une date inconnue, « fils de monsieur Ignace Somis, médecin, et de Rose Templa », juge à la cour d'appel de Turin en 1804, fut élu, le 2 mai 1809, par le Sénat conservateur, député du département de la Doire au Corps législatif. Il en sortit en 1813; il avait été nommé conseiller à la cour impériale de Turin le 10 juin 1811.

SOMIS (Justinien-Victor, baron), représentant aux Cent-Jours, né à Marseille (Bouches-du-Rhône) le 21 juillet 1745, mort à Marseille le 27 novembre 1836, entra dans les armées du roi, gagna le grade de capitaine (1775) au siège de Gibraltar, puis la croix de Saint-Louis (1788) et sa promotion comme lieutenant-colonel au choix, le 1er avril 1791. Démissionnaire en 1792, il se retira à Marseille. Après le 31 mai 1793, il fit partie de l'armée insurgée des Bouches-du-Rhône, puis il se rendit à Toulon, dans les rangs des Anglo-Espagnols,

et ne quitta la place que lorsqu'elle fut prise par les républicains (frimaire an II). Il passa alors en Catalogne. Réintégré dans l'armée française par Bonaparte, il fut fait colonel du génie, membre et officier de la Légion d'honneur (19 février an XII), devint chef d'état-major de son arme à l'armée gallo-batave et au 2e corps de la grande armée, prit part aux campagnes des ans XII, XIII, XIV, se signala pendant le siège d'Ulm, eut le commandement du génie à l'armée de Dalmatie, fut promu général de brigade en 1807, et appelé aux fonctions d'inspecteur-général du génie. Baron de l'Empire le 13 février 1811, il se rallia à Louis XVIII, fut fait par le roi commandeur de la Légion d'honneur, et admis, sur sa demande, à la retraite, le 22 juillet 1814, avec le titre honorifique de lieutenant général. Il siégea pendant les Cent-Jours, à la Chambre des représentants, comme l'élu du département des Bouches-du-Rhône, (15 mai 1815), avec 7 voix sur 13 votants, et ne reparut plus sur la scène politique après la session de cette courte législature.

SOMMERVOGEL (François-Xavier), député au Corps législatif en l'an XIV, né à Strasbourg (Bas-Rhin) le 29 août 1749, mort à Paris le 8 mars 1811, préteur royal de la ville de Colmar, subdélégué de l'intendant et inspecteur des forêts d'Alsace avant la Révolution, devint sous le Directoire inspecteur général des forêts de la Roër. Partisan du général Bonaparte, il fut nommé sous-préfet d'Altkirch au 18 brumaire, puis préfet de la Sarre le 2 floréal an XI, sur la recommandation de Talleyrand. Elu, le 2 vendémiaire an XIV, par le Sénat conservateur, député du Haut-Rhin au Corps législatif, il en sortit en 1810, et mourut peu après.

SOMMIER (Marie-Antoine), représentant en 1849, né à Cuiseaux (Saône-et-Loire) le 27 juillet 1812, mort à Montmorot (Jura) le 24 mai 1866, s'occupa de politique libérale sous le gouvernement de juillet et collabora à divers journaux démocratiques, notamment au *Patriote jurassien* et au *Républicain du Jura*, dont il fut le rédacteur en chef. Elu, le 13 mai 1849, représentant du Jura à l'Assemblée législative, le 6e sur 7, par 40,113 voix (71,295 votants, 90,110 inscrits), il siégea à la Montagne et vota avec la minorité démocratique, *contre* l'expédition romaine, *contre* la loi Falloux-Parieu sur l'enseignement, *contre* la loi restrictive du suffrage universel. Il protesta contre le coup d'Etat de décembre, fut expulsé de France, et rentra après l'amnistie de 1859.

SONGEON (Jacques-Nestor-Lucius), sénateur de 1885 à 1889, né à Bourgoin (Isère) le 3 septembre 1818, mort à Paris le 17 février 1889, fils du baron Songeon, général du premier Empire, manifesta de bonne heure des opinions républicaines. Dans la nuit du 23 au 24 février 1848, il fut du nombre des huit cents gardes nationaux qui s'emparèrent de la mairie du XIe arrondissement, et, le lendemain, fut élu secrétaire du comité dont Schœlcher, Louis Blanc et Ledru-Rollin faisaient partie. Il prit également part à la manifestation du 13 juin 1849 avec Ledru-Rollin, fut condamné à la déportation, mais se réfugia en Belgique dont il ne revint qu'en 1861. Après le 4 septembre, il se trouva, avec Schœlcher, parmi les défenseurs du fort d'Aubervilliers à Paris. En 1876, il fut élu conseiller municipal du quartier de Clignancourt à la place de M. Clemenceau, siégea dans le groupe de l'autonomie communale, et présida le conseil municipal. Candidat sénatorial dans la Seine, au renouvellement triennal du 8 janvier 1882, sur la liste radicale à côté de MM. Barodet, Victor Hugo et Labordère, il échoua avec 80 voix sur 2½ votants; mais, lors de l'élection du 9 août 1885, motivée par le décès de Victor Hugo, il devint sénateur de la Seine, par 337 voix sur 627 votants, contre 257 à M. Daix opportuniste, et 131 à M. Albert Hubner. Il prit place à l'extrême-gauche de la Chambre haute, vota silencieusement avec ce groupe, et mourut pendant la législature.

SONIS (PIERRE-RENÉ-LOUIS), représentant en 1849, né à Port-Républicain, ci-devant Port-Louis (Amérique), le 25 août 1799, mort à Toul (Meurthe) le 8 avril 1879, « fils de Jean Sonis, officier supérieur du génie, puis receveur particulier à Neufchâteau, et de Suzanne de Coëls », était propriétaire à Bitche (Moselle). D'opinions conservatrices et monarchiques, il fut élu (13 mai 1849) représentant de la Moselle à l'Assemblée législative, le 6e sur 9, par 41,376 voix (76,510 votants, 115,441 inscrits); il siégea dans la majorité antirépublicaine et s'associa au vote des lois répressives et restrictives qui furent adoptées dans la session. Le coup d'État de décembre 1851 l'éloigna de la vie politique.

SONNIER (EDOUARD-CHARLES-ANTOINE DE), député de 1876 à 1889, né à Blois (Loir-et-Cher) le 19 avril 1828, fit son droit à Paris, fut reçu avocat (1841), et abandonna le barreau pour se consacrer à l'exploitation de ses propriétés. Membre du conseil départemental de l'instruction publique en Loir-et-Cher, conseiller général du canton de Marchenoir (1872), il fut élu, le 20 février 1876, député de l'arrondissement de Vendôme, par 9,930 voix (17,172 votants, 21,003 inscrits), contre 7,077 à M. Dessaignes, sur une profession de foi républicaine constitutionnelle. Il prit place à l'Union républicaine et fut l'un des 363 députés qui, au 16 mai, refusèrent le vote de confiance au ministère de Broglie. Réélu, le 14 octobre 1877, par 12,875 voix (18,241 votants, 21,524 inscrits), contre 5,267 à M. de la Panouze, il prit part (novembre 1880) à la discussion de la loi sur l'enseignement primaire, et fit prendre en considération un amendement tendant à ne rendre obligatoire pour les communes qu'une partie des centimes nécessaires pour couvrir les dépenses; mais l'État refusant tout concours financier, l'amendement fut finalement rejeté. Son mandat lui fut renouvelé le 21 août 1881, par 13,216 voix (15,005 votants, 22,119 inscrits); il continua de siéger à gauche et de voter avec la majorité, parla sur l'agriculture, et, lors du rétablissement du scrutin de liste, demanda vainement (février 1885) que l'on défalquât du nombre des habitants les étrangers, les détenus et les militaires. Porté sur la liste républicaine de Loir-et-Cher aux élections du 4 octobre 1885, il fut réélu, le 3e sur 4, par 41,205 voix (63,751 votants, 80,555 inscrits), soutint la politique scolaire et coloniale du gouvernement, vota pour l'expulsion des princes, et, dans la dernière session, *pour* le rétablissement du scrutin d'arrondissement (11 février 1889), *pour* l'ajournement indéfini de la revision de la Constitution, *pour* les poursuites contre trois députés membres de la Ligue des patriotes, *pour* le projet de loi Lisbonne restrictif de la liberté de la presse, *pour* les poursuites contre le général Boulanger. On a de

lui : *Les droits politiques dans l'élection* (1861); *Un conseil général sous l'Empire* (1871); *République ou despotisme* (1876).

SONTHONNAX (LÉGER-FÉLICITÉ), député au Conseil des Cinq-Cents, né à Oyonnax (Ain) le 17 mars 1763, mort à Fontainebleau (Seine-et-Marne) le 28 juillet 1813, « fils de sieur Jules Sonthonnax, et de demoiselle Antoinette Simonet, son épouse », avocat au moment de la Révolution, adopta les idées nouvelles, collabora aux *Révolutions de Paris*, et devint, en 1791, avocat au tribunal de Cassation. Lié avec Condorcet et Brissot, et tout dévoué à la cause de l'émancipation des noirs, il fut nommé par le roi, le 3 juin 1792, avec Polverel et Ailhaud, commissaire à Saint-Domingue. A leur arrivée au Cap le 19 septembre suivant, ils trouvèrent l'île en pleine révolte. Après la liberté, les noirs voulaient une part dans la propriété du sol. D'un autre côté, le général Galbaud, que les commissaires avaient privé de son commandement, s'étant emparé de la rade et de l'arsenal, Sonthonnax arma les esclaves et proclama, le 29 août 1793, leur affranchissement définitif. Les colons touchés particulièrement par cette mesure appelèrent à leur secours les Anglais de la Jamaïque. Mais ils furent désarmés et impitoyablement poursuivis, pendant que Sonthonnax défendait Port-au-Prince contre les Anglais. Ayant appris qu'à la suite de la défaite des Girondins, il avait été décrété d'accusation le 16 juillet 1793, il revint en France, parut à la barre de la Convention et se disculpa. Envoyé de nouveau à Saint-Domingue en 1796, par Truguet, ministre de la Marine, il y trouva Toussaint-Louverture presque tout-puissant, et fut obligé de l'appeler au commandement des troupes de la colonie. Elu, le 22 vendémiaire an IV, député de Saint-Domingue au Conseil des Cinq-Cents, il revint en France, un peu par force, car Toussaint-Louverture lui avait intimé l'ordre de quitter la colonie. Pendant son absence, Sonthonnax avait été attaqué par Tarbé, Bourdon de l'Oise et Vaublanc, qui l'accusaient de cruauté. Mais Hardy et Garran de Coulon prirent sa défense, et démontrèrent que la ruine des colonies dépendait de causes antérieures aux missions de Sonthonnax. Au Conseil des Cinq-Cents, il parla sur le tribunal de Cassation, sur la fête de la souveraineté du peuple, sur les élections de Saint-Domingue, sur l'élection des juges des Bouches-du-Rhône et sur l'instruction primaire. Sorti du Conseil en floréal an VII, il se montra si favorable au 18 brumaire, fut, en conséquence, envoyé en surveillance dans la Charente-Inférieure, arrêté, après l'explosion de la machine infernale de la rue Saint-Nicaise, et remis en liberté quand il eut prouvé qu'il n'avait pris aucune part au complot. Sous l'Empire, il fut autorisé à résider à Orléans, dut s'éloigner encore après la conspiration du général Malet, et mourut quelque temps après.

SORBIER (JEAN BARTHÉLEMY, COMTE), représentant à la Chambre des Cent-Jours, né à Paris le 16 novembre 1762, mort à Saint-Sulpice (Nièvre) le 23 juillet 1827, fut élève de l'Ecole militaire de Brienne, et fut nommé, en 1783, lieutenant au régiment de la Fère. Il fit les campagnes de la République et de l'Empire, fut promu, en 1795, général de brigade, comte de l'Empire le 6 juin 1808, et nommé (1810) colonel d'artillerie de la garde impériale. Il se distingua dans plusieurs engagements et notamment à la Moskowa (1812). La même année, il passa lieutenant général et inspecteur général de l'artillerie, et conserva ses fonctions sous la première Restauration. Aux Cent-Jours, le comte Sorbier fut élu (13 mai 1815) représentant du grand collège de la Nièvre, par 55 voix sur 104 votants. Il se rapprocha alors de l'empereur, et, au second retour des Bourbons, fut exilé pendant dix-huit mois à Cognac. Le gouvernement royal le nomma plus tard maire de la commune de Saint-Sulpice (Nièvre), où il passa les dernières années de sa vie; il avait été admis à la retraite, comme lieutenant-général, le 1er juillet 1818.

SORET (SIMON), député en 1791 et au Corps législatif, né à Pontoise (Seine-et-Oise) en 1718, mort le 23 février 1828, était, en 1777, conseiller du roi, receveur des décimes du Vexin français et administrateur des hospices de Pontoise. Premier échevin de Pontoise en 1780, il adopta les principes de la Révolution, devint, en 1790, procureur syndic du district de Pontoise, et fut élu, le 2 septembre 1791, député de Seine-et-Oise à l'Assemblée législative le 3e sur 14, par 301 voix sur 599 votants. Il présenta un projet sur les pensions de retraite des fonctionnaires de la Corse, au nom du comité dont il était le rapporteur, et, le 11 août 1792, écrivit une lettre à l'Assemblée pour se plaindre des attaques et des insultes dont il avait été la veille l'objet de la part de la populace; traité « d'aristocrate et de conspirateur », il avait été pendu en effigie à Saint-Germain-en-Laye; il dut se disculper de s'être vendu aux dispensateurs de la liste civile. Obligé de se cacher pendant la Terreur, il devint, en l'an IV, membre du bureau de paix et du jury d'instruction, et, jusqu'en 1813, membre et secrétaire perpétuel de la commission administrative des hospices. Rallié au 18 brumaire, il fut nommé, en l'an VIII et en l'an IX, membre secrétaire du conseil général de Seine-et-Oise, fut élu, le 6 germinal an X, par le Sénat conservateur, député de ce département au Corps législatif, fut membre de la commission intérieure, et sortit de l'assemblée le 23 décembre 1810. Chevalier de la Légion d'honneur.

SOTIN DE LA COINDIÈRE (PIERRE-JEAN-MARIE), ministre, né à Nantes (Loire-Inférieure) le 11 avril 1764, mort à la Chevrolière (Loire-Inférieure) le 13 juin 1810, « fils de Pierre Sotin, sieur de la Coindière, licencié ès-lois, avocat au parlement de Bretagne, militant au siège présidial de Nantes, et de dame Marie-Anne Lafton », était avocat à Nantes au moment de la Révolution. Désigné par son attitude aux rigueurs du comité révolutionnaire de Nantes, il fut arrêté et traduit devant le tribunal révolutionnaire, qui l'acquitta. Devenu commissaire central du département de la Seine, Sotin fut appelé, le 8 thermidor an V, par l'influence de Merlin (de Douai), à remplacer Lenoir-Laroche au ministère de la police. Il fut l'agent le plus actif du coup d'État de fructidor, annonça à Barras que les Chouans préparaient une insurrection à Paris, et fit placarder, le soir du 28, sur les murs de la ville, l'affiche suivante : « Citoyens, un grand nombre d'émigrés, d'égorgeurs, de tyrans, de brigands de la Vendée *ont attaqué* les postes; mais la vigilance du gouvernement a rendu nuls leurs criminels efforts ». Un certain nombre de placards portaient : *devaient attaquer*. Sotin fut chargé par le Directoire d'exercer une surveillance attentive sur les spectacles,

veilla à l'application de la loi des passeports, dénonça des complots royalistes, fit saisir à Lyon, en janvier 1798, les manteaux officiels des membres des Anciens et des Cinq-Cents (manteau écarlate brodé de laine) sous prétexte qu'ils étaient de casimir anglais, marchandise prohibée, et donna sa démission le 25 pluviôse an V. Il accepta un poste diplomatique à Gênes, fut ensuite nommé consul à New-York et se fit remarquer, dans ces fonctions, par son zèle et son entente des affaires.

SOTTOU. — Voy. ESCOULOUBRE (MARQUIS D').

SOUBDÈS (JEAN-LOUIS), député au Conseil des Anciens, né à Auray (Morbihan) le 14 octobre 1749, mort à Condom (Gers) le 11 septembre 1819, était homme de loi dans le Gers au moment de la Révolution; il devint administrateur de ce département, et fut élu, le 24 germinal an VI, député du Gers au Conseil des Anciens, par 262 voix (315 votants). Il prit d'abord place parmi les partisans du Directoire, déclara que le Corps législatif devait sauver la liberté menacée et se montra l'adversaire d'une liberté exagérée de la presse. Élu secrétaire en l'an VII et membre de la commission des rapports, il prit la parole à propos de la dénonciation de Courtois contre la société du Manège. Au moment du coup d'État de brumaire, il proposa une adresse aux Français sur la translation du Corps législatif à Saint-Cloud. Après le 18 brumaire, il fut nommé juge au tribunal de 1re instance de la Seine (14 germinal an VIII).

SOUBERBIELLE (JACQUES), député au Conseil des Cinq-Cents, né à Pontacq (Basses-Pyrénées) en 1763, mort à Paris le 17 mai 1841, professeur d'histoire à l'École centrale du département de Saône-et-Loire, puis professeur de littérature au collège de Moulins et grand préfet des études, fut élu, le 25 germinal an VII, député de Saône-et-Loire au Conseil des Cinq-Cents, par 238 voix (244 votants). Il ne s'y fit pas remarquer, se rallia au 18 brumaire, et devint sous-préfet d'Autun, jusqu'à la Restauration.

SOUBÉYRAN (JEAN-MARIE-GEORGES GIRARD, BARON DE), député de 1863 à 1870, représentant en 1871, député depuis 1876, né à Paris le 3 novembre 1828, « fils de Louis-Frédéric-Guillaume Girard, baron de Soubeyran, ancien receveur général des finances à Nancy, et de Joséphine-Hortense Savary de Rovigo, » fille du duc de l'empire, fit ses études au collège Rollin, suivit les cours de la faculté de droit, entra au ministère des Finances en 1849, puis, en 1852, au ministère d'État, où il devint (1854) chef du personnel et du cabinet. Sous-gouverneur du Crédit foncier en 1860, M. de Soubeyran était, d'autre part, maire de Morthemer (Vienne), et conseiller général de la Vienne pour le canton de Saint-Julien-l'Ars depuis 1859, lorsqu'il fut élu, le 1er juin 1863, comme candidat du gouvernement, député de la 2e circonscription de la Vienne au Corps législatif, par 18,853 voix (23,756 votants, 32,713 inscrits) contre 5,359 à M. de Montesquiou. Il siégea dans la majorité dynastique, fit partie de la commission du budget, et fit preuve, dans les discussions financières, d'une compétence appréciée. Réélu, le 24 mai 1869, par 19,985 voix (22,077 votants, 33,788 inscrits), il repoussa les amendements du tiers parti, proposa un emprunt de 700 millions, pour payer d'un coup les subventions promises aux Compagnies de chemin de fer, vota contre la guerre à la Prusse, se tint un moment à l'écart après la chute de l'empire, et, à l'élection complémentaire du 2 juillet 1871 dans la Vienne, pour remplacer Thiers qui avait opté pour la Seine, devint représentant de la Vienne à l'Assemblée nationale, élu par 32,380 voix, sur 49,840 votants et 95,051 inscrits, contre 12,841 au général Ladmirault, et 1,123 à Gambetta. M. de Soubeyran prit place à la droite conservatrice, ne se fit inscrire à aucun groupe, fit partie des commissions du budget, prit la parole dans les discussions financières, soutint vivement Thiers contre les partisans de l'impôt sur le revenu, fut désigné un moment pour succéder à M. Pouyer-Quertier comme ministre des Finances, et vota *pour* la pétition des évêques, *contre* le service de trois ans, *pour* le septennat, *pour* le ministère de Broglie, *contre* l'amendement Wallon, *contre* les lois constitutionnelles ; il s'était abstenu sur le pouvoir constituant de l'Assemblée, et était absent par congé lors du scrutin sur la démission de Thiers. Réélu, le 20 février 1876, député de l'arrondissement de Loudun par 7,333 voix sur 7,003 votants et 10,318 inscrits, contre 52 à M. Béranger, il soutint le ministère Fourtou-de Broglie contre les 363, et fut réélu, le 14 octobre 1877, après la dissolution de la Chambre, par 7,172 voix sur 8,018 votants et 10,669 inscrits, contre 572 à M. Grévy. Il reprit sa place à la droite bonapartiste, continua de se mêler aux discussions financières, combattit la politique scolaire et coloniale de la majorité républicaine, fut révoqué de ses fonctions de sous-gouverneur du Crédit foncier en 1878, et fut réélu député de Loudun, le 21 août 1881, par 5,818 voix (9,201 votants, 10,947 inscrits) contre 3,306 à M. Cacault. Il critiqua (avril 1884) le mode de conversion de la dette tunisienne, attaqua (juin) le cabinet Ferry pour avoir sacrifié les intérêts des créanciers français, parla (novembre) contre le budget présenté par le ministère, réclama (janvier 1885) la suppression des dépenses extraordinaires, et demanda la concession à l'industrie privée des lignes de chemin de fer exploitées ou à construire par l'Etat. Porté, aux élections du 4 octobre 1885, sur la liste conservatrice de la Vienne, il fut réélu député, le 4e sur 5, par 42,756 voix (80,919 votants, 101,883 inscrits). Les lois de finances furent encore l'objet de son examen et de ses critiques ; en février 1888, il réclama contre les remises accordées aux trésoriers-payeurs généraux, proposa une réduction de 502,000 francs sur leurs commissions, et se prononça, dans la dernière session, *contre* le rétablissement du scrutin d'arrondissement (11 février 1889), *pour* l'ajournement indéfini de la révision de la Constitution, *contre* les poursuites contre trois députés membres de la Ligue des patriotes, *contre* le projet de loi Lisbonne restrictif de la liberté de la presse, *contre* les poursuites contre le général Boulanger. Chevalier de la Légion d'honneur (1853), officier (1859), membre de la commission des Expositions internationales depuis 1872, membre et vice-président de la commission des Monuments historiques de 1874 à 1879, sportsman distingué, directeur de la Banque d'escompte, M. de Soubeyran a épousé, le 15 octobre 1864, la fille du comte Joseph-Louis Camille de Beaupoil de Saint-Aulaire (*Voy.* ce nom).

SOUBIÈS (François-Pierre), représentant en 1849, né à Bagnères-de-Bigorre (Hautes-Pyrénées) le 21 mai 1803, mort à Bagnères-de-Bigorre le 9 mars 1869, dut à ses opinions républicaines d'être élu, le 13 mai 1849, représentant du département des Hautes-Pyrénées à l'Assemblée Législative, le 4e sur 5, par 20,393 voix (48,393 votants, 71,201 inscrits). Il siégea à la Montagne et s'associa à toutes les protestations de ce groupe contre les actes de la majorité. Adversaire de l'expédition de Rome, de la loi Falloux-Parieu sur l'enseignement, de la loi restrictive du suffrage universel, il fut rendu à la vie privée par le coup d'Etat du 2 décembre 1851.

SOUBIGOU (François-Louis), représentant du peuple en 1848 et membre du Sénat, né à Plounéventer (Finistère) le 11 février 1819, fit ses études au collège de Saint-Pol de Léon, et se consacra ensuite à l'agriculture. Candidat du clergé, il fut élu, le 23 avril 1848, représentant du Finistère à l'Assemblée constituante, le 10e sur 15, par 67,208 voix. Il siégea à droite, dans son pittoresque costume de paysan bas-breton, fit partie du comité de la marine, et vota *pour* les poursuites contre L. Blanc et Caussidière, *contre* l'abolition de la peine de mort, *contre* l'impôt progressif, *pour* l'incompatibilité des fonctions, *contre* l'amendement Grévy, *contre* la sanction de la Constitution par le peuple, *contre* la proposition Rateau, *pour* l'interdiction des clubs ; il ne prit pas part au vote sur l'ensemble de la Constitution ni sur l'expédition de Rome. Non réélu à la Législative, il retourna en Bretagne et ne reparut sur la scène politique qu'après 1870. Elu sénateur du Finistère, le 30 janvier 1885, par 245 voix sur 380 votants, il prit place à l'extrême droite, toujours dans son costume bas-breton, et vota la dissolution de la Chambre demandée, le 23 juin 1877, par le ministère de Broglie. Conseiller général du canton de Landivisiau, il fut réélu, le 25 janvier 1885, au renouvellement triennal, par 602 voix (1,170 votants); mais cette élection ayant été invalidée, M. Soubigou fut obligé de se représenter devant ses électeurs, qui le renommèrent, le 26 juillet 1885, par 593 voix (1,171 votants). Il reprit sa place à la droite légitimiste et catholique, combattit la vote les politique scolaire et coloniale de la majorité, et se prononça, en dernier lieu, *contre* le rétablissement du scrutin d'arrondissement (13 février 1889), *contre* le projet de loi Lisbonne restrictif de la liberté de la presse, *contre* la procédure de la haute cour contre le général Boulanger.

SOUBIRAN (Jean-Baptiste), représentant à la Chambre des Cent-Jours, né à la Bastide d'Armagnac (Landes) le 19 mai 1767, mort à la Bastide d'Armagnac le 15 mars 1858, « fils à sieur Jean-Simon Soubiran et à demoiselle Marie Meilhan », était avocat à Mont-de-Marsan, lorsqu'il fut élu, le 12 mai 1815, représentant à la Chambre des Cent-Jours, par le grand collège des Landes, avec 45 voix (65 votants); il quitta la vie politique après la législature, et se retira dans son pays natal, où il mourut à 91 ans.

SOUBRANY (Pierre-Amable de), député en 1791, membre de la Convention, né à Riom (Puy-de-Dôme) le 15 septembre 1752, exécuté à Paris le 16 juin 1795, suivit la carrière militaire et fut officier de Royal-dragons. Ardent partisan des idées révolutionnaires, il se donna tout entier à la cause des réformes, sacrifia à la politique une fortune considérable, devint maire de Riom, et fut élu (9 septembre 1791) député du Puy-de-Dôme à l'Assemblée législative, le 7e sur 12, par 237 voix (403 votants). Il opina constamment avec les membres les plus avancés de la majorité réformatrice, et obtint du même département (7 septembre 1792) sa réélection à la Convention nationale, le 5e sur 12, à la pluralité des voix sur 692 votants. Soubrany vota, lors du procès de Louis XVI, « pour la mort, » contre l'appel et contre le sursis, et remplit plusieurs missions à l'armée de la Moselle (mai 1793), où il poursuivit Custine de sa haine, et à celle des Pyrénées-Orientales (janvier 1794), où il exclut les officiers nobles, établit le tribunal révolutionnaire à Perpignan, puis le cassa, et en envoya les membres devant le tribunal révolutionnaire de Paris. De retour à Paris, il fut, ainsi que Romme son collègue et son ami, impliqué dans l'insurrection jacobine de prairial an III (juin 1795). Chargé du commandement de la force armée qui devait marcher contre la Convention, Soubrany accepta cette fonction; mais la majorité, ayant triomphé, décréta d'arrestation Soubrany et les autres, et les traduisit devant une commission militaire. Dans cette extrémité, il s'était préoccupé d'assurer la fuite d'un émigré, son hôte, qui lui avait demandé asile; il était près d'entrer chez lui pour l'avertir de chercher un asile plus sûr, quand il fut arrêté. Devant la commission militaire, il avoua sa participation au mouvement de prairial, fut condamné à mort, et, dans la chambre d'arrêt où se faisait sa toilette, tenta de se donner la mort, après ses compagnons. Mais il se manqua, et fut conduit à l'échafaud.

SOUBREBOST (DE). — *Voy.* AUBUSSON.

SOUCAZE (PIERRE-ANTOINE-ALPHONSE), député de 1885 à 1889, né à Campan (Hautes-Pyrénées) le 9 avril 1818, se fixa comme notaire dans sa ville natale en 1847, fut nommé conseiller municipal l'année suivante, et conseiller général du canton en 1860. Porté sur la liste conservatrice des Hautes-Pyrénées aux élections législatives du 4 octobre 1885, il fut élu, le 4e et dernier, par 29,422 voix (54,119 votants, 65,208 inscrits). Il prit place à droite, combattit de ses votes la politique de la majorité, et, dans la dernière session, s'abstint sur le rétablissement du scrutin d'arrondissement (11 février 1889), et se prononça *pour* l'ajournement indéfini de la révision de la Constitution, *contre* les poursuites contre trois députés membres de la ligue des patriotes, *contre* le projet de loi Lisbonne restrictif de la liberté de la presse, *contre* les poursuites contre le général Boulanger.

SOUCHU-SERVINIÈRE (THÉOPHILE), député de 1876 à 1885, né à Laval (Mayenne) le 17 novembre 1830, étudia la médecine à Paris, et se fixa comme docteur, en 1857, dans sa ville natale, dont il devint, sous l'empire, conseiller municipal. Sa bonne humeur, sa générosité professionnelle envers les pauvres lui conquirent une réelle influence dans la région; médecin de l'hôpital, de la prison, du lycée, de l'École normale, il fut élu, le 5 mars 1876, au second tour, député de la 1re circonscription de Laval, par 8,022 voix (11,052 votants, 17,722 inscrits), contre 5,987 à M. Tresvaux de Favel. Il prit place au centre gauche et fut l'un des

363 députés qui, au 16 mai, refusèrent le vote de confiance au ministère de Broglie. Réélu comme tel, le 14 octobre 1877, par 8,201 voix (15,651 votants, 18,761 inscrits), contre 7,411 à M. de Vaujuas-Langon et, le 21 août 1881, par 7,735 voix (13,566 votants, 18,524 inscrits), contre 5,616 à M. Maggiolo, il continua de siéger à la gauche modérée, vota, en 1879, au Congrès, contre le retour des Chambres à Paris, et approuva en général la politique ministérielle. Porté sur la liste républicaine de la Mayenne, aux élections du 11 octobre 1885, il échoua avec 30,682 voix sur 72,813 votants. M. Souchu-Servinière est un bibliophile distingué.

SOUFFLOT (GERMAIN-ANDRÉ), député au Corps législatif de 1806 à 1808, né à Auxerre (Yonne) le 19 juillet 1755, mort à Paris le 10 octobre 1808, neveu du célèbre architecte de Sainte-Geneviève, assistait, le 31 août 1780, aux obsèques de son oncle, à Saint-Germain-l'Auxerrois, à Paris; il est qualifié dans l'acte de décès, « bachelier en droit, intéressé dans les affaires du Roy. » Il devint, en l'an VII, administrateur de l'entreprise générale des Messageries, et fut choisi plus tard comme membre du conseil d'administration de la Société d'encouragement pour l'industrie nationale. Nommé, le 18 germinal an XI, par le premier Consul, conseiller général de l'Yonne, sur la recommandation de Villetard, sénateur de ce département, et, le 18 fructidor suivant, président de l'assemblée du canton de Coulanges, il fut présenté, le 16 floréal an XIII, par les collèges électoraux du département de l'Yonne, comme candidat au Corps législatif, et élu en cette qualité par le Sénat, le 2 vendémiaire an XIV (24 septembre 1805). Il mourut deux ans après, au cours de la législature. Son éloge fut prononcé par son collègue du département de l'Yonne, Ragon-Gillet, à la séance du 27 octobre 1808. Il a laissé un fils, M. Jules Soufflot, administrateur des Messageries pendant cinquante ans, l'un des fondateurs des Messageries maritimes, l'un des derniers survivants des grandes guerres de l'empire, et aujourd'hui le doyen de l'armée française.

SOUHAIT (JULIEN-JOSEPH), membre de la Convention, député au Conseil des Cinq-Cents, né à Raon-L'Étape (Vosges) le 9 janvier 1759, mort à Nancy (Meurthe) le 17 décembre 1842, fils d'un maître des eaux et forêts, était avocat à Saint-Dié au moment de la Révolution. Officier municipal en février 1790, Julien Souhait fut nommé maire de Saint-Dié le 15 novembre 1790. Il occupait encore ce poste lorsque, le 4 septembre 1792, il fut élu membre de la Convention par le département des Vosges, le 6e sur 8, avec 251 voix (339 votants). Il vota la mort du roi, en ajoutant : « Je demande qu'elle soit suspendue jusqu'à la ratification de la Constitution. En attendant cette époque, je demande la détention. » Il se prononça en outre pour l'appel et pour le sursis. Membre suppléant du comité des finances, il fit partie de plusieurs commissions, et vota la mise en accusation de Carrier; élu, le 21 vendémiaire an IV, député des Vosges au Conseil des Cinq-Cents, par 181 voix (270 votants), il parla sur l'impôt des tabacs, et siégea jusqu'au coup d'État de brumaire contre lequel il protesta. Mais bientôt rallié au nouveau régime, il fut nommé receveur général des finances en Hollande. Ayant voté non lors du plébiscite pour l'élévation de Bonaparte à l'Empire, il fut destitué, et vécut, dès lors, dans une campagne près de Verdun. Proscrit comme régicide par la loi du 12 janvier 1816, il fut arrêté, le 6 mars suivant, à Pontarlier, porteur d'un faux passeport sous le nom de Derivaux; mais l'intervention de MM. Lanjuinais et de Martignac lui permit de continuer son chemin. Il se réfugia en Suisse, dans le Valais, d'où son fils, capitaine d'artillerie et chevalier de la Légion d'honneur, demanda en vain son rappel (12 septembre 1828). Il ne rentra en France qu'après la révolution de juillet 1830, se fixa alors à Nancy, et, possesseur d'une grande fortune, l'employa, dit un biographe, « à une foule de bonnes œuvres. » Par son testament, il légua une somme importante pour servir des rentes viagères à ses collègues survivants de la Convention nationale.

SOULÈS (JÉRÔME, COMTE), membre du Sénat conservateur et pair de France, né à Lectoure (Gers) le 4 août 1760, mort à Paris le 3 octobre 1833, était, en 1776, simple soldat au régiment de Hainaut; capitaine en 1790, chef de bataillon en 1791, il servit à l'armée des Pyrénées-Orientales, puis passa à l'armée d'Italie où, sous les ordres de Bonaparte, il fit la campagne de 1796-97. À l'époque du Consulat, il devint commandant des grenadiers à pied de la garde consulaire, et assista à Marengo, où sa conduite héroïque lui valut un sabre d'honneur (17 thermidor an IX). Quelque temps après, il fut nommé chef de brigade à la garde des Consuls, Commandeur de la Légion d'honneur (25 prairial an XII), il ne prit pas part à la campagne de 1805, mais se battit à Iéna, à Eylau et à Friedland, et fut promu général de division. Nommé membre du Sénat conservateur le 19 août 1807, admis à la pension de retraite le 10 février 1808, créé comte de l'Empire le 16 juin suivant, Soulès devint conseiller général et président du collège électoral des Pyrénées-Orientales en 1813. Il signa, le 1er avril 1814, l'adresse du Sénat au peuple français, mais s'abstint, les 2 et 3 avril, sur l'acte de déchéance. Louis XVIII le nomma chevalier de Saint-Louis, et pair de France le 4 juin 1814 ; s'étant tenu à l'écart pendant les Cent-Jours, Soulès continua de siéger à la Chambre haute, vota *pour* la mort dans le procès du maréchal Ney, et prêta serment au gouvernement de juillet.

SOULHIÉ (JEAN), député au Conseil des Cinq-Cents, né à l'Aulhac (Haute-Garonne) le 9 décembre 1763, mort à une date inconnue, devint à la Révolution administrateur du district de Saint-Céré. Élu, le 25 germinal an VI, député du Lot au Conseil des Cinq-Cents, il fit partie du comité militaire, se montra partisan du Directoire, proposa un amendement à la loi sur la conscription, et s'opposa au projet relatif aux émigrés et aux déportés. Secrétaire du Conseil le 21 avril 1799, il parla en faveur de l'élection d'Antonelle, proposa le 20 juin, de donner au Directoire les pouvoirs nécessaires pour déporter les ministres des cultes qui troubleraient l'ordre public, et prit aussi la parole dans la discussion sur « la patrie en danger ». Le 27 octobre, il défendit le projet de loi qui frappait de mort les auteurs des traités dirigés contre la Constitution. Hostile au 18 brumaire, il fut exclu du Corps législatif; bientôt rallié au nouveau régime, il devint, sous le Consulat, sous-inspecteur aux revues, puis inspecteur dans la 19e division militaire.

SOULIGNAC (JEAN-BAPTISTE), membre de la Convention, né à Limoges (Haute-Vienne) en 1758, date de mort inconnue, était avocat à Limoges à la Révolution. Procureur-syndic du district de Limoges, il fut élu, le 2 septembre 1792, député de la Haute-Vienne à la Convention, le 7e et dernier, à la pluralité des voix. Il se prononça, avec les modérés, *pour* l'appel au peuple, dans le procès du roi, en disant : « On ne m'a pas dit : Sois législateur et juge. On m'aurait mis dans la main l'arme des tyrans. Le sultan n'est un despote affreux que parce qu'il fait la loi et juge en même temps. J'opine donc franchement, loyalement et irrévocablement d'après ma conscience, et je dis : oui. » Au 3e appel nominal il répondit : « J'ai prouvé à cette tribune que je ne pouvais être à la fois législateur et juge. Je demande la détention pendant la guerre et le bannissement à la paix. » Il se prononça aussi pour le sursis. Il remplit quelques missions secondaires et n'eut qu'un rôle politique très effacé. Réélu, le 4 brumaire an IV, par ses collègues de la Convention, député au Conseil des Cinq-Cents, il en devint secrétaire, fit un rapport sur l'organisation de la haute cour nationale, parla sur diverses questions de détail, et fut nommé, le 12 floréal an VIII, juge au tribunal d'appel de Limoges. Le 1er juin 1811, Soulignac échangea ce titre contre celui de conseiller à la cour impériale. Membre de la Société historique de cette ville, il conserva ses fonctions de magistrat sous la Restauration. Son nom figure encore à l'*Almanach royal* de 1822.

SOULIGNAC-SAINT-ROMMÉ (JEAN-BAPTISTE), député au Conseil des Cinq-Cents, né à Limoges (Haute-Vienne) le 23 juin 1762, mort à Sarlat (Dordogne) le 3 août 1838, de la même famille que le précédent, fut commissaire du Directoire près le tribunal de Sarlat et député (25 germinal an VII) de la Dordogne au Conseil des Cinq-Cents. Il n'y joua qu'un rôle obscur et n'appartint pas à d'autres assemblées.

SOULLIÉ (FÉLIX-DÉSIRÉ), représentant en 1848 et en 1849, député au Corps législatif, né à Cumières (Marne) le 17 mars 1795, mort à Reims (Marne) le 6 janvier 1868, fit les campagnes de 1813 et de 1814 comme engagé volontaire. Après Waterloo, il étudia le droit, fut reçu avocat, puis docteur, se fit inscrire au barreau de Reims, et devint conseiller municipal de cette ville (1830-1840). Hostile à la politique de Guizot, il fut élu, le 23 avril 1848, représentant de la Marne à l'Assemblée constituante, le 9e et dernier, par 46,263 voix (93,164 votants, 101,527 inscrits). Il fit partie du comité de législation, et vota avec la droite, *pour* le rétablissement du cautionnement et de la contrainte par corps, *pour* les poursuites contre Louis Blanc et Caussidière, *contre* l'abolition de la peine de mort, *contre* l'amendement Grévy, *contre* le droit au travail, *pour* la proposition Rateau, *pour* l'interdiction des clubs, *pour* les crédits de l'expédition romaine, *contre* l'amnistie, *contre* l'abolition de l'impôt des boissons. Réélu, le 13 mai 1849, représentant du même département à l'Assemblée législative, le 5e sur 8, par 43,000 voix (78,896 votants, 105,206 inscrits), il reprit sa place à droite, appuya les lois répressives, soutint de ses votes le gouvernement présidentiel de L.-N. Bonaparte, et applaudit au coup d'État. Le 29 février 1852, il entra, avec l'appui du gouvernement, au Corps législatif comme l'élu de la 3ᵉ circonscription de la Marne qui lui avait donné 18,311 voix (21,331 votants, 31,059 inscrits), contre 1,102 à M. Dérodé, ancien représentant; il s'associa au rétablissement de l'Empire, appartint à la majorité, et ne se représenta pas en 1857.

SOULLIER (CHARLES-SIMON), député de 1816 à 1820, né à Avignon (Vaucluse) le 13 janvier 1763, mort à Avignon le 9 février 1811, négociant dans sa ville natale, fut élu, le 4 octobre 1816, député du grand collège de Vaucluse, par 62 voix (123 votants, 173 inscrits). Il prit place dans la majorité, parla contre l'impôt sur les huiles, vota pour les lois d'exception et pour le nouveau système électoral, et échoua, le 21 avril 1820, avec 102 voix contre 265 à l'élu, M. de Causans. Nommé maire d'Avignon le 10 juillet 1820, il ne reparut plus dans les assemblées parlementaires. Officier de la Légion d'honneur.

SOULT (PIERRE-BENOIT, BARON), représentant aux Cent-Jours, né à Saint-Amans-la-Bastide (Tarn) le 19 juillet 1770, mort à Tarbes (Hautes-Pyrénées) le 7 mai 1843, « fils de Jean Soult, notaire, et de dame Marie-Baptiste Delapion », et frère consanguin du suivant, s'engagea en 1783 dans le régiment de Touraine. Caporal en 1791, il fit campagne aux armées de la Moselle, de Sambre-et-Meuse, du Danube, et prit part à la défense de Gênes. Parvenu, sous la République, au grade de chef d'escadron (an VII), et à celui de chef de brigade (an XI) au 25ᵉ chasseurs à cheval, il fut fait, en l'an XII, commandeur de la Légion d'honneur, général de brigade (juillet 1807), général de division (mars 1813), et baron de l'Empire. Benoit Soult se distingua particulièrement, sous les ordres du maréchal, son frère, en Prusse et en Espagne. Aux Cent-Jours, il assista à la bataille de Waterloo; il avait été élu, le 16 mai précédent, représentant de l'arrondissement de Castres à la Chambre des députés par 63 voix sur 87 votants. Admis à la retraite du gouvernement royal (16 février 1825), comme lieutenant général, il reçut, vers la même époque, le cordon de grand officier de la Légion d'honneur. Le gouvernement de juillet l'employa au service de l'intérieur jusqu'en 1833.

SOULT (NICOLAS-JEAN DE DIEU), DUC DE DALMATIE, pair des Cent-Jours, pair de France et ministre, né à Saint-Amans (Tarn) le 29 mars 1769, mort au château de Soultberg (Tarn), le 26 novembre 1851, « fils du sieur Jean Soult, notaire, et de demoiselle Brigitte Grenier », fut destiné par sa famille au notariat; mais il montra si peu d'aptitude pour cette carrière que son père le fit engager (16 avril 1785) dans le régiment Royal-Infanterie. Son esprit de discipline, son intelligence, son sang-froid le firent remarquer des officiers, et, le 1ᵉʳ juillet 1791, le maréchal Luckner le nomma officier instructeur du 1ᵉʳ bataillon du Bas-Rhin, dans lequel il était déjà sous-officier de grenadiers. Élu, dans ce même bataillon, adjudant-major le 1ᵉʳ juillet 1792, Soult montra un grand enthousiasme pour la Révolution, prit part au combat d'Uberfelsheim le 29 mars 1793, et devint capitaine le 20 août suivant. Appelé, le 19 novembre de la même année, à l'état-major de l'armée de la Moselle, il fut chargé par Hoche de l'organisation d'une division d'infanterie, et fut nommé adjudant général par les représentants en mission, Lacoste et Baudot. De Met-

zervisse, il adressa (mars 1791) ses états de service à Bouchotte, ministre de la Guerre, en ajoutant : « Ma conduite politique a été et sera toujours celle d'un sans-culotte, qui cherche à pénétrer ses concitoyens des bienfaits de la Révolution et du bonheur d'un peuple qui, en brisant ses fers, a exterminé les tyrans et les despotes. » Bouchotte confirma la nomination le 5 avril, et Soult, adjudant général chef de brigade le 14 mai suivant, fut, après le siège de Fort-Louis, nommé chef d'état-major de la division d'avant-garde de l'armée de Sambre-et-Meuse. Sa conduite à Fleurus (26 juin), où il rallia les troupes de Marceau et soutint Lefebvre, lui valut peu après, le 11 octobre, le grade de général de brigade. Il prit ensuite part au siège de Luxembourg, et contribua au succès d'Altenkirchen, le 4 juin 1796, à la tête de la brigade d'infanterie légère de la division Lefebvre. Au combat de Wetzlar (15 juin), il couvrit l'aile gauche et résista aux assauts des grenadiers de Verneck. Il se distingua ensuite à Friedberg, à Wurtzbourg, au passage du Rhin. A l'armée du Danube en 1799, il remplaça Lefebvre grièvement blessé, déploya à Stockach (25 mars) une bravoure inutile, mais parvint cependant à exécuter une retraite honorable. Nommé général de division le 4 avril 1799, il pacifia les petits cantons suisses et rétablit les communications entre Lecourbe et Masséna. En juin, il défendit les lignes de l'Albis, et, le 25 septembre, à Zurich, il surprit Hotze, qui fut tué et dont les soldats furent coupés de l'armée ennemie. Mis alors à la tête de trois divisions, il poursuivit Souvarow du côté de Glaris; mais le général russe parvint, par les prodiges d'audace, à échapper à Soult, à Mortier et à Molitor. Appelé à l'armée d'Italie le 13 décembre 1799, et placé sous les ordres de Masséna, Soult prit une part glorieuse à la défense de Gênes; il couvrit, le 23 avril 1800, la position de Saint-Pierre d'Arena, enleva, le 13 mai, les hauteurs de Monteforcia et, blessé deux jours après l'attaque de Montecretto, tomba entre les mains des Autrichiens. Rendu à la liberté après Marengo, il fut chargé du commandement militaire du Piémont, et eut alors l'heureuse idée de transformer en gendarmes les bandes d'insurgés qui parcouraient les vallées des Alpes. Le 21 février 1801, il prit le commandement du corps d'occupation d'Otrante. Recommandé par Masséna à Bonaparte, qui ne le connaissait encore que de réputation, il devint colonel général de la garde consulaire le 5 mars 1802, puis, l'année suivante, commandant du camp de Saint-Omer. Il annonça à ses troupes la proclamation de l'empire en leur disant « que le bonheur de la France était assuré pour jamais ». Créé maréchal d'empire le 19 mai 1804, grand-cordon de la Légion d'honneur le 13 pluviôse an XIII, et chef de la 4ᵉ cohorte, il fut mis, le 1ᵉʳ septembre 1805, à la tête du 4ᵉ corps de la grande armée. Ce fut alors qu'il accomplit, à la tête de ses troupes, en franchissant le Danube et le Lech et en battant deux fois les Autrichiens, à Landsberg et à Memmingen, cette marche de 72 heures dont on ne trouve que de très rares exemples dans les annales militaires. Après Ulm et Ollobrünn, il « mena la bataille » à Austerlitz, suivant l'expression de Napoléon. Il tenait la parole donnée à l'Empereur, à qui les troupes voulaient élever une statue colossale au camp de Boulogne, en 1804 : « Sire, prêtez-moi du bronze, je vous le rendrai à la première bataille. » A la paix de Presbourg, Soult eut le commandement de Vienne. Lors de la rupture avec la Prusse, il prit une part importante à la victoire d'Iéna, poursuivit Kalkreuth et Blücher, et força ce dernier, de concert avec Bernadotte, à mettre bas les armes. Devenu commandant du 3e corps pendant la campagne de Pologne, il attaqua l'arrière-garde de Beunihgsen, maintint ses positions à Eylau, repoussa l'ennemi à Doctorow, attaqua les Russes à Heilsberg, et entra de vive force à Kœnigsberg le 14 juin. Après Tilsitt, il fut commissaire de l'empereur pour la délimitation des nouvelles frontières, gouverneur de Berlin, et créé duc de Dalmatie. Le 29 juin 1808, il fut envoyé en Espagne, prit le commandement du 2e corps, entra dans Burgos avec les fuyards, repoussa Blake, et poursuivit John Moor jusqu'à la Corogne, où l'armée anglaise perdit son général et son matériel de campagne et dut se rembarquer. Appelé ensuite au commandement de l'armée de Portugal, il battit la Romana (4 mars 1809), s'empara de Braga, puis d'Oporto, et, croyant la campagne terminée, espéra, dit-on, que l'empereur lui donnerait le trône que la fuite du roi de Portugal avait laissé vacant. Il commit alors la faute de ne pas marcher sur Lisbonne avec les secours de Victor, et fut surpris par l'arrivée des Portugais de Beresford et des Anglais de Wellesley, qui le forcèrent à abandonner Oporto, et une partie de l'artillerie. Après avoir fait lever le siège de Ciego, en Galice, il combina un plan de campagne avec Ney. Mais les deux maréchaux ne purent s'entendre, et la province fut perdue. Napoléon, mis au courant, plaça, le 15 juillet 1809, Ney et Mortier sous les ordres de Soult, et ordonna au duc de Dalmatie de réunir toutes ses forces pour s'opposer à la marche prudente de Wellington. Au moment où Soult débouchait dans la vallée du Tage, Victor venait de livrer l'indécise bataille de Talavera. Wellington dut battre en retraite précipitamment, craignant d'être coupé. Son arrière-garde fut même compromise au passage de l'Arzobispo, le 8 août. Nommé, le 16 septembre, major général des armées françaises en Espagne, en remplacement de Jourdan, Soult prépara la victoire d'Ocana, détermina l'invasion de l'Andalousie, s'empara de Grenade et de Séville, et renvoya à Paris les drapeaux français que la capitulation de Baylen avait livrés à l'Espagne. Lorsque l'empereur eut partagé l'Espagne conquise en gouvernements militaires indépendants du roi Joseph, Soult reçut le titre de gouverneur et de général en chef de l'armée d'Andalousie (14 juillet 1810). Dans cette situation, il dirigea une expédition contre les Anglais débarqués dans la province de Murcie et poussa activement le siège de Cadix. Appelé, en octobre 1810, sur les frontières de Portugal, pour y favoriser par une diversion la marche de Masséna, il entra en Estramadure le 1er janvier 1811, s'empara de Badajoz le 11 mars, livra, le 16 mai, à Beresford, l'indécise bataille de l'Albuéra, s'empara d'Olivença le 21 juin, débloqua Ronda le 23, et occupa le camp de Ballesteros le 17 octobre. Lors de la campagne de Russie, Napoléon restitua au roi Joseph le commandement supérieur des armées françaises en Espagne et lui donna Jourdan comme major général. Soult fut froissé de ce choix, et accusa Joseph auprès de l'empereur de vouloir suivre l'exemple de Bernadotte ; la dépêche tomba entre les mains de Joseph, qui à son tour prétendit que le duc de Dalmatie

voulait se créer en Andalousie un pouvoir indépendant. Napoléon répondit de Moscou qu'il avait trop de choses sérieuses sur les bras pour s'occuper de pareilles puérilités. Après la prise de Badajoz et la bataille des Arapiles, Soult refusa de concourir à la défense de Madrid, et proposa de porter la guerre en Andalousie. Rappelé par un ordre formel, il concentra son armée à Grenade et battit en retraite sans se laisser inquiéter par l'ennemi ; il eut même, non loin de Valence, avec le roi Joseph, une entrevue dont le résultat fut la retraite des Anglais après le retour offensif de l'armée de Portugal et la rentrée momentanée du roi à Madrid. Soult rejoignit la grande armée en mars 1813, comme commandant du 4e corps, et assista à Lutzen et à Bautzen. Après le désastre de Vittoria, Napoléon envoya Soult « au-devant des Anglais », et le nomma commandant en chef dans le midi de la France. Le 25 juillet, le maréchal chercha vainement à dégager Pampelune et Saint-Sébastien. Après être resté plusieurs mois sur la défensive, menant plusieurs contre-attaques contre l'armée coalisée, il livra les deux batailles d'Orthez et de Toulouse (27 février, 10 avril 1814), qui, bien qu'indécises, ouvrirent la France aux Anglais. Ce ne fut que le 12 avril que le duc de Dalmatie reçut les dépêches du gouvernement provisoire l'informant des événements de Paris ; il refusa d'y adhérer jusqu'à ce que l'empereur les lui eût confirmés, et afficha ensuite un royalisme exagéré. Nommé, en juin 1814, gouverneur de la 13e division militaire, grand-cordon de Saint-Louis le 24 septembre, il demanda, le 17 septembre, l'érection d'un monument expiatoire en l'honneur des victimes de Quiberon, suivit, le 21 janvier 1815, un cierge à la main, la procession pour l'anniversaire de la mort de Louis XVI, déploya contre Exelmans une rigueur impitoyable, et, nommé ministre de la Guerre en remplacement du général Dupont, le 3 septembre 1814, provoqua, le 18, le séquestre de toutes les propriétés de la famille Bonaparte, et fut conférer à des émigrés des grades élevés dans l'armée. Le 8 mars 1815, il signa une proclamation où Buonaparte était qualifié d'aventurier et d'usurpateur, et dut donner sa démission de ministre le 12 mars. L'empereur, au retour de l'île d'Elbe, le nomma (9 mai) major général de l'armée, en remplacement de Berthier, et pair de France le 2 juin. Mais Soult montra peu d'aptitude pour ses fonctions de major général. Après Fleurus et Waterloo, il rallia à Laon les débris de l'armée, assista, le 26 juin, au conseil de guerre de la Villette, et, après la capitulation de Paris, se retira dans la Lozère, chez le général Brun, puis dans son pays natal, à Saint-Amans. Compris dans l'ordonnance royale du 24 juillet 1815, il publia un mémoire dû, dit-on, à la plume de Manuel, et dans lequel on remarque ce passage : « L'armée entière sait bien que je n'eus jamais qu'à me plaindre de cet homme et que nul ne détesta plus franchement sa tyrannie. » Banni le 12 janvier 1816, il vécut trois ans dans le duché de Berg, dont sa femme était originaire. Rentré en France en vertu de l'ordonnance du 26 mai 1819, il fut réintégré, le 9 janvier 1820, dans sa dignité de maréchal. Le 6 juin suivant, il reçut une gratification de 200,000 francs, puis le collier du Saint-Esprit, à l'occasion du sacre de Charles X, et, le 5 novembre 1827, un siège à la Chambre des pairs. Il y vota pour le ministère, et s'occupa d'affaires industrielles, particulièrement des charbonnages d'Alais. La baronne du M... raconte dans ses mémoires (*inédits*) qu'au jubilé de 1826, il suivit la procession sans lever les yeux de son livre ; comme le cardinal de la Fare lui en témoignait son admiration : « Cela vous paraît peut-être extraordinaire, dit-il, mais je puis assurer à Votre Éminence que cela est parfaitement sincère. » Soult se rallia avec empressement au gouvernement de Juillet, qui lui rendit, le 13 août 1830, son siège à la Chambre des pairs, dont l'article 68 de la nouvelle Charte l'avait dépossédé. Nommé ministre de la Guerre dans le cabinet Laffitte, le 17 novembre 1830, en remplacement du maréchal Gérard, il remplit ces fonctions jusqu'au 18 juillet 1834, avec la présidence du conseil depuis le 11 octobre 1832. L'arrestation de la duchesse de Berry, l'expédition de la Belgique, la loi sur les associations, l'énergique répression des mouvements républicains d'avril 1834 marquèrent son passage aux affaires. Son inexpérience des formes parlementaires et la rudesse de son langage sont restées légendaires ; en défendant, en 1831, le cumul de ses deux traitements de maréchal et de ministre, il déclara qu'on ne lui ôterait le premier « qu'avec la vie » ; dans une autre discussion, il dit « qu'il y a des choses que quand on les fait, qu'il ne faut pas le dire ». Après les journées d'avril 1834, Soult dut quitter le ministère. Le 25 avril 1838, Louis-Philippe le nomma ambassadeur extraordinaire de France en Grande-Bretagne pour assister au couronnement de la reine Victoria. Bien accueilli par Wellington et par la population de Londres, il retrouva son prestige, et le roi songea à lui, quand le cabinet Molé succomba sous les coups de la coalition : « Maréchal, lui dit-il, l'eau se trouble, il faut pêcher des ministres. » Soult était devenu trop ami de l'Angleterre pour partager les idées belliqueuses de M. Thiers ; mais l'avortement des combinaisons ministérielles de ce dernier et l'émeute du 12 mai le firent entrer dans le nouveau cabinet avec la présidence du conseil et le portefeuille des Affaires étrangères. Il s'y montra timide et indécis, alors que l'opinion publique réclamait énergiquement une intervention en faveur du vice-roi d'Égypte ; l'affaire de la dotation du duc de Nemours le força bientôt à se retirer. L'échec du ministère du 1er mars 1840 et de la politique belliqueuse de Thiers le ramena de nouveau aux affaires. Le 29 octobre 1840, il entra dans le cabinet Guizot avec le portefeuille de la Guerre. Il consentit à la soumission de Méhémet-Ali, au traité des Détroits, et à l'indemnité Pritchard. Dans la discussion du projet des fortifications de Paris, il prononça (22 janvier 1841) un grand discours en faveur des forts détachés et contre l'enceinte continue. Mais une lettre pressante du roi put adhérer au projet du gouvernement, qui fut voté (1er février) par 237 voix contre 162. Il quitta, pour cause de santé, le ministère de la Guerre le 9 novembre 1845, mais garda jusqu'en 1846 la présidence du conseil, et reçut, le 26 septembre 1847, le titre honorifique de maréchal général. Il vécut alors dans la retraite et mourut dans son château princier de Soultberg, peu de jours avant le coup d'État de décembre. Le maréchal Soult a laissé des *Mémoires* dont le 1er volume a paru en 1854, et une célèbre galerie de tableaux acquise à peu de frais, pendant les guerres de la péninsule, et parmi lesquels figurait la *Conception de la Vierge* de Murillo, achetée depuis par le musée du Louvre près de six cent mille francs.

SOULT (NAPOLÉON-HECTOR), DUC DE DALMATIE, député de 1831 à 1848, représentant en 1849, né à Paris le 18 septembre 1802, mort à Paris le 31 décembre 1857, fils du précédent, entra le quatrième à l'École Polytechnique en 1819, en sortit dans l'état-major, accompagna comme aide-de-camp le maréchal Maison en Morée (1828) et reçut, à son retour, la croix d'honneur. Il épousa à la même époque (1829) la fille du général de Savigny et de la duchesse Decrès. Après la révolution de Juillet, M. Hector Soult, qui était alors capitaine, renonça au métier des armes et entra dans la diplomatie. Il fut nommé en 1831 ministre plénipotentiaire à Stockholm, d'où il passa (mai 1832) en la même qualité à la Haye. Il occupait ce poste, lorsque le 5e collège de l'Hérault (Saint-Pons) l'élut, le 21 juin 1834, membre de la Chambre des députés par 85 voix (158 votants, 176 inscrits), contre 36 à M. Vene. Le même jour il était également élu dans le 2e collège du Tarn (Castres), par 209 voix (356 votants, 401 inscrits), contre 46 à M. Dugrès. Ayant opté pour ce dernier collège, il fut remplacé à Saint-Pons, le 3 janvier 1835, par M. Azaïs. Il siégea dans la majorité conservatrice, vota toutes les lois agréables au pouvoir, et obtint sa réélection, le 4 novembre 1837, à Castres, par 233 voix (314 votants, 421 inscrits), contre 103 au comte de Foucaud. M. Soult continua d'appartenir à la Chambre tout en conservant son poste diplomatique, fut réélu encore, le 2 mars 1839, par 273 voix (326 votants), et fut promu ministre plénipotentiaire à Turin la même année. Son mandat législatif lui fut encore renouvelé, le 3 juillet 1842, par 254 voix (312 votants, 419 inscrits), contre 33 à M. de Falguerolles et, le 1er août 1846, par 268 voix (424 votants, 525 inscrits), contre 110 à M. Fourgassié-Vidal. Il soutint constamment de ses votes la politique de Guizot, vota l'indemnité Pritchard, et se montra opposé à toutes les motions tendant à une réforme électorale ou parlementaire. Rentré dans la vie privée à la révolution de février, il fut élu, le 8 juillet 1849, représentant de l'Hérault à l'Assemblée législative par 54,687 voix (56,523 votants, 121,933 inscrits), contre 18,892 à M. Flocon, ancien représentant, en remplacement de Ledru-Rollin, optant pour le Var. Il prit place à droite et opina avec la majorité monarchiste *pour* l'expédition de Rome, *pour* la loi Falloux-Parieu sur l'enseignement, *pour* la loi restrictive du suffrage universel. Le coup d'État du 2 décembre mit fin à sa carrière politique. À la mort de son père (26 novembre 1851) il avait pris le titre de duc de Dalmatie, qui s'est éteint avec lui.

SOUQUE (FRANÇOIS-JOSEPH), député au Corps législatif en 1809, représentant aux Cent-Jours, né à Paris le 19 septembre 1767, mort à Paris le 11 septembre 1829, « fils de Jean-Bertrand Souque, maître ès arts et en chirurgie, et de Anne-Marguerite Gaillard », se lia avec les Girondins, notamment avec Brissot, avec lequel il fut arrêté à Moulins et enfermé à la Conciergerie. Remis en liberté après le 9 thermidor, il entra dans la diplomatie et fut secrétaire de légation en Hollande pendant trois ans. Nommé le 11 floréal an VIII, secrétaire général du Loiret, puis président d'un des cantons d'Orléans, il fut élu, le 2 mai 1809, par le Sénat conservateur, député du Loiret au Corps législatif. Il adhéra à la déchéance de l'empereur et parla en faveur du gouvernement représentatif et de la liberté de la presse. Réélu, le 10 mai 1815, représentant à la Chambre des Cent-Jours, par l'arrondissement d'Orléans, avec 46 voix (85 votants, 197 inscrits), contre 18 à M. Petit de la Fosse, il rentra dans la vie privée à la seconde Restauration. On a de lui deux comédies en prose : *Le Chevalier de Carolles*, et *Orgueil et vanité*, qui furent jouées avec succès à l'Odéon et au Théâtre-Français en 1816 et en 1819. Chevalier de la Légion d'honneur.

SOURDILLE DE LAVALETTE (CHARLES-GUILLAUME), député de 1839 à 1848, né à Laval (Mayenne) le 28 octobre 1792, mort à Villiers-Charlemagne (Mayenne) le 5 août 1852, était maire de cette dernière ville, lorsqu'il se présenta à la députation, le 4 février 1834, dans le 1er collège de la Mayenne (Laval) où il réunit 56 voix contre 97 à l'élu, M. Boudet. Il s'agissait de remplacer M. Delaunay, démissionnaire. Il fut plus heureux le 2 mars 1839 dans le même collège ; élu député par 117 voix (186 votants), il prit place dans les rangs de l'opposition. Réélu successivement, le 9 juillet 1842, par 130 voix (259 votants, 328 inscrits), contre 62 à M. Guédon et 64 M. d'Elva, et, le 1er août 1846, par 195 voix (395 votants, 378 inscrits), contre 103 à M. d'Elva, il combattit la politique de Guizot et rentra dans la vie privée en 1848.

SOURIGUES (BENOIT-MARTIN), député de 1878 à 1885, et depuis 1886, né à Bayonne (Basses-Pyrénées) le 11 février 1820, fils d'un ouvrier, fit ses études comme boursier à l'École des Arts et Métiers d'Angers, entra à l'École des Beaux-Arts à Paris comme élève d'architecture, puis se fit commis d'agent de change. Propriétaire d'un journal, l'*Éclaireur financier*, il se porta candidat républicain dans les Landes, le 13 mai 1849, à l'Assemblée législative, et échoua avec 10,009 voix, continua à Paris ses affaires de banque, et se représenta à la députation, comme candidat républicain, le 20 février 1876, dans l'arrondissement de Saint-Sever (Landes), qui ne lui donna que 2,793 voix, contre 10,013 au candidat conservateur élu, M. de Laborde, et 5,679 à M. Pascal Duprat. Il ne fut pas plus heureux aux élections qui suivirent la dissolution de la Chambre par le cabinet du 16 mai, et échoua dans le même arrondissement, le 14 octobre 1877, avec 9,793 voix, contre 9,732 au député sortant, candidat du gouvernement, réélu. Mais cette élection ayant été invalidée par la majorité de la Chambre nouvelle, M. Sourigues fut élu député, le 27 janvier 1878, par 11,474 voix (18,780 votants, 23,945 inscrits) contre 7,291 à M. de Favernay, conservateur. Il s'inscrivit au groupe de l'Union républicaine, prit part à quelques débats financiers, soutint la politique scolaire et coloniale du gouvernement, et fut réélu, le 21 août 1885, par 10,017 voix (18,817 votants, 24,318 inscrits) contre 8,634 à M. de Favernay. Il demanda que la conversion des rentes 5 0/0 et 4 0/0 se fît sans augmentation du capital, et, porté, le 4 octobre 1885, sur la liste républicaine des Landes, échoua, avec la liste entière, avec 33,235 voix sur 71,339 votants. Cette élection fut invalidée en bloc, et, au nouveau scrutin du 14 février 1886, M. Sourigues a été réélu, le 5e et dernier, par 37,878 voix (72,400 votants, 83,105 inscrits). Il a repris sa place à gauche, a voté *pour* l'expulsion des princes, a

fait adopter un amendement autorisant les journalistes à faire la preuve des actes reprochés aux fondateurs et administrateurs de sociétés financières ou industrielles, et s'est prononcé, dans la dernière session, *pour* le rétablissement du scrutin d'arrondissement (11 février 1889), *contre* l'ajournement indéfini de la révision de la Constitution, *pour* les poursuites contre trois députés membres de la Ligue des patriotes, *pour* le projet de loi Lisbonne restrictif de la liberté de la presse, *pour* les poursuites contre le général Boulanger.

SOURY LAVERGNE (PIERRE), représentant en 1871, né à Rochechouart (Haute-Vienne) le 19 novembre 1805, mort à Rochechouart le 15 mars 1882, grand propriétaire et agronome distingué, fut élu, le 8 février 1871, représentant de la Haute-Vienne à l'Assemblée nationale, le 7e et dernier, par 42,743 voix (62,171 votants, 87,375 inscrits). Il prit place à la droite légitimiste, se fit inscrire à la réunion des Réservoirs, et vota *pour* la paix, *pour* l'abrogation des lois d'exil, *pour* la pétition des évêques, *pour* le service de trois ans, *pour* la démission de Thiers, *pour* le septennat, *contre* l'amendement Wallon et *contre* les lois constitutionnelles. Conseiller général du canton de Rochechouart (8 octobre 1871), il rentra dans la vie privée après la session.

SOUSTELLE (JEAN-FRANÇOIS-MATHIEU), député en 1789, né à Alais (Gard) le 26 juillet 1739, mort à Alais le 17 septembre 1820, était avocat dans sa ville natale, quand il fut, le 28 mars 1789, député du tiers aux États-Généraux par la sénéchaussée de Nîmes. Il prit place parmi les modérés de la majorité, prêta le serment du Jeu de paume, et fut blessé à la chute des tribunes de l'assemblée, le 26 octobre 1789. En 1792, il présida l'assemblée électorale de Beauvais, fut élu juge au tribunal civil du Gard le 25 vendémiaire an IV, et nommé juge au tribunal d'appel de Nîmes le 22 prairial an VIII, titre qu'il échangea contre celui de conseiller à la cour impériale de Nîmes, à la réorganisation des tribunaux, le 10 juin 1811. Il fut mis à la retraite, avec le titre de conseiller honoraire, le 11 août 1816.

SOUSTRE (MARIUS-ARTHUR), député de 1881 à 1885, et sénateur, né à Digne (Basses-Alpes) le 1er septembre 1828, propriétaire, manifesta sous le gouvernement de juillet des opinions républicaines, qui le firent proscrire au coup d'État de décembre 1851. Il rentra en France après l'amnistie de 1859, et, le 21 août 1881, se présenta à la députation dans l'arrondissement de Digne, avec le programme de l'Union républicaine. Élu député par 7,501 voix (10,387 votants, 14,164 inscrits), contre 2,733 à M. Proal, radical, il prit place dans la majorité opportuniste, et vota *pour* les crédits du Tonkin, *contre* la séparation de l'Église et de l'État, *pour* les lois scolaires. Élu, au renouvellement triennal du 25 janvier 1885, sénateur des Basses-Alpes par 356 voix sur 439 votants. M. Soustre a siégé silencieusement dans la majorité républicaine de la Chambre haute ; en dernier lieu, il s'est prononcé *pour* le rétablissement du scrutin uninominal (13 février 1889), *pour* le projet de loi Lisbonne restrictif de la liberté de la presse, *pour* la procédure de la haute cour contre le général Boulanger.

SOYE (JOSEPH-NELSON), représentant en 1871, député de 1876 à 1877 et de 1878 à 1882, né à Eauze (Gers) le 3 mars 1821, mort à Laon

(Aisne) le 4 octobre 1882, fut reçu docteur médecin en 1851, et exerça à Aubenton (Aisne). Chef de l'opposition républicaine sous l'empire, il fut élu, le 8 février 1871, représentant de l'Aisne à l'Assemblée nationale, le 9e sur 11, par 41,045 voix (87,823 votants, 157,845 inscrits), se fit inscrire à gauche et au centre gauche, protesta vivement contre les tentatives de restauration monarchique (1873), fut un des instigateurs de la motion de ne pas accepter la démission de Thiers (24 mai 1873), et vota pour la paix, contre l'abrogation des lois d'exil, contre la pétition des évêques, contre la démission de Thiers, contre le septennat, contre le ministère de Broglie, pour l'amendement Wallon et pour les lois constitutionnelles. Conseiller général du canton d'Aubenton (8 octobre 1871), il fut réélu le 10 février 1876, député de la 1re circonscription de Vervins, par 8,361 voix (9,578 votants, 16,670 inscrits), reprit sa place à gauche, et fut des 363. Les élections du 14 octobre 1877, qui suivirent la dissolution de la Chambre par le cabinet du 16 mai, ne lui furent pas favorables : il échoua avec 6,926 voix, contre 7,180 à M. Godelle, conservateur; mais, cette élection ayant été invalidée, M. Soye regagna son siège, le 7 avril 1878, par 7,738 voix (15,196 votants, 17,283 inscrits), contre 7,377 à M. Godelle, député sortant. Réélu encore, le 11 août 1881, par 8,414 voix (10,350 votants, 16,912 inscrits), il continua de siéger à gauche et de voter avec la majorité opportuniste, et mourut à l'ouverture de la seconde session de la législature.

SPADA (Joseph-Nicolas-Gaspard-Melchior-Balthazar), membre du Sénat conservateur, né à Bologne (Italie) le 22 octobre 1752, mort à Bologne le 21 juin 1840, d'une des plus illustres familles de la Romagne, s'occupait de littérature et avait une situation personnelle importante dans son pays natal, quand il fut nommé membre du Sénat impérial le 22 février 1811; il reçut en outre le titre de comte, la croix de la Légion d'honneur et le grand cordon de l'ordre de la Réunion. En 1814, il se prononça contre Napoléon, et rentra en Italie où il reprit son titre de prince romain. Il mourut à Rome à l'âge de quatre-vingt-huit ans. Un de ses fils était entré à la cour comme page de l'empereur; nommé sous-lieutenant au 8e hussards le 18 octobre 1813, il fit en cette qualité la campagne de 1814 contre les armées alliées.

SPARRE (Louis-Ernest-Joseph, comte de), pair de France, né à Paris le 8 juillet 1780, mort à Paris le 9 juillet 1845, « fils de Louis-Ernest-Joseph de Sparre, comte de Crosneberg, colonel d'infanterie, et d'Adélaïde-Thérèse Hardouin de Beaumois », s'engagea dans la légion polonaise, devint chef d'escadron à l'armée gallo-batave le 11 germinal an XI, major au 28e dragons le 18 pluviôse an XII, membre de la Légion d'honneur le 4 germinal suivant, fit les campagnes de 1805 à 1807 en Italie et à Naples, et alla en Espagne, en 1808, comme colonel du 5e dragons. Il se distingua à Zamora, à Almonacid, et fut promu officier de la Légion d'honneur (13 décembre 1809). Baron de l'Empire le 9 mai 1811, général de brigade le 11 avril 1812, il commanda d'abord une brigade de la 3e division de cavalerie d'Espagne, puis passa à la grande armée et fit les campagnes de Saxe et de France. Lieutenant général à la Restauration (9 juillet 1814), commandeur de la Légion d'honneur (13 août), chevalier de Saint-Louis, inspecteur de cavalerie (1er juillet 1818), il fut créé pair de France le

5 mars 1819. Mis en disponibilité en 1827, il rentra en activité en 1831, comme inspecteur des troupes de cavalerie, et fit partie, en 1833, du comité d'infanterie et de cavalerie où il siégea jusqu'à sa mort. Conseiller général d'Indre-et-Loire (1833).

SPRONI (Benjamin), député au Corps législatif en 1809, né en 1764, mort à une date inconnue, bailli de l'ordre de Saint-Etienne à Pise, puis chambellan du roi d'Etrurie, et maire de Livourne pendant l'occupation française, fut nommé par l'empereur, le 5 juillet 1809, député au Corps législatif sur une liste dressée par le préfet du département de la Méditerranée. Il en sortit aux traités de 1814.

SPULLER (Jacques-Eugène), député de 1876 à 1889 et ministre, né à Seurre (Côte-d'Or) le 8 décembre 1835, d'un père badois, appartenait à une famille d'agriculteurs et de commerçants; il fut d'abord élevé à la campagne auprès de son grand-père, y demeura jusqu'à l'âge de douze ans, et alla (1847) continuer ses études au lycée de Dijon. Il suivit ensuite les cours de la faculté de droit, se fit recevoir avocat et vint s'inscrire au barreau de Paris en 1862. Au palais, il rencontra Gambetta, de quelques années plus jeune, plaida avec lui dans le complot des Cinquante-quatre, entra comme lui dans la presse et dans la politique militantes, et collabora à un grand nombre de journaux et de recueils, à l'Europe de Francfort, comme correspondant (1866), puis au Nain jaune, au Journal de Paris, à l'Encyclopédie générale, qui contient entre autres articles de lui une remarquable étude sur l'Allemagne, du grand interrègne à la bataille de Sadowa; à la Revue politique, dont il devint un des principaux rédacteurs avec MM. Challemel-Lacour, Gambetta, Allain-Targé, Jules Ferry, H. Brisson, etc. Il créa, en 1868, avec le concours de son frère, plus tard préfet de la République, une feuille hebdomadaire, le Journal de Langres, qui s'adressait aux habitants des campagnes. Aux élections du Corps législatif en 1869, M. Spuller combattit la candidature de M. Emile Ollivier à Paris et fut chargé de rédiger la déclaration appuyée des signatures de quinze cents électeurs par laquelle l'ancien « opposant » était considéré comme indigne de la confiance des électeurs. Il publia encore, vers la fin de l'empire, une Petite histoire du second Empire, utile à lire avant le plébiscite. Cette brochure, destinée à la propagande démocratique, fut répandue dans le pays à un grand nombre d'exemplaires et servit de modèle à beaucoup de publications similaires. La révolution du 4 septembre 1870 offrit un champ plus vaste à l'activité de M. Spuller. Il se fit dès le début le collaborateur quotidien de Gambetta dans le gouvernement de la Défense nationale. Avec lui, il sortit de Paris en ballon le 7 octobre, et ayant repris terre sur la lisière de la forêt d'Epineuse, à une faible distance des postes prussiens, il se rendit de là à Montdidier dans le chariot d'un paysan, puis à Amiens, au milieu de la nuit. Dans la matinée du 9 octobre, un train spécial emporta MM. Gambetta et Spuller vers Rouen et de là à Tours, où, sans titre officiel et sans place déterminée, ce dernier occupa en fait un poste de confiance auprès de la Délégation. Le 8 février 1871, M. Spuller réunit, comme candidat républicain dans la Côte-d'Or, 1,180 voix sur 73,216 votants. Lorsque Gambetta fonda, en novembre 1871, le journal la République française, M. Spuller fut appelé à la rédaction en chef ; son habileté de publiciste, sa méthode de travail, sa façon d'entendre le journalisme contribuèrent à donner à cette feuille le ton et l'allure qui la distinguèrent. Il conserva pendant cinq ans ses fonctions de rédacteur en chef. En décembre 1872, il prit l'initiative d'un pétitionnement qui réunit plus d'un million de signatures pour la dissolution de l'Assemblée nationale, et, le 30 janvier 1876, fut nommé délégué suppléant de Paris aux élections sénatoriales de la Seine (le délégué était Victor Hugo). Un mois après, aux élections législatives de 1876, M. Spuller devint député du 3e arrondissement de Paris, au second tour de scrutin (5 mars), élu par 12,043 voix (14,038 votants, 21,273 inscrits), contre 487 à M. Dietz-Monnin, républicain centre gauche, et 455 à M. Bonnet-Duverdier, radical. Il s'inscrivit au groupe de l'Union républicaine, dont il fut un des membres les plus influents. Les questions scolaires et religieuses se partagèrent surtout son attention. Nommé rapporteur du budget du ministère des Affaires étrangères, il exerça une action déterminée sur la réforme des divers services de ce département ; il fut également rapporteur du projet de loi de M. Waddington sur la collation des grades (1876), et compta parmi les 363, dont il rédigea le manifeste. Réélu, à ce titre, le 14 octobre 1877, par 11,530 voix (16,703 votants, 20,208 inscrits), contre 202 à M. Daguin, il reprit sa place dans les rangs de la majorité opportuniste, et vota pour le retour des Chambres à Paris (au Congrès), pour l'article 7 du projet de loi Ferry sur l'enseignement supérieur, projet qu'il rapporta et défendit devant la Chambre. Dans ce courant d'idées, il publia Ignace de Loyola et la compagnie de Jésus, où il s'efforça de rajeunir une question qui avait allumé tant de controverses passionnées. Président de l'Union républicaine, il adressa à ses collègues du groupe opportuniste, à la veille des élections de 1881, un discours où il définissait en ces termes la politique qui avait ses préférences : « Et vous direz à la France ce que vous lui avez toujours dit : la République est fondée, il faut l'affermir. On ne pourra l'affermir qu'en lui donnant pour base la démocratie la plus large, la plus libre, la plus éclairée. Le pays attend des réformes profondes, radicales ; le devoir du gouvernement de la République est de travailler à ces réformes sans arrière-pensée ni réticences, résolument, en allant de l'avant, car le mouvement c'est la vie, et l'ordre véritable c'est le progrès, et non l'immobilité. » Le 21 août 1881, M. Spuller fut réélu par 9,550 voix (16,101 votants, 20,940 inscrits), contre 5,226 à M. Darlot, radical, et 562 à M. Fournière, collectiviste. Bientôt après, Gambetta, appelé à la présidence du conseil et à la direction du ministère des Affaires étrangères, choisit M. Spuller comme sous-secrétaire d'État (14 novembre). Celui-ci donna sa démission avec les autres membres du ministère le 26 janvier 1882, et reprit son siège à l'Union républicaine. En même temps, il revint à la République française, dont il avait cessé d'être le rédacteur en chef depuis son entrée au parlement, combattit le ministère Freycinet, appartint à la commission du budget, et fut chargé spécialement, comme rapporteur, du budget des Affaires étrangères. Il s'attira de vifs reproches de la part des radicaux en soutenant la nécessité du maintien de l'ambassade de France près du Vatican, et un grand nombre d'électeurs républicains du 3e arrondissement organisèrent des

réunions publiques dans lesquelles le député de Paris fut blâmé de ne s'être pas prononcé en faveur de la séparation de l'Église et de l'État, comme il s'y était engagé dans sa profession de foi ; aussi sa candidature à l'élection sénatoriale partielle du 25 janvier 1882, dans le département de la Seine, ne réunit-elle que 293 voix modérées sur 643 votants. M. Spuller fut, depuis 1883, un des quatre vice-présidents de la Chambre. Il opina encore contre l'élection des magistrats par le peuple et pour les crédits de l'expédition du Tonkin. Inscrit, aux élections du 4 octobre 1885 dans la Seine, sur la liste dite de l'Alliance républicaine, et, dans la Côte-d'Or, sur la liste opportuniste, il échoua, dans le premier département, avec 103,632 voix (434,011 votants), et ne fut élu député de la Côte-d'Or qu'au second tour de scrutin (18 octobre), le 5e sur 6, par 51,677 votants, 113,471 inscrits). Il siégea comme précédemment dans la majorité, dont il fut un des chefs, et, le 30 mai 1887, fut chargé, dans le cabinet Rouvier, du portefeuille de l'Instruction publique, des Cultes et des Beaux-Arts. Le nouveau ministre prononça hors du parlement plusieurs discours, notamment à Lyon et à Rouen. Il se prononça avec force contre le boulangisme. En juillet, M. Spuller blâma par lettre l'évêque de Grenoble d'avoir nommé desservant à Chapareillant l'abbé Guillaud, ancien curé de Châteauvillain, qui avait été condamné à 200 francs d'amende par le tribunal correctionnel pour sa participation aux troubles dont cette dernière localité avait été le théâtre. Comme ministre de l'Instruction publique, il releva, par un décret du 1er octobre, dans la proportion d'un sixième environ, le tarif des frais d'études et de pension dans les lycées et collèges de l'État, et se prononça contre ce qu'il appela l'accroissement inconsidéré du nombre des jeunes gens qui reçoivent l'enseignement classique. M. Spuller eut encore à défendre (novembre 1887) devant le Sénat, en réponse à une interpellation de M. Merlin, la légalité du transfert à Lille des facultés des lettres et de droit établies à Douai. Il quitta les affaires en décembre 1887 et ne cessa de soutenir la politique opportuniste. L'avènement du cabinet Tirard le rappela au pouvoir le 23 février 1889, avec le portefeuille des Affaires étrangères. Le 28 du même mois, il répondit à une question de M. Hubbard, député, relative à l'affaire de Sagallo. Adversaire du boulangisme, il s'associa à tous les actes de ses collègues du ministère, et vota dans la dernière session, pour le rétablissement du scrutin d'arrondissement (11 février 1889), pour l'ajournement indéfini de la révision de la Constitution, pour les poursuites contre trois députés membres de la Ligue des patriotes, pour le projet de loi Lisbonne restrictif de la liberté de la presse, pour les poursuites contre le général Boulanger.

STAPLANDE (PIERRE-FRANÇOIS-WINOCQ, DEHAU DE), député de 1820 à 1824, né à Bergues (Nord) le 17 décembre 1762, mort à Bergues le 7 février 1840, émigra en Allemagne pendant la Révolution, rentra en France sous le Consulat, et devint maire de sa ville natale. Élu, le 13 décembre 1820, député du grand collège du Nord, par 370 voix (634 votants, 720 inscrits), il siégea obscurément dans la majorité et ne se représenta pas à la fin de la législature (1824).

STAPLANDE (LOUIS-HENRI DEHAU, COMTE

DE), député de 1838 à 1848, représentant en 1849 et en 1871, sénateur de 1876 à 1877, né à Munster (Westphalie) le 14 janvier 1798, mort à Paris le 24 février 1877, fils du précédent, propriétaire à Bergues, représenta ce canton au conseil général du Nord de 1833 à 1851. Le 3 mars 1838, il fut élu député du 7e collège du Nord (Bergues), par 308 voix (575 votants), en remplacement de Lamartine, qui avait opté pour Mâcon ; il siégea dans les rangs de l'opposition légitimiste, et fut réélu successivement : le 2 mars 1839, par 311 voix (581 votants); le 9 juillet 1842, par 322 voix (328 votants, 631 inscrits); le 1er août 1846, par 237 voix (470 votants, 508 inscrits), contre 230 à M. Buffin. Le 13 mai 1849, les conservateurs monarchistes du Nord choisirent M. de Staplande pour leur représentant à l'Assemblée législative, le 14e sur 24, par 89,997 voix (183,521 votants, 290,196 inscrits). Il appartint à la majorité monarchiste et s'associa au vote de toutes les lois répressives et restrictives qu'elle adopta. Rentré dans la vie privée au coup d'État de 1851, il revint au parlement le 8 février 1871, comme représentant du même département à l'Assemblée nationale, le 10e sur 23, élu par 204,932 voix (262,927 votants, 326,410 inscrits). Il vota *pour* la paix, *pour* les prières publiques, *pour* l'abrogation des lois d'exil, *pour* le pouvoir constituant, *contre* la dissolution, *pour* la chute de Thiers au 24 mai, *pour* le septennat, la loi des maires, le ministère de Broglie, *contre* les amendements Wallou et Pascal Duprat, et *contre* l'ensemble des lois constitutionnelles. Le 30 janvier 1876, M. de Staplande devint sénateur du Nord par 405 voix (811 votants). Il prit place à droite, opina dans le sens de la majorité, et mourut subitement à Paris l'année suivante.

STEEG (Jules), député de 1881 à 1889, né à Versailles (Seine-et-Oise) le 21 février 1836, fils d'un ouvrier et d'origine prussienne, étudia la théologie et se destina à exercer le ministère évangélique. Pasteur du ressort consistorial de Geusac (Gironde), il s'occupa, depuis 1870, de politique militante, et fut rédacteur en chef du *Progrès des communes* à Libourne (1869), du *Patriote* (1870) et de l'*Union républicaine* (1878), organes de la libre-pensée. En 1872, il fut traduit devant la cour de Bordeaux, qui l'acquitta, pour outrage à la religion catholique. M. J. Steeg s'efforça vainement, en 1877, d'obtenir du tribunal de Versailles un jugement déclaratif de sa qualité de Français, se fondant sur les formalités remplies antérieurement par lui à Strasbourg, formalités dont le bombardement aurait détruit les traces. Candidat, une première fois, à la députation, en 1876, dans la 2e circonscription de Bordeaux, il réunit 5,830 voix, et se désista au ballottage. Il se représenta en 1877, sans plus de succès, et fut plus heureux, le 21 août 1881 : élu député de la 3e circonscription de Bordeaux, par 5,492 voix (9,965 votants, 20,266 inscrits), contre 2,850 à M. Delboy, radical, et 675 à M. Nouzarède, il fut admis sans que sa nationalité donnât lieu à aucune contestation, et s'inscrivit au groupe de l'Union républicaine, dont il fut un des principaux membres. Il soutint la politique des cabinets Gambetta et J. Ferry *contre* la séparation de l'Église et de l'État, et *pour* les crédits du Tonkin. Porté, le 4 octobre 1885, sur la liste opportuniste de la Gironde, M. Steeg fut réélu, le 11e et dernier, par 88,256 voix (162,286 votants, 203,661 inscrits). Il suivit la même

ligne politique que précédemment, siégea à l'Union républicaine, fut l'un des promoteurs du groupe « ferryste » de l'Union des gauches, dont il a été le premier président, fut rapporteur (octobre 1886) du projet sur l'instruction primaire, soutint les ministères Rouvier et Tirard, et vota *pour* l'expulsion des princes et, dans la dernière session, *pour* le rétablissement du scrutin d'arrondissement (11 février 1889), *pour* l'ajournement indéfini de la révision de la Constitution, *pour* les poursuites contre trois députés membres de la Ligue des patriotes, *pour* le projet de loi Lisbonne restrictif de la liberté de la presse, *pour* les poursuites contre le général Boulanger. On a de M. Steeg : *De la mission du protestantisme* (1867) ; *le Messie d'après les prophètes* (1867) ; *Lectures bibliques* (1869) ; *Histoire de l'Eucharistie* (1873) ; *Falcyras, histoire d'une commune rurale* (1875); *Citoyen français, mémoire personnel* (1879); *Instruction morale et civique* (1883) ; *La Vie morale* (1889), etc.

STEENACKERS (François-Frédéric), député au Corps Législatif de 1869 à 1870, et de 1885 à 1889, né à Lisbonne (Portugal) le 10 mars 1831, de parents belges, petit-fils, par sa mère, de M. Sauvinet, ancien sous-préfet de Bayonne, petit-neveu de l'amiral Dornal de Guy, fit ses études au lycée Louis-le-Grand, et voyagea en Italie, où il s'occupa de sculpture. Naturalisé français le 5 décembre 1866, il devint président du comice agricole d'Arc-en-Barrois (1868), puis membre du conseil général de la Haute-Marne, et se présenta comme candidat indépendant au Corps législatif, le 24 mai 1869, dans la 2e circonscription de la Haute-Marne. Élu par 17,550 voix (32,987 votants, 37,203 inscrits), contre 12,322 au député officiel sortant, M. Chanchard, et 2,964 à M. Villard, il prit place à la Chambre dans les rangs de l'opposition démocratique, et déposa plusieurs motions contre la publicité des exécutions capitales (26 janvier 1870), pour l'abrogation des lois de sûreté générale (24 mars) (cette dernière fut votée à l'unanimité). Il proposa aussi, mais sans succès, la suppression du crédit de 100,000 francs affecté à l'entretien des chanoines de Saint-Denis, obtint le droit de pâturage dans les forêts de l'État, vota *contre* la guerre, et, le 9 août 1870, signa la déclaration de la gauche réclamant « l'armement immédiat de tous les citoyens de Paris ». La révolution du 4 septembre le fit directeur général des télégraphes. M. Steenackers eut pour mission de relier entre eux les forts de l'enceinte et les secteurs de Paris, et immergea dans la Seine un câble qui fut découvert par l'ennemi lors de l'investissement de Paris. Le gouvernement de la Défense nationale l'ayant envoyé à Tours pour y préparer la réorganisation des services télégraphiques et réunir dans une seule main les deux services des Télégraphes et des Postes, il y montra de sérieuses qualités administratives, perfectionna la navigation aérienne, établit la poste par pigeons, rendit de si grands services, organisa les reproductions microscopiques des dépêches par la photographie, donna une vigoureuse impulsion à la télégraphie militaire par la création de brigades aux armées, et créa de nouvelles lignes télégraphiques en prévision du progrès de l'invasion. Son activité intelligente et son zèle lui avaient valu une réelle popularité, lorsqu'il se porta candidat à l'Assemblée nationale, le 8 février 1871, dans la Haute-Marne ; il échoua cependant, sur un programme républicain, avec 15,015 voix sur 50,331 votants. Quelques jours après (20 février), il donna sa démission de directeur général des télégraphes et rentra dans la vie privée. Le 8 janvier 1882, il fit une nouvelle tentative pour entrer au Sénat, en remplacement de M. Robert-Dehault décédé ; il échoua avec 252 voix contre 311 à l'élu, M. Donnot, et fut nommé, en 1884, commissaire général du gouvernement près des compagnies de chemin de fer. Porté, en octobre 1885, sur la liste républicaine de la Haute-Marne, M. Steenackers fut élu député, au second tour de scrutin (18 octobre), par 31,875 voix (61,698 votants, 74,915 inscrits). Il siégea dans les rangs de la majorité républicaine, interpella le gouvernement (13 mai 1887) sur les dangers que pouvaient courir le public et le personnel du théâtre de l'Opéra-Comique, en précisant des détails qui, malheureusement, se réalisèrent par un effroyable incendie quelques jours après, proposa (juin 1887) une taxe de séjour sur les étrangers, défendit (janvier 1888), lors de la discussion sur l'admission temporaire des fontes, les intérêts des industries du centre, vota contre l'expulsion des princes, et se prononça, dans la dernière session, contre le rétablissement du scrutin d'arrondissement (11 février 1889), contre l'ajournement indéfini de la révision de la Constitution, contre les poursuites contre trois députés membres de la Ligue des patriotes, contre le projet de loi Lisbonne restrictif de la liberté de la presse, contre les poursuites contre le général Boulanger. M. Steenackers a exposé aux Salons de sculpture en 1857, 1859, 1861 et 1865 et y a obtenu des récompenses. Comme écrivain, on a de lui : Histoire des ordres de la chevalerie et des distinctions honorifiques en France (1867) ; Agnès Sorel et Charles VII (1867) ; L'invasion de 1814 dans la Haute-Marne (1868) ; Les télégraphes et les postes pendant la guerre de 1870-1871 (1882) ; Histoire du gouvernement de la Défense nationale (1882-1885), etc. Chevalier de la Légion d'honneur pour sa belle conduite pendant la guerre de 1870-71.

STEINHEIL (GUSTAVE), représentant en 1871, né à Strasbourg (Bas-Rhin) le 19 décembre 1818, était maire de Rothau (Vosges), quand il fut élu, le 8 février 1871, représentant des Vosges à l'Assemblée nationale, le 8e et dernier, par 21,200 voix (58,175 votants, 119,746 inscrits). Il se rendit à Bordeaux, s'abstint sur les préliminaires de paix, vota contre l'abrogation des lois d'exil, contre le pouvoir constituant de l'Assemblée, et donna sa démission pour prendre la direction d'une importante manufacture à Rothau. Il fut remplacé, le 12 octobre 1872, par M. Méline.

STÉVENOTTE (BERNARD), député au Conseil des Cinq-Cents, né à Saint-Hubert (Luxembourg) le 24 octobre 1752, mort à une date inconnue, maître de forges, membre, puis président de l'administration centrale du département de Sambre-et-Meuse, administrateur des forêts nationales de son département, fut élu, le 21 germinal an VI, député de Sambre-et-Meuse au Conseil des Cinq-Cents. L'un des principaux rédacteurs du Journal des Hommes libres et secrétaire-notateur de la Société du Manège, il se montra l'adversaire déclaré du Directoire, s'opposa aux mesures réclamées par le pouvoir exécutif et, au 30 prairial an VII, approuva le renvoi des Directeurs. Exclu du Corps législatif au 18 brumaire, il n'exerça

ensuite de fonctions publiques que pendant les Cent-Jours, ayant été nommé sous-préfet de Senlis le 11 mai 1815, et de Savenay le 10 juin suivant. Il donna sa démission quelques jours avant le retour de Louis XVIII.

STIÉVENART-BÉTHUNE (AUGUSTE-JULES-JOSEPH), député au Corps législatif de 1864 à 1869, né à Valenciennes (Nord) le 15 août 1817, fils d'un des fondateurs de la Société houillère de Douchy, fut destiné d'abord à la médecine ; mais son mariage avec la fille de M. Béthune, raffineur à Estrud, le fit entrer dans l'industrie. Il prit, à la mort de son beau-père, la suite de ses affaires (1859), devint, après lui, maire d'Estrud, et fut élu, en 1858, conseiller général du canton de Cambrai. Candidat au Corps législatif le 15 juin 1863, dans la 7e circonscription du Nord, il échoua avec 14,653 voix contre 15,429 à M. Boittelle, candidat du gouvernement. Cette élection ayant été invalidée, M. Stiévenart-Béthune se représenta, et fut élu, le 6 mars 1864, par 16,159 voix (29,638 votants, 32,981 inscrits), contre 13,429 à M. Boittelle. Il prit place dans le groupe de l'opposition libérale, et parla sur les questions industrielles, en faveur de l'enseignement primaire, contre le projet des commissaires de canton. Il échoua, le 24 mai 1869, avec 4,830 voix contre 13,006 à l'élu, M. Pinard, candidat officiel, et 6,910 à M. Chapellier. M. Stiévenart-Béthune n'a pas reparu dans les assemblées parlementaires. Chevalier de la Légion d'honneur (1868).

STŒKLÉ (FRANÇOIS-JOSEPH), représentant du peuple en 1848, né à Ingersheim (Haut-Rhin) le 21 décembre 1790, mort en 1871, était curé de Rouffach (Haut-Rhin) à la révolution de février. Connu pour ses idées avancées, partisan de la suppression du traitement des prêtres catholiques par l'Etat et de l'instruction obligatoire, il fut candidat du parti républicain à l'Assemblée constituante, et fut élu, le 23 avril 1848, représentant du Haut-Rhin, le 3e sur 12, par 71,591 voix (94,408 votants). Il fit partie du comité de l'instruction publique, et vota pour le bannissement de la famille d'Orléans, contre l'incompatibilité des fonctions, contre l'amendement Grévy, contre la sanction de la Constitution par le peuple, pour l'ensemble de la Constitution, pour la proposition Rateau, contre la demande de mise en accusation du président et des ministres. Non réélu à la Législative, il reprit ses fonctions ecclésiastiques.

STOURM (DOMINIQUE-AUGUSTIN-AFFRICAIN), député de 1837 à 1848, représentant au sénateur du second empire, né à Metz (Moselle) le 20 juillet 1797, mort à Paris le 9 décembre 1865, fils d'un premier président de la cour de Metz, fut reçu avocat à Paris en 1819, et entra dans la magistrature. Substitut, puis procureur du roi à Troyes, substitut à Paris, il fut destitué en 1831 pour avoir signé l'acte d'association nationale contre le retour des Bourbons, « et n'eut pas à se repentir de cet élan de jeunesse, le seul de sa vie, semble-t-il, » dit un biographe. Il se fit inscrire au barreau, et se présenta à la députation, le 5 juillet 1831, dans le 1er collège de l'Aube (Troyes), où il échoua avec 55 voix contre 239 à l'élu, M. O. Périer ; il ne fut pas plus heureux, le 2 juillet 1832, à l'élection partielle motivée par le décès de Casimir Périer, avec 139 voix contre 186 à M. Vernier, élu, ni le 21 juin 1834, avec 204 voix contre 205 à l'élu, M. Vernier, député sortant.

Il entra au parlement le 4 novembre 1837 comme député du même collège, élu par 309 voix (469 votants), 519 inscrits, et fut réélu, le 2 mars 1839, par 308 voix (428 votants); le 9 juillet 1842, par 266 voix (475 votants, 522 inscrits), contre 205 à M. Doé; le 1er août 1846, par 367 voix (522 votants, 587 inscrits), contre 145 à M. Doé. M. Stourm siégea constamment dans l'opposition, entre M. Od. Barrot et M. Garnier-Pagès, vota contre le cabinet Molé, pour les incompatibilités, pour l'adjonction des capacités, contre la dotation du duc de Nemours, contre le recensement et contre l'indemnité Pritchard. Il traita surtout à la tribune les questions de chemins de fer, et devint en 1845 l'un des directeurs de la compagnie de Paris-Lyon. Élu, le 23 avril 1848, représentant de l'Aube à l'Assemblée constituante, le 4e sur 7, par 42,294 voix, il fut président du comité des travaux publics, et vota pour le bannissement contre la famille d'Orléans, pour les poursuites contre L. Blanc et Caussidière, contre l'abolition de la peine de mort, contre l'impôt progressif, contre l'incompatibilité des fonctions, contre l'amendement Grévy, contre la sanction de la Constitution par le peuple, pour l'ensemble de la Constitution, contre la proposition Rateau, contre l'interdiction des clubs. Nommé conseiller d'État à l'Assemblée constituante, il donna sa démission de représentant le 20 avril 1849. « Le prince président avait discerné, dit un biographe, dans ce représentant qui lui faisait une opposition tempérée, l'aspirant fonctionnaire qui ménageait l'avenir. » Aussi M. Stourm entra dans le nouveau conseil d'État formé après le coup d'État, et fut commissaire du gouvernement devant les Chambres. Nommé, en 1853, directeur général des postes, il conclut en cette qualité des conventions postales avec l'Angleterre, le Danemark, la Suède, la Norvège et la Belgique, et fut élevé à la dignité de sénateur le 24 mai 1861; il fut admis à la retraite, le 8 juillet 1861, comme directeur général des postes. Officier de la Légion d'honneur.

STRAFFORELLO (BARTHÉLEMY-THOMAS), député de 1820 à 1830, né à Marseille (Bouches-du-Rhône) le 12 avril 1764, mort à Marseille le 13 avril 1845, d'une famille d'origine génoise, négociant et membre de la chambre de commerce de Marseille, chef de bataillon de la garde nationale, se signala à l'attention des royalistes en refusant, en 1815, de signer une adresse qui mettait la garde urbaine à la disposition de Napoléon. Chevalier de la Légion d'honneur en 1816, il fut successivement élu député du 1er arrondissement électoral des Bouches-du-Rhône (Marseille), le 4 novembre 1820, par 539 voix (728 votants, 852 inscrits), contre 173 à M. Laurent Tardieu; le 25 février 1824, par 516 voix (636 votants, 749 inscrits), contre 80 à M. Tardieu; le 17 novembre 1827, par 380 voix (679 votants, 780 inscrits), contre 289 à M. Thomas, avocat. M. Strafforello s'occupa principalement de la Chambre de questions commerciales, de l'importation des grains, et ne parut qu'une seule fois à la tribune. Les biographies parlementaires du temps disent que, quoique ministériel, il était « bien intentionné ». Il donna sa démission en 1829, et fut remplacé, le 27 mars de la même année, par M. Thomas.

STROLTZ (JEAN-BAPTISTE-ALEXANDRE), député de 1831 à 1837, né à Belfort (Haut-Rhin) le 6 août 1771, mort à Paris le 27 octobre 1841, était destiné au barreau; mais la révolution le

fit entrer dans l'armée. Engagé volontaire au 1er régiment de chasseurs à cheval, il fit les campagnes de 1793 et de 1794 à l'armée du Nord, devint aide-de-camp de Kléber, passa comme capitaine au 16e chasseurs, fut aide-de-camp de Moreau pendant la campagne de 1800, et négocia, en cette qualité, un armistice avec le prince Charles; chef d'escadron en 1801, puis major au 19e chasseurs à cheval, devint, en 1805, sous-chef d'état-major de Masséna, avec le grade de colonel, et fut attaché, l'année suivante, à l'armée de Joseph Bonaparte. Général de brigade en 1807, il commanda une brigade d'infanterie sous les ordres du général Mathieu, lors des préparatifs de l'expédition de Sicile. Ayant suivi le roi Joseph en Espagne, il se signala à Talavera, où, à la tête d'une brigade de cavalerie légère, il sabra plusieurs escadrons de dragons anglais. Général de division du 15 février 1811, confirmé dans ce grade par l'empereur le 14 janvier 1811, il accompagna Joseph en France, resta auprès de lui comme aide-de-camp pendant la bataille de Paris, et fut chargé, en cette qualité, de porter les derniers ordres à Marmont. Chevalier de Saint-Louis à la première Restauration, il reçut, en avril 1815, pendant les Cent-Jours, le commandement d'une division de dragons, avec laquelle il se distingua à Fleurus. Mais en disponibilité en 1815, il succéda, en 1820, au général Lauriston comme commissaire extraordinaire du roi à Brest. Ayant quitté peu après ces fonctions, il se retira en Alsace où il s'occupa d'agriculture. Après la révolution de 1830, il fut nommé, par le maréchal Gérard, inspecteur général de la gendarmerie. Élu, le 5 juillet 1831, député du 5e collège du Haut-Rhin (Belfort), par 80 voix (156 votants, 171 inscrits), contre 68 à M. Frédéric Japy, et réélu, le 21 juin 1834, par 116 voix (186 votants, 213 inscrits), contre 65 à M. Roinau, il siégea dans la majorité dévouée aux ministres, et ne se représenta pas aux élections de 1837. Grand-croix de la Légion d'honneur (18 avril 1834).

STRUCH (FRANÇOIS-ANTOINE), député de 1839 à 1842 et de 1846 à 1848, représentant en 1848, né à Lutterbach (Haut-Rhin) le 24 novembre 1791, mort à Mulhouse (Haut-Rhin) le 25 juillet 1856, riche propriétaire préoccupé de l'amélioration du sort des classes laborieuses, maire de Lutterbach (Haut-Rhin), membre et président du conseil général, chevalier de la Légion d'honneur, fut élu, le 2 mars 1839, député du 5e collège du Haut-Rhin (Belfort), par 187 voix (203 votants, 289 inscrits); il prit place dans l'opposition et vota contre la dotation du duc de Nemours et pour les incompatibilités. Il ne se représenta pas en 1842, fut réélu député, le 1er août 1846, dans le 1er collège du Haut-Rhin (Colmar), par 191 voix (221 votants, 301 inscrits), contre 26 à M. Marande, député sortant, et continua de voter avec la gauche, et de faire de l'opposition à la politique de Guizot. À la révolution de février, le gouvernement provisoire le nomma commissaire de la République dans le Haut-Rhin; bien qu'il eût décliné toute candidature, il fut élu, le 23 avril 1848, représentant du Haut-Rhin à l'Assemblée constituante, le 1er sur 12, par 88,572 voix (94,408 votants). Républicain modéré, il fit partie du comité de l'Algérie, et vota souvent avec la droite, pour les poursuites contre L. Blanc, contre l'abolition de la peine de mort, contre l'impôt progressif, pour les incompatibilités, contre l'amendement Grévy, contre la sanction de la Constitution par le peuple, *pour* la proposition Rateau et *pour* l'interdiction des clubs. Il était en congé au moment du vote sur l'ensemble de la Constitution. Non réélu à la Législative, il retourna en Alsace.

STURTZ (Chrétien-David), député au Corps législatif en l'an X et en 1807, né à Deux-Ponts (Allemagne) le 19 décembre 1753, mort à une date inconnue, fils du sieur Sturtz, conseiller de la régence, fit son droit à Gœttingue et à Nancy, fut reçu avocat, et devint successivement secrétaire de subdélégation, conseiller et avocat du prince, conseiller de la régence, juge des bailliages de Deux-Ponts et de Hombourg, membre de la commission centrale d'administration des pays conquis (an IV), commissaire national près le tribunal de Deux-Ponts (an V), membre de la régence du 2e arrondissement, et commissaire près le tribunal correctionnel de Deux-Ponts (an VI). Élu, le 25 ventôse an X, par le Sénat conservateur, député du département du Mont-Tonnerre au Corps législatif, il fit partie des commissions ecclésiastique, d'instruction, des hospices. Nommé sous-préfet de Deux-Ponts le 21 juillet 1806, il fut réélu, le 7 mars 1807, au Corps législatif, abandonna ses fonctions administratives, pour siéger, mais, étant sorti du Corps législatif en 1811, les reprit le 24 juillet de la même année, et fut remplacé, sur sa demande, le 6 janvier 1814, après avoir déclaré (lettre au ministre du 2 décembre 1813) « son impropriété absolue d'amener la régularité des évacuations des malades et blessés. »

STURTZ (Fortuné - Charles - Guillaume), député au Corps législatif de 1813 à 1814, né à Deux-Ponts (Allemagne) le 27 décembre 1752, mort à une date inconnue, frère aîné du précédent, magistrat à Mayence et juge au tribunal des douanes, fut élu, le 6 janvier 1813, par le Sénat conservateur, député du département du Mont-Tonnerre au Corps législatif. Il en sortit aux traités de 1814.

STUVE (Henri-David), député au Corps législatif de 1812 à 1813, né en 1757, mort en 1813, maire d'Osnabrück, fut nommé par l'empereur, le 2 avril 1812, député de l'Ems-Supérieur au Corps législatif, sur la liste dressée par le préfet du département. Il mourut moins d'un an après.

SUBERVIE (Jacques-Gervais, baron), député de 1831 à 1848, représentant en 1848 et en 1849, né à Lectoure (Gers) le 1er septembre 1776, mort à l'arenchère (Gironde) le 10 mars 1856, partit comme volontaire en 1792, fit campagne aux armées des Pyrénées-Orientales et d'Italie, coopéra à la prise de Malte, et y resta jusqu'à l'époque où cette île fut rendue aux Anglais. Chef d'escadron en 1803, il se battit à Ulm et à Austerlitz, fut promu colonel du 10e chasseurs à cheval (27 décembre 1805), fit campagne en Prusse (1806) et en Espagne (1808), fut nommé baron de l'empire (1810), général de brigade (6 août 1811), et se distingua à la bataille de Sagonte (25 octobre suivant). Il suivit la grande armée en Russie, reçut deux éclats d'obus à la Moskowa et dut rester à Wilna pour soigner ses blessures. Dès qu'il fut rétabli, il reprit son commandement, et montra une brillante valeur à Wethau en Saxe (1813), à Montereau, à Champaubert, à Brienne et sous les murs de Paris, où il fut blessé de trois coups de lance.

Le 3 avril 1814, Subervie fut nommé général de division. Il reprit du service aux Cent-Jours et se battit à Ligny et à Waterloo. Licencié avec le reste de l'armée à la seconde Restauration, ce ne fut qu'en 1839 qu'il fut réintégré dans le cadre d'état-major. Le gouvernement de juillet le nomma (août 1830) commandant de la 1re division militaire (celle de Paris), puis (même mois) inspecteur général de cavalerie et membre du comité de l'infanterie et de la cavalerie. Il passa en 1841 dans le cadre de réserve. Il avait été élu, le 5 juillet 1831, député du 3e collège du Gers (Lectoure), par 201 voix (215 votants, 363 inscrits). Il prit place sur les bancs gauche dynastique, signa le compte-rendu de l'opposition en 1832, fut réélu, le 21 juin 1834, par 175 voix (239 votants, 366 inscrits), contre 59 à M. Kellermann, vota *contre* les lois de septembre, *contre* les lois de disjonction et d'apanage, et obtint encore le renouvellement de son mandat, le 4 novembre 1837, par 178 voix (203 votants, 405 inscrits). Il échoua à Lectoure, aux élections du 2 mars 1839, avec 157 voix, contre 166 à l'élu, M. de Salvandy, mais il se représenta, après l'option de ce dernier pour Nogent-le-Rotrou, et redevint député par 265 voix (343 votants). Il vota comme précédemment avec l'opposition. Le 9 juillet 1842, M. de Salvandy le battit encore à Lectoure avec 203 voix, contre 159, et, élu à la fois à Nogent-le-Rotrou et à Lectoure, opta cette fois pour Lectoure, pour laisser un siège à M. Benjamin de Lessert qui venait d'être battu à Saumur par le général Oudinot. Les électeurs indépendants se refusèrent à favoriser cette combinaison, et le général Subervie, ayant transporté sa candidature à Nogent-le-Rotrou (1er collège d'Eure-et-Loir), fut élu, le 24 septembre 1842, par 161 voix sur 308, reprit sa place dans les rangs de la gauche, avec laquelle il repoussa l'indemnité Pritchard, se prononça *pour* la réforme électorale et parlementaire et combattit la politique de Guizot. Il fut encore réélu, le 1er août 1846, par 163 voix (317 votants, 359 inscrits), contre 151 à M. Émile Pereire. Au lendemain de la révolution de février, le gouvernement provisoire appela le général Subervie au ministère de la Guerre (25 février 1848). Le nouveau ministre se montra attaché au parti du *National* et donna sa démission le 19 mars suivant pour ne pas avoir à signer le décret qui mettait à la retraite un grand nombre de ses compagnons d'armes. Il fut alors élevé à la dignité de grand chancelier de la Légion d'honneur. Un arrêté du 8 juin suivant l'admit à la retraite comme général; il fut rétabli en 1853 dans le cadre de réserve. Il avait été élu, le 23 avril 1848, représentant d'Eure-et-Loir à l'Assemblée constituante, le 3e sur 7, par 58,565 voix (72,675 votants, 87,002 inscrits), et, le même jour, représentant du Gers, le 3e sur 8, par 69,392 voix. Il opta pour l'Eure-et-Loir et fut remplacé, le 4 juin, dans le Gers, par M. de Panat. Il fit partie du comité de la guerre, et vota avec la gauche modérée, *pour* le maintien de l'état de siège, *pour* l'abolition du remplacement militaire, *contre* le droit au travail, *pour* l'ensemble de la Constitution, *pour* l'ordre du jour en l'honneur de Cavaignac, *contre* la proposition Rateau, *pour* l'amnistie, *contre* les crédits de l'expédition romaine, *pour* l'abolition de l'impôt des boissons. Pendant les journées de juin, il prit part aux mesures répressives dirigées contre les insurgés. Réélu, le 13 mai 1849, représentant d'Eure-et-Loir à l'Assemblée législative, le 5e sur 6, par 21,709 voix

(63,593 votants, 84,674 inscrits), il vota le plus souvent avec la minorité démocratique, sans s'associer toutefois aux manifestations de la Montagne. Le coup d'État du 2 décembre 1851 mit fin à sa carrière politique. Grand-croix de la Légion d'honneur du 11 décembre 1848, le général Subervie avait été remplacé douze jours après à la grande chancellerie par le maréchal Molitor.

SUCHET (GABRIEL-CATHERINE, CHEVALIER), représentant aux Cent-Jours, né à Lyon (Rhône) le 6 novembre 1773, mort à Paris le 28 février 1835, frère du suivant, entra dans l'administration des droits réunis à Paris sous le premier empire, fut nommé membre de la Légion d'honneur (25 prairial an XII), chevalier de l'empire (18 septembre 1808), administrateur des tabacs (1811-1815), maître des requêtes au conseil d'État, et fut élu, le 11 mai 1815, représentant de l'arrondissement de Largentière (Ardèche) à la Chambre des Cent-Jours par 56 voix sur 58 votants. Sa carrière politique fin avec la courte session de cette législature.

SUCHET (LOUIS-GABRIEL), DUC D'ALBUFÉRA, pair de France en 1814, pair des Cent-Jours, pair de France en 1819, né à Lyon (Rhône) le 2 mars 1772, mort au château de Saint-Joseph-Montredon, près Marseille (Bouches-du-Rhône) le 3 janvier 1826, fils d'un négociant en soieries, fut d'abord destiné au commerce; mais il s'engagea en 1791 dans la garde nationale de Lyon, devint, l'année suivante, capitaine des volontaires de l'Ardèche, commandant du 4e bataillon du même département le 20 septembre 1793, et assista en cette qualité au siège de Toulon, où il fit prisonnier le général O'Hara. Après avoir réprimé, en mai 1794, les troubles royalistes de Bedouin, il fut envoyé à l'armée d'Italie, où il se signala à Loano, à Lodi, à Rivoli, à Castiglione, à Bassano, à Arcole. Blessé à Urea, le 11 octobre 1796, il obtint un congé qu'il passa à Paris, revint pour assister au combat de Neumark, le 2 avril 1797, où il fut de nouveau blessé, et fut promu chef de la 18e demi-brigade le 26 octobre suivant. Il prit part, sous Brune, à la campagne d'Helvétie, porta au Directoire les drapeaux pris à l'armée de Valence, fut nommé général de brigade le 23 mars 1798, et désigné pour faire partie de l'expédition d'Égypte. Mais Brune obtint de le garder auprès de lui comme chef d'état-major, fonctions qu'il conserva sous Joubert dont il était l'ami. Des difficultés s'étant élevées, à propos des fournitures de l'armée et des levées de numéraire faites en Italie, entre les commissaires du gouvernement et Suchet, ce dernier dut, par décret du Directoire, rentrer en France sous trois jours, sous peine d'être inscrit sur la liste des émigrés. A son arrivée à Paris, il n'eut pas de peine à se justifier, et fut envoyé, le 21 février 1799, à l'armée du Danube comme chef d'état-major. Il y resta peu de temps, car Joubert, ayant été appelé au commandement de l'armée d'Italie, le réclama auprès de lui et le fit nommer général de division le 10 juillet. Après la mort de Joubert, il continua d'exercer les mêmes fonctions sous Moreau et Championnet; sous Masséna, en mars 1800, il commanda l'aile gauche de l'armée, et, quand Mélas eut coupé en deux l'armée française et rejeté Masséna dans Gênes, il s'immortalisa par son héroïque défense des lignes du Var, et par la hardiesse de sa marche sur les flancs de l'ennemi, qui lui

permit de s'emparer d'une division autrichienne et de rejoindre l'armée de Gênes; la présence combinée de Masséna et de Suchet sur les derrières de Mélas contribua à rendre décisive la victoire de Marengo. A la suite de la convention d'Alexandrie, signée le lendemain, Suchet fut chargé de l'administration des territoires de Gênes et de Lucques. Dans la campagne suivante, il se distingua au passage du Mincio, à Vérone, et, de l'armistice de Trévise à la paix de Lunéville, fut gouverneur du Frioul l'adouan. Inspecteur général d'infanterie le 24 juillet 1801, commandant de la 4e division au camp de Saint-Omer le 24 octobre 1803, et chargé comme tel du nouvel aménagement du port de Vimereux, grand-officier de la Légion d'honneur en 1804, Suchet prit une part glorieuse aux guerres de l'empire. Commandant de la 4e division du 4e corps (Soult), il se distingua à Ulm et à Austerlitz; en 1806, dans le 5e corps (Lannes), il se battit à Saalfeld, à Iéna, puis à Pultusk en Pologne. A la paix de Tilsitt, il fut chargé, avec les généraux russes Tolstoï et Wittgenstein, de délimiter les nouvelles frontières du grand-duché de Varsovie, prit, en août 1808, le commandement du 5e corps, et resta cantonné en Silésie jusqu'à l'automne. Grand-aigle de la Légion d'honneur du 8 février 1806, avec une dotation de 20,000 francs, il fut créé comte de l'empire le 24 juin 1808. Envoyé en Espagne en novembre suivant, il franchit l'Èbre, couvrit le siège de Saragosse, et devint, en avril 1809, commandant en chef de l'armée d'Aragon (2e corps) et gouverneur de cette province. Il battit Blake à Maria le 14 juin 1809, O'Donnell devant Lérida le 22 avril 1810, s'empara de Tortose le 2 janvier 1811, prit d'assaut Tarragone le 28 juin, et fut promu maréchal de France le 8 juillet suivant. Il envahit ensuite la province de Valence, gagna sur Blake la bataille de Sagonte (15 octobre 1811), et prit Valence par capitulation, après un mois de siège (30 janvier 1812). Il reçut en récompense, le 3 janvier 1813, le titre de duc d'Albuféra. Après la bataille des Arapiles, il prit le commandement des armées d'Aragon et de Catalogne (avril 1813), avec lesquelles il se maintint victorieusement dans l'Espagne orientale; mais la défaite de Vittoria le força d'évacuer Valence, de se replier sur Barcelone et les Pyrénées et de rallier sur l'Aude le corps de Soult battu à Toulouse; il fut promu colonel général de la garde impériale, en remplacement de Bessières, le 8 novembre 1813. Nommé pair de France par Louis XVIII, le 4 juin 1814, gouverneur de la 10e division militaire le 21 juin, puis de la 5e le 30 novembre, il devint pair des Cent-Jours le 2 juin 1815, et fut chargé de surveiller les frontières de la Savoie. Il résista, malgré son infériorité numérique, aux efforts des alliés pendant près de deux mois, se replia sur Lyon lorsqu'il vit cette ville menacée par les Autrichiens, et conclut, le 12 juillet, une convention qui sauvait Lyon et le matériel renfermé dans cette ville. Rayé de la liste des pairs au retour de Gand, il ne rentra à la Chambre haute que le 5 mars 1819, et fut désigné, en 1821, comme témoin aux couches de la duchesse de Berry. Lorsque la campagne d'Espagne fut décidée (1823), il fut question de lui pour la diriger; mais la cour ne voulut pas d'un généralissime qui avait servi l'empereur. Suchet mourut peu après, à 54 ans. Il avait épousé, le 13 novembre 1808, Mlle A. de Saint-Joseph, et se trouvait ainsi par alliance le neveu de la femme de Joseph Bonaparte. On a du maréchal Suchet : *Mémoires sur les campagnes en Espagne* (Paris, 1829-1834).

SUCHET (Louis-Napoléon, duc d'Albuféra), pair de France, représentant en 1849, député au Corps législatif de 1852 à 1870, né à Paris le 23 mai 1813, mort à Paris le 22 juillet 1877, fils du précédent, entra à l'École polytechnique, en sortit officier d'artillerie, servit plusieurs années en Algérie, et, de retour à Paris, après un riche mariage avec une des filles du banquier prussien Schickler (1841), donna sa démission de capitaine (1843). Le 2 juin 1838, il avait été admis, en remplacement de son père décédé, à siéger à la Chambre des pairs par droit héréditaire. Il soutint de ses votes le gouvernement de Louis-Philippe. Le 13 mai 1849, les conservateurs monarchistes de l'Eure l'envoyèrent, le 3e sur 9, siéger à l'Assemblée législative, par 55,708 voix (93,065 votants, 125,952 inscrits). Il y soutint la politique de l'Élysée et se prononça pour toutes les lois restrictives et répressives. Élu, le 29 février 1852, comme candidat officiel, député de la 1re circonscription de l'Eure au Corps législatif, par 18,840 voix (24,310 votants, 37,857 inscrits) contre 2,842 à Dupont (de l'Eure) et 1,627 à M. de Salvandy, il siégea dans la majorité dynastique avec laquelle il vota constamment, ayant obtenu sa réélection le 22 juin 1857, par 15,875 voix (27,254 votants, 36,029 inscrits), contre 11,220 à M. Davy; le 1er juin 1863, par 17,702 voix (26,840 votants, 32,363 inscrits), contre 9,081 à M. Louis Passy; le 24 mai 1869, par 14,403 voix (25,083 votants, 29,871 inscrits). Il présida, en mai 1870, le comité qui dirigea à cette époque le mouvement plébiscitaire. A la chute de l'empire, M. d'Albuféra était sur le point d'être nommé sénateur. Il se présenta comme candidat au Sénat dans l'Eure, le 30 janvier 1876, et recueillit, sans être élu, 199 voix (785 votants). Le succès du plébiscite lui avait valu, le 18 mai 1870, la plaque de grand-officier de la Légion d'honneur.

SUCHET (Fulcrand), représentant en 1849, né à Toulon (Var) le 5 mai 1812, mort à Toulon le 24 mars 1889, négociant et commissionnaire à Toulon, devint maire de cette ville. Républicain avancé, il fut élu, le 13 mai 1849, représentant du peuple à l'Assemblée législative, le 5e sur 7, par 26,981 voix (101,516 inscrits). Il prit place à la Montagne et s'associa à l'interpellation de Ledru-Rollin sur les affaires de Rome, ainsi qu'à l'appel aux armes lancé par les représentants de la Montagne. Il se rendit au Conservatoire des arts et métiers, et, ne voyant personne se joindre aux représentants présents, offrit d'aller chercher du secours à la mairie du 6e arrondissement. Là, la garde nationale refusa de le suivre, et, comme il insistait, le maire le fit arrêter. Condamné par la haute cour de Versailles, le 10 octobre suivant, à cinq ans de détention, il subit sa peine à Belle-Isle-en-Mer, et rentra ensuite dans la vie privée.

SUE (Marie-Joseph-Eugène), représentant du peuple en 1850, né à Paris le 20 janvier 1804, mort à Annecy (Haute-Savoie) le 3 août 1857, « fils de Jean-Joseph Sue, médecin en chef de la garde des consuls, âgé de 43 ans, et de Marie-Sophie Derilly », eut pour parrain le prince Eugène et pour marraine l'impératrice Joséphine. Envoyé au lycée Bonaparte, il en sortit à la fin de sa seconde, hésita entre plu-

sieurs carrières, entra chez Gudin pour y apprendre la peinture, étudia la médecine sous la direction de son père, et, gai alors et bon enfant, fut embarqué par son père, comme chirurgien, sur un vaisseau de l'État, le *Breslau*. Ses connaissances médicales étant fort incomplètes, il avoua son incompétence à ses deux aides, qui le suppléèrent dans ses fonctions; il voyagea ainsi six ans, en Espagne, aux îles, à Toulon, à Brest, à Lorient, aux côtes de Grèce, et assista (1828) à la bataille de Navarin. Devenu, en 1829, par la mort de son père, possesseur d'une fortune qui s'élevait à près de 40,000 francs de rente, il quitta le service et la médecine, pour vivre largement à Paris, en fils de famille. Cependant une circonstance fortuite, la rencontre, au foyer de l'Opéra, du directeur d'un recueil littéraire (la *Nouveauté*), qui lui demanda de lui écrire quelques scènes maritimes, le décida à s'essayer dans la littérature : *Kernock le pirate* fut son premier livre. Il fut beaucoup remarqué, et dès lors, Eugène Sue songea à exploiter le bagage de connaissances et d'observations maritimes qu'il avait rapportées de ses voyages. Il écrivit *Plick et Plock* (1831), vive et piquante peinture des mœurs des matelots, et immédiatement après *Atar Gull* (1831), la *Salamandre* (1832), la *Coucaratcha* (1832-1834), la *Vigie de Koat-ven* (1833). Proclamé le Cooper français et décidément adopté par le public, il voulut se livrer à une étude plus sérieuse de la marine, travailla aux archives du ministère, et donna (1835-37) une intéressante *Histoire de la marine française*, dont le succès pourtant fut médiocre : on préférait le romancier à l'historien. Les relations qu'il devait à son désintéressement, la grande vie qu'il menait, les salons qu'il fréquentait le poussèrent à prendre les mœurs élégantes de la société aristocratique. Ses premiers romans avaient témoigné d'une imagination puissante, amoureuse de l'étrange, du pathétique, de l'horrible. Il commença de se débarrasser de son exagération dans le *Marquis de Letorière* (1839), le *Morne au diable* (1842), et y renonça tout à fait, sur les conseils de son confrère Félix Pyat, dans *Mathilde* (1841), un des plus grands succès littéraires de l'époque. En même temps, il aborda l'histoire avec *Latréaumont* et *Jean Cavalier*. Jusque-là, il n'avait fait que de l'art pour l'art, en gentilhomme de lettres, mais la trahison d'une femme qu'il adorait, la ruine complète de sa fortune (1840) le jetèrent dans un scepticisme amer; il se retira en Sologne, « se lança dans le monde d'en bas comme il s'était lancé dans le monde d'en haut, et vécut de la vie populaire, démocrate d'imagination d'abord, et bientôt de conviction ». Les *Mystères de Paris* (1842) révélèrent alors la nouvelle doctrine sociale, philanthropique et humanitaire du romancier. On y trouva une étonnante facilité d'invention, une grande habileté de mise en scène, et une recherche heureuse des effets dramatiques et pathétiques. La vogue du roman fut immense : on s'arrachait les numéros du *Journal des Débats* dans lequel il parut. Devenu définitivement socialiste, Eugène Sue fut, à partir de cette publication, un des écrivains préférés du parti démocratique. Le *Juif errant*, qui vint ensuite (1844-45), fut payé cent mille francs par le *Constitutionnel*. En 1848, la publication du *Républicain des campagnes* et du *Berger de Kravan*, sorte de manifeste révolutionnaire, acheva de cimenter l'union d'Eugène Sue avec l'école socialiste, et, le 28 avril 1850, en remplacement de Vidal, qui avait opté pour le Bas-

Rhin, le romancier populaire fut élu représentant de la Seine à l'Assemblée législative, par 127,812 voix (250,600 votants, 328,490 inscrits), contre 119,726 à M. Leclerc, négociant et monarchiste. Il siégea à la Montagne, vota constamment avec ce groupe politique, protesta contre le coup d'État de L.-N. Bonaparte, alla se constituer lui-même prisonnier au fort de Vanves, bien que L.-Napoléon l'eût rayé de la liste des représentants à arrêter, et s'exila volontairement en Savoie. Il y écrivit un grand nombre de romans pour le journal le *Siècle*, qui s'était assuré exclusivement sa collaboration, et mourut à Annecy de la rupture d'un anévrisme. « Là, a écrit Félix Pyat, cet enfant du privilège, né, comme dit l'Anglais, une cuiller d'or à la bouche, cet enfant chéri du succès, ce gâté de la fortune, ce favori du monde et de la mode, doué de tous les dons de la fée et de la muse, ayant brisé toutes ses chaînes d'or, sacrifié au devoir honneurs et richesses, tout, même son droit de patrie, ce grand esprit, ce grand cœur, sans ambition ni avarice, dévoué corps et biens, couvert à la démocratie avant la victoire, accepta persécution et calomnie, s'imposa exil et travail, fidèle à sa nouvelle foi jusqu'à la mort, résistant même à l'amnistie impériale, mort sur la terre étrangère, plus constant que ceux qui n'avaient eu que la peine de naître peuple, finissant comme cet autre égalitaire, Lamennais, finissant plus bas encore, oui, plus bas même que la fosse commune, dans celle des suppliciés » (*Revue de Paris et de Saint-Pétersbourg*, 1888). Parmi les très nombreux ouvrages d'Eugène Sue, il faut encore citer : *Thérèse Dunoyer* (1842), *Martin ou l'enfant trouvé* (1847), les *Sept péchés capitaux* (1847-49), les *Mystères du peuple, ou Histoire d'une famille à travers les âges* (1849-56), les *Enfants de l'amour* (1850), la *Bonne aventure* (1851), *Gilbert et Gilberte* (1853), le *Fils de famille* (1855), les *Secrets de l'oreiller*, roman posthume (1857). Au théâtre il a donné, avec Goubeaux : *Latréaumont* (1840), la *Prétendante* (1841), les *Pontons* (1841), *Pierre le Noir* (1842), les *Mystères de Paris* (1842); *Mathilde*, avec Félix Pyat (1842); le *Morne au diable*, le *Juif errant*, avec Desnoyers, etc.

SUFFREN DE SAINT-TROPEZ (PIERRE-MARIE, MARQUIS DE), pair de France, né à Paris le 20 février 1753, mort à Paris le 8 mars 1821, « fils de Joseph-Jean-Baptiste de Suffren, marquis de Saint-Tropez, mestre de camp de cavalerie, et de Louise-Pulchérie-Gabrielle de Goëbriand », entra très jeune dans l'armée comme enseigne au régiment du roi; colonel du régiment de Bressiguy et chevalier de Saint-Louis à la Révolution, il émigra, fit, comme volontaire, la campagne de 1792 à l'armée des princes, et passa ensuite en Angleterre. Rentré en France avec les Bourbons, il fut fait maréchal de camp en 1814, président du collège électoral d'Alais en 1815, et pair de France le 17 août 1815. À la Chambre haute, il vota pour la mort dans le procès du maréchal Ney, et défendit les libertés octroyées par la Charte.

SUGNY (FRANCISQUE-MARIE-JOSEPH RAMEY DE), représentant en 1871, né à Urfé (Maine-et-Loire) le 14 septembre 1825, propriétaire, fut élu, le 8 février 1871, représentant de la Loire à l'Assemblée nationale, le 7° sur 11, par 48,571 voix (80,275 votants, 143,320 inscrits). Légitimiste et catholique, il se fit inscrire à la réunion des Réservoirs, signa l'adresse des députés syllabistes au pape et la demande de rétablissement

de la monarchie, et vota *pour* la paix, *pour* l'abrogation des lois d'exil, *pour* la pétition des évêques, *contre* le service de trois ans, *pour* la démission de Thiers, *pour* le septennat, *pour* le ministère de Broglie, *contre* l'amendement Wallon et *contre* les lois constitutionnelles. Conseiller général du canton de Saint-Just-en-Chevalet (Loire) du 8 octobre 1871, il échoua ensuite successivement, comme candidat sénatorial dans la Loire le 30 janvier 1876, avec 191 voix sur 393 votants; puis, après la dissolution de la Chambre par le cabinet du 16 mai, comme candidat à la députation (14 octobre 1877) dans la 1re circonscription de Roanne, avec 5,299 voix, contre 10,132 à l'élu, M. Cherpin, républicain; enfin, une troisième fois, comme candidat au Sénat dans la Loire, au renouvellement triennal du 5 janvier 1879, avec 105 voix sur 390 votants.

SUIN (VICTOR), sénateur du second empire, né à Laon (Aisne) le 27 octobre 1797, mort à Chatou (Seine-et-Oise) le 14 décembre 1877, fils d'un avoué de Laon, étudia le droit et s'inscrivit comme avocat au barreau de Laon. Conseiller d'arrondissement en 1830, membre et secrétaire du conseil général de l'Aisne (1833), adjoint au maire de Laon (1837), décoré en 1845, il se déclara, après l'élection présidentielle du 10 décembre 1848, en faveur de la politique de L.-N. Bonaparte, et dut à la protection d'Odilon Barrot sa nomination d'avocat général à la cour de Paris (4 février 1849). Il fut chargé de soutenir l'accusation dans un grand nombre de procès politiques devant la cour d'assises, applaudit au coup d'État de 1851, et fut appelé à faire partie (janvier 1852) du conseil d'État réorganisé (section de législation). Le 24 octobre 1863, M. Suin entra au Sénat impérial, où il soutint les intérêts de la politique impériale. La révolution de 1870 le rendit à la vie privée. Grand officier de la Légion d'honneur (août 1869).

SULEAU (LOUIS-ANGE-ANTOINE-ELYSÉE, VICOMTE DE), sénateur du second empire, né à Saint-Claude (Jura) le 6 mai 1793, mort à Aix-les-Bains (Savoie) le 12 février 1871, fils du publiciste François-Louis de Suleau, entra à l'École militaire de Saint-Germain, fit, comme sous-lieutenant de carabiniers, la campagne de Russie, où il eut les pieds gelés, devint lieutenant aux débuts de la campagne de Saxe, capitaine de cavalerie en 1814 et aide-de-camp du général Lagrange. Il quitta l'armée à la Restauration et entra dans l'administration; successivement sous-préfet de Gannat (15 juillet 1814) (destitué aux Cent-Jours, il rejoignit alors l'armée du duc d'Angoulême dans le Midi), sous-préfet de Forcalquier (6 septembre 1820), de Bennes (6 février 1821), de Compiègne (1er mai suivant), préfet de la Corse (9 janvier 1822), de Vaucluse (7 avril 1824), de la Vendée (18 juillet 1827), de la Moselle (27 janvier 1828), il devint, sous le ministère Polignac, conseiller d'État et directeur général des domaines (2 avril 1830), situation qu'il conserva peu de temps, car il donna sa démission après la journée de juillet et refusa de servir le nouveau gouvernement. Après la révolution de 1848, il se rallia à la politique du prince Louis-Napoléon, qui le nomma à la préfecture d'Eure-et-Loir (24 janvier 1849), puis à celle des Bouches-du-Rhône (14 septembre suivant). Promu sénateur le 4 mars 1853, il siégea dans la majorité dynastique, et fut du nombre des sénateurs qui, dans le projet d'adresse discuté le

6 mars 1801, proposèrent d'ajouter un amendement favorable « à la souveraineté temporelle du Saint-Siège, sur laquelle repose l'indépendance de son autorité spirituelle. » L'amendement fut rejeté à 9 voix de majorité. M. de Saleau, qui avait reçu de Louis XVIII, le 29 mai 1816, le titre de vicomte, était commandeur de la Légion d'honneur (11 août 1850). On a de lui : *Récits des opérations de l'armée royale du Midi sous les ordres du duc d'Angoulême* (1815-1816); *Appel à la France sur les véritables causes de la révolution de 1830* (1831.); *Des finances de la France avant et après la révolution de juillet* (1833).

SULPICY (GABRIEL), représentant aux Cent-Jours, et député de 1831 à 1834, né à Saint-Yrieix (Haute-Vienne) le 27 avril 1765, mort à Barrèges (Hautes-Pyrénées) le 6 novembre 1841, étudia la médecine, et, reçu docteur, exerça à Saint-Yrieix. Maire de cette ville, il fut élu, le 16 mai 1815, représentant de l'arrondissement de Saint-Yrieix à la Chambre des Cent-Jours, par 37 voix (53 votants), contre 11 à M. Bordas. Il se fit peu remarquer dans cette législature. Le 5 juillet 1831, il se représenta à la députation dans le 4e collège de la Haute-Vienne (Saint-Yrieix), et obtint 74 voix contre 88 à M. Mérilhou, élu; mais il fut élu, le 1er octobre suivant, par 85 voix (161 votants, 183 inscrits), contre 41 à M. Descouturier, en remplacement de M. Mérilhou, qui avait opté pour un autre collège. Il appartint à l'opposition dynastique et ne se représenta pas aux élections générales de 1834.

SUQUET (HIPPOLYTE-LOUIS), député de 1885 à 1889, né à Sisteron (Basses-Alpes) le 9 février 1841, avoué à Sisteron, fut porté, aux élections législatives du 4 octobre 1885, sur la liste radicale des Basses-Alpes, et fut élu, au second tour, le 18 octobre, le 3e et dernier, par 15,975 voix (26,700 votants, 39,720 inscrits); il s'était déclaré, dans sa profession de foi, catholique et républicain. Il siégea à la gauche radicale, vota en général avec la majorité, adhéra pendant quelque temps à la politique du général Boulanger et se prononça, dans la dernière session, *contre* le rétablissement du scrutin d'arrondissement (11 février 1889), *contre* l'ajournement indéfini de la revision de la Constitution, *contre* les poursuites contre trois députés membres de la Ligue des patriotes, *contre* le projet de loi Lisbonne restrictif de la liberté de la presse, *contre* les poursuites contre le général Boulanger.

SURADE (JACQUES DELION DE), député en 1789, né à Lyon (Rhône) le 7 juin 1738, mort à une date inconnue, était chanoine régulier de la congrégation de France (Sainte-Geneviève), et prieur-curé de Plaisance (Vienne) au moment de la Révolution. Il fut l'un des collaborateurs, pour les questions agricoles, du journal les *Affiches du Poitou*, de Jouyneau-Desloges, et, partisan des idées nouvelles, adressa au garde des sceaux, le 18 mars 1789, avec cinq autres curés du Poitou, une protestation portant que les évêques de Poitiers et de Luçon les avaient empêchés de former des comités sous peine de les priver du droit de voter. « Les curés, qui se connaissent à peine, ajoute la protestation, resteront ainsi sous l'oppression épiscopale qui même s'appesantira sur eux pour les punir. » Ils demandaient en outre que l'âge de 25 ans, requis pour voter dans les deux autres ordres, le fût aussi pour le clergé, et suppliaient le ministre de leur envoyer une prompte réponse, le scrutin devant s'ouvrir dans dix ou douze

jours. Le droit de réunion leur fut accordé, et l'abbé de Sarade fut élu, le 1er avril, député du clergé de la sénéchaussée du Poitou aux Etats Généraux. Il vota la vérification des pouvoirs en commun, fit partie du comité des finances, et prêta le serment ecclésiastique le 29 décembre 1790. Il disparut de la scène politique après la session.

SURIAN (THOMAS-JOSEPH-MARIE-ALFRED DE), député de 1839 à 1846, né à Marseille (Bouches-du-Rhône) le 7 août 1801, mort à Marseille le 11 mai 1863, avocat et propriétaire dans sa ville natale, fut élu, le 2 mars 1839, député du 3e collège des Bouches-du-Rhône (Marseille), par 305 voix (515 votants). Réélu, le 9 juillet 1842, par 316 voix (513 votants, 697 inscrits), contre 228 à M. Reybaud, il siégea dans l'opposition légitimiste, auprès de Berryer, et vota *pour* les incompatibilités, *pour* l'adjonction des capacités, *contre* la dotation du duc de Nemours, *contre* les fortifications de Paris et *contre* l'indemnité Pritchard. Rentré dans la vie privée aux élections de 1846, il n'a pas fait partie d'autres assemblées.

SURLET. — *Voy.* CHOCKAER (BARON DE).

SURVILLE (CHARLES DE), représentant en 1849, né à Nîmes (Gard) le 15 novembre 1803, mort au château de Lacoste (Gard) le 9 juillet 1868, « fils de Jean-Louis-Charles de Surville, ancien maire de Nîmes, et ancien colonel de la garde nationale, receveur général du Gard, et de Joséphine de Lattier », était conseiller général du Gard, où il possédait des propriétés. Elu, le 13 mai 1849, représentant du Gard à l'Assemblée législative, le 8e et dernier, par 49,510 voix (91,741 votants, 121,533 inscrits), il siégea à droite et vota avec les royalistes, *pour* l'expédition de Rome, *pour* la loi Falloux-Parieu sur l'enseignement, *pour* la loi restrictive du suffrage universel. Il ne se rallia pas à la politique particulière de l'Elysée et rentra dans la vie privée au coup d'Etat du 2 décembre 1851.

SUSINI (PAUL-FRANÇOIS DE), député de 1886 à 1889, né à Sartène (Corse) le 2e septembre 1843, étudia la médecine, fut reçu docteur et exerça la profession de chirurgien. D'opinions radicales, il fut porté, le 11 février 1886, sur la liste républicaine de la Corse, et élu, le 4e et dernier, par 21,066 voix (43,145 votants, 73,832 inscrits.) Il prit place à l'extrême gauche, avec laquelle il vota d'abord *contre* les ministères Rouvier et Tirard; il appuya (juin 1886) l'expulsion des princes, puis il suivit le parti du général Boulanger, et fut un des membres les plus actifs du « comité national ». Le 19 novembre 1888, il réclama la discussion immédiate d'une proposition relative aux diffamations et calomnies contre des députés (affaire Numa Gilly); l'urgence fut repoussée par 316 voix contre 102. M. de Susini s'est prononcé, dans la dernière session, *contre* le rétablissement du scrutin d'arrondissement (11 février 1889), *pour* l'ajournement indéfini de la revision de la Constitution, *contre* les poursuites contre trois députés membres de la Ligue des patriotes, *contre* le projet de loi Lisbonne restrictif de la liberté de la presse, *contre* les poursuites contre le général Boulanger.

SUSSY (JEAN-BAPTISTE COLLIN, COMTE DE), pair de France et ministre, né à Sainte-Menchould (Marne) le 1er janvier 1750, mort à Paris le 7 juillet 1826, était, avant la Révolution, employé dans les fermes du roi. Après 1793, il fut nommé receveur des douanes, se rallia au 18 brumaire, et devint préfet de la Drôme en l'an VIII, préfet de Seine-et-Marne le 11 frimaire an IX, conseiller d'Etat (section des finances) en l'an X, membre de la Légion d'honneur le 9 vendémiaire an XII, et commandeur de l'ordre le 15 prairial suivant. En 1801, il assista aux conférences de Mayence, et, en 1805, présenta au Corps législatif le nouveau projet d'organisation des douanes. Créé comte de l'empire le 24 avril 1808, grand-officier de la Légion d'honneur en 1811, il devint ministre du Commerce et des Manufactures le 15 janvier 1812. A la première Restauration, le ministère du Commerce ayant été supprimé, M. de Sussy demeura sans emploi. Aux Cent-Jours il fut nommé pair par l'empereur le 2 juin 1815, et premier président de la cour des comptes; en cette qualité, il adressa à l'empereur une harangue de félicitations et de dévouement. Destitué à la seconde Restauration, M. de Sussy vivait dans la retraite, quand le ministère Decazes l'appela, le 5 mars 1819, à la Chambre des pairs. Il siégea jusqu'à sa mort parmi les constitutionnels et les défenseurs des libertés octroyées par la Charte, et fut rapporteur de la commission sur le monopole du tabac.

SUSSY (Jean-Baptiste-Henry Collin, comte de), pair de France, né à Châlons-sur-Marne (Marne) le 24 mars 1776, mort à Paris le 17 avril 1837, fils du précédent et « de dame Louise Millot », fut, sous l'empire, maître des requêtes, puis, sous la Restauration, administrateur des contributions indirectes. Admis à siéger, le 3 janvier 1827, à la Chambre des pairs, par droit héréditaire, en remplacement de son père décédé, il prit place parmi les modérés. Chargé par la Chambre des pairs, le 30 juillet 1830, de porter à l'Hôtel de Ville et à la Chambre le retrait des Ordonnances obtenu par M. de Mortemart, il se heurta, au palais Bourbon, à un refus formel de Laffitte de le recevoir, et se rendit à l'Hôtel de Ville. — « Que voulez-vous que nous fassions de cela?... » lui répondit La Fayette, et, comme il insistait : « C'est fini des Bourbons, ajouta-t-il, il faut vous résigner.» M. de Sussy, qui tenait beaucoup à un accusé de réception, se rendit auprès de la commission municipale, où Audry de Puyravault ne voulut rien entendre. Il finit par obtenir de La Fayette, qu'il retrouva seul dans son cabinet, une note ambiguë accusant réception des documents. M. de Sussy siégea à la Chambre haute jusqu'à sa mort, ayant prêté serment au gouvernement de juillet.

SUZANNET (Louis-Constant-Alexandre, comte de), pair de France, né à Orléans (Loiret) le 2 janvier 1814, mort à Brest (Finistère) le 23 février 1862, fils du célèbre chef vendéen, fut appelé à la pairie le 5 novembre 1827. N'ayant pas encore atteint l'âge nécessaire pour prendre séance avant la révolution de 1830, il vit alors sa nomination annulée par l'article 68 de la nouvelle Charte.

SWINEY (Gustave), représentant en 1873, et député de 1876 à 1881, né à Bordeaux (Gi-

ronde) le 8 janvier 1808, mort à Plouëgat-Guécsand (Finistère) le 7 avril 1883, propriétaire et agronome à Plouëgat, fut nommé maire de cette commune en 1871, et fut révoqué par le ministère de Broglie en 1873. Après avoir échoué, le 8 février 1871, comme candidat à l'Assemblée nationale dans le Finistère, avec 29,662 voix sur 76,083 votants, il fut élu représentant du même département à l'Assemblée nationale, le 11 décembre 1873, en remplacement de M. de Tréveneuc décédé, par 62,783 voix (106,357 votants), 158,536 inscrits), contre 43,837 à M. Le Guen, conservateur. Il prit place à la gauche républicaine, et vota *contre* le ministère de Broglie, *pour* l'amendement Wallon et *pour* les lois constitutionnelles. Réélu député, le 20 février 1876, dans la 1re circonscription de Morlaix, par 7,611 voix (14,333 votants, 19,493 inscrits), contre 6,612 à M. de Kersauson, il continua de siéger à gauche, et fut l'un des 363 députés qui, au 16 mai, refusèrent le vote de confiance au ministère de Broglie. Réélu comme tel, le 14 octobre 1877, par 8,757 voix (15,693 votants, 19,614 inscrits), contre 6,781 à M. de Champaguy, il reprit sa place dans la majorité républicaine et ne se représenta pas aux élections générales de 1881.

SYLVESTRE (Pierre-Charles), député de 1815 à 1816, né à Bordeaux (Gironde) le 5 novembre 1766, mort à Marmande (Lot-et-Garonne) le 11 juin 1843, « fils de M. Pierre-Henri-Louis Sylvestre, avocat au Parlement, et de demoiselle Marie Dumoulin », était avocat à Marmande en 1789. Administrateur du district, magistrat de sûreté dans la même ville, il fut élu, le 22 août 1815, député du grand collège de Lot-et-Garonne, par 104 voix (200 votants, 285 inscrits); il siégea dans la minorité ministérielle de la Chambre introuvable, sans s'y faire remarquer. Nommé sous-préfet de Marmande le 6 septembre 1820, et conseiller général en 1824, il n'a pas fait partie d'autres assemblées.

SYMON (François-Etienne), député en 1789, né à Vildé-la-Marine (Côtes-du-Nord) le 23 janvier 1742, mort à Dol (Ille-et-Vilaine) le 20 décembre 1807, fils de François-Gilles Symon et d'Etiennette Boissier, entra dans les ordres. Vicaire à Saint-Coulomb, recteur de la Boussac (1782), il fut élu, le 21 avril 1789, député du clergé de la circonscription électorale, appelée évêché de Dol, aux Etats-Généraux. Il fut un des premiers à se réunir au tiers, et bien qu'il eût signé, en avril 1790, l'*Exposition des principes* des évêques orthodoxes, il prêta le serment ecclésiastique (3 janvier 1791), puis le rétracta dans le *Journal ecclésiastique* quelques jours après. Il signa encore la protestation contre le décret de réunion du comtat Venaissin à la France, et revint à la Boussac après la session. Obligé de s'expatrier comme insermenté, il se rendit en Angleterre, rentra en France en 1801, rétablit le culte à la Boussac, et ayant juré fidélité à la Constitution, lors de la promulgation du Concordat, fut rayé de la liste des émigrés, mais ne fut pas réintégré dans la cure de la Boussac. En l'an XI le gouvernement le nomma principal du collège de Dol; il mourut à ce poste quatre ans plus tard.

TAB 351 TAI

T

TABARIÉ (MICHEL-MARIE-ETIENNE-VICTOR, VICOMTE), député de 1815 à 1816, né à Montpellier (Hérault) le 6 juin 1768, mort à Montfort-l'Amaury (Seine-et-Oise) le 30 juillet 1830, entra dans l'administration militaire, fut sous l'empire sous-inspecteur aux revues, chef de division au ministère de la Guerre, et secrétaire-général du ministère de la Guerre sous le duc de Feltre. Il redevint chef de division à la guerre sous la première Restauration, suivit le roi à Gand pendant les Cent-Jours, et, au retour, fut nommé intendant de la maison du roi. Élu, le 22 août 1815, député du grand collège de la Seine, par 112 voix (202 votants, 230 inscrits), il fut choisi comme secrétaire de la Chambre à l'ouverture de la session (12 octobre), s'excusa de ne pouvoir se rendre à la Chambre en ce moment, fut remplacé sur sa demande, et vint peu après siéger dans la majorité de la Chambre introuvable. Il fit partie de plusieurs commissions, fut créé vicomte le 6 mars 1816, nommé conseiller d'Etat le 8 mai, et, le lendemain, sous-secrétaire d'Etat au ministère de la Guerre. En cette qualité, il présenta à la Chambre plusieurs lois de finances, et, après la dissolution de la chambre (septembre 1816), parut encore à la tribune, sans avoir été réélu député, comme commissaire du gouvernement; il eut notamment, en novembre 1816, à défendre le budget de la guerre; il avait présenté auparavant l'apologie de l'administration du duc de Feltre avec une telle chaleur, qu'il avait soulevé quelques protestations. « Je supplie la Chambre, dit-il alors, de ne voir dans le ton auquel il parait que je me suis abandonné tout à fait à mon insu, que l'incertitude d'un homme qui parlait pour la première fois devant une grande assemblée, et auquel il n'a pas été donné de saisir, dès le premier moment, l'intonation parfaitement convenable. » M. Tabarié quitta le ministère avec le duc de Feltre, se fit nommer intendant militaire (15 septembre 1817), et fut admis à la retraite, comme tel, le 30 novembre 1818. On a de lui : *Observations sur l'oraison funèbre du duc de Feltre* (1819); *L'anti-doctrinaire, réponse à M. Guizot sur ses moyens de gouvernement* (1822).

TABERLET (FRANÇOIS), représentant en 1871, né à Evian-les-Bains (Haute-Savoie) le 21 février 1836, était docteur-médecin à Thollon (Haute-Savoie) et connu pour les idées avancées, lorsqu'il fut élu, le 8 février 1871, représentant de la Haute-Savoie à l'Assemblée nationale, le 5e et dernier, par 15,334 voix (37,302 votants, 76,000 inscrits). Il prit place à la gauche radicale, déposa une proposition ayant pour but l'affirmation définitive de la république, et vota avec la minorité *contre* la paix, *contre* l'abrogation des lois d'exil, *contre* la pétition des évêques, *pour* le service de trois ans, *contre* la démission de Thiers, *contre* le septennat, *contre* le ministère de Broglie, *pour* l'amendement Wallon et *pour* les lois constitutionnelles. Il quitta la vie politique aux élections de 1876.

TACHARD (PIERRE-ALBERT), député au Corps législatif de 1869 à 1870, représentant en 1871, né à Mulhouse (Haut-Rhin) le 30 juillet 1826, était propriétaire dans cette ville. Adversaire de l'Empire, il se présenta, le 1er juin 1863, comme candidat indépendant au Corps législatif dans la 2e circonscription du Haut-Rhin, où il réunit 11,516 voix contre 12,119 à l'élu officiel, M. Gros. Il fut plus heureux le 24 mai 1869 : élu député de cette circonscription, par 15,307 voix (21,007 votants, 29,282 inscrits), contre 6,128 à M. Dollfus, il vota avec l'opposition, notamment *contre* la déclaration de guerre à la Prusse. Après le 4 septembre 1870, il fut nommé ministre plénipotentiaire en Belgique. Élu, le 8 février 1871, représentant du Haut-Rhin à l'Assemblée nationale, le 4e sur 11, par 51,819 voix (71,128 votants, 123,622 inscrits), M. Tachard donna sa démission aussitôt après avoir voté à Bordeaux, *contre* les préliminaires de paix. Il fut appelé à déposer dans le procès Bazaine, et ne joua plus dans la suite aucun rôle politique.

TACHÉ (PIERRE-ANTOINE), représentant à la Chambre des Cent-Jours, né à Romagnat (Puy-de-Dôme) en 1764, mort à Clermont-Ferrand (Puy-de-Dôme) le 10 décembre 1824, « fils de Pierre Taché, notaire royal, et de Jeanne Cusson », exerça la profession de notaire à Clermont. Conseiller municipal de cette ville, président honoraire de la chambre des notaires de l'arrondissement, conseiller général du Puy-de-Dôme, il fut élu, le 14 mai 1815, représentant de la circonscription de Clermont-Ferrand à la Chambre des Cent-Jours, par 68 voix (72 votants.) Il rentra dans la vie privée après la courte session de cette législature.

TACK (PAUL), député au Conseil des Anciens et au Corps législatif en l'an VIII, né à Lokeren (Belgique) en avril 1759, mort à une date inconnue, négociant dans sa ville natale, fut élu, le 26 germinal an IV, député du département de l'Escaut au Conseil des Anciens, par 81 voix (105 votants). Il n'y parla que sur des questions d'intérêt local, fut membre de diverses commissions, se rallia au 18 brumaire, et fut réélu, le 4 nivôse an VIII, par le Sénat conservateur, député du département de l'Escaut au Corps législatif; il en sortit en l'an X.

TAILHAND (JEAN-BAPTISTE), représentant aux Cent-Jours, né à Riom (Puy-de-Dôme) le 12 novembre 1771, mort à Riom le 9 avril 1849, « fils de maître Gilbert Tailhand, procureur en la sénéchaussée d'Auvergne et siège présidial de Riom, et de demoiselle Marie-Anne Romme », était parent du conventionnel Romme. Avocat dans sa ville natale, il fut élu, le 10 mai 1815, représentant de l'arrondissement de Riom à la Chambre des Cent-Jours, par 41 voix (73 votants), contre 16 à M. Grenier et 13 à M. Boutarel. Son rôle parlementaire prit fin avec la session.

TAILHAND (Adrien-Albert), représentant en 1871, sénateur de 1876 à 1885, né à Aubenas (Ardèche) le 1er juillet 1810, mort à Aubenas le 8 octobre 1885, fils d'un magistrat, étudia le droit et entra dans la magistrature. Procureur du roi à Privas (1844-1848), il fut destitué par le gouvernement provisoire, puis rappelé au parquet (1848) comme procureur à Draguignan. Avocat général à la cour d'appel de Nîmes, il adhéra au coup d'Etat de 1851, fut promu conseiller à la cour de Nîmes en 1853 et président de chambre le 11 octobre 1859. M. Tailhand, qui n'avait cessé de manifester des opinions conservatrices et qui était conseiller général de Montpezat (Ardèche) depuis 1865, fut élu par les monarchistes de l'Ardèche (8 février 1871), représentant à l'Assemblée nationale, le 5e sur 8, par 43,317 voix (73,015 votants, 115,623 inscrits). Il prit place à droite, et vota pour la paix, pour les prières publiques, pour l'abrogation des lois d'exil, pour la chute de Thiers au 24 mai, fut membre de la commission des grâces, de la commission des Trente, et, après l'échec des tentatives de restauration monarchique, se déclara en faveur du septennat (19 novembre 1873). Le 22 mai 1874, il fut nommé ministre de la Justice en remplacement de M. Depeyre, et garda son portefeuille jusqu'au 9 mars 1875. Le bureau de la Chambre chargé de vérifier les pouvoirs de M. de Bourgoing élu député de la Nièvre, lui ayant demandé communication des pièces des deux enquêtes faites à Paris et à Nevers sur le comité bonapartiste de l'appel au peuple, M. Tailhand se refusa à faire la communication demandée 7 septembre 1874, en vertu du secret imposé à toute instruction criminelle. Il se prononça en 1875 contre les amendements Wallon et Pascal Duprat, et contre l'ensemble des lois constitutionnelles. Depuis son départ du ministère, il intervint dans plusieurs discussions, celle de l'élection de M. de Kerjégu (24 juin), celle de l'élection de M. de Bourgoing dans la Nièvre (3 juillet), se prononça en faveur de la loi sur l'enseignement supérieur. Le 30 janvier 1876, il fut élu sénateur de l'Ardèche, par 204 voix (403 votants). Il prit place dans les rangs de la majorité monarchiste de la Chambre haute, vota pour la dissolution de la Chambre des députés en juin 1877, combattit les institutions républicaines, présida, lors du renouvellement partiel du Sénat (1879), le comité des droites sénatoriales, dont il signa le manifeste, vota contre l'article 7, contre la réforme du personnel judiciaire, contre le divorce, contre les crédits du Tonkin, et échoua au renouvellement de 1885, avec 363 voix (822 votants.) Chevalier de la Légion d'honneur.

TAILHARDAT DE PERDECHAT DE LA MAISONNEUVE (Constantin), député en 1789, né à Montaigut-les-Combrailles (Puy-de-Dôme) le 28 décembre 1752, mort à Perdechat (Puy-de-Dôme) le 3 décembre 1831, était procureur du roi en la sénéchaussée d'Auvergne et siège présidial de Riom au moment de la Révolution. Partisan des idées nouvelles et l'un des rédacteurs des cahiers du tiers-état, il fut élu, le 27 mars 1789, député du tiers aux Etats-Généraux par la sénéchaussée de Riom, avec 159 voix sur 191 votants. Il signa le serment du Jeu de paume, prit plusieurs fois la parole notamment à propos de l'abolition des privilèges et des décrets féodaux et de l'emprunt sur les biens du clergé, et fut membre du comité des recherches. Après la session, il revint en Au-

vergne, où il fut dénoncé comme suspect pendant la Terreur; il parvint cependant à échapper aux poursuites, mais n'exerça de fonctions publiques qu'un Consulat. Il entra alors dans la magistrature comme juge au tribunal d'appel, titre qu'il échangea, en 1811, contre celui de conseiller à la cour impériale de Riom. Il remplit ces fonctions presque jusqu'à sa mort.

TAILLANDIER (Claude-Philippe), représentant aux Cent-Jours, député de 1812 à 1827, né à la Berthenoux (Indre-et-Loire) le 9 juillet 1757, mort à une date inconnue, « fils de sieur Claude Taillandier, bourgeois de la ville d'Issoudun, et de dame Marie-Anne Dury », propriétaire à Issoudun, se montra partisan de la Révolution et fut nommé haut-juré de l'Indre, le 1er septembre 1791. Il vécut ensuite dans la retraite jusqu'à la fin de l'empire, qui le nomma conseiller général, titre qu'il conserva jusqu'en 1825. Elu, le 11 mai 1815, représentant à la Chambre des Cent-Jours, pour l'arrondissement d'Issoudun, par 35 voix (63 votants), il ne s'y fit pas remarquer. Réélu député du 1er arrondissement électoral de l'Indre (Châteauroux), le 13 novembre 1822, par 116 voix (228 votants, 317 inscrits), contre 109 à M. Duris-Dufresne, et le 25 février 1824, par 141 voix (269 votants, 332 inscrits) contre 123 à M. Robin-Scévole, il continua de siéger obscurément dans la majorité dévouée au pouvoir, et quitta la vie politique aux élections de 1827.

TAILLANDIER (Alphonse-Honoré), député, de 1831 à 1834, de 1837 à 1842 et de 1843 à 1848, né à Paris le 10 mars 1797, mort à Paris le 16 juillet 1867, fils d'un avoué, fit son droit à Paris, fut reçu avocat en 1820, collabora au Lycée français et à la Revue encyclopédique, visita l'Angleterre, et acheta (3 décembre 1823) une charge d'avocat à la cour de cassation. Rédacteur au Recueil des anciennes lois françaises, secrétaire de la commission chargée de préparer une ordonnance sur les conflits, il applaudit à la révolution de juillet. Dupont de l'Eure le fit nommer, le 28 septembre 1830, conseiller à la cour royale de Paris. En cette qualité, M. Taillandier présida, devant la cour d'assises de la Seine, le procès Lamennais et Lacordaire (31 janvier 1831), et celui de la conspiration de la rue des Prouvaires (juillet 1832). Elu, le 5 juillet 1831, député du 11e collège du Nord (Avesnes), par 202 voix (371 votants, 470 inscrits), contre 167 à M. Decaux, il prit place dans l'opposition constitutionnelle, demanda inutilement l'abrogation de la peine de mort civile, — qui ne fut votée que sous le second empire, — obtint la publicité du rapport annuel de la cour des comptes, et prit une part active à la réorganisation de l'enseignement primaire. Il échoua, aux élections du 21 juin 1834, avec 205 voix, contre 220 à l'élu, M. Merlin, mais fut réélu, le 4 novembre 1837, dans deux collèges du Nord, le 11e (Avesnes), par 284 voix (531 votants), et le 8e (Cambrai), par 184 voix (351 votants, 374 inscrits). Il opta pour ce dernier collège et fut remplacé à Avesnes par M. Marchant. Réélu, le 2 mars 1839, par 205 voix (320 votants), contre 111 à M. de Frémicourt, il continua de siéger au centre gauche, dans le groupe Od. Barrot, vota avec la coalition, et pour les incompatibilités, pour l'adjonction des capacités, contre la dotation du duc de Nemours, contre les fortifications de Paris, contre le recensement. Il échoua à Cambrai, aux élections du 9 juillet 1842, avec 136 voix contre 170 à l'élu, M. d'Haubersaert; mais il fut réélu, le 7 février 1843, dans le 3e arrondissement de Paris, en remplacement de M. Billault, qui avait opté pour Amiens, par 826 voix (1,615 votants, 1,861 inscrits), contre 805 à M. Legentil. Réélu, dans ce dernier collège, le 1er août 1846, par 723 voix (1,345 votants, 1,579 inscrits), contre 620 à M. Bertrand, il ne cessa de voter avec l'opposition, contre l'indemnité Pritchard et pour la proposition sur les députés fonctionnaires. A la révolution de février, il refusa le poste de procureur général à la cour de Paris, fut nommé, le 15 mars 1848, président du comité des bibliothèques, puis secrétaire général du ministère de la Justice le 22 juillet, et conseiller à la cour de cassation le 11 novembre suivant. Membre de la Société des antiquaires de France, chevalier de la Légion d'honneur du 30 mai 1849, officier du 14 août 1861, M. Taillandier a publié un grand nombre d'ouvrages parmi lesquels on peut citer: Réflexions sur les lois pénales de France et d'Angleterre (1824); — Recueil général des lois et arrêts concernant les émigrés, déportés, condamnés, leurs héritiers, etc. (1825, 2 volumes) ; — Nouveau manuel de l'Électeur, publié par la Société « Aide-toi le ciel t'aidera », et avec la collaboration de M. Od. Barrot et Decrusy (1830) ; — Discours sur la mort civile (1831). — Il a aussi collaboré aux Annales de législation, à la Revue du droit français et étranger, au Dictionnaire de la Conversation, à la Nouvelle Biographie générale. Enfin, exécuteur testamentaire de Daunou, il a donné: Documents biographiques sur Daunou (1841 et 1847), et une édition de son cours d'Études historiques (1842-49, 20 volumes).

TAILLEFER (JEAN-GUILLAUME), député en 1791 et membre de la Convention, né à Domme (Dordogne) en 1764, mort à Domme le 15 avril 1835, était médecin à Domme avant la Révolution. Il devint administrateur du district de Sarlat (1790), fut élu, le 9 septembre 1791, député de la Dordogne à l'Assemblée législative, le 2e sur 10, par 322 voix (590 votants) ; il quitta avec la majorité réformatrice. Réélu (2 septembre 1792) à la Convention, comme député du même département, le 5e sur 10, par 419 voix (581 votants), il répondit « dans le procès du roi, au 3e appel nominal : « Louis est coupable de conspiration ; je l'applique en frémissant, cette loi qui fait mourir mon semblable. Je prononce la mort. » Il vota en outre contre l'appel et contre le sursis. Il proposa à la commission de partager les biens des émigrés entre les soldats, et fut envoyé en mission dans la Dordogne en septembre 1793 ; il y établit plusieurs comités révolutionnaires, passa dans le Lot (octobre), où il destitua des tribunaux de district « dont les vieux membres, constamment ensevelis dans les vieilles formes de l'antique jurisprudence, paraissent ignorer qu'il s'est opéré une révolution» ; se rendit ensuite dans l'Aveyron, où il établit un comité révolutionnaire à 3 livres la séance contre « une foule de scélérats, de prêtres fanatiques, de royalistes, de fédéralistes, d'égoïstes, de muscadins, de modérés, d'indifférents, de mauvais citoyens de toute espèce et de toute couleur. » De retour à Paris, il défendit les anciens comités après le 9 thermidor, demanda l'abolition de la peine de mort comme incompatible avec la liberté, et, menacé d'arrestation lors de l'émeute du 12 germinal, se tint dans une prudente réserve. Après la session, il revint comme médecin à Domme, et fut délé-

gué à la cérémonie du Champ de Mai (1815). Il sollicita alors de l'empereur une sous-préfecture, sans l'obtenir, et, bien que non atteint par la loi du 12 janvier 1816, puisqu'il n'avait rempli aucune fonction publique aux Cent-Jours, reçut du préfet de la Dordogne, M. de Montareux, l'ordre de partir. Il se retira dans les Pays-Bas, passa de là à la Louisiane, où il exerça pendant deux ans la médecine à la Nouvelle-Orléans, revint à Anvers, et, ayant réclamé près du gouvernement français contre l'injuste application qui lui était faite de la loi de 1816, fut gracié le 24 décembre 1818, et autorisé à rentrer le 21 février 1819. Il se retira dans son pays natal, où il mourut, à 71 ans.

TAILLEFER (LOUIS-AUGUSTE-TIMOLÉON-HORACE-SYDNEY), député de 1846 à 1848, représentant en 1848, député au Corps législatif de 1852 à 1863, né à Domme (Dordogne) le 27 décembre 1802, mort à Paris le 28 mars 1858, fils du précédent, se fit recevoir docteur médecin à Paris et s'établit à Cénac (Dordogne). Après 1830, il entra au conseil général de la Dordogne, pour le canton de Domme, et se signala par sa constante opposition au gouvernement de Louis-Philippe. Après avoir échoué, comme candidat à la députation, dans le 7e collège de la Dordogne (Sarlat), le 4 novembre 1837, avec 179 voix contre 187 à l'élu, M. de Maleville, et le 9 juillet 1842, avec 21 voix contre 242 à M. de Maleville, député sortant, réélu, il fut élu, dans ce même collège, le 1er août 1846, par 216 voix (470 votants, 550 inscrits), contre 183 à M. de Lascours et 83 à M. de Marmier. Il prit place à côté d'Odilon Barrot et vota constamment avec l'opposition libérale. Élu, le 23 avril 1848, représentant de la Dordogne à l'Assemblée constituante, le 5e sur 13, par 71,668 voix (110,504 votants, 140,087 inscrits), il fit partie du comité des finances, et vota en général avec le parti Cavaignac, pour le bannissement de la famille d'Orléans, pour les poursuites contre L. Blanc et Caussidière, contre l'abolition de la peine de mort, contre l'impôt progressif, contre l'incompatibilité des fonctions, contre l'amendement Grévy, contre la sanction de la Constitution par le peuple, pour l'ensemble de la Constitution, pour la proposition Rateau, pour l'interdiction des clubs, pour la campagne de Rome, contre la demande de mise en accusation du président et des ministres. Il se rallia au coup d'État du 2 décembre et, devenu candidat officiel, fut successivement élu député au Corps législatif dans la 4e circonscription de la Dordogne, le 29 février 1852, par 16,093 voix (24,813 votants, 35,832 inscrits), contre 8,592 à M. Leplère ; le 22 juin 1857, par 18,789 voix (26,730 votants, 34,435 inscrits), contre 7,890 à M. Gibiat; le 1er juin 1863, par 17,012 voix (26,518 votants, 33,321 inscrits), contre 6,459 à M. de Maleville et 2,974 à M. Giblat. Il siégea dans la majorité, déclara (1858) à propos de la loi sur les lettres de noblesse, que le rétablissement de la noblesse était une faute : « Une noblesse sans privilèges, dit-il, est une institution qui ne peut apporter aucune force à l'État. En voulant ressusciter les vieilles institutions du passé, on attaque l'Empire dans sa vitalité et sa force ». Dans la session de 1861, en signalant la possibilité d'un conflit prochain entre le suffrage universel et le pouvoir, il demanda le renouvellement du Corps législatif par tiers tous les trois ans; mais M. de Morny arrêta la proposition comme inconstitutionnelle. Décédé en mars 1868, il fut remplacé, le 2 mai suivant, par M. de Bosredon. Chevalier de la Légion d'honneur du 7 août 1852, M. Taillefer a publié : *Epître à Casimir Delavigne* (1825).

TAILLEFER (François-Joseph-Oswald), député de 1876 à 1881 et de 1888 à 1889, né à Cénac (Dordogne) le 29 septembre 1836, fils du précédent, entra dans la marine en 1852, et devint successivement aspirant en 1854, enseigne de vaisseau le 1er avril 1858, lieutenant de vaisseau le 9 mai 1863. Il avait pris part à la guerre de Crimée. Démissionnaire en 1871, conseiller général du canton de Domme, et membre de la commission départementale de la Dordogne (8 octobre suivant), il fut élu, le 20 février 1876, député de la 2e circonscription de Sarlat, par 8,146 voix (12,694 votants, 14,887 inscrits), contre 3,787 à M. de Lafon. Il prit place au groupe de l'Appel au peuple et fut l'un des 158 députés qui, au 16 mai, soutinrent le ministère de Broglie contre les 363. Réélu, le 14 octobre 1877, par 7,688 voix (12,681 votants, 14,931 inscrits), contre 4,962 à M. Escande, il continua de siéger et de voter avec la minorité bonapartiste. Les élections du 21 août 1881 ne lui furent pas favorables ; il échoua avec 5,977 voix, contre 7,214 à l'élu, M. Escande, républicain. Porté sur la liste conservatrice de la Dordogne au scrutin du 4 octobre 1885, il échoua encore avec 58,591 voix sur 120,527 votants ; mais il rentra au parlement, comme candidat révisionniste de la Dordogne, le 22 juillet 1888, en remplacement du général Boulanger, qui avait opté pour le département du Nord, élu par 49,153 voix (98,034 votants, 148,251 inscrits), contre 43,020 à M. Clerjounie et 4,880 au général Boulanger. M. Taillefer s'est prononcé dans la dernière session *contre* le rétablissement du scrutin d'arrondissement (11 février 1889), *pour* l'ajournement indéfini de la révision de la Constitution, *contre* le projet de loi Lisbonne restrictif de la liberté de la presse, *contre* les poursuites contre le général Boulanger ; il était absent par congé lors du scrutin sur les poursuites contre trois députés membres de la Ligue des patriotes.

TAILLEFERT (Alcide-Pierre-François), représentant en 1871, sénateur de 1876 à 1882, né à Niort (Deux-Sèvres) le 5 janvier 1808, mort à Celles (Deux-Sèvres) le 8 février 1888, entra dans la magistrature sous le gouvernement de juillet (son père était alors sous-préfet de Melle), et fut nommé substitut à Civray, puis à Saintes, et procureur du roi aux Sables-d'Olonne. La mort du député de Melle, M. Auguis (21 décembre 1844), lui fit donner sa démission afin de se présenter à la députation dans ce collège électoral ; il échoua, le 25 janvier 1845, au 3e tour, par 165 voix, contre 176 à M. Demarçay, et ne fut pas plus heureux aux élections générales du 1er août 1846, avec 181 voix, contre 208 à M. Demarçay, député sortant réélu. Conseiller général des Deux-Sèvres (1848-1877), vice-président de ce conseil, il fut nommé, par le gouvernement présidentiel de L.-Napoléon, juge de paix de Celles (1849), et décoré en 1867. Le 8 février 1871, il se porta candidat à l'Assemblée nationale dans le département des Deux-Sèvres, et fut élu, le 3e sur 7, par 53,232 voix (66,073 votants, 100,005 inscrits). Il siégea au centre droit, se fit inscrire à la réunion des Réservoirs, puis au groupe de Clercq, fut rapporteur de la commission d'enquête sur les décrets du gouvernement de la

Défense nationale, membre de la commission du budget (1871) et rapporteur du budget de la justice, et se prononça *pour* la paix, *pour* l'abrogation des lois d'exil, *pour* la pétition des évêques, *pour* le pouvoir constituant de l'Assemblée, *contre* le service de trois ans, *pour* la démission de Thiers, *pour* le septennat, *pour* le ministère de Broglie, *contre* l'amendement Wallon, *contre* les lois constitutionnelles. Élu, le 30 janvier 1876, sénateur des Deux-Sèvres, le 1er sur 2, par 226 voix sur 424 votants, il siégea à la droite bonapartiste de la Chambre haute, fut rapporteur (1878) de la proposition de Jules Favre sur la tutelle des indigents, et (1879) de la déclaration d'utilité publique du chemin de fer de Niort à Montreuil-Bellay, parla sur le budget (1880) et vota *contre* le retour des Chambres à Paris, *contre* l'amnistie, *pour* la dissolution de la Chambre par le cabinet du 16 mai, *contre* l'article 7 contre les congrégations. Au renouvellement triennal du 5 janvier 1882, il ne se représenta pas, et se retira dans son château de Fontiville, près Celles, où il mourut âgé de quatre-vingts ans.

TAILLEPIED. — *Voy.* BONDY (COMTE DE).

TAILLEVIS (Charles-Léon), MARQUIS DE PÉRIGNY, député en 1789, né au château de Jupeaux (Indre-et-Loire) le 15 juin 1730, mort à Paris le 31 décembre 1791, servit dans les régiments des colonies ; il était colonel et chevalier de Saint-Louis au moment de la Révolution. Élu, le 2 avril 1789, député aux États Généraux par la colonie de Saint-Domingue, il prêta le serment du Jeu de paume, fit partie du comité féodal, fut envoyé en députation chez le roi (31 décembre 1789), prêta, après la fuite du roi, le nouveau serment civique (22 juin 1791), et ne joua d'ailleurs qu'un rôle effacé ; il mourut peu après la clôture de la session.

TAILLEVIS (Louis-Charles-Théodat), MARQUIS DE PÉRIGNY, député au Corps législatif de 1813 à 1815, né à Torbek (Saint-Domingue) le 8 octobre 1760, mort à Paris le 11 juin 1827, fils du précédent, et de « Anne-Marie-Madelaine Lataste-Périgny », propriétaire à Fontaines-en-Sologne, fut élu, le 6 janvier 1813, par le Sénat conservateur, député du Loir-et-Cher au Corps législatif ; il adhéra en 1814 à la déchéance de l'empereur, et quitta la vie politique à la Restauration.

TAILLIANDIER (Henri-André-Joseph), député de 1885 à 1889, né à Fresnoy (Pas-de-Calais) le 23 juin 1847, d'une famille de cultivateurs, fit de bonnes études classiques, et fut reçu licencié, puis (1869) docteur en droit. Au moment de la guerre, il commanda, à l'armée du Nord, la 2e compagnie du 5e bataillon du Pas-de-Calais, et prit part aux combats de Pont-Noyelles et aux batailles de Bapaume, Vermont et Saint-Quentin. Après la guerre, il fut nommé maire de Fresnoy, devint ensuite membre du conseil général du Pas-de-Calais, et, inscrit, le 4 octobre 1885, sur la liste conservatrice de ce département, fut élu député, le 5e sur 12, par 101,647 voix (180,439 votants, 216,227 inscrits). M. Tailliandier appartient à l'Union des droites, fit partie de la commission des douanes, parla en faveur de la surtaxe des maïs, vota contre la politique scolaire et coloniale de la majorité républicaine, et se prononça, dans la dernière session, *contre* le rétablissement du scrutin d'arrondissement (11 février 1889), *pour* l'ajournement indéfini de la révision de la Constitution, *contre* les poursuites contre trois députés membres de la Ligue des patriotes, *contre* le projet de loi Lisbonne restrictif de la liberté de la presse, *contre* les poursuites contre le général Boulanger.

TALABOT (JOSEPH-LÉON), député de 1830 à 1848, né à Limoges (Haute-Vienne) le 5 février 1796, ingénieur civil, maître de forges à Condat (Haute-Vienne) et chevalier de la Légion d'honneur, fut successivement élu député du 1ᵉʳ collège de la Haute-Vienne (Limoges), le 23 janvier 1830, en remplacement de M. Bourdeau, démissionnaire, par 231 voix (382 votants) contre 147 à M. Juge-Saint-Martin; le 4 novembre 1837, par 263 voix (441 votants, 193 inscrits); le 2 mars 1839, par 295 voix, (423 votants); le 9 juillet 1842, par 311 voix (351 votants, 464 inscrits); le 1ᵉʳ août 1846, par 311 voix (331 votants, 442 inscrits). Il siégea au centre gauche, parmi les amis de Thiers, se prononça *contre* l'adresse de 1839 et *contre* le ministère Molé, et vota *pour* le recensement, *contre* la dotation du duc de Nemours, *contre* les fortifications de Paris, *contre* les incompatibilités, *contre* l'adjonction des capacités, *contre* l'indemnité Pritchard et *pour* la proposition sur les députés fonctionnaires. La révolution de 1848 mit fin à sa carrière politique.

TALABOT (FRANÇOIS-PAULIN), député au Corps législatif de 1863 à 1870, né à Limoges (Haute-Vienne) le 18 août 1799, mort à Paris, le 21 mars 1885, frère du précédent, entra à l'Ecole polytechnique en 1819, à l'Ecole des ponts et chaussées en 1821, et remplit les fonctions d'ingénieur ordinaire jusqu'en 1830. A cette époque, il s'occupa de l'établissement des chemins de fer, surtout de la construction du réseau Sud-Est, et du développement de l'industrie houillère dans le bassin du Gard. Devenu ingénieur en chef des ponts et chaussées, il fut nommé directeur général de la Compagnie de Paris-Lyon-Méditerranée et membre du conseil général du Gard (3ᵉ canton de Nimes). Admis à la retraite, comme ingénieur en chef des ponts et chaussées, le 12 mars 1862, il fut élu député au Corps législatif, comme candidat du gouvernement, dans la 1ʳᵉ circonscription du Gard, le 4 juin 1863, par 17,294 voix (19,960 votants, 32,781 inscrits), contre 2,436 à M. Courbet, et fut réélu, le 24 mai 1869, par 14,826 voix (26,866 votants, 35,217 inscrits), contre 11,934 à M. Teulon. Il siégea dans la majorité dévouée aux institutions impériales et vota *pour* la guerre contre la Prusse. Après les événements de 1870, il s'occupa exclusivement d'affaires industrielles. Officier de la Légion d'honneur du 30 août 1855, commandeur du 13 août 1864.

TALANDIER (PIERRE-THÉODORE-ALFRED), député de 1876 à 1885, né à Limoges (Haute-Vienne) le 7 septembre 1822, mort à Paris le 4 mars 1890, étudia le droit à Poitiers, fut reçu avocat et s'inscrivit au barreau de sa ville natale (1844). D'opinions républicaines, il fut nommé, en mars 1848, avocat général à la cour de Limoges, fut destitué l'année suivante par le gouvernement présidentiel de L.-N. Bonaparte, se mêla activement à la propagande démocratique, fut condamné à deux ans de prison, protesta contre le coup d'Etat et proscrit, se réfugia en Angleterre, où il donna des leçons de français, notamment à l'Ecole militaire de Woolwich, sans cesser de s'occuper activement de politique. Membre du groupe la *Commune révolutionnaire*, il ne rentra en France qu'après le 4 septembre 1870, et fut nommé sous-préfet de Rochechouart. Le gouvernement de Thiers

le révoqua. Il prit alors la direction du journal la *Défense républicaine* de Limoges, et manifesta pour l'insurrection communaliste du 18 mars des sympathies qui le firent traduire devant un conseil de guerre; il fut acquitté, mais son journal fut suspendu. Auteur de quelques traductions estimées d'ouvrages anglais, il vint alors à Paris subir l'examen d'aptitude pour les langues vivantes, fut reçu le premier, et fut chargé du cours de langue anglaise au lycée Henri IV. Le 29 novembre 1874, il se fit élire conseiller municipal radical de Paris pour le quartier Saint-Victor, s'associa dans l'assemblée communale à toutes les manifestations du parti avancé, et fut destitué de sa place de professeur le même jour. D'autre part, il avait échoué, le 8 février 1871, comme candidat républicain à l'Assemblée nationale dans la Haute-Vienne, avec 16,763 voix (62,171 votants) et, le 7 janvier 1872, avec 6,811 voix seulement contre 22,836 à l'élu conservateur, M. Charreyron (Gédéon) et 13,485 à M. Ninard, républicain modéré. Ce scrutin était motivé par le décès de M. Charreyron (Charles). Il se représenta aux élections législatives de 1876, cette fois dans la 2ᵉ circonscription de Sceaux, et fut élu député, au second tour de scrutin, par 6,604 voix (11,710 votants, 16,211 inscrits), contre 4,967 à M. Béclard. Il prit place à l'extrême-gauche, vota *pour* l'amnistie plénière, *pour* la suppression du budget des cultes et la séparation de l'Eglise et de l'Etat, se fit le champion de l'enseignement laïque et des revendications du parti radical-socialiste, et obtint sa réélection, le 14 octobre 1877, par 10,726 voix (14,193 votants, 18,435 inscrits), contre 2,962 à M. Delagneau. Il reprit sa place à l'avant-garde du parti républicain, soutint la politique intransigeante contre l'opportunisme gambettiste, et présenta à la Chambre diverses propositions empreintes d'un esprit nettement socialiste, et dont l'une (février 1880) tendait à « l'extinction graduelle du paupérisme » au moyen de l'assurance obligatoire. En 1879, il déposa une demande d'allocation d'une indemnité aux victimes du coup d'Etat du 2 décembre 1851 : cette proposition, à laquelle s'associèrent un grand nombre de membres de la gauche, fut votée en mars 1881. Le 21 août 1881, M. Alfred Talandier obtint, par 8,982 voix (15,907 votants, 21,625 inscrits), contre 2,689 à M. Steenackers, 2,177 à M. Siebecker et 875 à M. Minot, le renouvellement de son mandat. Il suivit la même ligne de conduite que précédemment, combattit de ses votes la politique des cabinets Gambetta et J. Ferry, parut à la tribune pour réclamer avec insistance la suppression du budget des cultes (rejeté par 343 voix contre 83), se prononça *pour* l'élection des juges, *contre* les crédits de l'expédition du Tonkin, et collabora à diverses feuilles démocratiques et socialistes. Il ne se représenta pas en 1885, sa santé s'étant considérablement affaiblie depuis quelque temps. Il devint titulaire d'un bureau de tabac, et mourut en mars 1890; son corps fut incinéré.

TALARU (LOUIS-JUSTIN-MARIE, MARQUIS DE), pair de France, né à Paris le 1ᵉʳ septembre 1769, mort à Paris le 23 mai 1850, était officier des armées du roi au moment de la Révolution. Il émigra en 1791, servit quelque temps à l'armée des princes, rentra en France sous le Consulat, et vécut retiré jusqu'à la Restauration. Nommé pair de France le 17 août 1815, il vota pour la mort dans le procès du maréchal Ney, et fut l'un des membres de la Chambre haute les plus hostiles à la loi de recrutement par la raison qu'elle était attentatoire aux prérogatives royales. Maréchal de camp le 28 mai 1823, il remplaça quelque temps, à l'ambassade d'Espagne, le marquis de Moustier, et siégea dans la Chambre haute jusqu'à la révolution de 1848, ayant prêté serment au gouvernement de juillet.

TÁLARU DE CHALMAZEL (Ange-François), député en 1789, né au château de Chaussin (Allier) le 11 mai 1725, mort à Londres (Angleterre) le 20 mars 1798, curé dans les ordres. Il était évêque de Coutances lorsqu'il fut élu, le 27 mars 1789, député du clergé aux États-Généraux par le bailliage de Coutances. Peu partisan des idées nouvelles, il se laissa cependant quelque peu gagner par l'enthousiasme de la nuit du 4 août et invita ses collègues à renoncer à leurs droits de « déport » ou de « vacat ». Mais il résista bientôt à la marche des événements, combattit la constitution civile du clergé, demanda et obtint un passeport en novembre 1790, quitta la France, et mourut en émigration.

TALHOUET (Augustin-Marie-Gabriel Bonamour, marquis de), député au Corps législatif en l'an XIII, né à Rennes (Ille-et-Vilaine) le 14 septembre 1768, mort à Nantes (Loire-Inférieure) le 11 janvier 1823, d'une ancienne famille noble de Bretagne, était officier de cavalerie dans les armées du roi au moment de la Révolution. Il donna sa démission peu après, ne prit aucune part aux insurrections de Vendée et de Bretagne, et devint, sous le Consulat, maire de Soudan (Loire-Inférieure). Membre de la Légion d'honneur du 4 brumaire an XIII, il fut élu, le 17 brumaire suivant, par le Sénat conservateur, député de la Loire-Inférieure au Corps législatif. Il en sortit en 1809, et ne reparut plus sur la scène politique.

TALHOUET (Auguste-Frédéric Bonamour, marquis de), pair de France, né à Rennes (Ille-et-Vilaine) le 8 avril 1788, mort à Paris le 12 mars 1842, s'engagea en 1804 dans un régiment d'infanterie légère, entra à l'École militaire de Fontainebleau, et en sortit sous-lieutenant au 15e chasseurs à cheval. Il prit part à la campagne de Prusse, devint officier d'ordonnance de l'empereur en 1807, capitaine en 1809, après Wagram, baron de l'empire le 3 août 1810, chef d'escadron en 1811 et commandeur de la Légion d'honneur à la Moskowa. Sa brillante conduite à cette bataille, où il mit en déroute un bataillon russe, lui valut, quelques jours plus tard, le grade de colonel. Grièvement blessé pendant la retraite, il ne dut la vie qu'au dévouement d'un de ses soldats qui le traîna jusqu'à une ambulance. En 1814, M. de Talhouet se rallia aux Bourbons, se tint à l'écart pendant les Cent-Jours, et fut nommé, en septembre 1815, maréchal de camp et commandant du régiment des grenadiers à cheval de la garde royale. Élevé à la dignité de pair de France, le 5 mars 1819, après avoir quitté le service, il vota avec le côté droit de la Chambre haute, prêta serment au gouvernement de juillet, et fut membre et président du conseil général de la Sarthe, où il possédait le magnifique château du Lude. M. de Talhouet, qui avait épousé en 1817 la fille du comte Roy (Voy. ce nom), usa noblement de la grande fortune qui lui vint de ce mariage. En 1819, il fut l'un des fondateurs de la Société pour l'amé-

lioration des prisons, et fut mis à la retraite, comme maréchal de camp, le 17 février 1841.

TALHOUET (Auguste-Élisabeth-Joseph Bonamour, marquis de), représentant en 1849, député au Corps législatif de 1852 à 1870, ministre, représentant en 1871 et sénateur de 1876 à 1882, né à Paris le 11 octobre 1819, mort au château du Lude (Sarthe) le 10 mai 1884, fils du précédent, débuta, en 1842, dans la carrière administrative, comme auditeur de seconde classe au conseil d'État. Promu auditeur de 1re classe en 1846, il se fit élire conseiller général du département de la Sarthe. L'un des plus grands propriétaires fonciers de France, M. de Talhouet, dont les opinions conservatrices et monarchistes étaient connues, fut élu, le 13 mai 1849, représentant de la Sarthe à l'Assemblée législative, le 3e sur 10, par 61,007 voix (103,029 votants, 135,640 inscrits). Il siégea dans les rangs de la majorité et opina pour l'expédition de Rome, pour la loi Falloux-Parieu sur l'enseignement, pour la loi sur le suffrage universel. Il ne se rallia pas à la politique particulière de l'Élysée, protesta, à la mairie du Xe arrondissement, contre le coup d'État du 2 décembre 1851, et fut incarcéré à Vincennes. Mais son opposition dura peu, car il accepta d'être le candidat du gouvernement au Corps législatif, dans la 3e circonscription de la Sarthe, et fut élu député, le 29 février 1852, par 22,481 voix (25,383 votants, 34,859 inscrits) contre 861 à M. Silly, 820 à M. Monternault et 633 à M. Bertron. Il adhéra au rétablissement de l'Empire, fut réélu, comme candidat officiel, le 22 juin 1857, par 19,769 voix (20,790 votants, 31,393 inscrits), contre 894 à Raspail père, puis le 1er juin 1863, par 23,566 voix (24,004 votants, 32,213 inscrits), et vota toutes les mesures proposées par le gouvernement impérial. En 1858, il fit des réserves sur la loi de sûreté générale, et demanda que l'on précisât, dans l'article 2, l'expression « manœuvres et intelligences ». Vers la fin du règne, M. de Talhouet modifia son attitude, et ce fut avec un programme nuancé de libéralisme parlementaire qu'il se représenta aux élections du 24 mai 1869 : 24,197 voix (26,731 votants, 33,757 inscrits), contre 2,431 à Raspail, le renvoyèrent au Corps législatif. Il devint alors un des membres les plus influents du tiers-parti, contribua à provoquer l'interpellation des 116, et, lorsque le Corps législatif nomma pour la première fois son bureau (décembre 1869), fut du nombre des vice-présidents. Le 2 janvier 1870, M. de Talhouet reçut dans le ministère Ollivier le portefeuille des Travaux publics. Son inexpérience oratoire le tint éloigné de la tribune, et il n'eut qu'un rôle politique secondaire. Opposé à l'idée du plébiscite, il donna sa démission de ministre (13 avril 1870) quand cette idée eut prévalu dans les conseils du gouvernement. Il fut remplacé par M. Plichon, redevint vice-président du Corps législatif, et, au début de la guerre franco-allemande, fut appelé à faire partie du comité des fortifications. Rapporteur de la commission chargée de prendre connaissance des négociations avec la Prusse (juillet 1870), il affirma l'injure faite à la France, et déclara « que les deux administrations de la guerre et de la marine se trouvaient en état de faire face, avec une promptitude remarquable, aux nécessités de la situation ». La journée du 4 septembre le rendit momentanément à la vie privée. Élu, le 8 février 1871, représentant de la Sarthe à l'Assemblée nationale, le 3e sur 6, par 54,952 voix (84,400 votants, 135,095 inscrits),

M. de Talhouët prit place au centre droit orléaniste, fut vice-président de la seconde commission des Trente, et vota pour la paix, pour les prières publiques, pour l'abrogation des lois d'exil, contre le retour de l'Assemblée à Paris, pour le pouvoir constituant, pour la chute de Thiers au 24 mai, pour le septennat, la loi des maires, l'état de siège, le ministère de Broglie, contre les amendements Wallon et Pascal Duprat, et contre l'ensemble des lois constitutionnelles. Il aborda rarement la tribune, fut rapporteur du projet concernant le rétablissement de la commission d'examen des ouvrages dramatiques, et fut élu, le 30 janvier 1876, sénateur de la Sarthe par 308 voix (459 votants). Au Sénat, M. de Talhouët prit place dans les rangs de la droite, se prononça pour la dissolution de la Chambre des députés (1877), appuya le gouvernement du Seize-Mai, combattit le cabinet Dufaure et les ministères républicains qui suivirent, vota contre l'article 7 de la loi sur l'enseignement supérieur et contre la réforme du personnel judiciaire, et ne se représenta pas au renouvellement triennal du 8 janvier 1882. Membre de la commission supérieure des Expositions universelles depuis le 30 décembre 1871, administrateur des mines d'Anzin, commandeur de la Légion d'honneur (14 août 1869).

TALLEYRAND (Augustin-Louis, comte de), pair de France, né à Paris le 10 février 1770, mort à Milan (Italie) le 20 octobre 1832, neveu du suivant et fils de Louis-Marie-Anne de Talleyrand-Périgord, maréchal de camp, débuta dans la carrière diplomatique en accompagnant son père à Naples, lorsque celui-ci y fut nommé ambassadeur de France. Il ne rentra en France que sous le Consulat et dut à la protection de son cousin, l'ancien évêque d'Autun, de parvenir rapidement à une situation brillante. Chambellan de Napoléon Ier, puis ministre plénipotentiaire près le grand-duc de Bade (1808), comte de l'Empire (31 janvier 1810), il fut promu par la Restauration ambassadeur en Suisse et occupa ce poste de 1814 à 1823, ayant refusé de le quitter pendant les Cent-Jours, malgré les injonctions du ministre Caulaincourt, auxquelles il répondit : « Toute ma vie, j'ai été fidèle à mes serments et à mes devoirs ; S. M. Louis XVIII m'a accrédité près la Confédération helvétique ; il n'y a que lui qui puisse me rappeler. » Le 17 août 1815, M. de Talleyrand fut appelé à siéger à la Chambre des pairs ; il vota pour la mort dans le procès du maréchal Ney. Ce fut lui qui prépara et signa les capitulations pour les régiments suisses à la solde de la France. Fidèle à la branche aînée, il rentra dans la vie privée lors de l'avènement de Louis-Philippe, et voyagea pendant les deux dernières années de sa vie. Il avait publié en 1824 une brochure politique sur le Renouvellement intégral et septennal de la Chambre des députés.

TALLEYRAND-PÉRIGORD (Alexandre-Angélique, duc de), député en 1789, pair de France, né à Paris le 16 octobre 1736, mort à Paris le 20 juin 1821, fils de Daniel-Marie-Jean, marquis de Talleyrand, et de Marie-Elisabeth de Chamillard, et oncle de l'ex-évêque d'Autun, commença ses études au collège de la Flèche, les continua au séminaire de Saint-Sulpice, reçut la prêtrise, et fut nommé aumônier du roi, puis vicaire-général de Verdun et (1762) abbé du Gard. Choisi, très jeune encore, pour coadjuteur, par M. de la Roche-Aymon, archevêque-duc de Reims, il fut préconisé à Rome (1766) archevêque de Trajanople in par-

tibus, revint en France où il fut pourvu (1769) de l'abbaye de Hautvilliers, et suppléa (mars 1770), comme président de l'assemblée du clergé, M. de la Roche-Aymon, auquel il succéda dans ses fonctions épiscopales sept ans après (1777). Il confia la direction de son séminaire aux sulpiciens, fonda à Reims un Mont-de-Piété, coopéra à plusieurs œuvres de bienfaisance, et s'occupa aussi d'améliorer les races de moutons de la Champagne. Membre de la seconde assemblée des notables, il fut élu, le 27 mars 1789, député du clergé aux Etats-Généraux par le bailliage de Reims. Il siégea à droite dans l'Assemblée constituante, adhéra à toutes les protestations, et rédigea divers écrits dans lesquels il s'éleva contre les innovations de l'Assemblée nationale. Avant la fin de la session, M. de Talleyrand-Périgord émigra à Aix-la-Chapelle, d'où il se rendit à Weimar et à Brunswick. Sous le Consulat, il refusa de donner sa démission d'évêque, et fut du nombre des trente et quelques prélats qui opposèrent alors au bref du pape une réponse dilatoire. En 1803, Louis XVIII l'appela à Varsovie et l'admit dans son conseil. Devenu grand aumônier du roi à la mort du cardinal de Montmorency (1808), il revint en France lors de la première Restauration et entra, le 4 juin 1814, à la Chambre des pairs. Il suivit Louis XVIII à Gand pendant les Cent-Jours et, le 13 avril 1816, fut chargé de l'administration générale des cultes, mesure qui fut rapportée le mois suivant. M. de Talleyrand persista encore dans son refus de donner sa démission d'évêque : il céda enfin, eut une grande part à la conclusion du Concordat signé le 11 juin 1817 à Rome entre le cardinal Consalvi et le duc de Blacas, et confirmé le 27 juillet suivant par la bulle Commissa divinitus. Créé cardinal le lendemain, il fut appelé, le 1er octobre suivant, au siège archiépiscopal de Paris, dont il ne prit possession qu'en 1819. Il désigna M. de Quélen pour son coadjuteur, imposa aux prêtres de son diocèse la signature d'un formulaire concernant les cinq propositions de Jansénius, rédigea un nouveau bréviaire, établit des fêtes en l'honneur du Sacré-Cœur de Jésus et de saint Ignace de Loyola, réorganisa le chapitre de Saint-Denis, et en sa qualité de grand aumônier de France, bénit le mariage du duc de Berri et baptisa le duc de Bordeaux. Il mourut à quatre-vingt-cinq ans, d'un anthrax à la joue.

TALLEYRAND-PÉRIGORD (Charles-Maurice, duc de), prince de Bénévent, député en 1789, ministre, pair de France, né à Paris le 2 février 1754, mort à Paris le 17 mai 1838, d'une vieille famille noble du Quercy, deuxième fils de Charles-Daniel comte de Talleyrand-Périgord, lieutenant-général des armées du roi, et d'Alexandrine-Marie-Victoire-Eléonore de Damas d'Antigny, perdit le bonne heure son frère aîné, et fut, selon l'usage des familles nobles, destiné à la carrière des armes. Un accident, à l'âge de quatre ans, l'ayant rendu boiteux pour la vie, on décida qu'il entrerait dans les ordres, et on l'envoya d'abord près de sa bisaïeule, Mme de Chalais, en Périgord, puis au collège d'Harcourt, enfin près de son oncle (Voy. ci-dessus), qui était coadjuteur de l'archevêque de Reims. Mme de Genlis raconte dans ses Mémoires qu'elle le vit à cette époque chez l'archevêque de Reims : « Déjà en soutane, quoiqu'il n'eût que douze ou treize ans, il boitait un peu, était pâle et silencieux ; mais je lui trouvai un visage très agréable et un air observateur qui me frappa. » Après un au de séjour à Reims, il entra à Saint-Sulpice; il ne semble pas y avoir éprouvé la tristesse profonde qu'il accuse dans ses *Mémoires* parus récemment : une liaison amoureuse l'occupa quotidiennement pendant deux ans; il fut ordonné prêtre à 24 ans, fut pourvu de l'abbaye de Saint-Denis au diocèse de Reims, et fut délégué, la même année, par cette province, à l'assemblée générale du clergé. Après l'assemblée, il passa deux ans en Sorbonne, « occupé de tout autre chose, dit-il, que de théologie », eut pour compagnons de plaisirs MM. de Choiseul-Gouffier et Louis de Narbonne, compta de nombreux succès mondains, devint agent général du clergé de France en 1780, se mêla aux intrigues de cour, agiota avec Sainte-Foy, et, après une attente inusitée, motivée par les répugnances et les scrupules de Louis XVI, fut pourvu de l'évêché d'Autun (1er octobre 1788). Il fit partie de la réunion des notables (1788) qui précéda les Etats-Généraux, s'y montra favorable aux idées nouvelles, et fut élu, le 3 avril 1789, député du clergé du bailliage d'Autun aux Etats-Généraux. Le 24 juin, il se réunit aux députés du tiers, demanda la nullité des mandats impératifs, fut un des instigateurs de la suppression des dîmes, devint membre du comité de Constitution et secrétaire de l'Assemblée, proposa d'appliquer les biens du clergé aux besoins de l'Etat (10 octobre), et refusa à son ordre la qualité de propriétaire. Le clergé du diocèse d'Autun protesta contre les opinions émises par son évêque, mais Talleyrand avait l'appui de la majorité qui, trois jours après cette protestation, le choisit pour président (16 février 1790). A la messe de la fédération au Champ-de-Mars (14 juillet 1790), l'évêque d'Autun officia pontificalement; on prétend que passant en habits sacerdotaux auprès de La Fayette, il lui aurait dit : « Ne me faites pas rire. » Il fit adopter à l'Assemblée un plan d'instruction publique, fut des premiers à prêter serment à la constitution civile du clergé (27 décembre), et, par une lettre du 29, écrivit au clergé de son diocèse pour l'engager à en faire autant : « Ce devoir que j'ai rempli dans toute la sincérité de mon âme, vous le remplirez sûrement aussi dans les mêmes sentiments qui m'ont animé. » A cette date, on lit dans ses *Mémoires* : « Je ne crains pas de reconnaître, quelque part que j'aie eue dans cette œuvre, que la constitution civile du clergé a été peut-être la plus grande faute de l'Assemblée constituante. » Il sacra, en février, les évêques constitutionnels de l'Aisne et du Finistère, et fut frappé d'excommunication par le pape le mois suivant. En avril, il fut élu administrateur du département de Paris, à la place de Mirabeau qui venait de mourir, proposa et fit adopter, à la Constituante, le principe du système métrique et la loi qui sert de base à la perception de l'enregistrement, et présenta (10 et 11 septembre 1791) un plan complet d'éducation nationale, qu'on n'eut pas le temps de discuter avant la fin de la session, mais qui servit de point de départ aux projets qui furent élaborés par la suite. Après la session, Talleyrand, qui avait donné dès le commencement de 1791 sa démission d'évêque et refusé d'être élu évêque constitutionnel de Paris, « se mit à la disposition des événements. Pourvu que je restasse en France, tout me convenait : la Révolution promettait de nouvelles destinées à la nation; je la suivis dans sa marche, et j'en courus les chances. » (*Mémoires.*) Cette confiance ne résista pas au contre-coup des événements.

Après le 10 août, M. de Talleyrand crut le moment venu de quitter la France, et, muni d'un passeport du gouvernement, obtint pour Londres une mission « dont l'objet était l'établissement d'un système uniforme de poids et mesures. » (*Mémoires.*) Les négociations politiques dont il était principalement chargé n'aboutirent pas, et il fut expulsé d'Angleterre en vertu de l'*alien-bill*, tandis que la Convention le décrétait d'accusation (5 décembre 1792), sur la découverte d'une lettre qu'il avait adressée au roi le 22 avril 1791, et dans laquelle il lui disait qu'il voulait servir ses intérêts. Il s'embarqua pour les Etats-Unis : sa correspondance de Philadelphie avec des banquiers de Londres montre qu'il s'y occupa beaucoup d'affaires financières et industrielles. Sur ses instances, appuyées par Mme de Staël, il obtint que la proscription fût rapportée; il revint en Europe, passa quelque temps à Hambourg, où il connut Mme Grand, jeune Anglaise divorcée, belle, mais sans esprit, à laquelle il s'attacha, et qu'il épousa plus tard, passa à Amsterdam, à Altona, et rentra à Paris en septembre 1796. L'amitié de Barras, qu'il avait su se ménager par d'habiles condescendances, le fit nommer (16 juillet 1797) ministre des Relations extérieures, en remplacement de Delacroix révoqué, et malgré l'opposition de Carnot et de Barthélemy, deux des cinq Directeurs. Le nouveau titulaire se montra ardent partisan de la paix; il avait rapporté d'Amérique des idées nouvelles sur la puissance de l'effort commercial et industriel d'un peuple, il rêvait de faire de la Méditerranée un lac français, et c'est pour cela qu'il fut favorable à l'occupation de Malte et à l'expédition d'Egypte; en politique, il légitima dans une circulaire diplomatique le coup d'Etat de fructidor, sans y avoir pris part, et, dès son entrée aux affaires, fit des avances à Bonaparte; il lui écrivait : « J'ai l'honneur de vous annoncer, général, que le Directoire exécutif m'a nommé ministre des Relations extérieures. Justement effrayé des fonctions dont je sens la périlleuse importance, j'ai besoin de me rassurer par le sentiment de ce que votre gloire doit y porter de moyens et de facilités dans les négociations. Le nom seul de Bonaparte est un auxiliaire qui doit tout aplanir. Je m'empresserai de vous faire parvenir toutes les vues que le Directoire me chargera de vous transmettre, et la renommée, qui est votre organe ordinaire, me ravira souvent le bonheur de lui apprendre la manière dont vous les aurez remplies. » En réalité, Talleyrand s'appliqua dès alors à être l'agent du général près du Directoire; il servit de toute son influence, fit constamment triompher ses vues personnelles, malgré Rewbell qui était plus spécialement chargé des affaires étrangères, et, lorsque Bonaparte vint devant le Directoire après Campo-Formio, Talleyrand le présenta en ces termes : « ... Le dirai-je? j'ai craint un instant pour lui cette ombrageuse inquiétude, qui, dans une République naissante, s'alarme de tout ce qui semble porter une atteinte quelconque à l'égalité; mais je m'abusais. La grandeur personnelle, loin de blesser l'égalité, en est le plus beau triomphe, et, dans cette journée même, les républicains français doivent se trouver plus grands. » La haine que le général avait vouée à l'Angleterre fut flattée par la circulaire du ministre (4 janvier 1798) « contre le dernier ennemi que la France eût à vaincre »; Talleyrand aida d'autre part au renversement du pape (février), à la révolution de Suisse, entra en négociations avec les Etats-Unis, avec le sénat de Hambourg, avec le cabinet de Lisbonne, non sans encourir, avec quelque apparence de raison, des reproches de vénalité et de corruption. Lors du renouvellement partiel du Directoire, Talleyrand, en butte aux attaques du parti jacobin qui triomphait, donna sa démission de ministre (20 juillet 1799). Mais le coup d'État de brumaire le rappela à ce poste (22 novembre) et le ministre s'attacha encore plus étroitement à la fortune personnelle de Bonaparte. « Votre Majesté sait, lui écrivait-il le 10 thermidor an XII, et je me plais à le lui répéter, que, lassé, dégoûté des systèmes politiques qui ont fait la passion et le malheur de tous les Français pendant dix ans, ce n'est que par Elle et pour Elle que je tiens aux Institutions qu'Elle a fondées. » Il lui fit sa cour même dans les plus petites choses, et on lit dans un journal du 3 pluviôse an VIII : « Le ministre des Relations extérieures donne demain un grand souper suivi de bal au général Bonaparte et à son épouse. Il y a plus de quatre cents personnes invitées. La circulaire d'invitation contient cette phrase : Vous jugerez convenable, j'en suis sûr, de vous interdire tout habillement provenant des manufactures anglaises. » A l'extérieur, le ministre prépara entre la France et la Russie une alliance que la mort tragique de l'aul Ier ne permit pas de mener à fin, et prit part aux traités de Lunéville, de Florence, de Badajoz, et à la conclusion du Concordat. A cette occasion, il obtint du pape (1802) le retrait de l'excommunication de 1791, et un bref de sécularisation, dont il exagéra singulièrement la portée, en épousant, le 10 septembre 1802, à la mairie du Xe arrondissement, Mme Grand, avec laquelle il vivait depuis six ans, et qui est inscrite sur les registres : « Catherine-Noël Vorlée, âgée de 39 ans, née à Tranquebar (colonie danoise), épouse divorcée de Georges-François Grand. » Ami de la paix, Talleyrand essaya en vain de conjurer la rupture de la paix d'Amiens. Il s'est toujours défendu d'avoir joué un rôle actif dans la mort du duc d'Enghien (26 mars 1804) ; mais, sans tenir compte de l'initiative dont le charge le duc de Rovigo dans cette affaire, Napoléon, qui n'a jamais refusé d'assumer la responsabilité de cet acte, a dit formellement à Sainte-Hélène que « Talleyrand avait été l'instrument principal et la cause active de la mort du duc d'Enghien » ; lors de la disgrâce de 1809, il lui cria, en plein conseil : « Et vous vous prétendu que vous avez été étranger à la mort du duc d'Enghien. Mais oubliez-vous donc que vous me l'avez conseillée par écrit ? »

Le projet de descente en Angleterre restait toujours la préoccupation de Napoléon devenu empereur. Talleyrand songea à isoler l'Angleterre, en donnant à l'Autriche des possessions le long du Danube, et en la mettant ainsi en rivalité avec la Russie. L'empereur n'agréa pas ce plan, et la coalition de 1805 le força bientôt à maintenir la guerre sur le continent. La confédération du Rhin fut l'œuvre du ministre ; il obtint l'adhésion de la Russie et de la Prusse, mais, malgré ses efforts, ne put pas signer avec l'Angleterre, où Fox avait succédé à Pitt, le traité de paix et d'alliance qui fut, en réalité, le seul rêve constant de toute sa vie. Nommé prince de Bénévent le 5 juin 1806, aux dépens du pape à qui cette principauté était enlevée, il prit part aux négociations qui précédèrent le traité de Tilsitt, et se démit un mois après

(8 août 1807) du portefeuille des Affaires étrangères qui fut donné au duc de Cadore. Napoléon a dit à Sainte-Hélène qu'il était alors fatigué des « agiotages et des saletés » de son ministre ; il créa néanmoins pour lui la place de vice-grand-électeur, « sinécure honorable et lucrative » (Mémoires). Talleyrand se montra hostile à la guerre d'Espagne et se rapprocha de Fouché qu'il tenait à distance depuis dix ans. Napoléon suspecta cette attitude, lui enleva ses fonctions de grand chambellan, et lui fit, en plein conseil, une scène des plus vives que Talleyrand subit impassible, se contentant de dire en se retirant : « Quel dommage qu'un si grand homme ait été si mal élevé ! » En sa qualité de grand dignitaire, il fut appelé, en janvier 1810, à donner son avis dans l'affaire du divorce de Napoléon avec Joséphine ; il parla en faveur de l'alliance avec une archiduchesse d'Autriche ; Napoléon préférait une princesse russe, mais le refus de la cour de Russie ne laissa plus à l'empereur que l'alternative de l'archiduchesse Marie-Louise. A cette époque, Talleyrand, qui se trouvait dans un réel état de gêne, se fit acheter son hôtel par l'empereur au prix de deux millions cent mille francs, et acquit l'hôtel de l'Infantado, rue Saint-Florentin, où il résida jusqu'à sa mort. Il resta d'ailleurs étranger à la politique du moment, déclara son détachement, lors de la campagne de Russie, que c'était « le commencement de la fin », fut dénoncé à l'empereur, à son retour, comme fauteur de menées monarchiques, se disculpa sans peine, mais reçut l'ordre de se rendre dans ses terres. Rappelé à Paris après la malheureuse campagne de Saxe, il conseilla la paix à tout prix, ne fut pas écouté, et attendit, en observant les événements. Dès 1813, il était entré en relations avec Louis XVIII. L'empereur le nomma membre du conseil de régence, et, pendant ce temps, Talleyrand négociait avec l'empereur Alexandre, et lui adressait notamment un mémoire détaillé sur l'état des esprits ; il s'était lié en outre avec des sénateurs hostiles à l'empire, et recevait chez lui les émissaires avoués des Bourbons. Quand il fut décidé que la régente se rendrait à Blois, Talleyrand déclara qu'il l'accompagnerait ; mais il prévint les alliés, et quelques cavaliers autrichiens l'arrêtèrent aux portes de Paris, et l'y ramenèrent. Talleyrand dicta au Sénat l'acte de déchéance (2 avril 1814), reçut l'empereur Alexandre dans son hôtel de la rue Saint-Florentin, lors de l'entrée des alliés à Paris, et fut nommé président du gouvernement provisoire ; rien n'est moins prouvé toutefois que la mission qu'il aurait donnée alors à M. de Maubreuil d'assassiner Napoléon. A son arrivé, Louis XVIII le nomma ministre des Affaires étrangères (12 mai 1814), pair de France (4 juin), et le chargea de représenter la France au congrès de Vienne. Il y fit défendit noblement les droits de la France, obtint les anciennes limites, fit restaurer à Naples la branche des Bourbons, sauva la Saxe, et conclut, avec l'Angleterre et l'Autriche, le traité secret du 3 janvier 1815. Proscrit par Napoléon aux Cent-Jours, il le mettre au ban de l'Europe par le congrès de Vienne, et fut l'âme de la coalition qui triompha à Waterloo. A la seconde Restauration, Louis XVIII, bien qu'il eût été tenu au courant de certaines ouvertures faites par Talleyrand au duc d'Orléans, lui rendit le portefeuille des Affaires étrangères ; mais l'empereur Alexandre, froissé par l'attitude de notre ministre au congrès de Vienne, exigea son renvoi (28 septembre), que

e roi adoucit avec le titre de grand chambellan et un traitement de cent mille francs. Talleyrand remplit ponctuellement ces fonctions, les seules auxquelles l'appela la Restauration, reçut de Maubreuil (21 janvier 1817), au moment où il entrait dans la cathédrale de Saint-Denis pour l'anniversaire de la mort de Louis XVI, un soufflet retentissant, et se montra assidu à la Chambre des pairs ; son nom ne figure pas au scrutin dans le procès du maréchal Ney, mais il parut à la tribune lors de la discussion du projet de loi sur les délits de presse, combattit la guerre d'Espagne (1823), et parla sur la loi électorale ; la faillite Paravey l'obligea à restreindre son train ; il habita fréquemment Valençay (il fut même élu, en 1833, conseiller général de l'Indre), et vit venir avec satisfaction la chute d'une monarchie qui n'avait souci ni de ses talents ni de sa fortune. Il était déjà en rapports particuliers avec le duc d'Orléans, lorsque celui-ci fut appelé au trône ; il se chargea de négocier auprès du corps diplomatique, accepta du nouveau gouvernement l'ambassade de Londres (septembre 1830), et y prépara l'alliance anglo-française, l'objectif permanent de la politique de Louis-Philippe : le refus du trône de Belgique pour le duc de Nemours fut un des sacrifices faits à « l'entente cordiale ». La conclusion du traité du 22 avril 1834, par lequel l'Espagne et le Portugal accédaient à l'alliance anglo-française, fut le suprême succès diplomatique de M. de Talleyrand : il demanda alors son rappel (13 novembre 1834), revint à Paris, siégea à l'Académie des sciences morales et politiques, dont il faisait partie depuis 1832, et, sur les conseils de son entourage, prépara sa réconciliation avec l'Eglise. L'abbé Dupanloup fut l'intermédiaire de ces négociations qui aboutirent à l'abjuration solennelle du 11 mars 1838, deux mois avant sa mort. Il mourut à quatre-vingt-quatre ans, de vieillesse d'abord, compliquée d'anthrax ou gangrène blanche, après avoir reçu les sacrements de l'Eglise. M. de Talleyrand était grand-croix de la Légion d'honneur, membre de la Toison d'Or, et décoré de la plupart des ordres étrangers. Il a peu écrit, et a laissé des *Mémoires*, destinés à n'être publiés que trente ans après sa mort. Le premier volume n'a paru qu'en mars 1891, mais ces *Mémoires*, même en admettant leur authenticité, sont loin d'avoir l'intérêt historique que semblait promettre la précaution dilatoire de leur auteur. Trop diplomate pour se révéler lui-même, fût-ce même trente ans après sa mort, il ne saurait gagner à être jugé à distance, alors que s'effacent les circonstances atténuantes et successives d'une carrière si ondoyante. « Il était toujours en état de trahison, a dit de lui Napoléon, mais c'était de complicité avec la fortune. » Lamartine l'a appelé « le courtisan du destin », et lui-même plaide aujourd'hui les circonstances atténuantes : « Je n'ai conspiré dans ma vie qu'aux heures où j'avais la majorité de la France pour complice, et où je cherchais, avec elle, le salut de la patrie. » (*Mémoires*.)

TALLEYRAND-PÉRIGORD (ELIE-CHARLES, PRINCE DE CHALAIS, DUC DE), pair de France, né à Versailles (Seine-et-Oise) le 4 août 1754, mort à Paris le 31 janvier 1829, fils aîné du général Gabriel-Marie, comte de Talleyrand-Périgord, et cousin-germain de l'évêque d'Autun, appartient aux armées du roi. Sous-lieutenant de cavalerie à seize ans, capitaine à dix-huit, il parvint, sans avoir pris part à aucune campagne, au grade de mestre de camp du régi-

ment de Royal-Normandie en 1785. Maréchal de camp en 1791, il émigra avec une partie de sa famille au début de la Révolution, servit à l'armée de Condé, et, de retour en France en 1800, se retira dans une terre de province, où il passa le temps de l'Empire. La Restauration le comprit dans la première liste des pairs (4 juin 1814). Il fut créé, en 1816, duc de Périgord, et promu, le 21 février de la même année, lieutenant général. M. de Talleyrand-Périgord soutint à la Chambre haute le gouvernement royal : son nom ne figure pas au scrutin dans le procès du maréchal Ney.

TALLEYRAND-PÉRIGORD (ALEXANDRE-DANIEL, BARON DE), député de 1815 à 1822 et pair de France, né à Paris le 22 février 1776, mort au Bois-d'Oingt (Rhône) le 3 juillet 1839, « fils de très haut et très puissant seigneur, monseigneur Louis-Marie-Anne de Talleyrand-Périgord, baron de Talleyrand, mestre de camp du régiment royal-Piémont-cavalerie et de très haute et très puissante dame, madame Louise Fidèle de Saint-Eugène de Montigny », et cousin de l'ex-évêque d'Autun, se destina à l'état ecclésiastique et étudia la théologie à Naples, où son père était ambassadeur de France. Après la Révolution, il se fit naturaliser napolitain et prit du service dans l'armée. Il rentra en France en 1802, résida à la Ferté-Saint-Aubin (Loiret), chez son frère Augustin-Louis (*v. p. haut*), devint maire de cette commune, et fut nommé, en avril 1814, par le gouvernement de la Restauration, préfet du Loiret. Il accompagna Louis XVIII à Gand pendant les Cent-Jours, reçut une mission secrète pour Vienne, et reprit possession de sa préfecture en 1815. Ayant refusé de payer aux Prussiens une contribution de quatre millions de francs, il fut arrêté par leur ordre et envoyé en prison à Saint-Cloud. Nommé conseiller d'Etat, il fut élu, le 22 août 1815, député du Loiret au grand collège, par 130 voix (206 votants, 281 inscrits). Il opina avec la minorité de la Chambre introuvable, obtint sa réélection, le 4 octobre 1816, par 102 voix (196 votants, 202 inscrits), et fut de la série sortante en 1822. Nommé préfet de l'Allier (1822), de la Nièvre (1828), de la Drôme (1830), du Pas-de-Calais (1831), il s'était rallié au gouvernement de juillet, qui l'envoya comme ministre plénipotentiaire à Florence (1833), puis à Copenhague, et le fit entrer à la Chambre des pairs (10 juin 1838). Il mourut un an après.

TALLEYRAND-PÉRIGORD (AUGUSTIN-MARIE-ELIE-CHARLES, COMTE DE), pair de France, né à Paris le 8 janvier 1788, mort à Paris le 8 juin 1879, fils d'Elie-Charles de Talleyrand (*voy. p. haut*) et « de très haute et très illustre dame Marie-Caroline-Rosalie de Bayeux de Poyanne », fit ses études classiques en Allemagne, fut nommé sous-lieutenant de hussards en 1809, prit part aux guerres de 1809 à 1814, et parvint au grade de chef d'escadron. La seconde Restauration le nomma colonel du 1er régiment des cuirassiers de la garde (8 septembre 1815). Maréchal de camp en 1818, il fut placé à la tête d'une brigade du camp de Lunéville et, en 1830, entra au comité de cavalerie. Le 9 avril 1829, il avait été admis à siéger à la Chambre des pairs, par droit héréditaire, en remplacement de son père décédé. Il refusa le serment à Louis-Philippe, et rentra, après les journées de juillet, dans la vie privée. Commandeur de la Légion d'honneur.

TALLEYRAND-PÉRIGORD (NAPOLÉON-LOUIS, DUC DE), DUC DE VALENÇAY, pair de France, né à Paris le 12 mars 1811, fils du général Alexandre duc de Dino, puis duc de Talleyrand-Périgord, et de Dorothée de Courlande, duchesse de Sagan, suivit comme son père la carrière militaire. Après avoir quitté l'armée, il fut appelé, le 19 avril 1845, à faire partie de la Chambre des pairs, où il vota avec les partisans du gouvernement de Louis-Philippe. La révolution de 1848 le rendit à la vie privée. Chevalier de la Toison d'or depuis 1838, il fut promu officier de la Légion d'honneur le 30 juin 1867, comme membre du jury de l'Exposition universelle.

TALLEYRAND-PÉRIGORD (ERNEST, COMTE DE), pair de France, né à Orléans (Loiret) le 17 mars 1807, mort à Bruxelles (Belgique), le 22 février 1871, fils du comte Augustin-Louis (voy. plus haut) et de dame Jeanne-Julienne-Caroline d'Argy, était sans antécédents politiques, lorsque, le 23 juillet 1847, il entra à la Chambre des pairs, en remplacement de son père décédé, et bien que celui-ci eût été déchu pour refus de serment. Il soutint la monarchie de Louis-Philippe jusqu'à la révolution de 1848, qui le rendit à la vie privée.

TALLEYRAND-PÉRIGORD (CHARLES-ANGÉLIQUE, BARON DE), sénateur du second Empire, né à Laon (Aisne) le 8 novembre 1821, fils du baron Alexandre-Daniel (voy. plus haut), entra dans la diplomatie et fut successivement secrétaire d'ambassade à Lisbonne, à Madrid, à Saint-Pétersbourg et à Londres, ministre à Weimar, à Bade et à Turin, envoyé extraordinaire et ministre plénipotentiaire près le roi des Belges (1861). Il occupa ensuite le poste d'ambassadeur à Berlin (17 octobre), puis à Saint-Pétersbourg (novembre 1864). Grand-croix de l'Ordre de l'Aigle-Rouge, grand-officier de la Légion d'honneur, il fut appelé, le 2 octobre 1869, à faire partie du Sénat impérial, où il soutint le gouvernement de Napoléon III jusqu'au 4 septembre 1870, qui mit fin à sa carrière politique.

TALLIEN (JEAN-LAMBERT), membre de la Convention, député au Conseil des Cinq-Cents, né à Paris le 23 janvier 1767, mort à Paris le 10 novembre 1820, « fils de Lambert Tallien, maître d'hôtel du marquis de Bercy, et de Jeanne Lambert », dut à la générosité du marquis de Bercy une instruction complète. Clerc de notaire, puis de procureur, il obtint un emploi dans les bureaux des finances et du commerce, s'éprit des idées nouvelles, devint secrétaire du député Brostaret, et entra comme prote à l'imprimerie du Moniteur. Un numéro de janvier 1792 de ce journal contient le prospectus de l'Ami des citoyens, que Tallien se proposait de faire paraître, et donne quelques détails sur la part prise par ce dernier au mouvement de la Révolution. « L'auteur, y est-il dit, connu par son zèle civique, est le premier qui ait employé, à l'avantage de la Révolution, l'ancien système des fondations religieuses, en l'appliquant à l'instruction publique du peuple. Déjà fondateur d'une société fraternelle, d'un de ces prônes civiques, où, dans les jours consacrés au repos, il enseigne régulièrement aux citoyens leurs droits et leurs devoirs, il a depuis ouvert aux peuples de nouveaux canaux d'instruction par l'établissement d'une affiche hebdomadaire, qui, publiée depuis cinq mois, a souvent contribué

au maintien de la tranquillité publique ». Le journal, publié aux frais de la Société des Jacobins, eut peu de succès. En avril suivant, Tallien organisa « la fête de la Liberté » offerte aux soldats révoltés de Châteauvieux qui venaient de sortir du bagne, se présenta (8 juillet) à la barre de l'Assemblée législative, au nom de la section de la Place royale, pour réclamer la réintégration à la commune de Pétion et de Manuel, prit part à la journée du 10 août, et fut nommé secrétaire greffier de la commune de Paris. Le 30, il revint à la barre de l'Assemblée protester contre la révocation des membres de la commune du 10 août, vanta leur zèle révolutionnaire, et obtint leur maintien. Après les massacres de septembre, auxquels il participa, au moins en signant la plupart des ordres d'arrestation, et en rédigeant avec Marat la circulaire du 3 septembre, signée Danton, qui provoquait les départements à imiter « l'énergie » de la capitale, il vint encore à l'Assemblée pour justifier la commune de n'avoir pu empêcher les massacres, et vanta l'ordre qui avait régné dans les exécutions et le désintéressement neut du peuple : personnellement, il avait sauvé la vie à plusieurs personnes, et notamment à Debonnières, depuis député aux Cinq-Cents. Élu, le 13 septembre 1792, membre de la Convention pour le département de Seine-et-Oise, le 9e sur 11, par 422 voix sur 681 votants, il repoussa la proposition de Manuel demandant que le président de l'Assemblée fût logé aux Tuileries, réclama à plusieurs reprises la mise en jugement du roi, s'opposa à ce qu'on lui permit de voir sa famille, et, ayant dit qu'au besoin la commune l'en empêcherait, fut frappé d'un décret de censure. Lors du jugement, il vota pour la mort, sans appel, et, « par humanité », sans sursis. Nommé membre du comité de salut public le jour même de l'exécution (21 janvier 1793), il ne put s'opposer au vote de la proposition de Gensonné demandant des poursuites contre les auteurs des massacres de septembre, mais obtint à son tour des poursuites contre ceux qui avaient défendu le roi au 10 août; le 26 février, il combattit le décret d'accusation contre Marat. Envoyé en mission dans l'Indre-et-Loire en mars 1793, il fit relâcher bon nombre de prisonniers, prêcha au prône à la messe des prêtres constitutionnels, passa en Vendée à la fin d'avril, constata l'importance de cette guerre, demanda l'envoi de la garnison de Mayence, et, de retour à la Convention, fut un des instigateurs des journées des 31 mai et 2 juin contre les Girondins. Puis il dénonça une prétendue conspiration tendant à sauver Custine (21 août), prit la défense du général Rossignol (26 août), et souleva les murmures de l'assemblée par ces paroles : « Et que m'importe à moi le pillage de quelques maisons! » Le 23 septembre, il fut envoyé à Bordeaux, avec Ysabeau, pour y organiser le gouvernement révolutionnaire. Il s'y montra un des plus impitoyables agents de la Terreur, poursuivit les Girondins fugitifs, assista de sa fenêtre aux exécutions, sévit contre le « négociantisme », effaça le nom de Gironde et lui substitua celui de Bec-d'Ambez (18 octobre 1793), et, grâce aux réquisitions dont il frappa les principaux habitants, vécut dans un faste royal. Mais, ayant vu Mme de Fontenay, née Cabarrus, qui venait d'être arrêtée à Bordeaux au moment où elle rejoignait sa famille en Espagne, il en fut épris, la garda près de lui et, sous son influence, ralentit la persécution. Dénoncé au comité de salut public pour son modérantisme, il vint à Paris pour se justifier; Mme de Fontenay y fut arrêtée, et, pour la sauver une seconde fois, Tallien dut se montrer plus terroriste que jamais : ce plan réussit d'abord, et il fut nommé successivement secrétaire (16 ventôse an XI) et président (1er germinal) de la Convention. Mais il ne put regagner la confiance de Robespierre alors tout-puissant. En prairial, ce dernier l'accusa d'avoir insulté des patriotes, et le fit exclure du club des Jacobins. Se voyant perdu, Tallien se lia avec ceux qui voulaient venger la mort de Danton, et devint le chef le plus actif de la conspiration de thermidor. Dans la séance du 9, il interrompit le premier Saint-Just par une question d'ordre, et lorsque Robespierre voulut répondre, s'élança à la tribune en brandissant un poignard, « dont il s'est armé, dit-il, pour percer le sein au nouveau Cromwell, au cas où l'assemblée n'aurait pas le courage de le décréter d'accusation. » L'assemblée rendit le décret, et Tallien devint l'homme le plus puissant du nouveau régime. Il fit de nouveau partie du comité de salut public quelques jours après, n'y resta qu'un mois, et, dix jours après, en rentrant chez lui, rue des Quatre-Fils, au Marais, fut blessé à l'épaule d'un coup de pistolet. On accusa les Jacobins d'avoir voulu l'assassiner; mais les Jacobins, de leur côté, prétendirent qu'il n'y avait là qu'une manœuvre de Tallien pour relever son influence. Le 26 décembre 1794, à 27 ans, il épousa « Jeanne-Marie-Ignace-Thérésa Cabarrus, âgée de 21 ans, divorcée de Jean-Jacques de Vin de Fontenay ». Il fit fermer le club des Jacobins, supprima le tribunal révolutionnaire, et fit décréter d'accusation Carrier et Le Bon. La victoire du 2 prairial contre les sections raffermit sa situation; il rentra au comité de salut public, fut envoyé à l'armée de l'Ouest, assista à l'affaire de Quiberon, et, de retour à Paris, provoqua les dernières rigueurs contre tous ceux qui avaient pris part à cette expédition. Après le 13 vendémiaire, il fut membre de la commission des Cinq chargée de proposer de nouvelles mesures de salut public; mais une violente attaque de Thibaudeau qui l'accusa de vénalité et de trahison, compromit encore son crédit. Élu député au Conseil des Cinq-Cents, le 23 vendémiaire an IV, par six départements, il n'y joua qu'un rôle effacé, eut occasion à répondre aux attaques de Dumolard (30 août 1795), et reconnut quelques-unes de ses torts : « Je dois donc pleurer, dit-il, sur ces temps désastreux, puisque j'ai peut-être contribué à les faire naître par l'exaspération de mes opinions... Et qui serait assez vain pour affirmer qu'il a toujours sainement jugé notre étonnante révolution. » Au 18 fructidor, il s'employa à adoucir le sort des proscrits, et il sortit du Conseil en germinal an VI. Ses affaires domestiques lui donnant beaucoup de soucis, il se fit attacher, comme savant, à l'expédition d'Égypte, devint membre de l'Institut d'Égypte, rédigea au Caire la Décade égyptienne, et y fut nommé administrateur des domaines nationaux. Après le départ de Bonaparte, Menou le força de retourner en France. Fait prisonnier par les Anglais pendant la traversée, il fut emmené à Londres où l'opposition whig lui fit un brillant accueil (mars-avril 1801). Son retour en France ne fut pas heureux : ses papiers furent saisis à Calais, à son arrivée, et sa femme s'empressa de demander son divorce, qu'elle obtint le 8 avril 1808. Absolument sans ressources, il sollicita le poste de consul à Alicante; faillit y périr

de la fièvre jaune, y perdit un œil, et revint à Paris où on lui laissa son traitement de consul. La tolérance dont l'Empire et la Restauration usèrent à son égard fit croire, sans preuve d'ailleurs, qu'il avait fait de la police pour leur compte. Aux Cent-Jours, il signa l'Acte additionnel sur les registres de la municipalité du 2e arrondissement, rue d'Antin, en ces termes : « Les phrases étant inutiles lorsque les dangers de la patrie sont imminents, lorsque l'honneur et l'indépendance de la nation commandent impérieusement le sacrifice de toutes les opinions particulières, voulant avant tout être et demeurer Français, attendant du temps, des lumières et du patriotisme des deux Chambres les améliorations désirables, je dis oui. » Atteint par la loi du 12 janvier 1816 contre les régicides, il l'obtint un sursis provisoire, le 5 février 1816, sur des certificats de médecins constatant « une goutte très intense dans les articulations, et l'impossibilité de voyager ». On ne l'inquiéta plus, et il végéta dans une petite maison de l'Allée des Veuves, no 31. Après avoir vendu sa bibliothèque pour vivre, « perclus des quatre membres et ne pouvant pourvoir aux premiers besoins d'une existence journalière plus que médiocre », il sollicita (mai 1818) un secours du gouvernement royal : M. Decazes lui envoya mille francs (18 mai). Il mourut deux ans plus tard, et fut enterré au Père-Lachaise; les journaux de janvier 1801 ont signalé l'état d'abandon et de délabrement de sa tombe.

TALLON (Eugène), représentant en 1871, né à Riom (Puy-de-Dôme) le 21 mars 1836, se fit inscrire au barreau de Paris où il avait été reçu avocat, fut secrétaire de M. Victor Lefranc de 1857 à 1861, et revint comme avocat dans sa ville natale. Il se mêla aux luttes du parti libéral à la fin de l'Empire, et se présenta à la députation comme candidat indépendant, le 24 mai 1869, dans la 4e circonscription du Puy-de-Dôme, où il échoua avec 7,192 voix, contra 14,833 au candidat officiel, élu, député sortant, M. Duméral, 3,242 à M. Roux et 2,741 à M. Laville. Élu, le 8 février 1871, représentant du Puy-de-Dôme à l'Assemblée nationale, le 7e sur 11, par 47,185 voix (96,000 votants, 170,401 inscrits), il siégea au centre droit, parmi les orléanistes, fut secrétaire de la 2e commission des Trente, prit part à la discussion sur la loi municipale, sur les impôts nouveaux, sur l'enregistrement, déposa des rapports sur les travaux publics, sur le droit de pétition, sur l'organisation de l'Assistance publique, sur le travail des femmes et des enfants dans les manufactures, fut membre et secrétaire de la réunion Saint-Marc-Girardin, membre de la réunion Féray, signa (24 mai 1873) l'amendement Target qui mit Thiers en minorité, et, en février 1875, dans la discussion des lois constitutionnelles, proposa, sans succès, de former un Sénat de trois cents membres, dont un tiers élu par les conseils généraux, un tiers nommé par l'Assemblée, et un tiers désigné par le président de la République parmi les membres des corps électifs, de l'Institut, et les hauts fonctionnaires. Il vota pour la paix, pour l'abrogation des lois d'exil, contre la pétition des évêques, contre le retour à Paris, pour la démission de Thiers, pour le septennat, pour la loi des maires, pour l'amendement Wallon, pour les lois constitutionnelles. Il était conseiller général de Riom depuis le 8 octobre 1871. Les élections de 1876 l'éloignèrent de la vie politique. On a de lui des brochures sur la *Propriété littéraire*, *l'Assistance publique*, etc., et des travaux historiques : *Cinq-Mars; Les Origines de la presse sous Richelieu*, etc.

TALLON (Jean-Marie-Alfred), député de 1876 à 1885, né à Clermont-Ferrand (Puy-de-Dôme) le 17 mai 1828, mort le 20 mai 1889, se fit recevoir avocat à Paris, fit son stage à la cour de Riom, et se fit inscrire d'abord au barreau d'Issoire, puis (1863) à celui de Clermont. Républicain depuis 1848, il combattit les candidatures officielles sous l'Empire, fonda en 1869, avec MM. de Chabrol, Bardoux et autres, l'*Indépendant du centre*, qui adhéra des premiers à la souscription Baudin et mena une vive campagne (1870) contre le plébiscite. Conseiller municipal de Clermont à la chute de l'Empire, il se porta, aux élections du 8 février 1871, candidat à l'Assemblée nationale dans le Puy-de-Dôme, et échoua avec 31,253 voix sur 96,000 votants. Il fonda alors le *Républicain* et l'*Union républicaine*, écrivit, après la disparition de ces journaux, dans le *Moniteur du Puy-de-Dôme*, fut élu (1874) conseiller général du canton de Champeix, et fit dans l'assemblée départementale des rapports remarqués sur des matières d'enseignement. Élu, le 20 février 1876, député de la 2ᵉ circonscription de Clermont-Ferrand, par 10,755 voix sur 18,699 votants et 26,041 inscrits, contre 7,269 à M. Nargot de Toucy, conservateur, il prit place à gauche, fit partie des commissions de la presse et du budget, et fut l'un des 363. Réélu, le 12 octobre 1877, par 11,289 voix (17,800 votants, 26,405 inscrits) contre 8,525 à M. François Mège, candidat du cabinet du 16 mai, il reprit sa place à gauche, soutint la politique scolaire et coloniale de la majorité républicaine, et vit son mandat renouvelé, aux élections du 21 août 1881, par 13,073 voix (13,753 votants, 26,463 inscrits). Il suivit la même ligne politique que précédemment, soutint les ministres opportunistes, et, porté, aux élections du 4 octobre 1885, sur la liste républicaine du Puy-de-Dôme, échoua avec 10,182 voix sur 132,128 votants. Lors du décès de M. Goutay, sénateur du Puy-de-Dôme (19 avril 1889), les chefs du parti républicain dans le département s'étaient entendus pour élire à sa place M. Tallon ; mais ce dernier mourut avant l'élection.

TALON (Antoine-Omer), député en 1789, né à Paris le 20 janvier 1760, mort à Gretz (Seine-et-Marne) le 18 août 1811, « fils de Jean Talon avocat, payeur des rentes à l'Hôtel de Ville, et de Marie-Charlotte Radix », fut reçu avocat à seize ans et devint avocat du roi au Châtelet (1777), conseiller aux enquêtes (1781) et lieutenant civil au Châtelet (1789). Partisan des idées nouvelles, il fut élu, le 21 mars 1789, député suppléant aux États-Généraux par le bailliage de Chartres, avec 71 voix (139 votants), et fut admis à siéger, le 16 décembre 1789, en remplacement de M. de Montboissier démissionnaire. Comme lieutenant civil au Châtelet, il avait été chargé d'instruire le procès contre les auteurs des journées des 5 et 6 octobre; il fut aussi mêlé au procès de Favras. Il rendit compte, le 26 mai 1790, à l'Assemblée nationale des procédures du Châtelet, se démit de ses fonctions de lieutenant civil le 30 juin, et se consacra à ses fonctions législatives. Il eut à se défendre contre Camille Desmoulins et contre Du Saulchoy qui l'accusaient, dans leurs

journaux, d'avoir vendu la justice; il obtint contre eux, le 6 juillet, une rétractation publique et 1200 livres de dommages-intérêts. Quelques jours après, il fit un discours sur la conservation des offices ministériels et vota constamment avec le côté droit. Ce fut lui qui réconcilia le parti de la cour avec Mirabeau, bien qu'il eut impliqué ce dernier et le duc d'Orléans dans l'affaire des 5 et 6 octobre lorsqu'il était lieutenant au Châtelet. Il conseilla au roi de se réfugier parmi les troupes de l'Est, avec le maréchal de Broglie. Arrêté et emprisonné, il fut remis en liberté au bout d'un mois, se rendit fréquemment de nuit aux Tuileries, où, avec quelques serviteurs fidèles, il s'efforça de sauver Louis XVI. Il dut bientôt pourvoir à sa propre sûreté, car la découverte de son nom sur les registres de l'armoire de fer le fit décréter d'accusation. Après être resté quelques mois caché, il put s'embarquer pour l'Amérique d'où il ne revint que sous le Directoire. A l'époque du Consulat, Bonaparte, étonné du luxe dans lequel il vivait, fit faire une enquête sur ses agissements, et apprit que Talon servait d'intermédiaire entre les royalistes de France et les princes. Il le fit aussitôt arrêter et envoyer aux îles Sainte-Marguerite, d'où il ne sortit qu'en 1807, dans un état voisin de l'imbécillité. Sa famille obtint alors son interdiction ; il mourut quatre ans après, à 51 ans.

TALON (Jules), représentant en 1848 et en 1849, né à Valenciennes (Nord) le 8 juillet 1810, mort à Marseille (Bouches-du-Rhône), le 5 décembre 1884, fils d'un juge de paix de Valenciennes, fit ses études comme boursier au collège de Douai, entra en 1829 à l'École polytechnique, et servit quelque temps dans l'artillerie ; il était lieutenant en premier, quand il donna sa démission (1836) pour s'occuper d'agriculture. Resté en dehors de la politique jusqu'en 1848, il fut élu, le 23 avril, le 1ᵉʳ sur 8, représentant des Ardennes à l'Assemblée constituante par 49,357 voix (72,152 votants, 89,403 inscrits). Il fit partie du comité de l'agriculture, et vota avec la droite : *pour* les poursuites contre Louis Blanc et Caussidière, *pour* le rétablissement de la contrainte par corps, *contre* l'abolition de la peine de mort, *contre* l'amendement Grévy, *contre* le droit au travail, *pour* l'ordre du jour en l'honneur de Cavaignac, *pour* la proposition Rateau, *pour* l'interdiction des clubs, *pour* les crédits de l'expédition romaine, *contre* l'amnistie des transportés. Réélu, le 13 mai 1849, représentant du même département à l'Assemblée législative, le 2ᵉ sur 7, par 43,017 voix (64,318 votants, 89,793 inscrits), il suivit la même ligne politique que précédemment, et opina avec la majorité, *pour* l'expédition de Rome, pour la loi Falloux-Parieu sur l'enseignement, *pour* la loi restrictive du suffrage universel. Il ne se rallia point à la politique de l'Élysée, quitta la vie politique au coup d'État de décembre 1851, s'occupa d'affaires sous l'Empire et devint directeur des Messageries maritimes à Marseille.

TALOT (Michel-Louis), membre de la Convention, député au Conseil des Cinq-Cents, né à Cholet (Maine-et-Loire) le 22 avril 1755, mort à Cholet le 12 juin 1828, étudia le droit et devint en 1781 agréé au tribunal de commerce d'Angers. Partisan de la Révolution, il fut nommé commandant d'un bataillon de la garde nationale de cette ville, membre du conseil général de Maine-et-Loire, et juge au tribunal de première instance. Élu, le 7 septembre 1792, quatrième député suppléant de Maine-et-Loire à la Convention par 557 voix (566 votants, 645 inscrits), il ne fut admis à siéger que le 8 septembre 1793, en remplacement de Filastre de la Brardière démissionnaire. Secrétaire de la Convention le 8 pluviôse an III, il alla en mission à l'armée de Sambre-et-Meuse, signa la capitulation de Luxembourg, et se montra opposé à la politique des sections de Paris (août 1795). Il sollicita ensuite la création d'un conseil de guerre pour juger les émigrés qui seraient arrêtés à Paris; puis fut envoyé dans le Pas-de-Calais pour y organiser les administrations. De retour à Paris, il prit devant le conseil de guerre la défense du général Menou, son ancien compagnon d'armes, mis en jugement à la suite du 13 vendémiaire, et obtint son acquittement. Le 4 brumaire an IV, Talot fut appelé par ses collègues de la Convention à siéger au Conseil des Cinq-Cents. Il défendit le projet qui astreignait les représentants au serment de haine à la royauté, provoqua la peine de la déportation contre les dépréciateurs des mandats, et, le 5 brumaire an V, parla contre les journalistes : « Je viens, dit-il, attaquer les vrais assassins de la patrie; je viens dénoncer une trentaine de gredins qui s'emparent de l'opinion publique et déchirent chaque jour le gouvernement. Les clubs ont rendu des services dans les commencements de la Révolution, bientôt ils ont fini par se corrompre et par devenir dangereux : eh bien ! chaque journal est un club ambulant prêchant la révolte et la désobéissance aux lois. Il est impossible qu'un gouverne ment subsiste et rétablisse l'ordre au milieu d'éléments aussi destructeurs. Il faut une loi qui réprime la liberté de la presse, ou bien permettre à chacun de se servir de la même liberté pour presser les omoplates de son calomniateur. » Il défendit le Directoire, reprocha à Aubry d'avoir destitué Bonaparte et Masséna, et, à la suite du 18 fructidor, fut nommé membre de la commission provisoire des inspecteurs. Il s'associa aux mesures prises à cette époque contre le parti royaliste, fut secrétaire des Cinq-Cents, et combattit le projet de Malibran accordant 300,000 francs au général Bonaparte. Il fit ensuite fixer par une loi l'enceinte constitutionnelle du corps législatif. Ayant obtenu sa réélection le 23 germinal an VI, comme député de Maine-et-Loire, par 137 voix (268 votants, 288 inscrits), il se jeta dans l'opposition, reprocha à Lecointe-Puyraveaux son opinion contre la liberté de la presse et l'appela ironiquement le « procureur-général syndic du Directoire ». Il contribua, avec le parti démocratique, à écarter du Directoire Treilhard, La Revellière et Merlin, fut un des orateurs assidus de la réunion jacobine du Manège, protesta, dans la séance extraordinaire du 19 brumaire à Saint-Cloud, contre la nomination de Bonaparte au commandement des troupes qui entouraient le corps législatif, et exhorta ses collègues à la résistance. Talot fut arrêté et incarcéré à la Conciergerie, d'où la protection de Bernadotte le tira. Mais ayant continué de manifester des sentiments hostiles au gouvernement consulaire, il fut inscrit sur la liste des déportés de nivôse, échappa d'abord aux arrestations, puis fut découvert et enfermé au Temple. De cette prison, il écrivait à Fouché, le 17 nivôse an IX : « J'ai demandé plusieurs fois de reprendre mon rang dans les armées : au lieu de partager les lauriers, je ne partage ici que les fers. Des intérêts de famille m'appellent dans mon département. » On lui permit de s'y rendre après quatorze mois de

détention. Remis en activité, comme adjudant commandant le 4 frimaire an X, il fut employé à l'armée de Saint-Domingue. En 1809, il fit partie de l'armée destinée à repousser, sous les ordres de Bernadotte, les Anglais qui s'étaient emparés de l'île de Walcheren, et servit en qualité de chef d'état-major de la division qui occupait l'île de Cadsant. Réformé lors de la réunion de cette armée à celle d'Anvers, il rentra définitivement dans ses foyers.

TAMISIER (François-Laurent-Alphonse), représentant en 1848, en 1849 et en 1871, sénateur de 1876 à 1880, né à Lons-le-Saulnier (Jura) le 22 janvier 1809, mort à Paris le 20 mai 1880, fils d'un maire de Lons-le-Saulnier, entra à l'École polytechnique. Il prit part aux journées de juillet et sortit de l'École comme officier d'artillerie; il était lieutenant à Strasbourg en 1836, lors de la tentative du prince L.-Napoléon. Capitaine en 1838, professeur à l'école normale de tir de Vincennes en 1842, il dut bientôt à ses travaux techniques de compter parmi les officiers les plus distingués de l'armée, notamment après un remarquable exposé des principes qui ont conduit à l'adoption des canons rayés. D'autre part, il avait adhéré à l'école sociétaire de Fourier. Le 25 février 1848, il refusa énergiquement de livrer au peuple de Paris les armes de l'arsenal de Vincennes. Républicain de la veille, M. Tamisier fut élu, le 23 avril 1848, représentant du Jura à l'Assemblée constituante, le 5e sur 8, par 36,204 voix (74,155 votants). Il siégea dans les rangs de la gauche modérée, fit partie du comité de la guerre, et vota *contre* le rétablissement du cautionnement, *contre* les poursuites contre Louis Blanc et *pour* les poursuites contre Caussidière, *contre* le rétablissement de la contrainte par corps, *pour* l'abolition de la peine de mort, *contre* l'amendement Grévy, *pour* le droit au travail, *pour* l'ensemble de la Constitution, *pour* l'ordre du jour en l'honneur du général Cavaignac, *contre* la proposition Rateau, *pour* l'amnistie, *contre* l'interdiction des clubs, *contre* les crédits de l'expédition de Rome, *pour* la mise en accusation du président et de ses ministres. Réélu, le 13 mai 1849, par le même département, représentant à l'Assemblée législative, le 3e sur 7, par 46,721 voix (71,295 votants, 90,110 inscrits), il fit, dans les rangs de la gauche, une constante opposition à la politique de l'Élysée, défendit la gratuité des écoles polytechnique et militaire (5 novembre 1849 et 25 janvier 1850), déposa une proposition d'augmentation de solde pour les sous-officiers, protesta contre le coup d'Etat du 2 décembre 1851, et fut nommé chef d'état-major du général Oudinot par les représentants réunis à la mairie du Xe arrondissement pour organiser la résistance armée contre le prince L.-Napoléon. Enfermé à Mazas pendant dix-sept jours, il reprit, à sa sortie, ses expériences d'artillerie, fut déclaré démissionnaire en 1853 pour refus de serment à l'empereur, et se fit ingénieur de chemin de fer, d'abord dans la Sarthe et l'Orne, puis dans la Corrèze et le Lot, enfin à la compagnie d'Orléans, où il passa successivement chef de section, chef de division, sous-ingénieur et ingénieur. Il revint dans le Jura en 1868, et fonda le journal républicain *le Jura*, qui fit campagne contre le plébiscite. Le 6 septembre 1870, le gouvernement de la Défense nationale l'appela aux fonctions de commandant supérieur des gardes nationales de la Seine, en remplacement du général de la Motterouge. Son rôle au 31 octobre fut indécis; il donna sa démission le 9 novembre, et reprit le poste de chef d'escadron d'artillerie au 5e secteur de Paris. Élu, le 8 février 1871, représentant du Jura à l'Assemblée nationale, le 2e sur 6, par 28,613 voix (49,963 votants, 89,769 inscrits), il s'inscrivit à la gauche républicaine, et vota contre le pouvoir constituant de l'Assemblée, pour la dissolution, pour le retour à Paris, contre la chute de Thiers au 24 mai, contre le septennat, la loi des maires, le ministère de Broglie, pour les amendements Wallon et Pascal Duprat et pour l'ensemble des lois constitutionnelles. Conseiller général du canton de Clairvaux (octobre 1871), il avait présidé, en 1871 et en 1872, l'assemblée départementale. Élu sénateur du Jura, le 30 janvier 1876, par 446 voix (654 votants), il se prononça en 1877 contre la dissolution de la Chambre et contre le gouvernement du Seize-Mai, obtint le renouvellement de son mandat le 5 janvier 1879, par 556 voix (655 votants), soutint le cabinet Dufaure, opina pour l'article 7 de la loi Ferry sur l'enseignement supérieur et mourut en mai 1880. Il fut remplacé le 15 août suivant, par le général Grévy. Officier de la Légion d'honneur, il avait été admis à la retraite, avec le grade de chef d'escadron d'artillerie, le 28 octobre 1871.

TANCHARD (JEAN-BAPTISTE), représentant à la Chambre des Cent-Jours, né à Baume-les-Dames (Doubs) le 30 décembre 1758, mort en 1842, « fils du sieur Claude-Laurent Tanchard, et de demoiselle Marguerite Courjon », était maire de Baume-les-Dames où il avait exercé la profession de juge de paix, et conseiller général du Doubs, lorsque l'arrondissement de Baume-les-Dames l'élut (12 mai 1815), par 48 voix sur 49 votants et 123 inscrits, représentant à la Chambre des Cent-Jours. Sa carrière politique prit fin avec la session de cette législature.

TANCHARD (CHARLES-LAURENT), représentant du peuple en 1848, né à Cuse-Adrisans (Doubs) le 19 décembre 1794, mort à Cuse le 28 septembre 1868, finissait, en 1813, sa rhétorique au lycée de Besançon, quand il fut désigné pour faire partie du 4e régiment des gardes d'honneur qui s'organisait à Lyon. Il fit la campagne de 1813, assista à Leipzig, à Hanau et à la campagne de France. Rentré à Besançon à la paix, il fit un stage de trois ans chez un notaire, puis s'occupa d'agriculture. Maire de Cuse en 1825 et membre de la Société d'agriculture du Doubs, il manifesta des opinions libérales, fut nommé, en septembre 1830, juge de paix du canton de Rougemont, fonctions qu'il remplit jusqu'en 1848, et devint conseiller général du Doubs en 1842, en remplacement de son père, et vice-président du comice agricole. Il applaudit à la révolution de 1848, fut appelé aux fonctions de sous-commissaire du gouvernement provisoire à Baume, et fut élu, le 23 avril 1848, représentant du Doubs à l'Assemblée constituante, le 3e sur 7, par 42,894 voix (67,322 votants et 78,670 inscrits). Il fit partie du comité de l'agriculture, et vota pour le bannissement de la famille d'Orléans, pour les poursuites contre L. Blanc et contre celles contre Caussidière, contre l'abolition de la peine de mort, contre l'impôt progressif, contre l'incompatibilité des fonctions, contre l'amendement Grévy, contre la sanction de la Constitution par le peuple, pour l'ensemble de la Constitution, contre la proposition

Rateau, contre l'interdiction des clubs, contre l'expédition de Rome, pour la demande de mise en accusation du président et des ministres. Non réélu à la Législative, il ne reparut plus sur la scène politique.

TANNÉGUY-LEVENEUR (ALEXIS-PAUL-MICHEL, COMTE), député au Corps législatif en 1808, né à Paris le 25 septembre 1770, mort au château de Carrouges (Orne) le 26 mai 1833, « fils de M. Jacques Tannéguy-Leveneur, marquis de Tellières, maréchal des camps et armées du roi, et de dame Michelle-Julie-Françoise Bouchard d'Esparbès de Lussan d'Aubeterre de Jonsac », était maréchal de camp au moment de la Révolution. Il quitta le service en 1791, n'émigra pas, et devint, sous le Directoire, administrateur du département de l'Orne et président de canton. Élu, le 3 octobre 1808, par le Sénat conservateur, député de l'Orne au Corps législatif, il en sortit en 1812. Créé comte de l'empire le 11 juin 1810, il prit sa retraite, sous la Restauration, comme général de division.

TARANGET (ANDRÉ-ETIENNE-LOUIS), député au Conseil des Cinq-Cents, né à Lille (Nord) le 2 août 1752, mort à Douai (Nord) le 26 août 1837, fit ses études à Arras et suivit les cours de médecine de l'université de Douai. Nommé professeur à cette université, il devint docteur-régent, du 2 mai 1782 au 10 août 1792; il était aussi membre de l'Académie d'Arras, où il avait été reçu en même temps que Carnot et Robespierre. Ayant refusé de prêter le serment civique après le 10 août 1792, il perdit ses fonctions de régent, fut suspect sous la Terreur, et ne dut qu'à sa réputation d'habile praticien de ne pas être emprisonné. En 1794, il fut nommé médecin de l'hôpital militaire de Douai, et fut élu, le 23 germinal an V, député du Nord au Conseil des Cinq-Cents, par 346 voix (402 votants). Il fut membre du comité d'instruction publique, et, partisan des modérés, fut exclu au 18 fructidor. En l'an VI, il entra au conseil municipal de Douai dont il fit partie jusqu'en 1830, et devint, le 7 floréal an XII, membre du jury médical du Nord. Rallié à l'Empire, Taranget, qui s'occupait aussi de belles-lettres, fut nommé, le 20 juillet 1809, professeur de littérature française à la faculté des lettres de Douai, et, peu de temps après, recteur de cette Académie, poste qu'il occupa jusqu'au 4 octobre 1827. Chevalier de la Légion d'honneur depuis 1821. Membre non résident de l'Académie de médecine, il fut l'un des propagateurs de la vaccine, et n'exerça aucune fonction publique, en raison de son grand âge, sous la monarchie de Juillet.

TARAYRE (JEAN-JOSEPH), député de 1819 à 1824, né à Soulsac, commune de Salles (Aveyron), le 21 mai 1770, mort à Rodez (Aveyron) le 27 novembre 1855, le second des neuf enfants de François Tarayre et d'Antoinette Pouzols, cultivateurs aisés, fut destiné d'abord à l'état ecclésiastique et placé au séminaire de Saint-Geniez; mais, faute de vocation, il fut envoyé au collège royal de Rodez, et y termina ses études en 1789. Partisan des idées nouvelles, il fut délégué par son département à la fête de la Fédération (14 juillet 1790), et partit, comme volontaire, le 4 juillet 1792, avec le grade de capitaine élu dans le 2e bataillon de l'Aveyron, qui fit successivement partie de la 56e et de la 85e demi-brigade. Il fut blessé au siège de Toulon, passa à l'armée des Alpes, et se distingua en Italie jusqu'au traité de Campo-Formio (17 octobre 1797). Il suivit Bonaparte en Égypte, puis en Syrie, fut mis à l'ordre du jour au siège de Saint-Jean-d'Acre, et fut nommé chef de bataillon (24 floréal an VII). Son intrépidité décida de la victoire d'Héliopolis (20 floréal an VIII), et lui valut le grade d'adjudant-général provisoire (22 vendémiaire an IX), et le commandement de la place de Suez. Placé, le 21 floréal an IX, à la tête de la 21e demi-brigade il se battit à Canope, assista au siège du Caire et revint en France quelques mois après. Le premier Consul le mit à la tête de la subdivision militaire de la Haute-Loire et du Cantal; il réunit les matériaux d'une histoire de la 21e demi-brigade, devenue le 21e de ligne, fut appelé, en 1803 au camp de Bruges, en 1804 au camp de Boulogne, servit sous Louis Bonaparte à l'armée du Nord, et, lorsque ce dernier fut placé sur le trône de Hollande, resta auprès de lui comme colonel des grenadiers de la garde (15 juillet 1806), puis comme colonel général (30 août suivant). Il réorganisa l'armée hollandaise, supprima la bastonnade, entretint souvent entre le roi Louis et la reine Hortense, et obtint à grand'peine la proclamation officielle à Amsterdam de la naissance du prince Louis-Napoléon, qui fut plus tard Napoléon III. Lieutenant-général dans l'armée hollandaise en 1808, et capitaine des gardes du corps du roi, grand-croix de l'ordre de l'Union (17 février 1809), créé comte de Gorcum pour avoir sauvé cette ville d'une inondation, il défendit Berg-op-Zoom contre la flotte anglaise, puis, sentant pour le roi Louis l'impossibilité de se maintenir sur le trône de Hollande en face des exigences toujours croissantes de l'empereur, donna sa démission de ses fonctions et dignités en Hollande (30 janvier 1810), et se retira dans sa famille, à Soulsac. Le 1er juillet suivant, le roi Louis abdiquait. A Soulsac, Tarayre s'occupait d'agriculture, lorsque Napoléon le rappela à l'activité (28 janvier 1812), avec le grade de général de brigade. Envoyé à l'état-major de la grande armée (9 février suivant), il assista à tous les combats de la campagne de Russie, et commanda l'arrière-garde du corps de Davout pendant la retraite où il eut les pieds gelés. Commandant d'observation à l'armée du Rhin (1er mars 1813), il se battit à Lutzen et à Bautzen, fut promu (20 août 1813) commandeur de la Légion d'honneur (il était légionnaire du 19 frimaire an XII), prit part à la bataille de Leipzig, comme chef d'état-major général du 3e corps, perdit ses bagages dans la retraite, se battit à Hanau, et dut rejoindre Marmont comme commandant d'une brigade de la 51e division du 4e corps. L'état de sa santé lui ayant fait demander alors un emploi moins actif, l'empereur voulut le conserver à l'armée (lettre du 16 novembre 1813), et lui donna à commander la première brigade de la division de réserve de Paris. Presque aussitôt il fut chargé d'organiser en bataillons les gardes champêtres des départements au nord de la Seine; cette organisation ayant été abandonnée, Tarayre reçut le commandement du département de la Somme (20 mars 1814). La chute de l'empire annula cette nomination. Tarayre fut mis en non-activité le 1er septembre 1814; mais Louis XVIII le créa chevalier de Saint-Louis, et le nomma (20 janvier 1815) lieutenant-général et inspecteur des gardes nationales de la 1re division militaire, Paris excepté. Aux Cent-Jours, Napoléon l'envoya à l'armée du Nord (6 avril 1815), puis le chargea de l'organisation des gardes nationales de la 13e division (Rennes)

Tarayre sut maintenir l'ordre dans sa division après la seconde abdication, et, lorsque le drapeau blanc fut arboré à Rennes (10 juillet 1815), remit le commandement au général Bigarré; il fut mis en non-activité le 1er août. En 1816, il publia : *Moyens de pacifier l'Europe*, véritable réquisitoire contre l'Angleterre, collabora (1817) au *Censeur européen*, organe libéral, et fut porté, aux élections du 11 septembre 1819, par les « amis de la Charte », comme candidat à la députation dans le grand collège de la Charente-Inférieure, qui n'élut par 505 voix (810 votants, 1,819 inscrits). Son élection fut invalidée pour une singulière irrégularité de formes : l'un des deux candidats, entre lesquels le ballottage était obligatoire, s'étant désisté, on prétendit que ce désistement ne devait pas empêcher l'exécution littérale de la loi, et qu'il fallait recommencer. Le général Tarayre fut réélu, au nouveau scrutin du 24 avril 1820, par 442 voix (689 votants, 1,595 inscrits). Il prit place à côté des six députés de l'extrême-gauche et débuta par une attaque violente contre le budget (3 juillet); son discours ayant été tronqué par le *Moniteur*, il le fit rétablir dans le *Courrier*, et notamment ce passage : « Rien ne prouve mieux la désaffection de la majorité de la nation pour le gouvernement que la nécessité où il s'est trouvé de changer la loi des élections. Il n'y avait en France que 90,000 électeurs, eh bien, c'était encore trop; et le ministère vous propose de donner toute l'influence électorale à moins de 15,000 électeurs privilégiés. » Le ministère répondit au général en le mettant en traitement de réforme et en ordonnant la saisie de son discours. Dans la session de 1821, il combattit la loi sur l'échelle mobile, entra dans le comité dirigeant du carbonarisme en 1822, et ne se représenta pas aux élections de 1824. Retiré à Soulsac, il applaudit à la révolution de 1830, et prit, le 3 août, le commandement de la garde nationale de Rodez, afin d'assurer, avec le maintien de l'ordre, le triomphe de la révolution de juillet. La Fayette, dont il était l'ami, le fit nommer (29 octobre) inspecteur et organisateur des gardes nationales de cinq départements; le 7 février 1832, il fut relevé de la retraite, et admis dans le cadre de réserve de l'état-major général. Les accusés d'avril 1834 le choisirent au nombre de leurs défenseurs, mais la cour des pairs n'accepta pour cette mission que des avocats inscrits au tableau. Il tenta, aux élections de la même année, de rentrer à la Chambre des députés; sa candidature trop avancée pour l'Aveyron fut mal accueillie, et il ne conserva que le titre de conseiller général de Marcillac (1830-1848). En avril 1848, il déclina la candidature qui lui fut offerte à l'Assemblée constituante, et vécut dans la retraite jusqu'à sa mort. On a de lui : *De la forme des gouvernements ou des rapports qu'elle doit avoir avec leur nature et leur constitution* (1819), de nombreuses brochures sur l'agriculture et l'économie rurale, et quelques écrits historiques et militaires.

TARBÉ (Louis-Hardouin), ministre des Contributions, né à Sens (Yonne) le 11 août 1753, mort à Paris le 7 juillet 1806, onzième enfant d'un imprimeur relieur, président du tribunal de commerce, fit de bonnes études au collège de sa ville natale, suivit à Paris les leçons de l'école de droit et fut reçu avocat. Un rapport qu'il présenta sur une affaire importante le fit remarquer par Lefebvre d'Ormesson, contrôleur général des finances, qui l'admit dans ses bureaux,

Il eut un avancement rapide, et devint premier commis des finances sous le ministère de Necker et de Calonne, puis directeur des contributions sous de Lessart. Il occupait ce poste lorsque le roi le nomma, le 18 mai 1791, ministre des Contributions. Tarbé eut à organiser toutes les parties de l'administration financière; c'est lui qui créa la contribution foncière. Il n'avait pas quitté son modeste appartement de la rue du Hasard, et ce fut chez lui que ses collègues se réunirent pour rédiger les motifs du veto que le roi avait dessein d'opposer aux décrets de l'Assemblée législative relatifs à l'émigration et à la déportation des prêtres. Tarbé, attaché au roi, donna sa démission de ministre en mars 1792. Le 15 août suivant, il fut compris dans le décret d'accusation avec Montmorin, Duport-Dutertre, Duportail et Bertrand de Molleville. Il se déroba par la fuite aux poursuites qui le menaçaient, passa près de trois ans dans la retraite, revint ensuite à Sens, et s'y occupa de littérature, refusant constamment les emplois qui lui furent offerts, notamment sous le Consulat. Il touchait une pension du trésor. Il mourut à 53 ans, d'une attaque d'apoplexie.

TARBÉ (CHARLES), député en 1791 et au Conseil des Cinq-Cents, né à Sens (Yonne) le 19 avril 1756, mort à Cadix (Espagne) le 14 septembre 1804, frère du précédent, était négociant à Rouen au moment de la Révolution. Il en adopta les principes, devint officier municipal de la ville, et fut élu, le 7 septembre 1791, député de la Seine-Inférieure à l'Assemblée législative, le 9° sur 16, à la pluralité des voix. Il prit place parmi les modérés, fut membre du comité colonial, parla sur les troubles de Saint-Domingue, se prononça contre Brissot, s'opposa à la loi sur les passeports, fut élu secrétaire au mois d'avril 1792, vota les 6 millions demandés pour les dépenses secrètes du roi, chercha à faire repousser, le 29 mai, le licenciement de la garde constitutionnelle du roi, s'éleva, avec force, le 4 juin, contre les dénonciations de Chabot, et, dans la discussion entre Grangeneuve et Jouneau, s'attira le blâme de l'Assemblée et 8 jours d'arrêts, pour avoir demandé des peines sévères contre tous les auteurs des voies de fait envers les députés. Il se tint, après la session, en dehors de la politique. L'avènement du Directoire lui rouvrit la carrière parlementaire. Élu, le 23 germinal an V, député de l'Yonne au Conseil des Cinq-Cents, par 265 voix (303 votants), il fut membre du comité colonial et attaqua avec une telle vivacité les agents du Directoire aux colonies, particulièrement Sonthonnax et le secrétaire Marec, qu'il dut se rétracter, mais obtint néanmoins le rapport du décret qui autorisait le pouvoir exécutif à envoyer des agents aux colonies. Partisan des Clichyens, il fut proscrit au 18 fructidor, et ne dut qu'à l'intervention de Hardy de ne subir que l'invalidation de son élection. Il retourna alors à Rouen, s'occupa de négoce, et devint membre de la chambre de commerce de cette ville. Envoyé par cette chambre en Espagne pour y défendre les intérêts du commerce de Rouen, il mourut à Cadix, d'une maladie épidémique.

TARBÉ DE VAUXCLAIRS (JEAN-BERNARD, CHEVALIER), pair de France, né à Sens (Yonne) le 23 février 1767, mort à Paris le 17 septembre 1842, «fils de M. Pierre Hardouin Tarbé, libraire de S. E. Monseigneur le cardinal de Luynes, et de demoiselle Colombe-Catherine Pigalle», entra en 1781 à l'École des ponts et chaussées,

et en sortit ingénieur. Napoléon, qui faisait de lui le plus grand cas, l'emmena dans ses voyages en Belgique et en Hollande, le décora de la Légion d'honneur en 1805, et le créa chevalier de l'empire le 2 juillet 1808. Commandeur de la Légion d'honneur à la Restauration, il fut nommé conseiller d'État en 1817, section des travaux publics, et pair de France le 3 octobre 1837. Il siégea jusqu'à sa mort parmi les conservateurs.

TARBOURIECH (ÉMILE-FÉLIX-SILVAIN), député de 1881 à 1885, né à Olonzac (Hérault) le 24 décembre 1841, mort à Olonzac le 29 janvier 1885, d'une famille de riches négociants, était maire d'Olonzac et conseiller général de l'Hérault, lorsqu'il fut élu, le 21 août 1881, député de l'arrondissement de Saint-Pons par 5,816 voix (8,484 votants, 15,311 inscrits), contre 2,511 à M. Rouanet, socialiste. Il siégea à l'Union républicaine, vota avec la majorité opportuniste, contre la séparation de l'Église et de l'État, contre l'élection des magistrats par le peuple, pour les crédits de l'expédition du Tonkin, et mourut avant la fin de la législature.

TARDIEU (NICOLAS-ANDRÉ-ESPRIT), député de 1831 à 1834, né à Nancy (Meurthe) le 5 juin 1790, mort à Nancy le 27 juillet 1843, étudia le droit, fut reçu avocat et se fit inscrire au barreau de Nancy. Le 5 juillet 1831, il fut élu député du 5° collège de la Meurthe (Toul), par 106 voix (169 votants, 181 inscrits), contre 43 à l'amiral de Rigny. Il siégea dans l'opposition modérée avec laquelle il vota généralement. En 1833, lors du procès du journal la *Tribune*, après que le président eut donné lecture des textes de la loi, il fut au nombre des députés qui déclarèrent se récuser. Il ne fut pas réélu en 1834.

TARDIEU (AUGUSTIN), représentant en 1871, député de 1876 à 1877 et de 1878 à 1881, né à Arles (Bouches-du-Rhône) le 23 décembre 1828, mort à Arles le 16 avril 1883, fut embarqué, à 17 ans, comme mousse, sur un vaisseau marchand, fut pris par le service en 1848, se fit déclasser peu après, et s'engagea au 1er chasseurs d'Afrique où il devint rapidement sous-officier. Rentré dans la vie civile à la mort de son père (1853), il se livra à l'exploitation de ses domaines, devint conseiller municipal d'Arles (1865), conseiller général du même canton (1869) fit de l'opposition à l'empire, et fut nommé maire d'Arles le 4 septembre 1870. Candidat à l'Assemblée nationale, le 8 février 1871, dans les Bouches-du-Rhône, il échoua avec 45,851 voix; mais il fut élu, le 2 juillet suivant, représentant de ce département, en remplacement de 7 représentants qui avaient démissionné ou opté pour d'autres départements, le 1er sur 7, par 51,800 voix (75,000 votants, 149,670 inscrits). Il prit place à l'Union républicaine et vota contre la pétition des évêques, contre la démission de Thiers, contre le septennat, contre le ministère de Broglie, pour l'amendement Wallon, pour les lois constitutionnelles. Réélu conseiller général du canton est d'Arles le 8 octobre 1871, vice-président et président de ce conseil, révoqué de ses fonctions de maire sous le ministère de Broglie (février 1874), et réintégré l'année suivante, il fut réélu, le 20 février 1876, député de l'arrondissement d'Arles, par 9,764 voix (19,021 votants, 25,834 inscrits), contre 9,218 à M. de Cadillan. Il interpella M. Jules Simon à propos de la fermeture d'un cercle catholique à Arles, et n'ayant pas obtenu pleine satisfac-

tion, donna sa démission de maire ; il fut l'un
des 363 députés qui, au 16 mai, refusèrent le
vote de confiance au ministère de Broglie. Il
échoua aux élections qui suivirent la dissolution
de la Chambre, le 14 octobre 1877, avec 8,411
voix contre 11,313 à l'élu, M. de Cadillan, candidat du gouvernement du 16 mai ; mais, cette
élection ayant été invalidée, M. Tardieu regagna son siège, le 3 mars 1878, avec 10,812 voix
(10,913 votants, 26,006 inscrits). Il continua de
siéger à l'Union républicaine et de voter avec
la majorité, pour la politique scolaire et coloniale du gouvernement. Renommé maire d'Arles
en 1878, il signala son administration par l'interdiction des processions, et ne se représenta
pas aux élections générales de 1881.

TARDIF (Alexandre-Marie), député de 1824
à 1831, né à Bayeux (Calvados) le 19 septembre
1776, mort à Caen (Calvados) le 23 octobre
1863, négociant à Bayeux, connu et estimé pour
ses idées libérales, se présenta à la députation,
le 1er octobre 1821, dans le 2e arrondissement
électoral du Calvados (Bayeux), et échoua avec
189 voix contre 243 à l'élu, M. Hérault de
Hottot. Il fut ensuite successivement élu
député, dans ce même arrondissement, le 25
février 1824, par 256 voix (492 votants, 590
inscrits) contre 233 à M. Achard de Bonvouloir ; le 17 novembre 1827, par 259 voix (386
votants, 503 inscrits), contre 119 à M. Huillard-
Daigneaux ; le 23 juin 1830, par 397 voix (458
votants, 510 inscrits), contre 112 à M. Huil-
lard-Daigneaux ; le 5 juillet 1831, par 311
voix (434 votants, 614 inscrits), contre 83 à
M. Chauffrey. M. Tardif siégea constamment
dans le groupe constitutionnel, s'opposa aux
mesures réactionnaires, combattit la politique
agressive de M. de Villèle, signa l'Adresse des
221, et adhéra au gouvernement de Louis-Philippe. Il rentra dans la vie privée aux élections générales de 1834.

TARDIF DE POMMEROUX. — *Voy.* Bordesoulle (comte de).

TARDIVEAU (François-Alexandre), député
en 1791 et au Conseil des Cinq-Cents, né et
mort à des dates inconnues, était homme de
loi, lorsqu'il fut élu, le 31 août 1791, député
d'Ille-et-Vilaine à l'Assemblée législative, le
1er sur 10, à la pluralité des voix ; il fit adopter un projet de serment à la nouvelle constitution, et, membre du comité des recherches,
donna lecture de plusieurs rapports sur les
troubles de l'Eure, sur les agissements des
ministres, sur la poursuite des crimes d'embauchage et sur les assassinats de Lille. Devenu président de l'Assemblée en mars 1792,
il fit une motion sur les certificats de résidence et proposa d'envoyer des commissaires
visiter les frontières et s'assurer de leur mise
en état de défense. Le 23 germinal an V, il
fut élu député de la Loire-Inférieure au Conseil des Cinq-Cents, par 256 voix (303 votants,
et siégea obscurément dans la majorité. Rallié
au 18 brumaire, il devint adjoint au maire de
Nantes le 17 germinal an VIII, et commissaire
près le tribunal d'appel de Rennes le 12 floréal
de la même année.

TARDY (Marc-Louis, marquis de), député
de 1827 à 1831, né à Montluçon (Allier) le 21
décembre 1769, mort à une date inconnue, émigra à la Révolution et rentra en France sous
l'empire. Il accueillit avec joie le retour des
Bourbons, qui le nommèrent chevalier de la

Légion d'honneur. Pendant les Cent-Jours, il
tenta vainement d'organiser dans l'Allier la
résistance contre la marche de l'empereur. En
récompense, Louis XVIII le créa marquis le 4
mai 1816. Maire de Roanne et conseiller général, il fut élu, le 17 novembre 1827, député du
2e arrondissement électoral de la Loire
(Roanne), par 123 voix (220 votants, 269 inscrits), contre 92 à M. Ternaux. Il prit place
dans le parti ministériel, refusa de signer
l'Adresse des 221, et fut réélu, le 3 juillet 1830,
au grand collège du même département, par
116 voix (187 votants, 237 inscrits). Il se rallia au gouvernement de juillet, et ne se représenta pas aux élections générales de 1831.

TARDY DE LA CARRIÈRE (Jean-Philibert-
Antoine, chevalier), député au Conseil des
Cinq-Cents et au Corps législatif, né à Pont-
de-Veyle (Ain) le 27 décembre 1741, mort à
Lyon (Rhône) le 11 août 1813, «fils de M. Antoine-Marie Tardy, avocat au parlement, et de
Anne-Marie Monerel», avocat, était juge de
la justice seigneuriale à l'époque de la Révolution. Partisan des idées nouvelles, il devint
successivement membre et vice-président de
l'administration du département de l'Ain, procureur général syndic de l'Ain, président du
tribunal civil après la promulgation de la Constitution de l'an III, et commissaire près l'administration centrale. Élu, le 23 germinal an
VII, député de l'Ain au Conseil des Cinq-
Cents, par 164 voix (220 votants), il n'y joua
qu'un rôle effacé, se rallia au 18 brumaire, et
fut élu, le 4 nivôse an VIII, par le Sénat conservateur, député de l'Ain au Corps législatif.
Ce dernier mandat lui fut renouvelé le 7 mars
1807. Il fut plusieurs fois membre de députations chargées d'adresser des félicitations à
Napoléon, et fut créé chevalier de l'empire le
11 juillet 1810. Il sortit du Corps législatif l'année suivante, et mourut peu après.

TARENTE (duc de). — *Voy.* Macdonald.

TARGET (Guy-Jean-Baptiste), député en
1789, né à Paris le 17 décembre 1733, mort aux
Molières (Seine-et-Oise) le 7 septembre 1806,
fils d'un avocat, fut reçu avocat au parlement
de Paris en 1752. Imbu du philosophisme à
la mode au dix-huitième siècle, il débuta au
barreau en plaidant pour les frères Lioncey
contre les jésuites, prit parti en 1771 pour le
parlement contre le chancelier Maupeou, et
s'attaqua même au chancelier, dans sa *Lettre
d'un homme à un autre homme sur l'extinction de l'ancien parlement et la création du
nouveau*. Aussi, le 23 novembre 1774, fut-il
chargé d'offrir aux magistrats les félicitations de son ordre. La réputation qu'il
avait acquise lui valut de défendre le cardinal
de Rohan dans le procès du collier. Conseiller
au conseil souverain de Bouillon, avocat de
l'université de Paris, élu, en 1785, membre de
l'académie française, il contribua à faire rendre
l'édit de novembre 1787, qui restituait l'état
civil aux protestants français. À cette époque
l'état de sa santé le força de renoncer à plaider. Élu, le 2 mars 1789, député du tiers aux
États-Généraux par la prévôté et vicomté de
Paris, il prêta le serment du Jeu de paume,
fut commissaire pour la réunion des trois ordres, et proposa que le tiers se constituât
en Assemblée nationale. Le 27 mai 1789, à la
tête d'une députation de trente-six membres du
tiers, il vint «adjurer les membres du clergé,
au nom du Dieu de paix dont ils sont les mi-

nistres, et au nom de la nation, de se réunir aux communes, afin de chercher ensemble les moyens d'établir la concorde et la paix ». Membre, à l'origine, du comité de constitution, il prit une part importante aux discussions de ce comité; on publia même à cette époque : *Bulletin des couches de M. Target père et mère de la Constitution des ci-devant français*. Partisan des plans de Necker, il fit garantir la dette publique et démontra la nécessité de maintenir les impôts existants, tout en en modifiant la répartition. Il s'opposa à l'adoption du système représentatif anglais, demanda l'unité et la permanence du corps législatif, et soutint le principe du veto, à la condition qu'il ne fût appliqué qu'à deux législatures consécutives. Dans la discussion sur la constitution civile du clergé, il approuva le principe du serment et demanda la suspension des vœux monastiques. Au point de vue judiciaire, il réclama la suppression des parlements, et la conservation des bailliages et des sénéchaussées ; au point de vue administratif, il montra les avantages de la suppression des anciennes provinces et de la création des départements. Enfin il fit rendre plusieurs décrets sur l'éligibilité des députés et fixer les conditions auxquelles les étrangers domiciliés en France pouvaient devenir électeurs. Adjoint au comité judiciaire et au comité féodal, il fut en outre président de l'Assemblée le 18 janvier 1790, et organisa le cérémonial de la fédération du 14 juillet. Elu deuxième haut-juré de la Seine le 18 octobre 1791, il refusa, en décembre 1792, de défendre Louis XVI devant la Convention. Sa lettre, du 12 décembre 1792, porte : « Horriblement fatigué de maux de nerfs, de douleurs qui m'ont fait quitter la plaidoyerie en 1785, je conserve à peine les forces suffisantes pour remplir, six heures dans chaque journée, les fonctions paisibles de juge, et j'attends avec quelque impatience le moment d'en être déchargé par de nouvelles élections. C'est dire assez qu'il ne m'est plus possible de me charger de la défense de Louis XVI. Je n'ai absolument rien de ce qu'il faut pour un tel ministère, et par mon impuissance je trahirais à la fois la confiance du client accusé et la confiance publique. » Avant le jugement, il publia ses *Observations sur le procès de Louis XVI*, où il énumérait les raisons qui devaient faire absoudre le roi. Pendant la Terreur, il fut secrétaire du comité révolutionnaire de sa section, dont le président, un savetier nommé Chalandon, savait à peine lire. Il fut rappelé à l'Institut à la réorganisation (1796), nommé juge au tribunal de Cassation en 1797, et confirmé, le 11 germinal an VIII, dans ces fonctions qu'il exerça jusqu'à sa mort. Membre de la Légion d'honneur le 25 prairial an XII, membre de la commission d'examen du projet de code civil, et membre de la commission de rédaction du code criminel, il fut chargé d'en soutenir la discussion au conseil d'Etat. En outre des ouvrages déjà cités, on a de M. Target : *Mémoire sur l'état des protestants en France* (1787) ; — *Cahiers du tiers état de la ville de Paris* (1789) ; — *Esprit des cahiers présentés aux Etats-généraux* (juin 1789. 2 volumes ; — *Projet de déclaration des droits de l'homme en société* (Versailles, 1789) ; — Plusieurs de ses plaidoiries sont insérées dans le *Barreau français* et dans les *Annales du barreau*.

TARGET (Joseph-Léon), représentant du peuple en 1848, né à Rochefort (Charente-In-

férieure) le 30 mars 1805, mort à Rochefort le 11 septembre 1873, entra, à 14 ans, comme apprenti charpentier des constructions navales au port de Rochefort, fut admis, en 1824, à l'école des maîtres, y remporta le premier prix, passa contremaître, et se fit remarquer des ingénieurs par son esprit d'invention. Ses opinions démocratiques avancées nuisirent à son avancement ; mais, après la révolution de février, ses camarades le portèrent candidat à l'Assemblée nationale, et il fut élu, le 23 avril 1848, représentant de la Charente-Inférieure, le 7e sur 12, par 61,457 voix (111,907 votants, 139,016 inscrits). Il prit place à gauche, fit partie du comité de la marine, et vota avec le parti démocratique modéré, *pour* le bannissement de la famille d'Orléans, *contre* les poursuites contre L. Blanc et Caussidière, *contre* l'abolition de la peine de mort, *contre* l'impôt progressif, *contre* l'incompatibilité des fonctions, *pour* l'amendement Grévy, *contre* la sanction de la Constitution par le peuple, *contre* la proposition Rateau, *contre* l'interdiction des clubs, *contre* l'expédition de Rome, *pour* la demande de mise en accusation du président et des ministres ; il avait combattu, depuis l'élection du 10 décembre, la politique de l'Elysée. Il échoua à la Législative, le 22 juillet 1849, en remplacement de 2 représentants qui avaient opté pour d'autres départements, avec 4,975 voix sur 53,106 votants, et, de retour à Rochefort, s'occupa d'industrie.

TARGET (Paul-Louis), représentant en 1871, né à Lisieux (Calvados) le 7 mars 1821, petit-fils du constituant de 1789, et fils d'un préfet du Calvados sous le gouvernement de juillet, commença son droit à Caen, fut reçu avocat à Paris, entra comme auditeur au conseil d'Etat (1843-1848), fut élu conseiller général du Calvados (1848), et donna sa démission après le coup d'Etat du 2 décembre, pour ne pas prêter serment à l'Empire. Il se livra à l'agriculture, obtint, en 1863, la prime d'honneur de l'Association normande, et collabora au *Courrier du Dimanche*, dont il était le directeur politique au moment de sa suppression (août 1866). Il se présenta à la députation, le 24 mai 1869, comme candidat d'opposition au Corps législatif, dans la 3e circonscription du Calvados, et échoua avec 1,421 voix contre 16,315 à l'élu, M. de Colbert-Chabannais, candidat du gouvernement, 3,750 à M. de Witt, 1,936 à M. Desseaux et 1,721 à M. le Metayer. Membre, sous le ministère Ollivier (1870), de la commission de décentralisation présidée par M. Od. Barrot, il fut nommé, après le 4 septembre, chef de bataillon puis lieutenant-colonel de la garde nationale de Lisieux, prit part à la défense de l'arrondissement occupé en partie par l'ennemi, et fut élu, le 8 février 1871, représentant du Calvados à l'Assemblée nationale, le 9e et dernier, par 47,178 voix (86,561 votants, 139,297 inscrits). Le 1er mars 1871, à Bordeaux, après les incidents provoqués par la petite minorité bonapartiste (*Voy.* Conti), il déposa une proposition ainsi conçue : « L'Assemblée nationale clôt l'incident, et, dans les circonstances douloureuses que traverse la patrie, en face de protestations et de réserves inattendues, confirme la déchéance de Napoléon III et de sa dynastie, et le déclare responsable de la ruine, de l'invasion et du démembrement de la France. » La proposition fut votée à l'unanimité moins six membres. Membre et vice-président de la réunion Saint-Marc-Girardin, M. Target vota *pour* la paix,

24

pour l'abrogation des lois d'exil, *pour* la péti-tion des évêques, *pour la* démission de Thiers, *pour* le septennat, *pour* le ministère de Broglie, *pour* l'amendement Wallon et *pour* les lois constitutionnelles. Il prit en outre une part importante aux débats de l'Assemblée, parla sur la loi départementale, fit renvoyer au ministre des Affaires étrangères la pétition des évêques, fit réserver la question du retour du gouvernement à Paris, se montra partisan de l'abolition des traités de commerce, vota contre l'ordre du jour Ernoul (24 mai 1873), mais, inquiet de voir Thiers porter atteinte au pacte de Bordeaux en recherchant le concours des gauches, déposa, le même jour, une déclaration contre le ministère. Le vote du groupe Target en faveur de la démission de Thiers mit ce dernier en minorité, et entraîna sa retraite. Le 24 juin suivant, M. Target fut appelé au poste de ministre plénipotentiaire à la Haye, où il resta jusqu'au 5 décembre 1877. Il avait échoué aux élections du 20 février 1876, dans l'arrondissement de Lisieux, au premier tour, avec 3,393 voix contre 4,138 à M. de Colbert et 5,005 à M. Lavalley. Au second tour, ses voix assurèrent l'élection de M. de Colbert. Chevalier de la Légion d'honneur, M. Target a publié : *Législation électorale* (1863), et colla-boré au *Journal de Paris*.

TARRIBLE (JEAN-DOMINIQUE-LÉONARD, CHEVALIER), membre du Tribunat, né à Auch (Gers) le 10 novembre 1752, mort à Paris le 27 février 1821, exerçait, à l'époque de la Révo-lution, la profession d'avocat consultant. Par-tisan des idées nouvelles, il siégea à l'assem-blée provinciale de la généralité d'Auch, comme représentant du tiers, devint, en 1790, commis-saire du roi près le tribunal criminel du Gers, puis successivement administrateur du dépar-tement, accusateur public et président du tri-bunal criminel d'Auch en l'an VI. Rallié au 18 brumaire, il fut appelé au Tribunat le 6 ger-minal an X, fit partie de la section de législa-tion, fut membre de la commission d'examen du code civil et rapporteur et défenseur du titre I, ainsi que du titre III du code de com-merce. Membre de la Légion d'honneur du 25 prairial an XII, il entra, lors de la suppres-sion du Tribunat, à la cour des Comptes, (28 septembre 1807), comme conseiller-maître, et occupa ce poste jusqu'à sa mort. Il fut créé chevalier de l'Empire le 2 juillet 1808. On a de lui : *Manuel des juges de paix* (1806) ; il a colla-boré aussi aux *Annales du Notariat* et au *Recueil de Jurisprudence* de Merlin.

TARTANAC (JEAN, CHEVALIER), député en 1791, né à Flamarens (Gers) le 10 avril 1759, mort à Agen (Lot-et-Garonne) le 12 janvier 1827, était homme de loi à Valence au moment de la Révolution. Il en adopta les principes, devint juge au tribunal du district de Valence (Gers), et fut élu, le 3 septembre 1791, député du Gers à l'Assemblée législative, le 5e sur 9, par 212 voix (283 votants). Il prit plusieurs fois la parole, pour appuyer l'envoi de forces en Seine-et-Oise et dans l'Eure, pour demander des secours en faveur des indigents, pour se plaindre des obstacles mis au départ des gardes-suisses, pour combattre la motion tendant à restreindre le nombre des témoins devant la haute cour. Il fit en outre partie d'une députa-tion au roi dans la journée du 20 juin. Rallié au 18 brumaire, il fut nommé juge au tribunal d'appel d'Agen le 4 prairial an VIII, membre de la Légion d'honneur le 25 prairial an XII,

et prit le titre de conseiller à la cour impériale d'Agen le 24 avril 1811, à la réorganisation des cours et tribunaux.

TARTAS (LOUIS-ÉMILE), représentant en 1848 et en 1849, né à Mézin (Lot-et-Garonne) le 1er août 1791, mort à Paris le 25 février 1860, entra, en 1814, fils du suivant, dans les gardes du corps de Louis XVIII, passa sous-lieutenant aux chas-seurs de l'Allier (13 décembre 1815), fut promu capitaine, remplit les fonctions de capitaine ins-tructeur à l'École de Saumur, fut nommé (juin 1841) lieutenant-colonel du 1er régiment de chas-seurs d'Afrique, servit longtemps en Algérie, où il prit part notamment à la répression de la révolte des Kabyles sous Bou Maza, fut cité dix fois à l'ordre du jour de l'armée, commanda toute la cavalerie à la bataille d'Isly, fut nommé colonel en 1844, maréchal de camp et commandeur de la Légion d'honneur en 1846, rentra alors en France, et reçut le commande-ment du département de Lot-et-Garonne. Élu, le 23 avril 1848, représentant de ce départe-ment à l'Assemblée constituante, le 1er sur 9, par 48,504 voix (88,758 votants, 94,809 ins-crits), il fit partie du comité de la guerre, et vota presque toujours avec la droite, *contre* le rétablissement du cautionnement, *pour* les poursuites contre Louis Blanc et Caussidière, *pour* le rétablissement de la contrainte par corps, *pour* l'abolition de la peine de mort, *contre* l'amendement Grévy, *contre* le droit au travail, *pour* la proposition Rateau, *contre* l'amnistie, *pour* l'interdiction des clubs, *pour* les crédits de l'expédition de Rome, *contre* l'abo-lition de l'impôt des boissons. Réélu représen-tant du même département à l'Assemblée légis-lative, le 13 mai 1849, le 1er sur 7, par 48,314 voix (90,297 votants, 110,493 inscrits), il appuya de son vote toutes les propositions de la majorité mo-narchiste, l'expédition de Rome, la loi Falloux-Parieu sur l'enseignement, la loi restrictive du suffrage universel, se rallia à la politique de l'Élysée, et contribua, à la tête d'une brigade de cavalerie, à réprimer les tentatives de résis-tances républicaines qui suivirent le coup d'État à Paris. Promu général de division le 12 septembre 1852, il commanda à Bordeaux la 14e division militaire, et mourut à Paris en 1860, grand officier de la Légion d'hon-neur.

TARTAS-CONQUES (GUILLAUME), député au Corps législatif en l'an XII, né à Mézin (Lot-et-Garonne) le 3 décembre 1761, mort à Mézin le 20 décembre 1834, « fils de M. Tartas, ancien officier au régiment de la Couronne, et de Madame Agathe-Geneviève de Saint-Marc », était propriétaire agriculteur au moment de la Révolution; il se rallia aux idées nouvelles, devint administrateur du district de Mézin, et fut, sous le Directoire, adjoint au maire de cette localité. Partisan du général Bonaparte, il devint président de canton après le 18 bru-maire, et fut élu, le 19 vendémiaire an XII, par le Sénat conservateur, député du Lot-et-Garonne au Corps législatif. Il en sortit en 1808, et, le 22 décembre de cette même année, fut nommé conseiller général de son département. Sous-préfet de Villeneuve-d'Agen quelque temps après, il cessa toute fonction publique à la Restauration.

TARTE (JEAN-HENRI-JOSEPH), député au Conseil des Cinq-Cents et au Corps législatif, né à Namur (Belgique) en 1766, mort à une date inconnue, avocat, fut élu le 23 germinal an VII, député du département de Sambre-et-Meuse au Conseil des Cinq-Cents. Il y joua un rôle assez obscur, se rallia au 18 brumaire, et fut réélu, le 4 nivôse en VIII, par le Sénat conservateur, député de Sambre-et-Meuse au Corps législatif. Il en sortit en l'an X, et ne rentra plus dans la vie politique.

TARTERON (Marie-Henri-Ernest de), représentant en 1871, né à Sumène (Gard) le 28 mars 1821, mort le 15 novembre 1888, fut reçu avocat à Toulouse, et se fit inscrire au barreau de Montpellier. Conseiller général de son canton depuis 1848, il fut élu, le 8 février 1871, représentant du Gard à l'Assemblée nationale, le 6e sur 9, par 55,843 voix (95,113 votants, 137,326 inscrits). Il prit place à la droite légitimiste, fit partie de la réunion des Réservoirs, fut membre (octobre 1873) du comité des Neuf chargé de préparer la restauration du comte de Chambord, secrétaire de la commission des Trente, et vota pour la paix, pour l'abrogation des lois d'exil, pour la pétition des évêques, contre le service de trois ans, pour le septennat, pour le ministère de Broglie, contre l'amendement Wallon et contre les lois constitutionnelles ; il était absent par congé lors du scrutin sur la démission de Thiers. Réélu conseiller général du canton de Sumène le 8 octobre 1871, il échoua ensuite successivement, le 30 janvier 1876, comme candidat au Sénat dans le Gard, avec 197 voix contre 430 votants ; le 20 février 1876, à la députation, dans l'arrondissement du Vigan, avec 4,202 voix, contre 8,653 à l'élu, M. Pellet, républicain, et 3,252 à M. Ed. André ; le 5 janvier 1879, au renouvellement triennal du Sénat, avec 165 voix, contre 257 à l'élu, M. Gazagne, républicain, en remplacement de M. Bonnefoy-Sibour, décédé.

TARTEYRON (Isaac), député au Conseil des Anciens et au Corps législatif en l'an VIII, né à Ganges (Hérault) le 18 octobre 1769, mort à une date inconnue, fils d'Isaac Tarteyron, négociant à Ganges, et de Marthe-Madeleine Boucherie, était négociant à Bordeaux, lorsqu'il fut élu, le 25 germinal an VI, député de la Gironde au Conseil des Anciens, par 279 voix (324 votants). Dans ses notes manuscrites, Bernardeau l'appelle, à cette occasion, « négociant fort nul et très emporté, l'homme du parti protestant, qui n'en avoit pas de meilleurs. » Tarteyron s'occupa principalement de questions économiques, parla sur l'emprunt de 100 millions, fit approuver la résolution concernant les acquéreurs des biens nationaux, demanda des économies urgentes et défendit Barère. Il fut adjoint quelque temps au comité des impositions. Rallié au 18 brumaire, il fut élu, le 4 nivôse an VIII, par le Sénat conservateur, député de la Gironde au Corps législatif, fut membre du comité des Finances et donna sa démission le 4 frimaire an IX. Il ne joua plus aucun rôle politique.

TASCHER (Pierre-Jean-Alexandre, comte de), membre du Sénat conservateur et pair de France, né à Chartres (Eure-et-Loir) le 8 février 1745, mort à Pouvrai (Orne) le 3 septembre 1822, entra à 14 ans dans les armées du roi, assista, comme porte-étendard, à la bataille de Berghen, devint capitaine aux dragons de Penthièvre et chevalier de Saint-Louis, et quitta le service en 1785. Partisan de la Révolution, il demeura en France, et, en septembre 1792, à la tête d'un corps de volontaires, repoussa les Parisiens armés qui voulaient égorger les détenus

d'Orléans. Sa parenté avec la femme du général Bonaparte ne tarda pas à lui valoir des distinctions particulières. Nommé officier de la Légion d'honneur en l'an XII, membre du Sénat conservateur le 30 vendémiaire an XIII, président du collège électoral de Loir-et-Cher (octobre 1806), comte de l'Empire le 26 avril 1808, il vota, le 1er avril 1814, la déchéance de Napoléon. Nommé pair de France le 4 juin 1814, il se tint à l'écart pendant les Cent-Jours, et rentra à la Chambre haute à la seconde Restauration. Il se prononça pour la mort dans le procès du maréchal Ney, et siégea jusqu'à sa mort parmi les ministériels.

TASCHER (Louis-Philbert-Alexandre, chevalier de), député au Corps législatif en 1810, né à Pouvrai (Orne) le 3 mai 1762, mort à Paris le 15 mai 1825, « fils de messire Pierre-François-Alexandre de Tascher, chevalier seigneur de cette paroisse et autres lieux, lieutenant des maréchaux de France, et de dame Marie-Henriette Philbert de Turin, son épouse, frère du précédent, propriétaire au Mans, dut à sa parenté avec l'impératrice Joséphine d'être choisi, le 10 août 1810, par le Sénat conservateur, comme député de la Sarthe au Corps législatif. Il fut membre du comité de l'intérieur, et n'assista plus aux délibérations à partir de 1814. Il se retira définitivement de la politique à la seconde Restauration.

TASCHER (Jean-Samuel-Ferdinand, comte de), pair de France, né à Orléans (Loiret) le 22 décembre 1779, mort à Paris le 11 décembre 1858, fils du précédent, entra à l'École polytechnique en 1799, et devint auditeur au conseil d'État en 1805. Après être resté quelque temps commissaire spécial de l'empereur en Westphalie (1812), il rentra en France et vécut dans la retraite. Ses deux frères étant morts à la suite de l'expédition de Russie, il publia à cette occasion : Oraison funèbre de Maurice et d'Eugène de Tascher (Paris, 1814). Admis à siéger à la Chambre des pairs, le 12 février 1823, à titre héréditaire, en remplacement de son père décédé, il prit place parmi les libéraux, se rallia au gouvernement de Louis-Philippe, et vota constamment avec la majorité ; en 1840, il refusa de siéger lors du procès de son parent, le prince Louis-Napoléon, fut rendu à la vie privée par la révolution de 1848, et vécut dans la retraite après le rétablissement de l'Empire.

TASCHER DE LA PAGERIE (Pierre-Claude-Louis-Robert, duc de), sénateur du second empire, né à Fort-Royal (Martinique), le 1er avril 1787, mort à Paris le 3 mars 1861, de la famille de l'impératrice Joséphine, fut appelé en France par le premier Consul en 1802, entra à l'École de Fontainebleau, devint sous-lieutenant en 1806, après Iéna, lieutenant en 1807 après Eylau, capitaine après Friedland, chef d'escadron en 1809, comte de l'empire le 9 mars 1810, et servit sous Junot à l'armée de Portugal, et sous le prince Eugène en Italie. Il se lia intimement avec ce dernier et l'accompagna plus tard en Bavière. Nommé sénateur du second Empire le 31 décembre 1852, il devint l'année suivante grand-maître des cérémonies de l'impératrice, et grand-croix de la Légion d'honneur.

TASCHER DE LA PAGERIE (Charles-Joseph-Louis-Robert-Philippe, comte de), député au Corps législatif de 1857 à 1861, et sénateur du second empire, né à Francfort-sur-le-Mein (Allemagne) le 13 août 1811, mort à Paris le 3 février 1869, fils du précédent, resta en Bavière jusqu'à l'avènement du second Empire. Rappelé en France à cette époque, il devint maréchal des logis de l'empereur le 24 décembre de la même année, et premier chambellan de l'impératrice en janvier 1853. Élu, le 22 juin 1857, député de la 1re circonscription du Gard au Corps législatif, par 33,573 voix (33,646 votants, 40,704 inscrits), il siégea dans la majorité monarchique. Il fut nommé sénateur le 4 mars 1861, et fut remplacé comme député par M. Chabanon. Il mourut d'une attaque d'apoplexie. Par décret du 2 mars 1859, il avait été autorisé à prendre le titre de duc ; il avait épousé, le 17 décembre 1838, la fille du baron Charles-Auguste Pergler de Perglas, chambellan du roi de Bavière.

TASCHEREAU (Jules-Antoine), député de 1839 à 1842, représentant en 1848 et en 1849, né à Tours (Indre-et-Loire), le 19 décembre 1801, mort à Paris le 10 novembre 1874, vint étudier le droit à Paris et collabora au *Courrier français*, à la *Revue de Paris*, et à la *Revue française*. Il s'était acquis une certaine réputation comme publiciste, lorsque l'édition qu'il donna des *Œuvres complètes de Molière* (1823-1824), celle des *Œuvres de Boufflers* (1827), celle de la *Correspondance littéraire de Grimm et de Diderot* (1829-1830), et son *Histoire de la vie et des ouvrages de Corneille* (1829), lui valurent un rang distingué parmi les érudits. Ses relations avec Armand Carrel et les chefs du parti libéral arrivés au pouvoir en 1830, ne furent pas inutiles à sa fortune. Secrétaire général de la préfecture de la Seine au lendemain de la révolution de juillet, puis maître des requêtes au conseil d'État, il se sépara du gouvernement en 1831, quitta ses fonctions administratives pour briguer, comme candidat indépendant, la députation dans le 4e collège d'Indre-et-Loire (Chinon), et échoua, le 15 novembre 1832, avec 41 voix, contre 192 à l'élu, M. Piscatory, et 63 à M. Lafond, médecin ; il s'agissait de remplacer M. Girod (de l'Ain), nommé pair de France. M. Taschereau se mêla alors, dans la presse, aux luttes de l'opposition libérale, tout en continuant ses travaux d'érudition. Il édita (1833-34) avec M. Monmerqué, les *Historiettes de Tallemant des Réaux*, et fonda la *Revue rétrospective*, vaste recueil historique formé de mémoires et de documents inédits. Après avoir échoué une seconde fois, le 21 juin 1834, dans la même circonscription, avec 42 voix, contre 212 à l'élu, M. Piscatory, député sortant, et 59 à M. Ravez, il réussit à entrer à la Chambre, le 2 mars 1839, comme député du 3e collège d'Indre-et-Loire (Loches), avec 144 voix (281 votants). Il vota généralement avec l'opposition modérée ; mais, en 1842, l'état de ses affaires ne lui permettant plus de payer le cens exigé par la loi électorale, il renonça à se représenter. Il reprit alors sa plume de journaliste, écrivit dans le *Siècle* et dans l'*Illustration*, et mena de vives campagnes contre Émile de Girardin, protégé de Guizot. Après la révolution de février 1848, M. Taschereau reprit la publication de sa *Revue rétrospective*. Il y fit paraître, sous le titre de *Déclarations faites par *** devant le ministre de l'Intérieur*, une sorte de dénonciation ou de rapport de police contre les sociétés secrètes, qui fit beaucoup de bruit et que l'on attribua à Blanqui ; celui-ci protesta énergi-

quement et accusa de faux M. Taschereau, qui riposta par un procès en diffamation. Une enquête fut ouverte, qui n'aboutit à aucun résultat positif, l'original de la pièce n'ayant pu être produit. Le 23 avril 1848, M. Taschereau fut élu, le 5e sur 8, par 47,519 voix, représentant d'Indre-et-Loire à l'Assemblée constituante. Il siégea à droite, et opina avec les conservateurs, *pour* le rétablissement du cautionnement et de la contrainte par corps, *pour* les poursuites contre Louis Blanc et Caussidière, *contre* l'abolition de la peine de mort, *contre* l'amendement Grévy, *contre* le droit au travail, *pour* l'ordre du jour en l'honneur de Cavaignac, *pour* la proposition Rateau, *contre* l'amnistie, *pour* l'interdiction des clubs, *pour* les crédits de l'expédition romaine. Réélu, le 13 mai 1849, représentant du même département à l'Assemblée législative, le 5e sur 6, par 25,362 voix (61,973 votants, 92,573 inscrits), il se rallia de plus en plus aux conservateurs, attaqua avec beaucoup de vivacité à plusieurs reprises le parti démocratique, opina *pour* la loi Falloux-Parieu sur l'enseignement, *pour* la loi sur le suffrage universel, et, bien qu'il eût soutenu naguère la candidature du général Cavaignac à la présidence de la République, adhéra pleinement à la politique de l'Élysée. Partisan du coup d'État du 2 décembre 1851, il fut nommé par L.-N. Bonaparte administrateur-adjoint à la Bibliothèque nationale, et chargé des catalogues (24 janvier 1852). En 1858, il succéda à M. Naudet comme administrateur général de la Bibliothèque impériale réorganisée. Il poursuivit la publication du *Catalogue des imprimés*, fut promu officier de la Légion d'honneur, et exerça ses fonctions jusqu'au 10 septembre 1874, époque où sa mise à la retraite, sur sa demande. Il mourut deux mois après, des suites d'une attaque de paralysie.

TASSEL (Allain), représentant à la Chambre des Cent-Jours, né à Ploubezre (Côtes-du-Nord) le 11 juillet 1765, mort à Lannion (Côtes-du-Nord) le 4 mai 1840, « fils de maître Guillaume Tassel, notaire, et procureur pour la juridiction et comté de Runefan, et de demoiselle Marguerite Cam », exerçait à Lannion la profession d'avoué, lorsqu'il fut élu, le 18 mai 1815, représentant à la Chambre des Cent-Jours, par cet arrondissement, avec 60 voix sur 116 votants et 157 inscrits. Après la session, il rentra dans la vie privée.

TASSEL (Yves-Jean-Marie), député de 1847 à 1848 et représentant du peuple en 1848, né à Ploubezre (Côtes-du-Nord) le 24 janvier 1803, mort à Louannec (Côtes-du-Nord) le 19 janvier 1875, fils du précédent, notaire à Louannec, se fit remarquer sous Louis-Philippe par ses opinions radicales. Conseiller général en 1846, il fut élu, le 20 février 1847, député du 5e collège des Côtes-du-Nord (Lannion), en remplacement du général de Thiard, qui avait opté pour Chalon-sur-Saône, par 263 voix (432 votants, 441 inscrits), contre 169 à M. Jules Simon. Candidat des légitimistes et du clergé, il vota un instant avec l'opposition de droite, puis s'associa aux efforts de l'extrême-gauche contre le ministère Guizot. Élu, le 23 avril 1848, représentant des Côtes-du-Nord à l'Assemblée constituante, le 2e sur 16, par 97,197 voix (144,877 votants, 167,673 inscrits), il fit partie du comité de la justice, et vota avec la fraction modérée du parti démocratique, *pour* le bannissement de la famille d'Orléans, *contre* les poursuites contre L. Blanc et Caussidière, *contre* l'abolition de la peine de mort, *contre* l'impôt progressif, *contre* l'incompatibilité des fonctions, *contre* l'amendement Grévy, *contre* la sanction de la Constitution par le peuple, *pour* l'ensemble de la Constitution, *contre* la proposition Rateau, *contre* l'interdiction des clubs, *contre* l'expédition de Rome. Il avait combattu la politique du prince-président. Non réélu à la Législative, il revint à Lannnec.

TASSEL (Hippolyte-Yves-Marie), représentant du peuple en 1848, né à Lannion (Côtes-du-Nord) le 26 mai 1800, mort à Lannion le 18 décembre 1868, étudia le droit et se fit inscrire en 1823 au barreau de Lannion. Connu pour ses opinions libérales, il se montra d'abord partisan du gouvernement de juillet, et fut nommé, en 1830, secrétaire général de la préfecture du Finistère; mais il ne tarda pas à donner sa démission, ses principes démocratiques ne pouvant s'accommoder des tendances réactionnaires du nouveau régime. Il reprit alors sa place au barreau de Lannion et y plaida plusieurs causes politiques avec beaucoup de succès. Élu, le 23 avril 1848, représentant du Finistère à l'Assemblée constituante, le 6e sur 13, par 86,481 voix, il fut membre du comité de l'agriculture et du crédit foncier, et vota en général avec le parti démocratique, *pour* le bannissement de la famille d'Orléans, *contre* les poursuites contre L. Blanc et Caussidière, *contre* l'abolition de la peine de mort, *contre* l'impôt progressif, *contre* l'incompatibilité des fonctions, *contre* l'amendement Grévy, *contre* la sanction de la Constitution par le peuple, pour l'ensemble de la Constitution, *contre* la proposition Rateau, *contre* l'interdiction des clubs, *contre* l'expédition de Rome. Après le 10 décembre, il fit de l'opposition à la politique du prince Louis-Napoléon et ne fut pas réélu à la Législative. De retour à Lannion, il posa sa candidature d'opposition au Corps législatif, dans la 3e circonscription des Côtes-du-Nord, le 22 juin 1857, mais il échoua avec 2,043 voix contre 21,236 à l'élu, M. de la Tour, candidat du gouvernement. M. Tassel resta alors attaché au barreau de Lannion.

TASSIN (Pierre), député au Corps législatif de 1869 à 1870, représentant en 1871, et député de 1876 à 1889, né à Noyers (Loir-et-Cher) le 21 janvier 1837, fils d'un maçon, commença ses études de droit et, après la mort de son père et la liquidation des nouveaux ports de Marseille, entreprise à laquelle il était mêlé, se fixa dans ses propriétés de Loyers, dont il devint maire en 1865. Conseiller d'arrondissement de Blois l'année suivante, et directeur-gérant de la *Presse*, journal de Mirès, il fut élu, le 24 mai 1869, comme candidat de l'opposition, député au Corps législatif dans la 1re circonscription de Loir-et-Cher, avec 24,089 voix (25,661 votants, 41,642 inscrits), contre 801 à M. Clary et 221 à M. Cantagrel. Il prit place au centre gauche, dans le nouveau tiers parti, signa la demande d'interpellation des 116, vota *contre* la guerre, et, après le 4 septembre 1870, fut chargé d'organiser la défense dans le Loir-et-Cher. Élu, le 8 février 1871, représentant du département à l'assemblée nationale, le 5e et dernier, par 17,989 voix (49,247 votants, 78,521 inscrits), il se fit inscrire à la gauche et vota *pour* la paix, *contre* l'abrogation des lois d'exil, *contre* la pétition des évêques, *pour* le service de trois ans, *contre* la démission de Thiers, *contre*

le septennat, *contre* le ministère de Broglie, *pour* l'amendement Wallon, *pour* les lois constitutionnelles. Conseiller général du canton de Saint-Aignan du 8 octobre 1871, il fut réélu, le 20 février 1876, député de la 2e circonscription de Blois, par 9,907 voix (14,911 votants, 17,649 inscrits), contre 4,919 à M. de Sers, prit place à la gauche républicaine, et fut l'un des 363 députés qui, au 16 mai, refusèrent le vote de confiance au ministère de Broglie. Réélu, comme tel, le 14 octobre 1877, par 10,281 voix (15,268 votants, 18,066 inscrits), contre 4,911 à M. de Sers, et, le 21 août 1881, par 11,666 voix (13,086 votants, 18,422 inscrits). Il continua de voter avec la majorité, pour la politique scolaire et coloniale du gouvernement, sans prendre une part active aux débats législatifs, et fut nommé (1883) président du conseil général de Loir-et-Cher. Porté sur la liste républicaine de Loir-et-Cher, le 4 octobre 1885, il fut élu député de ce département, le 4e et dernier, par 41,157 voix (63,751 votants, 80,555 inscrits). Il vota *pour* l'expulsion des princes, et, dans la dernière session, se prononça *pour* le rétablissement du scrutin d'arrondissement (11 février 1889), *contre* l'ajournement indéfini de la revision de la Constitution, *pour* les poursuites contre trois députés membres de la Ligue des patriotes, *pour* le projet de loi Lisbonne restrictif de la liberté de la presse, *pour* les poursuites contre le général Boulanger.

TASTU (Abdon-Lennen), député au Conseil des Cinq-Cents, né à Perpignan (Pyrénées-Orientales) en 1751, mort en 1808, était notaire dans sa ville natale à l'époque de la Révolution. Partisan des idées nouvelles, il devint administrateur des Pyrénées-Orientales, et fut élu, le 21 germinal an V, député de ce département au Conseil des Cinq-Cents, par 41 voix (76 votants). Il siégea parmi les modérés, n'eut aucune part au 18 fructidor et se rallia au 18 brumaire. Il fut alors nommé sous-préfet au Blanc; il avait quitté ce poste lorsqu'il mourut.

TATTEGRAIN (Louis-Ferey), député au Conseil des Anciens, né à Péronne (Somme) le 8 août 1732, mort le 5 novembre 1796, « fils de Charles-Louis Tattegrain, procureur, et d'Hélène Legrand », était avocat à Péronne avant la Révolution. Maire de Péronne de 1781 à 1783, il devint procureur-général syndic du département (1790-1792), et fut élu, le 25 vendémiaire an IV, député de la Somme au Conseil des Anciens, par 240 voix (302 votants). Il siégea à peine un mois, vota cependant le rejet de la résolution relative au paiement de la contribution de l'an IV, et mourut quelques jours après.

TAURIAC (Eugène-Anne-Adolphe, marquis de), député de 1846 à 1848, et de 1852 à 1863, né à Toulouse (Haute-Garonne) le 1er août 1801, mort à Toulouse le 23 octobre 1863, était propriétaire dans cette ville et d'opinions conservatrices. Élu, le 1er août 1846, par 262 voix (497 votants, 565 inscrits) député du 3e collège de la Haute-Garonne (Toulouse), M. de Tauriac prit place dans les rangs de la majorité gouvernementale et soutint jusqu'en 1848 la politique de Guizot. Après le coup d'État, il fut élu, le 29 février 1852, avec l'appui officiel du gouvernement, député de la 1re circonscription de la Haute-Garonne, par 19,301 voix (21,393 votants, 33,793 inscrits), contre 415 à M. Massabiau. Il s'associa au rétablissement de l'Empire, appartint à la majorité dynastique, fut réélu, le 22 juin 1857, par 19,871 voix (22,952 votants, 31,733 inscrits), contre 2,750 au candidat de l'opposition, M. Pagès de l'Ariège, et continua de suivre la même politique. Il mourut à Toulouse à la fin de la législature.

TAVEAU (Louis-Jacques-Narcisse-Fortuné), membre de la Convention, né à Honfleur (Calvados) en 1756, mort à Vaugirard (Seine) le 7 novembre 1820, était négociant à Honfleur lors de la Révolution. Il en adopta les principes, devint (1790) administrateur du département, et fut élu, le 7 septembre 1792, membre de la Convention par le département du Calvados, le 8e sur 13, par 465 voix (622 votants). Dans le procès du roi, il se prononça au premier appel nominal, pour la culpabilité de Louis XVI, en disant : « Louis a attiré nos ennemis ; ils ont ravagé nos frontières, cinquante mille Français ont perdu la vie ; je déclare Louis coupable. » Au 2e appel nominal : « Je respecte la liberté des opinions ; je ne crois pas qu'on puisse faire l'injustice à aucun de nous de croire qu'ils peuvent influencer la liberté de leurs collègues, les forcer de penser de telle ou telle manière : ils sont bien faibles ceux-là qui, par leurs personnalités et leurs sottises, penseraient pouvoir y réussir ; ils ne se rendent pas justice, ils ne me la rendent pas à moi-même. Je crois que, quelque parti que nous prenions, il y aura des inconvénients, mais je me plais à rendre hommage à la souveraineté du peuple : je dis oui. » Au 3e appel : « Il faut prouver aux rois qui règnent encore pour le malheur des peuples, que leurs têtes peuvent tomber sous la hache des lois comme sous la faux de la mort. Nous avons déclaré à l'unanimité Louis convaincu du crime de haute trahison. Ce crime mérite la mort ; mais, après l'avoir prononcée, gardons-le comme un otage, et suspendons l'exécution jusqu'au moment où les ennemis tenteraient une invasion sur notre territoire. Mon opinion n'a de force que parce qu'elle est indivisible. » Taveau vota généralement avec le parti modéré, puis il demanda la suppression des commissions exécutives, prit la défense de Garat et de Robert Lindet attaqués par André Dumont, et se trouva quelque peu compromis dans la correspondance de l'agent royaliste Lemaître ; mais l'affaire n'eut pas de suites. Après la session conventionnelle, il refusa d'être député de Saint-Domingue. Au 18 brumaire, il fut nommé messager d'État au Tribunat puis au Corps législatif. Il occupait encore cet emploi en 1814, et, à la rentrée des Bourbons, il adressa à la Chambre un mémoire sur les moyens d'éclairer le peuple et de lui démontrer les bienfaits de la Restauration. Aux Cent-Jours, il signa l'Acte additionnel pour conserver sa retraite, et tomba ainsi sous le coup de la loi du 12 janvier 1816 contre les régicides. Il obtint d'abord un sursis pour « empêchement physique » (dartre générale) jusqu'au 13 mai 1816, et partit alors pour la Belgique, où il vécut dans l'indigence aux environs de Bruxelles. Sur sa demande, le roi lui accorda la permission de rentrer, le 1er avril 1818 ; mais la maladie l'empêcha de profiter immédiatement de cette grâce ; il ne put revenir en France qu'en septembre suivant, et mourut deux ans après.

TAVERNEL (Pierre-Toussaint), député en 1791, membre de la Convention, né à une date inconnue, mort à Beaucaire le 31 mars 1806, était juge à Beaucaire quand il fut élu, le 9 septembre 1791, député du Gard à l'Assemblée législative, le 4e sur 8, par 287 voix (428 votants). Il y joua un rôle assez effacé et ne prit qu'une fois la parole à propos du décret sur les émigrés et les prêtres insermentés. Réélu par le même département, le 4 septembre 1792, membre de la Convention, le 2e sur 8, à la pluralité des voix, il prit place parmi les modérés, désapprouva les mesures violentes et le procès du roi, donna sa démission par raison de santé, le 12 octobre 1792, et la renouvela définitivement le 17 décembre suivant. Il fut remplacé le 10 janvier 1793, par M. Bertezène.

TAVERNIER (Jean-André), député de 1831 à 1846, né à Annonay (Ardèche) le 17 février 1777, mort à une date inconnue, était propriétaire et maire de sa ville natale, quand il fut élu, le 5 juillet 1831, député du 3e collège de l'Ardèche (Annonay), par 65 voix (111 votants, 162 inscrits), contre 41 à M. James Canson. Réélu successivement, le 21 juin 1834, par 80 voix (146 votants, 181 inscrits), contre 58 à M. Alexis de Noailles ; le 4 novembre 1837, par 111 voix (159 votants, 214 inscrits), contre 81 à M. Dedienne ; le 2 mars 1839, par 109 voix (133 votants) ; et le 9 juillet 1842, par 113 voix (130 votants, 226 inscrits), M. Tavernier siégea au centre droit, entra, en 1839, dans la coalition contre le ministère Molé, et vota pour les fortifications de Paris, pour le recensement, contre la dotation du duc de Nemours, contre les incompatibilités, contre l'adjonction des capacités, pour l'indemnité Pritchard. Les élections de 1846 mirent fin à sa carrière politique.

TAYLOR (Isidore-Justin-Séverin, baron), sénateur du second empire, né à Bruxelles (Belgique) le 15 août 1789, mort à Paris le 6 septembre 1879, d'une famille irlandaise établie dans les Flandres au xive siècle, et dont un membre, le grand-père de celui-ci, se fit naturaliser français au xviiie siècle, fit ses études à Paris, se prépara à l'École polytechnique, mais, entraîné vers les arts, étudia le dessin avec Suvé, publia des articles de critique d'art et fit jouer quelques pièces avec succès. En 1810, il put échapper à la conscription en raison de la délicatesse de sa santé, se racheta l'année suivante, et entreprit des voyages artistiques en Hollande, en Allemagne et en Italie. Compris dans une levée de gardes nationales mobiles, et neveu du général Taylor, président des États-Unis, il partit en 1813, avec le grade de sous-lieutenant, entra, à la Restauration, dans la brigade d'artillerie des gardes du corps de la compagnie de Wagram, et passa, au concours, lieutenant d'état-major. Il fit en cette qualité la campagne d'Espagne (1823) comme aide-de-camp du général d'Orsay, prit part au siège de Cadix, et devint capitaine puis chef d'escadron ; mis en disponibilité sur sa demande après la campagne, il revint à ses études favorites. Il parcourut (1824) l'Espagne, le Portugal et l'Algérie, et fut nommé au retour (1825) commissaire royal près le Théâtre-Français. Favorable au romantisme, il fit représenter Hernani et les pièces d'Alexandre Dumas, remit au répertoire le Mariage de Figaro, et obtint une médaille d'or au salon de 1827 ; il s'occupa activement aussi d'obtenir la restauration des monuments historiques ou tout au moins leur conservation, et proposa de transporter en France les obélisques de Louqsor, en souvenir de la campagne d'Egypte. S'étant rendu compte, dans un voyage qu'il fit à Louqsor sur l'ordre de Charles X, de la possibilité du transport, il repartit le 17 mars 1830, mais il apprit à son arrivée que les obélisques venaient d'être cédés à l'Angleterre; il dut négocier avec cette puissance et put enfin ramener à Paris, le 23 décembre 1833, le monument qui se dresse sur la place de la Concorde. Sur les 100,000 francs qui lui avaient été alloués pour cette mission, M. Taylor n'en dépensa que 17,000 et remit le reste au Trésor. Il reçut encore plusieurs missions de Louis-Philippe. En 1835, il alla en Espagne pour racheter des toiles qui avaient appartenu à nos musées; en 1837, il se rendit à Londres pour prendre possession du musée Standish qui avait été légué au roi; en 1838, il fut nommé inspecteur général des beaux-arts. Il visita ensuite l'Orient d'où il rapporta nombre d'objets intéressants pour l'histoire de l'art, et fut élu, en 1847, membre libre de l'Académie des beaux-arts. Ce fut lui qui fonda les diverses sociétés de secours mutuels des artistes dramatiques, des musiciens, des peintres, et des inventeurs industriels, et mérita le surnom de « Père des artistes ». Il fut président honoraire de la Société des gens de lettres qu'il avait aidée de ses deniers. Nommé, sous l'Empire, inspecteur des musées impériaux, il fut promu sénateur le 6 mai 1869. Chevalier de la Légion d'honneur en 1822, officier en 1833, commandeur en 1837, et grand officier le 6 février 1877. M. Taylor a publié : Voyages pittoresques et romantiques dans l'ancienne France (1820-1863, 24 volumes); Voyage pittoresque en Espagne, en Portugal et sur la côte d'Afrique (1826-32, 3 volumes); La Syrie, l'Egypte, la Palestine et la Judée (1833-39, 3 volumes); Voyage en Suisse, en Italie, en Grèce, en Angleterre et en Allemagne (1843); Les Pyrénées (1843), etc.

TÉALLIER (CLAUDE-ETIENNE), député en 1791, né à Trézioux (Puy-de-Dôme) le 1er août 1759, mort à Paris le 17 novembre 1791, fils de Claude Téallier et de Marie du Bien, appartenait à une famille de haute bourgeoisie, anoblie au commencement du XVIIIe siècle par l'acquisition d'une charge de secrétaire du roi, et par des charges d'échevinage à Clermont-Ferrand, Claude-Etienne fit son droit à Riom, fut reçu licencié à Avignon (27 mai 1783), puis acquit la pratique juridique à Paris, dans le cabinet de M. Reynier, avocat au parlement. Là, il se lia avec plusieurs de ses compatriotes. Gaultier de Biauzat, Favard de Langlade, de Seyoul, Gibergues, Roy, Portal, Cambacérès, etc., qui jouèrent plus tard des rôles marquants. En 1785, par l'entremise de son oncle, chanoine de Saint-Cerneuf, il acheta, pour 2,000 livres, la charge de bailli d'Oliergues, dans les montagnes d'Auvergne, et vint se fixer dans cette petite ville. Pendant un voyage qu'il fit à Paris, son père, qu'il avait laissé dans sa maison d'Oliergues fut assassiné par des gens contre lesquels le fils avait eu à sévir comme bailli, et qui jetèrent le cadavre dans la Dore : ce crime resta d'ailleurs impuni dans l'effervescence qui régnait alors.

Quelque temps après, Téallier épousa Mlle de la Brosse, fille d'un seigneur de plusieurs paroisses voisines, alla résider à Courpière (1790), puis, nommé membre du directoire du département, vint avec sa famille habiter Clermont, et, le 8 septembre 1791, fut élu député du Puy-de-Dôme à l'Assemblée législative, le 5e sur 11, par 373 voix sur 517 votants.

Il siégea parmi les modérés, et fut présenté à la reine qui cherchait alors à recruter des adhérents à la cause royale. Sa femme ne pouvant le rejoindre qu'au printemps, il lui communiqua ses impressions dans des lettres curieuses, dont nous devons l'obligeante communication à la piété filiale de sa petite-fille, dernière survivante du nom. « Nos prédécesseurs, écrivait-il le 30 septembre 1791, ont fait aujourd'hui la clôture. Le Roy est venu à l'Assemblée et a protesté que son acceptation était libre, qu'il l'avait notifiée par ses ambassadeurs aux puissances de l'Europe. On a couvert le Roy d'applaudissements, mais quelques scélérats ont voulu empoisonner la joie publique, on a fait des folies pour Pétion et pour Robespierre; le public a voulu mener leur voiture; ils ont eu beaucoup de peine à se dérober à l'ivresse d'une multitude qui a été salariée.... Nous habitons hôtel de la Reine, rue de Beaune; nos chambres coûtent deux louis par mois. Cuol, mon collègue du Puy-de-Dôme, est un aimable jeune homme qui m'a fait faire la connaissance d'un député de Paris, M. Ramond de Carbonnières, homme de beaucoup d'esprit, dans les meilleurs principes. Sur 24 de cette députation, 19 sont modérés, 5 très enragés. » — Du 11 octobre: « L'Assemblée est composée d'un trop grand nombre d'écervelés qui se croient les premiers législateurs du monde, et qui proposent sans cesse des sottises et font du tapage de manière à rendre difficiles toutes les délibérations. Les ministres furent mandés hier pour rendre compte à l'Assemblée de la situation du royaume. Les clubistes les interrogèrent à peu près comme autrefois les criminels sur la sellette. Cette rage ennuie les Parisiens, l'opinion prononce contre eux; je sais de bon compte que le peuple n'a pas tort. Si nous ne devenions pas plus sages, je crois qu'il ne tarderait pas à manifester son mécontentement. Garde-toi de penser que le peuple soit ennemy de la Révolution; il la chérit. C'est parce qu'il la veut maintenir qu'il veut la nécessité d'un concert entre les deux pouvoirs. Plus de 200 de nos collègues se sont abymés dans les gouffres des Jacobins. Nous sommes plus de 200 réunis pour provoquer la formation d'un club modéré, où s'entendre. Nous triompherons, je l'espère; nous sommes plus forts que les enragés....

« Nous allons nous occuper de régler par quel office civil seront faits les actes de sépulture et batistaires. Ceux de mariage consistent déjà dans une déclaration à la municipalité; tu sens ce que cela pourra donner d'aisance à ceux qui ne veulent pas des jureurs (prêtres assermentés). »

Du 17: « Nous apprenons de toute part des émigrations de gentilhommes qui vont à Coblentz; la brigade d'Auvergne y est toute entière, ceci est fâcheux, mais n'inspire pas encore de crainte tant que ces chevaliers n'auront pas d'autres ressources que les leurs.... Tu peux être tranquille, je ne suis encore d'aucun comité; assez de gens parlent déjà, il n'y a que grand honneur à se passer de les imiter. »

Du 25: « Les clubistes nous dépassent; l'Assemblée serait excellente si elle pouvait vomir de son sein une centaine de ses membres. Cette canaille ne nous fera pas rendre de mauvais décrets, mais elle nous fait perdre notre temps en employant des séances entières à des discussions puériles. L'affaire des prêtres pourra, je l'espère, prendre bonne tournure, il y aura, je crois, de la liberté pour tout le monde, et défense aux jureurs d'inquiéter les autres, aux non jureurs de troubler les premiers.... Je Roy de l'russe a répondu qu'avant l'acceptation du Roy ses armées étaient à son service; mais qu'ayant accepté il ne se mêlait plus de la querelle ! »

De la fin d'octobre : « Ah ! ma chère amie, quelle séance ! quel effroyable tripot que cette Assemblée. Ces enragés nous conduisent aux abymes; mais, sois tranquille, tu n'auras pas la honte de voir ton mari avec eux ; ils démasquent leurs batteries ; plusieurs de mes collègues m'engagèrent de nouveau à prendre la parole, et approuvèrent mon discours. Quelques Montagnards ayant proposé d'ôter au Roy son fauteuil, et le titre de Majesté, pendant une heure j'ai fait assaut de poitrine avec le tonnerre de Danton, leur organe. (M. (nom illisible) devait me soutenir). Ses rugissements ont rempli la salle. En vain les modérés ont essayé de maintenir l'ordre, les autres sont sortis de la séance en tumulte, ont été acclamés par une ignoble tourbe; on a arrêté une voiture de la Reine qui passait, les chevaux ont été dételés, et Danton, hissé dessus, a été promené en triomphe. »

« M. de Bonal (évêque de Clermont), m'a dit que le serment des prêtres tel qu'on le propose ne peut être accepté. Il m'a engagé à soutenir cette cause; je le reverrai avant de parler. Je suis accablé de travail et d'affaires, profondément triste. »

Le 2 novembre, M. Téallier était atteint d'une indisposition qui paraissait légère ; le médecin girondin qui le soignait et qui diagnostiqua une fièvre typhoïde, contrairement à l'opinion du médecin du Roy, fut accusé de l'avoir empoisonné; M. Téallier était considéré comme hostile aux Girondins. Il mourut, assisté à ses derniers moments par l'évêque de Clermont; ses obsèques eurent lieu à Saint-Germain-des-Prés; l'acte d'inhumation est signé de Teyrac de Grandval (son oncle), Cuel, son collègue, Yves Audrein, Marie, Antoine Elie, Marmot, Thévenin, Gibergues, Romme, Col, Raucourt, de Soubrany, de Leyval.

TEILHARD (Louis-Marie-Paul-Arsène), député de 1876 à 1885, né à Faycelles (Lot) le 16 juin 1826, maire de Figeac et conseiller général du canton est de cette ville, fut élu, le 20 février 1876, député de l'arrondissement de Figeac par 11,366 voix (20,995 votants, 25,325 inscrits), contre 6,204 à M. de Lamberterie, ancien représentant, et 3,339 à M. de Turenne. Il prit place au centre gauche et fut l'un des 363 députés qui, au 16 mai, refusèrent le vote de confiance au ministère de Broglie. Réélu, le 14 octobre 1877, par 12,391 voix (21,898 votants, 25,566 inscrits), contre 9,405 à M. de Turenne, et, le 21 août 1881, par 13,974 voix (17,858 votants, 25,917 inscrits), contre 3,120 à M. Antoine Brun, il siégea au groupe de l'Union républicaine, soutint la politique scolaire et coloniale des opportunistes, et ne se représenta pas aux élections au scrutin de liste de 1885.

TEILHARD-LATÉRISSE (Jules), représentant en 1848 et en 1849, né à Murat (Cantal) le 9 mars 1811, mort à Murat le 20 décembre 1869, étudia la médecine, et, reçu docteur, exerça cette profession à Murat. Maire de sa ville natale, il fut élu, le 23 avril 1848, représentant du Cantal à l'Assemblée constituante, le 5e sur 7, par 20,494 voix (44,104 votants, 61,630 inscrits). Il siégea dans les rangs de la gauche modérée, fit partie du comité des

finances, et vota généralement avec les partisans du général Cavaignac, contre les poursuites contre Louis Blanc et Caussidière, contre l'abolition de la peine de mort, contre l'amendement Grévy, pour l'ensemble de la Constitution, contre la proposition Rateau, contre l'amnistie, contre l'interdiction des clubs, contre les crédits de l'expédition romaine. Il obtint sa réélection à l'Assemblée législative, le 13 mai 1849, comme représentant du Cantal, le 4e sur 5, par 16,667 voix (34,563 votants, 62,957 inscrits), appartint à la minorité, vota contre l'expédition de Rome, contre la loi Falloux-Parieu sur l'enseignement, contre la loi restrictive du suffrage universel, et protesta contre le coup d'État du 2 décembre qui le rendit à la vie privée.

TEILHARD-NOZEROLLES (Jean-François-Bonaventure-Félix), député de 1830 à 1844, né à Murat (Cantal) le 20 janvier 1800, mort à Murat le 19 janvier 1844, entra dans la magistrature sous la Restauration et fut substitut du procureur du roi. Ses tendances libérales le firent élire, le 21 octobre 1830, député du 2e arrondissement électoral du Cantal (Saint-Flour), en remplacement de M. de Vatimesuil qui avait opté pour Valenciennes, par 78 voix (132 votants, 166 inscrits). Il prit place dans la majorité favorable au nouveau gouvernement, fut élu, le 5 juillet 1831, dans le 4e collège du même département (Murat), par 112 voix (117 votants, 151 inscrits), fut nommé président du tribunal civil de Murat, et dut en conséquence se représenter devant ses électeurs qui lui confirmèrent son mandat, le 7 juin 1833, par 86 voix (98 votants, 154 inscrits). Réélu, le 21 juin 1834, par 87 voix (95 votants, 157 inscrits); le 4 novembre 1837, par 95 voix (97 votants, 160 inscrits); le 2 mars 1839, par 121 voix (123 votants); le 9 juillet 1842, par 127 voix (131 votants), M. Teilhard ne cessa d'approuver la politique ministérielle; il fut l'un des 221 députés qui soutinrent le cabinet Molé contre la coalition, vota pour la dotation du duc de Nemours, pour les fortifications de Paris, pour le recensement, contre les incompatibilités et contre l'adjonction des capacités. Décédé en janvier 1844, il fut remplacé, le 2 mars suivant, par M. de Castellane. Chevalier de la Légion d'honneur.

TEILLARD (Jean-François-Bonaventure), député en 1791, né à Murat (Cantal) le 28 avril 1739, mort à une date inconnue, était président du tribunal de district quand il fut élu, le 30 août 1791, député du Cantal à l'Assemblée législative, le 6e sur 8, par 152 voix sur 304 votants. Il prit plusieurs fois la parole sur des questions d'ordre judiciaire et fit partie du comité de liquidation. Élu administrateur du Cantal le 7 septembre 1792, après la session, il devint ensuite vice-président du directoire de département du Cantal, maire de Murat, et, après le 18 brumaire, conseiller général du département. Conseiller de préfecture du Cantal le 18 germinal suivant, décoré de la Légion d'honneur le 25 prairial an XII, il fut nommé conseiller à la cour impériale de Riom, le 17 avril 1811.

TEISSÈDRE (Guillaume-Raymond-Henri), député de 1877 à 1881, né à Murat (Cantal) le 21 juin 1816, mort à Murat le 9 mai 1885, exerçait la profession de notaire dans cette ville. Membre (1871) et président du conseil général du Cantal, il se présenta aux élections législatives du 20 février 1876, dans l'arrondissement de Murat, comme candidat républicain, et échoua avec 2,634 voix contre 3,048 à l'élu, M. de Castellane. Il fut plus heureux, le 14 octobre 1877, dans la même circonscription, et fut élu par 4,275 voix (6,517 votants, 8,729 inscrits), contre 2,209 à M. Dubois candidat officiel. M. Teissèdre s'inscrivit au centre gauche et vota avec la majorité opportuniste, *contre* l'amnistie plénière, *pour* l'invalidation de l'élection Blanqui, *pour* le retour du parlement à Paris. Il se représenta au renouvellement général du 21 août 1881 et n'obtint que 1,667 voix contre 4,207 à l'élu, M. F. Charmes, et 640 à M. Dubois.

TEISSEIRE (Camille-Hyacinthe), député de 1820 à 1824, né à Grenoble (Isère) le 22 septembre 1764, mort à Grenoble le 10 septembre 1842, était négociant et fabricant de liqueurs à Grenoble au moment de la Révolution. Partisan des idées nouvelles, il entra au conseil municipal de cette ville en 1791, et fut envoyé à Paris, en 1793, pour demander au gouvernement le remboursement des fournitures faites par Grenoble à l'hôpital militaire. Il réussit dans sa mission, mais fut arrêté à son retour comme fédéraliste. Relâché peu de jours après, il devint, en juillet 1793, procureur de la commune et, en décembre suivant, agent national. Administrateur de la commune en 1795, il se rallia au 18 brumaire, puis à l'empire, et fut sous-préfet de Tournon de 1809 à 1812. Beau-frère de M. Casimir Périer, il fut élu, le 24 avril 1820, député du grand collège de l'Isère, en remplacement de M. Grégoire dont l'élection avait été annulée, par 341 voix (677 votants, 1,176 inscrits); il prit place à gauche, vota avec le parti libéral, et proposa un amendement à la nouvelle loi des élections; il publia même une brochure sur ce sujet : *Opinion sur le projet de loi relatif aux élections* (1820). Il quitta la vie politique aux élections de 1824.

TEISSEIRE (René-Joseph), député de 1831 à 1839, né à Montréal (Aude) le 8 septembre 1793, mort à Carcassonne (Aude) le 8 mai 1858, propriétaire à Carcassonne, prit part à la révolution de 1830, devint ensuite maire de Carcassonne, et fut révoqué en 1832 en raison de ses opinions démocratiques. Il avait été élu, le 5 juillet 1831, député du premier collège de l'Aude (Carcassonne), par 124 voix (202 votants, 250 inscrits), contre 63 à M. Mahul avocat, et avait pris place dans l'opposition libérale. Réélu, le 21 juin 1834, par 138 voix (226 votants, 246 inscrits), contre 86 à M. Mahul, et le 4 novembre 1837, par 150 voix (292 votants, 316 inscrits), il continua de siéger à gauche, signa le compte-rendu de 1832, repoussa les lois de septembre et de disjonction, et vota *contre* l'adresse de 1839. Il ne se représenta pas après la dissolution de la Chambre par le cabinet Molé.

TEISSERENC DE BORT (Pierre-Edmond), député de 1846 à 1848, représentant en 1871, membre du Sénat et ministre, né à Châteauroux (Indre) le 4 septembre 1814, fut élève de l'Ecole polytechnique, et en sortit (1835) dans l'administration des tabacs. Mais il s'occupa bientôt d'études techniques relatives aux chemins de fer et fit paraître successivement : *Les travaux publics en Belgique et les chemins de fer en France* (1839); *Lettres adressée au ministre des travaux publics sur sa mission en Angleterre* (1839); *De la politique des che-*

mins de fer et de ses applications diverses (1842); *Etude d'un chemin de fer de Paris à Toulouse et à Bordeaux; Des principes économiques qui doivent présider au choix des tracés de chemins de fer* (1843), etc. Secrétaire général, dès l'origine, de la commission établie en 1842 pour la surveillance des voies ferrées, puis commissaire général de l'exploitation, il fut chargé en outre par le gouvernement de diverses missions en Angleterre, en Belgique et en Allemagne. Elu, le 1er août 1846, député du 4e collège de l'Hérault (Pézenas), par 333 voix (574 votants, 784 inscrits), contre 231 à M. Bédarrides, il siégea auprès de son beau-père, M. Muret de Bort, appartint à la majorité conservatrice qui soutint la politique de Guizot, et rentra dans la vie privée en 1848. Depuis lors, et pendant toute la durée de l'Empire, il vécut retiré dans ses propriétés de la Haute-Vienne, s'occupant d'agriculture et d'économie politique. Attaché (1852) comme administrateur au chemin de fer de Lyon à la Méditerranée, il avait donné encore plusieurs études spéciales telles que : *Statistique des voies de communication en France* (1845); *Etudes sur les voies de communication perfectionnées et sur les lois économiques de la production des transports*, suivies de *Tableaux, Statistiques*, etc. (1847); *De la perception des tarifs sur les chemins de fer* (1856). Aux élections pour l'Assemblée nationale, le 8 février 1871, M. Teisserenc de Bort fut élu représentant de la Haute-Vienne, le 4e sur 7, par 43,466 voix (62,174 votants, 87,375 inscrits). Il prit place au centre gauche, vota *pour* la paix, *pour* les prières publiques, *pour* l'abrogation des lois d'exil, et se montra, dès l'ouverture de la session, disposé à soutenir les vues politiques et économiques de Thiers; son opposition à l'impôt sur le revenu fut particulièrement remarquée. Appelé, le 22 avril 1872, à succéder à M. de Goulard au ministère de l'Agriculture et du Commerce, il y défendit les théories protectionnistes, quitta le pouvoir avec Thiers le 24 mai 1873, et se prononça *contre* le septennat, *contre* le cabinet de Broglie, l'état de siège, la loi des maires, *pour* l'amendement Wallon et *pour* l'ensemble des lois constitutionnelles; il prononça plusieurs discours importants sur le travail des enfants dans les manufactures, sur le budget, sur l'envoi d'ouvriers à l'Exposition de Vienne, sur les caisses d'épargne, et fut chargé de rédiger le rapport sur la convention monétaire. Les conservateurs libéraux et les républicains modérés s'unirent pour assurer le succès de la candidature de M. Teisserenc au Sénat, dans la Haute-Vienne, le 30 janvier 1876; élu par 133 voix (271 votants), il reprit son portefeuille, le 9 mars, dans le cabinet Dufaure-Ricard, et, parmi les mesures importantes dont il eut l'initiative, il faut citer le décret (4 avril), qui décida l'ouverture à Paris d'une Exposition universelle des produits de l'agriculture et de l'industrie; on résolut bientôt d'y joindre une Exposition des Beaux-Arts, et, une fois les crédits votés, les travaux commencèrent aussitôt pour se continuer jusqu'en 1878. M. Teisserenc de Bort conserva son portefeuille dans le cabinet Jules Simon (12 décembre 1876), et ne le résigna que le 16 mai 1877, après l'acte du maréchal, qui appela au gouvernement MM. de Broglie et de Fourtou. Il reprit sa place au centre gauche du Sénat, contribua à la résistance organisée par les groupes de la minorité républicaine de la Chambre haute, se prononça *contre* la dissolution de la Chambre, et rentra pour la 3e fois au ministère de l'Agriculture et du Commerce, quand fut formé (le 11 décembre 1877) le second cabinet Dufaure. Il présida, le 1er mai 1878, l'inauguration solennelle de l'Exposition, et le discours qu'il prononça à cette occasion fut empreint de sentiments nettement républicains. Après la démission du maréchal de Mac-Mahon, M. Teisserenc de Bort fut nommé par M. Grévy (février 1879) ambassadeur à Vienne. Il n'occupa ce poste que jusqu'au 17 avril 1880, en raison de son état de santé. Au Sénat, il vota avec la fraction la plus conservatrice du parti républicain, obtint le renouvellement de son mandat, le 8 janvier 1882, par 145 voix (261 votants), et devint vice-président de la Chambre haute. En 1888, il fut délégué par le gouvernement français près le gouvernement italien pour tenter d'amener une solution à la question pendante du traité de commerce. Aussitôt que l'Exposition universelle de 1889 fut décidée et dès le début de son organisation, il fut nommé vice-président de la société de garantie, puis président du comité supérieur de revision et président du jury supérieur des récompenses. Au Sénat, il s'est abstenu lors du vote sur l'expulsion des princes, et s'est prononcé, en dernier lieu, *pour* le rétablissement du scrutin d'arrondissement (13 février 1889), *pour* le projet de loi Lisbonne restrictif de la liberté de la presse, *pour* la procédure de la haute cour contre le général Boulanger. Chevalier de la Légion d'honneur (1846).

TEISSIER (PIERRE), député au Corps législatif l'an VIII, né à Marseille (Bouches-du-Rhône) en 1747, mort à Paris le 2 mars 1800, négociant dans sa ville natale, fut élu, le 4 nivôse an VIII, par le Sénat conservateur, député des Bouches-du-Rhône au Corps législatif. Il siégea à peine quelques mois, étant mort dans la première session.

TEISSIER *Voy.* — CADILLAN (DE).

TEISSIER *Voy.* — MARGUERITTES (BARON DE).

TELLIER (CONSTANT-ADRIEN), député en 1789, membre de la Convention, né à Laon (Aisne) le 23 juin 1755, mort à Chartres (Eure-et-Loir) le 17 septembre 1795, « fils d'Adrien Tellier, maître de poste, et de Marie-Anne Truy », était avocat au Mans avant la Révolution. Le 18 mars 1789, il fut élu par le bailliage de Melun et Moret, avec 120 voix (246 votants), député du tiers aux États généraux. Il prêta le serment du Jeu de paume, fit partie du comité de judicature, présenta un rapport sur le classement des procureurs, et parla sur quelques questions analogues. Élu député de Seine-et-Marne à la Convention, le 6 septembre 1792, le 3e sur 11, par 275 voix (294 votants), il répondit au 2e appel nominal : « L'assemblée électorale de mon département a délibéré, à la presque unanimité, qu'il serait fait un canon du calibre de la tête de Louis XVI pour l'envoyer aux ennemis, s'ils pénétraient dans le territoire français. Je maintiens que mes commettants n'ont pas manifesté le vœu de faire juger Louis XVI par un jury, puisque la proposition qui en avait été faite par un électeur n'a pas été arrêtée par l'assemblée. Obligé de choisir entre le salut du peuple et l'exercice momentané de la souveraineté, je dis que je préfère le premier pour lui assurer la jouissance de tous les deux. En conséquence, je dis *non*. » Et au 3e appel nominal : « Vous avez déclaré

Louis coupable de conspiration. Je vote pour la mort. » En mission à Lyon, il rendit compte à l'Assemblée des dispositions des habitants de cette ville, et fut envoyé quelque temps après dans le département d'Eure-et-Loir pour y favoriser la circulation des grains, et étouffer un commencement de révolte royaliste qui s'était manifesté dans le district de Châteauneuf ; des proclamations séditieuses avaient été lancées, les arbres de la liberté avaient été coupés. Tellier se rendit à Chartres, essaya de prévenir par la conciliation les désordres dont cette ville était menacée ; mais il se trouva entouré par une troupe de gens hostiles et bientôt l'insurrection fut à son comble. On se précipita dans la salle des séances du conseil général, à la maison commune, où se tenait le représentant, on le somma de faire taxer immédiatement le pain à 3 sous la livre, comme à Paris. En même temps des cris de *vive le roi!* se faisaient entendre. Refusant d'accorder une taxe illégale, le représentant Tellier arrêta seulement que le pain serait délivré au peuple de Chartres par la municipalité à 3 sous la livre, et cela à titre de secours. Cependant les cris et les menaces ne cessaient point. Désespérant alors de mener à bien la mission qui lui avait été confiée et craignant d'être accusé de faiblesse, Tellier, qui était parvenu à grand'peine à regagner son domicile, se donna la mort d'un coup de pistolet (17 septembre 1795). Il expliqua dans la lettre suivante les motifs de son suicide :

« Tellier, représentant du peuple, aux autorités constituées de Chartres.

« Chartres, le 1er jour complémentaire de l'an 3e de la République française, une et indivisible.

« J'étais venu pour vous servir de tout mon pouvoir ; j'espérais quelque succès d'une mission où je mettais du dévouement et de la franchise ; ma récompense a été l'ignominie. Je ne veux pas y survivre ; mais j'ai mieux aimé mourir de ma propre main que de laisser commettre un crime par l'ignorance et l'aveuglement. Je n'aurais jamais consenti un arrêté illégal, et je n'avais senti d'un côté l'impossibilité de l'exécution, et de l'autre le danger de faire répandre beaucoup d'autre sang que le mien ; et enfin, je le rétracte formellement.

« Je sors de la vie avec un héritage de probité que je transmets à mes enfants, aussi pur que je l'avais reçu de mon respectable père.

« Signé : ADRIEN TELLIER. »

Le représentant Ysabeau rendit compte à la Convention de ces événements, et le *Moniteur* du 23 septembre 1795 publia un éloge de Tellier.

TELLIEZ-BÉTHUNE (JOACHIM-JOSEPH), député de 1877 à 1881, né à Carnières (Nord) le 8 mars 1818, mort au château de Boistrancourt (Nord) le 1er février 1886, était propriétaire à Carnières et d'opinions bonapartistes, lorsqu'il se présenta pour la première fois, le 8 février 1871, comme candidat à l'Assemblée nationale : il obtint alors, sans être élu, 78,230 voix sur 262,927 votants. Aux élections du 14 octobre 1877, après la dissolution de la Chambre par le cabinet du 16 mai, M. Telliez-Béthune, candidat du gouvernement, fut élu député de la première circonscription de Cambrai, par 11,742 voix (21,395 votants, 26,048 inscrits), contre 9,464 à M. Desmoutiers, des 363. Il siégea dans le groupe de l'Appel au peuple avec lequel il

opina constamment, *contre* le ministère Dufaure, *contre* l'amnistie, *contre* l'élection de
M. Grévy à la présidence de la République,
contre le retour du parlement à Paris. Il ne
fut pas réélu en 1881. Chevalier de la Légion
d'honneur.

TENAILLE-SALIGNY (ÉTIENNE-PHILIPPE-
THÉODORE), sénateur de 1879 à 1888, né à Clamecy (Nièvre) le 22 février 1830, mort à Clamecy le 24 mars 1889, vint étudier le droit à
Paris et se fit recevoir avocat. En 1856, il acheta
une charge d'avocat au conseil d'État et à la
cour de Cassation, dont il se démit en 1870,
après avoir échoué, comme candidat indépendant au Corps législatif, le 21 mai 1869, dans
la 3ᵉ circonscription de la Nièvre, avec 4,618 voix
contre 16,056 à l'élu officiel, M. Lepelletier
d'Aunay, 2,381 à M. Eug. Dupin et 1,543 à
M. Labot. Après le 4 septembre, il fut nommé maire du 1ᵉʳ arrondissement de Paris par
Gambetta et fut confirmé dans ses fonctions en
novembre suivant. Dévoué aux idées et
à la politique que Thiers représentait au
pouvoir, il se présenta, le 8 février 1871,
lors des élections pour l'Assemblée nationale,
et ne recueillit dans la Nièvre que 18,461 voix
sur 64,551 votants ; quelques jours plus tard
(26 février), il fut nommé préfet de ce département. Son administration fut signalée par de
nombreuses poursuites dirigées contre les républicains : dix-huit citoyens furent arrêtés par
son ordre à Cosne, traduits devant la cour d'assises du Loiret sous l'inculpation de complot
en faveur de la Commune de Paris, et condamnés à des peines variant de six mois de prison
à quinze années de détention. Le 12 juillet suivant, M. Tenaille-Saligny fut nommé préfet de
la Charente-Inférieure. Il occupait encore ce
poste lors de la chute de Thiers au 24 mai ; il
donna alors sa démission, revint à Paris, et se
fit élire (novembre 1874) conseiller municipal
du 1ᵉʳ arrondissement. Rappelé dans l'administration, le 21 mars 1876, comme préfet du Pas-
de-Calais, il vit encore sa carrière interrompue
par les événements du 16 mai 1877 ; mais, le
15 décembre suivant, il fut appelé à la préfecture de la Haute-Garonne. D'autre part,
M. Tenaille-Saligny avait fait plusieurs tentatives infructueuses aux élections sénatoriales et législatives : le 30 janvier 1876, il
réunit dans la Nièvre, comme candidat au
Sénat, 108 voix seulement sur 378 votants.
Le 20 février suivant, il posa sa candidature
à la Chambre des députés dans l'arrondissement de Clamecy, et n'obtint que 6,589 voix,
contre 10,142 à l'élu bonapartiste, M. Lepelletier d'Aunay. Il échoua encore, le 14 octobre 1877,
avec 7,531 voix, contre 10,631 au même concurrent, réélu. Il entra enfin au Sénat le 5 janvier
1879, élu dans la Nièvre par 194 voix (378 votants). Il se fit inscrire au groupe de la gauche
républicaine, fut rapporteur (juillet 1885) de la
loi sur la réforme de la magistrature, demanda
(août 1885), lors de la discussion de la loi sur le
scrutin de liste, qu'il n'y eût pas d'élection partielle dans un département à moins que la représentation du département ne comptât un
certain nombre de vacances, et vota *pour* l'article 7 de la loi Ferry, *pour* les ministères opportunistes qui se succédèrent au pouvoir, *pour*
la réforme du personnel judiciaire, *pour* le rétablissement du divorce, *pour* les crédits de
l'expédition du Tonkin, *pour* l'expulsion des
princes. Le 8 janvier 1888, M. Tenaille-Saligny,
candidat au renouvellement triennal du Sénat,
obtint au premier tour de scrutin 183 voix op-

portunistes, sur 952 votants, et, au 2ᵉ tour,
127 voix sur 749. Il refusa obstinément de se
désister devant la liste radicale et ne réunit
plus que 63 voix au 3ᵉ tour ; la division de la
majorité républicaine fit passer la liste conservatrice. Chevalier de la Légion d'honneur (14 août
1876).

TENDRET (ARISTIDE), représentant en 1848
et en 1871, né à Belley (Ain) le 13 octobre 1797,
mort à Belley le 16 octobre 1871, avocat dans
sa ville natale, dont il fut maire sous Louis-
Philippe et après la révolution de février,
fut élu, le 23 avril 1848, représentant de
l'Ain à l'Assemblée constituante, le 5ᵉ sur 9,
par 49,263 voix. Membre de la commission des
incompatibilités, il vota avec la droite, *pour* le
bannissement de la famille d'Orléans, *pour* les
poursuites contre Louis Blanc et Caussidière,
contre l'abolition de la peine de mort, *contre*
l'amendement Grévy, *contre* la sanction de la
Constitution par le peuple, *pour* l'ensemble de
la Constitution, *pour* la proposition Rateau,
pour l'interdiction des clubs, *pour* l'expédition
de Rome, *contre* la demande de mise en accusation du président et des ministres. Il ne se
représenta pas à la Législative, et rentra à
Belley, où il vécut dans la retraite jusqu'aux
événements de 1870. Élu, le 8 février 1871, représentant de l'Ain à l'Assemblée nationale, le
1ᵉʳ sur 7, par 58,304 voix (71,803 votants, 107,184
inscrits), il vota *pour* la paix, *pour* le retour à
Paris, et *contre* l'abrogation des lois d'exil,
donna sa démission, et fut remplacé, le 2 juillet
de la même année, par M. Tiersot.

TENDRON. — *Voy.* VASSÉ (DE).

TENON (JACQUES-RENÉ), député en 1791, né
à Sépaux (Yonne) le 21 février 1724, mort à
Paris le 15 janvier 1816, l'aîné de onze enfants
d'un modeste médecin de campagne, vint à
Paris en 1741, et fut recueilli par un parent,
l'avocat Prévost, qui le décida, avec peine, à
suivre la carrière paternelle. Tenon prit difficilement goût à la chirurgie ; la vue du sang humain lui inspirait une répugnance invincible.
Intéressé pourtant par l'étude de l'anatomie,
il disséquait de préférence les animaux. Ses
travaux lui permirent d'entrer dans le laboratoire de Winslow, et ne l'empêchèrent pas
d'étudier le latin et la philosophie ; il fut reçu
maître ès arts en 1741 et chirurgien militaire
l'année suivante. Après avoir suivi l'armée en
Flandre, il obtint au concours, en 1749, la place
de chirurgien de la Salpêtrière, annexa à cet
hospice une maison d'inoculation, fut reçu
agrégé du collège de chirurgie en 1756, nommé,
en 1757, professeur de pathologie externe à la
place d'Andouillé, et entra, en 1759, à l'Académie des sciences. Partisan de la doctrine de
l'inoculation qu'il contribua à répandre et à
faire adopter, il demanda à La Martinière la
création d'une clinique spéciale où les malades pourraient être traités par la méthode nouvelle. En 1785, l'Académie des sciences le
chargea du rapport sur les hôpitaux demandé
par Louis XVI. Dans son célèbre *Mémoire sur
les hôpitaux de Paris* (1848), Tenon indiqua
d'une façon remarquable l'état déplorable dans
lequel se trouvaient l'Hôtel-Dieu et les autres
établissements hospitaliers. En conséquence, il
fut désigné pour aller en Allemagne et en Angleterre visiter les hôpitaux les plus remarquables,
et en rapporter les indications nécessaires à la
réforme des nôtres. Il resta un an et demi absent. A son retour, la France était en révolution.
Partisan modéré des idées nouvelles, il fut élu,

le 7 septembre 1791, député de Seine-et-Oise à l'Assemblée législative, le 13° sur 14, par 309 voix (415 votants). Il présida le comité de secours, parla sur la fixation de l'âge du mariage, fut membre de la commission envoyée à la cérémonie de la pose de la première pierre de la colonne de la liberté et en rendit compte à l'Assemblée. Après la session, il se retira à Ma-sy (Seine-et-Oise), où il possédait une petite propriété, et y vécut loin des agitations politiques, dans l'étude constante de l'anatomie humaine et comparée. Appelé à l'Institut, le 9 décembre 1795, il hésita longtemps à se rendre à l'académie qu'il prenait pour un club. Napoléon le nomma officier de la Légion d'honneur en 1804, sans obtenir qu'il reprit son enseignement et sa clinique. Sa bibliothèque et ses collections ayant été pillées par les Russes en juillet 1815, il rentra à Paris où il mourut peu de temps après, à 92 ans. Les travaux techniques les plus importants de Tenon portent sur l'oculistique : *De cataracta*, thèse inaugurale (1757) ; *Mémoire et observations sur l'organe de la vue* (1806) ; en outre de lui : *Observations sur les obstacles qui s'opposent aux progrès de l'anatomie* (1785) ; *Offrande aux vieillards de quelques moyens pour prolonger leur vie* (1813) ; il a aussi publié des mémoires spéciaux dans les recueils de l'Institut.

TÉNOT (Pierre-Paul-Eugène), député de 1881 à 1885, né à Larreule (Hautes-Pyrénées) le 2 mai 1830, mort le 9 janvier 1890, fit ses études à Paris ; des revers de famille l'obligèrent à se faire maître d'études au sortir du collège. Il appartint ainsi à l'enseignement dans divers établissements scolaires, notamment au lycée d'Alger (1860-1864). S'étant rendu à Paris, en 1864, pour y tenter la carrière du journalisme, il débuta par la publication d'une brochure intitulée : *le Suffrage universel et les Paysans* (1865), et bientôt après donna un important ouvrage d'histoire politique intitulé : *la Province en décembre 1851*, qui lui valut d'entrer à la rédaction du journal *le Siècle*, dont il devint un des principaux collaborateurs. Il écrivit encore un nouveau volume destiné à faire pendant au premier : *Paris en décembre 1851* (1868). Le succès en fut très vif, et le livre de M. Ténot, en contribuant au mouvement d'opposition qui se produisit dans les dernières années de l'Empire, fut un des éléments de l'agitation démocratique de ce temps. Nommé, au lendemain du 4 septembre 1870, préfet des Hautes-Pyrénées, il remplit ces fonctions jusqu'en février 1871, échoua, le 2 juillet, dans la Seine, comme candidat républicain à l'Assemblée nationale, avec 72,393 voix, sur 290,823 votants, et quitta le *Siècle*, la même année, pour prendre la rédaction en chef du journal *la Gironde*, organe républicain modéré de Bordeaux. Il y soutint la politique opportuniste, mena une vive campagne contre le gouvernement de « l'ordre moral, » et lors des élections législatives du 21 août 1881, fut élu député de la 2e circonscription de Tarbes, par 7,704 voix (10,477 votants, 13,937 inscrits), contre 2,459 à M. Lartigue. A la Chambre, M. Eug. Ténot soutint de ses votes les cabinets Gambetta et J. Ferry, fut rapporteur des traités de protectorat sur l'Annam et le Cambodge, interrogea (4 mai 1882) M. de Freycinet sur le différend avec le Maroc (12 juin), sur les massacres d'Alexandrie, demanda (janvier 1883) que certaines délibérations des conseils municipaux fussent dispensées de l'autorisation préalable (rejeté), proposa (juin 1884), sur la

loi militaire, un système tendant à la formation d'officiers de réserve dans des écoles spéciales après dix mois de service actif (rejeté), et vota *contre* l'élection de la magistrature par le peuple, *contre* la séparation de l'Église et de l'État, et *pour* les crédits du Tonkin. Inscrit sur la liste républicaine opportuniste des Hautes-Pyrénées, le 4 octobre 1885, il échoua avec 20,317 voix (54,119 votants). M. Ténot a fait une campagne énergique contre le boulangisme dans la *Gironde* ; ses articles ont été réunis en une brochure : *Boulanger militaire*, et répandus à un nombre considérable d'exemplaires. On a aussi de lui : *Campagnes des armées du second empire en 1870-1872*) ; *Paris et ses fortifications* (1870) ; *La frontière* (1881), etc. Chevalier de la Légion d'honneur (janvier 1877).

TERME (Jean-Joseph), député en 1789, né à Marmande (Lot-et-Garonne) le 11 juillet 1739, mort à Virazeil (Lot-et-Garonne) le 19 mai 1813, cultivateur et bourgeois de Marmande, fut élu, le 27 mars 1789, député du tiers aux Etats-Généraux par la sénéchaussée d'Agen. Il prêta le serment du Jeu de paume, mais ne se fit pas autrement remarquer, et rentra, après la session, dans la vie privée. En 1812, il fut nommé conseiller général de son département, et mourut l'année suivante.

TERME (Jean-François), député de 1832 à 1847, né à Lyon (Rhône) le 11 juillet 1791, mort à Lyon le 9 décembre 1847, fit ses études à Paris et s'établit comme médecin dans sa ville natale, où il devint médecin de l'hospice. Conseiller général du Rhône, il fut élu, le 9 juillet 1842, député du 5e collège du Rhône (Villefranche), par 306 voix (582 votants, 714 inscrits), contre 272 à M. Laurens Humblot, et réélu, le 1er août 1846, par 472 voix (844 votants, 1,003 inscrits), contre 349 à M. Lacroix. Il prit place au centre droit, et vota *pour* l'indemnité Pritchard. Décédé en décembre 1847, il fut remplacé, le 15 janvier 1848, par M. de Mortemart.

TERME (Joannès-Marie), député au Corps législatif de 1863 à 1870, né à Lyon (Rhône) le 11 mai 1823, mort à Denicé (Rhône) le 23 avril 1888, fils du précédent, fut reçu avocat à Paris en 1844, attaché au parquet du procureur du roi à Paris en 1846, et se démit de ses fonctions à la révolution de 1848. Il s'occupa de l'exploitation de ses propriétés de Saint-Just-d'Avray, devint maire de cette commune (1852), conseiller général du canton de Villefranche (1855), membre de la commission de surveillance à l'École normale de Lyon, et fut élu, le 1er juin 1863, comme candidat du gouvernement, député de la 5e circonscription du Rhône au Corps législatif, par 20,453 voix (26,112 votants, 34,888 inscrits), contre 3,630 à M. de Mortemart et 1,981 à M. Michaud ; il s'occupa principalement des questions industrielles, particulièrement des cotons. Réélu, le 24 mai 1869, par 20,883 voix (29,315 votants, 38,412 inscrits), contre 7,537 à M. Jules Favre et 705 à M. l'arcenit, il fut secrétaire de la Chambre, prit place dans le tiers parti, signa l'interpellation des 116, et vota *pour* la guerre contre la Prusse. Le 30 janvier 1876, il se présenta aux élections sénatoriales dans le Rhône, et échoua avec 143 voix sur 329 votants ; il était alors maire de Denicé. Il ne fut pas plus heureux à l'élection sénatoriale partielle motivée dans le Rhône, le 6 janvier 1885, par le décès de M. Vallier, avec 193 voix, contre 441 à l'élu, M. Perras, républicain. Chevalier de la Légion d'honneur du 5 novembre 1864, officier du 14 août 1869, officier de l'Instruction publique du 26 juin 1866.

TERNAUX (LOUIS-GUILLAUME), député de 1818 à 1824 et de 1827 à 1831, né à Sedan (Ardennes) le 7 octobre 1763, mort à Saint-Ouen (Seine) le 2 avril 1833, « fils de Charles-Louis Ternaux, marchand manufacturier de draps, et de Marie-Marguerite Malot », eut, à seize ans, la direction de la fabrique de draps que son père avait fondée, et dont il sut augmenter rapidement l'importance. D'abord partisan de la révolution, il protesta néanmoins, au point de vue commercial, contre les assignats, par sa brochure : Vœu d'un patriote (1790), fut élu peu après membre de l'administration municipale de Sedan, et, compromis, après le 10 août, dans le mouvement royaliste dont La Fayette avait pris l'initiative, dut émigrer. Il alla en Allemagne puis en Angleterre, où il étudia avec beaucoup de soin les divers procédés de fabrication des étoffes. Rentré en France sous le Directoire, il devint membre de la chambre de commerce et du conseil général des manufactures, fonda de nouvelles fabriques dans les Ardennes, la Marne, l'Eure, et fut décoré de la main même de l'empereur, le 4 juin 1810. Il s'était cependant montré hostile à l'établissement du consulat à vie et de l'empire. En 1814, il adhéra au rétablissement des Bourbons, dont le retour lui paraissait devoir assurer la paix. Il les suivit à Gand, pendant les Cent-Jours, et, après Waterloo, entra au conseil général de la Seine, où il resta jusqu'en 1822. Il y fit partie de plusieurs commissions, notamment de celle des subsistances, et publia à ce propos en 1816, lors de la disette, un Mémoire remarquable sur l'approvisionnement de Paris. Président du collège électoral de l'Eure, élu, le 21 octobre 1818, député du grand collège de la Seine, par 1,396 voix (2,227 votants) : il ne l'avait emporté sur Benjamin Constant que grâce à l'appui énergique que lui prêta le ministère. Ce concours n'aliéna pas son indépendance, et il vota contre les lois d'exception et contre le nouveau système électoral. Une ordonnance royale du 17 novembre 1819 lui avait conféré le titre de baron. Réélu député, le 17 mai 1822, par 1,442 voix (2,320 votants), il acheva d'indisposer le gouvernement en refusant d'approuver la guerre d'Espagne. Aussi ne fut-il pas réélu député en 1824. Il chercha à acclimater en France des moutons et des chèvres qu'il avait fait venir à grands frais du Thibet, pour la fabrication des châles; il creusa aussi des silos pour la conservation des grains et inventa le téroue, produit alimentaire composé de gruau, de pomme de terre, de bouillon d'os, de gélatine et de jus de carottes, qui n'eut qu'un médiocre succès. Ces diverses recherches lui méritèrent un grand nombre de récompenses aux expositions. Réélu député, dans le 1er arrondissement électoral de la Haute-Vienne (Saint-Junien), le 17 novembre 1827, par 140 voix (252 votants, 291 inscrits), contre 79 à M. Génébrias de Gouttepaguon, et, le 23 juin 1830, par 166 voix (253 votants, 306 inscrits), contre 90 à M. de Montbrou, il prit d'abord place au centre, puis se rapprocha de l'opposition libérale, vota l'Adresse des 221, et prit une part assez active à la révolution de juillet. Il ne se représenta pas aux élections générales de 1831, ses affaires commerciales étant alors quelque peu compromises. Il put cependant solder tous ses créanciers avant sa mort survenue en 1833. On ouvrit en faveur de ses petites-filles une souscription publique qui ne réunit qu'une somme insignifiante. On a de M. Ternaux : Mémoire sur la conservation des grains dans les silos (1821); Essais sur la fabrication de la polenta et du téroüen (1825); Notice sur l'amélioration des troupeaux de moutons en France.

TERNAUX (LOUIS-MORTIMER), député de 1812 à 1812, représentant en 1848, en 1849 et en 1871, né à Paris le 22 novembre 1808, mort au château de Beaumont-les-Autels (Eure-et-Loir) le 6 novembre 1871, neveu du précédent, fit partie, en 1830, de la commission des récompenses nationales, entra ensuite au conseil d'État, et fut nommé, en 1837, maître des requêtes. Membre du conseil général de la Seine, tout dévoué à la monarchie constitutionnelle, il se présenta, le 21 mai 1842, dans le 2e collège des Ardennes (Réthel), pour succéder à la Chambre des députés, au maréchal Clauzel, décédé, et fut élu par 317 voix (501 votants, 570 inscrits), contre 116 à M. de la Tour du Pin et 63 à M. Tautou. Il siégea dans la majorité, fut réélu, le 9 juillet suivant, par 285 voix (475 votants, 569 inscrits), contre 185 à M. de la Tour du Pin, se rapprocha alors de la fraction la plus modérée de l'opposition, et s'occupa spécialement de questions industrielles et administratives. Après la révolution de février, M. Mortimer Ternaux fut élu, par les conservateurs des Ardennes, représentant à l'Assemblée Constituante, le 4e sur 8, par 37,366 voix (72,152 votants, 85,403 inscrits). Il prit place à droite et vota pour le rétablissement du cautionnement et de la contrainte par corps, pour les poursuites contre Louis Blanc et Caussidière, contre l'abolition de la peine de mort, contre l'amendement Grévy, contre le droit au travail, pour l'ordre du jour en l'honneur de Cavaignac, contre l'amnistie, pour l'interdiction des clubs, pour les crédits de l'expédition romaine. Réélu à l'Assemblée législative, le 13 mai 1849, par 49,195 voix (64,318 votants, 89,708 inscrits), il fit partie de la majorité et s'associa, par ses votes et par ses discours, à toutes les lois répressives qui furent votées dans la session. Il ne se rallia point à la politique de l'Élysée, protesta contre le coup d'État du 2 décembre et rentra dans la vie privée. Sous l'Empire, il termina divers travaux relatifs à l'histoire de la Révolution, et dont l'impartialité a été parfois contestée. Son plus important ouvrage est une Histoire de la Terreur (1792-1794), qui obtint le grand prix Gobert en 1870. Il donna encore : Le Peuple aux Tuileries le 20 juin 1792; La Chute de la royauté le 10 août 1792, etc. Lors des élections du 8 février 1871 pour l'Assemblée nationale, il fut élu représentant des Ardennes, le 5e sur 6, par 17,755 voix (57,130 votants, 90,265 inscrits). Il s'inscrivit au centre droit et vota pour la paix, pour les prières publiques, pour l'abrogation des lois d'exil, pour le pouvoir constituant, et mourut au cours de la législature. Chevalier de la Légion d'honneur.

TERNAUX-COMPANS (CHARLES-HENRI), député de 1811 à 1848, né à Paris le 29 avril 1807, mort au château de Castelbiague (Haute-Garonne) le 4 novembre 1864, propriétaire à Paris, fut élu, le 14 septembre 1814, député du 7e collège de la Loire-Inférieure, en remplacement de M. Jollan démissionnaire, par 167 voix (309 votants, 331 inscrits), et fut réélu, le 1er août 1846, par 170 voix (312 votants, 385 inscrits), contre 141 à M. de la Rochette. Il prit place à gauche, parut rarement à la tribune, bien qu'il eût une grande réputation d'esprit et d'à-propos, et vota *contre* l'indemnité Pritchard et *pour* la proposition sur les députés fonctionnaires. Il rentra dans la vie privée à la révolution de février.

TERNAY (COMTE DE). — *Voy.* ARSAC.

TERNISIEN (HENRY-ETIENNE-STANISLAS), député de 1888 à 1889, né à Cayenne (Guyane) le 6 juin 1817, débuta dans la vie politique le 25 octobre 1885, comme candidat républicain aux élections législatives de Cochinchine : il échoua alors avec 412 voix contre 418 à l'élu, M. Blancsubé, dont il chercha vainement à obtenir l'invalidation. A la mort de son ancien concurrent, M. Ternisien se représenta et fut élu, le 27 mai 1888, au second tour de scrutin, député de la colonie, par 710 voix (1,216 votants, 2,141 inscrits), contre 491 à M. Carabelli, également républicain. Les suffrages au premier tour s'étaient répartis entre MM. Ternisien 481, Carabelli 361 et Laurans 212. Son élection fut annulée (octobre suivant) pour irrégularité dans la confection des listes électorales, et, en décembre, la Chambre et le Sénat adoptèrent une proposition ajournant au 1ᵉʳ avril 1889 l'élection de Cochinchine, afin d'établir de nouvelles listes électorales, où l'on n'inscrirait pas les noms des indigènes de l'Inde française résidant à Saïgon, parce qu'ils se trouvent dans une autre colonie que leur pays natal. Au mois d'avril, l'élection fut reportée aux élections générales de septembre suivant.

TERRAL (JOSEPH), membre de la Convention né à Lacaune (Tarn) en 1749, mort à une date inconnue, était homme de loi à Lacaune avant la Révolution. Administrateur du Tarn, en 1790, il fut élu, le 7 septembre 1792, premier suppléant à la Convention par ce département avec 298 voix (356 votants). Terral fut admis à siéger le 18 juin 1793, à la place de Daubermesnil, démissionnaire. Il prit très rarement la parole dans l'assemblée, et disparut de la scène politique après la session.

TERRASSON (CLAUDE-MARIE, CHEVALIER), député au Corps législatif en l'an X, né à Lyon (Rhône) le 5 juillet 1746, mort le 9 juillet 1812, était sous-officier au moment de la Révolution. Il prit part aux campagnes de l'armée du Nord et du Rhin et devint chef de brigade après la bataille de Neuwied. Partisan de Bonaparte, il fut élu, le 6 germinal an X, par le Sénat conservateur, député du Rhône au Corps législatif, et en sortit en l'an XV. Membre de la Légion d'honneur du 4 frimaire an XII, commandeur de l'ordre du 25 prairial suivant, il fut créé chevalier de l'empire le 26 avril 1808 ; il avait pris sa retraite avec le grade de colonel.

TERRASSON DE MONTLEAU (ALEXANDRE-RENÉ-GABRIEL DE), député de 1824 à 1827, né à Angoulême (Charente) le 13 mai 1773, mort à une date inconnue, « fils de Jean de Terrasson de Montleau, et de Julie-Françoise de Terrasson de Vernueil », servit dans les armées du roi avant la Révolution. Il émigra en 1791, rentra en France sous le Consulat, et fut nommé, en 1804, conseiller général de la Charente ; il présida ce conseil sous la Restauration. Maire de Saint-Estèphe, il se présenta à la députation, le 10 août 1822, dans le collège de département de la Charente, et échoua, avec 23 voix contre 143 à l'élu, M. Descordes, et 64 à M. Vallier ;

mais il fut élu, le 6 mars 1824, dans le même collège, par 167 voix (195 votants, 263 inscrits). Il prononça un discours sur la loi des finances où il ne ménagea pas les critiques au gouvernement, et se compara lui-même, pour sa rude franchise, au paysan du Danube. En juillet 1824, une place de conseiller de préfecture étant devenue vacante à Angoulême, le ministre de l'Intérieur reçut d'Angoulême, le 1ᵉʳ août, une lettre sans signature, ainsi conçue : « Mgr, voulez-vous avoir au ministère un ami dévoué et dans la province, nommés (sic) M. Terrasson de Montleau ; faites la nomination avec grâce, sans exiger qu'il la sollicite, et vous êtes assuré de lui, car il a sollicité cette place il y a deux ans. » Bien que M. de Montleau ne fût pas sur la liste des candidats présentés par le préfet, il fut nommé le 13 octobre ; il refusa, donna sa démission de maire et recommanda un autre candidat. Nouvelle lettre anonyme au ministre : « Mgr, si l'on voulait sincèrement de M. de Montleau, était-il nécessaire que toute la ville sût que vous ne l'aviez nommé que parce que vous avez été informé que cette place, qu'il avait sollicitée il y a longtemps, lui serait agréable. Qu'il sache que le roi ne peut avoir un fonctionnaire plus capable et plus dévoué, qu'on ne lui en présentera pas un autre, et vous verrez s'il refuse. Que vous avez pour vous seconder d'agents maladroits ou mal intentionnés ! » M. de Montleau persista dans son refus, et ne fut pas réélu député aux élections générales de 1827.

TERRATS (JOSEPH-FRANÇOIS), député en 1789, né à Perpignan (Pyrénées-Orientales) le 20 octobre 1740, mort à Paris le 10 juin 1796, était juge de la viguerie de Roussillon, lorsqu'il fut élu, le 27 avril 1789, député du tiers aux Etats-Généraux par la province du Roussillon. Adjoint au doyen des communes, il signa le serment du Jeu de paume, fut envoyé en députation auprès du roi, et ne joua à la Constituante qu'un rôle effacé.

TERRAY. — *Voy.* MOREL-VINDÉ.

TERREBASSE (DE). — *Voy.* JACQUIER.

TERRÈDE (SIMON-PIERRE-ANTOINE), député en 1791, né à une date inconnue, mort à Paris le 18 novembre 1792, était médecin à Laigle (Orne) quand il fut élu, le 8 septembre 1791, député de l'Orne à l'Assemblée législative, le 8ᵉ sur 10, par 287 voix sur 423 votants. Il fut membre adjoint du comité des secours publics et du comité des pétitions, et, après la session, devint juge de paix à Laigle. Il mourut peu de jours après cette dernière élection.

TERRIER (BARTHÉLEMY), représentant en 1848 et en 1849, né à Montaigut (Allier) le 9 juin 1805, mort au Donjon (Allier) le 24 novembre 1876, étudia la médecine, se fit recevoir docteur et exerça sa profession au Donjon (Allier) (1838). Républicain ardent, il lutta énergiquement contre le gouvernement de Louis-Philippe, subit, en 1831 et 1834, deux condamnations politiques, et, après la révolution de février, fut élu (23 avril 1848) représentant de l'Allier à l'Assemblée constituante, le 4ᵉ sur 8, par 52,039 voix (72,233 votants, 89,404 inscrits). Il prit place à gauche, fit partie du comité de l'instruction publique, et vota avec les démocrates avancés *contre* le rétablissement du cautionnement et de la contrainte par corps, *contre* les poursuites contre Louis Blanc et Caussidière, *pour* l'abolition de la peine de mort, *pour* l'amendement Grévy, *pour* le droit au travail, *pour* la Constitution, *contre* l'ordre du jour en l'honneur de Cavaignac, *contre* la proposition Rateau, *pour* l'amnistie, *contre* les crédits de l'expédition romaine, *pour* l'abolition de l'impôt des boissons. Réélu, le 13 mai 1849, représentant du même département à l'Assemblée législative, le 4e sur 7, par 40,424 voix (65,506 votants, 90,096 inscrits), il s'inscrivit au groupe de la Montagne, s'associa à toutes les protestations comme à tous les votes de ce groupe politique contre les lois restrictives qui n'eurent l'agrément de la majorité, protesta contre le coup d'État, et fut compris dans la première liste des bannis après le 2 décembre 1851. Il résida successivement en Belgique et en Angleterre, et revint passer au Donjon les dernières années de sa vie.

TERRIER DE MONCIEL (Antoine-René-Marie, marquis de) ministre de l'Intérieur, né à Dôle (Jura) le 12 août 1757, mort à Samsalen (Suisse) le 29 août 1831, d'une famille de la Franche-Comté dont la terre de Monciel fut érigée en marquisat en 1740, suivit d'abord la carrière militaire, puis devint (1790) président du département du Jura, et (1791) ministre plénipotentiaire près l'électeur de Mayence. Le 18 juin 1792, Terrier de Monciel fut appelé à succéder à Roland, comme ministre de l'Intérieur. Il fit plusieurs communications à l'Assemblée législative, rendit compte de la journée du 20 juin qu'il avait vainement cherché à prévenir, donna des détails sur la situation de Paris, et termina son discours par ces mots : « Le roi a été mis en sûreté par quelques citoyens et gardes nationales, contre les attentats qu'auraient pu commettre quelques misérables qui auraient fait porter un deuil éternel à la France... » De violents murmures partirent alors des bancs de la gauche, et Terrier de Monciel se trouva en butte à l'hostilité des chefs de la majorité. Avec tous les ministres il présenta le tableau de la situation intérieure et extérieure de la France, puis donna, comme ses collègues, sa démission (21 juillet). Au lendemain de la journée du 10 août, poursuivi par le parti révolutionnaire, il demanda asile au Jardin des Plantes, à Bernardin de Saint-Pierre, qui le reçut froidement; Terrier se réfugia de là à l'étranger, rentra en 1806, et vécut oublié jusqu'en 1814. Il fut, à cette époque, mêlé aux négociations qui précédèrent la première Restauration, notamment auprès de l'empereur Alexandre, et n'eut plus à remplir dans la suite aucun rôle politique.

TERRIER-SANTANS (Marie-Antoine-Charles-Suzanne, marquis de 1820 à 1830, né à Besançon (Doubs) le 8 février 1773, mort à Besançon le 21 juin 1832, émigra à la Révolution, rentra en France avec les Bourbons, et fut fait chevalier de Saint-Louis et de la Légion d'honneur. Maire de Besançon, il fut successivement élu député du grand collège du Doubs, le 13 novembre 1820, par 94 voix (150 votants, 161 inscrits); du 2e arrondissement électoral du même département (Besançon) le 15 février 1824, par 248 voix (287 votants, 341 inscrits); de nouveau du grand collège du Doubs, le 24 novembre 1827, par 70 voix (127 votants, 137 inscrits), et, le 4 juillet 1830, par 73 voix (126 votants, 125 inscrits). M. de Terrier prit place au centre et vota constamment avec le parti ministériel. Nommé

gentilhomme de la chambre du roi à l'époque du sacre de Charles X, il refusa, en 1830, de prêter serment à Louis-Philippe par la lettre suivante :

« Besançon, le 28 août 1830.

« Monsieur le président,

« Je ne crois pas avoir le droit de changer l'ordre de succession au trône de France et la charte constitutionnelle du royaume. En conséquence, je ne puis prendre part aux opérations de la Chambre, et la prie de recevoir ma démission.

« J'ai l'honneur d'être, etc...

« DE TERRIER-SANTANS, député du Doubs. »

TERVES (Pierre-Gabriel-Léonce, comte de), député de 1881 à 1889, né à Angers (Maine-et-Loire) le 1er août 1810, commanda une compagnie des mobiles de Maine-et-Loire pendant la guerre de 1870-71, et fit les campagnes de la Loire et de l'Est. Membre et secrétaire du conseil général de Maine-et-Loire pour le canton du Lion-d'Angers (1875), membre de la commission de permanence, il fut, aux élections législatives de 1876, le candidat des conservateurs-royalistes de l'arrondissement de Segré, et obtint 5,911 voix seulement, contre 7,315 à l'élu, M. L. Jauvier de la Motte, impérialiste. Plus heureux dans le même arrondissement, le 21 août 1881, M. de Terves fut élu député par 7,688 voix (11,298 votants, 17,489 inscrits), contre 6,421 à M. Louis Jauvier de la Motte, député sortant. Il prit place à droite, et vota avec la minorité conservatrice, *contre* les divers ministères de la législature, *contre* les crédits de l'expédition du Tonkin, parla sur les affaires de Tunisie et du Sénégal, et présenta sans succès (juin 1884) au Congrès une proposition pour la suppression de l'indemnité allouée aux députés. Inscrit, le 4 octobre 1885, sur la liste monarchiste de Maine-et-Loire, il fut réélu député de ce département, le 8e et dernier, par 72,820 voix (123,110 votants, 151,859 inscrits). Il reprit sa place à droite, combattit, comme précédemment, la politique scolaire et coloniale du gouvernement républicain, parla sur des questions industrielles et agricoles dans le sens protectionniste, vota *contre* l'expulsion des princes, *contre* la loi militaire, et se prononça, en dernier lieu, *contre* le rétablissement du scrutin d'arrondissement (11 février 1889), *pour* l'ajournement indéfini de la révision de la Constitution, *contre* les poursuites contre trois députés membres de la Ligue des patriotes; absent par congé lors des scrutins sur le projet de loi Lisbonne et sur les poursuites contre le général Boulanger.

TESNIÈRE (François-Pierre), député au Corps législatif de 1854 à 1863, né à Saint-Amant (Charente) le 20 juillet 1827, mort à Paris le 9 juin 1863, fut reçu avocat et entra dans la magistrature. Il était substitut du procureur impérial à Angoulême et conseiller général de la Charente, lorsqu'il fut élu député de la 2e circonscription de ce département au Corps législatif, le 24 décembre 1854, par 18,066 voix (21,300 votants, 34,831 inscrits), contre 2,864 à M. Fajol, avocat, en remplacement du colonel Lemercier, décédé. M. Tesnière, dont le gouvernement avait appuyé la candidature, appartint à la majorité dynastique. Il fut réélu, le 22 juin 1857, par 13,369 voix (24,515 votants, 34,330 inscrits), contre 11,055 à M. Bourant, maire de Cognac, ne cessa de voter selon les vœux du pouvoir, et mourut à la fin de la législature. Chevalier de la Légion d'honneur.

TESNIÈRE DE BRESMÉNIL (Jean-Victor baron), député au Corps législatif en 1807, né à Avranches (Manche) le 8 mars 1763, mort à Avranches le 10 décembre 1811, « fils de Jean-Baptiste-François Tesnière, sieur de Bresménil, conseiller du roy en l'élection d'Avranches, et de dame Marie-Anne-Jeanne-Louise Leroy de Macay », était lieutenant général du bailliage d'Avranches à l'époque de la Révolution. Il fut, en 1788, membre de l'assemblée provinciale de la Basse-Normandie, participa à la rédaction des cahiers, et devint ensuite officier municipal d'Avranches et président de l'administration du département de la Manche (1792). Conseiller général de ce même département après le 18 brumaire, président de canton, titre qui lui permit d'assister au couronnement de l'empereur, président du collège électoral d'Avranches, il fut élu, le 7 mars 1807, par le Sénat conservateur, député de la Manche au Corps législatif; il en sortit en 1811. Il avait été créé baron de l'empire avec majorat, le 18 juin 1809.

TESNIÈRES (Anselme-François), député de 1831 à 1848, né à Palluaud (Charente) le 22 avril 1787, mort à Angoulême (Charente) le 19 avril 1854, entra dans la magistrature, et devint substitut puis procureur du roi à Angoulême, et conseiller général. Candidat à la députation, le 23 juin 1830, dans le 1er arrondissement électoral de la Charente (Angoulême), il échoua avec 133 voix, contre 318 à l'élu, M. Gellibert des Seguins; il fut ensuite successivement élu, dans le 2e collège du même département (Barbezieux), le 21 juin 1834, par 152 voix (280 votants, 357 inscrits), contre 123 à M. Levrault; le 4 novembre 1837, par 227 voix (345 votants, 418 inscrits); le 2 mars 1839, par 258 voix (348 votants); le 9 juillet 1842, par 263 voix (366 votants, 452 inscrits), contre 89 à M. Fillon; le 1er août 1846, par 289 voix (405 votants, 509 inscrits), contre 97 à M. Fillon. M. Tesnières prit place parmi les ministériels, fut l'un des 221 députés qui votèrent, en 1839, en faveur du cabinet Molé, et se prononça *pour* la dotation du duc de Nemours, *pour* les fortifications de Paris, *pour* le recensement, *contre* les incompatibilités, *contre* l'adjonction des capacités, *pour* l'indemnité Pritchard, *contre* la proposition Rémusat. La révolution de 1848 mit fin à sa carrière politique.

TESSÉ (René-Mans Froulay, comte de), député en 1789, né au Mans (Sarthe) le 9 octobre 1736, mort à Paris le 21 janvier 1814, entra fort jeune dans les armées du roi, fit les campagnes de la guerre de Sept ans, et devint maréchal de camp et chevalier de Saint-Louis. Lieutenant général au moment de la Révolution, il fut élu, le 28 mars 1789, député de la noblesse aux États-Généraux par la sénéchaussée du Maine. Il se montra fort hostile aux réformes, s'efforça de défendre les prérogatives royales, fit partie du comité des rapports, obtint un congé le 11 février 1790, et donna sa démission le 5 mai suivant. Il émigra, rentra en France sous le Consulat, et ne prit plus aucune part aux affaires publiques.

TESSIÉ DE LA MOTTE (Eugène-Marie), député de 1837 à 1848, représentant du peuple en 1848, né aux Rosiers (Maine-et-Loire) le 23 décembre 1790, mort aux Rosiers le 18 décembre 1877, entra en 1818 dans les gardes du corps du roi, et fut obligé de donner sa démission, en raison de ses opinions avancées. Condamné à mort par contumace comme impliqué dans la conspiration du général Berton (1823), il ne rentra en France que peu de temps avant la révolution de 1830, prit une part active aux trois journées, reçut en récompense la décoration de juillet, s'engagea comme volontaire dans les troupes destinées à réprimer le soulèvement de la Vendée, et fut décoré de la Légion d'honneur (12 mars 1831). Maire des Rosiers, conseiller général, il se présenta à la députation, le 12 juin 1837, dans le 6e collège de Maine-et-Loire (Doué), et échoua avec 67 voix, contre 94 à l'élu, M. Allain-Targé; il fut ensuite successivement élu député du même collège, le 4 novembre 1837, par 129 voix (216 votants, 316 inscrits), contre 79 à M. Allain-Targé, député sortant; le 2 mars 1839, par 150 voix (276 votants, 323 inscrits) contre 124 à M. Allain-Targé; le 9 juillet 1842, par 156 voix (309 votants, 348 inscrits) contre 149 à M. Allain-Targé; le 1er août 1846, par 197 voix (380 votants, 431 inscrits), contre 155 à M. Allain-Targé. M. Tessié de la Motte prit d'abord place au centre ministériel, puis passa bientôt à l'opposition, et vota *contre* le ministère Molé, *contre* la dotation du duc de Nemours, *pour* l'adjonction des capacités et *contre* l'indemnité Pritchard. Le 23 avril 1848, il fut élu représentant de Maine-et-Loire à l'Assemblée constituante, le 2e sur 13, par 123,156 voix. Il fit partie du comité de la Marine, et vota *pour* le bannissement de la famille d'Orléans, *pour* les poursuites contre L. Blanc et Caussidière, *contre* l'abolition de la peine de mort, *contre* l'impôt progressif, *contre* l'incompatibilité des fonctions, *contre* l'amendement Grévy, *contre* la sanction de la Constitution par le peuple, *pour* l'ensemble de la Constitution, *pour* la proposition Rateau, *pour* l'interdiction des clubs, *contre* la demande de mise en accusation du président et des ministres. Non réélu à la Législative, il retourna dans son pays natal, toujours maire des Rosiers, et fut nommé officier de la Légion d'honneur le 13 août 1863.

TESSIÈRE. — *Voy.* Boisbertrand (de).

TESSIÈRE DE MIREMONT (Philippe-Paul), député de 1824 à 1827, né à Burée (Dordogne) le 10 mars 1769, mort à Lyon (Rhône) le 13 janvier 1855, chevalier de Saint-Louis et maire de Vienne, fut élu, le 25 février 1824, député du 4e arrondissement électoral de l'Isère (Vienne), par 146 voix (225 votants, 260 inscrits), contre 75 à M. Lombard de Quincieux. Il prit place parmi les ministériels, sans paraître à la tribune, échoua, le 16 novembre 1827, dans le même arrondissement, avec 74 voix contre 123 à l'élu, M. Aug. Périer, et ne se représenta plus.

TESSON (Denis), député en 1791, né et mort à des dates inconnues, était membre du directoire de département de la Manche, quand il fut élu, le 8 septembre 1791, député de la Manche à l'Assemblée législative, le 7e sur 13, par 293 voix sur 561 votants. Son rôle politique fut des plus obscurs et prit fin avec la session.

TESTE (Jean-Baptiste), représentant aux Cent-Jours, député de 1839 à 1843, pair de France et ministre, né à Bagnols (Gard) le 20 octobre 1780, mort à Chaillot (Seine) le

20 avril 1852, « fils de maître Antoine Teste, avocat au parlement, et d'Elisabeth Boyer », fit ses études chez les Joséphistes de Lyon, et se distingua, de bonne heure, par les « formes démosthéniques » de son débit oratoire, comme disait de lui Portalis. Reçu avocat à Paris, il plaida quelque temps avec succès au barreau de cette ville, puis vint se fixer à Nîmes, où il ne tarda pas à se faire une grande réputation. Au retour de l'île d'Elbe, Napoléon lui confia les fonctions de directeur de la police à Lyon. En même temps, il avait été élu représentant du grand collège du Gard à la Chambre des Cent-Jours (7 mai 1815) par 50 voix sur 73 votants ; mais ses fonctions administratives ne lui permirent pas de siéger. Proscrit par la seconde Restauration, il dut se réfugier à Liège, où il reprit l'exercice de sa profession d'avocat ; s'étant fait le défenseur d'un journal, le *Mercure surveillant*, qui avait attaqué les gouvernements russe et autrichien, il fut expulsé du pays et ne put y rentrer qu'au bout de vingt-deux mois. Dans l'intervalle il avait tenté de se fixer à Paris, mais on lui avait refusé l'inscription au barreau. Il demeura donc à Liège jusqu'en 1830, plaidant avec succès et possédant une belle clientèle. Le roi Guillaume le chargea de diriger ses affaires domaniales, et, lors du procès qui eut lieu, au sujet du duché de Bouillon, entre les Rohan et les d'Orléans, il plaida pour ces derniers. De retour à Paris après la révolution de juillet, il se fit inscrire au barreau, s'y plaça bientôt au premier rang, et fut nommé avocat du domaine et du trésor. Elu, le 5 juillet 1831, député du 1e collège du Gard (Uzès), par 217 voix (375 votants, 488 inscrits), contre 145 à M. Madier de Montjau, il siégea d'abord dans les rangs du tiers-parti libéral et se fit remarquer par son ardeur à défendre le nouveau régime. Il se mêla principalement, et avec une grande habileté, aux discussions relatives à la législation, au commerce et aux travaux publics. Réélu, le 21 juin 1834 par 227 voix (349 votants, 464 inscrits), contre 111 à M. de Dreux-Brézé, il fut nommé, le 10 novembre suivant, ministre de l'Agriculture et du Commerce ; mais il ne resta que huit jours à ce poste, devint vice-président de la Chambre, obtint sa réélection comme député, le 13 décembre 1834, par 243 voix (253 votants, 507 inscrits), puis le 4 novembre 1837, par 266 voix (276 votants, 501 inscrits), s'associa aux votes de la majorité, et, dans la session de 1838, fit partie de la coalition qui amena la chute du ministère Molé. Réélu député, le 2 mars 1839, par 256 voix (418 votants), il accepta le portefeuille de la Justice dans le cabinet du 12 mai 1839, et sollicita le renouvellement de son mandat législatif, qu'il obtint le 23 juin suivant, par 280 voix (289 votants). Pendant son passage aux affaires, il nomma une commission chargée d'étudier les moyens de supprimer la vénalité des offices ministériels. Le 29 février 1840, l'administration nouvelle ayant été renversée à la suite de la présentation du projet de dotation du duc de Nemours, Teste se retira avec ses collègues devant le vote hostile de la Chambre. Pour le dédommager de la lucrative clientèle qu'il avait perdue, Louis-Philippe le fit rentrer, avec le portefeuille des Travaux publics, dans le cabinet formé le 29 octobre 1840 sous la présidence du maréchal Soult ; il s'y maintint jusqu'au 16 décembre 1843, et fit voter trois lois importantes, celle de l'expropriation pour cause d'utilité publique (1841), la loi des chemins de fer (1842) et celle des brevets d'invention (1843). A sa sortie du cabinet, il fut nommé (16 décembre 1843) prési-

dent de la chambre civile à la cour de cassation et pair de France. Grand-officier de la Légion d'honneur (1846), il jouissait alors de la plus haute considération, lorsqu'il se vit tout à coup compromis dans un procès qui eut un retentissement considérable et qui contribua puissamment à mettre en pleine lumière la corruption et la vénalité qui s'étaient introduites dans certaines régions de la politique. Au mois de mai 1847, au cours d'une instance portée devant le tribunal civil de la Seine par un nommé Parmentier, directeur des mines de sel de Gouhenans, contre divers membres de la société dont il était le gérant, auxquels il réclamait la restitution d'un certain nombre d'actions, il fut publié divers mémoires contenant des fragments de lettres écrites par le général Despans-Cubières. De cette correspondance, non désavouée par le général, il résultait que, pour obtenir la concession de l'exploitation des mines de Gouhenans, le général Cubières s'était concerté avec le sieur Parmentier afin d'acheter à prix d'argent l'appui du ministre des Travaux publics, Teste, que ce marché avait été conclu en 1842, et qu'il avait reçu son exécution. « Il n'y a pas à hésiter, disait une des lettres, sur les moyens de nous créer un appui intéressé dans le sein même du conseil. J'ai le moyen d'arriver jusqu'à cet appui ; c'est à vous d'aviser aux moyens de l'intéresser... » Les journaux donnèrent une publicité énorme à ces révélations, dont s'émut très vivement l'opinion publique. Bientôt une ordonnance royale déféra ce grave procès à la cour des pairs. En conséquence, le 8 juillet 1847, le général Despans-Cubières, ancien ministre de la Guerre, Teste, Parmentier et le sieur Pellapra, ancien receveur général, qui avait servi d'intermédiaire entre les coaccusés et l'ancien ministre des Travaux publics, furent traduits devant cette haute juridiction sous l'inculpation de corruption, et Cubières ainsi que Pellapra sous celle d'escroquerie. La veille, Teste s'était démis de tout ses fonctions publiques. Le roi, dit-on, gourmanda fort le chancelier pour avoir mis Teste en prévention : « Vous avilissez, lui dit-il, l'autorité, la puissance, le gouvernement. » Teste comparut devant la Chambre des pairs, nia énergiquement avoir reçu de Despans-Cubières une somme de 94,000 fr. pour concéder les mines de Gouhenans ; mais, le 12, Mme Pellapra, dont le mari était en fuite, fit parvenir à la cour des pièces accablantes contre Teste ; c'étaient des fragments de livres et de papiers qui prouvaient que l'ex-ministre avait bien reçu la somme ; le témoignage d'un agent de change vint confirmer les opérations faites afin de transformer les valeurs de la société en argent, puis une partie de l'argent en bons du trésor. A cette nouvelle, l'ancien ministre, désespéré, tenta de se tuer (12 juillet) en se tirant à la tempe et dans la région du cœur deux coups d'un pistolet que lui avait apporté son fils, mais qui ne produisirent qu'une blessure légère. Le lendemain, il refusa de venir à l'audience, « les pièces produites, écrivit-il au chancelier, ne laissant plus de place à la contradiction. » Dès lors le procès était jugé. Le 17 juillet, la cour condamna Teste à trois ans d'emprisonnement, à la restitution des 94,000 francs et à une amende de pareille somme à verser dans la caisse des hospices de Paris. Transféré à la prison du Luxembourg, qu'il avait fait construire et où il fut le premier ministre enfermé, il y resta jusqu'au 13 août 1849, obtint alors du président L.-N. Bonaparte l'autorisation de terminer sa peine dans une

25

maison de santé à Chaillot, ainsi qu'une remise de 50,000 francs sur l'amende qu'il avait encourue. En juillet 1850, Teste quitta la maison de santé et mourut moins de deux ans plus tard.

TESTE (François-Antoine, baron), pair de France, né à Bagnols (Gard) le 19 novembre 1775, mort à Angoulême (Charente) le 8 décembre 1862, frère du précédent, entra à dix-sept ans dans l'armée comme engagé volontaire, parvint rapidement au grade de chef de bataillon, et devint aide de camp du général Chabron. Il prit en Italie une grande part à la prise du fort de Bard, et fut promu (1800) chef de la 5ᵉ demi-brigade de ligne. Il se distingua au passage de l'Adige, à l'attaque des lignes de Caldiero, au combat de San Pietro, et reçut de Masséna sur le champ de bataille les épaulettes de général de brigade (1805). Il se rendit de là en Dalmatie, défendit Raguse contre les Russes et les Monténégrins, puis passa en Italie. Nommé baron dans la campagne de 1809, et blessé au combat de Sacile, il rejoignit l'armée en Hongrie et décida le gain de la bataille de Raab en enlevant le plateau de Sabadhégy. Gouverneur de Custrin en 1811, il fit ensuite la campagne de Russie, se battit à la Moskowa, y fut blessé, coopéra à la retraite, et fut nommé général de division (1813). Il commanda une des divisions du corps d'observation sur le Rhin, succéda, comme gouverneur de Magdebourg, au général Haxo, fut fait prisonnier lors de la violation de la capitulation de Dresde, et ne recouvra la liberté qu'après la chute de Napoléon (1814). Pendant les Cent-Jours, Teste fut chargé d'organiser une division du 6ᵉ corps. Envoyé avec Grouchy à la poursuite des Prussiens, il enleva les hauteurs de Bierge et, après la bataille de Waterloo, soutint dans Namur, avec 2,300 hommes, un combat acharné contre 15,000 Prussiens. Grâce à cette belle résistance, il arrêta court l'élan de l'ennemi et favorisa la retraite de Grouchy, qui put rentrer en France sans être entamé. Licencié au second retour des Bourbons, il fut chargé en 1823 d'une inspection d'infanterie dans l'Ouest. Après la révolution de 1830, le général Teste reçut le commandement de la 11ᵉ division militaire, qu'il garda jusqu'en 1843. Le 7 novembre 1839, il fut appelé à siéger dans la Chambre des pairs, où il soutint constamment de ses votes le gouvernement de Louis-Philippe. Rendu à la vie privée par la révolution de février, il fut admis à la retraite comme général de division, le 8 juin 1848. Grand-croix de la Légion d'honneur (14 décembre 1849).

TESTE (Charles-Emmanuel-Antoine), député de 1842 à 1844 et de 1846 à 1848, né à Passis le 5 avril 1805, fils de l'ancien ministre (Voy. plus haut), occupait sous Louis-Philippe la situation de conseiller référendaire à la cour des comptes. Élu, le 9 juillet 1842, député du 4ᵉ collège de Vaucluse (Apt), par 173 voix sur 174 votants et 257 inscrits, il siégea dans la majorité conservatrice avec laquelle il vota, jusqu'au jour où les scandales auxquels se trouva mêlé le nom de son père l'obligèrent à donner sa démission. Il fut remplacé à la Chambre, le 17 février 1844, par M. Mottet. Mais il profita aussitôt d'une vacance qui se produisit dans le 4ᵉ collège du Gard (Uzès), pour s'y présenter le 13 janvier 1844; il échoua avec 208 voix, contre 246 à l'élu, M. Goirand de Labaume. Il fut plus heureux le 1ᵉʳ août

1846, dans le même collège, qui l'élut député par 458 voix (501 votants, 723 inscrits). M. Teste soutint la politique de Guizot. La révolution de 1848 mit fin à sa carrière politique. Chevalier de la Légion d'honneur.

TESTELIN (Achille-Arthur-Armand), représentant en 1849, en 1871, et membre du Sénat, né à Lille (Nord) le 6 janvier 1814, servit d'abord comme chirurgien militaire, puis se fit recevoir docteur à Paris en 1837, et alla exercer sa profession dans sa ville natale. Républicain militant sous le règne de Louis-Philippe, et lié avec Delescluze, il fut nommé, après février 1848, commissaire de la République dans le Nord, devint conseiller général, et se présenta, le 13 mai 1849, comme candidat du parti républicain avancé à l'Assemblée législative dans ce département; il fut élu, le 24ᵉ et dernier, par 76,755 voix (183,521 votants, 290,196 inscrits). Il prit place à gauche, dans les rangs de la minorité démocratique, et vota avec la Montagne, contre l'expédition romaine, contre la loi Falloux-Parieu sur l'enseignement, contre la loi restrictive du suffrage universel. Il combattit énergiquement la politique de l'Élysée, protesta contre le coup d'État du 2 décembre 1851, et fut alors expulsé de France. Réfugié à Bruxelles, il s'y établit comme médecin, rentra à Lille à l'amnistie de 1859, reprit l'exercice de sa profession, collabora aux journaux de l'opposition, et fut réélu conseiller général du Nord en 1867. Nommé, le 6 septembre 1870, préfet du Nord, puis, le 30 septembre, commissaire de la Défense nationale dans les départements de l'Aisne, du Nord, du Pas-de-Calais et de la Somme, il déploya dans ce poste de réelles qualités administratives et seconda utilement les opérations militaires du général Faidherbe. Pendant la Commune, le gouvernement de Thiers utilisa les anciennes relations de M. Testelin avec Delescluze pour essayer de détacher ce dernier du parti communaliste; M. Testelin échoua dans cette mission, dont il fut question à l'Assemblée lors de la vérification des pouvoirs du nouveau représentant du Nord; en effet, après avoir obtenu, le 8 février 1871, 64,438 voix seulement, sur 262,927 votants, M. Testelin fut élu, le 2 juillet suivant, représentant du Nord, en remplacement de Thiers optant pour la Seine, par 137,146 voix (203,885 votants, 325,463 inscrits). Il s'inscrivit au groupe de l'Union républicaine et prit plusieurs fois la parole à l'Assemblée : la vivacité de ses discours et surtout de ses interruptions provoqua parfois d'orageux incidents. Il se mêla notamment aux débats sur la loi pour la répression de l'ivresse, sur celle du recrutement de l'armée, sur celle du monopole des allumettes, sur le projet relatif à l'enseignement de la médecine, sur le travail des enfants dans les manufactures, sur les facultés de médecine, sur la loi électorale, et vota contre la pétition des évêques, contre le pouvoir constituant de l'Assemblée, contre le service de trois ans, contre la démission de Thiers, contre le septennat, contre le ministère de Broglie, pour l'amendement Wallon, pour les lois constitutionnelles; il s'était abstenu sur l'admission à titre définitif des princes d'Orléans dans l'armée. Le 15 décembre 1875, il fut élu sénateur inamovible par l'Assemblée nationale, le 60ᵉ sur 75, avec 339 voix (676 votants). Il suivit à la Chambre haute la même ligne politique que précédemment, et parut encore plusieurs fois à la tribune, où il continua de se distinguer par l'ardeur de ses polémiques et de ses reparties. On remarqua particulièrement son intervention dans la discussion du projet de loi sur les insectes nuisibles et la protection des oiseaux utiles (février 1878). Adversaire du gouvernement du 16 mai, il se prononça *contre* la dissolution de la Chambre des députés, prit une part active aux mesures de résistance prises par les gauches sénatoriales, repoussa l'ordre du jour Kerdrel, et soutint le cabinet Dufaure. Il appuya et vota les lois relatives à l'état de siège, au colportage, à l'amnistie des délits de presse, opina *pour* l'article 7 de la loi Ferry sur l'enseignement supérieur, eut, au cours de la discussion, une altercation assez violente avec M. Jules Simon, et vota encore *pour* les ministères Gambetta et J. Ferry, *pour* la réforme du personnel judiciaire, *pour* le rétablissement du divorce, *pour* les crédits de l'expédition du Tonkin, *pour* l'expulsion des princes, *pour* la nouvelle loi militaire. En janvier 1887, il fut membre du comité fondateur de l'Association de propagande républicaine, et se prononça en dernier lieu, *pour* le rétablissement du scrutin d'arrondissement (13 février 1889), *pour* le projet de loi Lisbonne restrictif de la liberté de la presse, *pour* la procédure de la haute co. r contre le général Boulanger. Membre, pour le canton sud-ouest de Lille, et président du conseil général du Nord, membre de plusieurs sociétés savantes, M. Testelin a collaboré aux *Annales d'oculistique*, au *Bulletin médical du Nord*, et a traduit de l'anglais le *Traité pratique des maladies des yeux* de Mackenzie (1843).

TEULLÉ (François-Marie-Cyprien, baron), représentant à la Chambre des Cent-Jours, né à Caumont (Tarn-et-Garonne) le 15 septembre 1769, mort à Caumont le 20 novembre 1848, fut élevé au collège de l'Esquille à Toulouse, s'engagea, à la Révolution, dans le 4e bataillon de la Haute-Garonne, servit à l'armée des Alpes où il se distingua au siège de Toulon, et gagna le grade de capitaine. Nommé peu après adjoint aux adjudants-généraux, il fut envoyé à l'armée des Pyrénées-Orientales, où, sous Dugommier, Pérignon et Schérer, il se signala au blocus de Bellegarde et aux sièges de Rosas et de Figuière. Il se rendit ensuite à l'armée des côtes de l'Océan, commandée par Hoche, devint, sous le Consulat, aide-de-camp du général de La Rue, chevalier de la Légion d'honneur (25 prairial an XII), et chef de bataillon. Il fit avec ce grade la campagne de 1805, celles de Prusse et de Pologne, fut créé chevalier de l'Empire le 28 mai 1809, et nommé major au 12e de ligne le 11 juillet de la même année. Officier de la Légion d'honneur après Wagram, il fit la campagne de Russie comme colonel du 12e de ligne, se distingua à Volontina et à la Moskowa où il fut fait commandeur de la Légion d'honneur, puis à Moscou où Napoléon le créa baron de l'Empire. A la première Restauration, il quitta le service, et fut élu, au retour de l'île d'Elbe, le 13 mai 1815, représentant à la Chambre des Cent-Jours pour l'arrondissement de Castelsarrazin, avec 24 voix (26 votants, 126 inscrits). Il y défendit la cause impériale et demanda la reconnaissance de Napoléon II. Le gouvernement de Juillet le nomma maire de Caumont, conseiller général du canton et vice-président du conseil d'arrondissement de Castelsarrazin.

TEULON (Jean), député de 1815 à 1816, et

de 1830 à 1831, né à Bordeaux (Gironde) le 8 avril 1775, mort à Bordeaux le 14 avril 1831, propriétaire influent, fut élu le 22 août 1815, député du grand collège du Lot-et-Garonne, par 89 voix (171 votants, 285 inscrits); il siégea dans la majorité de la Chambre introuvable, ne fut pas réélu, après la dissolution de cette Chambre (septembre 1816), et se représenta à la députation, le 17 novembre 1827, dans le 1er arrondissement électoral de Lot-et-Garonne (Agen), où il échoua avec 150 voix contre 213 à l'élu, M. de Lugat. Il fut plus heureux le 23 juin 1830, et fut élu député de ce dernier arrondissement par 239 voix (418 votants, 516 inscrits), contre 204 à M. de Lugat, député sortant. Mais, fidèle à la branche aînée, il donna sa démission après les Journées de juillet, fut remplacé le 27 mars 1831 par M. Damon, et mourut quelques jours après.

TEULON (Pierre-Emile), député de 1831 à 1848, représentant du peuple en 1848, né à Nimes (Gard) le 17 octobre 1793, mort à Nimes le 16 mai 1877, fit son droit et prit place au barreau de sa ville natale. Sa famille ayant eu beaucoup à souffrir de la terreur blanche (1815), il fit une opposition constante au gouvernement des Bourbons, fonda, en 1818, une association pour la liberté de la presse, et acheta, en 1827, une charge d'avoué. Après les journées de juillet, il fut nommé secrétaire général de la préfecture du Gard, fut bientôt révoqué en raison de ses opinions démocratiques, et obtint néanmoins de Casimir Périer un siège à la cour royale de Limoges. Elu, le 5 juillet 1831, député du 2e collège du Gard (Nimes), par 324 voix (367 votants, 632 inscrits), il prit place dans l'opposition modérée, fut nommé conseiller à la cour de Nimes, et dut se représenter devant ses électeurs, qui lui confirmèrent son mandat, le 13 août 1833 par 163 voix (312 votants, 632 inscrits), contre 143 à M. Griolet. Il ne se représenta pas aux élections générales du 21 juin 1834, mais il se fit réélire, dans le même collège, le 6 septembre suivant, en remplacement de M. Viger dont l'élection avait été annulée, par 177 voix (193 votants, 631 inscrits). Les électeurs le renvoyèrent successivement au palais Bourbon, le 4 novembre 1837, par 265 voix (319 votants, 649 inscrits); le 2 mars 1839, par 318 voix (512 votants); le 9 juillet 1842, par 357 voix (531 votants, 675 inscrits), contre 171 à M. de Labaume; le 1er août 1846, par 361 voix (576 votants, 735 inscrits), contre 204 à M. de Labaume. Il siégea dans l'opposition de gauche, fut l'un des 213 députés de la coalition qui votèrent contre le cabinet Molé en 1839, et se prononça *pour* les incompatibilités, *pour* l'adjonction des capacités, *contre* la dotation du duc de Nemours, *contre* les fortifications de Paris, *contre* le recensement et *contre* l'indemnité Pritchard. A la révolution de 1848, il fut nommé commissaire du gouvernement provisoire dans le Gard, puis premier président de la cour de Nimes. Elu, le 23 avril 1848, représentant du Gard à l'Assemblée constituante, le 1er sur 10, par 92,523 voix (103,556 votants, 116,113 inscrits), il fit partie du comité de l'instruction publique, et vota *pour* le bannissement de la famille d'Orléans, *pour* les poursuites contre L. Blanc et Caussidière, *contre* l'abolition de la peine de mort, *pour* l'amendement Grévy, *contre* la sanction de la Constitution par le peuple, *pour* l'ensemble de la Constitution, *contre* la proposition Rateau, *contre* l'interdiction des clubs. Adversaire de la politique de l'Elysée, il ne se représenta pas à la Législative, continua d'exercer ses fonctions de magistrat, et fut admis à la retraite, comme premier président, le 23 mars 1864. Rendu à la vie privée, il se présenta, le 24 mai 1869, comme candidat de l'opposition libérale dans la 1re circonscription du Gard, et échoua avec 11,934 voix contre 14,826 à M. Talabot, élu. On a de lui : *Emile Teulon à ses commettants* (1830); *Henri III*, tragédie.

TEUTSCH (Edouard), représentant en 1871, né à Wingen (Bas-Rhin) le 5 novembre 1832, s'occupa d'industrie et dirigea une importante verrerie dans son pays natal. Il fut conseiller général du Bas-Rhin, et, le 8 février 1871, fut élu représentant de ce département à l'Assemblée nationale, le 2e sur 12, par 95,582 voix (101,741 votants, 145,183 inscrits.) Il se rendit à Bordeaux, et, de même que ses collègues des départements annexés, protesta contre les préliminaires de paix, puis donna sa démission de représentant. Nommé le 1er février 1874, par le parti de la « protestation », député d'Alsace-Lorraine au Reichstag (circonscription de Saverne), il donna lecture, dans la séance d'ouverture de la session, à la tribune de l'assemblée allemande à Berlin (16 février), d'une énergique déclaration par laquelle ses amis et lui refusaient le serment à l'empereur. Démissionnaire à la suite de cette patriotique manifestation, M. Teutsch fut appelé par le gouvernement français à remplir le poste de trésorier-payeur général successivement dans les département de la Haute-Saône, des Vosges et de Saône-et-Loire.

TEXIER (Nicolas-Jean-René), député en 1789, né à Chartres (Eure-et-Loir) le 2 janvier 1749, mort à Chartres le 3 novembre 1832, était chanoine de la cathédrale de Chartres, quand il fut élu, le 11 mars 1789, député du clergé aux États-Généraux, par le bailliage de Châteauneuf-en-Thimerais, avec 42 voix sur 79 votants. Il y joua un rôle très effacé, refusa d'être membre du comité ecclésiastique, ne parut qu'une fois à la tribune pour parler sur la procédure suivie à l'égard des meneurs du 6 octobre, et se désintéressa de la politique pour s'occuper d'agriculture. Il fonda le *Journal d'Agriculture* et ne se mêla plus aux affaires publiques.

TEXIER (Anne-Nicolas-Alexandre), député de 1830 à 1834, né à Courville (Eure-et-Loir) le 15 septembre 1772, mort à Courville le 1er octobre 1846, « fils de Jean Baptiste Texier, notaire royal à Courville, et de Madeleine Texier », était propriétaire à Courville et maire de cette commune. Élu, le 19 juillet 1830, député d'Eure-et-Loir au grand collège, par 122 voix (204 votants, 262 inscrits), il prit place dans les rangs de la majorité conservatrice, fut réélu, le 5 juillet 1831, dans le 4e collège du même département (Nogent-le-Rotrou), par 100 voix sur 187 votants et 218 inscrits, contre 42 à M. Langlois d'Amilly et 37 à Berryer, et soutint de ses votes le gouvernement de Louis-Philippe ; il ne se représenta pas aux élections de 1834.

TEXIER. — *Voy.* Hautefeuille (comte d').

TEXIER-MORTEGOUTE (Léonard-Michel),

membre de la Convention, député au Conseil des Cinq-Cents, né en 1749, mort à une date inconnue, était juge de paix du canton de Dun-le-Pailleteau (Creuse), lorsqu'il fut élu, le 6 septembre 1792, député de la Creuse à la Convention nationale, le 7e et dernier, « à la pluralité des voix. » Il siégea parmi les modérés et répondit au 3e appel nominal, dans le procès du roi : « J'étais pour l'appel au peuple, la majorité en a décidé autrement ; je me soumets. Aujourd'hui il faut prononcer sur la peine. Je ne balancerais pas à voter pour la mort, si le salut du peuple devait s'ensuivre ; mais l'histoire apprend que des cendres d'un roi en renaît un autre ; et je vote pour la détention et le bannissement à la paix. » Réélu, le 21 vendémiaire an IV, député de la Creuse au Conseil des Cinq-Cents par 156 voix (218 votants), il siégea jusqu'en l'an VI, et quitta la vie politique.

TEXIER-OLIVIER (Louis, baron), député au Conseil des Cinq-Cents, né à Reignac (Indre-et-Loir) le 3 avril 1764, mort à Ortholaras (Corrèze) le 23 juillet 1849, avocat en 1789, fut, comme il le dit lui-même dans une note autobiographique au ministre de l'Intérieur (30 mars 1815), « un des premiers apôtres des principes libéraux dans son département. » Procureur-syndic de Reignac en 1791, membre du bureau de conciliation près le tribunal de Tours (1792), membre du directoire du département d'Indre-et-Loire (septembre de la même année), incarcéré comme suspect en 1793 avec M. Clément de Ris, commissaire du Directoire près l'administration du département (frimaire an IV), il fut élu, le 22 germinal an VI, député d'Indre-et-Loire au Conseil des Cinq-Cents, devint secrétaire du Conseil le 21 mai 1798, donna en cette qualité lecture d'un message du Directoire sur l'état de la France, demanda l'ordre du jour sur la pétition contre l'élection de Sieyes au Directoire, appuya la demande d'un crédit de 50,000 francs pour élever un monument funéraire au général Joubert, tué à Novi, somma Thiessé de déclarer publiquement quels étaient les membres de l'assemblée qu'il accusait de conspirer contre la Constitution, et proposa un projet sur les droits des citoyens ex-nobles. Membre du comité de l'intérieur, et mêlé ainsi aux combinaisons que le retour de Bonaparte avait fait naître, il contribua activement au succès du 18 brumaire. Il en fut bientôt récompensé ; successivement administrateur de la loterie nationale le 27 frimaire an VIII, préfet des Basses-Alpes le 11 ventôse de la même année, préfet de la Haute-Vienne le 26 ventôse an X, membre de la Légion d'honneur le 25 prairial an XII, M. Texier-Olivier fut créé baron de l'Empire le 14 février 1810. Révoqué à la première Restauration (1814), et mis à la retraite, il fut réintégré à la préfecture de Limoges aux Cent-Jours (15 avril 1815), et destitué de nouveau au second retour des Bourbons (7 juillet 1815). Il avait reçu en 1814 une pension de retraite de 4,000 francs, qui ne lui fut pas rendue après sa seconde révocation. Il réclama par l'intermédiaire de sa femme, une Vendéenne, Mlle Marie Richard, à qui il avait sauvé la vie à la déroute du Mans (1793) et qu'il avait épousée alors qu'elle avait 16 ans. Cette considération lui fit accorder (23 février 1816) une pension de 2,000 francs ; il réclama encore contre cette diminution de moitié, le 10 avril 1818, demanda une place (janvier 1819), mais ne put rien obtenir.

TÉZENAS (Antoine-Hippolyte), député de 1876 à 1885, membre du Sénat, né à Saint-Martin-és-Vignes (Aube) le 10 janvier 1815, fils d'un sous-préfet d'Arcis sous le gouvernement de Juillet, entra à l'Ecole polytechnique en 1834, passa à l'Ecole de Metz en sortit lieutenant du génie. Envoyé en Algérie, il fit les campagnes de 1839 et de 1840 contre Abd-el-Kader, rentra en France en 1842 et alla en garnison à Arras, où il était capitaine au 2e régiment du génie en 1848. Il fut appelé à Paris pour combattre l'insurrection de juin en retourna en Algérie (1849-1852). Il prit part aux campagnes de Crimée (où il se lia avec le général Saussier), puis d'Italie, devint chef de bataillon au commencement de 1860, fut chargé de l'étude défensive de nos nouvelles frontières en Savoie, et fut envoyé en garnison à Laon en 1866. Lors de la guerre de 1870, il fut versé dans l'armée de Ducrot pendant le premier siège de Paris, et prit part aux combats de Champigny, du Bourget et de Buzenval. Promu colonel pendant le second siège, il devint chef de l'état-major du génie à l'armée de Versailles, et conserva ces fonctions jusqu'à sa mise à la retraite en 1875. Elu, le 20 février 1876, député de l'arrondissement d'Arcis-sur-Aube, par 5,585 voix (9,350 votants, 10,989 inscrits), contre 3,554 à M. de Plancy, ancien député, il prit place à la gauche républicaine, fit partie de plusieurs commissions chargées de l'étude des lois militaires, prit part aux discussions auxquelles ces lois donnèrent lieu, et fut l'un des 363 députés qui, au 13 mai, refusèrent le vote de confiance au ministère de Broglie. Réélu, le 14 octobre 1877, par 5,811 voix (10,167 votants, 11,169 inscrits), contre 4,281 à M. de Plancy, et le 21 août 1881, par 5,942 voix (7,617 votants, 11,093 inscrits), il continua de siéger à la gauche républicaine, vota avec la majorité gouvernementale, et fut élu sénateur de l'Aube, le 6 janvier 1885, par 417 voix (702 votants). Il prit de nouveau place à gauche, se prononça *pour* l'expulsion des princes, et vota, en dernier lieu, *pour* le rétablissement du scrutin d'arrondissement (11 février 1889) *pour* le projet de loi Lisbonne restrictif de la liberté de la presse, *pour* la procédure de la haute cour contre le général Boulanger. Chevalier de la Légion d'honneur depuis 1851, et officier du 26 décembre 1864.

THABAUD DE BOIS-LA-REINE (Guillaume,) Baron de Schins, membre de la Convention, député au Conseil des Cinq-Cents et au Conseil des Anciens, représentant aux Cent-Jours, né à Neuvry (Indre) le 27 novembre 1755, mort à Châteauroux (Indre) le 11 février 1836, était prévôt de la connétablie de Châteauroux, au moment de la Révolution. Partisan des idées nouvelles, il fut nommé administrateur du district, puis du département, et (5 septembre 1792) fut élu député de l'Indre à la Convention, le 2e sur 6, par 167 voix (332 votants). Il se prononça, lors du procès de Louis XVI, contre l'appel au peuple et pour la peine capitale, en disant au 2e appel nominal : « Et moi je crois la Convention revêtue de pouvoirs suffisants pour juger Louis. D'ailleurs, dans ces circonstances difficiles, j'aime mieux me charger de la responsabilité, quelle qu'elle soit, que d'envoyer ma patrie à tous les maux que je prévois, si la ratification lui était renvoyée : je dis *non*. » Et au 3e appel : « Je vote pour la peine de mort, parce que je suis intimement convaincu des crimes de Louis ; mais je me réserve de motiver mon opinion pour

déterminer le moment de l'exécution du jugement. » Il opina en outre *contre* le sursis. Délégué près le camp qui fut formé sous Paris, il n'eut dans la session qu'un rôle parlementaire peu important. Hostile à Robespierre le 8 thermidor, il favorisa ensuite la réaction thermidorienne, fit partie de la commission chargée de poursuivre Joseph Le Bon, et eut une grande part à sa condamnation. Elu, le 21 vendémiaire an IV, député de l'Indre au Conseil des Cinq-Cents par 105 voix (138 votants), il en sortit la même année, obtint du Directoire une place d'administrateur de la loterie nationale, fut élu, le 21 germinal an VI, au Conseil des Anciens, comme député de l'Indre, ne se montra pas hostile au coup d'Etat de brumaire, reprit son emploi dans l'administration de la loterie jusqu'à la Restauration, et fut nommé baron de l'empire (18 juin 1809). Pendant les Cent-Jours, Thabaud accepta le mandat de représentant que lui confia, par 47 voix sur 80 votants, le grand collège de l'Indre. La loi d'exil du 12 janvier 1816 contre les régicides le força de quitter la France ; il se retira à Bruxelles. Le 21 décembre 1818, le roi ayant déclaré que la loi du 12 janvier 1816 n'était plus applicable « à ceux des ex-constitutionnels qui n'ont rempli pendant les Cent-Jours de fonctions que dans un intérêt de salubrité publique, d'enseignement ou de charité », Thabaud, qui avait repris son emploi dans la loterie, prétendit bénéficier de cette exception « en raison de la destination charitable d'une partie du produit de cet impôt indirect. » Il obtint en effet un sursis indéfini le 25 mai 1819, et rentra dans son château de Chamousseau (Indre). En juillet suivant, il se vit refuser un port d'armes, le ministre de l'Intérieur ayant trouvé la demande « insuffisamment motivée sur l'étendue des propriétés du réclamant, et le sursis ne s'appliquant qu'à la mesure d'exil, et n'étant qu'une grâce accordée à leurs infirmités et à leur vieillesse, mais non pas à leur ambition » ; il aurait pu ajouter ni à leurs plaisirs. Quoique riche de plus de cinq cent mille francs, Thabaud demanda (26 janvier 1820) à être réintégré dans une pension de 4,000 francs, obtenue en 1815 sur la caisse des retraites de la loterie, comme ancien administrateur ; mais le gouvernement lui répondit par un refus.

THABAUD-LINETIÈRE (Jean-Benoit-Joseph), député de 1830 à 1837, et de 1846 à 1848, né à Châteauroux (Indre) le 25 février 1786, mort à Issoudun (Indre) le 3 avril 1867, fils du précédent, suivit d'abord la carrière militaire. Sous-lieutenant (23 septembre 1806) au 13e régiment de dragons, il fit les campagnes de Prusse (1806), de Pologne (1807), d'Espagne et de Portugal (1808-1810), fut blessé, le 29 mars 1809, à l'affaire d'Oporto, et se retira à Issoudun à la Restauration. Devenu maire de cette ville et conseiller général de l'Indre, il fut, le 3 juillet 1830, élu député de ce département au grand collège, par 77 voix (141 votants, 161 inscrits), contre 57 à M. de Montbel. Il siégea dans la majorité gouvernementale, et fut réélu par le 2e collège de l'Indre (Issoudun), le 5 juillet 1831, par 153 voix (157 votants, 199 inscrits), et le 21 juin 1834, par 94 voix (139 votants, 191 inscrits), contre 41 à M. Heurtault du Metz. Il s'associa au vote de toutes les propositions ministérielles, et échoua, le 2 mars 1830, avec 46 voix, contre 133 à l'élu, M. Heurtault du Metz. Il revint à la Chambre comme député d'Issoudun, le 1er août 1816, avec 117 voix (223 votants, 262 inscrits) contre 104 à M. Heurtault du Metz, et opina en faveur du système de Galzot jusqu'à la révolution de février 1848, qui le rendit à la vie privée.

THARREAU (PIERRE-JEAN-FRANÇOIS), député au Conseil des Anciens, né à Châtillon sur-Sèvre (Deux-Sèvres) en 1760 (les registres d'état civil de Châtillon, brûlés pendant la Révolution, ne remontent plus au delà de 1793), mort à Angers (Maine-et-Loire) le 19 mars 1806, fut, avant la Révolution, président de l'élection de Châtillon, et devint en 1791 procureur syndic du district de Bressuire. Candidat à l'Assemblée législative et à la Convention, il n'obtint pas assez de voix pour y siéger, mais il fut élu, le 21 vendémiaire an IV, député des Deux-Sèvres au Conseil des Anciens, par 114 voix sur 176 votants. Son rôle fut des plus effacés. Il vint se fixer à Angers, fut proposé par le préfet, en messidor, puis en thermidor an X, pour les fonctions d'adjoint au maire d'Angers, fut nommé après cette dernière proposition, et mourut trois ans après, à 46 ans.

THARREAU (FRANÇOIS-CHARLES), député au Corps législatif en 1808, né au May (Maine-et-Loire) le 15 janvier 1751, mort à Cholet (Maine-et-Loire) le 19 mars 1829, « fils de Jean-Mathieu Tharreau et d'Anne-Jeanne-Henriette Richard », remplit dans sa ville natale, avant la Révolution, des fonctions municipales. En 1789, il devint membre du directoire du district de Cholet, fut nommé maire de Cholet le 23 prairial an VIII, et conseiller d'arrondissement en l'an XI. Son successeur à la mairie donna le nom de Tharreau au pont sur la traverse de la ville. Élu, le 18 février 1808, par le Sénat conservateur, député de Maine-et-Loire au Corps législatif, il en sortit en 1812. De nouveau maire de Cholet le 25 mai 1821, il donna sa démission en 1826, et mourut peu d'années après. Officier de la Légion d'honneur. .

THAYER (AMÉDÉE-WILLIAMS-GOURCY), sénateur du second empire, né à Orléans (Loiret) le 13 août 1799, mort à Paris le 6 juillet 1868, fils d'un Américain venu en France à la Révolution et qui gagna une grosse fortune dans le trafic des biens nationaux, fut reçu avocat en 1823, et épousa la fille du général Bertrand. Après 1830, il fut nommé officier de la garde nationale, maire de Saint-Denis, fonctions qu'il remplit jusqu'en 1842, et fut administrateur d'une société qui avait de grands intérêts en Algérie. Partisan du prince Louis-Napoléon et mêlé aux premières combinaisons bonapartistes, il fit partie, après le coup d'État du 2 décembre, de la Commission consultative, et entra au nouveau Sénat impérial le 26 janvier 1852. Colonel, pendant quelques mois, de la 1re légion de la garde nationale de Saint-Denis, et conseiller d'arrondissement depuis 1847, il fut promu officier de la Légion d'honneur le 12 août 1863.

THAYER (EDOUARD-JAMES), sénateur du second empire, né à Paris le 19 mai 1802, mort à Fontenay-les-Brils (Seine-et-Oise) le 11 septembre 1859, frère cadet du précédent, entra, en 1822, à l'École polytechnique, refusa à sa sortie un poste dans l'administration, et vécut en dehors de la politique jusqu'à la révolution de février. Il tenta alors vainement

de se faire élire à l'Assemblée constituante, fut mêlé, comme son frère, à la politique bonapartiste, et remplaça, en décembre 1848, Etienne Arago comme directeur général des postes ; il occupa ces fonctions jusqu'en 1851. Conseiller d'État en service extraordinaire en 1852, il fut nommé sénateur le 31 décembre 1853. Officier de la Légion d'honneur du 23 août 1848.

THÉALDI (MICHEL-CAJÉTAN), député au Corps législatif en 1808, né à Gênes (Italie) le 17 septembre 1762, mort à une date inconnue, propriétaire et négociant dans sa ville natale, fut élu, le 22 février 1806, par le Sénat conservateur, député du département de Gênes au Corps législatif ; ce mandat lui fut renouvelé le 3 octobre 1808. Il en sortit en 1812, et ne reparut plus sur la scène politique.

THÉBAUDIÈRES (PIERRE-ANDRÉ-FRANÇOIS VIAU, CHEVALIER DE), député en 1789, né à Nantes (Loire-Inférieure) le 17 octobre 1751, mort à une date inconnue, fut reçu avocat au parlement. Il devint ensuite substitut du procureur général du roi au conseil supérieur du Cap (île de Saint-Domingue) le 5 août 1773, conseiller au même conseil le 8 octobre 1775, et procureur général du roi le 19 février 1779. Il exerçait encore ces fonctions, lorsqu'il fut élu, le 2 avril 1789, député aux États-Généraux par la colonie de Saint-Domingue. Il prêta le serment du Jeu de paume, fut membre du comité colonial, et donna sa démission le 20 avril 1790. Après avoir vécu dans la retraite sous la Convention et le Directoire, il se rallia au 18 brumaire, fut nommé, le 3 thermidor an X, vice-président du tribunal d'appel au Cap, commissaire du gouvernement près le même tribunal le 26 thermidor an XI, et, le 19 brumaire an XII, agent du gouvernement de Saint-Domingue près les autorités espagnoles de l'île de Cuba. Il remplit ces fonctions jusqu'en février 1810 ; à cette époque le soulèvement des Espagnols le força de se retirer, après avoir été arrêté et détenu pendant dix jours. Rentré en France, il devint conseiller à la cour impériale d'Orléans le 8 mars 1811, chevalier de la Légion d'honneur le 11 novembre 1814, et fut confirmé dans ce poste par la Restauration le 14 février 1816.

THELLIER DE PONCHEVILLE (CHARLES-LOUIS-ZÉPHIRIN), député de 1885 à 1889, né à Valenciennes (Nord) le 13 octobre 1842, fils d'un avocat distingué de Valenciennes, fut reçu docteur en droit à Paris en 1854, débuta brillamment au barreau de sa ville natale, fit partie (1875) du conseil de l'ordre, et devint bâtonnier (1879). Il prit part à la guerre de 1870, comme sous-lieutenant au 4e régiment de marche des mobiles du Nord, et fut nommé à la paix conseiller municipal de Valenciennes. Membre de la Société d'agriculture, il fut porté, aux élections du 4 octobre 1885, sur la liste conservatrice du Nord, et fut élu, le 19e sur 20, par 161,117 voix (292,696 votants, 343,224 inscrits). Il prit place à droite, parla sur l'agriculture, sur les sucres, les octrois, les livrets d'ouvriers, les délégués mineurs, les caisses de retraite, les accidents du travail, le projet de décentralisation, réclama (février 1886), dans la discussion de la loi sur la liberté des funérailles, le respect des volontés écrites du défunt, se prononça en faveur des surtaxes sur les céréales et les bestiaux, combattit la politique scolaire et coloniale de la majorité, et vota, dans la dernière session, *contre* le rétablissement du scrutin d'arrondissement (11 février 1889), *pour* l'ajournement indéfini de la revision de la Constitution, *contre* les poursuites contre trois députés membres de la Ligue des patriotes, *contre* le projet de loi Lisbonne restrictif de la liberté de la presse, *contre* les poursuites contre le général Boulanger. On a de lui, outre des travaux sur des matières juridiques: *La fin du XVIII° siècle et la Révolution.*

THÉLU (THÉODORE-ALBERT-AUGUSTIN-ALEXANDRE), député au Conseil des Cinq-Cents, né à Dunkerque (Nord) le 12 février 1766, mort à Dunkerque le 11 août 1837, était négociant dans sa ville natale lorsqu'il fut élu, le 24 germinal an VI, député du Nord au Conseil des Cinq-Cents. Il fit fixer les dépenses du ministère de la police, sortit du Conseil en l'an VIII, et ne reparut plus sur la scène politique.

THÉNARD (LOUIS-JACQUES, BARON), député de 1827 à 1831 et pair de France, né à la Louptière (Aube), le 4 mai 1777, mort à Paris le 21 juin 1857, « fils d'Anne-Amable Thénard, laboureur, et de Cécile Savourat », reçut de son curé des leçons élémentaires de latin, de grec et de mathématiques, et partit pour Paris, à 17 ans, en 1794. Désirant être pharmacien, il suivit des cours de chimie, et y mit tant d'ardeur et d'application que Vauquelin le reçut dans son laboratoire, comme préparateur, ainsi que Fourcroy. Vauquelin obtint pour lui, en 1797, une place de professeur dans une institution de Paris, et le fit nommer, le 1er nivôse an VII, répétiteur de chimie à l'École polytechnique. Thénard conserva cette situation jusqu'au 1er vendémiaire an XIII, ayant été nommé, le 29 germinal an XII, professeur de chimie au Collège de France, en remplacement de Vauquelin. Dans cet intervalle, il s'était liéintimement avec Gay-Lussac, et avait publié différents mémoires sur les phosphates, les tartrates et l'acide acétique. Il prépara, sur l'invitation du ministre Chaptal, le bleu à base de cobalt dit *bleu Thénard*, indiqua un moyen de produire en grand la céruse et de rectifier les huiles végétales, et prouva que les oxydes étaient à proportions fixes. Il fut l'un des plus jeunes savants appelés à faire partie de la réunion que Berthollet et Laplace fondèrent à Auteuil. Il venait de terminer ses recherches sur les éthers, lorsque l'empereur lui confia, ainsi qu'à Gay-Lussac, la pile gigantesque dont il avait fait don à l'École polytechnique. Le résultat de leurs travaux fut consigné dans deux importants mémoires: *Recherches physiques et chimiques faites à l'occasion de la grande batterie voltaïque donnée par S. M. I. et R. à l'École polytechnique* (1809, 2 volumes), et *Recherches physico-chimiques faites sur la pile, sur la préparation et les propriétés du potassium et du sodium, sur la décomposition de l'acide borique* (Paris, 1811, 2 volumes). En même temps les réactifs ordinaires leur permettaient de découvrir la base, la nature du chlore, et la force de combinaison dite *force catalytique*. Professeur de chimie à la faculté des sciences depuis le 11 avril 1809, Thénard fut nommé professeur de chimie à l'École polytechnique le 17 février 1810, et membre de l'académie des sciences, en remplacement de Four-

croy, le 29 janvier 1810. Il voulut alors revoir son village natal, et épousa, peu après, Mlle Humblot, petite-fille de Conté. La clarté de sa diction que contrariait à peine un certain accent provincial, autant que le choix de ses expériences, assura le succès de ses cours. Sous l'Empire, bien que resté en dehors de la politique, on l'accusa d'être un des agents occultes du parti des princes. Il applaudit au retour des Bourbons, reçut, le 25 octobre 1814, la croix de la Légion d'honneur, et, après les Cent-Jours, fut nommé, le 5 septembre 1816, professeur en Sorbonne et membre de la commission de l'instruction publique. En 1818, il mit le comble à sa réputation en découvrant et en expérimentant l'eau oxygénée; il publia à ce propos dans les mémoires de l'Académie des sciences un important travail: *Mémoire sur la combinaison de l'oxygène avec l'eau et sur les propriétés extraordinaires que possède l'eau oxygénée.* En 1825, Charles X lui accorda des lettres de noblesse et le titre de baron. Élu, le 17 novembre 1827, député du 1er arrondissement électoral de l'Yonne (Villeneuve-le-Roi), par 168 voix (253 votants, 910 inscrits), contre 82 à M. Vuitry, et réélu, le 3 juillet 1830, par 217 voix (303 votants, 356 inscrits), contre 82 à M. Chaulot, il se montra ami de la Charte, combattit le ministère Villèle-Peyronnet, parla sur les entraves qui gênaient le commerce et l'industrie, fut rapporteur de la loi du 14 juin 1829, en vertu de laquelle l'ancienne monnaie française n'a plus eu cours à partir du 1er avril 1831, donna sa démission à la révolution de 1830, mais fut réélu, le 21 octobre suivant, par 197 voix (211 votants, 343 inscrits), contre 44 à M. Lecomte, ancien avoué. Ayant échoué, le 5 juillet 1831, avec 103 voix, contre 166 à l'élu, M. Bellaigue, il fut nommé pair de France le 11 octobre 1832. Membre honoraire de l'Académie de médecine, vice-président du conseil supérieur de l'instruction publique, président de la société d'encouragement pour l'industrie nationale, membre depuis 1823 du jury des expositions françaises, commandeur de la Légion d'honneur en mai 1837, administrateur du Collège de France en remplacement de Sylvestre de Sacy en 1838, grand-officier de la Légion d'honneur en décembre 1842, il fut en outre le fondateur (2 mars 1852) de la Société des amis de la Science, à laquelle il légua une somme considérable. Thénard en effet était devenu fort riche, par les générosités des souverains autant que par la méthodique exploitation de son brevet du bleu-Thénard. Après sa mort, on lui éleva, le 20 juillet 1861, une statue à Sens, et, par décret de 1865, son village natal fut autorisé à prendre le nom de la Louptière-Thénard. Outre les ouvrages déjà cités, on a encore de lui: *Notice sur les tartrates*, dans les *Annales de Chimie* (Tomes 33 et 41); — *Traité de chimie élémentaire, théorique et pratique, suivi d'un essai sur la philosophie chimique et d'un précis sur l'analyse* (Paris, 1813-16, 4 volumes); — *Sur l'analyse de la sueur, l'acide qu'elle contient, et les acides de l'urine et du lait*, dans les *Annales de chimie*, (Tome 59); — *Sur la fermentation vineuse*, ibid. (Tome 46); — *Sur l'eau oxygénée*, dans les *Annales de Physique et de chimie* (Tomes 8 à 9); — *Sur la lumière produite par la compression du gaz*, ibid. (Tome 43).

THÉNARD-DUMOUSSEAUX (JEAN-BAPTISTE), député au Conseil des Cinq-Cents et au Corps législatif, représentant aux Cent-Jours, né à Montguyon (Charente-Inférieure) le 24 janvier 1762, mort à Jonzac (Charente-Inférieure) le 12 janvier 1846, « fils de maître Denis-Jean-François Thénard-Dumousseaux, juge sénéchal de la baronnie de Montlieu, et de dame Marie-Anne Rivot », fut reçu avocat au parlement de Bordeaux en 1783. Partisan de la Révolution, il devint membre du conseil de département de la Charente-Inférieure le 26 juin (1790), commissaire du roi près le tribunal de district de Montlieu, juge au tribunal de ce district, 1793, juge de paix de Montguyon et président de canton. Élu, le 24 germinal an V, député de la Charente-Inférieure au Conseil des Cinq-Cents, par 241 voix (303 votants), il s'y montra partisan du Directoire et donna lecture, en prairial, d'un rapport sur la durée des fonctions des juges de paix nommés en l'an VII. Rallié au 18 brumaire, il fut élu, le 4 nivôse an VIII, par le Sénat conservateur, député de la Charente-Inférieure au Corps législatif, et fit partie de la commission du code civil. Sorti du Corps législatif le 28 mai 1803, il fut nommé, le 23 décembre de la même année, sous-préfet de Jonzac. En août 1813, il fut autorisé à quitter ces fonctions, pour cause d'infirmités, et reçut une pension de 1,200 francs. Le grand collège de la Charente-Inférieure l'élut représentant à la Chambre des Cent-Jours, par 60 voix (101 votants). Il siégea dans la majorité, fit adhésion à la seconde Restauration qui le renomma, le 8 octobre 1815, sous-préfet de Jonzac. Mais il fut destitué, le 14 février 1816, par M. de Vaublanc, comme « ancien révolutionnaire », sur la dénonciation de quelques fougueux royalistes. Une ordonnance royale du 18 août 1819 l'appela au conseil général de son département. Après 1830, il refusa la sous-préfecture de Jonzac, se retira des affaires publiques, et fut décoré de la Légion d'honneur le 22 décembre 1837.

THÉRON (FERDINAND-LOUIS-EDOUARD), député depuis 1885, né à Moux (Aude) le 6 mai 1834, propriétaire-agriculteur, manifesta de bonne heure des opinions républicaines, fut membre en 1870 du comité antiplébiscitaire de l'Aude, fut élu, la même année, conseiller municipal de Carcassonne, et, en 1830, conseiller général du canton de Capendu. Porté aux élections législatives du 4 octobre 1885 sur la liste radicale de l'Aude, il fut élu, au second tour de scrutin (18 octobre), le 3e sur 5, par 44,004 voix (74,159 votants, 97,053 inscrits). Il donna alors sa démission de conseiller général, prit place à la gauche radicale, vota l'expulsion des princes, combattit les ministères opportunistes, appuya le cabinet Floquet, se prononça, dans la dernière session, contre le rétablissement du scrutin d'arrondissement, qu'il appela « le scrutin de la peur », contre l'ajournement indéfini de la revision de la Constitution, contre le projet de loi Lisbonne restrictif de la liberté de la presse, contre les poursuites contre le général Boulanger; absent par congé lors du scrutin sur les poursuites contre trois députés membres de la Ligue des patriotes.

THÉRY (ANTOINE-THÉODORE-JOSEPH) représentant en 1871, membre du Sénat, né à Lille (Nord) le 4 mars 1807, avocat dans sa ville natale, était sans antécédents politiques, quand il fut élu, le 8 février 1871, représentant du Nord à l'Assemblée nationale, le 24e sur 28, par 198,650 voix (262,927 votants, 326,440 inscrits). Il prit place à l'extrême-droite, se fit inscrire à la réunion des Réservoirs, se mêla assez

activement aux discussions des affaires commerciales, notamment en ce qui concerne les taxes et droits d'entrée, et vota, avec le groupe légitimiste, pour la paix, pour l'abrogation des lois d'exil, pour la pétition des évêques, pour la démission de Thiers, pour le septennat, contre le ministère de Broglie, contre l'amendement Wallon et contre les lois constitutionnelles. Lors des élections des sénateurs inamovibles (décembre 1875), il fut du petit nombre des députés de la droite intransigeante qui se liguèrent avec la gauche pour empêcher l'élection des orléanistes, et il fut élu sénateur inamovible par l'Assemblée nationale, le 11 décembre 1875, le 26e sur 75, par 350 voix (690 votants). Il prit place à l'extrême-droite, vota pour la dissolution de la Chambre demandée par le ministère de Broglie (juin 1877), contre le projet de loi sur l'enseignement supérieur de M. Ferry, contre la politique coloniale du gouvernement et, en dernier lieu, contre le rétablissement du scrutin d'arrondissement (13 février 1889), contre le projet de loi Lisbonne restrictif de la liberté de la presse, contre la procédure de la haute cour contre le général Boulanger.

THEULE (JEAN-MARIE), député en 1791, né à Narbonne (Aude) en 1756, mort à Paris le 20 août 1844, était homme de loi à Toulouse au moment de la Révolution. Partisan des idées nouvelles, il devint officier municipal de cette ville en 1790, et fut élu, le 7 septembre 1791, député de la Haute-Garonne à l'Assemblée législative, le 11e sur 12, par 243 voix (495 votants). Il se borna dans cette assemblée à proposer une motion sur l'organisation des tribunaux de police, et ne reparut plus sur la scène politique après la session. Il mourut à 88 ans.

THEULIER (ALBERT), député depuis 1881, né à Thiviers (Dordogne) le 1er novembre 1840, fils d'un médecin, suivit la même carrière, et se fit recevoir docteur (1868). Maire de Thiviers, conseiller général de son canton, il se présenta pour la première fois, comme candidat républicain, à la Chambre des députés, aux élections législatives de 1876 dans l'arrondissement de Nontron, et obtint, au second tour de scrutin (5 mars), 6,750 voix, contre 10,344 à l'élu M. Sarlande. Plus heureux le 21 août 1881, M. Theulier fut élu député de la 1re circonscription de Périgueux, par 6,955 voix (13,518 votants, 18,063 inscrits), contre 6,500 à M. Maréchal, conservateur impérialiste, député sortant. Il prit place à la gauche radicale, vota pour la suppression de l'inamovibilité de la magistrature, pour l'élection des sénateurs au suffrage universel, pour la séparation de l'Eglise et de l'Etat. Inscrit, le 4 octobre 1885, sur la liste républicaine de la Dordogne, il fut réélu député de ce département, le 4e sur 8, par 61,500 voix (120,527 votants, 146,593 inscrits). Il continua d'opiner généralement avec la majorité, pour les divers cabinets de la législature, pour la nouvelle loi militaire, vota contre l'expulsion des princes, et se prononça, dans la dernière session, pour le rétablissement du scrutin d'arrondissement (11 février 1889), contre l'ajournement indéfini de la revision de la Constitution, contre les poursuites contre trois députés membres de la Ligue des patriotes, contre le projet de loi Lisbonne restrictif de la liberté de la presse; il s'abstint sur les poursuites contre le général Boulanger.

THÉVENARD (Antoine-Jean-Marie, comte de), ministre, membre du Sénat conservateur et pair de France, né à Saint-Malo (Ille-et-Vilaine) le 7 décembre 1733, mort à Paris le 9 février 1815, « fils du sieur Antoine Thévenard, et de demoiselle Jeanne Moinet », entra dans la marine à 14 ans, à bord du *Neptune*, navire marchand que commandait son père. Lieutenant en 1754, il dirigea une expédition au nord de Terre-Neuve, pour protéger les pêcheries contre les Esquimaux. Revenu en France, il fut chargé, en 1757, de surveiller la construction des frégates en chantier à Saint-Malo. Peu après, il dressa le plan des premières canonnières-gardes-côtes construites en France, en obtint le commandement, et se signala contre les corsaires de Guernesey. Capitaine de port en 1768, capitaine de frégate en 1770, capitaine de vaisseau et chevalier de Saint-Louis en 1773, membre, cette dernière année, de l'académie de marine, brigadier des armées navales en 1782, chef d'escadre en 1784, membre, en 1785, de l'Académie des sciences, dont il était correspondant depuis 1778, il se montra partisan de la Révolution, refusa d'émigrer, et fut nommé, le 16 mai 1791, en remplacement de M. de Fleurieu, ministre de la Marine, fonctions qu'il exerça sans grand éclat jusqu'au 17 septembre suivant. Il ne signala son passage aux affaires que par les mesures qu'il prit pour empêcher l'émigration de dégarnir trop complètement les cadres de la marine, en favorisant, après le décret de l'Assemblée, de commissaires spéciaux aux colonies. Commandant du port de Brest en octobre 1791, puis de la marine à Lorient en 1792, d'où il écrivit à l'Assemblée pour lui annoncer que le décret de suspension du roi avait été reçu avec joie dans le port, il passa, l'année suivante, à Rochefort, et fut appelé, en l'an IX, aux fonctions de préfet maritime de Toulon. Il était vice-amiral depuis le 14 juin 1792. Grand-officier de la Légion d'honneur le 19 frimaire an XII, créé comte de l'Empire le 9 janvier 1810, et nommé membre du Sénat conservateur le 5 février de la même année, il était absent du Sénat, par maladie, les 2 et 3 avril 1814, lorsqu'on vota la déchéance de l'empereur; il y adhéra par lettre, le 6 avril. Louis XVIII le nomma pair de France le 4 juin 1814, et commandeur de Saint-Louis le 27 décembre suivant. Il mourut deux mois après. On a de lui : *Mémoires relatifs à la marine* (Paris, 1800, 4 volumes).

THÉVENARD-GUÉRIN (Jean-Baptiste), représentant aux Cent-Jours, né à Saint-Amand (Cher) le 14 novembre 1766, mort à Saint-Amand le 9 janvier 1822, « fils de Jean-Pierre Thévenard, huissier royal, et de Marguerite Aubonet », appartenait à la magistrature comme procureur impérial à Saint-Amand-Montrond (Cher), lorsque cet arrondissement l'envoya, le 11 mai 1815, par 46 voix sur 64 votants, siéger à la Chambre des représentants. Il s'y fit peu remarquer, se rallia au gouvernement de la Restauration, et fut confirmé dans le poste de procureur du roi à Saint-Amand, qu'il occupa jusqu'à sa mort.

THÉVENET (Jean), député en 1791, né et mort à des dates inconnues, était cultivateur à Mornant, lorsqu'il fut élu, le 1er septembre 1831, député de Rhône-et-Loire à l'Assemblée législative, le 5e sur 15, par 363 voix (633 votants). Il siégea parmi les modérés, blâma les excès révolutionnaires, et félicita La Fayette d'attaquer les factions et de défendre la Constitution. La clôture de la session mit fin à sa carrière politique.

THÉVENET (François-Marie), député de 1885 à 1889, et ministre, né à Lyon (Rhône) le 6 avril 1845, fit ses études classiques dans sa ville natale, son droit à Paris, fut reçu avocat et s'inscrivit au barreau de Lyon. Dès 1868, il se mêla aux luttes politiques avec les fondateurs du comité républicain de la rue Grôlée. Élu, en 1875, conseiller municipal de Lyon, M. Thévenet favorisa de tout son pouvoir les intérêts du parti opportuniste. Lors de l'application des décrets du 29 mars 1880 contre les congrégations de Lyon, quand les tribunaux furent appelés à statuer sur la situation des congrégations, le gouvernement lui confia la défense de ses «droits». Membre et président du conseil général du Rhône, M. Thévenet continua de suivre la même ligne politique. Il se présenta, le 20 mai 1883, à la Chambre des députés, dans la 6e circonscription de Lyon, vacante par suite de la nomination de M. Varambon aux fonctions de conseiller à la cour de Cassation, et échoua avec 4,670 voix, contre 5,071 au candidat intransigeant, M. Monteilhet. En novembre de la même année, il combattit avec une grande vivacité dans l'Ain la candidature radicale de M. Édouard Portalis au profit de la candidature opportuniste de M. Giguet, qui fut élu député en remplacement de M. Roselli-Mollet décédé. Porté, le 4 octobre 1885, sur la liste républicaine opportuniste du Rhône, M. Thévenet fut élu député de ce département, le 6e sur 11, par 86,672 voix (136,490 votants, 178,887 inscrits). Il siégea dans la majorité, opina *pour* la nouvelle loi militaire, *pour* l'expulsion des princes, déposa avec M. Jamais une demande d'interpellation sur l'homologation des tarifs des chemins de fer, fit partie de la commission de révision du code d'instruction criminelle, s'occupa spécialement des questions judiciaires et d'affaires, fut élu secrétaire de la Chambre (25 mai 1886), fut rapporteur (juin) du projet Loustalot sur les conseils généraux, combattit les surtaxes sur les céréales et sur les bestiaux (mars 1887), et fut chargé, le 23 février 1889, dans le cabinet Tirard, du portefeuille de la Justice et des Cultes. Adversaire déterminé, dès le début, du mouvement boulangiste, il eut à prendre, comme ministre, des mesures décisives à l'égard du général Boulanger et de ses partisans, et fut vivement attaqué dans la presse, notamment en raison de ses relations avec un banquier condamné par les tribunaux. Il fut interpellé (mars 1889) par M. Georges Laguerre sur les poursuites dirigées contre un certain nombre de membres de la Ligue des Patriotes, obtint de la Chambre le vote d'un ordre du jour de confiance, persista dans son attitude et se décida à englober dans les poursuites M. Laguerre lui-même et MM. Turquet, Laisant et Naquet. A peu de temps de là, il se mêla activement aux débats soulevés par la proposition de loi destinée à régler les détails de la procédure à suivre devant la Haute-Cour, pour le cas, qui ne tarda pas à se produire, où le général Boulanger lui-même y serait traduit. M. Thévenet répondit, devant la Chambre haute, à diverses objections de droit soulevées par la droite, et révoqua M. Bouchez, procureur général près la cour de Paris, pour n'avoir pas voulu signer l'acte d'accusation rédigé par les soins du ministre. M. Thévenet s'est prononcé dans la dernière session, *pour* le rétablissement du scrutin d'arrondissement (11 février 1889).

pour l'ajournement indéfini de la revision de la Constitution, *pour* les poursuites contre trois députés membres de la Ligue des patriotes, *pour* le projet de loi Lisbonne restrictif de la liberté de la presse, *pour* les poursuites contre le général Boulanger.

THÉVENIN (ANTOINE), député en 1791, au Conseil des Cinq-Cents, au Conseil des Anciens et au Corps législatif, né à Echassières (Allier) le 7 décembre 1757, mort au château de Montcloux, près Montaigut (Puy-de-Dôme), le 3 mars 1842, « fils de M. Etienne-Gabriel Thévenin, bourgeois, demeurant en ce bourg d'Echassières, et de dame Marie Chapus », était en 1789 conseiller du roi et maire de Montaigut, l'artisan de la Révolution, il devint, en juin 1790, procureur-syndic du district de Montaigut, et fut élu, le 7 septembre 1791, député du Puy-de-Dôme à l'Assemblée législative, le 3e sur 12, par 420 voix (619 votants). Il fit partie du comité administratif, parla sur le remplacement des membres des directoires de département, lut un rapport sur l'élection des commissaires de police, et fit adopter (5 janvier 1792) un décret obligeant les prêtres nommés aux cures d'accepter dans la quinzaine, et permettant d'élire les prêtres étrangers qui voudraient s'établir dans le royaume. Il rentra à Montaigut après la session, resta sans fonctions sous la Terreur, fut renommé, en 1795, procureur syndic de Montaigut, et fut réélu, le 23 vendémiaire an IV, député du Puy-de-Dôme au Conseil des Cinq-Cents, par 237 voix (451 votants); il vota obscurément avec la majorité, et passa, le 26 germinal an VII, au Conseil des Anciens, élu par le même département. Son rôle y fut aussi effacé qu'aux Cinq-Cents; il se borna à approuver les événements du 18 brumaire. Choisi de nouveau, le 4 nivôse an VIII, par le Sénat conservateur, comme député du Puy-de-Dôme au Corps législatif, il fit partie de la commission du code criminel, et en sortit en l'an XI. Nommé, en avril 1812, conseiller à la cour impériale de Riom, il fut promu à une présidence de chambre à la même cour en 1818, et obtint sa retraite en 1838.

THÉVENIN (CLAUDE-ANTOINE), député de 1831 à 1837, né à Montaigut (Puy-de-Dôme) le 5 novembre 1786, mort à une date inconnue, fils du précédent, avocat à Riom, fut élu, le 5 juillet 1831, député du 4e collège du Puy-de-Dôme (Riom), par 115 voix (137 votants, 188 inscrits), contre 8 à M. Lefebvre, et fut réélu, le 21 juin 1834, par 86 voix (154 votants, 213 inscrits), contre 42 à M. Allemand. Il vota obscurément et silencieusement avec la majorité, et ne se représenta pas aux élections de 1837.

THÉVENOT DE MAROISE (JEAN-BAPTISTE), député en 1789, né à Langres (Haute-Marne) en 1737, mort à une date inconnue, fut avocat au parlement de Paris de 1760 à 1774, et, à cette dernière date, fut nommé lieutenant général civil, criminel et de police au bailliage de la duché-pairie de Langres. Il exerçait encore ces fonctions lorsqu'il fut élu, le 29 mars 1789, député de la noblesse aux Etats-Généraux par le bailliage de Langres. Il se réunit aux communes avant l'ordre du roi, mais ne prit que peu de part aux discussions. Adjoint au comité judiciaire, il parla sur le projet relatif aux tribunaux de paix et aux tribunaux de famille et sur l'administration des biens destinés aux services publics. Il renonça à la vie politique après la session.

THÉZAN DE BIRAN (FRANÇOIS-JEAN-JACQUES), député de 1816 à 1827, né à Bezolles (Gers) le 28 novembre 1764, mort à une date inconnue, propriétaire, président de canton, maire de Biran (Gers), depuis le 17 février 1803 jusqu'à la fin de l'empire, conseiller d'arrondissement, conseiller général et chevalier de la Légion d'honneur, fut élu, le 4 octobre 1816, député du grand-collège du Gers, par 193 voix (262 votants, 267 inscrits), et réélu, le 9 mai 1822, dans le 1er arrondissement électoral du Gers (Auch), par 176 voix (318 votants, 381 inscrits), contre 133 à M. Cassaignoles, et le 25 février 1824, par 206 voix (331 votants, 419 inscrits), contre 121 à M. Delong. M. Thézan de Biran siégea en 1816 au côté droit, fit plusieurs fois partie de la commission du budget, réclama des économies, et, bien que partisan des Bourbons, se sépara du ministère à propos des lois d'exception et du nouveau système électoral. Il quitta la vie politique aux élections de 1827.

THIARD DE BISSY (AUXONNE-MARIE-THÉODOSE, COMTE DE), représentant aux Cent-Jours, député de 1820 à 1831, de 1837 à 1848, représentant en 1848, né au château des Tuileries, à Paris, le 3 mai 1772, mort à Paris le 28 juin 1852, était fils de Claude VIII de Thiard, chevalier, comte de Bissy, baron d'Anthume et de Vauvry, seigneur de Pierre, Fretterans, Dampierre, la Chapelle-Saint-Sauveur, Saint-Didier Saviange, Charnez et Bragny-sur-Saône, lieutenant-général des armées du roi, gouverneur des ville et château d'Auxonne, gouverneur du Palais-Royal, des Tuileries à Paris, l'un des quarante membres de l'Académie française, et de dame Thérèse Tessier. A 10 ans, Auxonne-Marie-Théodose était sous-lieutenant au régiment du roi-infanterie; il fut quelque peu compromis dans les mouvements qui précédèrent la révolte de la garnison de Nancy (1790), émigra à l'armée de Condé (1791), et y servit jusqu'en 1795, en qualité de lieutenant de grenadiers, de hussards et de dragons. Rentré en France sous le Consulat, il renonça à ses titres de noblesse, fut nommé (1802) membre du conseil général de Saône-et-Loire, puis président du canton de Pierre (1803), et fut élu, la même année, candidat au Corps législatif par le collège électoral de Chalon-sur-Saône; il ne fut pas d'ailleurs choisi par le Sénat pour y siéger. L'empereur l'attacha à sa personne comme chambellan, quand il alla se faire couronner roi d'Italie à Milan, et l'envoya (1805) comme ministre plénipotentiaire près la cour de Bade. M. de Thiard y conclut (18 fructidor an XIII) le premier traité d'alliance offensive et défensive signé par la France avec une puissance étrangère depuis la Révolution. En récompense de ce succès, Napoléon le nomma successivement capitaine, chef d'escadrons, major de chasseurs à cheval de la garde, et l'emmena comme aide-de-camp dans ses campagnes de 1805, 1806 et 1807. Ministre plénipotentiaire à la cour de Saxe, M. de Thiard refusa, au retour de cette mission, le poste de premier ministre de la garde-robe, puis celui de ministre à Florence, et, préférant rester dans l'armée, fut attaché comme aide-de-camp près du général de Lauriston, qui commandait à Raguse (mai 1806). Dans la lettre d'introduction, l'empereur disait au général : « Je vous recommande M. Thiard : il a de la finesse, de l'esprit, et il peut vous servir dans toutes les opérations non seulement militaires, mais même diplomatiques. » Après le siège de Raguse, M. de Thiard rejoignit l'empereur à Iéna, fut nommé (23 octobre 1806) gouverneur de la ville de Dresde, des cercles de Misnie et des haute et basse Lusace, et commandant des troupes bavaroises et wurtembergeoises. Il parvint à attacher les Saxons à la cause de la France; mais en 1807, « un épanchement de franchise dans sa correspondance, dit un biographe, lui valut la disgrâce du maître. » Il donna sa démission de tous ses emplois, et, après une scène très vive avec l'empereur, fut envoyé aux arrêts dans ses propriétés de Vaurry (Saône-et-Loire). Le roi de Saxe obtint, à la fin de 1809, la levée de cette mesure, mais M. de Thiard vécut dans la retraite jusqu'en 1814. Un décret de la régente Marie-Louise (28 janvier 1814) le nomma lieutenant dans la 1re légion de la garde nationale de Paris. Il se battit à l'affaire de Mousseau, et passa adjudant-commandant dans l'état-major du général Dessoles, commandant en chef de la garde nationale. Louis XVIII, auprès de qui il avait des proches parents, les ducs de Fitz-James, de Maillé, de la Châtre, le nomma maréchal de camp, chevalier de Saint-Louis, officier puis commandeur de la Légion d'honneur, et lui confia un commandement dans la 1re division militaire à Paris; mais le libéralisme de M. de Thiard rendit ces faveurs éphémères : il fut mis en disponibilité le 25 janvier 1815. A la nouvelle du débarquement de Napoléon, le gouvernement royal le mit à la tête du département de l'Aisne, poste qu'il refusa même devant les instances personnelles du duc de Berry; le 14 mai 1815, il fut élu représentant du grand collège de Saône-et-Loire à la Chambre des Cent-Jours, par 53 voix (97 votants, 266 inscrits) : il y fut, dit un biographe, « inaccessible à toute espèce de séductions ». Le 22 août 1815, il échoua, au même grand collège, avec 53 voix sur 197 votants. Impliqué dans l'affaire de Didier à Grenoble (1816), il se remit lui-même entre les mains de l'autorité, fut enfermé à l'Abbaye, et relâché au bout de six mois, sans avoir été interrogé, avec ordre de n'habiter ni Paris ni son département. Le général refusa d'accéder à ces conditions et fut laissé en liberté. Candidat constitutionnel à Paris, aux élections législatives en 1817, il ne fut pas élu, et rentra au parlement, le 4 novembre 1820, comme député du 2e arrondissement électoral de Saône-et-Loire (Chalon-sur-Saône), avec 459 voix sur 623 votants et 714 inscrits, contre 97 à M. Burignot de Varennes, ancien constituant, et 67 au général Poncet. Il siégea dans l'opposition libérale, défendit (1821) la cause de l'instruction populaire (il faisait partie de la société pour l'instruction élémentaire fondée à Paris en 1815), affirma ses opinions libérales dans la discussion de la loi sur la presse (18 février 1822), parla sur les budgets, sur la suppression des jeux, de la loterie, de l'impôt des portes et fenêtres, de l'impôt du sel, et fut réélu, le 25 février 1824, par 306 voix (580 votants, 621 inscrits), contre 271 à M. Carrelet de Loisy. Il s'éleva contre la loi du milliard des émigrés, bien qu'il lui revînt à lui 400,000 francs de ce chef, et fut successivement réélu, le 17 novembre 1827, par 310 voix (439 votants, 501 inscrits) contre 101 au général Brunet, et, le 23 juin 1830, par 354 voix (477 votants, 543 inscrits) contre 109 à M. Bernard de Sassenay : il avait voté l'Adresse des 221 contre le ministère Polignac. Se trouvant en Bourgogne lors de la promulgation des Ordonnances du 25 juillet, il organisa à la hâte la garde nationale de Pierre, vint à Paris acclamer le nouveau régime, mais, déçu bientôt dans ses espérances libérales, refusa la pairie et se rejeta dans

l'opposition. Réélu, le 5 juillet 1831 : 1° à Chalon-ville, par 236 voix (369 votants, 102 inscrits), contre 87 à M. Petiot-Groffier, et 32 à M. Henno; puis, 2° à Chalon-arrondissement, par 236 voix (303 votants, 451 inscrits), contre 117 à M. Lerouge, président du tribunal, il opta pour Chalon-ville, où s'assit à l'extrême-gauche, signa le compte-rendu de 1832, et parla en faveur de la Pologne. Les élections du 21 juin 1834 ne lui furent pas favorables : il échoua à la fois dans les 3e et 4e collèges de Saône-et-Loire, à Chalon-ville avec 119 voix, contre 158 à l'élu, M. Petiot-Groffier, à Chalon-arrondissement avec 161 voix, contre 193 à l'élu, M. Lerouge; mais il regagna son siège de député à l'élection partielle du 18 mars 1837, motivée, dans le 6e collège des Côtes-du-Nord (Lannion) par la démission de M. Le Provost, avec 151 voix, sur 273 votants, et fut ensuite réélu aux élections générales du 4 novembre suivant : 1° dans le 4e collège de Saône-et-Loire (Chalon-arrondissement, par 221 voix (432 votants, 517 inscrits), contre 203 au député sortant, M. Lerouge; 2° à Lannion, par 156 voix sur 285 votants et 362 inscr. ; le même jour il échoua à Chalon-ville avec 166 voix, contre 191 au député sortant réélu, M. Petiot-Groffier. Il opta pour Lannion, et vit son mandat renouvelé, le 2 mars 1839, à Lannion, par 161 voix sur 302 votants; le 9 juillet 1842, par 216 voix sur 341 votants et 331 inscrits, contre 109 à M. Ozou; le même jour, à Chalon-ville, par 205 voix (492 votants, 459 inscrits), contre 193 voix à M. Burignot de Varennes (il opta pour Lannion); le 1er août 1846, à Lannion, par 196 voix (354 votants, 411 inscrits), contre 173 à M. de Carcaradec, et à Chalon-arrondissement par 311 voix, sur 604 votants et 636 inscrits, contre 275 au général Brunet-Denon : il opta cette fois pour Chalon-arrondissement; en 1842, la ville de Chalon avait donné son nom à l'une de ses rues. Durant ces législatures successives, il continua de siéger à l'extrême-gauche, vota contre la dotation du duc de Nemours, contre l'indemnité Pritchard, contre le ministère Guizot, et pour la réforme électorale. Le 23 avril 1848, les républicains de Saône-et-Loire l'élurent représentant à l'Assemblée constituante, le 5e sur 14, par 129,779 voix (131,092 votants, 196,000 inscrits). Il ne siégea à l'Assemblée, ayant accepté (4 mars précédent) les fonctions de ministre plénipotentiaire à Berne, dont il se démit le 8 avril 1849; il échoua, le 13 mai suivant, comme candidat à l'Assemblée législative dans Saône-et-Loire, avec 13,961 voix sur 109,200 votants. Cet échec mit fin à sa carrière politique. Commandeur de la Légion d'honneur. Il avait composé des *Mémoires* politiques; mais par testament il en a ordonné la destruction.

THIBAUDEAU (Antoine-René-Hyacinthe), député en 1789, et au Corps législatif en l'an X, né à Poitiers (Vienne) le 2 novembre 1739, mort à Poitiers le 20 février 1813, descendait de Jacques Thibaudeau, son huitième aïeul, marchand de draps à la Châtaigneraye (Vendée) au milieu du XVIe siècle. Il fit son droit à l'université de Poitiers et fut reçu avocat en 1762. Bientôt remarqué par son éloquence et son savoir, il devint avocat de l'évêque. « Il allait à l'église, dit son fils dans ses *Mémoires*, mais il était philosophe et déiste. » Il commença à publier, en 1782, l'*Abrégé de l'histoire du Poitou*, qu'il dédia au comte d'Artois comme « chef et premier citoyen de la province. » A l'approche de la Révolution, il se signala des premiers par le libéralisme de ses idées, et fut élu, le 24 mars 1789, député du tiers aux Etats-Généraux par la sénéchaussée du Poitou. Il fut membre du comité des subsistances, prêta le serment du Jeu de paume, et, ayant conseillé à son collègue du clergé, Lecesve, de se réunir au tiers, reçut de vifs reproches de l'évêque de Poitiers, M. de Saint-Aulaire, qui lui retira sa clientèle. Malade du mal du pays, toujours prêt à donner sa démission, il parut fort rarement à la tribune, vota avec la majorité, fut nommé procureur-syndic du district de Poitiers (4 juin 1790), puis, après la session, président du tribunal criminel de la Vienne (4 septembre 1791), et administrateur du même département l'année suivante. Il protesta, en juin 1793, contre la décision de l'administration municipale qui voulait envoyer un contingent de volontaires à la réunion fédéraliste de Bourges, et fit venir son fils, alors député à la Convention, pour détourner ses concitoyens de cette entreprise. Dénoncé cependant comme fédéraliste, il fut incarcéré avec plusieurs membres de sa famille et ne dut la liberté qu'au 9 thermidor. Il redevint, l'an III, président du tribunal criminel, et, le 11 floréal an VIII, président du tribunal d'appel de Poitiers. Elu, le 6 germinal an X, par le Sénat conservateur, député de la Vienne au Corps législatif, nommé membre de la Légion d'honneur le 9 vendémiaire an XII, il sortit, la même année, du Corps législatif, et prit sa retraite à la suite d'une chute qui le rendit presque infirme. On a de lui : *Abrégé de l'histoire du Poitou*, continué jusqu'en 1789 par M. de Sainte-Hermine.

THIBAUDEAU (ANTOINE-CLAIR, COMTE), membre de la Convention, député au Conseil des Cinq-Cents, pair aux Cent-Jours, sénateur du second Empire, né à Poitiers (Vienne) le 23 mars 1765, mort à Paris le 8 mars 1854, fils du précédent et de Jeanne-Thérèse Voyer, fut élevé par des prêtres, et fut reçu avocat au présidial de Poitiers en 1787. Ambitieux de fortune et d'honneurs, il a écrit dans ses Mémoires : « En voyant ces vastes demeures, ces donjons, les parcs, les champs, les prés, les forêts, j'éprouvais un vague sentiment d'envie. » Il ne pouvait donc qu'être favorable aux réformes politiques qui semblaient devoir réaliser et qui réalisèrent en effet ses vœux, et se mêla au mouvement qui précéda les élections aux Etats-Généraux. Le 12 janvier 1789, il écrivait à Bouron, avocat du roi à Fontenay-le-Comte : « On se prépare aux élections pour les Etats-Généraux; les magistrats du présidial de Poitiers se donnent beaucoup de mal pour arriver; mais comme la plupart de ces robins, qui se croient être nobles, sans l'être, n'ont aucune chance de faire partie des députés de la noblesse, ils se prétendent maintenant du tiers, afin de se rendre populaires. Ce n'est pas que la tâche des Etats-Généraux ne doive être très lourde; qui se sent capable de faiblir fera sagement de garder le coin du feu. » Son père ayant été élu député du Poitou aux Etats-Généraux, il l'accompagna à Versailles, assista assidûment aux séances de l'Assemblée, et, après les journées des 5 et 6 octobre, voyant la révolution lancée, revint à Poitiers, établit une société patriotique dont il fut l'orateur ordinaire, retourna à Paris assister, comme délégué de la garde nationale de Poitiers, à la fédération du 14 juillet 1790, et fut nommé, au retour, substitut du procureur de la commune de Poitiers. Procureur-syndic de la commune l'année suivante (1791), il fut élu, le 5 septembre 1792, député de la Vienne à la Convention, le 7e sur 8, par

201 voix sur 362 votants. Il s'assit à la Montagne, mais refusa d'entrer aux Jacobins, vota avec la majorité sans monter à la tribune, et, dans le procès du roi, se prononça pour la mort, contre l'appel et contre le sursis. Envoyé, avec son collègue Creuzé, en mission à l'armée des côtes de la Rochelle (10 mai 1793), il était à Poitiers lors de la journée du 31 mai contre les Girondins; il parvint à empêcher son département d'adhérer au mouvement fédéraliste. Sous la Terreur, il s'occupa, dans les comités, de questions d'instruction publique, fit rejeter le projet de Lepelletier de Saint-Fargeau, rédigea une instruction pour les écoles de vaisseau, et un *Recueil des actions héroïques et critiques des républicains français*, destiné à être lu en public les décadis. Après le 9 thermidor, qui le vit dans les rangs de la majorité, il se mit un peu plus en vue, publia l'*Histoire du terrorisme dans la Vienne*, et, toujours membre du comité d'instruction publique, coopéra à la création du musée des arts au Louvre, à l'organisation du Muséum d'histoire naturelle, attaqua la loi des suspects et la loi du maximum, et fit comprendre Thomas Paine dans le décret qui rappelait les 73 députés girondins proscrits au 2 juin. Secrétaire de la Convention (nivôse an II), président (16 ventôse an III), il demanda que la Convention prit en main tous les pouvoirs de décision, montra de la fermeté, au fauteuil, dans les journées de germinal et de prairial, et devint membre des comités de sûreté générale et de salut public. Au 13 vendémiaire, il s'éleva contre les sections, et contre les thermidoriens qui voulaient ajourner la Constitution : « Je serai, dit-il en répondant à Tallien, la barre de fer contre laquelle viendront se briser les complots des factieux. » Elu, le 21 vendémiaire an IV, député au Conseil des Cinq-Cents par trente-deux départements (Cantal, Charente, Charente-Inférieure, Cher, Côte-d'Or, Dordogne, Eure-et-Loir, Finistère, Gard, Gironde, Indre, Jura, Loire, Loire-Inférieure, Lot, Lot-et-Garonne, Maine-et-Loire, Manche, Meurthe, Meuse, Mont-Blanc, Nord, Oise, Pas-de-Calais, Bas-Rhin, Haute-Saône, Saône-et-Loire, Seine, Seine-Inférieure, Deux-Sèvres, Vendée, Vienne), il opta pour ce dernier département qui lui avait donné « la pluralité des voix » sur 233 votants, et fut nommé secrétaire du premier bureau. Partisan de la Constitution, il s'opposa à la création d'un ministère de la police demandé par le Directoire, combattit, comme illusoire, le serment de haine à la royauté, protesta contre la loi qui excluait des fonctions publiques les parents d'émigrés, devint président du Conseil (2 ventôse an IV), dénonça les projets de Babeuf, parla contre les agioteurs, et fit partie des inspecteurs de la salle. Au 18 fructidor, il resta neutre malgré les avances que lui firent les auteurs du coup d'Etat, « parce qu'on lui fit entendre que ce qu'il avait de mieux à faire pour sa propre sûreté, c'était de garder le silence. » Il n'en fut pas moins inscrit sur la liste des déportations, et rayé à la demande de Boulay de la Meurthe. Non réélu député en l'an VI, et d'ailleurs sans fortune, il s'établit avocat à Paris. Au 18 brumaire, il prit résolument parti pour le vainqueur, et fut nommé préfet de la Gironde le 11 ventôse an VIII. Le 5e jour complémentaire de l'an VIII, il entra au conseil d'Etat (section de législation), travailla à l'élaboration des codes, remplit une mission dans la 6e division militaire (8 prairial an IX), fut chargé, à l'ouverture de la session de l'an X, de présenter au Corps législatif l'exposé de la situation de

la République, et reçut, peu après, une gratification de 15,000 francs « pour les services rendus à l'État dans le courant de l'an X ». Il désapprouva discrètement l'institution de la Légion d'honneur, le Concordat, le Consulat à vie, affecta, à la nouvelle cour, une certaine raideur républicaine, et fut envoyé, en demi-disgrâce, à la préfecture des Bouches-du-Rhône (3 floréal an XI). Commandeur de la Légion d'honneur (20 prairial an XII), il « se résigna » à l'Empire : le 4 décembre 1805, il écrivait à son ancien collègue à la Convention, Goupilleau de Montaigu, qu'il ferait bien de ne pas écrire à d'autres des lettres comme celle qu'il vient de lui adresser, qui n'arriverait qu'à le compromettre, à mettre ses amis dans l'embarras et à s'attirer des tracasseries inutiles : « Le sage, ajoute-t-il, gagne le bord et se tient en repos, lorsqu'il ne lui convient pas de suivre le courant du fleuve. Je ne sais ce qui est réservé à la France en fait de libertés intérieures ; mais elle ne peut qu'y gagner de confier à une main ferme le soin de la délivrer des factions qui ont failli la perdre. C'est ce qui me fait remettre à d'autres temps la réalisation des principes pour lesquels nous avons combattu ensemble. » Goupilleau écrivit au dos de la lettre : « Voilà bien ces hommes qui me trouvaient tiède en l'an III ! Créé chevalier de l'empire le 20 août 1809, puis comte le 31 décembre suivant, Thibaudeau était devenu un des plus vigilants défenseurs des institutions impériales. M. de Barante raconte dans ses *Mémoires* que, lors du mariage de Napoléon (1810) avec la nièce de Marie-Antoinette, « Thibaudeau vint voir Fouché, alors ministre de la police, et lui exprima ses vives inquiétudes : comment se présenter devant elle, comment aller à la cour ? — « Eh bien, oui, lui répondit Fouché, tu as voté la mort du roi, et moi aussi. Ce n'était pas ta faute ni la mienne, on est entraîné par le courant. A présent tu ne veux pas de révolutions, et tu souhaites que les choses restent comme elles sont. Qu'est-ce qui peut mieux assurer leur durée que ce mariage de l'empereur ? Elle, nièce de Marie-Antoinette ? Qu'importe ! Elle sera peut-être aimable et charmante comme était sa tante. Oui, Marie-Antoinette était tout cela ; on l'a calomniée, on a beaucoup crié contre elle, et nous tous les premiers. C'est tout simple. Nous étions au parterre, debout, mécontents, tapageurs. A présent nous voilà bien assis, aux premières loges, et nous applaudissons. » Thibaudeau retourna à sa préfecture de Marseille, rassuré peut-être, mais quelque peu découragé ; aussi une note de son dossier administratif, datée de 1813, dit : « A ce plusieurs fois une ambition, qui n'avait rien que de louable, trompée. Ne se trouve pas au degré de faveur ou d'élévation qu'il espérait. Est moins propre qu'un autre à donner de l'élan ou même à soutenir l'esprit public dans une ville comme Marseille. » Démissionnaire à la rentrée des Bourbons (1814), Thibaudeau voulait aller habiter Bruxelles : ses amis le retinrent. Aux Cent-Jours, il acclama l'empereur, se montra partisan de la dictature impériale, fut nommé commissaire dans la 6e division militaire, et chargé de lever les gardes nationales de la Bourgogne et d'épurer l'administration. Promu pair par Napoléon (2 juin 1815), il fit, à la Chambre haute, une sortie violente contre les Bourbons (28 juin), quitta Paris la veille de la rentrée de Louis XVIII, et se rendit avec son fils à Lausanne. Arrêté par l'ordre de l'archiduc Jean d'Autriche, il fut conduit à Bâle, puis à Fribourg, et, après un mois de détention, interné à Colmar, alors occupé par les Autrichiens, comme prisonnier sur parole. Frappé d'exil, dans l'intervalle, par l'ordonnance du 24 juillet 1815, il obtint un passe-port autrichien pour Prague, où il se mit à étudier l'allemand, et refusa les bons offices de ses amis qui voulaient solliciter pour lui l'autorisation de rentrer en France (1818). Le gouvernement autrichien lui permit le séjour de Vienne (1819), et, en 1823, il fut autorisé à résider à Bruxelles. Là, il essaya de se créer des ressources par des travaux littéraires ; mais sa publication des *Mémoires sur la Convention et le Directoire* déplut à Paris, et le gouvernement des Pays-Bas lui notifia l'ordre de quitter le royaume dans les quarante-huit heures, ordre dont il put obtenir la révocation. Il travailla alors à son *Histoire de Napoléon*, en publia cinq volumes en 1827 et 1828, mais l'éditeur, Cotta, d'Augsbourg, refusa d'aller plus loin. Cette décision l'avait mis dans la gêne, quand la révolution de 1830 lui permit de rentrer en France. Il fit liquider sa retraite, comme conseiller d'État, le 13 avril 1831, à 6,000 francs, prononça à l'enterrement de son ancien collègue Grégoire (mai 1831) un discours assez violent, dans lequel « il jura de consacrer sa vie au culte de la liberté et de la patrie », et fut des premiers inscrits, le 26 janvier 1852, sur la liste des membres du nouveau Sénat impérial. Dans l'intervalle, il avait poursuivi ses travaux, publié un roman historique, *La Bohême* (1843), et préparé une *Histoire abrégée de la Révolution*. Au titre et aux appointements de sénateur, Napoléon III ajouta la plaque de grand officier de la Légion d'honneur. Atteint de la goutte, Thibaudeau mourut deux ans plus tard, à près de quatre-vingt-dix ans.

THIBAUDIN (Jean), ministre de la Guerre, né à Moulins-Engilbert (Nièvre) le 13 novembre 1822, entra à l'Ecole de Saint-Cyr le 19 avril 1841, passa caporal le 1er novembre 1842, et sortit de l'Ecole sous-lieutenant d'infanterie le 1er avril 1843. Lieutenant au 6e de ligne (3 juin 1817), capitaine (10 août 1853) aux chasseurs à pied, commandant (8 février 1869), lieutenant-colonel (4 mars 1868) au 67e de ligne, il avait fait campagne en Afrique et en Italie, servi, lors de la guerre de 1870, dans le corps du général Frossard, s'était battu à Rezonville, et avait été fait prisonnier en vertu de la capitulation de Metz (octobre 1870). Il s'échappa des prisons d'Allemagne, fut mis, à sa rentrée en France, à la tête du 10e régiment provisoire, puis placé, à titre auxiliaire, à la tête de la 2e division du 24e corps, à l'armée de Bourbaki. Il passa en Suisse avec les débris de l'armée de l'Est, et, à la paix, rentra avec le grade de colonel au 32e de ligne (17 février 1871). Promu général de brigade le 15 mars 1877, il commanda la 20e brigade d'infanterie, et entra, en 1879, dans les bureaux du ministère de la Guerre comme directeur de l'infanterie. Général de division (6 juillet 1882), il fut placé à la tête de la 6e division du 3e corps, et, lorsque le général Billot (*voy. ce nom*) donna sa démission de ministre, fut appelé à prendre, à sa place dans le cabinet Fallières, le portefeuille de la Guerre (29 janvier 1883). Il défendit, à ce titre, le projet Fabre sur l'expulsion des princes (30 janvier), mit (février) en non-activité, par retrait d'emploi, les ducs d'Aumale, de Chartres et d'Alençon, et fut maintenu (21 février) à son poste dans le nouveau cabinet Ferry. En juillet, il fit voter la loi portant création de l'artillerie de forteresse et suppression du train, s'appuya sur l'extrême-gauche de la Chambre, refusa d'envoyer des renforts au Tonkin, et lors de la visite à Paris du roi d'Espagne, Alphonso XII (fin septembre), prétexta d'une indisposition pour ne pas aller au-devant du prince qui venait d'accepter le commandement honoraire d'un régiment allemand en garnison à Strasbourg. Le ministère exigea sa démission, qu'il remit le 5 octobre; mais, en partant, il fit une telle distribution de faveurs à ses amis que son successeur, le général Campenon, dut en rapporter un grand nombre. Resté en disponibilité il rentra (mars 1885) au comité d'infanterie, et, lors des élections législatives d'août suivant, accepta par lettre une candidature dans la Nièvre sur un programme radical, qui comprenait notamment la suppression des armées permanentes. Blâmé par son chef hiérarchique, il répondit que la publication de sa lettre n'était due qu'à une indiscrétion qu'il regrettait, et retira sa candidature. Chevalier de la Légion d'honneur (13 août 1859), officier (6 décembre 1876), commandeur (18 janvier 1881), grand-officier (9 juillet 1883).

THIBAULT (ANNE-ALEXANDRE-MARIE), député en 1789, membre de la Convention, député au Conseil des Cinq-Cents, et membre du Tribunat, né à Ervy (Aube) le 8 septembre 1747, mort à Paris le 26 février 1813, entra dans les ordres. Il était curé de Souppes, près de Nemours, à l'époque de la Révolution. L'artisan des idées nouvelles, il fut élu, le 16 mars 1789, député du clergé aux États-Généraux par le bailliage de Nemours. Il fut au nombre des commissaires choisis pour conférer avec le tiers, et, le 25 mai, proposa, dans la chambre de son ordre, un projet de conciliation pour la vérification des pouvoirs, portant que les pouvoirs vérifiés dans chaque chambre seraient soumis à la confirmation des deux autres; mais les évêques firent échouer la proposition. Secrétaire de l'Assemblée (12 octobre 1789), adjoint au comité ecclésiastique, il vota constamment avec la majorité, combattit la condition du marc d'argent pour l'éligibilité, se plaignit de l'inégale répartition des décimes, parla sur la destitution des vicaires, et prêta le serment ecclésiastique (décembre 1790). Devenu évêque constitutionnel du Cantal (mars 1791), en résidence à Saint-Flour, il fut élu, le 3 septembre 1792, député de ce département à la Convention, le 1er sur 8, par 343 voix (363 votants). Dans le procès du roi, il opina en ces termes : « Je déclare que, quel que soit le vœu de la majorité, je m'y soumettrai. Je vote pour la réclusion pendant la guerre, et l'expulsion à la paix. » S'étant réuni ensuite au parti de la Gironde, il fut attaqué plusieurs fois par ses collègues de la Montagne, notamment par Couthon, au sujet de sa correspondance avec les départements. A partir de cette époque il se tint à l'écart, parut peu à la tribune, si ce n'est pour solliciter la fixation du traitement des évêques, et (décembre 1793) pour réclamer la mise en liberté des comédiens du Théâtre-Français. Il se démit de ses fonctions épiscopales en même temps que Gobel. Après le 9 thermidor, il insista pour la réintégration de La Révellière-Lépeaux dans la Convention, prononça un discours contre Carrier, et multiplia les rapports et les projets sur les finances, les subsistances, les biens nationaux. Il prit part à la répression de l'insurrection de germinal an III, fut secrétaire de l'assemblée, et fut réélu, le 22 vendémiaire an IV,

député du Cantal au Conseil des Cinq-Cents, à la pluralité des voix sur 224 votants. Là, il fit partie de la commission des monnaies, présenta des rapports sur le traitement des fonctionnaires, sur les patentes, sur la fabrication des monnaies, obtint, le 26 germinal an VII, un nouveau mandat du département de Loir-et-Cher, se montra favorable au coup d'État du 18 brumaire an VIII, et fut nommé membre de la Commission intermédiaire désignée par Bonaparte, et membre du Tribunat (4 nivôse an VIII). En mars 1801, Thibault combattit les assertions d'Huguet en faveur du projet de loi sur la dette publique et les domaines, et parla en faveur des créanciers qui avaient contracté avec le Directoire. Il s'opposa à l'établissement des bourses de commerce, se plaignit de la trop grande extension donnée au système des cautionnements, montra quelque indépendance à l'égard de la politique personnelle de Bonaparte, notamment lors de la conclusion du traité de paix avec la Russie, et protesta contre cette expression du traité : les sujets des deux puissances. « Les Français, dit-il, ne sont sujets de personne. » Compris en 1802 dans la première élimination du Tribunat, Thibault vécut dans la retraite jusqu'à sa mort.

THIBAULT DE MÉNONVILLE (FRANÇOIS-LOUIS), député en 1789, né au château de Villé (Vosges), le 1er juillet 1740, mort à Deneuvre (Meurthe) le 5 décembre 1816, était maréchal de camp en retraite et chevalier de Saint-Louis, lorsqu'il fut élu, le 17 mars 1789, député de la noblesse aux États-Généraux par le bailliage de Mirecourt. Adjoint au comité de la marine, il prit part aux discussions sur les colonies et défendit le décret qui les concernait. A propos de la Constitution, il réclama pour le roi le droit de grâce. Après la session, il devint officier municipal, puis conseiller municipal de Mirecourt sous l'Empire.

THIBAUT (JEAN-CHARLES), député en 1791, né et mort à des dates inconnues, était membre du directoire du département de l'Oise, quand il fut élu par ce département, le 3 novembre 1791, député à l'Assemblée législative, le 7e sur 12, par 220 voix (338 votants). Il n'y joua qu'un rôle effacé, et ne reparut plus sur la scène politique après la session.

THIBAUT (GERMAIN-NICOLAS), député au Corps législatif de 1852 à 1857, né à Paris le 12 avril 1799, mort à Paris le 10 avril 1878, s'occupa d'industrie et de négoce (1824), et fut à la tête des vastes manufactures de tissus de Bohain (Aisne) et d'Esne (Nord): ses tissus mélangés de coton, de laine et de soie obtinrent des récompenses à plusieurs Expositions. Conseiller municipal de Paris depuis 1849, il débuta dans la carrière politique le 26 septembre 1852, comme député de la 3e circonscription de la Seine au Corps législatif, élu par 10,107 voix (18,420 votants; 40,182 inscrits), contre 6,594 à M. Michelet et 520 à M. Berton, en remplacement du général Cavaignac, démissionnaire par refus de serment. Le gouvernement avait soutenu la candidature de M. Germain Thibaut, qui donna son suffrage au rétablissement de l'Empire, et à toutes les mesures qui obtinrent l'agrément de la majorité dynastique. Juge, puis président du tribunal de commerce, il fut nommé, en 1855, président de la chambre de commerce. Il se présenta au renouvellement de 1857 pour le Corps législatif, mais il n'obtint, le 5 juillet, au second tour de scrutin, que 9,952 voix, contre 10,950 à l'élu, le général Cavaignac; il fut nommé syndic du conseil municipal, Officier de la Légion d'honneur (30 décembre 1854).

THIBOULT-DUPUISACT (JACQUES-MARIE-FRANÇOIS DE), député de 1820 à 1827, né à la Rousselière (Orne) le 11 novembre 1756, mort à la Rousselière le 14 février 1831, « fils de François-Louis-César de Thiboult du Puisact, et de Jacqueline-Elisabeth Le Forestier », entra comme cadet gentilhomme au régiment de Beauce en 1777, et servit jusqu'en 1791. Effrayé des progrès de la Révolution, il demanda, le 24 avril 1791, un passeport pour Maubouge et émigra. Réfugié près de Maëstricht, il entra, en 1793, dans le corps d'émigrés qui défendit cette ville contre les Français, fut embrigadé, le 7 septembre 1794, dans l'armée de Condé, devint, en août 1795, fourrier de la 3e compagnie noble à pied, et fit la campagne de 1796. Passé à la solde de la Russie, il vécut quelques années en Volhynie, dans le plus profond découragement, et ne trouvant de distraction qu'à faire des vers latins et à tenir le Journal de sa vie. Il rentra en France en 1801, refusa sous l'Empire les fonctions publiques qu'on lui offrit, et ne cacha pas ses opinions légitimistes. Chevalier de Saint-Louis à la Restauration et maire de Beauvain (Orne), conseiller général en 1815, il fut élu, le 13 novembre 1820, député du grand collège de l'Orne, par 220 voix (304 votants, 356 inscrits), et réélu, le 9 mai 1822, dans le 1er arrondissement électoral de l'Orne (Alençon), par 164 voix (299 votants, 347 inscrits), contre 129 à M. Mercier, et, le 25 février 1824, par 169 voix (252 votants, 277 inscrits), contre 79 à M. Racinet. Ministériel, M. Thiboult vota *pour* les lois sur la presse, *pour* la septennalité, *pour* le milliard des émigrés, *pour* la loi du sacrilège. Dans la discussion sur le milliard, il n'avait demandé que la restitution aux anciens propriétaires des biens confisqués pendant la Révolution et non vendus. Non réélu aux élections de 1827, il s'occupait au moment de sa mort à recueillir des matériaux pour une histoire de l'émigration. M. de Contades a publié en 1882 une partie de ses souvenirs sous le nom de : *Journal d'un fourrier de l'armée de Condé.*

THIBOUTOT (JEAN-BAPTISTE-LÉON, MARQUIS DE), député en 1789, né à Paris le 11 avril 1731, mort à une date inconnue, fit les campagnes de la guerre de Sept ans et de la guerre d'Amérique; il était maréchal de camp et chevalier de Saint-Louis au moment de la Révolution. Élu, le 13 mars 1789, député de la noblesse aux États-Généraux par le bailliage de Caen, il refusa d'abord de délibérer avec les communes, protesta contre l'abolition des droits féodaux, et, membre du comité militaire, parla sur la réorganisation du génie et de l'artillerie. Promu lieutenant général le 20 mai 1791, il émigra, et mourut probablement à l'étranger.

THIÉBAULT (FRANÇOIS-MARTIN), député en 1789, né à une date inconnue, mort à Elsenfeld-sur-le-Mein (Allemagne) le 8 avril 1795, était curé de la paroisse de Sainte-Croix à Metz, quand il fut élu, le 16 mars 1789, député du clergé aux États-Généraux par le bailliage de Metz, avec 10 voix sur 18 votants. Il se montra d'abord partisan des idées nouvelles,

fut l'un des premiers de son ordre à se réunir aux communes, mais désapprouva l'abolition des privilèges et l'emprunt sur les biens du clergé, donna sa démission le 4 novembre 1789, et émigra à la fin de la législature. Il mourut en Allemagne quatre ans après.

THIÉBAULT (PIERRE), député au Conseil des Anciens, né à Metz (Moselle) le 16 mai 1745, mort à Metz le 28 décembre 1806, « fils de Nicolas Thiébault, procureur à la cour, et de demoiselle Barbe Conrard », était conseiller échevin à Metz au moment de la Révolution. Suspect sous la Terreur, il faillit être privé de ses fonctions jusqu'à la paix, et fut élu, le 25 vendémiaire an IV, député de la Moselle au Conseil des Anciens, par 151 voix (243 votants). Il prit place parmi les modérés, fut membre de la commission intérieure, fit rayer les administrateurs de Longwy de la liste des émigrés, vota le rétablissement de la contrainte par corps en matière civile, parla sur le rapport de la loi du 3 brumaire, appuya la résolution relative aux rectifications d'erreurs de noms sur le grand-livre, fit un rapport sur la clôture des sociétés politiques, et demanda la question préalable sur une pétition contre l'élection de Sieyès au Directoire. Bien qu'indifférent au 18 brumaire, il fut nommé, le 27 prairial an VIII, greffier du tribunal d'appel de Metz, et remplit ces fonctions jusqu'à sa mort.

THIÉRION (ANNE-CONSTANTIN-THÉODORE), député au Corps législatif de 1852 à 1863, né à Versailles (Seine-et-Oise) le 29 juillet 1783, mort à Paris le 2 septembre 1872, suivit la carrière militaire et appartint à la cavalerie. Lieutenant-colonel en 1833, colonel en 1838, il commanda le 8e dragons, puis la légion de gendarmerie à Rennes et à Chartres. Lors de sa mise à la retraite, il fut nommé gouverneur du château de Saint-Cloud (1850.) Après le coup d'État du 2 décembre, dont il s'était déclaré le partisan, il fut élu (29 février 1852) député de la 3e circonscription de la Gironde au Corps législatif, par 19,800 voix (20,223 votants, 33,965 inscrits). Il se prononça avec la majorité *pour* le rétablissement de l'Empire, et soutint constamment de ses votes le pouvoir jusqu'en 1863, ayant obtenu le renouvellement de son mandat, le 22 juin 1857, par 15,442 voix (22,046 votants, 32,181 inscrits), contre 6,525 au baron David. Non réélu aux élections générales de 1863, il fut nommé, deux ans après, chambellan honoraire de l'empereur. Commandeur de la Légion d'honneur (14 avril 1844).

THIERRIET (CLAUDE), membre de la Convention et député au Conseil des Anciens, né à Cernay-en-Dormois (Marne) en 1742, mort à Taissy (Marne) le 25 mars 1821, exerçait à Juniville la profession de chirurgien. Élu, le 5 septembre 1792, à la Convention par le département des Ardennes, le 8e sur 10, à la pluralité des voix, il siégea parmi les modérés, et se prononça, dans le procès du roi, « pour la détention perpétuelle », *pour* l'appel et *pour* le sursis. Son rôle politique fut sans importance, tant dans cette assemblée que dans le Conseil des Anciens, où il entra, le 21 vendémiaire an IV, comme député des Ardennes, élu par 175 voix (188 votants). Il quitta la vie politique en l'an VI.

THIERRIOT (ALEXIS), député en 1791, né à

une date inconnue, exécuté à Fontenay-le-Comte (Vendée) le 1ᵉʳ décembre 1793, était avocat à Montaigu avant la Révolution. Délégué par l'assemblée primaire de Montaigu à l'élection des membres du directoire du département (29 juin 1790), il fut un des administrateurs nommés dans cette journée, et, le 4 septembre 1791, fut élu député de la Vendée à l'Assemblée législative (le 6ᵉ sur 8, par 143 voix (230 votants). Il fut membre de la commission des assignats, vota avec les modérés, et, après la session, devint juge au tribunal de district de Montaigu. Arrêté en novembre 1793, comme « chef de rebelles », il fut traduit devant la commission militaire de Fontenay-le-Peuple, condamné à mort et exécuté.

THIERRY (Louis-Léger), député au Conseil des Anciens et au Corps législatif en l'an VIII, né à Monsures (Somme) le 29 mai 1716, mort à Conty (Somme) 11 janvier 1813, fils de Louis Thierry et de Marie Berny, était procureur à Conty avant la Révolution. Administrateur de ce district, puis commissaire du Directoire exécutif à Amiens, il fut élu, le 25 germinal an VII, député de la Somme au Conseil des Anciens, s'y fit peu remarquer, se rallia au 18 brumaire, et fut nommé, le 4 nivôse an VIII, par le Sénat conservateur, député de la Somme au Corps législatif; il en sortit en l'an XIV et ne reparut plus sur la scène politique.

THIERRY (Amédée-Simon-Dominique), sénateur du second Empire, né à Blois (Loir-et-Cher) le 2 août 1797, mort à Paris le 27 mars 1873, frère du célèbre historien Augustin Thierry, fit de brillantes études, se destina à l'enseignement, fut précepteur (1819) des petits-neveux de Talleyrand, et s'occupa de littérature. Collaborateur de la *Revue encyclopédique*, il se lia sous la Restauration avec les chefs du parti constitutionnel, donna en 1825 un *Résumé de l'Histoire de Guyenne*, et en 1828, son *Histoire des Gaulois*, qui eut un vif succès et le fit appeler, sous le ministère Martignac, à la chaire d'histoire de la faculté de Besançon. Mais l'administration de M. de Polignac prononça la suspension du professeur libéral. M. Amédée Thierry adhéra à la révolution de juillet et au gouvernement de Louis-Philippe, qui le nomma préfet de la Haute-Saône; il remplit ces fonctions jusqu'en 1838, et entra alors au conseil d'Etat comme maître des requêtes, tout en continuant ses travaux historiques, parmi lesquels figure au premier rang l'*Histoire de la Gaule sous l'administration romaine* (1840-42), suite et commentaire de l'ouvrage précédent, et traitant des origines celtiques et romaines de notre pays. Membre de l'Institut (Académie des Sciences morales et politiques) depuis 1841, il conserva son poste au conseil d'Etat après le coup d'Etat du 2 décembre 1851, fut promu (1853) conseiller en service ordinaire, et appelé, par décret impérial du 18 janvier 1860, à siéger au Sénat, où il soutint de ses votes le gouvernement de Napoléon III. Il publia encore : *Récits et Nouveaux récits de l'histoire romaine* (1860-1864); *Saint Jérôme, la Société chrétienne à Rome et l'émigration romaine en Terre-Sainte* (1867); *Saint Jean Chrysostome et l'impératrice Eudoxie* (1872); *Histoire d'Attila et de ses successeurs* (1873). Grand officier de la Légion d'honneur du 14 août 1863.

THIERS (Marie-Joseph-Louis-Adolphe), dé-

puté de 1830 à 1848, ministre, représentant en 1848 et en 1849, député de 1863 à 1870, représentant en 1871, président de la République, député de 1876 à 1877, né à Marseille (Bouches-du-Rhône) le 14 avril 1797, mort à Saint-Germain-en-Laye (Seine-et-Oise) le 3 septembre 1877, était fils de Pierre-Louis-Marie Thiers et de Marie-Madeleine Amic. La filiation d'Adolphe Thiers ayant été, à une certaine époque, l'objet de vives discussions, nous publions, pour la première fois, afin de l'établir d'une façon définitive, les extraits des actes mêmes de l'état civil de la ville de Marseille qui s'y rapportent. Son père s'était marié le 7 septembre 1784 : « Mariage de Louis-Marie Thiers, sus-archivicaire de cette ville (Marseille), fils majeur de M. maître Louis-Charles, avocat au parlement, et de dame Marie-Marguerite Bronde, de cette ville, demeurant sur la paroisse Saint-Ferréol, rue de Montgrand, d'une part, et de demoiselle Marie-Claudine Fougasse, fille majeure de feu sieur Etienne Mathieu et de feüe dame Anne-Madeleine Sauffret, de cette même ville, demeurant sur la paroisse de Saint-Martin, rue des Dominicains, d'autre part ». Il n'y eut pas d'enfant de ce mariage, et madame Thiers mourut le 1ᵉʳ mars 1791 : « Décès de Marie-Claudine Fougasse, âgée de 45 ans, épouse de Pierre-Louis-Marie Thiers, négociant, décédée le onze ventôse an V, à neuf heures cinq décimes, dans sa maison d'habitation sise sur le Champ du Dix Août, sous le n° 6, île quinze. » Un mois et demi après, naissance d'Adolphe Thiers : « L'an cinq de la République française, une et indivisible, le vingt-neuf germinal, à cinq heures (17 avril 1797), par devant nous, officier public de la municipalité du Midy, canton de Marseille, et dans le bureau de l'état civil, est comparu le citoyen Marie-Siméon Rostan, officier de santé et accoucheur, demeurant rue latérale du Cours, île cent cinquante-quatre, maison six, lequel nous a présenté un garçon dont il nous a dit avoir fait l'accouchement, qu'il nous a déclaré être né le vingt-six du présent mois (14 avril), à deux heures une décime, de la citoyenne Marie-Madeleine Amic, et des œuvres du citoyen Pierre-Louis-Marie Thiers, propriétaire, actuellement absent, et dans la maison d'habitation de l'accouchée, sise rue des Petits-Pères, sous le numéro quinze, île cinq, auquel garçon il a été donné les prénoms de Marie-Joseph-Louis-Adolphe ; dont acte fait en présence des citoyens Pierre Poussel, propriétaire, demeurant rue des Petits-Pères, et Jeanne Imbert, coiffeuse, demeurant même rue, témoins majeurs, desquels le second a déclaré ne savoir écrire, et avons signé avec le premier et le comparaissant. Signé : Rostan, O. P. Poussel, J. Jourdan, off. p. adjoint. » Un mois après la naissance de l'enfant, mariage des père et mère : « L'an cinq de la République française une et indivisible, le vingt-quatre floréal (13 mai 1797), à sept heures cinq décimes, nous, officier public, avons prononcé au nom de la loi que le citoyen Pierre-Louis-Marie Thiers, propriétaire, âgé de trente-quatre ans et huit mois, fils de feu Louis-Charles Thiers, aussy propriétaire, et de Marie-Marguerite Bronde, survivante, mariés, natif de Marseille, y domicilié avec sa mère, aux allées de Meilhan, île quinze, maison six, section vingt-trois, veuf de Marie-Claudine Fougasse, d'une part,

« Et la citoyenne Marie-Magdeleine Amic, âgée du vingt-deux ans et dix mois, fille de feu Claude Amic, négociant, et de Marie Lhomaca, survivante, aussy mariés, cette dernière icy présente, native de Bouc, département des

Bouches-du-Rhône, résidant à Marseille, y domiciliée avec sa mère, rue des Petits-Pères, île cinq, maison quinze, même section que dessus, d'autre part.

« Sont unis en mariage ; et de même suite ces époux nous ont déclaré qu'il est issu de leur union un garçon dont la naissance a été constatée le vingt-neuf germinal de cette présente année dans nos registres courants, sous les prénoms et noms de Marie-Joseph-Louis-Adolphe Thiers ; lequel garçon ces dits époux reconnaissent pour leur fils légitime, qu'ils veulent légitimer, aussy qu'ils légitiment dans la meilleure forme de droit que ce puisse être, et pour qu'il conste de tout ce que dessus, nous avons dressé le présent acte fait et publié dans une salle de cette administration. » L'accoucheur Siméon Rostan, qui a laissé parmi ses papiers de famille un mémorandum sur lequel il inscrivait au jour le jour ses impressions médicales, y a écrit lors de la naissance de Louis-Adolphe Thiers : « 26 germinal an V. Appelé en toute hâte chez madame Tiers (sic), cousine d'André Chénier, enceinte de neuf mois onze jours. Accouchement très laborieux, mais naturel. L'enfant, turbulent pendant la vie utérine, se présente sous devant derrière. » Le jeune Thiers entra comme boursier, en 1806, au lycée de Marseille, et, après de bonnes études, alla faire son droit à Aix (1815) ; il s'y lia étroitement avec Mignet, fut reçu avocat en 1820 ; mais, préférant la littérature au barreau, il commença de bonne heure à s'occuper de recherches historiques et critiques, et, encouragé par un magistrat, M. d'Arlatan de Lauris, se décida à concourir pour le prix proposé par l'Académie d'Aix sur ce sujet : l'Éloge de Vauvenargues. Les tendances « libérales » de l'auteur ayant déplu aux juges du concours, en majorité royalistes, l'épreuve fut remise à l'année suivante. M. Thiers envoya alors deux mémoires, dont l'un, sous son nom, n'était que la reproduction pure et simple de l'ancien et obtint un simple accessit ; l'autre, qu'il avait signé d'un nom supposé et expédié de Paris, lui valut le prix. Venu à Paris en septembre 1821, il y retrouva son camarade Mignet ; tous les deux, sans ressources, logèrent dans une mansarde au sixième, au fond du passage Montesquieu. La protection de Manuel et d'Étienne permit à Thiers d'entrer au Constitutionnel, qui publia d'abord quelques fragments de l'Éloge de Vauvenargues, et donna ensuite de nombreux articles écrits d'une plume alerte sur divers sujets de politique et de littérature : on remarqua particulièrement son ingénieuse critique du livre de Montlosier : de la Monarchie française (mars 1822), et, la même année, son Compte rendu du Salon. Le Salon de 1822 parut bientôt en volume, et fut presque aussitôt suivi d'une curieuse étude écrite pour servir de préface aux Mémoires de mistress Bellamy, actrice du théâtre de Covent-Garden, et d'une relation animée et pittoresque d'un voyage aux Pyrénées : les Pyrénées ou le Midi de la France pendant les mois de novembre et de décembre 1822 (1823). Le jeune avocat d'Aix ne tarda pas à prendre dans le journalisme une situation prépondérante. Pour lui donner une voix influente dans les conseils du Constitutionnel, un riche libraire allemand, Cotta, l'aida à en acquérir une action. Vers le même temps, M. Thiers fit aux Tablettes universelles, que dirigeait M. Coste, un bulletin politique qu'on attribua quelque temps à Étienne et dont la vivacité agaça tellement le pouvoir que celui-ci s'empressa d'y mettre fin, non en suppri-

mant le journal, mais on l'achetant. M. Thiers n'avait pas quitté d'ailleurs le Constitutionnel ; il y donna le Salon de 1824, qui eut un succès égal au premier ; en même temps, il coopéra à la rédaction du Globe. Il avait déjà un nom, et sa place était marquée dans les cercles politiques de Paris, il était l'ami de Laffitte et du baron Louis, et était reçu familièrement par Talleyrand. Depuis longtemps il songeait à une Histoire de la Révolution française, et il avait réuni d'abondants matériaux pour cet ouvrage faisant appel à la mémoire de ceux qui avaient survécu, aux fonctionnaires, aux hommes d'État, aux généraux du régime impérial ; mais il ne pouvait trouver un éditeur. Il fut obligé d'associer à son entreprise un des collaborateurs les plus en vogue du Constitutionnel, Félix Bodin (v. ce nom), qui possédait sur lui l'avantage d'avoir déjà à son actif plusieurs publications : les deux premiers volumes, parus en 1823, sont en effet signés de MM. Félix Bodin et A. Thiers ; mais, dès le troisième volume, le premier nom disparut de la couverture : le dixième volume de l'Histoire de la Révolution française depuis 1789 jusqu'au 18 brumaire parut en 1827. Cet ouvrage excita alors au plus haut point les sympathies du parti libéral ; depuis, il a été plus froidement apprécié : on a reproché notamment à l'écrivain des négligences de style, et à l'historien, cet esprit en quelque sorte fataliste qui n'est que l'acceptation du fait accompli, la justification des hommes et des partis tour à tour triomphants et la glorification du succès. M. Thiers n'hésita pas d'ailleurs à remanier les éditions successives de son ouvrage, pour le mettre d'accord avec ses fluctuations politiques. « M. Thiers, écrit un biographe, devenait un homme en vue. Paris s'intéressait à ses faits et gestes. Il était à la mode. A peine connaissait-il l'aisance, et déjà il tâtait sous toutes les formes des jouissances du luxe, avec beaucoup d'inexpérience, il est vrai, et une inaptitude qui faisait un peu rire à ses dépens. C'est en vain que sa petite taille et la faiblesse de son tempérament opposaient sans cesse des obstacles aux goûts nouveaux qu'il s'imposait ; on le voyait lutter avec une mâle énergie contre ces désavantages. Quelquefois, au sortir d'un dîner où l'eau avait cessé d'être sa boisson unique, et après une bruyante soirée, M. Thiers, accablé de son plaisir et pliant sous la joie qu'il s'était donnée, jurait de ne se renfermer que dans la vie sérieuse et occupée ; d'autres fois, quand son cheval pie, Ibrahim, qu'il montait en cavalier peu exercé, l'avait lancé gisant sur la voie publique, il se promettait bien de ne plus prétendre à l'adresse du centaure ; mais la tête débarrassée et libre, le corps guéri, la meurtrissure fermée, M. Thiers se reprenait à tout et retrouvait l'ardeur qui l'avait excité. » Après son Histoire de la Révolution, il eut le projet d'écrire une Histoire générale et voulut s'y préparer par des voyages. Il allait s'embarquer pour accompagner le capitaine Laplace dans une expédition de circumnavigation, quand, le 5 août 1829, le ministère Polignac fut constitué ; il resta pour le combattre. « Enfermons-les dans la Charte comme Ugolin dans sa tour ! » Ce mot célèbre fut en quelque sorte le mot d'ordre de la campagne entreprise contre le nouveau cabinet. M. Thiers abandonna alors le Constitutionnel et fonda, avec le concours d'un libraire, M. Sautelet, et de deux écrivains, Mignet et Armand Carrel, un nouvel organe, le National, dont le duc de Dalberg, Talleyrand et Laffitte contribuèrent à fournir les fonds. Chacun des

26

trois directeurs politiques devait remplir à son tour, pendant un an, les fonctions de rédacteur en chef. M. Thiers commença. C'est à la défense de la Charte de 1814 et à l'exposé des principes qui y étaient exprimés, qu'il consacra le premier article du *National*. Il fit ressortir la distinction qu'elle avait posée entre l'autorité royale et l'autorité ministérielle, la participation nationale à la confection des lois, et, avant tout, la liberté d'écrire. Puis il s'attacha à faire valoir les avantages de la monarchie représentative, telle que les Bourbons l'avaient promise. Il compta les armes que la Charte fournissait à ses défenseurs contre ceux qui la voulaient détruire : la tribune d'abord, puis la presse, puis les collèges électoraux, puis la résistance légale, le refus du budget, le refus de l'impôt. Sa tactique principale était de chercher à isoler M. de Polignac de ses collègues. M. de Polignac penchait pour l'alliance de l'Angleterre ; M. Thiers s'écriait : « Le monde est las de tous les despotismes. Des sommets de Gibraltar, de Malte, du cap de Bonne-Espérance, une tyrannie immense s'étend sur les mers ; il faut la faire cesser. » Ne laissant ni trêve ni répit au ministère, le jeune publiciste combattit les prétentions du prince de Cobourg, le candidat de l'Angleterre au nouveau trône de Grèce ; il s'opposa surtout de toutes ses forces à l'expédition d'Alger.

Il n'attaquait jamais le roi, mais il sapait le pouvoir dans la personne de ses ministres : « Que le monstre raisonne, qu'il prie, qu'il menace, disait-il, on n'en tiendra compte. Il aura beau imiter une voix auguste et dire : Je suis le roi ! Écoutez-moi. On lui répondra : Non, vous n'êtes pas le roi ; vous êtes M. de Polignac, l'entêté, l'incapable ; vous êtes M. de Peyronnet, le déplorable ; M. de Bourmont, le déserteur ; M. de Montbel, l'humble dupe ; M. de Chantelauze, le jésuite !... » *Le National*, ne portant pas au delà d'un changement de dynastie ses vues révolutionnaires, posa nettement, dans son numéro du 9 février 1830, la candidature éventuelle du duc d'Orléans. Cette déclaration lui valut un procès et une condamnation ; mais l'amende fut couverte par les souscriptions du parti libéral. A dater du mois de juillet, les polémiques redoublèrent d'intensité. Aussi, quand parurent, le 26, au *Moniteur*, les fameuses Ordonnances, les propriétaires du *National* se réunirent aussitôt dans les bureaux du journal. Le premier mot de Thiers fut celui-ci : « Il faut refuser de nous soumettre aux Ordonnances. » — Son second mot fut : « Il faut un acte ; et il faut que tous les journaux insèrent cet acte. » Il fut chargé de la rédaction : ce fut la fameuse protestation des journalistes, signée par les rédacteurs du *Globe*, du *National*, du *Courrier des Électeurs*, de la *Tribune des Départements*, du *Constitutionnel*, du *Temps*, du *Courrier français*, de la *Révolution*, du *Commerce*, du *Figaro* et du *Journal de Paris*. De son côté, Guizot écrivait la protestation des députés. Le 27 juillet, un commissaire de police se présenta au *National* pour lui interdire de paraître le lendemain ; mais la protestation n'en fut pas moins répandue dans Paris. Après avoir assisté, le 27 et le 28, à plusieurs réunions où il s'efforça vainement de faire prévaloir le système de la résistance légale, M. Thiers se retira à Montmorency, puis reparut le 29. Paris s'était couvert de barricades. Les Tuileries, le Louvre, l'Hôtel de Ville venaient de tomber aux mains du peuple. Deux camps s'étaient formés : l'un à l'Hôtel de Ville, où quelques démocrates essayaient

de fonder la République sous le patronage de La Fayette, l'autre à l'hôtel Laffitte, où l'on penchait pour l'établissement d'une monarchie constitutionnelle, au profit du duc d'Orléans. M. Thiers y rédigea lui-même une proclamation en faveur du prétendant. On y lisait : « Charles X ne peut plus rentrer dans Paris ; il a fait couler le sang du peuple. La République nous exposerait à d'affreuses divisions ; elle nous brouillerait avec l'Europe. Le duc d'Orléans est un prince dévoué à la cause de la Révolution. Le duc d'Orléans ne s'est jamais battu contre nous. Le duc d'Orléans était à Jemmapes. Le duc d'Orléans a porté au feu les couleurs tricolores ; le duc d'Orléans peut seul les porter encore. Nous n'en voulons pas d'autre. Le duc d'Orléans ne se prononce pas. Il attend notre vœu. Proclamons ce vœu et il acceptera la Charte comme nous l'avons entendue et voulue. C'est du peuple français qu'il tiendra la couronne. » Chargé de prévenir le prince, M. Thiers partit pour Neuilly, accompagné d'un officier de la garde nationale. Le duc hésitant, a-t-on dit, à accepter ; ce fut Mme Adélaïde qui se porta fort pour lui, et répondit de son consentement. Le 31, une entrevue nouvelle eut lieu entre le prince et M. Thiers, au Palais-Royal. Le 1er août, le duc d'Orléans était proclamé lieutenant général du royaume. M. Thiers travailla à lui rallier des partisans. Il fut un des principaux organisateurs de la royauté du 9 août, qui ne tarda pas à l'appeler à jouer un rôle officiel. Elu, le 21 octobre 1830, député du 2e arrondissement des Bouches-du-Rhône, par 177 voix (200 votants, 302 inscrits), en remplacement de M. de Bausset démissionnaire, M. Thiers prit place dans la majorité gouvernementale, et, ayant été nommé conseiller d'État et secrétaire général du ministère des Finances, obtint sa réélection, le 13 janvier 1831, par 181 voix (193 votants). Quand le baron Louis, ministre, céda la place à Laffitte, M. Thiers garda son poste avec le titre de sous-secrétaire d'État. Il devint l'âme et le conseil du cabinet, se préoccupa d'opérer divers changements dans le mode de perception des impôts et dans l'administration des domaines, et se montra partisan de l'intervention de la France en faveur de la Pologne, de la Belgique, de l'Italie. Réélu, le 5 juillet 1831, député d'Aix, par 197 voix (334 votants, 383 inscrits), contre 118 au général d'Arbaud, il se retira avec Laffitte le 13 mars, et alla passer quelque temps dans le Midi. A son retour, contrairement à l'attente générale, il quitta brusquement le parti du « mouvement », n'hésita pas à combattre les opinions de ses amis de la veille, et soutint la politique de Casimir Périer. C'est ainsi qu'il se prononça en faveur du système de la paix, qu'il recommanda le maintien des traités de 1815, qu'il déconseilla la réunion de la Belgique à la France, et qu'il se fit le défenseur de l'hérédité de la pairie (1831). Alors il inaugura le genre d'éloquence qui s'alliait le mieux, semble-t-il, à la nature de son esprit et à l'allure de sa personne. Cette sorte de conversation familière, facile, prolixe même, mais attrayante, qu'il prit l'habitude d'apporter à la tribune, le fit écouter même de ses adversaires, dont elle retint l'attention : « Il sait tout à la tribune, dit M. Nettement, surtout ce qu'il ignore. » En janvier 1832, un changement inattendu d'ordre du jour l'ayant mis dans l'impossibilité de rédiger le volumineux rapport qu'il devait préparer sur le budget, il s'en tira le plus habilement du monde avec quelques notes et chiffres, parla pendant quatre heures à côté du sujet, et étonna ses auditeurs par la fécondité et les ressources de son esprit. Après la mort de Casimir Périer, il conseilla la mise en état de siège de Paris lors de l'insurrection des 5 et 6 juin 1832, et fut appelé à prendre place, comme ministre de l'Intérieur, dans le cabinet du 11 octobre (cabinet Soult) : il se fit réélire député le 11 novembre 1832, par 182 voix (326 votants, 385 inscrits), contre 137 à M. de Fitz-James, légitimiste. L'Ouest était alors troublé par l'insurrection royaliste. A l'aide des fonds secrets, le nouveau ministre acheta au juif Deutz, agent royaliste, le secret de la retraite de la duchesse de Berry qui fut arrêtée le 7 novembre. M. Thiers eut une part considérable de responsabilité dans les procès de presse, dans la loi contre les associations, qu'il soutint avec beaucoup de vivacité, et dans les répressions contre les républicains. C'est dans la discussion de la loi contre les associations qu'il prononça la phrase si souvent citée depuis : « La France a en horreur la république, quand on lui en parle, elle recule épouvantée ; elle sait que ce gouvernement tourne au sang ou à l'imbécillité. » Du 31 décembre 1832 au 4 avril 1834, il occupa le ministère de l'Agriculture et du Commerce ; puis le roi lui confia de nouveau le portefeuille de l'Intérieur qu'il garda cette fois jusqu'au 10 novembre, pour le reprendre presque aussitôt (18 novembre) et ne le quitter que le 22 février 1836. Pendant l'insurrection lyonnaise, M. Thiers se montra l'homme de la résistance et de la réaction à outrance : il est la même attitude lors des journées d'avril 1834, à Paris. Son nom est resté attaché aux sanglantes exécutions de la rue Transnonain et de la Croix-Rousse. Le 13 décembre 1834, il fut reçu membre de l'Académie française en remplacement d'Andrieux. A la suite de l'attentat de Fieschi (28 juillet 1835), il présenta et défendit, de concert avec MM. de Broglie, Persil et autres, les fameuses lois de septembre restrictives de la liberté de la presse. La première permettait aux procureurs généraux d'abréger les formalités de la mise en jugement et donnait au président le droit de faire emmener de force les accusés qui troubleraient l'audience, et à la cour le droit de les juger en leur absence ; la seconde, relative au jury, ordonnait le secret du vote, réduisait de huit à sept le nombre de voix nécessaires pour la condamnation et aggravait la peine de la dégradation ; la troisième, relative à la presse, était la plus dure. « Donnez-moi tout cela, aurait dit M. Thiers à M. Persil, qui avait minuté les principaux articles de la loi. J'ai appris dans l'opposition ce qu'on peut faire avec les journaux. Je vais vous les tuer d'un coup. » En effet, cette loi punissait toute attaque, « non suivie d'effet », contre le principe du gouvernement et la personne du roi, de la détention et d'une amende de 10 à 50,000 francs. Prendre la qualité de républicain, faire l'apologie des actes qualifiés crimes et délits par la loi pénale, rendre compte des procès pour injures ou diffamation, faire des souscriptions pour le payement des amendes, tout cela était interdit sous les peines les plus sévères. Les juges, dans certains cas, pouvaient suspendre le journal poursuivi, pour deux et même quatre mois. Le taux du cautionnement était augmenté, le gouvernement était investi du droit de faire insérer ses réponses aux attaques ; enfin, la censure, dont l'abolition avait

été le premier acte du gouvernement de 1830, était rétablie pour les pièces de théâtre, les gravures et les dessins. M. Thiers, dont la maxime : « Le roi règne et ne gouverne pas », flattait à merveille les intérêts et les sentiments de la bourgeoisie, avait obtenu sa réélection comme député, le 21 juin 1834, dans les 3 collèges suivants : le 4e des Bouches-du-Rhône (Aix), par 193 voix (343 votants, 398 inscrits), contre 140 à M. Barlet ; le 5e du Gers (Mirande), par 129 voix (228 votants, 296 inscrits), contre 53 à M. de Lamezan ; 3e le 5e arrondissement de Paris, par 508 voix (896 votants, 1,026 inscrits). Il avait opté pour Aix. A la Chambre, il était le chef reconnu de l'une des deux fractions de la majorité, le centre gauche, tandis que Guizot était à la tête du centre droit. Le premier dissentiment grave entre les deux leaders éclata à propos des affaires d'Espagne. M. Thiers, suivant la politique anglaise, voulait que la France intervînt, M. Guizot s'y opposait. Le roi, hésitant entre eux, prit un moyen ferme ; il envoya à la reine Christine la légion étrangère. Se voyant ainsi contre-balancé dans l'esprit de Louis-Philippe par son rival, le ministre de l'Intérieur chercha le moyen de provoquer la démission du cabinet. Il y fut aidé par son collègue des finances, M. Humann. Sans prendre avis de ses autres collègues, celui-ci proposa à la Chambre, pour rétablir l'équilibre des finances, une réduction de la rente. M. Guizot s'irrita, M. Humann céda son portefeuille à M. d'Argout, mais aussitôt, un député, M. Gouin, reprit la thèse de M. Humann. Le ministère demanda l'ajournement, la Chambre le repoussa, et le cabinet se retira. Les engagements de M. Thiers avec ses anciens collègues du ministère ne laissaient pas que de le gêner ; le duc de Broglie l'en dégagea, à la demande formelle du roi, et, quelques jours après (22 février 1836), M. Thiers reçut la mission de former un cabinet centre gauche, où il prit la présidence du conseil avec le portefeuille des Affaires étrangères. Il s'occupa de réformer certains impôts, abolit la loterie, et saisit avec empressement, pour appliquer les lois de septembre, les occasions que lui offrirent l'attentat d'Alibaud et les conspirations de Blanqui et de Barbès. Sa merveilleuse faculté d'assimilation, la fatuité méridionale avec laquelle il s'enflammait sur toute question, le jetaient toujours dans quelque nouvelle affaire ; il rêvait de diriger, de Paris, les opérations militaires en Algérie ; on l'appelait un « Napoléon civil. » Appuyé sur le traité de la quadruple alliance, il voulut intervenir en Espagne ; mais, le roi s'y opposant, M. Thiers se retira (25 août 1836), et fut remplacé par Molé (6 septembre). Tombé du pouvoir, il devint l'adversaire implacable de ses successeurs, se fit réélire député, le 4 novembre 1837, à Aix, par 218 voix (225 votants, 435 inscrits), puis le 2 mars 1839, par 229 voix (256 votants), et fut un des chefs de la « coalition ». Il évita d'entrer dans le cabinet du 12 mai 1839, formé au moment où une émeute éclatait à Paris, contribua encore à la chute de ce ministère, et revint au pouvoir le 1er mars 1840, en reprenant, avec la présidence du conseil, le ministère des Affaires étrangères. Son nouveau passage aux affaires fut marqué par des événements considérables. M. Thiers renouvela le monopole de la Banque de France, maintint les lois fiscales sur le tabac et le sel, opéra une modification favorable aux colons et à la marine dans la loi

sur les sucres, laissa repousser la réduction de
la rente par la Chambre des pairs, vint au
secours des compagnies de chemins de fer, et
fit proposer par son collègue, M. de Rémusat,
un projet de loi qui ouvrait un crédit pour la
translation des cendres du prisonnier de Sainte-
Hélène. La Chambre vota un crédit d'un million,
et le roi autorisa le prince de Joinville à aller
chercher les cendres de l'empereur. M. Thiers
combattit à la Chambre tous les projets de
réforme parlementaire et de réforme électorale. Aux embarras intérieurs que lui suscita
cette question s'ajoutèrent les embarras extérieurs. La question d'Orient renaissait, grâce
aux dissentiments de Méhémet-Ali, vice-roi
d'Égypte, avec le sultan. M. Thiers soutint
Méhémet-Ali contre la Turquie : il voulait
assurer au vice-roi la possession définitive et
immédiate de l'Égypte, et créer sur les bords
du Nil une puissance indépendante sous la
protection de la France. Un traité conclu le
15 juillet entre la Russie, l'Angleterre, la
Prusse, l'Autriche et la Turquie, traité qui
excluait la France du concert européen et qui
tendait à affaiblir la puissance égyptienne,
vint lui prouver qu'il s'était laissé jouer par la
diplomatie étrangère. On accusa en pleine
Chambre le ministre d'avoir tenu cachées des
dépêches télégraphiques qui lui annonçaient,
le 15 juillet, la déchéance de Méhémet-Ali et
le bombardement de Beyrouth. M. Thiers, qui
eut un instant la velléité de tenir tête à l'Europe, fut détourné de ses projets belliqueux
par la bruyante tentative du prince Louis Napoléon à Boulogne qui compliqua encore la
situation du cabinet. Les conservateurs du
parlement s'effrayèrent vite des préparatifs
guerriers de M. Thiers. En vain celui-ci écrivit-
il la note du 8 octobre dans laquelle il déclarait qu'il ne ferait point de la question syrienne
une question de guerre, mais qu'il intervien-
drait si on poussait plus loin la coercition à
l'égard du pacha ; le parti de la paix à tout
prix l'emporta dans les conseils du roi, et
M. Thiers donna sa démission (28 octobre 1840).
Dès lors il parut se recueillir sans cesser de
se mêler aux travaux législatifs. Ce fut lui
notamment qui fut le président, puis le rapporteur de la commission chargée de l'examen
du projet de loi pour les fortifications de Paris.
Il demeura le chef du centre gauche, l'inspi-
rateur du tiers-parti dans sa lutte contre Guizot,
reparut à la tribune pour soutenir, en 1842, la
loi de régence qui excluait la duchesse d'Orléans, et fut réélu, le 9 juillet, par 217 voix
(360 votants, 436 inscrits), contre 110 à M. Albon de Villeneuve, et encore le 1er août 1846,
par 222 voix (238 votants, 407 inscrits) ; il se
fit applaudir de l'opposition en parlant (2 mai
1845) contre l'accroissement du pouvoir des
jésuites, sur les droits de l'Université violés
par une ordonnance (21 février 1846), sur les
incompatibilités des fonctions publiques avec
le mandat législatif (16 mars 1846). A la fin
de la session de 1845, ne comptant plus sur le
centre, il s'était porté à gauche, et avait signé
en double un traité avec Odilon Barrot (25 décembre 1845), stipulant qu'ils entreraient ensemble au ministère, et proposeraient la réforme électorale et des lois sur le jury et sur
la presse. Dans la session suivante, il prononça (mars 1846) un discours très vif contre
l'ingérence personnelle du roi dans la politique :
« Je sais, écrivait-il à l'Anizzi le 26 mars, que
vous avez approuvé mon discours ad Philippum.
Celui-ci a été fort mécontent, ce dont je me
soucie peu ; je vais à mon but qui est la vérité,

et ne regarde ni à droite ni à gauche. » Sans
paraître aux banquets réformistes de 1847,
qu'il n'approuvait pas, il prit cependant une
part secrète à l'agitation libérale, et dirigea
contre la politique doctrinaire de fréquentes
attaques. On remarqua beaucoup cette déclaration qu'il fit dans les derniers jours du règne
de Louis-Philippe : « Je suis, dit-il, du parti
de la révolution en Europe, et je ne trahirai
jamais sa cause. » En même temps, il terminait la publication de son Histoire du Consulat et de l'Empire, sorte de suite donnée à
l'Histoire de la Révolution, et où l'on retrouve
les mêmes qualités et les mêmes défauts.
Dans les journées de février 1848, il émit l'avis
que l'opposition donnât sa démission collective.
Appelé aux Tuileries, dans la nuit du 23 au
24 février, il fut chargé par le roi de former,
avec Odilon Barrot, un nouveau ministère.
Mais la proclamation qu'il adressa au peuple
pour calmer l'effervescence fut sans effet, et
la République sortit des barricades. M. Thiers,
qui n'était rien moins que républicain, envoya
toutefois son adhésion au gouvernement provisoire. On lui prêta alors un mot, bien souvent
répété depuis : « La République est le gouvernement qui nous divise le moins. » Comptant
pouvoir préparer le triomphe de ses idées politiques, sociales, économiques, aussi bien sous
le régime républicain que sous le régime de la
monarchie constitutionnelle, il sollicita du
suffrage universel, non aux élections générales
de la Constituante, mais au scrutin partiel du
4 juin 1848, un mandat législatif, qu'il obtint
dans quatre départements : 1° dans la Mayenne,
par 18,720 voix (44,036 votants, 95,684 inscrits) ;
2° dans l'Orne, par 30,191 voix (53,857 votants) ;
3° dans la Seine-Inférieure, par 58,361 voix ;
4° dans la Seine, par 97,894 voix. Il opta pour
la Seine-Inférieure. Les stratégistes parlementaires de l'époque ayant constitué, en dehors
de toutes préférences dynastiques, ce qu'ils
appelèrent le « parti de l'ordre », M. Thiers
devint le chef de ce parti. Il vota pour le rétablissement du cautionnement et de la contrainte par corps, contre l'abolition de la peine
de mort, contre l'amendement Grévy, pour la
Constitution, pour la proposition Rateau, pour
les crédits de l'expédition de Rome, contre
l'amnistie, etc. Il fit, comme rapporteur du
comité des finances, une très vive critique de
la proposition de Proudhon (juillet 1848) et du
socialisme en général, combattit (21 octobre)
l'amendement Deville tendant à l'abolition du
remplacement militaire, appuya l'élection à
la présidence de la République de L.-N. Bonaparte, et prit part aux débats passionnés que
soulevèrent les affaires d'Italie. Il publia en
1848, sous ce titre : Du Droit de propriété, une
œuvre d'à-propos, écrite avec sa verve habi-
tuelle, mais d'une originalité et d'une force d'argumentation contestables. Il eut, après le 20 décembre, un duel avec M. Bixio qui lui reprochait d'avoir soutenu comme candidat à la
première magistrature du pays un homme
dont il avait dit quelque temps auparavant que
son élection « serait une honte pour la France. »
Réélu, le 13 mai 1849, représentant de la Seine-
Inférieure à l'Assemblée législative, le 8e sur
16, par 91,213 voix (146,223 votants, 213,301
inscrits), M. Thiers siégea à droite comme précédemment, fut un des chefs les plus autorisés
et les plus écoutés de la majorité monarchiste,
prit part à la plupart des débats importants,
inspira les délibérations du fameux comité de
la rue de Poitiers, et s'associa à toutes les
mesures de réaction qui préparèrent l'Empire,

dont il redoutait cependant l'établissement ; il vota *pour* la loi Falloux-Parieu sur l'enseignement, et contribua à l'adoption de la loi restrictive du suffrage universel. Quand le général Changarnier fut révoqué de ses fonctions de commandant de l'armée de Paris pour avoir interdit à ses troupes de pousser aucun cri politique, et que les bruits de coup d'Etat commencèrent à prendre créance dans l'opinion, M. Thiers tenta, mais vainement, de sauver le gouvernement parlementaire. « L'Empire est fait », avait-il dit plusieurs mois auparavant. Sa prophétie se réalisa. M. Thiers fut arrêté chez lui, le matin du 2 décembre 1851. La pensée de cette arrestation avait, paraît-il, rempli de joie les conjurés, et, après avoir remis à M. de Béville un dossier sur lequel était écrit *Rubicon* et qui contenait tous les décrets qui devaient être affichés le lendemain, le prince L.-N. Bonaparte et M. Mocquard « se mirent à rire, écrit M. Granier de Cassagnac, de la figure que feraient les deux plus petits hommes de l'Assemblée législative, MM. Thiers et Baze, lorsqu'ils se verraient prisonniers et en chemise. » Incarcéré peu de temps à Mazas, M. Thiers fut ensuite éloigné du territoire et accompagné jusqu'à Francfort. Au mois d'août suivant, on l'autorisa à rentrer à Paris. De 1852 à 1863, il se tint à l'écart de la vie politique militante, s'occupant de littérature et augmentant chaque jour avec passion sa collection d'objets d'art. Il continuait en même temps ses travaux historiques, que le gouvernement impérial considérait d'ailleurs avec bienveillance. En citant un passage de l'*Histoire du Consulat et de l'Empire* dans un de ses messages au Corps législatif, l'empereur Napoléon III affecta de donner à l'auteur la qualification d' « historien national ». En 1861, l'ouvrage fut proposé par l'Académie française pour le prix biennal de 20,000 fr. fondé par le chef de l'Etat, et M. Thiers accepta cette faveur tout en consacrant le revenu de la somme à la fondation d'un nouveau prix, qui porta son nom. L'ancien ministre rentra dans la politique active aux élections générales de 1863 : il se présenta, comme candidat indépendant, dans plusieurs circonscriptions, échoua dans la 2ᵉ des Bouches-du-Rhône avec 7,717 voix contre 15,717 à l'élu officiel, M. Bournat ; dans la 4ᵉ des Côtes-du-Nord avec 4,501 voix, contre 16,147 à l'élu officiel, M. de La Tour, et dans la 6ᵉ du Nord avec 12,066 voix, contre 13,245 à l'élu officiel, M. d'Havrincourt ; mais il fut élu à Paris (2ᵉ circonscription), par 11,112 voix (21,411 votants, 32,963 inscrits), contre 9,845 à M. Devinck. M. de Persigny, ministre de l'Intérieur, avait très vivement combattu sa candidature. M. Thiers prit au Corps législatif un rang très important comme orateur. On remarqua particulièrement, dans le cours de cette législature, ses discours sur les « libertés nécessaires », et sur l'état de nos finances, lors de la discussion des budgets. Il votait le plus souvent avec l'opposition, bien qu'il se séparât d'elle sur un certain nombre de questions capitales, telles que la question romaine (1865). Il ne laissa passer aucune grande discussion de politique étrangère sans y prendre part. Le gouvernement n'hésitait pas, au surplus, à se rallier fréquemment à ses vues. « Les trois présidents de 1863 à 1870, dit le biographe déjà cité, furent toujours pour lui pleins d'attentions et de respects. MM. de Morny et Walewski étaient d'ailleurs ses élèves en quelque sorte. C'était grâce à lui que, sous Louis-Philippe, ils étaient entrés aux affaires,

M. de Morny avait pour lui un culte véritable. M. Thiers ne buvait à la tribune que le café froid apporté de chez lui, et que les garçons de bureau recevaient avec une sorte de respect superstitieux. Quand il restait le soir, après la séance, pour corriger ses épreuves, — et il y mettait toujours beaucoup de temps, — un service de nuit se tenait en permanence à la salle des conférences, et les domestiques de la présidence recevaient la consigne de se tenir à ses ordres, quoi qu'il demandât. » M. Thiers combattit l'expédition du Mexique. En 1866, il développa devant la Chambre son programme de libéralisme parlementaire, protesta contre les pratiques de la candidature officielle, et dit : « L'Europe, qui s'est constamment trouvée en présence de la Révolution française, qui a toujours eu à la combattre, qui, victorieuse ou vaincue, a toujours eu affaire à elle, l'Europe aujourd'hui, en adoptant les institutions que je défends, se rend à cette même Révolution française dont ces institutions sont sorties, et, parmi les princes d'Europe, on n'en peut citer un seul qui ait la pensée d'en adopter d'autres. » Les élections du 24 mai 1869 ramenèrent M. Thiers à la Chambre, avec 15,909 voix (31,439 votants, 41,332 inscrits), contre 9,802 à M. Devinck et 5,721 à M. d'Alton-Shée. Une forte minorité appuyait alors sa politique, et M. Thiers ne fut certainement pas étranger aux tentatives d'empire libéral et parlementaire. Le nouveau président du conseil, M. Emile Ollivier, représentait si exactement les idées de M. Thiers que celui-ci fut fondé à dire un jour, du haut de la tribune, en désignant le banc des ministres : « Je vois mes idées assises en face de moi ! » Le cabinet du 2 janvier ayant cru nécessaire de procéder à un plébiscite, M. Thiers rentra dans les rangs de ses adversaires. La lutte parlementaire qui eut lieu à ce propos fut vive ; mais elle n'approche pas de la lutte qui éclata quelques mois après, à l'occasion des projets de guerre contre la Prusse. Après la déclaration de M. de Gramont, ministre des Affaires étrangères, le Corps législatif se rangea aux projets du gouvernement. En vain M. Thiers s'efforça-t-il de montrer tous les dangers de la guerre qu'on allait entreprendre ; en vain s'écria-t-il que nous n'étions pas prêts, que nous étions dans l'impossibilité matérielle de concentrer assez vite nos troupes pour les porter immédiatement sur le Rhin, tandis que l'armée prussienne n'avait qu'un pas à faire pour franchir notre frontière : il se brisa contre une résolution arrêtée. Son intervention dans la séance du 15 juillet fut même accueillie par les interruptions et les injures les plus violentes. Après les premiers revers, M. Thiers repoussa la proposition Kératry tendant à mettre en accusation le maréchal Lebœuf (11 août). Mais il soutint une proposition du même député, tendant à adjoindre neuf membres du Corps législatif au comité de défense formé par le ministère. Le 4 septembre, il prit lui-même l'initiative de présenter à la Chambre la motion suivante : « Art. 1ᵉʳ. Une commission de défense nationale est instituée par le Corps législatif. — Art. 2. Une Constituante sera élue aussitôt que les circonstances le permettront. » Ce projet allait sans doute être adopté quand l'assemblée dut se retirer devant l'expression brutale du sentiment populaire qui réclamait la chute de l'Empire et la proclamation de la République. M. Thiers refusa de faire partie du gouvernement de la Défense nationale, mais il obtint de M. Jules Favre, ministre des Affaires étrangères, la mission de parcourir l'Europe pour provoquer, s'il était possible, une intervention en faveur de la France. Il eut à Londres plusieurs entrevues avec lord Granville et M. Gladstone, vit à Vienne M. de Beust, à Saint-Pétersbourg le prince Gortchakoff, et ne put obtenir nulle part aucune promesse efficace. A son retour, il reçut pleins pouvoirs pour débattre avec M. de Bismarck les conditions de l'armistice, et cette fois encore les négociations ne purent aboutir. Du 1er novembre 1870 jusqu'au 28 janvier 1871, date de la capitulation de Paris, M. Thiers se tint à l'écart, habitant successivement Tours et Bordeaux. Le 8 février 1871, il fut élu représentant à l'Assemblée nationale dans 26 départements : 1° Basses-Alpes, le 3e et dernier par 13,218 voix sur 25,739 votants et 43,511 inscrits ; 2° Aude, le 4e sur 6, par 29,041 voix sur 54,560 votants et 92,276 inscrits ; 3° Bouches-du-Rhône, le 3e sur 11, par 52,861 voix sur 76,803 votants et 140,189 inscrits ; 4° Charente-Inférieure, le 3e sur 10, par 74,503 voix sur 105,000 votants et 148,277 inscrits ; 5° Cher, le 2e sur 7, par 53,413 voix sur 76,432 votants et 95,825 inscrits ; 6° Dordogne, le 6e sur 10, par 76,203 voix sur 97,413 votants et 112,476 inscrits ; 7° Doubs, le 2e sur 6, par 33,590 voix sur 53,134 votants et 81,915 inscrits ; 8° Drôme, le 1er sur 6, par 37,672 voix sur 64,809 votants et 100,516 inscrits ; 9° Finistère, le 1er sur 13, par 63,174 voix sur 76,088 votants et 162,667 inscrits ; 10° Gard, le 2e sur 9, par 60,019 voix sur 95,143 votants et 137,326 inscrits ; 11° Gironde, le 1er sur 14, par 105,958 voix sur 133,359 votants et 207,101 inscrits ; 12° Hérault, le 1er sur 8, par 56,126 voix sur 83,483 votants et 141,397 inscrits ; 13° Ille-et-Vilaine, le 2e sur 12, par 104,705 voix sur 100,672 votants et 142,751 inscrits ; 14° Loir-et-Cher, le 2e sur 5, par 26,808 voix sur 49,247 votants et 78,521 inscrits ; 15° Loire, le 2e sur 11, par 50,665 voix sur 89,275 votants et 143,320 inscrits ; 16° Loiret, le 3e sur 7, par 43,036 voix sur 59,480 votants et 100,578 inscrits ; 17° Lot-et-Garonne, le 1er sur 6, par 58,934 voix sur 76,859 votants et 103,962 inscrits ; 18° Nord, le 2e sur 28, par 225,113 voix sur 262,927 votants et 326,440 inscrits ; 19° Orne, le 7e sur 8, par 52,204 voix sur 65,613 votants et 123,713 inscrits ; 20° Pas-de-Calais, le 2e sur 15, par 144,663 voix sur 149,532 votants et 206,432 inscrits ; 21° Saône-et-Loire, le 2e sur 12, par 71,160 voix sur 22° Seine, le 20e sur 43, par 103,226 voix sur 328,970 votants et 547,853 inscrits ; 23° Seine-et-Oise, le 8e sur 11, par 19,860 voix sur 53,390 votants et 123,875 inscrits ; 24° Seine-Inférieure, le 1er sur 16, par 84,198 voix sur 120,893 votants et 203,718 inscrits ; 25° Vienne, le 1er sur 6, par 60,206 voix sur 62,819 votants et 95,858 inscrits ; 26° Landes, le 5e sur 6, par 30,978 voix sur 74,902 votants et 84,409 inscrits.

Le même jour il échoua dans : 1° Aisne, avec 37,823 voix sur 87,823 votants ; 2° Côte-d'Or, avec 26,005 voix sur 73,216 votants ; 3° Indre-et-Loire, avec 16,767 voix sur 73,000 votants ; 4° Lot, avec 28,503 voix sur 71,438 votants.

Il opta pour la Seine. Sous l'influence du sentiment que cette multiple élection semblait manifester, l'ancien ministre de Louis-Philippe fut désigné par l'Assemblée nationale, le 17 février, à la présque unanimité, sur la proposition de MM. Grévy, Victor Lefranc et Dufaure, comme chef du pouvoir exécutif, avec mission de choisir les ministres et de les présider. Le 19, M. Thiers composa son premier cabinet, avec des membres du gouvernement de la Dé-

fense nationale et des représentants de la majorité monarchiste de l'Assemblée : MM. Jules Favre, Ernest Picard, Dufaure, Jules Simon, le général Le Flô, le vice-amiral Pothuau, Lambrecht et de Larcy. Le premier soin du chef de l'État fut d'exposer à l'Assemblée son programme politique, connu sous le nom de « l'acte de Bordeaux ». « Pacifier, disait-il, réorganiser, relever, ranimer le travail, voilà la seule politique possible et même convenable en ce moment. A celle-là, tout homme sensé, honnête, éclairé, quoi qu'il pense sur la monarchie ou sur la République, peut travailler utilement, dignement ; et n'y eût-il travaillé qu'un an, six mois, il pourra rentrer dans le sein de sa patrie, le front haut, la conscience satisfaite... » Cette déclaration ayant obtenu l'approbation de l'Assemblée nationale, une commission de quinze membres fut aussitôt nommée pour assister le gouvernement dans les négociations avec la Prusse ; elles s'ouvrirent le 21. Le 26, après de pénibles débats, les préliminaires furent arrêtés : M. Thiers exposa le 27 à l'Assemblée que le prince de Bismarck exigeait une rançon de cinq milliards et la cession de l'Alsace et de la Lorraine. « J'ai engagé ma responsabilité, conclut-il, il faut engager la vôtre. Tous nous devons prendre notre part de responsabilité. » Le 1er mars, les préliminaires de paix furent votés par 546 voix contre 107, après un nouveau et long discours de M. Thiers sur la situation et sur les ressources militaires de la France. M. Thiers eut dès lors une part personnelle considérable à tous les actes de son gouvernement. Il se multiplia pendant la lutte de Versailles contre la Commune, qui décréta la confiscation de ses biens et la démolition de son hôtel de la rue Saint-Georges ; un vote de l'Assemblée de Versailles décida que l'hôtel serait reconstruit aux frais de l'État. Après la guerre civile éclatèrent les luttes politiques. Le parti monarchiste, qui dominait dans l'Assemblée, commençait à s'émouvoir d'entendre M. Thiers prendre l'engagement de ne point modifier la forme républicaine du gouvernement, de le voir s'opposer à ce que les lois qui bannissaient les princes de la maison de Bourbon fussent abrogées et déclarer qu'il avait toujours considéré les lois de proscription comme des lois de précaution. Une coalition monarchique se forma contre lui, aussitôt après le vote de la proposition Rivet, qui avait eu pour conséquence le changement du titre de chef du pouvoir exécutif en celui de président de la République (30 août 1871). La menace de la démission du président, souvent répétée, ne fit qu'aigrir davantage la majorité. Cependant M. Thiers déployait au pouvoir une fiévreuse activité : ses amis lui firent honneur du succès colossal de l'emprunt de plus de cinq milliards et de la libération successive et rapide du territoire. Le 20 janvier 1872, à la suite d'un échec sur la question de l'impôt des matières premières, M. Thiers donna sa démission ; puis il consentit à la République, mais son adhésion définitive à la République conservatrice et, d'autre part, ses idées personnelles en matière d'économie politique, de douane et de commerce, accentuèrent encore le conflit. Un autre sujet de discorde fut la question militaire à propos de laquelle M. Thiers menaça de nouveau de se retirer (10 juin 1872). En somme, et malgré la sourde opposition qui lui était faite, le président de la République exerçait, en l'absence de toute Constitution définitive, un pouvoir personnel très solide, lorsque ses dissentiments avec les droites prirent un caractère plus marqué d'hostilité, par suite du Message qu'il lut le 13 novembre 1872, et où il insistait sur la nécessité de fonder définitivement la République. La Chambre nomma une commission pour examiner le message et y répondre. Appelé, le 23 novembre, devant cette commission, M. Thiers déclara : « Mon honneur est engagé à soutenir la République, parce que c'est elle dont le dépôt m'a été confié par le Pacte de Bordeaux. » Le 29 novembre, il obtint gain de cause : l'assemblée vota, par 372 voix contre 335, la formation d'une commission de trente membres, chargée de préparer et de présenter un corps de lois constitutionnelles ; mais le président dut remanier son ministère, remplacer M. Victor Lefranc à l'Intérieur par M. de Goulard, M. de Goulard aux Finances par M. Léon Say, et appeler M. de Fourtou aux Travaux publics. Les décrets de 1852 qui avaient confisqué les biens de la famille d'Orléans furent abrogés et les projets de fusion entre les deux branches de la maison de Bourbon furent repris. La Commission des Trente frappa bientôt directement M. Thiers, en faisant adopter, le 13 mars, un projet de loi dont l'un me objet était d'empêcher le président de la République de prendre la parole à la Chambre. La loi sur les attributions des pouvoirs publics fut votée le 13 avril, par 407 voix contre 225. Le 17 mars cependant, M. Thiers était monté à la tribune pour annoncer que, le 5 septembre suivant, le dernier soldat allemand aurait quitté le territoire : l'Assemblée nationale déclara que M. Thiers avait bien mérité de la patrie. Puis, bientôt un nouvel incident surgit : la loi municipale du 4 avril 1873 ayant supprimé la mairie centrale de Lyon, le maire dépossédé, M. Barodet, fut opposé par les radicaux, aux élections législatives de la Seine, à M. de Rémusat, ministre de M. Thiers et son ami particulier. Le succès de M. Barodet élu fut exploité à outrance par la droite. Le 19 mai, un nouveau cabinet était formé, sous la présidence de M. Casimir Périer, comprenant MM. Dufaure, de Rémusat, Léon Say, Teisserenc de Bort, de Cissey, Waddington et de Fourtou ; le jour même, un projet de loi était déposé qui comportait l'élection d'un Sénat de 265 membres, celle d'une Chambre de 500 représentants et l'attribution du pouvoir exécutif au président de la République. En même temps, M. de Broglie et ses amis portaient à la tribune une interpellation signée par 300 membres. Le 23, M. de Broglie soutint son interpellation qui fut d'abord combattue par M. Dufaure ; puis, M. Thiers ayant adressé conformément à la nouvelle loi, au président de l'Assemblée, un message par lequel il demandait à être entendu, la suite de la discussion fut renvoyée au lendemain. Le lendemain, le président insista en personne ; il essaya de ramener à lui la fraction des hésitants qui, sous le nom de groupe Target, oscillait entre les partis, et prononça ces paroles : « On nous a dit avec une pitié dont j'ai été très touché (Rires ironiques à gauche) qu'on plaignait notre sort, que nous allions être des protégés, des protégés de qui ? du radicalisme. On m'a prédit à moi une triste fin ; je l'ai bravée plus d'une fois pour faire mon devoir, je ne suis pas sûr que je l'aie bravée pour la dernière fois. Et puis, on nous a dit qu'il y avait une chose fâcheuse, outre ma fin malheureuse, c'était d'y ajouter le ridicule. On me permettra de trouver cela bien sévère. Un homme qui aurait servi son pays toute sa vie, qui aurait, dans les temps les plus difficiles, sacrifié sa popularité pour la vérité, qui aurait rendu des services que je ne

prétends pas avoir rendus, peut-être pourrait traiter avec cette pitié des hommes comme ceux qui sont sur ces bancs. (L'orateur désigne le banc des ministres.) Je remercie l'orateur de ses sentiments compatissants... (Rires à gauche.) Qu'il me permette de lui rendre la pareille et de lui dire aussi que, moi, je le plains. De majorité, il n'en aura pas plus que nous ; mais il sera un protégé aussi ; je vais lui dire de qui, d'un protecteur que l'ancien duc de Broglie aurait repoussé avec horreur : il sera le protégé de l'Empire. » La droite de l'Assemblée, dirigée par M. de Broglie, proposa l'ordre du jour suivant : « L'Assemblée nationale, considérant que la forme du gouvernement n'est pas en discussion ; que l'Assemblée est saisie de lois constitutionnelles présentées en vertu d'une de ses décisions et qu'elle doit examiner, mais que, dès aujourd'hui, il importe de rassurer le pays en faisant prévaloir dans la gouvernement une politique résolument conservatrice, regrette que les récentes modifications ministérielles n'aient pas donné aux conservateurs la satisfaction qu'ils avaient le droit d'attendre, et passe à l'ordre du jour. » Cet ordre du jour fut adopté par 360 voix contre 344. M. Thiers adressa aussitôt au président de la République une lettre ainsi conçue :

« Versailles, le 24 mai 1873.

« Monsieur le président,

« J'ai l'honneur de remettre à l'Assemblée nationale ma démission des fonctions de président de la République, qu'elle m'avait conférées.

« Je n'ai pas besoin d'ajouter que le Gouvernement remplira tous ses devoirs jusqu'à ce qu'il ait été régulièrement remplacé.

« Recevez l'assurance de ma haute considération.

« THIERS,

« Membre de l'Assemblée nationale. »

Par 363 voix contre 348, l'Assemblée nationale accepta la démission de M. Thiers. Deux jours après, sur la proposition du général Changarnier, elle nomma, par 391 voix contre 300 abstentions, le maréchal de Mac-Mahon, duc de Magenta, président de la République française. M. Thiers prit place au centre gauche de l'Assemblée, se tint, de propos délibéré, à l'écart des discussions parlementaires, siégea peu et ne reparut à la tribune que le 27 mars 1874, à propos du débat sur les fortifications de Paris. Il se prononça pour que l'on fortifiât immédiatement les points que, de l'avis de tout le monde, il était urgent de garantir ; mais il demanda qu'on ajournât jusqu'à plus ample étude le vote des fortifications sur les points nouveaux. La proposition n'eut point de succès. Dès lors, on ne le revit plus à la tribune. Toutefois son influence sur les gauches de l'Assemblée resta considérable, et il ne se passa point d'année qu'il ne manifestât son sentiment sur les principales questions qui agitèrent l'opinion publique. Au mois de septembre 1874, il fit un voyage en Italie, et eut, à Turin, une entrevue avec le roi Victor-Emmanuel. Au retour de ce voyage, M. Thiers s'arrêta au château de Vizille, dans l'Isère, chez M. Casimir Périer ; il y reçut la visite des notabilités républicaines du département et leur fit un discours que la presse libérale répandit et commenta. Le 25 février 1875, il prit part au vote de la

Constitution. Le 17 octobre, dans une nouvelle harangue qu'il prononça à Arcachon, il eut l'occasion de s'expliquer sur la Constitution et sur le caractère des élections prochaines : « Les élections approchent, dit-il, et c'est à la France qu'il appartient d'imprimer au gouvernement l'unité dont il a absolument besoin; que, se gardant de tout esprit d'exclusion, car les gouvernements exclusifs sont stériles, la France, agissant avec discernement, accueille tous les hommes qui ont su prendre leur parti, et se garde de ceux qui, républicains le jour du scrutin, se hâteraient, le lendemain, d'expliquer leur profession de foi par l'article de nos lois constitutionnelles qui stipule la revision. » Le 30 janvier 1876, M. Thiers fut élu sénateur par le territoire de Belfort. Mais il n'accepta pas, et préféra solliciter, le 20 février suivant, du 9° arrondissement de Paris, le mandat de député : il l'obtint par 10,399 voix (17,801 votants, 22,332 inscrits), contre 5,923 à M. Daguin, président du tribunal de commerce. Il ne prit la parole que pour combattre la proposition Laisant sur la durée du service militaire obligatoire. Après le 16 mai 1877, il signa le manifeste des 363. Ce fut son dernier acte politique. A la veille de la dissolution de la Chambre, le 16 juin, un passage d'un discours de M. de Fourtou faisant honneur à l'Assemblée nationale de la libération du territoire, valut à M. Thiers une ovation de la gauche : « Le véritable libérateur du territoire, le voilà! » firent, en le désignant, la plupart des députés de la majorité. La Chambre dissoute, M. Thiers prépara, en vue des élections du 14 octobre, un long manifeste politique; il en avait à peine rédigé la première partie, à Saint-Germain-en-Laye, à l'hôtel du pavillon Henry IV, où il s'était retiré avec Mme Thiers et Mlle Dosne, quand la mort vint le surprendre brusquement. Le 3 septembre au matin, il fut pris, à déjeuner, d'une syncope; ayant voulu sortir, un frisson le saisit; il rentra; on l'étendit sur le petit lit de camp qui le suivait dans tous ses voyages; presque aussitôt l'état comateux se déclara, le malade était perdu. A six heures dix minutes du soir il expira. Cette mort fit en France et en Europe une impression considérable. Le lendemain, le ministre de l'Intérieur, M. de Fourtou, fit signer au président de la République un décret portant que les funérailles de M. Thiers auraient lieu par les soins et aux frais de l'État. Mais Mme Thiers ne s'entendit pas avec le gouvernement sur des détails de la cérémonie, qu'elle désirait régler entièrement elle-même. M. Voisin, préfet de police, ayant déclaré que les règlements ne permettent pas aux particuliers de disposer d'une cérémonie publique, M. de Fourtou fit rapporter le décret précédemment rendu. Les obsèques eurent lieu à Notre-Dame-de-Lorette, le 8 septembre, au milieu d'une très grande affluence qui accompagna le corps jusqu'au Père-Lachaise. Là, des discours furent prononcés par MM. Jules Grévy, au nom des groupes républicains, de Sacy pour l'Académie française, Vuitry pour l'Académie des Inscriptions et Belles-lettres, et Jules Simon. Des statues ont été élevées à Thiers à Nancy et à Saint-Germain, et nombre de villes, Paris excepté, ont donné son nom à l'une de leurs rues. Grand-croix de la Légion d'honneur du 27 avril 1840, grand-croix et grand-maître de l'ordre depuis qu'il était chef du pouvoir exécutif (février 1871), décoré de tous les ordres étrangers, y compris la Toison d'or; membre de l'Académie française depuis 1833, et de l'Académie des sciences morales et politiques

depuis 1840. On a encore de lui, outre ses deux grands ouvrages d'histoire, *Law et son système de finances* (1826); la *Monarchie de 1830* (1831); du *Droit de propriété* (1848); *Sainte-Hélène* (1862); *Waterloo* (1862); *Congrès de Vienne* (1863), etc. Ses *Discours parlementaires* ont été réunis et publiés par sa veuve, avec le concours de M. Calmon.

THIERS (Édouard), député de 1885 à 1889, né à Saint-Saulge (Nièvre) le 15 mai 1843, mort à Levallois-Perret (Seine) le 19 février 1890, entra à l'École polytechnique, puis à l'École d'application de Metz (1863), et en sortit le quatrième, en 1867, comme lieutenant du génie. Capitaine au moment de la guerre de 1870, il fut adjoint à Denfert-Rochereau pour la défense de Belfort, commanda le fort avancé de Bellevue, et fut décoré pour sa belle conduite dans l'héroïque résistance de cette place. Attaché ensuite à l'état-major du génie, il dirigea en Savoie la construction des forts et des routes stratégiques, puis, dans le Rhône, les travaux de défense du massif du mont Dore et du plateau des Dombes. Conseiller général du 4° canton de Lyon en 1880, et candidat à la députation, dans la 2° circonscription de Lyon, aux élections générales du 21 août 1881, il échoua avec 6,345 voix contre 6,536 au candidat radical élu, M. Bonnet-Duverdier, et 154 à M. Lagrange. Il quitta l'armée, s'occupa de travaux de chemins de fer, et ne fut pas plus heureux à l'élection partielle du 26 février 1882, motivée, dans la 1re circonscription de Villefranche (Rhône), par l'élection de M. Guyot au Sénat; il n'obtint en effet que 5,843 voix contre 7,713 à l'élu, M. Million. Les élections du 4 octobre 1885 lui ouvrirent les portes du parlement; porté sur la liste radicale dans le Rhône, il fut élu, le 2° sur 11, par 87,040 voix, sur 136,430 votants et 178,887 inscrits. Il prit place à la gauche radicale, parla sur les questions militaires, et fut rapporteur (avril 1886) du projet Ballue, tendant à traduire devant un conseil de guerre tout commandant de l'armée de terre qui aurait rendu ou évacué son poste ou capitulé en rase campagne. Chargé de la réfection du port de la Vera-Cruz (Mexique), il voulut assister un jour à une séance de la Chambre des députés à Mexico; il y fut l'objet d'une ovation, fut placé à la droite du président, et répondit avec beaucoup d'à-propos aux félicitations qui lui furent adressées par ce dernier. Mais il contracta au Mexique le germe de la maladie qui devait l'emporter, et qui l'empêcha de siéger au palais Bourbon dans la dernière session de la législature. Il avait voté précédemment avec les radicaux, notamment *pour* l'expulsion des princes (juin 1886).

THIESSÉ (Nicolas-François), député au Conseil des Cinq-Cents, membre du Tribunat, né à Forges-les-Eaux (Seine-Inférieure) le 9 janvier 1759, mort à Rouen (Seine-Inférieure) le 16 décembre 1834, était, en 1783, avocat au parlement de Normandie. En 1789, il fut l'un des premiers à réclamer l'abolition des justices féodales, et devint, au mois de juin de l'année suivante, officier municipal de Rouen, où il calma plusieurs insurrections et des scènes de désordre. Dénoncé par les sans-culottes, comme suspect de modérantisme, il fut emprisonné pendant la Terreur et ne dut sa liberté qu'au 9 thermidor. Procureur-syndic du district de Rouen, puis accusateur public près le tribunal criminel de la Seine-Inférieure, il fut élu, le 23 germinal an VI, député de la Seine-Inférieure au Conseil des Cinq-Cents, prit une part importante aux débats, fut membre du comité des finances et du comité des rapports, et secrétaire du Conseil en fructidor an VI. Il prit souvent la parole, pour protester contre la restitution des confiscations, contre le paiement en numéraire du quart des domaines engagés, sur la célébration du décadi, sur les patentes des ouvriers de la 8e classe, sur le projet d'une levée de 200,000 conscrits, pour présenter un projet sur les délits relatifs à la sûreté publique, sur les exemptions du service militaire, sur la responsabilité des communes, sur la liberté de la presse, sur l'emprunt forcé de cent millions, sur la nécessité de recourir à un nouvel emprunt pour couvrir le déficit. Il dénonça Lachabeaussière, puis demanda l'ordre du jour sur cette affaire, vota la mise en accusation de Vaucanfort, combattit l'élection de Thirion, défendit les ex-Directeurs et fut attaqué par Declerck qu'il avait faussement accusé. Partisan de Bonaparte, il fit partie de la Commission intermédiaire des Cinq-Cents (19 brumaire an VIII), et fut nommé membre du Tribunat, le 4 nivôse suivant. Il s'y fit remarquer par la facilité de sa parole et par sa science juridique, fut chargé de l'examen et du rapport des premiers titres du code civil, combattit l'établissement des tribunaux criminels spéciaux, et, sorti du Tribunat le 19 ventôse an X, reprit sa place au barreau de Rouen. Nommé, en 1814, procureur impérial au tribunal des douanes, il n'exerça cette charge que quelques mois, car elle fut supprimée la même année. Il abandonna alors définitivement les fonctions publiques. On a de lui plusieurs mémoires et plaidoiries.

THIESSÉ (JULES-THÉODORE), député de 1876 à 1889, né à Niort (Deux-Sèvres) le 6 décembre 1833, petit-fils du précédent, et fils d'un homme de lettres qui fut préfet sous Louis-Philippe, fit ses études à Paris et, reçu licencié en droit, s'établit comme négociant dans le département de la Seine-Inférieure, où il devint juge au tribunal de commerce de Gournay. Secrétaire (1860-1866) du baron Leroy, préfet de la Seine-Inférieure, il se fit nommer, en 1868, conseiller général de la Seine-Inférieure pour le canton de Forges-les-Eaux. Il commanda en 1871 un bataillon de gardes mobiles et participa à la répression de l'insurrection communaliste. M. J. Thiessé se présenta pour la première fois à la députation, dans l'arrondissement de Neufchâtel, le 20 février 1876 : élu par 10,391 voix (17,326 votants, 21,688 inscrits), contre 6,859 à M. des Roys, il siégea au centre gauche, fut des 363, et obtint à ce titre sa réélection, le 14 octobre 1877, par 10,126 voix (18,195 votants, 21,882 inscrits) contre 8,019 à M. Ernouf-Bignon. Il soutint le cabinet Dufaure, vota *pour* l'article 7, *pour* le retour du parlement à Paris, *contre* l'amnistie plénière, *pour* l'invalidation de l'élection de Blanqui, et obtint encore sa réélection, comme député de Neufchâtel, le 21 août 1881, par 11,325 voix (13,077 votants, 21,469 inscrits). Il soutint les cabinets Gambetta et J. Ferry, se prononça *contre* la séparation de l'Eglise et de l'Etat, *pour* les crédits du Tonkin, et appartint à diverses commissions, et notamment à la commission des ports maritimes, au nom de laquelle il présenta plusieurs rapports. Au cours de la législature, il tenta (8 janvier 1882) de se faire élire sénateur de la Seine-Inférieure, et échoua avec 345 voix sur 860 votants. Inscrit, le 4 octobre 1885, sur la liste républicaine de la Seine-Inférieure, M. J. Thiessé fut élu, le 9e sur 12,

par 79,418 voix (149,516 votants, 195,467 inscrits). Il reprit d'abord sa place dans la majorité républicaine, adhéra, à la fin de la législature, au mouvement boulangiste, et se prononça dans la dernière session, *contre* le rétablissement du scrutin d'arrondissement (11 février 1889), *contre* les poursuites contre trois députés membres de la Ligue des patriotes, *contre* le projet de loi Lisbonne restrictif de la liberté de la presse, *contre* les poursuites contre le général Boulanger ; il s'était abstenu sur l'ajournement indéfini de la révision de la Constitution.

THIEULLEN (JEAN-BAPTISTE NICOLAS, BARON DE), représentant en 1849, député au Corps législatif de 1852 à 1853, et sénateur du second Empire, né à Rouen (Seine-Inférieure) le 30 novembre 1789, mort à Paris le 7 janvier 1862, fils d'un magistrat créé baron par Napoléon Ier, entra en 1811 comme auditeur au conseil d'Etat, et fut nommé successivement sous-préfet de Caen (14 janvier 1811), de Corbeil (24 janvier 1814), de Dieppe (1er février 1819), de Saint-Pol (6 septembre 1830). Le ministère Villèle l'écarta des emplois publics ; mais il fut rappelé aux affaires par le gouvernement de Louis-Philippe (août 1830), comme sous-préfet du Havre, puis fut nommé (20 août 1839) à la préfecture du Calvados, trois jours après à celle du Var, et, quatre jours après, à celle des Côtes-du-Nord. Devenu conseiller général de ce département, il le représenta (13 mai 1849) à l'Assemblée législative, où il fut envoyé, le 11e sur 13, par 39,385 voix (110,201 votants, 164,242 inscrits). M. de Thieullen siégea à droite, vota *pour* l'expédition de Rome, *pour* la loi Falloux-Parieu sur l'enseignement, *pour* la loi restrictive du suffrage universel, soutint la politique de l'Elysée, applaudit au coup d'Etat, et fut élu, avec l'appui officiel du gouvernement, le 29 février 1852, député de la Ire circonscription des Côtes-du-Nord au Corps législatif, par 16,505 voix (23,909 votants, 38,216 inscrits), contre 7,038 à M. Denis. Il s'associa au rétablissement de l'Empire, et fut appelé au Sénat le 8 mars 1853. Dans la Chambre haute comme au Corps législatif, M. de Thieullen se montra le fidèle soutien du régime impérial. Il mourut en 1862, commandeur de la Légion d'honneur.

THIL (JEAN-BAPTISTE-LOUIS), député de 1827 à 1831, et de 1832 à 1848, né à Caen (Calvados) le 15 décembre 1781, mort à Paris le 2 janvier 1849, étudia le droit et s'établit à Rouen, vers 1800, comme défenseur officieux. Ayant conquis rapidement une place importante au barreau, il se lia avec Dupin aîné et eut à porter la parole dans plusieurs affaires importantes. En 1824, après avoir soutenu un procès qui intéressait Mme du Cayla, il se vit offrir par le gouvernement royal une place de conseiller à la cour de Cassation. Il refusa, et préféra solliciter le suffrage des électeurs libéraux de la Seine-Inférieure, comme candidat à la Chambre des députés : élu, le 24 novembre 1827, député de ce département, par 448 voix (804 votants, 911 inscrits), il siégea au centre gauche et se montra attaché aux principes constitutionnels. M. Thil vota pour l'Adresse des 221, fut réélu député, le 19 juillet 1830, par 580 voix (903 votants, 1005 inscrits), et se rallia à la monarchie de Louis-Philippe. Nommé procureur général près la cour de Rouen, il obtint le renouvellement de son mandat législatif, le 28 octobre 1830, par 1,779 voix (2,311 votants, 4,253 inscrits), contre 289 à M. Duvergier de Hauranne et 200 au baron Boulenger. Il fit partie de la majorité conservatrice, vota, lors de la discussion de la loi électorale, pour le cens, et se prononça contre le bannissement des Bourbons ; il fut aussi rapporteur de la commission chargée de l'examen du projet de liquidation de l'ancienne liste civile. Il fut quelque temps éloigné de la Chambre, par suite de l'incompatibilité, consacrée par la loi électorale, entre les fonctions de procureur général et celles de député dans le ressort de la cour. La mort de M. Thouret, député du 7e collège du Calvados (Pont-l'Évêque), l'y fit rentrer, le 16 août 1832 ; élu député de cette circonscription par 251 voix (460 votants, 679 inscrits), contre 207 à M. Isambert, il reprit sa place au centre dans les rangs de la majorité, soutint le gouvernement de son vote et de sa parole, fut nommé, en 1834, conseiller à la cour de Cassation, et fut réélu député la même année, par 293 voix (483 votants, 653 inscrits), puis le 4 novembre 1837, par 202 voix (411 votants, 691 inscrits), contre 53 à Dupont de l'Eure et 52 à M. de Montlivault. Membre de plusieurs commissions parlementaires, il parut assez fréquemment à la tribune, notamment pour soutenir le gouvernement dans la discussion de l'Adresse, lors de la coalition de Thiers et de Guizot contre le ministère Molé. Réélu, le 2 mars 1839, par 341 voix (541 votants), puis, le 9 juillet 1842, par 422 voix (617 votants, 754 inscrits), contre 192 au colonel Langlois, et, le 1er août 1846, par 420 voix (639 votants, 802 inscrits), contre 213 à M. Langlois, il devint procureur général, puis président (1847) à la cour de Cassation, rentra dans la vie privée en 1848, et mourut l'année suivante, commandeur de la Légion d'honneur.

THIMBRUNE. — *Voy.* VALENCE (COMTE DE).

THIRIAL (JEAN-FRANÇOIS), député en 1789, né à Compiègne (Oise), le 28 mars 1755, exécuté à Paris le 4 juin 1794, entra dans les ordres, et, reçu docteur en Sorbonne, fut nommé professeur de théologie au collège des Trente-Trois à Paris, puis à Lyon. De retour dans son diocèse, il devint curé de Vauchamps, et, en 1785, curé de la paroisse de Saint-Crépin à Château-Thierry. Élu, le 24 mars 1789, député du clergé aux États-généraux pour le bailliage de Château-Thierry, il siégea dans la majorité réformatrice, et prêta le serment ecclésiastique (4 janvier 1791) sous réserve des droits de l'Église. Sommé par le président d'avoir à s'abstenir de toute restriction, il s'y refusa, et quitta la tribune sans céder. Après la session, il se retira à Versailles où il exerça la médecine. En janvier 1794, ayant été reconnu à Paris, dans un restaurant, par trois habitants de Château-Thierry, il fut dénoncé, arrêté, et traduit devant le tribunal révolutionnaire, qui l'envoya à l'échafaud. Un de ses paroissiens, qui l'avait reconnu quand il se rendait dans la fatale charrette au lieu de l'exécution, a témoigné qu'il alla à la mort avec le même calme et la même tranquillité que lorsqu'il montait à l'autel pour dire la messe.

THIRION (DIDIER), membre de la Convention, né à Thionville (Moselle) le 17 février 1763, mort à Thionville le 18 janvier 1816, entra dans la congrégation de l'Oratoire et se consacra à l'enseignement. Successivement professeur aux collèges de Béthune et de Metz, il embrassa avec ardeur la cause de la Révolution, fut nommé officier municipal, et, le 7 septembre 1792, élu député de la Moselle à la Convention, le 7e sur 9, « à la pluralité des voix ». Il siégea à la Montagne et, lors du procès du roi, se prononça pour la mort, sans appel au peuple. Au 2e appel nominal il répondit : « Si je croyais que les départements frontières fussent encore exposés aux invasions de l'ennemi, je serais le plus lâche des hommes et j'éloignais la responsabilité de ma tête pour la faire tomber sur celle de mes commettants et les exposer au double fléau de la guerre civile et de la guerre étrangère. Si la femme du malheureux Sauce, procureur de la commune de Varennes, a été lâchement massacrée par les lâches satellites de Léopold, parce que son mari avait eu l'audace d'arrêter le ci-devant roi fuyant, que pensez-vous qu'il arriverait si nos concitoyens votaient pour la mort du tyran ? D'ailleurs, les districts de mon département sont allemands ; avez-vous envoyé les pièces de la procédure traduites en allemand ? Mes commettants n'ont donc pas les instructions nécessaires à ce sujet, ils ne sauraient juger sévèrement : ainsi, pour répondre à la confiance de mes commettants, qui m'ont chargé de juger et de condamner le tyran, je dis *non*. » Et au 3e appel nominal : « Je n'ai ni père, ni fils à venger, mais cent mille de mes concitoyens : je vote pour la mort. » Il prit parti contre les Girondins, défendit Marat, se prononça pour l'établissement du maximum, devint secrétaire de la Convention, et fut envoyé en mission dans la Vendée. Il écrivit, de Chartres, au comité de salut public, le 15 septembre 1793 : « Les Chouans sont la plupart de bonnes gens, qui se battent comme des lions, et qui annoncent qu'ils ont commencé la guerre avec des bâtons, mais qu'ils la finiront avec des canons. » Il annonça à l'assemblée la défaite des « brigands » près de Laval, puis, ayant voulu s'immiscer dans les opérations militaires, il fut rappelé sur le rapport de Couthon au bout de deux mois. Cette circonstance l'éloigna de Robespierre, dans la journée du 8 thermidor. Thirion, qui avait présidé le club des Jacobins, parla contre les sociétés populaires et prit part aux mesures de réaction qui suivirent immédiatement la défaite des robespierristes. Il refusa toutefois de suivre jusqu'au bout la majorité nouvelle, et tenta de justifier Collot-d'Herbois lorsque celui-ci fût attaqué. A l'époque des événements de prairial, il se mit du côté des insurgés et accepta d'eux le titre et les fonctions de secrétaire. Arrêté, il bénéficia de l'amnistie du 4 brumaire an IV et n'appartint plus à d'autres assemblées. Commissaire du Directoire près le tribunal de Bruges (1796), puis près l'administration centrale de la Moselle (juillet 1799), il rentra dans l'enseignement après le coup d'État de brumaire et obtint la chaire de belles-lettres à l'École centrale de Sambre-et-Meuse ; il passa en 1803 au lycée de Mayence et, le 20 juillet 1809, fut nommé professeur de littérature latine à la faculté des lettres de Douai. Atteint par la loi du 12 janvier 1816, contre les régicides, il songea à passer en Amérique, mais, sur le point de partir, il s'empoisonna.

THIRION-MONTAUBAN (STEPHEN-ALBERT), député de 1876 à 1885, né à Paris le 22 septembre 1843, fils de M. Jules-Antonin Thirion-Montauban, ministre plénipotentiaire de la

République dominicaine à Paris, et gendre de M. Magne ancien ministre, entra d'abord dans la diplomatie et fut secrétaire d'ambassade à Vienne, sous le second empire, puis secrétaire de M. Magne, redevenu ministre après le 24 mars 1873. Élu, le 20 février 1876, député de la 2ᵉ circonscription de Bergerac, par 8,481 voix (13,197 votants, 15,738 inscrits), contre 4,658 à M. Barraud, républicain, il prit place au groupe de l'Appel au peuple, et fut l'un des 158 députés qui soutinrent le ministère de Broglie contre les 363. Réélu, le 14 octobre 1877, par 8,775 voix (13,796 votants, 16,416 inscrits), contre 2,200 à M. Barraud, 1,543 à M. Dambier, et 1,223 à M. Sacreste, et, le 21 août 1881, par 8,277 voix (14,083 votants, 16,690 inscrits), contre 5,743 à M. de la Batut, républicain, il continua de siéger au groupe bonapartiste et de voter avec la minorité. Porté, le 4 octobre 1885, sur la liste conservatrice de la Dordogne, il échoua avec 58,110 voix sur 120,527 votants. Conseiller général du canton de Villefranche-de-Longchapt (Dordogne).

THIRY (François-Mansuy, baron), député au Corps législatif de l'an VIII à 1815, né à Nancy (Meurthe) le 16 novembre 1765, mort à Nancy le 8 décembre 1834, « fils de sieur Jean-François Thiry, avocat à la cour souveraine et ez-conseils du roi, et de demoiselle Anne Bailly », était avocat dans sa ville natale au moment de la Révolution. Partisan des idées nouvelles, il entra dans l'administration municipale de cette ville ; il était, à l'époque du 18 brumaire, commissaire du gouvernement à Salins et à Dieuze. Élu, le 8 prairial an VIII, par le Sénat conservateur, député de la Meurthe au Corps législatif, il vit son mandat renouvelé le 4ᵉ jour complémentaire de l'an XIII, et le 4 mai 1811. Au retour de l'île d'Elbe, il rentra dans la vie privée, ayant adhéré à la déchéance de l'empereur, qui l'avait créé baron le 12 avril 1813.

THIRY (François-Augustin), sénateur du second Empire, né à Nancy (Meurthe) le 24 février 1794, mort à Nancy le 18 décembre 1875, fils du précédent, entra en 1810 à l'École polytechnique, en sortit officier au 1ᵉʳ d'artillerie, fut promu capitaine en 1813, servit le gouvernement de la Restauration et se rallia à celui de Louis-Philippe; après 1830, le roi le choisit pour officier d'ordonnance. Chef d'escadron en 1834, lieutenant-colonel du 1ᵉʳ régiment d'artillerie en 1840, colonel en 1845, il fut fait général de brigade le 2 décembre 1850. Il commanda en cette qualité l'artillerie à Toulouse, puis, promu général de division (29 août 1854), fut placé, pendant la guerre de Crimée, à la tête de l'artillerie de l'armée d'Orient. Le général Thiry, grand officier de la Légion d'honneur depuis le 22 septembre 1855, fut appelé, par décret impérial du 16 août 1859, à siéger au Sénat, où il soutint de ses votes, jusqu'à sa chute, le gouvernement impérial.

THOINNET DE LA TURMELIÈRE (Charles-Célestin-Joseph), député de 1857 à 1870 et de 1876 à 1887, né à Ancenis (Loire-Inférieure) le 26 octobre 1823, mort à Paris le 26 mai 1887, « fils de Jean-Joseph Thoinnet de la Turmelière, ancien officier, et de Célestine Balette », étudia le droit, fut reçu licencié, et entra dans l'administration comme attaché au ministère de l'Intérieur. Conseiller de préfec-

ture de la Loire-Inférieure le 25 septembre 1848, il donna sa démission en 1857, pour se présenter, avec l'appui du gouvernement impérial, comme candidat au Corps législatif dans la 1ʳᵉ circonscription de ce département; il fut élu, le 22 juin, par 18,467 voix (18,547 votants, 34,905 inscrits), fit partie de la majorité dynastique, et fut réélu, le 1ᵉʳ juin 1863, toujours comme candidat officiel, par 23,062 voix (23,388 votants, 37,634 inscrits), puis le 24 mai 1869, par 19,946 voix (32,630 votants, 41,839 inscrits), contre 12,610 à M. Henri de Cornulier. Il se prononça constamment pour toutes les mesures agréables au pouvoir, et vota la déclaration de la guerre à la Prusse. Conseiller général de Nozay (Loire-Inférieure) et, maire de Liré (Maine-et-Loire), il était chambellan honoraire de l'empereur depuis 1860. Rendu à la vie privée par la révolution du 4 septembre 1870, il brigua de nouveau le mandat législatif aux élections du 20 février 1876, dans l'arrondissement d'Ancenis, et fut élu député par 6,057 voix (10,430 votants, 13,323 inscrits), contre 3,493 à M. Decroix et 845 à M. Collineau. Il siégea dans le groupe de l'Appel au peuple, soutint le gouvernement du seize mai, fut désigné comme candidat officiel du maréchal le 14 octobre 1877, et obtint à Ancenis le renouvellement de son mandat, par 8,337 voix (9,715 votants, 13,515 inscrits), contre 1,225 à M. Maillard. Il reprit sa place à droite, dans le groupe bonapartiste, et se prononça *contre* les ministères républicains de la législature, *contre* l'élection de M. Grévy comme président de la République, *contre* le retour du parlement à Paris, *contre* l'article 7, *contre* l'amnistie. Conseiller général du canton d'Ancenis, il fut de nouveau réélu, le 21 août 1881, par 8,497 voix (8,967 votants, 13,798 inscrits), combattit les cabinets Gambetta et J. Ferry et se prononça *contre* les crédits du Tonkin. Le 4 octobre 1885, il fut porté sur la liste conservatrice de la Loire-Inférieure et élu, le 4ᵉ sur 9, par 71,534 voix (121.474 votants, 165,624 inscrits). Il continua son opposition au gouvernement, vota *contre* la nouvelle loi militaire, *contre* l'expulsion des princes, et mourut au cours de la législature. Officier de la Légion d'honneur (1866).

THOMANY (Pierre), député au Conseil des Cinq-Cents, né et mort à des dates inconnues, fut élu, le 22 vendémiaire an IV, député au Conseil des Cinq-Cents par l'île de Saint-Domingue. Membre du comité colonial, il proposa d'annuler les obligations ayant pour cause l'achat des noirs, et demanda si l'anniversaire de la liberté des noirs ne devait pas être célébré comme fête nationale aux colonies. Il ne fit pas partie d'autres assemblées.

THOMAS (Jean), député en 1789, né à Sens (Yonne) en 1723, mort à une date inconnue, était curé de Mormant (Seine-et-Marne), lorsqu'il fut élu, le 19 mars 1789, député du clergé aux États-Généraux par le bailliage de Melun et Moret, avec 107 voix (195 votants) ; il y joua un rôle très effacé, et refusa de prêter le serment ecclésiastique. Devenu suspect sous la Terreur, il fut condamné à la déportation à la Guyane, le 12 septembre 1793; il y mourut probablement peu après.

THOMAS (Martin), député en 1789, né à Saint-Léonard (Haute-Vienne) le 16 septembre 1751, mort à une date inconnue, fit ses études en théologie et fut reçu docteur à l'université d'Angers. Nommé, en 1785, curé de Meymac, il fut élu, le 21 mars 1789, député du clergé aux États Généraux, par la sénéchaussée de Tulle, vota la vérification des pouvoirs en commun, alla en députation auprès du roi, le 15 juillet 1789, pour réclamer le renvoi des troupes de Paris, donna son adhésion à la constitution civile du clergé, mais signa les protestations des 12 et 15 septembre contre les actes de la Constituante. Il retourna ensuite à sa cure de Meymac, qu'il ne quitta qu'en 1792. L'année suivante, il fut condamné à la déportation pour refus de serment, ne rentra en France qu'à l'époque du Concordat, et fut réintégré dans sa cure de Meymac jusqu'en 1806. Nommé ensuite curé de Lapleau, près de Lubersac (Corrèze), et aumônier de l'hospice de cette dernière ville, il devint chanoine de Limoges le 26 février 1818.

THOMAS (JEAN-JACQUES), membre de la Convention, né en 1748, mort à Paris le 7 février 1794, était licencié ès-lois, quand il fut élu, le 19 septembre 1792, membre de la Convention, par le département de Paris, le 23e sur 24, par 381 voix (637 votants.) Il siégea parmi les modérés et répondit au 3e appel nominal, dans le procès du roi : « Si j'avais à prononcer seulement comme juge, si je ne voyais que l'homme et ses crimes, certes je ne serais pas embarrassé, je voterais pour le dernier des supplices; mais je dois prononcer en législateur, en homme d'État. L'intérêt de ma patrie est de n'avoir plus de roi; la mort de Louis ressuscite la royauté, j'en atteste l'histoire de tous les peuples. L'existence de Louis me parait utile, en ce qu'elle tient en échec tous les ennemis de la liberté au dedans et au dehors. Le silence des puissances étrangères ne semble-t-il pas indiquer qu'elles espèrent tirer un grand parti de sa vie? C'est un homme comme un autre, dit-on; c'est plus, c'est un homme au-dessous de tous les autres. Si, avant le siège de Lille, l'infâme gouvernante des Pays-Bas eût été prise, et qu'on eût pu, en la rendant, prévenir l'incendie de nos malheureux concitoyens, qui de vous n'aurait pas dit : Renvoyons cette mégère! Je conclus à la détention jusqu'à la paix, mais avec cette condition, que Louis subira la mort au moment où les puissances envahiraient notre territoire. » Il s'abstint sur l'appel au peuple et vota pour le sursis. Il prit aussi la parole sur le traitement des officiers de la marine, et mourut au cours de la session.

THOMAS (REGNAULD-NICOLAS-GEORGES), député au Conseil des Cinq-Cents et au Corps législatif, né à Châlons-sur-Marne (Marne) le 12 novembre 1746, mort à une date inconnue, « fils de maître Georges-Sébastien Thomas, procureur ès-siège de Châlons, et de demoiselle Jeanne Bégin », était lieutenant général au bailliage de la comté-pairie de Châlons au moment de la Révolution. Partisan des idées nouvelles, il fut nommé, en 1790, juge au tribunal de district de cette ville, fonctions qu'il exerça jusqu'en l'an II. Sans emploi pendant la Terreur, il devint ensuite juge au tribunal civil du département de la Marne, et fut élu, le 26 germinal an VI, député de ce département au Conseil des Cinq-Cents. Membre du comité des impositions, il fit un rapport sur les droits d'enregistrement dus par les héritiers des condamnés et des déportés. Après le 18 bru-

maire, auquel il se rallia, il fut nommé juge au tribunal d'appel de Paris. Élu, le 8 frimaire an XII, par le Sénat conservateur, député de la Marne au Corps législatif, il fit partie de la commission du timbre, et sortit de l'assemblée en 1809.

THOMAS (JEAN-DENIS, CHEVALIER), député au Corps législatif en l'an XII, né à Notre-Dame-la-Grâce (Eure) le 9 avril 1750, mort à Rouen (Seine-Inférieure) le 23 avril 1812, « fils de Jean-Denis Thomas, et de Marie-Anne-Angélique Guérard », avocat au moment de la Révolution, devint juge au tribunal de district de Rouen en 1790, puis commissaire du roi près le tribunal criminel. Successivement procureur-syndic du district de Rouen, administrateur du département de la Seine-Inférieure sous le Directoire, juge au tribunal civil, puis accusateur public près le tribunal criminel de Rouen après le 18 brumaire, il fut nommé membre de la Légion d'honneur le 25 prairial an XII, et fut élu, le 2 fructidor de la même année, par le Sénat conservateur, député de la Seine-Inférieure au Corps législatif; il en sortit en 1809. Procureur impérial à Rouen, créé chevalier de l'Empire le 3 mai 1809, il devint conseiller à la cour impériale de Rouen le 23 mars 1811, et mourut l'année suivante.

THOMAS (JEAN-LOUIS), représentant à la Chambre des Cent-Jours, né à Nancy (Meurthe) le 4 janvier 1763, mort à une date inconnue, fut administrateur à Saint-Dié pendant la Révolution. Élu, le 13 mai 1815, représentant de cet arrondissement à la Chambre des Cent-Jours, par 51 voix (87 votants), il n'eut dans la session qu'un rôle secondaire et ne fit pas partie d'autres assemblées.

THOMAS (AUGUSTIN-JEAN-CLAUDE), représentant à la Chambre des Cent-Jours, né à Paimpol (Côtes-du-Nord) le 21 août 1765, mort à Saint-Malo (Ille-et-Vilaine) le 30 mars 1861, « fils des nobles gens Claude-René Thomas des Essarts, maître ès-arts, et Françoise Jeanne Gaultier, dame des Essarts », était négociant à Saint-Malo et maire de cette ville. Élu, le 12 mai 1815, représentant à la Chambre des Cent-Jours par le département d'Ille-et-Vilaine, avec 44 voix (73 votants), il n'eut qu'un rôle parlementaire effacé, qui prit fin avec la législature.

THOMAS (JOSEPH-ANTOINE-MOUSTIERS), député de 1829 à 1831, né à Moustiers (Basses-Alpes) le 19 septembre 1776, mort à Marseille (Bouches-du-Rhône) le 1er août 1830, étudia le droit et exerça la profession d'avocat à Marseille. D'opinions constitutionnelles, il se présenta, le 17 novembre 1827, dans le 1er arrondissement des Bouches-du-Rhône, et échoua avec 289 voix contre 380 à l'élu, M. Strafforello. Il fut plus heureux dans la même circonscription, le 27 mars 1829; élu par 369 voix (696 votants, 773 inscrits), contre 322 à M. Augustin Durand, il combattit le ministère Polignac, signa l'Adresse des 221, n'obtint, aux élections du 23 juin 1830, que 366 voix contre 499 à l'élu, M. Verdillon, et prit sa revanche, le 19 juillet suivant, au grand collège de l'Eure qui l'élut député par 185 voix (361 votants, 418 inscrits). Partisan de la Révolution de 1830 et du gouvernement de Louis-Philippe, M. Thomas fut fait conseiller d'État et préfet des Bouches-du-Rhône. Admis à la retraite, en cette dernière qualité le 15 août 1838, il mourut l'année d'après, à Marseille, officier de la Légion d'honneur.

THOMAS (JACQUES-LÉONARD-CLÉMENT), représentant en 1848, né à Libourne (Gironde) le 31 décembre 1809, fusillé à Paris le 18 mars 1871, fit ses études à Paris, puis s'engagea dans l'armée, devint maréchal des logis au 9ᵉ cuirassiers, et, compromis dans le complot de Lunéville, fut impliqué dans le procès des accusés d'avril, et condamné à la détention (1835) ; mais il parvint à s'évader de Sainte-Pélagie, passa en Angleterre et n'en revint qu'à la faveur de l'amnistie de 1837. Il entreprit l'éducation de deux jeunes gens, et collabora au *National*. A la révolution de février, qui porta ses amis au pouvoir, Clément Thomas fut envoyé comme commissaire dans la Gironde. Ce département l'élut, le 23 avril, représentant à l'Assemblée constituante, le 14ᵉ sur 15, par 51,433 voix sur 146,606 votants. De retour à Paris, il devint, à l'élection, colonel de la 2ᵉ légion de la garde nationale, puis, le soir du 15 mai, fut nommé commandant en chef de la garde nationale de la Seine, à la place du général Courtais arrêté. Quelques jours avant l'insurrection de juin, il fut remplacé lui-même dans ce poste par le général Changarnier ; en réponse à la proposition de M. Rey sur la croix de la Légion d'honneur, il l'avait appelée un « hochet de vanité », avait été interrompu, insulté, et avait dû donner sa démission de commandant. A l'Assemblée, M. Clément Thomas vota avec les démocrates modérés, *contre* le rétablissement du cantionnement, *contre* les poursuites contre Louis Blanc et Caussidière, *contre* le rétablissement de la contrainte par corps, *contre* l'amendement Grévy, *pour* l'abolition du remplacement militaire, *contre* le droit au travail, *pour* la Constitution, *pour* l'ordre du jour en l'honneur de Cavaignac, *contre* la proposition Rateau, *contre* les crédits de l'expédition de Rome, *pour* l'amnistie des transportés. Il ne fut pas réélu à l'Assemblée législative. Lors du coup d'État de 1851, il tenta vainement de soulever la Gironde et d'y organiser la résistance. Exilé, il passa en Belgique, puis dans le grand-duché de Luxembourg. Il refusa l'amnistie de 1859, et écrivit à cette occasion au *National* la lettre suivante :

« Mœstroff, 9 septembre 1859.

« Monsieur le rédacteur,

« Serait-ce trop réclamer de votre obligeance, dans le but de mettre fin aux questions qui me sont adressées de divers côtés, que de vous prier de vouloir bien reproduire dans votre journal les lignes suivantes ?

« J'ai une foi trop vive en mon pays, pour ne pas préférer l'exil au spectacle de sa dégradation. A ceux qui me demandent si je rentrerai en France par une porte ouverte par l'homme du 2 décembre, je réponds : Jamais !

CLÉMENT THOMAS ».

Il se trouvait en Suisse, lorsqu'il apprit la chute de l'Empire (4 septembre 1870) ; il vint aussitôt offrir ses services au gouvernement de la Défense nationale. Nommé chef du 148ᵉ bataillon de la garde nationale, et appelé au commandement du 3ᵉ secteur, il se montra très opposé au mouvement du 31 octobre, et devint, après cette journée (1ᵉʳ novembre), adjudant général de la garde nationale de Paris. Quelques jours après, il reçut le titre de commandant supérieur des gardes nationales de la Seine.

Le 19 janvier 1871, il fut à la tête de la garde nationale mobilisée dans la sortie de Montretout et Buzenval. Aux élections du 8 février, il réunit dans la Gironde, sans être élu, 35,170 voix sur 132,349 votants. Le 14 du même mois, il adressa sa démission au général Trochu et rentra dans la vie privée. Lors de l'insurrection du 18 mars, M. Clément Thomas, reconnu et arrêté sur la place Pigalle par plusieurs gardes nationaux, fut conduit au comité central de Montmartre, rue des Rosiers, et fusillé sans jugement. L'Assemblée nationale décréta, le 26 mars, qu'une pension viagère serait accordée à sa veuve et qu'un monument lui serait élevé au Père-Lachaise aux frais de l'État.

THOMAS (JEAN-ALFRED), représentant en 1871, député de 1876 à 1877 et de 1878 à 1885, né à Saint-Masmes (Marne) le 30 octobre 1826, fils d'un laboureur, fit sa médecine à Paris, fut reçu docteur en 1852, et devint (1853) professeur d'anatomie et de physiologie puis de clinique interne à l'École préparatoire de Reims. Pendant la guerre de 1870, il organisa un service de communication avec le gouvernement de la Défense nationale, malgré l'occupation allemande. Découvert, il fut arrêté et enfermé dans la citadelle de Magdebourg, où il apprit qu'il venait d'être élu, le 8 février 1871, représentant de la Marne à l'Assemblée nationale, le 6ᵉ sur 8, par 34,581 voix (68,852 votants, 112,180 inscrits). De retour en France, il prit place à la gauche républicaine de l'Assemblée et vota *pour* la paix, *contre* l'abrogation des lois d'exil, *contre* la pétition des évêques, *contre* la démission de Thiers, *contre* le septennat, *contre* le ministère de Broglie, *pour* l'amendement Wallon, *pour* les lois constitutionnelles. Réélu député, le 20 février 1876, dans la 2ᵉ circonscription de Reims, par 9,653 voix (16,805 votants, 20,527 inscrits), contre 4,267 à M. Duchataux, 1,613 à M. de Mareuil et 1,150 à M. Paris, il prit de nouveau place à gauche, et fut l'un des 363 députés qui, au 16 mai, refusèrent le vote de confiance au ministère de Broglie. Il échoua, au scrutin du 14 octobre 1877, avec 8,575 voix contre 9,610 à l'élu, candidat officiel, M. Rœderer ; mais cette élection ayant été invalidée par la majorité républicaine, M. Thomas regagna son siège, le 7 juillet 1878, par 9,395 voix (18,607 votants, 21,223 inscrits), contre 9,111 à M. Rœderer. Réélu de nouveau, le 21 août 1881, par 9,501 voix (14,943 votants, 21,024 inscrits), contre 1,733 à M. Werlé et 1,627 à M. Derevoge, il continua de soutenir la politique scolaire et coloniale de la majorité républicaine, et ne se représenta pas aux élections générales de 1885. Outre la médecine et la politique, M. Thomas s'est beaucoup occupé d'agriculture, et a fondé un syndicat agricole et viticole dont il est le président ; il a été également l'un des fondateurs du journal l'*Indépendant rémois*, et il est conseiller général du canton de Bourgogne.

THOMAS (FRÉDÉRIC), député de 1881 à 1884, né à Castres (Tarn) le 5 janvier 1814, mort à Paris le 27 janvier 1884, fit de bonnes études au collège de sa ville natale, suivit les cours de la faculté de droit à Toulouse et, reçu avocat en 1836, s'adonna exclusivement à la littérature. Lauréat de l'Académie des Jeux floraux, il collabora à la *Revue du Midi* et à la *France méridionale*, fonda, en 1833, un journal littéraire et humoristique, le *Gascon*, et collabora en 1835 à la *Patrie*, journal politique. Il y attaqua si violemment le gouvernement de Louis-Philippe qu'il fut traduit en cour d'assises. Il se défendit lui-même, et fut acquitté. Le procureur général, Romiguières, s'intéressa à lui, et lui donna une lettre de recommandation pour Armand Carrel. Grâce à la protection de ce dernier, Thomas écrivit bientôt dans la *Minerve*, le *Figaro*, la *Presse*, dans des journaux de droit, fit jouer des pièces de théâtre et donna deux romans : *Un coquin d'oncle* (1840) et *La chanson des trois capitaines* (1844). De retour à Castres à la révolution de 1848, il y fonda l'*Électeur du Tarn*, et se fit inscrire au barreau (1850); mais il ne tarda pas à regretter Paris, où il revint en 1854. Membre et rapporteur du comité de la Société des gens de lettres, il en devint président au mois de décembre 1868, en remplacement de M. J. Simon, et fut maintenu à ce poste, en mars 1869 et 1870. Il s'était présenté comme candidat d'opposition au Corps législatif dans la 1re circonscription du Tarn, le 24 mai 1869, et avait échoué avec 3,436 voix contre 17,258 à l'élu officiel, M. Gorsse, et 9,243 au baron Decazes. Nommé (6 septembre 1870) préfet du Tarn, il échoua encore, aux élections du 8 février 1871, dans le Tarn, avec 19,552 voix sur 78,096 votants, et donna sa démission de préfet le 16 mars suivant. Conseiller général de Castres (8 octobre 1871), il échoua une troisième fois à la députation, le 5 mars 1876, au second tour, dans la 1re circonscription de Castres, avec 7,841 voix contre 8.263 à M. Combes, conservateur. Nommé conseiller de préfecture de la Seine le 12 janvier 1880, il fut enfin élu député de la première circonscription du Tarn (Castres), le 4 septembre 1881, au second tour, par 8,815 voix (16,045 votants, 21,497 inscrits), contre 8,038 à M. Combes, député sortant. Il prit place à la gauche opportuniste, critiqua (juin 1882) la nouvelle formule du serment judiciaire, défendit (mai 1883) la loi de relégation des récidivistes, et soutint la politique scolaire et coloniale des ministères républicains. Décédé en janvier 1884, il fut remplacé, le 23 mars suivant, par M. Abrial. Chevalier de la Légion d'honneur du 25 avril 1847. On a de lui : *Petites causes célèbres* (9 volumes 1855-59); *Du châtiment et de la réhabilitation* (1873); le *Courrier du Palais* dans l'*Estafette*, la *Presse* et le *Siècle*, etc.

THOMAS. — *Voy.* PANGE (MARQUIS DE).

THOMAS. — *Voy.* PLESSE (BARON DE LA).

THOMAS DEREVOGE (JEAN - LOUIS - MAURICE-FÉLIX), député de 1885 à 1889, né à Pont-Faverger (Marne) le 10 juillet 1839, ancien notaire, maire de sa ville natale, conseiller général du canton de Beine, fut porté sur la liste républicaine de la Marne aux élections du 4 octobre 1885, et élu, le 2e sur 6, par 53,216 voix (94,874 votants, 117,802 inscrits). Il prit place à gauche, appuya de ses votes la politique scolaire et coloniale de la majorité opportuniste, et vota, dans la dernière session, pour le rétablissement du scrutin d'arrondissement (11 février 1889), *pour* l'ajournement indéfini de la révision de la Constitution, *pour* les poursuites contre trois députés membres de la Ligue des patriotes, *pour* le projet de loi Lisbonne restrictif de la liberté de la presse, *pour* les poursuites contre le général Boulanger.

THOMAS DUCORDIC (EMMANUEL-MARIE-NICOLAS), député de 1831 à 1834, né à la Roche-Bernard (Morbihan) le 18 octobre 1781, mort à Vannes (Morbihan) le 25 février 1853, était

avocat dans cette dernière ville. Élu, le 5 juillet 1831, député du 1er collège du Morbihan (Vannes *intra-muros*), par 65 voix (109 votants, 164 inscrits), contre 30 à M. de la Bourdonnaye, et, le même jour, député du 2e collège du même département (Vannes *extra-muros*), par 88 voix (96 votants, 150 inscrits), il opta pour le premier collège et fut remplacé dans le second, le 1er octobre suivant, par M. Vigier. Il appartint à la majorité conservatrice, vota avec elle jusqu'aux élections de 1834, et ne se représenta plus.

THOMAS-KERCADO (ALEXIS-MARIE-PRUDENT), député au Corps législatif de 1863 à 1869, né à la Roche-Bernard (Morbihan) le 31 août 1809, mort au château du Plessis en Nivillac (Morbihan) le 18 avril 1890, propriétaire, maire et conseiller général de la Roche-Bernard, fut élu, le 1er juin 1863, député au Corps législatif dans la 1re circonscription du Morbihan, par 23,647 voix (23,959 votants, 33,581 inscrits). Il prit place dans la majorité dévouée aux institutions impériales. Ayant échoué, le 24 mai 1869, avec 13,269 voix contre 15,628 à M. de la Monneraye, candidat de l'opposition légitimiste, et 1,105 à M. Jules Simon, il ne reparut plus sur la scène politique, et mourut à 81 ans.

THOMAS-LA-PRISE (CHARLES-JEAN-ÉTIENNE), membre de la Convention, député au Conseil des Cinq-Cents, représentant aux Cent-Jours, né à Domfront (Orne) le 26 octobre 1758, mort à Juvigni-sous-Andaine (Orne) le 2 décembre 1838, « fils de Charles-François Thomas, sieur de la Prise, avocat au siège de Domfront, et de demoiselle Marie-Geneviève Barabé », était avocat à l'époque de la Révolution. Juge de paix (1790), puis procureur-syndic du district de Domfront, il fut élu, le 11 septembre 1792, premier député suppléant de ce département à la Convention, à la pluralité des voix, sur 561 votants. Admis à siéger dès le début en remplacement d'André non acceptant, il répondit au 3e appel nominal, lors du procès du roi : « Je vote pour la mort, dans le cas où les ennemis envahiraient notre territoire. » Il se prononça en outre pour l'appel et pour le sursis. Son rôle à l'assemblée fut très effacé. Réélu, le 22 vendémiaire an IV, député de l'Orne au Conseil des Cinq-Cents, par 166 voix (318 votants), il siégea jusqu'au coup d'État de Bonaparte, fut appelé, le 22 germinal an VIII, aux fonctions de commissaire près du tribunal civil d'Alençon, puis à celles de procureur impérial à Domfront. Révoqué à la première Restauration, il reprit ses fonctions aux Cent-Jours, signa l'Acte additionnel « parce que tous les fonctionnaires publics en faisaient autant », dit-il plus tard pour se disculper, et fut élu (14 mai 1815) représentant de l'arrondissement de Domfront à la Chambre des Cent-Jours, par 68 voix (101 votants, 182 inscrits). Frappé par la loi du 12 janvier 1816 contre les régicides, il s'empressa de partir pour Malines, et fit appuyer une demande d'autorisation de rentrer par le prince de Broglie. Le gouvernement royal, ayant reconnu que son vote dans le procès du roi n'avait pas compté pour la mort, le rappela (6 mai 1818); il arriva à Domfront le 7 juin, et obtint pleine et entière remise de sa peine le 25 décembre suivant.

THOMASSIN DE BIENVILLE (MAURICE-LOUIS-ATHANASE-NICOLAS-ADRIEN, COMTE), député de 1820 à 1830, né à Bienville (Haute-Marne) le 28 décembre 1775, mort à Bienville le 16 novembre 1860, propriétaire, maire de Bienville, conseiller général, chevalier de Saint-Louis et de la Légion d'honneur, ancien émigré rentré en France avec les alliés, fut successivement élu député du grand collège de la Haute-Marne, le 13 novembre 1820, par 83 voix (131 votants, 151 inscrits); le 6 mars 1824, par 91 voix (120 votants, 159 inscrits); le 24 novembre 1827, par 65 voix (112 votants, 123 inscrits); le 3 juillet 1830, par 71 voix (132 votants, 144 inscrits). Huit jours auparavant, le 23 juin, il avait échoué dans le 1er arrondissement électoral du même département (Joinville), avec 66 voix contre 166 à l'élu, M. Toupot de Bévaux. M. Thomassin fut toujours un fervent ministériel, ne prit jamais la parole, vota avec la majorité, et, fidèle à la branche aînée, refusa de siéger après les journées de Juillet; il ne reparut plus sur la scène politique.

THOMÉ. — Voy. KÉRIDEC (COMTE DE).

THOMINE-DESMAZURES (PIERRE-JACQUES-FRANÇOIS), représentant en 1848 et en 1849, né à Andrieu (Calvados) le 9 décembre 1791, mort à Caen (Calvados) le 4 septembre 1866, étudia le droit et se fit inscrire au barreau de Caen. Le décès de M. Durand ayant créé une vacance dans la représentation du Calvados à l'Assemblée constituante, M. Thomine-Desmazures se présenta pour lui succéder, et fut élu, le 26 novembre 1848, par 22,124 voix (30,875 votants, 129,148 inscrits), contre 7,546 au général Korte. Il siégea à droite, fit partie du comité de l'instruction publique, et opina avec les conservateurs, pour la proposition Rateau, contre l'amnistie, pour l'interdiction des clubs, pour les crédits de l'expédition romaine, contre l'abolition de l'impôt des boissons. Réélu, le 13 mai 1849, représentant du même département à l'Assemblée législative, le 2e sur 10, par 65,810 voix (86,996 votants, 137,851 inscrits), il reprit sa place à droite et soutint de ses votes l'expédition de Rome, la loi Falloux-Parieu sur l'enseignement, la loi restrictive du suffrage universel. Sa carrière politique prit fin au coup d'Etat de 1851.

THOMMASI (LUC), député au Corps législatif en 1809, né à Cortone (Italie) le 27 février 1731, mort à une date inconnue, prit une part assez active aux événements qui préparèrent la révolution en Italie et l'organisation des républiques. Il était maire de sa ville natale, quand il fut élu, le 5 juillet 1809, par le Sénat conservateur, député du département de l'Arno au Corps législatif. Il en sortit en 1814.

THOMSON (GASTON-ARNOLD-MARIE), député de 1877 à 1889, né à Oran (Algérie) le 29 janvier 1848, fit son droit à Paris, entra dans le journalisme et fut rédacteur parlementaire à la *République française* de 1873 à 1877. Le 26 avril 1877, une élection partielle, motivée par le décès de M. Lambert, le fit entrer à la Chambre, au second tour de scrutin, comme député de Constantine, avec 2,663 voix (3,330 votants, 12,830 inscrits), contre 2,654 à M. Fawtier, radical, et 2,530 à M. Treille. Il prit place à gauche et fut des 363. A ce titre, il obtint sa réélection, le 14 octobre suivant, par 6,497 voix (7,099 votants, 12,678 inscrits). Il se fit inscrire au groupe de l'Union républicaine, appartint à plusieurs commissions, notamment à celle du budget, et vota avec les républicains de l'entourage de Gambetta, pour le retour du

parlement à Paris, pour l'invalidation de l'élection de Blanqui, etc. Lors du renouvellement général du 21 août 1881, Constantine, en vertu d'une nouvelle loi, fut partagée en deux circonscriptions qui, l'une et l'autre, donnèrent la majorité à M. Gaston Thomson : il réunit dans la 1re, 2,805 voix (4,760 votants, 7,106 inscrits), contre 1,676 à M. Foreioli, radical, et 213 à M. Louis Say; et dans la 2e, 2,784 voix (4,718 votants, 6,786 inscrits), contre 1,863 à M. Fawtier, radical. Ayant opté pour cette dernière, il fut remplacé dans l'autre, le 4 décembre, par M. Treille. Il prit part aux discussions sur les affaires coloniales, soutint de son vote les ministères Gambetta et J. Ferry, et se prononça contre la séparation de l'Eglise et de l'Etat et pour les crédits de l'expédition du Tonkin. Porté, le 4 octobre 1885, sur la liste opportuniste de Constantine, M. Thomson fut élu, le 1er sur 2, par 6,213 voix (12,010 votants, 17,355 inscrits). Il suivit dans la nouvelle législature la même ligne politique que précédemment, prêta son concours aux cabinets Rouvier et Tirard, fut rapporteur (novembre 1886) des crédits du Tonkin, proposa (janvier 1887) de soumettre au tarif général français les importations étrangères dans l'Indo-Chine, fut rapporteur de la loi sur le scrutin d'arrondissement, et se prononça dans la dernière session, pour le rétablissement du scrutin d'arrondissement (14 février 1889), contre l'ajournement indéfini de la révision de la Constitution, pour les poursuites contre trois députés membres de la Ligue des patriotes, pour le projet de loi Lisbonne restrictif de la liberté de la presse, pour les poursuites contre le général Boulanger. Son frère, M. Charles Thomson, ancien préfet de la Drôme et du Doubs, a été gouverneur de la Cochinchine.

THORÉ-COHENDET (PIERRE), député de 1818 à 1819, né au Mans (Sarthe) le 13 janvier 1760, mort au Mans le 18 juin 1829, était négociant dans sa ville natale. Elu, le 27 octobre 1818, comme royaliste constitutionnel, député du grand collège de la Sarthe, par 776 voix (1,186 votants, 1,603 inscrits), il prit place à gauche, donna presque aussitôt sa démission, et fut remplacé, le 25 mars 1819, par Benjamin Constant.

THOREL (JEAN-BAPTISTE), député au Conseil des Cinq-Cents, né à Paris le 17 novembre 1736, mort à Ruffec (Charente) en août 1816, « fils d'Elie Thorel, marchand tapissier, et d'Hélène Patin », était homme de loi au moment de la Révolution. Il embrassa les idées nouvelles et devint président de l'administration centrale du département de la Charente, puis juge à Cognac. Elu, le 23 germinal an V, député de la Charente au Conseil des Cinq-Cents, par 161 voix (203 votants), il prit place parmi les modérés, fit partie de différentes commissions, et vit son élection annulée au 18 fructidor. Il rentra dès lors dans la vie privée.

THORET (JACQUES), député en 1789, né à Vignoux-sur-Baranjon (Cher) le 30 janvier 1737, mort à une date inconnue, était docteur-médecin à Bourges et professeur de la faculté de médecine en l'Université de cette ville en 1780. Il eut part à la rédaction du cahier des pétitions et remontrances du tiers état du bailliage du Berry, ainsi qu'aux délibérations de cet ordre, et fut lui-même élu, le 26 mars 1789, par ce bailliage, député du tiers aux

Etats-Généraux. Il opina avec la majorité de l'Assemblée constituante et n'eut d'ailleurs qu'un rôle politique très effacé, qui prit fin avec la session.

THORIGNY (François-Bernardin-Louis Leullion de), député de 1841 à 1845, né à Lyon (Rhône) le 8 décembre 1775, mort à Bessenay (Rhône) le 10 avril 1845, était propriétaire dans cette commune, dont il devint maire. Membre du conseil général du Rhône, il fut élu, le 10 janvier 1811, député de Lyon (4e collège de ce département), par 370 voix (558 votants), en remplacement de M. Verne de Bachelard démissionnaire. Il prit place dans les rangs de la majorité, fut réélu, le 9 juillet 1842, par 374 voix (551 votants), opina comme précédemment avec les conservateurs, et, ayant donné sa démission, fut remplacé, le 1er février 1845, par M. Devienne. Chevalier de la Légion d'honneur.

THORIGNY (René-François-Élisabeth-Tiburce de), ministre et sénateur du second Empire, né à Bessenay (Rhône) le 19 juillet 1798, mort à Montrésor (Indre-et-Loire) le 22 janvier 1869, se fit recevoir avocat à Paris en 1821. Entré dans la magistrature en 1830, il fut attaché, comme substitut, au parquet de la cour de Lyon, et chargé, à ce titre, d'instruire le procès des accusés d'avril (1834). Substitut (1841) près la cour royale de Paris, puis avocat-général (1845), il fut destitué à la révolution de 1848, se fit inscrire au barreau, et prêta l'appui de sa parole à divers journaux conservateurs, notamment à la *Gazette de France*. M. de Thorigny se rallia au parti de l'Elysée, et fut appelé, le 26 octobre 1851, par le prince-président, à prendre le portefeuille de l'Intérieur. En dépit de son dévouement au pouvoir, le nouveau ministre, à qui l'on supposait quelques scrupules parlementaires, était dans une complète ignorance des projets de L.-N. Bonaparte, lorsque M. de Morny vint brusquement occuper le ministère à sa place dans la nuit du coup d'Etat (2 décembre 1851). Il adhéra d'ailleurs pleinement au fait accompli sans lui, fut membre de la Commission consultative et entra au conseil d'Etat (1852). Il eut à défendre, devant le Corps législatif, en qualité de commissaire du gouvernement, une demande de 1 million de fonds secrets (juin 1852), et une demande de crédit pour constructions et grosses réparations des édifices publics; son inexpérience parlementaire et son échec sur cette dernière question le firent nommer sénateur le 4 mars 1853. Au Luxembourg, il siégea jusqu'à sa mort dans la majorité dynastique, et fut nommé, en décembre 1853, premier président de la cour d'Amiens. Commandeur de la Légion d'honneur (8 décembre 1852).

THORILLON (Antoine-Joseph), député en 1791, né en 1742, mort à une date inconnue, partisan de la Révolution, devint, en 1790, administrateur de police de la commune de Paris. Président du district de Saint-Marcel, il adressa un discours au roi lorsque celui-ci alla visiter les Gobelins, et fut élu, le 10 septembre 1791, député de Paris à l'Assemblée législative, le 11e sur 24, par 405 voix (766 votants). Il fit partie du comité d'enquête et de sûreté, proposa des mesures contre l'émigration, mais combattit celles qui visaient les prêtres réfractaires, et parla sur la situation de Saint-Domingue et sur l'organisation de la police générale. Après la session il devint juge de paix

de la section des Gobelins, et ne joua plus aucun rôle politique.

THOULOUSE (Jean-Joseph), membre de la Convention, né en 1754, mort à une date inconnue, était avocat-avoué dans l'Ardèche avant la Révolution. Procureur-syndic du district de la Tanargue, il fut élu, le 8 septembre 1792, premier député suppléant de l'Ardèche à la Convention par 205 voix (359 votants), et fut admis à siéger le 29 juillet 1793, à la place de Gamon, exclu. Il n'eut qu'un rôle parlementaire très secondaire, et fut nommé sous le Directoire vérificateur de la comptabilité intermédiaire.

THOUREIN (Guillaume), député en 1789, né à Valbelaix (Puy-de-Dôme) à une date inconnue, mort à Vic-le-Comte (Puy-de-Dôme) le 27 février 1792, était curé de Vic-le-Comte, quand il fut élu, le 29 mars 1789, député du clergé aux Etats-Généraux à la sénéchaussée de Clermont en Auvergne. Son nom n'est pas cité au *Moniteur*. De retour dans sa paroisse après la session, il y mourut l'année suivante. Ses funérailles donnèrent lieu à des troubles sérieux que la municipalité eut assez de peine à apaiser.

THOUREL (Jean-François), député au Conseil des Cinq-Cents, né à Béziers (Hérault) le 9 novembre 1756, mort à Nîmes (Gard) le 29 avril 1834, fut reçu avocat au parlement de Toulouse le 12 avril 1783. Substitut du procureur du roi en la sénéchaussée et siège présidial de Béziers l'année suivante, il se montra partisan des idées nouvelles, et devint successivement substitut du procureur de la commune de Béziers, juge suppléant au tribunal du district (1790), juge titulaire du même tribunal (1791), procureur de la commune de Béziers (1792), procureur-syndic du district de Béziers (an III), accusateur public près le tribunal criminel de l'Hérault, et juge suppléant à la cour de cassation (an IV). Elu, le 22 germinal an V, député de l'Hérault au Conseil des Cinq-Cents, par 167 voix (213 votants), il prit place parmi les modérés, fit partie de différentes commissions, mais témoigna au parti de Clichy une sympathie qui fit annuler son élection au 18 fructidor. Rallié au 18 brumaire, il fut nommé, le 8 prairial an VIII, premier suppléant près le tribunal criminel de l'Hérault, commissaire du gouvernement près le tribunal criminel (1802), membre de la Légion d'honneur (25 prairial an XII), procureur général à la cour criminelle de Montpellier (1806), avocat général à la cour d'appel de la même ville (1811), président de chambre à la cour de Nîmes (1818). Il remplit ces fonctions jusqu'à sa mort. Membre et vice-président de la société des sciences et belles-lettres de Montpellier, M. Thourel était directeur de cette société en 1806. Officier de la Légion d'honneur (1821).

THOUREL (André-Albin-François-Bruno), député de 1876 à 1880, né à Montpellier (Hérault) le 6 octobre 1800, mort à Aix (Bouches-du-Rhône) le 20 septembre 1880, fils du précédent, se fit recevoir docteur en droit, prit place au barreau de Nîmes et, ne pouvant obtenir aucune position dans la magistrature en raison de ses opinions avancées, quitta la France (1831) et alla habiter Genève. Là, il publia son *Histoire de Genève* (1832-1834) et, à la création de l'université de Berne, obtint la chaire de droit français. Il revint en France en 1843 pour conduire aux eaux de Guagno (Corse) sa femme et sa fille malades. Cette dernière étant morte à Toulon, il s'y fixa, se fit inscrire au barreau, et devint bâtonnier, puis conseiller municipal et conseiller général. Nommé par le gouvernement provisoire de 1848 procureur à Aix, il fut destitué l'année suivante, fut condamné par le conseil de guerre de Lyon à un an de prison pour délit politique, et se retira à Marseille. Conseiller municipal de cette ville depuis 1864, adjoint au maire (1 septembre 1870), procureur général à Aix (11 septembre 1871), il fut remplacé dans ces fonctions le 2 mai 1873, devint conseiller municipal d'Aix, et conseiller général du 2e arrondissement de Marseille, et fut élu, le 5 mars 1876, au second tour, député de l'arrondissement de Sisteron, par 3,888 voix (4,101 votants, 6,897 inscrits), contre 556 à M. Bonnet. Il prit place à la gauche républicaine et fut l'un des 363 députés qui, au 16 mai, refusèrent le vote de confiance au ministère de Broglie. Réélu, le 11 octobre 1877, par 3,150 voix (5,795 votants, 6,741 inscrits) contre 2,531 à M. Eysseric, conservateur, il prit de nouveau place à gauche, et mourut en septembre 1880. Il fut remplacé le 28 novembre suivant par M. Paulon. Décoré de juillet, chevalier des Saints-Maurice et Lazare, commandeur du Nischam, officier de l'instruction publique.

THOURET (JACQUES-GUILLAUME), député en 1789, né à Pont-l'Evêque (Calvados) le 30 avril 1746, exécuté à Paris le 22 avril 1794, fils d'un notaire, fit ses études à l'université de Caen et plaida sa première cause à 19 ans. Le succès qu'il obtint lui fit désirer d'aller à Rouen, où il se fixa en 1773 comme avocat au parlement de Normandie. Devenu célèbre dans sa province, il se mêla activement au mouvement politique, fut nommé, en 1787, procureur syndic de l'assemblée provinciale de la généralité de Rouen, et fit, en cette qualité, un rapport très remarqué sur l'état de la province. En 1788, dans un mémoire au nom des avocats de Normandie, il demanda une constitution, le vote par tête, la députation du tiers prise exclusivement parmi les membres du tiers-état, la modification des impôts, l'accession de tous les Français aux fonctions publiques. Aussi fut-il chargé de la rédaction des cahiers du tiers, divisés en 95 articles, dont quelques-uns sont entrés dans la Déclaration des droits. Elu, le 24 avril 1789, député du tiers aux Etats-Généraux par la ville de Rouen, il se montra dès le début partisan des réformes, fut nommé commissaire à l'effet de rallier la noblesse et le clergé aux communes, prêta le serment du Jeu de paume, mais n'approuva pas la motion de Sieyès tendant à constituer les communes en Assemblée nationale, opposition qui le fit dénoncer dans les clubs, comme ennemi de la liberté. Le 1er août, président de l'Assemblée en concurrence avec Sieyès, il fut accueilli par les murmures des partisans de ce dernier, et donna sa démission le 3 août. Mais les soupçons dont il avait été l'objet étant dissipés, il fut par trois fois élevé ensuite à la présidence de l'Assemblée, le 12 novembre 1789, le 10 mai 1790 et le 11 septembre 1791. Membre du comité de constitution, et bientôt rapporteur, il se mêla activement aux débats, parla sur l'organisation des municipalités, se prononça *pour* le vote suspensif et *contre* le principe des deux chambres, appuya avec énergie la motion relative à la vente des biens du clergé, fit décréter la suppression des ordres religieux et des privilèges ecclésiastiques, démontra que les biens du clergé comme ceux de la couronne étaient des propriétés nationales, et qu'il fallait donner un salaire aux ministres du culte, au même titre que l'on subvenait aux dépenses du roi. Il contribua, le 15 janvier 1790, à faire adopter la division de la France en départements. La discussion de la nouvelle organisation judiciaire, au sujet de laquelle il fit le premier rapport, le 22 décembre 1789, l'appela souvent à la tribune. Il proposa de prolonger les vacances des parlements, puis de les abolir, ainsi que la vénalité des charges ; d'établir un juge de paix dans chaque canton, un tribunal dans chaque district, un tribunal d'appel dans chaque département, et de faire nommer les juges à l'élection. Les 11 et 12 janvier 1791, il réclama l'institution du jury en matière criminelle, voulut faire déterminer, le 23 mars suivant, dans quelles circonstances on pourrait prononcer la déchéance du roi, fit décréter, le 23 juin, après la fuite de Varennes, l'organisation d'une garde chargée de veiller sur la personne du roi, et obtint, le 2 septembre, qu'un code civil uniforme pour toute la France servait substitué à l'ancienne législation de droit écrit et de droit coutumier. Président de l'Assemblée pour la quatrième fois, il présenta la Constitution à Louis XVI, le 5 septembre 1791, reçut, le 12, le serment du roi, et déclara clos les travaux de la Constituante. Thouret avait été nommé juge au tribunal de Cassation le 20 avril 1791 ; il se consacra exclusivement à ces fonctions après la session. Devenu suspect sous la Terreur, arrêté le 26 brumaire an II et incarcéré au Luxembourg, il fut dénoncé par Couthon comme complice d'un complot dante liste, traduit devant le tribunal révolutionnaire, condamné à mort et exécuté en même temps que d'Eprémesnil et Malesherbes. La ville de Rouen a élevé un monument à sa mémoire (5 mai 1889). On a de lui : *Procès-verbal des séances de l'assemblée provinciale de Rouen* (1787); — *Mémoire présenté au roi par les avocats du Parlement de Normandie sur les Etats-Généraux* (Rouen, 1788); — *Avis des bons Normands à leurs frères tous les bons Français* (1789) ; — *Réponse d'un vrai patriote à la lettre d'un bon Normand prétendu* (1789) ; — *Cahier des doléances, remontrances et instructions de l'Assemblée du tiers-état de Rouen* (1789) ; — *Discours sur le plan du comité de constitution* (Paris, 1789) ; — *Projet de déclaration des droits de l'homme en société* (1789) ; — *Projet de l'organisation du pouvoir judiciaire* (1790) ; — *Abrégé des révolutions de l'ancien gouvernement français* (Paris, 1801); — *Tableaux chronologiques de l'histoire ancienne et moderne* (1821-25) : ces deux derniers ouvrages ont été publiés par son fils pour l'instruction de qui ils avaient été rédigés.

THOURET (MICHEL-AUGUSTIN), membre du Tribunat, député au Corps législatif, né à Pont-l'Evêque (Calvados) le 5 septembre 1749, mort à Meudon (Seine-et-Oise) le 19 juin 1810, frère du précédent, prit son grade de docteur en médecine à l'université de Caen, et se rendit ensuite à Paris, où il devint agrégé (1771), et membre de la société de médecine (1776). Il s'occupa alors particulièrement de magnétisme et inaugura l'électrothérapie. En 1785, il fit partie de la commission chargée des exhumations au cimetière des Innocents, et fut, en 1789, adjoint à Colombier, dont il était le gendre, comme inspecteur des hôpitaux et prisons de France. Peu après, il fut nommé membre du conseil de santé des hôpitaux militaires, médecin en chef de la salubrité à Paris, et appelé au comité de secours et de mendicité par l'Assemblée constituante. Ces diverses fonctions ayant été supprimées en 1792, il devint directeur de l'École de santé de Paris le 2 décembre 1794, s'y fit remarquer par un choix heureux des nouveaux professeurs, et présida, en 1797, le comité d'examen de la découverte du vaccin. Administrateur des hospices et du Mont-de-Piété en 1801, il fut nommé membre du Tribunat le 6 germinal an X, fit partie du comité d'instruction publique, et rédigea, en cette qualité, le rapport sur l'enseignement et l'exercice de la médecine. Il vota contre l'institution de la Légion d'honneur, n'en accepta pas moins le titre de chevalier le 25 prairial an XII, et garda le silence lors de l'élévation de Napoléon à la dignité impériale. A la suppression du Tribunat (1807), il entra au Corps législatif, où il siégea jusqu'en 1812. Conseiller de l'université en décembre 1809, et doyen de la faculté de médecine, il mourut peu après, laissant la réputation d'un administrateur plutôt que d'un praticien. On a de lui : *Recherches et doutes sur le Magnétisme animal* (Paris, 1784) ; — *Rapport sur les exhumations du cimetière des Saints-Innocents* (1789) ; — *Mémoire sur la nature de la substance du cerveau* (1790) ; — *De l'état actuel de l'École de santé* (1798).

THOURET (Guillaume-François-Antoine), député de 1831 à 1832, né à Rouen (Seine-Inférieure) le 16 juin 1782, mort à Paris le 5 juillet 1832, fils du constituant, fit son droit et devint, le 6 janvier 1811, substitut près le tribunal civil de la Seine. Destitué à la seconde Restauration (15 octobre 1815), il occupa ses loisirs à une encyclopédie bibliographique, travail considérable qu'il ne put achever, et devint membre de la Société des antiquaires de France. Partisan de la révolution de juillet, il fut élu, le 5 juillet 1831, député du 7e collège du Calvados (Pont-l'Évêque), par 256 voix (491 votants, 619 inscrits), contre 234 à M. Guizot. Il ne siégea qu'un an et mourut du choléra. Il fut remplacé, le 16 août 1832, par M. Thil. On a de lui : *Discours dans la discussion sur la pairie* (1831), où il défendit l'hérédité ; il a en outre collaboré à l'*Encyclopédie moderne* de Courtin.

THOURET (Vincent-Ferrare-François-Antony), représentant en 1848 et en 1849, né à Tarragone (Espagne) le 15 juillet 1807, mort à Bouvignies (Nord) le 6 octobre 1871, de parents français qui s'étaient établis en Espagne sous le règne de Joseph Bonaparte, fit ses classes à Douai, se maria au sortir du collège (1825), et alla étudier le droit à Paris. Reçu avocat, il collabora à plusieurs journaux de l'opposition démocratique, prit part à la fondation de diverses sociétés secrètes, et encourut de très nombreuses condamnations à la prison et à l'amende. Une lettre qu'il écrivait à M. de Genoude, de la prison de Saint-Vaast (Douai) le 20 juillet 1834, et signée, *A. T.* le condamna à 99 mois de prison et 60,000 francs d'amendes personnelles. Il fut longtemps détenu à Sainte-Pélagie, à la Force, à la Conciergerie, utilisa ses loisirs forcés en composant des romans populaires : *Toussaint le mulâtre* (1834) ; *Blanche de Saint-Simon* (1835) ; l'*Enfant de Dieu* (1836) ; le *Roi des Frenelles* (1841), appartint à la rédaction de la *Réforme*,

et salua avec joie, en 1848, l'avènement de la République. Envoyé en qualité de commissaire dans le département du Nord, il y suivit une politique de conciliation, et fut élu, en remplacement de Lamartine, le 4 juin 1848, représentant du Nord à l'Assemblée constituante, par 43,862 voix, contre 26,771 à M. Mimerel, 11,641 à M. Ulysse Tencé et 6,479 à M. de Genoude. Il fit partie du comité de l'administration départementale, et vota généralement avec les partisans du général Cavaignac, *pour* le rétablissement du cautionnement, *contre* les poursuites contre Louis Blanc et Caussidière, *contre* le rétablissement de la contrainte par corps, *contre* l'abolition de la peine de mort, *contre* l'amendement Grévy, *contre* le droit au travail, *contre* la proposition Rateau, *pour* l'amnistie. En novembre 1848, il avait déposé une proposition tendant à rendre inéligibles les membres des familles ayant régné sur la France. Cette proposition fut combattue à la tribune par le prince Louis-Napoléon, alors simple représentant, et d'une façon si peu heureuse, que Thouret se contenta de répondre : « Après ce que l'Assemblée vient d'entendre, et ce que la France entière lira demain, mon amendement paraît inutile, je le retire. » Réélu, le 13 mai 1849, représentant du Nord à l'Assemblée législative, le 8e sur 24, par 92,309 voix (183,521 votants, 290,196 inscrits), M. Thouret appartint à la minorité républicaine avec laquelle il protesta et vota *contre* les diverses lois répressives adoptées par le pouvoir exécutif et la majorité. Il prit souvent la parole, réclama contre la substitution de la qualification de « monsieur » à celle de « citoyen » dans les comptes rendus du *Moniteur* et, après le coup d'État du 2 décembre 1851, fut momentanément exclu du territoire français. Rentré quelque temps après en France, il vécut dans la retraite jusqu'à l'époque de sa mort (1871). M. Antony Thouret était d'une corpulence telle qu'il avait fallu lui installer à l'Assemblée un siège de dimensions spéciales. Cet embonpoint avait aiguisé la verve des journaux satiriques de l'époque, qui le représentaient notamment sortant de prison, la mine fleurie, en disant : « J'ai tant souffert ! »

THOUVENEL (Pierre-Sébastien-Barthélemy), député de 1827 à 1831, né à Médonville (Vosges) le 21 août 1782, mort à Lunery (Cher) le 10 octobre 1837, étudia la médecine, et, reçu docteur, exerça sa profession à Pont-à-Mousson. Le 24 novembre 1827, il fut élu député du grand collège de la Meurthe, par 113 voix (186 votants, 203 inscrits) ; il prit place à gauche, vota avec l'opposition libérale, et fut des 221. Réélu, le 3 juillet 1830, par 114 voix (199 votants, 211 inscrits), il se rallia au gouvernement de Louis-Philippe, et quitta la vie politique en 1831.

THOUVENEL (Édouard-Antoine), sénateur du second Empire et ministre, né à Verdun (Meuse) le 11 novembre 1818, mort à Paris le 18 octobre 1866, fit son droit, voyagea en Autriche et en Hongrie, et entra en 1839 dans les bureaux du ministère des Affaires étrangères. Attaché à la légation de France à Bruxelles (1844), il devint (1845) secrétaire de légation à Athènes, puis chargé d'affaires auprès du même gouvernement. Il eut à lutter, dans ce poste, contre l'influence de l'Angleterre, et fut relevé de ses fonctions à la révolution de février ; mais il retourna à Athènes en 1849 avec le titre de ministre plénipotentiaire. Ministre de

France en Bavière (1850), M. Thouvenel ne esta que peu de temps à Munich, et fut bientôt appelé par L.-N. Bonaparte à prendre, au ministère des Affaires étrangères, la direction des affaires politiques. Lorsque M. Drouyn de Lhuys fut désigné pour aller prendre part aux conférences de Vienne, ce fut à M. Thouvenel que l'empereur confia l'intérim du ministère. En 1855, au milieu de la guerre d'Orient, il fut nommé ambassadeur à Constantinople, y resta cinq ans, entra au Sénat le 8 mai 1859, et fut nommé ministre des Affaires étrangères le 4 janvier 1860. Le traité de commerce avec la Belgique, l'annexion de la Savoie et de Nice, les expéditions de Syrie et de Chine, la chute de François II, les entreprises de Garibaldi, les négociations avec Rome marquèrent son passage au pouvoir. Démissionnaire le 15 août 1852 à l'occasion des modifications que subit alors la politique française au Sénat, il expliqua à la tribune du Sénat, à la session suivante, les motifs de sa retraite : « Ceux qui faussent la politique de l'empereur, lit-il, sont ceux qui ne comprennent pas que Victor-Emmanuel peut seul représenter le principe d'ordre en Italie ; qui rêvent je ne sais quelle restauration chimérique contre laquelle protestent trente mille Français morts, et qui oublient qu'un ministre sans portefeuille disait ici, l'année dernière, que l'unité italienne était un fait accompli. » Le 4 août 1865, il fut élevé à la dignité de grand référendaire du Sénat, en remplacement du général marquis d'Hautpoul. Il mourut au palais du Luxembourg, le 18 octobre 1866. Grand-croix de la Légion d'honneur, le 4 juin 1860, lors de l'annexion de Nice et de la Savoie à la France, président du conseil d'administration du chemin de fer de l'Est, et membre et président du conseil général de la Meuse. On a de lui : *La Hongrie et la Valachie, souvenirs de voyages* (1840).

THUREL (JULES-HERMAX), représentant en 1871, membre du Sénat, né à Orgelet (Jura) le 18 août 1818, ingénieur civil à Lons-le-Saulnier, fut, sous l'Empire, un des chefs de l'opposition démocratique dans le Jura. Nommé maire de cette ville au 4 septembre 1870, il fut élu, le 8 février 1871, représentant du Jura à l'Assemblée nationale, le 5° sur 6, par 23,750 voix (19,963 votants, 80,762 inscrits). Il s'assit à la gauche républicaine, ne prit qu'une fois la parole, sur l'établissement du chemin de fer de de Dijon à Bourg, et vota *pour* la paix, *contre* l'abrogation des lois d'exil, *contre* la pétition des évêques, *pour* le service de trois ans, *contre* la démission de Thiers, *contre* le septennat, *contre* le ministère de Broglie, *pour* l'amendement Wallon et *pour* les lois constitutionnelles. Conseiller général de Lons-le-Saulnier (1871), vice-président de l'assemblée départementale (1873), il fut élu sénateur du Jura, le 30 janvier 1876, par 415 voix (654 votants), continua de siéger à la gauche républicaine, et repoussa, en juin 1877, la dissolution de la Chambre demandée par le ministère de Broglie. Réélu sénateur au renouvellement triennal du 5 janvier 1879, par 555 voix (653 votants), et à celui du 5 janvier 1888 par 553 voix (883 votants), il a voté constamment avec la majorité opportuniste, notamment *pour* l'expulsion des princes, et s'est prononcé, en dernier lieu, *pour* le rétablissement du scrutin d'arrondissement (13 février 1889), *pour* le projet de loi Lisbonne, restrictif de la liberté de la presse, *pour* la procédure de la haute cour contre le général Boulanger.

THURIN (JEAN-FRANÇOIS), représentant aux Cent-Jours, né à Briey (Moselle) le 23 février 1752, mort à Briey le 4 janvier 1858, « fils du sieur Sébastien Thurin et de demoiselle Marie-Anne Le Prosse », était procureur impérial à Briey, lorsqu'il fut élu, par cet arrondissement, le 12 mai 1815, avec 32 voix (51 votants), représentant à la Chambre des Cent-Jours. Il rentra dans la vie privée après la courte session de cette législature.

THURIOT DE LA ROZIÈRE (JACQUES-ALEXIS, CHEVALIER), député en 1791, membre de la Convention, né à Sézanne (Marne) le 1er mai 1753, mort à Liège (Belgique) le 29 juin 1829, exerçait avant la Révolution la profession d'avocat à Reims. Partisan de la Révolution, il eut part à la prise de la Bastille, fut, en 1790, lors de la formation des premiers tribunaux, juge au tribunal de district de Sézanne, et, en 1791, député de la Marne à l'Assemblée législative, le 10e et dernier, élu par 225 voix (381 votants). Il parut d'abord hésiter sur la voie à suivre, puis il se rangea parmi les révolutionnaires. En mars 1792, il provoqua des mesures de rigueur contre l'émigration. Il parla ensuite contre le ministre de la guerre Narbonne, qui avait envoyé à l'armée, de sa propre autorité, un règlement militaire, se déclara, le 25 mai, contre les prêtres insermentés et pressa leur déportation. Le 2 juillet, il prononça un long discours tendant à obtenir le licenciement de l'état-major de la garde constitutionnelle. Il demanda en même temps que la patrie fût déclarée en danger, proposa de décréter la permanence des sections de Paris, puis la vente des biens d'émigrés et l'arrestation du ministre Tarbé, qu'il fit envoyer à l'Abbaye. Au 10 août, Thuriot, parlant au nom de la commune de Paris, fit rendre un décret d'accusation contre Abancourt, ministre de la Guerre, et Laporte, ministre de la liste civile. Il fit en même temps décréter des visites domiciliaires, sur la proposition de Danton. Le lendemain, il demanda que les statues des rois de France fussent brisées. Le 14, on rapporta, sur sa motion, la loi qui ordonnait la formation d'une cour martiale, et l'on y substitua le tribunal du 17 août. Le 20 du même mois, il fit attribuer à ce tribunal le droit de juger sans appel les prévenus de contre-révolution. Élu, le 3 septembre 1792, député de la Marne à la Convention, le 2e sur 10, par 311 voix (442 votants), Thuriot fit voter, le 4 décembre, que tous les députés absents eussent à revenir à leur poste, et demanda, le 12, que Louis fût jugé sous trois jours, déclarant qu'il devait porter sa tête sur l'échafaud. Il fut un des quatre commissaires chargés, dans la même séance, d'aller demander à l'accusé le nom des conseils qu'il voulait choisir. Lors du procès, il vota « la mort », sans appel ni sursis. Quelques jours avant le jugement, il attaqua très vivement Brissot, Vergniaud, Louvet et plusieurs autres membres de la Gironde, en les accusant d'intrigues pour maintenir Louis XVI sur le trône. D'autre part, il prit Pétion à partie, le 21 janvier 1793, et lui reprocha d'avoir, comme maire, laissé accomplir les massacres de septembre. Nommé, le 21 janvier, secrétaire de la Convention, il attaqua avec véhémence Dumouriez, et se montra, aux approches du 31 mai et dans cette journée, des plus opposés à la Gironde. Lorsque Aubert-Dubayet, Merlin de Thionville et Rewbell furent inculpés pour la reddition de Mayence, Thuriot prit leur défense. Président de l'assemblée (27 juin 1793), membre du comité de salut public jusqu'au 20 septembre 1793, il se sépara à cette époque de Robespierre, qu'il dénonça aux Jacobins comme « modéré ». Le 12 octobre, il fit rendre un décret ordonnant de retourner, dans le délai d'un mois, les plaques de cheminées portant des empreintes royales ou féodales; en novembre suivant, la Convention décida, sur sa motion, qu'elle se rendrait dans le « Temple de la Raison » (la cathédrale de Paris), pour y chanter l'hymne de la liberté. Exclu des Jacobins sur la motion d'Hébert, Thuriot présidait encore la Convention au 9 thermidor. Il se prononça vivement contre Robespierre et, quand celui-ci voulut prendre la parole pour répondre aux accusations de dictature dirigées contre lui, Thuriot agita la sonnette en criant : « Tu n'as pas la parole ! » Au lendemain de cette victoire, Thuriot fit mettre hors la loi Coffinhal, Lavalette, Boulanger, agents de Robespierre; le 13 août 1794, il présida la Société des Jacobins. Néanmoins il ne s'associa pas complètement aux mesures de réaction qui suivirent, fit rejeter comme calomnieuse la première dénonciation de Lecointre de Versailles contre les anciens comités de gouvernement, et fut impliqué, en germinal an III, dans l'insurrection jacobine contre la Convention. Décrété d'accusation le 2 prairial, il échappa par la fuite à cette mesure, et fut rendu à la liberté par l'amnistie de l'an IV. « Homme adroit et dangereux, a dit de lui son collègue Hua dans ses Mémoires, car il se possédait toujours; il était froid, même dans le crime. » Le Directoire le nomma, en 1796, commissaire près le tribunal de Reims. Le 14 germinal an VIII, la protection de son ami Sieyès lui valut d'être nommé suppléant du tribunal criminel de la Seine; il y devint juge titulaire le 9 floréal an XI; chargé, en 1804, d'interroger Moreau, Pichegru et Georges Cadoudal, il fut le rapporteur du procès. Cette besogne lui valut le poste de substitut du procureur général impérial près la cour de cassation (17 pluviôse an XIII), puis celle d'avocat général à la même cour. Il quitta ces fonctions à la première Restauration, les reprit pendant les Cent-Jours, et fut banni comme régicide en 1816. Il vendit ses biens dans la Marne, et partit, en février 1816, avec un passeport pour la Russie, mais il se retira à Liège, où il exerça la profession d'avocat jusqu'à sa mort (1829). Sa femme, restée en France, sollicita et obtint (17 novembre 1820) un secours de 300 francs du gouvernement; elle habitait chez sa mère, marchande de tabac, à Villers-Cotterets. Thuriot avait été créé chevalier de l'Empire le 16 mai 1813.

THURIOT DE LA ROZIÈRE (Alexis-Eugène), représentant en 1849, né à Sézanne (Marne) le 10 novembre 1807, mort à Connantre (Marne) le 30 août 1876, fils du précédent, suivit la carrière diplomatique, et fut nommé, après la révolution de juillet 1830, deuxième secrétaire d'ambassade à Berne. Successivement promu secrétaire de légation au Brésil, puis à la Haye, et ensuite ministre plénipotentiaire chargé de la gestion de la légation au Brésil, il fut rendu à la vie privée par la révolution de 1848. D'opinions monarchistes, il se fit élire, le 13 mai 1849, représentant de la Marne à l'Assemblée législative, le 8e et dernier, par 36,239 voix (78,836 votants, 105,206 inscrits). Il siégea à droite et opina constamment, jusqu'en 1851, avec la majorité.

TIBORD DU CHALART (Antoine-François), député de 1816 à 1820 et de 1827 à 1830, né à Felletin (Creuse) le 25 mars 1766, mort à Felletin le 29 novembre 1859, procureur du roi avant la Révolution, puis avocat à Felletin, fut élu, le 4 octobre 1816, député du grand collège de la Creuse, par 73 voix (111 votants, 190 inscrits), contre 67 à M. Gerbaud. Il prit place au côté droit, vota pour toutes les mesures d'exception, et, de la série sortante en 1820, ne se représenta pas alors. Réélu dans le 2e arrondissement électoral de la Creuse (Aubusson), le 17 novembre 1827, par 89 voix (116 votants, 171 inscrits), contre 64 à M. Augier de Chézeau, et, le 23 juin 1830, par 118 voix (170 votants, 189 inscrits), contre 59 à M. de Villeneuve, préfet, il siégea parmi les constitutionnels, s'abstint sur l'Adresse des 221, et donna sa démission après les journées de juillet.

TIERSOT (Edmond-Pierre-Lazare), représentant en 1871, député de 1876 à 1883, né à Bourg (Ain) le 29 août 1822, mort à Paris le 21 janvier 1883, étudia la médecine à Paris, fut reçu docteur en 1850 et se fixa comme médecin à Bourg. Il fit de l'opposition à l'empire et fut nommé adjoint au maire, au 4 septembre 1870. Candidat à la députation dans l'Ain, le 8 février 1871, il échoua avec 15,253 voix, sur 71,893 votants; mais il fut élu, le 2 juillet 1871, en remplacement de M. Tendret démissionnaire et de M. J. Favre qui avait opté pour le Rhône, le 2e et dernier, par 26,610 voix (60,215 votants, 106,191 inscrits). Il prit place à l'Union républicaine, et vota contre la pétition des évêques, pour le service de trois ans, contre la démission de Thiers, contre le septennat, contre le ministère de Broglie, pour l'amendement Wallon, pour les lois constitutionnelles. Réélu, le 20 février 1876, député de la 1re circonscription de Bourg, par 8,826 voix (11,394 votants, 16,421 inscrits), contre 2,235 à M. Cancalon, il reprit sa place à l'Union républicaine, dont il devint le trésorier, et fut l'un des 363 députés qui, au 16 mai, refusèrent le vote de confiance au ministère de Broglie. Réélu comme tel, le 14 octobre 1877, par 9,173 voix (11,210 votants, 16,617 inscrits), contre 1,537 à M. Le Hon et, le 4 septembre 1881, au second tour, par 8,248 voix (11,586 votants, 17,036 inscrits), contre 3,145 à M. Tissot, il continua de soutenir la politique scolaire et coloniale de la majorité républicaine, mourut au cours de la législature, et fut remplacé, le 15 avril suivant, par M. Pochon.

TILIONBOIS DE VALLEUIL (Thomas-François), député en 1791, né à Brézolles (Eure-et-Loir) le 12 mai 1761, mort à une date inconnue, « fils de Cyprien-François Tilionbois de Valleuil, inspecteur général et lieutenant des chasses du comte d'Evreux, et de Marguerite-Françoise Hastey », était homme de loi à Brézolles au moment de la Révolution. Partisan des idées nouvelles, il devint maire de cette localité, juge de paix du canton, et fut élu, le 27 août 1791, député d'Eure-et-Loir à l'Assemblée législative, le 3e sur 9, par 185 voix (260 votants). Son rôle politique fut très effacé et prit fin avec la session.

TILLANCOURT (Edmond de), représentant en 1848, député au Corps législatif de 1865 à 1870, représentant en 1871, député de 1876 à 1880, né au château de Ladoultre (Aisne) le

11 octobre 1809, mort à Paris le 24 décembre 1880, fils d'un ancien officier de l'empire, fit ses classes au lycée Charlemagne, fut reçu avocat à Paris en 1839, et prit place au barreau de cette ville. Il plaida divers procès politiques et se distingua particulièrement dans l'affaire de la coalition des ouvriers, au début du règne de Louis-Philippe. Il se retira à Château-Thierry en 1841, pour surveiller l'exploitation de ses propriétés, se mêla de politique, devint maire de la commune de Montfaucon, président du comice agricole de Château-Thierry, membre de la Société centrale d'agriculture, conseiller général (1844), et se présenta à la députation comme candidat d'opposition, le 1er août 1846, dans le 7e collège de l'Aisne (Château-Thierry), où il échoua avec 167 voix, contre 193 à l'élu, M. Paillet. Le 23 avril 1848, le département de l'Aisne l'élu représentant à l'Assemblée constituante, le 8e sur 14, par 89,420 voix (130,363 votants), 151,878 inscrits) ; il siégea parmi les partisans du général Cavaignac, fit partie du comité du travail, déposa une proposition sur l'incompatibilité des fonctions publiques et du mandat législatif, parla sur l'enseignement agricole, le projet de code rural, la caisse de retraite de la vieillesse, l'institution des conseils le prud'hommes, la liberté de la boucherie, pour le projet d'une chambre unique, et vota *pour* le bannissement de la famille d'Orléans, *pour* les poursuites contre L. Blanc et Caussidière, *contre* l'abolition de la peine de mort, *contre* l'impôt progressif, *contre* l'incompatibilité des fonctions, *contre* l'amendement Grévy, *contre* la sanction de la Constitution par le peuple, *pour* l'ensemble de la Constitution, *contre* la proposition Rateau, *contre* l'interdiction des clubs, *contre* l'expédition de Rome. Non réélu à la Législative, il se montra hostile au coup d'Etat du 2 décembre, échoua comme candidat d'opposition, le 29 février 1852, au Corps législatif, dans la 4e circonscription de l'Aisne, avec 4,004 voix, contre 20,066 à l'élu, M. Geoffroy de Villeneuve, candidat du gouvernement, et 2,750 à M. de Lostanges, voyagea quelque temps en France, particulièrement dans les Pyrénées, sur lesquelles il publia en 1858 un intéressant ouvrage, s'occupa toujours d'agriculture, obtint plusieurs médailles aux expositions régionales et forestières, et fut élu, comme candidat indépendant au Corps législatif, dans la 4e circonscription de l'Aisne, le 21 août 1865, au 2e tour, en remplacement de M. Geoffroy de Villeneuve, décédé, par 16,213 voix (29,407 votants, 37,770 inscrits), contre 13,055 à M. Marsaux, candidat officiel. Il prit place au centre gauche dont il fut un des organisateurs, signa l'amendement des 45, proposa avec succès divers amendements sur les télégraphes, les postes, la réduction de la taille des soldats, la simplification des uniformes, la suppression du timbre des journaux, et parla sur l'agriculture, sur les traités de commerce, avec une bonne humeur originale qu'il ne craignait pas de pousser parfois jusqu'au calembour et qui lui valut une certaine célébrité. Réélu, le 24 mai 1869, par 21,125 voix (32,008 votants, 37,192 inscrits), contre 5,750 à M. Waddington, et 5,075 à M. de Montesquiou, il signa l'interpellation des 116, et vota *contre* la guerre de 1870. Le 8 février 1871, le département de l'Aisne l'envoya à l'Assemblée nationale, le 6e sur 11, par 57,166 voix (87,823 votants, 157,845 inscrits) ; il prit place au centre gauche et à la gauche républicaine,

fut président de la commission des postes et télégraphes, membre de la commission des comptes, se mêla, avec sa verve accoutumée, aux débats sur le volontariat d'un An, sur les allumettes, sur le travail des enfants dans les manufactures, sur les indemnités aux départements cuvards, sur les nouveaux impôts, sur les jeux de bourse, proposa (10 mars 1874 un impôt de 2 centimes par mètre cube de gaz consommé (rejeté par 374 voix contre 245), et vota avec la minorité républicaine, *pour* la paix, *contre* l'abrogation des lois d'exil, *contre* la pétition des évêques; *contre* la démission de Thiers, *contre* le septennat, *contre* le ministère de Broglie, *pour* les lois constitutionnelles. Réélu, le 20 février 1876, député de l'arrondissement de Château-Thierry, par 9,705 voix (11,687 votants, 16,725 inscrits) il reprit sa place au centre gauche, et fut l'un des 363 députés qui, au 16 mai, refusèrent le vote de confiance au ministère de Broglie. Réélu comme tel, le 14 octobre 1877, par 10,226 voix (14,459 votants, 16,983 inscrits), contre 4,129 à M. Pille, il mourut au cours de cette législature, et fut remplacé, le 6 février 1881, par M. Lesguillier. On a de lui quelques brochures agricoles.

TILLET (GUILLAUME-LOUIS DU), député en 1789, né au château de Provins, près Montramey (Seine-et-Marne) le 20 février 1730, mort à Blunay-les-Mesle (Seine-et-Marne) le 22 décembre 1794, d'une vieille famille de magistrats, fit ses humanités chez les Génovéfains de Provins, et sa théologie chez les Oratoriens du séminaire de Saint-Magloire à Paris, et fut pourvu du riche prieuré de Tornac. Grand vicaire du diocèse de Châlons, doyen de l'église collégiale de Sainte-Quirial de Provins, il fut nommé évêque d'Orange le 21 mai 1774 : ce fut le premier évêque nommé par Louis XVI. Tout dévoué à son diocèse et très charitable, il refusa les évêchés du Mans et de Grenoble. Elu, le 28 mars 1789, député du clergé aux Etats-Généraux par la principauté d'Orange, il s'y montra très réservé, et donna sa démission le 29 octobre 1789, en faveur de l'abbé Poule, prévôt de son chapitre. Bien qu'il lui en coûtât de quitter son diocèse, il dut se retirer dans sa terre de Blunay (septembre 1790) ; de là il fit don à la ville d'Orange des arrérages de son traitement. Lorsqu'il apprit l'exécution de Louis XVI, il ne put se décider à gagner la Suisse, fut arrêté le 9 octobre 1793, et enfermé dans la prison du Provins. Transféré à Melun, puis à Fontainebleau, ramené à Provins, il fut atteint d'une ophtalmie assez grave, et demanda à être conduit dans un hôpital ou dans son château de Blunay : il fut remis en liberté le 27 septembre 1794, et mourut deux mois après.

TILLETTE DE CLERMONT-TONNERRE (PROSPER-ABBEVILLE, CHEVALIER DE MAUTORT, BARON DE), député de 1842 à 1846, représentant du peuple en 1848, député au Corps législatif de 1852 à 1859, né à Abbeville (Somme) le 4 décembre 1780, mort à Paris le 8 décembre 1859, s'engagea en 1800, fit les campagnes d'Autriche, de Russie et de Saxe, et fut maintenu en activité comme capitaine sous la Restauration. Adopté en 1816 par son oncle maternel, le général comte de Clermont-Tonnerre, il donna sa démission en 1818, s'occupa d'agriculture et de sciences naturelles, et devint président de la Société linnéenne du Nord. Elu, le 9 juillet 1842, député du 4e collège de la Somme, par 267 voix

(527 votants, 663 inscrits), contre 256 à M. Renouard, il prit place à l'opposition de droite, et vota *contre* l'indemnité Pritchard et *pour* toutes les propositions libérales. Il ne se représenta pas aux élections générales du 1er août 1846, mais il fut élu, le 23 avril 1848, représentant de la Somme à l'Assemblée constituante, le 5e sur 11, par 133,113 voix, et vota *pour* le bannissement de la famille d'Orléans, *pour* les poursuites contre L. Blanc et Caussidière, *contre* l'abolition de la peine de mort, *contre* l'impôt progressif, *pour* l'incompatibilité des fonctions, *contre* l'amendement Grévy, *contre* la sanction de la Constitution par le peuple, *pour* l'ensemble de la Constitution, *pour* la proposition Rateau et *pour* l'interdiction des clubs. Non réélu à la Législative, il devint, après le coup d'État, candidat du gouvernement au Corps législatif et fut élu, comme tel, dans la 2e circonscription de la Somme, le 29 février 1852, par 25,279 voix (25,587 votants, 36,042 inscrits), et le 22 juin 1857, par 17,113 voix (17,335 votants, 28,987 inscrits). Il ne cessa de siéger dans la majorité dévouée aux institutions impériales, mourut au cours de la législature, et fut remplacé, le 8 janvier 1860, par M. de Rieucourt.

TILLY (Jacques-Louis-François Delaistre, comte de) représentant à la Chambre des Cent-Jours, né à Semur (Côte-d'Or) le 15 août 1749, mort à Paris le 10 janvier 1822, suivit la carrière militaire, adhéra aux idées de la Révolution, et parvint en 1792 au grade de colonel de dragons. Aide-de-camp de Dumouriez, il fut investi par lui (1793) du commandement de Gertruydenberg, défendit bravement cette place contre l'ennemi, et, après avoir capitulé sur l'ordre exprès de Dumouriez, fut envoyé, comme général en chef, à l'armée des côtes de Cherbourg (novembre 1793). En 1794, il passa comme divisionnaire à l'armée du Nord, puis à celle de Sambre-et-Meuse, fut gouverneur de Bruxelles en 1796, et revint à l'armée de l'Ouest, qu'il commanda en chef pendant seize mois. M. de Tilly, grand officier de la Légion d'honneur le 11 frimaire an XII, prit part, sous l'Empire, aux guerres d'Autriche, de Prusse, de Pologne et d'Espagne. Chevalier de l'Empire le 4 novembre 1813, il adhéra à la déchéance de Napoléon, et fut nommé par le roi chevalier de Saint-Louis. Aux Cent-Jours, il se rallia à l'empereur, présida le grand collège électoral du Calvados, et fut élu, le 12 mai 1815, représentant de ce collège par 35 voix (68 votants). Il ne parut jamais à la tribune et rentra dans la vie privée après la session. Le 4 septembre 1815, il fut admis à la retraite comme général de division.

TILLY (Charles-Henri-Adjutor, comte de), député de 1830 à 1831, de 1834 à 1842 et pair de France, né à Caen (Calvados) le 26 octobre 1775, mort à Paris le 22 avril 1855, « fils de très haut et très puissant seigneur François-Hilaire de Tilly, marquis de Bluru, Jeufosse, Port-de-Ville et autres lieux, enseigne des gardes du corps du roi, comte de Villeroy, et de très haute et très puissante dame Anne-Cécile-Adélaïde Le Vicomte de Villey », ne prit aucune part aux événements de la Révolution. En l'an VIII, il devint maire de Villers-Bocage, fonctions qu'il occupa pendant 25 ans. Élu, le 3 juillet 1830, député du grand collège du Calvados, par 292 voix (525 votants, 600 inscrits), il siégea dans l'opposition légitimiste, et ne se représenta

pas aux élections générales de 1831. Mais il se rallia bientôt au gouvernement de Juillet, et devint conseiller d'arrondissement et conseiller général de Caen. Réélu député du 2e collège du Calvados (Caen), le 21 juin 1834, par 164 voix (313 votants, 449 inscrits), contre 128 à M. de Montlivault; le 4 novembre 1837, par 238 voix (393 votants, 519 inscrits), contre 115 à M. de Magneville; le 2 mars 1839, par 243 voix (473 votants), il prit place parmi les ministériels, approuva les lois de septembre et de disjonction et l'Adresse de 1839, et vota *pour* la dotation du duc de Nemours, *pour* les fortifications de Paris, *pour* le recensement, *contre* les incompatibilités, *contre* l'adjonction des capacités. Non réélu en 1842, il fut nommé pair de France le 19 avril 1845, siégea dans la majorité favorable à Guizot, et rentra dans la vie privée à la révolution de 1848.

TINGUY (Charles-Louis, marquis de), représentant en 1848 et en 1849, né à Nantes (Loire-Inférieure) le 15 novembre 1813, mort au château de Nesmy (Vendée) le 13 janvier 1881, d'une vieille famille bretonne, entra de bonne heure dans la politique militante et fit, comme royaliste, une active opposition au gouvernement de Louis-Philippe. Soucieux d'allier le droit d'aînesse aux idées de progrès et de liberté, il fonda dans ce but à la Roche-sur-Yon le journal *le Publicateur de la Vendée*. Après la révolution de février, M. de Tinguy fut élu (23 avril) représentant de la Vendée à l'Assemblée constituante, le 8e sur 9, par 39,870 voix (86,221 votants, 104,486 inscrits). Il siégea à droite, fit partie du comité des cultes, et vota avec les conservateurs-monarchistes, *pour* le rétablissement du cautionnement et de la contrainte par corps, *pour* les poursuites contre Louis Blanc et Caussidière, *contre* l'abolition de la peine de mort, *contre* l'amendement Grévy, *contre* le droit au travail. Absent le jour du scrutin sur l'ensemble de la Constitution (4 novembre 1848), il écrivit le lendemain au *Moniteur* que, présent, il eût voté contre une œuvre « illogique et illibérale ». Il se prononça ensuite *pour* la réduction de l'impôt du sel, *contre* l'amnistie, *pour* l'interdiction des clubs, *pour* les crédits de l'expédition romaine, *contre* l'abolition de l'impôt des boissons. Le 13 mai 1849, le même département renvoya M. de Tinguy à l'Assemblée législative, le 3e sur 8, par 43,066 voix (61,522 votants, 103,432 inscrits). Il s'associa (dans les rangs de la majorité), à toutes les mesures répressives et restrictives qui furent adoptées au cours de la session et attacha son nom à un amendement resté célèbre, qu'il présenta dans la discussion de la loi sur la presse, de concert avec M. de Laboulie; c'est en vertu de cet amendement, adopté par 513 voix contre 281, le 9 juillet 1850, que tous les articles de discussions politiques, philosophiques ou religieuses, insérés dans un journal, durent être signés. M. de Tinguy ne se rallia pas au coup d'État du 2 décembre 1851, et n'appartint pas à d'autres assemblées.

TIRARD (Pierre-Emmanuel), représentant en 1871, député de 1876 à 1888, ministre, membre du Sénat, né à Genève (Suisse) le 27 septembre 1827, d'une famille française originaire de l'Isère, fit ses études à l'Université de Genève, vint à Paris à 19 ans, et entra dans l'administration des ponts et chaussées, aux bureaux de navigation de la Seine; il quitta cet emploi en 1851, créa une maison pour l'exportation de la bijouterie et de l'orfèvrerie fit partie (1868) du conseil des prudhommes, acquit une certaine influence politique dans son arrondissement, et soutint avec succès, aux élections de 1869, dans les réunions publiques, la candidature de M. Bancel contre celle de M. Émile Ollivier. Nommé maire provisoire du IIe arrondissement à la révolution du 4 septembre, confirmé dans ces fonctions par le scrutin du 5 novembre suivant, il fut élu, le 8 février 1871, représentant de la Seine à l'Assemblée nationale, le 38e sur 43, par 75,207 voix (328,970 votants, 547,858 inscrits). Il prit place à l'extrême-gauche, et vota contre la paix. Lors de l'insurrection du 18 mars, il tenta, à sa mairie, d'organiser la résistance contre le comité central, fut désigné par la réunion des maires de Paris comme l'un des trois membres de la commission chargée de maintenir l'ordre, demanda (21 mars) à l'Assemblée de Versailles de décréter au plus vite les élections municipales, accepta, devant le mauvais vouloir de l'Assemblée, la date du 26 fixée par le comité central, fut élu, à cette date, membre de la Commune pour le IIe arrondissement par 6,386 voix, protesta, dès la première réunion, contre les actes et motions du comité central, et se démit, le 29, d'un mandat qui « devait être exclusivement municipal, mais qui paraissait devoir s'étendre fort au delà dans le domaine politique. » A l'Assemblée, où il reprit sa place, il eut à répondre, à plusieurs reprises, contre des attaques sur son attitude pendant la Commune, parla avec compétence sur les échéances des traités de commerce, sur l'élection des juges consulaires, contre les tarifs des douanes, contre l'impôt sur les matières premières, sur le budget, sur la loi électorale, fit partie de plusieurs commissions, fut blessé en duel (juillet 1872) par M. François Aubert, rédacteur du Gaulois, et vota contre l'abrogation des lois d'exil, contre la pétition des évêques, contre le pouvoir constituant, pour le service de trois ans, contre la démission de Thiers, contre le septennat, contre l'admission à titre définitif des princes d'Orléans dans l'armée, contre le ministère de Broglie, pour l'amendement Wallon, pour les lois constitutionnelles. Réélu, le 5 mars 1876, au second tour de scrutin, député du 1er arrondissement de la Seine, par 8,761 voix (12,202 votants, 17,702 inscrits), contre 3,181 à M. de Ploeuc, il reprit sa place à gauche, demanda, sans insister, la suppression de l'ambassade du Vatican, parla sur la réforme judiciaire en Égypte, fut membre de la commission du budget, rapporteur du budget des Beaux-Arts, vota l'amnistie partielle, la suppression de l'aumônerie militaire, et fut des 363. Réélu, le 14 octobre 1877, par 9,301 voix (12,551 votants, 15,493 inscrits), contre 1,871 à M. Jacomy, il fit partie du comité de résistance des gauches, soutint le cabinet Dufaure, fut rapporteur du budget des Beaux-Arts, membre et président de la commission du tarif des douanes, accepta (4 mars 1879) le ministère de l'Agriculture et du Commerce dans le cabinet Waddington modifié, et le conserva dans le premier cabinet Freycinet (28 décembre suivant), et dans le premier cabinet Ferry (23 septembre 1880). En cette qualité, il soutint, en juin 1880, à la tribune, et au nom du gouvernement, la proposition d'amnistie partielle, et quitta le pouvoir, avec ses collègues du cabinet, le 10 novembre 1881; il avait été réélu député à sa circonscription, le 21 août précédent, par 6,013 voix (11,155 votants, 15,420 inscrits), contre 3,990 à M. Yves Guyot, 269 à M. Despatys et 194 à

M. Letailleur. Il reprit sa place à gauche, et, à la chute du ministère Gambetta, fut rappelé, dans le second ministère Freycinet, au ministère du Commerce (30 janvier 1882). Il intervint dans le débat sur la mairie centrale (20 juillet), défendit, au Sénat (août), le projet de loi sur les syndicats professionnels, et, lors de l'échec du cabinet sur les affaires d'Égypte, resta dans le ministère Duclerc avec le portefeuille des Finances (7 août 1882). Il refusa de conserver dans le budget, préparé par son prédécesseur M. Léon Say, la consolidation d'une partie de la dette flottante en rente amortissable au moyen des cautionnements des fonctionnaires, la convention projetée avec la compagnie d'Orléans pour le remboursement anticipé à l'État des garanties d'intérêts, et fut maintenu dans l'éphémère cabinet Fallières (29 janvier-21 février 1883), et dans le second cabinet Ferry qui le remplaça. Le 14 juin suivant, il déposa un projet instituant une sorte d'assurance mutuelle entre les caisses d'épargne, émit, en 3 0/0 amortissable, un emprunt de 350 millions (12 février 1884), conclut (avril) avec un syndicat de banquiers la conversion de la dette tunisienne, et fit voter, lors de la discussion du budget de 1885 (décembre 1884) l'article de la loi des recettes réglant l'impôt dû par les associations et congrégations religieuses. La chute du cabinet Ferry, après l'affaire de Lang-Son (30 mars 1885), amena la retraite de M. Tirard, qui, le 23 juin 1883, avait été élu sénateur inamovible par le Sénat (157 voix sur 183 votants et 28 bulletins blancs), en remplacement de M. de Laboulaye, décédé. En juin 1886, il proposa sans succès l'admission temporaire des sucres étrangers, fut rapporteur (juin 1887) du projet de loi relevant les taux légaux des betteraves prises en charge, fut nommé président de la commission supérieure du contrôle de l'Exposition universelle de 1889, et, à la chute de M. Grévy, fut chargé par le nouveau président de la République, M. Carnot, de former un cabinet (12 décembre 1887), dans lequel il prit la présidence du conseil et le portefeuille des Finances. Il fit repousser par la Chambre (février 1888) l'urgence sur une proposition de M. Sans-Leroy tendant à l'élection d'une commission parlementaire pour étudier le renouvellement du privilège de la Banque de France en 1897, attaqua le projet de la commission du budget relatif à la suppression de l'impôt des boissons, vit rejeter, à égalité de voix, une demande de crédits pour le Tonkin, mais obtint, le lendemain, à une majorité de 8 voix seulement, le vote du crédit, posa la question de cabinet sur le vote des fonds secrets qui furent accordés par 218 voix contre 220, s'engagea (20 mars), au cours d'une interpellation de M. de Cassagnac, à traduire le général Boulanger devant un conseil d'enquête en raison de ses manifestes électoraux, et tomba du pouvoir (30 mars 1888), pour s'être opposé, « de la façon la plus nette et la plus énergique », à la proposition d'urgence sur la révision de la Constitution. Le cabinet Floquet, qui le remplaça, étant tombé lui-même, sur la même question, le 22 février 1889, mais pour l'avoir soulevée, M. Tirard fut encore chargé de composer un nouveau cabinet, dans lequel il conserva, avec la présidence du conseil, le portefeuille du Commerce et de l'Industrie (22 février 1889). M. Tirard a donné ses soins à l'exécution des mesures déjà prises à l'égard du général Boulanger, et à l'ouverture de l'Exposition universelle de 1889, et s'est prononce, dans la dernière session, *pour* le rétablissement du scrutin d'arrondissement (13 février 1889), *pour* le projet de loi Lisbonne restrictif de la liberté de la presse, *pour* la procédure de la haute cour contre le général Boulanger.

TIRCUY. — *Voy.* CONCELLES (DE).

TIRION (ARSÈNE-JOSEPH-GENEVIÈVE), député de 1834 à 1837, né à Laon (Aisne) le 13 avril 1789, mort à Dole (Jura) le 7 août 1854, était inspecteur de l'enregistrement et des domaines, lorsqu'il fut élu, avec l'appui du gouvernement de Louis-Philippe, le 21 juin 1834, député du 1er collège du Jura (Dole) par 113 voix (210 votants, 263 inscrits), contre 56 à M. Garnier et 39 au général Bachelu. Il siégea au centre parmi les partisans du «Juste milieu», et quitta la vie politique aux élections de 1837.

TIRLET (LOUIS, VICOMTE), député de 1827 à 1837, et pair de France, né à Moiremont (Marne) le 14 mars 1771, mort à Fontaine (Marne) le 29 novembre 1841, «fils de M. Charles Tirlet et de Jeanne Jourdain son épouse», partit comme volontaire en 1791, se battit à Valmy, devint aspirant d'artillerie, entra à l'École de Châlons, et fut élu par ses camarades capitaine aux canonniers de la Marne. Attaché à l'armée de Sambre-et-Meuse, il dirigea en 1794, le service des pontonniers, fut cité à l'ordre du jour et complimenté par Jourdan, prit part au passage du Rhin en 1795, fit partie de l'expédition d'Égypte où il servit sous les ordres d'Andréossy, se trouva aux côtés de Kléber quand ce général fut blessé à l'assaut d'Alexandrie, et, à la bataille d'Héliopolis, commanda l'artillerie de l'aile gauche. Colonel en 1799, et chef d'état-major de l'artillerie de l'armée d'Orient, il rentra en France avec Menou, commanda, en 1801, le 8e régiment d'artillerie à pied et fut promu général de brigade en 1805. Grand-officier de la Légion d'honneur (19 frimaire an XII), il prit part aux campagnes de 1805 et de 1806, où il commanda l'artillerie du 2e corps, et à celle de 1809, à la tête de l'artillerie du 11e corps. Créé baron de l'Empire le 25 mars 1810, il fut envoyé en Espagne, assista à la bataille des Arapiles où ses habiles dispositions arrêtèrent la poursuite des Anglais, commanda l'artillerie à Vittoria, et se distingua à la défense des faubourgs de Toulouse. Nommé inspecteur général d'artillerie et commandeur de Saint-Louis, il fut, pendant les Cent-Jours, à la tête de l'artillerie du 2e corps d'observation, sous les ordres du maréchal Bruno, entra en 1818 au comité de l'arme, et, lors de la guerre d'Espagne en 1823, fut appelé au commandement supérieur de l'artillerie. Élu, le 24 novembre 1827, député du grand collège de la Marne, par 115 voix (207 votants, 299 inscrits), et réélu, le 10 juillet 1830, par 214 voix (223 votants), il siégea parmi les indépendants, ne prit la parole que dans les discussions militaires, et signa l'Adresse des 221. Réélu ensuite dans le 5e collège de la Marne (Sainte-Menehould), le 5 juillet 1831, par 118 voix (160 votants, 193 inscrits), contre 40 à M. Barrois, et, le 21 juin 1834, par 131 voix (155 votants, 180 inscrits), il prit place dans la majorité et fut nommé pair de France le 3 octobre 1837. Rapporteur du budget extraordinaire des travaux publics en 1841, il préconisa la suppression des petites places de guerre et la création de vastes enceintes forti-

fiées ou camps retranchés, système qui a été adopté depuis et vulgarisé par le général Brialmont. Grand-officier de la Légion d'honneur (1811).

TIRLET (LOUIS-EUGÈNE, VICOMTE), représentant en 1849, né à Paris le 23 octobre 1817, mort à Paris le 11 janvier 1874, fils du précédent, appartint à l'administration sous le règne de Louis-Philippe, comme sous-préfet des Andelys. D'opinions conservatrices, il fut élu, le 13 mai 1849, représentant de la Marne à l'Assemblée législative, le 4e sur 8, par 48,182 voix (78,836 votants, 105,295 inscrits). Il siégea à droite et vota avec la majorité monarchiste, *pour* l'expédition de Rome, *pour* la loi Falloux-Parieu sur l'enseignement, *pour* la loi restrictive du suffrage universel. Il ne se rallia pas à la politique du coup d'État, et réunit, le 29 février 1852, comme candidat indépendant au Corps législatif dans la 1re circonscription de la Marne, 1,018 voix contre 25,887 au candidat officiel, élu, M. Godard, et 288 à M. Deconvenance. M. Tirlet ne se représenta plus.

TISSERAND (LOUIS), député de 1881 à 1883, né à Sarrebourg (Meurthe) le 19 février 1819, mort le 4 mars 1883, fut nommé, en 1863, percepteur du 3e arrondissement de Clermont. Il quitta ce poste en 1880, et se présenta, l'année d'après, comme candidat républicain à la Chambre des députés dans la 1re circonscription de Clermont-Ferrand : quoique n'ayant pu, pour cause de maladie, soutenir lui-même sa candidature, il fut élu député, le 21 août 1881, par 7,944 voix (14,853 votants, 24,421 inscrits), contre 6,369 à M. Bardoux, député sortant. M. Tisserand siégea à la gauche radicale, avec laquelle il vota jusqu'à l'époque de son décès (mars 1883). Il fut remplacé, le 8 avril suivant, par M. Gaillard.

TITOT (FRÉDÉRIC), représentant en 1871, né à Paris le 5 juin 1811, mort à Colmar (Haut-Rhin) le 12 février 1888, était établi comme manufacturier à Ensisheim (Haut-Rhin). Élu, le 8 février 1871, représentant du Haut-Rhin à l'Assemblée nationale, le 7e sur 11, par 48,559 voix (74,123 votants, 123,622 inscrits), il se rendit à Bordeaux, vota *contre* les préliminaires de paix, et donna sa démission aussitôt après, comme ses collègues des départements annexés.

TIXEDOR (FRANÇOIS-XAVIER-HYACINTHE-ANTOINE-VALÉRIE), député en 1789, né à Prades (Pyrénées-Orientales) le 10 octobre 1744, mort à une date inconnue, était juge de la viguerie de Conflans, quand il fut élu, le 27 avril 1789, député du tiers aux États-Généraux par la province de Roussillon. Adjoint au doyen des communes, il prêta le serment du Jeu de paume, et fit partie du comité de commerce et d'agriculture. Il quitta la vie politique après la session, et devint conseiller général après le 18 brumaire.

TIXIER (MICHEL-FÉLIX), député de 1830 à 1842, représentant en 1848 et en 1849, député au Corps législatif de 1852 à 1857, né aux Salles-la-Vanguyon (Haute-Vienne) le 16 février 1796, mort à Saint-Mathieu (Haute-Vienne) le 17 janvier 1864, fit son droit à Poitiers, y obtint le diplôme de licencié (1815), se fit inscrire au barreau de Limoges. Il se distingua dans sa profession, devint bâtonnier, et appartint, sous Louis-Philippe, à l'opposition modérée. Le

2 mars 1839, il fut élu député du 5e collège de la Haute-Vienne (Rochechouart), par 127 voix (211 votants). Il siégea à gauche et vota généralement contre les ministres. Non réélu aux élections générales du 9 juillet 1842, avec 121 voix contre 164 à l'élu, M. Edmond Blanc, il échoua encore, le 1er août 1846, avec 128 voix contre 170 au député sortant réélu. La révolution de 1848 rejeta M. Tixier dans les rangs du parti conservateur. Envoyé à l'Assemblée constituante, le 23 avril 1848, par le département de la Haute-Vienne, le 6e sur 8, par 28,802 voix (61,130 votants, 82,272 inscrits), il vota constamment avec la droite, *pour* le rétablissement du cautionnement et de la contrainte par corps, *pour* les poursuites contre Louis Blanc et Caussidière, *contre* l'abolition de la peine de mort, *contre* l'amendement Grévy, *contre* le droit au travail, *pour* l'ensemble de la Constitution, *pour* l'ordre du jour en l'honneur de Cavaignac, *pour* la proposition Rateau, *contre* l'amnistie, *pour* les crédits de l'expédition romaine. Non réélu, le 13 mai 1849, à la Législative, il y entra, comme représentant de la Haute-Vienne, le 8 juillet 1849, après l'option de Michel (de Bourges) pour le Cher, avec 19,268 voix (36,327 votants, 79,275 inscrits), contre 16,799 à M. Dupont de Bussac, ancien représentant; il fit partie de la majorité monarchiste, vota *pour* la loi Falloux-Parieu sur l'enseignement, *pour* les lois de répression, se rallia à la politique de L.-N. Bonaparte, et, partisan du coup d'État, accepta de faire partie de la Commission consultative. Quelques semaines après, il fut élu (29 février 1852), avec l'appui du gouvernement, député au Corps législatif dans la 2e circonscription de la Haute-Vienne, par 24,543 voix (25,112 votants, 42,535 inscrits), contre 230 à M. Pillier. Il s'associa au rétablissement de l'Empire, opina jusqu'en 1857 avec la majorité dynastique, renonça alors à la politique pour rentrer au barreau de Limoges et mourut en 1864. Chevalier de la Légion d'honneur et conseiller général de la Haute-Vienne.

TIXIER DE LA CHAPELLE (LÉONARD-ANDRÉ), député de 1815 à 1816 et de 1824 à 1827, né à Guéret (Creuse) le 18 juillet 1765, mort en 1832, était juge de paix du canton de Pontarion et conseiller général, lorsqu'il fut élu, le 22 août 1815, député du grand collège de la Creuse, par 95 voix (153 votants, 204 inscrits). Il prit place dans la majorité de la Chambre introuvable avec laquelle il vota, et demanda le cumul du traitement pour les gens de lettres seulement. Après avoir échoué, le 9 mai 1822, dans le 2e arrondissement électoral de la Creuse (Aubusson), avec 72 voix contre 97 à l'élu, M. Aubusson de Soubrebost, il fut élu député de ce dernier collège, le 25 février 1824, par 112 voix (161 votants, 208 inscrits), contre 28 à M. Baraillon. Il siégea parmi les ministériels et ne se représenta pas aux élections de 1827.

TIXIER-LACHASSAGNE (JOSEPH-CHARLES), député de 1831 à 1834, né à Bourganeuf (Creuse) le 14 juin 1795, mort à Limoges (Haute-Vienne) le 19 février 1869, étudia le droit et entra dans la magistrature. Substitut au tribunal civil de Limoges (1815), conseiller auditeur à la cour de Limoges (1819), substitut du procureur général (1825), conseiller (1829), il fut élu, le 5 juillet 1831, député du 3e collège de la Creuse (Bourganeuf), par 114 voix (145 votants, 151 inscrits), contre 28 à M. Rouchon; il appartint à la majorité conservatrice, fut promu président de chambre (1832), et obtint sa réélection comme

député, le 19 mars 1833, par 91 voix (117 votants, 156 inscrits). Non réélu aux élections générales de 1834, il se consacra à ses fonctions de magistrat. Premier président à la même cour (1837), il fut admis à la retraite, en cette dernière qualité, le 5 octobre 1861. Commandeur de la Légion d'honneur.

TOCHON (JOSEPH-FRANÇOIS), député de 1815 à 1816, né au château de Mez près d'Annecy (Savoie) le 4 novembre 1772, mort à Paris le 19 août 1820, fils d'un magistrat, fut reçu docteur en droit à l'Université de Turin (1792). Lors de la réunion de la Savoie à la France, il dut prendre du service, fut employé à l'état-major de l'armée des Alpes, se distingua à Saorgio et à Loano, obtint le grade de capitaine et rentra dans ses foyers en 1797. L'année suivante, étant aux eaux d'Aix, la découverte de quelques vieilles médailles lui révéla sa véritable vocation. Il voyagea alors en Italie, réunit une belle collection de bronzes, de médailles, de poteries anciennes, et rentra en France en 1800. Élu, le 22 août 1815, député du grand collège du Mont-Blanc, par 59 voix (100 votants, 158 inscrits), il siégea silencieusement dans la majorité de la Chambre introuvable, et cessa de siéger à la fin de novembre, quand la Savoie fut enlevée à la France. Membre, en 1816, de l'Académie des Inscriptions et Belles-Lettres, en remplacement de Guinguené, il vendit l'année suivante ses collections à l'État qui les fit entrer au Musée du Louvre. Il était membre non résidant de l'Académie de Turin, et membre de l'Académie celtique, devenue depuis la Société des antiquaires de France. On a de lui : *Dissertation sur l'inscription grecque d'un vase trouvé à Tarente et sur les pierres antiques qui servaient de cachet aux médecins oculistes* (Paris, 1816); *Recherches sur les médailles des nomes ou préfectures de l'Égypte* (Paris, 1812), divers autres mémoires de numismatique et des articles dans la *Biographie universelle.*

TOCQUEVILLE (HERVÉ-LOUIS-FRANÇOIS-JEAN-BONAVENTURE CLÉREL, COMTE DE), pair de France, né à Menou (Nièvre) le 3 août 1772, mort à Clairoix (Oise) le 9 juin 1856, « fils du haut et puissant seigneur messire Bernard-Bonaventure Clérel, chevalier seigneur comte de Tocqueville, Anville et autres lieux, mestre de camp de cavalerie, major du régiment du commissaire général de la cavalerie, chevalier de l'ordre royal et militaire de Saint-Louis, et de haute et puissante dame Catherine-Antoinette de Damas », appartenait à une ancienne famille de la Normandie. Il suivit d'abord la carrière militaire, servit comme sous-lieutenant au régiment de Vexin, et comme soldat dans la garde constitutionnelle de Louis XVI. Il quitta la France pendant la période révolutionnaire, fut maire d'un village de Seine-et-Oise sous l'Empire, et accepta des Bourbons, lors de la première Restauration, la préfecture de Maine-et-Loire (22 juin 1814). Destitué aux Cent-Jours, il fut nommé, le 12 juillet suivant, préfet de l'Oise : dans ce poste il s'honora, en refusant de livrer aux exigences d'un général prussien les registres où se trouvaient les noms des adhérents à l'Acte additionnel des Cent-Jours. Cette attitude déplut aux ultra-royalistes, et M. de Tocqueville fut transféré dans le département de la Côte-d'Or (31 janvier 1816). Il administra ensuite les départements de la Moselle (19 février 1817), de la Somme (27 juin 1823) et de Seine-et-Oise (14 juin 1826-1827). Charles X le nomma gentilhomme de sa chambre et pair de France (5 novembre 1827). Il prit plusieurs fois la parole à la Chambre haute, dont il fut exclu en 1830, en vertu de l'article 68 de la nouvelle Charte. Officier de la Légion d'honneur, commandeur de l'Aigle rouge de Prusse et du Lion de Bavière, gentilhomme honoraire de la Chambre du roi. On a de lui : *De la Charte provinciale* (1829); *Pétition aux deux chambres, relative à Mme la duchesse de Berri* (1832); *Du crédit agricole* (1838); *Histoire philosophique du règne de Louis XV* (1846), etc.

TOCQUEVILLE (Alexis-Charles-Henri Clérel de), député de 1839 à 1848, représentant en 1848 et en 1849, et ministre, né à Verneuil (Seine-et-Oise) le 29 juillet 1805, mort à Cannes (Alpes-Maritimes) le 16 avril 1859, fils du précédent, passa son enfance au château de Verneuil, près de Mantes. Ses études terminées au collège de Metz, il se rendit à Paris (1823) pour y étudier le droit, se fit recevoir licencié (1826), et voyagea en Italie et en Sicile. Nommé, le 5 avril 1827, juge auditeur au tribunal de Versailles, il se lia d'une étroite amitié avec un jeune substitut, M. Gustave de Beaumont, qu'il associa à ses travaux et à ses recherches historiques. Il se déclara contre le ministère Polignac, prêta serment à la monarchie de juillet, et, peu après, obtint du ministre de l'Intérieur, M. de Montalivet, d'être envoyé avec M. de Beaumont aux États-Unis pour y étudier la question pénitentiaire. Son séjour en Amérique dura une année (2 avril 1831-mars 1832). De retour en France, les deux voyageurs publièrent en commun le résultat de leur mission officielle sous ce titre : *Du système pénitentiaire aux États-Unis et de son application* (1832). Cet important travail fut couronné par l'Académie française. Peu après, M. de Beaumont ayant été destitué pour avoir refusé de prendre la parole dans l'affaire de la baronne de Feuchères, M. de Tocqueville saisit cette occasion pour donner sa démission et renoncer à une carrière qui était peu dans ses goûts (21 mai). Il se fit inscrire sur le tableau de l'ordre des avocats, plaida quelques causes, notamment celle de M. de Kergorlay, compromis dans l'affaire légitimiste du *Carlo-Alberto*, voyagea en Angleterre, et se livra, de 1832 à 1834, à la composition de l'ouvrage la *Démocratie en Amérique*, qui devait fonder sa réputation et dont le succès fut très vif. Couronné par l'Académie, hautement loué par Royer-Collard qui déclara que « rien de pareil n'avait paru depuis Montesquieu », ce livre valut à son auteur l'accueil le plus flatteur de la part de la société anglaise et irlandaise : les cercles aristocratiques de Londres comme les meetings populaires se disputèrent sa présence. Tocqueville épousa (octobre 1835) une jeune Anglaise, miss Motley. Chevalier de la Légion d'honneur le 6 juin 1837, membre de l'Académie des sciences morales et politiques (6 janvier 1838), il s'était présenté pour la première fois à la députation le 4 novembre 1837, dans le 4e collège de la Manche (Valognes) : il y obtint 200 voix contre 245 à M. Le Marois, élu. Il fut plus heureux le 2 mars 1839 : élu député de Valognes par 317 voix (560 votants, 649 inscrits), contre 241 à M. Le Marois, député sortant (il avait repoussé l'appui du ministère Molé), il prit à la Chambre une attitude indépendante, et se mêla activement aux travaux parlementaires, « où sa parole élégante, élevée, nourrie, dit un historien, avait quelque chose d'un peu tendre, laborieux et terne. » Ses rapports sur l'abolition de l'esclavage dans les co-

lonies (1839), sur l'organisation et la réforme des prisons (1840) furent très remarqués. Chargé, par la commission compétente, d'examiner la situation de l'Algérie, il visita cette colonie à deux reprises (1841 et 1846), et posa dans son rapport des principes nouveaux en matière de colonisation. Réélu, le 9 juillet 1842, par 465 voix (641 votants, 711 inscrits), contre 117 à M. Le Marois, il combattit, lors de la discussion de la loi de régence (13 août 1842), le système présenté par le gouvernement. En 1843, il inséra dans le *Siècle* plusieurs articles favorables à l'abolition de l'esclavage, et se déclara aussi pour la liberté de l'enseignement (1844) et pour le système du libre-échange. Fondateur d'un nouveau journal, *le Commerce*, destiné à être l'organe de l'opposition indépendante qu'il rêvait, il obtint encore sa réélection, le 1er août 1846, par 409 voix (495 votants, 779 inscrits), contre 70 à M. Le Marois. Il n'hésita plus à se déclarer nettement contre le ministère Guizot, et, dans un discours du 27 janvier 1848, il prononça ces paroles : « On prétend qu'il n'y a point de péril parce qu'il n'y a point d'émeute. Permettez-moi de vous dire que vous vous trompez. Sans doute le désordre n'est point dans les faits; mais il est entré profondément dans les esprits... Est-ce que vous ne sentez pas, par une sorte d'intuition instinctive, que le sol tremble de nouveau en Europe? Est-ce que vous n'apercevez pas, que dirai-je? un vent de révolution qui est dans l'air? Ce vent, on ne sait où il naît, d'où il vient, ni, croyez-le bien, qui il enlève. Et c'est dans de pareils temps que vous restez calmes en présence de la dégradation des mœurs publiques! » Les prévisions de l'orateur furent bientôt justifiées, et M. de Tocqueville fut envoyé, le 23 avril 1848, à l'Assemblée constituante par le département de la Manche, le 3e sur 13, par 110,764 voix. Il travailla à entourer la République d'institutions conservatrices, fit partie du comité de l'instruction publique, et vota presque constamment avec la droite, *pour* le rétablissement du cautionnement et de la contrainte par corps, *pour* les poursuites contre Louis Blanc et Caussidière, *contre* l'amendement Grévy, *contre* le droit au travail, *pour* l'ordre du jour en l'honneur de Cavaignac, *pour* la proposition Rateau, *pour* l'interdiction des clubs, *pour* les crédits de l'expédition romaine, *contre* l'amnistie, etc. Il fit aussi partie du comité de constitution, attaqua les doctrines socialistes, parla avec chaleur *contre* l'amendement Grévy, adjurant l'Assemblée de ne pas se méfier du peuple et de s'en rapporter pleinement à lui pour le choix d'un président de la République, et se prononça *pour* les deux Chambres, et *pour* la nomination du président de la République par le vote à deux degrés. Le général Cavaignac, devenu chef du pouvoir exécutif, le chargea de représenter la France à la conférence diplomatique de Bruxelles, convoquée pour le règlement des affaires d'Italie. Tocqueville combattit la candidature présidentielle de L.-N. Bonaparte, mais il renonça presque aussitôt à toute opposition systématique; car, après avoir été réélu, le 13 mai 1849, le 1er sur 13, par 82,404 voix (94,481 votants, 163,192 inscrits), représentant de la Manche à l'Assemblée législative, qui le choisit pour un de ses vice-présidents (1er juin), il accepta, dans le cabinet Odilon Barrot et Dufaure (3 juin), le portefeuille des Affaires étrangères. Ce fut pendant son passage au pouvoir qu'eurent lieu le siège et la prise de Rome. Cette campagne lui donna beaucoup de soucis : « Ce malheureux gouvernement de prêtres, écrivait-il à Lamorictère le 9 octobre 1849, a un appétit de vengeance politique dont vous ne pouvez vous faire une idée, et je crains bien que Corcelles qui était excellent quand il fallait prier le pape, ne vaille plus rien maintenant qu'il faut lui résister. » Il avait pris part aux débats que souleva cette grave question et envoyé aux conférences de Gaëte MM. de Corcelles et de Rayneval, en les chargeant de poursuivre ce triple but : « Établir en Italie la juste influence qui était due à la France, rendre au pape l'indépendance nécessaire au gouvernement des nations catholiques, et obtenir pour les États romains des réformes et des institutions sérieuses. » Mais le cabinet ayant donné sa démission (30 octobre 1849) après la lettre de L.-N. Bonaparte à M. Edgar Ney, M. de Tocqueville fut remplacé aux Affaires étrangères par M. de Rayneval. Il alla passer une partie de l'hiver en Italie pour rétablir sa santé altérée, et, de retour à l'Assemblée, continua de voter avec la droite, mais en se séparant de plus en plus de la politique de l'Élysée. A cette époque, il se prononça contre l'application en Algérie du régime militaire, appuya la revision de la Constitution, se déclara contre le coup d'État, et fut du nombre des protestataires qui se réunirent à la mairie du 10ᵉ arrondissement. Arrêté et conduit à Vincennes, il fut relâché peu après et rentra complètement dans la vie privée, refusant même de siéger dans le conseil général de la Manche, dont il faisait partie. Il se rendit en Italie, puis en Allemagne, et écrivit la première partie de l'*Ancien régime et la Révolution* (1856). Il travaillait à la seconde partie, lorsque la maladie l'obligea de se rendre à Cannes, où il mourut (1859), honoré de tous les partis par la droiture et l'aménité de son caractère. Il était membre de l'Académie française depuis le 23 décembre 1841. Outre les ouvrages cités, on a de lui : divers mémoires, rapports et lettres, publiés à part ; une *Histoire philosophique du règne de Louis XV* (1846) ; le *Droit au travail* (1848) ; *Coup d'œil sur le règne de Louis XVI depuis son avènement à la couronne jusqu'à la séance royale du 23 juin 1789* (1850), etc.

TOCQUEVILLE (François-Hippolyte Clérel, comte de), représentant en 1871, sénateur de 1875 à 1877, né à Paris le 1ᵉʳ novembre 1797, mort à Paris le 18 mai 1877, frère du précédent, servit dans l'armée de 1818 à 1830 ; il était capitaine aux dragons de la garde royale, quand il donna sa démission, après les journées de juillet, et s'occupa d'agriculture. Conseiller général de la Manche, président de la société d'agriculture, maire de Beaumont, il publia plusieurs brochures parmi lesquelles : *Sur les moyens de remédier à la mendicité et au vagabondage* (1849), *Mémoire sur l'amélioration des chevaux normands* (1842). Il se tint à l'écart de la politique sous l'empire, et se rallia après 1870 à la République conservatrice. Dans une lettre adressée à M. Ferré des Ferris (juin 1871), il se déclara ouvertement hostile aux tentatives de restauration monarchique : « Convaincu, écrivait-il, que l'établissement définitif de la République peut seul nous sauver de l'anarchie, je voudrais, s'il était possible, voir la France entière le demander avec moi... Je ne puis oublier qu'Alexis de Tocqueville était mon frère... et que cette ombre chère me désavouerait si, dans l'occasion présente, alors que la République existe, je ne concourais de tous mes efforts à affermir une institution qu'il nous apprit à regarder comme éminemment tutélaire » et

à laquelle se trouve, j'oserais le dire, indissolublement attaché le nom que je porte. » Lors de l'élection complémentaire du 9 juillet 1871, pour donner un remplaçant au prince de Joinville, qui avait opté pour la Haute-Marne, M. de Tocqueville fut élu représentant de la Manche à l'Assemblée nationale, par 38,320 voix (67,216 votants, 149,202 inscrits), contre 27,580 à M. Malicorne. Il se fit inscrire au centre gauche et à la gauche républicaine, fut élu, le 8 octobre suivant, conseiller général de la Manche pour le canton de Beaumont, et vota, à l'Assemblée, pour la dissolution, *contre* la chute de Thiers au 24 mai, *contre* le septennat, la loi des maires, l'état de siège, *contre* le ministère de Broglie, *pour* l'amendement Wallon et *pour* l'ensemble des lois constitutionnelles. Il saisit (3 octobre 1872, 2 octobre 1873), comme président des concours de la société d'agriculture de Cherbourg, les occasions qui lui furent offertes de réclamer l'affermissement des institutions républicaines, fut révoqué de ses fonctions de maire le 23 février 1874, et, lors de la discussion des lois constitutionnelles (25 février 1875), parla en faveur de l'établissement définitif de la République « dans ce pays fatigué de trop de dynasties. » Le 15 décembre 1875, l'Assemblée nationale le nomma sénateur inamovible, le 58ᵉ sur 75, par 310 voix (676 votants). Au Sénat comme à la Chambre, M. de Tocqueville siégea parmi les républicains conservateurs. Il succomba aux suites d'une attaque de paralysie, et fut remplacé, le 15 novembre 1877, comme sénateur à vie, par le comte de Greffulhe.

TOCQUEVILLE (René Clérel, vicomte de), député de 1876 à 1877, né au Pecq (Seine-et-Oise) le 1ᵉʳ septembre 1834, neveu du précédent, s'engagea en 1854 aux chasseurs d'Afrique, fit la campagne d'Afrique, puis celle d'Italie comme porte-guidon du maréchal de Mac-Mahon, fut attaché à l'expédition de Chine comme officier de cavalerie à l'état-major du général Cousin-Montauban, à celle de Cochinchine comme aide-de-camp de l'amiral Charner. Capitaine aux guides en 1863, il donna sa démission, et se porta sans succès candidat indépendant dans la Manche, aux élections de 1869 pour le Corps législatif. Nommé conseiller général de la Manche, pour le canton de Saint-Pierre-Eglise, il vit son élection invalidée pour vice de formes. Il reprit du service pendant la guerre de 1870, comme lieutenant-colonel du 72ᵉ mobiles de la Manche, à l'armée de Chanzy, et perdit sa femme, qui, faite prisonnière par les Prussiens, pendant qu'elle soignait les blessés, mourut des fatigues et des souffrances de sa captivité. M. de Tocqueville protesta, sous l'administration du duc de Broglie, contre la révocation de son oncle comme maire de Nacqueville, bien qu'il ne fût pas absolument d'accord avec lui en politique. Propriétaire du château de Tourlaville et maire de cette commune, il se présenta à la députation le 20 février 1876, comme candidat « conservateur constitutionnel » dans l'arrondissement de Cherbourg, et fut élu, au second tour de scrutin (5 mars), par 7,195 voix (16,193 votants, 21,091 inscrits), contre 6,861 à M. La Vieille, républicain, et 2,110 à M. de la Germonière. Il appartint à la minorité conservatrice et soutint le gouvernement du 16 mai. Candidat officiel, le 14 octobre 1877, dans le même arrondissement, il échoua cette fois avec 7,086 voix, contre 9,559 à l'élu républicain, M. La Vieille, et ne se représenta plus. Officier de la Légion d'honneur du 3 octobre 1871.

TOCQUOT (Charles-Nicolas), député en 1791, membre de la Convention, né aux Paroches (Meuse) le 19 juin 1752, mort aux Paroches en 1829, était cultivateur dans cette localité. Partisan de la Révolution, il devint (1790) juge de paix de Dompcevrin, et fut élu, le 8 septembre 1791, député de la Meuse à l'Assemblée législative, le 6° sur 8, par 203 voix; il vota avec la majorité réformatrice, et obtint sa réélection, le 3 septembre 1792, à la Convention nationale, le 3° sur 8, par 110 voix (261 votants). Lors du procès du roi, il fit cette déclaration : « Membre de la Législative, j'ai suspendu Louis Capet; membre de la Convention, je l'ai déclaré convaincu de conspiration ; j'ai suivi ma conscience, je ne puis calculer tous les pouvoirs, je ne puis prononcer qu'en législateur et en homme d'État. Je conclus à la réclusion provisoire et au bannissement après la guerre. » Il n'eut qu'un rôle parlementaire effacé, donna sa démission le 10 avril 1793, la renouvela définitivement le 24 août suivant, et fut remplacé par Garnier.

TOLAIN (Henri-Louis), représentant en 1871, membre du Sénat, né à Paris le 18 juin 1828, « fils d'Antoine Tolain, maître de danse, et de Jeanne Louise-Adélaïde Pouplan, » apprit l'état de ciseleur et s'occupa en même temps d'études sociales. Membre et secrétaire de la commission ouvrière pour l'Exposition de Londres en 1861, il fit partie, en 1862, de la délégation des ouvriers français envoyée en Angleterre par le gouvernement pour présenter un rapport sur les diverses industries de ce pays. Le 28 septembre 1864, à Londres, au meeting de Saint-Martin's Hall, il fut un des fondateurs de l'*Association internationale des Travailleurs*, dont le but, exclusivement économique à l'origine, était d'imiter les *Trade's Unions*, et de porter assistance aux grévistes de tous les pays. Le 20 mars 1864, sa candidature ouvrière au Corps législatif dans la 5° circonscription de la Seine ne réunit que 395 voix contre 14,414 à l'élu Garnier-Pagès, 6,530 à M. Fréd. Lévy et 409 à Th. Bac. Il s'agissait de remplacer Jules Favre, optant pour Lyon. Successivement délégué de la section parisienne de l'*Internationale* aux congrès ouvriers de Genève (1866), de Lausanne (1867), de Bruxelles (1868) et de Bâle (1869), il se fit remarquer par son activité, encourut en 1868 une condamnation à cent francs d'amende, comme prévenu de faire partie d'une société non autorisée de plus de vingt personnes, collabora au *Courrier français* de Vermorel, se déclara, en 1869, l'adversaire des théories communistes, et fut en relations personnelles avec le prince Jérôme-Napoléon. La révolution du 4 septembre l'appela bientôt à jouer un rôle politique. Nommé, aux élections municipales du 5 novembre 1870, adjoint au maire du XI° arrondissement, il posa sa candidature radicale à l'Assemblée nationale dans le département de la Seine, qui l'élut représentant, le 8 février 1871, le 32° sur 43, par 89,132 voix (328,970 votants, 547,858 inscrits). Il se montra opposé au mouvement communaliste du 18 mars, s'associa à la proclamation des députés et maires de Paris acceptant les élections municipales pour le 26, et siégea à l'extrême-gauche de l'Assemblée (Union républicaine). Il se prononça *contre* les préliminaires de paix, *contre* le pouvoir constituant de l'Assemblée, *pour* la dissolution, *contre* la chute de Thiers au 24 mai, *contre* le septennat, la loi des maires, l'état de siège, la

le ministère de Broglie, *pour* les amendements Wallon et Pascal Duprat, et *pour* l'ensemble des lois constitutionnelles. M. Tolain ne négligea aucune occasion de traiter à la tribune la plupart des grandes questions économiques ou industrielles. Il parla, avec une facilité et une netteté qui furent remarquées, sur la marine marchande, sur les matières premières, sur la loi contre l'Internationale (1872), déposa, sans succès, un projet de loi sur le droit d'association, et tenta vainement de faire adopter une demande de crédits pour l'envoi d'ouvriers à l'Exposition universelle de Vienne. Candidat le 30 janvier 1876, aux élections sénatoriales de la Seine, il fut élu, comme républicain radical, le 2° sur 6, par 136 voix (209 votants). Il prit place au groupe de l'Union républicaine, signa et vota la demande d'amnistie, et se prononça *contre* le gouvernement du Seize-Mai, et *contre* la demande de dissolution de la Chambre. Il appuya, à partir de 1878, les ministères républicains, se rapprocha de plus en plus de la politique opportuniste préconisée par Gambetta, demanda (juillet 1881) la révision de la Constitution, parla (avril 1882) en faveur des syndicats professionnels, attaqua (février 1883) le rapport de M. Allou sur l'expulsion des princes, combattit (novembre) les conventions avec les compagnies de chemins de fer, fut rapporteur (février 1884) de la loi des syndicats professionnels, s'éleva (juin) contre les surtaxes sur les céréales, appuya (août 1885) la suppression de l'impôt sur le papier, et présida « l'Alliance républicaine des comités radicaux et progressistes de la Seine » pour les élections du 4 octobre 1885, en opposition avec le comité Clémenceau. En octobre 1886, il réclama des subventions pour les établissements d'enseignement professionnel, demanda (mai 1887) la séparation du conseil général de la Seine et du conseil municipal de Paris, et présida (décembre 1888) la commission sénatoriale du budget. Il avait été réélu, au renouvellement triennal du 8 janvier 1882, sénateur de la Seine, par 111 voix (202 votants). En dernier lieu, M. Tolain s'est prononcé *pour* le rétablissement du scrutin d'arrondissement (13 février 1889), *pour* le projet de loi Lisbonne restrictif de la liberté de la presse, *pour* la procédure de la haute cour contre le général Boulanger.

TONDU (Jacques-Charles-Henri), député de 1870 à 1889, né à Pont-de-Veyle (Ain) le 26 mai 1827, descendant d'une génération de notaires depuis trois siècles, fut lui-même notaire, à la place de son père, en 1852, et céda sa charge vingt ans après, avec le titre de notaire honoraire. Membre de la commission municipale de Pont-de-Veyle au 4 septembre 1870, il fut nommé presque aussitôt maire de cette commune, et fut élu, le 20 février 1876, député de la 2° circonscription de Bourg, par 8,353 voix (14,051 votants, 17,259 inscrits), contre 5,665 à M. le comte Le Hon, ancien député. Il prit place à la gauche républicaine et fut l'un des 363 députés qui, au 16 mai, refusèrent le vote de confiance au ministère de Broglie. Réélu comme tel, le 14 octobre 1877, par 8,893 voix (10,358 votants,17,574 inscrits), contre 932 au comte Le Hon, et, le 21 août 1881, par 6,316 voix (9,435 votants, 17,401 inscrits), contre 1,993 à M. Dombey et 406 à M. Gélion-Danglar, il continua à soutenir de ses votes la politique de la majorité opportuniste. Porté, le 4 octobre 1885, sur la liste républicaine de l'Ain, il fut élu, le 4° sur 6, par 43,375 voix (76,043 votants,

103,649 inscrits); il a voté *pour* l'expulsion des princes, et s'est prononcé, dans la dernière session, *pour* le rétablissement du scrutin d'arrondissement (11 février 1889), *pour* l'ajournement indéfini de la revision de la Constitution, *pour* les poursuites contre trois députés membres de la Ligue des patriotes, *pour* le projet de loi Lisbonne restrictif de la liberté de la presse, *pour* les poursuites contre le général Boulanger. Conseiller général de l'Ain, et vice-président de l'Assemblée départementale, M. Tondu a été nommé, en août 1890, directeur de l'asile d'aliénés de Brou.

TONDU DU METZ (JEAN-ISAAC), représentant du peuple en 1848, né à Noyon (Oise) le 20 mars 1789, mort à Attichy (Oise) le 1er décembre 1871, petit-fils d'un administrateur de l'Oise sous la Révolution, fut juge de paix du canton d'Attichy sous l'empire et maire en 1811 pendant l'invasion; destitué en 1815, il fit de l'opposition aux Bourbons, fut réintégré à la mairie en 1830, et devint en outre conseiller d'arrondissement de Compiègne. Elu, le 23 avril 1848, représentant de l'Oise à l'Assemblée constituante, le 10e et dernier, par 45,626 voix, il fit partie du comité de législation, et vota, avec la majorité, *pour* le bannissement de la famille d'Orléans, *pour* les poursuites contre L. Blanc et Caussidière, *contre* l'abolition de la peine de mort, *contre* l'impôt progressif, *contre* l'incompatibilité des fonctions, *contre* l'amendement Grévy, *contre* la sanction de la Constitution par le peuple, *pour* l'ensemble de la Constitution, *pour* la proposition Rateau, *pour* l'interdiction des clubs, *pour* l'expédition de Rome, *contre* la mise en accusation du président et des ministres. Non réélu à la Législative, il ne reparut plus sur la scène politique.

TONNAC DE VILLENEUVE (HIPPOLYTE-JOSEPH), représentant du peuple en 1848, né à Montmiral (Tarn) le 23 août 1796, mort à Vitrac (Tarn) le 8 septembre 1873, entra à l'Ecole polytechnique, puis à l'Ecole d'application de Metz, en sortit dans le génie, prit part à la guerre d'Espagne et au siège d'Anvers, et, sous Louis-Philippe, fut mis en non-activité pour cause d'infirmités temporaires, avec le grade de capitaine. Après avoir échoué à la députation, comme candidat de l'opposition légitimiste, le 1er août 1846, dans le 4e collège du Tarn (Gaillac), avec 132 voix contre 293 à l'élu, M. de Lacombe, député sortant, il fut élu, le 23 avril 1848, représentant du Tarn à l'Assemblée constituante, le 4e sur 9, par 44,612 voix (90,456 votants). Il vota *pour* les poursuites contre L. Blanc et Caussidière, *contre* l'abolition de la peine de mort, *contre* l'impôt progressif, *contre* l'incompatibilité des fonctions, *contre* l'amendement Grévy, *contre* la sanction de la Constitution par le peuple, *pour* l'ensemble de la Constitution, *pour* la proposition Rateau, *pour* l'interdiction des clubs, *pour* l'expédition de Rome, *contre* la demande de mise en accusation du président et des ministres. Sa carrière politique prit fin avec la session.

TONNELIER (JACQUES), député au Conseil des Anciens, né et mort à des dates inconnues, était receveur des droits aux Gonaïves (Saint-Domingue), lorsqu'il fut élu, le 22 germinal an V, député au Conseil des Anciens par l'île de Saint-Domingue, avec 50 voix (71 votants). Il ne prit qu'une seule fois la parole, sur les élections de cette colonie, et sortit du Conseil au coup d'Etat de brumaire.

TONNET (JEAN-JOSEPH), dit TONNET-HERSANT après son mariage avec Mlle Hersant, député de 1828 à 1830, né à Saint-Loup (Deux-Sèvres) le 5 octobre 1784, mort à Boirateau (Deux-Sèvres) le 12 mars 1875, entra à l'Ecole polytechnique, puis à l'Ecole d'application de Metz, et en sortit, en 1809, fut nommé lieutenant au 1er bataillon de pontonniers, et fit les campagnes d'Autriche et de Russie. Capitaine d'état-major (12 juillet 1812), il prit part à la guerre de Saxe, devint inspecteur d'artillerie à Dresde (1813), coopéra à la défense de Metz (1814), à celle de Strasbourg (1815), fut mis en non-activité à la seconde Restauration, et donna sa démission en 1816. D'opinions libérales, il tenta de se faire élire candidat à la députation, en août 1815, dans le collège électoral de Parthenay (Deux-Sèvres); mais ce collège d'arrondissement lui préféra M. Busche, ancien préfet du département, qui d'ailleurs ne fut pas élu au scrutin définitif. Maire d'Ardin, conseiller général du canton de Coulonges, M. Tonnet entra à la Chambre, à l'élection partielle, motivée le 8 avril 1828 dans le 2e arrondissement électoral des Deux-Sèvres (Niort) par l'invalidation de M. Mauguin; il fut élu par 281 voix (320 votants, 474 inscrits), contre 19 à M. Chebron de la Roulière et 7 au général Aymé. Il prit place dans la majorité constitutionnelle; mais, atteint dans sa fortune, et ayant vu le montant de ses impositions tomber au-dessous du cens d'éligibilité de 1,000 francs, il crut devoir donner sa démission, et fut remplacé, le 29 juin 1829, par M. Tribert. Il se retira alors à la campagne, s'occupa d'agriculture, et mourut à 91 ans.

TOPSENT (JEAN-BAPTISTE-NICOLAS), membre de la Convention, député au Conseil des Anciens, né à Quilleboeuf (Eure) le 10 juin 1755, mort à Quilleboeuf le 13 août 1816, appartint à la marine marchande comme capitaine de navire. Le 7 septembre 1792, il fut élu membre de la Convention par le département de l'Eure, le 7e sur 11, avec 332 voix (563 votants). Absent par maladie lors du procès du roi, il prit part, dans la suite, aux discussions sur la marine, fit augmenter le salaire des pilotes lamaneurs de la Seine, et dénonça la Société populaire de Brest. Envoyé en mission dans la Charente-Inférieure en mars 1794, avec son collègue Guezno, il trouva dans les prisons de Rochefort beaucoup de prêtres destinés à la déportation; le transport à la Guyane lui parut nécessiter trop de frais, et il proposa au comité de salut public une solution moins onéreuse : « Nous croyons, écrivit-il, qu'il serait plus convenable, pour les circonscrire dans leur état primitif, de les jeter sur les côtes de Barbarie, entre le cap Boyador et le cap Blanc, pour faire pénitence parmi les Maures, des crimes qu'ils ont commis envers le genre humain. » Il réservait sa sollicitude pour d'autres classes de citoyens, comme on le voit d'après cette lettre d'avril suivant :

« Rochefort, le 4 floréal l'an II de la République française une et indivisible.

« Les représentants du peuple dans le département de la Charente-Inférieure à leurs collègues en séance au port de la Montagne (Toulon).

« Nous avons ici, citoyens collègues, un sans-culotte nommé Proust, actuellement employé au bagne, dont la santé ne peut soutenir l'air de Rochefort, qui désirerait une place de côme ou de sous-chef au port de la Montagne où l'air est plus salubre. Dans le cas où il serait possible de l'employer en cette qualité, nous vous invitons, citoyens collègues, à nous le mander, attendu que la Société populaire de Rochefort nous a paru s'intéresser à ce citoyen, et désirer qu'il obtint une place qui lui donnât ainsi qu'à sa famille des moyens de subsister.

« Salut et fraternité.

« J. N. Torsent, Guezno. »

Réélu député de l'Eure au Conseil des Anciens le 21 vendémiaire an IV, par 135 voix (279 votants), il en fut nommé secrétaire, et quitta cette assemblée en l'an V pour prendre le commandement de la frégate la Comète. Il continua de servir sur mer, fut nommé officier de la Légion d'honneur sous l'empire, chevalier de Saint-Louis en 1814, et mourut deux ans après.

TORCY (Louis-Joseph de), député au Conseil des Anciens, né à Vitry-le-François (Marne) le 20 mars 1752, mort à Vitry-le-François le 27 février 1812, était avocat dans sa ville natale depuis 1776. Partisan modéré de la Révolution, il devint successivement membre de la commission intermédiaire de l'assemblée d'élection en 1789, membre du directoire du district de Vitry-le-François, juge suppléant au tribunal de Cassation en 1790, et fut élu, le 24 vendémiaire an IV, député de la Marne au Conseil des Anciens, par 160 voix (261 votants). Son nom n'est pas cité au Moniteur. Rallié au 18 brumaire, il fut nommé sous-préfet de Vitry-le-François le 9 germinal an VIII, puis, à la première Restauration, le 16 juillet 1814, sous-préfet de Verdun. Il quitta l'administration aux Cent-Jours, et vécut désormais dans la retraite.

TORNÉ (Pierre-Athanase), député en 1791, né à Tarbes (Hautes-Pyrénées) le 21 janvier 1727, mort à Tarbes le 12 janvier 1797, était évêque constitutionnel du Cher, quand il fut élu, le 31 août 1791, député de ce département à l'Assemblée législative, le 1er sur 6, par 262 voix (296 votants). Il fut membre du comité des domaines et du comité de l'instruction publique, réclama en faveur des officiers municipaux de Bourges, parla sur la liberté des cultes et le serment civique, fit décréter (5 avril 1792) la suppression du costume religieux et le maintien des pénitents, fit un discours sur la manière de pourvoir à la sûreté de l'état, et demanda la mise en accusation de La Fayette. Secrétaire de l'Assemblée le 3 novembre 1791, il fut, le 3 septembre 1792, l'un des commissaires envoyés aux sections de Paris. Il se démit de ses fonctions sacerdotales le 1er frimaire an II, se maria, à 69 ans, selon la loi nouvelle, puis divorça. Lorsque le conventionnel Goyre-Laplanche fut envoyé en mission dans le Cher (septembre 1793), Torné le reçut officiellement et lui dit : « L'audacieuse aristocratie, la fourbe fédéralisme, et le modérantisme hypocrite, ces trois monstres, vous allez d'un regard les faire rentrer dans la poussière. Nous n'avons à la vérité que des amis apathiques de la liberté; mais cette mollesse, qui tient au climat, en les rendant moins dangereux, les laisse également coupables. » Torné se retira ensuite dans son pays natal, où il mourut dans l'obscurité.

TOSTIN (Nicolas-Théodore), représentant du peuple en 1848, né à Inverville (Manche) le 9 septembre 1790, mort à Sablon (Moselle) le 14 mars 1872, entra au service le 14 avril 1804, et prit part à la campagne de 1805; après Austerlitz, il mérita d'entrer dans la garde impériale et fit toutes les campagnes de l'Empire; deux fois il fut fait prisonnier en Espagne, et une fois à Dresde, et il assista à la suprême bataille de Waterloo. Retiré du service au licenciement de l'armée de la Loire, il se fit maçon, et ne tarda pas à s'acquérir une certaine popularité par son désintéressement et ses idées libérales. Élu, le 23 avril 1848, représentant de la Moselle à l'Assemblée constituante, le 5e sur 11, par 90,934 voix (97,423 votants, 111,534 inscrits), il fit partie du comité de l'Algérie et des colonies, pour le bannissement de la famille d'Orléans, pour les poursuites contre L. Blanc et Caussidière, contre l'abolition de la peine de mort, contre l'impôt progressif, contre l'incompatibilité des fonctions, contre l'amendement Grévy, contre la sanction de la Constitution par le peuple, pour l'ensemble de la Constitution, contre la proposition Rateau, contre l'expédition de Rome. Non réélu à la Législative, il reprit son métier.

TOUCHARD (Philippe-Victor), député de 1877 à 1879, né à Versailles (Seine-et-Oise) le 21 juillet 1810, mort à Paris le 20 janvier 1879, entra à l'École de marine d'Angoulême en 1826, fit plusieurs campagnes sur la Vénus et le Scipion, devint aspirant le 7 octobre 1827, à bord du brick l'Actéon, prit part à l'expédition d'Alger, passa enseigne le 31 janvier 1832, et fit un voyage autour du monde sur la corvette la Bonite (1835-1837). Lieutenant de vaisseau le 21 août 1839, il fut attaché comme aide-de-camp au prince de Joinville avec lequel il alla chercher, sur la Belle-Poule, les cendres de Napoléon à Sainte-Hélène. Capitaine de corvette le 17 octobre 1844, il prit part à l'expédition du Maroc, et, à la révolution de 1848, témoigna un attachement particulier à la famille royale exilée. Capitaine de vaisseau le 8 mai 1850, il commanda le Jean-Bart pendant la guerre de Crimée, fut nommé gouverneur de la Guadeloupe de 1857 à 1859, contre-amiral le 16 mars 1859, commandant de la station française du Levant de 1861 à 1863, président de la commission d'artillerie au ministère de la Marine le 13 février 1864, membre du conseil d'amirauté le 14 septembre, et vice-amiral le 5 novembre de la même année. Il devint peu après président de la commission de perfectionnement de l'École navale, puis du conseil des travaux de la marine qu'il présida sans interruption de 1865 à 1873. Durant le siège de Paris, il commanda un secteur de l'enceinte de Paris, fut délégué au ministère de la Marine du 12 au 20 février 1871, mis à la tête de l'escadre de la Méditerranée de 1873 à 1875, et entra au conseil de réserve cette dernière année. Élu, le 14 octobre 1877, député du 8e arrondissement de Paris, par 6,895 voix (11,638 votants, 15,055 inscrits), contre 5,241 à M. A. de La Forge, républicain, il prit place parmi les orléanistes du centre droit, et, lors des invalidations successives des députés de la droite, déposa (20 janvier 1878), dans une forme assez agressive, une proposition de modification au règlement tendant à ce qu'une invalidation ne pût être prononcée qu'à la majorité des deux tiers : la Chambre vota la question préalable à une majorité de 126 voix. Décédé en janvier 1879, il fut remplacé, le 20 avril suivant, par M. Godelle, bonapartiste. Commandeur de la Légion d'honneur du 30 décembre 1851, grand-officier en 1869 et grand-croix du 10 mai 1875, M. Touchard a collaboré à la *Revue maritime* et à la *Revue des Deux-mondes*, où son dernier article sur les *Défenses de nos frontières maritimes* fut très remarqué.

TOUDIC (PIERRE), membre de la Convention et député au Conseil des Cinq-Cents, né à Guingamp (Côtes-du-Nord) le 3 septembre 1765, mort à Guingamp le 31 décembre 1806, était avocat à Guingamp, lorsqu'il fut élu, le 11 septembre 1792, deuxième député suppléant du département des Côtes-du-Nord à la Convention, par 197 voix (391 votants). Il ne fut admis à siéger en titre que le 5 floréal an III, en remplacement de Louche décédé, et n'eut qu'un rôle parlementaire sans importance. Réélu le 21 vendémiaire an IV, par 187 voix (369 votants), député des Côtes-du-Nord au Conseil des Cinq-Cents, Toudic fit partie de cette assemblée jusqu'en l'an VI.

TOULET (ALFRED-STANISLAS), député de 1882 à 1885, né à Albert (Somme) le 11 avril 1839, mort à Albert le 21 septembre 1887, était sans antécédents politiques, lorsqu'il se présenta, le 12 mars 1882, à la députation dans la 2ᵉ circonscription de la Somme, en remplacement de M. Maguiez, nommé sénateur. Il fut élu député par 6,640 voix (12,712 votants, 16,560 inscrits), contre 5,861 à M. d'Estourmel, siégea à l'Union républicaine, et se prononça *pour les crédits du Tonkin*. Porté, le 4 octobre 1885, sur la liste républicaine de la Somme, il échoua avec 56,042 voix (133,481 votants).

TOULGOET (DE). — *Voy.* LEGOGAL.

TOULONGEON (HIPPOLYTE-JEAN-RENÉ, MARQUIS DE), député en 1789, né à Champlitte (Haute-Saône) le 7 septembre 1739, mort à Vienne (Autriche) le 2 octobre 1791, « fils de Jean-Baptiste de Toulongeon, et de Marie-Françoise-Justine de Clermont d'Amboise, comtesse de Champlitte », entra dans les armées du roi et fit la guerre de Sept ans ; il était maréchal de camp au moment de la Révolution. Élu, le 11 avril 1789, député de la noblesse aux États-généraux par le bailliage d'Amont, il fut l'un des premiers de son ordre à se réunir aux communes, fut membre du comité militaire, appuya la proclamation de Lally sur les troubles intérieurs, demanda la suppression du parlement de Besançon, et proposa de présenter au roi la déclaration des droits, les articles de la Constitution et le nouveau plan financier. Secrétaire de l'Assemblée en octobre 1789, il parla sur le décret d'organisation de l'armée, repoussa la motion tendant à déclarer la religion catholique religion d'État, prit part à la discussion sur l'institution des juges, défendit les idées financières de Necker, parla sur l'imposition des rentes, appuya la réponse du roi relative à la constitution civile du clergé, réclama contre l'inscription de son nom sur la liste du club monarchique, se prononça en faveur de la rééligibilité des membres de l'Assemblée, et réclama pour le roi le droit de grâce. Lors de la fuite de Louis XVI à Varennes, il demanda que l'on respectât le caractère du roi, fut chargé de recevoir le nouveau serment des troupes, parla ensuite sur l'élection du gouverneur du Dauphin, et se montra hostile aux lois proposées contre les émigrés. Nommé lieutenant général

le 30 juin 1791, il émigra l'année suivante, fit à l'armée des princes la campagne de 1792, et entra au service de l'Autriche ; mais, ayant appris qu'il avait été décrété d'accusation, il donna sa démission. Il fit paraître alors l'*Esprit public*, sorte de journal qui n'eut que cinq numéros, et mourut peu après.

TOULONGEON (EMMANUEL-FRANÇOIS, VICOMTE DE), député en 1789 et au Corps législatif, né à Champlitte (Haute-Saône) le 3 décembre 1748, mort à Paris le 23 décembre 1812, frère du précédent, étudia d'abord la théologie à Saint-Sulpice, mais montra si peu de dispositions pour l'état ecclésiastique que sa famille lui obtint un brevet de capitaine dans un régiment de cavalerie. Il s'occupa aussi de littérature, rendit visite à Voltaire à Ferney, et se lia avec Guibert, l'auteur du *Traité de la tactique*. Dans l'assemblée des états provinciaux de Franche-Comté en 1788, il vota, avec la minorité de son ordre, l'égale répartition des impôts et l'accession de tous les citoyens aux charges publiques. Il était colonel du régiment de cavalerie des chasseurs de Franche-Comté, lorsqu'il fut élu, le 16 avril 1789, député de la noblesse aux États-généraux par le bailliage d'Aval. L'un des premiers il se réunit aux représentants des communes, fit partie du comité militaire, désapprouva la conscription, réclama pour les soldats le droit de voter dans les assemblées primaires, et demanda la convocation de ces assemblées pour la formation des rôles des contributions. Au moment de la fuite du roi, il fut désigné pour commander en Franche-Comté, et devint maréchal de camp le 30 janvier 1792. Quelque temps après, il donna sa démission à la suite d'une injustice commise par le ministre de la Guerre envers deux officiers de son régiment qui n'avaient pas obtenu l'avancement qu'ils méritaient. La ville de Gray, où son régiment avait tenu garnison, lui offrit en reconnaissance des lettres de bourgeoisie. Après la session, il se retira à Corvol-l'Orgueilleux (Nièvre), où il passa sans encombre le temps de la Terreur, s'occupant de gravure, de musique et de littérature. Appelé à l'Institut en l'an V, dans la classe des sciences morales et politiques, il se rallia au 18 brumaire, et fut élu, le 6 germinal an X, par le Sénat conservateur, député de la Nièvre au Corps législatif. Membre de la Légion d'honneur (4 frimaire an XII), son mandat législatif lui fut renouvelé en 1809. Il fit partie du comité de l'instruction publique, et mourut au moment où il venait d'achever une nouvelle traduction des *Commentaires de César*. On a de lui : *Principes naturels et constitutifs des assemblées nationales* (1788) ; — *Manuel révolutionnaire* (Paris, 1796) ; — *Histoire de France depuis la révolution de 1789* (Paris, 1801-10, 4 volumes) ; — *Recherches historiques et philosophiques sur l'amour et le plaisir*, poëme (1806).

TOULONGEON (HIPPOLYTE-ALEXANDRE-PAUL-LÉONEL, COMTE DE), député au Corps législatif de 1857 à 1868, né à Éclans (Jura) le 31 décembre 1820, mort le 21 mai 1868, fit de l'opposition au gouvernement de Louis-Philippe, se rallia à la politique du prince Louis-Napoléon, et fut nommé sous-préfet de Dole (10 décembre 1851), et chevalier de la Légion d'honneur (1854). Il donna sa démission en 1856, devint conseiller général du canton de Chaumergy, fut élu député au Corps législatif comme candidat du gouvernement, dans la 2e circonscription du Jura, le 22 juin 1857, par 24,971 voix (27,875 votants, 40,916 inscrits), contre 2,663 à M. Charlier, et réélu, le 4 juin 1863, par 29,228 voix (29,687 votants, 42,405 inscrits). Il siégea dans la majorité dévouée aux institutions impériales, mourut au cours de la législature, et fut remplacé, le 16 août suivant, par M. Jules Grévy.

TOULOUSE-LAUTREC (Pierre - Joseph, comte de), député en 1789, né à Castres (Tarn) le 26 septembre 1727, mort à Hambourg (Allemagne) le 19 novembre 1794, entra de bonne heure dans les armées du roi, et prit part aux campagnes de la guerre de Sept ans. Au moment de la Révolution, il était maréchal de camp et chevalier de Saint-Louis. Élu, le 20 mars 1789, député de la noblesse aux États-Généraux par la sénéchaussée de Castres, il se montra fort hostile aux idées nouvelles, remit ses pouvoirs avec réserves, et obtint un congé le 10 juillet 1789. Arrêté à Toulouse, le 24 juin 1790, par ordre de la municipalité qui l'accusait de fomenter des troubles, il fut mandé à la barre de la Constituante, s'y rendit et se justifia de telle sorte que l'Assemblée déclara qu'il n'y avait pas lieu à poursuivre. Il eut ensuite une violente discussion avec Mirabeau, demanda le rappel à l'ordre de Barnave, et émigra après la session. Il entra au service de Catherine II, et se suicida peu après à Hambourg, par suite, dit-on, de chagrins domestiques.

TOUPET DES VIGNES (Edmond-Edouard-Ernest-Victor), représentant en 1848, en 1849 et en 1871, sénateur de 1876 à 1882, né à Givet (Ardennes) le 5 septembre 1816, mort à Givet le 21 juin 1882, fit ses études au collège Charlemagne, se prépara à l'Ecole polytechnique, mais ne s'y présenta pas, et revint dans sa ville natale, où il fut l'un des chefs de l'opposition libérale sous le gouvernement de Louis-Philippe. Il était commandant de la garde nationale de Givet à la révolution de 1848. Élu, le 23 avril, représentant des Ardennes à l'Assemblée constituante, le 5e sur 8, par 29,655 voix (72,152 votants, 85,403 inscrits), il fut membre et secrétaire du comité de l'Algérie et vota avec les républicains modérés, *pour* le bannissement de la famille d'Orléans, *pour* les poursuites contre L. Blanc et Caussidière, *contre* l'abolition de la peine de mort, *contre* l'impôt progressif, *contre* l'incompatibilité des fonctions, *contre* l'amendement Grévy, *contre* la sanction de la Constitution par le peuple, *pour* l'ensemble de la Constitution, *contre* la proposition Rateau, *pour* l'interdiction des clubs, *contre* l'expédition de Rome, *pour* la demande de mise en accusation du président et des ministres. Réélu, le 13 mai 1849, dans le même département, représentant à l'Assemblée législative, le 7e et dernier, par 21,002 voix (64,318 votants, 89,708 inscrits), il se montra hostile à la politique de l'Elysée, ne se mêla pas aux tentatives de résistance au coup d'Etat, et rentra dans la vie privée au 2 décembre. Conseiller général depuis 1848, il se présenta à la députation, le 1er juin 1863, comme candidat de l'opposition au Corps législatif dans la 3e circonscription des Ardennes, et échoua avec 2,675 voix contre 20,431 à l'élu, M. Sibuet, candidat du gouvernement, et 1,603 à M. Estivant. Le 8 février 1871, il fut élu représentant des Ardennes à l'Assemblée nationale, le 1er sur 6, par 41,711 voix (57,130 vo-

tants, 90,265 inscrits). Il prit place au centre gauche, reprit, le 14 juin, la proposition de Louis Blanc, portant que les membres du gouvernement de la Défense nationale rendraient compte de leurs pouvoirs, repoussa la loi sur l'enseignement supérieur, fut nommé questeur (25 février 1871), et vota *pour* la paix, *pour* l'abrogation des lois d'exil, *pour* la pétition des évêques, *contre* le service de trois ans, *contre* la démission de Thiers, *contre* le septennat, *contre* le ministère de Broglie, *pour* l'amendement Wallon, *pour* les lois constitutionnelles. Réélu conseiller général du canton de Givet le 8 octobre 1871, il devint sénateur des Ardennes, le 30 janvier 1876, avec 439 voix (575 votants). Il prit de nouveau place au centre gauche, fut nommé questeur du Sénat, repoussa la dissolution de la Chambre demandée, en juin 1877, par le ministère de Broglie, et vota cependant parfois avec les conservateurs. Décédé en juin 1882, il fut remplacé, le 17 septembre suivant, par M. Péronne.

TOUPOT DE BÉVAUX (Henri-Simon), député de 1819 à 1824 et de 1827 à 1831, né à Vassy (Haute-Marne) le 31 juillet 1759, mort à Chaumont (Haute-Marne) le 23 novembre 1845, était vice-président du tribunal de 1re instance de Chaumont, quand il fut élu, le 11 septembre 1819, député du grand collège de la Haute-Marne, par 278 voix (418 votants, 565 inscrits). Il prit place parmi les libéraux et vota *contre* les deux lois d'exception et *contre* le nouveau système électoral. Il ne se représenta pas aux élections de 1824, par suite de l'opposition que lui fit le gouvernement, mais fut réélu dans le 1er collège électoral du même département (Joinville), le 17 novembre 1827, par 121 voix (235 votants, 277 inscrits), contre 112 à M. Becquey; le 13 juin 1830, par 166 voix (253 votants, 286 inscrits), contre 66 à M. Thomassin de Bienville; le 5 juillet 1831, dans le 3e collège électoral (Chaumont) par 176 voix (278 votants, 337 inscrits), contre 100 à M. Duval de Fraville. Il siégea constamment dans l'opposition libérale, vota l'Adresse des 221 et se rallia au gouvernement de Juillet. Mais ayant désapprouvé les tendances réactionnaires du nouveau régime, il échoua, le 21 juin 1834, avec 75 voix contre 113 à M. Duval de Fraville, et ne reparut plus sur la scène politique.

TOUPOT DE BÉVAUX (Henri-Camille), représentant en 1848 et en 1849, né à Chaumont (Haute-Marne) le 1er avril 1800, mort à Chaumont le 20 août 1853, fils du précédent, appartint, sous Louis-Philippe, à l'administration, et fut successivement sous-préfet de Vassy (1831), de Castel-Sarrazin, de Béthune; M. Martin (du Nord) ayant marié une nièce pauvre avec un avocat, lui donna pour dot cette dernière sous-préfecture, et M. Toupot de Bévaux fut envoyé à Baume. Il obtint, en 1844, de revenir à Vassy. Il donna sa démission à la révolution de février, et fut élu, le 23 avril 1848, représentant de la Haute-Marne à l'Assemblée constituante, le 5e sur 7, par 33,091 voix (67,200 votants, 78,579 inscrits). Il siégea à droite, fit partie du comité du commerce, et vota *pour* le rétablissement du cautionnement et de la contrainte par corps, *pour* les poursuites contre Louis Blanc et Caussidière, *contre* l'abolition de la peine de mort, *contre* l'amendement Grévy, *contre* le droit au travail, *pour* la proposition Rateau, *contre* l'amnistie, *pour* l'interdiction des clubs, *pour* les crédits de l'expédition romaine. Réélu, le 13 mai 1849, représentant du même département à l'Assemblée législative, le 5ᵉ et dernier, par 26,923 voix (57,693 votants, 80,385 inscrits), il suivit la même ligne de conduite que précédemment, appuya toutes les lois répressives qui furent votées par la majorité d'accord avec le pouvoir, soutint la politique de l'Elysée, devint membre de la Commission consultative constituée après le coup d'Etat de décembre, et fit partie, l'année suivante, du conseil supérieur d'agriculture et du conseil général de la Haute-Marne. Chevalier de la Légion d'honneur (1837).

TOUR (GUSTAVE-LOUIS-JEAN-MARIE LE BORGNE DE LA), député au Corps législatif de 1852 à 1870, né à Quintin (Côtes-du-Nord) le 1ᵉʳ février 1814, appartenait à une famille légitimiste. A la suite des troubles de la Vendée en 1832, il dut quitter la France, alla en Allemagne, puis en Hongrie, où il prit du service, et parvint au grade de capitaine. Rentré en France en 1848, il se rallia à la politique du prince Louis-Napoléon, qu'il avait connu à l'étranger, devint conseiller général de son département et directeur du *Journal de Saint-Brieuc*, collabora au journal l'*Univers*, et fut successivement élu député au Corps législatif dans la 4ᵉ circonscription des Côtes-du-Nord, le 29 février 1852, par 15,000 voix (19,912 votants, 34,264 inscrits), contre 3,401 à M. Tassel et 1,440 à M. Depasse; le 22 juin 1857, par 21,236 voix (23,417 votants, 37,296 inscrits), contre 2,043 à M. Tassel; le 1ᵉʳ juin 1863, par 16,147 voix (20,671 votants, 29,473 inscrits), contre 4,501 à M. Thiers; le 24 mai 1869, par 12,474 voix (23,307 votants, 30.412 inscrits), contre 10,793 à M. Depasse. M. de la Tour siégea dans la majorité dynastique, et prit souvent la parole, notamment en faveur du pouvoir temporel; le 30 mai 1870, il exposa que le contingent militaire était insuffisant, et qu'on ferait bien d'emprunter quelques dispositions à la législation prussienne. « Quand il se levait pour parler, ce qui arrivait trop souvent, dit un historien, la majorité s'égrenait peu à peu du côté de la buvette. Il était surnommé *La Tour, prends garde!* Il réditait les lamentations de Jérémie sur une tonalité de faux-bourdon. » M. de la Tour vota *pour* la guerre de 1870, et quitta la vie politique à la chute de l'empire.

TOURANGIN (GEORGES-SILAS), député de 1836 à 1845, né à Issoudun (Indre) le 6 septembre 1790, mort à Nohant-en-Graçay (Cher) le 24 septembre 1874, s'engagea en 1808, fit les campagnes de l'empire, devint chevalier de la Légion d'honneur, et fut retraité, à la Restauration, avec le grade de capitaine d'infanterie. Hostile aux Bourbons, il resta longtemps éloigné des luttes politiques, et n'entra dans les assemblées parlementaires que sous le règne de Louis-Philippe. Successivement élu député du 4ᵉ collège du Doubs (Montbéliard), le 12 juin 1836, en remplacement de M. Blondeau, démissionnaire, par 82 voix (135 votants, 162 inscrits); le 4 novembre 1837, par 78 voix (145 votants, 183 inscrits); le 2 mars 1839, par 103 voix (174 votants); le 9 juillet 1842, par 107 voix (161 votants), il prit place au centre gauche, vota *contre* les lois de disjonction et d'apanage, *contre* le ministère Molé (mars 1839), *pour* la dotation du duc de Nemours, *pour* les fortifications de Paris, *pour* l'adjonction des capacités, *contre* le recensement et *contre* l'indemnité Pritchard. Puis il donna sa démission, et fut remplacé, le 2 août 1845, par M. Parandier.

TOURANGIN (DENIS-VICTOR), sénateur du second Empire, né à Issoudun (Indre) le 25 octobre 1788, mort à Menetou (Indre) le 3 juin 1880, fit ses classes à Pontlevoy, son droit à Paris, et, reçu avocat en 1814, se fit inscrire au barreau de Bourges. Adversaire des Bourbons, il contribua à la fondation du *Journal du Cher*, organe de l'opposition libérale, protesta contre les Ordonnances de juillet 1830, et fut nommé, le 5 août 1830, préfet de la Sarthe où il contribua à réprimer la tentative de soulèvement de la duchesse de Berry en 1832. Préfet du Doubs de 1833 à 1848, il y montra de réelles qualités d'administrateur à la fois ferme et conciliant. Appelé, en avril 1848, à la préfecture du Rhône, il obtint sa retraite comme préfet, le 18 décembre de la même année, se rallia à la politique de l'Elysée, fut nommé conseiller d'Etat, section de législation, par l'Assemblée législative en 1849, fut confirmé dans ces fonctions en janvier 1852, et fut élevé à la dignité de sénateur le 19 juin 1854. Il défendit constamment les institutions impériales, et rentra dans la vie privée au 4 septembre 1870. Grand officier de la Légion d'honneur du 25 juin 1848.

TOURNELLE (DE LA). — *Voy.* LEROY.

TOURNEMINE (JEAN-BAPTISTE-CHARLES VACHER, BARON DE), député au Conseil des Anciens, au Corps législatif, et de 1815 à 1824, né à Pléaux (Cantal) le 4 novembre 1755, mort à Mauriac (Cantal) le 20 septembre 1840, fit ses études de droit et prit le grade de docteur. Partisan de la Révolution, il devint président du directoire de département en 1791, puis procureur général syndic; il cessa de faire partie de l'administration en 1794, et fut détenu pendant quelques jours en 1795. Elu, le 22 vendémiaire an IV, député du Cantal au Conseil des Anciens, à la pluralité des voix sur 234 votants, et réélu, le 23 germinal an VII, par le même département, il parla sur l'organisation des conseils d'administration des troupes, fut rapporteur du projet du tachygraphe, fit admettre les réquisitions en paiement des contributions, et devint secrétaire du Conseil le 1ᵉʳ fructidor an VII. Rallié au 18 brumaire, et nommé délégué des consuls dans la 17ᵉ division militaire, il fut réélu, le 4 nivôse an VIII, par le Sénat conservateur, député du Cantal au Corps législatif. Il en sortit en 1806, présida l'Académie de Clermont et entra dans la magistrature. Il était président du tribunal de Mauriac, quand il fut élu, le 22 août 1815, député du grand collège du Cantal, par 112 voix (187 votants, 227 inscrits). Il siégea dans la minorité libérale de la Chambre introuvable, fut réélu, le 4 octobre 1816, par 93 voix (162 votants, 211 inscrits), reprit sa place au côté gauche, vota *contre* les deux lois d'exception et *contre* le nouveau système électoral. Il ne se représenta pas aux élections générales de 1824 et rentra dans la vie privée après avoir été nommé président honoraire. On a de lui : *Cours d'études encyclopédiques*.

TOURNIER (JEAN-LAURENT-GERMAIN), membre de la Convention, député au Conseil des Cinq-Cents, né à Saint-Papoul (Aude) le 1ᵉʳ décembre 1750, mort à une date inconnue, était propriétaire à Saint-Papoul, lorsqu'il fut élu, le 4 septembre 1792, député de l'Aude à la Convention, le 4ᵉ sur 8, par 299 voix (387 votants). Il siégea parmi les modérés, et répondit au 3ᵉ appel nominal dans le procès du roi : « J'ai voté dans les deux précédentes questions pour l'affirmative comme législateur, et non comme juge, n'ayant reçu aucun mandat de mes commettants pour juger des procès criminels, ni pour cumuler des fonctions incompatibles. Je vais encore prononcer comme représentant du peuple sur la troisième question, sous son rapport politique.

« Fort de ma conscience qui ne m'a jamais trompé, n'envisageant que l'intérêt de la patrie, le salut du peuple, le maintien et la sûreté de la République, je vote, comme mesure de sûreté générale, pour la réclusion de Louis pendant tout le temps de la guerre, et pour le bannissement à perpétuité à la paix. » Il vota en outre *pour* l'appel au peuple et *pour* le sursis. Ami des Girondins, il fut décrété d'arrestation pour avoir protesté contre les événements du 31 mai, et, après avoir subi une détention de plusieurs mois, il rentra à la Convention le 18 frimaire an III. Élu, le 4 brumaire an IV, député au Conseil des Cinq-Cents comme ex-conventionnel, il n'y joua qu'un rôle effacé et donna sa démission le 8 nivôse suivant.

TOURNON-SIMIANE (Camille-Casimir-Philippe-Marcellin, comte de), pair de France, né à Apt (Vaucluse) le 23 juin 1758, mort à Genelard (Saône-et-Loire) le 18 juin 1833, fils du comte de Tournon officier aux gardes françaises, fut chevalier de Malte au berceau. A sa sortie de l'École militaire d'Alais, il fut élève de marine jusqu'en 1791, passa les années de la Révolution à la campagne dans la Drôme, et entra, en 1804, au ministère de l'Intérieur, comme rédacteur du code rural et de la statistique. Auditeur au conseil d'État (2 février 1806), il remplit une mission dans l'Est, fut appelé à Berlin en octobre suivant, et nommé, le 6 novembre, intendant de la province de Bayreuth et du margraviat d'Anspach. Enlevé comme otage par les Autrichiens (11 juin 1809), il fut interné en Transylvanie, délivré le 22 août suivant, après Wagram, et nommé, le 6 septembre, préfet de Rome. Baron de l'Empire (1810), décoré de la Légion d'honneur avec dotation (juin 1811), il donna les ordres nécessaires pour l'enlèvement de Pie VII, et, lorsque Murat, devenu l'allié de la coalition, s'empara de Rome (janvier 1814), remit sa démission de préfet. Sans emploi sous la première Restauration, il fut appelé, aux Cent-Jours, à la préfecture du Finistère (22 mars 1815) qu'il refusa pour raison de santé, puis à celle de l'Hérault (22 avril) qu'il n'accepta pas davantage ; à la seconde Restauration, il fut nommé préfet de la Gironde (12 juillet 1815). La ville de Bordeaux a donné son nom à l'une de ses rues, en souvenir de son administration prudente et éclairée : il avait fondé un journal hebdomadaire, la *Feuille du dimanche*, qui fut affichée dans les communes, et dont les maires devaient donner lecture à l'issue de la messe. Maître des requêtes en service extraordinaire (1818), il fut appelé, le 9 janvier 1822, à la préfecture du Rhône, fut nommé conseiller d'État un an après (9 janvier 1823), remplacé le même jour à Lyon comme préfet, et promu à la pairie le 23 décembre suivant. Président du conseil des bâtiments civils, il siégea dans la majorité constitutionnelle, et prêta serment au gouvernement de juillet. Membre de la Société d'agriculture. On a de lui : *Études statistiques sur Rome* (1831).

TOURNOUER (Jacques-Simon), député en 1839, né à Auxonne (Côte-d'Or) le 1er février

1791, mort à Ver (Oise) le 25 septembre 1867, fit sa carrière dans l'administration. Devenu, sous le gouvernement de Louis-Philippe, maître des requêtes au conseil d'État, il se présenta à la députation, le 21 juin 1831, dans le 2e collège de la Côte-d'Or, et échoua avec 145 voix contre 182 à l'élu, M. Muteau. Il échoua encore le 4 novembre 1837, avec 80 voix contre 224 au député sortant, réélu. Il entra à la Chambre le 2 mars 1839, comme député du même collège, élu par 218 voix sur 431 votants. Il siégea dans les rangs de la majorité conservatrice, fut promu conseiller d'État, et, soumis comme tel à la réélection, sollicita, le 26 octobre suivant, le renouvellement de son mandat : mais il n'obtint que 197 voix contre 239 à M. Muteau, élu. Il se représenta sans plus de succès, aux élections suivantes du 9 juillet 1842, et réunit 207 voix contre 338 au député sortant réélu, et, le 1er août 1846, 77 voix seulement contre 392 au même concurrent, encore réélu. Le 4 mai 1852, M. Tournouër fut admis à la retraite comme conseiller d'État. Officier de la Légion d'honneur.

TOURNYOL DE LA RODDE (Etienne), député de 1827 à 1830, né à Guéret (Creuse) le 28 juillet 1758, mort à Jolgny (Yonne) le 9 octobre 1855, était propriétaire et maire de Tonnerre quand il fut élu, le 24 novembre 1827, député du grand collège de l'Yonne, par 82 voix (160 votants, 203 inscrits). Il vota constamment avec les ministériels et ne fut pas réélu aux élections de juin 1830.

TOURNYOL-DUCLOS (Philippe-Silvain), député en 1789, né à Guéret (Creuse) le 2 octobre 1755, mort à Guéret le 3 octobre 1803, ancien président à l'élection de Guéret, fut élu, le 21 mars 1789, député du tiers aux États-Généraux par la sénéchaussée de la Basse-Marche. Il prêta le serment du Jeu de paume, vota avec la majorité, et ne joua qu'un rôle politique effacé, qui prit fin avec la session.

TOURON (Pierre-Louis), député de 1832 à 1834, né à Cazillac (Lot) le 7 mai 1790, mort à Cazillac le 6 décembre 1845, étudia la médecine, et, reçu docteur, exerça cette profession à Cazillac, dont il devint maire. Après avoir échoué à la députation, le 5 juillet 1831, dans le 5e collège du Lot (Martel), avec 63 voix contre 100 à l'élu, M. Dufour, il fut élu, le 27 novembre 1832, député de cette circonscription, par 111 voix (152 votants, 223 inscrits), en remplacement de M. Dufour, décédé. Il prit place dans les rangs de la majorité avec laquelle il vota jusqu'aux élections de 1834, qui mirent fin à sa carrière politique.

TOURRAUD (Marc-François), député de 1834 à 1837, né à Thiers (Puy-de-Dôme) le 26 février 1785, mort à Thiers le 16 septembre 1872, étudia le droit, fut reçu avocat et s'inscrivit au barreau de cette ville. Il s'y distingua et devint bâtonnier de l'ordre. Conseiller d'arrondissement, commandant de la garde nationale de Thiers, administrateur des hospices, M. Tourraud fut élu, le 21 juin 1834, député du 6e collège du Puy-de-Dôme (Thiers), par 123 voix (191 votants, 253 inscrits), contre 54 à M. de Riborolles. Il prit place parmi les partisans du juste milieu et vota avec la majorité jusqu'en 1837. A cette époque il échoua (4 novembre), avec 64 voix contre 104 à l'élu, M. Berger. Il entra alors dans la magistrature et fut nommé juge-suppléant, juge, puis président du tribunal de 1re instance de Thiers. Il fut admis à la retraite, en cette dernière qualité, le 25 juillet 1855.

TOURRET (CHARLES-GILBERT), député de 1837 à 1842, représentant en 1848 et ministre, né à Montmarault (Allier) le 22 décembre 1795, mort le 17 mai 1858, entra à l'École polytechnique (1814), et en sortit ingénieur des ponts et chaussées. Ayant quitté le service pour s'occuper d'agriculture et de politique, il se présenta une première fois à la députation, le 21 juin 1834, dans le 4e collège de l'Allier (Montluçon), et ne réunit que 73 voix contre 126 à M. Camus de Richemont, élu. Il fut plus heureux le 4 novembre 1837; élu député de la même circonscription par 117 voix (241 votants, 350 inscrits), M. Tourret siégea dans les rangs de l'opposition, fut réélu le 2 mars 1839, par 160 voix (271 votants), et se retira en 1842, pour donner un siège au général Courtais. Le 1er août 1846, il n'obtint dans le 1er collège de l'Allier (Moulins) que 179 voix contre 259 à M. Meilheurat, élu. Après la révolution de 1848, M. Tourret se rallia à la forme républicaine, remplit quelque temps les fonctions de commissaire du gouvernement provisoire de l'Allier, et fut envoyé à l'Assemblée constituante (23 avril 1848) par ce département, le 2e sur 8, avec 70,351 voix (72,233 votants, 89,401 inscrits). Il fit partie du comité du travail, et vota *pour* le rétablissement du cautionnement, *pour* les poursuites contre Louis Blanc et Caussidière, *contre* le rétablissement de la contrainte par corps, *pour* l'abolition de la peine de mort, *contre* l'amendement Grévy, *contre* le droit au travail, *pour* la Constitution, *pour* l'ordre du jour en l'honneur de Cavaignac, *contre* la proposition Rateau, *contre* les crédits de l'expédition romaine. Le 28 juin 1848, le général Cavaignac le choisit pour ministre de l'Agriculture. Il présenta, en cette qualité, un projet de loi sur l'enseignement professionnel, comprenant trois degrés : la ferme-école, l'école régionale et l'institut agronomique, puis institua une commission annuelle chargée de reviser les valeurs de douanes et les échanges. Le 20 décembre 1848, il résigna son portefeuille, fit une opposition modérée au gouvernement L.-N. Bonaparte, et consacra à l'agriculture les dernières années de sa vie.

TOURRETTE (MARIE-FÉLIX-IMBAUD DE LA RIVOIRE, MARQUIS DE LA), député de 1846 à 1848, représentant en 1850, député au Corps législatif de 1864 à 1870, né à Paris le 26 janvier 1812, mort à Tournon (Ardèche) le 18 juin 1886, « fils de Marie-Louis-Just-Antoine de la Rivoire, marquis de la Tourrette, et de Victoire Chaptal », petit-fils par sa mère du comte Chaptal, fit de brillantes études au collège Henri IV, entra ensuite à l'École de Saint-Cyr, et en sortit (1832) sous-lieutenant au 37e de ligne. Démissionnaire (1839), il épousa, la même année, une nièce du colonel La Bédoyère et se retira dans ses propriétés de l'Ardèche. Le 1er août 1846, il se présenta à la députation dans le 2e collège de ce département (Tournon), et fut élu par 136 voix (202 votants, 220 inscrits), contre 64 à M. Chambaud. Il siégea au centre droit et soutint la politique de Guizot. En 1848, il fut nommé commandant de la garde nationale de Tournon, mais il échoua aux élections pour la Constituante. M. de la Tourrette ne fut nommé représentant de l'Ardèche que le

10 mars 1850, à l'Assemblée législative, par 37,519 voix (65,261 votants, 103,406 inscrits), contre 27,622 à M. Carnot, en remplacement de M. Rouveure, démissionnaire. Il prit place dans les rangs de la majorité, se montra très attaché à la politique du parti catholique, et vota *pour* la loi restrictive du suffrage universel. Conseiller général de l'Ardèche pour le canton de Saint-Félicien (1852-1871), il se présenta, avec l'appui du clergé, aux élections du 29 février 1852, pour le Corps législatif, et échoua dans la 2e circonscription du département, avec 8,899 voix, contre 10,811 à M. Boissy d'Anglas, élu. Mais, après le décès de ce député, il fut élu, avec l'appui du gouvernement, le 24 juillet 1864, dans la 3e circonscription du même département, par 17,315 voix (28,932 votants, 37,409 inscrits), contre 11,618 à M. Chalamet, candidat de l'opposition. Il siégea à droite jusqu'à la fin du règne et obtint encore le renouvellement de son mandat aux élections de 1869, toujours comme candidat officiel, avec 18,985 voix (31,355 votants, 40,217 inscrits), contre 12,285 à M. Hérold, de l'opposition. La gauche attaqua vivement cette élection, que M. de la Tourrette défendit en déclarant qu'il représentait particulièrement l'opinion catholique. Il se montra constamment opposé, au Corps législatif, à toute concession au libéralisme parlementaire. La révolution de 1870 le rendit à la vie privée. Candidat à la députation dans la 1re circonscription de Tournon le 20 février 1876, il échoua avec 7,891 voix, contre 9,111 à l'élu républicain, M. Seignobos. Chevalier de la Légion d'honneur (1869).

TOURTEAU-TORTOREL. — *Voy.* OUVRILLIERS (MARQUIS D').

TOURZEL (OLIVIER-CHARLES-HENRI-LOUIS-YVES BOUCHET DE SOURCHES, MARQUIS DE), pair de France, né à Paris le 3 juillet 1801, mort à Montfort-l'Amaury (Seine-et-Oise) le 13 juillet 1845, appartenait à la famille de la duchesse de Tourzel, qui fut gouvernante des enfants de Louis XVI. Tout dévoué au parti royaliste et à la branche aînée des Bourbons, M. de Tourzel fut nommé pair de France par Charles X, le 27 janvier 1830. Il fut exclu de la Chambre haute aussitôt après l'avènement de Louis-Philippe, en vertu de l'article 68 de la nouvelle Charte, et se retira à Montfort-l'Amaury, où il vécut dans la retraite.

TOUSSIN (ALEXANDRE-GUILLAUME), député de 1831 à 1837 et de 1839 à 1846, né à Rouen (Seine-Inférieure) le 23 mars 1796, était négociant et armateur dans sa ville natale, quand il fut élu, le 21 juin 1834, député du 2e collège de la Seine-Inférieure (Rouen), par 212 voix (420 votants, 506 inscrits), contre 166 à M. Maille. Il prit place à gauche et vota avec les libéraux. Il échoua dans le même collège, le 4 novembre 1837, avec 165 voix, contre 280 à l'élu, M. Curmer; mais il regagna son siège, le 2 mars 1839, avec 289 voix (565 votants), et fut encore réélu, le 9 juillet 1842, par 305 voix (5 8 votants 679 inscrits), contre 261 à M. Levavasseur. Il continua de siéger à gauche et vota *pour* les incompatibilités, *pour* l'adjonction des capacités, *contre* la dotation du duc de Nemours, *contre* le recensement, *contre* l'indemnité Pritchard. Il ne put prendre part au vote sur les fortifications de Paris, étant retenu chez lui par un accident : il s'était cassé la jambe. Non réélu en 1846, il ne reparut plus sur la scène politique.

TOUSTAIN DE VIRAY (JOSEPH-MAURICE, COMTE), député en 1789, né au château de Buttenémont (Meurthe) le 22 septembre 1728, mort au château de Buttenémont le 4 avril 1810, entra dans les armées du roi et fit toutes les campagnes du règne de Louis XV. Il était maréchal de camp en retraite et chevalier de Saint-Louis, lorsqu'il fut élu, le 17 mars 1789, député de la noblesse aux Etats Généraux par le bailliage de Mirecourt. Il prit plusieurs fois la parole pour demander un traitement pour les députés, pour donner son opinion sur d'importantes modifications à introduire dans l'organisation de l'armée, prêta, après la fuite du roi, le nouveau serment militaire, et prétendit qu'il avait averti divers députés de cette évasion. Mais plusieurs d'entre eux nièrent avoir jamais été prévenus par lui. La clôture de l'Assemblée constituante mit fin à sa carrière politique.

TOUZET (PIERRE), député en 1789, né le 7 avril 1734, mort à une date inconnue, était curé de Sainte-Terre (Gironde), quand il fut élu, le 14 mars 1789, député du clergé aux Etats-Généraux par la sénéchaussée de Libourne. Il vota la vérification en commun des pouvoirs, siégea silencieusement avec la majorité, et ne prêta pas le serment ecclésiastique; on perd sa trace après la session.

TOUZET (JEAN-BAPTISTE), représentant aux Cent-Jours, né à Vitteaux (Côte-d'Or) le 13 octobre 1769, mort à Semur (Côte-d'Or) le 15 mars 1834, « fils du sieur Jean-Baptiste Touzet, négociant à Vitteaux, et de demoiselle Bénigne Savary », était maire de Semur lorsqu'il fut élu (9 mai 1815) dans cet arrondissement, par 52 voix sur 85 votants, représentant à la Chambre des Cent-Jours. Il n'eut qu'une part très secondaire aux travaux de cette courte législature et n'appartint pas à d'autres assemblées.

TOYE (JEAN-PIERRE-JOSEPH), député de 1842 à 1846, né à Saint-Germain-de-Calberte (Lozère) le 26 mai 1803, était avocat à Marvejols, quand il fut élu, le 9 juillet 1842, député du 3e collège de la Lozère (Marvejols), par 140 voix (277 votants, 317 inscrits). Il prit place parmi les ministériels et vota *pour* l'indemnité Pritchard. Ayant échoué, le 1er août 1846, dans le même collège, avec 164 voix, contre 209 à l'élu, M. Chazot, il ne se représenta plus.

TRACY (ANTOINE-LOUIS-CLAUDE DESTUTT, COMTE DE), député en 1789, membre du Sénat conservateur et pair de France, né à Paris le 20 juillet 1754, mort à Paris le 9 mars 1836, d'une famille noble d'origine écossaise, acheva ses études à l'université de Strasbourg, où il se fit remarquer par son habileté à tous les exercices du corps; il inventa même une contredanse qui porta quelque temps son nom. Il entra ensuite dans les mousquetaires de la maison du roi, devint capitaine du régiment Royal-Dauphin, et, en 1770, colonel en second du régiment Royal-Cavalerie. Ayant épousé Mlle de Durfort-Civrac, il fut placé par son grand-oncle, le duc de Penthièvre, à la tête du régiment dont celui-ci était propriétaire. Après avoir pris part à l'assemblée provinciale du Bourbonnais, il fut élu, le 27 mars 1789, député de la noblesse aux Etats-Généraux par la sénéchaussée de Moulins. Imbu de principes libéraux, il siégea constamment à côté de La Fayette, qu'il seconda aux journées des 5 et 6 octobre, fit partie du comité des rapports, combattit la proposition de déclarer nationale la religion catholique, demanda qu'on approuvât la conduite de Bouillé à Nancy, protesta contre l'arrestation de Mesdames, renouvela l'assurance de son dévouement à l'Assemblée après la fuite du roi, et fut membre adjoint du comité colonial qu'il quitta peu après. Mais la marche de la révolution ne tarda pas à l'inquiéter; il réclama, au moment où la guerre devint imminente, un commandement actif, fut promu maréchal de camp le 6 février 1792, et dirigea en second la cavalerie à l'armée de La Fayette. Après le 20 juin, il sollicita un congé, se retira à Auteuil, où il s'occupa de philosophie en compagnie de Cabanis et de Condorcet. Arrêté comme suspect le 2 novembre 1793, il fut enfermé à l'Abbaye, puis aux Carmes, et ne recouvra la liberté qu'après le 9 thermidor. C'est dans sa prison qu'il composa son système d'idéologie, dans lequel il pousse le sensualisme de Condillac jusqu'à ses dernières conséquences, et qui n'est, comme il l'a dit lui-même, qu'une partie de la zoologie. En politique notamment, il prétendit démontrer que la liberté devait découler de sa morale égoïste, tandis que Hobbes, fidèle à la théorie matérialiste, s'efforçait de prouver que c'est au despotisme qu'elle conduit. Membre associé de l'Institut à la création (classe des sciences morales), Tracy fut ensuite membre et secrétaire du comité de l'instruction publique; ce fut lui qui rédigea les nouveaux programmes de l'enseignement. Appelé au Sénat conservateur le 3 nivôse an VIII, il fit partie, en l'an XI, de l'Institut réorganisé, fut nommé chevalier de la Légion d'honneur le 9 vendémiaire an XII, commandeur de l'ordre le 25 prairial suivant, comte de l'empire le 26 avril 1808, et membre de l'Académie française le 21 décembre de la même année, à la place de Cabanis. Tracy vota en 1814 la déchéance de l'empereur, fut nommé pair de France par Louis XVIII le 4 juin 1814, se tint à l'écart pendant les Cent-Jours, mais, en 1815, protesta contre la terreur blanche, refusa de siéger dans les procès politiques et repoussa toutes les mesures réactionnaires proposées par l'intransigeance royaliste. Son nom ne figure pas au scrutin dans le procès du maréchal Ney. Il se rallia à la monarchie de 1830, et entra à l'Académie des sciences morales et politiques, à la réorganisation de 1832; mais il n'y parut qu'une seule fois. Il était devenu fort triste et presque aveugle. Ses ennemis l'appelaient *Têtu* de Tracy; mais ses amis se louèrent toujours de sa bienveillance. M. de Tracy a publié un grand nombre d'ouvrages parmi lesquels on peut citer : *Grammaire générale* (1803); *Logique* (1805); *Traité de la Volonté et de ses effets* (1815); *Eléments d'Idéologie* (1817-18, 4 volumes). En outre on a de lui : *Quels sont les moyens de fonder la morale chez un peuple* (1798); *Observations sur le système actuel de l'instruction publique* (1801); divers articles dans le *Mercure de France* et les recueils de l'Institut.

TRACY (ALEXANDRE-CÉSAR-VICTOR-CHARLES DESTUTT, MARQUIS DE), député de 1822 à 1824, de 1827 à 1837, de 1838 à 1848, représentant en 1848 et en 1849, et ministre, né à Paris le 9 septembre 1781, mort à Paray-le-Fresil (Allier) le 13 mars 1864, fils du précédent, entra à l'Ecole polytechnique en 1791, en sortit dans le génie, et fut nommé lieutenant en 1800. Capitaine en second au 4e bataillon de sapeurs quatre ans après, il servit au camp de Boulogne, à l'armée d'Italie, en Dalmatie, dans l'état-major du génie (1807), fut aide-de-camp du général Sébastiani, ambassadeur à Constantinople, le suivit en Espagne, et se distingua à Almonacid et à Albuera, où il fut blessé. Il prit part à la campagne de Russie, comme chef de bataillon au 58e de ligne depuis 1807, fut fait prisonnier et interné à Saint-Pétersbourg. Echangé en 1814, il fut nommé colonel (juin suivant), éponsa (1816) la veuve du général Letort, et donna sa démission en 1818 pour s'occuper d'études scientifiques. Le 5 août 1822, il fut élu député du 2e arrondissement électoral de l'Allier (Montluçon) par 151 voix (261 votants, 390 inscrits), contre 99 à M. Hutteau d'Origny, en remplacement de M. Deschamps de la Varenne, décédé ; il s'assit à l'extrême gauche, à côté de La Fayette, dont le fils avait épousé sa sœur, vota avec l'opposition, et protesta contre l'expulsion de Manuel. Les élections du 25 février 1824 ne lui furent pas favorables ; il échoua dans deux arrondissements de l'Allier, à Moulins, avec 103 voix, contre 304 à l'élu, M. Béraud des Rondards, et à Montluçon avec 107 voix, contre 208 à l'élu, M. Chevenon de Bigny. Mais, le 17 novembre 1827, il fut réélu député de Moulins par 206 voix (358 votants, 483 inscrits), contre 155 au député sortant, M. Béraud des Rondards. M. de Tracy reprit sa place dans l'opposition et vota l'Adresse des 221. Les élections du 23 juin 1830 le renvoyèrent à la Chambre par 282 voix (510 votants, 574 inscrits), contre 218 à M. Béraud des Rondards ; il contribua à l'établissement de la monarchie de Juillet, vis-à-vis de laquelle il conserva toujours son indépendance. Ayant été réélu jusqu'à la fin du règne : le 5 juillet 1831, par 214 voix (362 votants, 502 inscrits) contre 78 au général de Castellane ; le même jour, également élu dans le 2e collège du même département (La Palisse) par 169 voix (252 votants, 320 inscrits) contre 81 à M. Lelorgne d'Ideville ; le 21 juin 1834, dans deux collèges, à Moulins, par 157 voix, contre 117 à M. Dubourg, et à La Palisse par 126 voix, contre 72 à M. Lelorgne d'Ideville, il opta pour Moulins ; et fut réélu, le 12 mai 1837, dans le 6e collège de l'Orne (Laigle) par 85 voix (152 votants), contre 67 à M. Poriquet ; le 2 mars 1839, par 111 voix (195 votants) ; le 9 juillet 1842, par 129 voix (235 votants, 264 inscrits) contre 104 à M. de Ségur d'Aguesseau ; le même jour, il échoua à Moulins avec 126 voix contre 248 au député sortant réélu, M. Meilheurat ; le 1er août 1846, à Laigle, par 199 voix (216 votants, 306 inscrits), contre 16 à M. Dubern. M. de Tracy fit au gouvernement de Louis-Philippe une opposition ferme et modérée, réclama la suppression de la peine de mort, vota contre l'hérédité de la pairie, bien que fils de pair, signa le compte-rendu de 1832, parla en faveur des réfugiés politiques, de l'émancipation des esclaves, de la liberté d'enseignement, de l'abandon de l'Algérie, qu'il considérait comme une conquête ruineuse, de l'agriculture, contre la traite des noirs, et fut nommé (1841) membre d'un conseil supérieur de l'agriculture. « Il était toujours prêt à se mettre en avant, a dit M. Guizot, pour ce qu'il croyait le droit et le bien de l'humanité. » A la révolution de 1848, M. de Tracy fut nommé colonel de la 1re légion de la garde nationale de Paris. Elu, le 23 avril 1848, représentant de l'Orne à l'Assemblée constituante, le 1er sur 12, par

92,016 voix (98,911 votants, 122,951 inscrits), il fit partie du comité des finances, et vota pour le bannissement de la famille d'Orléans (au grand étonnement de ses amis et de la famille royale), pour l'abolition de la peine de mort, et toujours ensuite avec la droite. Aux journées de juin, il se signala contre les insurgés à la tête de la 1re légion de la garde nationale. Le prince L.-Napoléon, élu président de la République, lui confia dans son premier cabinet le portefeuille de la Marine et des Colonies (20 décembre 1848-2 juin 1849) ; ce fut pendant son passage aux affaires que l'esclavage fut aboli dans les colonies, et la peine de mort supprimée en matière politique. Il conserva ses fonctions ministérielles dans le second cabinet Odilon Barrot (2 juin 1849), et tomba avec lui (31 octobre suivant) ; il avait été, le 13 mai précédent, élu représentant de l'Orne à l'Assemblée législative, le 1er sur 9, par 61,711 voix (91,068 votants, 126,696 inscrits). Après sa sortie du ministère, il continua de voter avec la majorité monarchiste, mais contre la politique personnelle du prince-président. Il protesta contre le coup d'Etat de décembre, et se laissa porter aux élections du 29 février 1852 au Corps législatif, comme candidat indépendant, dans la 2e circonscription de l'Orne ; il n'obtint que 997 voix, contre 24,120 au candidat officiel élu, M. de Sainte-Croix, et 1,182 à M. de Vigneral. Etranger dès lors à la vie politique, il s'occupa d'agriculture dans sa belle terre de Paray-le-Fresil, et y mourut, à 83 ans. Il avait été admis à la retraite, comme colonel d'état-major d'infanterie, le 5 avril 1820 ; officier de la Légion d'honneur (1831). On a de lui : Lettres sur l'agriculture (1857) ; Pensées et Souvenirs, etc.

TRAJETTO (Léonard-Antoine-Balthazar), député au Corps législatif en 1813, né à Gavignano (Italie) le 17 avril 1762, mort à une date inconnue, maire d'Anagni (Italie), fut élu, le 14 janvier 1813, par le Sénat conservateur, député du département de Rome au Corps législatif. Il en sortit peu après, quand l'empereur rendit au pape les Etats romains.

TRAMECOURT (Georges-Léonard-Bonaventure, marquis de), député de 1815 à 1816, de 1820 à 1827, et pair de France, né à Barallo (Pas-de-Calais) le 7 janvier 1765, mort à Tramecourt (Pas-de-Calais) le 14 octobre 1848, « fils à haut et puissant seigneur messire Eugène-François-Léonard de Tramecourt, seigneur de Beaurepaire, et à haute et puissante dame madame Marie-Anne-Joseph de Nédonchel », d'une famille royaliste très influente dans la région, fut élevé chez les Récollets de Hesdin, puis au collège de Saint-Omer, entra à seize ans dans le régiment du roi, et épousa, en 1794, mademoiselle de Béthune-Penin. Lors de la Révolution, il ne fut pas tout d'abord de ceux qui conseillèrent l'émigration ; mais il se décida à rejoindre les siens à l'armée de Condé qu'il ne quitta qu'après son licenciement. Il passa ensuite en Angleterre et rentra en France en 1800. Conseiller général du Pas-de-Calais (1804), il salua avec joie le retour des Bourbons, et se fit élire, le 22 août 1815, par 113 voix (229 votants, 303 inscrits) au collège de département, membre de la Chambre des députés. Il fut de la majorité. Non réélu en 1816, il reparut à la Chambre le 13 novembre 1820, élu pour la seconde fois député du Pas-de-Calais par 246 voix (424 votants, 517 inscrits) ; il siégea au côté droit avec lequel il opina constamment, obtint le renouvellement de son mandat le 1er octobre 1821, dans le 4e arrondissement du Pas-de-Calais (Hesdin), par 161 voix (308 votants, 402 inscrits), contre 142 au général Garbé, puis, le 25 février 1824, par 245 voix (380 votants, 420 inscrits), contre 131 à M. Wallart, et soutint de ses votes le ministère Villèle. « Son ministérialisme va si loin, dit un biographe du temps, qu'il a perdu de fortes sommes à la Bourse, uniquement pour avoir tenté de soutenir l'honneur de M. de Villèle ; mais l'entreprise était au-dessus de ses forces. » Il fut appelé, le 5 novembre 1827, à faire partie de la Chambre des pairs, et en fut exclu à la révolution de juillet en vertu de l'article 68 de la nouvelle Charte. M. de Tramecourt avait été créé marquis le 10 mars 1815.

TRAMIER DE LABOISSIÈRE (PAUL-JOSEPH-XAVIER), député de 1831 à 1834, représentant du peuple en 1848, né à Carpentras (Vaucluse) le 4 mars 1799, mort à Bollène (Vaucluse) le 22 décembre 1860, servit d'abord dans les gardes du corps de Louis XVIII, puis donna sa démission le 5 juin 1820, après les menaces dont les députés libéraux avaient été l'objet de la part de ses camarades. Il fut menacé d'arrestation, et se retira en Vaucluse, où il échoua à la députation, le 13 novembre 1830, dans le grand collège du département, en remplacement de M. de Rochegude démissionnaire, avec 102 voix, contre 174 à l'élu, M. Cambis d'Orsan. Jusqu'à cette époque il s'était occupé d'agriculture et de l'exploitation de carrières de plâtre et d'albâtre. Après la révolution de juillet, il fonda le 1er comité électoral de l'opposition dans son département, et fut élu, le 5 juillet 1831, député du 3e collège de Vaucluse (Carpentras), par 80 voix (123 votants, 156 inscrits), contre 42 à M. de Martignac. Il siégea à l'extrême-gauche, vota constamment avec l'opposition et fut secrétaire de la réunion Lointier. En 1832, il organisa les funérailles du général Lamarque ; à la suite des journées des 5 et 6 juin, un mandat d'arrêt fut lancé contre lui par le conseil de guerre. Il parvint à s'y soustraire par la fuite. Mais aussitôt que l'état de siège eut été levé, il se présenta devant la juridiction ordinaire qui l'acquitta. En 1833, il fit, avec Garnier-Pagès, un voyage de propagande républicaine dans le Midi, échoua aux élections générales de 1834, et vint alors en Vaucluse où il devint conseiller général. Les événements de février le firent entrer dans la politique. Commissaire du gouvernement provisoire en Vaucluse, il fut élu, le 23 avril 1848, représentant de ce département à l'Assemblée constituante, le 1er sur 6, par 38,995 voix (59,634 votants). Il fit partie du comité de l'intérieur, et vota en général avec la gauche, *pour* le bannissement de la famille d'Orléans, *contre* les poursuites contre Caussidière, *pour* l'abolition de la peine de mort, *contre* l'impôt progressif, *contre* la sanction de la Constitution par le peuple, *pour* l'ensemble de la Constitution et *contre* la proposition Rateau. Il cessa ensuite de prendre part aux votes. Non réélu à la Législative, il se retira dans ses propriétés de Pernes (Vaucluse) et ne s'occupa plus de politique.

TRANCHAND (JEAN-LOUIS), représentant du peuple en 1848, né à Roussillon (Isère) le 15 mai 1790, mort à Paris le 8 mai 1849, étudia le droit, débuta en 1816 au barreau de Bourgoin, et fit de l'opposition aux Bourbons à partir de 1827. Aux événements de juillet 1830, il fut placé à la tête de la commission municipale de Bourgoin, et fut nommé peu après procureur du roi dans la même ville. Il soutint pendant deux ans la politique ministérielle, mais s'en déclara l'adversaire après les événements de Grenoble. Conseiller général de Bourgoin en 1832, il signa l'acte conditionnel du refus de l'impôt et ferma sa porte aux agents du recensement ; il n'en fut pas moins nommé, en 1835, président du tribunal civil de Bourgoin. En 1847, il prit part aux banquets réformistes de Lyon et de Vienne, et fut élu, le 23 avril 1848, représentant de l'Isère à l'Assemblée constituante, le 4e sur 15, par 122,739 voix (136,486 votants, 159,723 inscrits). Il fit partie du comité de l'Algérie et vota avec les républicains modérés, *contre* les poursuites contre L. Blanc, *pour* l'abolition de la peine de mort, *contre* l'impôt progressif, *contre* l'incompatibilité, *contre* l'amendement Grévy, *contre* la sanction de la Constitution par le peuple, *pour* l'ensemble de la Constitution, *contre* la proposition Rateau, *contre* l'interdiction des clubs, *contre* l'expédition de Rome. Il mourut à la fin de la législature.

TRANCHART (JEAN-BAPTISTE-THÉODORE) représentant du peuple en 1848, né à Rethel (Ardennes) le 15 août 1797, mort à Vouziers (Ardennes) le 13 novembre 1861, fit sa carrière dans la magistrature. Substitut sous la Restauration, juge sous Louis-Philippe, il était président du tribunal de première instance de Vouziers au moment de la révolution de février. Étranger à la politique, mais d'opinions libérales, il fut élu, le 23 avril 1848, représentant des Ardennes à l'Assemblée constituante, le 7e sur 8, par 25,365 voix (72,452 votants, 85,403 inscrits). Il fit partie du comité de législation, et vota *pour* le bannissement de la famille d'Orléans, *pour* les poursuites contre L. Blanc et Caussidière, *contre* l'abolition de la peine de mort, *contre* l'impôt progressif, *contre* l'incompatibilité des fonctions, *contre* l'amendement Grévy, *contre* la sanction de la Constitution par le peuple, *pour* l'ensemble de la Constitution, *pour* la proposition Rateau, *pour* l'interdiction des clubs, *pour* l'expédition de Rome, *contre* la demande de mise en accusation du président et des ministres. Non réélu à la Législative, il reprit à Vouziers ses fonctions de président et fut décoré de la Légion d'honneur le 21 octobre 1851.

TRANCHÈRE (JULES-AUGUSTE HOYN DE), représentant en 1818 et en 1849, né à Bordeaux (Gironde) le 18 avril 1816, petit-fils d'un officier de marine guillotiné sous la Terreur, faisait valoir les vastes propriétés qu'il possédait dans son département, et notamment dirigeait à Guitres, dont il était maire, l'exploitation d'un domaine important, lorsqu'il entra dans la vie politique. Président du comice agricole, il publia quelques articles sur des matières économiques dans la presse bordelaise, et fut élu, le 23 avril 1848, à l'Assemblée constituante, par les conservateurs de la Gironde, le 10e sur 15, avec 62,861 voix (146,606 votants). M. de Tranchère siégea à droite, fut secrétaire du comité de l'agriculture et vota : *pour* les poursuites contre Louis Blanc et Caussidière, *pour* le rétablissement de la contrainte par corps, *contre* l'abolition de la peine de mort, *contre* l'amendement Grévy, *contre* le droit au travail, *pour* la réduction de l'impôt du sel, *contre* l'amnistie, *pour* l'interdiction des clubs, *pour* l'expédition de Rome, *pour* l'abolition de l'impôt des boissons. Réélu, le 13 mai 1849, représentant de la Gironde à la Législative, le 5e sur 13, par 72,337 voix

(125,001 votants, 179,161 inscrits), il observa la même ligne de conduite que précédemment, vota *pour* l'expédition de Rome, *pour* la loi Falloux-Parieu sur l'enseignement, *pour* la loi restrictive du suffrage universel, parut quelquefois à la tribune dans les débats sur des questions agricoles, et, vers la fin de la législature, se montra opposé à la politique particulière de l'Elysée. Adversaire du coup d'Etat, il fut du nombre des députés qui protestèrent, le 2 décembre 1851, à la mairie du X° arrondissement. Il se retira ensuite à Bordeaux, posa sans succès, le 29 février 1852, sa candidature indépendante au Corps législatif dans la 5° circonscription de la Gironde, où il n'obtint que 1,379 voix, contre 19,161 à l'élu officiel, M. David, et passa en Russie où il s'occupa de travaux publics et devint administrateur de la grande compagnie des chemins de fer russes. Il avait été maire de Guîtres (1843-1852) et conseiller général (1843-1851). A la fin de son séjour en Russie, il entreprit l'analyse de curieux manuscrits historiques appartenant à la bibliothèque de Saint-Pétersbourg. Il a publié ainsi un nombre considérable de pièces inédites, lettres, mémoires, parmi lesquels ceux de Latude, documents sur la Bastille, relations d'ambassadeurs, etc.; sous le pseudonyme de Jules Mazorac, il a donné des travaux d'histoire locale : *Histoire des bords de la Garonne* (1885); *Histoire de Guîtres* (1888), et écrit encore : *Les comédies de pararent* (1864); *Poésies de Jacques Béreau* (1887), etc. Une ordonnance royale du 12 janvier 1844 a autorisé M. Jules-Auguste Hovyn à ajouter à son nom patronymique celui de DE TRANCHÈRE.

TRARIEUX (JACQUES-LUDOVIC), député de 1879 à 1881, né à Aubeterre (Charente) le 30 novembre 1840, fit ses études de droit et s'inscrivit au barreau de Bordeaux (1865), où il se distingua. Il venait d'être élu bâtonnier de l'ordre, lorsqu'il se présenta, aux élections d'octobre 1877, comme candidat républicain modéré dans l'arrondissement de Lesparre : il n'obtint que 4,823 voix, contre 5,796 au candidat officiel élu, M. de Boxville. Deux ans plus tard, la vacance déterminée par l'élection de M. de Lur-Saluces au Sénat fit entrer M. Trarieux à la Chambre, le 6 avril 1879, comme député de la 4° circonscription de Bordeaux, élu par 10,597 voix (14,924 votants, 29,159 inscrits). Il se fit inscrire à la gauche républicaine, prit part à la discussion du projet de loi sur la liberté de l'enseignement supérieur, soutint divers amendements, et se prononça contre l'article 7, tout en approuvant l'ensemble du projet. Il vota encore *pour* l'invalidation de l'élection de Blanqui, *contre* l'amnistie plénière, et parla sur les syndicats professionnels en réclamant des précautions et des garanties. Il se représenta, le 21 août 1881, et, n'ayant réuni que 4,917 voix, contre deux adversaires, l'un monarchiste, l'autre républicain, il se désista avant le scrutin de ballottage. Il transporta alors sa candidature dans l'arrondissement de Barbezieux (Charente), et y obtint, au scrutin partiel du 20 janvier 1884, 5,297 voix, contre 7,080 à l'élu bonapartiste, M. Arnous; il recueillit encore aussi ce titre d'élu, lors des élections générales du 4 octobre 1885, sur la liste républicaine de la Charente, 39,935 voix (88,972 votants). Candidat aux élections sénatoriales dans la Gironde, au renouvellement triennal du 5 janvier 1888, il fut élu par 662 voix sur 1,262 votants. Il prit place à gauche, parla (mars 1888) sur la modification de l'article 1780

du code civil (louage de services), interpella (21 avril) le nouveau président du conseil, M. Floquet, sur son programme révisionniste, fit repousser (juin) l'effet rétroactif de la taxe militaire, parla (décembre) contre le budget extraordinaire de la guerre (dénonçant le danger qu'il y a à autoriser de nouvelles dépenses, sans les gager aussitôt sur des ressources réelles), soutint la politique scolaire et coloniale du gouvernement, se prononça, en dernier lieu, *pour* le rétablissement du scrutin d'arrondissement (13 février 1889), s'abstint sur le projet de loi Lisbonne restrictif de la liberté de la presse, et vota *pour* la procédure de la haute cour contre le général Boulanger. Le 12 avril 1889, M. Trarieux fut choisi par le Sénat, par 191 voix sur 230 votants, le 4° sur 9, pour faire partie de la commission des Neuf chargée de l'instruction de la mise en accusation dans les poursuites intentées contre le général Boulanger et MM. Dillon et Henri Rochefort.

TRAVAGLINI (VALÈRE, CHEVALIER), député au Corps législatif de 1811 à 1813, né à Spoleto (Italie) le 4 octobre 1767, mort à Spoleto le 18 février 1836, d'une ancienne famille du pays, se montra de bonne heure partisan des idées françaises et, ayant approuvé l'annexion des Etats Romains à l'empire, devint maire de Spoleto en 1809. Elu, le 23 février 1811, par le Sénat conservateur, député du département de Trasimène au Corps législatif, il prit part à différentes discussions, mais quitta cette assemblée lorsque Napoléon rendit au pape ses états en 1813. Il avait été créé chevalier de l'empire le 4 juillet 1811.

TRAVOT (JEAN-PIERRE, BARON), pair des Cent-Jours, né à Poligny (Jura) le 6 janvier 1767, mort à Paris le 6 janvier 1836, s'engagea en 1783 dans le régiment d'Enghien, y devint sous-officier en 1788 et quitta le service en 1789. Volontaire en 1791, il fut élu capitaine du 2° bataillon du Jura, servit sous les ordres de Custine à l'armée du Rhin, devint chef de bataillon, puis chef de brigade, passa sous Kléber à Mayence et fut nommé adjudant-général le 9 mars 1794. Il fut alors envoyé en Vendée à l'armée de Hoche, commanda la colonne chargée de poursuivre Charette et s'empara de ce chef vendéen à la Chabottière, le 23 mars 1796. Général de brigade du 11 germinal an IV, il commanda jusqu'au 18 brumaire les départements de l'Ouest, où sa fermeté éclairée sut mener à bien la pacification. Commandeur de la Légion d'honneur (23 vendémiaire an XII), général de division (1er février 1805), il fut appelé, le 9 octobre suivant, au commandement de la 12° division militaire (Nantes). Envoyé en 1807 à l'armée de Portugal, il fit toute la campagne, fut nommé gouverneur de Lisbonne et, compris dans la capitulation de Cintra, débarqua à Rochefort. Il accusa alors Junot de l'avoir laissé dans une situation très critique. Napoléon, qui n'aimait pas les temporisateurs, mais les généraux énergiques, ne l'employa plus qu'à l'intérieur. Travot commanda successivement la 13° division (Rennes), la 10° (Toulouse), et fut créé baron de l'empire le 3 février 1813. A la chute de Napoléon, il se retira dans sa famille, puis fut décoré de l'ordre de Saint-Louis par le roi, le 27 décembre 1814. Aux Cent-Jours, il reprit le commandement de la 13° division (Rennes), et lança, le 21 mars, une proclamation pour engager les habitants à se rallier à Napoléon. Il n'eut pas à exercer de répression énergique, et la campagne se borna à quelques engagements avec les troupes de La Rochejaquelein. Appelé, le 2 juin 1815, à la Chambre des pairs, il céda son commandement au général Lamarque; sur la proposition de Jay, la Chambre des représentants déclara, le 2 juillet 1815, qu'il avait bien mérité de la patrie. Mis à la retraite à la Restauration, il fut arrêté à Lorient, le 14 janvier 1816, sur un ordre du ministre de la guerre qui enjoignait au gouverneur de la 13e division, M. de Vioménil, de commencer immédiatement des poursuites contre Travot, pour sa conduite en 1815. Le barreau tout entier offrit de défendre l'accusé et signa une consultation en sa faveur, on passa outre. « La modération, était-il dit dans le réquisitoire, ne fut point une des armes les moins redoutables entre ses mains; la clémence elle-même fut un de ses moyens de succès. » Le général Canuel, président du conseil de guerre, et ennemi personnel de Travot, refusa tout délai aux défenseurs, et Travot fut condamné à mort, le 20 mars 1816, pour crime de rébellion et pour avoir engagé les citoyens à s'armer contre les Bourbons. Il se pourvut en cassation le 25; le 27, sa peine fut commuée en 20 ans de détention, et, le 11 avril, on le transféra à Ham. Sa femme et son fils, après de nombreuses démarches, obtinrent sa grâce en 1820; mais ces épreuves avaient altéré sa raison, et il languit tristement, jusqu'à ce que la mort vint le prendre, dans une maison de santé, à Montmartre. La ville de la Roche-sur-Yon, en souvenir de la pacification de la Vendée, lui a élevé une statue sur l'une de ses places, à laquelle elle a donné son nom.

TRAVOT (MARIE-VICTOR, BARON) député au Corps législatif de 1852 à 1869, né le 7 octobre 1810, mort à Paris le 11 novembre 1882, second fils du précédent, s'engagea en 1830, fit plusieurs campagnes en Afrique, et devint capitaine de cavalerie, officier d'ordonnance du maréchal Soult (1841) et chevalier de la Légion d'honneur. Il donna sa démission (1842) et se retira dans ses propriétés de Bouliac (Gironde) dont il devint maire (1846-1870). Conseiller général du canton de Carbon-Blanc (1852-1870), et rallié à la politique du prince Napoléon, il fut successivement élu au Corps législatif, comme candidat du gouvernement, dans la 2e circonscription de la Gironde, le 29 février 1852, par 18,282 voix (19,014 votants, 38,406 inscrits); le 22 juin 1857, par 14,489 voix (17,505 votants, 30,549 inscrits), contre 2,889 à M. Bellot des Minières; le 1er juin 1863, par 15,270 voix (20,814 votants, 33,010 inscrits), contre 5,415 à M. Larrieu, ancien représentant. Officier de la Légion d'honneur le 13 août 1864, M. Travot siégea constamment dans la majorité dévouée à l'empire. Ayant échoué aux élections du 24 mai 1869, avec 13,322 voix contre 15,446 à M. Larrieu, candidat de l'opposition, il renonça aux affaires publiques.

TREDERN (LOUIS-DÉSIRÉ-BONAVENTURE, COMTE DE), représentant du peuple en 1848, né à Rennes (Ille-et-Vilaine) le 13 juillet 1805, mort à Rennes le 2 avril 1883, entra dans l'armée sous la Restauration, se signala au siège d'Anvers et donna peu de temps après sa démission. Il était alors lieutenant d'artillerie. Il se retira à Rennes où il devint conseiller municipal, capitaine de la garde nationale et rédacteur, avec Audren de Kerdrel, du *Journal*

de *Rennes*. Il refusa de s'associer aux idées de M. de Genoude, et conserva son indépendance. Candidat de l'opposition légitimiste, le 1er août 1846, dans le 1er collège d'Ille-et-Vilaine (Rennes), il échoua avec 64 voix, contre 298 à l'élu, M. Jollivet, et 139 à M. l'ongérard. Élu, le 23 avril 1848, représentant d'Ille-et-Vilaine à l'Assemblée constituante, le 7e sur 14, par 84,328 voix (132,600 votants, 152,985 inscrits), il fit partie du comité de la presse, et vota constamment à la droite, *contre* le bannissement de la famille d'Orléans, *pour* les poursuites contre L. Blanc et Caussidière, *contre* l'abolition de la peine de mort, *contre* l'impôt progressif, *contre* l'incompatibilité des fonctions, *contre* l'amendement Grévy, *contre* la sanction de la Constitution, *pour* l'ensemble de la Constitution, *pour* la proposition Rateau, *pour* l'interdiction des clubs, *pour* l'expédition de Rome, *contre* la demande de mise en accusation du président et des ministres. Il ne fut pas réélu à la Législative. M. de Tredern, écrivain plein de verve et de finesse, était membre de la Société des antiquaires de Normandie, de la Société pour la conservation des monuments, de l'Association bretonne, etc.

TRÉHOT DE CLERMONT (LOUIS-FRANÇOIS), député en 1789, né à Pont-Croix (Finistère) en 1762, mort à Pont-Croix le 23 août 1823, se fit recevoir avocat au parlement en 1785, et devint fermier général du marquis de Forcalquier, et sénéchal de Pont-Croix (1787-1789). Député de Quimper aux États de Bretagne en 1789, il fut élu, le 22 avril 1789, deuxième député suppléant du tiers aux États généraux par les sénéchaussées de Quimper et de Concarneau, et fut admis à siéger le 6 novembre 1789, au refus du premier suppléant, en remplacement de Le Guillou de Kerincuff, démissionnaire. Son rôle à la Chambre fut des plus obscurs, et son nom n'est pas cité au *Moniteur*. Membre du directoire de district de Pont-Croix en l'an III, puis du directoire de département en l'an VI, il appliqua sans ménagement les lois édictées contre les prêtres insermentés après le coup d'État de fructidor, devint, sous l'empire, procureur impérial à Châteaulin, et quitta les fonctions publiques à la première Restauration.

TRÉHOUART (THOMAS-FRANÇOIS), sénateur du second empire, né à Vieux-Viel (Ille-et-Vilaine) le 27 avril 1798, mort à Arcachon (Gironde) le 8 novembre 1873, entra comme mousse dans la marine à la fin du premier empire, et assista aux derniers combats navals dans les mers de France. Élève de 1re classe en 1817, enseigne de vaisseau en 1821, lieutenant de vaisseau en 1829 après la bataille de Navarin, capitaine de vaisseau en 1843, il commanda une partie de l'escadre française lors de l'expédition dans l'Amérique du Sud, et dirigea le combat d'Obligado. Contre-amiral le 15 février 1846, il était à la tête d'une division navale de la Méditerranée lors de l'expédition de Rome en 1849. Vice-amiral le 2 avril 1851, et, peu après, préfet maritime à Brest, il reçut, le 31 octobre 1855, le commandement de l'escadre de la Méditerranée, en remplacement de l'amiral Bruat, et fut chargé, comme tel, de ramener en France l'armée d'Orient. Il s'acquitta de cette tâche avec beaucoup d'habileté et de précision et mérita les éloges du ministre de la Marine. Membre du conseil d'amirauté en février 1858, il fut élevé à la dignité d'amiral le 20 février 1859, et entra de droit au Sénat. Il s'y montra dévoué aux institutions impériales, fut maintenu sur le cadre d'activité, et rentra dans la vie privée après les événements de 1870. Grand-officier de la Légion d'honneur du 18 juillet 1849, grand-croix du 12 août 1860.

TRÉHOUART DE BEAULIEU (Bernard-Thomas), membre de la Convention, né à Saint-Malo (Ille-et-Vilaine) le 14 janvier 1754, mort à une date inconnue, était capitaine d'un brûlot. Devenu maire de Saint-Malo, colonel de la garde nationale et administrateur du département, il fut élu, le 8 septembre 1792, quatrième député suppléant du département d'Ille-et-Vilaine à la Convention, à la pluralité des voix. Il fut adjoint au ministre de la Marine (1793), en raison de ses connaissances spéciales. Admis à siéger à la Convention, le 4 août 1793, en remplacement de Lanjuinais, il remplit une mission à Brest, annonça à l'assemblée les réjouissances qui avaient eu lieu dans ce port pour la reprise de Toulon, se rendit de nouveau à Brest et à Lorient et fit enlever l'argenterie des églises. « Nous vous invitons nous-mêmes, écrivait-il aux agents nationaux, à exercer ce nouvel apostolat dans votre arrondissement, en y envoyant des commissaires dont la mission sera de dissuader les citoyens crédules et fanatiques que ces superfluités puissent contribuer à leur salut. » A Vannes, il se trouva en lutte contre Carrier, dont il fit arrêter l'agent Le Batteux, « cédant, écrit-il au comité de salut public, à la clameur publique »; Carrier demanda son rappel; le comité se contenta de l'éloigner, sans le rappeler. Guermeur, d'un autre côté, mandait à Bouchotte que « le langage du plus détestable modérantisme était dans la bouche de Tréhouart. » Mais, soutenu par Prieur (de la Marne), Tréhouart parvint sans encombre jusqu'au terme de son mandat, et disparut de la scène politique après la session conventionnelle.

TRÉHU DE MONTHIERRY (Julien), député de 1817 à 1822, né à Fougères (Ille-et-Vilaine) le 10 novembre 1754, mort à Fougères le 4 janvier 1846, maire de Rennes en 1789, commissaire-adjoint des guerres, puis commissaire ordonnateur sous l'empire, chevalier de la Légion d'honneur, fut élu, le 20 septembre 1817, député du grand collège d'Ille-et-Vilaine, par 433 voix (882 votants, 1,010 inscrits). Il prit place au côté gauche, vota contre les deux lois d'exception et contre le nouveau système électoral, et, de la série sortante en 1822, ne reparut plus sur la scène politique.

TRÉHU DE MONTHIERRY (Charles-Anne), député de 1835 à 1848, né à Rennes (Ille-et-Vilaine) le 14 septembre 1797, mort à Rennes le 19 octobre 1857, fils du précédent, commença son droit dans sa ville natale, mais dut l'interrompre aux Cent-Jours; il signa alors l'acte de la fédération bretonne qu'il avait contribué à fonder. Avocat en 1817, il fit une constante opposition aux Bourbons, se rallia, après 1830, à la monarchie de juillet, et devint commandant de la garde nationale de Fougères. Élu, le 16 octobre 1835, député du 5e collège d'Ille-et-Vilaine (Fougères), en remplacement de M. de la Riboisière, nommé pair de France, par 142 voix (158 votants, 263 inscrits), il fut invalidé et dut se représenter devant ses électeurs qui lui renouvelèrent son mandat, le 5 février 1836,

par 143 voix (161 votants, 264 inscrits). Successivement réélu ensuite, le 6 novembre 1837, par 191 voix (281 votants, 350 inscrits); le 2 mars 1839, par 191 voix (281 votants); le 9 juillet 1842, par 195 voix (255 votants, 366 inscrits); le 1er août 1846, par 197 voix (303 votants, 376 inscrits), contre 99 à M. Le Harivel, il vota constamment avec l'opposition, contre le cabinet Molé, pour les incompatibilités, pour l'adjonction des capacités, contre la dotation du duc de Nemours, contre les fortifications de Paris, contre le recensement, contre l'indemnité Pritchard, pour la proposition sur les députés fonctionnaires. Conseiller général depuis 1843, conseiller municipal de Fougères et membre du bureau de bienfaisance, il rentra dans la vie privée à la révolution de 1848.

TREILH-PARDAILLAN (Thomas-François), député en 1791, né à Saint-Pons (Hérault) en 1752, mort à une date inconnue, ancien officier et chevalier de Saint-Louis, embrassa avec ardeur la cause de la Révolution, et devint administrateur du département de Paris. Élu, le 27 septembre 1791, député de Paris à l'Assemblée législative, le 23e sur 24, par 397 voix (696 votants), il fit partie du comité diplomatique, proposa la formation de compagnies franches, donna lecture d'un projet contre les officiers déserteurs, et renonça à sa croix de Saint-Louis après la déchéance du roi. Sa carrière prit fin avec la session.

TREILHARD (Jean-Baptiste, comte), député en 1789, membre de la Convention, député au Conseil des Cinq-Cents et à celui des Anciens, membre du Directoire, né à Brive (Corrèze) le 3 janvier 1742, mort à Paris le 1er décembre 1810, fils de Jean Treilhard, avocat, et de Jeanne Lachèze, étudia le droit et devint avocat au parlement de Paris (1761). Protégé par Turgot, alors intendant à Limoges, il se vit confier plusieurs causes importantes, plaida pour l'archevêque de Paris contre les officiers de l'hôtel de ville, pour les receveurs généraux du domaine, pour le procureur général, pour la ville de Brive contre les héritiers des vicomtes de Turenne, participa au mouvement de résistance contre le parlement Maupeou, se tint jusqu'en 1775 à l'écart du barreau, et fut nommé inspecteur général des domaines; en même temps la maison de Condé le chargea de ses intérêts. Élu, le 15 mai 1789, député du tiers aux États-Généraux par la ville de Paris, avec 116 voix, il prit une part active aux débats politiques, parla sur la réunion des trois ordres, se prononça pour une seule Chambre et pour le veto suspensif, fut membre du comité de constitution, du comité des pensions, du comité ecclésiastique, fit un rapport sur les biens des églises, proposa de surseoir à toute nomination de bénéfices, autre qu'à charge d'âmes, fut élu secrétaire, puis président de l'Assemblée, fit adopter les décrets relatifs au clergé et à la constitution civile, supprima les ordres religieux et mettre leurs biens à la disposition de la nation. Il obtint l'annulation des collations et dispositions des cures, interpella l'évêque de Clermont au sujet du serment civique, parla sur l'arrêté du département de Paris relatif à la liberté des cultes, et, en 1791, lorsque les honneurs de l'anthéon furent proposés pour Voltaire, rappela que le philosophe, dès 1764, avait prédit la Révolution. « C'est donc à lui que nous la devons, s'écria-t-il, et c'est peut-être un des premiers pour lesquels nous devons les honneurs que vous destinez aux grands hommes qui ont bien mérité de la patrie. » Après la session de la Constituante, Treilhard présida le tribunal criminel du département de Paris. Le 12 septembre 1792, il fut élu député de Seine-et-Oise à la Convention, le 7e sur 14, par 403 voix (681 votants). Il fit suspendre la vente des immeubles des émigrés, proposa d'accorder à Louis XVI un ou plusieurs conseils, parut d'abord favorable au principe de l'inviolabilité royale, et remplit durant une partie du procès (28 décembre 1792-10 janvier 1793) les fonctions de président de l'Assemblée. Il se prononça contre l'appel au peuple et répondit au 3e appel nominal : « En consultant le plus grand intérêt de la République, que nous ne pouvons ni ne devons jamais perdre de vue, je pense, en mon âme et conscience, que la mesure la plus sage et la plus politique est, en déclarant que Louis a mérité la mort, de décréter un sursis qui laisse à la nation la faculté d'ordonner de sa personne suivant les circonstances et les intérêts du peuple français. Je vote pour la mort avec sursis. » En mission en Belgique (22 janvier), il transmit à l'assemblée des détails sur la situation de l'armée, revint au bout de peu de temps, fut élu membre du comité de salut public, et se rendit dans les départements de la Dordogne et de la Gironde pour réprimer l'agitation produite par la proscription des Girondins. De Blaye, il écrivit à Goupilleau, membre du comité de sûreté générale, de lui envoyer un collègue « sociable », quand la mission de Borias aura pris fin. A peine arrivé à Bordeaux (juin), il fut arrêté et subit une détention de quelques jours. On le remplaça le 20 juillet par Tallien. Jusqu'au 9 thermidor, Treilhard s'effaça le plus possible et ne prit la parole que sur des questions secondaires. Il parut plus fréquemment à la tribune après la chute des Jacobins, s'associa aux mesures de réaction, proposa la ratification du traité conclu à Bâle avec l'Espagne, et fit décréter l'échange de la fille de Louis XVI contre les commissaires livrés par Dumouriez. Passé, le 23 vendémiaire an IV, au Conseil des Cinq-Cents, comme l'élu de dix départements, il devint président de cette assemblée et prononça en cette qualité, le 1er pluviôse, un discours empreint d'un ardent républicanisme : « Haine, fit-il, haine éternelle à la royauté, ce fléau destructeur ! Ce n'est que par ce sentiment qu'un Français peut encore exister. Peuple, tu désires la paix ? Eh bien, haine à la royauté, c'est elle qui te donne la guerre. Tu éprouves des privations ? Eh bien, haine à la royauté, qui organisa la guerre civile et le massacre des républicains ! Représentants du peuple, recevez l'expression de mes sentiments. Que ne puis-je reculer les bornes de cette étroite enceinte ; que ne suis-je au milieu de tous mes concitoyens ! C'est en présence de tous les peuples, c'est au sein de l'humanité que je voudrais déposer mon serment : Je jure haine à la royauté ! » Il parla sur les lois relatives aux émigrés, demanda la peine de mort contre les provocateurs à la royauté et au mépris de la Constitution de 1793, et fut désigné, en 1796, par le Directoire, pour le poste de ministre de la Justice ; mais il n'accepta pas. Il fut nommé alors membre du tribunal de Cassation, et presque aussitôt chargé de fonctions diplomatiques près la cour de Naples. Il se disposait à accompagner Bonnier au congrès de Rastadt en qualité de ministre plénipotentiaire, quand il fut retenu par sa nomination aux fonctions de membre du Directoire, en remplacement de François de Neufchâteau

(15 mai 1798). Treize mois plus tard, son élection fut annulée comme ayant eu lieu avant l'accomplissement de l'année pendant laquelle, en sortant du Corps législatif, tout représentant était inéligible au Directoire. Treilhard fut alors, de la part de ses ennemis, l'objet d'accusations passionnées. Il accepta avec résignation le coup d'État du 18 brumaire, fut nommé, d'abord vice-président (4 avril 1800), puis président du tribunal d'appel de la Seine (1er janvier 1802), et entra la même année au conseil d'État, où il présida, depuis 1808, la section de législation. Grand officier de la Légion d'honneur le 25 prairial an XII, comte de l'Empire le 24 avril 1808, il reçut, le 30 mars 1809, le titre de ministre d'État. Lors de la proclamation de l'Empire, il avait été chargé de donner communication au Tribunat du sénatus-consulte organique du 28 floréal an XII ; il prit une part importante à la rédaction du code civil, du code d'instruction criminelle, du code pénal et du code de commerce.

TREILLE (Alcide-Marie), député de 1881 à 1889, né à Poitiers (Vienne) le 8 décembre 1844, étudia la médecine et fut reçu docteur en 1869. Établi comme médecin à Constantine, il fut nommé conseiller général en 1879, et, après l'option de M. Thomson pour la 2e circonscription du département de Constantine, se présenta pour lui succéder à la Chambre, comme député de la 1re : il fut élu, le 4 octobre 1881, par 2,421 voix (4,814 votants, 7,106 inscrits), contre 2,208 à M. Forcioli, radical. M. Alcide Treille siégea sur les bancs de l'Union républicaine, soutint de son vote les cabinets Gambetta et J. Ferry, et se prononça, pour les crédits du Tonkin et contre la séparation de l'Église et de l'État. Porté, le 4 octobre 1885, sur la liste républicaine de Constantine, il fut réélu, le 2e et dernier, député de ce département, par 6,077 voix (12,010 votants, 17,355 inscrits). M. Treille reprit sa place à gauche, parla sur les questions algériennes et vota le plus souvent avec la majorité, pour les ministères opportunistes de la législature, pour la nouvelle loi militaire, pour l'expulsion des princes, et, dans la dernière session, pour le rétablissement du scrutin d'arrondissement (11 février 1889), contre l'ajournement indéfini de la révision de la Constitution, pour les poursuites contre trois députés membres de la Ligue des patriotes, pour le projet de loi Lisbonne restrictif de la liberté de la presse, pour les poursuites contre le général Boulanger.

TRÉLAT (Ulysse), représentant du peuple en 1848, et ministre, né à Montargis (Loiret) le 13 novembre 1798, mort à Menton (Alpes-Maritimes) le 29 janvier 1879, fit d'un notaire, vint étudier la médecine à Paris en 1810. Nommé à 18 ans aide-chirurgien militaire, il fut, lors de la campagne de 1813, envoyé à Metz où il faillit mourir du typhus, et revint à Paris, en mars 1814, poursuivre ses études médicales. Après le retour de l'île d'Elbe, il prit part à la défense de Paris dans les rangs des canonniers-volontaires, fut reçu, au concours, interne à Charenton, et passa son doctorat en 1821. Il s'occupa alors de politique libérale, fut un des fondateurs de la Société « Aide-toi, le ciel t'aidera », se battit sur les barricades de juillet, fut nommé commissaire de la société des « Amis du peuple » auprès du gouvernement provisoire, protesta contre l'avènement de Louis-Philippe, fut accusé de complot, et acquitté par la cour d'assises. Il alla ensuite à Clermont-Ferrand prendre la direction du Pa-

triote du Puy-de-Dôme jusqu'en 1835. Il revint à Paris pour défendre les accusés d'avril, et, en voyant parmi les juges quelques-uns de ses anciens compagnons des sociétés secrètes, il ne leur ménagea pas les attaques, et fut condamné à 11,000 francs de dommages-intérêts et à trois ans de prison à Clairvaux. Rendu à la liberté par l'amnistie générale de 1837, il reprit l'exercice de la médecine et devint, au concours, médecin de la Salpêtrière (1840). Il exerçait encore ses fonctions lors de la révolution de février. Commissaire extraordinaire du gouvernement provisoire dans les départements du Puy-de-Dôme, de l'Allier, de la Creuse et de la Haute-Vienne, il fut nommé, à son retour, maire du 12e arrondissement de Paris, président de la commission de colonisation, lieutenant-colonel de la 12e légion sous les ordres de Barbès, et colonel de la cavalerie de la garde nationale. Élu, le 23 avril 1848, représentant du Puy-de-Dôme à l'Assemblée constituante, le 5e sur 15, par 70,461 voix (125,432 votants, 173,000 inscrits), il fut choisi comme vice-président par l'Assemblée, et fut nommé, le 12 mai suivant, ministre des Travaux publics. A ce poste, il se trouva aux prises avec la question délicate des « ateliers nationaux ». Dans la séance du 18, il demanda que « l'on rendit à chaque ouvrier ses instruments de travail. L'ouvrier ne reçoit en ce moment qu'une aumône déguisée, il ne fait qu'un travail stérile. Les ateliers nationaux ne sont qu'une organisation provisoire; il faut qu'ils cessent au plus vite. Une énorme population se jette sur les ateliers nationaux, le nombre en était l'autre jour de 80,000, quelques jours après de 100,000, il est de 115,000 aujourd'hui. » Il commença par faire transporter à Bordeaux le grand organisateur des ateliers, M. Émile Thomas, « en mission extraordinaire », dit le *Moniteur*, par « détermination de médecin », dit le ministre à l'Assemblée. Les résistances qu'opposait la commission dite du Luxembourg, et l'incertitude de l'Assemblée paralysaient ses intentions. Obligé, le 15 juin, de venir demander un nouveau crédit de trois millions pour les ateliers nationaux, il se vit reprocher par M. de Falloux « sa coupable inaction », et demanda la nomination immédiate d'une commission spéciale, ce qui fut fait. La commission prit pour tâche de fermer le plus promptement possible « ce caravansérail du chômage » : elle commença par éliminer 25,000 ouvriers inscrits en double, et se prononça pour une dissolution immédiate et violente. Désapprouvant cette mesure, qui fut le prétexte des journées de juin, Trélat donna sa démission de ministre le 18 juin, et reprit sa place sur les bancs des représentants. Il vota *pour* le bannissement de la famille d'Orléans, *pour* les poursuites contre Louis Blanc et Caussidière, *pour* l'abolition de la peine de mort, *pour* l'impôt progressif, *pour* l'amendement Grévy, *contre* la sanction de la Constitution par le peuple, *pour* l'ensemble de la Constitution, *contre* la proposition Rateau, *contre* l'expédition de Rome et *pour* la demande de mise en accusation du président et des ministres. Hostile à la politique de l'Élysée, et non réélu à la Législative, il reprit ses fonctions de médecin à la Salpêtrière. Il y était encore lors du siège de Paris en 1870 et pendant la Commune. Membre (octobre 1870) de l'Assistance publique, conseiller municipal de Paris pour le quartier du Panthéon de 1871 à 1874, et plusieurs fois président du conseil comme doyen d'âge, il quitta la vie active en 1875, et passa désormais l'hiver dans le Midi,

où il mourut. Chevalier de la Légion d'honneur (18 juillet 1849). On a de lui : *Précis élémentaire d'hygiène* (1826); *De la constitution du corps des médecins et de l'enseignement médical* (1828); *Recherches historiques sur la folie* (1839); *Des causes de la folie* (1856); *La folie lucide* (1861); il a aussi collaboré au *Journal du Progrès des sciences médicales*.

TRÉMOILLE (CHARLES-BRETAGNE-MARIE-JOSEPH, DUC DE TARENTE ET DE THOUARS, PRINCE DE LA), pair de France, né à Paris le 21 mars 1761, mort à Paris le 9 novembre 1839, entra au service en 1778 comme cornette au régiment de l'Île de France, fut nommé colonel en 1787, et émigra avec sa famille à la Révolution. Avec son oncle, le prince de Salm, il leva le corps d'émigrés des hussards de Salm qu'il commanda pendant la campagne de 1792. L'année suivante, il passa au service de l'Autriche, puis, en 1794, à celui de Naples, comme colonel d'état-major, aide-de-camp du roi. De 1794 à 1797, il fit campagne en Lombardie contre l'armée française et se fit remarquer au pont de Lodi. En 1798, il commanda une brigade sous les ordres de Mack, puis donna sa démission et se proposa de rejoindre Louis de Frotté en Normandie. Mais la pacification définitive de la Vendée mit obstacle à ses projets. Il vécut fort retiré, d'une pension de lieutenant-général que lui faisait son parent le grand-duc de Bade. Maréchal de camp et chevalier de Saint-Louis à la Restauration, pair de France le 4 juin 1814, il soutint constamment la royauté légitime; son nom ne figure pas au scrutin dans le procès du maréchal Ney. Promu lieutenant-général le 18 juillet 1821, il alla, en juillet 1830, à Rambouillet se mettre à la disposition de Charles X, qui lui dit que le seul devoir des pairs était de rester à leur poste. Froissé de cet accueil, M. de la Trémoille se hâta de rentrer à Paris, et se rallia à Louis-Philippe dont il soutint la politique, à la Chambre haute, jusqu'à sa mort.

TRENQUALYE (ANNE-ALEXIS-JEAN, BARON DE), député de 1822 à 1827, né à Clermont-Ferrand (Puy-de-Dôme) le 14 janvier 1772, mort à Clermont-Ferrand le 17 mars 1852, « fils de Jean-Henri-Alexis de Trenqualye, écuyer, et de Madeleine-Anne Bouchard de Florac, » entra comme chasseur au 7e régiment d'infanterie le 22 juin 1792, fit les campagnes de la révolution, et, de grade en grade, fut nommé adjudant-commandant (colonel d'état-major) le 20 vendémiaire an XII. Admis à la retraite en août 1809, il fut promu commandeur de la Légion d'honneur (même année), et fait baron de l'empire (15 juin 1810). La Restauration lui donna la croix de Saint-Louis, et le nomma conseiller de préfecture du Puy-de-Dôme (6 novembre 1815). Élu député du 1er arrondissement électoral de ce département, le 24 janvier 1822, en remplacement du baron Louis qui avait opté pour Nancy, par 212 voix (356 votants, 508 inscrits), contre 116 à M. Girot-l'ouzol, et réélu, le 25 février 1824, par 288 voix (304 votants, 442 inscrits), contre 68 à M. Bathol aîné, M. de Trenqualye vota obscurément avec la majorité ministérielle, et ne se représenta pas aux élections de 1827, ayant été nommé, le 27 janvier précédent, secrétaire général de la préfecture du Puy-de-Dôme. Il quitta les affaires publiques à la révolution de 1830.

TRENQUALYE DE MAIGNAN (JEAN-HENRY-FRANÇOIS-CYPRIEN, COMTE DE), député au Corps législatif de 1807 à 1815, né à Nogaro (Gers) le

26 septembre 1760, mort à Bouillac (Gironde) en 1844, « fils de messire Jean-Jacques-Louis de Trenqualye, conseiller au parlement de Toulouse, et de dame Suzanne Claverie », était conseiller au parlement de Toulouse au moment de la Révolution. Partisan des idées nouvelles, il devint commandant de la garde nationale de Nogaro, puis juge de paix, et, sous l'empire, conseiller à la cour de Bordeaux. Élu, le 7 mars 1807, par le Sénat conservateur, député du Gers au Corps législatif, et réélu le 6 janvier 1813, il adhéra en 1811 à la déchéance de l'empereur, et poursuivit sa carrière judiciaire.

TRENTINIAN (JEAN-JACQUES), député au Corps législatif en 1808, né à Montpellier (Hérault) le 5 mars 1748, mort à Lorient (Morbihan) le 27 janvier 1813, « fils de sieur Jacques Trentinian, et de demoiselle Hélène Andrete », négociant et officier municipal à Lorient, maire de cette ville, président de canton et commissaire du gouvernement consulaire, fut élu, le 3 octobre 1808, par le Sénat conservateur, député du Morbihan au Corps législatif, d'où il sortit en 1812, quelques mois avant sa mort.

TRÉVENEUC (HENRI-LOUIS-MARIE CHRESTIEN, COMTE DE), représentant en 1848, en 1849 et en 1871, membre du Sénat, né à Lantic (Côtes-du-Nord) le 13 septembre 1815, d'une vieille famille noble de Bretagne dont deux membres accompagnèrent saint Louis à la Croisade, entra à l'École de Saint-Cyr en 1832, en fut exclu l'année suivante pour avoir pris part à une insubordination, fut envoyé comme simple soldat au 5° de ligne, devint sous-officier au 11° léger, et donna sa démission pour suivre les cours d'architecture de l'École des Beaux-Arts à Paris (1836-1837). Il fit ensuite son droit et fut reçu licencié. A la révolution de 1848, M. de Tréveneuc adhéra à la République, et fut élu (23 avril) représentant des Côtes-du-Nord à l'Assemblée constituante, le 3° sur 16, par 94,976 voix (144,377 votants, 167,673 inscrits).. Il opina d'abord avec le parti du général Cavaignac, puis il se rapprocha de la droite pure, et se prononça *pour* le rétablissement du cautionnement et de la contrainte par corps, *pour* les poursuites contre Louis Blanc et Caussidière, *contre* l'abolition de la peine de mort, *contre* l'amendement Grévy, *contre* le droit au travail, *pour* l'ordre du jour en l'honneur de Cavaignac, *pour* la suppression de l'impôt du sel, *pour* la proposition Rateau, *contre* l'amnistie, *pour* l'interdiction des clubs, *pour* les crédits de l'expédition romaine. Le 30 novembre 1848, lors du débat sur l'affaire de Civita-Vecchia, débat auquel avaient pris part Ledru-Rollin, Montalembert, Edgar Quinet, Jules Favre, Dufaure, ministre de l'Intérieur, et le général Cavaignac, président du conseil, M. de Tréveneuc fit adopter, par 480 voix contre 63, l'ordre du jour suivant : « L'Assemblée, approuvant les mesures de précaution prises par le gouvernement pour assurer la liberté du Saint-Père, et se réservant de prendre une décision sur des faits ultérieurs et encore imprévus, passe à l'ordre du jour. » Réélu, le 13 mai 1849, représentant au même département à l'Assemblée législative, le 1er sur 13, par 79,213 voix (110,201 votants, 164,242 inscrits), il prit place dans les rangs de la majorité monarchiste, avec laquelle il appuya l'expédition romaine, la loi Falloux-Parieu sur l'enseignement, la loi restrictive du suffrage universel. Mais, fidèle au régime parlementaire, il ne soutint pas la politique particulière de l'Elysée, et, ayant protesté contre le coup

d'État, il fut arrêté et détenu quelques jours à Vincennes. M. de Tréveneuc resta sous l'Empire à l'écart des affaires publiques. Pendant la guerre de 1870, il servit comme major de place au 6° secteur de Paris, et fut décoré. Le 8 février 1871, il fut élu représentant des Côtes-du-Nord à l'Assemblée nationale, le 2° sur 13, par 80,220 voix (106,809 votants, 163,398 inscrits). Il siégea à droite, vota *pour* la paix, *pour* les prières publiques, *pour* l'abrogation des lois d'exil, *pour* le pouvoir constituant, et présenta un projet de loi qui autorisait les conseils généraux, en cas de dispersion de l'Assemblée, à reconstituer provisoirement la représentation nationale au moyen de délégués choisis dans leur sein. Cette proposition, connue sous le nom de loi Tréveneuc, fut présentée au mois d'août 1871, et votée le 19 février 1872 par 482 voix sur 557 votants. M. de Tréveneuc ne parut d'ailleurs que très rarement à la tribune. Il contribua, le 24 mai 1873, au renversement de Thiers, appuya le ministère de Broglie, vota *pour* le septennat, *pour* l'état de siège, la loi des maires, *contre* les amendements Wallon et Pascal Duprat et *contre* l'ensemble de la Constitution. Élu sénateur des Côtes-du-Nord, le 30 janvier 1876, le 4° et dernier, par 257 voix (485 votants), il suivit la même ligne politique que précédemment, opina *pour* la dissolution de la Chambre des députés, se montra favorable au gouvernement du Seize-Mai, fit une constante opposition aux ministères républicains qui suivirent, et se prononça *contre* l'article 7 de la loi sur l'enseignement supérieur, *contre* la réforme du personnel judiciaire, *contre* le divorce, *contre* les crédits de l'expédition du Tonkin. Le 6 janvier 1885, il obtint le renouvellement de son mandat sénatorial par 724 voix (1,270 votants). Il se prononça *contre* l'expulsion des princes, *contre* la nouvelle loi militaire, vota, en dernier lieu, *contre* le rétablissement du scrutin d'arrondissement (13 février 1889) *contre* le projet de loi Lisbonne restrictif de la liberté de la presse, et s'abstint sur la procédure de la haute cour contre le général Boulanger.

TRÉVENEUC (FERNAND-JOSEPH-MARIE CHRESTIEN, VICOMTE DE), représentant en 1871, né à Lantic (Côtes-du-Nord) le 2 novembre 1824, mort le 29 juin 1873, frère du précédent, servit dans les dragons, devint capitaine, et, pendant le siège de Paris, fut attaché comme aide-de-camp aux généraux Le Flô et Trochu. D'opinions monarchistes, il fut élu, le 8 février 1871, représentant du Finistère à l'Assemblée nationale, le 8° sur 13, par 55,915 voix (76,088 votants, 162,667 inscrits). Il siégea à droite, vota *pour* la paix, *pour* les prières publiques, *pour* l'abrogation des lois d'exil, *pour* le pouvoir constituant, *contre* le retour de l'assemblée à Paris, et mourut au cours de la législature.

TRÉVILLE (HERMAN GALOUIN, COMTE DE), représentant en 1871, sénateur de 1875 à 1886, né à Castelnaudary (Aude) le 28 février 1802, mort à Paris le 18 février 1886, prit part, comme lieutenant de dragons, à la campagne d'Espagne en 1823 et devint garde du corps du roi. En 1830, il quitta l'armée pour ne pas servir la branche cadette, et refusa depuis, à plusieurs reprises, les fonctions de conseiller municipal. Élu, le 8 février 1871, représentant de l'Aude à l'Assemblée nationale, le 3° sur 6, par 32,014 voix (51,560 votants, 92,276 inscrits), il prit place à l'extrême-droite, signa la demande de rétablissement de la monarchie et l'adresse des députés syllabistes au pape, et fut l'un des 8 membres du groupe légitimiste qui se prononcèrent contre la prorogation des pouvoirs du maréchal de Mac-Mahon; il vota *pour la paix*, *pour* l'abrogation des lois d'exil, *pour* la pétition des évêques, *contre* le service de trois ans, *pour* la démission de Thiers, *contre* le ministère de Broglie, *contre* l'amendement Wallon, *contre* les lois constitutionnelles. Ayant adhéré à la combinaison de quelques membres de l'extrême droite avec la gauche (*Voy.* de la Rochette), il fut élu, le 11 décembre 1875, sénateur inamovible par l'Assemblée nationale, le 28e sur 75, par 348 voix sur 690 votants; il prit encore place à l'extrême droite, vota, en juin 1877, la dissolution de la Chambre demandée par le ministère de Broglie, désapprouva la politique scolaire et coloniale des ministères républicains, et vota, jusqu'à sa mort, avec la minorité monarchiste intransigeante de la Chambre haute.

TRÉVISE (DUC DE). — *Voy.* MORTIER.

TRÉZEL (CAMILLE-ALPHONSE), pair de France et ministre, né à Paris le 5 janvier 1780, mort à Paris le 11 avril 1860, entra, comme dessinateur, au bureau de la guerre en 1801, fut envoyé en 1804 à l'armée de Hollande, et devint, l'année suivante, aide-ingénieur géographe. Après la campagne de Pologne, il fut attaché comme lieutenant au général Gardanne qu'il suivit dans sa mission en Perse. Aide-de-camp du général Guilleminot, à son retour en 1809, il fut secrétaire de la commission de délimitation des frontières de l'Illyrie, fut promu capitaine (1810) et passa à l'armée d'Espagne. Rappelé en Allemagne à la fin de 1811, il travailla à la topographie des départements hanséatiques, fit la campagne de Rome, devint adjudant-commandant en 1813, chef d'état-major de la 13e division et concourut à la défense de Mayence. Aux Cent-Jours, il fut blessé à Ligny, et nommé général de brigade. Mais la seconde Restauration ne confirma pas cette nomination, et Trézel fut attaché comme colonel à la commission de délimitation des frontières de l'Est, de 1816 à 1818, et, en 1822, au dépôt de la guerre. Il prit part en 1823 à la guerre d'Espagne, fut membre du comité consultatif d'état-major et secrétaire du comité de réorganisation, et fit l'expédition de Morée comme sous-chef d'état-major (1828). Promu maréchal de camp en 1829, il fut envoyé en Afrique en 1831, pour remplacer le général Desmichels à Oran, dirigea contre Abd-el-Kader une expédition qui aboutit au désastre de la Macta, fut dangereusement blessé au premier siège de Constantine, et, rappelé en France en 1835, devint lieutenant-général le 11 novembre 1837, directeur du personnel au ministère de la Guerre le 15 mai 1839, et membre du comité d'état-major. Élevé à la dignité de pair de France le 21 juillet 1846, il accepta, le 9 mai 1847, le portefeuille de la Guerre en remplacement du général Moline de Saint-Yon, et conserva ces fonctions jusqu'au 23 février 1848. Mis d'office à la retraite le 8 juin 1848, il fut appelé en 1853 auprès du comte de Paris et du comte d'Eu, comme gouverneur militaire, et y resta jusqu'en 1856, date de la majorité du comte de Paris. Grand-officier de la Légion d'honneur du 13 janvier 1837. On lui doit une *Notice sur le Ghilan et le Mazenderan* (1821), suite *au voyage en Arménie et en Perse de M. Am. Jaubert*.

TRIBERT (PIERRE-LOUIS), député de 1829 à 1848, né à Poitiers (Vienne) le 25 juin 1781, mort à Fontioux, commune de Marçay (Vienne) le 20 juillet 1853, fils de Louis Tribert l'un des propriétaires les plus imposés de la Vienne, fut attaché en 1801 au cabinet de Thibaudeau (*Voy.* ce nom) alors préfet des Bouches-du-Rhône, comme secrétaire particulier : Thibaudeau avait épousé la cousine germaine de M. Tribert. Nommé sous-préfet de Bressuire le 10 mars 1809, il fut décoré de l'ordre de la Réunion le 4 février 1811, et destitué par la Restauration (avril 1814). Aux Cent-Jours, l'empereur le fit préfet des Hautes-Alpes (30 mars 1825), poste qu'il n'accepta pas et qu'il échangea pour la préfecture de la Loire (6 avril); le retour des Bourbons, en juillet suivant, le laissa encore sans fonctions. Le 7 juillet 1820, il sollicita « d'être attaché utilement et d'une manière honorable à quelqu'une des grandes administrations secondaires dont les emplois sont à la nomination du ministre de l'Intérieur »; mais sa parenté avec Thibaudeau, alors en exil, et un certain renom de libéralisme ne disposèrent pas le gouvernement royal en sa faveur. Un siège dans la députation des Deux-Sèvres étant devenu vacant par suite de la démission de M. Tonnet-Hersant, M. Tribert se présenta, le 20 juin 1829, dans le 2e arrondissement électoral des Deux-Sèvres (Niort), et fut élu par 213 voix sur 359 votants et 485 inscrits, contre 136 à M. Maillard, conseiller d'État. Il prit place à gauche et vota l'Adresse des 221. Réélu, le 23 juin 1830, par 299 voix sur 455 votants et 492 inscrits, contre 146 à M. Maillard, il contribua à l'établissement de la monarchie de juillet, fut nommé conseiller général des Deux-Sèvres, refusa la préfecture de la Loire, et fut réélu, le 5 juillet 1831, député du 4e collège des Deux-Sèvres (Bressuire) par 88 voix sur 140 votants et 210 inscrits, contre 27 à M. Aubin, il avait déjà repris sa place dans l'opposition constitutionnelle, à côté d'Odilon Barrot; les efforts de l'administration ne l'empêchèrent pas de voir renouveler sans interruption son mandat jusqu'à la fin du règne : le 21 juin 1834, par 105 voix sur 148 votants et 219 inscrits, contre 8 à M. Aubin et 8 à Armand Carrel; le 4 mars 1837, par 97 voix sur 152 votants et 238 inscrits contre 54 à M. Chauvin de Lenardière; le 2 mars 1839, par 136 voix sur 183 votants et 246 inscrits, contre 49 à M. Chauvin de Lenardière; le 9 juillet 1842, par 129 voix sur 188 votants et 201 inscrits, contre 29 à M. Devisblanc et 23 à M. Chauvin-Hersant; le 1er août 1846, par 147 voix sur 263 votants et 312 inscrits, contre 120 à M. Chauvin de Lenardière. Il siégea toujours dans l'opposition modérée, et vota *pour* les incompatibilités, *pour* l'adjonction des capacités, *contre* la dotation du duc de Nemours, *contre* les fortifications de Paris, *contre* l'indemnité Pritchard, *pour* la proposition contre les députés fonctionnaires. Il avait été élu, en 1841, conseiller général de Thouars et de Saint-Varent; il opta pour Thouars; en 1848, il devint conseiller général du canton de Champdeniers. Candidat dans les Deux-Sèvres aux élections du 23 avril 1848 à l'Assemblée constituante, sans être inscrit sur aucune liste, il ne recueillit que 12,763 voix; il ne fut pas plus heureux aux élections du 13 mai 1849 pour l'Assemblée législative, et ne se représenta plus.

TRIBERT (LOUIS-PIERRE), représentant en 1871, membre du Sénat, né à Paris le 29 juin 1819, fils du précédent, fit de brillantes études au collège Bourbon, passa quelque temps à l'Université de Berlin, puis visita l'Europe, l'Égypte, et les états de l'Amérique du Nord. Propriétaire à Saint-Denis (Deux-Sèvres), il y fit construire à ses frais une école communale, se présenta à la députation, comme candidat indépendant au Corps législatif, le 1er juin 1863, dans la 2e circonscription des Deux-Sèvres, et échoua avec 7,382 voix contre 10,772 au candidat officiel élu, M. Lasnonier, 2,622 à M. de Failly et 424 à M. Bouchet de Grandmay. Conseiller général de Chau pdeniers en 1868, il échoua encore, aux élections législatives du 24 mai 1869, avec 10,865 voix contre 16,413 au député sortant, candidat officiel réélu, M. Lasnonier. Au moment de la guerre de 1870, il s'engagea le 15 août, à 52 ans, au 95e de ligne, fit partie du 12e de marche, fit campagne, dans le 13e corps, à Chevilly, à l'Hay, et fut fait prisonnier à la Ville-Evrard (21 décembre). Interné à Neisse (Silésie), il fut élu, en son absence, le 8 février 1871, représentant des Deux-Sèvres à l'Assemblée nationale, le 4e sur 7, par 47,307 voix sur 64,073 votants et 100,005 inscrits. Il prit place au centre gauche, fit partie de plusieurs commissions, eut un duel (1873) avec un journaliste bonapartiste des Deux-Sèvres, au sujet d'un article sur le conventionnel Lecointe-Puyraveau, son grand-père maternel, et vota *pour* la paix, *pour* l'abrogation des lois d'exil, *contre* la pétition des évêques, *contre* le pouvoir constituant de l'Assemblée, *contre* le service de trois ans, *contre* la démission de Thiers, *contre* le septennat, *contre* le ministère de Broglie, *pour* l'amendement Wallon, *pour* les lois constitutionnelles; il s'était abstenu sur l'admission à titre définitif des princes d'Orléans dans l'armée. Le 13 décembre 1875, l'Assemblée nationale l'élut sénateur inamovible, le 41e sur 75, par 316 voix (639 votants). Sans appartenir à aucun groupe politique, M. Tribert a voté souvent avec la gauche républicaine, notamment *contre* la dissolution de la Chambre demandée par le cabinet du 16 mai (juin 1877), puis *contre* le retour à Paris, *contre* l'article 7 de la loi Ferry sur l'enseignement, *contre* la suppression de l'inamovibilité de la magistrature, *contre* l'expulsion des princes, et s'est prononcé, en dernier lieu, *pour* le rétablissement du scrutin d'arrondissement (13 février 1889), *pour* le projet de loi Lisbonne restrictif de la liberté de la presse, *pour* la procédure de la haute cour contre le général Boulanger.

TRIDON (PIERRE), député en 1789, né à Saint-Géran-le-Puy (Allier) le 30 décembre 1738, mort à une date inconnue, était curé de Rougères (Allier), lorsqu'il fut élu, le 26 mars 1789, député du clergé aux États Généraux par la sénéchaussée de Moulins. Il fut l'un des premiers de son ordre à se réunir aux communes dans les termes suivants (25 juin 1789) : « Nous sommes arrivés à des circonstances qui rendent la tenue des États-Généraux indispensable, et qui obligent tous ceux qui composent à adopter les propositions et les formes qui pourront les faire vérifier. Je me suis convaincu qu'on ne saurait y mettre obstacle sans devenir la cause des plus funestes désordres, auxquels la religion et l'État vont être en proie, s'ils ne sont pas prévenus par les délibérations sages des États-Généraux. Il est donc de la plus grande importance d'accueillir toutes les propositions qui auront pour but de mettre fin aux divisions, de réunir les trois ordres dans un même avis, et de constituer l'Assemblée nationale. Je n'avais pas regardé la vérification en commun comme l'unique moyen nécessaire pour réunir les trois ordres. J'ay pensé que le plan proposé au nom du Roy pourrait y contribuer efficacement. Mais en donnant cet avis je n'ay pas cru qu'il me fût permis de préférer mon opinion à celle de la pluralité dans mon ordre, j'ay même annoncé expressément que j'opinais avec obstination et que je la suivais. Je ne puis aujourd'hui révoquer en doute que le plus grand nombre des députés du clergé ne soient réunis dans cette chambre pour vérifier les pouvoirs en commun. Je m'y réunis par devoir et par inclination ; et je remets mes pouvoirs sur le bureau. » Membre du comité ecclésiastique, il prêta le serment civique, mais avec la restriction qu'il ne reconnaissait d'autre autorité spirituelle que celle du pape et des évêques. Il disparut de la scène politique après la session.

TRIDON (EDME-LOUIS-GUSTAVE), représentant en 1871, né à Châtillon-sur-Seine (Côte-d'Or) le 1er janvier 1841, mort à Bruxelles (Belgique) le 29 août 1871, vint étudier le droit à Paris. Reçu licencié, il se réla ardemment au mouvement démocratique dans les dernières années de l'Empire, et se fit connaître dès 1864 par une brochure intitulée : *Les Hébertistes, plainte contre une calomnie de l'histoire*. Fondateur du *Candide*, journal philosophique et révolutionnaire qui fut saisi à son huitième numéro (27 mai 1865) et supprimé par décision judiciaire, Tridon fut lui-même condamné à six mois de prison. Pendant sa détention à Sainte-Pélagie, il entra en relation avec Blanqui, dont il devint le disciple fervent et l'ami dévoué. Vers la même époque il s'affilia à l'*Internationale*, et assista en 1866 au congrès que cette Société tint à Genève. Arrêté peu après sous l'inculpation d'avoir fait partie de la société secrète dite du café de la Renaissance, Tridon fut encore condamné (janvier 1867) à quinze mois de prison et à 100 francs d'amende. Lorsqu'il sortit de prison, son père venait de mourir ou lui laissant environ 60,000 francs de rente. Il n'en resta pas moins fidèle à la cause qu'il avait embrassée. En 1869, il publia une nouvelle brochure révolutionnaire intitulée : *Gironde et Girondins*. Impliqué, le 19 janvier 1870, dans le procès qui se déroula devant la haute cour de Blois, comme complice d'attentat contre la sûreté de l'État et contre la vie de l'empereur, Tridon passa en Belgique et fut condamné par contumace à la déportation simple (9 août). La révolution du 4 septembre 1870 lui permit de rentrer à Paris. Il fonda avec Blanqui, pendant le siège, le journal la *Patrie en danger*, et attaqua violemment le gouvernement de la Défense Nationale ; mais il n'assista pas à l'affaire de l'Hôtel de Ville au 31 octobre, en raison du mauvais état de sa santé. Lors des élections du 8 février 1871 pour l'Assemblée Nationale, il obtint dans le département de la Seine 65,707 voix seulement, sur 328,970 votants. Mais le même jour, il fut élu représentant de la Côte-d'Or à l'Assemblée Nationale, le 8e et dernier, par 32,721 voix (73,215 votants, 116,813 inscrits). Il se rendit à Bordeaux, vota, le 1er mars, *contre* les préliminaires de paix, et donna peu de jours après sa démission de représentant. De retour à Paris, il prit part à l'insurrection communaliste, fut nommé, le 26 mars, membre de la Commune, fit partie de la commission exécutive et de la commission de la guerre, vota avec la minorité dont il signa le manifeste, et s'abstint de paraître aux dernières séances des comités. Gravement malade lors de l'entrée de l'armée de Versailles à Paris, il gagna la Belgique au mois d'août suivant, et mourut huit jours après son arrivée à Bruxelles.

TRIDOULAT (Louis-Gaspard), membre de la Convention, député au Conseil des Anciens, né en 1740, mort à Albi (Tarn) le 15 août 1801, fut élu, le 8 septembre 1792, troisième député suppléant du département du Tarn à la Convention par 156 voix sur 275 votants. Admis à siéger, le 23 septembre 1793, à la place de Solomiac démissionnaire, il ne joua qu'un rôle effacé, fut réélu (22 vendémiaire an IV) député du Tarn au Conseil des Anciens, par 115 voix (215 votants), y siégea jusqu'en l'an VII, et devint substitut du commissaire du pouvoir exécutif près le tribunal criminel du Tarn.

TRIE (Michel-Nicolas, comte de), député en 1789, né aux Andelys (Eure) le 13 avril 1723, mort à une date inconnue, était lieutenant-colonel, quand il fut élu, le 23 avril 1789, député de la noblesse aux Etats Généraux par le bailliage de Rouen. Il joua à l'Assemblée un rôle des plus obscurs et quitta la vie politique après la session.

TRINCHAN (Lucien), représentant du peuple en 1848, né à Limoux (Aude) le 16 août 1793, mort à Carcassonne (Aude) le 8 octobre 1887, étudia le droit à Toulouse, et se fit inscrire au barreau de Carcassonne. De l'opposition démocratique sous Louis-Philippe, il fut nommé en 1848, avec M. Sarrans, commissaire du gouvernement provisoire dans l'Aude. Elu, le 23 avril 1848, représentant de ce département à l'Assemblée Constituante, le 1er sur 7, par 53,303 voix (67,165 votants, 75,218 inscrits), il fit partie du comité des affaires étrangères, prit plusieurs fois la parole, et vota en général avec le parti républicain modéré, *contre* les poursuites contre L. Blanc, *contre* l'abolition de la peine de mort, *contre* l'impôt progressif, *contre* l'incompatibilité des fonctions, *contre* l'amendement Grévy, *contre* la sanction de la Constitution par le peuple, *pour* l'ensemble de la Constitution, *contre* la proposition Rateau. L'état de sa santé le força alors à quitter Paris. Il ne se représenta pas à la Législative, et reprit sa place au barreau de Carcassonne. Après la guerre de 1870, il accepta, le 11 mars 1871, les fonctions de préfet de l'Aude, qu'il exerça jusqu'au 7 août suivant, et rentra dans la vie privée.

TRINQUELAGUE (Charles-François, baron de), député de 1815 à 1822, né à Nîmes (Gard) le 29 décembre 1747, mort à Montpellier (Hérault) le 21 août 1837, avocat à Nîmes, devint syndic à Uzès en 1781, puis, à la Révolution, maire et président du district de cette dernière ville. Pour éviter les responsabilités et les poursuites, il donna sa démission au début de la Terreur, et ne reprit sa place au barreau qu'après le 9 thermidor. Sous l'empire, il devint premier avocat général à la cour de Nîmes, se rallia avec enthousiasme aux Bourbons, fut élu, le 22 août 1815, député du grand collège du Gard, par 70 voix (133 votants, 262 inscrits), et fut réélu le 4 octobre 1816, par 119 voix (191 votants, 305 inscrits). En 1815, il siégea dans la majorité de la Chambre introuvable, approuva la loi contre les cris et les écrits séditieux, et appuya, en comité, la motion de M. Duplessis de Grénédan sur le rétablissement du gibet : « Dans les temps où nous sommes, dit-il, il faut

frapper rapidement. Une pareille répression est difficile avec la guillotine, instrument compliqué, d'un volume énorme et d'ficile à transporter. L'ancien mode n'offre aucun de ces inconvénients. Où ne trouve-t-on pas un morceau de ficelle, chacun en porte dans sa poche, et partout il existe un clou, une poutre ou une branche d'arbre où l'on peut l'attacher. » Il proposa une aggravation à la loi d'amnistie, trouva insuffisante la loi électorale, parla sur le recrutement, et appuya la suppression de l'impôt sur les huiles. En témoignage de satisfaction, il reçut de Louis XVIII, en janvier 1816, des lettres de noblesse, puis fut successivement nommé procureur général à la cour royale de l'au (2 mars 1816), conseiller d'Etat en service extraordinaire (3 mai 1816), sous-secrétaire d'Etat au ministère de la Justice (9 mai 1816), conseiller d'Etat en service extraordinaire (19 janvier 1817), et conseiller à la cour de cassation (19 avril suivant). De la série sortante en 1822, il se consacra à ses fonctions judiciaires et devint premier président à la cour de Montpellier.

TRIOZON BARBAT (Claude), représentant à la Chambre des Cent-Jours, né à Clermont-Ferrand (Puy-de-Dôme) le 16 décembre 1763, mort à Issoire (Puy-de-Dôme) le 4 juillet 1827, « fils de Jean Triozon, procureur en cour de Clermont, et de Marie Bompart », étudia le droit, et exerça à Issoire la profession d'avocat. Maire d'Issoire, il fut élu par cet arrondissement représentant à la Chambre des Cent-Jours, le 13 mai 1815, avec 65 voix (93 votants), contre 28 à M. Desribes. Il rentra dans la vie privée après la courte session de cette législature et ne fit pas partie d'autres assemblées.

TRIPIER (Nicolas-Jean-Baptiste), représentant aux Cent-Jours, député de 1822 à 1824, pair de France, né à Autun (Saône-et-Loire) le 30 juillet 1765, mort à Paris le 25 avril 1840, « fils de maître Michel Tripier, maître en chirurgie, et de demoiselle Jeanne de Lisle », fit ses études au collège Montaigut, où il obtint au concours général le prix de sixième, succès qui lui permit de terminer gratuitement ses classes. Il étudia le droit et la jurisprudence avec son frère aîné, procureur au parlement de Paris, et acheta une charge d'avoué. Dénoncé comme suspect et arrêté pendant la Terreur, il fut sauvé par la protection de Pars, ministre de l'Intérieur. Chargé ensuite d'une mission en Flandre, il devint, après le 9 thermidor, substitut de l'accusateur public près le tribunal criminel de la Seine, donna sa démission en 1795, et rentra au barreau. Sous la première Restauration, il plaida pour Louis Bonaparte, ex-roi de Hollande, réclamant l'aîné de ses fils, Louis-Napoléon, que sa femme prétendait garder auprès d'elle. Elu, le 3 mai 1815, représentant à la Chambre des Cent-Jours, dans le 1er arrondissement de Paris, par 66 voix (102 votants, 201 inscrits), il siégea dans la majorité. A la première Restauration, il plaida pour La Valette, pour Gévaudan dans l'affaire de la souscription nationale, et pour Julien, auquel le duc d'Orléans réclamait la propriété du Théâtre-Français. Elu, le 17 mai 1822, député du grand collège de la Seine par 1,267 voix (2,320 votants), il prit place dans l'opposition libérale, siégea fort irrégulièrement, ne donnant à la Chambre que le temps que lui laissait le palais, et ne fut pas réélu en 1824. Bâtonnier de l'ordre des avocats en 1828, il fut nommé, le 23 décembre de la même année, conseiller à la cour royale de Paris sous le ministère de M. de Martignac. Conseiller général de la Seine en 1829, il adhéra à la révolution de juillet, fut nommé président de chambre à la cour de Paris en août 1830, conseiller à la cour de cassation le 3 décembre 1831, et pair de France le 11 octobre 1832. Il vota avec le parti conservateur, fut rapporteur du projet de loi sur les faillites, et de plusieurs commissions, et soutint la politique du gouvernement de Juillet jusqu'à sa mort.

TRIPIER DE LOZZÉ (GABRIEL), représentant en 1849, né à Oisseau (Mayenne) le 14 mai 1789, mort à la Haye-sur-Colmont le 28 juin 1856, était propriétaire dans son pays natal. D'opinions royalistes, il fut élu, le 13 mai 1849, représentant de la Mayenne à l'Assemblée législative, le 8e et dernier, par 31,722 voix (70,210 votants, 106,272 inscrits). Il siégea à droite et vota avec la majorité monarchiste *pour* l'expédition romaine, *pour* la loi Falloux-Parieu sur l'enseignement, *pour* la loi restrictive du suffrage universel, ne se rallia pas à la politique particulière de l'Élysée et quitta la vie politique au coup d'État de décembre 1851.

TRIPOUL (JOSEPH-CÉSAR), CHEVALIER DE REIMAN, représentant à la Chambre des Cent-Jours, né à Puget (Var) le 14 février 1777, mort à une date inconnue, suivit la carrière militaire et parvint au grade de colonel. Retraité en cette qualité, et nommé chevalier de l'Empire, le 28 janvier 1809, il fut élu, le 23 mai 1815, représentant de l'arrondissement de Draguignan à la Chambre des Cent-Jours, par 29 voix (52 votants), contre 17 à M. Bertrand. Son rôle parlementaire prit fin avec la courte session de cette législature.

TROCHU (LOUIS-JULES), représentant en 1871, né au Palais (Belle-Isle-en-Mer, Morbihan) le 12 mars 1815, entra à l'École de Saint-Cyr en 1835, passa comme élève sous-lieutenant à l'École d'application de l'État-major en 1838, fut nommé lieutenant d'état-major (1840), et envoyé en Algérie. Capitaine en 1843, aide de camp de Lamoricière, il se distingua à Sidi-Yusuf et à Isly, où il fut décoré et attaché à l'état-major du maréchal Bugeaud; chef d'escadron (28 août 1846), il revint en France l'année suivante avec Bugeaud, voulut quitter le service à la mort du maréchal, et n'y resta que sur les instances de Saint-Arnaud, passa lieutenant-colonel (3 janvier 1851), directeur-adjoint au ministère de la guerre, et colonel (14 janvier 1853). Aide-de-camp du maréchal Saint-Arnaud lors de la guerre de Crimée, il fut nommé général de brigade le 24 novembre 1854, et commanda une colonne à l'assaut de Sébastopol, où un biscaïen lui enleva le mollet gauche; général de division (4 mai 1859), il fut mis à l'ordre du jour après Magenta et Solférino, fut nommé, au retour, inspecteur général de l'infanterie, refusa (1860) le commandement de l'expédition de Chine, devint membre du comité consultatif d'état-major, et fut chargé (1866) de préparer les études relatives à la réorganisation de l'armée; son ouvrage : *l'Armée française en 1867*, eut un grand retentissement. Le maréchal Niel l'avait désigné à l'empereur, a-t-on dit, comme son successeur au ministère de la Guerre; mais les préférences orléanistes qu'on lui attribuait alors firent nommer le général Lebœuf, qu'il alla remplacer dans son commandement à Toulouse. Le gouvernement impérial le tint à l'écart au début de la guerre de 1870; il fut question de lui pour le portefeuille de la Guerre dans le ministère du 10 août 1870, mais ce fut le comte de Palikao qui fut nommé, et qui lui confia l'organisation d'un corps d'armée en formation au camp de Châlons. La disgrâce relative dans laquelle l'avait tenu l'empire lui avait valu une certaine popularité, à laquelle il dut, le 17 août, sa nomination aux fonctions de gouverneur de Paris. Il débuta par une proclamation fort longue, et fut reçu avec enthousiasme par les Parisiens. Les proclamations du gouverneur se succédèrent désormais sans relâche, et sans prévenir ni entraver la marche des événements. Il donna à l'impératrice sa parole « de Breton, de catholique et de soldat », et, au 3 septembre, laissa envahir les Tuileries, et exigea la première place dans le gouvernement provisoire du lendemain; la présidence du gouvernement lui fut déférée. Beaucoup de mesures de détail furent décrétées par lui sans qu'il en surveillât l'exécution, et il sembla assister en fataliste résigné à ce qu'il avait appelé d'ailleurs « la folie héroïque du siège », ordonnant des sorties inutiles et mal organisées, des attaques au hasard, sans but et sans portée, et se contentant d'atténuer ses échecs successifs en affirmant qu'ils entraient parfaitement dans son plan, mystérieusement déposé chez Me Ducloux notaire. Paris vécut quelques semaines de cette confiance, mais, en dépit du plan, les déceptions succédèrent aux déceptions. En novembre, le général Trochu se décida à donner une organisation militaire à la garde nationale et aux troupes de Paris; la victoire de Coulmiers lui fit reporter sa ligne d'attaque de l'ouest au sud-est. Ce fut le motif des batailles de Champigny, où, après une première journée de succès, nos troupes furent obligées de se replier. Le 5 janvier, dans une nouvelle proclamation, au moment du bombardement effectif de la capitale, le général affirma : « Le gouverneur de Paris ne capitulera pas. » Le 17, il ordonna la fatale sortie de Buzenval, où le succès momentané de la garde nationale n'ayant pas été prévu par lui, ne put être secondé et tourna en véritable désastre. Le 22, il fit nommer le général Vinoy commandant en chef de l'armée de Paris, et ne garda pour lui que la présidence du gouvernement. Cette mesure lui permit en effet de ne pas figurer dans la capitulation, qui fut signée le 28, à Versailles, par Jules Favre. Une telle préoccupation dans de si terribles circonstances fut l'objet des plus vives attaques dans la presse parisienne de toute opinion; mais les éloges dont Gambetta avait accablé M. Trochu durant le siège, dans ses proclamations en province, lui avaient créé au dehors une popularité qui, aux élections du 8 février 1871 à l'Assemblée nationale, lui donna la majorité dans dix départements : il fut élu dans les Bouches-du-Rhône, le 4e sur 11, par 51,784 voix (75,803 votants, 140,189 inscrits); dans les Côtes-du-Nord, le 1er sur 13, par 94,204 voix (106,809 votants, 163,398 inscrits); dans le Finistère, le 9e sur 13, par 55,422 voix (76,088 votants, 162,667 inscrits); dans l'Ille-et-Vilaine, le 1er sur 12, par 106,366 voix (109,672 votants, 143,751 inscrits); dans la Loire, le 4e sur 11, par 49,315 voix (89,275 votants, 143,320 inscrits); dans le Morbihan, le 1er sur 10, par 62,324 voix (72,309 votants, 119,710 inscrits); dans le Rhône, le 5e sur 13, par 70,583 voix (117,523 votants, 185,134 inscrits); dans la Seine-Inférieure, le 2e sur 16, par 82,357 voix (120,899 votants, 203,718 inscrits); dans le Tarn, le 4e sur 7, par 57,913 voix (78,090 votants, 112,556 inscrits); dans la Vendée, le 2e sur 8, par 64,911 voix (66,286 votants, 102,701 inscrits). Il avait décliné toute candidature, mais en présence de cette manifestation, il écrivit : « Les suffrages dont, malgré ma déclaration, vous m'avez honoré, me créent des devoirs qu'il m'est interdit de discuter. » Il opta pour le Morbihan, prit place au centre droit, parla sur les causes de nos désastres, sur ses idées de réorganisation militaire, pour le service obligatoire, pour la nomination d'une commission chargée de reviser les décrets du gouvernement de la Défense nationale, vota *pour* la paix, *pour* l'abrogation des lois d'exil, *pour* la pétition des évêques, *pour* le pouvoir constituant, *pour* le service de trois ans, et, après un procès retentissant en diffamation contre le *Figaro*, procès qu'il gagna en partie (mars 1872), donna sa démission de représentant le 1er juillet suivant, et se retira dans le Morbihan. Conseiller général du département depuis 1818, président de ce conseil, il a également résigné ces fonctions en avril 1874; il avait été admis à la retraite sur sa demande, comme général de division, le 16 janvier 1873. Grand-officier de la Légion d'honneur (12 août 1861). M. Trochu n'est sorti depuis lors de sa profonde retraite que pour publier, en 1873, l'apologie de ses actes : *Pour la Vérité et pour la Justice*, et six ans plus tard, l'*Armée Française en 1879*, par un officier en retraite. Gambetta, qui l'avait beaucoup loué, a dit plus sévèrement de lui, au moment de la capitulation de Paris : « Discoureur infatigable, militaire irrésolu et présomptueux. »

TROISŒUFS-HALLIGON (Antoine-Ambroise), député au Conseil des Cinq-Cents, né à Paris le 4 avril 1770, mort à Paris le 12 avril 1846, avocat au moment de la Révolution, adopta les idées nouvelles et devint administrateur du département de l'Escaut. Élu, le 21 germinal an VI, député de ce département au Conseil des Cinq-Cents par 93 voix (103 votants), il ne prit que deux fois la parole, pour proposer un amendement au projet sur les dépenses des communes, et sur le partage des biens communaux. Le gouvernement consulaire le nomma secrétaire-général de préfecture.

TROMELIN (Guillaume-Jacques-Frédéric Boudin, comte de), député au Corps législatif de 1852 à 1863, né à Caen (Calvados) le 26 août 1798, mort au château de Coatserho (Finistère) le 5 octobre 1875, fils du général de Tromelin, suivit la carrière des armes, et parvint au grade de capitaine d'état-major. Il brigua, sans succès, sous Louis-Philippe, les suffrages des électeurs du Finistère, puis se rallia au gouvernement présidentiel de L.-N. Bonaparte, et se fit élire député au Corps législatif, le 29 février 1852, dans la 3e circonscription du Finistère, par 12,800 voix (17,209 votants, 36,793 inscrits), contre 4,528 à M. Mège, ancien représentant. Les *Profils critiques et biographiques des sénateurs, conseillers d'État et députés* (1852) disent de lui : « Légitimiste, libéral, noble châtelain, fils du général de l'Empire, Boudin de Tromelin, cousin de cette pauvre Mme Le Flô, qui a partagé la captivité de son mari à Ham, et partage aujourd'hui son exil, M. de Tromelin a cependant accepté l'appui du gouvernement pour sa candidature; mais il faut se ressouvenir qu'il s'était présenté trois fois, sous la monarchie d'Orléans, pour la députation du Finistère, et qu'il avait toujours échoué. D'un autre côté il ne faut pas oublier qu'il est le fils d'un général de l'Empire. » M. de Tromelin s'associa au rétablissement du régime impérial et appartint à la majorité jusqu'en 1863, ayant obtenu sa réélection, toujours avec l'appui du gouvernement, le 22 juin 1857, par 20,734 voix sur 20,873 votants (34,936 inscrits). Il ne se représenta plus après cette dernière législature.

TRON (Charles-Laurens), représentant en 1849, député de 1869 à 1870, de 1876 à 1881, né à Bagnères-de-Luchon (Haute-Garonne) le 13 mars 1817, mort à Paris le 1er juin 1881, fut reçu avocat à Toulouse en 1838, et se fit inscrire au barreau de sa ville natale, dont il devint maire (1841); Luchon lui doit sa transformation et ses embellissements. Conseiller général en 1847, il se présenta, sans succès, le 23 avril 1848, aux élections pour l'Assemblée constituante, mais fut élu, le 13 mai 1849, représentant de la Haute-Garonne à l'Assemblée législative, le 6e sur 10, par 58,055 voix (94,485 votants, 130,695 inscrits). Il siégea dans la majorité, et se rallia à la politique de l'Élysée. Il rentra dans la vie privée après le coup d'État de 1851, n'ayant réuni, le 29 février 1852, comme candidat au Corps législatif dans la 4e circonscription de la Haute-Garonne, que 3,791 voix contre 13,525 à l'élu officiel, M. Duplan, et 5,901 à M. Bart. Officier de la Légion d'honneur (1863), M. Tron sollicita et obtint le patronage officiel du gouvernement impérial lors des élections du 24 mai 1869, et fut élu député du 4e collège de la Haute-Garonne au Corps législatif par 17,837 voix (24,893 votants, 32,354 inscrits), contre 5,262 à M. Lapène et 1,736 à M. de Sainte-Gemme. Il fit partie de la majorité dynastique et vota *pour* la déclaration de guerre à la Prusse. Le 20 février 1876, il se présenta, comme candidat bonapartiste, dans la 2e circonscription de Saint-Gaudens, et fut élu député par 7,449 voix (13,304 votants, 17,165 inscrits), contre 5,892 à M. Camparan, républicain; il alla siéger au groupe de l'Appel au peuple. Son élection ayant été invalidée par la majorité républicaine, il obtint la confirmation de son mandat le 1er octobre 1876, par 6,790 voix (14,841 votants, 17,250 inscrits), contre 5,872 à M. Camparan, républicain. Il appuya le gouvernement du Seize-Mai, dont il fut le candidat officiel le 14 octobre 1877 dans la même circonscription, et revint à la Chambre, élu par 7,708 voix (13,413 votants, 17,379 inscrits), contre 5,643 à M. Camparan. M. Tron suivit la même ligne politique que précédemment, combattit de son vote les institutions républicaines, se prononça *contre* l'article 7, *contre* l'amnistie, *contre* le retour du parlement à Paris, et ne se représenta pas en 1881. Le 4 octobre 1885, porté sur la liste conservatrice de la Haute-Garonne, il échoua avec 54,952 voix (113,803 votants). Officier de la Légion d'honneur (1863).

TRONCHET (François-Denis), député en 1789 et au Conseil des Anciens, membre du Sénat conservateur, né à Paris le 23 mars 1723, mort à Paris le 10 mars 1806, fils d'un procureur au parlement, fut reçu avocat en 1715 et donna des consultations. Il avait déjà acquis un certain renom comme jurisconsulte lorsque

Maupeou exila le parlement, en 1771. Il suivit alors l'exemple de Target et des autres avocats; et refusa de paraitre au barreau, sans cesser, dans sa campagne de Palaiseau où il s'était retiré, de rédiger pour ses clients de nombreux mémoires juridiques. Au retour des anciens parlements, il revint à Paris, devint à la place de Gerbier bâtonnier de l'ordre en janvier 1789, et, quelques mois plus tard, le 13 mai 1789, fut élu député du tiers aux Etats-Généraux par la ville de Paris. Après avoir prêté le serment du Jeu de paume, il protesta contre l'appellation d' « Assemblée nationale » que les députés des communes voulaient donner aux Etats-Généraux, applaudit aux premières réformes, bien qu'il fût l'un des membres les plus modérés du tiers, approuva la nuit du 4 août, et entra successivement au comité de constitution, au comité féodal et au comité judiciaire. Comme membre du comité féodal, il fut rapporteur du mode de rachat des droits seigneuriaux déclarés rachetables (3 mai 1790), des rentes seigneuriales (13 décembre), des droits seigneuriaux grevant les biens d'emphytéose (15 septembre 1791), et des conséquences de la suppression de la dime (7 juin 1791); il fit aussi déterminer l'emploi des fonds provenant du rachat des droits féodaux. Comme membre du comité judiciaire, il fit décréter l'institution des avoués, se montra partisan du jury en matière criminelle, mais point en matière civile, appuya la création d'un tribunal de cassation ou cour suprême (3 mai 1790), le maintien des juges d'instruction (16 décembre), et l'égale répartition des héritages (12 mars 1791) en vertu de cette théorie que « l'homme ne tient la faculté de faire des dispositions testamentaires que de la loi civile et non de la loi naturelle ». Comme membre du comité de constitution, il soutint le principe du veto absolu, le droit de grâce et la dualité des Chambres, et parla sur les conventions nationales et sur la réforme de la Constitution. Le 30 janvier 1791, il réclama contre l'inscription de son nom sur la liste du club monarchique. Président de l'Assemblée (29 mars 1791), il combattit, après la fuite du roi à Varennes, la proposition de Robespierre et Barère qui voulaient saisir l'autorité judiciaire de l'instruction de cette affaire, et fit adopter la nomination de commissaires pour entendre les explications du roi; il fut lui-même chargé de recevoir la déclaration du prince. Après la session, il fut élu 1er haut-juré de la Seine, le 17 octobre 1791. Il était à sa campagne lorsqu'il reçut de Garat la nouvelle que Louis XVI l'avait désigné pour lui servir de défenseur devant la Convention. Tronchet ne suivit pas l'exemple de Target; il accepta, et écrivit au ministre à cette occasion une lettre très prudente, où il expliquait que ne faisant qu'accomplir son strict devoir d'avocat, il entendait n'encourir aucune responsabilité. De concert avec Malesherbes et de Sèze, il assista donc Louis XVI de ses conseils. Le 18 janvier 1793, lorsqu'il connut le vote de la Convention, il fit remarquer que les deux tiers des voix n'avaient pu être obtenus, que l'ordre du jour qui avait adopté le système de la simple majorité n'avait pu être voté à l'appel nominal, que, par conséquent, on devait en revenir à la décision protectrice qui subordonnait la condamnation à l'obtention des deux tiers des voix. Merlin répondit à Tronchet que la Convention n'était pas un jury, mais un tribunal simplement chargé de l'application de la peine; il fut passé outre à l'observation de Tronchet, dont le nom figura sur le

testament du roi. Suspect après le 31 mai, il se retira de nouveau à Palaiseau et n'en revint qu'après la chute de Robespierre. Il se lia alors avec les Girondins rappelés après thermidor et se montra disposé à sévir contre les terroristes. Elu, le 26 vendémiaire an IV, député de Seine-et-Oise au Conseil des Anciens, par 216 voix, il fut nommé secrétaire le 11 brumaire suivant, prit une part active aux débats, fit plusieurs rapports, sur la répression des tentatives de crime, sur la conservation des droits des défenseurs de la patrie, sur les domaines congéables, sur l'intention en matière de répression, en faveur de l'assimilation des enfants naturels aux enfants légitimes. Elu président du Conseil le 2 frimaire de la même année, il parla encore sur les successions, combattit la résolution en faveur des créanciers des ci-devant secrétaires du roi, appuya le rétablissement de la contrainte par corps en matière civile, et donna lecture d'un rapport sur les élections au corps législatif, et sur les difficultés qui s'étaient élevées entre les deux Conseils; il prit encore la parole sur l'organisation du régime hypothécaire, les expropriations forcées et l'arbitrage. Sorti du Conseil des Anciens en prairial an VII, il ne prit aucune part effective au 18 brumaire, qu'il se contenta d'approuver. En nivôse suivant, il entra à la commission chargée de préparer un projet de code civil; du 24 thermidor an VIII au 1er pluviôse an IX, il présida la commission de rédaction. Il y fit prédominer l'esprit du droit coutumier, et se prononça pour le régime de la communauté, comme étant de droit commun en France. Il avait été nommé juge au tribunal de cassation le 11 germinal an VIII, et président le 1er floréal de la même année; mais ses occupations à la commission du code l'empêchèrent de se consacrer exclusivement à ces hautes fonctions. Nommé membre du Sénat conservateur le 8 ventôse an IX, il fut appelé, par décret du premier Consul, du 13 mars 1802, à la présidence de ce corps, et obtint quelque temps après la sénatorerie d'Amiens. Membre de la Légion d'honneur du 9 vendémiaire an VII, commandeur de l'ordre du 25 prairial, il mourut peu de temps après, et fut inhumé au panthéon. Il a laissé en manuscrits une tragédie : Caton, des traductions en vers de l'Arioste et de Milton, divers ouvrages historiques, et près de trois mille consultations déposées depuis à la bibliothèque de la cour de Cassation. Son nom a été donné à l'une des rues de Paris.

TRONCHON (NICOLAS-CHARLES), député en 1791, représentant aux Cent-Jours, député de 1817 à 1824 et de 1827 à 1828, né à Marcilly (Seine-et-Marne) le 15 juin 1759, mort à Saint-Souplet (Marne) le 7 novembre 1828, « fils de M. Nicolas Tronchon, laboureur, et de demoiselle Nicolle Marost », était cultivateur et propriétaire à Reiz (Oise) au moment de la Révolution. Lors de la disette, il s'employa avec beaucoup de dévouement à faire parvenir des grains à Meaux, et se concilia ainsi les suffrages des sociétés populaires. Membre de l'administration de son département, il fut élu, le 31 août 1791, député de l'Oise à l'Assemblée législative, le 1er sur 12, par 383 voix (513 votants). Il fit partie du comité des subsistances, fut adjoint au comité des contributions, donna lecture d'un rapport sur les impositions foncières, signala les retards mis dans le paiement des contributions de Paris, appuya la suspension des remboursements, proposa, lors des troubles, de mander Rœderer à la barre de l'Assemblée, et fit fixer au cinquième du revenu le maximum de la cotisation pour la contribution. Secrétaire de l'assemblée au 10 août, ce fut lui qui reçut le Dauphin dans ses bras lorsque la famille royale vint chercher asile dans l'Assemblée. Il rentra dans la vie privée après la session et devint suspect sous la Terreur. Sous le Consulat, il fut nommé conseiller général de son département, et, sous l'empire, membre de la Légion d'honneur (14 brumaire an XIII). Élu, le 10 mai 1815, représentant à la Chambre des Cent-Jours par le grand collège de l'Oise, avec 64 voix (97 votants), le fut réélu, le 20 septembre 1817, député du grand collège de l'Oise, par 470 voix (762 votants, 1,181 inscrits), prit place à gauche, attaqua le projet de loi sur la presse, parla contre le sursis à accorder aux émigrés rentrés dans leurs biens non vendus, vota avec l'opposition contre les deux lois d'exception et contre le nouveau système électoral, et se fit notamment remarquer par un discours contre la censure et sur les économies à réaliser dans le budget de 1821; il se prononça en faveur de l'admission de Manuel, et fut réélu, le 9 mai 1822, dans le 2e arrondissement électoral (Compiègne), par 221 voix (351 votants, 399 inscrits) contre 127 au comte de Kergorlay. Les élections du 25 février 1824 ne lui furent pas favorables; il échoua avec 152 voix contre 233 à l'élu, M. de l'Aigle; mais il regagna son siège, le 17 novembre 1827, par 198 voix (300 votants, 331 inscrits), contre 98 au député sortant, M. de l'Aigle. Il continua de siéger à gauche, mourut au cours de la législature, et fut remplacé, le 12 janvier 1829, par son fils M. André Tronchon. On a de lui : *Considérations sur le gouvernement représentatif.*

TRONCHON (ANDRÉ), député de 1829 à 1837, né à Boullancy (Oise) le 28 octobre 1781, mort le 4 décembre 1846, fils du précédent, s'occupa d'abord d'agriculture et de l'acclimatation en France des mérinos. Élu, le 12 janvier 1829, député du 2e arrondissement électoral de l'Oise (Compiègne), en remplacement de son père décédé, par 204 voix (285 votants, 382 inscrits), il prit place au centre gauche et signa l'Adresse des 221; il échoua, le 23 juin 1830, par 260 voix (365 votants, 410 inscrits), contre 93 à M. Hennequin, avocat; le 5 juillet 1831, par 250 voix (285 votants, 396 inscrits); le 21 juin 1834, par 229 voix (353 votants, 403 inscrits), contre 52 à M. Hennequin et 43 à M. Dumas, il vota avec la majorité ministérielle. En 1830, il avait été nommé conseiller général de Seine-et-Marne et chef de bataillon de la garde nationale. Il échoua, le 4 novembre 1837, avec 177 voix contre 265 à l'élu, M. Barrillon, et ne reparut plus sur la scène politique.

TRONSON-DUCOUDRAY (GUILLAUME-ALEXANDRE), député au Conseil des Anciens, né à Reims (Marne) le 13 novembre 1750, mort en déportation à Sinnamary (Guyane) le 27 mai 1798, le dernier des dix enfants d'un commerçant, fut destiné à l'état ecclésiastique et fit ses études au séminaire de Reims. Mais l'absence de vocation lui fit bientôt abandonner cette carrière pour s'occuper du commerce. Trompé par un de ses associés, il plaida lui-même sa cause avec un tel succès qu'il résolut d'entrer au barreau. Il vint à Paris dans ce but, en 1778, et, sous les auspices d'Élie de Beaumont et de Malesherbes, fut reçu avocat au parlement. Il débuta dans l'affaire Cazeaux contre Salan, élève de l'abbé de l'Épée, et ce procès, qui fut une des causes célèbres de

l'époque et qu'il gagna, le mit aussitôt en vue. Au moment de la Révolution, il adopta avec une certaine réserve les idées nouvelles, protesta contre le pillage de la manufacture Réveillon, et sollicita de la Convention le périlleux honneur de défendre Louis XVI; sa demande ne fut pas admise. Il parla du moins en faveur de plusieurs accusés devant le comité révolutionnaire, et fut désigné d'office, le 12 octobre 1793, pour défendre Marie-Antoinette, avec Chauveau-Lagarde. Après la plaidoirie, il fut arrêté, par mesure de sûreté générale, sur l'ordre de la Convention, interrogé par Baylo et Voulland auxquels il remit deux anneaux d'or et une boucle de cheveux que la reine lui avait confiés pour l'une des dames de sa suite, et, remis en liberté, il quitta Paris, n'y rentra qu'après le 9 thermidor, et défendit, le 16 décembre 1794, Pinel et Grandmaison, membres du comité révolutionnaire de Nantes. Élu, le 27 vendémiaire an IV, député de Seine-et-Oise au Conseil des Anciens, par 223 voix (351 votants), il fut l'un des chefs du parti de Clichy, parla sur la loi du 9 floréal concernant les parents d'émigrés, fit un rapport sur l'envoi aux départements et aux armées des rapports de Camus et de Bancal, discuta l'abrogation de la loi du 3 brumaire, s'opposa au serment exigé des électeurs, fut nommé secrétaire le 19 mai, et fit en cette qualité un rapport favorable aux fugitifs de Toulon. Il attaqua avec vigueur la politique du Directoire, et, le 10 août 1797, rédigea le rapport sur la marche des troupes appelées par le Directoire à Paris. Le 18 fructidor le condamna à la déportation. Conduit à Rochefort, par étapes, il écrivait de Lusignan à un ami, le 2e jour complémentaire de l'an V: « Me voilà déporté, et probablement nous ne nous reverrons plus. Mon arrêt tient à des haines personnelles : j'ai été droit mon chemin, j'ai voulu la Constitution. S'arracher à sa patrie, à ses enfants, à ses amis, c'est un malheur affreux; mais j'ai fait de bonne heure provision de morale et de philosophie : je la retrouve, et je suis aujourd'hui beaucoup plus calme. » Embarqué le 22 septembre suivant, avec 14 autres députés, il fut conduit à Sinnamary, où il mourut, en confiant à Barbé-Marbois, son compagnon d'exil, ses *Instructions rédigées pour ses enfants et ses concitoyens*, que celui-ci remit à sa famille, à son retour en France. Sa femme, « la citoyenne Nau », demanda un secours au gouvernement (frimaire an VI) : elle avait trois enfants en bas âge et de nombreuses dettes criardes; le gouvernement lui répondit qu'il ne pourrait s'occuper de sa demande que lorsqu'il serait assuré de l'arrivée de son mari à son lieu d'exil. Ses *Œuvres choisies*, avec une notice, ont paru à Paris en 1829.

TRONSON LECOMTE (JACQUES-QUENTIN, CHEVALIER), député au Corps législatif de 1803 à 1813, né à Reims (Marne) le 1er octobre 1749, mort le 9 mai 1836, « fils de M. Etienne Tronson, marchand, et de madame Apolline Hurault » propriétaire, maire de Reims et chevalier de la Légion d'honneur (14 brumaire an XIII), fut élu, le 2 mai 1809, par le Sénat conservateur, député de la Marne au Corps législatif. Il en sortit en 1813. Il avait été créé chevalier de l'empire le 26 avril 1810.

TROPLONG (RAYMOND-THÉODORE), pair de France, sénateur du second empire, né à Saint-Gaudens (Haute-Garonne) le 8 octobre 1795, mort à Paris le 1er mars 1869, « fils du citoyen

Armand-Policaste Troplong, professeur au collège de Sorèze, et de la citoyenne Marie-Louise Dauzat », travailla d'abord dans les bureaux de la préfecture de l'Indre, entra de bonne heure dans la magistrature comme substitut au tribunal de Sartène (4 mars 1819), passa à Corte (1er septembre suivant), et devint substitut du procureur général à Bastia (28 juillet 1820). Substitut du procureur général à Alençon (4 décembre 1822), il revint à Bastia comme avocat général (15 octobre 1828), et fut nommé au même titre à la cour de Nancy (1er septembre 1825). Là, il se fit remarquer par un rapport d'une clarté et d'une érudition rares dans une question domaniale, la question de la souveraineté des ducs de Lorraine sur le Barrois mouvant. Ce travail lui valut d'être nommé (6 octobre 1832) président de chambre à la même cour. Il publia alors ses *Commentaires sur le code civil*, dans lesquels il sut relever l'aridité du sujet par l'attrait et l'élégance du style, et par les considérations historiques et économiques. Ecrivain original et cicéronien dans la forme, M. Troplong ne fut jamais qu'un médiocre orateur ; « notre président, si justement nommé Troplong », écrivait Mérimée dans une lettre du 27 février 1861. Le gouvernement de Juillet l'appela (12 novembre 1835) à la cour de cassation, et l'éleva à la dignité de pair le 21 juillet 1846. A la mort du baron Séguier, le nouveau président de la République appela M. Troplong au fauteuil de premier président de la cour d'appel de Paris (22 décembre 1848). Le nouveau « premier » s'attacha dès lors à la fortune du prince, fit partie de la Commission consultative après le coup d'Etat, et entra au nouveau Sénat le 26 juin 1852. Le 9 mai suivant, il publia dans la *Gazette des Tribunaux* un article : *la Révolution impériale à Rome*, destiné à préparer la restauration de l'empire : « Plus une démocratie est étendue, écrivait-il, plus elle a besoin d'un gouvernement ferme. Le centre de tout mouvement doit être d'autant plus fort que la circonférence est plus vaste. C'est une loi dynamique, qui est en même temps une loi du monde moral. » Ce fut lui qui, en novembre suivant, fut rapporteur du sénatus-consulte demandant la transformation de la présidence décennale en empire héréditaire, et qui ne rencontra, au Sénat, qu'une voix d'opposition, celle de M. Vieillard, ancien précepteur de Louis-Napoléon ; dans son rapport il disait que le prince Louis-Napoléon était « le représentant de deux siècles et de deux esprits, du passé et du présent, de la royauté et du peuple, l'incarnation de la démocratie organisée ». Premier président à la cour de cassation (18 décembre 1852), président du Sénat douze jours après (30 décembre), M. Troplong remplit ces hautes fonctions avec une froide et correcte impartialité, sans discontinuer ses importants travaux sur le droit et l'histoire. On a de lui : *De l'influence du christianisme sur le droit civil des Romains* (1843) ; *Du pouvoir de l'Etat sur l'enseignement, d'après l'ancien droit public* (1844) ; des articles dans la *Revue contemporaine*, etc. Membre de l'Académie des sciences morales et politiques (12 novembre 1840), membre du conseil privé (1858), conseiller général de l'Eure, grand-croix de la Légion d'honneur (30 décembre 1854). Un décret impérial accorda à sa veuve une pension de 20,000 francs.

TROTTIER (Pierre), député au Conseil des Cinq-Cents et au Corps législatif, né à Angers (Maine-et-Loire) le 11 décembre 1756, mort à Bourges (Cher) le 29 août 1838, était, en 1779, avocat au parlement de Paris. Docteur en droit à Angers en 1780 et avocat au présidial de la même ville, agrégé à la faculté de droit d'Angers en 1782, il publia, en 1783, un ouvrage estimé intitulé : *Principes des coutumes d'Anjou et du Maine*. Professeur de droit à Bourges en 1785, il adopta les idées de la Révolution, devint officier municipal et procureur de la commune de Bourges en 1790, haut-juré du Cher l'année suivante, président du tribunal de district en 1792, et donna sa démission au commencement de 1793. Suspect de fédéralisme, il devint, après le 9 thermidor, membre du comité de surveillance. Procureur-syndic du district en l'an III, 1er juge au tribunal du département du Cher, puis membre du jury d'instruction du district, administrateur des hospices de Bourges en l'an VI, il fut élu, le 25 germinal an VII, député du Cher au Conseil des Cinq-Cents, s'y fit peu remarquer, se rallia au 18 brumaire, et fut élu, le 4 nivôse an VIII, par le Sénat conservateur, député du Cher au Corps législatif. Il en sortit en l'an XV, reprit alors l'administration des hospices, et n'exerça plus jusqu'à sa mort aucun mandat électif.

TROTYANNE (Jean-François), député au Conseil des Anciens, né à Tressange (Moselle) le 19 février 1737, mort à Ottange (Moselle) à une date inconnue, était avocat et receveur des consignations au bailliage de Thionville, lorsqu'il fut élu député du tiers à l'assemblée provinciale des Trois-Evêchés, en 1787. Il en devint le procureur-syndic et se montra partisan des idées nouvelles. Il n'exerça aucune fonction publique jusqu'en l'an V et fut élu alors, le 23 germinal, député de la Moselle au Conseil des Anciens, par 176 voix (201 votants) ; son élection fut annulée au 18 fructidor, comme entachée de royalisme. Rallié au 18 brumaire, il fut nommé juge au tribunal civil de Thionville le 28 floréal an VIII, conseiller général en l'an XI, et refusa l'année suivante la place de président au même tribunal.

TROUARD-RIOLLE (Auguste-Pierre), député de 1879 à 1889, né à Dieppe (Seine-Inférieure) le 19 mai 1824, fut reçu avocat à Paris, en 1846, et acheta une étude d'avoué à Rouen (1852). Il la céda dix ans plus tard, et se fit inscrire au barreau de Rouen. Conseiller général de Dieppe (1871), il entra (27 mai 1876) dans la magistrature, comme juge suppléant au tribunal civil de Rouen, et fut nommé juge en 1878. Candidat républicain (15 juin 1879) dans la 2e circonscription de Dieppe, en remplacement de M. Lebourgeois, décédé, il fut élu député par 7,901 voix (10,944 votants, 14,155 inscrits), contre 2,856 à M. Estancelin. Il prit place à la gauche modérée, et vota *pour* l'article 7 et *contre* l'amnistie plénière. Réélu, le 21 août 1881, par 6,826 voix (8,187 votants, 14,019 inscrits), M. Trouard-Riolle soutint les cabinets Gambetta et J. Ferry, et adopta les crédits de l'expédition du Tonkin. Aux élections du 4 octobre 1885, il fut porté sur la liste opportuniste de la Seine-Inférieure et réélu, le 10e sur 12, député du département, par 79,370 voix (149,846 votants, 195,467 inscrits). Il fit partie, comme précédemment, de la majorité, donna son suffrage aux ministères Rouvier et Tirard, vota l'expulsion des princes, et se prononça, dans la dernière session, *pour* le rétablissement du scrutin d'arrondissement

(11 février 1889), *pour* l'ajournement indéfini de la revision de la Constitution, *pour les poursuites contre trois députés* membres de la Ligue des patriotes, *pour* le projet de loi Lisbonne restrictif de la liberté de la presse, *pour* les poursuites contre le général Boulanger.

TROUILLE (JEAN-NICOLAS), député au Conseil des Cinq-Cents, né à Versailles (Seine-et-Oise) le 1er avril 1750, mort à Brest (Finistère) le 3 août 1825, était employé du génie maritime au port de Brest quand il fut élu, le 25 vendémiaire an IV, député du Finistère au Conseil des Cinq-Cents, par 101 voix (270 votants). Il s'y occupa d'abord de l'organisation de la marine et des travaux des ponts, et repoussa le code hypothécaire. En 1796, il dénonça l'*Ami du peuple*, demanda la continuation des poursuites contre les auteurs des crimes révolutionnaires, se prononça contre le transfert des déportés dans la baie de Saint-Georges, défendit la liberté de la presse, combattit la création du tachygraphe et parla en faveur des prêtres catholiques, en s'opposant à ce qu'on exigeât d'eux des déclarations qui inquiéteraient leur conscience. Membre et rapporteur de la commission saisie de la proposition du Directoire pour l'aliénation du Palais-Royal, il en empêcha la vente, au nom de l'art, ainsi que celle du château de Versailles, et approuva la création de l'Ecole polytechnique. En l'an VI, à l'exposition du Louvre, il obtint le prix proposé pour le meilleur travail sur l'architecture, en présentant deux plans d'hôpitaux maritimes. A sa sortie des Cinq-Cents, il retourna à Brest, où il prit une part active à l'agrandissement et à l'amélioration des ports. Il travailla ainsi au port de Rochefort et à la fonderie de la marine à Ruelle, et fut mis à la retraite en 1821.

TROUILLET (BALTHAZAR), député en 1789, né et mort à des dates inconnues, négociant à Charlieu (Rhône), fut élu, le 4 avril 1789, député du tiers aux Etats-Généraux par la sénéchaussée de Lyon. Il prêta le serment du Jeu de paume et ne joua dans la majorité qu'un rôle effacé. Sa carrière politique prit fin avec la session.

TROUSSEAU (ARMAND), représentant du peuple en 1848, né à Tours (Indre-et-Loire) le 14 octobre 1801, mort à Paris le 22 juin 1867, fit ses études comme boursier au lycée d'Orléans, fut reçu bachelier ès lettres, entra, le 1er novembre 1819, comme répétiteur, à l'institution de M. Schmitt à Tours, et, le 21 novembre 1820, comme régent de rhétorique au collège de Châteauroux. A l'instigation du docteur Bretonneau, il résolut d'étudier la médecine, et vint à Paris dans ce but. Mais l'Ecole de médecine ayant été fermée par Frayssinous, il dut revenir à Tours où il suivit la clinique du docteur Bretonneau. Docteur en médecine en 1825, interne à Charenton, où il se livra à de sérieuses études d'anatomie comparée sur les animaux domestiques, agrégé en 1827, il fut chargé d'observer l'année suivante une épidémie de diphtérie en Sologne, et y pratiqua avec succès le second cas de trachéotomie. De retour à Paris, il fut de nouveau envoyé en mission à Gibraltar, pour y observer la fièvre jaune, avec Louis et Chervin. Il y contracta l'épidémie et faillit en mourir. Décoré à son retour, en 1830, et nommé médecin des hôpitaux, il suppléa Récamier à l'Hôtel-Dieu pendant trois ans, partagea avec Belloc, en

1836, le prix de l'Académie de médecine sur la phthisie laryngée, et obtint au concours, en 1839, la chaire de thérapeutique à la faculté. De 1839 à 1848, il fit une clinique très suivie à l'hôpital Saint-Antoine, puis à l'hôpital Necker, passa en 1848 aux Enfants-Malades, où il vulgarisa la pratique de la trachéotomie dans les cas de croup et de la thoracentèse dans les épanchements pleurétiques. Elu, le 23 avril 1848, représentant d'Eure-et-Loir à l'Assemblée constituante, le 6e sur 7, par 24,801 voix (72,675 votants, 87,002 inscrits), il fit partie du comité du travail et vota, en indépendant, *pour* le bannissement de la famille d'Orléans, *contre* les poursuites contre L. Blanc et *pour* celles contre Caussidière, *pour* l'incompatibilité des fonctions, *contre* la sanction de la Constitution par le peuple, *pour* l'ensemble de la Constitution, *pour* la proposition Rateau, *contre* l'interdiction des clubs, *pour* l'expédition de Rome. Non réélu à la Législative, il fut appelé, le 18 décembre 1852, à remplacer à la clinique interne de l'Hôtel-Dieu M. Chomel, démissionnaire pour refus de serment. Commandeur de la Légion d'honneur en août 1859, il n'avait été élu à l'Académie de médecine qu'en 1856. Admis à la retraite comme professeur à la faculté de médecine le 25 février 1867, il mourut peu après, d'un cancer, après avoir réglé lui-même ses obsèques et annoncé le moment de sa mort. On a de lui : *Traité de thérapeutique et de matière médicale* (Paris, 1836-39, 3 volumes) ; *Traité pratique de la phthisie laryngée et des maladies de la voix* (1837) ; *Nouvelles recherches sur la trachéotomie pratiquée dans la période extrême du croup* (1851) ; *Clinique médicale de l'Hôtel-Dieu* (1862-66, 2 volumes) ; il a en outre collaboré aux *Archives générales de médecine*.

TROUVÉ (CHARLES-JOSEPH, BARON), membre du Tribunat, né à Chalonnes-sur-Loire (Maine-et-Loire) le 24 septembre 1768, mort à Paris le 18 octobre 1860, fils d'un menuisier, fut adopté par un riche financier, M. Pauly, plus tard secrétaire ordinaire de Marie-Antoinette, qui lui fit faire ses études à l'Université de Paris, le plaça comme clerc chez un notaire, et le fit entrer, en 1791, comme rédacteur au *Moniteur* dont il devint rédacteur en chef en 1794, le jour même de la chute de Robespierre (9 thermidor an II). Il y publia un grand nombre d'articles consacrés en prose ou en vers à célébrer le pouvoir quel qu'il fût. Grâce à la protection de La Revellière-Lepeaux, il fut nommé secrétaire du Directoire exécutif, le 12 brumaire an IV ; il donna sa démission trois jours après, le 15, en prétextant de son insuffisance. Nommé, le 24 nivôse de la même année, professeur de législation à l'Ecole centrale, il refusa encore ce poste, et obtint, par le crédit de La Revellière, d'être envoyé, le 20 frimaire an V, à la cour de Naples, comme secrétaire de légation. Successivement chargé d'affaires de France près la cour de Naples le 18 brumaire an VI, ambassadeur près la République cisalpine le 15 pluviôse suivant, ministre plénipotentiaire près la cour de Wurtemberg le 4 vendémiaire an VII, il dut quitter Stuttgard un mois après, en raison de son insuffisance notoire. La Revellière affirme dans ses *Mémoires* que sa conduite y fut correcte. Partisan de Bonaparte, Trouvé applaudit au 18 brumaire et entra au Tribunat le 4 nivôse an VIII. Il fit partie de la commission d'examen du nouveau programme d'éducation qu'il défendit devant le Corps législatif. Nommé préfet de l'Aude le 3 messidor an XI, membre de la Légion d'honneur le 17 messidor an XII, baron de l'empire le 3 décembre 1809, officier de la Légion d'honneur le 30 juin 1811, il fut des plus empressés à adhérer au retour des Bourbons qui le laissèrent à sa préfecture. Il la quitta aux Cent-Jours, et écrivit, le 5 avril 1815, au ministre de l'Intérieur : « J'ai servi l'empereur avec fidélité pendant onze ans ; en prêtant, l'année dernière, un nouveau serment, je n'ai point insulté au malheur. Aujourd'hui j'aime mieux quitter mes fonctions que de changer perpétuellement de langage et de sentiment. » Le général comte de Laborde, commandant de la 10e division militaire, lui ordonna de quitter sous une heure le département. La seconde Restauration le ramena à Carcassonne, où il se montra d'un royalisme exalté, et offrit, le 7 janvier 1816, d'abandonner son traitement d'officier de la Légion d'honneur pendant cinq ans, pour soulager le budget de l'État. Mais les exagérations de son zèle monarchiste provoquèrent sa destitution le 26 septembre suivant. En septembre 1818, le duc d'Angoulême lui fit obtenir une allocation de 500 francs par mois, comme auteur de l'*Essai historique des États du Languedoc* ; en 1819, Trouvé devint éditeur responsable du *Conservateur*, journal ultra-royaliste, qui dura un an, puis, en 1820, directeur d'une imprimerie à Paris. Le ministère Polignac le nomma maître des requêtes en service extraordinaire le 26 août 1829, et chef de la division des beaux-arts au ministère de l'Intérieur (février 1830). Les événements de juillet vinrent interrompre de nouveau sa carrière, et Trouvé rentra dans la vie privée pour n'en plus sortir. Une note de police du 18 mai 1831 le dénonça comme « ennemi juré du gouvernement actuel, contre lequel il se propose de publier un journal. » Le baron Trouvé était complétement tombé en enfance lorsqu'il mourut. On a de lui : *Pausanias*, tragédie en cinq actes, en vers, dont le sujet est le 9 thermidor, représentée en 1795 sur le théâtre Feydeau (Carcassonne, 1810) ; *Essai historique sur les États-Généraux de la province de Languedoc et description générale et statistique du département de l'Aude* (Paris, 1818-19, 2 volumes) ; *Jacques Cœur* (1840) ; *Anne de Beaujeu, Jeanne de France et Anne de Bretagne* (Batignolles, 1851) ; *Le dauphin, duc de Bourgogne, petit-fils de Louis XIV* (1856). Il a en outre collaboré à l'*Almanach des Muses*, aux *Annales de la littérature et des arts* et aux journaux l'*Europe* et la *France*.

TROUVÉ-CHAUVEL (Ariste-Jacques), représentant en 1848 et ministre, né à la Suze (Sarthe) le 8 novembre 1805, mort à Paris le 13 octobre 1883, fut destiné au commerce. Il entra chez un négociant du Havre, visita ensuite l'Angleterre et l'Écosse, revint au Mans en 1833, dirigea dans cette ville un magasin de draperies, puis y créa un comptoir d'escompte et la Banque de la Sarthe, dont il devint directeur. Nommé maire du Mans par ses concitoyens, il eut, en cette qualité, à haranguer le duc de Nemours de passage dans cette ville ; le discours très indépendant qu'il prononça « afin de faire connaître les besoins et les sentiments du pays » le fit destituer, ainsi que tous ses collègues du conseil municipal et même les employés dépendant de la mairie. Mais il fut réélu, peu de jours après, conseiller municipal, et bientôt adjoint au maire. Redevenu maire au lendemain

de la révolution de février, et nommé commissaire général de la République dans les départements de Maine-et-Loire et de la Mayenne, il fut élu (23 avril 1848) représentant de la Sarthe à la Constituante, le 1er sur 12, par 115,016 voix (124,212 votants). Dans une lettre à Ledru-Rollin, il s'était déclaré « républicain de Rome et de Sparte » ; il siégea néanmoins dans les rangs des républicains de la nuance la plus modérée, fut appelé, après le 15 mai, à succéder à Caussidière comme préfet de police, et occupa ce poste pendant les journées de juin ; il le céda, le 19 juillet, à M. Ducoux, devint alors préfet de la Seine, et accepta, le 25 octobre 1848, le portefeuille des Finances, qu'il garda jusqu'à l'expiration des pouvoirs du général Cavaignac à l'Assemblée. M. Trouvé-Chauvel vota *pour* le rétablissement du cautionnement, *pour* les poursuites contre Louis Blanc et Caussidière, *contre* l'abolition de la peine de mort, *contre* l'amendement Grévy, *pour* l'ordre du jour en l'honneur de Cavaignac. A partir de l'élection de L.-N. Bonaparte à la présidence de la République, M. Trouvé-Chauvel cessa de prendre part aux travaux parlementaires. Non réélu à la Législative, il n'eut plus, dès lors, aucun rôle politique.

TROY (François-Henri-Joseph), député de 1835 à 1839, né à Layment (Gers) le 22 avril 1771, mort le 13 juin 1841, était juge d'instruction au tribunal civil et conseiller général de Lombez, quand il fut élu député du 4e collége du Gers (Lombez), le 10 janvier 1835, en remplacement de M. Persil qui avait opté pour Condom, par 128 voix (226 votants), contre 98 à M. de Panat. Réélu, le 4 novembre 1837, par 131 voix (261 votants, 301 inscrits), il siégea parmi les ministériels, approuva la loi de disjonction, l'adresse de 1839, et soutint le cabinet Molé. Il rentra dans la vie privée à la dissolution de 1839.

TRUBERT (Étienne-Pierre-Gabriel), député de 1877 à 1881, et de 1885 à 1889, né à Paris le 10 novembre 1843, entra dans la carrière administrative comme auditeur au conseil d'État. Pendant la période du 16 mai, il fut chef-adjoint du cabinet du duc de Broglie. Conseiller général de Tarn-et-Garonne, il se présenta, le 14 octobre 1877, dans l'arrondissement de Moissac avec l'appui officiel du gouvernement du maréchal, et fut élu député par 8,630 voix (15,193 votants, 17,916 inscrits), contre 6,434 à M. Chabrié, des 363, député restant. Son élection ayant été invalidée, M. Trubert obtint, le 7 juillet 1878, la confirmation de son mandat, par 7,336 voix (14,440 votants, 17,991 inscrits), contre 6,076 à M. Chabrié. Il prit place au centre droit, et vota avec la minorité conservatrice, *contre* l'amnistie, *contre* le retour des Chambres à Paris (au Congrès). Au renouvellement du 21 août 1881, il ne recueillit que 7,841 voix, contre 7,518 à l'élu républicain, M. Chabrié ; il revint à la Chambre, comme député de Tarn-et-Garonne, le 4 octobre 1885, élu, le 2e sur 4, par 31,273 voix (59,851 votants, 69,047 inscrits). L'élection fut encore invalidée ; mais M. Trubert fut renvoyé au Palais-Bourbon, le 20 décembre 1885, le 3e sur 4, par 30,912 voix (61,785 votants, 70,064 inscrits). Il reprit sa place à droite, opina contre le gouvernement républicain, repoussa la loi scolaire, l'expulsion des princes, protesta (avril 1886) contre les pensions accordées aux « victimes » de février

1818, et se prononça, dans la dernière session, contre le rétablissement du scrutin d'arrondissement (11 février 1889), pour l'ajournement indéfini de la révision de la Constitution, contre les poursuites contre trois députés membres de la Ligue des patriotes, contre le projet de loi Lisbonne restrictif de la liberté de la presse, contre les poursuites contre le général Boulanger.

TRUC (Antoine), député au Conseil des Cinq-Cents, né à Draguignan (Var) le 4 mars 1758, mort à une date inconnue, était président du tribunal de Draguignan, quand il fut élu, le 25 germinal an VII, député du Var au Conseil des Cinq-Cents. Il ne s'y fit pas remarquer, refusa de se rallier au 18 brumaire et fut exclu à cette date du corps législatif.

TRUELLE (Charles-Adolphe), député de 1876 à 1885, né à Paris le 20 février 1816, d'une famille dont les membres ont rempli, depuis le XVIe siècle, des charges de judicature à Troyes, était négociant à Coudreceau (Eure-et-Loir). Membre de la chambre de commerce de cette ville et maire de Coudreceau, il se présenta, le 20 février 1876, dans l'arrondissement de Nogent-le-Rotrou, et fut élu député par 6,794 voix, sur 9,689 votants et 11,833 inscrits, contre 2,693 à M. Vacher, sur une profession de foi dans laquelle il disait « qu'il était devenu républicain comme la France était républicaine ». Il siégea au centre gauche et fut des 363. Réélu, à ce titre, le 14 octobre 1877, par 7,665 voix (10,614 votants, 12,013 inscrits), contre 2,805 au marquis de Pontol-Pontcarré, ancien représentant, candidat officiel, il reprit sa place dans la majorité républicaine, soutint le cabinet parlementaire de Dufaure et vota contre l'amnistie plénière, pour l'invalidation de l'élection de Blanqui, pour l'article 7. Le 21 août 1881, M. Truelle obtint sa réélection par 5,547 voix (8,989 votants, 11,973 inscrits), contre 2,253 à M. Morin et 698 à M. Berthé. Il appuya de ses votes les cabinets Gambetta et J. Ferry, se prononça contre la séparation de l'Église et de l'État et pour les crédits de l'expédition du Tonkin, compta parmi les membres les plus zélés de la majorité opportuniste, et ne se représenta pas aux élections de 1885. Conseiller général du canton de Thiron-Gardais.

TRUGUET (Laurent-Jean-François, comte), ministre et pair de France, né à Toulon (Var) le 10 janvier 1752, mort à Paris le 26 décembre 1839, « fils de sieur Jean-François Truguet, lieutenant des vaisseaux du roi, chevalier de l'ordre militaire de Saint-Louis, et de dame Anna-Dorothée David », entra comme élève dans la marine en 1765 ; après plusieurs examens heureux, il prit place dans la compagnie des gardes du pavillon, où il se signala par différents travaux nautiques. Il venait d'être promu enseigne quand éclata la guerre d'Amérique (1778). Attaché à l'état-major du comte d'Estaing, il sauva la vie à son chef à l'assaut de Savannah, et fut fait chevalier de Saint-Louis. Après les campagnes de 1781 et 1782, il rentra en France, demanda à accompagner M. de Choiseul dans son ambassade à Constantinople, et obtint le commandement de la corvette qui devait rester aux ordres de l'ambassadeur. Chargé de la mission spéciale d'apprendre l'art naval aux officiers turcs, il publia à cette occasion un Traité pratique de manœuvres navales et de tactique, qui fut traduit en turc. Peu après, il fut chargé par Louis XVI de négocier avec les beys de l'Égypte et les cheiks du désert des conventions qui ouvraient à notre commerce le chemin des Indes par la route de Suez et de la mer Rouge. À son retour en France, au commencement de 1789, Truguet remit au roi un mémoire sur l'isthme de Suez, qui fut plus tard communiqué à Bonaparte ; il fut nommé major de vaisseau, puis capitaine de frégate l'année suivante, et attaché au port de Brest. En 1791, il fut envoyé en Angleterre pour y étudier l'organisation maritime. Capitaine de vaisseau le 8 janvier 1792, et contre-amiral le 1er juillet suivant, il reçut l'ordre d'organiser l'escadre de la Méditerranée, dans le but de porter la guerre sur les côtes de la mer Noire et d'y appuyer les armées turques ; mais la flotte concourut à la guerre contre la Sardaigne, et Truguet, qui la commandait, participa à la prise de Nice, de Villefranche et d'Oneille. De retour à Paris, il fit d'abord ajouter au code de 1790 plusieurs dispositions pénales destinées à prévenir l'esprit d'insubordination qui s'était manifesté dans les équipages. Il attendit ensuite des ordres pour recommencer la campagne. Ces ordres ne venant pas, il écrivit à ce sujet plusieurs lettres au président de la Convention :

« Paris, 28 juin 1793.

« Citoyen président, responsable de mes actions à la République, je le suis également de mon inactivité. Appelé à Paris pour présenter des vues sur l'emploi de nos forces navales dans la Méditerranée et sur l'organisation de la marine, je ne suis plus occupé qu'à solliciter, comme chef et citoyen, les droits de servir utilement ma patrie. Trois mois écoulés, et l'Europe étonnée se demande ce que sont devenus et les vaisseaux et les marins de la France : notre commerce du Levant touche à sa ruine ; la contagion de l'insubordination fait des progrès ; le vil intérêt personnel se couvre du masque du patriotisme et les ennemis croissent sur nos côtes et nous menacent.

« Comment souffrir l'idée de la supériorité, même momentanée, des Espagnols ? Quelle honte pour un cœur républicain, pour un marin français !

« Citoyen président, je vous dois la vérité, je la dois à mon pays et à moi-même. Oui, nous avons les forces les plus imposantes, les meilleurs vaisseaux de l'univers, des marins excellents qui brûlent de patriotisme et de courage, et seraient invincibles sous les couleurs républicaines ; mais je ne sais quelle léthargie enchaîne tous nos travaux et entrave l'exécution des plans que j'ai proposés ; une aristocratie invisible désorganise tous nos moyens, entretient dans nos ports une agitation criminelle qui nous déshonore et nous ruine. Il en est temps encore, citoyens représentants, tonnez sur les coupables ; que des lois justes, des règlements sévères apprennent aux bons ce qu'ils doivent faire, aux méchants ce qu'ils doivent craindre. La discipline est la première des armes : l'armée navale de Toulon l'attend, et son chef vous déclare qu'elle ne peut rien sans elle. Ce n'est pas le commandement seul, c'est l'obéissance qui assure les succès et la gloire. Je ne puis répondre de l'un qu'en ne doutant point de l'autre. Sans doute je mourrai pour mon pays, mais je voudrais mourir vainqueur.

« Signé : TRUGUET, contre-amiral, commandant l'armée navale de la République dans la Méditerranée. »

Dans une seconde lettre, du 22 juillet suivant, il protesta contre les persécutions dont ses meilleurs officiers étaient les victimes. On se disposait enfin, sur ses pressantes sollicitations, à lui rendre un commandement actif, quand il fut atteint par la loi des suspects, destitué sur la dénonciation de la légion marseillaise, et incarcéré. Remis en liberté au 9 thermidor, promu vice-amiral en vendémiaire an III, il fut appelé, l'année suivante, le 1er novembre 1795, au ministère de la Marine, dont il réorganisa le personnel, chassa toutes les créatures des comités révolutionnaires et mit la dernière main à la flotte de l'expédition d'Irlande. Il s'occupa aussi du renforcement de nos armées navales à Saint-Domingue, aux Antilles et aux Indes, où il se proposait de seconder Tippoo Sahib. L'escadre d'Irlande, dispersée par la tempête et poursuivie par les vaisseaux anglais, rentra bientôt à Brest diminuée de moitié. Ayant déplu à la majorité des Directeurs et dénoncé à plusieurs reprises par Vaublanc et Boissy-d'Anglas, Truguet fut remplacé au ministère de la Marine, le 13 juillet 1797, par l'amiral Pléville-le-Pelley, et fut nommé, le 20 octobre suivant, ambassadeur à Madrid. Il y obtint la mise en liberté des Français faits prisonniers aux colonies, négocia un traité de commerce avantageux pour la France, et témoigna aux émigrés un intérêt trop particulier pour n'être pas remarqué. Rappelé en mai 1798, il prolongea sans raison son séjour en Espagne, fut porté sur la liste des émigrés, arrêté à son arrivée à Paris le 17 novembre, exilé en Hollande et rayé des cadres, le 2 juillet 1799, sur les instances de Gohier et de Talleyrand. Le 18 brumaire trouva en lui un partisan; nommé conseiller d'État dans la section de la marine le 20 septembre 1801, il demanda, dans la discussion préparatoire du consulat à vie, qui remplacerait le premier Consul en cas de maladie : « Personne, répondit Bonaparte; autrement, on dirait toujours que je suis malade. » Truguet reçut en 1802 le commandement des escadres combinées de France et d'Espagne, réunies à Cadix. Les préliminaires de la paix empêchèrent cette flotte de pouvoir efficacement agir. Mais Truguet ayant, sans motif, contrevenu aux ordres du premier Consul, qui ordonnaient aux équipages de se tenir en haleine, s'étant en outre laissé bloquer par des forces minimes, parce qu'il n'avait pas pris le soin de s'éclairer en mer, fut destitué de son commandement, au moment où, envoyant l'adhésion des marins à l'établissement de l'empire, il écrivait : « En me chargeant de vous transmettre ce vœu si bien senti, permettez-moi de vous offrir avec franchise le mien personnel... Conservez le titre de premier Consul, titre bien supérieur, par l'éclat que vous lui avez donné, à ceux de roi et d'empereur. » Truguet crut que cette phrase était la cause de sa destitution, alors que cette destitution était déjà prononcée avant que Napoléon eût reçu sa lettre. Membre de la Légion d'honneur (9 vendémiaire an XII), il refusa, par humeur, le 25 prairial, la plaque de grand-officier, qu'il ne se décida à accepter que le 23 octobre 1811. L'empereur, froissé, le raya du conseil d'État, mais lui conserva une partie de sa solde d'officier général. Truguet ne reprit du service actif qu'en 1809 comme préfet maritime de Rochefort. Il rallia l'escadre incendiée dans la rade de l'île d'Aix par les Anglais, et devint, le 24 mars 1811, préfet maritime de la Hollande, situation qu'il garda jusqu'en 1813, et qu'il ne quitta qu'après avoir assuré le retour en France de ses compatriotes. Mais il fut enlevé, à Rotterdam même, par un parti de cosaques et resta prisonnier jusqu'à la paix. Louis XVIII le nomma grand-croix de la Légion d'honneur le 2 septembre 1814, et comte le 13 janvier 1815. N'ayant pris aucune part aux Cent-Jours, il fut désigné, en juillet 1815, pour protéger Brest contre l'invasion étrangère. Commandeur de Saint-Louis le 3 mai 1816, grand-croix de Saint-Louis le 21 octobre 1818, il devint pair de France le 5 mars 1819. À la Chambre haute, Truguet ne prit la parole que dans les discussions relatives aux questions maritimes et vota en général avec les partisans de la Charte. Rallié au gouvernement de Juillet, il fut nommé amiral honoraire le 19 novembre 1831. On a de lui : Rapport fait en 1788, par M. Truguet, major de vaisseau, sur les cartes marines levées par lui dans les mers du Levant (Annales maritimes, 1822).

TRULLARD (NARCISSE), membre de la Convention, né à Seurre (Côte-d'Or) le 29 octobre 1738, mort le 12 décembre 1805, appartint à l'armée, comme officier du génie. Élu, le 7 septembre 1792, membre de la Convention par le département de la Côte-d'Or, le 8e sur 10, avec 214 voix sur 363 votants, il reprit place à la Montagne et se prononça en ces termes lors du procès du roi : « Je vote, dit-il, pour la mort du tyran. » En mission sur les côtes de l'Océan, il rendit compte à la Convention des opérations militaires dirigées contre la Vendée, fut envoyé à Brest, puis à Dunkerque, et confirma la victoire d'Hondschoote. Tandis qu'il se trouvait aux armées, un soldat, admis le 13 septembre 1793, à la barre de l'Assemblée, fit hommage à la Convention d'un drapeau pris sur les Anglais dans une sortie à Dunkerque, et en même temps d'un boulet de six livres qui, dit le compte rendu officiel, « a passé par-dessus la tête du citoyen Trullard, représentant du peuple. » Après la session conventionnelle, il devint commissaire du Directoire, et rentra dans la vie privée au 18 brumaire.

TRUMEAU (FRANÇOIS-AUGUSTIN), député au Conseil des Cinq-Cents et au Corps législatif, né à Issoudun (Indre) le 15 juin 1755, mort à Issoudun le 15 janvier 1835, fut nommé, en 1780, avec dispense d'âge, conseiller du roi et lieutenant criminel au bailliage d'Issoudun. Pendant la Révolution, à laquelle il ne se montra pas hostile, il exerça des fonctions municipales et devint juge de son district. Élu, le 21 germinal an V, député de l'Indre au Conseil des Cinq-Cents, par 88 voix (124 votants), il s'y occupa principalement de questions agricoles, s'opposa à l'ouverture des sociétés politiques et prit part à la discussion sur l'emprunt forcé. Partisan du 18 brumaire au succès duquel il coopéra, il fut élu, le 4 nivôse an VIII, par le Sénat conservateur député de l'Indre au nouveau Corps législatif. Il y fit partie d'un grand nombre de commissions sur les projets de lois relatifs à la formule d'adoption, à la clôture de la liste des émigrés, à l'organisation des tribunaux, à la création d'un tribunal criminel spécial, à l'établissement des bourses de commerce, à l'élection de juges de paix, à la concession des mines, à l'organisation du notariat, et à la discussion des titres II et III du code civil. Secrétaire du Corps législatif le 13 nivôse an XI, il en sortit la même année, et ne fit pas partie d'autres assemblées.

TRUTAT (Antoine-Henri-Amable), député de 1837 à 1842, né à Paris le 27 juin 1781, mort à Paris le 29 décembre 1849, propriétaire, fut élu député du 1er collège de l'Eure (Evreux) le 26 mai 1837, en remplacement de M. de Salvandy nommé ministre, par 165 voix (354 votants). Réélu, le 4 novembre 1837, par 273 voix (468 votants, 582 inscrits), et le 2 mars 1839, par 331 voix (514 votants, 600 inscrits), contre 161 à M. Orfila, il prit place au centre gauche, dans le groupe Passy, repoussa l'Adresse de 1839, et vota *pour* la dotation du duc de Nemours, *pour* les fortifications de Paris, *pour* le recensement, *pour* les incompatibilités et *pour* l'adjonction des capacités. Cet éclectisme ne lui réussit pas, car il cessa de faire partie de la Chambre aux élections de 1842.

TRY (Bertrand), député de 1815 à 1820, né à Paris le 9 février 1754, mort à Paris le 10 avril 1821, fut élu, le 22 août 1815, député du grand collège de la Seine, par 134 voix (203 votants, 230 inscrits). Réélu, le 4 octobre 1816, par 131 voix (201 votants), il siégea, en 1815, dans la minorité ministérielle, au centre en 1816, et vota *pour* les deux lois d'exception et *pour* le nouveau système électoral. Il ne se représenta pas en 1820. Président du tribunal de 1re instance de la Seine depuis le 15 octobre 1815, il fut nommé maître des requêtes au conseil d'État en service extraordinaire le 4 novembre 1818, et conseiller à la cour de cassation le 7 mars 1821. Il mourut un mois après cette dernière nomination.

TRYON DE MONTALEMBERT (Louis-François-Joseph-Bonaventure, marquis de), député au Corps législatif en 1809, né à Paris le 18 octobre 1758, mort à Taverny (Seine-et-Oise) le 17 mars 1846, « fils de haut et puissant seigneur, messire René-Claude-François de Tryon, marquis de Montalembert, seigneur d'Espanvilliers, de Legurat et autres lieux, capitaine au régiment d'Archiac-cavalerie, chevalier de l'ordre royal et militaire de Saint-Louis, et de haute et puissante dame Marie-Anne Thibault », fut élève de l'école militaire de la Flèche, devint sous-lieutenant au régiment de la Marche-cavalerie, fut reçu par Monsieur, depuis Louis XVIII, le 27 mars 1775, chevalier de minorité des ordres royaux et militaires de Notre-Dame-du-Mont-Carmel et de Saint-Lazare de Jérusalem, puis passa capitaine au régiment de Conti et chef d'escadron aux chasseurs du Gévaudan. Il émigra à la Révolution, mais ne prit pas de service dans l'armée des princes, rentra en France sous le Consulat, se rallia à l'Empire, et devint chambellan de l'empereur, chevalier de la Légion d'honneur et comte en 1808. Propriétaire à Brux (Vienne), il fut élu, le 2 mai 1809, par le Sénat conservateur, député de la Vienne au Corps législatif, en devint questeur en 1810, et en sortit en 1812. A la Restauration, Louis XVIII le fit officier de la Légion d'honneur. Son nom est honorablement cité dans le *Mémorial de Sainte-Hélène.*

TRYON DE MONTALEMBERT (Jules-Louis-Pierre-Fortuné, marquis de), député de 1846 à 1848, né à Angoulême (Charente) le 8 décembre 1790, mort au château de Goué (Charente-Inférieure) le 8 février 1858, fils du précédent, suivit la carrière militaire et devint officier aux chasseurs à cheval de la garde impériale (jeune garde). Membre du conseil général de la Charente, il fut élu, le 1er août 1846, député du 5e collège de la Charente (Ruffec) par 173 voix (299 votants, 381 inscrits), contre 124 à M. de Girardin. Il siégea dans la majorité conservatrice, et soutint la politique de Guizot jusqu'à la révolution de 1848. Chevalier de la Légion d'honneur.

TRYSTRAM (Jean-Baptiste-Louis-François), député de 1876 à 1877, de 1878 à 1885, et de 1886 à 1889, né à Ghyvelde (Nord) le 9 janvier 1826, fonda à Dunkerque une importante maison de commerce, il comptait parmi les républicains modérés, adversaires de l'Empire, lorsque le gouvernement de la Défense nationale le nomma (24 septembre 1870) sous-préfet de Dunkerque. Il donna sa démission le 1er avril 1871, fut élu conseiller général du canton ouest de Dunkerque, devint président de la chambre de commerce, s'intéressa à la question de l'amélioration des ports de la ville, et fut élu, le 20 février 1876, député de la 2e circonscription de Dunkerque, par 5,874 voix (9,839 votants, 13,595 inscrits), contre 3,920 à M. Dupuy de Lôme, bonapartiste. Il fut des 363. Candidat républicain, le 14 octobre 1877, dans la même circonscription, il échoua avec 4,905 voix, contre 5,911 au candidat officiel élu, M. d'Arras. Mais l'élection de ce dernier ayant été invalidée, M. Trystram regagna son siège, le 7 juillet 1878, par 5,495 voix (8,100 votants, 14,180 inscrits), contre 2,248 à M. d'Arras, député sortant. Il appartint à la majorité opportuniste qui soutint le ministère Dufaure, vota *pour* l'article 7, *pour* l'invalidation de l'élection de Blanqui, *contre* l'amnistie plénière, et obtint le renouvellement de son mandat, le 21 août 1881, par 6,984 voix (7,180 votants, 14,541 inscrits.) Il appuya les cabinets Gambetta et Ferry, et se prononça *pour* les crédits de l'expédition du Tonkin. Porté, le 4 octobre 1885, sur la liste républicaine du Nord, il échoua avec 122,037 voix (202,690 votants). Mais il prit sa revanche le 21 novembre 1886, avec 148,986 voix (273,636 votants, 352,693 inscrits), contre 122,370 à M. Dervaux, revint siéger à gauche, donna son suffrage à la politique des cabinets Rouvier et Tirard, et opina, en dernier lieu, *pour* le rétablissement du scrutin d'arrondissement (11 février 1889), *contre* l'ajournement indéfini de la revision de la Constitution, *pour* les poursuites contre trois députés membres de la Ligue des Patriotes, *pour* le projet de loi Lisbonne restrictif de la liberté de la presse, *pour* les poursuites contre le général Boulanger.

TUAULT DE LA BOUVRIE (Joseph-Golven), député en 1789 et au Corps législatif de l'an XIII à 1815, né à Ploërmel (Morbihan) le 19 mars 1744, mort à Ploërmel le 26 août 1822, « fils de maître François-Marie Tuault, conseiller du roy, sénéchal de la ville et maréchaussée de Ploërmel, et de dame Françoise-Marie-Josèphe Cesson », fit ses études chez les Jésuites de Vannes, fut reçu avocat au parlement en 1763, et devint sénéchal de Ploërmel. Plusieurs fois député aux Etats de Bretagne, il refusa de laisser demander pour lui des lettres de noblesse, prépara la rédaction du cahier des doléances du tiers, et fut élu, le 17 avril 1789, député du tiers-état de la sénéchaussée de Ploërmel aux Etats-Généraux. Il vota avec la majorité, désapprouva le renvoi de Necker, lut une protestation de la municipalité de Ploërmel contre la conduite du parlement de Rennes, et proposa d'admettre à la fédération du 14 juillet 1790 les anciennes milices des provinces. Affligé de la marche des événements, il se tint à l'écart des fonctions publiques après la session, fut arrêté comme suspect sous la Terreur, s'évada, une nuit, de la prison des Ursulines où il avait été enfermé, se cacha dans la campagne pendant quelques mois, puis, lassé de cette existence, et prévenu d'émigration, revint se constituer prisonnier. « On fit venir Tuault devant le comité, raconte M. René Kerviler. — Quel sort attends-tu donc de nous? lui dit-on. — La liberté! répondit-il fièrement. — Tu as donc une caution? — Ouvrez la fenêtre, répliqua le prisonnier, et demandez au premier passant s'il ne veut être la caution du citoyen Tuault. » Un laboureur de la Noë Verte, nommé Sébillot, passait justement sur la place. On l'interpella et il accepta sans hésiter cette responsabilité dangereuse. Tuault était libre, et ses concitoyens le nommèrent aussitôt juge au tribunal du district et commandant de leur corps de garde. » Peu de jours après, Prieur (de la Marne), qui épurait les administrations du Morbihan, donna ordre de l'arrêter; Tuault ne fut remis en liberté qu'après plus de cinq mois de détention. Il fut encore arrêté une quatrième fois avant le 9 thermidor; il allait être envoyé devant le tribunal révolutionnaire de Paris, quand Robespierre fut renversé. Ses deux neveux, de Landivy-Trédion, ayant été pris et fusillés à Quiberon, Tuault fut encore compromis, arrêté une cinquième fois (ventôse an IV), remis en liberté après un mois de prison à Vannes, et placé en surveillance dans cette ville. Le gouvernement consulaire le nomma conseiller d'arrondissement, et, le 4 vendémiaire an XIII, Tuault fut élu, par le Sénat conservateur, député du Morbihan au Corps législatif; son mandat lui fut renouvelé le 3 octobre 1808; il devint, la même année, suppléant du juge de paix de Ploërmel, puis chevalier de la Légion d'honneur (6 novembre 1810), et président de canton. Membre de plusieurs sociétés littéraires, il publia, vers cette époque, des traductions d'ouvrages anglais et des contes en vers. Il siégea au Corps législatif jusqu'en 1815, parla sur les biens non vendus des émigrés, et sur la naturalisation des habitants des départements réunis à la France, fut anobli par Louis XVIII le 5 novembre 1814, promu officier de la Légion d'honneur le 26 janvier 1815, et nommé, l'année suivante, conseiller général du Morbihan, et président du tribunal de Ploërmel à 72 ans. Il mourut dans ses fonctions. On a gravé sur sa tombe l'épitaphe qu'il avait composée pour lui-même : « Passant, ne le foule pas, lui qui n'a foulé personne. »

TUEUX (Pierre-Barbe-Constant Le) député de 1831 à 1848, né à Saint-Brieuc (Côtes-du-Nord) le 24 mars 1785, mort à Saint-Brieuc le 29 juillet 1854, armateur et négociant à Saint-Brieuc, maire de cette ville, conseiller général et membre du conseil supérieur de commerce, fut successivement élu député du 1er collège des Côtes-du-Nord (Saint-Brieuc) le 5 juillet 1831, par 116 voix (194 votants, 253 inscrits),

contre 51 à M. Le Provost de Launay et 22 à M. Claude Rouxel; le 21 juin 1834, par 127 voix (174 votants, 245 inscrits), contre 37 à M. J. Laffitte; le 4 novembre 1837, par 128 voix (224 votants, 259 inscrits); le 2 mars 1839, par 113 voix (174 votants); le 9 juillet 1842, par 145 voix (256 votants, 297 inscrits), contre 100 à M. de Trobriant ; le 1er août 1846, par 152 voix (286 votants, 328 inscrits). M. Le Tueux siégea à l'extrême-gauche. Son gendre ayant obtenu un commandement dans la marine, il se rapprocha du parti ministériel, mais combattit la loi de disjonction et le ministère Molé. A partir de 1839, il figura parmi les députés les plus dévoués au pouvoir, et vota pour la dotation du duc de Nemours, pour les fortifications de Paris, pour le recensement, contre les incompatibilités, contre l'adjonction des capacités, pour l'indemnité Pritchard et contre la proposition sur les députés fonctionnaires. La révolution de 1848 le rendit à la vie privée. Chevalier de la Légion d'honneur (1845).

TUPINIER (Jean, chevalier), député au Conseil des Anciens et au Corps législatif, représentant aux Cent-Jours, né à Uchizy (Saône-et-Loire) le 19 juillet 1753, mort à Tournus (Saône-et-Loire) le 4 mars 1816, fils de sieur Jean-Antoine Tupinier, notaire à Uchizy, et d'Anne-Claudine Bérardeau, était homme de loi, et juge-bailli de Tournus depuis un an, à l'époque de la Révolution. Membre du directoire du département (1790), juge au tribunal de cassation (1791), il fut élu, le 22 germinal an V, député de Saône-et-Loire au Conseil des Anciens, par 257 voix (362 votants); il vota avec le groupe de Clichy, fut arrêté au 18 fructidor, traduit devant la cour du Temple et acquitté. Après le 18 brumaire, il se rallia au nouveau régime, et fut élu, le 6 germinal an X, par le Sénat conservateur, député de Saône-et-Loire au Corps législatif. Il y fit constamment partie du comité chargé de l'examen du projet de code pénal, et en sortit en l'an XV (1807). Membre de la Légion d'honneur, créé chevalier de l'empire le 11 juin 1810, il devint, en avril 1811, conseiller à la cour de cassation, fit partie du conseil général de Saône-et-Loire de 1812 à 1816, et le présida en 1814. Elu, le 13 mai 1815, représentant à la Chambre des Cent-Jours, par le grand collège de Saône-et-Loire, avec 58 voix (92 votants, 206 inscrits), il fut l'un des membres qui demandèrent la reconnaissance de Napoléon II. Destitué de ses fonctions à la seconde Restauration, il échoua à la députation, le 22 août 1815, dans le même grand collège, avec 16 voix sur 175 votants, et mourut six mois après.

TUPINIER (Jean-Marguerite, baron), député de 1834 à 1836, député de France et ministre, né à Cuisery (Saône-et-Loire) le 18 décembre 1779, mort à Paris le 1er décembre 1850, fils du précédent et de dame Claudine Royer, entra à l'Ecole polytechnique le 13 décembre 1794, en sortit comme élève ingénieur de la marine le 21 décembre 1796, et fut employé dans le génie maritime à Brest, à Toulon et à l'île de Saint-Domingue. A son retour, il fut quelque temps attaché au port du Havre, puis devint l'un des ingénieurs de la flottille réunie à Boulogne. A la dislocation de l'armée d'Angleterre, qui devint la grande armée, il alla à Gênes en 1805, puis à Venise en 1806, et resta à la direction des chantiers maritimes du Lido jusqu'en 1811. En 1813, il retourna à Boulogne pour y surveiller la vente ou l'utilisation militaire des matériaux provenant de la flottille.

Sous-directeur au ministère de la Marine en 1814, chef de division aux Cent-Jours, il fut mis en disgrâce à la seconde Restauration, et envoyé à Angoulême dans le service forestier de la marine. Au bout de dix-huit mois, Gouvion-Saint-Cyr l'appela dans les bureaux du ministère ; sous-directeur des ports en 1818, et directeur en 1823, il fut nommé, l'année suivante, maître des requêtes au conseil d'État, et conseiller d'État en 1828, sous le ministère Martignac. Inspecteur général du génie maritime, il présida à l'organisation de la flotte qui transporta l'armée expéditionnaire à Alger, prit, après les journées de juillet 1830, par intérim, le portefeuille de la Marine, et donna aussitôt l'ordre de faire arborer le pavillon tricolore. Commandeur de la Légion d'honneur, il fut élu, le 2 janvier 1831, député du 6e collège du Finistère (Quimperlé), en remplacement de M. de Kermorial décédé, par 76 voix (133 votants, 148 inscrits), contre 49 à M. de Chateaubriand. Réélu, le 21 juin 1834, par 69 voix (133 votants, 146 inscrits), contre 62 à M. du Quilio ; le 4 novembre 1837, par 71 voix (128 votants), et, le même jour, dans le 6e collège de la Charente-Inférieure (Rochefort), par 285 voix (454 votants, 514 inscrits), il opta pour ce dernier collège dans lequel il fut réélu, le 2 mars 1839, par 269 voix (411 votants). Il vota à la Chambre avec la coalition, contre le cabinet Molé, et fut appelé le 31 mars 1839 au ministère de la Marine, fonctions qu'il remplit jusqu'au 11 mai suivant. Il dut, à cette occasion, se représenter devant ses électeurs, qui lui confirmèrent son mandat le 10 mai 1839, par 265 voix (330 votants), contre 44 à M. Renou de Ballon. Nommé, à sa sortie du ministère, membre du conseil d'amirauté, il se représenta de nouveau à la députation, et fut réélu, le 22 juin 1839, par 235 voix (252 votants). Réélu encore, le 9 juillet 1842, par 232 voix (250 votants), nommé conseiller d'État, soumis à la réélection pour la troisième fois et renommé le 24 décembre 1842, par 266 voix (372 votants), M. Tupinier figura presque toujours dans la majorité ministérielle et vota notamment pour la dotation du duc de Nemours, pour les fortifications de Paris, pour le recensement, contre l'adjonction des capacités; contre les incompatibilités et pour l'indemnité Pritchard. En récompense de ses services, il fut nommé pair de France le 14 août 1846, soutint la politique de Louis-Philippe, et rentra dans la vie privée à la révolution de 1848.

TURCK (Léopold-Louis), représentant du peuple en 1848, né à Nancy (Meurthe) le 11 novembre 1797, mort à Gray (Haute-Saône) le 5 juin 1887, fit ses études au lycée de sa ville natale et alla prendre à Paris le grade de docteur en médecine. Très lié avec Buchez, il l'aida à organiser la Charbonnerie en Lorraine, et spécialement la Vente de Nancy, fit une vive opposition aux Bourbons, et publia (1822-1835) l'*Almanach du peuple*, avec cette devise : « Tous les hommes sont égaux devant Dieu ; en France, ils ne le sont pas devant la loi. » Il eut un procès en cour d'assises pour attaques contre Louis-Philippe. Après la suppression de l'*Almanach* (1835) en vertu des lois de septembre, il s'établit médecin à Plombières, où il continua sa propagande républicaine. A la révolution de février, il fut nommé commissaire du gouvernement provisoire dans les Vosges, donna sa démission pour protester contre les circulaires de Ledru-Rollin, et fut élu, le 23 avril 1848, représentant des Vosges à

l'Assemblée constituante, le 7e sur 11, par 58,203 voix (85,959 votants, 106,755 inscrits). Membre du comité de l'Algérie et des colonies, il demanda que les maires fussent élus par le peuple, défendit parfois les idées socialistes, et vota *pour* le bannissement de la famille d'Orléans, *pour* les poursuites contre L. Blanc et Caussidière, *pour* l'abolition de la peine de mort, *contre* l'impôt progressif, *pour* l'incompatibilité des fonctions, *pour* l'amendement Grévy, *contre* la sanction de la Constitution par le peuple, *pour* l'ensemble de la Constitution, *contre* la proposition Rateau, *contre* l'interdiction des clubs, *contre* l'expédition de Rome, *pour* la demande de mise en accusation du président et des ministres. Après l'élection du 10 décembre, il fit une vive opposition à la politique de l'Élysée. Non réélu à la Législative, il retourna à Plombières, et cessa de s'occuper de politique. On a de lui : *Mémoire sur la fièvre typhoïde* (1842) ; *Du mode d'action des eaux thermales de Plombières* (1847); *De la vieillesse étudiée comme maladie et des moyens de la combattre* (1852), *Recherches cliniques sur diverses maladies du larynx, de la trachée et du pharynx* (1862) ; *Médecine populaire* (1870).

TURCKHEIM (Jean), député en 1789, né à Strasbourg (Bas-Rhin) le 19 novembre 1749, mort à Altorff (grand-duché de Bade) le 28 janvier 1824, fut reçu licencié en droit à l'université de sa ville natale en 1771, devint ensuite avocat consultant et remplit différentes charges municipales. Élu, le 8 avril 1789, député du tiers aux États-Généraux par la ville de Strasbourg, il se montra partisan modéré de la Révolution, prêta le serment du Jeu de paume, fut membre des comités de constitution, des subsistances, de l'agriculture et du commerce. Il donna sa démission le 24 novembre 1789, retourna à Strasbourg où il succéda comme maire à Dietrich, désapprouva le 10 août et l'abolition de la royauté et passa sur la rive droite du Rhin où il possédait des propriétés. En 1793, il représenta plusieurs princes allemands à la diète de Francfort, fut nommé, en 1806, ministre plénipotentiaire du grand-duc de Hesse à Francfort, et, en 1816, fut envoyé à Rome par les princes protestants d'Allemagne pour y négocier un concordat avec le pape. Mais cette mission échoua. Il devint ensuite historiographe de la maison de Hesse-Darmstadt. On a de lui : *Mémoire du droit public sur Strasbourg et l'Alsace* (Strasbourg, 1789) ; *Tablettes généalogiques des illustres maisons de Zæhringen et de Bade* (Darmstadt, 1810) ; *Histoire généalogique de la maison souveraine de Hesse* (Strasbourg, 1819. 2 volumes).

TURCKHEIM (Bernard-Frédéric, baron), député de 1815 à 1816 et de 1819 à 1824, né à Strasbourg (Bas-Rhin) le 3 novembre 1752, mort à Strasbourg le 10 juillet 1831, propriétaire dans sa ville natale, fut quelque temps ministre des finances du grand-duc de Bade qui lui conféra le titre de baron. Membre de la Légion d'honneur à la Restauration en 1814, il fut élu député du grand collège du Bas-Rhin, le 22 août 1815, par 139 voix (179 votants, 269 inscrits). Il siégea dans la minorité ministérielle de la Chambre introuvable. Président de son collège électoral en 1819, membre du consistoire luthérien, il fut réélu député du même collège, le 11 septembre 1819, par 292 voix (493 votants, 795 inscrits), pri place au centre, repoussa les deux lois d'exception, mais approuva le nouveau système électoral amendé. Il rentra dans la vie privée aux élections de 1824.

TURCKHEIM (Jean-Frédéric, baron de), député de 1824 à 1831, et de 1836 à 1837, né à Strasbourg (Bas-Rhin) le 10 décembre 1780, mort à Paris le 13 décembre 1850, fils du précédent, était banquier dans sa ville natale. Après avoir échoué à la députation, le 27 février 1824, dans le 4ᵉ arrondissement électoral du Bas-Rhin, avec 49 voix, contre 224 à l'élu, M. Humann, il fut élu, dans le grand-collège du même département, le 6 mars suivant, par 113 voix (192 votants, 199 inscrits). Réélu, le 24 novembre 1827, par 116 voix (157 votants, 166 inscrits), et le 3 juillet 1830, par 115 voix (147 votants, 153 inscrits), il prit place au centre gauche, s'occupa principalement de la question des tabacs, et vota *contre* le ministère de Villèle et *pour* l'Adresse des 221. Il échoua le 5 juillet 1831, dans le 1ᵉʳ collège du Bas-Rhin (Strasbourg), avec 92 voix, contre 117 à l'élu, le général La Fayette, ne se représenta pas en 1834, mais fut élu, dans ce dernier collège, le 8 février 1836, par 241 voix (303 votants). Il siégea obscurément dans la majorité et ne se représenta pas en 1837.

TUREL. — *Voy.* Martinière (de la).

TURENNE (Henri-Amédée-Mercure, comte de), pair des Cent-Jours et pair de France, né à Pau (Basses-Pyrénées) le 23 septembre 1776, mort à Paris le 16 mars 1852, « fils de très haut et très puissant seigneur, monseigneur Marie-Joseph-René de Turenne, chevalier, marquis d'Aynac, Montmurac, Deignac, le Vignac, Postleur, Anguirande, Montredoux, St-Jean de Mirabel, St-Félix-Flaignac, vicomte de Gerles, baron de Folins et autres lieux, mestre de camp de cavalerie, habitant le château d'Aynac, diocèse de Cahors, généralité de Montauban, et de haute et très puissante dame Gabrielle Pauline de Baschi, son épouse », fut chevalier de Malte au berceau, et devint sous-lieutenant au régiment du roi à la mort de son frère. Lors de la Révolution, il refusa d'émigrer, et voulut reprendre du service militaire; mais, incarcéré à Lyon comme suspect pendant la Terreur, il ne fut remis en liberté qu'au 9 thermidor, et servit à l'armée des Pyrénées occidentales. Le décret de 1794 contre les nobles le força de quitter l'armée; il resta dans la vie privée jusqu'à la proclamation de l'Empire, et fut alors un des premiers à se rallier au nouveau pouvoir. Tandis que sa femme devenait dame du palais de l'impératrice Joséphine, lui-même fut attaché à la personne de l'empereur, comme officier d'ordonnance, et fit en cette qualité, et avec le grade de capitaine, la campagne de 1806. Chevalier de la Légion d'honneur en janvier 1807, chef d'escadron après Tilsitt, il fut chargé de rapporter en France les drapeaux pris à l'ennemi. Chambellan de Napoléon après Wagram, premier chambellan et maître de la garde-robe en 1812, officier de la Légion d'honneur et colonel pendant la campagne de Russie, il fut créé comte de l'Empire le 11 novembre 1813. Il suivit Napoléon pendant la campagne de France, assista aux adieux de Fontainebleau, mais ne put obtenir l'autorisation d'accompagner l'empereur à l'île d'Elbe. Louis XVIII le nomma sous-lieutenant aux mousquetaires gris et chevalier de Saint-Louis; mais M. de Turenne se

démit de ces fonctions. Aux Cent-Jours, il reprit son service auprès de l'empereur, fut nommé pair le 2 juin 1815, puis commandeur de la Légion d'honneur, et assista à Ligny et à Waterloo, où il tenta des efforts désespérés contre les gardes anglaises. La deuxième Restauration lui supprima ses titres et ses fonctions. Mais en raison du grand nom qu'il portait, il rentra bientôt en grâce et fut nommé maréchal de camp honoraire le 31 octobre 1829. Il se rallia à la monarchie de Juillet, devint pair de France le 19 novembre 1831, et prit quelque temps une part assez active aux travaux de la Chambre haute, surtout dans les questions relatives à l'organisation militaire. Frappé de cécité au bout de quelques années, il termina ses jours dans la retraite.

TURENNE (Éléonore-Jacques-Elisabeth-Léonce, vicomte de), député de 1885 à 1889, né à Paris le 3 septembre 1844, descendant du maréchal de Turenne et gendre du duc de Fitz-James, riche propriétaire et l'un des grands éleveurs de l'Orne, vice-président du comice agricole d'Alençon, président de la Société normande d'encouragement pour l'amélioration de la race chevaline, fut porté, aux élections législatives du 4 octobre 1885, sur la liste conservatrice de l'Orne, et élu, au second tour (18 octobre), le 5ᵉ sur 6, par 46,271 voix (88,704 votants, 107,583 inscrits). Il prit place à droite, et vota constamment avec la minorité, notamment, dans la dernière session, *contre* le rétablissement du scrutin d'arrondissement (11 février 1889), *pour* l'ajournement indéfini de la révision de la Constitution, *contre* les poursuites contre trois députés membres de la Ligue des patriotes, *contre* le projet de loi Lisbonne restrictif de la liberté de la presse, *contre* les poursuites contre le général Boulanger.

TURGAN (Bernard), député en 1791, au Conseil des Anciens et au Corps législatif, né à Brienne (Gironde) le 22 décembre 1757, mort à une date inconnue, était juge à Tartas (Landes), lorsqu'il fut élu, le 4 septembre 1791, député des Landes à l'Assemblée législative, le 4ᵉ sur 6, par 231 voix (273 votants). Son nom n'est pas cité au *Moniteur*. Réélu, le 24 germinal an VII, député des Landes au Conseil des Anciens, il se rallia au 18 brumaire et fut de nouveau réélu, le 4 nivôse an VIII, par le Sénat conservateur, député du même département au Corps législatif. Il en sortit en l'an XIII, et devint ensuite directeur des droits réunis dans les Basses-Pyrénées le 5 germinal an XII.

TURGOT (Louis-Félix-Etienne, marquis de), pair de France, sénateur du second Empire et ministre, né à Falaise (Calvados) le 26 septembre 1796, mort à Versailles (Seine-et-Oise) le 2 octobre 1866, issu d'une vieille famille de Normandie, était parent du célèbre ministre de Louis XVI, et « fils », d'après la rédaction de son acte de naissance « du citoyen Anne-Etienne-Michel Turgot, propriétaire, et de Anne-Louise Letrésor. » Il entra à l'École de Saint-Cyr, servit dans les chevau-légers de la garde royale, accompagna Louis XVIII à Gand, devint officier aux cuirassiers de la garde, et quitta le service à la révolution de 1830, avec le grade de chef d'escadron. Rallié, par l'influence de son beau-père, le maréchal Lobau, au gouvernement de Louis-Philippe, il fut appelé, le 11 octobre 1832, à siéger à la Chambre des pairs. Il prêta son concours à la politique conservatrice et rentra dans la vie privée à la révolution de février. Partisan de L.-N. Bonaparte, et bien qu'il n'eût pas joué jusque-là dans la politique un rôle très actif, il fut nommé, le 26 octobre 1851, ministre des Affaires étrangères. Il conserva son portefeuille du 3 décembre 1851 au 21 janvier 1852, puis du 22 janvier au 27 juillet de la même année, fut remplacé alors par M. Drouyn de Lhuys, et entra au Sénat le 29 juillet. Le 26 avril 1853, il fut nommé ambassadeur en Espagne. Une altercation violente survenue entre lui et M. Soulé, ambassadeur des Etats-Unis, eut pour conséquence un duel dans lequel M. de Turgot fut assez grièvement blessé. Il remplit encore en Suisse les mêmes fonctions diplomatiques. Grand-croix de la Légion d'honneur (septembre 1858).

TURIGNY (JEAN-PLACIDE), représentant en 1873, député de 1876 à 1889, né à Chantenay (Nièvre) le 17 janvier 1822, fut reçu docteur en médecine à Paris en 1850. Proscrit lors du coup d'Etat du 2 décembre 1851 à cause de ses opinions républicaines, et condamné à six ans de déportation en Algérie, il gagna la Belgique, fut interné à Chantenay à son retour jusqu'en 1855, et exerça ensuite la médecine à Mehun-sur-Yèvre (Cher). Il prit part, sous l'Empire, aux luttes du parti démocratique, fut rédacteur et directeur politique de la *Tribune nivernaise*, fut élu conseiller général de Saint-Pierre-le-Moutier (Nièvre) en juin 1870, et nommé, au 4 septembre, maire de Chantenay. Porté, lors des élections du 8 février 1871, sur une liste radicale dans la Nièvre, il réunit, sans être élu, 25,501 voix (64,512 votants). Il fut condamné à six mois de prison en 1872, pour délit de presse, se représenta à l'élection partielle du 27 avril 1873, motivée par le décès de M. Paultre, et fut élu par 33,071 voix (65,442 votants, 95,367 inscrits), contre 31,927 à M. Gillois. La lutte avait été des plus vives, et l'élection fut invalidée le 27 juin; mais le docteur Turigny obtint la confirmation de son mandat, le 12 octobre suivant, par 39,986 voix (68,690 votants, 96,488 inscrits), contre 28,900 à M. Gillois, monarchiste. Il se fit inscrire au groupe de l'Union républicaine, avec lequel il combattit le gouvernement du 24 mai et le ministère de Broglie, et se prononça *contre* l'état de siège, la loi des maires, *pour* les amendements Wallon et Pascal Duprat et *pour* l'ensemble des lois constitutionnelles. Réélu, le 20 février 1876, député de la 2e circonscription de Nevers, par 5,988 voix (9,803 votants, 12,250 inscrits), contre 3,777 à M. Decray, conservateur, il prit place à l'extrême gauche, vota *pour* l'amnistie plénière et fut le 363; le 14 octobre 1877, 6,284 voix (11,037 votants, 13,079 inscrits), contre 4,721 à M. Tiersonnier, candidat officiel du maréchal de Mac-Mahon, le renvoyèrent à la Chambre. Il inclina vers la politique intransigeante, se prononça *pour* la liberté absolue de la presse, de réunion, d'association, *pour* l'amnistie, et fut encore réélu, le 21 août 1881, par 5,910 voix (7,007 votants, 13,769 inscrits). M. Turigny, qui avait contribué, avec M. Gaston Laporte, à la fondation du journal le *Patriote de la Nièvre*, combattit de ses votes les cabinets Ferry et Gambetta, repoussa les crédits du Tonkin et se déclara partisan de la séparation de l'Eglise et de l'Etat. Aux élections d'octobre 1885, il fut inscrit sur la liste républicaine radicale de la Nièvre. Après avoir réuni, au premier tour de scrutin, 29,006 voix, il fut élu au scrutin de ballottage, le 1er sur 5, par 43,377 voix

(83,419 votants, 101,298 inscrits). Il reprit d'abord sa place à l'extrême-gauche, vota l'expulsion des princes, puis s'associa activement au mouvement et à la propagande boulangistes à la Chambre des députés et dans la Nièvre, où il organisa plusieurs réunions politiques. Dans la dernière session, il s'est abstenu sur le rétablissement du scrutin d'arrondissement (11 février 1889), et s'est prononcé *pour* l'ajournement indéfini de la révision de la Constitution, *contre* les poursuites contre trois députés membres de la Ligue des patriotes, *contre* le projet de loi Lisbonne restrictif de la liberté de la presse, *contre* les poursuites contre le général Boulanger. On a de lui quelques brochures : *André le paysan*, *La politique de Jean Guêtré*, etc.

TURMEL (JOSEPH-CHARLES DE), député de 1820 à 1830, né à Metz (Moselle) le 14 août 1770, mort à une date inconnue, émigra à la Révolution et servit à l'armée des princes. Rentré en France sous le Consulat, il s'occupa d'agriculture et surtout de la culture en grand des colzas. Maire de Metz et chevalier de Saint-Louis à la seconde Restauration, il montra d'abord des sentiments libéraux. Elu, le 13 novembre 1820, député du grand collège de la Moselle, par 156 voix (238 votants, 252 inscrits), il parut disposé à protester contre les mesures réactionnaires dont le ministère prenait l'initiative; mais, ayant été nommé inspecteur des forêts en 1820, il devint ministériel et muet. Réélu, dans le 3e arrondissement de la Moselle (Metz) le 13 novembre 1822, par 269 voix (417 votants, 491 inscrits), contre 176 à M. Chedeaux; le 25 février 1824, par 264 voix (453 votants, 483 inscrits), contre 184 à M. Chedeaux; le 17 novembre 1827, par 204 voix (376 votants, 407 inscrits), contre 160 à M. Chedeaux, il vota silencieusement avec la majorité. Payeur du Trésor à Metz en janvier 1825, officier de la Légion d'honneur le 19 mai suivant, président du collège électoral de Metz en 1827, il échoua aux élections du 23 juin 1830, avec 157 voix, contre 244 à l'élu, M. de Sorrelté. Il rentra alors dans la vie privée, et refusa de prêter serment à la monarchie de juillet.

TURPETIN (NICOLAS-FRANÇOIS), député en 1791, né à Beaugency (Loiret) le 1er février 1739, mort à Beaugency le 2 avril 1818, étudia le droit, devint avocat, mais s'occupa surtout de poésie. Partisan des idées nouvelles, il fut élu, le 4 septembre 1791, député du Loiret à l'Assemblée législative, le 4e sur 9, par 242 voix (304 votants). Il vota silencieusement avec la majorité, revint dans son pays natal après le 10 août qu'il désapprouva, et vécut dans l'obscurité jusqu'au 9 thermidor. Elu juge de paix à Beaugency en l'an III, puis juge et président du tribunal civil du département du Loiret au commencement de l'an IV, il donna sa démission de ces dernières fonctions en messidor an IV, et reprit son poste de juge de paix, qu'il conserva pendant une partie de l'empire. Il mourut d'une attaque de paralysie. Au moment de sa mort il travaillait à un poème intitulé : *Amélie ou les chats de Beaugency*.

TURPIN (CHARLES), député en 1789, né à Maves (Loir-et-Cher) le 8 mars 1747, mort à Blois (Loir-et-Cher) le 29 août 1817, fils du sieur Charles Turpin, notaire à Maves, et de Jeanne Regnier, était lieutenant criminel au bailliage de Blois, quand il fut élu, le 23 mars

1789, député du tiers aux Etats-Généraux par ce bailliage. Il prêta le serment du Jeu de paume, fit partie du comité des recherches, fut adjoint au comité des rapports, siégea obscurément dans la majorité, et demanda une marque distinctive pour les députés. Elu président du tribunal criminel de Loir-et-Cher le 24 vendémiaire an IV, il devint conseiller municipal de Blois sous la Restauration, et fut nommé président du tribunal de 1re instance de cette ville, le 21 février 1816. Il mourut peu après.

TURPIN (Étienne-Louis-Mathieu-Numa), représentant en 1848 et en 1849, né à Saint-Julien (Landes) le 25 mai 1802, mort à Lit-et-Mixe (Landes) le 19 mai 1873, fils d'un officier supérieur d'artillerie, se destina au barreau et se fit recevoir licencié en droit. Libéral militant sous la Restauration, il s'affilia aux Carbonari, et continua, sous Louis-Philippe, d'appartenir à l'opposition démocratique. Mais la révolution de 1848 le fit rentrer dans les rangs du parti conservateur. Maire de Saint-Julien, conseiller général des Landes depuis 1834, il fut élu, le 23 avril 1848, représentant des Landes à l'Assemblée constituante, le 3e sur 7, par 33,130 voix; il siégea à droite, fit partie du comité de l'agriculture, et vota pour le rétablissement du cautionnement et de la contrainte par corps, pour les poursuites contre Louis Blanc et Caussidière, contre l'abolition de la peine de mort, contre l'amendement Grévy, contre le droit au travail, pour la proposition Rateau, contre l'amnistie, pour l'interdiction des clubs, pour les crédits de l'expédition romaine, etc. Réélu le 13 mai 1849, représentant du même département à l'Assemblée législative, le 5e sur 6, par 23,691 voix (49,762 votants, 82,019 inscrits), M. Turpin opina avec la majorité antirépublicaine, pour l'expédition romaine, pour la loi Falloux-Parieu sur l'enseignement, pour la loi restrictive du suffrage universel. Après le coup d'Etat de 1851, il ne conserva plus que son mandat de conseiller général et devint maire de Lit-et-Mixe.

TURQUET (Edmond-Henri), représentant en 1871, député de 1876 à 1889, né à Senlis (Oise) le 31 mai 1836, petit-neveu du conventionnel Le Carlier d'Ardon, fut reçu licencié en droit à Paris en 1859, et entra dans la magistrature. Substitut du procureur impérial à Clermont (1860), puis à Saint-Quentin et à Beauvais, procureur impérial à Vervins en 1868, il donna sa démission, le 16 décembre de la même année, à la suite de dissentiments avec le préfet de l'Aisne, au sujet d'une école qu'il avait organisée dans la prison de Vervins. Il se présenta peu après (24 mai 1869), comme candidat indépendant au Corps législatif dans la 3e circonscription de l'Aisne, et obtint 12,183 voix, contre 18,896 à l'élu officiel, M. Piette, et 4,772 à M. Jules Favre. Pendant la guerre, M. Turquet s'engagea volontairement dans le corps des éclaireurs de la Seine, où il devint sergent-major; blessé trois fois, cité à l'ordre du jour et décoré de la Légion d'honneur pour sa conduite au combat de la Malmaison, il fut élu (8 février 1871) représentant de l'Aisne à l'Assemblée nationale, le 7e sur 11, par 42,287 voix (87,823 votants, 157,843 inscrits). Il traversait Paris le 15 mars pour se rendre à Bordeaux, lorsqu'il fut arrêté, avec le général Chanzy, par ordre du comité central de la Commune, et presque immédiatement relâché,

grâce à l'intervention d'un membre du comité, M. Léo Meillet, qu'il fit échapper à son tour lors de l'entrée de l'armée de Versailles à Paris; il répondit très nettement à la Chambre, aux reproches qui lui furent adressés sur ce point. M. Turquet siégea à gauche et vota pour l'abrogation des lois d'exil, pour la dissolution de l'Assemblée, contre le pouvoir constituant, contre la chute de Thiers au 24 mai, se rallia, en novembre 1873, à l'idée du plébiscite, mise en avant par les représentants du groupe de l'Appel au peuple, mais vota d'ailleurs avec la minorité républicaine, contre le ministère de Broglie, contre l'état de siège, la loi des maires, pour les amendements Wallon et Pascal Duprat et pour l'ensemble des lois constitutionnelles. Il avait pris la parole sur les questions de beaux-arts, et, le 31 juillet 1874, avait déposé un amendement tendant à la suppression de l'état de siège dans les départements pendant les 20 jours qui précéderont les élections des conseils généraux et municipaux; l'amendement fut rejeté par 362 voix contre 295. Réélu, le 20 février 1876, député de la 2e circonscription de Vervins, par 8,115 voix (11,464 votants, 16,684 inscrits), contre 2,277 à M. Lenain, il fut des 363, et obtint, à ce titre, sa réélection, le 14 octobre 1877, par 8,808 voix (13,056 votants, 16,120 inscrits), contre 3,770 à M. Lenain. Il reprit sa place à gauche, appuya les ministères républicains qui se succédèrent au pouvoir, et soutint la politique opportuniste. Amateur d'art, possesseur d'une intéressante galerie de tableaux modernes, il s'occupa activement à la Chambre de questions artistiques, fut nommé membre de la commission supérieure des beaux-arts, et devint, le 5 février 1879, sous-secrétaire d'Etat au ministère de l'instruction publique chargé spécialement de la direction des beaux-arts. Il prit, relativement à l'organisation des musées et théâtres nationaux, diverses mesures qui furent très discutées, et s'attira d'assez vives critiques par une nouvelle réglementation du Salon annuel, dont il proposait de classer les ouvrages par « groupes sympathiques ». M. Turquet vota pour l'article 7 de la loi Ferry, pour l'invalidation de l'élection de Blanqui, pour le retour du parlement à Paris. En 1878, il fut élu président de la Société des sauveteurs de l'Aisne. Réélu député de Vervins, le 21 août 1881, par 8,031 voix (11,430 votants, 16,216 inscrits), contre 2,991 à M. Lenain, il conserva jusqu'au 10 novembre suivant son poste de sous-secrétaire d'Etat au ministère de l'instruction publique. Il se retira alors, en même temps que les autres membres du cabinet Ferry, se rapprocha de la gauche radicale, et vota pour le divorce, pour la séparation de l'Eglise et de l'Etat, pour la révision. Lors de la formation du cabinet H. Brisson, M. Turquet rentra (11 avril 1885) au ministère de l'Instruction publique, en qualité de sous-secrétaire d'Etat chargé des Beaux-Arts, et exerça encore ces fonctions après la constitution du cabinet Freycinet (7 janvier 1886). Comme député, il avait été réélu par le département de l'Aisne, le 14 octobre 1885, au second tour de scrutin (18 octobre), le 2e sur 8, par 64,459 voix (117,821 votants, 147,808 inscrits). Il se sépara de la majorité pour adhérer au mouvement boulangiste, fut un des membres du comité « républicain national », et, membre de la Ligue des patriotes, fut l'objet, le 11 mars 1889, d'une demande en autorisation de poursuites, qui fut votée, le 14, par 354 voix, contre 227, sur le rapport de M. Arène. Le tribunal correctionnel le condamna à

100 francs d'amende. M. Turquet s'est prononcé, dans la dernière session, *contre* le rétablissement du scrutin d'arrondissement
(11 février 1880), *pour* l'ajournement indéfini
de la révision de la Constitution, *contre* le
projet de loi Lisbonne restrictif de la liberté
de la presse, *contre* les poursuites contre le
général Boulanger. Conseiller général de
l'Aisne pour le canton de Sains.

TURQUET DE MAYERNE (PIERRE-FRAN-
çois), député en 1791, né à Châteauroux (Indre)
le 12 septembre 1743, mort au Blanc (Indre) le
5 septembre 1800, était procureur-syndic du
district du Blanc, quand il fut élu, le 27 août
1791, député de l'Indre à l'Assemblée législative, le 2e sur 6, à la pluralité des voix. Dès
son entrée à la Législative, il protesta par la
lettre suivante, adressée à l'archiviste Camus,
contre son inscription sous le nom de Turquet :

« Paris le 30 septembre 1791.

« J'ai été enregistré, Monsieur, aux Archives
nationales en qualité de député du département
de l'Indre à la première législature sous les
noms de Turquet de Mayerne, conformément
au procès-verbal de l'assemblée électorale. Vous
avez dû en inférer que l'on a associé un surnom à mon nom propre, que celui de Turquet
est mon nom de famille, et que pour rétablir
les choses dans l'ordre des décrets, je devais
être inscrit sous le nom de Turquet. Mais,
Monsieur, je suis porteur de pièces que j'aurai
l'honneur de vous communiquer, s'il en est
besoin, qui prouvent que Mayerne est mon nom
de famille, que celui de Turquet est un surnom
adoptif, dont l'origine est mentionnée dans le
dictionnaire de Bayle, et qu'il n'a obtenu la
priorité sur le nom de Mayerne que par une
inversion. Comme je ne suis connu que sous ce
dernier nom, je désirerais, Monsieur, être ainsi
dénommé sur la liste de l'Assemblée. Je ne crois
pas que cela puisse faire de difficulté.

« MAYERNE. »

Il fit partie du comité de division et prit
ensuite la parole pour faire rapporter le décret
d'accusation rendu contre M. de Noailles, ambassadeur à Vienne, et pour s'opposer à l'admission d'une députation du faubourg Saint-
Antoine. Pendant la Terreur, il fut plusieurs
fois dénoncé comme suspect. Rallié au 18 brumaire, il devint, le 14 germinal an VIII, sous-
préfet du Blanc, et mourut en fonctions, quelques mois plus tard.

TURREAU DE LINIÈRES (LOUIS), membre
de la Convention, né à Orbec (Calvados) en 1761,
mort à Coni (Italie) le 15 décembre 1796, fils d'un
receveur des domaines, était cousin du général
Louis-Marie Turreau de Linières (1756-1816). Il
s'engagea volontairement, puis quitta le service
pour aller habiter avec une de ses tantes, à
Ravières, près de Tonnerre. Il épousa, le 31 août
1789, Mme veuve Davout, dont un des fils fut
plus tard le prince d'Eckmühl, adopta les principes de la Révolution, fut nommé, en 1790,
administrateur de l'Yonne, et, en 1791, député
suppléant à l'Assemblée législative, où il ne fut
pas appelé à siéger. Lié avec Lepeletier de
Saint-Fargeau, il fut, par son influence, élu,
le 5 septembre 1792, député de l'Yonne à la
Convention, le 3e sur 9, par 363 voix (539 votants). Turreau de Linières siégea à la Montagne et répondit au 3e appel nominal dans le
procès du roi : « Lorsque j'ai donné mon opi-

nion sur le tyran français, je me suis écrié
dans un frémissement d'indignation : ce monstre,
tout couvert de crimes et de sang, a mérité la
mort. Ce cri de ma conscience n'était pas un
arrêt fatal et définitif ; il n'était que l'expression
d'un sentiment profond. Appelé pour la première fois de ma vie à remplir un douloureux
et pénible devoir, je ne peux me défendre d'un
mouvement de sensibilité, tant il est vrai que
le malheur, même dans un tyran, peut exciter
la pitié. Je ne me reproche pas de payer ce
tribut à la nature ; mais le sang de nos frères,
qui tant de fois coula par les ordres de Louis ;
la souveraineté du peuple qu'il méconnut, qu'il
outragea sans cesse ; la grande et terrible leçon
que nous allons donner aux usurpateurs des
droits inaliénables des nations ; le salut de ma
patrie ; tout, en un mot, me ramène à l'austérité
de mes devoirs républicains, je saurai les remplir. Je vote, dans l'intime conviction et de ma liberté et de ma conscience, pour la mort du dernier
de nos rois. » Il vota en outre contre l'appel et
contre le sursis. Il prit plusieurs fois la parole et
prononça contre les Girondins, traita Lanjuinais
de « calomniateur », fut envoyé en mission
dans l'Yonne, dans l'Aube, puis à l'armée de
l'Ouest, annonça la défaite des Vendéens au
Pont-de-Cé, se plaignit de la destitution d'Aubert-Dubayet et de Canclaux, et prit, d'accord avec son cousin le général Turreau, de
nombreuses mesures de rigueur. Le 5 septembre
1793, il écrit à la Convention : « Nous exécutons
à la lettre votre décret. Des monceaux de cendres,
la famine, la mort, s'offrent de tous côtés aux
regards des rebelles. » A Nantes (24 octobre),
avec Kléber et Marceau, il protesta contre les
honneurs rendus aux généraux : « Ce sont,
dit-il, les soldats qui remportent les victoires,
ce sont eux qui méprisent des couronnes, eux
qui supportent tout le poids de la fatigue et des
combats. » Le 15 janvier 1794, il écrit : « Mon
intention est de tout incendier. Vous devez
prononcer sur le sort des femmes et des enfants ;
s'il faut les passer tous au fil de l'épée, je ne
puis exécuter une pareille mesure sans un
arrêté qui mette à couvert ma responsabilité. »
Il fit part à ses collègues de la prise de Noirmoutiers et des arrestations et exécutions qu'il
avait ordonnées, et, rappelé par la Convention
ainsi que Bourbotte, son collègue, devint secrétaire de l'assemblée (1er messidor an II). Après
le 9 thermidor, il s'associa aux mesures de
réaction. En 1794, Turreau de Linières, qui
avait divorcé avec sa première femme (Mme Davout), et qui s'était remarié avec la fille d'un
chirurgien de Versailles, fut nommé commissaire à l'armée d'Italie (septembre) ; il y passa
une année. Au retour, il prêta son concours à
la Convention contre l'insurrection royaliste du
13 vendémiaire, et fut de ceux qui conseillèrent
de déférer le commandement militaire à Bonaparte, dans l'intimité duquel il avait vécu à
l'armée de Nice. Après la session conventionnelle, Turreau fut nommé garde-magasin à
l'armée d'Italie ; il y mourut presque aussitôt.
Dans le *Mémorial de Sainte-Hélène*, Napoléon
dit de lui : « Représentant à l'armée de Nice,
assez insignifiant. »

TURREL (ADOLPHE-JEAN-EUGÈNE), député
de 1885 à 1889, né à Ornaisons (Aude) le 23 mai
1856, se fit recevoir avocat à Paris, et fut admis,
au concours, comme auditeur au conseil d'État
en 1881. Il se présenta à une élection partielle du
22 juillet 1883, dans l'arrondissement de Narbonne, mais il se désista au second tour. Porté
sur la liste opportuniste de l'Aude, il fut élu,

au second tour, le 18 octobre 1835, le 2ᵉ sur 5, par 41,224 voix (74,159 votants, 97,053 inscrits), prit place à gauche, ne se fit inscrire à aucun groupe, parla sur le traité de commerce avec Grèce, sur les questions vinicoles, sur la loi des instituteurs, sur l'indemnité aux victimes de février 1848, fut rapporteur des projets de loi sur la réforme administrative, sur les pensions civiles, sur la Légion d'honneur, et vota avec la majorité *pour* l'expulsion des princes, et, dans la dernière session, *pour* le rétablissement du scrutin d'arrondissement (11 février 1889), *pour* l'ajournement indéfini de la revision de la Constitution, *pour* les poursuites contre trois députés membres de la Ligue des patriotes, *pour* le projet de loi Lisbonne restrictif de la liberté de la presse, *pour* les poursuites contre le général Boulanger.

U

ULRY (Augustin), député en 1789, né à Vézelise (Meurthe) le 20 juin 1710, mort à Nancy (Meurthe) le 12 mai 1813, était avocat du roi au bailliage de Bar, lorsqu'il fut élu, le 1ᵉʳ avril 1789, député du tiers aux Etats-Généraux par le bailliage de Bar-le-Duc. Il prêta le serment du Jeu de paume, fut membre des comités de constitution et des rapports, et fit partie des délégations envoyées à Paris le 16 juillet 1789, et à Poissy quelques jours après, pour rétablir l'ordre. La session close, il devint président du tribunal de district puis commissaire près le tribunal correctionnel de Bar-le-Duc.

URGUET DE SAINT-OUEN (Athanase-Marie-Georges), représentant aux Cent-Jours, né à Vaudoncourt (Vosges) le 14 octobre 1780, mort à Paris le 11 avril 1832, appartenait à la magistrature comme procureur impérial. Le 10 mai 1815, il fut élu représentant de l'arrondissement du Mans à la Chambre des Cent-Jours par 37 voix sur 48 votants. Il n'est qu'un rôle parlementaire effacé, et n'appartint pas à d'autres assemblées.

URGUET DE SAINT-OUEN (Charles-Olympe-Marie-Xavier-Adolphe), représentant du peuple en 1848, né à Boën (Loire) le 18 juin 1800, mort à Nogent (Vosges) le 12 novembre 1849, fit son droit à Paris, se fit inscrire au barreau de Nancy, et devint bâtonnier de l'ordre. Gendre d'Eusèbe de Salverte et libéral, il échoua successivement à la députation dans le 1ᵉʳ collège de la Meurthe (Nancy), le 9 juillet 1842, avec 98 voix contre 313 à l'élu, M. Moreau, et, le 1ᵉʳ août 1846, avec 105 voix contre 317 à l'élu, M. Moreau, député sortant. A la révolution de février, il fut nommé commissaire du gouvernement provisoire dans la Meurthe, et fut élu, le 23 avril 1848, représentant de la Meurthe à l'Assemblée constituante, le 5ᵉ sur 11, par 84,713 voix (100,120 votants). Il fit partie du comité de l'intérieur, et vota *pour* le bannissement de la famille d'Orléans, *pour* les poursuites contre L. Blanc et Caussidière, *contre* la sanction de la Constitution par le peuple, *pour* l'ensemble de la Constitution, *contre* la proposition Rateau et *contre* l'interdiction des clubs. L'état de sa santé, qui l'avait empêché de prendre part à un certain nombre de discussions de l'Assemblée constituante, le força de retourner dans les Vosges, où il mourut peu après.

URRE (Antoine-Henri, comte d'), pair de France, né à Taln (Drôme) le 9 avril 1765, mort au château de Boucouvilliers (Oise) le 1ᵉʳ juin 1848, « fils de messire Pierre-Henri d'Urre, chevalier seigneur de Chamelot-Blanchelaine, Mercurol et autres lieux, et de dame Antoinette-Charlotte Flandy », était capitaine de cavalerie à l'époque de la Révolution ; il quitta le service, mais n'émigra pas. A la Restauration, il devint conseiller général de la Drôme, et fut nommé pair de France le 5 novembre 1827. Après les journées de juillet, il fut exclu de la Chambre haute en vertu de l'article 68 de la nouvelle Charte, qui déclara « nulles et non avenues toutes les nominations de pairs faites sous le règne du roi Charles X. »

URVOY DE SAINT-BEDAN (Jacques-Olivier-Marie), député de 1827 à 1830, né à Nantes (Loire-Inférieure) le 1ᵉʳ mars 1780, mort au château de Casson (Loire-Inférieure) le 8 septembre 1858, propriétaire et conseiller général, se présenta à la députation, le 26 février 1824, dans le 3ᵉ arrondissement électoral de la Loire-Inférieure (Nort), et échoua avec 37 voix, contre 104 à l'élu, M. de Foucault. Mais il fut ensuite élu, dans le même arrondissement, le 17 novembre 1827, par 118 voix (127 votants, 152 inscrits), et le 23 juin 1830, par 94 voix (134 votants, 150 inscrits), contre 37 à M. Luisous de l'Espinay. Il prit place à l'extrême droite (contre-opposition), vota quelquefois avec le ministère, refusa de signer l'Adresse des 221 et ne se représenta pas aux élections de 1831.

URVOY-SAINT-MEREL (Pierre-Anne-Marie), député en 1791, né à Dinan (Côtes-du-Nord) le 20 octobre 1753, mort à Dinan le 7 septembre 1805, avocat au parlement de Bretagne à l'époque de la Révolution, puis administrateur du département des Côtes-du-Nord en 1790, fut élu, le 9 septembre 1791, député de ce même département à l'Assemblée législative, le 2ᵉ sur 8, par 303 voix (411 votants). Il ne s'y fit pas remarquer, fit partie de la commission des assignats, et devint ensuite administrateur de l'hospice de Dinan.

USQUIN (Philippe-François-Didier), député de 1815 à 1824, né à Pouilly-sur-Loire (Nièvre) le 17 mars 1757, mort à Paris le 3 février 1843, fils de François-Didier Usquin et de Jeanne Guénéau, homme de loi avant la Révolution, fut maire de Saint-Germain-en-Laye sous l'Empire, et créé baron par l'empereur. Elu, le 22 août 1815, député du grand collège de Seine-et-Oise, par 93 voix (179 votants, 251 inscrits), et réélu, le 4 octobre 1816, par 99 voix (184 votants, 219 inscrits), M. Usquin siégea à la minorité ministérielle de la Chambre introuvable, et au centre à partir de 1816. C'était chez lui que se réunissaient les amis du ministère; en 1819, il vota pour les deux lois d'exception et pour le nouveau système électoral, et ne se représenta pas aux élections de 1824.

USSON (Louis-Mathieu-Armand, marquis d'), député en 1789, né à Paris le 28 décembre 1740, exécuté à Paris le 25 juillet 1794, était maréchal de camp et chevalier de Saint-Louis au moment de la Révolution. Elu, le 9 avril 1789, député de la noblesse aux Etats-Généraux par la sénéchaussée de Pamiers, il refusa le vote par tête par la lettre suivante :

« Le soussigné, député de l'ordre de la noblesse de la province et comté de Foix, ayant ordre de mes commettants de faire tous mes efforts pour déterminer l'opinion par ordre et non par tête, excepté dans certains cas très rares et sous la condition que les trois quarts des voix de chaque ordre se réuniront à cet avis, déclare ne pouvoir adhérer à aucune délibération jusqu'à ce que j'aie reçu de nouveaux ordres de mes commettants. Je demande acte de la présente déclaration, me réservant voix consultative si l'assemblée se forme en bureau, afin de pouvoir donner connaissance à mes commettants des objets dont l'Assemblée se propose de s'occuper.

« A Versailles, ce 30 juin 1789.

« Le marquis d'Usson. »

Il ne se réunit à l'assemblée du tiers que sur l'ordre du roi, et ne prit qu'une fois la parole pour proposer un plan de caisse patriotique. Après la session, il se retira à Servan (Seine-et-Oise), devint membre du corps municipal de cette commune, et commissaire du district, chargé spécialement du soin des subsistances. Arrêté comme royaliste pendant la Terreur, il fut traduit devant le tribunal révolutionnaire, condamné à mort et exécuté. L'acte d'accusation porte : « Pensionnaire de la République, ex-noble, ex-marquis, ci-devant maréchal de camp et membre du corps municipal de Servan, commissaire du district pourvu présentement des grains, ex-constituant. »

USSON DE BONNAC (Jean-Louis d'), député en 1789, né à Soleure (Suisse) le 2 février 1734, mort à Paris le 11 mars 1821, fils de Jean-Louis d'Usson de Bonnac, commandeur, grand-croix de Saint-André de Russie, et de Françoise-Madeleine de Gontaut-Biron, entra dans les ordres, fut d'abord vicaire général de Bourges, et fut nommé évêque d'Agen le 1er novembre 1767. Une partie du palais épiscopal s'étant écroulée en 1772, il le fit reconstruire en 1775 : c'est aujourd'hui la préfecture. Il voulut aussi reconstruire la cathédrale, mais les événements politiques l'empêchèrent de l'achever. Elu, le 26 mars 1789, député du clergé de la sénéchaussée d'Agen aux Etats-Généraux, il se montra attaché aux privilèges de son ordre, et, à la séance du 4 janvier 1791, interpellé pour prêter serment à la constitution civile du clergé, répondit : « Vous avez fait une loi. Par l'article 4 vous avez dit que les ecclésiastiques, fonctionnaires publics, prêteraient un serment dont vous avez décrété la formule; par l'article 5, que s'ils se refusaient à prêter ce serment, ils seraient déchus de leurs offices. Je ne donne aucun regret à ma place, aucun regret à ma fortune; j'en donnerais à la perte de votre estime que je veux mériter. Je vous prie donc d'agréer le témoignage de la peine que je ressens de ne pouvoir prêter le serment. » Après la session, M. de Bonnac,

déjà remplacé à Agen par un évêque constitutionnel, le dominicain Constant, partit pour la Suisse et la Bavière, d'où il entretint des relations suivies avec plusieurs familles de son ancien diocèse. Au Concordat, il alla protester à Rome contre la réorganisation des sièges épiscopaux, et refusa de donner sa démission. Rentré en France avec les Bourbons, il adressa au pape, après les Cent-Jours, une lettre de complète soumission, et fut nommé premier aumônier du roi le 2 mars 1817. Il mourut quatre ans après.

USTOU DE SAINT-MICHEL (Stanislas-Bernard-Pierre, vicomte d'), député en 1789, né à l'île de Saint-Domingue le 16 juillet 1739, mort à une date inconnue, était capitaine de cavalerie et chevalier de Saint-Louis, quand il fut élu, le 23 avril 1789, député de la noblesse aux Etats-Généraux, par le pays et comté de Comminges et Nébouzan. Il protesta contre le vote par tête par la lettre suivante :

« Le mandat que j'ai reçu de la noblesse des pays et comté de Comminges et Nébouzan dont j'ai l'honneur d'être député aux Etats-Généraux, non seulement me chargent de la manière la plus spéciale de m'opposer à ce qu'on y oppine par têtes et faire tout ce qui sera en mon pouvoir pour maintenir les ordonnances et les usages qui ont établis comme règle certaine que l'on doit y oppiner par ordres et que l'avis des deux ordres ne peut lier le troisième, mais de plus, ces mêmes mandats prononcent révocation de mes pouvoirs et m'enjoignent de me retirer de l'Assemblée du moment où malgré l'opposition des députés de la noblesse de Comminges on voudrait passer outre.

« Quand bien même mes mandats ne porteraient point révocation dans le cas indiqué, il suffit que j'aie promis de me conformer à mes instructions pour que rien ne puisse me porter à fausser ma parolle, en conséquence je déclare que je ne puis participer aux délibérations, et à tout ce qui pourra être arrêté dans cette salle, sauf à la noblesse du pays et comté de Comminges et Nébouzan de prendre le parti quelle avisera sur le changement des instructions à donner a ses députés et je demande acte de ma protestation.

« Versailles, le 30 juin 1789.

« Le vicomte d'Ustou. »

Il ne prit ensuite aucune part aux discussions de l'Assemblée, vota avec la minorité, obtint un congé le 14 mai 1790, et ne revint plus siéger.

UZÈS (Marie-François-Emmanuel de Crussol, duc d'), pair de France, né à Paris le 30 décembre 1756, mort à Bonnelles (Seine-et-Oise) le 8 août 1843, était, en 1789, colonel du régiment de Berry. Il émigra à l'époque de la Révolution, servit à l'armée de Condé, devint maréchal de camp, et ne rentra en France qu'avec les Bourbons. Nommé alors lieutenant général et pair de France, le 4 juin 1814, le duc d'Uzès vota constamment avec les royalistes-ultra et se prononça pour la mort dans le procès du maréchal Ney. Ennemi du régime constitutionnel, il s'associa à toutes les mesures de répression, et quitta la Chambre haute après l'avènement de Louis-Philippe, pour refus de serment.

UZÈS (Adrien-François-Emmanuel de Crussol, duc d'), député de 1821 à 1830 et pair de

30

France, né à Paris le 15 novembre 1778, mort à Marseille (Bouches-du-Rhône) le 1er avril 1837, fils du précédent et « de haute et puissante dame, madame Amable-Émilie de Chatillon », capitaine de cavalerie et aide-de-camp du roi, fut successivement élu député du 3e arrondissement électoral du Gard (Uzès), le 25 février 1824, par 189 voix (224 votants, 812 inscrits); le 17 novembre 1827, par 135 voix (200 votants, 267 inscrits), contre 64 à M. Dampmartin; le 12 juillet 1830, par 152 voix (220 votants, 261 inscrits), contre 43 à M. de Dampmartin. Il siégea à droite, soutint le ministère de Villèle et vota contre l'Adresse des 221. Le 8 décembre 1830, il fut admis à siéger à la Chambre des pairs, à titre héréditaire, en remplacement de son père démissionnaire, et appuya jusqu'à sa mort la politique conservatrice.

UZÈS (Armand-Géraud-Victurnien-Jacques-Emmanuel de Crussol, duc d'), député de 1843 à 1848 et de 1852 à 1857, né à Paris le 28 janvier 1808, mort à Paris le 22 mars 1872, fils du précédent et de Catherine-Victoire-Victurnienne de Rochechouart-Mortemart, s'engagea dans la cavalerie, et, au bout d'un an passé au service de la Russie, fit la campagne des Balkans. Élu, le 13 août 1843, député du 2e collège de la Haute-Marne (Bourbonne), en remplacement de M. Renard nommé médecin inspecteur des eaux thermales de Bourbonne, par 113 voix (114 votants, 180 inscrits), et réélu, le 1er août 1846, par 120 voix (153 votants, 182 inscrits), contre 27 à M. Chauchard, il prit place parmi les députés dévoués au gouvernement, et, à la suite de son vote pour l'indemnité Pritchard, eut un duel avec M. de Calvière. Rentré dans la vie privée à la révolution de février, il ne se rallia point à la politique du prince Louis-Napoléon, et fut néanmoins élu, le 29 février 1852, comme candidat indépendant, député au Corps législatif dans la 2e circonscription du Gard, où il était grand propriétaire, par 16,296 voix (27,562 votants, 35,728 inscrits), contre 11,177 au général Teste. Il fut membre de la commission du budget, prit une fois la parole, dans la première session (1852), pour combattre, en termes assez heureux, le projet de création d'un ministère de la police générale, puis se montra peu assidu aux séances, préférant le Cercle agricole au Palais-Bourbon, et ne se représenta pas aux élections de 1857. Chevalier de la Légion d'honneur du 11 décembre 1828.

UZÈS (Amable-Antoine-Jacques-Emmanuel de Crussol, duc d'), représentant en 1871, né à Paris le 18 janvier 1840, mort à Paris le 28 novembre 1878, fils du précédent et de Mlle de Talhouet, grand propriétaire dans le Gard, échoua, le 24 mai 1869, au Corps législatif dans la 2e circonscription de ce département, comme candidat indépendant, avec 8,217 voix contre 11,193 à l'élu, M. Gentou, candidat du gouvernement, et 1,619 à M. Brun; le 8 février 1871, il fut élu représentant du Gard à l'Assemblée nationale, le 5e sur 9, par 65,189 voix (95,143 votants, 137,326 inscrits), prit place à l'extrême-droite, se fit inscrire au cercle Colbert et à la réunion des Réservoirs, fit partie de la commission du budget, et vota *pour* la paix, *pour* l'abrogation des lois d'exil, *pour* la pétition des évêques, *pour* la démission de Thiers, *pour* le septennat, *pour* le ministère de Broglie, *contre* l'amendement Wallon et *contre* les lois constitutionnelles. Il ne se représenta pas aux élections de 1876.

V

VACHAL (Joseph), député de 1881 à 1885, né à Argentat (Corrèze) le 25 septembre 1818, était notaire à Tulle, lorsqu'il fut, aux élections de 1881, élu, au second tour de scrutin (4 septembre), député de la 2e circonscription de Tulle, par 6,299 voix (10,893 votants, 16,755 inscrits), sur une profession de foi dans laquelle il demandait une sage politique de réformes, le développement de l'instruction laïque et gratuite, la liberté des cultes, la réduction du service militaire à trois ans, la diminution des impôts et leur proportionnalité, l'allégement de l'impôt foncier, etc. Il siégea dans la majorité opportuniste, soutint les cabinets Gambetta et J. Ferry, et se prononça cont·e la séparation de l'Église et de l'État et *pour* les crédits du Tonkin. Il ne se représenta pas en 1885.

VACHER (Jean-Baptiste-Louis), député en 1791, né à Vassaux (Ardèche) le 22 mars 1750, mort à Privas (Ardèche) en 1816, « fils de Louis Vacher et de Magdeleine Defrance », fit ses humanités à Aubenas, étudia le droit civil et le droit canon à Toulouse, et fut reçu avocat au parlement de cette ville en juillet 1772. Conseiller en la sénéchaussée de Villeneuve-de-Berg le 4 juillet 1781, il se montra partisan des idées nouvelles, fut élu, en 1789, député suppléant du tiers aux États-Généraux, sans être appelé à siéger, devint, en 1790, membre du directoire du département de l'Ardèche, et fut élu, le 5 septembre 1791, député du même département à l'Assemblée législative, le 4e sur 7, par 189 voix (307 votants). Il fut membre du comité féodal, protesta contre les entreprises révolutionnaires, et revint dans son pays après le 10 août. Il y vécut dans l'obscurité pendant la Terreur, et ne reprit de fonctions publiques qu'après le 9 thermidor. Juge au tribunal de district de Voiron le 24 frimaire an III, juge au tribunal civil de l'Ardèche le 27 vendémiaire an IV, il occupa ce dernier poste jusqu'au 25 thermidor an VIII. Juge au tribunal de 1re instance de Privas le 28 ventôse an IX, puis président de ce même tribunal le 13 pluviôse an XII, il exerça ces dernières fonctions jusqu'à sa mort. Chevalier de la Légion d'honneur.

VACHER (Léonard-Cléry), député de 1876 à 1889, né à Treignac (Corrèze) le 28 mars 1832, fut reçu docteur en médecine à Paris en 1861 et y exerça sa profession. Il fit de l'opposition à l'empire, collabora au bulletin de la Société de statistique de Paris, au *Contribuable* et à la *République* de Brive, à la *Réforme économique*, et fut élu, le 20 février 1876, député de la 2e circonscription de Tulle, par 8,152 voix (13,120 votants, 17,523 inscrits), contre 4,573 à

I. de Seilhac. Il prit place à l'Union républicaine, et fut l'un des 363 députés qui, au 16 mai, refusèrent le vote de confiance au ministère de Broglie. Réélu comme tel, le 14 octobre 1877, par 9,731 voix (11,035 votants, 17,690 inscrits) contre 5,112 à M. Lachaud, et, le 21 août 1881, par 10,865 voix (11,810 votants, 18,780 inscrits), il prit place à l'extrême gauche où il se fit remarquer par ses tendances socialistes. Porté sur la liste radicale de la Corrèze, le 4 octobre 1885, il fut élu, le 1er sur 5, par 34,541 voix (53,252 votants, 88,737 Inscrits), et demanda (février 1886) le rachat par l'État des réseaux ferrés de l'Orléans et de l'Ouest. Partisan du général Boulanger et de la revision de la constitution dans un sens démocratique, M. Vacher fut l'un des principaux membres et le vice-président du comité républicain national; il repoussa toujours l'alliance avec les réactionnaires. Il s'est prononcé pour l'expulsion des princes, et a voté, dans la dernière session, contre le rétablissement du scrutin d'arrondissement (13 février 1889), contre l'ajournement indéfini de la revision de la Constitution, contre les poursuites contre trois députés membres de la Ligue des patriotes, contre le projet de loi Lisbonne restrictif de la liberté de la presse, contre les poursuites contre le général Boulanger. On a de lui: Étude médicale statistique sur la mortalité à Paris, à Londres, à Vienne et à New-York en 1865 (1865); — Des maladies populaires et la mortalité à Paris, à Londres, à Vienne et à New-York en 1865 (1865); — Des maladies populaires et de la mortalité à Paris, à Londres et à Vienne en 1866 (1867); — De l'obésité et de son traitement (1873).

VACHER. — Voy. TOURNEMINE (BARON DE).

VACHERESSE (JEAN-JACQUES-BENJAMIN), représentant en 1849, né à Privas (Ardèche) le 3 décembre 1787, mort le 25 août 1875, étudia la médecine et fut reçu docteur. Il exerçait son art à Privas lorsqu'il fut élu, le 13 mai 1849, représentant du peuple à l'Assemblée législative, le 7e sur 8, par 30,844 voix (68,890 votants, 105,091 inscrits). M. Vacheresse siégea à gauche et opina généralement avec les républicains modérés. Il se prononça, avec la minorité démocratique, contre la loi Falloux-Parieu sur l'enseignement, contre la loi restrictive du suffrage universel, et rentra dans la vie privée au coup d'État de 1851.

VACHEROT (ÉTIENNE), représentant en 1871, né à Torcenay (Haute-Marne) le 29 juillet 1809, entra à l'École normale en 1827, et professa les humanités à Châlons-sur-Marne (1830), la philosophie à Cahors (1830), à Angers (1834), à Versailles, à Caen (1836), à Rouen (1837); il avait été reçu agrégé de philosophie en 1833 et docteur ès lettres en 1836. La protection de Cousin le fit nommer, en 1837, directeur des études et maître des conférences de philosophie à l'École normale. A partir de 1839, il suppléa pendant plusieurs années Cousin à la Sorbonne, et fut fait chevalier de la Légion d'honneur en 1841. Son Histoire critique de l'École d'Alexandrie (1846-51) lui attira, en raison de l'indépendance de ses idées, de très vives attaques de la part de l'abbé Grétry, aumônier de l'École normale. Mis en disponibilité en 1851, il fut, après le coup d'État, déclaré démissionnaire pour refus de serment. Il se consacra alors à diverses publications; son ouvrage : Démocratie (1859) lui valut des

poursuites judiciaires, une amende, trois mois de prison, et la privation de tous ses droits politiques, qu'il ne recouvra qu'en mars 1870, à l'arrivée au pouvoir d'Émile Ollivier, qui l'avait jadis défendu devant les tribunaux; il refusa alors de faire partie de la haute commission de l'enseignement supérieur. Candidat malheureux en 1865 à l'Académie des sciences morales et politiques, il y entra, le 7 mars 1868, en remplacement de Cousin. Pendant le siège de Paris, il fut maire du 5e arrondissement, puis fut élu, le 8 février 1871, représentant de la Seine à l'Assemblée nationale, le 28e sur 43, par 94,621 voix, 392,970 votants, 547,858 inscrits). Au 18 mars, il donna sa démission de maire, prit place, dans l'Assemblée de Versailles, au centre gauche, combattit plusieurs fois la politique avancée des républicains, et vota pour la paix, contre la pétition des évêques, contre la démission de Thiers, contre le septennat. Après le 24 mai 1873, il donna sa démission de maire, fit partie de la seconde commission des Trente, se rallia, à la surprise des républicains, au ministère de Broglie, soutint la loi sur la reconstitution du conseil supérieur de l'instruction publique et la loi sur la liberté de l'enseignement, et vota pour l'amendement Wallon et pour les lois constitutionnelles. Il ne reparut plus ensuite dans les assemblées parlementaires, désapprouva dans la presse l'article 7 de la loi Ferry, se rallia à la politique conservatrice, collabora au Figaro, et échoua, en 1879, au Sénat, en remplacement de M. de Montalivet, comme candidat conservateur. En juillet 1881, dans deux articles au Courrier du Dimanche, il chercha à constituer l'alliance des conservateurs de toutes nuances, sans y réussir. Porté sur la liste conservatrice de la Seine aux élections législatives du 4 octobre 1885, il échoua de nouveau avec 108,371 voix (434,011 votants). En outre des ouvrages déjà cités, M. Vacherot a publié : La Métaphysique et la Science (1858, 2 volumes) ; — Essai de philosophie critique (1864); — La religion (1868); — La Science et la Conscience (1870). Il a aussi collaboré au Dictionnaire des sciences philosophiques de Franck, etc. Il a professé dans ses ouvrages un panthéisme assez obscur, et s'est rattaché surtout à l'école de Cousin par l'ampleur et la séduction du style.

VACHON-IMBERT (JOSEPH-FRANÇOIS), député de 1830 à 1831, né à Lyon (Rhône) le 11 février 1772, mort à Lyon le 1er août 1857, était négociant dans cette ville. Il se présenta à la députation le 3 juillet 1830, et fut élu député du grand collège du Rhône par 281 voix (531 votants, 571 inscrits). Il prit part à l'établissement de la monarchie de Louis-Philippe, se représenta, le 6 juillet 1831, dans le 1er collège du Rhône (Lyon) et échoua, avec 52 voix contre 65 à l'élu, M. Combère. Il n'appartint pas à d'autres législatures.

VADIER (MARC-GUILLAUME-ALBERT), député en 1789, membre de la Convention, né à Pamiers (Ariège) le 17 juillet 1736, mort à Bruxelles (Belgique) le 14 décembre 1828, était conseiller au présidial de Pamiers avant la Révolution. Ennemi des abus, il avait dénoncé les exactions de certains administrateurs, et soutenu à ses frais un procès en faveur du bureau des pauvres et de l'hôpital dont les revenus étaient dilapidés ; il se montra donc dès le début ardent partisan des réformes. Élu, le 9 avril 1789 député du tiers-état de la séné-chaussée de Pamiers aux États-Généraux, il siégea d'abord obscurément dans la majorité, mais, après la fuite de Varennes, il traita Louis XVI de « brigand couronné », demanda sa déchéance, et proposa de le traduire devant la haute cour nationale ; le surlendemain, il déclara d'ailleurs qu'il détestait le système républicain, et jura de défendre la monarchie constitutionnelle. Devenu juge au tribunal de Mirepoix, il fut réélu, le 3 septembre 1792, député de l'Ariège à la Convention, le 1er sur 16, par 235 voix par 313 votants. Il prit place à la Montagne, et, dans le procès du roi, répondit au 2e appel nominal : « Je suis le premier qui ait eu le courage de donner ma voix pour nommer une Convention nationale, ici, à l'Assemblée constituante, pour juger le tyran, et je le croyais alors aussi scélérat qu'il l'est aujourd'hui, et sans doute on ne me donna pas des guirées pour faire cette motion, puisqu'alors il n'y avait que des épices pour les reviseurs, et des dragées mortifères pour le peuple du Champ-de-Mars ; je dis non »; et au 3e appel nominal : « Je vote pour la mort, je ne suis ici qu'applicateur passif de la loi. » Il vota également contre le sursis. Très ardent contre les Girondins, puis contre Camille Desmoulins et Danton, il entra au comité de sûreté générale (11 septembre 1793), en devint président, et fit à cette occasion un discours exalté qui lui valut la présidence en chef des Jacobins. Il fut un des dénonciateurs de la « conspiration des prisons », et, chargé du rapport sur la prétendue conspiration de Catherine Théot et de dom Gerle, attaqua vivement Robespierre qui ne voyait là qu'une affaire ridicule, et qui sauva les accusés. Vadier fut un des agents les plus actifs du 9 thermidor, ce jour-là, reprocha à Robespierre d'avoir défendu Chabot, Camille Desmoulins, Danton, Catherine Théot. Dénoncé, un mois après, par Lecointre, il parut à la tribune, un pistolet à la main, et menaça de se tuer si la Convention ne rendait pas justice « à ses soixante ans de vertu ». La dénonciation de Lecointre fut écartée. Mais, en frimaire suivant, Lecointre la reproduisit à la tribune avec pièces à l'appui, et elle fut renvoyée cette fois à l'examen des trois comités de gouvernement. Le rapport de Merlin (de Douai) conclut (7 nivôse) qu'il y avait lieu à poursuivre ; on décréta la nomination d'une commission de 21 membres pour examiner les faits imputés ; le rapport de Saladin, du 12 ventôse an III, demandait le renvoi devant le tribunal, quand survint le mouvement du 22 germinal. Impliqué dans cette affaire, Vadier fut condamné à la déportation ; mais, lorsqu'on se présenta à son domicile pour l'arrêter, il avait disparu et l'on dut se contenter de mettre les scellés sur ses meubles. Il resta caché à Paris jusqu'en mai 1796, et, compromis de nouveau dans la conspiration de Babeuf, fut traduit devant la haute cour de Vendôme ; son fils demanda à le défendre devant ce tribunal, qui d'ailleurs prononça son acquittement. Mais le Directoire le fit maintenir en prison, en vertu de l'ancien arrêt de déportation qui l'avait frappé, et transporter à Cherbourg pour être envoyé à Cayenne au premier départ. Il y resta quatre ans, et fut rendu à la liberté par le gouvernement consulaire. Il vécut à Paris jusqu'en 1807, et à cette époque, dut quitter cette ville pour fuir la suspicion de la police ; il se fixa à Toulouse ; c'est là qu'il signa, aux Cent-Jours, l'Acte additionnel. Frappé par la loi du 12

janvier 1816 contre les régicides, il se réfugia à Mons, puis à Bruxelles ; des rapports de police prétendirent alors qu'il n'était pas parti et qu'il se cachait sous le nom de Truffo dans le département des Pyrénées-Orientales ; mais ces rapports sont contredits par des lettres qui restent de Vadier, et qui sont datées de Mons, en avril 1816 ; il mourut à 93 ans.

VAILLANT (JACQUES-LOUIS-NICOLAS), député en 1789 et au Conseil des Anciens, né à Arras (Pas-de-Calais) le 1er janvier 1742, mort à Arras le 11 janvier 1813, fils de Louis-Nicolas Vaillant, greffier de la gouvernance, et de Jeanne-Marguerite Willart, était consul d'Artois avant la Révolution. Élu, le 25 avril 1789, le 4e sur 8, député du tiers aux États-généraux par la province d'Artois, il est ainsi désigné dans le pamphlet allégorique de Fourdrin : « Le Vanté, cheval noir à tous crins, sans qualités brillantes, quoi qu'on en dise et ce qu'on en croie, mais ayant celles qui tiennent à l'usage auquel il est destiné : sage, posé, muni, prudent, il arrêterait seul un attelage emporté. » Adjoint au doyen des communes, il fut député par son ordre auprès de la chambre du clergé, prêta le serment du Jeu de paume, et fit partie du comité de Constitution. Nommé (31 mars 1791) juge au tribunal de Cassation pour le Pas-de-Calais, il reparut au Conseil des Anciens comme député du Pas-de-Calais, élu, en brumaire an IV, par 228 voix sur 453 votants. Il prit rarement la parole, et donna sa démission le 11 pluviôse an V. Il devint par la suite membre du jury d'instruction pour l'élection des professeurs de l'École centrale du Pas-de-Calais instituée à Boulogne en mars 1798, et fut appelé, par l'empereur, aux fonctions de maire d'Arras (12 fructidor an XII).

VAILLANT (HUBERT-MICHEL-FRANÇOIS), représentant aux Cent-Jours, né à Dijon (Côte-d'Or) le 15 juillet 1760, mort à Dijon le 14 décembre 1823, « fils de Hubert Vaillant, procureur au la chambre des comptes de Bourgogne et Bresse, et de Jeanne Auprestre », étudia le droit et fut reçu, en 1782, avocat au parlement de Dijon. Commis à la recette de cette ville le 1er juillet 1784, puis receveur en survivance de la chancellerie près le parlement de Dijon jusqu'au 16 juin 1790, il fut, à cette date, nommé secrétaire général du département de la Côte-d'Or. Partisan du coup d'État de brumaire, il fut confirmé dans ses fonctions de secrétaire général de la préfecture de la Côte-d'Or le 29 floréal an VIII, et fut deux fois élu candidat au Corps législatif, le 18 nivôse an XII le 13 décembre 1810, sans être appelé par le Sénat conservateur à y siéger. Aux Cent-Jours, élu, le 9 mai 1815, membre de la Chambre des représentants par l'arrondissement de Dijon, avec 52 voix sur 86 votants, il fut destitué de ses fonctions de secrétaire général à la seconde Restauration. Le préfet de la Côte-d'Or sollicita pour lui (16 novembre 1815) une pension, qui fut liquidée, le 15 mai 1816, au chiffre de 1,000 francs.

VAILLANT (AUGUSTE-NICOLAS), ministre de la Marine, né à Paris le 2 juillet 1793, mort le 1er novembre 1858, entra dans la marine comme simple novice, devint aspirant en 1810, commanda en 1813 l'aviso le Texel, puis servit en Hollande comme lieutenant d'artillerie. La Restauration raya M. Vaillant des cadres de la marine en 1816, puis l'y réintégra en 1818. Après avoir pris part à une exploration dans la Guyane, il fut promu lieutenant de vaisseau (1821), se signala contre les pirates d'Andros, et combattit (1828) en Morée. Il remplit ensuite auprès de l'amiral de Rigny les fonctions de chef d'état-major, devint capitaine de frégate (1831) et aide-de-camp du ministre de la Marine. En 1836-1837, il exécuta sur la corvette la *Bonite* un voyage de circumnavigation. Nommé, en 1838, capitaine de vaisseau, il commanda cette même année la forteresse de Saint-Jean-d'Ulloa, qui venait d'être prise, et la station de la Vera-Cruz, puis occupa Montévidéo. En 1848, il fut nommé préfet du 4e arrondissement maritime, membre du conseil de l'amirauté, et contre-amiral (1849). Appelé, le 4 janvier 1851, aux fonctions de ministre de la Marine, il s'occupa de la transformation de la flotte et quitta le pouvoir le 4 avril suivant, pour se rendre aux Antilles, comme gouverneur. Ayant renoncé au service actif à son retour en France (1853), il passa dans la retraite les dernières années de sa vie. Grand-officier de la Légion d'honneur (12 juin 1856).

VAILLANT (JEAN-BAPTISTE-PHILIBERT, COMTE), sénateur du second empire et ministre, né à Dijon (Côte-d'Or) le 6 décembre 1790, mort à Dijon le 4 juin 1872, fit ses études à Dijon, entra en 1807 à l'École polytechnique, en sortit dans le génie, après un court stage à l'école de Metz, et devint sous-lieutenant le 1er octobre 1809. Il servit ensuite comme lieutenant aux sapeurs de Dantzig (5 avril 1811), puis passa à la grande armée, comme aide-de-camp du général Haxo, dont il épousa plus tard la veuve. Il se signala pendant la campagne de Russie, fut cité à l'ordre du jour, et décoré de la Légion d'honneur pendant la campagne de Saxe, le 8 août 1813. Fait prisonnier le 30 du même mois, il ne rentra en France qu'à la paix. Pendant les Cent-Jours, il coopéra aux travaux de défense établis autour de Paris, et se battit glorieusement à Ligny et à Waterloo. A la seconde Restauration, il prit rang dans l'état-major, devint capitaine des gardes en premier en 1816, traduisit de l'anglais en 1823 : *Essai sur les principes et la construction des ponts militaires*, ne prit pas part à la guerre d'Espagne, devint chef de bataillon en 1826, fut ensuite attaché à l'expédition d'Alger, et dirigea l'attaque du fort de l'Empereur, où il eut la jambe cassée d'un coup de biscaïen. De retour en France, il fut promu lieutenant-colonel. Après le siège d'Anvers, auquel il prit part, il devint colonel le 7 janvier 1833, puis fut envoyé, en 1836, en Algérie, pour y surveiller les travaux de fortification, et y commanda le génie. Il fit construire un grand nombre de blockhaus, revint à Paris, et fut nommé maréchal de camp (21 octobre 1838). Commandant de l'École polytechnique en 1839, directeur des travaux de fortification de Paris (rive droite) en 1840, lieutenant-général (20 octobre 1845), inspecteur du génie et président du comité des fortifications (13 juin 1848), il commanda en second l'expédition de Rome (11 mai 1849), et détermina la prise de la ville. Nommé en récompense grand-croix de la Légion d'honneur, le 12 juillet suivant, et, pleinement rallié au prince Louis-Napoléon, il fut élevé à la dignité de maréchal de France le 11 décembre 1851, peu de jours après le coup d'État, qu'il avait approuvé, et devint sénateur de droit le 26 janvier 1852, et grand-maréchal du palais le 1er janvier 1853. Au moment de la guerre de Crimée, il succéda au maréchal Saint-Arnaud, comme ministre de la Guerre, le 11 mars 1854, et conserva ces fonctions jusqu'au 4 mai 1859. A ce poste, il réorganisa les écoles militaires, créa plusieurs corps spéciaux, et prépara, au moment de la rupture avec l'Autriche (1859), les premiers transports de troupes par chemins de fer. Il fut alors remplacé au ministère par le maréchal Randon, devint major-général de l'armée d'Italie, assista, en cette qualité, à Solférino, et, après l'entrevue de Villafranca, commanda le corps d'occupation jusqu'en mai 1860. Le 4 décembre suivant, il devint ministre de la maison de l'empereur, fonctions qu'il cumula avec le ministère des Beaux-Arts à partir de juin 1863. On lui dut la réorganisation des écoles des Beaux-Arts (novembre 1863), la promulgation de la liberté des théâtres (6 janvier 1864), l'organisation du comité de lecture de la Comédie-Française (avril 1869), et du comité d'examen de l'Odéon (mai 1869) ; il prit aussi l'initiative d'envoyer aux départements un grand nombre d'objets et de tableaux des musées impériaux. Il abandonna le ministère des Beaux-Arts lors de l'avènement du cabinet Émile Ollivier, conserva, après le 4 septembre 1870, les fonctions de président du comité de défense ; mais, dans une tournée aux fortifications, ayant été pris un instant pour un espion prussien, il quitta Paris, et se retira dans les Deux-Sèvres, où il reçut l'ordre de quitter la France (22 octobre 1870). Il se réfugia à Saint-Sébastien, obtint de pouvoir rentrer en France (mars 1871), et se retira à Dijon. Le maréchal Vaillant, dont les traitements cumulés avaient dépassé annuellement 260,000 francs, mourut presque sans fortune. Il légua par testament 40,000 francs à l'Académie des sciences, dont il était membre libre depuis 1853. Membre du Bureau des longitudes depuis le 26 mars 1862. On a de lui : *Description et usage d'un instrument propre à défiler les tranchées* (1839) ; *Rapport sur la situation de l'Algérie* (1855).

VAISSE (CLAUDE-MARIUS), représentant en 1851, ministre, sénateur du second Empire, né à Marseille (Bouches-du-Rhône) le 8 août 1799, mort à Lyon (Rhône) le 29 août 1864, étudia le droit, acheta une charge d'avoué à Marseille, se montra libéral ardent sous la Restauration, et vendit son étude en 1830, pour devenir secrétaire général de la préfecture des Bouches-du-Rhône. Emmené en Algérie par le général Damrémont, il fut nommé directeur des affaires civiles à Alger (1837), et, après la mort du général tué au siège de Constantine, devint sous-préfet de Saint-Quentin, puis préfet des Pyrénées-Orientales (1842-1848). Destitué par le gouvernement provisoire en 1848, il se rallia à la politique présidentielle de L.-N. Bonaparte, et fut appelé aux fonctions de préfet du Nord (décembre 1848). Le zèle dont il fit preuve lui valut, le 24 janvier 1851, le portefeuille du ministre de l'Intérieur. Il ne le conserva que jusqu'au 10 avril suivant, et fut élu, le 27 juillet 1851, représentant du Nord à l'Assemblée législative, par 41,912 voix (60,457 votants, 144,373 inscrits), contre 11,917 à M. Delaroyère, conseiller général. Il remplaçait M. Wallon, démissionnaire. Partisan du coup d'État du 2 décembre, il fit successivement partie de la Commission consultative et du conseil d'État, devint, en 1853, inspecteur des préfectures, et, en mars 1854, fut chargé de l'administration du département du Rhône. M. Vaïsse opéra à Lyon des transformations et des embellissements considérables, fit percer plusieurs rues, construire la Bourse et restaurer l'Hôtel de ville, établit un vaste réseau de canaux et d'aqueducs, racheta le péage des ponts du Rhône, et fut élevé, le 19 juin 1854, à la dignité de sénateur. Il soutint constamment de ses votes au Luxembourg le gouvernement impérial, et mourut à Lyon en 1864, grand-croix de la Légion d'honneur.

VALADY (Jacques-Godefroy-Charles-Sébastien-Xavier-Jean-Joseph Izarn de), membre de la Convention, né à Panassac (Lozère) le 23 septembre 1766, fusillé à Périgueux (Dordogne) le 5 décembre 1793, « fils de Louis-Joseph-Charles-Philippe comte de Valady, et de Marie-Anne-Jeanne Brigitte de Furquet », suivit la carrière des armes, entra comme officier dans les gardes-françaises, adopta les principes de la Révolution, et, en juin 1789, fut de ceux qui excitèrent les troupes à refuser de tirer sur le peuple. Le *Moniteur* rapporte en ces termes cet acte de M. de Valady : « Le régiment des gardes-françaises, généralement plus instruit que le reste de l'armée, donna le premier des preuves de son patriotisme. Deux compagnies des grenadiers de ce corps avaient refusé, dès le 23 juin, de tirer sur leurs concitoyens. M. de Valady, ci-devant officier de cette brave légion et l'un des plus zélés apôtres de la liberté, allait de caserne en caserne pour éclairer les soldats sur les véritables devoirs de l'homme et sur ce qu'ils se devaient à eux-mêmes et à leur patrie. Son zèle ne fut pas sans succès et l'on vit bientôt ces généreux guerriers, devenus des proscrits ardents de la cause commune, mêlés avec le peuple, et prendre part aux événements qui intéressaient le sort de la patrie. » Poursuivi de ce chef, il gagna l'Allmbœuf afin de s'embarquer pour l'Angleterre; mais les progrès de la Révolution le rappelèrent à Paris. Aide-de-camp du La Fayette, il se sépara de lui lorsqu'il reconnut que le général ne partageait pas son enthousiasme républicain, se lia avec les Girondins, et fut élu, le 9 septembre 1792, député de l'Aveyron à la Convention, le 9e et dernier, par 232 voix sur 472 votants. Il siégea parmi les modérés, et opina en ces termes lors du procès du roi, au 1er appel nominal : « J'ai pensé que Louis n'était pas jugeable, je ne puis voter : je me réserve seulement de prononcer sur la troisième question, mais, en homme d'État, et comme sur une mesure de sûreté générale ». Au 2e appel nominal : « Le vœu général du souverain n'a pas été légalement émis, et n'a pas même été consulté. Tous les prêtres, les ci-devant nobles ont dédaigné de communiquer avec le souverain en s'éloignant des assemblées primaires, ils ont méprisé le titre de citoyen en se dispensant de faire le service de garde national en personne, ne voulant pas reconnaître pour leur égal celui qui se livrait à l'amitié par le seul sentiment de la fraternité. Je dis donc que les assemblées primaires composées comme elles l'ont été jusqu'à ce moment, loin de présenter l'affreuse perspective d'une guerre civile, ne serviraient au contraire qu'à terrasser et anéantir les ennemis de la liberté et de l'égalité. Je n'aurai pas la lâcheté de trahir ma conscience; et, sans être associé ni à Bouillé, ni à La Fayette, ni aux Thierry, je dirai oui. » Au 3e appel nominal : « Il y a quarante-deux mois que Louis XVI me condamna à mort dans son conseil secret, pour avoir coopéré à l'insurrection des gardes-françaises. Dans toutes les autres époques de la révolution, je n'ai cessé de combattre son autorité. Lors de l'acceptation de la Constitution, je m'efforçai d'éclairer mes compatriotes sur les vices qu'elle renfermait. Mes soins furent perdus, ils l'acceptèrent purement, simplement, intégralement; c'est pourquoi je crois devoir les condamner aujourd'hui à tenir la clause onéreuse du contrat qu'ils s'imposèrent alors. Je ne puis

donc condamner à la mort le ci-devant roi, la justice éternelle me le défend, parce qu'elle ne veut point qu'on fasse après coup, ou qu'on aggrave des lois criminelles pour les appliquer à des faits passés : or aucune loi écrite ne lui infligeait cette peine pour aucun cas, avant qu'il fût précipité du trône dans la prison.

« Je demande que Louis, sa femme et ses enfants soient transférés demain, sous bonne et sûre garde, au château de Saumur, et qu'ils y soient gardés en otages jusqu'à ce que François d'Autriche ait reconnu la souveraineté de la République française et l'indépendance des Belges, et jusqu'à ce que l'Espagne ait renouvelé les traités avec nous.

« Je demande en second lieu (et, citoyens, qu'on ne me taxe point de servilité, quand je vais invoquer votre justice pour un sexe faible) que l'innocence et les malheurs devaient rendre sacré, que sa sœur soit libre, ou de le suivre, ou de se retirer où bon lui semblera; qu'elle soit partout sous la sauvegarde des lois; dotez-la d'une pension convenable; l'État le lui doit sans doute, et vous êtes les pères des orphelins.

« Troisièmement, que ceux des membres de la famille des Bourbons qui, recherchant des emplois sous le nouveau régime, ont dû exciter la défiance des patriotes vigilants et désintéressés, par les signes d'une ambition sourde et dangereuse, soient bannis sur-le-champ et à perpétuité. Vous sentirez assez combien nos alarmes sont fondées, quand je vous dirai que, par un reste de privilège, le fils aîné de Philippe d'Orléans a été fait lieutenant général à vingt ans. Et, citoyens, je ne viens point ici calomnier, je lui reconnais des services, et je lui crois des vertus; je les honore, mais je les crains; je dois redouter l'instabilité des unes et la reconnaissance des autres. Dans peu peut-être on le mettra à la tête de vos armées; jugez s'il est temps de le bannir. » Il fit afficher dans son département un placard qui réclamait pour le roi l'indulgence du peuple, fut dénoncé à la Convention par Jean-Bon-Saint-André, défendu par Barbaroux, et, proscrit au 31 mai, alla rejoindre à Caen les partisans de la Gironde, avec un passeport sous le nom d'Henri Rideau. Après la défaite de Pacy-sur-Eure, il gagna la Dordogne, fut arrêté, le 4 décembre 1793, dans un bois, près de Monpon, et crut habile de reconnaître que son passeport était faux, et qu'il s'appelait en réalité Jacques Furquet, professeur au collège de Navarre. Reconnu par son collègue à la Convention, Roux-Fazillac, alors en mission à Périgueux, il fut traduit devant le tribunal criminel de la Dordogne, condamné à mort, et demanda pour toute grâce de mourir de la mort des braves; il fut fusillé le même jour. En annonçant, le lendemain, la nouvelle de sa mort à la Convention, Roux-Fazillac écrivit : « J'ai vu avec douleur, à l'occasion de ce jugement, que l'esprit républicain n'est pas aussi affirmé dans cette commune que je n'en étais flatté. Quoique ce conspirateur ait montré une grande faiblesse dans son interrogatoire, il a cependant attendri les spectateurs, et même quelques-uns de ses juges ont versé des larmes. Je me suis plaint hautement de cette coupable pusillanimité. »

VALADY (Marie-Louis-Honoré-Henry-Izarn de Frayssinet, comte de), représentant en 1871, député de 1876 à 1877, né à Rodez (Aveyron) le 13 août 1814, de la famille du précédent, riche propriétaire, s'occupa d'agriculture dans son pays natal. Il se présenta, le 1er juin 1863, au Corps législatif dans la 1re circonscription de l'Aveyron, comme candidat monarchiste indépendant, et obtint 10,810 voix contre 18,260 à l'élu officiel, M. Girou de Buzareingues. Le 8 février 1871, M. de Valady fut élu représentant de l'Aveyron à l'Assemblée nationale, le 4e sur 8, par 58,523 voix (65,273 votants, 118,224 inscrits). Il siégea à droite, et vota avec les conservateurs royalistes, *pour* la paix, *pour* les prières publiques, *pour* l'abrogation des lois d'exil, *pour* le pouvoir constituant de l'Assemblée, *contre* la dissolution, *pour* la chute de Thiers au 24 mai, *pour* le septennat, *pour* la loi des maires, *pour* l'état de siège, *contre* l'amendement Wallon, *contre* l'ensemble des lois constitutionnelles. Conseiller général de l'Aveyron pour le canton d'Entraigues depuis le 8 octobre 1871, M. de Valady fut réélu député, le 20 février 1876, par l'arrondissement d'Espalion, avec 6,979 voix (11,261 votants, 16,506 inscrits), contre 4,656 à M. Froment. Il siégea dans la minorité conservatrice, soutint, contre les 363, le gouvernement du Seize-Mai, et ne se représenta pas en 1877.

VALANTIN (Jacques), représentant aux Cent-Jours, né à Montpellier (Hérault) le 18 avril 1767, mort à une date inconnue, « fils de M. Louis Valantin, bourgeois, et de demoiselle Catherine Devic », était négociant à Lunel (Hérault). Devenu maire de cette ville, il fut élu, le 15 mai 1815, représentant à la Chambre des Cent-Jours par le grand collège de l'Hérault, avec 20 voix sur 35 votants. La courte session de cette législature mit fin à sa carrière politique.

VALANTIN (Durand-Barthélemy), représentant en 1818 et en 1849, né à Saint-Louis (Sénégal) le 5 décembre 1806, était établi dans cette ville comme négociant. Maire de Saint-Louis, il fut élu, le 30 octobre 1848, par 1,080 voix (2,071 votants, 4,726 inscrits), représentant du Sénégal à l'Assemblée constituante. Après vérification de ses pouvoirs, il fut admis à siéger le 16 janvier 1849. M. Valantin prit place à droite et vota *contre* l'amnistie, *pour* les crédits de l'expédition romaine, *contre* l'abolition de l'impôt des boissons. Réélu, le 12 août 1849, par la colonie, représentant à la Législative, avec 1,810 voix (2,033 votants, 4,091 inscrits), contre 472 à M. Masson et 240 à M. Petiton, il suivit la même ligne politique que précédemment, opina avec les conservateurs monarchistes, *pour* la loi Falloux-Parieu sur l'enseignement, *pour* la loi restrictive du suffrage universel, et rentra dans la vie privée.

VALAZÉ (de). — *Voy.* Dufriche.

VALDEC. — *Voy.* Lessart (de).

VALDRUCHE (Anne-Joseph-Arnould), député en 1791, membre de la Convention, né à Joinville (Haute-Marne) en 1745, mort à une date inconnue, étudia la médecine, fut reçu docteur, exerça sa profession à Nomécourt (Haute-Marne), et devint, en 1790, administrateur du département. Le 31 août 1791, ce département l'envoya siéger à l'Assemblée législative, le 3e sur 8, par 253 voix (305 votants). Il opina avec la majorité réformatrice. Réélu, le 4 septembre 1792, à la Convention, le 4e sur 7, par 176 voix (405 votants), Valdruche vota *pour* la mort de Louis XVI, *contre* l'appel et *contre* le sursis, ne joua à l'assemblée qu'un rôle effacé, et disparut de la scène politique après la session conventionnelle.

VALÉE (Sylvain-Charles, comte), pair de France, né à Brienne (Aube) le 17 décembre 1773, mort à Paris le 15 août 1846, « fils de Charles Valée et de Louise Bonjour », fut admis à huit ans à l'École militaire de Brienne, passa, le 1er septembre 1792, à l'École d'artillerie de Châlons, et fut promu lieutenant au 1er régiment d'artillerie à pied le 1er juin 1793. Capitaine en second au 3e d'artillerie à cheval le 27 avril 1795, capitaine en premier le 13 mai 1800, il fit campagne aux armées de Sambre-et-Meuse, du Rhin et du Danube, et se distingua à Wurtzbourg et à Hohenlinden où il commanda l'artillerie de la division Decaen. Chef d'escadron au 5e régiment d'artillerie à cheval le 2 octobre 1802, chevalier de la Légion d'honneur le 11 juin 1804, lieutenant-colonel le 21 juin suivant, il servit à l'armée des côtes de l'Océan jusqu'au moment de l'ouverture de la campagne de 1805, et assista à Ulm, à Austerlitz et à Iéna. Sous-chef de l'état-major général de l'artillerie le 20 novembre 1806, colonel le 12 janvier 1807, commandant le 1er d'artillerie à pied le 13 février suivant, officier de la Légion d'honneur le 3 mars, il fut envoyé en Espagne le 1er octobre 1808, nommé, le 30 novembre 1809, directeur du parc de siège du corps de Lannes, assista au siège de Saragosse, et devint, le 22 décembre 1809, commandant de l'artillerie du 3e corps, puis de l'armée d'Aragon. Général de brigade le 18 juillet 1810, il fut appelé, le 22 août suivant, à la direction de l'école de Douai, mais revint bientôt en Espagne prendre le commandement de l'artillerie de Suchet, et prit part aux sièges de Lérida, de Sagonte, de Tarragone et de Valence. Créé baron de l'Empire le 13 février 1811, général de division le 6 août suivant, il mit en état de défense les places du gouvernement du Suchet, et put ramener en France, en 1814, malgré les efforts de l'armée anglo-portugaise et espagnole, le matériel d'artillerie et de parc. En témoignage de satisfaction, l'empereur le créa comte de l'Empire le 12 mars 1814. A la Restauration, il fut nommé commandeur de la Légion d'honneur (5 août 1814), chevalier de Saint-Louis et inspecteur général à Strasbourg. Aux Cent-Jours, il se mit à la disposition de l'empereur, qui l'employa d'abord, le 27 mars 1815, à la 5e division militaire, puis l'appela à Paris pour y commander l'artillerie de réserve et pourvoir à l'armement des défenses de cette ville. La seconde Restauration le maintint dans l'activité, et le nomma, le 2 août 1815, membre du nouveau comité d'artillerie ; en cette qualité, il fut successivement rapporteur de ce comité (février 1816), de la commission chargée de rédiger le règlement sur le service intérieur (15 janvier 1818), directeur du dépôt central (31 mars 1820), membre du comité consultatif (7 décembre 1821), président de ce comité (13 février 1822), inspecteur général d'artillerie (27 janvier 1828), et membre du conseil supérieur de la guerre (17 février 1828). C'est pendant cette période qu'il introduisit dans le matériel de l'artillerie des réformes si importantes, que le nouveau système reçut le nom de *système Valée*. Il allégea et uniformisa les calibres, modifia les affûts, créa le coffret d'avant-train et remplaça le corps du train d'artillerie par des canonniers conducteurs. Lors de l'expédition d'Alger, il organisa spécialement l'artillerie. Grand-croix de la Légion d'honneur depuis 1822, commandeur de Saint-Louis en 1827, il fut appelé à la Chambre des pairs le 27 mars 1830, mais cette dernière nomination ayant été annulée par l'article 68 de la Charte de 1830, Valée fut renommé à la Chambre des pairs le 11 septembre 1835. Après la révolution de juillet, il avait été mis en disponibilité (8 septembre). En 1831, il entra cependant au conseil d'État, et, en avril 1837, reçut le commandement de l'artillerie et du génie de la nouvelle expédition de Constantine. Lors de l'assaut du 12 octobre, Danrémont ayant été tué, Valée prit le commandement comme le plus ancien divisionnaire et, le lendemain, 13, Constantine était prise. En récompense, il fut nommé gouverneur de l'Algérie le 25 octobre, n'entra en fonctions que le 1er décembre, et fut élevé à la dignité de maréchal de France le 11 novembre. Il pacifia la province de Constantine, organisa, en 1838, le cercle de Bône, mais ne put empêcher Abd-el-Kader de tenir encore la campagne. Il donna sa démission en mars 1839, à la chute du cabinet Molé, ministre dont il était l'ami; mais Soult arrivé au pouvoir parvint à lui faire garder son poste. Le 27 octobre 1839, Valée organisa, pour complaire au duc d'Orléans, l'expédition des Portes de fer, battit l'émir à Boufarick le 31 décembre, et, malgré le ministère du 1er mars 1840, qui voulait organiser quelque expédition du côté d'Oran, occupa Cherchell, et battit de nouveau l'émir au col de la Mouzaïa, le 12 mai 1841. Le 17, avec les ducs d'Orléans et d'Aumale, il entrait à Médéah, et le 8 juin à Milianah. A l'époque du traité de Londres, Valée s'occupa principalement de pourvoir à la sécurité de notre nouvelle colonie, et donna les plans de défense de la rade d'Alger. Il fut relevé de ses fonctions de gouverneur le 3 janvier 1841, présida pendant un an la commission des fortifications de Paris, et rentra en 1843 dans la vie privée. Il fut inhumé aux Invalides.

VALENCE (Jean-Baptiste-Cyrus-Marie-Adélaïde de Thimbrune, comte de), membre du Sénat conservateur, pair en 1814, pair des Cent-Jours et pair de France, né à Agen (Lot-et-Garonne) le 22 septembre 1757, mort à Paris le 4 février 1822, fils d'un lieutenant-général, entra en 1774 à l'École d'artillerie de Strasbourg. Capitaine au régiment Royal-Cavalerie en 1778 et aide-de-camp du maréchal de Vaux, il épousa à l'improviste, en 1789, la fille cadette de Mme de Genlis, pour masquer, dit-on, ses relations intimes avec Mme de Montesson, et devint l'année suivante premier écuyer du duc d'Orléans et colonel du régiment de dragons-Chartres, après avoir été pendant quelques mois seulement colonel en second du régiment de Bretagne. Ses relations avec le duc d'Orléans et ses idées libérales lui valurent d'être élu, en 1789, député suppléant de la noblesse aux États-Généraux par la ville de Paris. Il ne fut pas appelé à siéger à la Constituante, et fut nommé, en 1790, maréchal de camp et commandant du département de la Sarthe. Le 23 juin 1791, il prêta, avec la fuite du roi, le nouveau serment militaire devant l'Assemblée. Employé à l'armée de Dumouriez, lieutenant-général le 20 août 1792, il assista à la bataille de Valmy, où il commanda la réserve, et reçut les capitulations de Verdun et de Longwy. Général en chef de l'armée des Ardennes le 8 octobre 1792, il battit Beaulieu, s'empara de Dinant, de Charleroi et de Namur, et, pendant l'hiver, proposa au gouvernement un plan d'invasion des colonies anglaises. Envoyé en Belgique, sur la demande de Dumouriez, il assista à l'affaire de Tirlemont, se distingua et fut blessé à la bataille de Neerwinde. Mécontent de la marche de la politique intérieure, il

donna sa démission. Un des courriers qu'il envoyait à Beurnonville ayant été intercepté, des dépêches importantes (car il était le confident de Dumouriez) tombèrent entre les mains des agents du gouvernement. Un mandat d'arrêt fut lancé contre lui, et la Convention ordonna par un décret l'arrestation de toute sa famille. Valence suivit alors Dumouriez dans sa défection, et se rendit à Londres; mais l'itt lui ordonna de quitter immédiatement l'Angleterre. Il passa en Amérique, revint en Europe à l'époque du Directoire, vécut près de Hambourg jusqu'à l'établissement du Consulat, et rentra en France en l'an VIII. Président du collège électoral de Vassy en l'an IX, candidat au Sénat en l'an XI, il devint membre du Sénat conservateur le 12 pluviôse an XIII. Commandeur de la Légion d'honneur (20 pluviôse suivant), il fut nommé, le 20 mars 1807, commandant de la 5e légion de la réserve intérieure, fut créé comte de l'Empire, le 1er juin 1808, et envoyé la même année à l'armée d'Espagne, d'où il revint bientôt en raison de son état de santé. Durant la campagne de Russie, il commanda une division, fit une partie de la campagne de Saxe, et, en décembre 1813, fut nommé commissaire extraordinaire de l'empereur à Besançon où il tenta vainement d'arrêter la marche des alliés. Secrétaire du Sénat le 1er avril 1814, il signa la déchéance de Napoléon 1er, et fut nommé, par Louis XVIII, pair de France le 4 juin 1814, et grand-officier de la Légion d'honneur le 4 janvier 1815. Aux Cent-Jours, Valence fut de nouveau appelé à la Chambre des pairs le 2 juin 1815. Il redevint secrétaire de la Chambre haute et y défendit avec énergie la cause de l'Empire. Après Waterloo, il commanda, avec Grenier et Sébastiani, les troupes de Paris, et fut désigné, le 21 juin 1815, comme commissaire extraordinaire par le gouvernement provisoire pour aller demander un armistice à Blucher, qui répondit par un refus. Éliminé de la Chambre des pairs le 25 juillet 1815, mis à la retraite, comme lieutenant général, le 4 septembre suivant, il ne rentra à la Chambre haute que le 21 novembre 1819. Il prit place dans le parti libéral, s'opposa aux mesures de réaction, parla contre les lois suspensives de la liberté individuelle et de la liberté de la presse, et prit en main la réhabilitation de Lesurques. Sa fille cadette épousa le général, plus tard maréchal Gérard. Valence était grand dignitaire de la franc-maçonnerie. On a de lui : *Essai sur les finances de la République française et sur les moyens d'anéantir les assignats* (Hambourg, 1796).

VALENTIN (Marie-Edmond), représentant en 1850 et en 1875, sénateur de 1876 à 1879, né à Strasbourg (Bas-Rhin) le 27 avril 1823, mort à Paris le 31 octobre 1879, suivit la carrière militaire. Sergent-major en février 1848, il parvint au grade de sous-lieutenant. Il sortait, en cette qualité, du 6e bataillon de chasseurs à pied, lorsqu'il dut à ses opinions nettement républicaines d'être élu par les démocrates du Bas-Rhin, le 10 mars 1850, représentant du peuple à la Législative, le 3e sur 5, par 55,161 voix (97,491 votants, 137,534 inscrits); il s'agissait de remplacer cinq représentants de ce département condamnés par la haute-cour de Versailles pour l'affaire du 13 juin. M. Valentin prit place à la Montagne, vota avec la minorité démocratique, se prononça énergiquement contre la politique de l'Élysée, fut arrêté dans la nuit du 2 décembre 1851, et inscrit en tête de la première liste de représentants bannis. Il se retira en Angleterre, devint professeur à l'École d'application d'artillerie et de génie de Woolwich, et rentra en France au mois de mai 1870. Le 4 septembre 1870, au soir, il accompagna M. Floquet pour mettre les scellés sur les portes de la salle des séances du Sénat, et fut nommé préfet du Bas-Rhin par le gouvernement de la Défense nationale, qui « s'en rapportait à son énergie et à son patriotisme pour aller occuper son poste. » Il arriva le 7 septembre dans le Bas-Rhin, où il organisa des expéditions de francs-tireurs, parvint à franchir les lignes ennemies, et pénétra le 19 septembre à Strasbourg, après avoir franchi à la nage, sous le feu croisé de l'ennemi et de la place, la rivière de l'Ill et les fossés des fortifications. Il proclama la République, et prit possession de son poste. Il ne put empêcher le général Ulrich de capituler le 27 au soir, fut arrêté par ordre du général de Werder, au mépris des conditions stipulées, et détenu pendant trois mois et demi en Allemagne dans les casemates de la forteresse d'Ehrenbreitstein. Rendu à la liberté au moment de l'armistice, il fut nommé, le 6 février 1871, préfet du Rhône et commissaire extraordinaire de la République, en remplacement de M. Challemel-Lacour démissionnaire. Aux élections du surlendemain pour l'Assemblée nationale, il fut candidat républicain dans le Bas-Rhin, mais il n'obtint que 45,106 voix (101,741 votants). Comme préfet du Rhône, il soutint la politique républicaine modérée de Thiers, et contribua, à la tête des troupes, à réprimer (mars et avril) l'insurrection communaliste de la Guillotière. Toutefois la presse monarchique l'attaqua avec une grande vivacité, lui reprochant d'avoir usé trop modérément de la victoire. Le 24 janvier 1872, il fut remplacé comme préfet de Lyon par M. Pascal. M. Valentin refusa la place de trésorier-payeur que lui offrait, à titre de compensation, le gouvernement de Thiers, fut nommé, le 10 février suivant, commandeur de la Légion d'honneur, reçut peu après, du conseil de l'École d'application de Woolwich, une pension de retraite exceptionnelle, et se fixa à Versailles. Le 7 février 1875, les électeurs de Seine-et-Oise appelés à nommer un représentant en remplacement de M. de Pourtalès, décédé, élurent M. Valentin, comme candidat républicain, par 56,226 voix (103,010 votants, 142,152 inscrits), contre 42,227 à M. Arrighi de Padoue. La lutte avait été des plus vives. M. Valentin siégea à gauche, et vota *pour* les amendements Wallon et Pascal Duprat et *pour* l'ensemble des lois constitutionnelles. Le 30 janvier 1876, il fut élu sénateur du Rhône par 175 voix sur 329 votants. Il suivit au Sénat la même ligne politique qu'à l'Assemblée nationale, vota avec le groupe de la gauche républicaine, notamment *contre* la dissolution de la Chambre (juin 1877), *pour* le ministère Dufaure, et mourut le 31 octobre 1879.

VALENTIN (FRANÇOIS-MAXIMIN), député de 1887 à 1889, né à Saint-Chinian (Hérault) le 11 juin 1821, mort à Paris le 4 mars 1888, propriétaire, fut élu député de l'Isère, le 5 juin 1887, par 35,382 voix (76,068 votants, 164,356 inscrits), contre 22,793 à M. Edg. Monteil, également républicain, et 16,200 à M. Pairot; il remplaçait M. Buyat décédé. Il prit place dans les rangs de la majorité opportuniste, et mourut quelques mois après.

VALENTIN-BERNARD (MATHIAS), député en 1789, né en 1748, mort en 1824, était bourgeois à Bourg-Blaye (Gironde) quand il fut élu, le 9 avril 1789, député du tiers aux États-Généraux par la sénéchaussée de Bordeaux. Il prêta le serment du Jeu de paume et siégea fort obscurément dans la majorité. Maire de Bourg en 1791, juge de paix du canton de Bourg en 1792, il remplit ces fonctions jusqu'à sa mort. Conseiller général de la Gironde du 1er thermidor au VIII à 1803, et de 1808 à 1811.

VALENTIN-DUPLANTIER (JEAN-MARIE-CÉCILE, BARON), député au Conseil des Cinq-Cents, né à Trévoux (Ain) le 5 août 1758, mort à Paris le 6 février 1814, « fils de Messire Joseph Valentin, écuyer, conseiller de son Altesse Sérénissime en son parlement des Dombes, et de dame madame Marguerite Girard », était lieutenant général au présidial et bailliage de Bourg-en-Bresse au moment de la Révolution. Nommé, en 1791, commissaire du roi près le tribunal de Bourg, il blâma avec énergie le 10 août, attaqua violemment la Montagne, et, pour échapper aux poursuites, dut, pendant la Terreur, se réfugier à l'armée d'Italie, où il occupa une place dans les charrois (train des équipages). Rentré en France après le 9 thermidor, il fut élu, le 24 vendémiaire an IV, député de l'Ain au Conseil des Cinq-Cents, par 132 voix (244 votants). Il prit place parmi les modérés, fut membre de la commission chargée du dépouillement des scrutins, et de divers autres bureaux, appuya la vérification des pouvoirs demandée par Génissieu, demanda l'ajournement de la liste décuple pour le choix d'un Directeur, combattit les dénonciations contre Siméon, proposa d'admettre en paiement des contributions les bons délivrés aux parents des condamnés pour la restitution de leurs biens, s'opposa à l'amnistie pour les délits relatifs à la Révolution, condamna le message du Directoire à propos de la conspiration royaliste et de l'acquittement de La Villeheurnois, fit un rapport contre les sociétés populaires, et fut élu secrétaire le 1er thermidor an V. Rallié au parti de Clichy et adversaire du Directoire, il fut condamné à la déportation au 18 fructidor, parvint à échapper aux poursuites, et se réfugia en Suisse, puis en Toscane où il resta jusqu'en l'an VII. Rentré alors en France, il adhéra au 18 brumaire, devint conseiller général de l'Ain en l'an VIII, président du conseil général en l'an X, préfet des Landes le 19 messidor suivant, et membre de la Légion d'honneur le 25 prairial an XII. Officier de l'ordre le 20 juillet 1804, baron de l'Empire le 23 mai 1810, préfet du Var le 30 novembre suivant, il fut nommé maître des requêtes au conseil d'État le 23 décembre 1813, et mourut quelques semaines après.

VALÉRIAN-DUCLOS (ANTOINE), député en 1789, né à Nîmes (Gard) le 5 septembre 1732, mort à une date inconnue, avait rempli des fonctions municipales à Pont-Saint-Esprit, quand il fut élu, le 31 mars 1789, député du tiers aux États-Généraux par la sénéchaussée de Nîmes et Beaucaire. Il prêta le serment du Jeu de paume, s'engagea (24 septembre 1789) à verser au trésor public le quart de son revenu, et quitta la vie politique après la session.

VALERY (JEAN), député au Conseil des Cinq-Cents, né à Lentillac (Lot) le 4 février 1762, mort à Lentillac le 6 février 1855, juge de paix du canton de Lauzès (Lot), fut élu, le 25 germinal an VI, député du Lot au Conseil des Cinq-Cents. Il en sortit en l'an VIII, et ne prit plus aucune part aux affaires publiques.

VALERY (Jean-Joseph, comte), sénateur de 1876 à 1879, né à Bastia (Corse) en 1823, mort à Florence (Italie) le 26 mars 1879, fut nommé président de la chambre de commerce de Bastia en 1855 et directeur de la Compagnie des paquebots de la Méditerranée en 1861. Chevalier de la Légion d'honneur, conseiller général de Bastia, consul de Portugal et vice-consul d'Espagne, d'Autriche et de Grèce, décoré d'un grand nombre d'ordres étrangers, il fut élu sénateur de la Corse, le 30 janvier 1876, par 288 voix (476 votants); son élection avait été chaudement appuyée par MM. Rouher, Gavini et Abbatucci, et fut validée, bien qu'il eût fait transporter et nourrir gratuitement des électeurs sénatoriaux sur un de ses bateaux, d'où ils s'étaient rendus sous escorte au scrutin. Il prit place au groupe de l'Appel au peuple, et, en juin 1877, vota la dissolution de la Chambre demandée par le ministère de Broglie. L'état de sa santé le força de passer l'hiver à Florence où il mourut en mars 1879. Il fut remplacé au Sénat, le 22 juin suivant, par M. Piétri.

VALETTE (Joseph-Siméon), député en 1789, né à Tours (Indre-et-Loire) le 13 septembre 1736, mort à Tours le 2 février 1809, était négociant dans sa ville natale, quand il fut élu, le 23 mars 1789, député du tiers aux Etats-Généraux par le bailliage de Touraine, le 2e sur 8, avec 121 voix sur 185 votants. Le rapport de l'intendant de la province au ministre sur ces élections, dit de lui : « Valette, non catholique, homme fort raisonnable. » Il prêta le serment du Jeu de paume, siégea silencieusement dans la majorité, et quitta la vie politique après la session.

VALETTE (Louis-Charles), représentant du peuple en 1848, né à Sarrelouis (Prusse rhénane), le 17 mars 1804, mort à Remilly (Moselle) le 16 septembre 1870, fit son droit, fut reçu avocat et entra dans la magistrature au commencement du règne de Louis-Philippe; mais il donna bientôt sa démission et se retira à Remilly, où il s'occupa d'agriculture; il donna aussi ses soins au développement de l'instruction primaire et fut nommé inspecteur de cet enseignement. Partisan des idées avancées, il fut élu, le 23 avril 1848, représentant de la Moselle à l'Assemblée constituante, le 6e sur 11, par 73,697 voix, 97,423 votants, 111,534 inscrits); il fit partie du comité de l'instruction publique, et vota pour le bannissement de la famille d'Orléans, contre les poursuites contre L. Blanc et Caussidière, contre l'abolition de la peine de mort, contre l'impôt progressif, contre l'incompatibilité des fonctions, contre l'amendement Grévy, contre la sanction de la Constitution par le peuple, pour l'ensemble de la Constitution. Hostile à la politique de l'Elysée, il donna sa démission de représentant le 13 mars 1849, et retourna à Remilly, où il vécut dans la retraite.

VALETTE (Claude-Denis-Auguste), représentant en 1848 et en 1849, né à Salins (Jura) le 15 août 1805, mort à Paris le 10 mai 1878, fils d'un ancien officier de l'armée de Hoche, montra de bonne heure de remarquables dispositions pour la musique et fut admis à 9 ans au Conservatoire. Sa famille l'en fit sortir l'année suivante, et lui fit faire ses études aux lycées de Besançon et de Versailles. Il vint faire son droit à Paris. Reçu licencié en droit en 1827, puis docteur en 1830, il se fit connaître par une brochure intitulée : *De la pairie* héréditaire considérée comme pouvoir législatif et comme pouvoir judiciaire (1830), prit part à la révolution de juillet, et fut nommé au concours professeur suppléant de droit civil à la faculté de Paris (1833), et titulaire de cette chaire en 1837. Il s'y distingua par la netteté des vues, la sagacité des observations, la claire interprétation des textes, et devint un des plus éminents représentants du droit français, qu'il ne cessa d'enseigner depuis lors. Il publia, dans cette laborieuse période de son existence, plusieurs ouvrages théoriques de premier ordre : *De l'effet ordinaire de l'inscription en matière de privilèges sur les immeubles* (1843); *Traité des hypothèques* (1846); des *Notes et additions* au *Traité sur l'état des personnes* du jurisconsulte Proudhon, etc. Il collabora très activement, de 1831 à 1843, à la *Revue du droit français et étranger*. En 1845, il fut fait chevalier de la Légion d'honneur. A la révolution de février, M. Valette fut élu (23 avril 1848) représentant du Jura à l'Assemblée constituante, le 4e sur 8, par 38,056 voix (74,155 votants). Il fit partie du comité de législation dont il fut vice-président, opina avec la fraction la plus modérée du parti républicain, et fut chargé par l'Assemblée, avec MM. Turck, C. Forel, Lemaire, et Boulay de la Meurthe, de lui rendre compte, le 23 juin, de l'état de Paris insurgé. Respectueux de la légalité, le représentant du Jura, après avoir reçu dans ses bras le général Damesme blessé à mort, revendiqua pour les vaincus les garanties ordinaires de la justice, et se montra très opposé au système des proscriptions sans jugement. Il s'occupa d'ailleurs plus spécialement de questions de législation et prit la parole, soit comme rapporteur, soit comme député, dans le débat sur l'abolition immédiate des majorats, mesure réclamée par M. de Parieu et qu'il combattit; sur la publicité des contrats de mariage, la suppression de la quotité disponible, le travail du dimanche, l'organisation judiciaire, le timbre des effets de commerce, les conditions de la naturalisation des étrangers résidant en France, sur l'inscription hypothécaire, etc. Il vota *pour* le rétablissement du cautionnement et de la contrainte par corps, *contre* l'abolition de la peine de mort, *contre* l'amendement Grévy, *contre* le droit au travail, *pour* l'ordre du jour en l'honneur de Cavaignac, *pour* la proposition Rateau, *contre* l'interdiction des clubs, *pour* les crédits de l'expédition romaine, *pour* l'amnistie (2 mai 1849). Réélu à la Législative dans une élection partielle motivée, le 8 juillet 1849, dans le département du Jura, par le décès de M. Cordier, par 18,873 voix (40,624 votants, 99,001 inscrits), contre 16,622 à Ch. Ribeyrolles, démocrate socialiste, et 3,329 à Lamartine, M. Valette siégea à la gauche modérée, fut membre de la commission chargée de réformer la procédure criminelle, prononça un discours remarquable sur les coalitions (novembre 1849), tenta, de concert avec Wolowski, de faire prévaloir à cet égard un système mitigé tenant le milieu entre la répression et la liberté absolue, et déposa des rapports remarquables sur le duel et sur la naturalisation. Il parla encore sur la révision des procès criminels, sur la réhabilitation des condamnés innocents, sur les privilèges et hypothèques, et se prononça contre la loi Falloux-Parieu sur l'enseignement. Lors du coup d'Etat, il se réunit aux représentants assemblés à la mairie du Xe arrondissement, et s'écria : « J'ai deux titres pour être arrêté : je suis représentant du peuple et professeur de droit. » Détenu quelque temps à Vincennes, il reprit sous l'empire sa chaire de droit civil à la faculté, fut élu, le 5 juin 1869, membre de l'Académie des sciences morales et politiques, promu officier de la Légion d'honneur le 14 août de la même année, et fut nommé, en 1873, membre du conseil supérieur de l'instruction publique. On a encore de lui: *De la jurisprudence actuelle en matière d'enregistrement* (1843); *Traité des hypothèques* (1846); *Cours de code civil* (1872), et de nombreux articles dans les *Revues* spéciales.

VALETTE. — *Voy.* DESHERMEAUX (BARON).

VALETTE-PARISOT (BARTHÉLEMY, MARQUIS DE), député en 1789, né à Montpezat (Tarn-et-Garonne) le 19 octobre 1725, mort à Paris le 26 février 1790, ancien officier et chevalier de Saint-Louis, fut élu, le 23 mars 1789, député de la noblesse aux États-Généraux par la sénéchaussée de Quercy. Il vota avec la minorité et mourut au cours de la législature.

VALFONS (CAMILLE-RÉGIS MATHÉI DE LA CALMETTE, MARQUIS DE), représentant en 1871, député de 1876 à 1881, né à Nimes (Gard) le 11 janvier 1837, d'une ancienne famille du Languedoc, dont la filiation est établie depuis la fin du xvi⁰ siècle, fut élève de l'abbé d'Alzon, s'engagea, en 1860, dans les zouaves pontificaux, et fut décoré, l'année suivante, de la croix de Saint-Grégoire-le-Grand. Conseiller municipal de Nimes, commandant d'un bataillon de la garde nationale sédentaire de Nimes en 1870, il signa la proclamation républicaine lancée, après le 4 septembre, par la commission municipale provisoire de Nimes, et se mit à la tête d'un bataillon de mobilisés du Gard pendant la guerre. Élu, le 8 février 1871, représentant du Gard à l'Assemblée nationale, le 4⁰ sur 9, par 56,729 voix (95,143 votants, 137,326 inscrits), il se fit inscrire au centre droit et à la réunion des Réservoirs, parla en faveur de la loi des maires, déclara, à cette occasion, qu'il avait toujours été partisan de la nomination des maires par le pouvoir central, et vota, avec la droite orléaniste, *pour* la paix, *pour* l'abrogation des lois d'exil, *pour* la pétition des évêques, *pour* le pouvoir constituant de l'Assemblée, *contre* le service de trois ans, *pour* la démission de Thiers, *pour* le septennat, *pour* l'admission à titre définitif des princes d'Orléans dans l'armée, *pour* le ministère de Broglie, *contre* l'amendement Wallon, *contre* les lois constitutionnelles. Réélu, le 20 février 1876, député de la 2⁰ circonscription d'Alais, par 9,448 voix (14,559 votants, 18,187 inscrits) contre 6,008 à M. Favand, républicain, sur une profession de foi constitutionnelle, il reprit sa place à droite, et soutint le ministère de Broglie contre les 363. Candidat du gouvernement aux élections qui suivirent la dissolution de la Chambre par le cabinet du Seize-mai, il fut réélu, le 14 octobre 1877, par 10,417 voix sur 16,877 votants et 19,924 inscrits, contre 6,187 à M. Silhol, combattit la politique scolaire et coloniale des ministères républicains, et ne se représenta pas aux élections de 1881. On a de lui: *Mémoires du marquis de Valfons (1711-1786)*, son grand-oncle (1860). M. de Valfons a épousé une petite-nièce de Casimir Périer.

VALLADIER (JULES-HENRI-ISIDORE), représentant du peuple en 1848, né à Vallon (Ardèche) le 20 novembre 1798, mort à Vallon le 1er janvier 1871, d'une famille de robe, est porté,

par erreur, dans plusieurs biographies, comme fils d'un ancien député aux Cinq-Cents; son père fut élu, en 1791, député de l'Ardèche à l'Assemblée législative; mais, ne s'étant pas présenté pour prendre séance, il fut remplacé, le 4 janvier 1792, par Gamon. Valladier étudia le droit, se fit recevoir licencié, puis se consacra à la culture des mûriers et du ver à soie; il obtint plusieurs récompenses aux expositions industrielles. D'opinions libérales, il devint, à l'avènement du gouvernement de Juillet, maire de Vallon (1838), et entra, l'année suivante, au conseil général de l'Ardèche, où il proposa, en 1845, un vœu sur la réforme du cens et du système électoral. En février 1848, il donna sa démission de maire, mais il fut replacé aussitôt à la tête de la municipalité. Élu, le 23 avril 1848, représentant de l'Ardèche à l'Assemblée constituante, le 1er sur 9, par 58,212 voix, il fit partie du comité de l'administration départementale et communale, et vota *pour* le bannissement de la famille d'Orléans, *pour* les poursuites contre Louis Blanc et Caussidière, *contre* l'abolition de la peine de mort, *contre* l'impôt progressif, *contre* l'incompatibilité des fonctions, *contre* l'amendement Grévy, *contre* la sanction de la Constitution par le peuple, *pour* l'ensemble de la Constitution, *pour* la proposition Rateau, *pour* l'interdiction des clubs, *pour* l'expédition de Rome. Il appuya après le 10 décembre la politique de l'Élysée. Non réélu à la Législative, il revint faire de l'agriculture à Vallon. Chevalier de la Légion d'honneur.

VALLÉE (JACQUES-NICOLAS), membre de la Convention, député au Conseil des Cinq-Cents, né à Évreux (Eure) le 27 juin 1751, mort à Paris le 6 avril 1828, était avocat à l'époque de la Révolution. Il fut nommé président de l'administration du district d'Évreux, et, le 8 septembre 1792, fut élu second suppléant de l'Eure à la Convention, par 337 voix (491 votants). Admis à siéger de suite en remplacement de Brissot, qui avait opté pour l'Eure-et-Loir, Vallée siégea dans les rangs des modérés. Lors du procès du roi, il répondit au 2⁰ appel nominal: « Il n'y a aucune puissance qui puisse m'empêcher de remplir l'étendue de mes mandats. Je crois que le peuple exercerait lui-même sa souveraineté, ferait lui-même sa loi, et prononcerait lui-même sur l'intérêt social, s'il le pouvait. Je crois que d'après ces principes, que même lorsque le peuple donne des mandats illimités, son intention, cependant, est de ne déléguer que les pouvoirs qu'il ne peut pas exercer lui-même, et de se réserver ceux dont l'exercice lui est possible.

« Le peuple français ne pouvait pas prononcer sur les faits dont Louis Capet était accusé, car il ne pouvait pas se réunir en masse dans un même lieu, pour l'entendre et examiner les pièces de conviction.

« Cette impossibilité imposait à ses mandataires l'obligation de se prononcer sur ces faits, et ils ont rempli ces devoirs. Maintenant, le peuple français peut prononcer sur l'application de la peine à infliger à Louis Capet. Il peut prononcer sur les mesures à prendre, et pour la sûreté de l'État pour le maintien de la liberté; et je dis que dès lors qu'il le peut, la Convention nationale ne le peut pas.

« Je ne suis pas effrayé, moi, par ces prétendues inquiétudes de guerre civile: je sais que ces prétextes ont toujours été ceux des rois, lorsqu'ils ont voulu interdire les assemblées populaires qui mettaient un frein à leur autorité; je sais que ce langage sera toujours aussi celui des hommes qui voudraient faire prédominer leurs opinions privées sur la volonté générale, et mettre leur intérêt personnel à la place de l'intérêt public.

« Je dis que la majorité n'a véritablement d'autre intérêt que d'avoir un gouvernement républicain. Je n'ai pas la même confiance dans une assemblée de sept à huit cents hommes dont les intérêts privés pourraient bien ne pas être conformes à ceux de la nation; je dis que la majorité d'une assemblée de huit cents hommes n'est pas à l'abri de la corruption, et, s'il fallait en citer un exemple, je citerais le parlement d'Angleterre...... La majorité du peuple prendra nécessairement des mesures convenables pour assurer le gouvernement républicain. Au contraire, le gouvernement d'un seul peut séduire la majorité de sept à huit cents personnes, soit par l'attrait des moyens corrupteurs, soit par l'inamovibilité des places, préférables sans doute, dans l'esprit de quelques hommes, à l'instabilité des emplois républicains, dans lesquels on ne peut se perpétuer que quelques instants : voilà quel est mon vœu, et je n'en ai pas d'autre à émettre, car je ne veux dire ni oui, ni non. (Quelques voix : Au fait! dites oui ou non!) Je ne veux rien prononcer. » Et au 3e appel nominal : « Je vote pour la détention jusqu'au moment où les puissances étrangères reconnaîtront la république française, et pour la mort si elles envahissent notre territoire. » Il se prononça en outre pour le sursis. Compromis avec les Girondins, il fut décrété d'arrestation et d'accusation pour avoir protesté contre les événements du 31 mai, échappa aux poursuites, et se tint caché jusqu'après le 9 thermidor. Merlin proposa alors qu'il fût tenu éloigné de la Convention, sans être inquiété. Mais Vallée obtint sa réintégration le 25 ventôse an III. Il s'associa aux mesures de réaction, accusa David (de l'Aube) de la mort de Perrin dont il était le suppléant, et parla sur le traité de paix conclu avec l'Espagne. Après la session, il obtint un emploi à Évreux dans les contributions indirectes, se fit inscrire au barreau de cette ville, et fut nommé, par la suite, administrateur des hospices, et juge-suppléant au tribunal. Ayant signé l'Acte additionnel aux Cent-Jours, il fut destitué de ses fonctions, et perdit même sa pension d'ancien employé des contributions. À la promulgation de la loi du 12 janvier 1816 contre les régicides, le préfet de l'Eure, M. de Gasville, lui enjoignit de partir. Il prit un passeport pour Bâle, le 10 février 1816, puis il réclama, son vote pour la mort n'ayant été que conditionnel. Justice lui fut rendue; il obtint un sursis indéfini et rentra en France.

VALLÉE (Pierre-Joseph, chevalier), député au Conseil des Cinq-Cents et de 1817 à 1824, né à Saint-Mihiel (Meuse) le 13 décembre 1759, mort à Paris le 3 octobre 1828, était avocat à Saint-Mihiel au moment de la Révolution. Partisan des idées nouvelles, il fut successivement commissaire du roi, puis commissaire du pouvoir exécutif près le tribunal criminel de la Meuse (1791), juge au tribunal civil en 1792, et accusateur public près le tribunal de la Meuse en 1794. Élu, le 22 germinal an V, député de ce département au Conseil des Cinq-Cents, par 193 voix (243 votants), il ne s'y fit remarquer que par sa motion et son rapport sur l'affaire de Santerre juge de paix à Chaulny. Bien que modéré, il ne fut pas inquiété au 18 fructidor, adhéra au 18 brumaire, fut nommé juge au tribunal de cassation le 11 germinal an VIII, membre

de la Légion d'honneur le 25 prairial an XII, et créé chevalier de l'empire le 26 avril 1808. Maintenu par la Restauration dans ses fonctions de conseiller à la cour de Cassation, il fut élu, le 20 septembre 1817, député du grand collège de la Meuse, par 161 voix (299 votants, 516 inscrits), prit place dans le parti libéral, et vota contre les deux lois d'exception et contre le nouveau système électoral. Il quitta la vie politique aux élections de 1824.

VALLÉE (Mathurin), représentant à la chambre des Cent-Jours, dates de naissance et de mort inconnues, était juge de paix à Dax, après avoir rempli les fonctions d'aide-de-camp du général de la Bourdonnaye, lorsqu'il fut élu (13 mai 1815) représentant de l'arrondissement de Dax à la Chambre des Cent-Jours, par 24 voix (45 votants). Il rentra dans la vie privée après la courte session de cette législature.

VALLÉE (François-Gabriel), député de 1834 à 1837, né au Mans (Sarthe) le 27 août 1790, mort à une date inconnue, se destina à la magistrature. Ses études de droit terminées, il fut nommé (1813) juge auditeur au tribunal du Mans. Mais la Restauration lui fit perdre ces fonctions. Il se retira alors à la campagne et s'occupa d'agriculture. Favorable à la révolution de juillet 1830, il fut élu d'abord conseiller général de la Sarthe, puis il accepta, le 21 juin 1834, la candidature que lui offrirent les électeurs libéraux du 3e collège de la Sarthe (le Mans), et fut élu député par 158 voix sur 269 votants et 318 inscrits, contre 109 à M. de Dreux-Brézé. M. Vallée vota le plus souvent avec l'opposition modérée. Il quitta la vie politique aux élections de 1837.

VALLÉE (Louis-René-Oscar de), membre du Sénat, né à la Mothe-Saint-Héraye (Deux-Sèvres) le 1er septembre 1821, d'une vieille famille poitevine, fit ses classes à Lyon et alla étudier le droit à Poitiers. Reçu avocat (1842), il s'inscrivit d'abord au barreau de cette ville, puis à celui de Paris auquel il appartint de 1843 à 1848. Nommé par le gouvernement provisoire (4 mars 1848) substitut du procureur de la République près le tribunal de la Seine, il se montra dévoué à la politique conservatrice qui prévalut bientôt dans les conseils du gouvernement, adhéra au coup d'État de L.-N. Bonaparte, devint, le 28 juin 1852, substitut du procureur général à la cour d'appel de Paris, et le 4 novembre 1855, avocat général près la même cour. Premier avocat général le 21 août 1861, il eut à porter la parole dans un certain nombre de procès importants, parmi lesquels l'affaire du duel entre MM. Charles Hugo et Viennet fils, le procès soutenu par Mme de Guerry contre la communauté de Picpus, le procès intenté par les héritiers du prince Eugène à l'éditeur des Mémoires du duc de Raguse; il s'acquitta brillamment de sa tâche et se distingua par la modération et la sévère sobriété de sa parole. Nommé conseiller d'État le 30 novembre 1867, il perdit ses fonctions à la chute de l'Empire, et reprit à Paris l'exercice de sa profession d'avocat. Impérialiste, il se présenta, lors des élections du 20 février 1876, à la Chambre des députés, dans l'arrondissement de Rocroi, où il échoua. Mais les droites du Sénat firent triompher, le 15 novembre 1878, sa candidature à un siège inamovible devenu vacant par suite du décès du général Chareton; élu sénateur par 141 voix (269 votants), il appartint au groupe bonapartiste et vota constamment avec la droite, contre le ministère Dufaure, contre l'article 7, *contre* la réforme du personnel de la magistrature, *contre* le divorce, *contre* les crédits du Tonkin, *contre* l'expulsion des princes, *contre* la nouvelle loi militaire, et, en dernier lieu, *contre* le rétablissement du scrutin d'arrondissement (13 février 1889), *contre* le projet de loi Lisbonne restrictif de la liberté de la presse, *contre* la procédure de la Haute cour contre le général Boulanger. Il prit fréquemment la parole à la tribune de la Chambre haute, pour la défense des théories autoritaires et conservatrices, notamment contre la réforme du serment judiciaire (février 1883), pour assurer aux tribunaux ordinaires et non à une juridiction administrative l'autorité disciplinaire sur les instituteurs libres (février 1886), pour rétablir dans la loi militaire (avril 1888) les dispenses accordées par la loi de 1872. Officier de la Légion d'honneur (19 août 1866). On a de M. O. de Vallée : *Antoine Lemaistre et ses contemporains* (1858); *Les Manieurs d'argent* (1857); *Le duc d'Orléans et le chancelier d'Aguesseau* (1859); *Études et portraits* (1889), et diverses brochures d'actualité.

VALLET (Claude-Benjamin), député en 1789, né à Gien (Loiret) le 2 septembre 1854, mort à Gien le 23 février 1828, était curé de Gien, lorsqu'il fut élu, le 17 mars 1789, député du clergé aux États-Généraux par le bailliage de Gien. Il se réunit à l'assemblée du tiers, dans les termes suivants :

« Messieurs, j'ai demandé au clergé du bailliage royal de Gien, lorsqu'il s'est agis de travailler à la Rédaction de notre cahyer, s'il vouloit se réunir à Messieurs de la Noblesse et à Messieurs du Tiers-État pour compléter l'opération ensembles.

« Mais ce clergé à répondus unanimement qu'il procéderoit seul à la confection de son cahyer et à la nomination de son député, comme cela est prouvé par l'acte qui se trouve à la tête de nos pouvoirs. En conséquence, j'ai toujours crus remplir l'intention de mes commettants en restant dans la salle du clergé, et en demandant qu'il vérifie en particulier des pouvoirs que l'on n'a pas voulu me donner en commun.

« Je n'étois pas dans la salle du clergé, quand on a pris la délibération de Vendredy : je ne suis revenu de Paris que le 24. Mes pouvoirs étant pour la délibération en commun et le vote par tête, je les apporte moy-même dans la salle, où se trouve le plus grand nombre des membres du clergé, pour les soumettre à la vérification. »

Membre du comité ecclésiastique, il prêta le serment ecclésiastique le 30 décembre 1790, avec la restriction, refusa l'évêché constitutionnel de Bordeaux, et demeura à Gien jusqu'à la fin de 1793, pour desservir l'unique paroisse conservée. Les clubistes voulaient le forcer à se marier; mais il répondait toujours que « quant au mariage, il faut quelque temps pour y penser. » Pour le débarrasser de ses obsessions, on proposa de l'unir officiellement avec une dame de 70 ans, paralytique, et dont le mari était émigré : il refusa. Arrêté le 31 décembre 1793, il resta en prison jusqu'au 9 thermidor (juillet 1794). Pendant ces six mois, on vint le chercher un jour pour l'amener devant le tribunal révolutionnaire; mais, ses forces l'ayant trahi, il tomba sans connaissance; ce fut un de ses co-détenus, l'abbé Gaudet, qui fut emmené, condamné et exécuté

à sa place. L'abbé Vallet ne mourut que vingt-quatre ans plus tard, à 74 ans.

VALLET DE MERVILLE (Stanislas-Michel-François), représentant à la Chambre des Cent-Jours, né à Metz (Moselle) le 1er novembre 1767, mort à Nancy (Meurthe) le 29 août 1833, « fils de monsieur François Vallet de Merville, écuyer, conseiller du roy, lieutenant des maréchaux de France au département des Trois évêchés, résidant à Metz, et de dame Marie-Marguerite Alexandre », se fit recevoir avocat au parlement (mars 1789). Il entra ensuite dans l'enseignement, comme professeur de rhétorique de seconde au collège de Nancy, puis dans l'administration, comme chef de bureau (1er nivôse an III) de l'agent national du district de Nancy. Administrateur (messidor de la même année) du département de la Meurthe, chef du bureau d'administration générale et de police à la préfecture de la Meurthe, secrétaire général de cette préfecture (11 janvier 1811), il fut élu, le 10 mai 1815, par 73 voix (97 votants, 101 inscrits), représentant de l'arrondissement de Nancy à la Chambre des Cent-Jours. Son rôle parlementaire prit fin avec la courte session de cette législature.

VALLETAUX (Jean-André), député au Corps législatif en l'an X, né à Chierzac (Charente-Inférieure) le 10 mars 1757, tué au combat de Quintemilla del Valle (Espagne) le 23 juin 1811, entra au service, comme simple soldat au régiment d'Amiens, le 4 décembre 1779, devint sergent le 1er février 1782, et adjudant sous-officier le 15 septembre 1791. Il passa avec ce grade dans la garde constitutionnelle du roi. Le 20 juin, bien que n'étant pas de service, il se rendit aux Tuileries pour y protéger la famille royale. Licencié peu après, il assista à la journée du 10 août, aux côtés des grenadiers fidèles à Louis XVI, et manqua d'être tué. Après être resté quelque temps sans emploi à Paris, il fut élu commandant d'un bataillon de la Charente. Chef de brigade le 9 pluviôse an II, général de brigade le 13 vendémiaire an III, il servit à l'armée du Nord, fut blessé au siège de Bois-le-Duc, puis passa sous les ordres de Hoche, à l'armée des côtes de Brest, le 1er pluviôse an III, et commanda la colonne du centre à l'attaque du fort Penthièvre à Quiberon. Appelé au commandement du département des Côtes-du-Nord, il y resta jusqu'au 1er vendémiaire an V, et fut mis en disponibilité. Rallié au 18 brumaire, il fut élu, le 6 germinal an X, par le Sénat conservateur, député des Côtes-du-Nord au Corps législatif, fit quelque temps partie de la commission de défense des côtes, et sortit de l'assemblée en 1809. Membre de la Légion d'honneur (4 frimaire an XII), officier de l'ordre (25 prairial suivant), il demanda, à sa sortie du Corps législatif, à exercer un commandement actif, ce qui lui fut accordé. Gouverneur de Bois-le-Duc, commandant d'une brigade à Anvers, il fut envoyé à l'armée d'Espagne le 11 avril 1810, comme chef de la 3e brigade de la division Boudet, du corps de Bessières. Il opéra dans les Asturies, se signala à Oviedo, à Grado, et enfin à Quintemilla où il fut tué. L'empereur, qui ignorait sa mort, le nomma commandeur de la Légion d'honneur un mois après, le 14 juillet 1811.

VALLETON. — *Voy.* Garraube (de).

VALLETTE (Pierre-Louis), représentant à la Chambre des Cent-Jours, né à Nasbinals (Lozère) le 1er juillet 1756, mort à une date inconnue, « fils à monsieur Guillaume Vallette-Desplas et à dame Marie-Victoire Comorlon de Gambuize », appartint, sous Napoléon Ier, à la magistrature. Procureur impérial à Monde, il fut élu, le 13 mai 1815, représentant de l'arrondissement de Marvejols à la Chambre des Cent-Jours, par 39 voix sur 40 votants, contre 1 voix à M. Paradan. Il ne fit pas partie d'autres assemblées.

VALLIER (PIERRE-FRANÇOIS-AUGUSTIN), député en 1791, né à Saint-Marcellin (Isère) le 27 août 1763, mort à Saint-Marcellin le 22 avril 1846, fut reçu avocat en 1783, embrassa la cause de la Révolution, devint membre du directoire de l'Isère en 1790, et fut élu, le 31 août 1791, député de l'Isère à l'Assemblée législative, le 8e sur 10, par 351 voix (511 votants). Il vota obscurément avec la majorité. Maire de Saint-Marcellin, commissaire du Directoire exécutif près l'administration municipale de cette ville en l'an III, il se rallia au 18 brumaire, et fut nommé sous-préfet par intérim, en floréal an VIII. Magistrat de sûreté de l'arrondissement de Saint-Marcellin en l'an IX, puis président du canton et conseiller général sous l'empire, il rentra dans la vie privée à la Restauration.

VALLIER (GERMAIN), sénateur de 1882 à 1883, né à Lyon (Rhône) le 17 janvier 1821, mort à Paris le 15 juin 1883, manifesta hautement ses opinions républicaines lors du coup d'Etat de 1851 et fut exilé par L.-N. Bonaparte. Il se réfugia à Annecy et devint secrétaire particulier d'Eugène Sue. De retour à Lyon après la mort de cet écrivain, il se mêla de nouveau au mouvement démocratique, publia en 1851 : *Documents pour servir à l'histoire de Grenoble en 1814 et 1815*, et, après 1870, devint adjoint au maire de Lyon. Il exerça cette fonction jusqu'en 1873, appartint à la rédaction de divers journaux républicains, et fut élu (1875) membre du conseil d'arrondissement de Lyon et du conseil général du Rhône qui le choisit pour vice-président. Le 14 mars 1880, le décès de Jules Favre ayant créé une vacance dans la représentation sénatoriale du Rhône, M. Vallier fut élu sénateur par 216 voix sur 316 votants. Il prit place à gauche, sur les bancs de l'Union républicaine, vota avec la majorité, sans paraître à la tribune, et obtint sa réélection, le 8 janvier 1882, au renouvellement triennal du Sénat par 231 voix (323 votants). Il continua de soutenir de son vote le gouvernement républicain, opina notamment *pour* la réforme de la magistrature, et mourut au cours de la législature.

VALMY (DUC DE). — *Voy.* KELLERMANN.

VALON (ANTOINE-JOSEPH-LOUIS-SYLVESTRE, COMTE DE), député de 1824 à 1831 et de 1837 à 1842, né à Egletons (Corrèze) le 10 octobre 1781, mort à Tulle (Corrèze) le 27 janvier 1848, propriétaire à Tulle, maire de cette ville en 1823 et conseiller général, fut élu député du 2e arrondissement électoral de la Corrèze (Ussel), le 25 février 1824, par 116 voix (150 votants, 190 inscrits); le 17 novembre 1827, par 105 voix (100 votants, 114 inscrits), et le 23 juin 1830, par 100 voix (118 votants, 131 inscrits). Ministériel en 1824, il passa en 1825 à l'opposition de droite, parla dans l'affaire Ouvrard, se réunit au groupe Agier, mais ne signa pas l'Adresse des 221. Après avoir échoué dans le même collège, le 5 juillet 1831, avec 94 voix contre 104 à l'élu, M. Plazanet, et le 21 juin 1834, avec 59 voix

contre 93 à l'élu, M. Persil, il fut réélu, dans le 1er collège du même département (Tulle), le 30 mars 1837, par 151 voix (293 votants, 395 inscrits), en remplacement de M. Bédoch décédé; le 4 novembre 1837, par 151 voix (297 votants, 333 inscrits), et le 2 mars 1839, par 113 voix (271 votants, 304 inscrits). M. de Valon prit place dans le groupe Berryer, à l'opposition légitimiste, repoussa l'Adresse de 1839, et vota *pour* les incompatibilités, *pour* l'adjonction des capacités, *contre* la dotation du duc de Nemours et *contre* les fortifications de Paris. Il rentra dans la vie privée aux élections générales de 1842, et se consacra aux bonnes œuvres.

VALON (LOUIS-ALEXIS-LÉON, VICOMTE DE), député de 1842 à 1846, né à Tulle (Corrèze) le 21 septembre 1810, mort à Paris le 12 juin 1887, fils du précédent, propriétaire dans sa ville natale et conseiller général, fut élu, le 9 juillet 1842, député du 1er collège de la Corrèze (Tulle), par 159 voix (297 votants, 326 inscrits), contre 131 à M. Soloilhet. Il prit d'abord place à l'opposition de droite, puis passa bientôt aux ministériels et vota *pour* l'indemnité Pritchard et *contre* la proposition Rémusat. Il échoua le 1er août 1846, avec 14 voix contre 131 à l'élu, M. Verninac de Croze, et ne reparut plus dans les assemblées parlementaires.

VALON (ADRIEN-FRANÇOIS-GAÉTAN-ARTHUR DE), représentant en 1871, député de 1876 à 1889, né à Beauvais (Oise) le 15 octobre 1835, de la famille des précédents, entra dans l'administration sous le second empire comme secrétaire particulier du préfet des Hautes-Alpes, puis fut nommé conseiller de préfecture de la Marne (4 novembre 1865) et du Lot (28 février 1866). Destitué par le gouvernement de la Défense nationale (octobre 1870), il fut élu, le 8 février 1871, représentant du Lot à l'Assemblée nationale, le 4e sur 6, par 38,993 voix (71,438 votants, 91,760 inscrits), et fut l'un des huit députés qui votèrent à Bordeaux contre la déchéance de Napoléon III. Secrétaire du bureau devant lequel M. Jules Favre reconnut (17 février 1871) que, lors de l'entrevue de Ferrières (18 septembre 1870), la paix aurait été possible à des conditions meilleures, M. de Valon porta, le 17 juin suivant, cet aveu à la tribune, et la discussion ne fit que confirmer, de la part de M. Jules Favre, la vérité de ce fait historique. Le 16 mars 1874, M. de Valon fut l'un des promoteurs du pèlerinage à Chislehurst à l'occasion de la majorité du prince impérial. Membre actif du groupe de l'Appel au peuple, il vota *pour* la paix, *pour* l'abrogation des lois d'exil, *pour* la pétition des évêques, *contre* le service de trois ans, *pour* la démission de Thiers, *contre* le septennat, *contre* le ministère de Broglie, *contre* l'amendement Wallon, contre les lois constitutionnelles. Réélu, le 20 février 1876, député de la 2e circonscription de Cahors, par 11,177 voix (16,338 votants, 19,425 inscrits), contre 3,552 à M. Pagès-Duport et 1,533 à M. Limayrac, sur une profession de foi nettement impérialiste, il reprit sa place dans le groupe de l'Appel au peuple, et, le 16 mai 1877, soutint le ministère de Broglie contre les 363. Réélu, le 14 octobre 1877, par 11,659 voix (16,921 votants, 19,725 inscrits), contre 3,882 à M. Béral et 1,325 à M. Pagès-Duport, et le 21 août 1881, par 8,791 voix (16,761 votants, 19,720 inscrits), il continua de siéger dans la minorité conservatrice et combattit la politique scolaire et coloniale des ministères républicains. Porté, le 4 octobre 1885, sur la liste conservatrice du Lot, il fut élu, le 2e sur 4, par 36,791 voix (73,593 votants, 85,762 inscrits), s'associa au mouvement boulangiste en faveur de la revision de la Constitution, et, dans la dernière session, absent par congé lors du scrutin sur le rétablissement du scrutin d'arrondissement (11 février 1889), s'abstint sur l'ajournement indéfini de la revision de la Constitution, sur les poursuites contre trois députés membres de la Ligue des patriotes, et vota *contre* le projet de loi Lisbonne restrictif de la liberté de la presse, et *contre* les poursuites contre le général Boulanger.

VALON. — *Voy.* AMBRUGEAC (D').

VAN CUTSEM (GUILLAUME), député au Corps législatif en l'an IX et en 1809, né à Louw-Saint-Pierre (Belgique) le 17 novembre 1749, mort à une date inconnue, « fils de Philippe Van Cutsem et de Catherine Nermes », juge, puis président de la cour criminelle de Malines, fut élu, le 24 nivôse an IX, par le Sénat conservateur, député du département des Deux-Nèthes au Corps législatif. Son mandat lui fut renouvelé le 2 mai 1809, et dura jusqu'à la séparation de la Belgique et de la France, en 1814. Il avait été fait membre de la Légion d'honneur le 25 prairial an XII, et conseiller à la cour impériale de Bruxelles le 30 avril 1811.

VAN DEDEM-VAN-GELDER (FRÉDÉRIC-GILBERT, COMTE), membre du Sénat conservateur, né au château de Gelder (Hollande) le 17 février 1743, mort à Utrecht (Hollande) le 20 février 1826, d'une vieille famille de l'Over-Yssel, originaire de Westphalie, était fils du baron Antoine Van Dedem et de la comtesse de Rechteren, et petit-fils du général Van Dedem, célèbre dans la guerre de la succession d'Espagne. Il prit part en 1780 à la conclusion du traité de la Haye entre Louis XVI et les Provinces-Unies, et fut appelé, cinq ans plus tard, à l'ambassade de Constantinople. Coadjuteur de l'ordre teutonique, comte de l'Empire (13 mars 1811), il fut nommé par Napoléon Ier membre du Sénat conservateur, où il siégea du 30 décembre 1810 jusqu'aux traités de 1814. Il se retira alors à Utrecht, où il mourut.

VAN DE POOL (JEAN-WOLTERS, COMTE), membre du Sénat conservateur, né à Amsterdam (Hollande) le 2 juin 1759, mort à Amsterdam en 1826, étudia le droit et fut reçu docteur. Il remplit successivement les fonctions de conseiller à Amsterdam jusqu'en 1795, d'échevin, de bourgmestre de cette ville, de « kerkmeester » de l'Eglise anglicane et de conseiller d'Etat, sous l'administration du roi Louis. Napoléon Ier l'appela au Sénat français le 30 décembre 1810, et le créa comte de l'Empire (13 mars 1811) et grand-croix de l'ordre de la Réunion. Van de Pool, dont la famille subsiste encore, n'a pas laissé de fils de son mariage avec Breglié Agatha de Smeth, fille de Théodore de Smeth, seigneur d'Alphen, baron de Deurne, de Leisel et de Rietveld. Ses cinq filles sont mortes en bas âge.

VAN DER GOES (JOHN-HENDRIK-MAURITZ), député au Corps législatif de 1811 à 1814, né à Delft (Hollande) le 20 mars 1774, mort à la Haye (Hollande) le 26 janvier 1830, fils d'Aert van der Goes et de Joakrouwe-Anna-Louisa van Pabst, entra dans la diplomatie. Ministre extraordinaire des Etats-Généraux de Hollande

à Madrid en mai 1795, il annonça au duc d'Alcudia l'abolition de la charge de stathouder, devint ministre des relations extérieures de Hollande, et chevalier et trésorier de l'ordre de la Réunion. Nommé directement par l'empereur, le 19 février 1811, député du département des Bouches-de-la-Meuse au Corps législatif, sur une liste au choix présentée par le préfet, il siégea jusqu'aux traités de 1814. Après le retour de la dynastie des Nassau, il fut nommé échevin et colonel de la garde nationale, présida la 2e chambre des Etats-Généraux, et devint membre de la 1re chambre.

VAN DER SLEYDEN, député au Corps législatif de 1811 à 1814, né et mort à des dates inconnues, ancien secrétaire général en Hollande, fut nommé par l'empereur, le 19 février 1811, député du département du Zuyderzée au Corps législatif, sur une liste au choix présentée par le préfet de ce département. Il en sortit lors de la séparation de la Hollande et de la France (1814).

VAN DOORN VAN DER BOEDE (ABRAHAM, CHEVALIER), député au Corps législatif de 1811 à 1814, né à Essequebo (Guyane) le 17 juin 1760, mort à Flessingue (Hollande) le 31 mai 1814, fit ses études de droit et fut reçu docteur à Utrecht; il se fixa ensuite à Flessingue où il devint conseiller d'Etat, puis bourgmestre jusqu'en 1795. Membre du comité de la marine en 1796 et 1797, il exerça des fonctions administratives après le 18 brumaire, devint préfet de la province de Zélande en 1807, conseiller d'Etat en service extraordinaire en 1810, et fut, le 19 février 1811, nommé, par l'empereur, député du département des Bouches-de-l'Escaut au Corps législatif, sur une liste au choix présentée par le préfet de ce département; il siégea jusqu'à sa mort. Il avait été créé chevalier de l'Empire le 16 mai 1813.

VAN GRASVELD (CHARLES-HENRI), député au Corps législatif de 1811 à 1814, né en 1765, mort à Bois-le-Duc (Hollande) le 20 mai 1811, fut élu député de la province de Gueldre aux Etats-Généraux de Hollande en 1795, et nommé ambassadeur extraordinaire pour conclure la paix avec la France en mai suivant. Choisi par l'empereur, le 19 février 1811, comme député du département de l'Issel-Supérieur au Corps législatif, sur une liste au choix présentée par le préfet de ce département, il en sortit lors de la séparation de la Hollande et de la France (1814). Chevalier du Lion néerlandais.

VAN HULTHEM (CHARLES-JOSEPH-EMMANUEL), député au Conseil des Cinq-Cents et membre du Tribunat, né à Gand (Belgique) le 17 avril 1764, mort à Gand le 16 décembre 1832, fit ses études au collège des Augustins de sa ville natale, son droit à l'Université de Louvain, et devint, en 1789, membre du conseil de la ville de Gand. D'abord avocat, puis bibliothécaire des écoles centrales lors de l'annexion à la France, il fut élu, le 24 germinal an V, député au Conseil des Cinq-Cents par le département de l'Escaut. Il n'y prit la parole que pour donner son opinion sur les élections de ce département et s'opposa à la triple taxe des nobles dans l'emprunt forcé. Nommé membre du Tribunat le 6 germinal an X, il vota contre l'élévation de Bonaparte à la dignité impériale, n'en fut pas moins nommé membre de la Légion d'honneur le 4 frimaire an XII, fit un rapport sur l'ouverture du canal de l'Escaut au Rhin (10 mai 1806), et devint recteur de l'Académie de Bruxelles le 24 août 1809. Hostile à la politique de Napoléon, il accueillit fort bien les alliés et, à la création du royaume des Pays-Bas, devint greffier de la seconde chambre des États-Généraux, secrétaire perpétuel de l'Académie royale de Bruxelles et curateur des Universités de Louvain et de Gand. Il donna sa démission de greffier en 1817, et de secrétaire perpétuel de l'Académie en 1821. Il avait employé une belle fortune à réunir des livres et des manuscrits relatifs à l'histoire et à la littérature de son pays. Sa bibliothèque, très considérable, fut acquise par le gouvernement et forma le fond de la bibliothèque municipale de Bruxelles. Il a publié : *Discours sur l'État ancien et moderne de l'agriculture et de la botanique dans les Pays-Bas* (Gand, 1817); il a en outre collaboré aux *Annales* de Lesbroussart, à la *Bibliographie* d'Ermens, et à la *Bibliotheca belgica* de Foppens.

VAN-KEMPEN (GRÉGOIRE), député au Conseil des Anciens et au Corps législatif, né en novembre 1845, mort à une date inconnue, administrateur du département du Nord, puis avocat, fut élu, le 24 germinal an VI, député du Nord au Conseil des Anciens; il ne s'y occupa guère que de questions locales et défendit la résolution relative à la navigation de l'Escaut. Rallié au 18 brumaire et élu, le 4 nivôse an VIII, par le Sénat conservateur, député du Nord au Corps législatif, il fut membre d'une commission d'enquête sur l'état des côtes en l'an X, et quitta l'assemblée en l'an XIV.

VAN MERRIS-HINDERICK (JOSEPH-XAVIER), député de 1815 à 1816, et de 1822 à 1827, né à Bailleul (Nord) le 11 avril 1761, mort à Bailleul le 3 décembre 1833, fit son droit; il était échevin de sa ville natale en 1789. Partisan modéré de la Révolution, il devint successivement juge de paix, juge au tribunal de district d'Hazebrouck sous le Directoire, puis conseiller d'arrondissement et conseiller général sous le Consulat. Maire de Bailleul le 11 juillet 1803, il conserva ses fonctions jusqu'au 4 septembre 1830, bien qu'il eût donné sa démission dès le mois d'août 1829. Très attaché aux Bourbons, il fut nommé à la Restauration chevalier de la Légion d'honneur, et élu, le 22 août 1815, député du grand collège du Nord, par 193 voix (195 votants, 298 inscrits); il siégea dans la majorité de la Chambre introuvable. Nommé ensuite président du collège électoral de l'arrondissement d'Hazebrouck, il fut réélu, le 6 mars 1824, par 412 voix (431 votants, 715 inscrits), et vota avec la majorité ministérielle. Il quitta la vie politique en 1827.

VAN RECUM (ANDRÉ-HONESTA-PIERRE, BARON), député au Corps législatif de l'an XIV à 1814, né à Grünstadt (Allemagne) le 6 août 1765, mort à une date inconnue, fut successivement grand bailli de Simmern, conseiller à la cour de justice de Mannheim et président de la régence à Creutznach. Après la conquête française, il devint administrateur du département du Rhin-et-Moselle, puis sous-préfet de Simmern. Élu, le 2 vendémiaire an XIV, par le Sénat conservateur, député du département du Rhin-et-Moselle au Corps législatif, il vit son mandat renouvelé le 8 mai 1811. Il fut créé baron de l'empire le 14 août 1813, et cessa de siéger aux traités de 1814.

VAN ROSSEM (JEAN-BAPTISTE-FRANÇOIS), député au Conseil des Anciens, né et mort à des dates inconnues, fut élu, le 20 germinal an VII, député au Conseil des Anciens par le département de l'Escaut. Il y joua un rôle très effacé, ne prit aucune part au 18 brumaire et disparut alors de la scène politique.

VAN ROYEN (HENRI), député au Corps législatif de 1811 à 1814, né et mort à des dates inconnues, ancien conseiller d'État en Hollande, fut nommé par l'empereur, le 19 février 1811, député du département des Bouches-de-l'Escaut au Corps législatif. Il en sortit aux traités de 1814.

VAN RUYMBEKE (AUGUSTE), député au Conseil des Cinq-Cents et au Corps législatif né en Belgique en 1761, mort à une date inconnue, fut élu, le 22 germinal an VII, député du département de la Lys au Conseil des Cinq-Cents. Il ne s'y fit pas remarquer, se rallia au 18 brumaire, et fut réélu, le 4 nivôse an VIII, par le Sénat conservateur, député du même département au Corps législatif. Il en sortit en l'an XV, et ne joua plus aucun rôle politique.

VAN TUYLLE DE SEROOSKERKEN (JEAN-DIDERICK, COMTE), député au Corps législatif de 1811 à 1814, né en Hollande en 1774, mort à une date inconnue, propriétaire à Heeze (Hollande) et ancien seigneur de cette localité, conseiller général, fut nommé par l'empereur, le 19 février 1811, député du département des Bouches-du-Rhin au Corps législatif, sur une liste au choix présentée par le préfet de ce département. Il en sortit à la séparation des Pays-Bas et de la France (1814).

VAN WAMBEKE (BERNARD-FRANÇOIS-JOSEPH), député au Corps législatif en l'an XI, né à Alost (Belgique) le 9 août 1761, mort à une date inconnue, était homme de loi à Gand au moment de la Révolution. Après l'annexion à la France, il devint conservateur des hypothèques, commissaire du gouvernement près l'administration du département de l'Escaut, et, après le 18 brumaire, conseiller de préfecture de ce département. Élu, le 23 fructidor an XI, par le Sénat conservateur, député de l'Escaut au Corps législatif, il en sortit en 1807.

VANDAMME (DOMINIQUE-JOSEPH-RENÉ, COMTE D'UNEBOURG), pair des Cent-Jours, né à Cassel (Nord) le 5 novembre 1770, mort à Cassel le 15 juillet 1830, fils d'un chirurgien, fut engagé par sa famille, le 8 juillet 1788, dans le régiment colonial de la Martinique. Il revint en France le 29 avril 1790, avec le grade de sergent, passa, le 22 juin 1791, dans le régiment de Brie, et obtint son congé le 16 août 1792. Chargé peu après par La Bourdonnaye de l'organisation des chasseurs du Mont-Cassel, il en devint le commandant, fut envoyé à l'armée du Nord, où il se signala devant Mons, et se fit remarquer par l'exaltation de ses sentiments patriotiques; on lui reprocha de sanglantes exécutions militaires : il faut reconnaître toutefois qu'il ne les commanda que sur l'ordre formel et écrit du général Houchard. Général de brigade le 27 septembre 1793, il se signala à la prise de Furnes et d'Ypres; mais ses exactions en pays conquis et la liberté de son langage le firent mettre en réforme le 13 juin 1795. Rappelé à l'activité le 29 septembre suivant, il passa à l'armée du Rhin, où il se signala à Neresheim, puis à Neuwied. Général de division le 5 février 1795, il reçut le commandement de l'aile gauche de l'armée du Danube, faillit être pris à Stokach, fut dénoncé au Directoire, traduit devant un conseil de guerre le 27 avril, et envoyé à l'armée des côtes d'Angleterre. Placé ensuite sous les ordres de Brune, en Hollande, il contribua à la victoire de Berghen, puis passa à l'armée d'Italie, et se battit à Pozzolo et à Moyombanb. Appelé en 1802 au commandement de la 16e division (Lille), puis, en 1803, d'une division du camp de Boulogne, grand-officier de la Légion d'honneur (19 frimaire an XII), il fit dans le corps de Soult la campagne de 1805, se distingua à Donawerth et à Austerlitz, fut promu grand-croix de la Légion d'honneur, et reçut une dotation de 200,000 francs (24 décembre 1805). En Prusse, il commanda le 9e corps, sous les ordres du prince Jérôme, prit Breslau, Schwerdnitz, Gratz, puis, à la suite de dissentiments avec son chef, fut appelé le 11 novembre 1807, au commandement de la 16e division, et, le 16 août 1808, à celui du camp de Boulogne. Durant la campagne de 1809, comme chef du 8e corps (contingent wurtembergeois-bavarois), il prit part aux batailles d'Abensberg et d'Eckmühl. Il avait été créé comte d'Unebourg le 1er avril 1809. Rappelé le 9 février 1810, au commandement du camp de Boulogne, puis, le 24 août 1811, à celui de la 11e division (Caen), il dirigea, en 1812, le 8e corps, formé de troupes westphaliennes, et qui était placé sous les ordres du roi Jérôme. Jérôme, qui n'aimait pas Vandamme, se sépara de son lieutenant, le 6 août, sur la Vistule, avec l'autorisation de l'empereur. Vandamme ne revint à la grande armée que le 18 mars 1813. Avec le premier corps, il occupa la ligne de l'Elbe, et s'empara de Hambourg (1er mai). Appelé à Dresde, au mois d'août, il eut ordre d'occuper Pirna et Tœplitz, mouvement qui devait aboutir à la destruction de l'armée alliée battue devant Dresde. Mal soutenu, il se trouva à Kulm, le 30 août, en face de forces bien supérieures. Après une héroïque défense, il chercha à s'échapper par les défilés de Péterswald, mais le corps prussien de Kleist lui barra de nouveau la route : Vandamme et Haxo furent faits prisonniers. La moitié de nos troupes put cependant s'échapper grâce aux charges désespérées des cavaliers de Corbineau. Vandamme fut conduit à Tœplitz, puis à Moscou, et ne rentra en France que le 1er septembre 1814. Un ordre de Louis XVIII lui enjoignit de se retirer à Cassel. Au retour de l'île d'Elbe, il s'empressa de rejoindre l'empereur, qui le nomma pair des Cent-Jours, le 2 juin 1815, et lui confia le commandement du 3e corps d'armée. Il contribua à la victoire de Ligny, passa ensuite à l'aile droite, fut, le jour de Waterloo, aux prises avec l'ennemi à Wavres, et ne put par conséquent se rendre sur le champ de bataille. Après le désastre, il ramena ses troupes à Paris, occupa Montrouge, Vanves et Issy, et refusa le commandement en chef de l'armée, qu'il suivit ensuite derrière la Loire. Les Chambres lui votèrent des remercîments. Louis XVIII, à peine revenu de Gand, le comprit dans l'ordonnance de proscription du 24 juillet 1815. Il se retira aux États-Unis, fut gracié par l'ordonnance du 1er décembre 1819, rentra en France au commencement de 1820, fut mis en disponibilité le 1er avril suivant, et à la retraite le 4 mai 1825.

VAN DEN BAVIÈRE (Guillaume-Joseph),

député en 1789, né à Hondschoote (Nord) en 1742, mort à Bruges (Belgique) le 7 mars 1815, était curé de Terdeghem (Nord). Élu, le 16 avril 1789, député suppléant du clergé aux États-Généraux par le bailliage de Bailleul, il fut admis à siéger le 29 septembre 1789, en remplacement de l'évêque d'Ypres, inéligible comme étranger, bien qu'ayant des fiefs en France. Il ne s'y fit pas remarquer, donna sa démission, et fut remplacé le 11 janvier 1790, par l'almaers. Il refusa ensuite de prêter le serment ecclésiastique, et ne reparut plus sur la scène politique.

VAN DER HEYDEN-A-HAUZEUR (Nicolas), député au Conseil des Anciens, né à Maseyk (Belgique) en 1710, mort à une date inconnue, était homme de loi, quand il fut élu, le 22 germinal an V, député au Conseil des Anciens par le département de l'Ourthe, avec 202 voix (224 votants). Il ne s'y fit pas remarquer et son nom ne figure dans le *Moniteur*. Rallié au 18 brumaire, il devint juge au tribunal d'appel de Liège le 17 messidor an VIII.

VAN DERMEERSCH (Ange-François), député au Corps législatif en 1807, né à Merken (Belgique) le 26 mai 1742, mort à une date inconnue, « fils de monsieur Joseph van Dermeersch, de cette paroisse, greffier de ce lieu, et de dame Angélique-Lécoade Elle de Woumen », conseiller pensionnaire, puis président du tribunal de 1re instance d'Ypres, fut élu, le 18 février 1807, par le Sénat conservateur, député du département de la Lys au Corps législatif. Il en sortit en 1811.

VANDEUL (Denis-Simon Caroillon de), député de 1827 à 1839 et pair de France, né à Paris le 27 juin 1775, mort à Paris le 5 avril 1850, « fils de sieur Abel-François-Nicolas Caroillon, écuyer, intéressé dans les affaires du roi, et de demoiselle Marie-Angélique Diderot », était propriétaire de forges dans la Haute-Marne. Il se présenta à la députation le 25 février 1824, dans le 2e arrondissement de ce département (Langres), et n'obtint que 56 voix contre 193 à l'élu, M. Roger. Le 17 novembre 1827, il fut élu député de Langres par 102 voix (199 votants, 234 inscrits), contre 65 à M. Roger. Il prit place au centre droit et vota avec les royalistes. Sa notoriété parlementaire était alors assez mince, à en juger par les lignes suivantes extraites de la *Biographie nouvelle et complète de la Chambre des députés* (1829) :

« Si j'en connais pas un, je veux être étranglé. »

« Ce vers des *Plaideurs* exprime tout ce que nous avons à dire sur l'honorable M. de Vandeul. Cependant, comme M. de Vandeul siège au centre droit, on doit présumer que ce député vote plus souvent avec M. de Martignac qu'avec M. de La Fayette. » Il obtint sa réélection le 23 juin 1830, avec 116 voix (262 votants, 288 inscrits), contre 100 à M. Roger ; mais, après la révolution de juillet, il se démit du mandat de député par la lettre suivante :

« Monsieur le Président,

« Un grand événement s'est accompli.

« La gloire, le repos, le bonheur de la France vont renaître sous le règne d'un prince qui a combattu pour elle, et dont les vertus privées réconcilieront pour toujours parmi nous la liberté et le pouvoir.

« Mes opinions, mes précédents, mes amitiés parlementaires me rappellent au poste d'honneur que la confiance de mes électeurs m'avait assigné pour la seconde fois ; mais des engagements tout particuliers, dont je ne me trouve pas nettement délié envers mes commettants, enchaînent tellement mon honneur et ma probité, qu'il est de devoir et de conscience pour moi de recevoir un nouveau mandat.

« Je vous prie donc, Monsieur le Président, de faire agréer à la Chambre ma démission et l'hommage de mon regret.

« Veuillez, etc.

« De VANDEUL, député de la Haute-Marne. »

Il accepta, le 24 octobre suivant, la candidature qui lui fut offerte, et fut renvoyé à la Chambre par 136 voix (239 votants, 291 inscrits), contre 96 au général de Pernetty. Il vota d'abord avec l'opposition légitimiste, mais il se rapprocha peu à peu du pouvoir, et, ayant été réélu député, le 5 juillet 1831, par 116 voix (183 votants, 222 inscrits), contre 32 à M. Henryot, maire de Langres ; le 21 juin 1834, par 138 voix (180 votants, 211 inscrits), contre 36 à M. Bardonnaux ; le 4 novembre 1837, par 139 voix (167 votants, 226 inscrits), il fut élevé par le gouvernement de Louis-Philippe (7 novembre 1839) à la dignité de pair de France. Il siégea au Luxembourg jusqu'à la révolution de février 1848. Officier de la Légion d'honneur.

VANDEUL (Eugène-Abel-François Caroillon de), représentant en 1849, né à Paris le 44 janvier 1812, mort à Orquevaux (Haute-Marne) le 26 mai 1870, fils du précédent, entra dans la carrière administrative et fut auditeur au conseil d'Etat sous Louis-Philippe. Le 13 mai 1849, les conservateurs-monarchistes de la Haute-Marne l'envoyèrent siéger à l'Assemblée législative, le 4e sur 5, par 27,276 voix (57,693 votants, 8,385 inscrits). Il prit place à droite et vota avec la majorité, pour l'expédition romaine, pour la loi Falloux-Parieu sur l'enseignement, pour la loi restrictive du suffrage universel. Il ne se rallia point à la politique particulière de l'Elysée, et, après le coup d'Etat, ne réunit dans la 1re circonscription de la Haute-Marne, le 29 février 1852, que 303 voix contre 24,400 à l'élu officiel M. de Lespérut, 673 à M. de Montrol, ancien représentant, et 689 à M. Pelletereau-Villeneuve. Il ne se représenta plus.

VANDEUVRE (Guillaume-Gabriel Pavée, baron de), député de 1820 à 1824, de 1827 à 1837, et pair de France, né à Paris le 5 mars 1779, mort à Troyes (Aube) le 15 décembre 1870, entra dans l'administration sous l'Empire, comme auditeur au conseil des requêtes, devint sous la Restauration maître des requêtes, et fut élu, le 13 novembre 1820, député de l'Aube, au grand collège, par 83 voix (165 votants, 177 inscrits), contre 74 à M. Paillot de Loynes. Il siégea dans l'opposition constitutionnelle, et fut destitué de ses fonctions au conseil d'Etat. Il se représenta, le 25 février 1824, mais il n'obtint, dans le 2e arrondissement du même département (Bar-sur-Aube), que 100 voix contre 194 à l'élu, M. de Vandeuvre-Bazile. Plus heureux le 17 novembre 1827, il fut réélu député de la circonscription, par 127 voix (223 votants, 248 inscrits), contre 101 au député sortant, M. de Vandeuvre fut des 221 et obtint sa réélection, le 12 juillet 1830, par 156 voix (242 votants, 255 inscrits), contre 86 au baron de Baussancourt. Il contribua à l'établissement de la monarchie de Louis-Philippe, opina avec la majo-

rité conservatrice, et fut encore réélu, le 5 juillet 1831, par 205 voix (281 votants, 315 inscrits), contre 65 à M. Doullet, avocat ; puis le 21 juin 1834, par 148 voix (243 votants, 332 inscrits), contre 83 à M. de Salverte. Le gouvernement de juillet lui rendit ses fonctions de maître des requêtes, et l'appela, le 3 octobre 1837, à siéger dans la Chambre des pairs. La révolution de février 1848 le rendit à la vie privée. Conseiller général de l'Aube et officier de la Légion d'honneur.

VANDEUVRE (Gabriel-Guillaume-Gustave Pavée, baron de), représentant en 1849, né à Meaux (Seine-et-Marne) le 14 septembre 1808, fils du précédent, fut élu, comme conservateur monarchiste, le 13 mai 1849, représentant de l'Aube à l'Assemblée législative, le 4e sur 5, par 19,443 voix (60,618 votants, 81,911 inscrits). Il siégea à droite et opina pour l'expédition romaine, pour la loi Falloux-Parieu sur l'enseignement, pour la loi restrictive du suffrage universel. Le 8 décembre 1861, lors du scrutin complémentaire motivé par le décès de M. de Maupas, M. Pavée de Vandeuvre obtint, dans la 2e circonscription de l'Aube, 3,362 voix seulement sur 33,745 votants. Il échoua encore le 8 février 1871, dans l'Aube, comme candidat à l'Assemblée nationale, avec 23,016 voix (56,481 votants).

VANDEUVRE-BAZILE (Pierre-Prudent de), député de 1820 à 1827, né aux Riceys (Aube) le 6 avril 1776, mort à Méry-sur-Seine (Aube) le 15 octobre 1829, était procureur général à Dijon lorsqu'il fut élu député du 2e arrondissement électoral de l'Aube (Bar-sur-Aube), le 4 novembre 1820, par 160 voix (284 votants, 329 inscrits), contre 122 à M. de Plancy ; réélu, le 25 février 1824, par 194 voix (296 votants, 321 inscrits), contre 100 à M. Pavée de Vandeuvre, il fut un ministériel fervent, devint président du collège électoral de Bar-sur-Aube en 1824, officier de la Légion d'honneur, et procureur général à Rouen en 1826. Il échoua, aux élections du 17 novembre 1827, avec 101 voix contre 127 à l'élu, M. Pavée de Vandeuvre, et ne reparut plus sur la scène parlementaire.

VANDIER (Marie-Edouard-Benjamin), représentant en 1871, sénateur de 1876 à 1878, né à Bellême (Orne) le 9 mars 1835, mort à Viroflay (Seine-et-Oise) le 23 août 1878, entra à l'Ecole navale en 1851 ; aspirant en 1853, il prit part comme enseigne à la guerre de Crimée, au siège de Sébastopol comme officier des batteries de marine à terre, fut décoré, et fit partie de l'expédition du Mexique ; il était lieutenant de vaisseau lorsqu'il donna sa démission (1869). Conseiller général en mars 1870, il travailla, au moment de la guerre, à la mise en défense de la Vendée, et demanda à reprendre du service actif, avec son grade, ce qui lui fut accordé. Elu, le 8 février 1871, représentant de la Vendée à l'Assemblée nationale, le 3e sur 8, par 61,751 voix (66,286 votants, 102,701 inscrits), il prit place au centre droit, demanda la dissolution des gardes nationales, fut secrétaire de la Chambre en novembre 1871, et vota pour la paix, pour l'abrogation des lois d'exil, pour la pétition des évêques, contre le service de trois ans, pour la démission de Thiers, pour le septennat, pour le ministère de Broglie, contre les lois constitutionnelles. Conseiller général de l'Ile-Dieu du 8 octobre 1871, il fut élu, le 30 janvier 1876, sénateur de la Vendée, par 196 voix (360 votants), devint secrétaire du Sénat à la formation du bureau et, en juin 1877, vota *pour* la dissolution de la Chambre demandée par le ministère de Broglie. Décédé en août 1878, il fut remplacé, le 5 janvier 1879, par M. Halgan.

VANHŒNACKER (Louis-Bonaventure), député en 1791, né à Lille (Nord) le 16 janvier 1734, mort à Lille le 22 mars 1791, était maire de Lille, quand il fut élu, le 1er septembre 1791, député du Nord à l'Assemblée législative, le 10e sur 12, par 488 voix (893 votants). Il prit place parmi les modérés, avec lesquels il vota silencieusement, et fut membre du comité de commerce. Après la session, il revint dans sa ville natale, et mourut moins de deux ans après.

VANNEAU (Suzanne-Gilles), député en 1789, né à Rennes (Ille-et-Vilaine) le 1er mars 1747, mort à Rennes le 23 mai 1803, entra dans les ordres, devint secrétaire de l'évêque de Rennes, et fut nommé recteur d'Orgères (1778). Élu, le 21 avril 1789, député du clergé de la sénéchaussée de Rennes aux États Généraux, il se montra peu favorable aux réformes, et fit partie du comité ecclésiastique, dont il se retira au moment de l'élaboration de la constitution civile du clergé. Il refusa de prêter le serment ecclésiastique, signa les protestations de septembre 1791 contre les actes et décrets de la Constituante, et publia même une protestation personnelle. Obligé de quitter la France en 1792, il se réfugia en Angleterre, rentra au moment du Concordat, et administra jusqu'à sa mort la cure de St-Aubin à Rennes.

VANTRIER (Egide-Henri-Joseph), député au Corps législatif en l'an XII, né à Anvers (Belgique) le 27 février 1755, mort à une date inconnue, d'abord avocat, puis conseiller et assesseur des tribunaux criminels sous le gouvernement autrichien, devint juge de paix à Anvers sous la domination française, puis, après le 18 brumaire, conseiller de préfecture des Deux-Nèthes. Élu, le 5 nivôse an XII, par le Sénat conservateur, député du département des Deux-Nèthes au Corps législatif, il en sortit en 1808, et fut nommé, le 15 décembre suivant, inspecteur de l'Université impériale à Bruxelles. Conseiller général, il devint, le 3 mai 1810, secrétaire général du département des Deux-Nèthes.

VARAIGNE (Pierre-Joseph-Bernard de), député en 1791, né à Strasbourg (Bas-Rhin) en 1751, mort à Paris le 25 août 1807, ingénieur des ponts et chaussées à Langres, élu, le 1er septembre 1791, député de la Haute-Marne à l'Assemblée législative, le 8e et dernier, par 315 voix (367 votants). Il protesta contre les actes révolutionnaires, et siégea obscurément dans la minorité. Il revint à Langres après le 10 août 1792, et ne reparut plus dans les assemblées parlementaires.

VARAMBON (François-Laurent-Léon), député de 1876 à 1883, né à Lyon (Rhône) le 7 juillet 1830, mort à Paris le 4 mai 1883, se fit recevoir docteur en droit à Paris, fut secrétaire de la conférence des avocats, et se fit inscrire en 1852 au barreau de Lyon. Collaborateur à la *Revue pratique de droit français*, il fit de l'opposition légale à l'empire, fut un instant compromis dans le procès des Treize, et fut élu (1861) conseiller général du 8e canton de Lyon. Membre de la municipalité provisoire

au 4 septembre 1870, il devint conseiller municipal huit jours après, fut nommé immédiatement procureur général à la cour de Besançon, et donna sa démission après la chute de Thiers (24 mai 1873). Élu, le 20 février 1876, député de la 5e circonscription de Lyon, par 14,086 voix (20,117 votants, 26,252 inscrits), contre 5,965 à M. Plesson, il se fit inscrire à la gauche et à l'Union républicaine, fit partie de plusieurs commissions, fut rapporteur du budget de la justice, et fut des 363. Réélu, le 14 octobre 1877, après la dissolution de la Chambre par le cabinet du 16 mai, par 15,482 voix (21,561 votants, 27,003 inscrits) contre 6,025 à M. Arcis, candidat du gouvernement, prit sa place à gauche, fit encore partie de commissions importantes, et soutint la politique des ministères républicains. Aux élections du 21 août 1881, une 6e circonscription ayant été créée à Lyon, M. Varambon abandonna la 5e dont il était député sortant, pour poser sa candidature dans la 6e, qu'il l'élut par 8,906 voix (10,613 votants, 19,972 inscrits), contre 350 à M. Yvan, 224 à M. Albert Gros, et 109 à M. Jacques. Nommé sous-secrétaire d'État à la Justice dans le cabinet Freycinet (31 janvier 1882), il s'opposa sans succès (7 mai) à un amendement de M. Jules Roche, interdisant de placer des emblèmes religieux dans les écoles et les salles d'audience, combattit la proposition des gauches accordant au gouvernement « l'arbitraire indéfini » dans la question de la réforme de la magistrature en attendant la promulgation de la loi, quitta le pouvoir avec le cabinet en juillet suivant, vota pour l'instruction gratuite, obligatoire et laïque, pour les crédits du Tonkin, donna sa démission, et fut remplacé, le 20 mai 1883, par M. Monteilhet.

VARDON (Louis-Alexandre-Jacques), député en 1791, membre de la Convention, né à Falaise (Calvados) le 30 juillet 1751, mort à Paris le 30 avril 1800, était administrateur du département, quand il fut élu, le 9 septembre 1791, député du Calvados à l'Assemblée législative, le 10e sur 13, par 311 voix (466 votants); il siégea dans la majorité, et obtint, le 6 septembre 1792, sa réélection à la Convention, le 6e sur 13, par 495 voix (634 votants). Il opina « pour la détention » de Louis XVI, et fut, après le 9 thermidor, membre du comité de sûreté générale. Après la session, Vardon fut nommé commissaire à Saint-Domingue, puis remplit auprès du Conseil des Anciens les fonctions de messager d'État.

VARENNE DE FENILLE (Jean-Charles-Bénigne), député de 1815 à 1816, et de 1822 à 1827, né à Paris le 12 novembre 1780, mort à Bourg (Ain) le 6 janvier 1848, entra à l'École polytechnique en 1797, y fut sous-chef de brigade, et devint auditeur au conseil d'État en 1805, puis sous-préfet de Lyon le 11 janvier 1811. Il adhéra au retour des Bourbons, qui le nommèrent président du collège électoral de Bourg et conseiller général, et refusa, aux Cent-Jours (10 juin 1815) les fonctions de sous-préfet de Bourg (Ain). Élu, le 22 août 1815, député du grand collège de l'Ain, par 149 voix (205 votants, 291 inscrits), il prit place dans la majorité de la Chambre introuvable, fut nommé secrétaire général de la préfecture de l'Ain le 13 novembre 1816, donna sa démission peu après, devint conseiller municipal de Bourg et vice-président de la Société d'agriculture, refusa (10 juin 1818) la sous-préfecture du Vigan, et accepta de nouveau le poste de secrétaire général à Bourg le 6 septembre 1820. Réélu député du 1er arrondissement électoral de l'Ain (Bourg), le 13 novembre 1822, par 123 voix (230 votants, 255 inscrits), contre 107 à M. Am. Girod, et le 5 février 1824, par 127 voix (228 votants, 243 inscrits), contre 100 à M. Rodet, il vota avec les ministériels modérés, indépendants par sentiment, dépendants par position, et rentra dans la vie privée en 1827.

VARENNES (BARON DE). — *Voy.* DURESNOT.

VARIN D'AINVELLÉ (FÉLIX-JEAN-BAPTISTE FIDÈLE), député au Corps législatif de 1853 à 1857, né à Besançon (Doubs) le 22 janvier 1806, mort au château de Servas (Gard) le 7 juin 1857, fut élève de l'École polytechnique, en sortit dans les mines, et devint ingénieur ordinaire à Alais, puis ingénieur en chef de la deuxième classe. Le 30 janvier 1853, il fut élu député de la 3e circonscription du Gard au Corps législatif par 22,321 voix (27,108 votants, 44,843 inscrits), contre 4,690 à M. Léonce Destrem, de l'opposition, en remplacement de M. de Calvière, démissionnaire. Dévoué au gouvernement impérial, M. Varin d'Ainvelle siégea dans la majorité dynastique et s'associa à tous ses votes jusqu'à sa mort. Chevalier de la Légion d'honneur.

VARIN DE LA BRUNELIÈRE (PIERRE-VINCENT), député en 1789, né à Rennes (Ille-et-Vilaine) le 13 octobre 1752, exécuté à Paris le 20 juin 1794, fils de Paul Antoine Varin, avocat à la cour, et de Perrine Gault, fut reçu avocat au parlement de Rennes, y exerça, et fut élu, le 18 avril 1789, député-suppléant du tiers aux États-Généraux par la sénéchaussée de Rennes. Admis à siéger le 29 juin suivant, en remplacement de M. Huard, décédé, il fut membre du comité des rapports, fit décréter d'accusation le cardinal de la Rochefoucauld, comme auteur de libelles fanatiques, fut secrétaire de l'Assemblée (décembre 1790), et vota avec la majorité. Après la session, il devint membre du directoire d'Ille-et-Vilaine, vint, à la barre de l'Assemblée législative, réclamer une nouvelle loi contre les prêtres, prit parti, en juillet 1793, pour les Girondins, et fut membre de l'assemblée centrale de résistance à Caen. Arrêté, il fut traîné à Paris devant le tribunal révolutionnaire, condamné à mort et exécuté.

VARIN DE LA GUERCHE (FRANÇOIS-JEAN-MARIE), député au Conseil des Cinq-Cents, né à Rennes (Ille-et-Vilaine) le 27 mars 1761, mort à Rennes le 10 décembre 1826, maître de forges à la Guerche (Ille-et-Vilaine), puis conservateur des hypothèques dans cette ville, fut élu, le 25 germinal an VI, député d'Ille-et-Vilaine au Conseil des Cinq-Cents. Son nom n'est pas cité au *Moniteur*. Il fut proposé, par le préfet, en germinal an IX, pour le poste de conseiller général d'Ille-et-Vilaine, mais ne fut pas nommé par le premier Consul.

VARLET (CHARLES-ZACHÉE-JOSEPH), membre de la Convention, député au Conseil des Anciens, né à Saint-Omer (Pas-de-Calais) le 6 mai 1733, mort à Hesdin (Pas-de-Calais) le 19 mars 1811, était, au début de la Révolution, lieutenant-colonel du génie et maire d'Hesdin. Élu, le 9 septembre 1792, premier suppléant à la Convention par le département du Pas-de-Calais, avec 402 voix (744 votants), il fut aussitôt appelé à siéger à la place de Robespierre optant pour Paris. Avant de se rendre à Paris, il convoqua

la municipalité d'Hesdin, prononça un discours dans lequel il recommandait à ses concitoyens le courage civique, l'obéissance aux lois, la haine de la tyrannie, l'union des hommes libres, et se démit de ses fonctions de maire. Dans le procès du roi, il opina en ces termes : « Je vais prononcer un jugement dont la conséquence ne peut être indifférente au salut de l'État. J'ai pensé que la nation ne devait se déterminer par aucun sentiment de vengeance, et que la mesure la plus salutaire pour le repos de l'État, la plus propre à prévenir les factions intestines, et la plus conforme à nos intérêts politiques, était que Louis fût condamné à la réclusion pendant la guerre, ensuite au bannissement perpétuel. » Commissaire dans le département du Nord, il fut accusé de royalisme par Duhem et Robespierre jeune, et dénoncé en outre par la Société républicaine d'Arras qui demanda à la Convention de le décréter d'accusation parce qu'il avait perdu totalement la confiance du peuple. Sa protestation contre les événements du 31 mai le fit décréter d'arrestation (30 octobre 1793). Il rentra à la Convention le 18 frimaire an III, et fut réélu, par ses collègues de la Convention, le 4 brumaire an IV, membre du Conseil des Anciens. Il n'y prit la parole que pour faire ratifier un traité passé avec le duc de Wurtemberg, sortit de l'assemblée en l'an V, et se retira à Hesdin, où il mourut à 78 ans.

VARROY (HENRY-AUGUSTE), représentant en 1871, sénateur de 1876 à 1883, ministre, né à Vittel (Vosges) le 25 mars 1826, mort à Lacomarelle (Vosges) le 23 mars 1883, entra à l'École polytechnique en 1843, devint « major de tête » au n° 1, en sortit le premier en 1846, et passa à l'École des ponts et chaussées où il fut aussi, à sa sortie, en 1849, le premier de la promotion. Nommé ingénieur ordinaire le 29 octobre 1849, il fut attaché aux travaux de la régularisation du Rhin jusqu'en 1860, construisit (1860-1866) le chemin de fer de Lunéville à Saint-Dié et des lignes d'intérêt local dans la Meurthe et devint, en 1869, ingénieur en chef des ponts et chaussées à Nancy. Il était déjà connu comme républicain, lorsqu'il fut élu, le 8 février 1871, représentant de la Meurthe à l'Assemblée nationale, le 1er sur 8, par 64,745 voix, sur 83,223 votants et 120,231 inscrits. Il prit place à gauche, donna sa démission le 1er mars, après le vote des préliminaires de paix, la retira le 20 mars, sur une décision conforme de l'Assemblée, parla sur le conseil supérieur de l'instruction publique, sur l'impôt du sel, sur les chemins de fer, contre le septennat, contre l'admission à titre définitif des princes d'Orléans dans l'armée, et vota *contre* la paix, *contre* l'abrogation des lois d'exil, *contre* la pétition des évêques, *contre* le pouvoir constituant de l'Assemblée, *contre* la démission de Thiers, *contre* le septennat, *contre* le ministère de Broglie, *pour* le service de trois ans, *pour* l'amendement Wallon, *pour* les lois constitutionnelles. Conseiller général du canton est de Nancy, le 8 octobre 1871, puis président de ce conseil, il fut élu, le 30 janvier 1876, sénateur de ce département par 396 voix sur 667 votants ; il fut plusieurs fois rapporteur du budget, membre et rapporteur de la plupart des commissions de travaux publics, et fut réélu sénateur, au renouvellement triennal du 5 janvier 1879, par 546 voix sur 657 votants. Appelé au ministère des Travaux publics dans le nouveau cabinet Freycinet, le 24 décembre 1879, tomba avec ce ministère, le 22 septembre 1880, et reprit le portefeuille des Travaux publics dans le second cabinet Freycinet, du 30 janvier au 6 août 1882. Il mourut six mois après. Chevalier de la Légion d'honneur (1864). On a de lui : *Chemin de fer d'intérêt local, Avricourt-Blamont-Cirey* (1875).

VARSAVAUX (CÉSAR-MARIE-FRANÇOIS), député de 1830 à 1834, né à Blain (Loire-Inférieure) le 23 août 1779, mort au Loroux (Loire-Inférieure) le 11 juillet 1862, exerça à Nantes la profession de notaire. Le 6 novembre 1830, la démission de M. de Kermon ayant déterminé une vacance législative dans le 4e arrondissement de la Loire-Inférieure (Savenay), M. Varsavaux fut élu député par 69 voix (127 votants, 138 inscrits). Il prêta serment au gouvernement de Louis-Philippe, obtint sa réélection, le 5 juillet 1831, par 124 voix (138 votants, 266 inscrits), et siégea obscurément dans la majorité jusqu'aux élections générales de 1834.

VASCHALDE (JOSEPH), député de 1878 à 1885, né à Joyeuse (Ardèche) le 12 octobre 1840, était conseiller général du canton de Joyeuse, et sans autres antécédents politiques, lorsqu'il fut élu, à l'élection partielle du 7 juillet 1878, député de la 2e circonscription de Largentière, par 6,833 voix (11,796 votants, 15,812 inscrits), contre 4,892 à M. Lauriol, député sortant, invalidé. M. Vaschalde se fit inscrire à l'Union républicaine et se prononça *pour le retour des Chambres à Paris, pour l'amnistie partielle, pour les nouvelles lois scolaires, pour la réduction du service militaire.* Réélu, le 4 septembre 1881, au second tour de scrutin, par 6,719 voix (11,705 votants, 15,442 inscrits) contre 4,812 à M. de Bournet, il reprit sa place à l'Union républicaine, vota *pour les crédits du Tonkin, pour l'élection du Sénat au suffrage universel, pour la réforme de la magistrature,* et ne se représenta pas aux élections de 1885.

VASSAL (JACQUES-CLAUDE-ROMAN), député de 1827 à 1831, né à Rions (Gironde) le 15 novembre 1770, mort à Paris le 13 octobre 1831, était banquier à Paris. Plusieurs fois juge et président du tribunal de commerce, il fut fréquemment désigné dans les élections, par les constitutionnels, pour faire partie du bureau en qualité de scrutateur. « Il y avait loin de là, observe à ce propos un biographe, aux hautes fonctions de député du peuple français, et M. Vassal n'était connu, ni comme législateur, ni comme orateur, ni comme publiciste; mais le ministère honore tout ce qu'il rejette comme il abaisse tout ce qu'il appuie. Une maladresse de M. Corbière, en donnant à M. Vassal l'occasion de se séparer ouvertement de l'administration, l'a désigné aux suffrages de ses concitoyens. M. Vassal, appelé, aux derniers élections, à la présidence d'un collège d'arrondissement de la capitale, a repoussé par un discours plein de modération et de franchise les honteux honneurs de la candidature ministérielle. C'en était assez pour prouver qu'il détestait les trois ministres, et la France a vu avec plaisir nommer un député qui promet de voter contre les Villèle, les Corbière et les Peyronnet. » En effet, M. Vassal fut élu, le 24 novembre 1827, député de la Seine, au grand collège, par 1,507 voix sur 1,940 votants et 2,195 inscrits. Il prit place au centre gauche, s'associa aux votes de l'opposition libérale, et fut des 221. Réélu, le 19

juillet 1830, par 1,736 voix (2,158 votants), M. Vassal adhéra au gouvernement de Louis-Philippe, et quitta la Chambre aux élections de 1831.

VASSAL DE MONTVIEL (JEAN-BAPTISTE-FRANÇOIS, MARQUIS DE), député de 1815 à 1827, né à Rions (Gironde) le 20 juillet 1769, mort à Villeneuve-sur-Lot (Lot-et-Garonne) le 13 juin 1851, « fils de messire Jacques Vassal de Montviel, écuyer, et de dame Marie Grétiane de Raoul », propriétaire et maire de Villeneuve-d'Agen, fut élu député du grand collège de Lot-et-Garonne le 22 août 1815, par 128 voix (200 votants, 285 inscrits), et réélu, le 4 octobre 1816, par 98 voix (151 votants, 271 inscrits), le 10 octobre 1821, par 146 voix (253 votants, 415 inscrits), et, dans le 3e arrondissement électoral de Lot-et-Garonne (Villeneuve-d'Agen), le 25 février 1824, par 146 voix (266 votants, 435 inscrits), contre 118 à M. Bécays de la Caussade. En 1815, M. de Montviel siégea dans la majorité de la Chambre introuvable; en 1816, il prit place au centre droit, vota pour les lois d'exception et appuya la politique du ministère, avec des allures d'indépendance que ses votes ne justifiaient pas. Il échoua dans ce dernier collège, aux élections du 17 novembre 1827, avec 68 voix contre 159 à l'élu, M. Lafond de Blaniac, et, le 23 juin 1830, avec 135 voix contre 167 à l'élu, M. Lafond de Blaniac, député sortant. Il renonça à la vie politique et se consacra à la peinture, dont il s'était toujours beaucoup occupé.

VASSÉ (ALEXIS-BRUNO-ÉTIENNE, MARQUIS DE), député en 1789, né à Clion (Indre) le 20 avril 1753, mort à Paris le 18 mai 1820, « fils de Bruno-Armand, marquis de Vassé, vidame du Mans, et de Louise-Madeleine de Courtavel », était colonel de cavalerie, et chevalier de Saint-Louis, quand il fut élu, le 24 mars 1789, député de la noblesse aux États-Généraux par la sénéchaussée du Maine, avec 66 voix. Il siégea obscurément parmi les partisans de l'ancien régime, ne prit qu'une fois la parole pour proposer de conserver les entrepôts d'étalons, et obtint un congé le 15 octobre 1789. Il émigra en 1791, servit à l'armée des princes, puis fonda à Minden (Saxe) une teinturerie en soie avec M. et Mme de Genouillac et leur femme de chambre qui était « estimable et d'une honnête famille ». A la Restauration, il fut promu maréchal de camp, le 27 juillet 1814, et lieutenant-général au mois de septembre suivant; mais il n'exerça aucun commandement actif et ne joua plus aucun rôle politique.

VASSÉ (MAGDELEINE-HYACINTHE-CLAUDE-TENDRON DE), député de 1823 à 1827, né à Availles (Vienne) le 23 juin 1773, mort à Fontenay-le-Comte (Vendée) le 26 janvier 1843, propriétaire et maire de Fontenay-le-Comte, fut élu député du 2e arrondissement électoral de la Vendée (Fontenay-le-Comte) le 17 avril 1823, en remplacement de Manuel qui avait opté pour les Sables-d'Olonne, par 192 voix (201 votants, 229 inscrits), et réélu, le 25 février 1824, par 249 voix (308 votants, 330 inscrits). Il vota constamment avec les ministériels. Président du collège électoral de Fontenay en 1814, il fut décoré de la Légion d'honneur en 1825, à l'occasion du sacre de Charles X.

VASSE-SAINT-OUEN (THOMAS-JEAN-NICO-

LAS, CHEVALIER), député au Conseil des Cinq-Cents, né à Saint-Valery (Seine-Inférieure) le 5 septembre 1737, mort à Paris le 26 février 1815, était juge de paix à Essommes lorsqu'il fut élu, le 22 germinal an V, député de l'Aisne au Conseil des Cinq-Cents, par 255 voix (321 votants). Membre du comité des finances, il fit, en faveur du prince de Conti et de la veuve du duc d'Orléans, un rapport qui lui attira beaucoup de blâme. Dénoncé comme frère d'émigré, il fut défendu, le 2 germinal an VI, par Boulay de la Meurthe, qui fit passer à l'ordre du jour sur cette affaire, le 14 germinal suivant. Vasse-Saint-Ouen ne prit, à partir de cette époque, aucune part aux délibations du Conseil. Rallié au 18 brumaire, il fut nommé juge au tribunal de cassation le 11 germinal an VIII, membre de la Légion d'honneur le 4 frimaire an XII, et créé chevalier de l'Empire le 3 juin 1808. Il conserva ses fonctions de conseiller à la cour de Cassation jusqu'à sa mort.

VASSEUR (ALEXANDRE), membre de la Convention, né à Hucqueliers (Pas-de-Calais) en 1743, mort à une date inconnue, ne remplissait aucune fonction publique et habitait Courcelles, lorsqu'il fut élu, le 15 septembre 1792, quatrième suppléant de la Somme à la Convention, par 199 voix (374 votants). Admis à siéger le 1er pluviôse an II, en remplacement d'Asselin décédé, il siégea obscurément dans la majorité, et ne rentra plus dans la vie politique après la session conventionnelle.

VASSEUR (GEORGES-LOUIS), représentant en 1849, né à Grenoble (Isère) en 1807, mort le 5 août 1851, débuta dans la carrière diplomatique, à la révolution de février 1848, comme secrétaire de légation à Berne. Le 13 mai 1849, il fut élu représentant de l'Ardèche à l'Assemblée législative, le 5e sur 8, par 32,408 voix (68,890 votants, 105,091 inscrits), opina généralement avec la minorité démocratique et mourut au cours de la législature.

VASSINHAC. — Voy. IMÉCOURT (D').

VASSY (LOUIS-MARIE, COMTE DE), député en 1789, né à Bourg-Saint-Léonard (Orne) le 21 juillet 1749, mort à une date inconnue, colonel de cavalerie et membre de l'assemblée provinciale et de la commission intermédiaire de la généralité de Caen, fut élu, le 27 mars 1789, député de la noblesse aux États-Généraux par le bailliage de Caen. Il remit ses pouvoirs avec réserves, repoussa les réformes, obtint un congé le 30 mai 1790, et signa les protestations des 12 et 15 septembre 1791 contre les décrets de la Constituante. Émigré après la session, il ne rentra en France qu'avec les Bourbons, qui le nommèrent maréchal de camp le 20 janvier 1815; mais il n'exerça aucun commandement actif.

VAST-VIMEUX (CHARLES-LOUIS, BARON DE), représentant en 1849, député de 1852 à 1859, né à Paris le 26 octobre 1789, mort à La Rochelle (Charente-Inférieure) le 25 septembre 1859, servit comme engagé volontaire dans les hussards en 1805, fit les campagnes d'Allemagne, passa en 1808 en Espagne comme sous-lieutenant d'infanterie, fut attaché à l'état-major des généraux R... r et Dornès, et suivit la campagne de 1812 comme capitaine au 5e cuirassiers. Chef d'escadron à la guerre d'Espagne (1823), lieutenant-colonel au 12e chasseurs (1833),

colonel du 12e dragons (1838), maréchal de camp (novembre 1846), il fut placé, la même année, à la tête de la subdivision des Côtes-du-Nord. La révolution de février le mit à la retraite d'office. Le 13 mai 1849, M. Vast-Vimeux fut élu représentant de la Charente-Inférieure à l'Assemblée législative, le 9e sur 10, par 30,243 voix (96,790 votants, 142,041 inscrits). Il siégea dans la majorité, et soutint constamment la politique du prince-président, qui rétablit sur les cadres de l'armée (1849), et le choisit comme candidat officiel dans la 1re circonscription de la Charente-Inférieure, aux élections du 29 février 1852 au nouveau Corps législatif: M. de Vast-Vimeux fut élu par 18,213 voix (18,909 votants, 29,964 inscrits). Il prit place dans la majorité dynastique, fut un des questeurs de l'assemblée, fut réélu, le 22 juin 1857, par 15,502 voix (17,524 votants, 29,651 inscrits), contre 1,232 à M. Filippi et 561 à M. Dufaure, et mourut deux ans après. Il fut remplacé par son fils, qui suit. Admis définitivement dans le cadre de réserve en 1852, il était grand-officier de la Légion d'honneur (1841).

VAST-VIMEUX (CHARLES-ANTOINE-HONORÉ-ALFRED, BARON DE), député de 1859 à 1870, représentant en 1871, sénateur de 1876 à 1885, député de 1885 à 1888, né à Lunéville (Meurthe) le 8 juillet 1826, mort au château de Péré (Charente-Inférieure) le 20 juillet 1888, fils du précédent, fit ses études au prytanée de la Flèche (1837-1843), entra comme engagé volontaire (15 octobre 1844) au 12e dragons commandé par son père, devint brigadier fourrier le 15 avril 1845, maréchal des logis (15 octobre suivant), et fut admis à Saint-Cyr deux mois après (15 décembre). Sous-lieutenant d'infanterie au 71e de ligne le 1er octobre 1847, il passa dans la cavalerie, et fut envoyé à Saumur (20 décembre suivant) comme élève officier. Il en sortit (1er octobre 1849) sous-lieutenant aux chasseurs d'Afrique, et fut nommé lieutenant (6 décembre 1850), puis capitaine (5 mars 1852). Il était, avec ce grade, officier d'ordonnance du prince Napoléon, et conseiller général du canton d'Aigrefeuille (Charente-Inférieure), lorsque la mort de son père le fit entrer au Corps législatif comme député de ce département, élu, le 27 novembre 1859, dans la 1re circonscription (La Rochelle), par 15,109 voix (19,841 votants, 29,713 inscrits), contre 4,450 à M. Rivaille. Il opta pour le parlement, donna sa démission de capitaine en 1860, et prit place dans la majorité dynastique. Successivement réélu, le 1er juin 1863, par 16,931 voix (21,957 votants, 30,941 inscrits), contre 4,965 à M. Dufaure, candidat de l'opposition, et, le 24 mai 1869, par 16,261 voix (24,300 votants, 32,358 inscrits) contre 7,177 à M. Brelay et 713 à M. Cristin, il continua de soutenir les institutions impériales et vota pour la guerre contre la Prusse. Il reprit du service pendant cette dernière guerre, comme colonel du 8e régiment de mobiles de la Charente-Inférieure, fit campagne à l'armée de la Loire dans la 1re brigade d'infanterie de la 1re division du 16e corps, et fut promu officier de la Légion d'honneur le 9 janvier 1871; il était chevalier du 14 août 1862. Élu, le 8 février suivant, représentant de la Charente-Inférieure à l'Assemblée nationale, le 6e sur 20, par 47,312 voix sur 105,000 votants et 148,277 inscrits, il siégea au groupe de l'Appel au peuple, et vota pour la paix, pour l'abrogation des lois d'exil, pour la pétition des évêques, *contre* le service de trois ans, *pour* la démission de Thiers, *contre* le ministère de Broglie, *contre* l'amendement Wallon, *contre* les lois constitutionnelles; il s'était abstenu sur le septennat. Élu sénateur de la Charente-Inférieure le 30 janvier 1876, par 357 voix sur 573 votants, il siégea dans la minorité bonapartiste de la Chambre haute, vota *pour* la dissolution de la Chambre demandée par le cabinet du 16 mai, et, au renouvellement triennal du 6 janvier 1885, échoua avec 492 voix (1,036 votants). Porté aux élections législatives du 4 octobre suivant, sur la liste conservatrice de la Charente-Inférieure, il fut élu député, le 5° sur 7, par 62,157 voix (124,616 votants, 143,670 inscrits). Il reprit sa place au groupe de l'Appel au peuple, combattit de ses votes la politique scolaire et coloniale du gouvernement, et mourut avant la fin de la législature.

VATIMESNIL (PIERRE-HENRY LEFEBVRE DE) député de 1820 à 1827, né à Rouen (Seine-Inférieure) le 15 mai 1751, mort à Vatimesnil (Eure) le 15 septembre 1831, d'une ancienne famille de Normandie, fils de Michel-Pierre Georges Lefebvre de Vatimesnil, conseiller à la cour des comptes de Normandie, entra fort jeune (1775), comme conseiller, au parlement de Rouen. Chargé, en 1789, de rédiger les cahiers de la noblesse du bailliage de Rouen, il se tint à l'écart pendant la période révolutionnaire, refusa sous l'empire les hautes charges qui lui furent offertes dans la magistrature, et fut nommé, au début de la Restauration, président du conseil général de l'Eure. Élu, le 4 novembre 1820, député du 4° arrondissement électoral de l'Eure (les Andelys) par 246 voix (398 votants, 495 inscrits), contre 138 au baron Bignon, il siégea dans la majorité constitutionnelle, et parla sur l'agriculture, en s'efforçant de faire accepter les doctrines de Turgot dont il avait été l'ami, Réélu, le 25 février 1824, par 215 voix (333 votants, 878 inscrits) contre 116 à M. Legrand de Guitry, il se retira de la vie publique aux élections de 1827.

VATIMESNIL (ANTOINE-FRANÇOIS-HENRI LEFEBVRE DE), député de 1828 à 1834, ministre, représentant en 1849, né à Rouen (Seine-Inférieure) le 19 décembre 1789, mort à Vatimesnil (Eure) le 10 octobre 1860, fils du précédent, fut reçu avocat en 1810, nommé conseiller auditeur à la cour de Paris en 1812, substitut du procureur du roi près le tribunal de la Seine en 1815, substitut du procureur général à la cour de Paris en 1817, et premier substitut du procureur général près la cour des pairs le 22 février 1821. Dans ces diverses fonctions, plusieurs procès politiques, notamment un contre Béranger, le mirent en évidence, et, en 1822, M. de Peyronnet le nomma secrétaire général au ministère de la Justice. Conseiller d'État et avocat général près la cour de cassation en 1824, il fut élu le 3 janvier 1829, député du grand collège de la Corse par 30 voix sur 41 votants. Mais son élection fut annulée parce qu'il n'avait pas l'âge requis pour siéger. Le 1er février suivant, une ordonnance royale le nomma, à l'avènement du cabinet Martignac, ministre d'État, et ministre de l'Instruction publique, bien qu'il ne fît partie d'aucune des deux Chambres, et que son âge ne lui permit pas encore de n'en faire partie. Le *Journal des Débats*, entre autres, protesta contre sa nomination, et

l'accusa « d'être affilié aux congrégations et imbu de leurs doctrines mystérieuses »; mais le nouveau ministre déconcerta ses adversaires en publiant, à son début, une circulaire qui recommandait le respect de la liberté de conscience, et le développement de l'instruction primaire; il opéra dans son département d'importantes modifications, introduisit l'étude des langues vivantes dans les collèges, améliora le sort des professeurs en faveur desquels il établit un « bon » supprimé depuis (1850), se préoccupa du sort des instituteurs primaires qui, lors de sa retraite (1829), lui offrirent une médaille d'honneur, réorganisa l'École normale, créa une chaire de droit des gens à la faculté de droit de Paris, rétablit la chaire de droit administratif, approuva la fondation de l'École centrale, et défendit devant les Chambres les ordonnances du 16 juin 1828, qui soumettaient les établissements ecclésiastiques d'instruction au régime universitaire. Il quitta le pouvoir à la chute du cabinet (15 août 1829), avec une pension de 12,000 fr., et reprit sa robe d'avocat. Élu député le 23 juin 1830, au 2° arrondissement électoral du Cantal (Saint-Flour) par 74 voix (149 votants, 164 inscrits) contre 72 à M. de Lastic, et, le même jour, dans le 1er arrondissement électoral du Nord (Valenciennes) par 115 voix (215 votants, 227 inscrits) contre 98 à M. Pas de Beaulieu, il opta pour Valenciennes, adhéra à l'adresse de la Chambre en faveur de la lieutenance-générale du royaume déférée au duc d'Orléans, mais se tint dans une réserve complète après l'avènement de la branche cadette, et fut rapporteur de la nouvelle loi électorale. Réélu à Valenciennes le 5 juillet 1831, par 324 voix (388 votants, 555 inscrits) contre 55 à M. Dumoulin, il parla contre le divorce, fut rapporteur du budget de la justice, et ne se représenta pas aux élections de 1834. Il se consacra dès lors à ses fonctions d'avocat; mais un incident d'audience, un outrage que lui adressa un plaideur, M. Dausas, contre qui il venait d'obtenir, comme avocat de Mme Dausas, une séparation de corps, n'ayant pas été assez sévèrement puni par la cour, il s'abstint de paraître aux audiences, et se borna aux consultations de cabinet; il devint le conseil de nombreuses congrégations religieuses, fut vice-président du comité électoral de la liberté religieuse (1843), et refusa à deux reprises la pairie, qui lui fut offerte par l'entremise de Villemain et de Montalembert. Le 13 mai 1849, il fut élu représentant de l'Eure à l'Assemblée législative, le 7° sur 9, par 53,368 voix sur 93,065 votants et 125,952 inscrits. Il fut l'un des chefs de la majorité monarchiste, fut rapporteur des lois sur le régime hypothécaire, sur l'expropriation forcée, sur l'administration communale, sur l'assistance judiciaire, et vota avec la majorité conservatrice. Il protesta, à la mairie du 10° arrondissement, contre le coup d'État du 2 décembre, fut interné quelques jours au Mont-Valérien, et rentra dans la vie privée. Lors des décrets du 22 janvier 1852, confisquant les biens de la famille d'Orléans, il signa la protestation à laquelle adhérèrent Berryer, Dufaure, O. Barrot et d'autres, et, rentré à Vatimesnil, représenta son canton (Étrépagny) au conseil général de l'Eure, à partir du 10 novembre 1860. On a de lui une traduction du traité *De la clémence*, de Sénèque (1832). — *Lettre au R. P. de Ravignan sur l'état légal en France des associations religieuses non autorisées* (1841).—*Mémoire sur les décrets de 1852 sur les biens de la famille* d'*Orléans* (1852). — *Mémoire pour le comte de Chambord et la duchesse de l'arme agissant en qualité d'héritiers du duc de Berry*, etc.

VATOUT (Jean), député de 1831 à 1848, né à Villefranche (Rhône) le 26 mai 1791, mort à Claremont (Angleterre) le 3 novembre 1848, suivit sa famille à Paris à l'âge de huit ans, fit ses études au collège Sainte-Barbe, fut en 1810 secrétaire de Boissy-d'Anglas préfet de la Charente, perdit sa position à la première Restauration par suite de la destitution de ce dernier, fut attaché, aux Cent-Jours, comme secrétaire, à la mission extraordinaire de M. Boissy-d'Anglas dans le Midi, fut nommé (avril 1820) sous-préfet de Blaye, et, en juin, passa par permutation à Libourne, où, le 20 juillet, il s'empressa d'arborer le drapeau blanc qu'il salua d'un discours enthousiaste : il n'en fut pas moins révoqué cinq jours plus tard. De 1816 à 1818, le duc Decazes, qu'il avait connu à Libourne, l'employa au ministère de l'Intérieur, et le nomma sous-préfet de Semur le 1er février 1819. Sa proclamation aux habitants (10 mars) se terminait par ces mots : « Le Roi et la Charte, la Charte et le Roi, voilà la patrie. » Destitué, le 24 avril 1820, il publia sa défense dans un *Mémoire aux habitants* : « J'ai mieux aimé, y disait-il, douter de l'infaillibilité d'un ministre, que de ne pas croire au cri de réprobation si énergiquement prononcé par tout un arrondissement. » Il signait alors : Watout. Ses relations avec le parti de l'opposition le firent entrer en 1822, comme bibliothécaire, chez le duc d'Orléans, sur la recommandation de Stanislas de Girardin. La révolution de juillet fit de lui un homme politique. Successivement élu député du 5e collège de la Charente (Ruffec), le 5 juillet 1831, avec 100 voix (177 votants, 227 inscrits), contre 66 au général Pinoteau, puis du 4e collège de la Côte-d'Or (Semur), le 21 juin 1834, par 201 voix (306 votants, 359 inscrits) ; le 4 novembre 1837, par 222 voix (337 votants, 418 inscrits) ; le 2 mars 1839, par 211 voix (421 votants), contre 209 à M. Bordot ; le 9 juillet 1842, par 290 voix (489 votants, 529 inscrits), contre 196 à M. Bordot ; et le 1er août 1846, par 306 voix (516 votants, 557 inscrits), contre 156 à M. de Laferrière et 41 à M. Humbert. M. Vatout prit une part assez active aux discussions parlementaires, parla sur la peine de mort, sur le Panthéon, fut membre de la commission des crédits supplémentaires, suggéra une répartition plus équitable des subventions théâtrales, fit augmenter les crédits pour encouragements aux lettres et aux arts, et ceux affectés aux condamnés politiques, proposa, dans la discussion de la loi sur l'instruction primaire (1833), des mesures restrictives que le ministre, M. Guizot, fit rejeter, et vota d'ailleurs toujours d'accord avec le pouvoir, *pour les lois de disjonction et de septembre*, *pour l'Adresse de 1839*, *pour la dotation du duc de Nemours*, *pour le recensement*, *pour les fortifications de Paris*, *contre l'adjonction des capacités* et *pour l'indemnité Pritchard*. Premier bibliothécaire du roi le 18 mars 1832, conseiller d'État en service extraordinaire le 17 mai 1837, président du conseil des monuments publics et historiques le 19 février 1839, il entra à l'Académie française le 6 janvier 1848, à la place de Ballanche. Mais il mourut avant le jour de sa réception. Privé de ses emplois par la révolution de février, il suivit le roi en exil et mourut à Claremont de la gravelle. Chevalier de la Légion d'honneur, Vatout, dont la constante

bonne humeur et l'esprit gaulois plaisaient particulièrement à Louis-Philippe, a publié un grand nombre d'ouvrages, parmi lesquels il faut citer : *Les Aventures de la fille d'un roi, racontées par elle-même* (Paris, 1820-21) ; *Les gouvernements représentatifs au Congrès de Troppau* (1821) ; *De l'Assemblée constituante* (1822) ; *Catalogue historique des tableaux appartenant au duc d'Orléans* (1822-26) ; *Souvenirs historiques des résidences royales de France* (1837-16) ; *La Conspiration de Cellamare* (1832), et deux chansons grivoises restées célèbres : *l'Écu de France* et le *Maire d'Eu*.

VATRY (de). — Voy. Bourdon.

VAUBLANC (Vincent-Marie Vixnot, comte de), député en 1791, au Conseil des Cinq-Cents, au Corps législatif, de 1820 à 1827, et ministre, né à Fort-Dauphin (Saint-Domingue) le 3 mars 1756, mort à Paris le 21 août 1845, « fils de messire François-Vivant de Vaublanc, seigneur de Bousselange, capitaine dans les troupes détachées de la marine, et de dame Catherine Perreau », d'une famille originaire de la Bourgogne, fit ses études dans un pensionnat de Paris, puis au collège de la Flèche, et entra à l'École militaire à 14 ans. Sous-lieutenant au régiment de la Fare en 1774, chevalier de Saint-Lazare, il fut envoyé à Saint-Domingue où il épousa Mlle Charlotte de Fontenelle, et devint successivement capitaine et lieutenant-colonel breveté. De retour en France, il fut nommé (1782) lieutenant des maréchaux de France, se fixa dans les environs de Melun. Secrétaire de l'assemblée de la noblesse du bailliage de Melun en 1789, président de l'administration départementale de Seine-et-Oise en 1790, il fut élu, le 1er septembre 1791, député de Seine-et-Marne à l'Assemblée législative, le 8e sur 11, par 273 voix sur 345 votants. Il siégea dans le parti constitutionnel, devint président de l'assemblée (14 novembre), combattit les mesures proposées contre les prêtres insermentés et les émigrés, et rédigea néanmoins un message au roi (29 novembre 1791) pour dénoncer les rassemblements d'émigrés sur la frontière. Il défendit les ministres de Lessart et Bertrand de Molleville, demanda justice des massacres d'Avignon, fut rapporteur du comité d'instruction publique, réclama une éducation nationale « sans aucun mélange de cette politesse factice créée à la fois dans le parti de la bassesse et par l'orgueil », prit le parti de La Fayette au 8 août, provoqua un décret d'accusation contre Marat, fit mander à la barre Pétion et Rœderer, après l'affaire du 20 juin, pour rendre compte de leur conduite, et fut sauvé, au 10 août, par le dévouement d'un jeune officier du génie, qui fut plus tard le général Bertrand. Réduit à se cacher pendant la Terreur, M. de Vaublanc reparut, après le 9 thermidor, à la tête des royalistes de la section Poissonnière, qu'il présida au 13 vendémiaire, et fut condamné à mort par contumace le 26 vendémiaire an IV ; deux ans auparavant, il avait été élu député de Seine-et-Marne au Conseil des Cinq-Cents par 529 voix sur 250 votants. Trois mois après, il se présenta pour siéger ; mais il ne fut admis qu'en fructidor an VI, après que sa condamnation eut été déclarée nulle, comme inconstitutionnelle. En prenant séance, il prêta serment de haine à la royauté. Il se rangea du côté des Clichyens, attaqua l'administration des colonies, fit fermer les clubs, appuya par contre la motion de Jean Debry déclarant que les vainqueurs de la Bastille avaient bien mérité de la patrie, et fut nommé de la commission des inspecteurs (questeurs) un peu avant le 18 fructidor. Mais le succès du coup d'État du Directoire le condamna une troisième fois à la déportation; il put se réfugier en Suisse, passa de là en Italie et ne rentra qu'après le coup d'État de brumaire. M. de Vaublanc se montra un des plus zélés partisans du régime nouveau, et fut élu par le Sénat conservateur, le 24 frimaire an IX, député du Calvados au Corps législatif. Chargé du rapport sur le consulat à vie, il demanda que le Corps législatif examinât la question avec une sage lenteur; mais, chef de la députation envoyée auprès du premier Consul, il regretta que « les bornes constitutionnelles de ses fonctions n'aient pas permis à ce corps de s'associer à l'initiative prise par le Tribunat. » Il accepta avec autant d'enthousiasme l'établissement de l'empire héréditaire, devint questeur du Corps législatif en janvier 1804, fut élu, la même année, par le collège électoral de Seine-et-Marne, candidat au Sénat conservateur, présida (janvier 1805) la cérémonie d'inauguration d'une statue de l'empereur et se fit remarquer par l'excès de son adulation. Membre de la Légion d'honneur (4 frimaire an XII), commandeur (25 prairial suivant), il fut nommé préfet de la Moselle (12 pluviôse an XIII), créé chevalier de l'Empire (28 novembre 1809), baron (19 décembre suivant), et gratifié, le 17 juillet 1810, d'un majorat de 4,000 francs en Hanovre, réversible, par décret impérial du 22 mars 1812, sur Henry Martial de Segoux, son petit-fils. Il faillit périr, en 1813, de la maladie épidémique qui décimait dans les hôpitaux de Metz les malades et les blessés de l'armée du Rhin, qu'il visitait assidûment. Il accueillit avec transport le retour des Bourbons, fut maintenu dans sa préfecture, et promu officier de la Légion d'honneur (23 août 1814). Aux Cent-Jours, après avoir essayé en vain de maintenir son département dans l'obéissance au roi, il gagna le Luxembourg, rejoignit la cour à Gand, et, après Waterloo, fut nommé conseiller d'État et préfet des Bouches-du-Rhône (12 juillet 1815). Deux mois plus tard (24 septembre) il accepta dans le ministère Richelieu le portefeuille de l'Intérieur. Désireux peut-être de racheter son passé, il se livra entièrement à la majorité ultra-royaliste de la Chambre introuvable, épura le personnel de son ministère, réorganisa l'Institut et les gardes nationales, prononça la dissolution de l'École polytechnique, et établit les bases du nouveau projet de la loi électorale; la Chambre lui préféra le projet de Villèle. Sa condescendance envers les ultras lui avait nui, en plusieurs circonstances, séparé de ses collègues du cabinet, quand des mesures maladroites accusèrent encore les dissidences; il résigna son portefeuille, le 8 mai 1816, et fut remplacé par M. Lainé; un mois auparavant (6 avril), il avait été nommé membre libre de l'Académie des Beaux-Arts. Élu, le 13 novembre 1820, député du grand collège du Calvados, par 416 voix (627 votants, 726 inscrits), il siégea à droite, fut réélu, le 10 octobre 1821, par 320 voix (553 votants, 730 inscrits), et, le 6 mars 1824 par 392 voix (542 votants, 701 inscrits). Vice-président de la Chambre depuis 1821, il vota la loi de septennalité, la liste civile en faveur de la famille d'Orléans (1824), parla contre la prolongation de la loi de censure, fut nommé (1824) membre du conseil supérieur du commerce, et, par son hostilité à l'égard du ministère Villèle, vit supprimer le

libre accès qu'il avait eu jusqu'alors auprès du roi. Non réélu aux élections de 1827, il venait d'être appelé au conseil d'État (25 juillet 1830), quand Charles X dut prendre le chemin de l'exil. M. de Vaublanc quitta définitivement la scène politique, et acheva dans le calme des distractions littéraires son existence agitée : il mourut à 89 ans. Sainte-Beuve l'a appelé « esprit léger, présomptueux, ne doutant de rien, tranchant de l'homme d'État, une cymbale retentissante. » M. de Vaublanc a publié un assez grand nombre de brochures politiques, de travaux historiques, un poème, cinq tragédies, des contes, des mémoires et quelques ouvrages de statistique commerciale ; on a dit qu'il avait exigé du sculpteur Lemot de servir de modèle pour la restauration de la statue équestre d'Henri IV, sur le Pont-Neuf.

VAUBOIS (CLAUDE-HENRI BELGRAND, COMTE DE), membre du Sénat conservateur et pair de France, né à Longchamp (Aube) le 1er octobre 1748, mort à Beauvais (Oise) le 14 juillet 1839, entra de bonne heure dans l'artillerie ; il était capitaine à l'époque de la Révolution. Il n'émigra pas, fut attaché en 1793 à l'armée des Alpes, promu général de brigade la même année, et employé au siège de Lyon. Il resta à l'armée des Alpes jusqu'en 1796, devint général de division, fit les campagnes d'Italie sous les ordres de Bonaparte, se distingua à la prise de Livourne et pendant la bataille d'Arcole, contint les troupes de Davidovich et les empêcha de porter secours aux Autrichiens. Attaché à l'expédition d'Égypte, il eut, après la prise de Malte, le gouvernement de l'île. Avec 4,000 soldats épuisés par les maladies et les privations, il résista dix-huit mois au blocus des flottes anglo-napolitaines, réprima des tentatives de révolte, et ne capitula qu'à la dernière extrémité (4 septembre 1800). A son arrivée en France, le premier Consul lui témoigna sa satisfaction pour cette belle défense. Il avait été nommé membre du Sénat conservateur le 8 thermidor an VIII ; il obtint plus tard la sénatorerie de Poitiers. Membre de la Légion d'honneur (9 vendémiaire an XII), grand-officier de l'ordre (25 prairial suivant), créé comte de l'empire le 20 août 1808, Vaubois n'exerça plus aucun commandement en campagne. Le 15 août 1809, il fut mis à la division de réserve. Ayant adhéré à la déchéance de Napoléon, il fut nommé pair de France par Louis XVIII, le 4 juin 1814, et chevalier de Saint-Louis. Il se tint à l'écart pendant les Cent-Jours, reprit sa place à la Chambre des pairs à la seconde Restauration, vota pour la mort dans le procès du maréchal Ney, et fut admis à la retraite comme lieutenant-général en 1817. Défenseur des libertés constitutionnelles et adversaire de la politique de M. de Villèle, il se rallia au gouvernement issu de la révolution de 1830, et siégea à la Chambre haute jusqu'à sa mort.

VAUCELLE (ALEXANDRE-LOUIS-HENRY DE), député de 1830 à 1831, né à Argentan (Orne) le 14 novembre 1798, mort à Paris le 12 août 1851, était propriétaire à la Pooté (Mayenne). En remplacement de M. Dumans démissionnaire, il fut élu, le 28 octobre 1830, par 149 voix (222 votants, 262 inscrits), député du grand collège de la Mayenne. Il prêta serment au gouvernement de Louis-Philippe, n'eut qu'un rôle parlementaire effacé, et échoua, le 5 juillet 1831, dans le 4e collège du même département (Mayenne *extra-muros*), avec 51 voix contre 183 à l'élu, M. de Rumigny. Il se représenta sans plus de succès, le 21 juin 1834, et obtint alors 71 voix contre 177 à l'élu, M. Letourneux.

VAUDELIN (Jean-Baptiste), député au Conseil des Cinq-Cents, né en 1745, mort à une date inconnue, homme de loi à Moret (Saône-et-Loire) à l'époque de la Révolution, devint administrateur du département de Saône-et-Loire, puis suppléant du juge de paix, et fut élu, le 22 germinal an V, député de Saône-et-Loire au Conseil des Cinq-Cents, par 226 voix (357 votants). Il siégea obscurément parmi les modérés : son nom n'est pas cité au *Moniteur*. Son élection ayant été annulée au 18 fructidor, Vaudelin ne reparut plus sur la scène politique.

VAUDORÉ (Jean-Symphorien-Gaëtan de), représentant en 1848 et en 1849, né à Argentan (Orne) le 13 avril 1818, mort à Argentan le 1er juillet 1889, étudia le droit et fut reçu avocat. D'opinions conservatrices, il se présenta, le 17 septembre 1848, comme candidat dans l'Orne à l'Assemblée constituante, en remplacement de Thiers, qui avait opté pour un autre département. M. de Vaudoré fut élu représentant par 10,619 voix sur 39,281 votants et 123,000 inscrits, contre 9,734 à L.-N. Bonaparte, 7,853 à M. Hipp. Passy, 6,248 à M. Berryer-Fontaine et 4,113 à M. Mercier, ancien député. Il siégea à droite, fit partie du comité des cultes, et vota *contre* l'amendement Grévy, *contre* le droit au travail, *pour* la Constitution, *pour* l'ordre du jour en l'honneur de Cavaignac, *pour* la proposition Rateau, *pour* l'interdiction des clubs, *contre* l'amnistie, *contre* l'abolition de l'impôt des boissons. Réélu, le 13 mai 1849, représentant de l'Orne à l'Assemblée législative, le 9e et dernier, par 36,767 voix (94,068 votants, 126,096 inscrits), il reprit sa place à droite et vota avec la majorité conservatrice, *pour* les crédits de l'expédition romaine, *pour* la loi Falloux-Parieu sur l'enseignement, *pour* la loi restrictive du suffrage universel. Il rentra dans la vie privée au coup d'État de 1851.

VAUDREUIL (Louis-Philippe de Rigaud, marquis de), député en 1789, né à Rochefort (Charente-Inférieure) le 28 octobre 1724, mort à Paris le 14 décembre 1802, fils de messire Louis-Philippe de Rigaud, seigneur, comte de Vaudreuil qui fut chef d'escadre et lieutenant général, et de dame Catherine-Elisabeth Lemoine de Sérigny, combattit, aux côtés de son père, le 25 octobre 1747, à bord de l'*Intrépide*, en qualité d'enseigne. Lieutenant de vaisseau en 1754, il fut blessé, le 19 mai 1759, dans les eaux d'Audierne et obligé d'amener son pavillon. Chef d'escadre en 1777, il s'empara en 1778 de Saint-Louis au Sénégal, prit part aux combats dès 17 avril, 15 et 19 mai 1780, et fut nommé grand-croix de Saint-Louis et gouverneur de Saint-Domingue. Ayant repris peu après du service actif, il assista, sous les ordres du comte de Grasse, au combat livré à Rodney le 12 avril 1782. Après la bataille, Grasse formula une plainte contre Vaudreuil qui avait donné des ordres pendant le combat, sans l'avis préalable du commandant en chef. En mars 1784, l'affaire fut portée devant le conseil de guerre de Lorient qui acquitta Vaudreuil en le félicitant de sa conduite. Lieutenant général du 14 août 1782, et inspecteur général des classes, il fut élu, le 26 mars 1789,

député de la noblesse aux États-Généraux par la sénéchaussée de Castelnaudary. Il s'opposa à la réunion des ordres, fit partie du comité de la marine, prit part aux discussions relatives aux colonies, parla sur l'organisation des bureaux de marine demanda la conservation des biens de l'ordre de Saint-Louis, protesta contre les entreprises tentées sur l'autorité royale, et se trouva auprès de la famille royale pour la protéger dans la nuit du 5 au 6 octobre. Mécontent des progrès de la Révolution, il émigra ; on découvrit dans sa cave une quantité considérable d'assignats. Il rentra en France sous le Consulat, et mourut quelques mois plus tard.

VAUDREUIL (Joseph-Hyacinthe-François-de-Paule de Rigaud, comte), pair de France, né à Saint-Domingue le 2 mars 1741, mort à Paris le 17 janvier 1817, fils du précédent, entra au service à 18 ans comme enseigne des gendarmes d'Aquitaine. Maréchal de camp en 1780 et gouverneur des îles françaises sous le Vent, il revint en France en 1785, et émigra, dès le début de la Révolution, avec le comte d'Artois. Rentré seulement avec les Bourbons en 1814, il fut nommé pair de France le 4 juin 1814, et lieutenant général en septembre suivant. Il vota pour la mort dans le procès du maréchal Ney (décembre 1815) et mourut un an après.

VAUDREUIL (Charles-Philippe-Louis-Joseph-Alfred de Rigaud, comte de), pair de France, né à Londres (Angleterre) le 28 octobre 1796, mort à Paris le 4 février 1880, fils du précédent et de « madame Victoire-Joséphine-Marie-Hyacinthe de Rigaud de Vaudreuil, comtesse de Vaudreuil », entra au service sous la Restauration, devint lieutenant, puis capitaine dans la garde royale et gentilhomme honoraire de la chambre de Charles X. Admis à siéger à la Chambre des pairs, le 22 mars 1822, à titre héréditaire, en remplacement de son père décédé, il prit place dans la majorité, et se rallia au gouvernement de Juillet. Il était alors chef d'escadron de cavalerie. Il fut admis à la retraite, comme colonel, le 2 janvier 1851.

VAUDREY (Claude-Nicolas), représentant en 1849, sénateur du second empire, né à Dijon (Côte-d'Or) le 25 novembre 1784, mort au château de Cessey-sur-Tille (Côte-d'Or) le 11 mars 1857, entra à l'École polytechnique en 1802, en sortit en 1806 comme lieutenant au 1er régiment d'artillerie à cheval, fit campagne à Naples et en Tyrol, fut promu capitaine, se distingua à Dresde (1813) et à Grosfen-Nagen, fut blessé dans ce dernier combat à la suite d'une charge brillante, et passa chef d'escadron. Il rejoignit son corps pendant la campagne de France, fut nommé, le 1er Cent-Jours, commandant de l'artillerie des 2e et 3e divisions du 1er corps, se battit vaillamment à Waterloo, fut licencié en novembre 1815, remis en activité le 11 avril 1817, à son ancien régiment, promu lieutenant-colonel en 1826, et colonel du 4e d'artillerie le 21 septembre 1830. En garnison à Strasbourg lors de la tentative du prince Louis-Napoléon (1836), il se déclara en faveur du prince, fut traduit devant la Chambre des pairs, acquitté, et mis à la retraite le 31 mars 1837. A la révolution de février, il devint colonel de la garde nationale de Dijon, et, fut, après l'élection présidentielle du 10 décembre, nommé aide-de-camp du prince-président. Élu, le 13 mai 1849, représentant de la Côte-d'Or à l'Assemblée législative, le 2e sur

8, par 53,676 voix (92,695 votants, 118,563 inscrits), il siégea parmi les conservateurs dévoués à la politique de l'Elysée, fut appelé, en 1851, aux fonctions de gouverneur du Louvre et des Tuileries, promu général de brigade, et élevé à la dignité de sénateur le 31 décembre 1852; il avait été élu, cette même année, conseiller général du canton de Baigneux (Côte-d'Or). Le général Vaudrey siégea à la Chambre haute dans la majorité dynastique, et mourut à 73 ans, grand officier de la Légion d'honneur (du 7 septembre 1854).

VAUGEOIS (JEAN-FRANÇOIS-GABRIEL), membre de la Convention, né à Tourouvre (Orne) le 15 avril 1753, mort à Laigle (Orne) le 1er juin 1839, fit de bonnes études, se destina d'abord au barreau, et entra dans les ordres. Vicaire dans le diocèse de Chartres avant la Révolution, il en adopta avec ardeur les principes, et fut choisi par Grégoire, nommé évêque de Loir-et-Cher, pour son vicaire général. Il quitta ensuite la prêtrise et se rendit à Paris à l'instigation de ses amis Pétion et Brissot, fit partie de la « Société des amis des Noirs », et joua un rôle assez important dans les événements du 10 août, comme « président du comité secret d'insurrection des fédérés de 1792 contre la royauté », comité qui organisa le plan insurrectionnel et le projet de siège du château. Le 24 septembre 1792, Vaugeois fut élu 7e suppléant du département de Paris à la Convention nationale, par 215 voix (338 votants). Il fut nommé accusateur militaire près l'armée des côtes de Brest, et fut admis à siéger à la Convention le 27 vendémiaire an III, en remplacement d'Osselin. Il prit la parole pour appuyer la rentrée de Delahaye, et pour discuter la réorganisation de la garde nationale. A l'armée des côtes de Brest, il fit mettre en liberté un grand nombre de rebelles, et alla remplir des fonctions analogues à Namur, comme commissaire du Directoire. Un arrêté du premier Consul, en date du 17 messidor an VIII, le nomma président du tribunal criminel de cette ville. Il devint ensuite conseiller à la cour de Liège (1811), jusqu'à l'invasion de la Belgique par les alliés. Les événements de 1814 et de 1815 l'ayant rendu à la vie privée, il se retira, avec une modeste pension de 605 francs, chez un de ses frères, à Laigle, et s'occupa de recherches archéologiques. Il était chevalier de la Légion d'honneur du 25 prairial an XII. Vaugeois a laissé divers mémoires intéressants publiés dans les *Bulletins de la Société des antiquaires de France*, notamment : *Lettre à M. Eloi Johanneau sur la pierre du Diable à Namur* (1809); *Mémoire sur les pierres couplées de la forêt de Saint-Sever* (1825); *Coup d'œil sur quelques-unes des voies romaines qui traversent l'arrondissement de Mortagne* (1830), etc.

VAUGUYON (PAUL-FRANÇOIS DE QUÉLEN DE STUER DE CAUSSADE, DUC DE LA), pair de France et ministre, né à Paris le 30 juillet 1746, mort à Paris le 14 mars 1828, « fils d'Antoine-Paul-Jacques de Quélen-Stuer de Caussade Carency La Vauguyon, et de Marie-Françoise de Béthune-Charost », entra au service à 12 ans et prit part aux dernières campagnes de la guerre de Sept ans. Menin de Louis XVI, et pair de France du 4 février 1772, en remplacement de son père décédé, il fut nommé par le roi ministre plénipotentiaire près les Etats-généraux des Pays-Bas. Le 1er janvier 1784, il devint am-

bassadeur à Madrid, et maréchal de camp le 9 mars 1788. Rappelé en France à la Révolution, il accepta, le 11 juillet 1789, le portefeuille des Affaires étrangères. En butte aux attaques du parti avancé, il partit avec son fils, sous un déguisement, se rendit au Havre dans l'espoir de gagner l'Angleterre; mais les deux fugitifs furent arrêtés au Havre, et l'affaire, portée le 1er août devant l'Assemblée nationale, provoqua de vives discussions; on ordonna cependant à la municipalité du Havre de les remettre en liberté. Le roi le renvoya à Madrid avec pleins pouvoirs. Son insuffisance souleva encore des protestations; le 16 mai 1790, Ch. de Lameth se plaignit que des négociations aussi importantes lui fussent confiées. On se décida à le rappeler le 1er juin 1791; mais La Vauguyon n'en persista pas moins à rester à Madrid, qu'il ne quitta qu'en 1795; il se rendit alors à Venise, auprès du comte de Provence qui l'avait choisi pour ministre. Il n'exerça ces fonctions que deux ans; son projet de contre-révolution ayant été repoussé comme trop lent, il donna sa démission, et séjourna à Hambourg, puis en Espagne. Rentré en France en 1805, il n'exerça aucune charge publique sous l'empire. A la Restauration, il fut nommé pair de France le 4 juin 1814, et promu lieutenant-général le 13 août suivant. Il vota pour la mort dans le procès du maréchal Ney. D'opinions assez modérées, il fut plusieurs fois président de la société de l'instruction élémentaire et s'efforça de répandre l'enseignement mutuel.

VAUGUYON (PAUL-YVON-BERNARD DE QUÉLEN DE STUER DE CAUSSADE, PRINCE DE CARENCY, DUC DE LA), pair de France, né à Paris le 24 février 1778, mort à Paris le 24 janvier 1837, fils du précédent, et « de très haute et très puissante dame Antoinette-Rosalie de Pont, duchesse de la Vauguyon, dame d'honneur de Madame », suivit son père en Espagne et entra au service de cette puissance. En 1794 et 1795, il fit campagne contre la France, dans le corps d'émigrés commandé par M. de Saint-Simon dont il était l'aide-de-camp. Devenu capitaine dans l'armée espagnole, il rentra en France avec son père en 1805, s'engagea comme volontaire dans les dragons, assista à Austerlitz, et fut promu lieutenant, puis aide de camp de Murat qu'il suivit pendant les campagnes de Prusse et de Pologne. Chef d'escadron en 1808, il accompagna Murat à Naples, où il devint colonel d'un régiment de la garde et général de brigade; mais il ne quitta pas le royaume en 1812. En janvier 1814, il occupa Rome avec l'armée napolitaine devenue l'adversaire de la France. Rentré à Paris à la seconde Restauration, il fut promu lieutenant-général le 24 juillet 1816, et nommé commandeur du Saint-Esprit et de Saint-Louis. Le 21 mars 1828, il fut appelé à siéger à la Chambre des pairs, à titre héréditaire, en remplacement de son père décédé. Il soutint le ministère de Polignac, comptant sans doute, vu l'état précaire de sa fortune, sur les faveurs du pouvoir; le même motif lui fit prêter serment au gouvernement de juillet. Menacé d'être exclu de la Chambre haute à cause de son entrée, il transmit ses titres au bureau le 31 août 1830, et envoya son adhésion au nouveau gouvernement le 1er octobre suivant. Il mourut sept ans plus tard, dans la gêne.

VAUGUYON (LOUIS-FÉLIX DANIEL DE), député de 1830 à 1837, né à la Chapelle d'Aligné (Sarthe) le 29 octobre 1780, mort à une date inconnue, était propriétaire à Nouville et maire de cette localité, lorsqu'il fut élu, le 12 juillet 1830, député du 1er arrondissement de la Sarthe (le Mans), par 226 voix (415 votants), contre 185 à M. Bouteiller de Châteaufort. Il adhéra au gouvernement de Louis-Philippe, obtint sa réélection, le 5 juillet 1831, par 110 voix (263 votants, 332 inscrits), contre 121 à M. Gendron, prit place dans la majorité conservatrice, fut encore réélu, le 21 juin 1834, par 147 voix (286 votants, 314 inscrits), contre 138 à M. Gendron, et opina avec les partisans du « juste-milieu » jusqu'aux élections de 1837 ; il quitta alors la vie politique.

VAUGUYON (STANISLAS-CHARLES DANIEL DE), représentant en 1871, né à Clermont (Sarthe) le 4 mai 1823, mort à Versailles (Seine-et-Oise) le 20 avril 1871, fils du précédent, appartint à la marine française, et fut élu, comme candidat monarchiste, le 8 février 1871, représentant de la Mayenne à l'Assemblée nationale, le 1er sur 7, par 62,974 voix (72,353 votants, 98,165 inscrits). Il vota, à Bordeaux, pour les préliminaires de paix, et se rendit à Versailles, où il mourut deux mois après.

VAUJUAS DE LANGAN (MARIE-LOUIS-FRANÇOIS, MARQUIS DE), représentant en 1849, né à Laval (Mayenne) le 19 janvier 1806, mort au château de Fresnay (Mayenne) le 16 mai 1864, était propriétaire à Bourgneuf, et maire de cette commune. D'opinions monarchistes, il fut élu, le 13 mai 1849, représentant de la Mayenne à l'Assemblée législative, le 3e sur 8, par 32,451 voix (70,210 votants, 106,272 inscrits). Il siégea à droite et fit partie de la majorité, avec laquelle il opina pour les crédits de l'expédition romaine, pour la loi Falloux-Parieu sur l'enseignement, pour la loi restrictive du suffrage universel. Il ne se rallia pas à la politique particulière de l'Élysée, et, le 29 février 1852, il échoua, comme candidat royaliste indépendant au Corps législatif, dans la 3e circonscription de la Mayenne, avec 5,475 voix, contre 7,428 à l'élu officiel, M. Segretain, et 5,462 à M. Martinet. Membre et président du conseil général de la Mayenne, où il représentait le canton de Loiron, M. de Vaujuas de Langan mourut en son château de Fresnay, à 58 ans.

VAUJUAS DE LANGAN (HENRI-MARIE-JACQUES-CHARLES, MARQUIS DE), député de 1885 à 1889, né au château de Fresnay (Mayenne) le 11 août 1830, propriétaire et maire de Bourgneuf (Mayenne), conseiller général du canton de Loiron, président de ce conseil, et président du comice agricole de son arrondissement, se présenta à la députation, le 14 octobre 1877, comme légitimiste et comme candidat du cabinet du 16 mai, dans la 1re circonscription de Laval, et échoua avec 7,414 voix, contre 8,201 à l'élu, M. Souchet-Servinière, républicain. Rallié au comte de Paris, après la mort du comte de Chambord, il fut porté, le 4 octobre 1885, sur la liste monarchiste de la Mayenne, et fut élu, le 3e sur 8, par 41,322 voix (72,815 votants, 91,008 inscrits). Il prit place à droite, combattit de ses votes la politique de la majorité, et, dans la dernière session, absent par congé lors des scrutins sur le rétablissement du scrutin d'arrondissement (11 février 1889), et sur l'ajournement indéfini de la revision de la Constitution, il se prononça contre les poursuites contre trois députés membres de la Ligue des patriotes, contre le projet de loi Lisbonne restrictif de la liberté de la presse, contre les poursuites contre le général Boulanger.

VAULABELLE (ACHILLE TENAILLE DE), représentant en 1848 et ministre, né à Châtel-Censoir (Yonne) le 28 octobre 1799, mort à Nice (Alpes-Maritimes) le 27 mars 1879, débuta dans l'administration, sous la Restauration, comme attaché au cabinet du préfet de l'Yonne, puis vint à Paris, entra dans le journalisme, fit paraître le Nain Jaune en 1824, et fonda le Pour et le Contre, journal libéral, qui, après les journées de juillet, prit la Révolution de 1830. Rédacteur en chef du Messager, il collabora au National en 1838, conquit par sa modération et par son talent un rang distingué dans la presse, s'occupa de travaux historiques, et publia l'Histoire moderne de l'Égypte (1835) et l'Histoire des deux Restaurations (1844), qui reste encore aujourd'hui le meilleur ouvrage sur cette époque. Après la révolution de février, Lamartine offrit à M. de Vaulabelle l'ambassade de Londres, puis celle de Berlin, qu'il refusa. Élu, le 23 avril 1848, représentant de l'Yonne à l'Assemblée constituante, le 7e sur 9, par 50,897 voix, il fit partie du comité de constitution, présida le comité d'instruction publique, et fut nommé, le 5 juillet 1848, ministre de l'instruction publique. M. de Vaulabelle réorganisa le service des inspections, donna plus d'importance à l'étude de l'histoire et aux langues vivantes, et remit sa démission le 13 octobre ; il avait voté pour le bannissement de la famille d'Orléans, pour le décret contre les clubs, pour les poursuites contre Louis Blanc et contre Caussidière, contre l'abolition de la peine de mort, contre l'impôt progressif, contre les deux chambres, contre l'amendement Grévy, contre le droit au travail, pour l'ensemble de la Constitution, pour l'ordre du jour en faveur de Cavaignac. L'élection présidentielle du 10 décembre le jeta dans l'opposition ; il se prononça contre la suppression de l'impôt du sel, contre la proposition Rateau, contre l'amnistie générale, contre l'interdiction des clubs, contre l'expédition de Rome, pour l'abolition de l'impôt des boissons, et s'abstint sur la mise en accusation du président et des ministres. Non réélu à l'Assemblée législative, il ne reparut plus sur la scène politique, et ne s'occupa que de ses travaux historiques.

VAULCHIER (CHARLES-MARIE, COMTE DE), représentant en 1871, né à Besançon (Doubs) le 30 novembre 1812, mort à Besançon le 1er octobre 1885, entra à l'École polytechnique puis à l'École d'application, en sortit dans le génie, devint capitaine, donna sa démission en 1846, et se tint à l'écart de la politique sous le second empire. Élu, le 8 février 1871, représentant du Doubs à l'Assemblée nationale, le 5e sur 6, par 26,103 voix (53,131 votants, 81,915 inscrits), il prit place à droite légitimiste, se fit inscrire à la réunion des Réservoirs, et vota pour la paix, pour l'abrogation des lois d'exil, pour la pétition des évêques, contre le service de trois ans, pour la démission de Thiers, pour le septennat, pour le ministère de Broglie, contre les lois constitutionnelles. Il ne se représenta qu'aux élections du 21 août 1881, dans la 2e circonscription de Besançon, et échoua avec 3,818 voix, contre 8,729 à l'élu, M. Gaudy, député sortant, républicain.

VAULCHIER DU DESCHAUX (Louis-René-Simon, MARQUIS DE), député de 1820 à 1830, né à Dole (Jura) le 12 février 1780, mort à Besançon (Doubs) le 26 août 1861, n'exerça aucune fonction sous le premier empire. D'opinions légitimistes, il salua avec joie le retour des Bourbons, et reçut chez lui, en mai 1814, le comte d'Artois qui le chargea de l'administration provisoire du Jura. Il fut nommé préfet en titre de ce département le 24 septembre suivant. Aux Cent-Jours, il résista à Ney qui voulait l'entraîner dans sa défection, et quitta Lons-le-Saunier. Après Waterloo, il fut nommé préfet de la Corrèze le 14 juillet 1815, et fut appelé à témoigner dans le procès de Ney; sa déposition fut des plus défavorables au maréchal. Préfet de Saône-et-Loire le 31 janvier 1816, il s'occupa particulièrement de l'instruction religieuse des campagnes et de l'enseignement mutuel; il eut à remettre, en 1819, à la famille de Turenne, le cœur du grand capitaine qui avait été conservé à Cluny. Partisan des ultras, il fut remplacé dans ses fonctions de préfet le 24 février 1819, sous le ministère Decazes. A son retour aux affaires, M. de Richelieu le nomma préfet de la Charente (25 avril 1820), puis de Saône-et-Loire le 19 juillet suivant. Préfet du Bas-Rhin le 23 mai 1822, il devint, en avril 1824, directeur de l'administration des douanes, et, le 4 août suivant, directeur des postes en remplacement du duc de Doudeauville. L'opposition s'éleva vivement contre lui; on l'accusa d'avoir violé le secret des lettres, et ses explications embarrassées prouvèrent que le cabinet noir existait toujours. On dut le remplacer en 1829 par M. de Villeneuve; il reprit alors la direction des douanes. Conseiller d'État depuis 1818 et officier de la Légion d'honneur, M. de Vaulchier avait depuis longtemps brigué et obtenu un mandat législatif. Successivement élu député du grand collège du Jura, le 13 novembre 1820, par 93 voix (139 votants, 169 inscrits), contre 43 à M. Colin; et du 2e arrondissement électoral du même département (Dole), le 1er octobre 1821, par 144 voix (267 votants, 353 inscrits), contre 107 à M. Huot; le 25 février 1824, par 207 voix (270 votants, 323 inscrits), contre 57 à M. Huot; le 17 novembre 1827, par 169 voix (232 votants, 281 inscrits), contre 42 à M. Huot; le 23 juin 1830, par 133 voix (242 votants, 257 inscrits), il siégea constamment parmi les ultra-royalistes, approuva les mesures de réaction, la loi de septennalité, et repoussa l'Adresse des 221. A la révolution de 1830, il donna sa démission de directeur des douanes et de député, et se retira dans ses terres où il vécut dans la plus profonde retraite. Il fut remplacé à la Chambre, le 21 octobre 1830, par le général Bachelu.

VAULOT (Claude-Ferdinand), député de 1828 à 1834, né à Selles (Haute-Saône) le 10 octobre 1767, mort aux Forges (Vosges) le 2 mai 1841, était établi à Mortagne comme maître de forges. Également propriétaire de forges dans les Vosges, il fut élu, le 21 août 1828, député du grand collège des Vosges, par 167 voix (262 votants, 303 inscrits). Il se montra attaché au parti constitutionnel, et fut des 221. Réélu, le 23 juin 1830, avec 212 voix (229 votants), il prit part à l'établissement de la monarchie de Louis-Philippe, fut réélu, le 5 juillet 1831, dans le 5e collège des Vosges (Saint-Dié), par 99 voix (110 votants, 149 inscrits), et siégea à la Chambre dans la majorité conservatrice

jusqu'aux élections de 1834. Conseiller général des Vosges.

VAUQUELIN — Voy. VAROGY (MARQUIS DE).

VAUQUELIN DE LA RIVIÈRE (Baptiste-Nicolas-Louis, CHEVALIER), député de 1827 à 1829, né à Saint-André-d'Hébertot (Calvados) le 16 mai 1763, mort à Saint-André-d'Hébertot le 14 novembre 1829, d'une modeste famille de cultivateurs, entra chez un apothicaire de Rouen, Mézaize, qui faisait des cours de chimie. Il s'intéressa vivement à cette science, et l'étudia en cachette; mais son maître l'ayant surpris le gourmanda et lui enleva son cahier de notes. Vauquelin désolé partit pour Paris, où il tomba malade; à sa sortie de l'Hôtel-Dieu, il fut recueilli par un pharmacien de la rue Saint-Denis, nommé Chéradame, cousin de Fourcroy. Fourcroy, frappé de son intelligence, entreprit son éducation, le fit recevoir pharmacien, et obtint pour lui la direction de la pharmacie Goupil, rue Sainte-Anne, en 1792. L'année suivante, Vauquelin devint pharmacien de l'hôpital militaire de Melun, et s'occupa surtout alors de recueillir et de traiter les sels de salpêtre, ce qui lui valut une réputation de patriotisme que la Convention et le Directoire récompensèrent. Successivement professeur de docimasie à l'École des mines en 1795, professeur-adjoint de chimie à l'École polytechnique en 1797, professeur de chimie au collège de France en 1801, en remplacement de Darcet, essayeur à la Monnaie en 1802, membre de la Légion d'honneur le 26 frimaire an XII, professeur de chimie appliquée aux arts au Muséum en avril 1804 en remplacement de Brongniart, créé chevalier de l'empire le 1er avril 1809, il eut le chagrin, cette même année, de perdre son maître et ami Fourcroy, dont il recueillit les deux sœurs. En 1811, il composa, pour obtenir son grade de docteur en médecine et la chaire de professeur de chimie à la faculté, une thèse intitulée: *Analyse de la matière cérébrale*, qui lui valut à la fois le bonnet et la chaire; mais il fut destitué de ces dernières fonctions par M. de Villèle, en 1823, lors de la réorganisation de la faculté. Membre de l'Institut (Académie des sciences) depuis 1796, il entra à l'Académie de médecine en 1820, et reçut, en 1827, de Charles X, le cordon de Saint-Michel. Élu, le 17 novembre 1827, député du 4e arrondissement électoral du Calvados (Lisieux), par 311 voix (485 votants, 591 inscrits), contre 124 à M. Labbey de Druval, il fut toujours fort assidu à la Chambre et siégea parmi les indépendants. Il mourut d'une chute de cheval, en novembre 1829, et fut remplacé à la Chambre, le 25 janvier 1830, par M. Guizot. Vauquelin a fait de nombreuses recherches sur le chrome et le glucinium, sur les acétates de plomb, sur l'asparagine et la fabrication du laiton et de l'alun; il a aussi étudié la sève des végétaux et la respiration des invertébrés; en outre de son *Manuel de l'essayeur* (1812), il a collaboré aux *Annales de Chimie*, au *Journal des Mines*, aux *Annales du Muséum*, au *Journal de Physique*, à l'*Encyclopédie méthodique*, aux *Mémoires de l'Académie des Sciences*.

VAUQUELIN DE LA RIVIÈRE (André), député de 1815 à 1822, né à Ipriac (Ille-et-Vilaine) le 18 février 1747, mort à une date inconnue, « fils de maître André Vauquelin, avocat à la cour, sénéchal de la baronnie de Bossac, et de dame Jeanne Bonnais, son épouse », était propriétaire à Rennes lorsqu'il fut élu, le 22 août 1815, député du grand collège d'Ille-et-Vilaine, par 102 voix (179 votants, 217 inscrits). Il siégea dans la majorité de la Chambre introuvable. Réélu, le 4 octobre 1816, par 78 voix (142 inscrits, 236 votants), il prit place au côté droit, vota avec la majorité pour les lois d'exception et pour le nouveau système électoral, et, de la série sortante en 1822, ne se représenta plus.

VAUTHIER (Louis-Léger), représentant en 1849, né à Bergerac (Dordogne) le 6 avril 1815, fils d'un ingénieur des ponts et chaussées, entra à l'Ecole polytechnique en 1834, en sortit en 1836, le 4e de sa promotion, et passa par l'Ecole des ponts et chaussées. En 1839, il accepta de diriger au Brésil une série de travaux de viabilité, rentra dans l'administration française en 1846, et fut successivement ingénieur des ponts et chaussées dans le Morbihan et dans le Cher. Elu, le 13 mai 1849, représentant du Cher à l'Assemblée législative, le 5e sur 6, par 32,119 voix (61,469 votants, 82,313 inscrits), il prit place à la Montagne, signa (13 juin 1849) l'appel aux armes de Ledru-Rollin, fut arrêté au Conservatoire des Arts et Métiers, et condamné à la déportation par la haute cour de Versailles. Détenu à Doullens, puis à Belle-Isle-en-Mer, il fut transféré à Sainte-Pélagie en 1852, collabora au *Magasin pittoresque*, et fut mis en liberté en 1855, à la condition de quitter la France. Il se fit ingénieur civil en Espagne et en Suisse, profita de l'amnistie en 1859 pour rentrer en France (1861), et se consacra, jusqu'en 1870, à ses travaux d'ingénieur. Nommé, après le 4 septembre, chef d'un bataillon de la garde nationale de Paris il donna sa démission le 18 mars 1871, pour ne pas s'associer aux actes de la Commune, fut élu, le 30 juillet 1871, conseiller municipal de Paris pour le quartier de la Goutte-d'Or (XVIIIe arrondissement), fut constamment réélu depuis, et siégea, dans l'assemblée communale, sur les bancs de la gauche. Il a échoué deux fois depuis lors comme candidat à la députation : le 21 août 1881, dans la 2e circonscription du XVIIIe arrondissement de Paris, avec 2,038 voix, contre 5,053 à l'élu, M. Clémenceau, 678 à M. Bouty, et 485 à M. Berry, et, le 4 octobre 1885, sur la liste opportuniste de la Seine, avec 82,761 voix, sur 431,011 votants. On a de lui des études sur l'*Impôt progressif* (1851); *Manuel des aspirants aux fonctions de conducteur et d'agent-voyer* (1851); le *Percement du Simplon et les intérêts de l'Europe occidentale* (1875), etc.

VAUTIER (Félix-Abel), député de 1846 à 1848, de 1852 à 1863, né à Caen (Calvados) le 4 juin 1794, mort à Paris le 19 février 1863, s'occupa de commerce et d'industrie, devint président de la chambre de commerce de Caen, et se présenta à la députation avec l'appui du ministère, le 9 juillet 1842, dans le 1er collège du Calvados : il n'y obtint que 315 voix, contre 410 à l'élu, M. Aumont-Thiéville. S'étant représenté le 1er août 1846, il devint député de cette circonscription par 433 voix (840 votants, 923 inscrits), contre 401 au député sortant. Il siégea dans la majorité conservatrice, et soutint la politique de Guizot. Après le coup d'Etat de 1851, M. Vautier, qui s'était rallié à la politique de L.-N. Bonaparte, fut élu, comme candidat officiel, député de la 1re circonscription du Calvados au Corps législatif, par 12,834 voix (18,457 votants, 31,880 inscrits), contre 3,131 à M. Colleville, ancien notaire, et 2,105 à M. de

Caumont. Il siégea dans la majorité dynastique, s'associa au rétablissement de l'Empire, et fut réélu, le 22 juin 1857, par 12,920 voix (13,431 votants, 30,835 inscrits). Il mourut avant la fin de la législature. Chevalier de la Légion d'honneur.

VAUTRAIN (Eugène-Joseph), représentant en 1872, né à Nancy (Meurthe) le 15 novembre 1818, mort à Paris le 20 décembre 1881, fit ses études à Nancy et son droit à Paris, où il fut reçu docteur en 1842. Inscrit au barreau, il s'y fit bientôt une place honorable, fut nommé (12 avril 1848) adjoint au maire du IXe arrondissement, s'efforça, aux journées de juin, de rendre la lutte moins meurtrière, et fut nommé maire du IXe arrondissement le 2 novembre suivant : il donna sa démission pour protester contre le coup d'Etat de décembre 1851. A la chute de l'empire, pendant la durée duquel il s'était tenu à l'écart de la politique, il refusa, du gouvernement de la Défense nationale, la préfecture de la Meurthe, resta à Paris pendant le siège, fut élu, le 5 novembre, maire du IVe arrondissement, échoua, le 8 février 1871, comme candidat à l'Assemblée nationale dans la Seine, avec 43,560 voix sur 328,970 votants, protesta contre l'insurrection communaliste du 18 mars, fut arrêté, et délivré par les gardes nationaux de son arrondissement, se retira à Versailles. Le 23 juillet suivant, le quartier de Notre-Dame l'élu au conseil municipal, dont il devint de suite président; il présida également (octobre) le conseil général de la Seine, et, dans ces fonctions, déclara très nettement que, fidèle observateur de la loi, il s'opposerait à l'immixtion de la politique dans les délibérations des conseils. Elu, le 7 janvier 1872, représentant de la Seine à l'Assemblée nationale par 122,395 voix (231,000 votants, 451,418 inscrits), contre 95,900 à Victor Hugo, radical, en remplacement du général de Cissey, qui avait opté pour l'Ille-et-Vilaine, il prit place au centre gauche, prononça un remarquable discours en faveur du retour du parlement à Paris, et, sans assister très régulièrement aux séances, vota *contre* le service de trois ans, *contre* la démission de Thiers, *contre* le septennat, *contre* le ministère de Broglie, *pour* l'amendement Wallon, *pour* les lois constitutionnelles. Il avait refusé de se représenter aux élections municipales du 29 novembre 1874, et il échoua, aux élections législatives du 20 février 1876, dans le IVe arrondissement de Paris, avec 4,385 voix, contre 8,930 à M. Barodet. Il ne s'est pas représenté depuis.

VAUVILLIERS (Jean-François), député au Conseil des Cinq-Cents, né à Paris le 24 septembre 1737, mort à Saint-Pétersbourg (Russie) le 23 juillet 1801, fils d'un professeur, fit de fortes études de latin et de grec, et devint employé à la Bibliothèque royale, puis professeur de grec au collège de France (1766). Son *Examen historique et politique du gouvernement de Sparte* (1769) et ses *Essais sur Pindare* (1772) le firent entrer, en 1782, à l'Académie des Inscriptions. Il travailla alors aux *Notices et extraits des manuscrits de la bibliothèque du roi*, au *Recueil des portraits des hommes et des femmes illustres* de Dufos, et composa en latin un *Eloge funèbre de Louis XV* et une *Idylle sur la naissance du Dauphin*. Partisan de la Révolution, il fut nommé, en 1789, président du district de Sainte-Geneviève et député suppléant de Paris aux Etats-Généraux. Membre de la municipalité et lieutenant du maire de Paris au bureau des subsistances, il prit toutes les mesures nécessaires pour combattre la disette de 1790, protesta contre l'envahissement de la municipalité par les révolutionnaires, et repoussa l'établissement du comité de recherches demandé par Danton. Nommé commissaire à l'effet de recevoir le serment imposé aux prêtres par la Constitution, il refusa ce poste et donna sa démission de professeur au collège de France, où il fut remplacé par Gail. On lui attribua alors deux brochures qui firent quelque bruit : *Témoignage de la raison et de la foi contre la constitution civile du clergé* (1791), et *Les Vrais Principes de l'Église, de la morale et de la raison sur la constitution civile du clergé* (1791). Son nom ayant été trouvé sur le Livre rouge, il dut se cacher chez son ami, l'avocat Bloude, fut arrêté à Corbeil, après le 10 août, pour avoir défendu la famille royale, et fut remis en liberté par l'entremise d'un de ses anciens élèves. Devenu secrétaire d'un membre de la Convention après le 9 thermidor, il s'occupa d'un ouvrage sur les assemblées représentatives, et fut appelé par Benezech, en 1795, à la direction générale des approvisionnements ; mais il donna peu de temps après sa démission pour ne pas prêter le serment de haine à la royauté, publia une brochure explicative intitulée : *Question sur les serments ou promesses politiques* (Bâle, 1796), et fut compromis dans le complot royaliste de Brottier et La Villeheurnois qui l'avaient désigné comme directeur général des approvisionnements. Le conseil de guerre de l'Hôtel de Ville de Paris, faute de preuves, l'acquitta le 8 août 1797. Élu, le 23 germinal an V, député de Seine-et-Oise au Conseil des Cinq-Cents, par 205 voix (242 votants), il parla sur le serment, sur la liberté des cultes, sur la séparation des pouvoirs et sur le divorce, s'allia avec le parti de Clichy et attaqua les ministres et les mesures prises par le Directoire. Proscrit au 18 fructidor, il se réfugia en Suisse, puis à Saint-Pétersbourg, où Paul Ier le nomma membre de l'académie des sciences et lui fit une pension. Il préparait un travail important sur les *Sociétés politiques*, lorsqu'il mourut.

VAUZELLES (JULIEN-LÉONARD), député au Conseil des Cinq-Cents et au Corps législatif, né à Brioude (Haute-Loire) le 30 août 1757, mort à Paris le 16 mars 1831, juge de paix dans sa ville natale, fut élu, le 23 germinal an VII, député de la Haute-Loire au Conseil des Cinq-Cents. Il n'y joua qu'un rôle très effacé, se rallia au 18 brumaire, et fut réélu, le 4 nivôse an VIII, par le Sénat conservateur, député de la Haute-Loire au Corps législatif. Il ne s'y fit pas remarquer, en sortit en l'an XIII, et devint, le 5 germinal de cette dernière année, directeur des droits réunis dans l'Indre-et-Loire.

VAVIN (ALEXIS), député de 1839 à 1848, représentant en 1848 et en 1849, né à Paris le 12 septembre 1792, mort à Paris le 2 décembre 1863, étudia le droit, et exerça jusqu'en 1838 la profession de notaire à Paris. Riche propriétaire dans le 11e arrondissement de la capitale (composé alors des quartiers du Luxembourg, de la Sorbonne, de l'École de médecine et du Palais de Justice), M. Vavin y fut élu député, le 2 mars 1839, par 572 voix (1,041 votants), contre 464 à M. Boulay de la Meurthe ; il prit place dans les rangs de l'opposition libérale, avec laquelle il vota jusqu'en 1848, ayant obtenu sa réélection : le 9 juillet 1842, par 553 voix (1,078 votants, 1,226 inscrits), contre 361 à M. Demonts et 116 à M. Tarbé, puis, le 1er août 1846, par 534 voix (899 votants, 2,097 inscrits), contre 353 à M. Zangiacomi. La *Biographie des députés de 1842 à 1846* s'exprime ainsi sur son compte : « C'est un homme actif qui cette année (1846) a pris une grande part à la discussion des chemins de fer de l'Ouest, dont l'entrée à Paris intéresse à un si haut point la population de la rive gauche. M. Vavin a fait preuve de généreuses sympathies pour la cause de la malheureuse Pologne ; chaque année il préside le banquet des réfugiés polonais, et, cette année, à la nouvelle de la révolution de Cracovie, il a organisé une souscription polonaise. M. Vavin a voté énergiquement contre l'indemnité Pritchard et il a approuvé toutes les propositions libérales. » Le gouvernement provisoire confia, le 9 mars 1848, à M. Vavin la difficile mission de liquider l'ancienne liste civile. Élu, le 23 avril 1848, représentant de la Seine à l'Assemblée constituante, le 13e sur 34, par 151,193 voix (267,883 votants, 399,191 inscrits), il siégea à droite, fit partie du comité des affaires étrangères, et vota avec les conservateurs, *pour* les poursuites contre Louis Blanc et Caussidière, *pour* l'ordre du jour en l'honneur de Cavaignac, *pour* la proposition Rateau, *pour* l'interdiction des clubs, *pour* les crédits de l'expédition de Rome, *contre* l'amnistie. Ce fut lui qui, le 15 mai 1848, fit mettre à l'ordre du jour la question de Pologne. Réélu, le 13 mai 1849, représentant à l'Assemblée législative, le 12e sur 28, par 114,923 voix (281,149 votants, 378,043 inscrits), il fit partie de la majorité monarchiste, opina *pour* l'expédition romaine, *pour* la loi Falloux-Parieu sur l'enseignement, *pour* la loi restrictive du suffrage universel, *pour* la révision de la Constitution, protesta contre le coup d'État, et renonça à la vie politique.

VAYRON (PIERRE), député en 1791, né à Vieillespesse (Cantal) le 10 janvier 1752, mort à une date inconnue, entra dans les ordres. Vicaire général de l'évêque constitutionnel du Cantal, il fut élu, le 28 août 1791, député du Cantal à l'Assemblée législative, le 1er sur 8, par 241 voix (313 votants), prit plusieurs fois la parole pour défendre les marchés de fusils faits par Narbonne, pour présenter un projet d'éducation nationale, pour donner son opinion sur la déportation des prêtres insermentés, fut adjoint au comité de la fédération, et donna lecture du rapport sur les frais de cette fête. Après la session, il fut arrêté sous la prévention du crime de contre-révolution, et traduit, le 25 germinal an II, devant le tribunal révolutionnaire, présidé par Subleyras, qui l'acquitta. Il devint ensuite procureur-syndic du district de Saint-Flour, et maire de cette ville le 18 germinal an VIII.

VAYSON (JOSEPH-MAXIMILIEN), député de 1846 à 1848, né à Mars (Vaucluse) le 29 décembre 1787, mort à Abbeville (Somme) le 20 janvier 1863, devint maire de cette dernière ville où il dirigeait une importante manufacture. Candidat à la députation, le 9 juillet 1842, dans le 3e collège de la Somme (Abbeville), il échoua, avec 31 voix seulement, contre 161 à l'élu, M. Estancelin, député sortant ; il devint député de cette circonscription, le 1er août 1846, par 162 voix (260 votants, 290 inscrits), contre 100 à M. Estancelin. M. Vayson soutint, avec les conservateurs, la politique de Guizot, et quitta la vie politique à la révolution de 1848.

VAYSSE. — *Voy.* RAINSEVILLE (VICOMTE DE).

VEAU. — *Voy.* ROBIAC (DE).

VEAU-DELAUNAY (PIERRE-LOUIS-ATHA-NASE), membre de la Convention, né à Tours (Indre-et-Loire) le 28 octobre 1751, mort à Tours le 3 janvier 1814, se destina au barreau, et, reçu licencié, s'inscrivit au tableau des avocats de sa ville natale. Partisan de la Révolution, il fut élu, le 9 septembre 1792, deuxième suppléant d'Indre-et-Loire à la Convention, avec 232 voix sur 433 votants. Admis à siéger le 9 mars 1793, à la place de Louis Potier décédé, Veau-Delaunay fut secrétaire, puis président du club des Jacobins, prit la parole à la Convention sur le code civil, sur l'agriculture, et fit plusieurs rapports sur l'instruction publique. Lors de l'établissement des Écoles centrales, il obtint la chaire d'histoire naturelle à celle d'Indre-et-Loire, et l'occupa plusieurs années. Puis il se fit recevoir docteur en médecine et exerça cette profession à Tours. Membre d'un grand nombre de sociétés savantes, et notamment du Lycée des Arts de Paris, il a laissé divers mémoires et travaux sur des matières de droit, d'archéologie et de littérature.

VEAUCE (CHARLES-EUGÈNE DE CADIER, BARON DE), député au Corps législatif de 1852 à 1870, sénateur de 1876 à 1884, né à Paris le 1er janvier 1820, mort à Paris le 23 mars 1884, « fils de Marie-Amable de Cadier, baron de Veauce, chef d'escadron à l'état-major de la garde nationale de Paris, et de Louise-Joséphine-Mélito de Salperwick », d'une ancienne famille du Bourbonnais, propriétaire et maire de Veauce (Allier) depuis 1843, s'occupa d'agriculture et de l'élevage des chevaux et prit part à l'organisation du Crédit foncier. Conseiller général du canton ouest de Moulins en 1851 et plus tard président de ce conseil, il fut successivement élu député au Corps législatif, comme candidat du gouvernement, dans la 1re circonscription de l'Allier, le 29 février 1852, par 28,605 voix (29,577 votants, 48,507 inscrits) ; le 22 juin 1857, par 16,328 voix (16,512 votants, 33,075 inscrits) ; le 1er juin 1863, par 17,930 voix (19,016 votants, 29,276 inscrits), contre 907 à M. Mathé, et 108 à M. Tessier ; le 24 mai 1869, par 18,807 voix (19,385 votants, 31,773 inscrits). M. de Veauce siégea dans la majorité dévouée à l'Empire ; dans la session de 1865, il déposa un amendement à l'Adresse invitant le gouvernement à étudier la question de savoir si, « par suite de la transformation de la richesse, et des changements dans les mœurs qui en ont été la suite, nos lois de succession n'appelleraient pas des modifications favorables à l'extension des droits du père de famille ». Cet amendement, développé avec talent, fut rejeté à une forte majorité, bien que l'auteur se défendît de vouloir rétablir le droit d'aînesse, et se déclarât préoccupé des intérêts de la grande industrie. M. de Veauce défendit à la tribune en 1866 la liberté commerciale contre M. Pouyer-Quertier, déposa (8 juillet 1870) un projet de transformation des quatre impôts directs en impôt sur le revenu, fut rapporteur de projets de loi sur les postes et télégraphes, adhéra à l'interpellation des 116, et, le 15 juillet 1870, vota pour la guerre contre la Prusse. Il avait été nommé chevalier de la Légion

d'honneur le 11 août 1868. Rentré dans la vie privée après le 4 septembre, il reprit ses occupations agricoles, et reparut sur la scène politique, le 30 janvier 1876, élu sénateur de l'Allier par 205 voix (385 votants). Il prit place à droite, vota pour la dissolution de la Chambre demandée en juin 1877 par le ministère de Broglie, contre l'article 7 du projet de loi sur l'enseignement supérieur, contre la politique scolaire et coloniale des ministères républicains, et mourut à la fin de la législature.

VEAUX (ANTOINE-JOSEPH, BARON), représentant à la Chambre des Cent-Jours, né à Seurre (Côte-d'Or) le 17 septembre 1764, mort à Dijon (Côte-d'Or) le 24 septembre 1817, « fils de maître Antoine Veaux, notaire royal à Seurré, et de demoiselle Françoise Berger », suivit la carrière militaire, et débuta comme simple soldat au régiment de Beauvais-Infanterie (1785-1791). Capitaine au 1er bataillon de la Côte-d'Or (27 août 1792), il se rendit aux armées du Nord et des Alpes, et fut promu chef de bataillon sur le champ de bataille, le 1er octobre 1793. En juin 1795, il se trouvait à l'armée d'Italie. Il y gagna le grade d'adjudant général chef de brigade, se battit à Rivoli et à la Favorite, devint général de brigade le 10 mars 1797, prit part à l'expédition d'Égypte, et reçut à Saint-Jean-d'Acre une grave blessure. Il revenait en France à bord de la *Marianne* lorsque ce navire fut pris par les Anglais. Échangé peu de temps après, Veaux fit à l'armée des Grisons la campagne de l'an VIII. Commandeur de la Légion d'honneur (19 frimaire an XII), baron de l'empire (26 octobre 1808), il servit au 8e corps de la grande armée, et commanda (1809) le département de la Côte-d'Or. Il organisa la levée en masse dans ce département en janvier 1814, fut mis en non-activité par les Bourbons, offrit ses services à Napoléon pendant les Cent-Jours, et fut élu (9 mai 1815) représentant du grand collège de la Côte-d'Or, par 65 voix (97 votants). Nommé général de division (22 mars) par l'empereur, il fut cassé de ce nouveau grade à la seconde Restauration, et traduit devant la cour d'assises de Dijon qui l'acquitta. Il se retira alors à Aloxe, près de Beaune. Le 24 septembre 1817, se trouvant à Dijon, au moment des opérations électorales, il se tua d'un coup de pistolet, dans un accès d'aliénation mentale.

VEILANDE (MICHEL, BARON), député de 1821 à 1824, né à Maure (Ardennes) le 16 octobre 1767, mort à Brières (Ardennes) le 21 mars 1845, s'engagea au régiment de Berwick le 13 mai 1786. Sous-lieutenant le 15 septembre 1791, lieutenant le 1er mars 1792, il servit à l'armée du Rhin jusqu'en l'an V ; capitaine adjudant-major le 25 pluviôse an IV, il défendit la tête de pont de Mannheim, se signala à Rastadt, à Biberach et au pont de Kehl, fut attaché à l'armée d'Angleterre, et passa en l'an VII à l'armée d'Italie, où il protégea la retraite de la division Grenier après Novi. Chef de bataillon le 16 frimaire an VIII, blessé à Saint-Jacques-de-Ligoni le 11 avril 1800, major au 18e de ligne le 3 frimaire an XII, commandeur de la Légion d'honneur le 15 pluviôse suivant, il fut attaché aux divisions de réserve pendant la campagne de 1805, et, promu colonel du 88e de ligne le 16 mai 1809, se signala à Iéna et à Pultusck. Promu baron de l'empire le 26 octobre 1808, il fut envoyé en Espagne, fut blessé à la bataille d'Ocaña, et, nommé général de brigade le 28 décembre 1810, assista aux sièges de Saragosse et de Badajoz et aux batailles de la Gabora, d'Albuera et de l'Arzobizpo. Blessé et fait prisonnier le 7 avril 1812, à la prise d'assaut de Badajoz, il ne recouvra sa liberté que le 28 mai 1814, après une captivité des plus pénibles. Chevalier de Saint-Louis le 2 septembre suivant, il commanda, pendant les Cent-Jours, une brigade de l'armée d'observation de l'Est, et fut mis à la retraite, comme maréchal de camp, le 18 octobre 1815. Élu, le 8 mars 1821, député du 2e arrondissement électoral des Ardennes (Vouziers), en remplacement de M. Lefèvre-Gineau, qui avait opté pour Mézières, par 117 voix (127 votants, 390 inscrits), il prit place dans l'opposition constitutionnelle et vota constamment avec les libéraux. Il ne se représenta pas en 1824. Réintégré dans le cadre de réserve de l'état-major général le 22 mars 1831, il fut définitivement admis à la retraite le 1er mai de l'année suivante.

VEILLET (Jean-Baptiste-François-Mathurin), député en 1876 et de 1877 à 1878, né à Moncontour (Côtes-du-Nord) le 10 novembre 1838, débuta dans la vie politique en se présentant, comme candidat conservateur, le 20 février 1876, dans l'arrondissement de Loudéac (Côtes-du-Nord); il fut élu député par 9,700 voix (18,321 votants, 23,535 inscrits), contre 8,518 à M. Carré-Kérisouët, et prit place à droite. Son élection ayant été invalidée, M. Veillet se représenta, le 21 mai 1876; mais il échoua alors avec 8,524 voix contre 10,213 à l'élu républicain, M. Carré-Kérisollet. Candidat officiel le 14 octobre 1877, dans le même arrondissement, il y obtint 10,885 voix (18,880 votants, 23,512 inscrits), contre 7,969 au candidat républicain, M. de Jauzé, et alla reprendre place dans les rangs de la minorité monarchiste. Invalidé de nouveau, il échoua définitivement, le 3 mars 1878, avec 8,615 voix, contre 9,673 à l'élu républicain, M. de Jauzé.

YEIRIEU (Guillaume), député en 1791 et au Conseil des Cinq-Cents, né à une date inconnue, mort à Carcassonne (Aude) le 6 novembre 1799, était homme de loi, quand il fut élu, le 6 septembre 1791, députés de la Haute-Garonne à l'Assemblée législative, le 10e sur 12, par 282 voix (499 votants). Il siégea obscurément parmi les modérés, et fut membre du comité de législation. Après la session, il n'exerça aucune fonction publique, et fut élu, le 25 germinal an V, député de la Haute-Garonne au Conseil des Cinq-Cents, par 219 voix (251 votants). Il prit de nouveau place parmi les modérés, et fut gratifié d'une pension de 3,000 francs le 22 thermidor an VI.

VÉJUX (Désiré-Joseph), député de 1834 à 1848, né à Besançon (Doubs) le 19 mars 1795, mort à Besançon le 9 janvier 1857, fils d'un conseiller à la cour de Besançon, entra dans la magistrature, et devint successivement conseiller-auditeur (1818), substitut à la cour de Besançon (1825), et conseiller à la même cour (1827). Élu, le 21 juin 1834, député du 2e collège du Doubs par 108 voix (164 votants, 241 inscrits), contre 31 à M. de Thury, il prit place au centre gauche, dans le tiers parti, « homme du progrès lent », dit un biographe. Il parla sur les défrichements des forêts, et fut réélu jusqu'à la fin du règne : le 4 novembre 1837, par 138 voix (173 votants, 275 inscrits); le 2 mars 1839, par 125 voix sur 217 votants;

le 9 juillet 1842, par 159 voix (178 votants, 296 inscrits); le 1er août 1846, par 126 voix (228 votants, 278 inscrits), contre 71 à M. Jobez, et 43 à M. Meyronnet de Saint-Marc. Il se mêla à un certain nombre de discussions, sur les tribunaux de 1re instance, sur la fixation des cadres de l'état-major de l'armée, sur le budget, sur le chemin de fer de Paris à Lyon, fut rapporteur des projets de loi sur la création d'une chaire de slave à Paris, et d'une faculté de médecine à Rennes, membre des commissions du budget et de l'Algérie, et vota contre la disjonction, pour le recensement, pour les fortifications de Paris, contre la dotation du duc de Nemours, contre les incompatibilités, contre l'adjonction des capacités, pour l'indemnité Pritchard, contre la proposition sur les députés fonctionnaires. Il avait incliné vers le ministère depuis 1840 : « Sous le ministère du 1er mars, dit un biographe, il prit d'abord une attitude belliqueuse, chanta la Marseillaise et sembla défier l'Europe; mais tout à coup ce foudre de guerre s'adoucit et devint l'un des coryphées de la paix à tout prix. » Il soutint la politique de Guizot jusqu'à la révolution de 1848, qui l'éloigna de la vie politique. Conseiller général du Doubs depuis 1831, chevalier de la Légion d'honneur.

VELTEN (Godfried), membre du Sénat, né à Brumath (Bas-Rhin) le 10 septembre 1831, fut d'abord ouvrier brasseur à Marseille. Puis il s'établit à son compte, et s'occupa, en même temps, de politique militante. Il coopéra à l'élection de Gambetta en 1868, à celle d'Esquiros en 1869, ainsi qu'à la création de divers journaux républicains, devint conseiller municipal de Marseille (1874) et conseiller général des Bouches-du-Rhône (1879), et, s'étant trouvé, en 1881, à la tête d'une fortune considérable par la vente de sa brasserie, fut désigné, le 6 janvier 1885, par les électeurs sénatoriaux républicains de ce département comme candidat au siège d'Eug. Pelletan décédé. Il fut élu sénateur par 224 voix (402 votants). M. Velten prit une part active à la discussion des droits d'entrée sur les céréales et prononça alors un discours remarqué. Il opina pour l'expulsion des princes, pour la nouvelle loi militaire, et, en dernier lieu, pour le rétablissement du scrutin d'arrondissement (13 février 1889), pour le projet de loi Lisbonne restrictif de la liberté de la presse, pour la procédure de la haute cour contre le général Boulanger.

VENAILLE-BODIN (Pierre-Étienne), membre de la Convention, né à Romorantin (Loir-et-Cher) le 12 septembre 1753, mort à Blois (Loir-et-Cher) le 16 mars 1828, fut nommé, au début de la Révolution, commissaire du roi près le tribunal de district de Romorantin. Élu, le 6 septembre 1892, deuxième suppléant du Loir-et-Cher à la Convention, à la pluralité des voix sur 283 votants, il fut admis à siéger immédiatement, en remplacement de Carra, qui avait opté pour un autre département. Il répondit au 3e appel nominal, dans le procès du roi : « Trois questions ont été proposées. Sur la première, j'ai répondu oui; elle déclare Louis convaincu de trahison; sur la seconde j'ai répondu non, parce que j'ai calculé les inconvénients qu'il y aurait à renvoyer un pareil acte à la source; sur la troisième, législateur, je prends une mesure de sûreté générale, juge, j'applique la loi. Je vote pour la mort. » Il se prononça aussi contre le

32

sursis, et fit rendre un décret sur les réparations des ponts et chaussées. Le 30 messidor an VII, il fut nommé commissaire près l'administration centrale de Loir-et-Cher, et, en 1814, substitut du procureur du roi à Blois. Maintenu aux Cent-Jours, il tomba sous l'application de la loi du 12 janvier 1816 contre les régicides, et se retira à Saint-Gall (Suisse), où il tomba malade. Il demanda (mars 1819) l'autorisation de rentrer en France, et, en raison de son état de santé, obtint, le 12 mai suivant, un sursis indéfini. Mort subitement à Blois en 1828, il fut transporté à Romorantin ; le clergé n'ayant pas accordé le service religieux et n'ayant concédé qu'un prêtre avec la croix de bois pour accompagner le corps au cimetière, la famille refusa le prêtre, et le convoi eut lieu sans autre incident.

VÉNARD (HENRI-ÉTIENNE), membre de la Convention, né au Pecq (Seine-et-Oise) le 16 octobre 1744, mort à une date inconnue, était chaufournier au Port-de-Marly. Nommé haut juré de Seine-et-Oise (1791), il fut élu, le 17 septembre 1792, cinquième suppléant à la Convention par ce département, avec 538 voix (676 votants), et fut admis à siéger, le 15 juillet 1793, en remplacement de Gorsas, décrété d'arrestation. Son rôle parlementaire fut très effacé et n'a pas laissé de traces au *Moniteur*.

VENCE (MARQUIS DE). — *Voy.* VILLENEUVE.

VENDEUVRE (COMTE DE). — *Voy.* LEFORESTIER.

VENDOIS (ANTOINE-DÉSIRÉ-JOSEPH), représentant en 1848 et en 1849, né à Maroilles (Nord) le 8 avril 1794, mort à Maroilles le 8 avril 1867, étudia la médecine et se fixa comme docteur à Maroilles en 1818. Chef de bataillon de la garde nationale en 1830, trois fois conseiller d'arrondissement, il fut, le 23 avril 1848, représentant du Nord à l'Assemblée constituante, le 14e sur 28, par 170,606 voix (234,857 votants, 278,852 inscrits). Républicain modéré, il fit partie du comité de l'instruction publique, et vota généralement avec les partisans du général Cavaignac, pour le rétablissement du cautionnement, contre les poursuites contre Louis Blanc et Caussidière, contre l'abolition de la peine de mort, contre l'amendement Grévy, contre le droit au travail, pour l'ordre du jour en l'honneur de Cavaignac, pour la suppression de l'impôt du sel, contre l'interdiction des clubs, contre les crédits de l'expédition de Rome, pour l'amnistie, pour l'abolition de l'impôt des boissons. Réélu, le 13 mai 1849, représentant du Nord à l'Assemblée législative, le 15e sur 24, par 89,842 voix (183,521 votants, 290,196 inscrits), il appartint à la minorité démocratique, et se prononça contre l'expédition romaine, contre la loi Falloux-Parieu sur l'enseignement, contre la loi restrictive du suffrage universel. Il combattit la politique de l'Élysée, protesta contre le coup d'État de 1851, et resta, sous l'Empire, étranger à la vie publique.

VENDRE (JEAN-THOMAS), député au Corps législatif de 1869 à 1870, né au Grand-Serre (Drôme) le 12 décembre, mort à Grenoble (Isère) le 2 février 1873, était ingénieur civil à Grenoble. Maire de la ville, membre du conseil général de l'Isère, chevalier de la Légion d'honneur, il fut élu, le 24 mai 1869, avec l'appui officiel du gouvernement impérial,

député de la 2e circonscription de l'Isère au Corps législatif, par 13,300 voix (25,229 votants, 32,294 inscrits), contre 11,848 à M. Eymard-Duvernay, de l'opposition. Il siégea dans la majorité dynastique et vota pour la déclaration de guerre à la Prusse. Le 4 septembre 1870 mit fin à sa carrière politique.

VENTADOUR (DE). — *Voy.* LÉVIS (DE).

VENTAVON (LOUIS-MARIE-FRANÇOIS-CASIMIR TOURNU DE), représentant en 1871, sénateur de 1876 à 1879, né à Jarjayes (Hautes-Alpes) le 25 août 1806, mort à Saint-Georges-de-Commiers (Isère) le 12 août 1879, fit ses humanités et son droit à Grenoble, et conquit rapidement au barreau de cette ville un rang distingué. Chef du parti légitimiste dans l'Isère, il se présenta, comme candidat d'opposition au Corps législatif dans la circonscription unique des Hautes-Alpes, le 29 février 1852, et échoua avec 4,754 voix contre 14,267 à l'élu, M. Faure, candidat du gouvernement, et 4,926 à M. Jean Rambaud. Il resta en dehors de la politique militante pendant la durée de l'Empire, et fut élu, le 8 février 1871, représentant des Hautes-Alpes à l'Assemblée nationale, le 2e et dernier, par 8,257 voix (18,912 votants, 34,111 inscrits). Il prit place à l'extrême-droite, se fit inscrire à la réunion des Réservoirs, fut, en juin 1871, rapporteur de la proposition Ravinel sur l'installation des pouvoirs publics à Versailles, parla sur l'impôt, sur les créances hypothécaires, sur les indemnités aux départements envahis, sur le rachat des chemins de fer de l'Est, la réforme de la magistrature, l'impôt du sel, la répartition des contributions directes, fut membre et rapporteur de la commission sur l'organisation des pouvoirs publics, soutint, en cette qualité, le septennat personnel qu'on appela à ce propos le *Ventavonat*, et donna sa démission de rapporteur du comité des Trente, le 23 février 1875, par suite du refus de cette commission d'accepter le renvoi d'un amendement de M. Bidard sur le rétablissement de la monarchie en 1880. M. de Ventavon vota pour la paix, pour l'abrogation des lois d'exil, pour la pétition des évêques, contre le service de trois ans, pour la démission de Thiers, pour le septennat, pour le ministère de Broglie et contre les lois constitutionnelles. Conseiller général du canton de Laragne (Hautes-Alpes) du 8 octobre 1871, il fut élu sénateur de ce département, le 30 janvier 1876, par 216 voix (247 votants), avec l'appui des légitimistes et des républicains contre les candidats bonapartistes, et après avoir adhéré à la Constitution de 1875. Il combattit les ministères Dufaure et J. Simon, vota pour la dissolution de la Chambre demandée en juin 1877 par le ministère de Broglie, mourut en août 1879, et fut remplacé, le 9 novembre suivant, par M. Guiffrey.

VENTE (AMBROISE), représentant en 1871, né à Paris le 2 avril 1823, mort à Paris le 19 décembre 1882, fit son droit à Paris, se fit inscrire au barreau de cette ville en 1845, devint (1850) secrétaire du ministre de la Justice, substitut à Beauvais (12 avril de la même année), procureur impérial à Compiègne (1856), substitut à la cour d'Amiens (1857), procureur impérial à Amiens (1861), puis à Lille (1865). Démissionnaire après le 4 septembre 1870, il se fit inscrire au barreau de Lille, fut élu, le 8 février 1871, représentant du Nord à l'Assemblée nationale, le 25e sur 28, par 188,719 voix (262,927 votants, 326,440 inscrits). Il fit partie de la réunion Saint-Marc-Girardin, s'abstint dans le vote sur la déchéance de l'empereur, et se prononça *pour la paix, pour l'abrogation des lois d'exil, pour la pétition des évêques, contre le service de trois ans, pour la démission de Thiers, pour le septennat, pour le ministère de Broglie et contre les lois constitutionnelles.* Sous-secrétaire d'État à la justice dans le cabinet du 27 novembre 1873, il fut nommé après la session conseiller à la cour de cassation (7 juillet 1877), et fut retraité, comme tel, le 20 février 1882. Chevalier de la Légion d'honneur (11 août 1866), officier d'académie (1868), il a collaboré à plusieurs Revues de jurisprudence et publié : *Manuel des envois à faire par les parquets, cabinets d'instruction et greffes de première instance* (1864).

VENTURI (HIPPOLYTE-LOUIS-JEAN-GUAL-BERT-GASPARD, COMTE), membre du Sénat conservateur, né à Florence (Italie) le 7 octobre 1752, mort à Florence le 21 octobre 1817, appartenait à la famille du jésuite Venturi, commentateur de Dante. Il épousa en 1778 Marie-Anne Testard, qui était d'origine française. Chambellan du grand-duc Ferdinand III, puis gentilhomme de la chambre de Louis Ier de Bourbon, roi d'Étrurie, et membre du Sénat de Toscane, Venturi fut fait comte de l'empire, et appelé (18 mars 1809) à siéger dans le Sénat français. Il appartint à cette assemblée jusqu'en 1814, redevint en 1815 chambellan du grand-duc, et mourut à Florence le 21 octobre 1817 : il fut inhumé dans l'église Santa-Maria-Trovella. Il ne laissait pas d'enfants; sa fille adoptive fut mariée au marquis Garzoni, qui joignit à son nom celui de Venturi. Il s'était occupé activement d'agriculture; on a de lui quelques écrits sur l'amélioration de la race chevaline.

VENTURI (ARCHANGE), député au Corps législatif en 1809, né et mort à des dates inconnues, maire de Montepulciano (Italie), fut nommé, par l'empereur, le 3 juillet 1809, député du département de l'Ombrone au Corps législatif, sur une liste au choix présentée par le préfet de ce département. Il n'assista pas à la séance du 1er avril 1814, dans laquelle fut votée l'adresse du Sénat au peuple français, mais il vota, le lendemain, la déchéance de l'empereur.

VÉRAC (ARMAND-MAXIMILIEN-FRANÇOIS-JO-SEPH-OLIVIER DE SAINT-GEORGES, MARQUIS DE), pair de France, né à Paris le 1er août 1768, mort au château de Tremblay (Seine-et-Oise) le 18 août 1858, troisième enfant de Charles-Olivier de Saint-Georges, marquis de Couhé-Vérac, grenadier et plus tard lieutenant général et gouverneur du Poitou, et de Marie-Charlotte-Joséphine-Sabine de Croy-d'Havré, fut élevé au collège d'Harcourt, voyagea en Hollande où son père était ambassadeur (1785), entra dans les gardes du corps, puis fut nommé capitaine dans le régiment des carabiniers royaux. Il fut initié au projet de la fuite de Varennes, et, après l'arrestation du roi, accompagna le baron de Breteuil à Bruxelles. En 1796, il suivit, dans l'état-major de Wurmser, les opérations de la campagne d'Italie, revint en France en 1800, fut exilé par Napoléon en Belgique en 1807, et rentra définitivement en 1809. La seconde Restauration le nomma pair de France (17 août 1815). Il vota pour la mort dans le procès du maréchal Ney, soutint le ministère du duc de Richelieu dont il était l'ami, et conserva à la Chambre haute une cer-

taine influence, bien qu'éloigné de la tribune par un léger défaut de prononciation. Le roi le nomma, en 1819, gouverneur des châteaux de Versailles et de Trianon. M. de Forbin ayant eu l'idée, en 1822, en raison de l'abondance des tableaux, d'installer un musée à Versailles, M. de Vérac s'opposa à tout aménagement qui rendrait le palais inhabitable pour le roi; il objecta en outre que, parmi les tableaux, il y en avait de peu convenables, « entre autres une Athalie qui montre un derrière aussi effrayant que le songe qui l'agite ». L'idée fut abandonnée. Gouverneur intérimaire des Tuileries en 1823, président du collège électoral de Seine-et-Oise en 1824 et en 1827, commandeur de la Légion d'honneur à l'occasion du sacre de Charles X (1824), grand-officier de la Légion d'honneur (1829), le marquis de Vérac prêta serment au gouvernement de Juillet, combattit, à la Chambre haute, l'abrogation de la loi du 19 janvier 1816 prescrivant le deuil national du 21 janvier 1793, anniversaire de la mort de Louis XVI, parla (1830) dans le procès Meunier en faveur de Laran, et ne siégea d'ailleurs que fort irrégulièrement jusqu'à la révolution de 1848, qui mit fin à sa carrière politique.

VERBIGIER DE SAINT-PAUL (GASTON-PAUL, BARON), sénateur du second Empire, député de 1876 à 1878, né à Fabas (Ariège) le 20 novembre 1821, mort au château de l'Ondelaye (Ariège) le 25 novembre 1878, appartint à l'administration sous le second Empire. Sous-préfet de Castres, puis sous-préfet de Brest, il fut promu successivement préfet de la Meurthe, préfet du Nord, chef du personnel au ministère de l'Intérieur, et se montra l'un des plus zélés partisans de la politique de M. Rouher. Le 28 décembre 1869, l'empereur l'appela au Sénat. M. Verbigier de Saint-Paul opina, dans la Chambre haute, avec les partisans du régime impérial. Le 4 septembre l'écarta un moment de la vie publique. Mais il fut élu, comme candidat conservateur bonapartiste, le 20 février 1876, député de l'arrondissement de Saint-Girons (Ariège), par 9,711 voix (16,912 votants, 24,345 inscrits), contre 7,149 à M. Sentenac, républicain. Il siégea dans le groupe de l'Appel au peuple et soutint le gouvernement du Seize-Mai. Réélu député de Saint-Girons comme candidat officiel, le 14 octobre 1877, par 10,905 voix (18,434 votants, 24,324 inscrits), contre 7,412 à M. Sentenac, M. V. de Saint-Paul vit son élection invalidée par la majorité républicaine; il se représenta le 7 juillet 1878, mais il échoua avec 7,574 voix contre 10,016 à l'élu républicain, M. Sentenac. Grand-officier de la Légion d'honneur.

VERCHÈRE DE REFFYE (HUGUES-FRANÇOIS), député en 1789, né à Marcigny (Saône-et-Loire) le 12 avril 1752, mort à Marcigny le 10 février 1793, était homme de loi dans sa ville natale, quand il fut élu, le 3 avril 1789, député du tiers aux États-Généraux par le bailliage d'Autun. Il prêta le serment du Jeu de paume, fit partie du comité des recherches, demanda l'ajournement du projet sur la gradualité des fonctions publiques, s'éleva contre la motion de Cazalès qui repoussait la constitution civile du clergé, combattit le projet relatif à l'émigration, fut quelque temps adjoint au comité féodal, fut secrétaire de l'Assemblée (7 mai 1791). Il quitta la vie politique à la fin de la session et mourut peu après.

VERCLOS (CÉSAR-AUGUSTE-JOSEPH JOANNIS,

MARQUIS DE), député au Corps législatif de 1852 à 1861, né à Avignon (Vaucluse) le 9 avril 1786, mort à Avignon le 6 août 1861, était propriétaire à Avignon et membre du conseil général de Vaucluse. La 1re circonscription de ce département l'envoya siéger au Corps législatif, le 26 février 1852, par 18,577 voix (22,711 votants, 39,705 inscrits), contre 3,977 à M. de Laborde. Le gouvernement avait soutenu la candidature de M. de Verclos, qui s'associa, dans les rangs de la majorité, au rétablissement de l'Empire et vota constamment selon les vœux du pouvoir. Il obtint sa réélection le 22 juin 1857, par 15,281 voix (20,651 votants, 36,560 inscrits), contre 5,241 au général Cavaignac, et continua de voter avec la droite jusqu'à sa mort. Il fut remplacé, le 8 septembre 1861, par M. Pamard.

VERDET (Louis), député en 1789, né à Nancy (Meurthe) le 25 mars 1744, mort à Sarreguemines (Moselle) le 11 mai 1819, était curé à Vintranges (Moselle), quand il fut élu, le 30 mai 1789, député du clergé aux États-Généraux par le bailliage de Sarreguemines. Il renonça à ses bénéfices le 4 août, et, le 12 septembre 1789, remit une souscription patriotique de 264 livres pour lui et pour le curé d'Hélimar. Il siégea obscurément dans la minorité, et ne reparut plus sur la scène politique après la session.

VERDIER (Jean-Antoine, comte), pair des Cent-Jours, né à Toulouse (Haute-Garonne) le 2 mai 1767, mort à Mâcon (Saône-et-Loire) le 30 mai 1839, entra au régiment de la Fère en 1785. Capitaine dans une partie de la Drôme à la Révolution, il fut envoyé à l'armée des Pyrénées-Orientales où il contribua à la prise de Figuères, et fut nommé adjudant-commandant chef de brigade le 15 novembre 1795; il passa l'année suivante à l'armée d'Italie, sous les ordres de Bonaparte, et fut blessé à Arcole. Général de brigade en janvier 1797, il fit partie de l'expédition d'Egypte, dans la division de Kléber, se distingua aux Pyramides et à l'assaut de Saint-Jean-d'Acre où il fut de nouveau blessé, et repoussa, le 1er novembre 1799, à Damiette, huit mille janissaires avec un seul bataillon. Kléber lui remit en récompense un sabre d'honneur et le nomma général de division. Rappelé en France avant l'évacuation, il commanda une division sous les ordres de Murat en Étrurie, puis à Naples, et prit part à la bataille de Marengo. Grand officier de la Légion d'honneur le 25 prairial an XII, il fit la campagne de 1805 sur le Danube, celle de 1806 contre les Napolitains, partit en 1807 pour la Pologne où il se signala à Heilsberg et à Friedland, fut créé comte de l'empire le 6 juin 1808, fut, après Tilsitt, attaché à l'armée d'Espagne, et assista à Logroño, au premier siège de Sarragosse et à la prise de Girone. Rappelé à la grande armée au commencement de 1812, il se fit remarquer à Sakabowa et à Palotak, et, dans les campagnes de 1813 et de 1814, sous les ordres du prince Eugène, il se conduisit si héroïquement à la bataille du Mincio, le 8 février 1814, que le prince demanda pour lui le grand-cordon de la Légion d'honneur. Mais les événements empêchèrent Napoléon de satisfaire à cette demande. Mis en non-activité à la Restauration, chevalier de Saint-Louis le 8 juillet 1814, grand-croix de la Légion d'honneur le 17 janvier 1815, il fut placé, aux Cent-Jours, à la tête de la 8e division militaire (Marseille),

et élevé à la dignité de pair le 2 juin 1815. Grâce à ses énergiques précautions, il sauva Toulon des entreprises de l'armée austro-sarde et de la flotte anglaise. Mis à la retraite par l'ordonnance du 1er août 1817, il fut replacé dans le cadre de réserve après la révolution de 1830, fut nommé, cette même année, commandant en chef de la garde nationale de Lyon, et admis définitivement à la retraite comme lieutenant-général, le 13 août 1832. Madame Verdier, qui suivit son mari dans quelques-unes de ses campagnes, notamment en Egypte, y donna des preuves remarquables de courage et de dévouement.

VERDIER DE LACOSTE (Henri, chevalier), député au Corps législatif en 1807, représentant aux Cent-Jours, né à Nîmes (Gard) le 31 mars 1767, mort à Paris le 8 décembre 1819, « fils de sieur Damien Verdier de Lacoste, négociant, et de demoiselle Elisabeth Bresson, » propriétaire et négociant à Nîmes comme son père, embrassa avec ardeur la cause de la Révolution, et devint, en 1789, officier supérieur de la garde nationale. Ayant pris en 1793 le parti des Girondins, il fut décrété d'accusation et mis hors la loi, échappa à la mort par la fuite, rentra en France après le 9 thermidor, se rallia au 18 brumaire, et devint, en l'an VIII, conseiller de préfecture du Gard, et, en l'an XIII, chef de division aux archives de la police générale. Elu, le 7 mars 1807, par le Sénat conservateur, député du Gard au Corps législatif, il en sortit en 1810, fut créé chevalier de l'empire le 27 septembre de la même année, et s'occupa de littérature. Réélu, le 13 mai 1815, représentant de l'arrondissement de Nîmes à la Chambre des Cent-Jours par 50 voix (80 votants) contre 30 au colonel Rivaud, il se montra très opposé au gouvernement de l'empereur, fut l'un des premiers à se prononcer *pour* la déchéance de Napoléon, et devint, au retour de Gand, préfet de la Mayenne. Il y resta peu de mois et collabora ensuite à la *Quotidienne*. On a de lui : *Washington ou les représailles*, drame en 3 actes et en prose (1813); — *Appel aux promesses de l'empereur* (1815); — *Alfred le Grand ou le trône reconquis* (1817, 2 volumes); — *Quelques scènes de la vie des femmes ou les aventures d'un chevalier français* (1817, 3 volumes).

VERDILLON (Marie-François-Barthélemy), né à Marseille (Bouches-du-Rhône) le 19 août 1782, mort à une date inconnue, était adjoint au maire de Marseille. Elu, le 23 juin 1830, député du 1er arrondissement des Bouches-du-Rhône (Marseille) par 499 voix (875 votants, 962 inscrits) contre 366 à M. Thomas, M. Verdillon prit place dans les rangs de la majorité conservatrice. Mais son élection ayant été annulée, il ne se représenta pas, et eut pour successeur, le 21 octobre de la même année, M. Reynard.

VERDOLIN (Jacques), député en 1789, membre de la Convention, né à Annot (Basses-Alpes) le 29 novembre 1738, mort à Paris le 16 avril 1793, était avocat à Annot au moment de la Révolution. Député du tiers aux États-Généraux pour la sénéchaussée de Draguignan (27 avril 1789), Verdolin fut adjoint au doyen des communes, prêta le serment du Jeu de paume, fit partie du comité féodal, et opina avec la majorité réformatrice. Après la session, il fut nommé (7 septembre 1791) procureur-général syndic des Basses-Alpes et revint à la Convention nationale comme député des Basses-

Alpes, élu, le 1er sur 6, par 221 voix (306 votants). Il « vota pour la réclusion et le bannissement » dans le procès de Louis XVI, et mourut trois mois après.

VERGAGNI (PAUL), député au Corps législatif de 1811 à 1814, né et mort à des dates inconnues, chanoine de Saint-Jean de Latran à Rome, fut nommé par l'empereur, le 23 février 1811, député du département de Rome au Corps législatif, sur une liste au choix présentée par le préfet de ce département. Il en sortit lorsque l'empereur rendit au pape les Etats romains et ne reparut plus sur la scène politique. On lui doit quelques écrits religieux : *De l'énormité du duel; Essai sur la dernière persécution religieuse*, etc.

VERGERON (FRANÇOIS-BERTRAND-ARMAND DE), représentant en 1849, né à Navarrenx (Basses-Pyrénées) le 5 avril 1804, mort à Navarrenx le 5 octobre 1860, étudia le droit et entra dans la magistrature. Il la quitta bientôt pour l'administration et fut nommé sous-préfet de Castres (1813-1818). Le 13 mai 1849, il fut élu représentant des Basses-Pyrénées à l'Assemblée législative, le 9e sur 10, par 82,015 voix (71,463 votants, 117,951 inscrits). Il siégea à droite, s'associa au vote des lois répressives et restrictives adoptées dans la législature, et rentra dans la vie privée en 1851.

VERGNES (PAUL), représentant du peuple en 1848, né à Tonneins (Lot-et-Garonne) le 21 janvier 1798, mort à Bordeaux (Gironde) le 5 avril 1877, fils d'un préfet de l'empire, fit son droit, et se fit inscrire au barreau de Marmande, dont il devint maire. D'opinions libérales, il fut élu, le 23 avril 1848, représentant du Lot-et-Garonne à l'Assemblée constituante, le 3e sur 9, par 43,631 voix (83,753 votants, 94,809 inscrits). Il fit partie du comité du travail, et vota en général avec la fraction modérée de la gauche, *pour* le bannissement de la famille d'Orléans, *contre* les poursuites contre L. Blanc et Caussidière, *pour* l'abolition de la peine de mort, *pour* l'impôt progressif, *contre* l'incompatibilité des fonctions, *contre* l'amendement Grévy, *contre* la sanction de la Constitution par le peuple, *pour* l'ensemble de la Constitution, *contre* la proposition Rateau, *contre* l'interdiction des clubs. Il combattit vivement la politique de l'Elysée, ne fut pas réélu à la Législative, et reprit sa place au barreau de Marmande. Après le 4 septembre 1870, il fut élu conseiller général du Lot-et-Garonne.

VERGNIAUD (PIERRE-VICTURNIEN), député en 1791, membre de la Convention, né à Limoges (Haute-Vienne) le 31 mai 1753, mort à Paris le 31 octobre 1793, « fils de sieur Pierre Verniau (sic) et de Catherine Baubiat », fut confié de bonne heure par son père, fournisseur des vivres du régiment de cavalerie en garnison à Limoges, aux soins d'un savant jésuite qui lui fit faire d'excellentes humanités. Vergniaud termina ses études au collège du Plessis à Paris, et alla faire son droit à Bordeaux. Protégé par Turgot et par l'avocat général Dupaty, il devint, en 1781, avocat au parlement, et fut bientôt au premier rang du barreau bordelais. La révolution de 1789, dont les débuts furent salués par lui avec enthousiasme, vint ouvrir à son talent une plus vaste carrière. Nommé par la ville de Bordeaux administrateur de la Gironde, puis, le 28 mars 1791, direc-

teur du jury au tribunal criminel du département, il fut élu (31 août 1791) député de la Gironde à l'Assemblée législative, le 4e sur 12, par 259 voix (513 votants). Vergniaud prit place sur les bancs de l'opposition, et parut hésiter entre le principe monarchique, qu'il ne voulait pas abandonner ouvertement, et les idées démocratiques auxquelles il faisait plus d'une concession. Six jours après l'ouverture de la session, il enleva les applaudissements de ses collègues par un discours où il demandait la suppression des mots *sire* et *majesté*. La question des émigrés, vivement débattue, lui fournit de beaux développements oratoires; il soutint que les simples particuliers qui avaient passé la frontière pour se joindre aux ennemis de la France devaient être punis par la perte de leurs biens, et les officiers suivant les rigueurs du code pénal. Quant aux frères de Louis XVI, il s'écria : « La loi est claire, vous avez juré de la maintenir; je craindrais de vous outrager en vous disant que votre négligence même serait un parjure. On parle de la douleur profonde dont le roi sera pénétré : Brutus immola des enfants criminels à sa patrie! » Vergniaud fut porté à la vice-présidence le 16 octobre, et, le 31, à la présidence. Il occupait encore le fauteuil lorsque le ministre de la Justice, après avoir informé l'Assemblée que le roi refusait sa sanction au décret contre les émigrés, voulut expliquer les motifs de ce refus. Le président lui fit remarquer qu'il opinait dans la question, ce qui était contraire à l'esprit de la Constitution, et la parole fut retirée au ministre. Après que le ministère feuillant eut été remplacé par des ministres girondins, Vergniaud cessa son rôle d'opposant, mais pour le reprendre bientôt (13 juin 1792), lors de la destitution de Roland, de Clavière et de Servan. Le 18 juin, il blâma la conduite du général La Fayette qui avait adressé une lettre presque menaçante à l'Assemblée. Le 20 juin, Dumolard ayant proposé implicitement la proclamation de la loi martiale, Vergniaud s'élança à la tribune, rappela les souvenirs sanglants du Champ de Mars et conjura l'Assemblée de ne pas imiter la Constituante en imprimant à son histoire une tache ineffaçable. Il n'épargna pas alors ses attaques au ministre et au roi lui-même. Le 3 juillet, il n'hésita pas à évoquer le texte de la Constitution, portant que le monarque serait censé avoir abdiqué la royauté s'il ne s'opposait pas par un acte formel aux entreprises armées dirigées contre la nation, et il donna à entendre que le temps était venu d'appliquer cette disposition. On connaît sa fameuse apostrophe : « O roi, qui sans doute avez cru avec le tyran Lysandre que la vérité ne valait pas mieux que le mensonge, et qu'il fallait amuser les hommes par des serments, comme on amuse les enfants avec des hochets; qui n'avez feint d'aimer les lois que pour conserver la puissance qui vous servirait à les braver; la Constitution, que pour qu'elle ne vous précipitât pas du trône, où vous aviez besoin de rester pour la détruire; la nation que pour assurer le succès de vos perfidies, en lui inspirant de la confiance; pensez-vous nous donner le change sur la cause de nos malheurs par l'artifice de vos excuses et l'audace de vos sophismes?... » Toutefois, il ménagea Louis XVI dans ses conclusions et se borna à demander que la patrie fût déclarée en danger, et que les ministres fussent rendus responsables des troubles intérieurs et de toute invasion du territoire. C'est que, au moment même où l'orateur girondin tonnait ainsi à la tribune, une lettre de Vergniaud, de Gensonné et de Guadet était secrètement remise au roi : le triumvirat s'engageait à sauver Louis XVI s'il consentait à reprendre pour ministres Roland, Clavière et Servan. Les négociations échouèrent. Toutefois, jusqu'au 10 août, Vergniaud et ses amis, effrayés de l'ascendant que prenaient les Jacobins, modérèrent leur langage et leurs actes. Dans la journée où éclata le mouvement insurrectionnel, Vergniaud, Guadet et Gensonné présidèrent successivement l'Assemblée : ce fut Vergniaud qui prononça la déchéance du roi. Le lendemain, il adressa à la Commune de Paris une lettre par laquelle il mettait les Suisses vaincus et menacés sous la sauvegarde du peuple de la capitale. Le 2 septembre, lorsqu'on apprit la prise de Longwy et de Verdun, Vergniaud demanda que le peuple en masse travaillât aux retranchements de la capitale : « C'est aujourd'hui, s'écria-t-il, que Paris doit vraiment se montrer dans toute sa grandeur! Hommes du 14 juillet et du 10 août, c'est vous que j'invoque... Vous avez chanté la liberté, il faut la défendre... Il n'est plus temps de discourir, il faut piocher la fosse de nos ennemis, ou chaque pas qu'ils font en avant piochera la nôtre... » Les massacres des prisons l'attristèrent profondément. Élu, le 5 septembre 1792, député de la Gironde à la Convention, le 1er sur 12, par 480 voix (671 votants), il fut nommé secrétaire de la nouvelle assemblée avec Brissot, Guadet, Condorcet, et se montra dès le début très opposé au parti de la Montagne. Le 10 octobre, il fut élu membre du premier comité de Constitution. Ardent à attaquer Marat, Danton et la Commune de Paris, il se trouva, lors du procès du roi, dans une position embarrassante. Il inclina d'abord vers l'appel au peuple; puis, cette mesure ayant été rejetée, il se prononça pour la mort. Il quitta le fauteuil de la présidence, qu'il occupait depuis le 11 janvier 1793, pour motiver son vote en ces termes : « J'ai voté pour que le décret ou jugement qui serait rendu par la Convention nationale fût soumis à la sanction du peuple. Dans mon opinion les principes et les considérations politiques de l'intérêt le plus majeur en faisaient un devoir à la Convention. La Convention nationale en a décidé autrement. J'obéis : ma conscience est acquittée. Il s'agit maintenant de statuer sur la peine à infliger à Louis. J'ai déclaré hier que je le reconnais coupable de conspiration contre la liberté et la sûreté nationales. Il ne m'est pas permis aujourd'hui d'hésiter sur la peine. La loi parle : c'est la mort; mais en prononçant ce mot terrible, inquiet sur le sort de ma patrie, sur les dangers qui menacent même la liberté, sur tout le sang qui peut être versé, j'exprime le même vœu que Mailhe, et je demande qu'il soit soumis à une délibération de l'assemblée. » Malgré ces dernières paroles il rejeta le sursis. Enfin, ce fut lui qui, en qualité de président, eut à prononcer la sentence : il le fit en ces termes : « Citoyens, je vais proclamer le résultat du scrutin. Vous allez exercer un grand acte de justice; j'espère que l'humanité vous engagera à garder le plus profond silence : quand la justice a parlé, l'humanité doit avoir son tour. » Il lut le recensement des votes et ajouta : « Je déclare, au nom de la Convention nationale, que la peine qu'elle prononce contre Louis Capet est la mort. » Toutefois Vergniaud ne put regagner la confiance du parti populaire qu'il s'était aliéné par sa démarche de juillet 1792 auprès du roi. Les intrigues de Brissot et la trahison de Du-

mouriez vinrent aggraver la situation des Girondins qui s'efforcèrent de représenter leurs adversaires comme des hypocrites d'égalité. La Montagne se défendit avec acharnement et devint agressive à son tour. Le 31 mai, Vergniaud fit d'habiles et vains efforts pour sauver ses amis et lui-même; la commission des Douze fut renversée, et, le 2 juin, un décret d'arrestation fut rendu contre 22 députés. Prisonnier sur parole, Vergniaud n'essaya point d'échapper par la fuite et se présenta devant le tribunal révolutionnaire, où il prononça ce mot célèbre : « La Révolution est comme Saturne : elle dévore ses enfants! » Condamné à mort le 30 octobre, il ne voulut pas se servir du poison que lui avait donné Condorcet; il monta le lendemain sur l'échafaud, et mourut avec courage. Napoléon Ier a fait placer sa statue au Sénat; la ville de Bordeaux a donné son nom à l'une de ses rues.

VERGNIAUD (GUILLAUME-HENRI), député au Conseil des Cinq-Cents et au Corps législatif en l'an VIII, né à Limoges (Haute-Vienne) en avril 1764, mort à Limoges le 13 juin 1844, frère du précédent, étudia le droit et fut reçu avocat au parlement de Bordeaux le 1er juin 1786, partisan de la Révolution, il devint, le 18 février 1790, avocat au conseil supérieur du Cap français, et, en 1792, sénéchal du Cap. Le 8 novembre 1793, sa parenté avec Vergniaud lui valut d'être condamné à la déportation. Réintégré dans ses fonctions par le comité de salut public le 10 floréal an III, et nommé, le 5 fructidor an IV, commissaire du Directoire exécutif près le tribunal civil du Cap français, il fut élu, le 22 germinal an V, député de Saint-Domingue au Conseil des Cinq-Cents, par 48 voix (73 votants). Il ne prit la parole qu'une fois, pour accuser Sotin d'avoir outragé la représentation nationale, fut membre de diverses commissions, et fut réélu, le 21 germinal an VII, au même Conseil, par le département de la Haute-Vienne. Rallié au 18 brumaire, il fut choisi, le 4 nivôse an VIII, par le Sénat conservateur, pour député de la Haute-Vienne au Corps législatif, d'où il sortit en l'an XI. Il n'a pas fait partie d'autres assemblées.

VERGOIN (JEAN-MARIE-MAURICE), député de 1885 à 1889, né à Paris le 10 mai 1850, fils de Pierre-Marie-Arthur Vergoin, et de Marie-Guillemin Grégoire, fit son droit à Paris, se fit inscrire au barreau d'Alençon, professa, au lycée de cette ville, un cours de droit usuel, collabora au *Progrès de l'Orne*, journal républicain, et devint chef de cabinet du préfet. Il acheta ensuite une étude d'avoué à Épernay, et, quelque temps après, entra dans la magistrature comme procureur de la république près le tribunal civil de Mayenne (1880). Nommé au même titre à Perpignan au mois de novembre suivant, il devint avocat général à Aix en 1882, puis à Dijon en 1883 ; il eut, à propos d'un discours de rentrée dans lequel il s'élevait contre la lenteur et les frais de la justice, des démêlés avec ses chefs hiérarchiques qui le firent envoyer en disgrâce à Grenoble, où, plutôt que de modifier son discours de rentrée en 1884, il préféra donner sa démission et se fit inscrire au barreau de Versailles. Il collabora au *Républicain* de Seine-et-Oise, et, porté le 4 octobre 1885, sur la liste radicale de ce département, fut élu député au second tour, le 6e sur 9, par 55,735 voix (119,005 votants, 153,342 inscrits). Il prit place à la gauche radicale, vota l'expulsion des princes, adhéra au programme du général Boulanger, fit partie du « comité républicain national », mena une campagne active dans le département du Nord (avril 1888) en faveur de l'élection du général, et, dans la dernière session, s'abstint sur le rétablissement du scrutin d'arrondissement (février 1889), et se prononça pour l'ajournement indéfini de la revision de la Constitution, contre les poursuites contre trois députés membres de la Ligue des patriotes, contre le projet de loi Lisbonne restrictif de la liberté de la presse, co-tre les poursuites contre le général Boulanger. Son nom fut mêlé, dans les derniers mois de la législature, à des poursuites contre une demi-mondaine, Mlle Schneider, dite de Sombreuil, que le gouvernement voulait expulser, et qui compromit, pour se défendre, le député de Seine-et-Oise qu'elle avait compté un moment au nombre de ses amis.

VERGUET (CLAUDE-FRANÇOIS DOM), député en 1789, né à Champlitte (Haute-Saône) le 23 mars 1744, mort à Montarlot (Haute-Saône) le 9 mars 1814, fils d'un médecin, embrassa la règle de saint Bernard et prononça ses vœux à l'abbaye de Morimond. Nommé prieur de la Frenade en Saintonge, puis du monastère de N.-D. de Relec en Bretagne, il parvint à la dignité de vicaire général de l'ordre de Citeaux. En septembre 1789, le clergé de la circonscription électorale de Saint-Pol-de-Léon l'élut député aux États-Généraux. Dom Verguet siégea d'abord dans la minorité, protesta contre l'abolition des vœux monastiques, publia une brochure en réponse au rapport du comité ecclésiastique sur cette question, et défendit le ministre de Montmorin au sujet des passeports délivrés par lui à Mesdames tantes du roi. Mais ses opinions se modifièrent ; il prêta le serment civique (3 janvier 1791), et fut nommé vicaire épiscopal de l'évêque constitutionnel de Langres. A la suppression de ses fonctions, il dirigea plusieurs paroisses qui n'avaient plus de curés, et, lorsque le culte fut aboli, revint habiter Langres, où il devint administrateur puis président du district. Destitué comme modéré (mars 1793), il dut se dérober aux menaces, gagna secrètement Champlitte, et profita de ses loisirs forcés pour cataloguer des livres provenant de couvents supprimés. Après thermidor, il fut nommé membre de l'administration centrale du département de la Haute-Saône, puis sous-préfet de Lure (an VIII) par le premier Consul, et révoqué l'année suivante par suite de mésintelligence avec son préfet. Il se retira à Montarlot, où il mourut.

VERHUELL (CAREL-HENRIK), COMTE DE SEVENAAR, député au Corps législatif de 1811 à 1814, pair de France, né à Doëtichem (Hollande) le 11 février 1764, mort à Paris le 25 octobre 1845, fils d'un bourgmestre de Doëtichem, se montra dès son enfance très habile aux exercices du corps, et fut destiné à la carrière militaire. Sorti de l'École des cadets, il passa quatre ans dans l'infanterie, et entra, par goût, dans la marine en 1779, comme garde sur la frégate l'Argo. Il fit des croisières dans la mer du Nord, se distingua au combat (5 août 1781) à Doggersbank, contre la flotte anglaise, et y gagna les épaulettes de lieutenant de vaisseau. En 1785, il fit croisière dans la Méditerranée contre les pirates barbaresques, puis aux Antilles, et fut promu capitaine de frégate, puis capitaine de vaisseau (1795). Il avait vu avec regret la chute de la monarchie de Nassau (1792), et il quitta le service au renversement du stathoudérat, l'année même où il avait été nommé capitaine de vaisseau. La lutte du prince d'Orange contre les Anglo-Russes le rappela sur mer (1799) ; puis, après la capitulation qui termina cette campagne, il se retira de nouveau dans ses propriétés. Il reprit du service en 1803, avec le grade de contre-amiral, fut chargé, après la paix d'Amiens, de représenter la Hollande à Paris, et, à la rupture de la paix, reçut de Bonaparte la mission de réunir une flottille de débarquement à Flessingue, et de rallier à Ostende du vice-amiral Magon qui devait transporter le corps d'armée de Davout. Verhuell exécuta ces ordres, échappa, à force d'intrépidité, à l'amiral Sidney-Smith qui lui barrait le passage à la hauteur du cap Gris-Nez (21 vendémiaire an XII), fut promu vice-amiral (juin 1804), grand-aigle de la Légion d'honneur à la même date, et nommé ministre de la marine en Hollande. En 1806, il présida la députation chargée d'offrir la couronne de Hollande à Louis Bonaparte ; le nouveau roi le nomma maréchal (21 décembre 1806), ambassadeur en France un an après, et grand-croix de l'ordre de la Réunion. Verhuell se fixa à Paris, signa à l'acte de naissance du prince Louis-Napoléon (20 avril 1808), protégea les côtes lors de la tentative des Anglais contre l'île de Walcheren (1809), fut nommé par le roi Louis comte de Sevenaar (29 avril 1810), et, après le départ du roi, fut un des commissaires délégués pour opérer la réunion de la Hollande à la France. Devenu Français, il fut mis à la tête de la flotte du Texel, et établit des chantiers de construction à Hambourg, à Lubeck et à Brême. Nommé directement par l'empereur, le 19 février 1811, député de l'Issel-Supérieur au Corps législatif, il fut gratifié (1er mars) d'une pension de 15,000 francs, et créé comte de l'empire (25 mai suivant) avec 10,000 francs de dotation. Il fut élu candidat à la présidence du Corps législatif pour 1812, la présida en 1813, et, lors de la séparation de la Hollande de la France, écrivit au président (22 juin 1814) une lettre dans laquelle il exprimait ses regrets d'avoir à se séparer de ses collègues. Il obtint de Louis XVIII des lettres de naturalisation (décembre 1814). Après Waterloo, Napoléon demanda à être conduit en Amérique sur deux vaisseaux commandés par Verhuell : « Il eût passé à travers la croisière anglaise », écrivait-il ensuite à Sainte-Hélène ; cette demande ne lui fut pas accordée. Verhuell fut admis à la retraite en 1816, fut compris, le 5 mars 1819, dans la fournée de pairs du ministère Decazes. Attaché à la religion protestante, il prit à plusieurs reprises le parti de ses coreligionnaires, et défendit les libertés constitutionnelles. Il siégea à la Chambre haute jusqu'à sa mort, survenue à 81 ans, après avoir prêté serment au gouvernement de juillet. Très dévoué au protestantisme, il fut un des plus zélés fondateurs de la Société biblique et de la Société des Missions.

VÉRITÉ (LOUIS-CHARLES-RENÉ), député en 1791, né à la Ferté-Bernard (Sarthe) en 1753, mort à la Ferté-Bernard le 15 mai 1836, était administrateur de la Ferté-Bernard, quand il fut élu, le 3 septembre 1791, député de la Sarthe à l'Assemblée législative, le 3e sur 10, par 267 voix (388 votants). Il siégea parmi les modérés, fut membre du comité des contributions publiques et du comité de l'extraordinaire des finances, et rentra dans la vie privée après la session. Il n'exerça ensuite de fonctions publiques que pendant les Cent-Jours, comme sous-préfet de Mamers.

VERMON (ALEXIS-JOSEPH), membre de la Convention, né à Mézières (Ardennes) le 6 novembre 1754, mort à une date inconnue, exerçait à Mézières l'état de tanneur. Le 5 septembre 1792, il fut élu par le département des Ardennes membre de la Convention, le 5ᵉ sur 8, avec 163 voix (302 votants). Il prit place parmi les modérés, se montra l'adversaire déclaré de Marat, qu'il accusa d'avoir demandé deux cent soixante-dix mille têtes pour assurer la tranquillité publique, et, lors du procès du roi, répondit : « Je vote pour la détention jusqu'à la paix, mais pour la mort en cas d'invasion du territoire de la République. » Il opina en outre pour l'appel et pour le sursis. Dans la séance du 24 septembre 1793, il prit la défense de son frère, officier à l'armée du Nord, à qui on reprochait son manque d'énergie et d'activité. Vermon entra dans la magistrature sous le premier empire, et fut nommé juge au tribunal de Mézières. Lors de la promulgation de la loi du 12 janvier 1816, le préfet des Ardennes lui intima l'ordre de quitter la France. Vermon prit, le 3 février 1826, un passeport pour Bouillon, et se retira à la Haye. De là, il réclama contre l'injuste application qui lui était faite de la loi de 1816, ajoutant subsidiairement « qu'il avait été entraîné à jouer un rôle politique par la faiblesse de son caractère. » L'erreur fut reconnue, et il fut rappelé le 13 mai 1818 ; il était de retour à Mézières le 13 juin suivant.

VERMOND (FRANÇOIS-MARIE-AUGUSTE), député de 1881 à 1885, né à Péronne (Somme) le 5 août 1849, fils d'un marchand de charbons, fit ses classes au lycée Louis le-Grand, et fut reçu avocat. Il alla rédiger le *Libéral de Pontoise*, devint maire de Beaumont, et fut élu, avec un programme radical, le 21 août 1881, député de la 1ʳᵉ circonscription de Pontoise, par 7,053 voix (12,532 votants, 16,510 inscrits). M. Vermond siégea à l'extrême-gauche et vota avec les radicaux. Il renonça à la lutte aux élections de 1885 et n'appartint pas à d'autres assemblées.

VERNA (JEAN-MARIE-VICTOR DAUPHIN DE), député de 1828 à 1830, né à Verna (Isère) le 28 juillet 1775, mort à Lyon (Rhône) le 17 juin 1841, « fils d'Aymar-Joseph Dauphin de Verna, chevalier seigneur de Verna, Lignieu, Tignieu et autres lieux, baron de Saint-Romain, et de dame Marie de Fourmillon de Butery », était propriétaire à Lyon et adjoint au maire de cette ville, lorsqu'il fut élu, le 8 mai 1828, député du Rhône, au grand collège, par 243 voix (453 votants, 521 inscrits), contre 201 à M. Fulchiron, en remplacement de M. Mottet de Gérando décédé. M. de Verna siégea au centre droit et vota avec les royalistes sans paraître à la tribune. Il ne fut pas réélu en 1830.

VERNE DE BACHELARD (ANTOINE-MARIE), député au Conseil des Anciens et au Corps législatif en l'an VIII, né à Roanne (Loire) le 28 décembre 1753, mort à Roanne le 23 décembre 1820, était avocat au moment de la Révolution. Partisan des idées nouvelles, il fut procureur de la commune de Roanne en 1790 et 1791, administrateur du district, maire de la ville en 1792, et juge au tribunal criminel de Roanne en 1793. Arrêté comme suspect de fédéralisme en octobre suivant, il fut mis en liberté

après le 9 thermidor, devint maire de Roanne, et fut nommé commissaire du gouvernement près l'administration municipale, puis juge au tribunal civil de la Loire, à Montbrison ; mais il refusa ce dernier poste. Élu, le 24 germinal an VII, député de la Loire au Conseil des Anciens, par 107 voix (134 votants), il prit place dans la majorité, se rallia au 18 brumaire, et fut réélu, le 4 nivôse de l'an VIII, par le Sénat conservateur, député de la Loire au Corps législatif ; il en sortit en l'an XI, et fut nommé, en prairial, juge à la cour criminelle de Lyon. S'étant montré favorable au retour des Bourbons, il devint conseiller à la cour royale de Lyon le 25 octobre 1815.

VERNE DE BACHELARD (JEAN-SIMON-ANTOINE-MARIE), député de 1835 à 1841, né à Roanne (Loire) le 30 mars 1762, mort à Roanne le 25 octobre 1868, était conseiller à la cour de Lyon et conseiller général, lorsqu'il se présenta à la députation du Rhône (Lyon), dans le 1ᵉʳ collège du Rhône (Lyon), et échoua avec 100 voix contre 526 à l'élu, M. Sauzet, et 71 à M. de Cormenin. Successivement élu député au 4ᵉ collège du même département (Lyon), le 10 février 1835, en remplacement de M. Dugas-Montbel, décédé, par 260 voix (305 votants, 603 inscrits) ; le 4 novembre 1837, par 169 voix (296 votants, 630 inscrits) ; le 2 mars 1839, par 153 voix (288 votants, 633 inscrits), il prit place parmi les ministériels, fut porté absent lors du vote sur la loi de disjonction, et vota l'Adresse de 1839 en faveur du ministère Molé. Il donna ensuite sa démission, et fut remplacé, le 16 janvier 1841, par M. de Thorigny. Admis à la retraite, comme conseiller, le 10 janvier 1857.

VERNEILH-PUYRASEAU (JOSEPH, CHEVALIER DE), député en 1791 et au Corps législatif en 1810, représentant aux Cent-Jours, député de 1817 à 1824 et de 1827 à 1830, né à Nexon (Haute-Vienne) le 29 juillet 1756, mort à Limoges (Haute-Vienne) le 3 juin 1839, « fils de sieur Jean-Baptiste Deverneilh, notaire royal à Nexon, et de demoiselle Françoise Brun, » était homme de loi en 1789. Partisan des idées nouvelles, il devint maire de Thiviors (Dordogne) et membre du conseil général, et fut élu, le 9 septembre 1791, député de la Dordogne à l'Assemblée législative, le 4ᵉ sur 10, par 457 voix (511 votants). Il prit place parmi les modérés, prononça deux discours, l'un pour faire rejeter une demande de fonds pour les colonies, l'autre pour faire rendre un décret sur la purge des hypothèques, et fut membre adjoint du comité des finances. Il se retira à la campagne pendant la Terreur, fut nommé, après la chute de Robespierre, président du tribunal civil de Nontron, puis juge de paix de Bussière-Badel, haut-juré de la Dordogne à la cour de Vendôme (1797), et président du tribunal criminel de la Dordogne (1799). Rallié au 18 brumaire, il fut successivement préfet de la Corrèze le 11 ventôse an VIII, du Mont-Blanc le 8 floréal an X, et fut révoqué (février 1804) de ces dernières fonctions pour avoir refusé de faire condamner 322 familles de conscrits réfractaires. Sa disgrâce dura peu, car, en mai suivant, il fut nommé directeur des droits réunis dans la Mayenne, mais il refusa. Attaché alors, comme directeur du bureau des dessèchements, au ministère de l'Intérieur, il publia en 1802 une *Statistique du département du Mont-Blanc*, et rédigea le projet de code rural. Président du collège électoral de Nontron en 1809, il fut élu, le 10 août 1810, par le Sénat conservateur, député de la Dordogne au Corps législatif, fit partie de la commission d'information créée par l'empereur, et, le 29 décembre 1813, appuya la demande d'impression du rapport de Lainé. Il adhéra à la déchéance de Napoléon, siégea pendant la session de 1814-1815 parmi les constitutionnels, et parla en faveur de la restitution aux émigrés de leurs biens non vendus, y compris ceux qui avaient été cédés à la caisse d'amortissement et aux hospices. Élu, le 18 mai 1815, représentant à la Chambre des Cent-Jours par l'arrondissement de Nontron, avec 49 voix (93 votants, 144 inscrits), il prit place dans la majorité. Non réélu en 1816, et nommé conseiller sans traitement à la cour de Limoges, il réclama une pension de retraite en septembre suivant, l'obtint, le 25 mars 1816, au chiffre de 3,000 francs, et rentra au parlement, le 20 septembre 1817, comme député du grand collège de la Dordogne, avec 562 voix (939 votants, 1,463 inscrits). Il prit place au centre gauche, et vota *contre* les deux lois d'exception, mais *pour* le nouveau système électoral. Il échoua dans le 1er collège de la Dordogne (Périgueux), le 25 février 1824, avec 76 voix contre 223 à à l'élu, M. Durand-Durepaire, et fut réélu dans ce même collège, le 17 novembre 1827, par 115 voix (282 votants, 363 inscrits), contre 72 à M. de Beaumont, et 60 à M. Debelleyme, et, le 3 juillet 1830, dans le grand collège de la Dordogne, par 166 voix (219 votants, 298 inscrits). Créé baron et chevalier de la Légion d'honneur par la Restauration, il prit place parmi les constitutionnels et vota l'Adresse des 221. Il échoua, le 26 juin 1830, dans le 1er collège de Périgueux, avec 146 voix contre 153 à l'élu, M. Périn, et ne fut pas plus heureux, le 5 juillet 1831, dans le même collège, avec 22 voix contre 173 à l'élu, M. Périn, député sortant, et 84 à M. de Marcillac. On a de lui : *Observations des commissions consultatives sur le projet de code rural* (1817).

VERNEREY (CHARLES-BAPTISTE-FRANÇOIS), député en 1791, membre de la Convention, né à Baume-les-Dames (Doubs) en 1749, mort à une date inconnue, était homme de loi avant la Révolution. Nommé (1790) membre du directoire du Doubs, il fut élu, le 31 août 1791, député du Doubs à l'Assemblée législative, le 6e et dernier, par 185 voix (310 votants), et vota avec la majorité. Envoyé de nouveau à la Convention par le département du Doubs (5 septembre 1792), le 5e sur 6, avec 226 voix (335 votants), il répondit dans le procès du roi : « Je prononce la mort, » et vota contre l'appel et contre le sursis. Il remplit ensuite une mission dans la Creuse et dans l'Allier, et s'y montra modéré. De retour à l'assemblée, il n'eut qu'une part très secondaire aux travaux législatifs, et ne prit guère la parole que le 22 thermidor an III, en faveur de Fouché accusé de dilapidations.

VERNET (LOUIS-CLOVIS), député de 1885 à 1886, né à Rochemaure (Ardèche) le 25 décembre 1820, étudia le droit, et entra dans la magistrature comme juge suppléant à Avignon. Il exerça ensuite les fonctions de substitut à Briançon (juillet 1852), puis à Montélimar, de juge suppléant à Saint-Marcellin (1856), de juge suppléant puis de juge d'instruction à Largentière (1859) et à Saint-Marcellin (1861). Revenu à Largentière comme juge le 5 août 1872, il fut nommé président du tribunal le 17 octobre 1874. Ses opinions monarchistes le firent comprendre, en 1883, dans l'application de la nouvelle loi sur la magistrature. Aux élections du 4 octobre

1885, les conservateurs de l'Ardèche le portèrent candidat à la députation, et l'élurent, le 4e sur 6, par 45,217 voix (88,137 votants, 111,815 inscrits). M. Vernet siégea à droite et fit partie de la minorité. Mais l'élection de l'Ardèche ayant été invalidée en bloc, M. Vernet, au nouveau scrutin du 14 février 1886, échoua avec 45,031 voix (92,766 votants, 111,395 inscrits). Chevalier de la Légion d'honneur.

VERNHES (FRANÇOIS-CHARLES), représentant à la Chambre des Cent-Jours, et député de 1831 à 1846, né à Saint-Jean-d'Alcapiès (Aveyron) le 5 novembre 1769, mort à Rodez (Aveyron) le 22 septembre 1852, « fils d'Antoine Vernhes, et à Marie-Jeanne Calmes », fut professeur de mathématiques, de philosophie et de physique au collège royal de Rodez, de 1790 à 1792. Il entra ensuite dans l'administration militaire et devint commissaire-ordonnateur à Paris. Chevalier de Saint-Louis à la Restauration, il passa, pendant les Cent-Jours, chef de division au ministère de la Guerre, et fut élu, le 15 mai 1815, représentant du grand collège de l'Aveyron à la Chambre des Cent-Jours par 29 voix (53 votants, 259 inscrits). Il siégea dans la majorité, fut destitué à la rentrée des Bourbons, mais fut réintégré, en 1819, dans les fonctions de sous-intendant militaire. Il resta en dehors de la politique jusqu'à la révolution de juillet, l'artisan du nouveau régime, il fut nommé conseiller général de l'Aveyron et intendant militaire de la 10e division à Toulouse, bien qu'il eût passé l'âge requis pour la mise en activité. Élu député du 2e collège de l'Aveyron (Saint-Affrique), le 5 juillet 1831, par 120 voix (194 votants, 246 inscrits), contre 66 au général Tarayre ; le 21 juin 1834, par 131 voix (189 votants, 258 inscrits), contre 48 à M. l'as de Beaulieu ; le 4 novembre 1837, par 153 voix (252 votants, 327 inscrits) ; le 2 mars 1839, par 185 voix (263 votants), et le 9 juillet 1842, par 162 voix (295 votants, 364 inscrits), contre 130 à M. de Courtois, il figura constamment dans le parti ministériel, vota *pour* les lois de septembre et de disjonction, *pour* le ministère Molé, *pour* la dotation du duc de Nemours, *pour* les fortifications de Paris, *pour* le recensement, *contre* les incompatibilités, *contre* l'adjonction des capacités, *pour* l'indemnité Pritchard, *contre* la proposition Rémusat. Le 1er août 1846, il échoua dans le même collège avec 158 voix contre 217 à l'élu M. de Courtois, et rentra dans la vie privée. Il avait été admis à la retraite, comme intendant militaire, le 10 février 1841.

VERNHES (ÉMILE-HERCULE), député de 1876 à 1889, né à Béziers (Hérault) le 20 octobre 1820, mort à Paris le 11 juin 1890, fit sa médecine à Paris, fut reçu docteur en 1848, et s'établit à Béziers. Adversaire de l'empire, il fut proscrit après le coup d'État de décembre, rentra à Béziers à l'amnistie de 1859, et, après le 4 septembre 1870, remplit les fonctions de sous-préfet de Béziers, du 9 septembre au 27 décembre 1870. Point administrateur, mais « bon enfant », il sut maintenir l'ordre par la popularité qu'il devait à la jovialité de son caractère, et demanda notamment, sans l'obtenir, une démonstration navale à Agde pour intimider la réaction. Conseiller général de Béziers le 8 octobre 1871, il se démit de ses fonctions en 1878 ; il avait été élu, le 20 février 1876, député de la 1re circonscription de Béziers par 9,770 voix (15,590 votants, 23,205 inscrits), contre 5,702 à M. de Ricard. Il prit place à l'extrême-gauche, signa la demande d'amnistie pleine et entière, et fut l'un des 363 députés qui, au 16 mai 1877, refusèrent le vote de confiance au ministère de Broglie. Réélu comme tel, le 14 octobre 1877, par 9,876 voix (17,810 votants, 23,631 inscrits), contre 7,816 à M. de Mirepoix, et, le 21 août 1881, par 10,536 voix (10,836 votants, 25,749 inscrits), il reprit sa place à l'extrême-gauche, se lia vite avec Gambetta, qu'il tutoya bientôt en qualité de méridional, demanda souvent la parole, mais ne monta guère à la tribune que pour appuyer (mai 1885) la loi sur la relégation des récidivistes. Porté, le 4 octobre 1885, sur la liste radicale de l'Hérault, il fut réélu le 1er sur 7, par 52,524 voix (93,202 votants, 134,909 inscrits), se rapprocha du groupe opportuniste, vota avec la majorité, se trouva en congé lors du scrutin sur l'expulsion des princes, et se prononça, dans la dernière session, pour le rétablissement du scrutin d'arrondissement (11 février 1889), contre l'ajournement indéfini de la révision de la Constitution, pour les poursuites contre trois députés membres de la Ligue des patriotes, contre le projet de loi Lisbonne restrictif de la liberté de la presse, pour les poursuites contre le général Boulanger.

VERNHETTE (JEAN-BLAISE), député de 1827 à 1828, né à Montjaux (Aveyron) le 28 février 1773, mort à Montpellier (Hérault) le 12 février 1839, appartint à la magistrature sous la Restauration. Il était conseiller à la cour royale de Montpellier, quand il fut élu, le 17 novembre 1827, député du 3e arrondissement de l'Aveyron (Millau), par 111 voix (200 votants, 263 inscrits) contre 83 à M. de Nogaret. Il prit place dans la majorité royaliste, mais donna sa démission presque aussitôt, et fut remplacé, le 28 avril 1828, par son ancien concurrent. M. Vernhette conserva son siège de conseiller à la cour jusqu'à sa mort (1839).

VERNHETTE (LOUIS-MAURICE), représentant en 1848 et en 1849, né à Montjaux (Aveyron), le 27 octobre 1801, fils du précédent, appartint lui aussi à la magistrature sous la Restauration, donna sa démission en 1830 pour se faire inscrire au barreau de Milhau, devint conseiller général de l'Aveyron, et fut élu, le 23 avril 1848, représentant de ce département à l'Assemblée constituante, le 9e sur 10, par 31,015 voix (90,119 votants, 105,443 inscrits). D'opinions légitimistes, il fit partie du comité de la Justice, et vota avec la droite monarchiste, pour le rétablissement du cautionnement et de la contrainte par corps, pour les poursuites contre Louis Blanc et Caussidière, contre l'abolition de la peine de mort, contre l'amendement Grévy, contre le droit au travail, pour la proposition Rateau, contre l'amnistie, pour l'interdiction des clubs. Réélu, le 13 mai 1849, par le même département, représentant de l'Aveyron à l'Assemblée législative, le 4e sur 8, avec 43,592 voix (79,850 votants, 112,514 inscrits), il suivit la même ligne politique que précédemment, appuya l'expédition romaine, la loi Falloux-Parieu sur l'enseignement, la loi du 31 mai sur le suffrage universel, ne se rallia pas à la politique de l'Élysée, et reprit, après le coup d'État, sa place au barreau de Milhau.

VERNHETTE (BLAISE-JOSEPH-HENRI-AMÉDÉE), représentant en 1849, né à Montjaux (Aveyron) le 13 avril 1795, mort à Montpellier (Hérault) le 15 décembre 1884, frère du précédent, étudia le droit et débuta dans la magistrature comme substitut du procureur du roi à Alais. Puis il entra dans l'administra-

tion : secrétaire général de la préfecture de l'Hérault le 13 octobre 1821, sous-préfet d'Yvetot le 21 avril 1824, de Rambouillet le 22 septembre suivant, préfet des Vosges le 25 septembre 1829, des Hautes-Pyrénées le 2 avril 1830, il donna sa démission à l'avènement de Louis-Philippe. Le 13 mai 1849, les conservateurs monarchistes de l'Hérault l'envoyèrent siéger à l'Assemblée législative, le 4e sur 8, par 35,072 voix (82,705 votants, 125,151 inscrits). Il prit place à droite et vota constamment avec la majorité, pour les crédits de l'expédition romaine, pour la loi Falloux-Parieu sur l'enseignement, pour la loi restrictive du suffrage universel. Le coup d'État du 2 décembre le rendit à la vie privée. Il se retira à Montpellier, où il mourut à 89 ans. Chevalier de la Légion d'honneur (29 octobre 1821).

VERNIER (THÉODORE), COMTE DE MONTORIENT, député en 1789, membre de la Convention, député au Conseil des Anciens, membre du Sénat conservateur et pair de France, né à Lons-le-Saulnier (Jura) le 31 mars 1731, mort à Paris le 3 février 1818, fit ses études à Besançon, et, destiné par sa famille à l'état ecclésiastique, préféra s'engager dans une compagnie de la petite gendarmerie de Lunéville. Il quitta bientôt l'état militaire, se fit recevoir avocat, et exerça avec succès cette profession à Lons-le-Saulnier. Le 15 avril 1789, Vernier fut élu député du tiers aux États-Généraux par le bailliage d'Aval, avec 220 voix (372 votants). Il appartint au comité de constitution, présenta un grand nombre de rapports, fit autoriser diverses villes à contracter des emprunts, et s'occupa très activement des questions de finances. Il fit décréter la liberté du commerce des eaux-de-vie et le paiement en argent des baux nationaux, ratifier l'adjudication de la ferme des messageries, donna son opinion sur les dettes des pays d'états, demanda qu'il fût fabriqué des armes dans tous les arsenaux, obtint le vote d'un décret pour l'organisation de la trésorerie, présenta un projet contre l'émigration, et devint secrétaire, puis président de l'Assemblée. Il en dirigeait les débats lorsqu'elle termina la Constitution. Nommé président du tribunal de Lons-le-Saulnier, il fut réélu, le 4 septembre 1792, membre de la Convention par le département du Jura, « à la pluralité des voix sur 452 votants », siégea parmi les modérés, et répondit au 3e appel nominal, lors du procès du roi : « Dans tout le cours de cette affaire, je ne me suis point regardé comme juge. J'ai voté hier pour l'appel au peuple. Par une suite de mon opinion, comme représentant du peuple, je vote pour la détention. » Il parla sur les contributions, combattit le maximum, s'opposa à un emprunt forcé sur les riches et se trouva en désaccord marqué avec les révolutionnaires. Déjà la Société patriotique de Lons-le-Saulnier l'avait dénoncé, quand les protestations de Vernier contre l'acte du 31 mai le firent décréter d'arrestation. Il se réfugia alors dans le Jura, d'où il passa dans le canton de Zurich. Rappelé à la Convention par le décret du 8 décembre 1794, il se mêla fréquemment aux débats sur les questions de finances, présenta un rapport sur la liquidation de la dette nationale, et présida l'assemblée lors des journées de prairial (mai 1795); mais la fatigue l'obligea à céder le fauteuil à Boissy d'Anglas. Il dénonça Albitte, fit adopter un projet de code hypothécaire, et fut membre du comité de salut public. Passé au Conseil des Anciens (21 vendémiaire an IV), comme député du Jura, par 269 voix (291 votants), il le présida le jour anniversaire du 21 janvier, en l'an IV, et prononça à cette occasion un discours très favorable au maintien de la République. Toutefois il prêta à Bonaparte un actif concours dans la journée du 18 brumaire, et fut nommé, le 4 nivôse au VIII, membre du Sénat conservateur. Il observa à l'égard du premier Consul une attitude assez indépendante, tomba dans une sorte de disgrâce qui l'obligea à se retirer dans le château de Beauregard, près Villeneuve-Saint-Georges, et s'adonna à la culture des lettres. Appelé à siéger dans la Chambre des pairs le 4 juin 1814, il mourut quelques années après, aveugle, à 87 ans. Créé comte de l'Empire le 26 avril 1808, il ajouta à ce titre le nom de Mont-Orient, domaine qu'il possédait dans le Jura. On a de Vernier : *Éléments de finances* (1789); *Caractère des passions au physique et au moral* (1797); *Sur l'éducation* (1802); *Description de la maison de Mont-Orient et de ses points de vue* (1807); *Du bonheur individuel* (1811), etc.

VERNIER (Théodore-Michel), député au Corps législatif de 1852 à 1863, né à Louhans (Saône-et-Loire) le 27 décembre 1810, fit son droit à Paris, et se fit inscrire au barreau de Dijon où il acquit une solide réputation de juriste. Procureur du roi sous Louis-Philippe, il donna sa démission à la révolution de février, se rallia à la politique du prince Louis-Napoléon, devint maire de Dijon, et fut élu député au Corps législatif, comme candidat du gouvernement, dans la 1re circonscription de la Côte-d'Or, le 29 février 1852, par 18,392 voix (30,197 votants, 42,461 inscrits), contre 10,568 à M. Moussier. Réélu, le 22 juin 1857, par 22,779 voix (28,498 votants, 41,332 inscrits), contre 5,615 à M. Magnin, candidat de l'opposition, et le 4 juin 1863, par 20,261 voix (31,713 votants 42,813 inscrits), contre 11,249 à M. Magnin, il siégea constamment dans la majorité dévouée aux institutions impériales. Nommé conseiller d'État en 1863, il donna sa démission de député et fut remplacé à la Chambre, le 13 décembre suivant, par M. Magnin. Admis à la retraite, comme conseiller d'État, le 12 décembre 1873. Chevalier de la Légion d'honneur.

VERNIER-GUÉRARD (Nicolas-Jean-Baptiste), député de 1820 à 1824 et de 1832 à 1837, né à Troyes (Aube) le 17 décembre 1769, mort à Troyes le 9 août 1844, entra dans la magistrature sous le Directoire, et fut juge au tribunal de 1re instance de Troyes de 1811 à 1844. Conseiller général de cette ville, il fut élu, le 4 novembre 1820, député du 1er arrondissement électoral de l'Aube (Troyes), par 189 voix (347 votants, 380 inscrits), contre 150 à M. Paillot de Loynes. Il siégea obscurément parmi les constitutionnels, et vota assez souvent en faveur des ministres. Partisan de la révolution de juillet, il devint maire de Troyes, le 3 août au 16 novembre 1830, et fut élu, le 2 juillet 1832, député du 1er collège de l'Aube (Troyes), en remplacement de M. Casimir Périer décédé, par 186 voix (339 votants, 385 inscrits), contre 138 à M. Stourm. Réélu, le 21 juin 1834, par 205 voix (414 votants, 464 inscrits), contre 204 à M. Stourm, il prit place au centre et vota *pour* les lois de septembre et de disjonction. Rentré dans la vie privée aux élections de 1837, il fut mis à la retraite comme juge en 1844.

VERNIÈRE (Pierre-Michel), député depuis 1882, né à Montpellier (Hérault) le 11 octobre 1817, dirigea (1870) dans sa ville natale la fabrique de produits chimiques fondée par son père. En 1869, il soutint à Montpellier la candidature d'Ernest Picard, et fut membre, en 1870, du comité anti-plébiscitaire. Conseiller municipal de Montpellier (1871), adjoint au maire (1877), il se présenta, après l'option de M. Devès pour les Hautes-Pyrénées, dans la 2e circonscription de Béziers, et fut élu député, le 12 mars 1882, au second tour de scrutin, par 7,301 voix (10,055 votants, 25,361 inscrits), contre 1,242 à M Théodore Serre. Il prit place à l'extrême-gauche, avec laquelle il vota *contre* le ministère Ferry et *contre* les crédits de l'expédition du Tonkin. Porté, le 4 octobre 1885, sur la liste républicaine radicale de l'Hérault, M. Vernière fut élu député de ce département, le 3e sur 7, par 51,991 voix (98,202 votants, 131,909 inscrits). Il opina comme précédemment avec les radicaux, fut secrétaire du groupe de l'extrême-gauche, fit partie des commissions du phylloxera et de l'épuration des comptes des compagnies de chemin de fer, combattit les tarifs de pénétration, vota *contre* les cabinets Rouvier et Tirard, et se prononça, dans la dernière session, *pour* le rétablissement du scrutin d'arrondissement (11 février 1889), *contre* l'ajournement indéfini de la revision de la Constitution, *pour* les poursuites contre trois députés membres de la Ligue des patriotes, *contre* le projet de loi Lisbonne restrictif de la liberté de la presse, *pour* les poursuites contre le général Boulanger.

VERNIMEN DE WINCKHOFF (Nicolas-Lièven-Omer), député au Conseil des Anciens, né à Gravelines (Nord) le 21 avril 1741, mort à une date inconnue, était juge de district à Bergues, quand il fut élu, le 23 germinal an V, député du Nord au Conseil des Anciens, par 331 voix (382 votants). Il fut adjoint au comité des finances, et, en cette qualité, fit ordonner la perception du 3e cinquième des contributions. Partisan des clichyens, il vit son élection annulée au 18 fructidor. Rallié ensuite au 18 brumaire, il fut nommé maire de Bergues (18 floréal an VIII), et commissaire près le tribunal civil de cette ville (7 messidor suivant).

VERNIN (Pierre-Joseph), député en 1789, membre de la Convention, député au Conseil des Anciens, né à Moulins (Allier) le 3 janvier 1759, mort à Moulins le 17 juin 1846, était, à la Révolution, lieutenant-criminel à Moulins. Élu, le 27 mars 1789, député du tiers aux États-Généraux par la sénéchaussée de Moulins, avec 78 voix (123 votants), il prêta le serment du Jeu de paume, fit partie du comité des recherches, et opina avec la majorité réformatrice. Nommé président du tribunal criminel de l'Allier, il fut réélu, le 4 septembre 1792, par le département de l'Allier, député à la Convention, sur 7, « à la pluralité des voix ». Démissionnaire pour raison de santé dès le début (22 septembre 1792), il fut remplacé par Vidalin. Il reparut au Conseil des Anciens (23 vendémiaire an IV) comme député de l'Allier, élu par 138 voix (211 votants), ne s'y fit pas remarquer et en sortit en l'an VIII. Vernin devint sous l'Empire procureur près la cour de justice criminelle de l'Allier, fut nommé président de chambre à Riom (17 avril 1811), lors de la réorganisation des cours et tribunaux, et prit sa retraite, avec le titre de président honoraire, en 1827. Chevalier de la Légion d'honneur.

VERNINAC DE CROZE (François-Honoré de), député de 1816 à 1818, né à Marseille

(Bouches-du-Rhône) le 6 septembre 1803, mort à Martel (Lot) le 1er avril 1871, entra dans la magistrature. Président du tribunal civil de Tulle, chevalier de la Légion d'honneur, il fut élu, le 1er août 1849, député du 1er collège de la Corrèze (Tulle), par 181 voix sur 325 votants et 317 inscrits, contre 14 au député sortant, M. de Valon. Il fit partie de la majorité conservatrice, et soutint la politique de Guizot jusqu'à la révolution de 1848, qui le rendit à la vie privée. Le 13 novembre 1867, M. de Verninac fut admis à la retraite comme magistrat.

VERNINAC-SAINT-MAUR (RAYMOND-JEAN-BAPTISTE DE), représentant en 1849 et ministre, né à Souillac (Lot) le 11 juin 1791, mort à Souillac le 11 février 1873, fils du diplomate et littérateur Raymond de Verninac-Saint-Maur (1762-1822), entra dans la marine sous Napoléon Ier, devint en 1824 lieutenant de vaisseau, et prit part en 1830 à l'expédition d'Alger. Promu (1833) capitaine de corvette, il fut désigné, sur la demande de Champollion le jeune, pour aller chercher en Egypte l'obélisque qui fut dressé le 11 août 1835 sur la place de la Concorde. En 1842, il fut fait capitaine de vaisseau. M. de Verninac s'occupa spécialement de l'application de la vapeur à la marine de guerre. Nommé sous-secrétaire d'Etat au ministère de la Marine le 6 juin 1848, il fut appelé, le 18 juillet, à prendre le portefeuille de la Marine qu'il garda jusqu'au 19 décembre suivant. En présence d'un budget très réduit, il prescrivit la suppression de toute dépense qui n'aurait pas pour unique objet de naviguer et de combattre. Le 16 décembre, le général Cavaignac le promut contre-amiral, puis le nomma gouverneur de la Réunion, et gouverneur des établissements français dans l'Inde. Elu, le 8 juillet 1849, représentant du Lot à l'Assemblée législative, par 18,704 voix (31,555 votants, 90,017 inscrits), contre 11,575 à Ch. Ribeyrolles, directeur de la *Réforme*, en remplacement du général Ambert démissionnaire, il vota généralement avec le tiers-parti. En 1850, il fut admis dans la section de réserve. Conseiller-général du Lot de 1848 à 1852, commandeur de la Légion d'honneur (30 décembre 1864).

VERNINAC-SAINT-MAUR (HENRI-FRANÇOIS-CHARLES DE), membre du Sénat, né à Rochechouart (Haute-Vienne) le 13 mai 1841, fils du précédent, étudia le droit et se fit recevoir docteur. Conseiller général du Lot, il se présenta le 8 février 1871, dans ce département, aux élections pour l'Assemblée nationale, et réunit 17,375 voix républicaines sur 71,438 votants. Il échoua encore, le 20 février 1876, comme candidat républicain à la députation, dans l'arrondissement de Gourdon, avec 8,057 voix contre 13,091 à l'élu conservateur, M. Dufour. Il se représenta le 14 octobre 1877, et obtint 8,170 voix contre 11,660 au député sortant, candidat officiel, réélu, et 1,175 à M. de Gozon. Il ne fut pas plus heureux au renouvellement de 1881. Le 4 février 1883, M. de Verninac réussit enfin à se faire élire sénateur du Lot, en remplacement de M. Roques décédé, par 226 voix (379 votants), contre 158 à M. Talon. Il siégea à gauche, prit une part active à la discussion du projet de loi sur la réforme de la magistrature, fut rapporteur de la loi sur les récidivistes (1884), s'éleva (février 1885) contre la surtaxe sur les céréales et sur les bestiaux, parla (mars 1888) sur l'organisation du crédit agricole, vota *pour* le divorce, *pour* les cré-

dits du Tonkin, soutint la politique gouvernementale, se prononça *pour* la nouvelle loi militaire, et, en dernier lieu, *pour* le rétablissement du scrutin d'arrondissement (13 février 1889), *pour* le projet de loi Lisbonne restrictif de la liberté de la presse, *pour* la procédure de la haute cour contre le général Boulanger.

VERNY (THOMAS), député en 1789, né à Clermont-Lodève (Hérault) le 1er avril 1727, mort à Clermont-Lodève le 18 juillet 1808, était avocat dans sa ville natale, il fut élu, le 31 mars 1789, député du tiers aux Etats-Généraux par la sénéchaussée de Montpellier. Il prêta le serment du Jeu de paume, fut membre du comité de vérification, et partit en congé le 9 mars 1791. La clôture de la session mit fin à sa carrière politique.

VÉRON (LOUIS-DÉSIRÉ), député au Corps législatif de 1852 à 1863, né à Paris le 5 avril 1798, mort à Paris le 27 septembre 1867, fils d'un papetier de la rue du Bac, étudia la médecine, fut nommé, en 1821, interne des hôpitaux, et subit en 1823 les épreuves du doctorat. Il consigna ses observations médicales sur des cahiers dont le premier parut sous ce titre: *Observations sur les maladies des enfants, altérations organiques, muguet* (1825). Devenu médecin des musées royaux, le docteur Véron renonça à la carrière à la suite de quelques déboires professionnels, et s'occupa à la fois de littérature et d'entreprises commerciales. Intéressé à l'exploitation de la pâte Regnault, il gagna beaucoup d'argent dans cette affaire à force de réclames. D'autre part, il collabora activement à la *Quotidienne*, comme rédacteur politique, et au *Messager des Chambres*, où il fut chargé du feuilleton théâtral. En 1829, il fonda la *Revue de Paris*, dont il quitta la direction pour prendre celle de l'Opéra, « où, dit un historien, il fit au hasard représenter des chefs-d'œuvre. » M. Véron obtint son privilège le 1er mars 1831, et prit possession, le 1er juin suivant, jour de la première représentation de *Guillaume Tell*. Il donna *Robert le Diable* et la *Juive*, et laissa en se retirant (1835) la réputation d'un habile et surtout d'un heureux directeur. « Qu'on se figure, écrit un biographe, un homme sans cou, la tête bouffie, un nez de carlin faisant à peine saillie entre deux joues énormes, et un ventre protubérant. Il portait une haute cravate blanche destinée à cacher les traces d'humeurs froides, et un gigantesque faux-col. Il était de mauvais goût malgré son esprit, et maniéré malgré son cynisme. Passant des plaisirs de l'alcôve à ceux de la table, devant à son argent d'avoir eu Rachel pour amie, et d'avoir Sophie pour cuisinière, il était vaniteux comme un nègre, se montrant bardé de croix et de plaques d'origine exotique. » Le docteur Véron rêvait les succès politiques. Candidat de l'opposition à Landerneau en 1838, il échoua, fut fait la même année chevalier de la Légion d'honneur, et entreprit, sur les instances de Thiers, de relever le *Constitutionnel*, qui était descendu à trois mille abonnés; il acheta en conséquence deux actions de ce journal, en devint administrateur et gérant signataire, et prit une part active aux luttes de la « coalition. » Directeur du *Constitutionnel*, le docteur Véron soutint jusqu'à la chute de la royauté les idées politiques de Thiers, rendit au journal son ancienne prospérité, paya 200,000 francs le *Juif-Errant* d'Eugène Sue, dont la *Presse* et les *Débats* se disputaient la publication, et afferma 300,000 francs la quatrième page à un fermier d'annonces. Après la révolution de février, il prit très vivement parti contre les idées démocratiques et radicales représentées par Ledru-Rollin et appuya de tout son pouvoir la candidature présidentielle de L.-N. Bonaparte, ainsi que le coup d'État du 2 décembre. Aussi fut-il désigné par le gouvernement comme candidat officiel au Corps législatif, le 29 février 1852, dans la 9e circonscription de la Seine, qui l'élut par 21,493 voix (26,021 votants, 34,043 inscrits), contre 613 à M. Carnon. Il prit part à l'établissement de l'Empire, et siégea dans la majorité dynastique jusqu'en 1863, ayant obtenu sa réélection, le 22 juin 1857, par 13,416 voix (24,030 votants, 37,680 inscrits), contre 7,249 à M. Eugène Pelletan. Dans la session de 1852, il parla sur la loi de réhabilitation des condamnés, et refusa d'assimiler ce droit au droit de grâce du chef de l'Etat; en 1856, il critiqua vivement dans sa brochure : Quatre ans de règne, où allons-nous? les nominations de faveur au conseil d'Etat, la non-publicité des séances du Corps législatif, l'analyse écourtée des débats publiée dans le Moniteur; en 1857, il demanda une subvention de cent mille francs pour le Théâtre Lyrique. M. Véron avait vendu, en 1852, le Constitutionnel à M. Mirès pour la somme de 1,000,000 francs. Des actionnaires, qui n'avaient pas été consultés sur le traité intervenu, suscitèrent au docteur Véron un long procès, dont, après diverses péripéties, il sortit à son avantage. Il se retira alors, et prépara la publication de ses Mémoires, qui parurent en 1854, sous le titre de Mémoires d'un bourgeois de Paris : l'ouvrage eut un certain succès de curiosité. Il publia encore : Cinq cent mille francs de rente (1855); l'Eloge de Regnard; les Théâtres de Paris de 1806 à 1860; le Second Empire, etc. Officier de la Légion d'honneur (décembre 1852), et commandeur d'un grand nombre d'ordres étrangers.

VÉRON (Auguste-Joseph), membre du Sénat, né à Saint-Servan (Ille-et-Vilaine) le 4 janvier 1819, débuta dans la marine comme aspirant le 1er décembre 1837, et devint successivement enseigne de vaisseau (1er décembre 1841), lieutenant de vaisseau (25 août 1847), capitaine de frégate (2 décembre 1854) et capitaine de vaisseau (31 décembre 1862). Il commanda en 1869 la division du littoral ouest de la France, fut nommé, en 1871, attaché naval à l'ambassade de France à Londres, promu contre-amiral le 17 mars 1874, placé à la tête de la division navale des mers de Chine et du Japon (1875-1878), et élevé en 1880 au grade de vice-amiral. Préfet du 4e arrondissement maritime, à Rochefort en 1881, il fut admis à la retraite en 1884. M. le vice-amiral Véron fut porté, le 21 juin 1885, par les conservateurs-monarchistes d'Ille-et-Vilaine comme candidat au Sénat en remplacement de M. Jouin, décédé; il fut élu par 577 voix (1,120 votants), contre 534 à M. Courtois, républicain. Il prit place à droite, critiqua (mars 1886) le traité conclu le 17 décembre précédent avec Madagascar, et vota contre l'expulsion des princes, contre la nouvelle loi militaire, et, en dernier lieu, contre le rétablissement du scrutin d'arrondissement (13 février 1889), contre le projet de loi Lisbonne restrictif de la liberté de la presse, contre la procédure de la haute cour contre le général Boulanger.

VERPILLEUX (Claude), représentant du peuple en 1848, né à Rive-de-Gier (Loire) le 2 mai 1798, mort à la Courtoisère (Loire) le 12 octobre 1875, fils d'un ouvrier, fut d'abord employé dans les mines comme conducteur de chevaux; devenu manœuvre, puis chauffeur et mécanicien, il inventa des machines dont l'exploitation lui permit de fonder un atelier spécial; il avait découvert notamment le moyen de plonger sans danger dans les gaz de la houille. Il ne s'était occupé que fort peu de politique et dans un sens modéré, quand il fut élu, le 23 avril 1848, représentant de la Loire à l'Assemblée constituante, le 5e sur 11, par 47,660 voix. Il fit partie du comité des travaux publics, et vota pour les poursuites contre L. Blanc et Caussidière, contre l'abolition de la peine de mort, contre l'impôt progressif, contre la sanction de la Constitution, pour l'ensemble de la Constitution, pour l'interdiction des clubs, pour l'expédition de Rome. Non réélu à la Législative, il reprit la direction de son atelier.

VERRION (Jacques-Auxille), député au Conseil des Cinq-Cents, né le 14 novembre 1759, mort à une date inconnue, était commissaire des guerres, quand il fut élu, le 24 germinal an V, député du Var au conseil des Cinq-Cents, par 170 voix (295 votants). Il prit place parmi les modérés, sans se faire remarquer, fut membre de diverses commissions, et vit son élection annulée au 18 fructidor. Il demeurait à Paris, 58, rue Saint-Honoré; une lettre conservée aux Archives de la police donne un détail particulier sur les députés qui habitaient alors cette maison :

« Paris, fructidor an V.

« Au citoyen ministre de la police générale,

« La citoyenne Raynal expose qu'elle occupe le bâtiment des Feuillants rue Saint-Honoré 58, où elle loge depuis le commencement de la Révolution beaucoup de députés qui dînent tous les jours chez elle à deux tables de vingt-cinq couverts, qu'elle fait tenir service pour eux et leurs amis; qu'après leur dîné ils sont dans l'usage de s'amuser et ponter au trente-et-un; elle n'a jamais rien payé pour cela ny à la police ny au gouvernement quy avait donné des ordres au bureau central pour qu'elle ne fût point inquiétée. On s'occupe dit-on d'une nouvelle organisation pour les maisons de jeu : celle occupée par la citoyenne Raynal ne pouvant être considérée comme publique, puisqu'elle est la réunion des citoyens députés, elle demande au citoyen ministre de luy donner la même protection que ses prédécesseurs, affin que les citoyens députés trouvent à s'amuser chez elle sans aller ailleurs comme par le passé et sans que pour raison de ce elle puisse être inquiétée.

« Salut et respect

« Raynal. »

Nous avons eu la curiosité de rechercher quels étaient à cette date les députés logés chez la citoyenne Raynal; en voici la liste : Bertrand (des Anciens), Bovis, Charrier, Darracq, Drulhe, Fargues, Génovois, Izoard, Littée, Pémartin, Perrin (des Vosges) et Verrion, des Cinq-Cents.

VERROLLOT (Louis-Wolfgang), député de 1831 à 1834, né à Neuvy-Sautour (Yonne) le 19 novembre 1772, mort à une date inconnue, était marchand de bois à Brienon et maire de cette commune. Candidat à la députation, le 5 juillet 1831, il échoua dans le 3e collège de l'Yonne (Joigny), avec 117 voix contre 139 à M. de Cormenin, élu. Mais ce dernier ayant opté pour une autre circonscription, M. Verrollot se représenta et fut élu député de Joigny, avec l'appui du gouvernement de Louis-Philippe, par 121 voix (209 votants, 324 inscrits), contre 57 à M. Borne des Fourneaux. Il siégea jusqu'aux élections de 1834 dans la majorité conservatrice, et s'associa notamment au jugement et à la condamnation par la Chambre du journal *la Tribune* (1833).

VERSIGNY (JEAN-BAPTISTE-VICTOR), représentant en 1849, né à Gray (Haute-Saône) le 2 octobre 1819, mort à Paris le 28 novembre 1872, « fils de Claude-Alexis Versigny et d'Anne-Louise Marchand », étudia le droit et se fit inscrire comme avocat au barreau de Paris. Secrétaire de M. Bonjean alors avocat au conseil d'État et à la cour de Cassation, il fut élu, le 13 mai 1849, représentant de la Haute-Saône à l'Assemblée législative, le 7e et dernier, par 26,631 voix (63,844 votants, 98,904 inscrits). Il siégea à gauche, fit une vive opposition au gouvernement de L.-N. Bonaparte, parut plusieurs fois à la tribune, vota *contre* l'expédition de Rome, *contre* la loi Falloux-Parieu sur l'enseignement, *contre* la loi restrictive du suffrage universel, et fut exilé de France après le coup d'État du 2 décembre 1851. Il se rendit en Suisse et se fixa à Neuchâtel, où il s'occupa particulièrement de la construction de chemins de fer. Rentré en France en 1864, il reprit sa profession d'avocat à Paris. Après le 4 septembre 1870, le gouvernement de la Défense nationale l'appela à faire partie de la commission provisoire qui remplaça le conseil d'État (19 septembre); il en fut un des membres les plus actifs; mais lors de la nomination du nouveau conseil d'État par l'Assemblée nationale, la majorité l'écarta de ce corps. Il mourut quelque temps après, à la suite d'une douloureuse maladie. On a de lui : *De l'influence du criminel sur le civil* (Dijon, 1843).

VERSIGNY (CLAUDE-MARIE-AGAPITE), député de 1876 à 1889, né à Gray (Haute-Saône) le 18 août 1818, frère aîné du précédent, étudia le droit et s'inscrivit au barreau de Gray. Bâtonnier de l'ordre, il combattit vivement le gouvernement impérial, fit partie, en 1870, du comité anti-plébiscitaire, fut nommé sous-préfet de Gray au 4 septembre 1870, et prit une attitude énergique en face des Allemands, qui l'envoyèrent en captivité à Brême en décembre de la même année. De retour en France à la paix, il reprit ses fonctions de sous-préfet qu'il exerça jusqu'en 1875. En 1871, il avait échoué comme candidat républicain dans la Haute-Saône, avec 11,763 voix (34,563 votants). Il se représenta le 20 février 1876, dans l'arrondissement de Gray, et fut élu député par 9,711 voix (18,348 votants, 22,206 inscrits), contre 5,385 au baron Gourgaud et 3,157 à M. Marquiset. Membre de la gauche républicaine, il fut des 363, obtint sa réélection, le 14 octobre 1877, par 10,694 voix (19,510 votants, 22,555 inscrits), contre 8,737 au baron Gourgaud, candidat officiel, et vota constamment avec la majorité de la Chambre, *pour* les cabinets républicains qui se succédèrent au pouvoir, *pour* l'invalidation de l'élection de Blanqui, *pour* l'amnistie partielle. Le 22 août 1881, il obtint, par 10,697 voix (17,177 votants, 22,420 inscrits), le renou-

vellement de son mandat. Partisan de la politique opportuniste, il vota *pour* les crédits de l'expédition du Tonkin, et fut porté, le 4 octobre 1885, sur la liste républicaine de la Haute-Saône. Réélu député de ce département, le 4e sur 5, par 87,955 voix (71,563 votants, 87,067 inscrits), il prêta le concours de son vote aux divers ministères de la législature, vota l'expulsion des princes, et se prononça, dans la dernière session, *pour* le rétablissement du scrutin d'arrondissement (11 février 1889), *pour* l'ajournement indéfini de la révision de la Constitution, *pour* les poursuites contre trois députés membres de la Ligue des patriotes, *pour* le projet de loi Lisbonne restrictif de la liberté de la presse, *pour* les poursuites contre le général Boulanger.

VERTEILLAC (DE). — *Voy.* LARROUSSE.

‡ VERTHAMON D'AMBLOY (FRANÇOIS-MARIE, COMTE DE), député en 1789, né à Bordeaux (Gironde) le 5 février 1754, mort à Saint-Germain-en-Laye (Seine-et-Oise) le 8 août 1830, fils de M. Martial-François de Verthamon-Chalucet, et de dame Marie de Caupos, était colonel dans les armées du roi, quand il fut élu, le 4 avril 1789, député de la noblesse de la sénéchaussée de Bordeaux aux États-Généraux. Il siégea dans la minorité hostile aux réformes et, ayant entendu Chabrond accuser la droite d'insolence, le traita très militairement de J. f. (16 juin 1791). Il émigra après la session, fit campagne à l'armée des princes, rentra en France avec les Bourbons, fut promu maréchal de camp le 29 janvier 1817, n'exerça jusqu'à sa mort aucun service actif, et mourut sans postérité, à 76 ans.

VÉTILLART (MICHEL-MARCELLIN), représentant en 1871, sénateur de 1876 à 1882, né à Pontlieue (Sarthe) le 28 octobre 1820, mort au Mans (Sarthe) le 29 septembre 1884, créa à Pontlieue une importante fabrique pour les blanchiments des toiles et des cotons, y appliqua les procédés qu'il avait étudiés en Écosse et en Irlande, et fut maire de Pontlieue de 1860 à 1865, date de la réunion de cette commune à celle du Mans. Conseiller général de la Sarthe (1863), conseiller municipal du Mans (1865), adjoint au maire (1870), juge au tribunal de commerce, président de la chambre de commerce, il fut élu, le 8 février 1871, représentant de la Sarthe à l'Assemblée nationale, le 1er sur 9, par 57,834 voix (84,400 votants, 135,005 inscrits), prit place à droite, se fit inscrire à la réunion des Réservoirs et au cercle Colbert, et vota *pour* la paix, *pour* l'abrogation des lois d'exil, *pour* la pétition des évêques, *contre* le service des trois ans, *pour* la démission de Thiers, *pour* le septennat, *pour* le ministère de Broglie, *contre* l'amendement Wallon, *contre* les lois constitutionnelles. Réélu, le 8 octobre 1871, conseiller général de 1er canton du Mans, il échoua au renouvellement de 1874, et devint, le 30 janvier 1876, sénateur de la Sarthe, par 294 voix (459 votants). Il prit de nouveau place à droite, vota, en juin 1877, la dissolution de la Chambre demandée par le ministère de Broglie, repoussa ensuite le projet de loi sur l'enseignement supérieur, combattit de ses votes la politique scolaire et coloniale de la majorité, et échoua, au renouvellement triennal de 1882, avec 204 voix sur 455 votants. Il a publié des articles de chimie industrielle dans le *Recueil de la Société des sciences et arts de la Sarthe*, a fait adopter par l'administration de la marine son procédé d'analyse des tissus, et fait paraître : *Etudes sur les fibres végétales textiles.*

VEYTARD (FRANÇOIS-XAVIER), député en 1789, né à Clermont (?) en 1734, mort à une date inconnue, était curé de Saint-Gervais à Paris depuis 1781, lorsqu'il fut élu, le 30 avril 1789, député du clergé de la ville de Paris aux États-Généraux. Il fut des premiers de son ordre à se réunir à l'assemblée du tiers, fut membre de la députation chargée de rétablir le calme à Paris le 10 juillet 1789, puis, effrayé du progrès de la Révolution, donna sa démission de député, et fut remplacé, le 3 novembre 1789, par M. Cayla de la Garde, supérieur de Saint-Lazare. Sur son refus de prêter le serment ecclésiastique, il fut remplacé à la cure de Saint-Gervais (février 1791), par un curé constitutionnel, Jean-Antoine Chevalier, On perd sa trace depuis cette époque.

VÉZIAN DE SAINT-ANDRÉ (BLAISE-ISAAC-FRANÇOIS-LOUIS), député de 1830 à 1831, né le 9 novembre 1780, mort à une date inconnue, se présenta comme candidat royaliste à la députation dans la Haute-Garonne, le 3 juillet 1830, et fut élu, au grand collège, par 202 voix (329 votants, 381 inscrits). Il ne se rallia point au gouvernement de Juillet. Faute par lui d'avoir prêté serment, la Chambre le déclara démissionnaire dans la séance du 25 septembre suivant, en même temps que MM. le vicomte d'Alzon, le chevalier Dubourg, Duplessis, le comte Frottier de Bagneux, le baron Dudon, de Lastours, le comte Meffray de Césarges, le marquis de Rochegude, de Roquette et de Volsins, qui se trouvaient dans le même cas. Le 28 octobre, M. Vezian de Saint-André fut remplacé comme député par M. de Rémusat.

VEZIN (JEAN-FRANÇOIS, CHEVALIER), député au Conseil des Cinq-Cents, membre du Tribunat, député au Corps législatif de 1813 à 1815, représentant aux Cent-Jours, né à Gaillac (Tarn) le 23 août 1761, mort à Montpellier (Hérault) le 17 janvier 1824, fils de sieur Jean-François Vezin, bourgeois, et de demoiselle Rose Bro, fit son droit à l'université de Toulouse et fut reçu docteur en 1785. Partisan des idées nouvelles, il devint administrateur du département de l'Aveyron, président du tribunal de district de Séveras, et fut élu, le 24 germinal an VI, député de l'Aveyron au Conseil des Cinq-Cents, par 155 voix (213 votants). Il prit place parmi les partisans du Directoire, parla sur les exemptions du service militaire, sur la confiscation des biens des députés, sur les biens des pères et mères d'émigrés, s'opposa à l'établissement d'un impôt sur le sel, combattit le projet sur le mode de responsabilité des agents hypothécaires, fit un discours sur le droit d'éligibilité, déclara n'avoir point donné l'ordre de mettre la garde du corps législatif à la disposition du général Lefèvre, et fit décréter que le Conseil célébrerait dans son sein la fête du 18 fructidor. Rallié au 18 brumaire, il fut envoyé comme délégué des Consuls dans le Rhône, la Loire, le Puy-de-Dôme et le Cantal, et envoya, par la lettre suivante, son adhésion à la Constitution de l'an VIII :

« *Au président de la Commission législative des Cinq-Cents.* Dès que j'eu connaissance de la Constitution qui vient d'être présentée au peuple français, je me suis empressé d'inscrire mon acceptation sur le registre de la Commune où je me trouvais à cette époque. Apprenant depuis, qu'il a été ouvert des registres particuliers pour les représentants du peuple, je désire que mon nom soit inscrit à côté de ceux de mes

collègues qui ont adhéré au nouveau pacte social, que je crois propre à terminer la Révolution et à faire le bonheur du Peuple. Salut et fraternité. VEZIN. »

Le même jour (4 nivôse), il était appelé au Tribunat. Il prit part aux débats relatifs aux questions judiciaires, devint membre de la Légion d'honneur (4 frimaire an XII), fut créé chevalier de l'empire (11 juillet 1810), et nommé conseiller à la cour de Montpellier (1er juin 1811). Élu, le 6 janvier 1813, par le Sénat conservateur, député de l'Aveyron au Corps législatif, il s'y montra partisan de l'empereur, ne donna que tardivement son adhésion à la déchéance, et fut réélu, le 15 mai 1815, représentant à la Chambre des Cent-Jours par le grand collège de l'Aveyron, avec 28 voix (53 votants, 259 inscrits). Il prit place parmi les constitutionnels et s'éleva avec énergie contre le discours de Lainé sur les biens non vendus des émigrés. Il remplit ses fonctions de magistrat jusqu'à sa mort.

VEZIN (MARIE-FRANÇOIS-ÉMILE), représentant en 1848 et en 1849, né à Montrepos (Aveyron) le 8 août 1803, mort à Rodez (Aveyron) le 7 avril 1867, appartint à la magistrature comme substitut, puis comme procureur du roi à Rodez, sous le gouvernement de Louis-Philippe. Il quitta ce poste à la révolution de février 1848, et fut élu, le 23 avril, représentant de l'Aveyron à l'Assemblée constituante, le 2e sur 10, par 60,467 voix (90,119 votants, 105,443 inscrits). Il siégea à droite, fit partie du comité du travail, combattit « comme inutile et injuste » la proposition de bannissement de Louis-Philippe et de sa famille, faite par M. Dornès, et qui fut adoptée le 26 mai, et prit une part importante au débat du 28 décembre sur la réduction de l'impôt du sel. M. Vezin avait repris pour son compte la deuxième partie de l'amendement Anglade, que son auteur abandonnait et qui était ainsi conçue : « L'impôt sur le sel sera définitivement supprimé à partir du 1er avril 1849. » On alla aux voix, et à la contre-épreuve, M. Vezin se leva contre sa propre proposition, qui fut rejetée. Cette attitude provoqua à gauche de violents murmures. On cria : « C'est se moquer de l'Assemblée ! » et le représentant de l'Aveyron ne put se faire entendre. Divers membres réclamèrent le scrutin secret, et une vive et longue discussion s'engagea sur la question de savoir si l'on devait voter sur l'ensemble de l'article : plusieurs membres firent remarquer que c'était évidemment dans l'espérance de pouvoir détruire par un vote d'ensemble la première partie de l'amendement Anglade (réduisant de 10 fr. par 100 kilogr. l'impôt sur le sel) que M. Vezin avait tendu ce piège à l'Assemblée. Celle-ci décida qu'il n'y aurait pas de vote d'ensemble sur l'amendement. M. Vezin opina avec les conservateurs, *pour* le rétablissement du cautionnement et de la contrainte par corps, *contre* l'abolition de la peine de mort, *contre* le droit au travail, *pour* la proposition Rateau, *contre* l'amnistie. Il est porté *absent* pendant les derniers mois de la législature. Réélu, le 13 mai 1849, représentant de l'Aveyron à l'Assemblée législative, le 2e sur 8, par 44,658 voix (79,850 votants, 112,514 inscrits), M. Vezin suivit la même ligne politique que précédemment, et vota *pour* la loi Falloux-Parieu sur l'enseignement, *pour* la loi restrictive du suffrage universel. Il n'a pas fait partie d'autres assemblées.

VEZU (LOUIS), député au Conseil des Cinq-Cents, né à Crans (Ain) en 1740, mort à Méximieux (Ain) en 1801, notaire à Méximieux avant la Révolution, devint administrateur de son département, et fut élu, le 24 germinal an VI, député de l'Ain au Conseil des Cinq-Cents, par 218 voix (281 votants); il ne prit qu'une fois la parole comme rapporteur de l'enquête sur la société dite des « Compagnons de Jéhu », et mourut à Méximieux peu après le 18 brumaire.

VIALETTES DE MORTARIEU (JOSEPH-PIERRE, BARON), député de 1811 à 1815, et de 1816 à 1824, né à Montauban (Tarn-et-Garonne) le 23 juin 1768, mort à Montauban le 3 juillet 1849, « fils de M. Paul-Élie Vialettes d'Aignan, écuyer, ancien officier au régiment de Piémont, et de dame Marie Serres de Prat », négociant pendant la Révolution, se rallia au 18 brumaire. Notable national, président du canton de Négrepelisse, conseiller municipal de Montauban de 1806 à 1811 et de 1812 au 20 mars 1815, il fut un des promoteurs de la création du département de Tarn-et-Garonne, fut fait chevalier de la Légion d'honneur en 1801, créé chevalier de l'empire le 28 octobre 1808, baron le 19 janvier 1811, et fut élu, le 4 mai 1811, par le Sénat conservateur, député du Tarn-et-Garonne au Corps législatif. Il adhéra, en 1814, à la déchéance de l'empereur, présida, la même année, l'assemblée électorale de son département, devint, à la seconde Restauration, le 13 décembre 1815, secrétaire général de la préfecture de Tarn-et-Garonne, et fut élu, le 4 octobre 1816, député du grand collège de ce même département par 110 voix (192 votants, 232 inscrits). Les secrétaires généraux furent supprimés le 9 août 1817, et M. Vialettes fut député, le 20 octobre 1818, par 489 voix (838 votants, 1,344 inscrits). Il prit place au centre, fut rapporteur de diverses commissions chargées de la réorganisation administrative, et vota en 1819 pour les lois d'exception et pour le nouveau système électoral. Il fut appelé à la préfecture de l'Ariège le 13 juillet 1819, et ne se représenta pas aux élections de 1824. « Négociant que la République a fait riche, lit-on dans son dossier administratif de 1829, que l'empire a fait baron, que la Restauration a fait préfet, s'étant fort bien trouvé de tous les gouvernements, Portal l'a fait nommer préfet pour se débarrasser de lui. » Il quitta la vie publique à la révolution de 1830.

JIALIS (MICHEL-JOSEPH DE), député en 1789, né à Toulon (Var) le 18 janvier 1729, mort à une date inconnue, maréchal de camp et chevalier de Saint-Louis, fut élu, le 6 avril 1789, député de la noblesse aux États-Généraux par la sénéchaussée de Toulon. Le Moniteur dit seulement de lui qu'il prêta le serment après la fuite du roi à Varennes et qu'il fut membre du comité de la marine. Il disparut de la scène politique après la session.

VIALLET (ACHILLE-CONSTANTIN), représentant en 1871, né à Beaufort (Savoie) le 6 octobre 1820, mort le 18 août 1871, était notaire à Moutiers et maire de cette ville. Élu, le 8 février 1871, comme républicain, représentant de la Savoie à l'Assemblée nationale, le 2e sur 5, par 19,627 voix (38,375 votants, 66,544 inscrits), il prit place à gauche, vota contre la paix, contre l'abrogation des lois d'exil, mourut au bout de six mois, et fut remplacé par M. Grange-Humbert.

VIARD (LOUIS-RENÉ, BARON), député en 1789, né à Pont-à-Mousson (Meurthe) le 14 janvier 1748, mort à Pont-à-Mousson en 1833, était en

1766 avocat au parlement de Nancy. Lieutenant de police à Pont-à-Mousson en 1782, il fut élu, le 1er avril 1789, député du tiers aux États-Généraux par le bailliage de Bar-le-Duc. Il prêta le serment du Jeu de paume, et, quelques mois après, fut blessé par la chute des tribunes dans la salle de l'Archevêché. Son rôle fut d'ailleurs très obscur. Après la session, il devint administrateur de la Meurthe (25 septembre 1791), président de l'administration de Pont-à-Mousson en l'an IV, et, après le 18 brumaire, sous-préfet de Château-Salins, membre de la commission des émigrés, procureur gérant du lycée de Nancy (25 nivôse an XII), et directeur des droits réunis de la Meurthe (5 germinal suivant). Créé baron de l'empire le 25 février 1813, il fut admis à la retraite en 1815.

VIARD (LOUIS-RENÉ, BARON), représentant en 1849, député de 1852 à 1859, né à Pont-à-Mousson (Meurthe) le 18 décembre 1795, mort à Paris le 18 mai 1859, fils du précédent, entra dans l'administration des contributions directes, se fit recevoir avocat en 1820, et devint suppléant du juge de paix, commandant de la garde nationale, et membre du conseil général de la Meurthe et du conseil municipal de Toul. Élu, le 13 mai 1849, représentant de la Meurthe à l'Assemblée législative, le 9e et dernier, par 20,407 voix (85,084 votants, 122,416 inscrits), il siégea à droite, s'associa aux opinions de la majorité et se rallia à la politique de L.-N. Bonaparte. Candidat du gouvernement après le coup d'État, il fut élu (29 février 1852) député de la 3e circonscription de la Meurthe au Corps législatif, par 26,893 voix (29,164 votants, 38,136 inscrits), contre 1,287 à M. France, prit part à l'établissement du régime impérial, et obtint sa réélection, le 22 juin 1857, par 28,063 voix (28,937 votants, 34,644 inscrits), contre 651 au général Cavaignac. Il reprit sa place dans la majorité, mourut pendant la législature, et fut remplacé, le 24 juillet 1859, par M. Chevandier. Chevalier de la Légion d'honneur (1852).

VIART (AMÉDÉE, VICOMTE DE), député de 1842 à 1846, né à Morigny (Seine-et-Oise) le 23 août 1800, mort au château de Brunehaut (Seine-et-Oise) le 18 juillet 1868, propriétaire et chef de bataillon de la garde nationale en résidence à Chatignonville (Seine-et-Oise), fut élu, le 9 juillet 1842, député du 4e collège de Seine-et-Oise (Étampes) par 198 voix (382 votants, 417 inscrits), contre 184 à M. Léon de Laborde. Il prit place parmi les libéraux et vota contre l'indemnité Pritchard. Il échoua, le 1er août 1846, avec 151 voix contre 263 à l'élu, M. de Laborde, et ne reparut plus dans les assemblées parlementaires.

VIAU. — Voy. THÉBAUDIÈRES (BARON DE).

VIBRAYE (ANNE-VICTOR-DENIS HURAULT, MARQUIS DE), pair de France, né à Paris le 4 octobre 1767, mort au château de Cour-Cheverny (Loir-et-Cher) le 8 juillet 1843, était officier de cavalerie au moment de la Révolution. Il émigra avec son père en 1791, rentra à la Restauration, et devint alors colonel, et aide-de-camp de Monsieur, plus tard Charles X. Nommé pair de France le 17 août 1815, il siégea dans la majorité ultra-royaliste, vota pour la mort dans le procès du maréchal Ney, fut promu maréchal de camp le 1er octobre 1823, et quitta la Chambre haute à la révolution de 1830, pour ne pas prêter serment au nouveau régime.

VICENCE (DUC DE). — *Voy.* CAULAINCOURT.

VICHY (ROCH-ÉTIENNE, COMTE DE), pair de France, né à Paulhaguet (Haute-Loire) le 7 juillet 1753, mort à Paris le 9 avril 1829, entra dans les ordres; il était, au moment de la Révolution, aumônier de la reine Marie-Antoinette. Il émigra en 1791, ne rentra en France qu'avec les Bourbons, fut nommé évêque d'Autun le 28 octobre 1819, et pair de France le 23 décembre 1823. Il siégea parmi les royalistes-ultra, et fut appelé au conseil d'État le 26 août 1824.

VICHY-CHAMPROND (ABEL-CLAUDE-GOERIC-CÉCILE, COMTE DE), député de 1827 à 1834, né à Ligny (Saône-et-Loire) le 23 octobre 1765, mort à Marcigny (Saône-et-Loire) le 15 septembre 1832, neveu du précédent, et grand propriétaire, fut élu, le 24 novembre 1827, député du grand collège de Saône-et-Loire, par 149 voix (279 votants, 373 inscrits), contre 126 à M. de Drée. Il prit place parmi les ministériels, vota *contre* l'Adresse des 221, et ne se représenta pas aux élections de 1830.

VICTOR. — *Voy.* BELLUNE (DUC DE).

VIDAL (BAPTISTE-JEAN), membre de la Convention, député au Conseil des Cinq-Cents, représentant aux Cent-Jours, né à Orthez (Basses-Pyrénées) le 31 octobre 1761, mort à une date inconnue, fut, au début de la Révolution, administrateur et procureur-syndic du district d'Orthez. Le 6 septembre 1792, il fut élu troisième député suppléant des Basses-Pyrénées à la Convention. Admis à siéger le 5 octobre 1793, à la place de Sanadon démissionnaire, il fut chargé d'une mission auprès de l'armée des Pyrénées-Orientales, dont il annonça les succès à l'Assemblée. Réélu député des Basses-Pyrénées au Conseil des Cinq-Cents le 21 vendémiaire an IV, il n'y siégea que peu de temps et donna sa démission le 13 ventôse an V. Il devint, en 1812, substitut du procureur impérial à Orthez, et fut élu, le 15 mai 1815, représentant de cet arrondissement à la Chambre des Cent-Jours par 43 voix (78 votants), contre 31 à M. Larrou-Dorrion. Après la courte session de cette législature, il poursuivit sa carrière judiciaire, fut nommé juge d'instruction à Orthez en 1818, redevint substitut au même tribunal l'année suivante, passa procureur du roi au même siège en 1824, président du même tribunal en 1844, et fut mis à la retraite, avec le titre de président honoraire, en 1853. Chevalier de la Légion d'honneur (1837).

VIDAL (PIERRE-THOMAS), représentant à la Chambre des Cent-Jours, né à Foix (Ariège) le 21 décembre 1773, mort à Foix le 28 décembre 1843, « fils de Pierre Vidal, docteur en médecine, et de dame Marie Pelouse », étudia le droit et exerça à Foix la profession d'avocat. Le 15 mai 1815, il fut élu représentant de l'arrondissement de Foix à la Chambre des Cent-Jours, par 31 voix (51 votants), contre 7 à M. Roques, greffier. Son rôle parlementaire prit fin avec la session.

VIDAL (FRANÇOIS-ANNE-MARCEL), député de 1831 à 1834, représentant du peuple en 1848, né à Félines-Haut-poul (Hérault) le 8 janvier 1786, mort à Tholomié (Hérault) le 13 avril 1872, fut d'abord professeur, se livra ensuite au com-

merce, et devint juge de paix du canton d'Olonzac (Hérault). Partisan de la révolution de 1830, il fut élu, le 5 juillet 1831, député du 5e collège de l'Hérault (Saint-Pons), par 83 voix (112 votants, 182 inscrits), contre 53 à M. Laur d'Olonzac. Il prit part aux discussions financières et se sépara bientôt du pouvoir qu'il accusa de réaction. Il ne se représenta pas en 1834, et continua son opposition jusqu'en 1848. Élu, le 23 avril de cette dernière année, représentant de l'Hérault à la Constituante, le 4e sur 10, par 44,202 voix, il fit partie du comité des finances, et vota en général avec la droite, *pour* le bannissement de la famille d'Orléans, *pour* les poursuites contre L. Blanc et Caussidière, *contre* l'impôt progressif, *pour* l'incompatibilité des fonctions, *contre* l'amendement Grévy, *contre* la sanction de la Constitution par le peuple, *pour* l'ensemble de la Constitution, *pour* la proposition Rateau, *pour* l'interdiction des clubs, *pour* l'expédition de Rome, *contre* la demande de mise en accusation du président et des ministres. Non réélu à la Législative, il ne reparut plus sur la scène politique.

VIDAL (FRANÇOIS), représentant en 1850, né à Coutras (Gironde) le 16 février 1812, mort à Coutras le 6 février 1872, fut reçu avocat à Paris en 1831, collabora au *Courrier de Bordeaux*, s'adonna à l'étude de l'économie politique et des questions sociales, et s'éprit des doctrines saint-simoniennes et fouriéristes. Une étude, qu'il fit paraître en 1845 à la librairie sociétaire, sur les *Caisses d'Épargne*, mit en lumière ses qualités de penseur et de publiciste. Rédacteur à la *Démocratie pacifique*, il tendit à se rapprocher des théories de Louis Blanc et recommanda l'intervention de l'État dans les relations entre travailleurs et capitalistes. M. Vidal eut de fréquentes polémiques avec Frédéric Bastiat qui combattit très vivement ses idées, tout en rendant hommage à son talent. Il collabora encore à la *Presse*, à la *Revue indépendante*, et publia en 1846, sous ce titre : *De la répartition des richesses*, ou *De la justice distributive en économie sociale*, un ouvrage qui fut très remarqué. Il avait été, d'autre part, sous le gouvernement de Louis-Philippe, employé quelque temps à la préfecture de la Seine, pour les travaux d'expropriation relatifs à la construction des fortifications de Paris. Après la révolution de 1848, M. Vidal fut nommé secrétaire de la commission du Luxembourg, que présidait Louis Blanc. Il prit une part active aux travaux de cette réunion, donna en juillet une brochure intitulée : *Vivre en travaillant, projets, vues et moyens de réformes sociales* (1848), entreprit, en 1849, la publication du journal le *Travail affranchi*, en collaboration avec M. Toussenel, et, lors des élections partielles du 10 mars 1850, fut désigné avec Carnot et de Flotte, comme candidat du parti socialiste à l'Assemblée législative dans le département de la Seine, qui l'élut, le 2e sur 3, par 128,439 voix (260,193 votants, 366,655 inscrits). En même temps, il était élu représentant du département du Bas-Rhin, par 55,495 voix (97,491 votants, 137,531 inscrits). Il siégea à la Montagne, opina constamment avec la minorité démocratique et protesta contre la politique présidentielle de L.-N. Bonaparte. Le coup d'État de 1851 le rendit à la vie privée. Il continua de s'occuper d'études sociales, publia l'*Organisation du crédit personnel et réel, mobilier et immobilier* (1851), la *Théologie de la religion naturelle* (1869), et mourut à 60 ans.

33

VIDAL (Saturnin-Christine-Pierre), représentant en 1871, né à Foix (Ariège) le 26 février 1819, fit son droit à Paris, se fixa à Foix, puis à Toulouse, comme avocat, et acquit de la réputation. Il se présenta, le 16 mars 1868, comme candidat indépendant au Corps législatif dans la 1re circonscription de l'Ariège, en remplacement de M. Didier, décédé, et échoua avec 2,619 voix contre 18,614 à M. Denat, candidat du gouvernement, 7,385 à M. Anglade, ancien représentant, et 924 à M. de Bellissen. Élu, le 8 février 1871, représentant de l'Ariège à l'Assemblée nationale, le 4e sur 5, par 28,571 voix (46,250 votants, 72,427 inscrits), il prit place parmi les légitimistes, se fit inscrire au cercle des Réservoirs, signa la demande de rétablissement de la monarchie et l'adresse des députés syllabistes au pape, assista au pèlerinage de Paray-le-Monial, et vota *pour la paix*, *pour l'abrogation des lois d'exil*, *pour la pétition des évêques*, *pour la démission de Thiers*, *pour le septennat*, *pour le ministère de Broglie*, *contre l'amendement Wallon*, *contre les lois constitutionnelles*. Il ne se représenta pas en 1876.

VIDAL-CONTANT (Bernard), député au Corps législatif de 1813 à 1815, né à Carcassonne (Aude) le 3 avril 1756, mort à Carcassonne le 18 février 1827, « fils de M. Vital Vidal, receveur des droits casuels du roy, et de demoiselle Jeanne-Marie Faure », propriétaire dans sa ville natale, fut élu, le 6 janvier 1813, par le Sénat conservateur, député de l'Aude au Corps législatif; il adhéra, en 1814, à la déchéance de l'empereur, et quitta la vie politique à la fin de la législature.

VIDAL DE LINDENGES (Jean-François-Marie-Félix-Stanislas), représentant en 1848, né à Wilmington (États-Unis) le 6 novembre 1796, mort à Paris le 11 juillet 1857, étudia le droit et fit partie de la magistrature sous la Restauration, comme procureur général à la cour royale de la Guyane. Il conserva ce poste sous le règne de Louis-Philippe, fut fait chevalier, puis officier de la Légion d'honneur, et le 30 octobre 1848, fut élu représentant de la Guyane française à l'Assemblée Constituante, mais il ne siégea pas. M. Vidal de Lindenges fut admis à la retraite le 15 février 1854, comme procureur général à la cour impériale de la Guyane.

VIDALAT (Jean-François), député au Conseil des Cinq-Cents, né et mort à des dates inconnues, était accusateur public à Mirepoix (Ariège), quand il fut élu, le 25 germinal an V, député de l'Ariège au Conseil des Cinq-Cents par 142 voix (183 votants). Il ne s'y fit pas remarquer, et son nom n'est pas cité au *Moniteur*. L'annulation de son élection au 18 fructidor mit fin à sa courte carrière politique.

VIDALIN (Étienne), membre de la Convention, né à Moulins (Allier) le 14 avril 1743, mort à Corquilleroy (Loiret) le 23 juillet 1794, était imprimeur à Moulins, administrateur du district et président du tribunal de commerce, quand il fut élu, le 7 septembre 1792, premier suppléant de l'Allier à la Convention nationale, « à la pluralité des voix ». Admis à siéger, dès le 22 septembre, en remplacement de Vernin non acceptant, il se prononça *pour la mort* dans le procès du roi et *contre l'appel*; il était absent par congé lors du scrutin sur le sursis. Il fut envoyé en mission à l'armée du Nord, remplit les fonctions de commissaire de la Convention près la papeterie de Brieges (Loiret), et, le 14 novembre 1793, écrivit une lettre au comité de salut public pour lui annoncer qu'il renonçait à son baptême : « Des prêtres imbéciles et trompeurs ont outragé en moi la nature et l'homme. Ils m'ont souillé par les cérémonies d'un baptême auquel je renonce pour mes enfants et pour moi. » Il mourut l'année suivante.

VIDALOT (Antoine), député en 1791, membre de la Convention, député au Conseil des Anciens, né à Valence d'Agen (Lot-et-Garonne) le 9 août 1734, mort à Villeneuve-d'Agen (Lot-et-Garonne) le 12 février 1808, était homme de loi dans son pays natal avant la Révolution. Juge au tribunal du district de Valence (Lot-et-Garonne), il fut élu, le 3 septembre 1791, député de ce département à l'Assemblée Législative, le 8e sur 9, par 137 voix (307 votants), et opina avec la majorité réformatrice. Il obtint, le 5 septembre 1792, sa réélection comme membre de la Convention pour le même département, le 1er sur 9, par 281 voix (472 votants). Lors du procès du roi, il répondit au premier appel nominal : « Ce n'est que comme juge et comme législateur que hier j'ai opiné pour déclarer Louis coupable de haute trahison contre l'État. En cette double qualité, je dois déclarer aujourd'hui la peine : la loi prononce la mort contre les conspirateurs. La mort de Louis est nécessaire à l'intérêt de la république. Je vote pour la mort. » Il se prononça en outre contre l'appel et contre le sursis, et prit la parole à propos du siège de Mayence pour déclarer qu'avant le blocus un agent de Custine avait invité le général Dogré à avoir une conférence avec les chefs prussiens. Passé au Conseil des Anciens, le 22 vendémiaire an IV, comme député de Lot-et-Garonne, par 136 voix sur 274 votants, il fut élu secrétaire de cette assemblée, se plaignit du retard apporté à la promulgation de la loi sur la garde nationale, et appuya le projet relatif au paiement du traitement des officiers réformés. Il quitta le Conseil en l'an VI, et ne reparut plus sur la scène politique.

VIEFVILLE DES ESSARTS (Jean-Louis, baron), député en 1789, né à Malzy (Aisne) le 29 février 1744, mort à Guise (Aisne) le 12 décembre 1820, était avocat, et subdélégué à Guise (Aisne), quand il fut élu, le 22 mars 1789, député du tiers aux États-Généraux par le bailliage de Vermandois. Il prêta le serment du Jeu de paume, fut membre du comité féodal, ne prit qu'une fois la parole, à propos de la discussion sur l'organisation du pouvoir judiciaire, et n'exerça aucune fonction publique sous le régime conventionnel et directorial. Rallié au 18 brumaire, il devint juge au tribunal de son département, conseiller général, et fut créé baron de l'empire le 25 février 1813. Il était membre de la Légion d'honneur.

VIEILH. — *Voy.* Boisjolin (de).

VIEILLARD (Pierre-Jacques), député en 1789, né à Saint-Lô (Manche) en 1756, mort à Saint-Lô le 13 janvier 1815, était avocat dans sa ville natale, quand il fut élu, le 28 mars 1789, député du tiers aux États-Généraux par le bailliage de Coutances. Il fut délégué par son ordre près la chambre du clergé, prêta le serment du Jeu de paume, fit partie des comités des recherches et des rapports, fut adjoint au comité de judicature, et nommé secrétaire de l'Assemblée le 11 septembre 1790; il parla sur le remplacement de la gabelle, et fit ordonner le paiement des liquidations arriérées et exempter du droit d'enregistrement les liquidations d'office. Il ne reparut pas sur la scène politique après la session.

VIEILLARD (Narcisse), député de 1842 à 1846, représentant en 1848 et en 1849, sénateur du second Empire, né à Paris le 25 janvier 1791, mort à Paris le 19 mai 1857, entra à l'École polytechnique et appartint à l'armée comme officier d'artillerie. Après avoir fait les campagnes de Russie (1812), d'Allemagne (1813), et de France (1814), il rentra dans la vie privée à la Restauration, et manifesta en plusieurs circonstances ses sentiments bonapartistes. Choisi par la reine Hortense pour précepteur de son fils aîné Charles-Louis-Napoléon Bonaparte, frère de Napoléon III, il s'occupa aussi de l'éducation du futur empereur, puis il se retira en Normandie. Le 21 juin 1831, il se présenta à la députation dans le 2e collège de la Manche (Carentan), et échoua avec 62 voix contre 136 à l'élu, M. Énouf, et 32 à M. de Lorimier. Il obtint aux élections suivantes (9 juillet 1842), dans le même collège, malgré les efforts de l'administration, 129 voix sur 291 votants et 355 inscrits, contre 41 au député sortant. Il siégea dans l'opposition bonapartiste, se prononça contre l'indemnité Pritchard, et ne fut pas réélu le 1er août 1846, n'ayant obtenu que 107 voix contre 317 à l'élu, le général Meslin, et 118 à M. d'Harcourt. M. Vieillard se rallia alors au parti républicain, se fit nommer par le gouvernement provisoire commissaire dans le département de la Manche, et fut élu (23 avril 1848) représentant de ce département à l'Assemblée constituante, le 2e sur 15, par 117,767 voix. Il fit partie du comité de la guerre, et vota d'abord avec la fraction la plus modérée du parti démocratique, pour le rétablissement du cautionnement, pour les poursuites contre Louis Blanc, contre les poursuites contre Caussidière, pour le rétablissement de la contrainte par corps, contre l'amendement Grévy, contre le droit au travail, pour la proposition Rateau, contre l'amnistie, pour l'interdiction des clubs, pour les crédits de l'expédition romaine. Il avait été un des soutiens les plus actifs de la candidature de L.-N. Bonaparte à la présidence de la République. Réélu, le 13 mai 1849, représentant de la Manche à l'Assemblée législative, le 3e sur 13, par 75,684 voix (94,481 votants, 163,192 inscrits), M. N. Vieillard passa pour un des conseillers intimes du chef de l'État, dont il appuya, en toute circonstance, la politique personnelle, et qui le chargea de diverses missions confidentielles importantes, notamment auprès de certains chefs des partis monarchiques. Il contribua à la préparation et à l'exécution du coup d'État du 2 décembre 1851, et continua de vivre dans l'intimité du prince. Le 26 janvier 1852 M. Vieillard fut appelé à siéger au Sénat. Le 7 novembre suivant, lors du vote sur le rétablissement de l'empire, il fut le seul sénateur qui vota contre; il prit désormais peu de part aux débats de la Chambre haute, et se retira peu à peu de la scène politique. A sa mort, il défendit, par une clause de son testament, de porter son corps à l'église; le chambellan de l'empereur, envoyé pour assister aux funérailles, déclara alors qu'il se retirait.

VIEL DE LUNAS — Voy. Especulles (Marquis d').

VIELFAURE (Louis-Privat-Camille), député de 1881 à 1885 et de 1888 à 1889, né à Largentière (Ardèche) le 5 juin 1823, mort à Largentière le 3 mai 1891, fut reçu docteur en droit à Paris en 1847. Inscrit au barreau de Largentière, maire de cette ville et conseiller général de l'Ardèche, il fut élu, le 21 août 1881, député de la 1re circonscription de Largentière, par 6,527 voix (11,751 votants, 16,056 inscrits), contre 5,173 à M. Blachère, monarchiste. Il prit place à gauche, et vota pour les cabinets Ferry et Gambetta, et pour les crédits de l'expédition du Tonkin. Porté, le 4 octobre 1885, sur la liste opportuniste de l'Ardèche, il échoua avec 39,773 voix sur 88,137 votants. Mais l'élection du département ayant été invalidée en bloc, M. Vielfaure se représenta au nouveau scrutin du 11 février 1886, et passa alors, le 2e sur 6, avec 47,438 voix (92,766 votants). Il reprit sa place dans les rangs de la majorité, soutint les divers cabinets de la législature, vota l'expulsion des princes, et se prononça dans la dernière session, pour le rétablissement du scrutin d'arrondissement (11 février 1889), pour les poursuites contre trois députés membres de la Ligue des patriotes, pour le projet de loi Lisbonne restrictif de la liberté de la presse, pour les poursuites contre le général Boulanger; il s'était abstenu sur l'ajournement indéfini de la revision de la Constitution.

VIELLARD-MIGEON (François-Christophe-Nicolas-Juvénal), député au Corps législatif de 1869 à 1870, et sénateur de 1876 à 1886, né à Belfort (Haut-Rhin) le 21 novembre 1803, mort à Giromagny (Haut-Rhin) le 1 octobre 1886, était maître de forges à Morvillars et conseiller général du Haut-Rhin pour le canton de Delle depuis 1848. Il fit à l'Empire une opposition très modérée, perdit en 1857 ses fonctions de maire de Delle pour avoir combattu le candidat officiel, et fut élu, le 24 mai 1869, comme candidat indépendant, député de la 3e circonscription du département du Haut-Rhin au Corps législatif, par 14,491 voix (27,902 votants, 33,239 inscrits), contre 13,273 à M. de Reinach. Il prit place dans le tiers-parti, signa l'interpellation des 116, vota pour la déclaration de guerre à la Prusse, et rentra dans la vie privée au 4 septembre 1870. Aux élections du 8 février 1871, il réunit 29,123 voix sur 74,128 votants dans le département du Haut-Rhin, sans être élu. Lors des élections sénatoriales du 30 janvier 1876, il posa sa candidature dans le territoire de Belfort, puis la retira devant celle de Thiers, qui fut élu. Mais, après l'option de Thiers pour un siège de député, M. Viellard-Migeon se porta de nouveau candidat (7 mai), et fut élu, par 82 voix (111 électeurs). Il siégea à la droite du Sénat, se prononça pour la dissolution de la Chambre (1877), contre le ministère Dufaure, contre l'article 7 de la loi Ferry, fut réélu, le 8 janvier 1882, au renouvellement triennal, par 61 voix (111 votants), contre 50 à M. Boigeol, vota contre les ministères républicains qui se succédèrent au pouvoir, contre la réforme judiciaire, contre le divorce, contre les crédits du Tonkin, et mourut à 83 ans.

VIELLARD-MIGEON (Armand-Gaston), député de 1885 à 1889, né à Mézire (Haut-Rhin) le 22 septembre 1842, fils du précédent, était maître de forges à Morvillars (Haut-Rhin) quand il fut porté, aux élections législatives du 4 octobre 1885, sur la liste conservatrice du territoire de Belfort, et fut élu, au 2e tour de scrutin (18 octobre), le 1er sur 2, par 7,736 voix 15,278 votants, 17,499 inscrits). Il prit place à la droite monarchiste, combattit de ses votes la politique scolaire et coloniale de la majorité républicaine, et se prononça *contre* l'expulsion des princes, et, dans la dernière session, *contre* le rétablissement du scrutin d'arrondissement (11 février 1889), *pour* l'ajournement indéfini de la révision de la Constitution, *contre* le projet de loi Lisbonne restrictif de la liberté de la presse, *contre* les poursuites contre le général Boulanger ; il était absent par congé lors du scrutin sur les poursuites contre trois députés membres de la Ligue des patriotes.

VIELLART (René-Louis-Marie, chevalier), député en 1789, né à Reims (Marne) le 17 août 1754, mort à Paris le 23 février 1809, « fils de Monsieur Jean Viellart, docteur agrégé ès-droit, avocat au parlement, et de madame Marie-Anne-Nicolle Blavier », fit son droit à Paris, fut reçu avocat en 1771, et devint lieutenant au présidial de Reims en 1782. En mars 1789, il apaisa une émeute provoquée dans cette ville par la disette et le pillage des farines, et fut, le 26 mars 1789, député du tiers aux Etats-Généraux par le bailliage de Reims, avec 107 voix (199 votants). Il prêta le serment du Jeu de paume et s'associa constamment aux actes de la majorité ; membre du comité des rapports et du comité féodal, il adressa à ce dernier un rapport sur l'abolition des justices seigneuriales et des droits qui en dérivent (1790), fut le rapporteur ordinaire des événements qui se passaient en province, notamment des troubles de Dieppe, de Pau, de Montauban, de Bordeaux, de Castres, de Nîmes, de Saint-Jean-d'Angely, présenta aussi les rapports sur la destitution de Beurnonville, sur l'insubordination du régiment de la Reine, sur l'insurrection de Gourdon, défendit Gobert, sollicita des peines sévères contre les prêtres réfractaires, et fit décréter d'accusation Bonne-Savardin et Maillebois. Elu, le 16 mars 1791, par la Marne, juge au tribunal de cassation, il fit, le 13 juillet suivant, une soumission patriotique pour l'entretien des volontaires. Accusateur public près la haute-cour de Vendôme en 1795, il ne cacha pas dans le procès de Babeuf son parti pris contre les accusés. Il fut ensuite un des candidats à la place laissée vacante dans le Directoire par Letourneur, mais ce fut Barthélemy qui l'emporta. Il perdit ses fonctions judiciaires après le 18 fructidor et se consacra alors exclusivement au barreau. Partisan du coup d'Etat de brumaire, il fut renommé juge au tribunal de cassation le 11 germinal an VIII, membre de la Légion d'honneur le 4 frimaire an XII, commandeur le 25 prairial, fut appelé le 25 floréal suivant, à présider la section criminelle de la cour de cassation, et concourut, en cette qualité, à la rédaction des codes civil et criminel. En 1806, il devint inspecteur général de l'université, veilla, comme tel, à l'organisation et au fonctionnement des écoles de droit de l'empire, et fut créé chevalier de l'empire le 2 juillet 1808. Il mourut quelques mois après.

VIEN (Joseph-Marie, comte), membre du Sénat conservateur, né à Montpellier (Hérault) le 18 janvier 1716, mort à Paris le 27 mars 1809, « fils de Germain Vien, maître serrurier, et de Catherine Siminion », fut d'abord employé chez un procureur, puis chez un ingénieur au cadastre. Il entra ensuite comme ouvrier décorateur dans une fabrique de faïences, et, cédant à sa vocation pour la peinture, fréquenta l'atelier de Giral. Après quelques essais, il partit en 1741 pour Paris et entra

dans l'atelier de Natoire. Ayant obtenu un prix avec son tableau de *David* (1743), il alla à Rome comme pensionnaire du roi, et s'adonna spécialement à l'étude des maîtres de la Renaissance. Il composa alors l'*Ermite endormi* (Louvre), quelques eaux-fortes et six grandes toiles représentant la *Vie de sainte Marthe* pour les capucins de Tarascon. Revenu en France en 1750, il dut à son *Embarquement de sainte Marthe* d'être reçu agréé à l'Académie des Arts (30 octobre 1751), et fut élu membre de l'Académie le 30 mars 1751, pour le plus médiocre de ses tableaux : *Dédale et Icare*. Devenu professeur le 6 juillet 1751, il rendit l'étude du modèle vivant obligatoire, et eut pour élèves Regnauld, Vincent, Ménageot et David. Il donna à cette époque son meilleur ouvrage : la *Prédication de saint Denis*, à Saint-Roch. Directeur de l'Académie, il retourna à Rome après Natoire (1775-1781), obtint une augmentation du traitement des pensionnaires, et organisa une exposition annuelle de leurs œuvres. Recteur de l'Académie de peinture le 5 juillet 1781, premier peintre du roi le 17 mai 1789, il continua ses travaux pendant la Révolution, composa une suite de dessins imités de l'antique, *Vicissitudes de la guerre* et le *Bonheur de la vie*, fut nommé membre du Sénat conservateur le 4 nivôse an VIII, commandeur de la Légion d'honneur le 25 prairial an XII, et créé comte de l'empire le 26 avril 1808. Il était entré à l'Institut lors de sa réorganisation (25 novembre 1795). Il esquissait *Andromaque montrant les armes d'Hector à son fils*, lorsqu'il s'éteignit, sans maladie, à l'âge de 93 ans. Il a été inhumé au Panthéon. Le musée de Montpellier possède quelques-uns de ses meilleurs tableaux, parmi les 179 qu'il a composés.

VIENNET (Jacques-Joseph), député en 1792, membre de la Convention, et député au Conseil des Anciens, né à Béziers (Hérault) le 11 avril 1751, mort à Béziers le 12 août 1824, d'une famille d'origine italienne, qui remonte, prétend-on, à un lieutenant de Didier, roi des Lombards, fut gratifié d'un canonicat à 18 ans, entra, à 20 ans, dans le régiment des dragons de Languedoc, fit les campagnes de Hanovre, et fut licencié en 1763. Officier municipal de Béziers en 1790, il fut élu, le 9 septembre 1791, député de l'Hérault à l'Assemblée législative, le 8e sur 9, par 233 voix (420 votants). Il siégea parmi les modérés. Réélu, le 4 septembre 1792, par le même département membre de la Convention, le 4e sur 9, avec 409 voix (484 votants), il contesta à l'Assemblée le droit de juger Louis XVI, et répondit au 3e appel nominal : « Dans les réflexions que j'ai soumises à votre examen, je crois avoir prouvé que Louis n'a cessé d'être roi qu'à l'époque où vous avez aboli la royauté ; je crois encore qu'il ne peut être jugé comme homme. Je ne me suis jamais cru autorisé par nos commettants à me constituer juge ; j'ai toujours pensé qu'une assemblée de législateurs ne pouvait s'ériger en tribunal judiciaire ; que le même corps ne pouvait à la fois exercer la justice et faire des lois ; que cette cumulation de pouvoirs serait une monstruosité. La précipitation avec laquelle vous avez décidé que vous jugeriez Louis, donnera à vos ennemis une ample matière de la plus amère et peut-être de la plus juste des critiques. Ce décret m'a fait, malgré moi, juge : j'ai obéi. Interpellé de déclarer si Louis est coupable, j'ai répondu oui. On me demande aujourd'hui le genre de peine qui doit être appliqué à Louis, je réponds : nul ne peut être puni que par les lois préexistantes aux crimes qu'il a commis. La seule qui existe contre Louis est la prévention de l'abdication de la royauté ; mais comme nous ne sommes pas une cour judiciaire, comme nous sommes simplement hommes d'État, nous devons adopter la mesure politique qui tourne le plus certainement à l'avantage de la société. Si la chute de Louis pouvait entraîner celle de tous les prétendants à la couronne, je voterais pour la mort de Louis, mais comme cela ne se peut, l'intérêt du peuple me paraît repousser cette peine. Je conclus à ce que Louis soit reclus pendant tout le temps de la guerre. » Il vota en outre pour l'appel et pour le sursis. Dans une altercation qu'il eut avec Marat, celui-ci ayant tiré un pistolet de sa poche, Viennet lui saisit le bras, et l'invita à venir se battre le lendemain au bois de Boulogne : mais Marat déclina l'invitation. Viennet combattit les propositions de Voulland qui prétendait révolutionner l'Hérault, fut nommé commissaire à la remonte des armées, et donna, dans ce poste, des preuves de probité. Élu, le 21 vendémiaire an IV, député de l'Hérault au Conseil des Anciens par 193 voix (232 votants), et de l'Aisne par 286 voix (326 votants), il fut secrétaire de cette assemblée, siégea jusqu'en germinal an VI, et ne reparut plus sur la scène politique.

VIENNET (Jean-Pons-Guillaume), député de 1820 à 1837 et pair de France, né à Béziers (Hérault) le 18 novembre 1777, mort au Val-Saint-Germain (Seine-et-Oise) le 10 juillet 1868, fils du précédent et de dame Élisabeth Gilbert, et neveu d'un curé de Saint-Merry, fut destiné par sa famille à l'état ecclésiastique ; mais il préféra entrer, à 19 ans, comme lieutenant en second, dans l'artillerie de marine, fut pris par les Anglais l'année suivante sur l'Hercule, et resta huit mois sur les pontons de Plymouth. Échangé quelque temps après, il rentra dans le même corps ; son vote négatif sur le consulat d'abord, puis sur l'établissement de l'empire, nuisit à son avancement ; il n'était que capitaine en 1813. Versé dans l'armée de terre, il fit la campagne de Saxe, fut décoré à Bautzen, se battit à Dresde, et fut fait prisonnier à Leipsig. Rentré en France à la Restauration, il devint aide-de-camp du général de Montélégier, lui-même aide-de-camp du duc de Berry ; mais, n'étant pas allé à Gand, il fut laissé sans emploi au second retour des Bourbons, bien qu'il eût refusé son adhésion à l'Acte additionnel. Il collabora alors à l'Aristarque, au Journal de Paris, au Constitutionnel, fut admis, en 1818, dans le corps d'état-major, nommé chef d'escadron à l'ancienneté en 1823, et rayé des rôles en 1827, à la suite de la publication de son Épître aux chiffonniers en faveur de la liberté de la presse. Cette disgrâce le rendit populaire, et, le 21 avril 1828, il fut élu député du 2e arrondissement électoral de l'Hérault par 346 voix (551 votants, 647 inscrits), contre 126 à M. Valessie, en remplacement de M. Royer-Collard qui avait opté pour Vitry-le-François ; il avait des intérêts dans les mines du département. Il prit place dans l'opposition de gauche, parut quelquefois à la tribune, et vota l'Adresse des 221. Réélu, le 23 juin 1830, par 345 voix (619 votants, 706 inscrits) contre 263 à M. Saint-Aubin de Lirou, il contribua à l'établissement de la monarchie de Juillet, et ce fut lui qui lut au peuple, à l'Hôtel de Ville,

le 31 juillet, la nomination du duc d'Orléans comme lieutenant général du royaume. Le gouvernement nouveau lui rendit son grade de chef de bataillon dans l'état-major. Réélu député, le 5 juillet 1831, par 381 voix (585 votants, 694 inscrits) contre 156 à M. de Bausset ; le 21 juin 1834, par 324 voix (640 votants, 727 inscrits) contre 313 à M. Payre, il siégea dans la majorité ministérielle, et soutint le gouvernement par des attaques piquantes et soudaines contre l'opposition et contre la presse, qui s'en vengea en l'accablant d'épigrammes et d'injures. Il avait, entre autres, dénoncé à la Chambre et attaqué en justice le journal la Tribune qui l'accusait d'émarger aux fonds secrets. « Le ridicule, a-t-il écrit lui-même, fut versé à pleines mains sur mon nom, sur ma personne, sur mes ouvrages. » Des rancunes littéraires envenimèrent d'ailleurs les luttes politiques : ennemi acharné des romantiques, Viennet ne ménageait pas plus ses adversaires qu'il n'en était ménagé lui-même. Membre de l'Académie française (18 novembre 1831), ami particulier de Louis-Philippe, il mena de front, avec une verve toute méridionale, la littérature et la politique, et composa des travaux historiques, des romans, des opéras, des tragédies, des comédies et un grand nombre d'épîtres et de fables. Le roi l'éleva à la dignité de pair de France le 7 novembre 1839. Lieutenant-colonel d'état-major depuis 1831, il avait été admis à la retraite de ce grade le 5 mai 1836. Retiré de la vie politique en 1848, il publia, en 1861, un poème épique en dix chants : la Franciade, et se mêla, dans les dernières années de sa vie, aux protestations de la franc-maçonnerie contre l'immixtion du gouvernement ; grand-maître du rite écossais, il refusa notamment de reconnaître l'obédience du maréchal Magnan que le gouvernement avait placé à la tête du Grand-Orient de France. Commandeur de la Légion d'honneur (1 janvier 1836).

VIENNET (Louis-Joseph), représentant en 1871, né à Béziers (Hérault) le 21 août 1813, mort à Béziers le 7 mai 1881, propriétaire, sans antécédents politiques, fut élu, le 8 février 1871, représentant de l'Hérault à l'Assemblée nationale, le 7e sur 8, par 50,092 voix (88,483 votants, 141,397 inscrits). Il prit place à droite, se fit inscrire à la réunion des Réservoirs, et vota pour la paix, pour l'abrogation des lois d'exil, pour la pétition des évêques, pour la démission de Thiers, pour le septennat, pour le ministère de Broglie, contre l'amendement Wallon, contre les lois constitutionnelles. Il ne se représenta pas aux élections de 1876.

VIENOT. — Voy. Vaublanc (de).

VIETTE (Jules-François-Stanislas), député depuis 1876 et ministre, né à Blamont (Doubs) le 6 mai 1843, combattit l'empire dans les journaux républicains de l'Est, et notamment dans la Démocratie franc-comtoise dont il fut l'un des fondateurs. Capitaine des mobilisés du Doubs pendant la guerre de 1870, il fut cité à l'ordre du jour de l'armée, devint conseiller municipal de Blamont, conseiller général de ce canton (8 octobre 1871), et, sur la recommandation publique de Gambetta, fut élu, le 20 février 1876, député de l'arrondissement de Montbéliard par 9,091 voix (15,003 votants, 18,668 inscrits) contre 5,453 à M. Grosjean ; dans sa profession de foi, il demandait une République sagement progressive, la réduction du service militaire, la liberté des cultes, l'instruction laïque, gratuite et obligatoire. Il prit place à gauche et fut des 363 qui refusèrent un vote de confiance au ministère du 16 mai. Réélu, le 11 octobre 1877, par 10,279 voix (16,792 votants, 19,835 inscrits) contre 6,418 à M. Mettetal, ancien représentant, il reprit sa place à gauche, soutint la politique scolaire et coloniale des ministères républicains, et fut réélu, le 21 août 1881, par 11,670 voix (14,221 votants, 20,026 inscrits). Il déclara (février 1883) dans la discussion du projet Fabre sur l'expulsion des prétendants, qu'il n'y avait pas de droit commun pour les princes, signa (février 1886) la proposition d'expulsion Ballue-Duché, se prononça pour la réforme de la magistrature, pour le scrutin de liste, pour le maintien du budget des cultes, et pour la politique des résultats préconisée par Gambetta. Porté, aux élections du 4 octobre 1885, sur la liste républicaine du Doubs, il fut élu, le 1er sur 5, par 37,514 voix (64,794 votants, 81,221 inscrits), et accepta, dans le 1er cabinet Tirard, le portefeuille de l'Agriculture (12 décembre 1887), qu'il conserva dans le cabinet suivant (cabinet Floquet) le 3 avril 1888, jusqu'à la chute de ce cabinet (22 février 1889); il déposa, en cette qualité, plusieurs projets de loi, notamment concernant la réforme de l'administration forestière, et eut à répondre, sur ce point, à une interpellation de M. Volland (Voy. ce nom). Dans la dernière session, il s'est prononcé pour le rétablissement du scrutin d'arrondissement (11 février 1889), contre l'ajournement indéfini de la révision de la Constitution (chute du cabinet Floquet dont il faisait partie), pour les poursuites contre trois députés membres de la Ligue des patriotes, pour les poursuites contre le général Boulanger; il s'est abstenu sur le projet de loi Lisbonne restrictif de la liberté de la presse. M. Viette est un des hauts dignitaires de la franc-maçonnerie.

VIEUVILLE (Auguste-Joseph Baude, comte de la), député de 1820 à 1827 et pair de France, né à Châteauneuf (Ille-et-Vilaine) le 11 septembre 1769, mort à Châteauneuf le 26 avril 1835, « fils de messire Étienne-Auguste Baude, chevalier seigneur de la Vieuville et de Saint-Pères, marquis de Châteauneuf, colonel d'infanterie, ancien capitaine au régiment des gardes-françaises du roi, chevalier de l'ordre royal et militaire de Saint-Louis, et de dame Françoise-Joséphine Butler », était, en 1773, page de Louis XV. Peu de temps après, il entra aux gardes-françaises; il était colonel en 1789. Il émigra en 1791, servit à l'armée des princes, organisa une compagnie de gentilshommes bretons dite compagnie de la Vieuville, resta quelque temps en Angleterre et rentra en France après le 18 fructidor. Rallié au 18 brumaire, il devint président de canton en l'an VIII, et assista en cette qualité au couronnement de l'empereur Napoléon qui, sur ses instances, le choisit pour chambellan (décembre 1809); il était déjà conseiller général de la Meurthe. Nommé préfet de la Stura en décembre 1810, chevalier de la Légion d'honneur (juillet 1811), créé comte de l'empire le 12 février 1812, il passa, le 12 mars 1813, à la préfecture du Haut-Rhin. Après les Cent-Jours auxquels il ne prit aucune part, il fut nommé préfet de l'Allier le 14 juillet 1815, de la Somme (15 mai 1816), de la Charente-Inférieure (19 juillet 1820), mais refusa ce dernier poste pour briguer le mandat législatif. Président du collège électoral de l'Ille-et-Vilaine, il fut successivement élu député du grand collège de ce département, le 13 novembre 1820, par 222 voix (286 votants, 308 inscrits); le 16 mai 1822, par 200 voix (242 votants, 315 inscrits); le 6 mars 1824, par 205 voix (237 votants, 326 inscrits). Ami de M. de Corbière et de M. de Villèle, il siégea constamment parmi les royalistes intransigeants, et fut nommé pair de France le 5 novembre 1827. À la révolution de juillet, il fut exclu de la Chambre haute en vertu de l'article 68 de la nouvelle Charte.

VIGAROSY (Jean-Baptiste-Claude-Charles-Joseph), membre du Sénat, né à Mirepoix (Ariège) le 23 juin 1822, mort à Foix (Ariège) le 1er février 1890, fit son droit à Paris, et fut porté, étant encore étudiant à Paris, comme candidat à l'Assemblée constituante en avril 1848, par les électeurs républicains de l'Ariège, au refus de son père, et recueillit plus de 10,000 voix sans être élu. La même année, il devint conseiller général du canton de Mirepoix. Reçu docteur en droit le 29 août 1851, avec une thèse sur le Principe de l'irrévocabilité des donations entre vifs, il se retira dans son pays, où il possédait de grandes propriétés, et donna sa démission de conseiller général en 1852 pour ne pas prêter serment à l'empire. Resté en dehors de la politique militante pendant la durée de l'empire, il fut réélu conseiller général le 8 octobre 1871, et fit partie de la commission de permanence de l'assemblée départementale. Élu, le 30 janvier 1876, sénateur de l'Ariège par 205 voix (378 votants), il prit place à la gauche républicaine, et vota, le 23 juin 1877, contre la dissolution de la Chambre demandée par le ministère de Broglie. Réélu, le 6 janvier 1885, au renouvellement triennal, par 333 voix (625 votants), il ne cessa de voter avec la majorité républicaine, notamment pour l'expulsion des princes, et se prononça, en dernier lieu, pour le rétablissement du scrutin d'arrondissement, pour le projet de loi Lisbonne restrictif de la liberté de la presse, pour la procédure de la haute cour contre le général Boulanger.

VIGER (Guillaume-Théodore), député de 1831 à 1837 et de 1842 à 1848, né à Sommières (Gard) le 9 avril 1792, mort à Montpellier (Hérault) le 2 août 1849, avocat général à la cour de cassation, fut élu, le 21 juin 1831, député du 2e collège du Gard (Nîmes), par 260 voix (471 votants, 631 inscrits), contre 195 à M. Hyde de Neuville. Nommé conseiller à la cour de cassation le 6 août 1835, il ne se représenta pas en 1837, et échoua, le 4 mars 1839, dans le 2e collège de l'Hérault (Montpellier), avec 275 voix contre 279 à l'élu, M. de Larcy. Il avait été nommé 1er président à la cour de Montpellier le 11 septembre 1837. Il fut réélu, dans le 6e collège de ce dernier département (Lodève), le 9 juillet 1842, par 231 voix (396 votants, 491 inscrits), contre 159 à M. Maistre, et, le 1er août 1846, par 274 voix (449 votants, 539 inscrits), contre 171 à M. Renouvier. Il siégea constamment parmi les ministériels, et vota pour l'indemnité Pritchard et contre la proposition Rémusat. La révolution de 1848 mit fin à sa carrière politique.

VIGER (Marie-Albert), député depuis 1885, né à Jargeau (Loiret) le 19 octobre 1843, se fit recevoir docteur-médecin à Paris en 1867, et alla exercer à Châteauneuf-sur-Loire dont il devint maire. Conseiller d'arrondissement, puis conseiller général, il collabora à divers journaux républicains de la région, et publia quelques petits ouvrages de vulgarisation dans la collection de la Société Franklin. Porté, aux élections législatives du 4 octobre 1885, sur la liste républicaine du Loiret, il fut élu, le 5e sur 6, par 47,713 voix (83,675 votants, 102,589 inscrits). Il prit place à gauche, défendit les doctrines protectionnistes en matière de douanes et de traités de commerce, fut secrétaire des groupes agricole et viticole du parlement, membre de la commission du budget (1887), questeur du groupe de la gauche radicale, appuya les surtaxes sur les céréales et sur les bestiaux, ainsi que le projet analogue sur les riz et sur les maïs, vota l'expulsion des princes, et se prononça, dans la dernière session, *pour le rétablissement du scrutin d'arrondissement* (11 février 1889), *contre* l'ajournement indéfini de la revision de la Constitution, *pour les poursuites contre trois députés membres de la Ligue des patriotes, pour* le projet de loi Lisbonne restrictif de la liberté de la presse, *pour les poursuites contre le général Boulanger.* Officier d'Académie.

VIGER DES HERBINIÈRES (LOUIS-FRANÇOIS-SÉBASTIEN), membre de la Convention, né aux Rosiers (Maine-et-Loire) le 7 juillet 1755, exécuté à Paris le 30 octobre 1793, d'une famille de commerçants, fut placé, comme enseigne, sur un navire qui faisait la traite des nègres, mais, sans goût pour ce métier, revint faire son droit à Angers, y fut reçu avocat à 21 ans, et acheta une charge de substitut du procureur du roi. Ses discours de rentrée, ses *Mémoires*, dont l'un fut couronné par l'Académie d'Angers en 1787, traitent tous des préoccupations politiques et sociales du moment. Procureur-syndic du district d'Angers (1790), il fut en butte à de persistantes accusations de vénalité, donna sa démission (mai 1792), et s'engagea dans le 2e bataillon des volontaires de Maine-et-Loire. Le 6 septembre suivant, le département de Maine-et-Loire l'élut premier député suppléant à la Convention, par 291 voix sur 562 votants. Il prit part à la bataille de Valmy, passa dans la garde nationale active d'Angers, et fut appelé à siéger à la Convention le 16 avril 1793, en remplacement de M. de Houlières démissionnaire. Il siégea parmi les modérés, et prit parti pour la Gironde. Le 30 avril, il demanda, devant l'insolence des tribunes, que l'assemblée se retirât à Versailles, fut membre de la commission des Douze, et se fit fort de prouver « le despotisme le plus horrible et le plus avilissant » de la commune de Paris. Décrété d'accusation le 2 juin, il fut détenu dans son domicile. Le rapport de Saint-Just (3 juin) lui laissa espérer la liberté ; mais, compris dans le décret d'accusation du 3 octobre, il comparut, le 24, devant le tribunal révolutionnaire, et fut condamné à mort avec les Girondins ; il monta le dernier sur l'échafaud. L'abbé Lothringer, dans une lettre datée de Thann, le 27 juillet 1797, assure que Viger se confessa à lui avant de mourir.

VIGIER (JOSEPH), représentant à la Chambre des Cent-Jours, né à Loutat, commune d'Arpajon (Cantal) le 12 janvier 1767, mort à Lentat le 16 novembre 1833, « fils du sieur Jean-Blaise Vigier, et de dame Marianne Delbos », fut reçu docteur-médecin à Montpellier le 15 juillet 1791, partit avec les volon-

taires en 1792, fut envoyé avec le premier bataillon des volontaires du Cantal à l'armée des Pyrénées Orientales, et fut placé dans le service des hôpitaux de cette armée. Mais, préférant se battre, il fit, comme officier et comme adjoint aux adjudants-généraux, les campagnes de 1794 à 1795, fut nommé (5 vendémiaire an III) chef de demi-brigade commandant la place de Perpignan, fut blessé grièvement quelques mois après, et ne rentra au service actif qu'on thermidor an VII. Il fit les campagnes de l'an VII et de l'an VIII à l'armée de l'Ouest, et fut nommé par Bernadotte commandant du département d'Indre-et-Loire. Il passa, ans IX et X, à l'état-major du général Saluguet, fut de nouveau blessé, et se retira dans son pays natal, d'où il repartit, le 17 mai 1803, pour l'Espagne. Chef d'état-major de la division Gobert, il fut compris dans la capitulation de Baylen, s'échappa des mains des Anglais, redevint chef d'état-major du corps d'armée de Catalogne, et, en 1811, fit partie de l'armée d'Aragon et de Catalogne au quartier général à Lyon. A la chute de Napoléon, il rentra dans ses foyers, et fut élu, le 14 mai 1815, représentant de l'arrondissement d'Aurillac à la Chambre des Cent-Jours, par 70 voix (120 votants, 179 inscrits). Très dévoué à la dynastie impériale, il resta, après cette courte législature, maire d'Arpajon et conseiller de l'arrondissement d'Aurillac, ouvrit toujours sa maison et sa bourse aux proscrits de l'empire, et dut, à plusieurs reprises, subir des visites domiciliaires. Admis à la retraite, le 26 juin 1831, comme colonel d'état-major en non-activité, il mourut deux ans après. Officier de la Légion d'honneur.

VIGIER (ACHILLE-PIERRE FÉLIX, COMTE), député de 1831 à 1847, et pair de France, né à Paris le 8 juin 1801, mort à Paris le 17 janvier 1868, « fils d'Anne-Marguerite-Louise Félix, rentière, demeurant à Paris, quai d'Orsay, division de la Fontaine de Grenelle, non mariée » fut autorisé, par ordonnance du roi du 23 septembre 1813, d'après un jugement du tribunal civil de la Seine, à ajouter le nom de Vigier à ceux de Achille-Pierre Félix. Propriétaire et conseiller général, il fut successivement élu député du 1er collège du Morbihan (Vannes intra-muros) le 1er octobre 1831, en remplacement de M. Thomas-Ducordic, qui avait opté pour le 2e collège, par 57 voix (101 votants, 157 inscrits), contre 35 à M. de la Bourdonnaye ; le 21 juin 1834, par 83 voix (121 votants, 163 inscrits), contre 33 à M. Pitel ; le 4 novembre 1837, par 105 voix (138 votants, 181 inscrits) ; le 2 mars 1839, par 84 voix (157 votants) ; le 9 juillet 1842, par 111 voix (172 votants, 291 inscrits), contre 60 à M. Pitel. Il siégea constamment parmi les ministériels les plus dévoués, reçut les ministres à son château de Grandvaux, et vota *pour* les lois de septembre et de disjonction, *pour* le ministère Molé, *pour* la dotation du duc de Nemours, *contre* l'adjonction des capacités, *pour* l'indemnité Pritchard, *contre* la proposition Remusat. Nommé pair de France le 21 juillet 1846, il rentra dans la vie privée à la révolution de 1848.

VIGNANCOUR (LOUIS-MARIN-RAYMOND), député de 1876 à 1877 et depuis 1887, né à Orthez (Basses-Pyrénées) le 22 août 1841, fils d'un président du tribunal d'Orthez, fit son droit à Paris, se fit inscrire au barreau de

Pau, et fit la campagne de 1870-1871 comme officier d'artillerie des mobilisés des Basses-Pyrénées. Candidat républicain dans l'arrondissement d'Orthez, aux élections législatives du 20 février 1876, il échoua avec 8,298 voix, contre 8,378 au candidat conservateur élu, M. Chesnelong ; mais ce dernier ayant été invalidé, M. Vignancour fut élu, le 21 mai suivant, par 9,042 voix (17,872 votants, 19,827 inscrits), contre 8,809 à M. Chesnelong. Il prit place au centre gauche, et vota, avec les 363, contre le ministère du 16 mai. Aux élections qui suivirent la dissolution de la Chambre, il échoua (14 octobre 1877) avec 8,298 voix, contre 9,193 à M. Planté ; mais l'invalidation de ce dernier ramena M. Vignancour à la Chambre, le 7 avril 1878, avec 9,736 voix (17,703 votants, 19,952 inscrits), contre 7,877 au député sortant, M. Planté. Inscrit à la gauche républicaine, il soutint la politique scolaire et coloniale des cabinets républicains, fut réélu le 21 août 1881, par 12,226 voix (14,040 votants, 19,955 inscrits). Il reprit sa place à gauche, vota avec les opportunistes, contre la révision, contre l'élection des magistrats, contre la séparation de l'Eglise et de l'Etat, contre le service militaire de trois ans, et, porté, aux élections générales du 4 octobre 1885, sur la liste républicaine des Basses-Pyrénées, échoua avec 39,633 voix sur 86,573 votants. Une élection partielle, motivée dans son département par le décès de M. Destandau, le fit rentrer à la Chambre le 27 février 1887, avec 46,103 voix (80,769 votants, 105,482 inscrits), contre 31,091 à M. Joantho, candidat conservateur ; il s'est prononcé, dans la dernière session, pour le rétablissement du scrutin d'arrondissement (11 février 1889), pour l'ajournement indéfini de la revision de la Constitution, pour le projet de loi Lisbonne restrictif de la liberté de la presse ; absent par congé lors de la demande en autorisation de poursuites contre trois députés membres de la Ligue des patriotes, il s'est abstenu sur les poursuites contre le général Boulanger.

VIGNAT (CLAUDE-FRANÇOIS-EUGÈNE), député de 1869 à 1870, né à Orléans (Loiret) le 2 septembre 1815, était maire d'Orléans et conseiller général du Loiret, lorsqu'il fut élu, le 24 mai 1869, comme candidat officiel, député de la 2e circonscription du Loiret au Corps législatif, par 13,171 voix (22,381 votants, 27,503 inscrits), contre 9,140 à M. Péreira. Il siégea dans la majorité dynastique et vota pour la guerre contre la Prusse. Il représenta sa candidature aux élections législatives du 20 février 1876, dans la 1re circonscription d'Orléans ; mais il échoua, au second tour, avec 832 voix, contre 7,907 au candidat républicain élu, M. Robert de Massy, et ne fut pas plus heureux aux élections du 14 octobre 1877, après la dissolution de la Chambre par le cabinet du 16 mai, avec 6,433 voix, contre 8,402 à M. Robert de Massy, député sortant réélu.

VIGNERON (CLAUDE-BONAVENTURE), membre de la Convention, député au Conseil des Anciens et au Corps législatif, représentant aux Cent-Jours, né à Mollans (Haute-Saône) le 29 novembre 1750, mort à Vesoul (Haute-Saône) le 10 mai 1832, fils de Pierre Vigneron et de Marie-Josèphe Moogey, se fit inscrire en 1773 au barreau de Vesoul. Officier municipal de cette ville en 1790, procureur général syndic du département en 1791, président de l'administration municipale de Vesoul, il fut élu, le 3 septembre 1792, le 2e sur 7, député de la Haute-Saône à la Convention, par 220 voix sur 402 votants. Il siégea parmi les modérés, et, dans le procès du roi, répondit au 3e appel nominal : « Je vote pour la réclusion pendant la guerre, et le bannissement à la paix. » Il fut un des députés les plus effacés de la Plaine, utilisa ses connaissances comme jurisconsulte dans les comités, et fut réélu, le 21 vendémiaire an IV, député au Conseil des Anciens dans les deux départements : 1o le Doubs, par 156 voix sur 177 votants ; 2o la Haute-Saône par 190 voix sur 251 votants. Secrétaire du Conseil en l'an VI, il n'a pas laissé au Moniteur trace de ses motions ni de ses discours. Sorti du Conseil la même année, il fut nommé commissaire du gouvernement près l'administration centrale de la Haute-Saône, adhéra au coup d'Etat de brumaire, et fut élu par le Sénat conservateur, le 4 nivôse an VIII, député de la Haute-Saône au Corps législatif ; ce mandat lui fut renouvelé les 18 février 1807 et 14 janvier 1813, et il fut deux fois vice-président de l'assemblée, en 1806 et en 1811. Le 12 mai 1815, l'arrondissement de Lure l'élut représentant à la Chambre des Cent-Jours, par 40 voix sur 99 votants et 177 inscrits, contre 18 au général Guyer et 17 au général Marulaz. Sa longue carrière parlementaire prit fin avec cette session. Il se retira à Vesoul et ne s'occupa plus, jusqu'à sa mort, que de travaux de jurisprudence.

VIGNERTE (JEAN-JACQUES), représentant du peuple en 1848, né à Pouzac (Hautes-Pyrénées) le 12 janvier 1806, s'affilia de bonne heure à la Société des droits de l'homme, dont il fut l'un des organisateurs et le missionnaire, avec les titres de directeur du personnel et chef de la police. Il parcourait dans ce but les ateliers et les campagnes. Arrêté en décembre 1833, trois fois condamné en 1834 et en 1835, et, une dernière fois, à la déportation, lors du procès des accusés d'avril, il put s'évader de Sainte-Pélagie avec Arm. Marrast et Godefroi Cavaignac, et gagner l'Angleterre et l'Amérique où il resta six ans. De retour en France, il se fit inscrire au barreau de Tarbes, et s'occupa d'agriculture. Commissaire du gouvernement provisoire dans les Hautes-Pyrénées après le 24 février 1848, il fut élu, le 23 avril, représentant de ce département à l'Assemblée constituante, le 1er sur 6, par 38,766 voix. Il prit place à gauche, fit partie du comité des affaires étrangères, et appuya (26 mai 1848) la proposition Dornès sur le bannissement de la famille d'Orléans : « Quant à la famille Napoléon, ajouta-t-il, nous l'admettons, provisoirement parce qu'elle n'est pas dangereuse ; mais si elle le devenait, elle s'en irait avec les autres. » Il vota pour le bannissement de la famille d'Orléans, contre les poursuites contre L. Blanc et Caussidière, pour l'abolition de la peine de mort, pour l'impôt progressif, pour l'incompatibilité des fonctions, pour l'amendement Grévy, contre la sanction de la Constitution par le peuple, pour l'ensemble de la Constitution, pour la demande de mise en accusation du président et des ministres. Non réélu à la Législative, il essaya de conspirer contre le prince Louis-Napoléon, mais une arrestation préventive et la certitude d'être surveillé de près le firent renoncer à la politique.

VIGNES (ARMAND-ALEXANDRE-THÉODORE-ANTOINE), représentant en 1848 et en 1849, député de 1876 à 1877, né à Pamiers (Ariège) le 4 août 1812, mort à Pamiers le 8 septembre 1877, fils d'un président du tribunal civil de Pamiers, fut reçu avocat à Toulouse, et se fit inscrire au barreau de Pamiers. Connu pour ses opinions républicaines, il fut nommé, à la révolution de 1848, sous-commissaire du gouvernement provisoire à Pamiers, et fut élu, le 23 avril 1848, représentant de l'Ariège à l'Assemblée constituante, le 6° sur 7, par 21,313 voix (65,072 votants, 71,717 inscrits). Il prit place à la Montagne, fit partie du comité de l'agriculture, et vota *pour* le droit au travail, *pour* l'impôt progressif, *contre* les deux Chambres, *pour* l'amendement Grévy, *pour* le remplacement militaire, *contre* la proposition Rateau, *pour* la diminution de l'impôt du sel, *contre* la suppression des clubs, *contre* l'expédition de Rome, *pour* la mise en accusation du président et des ministres. Réélu par le même département à l'Assemblée législative, le 13 mai 1849, le 6° et dernier, par 16,193 voix (15,357 votants, 77,191 inscrits), il reprit sa place à l'extrême-gauche, se prononça *contre* la loi Falloux-Parieu sur l'enseignement, *contre* la loi du 31 mai, protesta contre le coup d'État de décembre 1851, fut arrêté, relâché au bout de quelques jours, et revint plaider au barreau de Pamiers. La révolution du 4 septembre 1870 le fit, pour quelques semaines, sous-préfet de Pamiers. Candidat aux élections pour l'Assemblée nationale (8 février 1871), il échoua dans son département avec 19,977 voix sur 46,559 votants, fut élu, le 8 octobre suivant, conseiller-général du canton de Pamiers, et devint député de Pamiers, aux élections du 20 février 1876, par 10,315 voix (18,711 votants, 23,738 inscrits), contre 8,368 à M. de Saintenac. Il s'assit à l'extrême gauche, vota pour l'amnistie plénière, et fut des 363 qui refusèrent un vote de confiance au cabinet du 16 mai. Il mourut un mois avant le renouvellement de la Chambre dissoute.

VIGNOLLE (MARTIN, COMTE DE), député en 1824, né à Massilargues (Gard) le 18 mars 1763, mort à Paris le 13 novembre 1824, entra, en 1780, comme cadet-gentilhomme au régiment de Barois-infanterie. Capitaine au moment de la Révolution, il fit la campagne de Savoie avec le général Anselme, devint adjudant-général en 1794, se battit à Saorgio et à l'assaut du col de Tende, devint chef d'état-major de l'aile droite de l'armée d'Italie, puis de Schérer, se distingua à Borghetto, et, quand le général Bonaparte prit le commandement de l'armée d'Italie, fut nommé adjoint au général Berthier, chef d'état-major. Il assista à Dego, à Montenotte, à Mondovi, comme chef de brigade, envoya au gouvernement une adresse d'adhésion au 18 fructidor, fut chargé de négocier le traité avec le roi de Sardaigne, se signala à Lodi, à Castiglione, et fut promu général de brigade. Blessé à Arcole, il dut quitter le service actif et commanda la place de Crémone, puis le Milanais jusqu'au traité de Campo-Formio. Après le départ de Bonaparte, il devint ministre de la guerre de la République cisalpine, alla, lors de la deuxième coalition, garder les passages des Apennins en Toscane pour protéger le retour des troupes, et fut chargé par Moreau, après Novi, d'organiser à Nice les bataillons de renfort. Après le 18 brumaire, auquel il s'était montré très favorable, il devint secrétaire général du département de

la guerre, dont Berthier était ministre, puis reçut l'ordre d'aller organiser à Dijon les divisions de l'armée de réserve; il occupa Milan, et, après Marengo, reçut le commandement de la Lombardie. Chef d'état-major de l'armée de Hollande en février 1803, général de division le 27 août suivant, grand-officier de la Légion d'honneur le 19 frimaire an XII, il fit la campagne de 1805 comme chef d'état major du 2° corps, sous les ordres de Marmont, qu'il suivit en Dalmatie. Chevalier de l'empire le 20 juin 1808, il assista à Essling, perdit un œil à Wagram, et fut créé comte le 31 décembre 1809. En 1812, lors de la rupture avec la Russie, il organisa le contingent italien, resta dans la péninsule, devint chef d'état-major du prince Eugène, et prit part, non sans gloire, à la campagne de 1813-1814. La Restauration le fit membre de la commission chargée d'examiner les services des émigrés. Sans emploi pendant les Cent-Jours, il commanda, après Waterloo et pendant quelques jours, la 15° division militaire; mais il fut mis à la retraite en vertu de l'ordonnance du 1er août 1815. Nommé conseiller d'État, préfet de la Corse le 14 mars 1818, il donna sa démission le 15 décembre 1819, devint président du collège électoral d'Alais, et fut élu, le 25 février 1824, député du 2° arrondissement électoral du Gard (Saint-Hippolyte), par 187 voix (293 votants, 356 inscrits), contre 101 à M. Beaupoil de Saint-Aulaire. Il prit place parmi les ministériels et mourut peu de jours après, d'une entérite. On a de lui: *Précis historique des opérations militaires de l'armée d'Italie en 1813 et 1814, par le chef d'état-major de cette armée* (1817).

VIGNON (PIERRE, CHEVALIER), député en 1789, né à Neuilly (Seine) le 19 novembre 1736, mort à Paris le 7 février 1823, « fils de Pierre Vignon, et de Marie-Jeanne Lesguilliez », négociant, ancien juge consulaire, fut élu, le 13 mai 1789, député du tiers aux États-Généraux par la ville de Paris, avec 203 voix. Il prêta le serment du Jeu de paume, et vota silencieusement avec la majorité. Rallié au 18 brumaire, il devint adjoint au maire du 10° arrondissement de Paris le 18 ventôse an VIII, et président du tribunal de commerce. Chevalier de l'empire du 21 décembre 1808.

VIGNON LAVERSANNE (ANDRÉ-ANTOINE-ALEXIS), représentant aux Cent-Jours, né à Saint-Jean-en-Royans (Drôme) le 11 janvier 1759, mort à Montélimar (Drôme) le 13 décembre 1837, suivit la carrière des armes, et quitta le service avec le grade de lieutenant-colonel. Nommé sous l'empire receveur de l'enregistrement à Montélimar, il fut élu, le 10 mai 1815, représentant de cet arrondissement à la Chambre des Cent-Jours, par 51 voix sur 71 votants. Sa carrière politique prit fin avec la courte session de cette législature.

VIGUIER (JEAN-BAPTISTE), député en 1789, né et mort à des dates inconnues, était avocat à Toulouse quand il fut élu, le 11 avril 1789, député du tiers aux États-Généraux par la sénéchaussée de Languedoc (Toulouse), avec 759 voix (799 votants). Il fut adjoint au doyen des communes, prêta le serment du Jeu de paume, parla sur la réunion des ordres, annonça à l'Assemblée l'arrestation du comte de Toulouse-Lautrec, auteur présumé de troubles, chercha inutilement à défendre la municipalité de Toulouse, et fut membre du comité des recherches et du comité d'aliénation. Il disparut de la scène politique après la session.

VIGUIER (ANTOINE-CATHERINE), représentant à la Chambre des Cent-Jours, né à Saint-Étienne (Loire) le 27 avril 1770, mort à Carcassonne (Aude) le 13 mars 1826, fils du précédent et de dame Marie Borrel, était avocat à Carcassonne. Il fut, le 10 mai 1815, élu représentant à la Chambre des Cent-Jours par le grand collège de l'Aude, avec 24 voix (46 votants, 238 inscrits). Sa carrière parlementaire prit fin avec la session.

VIGUIER (JACQUES-PAUL-CHRISTOPHE), représentant en 1849, né à Saint-Béat (Haute-Garonne) le 9 mars 1792, mort à Bourges (Cher) le 30 juillet 1858, se fixa dans cette dernière ville et y exerça la profession d'armurier. Inscrit, le 13 mai 1849, sur la liste républicaine avancée du Cher, il fut élu, le 6e et dernier, représentant de ce département à l'Assemblée législative, par 31,889 voix (61,469 votants, 82,313 inscrits). Il siégea à la Montagne, et, sans paraître à la tribune, s'associa par ses votes à toutes les motions du parti démocratique. Il opina contre l'expédition romaine, contre la loi Falloux-Parieu sur l'enseignement, contre la loi restrictive du suffrage universel, protesta contre le coup d'État du 2 décembre, fut compris dans le décret d'expulsion du 9 janvier 1852, et revint mourir à Bourges.

VILAR (EDOUARD-PAUL-YVES-GANDÉRIQUE), député depuis 1885, né à Prades (Pyrénées-Orientales) le 26 juillet 1847, se fit inscrire au barreau de Prades, devint bâtonnier, maire de la ville (1884), et conseiller général des Pyrénées-Orientales pour le canton d'Olette (1877). Porté, le 4 octobre 1885, sur la liste radicale de ce département, et élu au scrutin de ballottage, le 1er sur 3, par 27,153 voix (39,931 votants, 56,604 inscrits), il siégea à la gauche radicale, soutint la politique du cabinet Floquet, vota l'expulsion des princes, la surtaxe sur les céréales, et se prononça, dans la dernière session, pour le rétablissement du scrutin d'arrondissement (11 février 1889), contre l'ajournement indéfini de la révision de la Constitution, pour le projet de loi Lisbonne restrictif de la liberté de la presse, pour les poursuites contre le général Boulanger; absent par congé lors du scrutin sur les poursuites contre trois députés membres de la Ligue des patriotes. M. Vilar a présidé le conseil général de son département depuis 1887.

VILCOCQ (ANTONIN), député au Corps législatif de 1863 à 1867, né à Paris le 11 septembre 1822, mort à Paris le 5 février 1867, entra dans l'administration. Sous-préfet de Sancerre le 10 juillet 1848, de Bar-sur-Aube en 1850, de Vervins en 1852, il donna sa démission en 1862, et fut nommé chevalier de la Légion d'honneur. Élu, le 1er juin 1863, député de la 3e circonscription de l'Aisne au Corps législatif par 23,750 voix (36,575 votants, 43,651 inscrits), contre 10,410 à M. Debrotonne, député sortant, et 2,029 à M. Chazeray, il siégea dans la majorité, mourut en février 1867, et fut remplacé, le 17 mars suivant, par M. Piette.

VILFEU (EDOUARD-GUILLAUME), représentant en 1871, né à Laval (Mayenne) le 10 juin 1810, avoué dans sa ville natale et adjoint au maire sous le gouvernement de Juillet, donna sa démission de ces dernières fonctions en 1848. Il n'exerça sous le second empire aucune charge publique, en raison de ses opinions orléanistes. Élu, le 8 février 1871, représentant de la Mayenne à l'Assemblée nationale, le 2e sur 7, par 62,829 voix (72,952 votants, 98,165 inscrits), il prit place au centre droit, se fit inscrire au cercle Colbert et à la réunion des Réservoirs, et vota pour la paix, pour l'abrogation des lois d'exil, pour la pétition des évêques, pour la démission de Thiers, pour le septennat, pour le ministère de Broglie, contre l'amendement Wallon, pour les lois constitutionnelles. Il échoua aux élections générales du 20 février 1876, dans la 2e circonscription de Laval, avec 730 voix contre 6,295 à l'élu, M. Lecomte, républicain, et 3,713 à M. Lorière, et ne se représenta plus.

VILLAIN (JEAN-LOUIS-HENRI), représentant en 1871, député de 1876 à 1885, né au Catelet (Aisne) le 27 décembre 1819, mort au château de Mont-Saint-Martin (Aisne) le 19 janvier 1886, s'établit très jeune comme raffineur à Mont-Saint-Martin, et acquit rapidement une fortune considérable. Élu, le 8 février 1871, représentant de l'Aisne à l'Assemblée nationale, le 8e sur 11, par 46,017 voix (87,823 votants, 157,845 inscrits), il prit place à la gauche républicaine, fut rapporteur de la commission des sucres, et vota contre la paix, contre l'abrogation des lois d'exil, contre la pétition des évêques, contre la démission de Thiers, contre le septennat, contre le ministère de Broglie, pour l'amendement Wallon, pour les lois constitutionnelles. Réélu, le 20 février 1876, député de la 1re circonscription de Saint-Quentin, par 9,523 voix (10,982 votants, 16,005 inscrits), il reprit sa place à gauche, et fut l'un des 363 députés qui refusèrent, au 16 mai, le vote de confiance au ministère de Broglie. Réélu, le 14 octobre 1877, par 10,141 voix (13,153 votants, 16,176 inscrits), contre 2,683 à M. Blain, et, le 21 août 1881, par 7,799 voix (11,297 votants, 17,801 inscrits), contre 2,578 à M. Monnantenil socialiste, il continua d'appuyer la politique de la majorité républicaine, et fut rapporteur (juin 1884) de la proposition de M. E. Robert sur les sucres. En mars 1881, la Chambre avait rejeté une proposition qu'il avait présentée avec M. Nadaud, sur la limitation des heures de travail, comme « attentatoire à la liberté du travail. » Il échoua au Sénat, dans l'Aisne, le 6 janvier 1885, avec 315 voix sur 1,374 votants, et, porté le 4 octobre 1885, sur la liste républicaine de l'Aisne, fut réélu député, au second tour, le 5e sur 8, par 63,530 voix (117,821 votants, 117,808 inscrits). Il mourut trois mois après.

VILLAR (NOEL-GABRIEL-LUCE DE), membre de la Convention, député au Conseil des Cinq-Cents et au Corps législatif, né à Toulouse (Haute-Garonne) le 13 décembre 1748, mort à Paris le 29 août 1826, fils d'un chirurgien de Toulouse, entra dans la congrégation des Doctrinaires, et devint en 1786 recteur du collège de la Flèche. Ayant adopté les principes de la Révolution, il fut nommé, le 20 mars 1791, dans l'église de la Trinité à Laval, évêque constitutionnel de la Mayenne, en remplacement de M. Thoumin Des Vauxponts, vicaire général de l'évêque de Dol non acceptant. Élu, le 6 septembre 1792, député de la Mayenne à la Convention, le 7e sur 8, par 240 voix (400 votants), il répondit dans le procès du roi, au 3ᵉ appel nominal : « Je suis convaincu que la peine de mort infligée à un criminel quelconque est absolument contraire à la nature et à la raison. Je suis convaincu que la stabilité d'une république bien fondée ne dépend ni de la vie ni de la mort d'un individu, et que tuer un tyran a toujours été la dernière ressource de la tyrannie. Je vote pour que Louis XVI soit détenu pendant la guerre, et, qu'après cette époque, il soit banni à perpétuité. » Il se prononça en outre contre l'appel et pour le sursis, et fit partie du comité de l'instruction publique, au nom duquel il demanda et obtint, le 25 messidor an III, le maintien du Collège de France. Le 18 fructidor, il fit rendre un décret accordant un secours de 244,000 livres à cent dix-huit savants, littérateurs, artistes ou à leurs veuves et descendants. Cette liste comprenait notamment : Anquetil-Duperron, Fontanes, le sculpteur Houdon, les nièces de Fénelon et la petite-fille du peintre Lebrun. Le 25 vendémiaire an IV (27 octobre 1795), il lut à la Convention un rapport sur l'organisation de la Bibliothèque nationale, dans lequel il réclamait la suppression des fonctions de bibliothécaire, et déléguait l'administration de la Bibliothèque à un comité de huit conservateurs ayant chacun 6,000 livres d'appointements. Peu de temps après (10 décembre 1795), il fut nommé membre de l'Institut pour la classe de littérature et beaux-arts. Appelé, le 4 brumaire an IV, par ses collègues de la Convention à siéger au Conseil des Cinq-Cents, il s'y fit peu remarquer, se rallia au coup d'État de brumaire, et fut élu (4 nivôse an VIII), par le Sénat conservateur, député du Lot-et-Garonne au Corps législatif; il en sortit en 1806. Villar remplit ensuite les fonctions d'inspecteur général et de membre du conseil de l'Université, et mourut à 78 ans, accablé d'infirmités.

VILLARDI. — *Voy.* MONTLAUR (MARQUIS DE).

VILLARET (JEAN-CHRYSOSTOME-ANDRÉ-IGNACE, BARON DE), député en 1789, né à Rodez (Aveyron) le 25 janvier 1739, mort à Paris le 9 mai 1824, était vicaire-général de Rodez, quand il fut élu, le 24 mars 1789, député du clergé aux États-Généraux par la sénéchaussée de Villefranche-de-Rouergue. Il se réunit à l'Assemblée en même temps que la majorité de son ordre, vota contre l'adjonction des villages aux municipalités, proposa de réduire à 24 les administrateurs de département, fut adjoint au comité de règlement, membre du comité des finances et du comité de correspondance, et refusa de prêter le serment constitutionnel. Après le Concordat, il fut nommé évêque de Casal, et créé baron de l'empire le 28 mai 1809.

VILLARET DE JOYEUSE (LOUIS-THOMAS, COMTE), député au Conseil des Cinq-Cents, né à Auch (Gers) le 27 mai 1750, mort à Venise (Italie) le 24 juillet 1812, fut destiné par sa famille à la carrière ecclésiastique; mais son goût pour le métier des armes l'emporta. Il s'enrôla dans les gendarmes du roi, qu'il quitta à la suite d'un duel dans lequel il tua son adversaire, et entra, en 1766, dans la marine. La protection de M. de Ternay, son parent, alors gouverneur de l'Île-de-France, le fit nommer lieutenant de vaisseau en 1773; il fit campagne dans la mer des Indes, se distingua à Goudelour, reçut de Suffren le commandement de la frégate la *Naïade* qui soutint en 1782

huit heures de combat et ne se rendit aux Anglais qu'au moment de couler bas. Décoré de Saint-Louis pour ce fait d'armes, il alla ensuite à Batavia pour traiter avec la Compagnie hollandaise, montra dans ces négociations beaucoup d'énergie, et, en 1791, apaisa les troubles de Saint-Domingue. Capitaine de vaisseau, il resta au service, quoique peu partisan de la Révolution; il fut promu, en 1793, contre-amiral, et placé, au mois de septembre suivant, à la tête de notre dernière flotte. « Je sais que Villaret n'est qu'un aristocrate, avait dit Jeanbon-Saint-André en le présentant pour ce poste, mais il est brave, et il fera son devoir. » Après quelques mois passés à organiser la flotte, il mit son pavillon sur la *Montagne*, et se rendit (16 mai 1790), avec Jeanbon-Saint-André, à la rencontre d'un convoi de grains qui venait d'Amérique. Il croisa dans la direction du convoi attendu, mais, le 28 mai, ce fut l'amiral Howe qui se présenta avec une flotte supérieure. Le 29 mai (10 prairial an II), Villaret put dégager son arrière-garde vivement attaquée par les Anglais; pendant les journées des 30 et 31 mai, il brouilla et empêcha les deux flottes de s'aborder, malgré les renforts qu'elles avaient reçus; le 1ᵉʳ juin (13 prairial), le combat s'engagea, mais une fausse manœuvre du *Jacobin* permit à Howe de couper la ligne française. Le vaisseau la *Montagne* fut entouré et faillit être pris, pendant que le *Vengeur* et l'*Impétueux* coulaient plutôt que de se rendre. Les Anglais cessèrent les premiers le feu, la flotte républicaine ne les poursuivit pas, et Villaret, après avoir dispersé la croisière ennemie, du 10 juin au 22 juin, put enfin faire entrer à Brest le convoi de grains si impatiemment attendu. Le 23 juin 1795, il eut à lutter, à Groix, contre la flotte de l'amiral Bridport, et, malgré ses efforts, perdit trois vaisseaux. Adversaire de l'expédition d'Irlande, il fut remplacé à Brest par Morard de Galles (1796). Élu, le 22 germinal an V, député du Morbihan au Conseil des Cinq-Cents, par 232 voix (284 votants), il prit place parmi les modérés, dénonça les dilapidations des agents du gouvernement aux colonies, devint secrétaire du Conseil le 1ᵉʳ messidor an V, proposa d'autoriser le Directoire à envoyer de nouveaux agents à Saint-Domingue, parla de l'état déplorable des équipages de la flotte, fit un rapport en faveur de Surcouf, et appuya de son vote et de sa parole le projet sur les institutions militaires. Attaché au parti de Clichy, il fut condamné à la déportation au 18 fructidor, parvint à échapper aux poursuites, et se rendit ensuite volontairement à l'île d'Oléron, lieu d'exil assigné aux déportés contumaces. Le gouvernement avait déjà du reste donné mainlevée du séquestre mis sur ses biens. Rallié au 18 brumaire, Villaret-Joyeuse reprit aussitôt du service actif. En l'an IX, il fut nommé commandant des forces navales dirigées contre Saint-Domingue, mais il y arriva trop tard pour pouvoir agir efficacement. Capitaine-général de la Martinique le 13 germinal an X, membre de la Légion d'honneur le 19 frimaire au XII, grand-officier le 25 prairial, grand-aigle le 13 pluviôse an XIII, il resta, après Trafalgar, sans communication avec la France, et soutint au Fort-Bambou, à la Martinique, un bombardement d'un mois (30 janvier-24 février 1809). Dépourvu de tout secours, il dut rendre l'île aux Anglais. Blâmé par le conseil d'enquête, il fut, en 1811, approuvé par l'empereur qui le nomma gouverneur général de Venise; il y mourut d'une hydropisie. Il avait été créé comte par Napoléon en 1808.

VILLARS (JEAN-JOSEPH-BAPTISTE), député au Corps législatif en 1809, né à Pact (Isère) le 7 août 1751, mort à Vienne (Isère) le 21 novembre 1812, « fils à sieur Antoine Villars et à demoiselle Marguerite Girard », était président du tribunal civil de Vienne, quand il fut élu, le 2 mai 1809, par le Sénat conservateur, député de l'Isère au Corps législatif. Il mourut au cours de la législature.

VILLE-SUR-ILLON. — *Voy.* LACÉPÈDE (COMTE DE).

VILLEBANOIS (FRANÇOIS DE), député en 1789, né à Châteauroux (Indre) le 29 novembre 1718, mort à une date inconnue, était curé de Saint-Jean-le-Vieux quand il fut élu, le 27 mars 1789, député du clergé aux États-Généraux par le bailliage du Berry. Il siégea obscurément dans la minorité, refusa de prêter le serment ecclésiastique, signa la protestation du 12 décembre 1791 contre les décrets de l'Assemblée, et disparut de la scène politique après la session.

VILLEBLANCHE (RENÉ-ARMAND-LEVASSEUR DE), député en 1789, né à Rochefort (Charente-Inférieure) le 11 décembre 1749, mort à Paris le 26 août 1830, s'engagea de bonne heure dans la marine, et devint major de vaisseau, puis capitaine de la 1re compagnie des bombardiers de Rochefort et chevalier de Saint-Louis. Élu, le 2 avril 1789, député suppléant aux États-Généraux par la colonie de Saint-Domingue, il fut admis à siéger, le 26 avril 1790, en remplacement de M. Thébaudières, démissionnaire; il se montra hostile à la Révolution, écrivit à l'Assemblée pour déclarer qu'il croyait devoir s'abstenir d'assister aux séances, et prêta néanmoins le nouveau serment après la fuite du roi. On croit qu'il émigra après la session.

VILLEBRUNE (JOSEPH-FRANÇOIS-XAVIER-PIERRE-JACQUES LE SAIGE DE LA), député de 1828 à 1830, né à Bédée (Ille-et-Vilaine) le 7 septembre 1771, mort à Dol (Ille-et-Vilaine) le 1er janvier 1833, émigra à la Révolution, fut nommé, le 4 septembre 1815, conseiller de préfecture à Rennes, et devint ensuite secrétaire-général de la préfecture d'Ille-et-Vilaine. Candidat à la députation le 17 novembre 1827, dans le 1er arrondissement électoral d'Ille-et-Vilaine (Saint-Malo), il échoua avec 117 voix contre 112 à l'élu, M. Garnier-Dufougeray; mais il fut élu, dans le même arrondissement, le 8 mai 1828, en remplacement de M. Garnier-Dufougeray, dont l'élection avait été annulée, par 138 voix (251 votants, 285 inscrits), contre 106 au député sortant. Il prit place dans la majorité royaliste, refusa de voter l'Adresse des 221, et ne se représenta pas en 1830.

VILLEDIEU DE TORCY (WLADIMIR-NICOLAS-WILLIAM, MARQUIS DE), député de 1846 à 1848 et de 1852 à 1859, né à Renémesnil, commune de Cauvicourt (Calvados) le 21 août 1802, mort le 2 avril 1870, était propriétaire à Landigou (Orne) et maire de cette commune. Élu, le 1er août 1846, député du 5e collège de l'Orne (Domfront), par 330 voix (579 votants, 631 inscrits), contre 238 à M. Aylies, il siégea jusqu'à la révolution de février dans la majorité conservatrice qui soutint le ministère Guizot. Après le coup d'État du 2 décembre 1851, M. Villedieu de Torcy, rallié à la politique de L.-N. Bonaparte, fut candidat officiel au Corps législatif (29 février 1852), dans la 3e circonscription de l'Orne : il fut élu député par 20,462 voix (21,490 votants,

40,517 inscrits), contre 183 à M. Druet-Desvaux, soutint le régime impérial et obtint sa réélection, le 22 juin 1857, par 11,403 voix (20,211 votants, 39,153 inscrits), contre 5,310 à M. Hamard, ancien représentant, et 230 à M. de Vaucelle. M. Villedieu de Torcy mourut au cours de la législature et fut remplacé, le 30 octobre 1859, par M. Arthur de la Ferrière.

VILLEDIEU DE TORCY (RAPHAEL-AIMÉ, MARQUIS DE), député au Corps législatif de 1860 à 1869, né à Paris le 16 mars 1826, mort au château de Bois-Claireau (Sarthe) le 14 octobre 1883, fils du précédent, propriétaire et membre du conseil général de l'Orne, se présenta, le 22 avril 1860, dans la 3e circonscription de ce département, et fut élu, avec l'appui du gouvernement, député au Corps législatif par 16,153 voix (31,608 votants, 40,093 inscrits), contre 15,429 à M. Arthur de la Ferrière, en remplacement de ce dernier dont l'élection avait été invalidée. M. Villedieu de Torcy vota, comme son père, avec la majorité impérialiste, et fut réélu, le 1er juin 1863, par 23,839 voix (26,746 votants, 40,497 inscrits), contre 2,151 à M. Roche. Il se représenta sans succès le 24 mai 1869, et n'obtint que 12,073 voix contre 17,813 à l'élu, M. Gévelot, de l'opposition. Le 14 octobre 1877, il ne réunit comme candidat conservateur à la députation dans la 2e circonscription de Domfront que 131 voix contre 11,399 à l'élu M. Gévelot, député sortant, des 363, et 114 à M. Lefébure.

VILLEFRANCHE (LOUIS-JOSEPH-GUY-HERCULE-DOMINIQUE TULLE, MARQUIS DE), député de 1816 à 1823 et pair de France, né au château de Looze (Yonne) le 25 septembre 1768, mort au château de Looze le 31 octobre 1847, était, avant la Révolution, capitaine aux carabiniers de Monsieur. Il émigra en 1791, servit à l'armée des princes, rentra en France avec les Bourbons, et devint maréchal de camp (1815), et inspecteur général des gardes nationales du département de l'Yonne. Élu, le 4 octobre 1816, député du grand collège de ce département, par 104 voix (183 votants, 238 inscrits), et réélu, le 1er octobre 1821, dans le 1er arrondissement électoral de l'Yonne (Villeneuve-le-Roi), par 195 voix (256 votants, 333 inscrits), il prit place à droite, vota contre la responsabilité des ministres, approuva la motion du comte Mac-Carthy sur la vente des biens du clergé, et se prononça pour les lois d'exception et pour le nouveau système électoral. Il fut aussi rapporteur de la commission des forêts, se plaignit de leur destruction, et demanda que l'on rétablît l'ancienne administration forestière. Nommé pair de France le 23 décembre 1823, il siégea dans la majorité royaliste, et quitta la Chambre haute à la révolution de 1830, pour ne pas prêter serment au gouvernement de Louis-Philippe.

VILLEFRANCON (PAUL-AMBROISE FRÈRE, COMTE DE), pair de France, né à Besançon (Doubs) le 12 août 1754, mort à Besançon le 27 mars 1828, « fils de messire Claude-François-Ambroise Frère, seigneur de Villefrancon, conseiller au parlement de Franche-Comté, et de dame Jeanne-Antoinette-Thérèse-Magdelaine Boudret », entra dans les ordres, se fit recevoir docteur en Sorbonne, et fut nommé, en 1778, vicaire général de l'archevêque de Besançon. Il émigra à la Révolution, et refusa, à son retour, l'évêché de Saint-Flour; il venait d'accepter, sous la Restauration, celui de Chalon-sur-Saône, quand Mgr de Pressigny, archevêque de

Besançon, obligé de passer une partie de l'année à Paris en qualité de pair, le prit pour coadjuteur (12 août 1821) avec succession future, sous le titre d'archevêque d'Adana *in partibus*. Devenu archevêque de Besançon en mai 1823, M. de Villefrancon s'appliqua à l'administration de son diocèse, et fut nommé conseiller d'État et pair de France (23 décembre 1823). Il vota constamment avec la majorité royaliste et mourut d'une attaque d'apoplexie au cours d'une tournée pastorale. On a de lui : *Catéchisme sur le célibat ecclésiastique ; Des Prétendues lumières du commencement du XIX° siècle, en opposition avec le bon sens et la vérité*, etc.

VILLEGONTIER (LOUIS-SPIRIDION FRAIN, COMTE DE LA), pair de France, né à Fougères (Ille-et-Vilaine) le 25 janvier 1776, mort en sa terre de Villegontier le 2 juin 1849, » fils de René-Joseph Frain, chevalier, seigneur de la Villegontier, la Tendrais, le Bécher, et autres places, et de dame Mélanie-Renée-Louise Fournier de l'Ellais», entra à l'école polytechnique en l'an III, à la création, mais refusa de prendre du service et se retira dans ses foyers. Il vécut en dehors de la vie publique pendant la durée de l'empire, fut nommé, le 1er septembre 1814, officier de la garde nationale à cheval de Paris, le 2 août 1815 sous-préfet de Versailles, et perdit cet emploi le 1er janvier 1816, en vertu de l'ordonnance qui supprimait les sous-préfectures des chefs-lieux de département. Président de la commission de liquidation de Versailles (30 janvier), il fut appelé, le 11 mai 1816, à la préfecture de l'Allier, puis, le 8 octobre 1817, à celle de l'Ille-et-Vilaine. Chevalier de la Légion d'honneur (4 mars 1818), pair de France (5 mars 1819), il conserva ses fonctions administratives sur un ordre exprès du roi jusqu'en 1824, et devint, en 1826, premier gentilhomme du duc de Bourbon. A la Chambre haute, il siégea parmi les ultras, et fut membre de la commission du recrutement, du monopole du tabac, et de la loi du sacrilège. Il continua de siéger à la Chambre haute sous le gouvernement de Louis-Philippe.

VILLEGONTIER (PIERRE-MARIE-SÉBASTIEN-GÉRARD FRAIN, COMTE DE LA), député en 1877, de 1881 à 1882 et sénateur, né au château de la Villegontier (Ille-et-Vilaine) le 10 janvier 1841, propriétaire et conseiller général de ce département, prit part, comme officier des mobiles bretons, à la guerre franco-allemande en 1870, et se présenta, le 20 février 1876, à la députation dans l'arrondissement de Fougères : il obtint 8,405 voix monarchistes contre 9,600 à l'élu bonapartiste, M. de Dalmas. M. de la Villegontier fut plus heureux le 14 octobre 1877, dans la même circonscription : élu député de Fougères, avec l'appui du gouvernement du 16 mai, par 9,601 voix (18,925 votants, 21,892 inscrits), contre 9,057 à M. Roger-Marvaise, républicain, il vit son élection invalidée par la majorité, se représenta le 3 mars 1878, et échoua cette fois avec 8,089 voix contre 9,311 à l'élu républicain, M. Riban. Le 21 août 1881, il regagna son siège par 9,114 voix (18,106 votants, 22,187 inscrits), contre 8,836 au député républicain sortant. Mais, de nouveau invalidé, il fut battu, le 29 janvier 1882, avec 9,113 voix contre 9,129 à l'élu, M. Riban. L'élection de ce dernier ayant été annulée à son tour, M. de la Villegontier tenta encore la fortune électorale, le 30 avril de la même année, et n'obtint que 6,799 voix contre 12,313 à l'élu républicain, M. de la Ribollssière.

Porté, le 4 octobre 1885, sur la liste conservatrice d'Ille-et-Vilaine, il échoua avec 59,630 voix sur 123,291 votants. Il se fit élire sénateur de ce département, le 5 janvier 1888, par 612 voix (1,153 votants). M. de la Villegontier a pris place à droite et s'est prononcé contre le rétablissement du scrutin d'arrondissement (13 février 1889), *contre* le projet de loi Lisbonne restrictif de la liberté de la presse, *contre* la procédure de la haute cour contre le général Boulanger.

VILLÈLE (JEAN-BAPTISTE-GUILLAUME-MARIE-ANNE-SÉRAPHIN-JOSEPH, COMTE DE), député de 1815 à 1823, ministre et pair de France, né à Toulouse (Haute-Garonne) le 14 avril 1773, mort à Toulouse le 13 mars 1854, « fils de messire Louis-François-Joseph de Villèle, seigneur de Courtounem et de Campoliac, et de dame Anne-Louise de Blanc de la Galzardie», fit ses études au collège de Toulouse, fut reçu à l'École de marine d'Alais, prit place, le 16 juillet 1788, à Brest sur la corvette la *Bayonnaise*, puis fut caserné à l'hôtel des gardes-marine, où « l'on était logé, nourri, peigné, blanchi et instruit moyennant cinquante livres par mois. » Embarqué, en juillet 1789, sur la frégate l'*Engageante*, il partit pour Saint-Domingue, et, de retour à Brest le 31 décembre 1790, rembarqua sur la *Cybèle*, le 20 avril suivant, et partit pour les Indes. Arrêté comme suspect, à l'Ile de France, sous la Terreur, il y tomba malade, fut remis en liberté après le 9 thermidor, et partit en 1796 pour l'île Bourbon, où il devint régisseur des propriétés de M. Desbassyns de Richemont (*Voy.* ce nom), dont il épousa la fille le 13 avril 1799. Grâce à cette alliance, il devint membre de l'assemblée coloniale. De retour à Toulouse en 1807, il n'avait pas encore fait élection de domicile, lorsque l'empereur le nomma maire de Morville et conseiller général de la Haute-Garonne : « Ces gens-là, disait Napoléon, ne peuvent vouloir que le sol tremble. » M. de Villèle remplit ces fonctions, auxquelles s'ajoutèrent celles de président de canton, jusqu'à la Restauration. En 1814, il embrassa avec enthousiasme la cause des Bourbons, publia alors, en faveur du pouvoir absolu, contre la Charte et une Chambre élective, des *Observations sur le projet de constitution*, fut nommé maire de Toulouse par le duc d'Angoulême (juillet 1815), et fut élu, le 22 août suivant, député du grand collège de la Haute-Garonne par 83 voix sur 165 votants et 261 inscrits. Dans la Chambre introuvable, il prit part de préférence aux discussions financières, parla contre les dangers de la centralisation au point de vue de l'administration des biens communaux, fut rapporteur de la loi électorale, proposa une loi transitoire autorisant les collèges électoraux à faire les élections en cas où la Chambre actuelle serait dissoute par le roi, fut rapporteur du budget en 1816, s'éleva contre les engagements pris par la Charte envers les créanciers des gouvernements précédents, et vota constamment avec la majorité ultra-royaliste. Réélu, le 4 octobre 1816, par 115 voix sur 204 votants et 253 inscrits, il devint, dans la Chambre nouvelle, le chef de l'opposition de droite, attaqua la loi électorale, proposa deux degrés d'élection, combattit maintes fois les ministres tant à la tribune que dans le *Conservateur*, au nom des prérogatives royales diminuées ou compromises, donna sa démission de maire de Toulouse en 1819, vota *contre* le cumul des traitements

contre les emprunts, contre la loi de recrutement, contre la censure, et finit par déplacer
la majorité en sa faveur. Nommé membre du
cabinet, avec le titre de ministre d'État sans
portefeuille (21 décembre 1820), il trouva
cependant dans le ministère une force de résistance qui lui fit donner sa démission de ministre (25 juillet 1821). Réélu député, le 1er octobre 1821, dans le 3e arrondissement électoral
de la Haute-Garonne (Villefranche) par 161
voix (238 votants, 291 inscrits), contre 76 à
M. Chaptive négociant, candidat à la présidence et vice-président de la Chambre à
l'ouverture de la nouvelle session, M. de Villèle prit une grande part à la discussion de
l'Adresse, obtint une rédaction hostile au
ministère, le renversa avec l'appui de la gauche, et entra dans le nouveau cabinet avec
le portefeuille des Finances (15 décembre 1821).
Administrateur habile bien plus qu'homme
d'État, il s'attacha la majorité par l'ordre et
la clarté qu'il mit dans l'administration des
finances, par son souci exclusif des intérêts présents, sa déférence à répondre à toutes les
objections, une grande facilité de raisonnement,
une simplicité d'argumentation accessible à
tous, et, en somme, avec un sincère esprit de
modération, le sentiment très pratique des
besoins du pays. Il fit son possible pour éviter
la guerre d'Espagne en 1823, renversa M. de
Montmorency dont les engagements l'avaient
rendue nécessaire, céda à la pression de la
majorité et notamment du groupe Piet en
l'acceptant, contracta un emprunt avec la
maison Rothschild au prix de 89 fr. 55, le prix
le plus élevé qu'eût encore atteint la rente, et
profita des succès financiers et militaires de
l'expédition pour renouveler intégralement
la Chambre. Le roi l'avait créé comte le 17
août 1822, et président du conseil des ministres
le 7 septembre suivant. Le 25 février 1824,
M. de Villèle fut réélu député de Villefranche
à l'unanimité des votants, 157 voix sur 243
inscrits. Les élections n'amenèrent à la Chambre que 19 députés de gauche, et le président
des conseils fut assuré du concours inébranla-
ble des « trois cents de M. de Villèle ». Le
milliard des émigrés était impérieusement
exigé par la majorité royaliste ; ce fut pour
y subvenir que M. de Villèle proposa la conversion de la rente, qui avait dépassé le pair,
situation qui obligeait l'amortissement à racheter au-dessus des rentes vendues précédemment à un taux sensiblement inférieur.
L'opération était donc en soi excellente, mais
sa connexité avec le projet du milliard des
émigrés souleva contre elle l'opinion publique.
L'opposition de droite et de gauche s'en fit
une arme ; à la Chambre, la conversion réunit
encore 238 voix, contre 145 ; mais, à la Chambre des pairs, où M. de Châteaubriand avait
parlé contre, elle fut rejetée par 128 voix
contre 94. M. de Châteaubriand fut brutalement congédié du ministère des Affaires étrangères. A la session suivante, M. de Villèle
réussit à faire voter une convention facultative. Le nouveau roi Charles X avait continué
au ministère la confiance que lui avait accordée Louis XVIII, mais les exigences du parti
réactionnaire rendaient la situation de plus en
plus difficile. La loi du sacrilège, l'influence
patente de la Congrégation, des procès de la
presse, la loi sur le droit d'aînesse, la présentation de la « loi d'amour » contre la presse,
furent autant de concessions au parti de la
cour, et valurent au cabinet et à son chef un
regain d'impopularité qui ne manqua aucune

occasion de se manifester. La revue de la
garde nationale, le 27 avril 1827, se passa aux
cris de : « A bas les ministres ! » La garde
nationale fut dissoute le lendemain, et M. de
Villèle dut se résoudre à dissoudre la Chambre ; pour diriger les nouvelles élections, il
prit, le 13 octobre, le portefeuille de l'Intérieur,
tout en conservant la présidence du conseil.
Réélu député, le 17 novembre suivant, par
124 voix (160 votants, 213 inscrits) contre 33 à
M. de Cambon, il se trouva, à la nouvelle
Chambre, en face d'une majorité hostile, qui
le renversa (décembre). Les nouveaux ministres mirent pour condition de leur entrée aux
affaires l'envoi de M. de Villèle à la Chambre
des pairs, où son influence était moins à craindre. Il refusa d'abord, mais finit par céder aux
instances du roi (4 janvier 1828). A la Chambre, M. Labbey de Pompières proposa la
mise en accusation du « ministère déplorable », proposition qui n'aboutit pas, en raison
de l'opposition faite à la mesure par le cabinet
Martignac. Le rôle politique de M. de Villèle
était terminé. Lors de la retraite de M. de
Martignac, il donna, paraît-il, au roi, des
conseils de prudence qui ne furent pas écoutés ;
il se retira à Toulouse après la chute de la
branche aînée, et publia, en 1839, dans la Gazette
de France, des articles remarqués sur la situation financière et contre le suffrage universel.
Il mourut à l'âge de 81 ans.

VILLÈLE (GUILLAUME-AUBIN, COMTE DE), pair
de France, né à Caraman (Haute-Garonne)
le 12 février 1770, mort à Bourges (Cher) le
27 novembre 1841, entra fort jeune dans les
ordres, et ne prit aucune part à la révolution.
Nommé, en 1817, évêque de Verdun, en septembre 1820 évêque de Soissons, et en 1824
archevêque de Bourges, il fut élevé, le 5 décembre de cette dernière année, à la dignité
de pair de France ; il siégea constamment
dans la majorité.

VILLEMAIN (BERTRAND-LOUIS-ANTOINE-
CHARLES-MARIE), député de 1819 à 1824 et de
1830 à 1834, né à Lorient (Morbihan) le 21 décembre 1775, mort à l'Hemeur (Morbihan) le
21 août 1858, entra, à peine âgé de 11 ans, dans
les dragons volontaires de Lorient, et y devint
successivement brigadier (5 février 1793),
maréchal des logis (1er septembre 1793), sous-
lieutenant (15 pluviôse an III), et lieutenant
(21 messidor an VIII) ; sa conduite héroïque
lui avait mérité une citation au Moniteur. Il
quitta le service au début du Consulat, et
revint à Lorient où il s'occupa d'industrie.
Capitaine de la garde nationale en 1808, il
commanda, le 29 mai de cette même année,
une garde d'honneur à cheval formée à Lorient
pour recevoir l'empereur. Conseiller municipal
de la ville (21 septembre 1808), adjoint au
maire (16 mai 1809), commandant de la
3e cohorte de la garde nationale mobile du
Morbihan (5 mars 1813), il devint, en janvier
1814, chef des cohortes de la garde mobile de
Lorient, et, aux Cent-Jours, mit ses troupes à
la disposition de Napoléon. L'empereur le
décora de la Légion d'honneur et l'employa à
Paris où il resta jusqu'à la seconde Restauration. Arrêté alors comme patriote et exilé dans
le Midi, il échappa aux rigueurs de la réaction
royaliste, grâce à l'intervention de Fouché,
dont il avait été l'élève chez les Oratoriens.
Élu, le 11 septembre 1819, député du grand
collège du Morbihan, par 292 voix 509 vo-

tants, 732 inscrits), il prit place à l'opposition, vota contre les deux lois d'exception et contre le nouveau système électoral, et échoua aux élections de 1824. Il vécut dans la retraite jusqu'à la révolution de Juillet, à laquelle il applaudit. Nommé alors maire de Lorient, conseiller général, commandant de la garde nationale et membre du conseil général du commerce, il fut élu député du grand collège du Morbihan, le 23 octobre 1830, en remplacement de M. Harscouët de Saint-Georges démis-lonnaire, par 275 voix (371 votants, 715 inscrits), et réélu, le 5 juillet 1831, dans le 3e collège du Morbihan (Lorient), par 112 voix (161 votants, 197 inscrits), contre 21 à M. Fruchard. Il siégea d'abord parmi les ministériels, mais ne tarda pas à incliner vers l'opposition constitutionnelle. Après avoir échoué, dans ce dernier collège, le 21 juin 1834, avec 47 voix contre 103 à l'élu, M. Le Déan, il fut nommé sous-préfet de Lorient en 1835, et fut mis à la retraite de ces fonctions le 24 janvier 1855.

VILLEMAIN (Abel-François), député de 1830 à 1831, pair de France et ministre, né à Paris le 9 juin 1790, mort à Paris le 8 mai 1870, commença ses études chez Planche, y joua, à 12 ans, la tragédie en grec, entra au lycée Louis-le-Grand, s'y distingua par son extrême facilité, fut, en rhétorique, l'élève de Luce de Lancival, qui se faisait suppléer par lui quand la maladie l'éloignait de sa chaire, et suivit les cours de l'Ecole de droit. Son esprit lui valut dans le monde une précoce réputation, et M. de Fontanes le nomma d'emblée professeur suppléant de rhétorique au lycée Charlemagne (1810), puis maître de conférences de littérature française et de versification latine à l'Ecole normale. Villemain fut chargé, à la distribution des prix du concours général, du discours latin dont l'usage venait d'être rétabli, et obtint (1812) un succès plus sérieux à l'Académie française, avec l'Eloge de Montaigne, en remportant le prix. Cette victoire lui assura la protection de Suard, du comte de Narbonne, de la princesse de Vaudemont, et les suffrages des salons littéraires de l'époque, où son talent de fin causeur le fit rechercher, en dépit de « sa laideur simiesque, de sa tenue négligée, le gilet de tricot d'une propreté suspecte, dit M. de Pontmartin, dépassant la manche de l'habit». La chute de Napoléon Ier ferma pour lui la carrière administrative, à laquelle il se destinait. Mais la Restauration, le régime parlementaire et la réaction littéraire qui se préparait, répondaient mieux à son tempérament. Le 21 avril 1814, le jeune écrivain fut autorisé par exception à lire dans l'enceinte de l'Académie française, et en présence du roi de Prusse et de l'empereur Alexandre, son mémoire intitulé : Avantages et inconvénients de la critique. Il crut devoir adresser aux souverains étrangers des compliments qui furent jugés sévèrement par l'opinion libérale. En 1816 il fut couronné une troisième fois pour son Eloge de Montesquieu. On l'avait appelé (mai 1814) à la chaire d'histoire moderne à la Sorbonne, où il suppléait Guizot ; il l'échangea (novembre 1816) contre celle d'éloquence française, qu'il occupa pendant dix ans, sauf de très courtes interruptions. L'Histoire de Cromwell, qu'il publia en 1819, fut, en quelque sorte, une œuvre de circonstance. Cromwell, c'était Bonaparte, et l'état politique de la France n'était pas sans analogie avec l'état politique de l'Angleterre au sortir du protectorat. Ce livre, dont le style était d'ailleurs médiocre, fut traduit en plu-

sieurs langues et valut à son auteur les fonctions de chef de la division de l'imprimerie et de la librairie au ministère de l'Intérieur (décembre 1815). Sous le ministère Decazes, il devint maître des requêtes au conseil d'Etat (4 novembre 1818). Il s'était attaché au parti qu'on appelait doctrinaire, et ce fut sous l'influence des idées de ce parti qu'il contribua à la rédaction des lois sur la presse édictées par la Restauration. Chevalier de la Légion d'honneur (1820), il succéda (1821) à Fontanes comme membre de l'Académie française. Epris, comme tous les esprits cultivés de son temps, d'une vive sympathie pour la cause de l'indépendance hellénique, il publia Lascaris ou les Grecs du xve siècle (1825), et l'Essai sur l'Etat des Grecs depuis la conquête musulmane (1825), deux études, l'une littéraire, l'autre historique, qui émurent vivement les esprits. Le ministère Villèle vit avec inquiétude le succès des cours professés en Sorbonne par MM. Cousin, Guizot et Villemain, et les suspendit. Aussi, en 1827, lorsque l'Académie chargea Lacretelle, Chateaubriand et Villemain de rédiger une supplique à Charles X contre le rétablissement de la censure (loi du 24 juin), ce dernier s'acquitta brillamment de sa tâche, et perdit le jour même ses fonctions de maître des requêtes au conseil d'Etat. Le ministère Martignac rouvrit les cours suspendus, et M. Villemain mit toute la souplesse de son esprit mordant au service de la cause libérale. Elu, le 19 juillet 1830, député de l'Eure, au grand collège, par 207 voix (373 votants, 418 inscrits), il prit place parmi les constitutionnels et signa l'Adresse des 221. La révolution de Juillet lui assura bientôt une part importante dans la gestion des affaires publiques. Il fit partie de la commission chargée de reviser la Charte, et fut d'avis qu'on abrogeât l'article qui déclarait la religion catholique religion d'Etat. Aux élections de 1831, les électeurs d'Evreux refusèrent de lui continuer son mandat ; mais le roi le nomma membre du conseil supérieur de l'instruction publique, dont il devint en 1832 vice-président. Le 11 octobre de la même année, il fut élevé à la pairie, et bientôt l'Académie française fit de lui son secrétaire perpétuel. Au Luxembourg, Villemain se fit remarquer par l'indépendance relative de son caractère ; il combattit (1835) les lois de septembre et n'hésita pas à défendre la théorie d'après laquelle il n'y a point de délits d'opinion, d'où il concluait que le droit commun est le droit naturel sous lequel doit vivre la presse ; toutefois il n'allait pas jusqu'à la soumettre au jury. Lors de la coalition du centre droit, de la gauche et du centre gauche contre le ministère Molé, il refusa de s'y engager et il offrit son concours au ministre. Il reçut, dans le cabinet du 12 mai 1839, le portefeuille de l'instruction publique, donna une impulsion nouvelle à la publication des Documents inédits sur l'histoire de France, et prépara une réorganisation des bibliothèques. Ce fut pendant son ministère que l'opposition rejeta sans débat la dotation du duc de Nemours par 226 voix contre 220 : « Nous sommes étranglés par des muets, c'est comme à Constantinople », dit Villemain. — « C'est parfois le sort des eunuques », répondit un député de la gauche. Après avoir fait partie, jusqu'au 1er mars 1840, du cabinet présidé par le maréchal Soult, Villemain revint aux affaires le 29 octobre 1840, dans le cabinet Guizot, et y resta cette fois jusqu'au 30 décembre 1844. « L'Université, a écrit M. A. Mézières, a eu rarement à sa tête un ministre aussi digne de la représenter par l'autorité de la parole et par l'éclat du talent. On ne peut pas dire cependant que son ministère ait laissé dans l'enseignement une trace profonde. Villemain n'était pas de ces novateurs hardis qui touchent aux institutions consacrées par l'expérience et qui se flattent de renouveler le domaine où ils régnent. Prudent par caractère, il essaya d'améliorer ce qui existait, lentement, peu à peu, sans secousses et sans bouleversements... Peut-être manquait-il à Villemain, pour laisser la réputation d'un ministre de premier ordre, la fermeté et la décision du caractère. Il lui arrivait ce qui arrive souvent aux esprits fins et habitués à l'analyse critique : il voyait en même temps les aspects les plus différents des choses, il saisissait avec une merveilleuse sagacité les nuances les plus délicates des questions, et, sollicité en sens divers par des motifs plausibles, mais contradictoires, il hésitait à conclure. » Le projet de loi qu'il prépara sur la liberté de l'enseignement, corrigé, remanié, retiré, rapporté devant les Chambres, finit par être adopté, mais ne satisfit personne. L'Université se plaignit d'être sacrifiée, le clergé de n'avoir pas obtenu ce qu'il demandait, la gauche de n'avoir pas été consultée. Villemain, dont la santé s'était altérée, et à qui de cruels soucis domestiques ôtaient une partie de sa liberté d'esprit, fut, pendant quelque temps, plongé dans un désespoir qui touchait à la folie; cette agitation se calma; mais il lui resta toujours depuis lors dans l'esprit un fond d'une tristesse morose. Démissionnaire pour ces motifs en 1844, il refusa une pension de 15,000 francs, et, quand sa santé fut rétablie, reprit sa place à la Chambre haute, où il parla sur la question des réfugiés politiques et sur l'enseignement de la médecine. La révolution de 1848 le rendit à ses études préférées. Il ne remonta point dans sa chaire de la Sorbonne, se démit de son titre de professeur en 1852, et se consacra exclusivement à la publication de quelques livres nouveaux et à la réédition de ses anciens livres et discours : Souvenirs d'histoire et de littérature (1853); Les Cent-Jours (1855); M. Desmousseaux de Givré, ancien député (1855); La Tribune moderne : M. de Chateaubriand (1857); Choix d'études sur la littérature contemporaine (1857); etc. Antérieurement, il avait donné encore : le Tableau de l'éloquence chrétienne au IVe siècle; un Cours de littérature française, tableau du XVIIIe siècle; Discours et mélanges littéraires (1823); Nouveaux mélanges historiques et littéraires (1827); Études d'histoire moderne (1846), etc., et de nombreux articles dans la Revue des Deux-Mondes, le Journal des Savants, la Revue contemporaine, etc. En 1860, il fit paraître : la France, l'Empire et la Papauté, livre dans lequel il défendit le pouvoir temporel du pape et qui fit quelque bruit alors. Son Histoire de Grégoire VII, peut-être son meilleur ouvrage, a été publié en 1873, après sa mort. Villemain mourut à 80 ans, grand-officier de la Légion d'honneur (29 octobre 1843).

VILLEMAIN (François-Émile), sénateur du second Empire, né à Paris le 3 mars 1795, mort à Castres (Tarn) le 30 mars 1867, frère du précédent, fut longtemps attaché aux bureaux de l'administration centrale de la guerre, et devint en 1850 intendant militaire. Il entra ensuite au Conseil d'État (section de la guerre et de la marine), et fut appelé, par un décret du 24 octobre 1863, à siéger au Sénat impérial,

où il soutint de ses votes le gouvernement de Napoléon III. Il était en 1863 le doyen des conseillers d'État. Il mourut avant la chute de l'empire, à 72 ans.

VILLEMANZY (Jacques-Pierre Orillard, comte de), membre du Sénat conservateur et pair de France, né à Amboise (Indre-et-Loire) le 5 janvier 1751, mort à Versailles (Seine-et-Oise) le 3 septembre 1830, « fils de Pierre Orillard de Villemanzy, et d'Émélie-Anne-Henriette Delahaye », entra dans l'administration de la guerre, fit comme tel la campagne d'Amérique, et fut nommé, à la Révolution, commissaire ordonnateur à l'armée du Rhin, puis à l'armée d'Italie, où Bonaparte le distingua et le nomma inspecteur ordinaire aux revues. Après le 18 brumaire, il devint chef de la comptabilité au ministère de la Guerre, puis inspecteur général aux revues. Officier de la Légion d'honneur (15 pluviôse an XIII), il fut nommé, le 11 décembre 1809, membre du Sénat conservateur, et, le 9 mars 1810, comte de l'empire. Ayant adhéré à la déchéance de l'empereur, il devint pair de France, le 4 juin 1814, n'exerça aucune fonction pendant les Cent-Jours, mais perdit son emploi en 1816. A titre de compensation, on le nomma, le 10 janvier 1816, membre du grand conseil d'administration des Invalides, et, le 8 mai suivant, membre de la commission d'amortissement. A la Chambre haute, il vota pour la mort dans le procès du maréchal Ney, défendit les libertés constitutionnelles et se montra opposé aux lois d'exception. Grand-officier de la Légion d'honneur (22 mai 1825).

VILLEMARQUÉ (de la). — Voy. Hersart.

VILLEMORGE (de). — Voy. Bailler.

VILLEMORT (Marie-Mesmin du Bouex, marquis de), député en 1789, né à Villemort (Vienne) le 15 décembre 1745, mort à Poitiers le 7 août 1813, ancien officier et chevalier de Saint-Louis, fut élu, le 27 mai 1789, député de la noblesse aux États-Généraux par la sénéchaussée du Poitou. Il ne témoigna d'abord aucune hostilité pour les réformes, parla sur l'organisation de la marine, mais combattit les atteintes portées aux prérogatives du roi. Il quitta la France en 1792, fut inscrit sur la liste des émigrés, et se fixa à Hagen (Westphalie prussienne); il y résidait encore, le 28 fructidor an VIII, date à laquelle sa femme demanda pour lui au consul Lebrun l'autorisation de rentrer. A l'appui de sa demande, elle produisit un certificat du maire de Villemort, en date du 25 prairial an VIII, attestant que le marquis avait voté à la Constituante « pour l'égalité et la liberté », qu'il n'avait pas protesté contre les décrets de l'Assemblée, qu'il avait « couru, en 1792, les plus grands risques d'être assassiné et brûlé dans son domicile à Villemort, et qu'il est d'une âme douce, sensible et généreuse ». M. de Villemort fut rayé de la liste des émigrés en vendémiaire an IX, et revint en France, où il se tint en dehors des affaires publiques jusqu'à sa mort.

VILLENEUVE (Armand-Jean-Lambert Brunet, marquis de), député de 1830 à 1831, né à Villeneuve (Hérault) le 7 juin 1780, mort à une date inconnue, débuta sous la Restauration dans la carrière administrative comme sous-préfet. Elu, le 3 juillet 1830, député de l'Hérault au grand collège, par 197 voix (300 votants, 450 inscrits), il se rallia à la monarchie de Louis-Philippe, et devint sous-préfet de Fontainebleau, puis préfet du Tarn (10 décembre 1832), préfet de l'Indre (12 juillet 1835), préfet d'Eure-et-Loir (23 juillet 1837), et préfet du Loiret (1842-1848). Il ne s'était pas représenté aux élections générales de 1831. Commandeur de la Légion d'honneur.

VILLENEUVE (Jean-Louis-Emile), député de 1881 à 1889, né à Lembeye (Basses-Pyrénées) le 9 mars 1827, mort à Lambeye le 23 janvier 1890, vint faire ses études médicales à Paris, se lia avec la jeunesse républicaine des écoles, collabora aux petits journaux du quartier latin, fut impliqué, sous l'empire, dans plusieurs procès politiques, condamné à la prison, et, accusé avec Blanqui, Tridon et Jaclard, d'organisation de complot, fut acquitté par la haute-cour de Blois (1861). Reçu docteur en 1865, il se fixa dans le 17e arrondissement, dont il devint premier adjoint après le 4 septembre 1870; pendant la guerre, il servit, comme chirurgien, au 91e bataillon de la garde nationale. Inscrit à la « Ligue des droits de Paris » au début de la Commune, il se retira à Clichy, comme médecin, après la répression de l'insurrection communaliste, fut élu maire de cette commune en 1875, puis conseiller général du canton de Neuilly, et échoua, aux élections législatives du 20 février 1876, au second tour (5 mars), dans la 2e circonscription de Saint-Denis, avec 4,453 voix contre 3,893 à M. Bamberger, élu. Les élections du 21 août 1881 le firent entrer à la Chambre, comme député de la même circonscription, avec 7,541 voix (13,967 votants, 19,628 inscrits), contre 2,143 à M. Pelepouve, 1,795 à M. Daix, 1,592 à M. Bamberger, 402 à M. Vacca, et 261 à M. Suzor. Il prit place à la gauche radicale, posa (11 mai 1882) une question à M. de Freycinet sur la politique qu'il entendait suivre dans les affaires égyptiennes, et fut réélu, le 18 octobre 1885, sur la liste radicale de la Seine, au second tour, le 27e sur 38, par 284,656 voix (416,886 votants, 564,338 inscrits). Il reprit sa place parmi les radicaux, et, atteint d'aliénation mentale, se retira, sans donner sa démission, à Lembeye, où il est mort.

VILLENEUVE-BARGEMONT (Barthélemy-Joseph, comte de), député en 1789, né à Bargemont (Var) le 6 juin 1720, mort à une date inconnue, chanoine-comte de Saint-Victor de Marseille, fut élu, le 4 avril 1789, député du clergé aux Etats-Généraux par la sénéchaussée de Marseille, avec 54 voix (78 votants). Il approuva la réunion des trois ordres, fut adjoint au comité de vérification, mais, le 20 mai 1789, tenta de revenir sur l'abandon des privilèges voté la veille par 150 voix contre 72; dans la discussion, il dit à l'évêque de Langres, qui lui reprochait d'ignorer ce dont il parlait : « J'ai plus oublié de choses que vous n'en savez. » Il vota dès lors avec la minorité, émigra après la session, et mourut probablement à l'étranger, étant sorti de France âgé de 72 ans.

VILLENEUVE-BARGEMONT (Emmanuel-Ferdinand, marquis de), député de 1820 à 1827, né à Grasse (Var) le 25 décembre 1777, mort à Grasse le 26 janvier 1835, « fils de Joseph de Villeneuve-Bargemont, chevalier, et de dame

Anne-Josèphe-Sophie de Bausset de Roquefort », chevalier de Malte dès sa naissance, était élève au corps royal de la marine en 1790, et fit campagne sur divers bâtiments de guerre jusqu'au 31 mars 1792, date à laquelle il émigra. Revenu en France peu après le 18 fructidor, il s'engagea au 7e hussards le 21 vendémiaire an VII, passa aux guides d'Italie le 1er ventôse an VII, et rentra de nouveau dans la marine comme enseigne, le 18 germinal an VIII. Le 8 janvier 1802, il fut autorisé à rester dans ses foyers, et fut nommé, le 24 juin 1805, inspecteur de la régie des droits réunis. Après les revers de la campagne de Russie, son zèle royaliste s'éveilla tout à coup. En 1814, il s'opposa à l'exécution des ordres du maréchal Soult, et alla au devant de Wellington. Nommé sous-préfet de Castellane le 27 janvier 1815, il tenta en vain de s'opposer à la marche de Napoléon, quitta alors sa sous-préfecture, et rejoignit le duc d'Angoulême, qui le nomma préfet par intérim des Basses-Alpes (17 mars 1815). Sa conduite ayant paru suspecte aux royalistes, il fut appelé à Paris, après Waterloo, pour se justifier; il y réussit et fut nommé à la préfecture des Basses-Alpes (14 juillet 1815). Successivement préfet des Pyrénées-Orientales (21 juillet 1818), de la Nièvre (26 juin 1822), de la Somme (21 juin 1826) il avait été, le 20 novembre 1810, élu député du grand collège des Basses-Alpes, par 109 voix (177 votants, 233 inscrits), contre 58 à M. Thomas, et réélu, le 13 novembre 1822, par 118 voix (152 votants, 233 inscrits), et le 25 février 1824, par 81 voix (158 votants, 206 inscrits). Il siégea constamment parmi les ministériels, donna sa démission de préfet le 3 août 1830, et fut admis à la retraite le 11 janvier 1831, avec une pension de 5,814 francs.

VILLENEUVE-BARGEMONT (Joseph, comte de), député de 1826 à 1831, né à Bargemont (Var) le 9 janvier 1782, mort au château de Bois-le-Roy (Loiret) le 17 décembre 1839, frère cadet du précédent, fut d'abord secrétaire du général Lacuée, puis référendaire à la cour des comptes en 1807, applaudit au retour des Bourbons, et fut nommé préfet de la Haute-Saône le 14 juillet 1815, et de Saône-et-Loire le 5 octobre 1825. Elu député du grand collège de la Haute-Saône, le 9 octobre 1826, par 84 voix (106 votants, 147 inscrits), contre 19 à M. de Grammont, et réélu, le 24 novembre 1827, par 62 voix (104 votants, 138 inscrits), contre 49 à M. de Marmier, il siégea dans la majorité et refusa de signer l'Adresse des 221; il avait échoué, le 17 novembre 1827, dans le 2e arrondissement électoral du même département, avec 100 voix contre 122 à l'élu, M. de Grammont, et il échoua de nouveau, le 26 juin 1830, dans le 1er arrondissement, avec 91 voix, contre 148 à l'élu, M. Accarier; mais, le 3 juillet 1830, le grand collège lui donna 66 voix (112 votants, 127 inscrits), contre 45 à M. Nourrisson. Pendant ce temps, il était devenu directeur des douanes (15 février 1828), et directeur des postes (12 novembre suivant). Ayant refusé de se rallier au gouvernement de Louis-Philippe, il fut mis à la retraite le 26 septembre 1830, avec une pension de 5,753 francs.

VILLENEUVE-BARGEMONT (Jean-Paul-Alban, vicomte de), député de 1830 à 1831 et de 1840 à 1848, né à Saint-Auban (Var) le 8 août 1784, mort à Paris le 8 juin 1850, frère des précédents, fut successivement secrétaire des bureaux de la sous-prélecture de Nérac (19 nivôse an XII), secrétaire particulier du préfet de Lot-et-Garonne (10 avril 1806), secrétaire particulier du comte Lacuée de Cessac (18 octobre 1807), auditeur au conseil d'État (1er août 1810), sous-préfet de Ziérikzée (Bouches-de-l'Escaut) (21 mai 1811), préfet des Bouches-de-l'Ebre (12 février 1812), et préfet de Sambre-et-Meuse (2 janvier 1814). Il abandonna ce dernier poste au moment de l'invasion et revint en France saluer le retour des Bourbons. Préfet de Tarn-et-Garonne (12 juin 1814), il perdit cet emploi aux Cent-Jours, et rentra dans l'administration comme préfet de la Charente (6 août 1817), de la Meurthe (25 avril 1820), de la Loire-Inférieure (18 septembre 1824), du Nord (5 mars 1828). Nommé maître des requêtes en service extraordinaire le 18 février 1820, et conseiller d'État le 12 novembre 1828, il refusa le serment au gouvernement de Louis-Philippe, et fut mis à la retraite comme préfet le 22 octobre 1830, avec une pension de 6,000 francs. Il avait été élu, le 3 juillet 1830, député du grand collège du Var, par 71 voix (100 votants, 175 inscrits) ; il vota avec les légitimistes, et ne se représenta pas en 1831. L'année suivante, il accepta de la duchesse de Berry, qui se proposait de débarquer en Provence, le brevet de commissaire royal dans le Var ; il accompagna la princesse pendant quelque temps, puis revint à Paris où il s'adonna à l'étude de l'économie politique. Candidat à la députation le 21 juin 1834, dans le 12e collège du Nord (Hazebrouck), il échoua avec 227 voix contre 250 à l'élu, M. Warein ; le 21 mars 1840, il fut élu député du 3e collège du même département (Lille) par 510 voix (850 votants), en remplacement de M. Hennequin, décédé, et réélu, le 9 juillet 1842, par 536 voix (793 votants, 1,192 inscrits), contre 241 à M. Lefèvre, et le 1er août 1846, par 5.9 voix (1,631 votants, 1,246 inscrits), contre 491 à M. Mimerel. Il prit place parmi les légitimistes, et vota contre l'indemnité Pritchard et pour la proposition Rémusat. La révolution de février 1848 le rendit à la vie privée. Membre de l'Académie des sciences morales et politiques du 12 avril 1845, en remplacement de Lakanal, M. de Villeneuve a publié un certain nombre d'ouvrages, parmi lesquels on peut citer : Économie politique chrétienne, ou recherches sur la nature et les causes du paupérisme en France et à l'étranger et sur les moyens de le soulager et de le prévenir (Paris, 1834, 3 volumes) ; Histoire de l'Économie politique parue dans l'Université catholique de 1835-36-37) ; Le livre des affligés, ou douleurs et consolations (1841, 2 volumes) ; Notice sur l'état actuel de l'économie politique en Espagne et sur les travaux de Rançon de la Sagra (1841) ; il a en outre collaboré au Journal des Économistes et au Plutarque français.

VILLENEUVE-BARGEMONT (JEAN-BAPTISTE, VICOMTE DE), représentant en 1849, né à Bargemont (Var) le 28 novembre 1783, mort au Beaussot (Var) le 6 août 1861, entra dans la marine à quinze ans, comme simple matelot, prit part (1805) au combat de Trafalgar, et fut nommé enseigne de vaisseau en 1809, puis lieutenant de vaisseau en 1814. En 1820, il fut chargé de commander la station de la Guyane française, qui se composait d'un brick et de deux bâtiments légers. Démissionnaire en 1835, il se fit élire, le 13 mai 1849, représentant du Var à l'Assemblée législative, le 6e sur 7, par 26,275 voix (101,516 inscrits). Il siégea à droite, appartint à la majorité monarchiste, avec

laquelle il vota pour l'expédition romaine, pour la loi Falloux-Parieu sur l'enseignement, pour la loi restrictive du suffrage universel, et rentra dans la vie privée en 1851.

VILLENEUVE DE CHENONCEAUX (FRANÇOIS-RENÉ VALET, COMTE DE), sénateur du second empire, né à Paris le 7 juin 1777, mort au château de Chenonceaux (Indre-et-Loire) le 12 février 1863, fils de Pierre-Armand Valet de Villeneuve, écuyer, conseiller du roi, et de Madeleine-Suzanne Dupin de Francueil, s'engagea sous le Consulat, fit quelques-unes des campagnes de l'empire, reçut le titre de comte de Villeneuve et fut chambellan de la reine Hortense. Il continua à servir dans l'armée française pendant la Restauration, fut fait officier de la Légion d'honneur pendant la guerre d'Espagne (1823), et se retira sur ses terres quelque temps après. Il ne s'occupa pas de politique jusqu'à l'avènement du second empire, et fut alors nommé sénateur le 31 décembre 1852. Il siégea jusqu'à sa mort dans la majorité dynastique.

VILLENEUVE DE VENCE (PAUL-PIERRE-OURS-HÉLION, MARQUIS DE), pair de France, né à Vence (Var) le 29 juin 1750, mort à Paris le 9 septembre 1819, « fils de Jean-Alexandre-Roméo de Villeneuve, et de Angélique-Louise de La Rochefoucauld », était colonel au moment de la Révolution. Il émigra en 1791, servit à l'armée des princes et ne rentra en France qu'avec les Bourbons. Pair de France du 17 août 1815, il vota dans le procès du maréchal Ney, fut promu maréchal de camp le 17 juillet 1816, et mourut trois ans après.

VILLENEUVE DE VENCE (CLÉMENT-LOUIS-HÉLION, MARQUIS DE), pair de France, né à Paris le 11 février 1783, mort à Paris le 9 février 1834, fils du précédent et de Marie-Clémentine-Thérèse de Laage de Bellefaye, suivit son père en émigration, et rentra en France sous le Consulat. Il s'engagea dans l'armée française, fit les campagnes d'Austerlitz et d'Iéna, devint officier d'ordonnance de l'empereur, et fut créé baron de l'empire le 31 décembre 1809. Colonel à la Restauration, il fut maintenu dans ce grade, et prit le commandement des hussards de la garde royale. Maréchal de camp en 1817, il fut admis à siéger, le 21 février 1820, à la Chambre des pairs, à titre héréditaire, en remplacement de son père décédé. Il prit ensuite part à la guerre d'Espagne en 1823, se rallia en 1830 au gouvernement de Louis-Philippe, mais n'exerça plus aucun commandement militaire.

VILLEQUIER (LOUIS-ALEXANDRE-CÉLESTE D'AUMONT, DUC DE), député en 1789 et pair de France, né à Paris le 14 août 1736, mort au château de Villequier, commune de Genlis (Côte-d'Or), le 16 août 1814, entra fort jeune dans les armées du roi, fit les campagnes de la guerre de Sept ans et la guerre de l'indépendance américaine, et y gagna le grade de lieutenant-général. Au moment de la Révolution, il était gouverneur du Boulonnais. Élu, le 30 mars 1789, député de la noblesse aux États-Généraux par la sénéchaussée de Boulogne-sur-Mer, il se montra très hostile aux idées nouvelles, parla pour la vérification séparée des pouvoirs, fit partie du comité des rapports, donna sa démission le 15 décembre 1789, et fut remplacé par M. du Bluizel-du-Rieu. Dénoncé comme ayant facilité la fuite du roi à Varennes, il émigra et devint l'un des agents les plus actifs des princes. Dans les Pays-Bas, tous les Français qui n'eurent pas de lui un certificat furent arrêtés. Il se rendit ensuite à Mittau auprès du comte de Provence, à qui, dit-on, il inspira la lettre que celui-ci adressa au général Bonaparte pour l'engager à replacer sur le trône la famille des Bourbons. Rentré en France avec les alliés, le duc de Villequier fut nommé pair de France le 4 juin 1814, et mourut deux mois après.

VILLERS (François-Toussaint), membre de la Convention, député au Conseil des Cinq-Cents et au Corps législatif de l'an VIII à 1802, né à Rennes (Ille-et-Vilaine) le 25 janvier 1749, mort à Nantes (Loire-Inférieure) le 15 novembre 1807, s'engagea au sortir du collège, puis entra chez les Capucins, passa, avant ses vœux, dans le clergé séculier, et fut nommé curé de Saint-Philbert de Grandlieu. Partisan de la Révolution, il devint (1790) administrateur puis président du département de la Loire-Inférieure, et fut élu (7 septembre 1792) député de ce département à la Convention nationale, le 5e sur 8, par 232 voix (455 votants). Il répondit dans le procès du roi, au 3e appel nominal : « Je vote pour une peine terrible, mais que la loi indique, la mort » ; il se prononça en outre contre l'appel et contre le sursis. Il fit annuler la procédure relative aux troubles de Blois, rendre un décret sur le traitement des employés des douanes, modifier la loi sur l'exportation, parla sur l'organisation des comités, renonça à ses fonctions de prêtre, demanda que les officiers atteints de maladies vénériennes fussent destitués, donna son opinion sur la vente des biens nationaux, sur le projet de Constitution en l'an III, prit la défense de Robert Lindet, fit une motion en faveur des préposés des douanes, s'éleva contre les journalistes « incendiaires », parla contre l'amnistie, et fut secrétaire de l'assemblée (16 messidor an III). Réélu député au Conseil des Cinq-Cents, le 22 vendémiaire an IV, par le département de la Loire-Inférieure, avec 132 voix (134 votants), et par celui de la Haute-Saône avec 153 voix (251 votants), Villers prit part dans cette assemblée à plusieurs débats importants, fit prendre diverses mesures relatives aux finances, parla sur la successibilité des enfants naturels, le recouvrement des contributions, le divorce, présenta un long rapport sur le système des douanes, proposa de proroger le droit de patentes, et fut secrétaire puis président de l'assemblée. Lorsque le palais Bourbon, propriété des Condé réunie au domaine de l'État en 1790, fut, en vertu d'un décret du 2 jour complémentaire de l'an III, affecté aux séances du Conseil des Cinq-Cents, le nom de président F. Villers fut gravé sur la médaille octogone en argent que les architectes Gisors et Lecomte placèrent sous le marbre de la tribune des orateurs avec d'autres objets, notamment avec une plaque de cuivre qui portait :

Le Conseil des Cinq-Cents, dans sa deuxième session, le 26 brumaire an VI de la République française, fit graver cette inscription sous la présidence du citoyen Villers et sous la direction des citoyens Talot, Jacomin, Martinet, Lau et Calès, membres de la commission des inspecteurs, pour célébrer la confection de cet édifice.

Villers fut réélu au Conseil des Cinq-Cents, le 2 germinal an VI, comme député de la Loire-Inférieure, et fut élu (4 nivôse an VIII), par le Sénat conservateur député du même département au Corps législatif, où il siégea jusqu'en

1802. Il fut nommé ensuite directeur des douanes à Nantes et mourut à 58 ans. Membre de la Société des sciences et arts de la ville de Nantes.

VILLETARD (Alexandre-Edme-Pierre, comte), membre de la Convention, député au Conseil des Cinq-Cents, membre du Sénat conservateur, né à Auxerre (Yonne) le 28 mars 1755, mort à Charenton (Seine) le 2 mars 1824, était négociant en vins et membre du tribunal de commerce d'Auxerre. Élu, le 7 septembre 1792, premier suppléant de l'Yonne à la Convention nationale, par 135 voix (311 votants), il entra à l'assemblée, comme titulaire, le 25 janvier 1793, en remplacement de Lepeletier de Saint-Fargeau. Il prit plusieurs fois la parole sur des questions politiques, notamment sur la Constitution de l'an III, signala l'esprit réactionnaire des orateurs des sections de Paris qui n'attaquaient, dit-il, l'ancien terrorisme que pour établir le leur, et provoqua le rapport des lois sur les suspects de tous les partis. Secrétaire de l'assemblée le 8 octobre 1795, il attaqua vivement les royalistes auxquels il reprocha les excès des compagnies de *Jésus* et du *Soleil*, et fut élu, le 23 vendémiaire an IV, député du Puy-de-Dôme au Conseil des Cinq-Cents, par 234 voix (133 votants), et de la Haute-Vienne, par 131 voix (222 votants). Il prit la parole dans cette assemblée sur l'organisation de la marine, sur les partages dans les successions, opina pour que les jugements de la Haute Cour convoquée pour l'affaire de Babeuf pussent être attaqués en cassation, réclama l'envoi de La Villeurnoy et de ses coaccusés devant le conseil militaire de Paris, se prononça vivement contre le parti clichyen, puis modifia son attitude et devint l'adversaire des Jacobins. Réélu aux Cinq-Cents par le département de l'Yonne, (24 germinal an VI), il favorisa, dans la journée du 18 brumaire, la politique de Bonaparte, et présenta à Saint-Cloud le décret qui exclut de la représentation nationale les membres opposants. Villetard fut appelé au premier Consul (4 nivôse an VIII) à siéger dans le Sénat conservateur, où il soutint d'abord avec le plus grand zèle la politique impériale, et se rallia ensuite (1814) à la déchéance de Napoléon. Écarté des emplois publics par Louis XVIII, il passa ses dernières années dans une complète obscurité, et mourut en 1824. Commandeur de la Légion d'honneur (25 prairial an XII), et comte de l'Empire (26 avril 1808).

VILLETTE (Charles-Michel, marquis de), membre de la Convention, né à Paris le 4 décembre 1736, mort à Paris le 9 juillet 1793, fils d'un trésorier des guerres, qui lui laissa 40,000 écus de rente, entra dans les armées du roi, prit part à la guerre de Sept ans, se retira du service à la paix de 1763, avec le grade de maréchal général de la cavalerie, et se lança dans le monde, où sa fortune, une physionomie agréable, un caractère enjoué, un esprit frondeur lui procurèrent de rapides et brillants succès. La protection de Voltaire, qui avait été l'ami de sa mère, l'aida dans ses essais littéraires, et le patriarche de Ferney ne craignit point d'appeler le marquis de Villette le *Tibulle français*. En dépit des vices contre nature qu'il affichait, le marquis de Villette épousa à Ferney, le 12 novembre 1777, Mlle de Varicourt, sans autre fortune que la dot et les diamants que lui donna Voltaire, mais aussi distinguée par ses vertus que par ses qualités aimables ; Voltaire la surnomma *Belle et Bonne*.

M. de Villette en eut un fils, qu'il fit baptiser en 1792 sous le nom de Voltaire-Villette, et n'en continua pas moins de nouer les intrigues les plus scandaleuses. Chargé, en 1789, de rédiger les cahiers du bailliage de Senlis, il collabora à la *Chronique de Paris*, et fut élu, le 4 septembre 1792, député de l'Oise à la Convention le 4e sur 12, par 315 voix. Il protesta vivement, dans une lettre, contre les massacres de septembre, et, lors du procès de Louis XVI, vota pour la réclusion, en ces termes : « Ma conscience m'a ordonné de déclarer Louis coupable de haute trahison. De nouvelles réflexions m'ont empêché de consentir aux assemblées primaires, que j'avais d'abord adoptées. La peine à infliger au ci-devant roi me paraît de la plus haute importance. Je ne considère pas ici l'individu ; son existence ne doit être calculée que sous les rapports politiques. La mort de Louis est-elle nécessaire ou nuisible à la fondation de la république? Est-il vrai que la république a sur pied neuf armées, qu'il faut habiller ses légions, presque toutes dans le dénûment le plus honteux? Est-il vrai que la misère et la maladie dévorent ces colosses déjà couverts de blessures? Est-il vrai que vous êtes forcés d'équiper des flottes qui imposent à l'Angleterre, à la Russie, à la Hollande, et peut-être à l'Espagne, dont la neutralité n'est rien moins que certaine? Est-il vrai que vos armées de terre coûtent à la république 134 millions par mois, et qu'en épuisant vos trésors, vous allez verser des flots de sang, et que nos concitoyens, nos frères, seront les victimes immolées aux fureurs d'une guerre dont je ne prévois pas le terme? Enfin, serait-il vrai que la tête d'un seul homme, abattue ou conservée, pût changer la destinée de l'empire? Comment décider cette question, au milieu des orages qui nous environnent au dedans, et des armées qui nous menacent au dehors? Celui qui aime sa patrie ne doit pas se hâter de prononcer sur ce qui peut faire son salut ou sa perte. Il doit se dire : Un être nul, haï, méprisé, arrête les projets de ceux qui voudraient lui succéder ; renversé sur les débris du trône, il en embarrasse les avenues. Gardons cet otage ; qu'un des principaux articles des traités de paix avec les puissances belligérentes soit la renonciation absolue à servir la cause de Louis Capet ou de quelqu'un de sa famille. D'après ces considérations, je demande la réclusion du ci-devant roi, et qu'à l'époque de la paix, il soit à perpétuité banni des terres de la république. »

Malade à cette époque, il se fit, pour exprimer son vote, porter à l'Assemblée. Ce fut précisément à cette maladie qu'il dut de ne pas être compris dans la proscription qui atteignit au 31 mai ses amis de la Gironde. Il mourut le 9 juillet 1793, dans son hôtel de la rue de Beaune, où Voltaire lui-même était mort. Le marquis de Villette avait acquis le château de Ferney ; il y conservait le cœur de son ami dans une urne portant cette inscription :

Son esprit est partout et son cœur est ici.

Littérateur assez médiocre, il laissa des poésies légères dans le genre de celles de Boufflers, et quelques autres écrits, et présenta huit opéras à l'Académie royale de musique.

VILLIERS (Edme-Antoine), député au Corps législatif de l'an XII à 1815, né à Longchamp (Côte-d'Or) le 1er août 1758, mort à Paris le 19 novembre 1824, « fils de sieur Pierre Villiers, marchand à Longchamp, et de Marguerite

Proteau », était avocat à Dijon au moment de la Révolution. Partisan des idées nouvelles, il devint administrateur du district de Dijon, abandonna ses fonctions pendant la Terreur, les reprit sous le Directoire, et fut en outre membre du bureau de bienfaisance. Partisan du 18 brumaire, il fut nommé, peu après, conseiller général de la Côte-d'Or. Élu, le 29 thermidor an XII, par le Sénat conservateur, député de la Côte-d'Or au Corps législatif, il vit son mandat renouvelé le 4 mars 1811, et adhéra en 1814 à la déchéance de l'empereur. Il avait été créé chevalier de l'empire le 11 juillet 1810.

VILLIERS (François-Émile), député de 1876 à 1885, né à Sully-sur-Loire (Loiret) le 24 août 1824, mort à Brest (Finistère) le 26 février 1885, entra à l'École militaire de Saint-Cyr en 1843, en sortit officier d'infanterie et donna sa démission le 31 août 1850. Il manifesta alors des sentiments monarchiques et catholiques ; conseiller municipal de Brest et adjoint (1865) au maire de cette ville, administrateur des hospices (1852-1856), président de la Société de secours mutuels (1867), il s'occupa particulièrement des questions relatives à l'enseignement primaire, créa le dépôt de mendicité communal (1863), fut nommé conseiller d'arrondissement (1858), présida cette assemblée et devint conseiller général en 1874. Élu, avec l'appui du clergé, le 20 février 1876, député de la 2e circonscription de Brest, par 6,970 voix (10,200 votants, 15,849 inscrits), contre 3,507 à M. Gérodias, il prit place à l'extrême droite et vota avec la minorité *pour* le gouvernement du Seize-Mai. Réélu, comme candidat officiel du maréchal, le 14 octobre 1877, par 7,297 voix (12,862 votants, 14,992 inscrits), contre 5,027 à M. Gérodias, M. Villiers reprit sa place à droite, opina *contre* les divers ministères qui se succédèrent au pouvoir, vota *contre* l'article 7, *contre* l'amnistie, *contre* le retour des Chambres à Paris, obtint encore sa réélection, le 21 août 1881, par 6,464 voix (11,370 votants), fut l'adversaire des cabinets Gambetta et J. Ferry, se prononça *contre* les crédits de l'expédition du Tonkin, et ne fut pas réélu en 1885. Conseiller général de l'Ille-et-Vilaine pour le canton de Doulas jusqu'en 1880, officier d'Académie (1867), chevalier de la Légion d'honneur (1863), M. Villiers a reçu du gouvernement en 1866, une médaille d'argent pour son dévouement pendant l'épidémie cholérique.

VILLIERS DU TERRAGE (Paul-Étienne, vicomte), pair de France, né à Versailles (Seine-et-Oise) le 24 janvier 1774, mort à Tours (Indre-et-Loire) le 20 décembre 1858, entra comme employé au ministère de l'Intérieur le 1er janvier 1792, servit, comme artilleur, dans la 26e demi-brigade, du 17 septembre 1793 au 14 août 1797, passa inspecteur divisionnaire des subsistances militaires à l'armée des côtes, du 1er frimaire an VI au 17 thermidor an VII, devint chef du secrétariat particulier du ministère de la police, du 13 thermidor an VII à la fin de l'an X, fut nommé inspecteur principal des subsistances militaires, échangea ces fonctions (12 germinal an XII) contre celles de commissaire général de police dans les ports de la Manche et du Pas-de-Calais, fut envoyé (31 décembre 1810) comme directeur général de la police en Hollande, et occupa ce poste jusqu'à la fin d'avril 1814 ; il avait été créé chevalier de l'empire le 21 décembre 1808. Sans emploi sous la première Restauration, il fut nommé préfet de la Mayenne aux Cent-Jours (6 avril 1815), destitué le 8 juillet suivant, au retour de Gand, puis nommé, six jours après, préfet des Pyrénées-Orientales. Préfet du Doubs (15 juillet 1818) du Gard (30 juin 1820), il entra au conseil d'Etat le 16 avril 1824, comme maître des requêtes, et obtint, le 2 juin suivant, à titre d'ancien préfet, une pension du retraite de 5,280 francs, en raison d'infirmités dues à une chute de cheval pendant une tournée. Le ministère Martignac le nomma conseiller d'Etat. M. Villiers du Terrage prêta serment au gouvernement de Juillet, fut promu commandeur de la Légion d'honneur le 26 mai 1837, et élevé à la dignité de pair de France le 3 octobre suivant. Il quitta la vie politique à la révolution de 1848. On a de lui : *Loisirs d'un magistrat* (1831) ; — *Poésies morales et historiques* (1836). — *Résumé chronologique de l'histoire universelle* (1815).

VILLIOT (JEAN), député au Conseil des Cinq-Cents et au Corps législatif, né en 1761, mort à une date inconnue, était administrateur du département de l'Escaut à Gand, lorsqu'il fut élu, le 29 germinal an VII, député de l'Escaut au Conseil des Cinq-Cents. A cette occasion, on lança contre lui un pamphlet relatif à une discussion qu'il avait avec sa famille depuis 1781 ; il en fit poursuivre et condamner les auteurs en prairial an VII. Il se rallia au 18 brumaire, et fut réélu, le 4 nivôse an VIII, par le Sénat conservateur, député du même département au Corps législatif. Il en sortit en l'an XI, et ne reparut plus sur la scène politique.

VILLOT DE FRÉVILLE (PIERRE), député au Corps législatif en l'an XI et en 1808, né à Livry (Seine-et-Oise) le 21 décembre 1746, mort à Paris le 8 mars 1831, « fils de Michel Villot, et de Louise-Agnès Puthome », successivement lieutenant-général de la table de marbre avant la Révolution, puis administrateur de l'hospice de Charenton, et payeur de la dette publique à Paris, fut élu, le 9 thermidor an XI, par le Sénat conservateur, député de la Seine au Corps législatif. Il s'y montra très ardent partisan du premier Consul, et de son élévation à la dignité impériale. Son mandat législatif lui ayant été renouvelé le 18 février 1808, il sortit de l'assemblée en 1812, et mourut dans la retraite à 85 ans.

VILLOT DE FRÉVILLE (JEAN-BAPTISTE-MAXIMILIEN, BARON), membre du Tribunat et pair de France, né à Paris le 6 mars 1773, mort à Paris le 7 décembre 1847, fils du précédent, fut nommé en l'an II agent diplomatique à Florence, passa, en l'an V, en la même qualité à Turin, puis à Vienne, et en l'an VI à Madrid. Membre du Tribunat le 4 brumaire an IX, il y soutint (23 floréal an XI) le projet d'institution de la Légion d'honneur, fut chargé de le défendre devant le Corps législatif, fut nommé membre de la Légion d'honneur (4 frimaire an XII), et appuya de tous ses efforts la motion de l'empire héréditaire. Il parla aussi en faveur de l'érection de la colonne de la grande armée, exposa au Corps législatif les motifs du projet de loi organisant l'Université (10 mai 1806), et, à la suppression du Tribunat, fut nommé maître des requêtes en

service ordinaire (12 mai 1808), Chevalier de l'empire (3 juin suivant), baron (19 décembre 1809), il fut appelé, le 7 août 1810, à la préfecture de Jemmapes, promu (11 juin 1811) officier de la Légion d'honneur, nommé intendant de la province de Valence (Espagne), (8 février 1812), préfet de Vaucluse (12 mai 1813), puis de la Meurthe (15 décembre suivant). La Restauration le maintint dans ses fonctions de maître des requêtes; il signa, le 27 mars 1815, la déclaration du conseil d'Etat relevant l'empereur de la déchéance, et fut révoqué au retour des Bourbons. Le ministère Villèle le nomma conseiller d'Etat en service ordinaire (26 août 1824). M. Villot de Fréville prêta serment au gouvernement de Juillet, fut élevé à la dignité de pair de France le 11 octobre 1832, fit partie, à la Chambre haute, de la commission chargée d'examiner le projet de loi relatif à la Légion d'honneur (1840), et mourut à 74 ans, moins de trois mois avant la révolution de février.

VILLOUTREIX DE FAYE (JEAN-BAPTISTE-AUGUSTE), député en 1789, né au château de Faye (Haute-Vienne) le 8 novembre 1739, mort en avril 1792, chanoine chancelier de l'église de Toulouse, vicaire général de l'évêché de Toulouse, était évêque d'Oléron, quand il fut élu, le 19 mai 1789, député du clergé aux Etats-Généraux par le pays de Soule. Il ne s'y fit pas remarquer, et son nom ne figure pas au *Moniteur*.

VIMAL-DESSAIGNES (PIERRE-ANTOINE-FRANÇOIS-LÉON), représentant en 1871, né à Ambert (Puy-de-Dôme) le 16 avril 1812, mort à Ambert le 23 mars 1886, était fabricant d'ornements d'église à Ambert, quand il fut élu, le 8 février 1871, représentant du Puy-de-Dôme à l'Assemblée nationale, le 11e et dernier, par 40,582 voix (96,000 votants, 179,401 inscrits). Il prit place à droite, se fit inscrire à la réunion des Réservoirs, signa la demande de rétablissement de la monarchie, et vota *pour* la paix, *pour* l'abrogation des lois d'exil, *pour* la pétition des évêques, *pour* la démission de Thiers, *pour* le septennat, *contre* le ministère de Broglie, *contre* l'amendement Wallon, *contre* les lois constitutionnelles. Il avait échoué, en octobre 1871, au conseil général à Ambert, et ne se représenta plus.

VIMAL-DUPUY (JEAN-FRANÇOIS), député de 1816 à 1818, né à Saint-Amand-Roche-Savine (Puy-de-Dôme) le 16 avril 1792, date de mort inconnue, entra à l'Ecole polytechnique et fit sa carrière dans l'administration des ponts et chaussées. Ingénieur ordinaire, il fut envoyé au Puy, en 1842, faisant fonction d'ingénieur en chef, et fut élu, le 1er août 1816, député du collège du Puy-de-Dôme (Ambert) par 102 voix (203 votants, 220 inscrits) contre 100 à M. Molin, député sortant. Il siégea dans l'opposition constitutionnelle jusqu'en 1848. Nommé, après la révolution de février, ingénieur en chef de 1re classe à Clermont-Ferrand, il ne rentra plus dans la vie politique, et fut admis à la retraite le 30 décembre 1851. Chevalier de la Légion d'honneur.

VIMAL-FLOUVAT (JEAN-JOSEPH), député en 1789, né à Ambert (Puy-de-Dôme) le 25 octobre 1737, mort à Ambert le 25 mai 1810, « fils de Bérard Vimal », était négociant dans sa ville natale et membre de la municipalité, quand il fut élu, le 25 mars 1789, député du tiers aux États-Généraux par la sénéchaussée de Riom, avec 163 voix (304 votants). Il prêta le serment du Jeu de paume, et vota obscurément dans la majorité : son nom n'est pas cité au *Moniteur*. Le gouvernement consulaire le nomma maire d'Ambert, le 3 floréal an VIII.

VIMAL-TEYRAS (ANTOINE), député de 1815 à 1816, né à Ambert (Puy-de-Dôme) le 3 février 1756, mort à Ambert le 22 juin 1815, propriétaire et négociant dans sa ville natale, fut élu, le 22 août 1815, député du grand collège du Puy-de-Dôme, par 116 voix (230 votants, 287 inscrits). Il prit place dans la majorité de la Chambre Introuvable et quitta la vie politique après la dissolution de cette assemblée.

VIMAR (NICOLAS, COMTE), député en 1791 et au Conseil des Anciens, membre du Sénat conservateur et pair de France, né à Mesnières (Seine-Inférieure) le 30 octobre 1744, mort à Paris le 29 décembre 1829, «fils de Jean-Nicolas Vimar et de Marie Lambert », était homme de loi à Rouen à l'époque de la Révolution. Procureur de la commune de Rouen en 1790, il organisa les bureaux de bienfaisance à la place des ateliers de charité, et put heureusement calmer les troubles qui avaient éclaté dans la ville. Élu, le 7 septembre 1791, député de la Seine-Inférieure à l'Assemblée législative, le 6e sur 16, à la pluralité des voix, il prit place parmi les constitutionnels, fut membre du comité de législation et de la commission des douze, et protesta à plus d'une reprise contre les exagérations révolutionnaires. Pendant la Terreur, il resta dix mois en prison, et ne recouvra sa liberté qu'après le 9 thermidor. Au 18 fructidor, il refusa le portefeuille de la Justice, devint membre du comité de bienfaisance et du comité central de l'instruction publique, et fut élu, le 22 germinal an VI, député de la Seine-Inférieure au Conseil des Anciens; il fit décréter la nomination de trois substituts du commissaire du Directoire près le tribunal de cassation, devint secrétaire du Conseil (21 octobre 1798), fit un rapport sur les ventes de biens nationaux faites en dehors des formalités prescrites, et demanda le rejet de la proposition de loi. Réélu secrétaire du Conseil le 1er brumaire an VII, il se montra très favorable au 18 brumaire, fit partie de la Commission Intermédiaire des Anciens (19 brumaire an VIII), et fut nommé membre du Sénat conservateur le 3 nivôse suivant; il obtint la sénatorerie de Nancy le 28 mai 1804. Membre de la Légion d'honneur (9 vendémiaire an XII), commandeur (25 prairial suivant), il devint membre du comité du contentieux de l'ordre jusqu'à sa mort. Créé comte de l'empire le 3 juin 1808, et grand-officier de la Légion d'honneur le 30 juin 1811, il adhéra, en 1814, à la déchéance de Napoléon et au rappel des Bourbons, fit partie de la commission chargée de la préparation de la Charte, et fut nommé pair de France le 4 juin 1814. Élu, le 12 mai 1815, représentant à la Chambre des Cent-Jours par le grand collège de la Seine-Inférieure, avec 51 voix (75 votants), il se montra hostile à l'empire, et reprit, après Waterloo, sa place à la Chambre des pairs où il vota pour la mort dans le procès du maréchal Ney, et défendit d'ailleurs les libertés octroyées par la Charte.

VIMEUR. — *Voy.* ROCHAMBEAU (MARQUIS DE).

VINATIER (BALTHAZAR-ALEXANDRE), député de 1881 à 1882, né à Lurcy-Lévy (Allier) le 23 janvier 1832, mort le 7 juin 1882, docteur en médecine à Lurcy-Lévy, se présenta à la députation, aux élections générales du 23 août 1881, dans la 2e circonscription de Moulins, avec un programme demandant la suppression de l'inamovibilité de la magistrature, et des sénateurs inamovibles, la séparation de l'Église et de l'État, la décentralisation communale et départementale, la réduction du service militaire, l'impôt sur le revenu, la révision du cadastre, etc. Il fut élu député par 7,259 voix (8,269 votants, 19,274 inscrits), prit place à l'Union républicaine, appuya la politique des ministres, et mourut pendant la seconde session de la législature.

VINAY (PIERRE-MARIE-HENRI), représentant en 1871, député de 1877 à 1878, né au Puy (Haute-Loire) le 9 mai 1821, mort au Puy le 6 octobre 1882, avocat, conseiller municipal (1858), conseiller général (1861), et maire du Puy (1865), signala son administration par des améliorations notables, notamment par la création du Jardin public et l'organisation du musée Crozatier. Révoqué de ses fonctions de maire au 4 septembre 1870, il fut élu, le 8 février 1871, représentant de la Haute-Loire à l'Assemblée nationale, le 1er sur 6, par 37,027 voix (48,979 votants, 81,079 inscrits). Il prit place au centre droit conservateur, se fit inscrire à la réunion des Réservoirs, soutint le projet de loi relatif à la nomination des maires par le gouvernement, prononça à cette occasion un discours contre le 4 septembre, parla sur la loi des conseils généraux, déposa un amendement relatif à l'incompatibilité du mandat de conseiller général avec les fonctions de juge et de juge de paix, et vota *pour la paix, pour* l'abrogation des lois d'exil, *pour* la pétition des évêques, *pour* la démission de Thiers, *pour* le septennat, *pour* le ministère de Broglie, *contre* l'amendement Wallon; il s'abstint lors du vote sur les lois constitutionnelles. Conseiller général du canton sud-est du Puy depuis le 8 octobre 1871, et de nouveau maire de la ville, il échoua aux élections sénatoriales du 30 janvier 1876 dans la Haute-Loire, avec 147 voix sur 323 votants; mais il fut réélu député, le 14 octobre 1877, dans la 2e circonscription du Puy, par 9,937 voix (15,295 votants, 17,682 inscrits), contre 5,227 à M. Vissaguet, député sortant, républicain. Cette élection ayant été invalidée, M. Vinay ne se représenta pas, et fut remplacé, le 7 juillet 1878, par M. Morel, Chevalier de la Légion d'honneur. Il a publié des recherches géologiques et historiques sur la Haute-Loire, et formé d'intéressantes collections scientifiques.

VINCENS-PLANCHUT (JEAN-CÉSAR), député en 1791, né à Nîmes (Gard) le 16 septembre 1755, mort en août 1801, s'occupa d'abord de chimie. Partisan des idées nouvelles, il devint vice-président du district de Nîmes, et fut élu, le 7 septembre 1791, député du Gard à l'Assemblée législative, le 2e sur 8, par 333 voix (430 votants). Il fut membre du comité des domaines, secrétaire de l'Assemblée le 28 juin 1792, parla sur les assignats, fit un rapport sur l'emploi des biens de l'ordre de Saint-Lazare et de Notre-Dame du Mont-Carmel, fit décréter la vente des biens de plusieurs ordres religieux, défendit les billets de confiance, réclama la suppression du costume ecclésiastique, fit un nouveau rapport sur l'emploi des biens des congrégations supprimées et en proposa la vente immédiate, demanda et obtint un décret sur le traitement des religieux, réclama l'inventaire du matériel de la manufacture de la Sèvre et proposa de déclarer biens nationaux les biens de l'ordre de Malte. Il ne reparut plus sur la scène politique après la session.

VINCENS-SAINT-LAURENT (JACQUES), représentant aux Cent-Jours, né à Nimes (Gard) le 9 janvier 1758, mort à Paris le 6 mai 1825, le second des quatre fils d'Alexandre Vincens, négociant et écrivain de mérite, fut envoyé en Suisse, dès l'âge de neuf ans, dans une maison d'éducation près de Coire. Il y montra, dit un biographe, une grande activité de corps et d'esprit, et revint à dix-huit ans dans sa famille, ses études terminées. Il fut tenté alors par la carrière des armes, et entra, en 1778, comme cadet-gentilhomme, au régiment de Barrois-infanterie. Lieutenant en 1780, il quitta peu après le service pour se marier, et se livra avec ardeur à la vie agricole. Nommé, en 1789, capitaine au 2e bataillon des volontaires du Gard, il devint (1790) commissaire ordinaire des guerres, puis (1791) commissaire ordonnateur en chef à l'armée des Alpes, commandée par Montesquiou. Compris dans les mesures de rigueur dirigées contre ce général, il fut arrêté pour répondre d'un marché antérieur à sa nomination, traduit devant le tribunal de Lyon et acquitté. Mais, peu soucieux de reprendre ses fonctions, il revint dans sa famille, se mêla au mouvement fédéraliste du Midi, fut mis hors de la loi, et put se réfugier en Suisse. Il passa ensuite deux années à Gênes auprès d'un de ses frères; de retour en France, il fut appelé par le gouvernement consulaire aux fonctions de conseiller de préfecture du Gard (23 brumaire an X). Il se consacra dès lors aux travaux historiques et littéraires qui l'occupaient depuis longtemps, devint membre et secrétaire-adjoint de l'Académie du Gard, y fut de nombreuses notices biographiques dont quelques-unes ont part dans la *Biographie universelle*, essaya d'écrire un nouveau dénoûment pour le *Tartuffe* de Molière, traduisit en français des pièces de Kotzebue, se livra également à de curieux essais agricoles sur la culture du coton dans le Gard, sur la culture du ricin en grand, sur l'éducation des vers à soie, et publia sur cette industrie plusieurs mémoires intéressants. Elu, le 7 mai 1815, représentant du grand collège du Gard à la Chambre des Cent-Jours, par 61 voix sur 73 votants, il borna sa carrière politique à la courte session de cette législature, et mourut à 67 ans, des suites d'une fluxion de poitrine.

VINCENS-SAINT-LAURENT (ALBERT-JEAN-LÉONCE), pair de France, né à Nimes (Gard) le 28 novembre 1790, mort à Paris le 26 février 1852, fils du précédent et de Marguerite Maigre, d'une famille protestante, fit son droit à Aix, et débuta dans la magistrature comme substitut au tribunal de première instance de Nimes (13 avril 1813). Après les troubles qui agitèrent cette ville en 1815, il demanda son changement et fut substitut à Versailles (2 novembre). Successivement procureur du roi à Rambouillet et à Reims, substitut au tribunal de la Seine (1818) et à la cour royale de Paris (novembre 1824), il dirigea (1825) l'instruction contre Ouvrard au sujet des marchés de l'armée d'Espagne, et, en l'absence de

M. Bellart malade, présenta à la cour des pairs la demande en autorisation de poursuites contre deux membres de la Chambre haute impliqués dans cette affaire. Conseiller à la cour après les Journées de juillet, président de chambre (novembre 1831), il fut nommé conseiller à la cour de cassation (22 octobre 1831). Le gouvernement le fit entrer à la commission chargée de préparer le projet de loi sur l'enseignement et sur l'exercice de la médecine (1831), à la commission du projet de loi sur les ventes judiciaires (1837), à la commission consultative instituée au ministère de la Marine, et l'éleva à la dignité de pair de France le 19 mai 1845. Il soutint à la Chambre haute la politique de Guizot, quitta la vie politique à la révolution de février, et exerça ses fonctions judiciaires jusqu'à sa mort. Chevalier de la Légion d'honneur (1827), officier (1844).

VINCENT (PIERRE-CHARLES-VICTOR), membre de la Convention, député au Conseil des Anciens, né à Neufchâtel (Seine-Inférieure) le 29 avril 1749, mort à Neufchâtel le 11 juin 1817, fils de Charles-Nicolas Vincent, avocat à Neufchâtel, bailli de Dancourt, et de Catherine Doubt, homme de loi avant la Révolution, devint, en 1790, administrateur de district à Neufchâtel, et fut élu, le 6 septembre 1792, député de la Seine-Inférieure à la Convention le 7e sur 16, à la pluralité des voix. Il siégea parmi les modérés, et, dans le procès du roi, répondit au 3e appel nominal : « Je délibère non comme juge, mais comme législateur. Condamner Louis Capet à la mort, c'est, selon moi, invoquer la guerre civile, miner la moyenne partie de la nation, renverser l'Etat et tuer la liberté tout entière. Je vote pour la réclusion pendant la guerre et le bannissement à la paix. » Il se prononça en outre pour l'appel et pour le sursis. Partisan des Girondins, il protesta contre le 31 mai, fut décrété d'accusation, et réintégré à la Convention le 18 frimaire an III. Réélu, le 25 vendémiaire an IV, député de la Seine-Inférieure au Conseil des Anciens par 128 voix sur 485 votants, il fit partie de plusieurs commissions, et sortit du Conseil le 1er prairial an V. Il ne fit pas partie d'autres assemblées.

VINCENT (LOUIS-CHARLES-MARIE, BARON DE), sénateur du second empire, né au Cap-Français (Saint-Domingue) le 8 novembre 1792, mort à Passy-Paris le 20 avril 1872, fut admis, à 16 ans, à l'Ecole militaire de Saint-Germain, fit la campagne de Russie comme sous-lieutenant aux lanciers de la garde, et prit part aux campagnes de Saxe, de France et de Belgique (1815). Capitaine en 1816, il continua de servir sous la Restauration, fit la guerre d'Espagne en 1823 et quitta l'armée en 1825. Après la révolution de juillet, il fut rétabli dans le cadre de l'activité et attaché pendant quelque temps à l'état-major de la 1re division militaire. Mais au bout de peu de temps, il passa dans l'administration et devint sous-préfet de Toul de 1835 à 1848. Révoqué à la révolution de février, il se rallia à la politique du prince Louis-Napoléon, et fut nommé sous-préfet du Havre en décembre 1848, préfet du Lot et du Jura en 1849, et du Rhône en 1851. Conseiller d'Etat en 1852, il fut promu sénateur le 16 août 1859, et mis à la retraite comme conseiller d'Etat, le 15 novembre suivant. Il siégea, au Sénat, dans la majorité dévouée à l'église et à l'empire, et attaqua notamment, en 1867, la loi que le Corps législatif venait de voter sur l'instruction primaire, « loi aussi mauvaise, dit-il, que celle de 1833, attaquant indirectement les congrégations religieuses, en supprimant l'exemption du service militaire pour ceux de leurs membres qui se consacrent à l'enseignement ». Commandeur de la Légion d'honneur (18 août 1850).

VINCENT. — Voy. LORMET (DE).

VINCENT DE PANNETTE (JEAN-FRANÇOIS, MARQUIS DE), député en 1789, né à Trévoux (Ain) le 14 mai 1739, mort à une date inconnue, « fils de Gaspard Vincent et d'Anne Chevalier », ancien officier des armées du roi, fut élu, le 28 mars 1789, député aux Etats Généraux par la sénéchaussée de Trévoux. Il protesta contre le vote par tête dans les termes suivants :

« Messieurs,

« Le député de la noblesse de la sénéchaussée de la principauté de Dombes réclame au nom de ses commettans la liberté dont il doit jouir, au milieu de cette auguste assemblée des représentans de la nation et avec d'autant plus de justice comme député de la noblesse d'une principauté née depuis peu à la couronne, que tous les droits des peuples de la principauté de Dombes ont été violés, dans cette union, et que la noblesse du dit pais, ne réclame en faveur d'une liberté que rien n'a pu luy ravir que pour en consacrer le premier usage, à s'unir à la noblesse françoise et offrir avec elle, à son roy vertueux, au plus juste et au meilleur des princes l'hommage pur de son dévouement, de son amour, de son respect et d'une fidélité inviolable ; mais le député de la noblesse de Dombes lié étroitement par son mandat à ne consentir à aucune délibération que lorsqu'on opinera par ordre, tout consentement à une autre forme d'opérer luy étant expressément interdit, déclare qu'il ne peut participer en rien aux délibérations prises, par tête, en commun, jusqu'à ce que ses commettans aye pris le parti que dans leur sagesse ils jugeront le plus convenable, en conséquence et d'après l'obtention des nouvelles lettres de convocation, ou permission suffisante pour assembler la noblesse de la sénéchaussée de Dombes, il fait toutes réserves telles que de droit pour l'intérest de la noblesse de la dite principauté de Dombes et il en demande acte à Versailles ce trente juin mil sept cent quatre-vingt-neuf.

« DE VINCENT DE PANNETTE

« député de la noblesse de Dombes. »

Son rôle fut d'ailleurs très effacé dans la minorité de la Constituante, et son nom n'est pas cité au Moniteur. Il ne reparut plus sur la scène politique après la session.

VINCENT-MOLINIÈRE (CHARLES), représentant aux Cent-Jours, né à Sainte-Néomaye (Deux-Sèvres) le 3 novembre 1777, mort à Poitiers (Vienne) le 26 décembre 1850, « fils de René-Charles Vincent, et de Marie-Anne Carin », fut élevé par son parent Jard-Panvilliers (Voy. ce nom), s'engagea comme volontaire, en 1790, dans les compagnies franches des Deux-Sèvres, suivit, trois ans après, les cours de législation de l'Ecole centrale de Niort, et entra dans la magistrature, en 1807, comme juge suppléant au tribunal de Niort, fut auditeur à la cour de Poitiers l'année suivante, avocat-général à la même cour lors de la réorganisation des cours et tribunaux (1811), premier avocat général (1813), il fut élu, le 11 mai 1815, représentant du grand collège des Deux-

Sèvres à la Chambre dite des Cent-Jours, par 52 voix sur 102 votants. Après la courte session de cette assemblée, il reprit son siège à la cour, fut dénoncé comme « libéral » en 1822, à la suite d'un discours de rentrée sur « l'amour de la patrie », et, défendu par son supérieur hiérarchique, évita la destitution. Président de chambre à Poitiers (1827), il fut un des trois membres de cette cour chargés d'aller porter à Charles X les félicitations de la cour à l'occasion de la prise d'Alger (juillet 1830). A son arrivée à Paris, la délégation trouva le trône renversé, Charles X en fuite, et, pour ne pas avoir fait un voyage inutile, porta ses félicitations à Louis-Philippe. Le gouvernement présidentiel du prince L. Napoléon appela aux fonctions de premier président (1849) M. Vincent-Molinière, qui prit sa retraite deux ans après, avec le titre de président honoraire, et la croix d'officier de la Légion d'honneur (il était chevalier de l'ordre depuis 1822); il mourut à 82 ans.

VINET (PIERRE-ETIENNE), membre de la Convention, député au Conseil des Cinq-Cents, né à Saint-Ciers-du-Taillon (Charente-Inférieure) le 24 septembre 1747, mort à Sainte-Ramée (Charente-Inférieure) le 16 décembre 1826, créa à Saint-Ciers une importante fabrique d'étoffes de laine avant la Révolution. Maire de Saint-Ciers à la formation des municipalités, administrateur du district de l'ons (1790), administrateur du département (1791-1792), il fut élu, le 7 septembre 1792, député de la Charente-Inférieure à la Convention, le 10e sur 11, par 455 voix sur 543 votants, il siégea à la Montagne, et, dans le procès du roi, vota pour la mort, contre l'appel et le sursis. Son rôle parlementaire fut d'ailleurs assez effacé. Réélu, le 21 vendémiaire an IV, député de la Charente-Inférieure au Conseil des Cinq-Cents, par 158 voix sur 312 votants, il fit fixer le budget des dépenses du corps législatif, fut réélu, le 24 germinal an VI, par 194 voix, fit partie de la commission des Inspecteurs (an VI, an VII), adhéra au coup d'Etat de brumaire, et fut nommé, le 11 germinal an VIII, par le nouveau régime, conseiller de préfecture de la Charente-Inférieure. Il résigna ces fonctions en août 1812, « accablé de douleurs rhumatismales », dit-il dans sa lettre de démission, et se retira à Saint-Ciers. Aux Cent-Jours, il signa l'Acte additionnel, et se trouva ainsi frappé par la loi du 12 janvier 1816 contre les régicides. Il partit de chez lui dans une petite carriole le 2 avril 1816, en se dirigeant sur Blaye dans le but de s'embarquer pour les Etats-Unis; mais affligé d'une goutte très vive, toutes les articulations prises, et couvert d'une dartre sur l'intensité de laquelle les nombreux certificats de médecins joints au dossier donnent des détails qu'il nous est impossible de reproduire, il mit plus de deux jours pour faire les six lieues qui le séparaient de Blaye, et, à son arrivée dans cette ville, fut autorisé à se faire soigner dans une maison particulière. Au bout de cinq mois, il fut transporté à l'hospice de la ville (20 septembre 1816) où il resta deux ans. Ayant signé une rétractation de ses actes politiques, il obtint, le 25 décembre 1818, un sursis indéfini, revint à Saint-Ciers, et, célibataire, se retira auprès d'un de ses parents, à la Motte, commune de Sainte-Ramée, où il mourut à 79 ans.

VINET (LOUIS-CHARLES), membre du Sénat, né à Garancières (Eure-et-Loir) le 9 janvier

1840, propriétaire agriculteur, fut élu, le 14 octobre 1888, sénateur d'Eure-et-Loir, par 481 voix (734 votants), contre 217 au marquis d'Argent, en remplacement de M. Dreux-Linget décédé. Il a pris place à la gauche radicale, et s'est prononcé *pour* le rétablissement du scrutin d'arrondissement (13 février 1889), *pour* le projet de loi Lisbonne restrictif de la liberté de la presse, *pour* la procédure de la haute cour contre le général Boulanger.

VINGTAIN (Jean-Thomas-Léon), représentant en 1871, né à Paris le 5 octobre 1828, mort au château de Marcouville (Eure) le 5 juin 1879, propriétaire et agronome, conseiller général du canton de Brézolles et président du comice agricole de Dreux, fit de l'opposition à l'empire, et échoua comme candidat au Corps législatif, dans la 2ᵉ circonscription d'Eure-et-Loir, le 1 juin 1863, avec 5,512 voix, contre 21,337 à l'élu, le général Lebreton, candidat du gouvernement, et 6,337 à M. Henri Bosselet; il ne fut pas plus heureux le 24 mai 1869, avec 9,080 voix, contre 16,463 à l'élu, député sortant, le général Lebreton, et 7,608 à M. Bosselet. Élu, le 8 février 1871, représentant d'Eure-et-Loir à l'Assemblée nationale, le 2ᵉ sur 6, par 35,673 voix (54,301 votants, 85,164 inscrits), il prit place parmi les partisans de Thiers, mais, au 24 mai, vota, avec le groupe Target, l'ordre du jour Ernoul, qui renversa le président de la République. On attribua cette défection au peu d'attention que Thiers accordait aux élaborations constitutionnelles de M. Vingtain, qui avait en poche un grand nombre de projets de loi, parmi lesquels on peut citer la proposition d'instituer une haute cour permanente siégeant à Paris pour juger sans délai les délits de presse, sur quelque point de la France qu'ils aient été comm's. Inscrit au centre droit, M. Vingtain vota *pour* la paix, *pour* l'abrogation des lois d'exil, *pour* la démission de Thiers, *pour* le septennat, *pour* le ministère de Broglie, *contre* l'amendement Wallon et *contre* les lois constitutionnelles. Il avait échoué au conseil général en octobre 1871, et il ne fut pas plus heureux aux élections sénatoriales d'Eure-et-Loir, le 30 janvier 1876, avec 173 voix sur 487 votants, et aux élections législatives du 14 octobre 1877, dans l'arrondissement de Dreux, avec 5,962 voix contre 11,167 à l'élu, député sortant, M. Gatineau, un des 363.

VINOLS DE MONTFLEURY (Jules-Gabriel, baron de), représentant en 1871, né à Craponne (Haute-Loire) le 30 juin 1820, d'une ancienne famille noble du Forez, et petit-fils de Caprais de Vinols qui, défenseur de Lyon contre la Convention en 1793, fut fusillé après la capitulation, comme ci-devant noble, fut admis à Saint-Cyr en 1839; mais des considérations de famille le firent entrer dans les bureaux de son père, directeur de l'enregistrement au Puy. Il ne poursuivit pas cette carrière, s'occupa de l'exploitation des propriétés qu'il possédait en Auvergne, devint membre du conseil de fabrique de la cathédrale du Puy, administrateur des hôpitaux, conseiller municipal en 1863, et conseiller général du canton de Craponne de 1867 à octobre 1871. Élu, le 8 février 1871, représentant de la Haute-Loire à l'Assemblée nationale, le 5ᵉ sur 6, par 26,636 voix (43,879 votants, 84,079 inscrits), il prit place dans le groupe légitimiste et catholique, se fit inscrire à la réunion des

Réservoirs, signa l'adresse des députés syllabites au pape, et fut l'un des organisateurs du pélerinage de Paray-le-Monial. Il vota *pour* la paix, *pour* l'abrogation des lois d'exil, *pour* la pétition des évêques, *pour* la démission de Thiers, *pour* le septennat, *pour* le ministère de Broglie, *contre* l'amendement Wallon, *contre* les lois constitutionnelles. Inscrit d'office, en décembre 1875, sur la liste dissidente des droites qui avait conclu un compromis avec les gauches pour l'élection des sénateurs inamovibles, il protesta en séance contre cette inscription faite sans son aveu, et quitta la vie politique à la fin de la législature. M. de Vinols, qui avait fréquenté pendant deux ans l'atelier de Paul Delaroche, s'est aussi occupé de littérature et d'histoire, et a édité un manuscrit sous son frère aîné : *Histoire des guerres religieuses dans le Velay* (1861).

VINOY (Joseph), sénateur du second empire, né à Saint-Étienne de Saint-Geoirs (Isère) le 10 août 1800, mort à Paris le 29 avril 1880, s'engagea, en 1823, au 4ᵉ régiment de la garde royale, et fit l'expédition d'Alger (1830) comme sergent-major au 4ᵉ de ligne. Il gagna tous ses grades en Afrique, sous-lieutenant après l'affaire de Staouéli, lieutenant dans la légion étrangère (1836), capitaine (1838), chef de bataillon au 32ᵉ de ligne (1843), lieutenant-colonel au 12ᵉ de ligne (1848), colonel du 50ᵉ de ligne (1850), colonel du 2ᵉ zouaves (1852), général de brigade (1853). Il fit partie de l'expédition de Crimée, et mérita, à l'attaque de Malakoff, les étoiles de général de division (1855). En 1859, en Italie, il contribua, à la tête de sa division, aux victoires de Magenta et de Solférino, et fut élevé à la dignité de sénateur le 31 décembre 1865. Entré dans le cadre de réserve deux ans après, il fut placé, le 12 août 1870, à la tête du 13ᵉ corps d'armée qui se formait à Mézières. Il n'arriva pas à temps à Sedan, mais, par une habile retraite, put ramener à Paris son matériel et ses hommes. Le général Trochu l'appela (novembre) au commandement de la 3ᵉ armée de Paris, chargée d'opérer au sud de la capitale. Le général Vinoy reprit (23 septembre) Villejuif et les Hautes-Bruyères, le 30 Choisy et Thiais, le 13 octobre Châtillon et Bagneux, appuya (fin novembre) par une diversion sur Choisy l'attaque sur Champigny, et enleva (19 janvier 1871) la redoute de Montretout. Trois jours après, le général Trochu, ne voulant pas signer la capitulation devenue imminente, résigna entre ses mains le commandement de l'armée de Paris ; le 15 février suivant, le général Vinoy fut nommé commandant supérieur de toutes les forces militaires de la capitale. Candidat à l'Assemblée nationale, le 8 février 1871, il obtint à Paris, sans être élu, 54,180 voix sur 328,970 votants. En mars, le général Vinoy prit quelques mesures préventives contre le mouvement communaliste, tenta en vain, le 18 mars, de reprendre les canons de la garde nationale à Montmartre, et fut placé à la tête de la réserve lors du second siège de Paris. Nommé, le 5 avril, grand chancelier de la Légion d'honneur, il reconstruisit, en partie avec les souscriptions des légionnaires, le palais incendié pendant la Commune, et, peu sympathique au gouvernement républicain, fut remplacé à ce poste, le 24 février 1880, par le général Faidherbe. Il mourut deux mois après. Chevalier de la Légion d'honneur (8 octobre 1834), officier (27 avril 1845), commandeur (17 février 1852), grand-officier (17 juin 1859), grand-croix (8 décembre 1870), décoré de la médaille militaire (24 juin 1871). On a de lui : *Opérations de l'armée pendant le siège de Paris* (1872) ; — *l'Armistice et la Commune* (1872) ; — *l'Armée française* (1873).

VIOCHOT (Nicolas), député en 1789, né à Sélongey (Côte-d'Or) le 22 octobre 1735, mort à Tonnerre (Yonne) le 25 septembre 1825, était curé de Maligny (Yonne), quand il fut élu, le 3 avril 1789, député du clergé aux États-Généraux par le bailliage de Troyes, avec 165 voix (289 inscrits). Il vota la vérification en commun des pouvoirs et fut nommé membre du comité de vérification. Le 26 janvier 1790, il demanda s'il était obligé de donner sa démission à cause d'un rhumatisme qui l'empêchait de se rendre à l'Assemblée ; sur la réponse négative qui lui fut faite, il fut, le plus souvent, par la suite, porté absent par maladie, et ne reparut plus sur la scène politique après la session.

VIOLAUD (Jacques-Xavier), député au Conseil des Anciens, né à Pontarlier (Doubs) le 5 novembre 1755, mort à Besançon (Doubs) le 11 septembre 1843, était homme de loi à l'époque de la Révolution. Partisan des idées nouvelles, il devint successivement procureur-syndic du district de Pontarlier (21 juin 1790), juge au tribunal de district de Pontarlier (26 novembre 1792), commissaire du gouvernement près le tribunal de la même ville (11 brumaire an IV), et président du tribunal criminel du Doubs (22 pluviôse an VI). Le 22 germinal suivant, il fut élu député du Doubs au Conseil des Anciens, par 152 voix (203 votants). Il fit valider les opérations de plusieurs assemblées primaires, parla sur les élections de son département, et devint secrétaire du Conseil le 1er messidor an VII. Rallié au 18 brumaire, il fut nommé, le 28 prairial an VIII, juge au tribunal d'appel de Besançon, titre qu'il échangea, le 19 mai 1811, contre celui de conseiller à la cour impériale de Besançon. Confirmé dans ces dernières fonctions le 27 mars 1816, il les exerça jusqu'à l'âge de la retraite, et mourut à 88 ans.

VIOMÉNIL (Joseph-Hyacinthe-Charles du Houx, marquis de), pair de France, né à Ruppes (Vosges) le 22 août 1734, mort à Paris le 5 mars 1827, d'une famille de noblesse d'épée de Lorraine, entra à l'école des cadets de Lunéville, passa, en 1747, dans le régiment de Limousin, fit la campagne de 1757 comme aide-de-camp de Chevert, puis alla en Corse où il gagna le grade de brigadier en 1770. Maréchal de camp le 4 mars 1780, il fit avec son frère la guerre d'Amérique, revint en France en 1783, reçut du roi une pension de 5,000 livres, et fut nommé lieutenant-général le 1er janvier 1784. En 1789, il fut appelé au gouvernement de la Martinique ; mais accusé d'avoir favorisé les troubles qui désolèrent cette colonie, il rentra en 1790, émigra, fit les premières campagnes à l'armée de Condé. En 1793, il passa au service de Catherine II, puis dans l'armée autrichienne, et commanda en 1794 le régiment de Vioménil à la solde de l'Angleterre. Ce régiment ayant été licencié l'année suivante, il revint à l'armée de Condé en 1796, où il fut mis à la tête d'une brigade de cavalerie. Passé de nouveau en Russie, il fut nommé par Paul Ier, en 1798, lieutenant-général au titre auxiliaire, reçut le commandement des troupes de Samogitie, puis de l'armée envoyée en Suisse, et enfin des Russes cantonnés dans les îles normandes. Mécontent des ordres et des contre-ordres qu'il avait à subir et du rappel de ce corps, il se rendit en Portugal, où le roi Jean VI le nomma, en 1801, maréchal-général du royaume. En 1808, il passa en Angleterre et ne rentra en France qu'avec Louis XVIII. Nommé pair le 4 juin 1814, il suivit le roi à Gand, et, après Waterloo, commanda la 22e division militaire, puis la 13e (10 janvier 1816). Promu maréchal de France le 3 juillet suivant, créé marquis le 20 décembre 1817, et chevalier du Saint-Esprit le 30 septembre 1820, il ne joua qu'un rôle très effacé à la Chambre haute où il vota constamment avec les partisans de l'ancien régime ; son nom ne figure pas au scrutin dans le procès du maréchal Ney.

VIOX (Antoine-Joseph), représentant en 1848 et en 1871, né à Lunéville (Meurthe) le 16 mars 1803, mort le 27 juin 1871, propriétaire, conseiller municipal de sa ville natale, s'occupa principalement d'instruction populaire, présida une conférence pour les instituteurs, et fut secrétaire du comité supérieur d'instruction publique de son arrondissement. N'ayant accepté aucune fonction salariée du gouvernement de Louis-Philippe, et connu pour ses idées libérales, il devint, en 1848, sous-commissaire du gouvernement provisoire dans l'arrondissement de Lunéville, et fut élu, le 23 avril 1848, représentant de la Meurthe à l'Assemblée constituante, le 7e sur 11, par 70,845 voix (100,120 votants) ; il fit partie du comité de l'instruction publique, vota avec la gauche, *pour* le bannissement de la famille d'Orléans, *contre* les poursuites contre L. Blanc et Caussidière, prit ensuite un long congé et se prononça, à son retour, *contre* la proposition Rateau, *contre* l'interdiction des clubs, *contre* l'expédition de Rome, *pour* la demande de mise en accusation du président et des ministres. Très hostile à la politique de l'Élysée, il ne fut pas réélu à la Législative, et vécut fort retiré sous l'empire. En 1869, le parti libéral le choisit comme candidat au Corps législatif ; mais il échoua, le 24 mai, dans la 2e circonscription de la Meurthe, avec 15,102 voix, contre 15,455 à l'élu, M. Buquet, député sortant et candidat du gouvernement. Après les désastres de 1870, il fut élu, le 8 février 1871, représentant de la Meurthe à l'Assemblée nationale, le 2e sur 8, par 56,013 voix (83,223 votants, 120,231 inscrits) ; il vota *contre* la paix, *contre* l'abrogation des lois d'exil, *contre* la pétition des évêques, *contre* la démission de Thiers, *contre* le septennat, et mourut au cours de la législature.

VIOX (Marie-Georges-Camille), député depuis 1881, né à Lunéville (Meurthe) le 30 juin 1843, fils du précédent, fit son droit à Paris, se fit inscrire au barreau de Lunéville, devint conseiller municipal (1874), conseiller général du canton sud-est de cette ville (1877), et, très lié avec M. Jules Ferry, se présenta à la députation, le 21 août 1881, dans l'arrondissement de Lunéville, avec un programme correctement opportuniste : « A l'extérieur, prudence extrême ; dans les questions industrielles et commerciales, point de système absolu, se conformer aux circonstances, etc. » Il fut élu par 12,299 voix (21,014 votants, 26,414 inscrits) contre 8,487 à M. Gabriel Michaut, député sortant, conservateur. Il s'inscrivit à l'Union républicaine, et vota silencieusement avec la majorité pour les lois scolaires et pour les crédits coloniaux. Porté, le 4 octobre 1885, sur la liste républicaine de Meurthe-et-Moselle, il fut réélu, le 3e sur 6, par 46,621 voix (88,011 votants, 111,226 inscrits), reprit sa place à la gauche républicaine, vota l'expulsion des princes, et, dans la dernière session, s'abstint sur le rétablissement du scrutin d'arrondissement (11 février 1889), et se prononça pour l'ajournement indéfini de la revision de la Constitution, pour les poursuites contre trois députés membres de la Ligue des patriotes, pour le projet de loi Lisbonne restrictif de la liberté de la presse, pour les poursuites contre le général Boulanger. On a de lui : *La réunion territoriale; l'Abbé Grégoire; Antoine Berthier*, et des *Lettres de Versailles* dans le *Progrès de l'Est*.

VIQUESNEL-DELAUNAY (JEAN-PIERRE), député en 1791, né à Senlis (Oise) en 1741, mort à Senlis le 23 juin 1804, était vice-président du district de sa ville natale, quand il fut élu, le 5 septembre 1791, député de l'Oise à l'Assemblée législative, le 9e sur 11, par 175 voix (373 votants). Il fut membre du comité d'inspection, qu'il abandonna bientôt pour entrer au comité des assignats, et ne joua qu'un rôle très secondaire dans la majorité. Élu haut-juré de Seine-et-Marne le 28 germinal an VI, il devint administrateur du département de l'Oise le 3 fructidor an VII, et quitta la vie publique au coup d'État de brumaire.

VIQUY (JEAN-NICOLAS), membre de la Convention, député au Conseil des Anciens, né à Commercy (Meuse) le 28 novembre 1737, mort à Orléans (Loiret) le 10 septembre 1814, « fils de Jean Viequnt (*sic*) et d'Angélique Martin », était maire de Bray-sur-Seine, quand il fut élu, le 7 septembre 1792, député de Seine-et-Marne à la Convention, le 5e sur 11, par 202 voix sur 319 votants. Il siégea parmi les modérés, et, dans le procès du roi, répondit au 3e appel nominal : « Je vote, pour mesure de sûreté générale, la prison jusqu'à la paix et le bannissement à cette époque. » Membre obscur de la Plaine, il ne se mêla pas aux luttes des partis, et fut réélu, le 22e vendémiaire an IV, député de Seine-et-Marne au Conseil des Anciens, par 92 voix sur 211 votants. Il fit partie des commissions pour fêter l'anniversaire du 21 janvier, pour la publication de la liste des émigrés, pour l'organisation de l'imprimerie de la République, sortit du Conseil le 1er prairial an V, et ne reparut plus sur la scène politique.

VIREY (JULIEN-JOSEPH), député de 1831 à 1837, né à Hortes (Haute-Marne) le 21 décembre 1775, mort à Paris le 9 mars 1846, fit ses études à Langres, et fut employé dans le laboratoire d'un de ses oncles pharmacien dans cette ville. Il s'y passionna pour l'étude des plantes et des animaux, puis fut enrôlé dans l'armée, servit en qualité de pharmacien militaire à Strasbourg, et fut appelé par l'armement à l'hôpital d'instruction du Val-de-Grâce. Pharmacien en chef des hôpitaux militaires en 1812, officier de la Légion d'honneur, il donna sa démission pour se consacrer à ses travaux de prédilection, se fit recevoir, en 1814, docteur en médecine à la faculté de Paris, et professa pendant quelques années, à l'Athénée, des cours très suivis d'histoire naturelle. D'opinions libérales et fort indépendantes en ma-

tière scientifique, il ne fut point inquiété, bien qu'il soutînt la pluralité des origines humaines et le transformisme dont la *Philosophie zoologique* de Lamark avait jeté les premières bases. Mais l'autorité alors triomphante de Cuvier détourna l'attention des leçons de Virey. Élu membre de l'Académie de médecine en 1823 et du conseil supérieur de santé l'année suivante, il fut proposé, en 1825, par l'École de pharmacie et par l'Académie des sciences, pour la chaire de professeur de l'histoire des drogues simples à l'École de pharmacie; le ministère lui préféra un M. Guilbert, qui n'avait obtenu qu'une voix : Virey avait eu l'imprudence de blâmer les exagérations réactionnaires du gouvernement de la Restauration. Aussi accueillit-il avec joie la révolution de Juillet. Élu député du 2e collège de la Haute-Marne (Bourbonne), le 5 juillet 1831, par 87 voix (111 votants, 164 inscrits), contre 41 à M. Lahérard, maire de Bourbonne, et réélu, le 21 juin 1834, par 71 voix (125 votants, 157 inscrits), contre 84 à M. Renard, il prit place à gauche, désapprouva bientôt la politique ministérielle, vota contre les lois de septembre et, ayant échoué, dans le même collège, le 4 novembre 1837, avec 43 voix, contre 79 à l'élu, M. Renard, rentra avec joie dans sa laborieuse retraite. Il mourut subitement à 71 ans, en faisant une partie de whist avec ses amis. Membre de « l'Académie des curieux de la nature », correspondant et associé de plusieurs sociétés savantes françaises et étrangères, Virey a publié un grand nombre d'ouvrages, parmi lesquels il faut citer : *Histoire naturelle du genre humain* (1801, 2 volumes); *L'art de perfectionner l'homme* (1808, 2 volumes); *Traité de pharmacie théorique et pratique* (1800, 2 volumes); *Recherches médico-philosophiques sur la nature et les facultés de l'homme* (1817); *Histoire des mœurs et de l'instinct des animaux* (1822, 2 volumes); *De la puissance vitale considérée dans ses fonctions physiologiques chez l'homme et tous les êtres organisés* (1823); *De la femme sous ses rapports physiologique, moral et littéraire* (1823); *Des maladies de la littérature française* (1825); *Hygiène philosophique* (1828). M. Virey a en outre collaboré au *Journal de Pharmacie*, au *Journal de Physique*, au *Magasin encyclopédique*, aux *Suites à Buffon*, au *Dictionnaire des Sciences médicales*, etc.

VIRIEU (FRANÇOIS-HENRI, COMTE DE), député en 1789, né à Grenoble (Isère) le 13 août 1754, mort à Lyon (Rhône) le 9 octobre 1793, d'une ancienne famille noble du Dauphiné dont la terre de Virieu fut érigée en marquisat, en 1655, en faveur de Nicolas Prunier, fit ses études au collège d'Harcourt, entra dans les mousquetaires gris (21 décembre 1768), devint lieutenant d'infanterie en 1770, capitaine en 1772, colonel en second du régiment de Monsieur en 1780, et colonel en premier du régiment de Limousin le 12 mars 1786. D'une grande vivacité d'esprit et d'une instruction peu commune, il s'associa sans réserve au mouvement de réforme dont le Dauphiné fut le théâtre, et, après les troubles du 10 mai 1788, fut envoyé à Versailles pour y exposer les faits. Il obtint la convocation de l'assemblée provinciale, mais ne put assister ni à la réunion de Vizille, ni à celle de Romans. Élu, le 4 janvier 1789, député de la noblesse du Dauphiné aux États-Généraux, il fut l'un des premiers de son ordre à se réunir au tiers (25 juin), et fut nommé membre du comité de constitution, puis du comité d'information. Pendant les deux nuits des 13 et 14 juillet 1789, le bruit courut à Versailles que des canons étaient braqués contre l'Assemblée; un membre prétendit même qu'il sentait l'odeur de la poudre, à quoi M. de Virieu répondit que la poudre n'avait d'odeur que lorsqu'elle était brûlée. Le 3 août, il appuya la Déclaration des droits de l'homme, et demanda, le 4, la suppression des droits de colombier : « Je viens comme Catulle, dit-il, apporter mon moineau sur l'autel de la patrie. » Il parla sur le renvoi des ministres, combattit les tribunaux extraordinaires, soutint le pouvoir et les prérogatives royales, parla sur les deux Chambres, et demanda le veto. Il souleva à ce propos un grand tumulte dans l'Assemblée. Il proposa ensuite de fixer à trois ans la durée de la législature, et prononça peu après un discours sur l'impôt des privilégiés. Élu trésorier de la contribution patriotique et membre du comité des monnaies, il vota l'adoption du plan de Necker, proposa de faire de la propriété la base des élections, de réduire à sept le nombre des administrateurs de district, et, à propos de l'éligibilité des non-catholiques, demanda le rappel à l'ordre de Robespierre. Il réclama la mention, au procès-verbal, des pétitions contre la suppression des ordres religieux, s'opposa aux travaux du comité de recherches, fut l'un des fondateurs du club des Impartiaux, proposa de décréter la religion catholique religion nationale, et fut élu président de l'Assemblée le 27 avril 1790. Mais son discours, dans lequel il interpréta à sa manière le nouveau serment des députés, ayant soulevé des protestations, il quitta la présidence, demanda pour le roi le droit de paix et de guerre, réclama contre une dénonciation de la municipalité de Poitiers contre le club des Impartiaux, parla contre la constitution civile du clergé et l'abolition de la noblesse, demanda des poursuites contre les députés impliqués dans l'affaire du 6 octobre, combattit la substitution du pavillon tricolore au drapeau blanc, fit un discours en faveur des émigrés et contre la réunion à la France du Comtat-Venaissin, s'éleva contre les Sociétés populaires politiques, et fit approuver la conduite des habitants de Paris au moment de la fuite du roi. Grâce à sa tante, Mme de Tourzel, gouvernante des enfants de France, il entretint constamment des relations suivies avec les Tuileries, et, sur l'ordre de Mme Elisabeth, fit un voyage à Coblentz pour éclairer les émigrés et les princes sur le véritable état de la France. Il signa les protestations des 12 et 15 septembre 1791 contre les actes de l'Assemblée, et, en mai 1792, accompagna Madame à Turin, puis se rendit à Lyon. Il prit une part active à la journée du 29 mai 1793, qui substitua une municipalité royaliste à la municipalité républicaine, chercha à lier l'insurrection lyonnaise aux mouvements fédéralistes du Midi, refusa de Précy un commandement supérieur, et se contenta de remplacer, après sa mort, M. de Chenelette à la Croix-Rousse. Dans la nuit du 8 au 9 octobre 1793, la trahison et la famine ayant rendu la lutte impossible, il voulut sortir de Lyon; mais sa troupe assaillie par des forces supérieures fut décimée, et lui-même fut tué par les paysans qui tiraient au travers des haies, à l'embranchement du chemin de Saint-Cyr et de celui de Collonges, à l'endroit où fut élevée depuis une croix de mission.

VIRY (François-Marie-Joseph-Justin, baron de la Ferrière, comte de), membre du Sénat conservateur, né à Viry (Haute-Savoie) le 1er novembre 1736, mort à Paris le 23 octobre 1813, « fils de François-Joseph de Viry, et de Louise-Marie-Joséphe de Rochette de Cohandier », fut ministre plénipotentiaire auprès des Etats-Généraux des Provinces-Unies en 1764, devint gentilhomme de la chambre du roi l'année suivante, grand-croix des SS. Maurice et Lazare en 1767, ambassadeur en Espagne en 1769, et négocia le mariage du comte d'Artois avec Marie-Thérèse de Savoie. Il émigra à la Révolution, rentra en France au Consulat, se rallia complètement au général Bonaparte, et fut nommé, le 14 pluviôse an XII, membre du Sénat conservateur. Préfet pendant quelques mois, chambellan de Napoléon, créé comte de l'empire le 26 avril 1808, il mourut à 77 ans et fut inhumé au Panthéon. Commandeur de la Légion d'honneur.

VIRY (François-Joseph-Marie-Henry, baron de la Ferrière, comte de), député de 1815 à 1816, né à Londres (Angleterre) le 27 juillet 1766, mort à Tours (Indre-et-Loire) le 15 janvier 1820, entra, en 1776, dans les chevau-légers du roi de Sardaigne, et passa ensuite en Angleterre où il devint écuyer du duc de Glocester, plus tard George IV. Rentré en France avec les Bourbons, il fut élu, le 22 août 1815, député du grand collège du Mont-Blanc, par 75 voix (98 votants, 158 inscrits). Il siégea dans la majorité ultra-royaliste, et ne se représenta plus.

VISSAGUET (Marie-Xavier-Ernest), député de 1876 à 1879, membre du Sénat, né au Puy (Haute-Loire) le 4 novembre 1834, fils d'un notaire du Puy, se fit inscrire au barreau de cette ville en 1856, et fut, en 1869, l'un des fondateurs d'un journal d'opposition libérale, l'Avenir de la Haute-Loire. Nommé, le 29 septembre 1870, procureur de la République au Puy, il donna sa démission de magistrat en juin suivant, fut élu conseiller général du canton de Solignac-sur-Loire (8 octobre 1871), réélu le 4 octobre 1874, devint secrétaire, puis vice-président de l'assemblée départementale, et, aux élections législatives du 20 février 1876, fut élu député de la 2e circonscription du Puy par 7,666 voix (13,662 votants, 18,321 inscrits), contre 5,924 à M. Calemard de la Fayette. Il prit place à la gauche républicaine, et fut des 363. Les élections qui suivirent la dissolution de la Chambre par le cabinet du 16 mai ne lui furent pas favorables : il échoua avec 5,227 voix, contre 9,987 au candidat du gouvernement, M. Vinay; l'élection fut invalidée, mais M. Vissaguet ne se représenta pas. Au renouvellement triennal du Sénat du 5 janvier 1879, il fut élu sénateur de la Haute-Loire par 206 voix sur 323 votants. Il siégea à gauche dans la Chambre haute, proposa (février 1883), dans la discussion sur la réforme du serment judiciaire, un amendement demandant le maintien des mots « Je le jure », mais sans l'addition des expressions « devant Dieu » (rejeté par 148 voix contre 119), soutint la politique scolaire et coloniale des ministères républicains, vota l'expulsion des princes, et fut réélu sénateur, au renouvellement triennal du 5 janvier 1888, par 362 voix sur 703 votants. Il s'est prononcé, en dernier lieu, pour le rétablissement du scrutin d'arrondissement (13 février 1889), pour le projet de loi Lisbonne restrictif de la liberté de la presse, *pour* la procédure de la haute cour contre le général Boulanger. On a de lui, outre des articles de politique, de littérature et d'histoire dans les journaux de la région, plusieurs travaux d'histoire locale, dont un *Essai sur l'histoire municipale du Puy*.

VISTORTE (Antoine-Marie-Noël-Julien), député au Conseil des Cinq-Cents et au Corps législatif, né à la Roche-Derrien (Côtes-du-Nord) le 25 décembre 1758, mort à Guingamp (Côtes-du-Nord) le 17 décembre 1842, « fils de noble maître Joseph-Joachim Vistorte, notaire à Guingamp, et tenant la distribution des eaux-de-vie à la Roche-Derrien, et de demoiselle Julie Bruyère Ducarpon », avocat en 1779, puis juge du duché de Penthièvre, lieutenant général de police et subdélégué, embrassa la cause de la Révolution, et devint administrateur des Côtes-du-Nord, et procureur syndic du district de Guingamp. Élu, le 25 vendémiaire an IV, député des Côtes-du-Nord au Conseil des Cinq-Cents, par 203 voix (403 votants), il joua un rôle parlementaire assez effacé, ne prit la parole que pour proposer d'attribuer au ministère de la Justice le travail des radiations d'émigrés, et pour faire valider plusieurs élections, et fut membre de plusieurs commissions. Il sortit du Conseil en l'an V et reprit ses fonctions administratives. Rallié au 18 brumaire, il devint, le 13 floréal an VIII, président du tribunal de 1re instance de Guingamp, et fut élu, le 2 mai 1809, par le Sénat conservateur, député des Côtes-du-Nord au Corps législatif. Il en sortit en 1813, ne reparut pas sur la scène politique et occupa les fonctions de président du tribunal de Guingamp jusqu'à sa mort. Chevalier de la Légion d'honneur.

VITALIS (Léon), représentant en 1871, député de 1876 à 1878, né à Lodève (Hérault) le 13 mai 1826, mort à Lodève le 22 avril 1879, ingénieur des arts et manufactures, fabricant de draps dans sa ville natale, était sans antécédents politiques, lorsqu'il fut élu, le 8 février 1871, représentant de l'Hérault à l'Assemblée nationale, le 4e sur 8, par 51,282 voix (83,483 votants, 141,397 inscrits). Il prit place au centre droit, fut l'auteur d'une proposition de loi sous forme d'amendement au budget de 1872, portant réduction d'un quart des traitements des fonctionnaires, et vota *pour la paix, pour* l'abolition des lois d'exil, *pour* la pétition des évêques, *pour* la démission de Thiers, *pour* le septennat, *pour* le ministère de Broglie, *contre* l'amendement Wallon, *pour* les lois constitutionnelles. Réélu, le 20 février 1876, député de l'arrondissement de Lodève, par 7,547 voix (14,600 votants, 17,640 inscrits), contre 7,021 à M. Arfazat, républicain, ancien représentant, avec une profession de foi dans laquelle il se rangeait « avec les hommes modérés et sages, jamais avec les exagérés et les violents, et parmi les défenseurs convaincus de la religion », il siégea parmi les conservateurs et, au 16 mai, soutint le ministère de Broglie contre les 363. Réélu, le 14 octobre 1877, par 7,607 voix (15,000 votants, 18,139 inscrits), contre 7,344 à M. Arrazat, il vit son élection invalidée par la majorité de la Chambre nouvelle, ne se représenta plus, et fut remplacé, le 7 juillet 1878, par son ancien concurrent, M. Arrazat.

VITET (Louis), membre de la Convention, député au Conseil des Cinq-Cents, né à Lyon (Rhône) le 3 août 1736, mort à Paris le 25 mai 1809, d'une famille de médecins, fit ses études chez les Jésuites, et voulut entrer chez les Chartreux ; mais son père l'envoya suivre les cours de médecine à Montpellier. Converti à la médecine, dit un biographe, après avoir vu jouer le *Devin de village*, il se fit recevoir docteur, alla compléter ses études à Paris, visita les hôpitaux, fréquenta les ateliers des peintres et des sculpteurs, et, au bout de deux ans, vint exercer à Lyon. La mort d'une de ses malades le fit douter de sa science, et il passa plusieurs années dans l'étude, refusant de pratiquer son art ; il reprit ensuite l'exercice de sa profession, fit, pendant dix ans, des cours suivis de chimie et d'anatomie, publia des mémoires sur l'insalubrité et la mauvaise administration des hôpitaux, puis un *Traité de médecine vétérinaire*, et, sur la demande du collège des médecins de Lyon, la *Pharmacopée de Lyon* (1778). De 1780 à 1784, il fit paraître un journal de médecine, prit parti pour la Révolution, fut nommé (1790) administrateur du district de Lyon, puis (23 décembre de la même année) maire de cette ville, et (1791) haut-juré pour le département de Rhône-et-Loire. Élu, le 5 septembre 1792, député de Rhône-et-Loire à la Convention, le 3e sur 15, par 769 voix sur 820 votants, il fut envoyé à Lyon en qualité de commissaire dès l'ouverture de la session conventionnelle, rendit compte des malversations de plusieurs fournisseurs, y fut renvoyé en octobre à la nouvelle de nouveaux troubles, et, dans le procès du roi, répondit au 2e appel nominal : « Je crois que des mesures de sûreté générale ne doivent point être portées par le peuple. Sauvez la République et échappez aux factions présentes. Je dis *oui*, et je dis *oui* d'autant plus que le peuple pense et agit mieux que nous » ; et au 3e appel non final : « Je vote pour la réclusion de Louis et l'expulsion de la race des Bourbons. » Il se prononça en outre pour le sursis. Décrété d'arrestation au moment de l'insurrection de Lyon contre la Montagne, il put gagner la Suisse, fut déclaré démissionnaire, et remplacé par Bolron le 7 août 1793. De retour après le 9 thermidor, il adressa à la Convention la lettre suivante, le 21 nivôse an III :

« Citoyens représentants, au mois de février 1793, ma santé affaiblie par deux commissions dans les départements de Rhône-et-Loire et du Midi me força de demander un congé pour rétablir mes forces dans mon pays natal ; je l'obtins illimité, et je me retirai à ma campagne, à sept lieues de Lyon, où, seul avec ma famille, et sans avoir aucunes relations, j'attendais avec impatience de pouvoir rejoindre mon poste.

« Les troubles du département de Rhône-et-Loire étant survenus, ils provoquèrent la sévérité de la Convention ; cette assemblée lança plusieurs décrets contre Lyon, et étendit ses mesures jusqu'à divers députés de ce département ; je fus alors décrété d'arrestation, ainsi que les citoyens Michet, Forest et Patins ; ce décret ne parvint à ma connaissance que longtemps après ; ma surprise fut telle que je pouvais à peine y croire. En effet, retenu à ma campagne par une fièvre lente, solitaire et ignoré de tout le monde, devais-je être considéré comme fauteur des troubles de Lyon ? Absent par des congés plusieurs fois renouvelés et toujours illimités, on ne pouvait non plus m'accuser d'avoir déserté mon poste : quels étaient donc les motifs de cette mesure ? Je les ignore encore, car le texte du décret n'en présentait aucun.

« Sans doute il m'eût été facile de repousser alors les soupçons qui ont pu s'élever contre moi, si j'avais eu l'avantage d'être présent au milieu de vous, de pouvoir répondre à mon accusateur et offrir à l'assemblée l'exposé de ma conduite et de mes sentiments; mais je fus privé de ce droit, réservé à tout accusé, de réclamer justice.

« Les communications de mon département avec Paris étaient interrompues, et, lorsque, après le siège, elles se rétablirent, mes démarches furent inutiles, et trois mémoires justificatifs que j'adressai soit à la Convention nationale, soit au comité de salut public, soit à un de mes collègues, demeurèrent sans réponse ou furent interceptés par la méchanceté.

« Mais aujourd'hui que la justice de la Convention n'étant plus enchaînée par la terreur, elle s'est empressée de rappeler dans son sein ceux de mes collègues nommés dans le même décret que moi, mon sort doit être semblable au leur.

« Je réclame donc l'exercice du droit qui m'a été donné par le choix du peuple, celui de le représenter au milieu de vous; vous n'avez pas encore prononcé sur mon sort; le dernier décret que vous avez rendu à l'occasion de plusieurs députés mis hors la loi ou décrétés d'accusation ne me concerne pas, puisque je ne suis pas compris dans les deux lois qu'il rappelle.

« Signé : VITET,

député du département de Rhône-et-Loire. »

Il fut réintégré à la Convention le 18 ventôse an III. Élu, le 4 brumaire an IV, député au Conseil des Cinq-Cents par ses collègues de la Convention, il fut membre de la commission pour la fabrication et la vente des poudres et salpêtres, fut réélu au même Conseil, par les électeurs du Rhône, le 22 germinal an VI, devint secrétaire du Conseil (1er pluviôse an VII), et fut de ceux qui protestèrent contre le coup d'État de brumaire. Exclu du Corps législatif, il se consacra à ses travaux scientifiques, et fit paraître successivement : le Médecin du peuple, la Médecine expectante, et un Traité de la Sangsue médicale. Membre de l'Académie de Lyon, du conseil général des hospices de cette ville (3 pluviôse an X), et de la Société d'agriculture de la Seine.

VITET (LOUIS-LÉDOVIC), député de 1834 à 1848, représentant en 1849 et en 1871, né à Paris le 18 octobre 1802, mort à Paris le 5 juin 1873, petit-fils du précédent, entra à l'École normale en 1819, professa jusqu'en 1824, et, mêlé au mouvement libéral de l'époque, collabora au Globe et s'affilia à la Société « Aidetoi, le ciel t'aidera ». A la révolution de 1830, Guizot créa pour lui la fonction d'inspecteur général des monuments historiques, aux appointements de 8,000 francs. Nommé secrétaire-général au ministère du Commerce (10 avril 1834), il se présenta à la députation le 21 juin suivant, dans le 6e collège de la Seine-Inférieure (Bolbec), et échoua avec 175 voix contre 196 à l'élu, M. Pouyer. Mais cette élection ayant été annulée, M. Vitet fut élu député de ce collège, au nouveau scrutin du 13 septembre suivant, par 275 voix (305 votants, 549 inscrits). Il défendit de sa parole et de ses votes la politique des ministres, fut nommé conseiller d'État le 19 septembre 1836, et, soumis de ce chef à la réélection, vit son mandat confirmé, le 15 octobre, par 279 voix

(313 votants, 553 inscrits). Successivement réélu, le 4 novembre 1837, par 286 voix (310 votants, 558 inscrits); le 2 mars 1839, par 289 voix sur 438 votants; le 9 juillet 1842, par 310 voix (413 votants, 567 inscrits); le 1er août 1846, par 352 voix (526 votants, 623 inscrits), contre 165 à M. de Lillers, il avait été nommé membre libre de l'Académie des Inscriptions et belles-lettres le 15 décembre 1839, et de l'Académie française, le 26 mars 1846, en remplacement de Soumet. A la Chambre, il vota pour la dotation du duc de Nemours, pour le recensement, pour l'indemnité Pritchard, et fut rapporteur de la loi sur les patentes. Après la révolution de février, il se présenta sans succès aux élections pour l'Assemblée constituante dans la Seine-Inférieure; mais, le 13 mai 1849, ce département l'envoya siéger à l'Assemblée législative, le 16e et dernier, par 71,085 voix (146,223 votants, 213,301 inscrits). M. Vitet prit place dans la majorité monarchiste, et vota pour l'expédition romaine, pour la loi Falloux-Parieu sur l'enseignement, pour la loi du 31 mai restrictive du suffrage universel. Hostile à la politique du prince-président, il vint protester à la mairie du Xe arrondissement contre le coup d'État de décembre, fut vice-président de la réunion, et fut arrêté pendant quelques jours. Sous l'empire, il ne s'occupa que d'art et de littérature, adhéra à la République après le 4 septembre 1870, et, pendant le siège de Paris, publia dans la Revue des Deux-Mondes une série d'articles dans lesquels il préconisait la résistance.

Élu, le 8 février 1871, représentant de la Seine-Inférieure à l'Assemblée nationale, le 14e sur 16, par 76,317 voix (120,899 votants, 203,718 inscrits), il fut, dès le début, un des vice-présidents de l'Assemblée, fit partie de la commission adjointe à Thiers pour négocier la paix, déposa (30 août 1871) une proposition ainsi conçue : « Considérant que l'Assemblée nationale a le droit d'user du pouvoir constituant, attribut essentiel de la souveraineté dont elle est investie... » (voté par 434 voix contre 225), fut rapporteur de la proposition Rivet, et fit partie (juin 1872) de la délégation envoyée par la droite à M. Thiers pour lui imposer une politique conservatrice. Il vota pour la paix, pour l'abrogation des lois d'exil, pour la pétition des évêques, contre le service de trois ans, pour la démission de Thiers; ce fut son dernier vote, il mourut quinze jours après, et fut remplacé, le 16 novembre suivant, par le général Letellier-Valazé. Officier de la Légion d'honneur (30 avril 1843). Son rôle littéraire fut plus important que son rôle politique; il tenta d'appliquer aux beaux-arts la méthode psychologique inaugurée par Jouffroy. « Ce qui l'a distingué de bonne heure, a dit Sainte-Beuve, ç'a été le talent de généraliser et de peindre les idées critiques; il y met dans l'expression du feu, de la lumière et la verve d'élégante abondance. » On a de lui : Histoire de la ville de Dieppe (1838); Eustache Lesueur (1843); Les États d'Orléans (1849); Le Louvre (1852); Études sur l'histoire de l'art (1864); Le comte Duchâtel (1875), etc.

VITROLLES (EUGÈNE-FRANÇOIS-AUGUSTE-D'ARMAND, BARON DE), député de 1815 à 1816, et pair de France, né au château de Vitrolles (Hautes-Alpes) le 11 août 1774, mort à Paris le 1er août 1854, d'une vieille famille parlementaire de Provence, fut élevé par son oncle, l'abbé de Pina, grand-vicaire du Puy, qui le fit entrer au collège de cette ville. Là, il prit des leçons d'escrime d'un sergent de Royal-marine, Bernadotte, le futur roi de Suède, qui, en 1891, fit rayer son ancien élève de la liste des émigrés. M. de Vitrolles, qui voyageait en Suisse au début de la Révolution, ne rentra pas en France, s'enrôla, à 17 ans, dans l'armée de Condé, fut rappelé en 1792 à Aix pour des intérêts de famille à la mort de son père, rejoignit l'armée de Condé, se distingua à Bertzheim (1793), et quitta l'armée en 1794. Sans ressources, il fut, par l'intermédiaire de Mounier ancien constituant, émigré comme lui, présenté à Erfurth à la duchesse de Bouillon, dont il épousa la fille adoptive, Mlle de Folleville (1795). Après un court séjour en Allemagne, il passa en Angleterre, rentra secrètement en France en 1799, se cacha près de Ruremonde, d'où était sa femme, et fut rayé de la liste des émigrés sous le Consulat. L'empereur le nomma, sans le consulter, maire de Vitrolles, conseiller général des Hautes-Alpes, et inspecteur des bergeries impériales, et le créa baron de l'empire le 15 juin 1812. Lié avec le duc de Dalberg et avec Talleyrand, il s'associa aux vues de ce dernier en 1814, se rendit auprès des alliés, plaida auprès du czar la cause des Bourbons, et parvint à provoquer la rupture du congrès de Châtillon, dernier espoir de l'empereur. Après une entrevue à Nancy avec le comte d'Artois, il le précéda à Paris, et fut nommé par ce prince secrétaire d'État provisoire (10 avril 1814); mais l'arrivée de Louis XVIII amoindrit son influence, et il dut se contenter du titre de secrétaire des conseils du roi. Lors du retour de l'île d'Elbe, il conseilla bravement au roi de se mettre à la tête des départements de l'Ouest; mais l'avis du départ pour Gand prévalut, et M. de Vitrolles fut chargé d'aller soulever le Midi. Rendu à Toulouse, il concentra tous les pouvoirs entre ses mains, organisa des bataillons de volontaires royaux, mais, trahi par la révolte d'un bataillon d'artillerie, fut arrêté et enfermé à Vincennes, puis à l'Abbaye. Un ordre de Fouché lui rendit la liberté après Waterloo, et, au retour de Gand, il fut placé par le duc d'Angoulême à la tête du mouvement réactionnaire à Toulouse. Le départ du duc pour Paris mit fin à son autorité. Élu, le 22 août 1815, député du grand collège des Basses-Alpes, par 77 voix (119 votants, 170 inscrits), il fut nommé, un mois après (19 septembre), ministre d'État et membre du conseil privé, siégea à la Chambre parmi les ultras, s'opposa à la dissolution du 5 septembre 1816, et devint un des agents les plus actifs et les plus habiles de la politique personnelle de Monsieur. Il rédigea en 1816 le *Mémoire confidentiel* et, en 1818, la *Note secrète* que ce prince adressa aux cabinets étrangers pour leur exposer son système de gouvernement, et perdit, à cette occasion, son titre de ministre d'État, que le roi ne lui rendit que le 7 janvier 1824. Nommé ministre plénipotentiaire à Florence (décembre 1827), il faillit entrer dans le ministère Martignac, conseilla l'appel de M. de Polignac aux affaires, fut nommé maréchal de camp le 7 janvier 1828, et pair de France le 7 janvier 1830. On ne le mit pas dans le secret des Ordonnances, dont il obtint trop tard le retrait, le 29 juillet. La chute de la branche aînée le rendit à la vie privée. Compromis un instant dans la tentative de la duchesse de Berry en Vendée (1832), il fut arrêté lors du pillage de l'archevêché, et relâché presque aussitôt; il passa le reste de sa vie à l'écart de la politique, occupé de la rédaction de ses *Mémoires*, et d'une active correspondance avec les amis qu'il avait dans tous les partis, notamment avec Lamennais, et qu'il devait autant à la bienveillance de son caractère qu'à la haute distinction de manières qu'il avait gardée de l'ancien régime. On a de lui : *De l'Economie publique réduite à un principe* (1801); *Le ministère dans le gouvernement représentatif* (1814).

VITRY (LOUIS-ARMAND), député de 1887 à 1889, né à Vitry (Haute-Marne) le 20 novembre 1838, était avoué et maire de Vitry, quand il fut élu, le 12 juin 1887, député de la Haute-Marne par 28,630 voix (58,071 votants, 71,840 inscrits) contre 27,409 à M. Bourlon du Rouvre, en remplacement de M. Danelle-Bernardin nommé sénateur. Il a pris place à la gauche radicale, et s'est prononcé, dans la dernière session, *pour* le rétablissement du scrutin d'arrondissement (11 février 1889), *contre* l'ajournement indéfini de la revision de la Constitution, *pour* les poursuites contre trois députés membres de la Ligue des patriotes, *contre* le projet de loi Lisbonne restrictif de la liberté de la presse, *pour* les poursuites contre le général Boulanger.

VIVENOT (JEAN-LOUIS), représentant aux Cent-Jours, né à Saint-Aubin-sur-Aire (Meuse) le 21 septembre 1767, mort à Commercy (Meuse) le 4 septembre 1817, « fils de Jean-Baptiste Vivenot, et de Marie-Anne Aubry », fit une partie des campagnes de la Révolution et de l'empire, et devint officier de la Légion d'honneur le 25 prairial an XII. Il avait été mis à la retraite comme major d'infanterie, quand il fut élu, le 12 mai 1815, représentant à la Chambre des Cent-Jours par l'arrondissement de Commercy, avec 51 voix (120 votants) contre 43 à M. Bazoche. Il siégea parmi les partisans de l'empereur, demanda la reconnaissance de Napoléon II, et rentra dans la vie privée après la courte session de cette législature.

VIVENOT (AUGUSTE), sénateur de 1879 à 1884, né à Bar-le-Duc (Meuse) le 23 septembre 1835, mort à Paris le 13 novembre 1884, entra à l'École polytechnique en 1854, mais ne suivit pas la carrière, et vécut en dehors de toute fonction publique pendant la durée de l'Empire. D'opinions républicaines, il fut nommé, en 1871, secrétaire général de la préfecture de la Meuse, fut révoqué en 1877 par le ministère du 16 mai, fut élu, en novembre suivant, conseiller général du canton de Ligny, et, le 5 janvier 1879, sénateur de la Meuse par 403 voix sur 649 votants. Il prit place à la gauche républicaine, soutint la politique scolaire et coloniale de la nouvelle majorité, et mourut au cours de la législature.

VIVIEN (ALEXANDRE-FRANÇOIS-AUGUSTE), député de 1833 à 1848, représentant en 1848 et ministre, né à Paris le 3 juillet 1799, mort à Paris le 7 juin 1854, était fils d'un avocat. Il se destina d'abord à la carrière militaire, puis se fit recevoir avocat après 1814, et se fit inscrire au barreau d'Amiens (1820). En 1826, il se fixa à Paris. C'est à cette époque qu'il écrivit le *Joueur à Paris*, on les *Jeux dans leurs conséquences sur la moralité des individus et la fortune des familles* (1825), ainsi qu'un *Traité de la législature des théâtres* (1826). Bien qu'il n'eût pris aucune part personnelle à la révolution de juillet, il fut nommé, le 10 août 1830, procureur général à la cour royale d'Amiens.

l'artisan décidé de la politique de résistance, il fut appelé, le 21 février 1831, à remplacer M. Baude comme préfet de police. Il déploya dans ce poste important un zèle que l'opposition jugea excessif; mais, d'autre part, le pouvoir lui reprocha une certaine hésitation dans la répression des émeutes républicaines des 15 et 16 avril, du 11 au 17 juin et du 14 juillet. En désaccord avec le ministre de l'Intérieur, Casimir Périer, il dut céder sa place à M. Gisquet, et entra alors au conseil d'Etat (17 septembre 1831). Le 14 février 1833, M. Vivien fut élu député du 4e collège de l'Aisne (Saint-Quentin), par 95 voix (155 votants, 231 inscrits), contre 48 à M. J.-B. Fouquier d'Hérouël, en remplacement de M. Niay, démissionnaire. Il siégea dans les rangs du tiers parti, fut réélu, le 14 mai 1834, par 131 voix (228 votants, 317 inscrits), contre 86 à M. Fouquier d'Hérouël, prit une part importante à la discussion des lois sur l'organisation des conseils de département et d'arrondissement, et contribua au vote des lois de septembre 1835. Il obtint sa réélection comme député, le 4 novembre 1837, par 250 voix (262 votants, 384 inscrits), puis, le 2 mars 1839, par 293 voix (312 votants), et, lors de la formation du cabinet du 1er mars 1840, sous la présidence de Thiers, il accepta le portefeuille de la Justice, qu'il garda jusqu'au 28 octobre de la même année. Il attacha son nom à la suppression des juges suppléants devant le tribunal de la Seine et soutint avec talent à la Chambre des pairs l'importante loi sur l'expropriation pour cause d'utilité publique. Sous le ministère Guizot, M. Vivien se rapprocha de l'opposition dynastique, avec laquelle il vota le plus souvent jusqu'à la fin du règne, ayant obtenu le renouvellement de son mandat : le 9 juillet 1842, par 223 voix (278 votants, 474 inscrits), et le 1er août 1846, par 310 voix (323 votants, 510 inscrits). Il demanda l'abrogation de la loi sur les annonces judiciaires, et publia, vers la même époque, dans la *Revue des Deux-Mondes*, une série d'études sur l'administration et la politique. Le 25 décembre 1843, il fut nommé président du comité de législation au conseil d'Etat, et, le 26 décembre 1845, il entra à l'Académie des sciences morales et politiques. Surpris par la révolution de février qu'il n'avait pas souhaitée, M. Vivien fut élu, le 23 avril 1848, représentant de l'Aisne à l'Assemblée constituante, le 6e sur 14, par 88,215 voix (130,363 votants, 154,878 inscrits). Il appartint au comité de constitution, prit une part importante à ses travaux, parut plusieurs fois à la tribune de l'Assemblée, et s'associa en outre à tous les votes du parti conservateur, *pour* le rétablissement du cautionnement et de la contrainte par corps, *pour* les poursuites contre Louis Blanc et Caussidière, *contre* l'abolition de la peine de mort, *contre* l'amendement Grévy, *contre* le droit au travail, *pour* l'ordre du jour en l'honneur de Cavaignac, *pour* la proposition Rateau, *contre* l'amnistie, *pour* l'interdiction des clubs, *pour* l'expédition romaine. Le 13 octobre 1848, il entra, avec Dufaure et Freslon, dans le cabinet que forma le général Cavaignac d'accord avec la majorité, et y prit le portefeuille des Travaux publics, qu'il quitta lors de l'avènement de L.-N. Bonaparte à la présidence. Rapporteur de la loi qui organisa le conseil d'Etat sur de nouvelles bases (11 janvier 1849), il fut élu lui-même conseiller d'Etat par l'Assemblée le 11 avril, donna, le 20, sa démission de représentant, et fut replacé à la tête de la section de législation. Il se démit de ces fonctions lors du coup d'Etat du 2 décembre 1851,

ne s'occupa plus que de travaux littéraires, et mourut, à 55 ans, des suites d'une fluxion de poitrine.

VIVIER, député en 1789, né et mort à des dates inconnues, propriétaire, fut élu, en avril 1789, député du tiers-état de la Navarre aux Etats-Généraux. Son rôle fut des plus obscurs et son nom n'est pas cité au *Moniteur*.

VIVIER DE LA PÉROCHERIE (AUGUSTE), député en 1791, né et mort à des dates inconnues, était administrateur du département de l'Indre, quand il fut élu, le 29 août 1791, député de l'Indre à l'Assemblée législative, le 6e et dernier, à la pluralité des voix. Il y joua un rôle effacé, et fut membre du comité de la trésorerie nationale et suppléant au comité de l'ordinaire des finances. Le 23 germinal an VI, il fut élu administrateur de son département pour la seconde fois, et ne fit pas partie d'autres assemblées.

VOGIN (PIERRE-AUGUSTE), représentant du peuple en 1848, né à Dieuze (Meurthe) le 2 février 1809, mort à Bastia (Corse) le 21 décembre 1882, entra à l'Ecole polytechnique en 1828, à l'Ecole des ponts et chaussées en 1830, et prit part aux journées de juillet. Envoyé en Corse comme ingénieur des ponts et chaussées, il y exécuta plusieurs travaux remarquables dans les ports, et fut décoré de la Légion d'honneur le 29 avril 1847. Démocrate convaincu, il fut élu, le 23 avril 1848, représentant de la Meurthe à l'Assemblée constituante, le 9e sur 11, par 63,401 voix (100,120 votants). Il fut membre du comité des travaux publics, fit de l'opposition à la politique de l'Elysée et vota en général avec la gauche, *pour* le bannissement de la famille d'Orléans, *contre* les poursuites contre L. Blanc et Caussidière, *contre* l'abolition de la peine de mort, *contre* l'impôt progressif, *contre* l'amendement Grévy, *contre* la sanction de la Constitution par le peuple, *pour* l'ensemble de la Constitution, *contre* la proposition Rateau, *contre* l'expédition de Rome, *pour* la demande de mise en accusation du président et des ministres. Non réélu à la Législative, il reprit ses fonctions d'ingénieur, fut nommé ingénieur en chef en 1856, inspecteur de 1re classe en 1869, et officier de la Légion d'honneur. Il fut admis à la retraite, le 4 août 1871, comme ingénieur en chef des ponts et chaussées, et se retira en Corse, où il mourut à 73 ans.

VOGT. — *Voy.* HUNOLSTEIN (COMTE D').

VOGUÉ (CÉRICE-FRANÇOIS-MELCHIOR, COMTE DE), député en 1789, né au château de Voglé (Ardèche) le 1er décembre 1732, mort à Chevigny (Côte-d'Or) le 16 décembre 1812, « fils de messire François-Elzéar, marquis de Voglé, et de dame Magdeleine de Truchet », entra très jeune au régiment de Voglé-cavalerie, devint mestre de camp en 1756, fut blessé et fait prisonnier à la bataille de Minden, et, promu maréchal de camp en 1780, obtint le gouvernement de la place de Montmédy, après la mort de son père. Il approuva et signa les délibérations des 27 octobre et 13 décembre 1788 des trois ordres du Vivarais, et fut élu, le 6 avril 1789, député de la noblesse aux Etats-Généraux par la sénéchaussée de Villeneuve-de-Berg. Il fut, avec M. d'Antraigues, l'un des premiers à se réunir aux communes, désapprouva ensuite les mesures révolutionnaires, prêta le nouveau serment après la fuite du rei, signa les protestations des 12 et 15 septembre 1791 et émigra l'année suivante. Il se retira en Suisse, puis à Fiume, rentra en France en 1801, après après avoir obtenu sa radiation de la liste de des émigrés, mais non la restitution de ses biens, et se retira en Bourgogne où il vécut dans la retraite.

VOGUÉ (LOUIS-FRANÇOIS-CHARLES-FLORIMOND, COMTE DE), député de 1815 à 1823, et pair de France, né à Tresques (Gard) le 25 août 1769, mort à Montpellier (Hérault) le 21 mai 1839, émigra avec sa famille en 1792 et ne rentra en France qu'avec les Bourbons, qui le nommèrent maréchal de camp en 1814. Durant les Cent-Jours, il chercha à rejoindre l'armée du duc d'Angoulême, et organisa, pour combattre « l'usurpateur », un corps de Royal-Miquelets qui se fit remarquer surtout par sa voracité et ne fut prêt à entrer en campagne qu'après Waterloo. Successivement élu député du grand collège du Gard, le 22 août 1815, par 75 voix (119 votants, 262 inscrits); le 4 octobre 1816, par 136 voix (191 votants, 305 inscrits); le 13 novembre 1820, par 157 voix (272 votants, 317 inscrits); le 13 novembre 1822, dans le 3e arrondissement électoral du Gard (Uzès), par 169 voix (226 votants, 399 inscrits), contre 49 à M. de Chabaud-Latour, M. de Vogüé fit partie de la majorité de la Chambre introuvable, siégea ensuite à droite, et vota contre la loi sur le recrutement, pour les deux lois d'exception et pour le nouveau système électoral. Nommé pair de France le 23 décembre 1823, il continua de figurer dans la majorité, et prêta serment au gouvernement de Louis-Philippe.

VOGUÉ (EUGÈNE-JACQUES-JOSEPH-INNOCENT, COMTE DE), député de 1815 à 1816 et de 1820 à 1827, pair de France, né à Tresques (Gard) le 7 février 1777, mort au château de Gourdan (Ardèche) le 16 mars 1851, « fils de haut et puissant seigneur, monseigneur Florimond-Innocent-Annet de Vogüé, seigneur de Tresques, marquis de Meuchut et autres lieux et mestre de camp de cavalerie, et de haute dame, madame Marie-Anne de Cadole », propriétaire et conseiller général de l'Ardèche, fut élu, le 22 août 1815, député du grand collège de l'Ardèche, par 121 voix (181 votants, 267 inscrits); il siégea dans la majorité de la Chambre introuvable. Réélu, le 13 novembre 1820, par 59 voix (83 votants, 95 inscrits), contre 22 à M. de Bernardy, et le 6 mars 1824, par 70 voix (71 votants, 112 inscrits), il garda sa place parmi les royalistes de droite, fut nommé pair de France le 5 novembre 1827, et fut exclu de la Chambre haute à la révolution de juillet, en vertu de l'article 63 de la nouvelle Charte.

VOGUÉ (LÉONCE-LOUIS-MELCHIOR, MARQUIS DE), représentant en 1818, en 1849 et en 1871, né à Paris le 4 mai 1805, mort à Paris le 25 juin 1877, fils du précédent, suivit d'abord la carrière militaire, fit la guerre d'Espagne comme sous-lieutenant aux hussards de la garde, (1823), et l'expédition d'Alger (1830) comme officier d'ordonnance du général Damrémont, et quitta le service à l'avènement de Louis-Philippe. Occupé alors d'agriculture et d'industrie, il établit dans le Cher les importantes fonderies d'Yvoyet et de Mazières, devint conseiller général du Cher (1839), et manifesta des opinions nettement royalistes. Le 9 juillet 1842, il se présenta comme candidat légitimiste

à la députation, et échoua dans le 4e collège du Cher (Sancerre), avec 51 voix, contre 152 à M. Duvergier de Hauranne et 32 à M. Duranty. Après les journées de février, il adhéra à la République, se présenta à l'Assemblée constituante, prit dans ses circulaires électorales le titre de « forgeron », et fut élu (23 avril 1848) représentant du Cher à l'Assemblée constituante, le 5e sur 7, par 31,321 voix. Il siégea à droite, fit partie du comité du travail, et, sauf sur la question de la peine de mort dont il vota (18 septembre) l'abolition, opina avec les conservateurs monarchistes, pour le rétablissement du cautionnement, pour les poursuites contre Louis Blanc et Caussidière, contre l'amendement Grévy, contre le droit au travail, pour la proposition Rateau, contre l'amnistie, pour l'interdiction des clubs, pour les crédits de l'expédition romaine. Réélu représentant du Cher à l'Assemblée législative le 13 mars 1850, en remplacement de M. Vauthier condamné pour l'affaire du 13 juin, par 32,957 voix (57,723 votants, 80,429 inscrits); il fit partie de la majorité, vota pour la loi restrictive du suffrage universel, n'adhéra point à la politique particulière de l'Élysée, et se retira dans ses propriétés lors du coup d'État. La part active prise par lui à la propagande légitimiste sous l'Empire lui attira un procès devant le tribunal de Cosne; il fut défendu par Berryer, et acquitté. Il se présenta sans succès au Corps législatif le 1er juin 1863, et n'obtint, dans la 1re circonscription du Cher, que 5,591 voix, contre 19,997 à l'élu officiel, M. de Nesle; il ne fut pas plus heureux le 24 mai 1869, dans la 3e circonscription du même département, avec 7,027 voix, contre 12,276 à l'élu officiel, M. Guillaumin. Élu, le 8 février 1871, représentant du Cher à l'Assemblée nationale, le 3e sur 7, par 52,495 voix (76,432 votants, 95,825 inscrits), il prit place sur les bancs de la droite, appartint aux réunions Colbert et des Réservoirs, et se prononça pour la paix, pour les prières publiques, pour l'abrogation des lois d'exil, pour le pouvoir constituant de l'Assemblée, pour la chute de Thiers au 24 mai, pour le septennat, pour l'état de siège, la loi des maires, contre les amendements Wallon et Pascal Duprat et pour l'ensemble des lois constitutionnelles. Il rentra dans la vie privée après la séparation de l'Assemblée. M. de Vogüé fut l'un des fondateurs du *Correspondant* en 1828. Chevalier de la Légion d'honneur (14 janvier 1848).

VOIDEL (JEAN-GEORGES-CHARLES), député en 1789, né à Château-Salins (Meurthe) le 8 septembre 1758, mort vers 1793, était avocat à Morhange, quand il fut élu, le 30 mars 1789, député du tiers aux États-Généraux par le bailliage de Sarreguemines. Il prêta le serment du Jeu de paume, fit partie du comité des recherches, combattit la proposition de Maury sur la répression des troubles de province, fut rapporteur de la conspiration de Lyon (18 décembre 1790), secrétaire de l'Assemblée (15 janvier 1791), parla sur le traitement des religieux, demanda une légère imposition sur les journaux, fit un discours sur la suppression des dîmes et l'escompte des billets de la caisse d'escompte, vota l'exclusion des prêtres absents, s'opposa à l'exportation des armes, discuta le règlement des maisons de mendicité, défendit le rapport sur les troubles de Nîmes, demanda que le ministre rendît compte de l'état politique de l'Europe, fit un long rapport sur l'affaire de Barmond, et un autre sur l'arrestation de Bussy, accusa le ministre de la Guerre à l'occasion des troubles de Belfort, et donna lecture d'un rapport sur les protestations de plusieurs évêques contre la constitution civile du clergé. Juge à Paris depuis le 7 décembre 1790, il réclama ensuite en faveur des détenus d'Aix, soutint que les prêtres démissionnaires n'étaient pas réfractaires, fit un rapport sur les enrôlements de Besançon et sur les prisonniers de Belfort, combattit une demande de secours en faveur de Latude, réclama l'ajournement de la discussion sur la régence, fit décréter des poursuites contre plusieurs fabricants de faux assignats, et apposer les scellés sur les papiers des Tuileries après la fuite du roi. Il accusa le comité de révision d'avoir transigé avec les princes émigrés, et publia un mémoire en faveur de Louis-Philippe d'Orléans. Membre du club des Jacobins après la session, il serait mort, croit-on, à la tribune de cette société, en dénonçant la perfidie de la municipalité de Strasbourg.

VOIROL (THÉOPHILE), pair de France, né à Tavanne (Suisse) le 3 septembre 1781, mort à Besançon (Doubs) le 15 septembre 1853, « fils de sieur David Voirol, justicier de Tavanne, et de Marianne Ruedoff », s'enrôla en 1799 dans les volontaires du Mont-Terrible, partit pour l'armée du Rhin où son bataillon fut incorporé au 94e de ligne, et assista aux batailles de Moskirch et de Hohenlinden. Sous-lieutenant en l'an X, il fit la campagne de 1805, et, après Austerlitz, fut promu lieutenant au 64e de ligne. Chevalier de la Légion d'honneur à Iéna, capitaine après Pultusk, il fut envoyé en Espagne, où il se distingua au siège de Saragosse, fut blessé à Ocana, devint chef de bataillon au 48e de ligne à la tête duquel il entra dans Badajoz, et fut fait prisonnier par les Anglais au combat de Rio-Molino. Soult obtint aussitôt son échange. Rentré en France en 1812, et nommé lieutenant-colonel au 156e de ligne, il se rendit à la grande armée, se signala à Bautzen, où il gagna la croix d'officier de la Légion d'honneur, à Leipsig, et surtout de Hoff, où, sur la proposition de Guilleminot, l'empereur le nomma colonel du 67e de ligne. Malade du typhus à Strasbourg, il se hâta, aussitôt qu'il apprit l'invasion, de rejoindre ses compagnons d'armes, défendit Nogent-sur-Seine contre des forces russes dix fois supérieures, écrasa quelques bataillons bavarois à Bar-sur-Aube, et, pendant la marche sur Fontainebleau, reçut la cravate de commandeur de la Légion d'honneur. Nommé général de brigade quelques heures avant la bataille de Paris, il se vit refuser ce grade par la première Restauration, commanda le 18e de ligne, pendant les Cent-Jours, fit partie de l'armée du Rhin sous les ordres de Rapp. A la seconde Restauration il resta quelque temps en demi-solde, reçut, en 1819, le commandement de la légion des Pyrénées-Orientales, puis de celle du Gard, devint maréchal de camp en 1823, resta en disponibilité jusqu'en 1828, et fut alors appelé au commandement d'une brigade du camp de Saint-Omer. Partisan de la révolution de 1830, il fut mandé à Paris par Gérard qui lui confia quelque brigade de la garnison de cette ville, et, l'année suivante, il quitta la capitale pour prendre le commandement du Gard. Il fit la campagne de Belgique (1832), assista au siège d'Anvers, devint, à son retour lieutenant général, puis inspecteur des troupes d'Algérie, et remplit les fonctions de gouver-

neur intérimaire jusqu'à l'arrivée du général d'Erlon. Nommé au commandement de la 5e division militaire, il réprima à Strasbourg la tentative bonapartiste du prince Louis-Napoléon, et fut nommé, en récompense, deux jours après, le 1er novembre 1836, pair de France. Toutefois il fut relevé de son commandement à Strasbourg, fut chargé de différentes inspections, et fut quelque temps à la tête de la 15e, puis de la 6e division militaire. A la Chambre haute, il siégea, sans s'y faire remarquer, dans les rangs du parti conservateur. Admis d'office à la retraite comme général de division, le 8 juin 1848, il mourut, dit-on, de chagrin de n'avoir pas deviné, dans le jeune officier d'artillerie qu'il voulait faire fusiller à Strasbourg en 1836, le futur empereur des Français.

VOISARD (JEAN-FRANÇOIS), député en 1791, né à Indevillers (Doubs) le 7 novembre 1765, mort à une date inconnue, se montra partisan des idées nouvelles, devint, en 1790, administrateur du département du Doubs, et fut élu, le 30 août 1791, député du même département à l'Assemblée législative, le 6e sur 6, par 171 voix (305 votants). Il parla contre l'émigration, demanda l'état nominatif des officiers ayant quitté leur poste, proposa une exception à la loi des émigrés en faveur des savants et des artistes, et provoqua l'ouverture de la discussion sur les affaires de Saint-Domingue. Après la session, il retourna dans son pays, fut réélu administrateur du département le 23 vendémiaire an IV, et devint maire d'Audeux (Doubs) en 1811.

VOISIN (FÉLIX), représentant en 1871, né à Paris le 3 décembre 1832, frère du médecin Auguste Voisin, se fit recevoir docteur en droit, et exerça d'abord la profession d'avocat. Il entra dans la magistrature, en 1860, comme juge suppléant à Versailles, et devint successivement substitut à Etampes (1863), à Melun (1864) et à Versailles (1868). Nommé, après le 4 septembre 1870, procureur de la République à Melun, il fut arrêté, en raison de l'attitude énergique qu'il eut, pendant l'occupation, en face des autorités militaires allemandes, et fut conduit prisonnier en Allemagne, où il se trouvait encore lors des élections du 8 février 1871. Ses amis ayant posé sa candidature à l'Assemblée nationale dans le département de Seine-et-Marne, M. F. Voisin fut élu représentant, le 4e sur 7, par 25,815 voix (43,600 votants, 97,413 inscrits). Il prit place au centre gauche, vota pour la paix, pour l'abrogation des lois d'exil, pour le pouvoir constituant de l'Assemblée, et soutint la politique de Thiers. Mais, après la journée du 24 mai 1873, il abandonna le groupe des républicains conservateurs pour opiner avec le centre droit, notamment pour le septennat, l'état de siège, la loi des maires, etc. Toutefois, à la fin de 1874, il se rapprocha du centre gauche et vota la Constitution de 1875. Secrétaire de l'Assemblée, membre de la commission des grâces, il fut chargé avec M. d'Haussonville d'une mission en Hollande, et rédigea plusieurs rapports importants, notamment sur la loi relative à la surveillance de la haute-police (1873) et sur l'éducation et le patronage des jeunes détenus (1874). Le 9 février 1876, M. Félix Voisin fut appelé, en remplacement de M. Léon Renault démissionnaire, aux fonctions de préfet de police, d'abord à titre provisoire, puis à titre définitif. Il occupa ce poste sous les ministères Dufaure et Jules Simon et le conserva sous l'administration du 16 mai 1873. Après la victoire électorale des républicains, M. Voisin fut remplacé comme préfet de police par M. Albert Gigot (17 décembre 1877) et nommé conseiller à la cour de cassation. Officier de la Légion d'honneur (11 août 1876).

VOISINS (Pierre), dit Devoisins, député en 1789, né à Lavaur (Tarn) le 15 octobre 1727, mort à une date inconnue, était avocat dans sa ville natale quand il fut élu, le 5 avril 1789, député du tiers aux États-Généraux par la première sénéchaussée du Languedoc (Toulouse), avec 678 voix (829 votants). Il prêta le serment du Jeu de paume, et ne prit qu'une fois la parole pour proposer aux députés d'abandonner le quart de leur traitement à titre de contribution patriotique. Il quitta la vie politique après la session.

VOISINS LAVERNIÈRE (Marius-Marie-François-Joseph de), député en 1830, né à Lavaur (Tarn) le 28 août 1786, mort à Toulouse (Haute-Garonne) le 6 avril 1865, était propriétaire à Lavaur, maire de cette commune, et conseiller général du Tarn, quand il fut élu, le 3 juillet 1830, comme royaliste, député de ce département au grand collège, par 150 voix (256 votants, 288 inscrits). Il prêta serment à Louis-Philippe, siégea jusqu'en 1831, et ne fut pas réélu. M. de Voisins-Lavernière avait été anobli par lettres patentes du 31 mai 1817, enregistrées à la cour royale de Toulouse le 11 octobre de la même année.

VOISINS-LAVERNIÈRE (Étienne de), représentant en 1848, membre du Sénat, né à Lavaur (Tarn) le 17 mai 1813, fils du précédent, propriétaire dans sa ville natale, fut élu, le 23 avril 1848, représentant du Tarn à l'Assemblée constituante, le 5e sur 9, par 41,895 voix (90,456 votants). Il fit partie du comité des affaires étrangères, et vota le plus souvent avec la droite, *pour* les poursuites contre Louis Blanc et Caussidière, *contre* l'abolition de la peine de mort, *contre* l'amendement Grévy, *contre* le droit au travail, *pour* la proposition Rateau, *contre* l'amnistie, *pour* l'interdiction des clubs, *pour* les crédits de l'expédition de Rome; toutefois, il se prononça avec la gauche, *contre* le rétablissement du cautionnement, *contre* le rétablissement de la contrainte par corps, *pour* la réduction de l'impôt du sel, et *pour* l'abolition de l'impôt des boissons. Non réélu à la Législative, il resta en dehors des affaires publiques jusqu'en 1871. Conseiller général du Tarn depuis le mois d'octobre de cette année, et président du conseil en 1877, il se porta, le 30 janvier 1876, comme candidat républicain constitutionnel, aux élections sénatoriales dans ce département, et fut élu sénateur par 204 voix sur 393 votants. Il s'inscrivit au centre gauche et se prononça *contre* la dissolution de la Chambre des députés en juin 1877. Mais dans les questions intéressant la religion, il se sépara des gauches, vota *contre* l'article 7 de la loi Ferry, *contre* le retour à Paris, *contre* la réforme de la magistrature, *contre* le divorce, et conclut (1880), comme rapporteur, *contre* le projet d'amnistie adopté par la Chambre. Lors de la discussion sur la collation des grades (mars 1880), il reprocha à la loi d'enlever à l'enseignement libre son contrôle dans les examens de ses élèves, son nom et ses maîtres, et réclama une liberté

illimitée, égale pour tous: « La menace, dit-il, n'est pas une raison de droit, l'injustice ne rachète pas la violence. » Le 19 novembre 1881, il fut élu sénateur inamovible, en remplacement de M. Foucrand décédé, par 121 voix (245 votants), contre 117 à M. Hérold, grâce à une coalition des droites avec les amis de M. Jules Simon. M. Griffe protesta contre l'élection, sous prétexte que les bulletins blancs n'étaient pas entrés dans le calcul de la majorité; mais les précédents lui donnèrent tort. M. de Voisins Lavernière s'est prononcé *contre* l'expulsion des princes, et, en dernier lieu, *pour* le rétablissement du scrutin d'arrondissement (13 février 1889), *pour* le projet de loi Lisbonne, restrictif de la liberté de la presse; il s'est abstenu sur la procédure de la haute cour contre le général Boulanger.

VOLFIUS (Alexandre-Eugène), député en 1789, né à Dijon (Côte-d'Or) le 19 juin 1743, mort à Dijon le 25 juillet 1805, « fils de Jean-François Volfius, procureur au parlement de Bourgogne, et de demoiselle Marie Pelissonier », était avocat et jurisconsulte à Dijon, quand il fut élu, le 7 avril 1789, député du tiers état du bailliage de Dijon aux États-Généraux. Il prêta le serment du Jeu de paume, fit partie des comités des subsistances, des finances et de liquidation, parla sur le crime de lèse-nation, fit rendre un décret sur la construction du canal du Charolais, et demanda le rappel des ambassadeurs français traités avec dédain par les cours étrangères. Commissaire central dans son département sous le Directoire, il fut nommé, le 24 prairial an X, conseiller de préfecture à Dijon et remplit ces fonctions jusqu'à sa mort.

VOLLAND (François-Adrien), membre du Sénat, né à Nancy (Meurthe) le 1er août 1838, étudia le droit et s'inscrivit au barreau de sa ville natale, dont il devint maire. Désigné comme candidat républicain par le congrès départemental de Meurthe-et-Moselle lors de l'élection sénatoriale motivée par le décès de M. Barlet, M. Volland fut élu (24 octobre 1886) par 704 voix (915 votants), contre 211 à M. de Ludre, monarchiste. Sa circulaire contenait ce passage : « La République fondée, le pays entend se reposer des agitations dont il a trop souffert et se refaire dans un milieu favorable à son activité, au développement de son agriculture et de son industrie. La crise agricole et commerciale, qui n'a pas, comme on le dit, élu spécialement domicile parmi nous, qui s'étend au monde entier, ne saurait trop préoccuper les pouvoirs publics. Le pays exige de ses représentants une politique d'affaires. La République est mûre pour la pratiquer. Elle ne doit reculer devant aucune des parties de cette grande tâche, et, protectrice de tous les droits, elle doit s'occuper avec sollicitude du sort de ceux qui travaillent. Que la République demeure conservatrice, mais qu'elle s'inspire toujours de ce qui a fait son honneur et sa force, des grands principes du droit et de la liberté. » M. Volland siégea à gauche et appartint, dans la Chambre haute, à la majorité. Il soutint de son vote les ministères de MM. Rouvier et Tirard, interpella le ministre de l'agriculture, M. Viette, sur les modifications apportées dans le recrutement des élèves de l'École forestière de Nancy (janvier 1888), vota *contre* le ministère Floquet, et se prononça, en dernier lieu, *pour* le rétablissement du scrutin d'arrondissement.

(13 février 1889), *pour le projet de loi Lisbonne restrictif de la liberté de la presse, pour la procédure de la haute cour contre le général Boulanger.*

VOLNEY (Constantin-François Chasseboeuf, comte de), député en 1789 et au Conseil des Cinq-Cents, membre du Sénat conservateur et pair de France, né à Craon (Mayenne) le 3 février 1757, mort à Paris le 26 avril 1820, fils d'un avocat, perdit sa mère à l'âge de deux ans, et fut élevé par une vieille servante. Son père ne voulut pas qu'il portât le nom de Chasseboeuf et lui donna celui de Boisgirois ; il prit plus tard celui de Volney. Après de brillantes études à Amiens et à Angers, il fut émancipé à 17 ans, et se rendit à Paris où il s'occupa de médecine puis d'histoire ; il fréquenta les salons du baron d'Holbach et de Mme Helvétius, et résolut de visiter l'Orient. Ayant recueilli, en 1781, une succession de 6,000 francs, il se prépara par un entraînement méthodique à parcourir l'Egypte et la Syrie. A la fin de 1782, il partit à pied pour Marseille, se rendit en Egypte, et, voulant apprendre la langue du pays, s'enferma pendant quelques mois dans un couvent du Liban. Il resta près de quatre ans dans la vallée du Nil et dans la Palestine, et publia à son retour : *Voyage en Egypte et en Syrie* (1787, 2 volumes), ouvrage qui fut, dit-on, consulté par Bonaparte. Peu après il donna ses *Considérations sur la guerre des Turcs et de la Russie* (Londres, 1788), qui lui valut une médaille d'or de Catherine II, et fonda à Rennes la *Sentinelle*, journal favorable aux idées nouvelles. A la fin de 1788, il devint directeur général de l'agriculture et du commerce; mais élu, le 2 mars 1789, député du tiers aux Etats-Généraux par la sénéchaussée d'Anjou, il renonça à ses fonctions, l'Assemblée constituante les ayant déclarées incompatibles avec le mandat de député. Il siégea dans la majorité, prêta le serment du Jeu de paume, fit partie du comité de rédaction et du comité de constitution, devint secrétaire de l'Assemblée (23 novembre 1789), s'opposa au rappel des troupes, fit renvoyer à un comité spécial les affaires d'administration et de police, prit la parole sur la déclaration des droits de l'homme, proposa de faire nommer une nouvelle assemblée, provoqua la discussion sur la vente des biens du clergé, demanda que la nation fût déclarée propriétaire des domaines royaux, et, nommé commissaire royal en Corse, n'accepta pas ces fonctions. Il se déclara partisan du droit de paix et de guerre, ne prit pas part à l'appel nominal sur le renvoi des ministres, et, lorsque la Russie se déclara contre la France, renvoya à la czarine Catherine II la médaille d'or qu'il en avait reçue. Rendu à la vie privée après la session, il publia les *Ruines ou méditations sur les révolutions des empires*, et se retira peu après en Corse où il s'occupa d'agriculture et d'acclimatation. Les troubles qui éclatèrent dans cette île le ramenèrent en France où il donna, à la fin de 1793 : *La loi naturelle, ou catéchisme du citoyen français*. Très attaché au parti girondin, il fut interné pendant la Terreur et ne recouvra sa liberté qu'après le 9 thermidor. En 1794, il devint professeur d'histoire à l'Ecole normale de Paris. A la suppression de cette Ecole, il entra à l'Institut (brumaire an III), dans la classe des sciences morales et politiques, et, peu de jours après, le 28 brumaire, dans la classe de langue et littérature françaises. Il

partit ensuite pour l'Amérique (1785), où il fut en butte à divers ennuis. On l'accusa notamment d'y être venu pour livrer la Louisiane au Directoire. A son retour, en 1798, il donna son *Tableau du climat et du sol des Etats-Unis d'Amérique* (1799). Volney, qui avait connu le général Bonaparte en Corse, et qui avait publié un éloge enthousiaste de l'expédition d'Egypte, se rallia avec empressement au 18 brumaire, fut nommé membre du Sénat conservateur en l'an VIII, mais refusa le ministère de l'Intérieur. Son admiration pour le premier Consul fut de courte durée. On rapporte que le concordat ayant réveillé sa vieille haine contre les prêtres, il répondit à Bonaparte qui lui disait : « La France veut une religion », et, qu'épouvanté de l'effet de ses paroles, il s'évanouit. Bonaparte ne lui en garda pas rancune, le nomma commandeur de la Légion d'honneur le 25 prairial an XII, et comte de l'empire le 26 avril 1808. Il était alors fort assidu aux réunions de la société d'Auteuil, et s'occupait d'histoire ancienne et de linguistique. Membre de la minorité opposante du Sénat, il signa, le 1er avril 1814, l'adresse du Sénat, mais s'abstint, le lendemain, sur l'acte de déchéance de l'empereur. Nommé pair de France le 4 juin 1814, il ne prit aucune part aux Cent-Jours et, après Waterloo, siégea de nouveau à la Chambre haute parmi les partisans les plus prudents des libertés constitutionnelles; il s'abstint dans le procès du maréchal Ney. Avant sa mort, il donna son adhésion aux lois d'exception, et fonda par testament un prix de 1,200 francs pour le meilleur travail linguistique sur l'origine des langues. « Son honneur durable, a dit Sainte-Beuve, sera d'avoir été un excellent voyageur ». En outre des ouvrages déjà cités, il faut encore mentionner de lui : *Chronologie d'Hérodote* (1781) ; — *Recherches nouvelles sur l'histoire ancienne* (1814, 3 volumes) ; — *Discours sur l'étude philosophique des langues* (1820) ; — *Histoire de Samuel, inventeur du sacre des rois* (1819) ; — *Œuvres complètes* (1820-26, 8 volumes).

VON DER LEYEN (Frédéric-Henri, baron), député au Corps législatif en l'an XII et en 1810, né à Creveld (Roër) le 2 mars 1769, mort à une date inconnue, « fils de Frédéric Von der Leyen, et de Marie Ton-Catenie », était fabricant de soieries à Creveld au moment de la conquête française. Favorable au fait accompli, il devint successivement maire de sa ville natale, président de l'assemblée cantonale de Creveld et conseiller général. Elu, le 2 fructidor an XII, par le Sénat conservateur, député du département de la Roër au Corps législatif, il vit son mandat renouvelé le 10 août 1810, et sortit de l'Assemblée aux traités de 1814. Il était membre de la Légion d'honneur du 4 brumaire an XIII, chevalier de l'empire du 28 janvier 1809, et baron du 12 avril 1813.

VORUZ (Jean-Simon), député au Corps législatif de 1859 à 1863, né à Nantes (Loire-Inférieure) le 6 juin 1810, exerçait dans sa ville natale la profession d'ingénieur civil. Le 17 décembre 1859, il fut élu, comme candidat officiel, député de la 2e circonscription de la Loire-Inférieure par 15,465 voix (18,004 votants, 35,303 inscrits), contre 2,488 à M. Alphonse Cézard. Il remplaçait M. Garnier, décédé. M. Voruz prit place dans la majorité dynastique, et vota avec elle jusqu'aux élections générales de 1863. A cette époque, il se représenta et échoua avec 11,710 voix, contre 12,243 au candidat de l'opposition, élu, M. Lanjuinais.

VOS VAN STENWICK (Charles de), député au Corps législatif, né le 11 mars 1759, mort le 2 janvier 1830, ancien ministre plénipotentiaire, fut nommé directement par l'empereur, le 19 février 1811, député du département des Bouches-de-l'Issel et fut élu, au Corps législatif, sur une liste au choix présentée par le préfet de ce département. Il en sortit aux traités de 1814.

VOSGIEN (Donat), député en 1791, né à une date inconnue, mort à Paris en août 1800, était avocat au bailliage d'Epinal à l'époque de la Révolution. Partisan des idées nouvelles, il devint président de l'administration de son district, et fut élu, le 3 septembre 1791, député des Vosges à l'Assemblée législative, le 7e sur 8, par 309 voix (398 votants). Il ne prit qu'une fois la parole pour combattre le cérémonial adopté lors des réceptions du roi, fut membre du comité des pétitions, vota en faveur de La Fayette, mais rétracta ensuite son vote. Après la session, il rentra pour quelque temps dans la vie privée, et fut nommé sous le Directoire juge au tribunal civil de la Meurthe.

VOUGY (Jean-Etienne Michon, comte de), député de 1815 à 1822, né à Roanne (Loire) le 22 mars 1767, mort à une date inconnue, était chef d'escadron de gendarmerie, quand il fut élu, le 22 août 1815, député du grand collège de la Loire, par 138 voix (175 votants, 234 inscrits). Réélu, le 4 octobre 1816, par 90 voix (152 votants, 228 inscrits), il siégea dans la majorité de la Chambre introuvable, puis ensuite au côté droit, et vota *pour* les lois d'exception. De la série sortante en 1822, il ne se représenta pas, et fut admis à la retraite, comme chef d'escadron de gendarmerie, le 24 janvier 1838.

VOULLAND (Jean-Henri), député en 1789, membre de la Convention, né à Uzès (Gard) le 11 octobre 1751, mort à Paris le 23 février 1801, appartenait à la religion protestante. Il étudia le droit et exerça à Uzès la profession d'avocat. Elu, le 28 mars 1789, député du tiers aux Etats-Généraux par la sénéchaussée de Nîmes et Beaucaire, il siégea dans la majorité, prêta le serment du Jeu de paume, parla plusieurs fois sur les affaires de Nîmes, dénonça le maire de cette ville et le clergé de Carpentras, fut élu secrétaire de l'Assemblée (14 février 1791), opina pour la réunion d'Avignon à la France, et devint (9 mars 1791) membre du tribunal de cassation et juge au tribunal d'Uzès (1er avril suivant). Elu (5 septembre 1792) député du Gard à la Convention, le 3e sur 8, par 457 voix (493 votants), il prit place à la Montagne, et, dans le procès du roi, répondit au 3e appel nominal : « Il n'a tenu qu'à Louis d'empêcher le sang de couler ; il en a au contraire partout ordonné l'effusion. A Nîmes, les patriotes ont été égorgés en son nom et au nom d'un dieu de paix. Les délibérations prises par les fanatiques furent directement adressées à Louis ; il pouvait les empêcher ; les communes les lui dénoncèrent ; il se tut, et les auteurs de ces délibérations suscitèrent enfin la guerre civile dans ma malheureuse patrie. Le sang coula à grands flots. Il crie vengeance. Je demande pour lui le même

supplice qui fut infligé par Brutus à son fils. C'est la troisième fois que le salut de la patrie me force de prononcer la peine de mort. Je souhaite que ce soit la dernière. » Il se prononça en outre contre l'appel et contre le sursis. Il remplit (avril 1793) une courte mission dans l'Hérault et dans le Gard, activa la justice révolutionnaire, et devint membre du comité de sûreté générale, et secrétaire (19 septembre 1793), puis président de la Convention (16 frimaire an II). Ce fut principalement dans le comité de sûreté générale que Voulland eut à jouer un rôle personnel des plus actifs. Jusqu'au 1er septembre 1794, il s'y fit remarquer par ses rigueurs, par ses emportements et par l'intempérance de son langage. Partisan des Cordeliers, il prêta son concours aux thermidoriens pour faire décréter la mise hors la loi de Robespierre. Cette attitude ne l'empêcha point d'ailleurs d'être dénoncé par Lecointre (12 fructidor an II) comme complice de Robespierre ; mais la dénonciation n'eut pas de suites, et le rapport de Merlin de Douai le déchargea d'accusation (7 nivôse suivant). Après l'insurrection de prairial, Voulland n'échappa pas au décret d'arrestation lancé (13 prairial an III) contre les membres des anciens comités. Il put se cacher chez le libraire Maret, bénéficia de l'amnistie de brumaire an IV, et mourut dans la gêne et dans l'obscurité à l'âge de 50 ans.

VOUTY DE LA TOUR (Claude-Antoine, baron), représentant aux Cent-Jours, né à Lyon (Rhône) le 8 novembre 1761, mort à Paris le 4 mars 1826, « fils de Dominique Vouty, écuyer, et de Marie Riveraulx », appartint, pendant la Révolution et sous le premier Empire, à la magistrature. Accusateur public près le tribunal criminel séant à Lyon, il devint ensuite président du tribunal d'appel en 1800, fut fait chevalier de l'empire le 28 octobre 1808, et baron le 9 mars 1810. Premier président de la cour d'appel en 1811, il fut élu, le 13 mai 1815, représentant à la Chambre des Cent-Jours, par le grand collège du département du Rhône, avec 49 voix (74 votants). Sa carrière politique prit fin avec la courte session de cette législature, et il fut destitué de ses fonctions de magistrat au second retour des Bourbons. Commandeur de la Légion d'honneur.

VOYER DE PAULMY D'ARGENSON (Marc-René-Marie, comte le), représentant aux Cent-Jours, député de 1815 à 1824, et de 1828 à 1834, né à Paris le 10 septembre 1771, mort à Paris le 1er août 1842, « fils de Marc-René le Voyer, marquis d'Argenson, et de Marie-Constance de Mailly », appartenait à une vieille famille originaire de Touraine, qui y possédait de temps immémorial la terre de Paulmy. Il perdit son père fort jeune et fut confié aux soins de M. de Paulmy. Ses études terminées à Strasbourg, il adopta les principes de la Révolution, et entra à l'armée en qualité d'aide-de-camp du général Wittgenstein, commandant une division sur la Meuse. Peu après, il fut attaché au même titre au général La Fayette. Lorsque, après les événements du 10 août 1792, celui-ci crut devoir quitter la France, M. d'Argenson se fixa en Touraine, épousa la veuve du prince Victor de Broglie, et se tint pendant la période révolutionnaire à l'écart des affaires publiques. Il s'occupa d'agriculture et réalisa dans sa terre des Ormes, en Poitou, de notables améliorations. Président du collège électoral de la Vienne en 1803, il fit partie, l'année suivante, de la députation envoyée à l'empereur, qui lui offrit une place de chambellan. Le Voyer d'Argenson préféra celle de préfet des Deux-Nèthes, qu'il occupa de 1809 à 1813. Il se trouvait à Anvers lors du débarquement des Anglais à Walcheren et coopéra aux mesures qui furent prises pour les repousser. Le maire d'Anvers, ayant été dénoncé à l'empereur pour avoir, conjointement avec d'autres personnes, commis des dilapidations dans la gestion de l'octroi, subissait une détention préventive, quand le préfet des Deux-Nèthes reçut l'injonction d'ordonner le séquestre des biens des accusés. D'Argenson refusa et motiva son refus sur l'illégalité d'une pareille mesure. Son attitude ayant déplu, il donna sa démission et se retira dans ses propriétés d'Alsace. Il refusa la préfecture de Lyon que lui offrit la première Restauration, et déclara qu'il n'accepterait aucune fonction tant que la France n'aurait point une Constitution libre et que son territoire serait occupé par les armées étrangères. Pendant les Cent-Jours, il fut élu (12 mai 1815) représentant de l'arrondissement de Belfort à la Chambre des représentants, par 46 voix sur 99 votants. Lorsque les députés trouvèrent les portes du palais Bourbon fermées, le 8 juillet, d'Argenson fut un de ceux qui se réunirent chez le président Lanjuinais pour y signer le procès-verbal constatant la protestation des représentants contre la violation de leurs droits. Appelé, le 22 août 1815, par le département du Haut-Rhin, et par 68 voix (125 votants, 199 inscrits), à siéger dans la Chambre introuvable, il prit place dans la minorité, combattit les mesures de sûreté générale proposées dès l'ouverture de la session, demanda une enquête préalable sur la situation du royaume, dénonça avec indignation les assassinats de Nîmes, et fut rappelé à l'ordre, le 24 octobre 1815, par le président Lainé. Seul il combattit ouvertement le projet de loi pour l'établissement des cours prévôtales. Réélu député du Haut-Rhin, le 4 octobre 1816, par 76 voix (114 votants, 191 inscrits), puis le 28 septembre 1817, par 399 voix (451 votants, 552 inscrits), il publia son opinion sur le projet d'adresse au roi en réponse au discours de la couronne, s'opposa à l'adoption du projet de loi sur l'ensemble des dotations ecclésiastiques, défendit la liberté individuelle et la liberté des journaux, réclama l'établissement du jury en matière de presse, parla encore sur la loi du recrutement, et demanda la rentrée en France des proscrits de 1815. Il obtint encore sa réélection, le 9 mai 1822, dans le 3e arrondissement électoral du Haut-Rhin (Belfort), par 65 voix (102 votants, 108 inscrits), contre 36 à M. Haas, combattit la proposition de décerner une récompense nationale au duc de Richelieu, dénonça le refus du ministre d'admettre dans les collèges les enfants des protestants, et ne cessa de se montrer l'ardent défenseur de la Charte. Il ne fut pas réélu en 1824. Mais aux élections suivantes, Dupont (de l'Eure) ayant été nommé dans le premier collège de Paris et dans les circonscriptions de Pont-Audemer et de Bernay (Eure) et ayant opté pour cette dernière, les électeurs de Pont-Audemer conférèrent le 26 avril 1828, par 313 voix (392 votants, 526 inscrits), contre 60 à M. Letendre de Tourville, un mandat de député à Le Voyer d'Argenson, qui donna sa démission l'année suivante. Partisan de la révolution de 1830, il fut réélu, le 21 octobre 1830, dans le 2e arrondissement de la Vienne (Châtellerault), par 195 voix (301 votants, 406 inscrits), en remplacement de M. Creuzé, démissionnaire; il prêta à Louis-Philippe le serment exigé, mais en ajoutant (3 novembre) « sauf les progrès de la raison publique ». Le 1er octobre 1831, il succéda, comme député du 1er collège du Bas-Rhin (Strasbourg), à La Fayette qui optait pour Meaux, siégea encore à gauche, présenta un projet de loi tendant à rendre les concessions des mines moins difficiles de la part de l'État, s'éleva contre l'allocation de dix-huit millions pour travaux publics, prit part à la discussion du projet de loi municipale, signa en 1832 le compte-rendu de l'opposition, et figura (octobre 1833) parmi les signataires d'un manifeste publié par la Société des Droits de l'homme. Non réélu en 1834, il passa ses dernières années dans la retraite.

VOYSIN DE GARTEMPE (JEAN-BAPTISTE, BARON), député en 1791, de 1815 à 1821, de 1827 à 1831 et pair de France, né à Guéret (Creuse) le 29 octobre 1759, mort à Paris le 11 mai 1840, « fils de maître François Voysin, seigneur de Gartempe, avocat au parlement, et de dame Marie-Léonarde Chertier », était homme de loi à l'époque de la Révolution. Partisan des idées nouvelles, il devint procureur-syndic en 1790, et fut élu, le 31 août 1791, député de la Creuse à l'Assemblée législative, le 1er sur 7, par 192 voix (372 votants); il prit place parmi les modérés, parla sur l'organisation de la haute cour nationale, sur la déportation des prêtres insermentés, sur la majorité pour le mariage, sur l'affaire de Pétion et sur celle de Paris et de Boulland, fut membre suppléant du comité de division et membre du comité de législation, et fut dénoncé par Gay-Vernon; mais il parvint à se justifier. Après la session, il fut de nouveau menacé comme suspect et dut vivre quelque temps caché. Rallié au 18 brumaire, il fut nommé juge au tribunal de Limoges le 18 floréal an VIII, premier président de la cour impériale de Metz le 22 avril 1809, et créé chevalier de l'empire le 16 juillet 1811. Il était aussi conseiller général de la Creuse depuis l'an IX. Ayant adhéré au retour des Bourbons, il fut successivement député du grand collège de la Moselle, le 22 août 1815, par 106 voix (192 votants, 318 inscrits); le 4 octobre 1816, par 94 voix (162 votants, 214 inscrits); le 13 novembre 1820, dans le grand collège de la Creuse, par 66 voix (98 votants, 114 inscrits). A la Chambre introuvable, il prit place dans la minorité ministérielle, parla sur les cris et emblèmes séditieux et prit la défense de Masséna attaqué par les pétitionnaires marseillais, malgré les murmures et les interruptions qui accueillirent son discours. Il siégea ensuite au centre, fut nommé conseiller à la cour de Cassation, le 7 juillet 1819, et vota contre les lois d'exception. Réélu dans le même collège, le 24 novembre 1827, par 38 voix (68 votants, 90 inscrits, contre 24 à M. Leyrand, et, le 3 juillet 1830, par 43 voix (92 votants, 97 inscrits), contre 41 à M. Cassier de la Celle, il signa l'Adresse des 221 et adhéra au gouvernement de Louis-Philippe. De nouveau réélu, le 10 septembre 1831, dans le 4e collège de la Creuse (Boussac), en remplacement de M. Bourgeois, dont l'élection avait été annulée, par 68 voix (114 votants, 146 inscrits), il prit place dans la nouvelle majorité, ne se représenta pas aux élections de 1834, et fut nommé pair de France le 11 septembre 1835. Il siégea jusqu'à sa mort dans les rangs du parti conservateur.

VRAINCOURT. — *Voy.* ANTHOUARD (BARON D').

VRIGNY (René Vacquelin, marquis de), député en 1789, né à Caen (Calvados) le 25 septembre 1729, exécuté à Paris le 27 juillet 1794, ancien capitaine de cavalerie, grand bailli, fut élu, le 29 mars 1789, député de la noblesse aux Etats-Généraux par le bailliage d'Alençon. Il s'y montra opposé aux réformes, défendit le parlement de Rouen, offrit à la nation une somme de 30,000 livres sans intérêts (8 août), donna sa démission de député le 1er mai 1790, et protesta vivement contre le décret du 9 juin suivant; mais il fut désavoué par la ci-devant noblesse d'Alençon. Arrêté comme suspect de royalisme, il fut traduit devant le tribunal révolutionnaire, condamné à mort et exécuté le jour de la chute de Robespierre; il fit partie de la dernière charrette. Le registre d'écrou porte : René Vacquelin Vrigny, ex-constituant, ex-noble, 72 ans, né à Vrigny (Orne), demeurant place de l'Indivisibilité, n° 299.

VUILLEFROY (Charles-Amédée de), sénateur du second empire, né à Soissons (Aisne) le 23 avril 1810, mort à Thury (Oise) le 20 octobre 1878, fit son droit à Paris et entra dans l'administration. Auditeur de 2e classe au conseil d'Etat (1832), auditeur de 1re classe (1834), maître des requêtes en service extraordinaire (1837) et en service ordinaire (1853), il fut élu, en 1848, conseiller d'Etat par l'Assemblée constituante, maintenu par la Législative, et renommé au conseil d'Etat réorganisé en 1852. Sénateur le 1er juillet 1863, il fit partie du conseil supérieur du commerce et du comité consultatif des chemins de fer, fut mis à la retraite, comme président de section du conseil d'Etat, le 30 octobre 1863, et rentra dans la vie privée en 1870. Chevalier de la Légion d'honneur (6 mai 1835), officier (30 décembre 1855), commandeur (24 août 1859) grand-officier (30 août 1865). On a de lui : Principes d'administration (1837), en collaboration avec M. Monnier; Administration du culte catholique (1842).

VUILLIER (Simon), député en 1791 et représentant aux Cent-Jours, né à Quingey (Doubs) le 10 décembre 1740, mort à une date inconnue, était président du bureau de conciliation à Dole, quand il fut élu, le 31 août 1791, député du Doubs à l'Assemblée législative, le 8e et dernier, par 227 voix (404 votants). Il siégea obscurément dans la majorité; son nom n'est pas cité au Moniteur. Il remplit, sous l'empire, les fonctions de juge de paix à Dole, et fut élu, le 11 mai 1815, représentant à la Chambre des Cent-Jours par l'arrondissement de Dole, avec 50 voix (89 votants), contre 20 à M. Bouvier. La courte session de cette assemblée mit fin à sa carrière politique.

VUITRY (Paul-Julien-Marin), député de 1834 à 1848, né à Paris le 24 février 1780, mort à Saint-Donain (?) le 29 juin 1879, entra à l'Ecole des ponts et chaussées, et devint ingénieur dans l'Yonne où il se fixa. Partisan de la révolution de 1830, il fut successivement élu député du 4e collège de l'Yonne (Sens), le 21 juin 1834, par 139 voix (273 votants, 310 inscrits), contre 112 à M. Guichard; le 4 novembre 1837, par 227 voix (333 votants, 390 inscrits); le 2 mars 1839, par 239 voix (305 votants); le 9 juillet 1842, par 213 voix (383 votants, 439 inscrits), contre 166 à M. Guichard; le 1er août 1846, par 316 voix (535 votants, 575 inscrits), contre 187 à M. Guichard. Il prit place dans la majorité ministérielle, parla sur les routes et sur les caisses d'épargne, fut

rapporteur du budget du ministère du Commerce et des Travaux publics en 1839, du budget en 1841, des lois sur le droit d'enregistrement et sur la taxe des lettres, et vota pour le ministère Molé, pour la dotation du duc de Nemours, contre les incompatibilités, pour l'indemnité Pritchard. Maire de Sens, conseiller général de l'Yonne depuis 1841, membre du conseil général de l'agriculture, il rentra dans la vie privée à la révolution de 1848.

VUITRY (Adolphe), sénateur du second empire et ministre, né à Sens (Yonne) le 31 mars 1813, mort à Paris le 23 juin 1885, fils du précédent et de dame Amable-Louise Hardy, fut admis à l'Ecole polytechnique, en sortit ingénieur des ponts et chaussées, puis se fit recevoir docteur en droit, et entra au ministère de la Justice et des Cultes, où il devint chef de la 1re section des cultes. Démissionnaire en 1846, il fut nommé, peu après, maître des requêtes au conseil d'Etat (section du contentieux), passa comme sous-secrétaire d'Etat aux finances avec M. Fould (1851), rentra au conseil d'Etat le 25 janvier 1852, et fut appelé, le même jour, aux fonctions de gouverneur de la Banque de France. Le 15 juin 1852, il opina le premier, comme le plus jeune des conseillers de la section du contentieux, sur l'affaire des princes d'Orléans, se prononça pour le droit commun, et fut de la minorité des huit membres qui votèrent contre la suspension de la loi civile. Cet acte d'indépendance ne lui valut qu'une disgrâce mitigée. Commissaire du gouvernement pour défendre les projets de loi devant le Sénat et le Corps législatif, vice-président honoraire du conseil d'Etat (18 octobre 1863), ministre présidant le conseil d'Etat le 28 septembre 1864, membre de l'Académie des sciences morales et politiques (15 mars 1862), conseiller général du canton nord de Sens jusqu'en 1870, il se fit remarquer, dans les discussions parlementaires, par de rares qualités de financier et de jurisconsulte. « Il avait, dit un historien, l'aspect d'un gentleman anglais ayant blanchi sur les livres : le front bombé; un nez aquilin très fortement prononcé; les sourcils d'ordinaire froncés comme s'il était à la recherche de quelque problème; les lèvres mobiles de l'homme d'étude qui sait parler; au fond n'ayant plus d'illusions, sinon sur les choses, du moins sur les hommes, mais cachant ce dédain secret sous un air aimable, bien que sans chaleur. » M. Vuitry quitta ses fonctions de ministre présidant le conseil d'Etat le 16 juillet 1867, fut élevé cinq jours après à la dignité de sénateur, et fut admis à la retraite, comme ministre, le 3 novembre suivant. La révolution du 4 septembre le rendit à la vie privée; il n'exerça plus que les fonctions de président du conseil d'administration de la Compagnie Paris-Lyon-Méditerranée. Il était le beau-frère de M. Germain, président du conseil d'administration du Crédit lyonnais et député. Grand-croix de la Légion d'honneur (4 août 1867). On a de lui : Etude sur le régime financier de la France avant la Révolution (1877).

VYAU DE BAUDREUILLE (Pierre-Gabriel), député en 1789, né le 25 juin 1715, mort à Saint-Pierre-le-Moutier (Nièvre) le 27 décembre 1819, était lieutenant-général au bailliage, lorsqu'il fut élu, le 22 mars 1789, député du tiers aux Etats-Généraux par le bailliage de Saint-Pierre-le-Moutier. Il prêta le serment du Jeu de paume, siégea silencieusement dans la majorité, et ne fit pas partie d'autres assemblées.

W

WADDINGTON (William-Henry), représentant en 1871, ministre et membre du Sénat, né au château de Saint-Rémy-sur-Avre (Eure-et-Loir) le 11 décembre 1826, fils d'un riche manufacturier anglais établi en France depuis 1780, fit ses études au lycée Saint-Louis à Paris, puis à l'université de Cambridge, opta pour la nationalité française, et se consacra à l'étude de l'épigraphie et de la numismatique. En 1850, il parcourut en archéologue l'Asie Mineure, et adressa à l'Institut deux *Mémoires* qui furent couronnés. Dix années plus tard, il se rendit en Grèce et en Syrie pour compléter ses premiers travaux. Au retour, il publia les *Mélanges de numismatique et de philologie* (1861), *l'Edit de Dioclétien établissant le maximum dans l'empire romain* (1864), et fut nommé (1865) membre de l'Académie des Inscriptions et belles-lettres. En 1868, il continua, pour la partie relative aux inscriptions grecques et latines, le *Voyage archéologique en Grèce et en Asie-Mineure* de Philippe Lebas. D'opinions indépendantes, il s'était présenté une première fois, le 6 août 1865, comme candidat au Corps législatif dans la 4ᵉ circonscription de l'Aisne, en remplacement de M. Geoffroy de Villeneuve décédé, et avait obtenu, au 1ᵉʳ tour, 3,927 voix sur 20,813 votants, contre 12,412 au candidat officiel, M. Marsaux, 5,840 à M. de Tillancourt, 5,132 à M. de Montesquiou, 1,421 à M. de Lostanges et 961 à M. Levesque. Il se retira avant le scrutin de ballottage. Le 24 mai 1869, il échoua encore avec 5,750 voix, contre 21,125 au député de l'opposition sortant, M. de Tillancourt, et 5,075 à M. de Montesquiou. Sous le ministère Ollivier (1870), il fit partie de la commission de décentralisation présidée par Odilon Barrot. Aux élections du 8 février 1871 pour l'Assemblée nationale, M. Waddington fut élu représentant de l'Aisne, le 8ᵉ sur 11, par 60,575 voix (87,823 votants). Il siégea au centre, sans appartenir d'abord à un groupe politique bien tranché, vota *pour* la paix, *pour* l'abrogation des lois d'exil, *pour* la validation de l'élection des princes d'Orléans, fut rapporteur de la loi sur les conseils généraux, se sépara du centre droit pour opiner *contre* le pouvoir constituant de l'Assemblée, et se prononça *contre* le maintien des traités de commerce. Elu, le 8 octobre 1871, membre du conseil général de l'Aisne pour le canton de Neuilly-Saint-Front, il devint président du conseil et, en cette qualité, fit acte formel d'adhésion à la République conservatrice, dans un banquet offert le 27 août 1872 par le préfet du département. Partisan de la politique de Thiers, il fut appelé par lui à faire partie, comme ministre de l'Instruction publique, du cabinet du 19 mai 1873, et chargé de présenter à l'Assemblée les lois organiques de la République; mais cinq jours plus tard (24 mai), la coalition de tous les partis monarchiques renversait le chef du pouvoir. Le député de l'Aisne rentra alors dans l'opposition. Le 7 novembre, il proposa de réduire à cinq ans la prorogation des pouvoirs du maréchal de Mac-Mahon. Il contribua (13 mai 1874) à la chute du cabinet de Broglie, dont il n'avait cessé de combattre les ten-

dances, puis il vota les amendements Wallon et Pascal Duprat ainsi que la Constitution du 25 février 1875. Elu sénateur de l'Aisne le 30 janvier 1876, par 658 voix (921 votants), il prit encore le portefeuille de l'Instruction publique dans le cabinet Dufaure; le ministère des cultes fut alors détaché de celui de l'Instruction publique et réuni au ministère de la Justice, M. Waddington étant protestant. Il déposa à la Chambre des députés un projet de loi modifiant la loi sur l'enseignement supérieur et rendant à l'Etat la collation des grades (23 mars), prononça, le 3 juin, un discours remarquable à ce sujet, et exposa (14 juin) devant la commission du budget l'ensemble des réformes qu'il préparait dans l'enseignement primaire, secondaire et supérieur. Le parti catholique se montra très opposé à ses vues. M. Waddington créa des facultés de droit à Douai et à Bordeaux, et fit adopter par la Chambre des députés son projet de loi sur la collation des grades, projet qui fut rejeté au Sénat le 21 juillet 1876, par 144 voix contre 130. M. Waddington, qui avait conservé son portefeuille lorsque M. J. Simon prit la présidence du cabinet (13 décembre 1876), quitta le ministère après l'acte du 16 mai 1877, et vota, le 23 juin suivant, au Sénat, *contre* la dissolution de la Chambre des députés. Il rentra au pouvoir le 13 décembre 1877, dans le nouveau cabinet Dufaure, comme ministre des Affaires étrangères, assista, en qualité de plénipotentiaire français, au congrès de Berlin, qui s'ouvrit le 13 juin 1878, pour le règlement de la question d'Orient, y soutint la nécessité d'une rectification de frontières entre la Turquie et la Grèce, en fit adopter par le congrès le principe, sans en assurer toutefois l'application, obtint le maintien du *statu quo* dans les Lieux-Saints, et refusa toute compensation en Syrie, en Tunisie ou en Egypte, alors que l'Angleterre s'emparait de Chypre, en déclarant qu'il voulait revenir de Berlin « les mains nettes ». De retour à Paris, il rendit compte de sa mission et fut félicité de son attitude par le gouvernement français. Après la démission du maréchal de Mac-Mahon et la retraite de Dufaure, M. Waddington fut invité par M. Grévy à conserver son portefeuille et à prendre en outre (4 février 1879) la présidence du conseil. Il adopta une politique dont les tendances républicaines parurent exagérées au Sénat et insuffisantes à la majorité de la Chambre des députés. Adversaire des poursuites contre les ministres du 16 mai, il combattit également l'amnistie plénière; d'autre part, il appuya le retour des Chambres à Paris. Comme ministre des Affaires étrangères, il ne cessa de réclamer en faveur de la Grèce, et de travailler à l'accord de la France et de l'Angleterre sur les affaires égyptiennes. La question, tant débattue, de « l'épuration du personnel » provoqua une vive opposition à l'égard du ministère, qui, interpellé le 2 décembre 1879, obtint un vote de confiance. M. Waddington crut néanmoins devoir se retirer le 27 du même mois et fut remplacé aux Affaires étrangères et à la présidence du conseil par M. de Freycinet. Il refusa à ce moment l'ambassade de Londres, fit un voyage en Italie (1880), et vota au Sénat avec le centre gauche. Rapporteur (juin 1881) du projet de loi sur le scrutin de liste, il conclut au rejet, parla (juillet) sur la loi relative à la gratuité de l'enseignement primaire, s'associa à l'amendement Léon Say sur la loi relative aux prétendants (février 1882), mais ne le représenta pas lorsque la Chambre l'eut rejeté, et déclara qu'il voterait contre la loi. En mai 1883, le gouvernement de la République chargea M. Waddington d'assister au couronnement de l'empereur de Russie, Alexandre III, avec le titre d'ambassadeur extraordinaire. Le 18 juillet de la même année, il fut nommé ambassadeur à Londres. Réélu, le 6 janvier 1885, sénateur de l'Aisne par 1,056 voix (1,371 votants), M. Waddington n'assista plus que rarement aux séances de la Chambre haute et résida le plus souvent à Londres, où le retenaient ses fonctions d'ambassadeur, et où il eut à mener les délicates négociations relatives aux affaires d'Égypte (1884). Il a été élu, le 16 août 1881, *fellow* honoraire de l'université de Cambridge. Veuf de mademoiselle Lutteroth qu'il avait épousée en 1850, il s'est remarié, en 1874, avec mademoiselle King, petite fille de l'un des fondateurs de la République des États-Unis.

WADDINGTON (RICHARD), député depuis 1876, né à Rouen (Seine-Inférieure) le 22 mai 1838, frère du précédent, dirigea les filatures créées par son grand-père à Saint-Remy-sur-Avre (Eure-et-Loir). Juge au tribunal de commerce de Rouen (1861-1873), il organisa, lors de la guerre de 1870, l'artillerie de la garde mobilisée de Rouen, fut nommé capitaine, et décoré. Conseiller d'arrondissement du 1er canton de Darnétal (8 octobre 1871), membre de la chambre de commerce de Rouen (1872), il fut élu, le 20 février 1876, député de la 3e circonscription de Rouen par 11,621 voix (16,781 votants, 23,445 inscrits) contre 5,192 à M. Bezuel d'Esneval. Il prit place au centre gauche, dont il devint secrétaire, se mêla à un certain nombre de discussions, et fut des 363 qui refusèrent le vote de confiance au cabinet du 16 mai. Réélu, le 14 octobre 1877, après la dissolution de la Chambre, par 11,854 voix (19,614 votants, 23,773 inscrits), contre 7,621 à M. Delamarre-Debouteville, candidat du gouvernement, il reprit sa place à gauche, soutint le ministère Dufaure, fut membre de la commission des chemins de fer, de la commission des douanes, et défendit à la tribune le système protectionniste. Successivement réélu, le 21 août 1881, par 12,626 voix (14,478 votants, 23,786 inscrits) contre 1,011 à M. Cord'homme radical, et, le 4 octobre 1885, au scrutin de liste, sur la liste opportuniste de la Seine-Inférieure, le 5e sur 12, par 80,133 voix (149,546 votants, 195,467 inscrits), il a continué de siéger au centre gauche, a pris la parole sur les traités de commerce, sur les chemins de fer, sur les questions ouvrières, sur les tarifs douaniers applicables à l'Indo-Chine, a soutenu la politique opportuniste, s'est prononcé *contre* l'expulsion des princes, et, dans la dernière session, *pour* le rétablissement du scrutin d'arrondissement (11 février 1889), *pour* l'ajournement indéfini de la révision de la Constitution, *pour* les poursuites contre trois députés membres de la Ligue des patriotes, *pour* le projet de loi Lisbonne restrictif de la liberté de la presse, *pour* les poursuites contre le général Boulanger.

WÆLTERLÉ (JEAN-PIERRE-VINCENT), député en 1791, né à Heimsprung (Haut-Rhin) le 4 avril 1761, mort à Colmar (Haut-Rhin) le 13 octobre 1811, « fils de Vincent Wælterlé et d'Anne-Marie Walterlé », était avocat à Heimsprung au moment de la Révolution. Partisan des idées nouvelles, il devint membre du directoire du Haut-Rhin (17 juillet 1790), et fut élu, le 2 septembre 1791, député de ce département à l'Assemblée législative, le 2e sur 7, par 212 voix (408 votants). Il fut membre du comité de l'agriculture, et ne joua qu'un rôle très effacé. Son nom n'est pas cité au *Moniteur*. Réélu administrateur du Haut-Rhin le 21 avril 1794, puis haut-juré de ce département, il se rallia au 18 brumaire et fut nommé conseiller de préfecture du Haut-Rhin le 9 germinal an VIII. Il remplit ces fonctions jusqu'à sa mise à la retraite, le 23 juin 1810.

WAGRAM (PRINCE DE). — *Voy.* BERTHIER.

WALDECK-ROUSSEAU (RENÉ), représentant du peuple en 1848, né à Avranches (Manche) le 27 septembre 1809, mort à Nantes (Loire-Inférieure) le 17 février 1882, fit son droit à Paris et se fit inscrire au barreau de Nantes, où il acquit une brillante réputation. Adversaire constant de la politique de Louis-Philippe, membre de la Société des droits de l'homme, il fut élu, le 23 avril 1848, représentant de la Loire-Inférieure à l'Assemblée constituante, le 5e sur 13, par 86,329 voix (124,699 votants, 153,491 inscrits). Il prit place à la gauche modérée, soutint le général Cavaignac, fut membre et rapporteur de diverses commissions, et vota *pour* les poursuites contre L. Blanc et Caussidière, *pour* l'abolition de la peine de mort, *contre* l'incompatibilité des fonctions, *contre* l'amendement Grévy, *contre* la sanction de la Constitution par le peuple, *pour* l'ensemble de la Constitution, *contre* la proposition Rateau, *contre* l'interdiction des clubs, *contre* l'expédition de Rome. Il ne se représenta pas à la Législative, et échoua, comme candidat d'opposition, au Corps législatif dans la 2e circonscription de la Loire-Inférieure, le 29 février 1852, avec 2,300 voix, contre 7,620 à l'élu officiel, M. Ferdinand Favre, 399 à M. de Sesmaisons et 181 à M. Brahelx. Il défendit, sous l'Empire, nombre de journaux poursuivis, contribua à l'organisation d'une école industrielle pour les enfants peu aisés, fut nommé maire de Nantes en août 1870, échoua comme candidat à l'Assemblée nationale dans la Loire-Inférieure, le 8 février 1871, avec 34,509 voix sur 95,897 votants, fut décoré de la Légion d'honneur le 29 décembre suivant, et ne rentra plus dans la vie politique.

WALDECK-ROUSSEAU (PIERRE-MARIE-ERNEST), député de 1879 à 1889 et ministre, né à Nantes (Loire-Inférieure) le 2 décembre 1846, fils du précédent, se fit inscrire au barreau de Nantes, et fut élu, le 6 avril 1879, député de la 1re circonscription de Rennes, par 8,703 votants, 21,902 inscrits), contre 281 à M. Fouqueron, en remplacement de M. Roger-Marvaise nommé sénateur. Il prit place à l'Union républicaine, déposa un projet de réforme sur la magistrature, et, en janvier 1880, fut nommé rapporteur de diverses propositions analogues et du projet déposé sur le même sujet par M. Cazot, ministre de la Justice. En cette qualité, il prononça devant la Chambre plusieurs discours remarqués, et prit une part importante, en 1883, à la discussion de la loi

Martin-Feuillée qui fit aboutir ces projets. Il avait été réélu, le 21 août 1881, par 8,840 voix (13,863 votants, 17,796 inscrits), contre 4,192 à M. de Bourgerel et 643 à M. Chabert. Le 11 novembre suivant, il accepta le portefeuille de l'Intérieur dans le cabinet Gambetta, et tomba avec le « grand ministère » le 29 janvier 1882. Il reprit le portefeuille de l'Intérieur augmenté des cultes dans le 2e cabinet Ferry, le 21 février 1883, fut alors remplacé par M. Gerville-Réache, comme rapporteur de la loi sur la réforme de la magistrature, parla au Sénat (mars 1883) sur le droit d'association et sur les sociétés de secours mutuels, forma, au ministère de l'Intérieur, une commission chargée d'étudier la participation des ouvriers aux bénéfices, fit rejeter (mai) la nomination d'une commission parlementaire chargée de surveiller le fonctionnement des syndicats professionnels et revendiqua pour le gouvernement la responsabilité de cette surveillance, fit repousser (juillet) la demande d'amnistie en faveur des condamnés de Montceau-les-Mines, et (novembre) la proposition Anatole de la Forge sur la mairie centrale de Paris, appuya (février 1884) la publicité des séances des conseils municipaux, défendit (mars) la loi sur les manifestations séditieuses, repoussa (octobre), au nom du gouvernement, l'élection du Sénat à deux degrés, et l'attribution à tous les conseillers municipaux de la qualité d'électeurs sénatoriaux, combattit (décembre) la proposition Floquet demandant l'élection du Sénat au suffrage universel, et ne put empêcher la Chambre d'adopter cette proposition par 267 voix contre 250; la Chambre se déjugea d'ailleurs quelques jours après, et repoussa l'amendement Floquet par 280 voix contre 227. En février 1885, il fit rejeter le contre-projet Bérenger tendant à substituer à la relégation des récidivistes des aggravations de peines, et quitta le pouvoir avec le cabinet tout entier le 5 avril suivant, après le désastre de Lang-Son. Porté, aux élections générales du 4 octobre 1885, sur la liste républicaine d'Ille-et-Vilaine, il fut réélu député, au second tour (18 octobre), le 9e et dernier, par 63,671 voix (124,052 votants, 153,125 inscrits). Il reprit sa place à la gauche républicaine, déclara (septembre 1886), dans un discours à un comice d'agricole d'Ille-et-Vilaine, que « la plus simple tentative d'amélioration sociale est d'un plus haut intérêt que la plupart des problèmes de scolastique républicaine où il semble qu'on se complaise à se débattre », critiqua (janvier 1888) les tergiversations de M. Sarrien, ministre de l'Intérieur, sur l'installation du préfet de la Seine à l'Hôtel de Ville, après l'attitude du conseil municipal lors de l'élection du nouveau président de la République (décembre précédent), souligna (juin) la faiblesse de M. Floquet dans l'affaire du maire socialiste de Carcassonne, et se prononça *pour* la politique scolaire et coloniale de la majorité républicaine, *contre* l'expulsion des princes, et, dans la dernière session, *pour* le rétablissement du scrutin d'arrondissement (11 février 1889), *pour* l'ajournement indéfini de la revision de la Constitution, *pour* les poursuites contre trois députés membres de la Ligue des patriotes, *pour* le projet de loi Lisbonne restrictif de la liberté de la presse, *pour* les poursuites contre le général Boulanger.

WALDNER DE FREUNSTEIN (Godefroy), député au Corps législatif de 1811 à 1815, né à Mulhouse (Haut-Rhin) le 28 février 1757, mort à Mulhouse le 4 octobre 1818, « fils de

François-Louis Waldner de Freunstein de Schweighausen, mestre de camp de cavalerie, et de Wilhelmine-Auguste-Eléonore-Sophie de Bergheim », propriétaire, et conseiller général du canton de Saultz, fut élu, le 4 mai 1811, par le Sénat conservateur, député du Haut-Rhin au Corps législatif. Il adhéra en 1814 à la déchéance de l'empereur et ne fit pas partie d'autres assemblées.

WALDNER DE FREUNSTEIN (Edouard, comte), sénateur du second empire, né à Mulhouse (Haut-Rhin) le 24 mai 1789, mort à Paris le 3 avril 1879, fils du précédent, suivit la carrière des armes, débuta en Espagne dans les dragons, fut envoyé en 1812 à la grande armée, et, promu capitaine de cuirassiers, fit la campagne de Russie, et fut blessé à la Moskowa et pendant la retraite. Chef d'escadron lors de la campagne de Saxe, il ne fut nommé colonel du 10e cuirassiers que le 27 mars 1834. Général de brigade en 1811, général de division le 3 janvier 1851, il reçut peu après le commandement de la 6e division militaire (Strasbourg), qu'il exerça jusqu'à son passage dans la section de réserve en 1863. Le 7 mai de cette dernière année, il fut nommé sénateur. Admis à la retraite comme général de division, le 10 octobre 1878, M. Waldner de Freunstein était grand-officier de la Légion d'honneur du 24 décembre 1863 et grand-croix du 12 août 1866.

WALEWSKI (Florian-Alexandre-Joseph, Colonna, comte), sénateur, ministre, député de 1865 à 1868, né au château de Valewice, près de Varsovie (Pologne) le 4 mai 1810, mort à Strasbourg (Bas-Rhin) le 27 septembre 1868, fils de Napoléon Ier et de la comtesse Walewska, de noblesse polonaise, fut élevé à Genève, revint en Pologne en 1824, refusa d'entrer dans l'armée russe, et, surveillé de près par la police russe, parvint à s'embarquer pour l'Angleterre. De là il se rendit à Paris d'où son extradition fut refusée au gouvernement russe par le ministre Villèle. Chargé, en 1830, d'une mission secrète en Pologne par Louis-Philippe, il se battit, en 1831, pour la cause de l'indépendance polonaise, fut délégué à Londres par le gouvernement insurrectionnel pour solliciter l'appui de l'Angleterre, et, après la prise de Varsovie, vint à Paris, se fit naturaliser Français, et fut nommé officier d'ordonnance du maréchal Gérard. Ayant perdu sa femme, après deux ans de mariage, il demanda à être envoyé en Afrique et fut nommé capitaine dans la légion étrangère ; il passa ensuite au 2e chasseurs d'Afrique et devint directeur des affaires arabes à Oran. De retour en France, il passa capitaine au 4e hussards, donna sa démission en 1837, et se fit connaître comme publiciste et comme auteur dramatique. L'École du monde ou la coquette sans le savoir, comédie représentée au Théâtre-Français le 8 janvier 1840, n'eut qu'un succès d'estime ; la même année, il vendit son journal, le Messager des Chambres, à M. Thiers qui l'envoya en mission auprès de Méhémet-Ali pour obtenir son consentement au traité de Londres ; le ministère Guizot l'attacha ensuite à la légation de Buenos-Ayres. Après son élection à la présidence de la République, le prince Louis-Napoléon le nomma (1849) ministre plénipotentiaire à Florence, ambassadeur à Naples, à Madrid et à Londres, où il négocia habilement la reconnaissance du second empire par le cabinet anglais. Élevé à la dignité de sénateur le

26 avril 1855, il succéda, le 7 mai suivant, à M. Drouyn de Lhuys, comme ministre des Affaires étrangères, et, en cette qualité, présida le congrès de Paris après la guerre de Crimée et signa le traité du 30 mars 1856. Remplacé par M. Thouvenel le 3 janvier 1860, il fut nommé membre du conseil privé, puis, le 23 novembre suivant, ministre d'Etat avec la direction des Beaux-Arts ; il présenta un projet de loi sur la propriété artistique et littéraire, donna sa démission de ministre le 22 juin 1863, et sa démission de sénateur en 1865, pour se faire élire député au Corps législatif, le 29 août 1865, dans la 2e circonscription des Landes, en remplacement de M. Corta, démissionnaire en sa faveur ; il fut élu par 23,204 voix (28,295 votants, 39,468 inscrits). L'empereur le destinait à remplacer à la présidence de la Chambre M. de Morny décédé, et il le nomma même à ces hautes fonctions, avant que son élection eût été validée. Le nouveau président parut incliner vers le régime parlementaire, et montra vis-à-vis de l'opposition une impartialité qui déplut à M. Rouher. Sur son refus de rappeler à l'ordre M. Thiers, la majorité souleva un tumulte, et M. Walewski donna sa démission de député (avril 1867). Il rentra au Sénat, présenta M. Emile Ollivier à l'empereur ; mais cette entrevue n'ayant pas amené le résultat espéré, il parut renoncer à la politique active, et alla faire un voyage en Allemagne. Il mourut à Strasbourg, en revenant en France. L'Etat accorda à sa veuve, fille du prince Poniatowski, une pension de 20,000 francs. M. Walewski avait reconnu un fils qu'il avait eu de Mlle Rachel. Grand-croix de la Légion d'honneur (3 mars 1856), membre libre de l'Académie des beaux-arts depuis 1857.

WALFERDIN (François Hippolyte), représentant du peuple en 1848, né à Langres (Haute-Marne) le 8 juin 1795, mort à Paris le 25 janvier 1880, entra fort jeune dans l'administration des douanes, et passa dans le service du trésor, section du contrôle des poids et mesures. Ami d'Arago, il étudia avec ce savant différentes questions de physique, prit part au forage du puits de Grenelle, inventa le thermomètre à maxima et à déversement, et chercha à établir la loi de variation croissante de la température à l'intérieur de la terre, loi que les récentes découvertes ont radicalement modifiée. Il imagina aussi l'hypsothermomètre, l'hydrolocomètre ou sonde marine et divers autres instruments ingénieux. Ses travaux lui méritèrent la croix de la Légion d'honneur en 1844 ; il était alors chef de bureau dans l'administration des douanes. Très libéral, il devint, en 1848, commissaire du gouvernement provisoire dans la Haute-Marne, mais ses fonctions administratives lui firent renoncer à cet emploi. Elu, le 23 avril 1848, représentant de la Haute-Marne à l'Assemblée constituante, le 4e sur 7, par 31,715 voix (67,200 votants, 78,579 inscrits), il donna sa démission de chef de bureau, siégea à gauche, parmi les modérés, fit partie du comité du commerce et de l'industrie, et signa (26 mai 1848) la demande en vertu de laquelle les noms des représentants furent désormais insérés au *Moniteur* avec leurs votes ; cette demande eut lieu à l'occasion de la proposition Dornès sur le bannissement de la famille d'Orléans, adoptée par 631 voix contre 63. Il vota *pour* le bannissement de la famille d'Orléans, *pour* les poursuites contre Louis Blanc, *contre* les poursuites contre Caussidière, *pour* l'abo-

lition de la peine de mort, *contre* l'impôt progressif, *contre* l'incompatibilité des fonctions, *contre* l'amendement Grévy, *contre* la sanction de la Constitution par le peuple, *pour* l'ensemble de la Constitution, *contre* la proposition Rateau, *contre* l'interdiction des clubs, *contre* l'expédition de Rome. Adversaire de la politique de l'Elysée, il ne se représenta pas à la Législative, et fut porté par l'opposition, le 22 juin 1857, comme candidat au Corps législatif dans la première circonscription de la Haute-Marne, où il échoua avec 240 voix contre 24,035 à l'élu, M. de Lespérut, candidat du gouvernement. Il rentra alors dans la vie privée. A sa mort, il a laissé une belle collection de Fragonard et deux bustes de Houdon (Diderot et Mirabeau) qui furent donnés au musée du Louvre. Il a publié en 1828 une édition des *Œuvres de Diderot*. Chevalier de la Légion d'honneur (1844).

WALLART (Louis-Joseph), député en 1791, né à Auxi-le-Château (Pas-de-Calais) en 1745, mort à une date inconnue, négociant, fut nommé en juillet 1790 administrateur du département. Ami intime de Carnot, il fut élu, le 30 août 1791, le 3e sur 11, par 447 voix (612 votants), député du Pas-de-Calais à l'Assemblée législative. Il siégea obscurément dans la majorité, et devint ensuite (germinal an V) juge dans le Pas-de-Calais.

WALLON (Henri-Alexandre), représentant en 1849 et en 1871, membre du Sénat, né à Valenciennes (Nord) le 23 décembre 1812, entra à l'Ecole normale en 1831, et, reçu agrégé d'histoire en 1834, suivit la carrière de l'enseignement. Professeur à Louis-le-Grand (1831) et au collège Rollin, il fut nommé en 1840 maître de conférences à l'Ecole normale, et suppléa en 1846 Guizot à la Sorbonne. Après la révolution de février, M. Schœlcher le fit désigner comme secrétaire de la commission pour l'abolition de l'esclavage ; M. Wallon avait publié, l'année d'avant, une *Histoire de l'esclavage dans l'antiquité*. Cette situation lui valut d'être élu par la Guadeloupe, avec 11,582 voix (33,734 votants), deuxième représentant suppléant à la Constituante. Il ne fut point appelé à siéger dans cette assemblée, et fut élu (13 mai 1849) représentant du Nord à l'Assemblée législative, le 9e sur 24, par 92,290 voix (183,521 votants, 290,196 inscrits). Il fit partie de la majorité conservatrice, et opina *pour* l'expédition de Rome ; mais il se sépara de ses amis à l'occasion de la loi du 31 mai 1850, restrictive du suffrage universel, et donna sa démission de représentant ; il fut remplacé, le 3 novembre 1850, par le général de la Hitte. Nommé, la même année, professeur d'histoire moderne à la Sorbonne, et membre de l'Académie des Inscriptions et Belles-Lettres, il resta, pendant la durée de l'Empire, à l'écart des affaires publiques. Aux élections du 8 février 1871, le Nord l'envoya, le 26e sur 28, à l'Assemblée nationale, par 181,217 voix (262,927 votants, 826,440 inscrits). Il prit place au centre droit, vota *pour* la paix, *pour* les prières publiques, *pour* le retour du parlement à Paris, *pour* le maintien de l'état de siège, et, catholique fervent, fut de ceux qui blâmèrent l'attitude du gouvernement dans la question du pouvoir temporel. Il avait, lors de la convention assurant la libération anticipée du territoire, déposé un ordre du jour qui déclarait que « Thiers avait bien mérité de la patrie » ; il vota cependant, le 24 mai 1873, *pour* la démission du chef du pouvoir exécutif. Après avoir soutenu le ministère de Broglie, il se rapprocha du centre gauche, et fonda avec quelques dissidents du centre droit le groupe qui porta son nom. Ce fut l'époque la plus importante de sa vie politique. M. Wallon présenta, lors de la discussion de la loi relative à l'organisation des pouvoirs publics, un amendement conçu en ces termes : « Le président de la République est élu à la pluralité des suffrages par le Sénat et par la Chambre des députés réunis en assemblée nationale. Il est nommé pour sept ans. Il est rééligible. » Il le soutint à la tribune, s'attacha à montrer la nécessité de rétablir un gouvernement déterminé et adjura l'Assemblée d'organiser en fait la République. Cet amendement célèbre fut voté, le 30 janvier 1875, à une seule voix de majorité. Ce fut le point de départ de l'adoption des lois constitutionnelles. M. Wallon se mêla aux débats qu'elles soulevèrent. Le 10 mars, il accepta le portefeuille de l'Instruction publique et des Cultes, créa une faculté de médecine à Lille, une faculté de droit à Lyon, et eut à prendre la parole dans la grave question de la liberté de l'enseignement supérieur : les républicains lui reprochèrent d'avoir sacrifié les droits de l'Etat et d'avoir défendu l'institution du jury mixte, favorable aux universités catholiques libres : la loi fut promulguée le 26 juillet 1875. Lors des élections des sénateurs inamovibles, M. Wallon fut porté sur la liste des droites : il ne passa qu'au 9e tour de scrutin, le 18 décembre 1875, le 72e sur 75, avec 372 voix (632 votants). Il quitta le ministère, le 10 mars 1876, avec M. Buffet, fit partie, au Sénat, du groupe du centre constitutionnel, s'abstint lors du vote sur la dissolution de la Chambre (juin 1877), et parut fréquemment à la tribune, pour défendre les intérêts des catholiques, quand vinrent en discussion les projets de loi Ferry sur l'enseignement supérieur. Il s'opposa à la laïcisation des écoles congréganistes de Paris, se plaignit (janvier 1880) de l'exclusion systématique des évêques du conseil supérieur de l'Instruction publique, proposa (juin 1881), à la loi sur la gratuité de l'enseignement primaire, un amendement autorisant les ministres des cultes non munis du brevet de capacité à ouvrir des écoles dans les communes où il n'existe pas d'écoles confessionnelles (rejeté), n'eut pas plus de succès (juillet 1883) pour son amendement au projet de réforme de la magistrature demandant de procéder dans chaque cour par l'élimination des magistrats les plus âgés, parla (juillet 1884), au Congrès, contre la révision des lois constitutionnelles, se prononça contre le divorce, contre les crédits du Tonkin, vota, en dernier lieu, pour le rétablissement du scrutin d'arrondissement (13 février 1889), et s'abstint sur le projet de loi Lisbonne restrictif de la liberté de la presse, et sur la procédure de la haute-cour contre le général Boulanger. Doyen de la faculté des lettres du 17 mars 1876, secrétaire perpétuel de l'Académie des Inscriptions et belles-lettres depuis 1873, M. Wallon est commandeur de la Légion d'honneur depuis le 24 décembre 1886. En 1878, il reçut une médaille d'or pour un sauvetage aux bains de mer des Petites-Dalles (Seine-Inférieure). On a de lui : *Géographie politique des temps modernes* (1839) ; *De l'esclavage dans les colonies* (1847) ; la *Sainte Bible résumée dans son histoire et dans ses enseignements.* — *De la croyance due à l'Evangile* (1858) ; *Du monothéisme chez les races sémitiques* (1859) ; *Jeanne d'Arc* (1860), qui obtint à la fois le grand prix Gobert

et un bref pontifical ; *Epîtres et Evangiles* (1863) ; les *Saints Evangiles*, traduction tirée de Bossuet ; la *Vie de Jésus et son nouvel historien*, réponse à M. Renan ; *Richard II* (1864) ; la *Terreur* (1873). *Saint Louis et son temps* (1875) ; *Histoire du tribunal révolutionnaire* (1877) ; *Les Représentants en mission* (1880), etc.

WALSH DE SERRANT (THÉOBALD-GAUTHIER-PHILIPPE-JOSEPH-PIERRE, COMTE), né à Londres (Angleterre) le 26 février 1796, mort à Paris le 13 août 1860, fils du comte Antoine-Joseph-Philippe Walsh de Serrant et de dame Charlotte-Elisabeth-Marie-Louise de Rigaud de Vaudreuil, était propriétaire et conseiller général de Maine-et-Loire où il habitait le château de Serrant qu'il avait fait restaurer à grands frais, lorsqu'il fut élevé à la dignité de pair de France, le 11 septembre 1835. Il mourut moins d'un an après.

WANDELAINCOURT (HUBERT-ANTOINE), membre de la Convention, député au Conseil des Cinq-Cents, né à Rupt-en-Voivre (Meuse) le 28 avril 1731, mort à Belleville (Meuse) le 30 décembre 1819, entra dans les ordres, et devint préfet du collège royal de Verdun, puis précepteur des fils du duc de Clermont-Tonnerre. Ce dernier lui fit obtenir ensuite une place de sous-directeur à l'Ecole militaire ; mais Wandelaincourt quitta bientôt cette situation et fut promu curé de Planrupt, diocèse de Châlons-sur-Marne. Partisan de la Révolution dans laquelle il ne voyait « qu'un moyen de faire refleurir la belle latinité », il prêta le serment ecclésiastique, fut élu, le 28 mars 1791, évêque constitutionnel de la Haute-Marne, et, le 4 septembre 1792, premier député suppléant de ce département à la Convention, par 151 voix sur 405 votants. Appelé à siéger dès le début, en remplacement de M. Preven non acceptant, il siégea parmi les modérés, et répondit au 3e appel nominal, dans le procès du roi : « Je demande que le ci-devant roi soit banni après la guerre. » Il s'abstint sur l'appel et se prononça pour le sursis. Il abjura, comme beaucoup d'autres, ses fonctions de prêtre, mais refusa d'assister à la fête de la Raison à Notre-Dame le 10 novembre 1793. Elu, le 23 vendémiaire an IV, au Conseil des Cinq-Cents par le département de la Haute-Marne, avec 153 voix sur 216 votants, et par le département de l'Aveyron avec 170 voix sur 269 inscrits, il opta pour la Haute-Marne, ne prit part à aucun débat important, et sortit du Conseil en l'an VI. Nommé ensuite garde-magasin du Timbre, puis employé à la Bibliothèque nationale, il remit sa démission d'évêque au Concordat, accepta les fonctions de curé de Montbar, et finit par se retirer dans la maison de campagne qu'il possédait à Belleville près de Verdun. On a de lui : *Cours de philosophie, d'histoire naturelle et de morale ; Histoire des Arts ; Cours d'éducation à l'usage des demoiselles et des jeunes gens qui ne veulent pas apprendre le latin*, etc.

WANGEN DE GÉROLDSECK (LOUIS-GONZAGUE-FRANÇOIS-DOMINIQUE-LÉOPOLD, BARON), député de 1824 à 1831, né à Hagnenau (Bas-Rhin) le 22 janvier 1760, mort à Strasbourg (Bas-Rhin) le 16 octobre 1836, propriétaire à Strasbourg et conseiller général, fut successivement élu député du 1er arrondissement électoral du Bas-Rhin (Saverne), le 25 février 1824, par 201 voix (210 votants, 219 inscrits) ; le 17 novembre 1827, par 106 voix (146 votants, 165 inscrits), contre 40 à M. Florent Saglio ; le 23 juin 1830, par 86 voix (126 votants, 128 inscrits), contre 39 au baron Rodler. M. Wangen de Géroldseck siégea constamment au centre, ne prit jamais la parole, vota pour les ministres, et refusa de signer l'Adresse des 221. Il ne se représenta pas aux élections de 1831.

WAREIN (Jean-François-Louis), député de 1830 à 1842, né à Hazebrouck (Nord) le 30 août 1783, mort à Hazebrouck le 18 janvier 1865, propriétaire, entra comme sous-lieutenant dans la garde nationale d'Hazebrouck, passa major, fut nommé conseiller municipal en 1813, puis conseiller d'arrondissement, administrateur des hospices, adjoint, maire (1822-1831), et fut élu, le 21 octobre 1830, député du 2e arrondissement électoral du Nord (Hazebrouck) par 116 voix (223 votants, 312 inscrits) contre 74 au député sortant, M. de Murat, dont l'élection avait été annulée. Il siégea au centre ministériel, « non qu'il soit un méchant homme, ou un ambitieux, ou un intrigant, dit un biographe de l'époque, mais parce que son tempérament ou la portée de son esprit ne lui permettent pas d'être autre chose. » Successivement réélu, le 5 juillet 1831, par 211 voix (222 votants, 736 inscrits) ; le 21 juin 1834, par 250 voix (483 votants, 700 inscrits), contre 227 à M. Alban de Villeneuve ; le 4 novembre 1837, par 329 voix (636 votants, 756 inscrits) ; le 2 mars 1839 par 316 voix sur 681 votants, il vota *pour* la dotation du duc de Nemours, *pour* les fortifications de Paris, *pour* le recensement, *contre* les incompatibilités, *contre* l'adjonction des capacités, et ne se représenta pas aux élections de 1842. Il vécut désormais dans la retraite, et, par testament, légua en mourant à la ville d'Hazebrouck le tiers de sa fortune.

WAREL (Jean-Baptiste-Etienne de), député en 1789, né à Charly (Aisne) en 1721, mort à Beauvais (Oise) le 6 décembre 1793, entra dans les ordres, et fut nommé curé de Marolles le 5 juin 1754. Il était d'une haute stature et d'aspect imposant ; un passeport lui donne, à 70 ans, une taille de 5 pieds 11 pouces (1m935), des cheveux et sourcils noirs, un visage plein, un front large, etc. Elu, le 13 mars 1789, député du clergé aux Etats-Généraux par le bailliage de Villers-Cotterets, il se montra partisan de la réunion des trois ordres, vota silencieusement avec la majorité, et prêta le serment ecclésiastique le 3 janvier 1791. De retour à sa cure après la session, il fut nommé officier public de Marolles (7 novembre 1792), et fut délégué particulièrement aux mariages, dont il signa ainsi les actes sur les registres : de Warel, *citoyen curé, officier public*. Aux approches du 1er novembre 1793, les habitants le pressaient de célébrer les offices de la Toussaint comme les années précédentes ; il répondit qu'il ne ferait rien sans l'autorisation du district. Une pétition fut immédiatement envoyée au district de Crépy-en-Valois, et, le 3 octobre au soir, le commissionnaire, qui était l'un des officiers municipaux, rapporta une réponse favorable. Le lendemain, le curé venait de finir la messe, quand deux gendarmes l'arrêtèrent, et l'emmenèrent à Beauvais où il fut interné à l'hospice ; la prétendue réponse du district de Crépy était fausse. La municipalité de Marolles réclama son curé, et la liberté allait être rendue, quand il fit une chute dans l'escalier de l'hospice, se brisa la jambe, et mourut quelques heures après ; il avait 72 ans.

WARENGHIEN DE FLORY (Louis-Joseph-Marie, baron), représentant à la Chambre des Cent-Jours, né à Douai (Nord) le 11 mars 1711, mort à Douai le 11 janvier 1824, « fils de Louis-Joseph Warenghien, conseiller secrétaire du roy, maison et couronne de France, en la chancellerie près la cour du parlement de Flandre, et de dame Angélique-Henriette-Josèphe Cuvelier », fit ses études et son droit à Douai, et fut reçu avocat au parlement de Flandre en 1761. Conseiller au parlement quatre ans après, suspendu lors de l'édit du chancelier Maupeou (août 1771), il fit partie du conseil supérieur qui remplaça le parlement de Douai, et fut réintégré dans son siège de conseiller au rétablissement des parlements (23 novembre 1774). Chargé de la rédaction du cahier des doléances de la noblesse en 1788, il devint, en 1790, après la suppression des parlements, procureur général syndic du département du Nord, puis, le 15 février 1792, commissaire du roi près le tribunal criminel du département. Ces fonctions ayant été supprimées par la loi du 8 août 1792, il se renferma dans ses attributions d'administrateur des hospices, fut arrêté comme suspect sous la Terreur, remis en liberté après le 9 thermidor, et nommé agent national en Belgique. De retour en France en 1795, il redevint procureur-général syndic du département du Nord, et dut résigner ses fonctions en octobre de la même année, comme parent d'émigré. Lui-même fut inscrit sur la liste, mais parvint à s'en faire rayer. Nommé, en l'an VIII, membre et président du conseil général du Nord, il fut appelé, le 13 novembre 1803, aux fonctions de premier président par intérim de la cour d'appel de Douai, fut créé chevalier de la Légion d'honneur (29 mai 1810), chevalier de l'empire (16 décembre suivant), et baron (13 février 1813). En 1811, les deux collèges électoraux de Douai et de Lille l'avaient élu candidat au Corps législatif, et, la même année, il avait été nommé procureur général près la cour de Douai. Premier président à la même cour (14 mai 1813), il conserva ses fonctions sous la Restauration, et fut élu, le 12 mai 1815, représentant du grand collège du Nord à la Chambre des Cent-Jours, par 93 voix sur 59 votants. La seconde Restauration le priva de ses fonctions judiciaires, et finit par lui accorder, sans l'honorariat, une pension de 6,000 francs. Membre de la Société d'agriculture du Nord.

WARNIER (Auguste-Hubert), représentant en 1871, né à Rocroi (Ardennes) le 8 janvier 1810, mort à Versailles (Seine-et-Oise) le 15 mars 1875, fit ses études médicales à Paris et à l'hôpital militaire de Lille, fut nommé chirurgien sous-aide à Douai (1832), et fut envoyé à Oran lors du choléra de 1834. Commissaire-adjoint du consulat de France à Mascara en 1837, membre de la commission scientifique de l'Algérie en 1840, agent politique après la campagne du Maroc en 1844, il fut directeur des affaires civiles d'Oran et membre du conseil du gouvernement de l'Algérie en 1848 et 1849. Rendu à la vie privée, il fonda l'année suivante le journal l'*Atlas* qui fut supprimé au coup d'Etat. Il créa alors un grand établissement agricole sur les bords de l'ancien lac Alloula, et contribua de ses deniers à l'expédition de M. Henri Duveyrier dans le Sahara et chez les Touaregs. Adversaire de la politique impériale, il chercha à combattre le gouvernement en Algérie, et publia de propos diverses brochures. Préfet d'Alger le 5 septembre 1870, il donna sa démission pour se porter candidat à l'Assemblée nationale, et échoua, à Alger, le 17 février 1871, avec 5,058 voix sur 32,657 inscrits. Mais il fut élu, dans le même département, le 11 juillet suivant, en remplacement de Garibaldi démissionnaire, par 6,033 voix. Il prit place à gauche, vota *contre* la pétition des évêques, *contre* la démission de Thiers, *contre* le septennat, *contre* le ministère de Broglie et mourut au cours de la législature. Conseiller général de la province d'Alger depuis août 1870, officier de la Légion d'honneur depuis 1844.

WARNIER (JULES), représentant en 1871, né à Reims (Marne) le 26 août 1826, cousin du précédent, manufacturier dans sa ville natale, fonda une société industrielle qui prospéra rapidement, devint juge au tribunal de commerce, membre de la chambre de commerce, conseiller municipal, appuya la réforme économique de 1860 dans le sens de la liberté commerciale, et se fit remarquer par son dévouement pendant l'invasion allemande. Élu, le 8 février 1871, représentant de la Marne à l'Assemblée nationale, le 3e sur 8, par 89,863 voix (68,852 votants, 112,180 inscrits), il prit place à la gauche républicaine, et vota *pour* la paix, *pour* l'abrogation des lois d'exil, *contre* la pétition des évêques, *contre* la démission de Thiers, *contre* le septennat, *contre* le ministère de Broglie, *pour* l'amendement Wallon et *pour* les lois constitutionnelles. Il ne se représenta pas aux élections suivantes.

WARTEL (JEAN-BAPTISTE), député en 1789, né à Lille (Nord) le 30 octobre 1724, mort à Lille le 30 décembre 1805, avocat dans sa ville natale, fut élu, le 3 avril 1789, député du tiers aux États-Généraux par le bailliage de Lille. Il prêta le serment du Jeu de paume, fut adjoint au doyen des communes, fut député vers la chambre du clergé, demanda un passeport illimité (11 novembre 1789), donna sa démission le lendemain, et fut remplacé par Poutrain, le 23 mars 1790. Sa carrière politique n'a pas laissé d'autres traces.

WARTELLE. — *Voy.* HERLINCOURT (BARON D').

WARTELLE-DERETZ (JEAN-BAPTISTE-CHARLES), représentant en 1849 et en 1871, né à Douai (Nord) le 3 avril 1804, mort à Arras (Pas-de-Calais) le 25 juillet 1884, propriétaire à Arras, fut porté, aux élections du 13 mai 1849, sur la liste des candidats monarchistes à l'Assemblée législative dans le Pas-de-Calais, et élu représentant de ce département, le 14e sur 15, par 74,015 voix (129,691 votants, 191,088 inscrits). Il siégea à droite et opina avec la majorité antirépublicaine, *pour* l'expédition de Rome, *pour* la loi Falloux-Parieu sur l'enseignement. Membre du conseil général du Pas-de-Calais, adjoint au maire d'Arras, administrateur des hospices, il ne brigua aucune fonction politique sous l'Empire, et fut réélu, le 8 février 1871, représentant du Pas-de-Calais à l'Assemblée nationale, le 5e sur 15, par 139,856 voix (149,532 votants, 206,432 inscrits). Il prit encore place à droite, et se prononça *pour* la paix, *pour* les prières publiques, *pour* l'abrogation des lois d'exil, *pour* le pouvoir constituant de l'Assemblée, *contre* la dissolution, *pour* la chute de Thiers au 24 mai, *pour* le septennat, la loi des maires, *contre* l'amendement Wallon et *contre* l'ensemble des lois constitutionnelles. Il ne se représenta pas aux

élections suivantes. Chevalier de la Légion d'honneur.

WASSEIGE (JEAN-BAPTISTE-XAVIER-JOSEPH-GHISLAIN), député au Corps législatif, né à Namur (Belgique) le 21 mars 1762, mort le 18 juin 1823, avocat à Namur, puis agent de l'évêque de Liège, fut dénoncé à la Convention pour ses sentiments douteux à l'égard de la République. Rallié au 18 brumaire et nommé conseiller général, il fut élu, le 18 février 1803, par le Sénat conservateur, député du département de Sambre-et-Meuse au Corps législatif Il en sortit en 1812.

WATELIER (JACQUES-REMACLE), représentant aux Cent-Jours, né à Wassigny (Aisne) le 12 octobre 1756, mort à une date inconnue, « fils de maître Jean-Baptiste Watelier, notaire royal, et de demoiselle Marie-Simonne Merlin », se fit recevoir avocat en 1780. Avoué et suppléant près le tribunal de district de Rethel en 1790, il devint, en 1792, administrateur du district de Rethel, puis agent national, défenseur officieux, juge suppléant au tribunal de Rethel en l'an VIII, et fut nommé, en 1800, président du tribunal civil de cette ville. Le 10 mai 1815, l'arrondissement de Rethel l'élut représentant à la chambre des Cent-Jours par 47 voix sur 73 votants, contre 25 à M. Pautrin, procureur impérial. M. Watelier ne fit pas partie d'autres assemblées. Il mourut probablement en 1816, car, à cette date, il ne figure plus à l'*Almanach royal* comme président du tribunal de Rethel.

WATTEBLED (AMABLE-JOSEPH-DÉSIRÉ), député au Corps législatif de 1853 à 1863, né à Saint-Omer (Pas-de-Calais) le 15 janvier 1792, mort à Arras (Pas-de-Calais) le 26 janvier 1871, exerça pendant plusieurs années les fonctions de notaire. Conseiller d'arrondissement, membre du conseil général du Pas-de-Calais pour le canton du Pas, il fut un des promoteurs, dans sa région, d'un pétitionnement pour le rétablissement de l'Empire. Désigné comme candidat du gouvernement au Corps législatif dans la 5e circonscription du Pas-de-Calais, il fut élu député, le 29 février 1852, par 14,644 voix (28,924 votants, 31,109 inscrits), contre 9,095 à M. Cardon de Montigny, ancien représentant, et 5,012 à M. Degouve-Denuncques. M. Wattebled s'associa au rétablissement de l'Empire, appartint à la majorité dynastique, et obtint sa réélection, toujours comme candidat officiel, le 22 juin 1857, par 25,997 voix (26,487 votants, 34,595 inscrits), contre 902 à M. de Thièvres et 178 à M. Degouve-Denunques. Aux élections du 4 juin 1863, il perdit l'appui de l'administration. La circulaire électorale qu'il publia à ce moment jette un jour curieux sur les mœurs politiques du second empire. Candidat officiel en 1852 et en 1857, M. Wattebled avait eu la presque unanimité des voix dans sa circonscription. Mais M. Wattebled avait déplu à l'administration impériale et il en fit l'aveu dans sa circulaire : « J'aurais désiré que la « politique gouvernementale tendît plus réso- « lûment à faire restituer au Saint-Père la « partie du domaine temporel que le roi de « Piémont lui a si injustement enlevée. » En vain fit-il appel « au sens droit et à *l'indépendance* des électeurs » (sic); ceux-ci qui, en nommant M. Wattebled, en 1852 et 1857, n'avaient nommé que le candidat officiel, s'éloignèrent de lui quand il eut perdu cette qualité.

M. Wattebled n'obtint plus, dans la 4ᵉ circonscription du même département, que 2,266 voix, contre 15,221 à l'élu officiel, M. d'Hérambault et 7,335 à M. Degouve-Denuncques. M. Wattebled ne cessa pas de s'intéresser aux affaires publiques : peu de jours avant sa mort, il siégeait comme suppléant au conseil de préfecture.

WAUTELÉE (Pierre), député au Conseil des Cinq-Cents, né le 9 mars 1762, mort à Bruxelles (Belgique) le 21 janvier 1848, accusateur public à Bruxelles, fut élu, le 25 germinal an VII, député au Conseil des Cinq-Cents par le département de la Dyle. Il ne s'y fit pas remarquer, et son nom n'est pas cité au *Moniteur*. Rallié au 18 brumaire, il devint, le 17 messidor an VIII, président du tribunal d'appel de la Dyle, et, le 30 avril 1811, président de chambre à la cour de Bruxelles.

WELCHE (Nicolas), député de 1816 à 1824, né à Senones (Vosges) le 6 février 1769, mort à Nancy (Meurthe) le 24 mai 1841, fils de Jean-Baptiste Welche et de Catherine Urbain, avocat, devint membre du directoire du district de Senones le 30 brumaire an III, puis, à la suppression des districts, commissaire provisoire du Directoire exécutif près l'administration de Senones (6 brumaire an IV), et administrateur des Vosges (6 messidor suivant). Il donna sa démission d'administrateur le 7 prairial an VII, entra dans les bureaux du ministère de l'Intérieur, se rallia au 18 brumaire, fut nommé secrétaire-général de la préfecture des Vosges le 6 floréal an VIII, et conserva ces fonctions jusqu'à sa mise d'office à la retraite, le 17 mai 1816. Élu, le 4 octobre suivant, député du grand collège des Vosges, par 68 voix (127 votants, 243 inscrits), et réélu, le 13 novembre 1820, par 216 voix (228 votants), il prit place à gauche et vota contre les deux lois d'exception et contre le nouveau système électoral. Il ne se représenta pas aux élections de 1824.

WELCHE (Charles), ministre de l'Intérieur, né à Nancy (Meurthe) le 23 avril 1828, fils d'un ancien maire de cette ville, étudia le droit à Paris et se fit inscrire en 1851 au barreau de Nancy. Il s'y distingua, fut nommé conseiller municipal (1859), adjoint au maire, conseiller général du canton d'Haroué (1860), et maire de Nancy (1869). Il occupait ces fonctions lors de la guerre franco-allemande, et son attitude passive à l'égard des envahisseurs lui a été depuis assez vivement reprochée. Thiers le nomma, en janvier 1872, préfet de Lot-et-Garonne. M. Welche, dont les opinions conservatrices étaient très accentuées, se rallia avec empressement au ministère de Broglie qui l'envoya, le 24 mai 1873, comme préfet dans la Haute-Garonne. Officier de la Légion d'honneur, il fut appelé, en 1874, aux fonctions de secrétaire général du ministère de l'Intérieur, favorisa de tout son pouvoir la politique de M. de Fourtou, qui le fit nommer conseiller d'État en service extraordinaire, et occupa encore le poste de préfet de la Loire-Inférieure (1875), et celui de préfet du Rhône (1875-1877). Ses relations avec le conseil municipal républicain de Lyon furent assez courtoises. Après le retour du gouvernement « de combat » (16 mai 1877), il fut nommé préfet du Nord. Tout en conservant cette situation, il se porta candidat officiel à la députation dans la 1ʳᵉ circonscription de Nancy, le 14 octobre 1877; malgré l'appui de l'administration, il échoua

avec 8,763 voix, contre 11,861 à M. Duvaux, républicain. Dans la crise qui suivit les élections, lorsque le maréchal de Mac-Mahon remplaça le cabinet de Broglie-Fourtou par un ministère extra-parlementaire, présidé par le général de Rochebouët, M. Welche fut désigné pour remplacer M. de Fourtou au ministère de l'Intérieur (23 novembre 1877). Le lendemain, après la lecture de la déclaration du nouveau cabinet, il se chargea de répondre à l'interpellation de M. de Marcère, et se borna à exprimer l'espoir que les ministres, par leurs services « modestes », contribueraient à amener l'apaisement des esprits. Mais la Chambre ayant voté, à une énorme majorité, un ordre du jour de défiance contre le ministère, M. Welche et ses collègues se trouvèrent dans une situation des plus délicates qu'ils dénona par leur retraite, le 13 décembre 1877. Rentré dans la vie privée, M. Welche n'a plus joué, depuis lors, aucun rôle politique. Il avait été nommé, le 15 août 1876, commandeur de la Légion d'honneur.

WELLES DE LAVALETTE (Samuel, comte), député au Corps législatif de 1863 à 1870, né à Boston (États-Unis) le 22 mars 1831, entra dans la diplomatie et fut secrétaire d'ambassade. Adopté par le marquis de Lavalette, ancien ministre, il devint administrateur des chemins de fer de l'Ouest, épousa la fille de M. Rouher, et fut naturalisé français le 16 mai 1863. Élu député au Corps législatif dans la 3ᵉ circonscription de la Dordogne, le 1ᵉʳ juin 1863, par 14,685 voix (24,201 votants, 31,795 inscrits), contre 6,446 à M. Mazerat et 2,801 à M. de Belhade, et réélu, le 24 mai 1869, par 21,351 voix (22,436 votants, 30,671 inscrits), il siégea dans la majorité dynastique et, le 15 juillet 1870, vota les crédits pour la guerre contre la Prusse. Le 4 septembre le rendit à la vie privée. Officier de la Légion d'honneur (14 août 1868).

WENDEL (François-Charles de), député de 1815 à 1816 et de 1818 à 1825, né à Charleville (Moselle) le 19 février 1778, mort à Metz (Moselle) le 11 mars 1825, était élève de marine au moment de la Révolution. Il émigra avec sa famille, servit comme officier dans l'armée de Condé de 1795 à 1801, passa au service de l'Autriche jusqu'en 1804, et rentra en France en 1808. Il acheta alors les forges de Hayange (Moselle), auxquelles il ajouta, en 1811, celles de Mayerre, qui ne tardèrent pas à prospérer. Élu, le 22 août 1815, député du grand collège de la Moselle, par 114 voix (206 votants, 318 inscrits), il siégea dans la minorité ministérielle, prit plusieurs fois la parole, et fut membre de la commission des pensions à accorder aux soldats blessés de l'armée royale de Vendée. Après la dissolution de la Chambre introuvable, il devint président du collège électoral de Thionville; mais, en raison de son âge, il ne put se représenter aux élections de 1816. En 1818, il fit un voyage en Angleterre pour étudier les nouveaux procédés de traitement du fer et de la fonte. Successivement réélu député, le 20 octobre 1818, dans le même collège, par 504 voix (919 votants, 1,111 inscrits); le 13 novembre 1822, dans le 1ᵉʳ arrondissement électoral de la Moselle (Briey), par 109 voix (146 votants, 179 inscrits), contre 81 à M. de Ladoucette; le 25 février 1824, dans le 2ᵉ arrondissement électoral du même département (Thionville), par 91 voix (97 votants, 105 inscrits), M. de Wendel prit place au côté

droit, fut commissaire de la loi des six dou-
zièmes et de la loi sur les tabacs, vota *pour* les
deux lois d'exception et *pour* le nouveau système électoral, et parla, en 1823, sur la loi de
finances, et, en 1824, sur la loi des douanes.
Conseiller municipal du 23 août 1819, conseiller de préfecture la même année, membre
et président pendant dix ans du conseil général de son département, il obtint, en 1823, à
l'exposition des produits de l'industrie au
Louvre, une médaille d'or. Il mourut au début
de la législature de 1824-1827.

WENDEL (ALEXIS-CHARLES DE), représentant en 1842, député au Corps législatif de 1852
à 1869, né à Hayange (Moselle) le 13 décembre
1809, mort à Paris le 15 avril 1870, fils du précédent, maître de forges à Hayange, conseiller
général du canton de Thionville et plus tard
administrateur du chemin de fer de l'Est, fut
élu, le 13 mai 1842, représentant de la Moselle
à l'Assemblée législative, le 4e sur 9, par
45,131 voix (76,540 votants, 115,444 inscrits).
Il prit place à droite, se rallia pleinement à la
politique du prince-président et approuva le
coup d'État. Aussi fut-il successivement élu
député au Corps législatif, comme candidat
du gouvernement, dans la 2e circonscription
de la Moselle, le 29 février 1852, par 20,140 voix
(29,815 votants, 40,355 inscrits); le 22 juin 1857,
par 27,413 voix (27,979 votants, 38,194 inscrits);
et le 1er juin 1863, par 30,032 voix (31,330 votants, 39,733 inscrits). Il siégea dans la majorité et ne se représenta pas aux élections de
1869. Chevalier de la Légion d'honneur.

WERBROUCK (JEAN-ETIENNE-AUGUSTIN-
JOSEPH, CHEVALIER), député au Conseil des
Anciens, né à ANVERS (Belgique) le 23 avril
1750, mort le 16 décembre 1813, négociant
dans sa ville natale, puis maire à l'époque de
l'occupation française, fut élu, le 24 germinal
an V, député au Conseil des Anciens, par le
département des Deux-Nèthes. Il ne s'y fit pas
remarquer et son nom n'est pas cité au *Moniteur*. Son élection fut annulée au 18 fructidor, comme entachée de royalisme. Rallié
au 18 brumaire, il devint conseiller général
de son département. Chevalier de la Légion
d'honneur, et chevalier de l'Empire du 5 août
1809.

WERLÉ (MATHIEU-EDOUARD), député au Corps
législatif de 1862 à 1870, né à Wetzlar (Prusse)
le 30 octobre 1801, mort à Reims (Marne) le
5 juin 1884, négociant en vins de Champagne
à Reims, fut président du tribunal de commerce
de cette ville en 1846, et maire en 1852, puis
conseiller général du 2e canton de Reims. Bien
que rallié au second empire, il échoua au Corps
législatif, dans la 3e circonscription de la Marne,
le 22 juin 1857, avec 2,545 voix, contre 15,995 à
l'élu officiel, M. Carteret, 2,000 au général
Cavaignac et 546 à M. Dérodé, ancien représentant; il fut élu, dans la même circonscription, comme candidat du gouvernement, le
9 mars 1862, en remplacement de M. Carteret,
décédé, par 20,335 voix (26,012 votants, 34,397
inscrits), contre 5,413 à M. Rainurt de Prévost,
et réélu, le 1er juin 1863, par 23,855 voix (25,325
votants, 37 687 inscrits), et le 24 mai 1869, par
18,699 voix (30,000 votants, 52,145 inscrits) contre
8,449 à M. J. Simon et 3,391 à M. Paris. Il
prit place dans la majorité dynastique, et vota,
le 15 juillet 1870, les crédits pour la guerre
contre la Prusse. Il rentra après le 4 septembre
dans la vie privée. Officier de la Légion d'hon-

neur du 11 avril 1858, commandeur du 24 juin
1865.

WEST (AUGUSTE-CÉSAR), député au Corps
législatif de 1863 à 1869, né à Soultz (Haut-
Rhin) le 13 juillet 1810, mort à Soultz le 28 novembre 1830, débuta dans l'administration
comme conseiller de préfecture, devint secrétaire général du Haut-Rhin (13 septembre 1843),
préfet du département (3 décembre suivant),
préfet du Bas-Rhin (11 mai 1850), et de la Haute-
Garonne (13 avril 1855). Mis en non-activité le
3 février 1859, il fut élu, le 15 juin 1863, au
2e tour, comme candidat du gouvernement,
député au Corps législatif dans la 4e circonscription du Haut-Rhin, par 13,820 voix (26,537 votants, 31,562 inscrits), contre 12,399 à M. Migeon. Il siégea dans la majorité dévouée à
l'empire, fut admis à la retraite, comme préfet, le 16 octobre 1867, et ne se représenta pas
aux élections de 1869. Officier de la Légion
d'honneur du 24 juin 1856.

WESTERCAMP (CHARLES-EMILE), représentant du peuple en 1848 et en 1849, né à Wissembourg (Bas-Rhin) le 17 décembre 1799, fit
son droit à Strasbourg, et se fixa comme notaire à Wissembourg en 1820. Il fit de l'opposition radicale à la Restauration et au gouvernement de juillet, et fut élu, le 23 avril 1848,
représentant du Bas-Rhin à l'Assemblée constituante, le 14e sur 15, par 50,415 voix (123,968
votants, 132,186 inscrits). Il siégea à la Montagne, fit partie du comité de la guerre, et
vota *pour* le bannissement de la famille d'Orléans, *contre* les poursuites contre Louis Blanc
et Caussidière, *pour* l'abolition de la peine de
mort, *contre* l'impôt progressif, *contre* les deux
Chambres, *contre* l'amendement Grévy, *contre*
la sanction de la Constitution par le peuple,
pour le droit au travail, *pour* la suppression
et la réduction de l'impôt du sel, *pour* l'amnistie générale, *contre* l'interdiction des clubs,
contre l'expédition de Rome, *pour* l'amnistie
des transportés, *pour* la mise en accusation du
président et des ministres. Réélu dans le même
département à l'Assemblée législative, le 13 mai
1849, le 3e sur 12, par 48,266 voix (95,863 votants, 146,942 inscrits), il reprit sa place à
l'extrême-gauche, vota *contre* l'expédition romaine, *contre* la loi Falloux-Parieu sur l'enseignement, *contre* la loi du 31 mai restrictive du
suffrage universel, *contre* la révision de la Constitution, et quitta la vie politique au coup
d'Etat de décembre 1851. Après la guerre de
1870 et l'annexion de l'Alsace, M. Westercamp
s'est fixé à Paris.

WESTREENEN VAN THERMAAT (RENÉ-
JÉROME CHEVALIER), député au Corps législatif de 1811 à 1814, né à Utrecht (Hollande)
le 21 octobre 1763, mort à Utrecht le 20 mars
1845, fils de Frederik-Jean Van Westreenen
Sterkenberg, docteur en droit, et de Gertruyd-
Elisabeth Testart, devint conseiller municipal
d'Utrecht, ambassadeur de la République batave
à la cour de Suède, chevalier de l'ordre royal
de l'Union, membre du Corps législatif du
royaume de Hollande, et chambellan de la reine
Hortense. Le 19 février 1811, il fut nommé par
l'empereur député du département du Zuyderzée au Corps législatif, sur une liste au choix
présentée par le préfet de ce département. Créé
chevalier de l'empire le 3 juillet 1813, il sortit
du Corps législatif à la séparation de la Hollande et de la France.

WICKERSHEIMER (Charles-Émile), député de 1885 à 1889, né à Handschuheim (Bas-Rhin) le 22 février 1849, fut admis à l'École polytechnique, en sortit le 2e en 1870 pour entrer à l'École des mines, puis partit comme volontaire pour la guerre de 1870. Nommé, à sa sortie de l'École des mines, ingénieur des mines à Carcassonne, il y fit de la politique radicale, fut nommé conseiller municipal, administrateur des hospices, et, porté, aux élections législatives du 4 octobre 1885, sur la liste radicale de l'Aude, fut élu au second tour (18 octobre), le 5e et dernier, par 43,702 voix (74,159 votants, 97,053 inscrits). Il s'assit à l'extrême-gauche, se montra l'adversaire des conventions conclues en 1883 avec les compagnies de chemins de fer, combattit (juin 1886) le projet de surtaxe sur les céréales, vota l'expulsion des princes, et se prononça, dans la dernière session, pour le rétablissement du scrutin d'arrondissement (11 février 1889), contre l'ajournement indéfini de la revision de la Constitution, pour les poursuites contre trois députés membres de la Ligue des patriotes, contre le projet de loi Lisbonne restrictif de la liberté de la presse, pour les poursuites contre le général Boulanger. Membre de la Société de géographie de Toulouse, il a publié, dans le Bulletin de cette Société, d'intéressants travaux de science et de législation minière.

WILHELM (Joseph-Valentin), député en 1791 et au Conseil des Cinq-Cents, né à Dettwiller (Bas-Rhin) le 4 mai 1756, mort à une date inconnue, avoué, puis administrateur de son département, fut élu, le 29 août 1791, député du Bas-Rhin à l'Assemblée législative, le 4e sur 9, par 314 voix (695 votants). Il prit place parmi les modérés. Devenu juge au tribunal de Dettwiller, il fut réélu, le 22 germinal an V, député du Bas-Rhin au Conseil des Cinq-Cents, par 154 voix (178 votants). Son rôle y fut également très effacé, et son élection fut annulée au 18 fructidor, comme entachée de royalisme. Il ne reparut plus sur la scène politique.

WILLAUMEZ (Jean - Baptiste - Philibert, comte), pair de France, né au Palais (Belle-Isle-en-Mer) (Morbihan) le 7 août 1763, mort à Suresnes (Seine) le 17 mai 1845, l'aîné des six fils d'un capitaine d'artillerie, chevalier de Saint-Louis et sans fortune, s'embarqua, à 14 ans, comme mousse pilotin, sur le vaisseau le Bien-Aimé, passa novice timonier sur le Flamand, second sur la Fourmi, devint second pilote sur la Ville-de-Paris en rade de Brest, reprit la mer en 1781 sur la frégate l'Amazone commandée par Lapérouse, fit partie de l'escadre du comte de Grasse, et fut blessé au combat du cap Henry contre les Anglais (29 juillet 1782). Nommé premier pilote à cette occasion (il avait 19 ans), il revint en France en 1784, s'embarqua comme second sur le navire marchand le Tharon, fit deux voyages à Saint-Domingue, passa, comme premier pilote, sur l'aviso le Sylphe, et se rendit aux Antilles sur la gabare la Lionne. Il compléta alors son instruction, croisa dans la mer des Indes sur l'Astrée, devint enseigne de vaisseau, et fut envoyé à la recherche de Lapérouse. Au cours de ce voyage, il reçut le brevet de lieutenant de vaisseau et la croix de Saint-Louis. Lorsque l'équipage apprit à Batavia la mort de Louis XVI, M. d'Auribeau, qui commandait l'expédition, fit arborer le drapeau blanc; Willaumez fut au nombre des trois officiers qui refusèrent d'abandonner la cocarde tricolore; descendu à terre avec ses compagnons, comme

prisonnier de guerre, il resta cinq mois en captivité. Ayant gagné l'Ile de France, il aida le capitaine Renaud à rompre le blocus d'une division anglaise, fut nommé commandant de l'aviso le Léger, et chargé de porter en France les dépêches de la colonie. Promu capitaine de vaisseau en mars 1795, il fit une brillante campagne aux Indes-Orientales sur la frégate la Régénérée, fut nommé chef de division au retour, fit partie (1801) de l'expédition de Saint-Domingue sur le Duguay-Trouin et sur la Poursuivante, soutint avec succès un combat disproportionné contre le vaisseau anglais l'Hercule, le 29 juin 1803, et put ramener à Rochefort sa frégate fort endommagée; il fut nommé, pour ces habiles manœuvres, officier de la Légion d'honneur et contre-amiral (mars 1805). Il commanda l'escadre de Brest, fut placé à la tête d'une division de six vaisseaux et de deux frégates pour une expédition contre la colonie anglaise du Cap, dut, faute de vivres, relâcher au Brésil, séjourna quatre mois à la Havane, et revint à Brest en février 1807, après avoir fait éprouver aux Anglais près de quinze millions de pertes. Chargé d'une nouvelle expédition en mai 1808, d'abord sur les côtes de France, puis aux Antilles, il fut accusé d'un retard préjudiciable aux opérations commandées, alors qu'il était dans la baie d'Audierne, se vit retirer par l'empereur le commandement de l'escadre, fut appelé au commandement d'une division de la flotte gallo-batave, et dut rentrer en France en 1812, le climat de la Hollande ne convenant pas à sa santé. Désormais il ne prit plus la mer, présida des commissions au ministère de la Marine, et s'occupa de la publication d'un Dictionnaire de marine (1820). Nommé vice-amiral en 1819, il fut élevé à la dignité de pair de France le 3 octobre 1837, admis à la retraite, comme vice-amiral, le 1er avril 1838, et créé comte par le roi en 1811, avec autorisation de transmettre ce titre au capitaine Bouët, appelé depuis Bouët-Willaumez. Son nom a été donné à l'une des rues du Palais et à une île de l'Océan Pacifique.

WILLEMS (Guillaume), député au Corps législatif de l'an XIII à 1818, né à Louvain (Belgique) le 5 janvier 1756, mort le 22 septembre 1813, « fils de Guillaume Willems, et de Marie-Catherine Schepl », fit de brillantes études à l'Université de Louvain, fut reçu avocat à Bruxelles en 1780, et devint haut-juré du département de la Dyle, conseiller général, membre et président du conseil municipal de Bruxelles, et membre du comité consultatif des hospices de cette ville. Élu, le 4e jour complémentaire de l'an XIII, par le Sénat conservateur, député du département de la Dyle au Corps législatif et vit son mandat renouvelé le 4 mai 1811, et mourut au cours de la session. Son éloge fut prononcé à la tribune de l'Assemblée, le 29 décembre 1813.

WILLEY (Claude-Antoine), député au Conseil des Cinq-Cents, né à Conflans (Haute-Saône) le 10 mars 1746, mort à Besançon (Doubs) le 7 février 1807, fut, avant la Révolution, avocat et bailli de la seigneurie de Saint-Loup. Élu, le 23 vendémiaire an IV, député de la Haute-Saône au Conseil des Cinq-Cents, par 132 voix (250 votants), il fut signalé comme émigré non rayé, mais il prouva l'erreur, et n'eut d'ailleurs qu'un rôle politique très effacé. Il sortit du Conseil en l'an VI, et se retira à Conflans. Il s'y occupait de chasse et d'agronomie, lorsque le gouvernement consulaire le nomma conseiller général du Doubs. Membre de la Société d'agriculture, sciences et arts de Vesoul.

WILLIG (François-Antoine), député de 1815 à 1816, né à Hatt-statt (Haut-Rhin) le 2 mai 1771, mort à Colmar (Haut-Rhin) le 15 avril 1835, juge de paix à Herbitzheim (Bas-Rhin), fut élu, le 22 août 1815, député du grand collége du Haut-Rhin, par 71 voix (106 votants, 199 inscrits). Il siégea dans la majorité de la Chambre introuvable, et ne se représenta pas après la dissolution de cette Chambre (septembre 1816).

WILLOT (Victor-Amédée, comte de), député au Conseil des Cinq-Cents, né à Saint-Germain-en-Laye (Seine-et-Oise) le 31 août 1755, mort à Choigny (Seine-et-Oise) le 17 octobre 1823, suivit la carrière des armes, et fit en 1769 la campagne de Corse. Partisan de la Révolution, il fut envoyé à l'armée des Pyrénées-Orientales, devint colonel et chef de brigade, mais, battu par les Espagnols à Ardres (avril 1793), fut suspendu, et arrêté par ordre des représentants en mission. Réintégré après le 9 thermidor par le représentant Meillan, il battit les Espagnols devant l'ampeluno, fut nommé général de division (messidor an III), envoyé en Vendée pour surveiller Stofflet, et, désavoué par Hoche pour avoir traité sans ordre avec des chefs vendéens, fut destitué (ventôse an IV). En thermidor suivant, le Directoire le mit à la tête de la division militaire de Marseille ; il lutta contre le parti jacobin, fut dénoncé par la municipalité comme «persécuteur des patriotes», et fut élu, le 22 germinal an V, député des Bouches-du-Rhône au Conseil des Cinq-Cents, par 102 voix sur 203 votants. Il se rangea du côté des Clichyens, devint secrétaire du Conseil, membre de la commission des inspecteurs de la salle (questeurs), et, au 18 fructidor, fut condamné à la déportation. Conduit à Rochefort, il écrivait d'Arpajon à un ami, le 23 fructidor : «Nous marchons à petites journées avec une nombreuse escorte ; les ordres du gouvernement sont probablement de nous faire traiter avec égard, et les officiers supérieurs qui nous conduisent les exécutent ponctuellement.» On le transporta à Sinnamary (Guyane), d'où il réussit à s'échapper (juin 1793). A cette nouvelle, le Directoire le fit inscrire sur la liste des émigrés (septembre suivant). Il passa en Angleterre, puis aux Etats-Unis, revint en France à la première Restauration, fut nommé commandeur de Saint-Louis, et, en janvier 1816, fut appelé au commandement du département de la Corse, où il resta jusqu'en juin 1818. Louis XVIII l'avait créé comte le 2 mars 1816.

WILMAR (Jean-Georges-Othon-Martin-Victorin-Zenturie), député de 1811 à 1814, né à Prum (duché de Luxembourg) le 5 septembre 1763, mort à Luxembourg le 1er janvier 1831, fils de M. Jean-Gaspar Wilmar, bailli des bailliages de Prum, Schœnecker et Schœnberg, et de Marie Marguerite, fut reçu avocat au conseil souverain de Luxembourg, et devint successivement juge au tribunal civil de Luxembourg, et président au tribunal criminel du département des Forêts. Il était sous-préfet de l'arrondissement de Bittbourg, quand il fut élu, le 4 mai 1811, par le Sénat conservateur, député du département des Forêts au Corps législatif ; il siégea jusqu'en 1814, fut nommé aux Cent-Jours (4 avril 1815) conseiller directorial du département des Forêts, et, après la séparation du Luxembourg de la France, fut appelé (13 octobre 1825) aux fonctions de gouverneur civil provisoire du grand-duché de Luxembourg.

WILSON (Daniel), député de 1869 à 1870, représentant en 1871, député de 1876 à 1889, né à Paris le 6 mars 1840, fils de Daniel Wilson, né à Glascow (Ecosse) en 1780, et d'Antoinette-Henriette Casenave, fille du conventionnel Casenave, et petite-fille, par sa mère, de Ducastel, qui fut député en 1791, fit ses études à Paris, où son père était venu s'établir en 1820, et où il avait créé et organisé l'éclairage au gaz. M. Wilson père gagna dans cette entreprise une fortune considérable, et acheta le château de Chenonceaux, où son fils s'occupa d'agriculture et de sport, tout en menant à Paris la vie d'un fils de famille. Les élections législatives du 24 mai 1869 le firent entrer dans la vie politique. Candidat indépendant dans la 3e circonscription d'Indre-et-Loire (Loches), il fut élu député au second tour, par 19,020 voix sur 26,681 votants et 33,801 inscrits, contre 7,478 à M. Duval, candidat officiel. Il prit place à gauche, fut élu secrétaire du Corps législatif, signa l'interpellation des 116, prit part à plusieurs discussions, et vota contre la guerre contre la Prusse. Pendant la campagne, il commanda un bataillon de mobiles d'Indre-et-Loire, et fut élu, le 8 février 1871, représentant de ce département à l'Assemblée nationale, le 6e et dernier, par 31,302 voix (73,000 votants, 96,790 inscrits). Il s'inscrivit au centre gauche et à la gauche républicaine, assista aux réunions Feray et Saint-Marc-Girardin, montra dans son éclectisme une certaine indépendance, soutint la politique de Thiers, tout en combattant à la tribune ses idées en matière d'impôts nouveaux, et vota pour la paix, contre l'abrogation des lois d'exil, contre la pétition des évêques, pour le pouvoir constituant, contre le service de trois ans, contre la démission de Thiers, contre le septennat, contre le ministère de Broglie, pour l'amendement Wallon, pour les lois constitutionnelles ; il s'abstint sur l'admission à titre définitif des princes d'Orléans dans l'armée. Conseiller municipal de Loches, conseiller général d'Indre-et-Loire depuis 1871, il fut réélu, le 20 février 1876, député de l'arrondissement de Loches par 8,274 voix (15,683 votants, 18,219 inscrits), contre 7,334 à M. Schneider. Il s'assit à la gauche républicaine, devint secrétaire de ce groupe, fit partie de la commission du budget, dénonça (mars 1877), dans une discussion relative aux chemins de fer, les abus du monopole des grandes compagnies, et fut un des 363 adversaires du cabinet du 16 mai. Réélu, le 14 octobre 1877, par 8,457 voix (16,416 votants, 18,901 inscrits) contre 7,916 à M. Duval, il reprit sa place à gauche, fut rapporteur du budget du ministère des Finances, puis rapporteur général du budget, et accepta, dans le ministère Freycinet (29 décembre 1879) le poste de sous-secrétaire d'Etat aux finances. Il le conserva dans le ministère Ferry (23 septembre 1880), et, en cette qualité, parla (juin 1881) contre la suppression de l'impôt sur le papier. Réélu député, le 21 août 1881, par 11,099 voix (18,033 votants, 19,030 inscrits), il épousa, le 22 octobre suivant, Mlle Alice Grévy, fille unique du président de la République, quitta le sous-secrétariat des Finances à la chute du cabinet Ferry (11 novembre 1881), parla (décembre suivant) contre le budget, soutint (juin 1882) le projet de protectorat sur la Tunisie présenté par le gouvernement, se montra (juillet 1883) un des adversaires les plus ardents des conventions avec les grandes compagnies de chemin de fer, et, propriétaire du Journal la *Petite France* de Tours, commença (septembre 1883) à faire profiter ce journal des renseignements que pouvaient lui fournir sa situation de gendre du président de la République et sa résidence à l'Élysée, et à mêler le nom de M. Jules Grévy aux intrigues ministérielles qu'il entendait favoriser. Les insinuations de la *Petite France*, qui publiait souvent les documents officiels avant le *Journal officiel*, ne furent pas étrangères à la réception des moins courtoises qui fut faite au roi d'Espagne, Alphonse XII, lors de sa visite à Paris, et la presse émit à l'envi quelques doutes sur la correction de l'attitude politique du gendre qu'à premier magistrat du pays. A la Chambre, M. Wilson attaqua le budget (novembre 1884), défendit (janvier 1885) la construction par l'État des lignes de chemin de fer, et, porté aux élections du 4 octobre 1885, sur la liste opportuniste d'Indre-et-Loire, fut élu, le 3e sur 5, par 40,018 voix (77,527 votants, 93,850 inscrits). Il parla (février 1886) sur l'interpellation Thévenet relative aux tarifs de chemins de fer, fut rapporteur (mars) du projet d'emprunt de 900 millions, rapporteur du budget de 1887 qu'il repoussa, et vota l'expulsion des princes. En septembre 1887, les perquisitions ordonnées par la justice dans l'affaire Caffarel-Limouzin amenèrent chez Mme Limouzin la découverte de lettres de M. Wilson ; quelques journaux, l'*Intransigeant*, la *Lanterne*, le *XIXe siècle*, *Paris*, prirent l'affaire en main, et accusèrent quotidiennement M. Wilson d'avoir trafiqué de la Légion d'honneur, d'avoir installé à l'Élysée une agence d'affaires véreuses, d'avoir usé de son crédit pour faire accorder des grâces, des remises ou des réductions de droits dus à l'État, d'avoir imposé à un grand nombre de fonctionnaires des actions ou des abonnements de la *Petite France*, d'avoir pris part à des contrats de fournitures pour le compte de l'État, etc. Le jour de la rentrée des Chambres, M. Cunéo d'Ornano demanda la nomination d'une commission chargée de faire une enquête « sur les faits de trafic de fonctions publiques et de décorations signalés par la presse ». Malgré l'opposition du ministère, déclarant l'enquête inutile puisque la justice était saisie, l'urgence fut votée par 338 voix contre 130. On pensa que M. Wilson s'empresserait de quitter l'Élysée, où une enquête présentait de délicates difficultés ; il n'en fut rien, et M. Wilson fut soutenu en cette circonstance par son beau-père, qui ne trouvait dans les faits reprochés à son gendre, fussent-ils vrais, aucune culpabilité pénale. M. Rouvier, président du conseil, s'efforça de couvrir le président de la République « qui n'était, dit-il, à l'égard des ministres, qu'un solliciteur comme un autre », et posa la question de cabinet pour obtenir le rejet de l'enquête ; une proposition de M. Colfavru sauva pour un moment la situation en faisant étendre l'enquête « à tous les faits touchant l'administration, qui paraissaient de nature à mériter un blâme ou une répression ». Ainsi étendue et atténuée, l'enquête fut acceptée par le cabinet et votée par 463 voix contre 81. Mais, le 9 novembre,

à l'audience de la 10e chambre du tribunal correctionnel de la Seine, l'avocat de Mme Limouzin constata que deux lettres de M. Wilson à sa cliente avaient été distraites du dossier, pendant que ce dossier était entre les mains du préfet de police, et avaient été remplacées par deux autres. Cet incident surexcita l'opinion publique ; dès le lendemain, M. de Douville-Maillefeu et M. Piou demandèrent simultanément, à la tribune de la Chambre, si les faits révélés la veille à l'audience de la 10e chambre étaient poursuivis. Après quelques tergiversations, M. Mazeau, garde des sceaux, fut obligé d'ordonner au procureur général de poursuivre. Le préfet de police, M. Gragnon, ayant refusé de donner sa démission, fut remplacé, et, le 17, la Chambre accorda, à l'unanimité moins une voix, l'autorisation de poursuites déposée contre M. Wilson. On sait (*Voy.* GRÉVY) la crise politique qui s'ensuivit, et qui amena la démission forcée du président de la République. M. Wilson ne quitta l'Élysée qu'à la dernière extrémité, et se retira dans l'hôtel particulier de son beau-père. Le 13 décembre, un arrêt de la chambre des mises en accusation décida qu'il n'y avait lieu de poursuivre MM. Gragnon et Wilson pour détournement et substitution de lettres dans le dossier Limouzin, « attendu que si de telles pratiques doivent être hautement réprouvées, elles ne tombent sous l'application d'aucune disposition de la loi pénale. » En janvier 1888, une nouvelle information judiciaire fut ordonnée contre M. Wilson à propos d'une affaire de décoration découverte depuis l'arrêt précédent. Le juge d'instruction chargé d'informer, M. Vigneau, fut révoqué au cours de l'enquête, pour avoir employé à la recherche de la vérité des moyens peu dignes de la justice, mais l'affaire suivit son cours, et, le 1er mars 1888, M. Wilson fut condamné par le tribunal correctionnel à deux ans de prison et 3,000 francs d'amende, pour complicité dans la vente de la croix de la Légion d'honneur. L'affaire fut portée à la cour d'appel, qui réforma le jugement le 26 mars, et renvoya M. Wilson et autres des fins de la plainte. Tout en tenant les faits pour prouvés, le nouvel arrêt déclara qu'ils ne tombaient sous le coup d'aucune disposition répressive. Le rôle de M. Wilson était terminé, et le député d'Indre-et-Loire s'abstint pour un temps de paraître à la Chambre. Le 26 novembre 1888, il vint inopinément s'asseoir à son siège de député. Le vote se fit aussitôt autour de lui; sur la proposition de MM. Mesureur et Millerand, la séance fut suspendue pendant une heure, et M. Wilson ne reparut plus au palais Bourbon.

WIMPFEN (LOUIS-FÉLIX, BARON DE), député en 1789, né à Minfeld (Bas-Rhin) le 5 novembre 1744, mort à Bayeux (Calvados) le 23 février 1814, l'un des dix-huit enfants d'un chambellan du roi Stanislas, entra à onze ans, au service du duc de Deux-Ponts, devint enseigne dans le régiment de Deux-Ponts, fit la campagne de Corse en 1768, comme capitaine au régiment de la Marck, fut nommé lieutenant-colonel et chevalier de Saint-Louis, prit part à la guerre de l'indépendance américaine et aux sièges de Mahon et de Gibraltar, où il gagna le grade de brigadier et une pension de mille écus, et, à la paix, se retira dans une terre de Normandie, avec le grade de maréchal de camp. Élu, le 23 mars 1789, député de la noblesse du bailliage de Caen aux États-

Généraux, il se montra partisan modéré des réformes, fit partie des comités militaires et des pensions, réclama (1er octobre 1789) la réorganisation de l'armée, proposa (16 décembre) d'établir le décret relatif à la conscription militaire sur quatre bases : 1° le recrutement en soldats et le remplacement en officiers ; 2° la force du contingent ; 3° l'ordre de l'avancement en écartant l'arbitraire, sans détruire l'émulation ; 4° un projet de code de délits et de peines militaires. Il combattit le projet de « conscription régionale » de Dubois-Crancé, demanda l'établissement d'une « monarchie démocratique », prit part à la publication du « Livre Rouge », proposa, lors de la fuite de Varennes, que le comité militaire fût chargé de la défense extérieure, et protesta contre la suppression de la noblesse. Lors de l'entrée des Prussiens en France (1792) il fut nommé commandant de Thionville. Il refusa l'offre d'un million que lui fit Brunswick pour la reddition de la place, la défendit intrépidement pendant cinquante-cinq jours, fut dégagé par la victoire de Valmy, reçut les félicitations de la Convention, et préféra, au portefeuille de la Guerre qu'on lui offrait, le commandement de l'armée des côtes de Cherbourg. Après l'arrestation des Girondins au 31 mai, il offrit, bien que royaliste, son épée au service de ce parti, fit arrêter les représentants en mission à Caen, qui avaient mis sa tête à prix, et fut décrété d'accusation. Son avant-garde ayant été battue à Pacy-sur-Eure (14 juillet 1793), il ne put tenir à Caen qu'il avait essayé de fortifier, et se cacha à Bayeux. Le gouvernement consulaire lui rendit son grade de général de division, et l'empereur le nomma inspecteur général des haras (24 juillet 1806). Maire de Bayeux, créé baron de l'empire en 1809, il avait conservé les traditions d'esprit aimable et d'élégance polie de l'ancien régime ; il mourut quelques semaines avant la chute de l'empire, et fut inhumé dans le cimetière de Saint-Germain-de-la-Lieue, commune réunie aujourd'hui à celle de Saint-Martin-des-Entrées (Calvados). On a de lui : *Manuel de Népholius* (1788), et des *Mémoires*.

WITT (CORNÉLIS-HENRY DE), représentant en 1871, né à Paris le 20 novembre 1828, mort au Val-Richer (Calvados) le 14 décembre 1889, « fils de Guillaume-Corneille de Witt, ancien auditeur au conseil d'État et ancien sous-préfet, et de Suzanne-Caroline Temmluck », fit ses études à Paris, s'occupa d'affaires industrielles, devint administrateur des mines de la Grand-Combe, de la Société algérienne, des chemins de fer lombards, collabora à la *Revue des Deux-Mondes*, épousa, en 1850, la fille de M. Guizot, et publia quelques travaux historiques : *Histoire de Washington et de la fondation de la République des États-Unis* (1855) ; *Thomas Jefferson* (1861). Le 4 juin 1863, il se présenta comme candidat indépendant au Corps législatif dans la 3e circonscription du Calvados, et échoua avec 5,622 voix, contre 18,893 au candidat officiel élu, M. de Colbert-Chabanais. Il ne fut pas plus heureux aux élections du 24 mai 1869, avec 3,750 voix, contre 16,815 au député sortant, M. de Colbert-Chabanais, réélu. Il avait fait paraître, dans l'intervalle, la *Société française et la Société anglaise au XVIIIe siècle* (1864), une traduction de l'*Histoire constitutionnelle de l'Angleterre depuis l'avènement de George III* de May (1865), et des *Études sur l'Histoire des États-Unis d'Amérique*. Conseiller général du canton de Cambremer, il fut élu, le 8 février 1871, représentant du Calvados à l'Assemblée nationale, le 6e sur 9, par 59,571 voix (86,661 votants, 139,207 inscrits) ; il prit place au centre droit, fit partie de la commission de réorganisation de l'armée, déposa, comme membre de la commission de révision des grades, un rapport qui fut l'objet de vives réclamations, proposa (24 juin 1873), lors de l'interpellation Le Royer sur l'arrêté du préfet du Rhône relatif aux enterrements civils, l'ordre du jour suivant : « L'Assemblée, considérant que les principes, toujours respectés par elle, de la liberté de conscience et de la liberté des cultes, ne sont pas en cause, et s'associant aux sentiments exprimés par le gouvernement, passe à l'ordre du jour » (adopté par 413 voix contre 251); remplit les fonctions de sous-secrétaire d'État au ministère de l'Intérieur, dont M. de Chabaud-Latour était alors le titulaire, du 21 juillet 1874 au 25 mars 1875, et vota *pour* la paix, *pour* l'abrogation des lois d'exil, *pour* la pétition des évêques, *pour* le pouvoir constituant de l'Assemblée, *contre* le service de trois ans, *pour* la démission de Thiers, *pour* le septennat, *pour* le ministère de Broglie, *contre* l'amendement Wallon, *pour* les lois constitutionnelles. Candidat des droites (décembre 1875) à un siège de sénateur inamovible, il ne fut pas élu, non plus qu'aux élections législatives du 20 février 1876, comme candidat dans l'arrondissement de Pont-l'Évêque (Calvados); n'ayant obtenu au premier tour que 3,268 voix sur 10,985 votants, il se retira.

WITT (CONRAD-JACOB-DIONYS-CORNÉLIS DE), député depuis 1885, né à Paris le 15 novembre 1824, frère du précédent, épousa Mlle Henriette Guizot, fille aînée de l'ancien ministre, connue par de nombreux ouvrages d'éducation. Propriétaire agriculteur, maire de Saint-Ouen-le-Pin (Calvados), ancien président de la Société d'agriculture de Pont-l'Évêque, conseiller général du canton de Cambremer depuis 1874, membre correspondant de la Société d'agriculture de France, M. Conrad de Witt fut porté, aux élections législatives du 4 octobre 1885, sur la liste conservatrice du Calvados, et fut élu, le 7e et dernier, par 51,399 voix (89,064 votants, 117,207 inscrits). Il prit place à l'Union des droites, parla (mars 1888) dans la discussion du budget des recettes, sur la réforme des impôts, se prononça *contre* la politique scolaire et coloniale du gouvernement, et vota, dans la dernière session, *contre* le rétablissement du scrutin d'arrondissement (11 février 1889), *contre* les poursuites contre trois députés membres de la Ligue des patriotes, *contre* le projet de loi Lisbonne restrictif de la liberté de la presse, *contre* les poursuites contre le général Boulanger.

WOIRHAYE (CHARLES-FRANÇOIS), représentant en 1848, né à Metz (Moselle) le 31 mai 1798, mort à Nancy (Meurthe) le 11 janvier 1878, fils d'un commerçant, se fit inscrire au barreau de Metz en 1818, plaida dans des procès politiques, défendit notamment le *Courrier de la Moselle* dont il était l'un des fondateurs, et fut nommé, après les journées de Juillet, avocat général à la cour de Metz. Révoqué en mars 1831, pour avoir adhéré à « l'Association nationale contre le retour des Bourbons », il fut élu colonel de la garde nationale de Metz, conseiller municipal, et devint bâtonnier de son ordre. En 1835, il fut au nombre des défensours des accusés d'avril devant la cour des pairs. Nommé, en mars 1848, procureur général à Metz, il fut élu, le 23 avril 1848, représentant de la Moselle à l'Assemblée constituante, le 1er sur 11, par 94,204 voix (97,423 votants, 111,534 inscrits). Il prit place parmi les partisans du général Cavaignac, et vota *pour* le bannissement de la famille d'Orléans, *pour* les poursuites contre Louis Blanc et Caussidière, *contre* l'abolition de la peine de mort, *contre* l'impôt progressif, *contre* la proposition de deux Chambres, *contre* l'amendement Grévy, *contre* la sanction de la Constitution par le peuple, *contre* le droit au travail, *pour* l'ordre du jour en l'honneur du général Cavaignac, *contre* la suppression et la réduction de l'impôt du sel, *pour* la proposition Rateau, *contre* l'amnistie générale, *pour* l'interdiction des clubs, *pour* l'expédition de Rome, *contre* l'amnistie des transportés, *contre* la demande de mise en accusation du président et des ministres. Rallié à la politique du prince-président, et non réélu à l'Assemblée législative, il accepta les fonctions de président de chambre à la cour de Metz (25 août 1849), puis fut nommé premier président (8 juillet 1856), et conseiller à la cour de cassation (22 novembre 1862). Admis à la retraite avec le titre de conseiller honoraire, le 12 novembre 1873, il vint se fixer à Nancy, où il mourut, à 80 ans, d'une attaque d'apoplexie. Membre de l'Académie de Metz, il a publié : *Études sur les origines nationales* (1857); *Introduction à des études sur l'Histoire universelle* (1861). Chevalier de la Légion d'honneur (1856), officier (12 août 1869).

WOLOWSKI (François-Michel-Raymond-Louis), représentant en 1848, en 1849 et en 1871, sénateur de 1875 à 1876, né à Varsovie (Pologne) le 31 août 1810, mort à Gisors (Eure) le 14 août 1876, fils d'un membre de la diète de Pologne, fit ses études en France de 1823 à 1827, retourna en Pologne et servit la cause de l'indépendance comme capitaine d'état-major. Secrétaire référendaire au ministère des affaires étrangères, il revint à Paris en qualité de premier secrétaire de la légation du gouvernement insurrectionnel. Il fut condamné à mort en Pologne après la chute de Varsovie, se fit naturaliser Français en 1834, et fut inscrit au barreau de Paris. Il fonda, peu après, la *Revue de législation et de jurisprudence*, fut nommé, en 1839, professeur de législation industrielle au Conservatoire des arts et métiers, puis, en 1848, président du conseil de perfectionnement et, après la révolution de février, combattit le système de Louis Blanc sur l'organisation du travail. Élu, le 23 avril de la même année, représentant de la Seine à l'Assemblée constituante, le 22e sur 34, par 132,333 voix (267,888 votants, 399,191 inscrits), il siégea parmi les partisans du général Cavaignac, fit partie du comité du travail, et appela (10 mai) l'attention du gouvernement sur les misères de la Pologne, question qui, après avoir provoqué des troubles en dehors du palais Bourbon, amena la journée du 15 mai et l'envahissement de l'Assemblée par le peuple. M. Wolowski vota avec les républicains modérés, *pour* le bannissement de la famille d'Orléans, *pour* les poursuites contre L. Blanc et Caussidière, *pour* l'abolition de la peine de mort, *contre* l'impôt progressif, *pour* les deux Chambres, *contre* l'amendement Grévy, *contre* le droit au travail, *pour* l'ordre du jour en l'honneur de Cavaignac, *contre* la suppression et la réduction de l'impôt du sel, *pour* la proposition Rateau *contre* l'amnistie générale,

pour l'expédition de Rome, *contre* l'amnistie des transportés, *contre* la mise en accusation du président et des ministres. Réélu, le 13 mai 1849, représentant de la Seine à l'Assemblée législative, le 18e sur 28, par 110,636 voix (281,140 votants, 378,043 inscrits), il suivit avec son beau-frère, M. Léon Faucher, la politique de résistance, vota *pour* l'expédition romaine, *pour* la loi Falloux-Parieu sur l'enseignement, *pour* la loi du 11 mai restrictive du suffrage universel, mais combattit la politique personnelle du prince-président et protesta contre le coup d'État de décembre. Il reprit son cours au Conservatoire des arts et métiers, fut un des organisateurs et des administrateurs du Crédit foncier (1852), entra à l'Académie des sciences morales et politiques en 1855 à la place de M. Adolphe Blanqui, fut nommé membre de la Société centrale d'agriculture (1862), professeur d'économie politique au Conservatoire des arts et métiers (1864), et membre du jury de l'Exposition française en 1849 et des Expositions universelles en 1855 et 1867. Lors des élections législatives complémentaires du 2 juillet 1871, motivées par les démissions, décès ou options de 21 représentants, M. Wolowski, candidat de l'Union parisienne de la presse, fut élu représentant de la Seine, le 1er sur 21, par 117,012 voix (209,823 votants, 458,771 inscrits). Il s'assit au centre gauche, prit une part importante aux discussions économiques et financières, combattit l'abrogation des traités de commerce et l'impôt sur les matières premières, préconisa l'impôt sur le revenu, la taxe de fabrication représentée par des timbres mobiles sur les factures, la mise en circulation des cartes postales, déposa (3 mars 1871) un amendement à la loi des finances portant que les parcelles figurant au cadastre comme terres incultes et improductives et qui ont été mises en culture seront établies et cotisées comme les autres propriétés de même nature de la commune où elles sont situées (adopté par 385 voix, contre 246), et proposa (13 juillet) d'autoriser le ministre des Finances à négocier avec la Banque de France la réduction du remboursement annuel à une somme d'au moins 150 millions; l'adoption de cette proposition par 338 voix contre 325 provoqua la démission du ministre, M. Magne. M. Wolowski vota *contre* la pétition des évêques, *contre* le pouvoir constituant de l'Assemblée, *contre* le service de trois ans, s'abstint sur la démission de Thiers, sur le septennat, sur le ministère de Broglie et sur la dissolution de la Chambre, et se prononça *pour* les lois constitutionnelles. Élu, le 10 décembre 1875, sénateur inamovible par l'Assemblée nationale, le 14e sur 75, par 319 voix sur 690 votants, il ne put, en raison de son état de santé, prendre part aux travaux de la Chambre haute, et mourut huit mois après. Docteur en droit de l'université d'Heidelberg, docteur en économie politique de l'université de Tubingue, officier de la Légion d'honneur (17 octobre 1851), M. Wolowski a publié un certain nombre d'ouvrages d'économie politique parmi lesquels : *Des sociétés par actions* (1838); *Des brevets d'invention et des marques de fabrique* (1840); *De l'organisation du travail* (1844); *L'or et l'argent* (1870); *Liquidation sociale* (1870); *Résultats économiques du paiement de la contribution de guerre en Allemagne et en France* (1875), etc.

WOLTER DE NEUBOURG (Benoit-Nicolas de), député en 1789, né à Cattenom (Moselle) le 16 juillet 1726, mort à Cattenom le 23 février

1801), « fils de Jean-François de Wolter, conseiller au parlement de Metz, et de Marie-Françoise Desandrouins », entra fort jeune dans les armées du roi, fit les campagnes de la guerre de Sept ans, et fut nommé, en 1761, lieutenant dans la compagnie des Cent-Suisses. Colonel en 1766, brigadier d'infanterie le 1er mars 1780, maréchal de camp le 1er janvier 1784, il quitta l'armée peu de temps après, et se retira dans ses propriétés. Député de la noblesse à l'assemblée provinciale des Trois-Évêchés et du Clermontois en 1787, nommé par le roi président de l'assemblée du district de Thionville, il fut élu, le 16 mars 1789, député de la noblesse du bailliage de Metz aux États-Généraux par 12 voix sur 23 votants. L'assemblée de la noblesse de Metz avait élu d'abord MM. de Custine et de Neubourg, puis avait cassé l'élection, et élu M. le baron du Pontet. La difficulté fut portée devant l'Assemblée nationale qui décida en faveur des deux premiers (10 juillet 1789). A l'Assemblée, M. de Neubourg suivit la majorité de son ordre, et, après la nuit du 4 août, fit remise d'un droit de péage qui lui était payé dans ses domaines, et d'une somme de 6,692 livres 5 sous, que le gouvernement lui devait pour arrérages d'une pension. Il se tint caché pendant la Terreur, rentra à Cattenom sous le Consulat, et y mourut à 78 ans.

WOUSSEN (Jean-François), député au Conseil des Cinq-Cents, né à Bailleul (Nord) le 13 juin 1765, mort à une date inconnue, avocat avant la Révolution, devint, en 1790, procureur-syndic du district d'Hazebrouck, et fut élu, en septembre 1791, 2e député suppléant du Nord à l'Assemblée législative, sans être appelé à y siéger. Le 26 vendémiaire an IV, le même département l'envoya siéger au Conseil des Cinq-Cents, par 345 voix sur 623 votants; il fit partie de nombreuses commissions, présenta des observations sur les finances des départements formés de l'ancienne Belgique, parla sur le régime hypothécaire, sur les passeports, fut secrétaire du Conseil (1er nivôse an IV), et fut réélu député aux Cinq-Cents, le 26 germinal an VII, par 331 voix sur 599 votants. Il prêta serment de haine à la royauté, adhéra au coup d'État de brumaire, fut nommé par le gouvernement consulaire juge au tribunal d'appel de Douai (7 messidor an VIII), échangea ce titre, lors de la réorganisation judiciaire, contre celui de conseiller à la cour impériale de Douai (6 avril 1811), et fut confirmé dans ses fonctions par la Restauration (26 avril 1816).

WUILLERMOZ (Benoit-François-Désiré-Romuald), représentant en 1871, né à Saint-Claude (Jura) le 5 février 1820, mort à Alger (Algérie) le 25 décembre 1877, se fit recevoir avocat, fit de l'opposition au gouvernement présidentiel du prince L. Napoléon, et, après le coup d'État de décembre 1851, fut interné à Alger. Inscrit au barreau de cette ville, il devint bâtonnier de l'ordre, maire d'Alger au 4 septembre 1870, appuya le décret de M. Crémieux du 24 octobre 1870 qui conférait des droits électoraux aux juifs indigènes et qui fut rapporté depuis, et, le 11 juillet 1871, fut élu représentant du département d'Alger à l'Assemblée nationale, le 1er sur 2, par 6,371 voix, en remplacement de Garibaldi démissionnaire. Il prit place à l'Union républicaine, vota *contre* la pétition des évêques, *contre* le pouvoir constituant de l'Assemblée, *pour* le service de trois ans, donna sa démission de représentant en août 1872, et fut remplacé, le 20 octobre suivant, par M. Crémieux.

WURTZ (Charles-Adolphe), sénateur, né à Strasbourg (Bas-Rhin) le 26 novembre 1817, mort à Paris le 12 mai 1884, fit ses études à l'institution protestante de Strasbourg, devint étudiant en médecine à la faculté de cette ville, chef des travaux chimiques à cette faculté en 1839, et fut reçu docteur en 1843. Il se rendit alors à Paris, fut nommé préparateur du cours de chimie organique à la faculté de médecine (1845), chef des travaux chimiques à l'école centrale (1846), fut reçu agrégé l'année suivante, professa à l'institut agronomique de Versailles en 1851, et fut appelé, en 1853, à la chaire de chimie médicale à la faculté de Paris. Membre de l'Académie de médecine (1856), doyen de la faculté (1866), il sut contenir les troubles qui éclatèrent à l'École de médecine, en 1867, à la suite des attaques dirigées du haut de la tribune du Sénat par l'archevêque de Rouen contre l'enseignement matérialiste de certains professeurs de la faculté. Il remit sa démission de doyen en avril 1875, fut nommé doyen honoraire, puis (1er août) professeur de chimie organique à la Sorbonne, et fut élu, le 7 juillet 1881, sénateur inamovible, par 140 voix sur 199 votants, contre 7 à M. Xavier Marmier et 42 bulletins blancs, en remplacement de M. Roger du Nord décédé. M. Wurtz prit place dans la majorité républicaine de la Chambre haute, mourut trois ans après, et fut remplacé (24 juin 1884) par l'amiral Peyron. Membre de l'Académie des sciences (1867), commandeur de la Légion d'honneur (11 août 1866), M. Wurtz a consigné dans un grand nombre de *Mémoires* ses importantes découvertes en chimie, sur les ammoniaques, sur l'insalubrité des résidus de distillerie, etc. Il a publié : *Leçons de philosophie chimique* (1864) ; *Traité élémentaire de chimie médicale* (1864) ; *Dictionnaire de chimie pure et appliquée* (1864) ; *la Théorie atomique* (1878) ; *Traité de chimie biologique* (1880), etc.

WUSTENBERG (Jacques-Henri), député de 1831 à 1846, et régent de France, né à Bordeaux (Gironde) le 1er octobre 1790, mort à Bordeaux le 16 octobre 1865, « fils du sieur Jacques-Henry Wustenberg, vice-consul de Prusse et négociant de Bordeaux, et de dame Henriette Delorthe », prit la direction de la maison de vins fondée par son père en 1779, devint membre de la chambre de commerce de Bordeaux en 1824, président de cette chambre à plusieurs reprises, de 1825 à 1848, juge au tribunal de commerce (1832), membre de la commission municipale (1830), adjoint au maire (1832), conseiller général (1834), membre du conseil supérieur du commerce (même année), et fut élu, le 21 juin 1834, député du 1er collège de la Gironde (Bordeaux), par 284 voix (429 votants, 590 inscrits), contre 82 à M. du Saget et 41 à M. Dariste. Il prit place au centre et vota avec les conservateurs. Il obtint sa réélection, le 4 novembre 1837, par 334 voix (652 votants, 829 inscrits) ; le 2 mars 1839, par 441 voix (700 votants) ; et le 9 juillet 1842, par 453 voix (504 votants, 881 inscrits), contre 19 à M. de Cormenin. Il donna constamment son suffrage à la politique ministérielle, se prononça notamment *pour* l'indemnité Pritchard, fut nommé pair de France le 21 juillet 1846. M. Wustenberg siégea au Luxembourg jusqu'à la révolution de 1848. Chevalier de la Légion d'honneur, il était en outre, depuis 1831, membre du consistoire protestant, et régent de la Banque de Bordeaux. Cette ville a donné son nom à l'une de ses rues.

Y

YGER (JEAN-BAPTISTE), membre de la Convention, né à Cany-Barville (Seine-Inférieure) le 7 novembre 1717, mort à Cany-Barville en 1812, avocat avant la Révolution, devint maire de Cany, puis juge au tribunal de cette ville. Élu, le 5 septembre 1792, membre de la Convention par le département de la Seine-Inférieure, le 4e sur 16, « à la pluralité des voix », il siégea parmi les modérés et répondit au 3e appel nominal, lors du procès de Louis XVI : « La réclusion pendant la guerre et le bannissement après. » Il se prononça en outre *pour* l'appel *et pour* le sursis. Son rôle politique, qui prit fin avec la session conventionnelle, n'a pas laissé de traces au *Moniteur*.

YSABEAU (CLAUDE-ALEXANDRE), membre de la Convention et député au Conseil des Anciens, né à Gien (Loiret) le 14 juillet 1754, mort à Paris le 30 mars 1831, entra dans la congrégation de l'Oratoire, et devint préfet des études à l'École militaire de Vendôme, puis (1789) au collège de Tours. Officier municipal de Tours (1790), il fut un des orateurs les plus assidus du club des Amis de la Constitution de cette ville, prêta serment à la constitution civile du clergé, devint, en mars 1791, curé constitutionnel de Saint-Martin de Tours, puis grand vicaire du nouvel évêque, renonça bientôt à l'état ecclésiastique, se maria, et fut élu (6 septembre 1792) député d'Indre-et-Loire à la Convention, le 7e sur 8, par 222 voix (416 votants). Il siégea à la Montagne et répondit au 3e appel nominal dans le procès du roi : « Il répugne autant à mon caractère qu'à mes principes de prononcer la mort excepté contre un tyran ; car un tyran ne ressemble pas à un homme. Au reste, ce n'est pas moi qui prononce, c'est le code pénal ; c'est la première et la dernière fois que je vote pour la mort. » Il se prononça en outre *contre* l'appel et *contre* le sursis. Envoyé en mission (septembre 1793) dans la Gironde avec Tallien, il s'y montra très opposé au modérantisme et ordonna plusieurs arrestations; mais, en désaccord avec l'envoyé secret de Robespierre, Jullien (germinal an II), dénoncé par lui comme intrigant et modéré, il fut rappelé (25 floréal) par le comité de salut public, et quitta Bordeaux le 15 prairial. « Le moment est venu, écrivait, dès le 11, Jullien à Robespierre, de révolutionner Bordeaux, et celui qui commencera ce travail, surtout après un homme aussi mielleux et modéré qu'Ysabeau, ne sera pas aimé. » De retour à Paris, Ysabeau prit part à la journée du 9 thermidor, et fut aussitôt chargé d'une seconde mission dans la Gironde : cette fois, il favorisa de tout son pouvoir la réaction antijacobine. Rappelé le 29 novembre 1794, il fut encore désigné pour organiser, avec les généraux Servan et Dugommier, l'armée des Pyrénées-Orientales; il paya de sa personne et reçut quatre blessures. Il devint à son retour secrétaire de la Convention (16 pluviôse an III), entra au comité de sûreté générale en thermidor suivant, réclama des mesures de rigueur contre l'insurrection de prairial, et fut chargé de divers rapports. Le 4 brumaire an IV, ses collègues de la Convention l'élurent député au Conseil des Anciens, dont il fut secrétaire. Il siégea

jusqu'en l'an VI, et fut alors nommé (23 prairial) substitut du commissaire du Directoire près les postes et messageries à Rouen. A la suppression de cet emploi par Napoléon, il fut appelé à un modeste emploi d'inspecteur des bureaux de postes à Paris, sollicita en vain une place de préfet en l'an XI, et échangea son emploi, quelque temps après, contre les fonctions de commis à la correspondance. Révoqué à la première Restauration, il obtint une pension de 1,200 francs, se fixa à Bonnelles (Seine-et-Oise) (mai 1814) comme fermier du duc d'Uzès, reprit aux Cent-Jours sa place de commis aux postes, et tomba ainsi sous le coup de la loi du 12 janvier 1816 contre les régicides. Il partit pour Mons (Belgique) le 10 février 1816, se retira à Villevorde (Pays-Bas), et ne put obtenir l'autorisation de rentrer en France, malgré les instances de ses deux enfants (15 mai 1819) auprès du gouvernement royal. La révolution de 1830 fit seule cesser son exil.

YSAMBART (JACQUES-MARIE), député au Conseil des Cinq-Cents, né au Mans (Sarthe) le 27 mars 1750, mort au Mans le 19 août 1817, fut reçu, à 27 ans, avocat en la sénéchaussée du Mans. Partisan de la Révolution, il devint substitut du procureur de la commune du Mans (1790), assesseur du juge suppléant au tribunal de district, juge au même tribunal, président du tribunal criminel de la Sarthe (1793), et fut élu, le 21 germinal an VI, député de la Sarthe au Conseil des Cinq-Cents par 147 voix sur 273 votants. Son rôle dans cette assemblée fut des plus effacés. Il adhéra au coup d'État de brumaire, fut nommé premier juge au tribunal criminel de la Sarthe (9 floréal an VIII), et, lors de la réorganisation judiciaire, fut appelé aux fonctions de conseiller à la cour d'Angers (2 avril 1811).

YVAN (MELCHIOR-HONORÉ), représentant en 1849, né à Digne (Basses-Alpes) le 6 mars 1806, mort à Carros (Alpes-Maritimes) le 15 avril 1873, neveu du baron Yvan qui fut chirurgien en chef des Invalides sous le premier empire, se fit recevoir docteur en médecine à Montpellier en 1835, vint exercer à Digne, et fut nommé professeur d'histoire naturelle à l'École secondaire de Marseille. Attaché comme médecin à la mission de M. de Lagrené en Chine en 1843, il rentra en France en 1846, fut nommé chevalier de la Légion d'honneur, et fut élu, comme candidat du parti démocratique, le 13 mai 1849, représentant des Basses-Alpes à l'Assemblée législative, le 2e sur 3, par 13,418 voix (26,587 votants, 43,379 inscrits). Il prit place à la gauche modérée, fut secrétaire de l'Assemblée, et vota *contre* l'expédition de Rome, *contre* la loi Falloux-Parieu sur l'enseignement, *contre* la loi du 31 mai restrictive du suffrage universel, *contre* la politique du prince-président. Au coup d'État du 2 décembre, ce fut chez lui que se réunirent les représentants du peuple restés libres, en apprenant l'arrestation de leurs collègues. Le fait accompli, M. Yvan se retira à Bruxelles. Il rentra à Paris en 1854, collabora au journal *la Presse*, fut attaché quelque temps (1858) au cabinet du prince Napoléon alors ministre de l'Algérie et des colonies, et fut nommé ensuite inspecteur de l'imprimerie et de la librairie ; il fut admis à la retraite, en cette qualité, le 28 mars 1872, et mourut l'année suivante. On a de lui des brochures sur des matières médicales, et plusieurs relations de son voyage en Chine, sous plusieurs formes.

YVER (PIERRE), député de 1815 à 1816, et de 1822 à 1826, né à Rouchy (Calvados) le 8 février 1768, mort à Paris le 10 septembre 1826, était propriétaire à Saint-Lô (Manche). Le 22 août 1815, il fut élu député du grand collège de ce département, par 125 voix (196 votants, 276 inscrits). Il siégea dans la majorité de la Chambre introuvable, et prit la parole sur l'extinction des pensions ecclésiastiques, pour demander l'ajournement du scrutin au lendemain. Il reparut à la Chambre, le 13 novembre 1822, comme député du 1er arrondissement de la Manche (Saint-Lô), élu par 192 voix (313 votants, 411 inscrits), contre 121 à M. Sivard de Beaulieu. Il soutint de ses votes le ministère Villèle, et obtint sa réélection, le 25 février 1824, par 181 voix (274 votants, 380 inscrits), contre 88 à M. Lejolis de Villiers. M. Yver siégea dans la majorité jusqu'à sa mort, survenue au cours de la législature.

YVER DELABUCHELERIE (JEAN-JOSEPH), député en 1791, né à Carentan (Manche) à une date inconnue, mort à Saint-Lô (Manche) le 21 mai 1801, homme de loi avant la Révolution, devint (1790) administrateur du district de Carentan, et fut élu, le 1er septembre 1791, 1er député suppléant de la Manche à l'Assemblée législative, par 235 voix sur 337 votants. Admis à siéger le 25 mai 1792, en remplacement de M. Jean-François Duval démissionnaire, il ne joua qu'un rôle effacé dans les trois mois de cette fin de session, fut élu, le 24 vendémiaire an IV, haut juré pour le département de la Manche, et le 22 germinal an VIII, juge au tribunal d'appel de la Manche. Il mourut un an après.

YVERNAULT (SYLVAIN), député en 1789, né à la Châtre (Indre) le 28 novembre 1740, mort à Bourges (Cher) le 2 septembre 1806, était chanoine de Saint-Ursin de Bourges, quand il fut élu, le 27 mars 1789, député du clergé du bailliage du Berry aux États-Généraux. Il se montra d'abord partisan des réformes, vota pour la vérification en commun des pouvoirs, fit partie des comités des rapports et des recherches, mais ne prêta pas le serment ecclésiastique. Il disparut de la scène politique après la session.

YVES (RENAUD), représentant en 1848, né à Colmar (Haut-Rhin) le 12 janvier 1804, mort à Colmar le 6 juillet 1884, fils d'un ancien procureur général, fit ses classes à Paris et à Strasbourg, et se fit inscrire au barreau de Colmar. Nommé, après les journées de juillet 1830, substitut du procureur du roi à Colmar, il fut chargé, en cette qualité, de poursuivre un individu accusé d'avoir proféré des injures contre le roi, et, au lieu de requérir, défendit le coupable ; il fut destitué (1832) et reprit sa place au barreau. Le gouvernement provisoire de 1848 le nomma commissaire-adjoint dans le Haut-Rhin, puis procureur général. Élu, le 23 avril suivant, représentant du Haut-Rhin à l'Assemblée constituante, le 5e sur 12, par 68,589 voix sur 94,408 votants, il fit partie du comité de l'intérieur, fut souvent porté absent, et vota le plus souvent avec la gauche, contre les poursuites contre L. Blanc et Caussidière, pour l'abolition de la peine de mort, contre l'impôt progressif, contre les deux Chambres, pour l'amendement Grévy, pour la suppression de l'impôt du sel, pour l'amnistie des transportés, pour la mise en accusation du président et des ministres ; il s'abstint sur le droit au travail, sur la proposition Rateau et sur l'amnistie générale. Il ne fut pas réélu à la Législative, et redevint avocat à Colmar.

YVOIRE (PAUL-JEAN-FRANÇOIS BOUVIER, BARON D'), député de 1869 à 1870, né à Loëx (Haute-Savoie) le 10 février 1831, propriétaire, était rédacteur du journal légitimiste et catholique : Les Villes et les Campagnes, quand il se présenta, le 24 mai 1869, aux élections au Corps législatif dans la 3e circonscription de la Haute-Savoie, sous le titre de « candidat libéral indépendant » et avec une profession de foi dans laquelle il exprimait très nettement ses sympathies pour le Saint-Père. Il avait à lutter contre le candidat officiel, député sortant, M. Bartholoni, et contre M. Jules Favre. Le premier tour de scrutin donna la majorité relative au candidat officiel, mais avec ballottage. M. Jules Favre, qui était en minorité, se désista alors en faveur de M. d'Yvoire, qui fut élu, au second tour, par 14,814 voix (27,699 votants, 36,177 inscrits) contre 13,338 à M. Bartholoni. M. d'Yvoire siégea dans le tiers parti et vota pour la guerre contre la Prusse. Il n'est pas rentré au parlement depuis cette époque ; candidat à l'Assemblée nationale, dans la Haute-Savoie, le 8 février 1871, il échoua avec 12,915 voix sur 37,302 votants ; le scrutin complémentaire du 2 juillet suivant, motivé par la démission de M. Philippe, ne lui fut pas plus favorable, avec 19,493 voix, contre 24,302 au candidat républicain élu, M. Folliet. Il échoua encore, comme candidat du gouvernement du 16 mai, le 14 octobre 1877, dans l'arrondissement de Thonon, avec 6,221 voix, contre 8,356 au député sortant, M. Folliet, l'un des 363, et, porté, aux élections au scrutin de liste du 4 octobre 1885, sur la liste conservatrice de la Haute-Savoie, n'obtint que 22,497 voix sur 59,651 votants.

Z

ZACCALÉONI (FRÉDÉRIC-MARIE-DOMINIQUE-MICHEL), député de 1811 à 1814, né à Piperno (Italie) le 28 septembre 1760, mort à une date inconnue, s'occupa d'abord de littérature, fut inquiété par l'Inquisition, enfermé au Saint-Office pendant deux ans, et devint, lors de l'établissement de la république romaine, président du Sénat, consul, et président du consulat. Il présida également l'Institut des sciences à Rome, fut poursuivi par le gouvernement pontifical restauré, détenu au château Saint-Ange, passa dans le royaume de Naples où il fut directeur des domaines sous le roi Joseph, et fut le premier sous-préfet de Velletri (24 juillet 1809). Nommé directement par l'empereur, le 23 février 1811, député du département de Rome au Corps législatif, sur une liste au choix présentée par le préfet, il vit son mandat renouvelé par le Sénat conservateur le 13 janvier 1813; le 21 décembre 1813, il écrivit au président du Corps législatif que des causes légitimes l'empêchaient de se rendre aux séances; le 3 avril 1814, il s'excusa encore pour cause de maladie, en témoignant le regret de n'avoir pu voter la déchéance de l'empereur, qu'il vint signer le lendemain. Il siégea jusqu'aux traités de 1814.

ZANGIACOMI (Joseph, baron), membre de la Convention, député au Conseil des Cinq-Cents et pair de France, né à Nancy (Meurthe) le 19 mars 1766, mort à Paris le 12 janvier 1846, « fils de Joseph Zangiacomi, marchand, et de Françoise Vially », d'une famille italienne d'origine, établie en Lorraine à la suite du roi Stanislas, fut reçu en 1785 avocat au parlement de Lorraine et exerça cette profession à Nancy. Il était procureur-syndic dans cette ville, lorsqu'il fut élu, le 6 septembre 1792, député de la Meurthe à la Convention, le 8e et dernier, par 248 voix (400 votants); il siégea parmi les modérés, fit partie du comité de salut public (9 janvier 1793) et répondit au 3e appel nominal dans le procès du roi : « Je n'aurais jamais accepté une cumulation de pouvoirs telle que celle qu'on suppose nous avoir été donnée par nos commettants. Rappelez-vous de ce mot échappé à Charles Ier : *Rien n'est plus abject qu'un roi détrôné.* La honteuse existence de Louis aura au moins cet avantage de déjouer les complots ambitieux, et de servir d'épouvantail à tous ses pareils. Je vote pour la détention pendant la guerre et le bannissement à la paix. » Il se prononça en outre pour l'appel et pour le sursis, parut rarement à la tribune, fit partie du comité des secours, et fit décider l'établissement de bureaux de bienfaisance à Paris, et voter d'importants secours pour les départements. Réélu député de la Meurthe au Conseil des Cinq-Cents, le 21 vendémiaire an IV, il y fit une motion relative à la liquidation des pensionnaires et gagistes de la liste civile, sortit du Conseil en l'an VI, refusa l'ambassade de Suède, et fut nommé, le 15 pluviôse an VII, substitut au tribunal de Cassation. Aussi remarquable pour l'étendue de ses connaissances que par une rare lucidité d'esprit, il se distingua dans ces fonctions, devint juge de cassation le 19 germinal an VIII, fut promu, le 25 prairial an XII, membre de la Légion d'honneur, et cumula bientôt avec ses fonctions judiciaires celles de maître des requêtes (1813) puis de conseiller d'Etat. En cette qualité, il fut chargé de rapports importants, notamment pour la demande en révision du procès de Lesurques. En 1831, M. Zangiacomi devint président de la chambre des requêtes de la cour de Cassation; le 11 octobre 1832, le gouvernement de Louis-Philippe l'éleva à la dignité de pair. Il avait été fait baron de l'empire le 27 septembre 1810, et promu grand officier de la Légion d'honneur.

ZOEPFFEL (Louis), député en 1808, né à

Strasbourg (Bas-Rhin) le 1er septembre 1745, mort à Strasbourg le 19 novembre 1822, fut reçu licencié en droit (18 septembre 1765), avocat au conseil souverain d'Alsace (20 juin 1766), avocat plaidant au présidial de la noblesse de la basse Alsace (8 mai 1767), et devint conseiller au grand Sénat de Strasbourg (2 janvier 1772, substitut au greffe dudit Sénat (5 décembre suivant), greffier en chef du grand Sénat (17 mars 1777), « ammeistre » régent de Strasbourg (3 janvier 1788), juge au tribunal de district de Strasbourg (2 octobre 1790), juge au tribunal civil du Bas-Rhin (11 prairial an VIII), vice-président du tribunal de 1re instance de Strasbourg (24 prairial suivant), membre du collège électoral du Bas-Rhin (3 floréal an XI), et président du tribunal de Strasbourg en 1807. Le 18 février 1808, il fut élu, par le Sénat conservateur, député du Bas-Rhin au Corps législatif, d'où il sortit en 1812; il remplit ses fonctions judiciaires jusqu'à sa mort. Officier de la Légion d'honneur.

ZORN DE BULACH (Ernest-Maximilien, baron), député de 1827 à 1830, né à Osthausen (Bas-Rhin) le 13 février 1786, mort au château d'Osthausen le 2 janvier 1868, était propriétaire et maire de cette localité. Elu, le 17 novembre 1827, député du 2e arrondissement du Bas-Rhin (Benfeld) par 92 voix (93 votants, 106 inscrits), il siégea parmi les royalistes constitutionnels, fut des 221, échoua, le 23 juin 1830, avec 28 voix contre 68 à l'élu, M. Hermann, et ne se représenta pas aux élections de 1831. Conseiller général du Bas-Rhin.

ZORN DE BULACH (François-Antoine-Philippe-Henri, baron), député au Corps législatif de 1863 à 1864, de 1869 à 1870, né à Strasbourg (Bas-Rhin), le 15 juillet 1828, mort à Strasbourg le 14 avril 1890, fils du précédent, fut choisi comme chambellan par Napoléon III. Le 1er juin 1863, la 3e circonscription du Bas-Rhin l'envoya siéger au Corps législatif, par 14,921 voix (29,808 votants, 34,717 inscrits), contre 14,791 à M. Hallez-Claparède. M. Zorn de Bulach prit place dans la majorité dynastique; son élection ayant été annulée, il se représenta le 17 janvier 1864, et échoua avec 14,434 voix, contre 14,983 à l'élu, M. Hallez-Claparède. Plus heureux aux élections du 24 mai 1869, il regagna son siège avec 24,711 voix (27,971 votants, 36,910 inscrits), contre 208 à M. Hallez-Claparède, député sortant, 1,951 bulletins blancs et 1,104 nuls. Il vota *pour* la guerre contre la Prusse, et soutint, jusqu'au 4 septembre 1870, le gouvernement de Napoléon III. Après la guerre, il continua d'habiter l'Alsace, fut un député d'Alsace-Lorraine au Reichstag, comme candidat de la « protestation », et finit par se rallier au gouvernement allemand; il était, à sa mort, vice-président de la Délégation, et membre du conseil d'Etat de l'Alsace-Lorraine. Officier de la Légion d'honneur.

ZUYLEN VAN NYEVELT (Philippe-Jules, comte van), membre du Sénat conservateur, né à Rotterdam (Hollande) le 5 janvier 1743, mort à Utrecht (Hollande) le 20 février 1826, fils de Jacques van Zuylen et d'Adélaïde-Jeanne Timmers, suivit la carrière des armes. Cornette dans un régiment de carabiniers en 1767, il passa par tous les grades, resta longtemps colonel de dragons, et fut nommé, en 1795, général-major Il se distingua dans la guerre contre les Anglo-Russes qui avaient envahi la Hollande du Nord, et fut grièvement blessé le 27 avril 1799. Lieutenant-général et gouverneur de la Haye en 1804, il fut nommé par le roi Louis Bonaparte maréchal commandant militaire des Deux-Hollandes et de la province d'Utrecht, grand chambellan, grand maître des cérémonies, président du conseil de la noblesse et grand-croix de l'Union. Appelé à siéger au Sénat conservateur le 30 décembre 1810, créé comte de l'empire le 17 mars 1811, il contribua au rappel des Bourbons en 1815, et, à son retour dans sa patrie, fut confirmé par le roi des Pays-Bas dans ses titres et dignités.

ADDENDA

ALLÈGRE (VINCENT-GAETAN), a été élu, le 5 décembre 1882, en remplacement de M. Desmazes décédé, sénateur de la Martinique dont il était gouverneur ; cette élection fut annulée pour cause d'inéligibilité. De retour en France, il a été réélu, le 17 décembre 1888, sénateur de la Martinique par 58 voix sur 59 votants, a pris place à la gauche de la Chambre haute, et s'est prononcé en dernier lieu, pour le rétablissement du scrutin d'arrondissement (13 février 1889), contre le projet de loi Lisbonne restrictif de la liberté de la presse, pour la procédure de la haute cour contre le général Boulanger.

AYMÉ (CHARLES-JOACHIM-MARIE), représentant en 1849, né à Naples (Italie) le 2 février 1813, mort à Niort (Deux-Sèvres) le 17 août 1854, fils du général Charles Aymé et de dame Marianne d'Aquin, entra à l'École de Saint-Cyr, puis à l'École d'application d'état-major. Candidat à la députation dans le 2ᵉ collège électoral des Deux-Sèvres (Melle), aux élections du 2 mars 1839, il échoua avec 63 voix, contre 201 au député sortant, réélu, M. Auguis. Il était capitaine d'état-major de 1re classe, lorsque le roi Louis-Philippe le prit pour officier d'ordonnance (20 novembre 1846). Aux journées de février, M. Aymé se mit aux ordres de la famille royale, et, après le départ pour l'Angleterre, se retira dans sa famille à Melle. Nommé commandant de la garde nationale de cette ville, il fut élu, le 13 mai 1849, comme candidat conservateur, représentant des Deux-Sèvres à l'Assemblée législative, le 1ᵉʳ sur 7, par 26,030 voix sur 56,851 votants et 93,149 inscrits. Il prit place dans la majorité monarchiste, parla sur les questions militaires, fut rapporteur du projet de loi sur l'avancement dans l'armée, fit partie de la commission du recrutement, appuya la loi du 31 mai 1850 restrictive du suffrage universel, et vota pour l'expédition de Rome, et pour la loi Falloux-Parieu sur l'enseignement. Favorable à la politique du prince-président, il fut réintégré après le coup d'État du 2 décembre dans ses fonctions de capitaine d'état-major, à la 18ᵉ division militaire (Tours). Conseiller général du canton de Melle le 2 août 1852, il fut nommé, treize jours après, chef d'escadron d'état-major, et mourut subitement le surlendemain.

BERNARD DUTREIL (PAUL-MARIE). Au renouvellement sénatorial du 5 janvier 1888, M. Bernard-Dutreil a été réélu sénateur de la Mayenne, par 393 voix sur 690 votants. Il a repris sa place à droite et s'est prononcé contre le rétablissement du scrutin d'arrondissement (13 février 1889), contre le projet de loi Lisbonne restrictif de la liberté de la presse, contre la procédure de la haute cour contre le général Boulanger.

FERRY (CHARLES-EMILE-LÉON) a été élu sénateur des Vosges, le 29 avril 1888, par 526 voix, contre 112 à M. Morlot, et 313 à M. Figarol, en remplacement de M. Claude, décédé. Il a pris place à gauche et s'est prononcé pour le rétablissement du scrutin d'arrondissement (13 février 1889), pour le projet de loi Lisbonne restrictif de la liberté de la presse, pour la procédure de la haute cour contre le général Boulanger.

FRÉRY (CHARLES-LOUIS) a été élu sénateur du territoire de Belfort, le 2 janvier 1887, en remplacement de M. Viellard-Migeon décédé, par 93 voix sur 169 votants, contre 65 à M. Saglio et 7 à M. Japy. Il a pris place dans la majorité républicaine, et s'est prononcé pour le rétablissement du scrutin d'arrondissement (13 février 1889), pour le projet de loi Lisbonne restrictif de la liberté de la presse, pour la procédure de la haute cour contre le général Boulanger. M. Fréry est mort à Belfort le 4 juin 1891.

MARTIN (JEAN-FRANÇOIS-FÉLIX) a été élu sénateur de Saône-et-Loire le 13 mars 1887, par 888 voix sur 1,331 votants, en remplacement de M. Guillemaut décédé. De la majorité opportuniste de la Chambre haute, il a voté pour le rétablissement du scrutin d'arrondissement (13 février 1889), pour le projet de loi Lisbonne restrictif de la liberté de la presse, pour la procédure de la haute cour contre le général Boulanger.

En terminant cet ouvrage, nous tenons à remercier les familles des nombreux renseignements particuliers qu'elles ont bien voulu nous communiquer ; nous exprimons tout spécialement notre vive reconnaissance, pour le précieux concours qu'ils nous ont prêté en nous faisant profiter de leurs longues et savantes recherches personnelles, à MM. ET. CHARAVAY, CHARPENTIER (de Montreuil-sur-Mer), BÉGIS, LÉONCE DE BROTONNE, DECULAN (du Mans), DELMAS (d'Aurillac), A. DUBOIS (d'Amiens), GRELLET DE LA DEYTE (de la Haute-Loire), RENÉ KERVILER, D. LE VACHER DE BOIVILLE (de Bordeaux), l'abbé HAZARD (de la Ferté-Milon), MUSSET (de la Rochelle), PIETTE (d'Angers), BERNARD PROST, SEVAISTRE (de Bornay), USQUIN (de Douzy-Nièvre), WELWERT, etc.

LISTE DES MINISTRES

PAR RÈGNE

de mai 1789 à mai 1889

AFFAIRES ÉTRANGÈRES

1789 : de Montmorin, de la Vauguyon, de Lessart, Dumouriez, de Naillac, de Chambonas, Bigot de Sainte-Croix, Lebrun-Tondu. — **1792 :** Lebrun-Tondu, Deforgues, Goujon, Hermann, Delacroix, de Talleyrand, Reinhard. — **1799 :** Reinhard, de Talleyrand, de Champagny, Maret de Bassano, de Caulaincourt. — **1814 :** Laforêt, de Talleyrand. — **1815 (*Cent-Jours*) :** de Caulaincourt, Bignon. — **1815 (*2° Restauration*) :** de Talleyrand, de Richelieu, Dessolle, Pasquier, de Montmorency, de Châteaubriand, de Damas, de la Ferronnays, de Montmorency-Laval, Portalis, de Polignac. — **1830 :** Bignon, Jourdan, Molé, Maison, Sébastiani, de Broglio, de Rigny, Bresson, Thiers, Molé, de Montebello, Soult, Thiers, Guizot. — **1848 :** Lamartine, Bastide, Bedeau, Bastide, Drouyn de Lhuys, de Tocqueville, de Rayneval, de la Hitte, Drouyn de Lhuys, Brenier, Baroche, de Turgot. — **1852 :** Drouyn de Lhuys, Walewski, Thouvenel, Drouyn de Lhuys, de Moustier, de la Valette, de la Tour-d'Auvergne, Daru, de Gramont, de la Tour d'Auvergne. — **1870 :** Jules Favre, de Rémusat, de Broglie, Decazes, de Banneville, Waddington, de Freycinet, Barthélemy-Saint-Hilaire, Gambetta, de Freycinet, Duclerc, Challemel-Lacour, J. Ferry, de Freycinet, Flourens, Goblet, Spuller.

AGRICULTURE ET COMMERCE

1839 : Cunin-Gridaine, Gouin, Cunin-Gridaine. — **1848 :** Bethmont, Flocon, Tourret, Bixio, Buffet, Lanjuinais, Dumas, Bonjean, Schneider, Buffet, de Casablanca, Lefebvre-Duruflé. — **1852 :** Lefebvre-Duruflé, Magne, Rouher, Béhic, Forcade de la Roquette, Gressier, Le Roux, Louvet, Clément Duvernois. — **1870 :** Magnin, Lambrecht, V. Lefranc, de Goulard, Teisserenc de Bort, de la Bouillerie, Descilligny, Grivart, de Meaux, Ozenne, Teisserenc de Bort, Lepère, Tirard, Devès, de Mahy, Méline, Hervé Mangon, Gomot, Develle, Barbe, Viette, L. Faye.

BEAUX-ARTS

1870 : Maurice Richard. — **1881 :** Antonin Proust.

COMMERCE

1812 : Collin de Sussy. — **1828 :** De Saint-Cricq. — **1831 :** d'Argout, Thiers, Duchâtel, Teste, Duchâtel, H. Passy. — **1881 :** Rouvier, Tirard, P. Legrand, Hérisson, Rouvier, P. Legrand, Dautresme, Lockroy, Dautresme, P. Legrand, Tirard.

CULTES

1804 : Portalis, Bigot de Préameneu. — **1824 :** De Frayssinous, Feutrier, de Montbel, de Guernon-Ranville. — **1848 :** Bethmont. — **1873 :** De Fourtou.

FINANCES

1789 : Necker, de Breteuil, Necker, Lambert de Chémerolles, de Lessart, Tarbé, Clavière, Duranthou, Beaulieu, Leroux de Laville. — **1792 :** Clavière, Destourelles, Gaudin, Faypoult,

Camus, Ramel, Robert Lindet. — **1799 :** Gaudin. — **1814 :** Louis. — **1815** (*Cent-Jours*) **:** Gaudin. — **1815** (*2ᵉ Restauration*) **:** Louis, Corvetto, Roy, Louis, Roy, de Villèle, Roy, Chabrol de Crouzol, de Monthel. — **1830 :** Casimir Périer, Louis, Laffitte, Louis, Humann, H. Passy, Humann, d'Argout, Duchâtel, Lacave-Laplagne, Gautier, H. Passy, Pelet, Humann, Lacave-Laplagne, Dumon. — **1848 :** Goudchaux, Garnier-Pagès, Duclerc, Goudchaux, Trouvé-Chauvel, H. Passy, Fould, de Germiny, Fould, de Casablanca, Fould. — **1852 :** Bineau, Magne, Forcade de la Roquette, Fould, Rouher, Magne, Buffet, Segris, Magne. — **1870 :** E. Picard, Buffet, Pouyer-Quertier, de Goulard, Léon Say, Magne, Mathieu-Bodet, Léon Say, Caillaux, Dutilleul, Léon Say, Magnin, Allain-Targé, Léon Say, Tirard, Clamageran, Carnot, Dauphin, Rouvier, Tirard, Peytral, Rouvier.

GUERRE

1789 : De Puységur, de Broglie, de la Tour du Pin-Gouvernet, Duportail, de Narbonne-Lara, de Grave, Servan, Damourlez, Lajard, d'Abancourt. — **1792 :** Servan, Lache, de Beurnonville, Bouchotte, de Beauharnais, Aubert-Dubayet, Petiet, Scherer, Milet de Mureau, Bernadotte, Dubois-Crancé. — **1799 :** Berthier, Carnot, Berthier, Clarke. — **1814 :** Dupont de l'Etang, Soult, Clarke. — **1815** (*Cent-Jours*) **:** Davout. — **1815** (*2ᵉ Restauration*) **:** Gouvion Saint-Cyr, Clarke, Gouvion Saint-Cyr, de Latour-Maubourg, duc de Belluno, de Damas, de Clermont-Tonnerre, Decaux, de Bourmont. — **1830 :** Gérard, Soult, Gérard, Bernard, Mortier, Maison, Bernard, Despans-Cublères, Schneider, Despans-Cublères, Soult, Moline de Saint-Yon, Trézel. — **1848 :** Bedeau, Subervie, Cavaignac, Arago, Cavaignac, Lamoricière, Rullière, d'Hautpoul, Schramm, Regnault de Saint-Jean-d'Angely, Randon, Leroy de Saint-Arnaud. — **1852 :** Leroy de Saint-Arnaud, Vaillant, Randon, Niel, Lebœuf, Cousin de Montauban. — **1870 :** Le Flô, de Cissey, du Barail, de Cissct, Berthaut, de Rochebouët, Borel, Gresley, Farre, Campenon, Billot, Thibaudin, Campenon, Lewal, Campenon, Boulanger, Ferron, Logerot, de Freycinet.

INSTRUCTION PUBLIQUE

1801 : *Directeur de l'instruction publique* **:** Fourcroy. — **1808 :** *Grand-maître de l'Université* **:** De Fontanes. — *Ministres* **: 1828 :** De Vatimesnil. — **1830 :** Guizot, Bignon, de Broglie, Mérilhou, Barthe, de Montalivet, Girod, Guizot, Pelet, Guizot, de Salvandy, Parant, Villemain, Cousin, Villemain, de Salvandy. — **1848 :** Carnot, de Vaulabelle, Freslon, de Falloux, de Parieu, Giraud, de Crouzeilhes, Giraud, Fortoul. — **1852 :** Fortoul, Rouland, Duruy, Bourbeau, Segris, Mège, Bramo. — **1870 :** J. Simon, Waddington, Batbie, de Fourtou, de Cumont, Wallon, Waddington, Brunet, Faye, Bardoux, J. Ferry, Paul Bert, J. Ferry, Duvaux, J. Ferry, Fallières, Goblet, Berthelot, Spuller, L. Faye, Lockroy, Fallières.

INTÉRIEUR

1790 : De Saint-Priest, de Lessart, Cahier de Gerville, Roland de la Platière, Mourgues, Terrier de Monciel, Champion de Villeneuve. — **1792 :** Roland de la Platière, Garat, Paré, Horman, Benezech, François de Neufchâteau, Letourneur, François de Neufchâteau, Quinette. — **1799 :** Laplace, Lucien Bonaparte, Chaptal, de Champagny, Cretet, de Montalivet. — **1814 :** Beugnot, de Montesquiou. — **1815** (*Cent-Jours*) **:** Carnot, Carnot-Feulins. — **1815** (*2ᵉ Restauration*) **:** de Vaublanc, Lainé, Decazes, Siméon, de Corbière, de Martignac, de la Bourdonnaye, de Monthel, de Peyronnet, de Martignac. — **1830 :** De Broglie, Guizot, de Montalivet, Casimir Périer, de Montalivet, Thiers, d'Argout, Thiers, de Bassano, Thiers, de Montalivet, de Gasparin, de Montalivet, de Gasparin, Duchâtel, de Rémusat, Duchâtel. — **1848 :** Ledru-Rollin, Recurt, Sénart, Dufaure, de Maleville, Léon Faucher, Dufaure, Barrot, Baroche, Vaïsse, Léon Faucher, de Thorigny, de Morny. — **1852 :** De Persigny, Billault, Espinasse, Delangle, de Padoue, Billault, de Persigny, Boudet, de la Valette, Pinard, Forcade de la Roquette, Chevandier de Valdrôme, Chevreau. — **1870 :** Gambetta, E. Arago, E. Picard, Lambrecht, Casimir Périer, V. Lefranc, de Goulard, Casimir Périer, Boulé, de Broglie, de Fourtou, de Chaband-la-Tour, Buffet, Ricard, de Marcère, J. Simon, de Fourtou, Welche, de Marcère, Lepère, Constans, Waldeck-Rousseau, Goblet, Fallières, Waldeck-Rousseau, Allain-Targé, Sarrien, Goblet, Fallières, Sarrien, Floquet, Constans.

JUSTICE

1789 : De Barentin, Champion de Cicé, Duport-Dutertre, Duranthon, de Joly. — **1792 :** Danton, François de Neufchâteau, Garat, Gohier, Merlin (de Douai), Génissieu, Merlin (de Douai), Lambrechts, Cambacérès. — **1799 :** Cambacérès, Abrial, Régnier, Molé. — **1814 :** Henrion de Pansey, Dambray. — **1815** (*Cent-Jours*) **:** Cambacérès, Boulay (de la Meurthe). —

1815 (*2e Restauration*) : Pasquier, de Serre, de Peyronnet, Portalis, Bourdeau, Courvoisier, de Chantelauze. — 1830 : Dupont (de l'Eure), Mérilhou, Barthe, Persil, Sauzet, Persil, Barthe, Girod, Teste, Vivien, Martin (du Nord), Hébert. — 1848 : Crémieux, Bethmont, Marie, O. Barrot, Rouher, de Royer, Rouher, Daviel, Rouher. — 1852 : Abbatucci, de Royer, Delangle, Baroche, Duvergier, Émile Ollivier, Grandperret. — 1870 : Crémieux, Dufaure, Ernoul, Depeyre, Tailhand, Dufaure, Martel, de Broglie, Lepelletier, Dufaure, Le Royer, Cazot, Hembert, Devès, Martin-Feuillée, H. Brisson, Demôle, Sarrien, Mazeau, Fallières, Guyot-Dessaigne, Thévenet.

MARINE

1789 : De la Luzerne, Claret de Fleurieu, Thévenard, Bertrand de Molleville, de Lacoste, Dubouchage. — 1792 : Monge, Dalbarade, Truguet, Pléville-le-Pelley, de Bruix, Bourdon de Vatry. — 1799 : Bourdon de Vatry, Forfait, Decrès. — 1814 : Malouet, Beugnot. — 1815 (*Cent-Jours*) : Decrès. — 1815 (*2e Restauration*) : Jaucourt, Dubouchage, Gouvion-Saint-Cyr, Molé, Portal, de Clermont-Tonnerre, Chabrol de Crouzol, Hyde de Neuville, de Rigny, d'Haussez. — 1830 : de Rigny, Sébastiani, d'Argout, de Rigny, Roussin, Jacob, Ch. Dupin, Duperré, de Rosamel, Tupinier, Duperré, Roussin, Duperré, Roussin, de Mackau, de Montebello. — 1848 : F. Arago, Casy, Leblanc, Bastide, de Verninac, Destutt de Tracy, Romain Desfossés, Ducos, Vaillant, de Chasseloup-Laubat, Fortoul, Ducos. — 1852 : Ducos, Hamelin, de Chasseloup-Laubat, Rigault de Genouilly. — 1870 : Fourichon, Pothuau, Dompierre-d'Hornoy, de Montaignac, Fourichon, Cicquel des Touches, Roussin, Pothuau, Jauréguiberry, Cloué, Gougeard, Jauréguiberry, Brun, Peyron, Galiber, Aube, Barbey, de Mahy, Krantz, Jaurès, Krantz, Barbey.

POLICE

1796 : Camus, Merlin (de Douai), Cochon de l'Apparent, Lenoir-Laroche, Sotin, Dondeau, Lecarlier, Duval, Bourguignon-Dumolard. — 1799 : Fouché, Savary. — 1814 : Anglès. — 1815 : Fouché, Pelet de la Lozère. — 1825 : Fouché, Decazes. — 1852 : de Maupas.

POSTES ET TÉLÉGRAPHES

1879 : Cochery, Sarrien, Granet.

TRAVAUX PUBLICS

Mai 1830 : Capelle. — 1836 : Martin (du Nord), Dufaure, Jaubert, Teste, Dumon, Faye. — 1848 : Marie, Trélat, Recurt, Vivien, Léon Faucher, Lacrosse, Bineau, Magne, Lacrosse, Magne. — 1852 : Lefebvre-Duruflé, Magne, Gressier, de Talhouët, Plichon, Jérôme David. — 1870 : Dorian, de Larcy, de Fourtou, Bérenger, Descilligny, de Larcy, Caillaux, Christophle, Paris, Graëff, de Freycinet, Varroy, Carnot, Raynal, Varroy, Hérisson, Raynal, Carnot, Demôle, Baïhaut, E. Millaud, de Hérédia, Loubet, Deluns-Montaud, Yves Guyot.

TRÉSOR PUBLIC

1802 : Barbé-Marbois, Mollien.

MINISTÈRE DE LA MAISON DU ROI

1789 : Laurent de Villedeuil, de Saint-Priest, de Lessart. — 1814 : De Blacas d'Aulps, de Richelieu, de Lauriston, de la Rochefoucauld-Doudeauville.

MINISTÈRE DE L'ÉTAT ET DE LA MAISON DE L'EMPEREUR

1852 : De Casabianca, Fould, Walewski, Billaut, Rouher.

LISTE DES MEMBRES DU SÉNAT CONSERVATEUR
1799-1814

Barthélemy, Beaupuy, Berthollet, Bougainville, Cabanis, Casablanca, Chassot, de Choiseul-Praslin, Chollet, Clément de Ris, Cornet, Cornudet, Cousin, Creuzé-Latouche, Darcet, Davous, Depère, Destutt de Tracy, Dizez, Dubois-Dubais, Fargues, François de Neufchâteau, Garat, Garran de Coulon, Hatry, Herwyn, Jacqueminot, Journu-Aubert, Kellermann, Lacépède, Lagrange, Lambrechts, Laujuinais, Laplace, Laville-Leroux, Lecoutoulx de Canteleu, Lefèvre, Lejeans, Lemercier, Lenoir-Laroche, Lespinasse, Levavasseur, Monge, Morard de Galles, Péré, Perregaux, Fléville-le-Pélley, Porcher, Resnier, Roger Ducos, Rousseau, Sers, Sérurier, Sieyès, Vaubois, Vernier, Vien, Villetard, Vimar, Volney, Dedelay d'Agier, Rampon, Lamartillière, Cclaud, Trouchet, Harville, Pérignon, Grégoire, Démeunier, Joseph Bonaparte, Lucien Bonaparte, Abrial, de Belloy, d'Aboville, Fouché, Rœderer, Emmery, Garnier de Laboissière, Degrégory, de Luynes, Jaucourt, Lebrun, de Viry, Boissy-d'Anglas, de Fontenay, Cacault, Garnier, de Sainte-Suzanne, de Beauharnais, de Launoy, Saint-Martin-Lamotte, Chaptal, de Tascher, Canclaux, Saur, Rigal, Baciocchi, Bevière, Fesch, Cambacérès, Beurnonville, de Sémonville, d'Aguesseau, de Hédouville, Ferino, Gouvion, Dembarrère, de Pontécoulant, Colchon, Caulaincourt, de Saint-Vallier, Papin, de Valence, de Flourieu, Durazzo, Cambiaso, Dupuy, de Latour-Maubourg, de Maleville, Demont, d'Hautpoul, Ordener, de Barral, Primat, Faletti de Barol, d'Arenberg, de Loë, Klein, de Beaumont, Fabre, Curée, de la Tour, Dupont, Lejeas, de Cossé-Brissac, Lafaurie de Montbadon, de Mérode-Westerloo, Cazelli, Corsini, Anguissola, Fossombront, Venturi, Carbonara, Cochon de l'Apparent, de la Ville, de Pastoret, de Villemanzy, Dejean, de Fontanes, Redon, Thérenard, Shée, de Bolderbusch, de Guéhéneuc, Schimmelpenninck, Zuylen van Nyevelt, Van Dedem van Gelder, Van Depoll, Meerman van Dalen, Buonacorsi, Spada, de Bayane, Bourlier, Legrand, de Chasseloup-Laubat, Gassendi, de Saint-Marsan, Barbé-Marbois, de Croix, de Champagny, Duroc, de Montesquiou-Fezensac, Caulaincourt, de Ségur, d'Haubersaert.

LISTE DES MEMBRES DU TRIBUNAT
1799-1807

Adet, Alexandre, Andrieux, Arnould, Bailloul, Bara, Beaujour, Beauvais, Benjamin Constant, Bérenger, Berthélemy, Bézard, Bitouzet-Lignières, Boisjolin, Bosc, Bouteville, Caillemer, Cambe, Carret, Chabaud-Latour, Chabot, Challan, Chassiron, Chauvelin, Chazal, Chénard, Chénier, Costé, Courtois, Crassous, Curée, Daunou, Debry, Delpierre, Démeunier, Desrenandes, Dieudonné, Duchesne, Duvéyrier, Eschassériaux, Faure, Faivre, Favard, Gallois, Ganilh, Garat-Mailla, Gary, Gaudin, Gillet, Gillet de La Jacqueminière, Ginguené, Girardin, Goupil de Préfelne, Gourlay, Grenier, Guinard, Guttinguer, Himbert, Huguet, Isnard, Jacquemont, Jard-Panvillier, Jaucourt, Jubé, Labroustre, Lahary, Laloy, Laroumguière, Laussat, Lebretou, Logier, Legoupil-Duclos, Lejourdan, Leroy, Ludot, Malès, Malherbe, Mallarmé, Mathieu, Miot, Mongez, Moreau, Mouricault, Parent-Réal, Penières, Perreau, Perrée, Picault, Portiez, Riouffe, Roujoux, Savoye-Rollin, Say, Sédillez, Siméon, Thibault, Thiessé, Trouvé, Vezin, Albisson, Bertrand de Greuille, Boissy d'Anglas, Carnot, Carrion-Nisas, Costaz, Dacier, Daugier, Daru, Delaistre, de Piateville-Cernon, Duvidal, Fréville, Jaubert, Menou, Pernon, Perrin, Pictet, Pougeard-Dulimbort, Sahuc, Tarcible, Thouret, Van Hultem, Koch.

LISTE DES PAIRS DE FRANCE (1814-1848)

PAR RÈGNE

1814 : Dambray, de Talleyrand-Périgord, de la Luzerne, de Clermont-Tonnerre, d'Uzès, d'Elbeuf, de Montbazon, de la Trémoille, de Chevreuse, de Brissac, de Richelieu, de Rohan-Chabot, de Montmorency-Luxembourg, de Grammont, de Mortemart, de Saint-Aignan, de Noailles, d'Aumont, d'Harcourt, de Fitz-James, de Brancas, de Valentinois, de Fleury, de Duras, de la Vauguyon, de Praslin, de la Rochefoucauld, de Clermont-Tonnerre, de Choiseul-Stainville, de Coigny, de Talleyrand-Périgord, de Croy, de Broglie, de Montmorency-Laval, de Montmorency, de Montmorency-Luxembourg, de Lorges, de Croy d'Havré, de Polignac, de Lévis, de Maillé, de Saulx-Tavannes, de Caumont-Laforce, de Castries, de Noailles, de la Rochefoucauld-Doudeauville, de Cha'ais, de Sérent, de Plaisance, Berthier, Macdonald, Ney, Suchet, Augereau, Gouvion-Saint-Cyr, Marmont, Oudinot, de Conegliano, Mortier, Abrial, de Barral, de Barthélemy, de Bayane, de Beauharnais, de Beaumont, Berthollet, de Beurnouville, de Barbé-Marbois, Boissy d'Anglas, Bourlier, de Champagny, de Canclaux, de Casabianca, de Chasseloup-Laubat, Cholet, Clément de Ris, Colaud, Colchen, Cornet, Cornudet, d'Aboville, d'Aguesseau, Lefebvre, Davous, de Croix, Dedelay d'Agier, Dejean, Dembarrère, Depère, Destutt de Tracy, d'Harville, d'Haubersaert, d'Hédouville, Dupont, Dupuy, Emmery, Fabre, Garnier, Gassendi, de Gouvion, Herwyn de Névèle, de Jaucourt, Journu-Aubert, Klein, de Lacépède, de Lamartillière, Lanjuinais, Laplace, de Latour-Maubourg, Le Couteulx de Canteleu, Lebrun de Rochemont, Legrand, Lemercier, Lenoir-Laroche, de Lespinasse, de Maleville, de Montbadon, de Montesquiou, de l'astoret, Péré, de Pérignon, de Pontécoulant, Porcher de Richebourg, Rampon, Redon de Beaupréau, de Sainte-Suzanne, de Saint-Vallier, de Ségur, de Sémonville, Sérurier, Soulès, Shée, de Tascher, de Thévenard, de Valence, Kellermann, de Vaubois, Vernier, de Villemanzy, Vimar, Volney, Maison, Dessolle, de Latour-Maubourg, Clarke, Belliard, Curial, de Vioménil, de Vaudreuil, de Cruzol, d'Harcourt, de Clermont-Gallerande, de Damas. — **1815** (*Cent-Jours*) : Joseph Bonaparte, Lucien Bonaparte, Louis Bonaparte, Jérôme Bonaparte, Fesch, Eugène de Beauharnais, Cambacérès, Lebrun, Andréossy, Suchet, Maret, de Beauvau, Bertrand, de Bauffremont, Brayer, de Barral, Belliard, Brune, Bigot de Préameneu, Boissy-d'Anglas, Cambacérès, Caffarelli, de Casabianca, de Canclaux, Carnot, de Champagny, Chaptal, Clary, Clauzel, Colchen, de Croix, Cornudet, Cosmao, Moncey, Cambronne, Clément de Ris, Soult, Lefebvre, Davillier, Decrès, d'Arjuzon, d'Alsace, d'Aboville, d'Aubusson de la Feuillade, Dejean, Dedelay d'Agier, Drouot, Duchesne, Durosnel, Masséna, Davout, Dulauloy, Drouet d'Erlon, Exelmans, Emériau, Fallot de Beaumont, Fabre, Friant, de Flahault, de Forbin-Janson, Gaudin, Gassendi, Gazan de la Peyrière, Gérard, Gilbert de Voisins, Girard, de Grouchy, Jourdan, de Lacépède, de La Bédoyère, de Laborde, de la Rochefoucauld, de Latour-Maubourg, de Lameth, Lallemand, de Laforrière-Lévêque, Lavalette, Lecourbe, Lefebvre-Desnouettes, Lejeas, Le Marois, de Lobau, Ney, de Montalivet, de Marnier, de Montesquiou-Fézensac, Molitor, Monge, Morand, Molé, Mollien, de Nicolay, Foucher, Arrighi de Padoue, Pajol, Primat, de Praslin, de Pontécoulant, Perregaux, Quinette, Rampon, Rapp, Reille, Rœderer, Savary, Ducos, de Ségur, Sieyès, de Sussy, Mortier, Thibaudeau, Travot, de Turenne, de Valence, Kellermann, Vandamme, Caulaincourt, Verdier. — **1815** (*Seconde Restauration*) : D'Albertas, d'Aligre, d'Aumont, d'Antichamp, d'Avaray, de Bausset, Berthier, Bessières, Boissy-d'Anglas, de Boisgelin, de la Bourdonnaye, Boissy du Coudray, Boissel de Monville, de Bonnay, de Dreux-Brézé, de Brigode, de Blacas, de Bauffremont, de Belhuc, de Clermont-Tonnerre, de Caylus, du Cayla, de Castellane, de Châteaubriand, de Choiseul-Gouffier, de Contades, de Crillon, de Caraman, de Chabannes, de la Châtre, Compans, de Durfort, Dambray, de Damas-Cruz, d'Andigné, de Dalberg, d'Ecqueville, d'Escars, Ferrand, de Froudeville, de la Ferronnays, de Gand, de Biron, de La Guiche, de Grave, Gauteaume, d'Haussonville, d'Herbouville, de Juigné, de Lally-Tolendal, Lannes, de Louvois, Lamoignon, de la Tour du Pin-Gouvernet, de Lauriston, Machault, d'Arnouville, de Mortemat, Molé, de Mathan, de Mailly, de Moutmorency, de Mun, du Muy, Mounier, de Sainte-Maure-Montausier, de Montesquiou-Fézensac, de Nicolay, de Noé, de Narbonne-Pelet, d'Orvilliers, d'Osmond, de Polignac, de Raigecourt-Gournay, de la Rochefoucauld-Bayers, de Rougé, de la Rochejaquelein, Ricard, de Rivière, de la Roche-Aymon, de Saint-Roman, de Rully, de Rosambo, de Sabran, de Sèze, Séguier, Suffren de Saint-Tropez, de la Suze, de Saint-Priest, de Talaru, de Talleyrand, de Villeneuve-Vence, de Vibraye, de Vérac, de Morel-Vindé, Lynch, Cortois de Pressigny, Régnier, de Noé, de Croix, Dubouchage, de Polignac, d'Aboville, Decazes, de Greffulhe, Lecouteulx de Cantoleu, Suchet, d'Angosso, d'Argout, d'Aragon, d'Aramon, de Barante, Beker, de Bastard d'Estang, Belliard, de Bérenger, Moncey, Claparède, Chaptal, de Catellan, de Champagny, Colchen, Cornudet, Lefebvre, Daru, Dubreton, Digeon, d'Arjuzon, Dejean, de Dampierre, Davout, d'Estignac, Germain de Montforton, de Gérthiny, de Gramont d'Aster, d'Hunolstein, d'Houdetot, Jourdan, de Laforest, de Lacépède, de Latour-Maubourg, de Montalembert, Mathieu de la Redorte, Mounier, Mollien, de Montalivet, de Marescot, de Montesquiou, de Pontécoulant, Lebrun, de l'Ange, Pelet de la Lozère, Portalis, Reille, Ruty, Rapp, Rampon, de Sparre, de Saint-Simon, de Sussy, Mortier, de Talhouët, Truguet, Verhuëll, de la Villegontier, Beaupoil de Saint-Aulaire, Clément de Ris, Dodelay d'Agier, Fabre, Gassendi, de Praslin, de Casabianca, de Ségur, de Valence, de Noailles, Pérignon, de Choiseul Gouffier, de Montmorency-Laval, Kellermann, de Crillon, de Villeneuve-Vence, de Beurnonville, de Bernis, d'Aviau du Bois de Sanzay, Pasquier, Siméon, Portal, Roy, de Colgny, d'Ecquevilly, du Chilleau, de la Fare, de Coucy, de Quélen, de Boulogne, de Latil, de Croy, Frayssinous, de Vaudreuil, de Saint-Priest, de Lagarde, Molitor, de Bordesoulle, Guilleminot, Bourke, de Bourmont, de Damas, de Villefrancon, de Vichy, de Glandevès, de Puységur, Dode de la Brunerie, d'Agoult, de Mesnard, de Bourbon-Busset, de Juigné, Dubouchage, de Charette, de Coislin, de Tournon, de Breteuil, de Béthisy, Chabrol de Crouzol, d'Organdes, de Chastellux, de Villefranche, Lainé, de Bonald, de Vogüé, de Marcellus, de Kergorlay, de Rastignac, de Courtarvel-Pezé, d'Ambrugeac, de Tascher, de Beaumont, d'Escars, de Mortemart, de Fontenay, d'Haubersaert, Porcher de Richebourg, Dejean, Lebrun. — 1824 : De Villèle, de Chabons, du Chastellier, de Bausset-Roquefort, de Brancas, Davous, de Maleville, Clarke, de Cheverus, du Cayla, de Montalivet, de Juigné, de Montblanc, de Brault, de Morlhon, Morel de Mons, de Pins, de Divonne, de Sainte-Aldégonde, de Monteynard, de Vogüé, de Mostuéjouls, de Lévis-Mirepoix, de Panisse-Passis, de Neuville, de Conflans, de Bonneval-Doullé, de Mac-Mahon, de Grosbois, de Kergariou, de Chiffet, d'Urre, de Radepont, de la Fruglaye, de Guébriant, de Calvière, de Castelbajac, d'Esclignac, Sarret de Coussergues, de la Vieuville, de Lancosme, d'Effiat, de Quinsonas, de Froissard, de Courtarvel, de Sesmaisons, de Colbert-Chabanais, de Dampierre, de Bernis, de Durfort-Civrac, de Kergorlay, de Tocqueville, de Sainte-Maure, Bailly de Fresnais, de Hohenlohe-Bartenstein, d'Imécourt, Dubotdéru, d'Hoffelize, de Choiseul, d'Arenberg, de Caraman, de Frénilly, de Berghes-Saint-Winock, de Tramecourt, de Bouillé, de Pontgibaud, d'Andlau, d'Albon, de Saint-Mauris-Châtebois, de Beaurepaire, de Lévis, de la Bouillerie, Ollivier, de la Panouse, de Montmorency-Tancarville, Hocquart, de Turtot, de Maquillé, de Croy-Solre, de Rougé, Soult, de Gourgue, Forbin des Issarts, de Causans, de Saplnaud, des Moutiers de Mérinville, de Lur-Saluces, de Suzannet, de Nansouty, de Noailles, de la Rochefoucauld, Cholet, Lanjuinais, Laplace, de Chabrillan, de la Tour-du-Pin-Montauban, Boissy-d'Anglas, de Sussy, de Boisgelin, de Villèle, de Peyronnet, Corbière, d'Isoard, Feutrier, de Montmorency-Luxembourg, de Ségur-Lamoignon, de Sèze, Clément de Ris, Ravez, de Talleyrand-Périgord, Abrial, d'Avaray, de Dreux-Brézé, de Crillon, de Lauriston, Beaupoil de Saint-Aulaire, de Lévis, de Céreste, de Tourzel, de Puivert, de la Bourdonnaye, de Vitrolles, Beugnot, Valée, Duperré, d'Uzès, de la Chapelle, de la Vauguyon, de Barthélemy, de Sainte-Suzanne, d'Harcourt, d'Aux-Lally, de Ségur. — 1831 : D'Aubusson de la Feuillade, Maret de Bassano, de Beauran, de Bondy, Bonet, Caffarelli, Cassini, Lacuée de Cessac, Cuvier, d'Anthouard, Davillier, Dumas, Emériau, Drouet d'Erlon, Exelmans, de Flahault, Français de Nantes, Foy, Gazan de la Peyrière, Gilbert de Voisins, de Gramont-Caderousse, Jacob, Lagrange, de la Rochefoucauld, de Lascours, La Poitevin, Ney, Pajol, Perregaux, Rogniat, Roguet, de Ségur, de Saint-Sulpice, de Turenne, Herwyn de Nevèle, de Latour-Maubourg, A. Périer, Allent, Atthalin, Aubernon, Baudrand, Bérenger, Berthezène, Besson, Boyer, Brayer, de Canouville, Canson, Decaux, de Chastenay-Lanty, de Colbert, Consin, des Roys, Devaines, Dupleix de Mézy, Durand de Mareuil, Dutaillis, Duval, de Montesquiou-Fézensac, de Fréville, Gautier, Gérard, Girod, de Lagrange, Grenier, de Grouchy, Haxo, Hendelet, Humblot-Conté, Jurien de la Gravière, de la Briffe, de la Ferrière, Lallemand, de Lamoignon, Louis, Malouet, Mathieu-Faviers, de Montguyon, de Montlosier, Morand, Neigre, de Nicolaï, d'Ornano, de Preissac, de Rayneval, Reinhard, Rœderer, Rousseau, Roussin, de Rumigny, de Sacy, Thénard, Tripier, Turgot, Villemain, Zangiacomi, Guéhéneuc, Jacqueminot, de Ham, de Saint-Aignan, de Sercey, Duchâtel, Saint-Cyr-Nugues, de Lobau, de Saint-Cricq, Cassaignolles, de Reinach, de Beaumont, de Boisgelin, Daru, Barthe, Bailliot, de Gasparin, Aymard, Bernard, de Saulx-Tavannes, d'Astorg, Emméry, de Beaujour, de Bellemare, Brun de Villeret, de Champagny, de Cambacérès, de Cambon, de Campredon, de Rohan-Chabot, de Châteaugiron, Corbineau, de Cordoue, de Damrémont, Feutrier, Fréteau de Pény, Ledru des Essarts, de Lezay-Marnésia, Mortier, de Morogues, de la Moussaye, Peruety, de Prony, de Rambuteau, de Ricard, de la Riboisière, de Rochambeau, de Saint-Aignan, de Walsh-Serrant, Siméon, Valée, Voisyn de Gartempe, Harispe, d'Hédouville, Curial, de Montalembert, Voirol, d'Althon-Shée, Bresson, d'Andigné de la Blanchaye, d'Angosse, d'Audiffret, Bailly de Monthion, de Belbeuf, Bessières, Bignon, Bourdeau, de Brigode, de Cambis d'Orson, de Castellane, de Chanaleilles, Chevandier, Darriule, de Daunant, Deforest de Quardeville, Delord, Dupin, Durosnel, d'Escayrac de Lauture, de Gérando, Halgan, d'Harcourt, Harmand d'Abancourt, Humann, Jacquinot, de Kératry, Lalaing d'Audenarde, Laplagne-Barris, Lombard, Marchand, Mérilhou, de Mosbourg, Odier, Paturle, Pavée de Vendeuvre, Pelet de la Lozère, Pelet, Périer, Petit,

Poisson, de Préval, Rouillé de Fontaine, de Schonen, Sébastiani, Sérurier, Tarbé de Vauxclairs, Tirlet, Villiers du Terrage, Willaumez, Rohault de Fleury, de Talleyrand-Périgord, de Jessaint, de Saint-Didier, Suchet, Aubert, Bérenger, de Boissy, Borelli, Cavaignac, Cordier, Daunou, Despans-Cubières, Etienne, de la Rochefoucauld-d'Estissac, Lebrun, de Lusignan, de Malaret, Merlin, Persil, Rossi, de Sainte-Hermine, Teste, de Vandeul, Viennet, de Greffulhe, de Gramont d'Aster, de Latour-Maubourg, de Gabriac, de Montesquiou-Fézensac, Mathieu de la Redorte, de Mackau, Romiguières, Bergeret, Bougnot, de Bondy, Boullet, de Bourgoing, de Bussière, Charbonnel, de Chastellier, Dufour, Ferrier, de Flavigny, Franck-Carré, de Gaseq, Gourgaud, Jaubert, Le Sergeant de Bayenghem, de Murat, d'Oberlin, de Pelleport, de Saint-Priest, Gouvion Saint-Cyr, d'Harcourt, Germain de Montforton, Passy, Teste, de Lessert, Jaubert, d'Aboville, de Choiseul-Praslin, de Marbot, Grivel, Lacaze, Achard, Mortier, de Mornay, Victor Hugo, Martell, Bertin de Veaux, de Boislecomte, Talleyrand de Valençay, de Latour-Maubourg, Gaillard de Kerbertin, de Tilly, Delfaudis, Dombidau de Crouseilhes, Duchâtel, Lacoste du Vivier, de Chastellux, Guestier, Girard, Rullière, Sers, Le Sergeant de Monnecove, Leclerc, Vincens-Saint-Laurent, de Raigecourt, Buchet, Jayr, de Portes, Lemercier, d'Angosse, Anisson-Duperron, de Montépin, Bonnemains, Doguereau, Durrieu, Fulchiron, Girod de Langlade, Hartmann, de Montozon, Raguet-Lépine, Tupinier, Fabvier, Jard-Panvillier, Laurens-Humblot, Legagneur, Mesnard, Paulze-d'Ivoy, Roederer, Rousselin, Moline de Saint-Yon, Jacqueminot, Barbet, Cormudet, Depouthon, du Moncel, Flourens, Gravier, d'Hautpoul, Janin, Lafond, de Lagrené, Legentil, de Magnoncourt, de Malleville, Piscatory, Poinsot, Renouard, Reynard, de Schauenbourg, Trézel, Troplong, Vigier, Wustenberg, Harlé d'Ophove, Rapatel, Pontcis, de Béthizy, d'Andigné, de Talleyrand-Périgord, Ruty.

LISTE DES SÉNATEURS DU SECOND EMPIRE

1852-1870

Achard, d'Argout, Arrighi de Padoue, d'Audiffret, de Bar, Baraguey-d'Hilliers, de Barbançois, de Beaumont, de Beauvau, de Bœlbœuf, Berthier, Bineau, de Bonald, Jérôme Bonaparte, Boulay de la Meurthe, de Breteuil, de Cambacérès, de Casabianca, de Castellane, Casy, de Caulaincourt, de Caumont la Force, Clary, de Croix, Dombidau de Crouseilhes, Curial, Donnet, Dumas, Dupin, Dupont, Elie de Beaumont, de Fourment, Gautier, de Girardin, Goulhot de Saint-Germain, Gousset, de Lagrange, Harispe, d'Hautpoul, de Heeckeren, Hugon, Husson, de Lacrosse, de Ladoucette, de la Hitte, de la Riboisière, de Lawœstine, Lebœuf, Lefebvre-Duruflé, Le Marois, Lemercier, Leroy de Saint-Arnaud, Leverrier, de Lezay-Marnézia, de Mackau, Magnan, Manuel, Marchand, Mathieu, Ménard, Mimerel, de Mortemart, Ney, Murat, Ordener, d'Ornano, Parceval-Deschênes, Pelet, Petit, Piat, Lebrun, Poinsot, de Portes, Portalis, de Préval, Regnault de Saint-Jean-d'Angély, Reille, Roussin, de Saint-Simon, Sapey, Schramm, de Ségur-d'Aguesseau, Sibour, Siméon, Thayer, Thibaudeau, Troplong, Turgot, Vaillant, Vieillard, Albatucci, d'André, Carrelet, de Flahault, de Grouchy, de Laplace, Magne, de La Rochejaquelein, Randon, de Rostolan, de Las Cases, Delamarre, de Villeneuve-Chenonceaux, Gémeau, de Bauffremont, Delangle, de Létang, de Mouchy, Le Pays de Bourjolly, de Persigny, Clary, Foucher, Vaudrey, Maillard, Gueswiller, Roguet, Bergeret, Desmazières, Cavenne, Cécille, Korte, Charon-Viala, de Barral, Bonet, Lucien Bonaparte, de Bourgoing, de Bassano, Tascher de la Pagerie, Barthe, de Bellune, Barrot, de Boissy, Bret, de Chapuis-Montlaville, Dariste, Doret, Ducos, d'Espeuilles, de Gabriac, Larabit, de Lalaing, de Suleau, de Thorigny, Mortier, de Varennes, Aupick, Lebrun, Thieullen, de Maupas, Arrighi de Padoue, Berger, Mérimée, de Lavalette, Fortoul, Thayer, Daviel, de Sivry, Lyautey, de Pernety, de Cramayel, de Chasstron, de Béarn, Billault, de Grossolés-Flamarens, Poniatowski, Prévost, Touranghi, Vaïsse, Levasseur, Boujean, Romain Desfossés, Walewski, de Bourquency, Rouher, de Castelbajac, Dubourdieu, de Salles, de Mac-Mahon, Mazenod, de Barral, Herman, Boulay de la Meurthe, Favre, Haussmann, de La Rochelambert, Leroy de Boisaumarié, Mallet, de Mésonan, de Moutréal, Niel, Pietri, Laity, Daumas, Dupin, Leroy de Saint-Arnaud, Grivel, Hubert-Delisle, le Prédour, Barbaroux, Gros, de Royer, Thouvenel, Renault, Forey, Thiry, Ney, Tréhouart, de la Bédoyère, de Richemont, de Vincent, Rouland, de Lagrange, de Sauley, Thierry, de la Rüe, Gréterin, M. Chevalier, Rigault de Genouilly, de Lesseps, Tascher de la Pagerie, Cousin-Montauban, Brenier, Stourm, de la Guéronnière, de Forcade la Roquette, Charner, de Chasseloup-Laubat, de Goyon, Ingres, Chaix d'Est-Ange, Drouyn de Lhuys, Waldner de Freundstein, Marey-Monge, Réveil, Monnier de la Sizeranne, Mocquard, de Montjoe, de Germiny, de Vuillefroy, de Gricourt, Baroche, Villemain, Suin, Herbillon, Camou, de Martimprey, Rouland, de Montebello, Barrot, Darboy, Boinvilliers, Godelle, de Salignac-Fénelon, de Chabrier, de Nieuwerkerke, Persil, Devienne, Mellinet, Fleury, Chevreau, Boudet, Sainte-Beuve, Corta, Bouët-Willaumez, de Butenval, Silvestre de Sacy, Gudin, d'Allonville, Vinoy, Boittelle, Lacaze, Blondel, Mollard, Baciocchi, de Ladmirault, de Montebello, Béhic, Chaix d'Est-Ange, Quentin Bauchart, de Lisle de Siry, Walowski, Gouin, Couneau, de Marnas, de Chabannes, Nisard, Le Play, le Failly, de Laborde, de Sartiges, de Geiger, de Montjoyeux, Conti, Nélaton, Barbier, Meslin, Larrabure, duc de Tarente, Taylor, Claude Bernard, Vuitry, Duruy, de Talleyrand-Périgord, de Richemont, de la Tour-d'Auvergne, Gressler, de Saint-Paul, Duvergier.

LISTE DES DÉPUTÉS

Par département et par législature, de mai 1789 à mai 1889.

1789

Agen (sénéchaussée d'), Usson de Bonnac (d'), Malalestre de Beaufort, de Fournetz, Aiguillon (duc d'), Fumel de Monségur, François, Renaut, Terme, Millhet de Belle-Isle, Escoura de Peluzat, de Bourran, Boussion, Daubert.

Aix (sénéchaussée d'), Boisgelin de Cucé, Cousin, d'André, de Mirabeau, Clapiers de Collonques, Bouche, Audier-Massillon, de Pochet.

Alençon (bailliage d'), Leclerc, Dufresne, de Vrigny, de Chailloué, Belzais de Courménil, Goupil de Préfelne, Colombel de Bois-Aulard, Bigot de Beauregard.

Alsace (les dix villes ci-devant impériales d'), Bernard, Meyer, Albert.

Amiens (bailliage d'), de Machault, Fournier, Havré (duc d'), de Noailles, Douchet, Langlier, Leroux, Laurendeau.

Amont (bailliage d'), Clerget, Lompré, Rousselot, de Toulongeon, Esclans (d'), Bureaux de Puzy, Roux de Raze, Gourdan, Cochard, Muguet de Nanthou, Durget, Pernel, de Mercey.

Angoulême (bailliage d'), Albert de Castelnau, Joubert, Saint-Simon (de), de Culant, Augier, Roy, Marchais, Pougeard.

Anjou (sénéchaussée d'), Chatizel de la Néronnière, Rabin, Rangeard, Martinet, de la Gallissonnière, de Ruillé, de Choiseul-Praslin, de Dieusie, Milscent, de Volney, La Révellière-Lépeaux, Riche, Brevet de Beaujour, Allard, Desmazières, Le Maignan, Leclerc, Pilastre de la Brardière, Jacquemard.

Annonay (sénéchaussée d'), Dodé, de Satillieu, de Boissy-d'Anglas, Mouneron, Riffard de Saint-Martin.

Arles (ville d'), Royer, de Guilhem-Clermont-Lodève, Boulouvard, Bonnemant.

Arles (sénéchaussée d'), Dulau, de Fontchâteau, Pellissier, Durand de Maillanne.

Armagnac (Lectoure et Isle Jourdain, sénéchaussée d'), Ducastaing, d'Angosse, de La Terrade, Laclaverie.

Artois (province d'), Leroulx, Bélin, Boudart, Diot, Briois de Beaumetz, de Lameth (Charles), Le Sergeant d'Isbergues, de Croix, Payen, Brassart, Fleury, Vaillant, de Robespierre, Petit, Boucher, Dubuisson, Michaud.

Auch (sénéchaussée d'), Guiraudet de Saint-Mézard, de Luppé, Scutetz, Perez du Gief.

Autun (bailliage d'), de Talleyrand-Périgord, de Digoine du Palais, Repoux, Verchère de Reffye.

Auxerre (bailliage d'), Champion de Cicé, de Moucorps-Duchesnoy, Laforge, Paultre des Epinettes.

Auxois (bailliage d'), La Bascle d'Argenteuil, Bouillotte, Guiot (Antoine), Guiot (Florent).

Aval (bailliage d'), Burnequez, Bruet, de Lezay-Marnézia, de Toulongeon, Vernier, Babey, Bidault, Christin, de Mailly-Châteaurenaud, Reyer.

Avesnes (bailliage d'), Besso, de Sainte-Aldegonde, Hennet, Darches.

Bailleul (bailliage de), Roussel, Vanden-Bavière, de Robecq, de Marchies, de Kytspothor, Herwyn de Nevèle, Bouchette, Delattre de Balzaert, Palmaert.

Bar-le-Duc (bailliage de), Collinet, Simon, Aubry, du Châtelet, du Hautoy, de Boasmard, Marquis, Viard, Ulry, Duquesnoy, Bazoche, Gossin, Huot, Pellegrin.

Bar-sur-Seine (bailliage de), Bluget, de Crussol, Bouchotte, Parisot.

Basse-Marche (sénéchaussée de la), Leborlhe de Grandpré, de Lalpaud, Lesterpt de Beauvais, Lesterpt (Jacques).

Bazas (sénéchaussée de), Grégoire de Saint-Sauveur, de Piis, Saige, Lavenne.

Béarn (souveraineté de), Saurine, Julien, Mourot, Noussitou, Pémartin, Darnandat.

Beaujolais (sénéchaussée de), Desvernay, de Monspey, Chasset, Humblot.

Beauvais (bailliage de), David, de Crillon, Millon de Montherlant, Oudaille.

Belfort et Huningue (bailliage de), Rosé, Gobel, de Montjoye-Vaufrey, de Landenberg-Wagenbourg, Ptliéger, Lavie, Guittard.

Berry (bailliage du), de Puységur, Poupard, de Villebanois, Yvernault, de La Chatre, de Bonthillier-Chavigny, Heurtaut de la Merville, de Bengy de Puyvallée, Boëry, Poya de l'Herbay, Thoret, Legrand, Sallé de Choux, Auclerc des Cettes, Baucheton, Grangier.

Besançon (bailliage de), Demandre, Millot, de Grosbois, Blanc, La Poule, Martin.

Béziers (sénéchaussée de), Gouttes, Martin, Gleizes de Lablanque, de Gayon, de Jessé, Sales de Costebelle, Mérigeaux, Rey, Rocque.

Bigorre (sénéchaussée de), Rivière, de Gonnès, Barère de Vieuzac, Dupont de Bigorre.

Blois (bailliage de), Chabault, de La Rochenégly, de Beauharnais, de Phélines, Druillon, Turpin, de Laforge, Dinocheau.

Bordeaux (sénéchaussée de), Champion de Cicé, Piffon, Delage, d'Héral, Le Berthon, de Verthamon, Lavie, Fisson-Joubert, de Luze-Létang, Boissonnot, Valentin-Bernard, Nairac, Lafargue, de Sèze, Gaschet de Lisle.

Boulonnais (sénéchaussée du), de Montgazin, de Villequier, Latteux, Gros, Dablaisel de Rieux.

Bourbonnais (sénéchaussée du), Tridon, Aury, Laurent, de Douzon, de Tracy, Coiffier de Breuille, Michelon, Berthomier de la Villette, Lomet, Goyard, Vernin, Lebrun, Regnard, Lucas.

Bourg-en-Bresse (bailliage de), Gueidan, Bottex, Garron de la Bévière, Carlou de Sandrans, Populus, Bouveyron, Gauthier des Orcières, Picquet, Faucigny de Lucinge.

Brest (sénéchaussée de), Legendre, Moyot.

Bugey-en-Valromey (province de), Favre, de Clermont-Mont-Saint-Jean, Brillat-Savarin, Lilia de Crosse.

Caen (bailliage de), Le François, Levêque, Letellier, de Colgny, de Vassy, de Wimpfen, Delaunes, Poulain de Beauchène, Lamy, Flaust, Pain, de Cussy.

Calais et Ardres (bailliage de), Bucaille, Désandrouins, Francoville, Blanquart des Salines.

Cambresis (le), Bracq, d'Estourmel, Mortier, Delambre.

Carcassonne (sénéchaussée de), de Bernis, Samary, de Montcalm-Gozon, de Badens, Ramel de Nogaret, Dupré, Morin, Benazet, de Rochegude.

Carhaix, Chateaulin et Quimperlé (sénéchaussée de), Le Golias, Billette de Villeroche.

Castelmoron d'Albret (sénéchaussée de), Malartic, de Chalon, Naudo Belle-Isle, Peyruchaud.

Castelnaudary (sénéchaussée de), Guyon, de Vaudreuil, Martin-Dauch, de Guilhermy.

Castres (sénéchaussée de), de Royère, de Toulouse-Lautrec, Pezous, Ricard, Cavalliés.

Caux (bailliage de), Eude, Rozé, de Pradt, Cairon de Panneville, de Thiboutot, de Bouville, Bourdon, Simon, Lasnon, Fleurye, Cherfils, Begonen.

Chalon-sur-Saône (bailliage de), Genetet, Oudot, Bernard de Sassenay, Burignot de Varennes, Petiot, Paccard, Bernigaud de Granges, Saucy (Jean-Baptiste), Saucy (Charles), de Rully.

Châlons-sur-Marne (bailliage de), de Clermont-Tonnerre, Pinteville de Cernon, Prieur, Choisy d'Arcefay.

Charleville (principauté de), Cochetet.

Charolles (bailliage de), Pocheron, La Coste-Messelière, Geoffroy, Fricaud.

Chartres (bailliage de), de Lubersac, de Montboissier-Beaufort-Canillac, Pétion de Villeneuve, Bouvet-Jourdan, Talon.

Château-Thierry (bailliage de), Thirial, Graimberg de Belleau, Pinterel de Louverny, Harmand, de Bois-Rouvray.

Châteauneuf-en-Thimerais (bailliage de), Texier, de Castellane, Perrier, Claye.

Châtellerault (sénéchaussée de), Joyeux, d'Escars, Creuzé de la Touche, Dubois.

Chaumont-en-Bassigny (bailliage de), Aubert, Mounel, Choiseul-d'Aillecourt, d'Esclaibes de Clairmont, Morel, Mougeotte des Vignes, Laloy, Janny, Gombert.

Chaumont-en-Vexin (bailliage de), de Panat, Lemoine de Belle-Isle, Bordeaux, d'Ailly.

Clermont-en-Auvergne (bailliage de), de Bonal, de Montboissier-Beaufort-Canillac, Gaultier de Biauzat, Huguet, Thourein.

Clermont-en-Beauvoisis (bailliage de), de La Rochefoucauld-Bayers, de La Rochefoucauld-Liancourt, Dauchy, Meurinne.

Colmar-et-Schlestadt (bailliage de), Pinelle, d'Andlau, de Broglie, de Flachslanden, Herrmann, Rewbell, Kauffmann.

Comminges-et-Nébouzan (bailliage de), Cornus, Las Martres, de Montagut-Barreau, d'Ustou-Saint-Michel, Latour, Pégot, Roger, Lavignorie.

Condom (sénéchaussée de), Laborde, de Lusignan, Pelauque-Berant, Meyniel.

Corse (Isle de), Peretti della Rocca, Buttafuoco, Saliceti, Colonna de Cesari-Rocca.

Couserans (vicomté de), de Lastic, de Panetier de Montgrenier, de Chambors.

Coutances (bailliage de), Lelubois, Bécherel, Le Rouvillois, de Talaru de Chalmazel, Achard de Bouvouloir, de Beaudrap de Sotteville, La Villarmois, de Juigné, Le Sacher de la Palière, Burdelot, Vieillard, Besnard-Duchesne, Perrée-Duhamel, Desplanques-Dumesnil, Pouret-Roquerie, Angot.

Crépy-en-Valois (bailliage de), Farochon, d'Orléans (duc), Adam de Verdonne, Hanoteau.

Dauphiné (province de), Lefranc de Pompignan, de Dolomieu, Corbeau de Saint-Albin, Colaud de la Salcette, de Blacons, de Langon, de la Blache, d'Agoult, de Virieu, de Morge de Roux, de Chaléon, de Marsanne de Fontjulianne, Delacour-d'Ambézieux, Mounier, Pison du Galand, Bérenger, Barnave, Bertrand du Montfort, Revol, Chabroud, Blancard, Bignan du

Coyrol, Allard-Duplantier, Cheynet, de Dellay-d'Agier, de Murinais, Grand de Champrouet, Richard.

Dax et Saint-Sever (sénéchaussée de), Gozo, de Barbotan, Basquiat de Mugriat, Lamarque.

Dijon (bailliage de), Des Montiers de Mérinville, Morceret, Lemulier, de Lévis-Mirepoix, Voltins, Arnoult, Hernoux, Gantheret

Dinan (sénéchaussée de), Coupard, Gagon du Chesnay.

Dol (évêché de), Symon, Garnier.

Dole (bailliage de), Guilloz, de Dortans, Grenot, Regnaud d'Epercy.

Douai et Orchies (bailliages de), Breuvard, d'Aoust, Simon de Maibelle, Merlin, Pilat.

Dourdan (bailliage de), Millet, de Gauville, Lebrun, Bully, Béchant.

Draguignan (sénéchaussée de), Mougins-Roquefort (Boniface-Antoine), Gardiol, Rafelis de Broves, Lassigny de Juigné, Lombard-Taradeau, Mougins Roquefort (Jean-Joseph), Verdollin, Sieyès.

Etampes (bailliage d'), Périer, de Saint-Mars, Laborde de Méréville, Gidoulu.

Evreux (bailliage d'), de La Lande, Lindet, de Bonneville, de Chambray, Buschey-Desnoës, Lemaréchal, Beauperrey, Buzot.

Forcalquier, Sisteron, Digne (sénéchaussées de), Rolland, Gassendi, de Burle, d'Eymar, Latil, Bouche, Sollier, Mévolhon.

Forez (bailliage de), Goullard, Gagnières, de Gresolles, de Champagny, de Rostaing, Jamier, Richard, Delandine.

Fougères (sénéchaussée de), Fournier de la Pommeraye, Lemoine de la Giraudais.

Gex (bailliage de), Rouph de Varicourt, de Prez de Crassier, Girod (de Thoiry), Girod (de Chévry).

Gien (bailliage de), Vallet, de Raucourt de Villiers, Bazin, Janson.

Guéret (sénéchaussée de), de Banassat, Goubert, de Biencourt, de Saint-Maixant, Laboreys de Château-Favier, Tournyol-Duclos, Bandy de la Chaud, Grellet de Beauregard.

Guyenne (les quatre Vallées de), de Ségur, l'abbadye.

Haguenau et Wissembourg (bailliages de), d'Eymar de Walchrétien, de Rohan-Guéménée, d'Andlau, de Rathsamhausen, de Flachslandon, de Hell.

Hennebont (sénéchaussée d'), Delaville-Leroux, Correller du Moustoir, Le Floch.

Labour (Ustaritz, bailliage de), de Saint-Esteven, de Caupenne, de Macaye, Garat (Dominique), Garat (Dominique-Joseph).

Langres (bailliage de), de la Luzerne, de Froment, Thévenot de Maroise, Henryot, Drevon, Guyardin.

La Rochelle (sénéchaussée de), Pinelières, de Malartic, Griffon de Romagué, Alquier.

Lesneven (sénéchaussée de), Le Guen de Kerangal, Prudhomme de Kéraugon.

Libourne (sénéchaussée de), Touzet, de Puch de Montbreton, Dumas-Gontier, Mestre.

Lille (bailliage de), de Carondelet, Dupont, Nolf, de Lannoy, de Noyelles, Chombart, Le Poutre. Warthel, Scheppers, d'Elbhecq, Poutrain.

Limoges (sénéchaussée de), d'Argentré, Gulngan-Jousignac de Saint-Mathleu, de Mirabeau, d'Escars, Des Roys, de Roulhac, Naurissart de Forest, Montaudon, Chavoix, Boyer.

Limoux (sénéchaussée de), Caunolile, Luillier de Rouvenac, Bonnet, Larade.

Loudun (bailliage de), de Marsay, Arsac de Ternay, Dumoutier-Lafond, Bion.

Lyon (ville et sénéchaussée de), de Castellas, Flachat, Mayet, Charrier de la Roche, de Mont d'Or, Boisse de la Thénaudière, de Loras, Deschamps, Gérard, Trouillet, Bergasse, Durand, Milanois, Périsse du Luc.

Mâcon (bailliage de), Ducret, La Baume de Montrevel, La Métherie-Sorbier, Merle.

Maine (sénéchaussée du), Bourdet, Bertereau, Grandin, Lepelltier de Feumusson, de Jouffroy-Gonsans, de Hercé, de Vassé, de Tessé, Bailly de Fresnay, de Praslin, Anjubault de la Roche, Jouye des Roches, Lasnier de Vaussenay, Maupetit, Guérin, Ménard de la Groye, Delalande, Gouraay, Chenon de Beaumont, Livré, Cornilleau, Dumans, Heliand, de Montesson, de Murat, Pélisson de Gênes.

Mantes et Meulan (bailliages de), Chopier, de Gaillon, Meusnier du Breuil, Germiot.

Marches communes du Poitou et de Bretagne, Richard de la Vergne, de Juigné, Francheteau de la Glaustière, Auvynet.

Marseille (sénéchaussée de), de Villeneuve-Bargemont, Davin, de Cyplères, de Sinéty, Roussier, Lejéans, Delabat, Castelanet, Peloux.

Meaux (bailliage de), Barbou, de Rualem, d'Aguesseau, Houdet, Desescoutos, Ménager, Dubrat.

Melun (bailliage de), Thomas, Froteau de Saint-Just, Despatys de Courteille, Tellier.

Mende et Gévaudan (sénéchaussées de), Brun, d'Apchier, Rivière, Charrier, de Bruges, de Châteauneuf-Randon.

Metz (bailliage de), Thiébault, Jenot, Brousse, de Custine, Wolter de Neunbourg, Claude, Emmery, Mathieu de Rondeville, Lasalle.

Metz (ville de), Rœderer.

Mirecourt (bailliage de), Galland, Godefroy, Toustain de Viray, Thibault de Ménouville, Petitmengin, Chantaire, Frochot, Chérier.

Mont-de-Marsan (sénéchaussée de), Laporterie, Lasalle de Roquefort, Pérez d'Artassen, Mauriet de Flory, Dufau.

Montargis (bailliage de), Girard, de La Touche-Tréville, Gillet de la Jacqueminière, Le Boys des Guays.

Montfort l'Amaury (bailliage de), Landrin, de Champeaux, de Montmorency-Laval, de Maulette, Auvry, Laiguier, Hauducœur, Laslier.

Montpellier (sénéchaussée de), de Malide, Barbeyrac de Saint-Maurice, Verny, Jac.

Montreuil-sur-Mer (bailliage de), Rollin, Courteville d'Hodicq, Poultier, Riquier.

Morlaix et Lannion (sénéchaussées de), Couppé de Kervennou, Baudouin de la Maison-Blanche, Le Lay de Grantugen, Mazurié de Pennarech.

Nancy (bailliage de), de la Fare, Grégoire, de Ludre de Frolois, de Boufllers, Regnier, Prugnon, Regneault, Salle.

Nantes et Guérande (sénéchaussées de), Moyou, Chevallier, Maisonneuve, Latyl, Guinebaud de Saint-Mesme, Giraud-Duplessis, Baco de la Chapelle, Pellerin, Binot, Chaillon, Jarry, Cottin, Blin, Méchin, Maupassant.

Navarre, l'avée de Villevieille, de Logras, Vivier, Franchistéguy.

Nemours (bailliage de), Thibault, de Noailles, Dupont de Nemours, Bortier, Bordier.

Nérac (sénéchaussée de), d'Antéroche, de Batz, Brunet de la Tuque, Brostaret.

Nîmes et Beaucaire (sénéchaussées de), Béthisy de Mézières, Cortois de Balore, Benoist, Bonnet, de Fournès, de la Linière, de Marguerittes, Brueys-d'Aigailliers, Rabaut-Saint-Etienne, Voulland, Soustelle, Ricard, Chambon-Latour, Quatrefages de la Roquette, Meynier de Salinelles, Valerian-Duclos.

Nivernais et Donziois (bailliages de), de Serent, de Damas d'Antezy, Fougères, de la Renne, de Bonnay, Gounot, Parent de Chassy, Marandat d'Oliveau, Robert.

Orange (principauté d'), de Poulle, du Tillet, de Causans, Dumas, Bouvier.

Orléans (bailliage d'), Blandin, Moutié, de Rastignac, d'Avaray, Sourrat de la Boullaye, de Barville, Salomon de la Saugerie, Pellerin de la Buxière, Lefort, Henry de Longuève, Delahaye de Launay, Defay-Boutheroue, de Césarges.

Pamiers (sénéchaussée de), Font, d'Usson, Vadier, Bergasse-Larizoule.

Paris (ville de), de Juigné, Veytard, de Montesquiou-Fézensac (abbé), Chevreuil, Gros, Chevreux, Dumouchel, Legros, Ruffo de Bonneval, de Barmond, Cayla de la Garde, de Clermont-Tonnerre, de la Rochefoucauld, de Rochechouart, de Luzignem, Dionis du Séjour, de Ségur, Duport, Lepeletier de Saint-Fargeau, de Lévis-Mirepoix, de Montesquiou-Fézensac (Anne-Pierre), Bailly, Camus, Vignon, Bévière, Poignot, Tronchet, Debourges, Martineau, Germain, Guillotin, Treilhard, Berthereau, Démeunier, Garnier, Leclerc, Hutteau, Dosfant, Anson, Lemoine, Sieyès, Delavigne, Lally-Tollendal, de Beauharnais, Bérardier de Bataut.

Paris (prévôté et vicomté de), Melon de Pradoux, de Beauvais, de Couliers, Papin, Le Guen, d'Eprémesnil, de Castries, d'Ormesson, de Crussol, Afforty, Duvivier, Chevallier, Target, Ducellier, de Boislandry, Lenoir-Laroche, Guillaume, Gandolphe.

Perche (bailliage du), Le François, de Pulsaye, Margonne, Bailleul, Bourdeaux.

Périgord (sénéchaussée du), Laporte, Delfau, La Roque-de-Mons, Foucauld de Lardimalie, Fournier de la Charmie, Goutier de Biran, Loys, l'aulhiac de la Sauvetat.

Péronne, Roy et Montdidier (bailliages de), Maury, de Laplace, de Lameth, de Mailly-Nesle de Bussy, Mareux, Pinçepré de Buire, Prévôt, Bouteville du Metz, de Folleville, Liénart.

Ploermel (sénéchaussée de), Tuault de la Bouvrie, Boullé, Robin de Morhéry, Perret de Trégadoret, Le Deist de Botidoux.

Poitou (sénéchaussée du), Le Cesve, Dillon, Ballart, Beaupoil de Saint-Aulaire, de Surade, de Mercy, Jallet, de Crussol-d'Amboise, de Montmorency-Piney, de La Châtre, de Loynes de la Coudraye, Jouslard d'Iversay, de Villemort, de Lambertye, Irland de Bazoges, Bouron, Côchon de l'Apparent, Dutrou de Bornier, Biroteau des Burondières, Dabbaye, Lofficial, Agier, Filleau, Thibaudeau, Biaille de Germon, Brault, Gallot, Goupilleau, Laurence, Pervinquière.

Ponthieu (sénéchaussée de), Dupuis, de Crécy, Delattre, Duval de Grandpré.

Provins (bailliage de), de La Rochefoucauld-Bayers, de Paroy, Rousselet, Davost, Billy.

Puy-en-Velais (sénéchaussée de), Privat, de Latour-Maubourg, Richond, Bonet de Treyches.

Quercy (sénéchaussée du), de Nicolaï, Ayrolès, Leymarie, de la Valette-Parisot, de Goutant-Biron, de Plas de Tanes, Faydel, Poncet-Delpech, Durand, Gouges-Cartou, Boutaric, Lachèze-Murel.

Quesnoy (bailliage du), Renaut, Barbotin, de Croy, d'Arenberg, Gossuin, Poncin, de Nédonchel.

Quimper et Concarneau (sénéchaussées de), de Leisseigues de Rosaven, Guino, Lodou de Kéromen, de Kervélégan, Le Déan, Tréhot de Clermont, Le Guillou de Kérincuff.

Reims (bailliage de), de Talleyrand-Périgord, Lagoille de Lochefoutaine, d'Ambly, de Sillery, Raux, Vieillart, Labeste, Baron.

Rennes (sénéchaussée de), Vaneau, Guillou, Hunault, Quéru de la Coste, Clezeu, Lanjuinais, Varin de la Brunelière, Hardy de la Largère, Gérard, Le Chapelier, Defermon des Chapelières, Huard.

Riom (sénéchaussée de), de Labastide, Boyer, de Bonnefoy, de Brignon, Mathias, de Moutlosier, de La Fayette, Laqueuille, de la Rouzière, de Mascon, de Chabrol, Malouet, Dufraisse du Cheix, Redon, de Riberolles, Girot-Pouzol, Regnault, Branche, Andrieu, Vimal-Flouvat, Grenier, de Langeac, Gerle (dom), Bourdon.

Rivière-Verdun (pays et jugerie de), de Bretouil, de Cazalès, Long, Pérès-Lagesse.

Rodez (sénéchaussée de), Colbert-Seignelay de Castle-Hill, de Panat, Rodat d'Olemps, Pons de Soulages.

Rouen (bailliage de), de La Rochefoucauld, Le Brun, de Grieu, Davoust, de Mortemart, de Trie, de Frondeville, de Belbeuf, Thouret, Lecouteulx de Cantoleu, Defontenay, Lefort, Lefebvre de Chailly, de Maubec, Lerretfait, Mollien, Decrétot.

Roussillon (vignerie de Perpignan, province du), Leyris-d'Esponchez, de la Boissière, de Montferré, de Comaserra, Terrats, Tixedor, Roca, Graffan.

Saint-Brieuc (sénéchaussée de), Ruello, Hingant, Palasne de Champeaux, de Neuville, Poulain de Corblon.

Saint-Flour (bailliage de), Ruffo de Larie, Bigot de Beauregard, Lolier, de Caylus, d'Aurillac, de Rochebrune, Bertrand, Armand, Devillas, Daude, Lescurier de Lavergne, Hébrard de Fau.

Saint-Jean-d'Angely (sénéchaussée de), Landreau, de Beauchamp, Bonnegens des Hermitans, Regnault de Saint-Jean-d'Angely.

Saint-Malo (évêché de), Rathier, Allain, Dubourg-Lancelot.

Saint-Pierre-le-Moutier (bailliage de), Lespinasse, Leroy d'Allarde, Vyau de Baudreuille, Picart de la Pointe, de Damas-Crux.

Saint-Quentin (bailliage de), Marolles, de Pardieu, Fouquier-d'Hérouël, Duplaquet.

Saintes (sénéchaussée de), Labrousse de Beauregard, de La Rochefoucauld-Bayers, Richier de la Rochelongchamp, Gareschè, Lemercier, Angier de la Sauzaie, de La Tour-du-Pin-Gouvernet, Ratier, de Brémond d'Ars.

Sarreguemines (bailliage de), Verdet, Colson, d'Helmstatt, de Gomer, Morel, Schmits, Anthoine, Mayer, Voidel, Dumaire, Jersey.

Saumur (sénéchaussée de), de Ferrières de Marsay, Mesnard, de Cigongne, Bizard.

Sedan (bailliage de), Fleury, d'Estagniol, Dourthe, Millet de la Mambre, Manglin.

Senlis (bailliage de), Massieu, de Lévis, Leblanc, Delacour.

Sens (bailliage de), Costel, de Mortemart, Jaillant, Menu de Chomorceau.

Sézanne (bailliage de), Hurault, de Pleurre, Moutier, Pruche.

Soissons (bailliage de), Delettre, d'Egmont-Pignatelli, Ferté, Brochetou, Delabat.

Soules (pays de), Villoutreys de Faye, de D'Uhart, d'Arraing, Descuret-Laborde.

Strasbourg (ville de), de Turckheim, Schwendt.

Tartas (Albret, sénéchaussée de), Lamusse, Castelnaède, de Larreyre.

Toul et Vic (bailliages de), Bastien, de Rennel, Maillot, Gérard, d'Alençon, Chatrlaut.

Toulon (sénéchaussée de), Rigouard, Montjallard, de La Poype-Vertrieux, de Vialis, Féraud, Meifrun, Jaume, Ricard de Séalt, de Milet de Mureau.

Toulouse (1re sénéchaussée du Languedoc), de Fontanges, de Chabanettes, Gausserand, Pons, de Panat, des Innocens, d'Avessens de Saint-Rome, d'Escouloubre, Raby-Saint-Médard, Devoisins, Monssinat, Campmas, Fos de la Borde, de Lartigue, Viguier, Roussillon, Hébrard.

Touraine (bailliage de), Guespin, Cartier, Savary de Lancosme, de Monou, d'Estin, de Conzié, d'Harambure, d'Albert de Luynes, Gaultier, Valette, Nioche, Moreau, Bouchet, Léplnuc-Beaulieu, Payen de Boisueuf, Chesnon de Baigneux, de Bouvens.

Tréguier (évêché de), Lucas, Delaunay.

Trévoux (sénéchaussée de), Lousmeau-Dupout, Vincent de Pannette, Arriveur, Jourdan.

Troyes (bailliage de), Dubois, Viochot, de Mesgrigny, de Crillon, Camusat de Belombre, Baillot, Jeannest, Jeannet-Jeannet.

Tulle (sénéchaussée de), Forest de Masroury, Thomas, de Poissac, de Laqueuille, Melon, Malus, Delort de Puymalie, Ludière, Fenis de la Combe.

Valenciennes (ville de), Nicodème, Perdry.

Vannes (sénéchaussée de), Gabriel, Guégan, Loaisel, Lucas de Bourgerel, Dusers, Lebreton.

Vendôme (bailliage de), Bodineau, de Sarrazin, l'othée, Crénières.

Verdun (bailliage de), Coster, de Pouilly, Dupré de Ballay, Deulneau, Georges, Loison, Gillon.

Vermandois (bailliage de), de Sabran, Ogé, Gibert, Desfossés, Macquerel de Quesmy, de Miremont, Le Carlier d'Ardon, de Viefville des Essarts, Devisme, Bailly, Lelen de la Ville-aux-Bois, Leclerc, Novion, du Royer de Bournonville.

Villefranche-de-Rouergue (sénéchaussée de), Malrieu, de Villaret, de Bournazel, de Montcalm-Gozon, Manhaval, Andurand, Lambel, Perrin des Roziers, Lafout de Savines.

Villeneuve-de-Berg (sénéchaussée de), Chouvet, de l'ampeloune, de Voglié, d'Antraigues, Esple, Madier de Montjau, Dubois-Maurin, Defrance.

Villers-Cotterets (bailliage de), de Warel, de Barbançon, Bourgeois de l'Epine, de Mazancourt, Aubry-Dubochet.

Vitry-le-François (bailliage de), Dumont, Brouillet, de Ballidart, de Failly, Lesure, Dubois de Crancé, Barbié, Poulain de Boutancourt.

Saint-Pol-de-Léon (évêché de), Expilly, Verguet.

Guadeloupe, Chabert de la Charrière, de Curt, de Galbert, Nadal de Saintrac.

Ile-de-France, Pennissy, Monneron.
Ile-Marie-Galante, Coquille.
Indes, Beylié, Monneron.
Martinique, Dillon, Moreau de Saint-Méry.
Saint-Domingue (colonie de), de Cocherel, de Gouy d'Arsy, de Thébaudière-, de Raynaud de Villevord, Taillevis de Périgny, Gérard, Larchevêque-Thibaud, Levasseur de Villeblanche.

AIN

1791 : Rubat, Regnier, Deydier, Riboud, Jagot, Girod. — **1792 :** Deydier, Gauthier, Royer, Jagot, Mollet, Merlino, Ferrand. — **1795 :** ANCIENS : Gauthier, Merlino, Deydier, Girod, Picquet. — CINQ-CENTS : Royer, Valentin-Duplantier, Sausset, Groscassand, Merlino, Vezu, Ribout, Girod, Tardy. — **1799 :** Girod, Tardy-la-Carrière, Besson, Blanc, Dallemagne, Passerat de Silans, Riboud. — **1815** (*Cent-Jours*) : Riboud, Bochard, Didier, Mollet, Laguette-Mornay, Sausset, Girod. — **1815** (*2e Restauration*) : Varenne de Fenille, Michaud, Sirand, Murard de Saint-Romain, de Douglas. — **1816 :** Sirand, Camille Jordan, Passerat de Silans, Leviste de Montbriant, Dudon, Varenne de Fenille, Compagnon de la Servette, Dumarché, Bolozon. — **1824 :** Les mêmes. — **1827 :** Chevrier de Corcelles, Bouchet, Laguette-Mornay, de la Boulaye, Leviste de Montbriant, Rodet. — **1830 :** De la Boulaye, Dudon, Chevrier de Corcelles, Rodet, Laguette-Mornay. — **1831 :** Cordier, Chevrier de Corcelles, Berthollon de Pollet, de Cormenin, Laguette-Mornay, Girod. — **1834 :** Cordier, Bernard, Perrier, d'Angeville, Girod. — **1837 :** Les mêmes, Josserand. — **1839 :** Josserand, de la Tournelle, Perrier, d'Angeville, Girod. — **1842**, Les mêmes, moins Josserand remplacé par Poisat. — **1846 :** Les mêmes. — **1848 :** Maissiat, Regembal, Bouvet, Quinet, Bodin de Montribon, Bochard, Tendret, Guigue de Champvans, Charassin. — **1849 :** Bouvet (F.), Bochard, Quinet, Roselli-Mollet, Baudin, Bouvet (A.), Gautier, Maissiat. — **1852 :** De Lormet, de Jonage, Bodin, Benoit-Champy, Lebon. — **1857 :** Lehon, de Jonage, Bodin. — **1863 :** Les mêmes. — **1869 :** Lehon, Girod, Germain. — **1871 :** Germain, Rive, Cottin, Bernard, Brun, Mercier, Tiersot. — **1876 :** Tiersot, Tondu, Chaley, Gros-Gurin, Mercier, Germain. — **1877 :** Les mêmes. — **1881 :** Tiersot, Tondu, Roselli-Mollet, Pradon, Mercier, Germain, Pochon, Giguet. — **1885 :** Giguet, Pochon, Pradon, Tondu, Philipon, Ducher.

AISNE

1791 : Belin, Loysel, Ducreux, Fiquet, Fache, Lobjoy, Debry, Le Carlier, Jolly, Quinette, Prudhomme, Bernier. — **1792 :** Quinette, Debry, Beffroy, Saint-Just, Belin, Petit, Condorcet, Fiquet, Le Carlier, Loysel, Dupin, Pottofeux, Bouchereau, Dormay. — **1795 :** ANCIENS : Loysel, Launois, Lobjoy, Demonceaux. — CINQ-CENTS : Delahaye, Dequin, Dumez, Debatz, Dormay, Vasse, Debry, Denisart, Duplaquet. — **1799 :** Collard, Delhomme, Demonceaux, Devismes, Duplaquet, Labbey de Pompières, Laleu-la-Simone, Lobjoy, de Montesquiou-Fézensac. — **1815** (*Cent-Jours*) : Arplu, Lecarlier d'Ardon, Not, Nérat, Labbey de Pompières, Devismes, Duplaquet, Levesque de Pouilly, Sébastiani. — **1815** (*2e Restauration*) : De Conrval, Paporet, de Pouilly, Pérignon, Gaudin, de Sainte-Aldegonde. — **1816 :** De Courval, Gaudin, de Sainte-Aldegonde, Paporet, Lecarlier, Méchin, Foy, Labbey de Pompières, de Nicolaÿ, d'Esterno, Lecarlier de Colligis. — **1824 :** D'Aboville, Foy, Méchin, Labbey de Pompières, de Nicolaÿ, Lecarlier de Colligis, Sébastiani. — **1827 :** Lecarlier d'Ardon, Labbey de Pompières, Sébastiani, Méchin, de Sade, de Maussion. — **1830 :** Lévêque de Pouilly, de Sade, Labbey de Pompières, Sébastiani, Méchin. — **1831 :** Lecarlier d'Ardon, Foy, Dufour de Nesle, Niay, Sébastiani, Lherbette, de Sade, Harlé, Vivien. — **1834 :** Desabes, O. Barrot, Fould, Vivien, Sébastiani, Lherbette, de Sade, Quinette. — **1837 :** Les mêmes moins Sébastiani déjà remplacé par Quinette. — **1839 :** Les mêmes. — **1842 :** Les mêmes moins Fould remplacé par Cambacérès. — **1846 :** Debrotonne, O. Barrot, de Cambacérès, Vivien, Quinette, Lherbette, Paillet. — **1848 :** Lherbette, Quinette, Baudelot, Barrot, Nachet, Vivien, Dufour, de Tillancourt, Lemaire, Plocq, Quentin Bauchard, Desabes, Leproux, Debrotonne. — **1849 :** Lherbette, Quentin Bauchard, Barrot, Debrotonne, de Cambacérès, Paillet, Fouquier d'Hérouël, de Ladevèze, Hébert, Godelle, de Lauriston, de Bussière. — **1852 :** Hébert, de Cambacérès, Debrotonne, Geoffroy de Villeneuve. — **1857 :** Les mêmes, Baudelot. — **1863 :** Hébert, Malézieux, Vilcocq, Geoffroy de Villeneuve, Piette, de Tillancourt. — **1869 :** Hébert, Malézieux, Piette, de Tillancourt. — **1871 :** Malézieux, Waddington, Leroux, Martin, de Tillancourt, Turquet, Villain, Soyo, Godin, Fouquet, Ganault. — **1876 :** Leroux, Fouquet, de Tillancourt, Villain, Malézieux, Devlolaine, Soye, Turquet. — **1877 :** Les mêmes, sauf Deviolaine remplacé par Choron. — **1881 :** Ganault, Fouquet, Lesguillier, Villain, Malézieux, Ringuier, Soye, Turquet, Sandrique. — **1885 :** Sandrique, Turquet, Ganault, Bérangor, Dupuy, Ringuier, Lesguillier, Hanotaux, Rigaut, Doumer.

ALLIER

1791 : Jouffret, Douyet, Hennequin, Ruet, Gaulmin, Boisrot, Descrots-Destrée. — **1792 :** Chevalier, Martel, Petitjean, Forestier, Beauchamp, Giraud, Vidalin, Deléage, Chabot. — **1795 :** Anciens : Martel, Vernin, Goyard, Dalphonse, Chabot. — Cinq-Cents : Amelot, Maugenest, Sauret, Beauchamp. — **1799 :** Beauchamp, Dalphonse, Giraudet-Boudemange, Hennequin, J.-B. Lucas, P. Lucas, Maugenest, E. Sauret, P. Sauret. — **1815** (*Cent-Jours*) **:** Camus de Richemont, Claustrier, Burelle, Desbrets, Duprat, Givois. — **1815** (*2ᵉ Restauration*) **:** Préveraud de la Boutresse, de Coëffier de Moret, Aupetit-Durand. — **1816.** -- Aupetit-Durand, Préveraud de la Boutresse, Dalphonse, Burelle. — **1824 :** Béraud des Rondards, de Chevenon de Bigny, Préveraud de la Boutresse, de Champflour. — **1827 :** Destutt de Tracy, Camus de Richemont, Béraud des Rondards, de Conny. — **1830 :** Les mêmes. — **1831 :** Destutt de Tracy, Meilheurat, Raynaud, de Richemont. — **1834 :** Destutt de Tracy, Bureaux de Puzy, Boirot, de Richemont. — **1837 :** Meilheurat, Lelorgne d'Ideville, Boirot, Tourret, Moulin-Debord. — **1839 :** Meilheurat, Moulin-Debord, Reynaud, Tourret. — **1842 :** Meilheurat, Lelorgne d'Ideville, Bureaux de Puzy, de Courtais. — **1846 :** Les mêmes. — **1848 :** De Courtais, Tourret, Bureaux de Puzy, Terrier, Mathé, Laussedat, Madet, Fargin-Fayolle. — **1849 :** Mathé, Madet, Terrier, Sartin, Fargin-Fayolle, Rantian, Desmaroux, Dufour. — **1852 :** De Veauce, Desmaroux de Gaulmin. — **1857 :** Les mêmes, Rambourg de Commentry. — **1863 :** De Veauce, Desmaroux de Gaulmin, Fould. — **1869 :** De Veauce, Desmaroux de Gaulmin, Mony. — **1871 :** Martenot, Méplain, de Montaigune, d'Aurelle de Paladines, Riant, Pâtissier, de Montlaur. — **1876 :** Laussedat, Pâtissier, Adrian, Cornil, Chantemille, Defoulenay. — **1877 :** Pâtissier, Bonnaud, Cornil, Chantemille, Defoulenay, Datas. — **1881 :** Datas, Labussière, Préveraud, Chantemille, Simonnet, Roquet, Bruel. — **1885 :** Préveraud, Mathé, Simonnet, Aujame, Labussière, Rondeloux.

ALPES (BASSES-)

1791 : Raffin, Chauvet, Pinchinat, Juglar, Bouche, d'Herbez-Latour. — **1792 :** Verdollin, Réguis, d'Herbez-Latour, Maisse, Peyre, Savornin, Bouret. — **1795 :** Anciens : Réguis. — Cinq-Cents : Peyre, Pallier, Bovis, Mieulle, Barrière, Savornin, Maisse. — **1799 :** Barrière, Gassendi, Grassy, Réguis. — **1815** (*Cent-Jours*) **:** Cotte, Plauche, Mévolhon, Manuel, Réguis. — **1815** (*2ᵒ Restauration*) **:** Gravier, de Vitrolles. — **1816 :** De Puimoson, de Villeneuve, de Mieulle. — **1824 :** De Mieulle, de Villeneuve. — **1827 :** Gravier, de Laidet. — **1830 :** De Mieulle, Magnan. — **1831 :** Gravier, de Laidet. — **1834, 1837, 1839, 1842 :** Les mêmes. — **1846 :** D'Oraison, de Laplane. — **1848 :** De Laidet, Duchaffault, Chais, Denoize, Fortoul. — **1849 :** De Laidet, Yvan, Fortoul. — **1852 :** Fortoul, Réguis. — **1857, 1863, 1869 :** Réguis. — **1871 :** Michel, du Chaffault, Allemand. — **1876 :** Allemand, Gassier, Picard, Bouteille, Theurel. — **1877 :** Les mêmes, Paulon. — **1881 :** Soustre, Gassier, Picard, Bouteille, Boutoux. — **1885 :** Andrieux, Proal, Suquet.

ALPES (HAUTES-)

1791 : Amat, Ferrus, Dongois, Labastie, Faure. — **1792 :** Barrety, Borel, Izoard, Serres, Cazeneuve. — **1795 :** Anciens : Lachau, Serres. — Cinq-Cents : Serres, Boutoux, Blanc, Meissas, Borel, Izoard, Cazeneuve, Réguis. — **1799 :** Anglès, Blanc, Bonnot. — **1815** (*Cent-Jours*) **:** Provençal-Lompré, Faure, Ardoin, Barrillon. — **1815** (*2ᵉ Restauration*) **:** Colomb, Anglès. — **1816 :** Anglès, Bucelle. — **1824 :** Bucelle, Colomb. — **1827 :** Colomb, Amat. — **1830 :** Les mêmes. — **1831 :** Allier, Faure. — **1834 :** Les mêmes. — **1837 :** Ardoin, d'Hauterive, Allier. — **1839 :** Allier, d'Hauterive. — **1842 :** Les mêmes. — **1846 :** Desclozeaux, d'Hauterive. — **1848 :** Allier, Bellegarde, Faure. — **1849 :** Faure, Chaix, Allier. — **1852, 1857 :** Faure. — **1863 :** Garnier. — **1869 :** Clément Duvernois. — **1871 :** De Ventavon, Césanne. — **1876 :** Chaix, Chancel, Ferrary. — **1877 :** Chaix, Laurençon, Ferrary. — **1881 :** Les mêmes. — **1885 :** Les mêmes, Grimaud, Flourens.

ALPES-MARITIMES

1793 : Dabray, Blanqui, Massa. — **1795 :** Anciens : Gastaud. — Cinq-Cents : Blanqui, Massa, Dabray. — **1799 :** Gally, Dabray, Massa. — **1860 :** Lubonis. — **1863 :** Lubonis, Masséna. — **1869 :** Malausséna, Masséna. — **1871 :** Bergondi, Piccon, Maure, Lefèvre, Médecin, Chiris. — **1876 :** Borriglione, Roissart de Bellet, Chiris, Lefèvre. — **1877 :** Borriglione, Roissart de Bellet, Chiris, Decazes, Récipon. — **1881 :** Borriglione, Bischoffsheim, Reuault, Récipon. — **1885 :** Borriglione, Roure, Rouvier.

ARDÈCHE

1791 : Dalmas, Bastide, Saint-Prix, Vacher, Valladier, Fressenel, Dereboul. — **1792** : Boissy-d'Anglas, Saint-Prix, Gamon, Riffard de Saint-Martin, Garilhe, Gleizal, Coren-Fustier, Thoulouze. — **1795** : ANCIENS : Coren-Fustier, Châteauvieux, Boisset, Braveix. — CINQ-CENTS : Saint-Prix, Garilhe, Rouchon, Madier de Montjau, Fressenel, Bollioud, Saint-Martin, Delichères, Gamon, Boissy-d'Anglas. — **1799** : Bollioud, Dalmas, Duclaux, Fressenel, de l'ampelonne. — **1815** (Cent-Jours) : Perrier, Desfrançais de Lolme, Gamon, Suchet, Peyrot. — **1815** (2ᵉ Restauration) : De Vogüé, Rouchon, de Cachard, Ledreyt de la Charrière. — **1816** : Ladreyt de la Charrière, Rouchon, de Vogüé, Dubay. — **1824** : De Granoux, Dubay, de Vogüé. — **1827** : De Bernis, Dubay, de Granoux, Boissy d'Anglas, de Cassagnoles. — **1830** : Boissy-d'Anglas, de Bernis, de Blou. — **1831** : Dubois, Boissy-d'Anglas, Tavernier, Madier de Montjau, Champanhet. — **1834** : Champanhet, Boissy-d'Anglas, Tavernier, Madier de Montjau. — **1837** : Champanhet, Boissy-d'Anglas, Tavernier, Mathieu, Rampon. — **1839** : Rampon, Boissy-d'Anglas, Tavernier, Mathieu. — **1842** : Les mêmes moins Rampon remplacé par Champanhet. — **1846** : Champanhet, de la Tourette, Boissy-d'Anglas, Mathieu. — **1848** : Valladier, Champanhet, Dautheville, Chazallon, Laurent, Royol, Rouveure, Sibour, Mathieu. — **1849** : Laurent, Combier, Gleizal, Chabert, Vassour, Vacheresse, Champanhet, Rouveure, de la Tourette. — **1852** : Chevreau, de Rochemure, Boissy-d'Anglas, Dautheville. — **1857** : Les mêmes moins Chevreau. — **1863** : Dautheville, de Rochemure. — **1869** : Dautheville, de Rochemure, de la Tourette. — **1871** : Rampon, Broët, Combier, Rouveure, Tailhand, Chaurand, Destremx, Seignobos. — **1876** : Chalamet, Gleizal, Blachère, Destremx, Seignobos, Rouveure. — **1877** : Chalamet, Gleizal, Blachère, Vaschalde, Seignobos, Boissy-d'Anglas. — **1881** : Chalamet, Pradal, Vieilfaure, Vaschal, Saint-Prix, Boissy-d'Anglas, Fougeirol. — **1885** : Fougeirol, Vielfaure, Boissy-d'Anglas, Clauzel, Deguilhem, Saint-Prix, Beaussier.

ARDENNES

1791 : Golzart, Pierrot, D'Averhoult, d'Éliars, Hureaux, Bournel, Damourette, Baudin. **1792** : Dubois de Crancé, Ferry, Mennesson, Eaux, Vermon, Robert, Baudin, Thierriet, Blondel, Piette, D'Averhoult. — **1795** : ANCIENS : Thierriet, Baudin, Piette, Noblet. — CINQ-CENTS : Golzart, Marchoux, Clairou, Bara, Caillon, Chauchet, Blondel, Piette. — **1799** : Desrousseaux, Golzart, Lefèvre-Gineau, Rousseau. — **1815** (Cent-Jours) : Philippoteaux, Clairon, Regnard, Lefèvre-Gineau, Watelier, Forest, Herbin-Dessaux. — **1815** (2ᵉ Restauration) : d'Ivory, Golzart, Desrousseaux, de Chimay, de Salis. — **1816** : Desrousseaux, de Salis, de la Tour-du-Pin. — **1824** : Harmand d'Abancourt, de la Grandville, de Rémoud. — **1827** : Cunin-Gridaine, Lefèvre Gineau, Harmand d'Abancourt, Clauzel. — **1830** : Harmand d'Abancourt, Cunin-Gridaine, Clauzel. — **1831** : Barrachin, Clauzel, Cunin-Gridaine, Robert. — **1834** : Oger, Clauzel, Cunin-Gridaine, Lavocat. — **1837** : Les mêmes. — **1839** : Les mêmes, Ternaux. — **1842** : Oger, Ternaux, Cunin-Gridaine, Lavocat. — **1846** : Les mêmes. — **1848** : Talon, Blanchard, Payer, Ternaux, Toupet des Vignes, Drappier, Tranchart, Robert. — **1849** : Ternaux, Talon, Evain, Payer, Riché, Cunin-Gridaine, Toupet des Vignes. — **1852** : Riché, de Ladoucette. — **1857** : Les mêmes, de Montagnac. — **1863** : De Montagnac, de Ladoucette, Sibuet. — **1869** : Les mêmes. — **1871** : Toupet des Vignes, Chanzy, Gailly, Philippoteaux, de Béthune, Robert. — **1876** : Gailly, Drumel, Neveux, Philippoteaux, de Ladoucette. — **1877** : Les mêmes moins de Ladoucette remplacé par Péronne, Corneau. — **1881** : Drumel, Neveux, Philippoteaux, de Ladoucette, Corneau. — **1885** : Neveux, Gobron, Fagot, Jacquemart, Corneau, Linard.

ARIÈGE

1791 : Fout, Gaston, Illo, Clauzel, Caubère, Calvet. — **1792** : Vadier, Clauzel, Campmartin, Esperet, Lakanal, Gaston, Bordes. — **1795** : ANCIENS : Campmartin, Clauzel, Estaqne. — CINQ-CENTS : Bordes, Cassaing, Estaque, Vidalat, Bergasse-Larizoule, Clauzel. — **1799** : Bordes, Boyer, Calvet-Madaillan, Charly, Clauzel, Estaque. — **1815** (Cent-Jours) : Vidal, Gaudouville, Laffitte, Dupré. — **1815** (2ᵉ Restauration) : Fornier de Clauzelles, Fornier de Savignac, Calvet-Madaillan. — **1816** : Calvet-Madaillan, Fornier de Clauzelles, d'Ounous d'Andurand. — **1824** : Lingua de Saint-Blanquat, Falentin de Saintenac, d'Ounous d'Andurand. — **1827** : Les mêmes. — **1830** : D'Ounous d'Andurand, de Portes, Lingua de Saint-Blanquat. — **1831** : Joly, Laffitte, Pagès, Anglade. — **1834** : De Saintenac, Dugabé, Pagès. — **1837** : portes, Dugabé, Pagès, de Saintenac. — **1839** : De Saintenac, Dugabé, Pagès. — **1842** : Darnaud, Dugabé, Dillon. — **1846** : Les mêmes. — **1848** : Anglade, Darnaud, Durrieu, Armand, Casse, Vignes, Galy-Cazalat. — **1849** : Anglade, Arnaud, Pons-Tande, Roualx, Vignes, Pilhes,

Pelet. — **1852** : Didier, Billault, Busson-Billault. — **1857** : Didier, Busson-Billault. — **1863** : Les mêmes, Denat. — **1869** : Denat, Busson-Billault. — **1871** : De Saintenac, de Nouailhan, de Roquemaurel, Vidal, Aclocque. — **1876** : Aclocque, Vignes, de Saint-Paul. — **1877** : Anglade, Lasbaysses, Sentenac, de Bellisson. — **1881** : Massip, Lasbaysses, Sentenac. — **1885** : Pons-Taude, Sans-Leroy, Sentenac, Lasbaysses.

AUBE

1791 : Courtois, Maizlères, Chaponnet, Regnault, Robin, Sissons, Bougnot, Hugot, Perrin. — **1792** : Courtois, Robin, Perrin, Duval, Bonnemain, Pierret, Donge, Garnier, Rabaut-Saint-Etienne, Ludot, David-Deliste. — **1795** (ANCIENS) : Missonnet, Courtois, Lerouge. — CINQ-CENTS : Ludot, Duchastel-Bertholin, Rivière, Bosc, Mennessier, Pierret, Missonnet. — **1799** : Lerouge-Collinet, Mennessier, Morisot-Gratte-Pain, Rivière. — **1815** (Cent-Jours) : Bertrand, Sirugue-Maret, Legouest, Duchastel-Bertholin, Payn, Ferrand, Audryanne, Charton. — **1815** (2e Restauration) : De Labriffe, Paillot de Loynes, de la Huproye. — **1816** : De Labriffe, Paillot de Loynes, Pavée de Vandeuvre. — **1824** : Masson, Pavée de Vandeuvre, de Fadatte de Saint-Georges. — **1827** : Casimir Périer, Pavée de Vandeuvre, de Labriffe. — **1830** : Les mêmes. — **1831** : Gallimard, Demeufve, Pavée de Vandeuvre, Vernier. — **1834** : Vernier, de Mesgrigny, Demeufve, Pavée de Vandeuvre. — **1837** : Stourm, de Mesgrigny, Demeufve, Armand. — **1839, 1842, 1846** : Les mêmes. — **1848** : Lignier, Millard, Gayot, Stourm, Gerdy, Blavoyer, Delaporte. — **1849** : Blavoyer, C. Périer, Husson, Pavée de Vandeuvre, de Plancy. — **1852** : De Rambourgt, de Maupas. — **1857** : Les mêmes, de Plancy. — **1863** : De Rambourgt, de Plancy, Argence. — **1869** : Argence, de Plancy. — **1871** : Gayot, Casimir-Périer, Parigot, Blavoyer, Lignier, Saussier. — **1876** : Fréminet, Tézenas, Piot, Rouvre, Casimir-Périer. — **1877** : Fréminet, Tézenas, de Roys, Rouvre, Casimir-Périer. — **1881** : Bacquias, Baltet, Tézenas, de Roys, Casimir-Périer, Michou. — **1885** : Casimir-Périer, de Roys, Michou, Baltet, Charonnat.

AUDE

1791 : Azéma, Fabre, Destrem, Lasalle, Belot-la-Digne, Causse, Ribes, Solomiac. — **1792** : Azéma, Bonnet, Ramel-Nogaret, Tournier, Marragon, Morin, Perlès, Girard. — **1795** : ANCIENS : Marragon, Méric, Bonnet. — CINQ-CENTS : Morin, Fabre, Salaman, Saint-Gervais, Montpellier, Perlès, Ramel de Nogaret. — **1799** : Dupré de Sainte-Maure, Martin-Saint-Jean, Méric, de Nattes, Vidal-Contant. — **1815** (Cent-Jours) : Viguier, Pouget, Rivals-Ginela, Jouffard, Debosque, Malric. — **1815** (2e Restauration) : De Bruyères-Chalabre, Barthe, Labastide, de Puivert. — **1816** : De Bruyères-Chalabre, Barthe, Labastide, d'Auberjon. — **1824** : D'Auberjon, Barthe-Labastide, De Bruyères-Chalabre, De Fournas-Moussoulens. — **1827** : Andréossy, Sernin, de Fournas-Moussoulens, d'Hautpoul, Bosc, de Podenas. — **1830** : D'Hautpoul, Bosc, Madier de Montjau, de Podenas. — **1831** : Teisseire, Mahul, Rouger de Villesavary, Peyre, Podenas. — **1834** : Teisseire, Mathieu de la Redorte, Rouger de Villesavary, Peyre, Espéronnier. — **1837** : Teisseire, Mathieu de la Redorte, Dejean, Peyre, Espéronnier, Ressigeac. — **1839** : Ressigeac, Mathieu de la Redorte, Dejean, Peyre, Espéronnier, Fargues. — **1842** : Les mêmes moins Mathieu de la Redorte, déjà remplacé par Fargues, Michel Chevalier. — **1846** : Ressigeac, Mahul, Dejean, Peyre, Espéronnier. — **1848** : Barbès, Sarrans, Trinchant, Raynal, Joly, Solier, Anduze-Paris. — **1849** : Mathieu de la Redorte, Alengry, Jouy, de Belvèze, d'Hautpoul, Dupré. — **1852** : Roques-Salvaza, Alengry. — **1857** : Les mêmes, Dabeaux. — **1863** : Roques-Salvaza, Dabeaux, Peyrusse. — **1869** : Birotteau, Peyrusse, I. Pereire, de Guiraud. — **1871** : Buisson, de Guiraud, de Fréville, Lambert de Sainte-Croix, Mathieu de la Redorte, Brousses, Bonnel, Marcou. — **1876** : Marcou, Mir, Rougé, Bonnel. — **1877** : Les mêmes, Labadié. — **1881** : Marcou, Mir, Rougé, Malric, Paplnaud. — **1885** : Marty, Turrel, Théron, Paplnaud, Wickersheimer, Ferroul.

AVEYRON

1791 : Constans-Saint-Estève, Bosc, Bo, Nogaret, Molinier, Lortal, Arssaud, Pomiès, Bourzès. — **1792** : Bo, Saint-Martin-Valogne, Loblnhès, Bernard de Saint-Affrique, Camboulas, Second, Lacombe, Louchet, de Valady, Roux. — **1795** : ANCIENS : Bernard de Saint-Affrique, Galtié, Brassat-Saint-Parthem, Rodat, Lescure. — CINQ CENTS : Roux, Perrin-Lasfargues, Pons-Saint-Martin, Dubruel, Ginestel, Capblat, Nogaret, Dubruel, Rouvelet, Vezin, Cambe, Mouseignat, Loblnhès. — **1799** : Clausel de Coussergues, Flaugergues, Grandsaigne, Monseignat du Cluzel, Rodat d'Olemps, Rouvelet, Vezin. — **1815** (Cent-Jours) : Vezin, Vernhes, Monseignat du Cluzel, Carrié de Boïssy, Solignac, Merlin, Flaugergues. — **1815** (2e Restauration) : Flaugergues, Bonald, Delauro, Clausel de Coussergues. — **1816** : De Bonald, Clausel de Coussergues, Dubruel, Delauro, de Mostuéjouls. — **1824** : Delauro, Dubruel, de Mostuéjouls, de Séguret, Clausel de

Coussergues. — 1827 : Delauro, Dubruel, Vernhette, de Benoit, de Mostuéjouls, Humann. — 1830 : Delauro, de Benoit, Rodat, Nogaret, de Balzac. — 1831 : Merlin, Vergnes, Dande, Nogaret, Decazes. — 1834 : Merlin, Vergnes, de Guizard, Nogaret, de Balzac. — 1837 : Merlin, Vergnes, de Guizard, Nogaret, Cibiel. — 1839 : Monseignat du Cluzel, Vergnes, Pons, Nogaret, Cibiel, de Gaujal-Saint-Maur. — 1842 : Les mêmes moins Nogaret déjà remplacé par de Gaujal-Saint-Maur. — 1846 : Cabrol, de Courtois, Pons, de Gaujal-Saint-Maur, Cibiel. — 1848 : Grandet, Vezin, Abbal, Affre, Rodat, Pradié, Dalbis de Salze, Dubruel, Vernhette, Médal. — 1849 : Rodat, Vezin, Dalbis de Salze, Vernhette, de Balzac, Combes, Denayrouse, Pradié. — 1852 : Girou de Buzareingues, Calvet-Rogniat, Nougarède, Chevalier. — 1857 : Les mêmes moins Nougarède. — 1863 : Les mêmes. — 1869 : Girou de Buzareingues, Calvet-Rogniat, Deseilligny. — 1871 : Barascud, Boisse, de Bonald, de Valady, Delsol, Deseilligny, Lortal, Pradié. — 1876 : Azémar, Roques, de Valady, Mas, Barascud, Cibiel, Médal. — 1877 : Les mêmes moins de Valady, remplacé par Baduel d'Oustrac. — 1881 : Fabre, Rodat, Devie, Mas, Mallevialle, Cibiel, Cayrade, Denayrouse. — 1885 : Cibiel, Barascud, Calvet-Rogniat, Roques, de Montéty, de Benoit, Rodat.

BOUCHES-DU-RHONE

1791 : Martin, Antonelle, Pellicot, Archier, Granet, Espariat, Mauche, Blancgilly, Lauze du Perret, Gasparin. — 1792 : Duprat, Rebecqui, Barbaroux, Granet, Durand de Maillane, de Gasparin, Bayle, Baille, Rovère, Lauze de Perret, Pellissier, Laurent, Minvielle, Bernard, Blanc de Serval, Laurens. — 1795 : Anciens : Rémuzat, Lejourdan, Durand de Maillane. — Cinq-Cents : Noguier-Malijay, Jourdan, Siméon, Blain, Willot, Chabert, Constans, Natoire, Pellissier. — 1799 : Clary, Emeric-David, Fauris de Saint-Vincent, Noguier-Malijay, Sauvaire, Serven, Teissier. — 1815 (Cent-Jours) : Rostan, Salavy, Rassis, Granet, Souis, Siméon, Anthoine de Saint-Joseph, Boulant, Fabry-Chailan. — 1815 (2e Restauration) : De Lagoy, de Bausset, Reynaud de Trets, Rolland. — 1816 : Sairas, Rolland, de Lagoy, de Roux, Pardessus. — 1824 : Strafforello, de Bausset, Donnadieu, Pardessus, de Roux. — 1827 : Strafforello, de Bausset, de Lagoy, de Roux, Pardessus, Thomas, Laugier de Chartrouse. — 1830 : De Roux, Pardessus, Vercillon, de Bausset, Laugier de Chartrouse. — 1831 : Pataille, Reynard, de Beaujour, Thiers, Laugier de Chartrouse, de Gras-Préville. — 1834 : Berryer, Reynard, de Laboulie, Thiers, Reybaud, de Gras-Préville. — 1837 : Berryer, Reynard, Paranque, Thiers, Reybaud, de Fougères de Villandry, de Surian, de Grille. — 1839 : Berryer, Reynard, de Surian, Thiers, de Grille, de Gras-Préville. — 1842 : les mêmes. — 1846 : Berryer, Clapier, Reybaud, Thiers, de Grille, de Gasparin. — 1848 : Barthélemy, Ollivier, Berryer, Sauvaire-Barthélemy, Astouin, de Laboulie, Lacordaire, Pascal, Poujoulat, Reybaud, Rey. — 1849 : Reybaud, Berryer, Sauvaire-Barthélemy, de Laboulie, Poujoulat, Mérentié, Fournier, Pascal, Rullière. — 1852 : de Chantérac, Rigaud, Remacle, Canaple, Laugier de Chartrouse. — 1857 : Canaple, Rigaud, Laugier de Chartrouse. — 1863 : Berryer, Bournat, Laugier de Chartrouse, Marie. — 1869 : Gambetta, Bournat, Laugier de Chartrouse, Esquiros. — 1871 : Pelletan, Esquiros, Laufrey, Amat, Tardieu, Fraissinet, Clapier, Hérisis, Rouvier, Challemel-Lacour, Bouchet, Lockroy. — 1876 : Bouquet, Raspail, Rouvier, Bouchet, Lockroy, Labadié, Tardieu. — 1877 : Les mêmes, moins Raspail remplacé par Amat. — 1881 : Peytral, Clovis Hugues, Rouvier, Bouchet, Leydet, O. Pelletan, Granet. — 1885 : Peytral, Granet, Leydet, Pelletan, Pally, Chevillon, Clovis Hugues, Boyer, Pyat.

CALVADOS

1791 : Fauchet, Dubois-Dubais, Leroy, Henry-Larivière, Boutry, Lomont, Avelines, Bonnet-de-Meautruy, Auscaume, Vardon, Castel, Bretocq, Leroy. — 1792 : Fauchet, Dubois-Dubais, Lomont, Henry-Larivière, Bonnet, Verdon, de Pontécoulant, Taveau, Jouenne-Longchamp, Dumont, de Cussy, Legot, Philippe-Delleville, Chatry-Lafosse, Cosnard, Lemoine. — 1795 : Anciens : Lomont, Lecordier, Chatry-Lafosse, Piédone d'Héritot, Cailly, Dubois-Dubais, Moulland, Lemoine, Gauthier. — Cinq-Cents : Dubois-Dubais, Henry-Larivière, de Pontécoulant, Dumont, Philippe-Delleville, Lemoine, Leboucher des Longpares, Gauthier, Jarry, Moisson de Vaux, Quesnel, Bertrand, Dugua, Jouenne-Longchamp, Legot, Lenormand, Regnée, Clavière, Duboscq, Legoupil-Duclos, Chatry-Lafosse. — 1799 : de Chatry-Lafosse, Daigremont de Manvieu, Darthenay, Demortreux, Dubosq, Lalouette, Lemoine, Lenormand, Letellier, Lévêque, Moulland, Rioust de Neuville. — 1815 (Cent-Jours) : Hubert, Flaust, Leboucher des Longpares, de Tilly, d'Albignac, Lemennet, Isabel des Parcs, Asselin, Morel, Lenouvel. — 1815 (2e Restauration) : Piquet, Daigremont de Manvieu, de Folleville, d'Hautefeuille, de Corday, Labbey de la Roque, Héroult de Hottot. — 1816 : De Corday, de Folleville, d'Hautefeuille, Héroult de Ho'tot, Daigremont de Manvieu, de Vaublanc, Bazire, Adam de la Pommeraye, Brochet de Vérigny, Achard de Bonvouloir. — 1824 : Daigremont de Manvieu, Tardif, Bazire, de Vérigny, de Vaublanc, de Bellemare, de Corday, de Neuville. — 1827 : Adam de la Pommeraye, Tardif, Fleury, Vauquelin de la Rivière, de Bellemare, d'Orceau de Fontette, Leclerc. — 1830 : Leclerc, de Bellemare, de Tilly, Adam de la Pommeraye, Tardif, Fleury, Guizot. — 1831 : Lecreps, Tardif, Fleury, Guizot, Lenouvel,

Thouret, Chatry-Lafosse, Thil, Deslongrais. — **1834** : Chatry-Lafosse, de Tilly, Deshameaux, Fleury, Guizot, Deslongrais, Thil. — **1837** : Aumont-Thiéville, de Tilly, d'Houdetot, Leclerc, Guizot, Deslongrais, Thil, Deshameaux. — **1839** : Aumont-Thiéville, de Tilly, Deshameaux, Leclerc, Guizot, Deslongrais, Thil. — **1842** : Aumont-Thiéville, de Fontette, d'Houdetot, David, Guizot, Delongrais, Thil. — **1846** : Vautier, Delacour, d'Houdetot, Paulmier, Guizot, Deslongrais, Thil. — **1848** : Deslongrais, Bellencontre, Lebarillier, Marie, Desclais, Person, Demortreux, Douesnel, Besnard, Hervieu, Lemonnier, Durand, Thomine-Desmazures. — **1849** : Paulmier, Thomine-Desmazures, Cordier, Bocher, Douesnel-Dubosq, d'Houdetot, des Rotours, Rioult de Neuville, de Caulaincourt, Leroy-Beaulieu, Deslongrais. — **1851** : Vautier, d'Houdetot, Leroy-Beaulieu, de Caulaincourt. — **1857** : Vautier, d'Houdetot, Renée, de Caulaincourt, Douesnel, de Colbert-Chabannais. — **1863** : Douesnel, Bertrand, de Colbert-Chabannais, de Caulaincourt, Paulmier. — **1869** : De Germiny, Douesnel, de Colbert-Chabannais, Paulmier. — **1871** : De Balleroy, Bocher, d'Harcourt, Delacour, de Saint-Pierre, de Witt, Bertauld, Delorme, Target, Paris, Le Provost de Launay. — **1876** : Houyvet, Delacour, Filet des Jardins, d'Harcourt, de Colbert-Laplace, Flandin, Picard. — **1877** : Leforestier de Vendeuvre, Desloges, Le Provost de Launay, d'Harcourt, de Colbert-Laplace, Flandin, Delafosse. — **1881** : Henry, Manger, Gérard, Esnault, de Colbert-Laplace, Duchesne-Fournet, Delafosse. — **1885** : Delafosse, Gérard, de Colbert-Laplace, Desloges, de Cornulier, Paulmier, de Witt.

CANTAL

1791 : Vayron, Benoid, Gros, Guitard, Henry, Teillard, Salvage, Porret. — **1792** : Thibault, Milhaud, Méjansac, Lacoste, Carrier, Chabanon, l'ouvergne, P. Malhes, Bertrand, Mirande. — **1795** : ANCIENS : Bertrand, Vacher de Tournemine, Delzons. — CINQ-CENTS : Méjansac, Armand, Duclaux, Bertrand, Chabanon, Thibault. — **1799** : Clavière, Coffinhal, Delzons, Jaubert, Salvage, Vacher de Tournemine. — **1815** (*Cent-Jours*) : Salvage, Guitard, Vigier, Dubois, Fahy. — **1815** (2° *Restauration*) : Crolzet, Ganilh, Vacher de Tournemine. — **1816** : Vacher de Tournemine, Ganilh, Guitard, Crolzet. — **1824** : Crolzet, Barlier, de Saint-Martial de Conros. — **1827** : Higonnet, de Lastic-Saint-Jal, Crolzet. — **1830** : De Saint-Martial de Conros, de Vatimesnil, Higonnet. — **1831** : Roussilhe, Bonnefons, Salvage, Teilhard-Nozerolles. — **1834** : Les mêmes. — **1837** : Dessauret, Bonnefons, Salvage, Teilhard-Nozerolles. — **1839** : Les mêmes. — **1842** : Les mêmes, de Castellane. — **1846** : Dessauret, Bonnefons, Salvage, de Castellane. — **1848** : Delzons, Parieu, Murat-Sistrières, Daude, Teilhard-Laterisse, Richard, Durieu. — **1849** : De Parieu, Murat-Sistrières, Richard, Teilhard-Laterisse, Durieu. — **1852** : De Parieu, de la Guéronnière, Creuzet. — **1857** : De Parieu, Creuzet. — **1863** : Les mêmes. — **1869** : Bastid, Creuzet. — **1871** : Bastid, de Castellane, Salvy, Murat-Sistrières, Durieu. — **1876** : Bastid, Durieu, de Castellane, Oudoul. — **1877** : Bastid, Durieu, Teissèdre, Oudoul. — **1881** : Bastid, Durieu, Charmes, Amagat. — **1885** : Bastid, Lascombes, Amagat, Chanson.

CHARENTE

1791 : Dubois de Bellegarde, Lafaye-des-Rabiers, Léchelle, Blanchon, Martin, Chédanneau, Dumas-Champvallier, Guimberteau, Chazaud. — **1792** : Dubois de Bellegarde, Guimberteau, Chazaud, Chédanneau, Ribereau, Devars, Brun, Crevelier, Mauldo. — **1795** : ANCIENS : Devars, Pougeard-Dulimbert, Rouhaud, Lassé, Bollegarde. — CINQ-CENTS : Dubois de Bellegarde, Guimberteau, Ribereau, Descordes, Thorel, Crevelier, Doche-Delisle, Marvaud, Desprez, Mauldo-Loizellerie. — **1799** : Barbier de Lendrevie, Boreau-Lajanadie, Boutelleau, Chancel, Crevelier-Labbé, Poujaud. — **1815** (*Cent-Jours*) : Duboys-Labernade, Callandreau, Laroche, Piet, Caminade-Châtenet, Memineau, Robert. — **1815** (2° *Restauration*) : Dupont, Albert, de la Guéronnière, Bordesoulle. — **1816** : Albert, Dupuy, Dupont, de la Guéronnière, Descordes, Pougeard-Dulimbert, Otard. — **1824** : Descordes, Dupont, Otard, Hennessy, Terrasson de Montleau, de Lalaurencie, Delalot. — **1827** : Gellibert des Séguins, Pougeard-Dulimbert, Hennessy, Dupont, Delalot. — **1830** : Delalot, Albert, Gellibert des Séguins, Pougeard-Dulimbert. — **1831** : Gellibert des Séguins, Levraud, Caminade-Châtenet, Pougeard-Dulimbert, de Girardin. — **1834** : Albert, Tesnières, Hennessy, Pougeard-Dulimbert, Mimand, Garnier de Laboissière. — **1839** : Albert, Tesnières, Hennessy, Garnier de Laboissière, Mimand. — **1842** : Bouillaud, Tesnières, Lemercier, Pougeard-Dulimbert, de Girardin. — **1846** : Albert, Tesnières, Martell, Béchameil, Tryon de Montalembert. — **1848** : Planat, Garnier de Laboissière, Hennessy, de Girardin, Babau-Laribière, Pougeard, Rateau, Mathieu-Bodet, Lavallée. — **1849** : Mathieu-Bodet, Rateau de Girardin, Pougeard, Hennessy, Sazerac de Forge, André, Lemercier, Edgar Ney. — **1852** : Gellibert des Séguins, Lemercier, André, Tesnières. — **1857** : Gellibert des Séguins, Tesnières, André. — **1863** : Gellibert des Séguins, Planat, André. — **1869** : Laroche-Joubert, Planat, André. — **1871** : Martell, Boreau-Lajanadie, Mathieu-Bodet, de Champvallier, Ganivet, Marchand, André. — **1876** : Laroche-Joubert, Ganivet, Mathieu-Bodet, Cunéo d'Ornano, Ducland, Gautier. — **1877** : Les mêmes, moins Mathieu-Bodet remplacé par André. — **1881** : Laroche-

Joubert, Matror, André, Cunéo d'Ornano, Duclaud, Gautier, Arnous, Laroche-Joubert. — **1885** : Laroche-Joubert, Ganivet, Arnous, Cunéo d'Ornano, de Champvallier, Boreau-Lajanadie, Gellibert des Séguins.

CHARENTE-INFÉRIEURE

1791 : Bréard, Delacoste, Bernard, Eschassériaux, Ruamps, Jouneau, Merveilleux de Mortafond, Niou, Dumontier, Riquet, Gilbert. — **1792** : Bernard des Zouzhes, Bréard, J. Eschassériaux, Niou, Ruamps, Garnier de Saintes, Dechézeaux, Lozeau, Giraud, Vinet, Dautriche, R. Eschassériaux, Desgraves, Crassous. — **1795** : ANCIENS : Giraud, Alquier, de Bréard, Niou, Desgraves, Dautriche, Delacoste, de Chassiron, Lemercier, Boulsseren. — CINQ-CENTS : Garnier, Giraud, Vinet, Eschassériaux, Levallois, Garreau, Laurençeau, Thépard, Eschassériaux, Nairac, Héard, Lozeau. — **1799** : Admirauld, Augier de la Sauzaye, Boulsseren, de Bréard, Cochon-Duvivier, Desgraves, Duret, Eschassériaux, Nairac, Ratier, Thénard-Dumousseaux. — **1815** : (Cent-Jours) : Regnault de Saint-Jean d'Angely, Gallocheau, Thénard-Dumousseaux, Eschassériaux, Delafenestre, Majou, Garnier, Desgraves, Clémot, Duret. — **1815** : (2° Restauration) : Rivaud de la Raffinière, Baudry, Mac-Carthy, Admirauld, Jouneau. — **1816** : Mac-Carthy, Admirauld, Jouneau, Baudry, Faure, Beauséjour, Tarayre, Fleuriau de Bellevue, Eschassériaux, Boscal de Réals. — **1824** : Fleuriau de Bellevue, Bonnet de Lescure, Boscal de Réals, de Saint-Légier, de Saint-Marsault, Delaage, de Chièvres. — **1827** : Gallot, Audry de Puyravault, Boscal de Réals, de Saint-Légier, Eschassériaux, Duchâtel, Fleuriau de Bellevue. — **1830** : Minot, Béraud, Fleuriau de Bellevue, Gallot, Audry de Puyravault, Eschassériaux, Duchâtel. — **1831** : Admirauld, de Chassiron, de Beauséjour, Duchâtel, Senné, Audry de Puyravault, Eschassériaux. — **1834** : Admirauld, de Chassiron, Desmortiers, Duchâtel, Audry de Puyravault, Dufaure. — **1837** : Rasteau, de Chassiron, Renou, Duchâtel, de Chasseloup-Laubat, Tupinier, Dufaure, Desmortiers. — **1839** : Rasteau, de Chassiron, Desmortiers, Duchâtel, de Chasseloup-Laubat, Tupinier, Dufaure. — **1842** : Les mêmes, Dumas. — **1846** : Bethmont, de Chassiron, Desmortiers, Duchâtel, de Chasseloup-Laubat, Dumas, Dufaure. — **1848** : Renou de Ballon, Baroche, Gaudin, Dufaure, Brard, Target, Debain, Audry de Puyravault, Dupont de Bussac, Dargenteuil, Bugeaud, Coutanseau, Regnault-de-Saint-Jean-d'Angely. — **1849** : Dufaure, Regnault-de-Saint-Jean-d'Angely, Baroche, de Chasseloup-Laubat, de Montholon, Laborde, Vast-Vimeux, de Nagle, Eschassériaux, Bugeand, Delajus. — **1852** : Vast-Vimeux, de Chasseloup-Laubat, Eschassériaux, Lemercier. — **1857** : Les mêmes, Roy-Bry. — **1863** : Vast-Vimeux, Roy-Bry, Eschassériaux, Roy de Loulay, Bethmont. — **1869** : Vast-Vimeux, Bethmont, Eschassériaux, Roy de Loulay. — **1871** : Dufaure, Bethmont, Duchâtel, Eschassériaux, Vast-Vimeux, Roy de Loulay, de Chasseloup-Laubat, Rivaille, Mestreau, Denfert-Rochereau, Boffinton. — **1876** : Fournier, Eschassériaux, Jolibois, Roy de Loulay. — **1877** : Barbedette, Eschassériaux, Mestreau, Bethmont, Eschassériaux, Jolibois, Roy de Loulay. — **1881** : Barbedette, Eschassériaux, Mestreau, Roche, Bisseuil, Jolibois, Roy de Loulay. — **1885** : Jolibois, Eschassériaux, Roche, Roy de Loulay, Vast-Vimeux, Duchâtel, Delmas, Duport.

CHER

1791 : Torné, Sabathier, Foucher, Fouquet, Huguet, Cartier-Salut-René. — **1792** : Allassœur, Foucher, Baucheton, Fauvre-Labrunerie, Dugenne, Pelletier. — **1795** : ANCIENS : Porcher, Fauvre-Labrunerie, Dumont de La Charnaye, Robin, Delamétherie, Fouquet. — CINQ-CENTS : Grangier, Bonnaire, Heurtault-Lamerville, Trottier, Pépin, Baucheton. — **1799** : Augier, Béguin, Bézave-Mazières, Fouquet, Petit. — **1815** (Cent-Jours) : Baucheton, Delamétherie, Regnaud, Baudoin, Thévenard-Guérin. — **1815** (2° Restauration) : Augier, Boin, de la Trémoille. — **1816** : Augier, Boin, Bengy de Puyvallée, de Peyronnet. — **1824** : Boin, Devaux, de Fougières, de Fussy. — **1827** : De la Rochefoucauld, Devaux, de Fussy, de Montsaulnin. — **1830** : De Montsaulnin, de Montigny, de la Rochefoucauld, Devaux. — **1831** : Devaux, de la Rochefoucauld, Jaubert, Duvergier de Hauranne. — **1834** : Les mêmes. — **1837** : Mayet-Genetry, de la Rochefoucauld, Jaubert, Duvergier de Hauranne, Mater. — **1839** : Mater, de la Rochefoucauld, Jaubert, Duvergier de Hauranne. — **1842** : Les mêmes, Bonnaire. — **1846** : Mater, de la Rochefoucauld, Hochet, Duvergier de Hauranne. — **1848** : Bouzique, Bidault, Duvergier de Hauranne, F. Pyat, de Vogüé, Duplain, Poisle-Desgranges. — **1849** : Bouzique, Michel (de Bourges), Louriou, Viguier, F. Pyat, Vauthier, de Vogüé, Poisle-Desgranges, Duvergier de Hauranne, Bidault. — **1852** : De Duranti, Bidault, de Barral, de Nesle, Guillaumin. — **1857** : De Nesle, Guillaumin. — **1863** : Les mêmes. — **1869** : De Nesle, Girault, Guillaumin. — **1871** : De Vogüé, Jaubert, Fournier, Gallicher, Amy, de Chaband-la-Tour, Duvergier de Hauranno. — **1876** : Devoucoux, Boulard, Girault, Rollet, Duvergier de Hauranne. — **1877** : D'Arenberg, Boulard, Girault, Rollet, Mingasson. — **1881** : Choneau, Boulard, Girault, Bellot, Mingasson. — **1885** : Brisson, Pernolet, Mellot, Lesage, Marot, Pajot.

CORRÈZE

1791 : Germignac, Brival, Borie, Chassagnac, Faye-Lachèze, Marbot, Bardou. — **1792 :** Brival, Borie, Germignac, Chambon-Bigorie, Lidon, Lanot, Pénières, Lafon, Rivière, Plazanet. — **1795 : ANCIENS :** Brival, Marbot, Delort, Gauthier. — **CINQ-CENTS :** Malès, Pénières, Barthélemy, Brival. — **1799 :** Bédoch, Combret de Marcillac, Delort, Gauthier, Pénières-Delzors. — **1815** *(Cent-Jours)* **:** Bédoch, Lacombe, Dupont, Rivet, Pénières. — **1815** *(2e Restauration)* **:** Sartelon, Fouché, de Foucaud. — **1816 :** D'Ambrugéac, Sartelon, de Parel d'Espérat, Fromout. — **1824 :** De Noailles, de Valon, de Parel d'Espérat. — **1827 :** Les mêmes. — **1830 :** Gaujal, de Noailles, de Valon. — **1831 :** Bédoch, Lavialle de Masmorel, Gautier, Plazanet. — **1834 :** Bédoch, Rivet, Gautier, Périer, de Valon. — **1837 :** De Valon, Lavialle de Masmorel, Gautier, Finot, Rivet, de Sahune. — **1839 :** Les mêmes, moins Lavialle déjà remplacé par de Sahune. — **1842 :** Les mêmes. — **1846 :** De Verninac, de Jouvenel, Gautier, de Sahune. — **1848 :** Ceyras, Latrade, Madesclaire, Bourzat, Pénières, Favart, Dubousquet-Laborderie, Lebraly. — **1849 :** Sage, Latrade, Bourzat, Pénières, Ceyras, Madesclaire, Chambt-Avanturier. — **1852 :** Favart, de Jouvenel. — **1857 :** Lafond, de Jouvenel. — **1863 :** Lafont de Saint-Mûr, Mathieu. — **1869 :** Les mêmes. — **1871 :** Lestourgie, Rivet, Lebraly, Billot, de Jouvenel, Arfeuillères, Latrade, Laumond. — **1876 :** De Chancel, Vacher, Le Cherbonnier, Latrade, Laumond. — **1877 :** Les mêmes. — **1881 :** Vachal, Vacher, Le Cherbonnier, Latrade, Pénières, Labrousse. — **1885 :** Vacher, Labrousse, Dellestable, Borie, Brugeilles.

CORSE

1791 : Leonetti, Pietri, Pozzo di Borgo, Boerio, Arena, Peraldi. — **1792 :** Saliceti, Chiappe, Casablanca, Andrei, Bozi, Moltedo, Arrighi. — **1795 : ANCIENS :** Pompei, Cittadella. — **CINQ-CENTS :** Arena, Saliceti, Lepidi, Lucien Bonaparte. — **1799 :** Arrighi, Joseph Bonaparte, d'Ornano. — **1815 :** Péraldi, Ceccaldi, de Castelli, Sébastiani, Ramolino. — **1824 :** Péraldi, Rivarola. — **1827 :** Rivarola, Sébastiani. — **1830 :** Colonna d'Istria, Roger. — **1831 :** Sébastiani, Limpérani. — **1834, 1837, 1839 :** Les mêmes. — **1842 :** Sébastiani, de Gasparin. — **1846 :** Sébastiani, du Roure. — **1848 :** J. Bonaparte, Conti, Pietri, Casablanca, P. Bonaparte, L. Bonaparte. — **1849 :** Arrighi, Abbatucci, P. Bonaparte, Gavini. — **1852 :** Abbatucci. — **1857 :** Abbatucci, Mariani. — **1863 :** Abbatucci, Gavini. — **1867 :** Les mêmes. — **1871 :** Gavini, Galloni d'Istria, Limpérani, Rouher, Abbatucci. — **1876 :** J. Bonaparte, de Casablanca, Arrighi de Padoue, Gavini, Bartoli. — **1877 :** Haussmann, de Casablanca, A. de Padoue, Gavini, Abbatucci. — **1881 :** Peraldi, Gavini, Graziani, Arène, Bartoli. — **1885 :** Gavini, Abbatucci, de Montera, Multedo, Arène, Astima, Ceccaldi, de Susini.

COTE-D'OR

1791 : Navier, Prieur-Duvernois, Oudot, Gelot, Lambert, Béguin, Martinecourt, Batault, Guyton-Morveau, Basire. — **1792 :** Basire, Guyton-Morveau, Prieur-Duvernois, Oudot, Gulot, Lambert de Bolan, Marey, Trullard, Rameau, Berlier, Edouard, Sirugue. — **1795 : ANCIENS :** Veruier, Ligeret, Cretet, Benoist, Hornoux, Musard, Oudot, Gauthier. — **CINQ-CENTS :** Prieur, Oudot, Rameau, Guillemot, Robert, Buvée de Mirebeau, Florent-Guiot, Monge, Godard, Morisot, Dézé. — **1799 :** Bouchard, de Chastenay-Lanty, Frochot, Gauthier, Guillemot, Gulot, Larché, Lejeas-Charpentier, Sirugue-Maret, Villiers. — **1815** *(Cent-Jours)* **:** Chantrier, Edouard, Jacotot Simonnet, Vaillant, Touzet. — **1815** *(2e Restauration)* **:** De Grosbois, Brenet, de Bruère de Vaurois, de Maletesto, de Dumas. — **1816 :** Caumartin, Hornoux, de Chauvelin, Brenet, de Borbis. — **1824 :** Saunac, Fouqueraud, Sallier, de Berbis, Brenet. — **1827 :** De Chauvelin, Mauguin, Louis-Bazile, de Berbis, de Saunac, Hornoux. — **1830 :** De Berbis, de Saunac, Hornoux, Mauguin, Louis-Bazile. — **1831 :** Hornoux, Cabet, Mauguin, Vatout, Louis-Bazile. — **1834 :** Hornoux, Muteau, Mauguin, Vatout, Pétot. — **1837 :** Saunac, Muteau, Mauguin, Vatout, Petot, Tournoüer. — **1839 :** Les mêmes moins Tournoüer. — **1842 :** Saunac, Muteau, Mauguin, Vatout, Nisard. — **1846 :** Les mêmes. — **1848 :** Monnet, Maire, Mauguin, Magnin-Philippon, Bougueret, Godard-Poussignol, Demontry, Joigneaux, Maréchal, Perronet. — **1849 :** Mauguin, Vaudrey, Maréchal, Benoit-Champy, Chaper, Noblet, Joigneaux, Demontry, Lemulier. — **1852 :** Vernier, Ouvrard, Louis-Bazile. — **1857 :** Les mêmes, Marey-Monge. — **1863 :** Magnin, Marey-Monge, Rolle. — **1869 :** Les mêmes. — **1871 :** Dubois, Magnin, S. Carnot, Joigneaux, Moreau, Carion, Lévêque, Mazeau. — **1876 :** Dubois, Lévêque, Joigneaux, Carnot, Bordet, Hugot. — **1877 :** Les mêmes, moins Bordet remplacé par Leroy. — **1881 :** Les mêmes. — **1881 :** Dubois, Joigneaux, Carnot, Leroy, Spuller, Lévêque, Cernesson, Bargy.

COTES-DU-NORD

1791 : Delaizire, Urvoy-Saint-Mérel, Derrien, Rivoallan, Digaultray, Glais-Bizoin, Bagot, Morand. — **1792 :** Couppé, Palasne-Champeaux, Gaultier, Guyomar, Fleury, Girault, Loncle,

Goudelin, Coupard, Toudic. — **1795** : Anciens : Prud'homme, Nayrod, Conëssurel, Guyomar. Rivoallan, Lemée. — Cinq-Cents : Couppé, Gautier, Goudelin, Vistorte, Delaporte, Guynet-Boismenu, Macaire, Limon, Gautier-Lamotte, Digaultray, Duval-Villebogard, Faisant, Gulot, Le Gorrec, Ribault, Hello, Pouhaër, Fleury, Guyomar. — **1799** : Beslay, Brelivet, Couppé, de Gourlay, Lemée, Macaire, Valletaux, Vistorte. — **1815** (*Cent-Jours*) : Le Gorrec, Beslay, Rupérou, Armez, Bienvenue, Faisant, Hello, Tassel, Carré. — **1815** (*2e Restauration*) : Rupérou, Carré, Beslay, Rouxel, Gourlay, Nöel, de Gouyon-Thaumatz. — **1816** : Rupérou, Beslay, Carré, Nöel, de Kergariou, Conen de Saint-Luc. — **1824** : Monjaret de Kerjégu, de la Moussaye, de Quélen, de Carcaradec, de Kergariou, Conen de Saint-Luc. — **1827** : Monjaret de Kerjégu, de Bizien du Lézard, de Quélen, de Carcaradec, de la Moussaye, Frottier de Bagneux. — **1830** : Frottier de Bagneux, de Quélen, Beslay, Bernard, de Bonabry, Bizien du Lézard. — **1831** : Tueux, Riollay, Beslay, Bernard, Glais-Bizoin, Le Provost. — **1834** : Tueux, Armez, de Saint-Pern-Couellan, Sauveur de la Chapelle, Le Provost, Glais-Bizoin, de Thiard. — **1837** : Les mêmes, moins Le Provost déjà remplacé par de Thiard, Dutertre, Le Gorrec. — **1839** : Tueux, Armez, Dutertre, Le Gorrec, de Thiard, Glais-Bizoin. — **1842** : Les mêmes. — **1846** : Tueux, Armez, Brignon de Léhen, Le Gorrec, Tassel, Glais-Bizoin. — **1848** : Robin-Morhéry, Perret, Carré, de Tréveneuc, Glais-Bizoin, Loyer, Le Gorrec, Tassel, Depasse, J. Simon, Ledru, Marie, Houvenagle, Michel, Racinet, Denis. — **1849** : De Tréveneuc, Le Gorrec, Charner, Denis, de Botmillian, de Cuverville, Dieuleveult, Depasse, Le Normant-Dessalez, Thieullen, Bigrel, Leconte de Largentaye. — **1852** : Thieullen, Leconte, Le Gorrec, de la Tour, Bigrel, de Cuverville, de Champagny. — **1857** : Le Gorrec, de Champagny, de la Tour, de Cuverville. — **1863** : Glais-Bizoin, de Champagny, Le Gorrec, de la Tour, de Janzé. — **1869** : De la Motterouge, de Champagny, Le Calvez, de la Tour, Carré-Kérisouët. — **1871** : De Trévenuc, Depasse, de Saisy, de Champagny, Carré-Kérisouët, Fland, Allenou, de Lorgeril, de Largentaye, de Bois-Boissel, Huon de Penauster, de Janzé, Legal-Lasalle, de Kerjégu. — **1876** : Armez, de Bélizal, Even, de Largentaye, Huon, duc de Feltro, Huon de Penauster, Le Provost de Launay, Carré-Kérisouët. — **1877** : Les mêmes, moins Carré-Kérisouët remplacé par de Janzé, Ollivier. — **1881** : Armez, de Bélizal, Even, de Largentaye, de Feltre, Even, Le Provost de Launay, de Janzé, Ollivier, Deroyer. — **1885** : Le Provost de Launay, Ollivier, Hillion, de Largentaye, de Kergariou, de Bélizal, Garnier-Bodéléac, Boscher-Delangle, Larère, de la Noue, Le Cerf.

CREUSE

1791 : Voysin, Delafont, Laumon, Cornudet, Guyès, Ballet, Huguet. — **1792** : Huguet, Debourges, Coutisson-Dumas, Guyès, Jorrand, Barailon, Texier-Mortegoute, Faure. — **1795** : Anciens : Debourges, Coutisson-Dumas, Cornudet, Barailon. — Cinq-Cents : Jorrand, Barailon, Dissandes-Moulevade, Desainethorent, Laumon, Texier-Mortegoute, Faure-Conac. — **1799** : Aubusson de Soubrebost, Barailon, Colaud de la Salcette, Grellet, Laumon. — **1815** (*Cent-Jours*) : Ballet, Joullitton, Bandy de Nalèche, Debourges, Laumon, Leyrand. — **1815** (*2e Restauration*) : Michellet, Gerbaud, Tixler de la Chapelle. — **1861** : Mestadier, Augier de Chézeau, Voisyn de Gartempe, Aubusson de Soubrebost. — **1824** : Mestadier, Tixier de la Chapelle, Augier de Chézeau. — **1827** : Mestadier, Tibord du Chalart, Voisyn de Gartempe. — **1830** : Les mêmes. — **1831** : Leyraud, Cornudet, Tixier-Lachassagne, Voisyn de Gartempe. — **1834** : Leyraud, Cornudet, de Girardin, Desainethorent. — **1837** : Les mêmes, Duléry de Peyramont. — **1839** : Leyraud, Cornudet, Desainethorent, Duléry de Peyramont. — **1842** : Leyraud, Cornudet, Aubusson de Soubrebost, Regnault. — **1846** : Leyraud, Sallandrouze de Lamornaix, de Girardin, Regnault. — **1848** : Fayolle, Guizard, Leyraud, Leclerc, Sallandrouze, Desainethorent, Lassarre. — **1849** : Guizard, Moreau, Leroux, Nadaud, Delavallade, Fayolle. — **1852** : Delamarre, Sallandrouze de Lamornaix. — **1857** : Les mêmes. — **1863** : Les mêmes, Cornudet. — **1869** : Delamarre, Cornudet. — **1871** : Delillo, Desainethorent, de la Roche-Aymon, de Lavergne, Palotte. — **1876** : Moreau, Fouret, Bandy de Nalèche, Nadaud, Parry. — **1877** : Les mêmes, Le Faure. — **1881** : Lacôte, Mazeron, Cornudet, Nadaud, Parry. — **1885** : Nadaud, Cousset, Lacôte, Cornudet.

DORDOGNE

1791 : Pontard, Taillefer, Pinet, Deverneilh, Roux-Fazillac, Lacoste, Limousin, Delfau, Lamarque, Beaupuy. — **1792** : Lamarque, Pinet, Lacoste, Roux-Fazillac, Taillefer, Peyssard, Borie-Cambort, Allafort, Meynard, Bouquier, Deverneilh. — **1795** : Anciens : Boussion, Maleville, Allafort, Peskay, Cavailhon, Beaupuy, Gintrac. — Cinq-Cents : Lamarque, Meynard, Dalby-Fayard, Dupoyrat, Delpit, Maine de Biran, Carrier-Saint-Marc, Nöel Dupoyrat, Boyer, Grand, Pigeon, Ponterie-Escaut, Limoges, Souligoac-Saint-Rome, Borie-Cambort. — **1799** : Chilhaud de la Rigaudie, Gintrac, Limousin, Maine de Biran, de Malet, Maulères, Meynard, Pigeon, Pruns, de Verneilh-Puyraseau. — **1815** (*Cent-Jours*) : Barbary de Langlade, Maleville, de Verneilh-Puyraseau, Prévost-Loygonie, Grand, de Meynard, Selves. — **1815** (*2e Restauration*) : De Meynard, Chilhaud de la Rigaudie, Maine de Biran, d'Abzac de la Douze, de Mirandol,

Dereix. — **1816 :** Maine de Biran, de Verneilh-Puyraseau, [Laval, Barbary de Langlade, de Meynard, de Mirandol, Chilhaud de la Rigaudie, Durand du Repaire, de Beaupuy, du Pavillon. — **1824 :** Durand-Darepaire, de Meynard, Maine de Biran, de Beaupuy, Chilhaud de la Rigaudie, de Beaumont, de Mirandol. — **1827 :** De Verneilh-Puyraseau, Froidefond de Bellisle, Gérard, Bessières, de Beaumont, d'Abzac, de Mirandol, Debelleyme. — **1830 :** De Mirandol, de Verneilh-Puyraseau, Chilhaud de la Rigaudie, Périn, Froidefond de Bellisle, Prévost-Leygonie, Bessières. — **1831 :** Périn, Bugeaud, Prévost-Leygonie, Valleton de Garraube, Lamy, Ducluzeau-Pasquy, Mérilhou. — **1834 :** Périn, Bugeaud, Prévost-Leygonie, Valleton de Garraube, Lamy, Ducluzeau-Pasquy, Bessières. — **1837 :** De Marcillac, Bugeaud, Durand de Corbiac, Valleton de Garraube, Lamy, Debelleyme, de Maleville, Dusolier. — **1839 :** Les mêmes, moins Lamy déjà remplacé par Dusolier. — **1842 :** Bugeaud, Dezeimeris, Valleton de Garraube, de Saint-Aulaire, Debelleyme, de Maleville, Magne. — **1846 :** Magne, Bugeaud, de Lavalette, Valleton de Garraube, Dusolier, Debelleyme, Taillefer. — **1848 :** Dezeimeris, Dusolier, Dupont, Lacrouzille, Taillefer, Grolhier-Desbrousses, Savy, Gouby, Delbetz, Ducluzeau, Chavoix, Barailler, Mie. — **1849 :** Chavoix, Ducluzeau, Delbetz, Mie, Dulac, Montagut, Jollivet, Dufraisse, Lamarque, Saint-Marc-Rigaudie. — **1852 :** Dupont, Debelleyme, Dusolier, Taillefer. — **1857 :** Les mêmes. — **1863 :** Dupont, Debelleyme, Welles de la Valette, Taillefer, Boudet, de Bosredon. — **1869 :** Dupont, Boudet, Welles de la Valette, de Bosredon. — **1871 :** De Chadois, Mazerat, Daussel, de Fourtou, de Carbonnier de Marzac, Monteil, de Maleville, Delpit, Fourichon, Magne. — **1876 :** Montagut, Raynaud, Garrigat, Thirion-Montauban, Sarlande, de Fourtou, de Bosredon, Taillefer. — **1877 :** Maréchal, Chavoix, Garrigat, Thirion-Montauban, Sarlande, de Fourtou, de Bosredon, Taillefer, Lassauve, Roger. — **1881 :** Theulier, Chavoix, Garrigat, Thirion-Montauban, Dusolier, Brugère, Roger, Escande. — **1885 :** Chavoix, Brugère, Escande, Theulier, Fonbelle, Gadaud, Lamothe-Pradelle, de la Batut, Boulanger, Taillefer.

DOUBS

1791 : Bouvenot, Mennot, Besson, Michaud, Voisard, Vernerey. — **1792 :** Quirot, Michaud, Seguin, Monnot, Vernerey, Besson. — **1795 :** Anciens : Violand, Michaud. — Cinq-Cents : Quirot, Michaud, Seguin, Monnot, Besson, Louvot, Couchery, Grappe, Briot. — **1799 :** Clément, Grappe, de Moncey, de Sainte-Suzanne. — **1815** (Cent-Jours) : Demesmay, Bryon, Clerc, Louvot, Clément, Tauchard. — **1815** (2e Restauration) : de Chifflet, de Scey-Montbéliard, de Grosbois. — **1816 :** De Courvoisier, de Scey-Montbéliard, Clément, Terrier de Santans, de Chifflet. — **1824 :** Terrier de Santans, de Moustier, de Chifflet, Emonin. — **1827 :** Clément, Jacquot de Mercey, de Bourgon, de Terrier-Santans, Jobez, Gréa. — **1830 :** Droz, de Terrier-Santans, Clément, Gréa. — **1831 :** Gréa, Bourqueney, Clément, Blondeau, Jouffroy. — **1834 :** De Magnoncour, Véjux, Clément, Blondeau, Jouffroy, Tourangin. — **1837 :** Les mêmes moins Blondeau déjà remplacé par Tourangin. — **1839 :** Les mêmes, Demesmay. — **1842 :** Maurice, Véjux, Clément, Tourangin, Demesmay, Parandier. — **1846 :** Convers, Véjux, Clément, de Mérode, Demesmay. — **1848 :** Demesmay, Convers, Tanchard, Mauvais, Baraguey-d'Hilliers, Bixio, de Montalembert. — **1849 :** Demesmay, Baraguey-d'Hilliers, de Montalembert, Bixio, de Moustiers, Pidoux. — **1852 :** de Montalembert, Demesmay, Latour-du-Moulin. — **1857 :** De Conégliano, Latour-du-Moulin. — **1863 :** Les mêmes. — **1869 :** Ordinaire, Latour-du-Moulin. — **1871 :** A. Grévy, Monnot-Arbilleur, de Vaulchier, Mettetal, Fernier, Gaudy. — **1876 :** A. Grévy, Gaudy, Estignard, Viette, Colin. — **1877 :** Les mêmes moins Estignard remplacé par Bernard, Beauquier, Ordinaire. — **1881 :** Beauquier, Gaudy, Bernard, Viette, Ordinaire. — **1885 :** Viette, Bernard, Ordinaire, Gros, Beauquier.

DROME

1791 : Fleury, Santayra, Ezingeard, Archinard, Gaillard, Lagier-la-Condamine, Dochier. — **1792 :** Jullien, Santayra, de Gérente, Marbos, Boissot, Coland de la Salcette, Jacomin, Fayolle, Martinel, Quiot. — **1795 :** Anciens : Boisset, de Dollay-d'Agier, Baborier. — Cinq-Cents : Jacomin, Fayolle, Martinel, Aymé, Gaillard, Duchesne. — **1799 :** Baborier, de Dollay-d'Agier, Jacomin, Lagier-Lacondamine, Martinel, Ollivier, Rigaud de l'Isle. — **1815** (Cent-Jours) : Duperreau, Lombard-Latune, Vignon-Laversanne, Delacroix, Bérenger. — **1815** (2e Restauration) : Gaillard, de Chabrillant, de Saint-Vallier. — **1816 :** De Chabrillant, de Mac-Carty. — **1824 :** Chorier, de Labretonnière, de Chabrillant. — **1827 :** Bérenger, de Labretonnière, de Cordoue. — **1830 :** D'Arbalestrier, Bérenger, Morin. — **1831 :** Bérenger, Giraud, Réalier-Dumas, Morin. — **1834 :** Bérenger, Giraud, Réalier-Dumas, Aillaud de Brisis. — **1837 :** Bérenger, Giraud, Monnier de la Sizeranne, de Gasparin. — **1839 :** Delacroix, Giraud, Monnier de la Sizeranne, de Gasparin. — **1842 :** Les mêmes, moins de Gasparin, remplacé par Laurens, Plan de Siéyès. — **1846 :** Plan de Siéyès, Dubouchage, Monier de la Sizeranne, Nicolas. — **1848 :** Bonjean, Mathieu, Bayard, Santayra, Rey, Curnier, Morin, Belin. — **1849 :** Santayra, Curnier, Rey, Bajard, Belin, Bancel, Morin. — **1852 :** Sapey, Mouler de la Sizeranne, Morin. — **1857 :** Les mêmes. — **1863 :** Lacroix-Saint-Pierre, de Luzy-Pellissac, Morin.

— 1869 : Lacroix-Saint-Pierre, Monier de la Sizeranne, Morin. — 1871 : Béranger, de Chareton, Malens, Chevandier, Clerc, Dupuy, Madier de Montjau. — 1876 : Madier de Montjau, Chevandier, Loubet, d'Aulan. — 1877 : Madier de Montjau, Christophle, Chevandier, Loubet, Richard, d'Aulan, Bizarelli. — 1881 : Madier de Montjau, Bizarelli, Chevandier, Loubet, Richard. — 1885 : Faure, Chevandier, Madier de Montjau, Richard, Bizarelli.

EURE

1791 : Lindet, Delivet-Saint-Mars, Deschamps, Foissard, Rever, Legendre, Hugau, Duval, Hébert, Langlois, Fautin. — 1792 : Buzot, Lindet, Duroy, Richou, Lemaréchal, Topsent, Bouillerot, Vallée, Savary, Dubusc, Francastel, Bidault. — 1795 : Anciens : Lindet, Richou, Lomont, Topsent, Le Danois, Marmontel, Jan, Langlois, Lecerf. — Cinq-Cents : Vallée, Dubusc, Eude, Lecerf, de Saint-Aignan, Pavie, Crochon, Dupont, Leroy, Guilbert, Savary, Bidault. — 1799 : Bouquelon, Bourlier, Crochon, Dupont, Frontin, Jan, Langlois, Lecerf, Lecousturier d'Armenouville, Le Danois, Leroy, Savary. — 1815 (Cent-Jours) : Dupont, Langlois, Paireaux, Le Danois, Déshayes, de Blanmont, Carpentier, Crochon. — 1815 (2ᵉ Restauration) : Lizot, de Blosseville, de la Pasture, Le Maréchal, de Blangy, de Roncherolles. — 1816 : Lizot, Dupont, Bignon, Dumeilet, Gazan, de Roncherolles, Prétavoine-Bidault. — 1824 : De la Pasture, de Funnechon, Lizot, de Vatimesnil, de Roncherolles, Gazan, de Blangy, Mallard de la Varende. — 1827 : Dumeilet, Dupont, Bignon, Gazan, Mallard de la Varende, de Roncherolles, Voyer d'Argenson, Legendre. — 1830 : Villomain, Gattier, Thomas, Dumeilet, Dupont, Bignon, Legendre. — 1831 : Du Meilet, Dulong, Bignon, Dupont, Passy, Legendre, Bioche, de Salvandy, de Rancé, Lys. — 1834 : de Salvandy, de Rancé, Bignon, Leprévost, Passy, Hébert, Dupont, Trutat. — 1837 : Trutat, Boyer de Peyreleau, Passy, Leprévost, H. Passy, Hébert, Dupont. — 1839 : Les mêmes. — 1842 : Dupont, Garnier-Pagès, A. Passy, H. Passy, Hébert, Leprévost, Legendre, Laffitte. — 1846 : de Salvandy, Garnier-Pagès, H. Passy, Leprévost, Laffitte, Hébert, Dupont. — 1848 : Dupont, Picard, Dumont, Davy, Sevaistre, Alcan, Legendre, Canel, Langlois, de Montreuil, Demante. — 1849 : H. Passy, Sevaistre, Suchet, de Broglie, Demante, Lefebvre-Durufflé, de Vatimesnil, Legrand, Defontenay. — 1852 : Suchet d'Albuféra, de Montreuil, d'Arjuzon. — 1857 : D'Albuféra, de Blosseville, d'Arjuzon. — 1863 : D'Albuféra, Fouquet, d'Arjuzon, Petit. — 1869 : Les mêmes. — 1871 : La Roncière le Noury, Passy, d'Osmoy, de Broglie, Prétavoine, de Salvandy, Besnard, Lepouzé. — 1876 : Lepouzé, Papon, L. Passy, Janvier de la Motte, Raoul Duval, d'Osmoy. — 1877 : Les mêmes, moins Raoul Duval remplacé par Develle. — 1881 : Bully, Papon, L. Passy, Janvier de la Motte, Develle, d'Osmoy, Raoul Duval. — 1885 : L. Passy, Fouquet, Raoul Duval, Sevaistre, de la Ferrière, Papon, Milliard.

EURE-ET-LOIR

1791 : Bellier du Chesnay, Claye, Tillonbois de Valenil, Boucher, Giroust, Amy, Delacroix, Lefebvre, Léopold. — 1792, : Delacroix, Brissot, Pétion, Giroust, Lesage, Loiseau, Bourgeois, Chasles, Frémanger, Deronzières, Maras, Longuene. — 1795 Anciens : Dussieux, Barreau, Latache, Judel, Paillard. — Cinq-Cents : Giroult, Laboullaye, Godard, Guillard, Juhel, Maras. 1799 : Cugnot d'Aubigny, Guillier de Sonancé, Jumentier, Maras, Paillart, Rocquain-Devienne. — 1815 (Cent-Jours) : Delaitre, Jumentier, Riffaut, Busson, Desmousseaux, Piuceloup de Maurissure, Delacroix-Frainville. — 1815 (2ᵉ Restauration) : Billard, de Colbert, Dupont d'Englesqueville, de Pizieux. — 1816 : De Courtarvel, Caquet, Pezé, Delacroix-Frainville, Busson. — 1824 : De Courtarvel, Le Chapellier de Grandmaison, de Pinieux, Simonneau. — 1827 : Busson, Didot, Du Temple de Chevrigny, de Pinieux. — 1830 : Du Temple de Chevrigny, Texier, Busson, Didot. — 1831 : Chasles, Raimbert-Sévin, Didot, Texier. — 1834 : Chasles, Raimbert-Sévin, Didot, Langlois d'Amilly, Barre, de Salvandy. — 1837 : Chasles, Raimbert-Courtin, Desmousseaux de Givré, de Salvandy. — 1839 : Les mêmes. — 1842 : Les mêmes, moins de Salvandy, Subervie. — 1846 : Les mêmes. — 1848 : Marescal, Raimbault, Subervie, Barthélemy, Lebreton, Trousseau, Isambert. — 1849 : Lebreton, Noël Parfait, Barthélemy, Subervie, Desmousseaux de Givré, Briffault. — 1852 : d'Argent, Normand, Reille. — 1857 : Reille, Normand. — 1863 : Reille, Lebreton. — 1869 : Les mêmes. — 1871 : Delacroix, Vingtain, A. Lefèvre-Pontalis, de Gouvion-Saint-Cyr, de Pontoi-Poncarré, Noël Parfait. — 1876 : Noël Parfait, Maunoury, Dreux, Gatineau, Truelle. — 1877 : Les mêmes. — 1881 : Les mêmes. — 1885 : Milochau, Maunoury, Deschanel, Noël Parfait.

FINISTÈRE

1791 : Bonestard, Inizan, Cavellier, Briant, Roujoux, Allain-Launay, Bohan, Malassis. — 1792 : Bohan, Blad, Guezno, Marec, Queinec, de Kervélégan, Guermeur, Gomaire, Boissier. — 1795 : Anciens : De Kervélégan, Huon, Roujoux, Toulgoët. — Cinq Cents : Bohan,

Blad, Guezno, Gomaire, Boissier, Bergevin, Quelnec, Trouille, Riou, Gesnouin, Lemoal, Prat, de Kervélégan, Abgeall, Lesage, Lakanal, Riou de Kersalaun. — 1799 : Chirou, Delocluze, Gesnouin, Huon, de Kervélégan, Le Gogal-Toulgoët, Lehir, de Prunelé, Saillour. — 1815 (Cent-Jours) : Mignot de la Martinière, Baudier, Guégot, Poulizac, Cuny, Le Déan, Guilhem, Kerrillis-Calloch, Polluche. — 1815 (2ª Restauration) : Jullou, du Marhallach, Miorcec-Kerdanet, Conen de Saint-Luc, Hervé-Chef-du-Bois, Hersart de la Villemarqué. — 1816 : Du Marhallach, Roussin, Daugier, Hersart de la Villemarqué, de Kératry, Guilhem, Desbordes-Borgnis, Manuel, Le Dissez de Penanrun, de Cheffontaine, de la Fruglaye, de Kérouvriou. — 1824 : Bergevin, de Kérouvriou, Le Dissez de Penanrun, de Cheffontaine, Hersart de la Villemarqué, de la Fruglaye. — 1827 : De Kératry, de Kérouvriou, Conen de Saint-Luc, du Marhallach, Briant de Laubrière, de Guernissac, Daunou. — 1830 : Briant de Guernissac, Daunou, du Marhallach, de Kérouvriou, Conen de Saint-Luc. — 1831 : Daunou, de Las Cases, Blacque-Belair, de Kératry, Le Bastard de Kerguiffinec, de Kermoral, Tuplnier. — 1834 : Lacrosse, de Las-Cases, Blacque-Belair, de Kératry, de Toulgoët, Tuplnier. — 1837 : Lacrosse, de Las-Cases, Blacque-Belair, Pitot du Hellez, Le Bastard de Kerguiffinec, du Quillio, Goury, de Carné, Guilhem. — 1839 : Lacrosse, de Las-Cases, Goury, Pitot du Hellez, de Carné, Guilhem, Lalande. — 1842 : Lacrosse, de Las-Cases, Goury, Lalande, de Carné, de Langle-Beaumanoir, du Dresnay. — 1846 : Lacrosse, de Las-Cases, Goury, Du Dresnay, de Carné, Jubelin, Léziart. — 1848 : Graveran, Rossel, Decouvrant, Lebreton, Brunel, de Kersauson, Lacrosse, Tassel, Fauveau, de Kéranfloch, de Fournas, Mège, Rivérieulx, Soubigou, Le Flô. — 1849 : Lacrosse, Le Flô, Romain-Desfossés, de Kéranfloch, Mazé-Launay, Mège, Barchou de Penhoën, de Roquefeuil, Collas de la Motte, Lelmé, de Blois, du Couëdic, de Kératry. — 1852 : de Mésonan, Conseil, de Tromelin, Bois de Mouzilly. — 1857 : Du Couëdic, Conseil, de Tromelin, Bois de Mouzilly. — 1863 : Du Couëdic, Conseil, Dein, Bois de Mouzilly, Bois-Viel. — 1869 : Du Couëdic, de Kératry, Monjaret de Kerjégu, Bois-Viel, Dein. — 1871 : Le Flô, Bienvenue, de Chamaillard, Dumarnay, de Kermenguy, de Tréveuche, Monjaret de Kerjégu, de Forsanz, de Legge, Morvan, Rousseau, Lebreton, de Pompéry, Swiney. — 1876 : Hémon, Arnoult, de Gasté, Villiers, Monjaret de Kerjégu, de Pompéry, Nédellec, Swiney, de Kermenguy, Corentin Guyho. — 1877 : Les mêmes, Freppel, Caurant. — 1881 : Hémon, Arnoult, Camescasse, Villiers, Freppel, Caurant, Guéguen, Rousseau, de Kermenguy, Corentin Guyho. — 1885 : De Kersauson, Freppel, de Kermenguy, de Saint-Luc, de Legge, Chevillotte, Roussin, Boucher, de Salsy, Lorois.

GARD

1791 : Delon, Vincens-Planchat, Ménard, Tavernol, Giraudy, Allut, Pieyre, Leyris. — 1792 : Leyris, Tavernol, Voulland, Jac, Aubry, Balla, Rabaut-Pommier, Chazal, Bertezène, Chambon-Latour, Vincens-Planchat. — 1795. Anciens : Jac, Rabaut-Pommier, Rabaut. — Cinq-Cents : Chazal, Noaille, Jonquier, Reynaud Lascours, Chabaud-Latour, Jac, Leyris, Ducos, Cazalis, Combet, Bertezène. — 1799 : Bertezène, de Chabaud-Latour, de Pampmartin, Noaille, Rabaut-Dupuis, de Lascours, Vordier de Lacoste. — 1815 (Cent-Jours) : Gilly, Vincens-Saint-Laurent, Teste, Béchard, Fabre, Verdier de Lacoste, Pieyre, Grand, Maigre. — 1815 (2ª Restauration) : De Calvière, de Beruis, de Vogüé, de Trinquelague. — 1816 : de Vogüé, de Trinquelague, de Calvière, Beaupoil de Saint-Aulaire, de Chabaud-Latour, de Lascours, de Ricard, de Calvière de Vézenobres, de Chabaud-Latour. — 1824 : de Ricard, de Vignolles, d'Uzès, de Calvière, de Calvière de Vézenobres, de Chabaud-Latour. — 1827 : de Daunant, de Lascours, d'Uzès, de Ricard, de Chastellier. — 1830 : de Ricard, de Chastellier, d'Uzès, de Daunant, de Lascours. — 1831 : De Chastellier, Teulon, Boyer de Peyreleau, Teste, Bousquet. — 1834 : du Chastellier, Teulon, de Daunant, Teste, Bousquet. — 1837 : Béchard, Teulon, de Chapel, Teste, de Chabaud-Latour. — 1839 : Les mêmes. — 1842 : Béchard, Teulon, de Lafarelle, Teste, de Chabaud-Latour, Goirand de Labaume. — 1846 : De Feuchères, Teulon, de Lafarelle, Teste, de Chabaud-Latour. — 1848 : Teulon, Favand, Béchard, de Larcy, Demians, Roux-Carbonnel, Reboul, Labruguière, Bousquet, Chapot. — 1849 : Benoit d'Azy, Roux-Carbonnel, de Larcy, Béchard, Chapot, Labruguière, de Surville, de Beaune, Favand. — 1852 : Gurnier, d'Uzès, de Calvière, Variu d'Alzvelle, Baragnon, Pérouse. — 1857 : Pérouse, Tascher de la Pagerie, André, Chabanon. — 1863 : Talabot, de Roblac, Bravay, F. André, Fabre. — 1869 : Talabot, Genton, Dumas, F. André. — 1871 : De Chabaud-la-Tour, de Valfons, de Crussol, de Tarteron, Boyer, de Larcy, Baragnon, Cazot, Laget. — 1876 : Boyer, Bousquet, Ducamp, de Valfons, Mallet, Pellet. — 1877 : Boyer, Bousquet, Favand, de Valfons, Mallet, Pellet, Bosc, Desmons. — 1881 : Boyer, Bousquet, Desmons, Silhol, Pellet, Pieyre. — 1885 : Bousquet, Jamais, Desmons, Crémieux, N. Gilly, Gaussorgues.

GARONNE (HAUTE-)

1791 : Cailhasson, Mailhe, Dorliac, Rouède, Pérignon, Gouyn, Projean, Delmas, Veiriou, Cazès, Theule, Girard. — 1792 : Mailhe, Delmas, Projean, Perès de la Gesse, Julien, Calès,

Estadens, Ayral, Desacy, Rouzet, Drulho, Mazade-Percin, Alard, de l'Espinasse. — **1795** : Anciens : Estadens, Delmas, Perès, Dast. — Cinq-Cents : Perès, Calès, Rouzet, Drulho, Gerla, Martin, Abolin, Velrieu, Martin, Porte, Cazaux, Destrem, Augereau, de l'Espinasse, Abolin. — **1799** : Bellegarde, Cazaux-la-Sola, Debosque, Drulho, de l'Espinasse, de Fourquevaux, Marcorelle, R. Martin, Martin-Bergnac, de Puymaurin. — **1815** (*Cent-Jours*) : Picot de Lapeyrouse, de Malaret, Romiguières, Dupuy, Lignères, Loubers, Calès, Baylac, Sengez. — **1815** (*2e Restauration*) : de Puymaurin, de Limairac, d'Aldeguier, de Catellan, de Villèle. — **1816** : De Villèle, de Puymaurin, d'Aldeguier, de Limairac, de Ricard, Chalvet de Rochemonteix, Hocquart, de Castelbajac. — **1824** : De Castelbajac, de Ricard, de Villèle, de Puymaurin, Hocquart, de Cambon, Dubourg. — **1827** : Dubourg, de Montbel, de Villèle, de Puymaurin, de Cambon, de Bastoulh, Roquette de Buisson. — **1830** : Hocquart, Vezian de Saint-André, de Saint-Félix, Dubourg, de Montbel, de Bastoulh, Roquette de Buisson. — **1831** : Pelot, Bastide d'Izard, Sans, de Rémusat, Amilhau, Saubat. — **1834** : Pelot, de Fitz-James, Bastide d'Izard, de Rémusat, Amilhau, Saubat, de Malaret. — **1837** : Caze, de Fitz-James, Bastide d'Izard, de Rémusat, Amilhau, Saubat, Joly, Kellermann. — **1839** : Joly, Kellermann, de l'Espinasse, de Rémusat, Amilhau, Saubat. — **1842** : Les mêmes, Martin. — **1846** : De Genoude, de Tauriac, de Rémusat, Lapène, Martin. — **1848** : Pagès, Joly, Marrast, Gatien-Arnoult, Dabeaux, Calès, Pégot-Ogier, Mulé, Malbois, de Rémusat, de Lespinasse, Azerm. — **1849** : Dabeaux, de Rémusat, Fourtanior, de l'Espinasse, Gase, Tron, de Malbois, de Roquette, de Limairac, de Castillon Saint-Victor. — **1852** : De Tauriac, de Perpessac, Massablau, Duplan. — **1857** : Les mêmes. — **1863** : D'Ayguesvives, de Campaigno, Piccioni, Duplan. — **1869** : D'Ayguesvives, de Campaigno, Piccioni, Tron. — **1871** : Gatien-Arnoult, de Rémusat, Hambert, Piou, de Lassus, d'Auberjon, Sacase, de Brettes-Thurin, Depeyre, de Belcastel, O. de Rémusat. — **1876** : Corstans, Duportal, d'Ayguesvives, de Rémusat, Lenglé, Tron, Caze. — **1877** : Les mêmes moins d'Ayguesvives remplacé par Montané, Niel. — **1881** : Constans, Duportal, Montané, Germain, Bougues, Caza, Latour. — **1885** : Niel, Piou, Germain, Constans, Abeille, Calès, Duportal, Calvinhac.

GERS

1791 : Descamps, Laplaigne, Ichon, Latané, Tartanac, Barris, Montaut, Capplu, Laguire. — **1792** : Laplaigne, Maribon-Montaut, Descamps, Capplu, Barbeau-Dubarran, Laguire, Ichon, Bousquet, Moysset, Perez. — **1795** : Anciens : Duffau, Moysset, Soubdès. — Cinq-Cents : Laplaigne, Descamps, Perès, Laborde, Desmolin, Carrère-la-Garrière, Gauran, Laclaverie, Lasalle-Cezeau, Bonilleret, Mailho. — **1799** : Laborde, de Pérès, Saint-Pierre-Lespérut, Trinqualye. — **1815** (*Cent-Jours*) : Lautrac, Barbeau-Dubarran, Loubens, Gèze, de Percin, Laborde, Cenac-Monteau. — **1815** (*2e Restauration*) : De Laroque, de Castelbajac, de Grisony. — **1816** : De Lagrange, de Cassaignoles, Dolong, de Grossolés-Flamarens, Duplan, Théza de Biran, de Gallard-Terraube. — **1824** : Théza de Biran, de Burosse, Duplan, de Grossolés-Flamarens, de Gallard-Terraube. — **1827** : De Lamezan, de Burosse, Domezon, de Panat, de Mauléon. — **1830** : de Gontaut-Biron, de Burosse, Persil, de Lamezan, Domezon. — **1831** : Barada, Gavaret, Subervie, Persil, Galabert, de Montebello. — **1834** : Barada, Persil, Subervie, Troy, Lacave-Laplagne. — **1837** : Barada, Persil, Subervie, Troy, Lacave-Laplagne, de Panat. — **1839** : Barada, Persil, Subervie, de Panat, Lacave-Laplagne. — **1842** : Barada, Persil, de Salvandy, De Panat, Lacave-Laplagne. — **1846** : Barada, Persil, de la Ferronnays, de Lavergne, Lacave-Laplagne. — **1848** : Gavarret, Alem-Rousseau, Boubée, Gounon, Aylies, David, Carbonneau, de Panat. — **1849** : Gavarret, Carbonneau, de Panat, Belliard, Joret, Duputz, Lacave-Laplagne, de Lagrange. — **1852** : Belliard, de Lagrange, Granier de Cassagnac. — **1857** : Les mêmes. — **1863** : Les mêmes. — **1869** : Aylies, de Lagrange, Granier de Cassagnac. — **1871** : Batbie, Dumon, Lacave-Laplagne, d'Abbadie de Barran, Luro, de Rességuier. — **1876** : Peyrusse, de Cassagnac, Descamps, Fauré, Granier de Cassagnac. — **1877** : les mêmes moins Peyrusse remplacé par J. David. — **1881** : Jean David, de Cassagnac, Descamps, Fauré, Daynaud. — **1885** : De Cassagnac, Daynaud, Fauré, Peyrusse.

GIRONDE

1791 : Barennes, Ducos, Servière, Vergniaud, Laffon de Ladébat, Guadet, Journu-Aubert, Lacombe, Sers, Jay, Grangeneuve, Gensonné. — **1792** : Vergniaud, Guadet, Gensonné, Grangeneuve, Jay, Ducos, Garrau, Boyer-Fonfrède, Deleyre, Duplantier, Lacaze, Bergoeing, Exomar du Cros. — **1795** : Anciens : Lavie, Laffon de Ladébat, Barennes, Dubourg, Tarteyron, Lahary. — Cinq-Cents : Bergoeing, Cholet, Labrouste, Duchâtel, Lynch, Prévost-Delacroix, Albespy, Corbun, Béchade-Casaux, Constant, Couzard, Duplantier, Garrau, Grandmaison, Lafargue, Perrin, Journu-Aubert. — **1799** : Brezets, Couzard, Dufort, Duranteau, Fonté.aoing, Jaubert, Legrix de la Salle, Partarieu-Lafosse, Tarteyron. — **1815** (*Cent-Jours*) : Dufour, Campalgnac, Jay, Duranteau, Dufour-Desbartes, Brun, Huet de Coëtlisan, Perrin, Foucher, Garrau, Montardier, Aubert. — **1815** (*2e Restauration*) : Laiué, Dussunier-Fonbrune, de Marcellus, de

Pontet, Dufort, Filhot de Marans, de Lur-Saluces. — 1816 : Ravez, Lainé, de Pontet, Dussumier-Fonbrune, de Marcellus, de Lur-Saluces, de Gourgues, Béchade, du Hamel. — 1824 : Ravez, Gautier, de Gères de Camarsac, Dussumier-Fonbrune, de Lur-Saluces, de Gourgues, du Hamel, de Peyronnet. — 1827 : Balguerie, Gautier, Balguerie, de Beaupoil de Saint-Aulaire, de Lur-Saluces, Ravez, Duffour du Bessan, Legrix de la Salle, Martell, Bosc. — 1830 : Legrix de la Salle, Duffour du Bessan, Dariste, de Lur-Saluces, Bosc, Gautier, Martell, Balguerie. — 1831 : Dariste, de Bryas, Duffour du Bessan, Roul, Nicod, Aubert, Gaillard, Martell, Jay, Hervé. — 1834 : Wustenberg, Ducos, Hervé, Roul, Bouthier, Aubert, Guestier, Martell, Jay, de Bryas. — 1837 : Wustenberg, Ducos, Billaudel, Roul, Galos, de Lagrange, Guestier, Martell, Dussaulx, Hervé. — 1839 : Wustenberg, Ducos, Billaudel, Roul, Galos, de Lagrange, de Lasalle, Martell, Hervé. — 1842 : Les mêmes, moins Martell remplacé par Fouilhade de Chauvin. — 1846 : Blanqui, Ducos, de Bastard, Roul, Galos, de Lagrange, Lawton, Fouilhade de Chauvin, Mazet. — 1848 : Billaudel, Richier, Ducos, Servière, Lagarde, Denjoy, Simiot, de Tranchère, Hubert-Delisle, de Sèze, Larrieu, Cl. Thomas, Fouilhade-Chauvin, Molé, Lubbert. — 1849 : Richier, Hubert-Delisle, Lainé, de Sèze, de Tranchère, Denjoy, de Grouchy, Molé, Lopès-Dubec, Journu, de Lagrange, Collas, Ravez, Lagarde. — 1852 : Montané, Travot, Thiérion, Schyler, David. — 1857 : Curé, Travot, Thiérion, Roguet, Arman, J. David. — 1863 : Curé, Travot, E. Pereire, David, Arman. — 1869 : Johnston, J. Simon, Larrieu, Dréolle, Chaix d'Est-Ange, J. David. — 1871 : De Carayon-Latour, Decazes, de Lur-Saluces, Martin des Pallières, Princeteau, Journu, Léon, Bonnet, Johnston, Fourcaud, Larrieu, Simiot, Sansas, Caduc, Dupouy, Roudier. — 1876 : Simiot, Sansas, Dupouy, de Lur-Saluces, J. David, Dréolle, Mitchell, Clauzet, Roudier, Lalande. — 1877 : Simiot, Caduc, Dupouy, de Lur-Saluces, J. David, Dréolle, Robert Mitchell, de Bouville, Roudier, Lalanne, Raynal, Trarieux, Achard. — 1881 : Achard, Fourcaud, Steeg, Raynal, Cazauvieilh, Laroze, Dréolle, Caduc, Lalande, Roudier, Lalanne, Obissier Saint-Martin. — 1885 : Cazauvieilh, Lalande, Faure, Laroze, Obissier Saint-Martin, Monis, Laroze, Gilbert, Mérillon, Raynal, Steeg.

HÉRAULT

1791 : Cambon, Brun Rouyer, Bonnier d'Alco, Curée, Reboul, Seranne, Viennet, Bousquet. — 1792 : Cambon, Bonnier, Curée, Viennet, Rouyer, Cambacérès, Brunel, Fabre, Castilhon, Joubert. — 1795 : ANCIENS : Viennet, Castilhon, Bonnier d'Alco, Fournier. — CINQ-CENTS : De Cambacérès, Rouyer, Crassous, Malibran, Curée, Joubert, Frégeville, Jouvent. — 1799 : De Frégeville, Grenier, Jouvent, Lajard, Laur, Nougarède de Fayet. — 1815 (Cent-Jours) : Valantin, Cambon, Granier, Luchaire, Constans, Milhau. — 1815 (2e Restauration) : Paulinier de Fontenilles, Montcalm-Gozon, Durand-Fajon, de Jessé. — 1816 : De Montcalm, Durand-Fajon, de Floirac, d'Hauteroche, Caizergues, Sarret de Coussergues, d'Alzon. — 1824 : Durand-Fajon, d'Hauteroche, Caizergues, Sarret de Caussergues, Ratyé. — 1827 : Pataille, Royer-Collard, Ratyé, Renouvier, d'Alzon, Viennet. — 1830 : d'Alzon, de Villeneuve, Viennet, Durand-Fajon, Ratyé. — 1831 : Granier, Charamaule, Viennet, Reboul-Coste, Vidal, Renouvier, Haguenot. — 1834 : Granier, d'Hautpoul, Viennet, de Grasset, Azaïs, Charamaule. — 1837 : Granier, Bérard, Florrens, Haguenot, Azaïs, Fumeron d'Ardeuil, de Larcy, Debès, Charamaule. — 1839 : de Larcy, Debès, Haguenot, Azaïs, Charamaule, Granier. — 1842 : Granier, de Larcy, Debès, de Grasset, Foret, Viger. — 1846 : Granier, Reynaud, Debès, Teisserenc, Fould, Viger. 1848 : André, Reboul-Coste, Charamaule, Vidal, Renouvier, Carrion-Nisas, Bertrand (Toussaint), Cazelles, Brives, Laissac. — 1849 : Charamaule, de Grasset, de Saint-Priest, Vernhette, de Girard, Debès, Brives, Soult. — 1852 : Roulleaux-Dugage, Huc, Parmentier, Doumet, Cazelles. — 1857 : Doumet, Roulleaux-Dugage, Cazelles. — 1863 : Pagézy, Roulleaux-Dugage, Cazelles. — 1869 : Picard, Roulleaux-Dugage, Cazelles, Coste-Floret. — 1871 : Boulsson, Vitalis, Dupin, de Grasset, Viennet, de Rodez-Benavent, Arrazat, Castelnau. — 1876 : Castelnau, Lisbonne, Vernhes, Devès, Vitalis, Fourcade. — 1877 : Ménard-Dorian, Lisbonne, Vernhes, Devès, Arrazat, Aguilel. — 1881 : Ménard-Dorian, Salis, Vernhes, Vernière, Arrazat, Tarbouriech, Galtier. — 1885 : Vernhes, Salis, Vernière, Ménard-Dorian, Galtier, Razimbaud, Déandreis.

ILLE-ET-VILAINE

1791 : Tardiveau, Michel, Gohier, Lebreton, Croizé, Sébire, Duval, Codet, Lecoz, Du Petitbois. — 1792 : Lanjuinais, Defermon, Duval, Sevestre, Chaumont, Lebreton, Jan du Bignon, Obelin, Beaugeard, Maurel, Tréhouart. — 1795 : ANCIENS : Lanjuinais, Lebreton, Petiet, Rallier, Corbinais, Jourdain, Lemoine-Desforges, Loysel. — CINQ-CENTS : Defermon des Chapelières, Obelin de Kergal, Bodinier, Lemerer, Beaugeard, Blin, Bouaissier, Dubignon, Lodin-Lalaire, Varin, Malherbe, Pontallier, Rallier. — 1799 : Bertin, Bodinier, Borie, Desbois, Garnier, Houitte de la Chesnais, Jourdain, Obelin de Kergal, Rallier, Robinot. — 1815 (Cent-Jours) : Loysel, Garnier, Bigot de Préameneu, Legraverand, Godefroy, Beaugeard, Defermon, Malherbe, Bigarré, Bonnaire, Thomas. — 1815 (2e Restauration) : Corbière, Dupont-Desloges, Garnier

Dufougeray, Vauquelin de la Rivière, Le Beschu de Champsavin, Duplessis de Grenédan, de Laforest d'Armaillé. — 1816 : de Boisgelin, Corbière, Le Graverand, Tréhu de Monthierry, de la Vieuville, Garnier-Dufougeray, Duplessis de Grénedan, Le Beschu de Champsavin, Jousselin de la Haye, de Trégomain, de la Bourdonnaye-Montluc. — 1824 : Garnier-Dufougeray, Corbière, Lebeschu de Champsavin, de la Bourdonnaye, de la Vieuville, de Trégomain, Duplessis de Grénedan. — 1827 : Garnier-Dufougeray, Corbière, Rallier, de la Bourdonnaye, Duplessis de Grénédan, de la Villebrune, de la Riboissière, de Trégomain, de Montbourcher. — 1830 : De Montbourcher, de Trégomain, Duplessis de Grénedan, Blaize, Bernard, de la Riboissière, de Gibon. — 1831 : Jollivet, Mangin-d'Oins, Blaize, de la Riboissière, Defermon, Gaillard de Kerbertin, de Berthois, Hovius. — 1834 : Jollivet, Mangin-d'Oins, Beslay, de Berthois, de la Riboissière, Defermon, Gaillard de Kerbertin, Tréhu de Monthierry. — 1837 : Jollivet, Mangin-d'Oins, Beslay, de Berthois, Tréhu de Monthierry, Defermon, Gaillard de Kerbertin, de la Plesse, d'Andigné de la Chasse. — 1839 : Gaillard de Kerbertin, Jollivet, de Berthois, de la Plesse, Tréhu de Monthierry, Defermon, d'Andigné de la Chasse. — 1842 : Jollivet, Le Graverand, de Berthois, de la Plesse, Tréhu de Monthierry, Defermon, d'Andigné de la Chasse. — 1846 : Les mêmes. — 1848 : Le Graverand, Bertin, Marion, Fresneau, Jouin, de Trédern, Audren de Kerdrel, Garnier-Kernault, Légeard de la Diryais, Bidard, d'Andigné de la Chasse, Roux-Lavergne, Rabuan, Méaulle. — 1849 : Fresneau, Audren de Kerdrel, de Pongérard, d'Andigné de la Chasse, Postel, de Melun, de Quérehent, Delafosse, Caillol du Tertre, de Seré, de Kermaree, de la Riboissière. — 1852 : Pongérard, Caffarelli, Audren de Kerdrel, Duclos, Leharivel, Gaultier de la Guistière, de Piré. — 1857 : De Piré, Caffarelli, Le Harivel, Duclos, de Dalmas. — 1863 : De Piré, Caffarelli, de Dalmas, de la Guistière. — 1869 : De Piré, Rouxin, de Dalmas, de la Guistière. — 1871 : Brice, Loysel, Bidard, Carron, du Temple, Grivart, de la Borderie, de Cintré, de Kergariou, de Cissey, Jouin, Roger-Marvaise. — 1876 : Roger-Marvaise, Martin-Feuillée, de Dalmas, Pinault, Brice, La Chambre, Le Pomellec, Le Gonidec de Traissan. — 1877 : Roger-Marvaise, Martin-Feuillée, Riban, Pinault, Brice, Hovius, Durand, Le Gonidec de Traissan, Waldeck-Rousseau. — 1881 : Waldeck-Rousseau, Martin-Feuillée, de la Riboissière, Pinault, Brice, Hovius, Durand, Le Gonidec de Traissan. — 1885 : Brice, Pinault, Durand, Hovius, Réélpon, Martin-Feuillée, Le Hérissé, Waldeck-Rousseau, Carron.

INDRE

1791 : Collet, Turquet de Mayerne, Crublier-d'Opterre, Duportuis, Rochoux, Vivier. — 1792 : Porcher, Thabaud, Pépin, Boudin, Lejeune, Derazey. — 1795 : ANCIENS : Derazey, Peneau, Legrand, Thabaud, Porcher. — CINQ-CENTS : Boudin, Thabaud, Trumeau, Boëry, Juhel. — 1799 : Béthune de Sully, Boëry, Duris-Dufresne, Legrand, Périgois, Trumeau. — 1815 (Cent-Jours) : Taillandier, Robin de la Ronde, de Bondy, Charlemagne, Thabaud, Guérineau. — 1815 (2e Restauration) : De Moutbel, Bordesoulle, Bourdeau-Desmaret. — 1816 : De Bondy, Bourdeau-Desmaret, Charlemagne, Robin-Scévole, Taillandier, de Moutbel. — 1824 : Taillandier, Bourdeau-Desmaret, de Moutbel. — 1827 : de Bondy, Duris-Dufresne, Crublier de Fougères. — 1830 : Thabaud-Linctière, de Bondy, Duris-Dufresne. — 1831 : Bertrand, Thabaud-Linctière, Duris-Dufresne, Charlemagne. — 1834 : Godean d'Entraigues, Thabaud-Linctière, Muret de Bord, Charlemagne. — 1837 : Charlemagne, Heurtault-Dumetz, Muret de Bort, Lescot de La Milandrie. — 1839 : Les mêmes. — 1842 : Muret de Bort, Heurtault-Dumetz, Delavau, Lescot de La Milandrie. — 1846 : Muret de Bort, Thabaud-Linctière, Delavau, Lescot de La Milandrie. — 1848 : Charlemagne, Bertrand, Grillon, Delavau, Fleury, Rollinat, Bethmont, de Barbançois. — 1849 : Charlemagne, Bertrand, de Barbançois, Grillon, Rollinat. — 1852 : De Bryas, Delavau. 1857 : Les mêmes, Charlemagne. — 1863 : Charlemagne, Delavau. — 1869 : Les mêmes. 1871 : Balsan, de Bondy, Dufour, Clément, Bottard. — 1876 : Bottard, Dufour, Laurier, Leconte, de Saint-Martin. — 1877 : Charlemagne, David, Leconte, de Saint-Martin, Benazet. — 1881 : Périgois, David, Leconte, de Saint-Martin, Benazet. — 1885 : De Saint-Martin, Benazet, Dufour, Lejeune, de Bonneval.

INDRE-ET-LOIRE

1791 : Bruley, Adam, Belle, Martin, Baignoux, Jahan, Cartier-Douineau, Dupont, Baignoux. — 1792 : Nioche, Dupont, Pottier, Gardien, Ruelle, Champigny-Clément, Ysabeau, Bodin, Potier, Veau-Delaunay, Champigny-Aubin. — 1795 : ANCIENS : Nioche, Esnault, de Fontenay, Guizol, Riffault. — CINQ-CENTS : Pottier, Bodin, Ruelle, Chalmel, Texier-Olivier, Japhot. — 1799 : Bergey, Dupetit-Thouars, de Fontenay, de Lamardelle, Saint-Martin. — 1815 (Cent-Jours) : Champigny-Aubin, Chalmel, Guizol, Joubert-Bonnaire, Huet-Laval, Christophe. — 1815 (2e Restauration) : Gouin-Moisant, de Jouffrey, Bacot, de Beaumont. — 1816 : Gouin-Moisant, de Perceval, de Rochemore, Letissier, d'Efflat. — 1824 : Letissier, d'Efflat, de Rochemore, Bacot de Romans. — 1827 : Calmelet-Daen, Girod, Bacot de Romans, Letissier. — 1830 : Letissier, de la Pinsonnière, Bacot, Girod. — 1831 : Gouin, Bacot, de la Pinsonnière, Piscatory. — 1834 : Gouin, Bacot, de la Pinsonnière, Piscatory. — 1837 : Les mêmes, Taschereau. —

1839 : Gouin, Bacot, Taschereau, Piscatory. — 1842 : Gouin, Bacot, Barrot, Crémieux. — 1846 : Les mêmes. — 1848 : Crémieux, Jullien, Taschereau, Luminais, Foucqueteau, Gouin, Julien. Bacot, d'Ornano. — 1849 : D'Ornano, Gouin, de Flavigny, Piscatory, Taschereau, Crémieux. — 1852 : Gouin, de Flavigny, de Richomont. — 1857 : Les mêmes, Mame. — 1863 : Gouin, de Quinemont, Mame, Houssard. — 1869 : Houssard, de Quinemont, Wilson. — 1871 : Houssard, Gouin, Hulin, Deligny, de Bridieu, Wilson, Guinot, Nioche. — 1876 : Belle, Guinot, Joubert, Wilson. — 1877 : Les mêmes, Rivière. — 1881 : Belle, Rivière, Joubert, Wilson. — 1885 : Pessou, Rivière, Wilson, Belle, Joubert.

ISÈRE

1791 : Aubert-Dubayet, Rognat, Sablières-Lacondamine, Guillioud, Bravet, Danthon, Vallier, Michoud, Demolard. — 1792 : Baudran, Génevois, Dubois de Crancé, Servonat, Amar, Prunello de Liere, Réal, Boissieu, Génissieu, Charrel, Decomberousse. — 1795 : ANCIENS : Servonat, Decomberousse, Mallein, Duc. — CINQ-CENTS Génevois, Boissieu, Réal, Grégoire, Génissieu, Nugue, Dumolard, Airley, Jublé, Bérenger, Boisverd, Français de Nantes, Pison du Galaud, Charrel, Carlet, Imbert. — 1799 : Barral de Montferrat, Charrel, Dumolard, Fleury, Jublé, Mallein, Maurel, Pascal, Périer, Pison du Galaud, Sapey, Villars. — 1815 : (Cent-Jours). Lucien Bonaparte, Duchesne, Sapey, Duport-Lavillette, Renauldon, Mermet, Perreton, Perrin, Odier-Laplaine. — 1815 (2e Restauration) : Savoye-Rollin, Planelli de Lavalette, Lombard, Dubouchage, Faure, Duboys. — 1816 : Savoye-Rollin, Planelli de Lavalette, Lombard, de Belleize, Français de Nantes, Sapey, Teissoire, Prunelle. — 1824 : Chénevaz, de Mortillet, de Quinsonas, de Miremont, Planelli de Lavalette, de Meffrey. — 1827 : A. Périer, Michoud, Chénevaz, de Pina, Sapey, Faure, de Meffrey, Planelli de Lavalette. — 1830 : De Meffrey, A. Périer, Sapey, de Corioue, F. Faure. — 1831 : Réal, Dubois-Aimé, Couturier, Garnier-Pagès, Penot, Prunelle, Sapey. — 1834 : Périer, Réal, Lombard-Buffière, de Terrebasse, Perret, Prunelle, Sapey, Duchesne. — 1837 : Périer, Réal, Lombard-Buffière, de Terrebasse, Martin, Prunelle, Sapey, Couturier, Marion. — 1839 : Réal, Périer, Couturier, de Terrebasse, Marion, Sapey, Martin. — 1842 : Périer, Réal, Couturier, Bert, Martin, Marion, Sapey. — 1846 : Royer, Réal, Lombard-Buffière, Jourdan, de Bérenger, Marion, Sapey, Bert. — 1848 : Saint-Romme, Farconnet, Marion, Tranchard, Bertholon, Crépu, Froussard, Blanc, Cholat, Clément, Repellin, Durant-Savoyat, Roujat, Renaud, Brillier. — 1849 : Saint-Romme, Farconnet, Bertholon, Repellin, Clément, Durand-Savoyat, Crépu, Cholat, Reymond, Roujat, Brillier, Avril, Dupont de Bussac. — 1852 : Arnaud, Devoize, Flocard de Méplou, Faugier. — 1857 : Les mêmes. — 1863 : Royer, Devoize, Flocart de Méplou, Faugier, Joliot, Riondel. — 1869 : Vendre, Riondel, Babou, Marion, Joliot. — 1871 : Riondel, Michal-Ladichère, Eymard-Duvernay, Breton, Raymond, de Quinsonas, de Combarieu, Jocteur-Monrozier, Jourdan, Guédan, Chaper, Brillier. — 1876 : Bravet, Authouard, Breton, Reymond, Marion, Riondel, Buyat, Couturier. — 1877 : Les mêmes moins Breton remplacé par Guillot, Dubost. — 1881 : Bravet, Bovier-Lapierre, Guillot, Marion, Saint-Romme, Buyat, Couturier, Dubost, Rivet. — 1885 : Guillot, Buyat, Dubost, Rivet, Saint-Romme, Durand-Savoyat, Bovier-Lapierre, Rey, Lombard, Valentin, Gaillard.

JURA

1791 : Champion, Croichet, Dalloz, Morivaux, Clermont, de Lameth, Perrin, Vuillier. — 1792 : Vernier, Laurenceot, Grenot, Prost, Babey, Amyon, Ferroux, Bouguyod. — 1795 : ANCIENS Ferroux, Amyon, Champion, Vernier. — CINQ-CENTS : Laurenceot, Grenot, Babey, Febvre, Germain, Janod. — 1799 : Bouvier, Champion, Claudet, Febvre, Germain, Grenot, Janet, Janod, Lecourbe. — 1815 : (Cent-Jours) : Gacon, Germain, Collin, Vuillier, Jobez, Febvre, Janet. — 1815 (2e Restauration) : Jobez, Gagneur, Babey, Bulle. — 1816 : Jobez, Gagneur, de Vaulchier, Babey. — 1824 : de Froissard, de Ronchaud, de Vaulchier. — 1827 : Babey, Cordier, de Vaulchier, de Bonmarchant. — 1830 : Delord, Cordier, Bachelu. — 1831 : Lempereur de Saint-Pierre, Colin, Delort, Bavoux, Bachelu. — 1834 : Tirrion, Colin, Delort, Monnier. — 1837 : Janet, Colin, Pouillet, Dalloz, Rigollier de Parcey, Cordier. — 1839 : Rigollier de Parcey, Cordier, Pouillet, Dalloz. — 1842 : Les mêmes. — 1846 : Les mêmes. — 1848 : J. Grévy, Cordier, Chevassu, Valette, Tamisier, Huot, Gréa, Jobez. — 1849 : J. Grévy, Tamisier, Crestin, Derrien, Sommier, Richardet, Cordier, Valette. — 1852 : Dalloz, Charlier. — 1857 : Dalloz, de Toulongeon. — 1863 : Les mêmes. — 1869 : Dalloz, Grévy, Gagneur. — 1871 : J. Grévy, Besson, Tamisier, Thurel, Reverchon, Lamy, Gagneur. — 1876 : Lelièvre, J. Grévy, Gagneur, Lamy. — 1877 : Les mêmes, Lombard. — 1848 : Lelièvre, Lombard, Gagneur, Bavoux. — 1885 : Gagneur, Pouplu, Chamberland, Reybert, Bourgeois.

LANDES

1791 : Méricamp, Lucat, Dyzez, Turgan, Baffoigne, Lonné. — 1792 : Dartigoeyte, Lefranc, Cadroy, Ducos, Dyzez, Saurine. — 1795 : ANCIENS : Papin, Turgan. — CINQ-CENTS :

Capplu, Duprat, Darracq, Dupoy, Lonné-Cautau, Chaumont. — **1799** : Darracq, Ducos, Dupoy, Lefranc, Papin, Pémolié de Saint-Martin, Poyferré de Cère, Turgan. — **1815** *(Cent-Jours)* : Soubiran, Brethous-Lasserre, Vallée, Ducornau, Dabalen. — **1815** *(2e Restauration)* : d'Antin, Poyferré de Cère, Pémolié de Saint-Martin. — **1816** : Poyferré de Cère, Clérisse, Cardeneau, Despériers, du Lyon, de Lacaze. — **1824** : De Lacaze, du Lyon, Despériers. — **1827** : De Cauna, du Lyon, d'Haussez, Lamarque, Poyferré de Cère. — **1830** : Poyferré de Cère, Lamarque, Cardenau. — **1831** : Laurence, Basterrèche, Lamarque, Duséré, Brethous-Peyron, Durrieu. — **1834** : Laurence, Duséré, Durrieu, d'Etchegoyen. — **1837** : Laurence, d'Etchegoyen, Durrieu. — **1839** : Les mêmes. — **1842** : Les mêmes, de Larnac. — **1846** : Laurence, d'Etchegoyer, de Larnac. — **1848** : Bastiat, V. Lefranc, Duclere, P. Duprat, Marrast, de Dampierre, Turpin. — **1849** : V. Lefranc, P. Duprat, de Dampierre, Turpin, Marrast, Bastiat. — **1852** : Marrast, Corta. — **1857** : Les mêmes. — **1863** : De Guilloutet, Corta, Walewski, Darracq. — **1869** : De Guilloutet, Darracq. — **1871** : V. Lefranc, de Dampierre, de Gavardie, Boucau, P. Duprat, Loustalot. — **1876** : De Guilloutet, V. Lefranc, Loustalot, Boulart, de Laborde. — **1877** : De Guilloutet, Castaignède, Loustalot, Boulart, Sourigues. — **1881** : De Guilloutet, Boucau, Loustalot, Léglise, Sourigues. — **1885** : De Guilloutet, Lambert de Sainte-Croix, Gleuré, de Cardeneau, de Favernay, Léglise, Boucau, Jumel, Loustalot, Sourigues.

LÉMAN

1795, Anciens : Philippe. — Cinq-Cents : Frarin. — **1799** : Duvillard de Durand, Lefort, Pictet-Diodati, Plagnat. Voir Haute-Savoie.

LOIR-ET-CHER

1791 : Brisson, Savonneau, Frécine, Chabot, Marchand, Lemaistre, Duval. — **1792** : Grégoire, Chabot, Brisson, Frécine, Leclerc, Mercier, Venaille, Foussedoire. — **1795** : Anciens : Crénières, Jousselin, Leconte. — Cinq-Cents : Leclerc, Ferrand-Vaillant, Deschamps, Thibault, Durand. — **1799** : Durand, Finot, Marescot-Pérignat, Pardessus, Taillovis de Périgny. — **1815** *(Cent-Jours)* : de Laforêt, Ozenne, Chenu, Durand, Alardot. — **1815** *(2e Restauration)* : Josse-Beauvoir, de Salaberry, Pardesssus. — **1816** : Josse-Beauvoir, de Salaberry, de Courtarvel. — **1824** : de Courtarvel, de Sallabery, Josse-Beauvoir. — **1827** : de Sallabery, Pelet, Crignon-Bonvalet. — **1830** : d'Oberlin, Pelet, Crignon-Bonvalet. — **1831** : Pelet de la Lozère, Petit, Péan. — **1834** : Pelet, d'Orbelin, Raguet-Lépine. — **1837** : Doguereau, Durand, Raguet-Lépine. — **1839** : Les mêmes. — **1842** : Les mêmes, Bergevin, Debelleyme. — **1846** : Bergevin, Durand, Dessaignes. — **1848** : Ducoux, Durand, Norwant, G. Sarrut, Gérard, Salvat. — **1849** : Salvat, Binder, Gérard, Clary, Cantagrel, d'Etchegoyen. — **1852** : Clary, Crosnier. — **1857** : Les mêmes. — **1863** : Les mêmes, Dessaignes. — **1869** : Tassin, Dessaignes. — **1871** : Bozérian, Ducoux, de Sers, Tassin, Dufay, Lesguillon. — **1876** : Dufay, Tassin, Lesguillon, de Sonnier. — **1877** : Les mêmes, Deniau, Jullien. — **1881** : Deniau, Tassin, Jullien, de Sonnier. — **1885** : Jullien, Deniau, de Sonnier, Tassin.

LOIRE

Voir Rhône-et-Loire.

1795 : Anciens : Béraud, Richard, Verne. — Cinq-Cents : Forest, Courtois, Rouzet, Praire-Moutaud, Duguet, Méaudre, Perroy, Ramel, Gaudin, Ferrand, Sauzéas. — **1799** : Chovet de la Chance, Michelet de Rochemont, Ramel, Richard, Richepanse, Verne de Bachelard. — **1815** *(Cent-Jours)* : Lachèze, Méaudre, de Rambuteau, Piégay, Bruyas, Popullo. — **1815** *(2e Restauration)* : de Pommerol, Dugas des Varennes, de Vougy, de Meaux. — **1816** : de Vougy, Dugas des Varennes, de Pommerol, d'Assier, Fournas, Popullo, Méandre. — **1824** : de Meaux, Dugas des Varennes, de Pommerol, Méaudre, Fournas. — **1827** : de Meaux, de Chantelauze, de Tardy, Gérin, Lachèze. — **1830** : de Tardy, Baude, Alcock, Lachèze, Rater. — **1831** : Robert-Fleury, Ardaillon, Lachèze père et fils, Baude. — **1834** : Peyret-Lallier, Ardaillon, Durozier de Migneux, Lachèze fils, Baude. — **1837** : Lanyer, Ardaillon, Conte, Lachèze, Baude, Durozier, Alcock. — **1839** : Lanyer, Ardaillon, Durozier, Lachèze, Alcock. — **1842** : Lanyer, Gaultier, Durozier, Lachèze, Baude. — **1846** : Lanyer, Mathon de Fogères, Durozier, Lachèze, de Raineville. — **1848** : Alcock, Baune, Martin Bernard, Callet, Chavassieu, Devillaine, J. Favre, Fourneyron, Levet, Point, Verpilleux. — **1849** : Chavassieu, Callet, Levet, Heurtier, Sain, Duché, Baune, de Grammont, Martin Bernard, Anglès. — **1852** : Bouchetal-Laroche, Dumarais, Balay de la Bertrandière. — **1857** : Balay de la Bertrandière, de Charpin-Feugerolles, Bouchetal-Laroche, Dumarais. — **1863** : Balay de la Bertrandière, Dorian, Bouchetal-Laroche, Dechastelus. — **1869** : de Charpin-Feugerolles, Dorian, Bouchetal-Laroche, Dechastelus. — **1871** : Dorian, Montgolfier, Jullien, Boullier, de Sugny, de Meaux, Cunit, Arbel, Collet, Chavassieu, Cherpin, Reymond. — **1876** : Bertholon, Crozet-Fourneyron, Richarme,

Chavassieu, Reymond, Cherpin, Brossard. -- 1877 : Les mêmes, Levet, Audiffred. -- 1888 : Bertholon, Girodet, Chavanne, Levet, Reymond, Audiffred, Brossard. -- 1885 : Amouroux, Reymond, Levet, Audiffred, Reuillet, Crozet-Fourneyron, Bourganel, Duché, Imbert, Laur, Bourganel, Dorian, de la Berge, Chollet.

LOIRE (HAUTE-)

1798 : Lagrevol, Delcher, Reynaud, Jamon, Rongier, Laurens, Hilaire. — 1792 : Reynaud, Faure, Delcher, Rongier, Bonet de Treyches, Camus, Barthélemy, Lemoyne, Bardy. -- 1795 : ANCIENS : Faure, Dubaisson, Boudinhon. — CINQ-CENTS : Barthélemy, Bonet de Treyches, Borne, Croze, Belmont, Borel-Vernières, Portal, Richond, Vauzelles. — 1799 : Besquent, Bonet de Treyches, Faure, de Latour-Maubourg, Lemoro de Lafaye, Vauzelles. — 1815 (Cent-Jours) : Dugone, de la Fayette, Croze, Mouton-Duvernet, Bonne-Chevant, Bonet de Treyches. — 1815 (2e Restauration): de Machero, de Choumouroux, de Polignac, Chabron de Solilhac. -- 1818 : Chabron de Solilhac, Chevalier-Lemore, Chaballier. -- 1824 : Chabron de Solilhac, Calemard de Lafayette, Chevalier-Lemore. — 1827 : Les mêmes, Berryer, Bertrand. — 1830 : Berryer, Bertrand, Chevalier-Lemore. — 1821 : Bertrand, Mallye, Berryer. -- 1834 : Bertrand, Mallye, Cuocq, Calemard de Lafayette. -- 1827 : Calemard de Lafayette, Salveton, de la Fressange, Mallye. — 1839 : Calemard de Lafayette, Mallye, de la Fressange. — 1842 : Richond des Brus, Mallye, de la Fressange. — 1846 : Richond des Brus, Salveton, de la Fressange. — 1848 : Breymand, Grellet de la Deyte, La Fayette, Laurent, Badon, Avond, Lagrevol, Charbonnel, Rullière. -- 1849 : Breymand, Saint-Ferréol, Chouvy, Chovelon, Monnier, J. Malgue, F. Malgue. — 1852 : de Latour-Maubourg, de Romeuf. — 1857 : les mêmes. — 1863 : les mêmes. — 1869 : de Latour-Maubourg, Guyot-Montpayroux. — 1871 : Vinay, de Flaghac, Malartre, Calemard de Lafayette, de Vinols, de Chabron. — 1876 : Guyot-Montpayroux, Vissaguet, Malgue, Malartre. — 1877 : les mêmes moins Vissaguet remplacé par Morel, Binachon. — 1881 : Jouve, de Kergorlay, Malgue, Malartre. — 1885 : Dupuy, Binachon, de Saint-Ferréol, de la Batie, Rumillet-Chartier.

LOIRE-INFÉRIEURE

1791 : Coustard, Benolston, Mourain, Marie, Dufrexou, Papin, Français, Menneron. — 1792 : Méaulle, Lefebvre, Chaillou, Mellinet, Villers, Fouché, Jary, Coustard de Massy. — 1795 : ANCIENS : Giraud-Duplessis, Clavier, Raingeard, Letourneux. -- CINQ-CENTS : Villers, Méaulle, Gillet, Baco de la Chapelle, Boulay-Paty, Cacault, Chottard, Gourlay, Grelier, Rollin, Pillet, Douillard. — 1799 : Bernard-Dutreil, Bouteillier, Cacault, Clavier, Deurbroucq, Dufou, Gédouin, de Gourlay, de Kervégan, Mosneron, Pillet, Raingeard, Saget, de Talhouet, Villers. — 1815 (Cent-Jours) : Fouché, Dumoustier, Bertrand-Geslin, Dufou, Roussel, Delabrosse, Luneau, Fivaud, de Gourlay, Brouard, Barin, Chiron de Brossay. — 1815 (2e Restauration): Richard, Barbier, de Coislin, de Sesmaisons, Peyrusset, de Barante. — 1816 : Richard, Peyrusset, Barbier, de Coislin, de Saint-Aignan, de Sesmaisons, Revelière, de Juigné, de Foucault, de Frenilly. -- 1824 : de Sesmaisons, Révelière, Lévêque, de Juigné, de Foucault, de Frenilly. -- 1827 : de Sesmaisons, Burot de Carcouët, de Saint-Aignan, Lucas-Championnière, Urvoy de Saint-Bedan, de Formon, de Saint-Aignan, Dudon. -- 1830 : Burot de Carcouet, Luminais, Maës, Lévesque, Urvoy de Saint-Bedan, Varsavaux. — 1831 : Dubois, Chaillou, Luminais, Levaillant, Defermon, de Saint-Aignan, Varsavaux. — 1834 : Dubois, Bignon, Blanchard, Levaillant, Robineau de Bougon, Maës, Nicod, Leray. — 1837 : Dubois, Bignon, Lanjuinais, Billault, Jousselin de la Haie, Cossin, Nicod, Benoit. -- 1839 : les mêmes moins Cossin déjà remplacé par Benoit, Leray, Jollan. — 1842 : Dubois, Bignon, Lanjuinais, Billault, de la Haie-Jousselin, Le Roy, Jollan, Ternaux-Compans. — 1846 : Dubois, Bignon, Lanjuinais, Billault, Jousselin de la Haye, Colombel, Ternaux-Compans. — 1849 : Lanjuinais, Braheix, Bedeau, Billault, Waldeck-Rousseau, de Sesmaisons, Favre, Fournier, Desmars, Granville, de La Rochette, Favreau, Camus de la Guibourgère. — 1849 : de Sesmaisons, Favreau, Desmars, de Granville, de la Rochette, Camus de la Guibourgère, Betting de Lancastel, Favre, Gicqueau, de Coislin, Chauvin. — 1852 : Garnier, Favre, Desmars, Fleury. — 1857 : Thoinnet de la Turmelière, Garnier, Simou, Fleury, Voruz. — 1863 : Thoinnet de la Turmelière, Lanjuinais, Simon, Fleury. — 1869 : Thoinnet de la Turmélière, Gaudin, Simon, Fleury. -- 1871 : Bablu-Duvaye, Choguillaume, Doré-Graslin, de la Porvanchère, de Juigné, de la Rochette, de Cornulier-Lucinière, Lallié, Dezanneau, de Fleuriot, Ginoux de Fermon, Simon, — 1876 : Laisant, Gaudin, de la Biliais, Thoinnet de la Turmelière, Ginoux de Fermon, de Juigné, Simon, de la Rochette. — 1877 : les mêmes. — 1881 : Ginoux de Fermon, de la Biliais, de Juigné, Thoinnet de la Turmélière, Le Cour, Gaudin, Cazenove de Pradine, de la Ferronnays, de la Rochette, de Lareinty. -- 1885 : Les mêmes.

LOIRET

1791 : Gastelier, Genty, Lejeune, Turpetin, Gentil, Meunier, Lebœuf, Chaufton, Huet de Froberville. — 1792 : Gentil, Garran de Coulon, Lepage, Pelé, Lombard-Lachaux, Guérin des Marchais, Delagueulle, Louvet de Couvray, Bourdon, Gaillard. — 1795 : Anciens : Dupont de Nemours, Apport, Cornet. — Cinq-Cents : Lemarels, Mersan, Bazin, Guérin, Labbé, Meunier, Gillet, Légier. — 1799 : Apport, Boucher, Delahaye, Guérin-Desmarchais, Légier, Petit de Lafosse, Rolland-Chambaudoin, Souque. — 1815 (Cent-Jours) : Boucher, Lebrun, Rhem, Dartenne, Roulx, Souque, Pointeau-Bazinville. — 1815 (2e Restauration) : De Talleyrand, Baert, Henry de Longuève, Crignon d'Auzouer. — 1816 : Laisné de Villévêque, Crignon d'Auzouer, Périer, Henry de Longuève, de Rocheplatte. — 1824 : De Rocheplatte, Miron de Lespinay, Crignon d'Auzouer, Henry de Longuève, de Fougeroux. — 1827 : Crignon de Montigny, de Champvallins, A. Périer, Laisné de Villévêque, de Corbenin. — 1830 : Crignon de Montigny, de la Rochefoucauld, A. Périer, Sevin-Moreau, Laisné de Villévêque. — 1831 : De la Rochefoucauld, Crignon de Montigny, Jousselin, Roger, Bleuart. — 1834 : De la Rochefoucauld, Crignon de Montigny, Sevin-Moreau, Roger, Fain, Boyard. — 1837 : Lejeune de Bellecourt, Crignon de Montigny, Sevin-Moreau, Roger, Cotelle, de Loynes, Abbatucci. — 1839 : De Loynes, Abbatucci, Sevin-Moreau, Roger, Cotelle. — 1842 : Les mêmes. — 1846 : De Loynes, Abbatucci, Lecouteulx, Roger, de Salles. — 1848 : Roger, Roudeau, Martin, Abbatucci, Arbey, Péan, Michot, Considérant. — 1849 : Martin, Abbatucci, Arbey, Lacave, Péan, Michot-Boutet, Roger, de Lamartine. — 1852 : Lacave, de Tarente, Nogent-Saint-Laurens. — 1857 : Nogent-Saint-Laurens, de Tarente, de Grouchy. — 1863 : Les mêmes. — 1869 : Nogent-Saint-Laurens, Vignat, Cochery. — 1871 : Cochery, Robert de Massy, Petau, Crespin, d'Aboville, Dupanloup, d'Harcourt. — 1876 : Robert de Massy, Bernier, Devade, Cochery, Brierre. — 1877 : Les mêmes, Fousset. — 1881 : Fousset, Bernier, Devade, Cochery, Brierre. — 1885 : Bernier, Devade, Cochery, Fousset, Viger, G. Cochery, Augère, Rabier, Lacroix.

LOT

1791 : Lassabathie, Lachièze, Calmon, Duphénieux, Ramel, Lacoste-Montlausier, Laboissière, Dupuy-Montbrun, Guilhou, Brugoux. — 1792 : La Boissière, Cledel, Sallèles, Jeanbon-Saint-André, Monmayou, Cavaignac, Bouygues, Caila, Delbrel, Albouys, Blaviel, Sartre. — 1795 : Anciens : Sallèles, Laboissière, Lachièze, Monmayou, Durand. — Cinq-Cents : Bouygues, Blaviel, Laumont, Cadroy, Brugoux, Doumere, Cledel, Delbrel, Sartre, Monmayou, Combes-Dounous, Duphénieux, Logentie, Salgues, Poncet-Delpech, Soulié, Valery, Lagarde. — 1799 : Ras il, Combes-Dounous, Dubruel, Faydel, Lachièze, Lemosy, de Mosbourg, Murat, Salgues. — 1815 (Cent-Jours) : Besse de la Roumiguière, Perié-Nicole, Ramel, Duphénieux, Glandin. — 1815 (2e Restauration) : Faydel, Sireys de Mayrinhac, Lachièze-Murel, d'Hélyot. — 1816 : De Lézay-Marnésia, Barralron, Moyzen, de Rastiguac, Calmon, Regourd de Vaxis, Sireys de Mayrinhac, Dussol. — 1824 : D'Aymare, de Flaujac, Regourd de Vaxis, de Gozon, Sireys de Mayrinhac, Dussol. — 1827 : Séguy, de Flaujac, Regourd de Vaxis, Calmon, Sireys de Mayrinhac, Dussol. — 1830 : Dussol, Murat, Dufour, Calmon, de Mosbourg, Delpon. — 1831 : Conté, de Mosbourg, Delpon, Calmon, Dufour, Bessières, Touron. — 1834 : Boudousquié, de Mosbourg, Conté, Calmon, Condamine, Deltheil. — 1837 : Boudousquié, Pélissié-Mirandol, Bessières, Calmon, Deltheil. — 1839 : Les mêmes, Cayx. — 1842 : Boudousquié, Cayx, Salgues, Calmon, de Saint-Priest. — 1846 : Boudousquié, Pélissié-Mirandol, Salgues, Calmon, Calmon fils. — 1848 : Cavaignac, Murat, Rolland, Carla, Ambert, de Saint-Priest, Labrousse. — 1849 : Murat, de Saint-Priest, Cavaignac, Labrousse, Lafond, Ambert, Verulnac. — 1852 : Lafon de Caix, Deltheil, Murat. — 1857 : Murat, Deltheil. — 1863 : Les mêmes. — 1869 : les mêmes. — 1871 : Limayrac, Pagès-Duport, de Lamberterie, de Valon, Rolland, J. Murat. — 1876 : Murat, de Valon, Teilhard, Dufour. — 1877 : Les mêmes. — 1881 : Les mêmes, Rozières. — 1885 : Murat, de Valon, Dufour, de Lamberterie.

LOT-ET-GARONNE

1791 : Depère, Lacuée, Mouysset, Lavigne, Lafont, Paganel, Maleprade, Vidalot, Pouget. — 1792 : Vidalot, Laurent, Paganel, Claverye, Larroche, Boussion, Guyet-Laprade, Fournel, Noguères, Cabarroc. — 1795 : Anciens : Claverye, Cabarroc, Vidalot, Brostaret, Coutausse, Depère, Lacuée, Lagrange. — Cinq-Cents : Guyet-Laprade, Laurent, Bourg-Laprade, Sembeaussel, Laujacq, Lacuée, Lafont. — 1799 : Bourg-Laprade, de Bourran, Coutausse, Dudevant, Godailh, Lafont du Cujula, Lagrange, Tartas-Conques. — 1815 (Cent-Jours) : De Sévin, Ninon, Bory de Saint-Vincent, Boucherie-Mignon, Dudevant, Jalabert, Noubel. — 1815 (2e Restauration) : Digeon, de Vassal de Monviel, Sylvestre, Teulon. — 1816 : Digeon, Rivière, de Vassal de Monviel, de la Silvestrie, de Sansac, de Lafont, de Martiguac, Becays de Lacaussade, Drouilhet de Sigalas. — 1824 : Drouilhet de Sigalas, Becays de la Caussade, Lafont de Martignac, Vassal de Monviel. — 1827 : Lafont, Drouilhet de Sigalas, de Lugat, de Martignac, Lafond-Blaniac. — 1830 : Lafond, de Martignac, Lafond-Blaniac, Merle-Massonneau, Dumon. — 1831 : Dumon, Merle-Massonneau, de Lusignan, Lafon-Blaniac, Bastard d'Estang, Paganel. — 1834 : Dumon, Merle-Massonneau, Bastard d'Estang, de Lusignan, Paganel. — 1837 : Dumon, Bouët, de Richemont, de Lusignan, Paganel. — 1839 : Dumon, Bouët, de Richemont, Barsalou, Paganel. — 1842 : Dumon, Bouët, de Richemont, Duthil, Paganel, de Chaudordy. — 1846 : Dumon, de Chaudordy, de Richemont, Duthil, de Lesseps. — 1848 : Vergnes, Dubruel, Mispoulet, Tartas, Baze, de Luppé, Radoult-Lafosse, Boissié, Bérard. — 1849 : Tartas, Bérard, de Luppé, Radoult de Lafosse, Baze, Boissié, Mispoulet. — 1852 : Noubel, Laffitte, de Richemont. — 1857 : Les mêmes. — 1863 : Noubel, de Richemont, C. Dolifus. — 1869 : Les mêmes, de Forcade de la Roquette. — 1871 : De Chaudordy, Baze, Sarrette, de Cazenove de Pradine, O. de Bastard, Faye. — 1876 : de Laffitte-Lajoannenque, Faye, Fallières, Sarrette. — 1877 : Les mêmes, Deluns-Montaud. — 1881 : de Laffitte-Lajoannenque, Deluns-Montaud, Fallières, Sarrette. — 1885 : Fallières, Sarrette, Deluns-Montaud, Lovgues, de Mondénard.

LOZÈRE

1791 : Monestier, Lozeran de Fressac, Chazot, Sevène, Domergue de Beauregard. — **1792** : Barrot, Châteauneuf-Randon, Servière, Pelet, Monestier. — **1795** : ANCIENS : Boisset, Barrot. — CINQ-CENTS : Pelet, André, Guyot, Monteil. — **1799** : Barrot. — **1815** (*Cent Jours*) : Broussous, Barrot, Laporte-Belviala, Valette, Cade. — **1815** (2e *Restauration*) : de Briges, André. — **1816** : Brun de Villeret, de Bernis, André. — **1824** : André, De Bernis. — **1827** : André, Brun de Villeret. — **1830** : André, Chapel d'Espanassoos. — **1831** : Rivière de Larque, Meynadier, du Cayla de Montblanc, Valette-Deshermeaux. — **1834** : Rivière de Larque, Meynadier, Valette-Deshermeaux. — **1837** : De Morangiés, Meynadier, Chazot. — **1839** : Les mêmes. — **1842** : Rivière de Larque, Meynadier, Toye. — **1846** : Rivière de Larque, Chazot, Daudé. — **1848** : Fayet, Desmolles, Comandré, Renouard. — **1849** : Renouard, Jaffard, Roussel. — **1852** : Renouard, Desmolles. — **1857** : De Chambrun. — **1863** : Le même. — **1869** : Le même. — **1871** : de Colombet, de Chambrun, Roussel. — **1876** : Bourrillon, Roussel, de Chambrun. — **1877** : Monteils, Roussel, de Chambrun, Belon. — **1881** : Bourrillon, Belon, Pelisse. — **1885** : Monteils, de Colombet, Joly de Morey, Jourdan, Pelisse, Bourrillon.

MAINE-ET-LOIRE

1791 : Dehoulières, Choudieu, Merlet, Ferrière, Delaunay, Clémenceau, Goffaux, Chouteau, Quesnay, Mennau, Bonnemère. — **1792** : Choudieu, Delaunay, de Houlières, Revellière-Lépeaux, Pilastre de la Brardière, Leclore, Dandenac, Delaunay, Pérard, Dandenac, Lemaignan, Viger, Mennau, Talot. — **1795** : ANCIENS : Dandenac (aîné), Dandenac (jeune), Pilastre de la Brardière, Mennau, Desmazières, Gautret, Savary. — CINQ-CENTS : La Revellière-Lépeaux, Le Maignan, Brichet, Mamert-Couillau, Delorme, Joubert-Bonnaire, Leclerc, Lorler, Savary, Talot, Clémenceau, Enjubault, Fanneau-Laherle, Letermo-Saulnier. — **1799** : Desmazières, Duclaux, de la Callissonnière, Halbert, Joubert-Bonnaire, Milscent, de Lauberdière, Tharreau. — **1815** (*Cent-Jours*) : Gautret, de Lauberdière, Bizard, Dubois, Delorme, Desmazières, de Laferrière-Lévêque. — **1815** (2e *Restauration*) : Benoist, d'Andigné de Maynouf, de Maquillé, Paplau de la Verrie, de la Bourdonnaye, Feuillant. — **1816** : d'Andigné de Maynouf, Paplau de la Verrie, Benoist, de la Bourdonnaye, Gautret, Bodin, Cesbron-Lavau, Pilastre. — **1824** : De Villemorge, de la Bourdonnaye, de la Potherie, de Maquillé, Benoist, Durfort de Civrac, d'Andigné de Maynouf. — **1827** : De la Bourdonnaye, de Villemorge, de la Potherie, Guilhem, de Lessert, de Caqueray, d'Andigné de la Blanchaye, Guernon de Ranville. — **1830** : Giraud, Larevellière, de Marcombe, Roblueau, de Lessert, Duboys, d'Andigné de la Blanchaye. — **1831** : Giraud, Robineau, Ch. Giraud, Duboys, de Lessert, Bodin, d'Andigné de la Blanchaye. — **1834** : Les mêmes moins Robineau, remplacé par Larevellière, Allain-Targé. — **1837** : Farran, Robineau, Dutier, Duboys, de Lessert, Tessié, de Marcombe. — **1839** : Farran, Robineau, Dutier, Poudret de Sevret, de Lessert, Tessié, Jouncaulx, Bineau. — **1842** : Farran, Bineau, Dutier, Poudret de Sevret, Tessié de la Motte, Jouncaulx. — **1846** : Farran, Bineau, Dutier, de Quatrebarbes, Oudinot, Tessié de la Motte, de Falloux. — **1848** : Guillier de la Tousche, Tessié de la Motte, Bineau, Farran, Dutier, Oudinot, Louvet, David, Freslon, Lefrançois, Jouncaulx, Cesbron-Lavau, de Falloux. — **1849** : Cesbron-Lavau, Bineau, Guillier de la Tousche, Louvet, Farran, de Falloux, Bucher de Chauvigné, Giraud, Gain, de Ladevausaye, Dupetit-Thouars. — **1852** : Duboys, Bucher de Chauvigné, Louvet, Durfort de Civrac. — **1857** : Duboys, Bucher de Chauvigné, Louvet, de Las-Cases, Segris. — **1863** : Segris, Bucher de Chauvigné, Louvet, de Las-Cases, Berger. — **1869** : Segris, Berger, Louvet, Durfort de Civrac. — **1871** : Boulé, Joubert, Delavau, Montrieux, Chatelin, Richard, de Maillé, Durfort de Civrac, de la Bouillerie, Mayaud, de Cumont, Maillé. — **1876** : De Soland, Maillé, Benoist, de

Maillé, Durfort de Civrac, Berger, Janvier de la Motte. — **1877** : Les mêmes. — **1881** : De Soland, Maillé, Benoist, de Maillé, de Durfort de Civrac, Bury, de Terves, de la Bourdonnaye. — **1885** : De Maillé, Chevalier, de Soland, Merlet, de la Bourdonnaye, Berger, Fairé, de Terves, de Lacretelle.

MANCHE

1791 : Duval, Poisson, Euvremer, Lemoine-Villeneuve, Desprez, Sauvé, Tesson, Letourneur, Letellier, Giroult, Lerbourg de la Pigeonnière, Lepigeon de Boisval, Queslin. — **1792** : Sauvé, Poisson, Lemoine, Letourneur, Ribet, Pinel, Le Carpentier, Havin, Bonnesœur, Engerran, Regnault de Bretel, Laurence, Hubert. — **1795** : Anciens : Poisson de Coudreville, Regnault de Bretel, Havin, Ribet, Sauvé, Loysel, Bonnesœur, Lemenuet, Perrée, Caillemer, Frain. — Cinq-Cents : Letourneur, Pinel, Engerran, Dubois de Crancé, Hubert-Dumanoir, Frémont, Bours'n, Asselin, Bitouzet de Linères, Boursin, Desplanques, Guesdon, Lemaignen, Pouret-Roquerie, Lefollet. — **1799** : Avoyne de Chantereine, Delaville, Engerran, Fremin de Beaumont, Fremin-Dumesnil, Hamel, Le Marois, Poisson de Coudreville, Tesnière-Bresménil. — **1815** (*Cent-Jours*) : Lefollet, Poisson de Coudreville, Bonnesœur, Delaville, Duhamel, Fradin, Clément, Besnard-Duchesne, Asselin, Pinel. — **1815** (*2e Restauration*) : de Lorgeril, Yver, du Parc, Regnouf de Vains, Dumanoir, Dumoncel, de Juigné, Fremin-Dumesnil. — **1816** : Le Pelloy-Dumanoir, Avoyne de Chantereine, Duhamel, Le Jolis de Villiers, Sivard de Beaulieu, de Kergorlay, Regnouf, Balisson, Yver, Lemoine-Desmarres, Louvel de Monceaux, dé Kergorlay, Regnouf, Duparc de Barville. — **1824** : De Kergorlay, Regnouf, Duparc, Yver, Lemoine-Desmarres, Louvel de Monceaux, Avoyne de Chantereine, de Lorimier. — **1827** : Achard de Bonvouloir, de Lorimier, du Moncel, Enouf, Angot, Louvel de Monceaux, de Bricqueville. — **1830** : Bonnemains, Baillod, de Lorimier. Enouf, Angot, Dudouyt, de Bricqueville. — **1831** : Havin, Enouf, de Bricqueville; Baillod, Dudouyt, Leverdays, Rihouet, Legrand, Abraham-Dubois. — **1834** : Havin, Enouf, de Bricqueville, Le Marois, Dudouydt, Avril, Legrand, Abraham-Dubois. — **1837** : Havin, Enouf, Quénault, Le Marois, Bonnemains, Rihouet, Legrand, Abraham-Dubois. — **1839** : Les mêmes moins Le Marois, remplacé par de Tocqueville, de Bricqueville. — **1842** : Havin, Vieillard, de Bricqueville, de Tocqueville, Bonnemains, Rigouet, Legrand, Abraham-Dubois, Sellier, Quénault. — **1846** : Havin, Lebrun, Meslin, de Tocqueville, Quénault, Rihouet, Legrand, Abraham-Dubois. — **1848** : Havin, Vieillard, de Tocqueville, Laumoudals, Dudouyt, Demesange, Dubois-Abraham, Biguet, Delouche, Lempereur de Saint-Pierre, Gaslonde, Perrée, des Essarts, Reibell, Boulatignier, Daru. — **1849** : De Tocqueville, Daru, Vieillard, Bouvattier, Gaslonde, de Saint-Germain, Le Marois, Noël, du Parc, Goulhot de Saint-Germain, Ferré des Ferris, Brébier, Loverrier. — **1852** : De Kergor'ay, de Saint-Germain, Brohier de Littinière, Meslin. — **1857** : Les mêmes. — **1863** : Havin, de Saint-Germain, Brohier de Littinière, Meslin. — **1869** : Auvray, de Saint-Germain, de Piennes, Daru. — **1871** : Daru, de Saint-Pierre, Legrand, d'Auxais, de Saint-Germain, Cermonière, Gaslonde, Savary, Lenoël, Foubert, de Tocqueville. — **1876** : Rauline, Morel, Riotteau, de Tocqueville, Gaslonde, Savary, Legrand, Le Marois. — **1877** : Les mêmes moins de Tocqueville remplacé par La Vieille. — **1881** : Rauline, Morel, Riotteau, La Vieille, Savary, Regnault, Legrand, Mangon, Brions. — **1885** : Rauline, de la Martinière, de Gueydon, Chevalier, Bouvattier, Gaudin de Villaine, Llais, du Mesnildot, Riotteau.

MARNE

1791 : Debranges, Morel, Gobillard, Deliège, Bruley, Pierret, Charlier, Dorizy, Besançon-Perrier, Thuriot. — **1792** : Prieur, Thuriot, Charlier, Delacroix, Deville, Poulain, Drouet, Armonville, Blanc, Battellier. — **1795** : Anciens : Salligny, de Torcy, Baron. — Cinq-Cents : Blanc, Poulain de Boutancourt, Leroy, de Torcy, Hémart, Thomas, Moignon, Morel. — **1799** : Barbier de Soligny, Baron, Hémart, Manclere, Morel, Poulain de Boutancourt, Robin de Cologne, Salligny, Thomas. — **1815** (*Cent-Jours*) : Ponsardin, Lefebvre, Froc de Laboulaye, de Chamoulin, de Mareuil, Jobert-Lucas, Drouet, Gillet-Barba. — **1815** (*2e Restauration*) : de Chamonin, Froc de Laboulaye, Royer-Collard, de la Rochefoucauld. — **1816** : Royer-Collard, Froc de Laboulaye, Ruinart de Brimont, Delalot, Loisson de Guinaumont, Jobert-Lucas. — **1824** : De Saint-Chamans, Loisson de Guinaumont, Royer-Collard, Gillet, Ruinart de Brimont. — **1827** : De la Rochefoucauld, Tirlet, de Guéhéneuc, Royer-Collard, Jobert-Lucas. — **1830** : Tirlet, Leroy-Myon, de Guéhéneuc, Royer-Collard, Chaix-d'Est-Ange. — **1831** : Leroy-Myon, Lévêque de Pouilly, Dozon, Louis, Tirlet, Royer-Collard. — **1834** : Leroy-Myon, Brocard de Bussière, Dozoy, Périer, Tirlet, Royer-Collard, Chaix-d'Est-Ange. — **1837** : Chaix-d'Est-Ange, Houzeau, Muiron, Dozon, Périer, Pérignon, Royer-Collard. — **1839** : Les mêmes moins Houzeau-Muiron remplacé par Brocard de Bussière. — **1842** : Houzeau-Muiron, Brocard de Bussière, Dozon, Périer, Pérignon, Lenoble. — **1846** : Les mêmes moins Houzeau-Muiron remplacé par Léon Faucher. — **1848** : L. Faucher, Pérignon, Bertrand, Bailly, Dérodé, Aubertin, Ferrand, Leblond, Soullié. — **1849** : Bertrand, L. Faucher, Aubertin, Tirlet, Soullié, Carteret, Lannes de Montebello, Thuriot de la Rozière. — **1852** : Godard, Parchappe, Soullié, Haudos. — **1857** : Haudos, Parchappe, Carteret, Werlé. — 1863 : Haudos, l'archappe, Werlé, Goërg, Perrier. — 1869 : Goërg, Perrier, Werlé. — 1871 : Margaine, Leblond, Warnier, Flye-Sainte-Marie, J. Simon, Thomas, Perrier, Dauphinot, Picart. — 1876 : Ponsard, Blandin, Leblond, Thomas, Margaine, Picart. — 1877 : Les mêmes moins Ponsard remplacé par Faure, Diancourt. — 1881 : Faure, Blandin, Courmeaux, Thomas, Margaine, Guyot. — 1885 : Margaine, Thomas-Derevoge, Faure, Guyot, Blandin, Meunesson, Bourgeois.

MARNE (HAUTE-)

1791 : Becquey, Briolat, Valdruche, Henrys, Landrian, Laloy, Chaudron, Devaraigne. — 1792 : Guyardin, Monnel, Roux, Valdruche, Chaudron-Rousseau, Laloy, Wandelaincourt. — 1795 : ANCIENS : Laloy, Larcher. — CINQ-CENTS : Wandelaincourt, Parisot, Carbelot, Berthot, Henrys-Marcilly, Drevon. — 1799 : Becquey, Dalmassy, Larcher, Ligniville, Marquette de Fleury, Roger. — 1815 (Cent-Jours) : De Lespérut, Rozet, Mougeotte des Vignes, Poirsot, Demongeot. — 1815 (2° Restauration) : Beugnot, Becquey, de Damas. — 1816 : Becquet, Beugnot, Toupot de Bévaux, Genuyt, Thomassin de Bienville. — 1824 : Thomassin de Bienville, de Sainte-Maure, Becquey, Roger. — 1827 : Becquey, Thomassin de Bienville, Toupot de Bévaux, de Vandeul. — 1830 : Becquey, Thomassin de Bienville, Toupot de Bévaux, de Vandeul. — 1831 : De Vandeul, Virey, Toupot de Bévaux, de Failly. — 1834 : De Vandeul, Virey, Duval, de Fraville, de Failly, de Beaufort. — 1837 : De Vandeul, Renard, Duval de Fraville, de Beaufort. — 1839 : Les mêmes, Pauwels. — 1842 : De Pommeroy, Renard, Duval de Fraville, Peltereau-Villeneuve, d'Uzès. — 1846 : Les mêmes moins Renard. — 1848 : Montrol, Chauchard, Toupot de Bévaux, Walferdin, Delarbre, Milhoux, Couvreux. — 1849 : Chauchard, Lespérut, Beugnot, de Vandeul, Toupot de Bévaux. — 1852 : Lespérut, Chauchard. — 1857 : Les mêmes. — 1863 : Les mêmes. — 1869 : Lespérut, Steenackers. — 1871 : De Joinville, Lespérut, de Bourges, Peltereau-Villeneuve, du Breuil de Saint-Germain, Danelle-Bernardin. — 1876 : Maitret, Bizot de Fonteny, Danelle-Bernardin. — 1877 : Les mêmes moins Maitret remplacé par Mougeot — 1881 : Dutailly, Bizot de Fonteny, Danelle-Bernardin. — 1885 : Danelle-Bernardin, Bizot de Fonteny, Dutailly, Steenackers, Vitry, Roret.

MAYENNE

1791 : Dalibourg, Bissy, Palgis, Grosse-du-Rocher, Dupont-Grandjardin, Esnue-Lavallée, Chevalier-Malibert, Richard de Villiers. — 1792 : Bissy, Esnue-Lavallée, Gresse-Durocher, Enjubault, Serveau, Plaichard-Choltière, Villar, Lejeune, Destriché. — 1795 : ANCIENS : Destriché, Segrétain, Goyet-Dublignon, Maupetit. — CINQ-CENTS : Enjubault, Serveau, Bissy, Delaunay, Duval, Pocholle, Volney, Provost, Lair, Fanneau-Lahorie. — 1799 : Boudet, Defermon, Enjubault de la Roche, Foucher, Goyet-Dublignon, Lemotheux, de Lespérut, Maupetit, Provost-Dubourion, Villar. — 1815 (Cent-Jours) : Maupetit, Foucher, Boudet, Bornier, Chevalier-Malibert, Lopescheux. — 1815 (2° Restauration) : De Hercé, Leclere, de Bailly de Fresnay, Déan. — 1816 : Delauney, Chevalier-Malibert, Paillard-Duclèré, Le Pescheux, de Berset, Leclerc de Beaulieu. — 1824 : Leclerc de Beaulieu, de Bailly, Leclerc, de Boisjourdan, de Hercé, de Farcy. — 1827 : Leclerc de Beaulieu, de Berset, Leclerc, Prosper Delauney, Dumans, Paillard-Duclèré, de Pignerol. — 1830 : Bidault, de Vaucelle, de Lézardière, Paillard-Duclèré, Prosper Delauney. — 1831 : Prosper Delauney, Bidault, Lecour, de Ramigny, Paillard-Duclèré. — 1834 : Bidault, Boudet, de Pulzard, Letourneux, Paillard-Duclèré. — 1837 : Bidault, Boudet, Chénais, Letourneux, Paillard-Duclèré. — 1839 : Les mêmes, moins Bidault remplacé par Sourdille de Lavallette, Poupard-Duplessis. — 1842 : Sourdille, Boudet, Chénais, Letourneux, Duboys-Fresnay. — 1846 : Sourdille de Lavallette, Boudet, Bigot, Letourneux, Martinet. — 1848 : Bigot, Jamet, Goyet-Dublignon, Duboys-Fresney, Roussel, Dutroil, Chenais, Boudet, Chambolle. — 1849 : De Berset, de la Broise, de Vaujuas, Dublignon, Laureau, Dambray, Bigot, Trippier de Lozé. — 1852 : Duvivier, Mercier, Segrétain, Leclere. — 1857 : Leclere d'Osmonville, Mercier, Halligon. — 1863 : Leclere d'Osmonville, Mercier, de Pierres. — 1869 : Les mêmes. — 1871 : Vilfeu, Le Châtelain, Le Lasseux, Bigot, Gaulthier de Vaucenay, Boullier de Branche, Duboys-Fresney. — 1876 : Souchu-Servinière, Lecomte, Ancel, Renault-Morlière, Bruneau. — 1877 : Les mêmes. — 1881 : Les mêmes. — 1885 : Leblanc, Bigot, de Vaujuas-Langan, de Plazanet, Barouille.

MEURTHE

1791 : Foissoy, Mallarmé, Drouin, Carez, Levasseur, Crousse, Cunin, Bonneval. — 1792 : Salle, Mallarmé, Levasseur, Mollevaut, Bonneval, Lalande, Michel, Zangiacomi, Collombel, Jacob. — 1795 : ANCIENS : Mollevaut, Michel, Régnier, Collombel. — CINQ-CENTS : Zangiacomi, Saladin, Faure, Mallarmé, Boulay, Jacqueminot, Mourer. — 1799 : De Bouteiller, Grégoire, Griveau, Jacopin, Mollevaut, Thiry. — 1815 (Cent-Jours) : Boulay, Berthier, Bresson, Valet de Merville, Gehin, Schmits, Bailly, Parmentier. — **1815** (2e *Restauration*) : Louis, de Bouteiller, de Riocourt, de Mouchy, Jankovics. — **1816** : Louis, Lafrogne, Bourcier, de Riocourt, Jankovics, Laruelle, Grandjean. — **1824** : De Noailles, d'Hoffelize, de Riocourt, Saladin, Jankovics. — **1827** : De Metz, Thouvenel, Marchal, de Lobau, Jankovics. — **1830** : Les mêmes, moins de Jankovics remplacé par Louis. — **1831** : Marchal, Thouvenel, de Lobau, de Ludre, Tardieu, Chevandier, de Lacoste, de l'Espée. — **1834** : Moreau, de Lacoste, de l'Espée, Fleury de Chaboulon, Croissant, Chevandier, de Vatry. — **1837** : Moreau, de Lacoste, Boulay, de Vatry, Croissant, Marchal. — **1839** : Les mêmes, moins Boulay remplacé par de l'Espée. — **1842** : Les mêmes, Collignon. — **1846** : Moreau, de Lacoste, de l'Espée, de Vatry, Croissant, Collignon. — **1848** : Marchal, Liouville, Laflize, Viox, Saint-Ouen, de Ludre, Charron, Vogin, Leclerc, d'Adelsward, Ferry. — **1849** : De Vatry, d'Adelsward, Gérard, Fabvier, Michaut, Monet, Salmon, Foblant, Viard. — **1852** : Drouot, Buquet, Viard. — **1857** : Les mêmes, Chevandier de Valdrôme. — **1863** : Drouot, Buquet, Chevandier de Valdrôme. — **1869** : Les mêmes.

MEURTHE-ET-MOSELLE

1871 : Varroy, Viox, Brice, Laflize, Claude, Ancelon, Berlet, Deschange, Bamberger. — **1876** : Duvaux, Berlet, de Ladoucette, Cosson, Petitbien. — **1877** : Les mêmes, moins Cosson remplacé par Michaut. — **1881** : Duvaux, Berlet, Mézières, Viox, Petitbien, Noblot. — **1885** : Mézières, Noblot, Viox, Munier, Duvaux, Cordier.

MEUSE

1791 : Moreau, Manchand, Paillet, Lolivier, Tocquot, Jodin, Clément, Bernard. — **1792** : Moreau, Marquis, Tocquot, Pons, Roussel, Bazoche, Humbert, Harmand, Garnier-Anthoine, **1795** : ANCIENS : Harmand, Moreau, Grison, Bazoche, Champion, Paillet. — CINQ-CENTS : Humbert, Delacroix, Paillet, Tocquot, Pons, Vallée, Chenet, Harmand. — **1799** : Bazoche, Catoire-Moulainville, Champion, Chouet de Bollemont, Desaux, Paillet. — **1815** (*Cent-Jours*) : Gillon, Bazoche, Hauus, Vivenot, Chenet, Lambry. — **1815** (2e *Restauration*) : Beaupoil de Saint-Aulaire, Bazoche, Pernot de Fontenoy, Saulnier. — **1816** : Saulnier, Bazoche, Vallée, Raulin, Etienne, d'Authouard. — **1824** : D'Imécourt, de Chollet, Leclerc, Desbassyns de Richemont. — **1827** : De Chollet, Desbassyns de Richemont, Etienne, Beaupoil de Saint-Aulaire, Génin. — **1830** : De minuud-Moreau, Gillon, Etienne, Génin. — **1831** : Gillon, Etienne, Lallemand, Génin, Jamin. **1834** : — Les mêmes, moins Lallemand. — **1837** : Les mêmes. — **1839** : Les mêmes. — **1842** : Les mêmes. — **1846** : Les mêmes, Jamin. — **1848** : Launois, Salmon, Moreau, Etienne, Chadenet, Gillon, Buvignier, Desaux. — **1849** : Etienne, Gillon, Salmon, Oudinot, Simonnot, Chadenet, Raulin. — **1852** : Collot, Briot de Monremy. — **1857** : Les mêmes, de Ségur, de Benoist, Millon. — **1863** : Millon, de Benoist, Chadenet. — **1869** : Les mêmes. — **1871** : Bompard, Benoit, Billy, Grandpierre, E. Picard, Gillon. — **1876** : Grandpierre, Liouville, Billy, de Klopstein. — **1877** : Les mêmes, Develle, Royer. — **1881** : Develle : Liouville, Royer, Buvignier. — **1885** : Buvignier, Royer, Develle, Gillet, Liouville, Poincaré.

MONT-BLANC

1793 : Gentil, Dubouloz, Carelli, Marin, Duport, Marcoz, Gumery, Balmain, Dumaz, Génin. — **1795** : ANCIENS : Chartier, Curial, Dufourd, Gumery. — CINQ-CENTS : Balmain, Chastel, Dessaix, Favre, Gavard, Mansord, Mermoz, Chamoux, Philippe, Dubouloz, Dumaz, Duport, Marcoz, Marin, Rosset, Roze. — **1799** : Chevillard, Dumaz, Durandard, Picollet, Ruphy, Saultier de Monthoux, de Sauzay. — **1815** (*Cent-Jours*) : Emery, Bastian, Philippe, Jamin, Armand. — **1815** (2e *Restauration*) : Finot, Tochon, de Viry. — *Voy*. SAVOIE.

MORBIHAN

1791 : Le Tutour, Lemalliaud, Fabre, Elie, Corbel, Lequinio, Audrein, Guillois. — **1792** : Lemalliaud, Lehardy, Corbel, Lequinio, Audrein, Gillet, Michel, Rouault, Brûe, Chaignart. — **1795** : ANCIENS : Chaignart, Danet, Lapotaire, Lemalliaud. — CINQ-CENTS : Lemalliaud, Rouault, Jan-Dubignon, Coupé, Louvet, Boullé, Perret, Bachelot, Glays, Laudren, Lefebvrier, Lucas de Bourgerel, Perret, Favrot, Leblanc. — **1799** : Danet du Bodan, Glays, d'Hauconrt, Lapotaire, Lefebvrier, Legogal-Toulgoët, Le Malliaud, Trentinian, Tuault de la Bouverie. — **1815** (*Cent-Jours*) : Leboulelec, Coudé, Lucas de Bourgerel, Robert, Frogerays, Leguevel, Guépin, Glays. — **1815** (2e *Restauration*) : D'Augier, de Perrien, Dahirel, du Botdéru, Jollivet, de Margadel. — **1816** : Jollivet, Poussard, d'Augier, de Kérizouët, Halgan, Robert, Villemain, Fabre, du Botdéru, de Margadel. — **1824** : Duplessis de Grénédan, Renaud, de Margadel, Halgan, du Botdéru, de la Bocssière. — **1827** : De Léridant, Harscouët de Saint-Georges, de Margadel, Halgan, de la Bourdonnaye, de la Boëssière. — **1830** : Villemain, Le Ridant, de Francheville, de Mackau, de la Bourdonnaye, Gaillard de Kerbertin. — **1831** : Vigier, Ducordic, Villemain, Fruchard, Beslay, de Sivry. — **1834** : Vigier, Caradec, Le Déan, Le Gall, Beslay, de Sivry, Bernard. — **1837** : Vigier, Bernard, Le Déan, de la Bourdonnaye, Jan-la-Gillardaie, de Sivry. — **1839** : Les mêmes, Laurent. — **1842** : Vigier, Bernard, Hello, de la Bourdonnaye, Puillon de Boblaye, de la Rochejaquelein, Lacoudrais, Genty de Bussy. — **1846** : Plougoulm, Bernard, Lacoudrais, Genty de Bussy, Puillon de Boblaye, de la Rochejaquelein. — **1848** : Beslay, du Bodan, Danélo, de la Rochejaquelein, Leblanc, Harscouët de Saint-Georges, Parisis, Fournas, Crespel de Latouche, de Perrien, Dahirel, de Pioger. — **1849** : Dahirel, Harscouët de Saint-Georges, de la Rochejaquelein, Mounier, Parisis, de Kéridec, de Pioger, Le Crom, Nettement, Crespel de Latouche, Audren de Kerdrel. — **1852** : Jollivet de Castelot, de Champagny, Le Mélorel de la Haichois, Boullé. — **1857** : Boullé, Le Mélorel de la Haichois, de Champagny. — **1863** : Thomas-Kercado, Le Mélorel de la Haichois, de Champagny. — **1869** : De la Monneraye, Dupuy de Lôme, de Champagny. — **1871** : Trochu, Audren de Kerdrel, de la Monneraye, Dahirel, de Kéridec, Bouché, de Pioger, Jaffé, Fresneau, de Gouvello, Martin d'Auray, du Bodan. — **1876** : Du Bodan, Lorois, Ratier, de Perrien, de Mun, de Léon. — **1877** : Les mêmes, Le Maguet, Mathieu. — **1881** : Du Bodan, Loroy, Martin, de Mun, de Léon, Mathieu, Lanjuinais. — **1885** : Du Bodan, de Léon, de Mun, Lanjuinais, Martin, de Lamarzelle, Caradec, Lorois.

MOSELLE

1791 : Couturier, Merlin, Marin, Rolland, Pierron, Adam, Pyrot, Manglin. — **1792** : Merlin (de Thionville), Antoine, Couturier, Hentz, Barthélemy, Blaux, Thirion, Becker, Bar, Karcher. **1795** : ANCIENS : Bar, Becker, Blaux, Pécheur, Thiébault, Gobert, Husson. — CINQ-CENTS : Karcher, Couturier, Barbé-Marbois, Barthélemy, Giral, Rolland, Husson. — **1799** : Berteaux, Colchen, Dumaire, Durbach, Emmery, Saget. — **1815** (*Cent-Jours*) : Grenier, Durbach, Barthélemy, Thurin, Rolland, Roger-Belloguet, Bouvier-Dumolart. — **1815** (*2e Restauration*) : De Hausen de Weldesheim, de Wendel, d'Hunolstein, Voysin de Gartempe, de Jobal, Mennessier. — **1816** : Ernouf, Voysin de Gartempe, de Hausen de Weldesheim, Ducherray, de Rolland, de Wendel, Simon, Grenier, de Turmel, de Maudhuy, Durand, d'Hoffelize, de Lardemelle. — **1824** : d'Hoffelize, de Lardemelle, Simon, Marchant-Collin, de Vendel, de Turmel, Durand, du Teil. — **1827** : Durand, de Lardemelle, Simon, Marchant-Collin, du Teil, de Turmel, de Saint-Albin, de Balsac. — **1830** : de Lardemelle, Durand, Bouchotte, Poulmaire, Sémellé, Paixhans, de Riguy. — **1831** : Parant, Génot, Poulmaire, Charpentier, Sémellé, Paixhans. — **1834** : Paixhans, Parant, Génot, Poulmaire, de Ladoucette, Schneider, d'Hunolstein. — **1837** : Les mêmes, moins Poulmaire et Génot remplacé par Bompard. — **1839** : Paixhans, Parant, Charpentier, d'Hunolstein, de Ladoucette, Schneider, Ardant. — **1842** : Paixhans, Ardant, Roux, d'Hunolstein, de Ladoucette, Schneider, Pidancet. — **1846** : Les mêmes, moins Roux déjà remplacé par Pidancet. — **1848** : Woirhaye, Jean Reynaud, Labbé, Deshayes, Bardin, Espagne, Totain, Poncelet, Valette, Antoine, Dornès, Rolland. — **1849** : Ney, de Ladoucette, du Coëtlosquet, de Wendel, Achard, Sonis, de Salis, de Faultrier, d'Hunolstein. — **1852** : Hennocque, de Wendel, de Geiger. — **1857** : Les mêmes. — **1863** : Les mêmes, Liégeard. — **1869** : De Bouteillier, Liégeard, Le Joindre.

Voy. MEURTHE-ET-MOSELLE.

NIÈVRE

1791 : Rameau, Dameron, Sautereau, Durin, Mathieu, Dupin, Frasey. — **1792** : Sautereau, Dameron, Leflot, Guillerault, Legendre, Goyre-Laplanche, Jourdan. — **1795** : ANCIENS : Ballard, Dupin, Bonquerot de Voligny. — CINQ-CENTS : Guillerault, Jourdan, de Larue, Duviquet, Legendre. — **1799** : Clairon, Dupin, Jourdan. — **1815** (*Cent-Jours*) : Sorbier, Menhard de Montigny, Blaudin-Vallière, Courroux-Desprez, Laramée, Dupin. — **1815** (*2e Restauration*) : Hyde de Neuville, de Pracomtal, Clément. — **1816** : De Pracomtal, Clément, Bogue de Faye, Chabrol de Chaméane, de Cayrol, Hyde de Neuville, de Sainte-Marie. — **1824** : De Sainte-Marie, de Pracomtal, Chabrol de Chaméane, Hyde de Neuville. — **1827** : Hyde de Neuville, de Sainte-Marie, Bolgues, Dupin. — **1830** : Lepelletier-d'Aunay, Dupin, Bolgues, Dupin. — **1831** : Boigues, Lepelletier-d'Aunay, Dupin, Lafond. — **1834** : Les mêmes. — **1837** : Boigues, de la Ferté-Meun, Dupin, Lafond. — **1839** : Les mêmes, moins Boigues remplacé par Manuel, Pelletier-Dulas, Benoist d'Azy. — **1842** : Manuel, Benoist d'Azy, Dupin, Lafond. — **1846** : Manuel, Benoist d'Azy, Dupin, Delangle. — **1848** : Girerd, Manuel, Archambault, Martin, Grangier de la Marinière, Gambon, Lafontaine, Dupin. — **1849** : Miot, Rochut, Rouet, Malard.er, Dupin, Manuel, F. Gambon, C. Gambon. — **1852** : Pétiet, Lepeletier-d'Aunay. — **1857** : Les mêmes, de Montjoyeux. — **1863** : Boucaumont, de Montjoyeux, Lepeletier d'Aunay. — **1869** : Boucaumont, de Bourgoing, Le Peletier d'Aunay. — **1871** : Ducrot, Lebas, Girerd, Martin, de Bouillé, Paultre, Benoist d'Azy, Turigny, de Bourgoing. — **1876** : Girerd, Turigny, Gudin, Le Peletier d'Aunay, de Bourgoing. -- 1877 : Girard, Turigny, d'Espouilles, Le Peletier d'Aunay, de Bourgoing, Fleury. -- 1881 : Laporte, Turigny, d'Espouilles, Hérisson, Gambon. — 1885 : Turigny, Hérisson, Laporte, Ducoudray, Berger.

NORD

1791 : Emmery, Cochet, Gossuin, Lemesre, Prouveur, Carpentier, Lejosne, Lefebvre, Duhem, Vanhœnacker, Coppens, Sallengros. — 1792 : Merlin (de Douai), Duhem, Gossuin, Cochet, Fockedey, Lesage-Senault, Carpentier, Briez, Sallengros, Poultier d'Elmotte, d'Aoust, Boyaval, Mallet, Derenty. — 1795 : Anciens : Poultier, Boyaval, Derenty, Charlier, Chombart, Cocquillier, Vankompen, Courte, Baillon, Rivière. — Cinq-Cents : Lesage-Senault, Guiot, Cochet, Drouet, Gossuin, Quinette, Pons, Colombel, Coupé, Carpentier, Deville, Derwick-Thierry, Plichon, Dupire, Woussen, Duhot, Dauchy, Fauvel, Béthune, Declere, Delabuisse, Pottier, Thélu, Dumoulin, Danel, Debacecque, Dumonceaux. -- 1799 : Baillion, de Brigode, Danel, Dequeux-Saint-Hilaire, Desprez, Dumoulin, Duquenne, Emmery, d'Estourmel, Farez, Gossuin, Gruson, d'Haubersaert, de Montesquiou Fézensac, Poultier d'Elmotte, Rivière, Schadet, Van Kempen. -- 1815 : (Cent-Jours) : Gossuin, Farez, Dumoulin, Desmontier, de Kenny, de Warenghien, Bonvié, Pillot, de Frémicourt, Merlin, Drouart, Dequeux-Saint-Hilaire, Bottin. -- 1815 (2e Restauration) : Beaussier-Mathon, Desmontier, de Béthisy, Van Merris, Potteau d'Hancardie, d'Estourmel, de la Maisonfort, Coppens, Deforest, Benoist, Bernard. — 1816 : Beaussier-Mathon, Deforest de Quartdeville, Desmoutier, de Brigode, Coppens, Mortier, Dupleix de Mézy, Revoire, de Frémicourt, Gossuin, Dequeux-Saint-Hilaire, Potteau d'Hancardie, de Muyssart, de Staplande, Bricourt, de Béthisy, Coffyn-Spins, de Bully, de Préseau d'Hujomont, Cotteau, Durand d'Helcourt Merlin de Beaugrenier, Bricout de Cantraine, Van Merris-Hinderick. — 1824 : De Muyssart, Van Merris-Hinderick, Barrois, Bricout de Cantraine, Coffyn-Spyns, de la Baseque, de Bully, Potteau d'Hancardie, de Caraman, Cotteau, Durand d'Elecourt, Merlin de Beaugrenier — 1827 : Barrois, de Franqueville, de l'Epine, Morel, de la Baseque, de Bully, Potteau d'Hancardie, de Caux, Cotteau, Durand d'Elecourt, Pas de Beaulieu, de Brigode. — 1830 : Paturle, Lemaire, Lorain, Martin, Warelu, Morel, Barrois, de Brigode, de Caux, d'Estourmel, de Montozon, de Vatimesnil. — 1831 : Barrois, de Brigode, Coget, de Montozon, Martin, Dupouy, Lemaire, Lallier, d'Estourmel, de Vatimesnil, Taillandier, Warelu, de Lamartine. — 1834 : Delespaul, de Brigode, Hennequin, de Montozon, Martin, Roger, de Lamartine, Lallier, d'Estourmel, Dumont, Merlin, Warein, d'Haubersaert. — 1837 : Delespaul, Josson, Hennequin, de Montozon, Martin, Roger, de Staplande, Taillandier, Corne, Dumont, Marchand, Warein. — 1839 : Delespaul, Lestiboudois, Hennequin, de Montozon, Martin, Roger, de Staplande, Taillandier, Corne, Dumont, Marchant, Warein, de Villeneuve-Bargemont. -- 1842 : Delespaul, Lestiboudois, de Villeneuve-Bargemont, de Montozon, Martin, Roger, de Staplande, d'Haubersaert, Cosne, de Maingoval, Marchant, Béhaghel, Choque. — 1846 : Delespaul, Lestiboudois, de Villeneuve-Bargemont, Bommart, Guilbert-Estevez, Roger, de Staplande, d'Haubersaert, de Saint-Aignan, de Maingoval, Béhle, Plichon, Guilbert-Estevez. — 1848 : Hannoye, Corne, Choque, Delespaul, Boulanger, Desmoutier, Reynard, Pureur, Malo, Serlooten, Loiset, Vendois, Bonte-Pollet, Huré, Duquenne, Farez, Lemaire, Dollez, Desurmont, Giraudon, Heddebault, Lenglet, Mouton, Descat, Dufont, Aubry, Thouret, Négrier, Négrier. — 1849 : Dumas, Duquenne, Seydoux, Descat, Kolb-Bernard, de Persigny, Mimerel, Thouret, de Mérode, Béhaghel, d'Hespel, Aubry, de Staplande, Vendois, Loiset, Roger, Choque, Corne, Lestiboudois, de Melun, Marchant, Delebecque, Testelin, Wallon, de la Hitte. — 1852 : Legrand, Descat, Lemaire, de Lagrange, de Clobsattel, Choque, Seydoux, de Mérode, Godard-Desmarest. — 1857 : Legrand, Brame, Lemaire, Plichon, de Clobsattel, Choque, Seydoux, Godard-Desmarest, Kolb-Bernard. — 1863 : Plichon, Kolb-Bernard, des Rotours, Brame, Lambrecht, d'Havrincourt, Stiévenart-Béthune, Seydoux, Godard-Desmarest, Hamoir. — 1869 : Plichon, Kolb-Bernard, des Rotours, Brame, Choque, Béduin, Pinard, Seydoux, Hamoir. -- 1871 : Corne, Brame, Béduin, Roger, Descat, Brabaut, Bottieau, Laurent, Maurice, Kolb-Bernard, de Lagrange, de Corcelle, d'Hespel, de Staplande, de Melun, de Marcère, de Brigode, Baucarne-Leroux, de Mérode, Plichon, Pajot, Théry, Vente, Wallon, des Rotours, Testelin, Dupont, Derégnaucourt, Parsy. — 1876 : Legrand, Masure, Screpel, des Rotours, Brame, Laurent, Guillemin, de Marcère, Desmoutiers, Bertrand-Milcent, Merlin, Mention, Trystram, Ioos, Masslet du Biest, Plichon, Legrand, Renard. — 1877 : Legrand, Masure, Screpel, des Rotours, Debuchy, Guillemin, de Marcère, Tellier-Béthune, Bertrand-Milcent, Merlin, Mention, Trystram, Ioos, de Lagrange, Plichon, Legrand, Girard, Brame, Giroud, Cirler, Bergerot. — 1881 : Legrand, Masure, Screpel, des Rotours, Brame, Debuchy, Guillemin, de Marcère, Bernard, Cirler, Giroud, Desmoutiers, Trystram, Bergerot, Plichon, Legrand, Girard, Outters, Giard. — 1885 : Des Rotours, Renard, Legrand de Lecelles, Plichon, Brame, Jonglez, Baucarne-Leroux, Maurice, Le Gavrian, de Martimprey, Morel, Lefèvre-Pontalis, Le Roy, Dejardin-Verkinder, de Frescheville, Bottieau, Bergerot, Lepoutre, Thellier de Poncheville, Delelis, Trystram, P. Legrand, Lecomte, Boulanger, Kœchlin.

OISE

1791 : Tronchon, Gérardin, Lecaron de Mazancourt, Lucy, Coupé, Calon, Thibault, Dubout, Husselin, Viquesnel-Delaunay, Goujon, Juéry. -- **1792 :** Coupé, Calon, Massieu, Villette, Mathieu, Delamarre, Bourdon, Bézard, Auger, Danjou. -- **1795 :** ANCIENS : Besquillon, Delamarre, Dubourg. -- CINQ-CENTS : Delamarre, Mathieu-Mirampal, Portiez, Bézard, Danchy, Borel des Brétizel, Juéry, Danjou, Dufresnoy, Buquet, Leblanc. -- **1799 :** Delamarre, Dubourg, de Girardin, Juéry, Leblanc, Lemaire-Darlon, Lucy, Sahuc. -- **1815** (*Cent-Jours*) : Danchy, Tronchon, de Nully d'Hécourt, Cressonnier, de la Rochefoucauld Liancourt, Desmaret. -- **1815** (*2e Restauration*) : de Noailles, de Lancry, de Kergorlay, Héricart de Thury, Bayard de Plainville. -- **1816 :** Tronchon, de Nully d'Hécourt, Borel de Brétizel, Héricart de Thury, de Kergorlay, Danse-Renault, de la Rochefoucauld. -- **1824 :** Cavé d'Haudicourt, Du Pille, Borel de Brétizel, de l'Aigle, Boulard. -- **1827 :** Boulard, de l'Aigle, Levaillant, Tronchon, de la Rochefoucauld. -- **1830 :** De la Rochefoucauld, de Montguyon, Levaillant, Tronchon, Gérard. -- **1831 :** Danse, de Mornay, Gérard, Legrand, Tronchon, Lemaire. -- **1834 :** Les mêmes, moins Gérard. -- **1837 :** Danse, de Mornay, Lemaire, Legrand, Barrillon. -- **1839 :** Les mêmes, moins Barrillon remplacé par de l'Aigle. -- **1842 :** Marquis, De Mornay, Lemaire, Legrand, Barrillon. -- **1846 :** Les mêmes, moins Barrillon remplacé par de l'Aigle. -- **1848 :** Barrillon, Marquis, Leroux, Lagache, Gérard, de Mornay, Desormes, Flyo, Sainte-Beuve, Toudu. -- **1849 :** De Mornay, Sainte-Beuve, de Mouchy, Barrillon, Gérard, Leroux, de Plancy, Lemaire. -- **1852 :** De Mouchy, de Plancy, Lemaire, de Corberon. -- **1857 :** De Corberon, de Plancy, Lemaire. -- **1863 :** Les mêmes, Barrillon, **1869 :** De Mouchy, de Plancy, Barrillon, -- **1871 :** Le Roux, duc d'Aumale, Desjardins, de Mornay, Perrot, de l'Aigle, de Kergorlay, Labitte, Gérard, de Mouchy. -- **1876 :** De Mouchy, Chevreau, Levavasseur, Dutilleul, Franck Chauveau. -- **1877 :** Boudeville, Chevreau, Levavasseur, de Cossé-Brissac, Franck Chauveau. -- **1818 :** Boudeville, Chevreau, Levavasseur, Robert, Chauveau (Franck). -- **1885 :** De Mouchy, Chevreau, de l'Aigle, Martin, de Châtenay, Duchesne.

ORNE

1791 : Barbotte, Lesueur, Lefessier, Lecomte de Betz, Paignard, Leboucher-du-Longchamp, André, Terrède, Deméos, Lautour-Duchâtel. -- **1792 :** Dufriche-Valazé, Bertrand la Hosdinière, André, Priestley, Piet-Bauprey, Duboë, Dugué d'Assé, Thomas-la-Prise, Fourmy, Dubois, Colombel de Boisaulard, Desgrouas, des Rivières, Castaing. -- **1795 :** ANCIENS : Dugué d'Assé, Goupil de Préfelne, Chartier-Desrieux, Bourdon, Fourmy. -- CINQ-CENTS : Thomas la Prise, Piet-Bauprey, Fourmy, Belzais-Courmesnil, Got, Desprez, Odolant-Desnos, Renault, Castaing. -- **1799 :** De Belzais-Courmesnil, Bonvoust, Bouffey, Castaing, Desprez, Dureau de la Malle, Fourmy, Lautour-Boismahieu, Odolant-Desnos, Perrin, Renault, Tanneguy-Lovenour. -- **1815** (*Cent-Jours*) : De Boislandry, Mercier, Remond, Desprez, Colas de Courval, Thomas-la-Prise, Got. -- **1815** (*2e Restauration*) : De Broglie, Delaunay, d'Orglande, de Pulsaye, Ernouf, de Frotté. -- **1816 :** De Broglie, Delaunay, d'Orglande, Druet-Desvaux, Thiboult de Pulsact, Legonidec, Boucher, de Gontaut-Biron, de Charencey, de Malsons. -- **1824 :** De Gontaut-Biron, de Charencey, de Choiseul-d'Aillecourt, Thiboult-Dupulsact, des Rotours, Legonidec, Boucher. -- **1827 :** De Charencey, de Choiseul-d'Aillecourt, Chagrin de Brullemail, Mercier, His, Lemercier, Fleury. -- **1830 :** Chagrin de Brullemail, Ballot, Rémond, Mercier, His, Lemercier, Fleury. -- **1831 :** Mercier, Deprez, His, Auberville, Lemercier, Fleury, Ballot. -- **1834 :** Libert, Clogenson, His, Goupil de Préfelne, Lemercier, Valazé, Ballot. -- **1837 :** Mercier, Clogenson, His, Goupil de Préfelne, Lemercier, Ballot. -- **1839 :** Mercier, de Corcelles, His, Gigon la Bertrie, Lemercier, Destutt de Tracy, Ballot. -- **1842 :** Les mêmes, moins Lemercier remplacé par Aylies. -- **1846 :** Les mêmes, moins Aylies remplacé par de Torcy. -- **1848 :** De Tracy, De Corcelles, Gigon-Labertrie, Ballot, Piquet, Hamard, Curial, de Charencey, Guérin, Druet-Desvaux, Vaudoré. -- **1849 :** De Tracy, de Corcelles, Druet-Desvaux, de Charencey, Gigon-Labertrie, Piquet, Curial, Lefavorais, Vaudoré. -- **1852 :** Mercier, de Sainte-Croix, de Torcy. -- **1857 :** De Chasot, de Sainte-Croix, de Torcy, David-Deschamps. -- **1863 :** De Chasot, David-Deschamps, de Torcy, de Mackau. -- **1869 :** Grollier, Dugué de la Fauconnerie, Gévelot, de Mackau. -- **1871 :** D'Audiffret-Pasquier, de la Sicotière, Gévelot, Grollier, Christophle, Beau, Duportail, Lherminier. -- **1876 :** Grollier, de Mackau, Christophle, Gévelot, Dugué de la Fauconnerie, Bianchi. -- **1877 :** Les mêmes, Bansart des Bois. -- **1881 :** Grollier, de Mackau, Christophle, Gévelot, Bansard des Bois, Fleury. -- **1885 :** De Mackau, Gévelot, Dugué de la Fauconnerie, Roulleaux-Dugage, de Turenne, de Lévis-Mirepoix, Christophle.

PARIS

1791 : Garran de Coulon, Lacépède, Pastoret, Cérutti, Beauvais, Bigot de Préameneu, Gouvion, Broussonnet, Cretté, Gorguereau, Thorillon, Brissot de Warville, Filassier, Hérault

de Séchelles, Mulot, Godard, Boscary, Quatremére-de-Quincy, Ramond de Carbonnière, Robin, Debry, Condorcet, Treil-Pardailhan, Monneron de Lacretelle, Alleaume, de Kersaint, de Moy, Dusaulx. — 1792 : Robespierre, Danton, Collot-d'Herbois, Manuel, Billaud-Varenne, Desmoulins, Marat, Lavicomterie, Legendre, Raffron, Panis, Sergent, Robert, Dusaulx, Fréron, Beauvais de Préau, Fabre d'Eglantine, Osselin, Robespierre jeune, David, Boucher, Laignelot, Thomas, duc d'Orléans, Boursault, Fourcroy, Bourgain, Rousseau, Yangools, Desrues.
Voy. Seine.

PAS-DE-CALAIS

1791 : Carnot-Feulins, Haudouart, Wallart, Legressier, Lefrancq, François, Duquesnoy, Dousy, Carnot, Baert, Blanchard. — 1792 : Carnot, Duquesnoy, Le Bas, Paine, Personne, Guffroy, Enlart, Bollet, Maguiez, Daunou, Varlet, Le Bon, Dubrœucq, Garnier. — 1795 : Anciens : Personne, Delattre, Vaillant, Liborel, Lefebvre-Caillet, Lenglet, Bollet, Garnier, Levaillant. — Cinq-Cents : Bollet, Benard-Lagrave, Daunou, Delorue, Duflos, Parent-Réal, Berquier-Neuville, Billion, Poultier, de Saint-Amour. — 1799 : Berquier-Neuville, Blanquart de Bailleul, Bollet, Bruneau de Beaumetz, Bucaille, Duflos, Francoville, Gosse de Gorre, Lefebvre-Cayet, Noizet de Saint-Paul. — 1815 (Cent-Jours) : D'Herlincourt, Enlart, Boubert, Cavrois, Harlé, Bruneau de Beaumetz, Gosse de Gorre, Boulogne, Poultier, de Saint-Amour, Barye. — 1815 : (2e Restauration) : Blondel d'Aubers, de Coupigny, de Tramecourt, Lallart, Blanquart de Bailleul, Deslyons de Moucheaux, Leroux-Duchâtelet, de Montbrun. — 1816 : Blanquart de Bailleul, de Francoville, d'Herlincourt, Harlé, Lallart, de Tramecourt, Blondel d'Aubers, Leroux-Duchâtelet, Fontaine, de Coupigny. — 1824 : De Montbrun, Duhays, du Tertre, Leroux-Duchâtet, de Rosny, de Coupigny, de Tramecourt. — 1827 : De Bryas, Duquesnoy, du Tertre, Harlé, Le Sergeant de Bayenghem, Degouves-Denuncques, Allant, Fontaine. — 1830 : Le Sergeant de Bayenghem, Garbé, Ollivier, Harlé, Fontaine, Harlé fils, Degouve-Denunecques. — 1831 : Harlé père, Harlé fils, Gosse de Gorre, de Riguy, Rougier d'Hérambault, Le Sergeant de Bayenghem, de Francoville, Degouves-Denunecques, Dussaussoy. — 1834 : Harlé père, Harlé fils, Delebecque, de Rigny, Roubier d'Hérambault, Armand, Le Sergeant de Monnecove, Piéron, Pouyer. — 1837 : Les mêmes, moins Harlé père et moins de Rigny remplacé par de Lessert. — 1839 : Les mêmes, plus Esnault. — 1842 : Esnault, Harlé, Delebecque, de Lessert, Roubier d'Hérambault, Armand, Lecelsère, Piéron. — 1846 : Esnault, d'Herlincourt, Delebecque, de Lessert, Ney, Quenson, Lefebvre-Hermant, Piéron. — 1848 : Piéron, de Bryas, Degeorge, d'Hérambault, Emmery, Bellard d'Ambricourt, Cary, Cornille, Lantoine-Harduin, Pierret, Lebleu, de Saint-Amour, Fourmentin, Fréchon, Olivier, Denissel, Lenglet. — 1849 : Deuissel, d'Hérambault, Plichon, Fréchon, Gros, de Bryas, Legros-Devot, d'Havrincourt, Lequien, Martel, Dupont-Delporte, Cardon de Moutigny, Douay, Wartelle-Doretz, Francoville. — 1852 : D'Herlincourt, Lequien, d'Hérambault, Lefebvre-Hermant, Watteblod. — 1857 : Les mêmes, Delebecque, Le Sergeant de Monnecove. — 1863 : Piéron-Leroy, Delebecque, Pinart, d'Hérambault, Martel, d'Herlincourt, Jourdain, Sens. — 1869 : Sens, Delebecque, Pinart, Jourdain, Martel, Mathieu. — 1871 : Martel, Adam, Wartelle-Doretz, de Bryas, Douay, de Fouler de Relingue, de Diesbach, de Clercq, Paris, Hamille, Dussaussoy, de Partz, de Saint-Malo, de Rincquesen, Levert, Sens, Dellisse-Engrand. — 1876 : Deusy, Florent-Lefebvre, Hermary, Brasme, Adam, Dussaussoy, Hamille, Devaux, Levert, de Partz. — 1877 : Deusy, d'Havrincourt, Hermary, de Clercq, Livois, Ribot, Hamille, Devaux, Levert, de Partz. — 1881 : Bouilliez-Bridou, Florent-Lefebvre, Fanien, Desprez, Ausart, Ribot, Hamille, Lefebvre du Prey, Levert, Graux. — 1885 : Dellisse, Hermary, Levert, Lefebvre du Prey, Taillandier, Sens, Dussaussoy, de Rosamel, Adam, de Partz, Delhomel, de Clercq, Ribot, Camescasse.

PUY-DE-DOME

1791 : Maignet, Gibergues, Thévenin, Gaubert, Téallier, Moulin, Soubrany, Couthon, Col, Cuel, Romme, Rabussou-Lamothe. — 1792 : Couthon, Gibergues, Maignet, Romme, Soubrany, Bancal des Issards, Girot-Pouzol, Rudel, Artauld-Blanval, Monestier, Dulaure, Laloue, Jourde, Pâcros. — 1795 : Anciens : Girot-Pouzol, Dumiral, Artauld de Blanval, Gibergues, Chapsal, Prévost, Thévenin. — Cinq-Cents : Bancal des Issarts, Dulaure, Jourde, Pâcros, Huguet, Thévenin, Favard de Langlade, Baudet, Bergier, Enjelvin, Laloue, Grenier, Chollet. — 1799 : Beaufranchet d'Ayat, Bergier, Boirot, Brugières-Laverchère, Chollet-Beaufort, Desribes, Deval de Guymont, Girot-Pouzol, Grenier, Huguet, Picot-Lacombe, Thévenin. — 1815 (Cent-Jours) : Becker, Boirot, Moulin, Favard de Langlade, Maignet, Ramond, Triozou-Barbat, Tailhaud, Madiou, Taché. — 1815 (Cent-Jours) : Chabrol de Tournoël, Bayet, Pélissier de Féligonde, de Barante, Favard de Langlade, Amarithon de Montfleury, Favard de Langlade, Bayet, de Montaignac, Chabrol de Crouzol, André d'Aubière, Amarithon de Montfleury, Pourrat, Duranquet de Chalus, de Trinqualye. — 1824 : De Leyval, de Féligonde, Duranquet de Chalus, de Trinqualye, Chabrol de Volvic, Favard de Langlade, Amarithon de Montfleury. — 1827 : Chabrol de Volvic, Pélissier de Féligonde, F. de Leyval, A. de Leyval, Favard de Langlade, de Riborolles, Simmer. — 1830 : de Riborolles, Molin, Baudet-Lafarge, Anisson-Duperron, Simmer, de Leyval, Favard de Langlade. — 1831 : Simmer, de Leyval, Baudet-Lafarge, Thévenin, Girot-Pouzol, Desaix, Pourrat, Maignol. — 1834 : Cariol, Jouvet, Maignol, Thévenin, Girot de Langlade, Tourraud, Molin. — 1837 : Jouvet, Dessaignes, Maignol, Simmer, Girot de Langlade, Berger, Molin. — 1839 : Jouvet, Dessaignes, Chabrol de Volvic, Combarel de Leyval, Girot de Langlade, Berger, Molin. — 1842 : de Morny, Dessaignes, Pagès, Combarel de Leyval, Girot de Langlade, Berger, Molin, — 1846 : de Morny, Martha-Becker, Pagès, Combarel de Leyval, Moulin, Darrot-Andrieu, Vimal-Dupuy. — 1848 : Altaroche, Jouvet, Charras, Baudet-Lafarge, Trélat, Lavigne, Girot-Pouzol, Jusserand, Combarel de Leyval, Lasteyras, Bravard-Veyrières, Goutay, Rouher, Bravard-Toussaint, Astaix. — 1849 : Combarel de Leyval, Borcher, Girot-Pouzol, Bravard-Veyrières, Moulin, Berger, Jusserand, Chassaigne-Goyon, Charras, de Morny, de Douhet, de Chazelles, Lasteyras. — 1852 : de Chazelles, de Morny, du Miral, de Pierre, de Pennautier. — 1857 : de Chazelles, de Morny, de Kersaint, du Miral, de Pierre, Christophle. — 1863 : Mège, de Morny, Christophle, du Miral, Andrieu, Girot-Pouzol. — 1869 : Mège, Burin-Desroziers, Christophle, du Miral, de Barante. — 1871 : Bardoux, Roux, Moulin, de Barante, de Lacombe, Tallon, de Féligonde, de Chabrol, de Douhet, Vimal-Dessaignes, Salneuve, Girot-Pouzol. — 1876 : Bardoux, Tallon, Costes, Girot-Pouzol, Rouher, Roux, Duchasselut. — 1877 : Les mêmes. — 1881 : Tisserand, Tallon, Costes, Girot-Pouzol, Gomot, Laville, Duchasselut, Gaillard. — 1885 : Barrière, Gomot, Laville, Le Guay, Gaillard, Guyot-Dessaigne, Duchasselut, Chantagrel, Blatin.

PYRÉNÉES (BASSES-)

1791 : Casemajor, Lerembourg, Dithurbide, Bergeras, Lostalot, Casamajor. — 1792 : Sanadon, Coute, Pémartin, Meillan, Casenave, Neveu, Laa, Vidal. — 1795 : Anciens : Coute, Meillan, Laussat, Bergeras, Fargues. — Cinq-Cents : Pémartin, Cazenave, Vidal, Laa, Paine, Fargues, Maluquer, Noussitou, Salenave, Guirail, Casenave, Pémartin. — 1799 : Bergeras, Casenave, Faget de Baure, Guirail, Pémartin, Salenave, Serviez. — 1815 (Cent-Jours) : Etcheverry, de Laussat, Basterrèche, Dartigaux, Labrouche, Elie, Vidal, Casenave. — 1815 (2e Restauration) : Faget de Baure, de Gramont d'Aster, de Gestas, de Lormand. — 1816 : D'Angosse, de Lormand, de Gestas, Basterrèche, Dartigaux, de Candau. — 1824 : De Saint-Cricq, de Candau, Dartigaux, de Gestas, Basterrèche — 1827 : de Saint-Cricq, Dartigaux, de Gestas, Laffitte, d'Angosse. — 1830 : Les mêmes. — 1831 : Dufau, Lafitte, Harispe, Lacaze, de Saint-Cricq, Lladières. — 1834 : Lavielle, Faurie, Harispe, Lacaze, Lladières, Daguenet. — 1837 : Lavielle, Chegaray, Daguenet, Lacaze, Lladières. — 1839 : Les mêmes. — 1842 : Les mêmes. 1846 : Les mêmes — 1848 : Nogué, Conlon, Boutoey, Renaud, Lerembourg, Saint-Gaudens, Dariste, Lestapis, Etcheverry, de Laussat, Barthe. — 1849 : De Laussat, de Crouseilhes, Etcheverry, Dariste, Manescau, Larrabure, Chégaray, de Rességuier, Vergeron, Renaud. — 1852 : O'Quin, Planté, Etcheverry, de Belmont-Briançon. — 1857 : O'Quin, Larrabure, Etcheverry. — 1867 : Les mêmes, Chesnelong. — 1869 : Fould, Chesnelong, Labat. — 1871 : Lacaze, Barthe, de Lestapis, Renaud, Duclerc, de Goutaut-Biron, Dufaur, Daguenet, Chesnelong. — 1876 : Barthe, Dariste, Labat, Harispe, Lacaze, Viguancour. — 1877 : Les mêmes. — 1881 : Garet, Cassou, Planté, Labat, Pradet-Balade, Rey, Viguancour. — 1885 : Dariste, Labat, Harispe, de Luppé, de Laborde-Noguez, Destandau, Viguancour.

PYRÉNÉES (HAUTES-)

1791 : Darnouilh, Fournier, Couget, Gertoux, Mailho, Dareau. — 1792 : Barère, Dupont, Gertoux, Picqué, Féraud, Lacrampe, Dauphole, Guchan. — 1795 : Anciens : Perrée. — Cinq-Cents : Picqué, Gertoux, Lacrampe, Ozun, Dauphole, Casteran. — 1799 : Dauphole, Dauzat, Fornier de Saint-Lary, Lacrampe, Noguès. — 1815 (Cent-Jours) : Laporte, Dauphole, Garat, Pinac, Barère. — 1815 (2e Restauration) : Figarol, Clarac, Fornier de Saint-Lary. — 1816 : Fornier de Saint-Lary, Figarol, Clarac, Darrieux. — 1824 : De Clarac, de Figarol, Ducasse. — 1827 : De Clarac, de Lussy, Ducasse de Horgues. — 1830 : De Clarac, Fourcade, Dintrans. — 1831 : Dintrans, Colonès, Gauthier d'Hauteserve. — 1834 : Les mêmes. — 1837 : Les mêmes. — 1839 : Les mêmes. — 1842 : De Preigne, Fould, Gauthier d'Hauteserve, de Goulard. — 1846 : Dintrans, Fould, de Goulard. — 1848 : Vignerte, Dubarry, Recurt, Lacaze, Cenac, Deville. — 1849 : De Ségur d'Aguesseau, Lacaze, Fornier de Saint-Lary, Soubiès, Deville, de Goulard. — 1852 : Dauzat-Dembarrère, Jublnal. — 1857 : Les mêmes. — 1863 : Fould, Jublnal. — 1869 : Les mêmes. — 1871 : De Goulard, Adnet, Desbons, de Franclieu, Duculing, Cazeaux. — 1876 : Cazeaux, Darnaudat, Alicot, Duffo. — 1877 : Cazeaux, Darnaudat, de Bretouil, Larrey, Desbons. — 1881 : Cazeaux, Ténot, Alicot, Devès. — 1885 : Cazeaux, de Bretouil, Féraud, Soucaze.

PYRÉNÉES-ORIENTALES

1791 : Lluela, Marie, Escanyé, Sian, Ribes. — **1792** : Guiter, Fabre, Birotteau, Montégut, Cassanyés, Delcasso. — **1795** : Anciens : Jacomet. — Cinq Cents : Cassanyés, Guiter, Delcasso, Montégut, Izos, Tastu. — **1799** : Guiter, Jacomet, Jalabert, Lamer. — **1815** : (Cent-Jours) : Jalabert, Jaubert, Guiter, Jacomet. — **1815** (2e Restauration) : Armand, de la Tour-d'Auvergne-Lauraguais. — **1816** : Durand, Pooydavant. — **1824** : Pooydavant, Durand. — **1827** : Durand, Lazerme. — **1830** : Durand, Garcias. — **1831** : Arago, Garcias, Escanyé. — **1834** : Arago, Garcias, Lacroix. — **1837** : Arago, Garclas, Parés. — **1839** : Les mêmes. — **1842** : Les mêmes. — **1846** : Les mêmes. — **1848** : Guiter, Em. Arago, Et. Arago, Lefranc, Picas. — **1849** : F. Arago, E. Arago, Lefranc, Guiter. — **1852** : Durand. — **1857** : Le même. — **1863** : I. Pereire. — **1869** : Durand, Calmètes. — **1871** : E. Arago, Guiter, Lefranc, Escarguel. **1876** : Escarguel, Massot, Escanyé. — **1877** : Escarguel, Forné, Escanye. — **1881** : Forné, Escanyé, Brousse, Floquet. — **1885** : Vilar, Brousse, Floquet.

RHIN (BAS)

1791 : Mathieu, Brunck, Koch, Wilhelm, Massenet, Noblat, Rühl, Arbogast, Bricke. **1792** : Rühl, Laurent, Bentabole, Dentzel, Louis, Arbogast, Simon, Ehrmann, Christiani, Grimmer. — **1795** : Anciens : Dentzel, Kauffmann, Karcher. — Cinq-Cents : Christiani, Hermann, Bertrand, Albert, André, Boëll, Cunier, Laurent, Aurich. — **1799** : Albert, Férat, Frantz, Köpfer, Mathieu-Faviers, Metz, Schaal, Zaepffel. — **1815** (Cent-Jours) : Metz, Brackenhoffer, Reibell, Popp, Prost, Martinez, Beaudel, Marchal, Boëll. — **1815** (2e Restauration) : de Turckheim, Metz, Brackenhoffer, Mathieu-Faviers, Saglio, Magnier-Grandprez, Kern. — **1816** : Metz, Kern, Magnier-Grandprez, Reibell, Brackenhoffer, Saglio, Lambrechts, Turckheim, Humann, Renouard de Bussière. — **1824** : Castex, de Turckheim, Wangen de Géroldseck, Duperreux, Renouard de Bussière, Humann. — **1827** : Saglio, de Turckheim, de Wangen de Géroldseck, Zorn de Bulach, Renouard de Bussière, Benjamin Constant. — **1830** : de Turckheim, Rudler, Wangen de Géroldseck, Humann, Saglio, Atthalin. — **1831** : Voyer d'Argenson, O. Barrot, Coulmann, Saglio, Humann, Muntz. — **1834** : Œluger, Reuter, de Schauenbourg, Saglio, Humann, Lejeudre, de Turckheim, Schramm. — **1837** : Cail, Martin, de Schauenbourg, Saglio, Hallez, Schramm. — **1839** : Les mêmes, moins Schramm remplacé par Dietrich, Magnier de Maisonneuve, Magnier, Renouard de Bussière. — **1842** : Magnier de Maisonneuve, Schutzenberger, de Schauenbourg, Saglio, Hallez, Cerfberr, de Hell, Renouard de Bussière. — **1846** : Humann, Renouard de Bussière, Lemasson, Saglio, Hallez-Claparède, Cerfberr, Gudin. — **1848** : Hochtenberger, Kling, Culmann, Schlosser, Martin, Foy, Lauth, Dorlan, Gloxin, Chauffour, Champy, Boussingault, Engelhard, Westercamp, Bruckner. — **1849** : Bruckner, Chauffour, Westercamp, Emmery, Jehl, Goldenberg, Baudsept, Boch, Beyer, Kopp, Anstett, Commissaire, Gérard, Vidal, Valentin, Laboulaye, Hochstuhl, de Girardin. — **1852** : De Bussière, Coulaux, Hallez-Claparède, Becquet, de Coëhorn. — **1857** : Les mêmes moins Becquet. — **1863** : Les mêmes. — **1869** : De Bussière, Coulaux, Zorn de Bulach, de Leusse. — **1871** : Albrecht, Boëll, Boersch, Kablé, Kuss, Molsheim, Osterrath, Saglio, Schneegans, Teutsch.

RHIN (HAUT)

1791 : Ritter, Woetterlé, Bruat, Rudler, Delaporte, Schirmer, Baumlin. — **1792** : Rewbell, Ritter, Laporta, Johannot, Pflieger, Albert, Dubois, Guittard. — **1795** : Anciens : Guittard, Johannot, Rossée, Bélin, Schirmer, Rewbell. — Cinq-Cents : Rewbell, Pflieger, Albert, Dubois, Laporte, Bolin, Guittard, Jourdain, Metzger, Resch, Simon. — **1799** : Metzger, Rossée, Schirmer, Sommervogel, Waldner de Freundstein. — **1815** (Cent-Jours) : Rapp, Rossée, Desportes, Joliat, Moll, Voyer d'Argenson, Morel. — **1815** (2e Restauration) : Moll, de Serre, Voyer d'Argenson, de Marandet, de Berckheim, Willig. — **1816** : De Serre, Voyer d'Argenson, Moll, Kœchlin, Bignon, d'Anthès, de La Fayette. — **1824** : De Montmarle, Kœchlin, de Marchangy, d'Anthès, Haas, Kuopff. — **1827** : André, Migeon, de Reinach, d'Anthès, Haas. — **1830** : Kœchlin, Hartmann, de Reinach, André, Migeon. — **1831** : Les mêmes, moins Migeon remplacé par Strolz, A. Kœchlin. — **1834** : Hartmann, Kœchlin, de Golbéry, Pflieger, Strolz. — **1837** : Les mêmes. — **1839** : Les mêmes moins Strolz remplacé par Struch, Rossée. — **1842** : Hartmann, Kœchlin, de Golbéry, Pflieger, de Bellonet, Marande. — **1846** : Struch, Dollfus, de Golbéry, Kœchlin, de Bellonet. — **1848** : Kœnig, Yves, Kestner, Rudler, Dollfus, Stoecklé, Bardy, Heuchel, Struch, Prud'homme, de Hœckeren, Chauffour, Fawtier. — **1849** : Cassal, Fawtier, Burgard, Prud'homme, de Hœckeren, Mühlenbeck, Savoye, Kœnig, Hofer, Pflieger, Migeon, Dollfus, Kestner. — **1852** : Migeon, de Reinach, Lefébure. — **1857** : Les mêmes, Keller. — **1863** : Lefébure, Gros, de Reinach, West. — **1869** : Lefébure, Tachard, Viellard-Migeon, Keller. — **1871** : Chauffour, Keller, Grosjean, Hartmann, Kœchlin, Reucker, Tachard, Titot, Scheurer-Kestner.

TERRITOIRE DE BELFORT

1871 : Keller. — 1876 : Keller. — 1877 : Keller. — 1881 : Fréry. — 1885 : Viellard, Keller.

RHONE-ET-LOIRE

1791 : Michon-Dumarais, Lamourette, Dupuy, Thévenet, Colomb-de-Gaste, Sanslaville, Davant, Blanchon, Jovin-Molle, Sage, Saulnier, Caminet, Chirat, Larochette, Lemontey. — 1792 : Chasset, Dupuy, Vitet, Dubouchet, Béraud, Pressavin, Moulin, Michet, Patrin, Forest, Pointe, Cusset, Javogues, Lanthenas, Fournier, Noailly, Boiron.

RHONE

1795 : ANCIENS : Chasset, Allard. — CINQ-CENTS : Chasset, Rambaud, Mayenvre de Champvieux, Béraud, Cacret, Cayre, Pressavin, Vitet, Ricard. — 1799 : Allard, Cayre, Chirat, Circckette, Fulchiron, Ricard, Rieussec, Terrasson. — 1815 (Cent-Jours) : Vouty de la Tour, Dulac, Jonard, Perrier, Bisarlon, Gras, Sauzey. — 1815 (2e Restauration) : De Fargues, de Noailles, de Cotton, de Magneval, d'Albon. — 1816 : De Magneval, de Fargues, de Cotton, Camille Jordan, de Corcelles, Pavy, de Chambost, Delphin, Delorme, de la Poype, Gillet-Valbreuze. — 1824 : Pavy, de Laurencin, Coudere, Pelhorme, Couppier. — 1827 : Delacroix-Laval, Jars, Coudere, Humblot-Conté, de Verna. — 1830 : Dugas-Monthel, Imbert-Vachon, Jars, Coudere, Humblot-Conté. — 1831 : Coudere, Jars, Fulchiron, Dugas-Monthel, Carrelchon. — 1834 : Sauzet, Jars, Fulchiron, Verno de Bachelard, Laurens Humblot. — 1837 : Les mêmes. — 1839 : Les mêmes, de Thorigny. — 1842 : Sauzet, Martin, Fulchiron, de Thorigny, Terme, Devienne, Desprez. — 1846 : Sauzet, Martin, Desprez, Devienne, Terme. — 1843 : Laforest, Foutre, Auberthier, Lacroix, de Mortemart, Gourd, Paullian, Benoit, Mouraud, Chanay, Ferrouillat, Pelletier, Greppo, Lortet, Rivet. — 1849 : Chanay, Doatre, Pelletier, Benoit, Morellet, Mathieu, Greppo, Fond, Faure, Raspail, Favre. — 1852 : Réveil, Dugas, de Mortemart, Cabias. — 1857 : Réveil, Hénon, Descours, de Mortemart. — 1863 : Hénon, Favre, Perras, Descours, Terme. — 1869 : Raspail, Bancel, Mangini, Descours, Terme. — 1871 : Ducarre, Le Royer, Favre, Morel, Glas, Flotard, Mangini, Perret, de Laprade, de Mortemart, de Saint-Victor, Millaud, Ordinaire, Guyot, Ranc. — 1876 : Millaud, Ordinaire, Ducand, Andrieux, Varambon, Guyot, Perras. — 1877 : Millaud, Bonnet-Duverdier, Andrieux, Varambon, Guyot, Perras, Chavanne, Ballue. — 1881 : Bonnet-Duverdier, Andrieux, Varambon, Million, Lagrange, Chavanne, Ballue, Perras, Brialou, Monteilhet. — 1885 : Ballue, Thiers, Marmonier, Million, Chavanne, Thévenet, Lagrange, Guillanmou, Burdeau, Rochet, Jacquier, Cheplé.

SAONE (HAUTE-)

1791 : Crestin, Loeurel, Courtot, Siblot, Laborey, Desgranges, Carret. — 1792 : Gourdan, Vigneron, Siblot, Chauvier, Balivet, Dornier, Bolot. — 1795 : ANCIENS : Vigneron, Balivet, Bolot, Dubuisson, Gourdan — CINQ-CENTS : Chauvier, Boyer, Wuilley, Dornier, Piquet, Balivet, Billerey. — 1799 : Bardenot, Ebaudy de Rochetaillée, Martin, Nourrisson, de Toulongeon, Vigneron. — 1815 (Cent-Jours) : Nourrisson, Percy, Gruyer, Robilier, de Marmier, Vigneron. — 1815 (2e Restauration) : de la Tour-du-Pin, Brusset, de Grammont. — 1816 : De Grammont, Martin de Gray, Bressand, Nourrisson, Galmiche, Bressand de Raze. — 1824 : Bressand de Raze, de Brusset, Petitperrin. — 1827 : De Villeneuve, de Brusset, de Grammont. — 1830 : De Villeneuve, Accarier, de Grammont. — 1831 : Genoux, de Marmier, de Grammont, Accarier, Jobard. — 1834 : Les mêmes, moins Accarier déjà remplacé par Jobard. — 1837 : Les mêmes. — 1839 : Les mêmes, moins Jobard remplacé par Lacordaire. — 1842 : Genoux, de Marmier, de Grammont, Dufournel. — 1846 : Guerrin, de Marmier, de Grammont, Dufournel. — 1848 : De Grammont, Dufournel, Millotte, Guerrin, Minal, Noirot, Angar, Lélut, Signard. — 1849 : De Grammont, Dufournel, Millotte, Signard, Lélut, Huguenin, Versigny. — 1852 : D'Andelarre, De Grammont, Lélut. — 1857 : Les mêmes. — 1863 : D'Andelarre, de Grammont, de Marmier. — 1869 : Les mêmes. — 1871 : Dufournel, d'Andelarre de Grammont, de Marmier, Ricot, Courcelle, Hérisson. — 1876 : Noirot, Versigny, Desloye, Ricot. — 1877 : Noirot, Versigny, Baïhaut, Marquiset. — 1881 : Les mêmes. — 1885 : Baïhaut, Marquiset, Levrey, Versigny, Noirot, Mercier.

SAONE-ET-LOIRE

1791 : Garchery, Bijon, Journet, Colin, Masuyer, Rubat, James, Desplaces, Cornut, Daroussin, Reverchon. — 1792 : Colin, Masuyer, Carra, Guillermin, Reverchon, Guillemardet, Baudot,

Bertucat, Mailly, Moreau, Mont-Gilbert, Jacob, Chamborre, Millard, Roberjot. — 1795 : Anciens : Mailly-Châteaurenaud, Larmaguac, Rubat, Reverchon, Lavaux. — Cinq-Cents : Guillemardet, Roberjot, Geoffroy, Dujardin, Polissard, Bigonnet, Moyne, Reverchon, Prudont, Chazeau, Gayet, Souberbielle. — 1799 : Boyelleau, Bruys Charly, Creuzé de Lesser, de Ganay,
La Métherie-Sorbier, Larmaguac, Polissard, Tupinier. — 1815 (Cent-Jours): Tupinier, Simonnot, de Drée, de Thiard, Bigonnet, Carnot, Mayneaud de l'ancemont, Debranges, Martin.
1815 (2e Restauration) : De Ganay, Geoffroy, Doria, de Beaurepaire, Royer, Bonne. — 1816 :
de Ganay, Paccard, de Beaurepaire, Doria, Mayneaud de Lavaux, de Thiard, Billardet, Humblot-Conté, Carrelet de Loisy. — 1824 : Carrelet de Loisy, de Davayé, de Fontenay, Doria, de Thiard, Serpillon, de Beaurepaire. — 1827 : Doria, de Vichy, Moyne, de Rambuteau,
de Thiard, de Fontenay, de Drée. — 1830 : Doria, de Sassenay, de Rauzan, de Rambuteau, de
Thiard, de Montépin, de Drée. — 1831 : De Rambuteau, de Thiard, de Corcelles, de Montépin,
de Drée, Guillemaut, Dureault, de Chapuys-Montlaville. — 1834 : Mathieu, de Lacharme,
Petiot Groffier, Lerouge, de Montépin, de Drée, de Chapuys-Montlaville. — 1837 : De Lamartine, Petiot-Groffier, Bachelu, de Montépin, Lambert, de Chapuys-Montlaville. — 1839 : Les
mêmes. — 1842 : Lamartine, Mathieu, Burignot de Varennes, Brunet-Denon, Schneider,
Lacroix, Chapuys de Montlaville. — 1846 : Lamartine, Mathieu, Mathey, de Thiard, Schneider,
de la Guiche, Chapuys de Montlaville. — 1848 : Mathieu, Mathey, de Thiard, Bourdon, Rolland, Lacroix, Pézerat, Menand, Petitjean, Reverchon, Bruys, Darlot, Jandeau, Rey. — 1849 :
Bruys, Boisset, Racouchot, Gindriez, Bard, Joly, Menand, Rougeot, Rolland, Landolphe, Heitz-
mann, Jeannot, Joly, Charrassin, Esquiros, Dain, Madier de Montjau, Hennequin, Colfavru.
— 1852 : De Barbantane, Schneider, Brunet-Denon, de Chabrillan. — 1857 : Les mêmes. —
1863 : Schneider, Chagot, de Chiseuil, de Chapuys-Montlaville, de Barbantane, Boutelier.
— 1869 : Schneider, Chagot, Huet, Boutelier, Lacroix. — 1871 : Rolland, Renaud, Duréault,
Pellissier, Alexandre, Mathieu, Jordan, de la Guiche, Daron, de Lacretelle, Guillemaut, Boysset.
— 1876 : Margue, de Lacretelle, Gilliot, Mathieu, Boysset, Daron, Bouthier de Rochefort,
Sarrien, Logerotte. — 1877 : Les mêmes, moins Mathieu remplacé par Reyneau. — 1881 : Les
mêmes, Loranchet, Guillemaut. — 1886 : Sarrien, Guillemaut, de Lacretelle, Boullay, Loranchet, Boisset, Simyan, Prudon, Magnien.

SARTHE

1791 : Rousseau, Salmon, Vérité, Bardou-Boisquetin, Guérin, Barré, Richard, François,
Chappe, Rojou. — 1792 : Richard, de la Primaudière, Salmon, Philippeaux, Boutroue, Levas-
seur, Chevalier, Froger, Sieyès, Letourneur, Lehault, Cornilleau. — 1795 : Anciens : Lehault,
La Primaudière, Ysambart, Barré. — Cinq-Cents : Sieyès, Guyton-Morveau, Dobry, Mortier-
Duparc, Bardou-Boisquetin, Delahaye-Delaunay, Ménard-la-Groye, Dufour, Houdebert, Hardouin.
— 1799 : Barré, Cornilleau, Delarue-Ducan, Houdebert, Mauboussin, Demusset, Salmon, de
Tascher, Hardouin. — 1815 (Cent-Jours) : Juteau, Delahaye, Hardouin, Abot, Urguet de Saint-
Ouen, Hardouin-Rivery, Quantin. — 1815 (2e Restauration) : Pasquier, Piot, de la Bouillerie,
Regnoust-Duchesnay, Bouvet de Louvigny. — 1816 : De la Bouillerie, Piot, de Louvigny, de
Boisclaireau, Thoré, Hardouin, Delahaye, de la Fayette, Benjamin Constant, Picot-Desormeaux,
Rousseau, d'Andigné de Resteau. — 1824 : D'Andigné de Resteau, Piot, de Louvigny, de
Boisclaireau, Duchesnay, de la Bouillerie, Rousseau. — 1827 : D'Andigné de Resteau, Lamandé,
Coutard, Bouteiller de Châteaufort, Périer, Bourdon du Rocher, de la Goupillière-Dollon. —
1830 : Fournier, Lelong, Goupil, de la Vauguyon, Périer, de Salvandy, de la Goupillière. —
1831 : De la Vauguyon, Picot-Desormeaux, Fournier, de Dollon, Goupil, Comte, Périer. —
1834 : De la Vauguyon, Garnier-Pagès, de Montesquiou, Goupil, Comte, Buon. — 1837 :
Basse, Garnier-Pagès, Paillard-Ducléré, de Montesquiou, Lelong, Caillard d'Aillières, Hortensius de Saint-Albin. — 1839 : Les mêmes, moins Caillard d'Aillières remplacé par Letrone,
Ledru-Rollin, de Beaumont. — 1842 : Basse, Ledru-Rollin, Paillard-Ducléré, de Montesquiou,
de Lasteyrie, de Beaumont, Hortensius de Saint-Albin. — 1846 : D'Eichtal, Ledru-Rollin, Paillard-Ducléré, de Lamoricière, de Lasteyrie, de Beaumont, Hortensius de Saint-Albin. — 1848 :
Trouvé-Chauvel, Gasselin, Lebreton, de Saint-Albin, de Beaumont, de Lamoricière, Chevé, Gasselin de Fresnay, Degousée, Langlois, Lorette, Hauréau. — 1849 : De Lamoricière, de Beaumont, de Talhouët, Gasselin, Langlois, L.-N. Bonaparte, Grimault, Rogé, de Beaunay, de Riancey. — 1852 : Rogé, Langlois, de Talhouët, de Beauvau, de Chaumont-Quitry. — 1857 : De
Chaumont-Quitry, Leret d'Aubigny, de Talhouët, de Beauvau. — 1863 : Les mêmes, moins de
Chaumont-Quitry remplacé par Haentjens. — 1869 : Les mêmes. — 1871 : Vétillard, Gasselin
de Fresnay, de Talhouët, Bernard-Dutreil, Busson-Duviviers, Caillaux, Haentjens, de Juigné,
de la Rochefoucauld-Bisaccia. — 1876 : Rubillard, Haentjens, Galpin, de la Rochefoucauld-
Bisaccia, de Perrochel, Le Monnier. — 1877 : Les mêmes. — 1881 : Leporché, Haentjens,
Galpin, de la Rochefoucauld-Bisaccia, d'Aillières, Cavaignac, Paillard-Ducléré. — 1885 : Le-
porché, d'Aillières, Cavaignac, Paillard-Ducléré, Legludic, de la Rochefoucauld-Bisaccia,
Galpin.

SAVOIE

1860 : De Boigne, Greyfié de Bellecombe, Palluel. — **1863 :** De Boigne, Palluel, Bérard. — **1869 :** De Boigne, Bérard. — **1871 :** Carquet, Parent, Guinard, Costa de Beauregard, Grange. — **1876 :** Parent, Bel, Blanc, Mayet, Horteur. — **1877 :** Les mêmes, Chevallay. — **1881 :** Bel, Blanc, Mayet, Horteur, Chevallay, Carret. — **1885 :** Horteur, Blanc, Carret, Roche, Branler.

SAVOIE (HAUTE-)

1860 : Pissard, Bartholoni. — **1863 :** Les mêmes. — **1869 :** Pissard, d'Yvoire. — **1871 :** Chardon, Duparc, Silva, Taberlet, Folliet. — **1876 :** Philippe, Ducroz, Silva, Folliet. — **1877 :** Philippe, Ducroz, Dupont, Folliet. — **1881 :** Les mêmes, Duval. — **1885 :** Duval, Folliet, Philippe, Ducroz.

SEINE

1795 : ANCIENS : Dusaulx, Devérité, Lecouteulx de Canteleu, Albert, Arnoult, Gorneau, Huguet, Lenoir-Laroche, Rivaud, Rousseau, Cousin, Mouricault. — **CINQ-CENTS :** Marec, Aubry, Bailly, Merlin de Douai, Gibert des Molières, Dambray, Portalis, Andrieux, Aubert, Berlier, Cabanis, Chénier, Guyot-Desherbiers, Pollart, Portiez, Arnould, Faure, Leroux, Petiet, — **1799 :** Aubert, Boulard, Brière de Mondétour, Cazo la Bove, de Coulmiers, Doyen, Fiefié, Grouvelle, Guyot-Desherbiers, Jacobé de Naurois, de Lacretelle, Lajard, Lefebvre-Laroche, Leroux, Masséna, de Montholon, Morellet, de Beauverger, Ramond de Carbonnières, Villot de Fréville. — **1815 (Cent-Jours) :** Roy, Péau de Saint-Gilles, Lanjuinais, Denis, Dubois, de Salverte, Laffitte, Hottinguer, Chaptal, de Lessert, Tripier, Garnier, Bénard de Moussinières, Arnault, Jullien, Sejean de Cézeaux. — **1815 (2e Restauration) :** Bellart, Decazes, Louis, de Boisgelin, Try, Tabarié, Pasquier, Roy, Camet de la Bonardière, Delaitre. — **1816 :** Laffitte, de Lessert, Roy, Goupy, Bollart, Breton, Pasquier, C. Périer, Ternaux, Ollivier, Bonnet, Lebrun, Quatremère de Quincy, Gérard, Gevaudan, de Lapanouze, Salleron, Leroy, Got, Tripier, de Laborde. — **1824 :** Ollivier, Breton, Bonnet, de Bertier, Foy, Saulot-Baguenault, C. Périer, Benjamin Constant, Héricart de Thury, de Lapanouze, Cochin, Leroy, Dupont de l'Eure. — **1827 :** Vassal, de Laborde, Lefebvre, Odier, Mathieu Dumas, Demarçay, Salverte, de Corcelles, de Schonen, Chardel, Bavoux, Louis. — **1830 :** Odier, Lefebvre, de Laborde, Ganneron, Mathieu Dumas, Demarçay, Salverte, de Corcelles, de Schonen, Chardel, Barthe, C. Dupin. — **1831 :** Debelleyme, Lefèvre, Odier, Ganneron, Salverte, de Lessert, de Laborde, Paturle, de Schonen, C. Dupin, Barthe, Pauls, Bonnet, de Las-Cases, Demonts. — **1834 :** Jacquemiuot, Lefèvre, Odier, Ganneron, Salverte, de Lessert, Moreau, Paturle, de Schonen, Dupin, Demonts, Pauls, Garnon, Frémicourt. — **1837 :** Jacquemiuot, Lefèvre, Odier, Legentil, Ganneron, Salverte, Laffitte, Moreau, Beudin, Locquet, de Jussieu, Demonts, Cochin, Garnon, Gisquet. — **1839 :** Jacquemiuot, Lefèvre, Legentil, Ganneron, Salverte, Carnot, Moreau, Beudin, Galis, de Jussieu, Vavin, Cochin, Garnon, de Las-Cases, d'Hubert, Boissel. — **1842 :** Jacquemiuot, Lefèvre, Taillandier, Ganneron, Marie, Carnot, Moreau, Bethmont, Galis, de Jouvencel, Vavin, Boissel, Garnon, de Lasteyrie, Locquet. — **1846 :** Périer, Berger, Taillandier, Marie, Malgaigne, Carnot, Moreau, Beudin, Locquet, de Jouvencel, Vavin, Boissel, Garnon, de Lasteyrie. — **1848 :** De Lamartine, Arago, Garnier-Pagès, Marie, Béranger, Carnot, Duvivier, de Lasteyrie, Vavin, Berger, Buchez, de Cormenin, Corbon, Caussidière, Albert, Wolowski, Peupin, Ledru-Rollin, Flocon, Louis Blanc, Perdiguier, Coquerel, Garnon, Guinard, Lamennais, Moreau, Goudchaux, Changarnier, Pierre Leroux, Victor Hugo, Lagrange, Boissel, Proudhon, L.-N. Bonaparte, Fould, Raspail. — **1849 :** Lagrange, Bedeau, Moreau, Victor Hugo, Vavin, Lamennais, Wolowski, Coquerel, P. Leroux, Peupin, Garnon, Perdiguier, de Lasteyrie, Rapatel, Lanjuinais, L.-N. Bonaparte, Magnan, de Malleville, de Bar, de Lessert, F. Barrot, Chambolle, Ducos, Fould, Boinvilliers, Bolchot, Rathier, Considérant, Carnot, Vidal, de Flotte, Suc. — **1852 :** Guyard-Delalain, Devinck, Perret, Fouché-Lepelletier, Lanquetin, Kœnigswarter, Véron, Thibaud, Monnin-Japy. — **1857 :** Guyard-Delalain, Devinck, Perrot, Ollivier, Picard, Favre, Darimon, Fouché-Lepelletier, Kœnigswarter, Véron. — **1863 :** Carnot, Thiers, Ollivier, Picard, Garnier-Pagès, Guéroult, Darimon, J. Simon, Pelletan. — **1869 :** Rochefort, Thiers, Crémieux, Glais-Bizoin, Garnier-Pagès, Ferry, Favre, Arago, Pelletan. — **1871 :** Louis Blanc, Victor Hugo, Gambetta, Garibaldi, E. Quinet, Rochefort, Saisset, Delescluze, Joigneaux, Schœlcher, Pyat, Henri Martin, Pothuau, Gambon, Lockroy, Dorian, Ranc, Malon, Brisson, Thiers, Sauvage, Martin Bernard, Marc-Dufraisse, Greppo, Langlois, Frébault, Clémenceau, Floquet, Vacherot, Brunet, Cournet, Tolain, Littré, J. Favre, Ledru-Rollin, Arnaud, Say, Tirard, Razoua, Adam, Millière, Peyrat, Farcy, Wolowski, André, Pernolet, Louvet, Dietz-Monnin, de Pressensé, Gambetta, Corbon, Morin, Denormandie, de Cissey, Krantz, de Pleuc, Schœrer-Kestner, Laboulaye, Lefébure, Laurent-Pichat, Sébert, Brelay, Drouin, Moreau, Vautrain, Barodet. — **1876 :** Tirard, Brelay, Spuller, Barodet, L. Blanc, Denfert-Rochereau, Frébaut, Decazes, Thiers, Brisson, Floquet, Greppo, Cantagrel, Germain Casse, Farcy, Marmottan, P. Duprat, Clémenceau, Allain-Targé, Gambetta, Sée, Bamberger, Deschanel, Raspail, Talandier. — **1877 :** Tirard, Brelay, Spuller, Barodet, Le Blanc,

Hérisson, Frébault, Touchard, Grévy, de Girardin, Brisson, Floquet, Greppo, Cantagrel, Casse, Forey, Marmottan, Duprat, Clémenceau, Allain-Targé, Gambetta, Sée, Bamberger, Deschanel, Raspail, Talandier, Godelle, de la Forge, Roque de Filhol. -- 1881 : Tirard, Brelay, Spuller, Barodet, L. Blanc, de Lanessan, Hérisson, Frébault, Passy, de la Forge, Rane, Lefèvre, Brisson, Cadet, Lockroy, Greppo, Cantagrel, Casse, Farcy, Marmottan, de Hérédia, Maret, Lafont, Clémenceau, Allain-Targé, Gambetta, Révillon, Delattre, Villeneuve, Roque de Filhol, Raspail, Talandier, Forest, Bourneville, Colla, Sigismond Lacroix. -- 1885 : Lockroy, de la Forge, Allain-Targé, Barodet, Cantagrel, Lefèvre, Farcy, de Lanessan, Frébault, Passy, Forest, Raspail, Brelay, Mathé, Casse, Lacroix, Delattre, Bourneville, Révillon, Lefont, Villeneuve, Laisant, de Hérédia, Dreyfus, Guyot, Michelin, Roque de Filhol, Pichon, Hude, Camélinat, Basly, Rochefort, Labordère, Maillard, Millerand, de Douville-Maillefeu, Achard, Brialou, Gaulier, Mesureur, Boulanger.

SEINE-ET-MARNE

1791 : Hébert, Sédillez, Dubaisson, Quatresolz, Jaucourt, Regnard-Claudin, Jollivet, de Vaublanc, Naret, Rataud, Béjot. -- **1792** : Manduyt, Bailly, Tellier, Cordier, Viguy, Geoffroy, Bernard des Sablons, Humbert, Opoix, Defrance, Bernier, Bezout. -- **1795** : ANCIENS : Humbert de Fligny, Viguy, Picault, Sédillez. -- CINQ-CENTS : Bailly de Juilly, Godard, de Vaublanc, Bidault, Hattingais, Simon, Chaillot. -- **1799** : Chaillot, Defrance, de Faldseau, Gaillard, Hattingais, Lefeuvre, Sédillez, Simon, de Vaublanc. -- **1815** (Cent-Jours) : De la Fayette, Lebrun, Gouest, Lefeuvre, Hattingais, Guyardin, Simon. -- **1815** (2e Restauration) : De Saint-Cricq, Huerne de Pommeuse, de Clermont. -- **1816** : De Saint-Cricq, Ménager, Despatys, Rolland d'Erceville, Huerne de Pommeuse, de la Fayette, Pinteville de Cernor, d'Harcourt. -- **1824** : D'Harcourt, de la Tour du Pin de la Charce, Pinteville de Cernon, Huerne de Pommeuse, Rolland d'Erceville. -- **1827** : D'Harcourt, Despatys, de La Fayette, Baillot, O. de La Fayette. -- **1830** : Despatys, Durosnel, de la Fayette, G. de La Fayette, Bailliot. -- **1831** : Les mêmes, moins Despatys remplacé par d'Harcourt. -- **1834** : Boissière, Harrouard de Richemont, Durosnel, d'Harcourt, O. de La Fayette. -- **1837** : Selves, Portalis, Lebœuf, Gervais, G. de La Fayette. -- **1839** : De Praslin, Portalis, Lebœuf, Gervais, de La Fayette, Simon. -- **1842** : Drouyn de Lhuys, Lebohe, de Ségur, d'Haussonville, G. de La Fayette. -- **1846** : Drouyn de Lhuys, O. de La Fayette, de Ségur, d'Haussonville, G. de La Fayette. -- **1848** : G. de La Fayette, O. de la Fayette, Drouyn de Lhuys, de Lasteyrie, Chappon, Bastide, Portalis, Aubergé, Bavoux. -- **1849** : De Lasteyrie, Drouyn de Lhuys, Lebœuf, Bavoux, Gilland, de La Fayette, Chappon, Aubergé. -- **1852** : De Beauverger, Gareau, Bavoux. -- **1857** : De Beauverger, Gareau, Josseau. -- **1863** : De Beauverger, de Jaucourt, Josseau. -- **1869** : De Choiseul, de Jouvencel, Josseau. -- **1871** : De Choiseul, de La Fayette, de Lasteyrie, Voisin, d'Haussonville, Jozon, de Ségur. -- **1876** : De Choiseul, Plessier, Lambert, Ménier, Sollard. -- **1877** : Les mêmes, Dethomas. -- **1881** : De Choiseul, Plessier, Dethomas, Lefebvre, Leulent. -- **1885** : Prévet, Lefebvre, Gastellier, Montaut, Humbert.

SEINE-ET-OISE

1791 : Lecointre, Soret, Bassal, Oolas, Boisseau, Hua, Pillant, Petit, Dumas, Haussmann, Courtin, Ténon, Legras, Chéron. -- **1792** : Lecointre, Haussmann, Bassal, Alquier, Gorsas, Audouin, Treilhard Roy, Tallien, Hérault de Séchelles, Mercier, Kersaint, Chénier, Dupuis, Brissot, Yenard, Goujon. -- **1795** : ANCIENS : Tronchet, Lebrun, Tronson-Ducoudray, Dumas, Garat, Palissot, Pellé. -- CINQ-CENTS : Dupuy, Challon, Deselozeaux, Chauvelier, Montardier, Garnier-Deschênes, Gillet, Rozier. -- **1799** : D'Astorg, Cholet, Duchosne de Gillevoisin, Dupuis, Goulard, Haquin, Henin, Dejunquières, Leclerc, Montardier, Pellé, Soret. -- **1815** (Cent-Jours) : Bouchard des Carneaux, Lyottier, Carré, Lebrun, Sibuet, Geoffroy Saint-Hilaire, Fourmerat, Morillon, Labrousse de Verteillac, Richaud. -- **1815** (2e Restauration) : De Bizemont, Haudry de Soucy, de Chapelle, Roger, Usquin, Bertier de Sauvigny. -- **1816** : Delaitre, Usquin, de Bizemont, de Chapelle, Haudry de Soucy, Bertin de Veaux, de Bouthillier, Bouchard des Carneaux, de Biancour, de Jouvencel, de Fraguier. -- **1824** : De Bouthillier, Haudry de Soucy, de Saulty, Bouchard-Descarneaux, de Fraguier, Biancour, Bertin de Veaux, Lebeau. -- **1827** : De Bizemont, Oberkampff, de Jouvencel, de Lameth, Bérard, Lepelletier d'Aunay, Bertin de Veaux. -- **1830** : Les mêmes. -- **1831** : De Jouvencel, Bertin de Veaux, Bérard, Baudet-Dulary, Fiot, Lepelletier d'Aunay, de Lameth, Guy, Bouchard, Foye. -- **1834** : De Jouvencel, Guy, Defitte, de Laborde, Hernoux, Lepelletier d'Aunay, Bouchard. -- **1837** : De Jouvencel, Bertin de Veaux, Defitte, de Laborde, Hernoux, Lepelletier d'Aunay, Bouchard. -- **1839** : Remilly, Bertin de Veaux, Defitte, de Laborde, Hernoux, Lepelletier d'Aunay, Berville, Darblay. -- **1842** : Remilly, Darblay, Daru, de Viart, Hernoux, Lepelletier d'Aunay, Berville. -- **1846** : Les mêmes, moins de Viart remplacé par de Laborde. -- **1848** : Pigeon, Durand, Landelu' Lécuyer, de Luynes, Bezançon, Lefebvre, Berville, Pagnerre, Remilly, Barthélemy-Saint-Hilaire' Flandin. -- **1849** : De Luynes, Remilly, Barthélemy-Saint-Hilaire, Flandin, Pigeon, Lepelletier d'Aunay, Darblay, Barre, Hernoux, Lepic. -- **1852** : Caruel de Saint-Martin, Darblay, de Gouy d'Arsy, Delapalme. — 1857 : Les mêmes, Brochant de Villiers, Dambry. — 1863 : Carnot de Saint-Martin, Darblay, Dambry, Richard. — 1869 : Barthélemy-Saint-Hilaire, Darblay, Lefèvre-Pontalis, Richard. — 1871 : Barthélemy-Saint-Hilaire, Rameau, Lefèvre-Pontalis, Feray Carnot, Jouranalt, de Pourtalès, de Jouvencel, Labélouye, Hèvre, Schérer, Calmon, Sénard, Valentin. — 1876 : Joly, Jourault, Rameau, Renault, Charpentier, Lebaudy, Rendu, Langlois, Carrey. — 1877 : Les mêmes, moins Rendu remplacé par Sénard, Dreyfus, Maze. — 1881 : Journault, Rameau, Remoiville, Féau, Lebaudy, Vermond, Langlois, Maze, Dreyfus. — 1885 : Barbe, Remoiville, de Jouvencel, Colfavru, Hubbard, Vergoin, Barbe, Périllier, de Mortillet.

SEINE-INFÉRIEURE

1791 : Ducaste, Lucas, Christinat, Hochet, Langlois, Vimar, Letailleur, Boullenger, Tarbé, Grégoire, Brémontier, Froulière, Forfait, Desportes, Albitte, Levavasseur. — 1792 : Albitte, Pocholle, Hardy, Yger, Hecquet, Duval, Vincent, Faure, Lefebvre, Blutel, Bailleul, Mariette, Doublet, Ruault, Bourgois, Delahaye, Lecomte, Revel, Albitte jeune. — 1795 : ANCIENS : Bourgois, Vincent, Legendre, Bourdon, Lemoine, Vimar, Bourgois, Anquetin, Guttinguer. — CINQ-CENTS : Bailleul, Daunou, Blutel, Duval, Treilhard, Santereau, Hardy, Castillon, Bentabole, Lefebvre, Lemoine, Lucas, Guttinguer, Beauvais, Brémontier, Ledesvé, Lemesle, Rabasse, Thiessé, Costé, Lucas. — 1799 : Anquetin de Beaulieu, Aroux, Bourdon, Bourgois, Brémontier, de Cauonville, Costé, Dalleaume, Duval, Faure, Hardy, Hébert, Lemesle, Levieux, Lezurf de la Martel, Rabasse, Thomas. — 1815 (Cent-Jours) : De Villequier, Brière, Vimar, Bignon, Delaistre, Leseigneur, Defontenay, Lepeletier de Saint-Fargeau, de Girardin, Rigoult, Hellot, Lucas. — 1815 (2e Restauration) : Ribard, Castel, Delamare, d'Haussez, de Germiny, de Montmorency, Duvergier de Hauranne, de Bouville, Odoard. — 1816 : Fouguet, Richard, Duvergier de Hauranne, de Montmorency, Bégouen, Castel, Delaroche, Cabanon, Leseigneur, de Girardin, de Lameth, Ribard, de Bouville. — 1824 : De Montmorency, Ribard, Fouquier-Long, de Bouville, de Girardin, Petou, Faure, de Martainville, de Malartie, Martin de Villers. — 1827 : Asselin de Villequier, Thil, Cabanon, Maille, Martin, Petou, Duvergier de Hauranne, Martin-Lafitte, de Malartie, Hély d'Oissel, Bérigny. — 1830 : Les mêmes, moins Martin et de Malartie. — 1831 : Barbet, Maille, Cabanon, Petou, de la Roche, Leclerc, Bérigny, Aroux, Hély d'Oissel, Asselin de Villequier, Mallet, Desjobert, Rondeaux, Lemaistre, Anisson-Duperron. — 1834 : Barbet, Toussin, Lafitte, Petou, Lemaistre, Vitet, Bérigny, Aroux, Desjobert, Anisson-Duperron, Mallet. — 1837 : Barbet, Carmer, Izarn, Sevaistre, Mermilliod, Vitet, Bérigny, de Chasseloup-Laubat, Desjobert, Anisson-Duperron, Mallet. — 1839 : Barbet, Toussin, Lafitte, Girardin, Mermilliod, Vitet, Bérigny, de Chasseloup-Laubat, Desjobert, Anisson-Duperron, Mallet. — 1842 : Cabanon, Toussin, Lafitte, Grandin, Mermilliod, Vitet, Levavasseur, de Chasseloup-Laubat, Desjobert, Couture, Leseigneur, Dubois. Rondeaux, Barbet. — 1846 : Rondeaux, Levavasseur, Lefort-Gonssolin, Grandin, Dubois, Vitet, Rouland, de Chasseloup-Laubat, Desjobert, Couture, Leseigneur, Osmont. — 1848 : Desjobert, Lefort-Gonssolin, Morlot, Lebreton, Osmont, Levavasseur, Cécille, Grandin, Germonière, Lefebvre, Girard, Dargent, Bautier, Démarest, Sénard, Raudduc, Thiers, Loyer, Dupla, Martinetz, Dobremel. — 1849 : Desjobert, Cécille, Germonière, Levavasseur, Loyer, Dupin, Thiers, Ancel, de Mortemart, Démarest, Estancelin, Martin de Villers, de Chasseloup-Laubat, d'Aubermesnil, Vitet, Grandin, Bourdon. — 1852 : Levavasseur, Quesné, Lédier, de Mortemart, Ancel, Corneille, de la Bédoyère. — 1857 : Pouyer-Quertier, Levavasseur, Corneille, Lédier, de la Bédoyère, Ancel, Reiset. — 1863 : Pouyer-Quertier, Quesné, Corneille, Lédier, Barbet, Ancel. — 1869 : Desseaux, Quesné, Corneille, Estancelin, Buisson, Le Cesne. — 1871 : Buisson, Pouyer-Quertier, Cordier, Lanel, Buée, Savoye, Anisson-Duperron, de Bagneux, des Roys, Vitet, Peulvé, Ancel, Nétien, Lebourgeois, Robert, Raoul Duval, Valazé. — 1876 : Desseaux, Dautresme, Waddington, Lanel, Lebourgeois, Le Cesne, Dubois, du Doüet, Thiessé, Anisson-Duperron, Savoye. — 1877 : Desseaux, Dautresme, Waddington, Lanel, Lebourgeois, Peulevey, C. Périer, du Doüet, Thiessé, Anisson-Duperron, Savoye, Trouard-Riollo, Duvivier. — 1881 : Duvivier, Dautresme, Waddington, Lanel, Peulevey, Casimir-Périer, Faure, Thiessé, Lechevalier, Dessen de Saint-Aignan, Trouard-Riollo, Grout. — 1883 : Casimir-Périer, Lechevalier, Faure, Le Soueff, Waddington, Dautresme, Duvivier, Ricard, Thiessé, Trouard-Riollo, Siegfried, Lyonnais.

SÈVRES (DEUX-)

1791 : Jard-Panvillier, Chasteau, Lecointe-Puyraveau, Auguis, Jounnault, Robourm, Dubreuil-Chambardel. — 1792 : Lecointe-Puyraveau, Jard-Panvillier, Auguis, Duchastel, Dubreuil-Chambardel, Lofficial, Cochou, Chauvin-Hersant. — 1795 : ANCIENS : Auguis, Tharreau, Morand, Guérin. — CINQ-CENTS : Jard-Panvillier, Cochon, Chauvin-Hersant, Thibaudeau, Lecointe-Puyraveau, Guérin, Auguis, Bodin. — 1799 : Auguis, Dillon, Guérin, Morand, Morisset. — 1815 (Cent-Jours) : Vincent-Molindère, Bujault, Aubin, Bernardin, Chauvin-Hersant, Andrieux. — 1815 (2e Restauration) : Chauvin de Bois Savary, Jard-Panvillier, Clebrou de la Roulière. — 1816 : Morisset, Jard-Panvillier, Andrault, Gilbert de Voisins, Bujault, Clerc-la-Salle. — 1824 :

D'Abbadie, Chebrou de la Roulière, Agier. — 1827 : De Sainte-Hermine, Agier, Tonnet-Hersant, Tribert. — 1830 : Les mêmes, moins Tonnet-Hersant. — 1831 : Clerc-Lasalle, Auguis, Proust, Tribert. — 1834 : David, Auguis, Agier, Tribert. — 1837 : Michel, Auguis, Allard, Tribert. — 1839 : Arnauldet, Auguis, Allard, Tribert. — 1842 : David, Auguis, Allard, Tribert, Demarçay. — 1846 : Maichin, Demarçay, Allard, Tribert. — 1848 : Baugier, Blot, Boussi, Charles, Chevallon, Demarçay, Maichain, Richard. — 1849 : Aymé, Bouchet de Grandmay, Failly, David, de Lescours, Gourgaud, Rouget-Lafosse. — 1852 : David, Chauvin-Lénardière. — 1857 : Les mêmes, plus du Hamel. — 1863 : David, Lasnonier, Le Roux. — 1869 : Les mêmes. — 1871 : Monnot, Aymé de la Chevrelière, Taillefert, Tribert, de la Rochejaquelein, Mazure, Bréard. — 1876 : Proust, Petiet, de la Rochejaquelein, Giraud, Allard. — 1877 : Proust, de la Porte, de la Rochejaquelein, Giraud, Ganne, Jouffrault. — 1881 : Proust, de la Porte, de la Rochejaquelein, Giraud, Ganne. — 1885 : De la Porte, Proust, Giraud, Jouffrault, Richard, Golrand.

SOMME

1791 : Debaussy de Robécourt, Nau, Goubet, Delaunay, Desbois, Loyeux, Guillet, Saladin, Rivery, Louvet, Massy, Debray-Chamout, Ballue. — 1792 : Saladin, Rivery, Gantois, Dumont, Asselin, Hourier, Louvet, Dufestel, Martin-Saint-Prix, Devérité, Delecloy, Sillery, François, Scellier, Dequen, Vassour. — 1795 : Anciens : Debourges, Tattegrain, de Crécy, Bouteville, Delecloy, Gonnet, Thierry. — Cinq-Cents : Lofficial, Riffard de Saint-Martin, Ferrand, Plaisne de Champeaux, Ezemar, Gantois, Lemarchand-Gomicourt, Laurence-Villedieu, Barbier-Jenty, Louvet, Poirrier, Scellier, Prévost, Rivery, Delattre. — 1799 : Bouteiller, Delattre, Delecloy, Gantois, Gonnet, de Lameth, Lemarchant de Gomicourt, Louvet, Thierry. — 1815 (Cent-Jours) : Berville, Laurendeau, de Lameth, Caumartin, Delattre, Delamorlière, Mourguos, Louvet, Bouteville du Metz. — 1815 (2e Restauration) : D'Hardivilliers, Blin de Bourdon, Roux de Laborie, Cornet-d'Incourt, de Rougé, Morgan de Belloy, Lemarchant de Gomicourt. — 1816 : D'Hardivilliers, Cornet d'Incourt, Lemarchant de Gomicourt, Morgan de Belloy, Rouillé de Fontaine, Daveluy-Bellencourt, de Croy-Solre. — 1824 : De Rougé, de Croy-Solre, du Maisniel de Liercourt, Daveluy-Bellencourt, Cornet-d'Incourt, Rouillé de Fontaine, Blin de Bourdon. — 1827 : Du Maisniel de Liercourt, Debray, de Castéja, Blin de Bourdon, Caumartin, de Dompierre d'Hornoy, Rouillé de Fontaine. — 1830 : Blin de Bourdon, de Rumigny, Massey, Estancelin, Caumartin, de Dompierre d'Hornoy, Rouillé de Fontaine. — 1831 : Caumartin, Massey, Estancelin, Renouard, Gauthier de Rumilly, Rouillé de Fontaine, Harlé. — 1834 : Les mêmes, moins Gauthier de Rumilly remplacé par Blin de Bourdon. — 1837 : Caumartin, Gauthier de Rumilly, Estancelin, de Carpentin, Blin de Bourdon, Cadeau d'Acy, de Haussy de Robécourt. — 1839 : Caumartin, Gauthier de Rumilly, Estancelin, Renouard, Blin de Bourdon, Cadeau d'Acy, de Beaumont. — 1842 : Massey, Gauthier de Rumilly, Estancelin, Tillette de Clermont, Blin de Bourdon, Cadeau d'Acy, de Beaumont. — 1846 : Creton, Gauthier de Rumilly, Vayson, Dutens, Blin de Bourdon, Cadeau d'Acy, de Beaumont. — 1848 : De Beaumont, Creton, Gauthier de Rumilly, Porlon, Tillette de Clermont, Magniez, Blin de Bourdon, Delattre, Allard, Randoing, Morel-Cornet, de Fourmont, Labordère, Dubois. — 1849 : De Beaumont, Creton, Porlon, Changarnier, Labordère, de Fourmont, Dompierre d'Hornoy, Lefebvre de Grosriez, de Lagrené, Morel-Cornet, Dubois, Randoing. — 1852 : Allard, Tillette de Clermont, Couucau, Delamarre, Randoing. — 1857 : Les mêmes, moins Delamarre remplacé par de Morgan, de Rieucourt, Cosserat. — 1867 : Cosserat, Sénéca, Couneau, de Morgan, Grossier, de Fourmont. — 1869 : Cosserat, Sénéca, d'Estourmel, de Fourmont, d'Hésecques. — 1871 : Faidherbe, Dompierre d'Hornoy, Changarnier, Blin de Bourdon, Magniez, de Rainneville, Courbet-Poulard, de Beauvillé, Gauthier de Rumilly, de Ramlures, Calluaud, Dauphin, Goblet, Barni. — 1876 : Barni, Langlois de Septenville, Labitte, de Douville-Maillefeu, Blin de Bourdon, Jametel, Mollien, Magniez. — 1877 : Goblet, de Septenville, Labitte, de Douville-Maillefeu, Blin de Bourdon, Jametel, Mollien, Magniez, Cadot. — 1881 : Goblet, Dieu, Caretto, de Douville-Maillefeu, Blin de Bourdon, Jametel, Bernot, Toulet. — 1885 : Blin de Bourdon, Dompierre d'Hornoy, Descaure, Briet de Rainvillier, Jametel, d'Estourmel, Goblet, Deberly, Boulanger, Montaudon.

TARN

1791 : Gausserand, Sancerre, Audoy, Lacombe-Saint-Michel, Coubé, Espéron, Leroy de Flagis, Alba-Lasource, Larroque-Labécède. — 1792 : Alba-Lasource, Lacombe-Saint-Michel, Solomiac, Campmas, Marvejouls, d'Aubermesnil, Gouzy, de Rochegude, Meyer, Terral, Deltel, Tridoulat. — 1795 : Anciens : Lacombe-Saint-Michel, Tridoulat, Meyer, Pezous. — Cinq-Cents : Meyer, Gouzy, Barras, Chénier, Robert, Cardonnel, Lemosy, Castagné, Compayré, d'Aubermesnil, Frégeville, Bermond. — 1799 : Bourguier de Travanet, de Cardonnel, Castagné, Compayré, Guibal, Guy, Meyer. — 1815 (Cent-Jours) : Corbière, Jaéry, Castagné, Crouzet, Soult, de Séganville. — 1815 (2e Restauration) : DeCardonnel, de Pélissier, de Saint-Géry, de Lastours. — 1816 : De Cardonnel, de Lastours, de Saint-Géry, de Ranchin. — 1824 : De Saint-Géry, de Ranchin, de Cardonnel, de Lastours. — **1827** : De Cambon, de Lastours, de Cardonnel, C. Dupin, de Gélis. — **1830** : De Falguerolles, de Cambon, Decazes, de Mornay. — **1831** : Falgayrac, Alby, de Falguerolles, Bermond, Daguilhon-Pujol. — **1834** : Gardés, Soult, de Falguerolles, de Lacombe, de Ranchin. — **1837** : Decazes, Soult, Bernadou, de Lacombe, de Ranchin. — **1839** : Les mêmes moins de Ranchin remplacé par Espigat-Sieurac. — **1842** : Les mêmes. — **1846** : D'Aragon, Soult, de Carayon-Latour, de Lacombe, Daguilhon-Pujol. — **1848** : De Carayon-Latour, Tonnac, de Voisins, Moutou, Rey, Saint-Victor, de Puységur, d'Aragon, Gisclard, Boyer, de Marliave. — **1849** : Rigal, Fourgassié-Vidal, Canet, Daguilhon-Pujol, Rey, Besse, Juéry, Lavergne. — **1852** : De Gisclard, de Carayon-Latour, Gorsse. — **1857** : Les mêmes. — **1863** : Gorsse, E. Pereire, Daguilhon-Pujol. — **1869** : Gorsse, Reille, Daguilhon-Pujol. — **1871** : Daguilhon-Lasselve, Locamus, Jamme, Guibal, Decazes, de Bermond, Jaurès. — **1876** : Cavalié, Combes, Reille, Bernard-Lavergne, Marty. — **1877** : Les mêmes, Daguilhon-Pujol, Reille. — **1881** : Cavalié, Thomas, Bernard-Lavergne, Compayré, Reille, Abrial. — **1885** : Jaurès, Bernard-Lavergne, Reille, Cavalié, Compayré, Héral.

TARN-ET-GARONNE

1811 : Vialettes de Mortarieu. — **1815** (*Cent-Jours*) : Gay, Combes-Dounous, Bessières, Delbrel, Teullé. — **1815** (*2e Restauration*) : Domingon-Bronsac, Delbreil de Scorblac, de Caumont. — **1816** : De Mortarieu, de Caumont, Portal, de Gourgues, Delbreil de Scorblac, de Preissac, de Bolisseu. — **1824** : De Bellissen, Caumont de la Force, de Preissac, de Gourgues. — **1827** : D'Escayrac de Lauture, de Bellissen, de Preissac, de Beauquesne. — **1830** : D'Escayrac de Lauture, de Bellissen, de Preissac, de Férussac. — **1831** : Debia, Boudet, Faure-Dère, Duprat. — **1834** : Janvier, de Maleville, Faure-Dère, Duprat. — **1837** : Janvier, de Maleville, de Saget, Duprat. — **1839** : Janvier, de Maleville, Faure-Dère, Duprat. — **1842** : Janvier, de Maleville, de Girardin, Duprat. — **1846** : Janvier, de Maleville, Bourjade, Duprat. — **1848** : De Maleville, Faure-Dère, Rous, Detours, de Cazalès, Delbrel. — **1849** : Janvier, de Cazalès, Constans-Tournier, Delbrel, Detours. — **1852** : Janvier de la Motte, Belmontet. — **1857** : Les mêmes. — **1863** : Les mêmes. — **1869** : Prax-Paris, Belmontet. — **1871** : De Maleville, Prax-Paris, de Limairac, Lesphinasse. — **1876** : Prax-Paris, Pagès, Lasserre, Chabrié. — **1877** : Prax-Paris, de Loqueyssie, Lasserre, Trubert. — **1881** : Prax-Paris, Pagès, Lasserre, Chabrié. — **1885** : Prax-Paris, Arnault, Trubert, Lasserre, Brunel.

VAR

1791 : Roubaud, Muraire, Isnard, Philibert, Roubaud, Despinassy, Granet, Poitevin. — **1792** : Escudier, Charbonnier, Ricord, Isnard, Despinassy, Roubaud, Antiboul, Barras, Cruvès. — **1795** : ANCIENS : Portalis, Delor. — CINQ-CENTS : Despinassy, Isnard, Foffroy, Pastoret, Gastin, Gauthier, Hernandez, Marquezy, Truc. — **1799** : Charles, Dubouchet, Lombard-Taradeau, Raybaud, Raynouard, Senès, Sieyès, Siméon. — **1815** (*Cent-Jours*) : Fauchet, Senès, Raynouard, Tripoul, Ricord, Hernandez. — **1815** (*2e Restauration*) : Paul de Chateaudouble, de Fabry, Siméon, Aurran de Pierrefeu. — **1816** : Les mêmes, d'Antrechaux, de Gasquet, Baron, Partouneaux, de Lyle-Taulanne. — **1824** : Partouneaux, de Lyle-Taulanne, Paul de Chateaudouble, Baron, Aguillon. — **1827** : Les mêmes. — **1830** : De Villeneuve-Bargemont, Aubernon, Paul de Chateaudouble, Baron, Aurran de Pierrefeu. — **1831** : Bernard, Portalis, Poulle, Courmes, Rimbaud. — **1834** : Ducampe de Rosamel, Portalis, Poulle, Sémérie, Pataille. — **1837** : Ducampe de Rosamel, Denis, Poulle, Boulay, Pascalis. — **1839** : Clappier, Denis, Poulle, Boulay, Pascalis. — **1842** : Les mêmes. — **1846** : Clappier, Portalis, Poulle, Maure, Pascalis. — **1848** : Maurel, Guigues, André, Alleman, Arnaud, Philibert, Casy, Baume, Arène. — **1849** : Arène, Arnaud, Maure, de Villeneuve, Conte, Suchet, Ledru-Rollin, Siméon, Clavier. — **1852** : Partouneaux, Portalis, de Kervéguen, Lescuyer d'Attainville. — **1857** : Lescuyer d'Attainville, Portalis, de Kervéguen. — **1863** : Les mêmes, moins Portalis. — **1869** : Ollivier, Pons Peyruc. — **1871** : Brun, Dréo, Laurier, Ferrouillat, Daumas, Cotte. — **1876** : Cotte, Dréo, Daumas, Allègre. — **1877** : Les mêmes. — **1881** : Roche, Dréo, Daumas, Maurel, Poulet. — **1885** : Maurel, Clémenceau, Daumas, Raspail, Cluseret.

VAUCLUSE

1793 : Rovère, de Gérente. — **1795** : ANCIENS : Rovère, de Gérente, Bassagot, Augier. — CINQ-CENTS : Boursault, Debry, Chapuy, Jacquier, Bouvier, Scherlock. — **1799** : Bassagot, Chapuy, Coloniou, Girard, Scherlock. — **1825** (*Cent-Jours*) : de Gérente, Jean, de Pluvinal, Chapuy, Dugat, Sollier. — **1815** (*2e Restauration*) : Forbin des Issarts, d'Archimbaud, de Causans. — **1816** : De Causans, Soullier, d'Augier, Forbin des Issarts. — **1824** : Forbin des Issarts, d'Augier, Reboul. — **1827** : De Rochegude, d'Augier, Reboul. — **1830** : De Cambis d'Orsan, d'Augier, de Gasparin. — **1831** : De Cambis d'Orsan, Maynard, Laboissière, Pons.

-- **1834** : Les mêmes, moins Meynard remplacé par Bernardi, Mottet. -- **1837** : Poncet, Meynard, de Gérente, Mottet. -- **1839** : Les mêmes, Pertuis de Montfaucon. -- **1842** : De Cambis d'Orsan, Meynard, Bernardi, Teste. -- **1846** : De Cambis, d'Orsan, Meynard, de Gérente, Mottet, Germanès. -- **1848** : Laboissière, Ra-pad, Baynaud-Lagardette, Pin, Bourbousson, Gent. -- **1849** : Bourbousson, Granier, d'Olivier, de Bernardi, de Laborde. -- **1852** : De Verclos, Millet. -- **1857** : Les mêmes, Pamard. -- **1863** : Pamard, Millet. -- **1869** : Les mêmes. -- **1871** : Pin, Monier, Delord, Gent, Naquet, Ledru-Rollin. -- **1876** : Du Demaine, Naquet, Poujade, Gent. -- **1877** : Saint-Martin, Naquet, Poujade, Gent. -- **1881** : Saint Martin, Naquet, Poujade, Gaillard, Laguerre. -- **1885** : Saint-Martin, Gaillard, Michel, Laguerre.

VENDÉE

1791 : Goupilleau, Morisson, Maignen, Musset, Gaudin, Thibérriot, Girard, Perreau, Gaudin. -- **1792** : Goupilleau (de Fontenay), Goupilleau (de Montaigu), Gaudin, Maignen, Fayau, Musset, Morisson, Girard, Garos. -- **1795** : Ancexs : Goupilleau, Maignen, Garos, Girard-Villars, Luminais, Gaudin, Loyau. -- Cinq-Cents : Gaudin, Chapelain, Chaigneau, Gillaizeau, Goupilleau, Luminais, Dillon. -- **1799** : Clémenceau, Dufougerais, Gaudin, de Lespinay, Loyau, Luminais, Martin des Pallières, Méréier-Vergerie, Musset. -- **1825** (*Cent-Jours*) : Pervinquière, Godet, Martineau, Perreau, Mynantcau. -- **1815** : (*2e Restauration*) : Dufougerais, Laval, Anxynet, de Lézardière. -- **1816** : Dufougerais, Laval, de Béjarry, Manuel, Perreau, Esgonnière, Marchegay, David, de la Roche-Saint-André, de Sapinaud, Joffrion. -- **1824** : Joffrion, de Sapinaud, de la Roche-Saint-André, du Vassé, de Lézardière. -- **1827** : Marchegay-Lousigny, de Chabot, Boscal de Réals, Laval, de Kératry. -- **1830** : Duchaffault, de Saint-Aignan, de Ladouespe, Laval, de Kératry. -- **1831** : Marchegay de Lousigny, Chaigneau, Perreau de Magné, Duchaffault, Luneau, Lambert. -- **1834** : Lambert, Chaigneau, Duchaffault, Guyet-Desfontaines, Luneau. -- **1837** : Lambert, Chaigneau, Chambolle, Guyet-Desfontaines, Luneau. -- **1839** : Les mêmes. -- **1842** : Les mêmes, Baron. -- **1846** : Lambert, Baron, Chambolle, Guyet-Desfontaines, Luneau. -- **1848** : De Lespinay, Méreau, Guyet-Desfontaines, Rouillé, Bouhier de l'Écluse, Luneau, de Tinguy, Parenteau, Grelier du Fougeroux. -- **1849** : De Lespinay, Grelier du Fougeroux, de Tinguy, de Fontaine, Bouhier de l'Écluse, Dufougerais, Rouillé, Méreau. -- **1852** : De Sainte-Hermine, Lerous, Bouhier de l'Écluse, Lebreton. -- **1857** : De Sainte-Hermine, Le Roux, Lebreton. -- **1863** : De Sainte-Hermine, Le Roux, de la Poëze. -- **1869** : Alquier, Le Roux, de la Poëze. -- **1871** : Godet de la Riboullerie, Vandier, de Puiberneau, Bourgeois, de la Bassetière, Girard, de Fontaine, Beaussire. -- **1876** : Jenty, Bourgeois, Bienvenu, Beaussire, de la Bassetière, de Baudry d'Asson. -- **1877** : Les mêmes. -- **1881** : Maynard de la Claye, Bourgeois, Bienvenu, Le Roux, de la Bassetière, de Baudry d'Asson. -- **1885** : Le Roux, Maynard de la Claye, de Baudry d'Asson, Bourgeois, Sabouraud, Godet de la Riboullerie, de la Bassetière.

VIENNE

1791 : Allard, Martineau, Montaut-les-Isles, Guilhaud de Letanche, Belleroche, Pressac des Planches, Piorry, Ingrand. -- **1792** : Piorry, Ingrand, Datron, Martineau, Bion, Creuzé-Latouche, Thibaudeau, Creuzé. -- **1795** : Ancexs : Creuzé-Latouche, Datron de Bornier, Creuzé, Brault, Montaut-des-Isles. -- Cinq-Cents : Bion, Fauléon, Creuzé-Latouche, Datron de Bornier, Rampillon. -- **1799** : Bord, Brault, Datron de Bornier, Fauléon, Laurence-Dumail, Montaut-des-Isles, Pervinquière, Rampillon, Thibaudeau. -- **1815** (*Cents-Jours*) : Béra, Boncenne, Barbault de la Motte, Foureau de Beauregard, Braffan't, Pressac-Doré. -- **1815** (*2e Restauration*) : De Luzines, Caumel, de la Rochethulon. -- **1816** : De Luzines, de la Rochethulon, Fradin, Demarçay, de Curzay, Creuzé. -- **1824** : De Curzay, de Boisbertrand, de Cressac, Creuzé. -- **1827** : Les mêmes. -- **1830** : De Boisbertrand, Junyen, Dupont-Minoret, Voyer d'Argenson. -- **1831** : Dupont-Minoret, Martineau, Demarçay, Millori, Junyen. -- **1834** : Drault, Martineau, Demarçay, Nosereau, Junyen. -- **1837** : Les mêmes, moins Martineau remplacé par Martinet. -- **1839** : Drault, Martinet, Boulin, Nosereau, Junyen. -- **1842** : Drault, Proa, Boulin, Hennecart, Junyen. -- **1846** : Drault, Proa, Boulin, Hennecart, Junyen. -- **1848** : Boulin, Barthélemy, Bérenger, Bourbeau, Pleignard, Junyen, Drault, Jenty, Hennecart, Proa. -- **1849** : Junyen, Proa, Hennecart, Laurenceau, Chazaud, Pervinquière. -- **1852** : Bourlon, Dupont, de Beauchamp. -- **1857** : Bourlon, de Beauchamp. -- **1863** : De Beauchamp, de Soubeyran, Bourlon. -- **1869** : De Beauchamp, de Soubeyran, Bourbeau. -- **1871** : De la Rochethulon, Serph, Laurenceau, Merveilleux du Vignaux, Ernoul, de Soubeyran, Lepetit. -- **1876** : Salomon, Cochron, Hérault, Serph, de Soubeyran, de Beauchamp. -- **1877** : Les mêmes. -- **1881** : Salomon, Demarçay, Hérault, de Soubeyran, Pain, Serph. -- **1885** : Serph, Lecointre, Pain, de Soubeyran, Creuzé.

VIENNE (HAUTE)

1791 : Chaubry de la Roche, Gay de Vernon, Bordas, Michelon, Davoisin de Laserve, Faye, Deperet. -- **1792** : Lacroix, Lestorpt-Beauvais, Bordas, Gay-Vernon, Faye, Rivaud,

Solignac, Lesterpt aîné. — 1795 : ANCIENS : Brival, Jevardat-Fombelle, Bordas, Guineau. — CINQ-CENTS : Bordas, Gay-Vernon, Audoin, Plazanet, Guineau, Jourdan, Vergniaud. — 1799 : Dalesme, Dumas, Guineau, de Roulhac. — 1815 (Cent-Jours) : Dumas, Guineau, de la Bachellerie, Desbordes, Gonneau, Sulpicy. — 1815 (2e Restauration) : Mousnier-Buisson, Bourdeau, de Nadaillac. — 1816 : Mousnier-Buisson, Bourdeau, de Montbron, Genebrias de Gouttepagnon. — 1824 : Mousnier-Buisson, de Casteja, de Montbron, Bourdeau. — 1827 : Chéra le de Montbron, Ternaux, Bourdeau. — 1830 : Dumont-Saint-Priest, Bourdeau-Lajudie, Bourdeau, Ternaux. — 1831 : Chamiot-Avanturier, Gay-Lussac, Resnier, Sulpicy, Blanc. — 1834 : Bourdeau, Gay-Lussac, Charreyron, Saint-Marc-Girardin, Blanc, Talabot. — 1837 : Talabot, Gay-Lussac, Charreyron, Saint-Marc-Girardin, Blanc. — 1839 : Talabot, Pétiniaud, Maurat-Ballange, Coralli, Texier. — 1842 : Talabot, Daléry de Peyramont, Maurat-Ballange, Saint-Marc-Girardin, Blanc. — 1846 : Les mêmes. — 1848 : Dumas, Maurat-Ballange, Bac, Frichon, Allègre, Tixier, Brunet, Coralli. — 1849 : Coralli, Bac, Frichon, Dussoubs, Laclaudure, Daniel Lamazière, Tixier, Ducoux. — 1852 : Nouaillier, Tixier. — 1857 : Nouaillier, de Saint-Paul. — 1863 : Les mêmes. — 1869 : Les mêmes. — 1871 : Saint-Marc-Girardin, Malleverque, de Peyramont, Tesserenc de Bort, Benoît du Buis, Soury-Lavergne, Charreyron, Périn. — 1876 : Périn, Ninard, Lavignère, Codet, Baury. — 1877 : Périn, Ninard, Labuze, Codet, Baury, Pénicaud, Pouliot. — 1881 : Périn, Labuze, Donnet, Pénicaud, Pouliot. — 1885 : Périn, Lamazière, Ranson, Pressat, Plantrau.

VOSGES

1791 : Mengin, Carant, André, Dieudonné, Delpierre, Marant, Vosgien, François de Neufchâteau. — 1792 : Poullain-Grandpré, François de Neufchâteau, Hugo, Perrin, Noël, Souhait, Bresson, Conhey, Ballaud, Chérrier, Fricot. — 1795 : ANCIENS : Poullain Grandpré, Lepaige, Perrin, Dieudonné. — CINQ-CENTS : Perrin, Fricot, Ballaud, Souhait, Conhey, Dubois, Delpierre, Panichot, Richard, Poullain de Grandpré, Delpierre jeune. — 1799 : Chérier, Delpierre, Faucheux, Haxo, Perrin, Pouguy. — 1815 (Cent-Jours) : Poullain-Grandpré, Buquet, Falatieu, Kouyer, Estivant, Gehin, Thomas, David. — 1815 (2e Restauration) : Falatieu, de Razey, Cherrier, Cuny. — 1816 : Falatieu, Welche, Doublat, Champy, Buquet. — 1824 : De Ravinel, Lepaige, Cuny, Richard d'Aboncourt, Baudel-Martinet. — 1827 : De Marmier, Boula de Colombiers, Champy, Vaulot, Jacqueminot. — 1830 : Les mêmes, moins Champy remplacé par Nau de Champlouis. — 1831 : Jacqueminot, Gouvernel, Gauguier, Bresson, Vaulot. — 1834 : Les mêmes, moins Vaulot remplacé par Doublat. — 1837 : Perrin, Dieudonné, Gauguier, Bresson, Doublat. — 1839 : Les mêmes, moins Perrin remplacé par Cuny. — 1842 : Cuny, Boulay, Costé, Simson, Doublat, Didelot. — 1846 : Didelot, Boulay, Costé, Simson, Doublat. — 1848 : Doublat, Buffet, Forel, Boulay, Hingray, Najean, Turck, Houel, Falatieu, Huot, Braux. — 1849 : Buffet, Houel, Huot, Febvrel, Perreau, Rosal, Aubry, Forel, Deblaye, de Ravinel, Guilgot. — 1852 : Boureler de Villers, Aymé, de Ravinel. — 1857 : Les mêmes. — 1863 : Buffet, Aymé, de Ravinel, Géliot. — 1869 : Buffet, de Donmartin, Géliot. — 1871 : Buffet, de Ravinel, Claude, Aubry, Ferry, Coutant, George, Mélino, Jeanmaire, Bresson, Frogier de Ponlevoy, Méline, Ferry. — 1877 : Les mêmes. — 1881 : Brugnot, Bresson, Frogier de Ponlevoy, Méline, J. Ferry, C. Ferry, A. Ferry. — 1885 : Méline, Frogier de Ponlevoy, Brunot, Bresson, J. Ferry, A. Ferry.

YONNE

1791 : Laureau, Marie-Davigneau, Bonnerot, Créau, Fayolle, Rougier de la Bergerie, Bernard, Malus, Moreau. — 1792 : Maure, Lepeletier de Saint-Fargeau, Tarreau, Boilleau, Précy, Bourbotte, Hérard, Finot, Chastellain, Villetard, Jeannest. — 1795 : ANCIENS : Paradis, Foureade, Moreau, Précy, Simonet. — CINQ-CENTS : Chastelain, Jeannest, Gau, Foureade, Boilleau, Houssay, Villetard, Collet, Guichard. — 1799 : Boilleau, Collet-Charmoy, Guichard, Houdouart, Ragon-Desfrins, Simonnet, Souflot. — 1815 (Cent-Jours) : Dumolard, Bazin, Deschamps, Paultro de la Vernée, Hérard, Borne des Fourneaux. — 1825 (2e Restauration) : Raudot, de Bourienne, Hay, de Laurenein. — 1816 : Jacquinot-Pampelune, de Villefranche, Hay-Lucy, de Chastellux, de Bourienne. — 1824 : Raudot, de Bourienne, de Bontin, Hay, Jacquinot-Pampelune. — 1827 : Raudot, de la Rode, Thénard, Roman, Jacquinot-Pampelune. — 1830 : Les mêmes, moins de la Rode remplacé par Chaudot. — 1831 : Larabit, Finot, Vérollot, Bellaigue, Noël des Vergers, de Chastellux. — 1834 : Larabit, de Chastellux, de Cormenin, Vuitry, Jacquinot-Pampelune, Rétif. — 1837 : Larabit, de Chastellux, de Cormenin, Vuitry, Baumes. — 1839 : Les mêmes. — 1842 : Larabit, Dupin, de Cormenin, Vuitry, Baumes, Garnier. — 1846 : Larabit, Garnier, de Bontin, Vuitry, Jacques-Palotte. — 1848 : Guichard, Larabit, Robert, Rathier, Vaulabelle, Charton, Carreau, Rampont-Léchin, Raudot. — 1849 : Larabit, Lecomte, Raudot, Bertrand, Frémy, Savatier-Laroche, Rous et A. Bonaparte, Robert. — 1852 : Larabit, Bertrand, Lecomte, d'Ornano. — 1857 : D'Ornano, Javal, Lecomte. — 1863 : Les mêmes, Frémy. — 1869 : Rampont, Javal, Lecomte. — 1871 : Charton, Rampont, Rathier, Lepère, Guichard, Raudot, Bert. — 1876 : Lepère, Bert, Garnier,

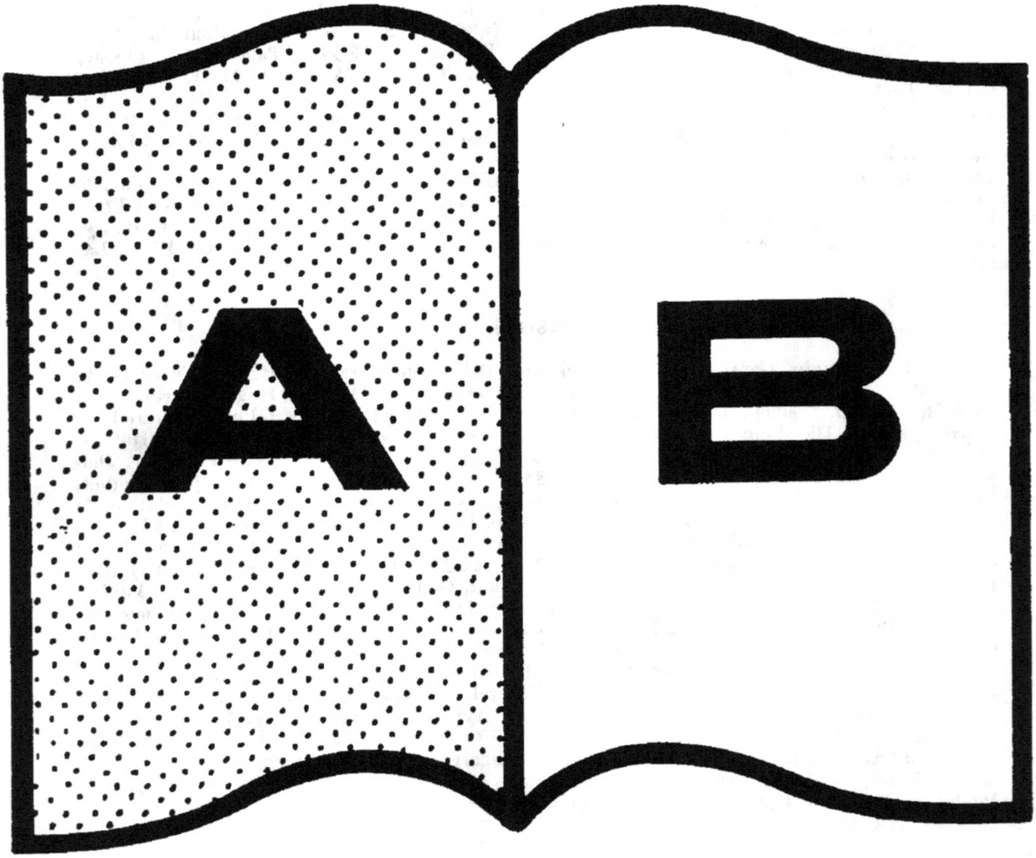

Contraste insuffisant

Dethou, Guichard, Martenot. — 1877 : Les mêmes, moins Garnier remplacé par Mathé. — 1881 : Lepère, Bert, Mathé, Dethou, Guichard, Rathier. — 1885 : Rathier, Javal, Dethou, Bert, Bonnerot, Houdaille, Duguyot, Laffon, Hervieu.

GUYANE

1792 : Pomme. — 1849 : Jouanet-Dorville. — 1871 : Marck. — 1878 : Franconie. — 1881 : Franconie. — 1885 : Le même.

ILE-DE-FRANCE

1792 : Couly, Serres.

MARTINIQUE

1792 : Crassous, Littée, Fourniols. — 1848 : Schœlcher, Pory-Papy, Mazuline, France. — 1849 : Bissette, Pécoul. — 1871 : Schœlcher, Pory-Papy, Godissart. — 1876 : Godissart. — 1877 : Godissart. — 1881 : Hurard, Deproge. — 1885 : Hurard, Deproge.

GUADELOUPE

1792 : Dupuch, Pautrizel, Luon. — 1848 : Perrinon, Dain, Louisy Mathieu, Wallon. — 1849 : Schœlcher, Perrinon. — 1871 : Bloncourt, Rollin, Casse. — 1876 : Lacascade. — 1877 : Lacascade, Réaux. — 1881 : Gerville-Réache, Sarlat. — 1885 : Les mêmes.

LA RÉUNION

1792 : Besnard, Detcheverry. — 1849 : Barbaroux, de Greslan. — 1871 : La Serve, de Mahy. — 1876 : De Mahy. — 1877 : De Mahy. — 1881 : De Mahy, Dureau de Veaulcomte. — 1885 : Les mêmes.

SAINT-DOMINGUE

1792 : Belley, Dufay, Boisson, Garnot, Mills, Laforest. — 1795 : ANCIENS : Annecy, Tonnelier. — CINQ-CENTS : Leborgne, Mentor, Pétiniaud.

INDE FRANÇAISE

1848 : Lecour, Bourgoin. — 1871 : Desbassyns de Richemont. — 1876 : Godin. — 1877 : Godin. — 1881 : Pierre-Alype. — 1885 : Le même.

SÉNÉGAL

1848 : Durand-Valentin. — 1871 : Lafon de Fongaufier. — 1878 : Gasconi. — 1881 : Gasconi. — 1885 : Le même.

ALGÉRIE

1848 : Didier, de Rancé, Leblanc de Prébois, F. Barrot. — 1849 : Barrault, Didier, de Rancé. — 1881 : Letellier, Mauguin, Treille, Thomson, Etienne, Dessoliers. — 1885 : Letellier, Bourlier, Thomson, Treille, Etienne, Sabatier.

ALGER

1871 : Gambetta, Garibaldi, Vuillermoz, Warnier, Crémieux. — 1876 : Gastu. — 1877 : Gastu.

CONSTANTINE

1871 : Lucet, Colas. — 1876 : Lambert. — 1877 : Thomson.

ORAN

1871 : Andrieu, Gambetta, Jacques, Lambert. — 1876 : Jacques. — 1877 : Jacques.

COCHINCHINE

1881 : Blancsubé. — 1885 : Le même, Ternisien.

LISTE DES SÉNATEURS

INAMOVIBLES ET DES SÉNATEURS ÉLUS

(1875-1889)

SÉNATEURS INAMOVIBLES

D'Audiffret-Pasquier, Martel, Frébault, Krantz, Duclere, Changarnier, de Lasteyrie, Pothuau, Corne, Laboulaye, Foubert, Roger du Nord, L. de Maleville, Wolowski, Barthélemy-Saint-Hilaire, Picard, C. Périer, d'Aurelle de Paladine, Fourichon, Chanzy, Cordier, de la Rochette, de Franclieu, de Cornulier-Lucinière, Dumon, Théry, de Chadois, Pajot, de Tréville, Kolb-Bernard, Baze, Humbert, de Lavergne, Le Royer, Jaurès, Bertauld, Calmon, O. de La Fayette, Gauthier de Rumilly, Luro, Thibert, Fourcand, de Chabron, Corbon, Lanfrey, Hervé de Saisy, Valazé, Carnot, de Douhet, Goulu, Lepetit, Littré, Scherer, Crémieux, Scheurer-Kestner, de Lorgeril, Rampont, de Tocqueville, Morin, Testelin, Charcton, Bérenger, Magnin, Denormandie, Jules Simon, Adam, Laurent-Pichat, Schœlcher, Cazot, Billot, de Cissey, Wallon, Dupanloup, de Montaignac, de Maleville, Ricard, Buffet, Dufaure, Chesnelong, Renouard, Dupuy de Lôme, de Chabaud-Latour, Brun, de Greffulhe, Grandperret, de Larcy, Barrot, de Carayon-Latour, de Vallée, d'Haussonville, Baragnon, de Montalivet, Jauréguibéry, Gresley, Broca, John Lemoinne, Albert Grévy, Favre, V. Lefranc, Didier, Deschanel, Wurtz, Berthelot, de Voisins-Lavernière, Dietz-Monnin, Allou, Bardoux, Clamageran, Lalanne, Tirard, Campenon, Jean Macé, de Pressensé, de Marcère, Peyron, Pelletan.

SÉNATEURS ÉLUS

AIN

1876 : Bonnet, Robin. — 1885 : Robin, Mercier, Goujon, Morellet.

AISNE

1876 : Martin, Waddington, de Saint-Vallier. — 1885 : Waddington, de Saint-Vallier, Malézieux, Sébline.

ALLIER

1876 : De Chantemerle, de Veauce, Martenot. — 1885 : Bruel, Chantemille, Cornil.

ALPES (BASSES)

1876 : Michel, Duchaffault. — 1885 : Soustre, Bouteille.

ALPES (HAUTES)

1876 : De Ventavon, Blanc. — 1885 : Blanc, Guiffrey, Chaix.

ALPES-MARITIMES

1876 : Dieudé-Defly, Garnier, Chiris. — 1885 : Chiris, Léon Renault.

ARDÈCHE

1876 : Rampon, Tailhand, Chalamet. — 1885 : Chalamet, Pradal.

ARDENNES

1876 : Toupet des Vignes, Cunin Gridaine, Gailly, Péronne. — 1885 : Péronne, Gailly, Neveux.

ARIÈGE

1876 : Arnaud, Vigarosy, Laborde, Anglade, Frézoul. — 1885 : Vigarosy, Frézoul.

AUBE

1876 : Gayot, Massion de Morfontaine, Gayot fils. — 1885 : Gayot, Tézenas.

AUDE

1876 : Béraldi, Lambert de Sainte-Croix. — 1885 : Marcou, Lades-Gout.

AVEYRON

1876 : Mayran, Boisse, Delsol. — 1885 : Mayran, Delsol, Lacombe.

BOUCHES-DU-RHONE

1876 : Pelletan, Challemel-Lacour, Esquiros, Barne. — 1885 : Challemel-Lacour, Velton, Barne.

CALVADOS

1876 : Bocher, Paulmier, de Saint-Pierre. — 1885 : Bocher, de Saint-Pierre, Levallay.

CANTAL

1876 : Do Parieu, Bertrand, Brugerolle. — 1885 : L. Cabanes, J. Cabanes, Devès.

CHARENTE

1876 : André, Hennessy, de Brémond d'Ars. — 1885 : Canrobert, de Brémond d'Ars.

CHARENTE-INFÉRIEURE

1876 : Vast-Vimeux, Boffinton, Roy de Loulay. — 1885 : Barbedette, Mestreau, Combes.

CHER

1876 : Fournier, de Rivière. — 1885 : Girault, Peaudecerf, Pauliat.

CORRÈZE

1876 : Lafond de Saint-Mûr, Brunet. — 1885 : Lafond de Saint-Mûr, Lecherbonnier, de Sal.

CORSE

1876 : Valéry, Galloni-d'Istria, Piétri. — 1885 : Peraldi, de Casablanca, de Corsi, Morelli.

COTE-D'OR

1876 : Lacomme, Mazeau. — 1885 : Mazeau, Hugot.

COTES-DU-NORD

1876 : Allenou, de Champagny, de Tréveneuc, de Kerjégu, de Carné, Duval. — 1885 : De Carné, de Champagny, de Tréveneuc, de Langlé-Beaumanoir, Le Provost de Launay, Huon de Penanster, Ollivier.

CREUSE

1876 : Fayolle, Palotte. — 1885 : Parry, Fayolle, Laroche, Sauton, Leclerc.

DORDOGNE

1876 : Magne, Daussel, Dupont, de Fourtou, de Bosredon. — 1885 : Dasdier, Gardga, Roger.

DOUBS

1876 : Moinot-Arbilleur, Oudet, de Mérode. — 1885 : Oudet, Gaudy.

DROME

1876 : Malens, Lamorte. — 1885 : Loubet, Fayard.

EURE

1876 : La Roncière le Noury, de Broglie, Lecointe, Lepouzé. — 1885 : D'Osmoy, Lecointe.

EURE-ET-LOIR

1876 : Delacroix, Labiche. — 1885 : Labiche, Jaubran, Deaux, Vinet.

FINISTÈRE

1876 : Monjaret de Kerjégu, Soubigou, de Forsanz, de Raismes. — 1885 : Soubigou, Le Guer, de Raismes, Halna du Fretay.

GARD

1876 : Laget, Bonnefoy-Sibour, Meinadier, Gazague. — 1885 : Meinadier, Claris, Dide.

GARONNE HAUTE

1876 : Saenze, Pourcet, de Belcastel. — 1879 : De Rémusat, Hébrard, Camparan, Féral. — 1888 : Les mêmes.

GERS

1885 : Lacave-Laplagne, Bathle. — 1879 : Les mêmes, de Montesquiou-Fézensac. — 1888 : Lacave-Laplagne, de Montesquiou-Fézensac.

GIRONDE

1876 : Hubert Delisle, de Pelleport, Bihle, Raoul-Duval. — 1879 : De Lur-Saluces, Dupouy, Issartier, Callen. — 1883 : Caduc, de Lur-Saluces, Dupouy, Lavertujon, Trarieux.

HÉRAULT

1876 : Pagézy, de Rodez-Bénavent, Bonafous. — 1879 : Bazille, Combescure, Griffe. — 1888 : Combescure, Griffe, Lisbonne.

ILLE-ET-VILAINE

1876 : Grivart, Loysel, de Kergariou. — 1879 : Janin, Roger-Marvaise, Le Bastard, Véron. — 1888 : Véron, de la Villegontier, de Callac.

INDRE

1876 : Clément, de Bondy. — 1879 : Les mêmes. — 1888 : Les mêmes.

INDRE-ET-LOIRE

1876 : Houssart, de Quinemont. — 1879 : Guinot, Fournier. — 1888 : Guinot, Nioche.

ISÈRE

1876 : Michal-Ladichère, Eymard-Duvernay, Brillier. — 1879 : Ronjat, Michal-Ladichère, Eymard-Duvernay, Couturier, Marion. — 1888 : Rey, Couturier, Marion.

JURA

1876 : Thurel, Tamisier. — 1879 : Les mêmes, Grévy. — 1888 : Thurel, Grévy, Lelièvre.

LANDES

1876 : De Ravignan, de Gavardie. — 1879 : Les mêmes, de Cès-Caupenne. — 1888 : De Cès-Caupenne, Lourties, Pazat.

LOIR-ET-CHER

1876 : Bozérian, Briffault. — 1879 : Bozérian, Dufay. — 1888 : Les mêmes.

LOIRE

1876 : De Meaux, de Montgolfier, Arbel. — 1879 : Arbel, Cherpin, Chavassieu, Brossard. — 1888 : Brossard, Madignier, Reymond, Brunon.

LOIRE (HAUTE-)

1876 : E. de La Fayette, Jacotin. — 1879 : E. de La Fayette, Vissaguet, — 1888 : Les mêmes.

LOIRE-INFÉRIEURE

1876 : De Larcinty, Esplvent de la Villeboisnet, de Lavrignais. — 1879 : Les mêmes, Decroix, Guibourg. — 1888 : De Larcinty, Decroix, Guibourg de Luzinais, Esplvent de la Villeboisnet.

LOIRET

1876 : Dumesnil, Jahan. — 1879 : Dumesnil, Robert de Massy. — 1888 : Fousset, Cochery.

LOT

1876 : Canrobert, Depeyre. — 1879 : Roques, Delord, de Verninac, Béral. — 1888 : Béral, de Verninac.

LOT-ET-GARONNE

1876 : De Bastard, Noubel. — 1879 : Faye, Pons, Laporte, — 1888 : Faye, Laporte, Durand.

LOZÈRE

1876 : De Colombet, de Chambrun. — 1879 : Roussel, de Rozière. — 1888 : Les mêmes.

MAINE-ET-LOIR

1876 : D'Andigné, Joubert, Le Guay. — 1879 : Les mêmes, Blavier. — 1888 : D'Andigné, Le Guay, Blavier.

MANCHE

1876 : De Saint-Germain, Daru, d'Auxais. — 1879 : Lenoël, Lablche, Dafresne, Sébire. — 1888 : Lenoël, Sébire, Lablche.

MARNE

1876 : Boissonnet, Dauphinot. — 1879 : Dauphinot, Loblond, Diancourt. — 1888 : Diancourt, Margaine,

MARNE (HAUTE-)

1876 : Pélissier, Robert-Dehault. — 1879 : Les mêmes, Donnot, Danelle-Bernardin. — 1888 : Danelle-Bernardin, Bizot de Fonteny, Darbot.

MAYENNE

1876 : Dubois-Fresney, Bernard-Dutreil. — **1879 :** Dubois-Fresney, Denis. — **1888 :** Lebreton, Bernard-Dutreil.

MEURTHE-ET-MOSELLE

1876 : Bernard, Varroy. — **1879 :** Les mêmes, Berlet, Marquis, Volland. — **1888 :** Marquis, Volland.

MEUSE

1876 : Bompart, Salmon. — **1879 :** Vivenot, Honnoré, Develle, Boulanger. — **1888 :** Develle, Boulanger.

MORBIHAN

1876 : Audren de Kerdrel, de la Monneraye, de Kéridec. — **1879 :** Audren de Kerdrel, de la Monneraye, Fresneau. — **1888 :** Les mêmes.

NIÈVRE

1876 : D'Espeuilles, de Bouillé. — **1879 :** Tenaille-Saligny, Massé. — **1888 :** De Laubespin, Decray.

NORD

1876 : Maurice, Brame, Maillet, de Staplande, d'Hespel. — **1879 :** Dutilleul, Masset du Biest, Faidherbe, Merlin, Fournier, Fiévet, Girard. — **1888 :** Merlin, Girard, Cirier, Claeys, Screpel, Legrand.

OISE

1876 : De Malherbe, Aubrelicque, d'Andlau. — **1879 :** D'Andlau, Cuvinot, Lagache. — **1888 :** Cuvinot, Franck Chauveau, Clovet.

ORNE

1876 : De la Sicotière, Porlquet, de Flers. — **1882 :** Les mêmes, Libert.

PAS-DE-CALAIS

1876 : Paris, Dubrulle, de Rosamel, Huguet. — **1882 :** Huguet, Boucher-Cadart, Demlautte, Devaux, Hamille, Paris.

PUY-DE-DOME

1876 : De Barante, Mège, Salneuve, Guyot-Lavaline. — **1882 :** Salneuve, Guyot-Lavaline, Goutay, Girot-Pouzol.

PYRÉNÉES (BASSES-)

1876 : Daguenet, de Lestapis, de Gontaut-Biron. — **1882 :** Lacaze, Bartie, Renaul.

PYRÉNÉES (HAUTES-)

1876 : Cazalas, Aduet. — **1882.** — Dupré, Devés.

PYRÉNÉES-ORIENTALES

1876 : Arago, Lefranc, Massot. — **1882 :** E. Arago, Farines, Escarguel.

RHONE

1876 : J. Favre, Manglin, Perret, Valentin, Vallier, Millaud. — **1883 :** Millaud, Vallier, Guyot, Manier, Perras.

RHIN (HAUT-) (BELFORT)

1876 : Viellard-Migeon. — **1882** : Viellard-Migeon.

SAONE (HAUTE-)

1876 : Dufournel, Jobard. — **1882** : Jobard, Noblot.

SAONE-ET-LOIRE

1876 : Rolland, Guillemaut, Pernette, Mathey, Demôle. — **1882** : Guillemaut, Mathey, Demôle, Martin.

SARTHE

1876 : De Talhouët, Vétillard, Caillaux. — **1882** : Cordelet, Lemonnier, Rubillard.

SAVOIE

1876 : D'Alexandry, Dupasquier, Parent. — **1882** : Parent, Carquet.

SAVOIE (HAUTE-)

1876 : Chaumontel, Chardon. — **1882** : Les mêmes.

SEINE

1876 : De Freycinet, Hérold, Tolain, Victor Hugo, Peyrat. — **1882** : Victor Hugo, Peyrat, Tolain, Labordère, de Freycinet, Martin, Songeon.

SEINE-INFÉRIEURE

1876 : Pouyer-Quertier, Ancel, Robert, Rouland. — **1882** : Pouyer-Quertier, Ancel, Robert, Lizot.

SEINE-ET-MARNE

1876 : Foucher de Careil, Adam. — **1882** : Les mêmes, Dufraigne.

SEINE-ET-OISE

1876 : Léon Say, Féray, Gilbert-Boucher. — **1882** : Les mêmes, Maze, Journault.

SÈVRES (DEUX)

1876 : Taillefer, Monnet. — **1882** : De Reignté, Goguet, Bergeon, Garran de Balzan.

SOMME

1876 : Dauphin, de Rainneville de Dompierre d'Hornoy. — **1882** : Dauphin, Labitte, Magniez, Petit.

TARN

1876 : Espinasse, de Voisins-Lavernière. — **1882** : Rigal-Barbey.

TARN-ET-GARONNE

1876 : De Preissac, Hnayrac, Delbreil. — **1882** : Garrisson, Delbreil.

VAR

1876 : Brun, Ferrouillat. — **1882** : Les mêmes, Daumas.

VAUCLUSE

1876 : Granier, Pin. — **1882** : Pin, Gent, Naquet.

VENDÉE

1873 : Guilloau, de Cornulier, Vaudier, Halgan. — 1832 : Gaulliscau, de Cornulier, S. Halgan, E. Halgan, de Déjarry, Biré.

VIENNE

1876 : Bourbeau, de Ladmirault. — 1832 : Amandeau, de Ladmirault, de Beauchamp.

VIENNE (HAUTE)

1876 : Teisserenc de Bort, de Peyramont, Ninard. — 1832 : Ninard, Teisserenc de Bort, Péalcaud, Bonnet.

VOSGES

1876 : Claude, Claudot, George. — 1832 : Claude, George, Kléber, Ch. Ferry.

YONNE

1876 : Charton, Riblère. — 1832 : Les mêmes, Guichard.

ALGER

1876 : Lelièvre. — 1885 : Manguin.

ORAN

1876 : Pomel. — 1882 : Jacques.

CONSTANTINE

1876 : Lacot. — 1879 : Le même, Forcioli. — 1883 : Lesueur.

GUADELOUPE

1876 : De la Jaille. — 1885 : Isaac.

LA RÉUNION

1877 : La Serve, Milhet-Fontarabie. — 1886 : Milhet-Fontarabie.

MARTINIQUE

1878 : Dasanmxes. — 1879 : Le même, Michaux. — 1888 : Les mêmes, Allègre.

INDE-FRANÇAISE

1876 : Deshayssias de Richemont. — 1882 : Hébrard.

ADDITIONS ET CORRECTIONS

PROVENANT DE RÉPONSES REÇUES ET DE DOCUMENTS COMMUNIQUÉS DEPUIS L'IMPRESSION

ABBAL (Pierre-Basile-Joseph), mort le 19 novembre 1890.

ABOVILLE (Alphonse-Gabriel, comte d'), né à Paris le 23 juin 1818.

ACHARD (Antoine - Philippe - Adrien), mort à Castelnau de Médoc (Gironde) le 26 juillet 1890.

ADAM (Antoine-Edmond), mort à Paris le 13 juin 1877.

ADAM-DESCHAMPS (Jean-Louis-Urbain), né à Bourgueil (Indre-et-Loire).

ADET (Pierre-Auguste) fut nommé préfet de la Nièvre le 30 mai 1808 et révoqué, en août suivant, pour irrégularités commises dans les opérations de la conscription.

ADMIRAULT, *lisez* **ADMIRAULD**.

AGIER (Charles-Guy-François), mort à Niort le 30 mai 1828.

AGIER (François-Marie), mort à Paris le 16 mai 1848.

AGOULT (Jean-Antoine, comte d') appartient à la branche des seigneurs de Vouppe, descendant de Rostaing, seigneur d'Apt et d'Agoult, petit-fils d'Humbert, premier du nom, vivant en 993, et non à la branche des Vincent d'Agoult qui obtint par substitution, en 1489 et 1491, le nom et les armes d'Agoult avec une brisure, substitution qui fut confirmée en partie par la transaction du 20 mai 1511 (*Voyez* Cuérin, preuves du 28 mars 1781, et les dernières éditions de la notice des *Pairs de France* par Courcelles, note des pages 85 et 86 et page 71 de l'article d'Agoult). Le 22 juin 1789, le comte d'Agoult et son beau-frère, le comte de Blacons, proposèrent la réunion de la noblesse au tiers-état, et se joignirent à cet ordre.

AGOULT (Antoine-Jean, vicomte d'), cousin-germain et non frère du précédent.

ALBESPY (Jean), né à Bordeaux le 22 août 1745.

ALEXANDRE (Charles-Emile), mort le 9 janvier 1890.

ALLAFORT (Jean), né le 11 mars 1741. Atteint par la loi du 12 janvier 1816 contre les régicides, il obtint plusieurs sursis temporaires. Il venait à peine d'en obtenir un définitif lorsqu'il mourut, au moment où il se préparait à passer en Allemagne. (*Arch. Nat.* F 7, 8797 et 6799.)

ALLARD (Pierre), *lisez* **ALARD**, né à Montesquiou-Volvestre (Haute-Garonne) le 18 octobre 1715, mort à Montesquiou-Volvestre le 16 juillet 1826.

ALLASSEUR, *lisez* **ALLASSŒUR**, né en mars 1731.

ALLEMAN (Augustin), mort à Draguignan (Var) le 23 mai 1872.

AMAGAT (Louis-Amant), mort à Saint-Flour le 4 juillet 1890, d'une affection cérébrale.

AMAT (Claude-Simon), né le 18 mars 1761.

AMAT (Henri), mort à Marseille le 30 mai 1891.

AMBERT (J. M. J. J. A. J.), mort à Paris le 31 mars 1890.

AMBLY (marquis d'), né à Ambly (Ardennes) le 12 décembre 1720, mort à Hambourg (Allemagne) le 12 juillet 1798.

ANDLAU (Frédéric-Antoine-Marc, comte d'), né à Hombourg (Allemagne).

ANDLAU (Benoit-Antoine-Frédéric, comte d'), né à Hombourg.

ANDRÉ (Laurent-Yves-Antoine), mort à Remiremont (Vosges), notaire au Thillot (Vosges).

ANDREI était prêtre et librettiste, et non pas compositeur; il mourut vicaire à Moïta. Il a publié quelques brochures.

ANDRÉOSSI, *lisez* **ANDRÉOSSY**.

ANDRIEU (César-Pierre), né le 31 mars 1735.

ANGOT (Louis-Hector-Amédée), mort en juin 1821.

ANTONELLE (marquis d'), né le 17 juin 1747.

APCHIER (marquis d'), mort à Barcelone (Espagne) le 2 novembre 1793.

ARGENCE (J. B. D. P.), mort à Troyes le 29 octobre 1889.

ARMAND (Joseph-Marie-Rose), mort à Rumilly (Haute-Savoie) le 23 août 1821.

ARNAULT (Ferdinand - Louis - Barthélemy). Dans cette notice, M. Trubert est porté à tort comme républicain. *Voir* son nom.

ARNEAUDEAU, *lisez* **ARNAUDEAU**, mort au château de la Brunetière, commune de Sèvres (Vienne), le 3 mai 1891.

ARRIGHI (Jean), né en 1770.

ARSAC (D') comte de Ternay, *lisez* Gabriel au lieu de René-Henri-Louis-Jérome, mort à Londres le 21 juillet 1796.

ARTAULD DE BLANVAL, né à Ambert (Puy-de-Dôme) en 1742, mort à Ambert le 17 juin 1810.

ASSELIN (Eustache-Benoit), né le 14 novembre 1735, était avocat à Amiens.

ASSELIN (Jean-Augustin), chevalier de la Légion d'honneur du 29 mai 1811.

ASSIER DE VALLENCHES, mort à Saint-Victor-sur-Loire (Loire) le 10 mars 1837.

ATHALIN, *lisez* **ATTHALIN**.

AUBE, mort à Toulon le 31 décembre 1890, était beau-frère du général Faidherbe et neu de l'amiral Jauréguiberry.

AUBERJON (Jean-Antoine-Paul-Serge, marquis d'), passa de la préfecture des Pyrénées-Orientales à la préfecture de la Charente le 3 mars 1828, fut destitué le 12 novembre suivant, puis admis à faire valoir ses droits à la retraite, et demanda en vain à être replacé, notamment le 6 avril 1839.

AUDIFFRET - PASQUIER (Duc d'), a été élu membre de l'Académie française le 26 décembre 1878, au fauteuil de Mgr Dupanloup.

AUDOUIN, né à Paris le 24 décembre 1764, mort en 1810.

AUDOY, mort à Lavaur le 16 mars 1810.

AUDREN DE KERDREL (Paul-Vincent-Eugène), mort au château de Brossait-Saint-Gravé (Morbihan) le 25 janvier 1889.

AUDRY DE PUYRAVAULT, *lisez* **DE PUYRAVEAU**.

AUGER, mort à Beauvais le 22 juin 1836.

AUGUIS (Pierre-Jean-Baptiste), né à Melle le 29 octobre 1747.

AURILLAC (baron d'), *lisez* Couros au lieu de Couros.

AUVRY, né à Dreux (Eure-et-Loir) le 24 janvier 1717.

AUVYNET (Charles-Joseph), prit d'abord parti pour les Vendéens en 1793; il était secrétaire de Charette au moment des conférences de la Jaunaye. Il se rallia ensuite à la République, devint membre de l'administration municipale de Legé (Loire-Inférieure), et chercha à désarmer les campagnes au profit du gouvernement républicain. Au 18 brumaire, il fut nommé juge (1801), puis président (1802) du tribunal de Montaigu, et président du tribunal du département de la Vendée (1806-1814). Il mourut en 1825, président honoraire.

AUVYNET (Augustin-Moyse), fils du précédent, fut nommé juge suppléant au tribunal de Napoléon-Vendée en 1811, et devint président de ce tribunal de 1811 à 1830. Chevalier de la Légion d'honneur (1824).

AYGUEVIVES (comte d'), porté à tort comme mort; c'est son frère qui est mort le 12 juin 1887.

AYMAR, *lisez* **AYMART**.

AYMÉ DE LA CHEVRELIÈRE. Réélu, le 20 février 1876, il vit son élection invalidée, et, au nouveau scrutin du 21 mai suivant, fut battu avec 9,406 voix par M. Giraud, qui en obtint 10,418.

BACCIOCCHI, *lisez* **BACIOCCHI**.

BACON, né en 1736.

BAERT-DUHOLANT, né le 19 décembre 1751.

BAIGNOUX, né le 1er mai 1752.

BAILLY (Charles-Maximin), né à Crécy-au-Mont (Aisne).

BAILLY (François), mort le 11 mai 1820.

BALISSON né le 19 mai 1770, mort à Mortain (Manche) le 22 avril 1851.

BALLARD (Philibert), mort à Bourges (Cher) le 11 juillet 1814.

BALLART (David-Pierre), mort à Fontenay-le-Comte le 18 juin 1798, dans la gêne.

BALMAIN, mort à Chambéry le 23 avril 1828.

BANDY DE LACHAUD, *lisez* Louis au lieu de Léonard.

BARA, né à Charleville le 21 septembre 1761, mort à Vouziers le 21 décembre 1824.

BARBAROUX (Charles-Ogé), mort à Vaux (Seine-et-Oise).

BARBARY DE LANGLADE, mort le 1er septembre 1836.

BARBE, mort à Paris le 20 juillet 1800.

BARBET, mort au château de Valmont.

BARBEYRAC (marquis de), né à Montpellier le 23 août 1725.

BARBIER (Gaspard-Augustin), mort à Nantes (Loire-Inférieure) le 27 septembre 1833.

BARDY (Nicolas-François), né à Vézézoux (Haute-Saône) en 1742.

BARET, mort à Maubeuge.

BARGY fut élu député de la Côte-d'Or, le 10 février 1889.

BARMOND (Charles-François Perrotin de), né à Paris le 23 février 1759, mort en émigration, à Presbourg (Hongrie), le 21 décembre 1795.

BAROUILLE, a été condamné (fin octobre 1800) aux travaux forcés à perpétuité, par contumace, par la cour d'assises de la Mayenne, pour faux et détournements dans la gestion de son étude de notaire.

BARRÉ (René-François-Jacques), né à Thorigné (Sarthe) le 7 septembre 1759, mort à Dollon (Sarthe) le 9 décembre 1811.

BARREAU, né à Brezolles (Eure-et-Loir) en 1719, mort à Chartres (Eure-et-Loir) le 17 juin 1805.

BARRETY, *lisez* **BARETY**.

BARRILLON (Jean-Joseph-François-Alexandre), né le 1er août 1762.

BARROT (Jean-André), fut décoré par Louis XVIII en 1811. Après sa démission de ses fonctions de juge, son fils, Odilon Barrot, adressa au préfet de police un mémoire justificatif en faveur de son père (1815), qui obtint une pension de retraite de 2,400 fr. par ordonnance royale du 26 août 1818. (*Arch. nat.*, F 7. 6709 et 6710.)

BARTHÉLEMY (Jean-André), donna, en février 1815, une preuve de dévouement au gouvernement royal, en poursuivant, dans une forêt, à la tête d'une troupe de paysans, des voleurs qui s'étaient emparés de la caisse d'un receveur particulier, « crime d'autant plus grand, disait-il, que le roi a besoin d'argent pour satisfaire aux dépenses publiques. » Atteint par la loi du 12 janvier 1816 contre les régicides, il alla en Suisse, puis en Autriche, et rentra en France, en novembre 1816, sans être inquiété. (*Arch. nat.* F 7. 6710.)

BARTHÉLEMY-SAINT-HILAIRE (Jules), est porté sur son acte de naissance, fils naturel de Jeanne-Madeleine Barthélemy-Saint-Hilaire, âgée de 31 ans, né à Versailles.

BARVILLE, né à Villeconin (Seine-et-Oise), mort à Villeconin le 5 novembre 1836.

BARY, mort à Paris le 26 février 1865.

BASTERRÈCHE (Jean-Pierre), mort au château de Biaudos.

BASTERRÈCHE (Joseph-Armand-Eugène), mort au château de Biaudos.

BASTOULH, mort le 28 novembre 1838.

BATAULT, né à Pouilly-en-Auxois (Côte-d'Or) en 1722, mort à Arnay-le-Duc (Côte-d'Or) le 11 avril 1793.

BATTELIER, *lisez* **BATTELLIER**.

BAUDOT (Marc-Antoine), né à Liernolles (Allier) le 18 mars 1755, fut commissaire spécial de police à Morlaix pendant les Cent-Jours; il jouissait alors de 20,000 francs de revenus dont une partie en biens d'émigrés. (*Arch. nat.*, F 7. 6709.)

BAUDRAND avait été fait comte par Louis-Philippe et grand croix de la Légion d'honneur; son portrait, par Ary Scheffer, est au musée de Versailles.

BAUFFREMONT, *lisez* **BAUFFRE-MONT**.

BAVOUX (Antoine-Joseph-Évariste), mort le 11 décembre 1850.

BAZIRE, *lisez* **BASIRE**.

BAZOCHE (Claude Hubert), mort à Saint-Mihiel le 6 février 1812.

BEAUFRANCHET D'AYAT. Dans le numéro du 11 septembre 1899 de la *Revue bleue*, M. Chassin a publié, sous le titre : *Un bâtard de Louis XV, général républicain en Vendée*, un article dans lequel il fait naître Beaufranchet d'Ayat le 21 mai 1754, et le déclare fils de Louis XV et de Mlle Morphy. Or, l'enfant qui naquit de Mlle Morphy, en 1754, alors qu'elle était la maîtresse du roi, était une fille, Agathe-Louise de Saint-André, qui mourut à 20 ans, en septembre 1774, quelques mois après avoir épousé le marquis de la Tour du Pin de la Charce. M. Welvert a parfaitement établi (n° du 1er novembre 1899 de sa *Revue historique*) que Beaufranchet d'Ayat est né le 22 novembre 1757, au château d'Ayat, du légitime mariage de Mlle Morphy délaissée par le roi, et de Jacques Beaufranchet d'Ayat, célébré en novembre 1755. De ce premier mariage elle eut d'abord une fille, née à Ayat le 30 octobre 1756, puis Louis-Charles-Antoine, qui fut général républicain en Vendée et député sous le premier empire.

BEAUHARNAIS (Claude, comte de). Le marquis François de Beauharnais et le comte Claude de Beauharnais ont été confondus dans cette notice, qui doit être dédoublée et rectifiée comme suit :

BEAUHARNAIS (François, marquis de), député en 1789, né à la Rochelle le 10 août 1756, mort à Paris le 3 mars 1816, fils de François, marquis de la Ferté-Beauharnais, et de Marie-Anne-Henriette Pyvart de Chastullé, appartenait à une famille distinguée dans la marine royale; la terre de la Ferté-Beauharnais (Loir-et-Cher) avait été érigée en marquisat en faveur de son père en 1764. Le 16 mai 1789, il fut élu premier député suppléant de la noblesse de la ville de Paris aux États Généraux, et fut appelé à siéger en novembre suivant, en remplacement de M. de Lally-Tolendal démissionnaire. Très dévoué au roi, il prit place à droite, ne joua qu'un rôle effacé, combattit la motion de son frère Alexandre tendant à retirer au roi le commandement des armées, protesta, les 12 et 13 septembre 1791, contre les actes de l'Assemblée constituante, et publia, à la fin de la session, un *Compte-rendu à ses commettants*. À la fin de 1792, il tenta de délivrer la famille royale enfermée au Temple; mais, l'entreprise ayant échoué, il émigra, devint major général dans l'armée de Condé, et, lors de la mise en accusation de Louis XVI, écrivit au président de la Convention une lettre dans laquelle, tout en démontrant l'illégalité de la procédure instituée, il demandait à être l'un des défenseurs du roi, ce qui lui fut refusé. Au 18 brumaire, par l'entremise de sa belle-sœur, Joséphine, il adressa au premier Consul une lettre dans laquelle il s'engageait, « au nom de la seule gloire qui lui restât à acquérir, à rendre le sceptre aux Bourbons. » L'avis fut peu goûté, et le marquis de Beauharnais ne rentra en France qu'en 1802, à l'occasion du mariage de sa fille, Émilie-Louise, avec le comte de Lavalette (Voy. ce nom). Le marquis se rallia à l'empire, fut nommé, en 1805, ambassadeur en Étrurie, puis en Espagne. Mais là, il subit une disgrâce, pour avoir pris les intérêts du prince des Asturies contre le ministre Godoy, contrairement aux vues de Napoléon, qui le rappela et l'exila dans ses terres en Sologne. Le marquis de Beauharnais y demeura jusqu'en 1811; il revint alors à Paris, n'obtint aucune faveur de la Restauration, et mourut à 91 ans, aveugle et oublié. La plupart des biographes, Ludovic Lalanne, Hoëfer et autres le font mourir à tort en 1823; il mourut à Paris, en 1846, dans le 1er arrondissement (alors mairie de la rue d'Anjou), et fut inhumé au Père-Lachaise. Sa tombe, des plus modestes, est située dans la 16e division, section R, n° 203 du cadastre.

BEAUHARNAIS (CLAUDE, COMTE DE), membre du Sénat conservateur et pair de France, né à La Rochelle (Charente-Inférieure) le 29 septembre 1756, mort à Paris le 10 janvier 1819, cousin germain du précédent, était fils de Claude de Beauharnais, comte des Roches-Baritaud, et de Marie-Anne Françoise Mouchard, qui se sépara de son mari en 1762, et acquit une certaine réputation littéraire sous le nom de comtesse Fanny de Beauharnais. Officier des gardes françaises sous l'ancien régime, le comte Claude épousa la fille du comte de Lezay-Marnésia (Voy. ce nom), et se remaria plus tard avec Mlle Fortain, fille d'un armateur de Nantes. Rallié à Bonaparte, il fut nommé, le 5 pluviôse an XII, président du collège électoral de la Vendée, et entra au Sénat conservateur le 1er floréal suivant. Membre de la Légion d'honneur le 25 prairial an XII, il fut pourvu, le 16 mars 1806, de la sénatorerie d'Amiens. Il fut créé comte de l'empire le 6 juin 1808. Membre du conseil d'administration du Sénat et chevalier d'honneur de l'impératrice Marie-Louise en 1810, grand-croix de l'ordre de la Fidélité de Bade (24 février), à l'occasion du mariage de sa fille, Stéphanie-Louise-Adrienne, avec le grand-duc de Bade, grand officier de la Légion d'honneur (30 juin 1811), il adhéra à la déchéance de l'empereur en avril 1814, et fut nommé pair de France par Louis XVIII, le 4 juin 1814. À l'écart pendant les Cent-Jours, il reprit sa place à la Chambre haute à la seconde Restauration, et vota pour la mort dans le procès du maréchal Ney.

BEAUHARNAIS (ALEXANDRE-FRANÇOIS-MARIE, VICOMTE DE), cousin germain du précédent, et frère du marquis François (Voy. plus haut.)

BEAULIEU, JULES-ÉMILE-FRANÇOIS HERVÉ DE), né à La Guerche (Ille-et-Vilaine) le 16 septembre 1752, mort à Redon (Ille-et-Vilaine) le 24 septembre 1807.

BEAUMONT (FÉLIX-BELLATOR, COMTE DE), mort à Paris le 3 février 1866.

BEAUPOIL DE SAINT-AULAIRE (MARTIAL-LOUIS), mort à Fribourg le 17 janvier 1798.

BEAUPUY (NICOLAS-MICHEL-PIERRE, etc., DE), né le 5 avril 1754.

BEAUSÉJOUR (DE), député de 1819 à 1821.

BEAUVAIS DE PRÉAUX, lisez BEAUVAIS DE PRÉAU.

BECKER (DE), né à Saint-Avold (Moselle) en 1743.

BECQUEY, reçut, le premier, de Courtois, en 1816, la confidence de l'existence du testament de Marie-Antoinette, mais laissa cette communication sans réponse.

BEFFROY DE BEAUVOIR. Lors de la promulgation de la loi du 12 janvier 1816 contre les régicides, le préfet de l'Aisne écrivit au ministre de la police le 23 janvier 1816 : « Beffroy a une femme, des enfants, et il manque de pain. Sa misérable fortune consiste en quinze francs de rente; je ne parle pas de ses dettes, suite inévitable de sa détresse. » Le ministre lui accorda un secours de 600 francs pour l'aider à sortir de France (Arch. nat. F 7, 6769 et 6710).

BÉHIC, mort à Paris le 2 mars 1891.

BÉJOT, mort à Paris le 19 février 1839.

BEL, mort à Chambéry (Savoie) le 12 janvier 1891.

BELCASTEL (DE), mort dans sa propriété de Colomiers, près Toulouse, le 21 janvier 1890.

BELIN (JEAN-FRANÇOIS), né à Berthenicourt (Aisne) le 28 novembre 1749.

BELLEY, né à Gorée en 1746.

BELLIARD (JEAN), mort à Terraube (Gers) le 21 mars 1851, à 91 ans.

BELMONT (PIERRE DE), né à Brioude (Haute-Loire), le 4 juin 1755, mort à Brioude le 7 septembre 1805.

BENOID, mort à Murat (Cantal) le 22 décembre 1811, président honoraire du tribunal civil et conseiller d'arrondissement.

BENOIST (AMBROISE), mort à Pont-Saint-Esprit (Gard) le 12 octobre 1860.

BENOIT (CHARLES-LOUIS), mort à Verdun (Meuse) le 24 juillet 1869.

BENTABOLLE, lisez BENTABOLE, né à Landau (Bas-Rhin) le 4 juin 1756.

BÉRARDIER DE BATAUT, né à Quimper le 26 mars 1735.

BERCKEIM, lisez BERCKHEIM.

BERGASSE LARIZOULE, né à Saurat (Ariége) le 14 mars 1763, mort à Rabat (Ariége) le 8 avril 1827.

BERNADOTTE, mort le 8 mars 1844.

BERNARD DES SABLONS « cultivait la vigne de ses mains » à l'époque de la Révolution. Illettré, il prétendit plus tard qu'il avait voté la mort du roi sans trop se rendre compte. Atteint par la loi du 12 janvier 1816 contre les régicides, il se déclara indigent; mais la police constata qu'il était propriétaire d'une maison à Paris. Il se retira d'abord à Perlé (Prusse rhénane) puis à Luxembourg, et rentra en France après les journées de juillet 1830. (*Arch. nat.*, F 7. 6710.)

BERNARD DES ZEUZINES. En 1816, pour éviter l'exil qui frappait les régicides, il contrefit l'insensé, mais dut s'embarquer pour les Etats-Unis avec une pacotille. De Funchal (île de Madère) il adressa au ministre des Affaires étrangères « quelques réflexions qu'il avait jetées sur le papier pendant ses loisirs sur les moyens de bonifier les finances » (9 novembre 1816). Sa fille sollicita en vain son rappel.

BERNARD-DUTREIL (Nicolas-Charles), mort au Grand-Auvernée (Loire Inférieure) le 18 mars 1833.

BERNIER (Jacques), né le 16 novembre 1775.

BERNIS (Alexandre-François-Aimé-Raymond Pierres, marquis de), mort à Saint-Marcel (Ardèche) le 15 novembre 1845.

BERTHELOT (P.-E. M.) a été élu secrétaire perpétuel de l'Académie des sciences, le 24 février 1889, en remplacement de M. Pasteur.

BERTHEZÈNE (J. E. A.), *lisez* BERTEZÈNE, né à Saint-Jean-du-Gard (Gard).

BERTRAND (Antoine), ne fut admis à siéger à la Convention que le 10 avril 1793 en remplacement de Pouverein démissionnaire. Nommé sous-préfet de Murat en germinal an VIII, il permuta avec Antoine-Dominique Chabanon pour la sous-préfecture de St-Flour, où il fut remplacé en 1815 par M. d'Autoroche.

BERTUCAT. Daunou, chargé par le ministre de la police, en 1816, de former le dossier des régicides atteints par la loi du 12 janvier 1816, constata que les procès-verbaux de la Convention mis au net contenaient quelques graves erreurs. Bertucat, par exemple, y est porté comme ayant voté « pour la mort » dans le procès du roi, tandis que la minute du secrétaire et le *Moniteur* portent « la détention ». (*Arch. Nat.*, F 7. 6707-6715.) Cette rectification signalée par Daunou valut à Bertucat de ne pas être frappé par la loi de 1816.

BESNARD (Pierre-Charles-Emmanuel), né à Rennes (Ille-et-Vilaine) le 31 janvier 1753.

BESSON (Alexandre), atteint par la loi du 12 janvier 1816 contre les régicides, ne quitta point la France, et resta caché pendant dix ans à Amancey, dans sa famille, à l'insu des autorités. Le curé d'Amancey en fut le premier instruit, lorsqu'il fut requis de l'enterrer. (*Arch. Nat.*, F 7. 6710.)

BESSON (Claude-Louis), mort à Paris le 20 septembre 1815.

BEUGNOT (Jacques-Claude, comte), mort à Bagneux (Aube) et non (Seine), avait été nommé pair de France par Charles X le 27 janvier 1830.

BEZANÇON-PERRIER, mort à Reims le 28 février 1811.

BÉZARD, frappé par la loi du 12 janvier 1816 contre les régicides, se retira à Malines, laissant à Paris sa femme enfermée comme aliénée à Charenton. Il exerça à Malines la profession d'avocat. (*Arch. Nat.*, F 7. 6707, 6709.)

BIDAULT (Laurent-Mathieu-Gervais), né à Rouge-Perriers (Eure) le 6 novembre 1760.

BIGOT DE PRÉAMENEU (Alexandre-Etienne), mort à Rennes le 1er octobre 1833.

BILLAUDEL (Jean-Baptiste-Basilide), était le bisaïeul et non l'aïeul de M. Taine, de l'Académie française.

BILLION, mort à Arras le 14 mars 1829.

BILLOT (J.-B.). Ses états de service doivent être rétablis comme suit : lieutenant-colonel le 3 août 1869, général de division le 30 mars 1878, grand-croix de la Légion d'honneur le 8 juillet 1889, décoré de la médaille militaire le 8 juillet 1887.

BINACHON, mort à Saint-Etienne (Loire) le 19 décembre 1889.

BISSY, fut nommé juge au tribunal d'appel d'Angers le 9 floréal an VIII, mais il ne se présenta pas lors de l'installation, fut porté absent jusqu'au 23 brumaire an IX, et, considéré alors comme démissionnaire, fut remplacé. Le 19 octobre 1808, il refusa les fonctions de juge-suppléant au tribunal de Mayenne. Retiré à Belgeard (Mayenne) il s'occupa de littérature, fut mis en surveillance à Bourgnouvel (Mayenne) sous la Restauration, et obtint l'autorisation de rentrer à Mayenne où il mourut, à 75 ans. Il s'était d'abord destiné à l'Eglise, avait reçu la tonsure le 20 mars 1777; puis, ayant délaissé la théologie pour le droit, avait été reçu avocat au parlement le 29 août 1782, et s'était fixé comme avocat à Mayenne le 3 février 1785.

BLACAS D'AULPS (P.-L.-J., duc de), membre libre de l'Académie des Inscriptions et Belles-lettres en 1816.

BLACHÈRE, était petit-fils du conventionnel Garilhe.

BLACONS (marquis de), né à Grenoble (Isère) le 3 octobre 1758.

BLANC (François-Joseph), né en février 1749.

BLANC DE SERVAL (Le), né à Aix (Bouches-du-Rhône) en mars 1744.

BLANDIN (Richard-Daniel), né à Orléans (Loiret) en 1742.

BLAUX, né le 4 octobre 1729.

BLONDEL (Jacques), né à Reims (Marne) en février 1749, mort à Charleville (Ardennes) le 8 avril 1813.

BODIN (Pierre-Joseph-François), mort à Blois le 4 septembre 1809.

BODIN (Vincent-Jacques), mort à la Bourboizière, commune de Sainte-Verge (Deux-Sèvres), le 13 janvier 1832.

BODITOUX (de), *lisez* **BOTIDOUX** (de).

BOILLEAU (Jean-Edme), né à Avallon le 26 avril 1738.

BOIS-ROUVRAY (de), mort à Munster (Allemagne) le 19 mars 1805.

BOIS-VIEL, mort à Paris le 8 mai 1875.

BOISSIER, né à Lyon le 20 mars 1756, fut commis de marine, puis receveur-contrôleur de 1777 à 1787, commis principal de la marine à Brest le 1er mai 1787, notable municipal en 1790, et administrateur du département du Finistère en 1791. Élu député suppléant à la Convention, il devint contrôleur de la marine le 1er octobre 1792, et, après avoir siégé à la Convention et au Conseil des Cinq-Cents, fut nommé sous-commissaire de la marine le 28 mars 1796, et commissaire le 8 mai 1798; il remplit ces dernières fonctions jusqu'au 10 juillet 1815, fut destitué par ordonnance royale du 2 novembre 1815, et mourut le 20 juillet 1832.

BOISSON (Joseph), né au Cap-Français en 1765.

BOISSY-D'ANGLAS (François-Antoine), présenta à la Convention, le 3 ventôse an III, au nom des comités de salut public, de sûreté générale et de législation réunis, un curieux rapport sur la séparation des églises et de l'État, et fit adopter le décret suivant : « Art. 1er, Conformément à l'article VII de la déclaration des droits de l'homme, et à l'article CXXII de la Constitution, l'exercice d'aucun culte ne peut être troublé. — Art. 2 : La République n'en salarie aucun. — Art. 3 : Elle ne fournit aucun local ni pour l'exercice du culte ni pour le logement des ministres, » etc.

BONAFOUS, mort à Courniou, près Saint-Pons (Hérault), le 24 septembre 1889.

BONALD (V.-E.-E, vicomte de) est l'aîné des petits-fils du pair de France et non pas son fils aîné.

BONDY (François-Marie-Taillepied, comte de), mort à Paris le 28 novembre 1890.

BONMARCHANT, mort à Salins le 15 août 1850.

BONNE-CHEVANT, mort à Brioude le 18 septembre 1851.

BONNET (Pierre-François-Dominique), né à Limoux (Aude) le 25 mars 1754, mort à Conques (Aude) le 3 décembre 1809, fut envoyé à la Convention par le département de l'Aude et non par celui de l'Aube.

BONNET DE LESCURE est mort à Rochefort (Charente-Inférieure).

BONNET DE MAUTRUY, *lisez* de **MAUTRY**, d'après sa signature, est né à Saint-Martin de Fresnay (Calvados) le 8 juillet 1713, et mort à Moult (Calvados) le 5 avril 1807, laissant un fils et une fille. De sentiments royalistes, le fils prit le nom de Dramare, qui était le nom de sa mère, la fille se fit religieuse hospitalière « pour pleurer ses malheurs et expier le crime de son père », écrit le préfet du Calvados au ministre, le 19 février 1816 (*Arch. Nat.*, F 7, 6709.)

BONNET DE TREYCHES, *lisez* **BONET**. Une lettre du préfet de la Haute-Loire du 20 janvier 1816 constate qu'il jouit d'une fortune assez considérable, dont une partie en biens nationaux. (*Arch. Nat.*, F 7, 6709.)

BONNEVAL (Germain), mort le 20 novembre 1815.

BORDAS, né à Saint-Yrieix (Haute-Vienne), fut atteint par la loi du 12 janvier 1816 contre les régicides, et se réfugia en Suisse. En juillet 1829, il se résigna à rentrer en France sans passeport, mais dut bientôt sortir du royaume, sous la menace d'être traduit devant les tribunaux comme réfractaire. L'appui de M. Deverneilh, député de la Dordogne, lui valut l'autorisation définitive de rentrer, en août 1830. (*Arch. Nat.* F 7, 6710.)

BORDERIE (de la) est correspondant de l'Institut (Académie des Inscriptions et Belles-Lettres) depuis 1885, fondateur et président de la Société des Bibliophiles bretons depuis 1874, etc.

BOREL-VERNIÈRES, mort à Brioude (Haute-Vienne) le 12 mars 1827.

BORIE (Jean), se retira dans ses foyers en 1798, fut nommé juge de paix sous l'empire, révoqué à la première Restauration, réintégré aux Cent-Jours, et put éviter l'exil auquel le condamnait la loi du 12 janvier 1816 contre les régicides, grâce aux excellents certificats qu'il obtint des maires et des curés de son canton. (*Arch. Nat.*, F 7, 6709.)

BORIE (Nicolas-Yves) était sénéchal de Rennes avant la Révolution; il présida plusieurs fois le tiers-état aux États de Bretagne, et joua un rôle important dans les luttes du tiers état et de la noblesse de Bretagne en 1788 et 1789.

BORIE-CAMBER, *lisez* **BORIE-CAMBORT**.

BORREL (Hyacinthe), *lisez* **BOREL**.

BOSCARY, né à Lyon en 1746, est mort à Pau le 25 septembre 1832. Son corps fut transporté au Père-Lachaise, à Paris, le 8 novembre suivant, puis exhumé et transporté à Lizy (Seine-et-Marne).

BOSQUILLON DE MARIGNY, né à Montreuil-sur-Mer (Pas-de-Calais) le 27 décembre 1742, mort à Clermont (Oise) le 3 avril 1830.

BOSRESDON, *lisez* **BOSREDON**.

BOUCHER (Louis-Joseph), né à Arras (Pas-de-Calais) le 29 décembre 1728.

BOUCHEREAU, atteint par la loi du 12 janvier 1816, se retira à Mons (Belgique);

il n'avait pas de fortune. Des notes de police constatent qu'il s'était conduit « sans emportement » pendant les Cent-Jours. (*Arch. Nat.*, F 7. 6701.)

BOUCHETTE, né à Bergues (Nord) le 25 août 1735, mort à Bergues le 9 septembre 1810.

BOUCHOTTE (Jean-Baptiste-Noël), mort au Ban-Saint-Martin (Moselle) le 8 juin 1840.

BOUDIN (Jacques-Antoine), né en 1755.

BOUFFLERS (Marquis de), né à Nancy.

BOUILLERIE (Marie-Joseph-Mélite Roullier de la), neveu, et non fils du précédent, n'a point servi le second empire; les états de service qu'on lui attribue sont ceux de son cousin, fils du précédent.

BOUILLEROT, né à Bernay (Eure) le 11 février 1752, mort à Paris le 1er avril 1835, était sans esprit; les deux Lindet le firent, dit-on, nommer à la Convention pour le diriger. Veuf d'une première femme, il épousa la femme de chambre de celle-ci; il était inspecteur des eaux et forêts à Clermont (Oise) depuis quelques années, lorsqu'il fut exilé par la loi de 1816. (*Arch. Nat.*, F 7. 6709.)

BOULARD (Antoine-Marie-Henri), né le 5 septembre 1751.

BOULART (François-Marie-Eucher-Charles), mort le 5 janvier 1804.

BOURDON (François-Louis), né à Rouy-le-Petit (Somme) en mars 1759.

BOURDON DE LA CRONIÈRE, né à Alençon et non à Longué.

BOURET, né le 26 juillet 1752.

BOURGEOIS (Nicolas), né en 1752.

BOURGEOIS (Adolphe-Louis-Marie-François), mort à Paris le 29 novembre 1859.

BOURGOIS, né en 1739 et non en 1711.

BOURSIN, né le 1er janvier 1756.

BOUSQUET (François), ne fut que menacé par la loi du 12 janvier 1816 contre les régicides. Paralysé depuis 1802, il protesta, tout en se cachant, contre la signature de son nom déposée par un tiers sur les registres de l'Acte additionnel pendant les Cent-Jours. Découvert, il fut traduit devant les tribunaux, parvint à prouver le faux, et fut acquitté le 10 janvier 1818. (*Arch. Nat.*, F 7. 6710.)

BOUSSION. Son fils, capitaine d'infanterie, ayant demandé pour son père, le 24 mai 1825, l'autorisation de rentrer en France, le ministre écrivit en marge de la supplique : « Régicide, rien à faire. » (*Arch. Nat.* F 7. 6710.)

BOUTELIER (Claude-Henri), avait été fait chevalier (1845), puis officier (1869) de la Légion d'honneur.

BOUTELLEAU, mort à Paris le 23 septembre 1838.

BOUTHIER DE ROCHEFORT, mort à Nolay (Saône-et-Loire) le 13 juin 1801.

BOUTRY, *lisez* **BOUTRY DU MANOIR**, né à Condé-sur-Noireau (Calvados) en 1715, mort le 2 mars 1801, petit-neveu de Jeanne d'Arc, par sa mère, Mlle de Bourdon du Lys, était avocat au bailliage de Condé-sur-Noireau avant la Révolution.

BOYAVAL, mort à Avesnes (Nord) le 7 septembre 1811.

BOYELLEAU, mort à Chalon-sur-Saône le 3 juillet 1810.

BOYER (Jean-Baptiste), né à Limoges le 13 juin 1739, mort à Limoges le 24 avril 1804.

BOYER (Saturnin-Marc), mort à Foix le 21 avril 1810.

BRABANT, mort à Cambrai le 15 avril 1801.

BRASSART, né à Saint-Pol (Pas-de-Calais) en 1739, mort à Arras (Pas-de-Calais) le 7 mars 1795.

BRASSAT-SAINT-PARCHEM, mort le 16 août 1799.

BRÉARD, se retira à Mons lors de la promulgation de la loi du 12 janvier 1816 contre les régicides. Une note du ministère de la police, du 23 janvier 1821, porte : « Le sieur Bréard a laissé à Paris une femme et cinq enfants, savoir quatre garçons et une fille; la demoiselle travaille avec sa mère qui bat du coton et gagne 8 à 10 sols par jour. C'est un des régicides auxquels le ministère a été obligé de fournir les moyens de sortir de France. La triste position de la famille l'a même déterminé à faire payer à Mme Bréard un secours mensuel de cent francs qu'elle continue toujours à recevoir. Indépendamment de ce secours qu'il est vraisemblable qu'elle partage avec son mari, mais qui ne peut suffire aux besoins d'un vieillard infirme, le ministère ajoute une couple de mandats dans l'année, de 2 à 300 francs. » (*Arch. Nat.* F 7., 6709.)

BRELAY, mort à Paris le 15 octobre 1859.

BRIANT (Pierre), né à Plonénez-du-Faou, fut nommé juge de paix le 4 janvier 1791; il se jeta dans l'Odet, et non dans l'Odon.

BRIAULT était fils d'un tanneur; il mourut des suites de la chaleur excessive éprouvée en se rendant à Niort au-devant de Napoléon qui revenait de Bayonne.

BRISSON (Mancou), né le 11 décembre 1739.

BRIVAL, mort à Constance (Suisse) le 8 octobre 1820. Le préfet de la Corrèze écrit, à la date du 29 janvier 1816, que le frère de Brival est « vicaire général et curé de Tulle où il n'a cessé de faire le bien. Quant à l'ancien conventionnel, il est généralement méprisé, ne vit avec aucun des siens, a une conduite privée scandaleuse. M. Brival a sa femme et deux filles mariées; mais tout cela lui est étranger depuis longtemps. » (*Arch. Nat.*, F 7. 6710.)

BROTHIER, petit-fils d'un échevin d'Angoulême, fut nommé ingénieur géographe à

Saint-Domingue, le 21 mai 1753. Colonel du génie dans la colonie en l'an II, ingénieur en chef de l'armée de l'ouest de Saint-Domingue du 17 vendémiaire an III à la fin de l'an IV, général de division, il fut élu député de la colonie au Conseil des Anciens. Le gouvernement consulaire le nomma directeur des droits réunis dans le département de la Méditerranée (5 germinal an XII). Brothier fut admis à la retraite le 11 mars 1825, et mourut au château de Castelneau, près Bazas (Gironde), le 31 janvier 1826. (*Arch. du château de la Jonchère*, Vienne.)

BRUE, fut élu premier député suppléant du Morbihan à la Convention, et admis à siéger le 17 frimaire an II en remplacement de Lehardy, condamné à mort. Il n'était donc pas en mission au moment du jugement de Louis XVI, puisqu'il n'avait pas encore été appelé à siéger.

BRULLEY (Théodore-Claude), né en 1735, mort à Sézanne (Marne) le 16 juillet 1793.

BRUN (Jean), né en 1725, mort en 1796, n'a pas été juge à Angoulême après la Restauration. Le juge avait pour prénom Nicolas.

BRUNET (Joseph-Mathieu), mort à Pierrebuffière (Haute-Vienne) le 6 janvier 1891.

BUON, mort à Paris le 12 février 1890.

BUQUET (Henri-Léopold, baron), mort le 3 juillet 1889.

CABANES (Joseph), mort à Aurillac le 19 juillet 1891, secrétaire du Sénat et président du conseil général du Cantal.

CABAROC, *lisez* **CABARROC**, né à Saint-Michel (Drôme) en 1732.

CADET, mort à Paris le 20 février 1891.

CAILLON, né à Torcy-Sedan (Ardennes) le 4 juillet 1765, mort à Torcy-Sedan le 10 février 1860.

CAILLY, né le 16 Juin 1753.

CALÈS (Jean-Marie), habitait depuis plusieurs années, en 1816, la ferme des Bordes, commune de la Selle, près Bonnel, arrondissement de Rambouillet. Ce domaine national, qui provenait du duc d'Uzès, rapportait de 7 à 8,000 francs de revenus. Maire de sa commune sous l'empire, Calès fut destitué à la fin du règne à cause de ses principes « de subversion et d'athéisme »; il exerçait aussi la médecine. (*Arch. Nat.*, F 7. 6707 à 6711.)

CALMON (Marc-Antoine), mort dans son domaine de Soldelpech (Lot) le 12 octobre 1890.

CAMBACÉRÈS (L.-J. Nap.), s'est tué en tombant d'un glacier, en Suisse, le 22 août 1868.

CAMBIASO, doge à Gênes et non pas à Venise.

CAMBOULAS D'ESPAROU, neveu de l'abbé Raynal, reprit son commerce à Saint-Geniez à sa sortie des Cinq-Cents. Banqueroutier en 1813, il vint habiter Montpellier; sans ressources, séparé d'avec sa femme, depuis longtemps en procès avec sa fille, il se retira à Riom (Puy-de-Dôme), et vécut des écritures que lui procuraient les avoués et les avocats. (*Arch. Nat.*, F 7. 6707, 6709.)

CAMINADE DE CHATENET (Jean-Jacques), mort à Cognac (Charente) le 4 juillet 1820.

CAMINADE DE CHATENET, fils du précédent, mort à Cognac le 1er janvier 1862.

CAMPENON, mort à Neuilly (Seine) le 16 mars 1891.

CAMPMARTIN, né à Saint-Girons (Ariège) le 11 mai 1734, mort à Saint-Girons le 10 septembre 1811.

CAMPMAS (Pierre-Jean-Louis), se retira à Milan lors de la promulgation de la loi du 12 janvier 1816, fut rappelé en septembre 1818, et se fixa à Alby. (*Arch. nat.*, F 7. 6707.)

CAPIN, *lisez*: **CAPPIN**.

CAREZ, né à Toul le 15 mars 1759.

CARPENTIER (Antoine-François), avait été garde-du-corps avant la Révolution. Riche propriétaire, il fut maire d'Hazebrouck; il habitait Saint-Omer en 1816. Lors de la promulgation de la loi du 12 janvier 1816, il se retira en Belgique, à Ypres, où il mourut en 1818. (*Arch. nat.*, F 7. 6707.)

CARPENTIER (Pierre-Jacques-François), mort à Ypres (Belgique) en 1813.

CARQUET, mort à Moutiers le 23 février 1891.

CARRIER (Jean-Baptiste). *Extrait des actes de baptèmes de la paroisse et église de Yolet (Cantal).*
En mille sept cent cinquante six, et le dix-sept du mois de mars, a été baptisé Jean-Baptiste Carrier né le seize du susdit mois, étant fils légitime de Jean Carrier et de Marguerite Puox, sa femme; parrain Jean-Baptiste Malet, sa marraine Marie Carrier qui n'a su signer; témoins Jean Testel et Jean Angelvi qui n'ont su signer de ce requis. *Signé*: Malet, Testel, Decosquans, curé.

CARUEL DE SAINT-MARTIN, mort à Paris le 27 octobre 1889.

CASTELBAJAC (Marie-Barthélemy, vicomte de), était colonel en 1816. Bien qu'ultra, il se fit l'intermédiaire des filles du conventionnel Courtois, alors en fuite, pour retirer de la maison de celui-ci les gendarmes garnisaires qui l'occupaient. Il avait épousé une demoiselle de Mac-Mahon. (*Arch. nat.*, F 7. 6711.)

CASTILLON (Emmanuel-Louis-Jacques-André), mort à Yvetot (Seine-Inférieure) le 4 novembre 1815.

CAVAIGNAC (Jean-Baptiste), né le 29 février 1762, habitait à Paris, 10, rue de Seine, quand il quitta la France avant la promulgation de la loi du 12 janvier 1816, et se réfugia à Bruxelles, place Sainte-Gudule, no 186. En 1819, sa femme, qui signe « J. Cavaignac de Corancez », et qui demeurait à Paris, no 10, place Saint-Sulpice, sollicita vainement son rappel. En novembre 1825, Cavaignac revint clandestinement à Paris, où la police chargée de le filer, de l'arrêter et de le conduire au Mont-

Saint-Michel, ne réussit pas à le saisir. (*Arch. nat.* F 7. 6611.)

CERNESSON, mort le 18 juin 1889.

CHABALIER, mort au Puy en 1810.

CHABANNES CURTON-LA-PALICE, n'assista pas au combat de Navarin ; il était alors à Smyrne.

CHABANON (ANTOINE - DOMINIQUE) fut élu député du Cantal à la Convention, le 7e sur 8 ; il fut nommé, le 18 germinal an VIII, sous-préfet de Saint-Flour et non d'Aurillac, remplacé à la 1re Restauration par M. de Cussac, réintégré aux Cent-Jours, et définitivement remplacé au second retour des Bourbons (juillet 1815) par M. Delalot. Candidat du collège d'arrondissement de Murat aux élections législatives du 22 août 1815, il ne fut pas élu et se tint jusqu'à sa mort en dehors des affaires publiques.

CHABRON, mort à Paris le 24 octobre 1889.

CHALAMET fut sous-secrétaire d'État au ministère de l'Instruction publique et des cultes du 16 novembre 1881 au 31 janvier 1882, dans le ministère Gambetta.

CHALEY, mort à Ceyzériou (Ain) le 9 mars 1890.

CHAMPION DE VILLENEUVE, mort au Petit-Bouland, commune de Bois-Morand (Loiret) le 25 avril 1811.

CHAMPVALLIER (DE), mort le 1er mars 1890.

CHAPEL D'ESPINASSOUX, mort à Marvejols (Lozère) le 28 avril 1847.

CHAPER (CAMILLE-EUGÈNE), mort à Grenoble (Isère) le 23 décembre 1790.

CHARBONNIER, né en 1751, mort le 6 juin 1808.

CHARLIER (LOUIS-JOSEPH), né à Châlons-sur-Marne (Marne) le 25 septembre 1754.

CHARTON (EDOUARD - THOMAS), mort à Versailles le 5 juillet 1890.

CHATEAUNEUF - RANDON. N'ayant pu retrouver la date de sa mort, nous avions adopté celle donnée par les continuateurs du P. Anselme, qui font autorité. Mais le carton 6567 de la série F 7, aux Archives Nationales, contient, sous le n° 2582, un dossier sur Châteauneuf-Randon d'où il ressort qu'enfermé à Sainte-Pélagie, alors prison pour dettes, en février 1812, l'ancien conventionnel en sortit en 1825 par le bénéfice de l'âge. Un rapport de police du 25 mars de cette dernière année constate qu'il s'était retiré à Saint-Gengoux, chez le général Roussin, sous le nom de marquis de Joyeuse. On croit qu'il mourut à Porchères (Gironde) en 1827, à 71 ans.

CHAUDRON-ROUSSAU, mort à Bourbonne-les-Bains le 7 mai 1816 ; il avait été frappé, en 1813, d'une attaque d'apoplexie qui l'avait privé de ses facultés.

CHAUMONT, devint, sous le premier empire, messager d'État au Corps législatif, puis rédacteur du *Journal d'Ille-et-Vilaine*. En 1816, il habitait, depuis plusieurs années, à Bossancourt, près de Montmorency, dans la gêne, abruti par les cabarets.

CHAUVIN-HERSANT, mort le 25 septembre 1836.

CHAVASSIEU (JEAN-BAPTISTE), mort à Montbrison (Loire) le 21 février 1891.

CHAZAL, sous le coup de la loi du 12 janvier 1816, partit pour Genève, passa à Lausanne, et finit par s'établir à Bruxelles, d'où il protesta contre l'application qui lui était faite de la loi contre les régicides, puisqu'il avait voté l'amendement de Mailhe. Il était alors père de neuf enfants ; un de ses fils se suicida en 1820.

CHAZAUD, né le 30 janvier 1718, mort à Confolens (Charente) le 4 novembre 1818. Retiré à Confolens en 1804, perclus de goutte, ayant des ulcères aux jambes et une hernie irréductible, il obtint un sursis indéfini lors de la promulgation de la loi du 12 janvier 1816 contre les régicides, et mourut d'une attaque d'apoplexie.

CHAZAULD, lisez **CHAZEAU**, né à Chalon-sur-Saône (Saône-et-Loire) le 12 octobre 1718.

CHEDANNEAU, lisez **CHEDANEAU**, était secrétaire greffier du point d'honneur avant la Révolution. Nommé en 1795 receveur général de la Charente, il donna sa démission au Consulat, et se retira à la campagne, à Salles, près de Ruffec. Il vota contre le Consulat à vie, fut exilé par la loi du 12 janvier 1816, se réfugia en Autriche, et fut autorisé à rentrer en France le 6 mai 1818.

CHÉNIER (JOSEPH-MARIE-BLAISE DE), né le 10 janvier 1764.

CHENON DE BEAUMONT, mort à Avessé (Sarthe) le 9 décembre 1791 ; c'est un homonyme qui fut, en l'an IV, juge au tribunal du Mans.

CHIRON DE BROSSAY, lisez **CHIRON DU BROSSAY**.

CHOISEUL D'AILLECOURT (MICHEL-FÉLIX-VICTOR, COMTE DE), mort en émigration à Ekatherinoslaw (Russie) le 1er janvier 1796.

CHORON, mort à Soissons (Aisne) le 27 avril 1801.

CHOTTARD, mort à Guérande (Loire-Inférieure) le 26 juin 1838, était lieutenant-garde-côtes, et non lieutenant guide-côtes.

CHOUVET, né à Coucouron (Ardèche) le 4 septembre 1732, mort à Chomérac (Ardèche) le 23 novembre 1813.

CHRISTINAT, né au Havre (Seine-Inférieure) le 14 mars 1711.

CIGONGNE (DE), fut élu député du tiers-état de la sénéchaussée de Saumur, et non de celle de Nantes, aux États-Généraux.

CIRIER, mort le 21 octobre 1890.

CLAPIER (Alexandre), mort à Marseille le 28 janvier 1891.

CLARY (Etienne-François), né le 8 août 1757.

CLÉDEL, mort à Gramat (Lot) le 26 septembre 1820. Atteint par la loi du 12 janvier 1816 contre les régicides, il obtint un sursis provisoire qui devint indéfini le 25 décembre 1818, en raison de son grand âge et de ses infirmités.

CLÉMENT DE RIS (Athanase-Louis-Marie), 4e ligne, lisez : sortit volontairement.

CLOUÉ, mort à Paris le 25 décembre 1889.

COETLOSQUET (Charles-Yves-César-Cyr, comte du), mort à Paris le 23 janvier 1836.

COFFINHAL. La Restauration le révoqua de ses fonctions de magistrat, et il mourut avocat à Aurillac.

COFFYN-SPYNS, mort à Dunkerque le 7 mai 1869.

COISLIN (marquis et vicomte de), lisez du Cambout au lieu de Comboust.

COLFAVRU, mort à Paris le 18 mai 1891.

COLLIGNON, remplit, du 15 au 20 février 1871, l'intérim du ministère des Travaux publics.

COLLOMBEL, né le 25 août 1755.

COLOMB DE GASTE, dénoncé le 10 prairial au 11 au comité de salut public par le comité révolutionnaire de Bourg-Argental (Loire) (il est qualifié du titre de colonel dans la dénonciation), fut arrêté par ordre de Robespierre, transféré à Paris (12 prairial) et ne dut la vie qu'au 9 thermidor.

COLOMBEL DE LA ROUSSELIÈRE, né à Laigle (Orne) le 24 mai 1733, mort à Verneuil (Eure) le 22 avril 1816, était président du grenier à sel de Laigle avant la Révolution. À sa sortie des Cinq-Cents, il se retira à Verneuil.

COMBAREL DE LEYVAL, mort le 24 avril 1869.

COMPAYRÉ (Etienne), mort à l'Isle-d'Albi (Tarn) le 22 novembre 1817.

CORBEL DU SQUIRIO devint, en février 1806, membre de la cour criminelle du Morbihan, jusqu'à la réorganisation de 1811 (mars), puis président du tribunal prévôtal des douanes à Lorient; exilé en 1816, il fut amnistié le 25 novembre 1818.

CORBINAIS, né le 31 mars 1753 aux environs de Dol (Ille-et-Vilaine), entra au séminaire de cette ville, mais, ne se sentant pas de vocation pour l'Église, étudia le droit et devint notaire de l'évêque de Dol, Mgr de Hercé. Procureur général syndic du district de Dol de 1791 à 1796, il usa de ses pouvoirs pour favoriser la fuite de nombreux pros-

crits, et entre autres de l'évêque, fut dénoncé au représentant en mission, Carpentier, en 1793, réussit à le subjuguer par sa franchise, et sauva sa région des exécutions qui ensanglantèrent les pays voisins. Député aux Anciens en l'an VI, il refusa de s'attacher au parti de Bonaparte, et, après le coup d'État de brumaire au VIII, revint à Dol où il ouvrit un cabinet d'homme de loi. Les avocats de Saint-Malo eurent souvent recours à son expérience. Il mourut à Dol en 1822. Son petit-fils est actuellement juge de paix à Machecoul (Loire-Inférieure).

CORBON, mort à Paris le 27 février 1891.

CORDIER, devint, après la session conventionnelle, membre du tribunal de première instance de Bruxelles (1796-1811).

COREN-FUSTIER, mort à Chambonas (Ardèche) le 28 février 1823.

CORNET, lisez : (comte) et non (comte de).

CORROLLER DU MOUSTOIR, avait épousé Marie-Louise Loëdon de Kéromen.

COSSÉ-BRISSAC (Aimé-Maurice-Timoléon de), mort le 23 avril 1890.

COSSERAT, né le 25 octobre 1800.

COUESSUREL DE LA BROUSSE, fut, en 1795, administrateur des Côtes-du-Nord et non du Calvados.

COURBET-POULARD, mort à Abbeville le 11 décembre 1883.

COURTARVEL DE PEZÉ, né à Chartres le 1er avril 1761.

COURTOIS, né à Arcis-sur-Aube, était marchand boisselier avant la Révolution. La saisie des papiers de Courtois a été racontée, avec document scrupuleux à l'appui, par M. Welvert (Paris, in-8°, 1891).

CRASSOUS (Joseph-Augustin), lisez CRASSOUS DE MEDEUIL, né à la Rochelle le 20 juin 1755, fils de Joseph Crassous de Médeuil, conseiller du roi, notaire royal à la Rochelle, et de Marie-Louise-Catherine Denis, fut, de 1740 à 1789, procureur au siège présidial de la Rochelle.

CREMERS (Jacob dit Erro), mort à Groningue (Hollande) le 5 juin 1815.

CREUZÉ-LATOUCHE, mort à Paris le 23 octobre 1800 et non à Vaux (Vienne).

CREVELIER, mort à Aarau (Suisse) en février 1818, était, avant la Révolution, instituteur à Confolens comme son père. Sous-préfet de Confolens aux Cent-Jours, il fut atteint par la loi du 12 janvier 1816, et se réfugia à Aarau où il mourut.

CROIZET, mort à Aurillac (Cantal) le 14 novembre 1831.

CRUBLIER D'OPTERRE, mort à Châteauroux (Indre) le 31 mars 1799.

CULANT (de), réclama, en nivôse an VII, sa radiation de la liste des émigrés, sur laquelle il avait été inscrit dans le département de la

Seine le 13 vendémiaire an III, et fournit trois certificats prouvant qu'il avait résidé à Paris depuis 1790 jusqu'à la fin de septembre 1792, puis à Abbeville du 5 octobre 1792 au 15 vendémiaire an IV ; là il avait été soigné d'un ulcère cancéreux à la paupière gauche. Il était de retour dans la Charente en l'an VII et habitait Saint-Mesme. Il fut rayé le 16 messidor an VII. (*Arch. Nat.*, F 7, 5621.)

CUOCQ, mort à Paris le 25 novembre 1851.

CUVIER, ayant cessé, à la Révolution, ses fonctions de précepteur du fils de M. d'Herbey, au château de Fiquainville, commune de Beaux-Cancels (aujourd'hui supprimée, et qui comptait alors 72 habitants), devint secrétaire greffier de cette commune, du 10 novembre 1793 au 1er ventôse an III. Le registre des délibérations de cette commune (*Arch. de la Seine-Inférieure*) le montre procédant à une battue générale dans les bois et dans les maisons des gens suspects, prononçant un discours patriotique lors de la prise de Toulon, et nommé par le conseil général de la commune un des vérificateurs pour l'emprunt forcé, et agent pour l'exploitation des salpêtres. En l'an III, Garat et Ginguené, membres de la commission de l'instruction publique, ayant adressé aux administrateurs de districts une demande de renseignements sur les hommes qui pourraient maintenir ou élever le niveau des belles-lettres, le district de Montivilliers indiqua Cuvier comme s'étant livré à des recherches sur l'histoire naturelle ; c'est là le point de départ de sa fortune scientifique.

DABRAY, mort le 6 août 1831.

DANET, mort à Vannes (Morbihan) le 19 septembre 1829.

DARROT-ANDRIEUX, mort à Thiers (Puy-de-Dôme) le 30 octobre 1870.

DARTIGOYTE, *lisez* **DARTIGOEYTE**.

DARTONNE, mort à Gien (Loiret) le 26 février 1827.

DARU (NAPOLÉON, COMTE), mort à Paris le 29 juin 1890.

DAUBERMESNIL, *lisez* : FRANÇOIS-ANTOINE LEMOYNE D'AUBERMESNIL, né à Fiton (Aude) le 5 septembre 1748.

DAUCHEZ, mort à Arras le 13 mars 1823.

DAUZAT (BASILE), mort à Paris le 25 juillet 1839.

D'AVERHOULT, fut nommé en 1792 colonel du 7e dragons. Inscrit en 1793, après sa mort, sur la liste des émigrés, il ne fut rayé que le 6 floréal an X, après de pressantes démarches de sa fille, Séline-Benjamine D'Averhoult.

DAVOUST, né à Étampes (Seine-et-Oise) le 30 août 1727.

DEBRAY, n'était plus maire d'Abbeville lorsqu'il se présenta à la députation en 1827 : il avait été maire de 1800 à 1808.

DEFERMON DES CHAPELIÈRES (JOSEPH), *lisez* JACQUES.

DELABROSSE s'appelait en réalité GUILLET DE LABROSSE. Il est souvent cité au « Livre Doré » de l'hôtel de ville de Nantes, car il fut juge suppléant au tribunal de commerce en 1806, juge en 1816, et conseiller municipal en 1823. Les Guillet de la Brosse sont des principaux négociants de Nantes depuis près de deux siècles.

DELACOUR (DENIS-ALBERT), mort à Paris le 2 décembre 1890.

DELAFOSSE (ALEXANDRE-JULIEN), mort à Bazouges-la-Pérouse (Ille-et-Vilaine) le 23 juillet 1863.

DELAMARE (JACQUES-ARMAND), mort au Havre le 15 mars 1824.

DELAMBRE, mort à Remy (Pas-de-Calais) le 24 juillet 1797.

DELAMORLIÈRE, né à Amiens le 22 décembre 1769, mort à Amiens le 9 décembre 1812.

DELAUNAY (JACQUES-FRANÇOIS-MARIE) mort à Mailly (Somme) vers 1835.

DELAUNAY (PIERRE-RENÉ-LÉONARD), mort à Paris le 5 février 1820.

DELCHER, mort à Brioude (Haute-Loire) le 6 février 1812.

DELÉAGE, mort à Moulins (Allier) le 4 décembre 1811.

DELILLE, mort au château de Monfelour (Creuse) le 24 juillet 1830.

DELORT (FRANÇOIS), mort à Uzerche (Corrèze) le 5 décembre 1831.

DELORT DE PUYMALIE, mort à Uzerche (Corrèze) le 1er mars 1809.

DELZONS (ANTOINE), mort le 15 janvier 1816, fut nommé président au tribunal d'Aurillac le 22 août 1807.

DELZONS (JEAN-FRANÇOIS-AMÉDÉE), petit-fils et non fils du précédent, était notaire à Aurillac et non avocat ; il devint, sous le second empire, juge suppléant au tribunal d'Aurillac, conseiller général du Cantal de 1846 à 1852.

DENAYROUSE (MARIE-LOUIS) s'occupa de littérature dramatique, fit représenter, en 1879, une comédie, *la Belle Paule*, au Gymnase ; il collabore aujourd'hui à la *République française*.

DEPONTHON, mort à Eclaron le 25 août 1849.

DESCAMPS (BERNARD), mort à Lectoure (Gers) le 21 avril 1825. Contraint de s'exiler en 1816, il protesta contre l'application qu'on lui faisait de la loi. Vérification faite aux Archives du royaume, où les registres d'adhésion à l'Acte additionnel des Cent-Jours avaient été apportés de tous les coins de la France, on reconnut qu'il n'avait pas signé. Le préfet du Gers avait cependant écrit, le 22 mars 1816 : « La découverte que je viens de faire des scrutins originaux du collège électoral du département, m'a mis à même d'y reconnaître sa signature. » Le gouvernement le considéra comme exilé volontaire, et, quand Descamps rentra en France en 1822, il ne fut pas inquiété.

DESGROUAS, à la première Restauration, vivait retiré à Mortagne, avec une pension de retraite de 600 fr. 10 centimes (sic), comme ancien conservateur des hypothèques à l'écrou sous l'empire, fonctions dont il avait dû se démettre pour cause de cécité. Aux Cent-Jours, il signa l'Acte additionnel, pour ne pas perdre la pension qui était sa seule ressource. Atteint par la loi du 12 janvier 1816, il fournit vainement un certificat médical constatant que son état physique ne lui permettait pas de s'expatrier; n'étant pas parti dans les délais fixés, il fut jeté en prison comme réfractaire; on exigea de lui 10 fr. par jour pour avoir un lit; obligé d'implorer des secours de ses amis, il tomba dans un état comateux, et mourut en prison le 17 avril 1816. (*Arch. nat. F 7. 6711.*)

DESMORTIERS, mort dans les environs de Nantes en janvier 1869.

DESNOS, *lisez* **DESNOS DE LA GRÉE,** né à Rennes en 1746, mort à Rennes le 2 décembre 1813, fut fructidorisé en l'an V; il fut nommé conseiller à la cour royale de Rennes en 1816.

DESPANS CUBIÈRES, fils d'un sieur Despans, fut adopté par M. Cubières, par l'acte suivant : « Le 3 vendémiaire an XI, par devant moi, Etienne Ménard, adjoint à la mairie de Versailles, s'est présenté le citoyen Simon-Pierre Cubières, propriétaire, âgé de 54 ans, demeurant à Versailles, rue Homère, no 15, lequel m'a déclaré adopter pour son enfant et pour jouir des droits qui sont ou seront, en pareil cas, réglés par la loi, la personne d'Amédée Despans, fils de Simon-Amédée Despans et de Michelle-Cécile Delbois, son épouse, né dans la ci-devant paroisse de Saint-Eustache le 4 mars 1786. »

DESPORTES (Nicolas-Félix), mort à Paris le 26 août 1849.

DESSAURET : ne fut candidat à la députation, sous le second empire, qu'aux élections du 24 mai 1869. C'est son cousin, Dessauret d'Auliac, qui s'était présenté aux élections du 29 février 1852.

DESVERNAY, mort à Villefranche le 1er avril 1819.

DETHOMAS, mort à Melun (Seine-et-Marne) le 14 mars 1801.

DEURBROUCQ : fut consul de commerce à Nantes de 1779 à 1780 et colonel des gardes nationales de la ville sous le premier empire.

DEVILLE (Jean-Baptiste-Louis) né à Sainte-Marie-à-l'y le 7 septembre 1757, mort au même lieu le 22 août 1834, se retira à Bouillon lors de la promulgation de la loi du 12 janvier 1816, et protesta à plusieurs reprises contre son exil, notamment le 24 avril 1825, dans une lettre apostillée par Boissy-d'Anglas.

DEVINCK-THIERRY, né à Dunkerque (Nord) le 1er mars 1761.

DEYDIER, né le 7 avril 1743, dut s'expatrier lors de la promulgation de la loi du 12 janvier 1816, bien que des certificats de médecin eussent attesté qu'il était atteint « d'une humeur goutteuse erratique qui porte principalement son impression sur le cerveau. De là des pertes instantanées et plus ou moins prolongées de la mémoire et de la raison. »

DEISBACH (de), porté par erreur comme mort, par confusion avec un de ses parents.

DONDEAU, né à Fontaine-Denis (Marne) le 25 mars 1752.

DOUBLAT (Augustin), mort à Brouvelieures (Vosges) le 7 mars 1863.

DOUZON (comte de), né à Troussu (Allier) en 1736, exécuté à Lyon (Rhône) le 1er Janvier 1794.

DOZON-HOUREAU, mort à Paris le 22 octobre 1868.

DROUET. Le « pieux vieillard » de 1824 paraît n'être qu'un racontar des journaux de la Restauration. La vérité est que Drouet mourut habitant avec une femme qui n'était pas la sienne et qu'il avait emmenée avec lui de Sainte-Menehould. Il avait été fait chevalier de la Légion d'honneur en 1807.

DRUILLON, né à Blois (Loir-et-Cher) le 23 décembre 1736, mort à Blois le 29 août 1819.

DRULHE, né à Villefranche (Aveyron) le 31 juillet 1751, mort le 26 avril 1843.

DUBOIS (Louis-Toussaint-Julien), mort à Paris le 5 septembre 1806.

DUBOIS (Amable-Julien), *lisez* Lucilien au lieu de Julien, né à Amiens le 18 septembre 1796, mort à Amiens le 6 novembre 1871, fut reçu docteur-médecin le 6 novembre 1821, fut conseiller municipal d'Amiens de 1840 à 1848, et, sous le second empire, fut nommé inspecteur des eaux de Vichy.

DUBUAT, mort à Meaux (Seine-et-Marne) le 17 janvier 1807.

DUBUSC, né à Louviers (Eure) le 13 mai 1731, mort à Louviers le 30 avril 1812.

DUCLAUX (Paulin), fut juge suppléant au tribunal de district de Mauriac séant à Salers (Cantal) le 16 octobre 1790, juge le 26 mars 1791, réélu le 7 septembre 1792, nommé président par le représentant en mission, Musset, du 23 frimaire an III au 9 frimaire an IV, président du tribunal de Mauriac le 20 prairial an VIII, et mourut dans ces fonctions.

DUCREUX, né à Rougemontier (Eure) en 1749, mort à Saint-Simon (Aisne) le 9 janvier 1819.

DUCROZ, mort à Bonneville (Haute-Savoie) le 21 juin 1801.

DUFESTEL, né à Gapennes (Somme) le 20 décembre 1713.

DUFONT, mort à Versailles le 25 février 1888.

DUFREXAU, *lisez* DUFREXOU.

DUMAIRE (Jean-Jacques), mort à Sarreguemines (Moselle) le 28 décembre 1818.

DUMARNAY, mort à Quimper le 23 janvier 1831.

DUMAZ, mort à Chambéry (Savoie) le 9 janvier 1830.

DUMONT (André), mort à Abbeville (Somme) le 21 octobre 1838.

DUPERREAU, mort à Valence (Drôme) le 2 décembre 1827.

DUPERTUIS, né à Wurtzbourg (Allemagne), mort à Châteauroux (Indre) le 7 juillet 1839.

DUPEYRAT, mort à Paris le 30 mars 1832.

DUPLANTIER, mort à Agen le 17 avril 1811.

DUPONT (Jean), né à Paris le 13 février 1737.

DUPRÉ DE BALLAY, mort à Paris le 30 juin 1829.

DUPUIS (Antoine), mort à Amiens le 15 mai 1842, émigra à la Révolution, et reprit sa cure après le Concordat. Archidiacre d'Abbeville en 1828, chanoine d'Amiens en 1832, il mourut doyen du chapitre.

DUPUY (Jean-Baptiste-Claude-Henri), mort à Genève (Suisse) le 15 mai 1824.

DUQUESNOY (Joseph-Norbert), mort à Arras le 30 mai 1843.

DURAND (Eugène-François-Joseph), fut sous-secrétaire d'État au ministère de l'Instruction publique et des Beaux-Arts dans le cabinet J. Ferry, du 27 février 1883 au 6 avril 1885.

DURANTHON, né à Mussidan (Dordogne), le 14 septembre 1736.

DUVAL DE FRAVILLE, mort à Condes (Haute-Marne) le 4 février 1871.

DUVIDAL DE MONTFERRIER, *lisez* **DU VIDAL DE MONTFERRIER** (Marquis), conformément à l'orthographe authentique du nom depuis le XIIe siècle, et à l'orthographe traditionnelle dans la famille. Ce tribun fit partie de la délégation extraordinaire du Tribunat envoyée à Berlin en 1806 pour chercher les drapeaux pris sur l'ennemi ; c'est le sujet d'un grand tableau au musée de Versailles.

ENGERRAN, né le 31 mai 1751.

ESPÉRON, *lisez* **ESPÉROU**.

ESQUIRON, *lisez* **ESQUIROU**.

FAILLY (Pierre-Louis de), mort en émigration à Spa (Belgique) le 24 avril 1792.

FAURIE, mort à Tamos (Landes) le 14 mars 1809.

FAUVEL, né à Lille (Nord) le 4 décembre 1751, mort à Lille le 10 décembre 1824.

FAVEROT, *lisez* **FAVEROT DE KERBRECH**, était, avant la Révolution, avocat et contrôleur des actes à Pontivy. Administrateur du Morbihan (juin 1790), vice-président du directoire du département (septembre), il fut destitué et incarcéré en 1793, sur l'ordre du représentant en mission, Prieur (de la Marne). Mis en liberté le 13 brumaire an III par les représentants Leyris et Bourot, il fut nommé administrateur par Brue, le 18 floréal suivant, et fut commissaire du Directoire exécutif près l'administration centrale du Morbihan, du 22 brumaire an IV au 1er messidor an V.

FAYAU, né à Rocheservière (Vendée) le 25 mars 1766, mort à Belle-Roche, commune de Rocheservière, le 25 mars 1799, est confondu, quant aux états de service comme magistrat sous le premier empire, avec son demi-frère, né d'un premier mariage de son père, Jean-Baptiste Fayau, sieur de la Pamplinière, maître en chirurgie, avec Marie Grousseau. Le conventionnel Fayau naquit d'un second mariage de Jean-Baptiste Fayau avec Perrine Mitteau. Il était avocat avant la Révolution, ne prit aucune part aux affaires publiques après l'amnistie de brumaire an IV, et mourut moins de quatre ans après.

FEBVRIER D'ARRADON, mort à Vannes le 3 février 1832.

FÉLIGONDE (Pierre-Eustache-Pélissier de), mort au château de Chastellard (Allier) le 30 janvier 1891.

FERRAND-VAILLANT, né à Blois (Loir-et-Cher) le 9 septembre 1752, mort en émigration à Altona, le 27 mars 1799.

FÉRUSSAC (baron de), fut destitué des fonctions de sous-préfet d'Oloron en septembre 1814 pour avoir abandonné son poste lors de l'entrée de l'armée anglo-espagnole. Nommé sous-préfet de Bazas le 27 mars 1815, puis de Compiègne le 10 mai suivant, il fut révoqué le 17 juillet de la même année, au retour de Gand.

FIÉVET-CHAUMONT, né à Givet (Ardennes) en 1746, mort à Lille (Nord) le 15 janvier 1818.

FLACHSLANDEN (Jean-François-Henri), mort en émigration, à Brunswick (Allemagne) le 21 juillet 1797.

FLAHAULT DE LA BILLARDERIE, mort à Paris, au palais de la grande chancellerie de la Légion d'honneur, le 1er septembre 1870.

FLEURYE, mort juge de paix à Montivilliers (Seine-Inférieure) le 13 septembre 1804.

FOLLEVILLE (Anne-Charles-Gabriel, Marquis de), mort le 6 mai 1835.

FONBELLE-LABROUSSE, a été nommé le 5 novembre 1890, percepteur de première classe à Saint-Germain de Joux (Ain).

FORTOUL (Jean-Baptiste-Fortuné), mort à Aix (Bouches-du-Rhône) le 16 janvier 1890.

FOUCHER DE CAREIL, mort à Paris le 10 janvier 1891.

FOURNEL, mort à Bordeaux (Gironde) « chez le sieur de l'Isle-Ferme », le 18 octobre 1813.

FOURNÈS (MARQUIS DE), né au château de Saint-Privat (Ardèche) le 12 novembre 1754, mort au château de Saint-Privat le 4 décembre 1826.

FOURNIER (CHARLES), fut incarcéré en février 1793, s'évada le 12 mai, et devint plus tard professeur de théologie au grand séminaire d'Amiens.

FOURNIER DE LA CHARMIE, mort à Périgueux (Dordogne) le 18 juillet 1802.

FOY (MAXIMILIEN-SÉBASTIEN-AUGUSTE-ARTHUR-LOUIS-FERNAND), avait servi dans la diplomatie avant d'être nommé pair; il fut premier secrétaire de légation en Grèce sous M. Piscatory. M. Emile Ollivier l'avait inscrit sur une liste de sénateurs à nommer en 1870 « pour services rendus comme ancien pair de France ».

FOY (VINCENT-LOUIS-ALPHONSE), était neveu et non frère du général Foy.

FRANCASTEL, mort à Paris le 9 mars 1831.

FRÉCINE (DE), mort le 20 juin 1804.

FRÉMY, né à Saint-Fargeau (Yonne), et non à Toulon, mort à Paris le 17 mars 1891.

FRÉRON (LOUIS-MARIE-STANISLAS), lisez (LOUIS-MARIE-STANISLAS), né le 17 août 1754, était fils du critique Fréron, qui épousa en secondes noces une sœur de l'abbé Royou; il n'était donc pas le neveu de ce dernier. Il avait 22 ans à la mort de son père. C'est à tort qu'à l'occasion de sa liaison avec Pauline Bonaparte, nous l'avons cru engagé dans les liens d'un précédent mariage; Fréron n'était pas marié; mais, indépendamment d'autres motifs de rupture, sa maîtresse s'opposa de toutes ses forces à son mariage avec la sœur du premier consul.

FRÉRY, mort à Belfort le 4 juin 1891.

FRIANT, mort non à Gaillon (Seine-et-Oise), mais au château de Gaillonet, commune de Seraincourt (Seine-et-Oise).

FRONTIN, mort à Louviers le 13 janvier 1830.

FRUCHARD, mort à Lorient le 3 mai 1872.

GALLET, mort en 1834, fut vice-président du tribunal du Puy à la fin de sa carrière de magistrat.

GARBÉ, fit les campagnes d'Italie comme capitaine du génie (1er floréal an IV), et fut fait prisonnier par les Autrichiens sous les murs de Mantoue.

GAREAU, mort à Paris en mars 1888.

GARNIER (FRANÇOIS), mort à Marneaux (Yonne) le 8 mai 1870.

GARNIER (ÉTIENNE-HENRI), mort à Paris le 20 août 1890.

GARRIGAT, mort à Paris le 20 janvier 1891, d'une congestion pulmonaire.

GASSELIN DE FRESNAY, mort au Mans (Sarthe) le 30 janvier 1889.

GASTON, fut nommé en l'an VII receveur général des Basses-Alpes et remplit ces fonctions jusqu'à la première Restauration.

GAUDIN (JOSEPH-MARIE-JACQUES-FRANÇOIS), publia, le 15 ventôse an II, un compte rendu de sa conduite politique, curieux à consulter. (*Arch. Nat.*, AD XVI, 79.)

GAUTHIER DE RUMILLY, mort à Fleury (Somme).

GAUTHIER DES ORCIÈRES, fut vice-président et non président du tribunal de la Seine.

GAUTIER (JOSEPH), mort à Uzerche le 18 septembre 1828.

GAUVILLE (COMTE DE), mort à Châlons-sur-Marne (Marne) le 13 juin 1827.

GEIGER (DE), mort le 13 avril 1891.

GERMANÈS, mort à Hyères (Var) le 16 février 1889.

GIBON (COMTE DE), né le 6 décembre 1786.

GIERA, mort à Livourne (Italie) le 1er mai 1811.

GINOUX-DEFERMON, mort à Paris et non dans la Loire-Inférieure.

GIRARD (JEAN-BAPTISTE, COMTE), né le 21 février 1776.

GIRARD (PIERRE-FRANÇOIS-FÉLIX-JOSEPH), ne fut absent dans le procès du roi, pour cause de maladie, qu'au 4e appel nominal. Le *Moniteur* se trompe en le portant absent au 3e appel; le procès-verbal de la Convention porte qu'il vota « la mort avec demande d'un sursis jusqu'à ce que la Convention ait pris des mesures de sûreté générale, propositions tellement indivisibles que, si on les séparait, son vote serait sans effet. » Girard fut exilé en 1816.

GIROU DE BUZAREINGUES, mort au château de Buzareingues (Aveyron) le 7 juillet 1891.

GIROULT, mort à Charencé-le-Héron le 18 septembre 1794.

GLANDEVÈS (BARON DE), donna sa démission de pair de France le 8 janvier 1832, après l'abolition de l'hérédité de la pairie.

GOBLET (FRANÇOIS-MAGLOIRE-JOSEPH), mort à Tournay (Belgique) le 11 janvier 1819.

GODET DE LA RIBOULLERIE (LOUIS-GABRIEL, BARON), né à Fontenay-le-Comte le 22 avril 1760, mort à Fontenay-le-Comte le 13 avril 1821.

GOIRAND, a remplacé M. Giraud décédé, et non M. Richard.

GONYN, né à Lyon (Rhône) le 13 Juillet 1717.

GOUGES-CARTOU, né à Moissac (Tarn-et-Garonne) en 1738.

GOUPILLEAU (DE FONTENAY) n'adhéra point à l'Acte additionnel, mais il accepta, pendant les Cent-Jours, la direction de l'hôpital de Charenton. Exilé en 1816, il se rendit non pas à Bruxelles mais à Liége, ainsi que le porte son passeport.

GOUPILLEAU (DE MONTAIGU), fut envoyé en surveillance à Angers par le gouvernement de la Restauration en 1815, et ne fut pas exilé en 1816.

GOURY DU ROSTAN, *lisez* **GOURY DU ROSLAN.**

GOUZY. Son passeport en 1816 le fait naître à Giroussens (Tarn) en 1761; sous le premier empire, il fut inspecteur des contributions directes à Albi et conseiller général du Tarn. Exilé en vertu de la loi du 12 janvier 1816, il se retira à Constance et fut autorisé à rentrer en France le 13 mai 1818.

GOYRE-LAPLANCHE, né à Nevers (Nièvre) en 1756, mort à Salbris (Loiret) le 3 novembre 1817.

GRENIER (JEAN, BARON), né à Brioude le 16 décembre 1753.

GREYFIÉ DE BELLECOMBE, mort à Chambéry (Savoie) le 1er octobre 1870.

GROUCHY (EMMANUEL, MARQUIS DE), né au château de Villette (Seine-et-Oise).

GRUSON, mort à Lille (Nord) le 19 mai 1811.

GUÉGUEN, notaire à Plonévez-du-Faou de 1875 à 1881, mort à Plonévez-du-Faou le 4 mai 1891.

GUEIDAN (CHARLES-PIERRE-GASPARD), mort à Saint-Symphorien-d'Ozon (Isère) le 1er avril 1831.

GUILLEMARDET, né à Couches et non Conches.

GUINGAN-JOUSIGNAC DE SAINT-MATHIEU, au lieu de **SAINT-MACHIEU.**

GUIOT (FLORENT), exilé en 1816 comme régicide, ne rentra en France qu'en 1830, aveugle et à la charge de sa fille.

GUYARDIN (LOUIS), né à Dommarien et non Dammarien, est mort à Constance le 4 avril 1816.

HAOUISSÉE DE LA VILLEAU-COMTE, *lisez* **HAOUISÉE.**

HARMAND (JEAN-BAPTISTE) n'a pas été préfet de la Mayenne : on l'a confondu sur ce point avec Harmand d'Abaucourt. Nommé préfet du Haut-Rhin aussitôt après le coup d'État de brumaire, il eut une vive altercation avec son secrétaire général qui fut destitué ; il donna lui-même sa démission quelques mois après. Il refusa successivement, du premier Consul, les postes de consul à Santander puis à Dantzig ; mécontent de ne pas obtenir la haute situation à laquelle il croyait avoir droit, il bouda l'Empire et fut mis en surveillance à Souilly en 1813. A son entrée en France, le comte d'Artois confirma la mise en surveillance (1814). Aux Cent-Jours, Harmand signa l'Acte additionnel, et tomba ainsi sous le coup de la loi du 12 janvier 1816 contre les régicides. Il écrivit alors une lettre de supplication à la duchesse d'Angoulême ; des mesures allaient être prises pour l'expulser, lorsqu'on le trouva mort dans une rue de Paris, des suites d'une chute qui lui avait fendu l'arcade sourcilière ; il était couvert de haillons. Le corps fut porté à la Morgue, où il fut reconnu et réclamé par la famille.

HARMAND (ANNE-ETIENNE-LOUIS), mort à Paris le 23 février 1850.

HAUSSMANN (GEORGES EUGÈNE, BARON), mort à Paris le 11 janvier 1891.

HÉBRARD DE FAU, mort à Aurillac (Cantal) le 1er mars 1802.

HELMSTATT (COMTE D'), né à Nancy (Meurthe) le 28 août 1728, mort à Bichofsheim (duché de Bade) le 10 juillet 1802.

HÉSECQUES (D'), mort à Mailly (Somme) le 19 juin 1888.

HILLION, mort à Guingamp (Côtes-du-Nord) le 23 mars 1891.

HOFFMANN, né à Maria-Zell (Prusse) le 14 juillet 1752.

HOVYN DE TRANCHÈRE. Une ordonnance royale du 12 janvier 1811 a autorisé M. Jules-Auguste Hovyn, né à Bordeaux le 28 avril 1816, à ajouter à son nom patronymique celui de DE TRANCHÈRE.

HUMBLOT, mort au château de la Ferté-sur-Grosne, commune de Saint-Ambreuil (Saône-et-Loire) le 12 mai 1809.

IRLAND DE BAZOGES, né à Poitiers le 8 avril 1750.

JAC, mort à Quissac le 11 mai 1804.

JACOB (DOMINIQUE), mort le 29 mars 1809.

JAMIER, exécuté à Feurs (Loire) le 6 décembre 1793.

JOLY (ETIENNE-LOUIS-HECTOR DE), mort à Paris le 3 avril 1837.

JOUBERT-BONNAIRE (AMBROISE-JULES), mort à Angers le 24 décembre 1890.

JOUFFRET DE BONNEFONS, exécuté à Lyon le 1er janvier 1794.

JOUNAULT (LOUIS), mort à Thouars (Deux-Sèvres) le 19 mai 1815.

JOURDAIN (JACQUES-LOUIS-VENCESLAS),

mort à Chalon-sur-Saône (Saône-et-Loire) le 12 janvier 1889.

JOURDAN (Pierre-Eugène), mort à Grenoble le 30 mars 1891.

JOUVE, mort à Saint-Bonnet-le-Château (Loire) le 13 mars 1891.

JOYEUX fut arrêté, le 10 ventôse an VI, par ordre de l'administration centrale de la Vienne, sur une dénonciation venue de Châtellerault et signée Guillemor aîné. On l'accusait de « conduite anticivique et fanatique », de s'être refusé à tous les serments prescrits ; caché pendant plusieurs années, il avait été interné à Poitiers et relâché après la réaction de fructidor (sic). « Soit besoin phisique, ajoute le dénonciateur, il s'est soumis à la dernière déclaration exigée et fait ses fonctions dans le temple dit Saint-Jean. Mais il a refusé d'enterrer plusieurs personnes, et il a « persécuté » la femme du « citoyen Liège-Dirais cy-devant prêtre et curé constitutionnel de la cy-devant paroisse de Saint-Jean-Baptiste, qui avait abdiqué son état, et avait épousé une fille honête de cette commune. » Sur cette dénonciation, l'abbé Joyeux fut de nouveau arrêté et interné à Poitiers, dans la maison d'arrêt dite de la Visitation. L'administration départementale demanda en outre sa déportation au ministre de la police ; mais, comme il était alors sexagénaire, le ministre répondit qu'on ne pouvait que le garder en prison. Le 6 prairial an VI, le prisonnier réclama sa liberté, comme « la seule consolation de sa vieillesse infirme et indigente » (il se dit presque octogénaire) ; le ministre autorisa sa mise en liberté le 18 messidor suivant. (*Arch. Nat.*, F 7.7406.)

KERSAUSON-PENNENDREFF (Louis-Joseph-Marie, comte de), né à Morlaix le 7 août 1850.

KORTE, né à Gerresheim (Prusse).

LABBEY DE LA ROQUE, mort au château de La Roque près Lisieux (Calvados), le 9 juin 1827.

LABITTE (Delphe-Augustin), mort à Beauvais (Oise) le 21 mars 1891.

LACROIX - SAINT - PIERRE, mort à Paris le 3 juin 1891, d'une fièvre muqueuse. Il avait succédé à M. Béhic comme président du conseil d'administration des Messageries maritimes ; il était également président du conseil d'administration de la Compagnie d'Orléans, et administrateur de la Société des Forges et Chantiers de la Méditerranée.

LA FAYETTE (François-Edmond du Motier de), mort à Paris le 11 décembre 1890.

LA FERRIÈRE-LÉVESQUE, mort au château de Vallery (Yonne) et non (Somme).

LA GUICHE (Philibert-Bernard, marquis de), mort à Paris le 9 mars 1891.

LAITY, mort à Bagnères-de-Bigorre et non à Paris.

LALANDE (Chrétien), mort à Paris le 21 janvier 1891.

LAMBERT DE SAINTE-CROIX, mort au château de Laroque, près Saint-Émilion (Gironde), et non à Paris.

LANDENBERG-WAGENBOURG, né à Soultzmann (Haut-Rhin) le 8 octobre 1753.

LANGLOIS (Jean-Baptiste-Guillaume), mort à Louviers (Eure) le 17 septembre 1831.

LANNOY (Charles-François, comte de), mort à Lille.

LAPOTAIRE, accepta, bien qu'à regret, sa nomination au Conseil des Anciens ; il eût préféré conserver ses fonctions de commissaire à Lorient ; il désigna, pour lui succéder dans ce dernier poste, le citoyen Treutinian, « digne de toute confiance », et qui fut plus tard député au Corps législatif.

LA POYPE DE VERTRIEUX, mort en émigration, à Londres (Angleterre), le 12 mai 1801.

LA REVELLIÈRE-LÉPEAUX, bien que non atteint par la loi du 12 janvier 1816, fut recherché par la police à laquelle son gendre, M. Maillocheau, avait donné l'éveil en demandant un passeport pour son beau-père. La Revellière donna lui-même les renseignements demandés, et déclara qu'il habitait à Paris depuis dix-huit ans, rue de la Vieille-Estrapade, n° 9.

LA ROCHE-AYMON (François-Marie-Paul-Renaud), neveu et non fils du précédent.

LA ROCHEFOUCAULD (Ambroise-Polycarpe de), mort au château de Montmirail (Marne) et non (Sarthe).

LA ROCHE-LAMBERT, *lisez* **LA ROCHELAMBERT**, mort au château de Thévalle (Manche).

LASCOURS (Jérome-Annibal, baron de), fut nommé préfet du Puy-de-Dôme le 9 novembre 1814.

LAURENT DE VILLEDEUIL, né à Bouchain (Nord) en 1742.

LEBASCLE D'ARGENTEUIL (Edme), mort en émigration à Gemersheim (Bavière) le 28 août 1793.

LEBLEU, mort à Dunkerque (Nord) le 10 février 1891.

LEBORLE DE GRANPRÉ, *lisez* **LEBORLHE DE GRANDPRÉ**.

LECLERC (Guillaume-Gabriel) s'embarqua, le 15 septembre 1792, à Bernières-sur-Mer, avec un passeport pour l'Angleterre, à bord du *Saint-Charles*.

LEGRAND (Alexis-Baptiste-Victor), fut lauréat du concours général en 1813 et non en 1806. *Page 71*, 1re colonne, 29e ligne, *lisez* la prospérité du pays, *au lieu de* la prospérité de Paris. Il fut nommé, en 1847, président au conseil d'État et non sous-secrétaire d'État aux Travaux publics.

LE GUAY (Albert-Léon), mort à Angers (Maine-et-Loire) le 25 janvier 1891.

LEMOINE DE BELLEISLE, mort à Paris le 16 juin 1791.

L'EMPEREUR DE SAINT-PIERRE, mort à Versailles.

LEREMBOURE (Salvador-Paul) était conseiller général des Basses-Pyrénées et cultivait un bien rural à Saint-Jean-de-Luz, lorsqu'il fut proposé en l'an IX pour la sous-préfecture de Bayonne, à laquelle d'ailleurs il ne fut pas nommé. A cette occasion, le préfet envoya cette note sur ce candidat : « Il a des moyens, de la moralité, et une fort bonne réputation; il parle basque, ce qui parait nécessaire dans un pays où ce langage est celui exclusif du peuple. »

LESCURIER DE LAVERGNE fut élu en 1790 juge de paix, destitué en 1793 par les représentants en mission, emprisonné, et mis en liberté après thermidor. Membre du bureau de conciliation de Salers, il devint, en vendémiaire an IV, juge au tribunal civil d'Aurillac. Nommé, le 28 floréal an VIII, juge au tribunal d'appel de Riom, il refusa ces fonctions et vécut dans la retraite.

LE SERGEANT DE MONNECOVE (Félix-Antoine-Henri), neveu et non fils du précédent.

LESTAPIS (Paul-Jules-Sévère de), mort à Pau le 7 janvier 1891.

LEYRIS, né à Alais le 18 mars 1762, mort à Paris le 23 avril 1840.

LEYRIS D'ESPONCHEZ, mort en émigration, à Campolingo (Autriche), le 13 juillet 1801.

LEYVAL (Pierre-Félix-César), né à Clermont-Ferrand (Puy-de-Dôme) le 6 février 1783, mort à Clermont-Ferrand le 12 juillet 1849.

LISBONNE, mort à Paris le 7 février 1891.

LODIN - LALAIRE, né à Noyal-sous-Bazouges, mort à Rennes le 10 juin 1822.

LORMET (de) donna sa démission de député le 29 novembre 1854, et fut remplacé, le 8 janvier 1855, par M. Benoît-Champy.

LOYNES (François-Célestin de), mort à Saint-Pétersbourg (Russie) le 15 novembre 1815, avec le grade de colonel dans la marine russe. Il fut inhumé au cimetière de Norfolk.

LUDRE DE FROLOIS (comte de), mort en émigration à Munich (Bavière), le 14 juillet 1798.

MACQUEREL DE QUESMY mourut en émigration.

MAILLY-NESLE (de) mort à Amiens (Somme) le 6 décembre 1792.

MALHES (Pierre) fut admis à siéger, dès le début, à la Convention, en remplacement de Joseph Malhes, non acceptant; il donna lui-même sa démission, et fut remplacé, le 6 octobre 1793, par Mirande.

MARMIER (Alfred-Philippe-Claude, etc.), né à Ray (Haute-Saône) le 7 mai 1805, mort à Ray le 9 août 1873.

MARSANNE (de), né à Montélimar (Drôme) le 12 octobre 1711.

MARTIN (Joseph), mort à Toulouse (Haute-Garonne) le 29 septembre 1815.

MATHIEU DE LA REDORTE (David-Maurice-Joseph, comte), avait épousé non pas Mlle Clary, mais Mlle Lejéans, fille du sénateur de ce nom et de Mlle Clary, belle-sœur de Joseph Bonaparte.

MAZANCOURT (de), mort à Breslau (Prusse) le 21 mars 1809.

MÉAULLE (Jean-François), né le 16 mars 1767.

MILHAUD (Edouard-Jean-Baptiste), né le 18 novembre 1766.

MIRANDE (Nicolas). M. Antoine Mirande, cité dans la notice, est maire d'Antignac (Cantal) et non d'Autignac.

MONTAUT DES ILLES. Une note de police de l'an VI le considère comme l'un des plus audacieux clichyens. Il demanda un congé cette même année, à l'occasion de la mort de sa mère, et revint à Loudun. La police le fit surveiller de près par un nommé Bonnefons qui écrivait à Paris, le 6 brumaire an VI, « qu'en effet sa mère était morte, que Montaut avait de l'esprit, beaucoup d'intelligence, était très circonspect et très silencieux, et semblait avoir l'intention de ne plus retourner à la législature. »

MONTAIGNAC (de), mort à Paris le 9 juin 1891.

MONTBOISSIER - BEAUFORT - CANILLAC (de), mort en émigration à Londres, le 21 mars 1797.

MONTÉGUT DE BARREAU, mort en émigration, à Stavelot (Belgique), le 21 août 1792.

MONTESQUIOU-FÉZENSAC (Henri), mort à Tours (Indre-et-Loire) le 27 juin 1841.

MORGE DE ROUX, mort à Paladru (Isère) le 7 octobre 1801.

MORIN (Etienne - François - Théodore), mort à Paris le 26 février 1891, remplissait, depuis 1883, les fonctions de chargé d'affaires de la République de Saint-Marin, qui l'avait créé baron de Malsabrier. En 1864, il avait fait un voyage en Danemark et soutenu les droits de ce pays sur le Schleswig-Holstein.

NÉRAT, né à Essommes (Ain) et non Essonnes.

NESLE (marquis de), mort le 10 octobre 1879.

NEY (Michel) fut bien arrêté le 5 août 1815, au château de Bessonis; mais de nouveaux renseignement qui nous sont parvenus sur cette arrestation annulent en grande partie la part faite au fameux cimetière du pacha de Damas dans cette affaire. La mère d'un jeune royaliste fougueux du Cantal étant en visite à Bessonis, qui est dans le Lot et non dans le Cantal, Ney lui fut présenté sous le nom de Descaffres, négociant. De retour chez elle, elle parla de ce Descaffres à son fils, qui, connaissant la parenté du châtelain de Bessonis avec le maréchal, conçut immédiatement des soupçons dont il fit part au préfet du Cantal; celui-ci, bien que le château ne fût pas dans son département, fit immédiatement arrêter le maréchal.

NICOD DE RONCHAUD fut nommé conseiller général du Jura le 22 décembre 1800, président du collège électoral du département en 1815 et en 1816, conseiller de préfecture à Lons-le-Saulnier le 15 février 1816, et décoré en 1821. Il a publié un mémoire sur le cadastre.

NOAILLES (PAUL, DUC DE), ne fut pas nommé ambassadeur de France en Russie en mars 1871; il fut seulement alors question de lui dans les journaux pour ce poste.

NOBLOT (THÉOPHILE), mort à Nancy (Meurthe-et-Moselle) le 18 juin 1891.

NOYELLES (BARON DE), né au château de Noyelles (Nord).

OLLIVIER (AUGUSTIN-CHARLES-ALEXANDRE), quitta la Chambre haute après les journées de juillet 1830, en vertu de l'article 68 de la nouvelle Charte.

PANAT (DOMINIQUE-FRANÇOIS-JOSEPH, etc., etc.), mort en émigration, à Londres, le 19 juin 1795.

PAVÉE DE VILLEVIEILLE, mort le 6 novembre 1793.

PÉLISSE, a été nommé, le 25 novembre 1800, conseiller de préfecture de la Seine.

PÉRALDI (MARIUS-JOSEPH), mort en émigration à Palerme (Sicile) le 5 septembre 1799.

PÉRIÈS, mort le 30 mars 1797.

PERRIN-LAFARGUES, *lisez* PERRIN-LASFARGUES.

PLESSIER, mort à la Ferté (Seine-et-Marne) le 31 août 1886.

POISSAC (JAUGES DE), mort en émigration, à Altona, le 21 octobre 1803.

PONS-SAINT-MARTIN, né à Saint-Geniez (Aveyron) le 20 décembre 1750, mort à Saint-Geniez le 14 décembre 1821.

PORTALIS (ERNEST), mort en février 1891.

POTTIER (CHARLES-ALBERT), fut élu le 23 germinal an VI, député d'Indre-et-Loire au Conseil des Anciens; mais il refusa ce mandat et fut immédiatement remplacé par Riffaut des Hêtres.

POUYER-QUERTIER, mort à Rouen le 2 avril 1891, président du conseil général de l'Eure.

PREIGNE (MARQUIS DE), mort au château de Bouffémout (Seine-et-Oise) en juillet 1890.

PRESSENSÉ (DE), mort à Paris le 8 avril 1891.

PROJEAN, né le 25 décembre 1752.

RAIGECOURT (RAOUL-PAUL-EMMANUEL, etc.), était conseiller général de la Nièvre avant d'être élevé à la pairie.

RAMBOURGT (VICOMTE DE) se rallia au second empire, mais conserva toujours une réelle indépendance; le gouvernement l'avait combattu aux élections de 1857. Le 13 août 1859, il fut condamné à 20 jours de prison pour « outrages » au préfet de l'Aube; comme il était très populaire, le gouvernement accepta sa candidature en 1863, mais ne le décora pas.

RANDON-DULAULOY, mort à Villeneuve-Saint-Germain, canton de Soissons (Aisne), étant maire de cette commune.

ROCHECHOUART (AIMERY-LOUIS-ROGER DE), né à Paris.

SAINT-AIGNAN (JACQUES-GILLES DE), né à la Ferrière-au-Doyen (Orne) le 20 octobre 1747.

SÉGUR-LAMOIGNON (ADOLPHE-LOUIS-EDGAR, COMTE DE), neveu et non fils du précédent.

SESMAISONS (DONATIEN, COMTE DE), mort à Paris et non à Nantes.

SOYE, mort des suites d'un accident de voiture le 3 septembre 1882, à Bossus-lès-Rumigny (Ardennes).

SUZANNET (COMTE DE), mort à Paris et non à Brest.

TALLEYRAND-PÉRIGORD (ALEXANDRE-ANGÉLIQUE, DUC DE), mort le 20 octobre 1821 et non le 20 juin.

TANNEGUY-LEVENEUR. Bien que l'acte de naissance que nous avons sous les yeux porte le trait d'union, on nous assure que Tanneguy est un prénom, et que le nom patronymique est Le Veneur, marquis de Tillières.

THIBOUTOT (DE), mort en émigration à Londres, le 13 août 1800.

TILLET (DU), retiré à Blunay, écrivit à la Convention le 9 novembre 1792, pour lui soumettre trois idées assez « utiles », dont l'une, ingénieuse, sur la diminution des frais de justice et l'accélération de la procédure. Il signa sa lettre : « Évêque d'Orange, maintenant citoyen du village de Blunay. » (*Arch. Nat.*, AA-62.)

VERDOLIN, *lisez* VERDOLLIN.

VEYTARD, né à Gannat (Allier), mort en émigration, à Madrid (Espagne), le 23 mars 1797.

Paris. — Soc. anon. de l'IMP. DES ARTS ET MANUFACTURES et DUBUISSON, 13, rue Paul-Leiong. — M. Barnagaud imp.